U0670332

本书是教育部人文社会科学重点研究基地华中师范大学

中国农村研究院2016年基地重大项目
“海内外农村调查资料整理、翻译与研究”
项目的成果（16JJD810005）

（上）

（总第5卷·惯行类第5卷）

徐　勇　邓大才　主编

李俄宪　主译

王　霞　汉　娜　译

邓大才　张晶晶　校订

中国社会科学出版社

图书在版编目（CIP）数据

满铁农村调查．总第5卷，惯行类．第5卷：全2册／徐勇，邓大才主编；李俄宪主译；王霞，汉娜译．—北京：中国社会科学出版社，2017.12

ISBN 978-7-5203-1797-9

Ⅰ.①满… Ⅱ.①徐…②邓…③李…④王…⑤汉… Ⅲ.①南满洲铁道股份公司—农村调查—调查报告 Ⅳ.①D693.79

中国版本图书馆 CIP 数据核字（2017）第324782号

出 版 人　赵剑英
责任编辑　冯春凤
责任校对　张爱华
责任印制　张雪娇

出　　版　中国社会科学出版社
社　　址　北京鼓楼西大街甲158号
邮　　编　100720
网　　址　http://www.csspw.cn
发 行 部　010－84083685
门 市 部　010－84029450
经　　销　新华书店及其他书店

印刷装订　北京市十月印刷有限公司
版　　次　2017年12月第1版
印　　次　2017年12月第1次印刷

开　　本　787×1092　1/16
印　　张　100
插　　页　12
字　　数　2369千字
定　　价　638.00元（全2册）

凡购买中国社会科学出版社图书，如有质量问题请与本社营销中心联系调换
电话：010－84083683

《满铁农村调查》编辑与翻译委员会

主　　编　徐　勇　邓大才

主　　译　李俄宪

编辑委员会成员（以姓氏笔画为序）

丁　文　邓大才　石　挺　冯春凤　刘义强　刘金海
刘筱红　李俄宪　李海金　任　路　肖盼晴　陆汉文
陈军亚　杨　嫚　张晶晶　郝亚光　徐　勇　徐　剑
徐增阳　黄振华　熊彩云　赵剑英

翻译委员会成员（以姓氏笔画为序）

王　霞　尹仙花　石桥一纪　汉　娜　吕卫清　李俄宪
李　莹　李雪芬　金英丹　娜仁图雅

翻译顾问　石桥一纪

本卷译者　王　霞　汉　娜

本卷校订　邓大才　张晶晶

编译说明

（第 5 卷）

在编译本套丛书的过程中，我们发现了一些具体问题，如文字表记、图表处理等。经编译委员会商量，决定对这些问题进行如下处理：

1. 原书中收录了大量的政府公文、民间文书（如分家单等），其表记方式为繁体汉字、竖排版。为适应现代阅读习惯，我们将其均转换为简体汉字、横排版。但为了避免改变原文语义，对这部分内容的处理方式是不断句、不加标点；

2. 为防止在重排图片时出错，将原书中比较清楚的图片，直接用于编译后的书稿中；

3. 原书中纵向排列的族谱、坟墓示意图等，均按原书标准进行纵向排列；

4. 表示图中方位的文字，按原书顺序排版；

5. 在原书中，调查员与应答者之间的问答是用“＝”隔开的。我们将“＝”前的问句，统一加了“?”，“＝”后的回答，统一加了“。”。

邓大才
2017 年 3 月

目 录

上　册

下　册

上册目录

河北省昌黎县侯家营

村落篇

家族篇

租佃篇

土地买卖篇

农村金融及贸易篇

总　序

我们华中师范大学中国农村研究院是专门从事农村问题研究的机构，并以调查为基本方法。我们将满铁农村调查资料翻译成中文出版的设想已有10多年。

满铁农村调查资料是指20世纪上半期由日本“南满洲铁道株式会社”（简称“满铁”）支持的对中国调查形成的资料。由“满铁”支持的中国调查长达40多年，形成了内容极其庞大的调查资料。“满铁调查”的目的出于长期侵占中国的需要，但由这一调查形成的资料对于了解当时的中国有重要的参考价值，其调查方法也有其独特性。

中国是世界农业文明古国，也是世界农村大国，但从学理上对中国农村进行专门和系统的研究时间不长，有影响的论著还不多。10多年前，一系列由美国籍学者撰写的关于中国农村研究的专著被翻译成中文，并在学界引起很大反响，成为专业领域研究的必读书。如黄宗智的《长江三角洲的小农家庭与乡村发展》《华北的小农经济与社会变迁》，杜赞奇的《文化、权力与国家：1900—1942年的华北农村》，马若孟的《中国农民经济——1890—1949：河北和山东的农民发展》等。这些书的共同特点都是在日本满铁调查资料基础上写成的。日本满铁调查也因此广泛进入当今中国学界的视野。一时间甚至有人表示：“中国农村在中国，中国农村调查在日本；中国农村在中国，中国农村研究在美国。”无论这一说法是否成立，但满铁农村调查的影响却是不可忽视的。只是美国学者运用的满铁资料都是日文的，中国学者在阅读和了解日文资料方面有困难。尽管有国内出版社出版了部分满铁调查资料，也主要是日文的影印版，仍然难以让更多学者使用。为此，我们有了将满铁农村调查资料翻译成中文，让更多学者充分阅读和使用这一资料的念头。

与此同时，我们华中师范大学中国农村研究院在整合过往的农村调查基础上，于2006年开启了“百村观察计划”，对中国农村进行大规模调查和持续不断的跟踪观察。为了实施这一调查计划，我们邀请了国内外学者进行有关方法论的训练，同时也希望借鉴更多的调查资料和方法。日本满铁调查资料的翻译出版进一步进入我们的视野。在2006年启动“百村观察计划”时，我们甚至提出在农村调查方面要“达到满铁，超越满铁”的雄心勃勃的目标。翻译满铁调查资料的想法更加明晰。当本人将这一想法告知时任华中师范大学社会科学处处长的石挺先生时，得到他的积极赞同。但这项工程的重点是日汉翻译，需要一个高水平的强有力的翻译团队，于是他引荐了华中师范大学外国语学院副院长、日语系主任李俄宪教授，同时还给予了一定的经费支持。此事得到专门从事日本语教学和研究的李俄宪教授的积极响应，并同意率领其团队参与这项工作。受华中师范大学中国农村研究院的委托，时任副教授的刘义强负责联系保存有满铁日文资料的国内相关机构，并得到支持，正式翻译工作得以启动。由于原文资料识别困难，最初的翻译进展较为缓慢，几经比对审核。进入出版程序之后，得到了时任中国社会科学出版社社长的赵剑英先生的鼎力支持，该出版社的编辑室主任冯春凤女士特别用心，还专门请专家校订和核实。2013年底，负责编辑翻译资料的刘义强教授出国访学。2014年，时任华中师范大学中国农村研究院执行院长的邓大才教授具体负责推进翻译出版联系工作。在各方面努力下，由华中师范大学中国农村研究院和黑龙江档案馆联合编译的《满铁调查》一书，于2015年1月由中国社会科学出版社正式出版。

100多万字的《满铁调查》出版后，中国学者得以从较大范围一睹满铁调查资料的真容，这在中国学界也是一件大事。2015年1月23日，由华中师范大学中国农村研究院与中国社会科学出版社共同主办的《满铁调查》中文版出版发行学术研讨及新闻发布会在北京召开。此次会议非常重要。来自中国农业博物馆、南开大学、北京交通大学等高校和科研机构的“满铁调查”研究专家参加了会议，并提了很好的建议。其中，南开大学的张思先生长期利用满铁调查资料从事研究，并有丰硕成果。特别是在中国农业博物馆工作的曹幸穗先生，长期从事满铁资料的整理和研究，并专门著有以满铁调查资料为基础撰写的《旧中国苏南农家经济》一书。在他看来，“满铁对农户的调查项目之详尽，可以说是旧中国的众多调查中绝无仅有的”。此次会议的重大收获是，曹幸穗先生建议我们主要翻译满铁农村调查方面的资料。

曹先生的建议引起我们高度重视。2015年1月26日，华中师范大学中国农村研究院专门召开了满铁调查翻译出版推进会，调整和重新确立了翻译的主要方向和顺序，形成了新的翻译计划。新的计划定位为“满铁农村调查”，主要翻译“满铁调查”中有关农村方面的内容，并从著名的中国农村惯行调查资料翻译开始。这之后，我们又先后邀请曹幸穗和张思先生到华中师范大学讲学，他们对新的翻译计划提出了进一步的建议。曹先生还多次无私地向我们提供了相关资料目录和线索，供我们翻译出版使用。同时，我们也从整体上充实和加强了资料收集和翻译编辑的力量。

《满铁农村调查》翻译出版计划是在已出版的《满铁调查》一书基础上形成的，但已是全新的设计，资料来源更为广泛和直接，翻译出版的进展也大大加快。同时，它也是与由华中师范大学中国农村研究院主持的2015版大型中国农村调查工程相辅助的翻译计划。我们希望能够通过《满铁农村调查》的翻译为我们正在实施的中国农村调查及其学界提供有益的借鉴。

《满铁农村调查》的翻译出版是一个庞大的计划，付诸实施难度很大，特别是没有固定的经费支持。但我们认为，中国是一个正在崛起的大国，理应有相应的文化工程。好在主持与参与《满铁农村调查》翻译出版的人都些许明知有难而为之的理想主义精神，愿意为此事作出贡献。特别是由华中师范大学日语系主任李俄宪教授担任主译的翻译团队在翻译方面作出了巨大贡献。李教授团队可以说是举全系师生之力，包括日籍教授，来从事这一工作。他们不是简单的翻译，而是将其作为一项事业。在翻译过程中，他们遇到了《满铁调查》中使用的语言、专业词汇、地名等大量难题，但本着对事业高度负责的精神，认真校核，精心推敲，力求准确。这项事业的推进凝聚了翻译团队的大量心血。目前，这一得到多方面支持和多人参与其中的浩大工程已步入快车道，现已翻译两千万字，计划为一亿字左右。

我们向参加这一工程的人员表示真诚的谢意和敬意！为这一工程作出任何贡献的人士都将镌刻在这一工程史册之中！

徐 勇

2015 年 7 月 15 日

导读

惯行与治理：满铁对侯家营的调查

——满铁农村调查第五卷导读之一

满铁华北惯行调查第五卷编辑了3县8村的调查，分别是河北省的昌黎县侯家营村，河北省良乡县吴店村及河北省静海县的上口子门村、冯家庄等村。调查员重点调查侯家营村和吴店村。侯家营村靠近东北地区（日本人称为满洲，文中沿用日本人调查的说法），外出打工比较多，村民相对比较富裕。吴店村虽然靠近北京，但是村庄相当贫困。日本人对3县8村的调查重点是村落、家族、租佃、就业和涉及农村的金融、市场交易等。本卷的导读依然按照村庄为单位进行撰写，分别为侯家营、吴店村和其他村庄三个部分来写作。

昌黎县位于河北省的东北角。乘北宁铁路从天津经唐山北上，乘快车不到1个小时就能到达位于山海关的昌黎县城。从昌黎县城顺着前往邻县乐亭方向的公路南下，大概20华里即可到达泥井镇。侯家营隶属泥井大乡，从镇上徒步约10分钟即可到达村北。前往侯家营的公路的东侧已形成了密集聚居地。

据说，明永乐或万历年间，战乱导致本地居民死亡情况严重，便有人从山东的柳州移民而来。如碑铭记载那样，此处曾经被称为侯总旗营。村民之间口口相传，此处曾有总兵居住，加上本村附近共有七营的士兵汇居在此。关于总兵后裔的情况却不甚明了，而且本村和其他六营的从属关系至今仍未被完全认可。

据民国三十年的《保甲册》记载，侯家营村有114户，约680（男性约350人）人。根据日本人第二年春的调查（1942年），已变成了117户人家，704人。如侯家营的名称一样，村中的侯姓最多，有84户（占73.7%），刘姓10户，王姓6户，陈姓5户，孔、齐、萧、傅、池、李、方、费、叶的姓氏各一户。与满铁调查员对其他地区调查的村庄相比，该村的同族色彩更为浓厚。其中，侯姓被分为三大族系。

民国二十八年全县实施的土地调查结果显示，耕地面积由以前的20顷左右变成32.6顷。不过，其中包含一顷左右宅地面积。另外，外村人在本村所拥有的土地为2.8顷；本村人在外村所占有的土地则是4.8顷。按照此推算，一户人家平均所占有的土地面积为30亩。根据民国三十年的土地记录，村民所有土地的总面积是2979.25亩。

在此要对导读的撰写进行说明，一是日本人的调查涉及晚清和民国，这个时期是中国基层制度变化最大的时期，各个不同时期的制度夹杂在一起。因此在整理时笔者将各个时期的同类惯行和制度整理在一起。二是整理主要集中于与农村和农民有关的惯行，对于县政特别是税收的政策、集市贸易等情况的整理相对少些。三是主要集中整理惯行，对于一些丰富性的户别调查和案例没有整理进去。四是在整理过程中，有些人口数量、耕地面积、税费数据可能前后有差异，也可能关后否定，在整理过程中进行了甄别，但是无法甄别的就都列出来。

一　村庄治理

（一）治理制度

侯家营村的村庄治理的历史经历了四次变迁：首先是会头制；其次是村长制，协助村长工作的是会头；再次是乡长制，村长制变成了大乡制，闾长协助乡长工作；最后保甲制，由保长、甲长负责村务。

1. 治理架构

20世纪初，侯家营村的村庄治理结构变化比较大：一是晚清和民国初期是会头制，有会头和地方（地方管辖几个村）。二是调查的前十多年是村长制，村里有村长和副村长，这个时候地方还存在。其架构是：村长、副村长—“十家长”。三是大乡制，侯家营与赵家港合成一个乡，侯家营是半个乡，乡长是侯家营的人；副乡长是赵家港的人。在乡长制时，设置了一名闾长，协助乡长工作，同时还设置了监察员、调解，聘请了一名乡丁，其架构是：乡长—闾长。四是六七年前实施保甲制，保长取代了乡长，协助保长甲长工作的有“十家长”（也就是甲长），过去很多“十家长”成了甲长，其架构是：保长—甲长。可见，村长的职务和名称发生了3次变化：村长—乡长—保长；副职为：村佐—乡副—副保长。

2. 会头制

在晚清和民国初期，村庄的治理架构是会头制，侯家营有8位会头，决定村庄事务。这个时候有一个地方跑腿，但是这个地方也并非是侯家营独有，而为多个村而设置，其实地方隶属于县公署。在会头制时期，会头由村民推选。会头们开会称为公会，会头之间通过协商进行决策。会头制后来由村长、副村长制取代，这个时候地方仍然存在。

3. 村长制

民国初年，实施村长制，侯家营根据县里命令选举村长、副村长，票数最多的人任村长；票数第二多的人任副村长，县里要颁发委任状。村长和副村长也就是原来会头中的人，都是家里有土地，会做事、可靠的人。选举时没有候选人，由大家直接投票选举产生，因此最多的票数也只有30多票。对于一般的小事，村长和副村长可以自己决定，但是涉及收费时，会头们（也称为董事）商量决定。在决策时村长、副村长与其他董事权力差不多，如果出现分歧时，根据多数人的意见决定。一般情况下村长的提议，大家都会同意。因为要给村长、副村长一些面子。

4. 乡长制

在昌黎县实施过一段时间的大乡制，侯家营与赵家港设置一个乡，侯家营人担任乡长，赵家港人担任副乡长。两个村分别选举，然后双方商量谁担任正副乡长。乡长制还设立了一名闾长，相当于副乡长，协助乡长工作，但是闾长没有县的委任状，也没有做实际工作，不久就取消了。此外还设置了监察员、调解（侯家营有专门的民间调解人，因此就没有设置这个岗位），乡长请了一位乡丁。在这个时期，产生了“十家长”，协助乡长工作，但是乡长一个人决策，“十家长”作用也不大，有些会头成了“十家长”，此时会头的作用迅速弱化。

5. 保甲制

大乡制没有实施多久，就实施保甲制，保长取代了乡长，甲长取代了“十家长”。根据县里的命令，保长由村民选举产生。保长时期设置了甲长（即“十家长”）。决策时，一般事务保长决定，但是涉及收费的事情，保长要与甲长们商量，共同决定。

（二）治理主体

1. 会头

在晚清和民国初年，村庄的治理是会头制，全村有 8 位会头，也称为“董事”，会头叫法最早，董事叫得最多。一是会头的资格。一般是做事可靠、能干、土地较多的人才有资格当会会首，与辈分和年龄无关，会首不会世袭。二是会头的产生。会头由村民选举产生，但大多数情况是直接商量决定，因为会头负责十家，由十家一起协商决定。也有前任会头或者其他会头推荐新会头的情况，但是推荐的会头还得十家同意，否则不能当作会头。会头想离任，会推荐新的会头。如果推荐不了，十家不会让其离任。会头不向县里报告，县里也没有会头的名单。三是会头协商。8 位会头地位平等（也有说 4 位会头），一起协商决定村庄事务。如果村里有事，就撞钟通知，会头会到固定的地点——村西的关帝财神庙开会。在特殊的情况下，有人缺席也可以决定，也就是说并非要全部到齐。没有专门负责与县里、其他村庄联络的会头。四是换届。如果会头家里事情比较多，没有时间处理村庄事务，或者长期在外时就会换人。五是任期。会头没有任期，按照能力和财产确定，原则上不世袭，但是如果儿子有能力还是可以接任会头。六是报酬。会头工作没有报酬，可以吃 3 顿饭，第一次在耕种之前的 2 月左右；第二次在六月二十日关帝生日的那天；第三次在九月和十月之间立冬的时候，也就是在结算看青等费用的时候。因为会头既没有报酬，又比较繁忙，所以谁都不想做。七是管理范围。会头一般负责自己家周边的农户。各姓根据户数确定会头，有些小家族就合在一起共同推出会头，如刘、池、叶三姓由一个会头来管理。八是会头的职责。村里所有事务都由会头负责，如收取看青、打更等费用，如当事人交不了，会头还得代垫。如果本管辖区的人偷了其他会头管辖范围内的作物，会头要出面处理。会头也会进行纠纷调解，包括夫妻吵架等家庭事务。会头主要调解自己管辖的农户，但其范围不仅仅是十家，其他的农户也可以调解。调解时不是所有会头都参加，可以是一人，也可以是几人。会头的调解意见一般都会接受。如果当事人不接受也可以诉讼。但是侯家营没有诉讼的情况。有些家庭也会请关系好的、具有亲戚关系的会头协商分家事宜。但是这种协商和商量都是以朋友和亲戚的身份，不是以会头的身份。其他农活、农事都是农民自己的事，与公会和会头无关，后者也不会参与。村民家里的经济困难也是个人的事，不会找会头。九是充当中介人。会头多充当土地买卖、分家时的中介人，各家土地买卖可以不向会头说，但是可能会请会头做中介人。十是会头的消失。随着村长、副村长取代会头制（村长、副村长由县颁发委任状），会头的村务作用减弱。虽然村长、副村长会与会头们商量，但是已经不是会头决定制度了。大乡制实施后，乡长个人决策特色明显，会头作用进一步减弱和消失了。

2. 村长

一是村长资格。村长必须有能力，诚实可靠，是否有土地不是当选村长的标准，但是选出来的人都有较多的土地。二是村长产生。根据县里的命令，村长和副村长由村民选举产生。每家每户由家长参加选举会议，如果家长不在，女家长委托其他人投票。选举时没有确定候选人，由参会人员自己投票，选出村长和副村长。投票时只写推荐人的姓名，不写投票人的姓名（无记名投票）。选举时没有人游说，也没有公开讨论。一般会有100多人参加村长选举。票数最多的人当选村长，票数第二多的人当选副村长。选举村长和副村长，有一起选举的情况，也有分开选举的情况。三是当选和辞退。选上后要向县里报告，领取委任状。村长或者副村长做得不好，村民会投官，要求辞退，然后由县里解聘。10年前乡长侯大生因为账目不明、乱吃乱用被解聘了。主要由村里10位村民联名向县里请求辞退，这10人都是村里土地比较多的人，认为收费太多了。10人联名时没有与其他村民商量，但是其他村民也赞成辞退这位乡长。四是村长职责。主要有纠纷调解、管理看青、值夜及村摊费用。五是事务决策。村务主要由村长和副村长商量决定，即使是发生了诉讼，官府要么叫村长，要么叫副村长。一般不与会头商量，只有在收集摊款、确定打更人或者发生了骚乱时，村长、副村长才会与会头们商量。庙附近的坑里莲藕的管理、茅草屋的打理、接济穷人、对盗贼的处分等可以由村长单独处理。六是村庄代表。如果与外村交涉，一般由村长或者副村长代表村庄与外面交涉，如果村长和副村长比较忙，也可以安排一两位会头交涉。在商量时，村长和副村长的意见与会头们大多数情况下是一致的，出现分歧时按照多数人的意见决策。七是村长、副村长和会头的关系。在村民看来，村长、副村长有委任状，地位比会头要高。但是在商量事情时，地位平等，会头们也会照顾村长、副村长的面子。村长提出的意见一般会赞成。在出席村民的葬礼、婚礼等时，村长、副村长和会头坐上席。在侯家营村，村民一般不会称呼村长、副村长，而是按照辈分称呼。

3. 乡长

一是乡长的产生。根据县里的命令，乡长由全体村民投票选举产生，由县里颁发委任状。侯家营和赵家港合并成为一个乡，侯家营人担任正乡长，赵家港人担任副乡长，各管理各自事务，互不往来。投票时各村单独进行。二是乡长的职责。乡长统管村内一切事务。侯家营的乡长很能干，很多事情都是个人决策，不与其他人商量。即使设置了监察员，后来也不与之商量。对于看青人的选择，打更人的管理，莲坑的管理，村费的收取等都由乡长一人决定。三是乡长的辅助人员。乡长制时，村务的主要人员有乡长、董事（也称为十家长）、乡丁、看青的（只有春秋两季）、书记（记账的）。收费由乡丁和书记负责。乡长不是董事。四是乡长的报酬。乡长没有报酬。

4. 闾长

闾长负责会里的工作。其实闾长与乡长一同产生。根据县里的命令，各村可以任命一名闾长，协助乡长工作。闾长由全村的人讨论决定。侯家营的闾长没有选举，从董事中指定了一位有能力但是土地不多的人。因为闾长并没有什么实际的工作，也没有委任状，不久就取消了，闾长本人也辞职了。

5. 监察员

为了监督乡长，检查乡长的账务设立了监察员一职（乡长就是村长）。监察员由村民选举产生。侯家营村的监察员在产生初期还与乡长一同决定村务，后来因为乡长比较能干，因此很多事不与监察员商量了。在保甲制以后，监察员就取消了。侯家营村设置了两名监察员。

6. 调解

所谓调解就是仲裁村民纷争的人。根据县里命令由乡长指定。村民之间有了纷争就先请调解先仲裁，如果不接受再到里去诉讼。在侯家营有人擅长调解，因此就没有必要再设置调解这一职位。

7. 乡丁

乡丁是大乡制时为了村务而由乡长确定打杂的人，其实大乡制成立以前就有乡丁，当时主要是做村庄的事务。乡丁没有决策权，主要是上传下达、收集摊款、写公文、调查户口，派车、派人修马路等。不过在大乡制以前，乡丁事情很少。如果保长不在，乡丁可以代理事务。乡丁有固定的报酬，每月 30 元，大乡制前是 24 元，乡丁的收入比书记要低。在乡长制时，村费由乡丁和书记收取，董事不再收取村费。乡丁在保公所上班，每天都要过去，有事就做，没事就回家。侯家营所在保的乡丁，由保长与副保长或者甲长商量后决定。有些保是选举产生。乡丁要识字，还要有一定的经验。

8. 书记

在乡长制时期，设置了专门管理账簿的人，称为书记。书记由乡长任命，主要工作是管理账务，有时也与乡丁收一些费用。书记还必须催收钱粮。书记有固定报酬，每月 15 元。乡丁和书记的报酬都源于村民的摊款。去年每亩 3 元的乡亩捐，这些包括书记和乡丁的薪水。

9. 十家长

“十家”与大乡制一起产生，主要是以“十家”为一个单元，从这个单元选出一个头。这个头在会头制时期称为会头，在大乡制时期称为“十家长”。因为在乡长制时期，“十家长”的作用已经比不上会头时期了，大量的村务由乡长决定，“十家长”只有在收费时有作用。“十家”由居住在一起农户构成。“十家”之间不是特别亲密，也不存在特别的合作或者协作关系。同一个血缘关系的农户并不一定编在一个“十家”中。

10. 保长

保甲制实施后，保长取代了乡长。一是保长的产生。保长由村民投票选举产生。大家聚集在庙里，大约有四五十人。在选举前，乡丁敲锣通知大家，选举保长。选举时有无土地都可以参加，但是有地的人参加比较多，无地的人觉得自己参加派不上用场，也有不参加的。投票选出保长后向县里报告，县里发委任状。二是保长的报酬。保长没有固定的报酬，但是会有一定的车马费。三是保长的辅助人员。村里除了保长，还有“十家长”和保丁。四是保长的职责。与村长、乡长一样统管村里一切事务：收取差钱、雇佣看青的人和打更的人，管理坑里的芦苇、莲藕等。五是保长值日。保长一般一月值3次，而乡丁或保丁是每天值日。

11. 甲长

在大乡制时，“十家长”也称为甲长，保甲制实施后甲长才成为真正意义上的甲长。十户组成一甲，每甲有一位甲长。一是甲长的产生。甲长由保长指定（“十家长”时期由乡长指定），也有人说由“十家长”选举产生。二是甲长的职责。与保长一起商量村务，如上面下达的派车、修缮道路等命令，村费的收取、雇用看青人、打更人，甲长也会参与讨论。如果在紧急情况下，保长没有时间与甲长们商量，就自己先决定。三是甲长的报酬。甲长没有报酬。

12. 地方

在会头制时，就设置了地方，地方协助会头工作，受令于会头。但是并非每村有一位地方。在昌黎县，一堡有4个地方，一个地方联络多个村庄。地方相当于警察，又称为地保。民国十年左右，因为有了警察，地方就废止了（另外一处说民国二十年）。负责侯家营的地方是外村人，住在外村，有事才来村里，他负责联络11个村庄（另外一处说8个村）。一是地方的产生。地方由县里任命，如果村里认为不合格，也可以向县里提议辞掉。二是地方的职责。主要是上传下达、接待上级、纷争报告等，钱粮由社书收取。村摊款由会头来收，与地方无关。地方不参与村庄事务的决策。如果县里有通知，由地方通知会头；如果村里有事情，由会头向县里报告，如杀人和纷争事件、打官司需要传唤人，就由地方带着衙役去找人。如果村里要向县里交纳摊款或者车马等，有时直接上交，有时通过地方上交。如果有人不交钱粮，地方就带着班役去促收。县里一定要通过地方与村里打交道，不会直接与村庄打交道。三是报酬。地方也有报酬，如果工作做得好，报酬会多点，否则就会少点。侯家营给地方十几吊（一斗粟值两吊钱）的报酬，半牌一共20吊（不同的人有不同的数据）。地方的报酬分两次支付。地方去会头家去取钱。四是送礼。只有结婚、葬礼和打官司时就会给地方送礼。如村里有女子自杀，会给地方送礼，希望不要将之告到县里。这些收入还比较多。地方到村里传达县里的通知，如果不是熟人不会请吃饭。五是脚钱和“吃打席”。地方去某些地方，有时会给一些脚钱，一年两次，200文脚钱，也称为工钱。同时地方也会“吃打席”，每年会做好酒席，邀请各村有钱人参加，一些有钱人会去吃酒席，去的人会带上一吊钱或者两吊钱。这种行为称为“吃打席”。没有钱的人不会去“吃打席”。每年“吃打席”地方可以收六七百吊钱，侯家营有50%的家庭会去“吃打席”。

13. 保正

保正与地方一样，基本上一个牌（堡）一名保正。侯家营没有保正。保正由县里来决定，如果县里不规定，村里不会设置这个职位，因为这个职位是个花钱的职位。保正的报酬从所辖的村庄摊派，每个村大约两吊钱。侯家营所在的保正属于东三牌，其报酬由东三牌各个村庄分担。另外，保正也会摆酒席，侯家营有10多人去吃酒，保正可以收一点礼金。保正只是在出现了杀人事件后，协助县里人来处理，如“搭棚”等杂事。保正与地方没有关系，保正的地位比地方要高（这与顺义县不同）。

14. 公会先生

村里管理账簿的人称为“公会先生”或者“账户先生”。村里的费用都是需要时临时征收，数额都不大。如果当年工作比较忙，会头们会给公会先生一定的报酬，每年大约30吊左右。

15. 校董

侯家营村的学校，没有校长，只有3个校董。校董负责学校的事务，如管理工资、食物、选任老师等。校董由族长、甲长选举产生。

16. 理事的人

凡事承担村庄公共事务的人都称为理事人，在会头制时有会头；在村长制有村长、村佐或副村长；在乡长制时有乡长、副乡长；在保甲长时有保长、甲长、保丁。理事的人有一定的规定，在没有分家的情况下，父子、祖孙、兄弟、叔侄不能同时担任这些公职。分家后可以。其他的如看青、管账、乡丁和看庙的不受此限制。

17. 会头和保甲长的异同

会头与甲长的区别：一是管辖区域。甲长按照门牌序号决定管辖范围，有10户。会头按照姓姓确定管辖范围，户数不定，不同的会头管辖的户数有多有少。二是产生方式。10户决定为一甲后，从中选出一人为甲长；会头是从全村选举出来的。三是决策方式。在决定村务时，会头们会全部聚集在一起商量，会头们本身就是村务最高的决策者。保甲制时，主要由保长和副保长决定，即使甲长不出席也可以决定。四是责任。甲长管辖范围内的十户出现恶人的时候，甲长需要承担一定的责任，甲内的各户也有连带责任。会头则没有什么牵连。会头与甲长相同之处在于：一是从管辖范围内的每家收钱。二是如果管辖范围内有人偷东西，需要承担一定的责任。保长、副保长和会头的工作大体相同。

（三）治理单元

总体来看，从晚清开始，县以下及村以上的单元，经过了多次变化，依次为堡、区、牌、乡。但是各个单元的规模不同。

1. 乡

大乡制实施时的一个治理单元。侯家营与赵家港共同构成一个乡。两个村之间没有横向联系，也没有共同性。只有在收费时才会有一些作用，即在某些时候是一个费用摊派单元。有农民表示，这是为收费成立的一个单位。因为原有的村长就任乡长或者副村长，其他都没有变化。

2. 牌

县以下曾经有一个单位叫作堡，一个堡有6个牌，一牌有20个村，10个村称为半牌（县—堡—牌—半牌—村），侯家营与周围的11个村称为半牌。每半牌有一个地方。牌的事务都和地方有关。各个牌没有名称，在东边称为东三牌；在西边称为西三牌。由于无法承担费用，各个牌没有牌头。牌的主要功能就是摊款和收费，如地方的费用或者其他发生在半牌内的纷争等产生的费用由半牌内的村庄分摊。摊款由各村收齐后交给所属的地方，必须以半牌为单位收。根据村的大小来摊款，以人口数量为依据，小村为大村的一半。半牌内的村庄有一些合作，同牌但非同半牌的村庄没有合作。半牌内的村庄合作体现在：一是分摊相关费用，如地方向县里报告的费用，死人后的尸体检查费用，买棺材费用等。二是如果有盗贼就会撞钟，各个村会相互支援。三是如果某人被误抓，半牌内村庄会相互签名担保。以半牌为单位的主要目的是以一个村担保，力量太小，因此请半牌内其他村庄签名支持。四是发生了水灾，半牌内的村庄联合起来要求豁免、延期等。另外看青、防卫等都是各村自己负责。民国二十八年，大乡制后就没有牌了。大乡与牌、半牌的规模和管理范围不完全相同。

3. 堡

晚清时期县里有7个班头，一个班头管理一个堡。民国元年县里成立了警察局，堡就变成区了。堡又可以分成几个牌，半牌有一个地保。堡没有专门的办公地点，但是有几位绅士，负责传达县里的命令、收集公益资金等。绅士由各个地方来推荐，县长任命。绅士是官名，有功名的人才能当绅士。绅士可以命令地方。地方受绅士和自己所管辖班头的命令。

4. 十家

“十家”是一个单位。在会头制时，每“十家”推选一位会头，但是在大乡制会，“十家”变成了一单位，当时也叫甲。“十家”选出一个头称为“十家长”，协助乡长办理村务，在保甲制以后，“十家”及“十家长”就取消了。

5. 甲

在大乡制时，就有一个“十家”的单位，在保甲制时期，“十家”转换为甲。“十家长”称为“甲长”。不管是“十家”，还是“甲”都是一个最基层的治理单元，或者说是一个收费单元，自我管理单元。

6. 家户的等级

在侯家营，根据各家持有财产状况，将家户分为头等户、二等户、三等户等。财产又主要以土地为依据。只是大体规定，没有明确的划分。在保甲制时又分为甲户、乙户、丙户。日本人没有对以下的事情调查清楚：登记保甲册时，甲户、乙户、丙户是否对应过去的头等户、二等户、三等户。

7. 班头

班头是晚清时县政府的一个衙役。县里有 7 个班头（也有说 6 个班头），一个班头管理一个堡。如果有人打官司，班头下面的小班会下发传票，打官司的人到班头那里提起诉讼。然后班头写好呈子送到县长那里。民国政府废除了班头，创建了警察局，支付给巡警的工资，一律按每半牌相同的金额分摊。

（四）村务决策

1. 公会

会头们聚集起来开会称为“议事”“会议”，也称为“公会”。公会也称为中会、庄会、会上的，称为会上的比较多，如说“他是会上的人”。公会没有固定的时间，也没有固定的程序，临时决定。每年公会至少开 3 次会，即耕作前、关帝生日、支付看青费的时候。3 次公会要求所有会头都要参加，如果有人不能参加也可以。村庄事务由会头们决定，即使有人不能参加也能够决策；即使只有一两人，但是事情紧急，同样可以做出决策。在商量事情时，如果意见不一致，按照多数原则决策。如果需要确定数量可以举手表决，没有投票表决的情况。如果有人坚持自己的意见，其他人也会同意。会头们通过公会组织看护庄稼。村里有公会，但是没有村民会议。会头所负责的“十家”也不会有“十家会”。

2. 村民参与

村民主要参与如下事情，一是每“十家”推选一位会头，或者“十家长”或者甲长。村民不太愿意担任这个职务。这个职务一般由有土地、有财产的人担任。二是参与投票选举村长、乡长、保长，当然村民可以参加投票，也可以不参加投票，有无土地的人都可以参加投票。一般村民不太关心谁当甲长和保长。三是保长甲长会议（或公会）不会通知村民，但是有人问起会议的内容，会告诉村民。四是会议传达。甲长开完公会后，村民们也会询问，甲长会给予回答。

（五）村庄防卫

1. 棒子队

在实施大乡制后，根据县里命令成立了棒子队，也称为保卫或者治安或保甲自卫团。一是成员。由18岁到40岁的人担任棒子队的成员，所有这个年龄段的人都属于棒子队。二是值班。每天有两人值班（过去是一人），值班并非整个晚上，还是要睡觉的。值班时按照居家的顺序轮流进行。三是值班的任务。根据治安军的要求，盘查过往的行人，注意可疑的人。四是成员训练。按照要求棒子队员都要在泥井训练，目前只有“十家长”们训练了。五是指挥。棒子队不分组，指挥是泥井的人，村里由保长负责。六是武器。棒子队的武器主要是棒子。七是费用。棒子队需要购买棒子，定做帽子、衣服等需要交钱。队员们值班、训练没有补贴，也不会吃饭。如果棒子、帽子坏了，队员们赔偿，由公会负责购买。丢军帽一个，赔偿一元；丢背章一个，赔偿两角；损坏棒子一根，赔偿八角等。

2. 轮流打更

在侯家营，从10年前就开始打更，因为经费紧张，收费困难，大多数年份是村民们轮流打更。一是打更的目的。主要是防止小偷和火灾。二是打更的时期。主要是秋冬两季，从十月初一到正月十五。三是打更的时间。从晚上7点开始到第二天的8点结束。四是打更人的安排。根据田亩数来确定打更人，每10亩出一人打更一晚；10亩以下按照10亩计算；10亩到20亩是两人，如此类推。没有土地的人不打更。五是打更的顺序。按照居家顺序安排，如果家里有30亩地，则要出三人三晚，轮到自家后，连续三晚各安排一人打更。如果家里没有人，可以雇人打更，也可以出钱，请乡丁雇人。但是要出一束高粱秆。六是打更休息地点。打更人在公会的房子休息，每人要带一束高粱秆烧炕。六是打更换班。全村每晚6人，分成两组，每组两个小时，打更时也不是一直走动，可以适当休息。七是打更的路线。打更的路线是固定的，每次都沿着固定路线打更。八是打更所带的武器。每人带一个棒子和锣。有些从家里带了洋炮，洋炮没收后就带棒子和农具打更。打更的人还会带柴火和稗子。九是发现小偷的处理。如果发现小偷后，就会撞钟或者打锣。十是被盗后处理。东西被盗后打更人会被训斥，但不会赔偿。十一是如果不打更会被送到警察分所，在那里接受惩罚，主要罚几两洋油。十二是打更的安排，主要是保长、甲长和乡丁商量决定。

3. 雇工打更

有些年份，村里也会雇人打更。一般雇用两人，打更的都是村里比较贫穷的人。雇用的人睡在自己家中。一是打更方式。一个人敲锣，一个人打梆，边走边敲打。二是打更报酬。打更报酬是临时商定的，一般每人每个季节是20吊钱。如果工作比较好，也会多给三四吊钱。三是打更招呼。打更人睡在自己家中，先出去的人打锣，后出去的人听到锣声，就带着梆子出门。四是打更次数。一个晚上打更4次，主要在晚上9点；第二天凌晨3点、4点、7点。五是打更费用摊派。打更费用按照田亩数量从有地的村民中收取。六是付薪方式。雇用开始时先给一部分费用，打更结束后再给剩余部分。如果会上有钱会先垫付，否则会提前收取全部费用。如果会上垫付，半个月后向村民收取。

4. 站岗

在打更的6人中，3人打更，3人站岗。站岗是晚上8点到早晨8点。站岗的人轮流睡觉，轮流吃饭。站岗的人与打更的人不同，打更的要巡视，而站岗则在固定点不动。民国三十年，打更和站岗合二为一，民国三十一年站岗的兼任打更的。

5. 撞钟和打锣

在侯家营乡，有几种情况下撞钟或打锣，一是打锣通知村民开会；二是打锣通知“十家长”或者甲长们开会；三是处分坏人时会撞钟；四是当有盗贼时，通知其他村庄支援时会撞钟。其他时候不会撞钟，也不会打锣。撞钟和打锣都由乡丁或者保丁进行。

6. 看青

从麦秋到大秋，会头会雇用看青人来看护庄稼。一是选择。在写青的两三天之前，会头们先讨论决定写青的日子。到了写青的那天，听到锣响，想做看青的人会聚集过来，然后会让他们各自把工钱写到纸上，选定其中工钱要求最低的人做看青人。每年都有六七个想看青的人，会选择人品比较好的人。在确定看青人后再确定保人。如果想看青的人找的保人不合适，会让他重新再找人。二是帮办。侯家营雇用一位看青人，如果忙不过来，看青人会再雇请一位“帮办”，称为“帮办的”，看青人称为“看青的”。三是报酬。看青人的报酬是二三十吊钱，可以先预付一部分，因为全部支付后担心看青人偷懒。看青费用由有地人负担，会头按照地亩收取。一般以8户为一组进行收取。看青费用没有与村摊款一起收取，而是临时收取，什么时候看青就什么时候收取。看青费用由地主负责，佃农不负担看青费。四是边界。虽然村庄没有具体的边界，但看青有具体的边界，按照传统的村庄边界来看青，即村庄边界与看青边界一致。五是看圈。看青的区域叫“看圈”，也称为“青圈”。在侯家营，看圈的边界一直没有变化过。六是外庄地与看青费。各村看青人会约定好，互相照看好邻村在本村的土地（有些地方称为外庄地）。看青费交给土地所有者所在的村。七是看青费用的收取。在乡长制时期，看青费用由乡长征集，乡长安排书记、乡丁征收。在保甲制时期，保长命令“十家长”来征集。八是作物损失赔偿。如果作物被盗，看青人要赔偿。一般赔偿被盗损失部分（其他村庄虽然规定要赔，但是看青人基本是穷人，根本赔不起）。按照规定：苞米一棵5钱，4棵左右的高粱秆赔偿高粱半斤。其他的就交由会上的人判定。如果抓住小偷，罚款归看青人所有。九是连圈。本村人的土地在外村看青范围内，外村的土地在本村看青范围内，两个村相互看青，称为连圈。虽然是连圈，但是看青费不会相互抵销，而是看青人直接去邻村去收取。十是看青人数及确定。在侯家营有两人看青，有时也只有一人看青。看青人由会头雇用。决定看青的日子在麦收前，日子不定。看青的时间是5月到9月。十一是看青的保人及签约人。看青的需要保人，保人担保才行。每个看青人需要一名保人，如果看青的逃跑、偷盗作物不赔偿时，由保人负责赔偿。因此保人一般找有钱的人。保人责任比较大，但是只吃两顿饭，即写青时（写契约）和算账时。十二是写青。所谓写清就是看青人与会头们签约，由会写字的书写文书，文书只有一份，保存在会上。看青人和会头会在契约上签字，其中会头会自谦为“会末人”。十三是算账。所谓算账就是看青结束后，村里要给看青人报酬，计算受损作物，计算应该给看青的报酬。十四是吃饭，在整个看青过程要吃两顿饭，一顿是写青时，一顿是算账时。8位会头、看青人和保人参加吃饭。十五是小偷的处理。如果抓住了小偷，则由会头们审问，小偷要赔偿作物损失，还得道歉和赔款，主要向会头道歉。罚款数量由会头决定，罚款归看青人所有。赔款的额度根据小偷家里的富裕程序而定，有些讲面子的人会请村里德高望重的人说合，偷偷赔偿，或者减少一些罚款。十六是看青人的特点，看青人一般是村里的穷人，而且是村民们都害怕的人，这些人会打架。这种人如果心情不好，或者没有事做会很危险，因此一般请这些人去看青。以前看青是会上组织，或者小乡组织，但是在1942年，看青的由大乡组织，经费也由大乡负责（不过大乡的费用也由各村摊派）。

7. 看梢子

因为风会吹起沙子，因此侯家营的沙地种植梢子，主要是杨树、榆树、柳树三种，其中柳树最多。这些树主要种植在质量比较差的土地上。梢子由所有者自己种植。梢子每两年砍一次，砍后当柴烧。根据习惯，一般在霜降前半个月和后两天砍伐。不允许在其他时间砍伐，否则会影响村庄的环境。如果有人违反，要罚款三四吊钱，在日本人调查时罚款两三元。公会会请人看梢子，有时就请看青人看梢子。看青与看梢子有区别，前者如果被偷了，看青人要赔偿。后者没有这种责任。看梢子的工钱不多，由会里支付。

8. 看庙的

在乡公所建立以前，庙由看庙的守护；乡公所建立以后，庙由乡丁看守。在看庙的看守时，其职责是：摆放庙里的祭祀供品，打扫庭院，负责村务的跑腿等。看庙的一般是村庄比较贫穷的人。庙里没有土地，村里要给其发劳务。

9. 对犯人的惩罚

在传统社会对犯人的惩罚有一套惯例：一是惩罚的类型。主要有殴打和送官。基本原则是送官就不殴打，因为殴打后县里就不接受了。二是轻罪和重罪。如偷盗一些高粱等情节比较轻的罪，一般是殴打一顿就放人。如放火、害人、通奸、强奸等就是重罪，需要送官。三是如何殴打。罪犯在进庙之前谁都可以打犯人。四是在哪里打。一般是老爷庙和财神庙，在日本人调查时在小学殴打。进庙前谁都可以打犯人，但是进庙后就有规矩了。五是谁来打。进庙以后只能由正副村长和董事们打，或者指定的人来打，安排谁打谁就得打。六是用什么打。主要是用手和柳枝，用手打肩膀，用柳枝打肩膀和屁股，身体其他的地方不能打。不能用棍来打，因为会将人打伤。七是如何打。殴打时要穿着衣服，打多少下不固定。八是打后如何？如果打后还不交代就不能打了，在庙里打后出来，村民也不能再打了。九是惩罚的商量。对犯人惩罚时特别是送官时，正副村长要与董事们商量，因为涉及摊款的事。十是判罚的类型。杀人或造成重伤的时候，会送官处理；轻伤的时候，会采取仲裁。如果仲裁不成功，也会送官处理。十一是强奸的处理。强奸幼女和寡妇送官处理。强奸他人妻子的时候，由村民和那女人的丈夫殴打。十二是通奸的处理。两个人你情我愿的事情，不构成犯罪。女人的丈夫有殴打两人的情况，也有不殴打的情况，但是此类事情村民不会参与殴打。

（六）村庄摊款

1. 村费类型

在侯家营，村费又称为“化消”，不称为摊款。村费包括看青费、打更费、乡丁书记费用、招待费用，还有一点香火费等。有受访者将差钱（钱粮）也视为村费。

2. 村费征收依据

村费收取与土地等级有关系，土地分为上、中、下三等。上、中、下三等土地分别用一亩、两亩、三亩来换算成一亩来征收，即三亩下等土地相当于一亩上等土地。土地等级由会上决定，决定后一般不会改变。因为侯家营没有水灾，不担心因为水灾而使土地质量改变的情况。看青费、打更费也是按照这个标准征收。但是保甲制后，这一制度取消了，良田与差田支付同样的村费，每亩 4 元。有些只有两三元收入的差田，也要承担 4 元的村费。

3. 交纳村费的土地

有土地就有村费。租地的佃户不用交村费。受访者也表示，其他村有地主和佃户各承担一半的情况。在侯家营规定：一是住宅用地不交村费。但是原来是耕地，有 5 亩，其中 3 亩修建了房子，5 亩土地都得交村费。二是坟地不交村费。如果有 5 亩地，全部变成坟地后，只需要缴纳田赋，但是不交村费。如果没有全部就成坟地，还得交纳村费，且坟包不能从坟地总面积中扣除。三是个人土地变成了道路也要交纳村费。

4. 庄户地与村费

被建做房屋的土地称为“庄户地”。庄户地不分上、中、下等，因为在侯家营，只有上等地才能够建房，所以庄户地均按照一亩来交村费。

5. 荒地与村费

不能耕种的荒地，不交村费。如果荒地开始耕种，且有收入，必须交纳村费。

6. 村费征收

村费都是临时征收的，没有固定的征收时间，没有固定的征收次数。有时也与各项费用一起征收，有时只是单单征收某一种费用。征收时村民询问，则会告诉村费的内容，不询问就不说。村费没有滞纳的情况。在保甲制时期，由保甲长征收；在大乡制时期，先由“十家长”来征收，剩下的由乡丁征收。一时无法支付的，先由会里垫付，然后征收后还给会里。

7. 村费垫付

村费一般不马上从村民征收，一方面，村民没有多余的钱；另一方面，征收比较困难。所以都是先垫付。一是村里有钱，由村里先垫付；二是村长、副村长等先垫付；三是借钱垫付，即向有钱人借钱垫付。借钱垫付都不给利息。如果向外村人借款要支付利息，因此侯家营大多找本村人借款垫付，当然能够借款垫付的都是较为固定的家庭。

8. 村费支出

村里支出费用由村长、副村长，或者乡长、监察员、书记等，或者保长、“十家长”等商量决定。对于小事，村长、乡长、保长可以单独决定。如果是大事，如收差钱、维修公路款等就需要商量。

9. 村费收支公示

村里收入和支出的费用还要制作清单，一年春秋两季，月份不定。清单在庙的墙壁上贴出来。有些农民会看，有些村民不会看。日本人调查的这两年没有管账人，所以没有制作清单。

10. 大乡制摊款

建立乡政府时每亩有3元的摊款，但是保甲制以后一亩的摊款分成8次来收（有一位受访者说7次），分别是：十五钱五厘、四十钱、三十钱、三十一钱、十四钱、三十钱、四十三钱八厘、二十钱。

11. 县里摊款

县里也会有摊款。县摊款通过牌通知各村，村里先垫付，收齐后再上交。其实，县摊款都是泥井垫付，然后再向各村收取。这些摊款最后都由有土地的村民负担。

（七）人与物的摊派

1. 出役

街道的修整、水井的挖掘修整需要征派劳力。如果上级要求安排村民维修道路，保长和甲长会安排人前往。派工不是按照田亩出人，而是按照户来出人，一户一人，或者一甲一人。1941 年建学校，村里安排过几个工。在侯家营如果需要出工，则会雇人出工，费用由公会负责。受访的乡丁说，村庄摊派人工，有按户摊派如每户派一人的情况，也有按照所有土地的数量摊派的情况，一般是 10 亩派一人。按照土地数量摊派时，不考虑土地质量。不过按照户摊派劳力的情况比较多。

2. 车的摊派

在修建道路和学校时会向村里摊派车，这种事不常有。如果接到上级命令，保长、甲长会讨论由谁家出车，由村里收集后一起派出。安排出工、出车会给工钱。在附近出工、出车自带饮食，比较远的也有请吃饭的情况。公会本身不会为出工、出车提供补贴。出车时让有车的人按照顺序提供车子。泥井建学校时，侯家营提供了车子，也给提供车子的人管饭。

3. 征兵

昌黎县通过第四区，再通过编乡向侯家营村发出征兵通知，年龄在 20 岁到 30 岁之间。安排时，村里决定由各家各户抽签决定。村里不会给当兵的钱，不能雇用其他村的人当兵。

（八）村庄事务

1. 仲裁人

村里有了纷争，会有村庄仲裁人进行调解：首先是附近的人参与仲裁；其次，如果附近的人调解不成功，保长和甲长就去调解。保长和甲长一般能够调解好。最后，如果保长甲长调解不了，村庄有威望的人可以调解。如果这些都调解不了就只能诉讼了。从理论上讲，村民也可以不通过调解直接上诉，侯家营村还没有发生过到县里上诉的事情。

2. 边界争议

对于这类纠纷，当事人双方实地测量解决。测量时会请一两位证人，有时是甲长，有时是熟人。边界之间没有什么记号，根据垄数确定。除了边界争议外，就是欠债不还、分家纠纷等。

3. 救贫

村里没有专门的救贫机构，但是每逢过年时，村长都会向村内有钱的10户或者20户收一点钱，给村里的寡妇和孤儿，以免被饿死。收钱不是强制的，各户随意给一点。所以每年的数额不定。全村有三四户不能工作的寡妇和孤儿。这些人平时也会向村里一些可能会给他们钱或者食物的家庭去乞讨。因为这些人没有劳动能力，无法向帮助他们的人做事或者给回报。

4. 公会聚餐

聚餐也称为“祭财神”“祭老爷”。九月十七日全村的人会聚集在一起摊钱吃猪肉。费用由村公会支付，不足部分向大伙摊钱。虽然乡长或保长会拿出五六元，其实都是村公费，全部要摊给村民。由于全村聚餐既花钱，又麻烦，因此乡长就废除了这个制度，改成只有保长、保丁们一起吃猪肉，一般在庙里或者乡丁家里吃饭。乡长废除聚餐制度，大家没有反对，也没有怨言。会头制时会头们在一起聚餐；保甲制时保长、副保长、甲长、乡丁、棒子队、书记在一起聚餐。

5. 祭祀老爷

每年的六月二十四日会祭祀老爷，一般由村里的村长或者乡长祭祀，以保全乡或者全村平安。祭祀所需要费用由公会支付。这天要吃猪头。一般人家只有生病时才会祭祀老爷。

（九）村庄公共设施

1. 公会土地

侯家营主要有三类公会土地：一是水壕。水壕土地属于公会，大约有2亩地，需要缴纳田赋。水壕十几年前建成，主要功能是排水。二是蒲子地。俗称“蒲坑”，主要是种植蒲子，约有17亩（也有说3亩），每年收入115元左右。三是莲藕地。俗称“藕坑”，种植莲藕，不到一亩。后两类土地原来为学校所有。蒲子和莲藕卖掉，收入归学校所有。大乡制后，两类地的收入归大乡所有，保长将卖浦的收入交给乡里。四是村庄没有公共采土的土地，如需采土要去七里海。后两类土地有地券，地券的持有人是学校。侯家营没有公共采土的土地，也没有义地、义塚。也没有治理蝗虫的组织和大家相互融资的钱会、打会等组织。

2. 碾子

村庄有12个碾子，属于个人所有，放置在主人家，但是大家都能够使用。只不过使用时，牲畜拉的粪必须留给主人家。其他人在使用碾子时不需要给谢礼，也没有哪位被拒绝的情况。维修时由主人付费，使用者没有摊过费用。

3. 井

全村有 2 口官井，6 口私井，都是饮用井，没有灌溉用井。不过即使是私井，周围的人也能够使用，不需要付费，也不给谢礼。官井和私井在维修时都是附近的人参与，主要是淘井底。

4. 庙

侯家营有两座庙，分别是老爷财神庙和五道庙。前者供奉财神，后者供奉五道老爷，如果村民死后，家人会去五道庙报告。在六月十四日老爷生日和九月十七日财神生日的时候会有祭祀活动，主要点灯、上香、供奉精美食物。农民不会停下农活去祭祀，也不会唱戏。过去在祭祀时还吃饭，后来渐渐没有了。祭祀的经费由公会支付，由有地的农户分摊。庙由乡丁管理，每月初一日、十五日要上香。在乡丁以前由董事负责管理。

5. 学校

在日本人调查前二三十年，侯家营有一所小学，小学有一位老师，有 40 多位学生。学校的经费用由村会负担，坑的收入也交给学校。大乡制后，小学与泥井的学校合并了。

6. 私塾

在小学成立之前，村庄有私塾，私塾的成立与村公会没有关系。本村贡生侯建功当过私塾的老师。老师由私塾自己决定。

7. 建庙

侯家营有两座庙，其中一座庙比较大，但是村庄比较小，因此有人说：庙大村小，不匹配，所以村里人不好找事，特别是去满洲的人回来得多。在大乡制时，乡长说将现在这座大庙改成学校，新建一座小庙，以便与村庄匹配。建庙大约花费 400 元，200 元从田亩摊派，200 元由村民捐款。至于过去的庙是什么时候建成，村民都不知道。总觉得别村有庙，本村也应该有庙，否则民心就会不安。因此建村就会建庙。庙里经常会住一些没有家的人。

8. 慈善

村里人也会给孤寡老太太提供木柴和食物，主要是村民自愿提供。捐助不能以公会的名义进行，因为公会就是一个联络机关。

9. 挖壕沟

县里向村里摊派人力挖壕沟，第一次要求安排 12 人；第二次要求安排 12 人；第三次要求安排 4 人。实际上 3 次分别只安排了 5 人、7 人、1 人。如果按照户摊派人力，不用付钱。如果按照土地亩数摊派人力，则是一个很大的负担，需要 2500 元左右。村里很多人交纳不了，只得卖地后再买高粱交纳。

（十）村庄公共性

1. 灾害与救济

侯家营土地质量不太好，下雨就成灾，天旱也成灾。受访者表示，民国以来，有几十次灾害。1942年4月、5月、6月多天下雨，特别是6月份灾害严重，村庄无法与外部联系，一个月才能够赤脚走向外村。对于灾害的救助主要有两种，一方面，政府的救助，受访者表示，政府救助有两次，一次是光绪年间，政府给灾民施粥；另外一次是民国初期，政府曾经给灾民一些粮食，其他灾害再无政府救助。受访者表示，每天只能领2斤粮食，根本不能解决吃饭问题。另一方面，自我救助。主要有如下渠道，一是以储备粮维持。受灾后每家都会有一点储备粮，一两月的吃饭不成问题。如果没有储备粮，也无法借粮，只能吃野菜、树皮等。二是卖牲口、家具筹钱来买粮。三是如果连续两年甚至三年的受灾，有钱的人家可以维持，但是中等的家庭可能要卖牲口，下等的家庭可能要卖地。村庄或者村庄社会没有任何救助行为，完全由农民自己度荒。

2. 挖水沟

侯家营村经常遭受水灾，因此在会头制时，以公会的名义在沟的下游的邻村购买了3亩地，以地挖沟泄洪，减缓水灾对本村的影响。首先，由本村的会头与邻村会头进行沟通。其次再组织本村有地的农民挖沟。每年都要对沟进行清理，分别由会头制的会头，邻闾制的闾长，村长制的村长，保甲制的保长、甲长组织挖沟。一是购买土地的经费，由有地的农民摊派。二是作为沟的土地也要交钱粮和摊派，两者均由有地的农民分摊。三是挖沟的组织，挖沟主要由会头组织，每位会头组织和监督挖沟。四是挖沟劳力的安排，参加挖沟的是有土地的家庭，家里有人的一定要出人，没有人的富户要雇人挖沟。如果家里有人外出，只有妇女小孩的可以不参加。五是挖沟时间，每年都必须挖沟通。最初挖沟花费了三天，其后每年需要一天的时间挖沟。六是监督，一般是会头、村长、保长、甲长、闾长组织，这些人既要组织，自己也要挖沟。七是挖沟方式，大家排好队，从前向后挖沟，挖完为止。因为不挖完就不能回家，大家都不会偷懒。八是聚餐，在挖沟时有时会吃饭，早餐吃高粱饭，中午和晚上吃小米，一般在野外吃饭。这些费用由有地的农民分摊。

3. 旧坟坑

旧坟坑又称为老土坑，村庄出现时就存在，属于村庄所有，约有10多亩。旧坟坑主要为村民提供壁土和粪土，每年都有人挖。从权属来看，属于公共土地。只要是本村人都可以使用这块地。因为土地已经很久了，是否有契约不太清楚，是否缴纳钱粮也不太清楚。

4. 窑坑

在侯家营村，还有一块土地，其南面有一个窑，因此称为南尧窑。这块地也称为管尧坑，主要供村民采集壁土和肥土。从权属来看，属于村庄的公共土地。

5. 水坑

在侯家营村有两个水坑，东边水坑有六七亩，种植藕；西边的水坑有十几亩，种植蒲。两个水坑平时不需要人管理，也不出租，只是最后招标出售。蒲的收入归学校，藕的收入归村公所。水坑属于村庄公共土地，是否有地契、是否交纳地租，日本人没有进行具体调查。

6. 水井

侯家营共有 8 口水井，这些井保证村庄的饮水、洗衣、浇菜园的需要。一是挖井，一般是某家人为了某种需要在自己的土地上挖井。井属于私人所有。在挖井时周围的人会来帮忙。二是井的文书和钱粮。如果是私人井，一般与土地的文书在一起，需要缴纳钱粮。三是水井的使用。全村的人都可以使用，但是水井周围的人使用比较多，使用时没有先后顺序，也没有白天和晚上之分。如果附近的水井在淘井，则会去比较远的地方打水。四是淘井，每年要淘一次井，淘井并非由所有者发起，周围的人均可以提出来：水不太好了，要淘一下了。于是就会叫上七八人淘井。也并非全部的人来淘井，更不会按照顺序，每年安排几户来淘井，每年淘井时，大家自愿参加，人员不固定。淘井不仅仅叫用水的人参加，有时也会请不用水的人。在侯家营，没有专门的淘井人。五是水井的性质，有些井只能洗衣服，有些可以喂牲口，有些可以浇菜园，有些只能饮用，但是有些井会有多种用途。六是浇地，即使有人浇菜园，也不需要向井的主人请求，不需要给礼金，自己使用就行了。如果用水浇菜园，一个小时不会影响其他人用水，如果使用三四个小时就会影响别人，即便是这样，也没有人抗议，反正等段时间就有水了，或者去其他井挑水。

（十一）公共名誉

1. 侯元铭家匾额

60 年前，侯元铭的先辈侯定起在中后所县（绥中县）商店上班，每年回家一次，给叔父资助，帮助本村贫穷的村民。村民去中后所县时，他总给这些村民提供食宿，帮助找工作。村民们称之有德，赠送“一乡善士”的匾额。右侧写着“大乡望侯公定起字兴邦政”，左下部写着赠送人的名字。这些人都是受过他帮助的人，既有本村人，也有外村人。外村人均是会头，本村人既有会头，也有非会头。人死后不会赠送匾额，如要赠送都是在人还活着时赠送，为了让那人有面子。这是一种风俗。

2. 侯瑞文家匾额

侯瑞文家门口挂着一块写着“硕望高骞”的匾额，为同治十年“乡友乡族”赠送。受赠人姓名不详，赠送人为乡友乡族，全是本村人。受赠人为昌黎县粮房的下役，他经常帮助村民，如果村民没有钱了，他会先垫付，或者和县长交涉延期上交封粮。在有纠纷时，会帮忙说合，以免打官司。

3. 萧惠生家匾额

匾额是送给萧惠生的，他在县电话局工作，村民们有纠纷时，他会说合、仲裁。一般而言，如果有人在县城打官司，他就会去县里仲裁。如果在村庄有纠纷，会把他叫到村里仲裁。这样的事，一年会有一两次。他能够参与调解，主要是他是电话局的人，又是局长，同学多，同事多，说话管用，所以大家都愿意请他调解。如果与外村发生了纠纷，他也不会偏袒自己的村庄，而是公正调解。因此周边几个村各出2元赠送了匾额。

（十二）其他

1. 村庄边界

以前村庄是没有边界的，七八年前县里定了边界。定边界主要是担心税费征收的纠纷。在边界之内的土地，如果卖给其他村庄的村民，税费就由其他村庄征收了。本村村民在外村购买了土地，税费就由本村征收。总之，土地税费交给所有者所在的村庄：所有者在哪，土地的税费就交到哪。因此，过去边界是移动的，现在即使有了明确的边界，但是随着土地买卖，村庄的面积也会变化。

2. 会底钱

公会买拿到桥上庙里的香钱，称为“会底钱”。主要是为了祈祷不降冰雹。因为本村没有这样的庙，所以去桥上的庙上香祈祷。

3. 看捐子

所谓看捐子就是看护柳树叶，这个工作由乡丁负责。也称为看捐子。很久以前就不存在了。

4. 开叶子

每年6月会开叶子，开叶子的时间视高粱的成长情况而定，具体时间由保长们决定。一般是旧历六月二十开始，大约半个月左右。开叶子后大家都能够自由采摘高粱叶子，即使是外村土地上的叶子也能够采摘。采摘多少都可以。但是采摘什么叶子有具体的规定。开叶子结束后就不允许采摘了。开叶子时采摘谁家的都可以，既可采摘自己家的叶子，也可以采摘别人家的叶子。村民一般会采摘生长得比较好的高粱叶子。开叶子时，乡丁会敲锣，在村里喊“开叶子”。在结束时也会敲锣，喊“拒叶子”。采摘叶子的多是穷人。高粱叶子可给牲口吃，也可以用来卖。

5. 拾落穗

收获后，村民们可以自由拾落在地上的庄稼。不管是什么作物，也不管是哪村的人均可以拾落穗。

6. 拾柴火

庄稼收割后，可以取留在地里的根，这种人称为“拾柴火”，拾草的人也可以称为“搂柴火”。拾柴火的人比较多，大多是贫穷人家。

7. 上眼皮

侯家营的人将比自己地位高的人称为“上眼皮”。如村长、副村长都是“上眼皮”。受访者表示这不是一个好词，建议不要写上去。

8. 逃户

一点土地都没有的人家称为“逃户”。“逃户”不用缴税。在侯家营没有“逃户”。

9. 泥腿

村里比较坏的人或者比较粗鲁的人称为恶人，在侯家营没有这样的人，但是凤凰山附近有。这些人不会来侯家营。

10. 户口的变动

户口的变动由保公所负责，主要包括人口的出生、死亡、结婚、搬家、分居、收养、迁徙、失踪等人员和户口的变动。庄里通知保里，保里修改后报分所，分所报到县里。

11. 移居保证人

外地人移居在本村要有保证人。保证人一般找亲戚朋友。如果没有亲戚和朋友作保，是无法进入村庄的，也没有人会将房子卖给陌生人。

12. 穷棒子

家里没有土地，或者土地很少，且贫穷的人称为“穷棒子”。

13. 来人

在侯家营，参与调解的人称为“来人”。

14. 调解的顺序

如果发生了纠纷，先找“来人”调解；“来人”调解不了，就请村长；村长调解不了，就去警察分所；警察分所调解不了，就去打官司。

二　家户

（一）当家

1. 当家人

父母亲健在时，一般父亲当家。如果父亲外出，则母亲为实际当家人，但父亲仍是名义的当家人。当父母年龄比较大后，即由长子当家。在侯家营，当家的不称为家长。以前村里人称呼家长不叫当家的，也不叫家长，只叫名字。如果是长子当家，则长子称为当家的，村里人称作户长。

2. 当家的顺序

爷爷在时爷爷当家；爷爷不当家了，则奶奶当家；奶奶不当家了，一般是兄长当家。如果兄长能力不强，也可以选一位能力强的兄弟当家，所谓能力最强就是什么事都会干的人。选择当家人时由兄弟们商讨，无须与族长商讨。如果家里贫穷，弟兄们都不想当家，长兄不能推辞。如果长兄去世，即使长兄有儿子，但是还是由二弟当家。如果弟弟当家，大嫂也是家务事的管理者，参与管理家庭财产。如果当家的外出，妻子也能够当家。只是妻子当家；不方便外出办事。还有两种特殊情况，如果父亲去世了，要视母亲的能力，如果母亲能力不强，可以交给长子当家；如果母亲不太愿意当家，也可以让长子当家。另外一种特殊情况，父母去世了，只有三兄弟，兄弟们能力都不太强，兄长的孩子能力不强，或者不愿意当家时，也可让能力强的侄子当家。

3. 代理当家的

如果父亲在外地，母亲可代理当家。母亲当家时可以处理如下事务：一是如果家里缺钱，母亲可以从娘家、亲戚借钱，可待父亲回来时偿还。二是如果家里无人耕种土地，可以将地租出去（侯家营称为借出去）。三是如果家里缺钱，母亲可以将地典出去，但是母亲不能卖地，卖地必须写信给父亲，征得父亲同意。

4. 当家的更替

当家人更替的突出表现为将财产和钥匙交给新当家人，即财产交给当家的，钥匙交给其媳妇。这称为当家的交接，也称为更替。

5. 当家的选择

当父亲去世后，一般由兄长当家，但是兄长能力不强时，由兄弟们商量一个人当家长。如果兄长非要当家，则会分家。如果有四兄弟，兄弟们先分家，然后除长兄以外的三兄弟共同生活。选择当家的由兄弟们商量，分家时则需要喊一位熟人在场。

6. 当家的交接

父亲健在，让孩子当家时，孩子们称为“经管家务事”，此后，父亲不再称为当家的。当家的交接后，也不会刻意通知大家，因为在这件事情后，很快大家都会知道。如果父亲年纪大了，让孩子当家称为“交代”。

7. 当家的儿子与父亲

父亲让儿子当家，有几种情况要区分：一是卖地时必须与父亲商量；二是借钱时可以商量，也可以不商量；三是典地时可以商量，也可以不商量；四是娶媳妇时，必须与父亲商量；五是嫁女儿时，与女儿的父母商量。

8. 当家的与管钥匙

财产一般由当家的管理，钥匙也由当家的掌握。但是也有分开管理的情况，贵重的物品当家的管理，如衣服等不重要的物品由当家人的妻子管理。也有特殊情况，如果几兄弟共居一家，由三弟当家，则家外的事务由三弟负责，家内的事务由大嫂负责。放钱的柜子也有两把钥匙，当家的三弟一把，大嫂一把。存放钱财的箱子叫“文书箱子”，一般在里面放着地契、分家单、过继单等。无论是兄弟外出挣的钱还是当家的挣的钱都必须交给大嫂。如果当家的将钱交给自己的媳妇，家就难以维持了。大嫂或者大嫂的女儿买衣服，大嫂会与当家商量，然后再买。

9. 当家的与土地买卖

第一种情况，如果家里缺钱要卖地，且当家的父母还在，则需要与父母商量，因为土地是从父母手中传下来的，如果偷偷变卖，会伤父母的心。因此，契约中一般要写上“奉父命”或者“奉母命”。如果父亲去世，母亲健在，土地买卖也要得到母亲的同意，否则无法出卖。第二种情况，如果父母不在，某位兄弟当家，在卖地时，一定要与其他兄弟商量，如果不商量就会吵架。如果私下变卖土地，则会打官司，且土地买卖无效。如果分家还要将土地钱扣出来。第三种情况，在父母不在，有兄弟外出打工，在外地购买的土地，一定要向当家的报告，土地成为全家的财产，如果无法回家，则要写信通知。如果悄悄买就没有办法了。

10. 当家的与家人服从

家人必须服从当家的安排，如家庭聚会或者家里来客人，尽管做饭的媳妇或者女人们想吃饭，但也要服从家长的安排，一是在厨房做饭；二是只能吃客人剩下的饭菜。当然也有家里人不服从家长，离家出走的，这种行为不称为分家，称为“跑了”。离家的人可能在外面做买卖，然后写信回家；也有可能因为无法生活而回家。当家的也会允许其回家。

11. 当家的与孩子的责任

假如三兄弟，孩子做了坏事，如偷盗东西，则有两种处理办法，一是父亲将偷盗的东西还回去，然后向当家的说明。二是父亲向当家的说明，当家的与父亲一同去向别人家道歉。后者家庭的家规比较严，但很多家庭父母因为疼爱孩子，不让当家的知道。

12. 当家与门牌号码

门牌上一般写当家人的名字，如果父亲外出打工，母亲当家，仍写父亲的名字；如果父亲去世，母亲当家，则门牌写儿子的名字；如果父亲老了，将当家的位置让给儿子，门牌上依然写父亲的名字。

13. 家户安排

家庭中房子并不是固定不变的，而是经常变动的。在侯家营，房子由当家的妻子安排，也可由当家的安排。一般而言，孩子与父母一起住，孩子多的住大的房间，孩子少的住小点的房间。如果孩子大了，男孩子结婚了，就得有单独的房间。女孩子年龄大了，且有多的房间，十七八岁时就分开住，否则仍与父母亲住在一起。

14. 丈夫外出务工后妻子的商量人

丈夫外出务工后，妻子如有事需要商量，找谁商量也有讲究：如果祖父祖母健在，首先找祖父祖母，其次找父亲，最后找哥哥。

15. 父亲的债务

父亲当家时借了钱，父亲去世后，由兄弟们负责偿还。如果兄弟们分家，则平分债务。

16. 分家后土地买卖

分家后，儿子们买卖土地也会与父亲商量，因为买地是好事，父亲不会反对，但是不商量也没有关系。父亲卖养老地，兄弟们不能阻止，即使父亲没有养老地后，需要儿子赡养。

17. 分家后孙子结婚

分家后儿子们成为当家的，孙子们结婚或者出嫁时，一般会告之祖父祖母，但祖父祖母不同意也不影响婚事。

（二）家庭财产

1. 媳妇的嫁妆

儿媳妇的嫁妆，亦称陪嫁，归媳妇所有，当家的无权支配，媳妇可以自由买卖。买卖时也可以不与丈夫商量，也不受当家的干预。媳妇带来的土地称为“贴己地”，媳妇可以自主处理。儿媳妇的嫁妆地一直为自己所有，如果儿媳妇老了，儿子们要分家，也要征求儿媳的意见。如果嫁妆地不分，可以作为养老地。对于陪嫁的物品，只有女儿有权处理，而丈夫则没有权力买卖。如果家里条件不好，变卖嫁妆的话，丈夫要与妻子商量，不能悄悄进行。

2. 孩子的礼物

如果某人给小孩子的礼钱，归小孩子所有，不交给当家的，不过父母可以代为保管。如果用这钱买了鸡，鸡和鸡生的蛋都属于小孩子所有。

（三）家计

1. 家计责任人

家里的钱全部由太太掌管（一位受访者表示，与当家的保管有差异）。母亲当家时由母亲掌管，买东西从母亲那儿拿钱，回来后报上价格，返还余款。

2. 打工要交钱

家里人外出打工，要给当家的交钱，或者直接交给母亲。自己需要钱时从母亲处拿。即使相隔很远，也必须寄钱回家。外出打工不能乱花钱，更不能私自存私。

3. 日常饮食的安排

日常饮食一般吃高粱、稗子，每天大体相同。换食物时，老太太会告之，即饮食要听老太太的安排。5 月、8 月的节及朋友亲戚来后会饭菜会丰盛些。家里的饮食安排必须由负责家庭事务的老太太，或者当家的妻子，或者大嫂决定。媳妇和儿媳妇轮流做饭，一天一轮，或者两天一轮。

4. 零花钱

有些家庭会给家人一些零花钱，比较穷的家庭则不会给，如果穷人家里需要买一些小物品时只得向当家的要钱，当家的可能给，也可能不给。

5. 做针线活的收入

媳妇做针线活的收入，归自己所有，如侯长恩家就是这样规定。这个收入可以不向婆婆报告，因为媳妇越勤快，婆婆越高兴。

6. 添置衣服

衣服不是每年都添置，各家会有不同。如侯长恩家添置衣服的规矩有：一是母亲分配棉花；二是各个媳妇各分几斤棉花，自己纺纱织布，做衣服；三是孩子的衣服，由孩子的母亲购买，妻子的衣服只用棉花来做；四是孩子买衣的钱由孩子的妈负责，有些是娘家带来的钱，有些是做针线活挣的钱。再如，刘斌奎家，三妯娌及儿媳妇平均分配棉花，每人几斤，一是媳妇自己的衣服，自己缝制；二是男人和孩子的衣服用钱购买，由当家的支付；三是老人的衣服，由婆婆交给儿媳妇轮流缝制。

（四）吃饭及串门

1. 吃饭

吃饭也讲规矩，不同的家庭有所不同。如侯长恩家，吃饭时，当家的与太太在自己的房间里吃，而且先吃，吃得菜也不一样。当家的与太太吃完后，儿媳妇及孩子们一起吃饭，这些人在另外的房间吃饭，且没有在一起吃饭的时候。

2. 串门

虽然为一大家，但是串门也有些讲究。一是长辈及当家的房间，一般的家庭成员不能随便出入。二是女人可以去任何的房间，除了父母或者当家的外。三是男的一般在母亲的房间商量事情或者聊天。四是大家在一起商量事情的时候不多，一年一两次，平时吃完饭后就回到各自的房间。

3. 吃饭的席次

在刘斌奎家，如果在一起吃饭，儿媳妇、孙媳妇坐在最外面，儿子们、孙子们坐在里面，这样媳妇可以侍候大家吃饭。如果父亲去世，自己和母亲的座位没有固定，母亲想坐哪儿都可以。如果外出的弟弟回来，与我的座位一样没有固定。吃饭时，由自己或者弟弟侍候母亲，母亲从来没有自己盛饭。

4. 短工的吃饭

雇用的短工吃饭，吃什么，吃几顿，由负责家务的母亲决定（父亲已经去世，儿子实际当家）。

（五）家事和家规

1. 照料孙子

在刘斌奎家，祖父去世了，由祖母照料孙子，或者主要由祖母照料孙子，因为媳妇们要做家务活或者农活。孙子由祖母训斥，有时当家的也可以训斥。孙子上学与否，可以由当家的和祖母决定，可以不与儿媳们商量。

2. 儿媳回娘家

儿媳回娘家主要向婆婆说，一般不与当家的说。如果家里有几个媳妇，在农忙时不能回娘家，平时几个儿媳可以轮流回去。如有四个儿媳，可两个媳妇同时回娘家，家里留两个即可。

3. 家规

每家都有家规，一般写在纸上，老人很重视家规。家规大多有以下几条：一是请示和告之制度。儿子外出做事必须向父母请示和告之，媳妇做事也得先询问婆婆，如果要外出，也得奉命而去。二是侍候、孝顺父母。老人家年龄大了，由儿媳照料起床穿衣、倒洗脸水、倒痰盂等。三是女人要守妇道，不准通奸。四是有关儿子的家规。如不准随便花钱，孝敬老人，外出要请示。五是要勤劳。如在闲暇时要捡粪等。六是家中要团结，不准吵架，不准恶言相向。七是必须以当家的为中心，服从当家的安排。

（六）婚姻与生育

1. 说亲

女儿出嫁一般由母亲做主。当然在说亲前，夫妻会商议，然后委托媒人。如果父亲双方都健在，就由父母委托媒人。如果父母都不在了，由儿子自己委托媒人说亲。

女儿出嫁一般由母亲做主，在说亲前母亲会与父亲商议，商议妥当后委托媒人说亲。如果父母双方健在，由父母委托媒人。如果父母都不在了，有兄长委托媒人说亲。

2. 订婚

娶媳妇先要订婚，订婚由媒人说合。如果 10 岁左右订婚，需给女方 30 元到 50 元不等的钱。如果 15 岁前后订婚，则需给 180 元。订婚后，要在 20 岁前成家。如果不订婚，就不能称作正妻，只能算是白给。订婚后两家是亲戚，但是不拜年，只有红白喜事通知对方。

3. 媒人

媒人就是男女双方的说合人。媒人一般是亲戚、朋友，或者一家子中的某个人。媒人有女方家的媒人，也有男方家的媒人。

4. 结婚与送礼

到结婚年龄时，男方从女方家得知女子的出生年月，与自己的出生年月一合，俗称“合八字”，然后选定好日子。将婚期告知亲戚朋友，女方的亲戚有姑家、姨家、姥姥家，如有兄弟，兄弟媳妇的娘家也要通知。结婚要摆宴席，道喜时要送礼。过了三天，媳妇叩头，姑姑或者姨母会送戒指、手镯等，这是拜礼钱。如果给钱的话，姑家、姨家、姐姐等一般会给 10 元左右，称为“送饭”。

5. 回门

两三天后新娘子带着姑爷回娘家，称为“接回门”，结束后从娘家接回来。如果两天后回门则住一晚；如果三天后回门住两晚；如果一个月后回门，在娘家住一个月。

6. 六月鲜

娶媳妇后不满十个月生孩子，如七个月可以，六个月也可以，称为六月鲜；五个月以下生的孩子必须扔掉。当然也有在结婚当天生孩子，就要问当家的，即丈夫，是否要这个孩子，如果要，就说双喜临门，把孩子生下来。

7. 结婚年龄

男子一般15岁结婚，也有13岁结婚的。女子一般17岁结婚，占八成以上。

8. 结婚与当家

姑娘出嫁由母亲决定，可以先与当家的商量，也可以决定后，再向当家的说明。如果祖母还在，可以不向祖母说明。如果父亲反对，母亲同意，无法结婚。兄弟三人共居一家，三弟当家，大哥的女儿要出嫁，开始大哥夫妻两人商量，然后与女儿商量，最后给当家的商量。当家的一般会同意，如果当家的反对，就缓缓，一两年后会同意。如果大哥夫妻强求，则可能会兄弟反目。儿子结婚时要通知家里的长辈，如姑、姨、姐、姥姥等，但是不通知族长。在刘斌奎家，孩子结婚由孩子的父母选择对象，钱则由当家的决定。孩子的父母同意后再告之母亲和兄弟当家的，后两者一般不会反对。

9. 女儿与结婚

如果女儿年龄比较小，定亲时可以不与她商量；如果女儿年龄比较大，如17岁左右，就得与女儿商量，不能强制。其程序是，先是夫妻两口子商量，然后再与女儿商量。

10. 女儿逃跑

如果女儿与人私奔后回家，有的家庭会承认，允许他们结婚，也有不允许的。如果不允许结婚，但附近的人家不会与之结亲，只能嫁往外地。已订婚的女儿与其他男子跑了，订婚的男子也不会发火，可以娶原订婚女，也可不娶原订婚女。

11. 出嫁前女儿的教育

女儿出嫁前母亲要教导其家事、缝纫及教家规。一是如果亲戚来了，恭顺地低头。父亲的亲友来了，要当成亲戚。普通朋友来了，可以不用出去。二是从命。即听父母的话，听丈夫的话，在家从父母，出嫁从夫。出嫁的目的是：生孩子、侍奉公婆。

12. 娶妾

如果婚后妻子一直没有生男孩子，在三四十岁的时候，男子可以再娶第二个妻子。在娶第二个妻子时，有的会与妻子商量，有的也不与妻子商量，不与妻子商量的话，夫妻俩经常会吵架。娶的第一个妻子称为“大的”；第二个妻子称为“小的”。如果第一个妻子去世了，第一个妻子称为“大房”；第二个妻子称为“二房”。

13. 打伙

不是明媒正娶，而是藏着的女人称为“打伙计”。“打伙计”一般不会带到家里，没有名字。如果生了孩子，给钱养着，不能带回家。只有父母去世后，才可以带孩子回家。

14. 休妻或离婚

休妻也称为离婚。一是休妻的原因。如果妻子不守妇道，如与人通奸，或者不孝敬公婆，或者做一些乱七八糟的事情，则会休妻。二是休妻需要调解人。三是补偿，如果是女方要与男方离婚，则男方可以向女方索要结婚费，即赔偿结婚时的费用。如果是男方要与女方离婚，女方可以索要贴养费。四是在调解人的调解下，丈夫会写休书，交给女方。休书一般会有两份，各执一份。休书上会按上手印和脚印，这样可以避免反悔，也可让女方再嫁时有证明。休书上要写双方的名字及调解员的名字。五是休妻后，娘家必须将女儿领回来，嫁妆可以退回来，当然也有不退回的情况。

15. 水钱

寡妇再嫁到其他村的时候，寡妇的娘家人要捐钱给公会，这个钱称为“水钱”，也称为“踏青子钱”。意思因为喝过本村的水，要去别的村，就要交“水钱”。因为踩了本村的道去别的村，所以要交“踏青子钱”。因为在初婚的时候，车子直接到新娘家门口，而再婚的时候，没有像嫁入时在街道上走的资格了，因而请求允许其在街道上通过，所以要给公会一点钱，叫作“水钱”或“踏街的钱”。原来是2吊钱到8吊钱，现在是2元左右。水钱原来是作为公会收入，有巡警后给巡警，现在归乡丁所有。公会、巡警、乡丁收到了水钱，也不会回礼。

16. 走道钱

改嫁时，婆婆家可以从改嫁方得到一些钱，这些钱称为“走道钱”，因为要从这边走到另外一边。

17. 生育

家里生育了孩子时，一是通知娘家，要做饭款待母亲、姑姑、姨母等，也有只通知，不做饭的情况。二是日本人调查前三年家里生了孩子要通知保长，以前可以不通知。三是族长可通知，也可以不通知。生育男孩子和女孩子大体差不多。

18. 结婚与族长

定亲、结婚可以不问族长，但是结婚时会邀请族长参加。在婚礼仪式上，族长坐上座。在丧葬时，不需要刻意报告族长，但是族长会来帮忙。结婚的第二天，一家子各个媳妇中，会叫上比新娘子辈分高的人，新娘子给她们磕头。在第三天，新婚夫妇在一家子的各家，给祖先磕头。新娘子的辈分按照新郎的辈分确定。结婚或者丧葬上，一家子吃饭，辈分高的人在里面坐，以此确定座次。

（七）分家

1. 分家缘由

分家主要有如下几种理由：一是父亲去世后，无长辈当家，分家的比较多，占五成多。二是人口越来越多，家里贫穷，无法过日子。三是兄弟之间出了坏人分家。父母在世时可以分家，父母不在世时也可以分家，两者没有太大的区别。分家只能由兄弟们提出，不能由兄弟的媳妇提出。

2. 分家单

分家时要写分家单，家有几个兄弟就写几份分家单，每人拿一份。

3. 分财产

分家总体上是平均分配土地和财产，但是也会根据情况进行一些调整。因为房子的关系，正房少，厢房多给点；正房给的多，厢房就少给。然后再根据房子的好坏来调剂，得坏房子的，土地多给点；得好房子的，土地可给少点。土地好的，可以少给点，土地不好的，可以给多点。大儿子已经娶媳妇，二儿子还没有娶亲的情况下，因为前者已经花钱了，后者就会多给点钱或者土地。大儿子在外面做买卖存钱了，在家里做农民的次子也会多分点房或者地。另外，房子、牲口按照价值来分配。也有些家庭，其牲口不用分配，两家共同使用，如果两家产生了矛盾也会分掉。

4. 兄弟外出与分家

如果几兄弟有一人外出联系不上，就不能分家，也不能写分家单。因为这个儿子回来后会有麻烦。即使知道大儿子的住所，只要不回来，就不能分家。父亲活着的时候，不写分家单。如果知道外出儿子死了则可以分家，但是没有消息就不能分家。如果父亲去世了，这个外出的儿子还没有回来，在家的兄弟可以委托别人写分家单。只要有兄弟外出不回来就无法分家，如果分家后，外出的儿子回来了，必须分土地或房子，让他一辈子有吃的和住的。

5. 各吃各的

没有写分家单，让几个儿子分开耕作，分开生活，叫作各吃各的。这算分开，不算分家，也不算自立门户。

（八）养老

1. 养老方式

分家时要明确父母的养老安排，如果家里有土地且父母愿意，则可以留出养老地。如果父母不愿意种地，则在分家单上写明养老方式，如日常要支付零花钱，儿媳要轮流到父母住处侍奉，父母轮流到各兄弟家吃饭。养老有两种方式：一是养老地养老；二是轮流供养。分家后父母吃饭也有两种形式：一是父母去儿子家吃；二是儿媳送饭过来，送饭时儿媳还得打扫房间卫生。

2. 养老地耕种

在侯家营，养老地一般让儿子耕种，不会让别人耕种。让儿子耕种，其实也是出租给儿子。如果出租给儿子，又分为两种情况：一是儿子给父母地租；二是不给地租，给父母轮流养老，即在儿子家吃饭。第一种情况比较多。有时父母也会给儿子帮忙，儿子要承担所有的生产成本，作物五五分成。儿子会缴纳地租，但是不会向外人那样严格，其实儿子租种养老地所交的租子往往少于五五分成。父母也不会因为儿子不交地租、少交地租收回土地。如果三兄弟都想耕作，有两种处理方式：一是长、次、三男轮流租种；二是 3 人均分土地租种，这时可以考虑土地质量和数量上的差异。第二种情况比较多。养老地的耕种由父亲决定，养老地也可以出租给外人，但是出租前要与儿子商量，如果不与儿子商量，别人不敢租地。

3. 养老地与吃饭

如果土地比较少，父母一般无法独立吃饭，但是有 20 亩土地则可以养活自己。如果父母没有养老地，在一个儿子家吃饭，那么另外一个儿子要给粮食。如果有养老地，父母在一个儿子家吃饭，养老地就让这个儿子耕种；如果父母轮流在两个儿子家吃饭，则两个儿子平均耕种。如果父母单独吃饭，两个儿子耕种，那都要给父母亲粮食。也没有多少标准，父母要了就给。如果给了粮食就不会在一起吃饭；如果在一起吃饭，儿子们就不会给粮食，但是儿子也会给父母一点零花钱。如果母亲喜欢弟弟，就与弟弟住在一起，哥哥每年将赡养费交给弟弟。如果母亲愿意将养老地给弟弟耕种也可以。可以采取如下方式：今年弟弟赡养，养老地由弟弟耕种；明年哥哥赡养，养老地由哥哥耕种。总体而言，儿子耕种，父母与儿子一起吃饭的比较多。父母亲不与儿子一起吃饭，父母接收谷物的比较多。

4. 养老地与父母零花钱

分家后，如果父母需要零花钱就找儿子要。几个儿子平均给父母零花钱，如需要 5 元，有两个儿子，则每人付 2.5 元。如果父母需要衣服，几个儿子就商量给父母做衣服。父母可以随便使用零花钱。

5. 养老与妹妹

分家后，如果有未出嫁的妹妹，便与母亲一起生活，在给母亲养老地时必须考虑妹妹的生活和出嫁问题。如果是轮流供养，妹妹与母亲一起前往各兄弟处轮流居住，这时就不给妹妹分产业。妹妹如要出嫁，母亲会打理一些；如果母亲没有钱，由哥哥们商量打理。儿子们给父母零花钱，父母也会给未出嫁的女儿零花钱，以便买一些小物品。

6. 养老地的比重

分家时必须留出养老地，养老地一般占家里四五成的上等土地。只要家里有土地，没有不给父母分养老地的情况。如果家里有30亩地，要给父母留20亩养老地，剩下的兄弟们平分。如果只有10多亩到20亩，可能只给兄弟们一两亩地，大部分作为父母的养老地。

7. 养老住址

分家后，父母一直住在过去曾经住的地方，不搬动。在分家时这间房子要分配，分到此间房子的儿子，要等父母都去世后才能使用。如果老人家有养老地，她就能够去她想去的地方住，即与自己喜欢的儿子住。

8. 养老地处理

父母去世后，用养老地来办理丧事。兄弟商量处理养老地：一是将养老地全部卖掉，办理丧事；二是卖掉一部分，再办理丧事，剩余的土地，由兄弟平分。

9. 养老地的买卖

父母可以自己决定卖养老地。儿子不能也不会抗议。不过父母卖地之前，会与儿子商量。如果儿子有钱，儿子购买；如果儿子没有钱买，父母可以卖给外人。当然不商量也可以，可是这样会没有人愿意买，因为怕今后有麻烦。如果儿子有能力购买，应该优先让儿子购买；要是已经卖了，父亲也得收回土地。如果已经付了款，还回土地时，儿子负担所有购入费用。即使养老地卖了，兄弟依然要赡养父母。

（九）过继、抱养、义子

1. 过继

媳妇不能生孩子，特别是没有男孩子时，可以过继兄弟的男孩在自己的名下。当三兄弟只有一个儿子时，可以将这个儿子过继给没有儿子的兄弟，三兄弟的财产都归这个儿子。这就叫“一子三不绝”。即使有一个女儿也要过继这个唯一的儿子。如果一个人没有儿子就去世了，即便没有财产也要过继一个儿子。

2. 过继的顺序

如果三兄弟里只有一个兄弟有男孩，这个男孩就过继给另外两位兄弟；如果三兄弟，两个弟弟有男孩，则将二弟的孩子过继给哥哥，这叫“一子两不绝”；三是如果三兄弟，二弟有一个男孩，三弟有两个男孩，则将三弟的男孩过继一个给大哥。如果三兄弟一个男孩都没有，则从近亲家过继一个。

3. 过继的年龄

如果某位男人40岁以前去世，且没有儿子，便不能过继儿子。如果40岁以后去世，可以过继孩子。没有过继子就由弟弟祭祀。如果有了过继子，就由过继子添坟、上香，即为了后代绵延。

4. 过继单

过继要写过继单。过继单要写上亲生父母、过继父母、舅舅、姑母、熟人等的名字。过继时族长必须参加。

5. 义子

孩子出生后会迅速认一个义父，因为认了义父后就好养，即孩子不会生病，不会死。在选择义父时，不管义父是否有孩子，有较多孩子的男人比较好。一般会选命里相合的人。义子也不改姓，也不会由义父抚养。孩子叫义子，父亲叫义父，母亲叫义母。义子也不用立字据。认义子称为认干亲，可以不用通知亲戚。义父一般与自己的父亲同辈。在大多数情况下，男孩首先认义母，义母的丈夫自动成为义父。义母会给义子做衣服，两家成为干亲戚。义子的婚姻不与义父母商量。义子分家时也不需要义父当中间人。要成为别人义母必须有自己的孩子，男孩和女孩都可以。一个母亲可以成为几个孩子的义母。

6. 要的孩子

如果家里比较贫穷，孩子比较多，就将刚出生的孩子送人，这种孩子称为“要的孩子”。“要的孩子”不需要立字据，但是将来会成为这家人的孩子。

三　宗族关系

（一）家族

1. 族长

族长是指同族中年龄和辈分最长的人。平时称呼辈分，不称呼族长，只有在婚礼和葬礼时才称呼。族长平时不干什么事，也不代表一家之族。但是在分家发生纠纷时，县公署会将族长叫过去问询。在侯姓中，分成三个门，每门有一位族长。

2. 老祖长

家族中辈分最高的人称为“祖”，所以称为“老祖长”。“老族长”与“老祖长”有时不是一个人，前者是年纪比较大，在族里的管事人；后者是辈分最高的人，也许不是年龄最大的人。

3. 同姓的称呼

同姓之间根据辈分称呼，比自己大的称爷，与自己同辈（平辈）的就称为兄弟。

4. 同姓与一家子

同姓的人不见得同宗，同宗一定同姓。同姓的人可以说是一家子，也称为同族。同宗与一家子、同族有区别。在侯家营村，不称同门，而称同宗。

5. 同族的分派

同族可以按照远近来分派。有人说，侯家营姓侯的来了三兄弟，后来老二、老三迁走了，只剩下老大的子孙。老大的子孙又分为三大门，现在第一门户数最多；第二门有一家；第三门有十多家。各个分支，又可以称为：大一门，二一门，三一门。每个门会有一位族长，比如大一门的族长；二一门的族长。

6. 同族间的拜年

拜年有顺序，一是去亲家家拜年。从长辈开始，先给大爷拜年，再给叔叔拜年，如此类推。二是去邻居家拜年。但在侯家营也有不去邻居家拜年的。同族中年龄最大的不给任何人拜年，而是别人给他拜年。

7. 同族的太爷

在侯姓中，辈分最高、年龄最长的人称为太爷，不称为族长。

8. 同族互助

同族之间，当贫穷的人没有饭吃时，其他人家会给予帮助，如给钱，提供燃料和粮食。最近，保长从秋天开始便收集粮食或者钱去帮助穷人。

9. 分家后的大门

如果兄弟4人分家了，住在一个院子里。保有一个大门，这个大门为4家所有，每人占1/4。如果门倒了，4家都有责任。

（二）祭祀

1. 祭祀祖先

在过年过节时，要祭祀祖先，一般在屋外祭祀。正月时大家一起祭拜，先男后女。但平时就是女人烧香。在节日里也只是上香。祖先的牌位称为“神祖匣子”，分家时在哪家就放在哪家。分家时，每个人会在红纸上写字，如“刘氏门中先远三代宗祖之位”，等到正月又会重新写在纸上，然后各自祭拜。

2. 牌位

祖先堂放有牌位，称为神主牌位。在侯家营，亡故的父母只有一个牌位。分家后，每家会有一个牌位，没有牌位的就重新做一个牌位。富裕人家会做个箱子，在里面放上木牌，写上死者的名字，出生年月日，去世年月日，下面再写上儿孙的名字。

3. 坟会

坟会也称为清明会，侯家营侯姓有两亩多坟地。坟地拿来出租，其收入用来“办会”。出租人的代表由 6 人商量决定。侯姓中总共有 6 名“办会”，是由这 6 人的父亲也就是过去的老祖宗决定的。如果父亲死了，儿子接替，也叫老坟会。比如第一门 4 人；第二门 1 人；第三门 1 人。但因为钱少事多，没有人愿意“办会”。如果钱不够用，“办会”的还要贴钱。坟会如果有土地，就称为坟会地。侯家有两亩坟地用来出租，由各门轮流租种，向会里交租。租金交给 6 位“办会”中的一位就行了。每年“办会”的由 6 人抽签，抽中了就轮值。过去“办会”比较热闹，要买 3 头猪，几十人聚在一起各自吃饭。钱不够的情况下，就由上述 6 家分摊。“办会”的人一般都是各门中辈分比较高且经验丰富的人，且每年都有会账。等到祭祀结束后再吃掉剩下的东西，这叫“吃老祖宗”。

4. 老会

所谓“老会”，就是一家子开会，一家子所有的家庭都会过来。“老会”主要是祭祀，如上坟、烧香、烧纸等。

5. 小会

所谓“小会”，就是从大一门分出来的同门聚会。以前有“小会”，在日本人调查的前十多年前就没有了，祭祀由各家单独进行。“小会”只是对上一代先人进行祭祀，主要是上香、烧纸。

6. 大股和小股

所谓大股，就是父亲在世时，几兄弟分家形成了大股；父亲去世后就不这么叫了。几个亲兄弟的儿子再分家就称为小股。

7. 祭田

有些家族有祭田，产权归全族人共有。而经营管理就由各门轮流耕种，耕种人提供清明节祭祀的费用。如果不想耕种了，也可以出租。

（三）号、名和辈

1. 号

年纪大了，受人尊敬就取个号。年轻人去读书，老师会起个号；有人去商店做工，掌柜的会给取个号。

2. 学名

人都会有一个学名。叫学名是对人的尊敬。长辈一般叫小辈的学名。人死后在牌位上要写上学名。

3. 辈

在村庄的人都有辈分，又分为亲戚辈和街坊邻居辈。亲戚辈分是根据血缘关系来确定，而街坊邻居是以某个人为中心去确定其辈分。如平辈就叫哥哥、弟弟，如长辈就叫大爷、叔叔之类的。晚辈称长辈要尊称大爷、叔叔等。长辈可直呼晚辈的学名。

（四）埋葬

1. 未婚者的埋葬

只要满了20岁，没有结婚，也能埋进祖坟。20岁以下的人不能埋进祖坟，只能埋葬在其他地方。在当地认为20岁就成年了，就算没有孩子也有过继子。

2. 娶骨尸

把单身的男女从埋葬地挖出来移到男方的祖坟里，称为移尸骨。男女死前的年龄为10岁到20岁。娶骨尸男女均可以主动找，也不看家中的财产。谈好后，男方送给女方财礼，一般1、2元到5元左右。即娶骨尸那天，纸做的棺材会在女的坟头上烧掉，之后再将棺材挖出来，埋到男方的坟里。娶骨尸后两家会是亲戚，还相互往来。就像结婚一样，村里人也会来祝福。

3. 晚辈及小孩的埋葬

如果晚辈比长辈先去世，要留出长辈的位置，才可以将晚辈埋进祖坟。10岁以下的孩子只埋在田里，不会再娶骨尸。在每年十月初一日，父母会为其去烧纸。

4. 家里和近门

家里和近门都是指五服以内的人。老人去世了，五服以外的人不用穿孝衣，但是五服以外的人要来帮忙。

5. 红白喜事送礼

对于同族的人（不同门），结婚也要给钱，叫“拜钱”；白事要给钱，叫“烧纸钱”。对于同门的人，但白事只带纸不给钱。结婚要给拜钱。

（五）一家子

1. 一家子聚会

一家子不会在一起商量事情，但是在寒食节时，每家会出一个人一起吃饭，尤其正月里会喊辈分高的人吃饭。

2. 一家子互助

一家子之间没有特别的交往，在年节也不会互相赠送礼物。只有在婚丧时，一家子会相互帮忙。抵押土地、出借土地、典地不会刻意优先哪一家子。借款主要是选择关系好，有钱的，并能够借到钱的人家，而不会刻意选择一家子。一家子之间借钱，如期限较短，不会要利息。哪一家子要是有困难，在钱比较少的情况下，大家也会相互帮忙。

3. 一家子与选举

如果一家子中有人适合当保长，大家会投他的票；如果没有适合的人，也不会刻意投票。在日本人的调查中，大家都不想当保长，特别是有土地的人都不愿意当保长。倒是土地少的人为了生活补助，想当保长。

4. 一家子与新娘子

新媳妇在第三天要给新郎家人和一家子长辈磕头。对于自己家庭来说，先给祖先磕头（第三天）；再给小股长辈磕头；接着给公公、婆婆（丈夫的父母）；然后是哥哥、嫂子、姑姑、舅母、舅舅依次磕头。不给弟弟、弟媳磕头，也不给小姑子磕头，但是要给丈夫的姐姐磕头。然后婆婆将带着新娘、新郎去给小股和大一门寒暄。对于小股的，全部叫到自己家里来，坐在上座，媳妇在下坐磕头。小股一般是一家来一人，如果长辈不在家，晚辈也会来一个，不过新娘子不给晚辈磕头，但会寒暄。各位受拜的人都要给新媳妇磕头钱。公公和哥哥不给，婆婆和嫂嫂给。在侯家营，大一门的新娘不会给二一门、三一门的人去磕头。新娘子只要下轿就成了自家人，与磕头没有关系。

四　农村经济

（一）经济与职业

1. 雇工

在侯家营，为了耕种而雇工的农户有七八家，最多的雇用了3人，大部分只雇用一人。做雇工的外村人比较多，雇用期限一般为一年，没有超过一年的情况。在侯家营及其附近没有雇工市场，请雇工就得拜托关系好的人去找，找到后就领回家，也不用给谢礼。只是在雇工结束后，请介绍人一起吃顿饭。

2. 长工

连续在某家工作两年以上就称为长工。在雇用长工时，如果很熟悉，则不需要介绍人。不太熟悉的就需要个介绍人，不认识的外村人还需要保人。保人一般是由熟悉的人担任。

3. 半长工

所谓半长工，就是每隔两天干一天活的人。半长工在正月十八上工，九月收割完成后休息。半长工与打头的大体差不多。半长工需要介绍人，介绍人也负有担保责任，如果半长工跑了，介绍人负责赔偿。半长工主要是干农活，有时也打打水。

4. 打头的

在侯家营没有长工，但是有打头的，也就是在别人家工作一整年的，每年又重新订合同的叫打头的人，或者称为“工人”。与长工有所区别，长工是连续几年受雇于别人家。一是谁当打头的。打头的一般是家里没有土地、需要外出务工谋生的人。二是介绍人。打头的一般需要介绍人。如果家里没地的人，就拜托介绍人找地主商量去打头。介绍人可以是本村人，也可以是外村人，主要是双方都要认识。三是介绍时间及次数。时间一般是十月到正月之间。第一次是介绍人去问地主，如果地主需要，就会问打头的技艺和工钱。第二次，介绍人就会将打头的带过来，如果地主满意，便会约定当天就上工。打头的和地主之间没有契约。四是上工席。上工后到正月十八会有上工饭，上工饭要吃猪羊肉，八碟四碗、酒和大米。在做上工席时，打头的也会帮忙做事，主人会说，“我端菜你吃”。五是上工时间。有时十月份决定了，就可以上工了。虽然第二年的三月才会有农活，但是可以拉土（往猪坑里填土）。六是大打头的。如果雇用了几位打头的，其中有一位是雇主会经常与之商量的人，称为大打头。大打头负责农事，如购买种子、肥料，雇用长工等。打头的只负责农事，不负责做家务活。有大打头的，也有二打头的，在侯家营没有雇用小孩子的，也没有只给吃饭，不给工钱的情况。七是工钱。工钱一般是200元到400元，工钱不是根据年龄，而是根据能力大小确定，当地称为“伙计好底”。八是工钱支付时间。打头的工钱，可以给钱；如果打头的特别需要粮食也可以给粮食。工钱可以开始时支付，也可以最后结束时支付。如果需要，平时也可以支付。有些家庭在第一次会面时给一半，等到正月十八再把剩下的一半交给打头的。九是住处。打头的与主人住同一个院子，也就是离牲口屋比较近的地方。寝具、枕头、手巾等都由打头的自己带来。十是劳保用品。四月十八给草帽，有些家庭给三五元钱让打头的买草帽。十一是招待。主人不会给打头的零钱，但是会请他吃饭。在收获时有特别的招待。十二是打头的职责。打头的主要是干农活，不会做饭，但是会打水。如果打头的干了三四年，地主比较信赖，还会安排他去县城购物。大打头的听主人的安排，然后再安排其他打头的。根据地主的安排，大打头的也会安排农事，或者雇请雇工。十三是下工时间。霜降时工作就结束了。十四是打头的分工。大打头的既要安排农活，监督做事，自己也要干活。对于有些活，打头的要分工合作，如使用一犁杖，需要 4 人，一人拉牲口，一人扶犁，一人点种，一人泼粪。扶犁是最重要的工作，由大打头的做；二打头的点钟；三打头的泼粪；四打头的打牲口。十五是生病诊治。打头的工作认真，与地主关系比较好。当生病后，地主会帮助诊治，否则就由打头的自己负担。十六是担保责任。如果打头的跑了，主人会找介绍人，请介绍人将工钱要回。介绍人就是保人，有赔偿责任。总体来看，在侯家营，因为地主越来越少了，所以打头的也越来越少。

5. 半工

所谓半工，就是在主人家每隔两天干活的雇工。半工的工资可以一次性支付，也可以分两次支付：春天支付一次；秋天支付一次。半工的待遇与长工大体差不多。有些人是为了向主人家借农具、牲口而给地主做半工或短工，做完后再向主人家借用。相比较而言，人们愿意给能够借农具、牲口的主人家做事。也有两家共同雇用一个长工的情况，即在甲家干两天，再到乙家干两天。这种雇工方式称为“半壁儿”。半工约定的工作时间是一年。日本人调查的当年，半工的工钱是 100 元。选择半工是因为主人家请一个长工工作不饱和，而半工自己家里又有活要干，因此双方都愿意做为半工雇用。

6. 月工

工作一个月以上的雇工方式称为月工。在侯家营主要是两个月的雇工，如“春月”“秋月”。一是月工种类。“春月”是春天做两个月或者两个半月的雇工方式，小满上工，主要是除草。“秋月”是收获前后，处暑上工。二是介绍人。本村人做月工不需要介绍人；外村人做月工需要介绍人。介绍人也是保人，有赔偿的责任。三是月工的契约。月工只有口头契约，没有上工的仪式。四是月工的工钱。月工的工钱约为 50 元，最低 40 元，很少有超过 50 元的。“春月”“秋月”都是上工的那天全部付清工钱。月工不会给物品，也不给秸秆之类的。五是工作内容。月工主要是做农活，有时也可以打水。六是吃饭和睡觉。月工在地主家吃饭，本村的人睡在自家；外村的人睡在地主家。七是打头的和月工的协调。如果一家既雇用了打头的，也雇用了月工，则由打头的安排月工，主要的工作还是打头的做。八是生病。月工生病的治疗费用，全部由自己负责。

7. 短工

短工也称为“工夫”。一是雇用时间。在4月到6月期间，短工雇用最多，要除草、翻土等。8月割秋也需要雇人。二是雇用。雇用短工不需要介绍人，主家直接到人多的家庭去询问。如果短工愿意，且短工提出的工钱合理就可以了。三是短工的工具。不管主家是否交待，4月、5月、6月要带上锄；8月要带上镰刀、小镐子。收割时地主也会准备农具。四是雇用时间。短工最长3天，没有连续雇用10天的。即使雇用10天，也得每天计算工钱。五是工钱计算。如果雇用3天，每天按照市场价格支付工钱。有时主人也会以高于市场价雇工。短工的工钱也称为“工夫钱”。一般每年的收获季节忙些，“功夫钱”也高些。六是支付时间。如果只雇用一天，晚饭后付钱；如果雇用两三天，最后一天晚饭后付钱。主家不会以东西抵工钱。七是吃饭和睡觉。短工不会睡在主家，但是会在主家吃三顿饭。如果是瓜田的活，短工在田里打铺睡觉。八是短工主要做地里的活，如起粪、倒粪、除草（拔草）、割秋、拔根（挖苞谷的根）等工作，另外也会打水，但是不做饭。

8. 满洲打工

在侯家营外出打工的比较多，大多去满洲，日本人调查时约有10人。有单身一人前往的，也有全家前往的，后者只有两户。去满洲打工主要是做一些小生意，也没有做苦力的。最近几年去满洲的人少了，主要是介绍人少，很难进商店打工。而且打工时间都不长，两三年左右。短时间回家的人比较多，只有两人打工的时间比较长。过去前往满洲打工容易挣钱，现在村上有钱、有地的人大多是曾在满洲打工挣了钱。在全村的富裕户中，只有一户是从祖宗那里继承的财富，其他都是自己这一代积攒起来的。不过在日本人调查的前几年，前往满洲打工挣钱相对比较困难了。

9. 老奋儿帮

老奋儿帮也称为同乡伙伴。因为昌黎县去满洲打工的人很多，所以这些人又叫为老奋儿帮。这些人可能相互认识，也可能互不熟悉，但只要是同乡就可以结成为帮。老奋儿帮主要的目标：一是相互介绍工作；二是相互借钱，相互支持。有些老奋儿帮的人之间比较大方，即使不还钱也可以。

（二）生产协作

1. 相互扶持

耕种或者收获比较繁忙时，村民之间不会相互帮助，但是会雇人做事。农具、牛马、车等会相互借用。只要自己没有使用，即使关系不是特别好的人之间也会相互借用。借用不会给谢礼，如果借用牛马，事后会给一点高粱、秫等饲料。另外，搭炕、上房、拔麦子、打稗子等工作，亲戚或者朋友之间也会相互扶助。

2. 串换

串换也称为“穿换”，指相互之间借用。如甲有一头牛，乙有一头马，两人约定一起互相借用，这就是串换。一般是两户约定，时间可以是一年，也可是两年。

3. 打具

所谓打具就是在播种时相互之间帮忙。打具只限一次。

4. 搭套

播种、春耕时互相借用牲口进行耕作，称为“搭套”。“搭套”一般是两人，也有三人的。如果家里没有牲口，与人合作，这就称为“跟驹”。3 人“搭套”会有一位是跟驹的。所谓搭套，就是牲口和车为一组共同使用。侯家营很多农户都会“搭套”。因为犁杖需要 2 头牛拉。

5. 跟驹代地

如果一家有牲畜，一家没有牲畜，两家相互帮忙称为“跟驹”或“跟驹代地”。“跟驹”一般是两户之间合作。没有牲畜的人可以撒肥料、播种、挖洞等。持两头牲畜的人不会与没有牲畜的人“跟驹”。“跟驹”不见得是同族，也不见得是近邻。先约定一次，如果合作得好就会接着约定，可能会延续两三年。如果中间有牲畜被卖或者死了，“跟驹”就结束了。

6. 借牲口

在侯家营并非所有家庭都有牲口，没有牲口的家庭有两种方式：一是借牲口，主要向邻居或者关系好的人借牲口。借牲口不给钱，但是有时会请吃一顿饭。二是租牲口，一亩地 2 元。牲口借用没有同族与外族之分，有时外族要好于同族。

7. 借用农具

在侯家营，不向别人借农具和牲口的家庭只有四五户，其他人都要相互借用。向别人借农具和牲口，其对象一般是要好的朋友，不见得是亲戚，但也不会向地主借。在侯家营没有专门借农具给别人的人，而且农具之间的借用不会要钱，但是在借用牲口上，却有收钱的情况。

8. 水井

村庄的水井分为官井和私井，都是饮用井，而没有用于灌溉的井。对于官井，大家都可以使用。如果要维修，全村人摊款维修。对于私井，大家也可以使用，维修时周围用水的家庭凑钱。借用水井时没有同族和外族之分，也不会给谢礼。

（三）农业生产

1. 耕作时间

在侯家营，耕作时间是正月二十开始，到十月左右结束。实际工作时间是清明开始，立冬结束，大约7个月的时间。基本上按照农历的二十四节气进行耕作，一节15天。

2. 冬季工作

冬季有冬季的工作，雇了长工的家庭要考虑是否换长工。一是普通人家则是换宅子（即用高粱秆将房子周围的东西换掉）、拉土（填园、将猪圈的土翻新一遍）、喂牲口等。二是拾柴火、拾粪等。三是推碾子。四是家里条件不好的人会去打短工。另外，还有村庄公共性事务，即挖壕之类的工作。

3. 女人下地

如果男人外出打工或者劳力不够时，女人也会下地干活。在侯家营有2/3的家庭，女人是下地劳动的。女人下地主要有如下几项工作：一是打场，即从穗子里取粒；二是收割；三是拔苗；四是去外面收草。如果家里有3个女人，可能有2人外出做事；如果只有1个女人，则不外出做事，只能在家里做做饭、缝补等家务活。女人们干活往往交替进行，如一部分做家务活，一部分干农活。不管是家务活还是农活，女人们的工作都由家里年长的女性安排。

4. 女性家长与耕作

在侯家营，女性家长有六七户，其中家庭能够自我经营土地的有三四户。耕作都是由女人来完成，偶尔向同门请教或者商量。女性家长也有请长工的，但是长工不睡在家里。

五　农村土地

（一）土地租佃

1. 租地（典地）

在侯家营，土地出租称为典地（为了表述方便，在本卷整理时，使用租地代替典地）。出地的人称为地主，种地人称为典种人，也是佃农。一是介绍人。租地需要一位介绍人，介绍人只负责介绍，没有担保责任。二是租地请求。一般是佃户请求地主将土地租给自己耕种。三是租地申请时间。租地一般在秋季收获以后申请，很少有在收获前申请的人。除非佃户不想耕种了，地主是不能主动辞退佃户。只有佃户不再租地后，地主才会寻找另外的佃户。四是地租。在侯家营，上地每亩租金十一二元；中地八九元；下地 1 元至 5 元。五是先租权。地主在出租土地时，不太会考虑家族、邻居等，但是会考虑谁先来，先来先租。六是约定。约定也称为立会。如果是本村人，立会时不会去看土地，因为大家都知道土地的基本情况。如果是外村人，地主会告诉其四至。七是地租缴纳时间。一般有三个时间点：正月结束，五月左右，秋季收获后，也可以称为春租和秋租。八是预交地租。在侯家营，一般的上地、中地都要预交地租，如正月交一半，剩下的五月或者秋后收获后再交。有些也会第二年再交，或者给地主家当短工来抵地租。九是租佃期限。一般是一年一租。申请期是收获后到正月之前。秋收后，佃农就会向地主申请继续租地，一般不会在收获前申请。十是地租的形式。在侯家营，地租都是以钱来交纳，即为货币地租。十一是借用。佃农不会找地主借农具、牲口，也不会借地主的打谷场。十二是期限与价格。租地的期限是一年，地租价格则是根据市场行情，每年会不同。十三是税费。租佃土地的田赋、摊款、摊工全部由地主负担。十四是地租的决定。地主会根据耕作费用、土地收成来确定地租水平。十五是地租缴纳与土地质量的好坏。质量比较差的土地缴纳地租的时间会迟一点；质量比较好的土地要按时缴纳地租。十六是地租收取。地租收取，有地主来收的，也有佃农送过去的，前者比较多。十七是地租变化，一般而言，土地每年的地租都在变化，但是质量比较差的土地很多年都不会变化。十八地租的减免。如果收成不好，佃农拜托别人给地主说合，减免一些地租，如两三元的地租，可以交七八十钱，没有全部减免的情况。但是也有受访者说，提前交地租的根本没有减免，收割后交纳地租的也很少有减免的情况。十九是租地类型。一般租佃上地的比较多，这是租佃户的要求。下等地不容易租出去，即使租出去，也只有两三元的租子。而地主最想出租下等地和中等地，上等地自己耕种。二十是佃户的资格。地主在选择佃户时，要考察其信用，考察以前租种的成绩。二十一是租金由双方商量决定，租地数量、租地位置由地主决定。收取租子时地主也不记账，不写收据。虽然这样也不会引起纠纷。

2. 伙种

伙种也称为分粮，或者分种，即地主出土地，佃农出农具、肥料、牲口、种子，收获的作物五五分成。伙种时，出农具、肥料的人称为“伙种地儿的”。在侯家营，伙种比较少见，只有种甜瓜的土地就采取伙种的方式。伙种是最近几年才兴起，10 家租佃有 3 家是伙种。一是伙种的负担。伙种时，田赋、摊款由地主负担。二是伙种的对象。伙种只租给本村认识的人，不租给外村不认识的人。三是伙种的土地。伙种的土地基本是中下等土地，地主自己耕种上等土地。四是伙种的分配。伙种时不管地里种植几季作物，全部都得平均分配。伙种有三种分配方式，第一种方法，按照垄来分配。在地主出肥料的情况下采取这种分配方式。分配时由地主先选。其实在同一块地中，没有太大的差异。按照垄分配，在地主所分得的部分的秸秆属于地主。按照垄来分，地主必须出肥料，一般是一亩一车肥（有人说是一车半），土和肥比重是 65%∶25%。第二种方法，按照束来分配，地主可以出肥料也可以不出肥料，要根据双方开始的协商，佃农将所有作物收割后拉到场地，分成两半，地主选择一半。按照束来分配时，只割有穗的部分，下面的部分归佃农。不管是按照垄来分，还是按照束来分，分给地主的部分，其壳都归地主。大体上壳能够抵得上肥料费用。第三种方法，按照谷子重量来分配，即将作物打成粮食后再按照斗来分配。在后一种，在收割时地主不会过来，佃农也不会作假，但是在打谷场后地主会来，一整天都会待在打谷场。如果收成好，伙种的收入要高于典地的租金。分配时地主会带长工一起过来参与分配。高粱、豆子、稗子一般按垄来分配；棉花按照重量（秤）分配；谷子按照斗进行分配，这既是重量，也是容量分配。按照垄分配，佃农要帮助地主收割。

3. 租佃的顺序

土地租佃总体来讲在同等的价格下，有如下的顺序，首先租给同院的人，即分家后的兄弟们；其次是同门的人；再次是同族的人。最终要看谁出的价格高，价格高的人得到土地。如果有人提出申请，出租者要考虑同等价格优先上述人家。对于租金缴纳，同姓与外姓一样，不会更加宽松。同姓之间有优先的租佃权，只是观念上有这样的想法。

4. 租佃权的让渡

租佃权不能让给第三方，即使交了地租，也不能让给另外的人耕种。如果没有交清地租更不能如此。也有将自己租的土地转租一部分给其他人，但是转租者要负责交纳地租。

5. 租佃权的继承

如果租佃者夫妻均死亡，地主不能收回租佃土地。死者的孩子可以继承租佃权。如果已经交了租金，死者的孩子也不能退回土地，拿回预交租金。地主也不会将租金退回，拿回土地。这时死者孩子可以将土地转租给第三方，但是必须向地主告之。

6. 地租滞纳

在侯家营，没有一直不交地租的情况，否则地主会收回土地，而且其他人也不会再租地给这样的人。有拖延地租的情况，但没有不交地租的情况。即使拖欠地租，最多拖欠一年，没有拖欠两三年的情况。对于拖欠的地租，佃户也会一点点的交纳。虽然没有完全交清地租，地主也不会收回土地，只有得等待佃农慢慢交租。如果无法缴纳地租，大多数的佃农会主动向地主解释，当然也有不解释的佃农。

7. 租佃地的使用方法

佃农租佃土地后，有如下自由：一是可以放着地不种，地主不能干涉。地主不能干涉农民的作物安排。二是佃农可以决定垄的方向、间隔等。不过佃农不会在地里挖水沟，也不会在地上建房子。如果搭了棚，在交地时撤掉。三是佃农也不会在租佃的土地上栽树，因为时间短，佃农不划算。四是佃农收获后，干和根全部会取走，但是豆子会留下根。五是佃农也不会挖小水井。

8. 租佃地的收回

在以下几种情况下，佃地会收回，一是地主自己耕种；二是长期不交地租。另外，如果延迟交地租不会没收土地，如今年的地租，明年收获再交也可以。如果佃农真的很穷，全额晚交也可以，这时可以去地主家劳动，以让地主高兴，然后再慢慢交纳。佃农空闲时去，地主不会给工钱；佃农忙碌时去，地主会给点工钱。地主不会主动说“以做工抵地租”，而是说请帮忙做事。帮忙不会有六七天的情况，因为这比地租还要高。

9. 又租佃

又租佃也称为转租，即佃农将租金交给地主后，再将土地转给其他人耕种。

10. 分家与租佃地

分家后如果租佃地比较多，则分家各户均分；如果租佃地比较少，则由年长者耕种。分家后可以不告诉地主。如果各家均分，各家也要承担地租及费用。

11. 租佃时间及土地使用

一般在每年的10月和11月确定租佃关系；11月和12月交纳地租；第二年的3月开始耕作。只要佃农交了地租，在12月至第二年的3月地主不能再使用土地。佃农一般在每年的9月结束租佃。如果7月收割，也有家庭在8月、9月种植荞麦的情况。

12. 租子交纳与土地等级

上等土地一般是先交地租，因为佃农更愿意租种上等土地。下等土地一般是后交地租，中等土地有先交地租的情况，也有后交地租的情况。虽然上等土地先纳地租，但是交纳时间也可能会稍稍延迟。下等地后纳地租，地租额度不会减少。

13. 佃地的变卖

在以下三种情况下，地主不能变卖出租地：一是秋收前不能变卖；二是已经播种后不能变卖；三是翻耕了土地后不能变卖。

14. 地租上涨

在日本人调查的前几年，地租不断上涨。地主上涨地租的原因：一是摊款在涨；二是别人土地的地租在涨。地主涨地租，佃农也不会抗议。

15. 地租的前纳和后纳

在侯家营，一般是前纳地租，特别是上等土地必定是前纳地租，因为谁都想耕种上等地，地主更想自己耕种。但是有几种后纳的情况：一是下等地是后纳，因为没有人想耕种，有些中等地也是后纳；二是穷人一般是后纳，因为穷人在春天最穷，粮食都吃得差不多了，后纳可以帮助穷人。另外，后纳比前纳的租子会稍稍高点。不管是前纳还是后纳，租子大多是一次性交付，也有两次甚至有三次交付的。因为租地的穷人比较多。除了分种或者分粮外，很少有用谷物来交租子的。如果分三次交纳，最后一次和前一次交纳间隔时间在2个月左右，如果超过6个月则不允许。如果分三次交纳，第二次交租子的时间是由第一次的时间来决定的。地租交纳最多不能超过3次，当然只要地主同意，交纳四五次也可以。

16. 地主和佃农关系

一是地主家有事，佃农不会主动去帮忙，大多数情况下地主会去叫，如果佃农家太忙，地主也不会去叫。二是如果佃农欠地主的租子，佃农会给地主做几天工，这几天工不给钱。三是即使佃农不欠地主的租子，地主也会叫佃农去帮忙，每年可能有一两天，不会给工钱。如果地主不叫，佃农不会过去。四是从租佃形态来看，租地和分种的佃农都会给地主干活，但是比较而言，租地的佃农给地主帮忙的天数多些，分种的佃农要少些。如果有很多佃农，地主会叫比较会做、做得好的佃农帮忙。五是过年过节时，佃农不会给地主拜年拜节，即使想长期租佃也不会这样做。六是佃农家有事，不会找地主商量，不会向地主家借农具、牲口或者钱，而是向关系好的朋友借。

17. 包工子

地主叫人来耕作土地，作为谢礼会支付一定的钱。这叫“包工子”，实际上就是雇工。

18. 典与租

有人表示，典与租其实是有区别的，典是只租一年，而租则是几年。所以，如果只有一年的租就是典，如果是几年的租就是租。在侯家营，租佃者叫土地所有者为地东，租佃者称为典户、地户，典户用得比较多。

19. 分种和典地的比较

上等土地的收入比较稳定，分种的情况比较多。分种要到秋后才能够得到谷物，但是春天需要交纳摊款。租地（典地）是预交租金，收入有保障。如果土地地势比较高，不怕水淹，则会采用分种的方式，否则就采取出租（典地）的方式。如果一块土地持续歉收，地主会将分种改为租地。分种要主佃双方商量，将分种改为租地（典地），由地主提出。

（二）土地买卖

1. 以地凑钱的顺序

如果家里需要钱，可以有如下几种选择：首先会指地借钱；其次是当地；最后卖地。其中，直接卖地的比较多。

2. 卖地的原因

卖地主要有如下原因：葬礼、婚礼、水旱灾害、杂捐的增加、病患、战祸等。最主要是葬礼、婚礼、生病和生活穷迫。

3. 购买土地的经费来源

购买土地的人一般是：一是做生意赚了钱的人；二是打工赚了钱的人；三是耕作赚了钱的人。前两种情况比较多。

4. 先买权

如果某家要卖地，需要在家和族层面先征求意见。从家的层次来看，要分别与祖父、父亲商量，得到允许，然后问兄弟，最后如果儿子比较大了，特别是要卖养老地，则需要与儿子商量。父亲健在时可以不与母亲商量，如果父亲不在了必须与母亲商量。从族的层次来看，要与族长商量，族长会问同族的人是否需要土地，如果没有人要的情况下，就会卖给外族的人。然后再分别征求承当者、地邻的意见。可见，先买权顺序为：父亲、祖父、同族、承当者、地邻、本村人、外村人。

5. 土地买卖的时期

在昌黎县，土地买卖分为两个部分，第一、二区是过年之前卖地的比较多；第三、四、五区是过年后到清明节以前卖地比较多。因为两个区域还债的时间不同，前者在年前还债；后者在年后还债。这也就决定了土地集中买卖的时间不同。另外，在这两段时期里，土地上没有作物，适合买卖土地。

6. 土地买卖数量及原因

土地买卖数量，从民国初到民国十年、民国二十年，土地买卖的数量逐渐减少。其原因：一是摊款增多，土地收入下降。二是满洲国（中国东北）不能自由汇款了，购买资金减少。

7. 土地卖价的确定

卖家会出一个价格；买家会出一个价格。这就要中人从中说合，或者由中间人来决定。如果是一块几亩的土地，也会以“块”确定价格。但是大部分是根据一亩来确定价格。

8. 实地踏看土地

如果确定价格后，买家就会实地踏看土地。本村人不去看地。因为大家都知道土地的质量、大小和位置。只有外村的人会去实地查看。一般卖家领着买家去看，这也算是买卖双方第一次见面。从外村来看地时，同族、族长、保长没有必要到场，但在签约时保长作为证监人参加。

9. 土地买卖的测量

定下价钱后，一般三天或者五天就签约，在签约当日，或者制作文书之日进行测量。

首先要带着纸笔测量，测量时有中人、保长、卖家、介绍人、地邻等七八人参加。中人大约有三四人，地邻两位以上。保长一定要参加，因为要按手戳儿，即印章。如果保长不在，事后都得盖章。在大乡制时，乡长盖章收手续费；在保甲制时，保长当监证人，但是保长不直接收手续费了。在侯家营，没有专门的测量人员，但是有几个人会算地。算地时要用绳子将大的面积算出来，然后用尺子将不规则的面积计算出来，最后求得总和。测量的人有些会成为中人，有些就是测量的帮忙人，测量人不给报酬，但是要吃饭。民国二十八年以后由清丈公会来测量。

10. 监证人

土地买卖需要监证人，在民国初年村正做监证人；在大乡制时代，本村的乡长做监证人；在保甲制时保长做监证人。证监人只需要盖章就行，不需要负责。只有证监人盖章后，才能够契税。监证人要参加县里组织的考试，合格的人交300元的押金，就可以担任监证人了。监证人的职责，一是从县里购买官纸，官纸是每张一毛钱，然后卖给交易双方。二是监督测量土地。三是监证人写官纸，按印，即盖上乡长的印章。四是督促交易人去契税。五是监证人的报酬。土地价格的一分给监证人（即百分之一），三厘给乡长，两者合计一分三厘。有时监证人与乡长是同一人。有时是两人，如果是两人，在测量时只要去一个人就行了。六是程序，乡长写官纸，盖章，买方带到税契处，交钱后领取执照。一个月后带着执照去取地契（红契）。在昌黎县，土地买卖除了交契税外，还要交学款，每10元的价款交3钱。在清朝时，监证人称为官中牙纪。

11. 官中牙纪

清朝时，土地买卖的证监人称为官中牙纪。一般半牌有一位官中牙纪，与地方设置相同。只有经过官中牙纪盖章，才能税契。否则无法契税和过割。官中牙纪有时不去实地看土地和签约，但是会问中人和代笔人是否属实。如果不请官中牙纪参与，事后还是要去官中牙纪处盖章。这个章称为“牙纪”，上面写作“中立不倚”，即公平无私的意思。

12. 土地买卖中人

土地买卖的中人经过了几次变化：一是在清朝时，土地买卖中人称为“地牙纪“。二是在民国十年后称为“官中牙纪”（与前面的访谈有些差异）。三是后来称为“监证人”。监证人为村正、村副。只有地牙纪才具有说合功能。土地买卖的中人要符合以下几个条件：一是熟悉买卖双方；二是有知识，会写字；三是能说会道。

13. 土地买卖中人的选择

土地卖家在选择中人时，可以选1人，也可以选两三人，一般会选3人。卖方可以同时选择几位中人，也可以逐个交代，请中人帮助物色买家。卖方委托中人时不给礼物，也不会给报酬，但是在交易完成后会吃饭。选择3位中人，因为不同的中人会与不同的渠道，与不同的有钱人有联系，以便多渠道寻找买家。3位中人可能各自找买家，也可能一起找同一买家，然后一起商量。中人与买方谈妥后，要将自己的名字写入契约，然后共同吃饭。如果本村没人买地，中人会找外村买家。本村的中人也知道外村中人的情况。

14. 土地买卖的中人和介绍人

在侯家营，中人和介绍人有一点区别。有时介绍人就是中人，但并非所有的中人都是介绍人。在土地买卖签约之前是介绍人，介绍买方和卖方认识。在土地买卖签约之后就是中人。有些介绍人直接成为中人，但是买家有时也会再请中人。介绍人两三位，中人两三位。另外，代笔人、地邻是中人。保长是证监人，不是中人。在民国初年还会请族长，主要是买家要问同族为什么没有人买，这样卖家的族长也成为中人。土地买卖与买家的族长没有关系。

15. 契约内容及形式

在田房买卖草契上要写入如下内容：立卖契人的名字、地名、垄数、坐落、买家的名字、代价、地积、南北丈数、东西丈数、四至、亩数等。署名者是：中人和立卖契人，盖监证人的印章。具体内容：一是买卖原因。往往有“因老病不瞻”“无洋使用”“国课无出”“因法（乏）手无钱”等。还有写如下：弟兄议妥、因母子义妥、因奉母命、因奉父命、因奉祖命、同父言明等，紧随上面的还会进一步写原因，如还某某借款，结婚花费洋多少，葬式花费洋多少等。二是地块名字及性质。一般用“将”或“因将”作为开头引出地块名字，如“后园子地”，这不是指菜地，而是指自己房子后面的土地。有些还要写“白地”。从来没有种植过的地为荒地；种植过但是已经收割且地里没有庄稼的地称为白地。在土地买卖时，荒地也称为“白地”。另外还有“菜芜地”，指像杂草长出的蔬菜。“庄窠地”是指没有建房子的宅地。“半截地”是指只有一半的土地属于自己。三是土地位置。一般用“做落”等于“坐落”。四是面积。在侯家营要写两种：面积和垄的数量。如计地3亩，计长垄24条，短垄30条，其地东西长南北阔。写位置时还会写上边界，如“东西以土房磉根为准”，所谓“磉根”就是东西土房的墙根为边界。“四至”，地邻有时有2人，有时为3人。“四至”主要写姓，不写堂号。五是自愿性，在写好“四至”后就写“央中人说白，情愿卖与某某”，表示这是自愿买卖，不是强制。六是买卖价格。如“卖价钱五吊整”。七是支付时间和形式。如“其钱笔下交足（完）”。八是土地及附属物。如在土地内有树，会写上“内有树林在内”。一般土地上的树林、房子一起卖出。如果树林不卖，卖家自己挖走。有时会写“庄窠几亩，房子几间”。如果买卖时有庄稼，会写上“青苗在内”，如果没有庄稼就是“白地一段”。如果地或者房子有井，必须写明“连井在内”，如果不包括井则写明“井不在内”。九是涉及有关费用的事情也要交代。如“拍钱粮一吊整”，即买方向卖方出一吊已交钱粮的钱。还有涉及学堂款，“学堂课扣留”。如果可以过割，可以写下“照河西钱粮随时过割”。十是如果是当契，不写当的期限，大约六七年左右。当契有时会写上，“每年包纳钱粮钱两吊五百文，同中言明头，清明前钱到许赎”，即承当者1年要给出当者两吊五百文钱粮的钱。清明节以前可以赎回，但是清明节后不能赎回。当契还会写明利息，“当价50元，言明年利2分2厘”，即指地借钱50元，每年每100元给利息22元，50元就是11元的利息。十一是当契钱粮的规定，“包纳钱粮900文”，即由承当者负责钱粮900元，如果不写明就由出当者负担。所以包纳就是承当者负责的意思。十二是回赎的规定。“抽手三十二千”，指回赎要花费32吊。

16. 立契与代金

立契后就要给代金，代金也可以在当日交付，也可以过10天或两周后交付。虽然没有支付代金，或者只支付部分代金，但是土地已经是买主的了。代金没有标准，大约是买价的一半，代金不叫订金，因为它是立契后给付的价款。收了代金的，不能再毁约，如果毁约就要打官司。其实大部分的土地买卖都是卖家急需钱，所以签约之日要付全款，也有些在一个月付清的现象，一个月内付清不需要利息。

17. 所有权的转让日期

立契日就是所有权转让的日期。如果是500元的价款，只付了200元的代金，也必须在几天内支付剩下的300元价款，款付完后所有权才转让。土地转让后，如果土地上还有树，卖方也要立即移走。一般来讲，制定文书后，土地就与卖家无关了。

18. 中止契约

从主体看，中止契约或者中止买卖有三类主体、多种情况：一是卖家在谈妥价格后，如果卖家不愿意卖了，可以中止契约，卖家也不用给礼物，也不赔偿。中人和买家也会理解。二是卖家在谈妥价格后，有人愿意出更高的价格，则卖家会让中人给买家说，别人出了更高的价格，如果你不愿意出这个价格，就中止买卖。三是卖家在谈妥价格后，如果卖家要中止买卖，以同样的价格或者低于现有的价格卖给第三方，则不被允许。四是卖家在签约后，则不能再中止买卖，总之在签约之前，卖家可以自由选择，一旦签约，则不能再中止。五是中人一般不能中止买卖，否则失去中人资格，而且以后也没有人会相信他。六是如果买家在价格谈妥后要中止买卖，中人不会允许，卖家也不会允许，如果要强制中止，今后再也没有人给他当中人了。

19. 买卖土地宴请

土地买卖成交后，在签约之日，买家要请中人、介绍人、代笔人、地邻、测量人、保长等吃饭。以上这些人，除了保长外，其他人都只吃饭，不给报酬，也不给谢礼。宴席是土地买卖中最大的花费。可能需要张罗两三桌，1桌12元，每桌约5人。只在签约日请吃饭，此后再不会请这些人吃饭。

20. 土地买卖的交易成本

土地买卖的交易成本主要由如下几个方面构成：一是宴请费，12元左右。二是学堂课，30钱。三是格纸钱，20钱。四是契税钱，每亩约为11元60钱。过去契税为6%，每100元交6元。另外加契尾800文。五是过割费，过去每亩30钱，日本人调查时每亩为50

钱。这些费用全部由买家负担。

21. 卖地的权限

只有家长才能够卖地。一是如果家长不在，只有妇女小孩在家，即使没有钱吃饭，外出乞讨也不能卖地。即使女性当了家长，也不能卖地。二是如果家长去世了，小孩在10岁以下时不能出现在契约中。如果小孩子超过了10岁，如达到15岁，可以写在契约上，但是契约还要写上“奉母命”。三是小孩只有在20岁且当了家长后才能够单独卖地。四是如果家长去满洲了，父亲、祖父或者弟弟可以商量卖地。如果父亲、祖父和母亲在时，卖地时可以称为“奉父命”“奉祖父命”“奉母命”，等。

22. 契约用纸

白契一般就用糊窗户的纸来写。但是要契税，所以要用格纸，即官定的契纸。保长以每张20钱的价格从县里买来，买家从保长处以每张20钱购买（前面说是10钱，受访者之间有一定的差异）。格纸过去每张5钱，现在是20钱。在昌黎县，在宣统年间就有格纸了。

23. 过割类型及费用

在昌黎昌，过割包括两种类型，一是钱粮户头过割，即将交钱粮的户头从买者变成卖者。这必须去县里，还要交契税，然后在去社书处过割，需要手续费。二是地差过割，在昌黎县地差远远大于钱粮，因此土地变更也要进行地差过割，这需要去大乡公所按手印。地差过割不需要手续费。过割的费用由如下几部分构成：一是过割的费用为一亩30钱；二是税契是买价的1分6厘（1.6%）；三是契尾是每张一元25钱；四是官纸购买，每张3钱5厘；五是监证人按印费用，买价的4厘。官纸有三联，一联由监证人持有；一联留给县里；一联由农民去契税。如果6个月不去契税，就算漏税。

24. 验契

民国十八年，有土地的农户要带红契去县公署验证。只检查民国以前的红契，让这些红契税契。县公署只要见到红契就会按印，每张60钱。

25. 过割与过名

土地买卖要过户，也称为过割，即将钱粮从卖家转到买家。过名是分家时，将土地等不动产从父亲名下转到儿子名下。在昌黎县，过割每亩1元，过名每亩5毛。以前过割要去县里，1941年在大乡也可以过割。

26. 包纳

所谓包纳就是承当者将钱交给出当者，出当者再缴纳钱粮称为包纳。在包纳中，出当者就是转手缴纳者。包纳只包括钱粮，不包括地差。在日本人调查者的当年，钱粮是每亩10钱，包纳也是10钱。

27. 卖掉当地、典地、分种、指地借钱的地

一是当地出卖。卖掉当地时，要通知承当者。出当者叫来承当者，请他吃饭，承当者拿出当契，收到当款，解除当约。卖掉出当地时，如果承当者当年有收获，则由承当者负担钱粮。否则就由买家负担。二是典地（租地）出卖。如果租佃者已经下粪，播种，则佃农与买家建立租佃关系。如果地里没有投入，买者收回土地自己耕种。三是分种土地出卖。如果分种土地已经有投入，则买家与佃农分种。如果没有投入，买家可以收回分种土地。四是指地借钱土地的出卖。卖家从买家处拿到一部分钱去债主处赎回地契。赎回行为在签约日可以，在这之后也可以，大多在签约之日完成。如果在签约之后，卖家没有赎回土地，则中人要负责。其实签约之后还钱，要根据当事人的信用决定，如果当事人信用比较好，可以签约之后还款；如果信用不好，一定会在签约日完成赎地行为。

28. 当地与指地借钱

当地就是典地，土地由承当人耕种，获取土地收益，出当人获得借款，但是不用支付利息。指地借钱就是以土地为抵押，当地人需要给贷方以利息，土地由借方（所有者）耕种。

29. 出当地的期限和买卖

当地一般不会写期限，但是对于质量比较差的土地，会约定一个期限。五年期限的当地，在三年后出当者想卖地，买方一般不会同意。这时可以这样选择：买方扣除当地的价款后支付给卖方，土地所有权从卖方转给买方。当地到期后，买方再从承当者赎回土地。

30. 土地买卖和碾子

土地卖出时，对于碾子有两种处理方式：一是土地与碾子一起卖；二是只卖土地，不卖碾子。如果这样，卖家在卖出土地后就要将碾子搬走。如果碾子为周围几家共有，则买家可以使用碾子。

31. 买卖中的土地整体性

土地买卖的过程中，可以将院里一起卖掉，也可以只卖一半。只卖一半的情况下，正间的道路不能卖。土地附带房子、棚子、大门、一门、厢房，其他的东西不能附带。如果水井也卖掉，要写明“连井在内”；如果水井不卖，写明“井不在内”。

32. 死卖

卖方卖出土地就是“死卖”，其文书叫“死契”。比如土地值200元，用100元出当，后来再支出100元买下，买下的行为就是“找死”，或者称“做了死”或“死契”。

33. 房子出卖和租借人

如果房主要卖掉房子，虽然买者已经住进来，但租住者还可以租住1年，在租住到期

前，买者不能赶走租住者。

六　农村金融

（一）借钱、借粮

1. 借钱的原因

借钱主要是因为吃、穿、探亲、送礼需要钱，以及大乡公所的摊款需要钱等，其中主要是探亲、人情往来、摊款需要钱。

2. 筹款的顺序

如果遇到急需要钱时，采取如下方法筹款，一是卖粮食。二是信用借钱，每次借 10 元，再从几个人借五六十元。这是没有利息的借款。三是有息信用借钱，如果上述借款没有解决问题，就借高利贷。四是指地借钱，指地借钱称为押地借钱。五是当地，当地称为“活卖”。在短时间内无法获得钱时就会当地。六是卖地，卖地时所有权转移，这又称为“死买”。

3. 借款与介绍人

借款是否需要中间人取决于两个因素：一是是否是熟人，如果是熟人，可能不需要介绍人。二是金额的大小，如果金额比较小，又是熟人就不需要介绍人。如果金额比较大，即使是熟人也需要介绍人。不熟悉的人不会借钱。

4. 信用借钱

凭信用借钱需要介绍人和承还保人，介绍人只是说合，没有还钱责任。当介绍人将双方联系好后，就需要寻找承还保人。如果借钱不能偿还，就由承还保人承担。介绍人不能成为承还保人。信用借钱需要承还保人的比较多。信用借款的期限一般是一两个月，最多 3 个月，最短只有半个月的情况。利率是 2 分或者 3 分。信用借款一般发生在朋友之间。当信用借款无法偿还时，可以将土地和房屋转为指地（房）借款。信用借款如没有承还保人，借钱者无法偿还时，只能督促慢慢偿还。如果金额比较多的情况下，可以起诉借款者。如果没有立字据，在起诉时则请知情者做证；如果没有知情者，只能慢慢请求和朋友仲裁。

5. 信用和金融

一是信用的决定因素。如果某人讲谎话，就说这人没有信用。如果讲实话则是有信用。二是信用的测试。信用借钱时，第一次借钱给借主，如果不还钱，则断定其没有信用，从此不再借钱给他。三是信用的调查。贷方会向第三方打听借方的信用情况，一般是向熟悉借方的人打听，如果借方与被打听者关系好，贷方未必能够调查到真实的信用情况。四是信用与介绍人。有交情、有信用的人借钱时，一般不需要介绍人。五是兄弟拆借。兄弟之间即使没有信用，需要钱时也会相互拆借。六是大额借款。即使借方有信用，但是借款额度比较大时，还是需要中人。100 元以下可以不要中人，超过 100 元就需要中人。中人一般有两三位。七是借钱的顺序。从最亲近的人先借，然后再由近及远。先去向兄弟借，然后向亲戚朋友借，最后向妻子的娘家借。八是借钱期限和字据。如果借款时间比较短，不需要立字据，也不需要利息。如果超过了一年就需要利息，也需要立字据。在侯家营不立字据的比较多。不过兄弟之间借钱，利息会适当低点，如外面的人每年 100 元的利息是 30 元，兄弟之间就是 20 元。九是如果立字据，则需要中人，如果有代笔人，代笔人成为中人。同姓之间借钱与外姓之间借钱没有太多的区别。立字据时称为中人，不立字据时称为介绍人。十是中人的责任。在指地借钱时，中人的姓名写在字据上，但是中人不对还钱负责，因为有土地、房屋等抵押。中人只是中间传话和确定价格或者卖掉土地、房屋还钱。

6. 粮食借贷

在青黄不接时，没有粮食的人家会借粮。秋天不会借粮，主要是春天、夏天、冬天。借粮由女人们去做。借粮不需要利息，而且借粮还粮，也有借粮不还粮的情况。一是借粮还钱。如在春天借粮，在秋天还，即使秋天粮食价格下降了，也按照春天的价格折算还钱。如果秋天价格上涨了，也按照春天的价格折算。二是借钱还粮。也有在春天借钱，在秋天还粮的。这发生在借方想卖粮食，而贷方想买粮食的情况下，按照当时的价格进行折算。

7. 赊买

如果家里没有钱，也可以去泥井的店里赊买，主要赊买纸、油、酱等日常用品。赊买不需要利息，年底用现金偿还。

（二）指地借钱

1. 押

押其实就指物借钱，即以某个财物作为抵押，用来借钱。

2. 指地借钱

所谓指地借钱就是用土地作为抵押借钱，指地借钱到期后偿还本金和利息。如果不能偿还，土地为债主耕种。一是中人。指地借钱需要中人，中人仅仅说合，没有代还钱的责任。二是期限。指地借钱一年的期限比较多。一年期限需要立字据。立字据要写上当天的日期。三是利率。指地借钱的利率为 3 分或者 4 分。一年期限的指地借钱息率为 3 分；三四个月指地借钱的利率为 4 分。在字据上要写上年利几分。四是支付利息。年利到期后一次性支付本金和利息。如果是几个月则是期限结束后支付本息。五是老契作押。指地借钱时如果没有立字据，可以“以老契作押”。这种情况比较多，称为抵押。六是无法偿还本息的情况。如果借主能够支付利息，即使过了期限，土地也不能归债主耕种。只有不能支付利息时，土地才交给债主耕种。如果第一年不能支付利息可以延期；如果第二年还不能支付利息就将土地交给债主耕种。七是拿回土地。当借主有钱后带上本金和所欠利息，就能够拿回土地。八是指地借钱的再担保。指地借钱的字据不能再担保借钱。与当地相比，指地借钱时土地为借主耕种，只有无法支付本息时才会为债主耕种。而当地的土地从一开始就为债主耕种。九是指地借钱的额度，如果100元价格的土地，可以借50元。十是借契转为当契。指地借钱时，如果没有立字据，也没有以老契抵押，则需要签订当契。十一是测量与看地。如果债主是本村人，有老契在不会看地；如果是外村则会去看地。看地的时候会问保长、乡长等人。

3. 指地借钱的程序

第一，借主向中人说，想以某块地借一点钱，拜托中人前去寻找。第二，中人知道情况后就去询问。第三，如果发现某人愿意出钱，中人就与借主说。第四，中人与债主谈好期限、利息，再通知借主。第五，去借主家签字据。债主付钱给中人，中人数后交给借主。借主将字据交给债主。

4. 指地借钱的约束

如果一块地价值200元，不能以土地向一个人借50元，再向另外一个人借60元，但是可以向同一个人借150元。

5. 拉饥荒

日子过得衰败了，“拉饥荒”了，需要借钱。借钱后如果还不了，就用指地借钱，或者当地。这个时候就需要立字据。仅仅是“拉饥荒”可以立字据，也可以不立字据。“拉饥荒”时30%的人会借钱。

（三）当

1. 当地

当地其实就是顺义县的典地，即将土地交给债主耕种，债主支付一定的钱给当地者，当地的人称为借主，出钱的人称为债主或债主，也有人说，前者称为当主，后者称承当人、承当者。当地借的钱称为“拉饥荒”。一是当契。当地一定要立契。当契要写上期限，一般是三年或五年，五年的比较多。当契不能卖给别人。但是可以让别人耕种所当土地。二是当价。当地得到的钱，称为“当价”。价值100元的土地，可以当到60—80元。三是抽回。当地到期后赎回，称为“钱到赎回”，或者“抽回”。抽回时，如果当初的当价是60元，现在地价只有40元，也按照当价赎回。不过这时借主不会主动赎回，而是等待地价上涨后再赎回。四是抽回的时间。抽回一定要等到期限，到期后随时可以赎回。但是地里有庄稼时不能赎回，一般是年前抽地和清明抽地。清明后因为开始耕种了，就不能抽地了。五是延期。如果五年到期无法赎回，仍然由出债主耕种。六是钱粮支付。当地时钱粮纳入借主名下，由债主负责，大乡费用和摊款也是如此。七是撩钱。如果100元的当地，当价是80元，三年或者五年到期后，土地价格上涨到140元，借主可以要求撩地，撩地20元，即将当价提高到100元。撩地主要在当期到后的年底或者年初提出。一般是11月、12月和第二年的1月提出。八是转当。债主得到别人当出的土地，当自己需要钱时，又可以再转当给别人。这称为转当。转当不能超过当初的当价，如起初的当价是60元，转当时必须低于60元。即使土地价格上涨，也必须低于当初的当价。九是当地出卖。如果当主需要钱，可以将当地卖掉。卖掉之前，要将当地抽回。所以卖掉之前会问承当人是否购买，如果承当人购买就卖给承当人，否则就卖给其他人。承当人有先买权。如果承当人购买就称为“撩死了”。这时就当众烧掉当契，立卖契。十是当地时，如果土地被水淹，损失由承当人承担，与当主没有关系。十一是当契丢失。如果当契丢失了，或者被偷了，烧掉了，承当人请中人及邻居吃饭，重新立新契。出场的人变成证人。十二是当地不需要报官，也不需要纳税。十三是中人。当地需要中人，至少需要2人，多的有4人。当地必须还钱，否则拿不回土地。如果30年、50年后还钱，也能够拿回土地。只要有当契在，土地不会成为债主的财产。在晚清和民国，当地的人比较多。在日本人调查时当地变少了，指地借钱变多了。对于当地，过去都是通过还钱拿回土地的比较多，但是在日本人调查时及以前，当地拿不回地的越来越多了。因为农民越来越穷了。

2. 当地的程序

当地的程序，第一，出当者拜托中人。第二，中人再找承当者。第三，谈价，如出当者要求50元，承当者只出40元，最后中人说45元。第四，看地或者测量。第五，签订文书。一般在承当者家签订。签约时出当者、承当者和中人均在。第六，交钱，承当者将钱交给中人，中人数后，再交给出当者。第七，如果要出当者要赎回土地，出当者带着文书、钱去中人处，说想赎回土地，中人带着钱和文书去找承当者。如果有几个中人，可以一起去，如果有事，也可以去一二人。如果中人去世了，可以请中人的儿子去说。如果出当的是房子，必须在10天前通知，让承当者找其他的房子住，如果没有找到可以再延迟一段时间，但是不能超过3个月。土地必须在清明节前赎回。

3. 典当租佃

当一块地出当后，借主再可以将此地典过来耕种，借主向债主支付地租。在这种情况下，租粮比利息便宜。在其他地方这种行为称为“马不离槽”。即借主将当出的土地再租过来自己耕种。在侯家营，这种情况不太多。

4. 改典（当）

在指地借款中，无法偿还本利的情况下，如土地是500元，以200元借出，利息积到

60 元，再借 140 元时，这时要写字据。这就称为“改当”，即指地借钱改为“当地”。只要指地借钱没有付本息时就可将“指地借钱”改为“当”。

（四）高利贷

1. 贷款商店

侯家营没有专门靠利息过日子的人，但是在泥井有一家商店会向人贷款。这家商店只贷款给熟人、亲戚、朋友，不熟悉的人即使拿着老契也不会借。贷款时不会立字据，也没有抵赖的情况。如果有人去满洲工作，会向介绍人说，赚钱后回乡偿还本息。即使是 30 年后也不能赖账。如果一去再不回来，贷款商店也没有办法。不过这样的情况很少。

2. 当铺

在泥井镇，曾经有一家小当铺，在日本人调查时已经没有了。因为本钱少，开不下去了。泥井的当铺收到当货还要去昌黎转当，这样就比较麻烦。一是利息。比如一件东西，值 10 元，在泥井只能当 4 元，但是在昌黎可能当 6 元。在泥井，当的期限是 3 个月，4 分利率；在昌黎，当期是 12 个月，4 分的利率。二是延期。当铺的当东西，只要能够支付利息，就可以延期。如果不支付利息，就会被当铺卖掉。三是赎回。如果当期是 12 个月，6 个月有钱后可以赎回，支付 6 个月的利息。过了 12 个月，即使付了利息，当铺也会将东西卖掉。从到期日起 5 天以内，还钱可以赎回，第 6 天就不能赎回了。四是计息。比如三月初一当出，规定在五月初五还钱，这就算 2 个月的利息。如果五月初七还钱，则计算 3 个月的利息。

3. 银号

在集市上有专门给别人借钱的人，也称为“钱号”或者“钱桌子”。在集市上摆一张桌子。需要钱的农民就去借。银号主要是借给认识的人；不认识的不借。一是利率，一般是 3 分，也有 2 分、1 分的借款。信用好的人，利率会低点。二是期限，借钱期限一般是一年。三是延期，如果无力还钱，可以延期偿还。四是字据，如果有信用，不立字据。

4. 当物

当家里需要钱时，可以将家里的衣服、手镯、寝具、饰品、布等当给当铺，然后年底有钱后再赎回来。这些物品都是日常用品，农民比较欢迎这种借钱方式，因为年底还能够赎回来的。当家里的东西时，如果家长的母亲健在，家长要向母亲报告，并告之弟弟。

5. 借钱利率

在民国以前，年利和月利均是 2 分。民国十年开始，3 分就多了。在日本人调查时，在侯家营，年利和月利 3 分的比较多。如果向村外的商人借钱，则是 4 分的利率。一般而言，时间越长，利率越低，如几个月的利率要高些，年利息率要低些。

6. 利息计算

一是计息时间。本月初五借钱，下月初十还款，按照一个月计算利息。有钱人给贫困人贷款，超过几日也没有关系。如果是做放钱买卖的人，超过一日也得计息。二是复利。在农村很少有复利的情况，不会以息计息。

7. 长期滞纳付息的限度

一个人贷款100元，利率3分，10年后就是300元利息，加上本金是400元。但是在侯家营有一个说法，“贷不行息，利不过本”。如上述情况，10年后，还本100元，利息100元，共计200元就行了。

8. 去产还债和打扯还债

借钱人没有现金就用财产还债，这种还债有两种方式：一是去产还债，如果借了1000元，卖掉1000元的财产还债，就是去产还债。二是打扯还债，如果借了1000元，但是借款人只有400元财产，就用400元财产还债，就称为打扯还债。如果借款人有财产，也有钱，故意说没有钱，是不被允许的。

（五）各类金融关系

1. 中人、代笔人与保证人

在侯家营，当地、卖地、指地借钱都需要中人。中人至少是2人以上，多的达4人。如果只有2人，其中1人一定是代笔人，代笔人同时也是中人。两者之间有一定的区别，中人还是保证人。如果是借据，借主不能还款时，兼有保证人的中人代为偿还。指地借钱、当地，因为有土地做担保，不需要保证人。指地借钱主要是担心借主还用这块土地进行第二次指地借钱，保证人主要保证不再出现第二次指地借钱。指地借钱的保证人的责任也不太重，因为有土地为担保。

2. 地价、当价、地租比例

在日本人调查时，上地价格是每亩八九十元，中地价格为五六十元，下地价格为5—15元。当地，如100元地价，可以当50元。如果撩价，可以再增加10元左右，即一亩在10元左右的撩价。指地借款时，如100元，可以借30元，需要每年支付3分的利息。对于地租，上地为7元每亩；中地为5元每亩；下地为3元每亩。

3. 当地、指地借钱和卖地的条件

小饥荒时一般是指地借款，大饥荒时就会当地。如需要80—100元时就会指地借钱；如需要200—300元时就会当地；如果需要300—500元时就会卖地。另外，当地、指地借钱都需要立字据。

七 农民生活

（一）日常生活

1. 日常食物

在侯家营，日常饮食主要是高粱、苞米、白子米。吃得最多的是穲米、白子米、小米等。一个大人，一个月要吃一斗两三升的高粱。如果是高粱，小孩子，5 岁需要 4 升；10 岁需要 8 升；15 岁就与大人一样了。如果是白子米，小孩子，5 岁需要 3 升；10 岁需要 7 升；15 岁和大人一样。有时也将这些混着吃的，但是单独吃的比较多。

2. 吃饭及其换季

在侯家营，吃饭可以分为早、中、晚饭。一般是早饭吃穲米；午饭吃穲米，晚饭吃白子米或小米。农忙时吃三顿，农闲时吃两顿。从雨水到立冬的 8 个月为农忙季节，白天长，夜晚短，因此吃三顿。从立冬到雨水的 4 个月间，是农闲季节，白天短，夜晚长，因此吃两顿饭。

3. 粮食不足及筹措方法

在收成比较好的情况下，不买粮的家庭比较少，只有 6 家。在粮食不足的情况下：一是打工挣钱，如做年工、月工、短工等。二是借钱，如从买卖人家借钱。三是卖牲口筹钱，如家里养了牛等，就将牛卖掉筹钱买粮。四是卖农具，可能还会留一半。五是典当衣服、柜子等。六是卖土地。七是卖房子、宅基地等。八是要饭。如果只有一年灾荒，可以通过出卖财产或者土地度过，如果连续的灾荒，可能房宅都会卖掉。

4. 要饭及其原因

在日本人调查的前几十年，侯家营大部分家庭的条件还变好了，原因是人口结构发生了变化，年轻人多了。年轻人多可以扛活挣钱。村庄中有变穷的人，也有变富的人。有一户原来孩子小时还要饭，但是孩子长大后，外面打工做生意赚钱变富了。也有一户原来有 2 顷地，后来家道中落，主要是做生意亏本了，在日本人调查时一亩地都没有了。另一户原来有 50 亩地，做生意亏损破产，导致要饭。还有一户原来有 1 顷地，后来因为葬礼和随礼就耗费掉了，最后家里也要饭。在日本人调查前的一年在侯家营有 12 人要饭，在 1942 年因为发生了灾害，又有 3 人开始要饭，全村总共有 15 人要饭，其中只有一位男人，其他都是女人。因为男人可以扛活，女人无法劳动就要饭。主要是如下几类人要饭：一是没有儿女的老人；二是人地少的家庭；三是家里原来是普通人家，因为丧葬将土地卖了无地之人。一般的人家会给要饭的一碗、半碗的施舍，不会一次都不给。要饭的自己也感觉到害羞。

5. 衣服消耗与更新

在侯家营，农民的衣服一般穿到破烂为止。被子大约要使用10年，小褂儿和褥子等穿一年，长衣要穿4年，马褂儿穿2年左右。夏天小孩子可穿衣服，也可不穿衣服。因为穿后也会很快撕破。

6. 燃料

侯家营以秸秆为燃料，但是秸秆一般不够，因此会去拾柴火，像豆根、高粱根等。冬天还会捡野草。

7. 结婚费用

不同的家庭，不同的儿子，其结婚的费用不同。上等户因为请的客人多，朋友多，因此花费比较多。长子比其他儿子花费要多，多的高达1000多元，一般也要七八百元，少的只需要300元。中等户，长子婚礼需要五六百元，其他儿子需要200元左右。下等户就没有定准，10元、20元、30元不等。一般而言，长子结婚花费最多，其他的儿子就少多了。

8. 葬礼费用

葬礼也要根据家境情况和去世人的地位来确定葬礼。一是不同的家庭葬礼费用不同。对于上等户，如果是老人去世，可能要花红事的两倍，如红事1000元，则老人的葬礼需要2000元的花费。如果是儿子则只有其一半，如果是长子去世，不能办得太好，否则别人会笑话。对中等户来说，大的中等户约是五六百元；小的中等户约是两三百元。下等的种田人，没有别的收入，不办特别气派的葬礼也不会被人笑话。二是不同的人去世费用也不同。老人去世最多，可以卖地办丧事，甚至可以卖掉家中一半的土地或者1/3的土地，如家中有200亩地，可以卖100亩地。如果是50亩地，可以卖掉30亩地。因为这些财产本来就是父母的东西。如果不办好点，会被人笑话。老人去世后棺材会在家里停放三五个月，甚至一年。还要做纸钱，要花费很多钱。儿子去世只花费老年人一半。如果未结婚的女儿去世则只有一口棺材。如果是10岁以下的小孩只需一口薄棺材，当日去世，当日埋葬。三是去过满洲里的家庭和没有去过满洲里的家庭也不同，因为去过满洲里的家庭有现金，即使不卖地也能办比较气派的丧事。

9. 出嫁费用

不同的家庭出嫁费用也不同，上等户大约花费两三千元，中等户约是300元左右，下等户花费80元或者100元左右。在侯家营，出嫁不用现金或者土地陪嫁。

10. 婚礼和葬礼的差异

葬礼是一种纯粹的花费，只会导致家庭亏损。但是婚礼则有收入来源，一是娘家陪嫁财物。二是收到的礼金。三是还有其他的如祝福的字或者礼的挂轴等。

11. 婚葬费用的筹措

婚葬所需要费用比较大，一时可能难以拿出一大笔资金。因此有事的家庭都会提前一年准备。一是预先存钱。二是借钱，如果家里条件比较好，可以先借钱办事，然后再还钱。三是卖地。卖地是家里没有钱的人家，中等户卖地的比较多。因为中等户家里有地，没有更多的现金。如果办得不与家庭条件相当会被人笑话。下等户都是贫穷人，不用花太多的钱，也不会被人笑话，再者如果将土地卖掉后，就没有办法生活了。所以下等户不会卖地。四是卖家里的其他财产，如卖牲口。

12. 卖地的原因

大部分家庭收入比较低，也没有去过满洲，大乡的费用又很多，收割的粮食不够吃，能够卖的东西没有，累计借的钱又比较多，无力还钱，因此只能将地卖掉。

13. 农村最需要钱的时季

农村最需要钱的是春季和秋季，前者耕种，后者收割。一是雇工；二是雇工的饭钱；三是购买肥料、种子、农具；四是租用或者购买牛。另外过年时也比较需要钱。

（二）农村集市

1. 集市

一是开关集市时间。集市开始时间是早晨八九点钟。结束时间是 12 点左右，冬天是下午两三点左右。二是集市管理。只要有集市，就会有警察从县里来到泥井维持秩序，进行仲裁。三是买卖许可。在集市上做买卖不需要获得许可，也不需要向乡长、庄长申请或者请示，摆摊的人只需要给地主摊儿钱就行了。四是集市的时间。一般是一日、六日、二日、七日、三日、八日、四日、九日。五是集市交易。主要是用钱买卖，很少有物物交换。侯家营的农民主要去泥井集市，也有人去其他的集市。农民去的集市大概在 20 里的范围以内。六是集市的商品。在集市中各种农民所需要的商品都会，如粮食、酒、油、粉、肉等。七是集市内部的分工。在集市内部会有不同的分工，相同买卖的物品集中在一起，如有粮食市场、蔬菜市场、皮下市场、牲口市场、粉市、肉市等。对于农民来说，一般是赶集买物品，但是零碎的东西也会去街上的小铺子或者小摊贩购买。

2. 摊儿钱

在集市上摆摊要给土地的主人案子钱，也称为摊儿钱、地皮钱、场地钱。摊儿钱根据摊儿的大小支付。每次都需要给钱。一年有 72 次，卖布的大约每年 20 元，其他的七八元，每次两三角。庙前的地属于学校，学校来收摊儿钱。其他地属于地主，地主来收摊儿。庄长负责收学校的案子钱。如果手推车买卖不需要交案子钱。

（三）文化生活

1. 信仰

村里人信仰老爷、财神、五道、娘娘。

2. 香火会

侯家营每年的五月初五会到桥上举行香火会，十月十五入会的村民会到昌黎北山的水岩寺举行香火会。村民有入会的，也有没入会的。入会的人叫作“在会的人家”，没入会的人叫作“不在会的人家”。加入水岩寺香火会的“在会的人家”，在十月十五的前一天，会“给片”交钱，抽中签的人会用那钱在家里请大家吃饭。到了第二天，大家敲锣和打鼓，去北山的水岩寺祭拜。五月初五为了参加桥上的香火会，侯家营建立了香火会，规则与水岩寺的香火会大体差不多，但是不请吃饭。全村加入香火会的人不多，每年都会变化，入会的都是男人。

八　县政与国家

（一）机构和主体

1. 县治

全县的行政机构分为 3 班，每班又各自分成两班（头快、一快、头庄、二庄、头它、二它）。全县按照地域分为 6 个堡（裴家堡、蛤泊堡、静安堡、莫各堡、石各堡、套里堡），堡由班来管理。每堡又分为几个牌，半牌有一个地保（地方）。地保负责村子和县的联络。治理架构为：县—堡—牌—半牌—村（庄）。后来又出现了：县—区或乡—村。

2. 县公署组成

县公署本身包括县长，门房（收发室），账房，科长。七班十一房属于县公署的机构，但是设置在县衙之外，如果县长要找七班十一房的人就通知门房去叫过来。民国十三年后，七班十一房改组成为了一科、二科、三科，后面又成为了内务科、财政科、建设科和警察科。

3. 财务科

财务科分为省款股和库款股，契税室和田赋经征处属于省款股，契税后面并入了田赋经征处。

4. 七班十一房

民国十四年以前，房都不属于县，之后才加入到县公署。十一房包括户总房、库房、工房、兵房、礼房、吏房、刑房、召房、户粮房、堂房（承发房）、户北房。礼房和户北房是一样的房子。七班是另外的，其中刑事是由补班负责的。民国十三年变成了一科、二科、三科，每科有一个书记长，还有一个科长，就成为了今天的秘书科长，各科的书记长成了今天的主任。民国二十五年经过改组，变成了内务科、财政科、建设科和警察科。

5. 公事的传达

县里、分所通知到乡，乡通知到保，然后由保通知到村。一般是乡丁写下乡里的通知，带到村里。有时会通知保长，保长不来就通知乡丁。一般的流程：县、分所—乡—保—村，通知人员：保长或者乡丁。通知的主要内容有训令、修路、植树等。训令如禁止种植高粱等。

6. 大乡公所

大乡公所在民国二十九年四月初一成立。之前各村也有乡公所，是小乡制，小乡制的乡长就是村长。大乡制的乡长和副乡长由选举产生。选举由新民会宣传和组织，召集各小乡的乡长，由乡长们选举产生大乡的乡长。当众不宣布结果，而是由县里任命票数最多的人，没有通知选举是为了防止有人的策动。实行大乡制之后，小乡不能收集村费了，由大乡筹集然后发拨给村里，即村费统收统支。所以小乡的经费（村）都由大乡拨款，各村的官产、蒲坑的收入都归属于大乡。各村、副乡的看青、打更、乡丁的费也由大乡负责支付。

7. 大乡公所组织架构

大乡公所的组织由新民会的金尾氏，高县长，奥田顾问，商务会长商量决定。主要有如下组织架构：一是负责人。大乡长（报酬每月 60 元）1 人，副乡长（50 元）1 人。二是主要的工作人员。事务员（50 元）1 名，司计员（50 元）1 名，户口保甲事务员（50 元）1 名，合作社事务员（40 元）1，书记（40 元）2 名，催款员（40 元）2 名，乡丁（30 元）2 名。三是县里下派人员，安排 1 位农业指导员（县里派遣，乡里付钱，据说去年是 50 元，今年是 100 元，现在县里培训）。保甲自卫团班长（40 元）1 名，新民会的农村分会常务员（50 元）有 1 人，后者由新民会支付工资。新民会的工资也来源于大乡的亩捐。

8. 大乡公所职务

大乡有乡公所，乡公所的工作人员及其职责：一是乡长，对全乡事务负责，乡公所所有的事情都要通过乡长。二是副乡长，协助乡长工作，乡长不在的话，可代理乡长。三是事务员，主要制作文件呈文，保管卷宗，管理上传下达的公事。四是司计员，管理财政、会计和乡亩捐和县亩捐等事务。五是户口保甲事务员，负责清查户口，训练保甲自卫团，巡逻街道，检验过往行人。六是合作社事务员，主要配给合作社物品，发行入社股票，送入社金。物品配给主要是白面、洋油、火柴，去年发过一次小米、一次玉米。七是书记、催款员和司计员，催款员负责征收亩捐，两名书记也加入到了征收行列，把催款员征收来的钱记入账簿，现金交给司计员。八是监察员，各乡里有由各保投票选举产生的5名到7名监察员，监察员没有报酬，其任务是随机调查乡里的账簿。另外，乡里每3个月交一次清单和4柱清册给县里。在交到县里之前，交给监察员审核，如果监察员认可清单，乡里就可以支出；如果不认可，就不能支出。九是农业指导员，县里委任到大乡，全县5人，每区一个人，负责改善农业、调查粮食和土地等情况。十是保甲自卫团班长，大乡有从18岁到40岁的自卫团员549人，夏耕结束后，轮流训练，每50个人一轮，上午、下午都要训练，其中上午训练两小时，班长做训练指导者。班长有训练经验，但不是军人。十一是农村分会常务员，新民会成立了一个模范分会，以前就挂着这样的一个招牌，在调查时已经真正实行，发给入会会员标记和证明书，做名册。十二是校务委员，大乡有两名校务委员，专门管理学校的事物，其工作是义务的，没有报酬。校务委员都是当地的名人，如商人、士绅等。

（二）钱粮与征收

1. 社书

社书主要有四项工作。一是催交钱粮。每年交纳钱粮时社书就会将银粮票子带到村里，村民自动到县里交纳钱粮。如果有人滞纳，社书就去催缴。二是代垫钱粮。如果再不交，社书就会禀告县里。社书不会直接收取钱粮，但有时社书会代垫钱粮，然后将银粮票子带回村，要收取比代垫多的钱。三是土地过割。社书的另外一个工作就是过割，如果有土地买卖，根据社甲写的条子，买方带到社书那儿，民国二十三年后带到乡公所。每年正月二十日，社书会在县里集合，如果社书不去村时，就在这个日子去县里找社书过割。过割时要交手续费，每亩30钱，费用由买家支付。四是制作征册。社书要根据过割的情况制作田赋征收册子。五是社书的产生。社书不是世袭的，要得到这个位子，需要出钱购买。晚清时需要十几两银子，民国时期需要二三十元。六是社书的收入。社书主要收入是过割手续费及代垫多收费。七是社书的轮换。全县有一个总社书，要罢免某位社书时，要得到总社书的同意。八是社书的期限。社书有做十几年的，也有做七八年的。

2. 总社书

在昌黎县，设置了总社书，负责召集社书并与县里打交道。一是产生。总社书由全县的社书推选产生。二是条件。总社书要能够识字，熟悉衙门的工作的人担任。担任总社书的人并不见要做过社书。三是总社书的工作，主要是召集社书。如果有社书收款后不交纳，县里会告之。总社书还将县的要求和政策传达给社书。四是报酬。总社书没有固定的报酬，在正月二十日过割时，各个社书给总社书四五元作为饭钱。五是辞职。总社书不想干了，可以向县里提出辞呈，县里再商量决定新的总社书，也可以由社书们推选，选出五六位代表先推选，然后让社书认可。六是保证。担任总社书要两户商家担保；担任社书则需要库款股（户总房）以及两户商家担保。

3. 柜房

县公署东西屋子有柜。全县有十多个柜，每柜一个人，用来封银封粮。过去县长也没有固定的办公地点，在县城租住一户人家封银封粮。

4. 库房

所谓库房就是存放所交纳粮食的地方。柜房收到封银或者封粮，然后交给库房保存。

5. 田赋征收处

田赋征收处不在财务科的职员名簿中，设置了 1 名主任，2 个事务员，七八位书记。主要征收田赋，也会征收契税。其他的税由税务征收局征收，如牙税、牲畜税、当税、营业税、屠宰税、烟酒牌照税。

6. 地柳子

所谓地柳子就是记录村民持有土地的账簿。如果土地中有一部分成为墓地，地柳子要记录整块土地面积，全部土地都得交纳村费。只有 5 亩地全部变成坟墓后才不交村费。银粮账簿就是缴纳钱粮、亩捐的土地账簿。这个账簿与地亩台账一样，是征收县亩捐、乡亩捐的依据。地亩台账除去坟地、菜园、荒地、宅地的耕地就称为地柳子。因为菜园、宅地、坟地等不交村庄的摊款（小差）。

7. 上忙、下忙

农民可以在上忙时缴纳钱粮，也可以在下忙时缴纳钱粮。上忙主要是阴历三月、四月、五月。下忙在十月、十一月、十二月。可以在上忙交纳钱粮，也可以在下忙交纳钱粮。如果下忙无法交就可以在上忙交。如果在上忙还不将去年的钱粮缴纳，就会被传唤到县里。

8. 勘灾和减免、缓征

有水旱灾害，村民会报告给县里，县长就会查看，再向省里发呈文，如果得到许可了，就减免田赋。民国二十八年的水灾曾经减免田赋。究竟是减免还是缓征要看成灾的程度，成灾四分就缓征，成灾四分就减免 3/10，剩下的 7/10 就是缓征两年带征。民国二十八年是成灾五分。缓征也称为宽征。

9. 预征

如果省、县需要钱，可以提前预征钱粮和亩捐。这种情况称为预征。

10. 封银和封粮

春天封银，秋天封粮。封银不是交银子，而是将银子折算成钱来交纳。封粮不是交粮食，而是将粮食折算成钱来交纳。封银从正月二十五开柜到五月初封柜。封粮是收割结束后，从秋天开始开柜，年末在某个时间或者二月开春在某处封柜，比较普遍是二月封柜。

11. 税费减免的土地

所有的土地都必须交钱粮，包括宅基地、道路、菜园、坟地、荒地等。但是道路用地，重复登记和沙荒地可以不交县亩捐。

（三）摊款

1. 差钱

在昌黎县，村民将钱粮或者赋税等县、乡、村收取的税费统称为“差钱”。收取“差钱”时，县里会来票，按照票上金额交纳。持有土地的人都会有票。过去，在开柜时村民自己带着“差钱”去交纳。如果仅仅是村里的摊派，就称为“小差”。民国十一年开始，“差钱”按照土地数量和质量来征收，上等地一亩1元，上等地相当于三亩下等地，相当于两亩下等地。宅基地、坟地不用交差钱。

昌黎县所征收的差钱（包括县、乡亩捐和村的小差）

年　度	一亩（上地）差钱	一斗小米的价格	年度	一亩（上地）差钱	一斗小米的价格
民国三十一年		22元	民国二十年	六七十吊	2元
民国三十年	村内1元20钱 大乡2元30钱	15元	民国十五年	50钱	1元50钱
民国二十九年	1元80钱	15元	以下没有划分上、中、下等地		
民国二十八年	1元80钱	13元	民国十年	三四吊	1元50钱（8吊）
民国二十七年	1元	5元多	民国元年	三四吊	8吊
民国二十六年	1元80钱	3元	光绪末期	两三吊	6吊
民国二十五年	1元	2元50钱			

2. 县亩捐

亩捐分为县亩捐和乡亩捐。亩捐也称为拨差、地差、起差（在侯家营不称为摊款、摊派）。县亩捐主要是筹集警察、警备、建设等费用。乡亩捐负责乡职员的收入、道路、桥的修理、教育费用等，大乡制后乡亩捐还包括村费。

民国三十一年每亩2元30钱，主要包括县亩捐22钱，学校费40钱，学校建筑费1元2钱，乡亩捐66钱。这些费用分7次征收（有人说是8次）。民国三十二年亩捐的预算是1元86钱，这包括乡公所的东厢房和门的修理，还有学校的东西厢房和门的修理费。调查当年已经征收了3次，第一期每亩30钱；第二期20钱；第三期30钱；第四期计划收50

钱。这些乡亩捐中包括了县亩捐，将县亩捐的45钱分为四次征收，每次收11钱2厘5毛。乡亩捐最后额度尚未完全确定，但是校经费已经加倍。

亩捐按照土地数量及质量来征收，如上等地交24钱；中等地交20钱；下等地交8钱。亩捐（拨差）要贴清单，每年贴4次，每个季度一次。出典（当）土地由承典（当）者支付亩捐（拨差），每年承典者包纳给出典（当），由出典者上交。政府不允许征收者收取手续费，也不允许在农村吃饭。

3. 乡亩捐

乡亩捐就是乡公所所需要的摊款。泥井乡公所的费用包括，预备费、办公费、保长费、团费、自卫队费、校舍维修费、设备费、学校费用、交际费、津贴、建筑费、村费、爱护村费、旅费、备品费、修缮费、房屋费、工资、乡丁费、薪俸等。乡公所的摊款由乡公所直接向村里摊派，在调查时村里已经没有摊款，全部以乡公所的乡亩捐的名义征收，然后下拨给村公所。

4. 乡公所摊款依据

乡公所摊款分为两个阶段，民国三十年以前，实施按牌摊款。民国三十年以后，实施计亩摊款。全县有42牌，第四区有6牌，五区6牌7厘5毛，四区摊款6牌半，把这个叫作牌成。以前县里所有的杂差根据所有的牌成来摊款。泥井乡总共有七个七，分别：泥井是一个半（1.5），侯家营5厘（0.5），赵家港5厘（0.5），牛心庄（1.1），崔家坨6厘（0.6），陈官营5厘（0.5），摩天庄一个（1.0），张家坨一个（1.0），冯庄5厘（0.5），杨庄2厘5毛（0.25），台庄2厘5毛（0.25），总共有7.7，简称为七个七，泥井就照这些比例来分配摊款。

5. 村摊款

在以前，村民除了交县摊款、乡摊款外，还得交村庄的摊款。所谓村摊款，就是村费支出所需要的费用。主要包括以下几个方面：一是摊款支出范围。打更、看青费用，保甲长请客费用，乡丁费用，挖沟，学校费等，后面还有雇请书记的费用。二是摊款征收时间。一般分四次征收，农历三月、六月、九月、腊月。民国二十七年，日军战乱，临时支出比较多。三是摊款征收依据。凡是有地的家庭都得交摊款，地又分为上、中、下地有区别，一亩上地相当于两亩中地、三亩下地，这样可以换算成每亩所负担的摊派数量。四是征收方式。征收时要贴清单，只写收入总额和支出总额。在日本人调查时，村摊款已经纳入了乡亩捐。

不同年份村庄摊款土地负担额

时　间	上地	中地	下地
民国三十年	1元	70钱	40钱
	1元50钱	80钱	50钱

续表

时　间	上地	中地	下地
民国二十二年	五六十钱	三四十钱	二三十钱
民国十二年	40 钱	20 钱	10 钱
民国二年	5600 钱（吊）	3400（吊）	200（吊）
四十年前（晚清）	200 钱（吊）		

6. 派人派车（村里安排）

县里和乡里会向各个村征派人力、大车。一是派人。警察分所安排400人去修火车路，安排200人去维修大乡的小学。侯家营没有安排人去修路、修校，主要是挖沟。维修汽车路，每家安排1人，如果征派的人不多，就安排有二三十亩地的家庭出人。安排人力由保甲长商量决定。二是派车。警察所修路，安排了二三十辆车，乡里学校建设派了四五十辆。三是派车的依据。派车主要是按照牲畜来分配，牲畜多的出车就多；没有牲畜就不出车。如果家里有牛，也应该派车。1941年安排车最多的家庭有六七次。对于派人派车，在小乡制时可以钱替代，但是大乡制时不能以钱替代。四是报酬。派人也会给一些劳务，1941年每人支付50钱的报酬，有时也给80钱。派车会给几十钱的饲料钱，50钱的饭钱。

7. 派人派车（联保公所安排）

县乡也会摊派人和车，保里也会进行分配。派人分配主要有如下几个规则：一是平均和轮流安排，比如这次安排20人，由一个保负责，下次20人由另一保负责。二是按照田亩数量安排人力。10亩至20亩，安排1人；21亩到30亩，2人；31亩至40亩，4人；41亩至50亩，5人。三是根据农忙和农闲，农忙时多安排人，农闲时少安排人。有钱的家庭多安排人，没有钱的家庭少安排人。四是一视同仁，保甲长也要被安排。派车也有如下规则：一是有土地的家庭多出车，三四十亩地的家庭出一次，100亩以上的家庭出三四次。二是骡马、牲畜比较多和肥的家庭就多出，没有的就少出。派车主要是修路和维修学校。另外，派人和派车也有一些报酬，在附近工作就不给报酬，如果去昌黎县运石灰、石头会给盘缠（旅费）。派车最远的是每天2元，最近的每天1元。这些钱都来自于乡亩捐。

8. 前清杂费

前清县里有三班六房（有一位受访者说七班十一房），其俸禄就由杂费负担。一是杂费的决定。杂费是由知县或县长和绅士商量决定的。二是征收的时间。每年2月和8月征收。三是杂费的数量。杂费数量不固定，有时多，有时少。四是收取的部门。衙门分为头壮、二壮、头包、二包、头快、二快、补班，由这些部门来收取，泥井乡主要是四区来收取。收取亩捐的各班的人是固定的。五是杂费又分为两种，2月是小差；8月是大差。当各班的人来取杂费时，会头和董事就用村里的费用交给地方。所交费用包括两个部分：给班头的小费、饭费和杂费。乡里给县里分四次送县亩捐，由乡丁送过去。如果乡丁弄丢了，就得赔偿。

9. 县款

和钱粮一起征收的除了教育费和警款之外，还有自治费 7 厘（民国十六年以后）；建设费 4 厘（从民国二十年或民国二十一年开始）；保卫团经费 3 分 5 厘（民国二十三年）。如果包括警款就是 1 分 5 厘；教育费 3 厘（从民国二十年还是民国二十一年开始的），合计 5 分 4 厘。这些费用随钱粮一起征收。一直持续到了民国二十九年。这些县款以前称为田赋附加，随田赋一同征收。后来改为了亩捐。

10. 警款

警款就是为警务事业而摊派的费用，大部分是警察的薪水。民国六年开始征收，随银带征，即与钱粮一起征收。民国六年前按牌征收，县里有有警察，村里有警董，类似于绅士，负责征收警款。每个堡有一位警董。当时是按牌征收，必要时可以随时征收。每个月警董找村正、村副征收。民国六年后按照土地征收，民国十年左右变成了每亩征收 1 分 5 厘，持续到了民国二十九年。民国六年后在银柜缴纳，银柜交给账房，账房再交给警款事务所。民国十八年财务局成立，警款事务所就废止了。

11. 教育费

教育费是为教育事业，如学校而征收的费用。原来的教育费包含在杂税留拨和契税附加中，民国十五年开始与钱粮一起征收。按照土地来征收，每小亩征收 3 厘大洋。一直持续到民国三十年。

12. 车捐

在大乡里还有其他相关的税捐，如车捐，车牌捐，大车捐。所谓车捐是农民如果有车，要从乡里那里获得车牌子，一套车每月需缴纳月捐 3 毛，年捐 2 元。另外还要支付纸张工本费（归乡公所）1 毛；捐照费（归县公署）一毛。此外，还要征收 1 元车牌子工本费。

车牌子工本费是每年缴纳一次。除了上述车捐外，在第一区还有洋车、自行车捐，每月四五十钱。

13. 粮捐

直奉战争后，为了战争善后曾经随银征收粮捐，每 1 元加征善后粮捐 3 角。这属于军事特辑。民国三十一年取消了粮捐。

（四）集市税收

1. 市集的税金

在集市上征收牲畜税、粮食斗税、烟酒牌照税。鱼类由新民会收税。

2. 牲畜税和牲畜牙税

最开始只有牲畜税，民国十四年才有了牲畜牙税，前者是正税；后者是佣钱。牲畜税是每100元交3元（俗称3分），牲畜牙税每100元交4元50钱（俗称4分5厘）。另外要给新民会每100元交50钱（也就是5厘），全部合起来就是8分。按照惯例，买方出4分，卖方出4分5厘。实际上买卖双方商定，如果卖方减价，就会全部由买方负担。

3. 烟酒牌照税

进行烟酒买卖的商户要交纳烟酒牌照税。征税时将商户分为甲、乙、丙三个等级来征收。在第四区没有甲，只有丙，分为批发和小卖两种。批发的税款为每年80元；小卖每年16元，两类均分四次缴纳。

4. 营业税

凡是销售收入有1000元以上的，就交0.3%，即1000元的销售额支付3元的营业税。

5. 屠宰税

屠宰税分为两种，第一种，进场的费用，在调查时是每头猪1元，牛是2元。第二种，屠宰税，每头猪也是1元，牛是2元。羊的入场费是六七十钱。在昌黎县只有猪、牛、羊的屠宰收税。根据规定，屠宰牲口必须在屠宰场进行，但是如果买了票，也可以在家里宰杀。在家里宰杀同样要交入场费和屠宰税。

6. 牙税税率

粮食的牙税由两部分组成，牙税1.5%，新民会费0.5%，两者合计为2%。牲畜牙税为7.5%。新民会费为0.5%。果品牙税为3%。鸡鸭蛋牙税为1.5%。新民会交0.5%。这个并不是所有的区都交，第一、第二、第三区就不交税，第四、第五区交税。

（五）征收主体

1. 税征局

税征局是专门征收集市税收的一个机构，没有与县公署一起办公。税征局有一名主任，若干征收员，也称为承征员。如果有人直接前往县里交给税征局，如3分税、4分5厘的佣金等，然后由分局交总局。分局的人也会在市集直接收税，征税员在牲畜和粮食处摆一张桌子，征收牲畜税和粮食税。

2. 包商

包商制度源于清宣统年间，包商分为总包商和分包商。当时只征收牲畜税和粮食税。如果想做牙纪，就把自己的名字报给县里，然后下一个斗帖（其实应斗斛），值三四十吊钱，然后用斗帖去称量粮食。这时交易双方不需要给牙纪送礼，牙纪没有固定的薪水，称量剩下的粮食归牙纪。剩下的粮食称为“流澈”。那个时候只有牲畜和斗牙。在民国六年，才有屠宰税。当时只有牲畜税，没有牲畜牙税。牲畜税是每头四五十文，民国后变成了价格的3%。总包商就向县里承包集市的税收。比如承包金额是1万元，包商收了1.2万元，多收的部分就是自己的收入。总包商又分包出去，每个区承包一定的税收，几个区累计的承包额肯定要超过1万元。分包又称为散包。包商不会给牙纪报酬。

3. 牙纪和经纪

牲畜买卖除了买卖双方，还有牙纪。因为买卖牲口要看牙齿，因此这个人就称为牙纪。牙纪也称为经纪，撮合买卖，收取牙税，从中提取部分做为报酬。在泥井集市，有34个猪牙纪，34个牛牙纪。牙纪没有期限，长的做了几十年，短的只有两三年。牙纪不能从包商处取得收入，只有买卖双方的礼物，依靠自己的能力挣钱。在集市里，有牲畜牙纪、斗牙和果品牙纪。1942年牙纪就是指被税捐局雇用有薪水的人，经纪是指没有薪水的人。

4. 牙纪帮

相同的类型的牙纪或者经纪人会组成帮。在一个帮里，甲赚得多，乙赚得少，甲就会分一点给乙。相反也是如此。只有类型相同的牙纪才会互相帮助。一个帮大约有三五人。

5. 斗牙

粮食买卖需要称量，包商会在市场里请斗牙。一是在晚清和民国初年，斗牙没有报酬，主要是称量时的一些溢出的粮食。另外，卖方会给一些礼物，称量比较多，卖方就会给钱；如果称量比较少，就给一点粮食。二是斗牙的“斗”，由斗牙向县里申请，然后制作，称量必须标准。三是斗税为5‰，卖方2.5‰，买方2.5‰，新民会的手续费2.5‰。另外，花生、花果、棉花的斗税是3%。斗牙依靠斗吃饭，牙纪依靠嘴吃饭。

6. 保槽

牲口交易时，为了防止牲口有病，一般会在谈妥交易后一定时间内付款。这种情况称为保槽。猪保槽的时间是五天，牛马不保槽。如果在保槽期间，牲口死了，由卖方负责；如果超过了规定的时间，就由买方负责。

7. 征收员

税征局有征收员，向集市的交易征税，收集后交给总局。征收员一半为招募，一半为推荐。一般每个区需要一名征收员。1941年征收员没有固定的薪水，从征收额中拿出10%作为报酬。1942年征收员由税捐局支付报酬，每月60元，每去一次集市支付1元饭钱。根据考勤就能够知道前往集市的次数。每区一名征收员，一名粮食征收员，一名花生征收员，果品牙税交到果树改进会，屠宰税交到屠宰场。主任是总负责，征收员监督牙纪，督促交税；税警督促脱税的补交税金。税征局的征收员每天会到集上巡视，主要监督买卖双方交税，防止漏税。这种行为称为巡税。

8. 屠户

农民一般不自己杀猪，请屠户宰杀。20年前，宰杀牲畜时不需要交屠宰税，但是要给屠户礼物，一般给猪毛、胰子和2元的手续费。近段时间猪毛不值钱了，就给胰子和四五元钱的礼物。后来有了屠宰税，即使在自己家里宰杀也要交税，60钱的票钱和10钱的印子钱。在家里宰杀和在屠宰场宰杀，所付费用相同。全县有屠户三四十位，农历腊月十七和二十二，市集上有200多头猪要宰杀，年末全县四区要宰杀2000头猪。

9. 牙帖

牙帖又分为府帖和县帖，斗、秤、牙行要经营，必须从县里获得县帖，才能合法经营。府帖是府里发的，每张二三百吊，没有期限，新府尹一来就检查，不过马上就会还给牙纪。县谕是县里发的，每张二三百吊，县长任期内都有效。新县长上任后会没收原来的县帖，再发新县帖，那时要再出二三百吊（当时10头猪10吊）。十几年前，包商取代牙帖。

10. 净落——包佣

这两个词主要是指包税时牙纪的收入。净落就是净赚多少钱。如果成本是100元，以195元卖出去，净落就是95元。净落也称为包佣。过去只有税，没有佣。日本人调查前20年开始有佣，一般税为3分，佣为4分5厘，由牙纪来征收。牙纪来收税后，还是比4分5厘要少。佣钱一小部分给牙纪。

11. 征收局的报酬

在集市中，承征员和牙纪坐在一张桌子旁边，牙纪主要开票，不说合。牙纪的报酬是每个月30元。得到总局雇用的称为牙纪；没有得到雇用的称为经纪。其中，有薪水的牲畜牙纪6人，有薪水的斗牙7人，没有得到薪水的牲畜经纪七八人。征收局主任的收入每月80元；书记和税警每个月30元。

（六）其他县政

1. 土地清查

根据冀东区警备司令的命令，招募50名地籍员，花3个月的时间进行土地清查，根据此次清查，做出了土地台账。做了台账后，有交到县里的，也有不交到县里的。然后根据河北省的命令清查田赋，从民国二十九年五月二十日开始，在原来的地籍员里挑选出16名，田赋查报表就做出来了，乡里一册，县里一册。根据这次清查，县里做出田赋征册，以此为据征收田赋。土地清查全县增加了3000多顷，田赋也增加了。根据查报表，村庄做出新地亩台账，以前的台账就无效了。

2. 官旗产清理

民国十五年成立官旗产清理处，清理官旗产。从民国十七年开始停了一年，然后从民国十八年到民国二十二年又继续清理，因为事变停止了。民国二十三年开始又恢复了，一直持续到民国二十八年五月。民国十五年致力于旗地清理，之后没有旗地了，同时出卖县里所有的荒地，然后升科。从民国十五年到民国二十八年，升科的钱粮增加了7000多元。参与清理的有主任、调查员和办事员十几人，从事旗地清理的人都没在县里任职。

3. 放账

在光绪二十一年，遇到灾害天气，农业歉收，官府就会放账，也称为救济，即给农民发放小米。现在就没有这样的情况了。

惯行与治理：满铁对吴店村的调查

——满铁农村调查第五卷导读之二

从北京沿京汉铁路南下，经丰台、宛平等县，自卢沟桥北过张辛店，约 2 小时可到达良乡站。良乡县城距离良乡站约 2 华里，坐落在被城墙环绕，略微突起的太行山山丘上，太行山脉自河北省南部沿省境北上，从县城向西北方向可眺望北京以西以及西山的连绵群山。

全县没有单姓村落，有些地方如张家庄的张姓约占 1/2，詹家庄的刘姓约占 1/2，王家庄的高姓约占 1/3，同姓户数占有比例较高。吴店村距离县城东北约 3 华里（2 公里），邻村有清朝行宫座落村：皇辛庄（约 0. 5 华里）、后店村（1 华里）等村庄。

据说，村庄最初居民是清朝初期自南方而来，其余各姓氏随后从远近各乡镇迁移过来。当然也有从村子外迁其他地方的人。在满铁调查时，全村里有 40 余户（不包括附户），若将已分家户分别计算，约有 70 余户人家。吴店村是一个很小的村庄，在保甲簿上记载的 50 余户中，有郭姓 15 户、禹姓 7 户、杨姓 6 户、王姓 6 户、赵姓 4 户、李姓 4 户等。吴店村是一个纯天然的杂姓聚居村庄，在这些农户中，10 人以上的家庭有 13 户，但其中 5 户实际都已分家。

据说，村庄最初有 20 顷土地，现有土地 11 顷左右，其中约 600 亩为外村人所有，村民所拥有的土地在减少，平均每户所有地不足 10 亩。根据村庄地亩台账记载，除 23 户其他村村民持有的土地，本村 57 户按耕种田亩的数量来说，出租全部土地的只有 2 户，其土地只有三四十亩；自耕户有三四户；纯租佃户两三户，大部分农户都是自耕兼租佃农，很多家庭通过做短工贴补生活。在土地拥有量方面，拥有土地最多的农户只有 71 亩，拥有 30 亩至 40 亩的有 3 户，拥有 20 亩至 30 亩土地的有五六户，拥有 10 亩至 20 亩的有 25 户，没有土地的有六七户。

一般来说，在吴店村若要生活水平较好，平均每人需要 5 亩地，一个五口之家需要 25 亩地。全村生活水平较好的农户只有两三家，70 户中有 60 户需要在市场上买粮食过日子。平时吃玉米和粟，吃麦子的时候比较少。

在吴店村，由于土地比较少，养家糊口比较困难，前往北京或其他地方打工的人数比较多，但在日本人侵后，村里打工人数有所减少。在满铁调查时，有几人在北京打工；有一位前往蒙古打工，至今未回；在村外警卫队任职的有两人；在铁路警务段任职的一人；在新民会任职的有一人。另外，有数人在农闲季节去北京做蜜供；在各地做瓦匠的有 3

人，木匠的1人，村中还住着一个小商人和数名洋车夫。

在吴店村，有关帝庙、五道庙，两处庙宇，每年正月初一、十四、十五、十六和六月二十四会举行祭祀仪式。关帝庙供奉关帝、龙王、娘娘、菩萨等，五道庙在村子西侧，是吴店村的土地庙，因供奉虫王、龙王、关帝、土地、青苗、马王、财神等7位神仙，故又称为七圣神祠，如果仅算前面5位神仙则为五道庙。虫王为保护庄稼免受虫害之神；龙王为保证风调雨顺之神；土地为人死后报庙之神；青苗为保护庄稼之神；马王为保护马、骡、驴等家畜之神；财神为增加收入之神。

一 村庄治理

（一）治理制度

1. 村庄沿革

第一阶段，会首时期。光绪二十六年吴店村没有村会，村庄事务由会首来处理，会首包括绅士和董事。绅士相当于村正，董事相当于村副。会首主要负责处理招揽戏班到村中唱戏和庙宇管理事务。村庄活动需要钱时，会首们先商量，然后再捐款，也可以按照地亩收费。第二阶段，村公会时期。村公会于民国十年在关帝庙成立，又称为“公会”“会”，此时有村正、村副。村公会成立之前，村庄完全没有摊款，只交钱粮，村里几乎没有公共事务。有受访者表示，当时军队往来频繁，为了筹集军队所要求的物品，村里建立公会。模范乡的乡长表示，就是为了收钱才成立了村公会，村公会取代了会首、董事。第三阶段，保甲阶段。村正改为参议。

2. 村公会

在保甲制之前，该村有村公会，是村庄的自我管理组织，会首主持村公会事宜。满铁调查时村公会有1位参议，4位甲长。保甲制以后，村长就称为参议。村公会设在庙里，平时大家有事找公会，就说去“公会”。每年六月二十四祭祀时，大家则说去庙里。村公会，又称为公议会、公会。保甲办公处和村公所在一起，是参议和甲长们商量青苗会等事宜的地方。

3. 公议会

村里成立村公会，是为了开会商量重要问题，这个会议就是公议会，吴店村的村民称为“庙里的会议”，公议会是一次活动；村公会是一个组织；村公所是一个地点。但是在吴店村，农民将活动、组织、地点等概念等同。要商议琉璃河用工事务，须参议和甲长召集村民开会，这样的会议一般有二三十人参加，共同商量，参议决定，然后通知村民派款、派人，但有时也会有村民反对。

4. 会和公议

会是相互商量之意。公议是全体成员公开讨论，形成一致决定的会。如果没有全体成员参加，不是公议；如果意见很多，没有形成一致的意见，也不是公议，公议的地点在庙里。如下几种情况下会有公议：一是对摊款的公议，如每亩需要摊款20钱，就需要公议。二是全体村民选出村正或者村副需要公议。如果没有推出一致认可的人，不属于公议。三是雇用看青的需要公议，这需要土地所有者参与商量。四是之前的4位甲长由所属村的10户推荐，属于公议，但是后来的7位甲长，没有全体10户参加，不属于公议。五是讨论、推荐地方也属于公议。另外根据县里的命令，大家讨论某些事情属于公议。但是有几件事，不是公议，如每年六月二十四祭祀聚餐不是公议。1941年选参议，虽然投票了，但是没有选出一个大家公认的人，不属于公议。

5. 公产与公议会

只要有公产的村庄，都会成立公议会。在吴店村，除了庙产外，碾子、公井等属于公产。凡属于村民出钱购买的物品，都属于公产，须加印公议会印章。

6. 公益事的组织

公益事主要有3个：一是庙里的提灯购买。一般购买提灯需要30钱，由愿意出钱的人承担，每年大约有10人出钱。二是每年六月二十四庙里聚餐。聚餐由愿意负责的人组织，每年也有十几位愿意组织的人，这些人中没有牵头人，大家彼此平等，共同商量办事。大家商量后发出通知，愿意来吃饭的就出钱来吃饭。六月二十四的聚餐，每年都会组织，但是每年没有固定的组织人，也没有固定的参与人，愿意组织的都可以组织，愿意参加都可以参加。吃饭时一般是20人一桌。三是求雨后聚餐。求雨也是愿意组织的人组织，这些组织者也是共同商量办事，没有固定的牵头人。民国三十年求雨后，后店村与吴店村共同在吴店村的庙里聚餐。

7. 上供会

上供会是负责组织庙的祭祀、烧香的组织，六月二十四大家凑钱买面条在庙里吃饭。负责上供会的是参议，也就是村长，甲长们协助参议组织祭祀。另外，有一位受访者表示，每年六月二十四庙里聚餐，由热心此事的人组织，向全村村民发出通知，愿意吃饭的就出钱。每年大约有十几位热心人。这些人没有为首的，每年人员也不固定，大家共同商量办事，吃饭时一般是20人一桌。

（二）治理主体

1. 村正和村副的选举

在村公会时期，吴店村已有一套组织系统。这个系统由村正、村副、邻长、团长、地方组成，其中村正、村副由选举产生。选举制度所需说者有五：一是选举的时间。一年选举一次。二是选举的监督。县里安排人监督选举。三是选民资格。每户一票，如果在一个院里没有分家，只有一票；如果分家了，每家都有一票，户主必须有一票，其他家根据自愿参与投票；附户在事变之前没有选举权（事变是指日本人入侵，下同），事变之后有选举权。四是当选。票数最多的人当选为村正，票数具次的人当选为村副。五是当选资格。一般是家里有土地、有钱的人可以当村正和村副。在满铁调查的当年，依照县里的命令选举品德端正、土地多的人当参议。村正与乡长是同一时期存在的职务。一般是主村——吴店村的人当村正，副村——后店村的人当村副，选举时两个村都到吴店村选举。直奉战争前，村里有一人在北京一家商店做经理，在村里建立了一栋大房子，他回家办事期间，被村民选为了村长。正当那时发生了直奉战争，他贴付了很多马、车、柴、草等，非常伤心，不到一个月就去世了，之后因为葬礼和分家，此家土地就减少了。

2. 甲长的产生

以前甲长由年长者担任，但是保甲制以后，县公署要求 24 岁以上，40 岁以下的人担任。很多人不愿意当甲长，因为甲长要督促交钱、摊派人工，若任务完成不了，还会挨骂。日本人入侵后治安很乱，甲里出了事，要甲长负责，总之甲长事务多且没有报酬，因此大家都不愿意当甲长。甲长产生有两种方式：一是同甲的人在一起商量，口头表决，推荐一人当甲长。二是选举后，参议向县里汇报，由县里决定。后来的甲长选举需要大乡派人，发给 10 户选票，每家在选票上写上想选的人的姓名，选票以门为单位。在满铁调查之前，吴店村有 4 位甲长，之后有 7 位甲长，当时虽然选出了新甲长，但是县公署还没颁发委任状，加上新甲长太年轻，还是由 4 位老甲长决定琉璃河出工的事情。有位新当选的年轻甲长介绍，自己当选后村里商量到周口店挖壕，在开会商量之前，他会与父亲商量（父亲为老甲长），然后再去开会。如果村里商量的事情，当时没有决定，他回家后会与父亲、家人商量，然后下次开会时再发表意见，之前年长者当甲长时，一般能够直接决定。

3. 参议的推选与贪污

保甲制后，村长变成了参议员或者参议委员，参议由全村村民选举产生。参议有月薪，每月从编乡拿到 20 元，还可以拿到 15 元的办公费。一般大村设参议委员（简称参议），小村设监察委员，事实上前者相当于村长，后者相当于副村长。当选参议（村长）必须有四个条件：一是识字；二是 25 岁以上；三是要有土地；四是要有足够的票数。其程序是：首先由村民投票选举；其次报到县里；最后县知事（县长）任命。按照规定应该是得票最多者当选，但是有一次选举，县知事想让得票最少者当选。另外，县里有权势的人（不是官员）又推荐了另外一位更年轻、没有土地、不赡养父母、曾经当过警察的人。最后这位当过警察的年轻人当了参议。这位参议做了两件事情，引起了村民的抗议。一是隐瞒薪水。这位参议没有告诉村民，县里给他发薪水。二是贪污亩捐。县里规定每亩的亩捐是 35 钱，参议没有将通知单给甲长和村民看，私自向村民每亩收取 50 钱的亩捐，共收了 406 元，但是只向县里交了 300 元，私吞 106 元。这两件事被村民所知，村民在庙里开会，向县里要求免去这位参议委员。县里让警察将参议带到了县里，参议求情，县政府准其回村，这位参议委员回村后向村民谢罪，并表示用自己以后的薪水返还多收的亩捐。为应付县里，参议又向村民多收50元亩捐交给县里。满铁调查问村民，为什么你们会选这样的人。村民表示，不知道他有月薪，再加上大家都不愿意做参议。这个人并没有被免职，答应用每月薪水还钱也没有兑现，还用薪水买了自行车。村民表示，以前也发生过村正私吞了90元亩捐的事情，后来被县里扣留了一个星期，还钱后就释放了，这个人现在警备队。受访农民表示，这种贪污的情况是在有了亩捐以后才发生，晚清和民国初年没有出现过。

4. 地方

晚清以来，村庄除会首或者村正、村副外，还有一位跑腿的人称为地方。地方主要是当联络人，联络县公署、驿站和军方。日本人入侵后地方改为联络员，村里会给地方12元的报酬。全县有180个村，有96个地方的编制，有96名地方，可见不是每个村都会有一名地方，而是几个村共有一名地方。地方取消后，甲长做地方的工作。地方与帮办人不同，地方是出钱雇用的人，负责上传下达。帮办人是乡长临时委托有知识的人协助工作，人数不等，可能一二位，也可能有多位。

5. 保甲自卫团

在满铁调查的前两三年，吴店村成立了保甲自卫团，保甲自卫团由18岁至40岁的人组成。凡是在这个年龄段的人，不管有无土地都是自卫团成员。保甲自卫团员在白天和晚上均需要值班。白天在村南北设立步哨2名，检查来往行人，有情形可疑者带到保甲办公处询问。晚上安排5人值班，设立警备班，也称为夜警。夜警值班时在庙里坐着，也称为坐警。如果发现匪情就鸣锣打钟通报。保甲自卫团值班由符合条件的年轻人轮流进行。

6. 打更及打更人

吴店村每天晚上9点会安排40岁以上的人打更，每天5人，从晚上9点开始。打更人员按照地亩分摊，13亩以下出1人，14—23亩出2人。自己所有的土地和耕种的土地都需要出人打更，即地主和佃农都得打更。如果有地没有适合打更的人，此户需要出钱雇人，每晚50钱。打更以甲为顺序，先从第一甲开始，然后第二甲、第三甲等，大约20天为一轮回。

7. 看庙的

村庄有一位看庙的，看庙的耕种庙里的土地，平时为村里做一点事，如接待县里的人，或者为村公会传达通知。若看庙的耕种庙地不够吃，村民会给一点粮食。在吴店村，看庙的一般是外村人，因为庙产是全村的财产，如果让本村人看庙，容易被人误解私拿庙产。

8. 看青

在吴店村，每年需要看青，看青的由有土地的人公议决定，先选择候选人，大家再商量决定。确定看青人的会称为“寻找看青的”，选择看青人后，不会聚餐。看青制度所需说者有七：一是看青时间。看青的时间是阴历六月二十四到八月十五。如果种有麦秋，在立夏到冬至之间也需要看青。二是看青人数。大田（高粱和玉米等高的作物）需要 2 人；小田（麦子和粟等矮的作物）只需要 1 人。三是看青人的报酬。根据田亩数给钱（公饭钱），一亩 10 钱，这个钱也称为“青苗钱”“看青钱”“看地钱”。外村人的土地也要交看青费。四是赔偿。因为看青人很穷，即使作物被偷，也无法赔偿，因此不会让看青人赔偿。五是处罚。如果小偷被抓住，由看青人和甲长们商量罚款和赔偿。有些村庄会在看青之前确定罚款，有些地方在抓住小偷后确定。如偷一个玉米罚款 1 元，或者 3 元或者 5 元，确定后写在纸，然后张贴在各地，让大家知道，落款为“公会”或者“公议”。一般有土地的人不会偷庄稼，少地或者没有土地的人会去偷，因此一般张贴时，会故意将少地或没有地的人，叫来听或者读。如果有人偷了庄稼，小事就骂一顿，大事可就要罚款。罚款一般不给受害人，而是归公会，用来购买物品。六是外村的土地看青。边界内的外村人土地由本村的看青人看青。过去外村人在本村的土地要支付看青费，但是满铁调查的当年，只要是外村人在本村的土地，不管谁耕种，都不向本村交看青费。七是看青人的资格。一般是力气大、胆子大、会打架的本村人看青，老年人和年龄比较小的人不行。一般有地的人不愿意看青，没有地的愿意看青。看青的一般拿着火枪，火枪和矛由村公会购买。为了看青，有些地方会成立看青会，不过这个会是临时会，只在看青期间存在。有些村庄，地方会兼任看青人。

9. 求雨

一般如果过了小满（阴历四月初五）还不下雨，就会求雨。求雨需说有六：一是求雨的组织。由参议和甲长组织。二是求雨的过程。首先给关帝庙和五道庙的龙王烧香、上供品。其次抬着关帝庙的龙王在村内和附近的村去巡游（巡游没有规定的路线，也不会与其他村商量）。最后要去距离吴店村 20 里的玉皇庙村的水井取水。三是求雨的参加者。全村男女老少均可以参加求雨。四是求雨的经费。求雨的经费由村民捐资，村民随意给，给多少都可以，不给也可以。求雨是村中的大事，如果家里有人，多少都会出一点，求雨的经费由参议和甲长收取。每次求雨大概要花费三四十元钱。五是演戏还愿。如果曾承诺下雨就演戏，若真下雨了，就要演戏。过去演戏要花费几百元，满铁调查时要花费上千元。演戏的费用要按照地亩摊派。六是求雨后聚餐。有时求雨后会聚餐，有一年吴店村与后店村一起求雨并吃饭。

10. 纠纷与仲裁

纠纷有如下几种类型：一是分家产生纠纷，当然不见得所有的分家都会产生纠纷。二是耕种土地产生纠纷。三是牲口吃了别人的庄稼，如果不是故意的，向主人道歉就可以了。四是打架受伤出血之类的纠纷。纠纷产生后一般请邻里作为仲裁人，其实仲裁人没有太多的讲究，同族与外族纠纷，同族人也可以参与纠纷调解；当事人的兄弟、父母也可以参与调解。但是同族、亲友调解者要公道正派，不能拉偏架，否则就不会被人尊重。如果仲裁人解调不了，当事人也会告到县里。如果发生了纠纷，村里人不知道，有些人会上诉到县里。如果没有让村里人知道就告到县里，村里人会讲他的坏话。有一个例子，国恩和国宽两兄弟在父母去世后分家了，祖坟为国宽家所有。后来国恩的妻子去世了，按照人字葬的要求，挖坟茔时大了点，碰到国宽的地。国宽两口子不同意，跳进坟洞不允许葬进去。各方调解不了，国恩就告到了县里，县长也挺为难，不好调解。最后村民仲裁，说服国宽，让国恩的妻子下葬。国宽拒绝有其理由，因为土地分给了自己，但是国恩根据家族人字葬的要求可以葬在此，这样产生纠纷。但是村民认为国宽没有道理，因为如果国宽家人去世，也会碰到国恩的土地。

（三）治理边界

1. 村的边界

本村的看青的范围就称为村庄的边界。村庄边界一直没有变过。即使边界处的土地买卖也不会影响边界。边界内的土地称为“内圈地”“本村地”。边界外的土地称为“外圈地”“外村地”。有几种类型的土地要区别：一是本村人在外村的土地称为“外圈地”。二是内圈里有外村人的土地称为“外圈地”。三是外村人的土地由本村人耕种，就算土地在边界内，也称为“外圈地”。四是边界内的本村人的地，由外村人耕种，也称为“外圈地”。五是边界外的外村人的土地，由本村人耕种，也是“外圈地”。六是本村的土地是指看青的所看护的土地。即使边界的土地进行买卖，也不会变动村界。七是如果甲村的人买了乙村的土地，甲村的人将摊款交给乙村。如果甲村的人在甲村有土地，但是搬到了乙村，摊款还得交给甲村。甲村的人租种乙村的土地，摊款交给乙村。

2. 本村人

外村的人要成为本村人，有四个条件，一是有熟人或者亲戚介绍；二是有人担保，如村公会的会头担保等。三是在村里必须有土地；四是保长、甲长同意并记上保甲簿。这样外村人就变成了本村人。另外，有几种情况是本村人：一是没有房子和土地的本村人，外出打工后回来，还是本村人。二是有房子和土地的本村人，虽然长年外出打工但是仍然属于本村人。三是带家人一起来到本村的外村人是本村人（这与前面的四个标准有些冲突）。另外，只是被本村雇用或者在本村做生意的外村人不是本村人。

3. 迁入者

所谓迁入者就是从外村而来成为本村人的人，从保甲簿上可以看到，50年以来吴店村有7人来到本村并入籍。这7人几乎都是来做苦力和租佃土地的人，也就是说流动的人都是比较穷的人。从吴店村外出打工的人来看，也是家里比较贫穷且没有土地的人。吴店村的手艺人外出打工的也比较多。

4. 光棍和土棍

所谓光棍是家里穷，无法结婚的男人。所谓土棍就是村里的坏人。

（四）公共产权

1. 公共产权

五道庙后有一个碾子，原来是10家的财产，但是10家以外的人可以使用。如果碾子坏了，周围的人家共同修理。香火地、庙和庙西边的井属于庙产。村公所设置在庙里，所以庙里的夯、桌子、椅子属于公会。

2. 义地

在吴店村有一两亩义地，主要埋葬光棍或者外村来没有土地死在本村的人。

3. 水井

村里有4口井，有3口是私人的，1口是官井。3口私人井中，有1口 已坏，无法维修，另外2口井刚建造没有多久，属于土井，一般挖井成本七八元，完全由私人支付，挖井时周围用水的人即使没有帮忙，但大家都可以使用。在使用时要对主人说一声，不需要给主人谢礼。2口井都用辘轳打水，辘轳也为私人所有。两家挖井的目的是浇菜。在田地中还有1口最近才挖的官井。因为本乡是模范乡，大乡负责挖这口井。挖井前乡里曾经咨询参议、甲长们挖井的地点，参议和甲长们商量后确定地点。这口井挖了二十多天，总花费1000多元。总体来看，大乡出钱，村里出人力。大乡购买砖、席、绳、辘轳等，而且还派监督员来监督。村里每天安排十五六人协助挖井，挖井人没有工钱，也不管饭。

（五）村庄费用

1. 摊款标准

摊款有两种方式，一种是按照地亩摊款，即按照土地数量摊款，不耕种土地不摊款，如家里有100亩，30亩自耕，70亩租佃，则只有30亩地交摊款费。如果100亩地全部出租，则不交按亩摊款。第二种是按照门户摊款。所谓按照门户摊款，即按照户来摊款，家里有钱但是没有耕种地的人，也要按照门户摊款。按照地亩摊款要高于按照门户摊款。只有家里非常穷且没有土地的人，就可以不交摊款。

2. 摊款数量

摊款主要包括三类，县里的摊款，乡里的摊款及村庄费用。一是县里的摊款。民国三十年前是田赋附加，主要有警款、保卫协和费，还有钱粮加捐等。民国三十年起田赋附加改为亩捐，每亩1元32钱。事变前每月交一次保卫团费，每亩3钱。事变后，每亩10

钱，民国二十九年开始就没有了保卫团费，摊款由村长收费，然后交给县里。二是模范乡的摊款。民国三十年是一亩20钱，民国三十一年为一亩10钱。

3. 按地亩摊工

每年村庄或大乡要摊工，吴店村按照地亩数量摊派人工。地亩主要是“耕种土地”，不是指“自有土地”。按照村里规定：5亩以下不出工；5亩到13亩出一个工；14亩到23亩两个工。如果家里没有自有地，但是租种10亩地，佃农也要出一个工。看铁路、修河都是按照地亩摊工。

（六）公共活动

1. 开叶子

开叶子也称为“劈高粱叶子”。七月初七是高粱的开叶子的日子。开叶子时，地方会敲锣通知大家去采摘高粱叶子。因为高粱叶子可以做饲料，还可以卖钱，因此大家都会采摘高粱叶子。开叶子所需说者有五：一是采摘的时间，是七月初七后的半个月。之前和之后任何人都不得采摘，包括自己家里的高粱叶子也不能采摘。二是高粱叶子的价格，是每百斤1元50钱。三是采摘区域，只是在开叶子期间，村内村外的人均可以采摘任何一块地的高粱叶子，村外的人也可以采摘。四是违规处罚，如不在规定范围、时间内采摘，公会的参议和甲长们会商量对之进行处罚，若是有钱人会罚款四五元，若是穷人会罚款一两元。五是通知开叶子，如果有青苗会，会由青夫敲钟通知。如果没有青苗会，大家在开叶子期间随意去采摘就行了。大家都会选择去叶子长得好的地里采摘。

2. 草和叶采摘

采摘草和叶有规矩：一是路边、田边的草可以摘，也可以牵马去吃。二是树的落叶可以捡，但是不能爬树采摘树上的叶子、树枝。因为树叶、树枝可以做肥料，即将土和水混合，使落叶腐烂。三是庙里树的叶子不能采摘。四是田里的落叶可以捡。五是田里自我生长的草和叶可以采摘，如次菜、无心菜等。

3. 放牧

当土地里没有作物时，可以在地里放牧。对于土地耕种者来说，别人在地里放牧是一件好事，因为家畜的粪可留在地里。如果地里有作物，则不允许放牧。如果放牧损坏了庄稼，要赔偿，一般赔偿四五元。赔偿的钱归青苗会所有，青苗会用这些钱来购买煤油等用品。

4. 村庄罚款类型

村庄罚款主要有如下几种类型：一是捉到偷作物的人。二是在不是开叶子期间采摘叶子。三是让家畜在田里乱踩。在牲口主人完全不知情的情况下，道歉后可以原谅，但是如果将牲口牵出来后自己睡觉，导致了庄稼被踩则要被罚款。四是故意糟蹋别人的庄稼。

5. 被偷物品的取回

如果作物被偷了，且被主人抓住了，不能私下打骂小偷，要将小偷带到看青的那里去，在这时可以直接拿回被偷的物品，如发现某物像自己的被偷物品，不能直接拿回，要和看青的一起去，才能拿。

6. 罚款及偷盗处理

罚款主要有三种可能：一是不按照规定开叶子罚款，罚款归村公会。二是青夫抓住小偷的罚款，根据小偷家里的财产情况罚款，不是根据偷盗额罚款。如 10 元罚款，5 元归受害者，2.5 元归青夫，2.5 元归村公会。村公会的钱用来买茶叶，买的茶叶青夫不能喝，只能村公会开会时大家来喝。小偷如果没有钱，就由青夫打一顿，至于罚多少钱由地方决定，地方商定后报告村正、村副。如果非青夫以外的人发现了小偷，就不能打他，即使是直接的受害者也不能打小偷，而只能由青夫和村公会处理。

（七）社会互助

1. 水灾与互助

日本入侵后发生过一次大水灾，村庄的土地被淹，好地都变成了差地；作物、房子均被毁。大家一起互相帮忙修理房子，很多人外出做苦力，还有的家庭为了度日，将土地都卖掉了。水灾后县公署没有救助，村庄也没有组织救助。

2. 搭套

所谓搭套就是耕作时农民之间用牲口、农具相互合作。这种合作是一种家庭生产的互补行为。搭套有几点说明：一是一方有牲口，一方有农具，两者可以搭套。二是一方有一头牲口，另一方也有一头牲口，因为需要两头牲口才能够拉得动犁，因此可以搭套。三是搭套时只出牲口和农具，不会出人帮忙。搭套是相互需要且方便的人，不见得是相互亲近的人。另外，如果家里没有家畜或者家畜不够，可以向有家畜的人租借，费用是一亩 1 元。

3. 相互扶持

如果发生了自然灾害，农户总体上是各顾各的，或者向亲友借钱，或者卖房子度日，村民间不会相互扶持。村庄和县里没有慈善和扶持的组织，更没有救助的力量和经费。只是在民国二十八年的灾害，每人可以从县里领到 5 升玉米。

二 家当户和家族

（一）家族

1. 一家当户

所谓一家当户，就是在一个村，同一祖宗的人称为一家当户。一家当户相互借钱的不多，因为借钱主要是找关系好的人。一家当户相互做中人的也不多，因为谁都可以充当中人。

2. 族长与族务

在吴店村，每个家族都会有族长，但是族长并没有太多的事情要处理。分家时各家会叫上族长，在结婚、葬礼时族长可参加，也可不参加。有一位受访者表示，本家和当家子中地位最高的叫“老祖长”，不叫族长。在良乡县的村庄一般没有家谱，也没有族产。村中累世同居的户不多，如五六十口人住在一起的不多，但是20多口人住在一起的户还是有。

（二）家长

1. 家长更替

在吴店村的家长更替有讲究：一是父亲去世后，儿子成为家长。二是如果只有独生女儿，父母去世后，独生女儿成为家长。三是家长丈夫去世后，如果没有儿子，或者儿子年龄比较小，妻子成为家长。四是家长外出打工后，儿子成为家长。在父亲不在的这段时间，父亲不再是家长。如果父亲回家且年龄不太大的情况下，父亲再次成为家长。五是如果父亲年龄比较大，可以将家长转给儿子，保甲簿上写儿子的姓名。有时父亲依然是家长，但儿子是当家的。六是如果没有亲生儿子，只有过继子，父亲去世后，过继子成为家长。

2. 家长与打工

如果有外出打工的儿子，其收入不能自己存着，也不能交给妻子，必须寄给家长。打工所挣的钱，打工者可以花一点小钱，如收入几十元，个人花费不能超过1元。

3. 家里钱的保管

家里的钱一般由家长保管，但有时也可以交给妻子保管。如果钱由妻子保管，其决定权和使用权还是归作为家长的丈夫，妻子不能反对丈夫的决定。

4. 父债子还

父亲所欠债务，在父亲去世后，儿子们要偿还，分家要平分债务。

5. 家长的财产行为与商议

家长是一家之主，很多事情不需要与儿子和妻子商量。但是有些事也会商量，一是做衣服买布料；二是卖出土地。有些事情家长自己决定，如购买日常用品，出售农作物等。

6. 私房地及媳妇的特有财产

有钱人家嫁女，或者女儿有病或者女儿有残疾，娘家会陪嫁土地，这个土地称为私房地。对于私房地、私房钱有如下规则：一是私房地、私房钱是媳妇的财产。二是如果用媳妇的土地、房子或者钱买地，需要以媳妇的名义进行，为媳妇所有。三是媳妇可以将土地卖掉，用来买新衣服。四是媳妇的私房地，可以让家人租种，媳妇收租。五是需要钱时，媳妇可以抵押私房地，向家长指地借钱，但是不能向丈夫指地借钱。六是在媳妇生了孩子后，私房地可以向家长出典。七是丈夫成为家长后，妻子的私房地成为丈夫的财产。如果妻子担心离婚，可不将财产合并，依然为自己掌握。八是分家时，如果丈夫有几兄弟，妻子的私房地不能合并分家。九是儿子们分家时，母亲的私房地可以做为父母的养老田。如果有女儿没有出嫁，私房地可以作为女儿的嫁妆。

（三）婚嫁

1. 订婚和结婚

在吴店村，男的十五六岁就订婚，比较早的是 5 岁、10 岁订婚，比较迟的也有 20 岁订婚的情况。穷人家的孩子一般都要在 20 岁多岁才订婚。在吴店村没有通过自由恋爱而结婚的情况，均要订婚。订婚时男方要给女方两枚戒指，还要给女方送猪、羊、鹅、鸭等。订婚后要交换婚书，也称为大帖，娶帖又称为通信帖。在吴店村，订婚后没有不结婚的。订婚后如果男方去世，女方要退回婚书和戒指，但不会为男方服丧。男孩最早的结婚年龄是 16 岁，一般在十八九岁。女孩子最早的结婚年龄是 15 岁，一般是十八九岁。

2. 媒人

媒人除了会说话外，还有一些要求，失去丈夫的女人不能做媒，但是失去妻子的男人可以当媒人。在吴店村，媒人一般是男人，没有以做媒人为职业的人。婚礼后男方要感谢媒人，如果媒人是有钱人，则送零食米面；如果是贫穷人，则送衣服。

3. 再婚

妻子去世后，男人可以再婚，再婚时很少有娶妻子妹妹的情况。女人的丈夫去世了，如果要再婚，必须先回娘家，然后再婚。

4. 通婚

从通婚圈来看，吴店村主要是村外通婚。从通婚的信仰来看，村民可以与基督教通婚，但是不能与回族通婚。从异常情况来看，吴店村没有人娶妾，也没有离婚、通奸的事情。

5. 结婚与祭神

结婚后，新娘子一定要给家神叩头，表示从此成为这一家的人。吴店村的人认为，给家神和祖宗叩头是一样的。

6. 出嫁及"押腰钱"

出嫁也需要费用，在满铁调查的当年，中等户要花费200元到七八百元。女方要给嫁妆，这个嫁妆有物品，也有金钱。如果是钱就称为"押腰钱"，即为女儿准备的钱。"押腰钱"由三个部分构成：一是父母所给，一般是四五元；二是亲戚朋友所给，一般为一两元；三是婆家所给，婆家给"押腰钱"要通过媒人。因为女人无法挣钱，所以"押腰钱"为妻子所独有，婆家和丈夫不能使用。婆家要给媳妇零花钱，但是在媳妇"押腰钱"没有用完前，婆家可以不给媳妇零花钱。

7. 新娘回娘家

新媳妇在前三年，每年回娘家三次，分别是五月初五、六月初六和十月初一，回娘家的时间累计为20天左右。六月初六是麦秋后清闲下来，新媳妇回娘家做新衣服和鞋子。当然时间也不是完全固定，前后几天都无妨。结婚五年以后，媳妇回娘家就比较自由了。回娘家时，如果小孩比较小，会一同带回娘家。

8. 孩子出生

孩子出生后，不管是男孩还是女孩，家里都会很高兴。在孩子出生8天后，娘家和同族会来祝贺。前者会送小孩的衣服；后者会送面和做衣服的布料。在吴店村不存在溺杀女婴的现象。

（四）过继

1. 过继

过继时，如果是过继外村人需要写过继单。如果是本村同族就不需要写过继单。弟弟的儿子过继给哥哥，当过继子结婚时，哥哥可以不与弟弟商量。过继子去外地工作，也可以不与亲生父亲商量。过继后如果过继父母没有财产，可以再回亲生父亲家。如果弟弟有两个孩子，一个孩子过继，一个去世了，弟弟不能要回过继子，但是可以将过继子的儿子，即自己的孙子过继给自己。如果过继了孩子后，自己又生了孩子，今后两个孩子平分家产。

2. 独生女儿与父母财产

只有独生子女的状况有几点需要说明：一是有财产的独生女儿，在没有同族过继的情况下，可以认领养子或者招上门女婿。二是独生女儿的父母去世后，女儿成为家长。三是独生女儿的父母去世后，在没有同族的情况下可以将财产带往娘家。

（五）丧葬与祭祀

1. 祖坟和祭祀

同族会有祖坟，根据辈分埋葬。在吴店村范围内的祖坟地，没有可以耕种的土地。祭祀时也没有人专门组织。在清明节时，大家相互邀请前去祭祀。本村的同族没有共同的财产，没有共同的储蓄。本村赵姓在离本村 10 多里远的地方有一块约 10 亩的坟地，雇用一位姓禹的看坟，他们表示看坟的人不能是同族，这可以避免一些难以处理的问题。看坟的嫌获得的钱少，于是就将坟地出典了，自己去北京了。在闹义和团时死了，几年时间没有人看坟。因此赵姓的人商量，将坟地赎回。商量时有人同意，也有人不同意，但是后来还是达成了一致意见，赎回坟地。赎回坟地时，赵姓共 13 家（其中 1 户在城里），每户负担 20 元，共需要 260 元，就以 2 分的利息从外面借了 260 元，赎回土地，然后以土地收入来偿还本息。在没有土地收入的几年中，在清明祭祖时，13 家每家出 30 钱购买烧纸和供品（点心和果子）。一共可收取 3 元 90 钱，买了供品后剩下的可买烧饼吃掉，赵姓没有会食。

2. 五服及服丧

所谓的五服就是把自己、父、祖父、曾祖、高祖称作五服。一是服丧的基本规则。对父亲服丧三年、对叔父服丧两年半、对堂叔服丧两年、对族叔服丧一年又一百日、对兄长服丧一百日。叔母与叔父一样、妻子跟随丈夫。二是媳妇服丧。媳妇对娘家的父母服丧是两年半。对于娘家的祖父，只在葬礼仪式时服丧，也有在夫家服丧一年或者两年的。要是丈夫、夫家父母反对，媳妇就不能给娘家亲友服丧。三是过继子和服丧。过继给叔父家的过继子称呼叔父母为父母。如果对叔父服丧两年半，那么对继父母要服丧三年。过继子对于亲生父母服丧两年半。过继子在亲生父母死去时服丧，需要征得继父母的同意，如果后者反对，则不能服丧。四是服丧时的穿着。服丧也称为穿孝，要穿白衣、白鞋，戴白帽。三年之内不能穿红色或蓝色的衣服。五是服丧期间的禁忌。服丧三年期间不能结婚，但是在满铁调查时，过了两年就可以结婚，亲人去世 60 天内不能理发，不能看（庙）会、宴会、听戏、喝酒。但是在满铁调查时，服丧规则执行得不太严格。祖父死了 60 天内不理发，但是可以看（庙）会、宴会、听戏、喝酒。兄长去世的时候服丧之礼不会被严格遵守。丈夫对妻子的服丧只是在葬礼日。

3. 遗书或遗言

在吴店村，没有写遗书的，但是在临死时有留下遗言的，主要是好好守护家庭，交代家务和债务。父母遗言不能涉及分家，如给某位兄弟多分点，这样的遗言无效。

4. 扫墓

清明扫墓一般由女人前去，带上供品，然后祭拜祖先。男人们一般不去清明祭拜，但是在清明前几天可能会去添坟。如果家里有女人，男人去祭祀，则会被人笑话。由女人清明扫墓是当地的习惯。有些家庭既有老坟，也有新坟，扫墓时既要去老坟，也要去新坟。另外一位访谈者——小学校长表示，扫墓男人和女人都可以去，并不存在男人去扫墓就被人笑话的情况。

5. 葬礼事务

丧事时男人的事多，男人要做烧水、挑水、做饭、送信等。女人只是在出殡的当天，去招待客人，男人招待男客人，女人招待女客人。出殡时女的也会站在队列中，没有生孩子的媳妇也出席。

6. 祖宗匣和典主

所谓祖宗匣就是记载着各代先祖姓名和死去时间的物件。祖宗匣由长子继承，祭祀祖先也由长子祭祀。一般家里有家堂才会有祖宗匣，而只有富裕的人家才会有家堂。拥有祖宗匣需要两个条件：一是要有文化。因为祖宗匣需要典主，即需要有文化、有学识的人将祖先姓名和去世日期写到家堂上。二是要有钱。因为请人典主要花钱，要用轿子请典主官；还有在家里吃喝等花费。

（六）分家与养老

1. 分家的概况

分家一般会邀请本族的长辈（族长）、儿子的亲舅舅、本村的街坊邻居等两三人参加，先合算家里的财产、土地、房子、家具的数量，然后询问父母的轮流养老方式，根据这些写成分家单。分家主要有如下原因：一是家财产不多，收成不好、食物不够，日子过得比较苦。二是父母去世。三是兄弟不和。四是妯娌不和，婆媳关系不好的不多。五是有些兄弟好吃好喝，不做事，为了避免兄弟矛盾和家道中落，父母或者勤劳的兄弟提出分家。从分家的时间来看，父母去世后分家的比较多，如果父母还在，但是兄弟不和，父母会劝大家忍着点。即使家里没有财产也会分家，因为如果不分家，弟弟不听话，会将哥哥挣钱得来的财产败完。如果有四兄弟，有一个兄弟想分家，则四兄弟先分家，然后关系好的兄弟再生活在一起。分家后，一定会分开吃饭、分开耕作和分开居住。

2. 分家

分家后如果家里房子不多，还是按照原来的方式一起住，分家只是明确了自己东西。一是分家后要写分家单。二是分家时财产一定要均分，即使某位兄弟贡献大也不得例外。

三是分家后父母一般与长子生活在一起，也可以与自己喜欢的儿子住在一起，父母单独分开住的情况很少。四是分家后，整个院子还是一户，即分家不分户。如果在同一院子，哥哥是家长。五是分家时，房子里的椅子和桌子归住的人所有。对于家具、农具，有钱的人家会分，穷人家不分，共同使用。六是分家时家里的牌位由长兄继承，即使继承牌位，也不会多分财产。七是女孩分不到土地，但是在出嫁时会给出嫁费用。

3. 分家与养老（一）

良乡县中心小学校长谈了自己家的养老问题。分家的原因是家里人很多，有些兄弟好吃懒做，父亲考虑长此以往家会衰败下去，因此决定分家，让大家各自生活。分家由父亲主持，还有中保人、书写人。分家时兄弟四人均分财产，土地质量有好有坏，因此质量好的土地，其数量就少点；质量差的土地，其数量就会多点。土地搭配过程中，父亲与中人商量，四兄弟也同意这种搭配方式。财产分成四份后再抽签，抽签顺序是小弟、三弟、二弟、大哥。分家过程写入分家单，四兄弟人手一份分家单。

4. 分家与养老（二）

受访者依然是小学校长，兄弟四人分家，平均每人分到了 40 亩地，在 40 亩地中有 10 亩为父母的养老田。虽然为养老田，父母并不耕种，而是交给儿子们耕种。但是儿子们要按照租金给父母交粮食，粮食分为四种：高粱、黄谷、玉米、豆子，每亩交给父母 5 斗粮食。四种作物按照大体价格进行折算给父母即可，给的数量和方法是在分家时就定下来的，但是没有写入分家单。虽然每亩 5 斗，但不是特别严格，收获多就多给点，收获少就少给点。父亲去世后，兄弟们给的养老粮减半。可见这个家庭的养老，以养老田为基础，儿子耕种，给粮食，但是不是纯粹的养老粮。

兄弟分家后父母分开吃饭，父母与受访者住在一起。后来受访者和夫人、小孩搬到了县城居住，父母饮食、洗衣、日常照顾，每位兄弟轮流照顾 10 天；在满铁调查时变成了一个月轮流一次。受访者生活、工作在县城，在轮到自己照顾父母时，自己的太太回乡下照顾父母。受访者偶尔也回老家代替太太去照顾父母。父母的衣服与四兄弟没有关系，母亲自己买衣服，儿媳只是帮助缝制衣服。

5. 分家与养老（三）

有家姓禹的人家分家，家里有十几亩地和一个小杂货店。分家时，父母有两个儿子，10 亩地，分家会这样分配：5 亩为父母的养老田，5 亩分给两个儿子；房子有 5 间，3 间给父母，杂货店也分给了父母。父母轮流在两个儿子家住一个月左右。

6. 分家与养老（四）

有一张氏家庭，父亲有 3 个儿子，在父母还健在时分家，分家时三弟尚未结婚，因此三弟多分了一台车、一头驴、两间房子。老大在县中心小学当校长，家里条件相对比较好。父母一直与老大居住在一起，只是在逢年过节时，去一下老二、老三家。在分家时，父母有现金180元，这个钱就归老大，负责父母的养老和葬礼（葬礼总共花费了560元，其中随礼210元，外借350元），但这个钱用来放贷，贷款的利息作为父母的零花钱。老大表示，在当地长子要负责父母的养老，如果不养老或者养老不好会被人笑话。受访者表示即使没有这180元，他也会赡养父母。

7. 分家与祭神

家神或者牌位放在正房供着，分家后其他的神可以不供奉，但各家必须供奉龙神，否则不成其为家。分家后神的牌位由长子继承，在祭拜时，分家后的弟弟们要来哥哥家祭拜。吴店村的农民认为，家神和庙里的神仙没有关系，分家时不会祭拜神。

8. 赶出去

如果儿子或者儿媳做了不好的事情，父母会将其赶出去。在吴店村有一个家庭，生了2个儿子，大儿子生了3个孙子，二儿子生了1个女儿。大儿媳妇说婆婆只喜欢孙女，没有平等对待自己的3个儿子，提出分家。婆媳争论过四五次，惹恼了婆婆，儿媳抱着孩子外出不再做事，婆婆就让儿子儿媳出去，这被称为“赶出去”，或者“圈出去”。于是大儿子带着媳妇和3个儿子在村里一家人寄住下来了。大儿子有两头驴，因此去放脚，还打短工，但是收入有限，两个月就维持不了。央请村里的4人向父母说合，希望回家。经过说合人说合，父母同意大儿子回来，大儿、儿媳给父母叩头后一家和好。大儿子、大儿媳也努力工作。另外，如果“圈出去”的孩子不能回家，父母去世后只能分到2分地。

9. 分居

没有分家，但是与父母或者配偶分开居住，则称为分居。

（七）父母与子女

1. 结婚与决定

给儿子找媳妇是父母的责任，与祖父母关系不大，只要父母同意即可。即使祖父母不同意，母亲同意，也可以结婚。因为儿媳与婆婆相处时间长，所以儿子结婚一般先找母亲商量。儿子的婚事，祖父同意，母亲反对，需要看看母亲反对的理由，有理由就听母亲的。

2. 儿子借钱与父母责任

儿子如果要向外人借钱，要与父母商量。儿子借钱，有几点须说：一是儿子借钱，如果还不了，贷方不会要儿子的父母还钱。二是贷方如果与父母同村且是好朋友，父母会还钱，但是父母会拜托债主不要再给儿子借钱。三是如果儿子借钱的金额相当大，父母可以拒绝还钱；如果贷方是亲友，父母不能拒绝还钱。四是如果贷方要起诉，只能起诉儿子，不能起诉父母。如果打官司，儿子输了，父母或者祖父母要承担一半的债务，剩下的可以不再偿还。

3. 外出打工的决定

儿子如果想外出打工，必须和父亲商量。家长要外出打工，可以不与家人商量，不过孩子们也很少干预父亲的事。

4. 买地的名义

儿子有钱，可以不与父母商量就买地。儿子如果赚了钱，数量不大，可以不交给父母，但是数量比较大，必须交给父母。买地有几点需说明：一是父亲是家长，儿子用自己赚的钱买地，只能以父亲的名义进行。二是如果妻子在外面赚了钱，要买地，只能以丈夫的名义进行。三是如果丈夫的父亲还在，且是家长，这时妻子只能以公公的名义买地。四是母亲在外面打工挣了钱，儿子是家长，必须以儿子的名义买地。五是父亲是家长，儿子是当家的，在当地是以儿子的名义买地。

5. 分家时买地的分割

分家前哥哥挣钱买了很多地，分家时这些地应该兄弟平分。只要是分家前买的地，不管谁的贡献大都必须平均分配。如果弟弟很懒，只有一个办法：早日分家。

6. 寡妇的地位

一是如果一位女人嫁给了一家的独生子，丈夫死后没有孩子，如果有财产就不回娘家，如果没有财产则回娘家，只要能够保证温饱就可以不回娘家。二是寡妇如果要回娘家，财产不能带回娘家，而是交给最亲的同族；如果财产少且没有过继人的情况下可以带回娘家。

7. 母子、父子关系与住所

一是母亲 50 岁，儿子 30 岁，儿子在北京工作，如果母亲让他回老家，儿子可以不回家，母亲无法劳作后请人照顾。二是母亲依靠儿子寄生活费，想让儿子回来，但是儿子希望母亲与自己住在一起，母亲应该去北京与儿子生活在一起。三是母亲去世，父亲健在，父亲去北京与儿子生活在一起。四是如果父亲在乡下生活，生病了，想让儿子回来，儿子应该回村。

8. 家庭内的秩序：看护

一是父亲生病了，儿媳是第一看护人，媳妇的工作就是做饭和熬药。二是母亲生病后，媳妇是第一看护人，儿子也会看护。三是未分家的叔父有儿子，但是儿子没有媳妇时，叔母是第一看护人。侄儿媳妇可以看护，但是不能在叔父的房间待太久。四是如果叔母去世，则由哥哥的妻子，即嫂子看护。如果嫂子命令自己的儿媳妇看护叔父也是可以的。五是如果未成家的弟弟病了，母亲是第一看护人。嫂子如果年轻就不能看护弟弟，40

岁以后可以。但是如果母亲命令，年轻的嫂子也可以看护弟弟，不过晚上嫂子不能去弟弟的房间。

9. 家庭内的秩序：代际叱责

一是家庭中男孩子做错事了，由父亲叱责。二是女孩子做事了，由母亲叱责。三是儿子15岁，儿媳18岁，媳妇做错事，由母亲叱责。四是如果父母健在，哥嫂可以叱责妹妹。五是父母不在了，丈夫的妹妹比嫂子年龄大，嫂子也可以叱责妹妹。六是哥哥嫂子做错事了，年长的妹妹也可以叱责哥嫂，即两者可以相互叱责。

10. 家庭内的秩序：平辈叱责

一是儿子15岁，有媳妇，如果媳妇做错事，由儿子叱责媳妇。二是儿子不知道媳妇过失的情况下，可以由公公婆婆叱责，也可以让儿子叱责。三是大哥是家长，弟弟做错事，大哥和嫂子不会叱责弟弟，只是提出忠告。四是如果父亲还健在，哥哥嫂嫂不可以叱责弟弟。如果父母不在了，哥哥嫂嫂可以叱责弟弟。

11. 人力安排：帮忙和挣钱

儿媳妇18岁，妹妹20岁的时候，一是邻居家结婚需要帮忙，儿媳前去帮忙。二是同族家里葬礼需要人打点，儿媳前去帮忙。三是如果家里需要安排一位女性外出打工，安排儿媳外出打工挣钱，因为女儿不外出挣钱的。

12. 子女教育责任

在没有分家的情况下，侄子的儿子上学，学校要与家里联系，会通知家长，实际去学校的是侄子。学校不会通知母亲。

13. 集会与女人的参与

吴店村没有专门女性的聚会，但是有几种情况，女性可以参加或不参加。一是女性不可以参加清明会，但是清明会吃饭，女性可以参加。二是各户出一人参加会议，没有男性的家庭，女人可以参加。三是丈夫不在家，丈夫18岁的妹妹和妻子在家，由妻子参加会议。四是如果要外出买东西，丈夫不在家，在妻子与妹妹两人中妻子外出买东西。五是如果妻子还在哺乳，则外出后马上回家。六是村里开会时，男的不在家，女人可以参加，也可以委托邻居参加，还可以不参加。七是如果丈夫不在家，村里要家里支付摊款，媳妇不能说此事不管，只能说等几天当家的回来支付。

14. 儿媳妇的地位

儿媳妇在家的地位会有变化，但是生了孩子后不见得就会有很大的变化。一是如果儿媳要回娘家，应向婆婆说。二是儿媳做新衣服，直接找婆婆要钱，不能直接找公公要钱。三是儿媳要给小孩子做衣服，找婆婆要钱。四是如果婆婆不在了，通过丈夫找公公要钱。

15. 恋爱结婚

村里人自由恋爱结婚的少，在外地打工恋爱结婚的人更少。儿子不能不认父亲定下来的婚姻，也不能找自己喜欢的女人。有些人外出时会将媳妇留在家中，在这种情况下，父母不能也不会鼓励儿子娶二房，或者以此为条件让儿子回家。如果儿子在外地工作，与外地女人谈恋爱，父母会慢慢劝说儿子回来，不与外地女人结婚。父母不会与女方的父母沟通劝说其不要交往，也不会委托第三方劝说。

16. 外出打工与妻子

儿子外出打工时，一般不会带妻子。一是父母需要照顾；二是外出打工主要是挣钱，不是过日子。如果儿子在外赚的钱比较多，可以带妻子，同时也要带上父母，不能只带妻子不带父母。在外打工的人，妻子是否一同前往，要根据几个条件：一是打工的收入是否足够养活两人，如果不能还要家里倒贴钱，则不允许。二是如果家里需要人做家务活则不允许。三是妻子是否与丈夫一同去打工，由家里决定，父母商量后，由母亲转告儿媳妇。

17. 家长与家产

家里的土地是全家人所有，一是家长不能随便卖掉，如果要卖掉部分土地要与家人商量。二是家长赌博输了钱想卖地，家人即使反对也会卖掉。三是家长想买地即使家人反对，家长也可以买地。家长买地后不能随便卖掉。

（八）家庭事务

1. 家庭分工

家里一般有分工，一是父亲年纪大了，可以干一些轻活，如可以晒作物、剥甘蔗等。二是10岁左右的妹妹可以照看小孩子。三是女人们干家务活，如做饭、洗衣、推碾子、做衣服等，同时也会干一些力所能及的农活，如施肥、翻整泥土和播种等。四是新媳妇在一年内不去地里干活，因为太早干农活会被人笑话。

2. 做饭：母亲指挥媳妇

家里由女人们做饭，一般是兄弟的媳妇轮流做，具体谁做饭由母亲安排，母亲不会与人商量。不做饭时就剥玉米粒，母亲和儿媳妇都要做这个活。家里人想吃什么也不会商量。如果儿子提出想吃什么，母亲会听取意见。儿媳妇提出要求或者希望，母亲不听的时候比较多。

3. 吃饭：家庭内的秩序

一位受访者表示，一般在父亲的房间吃饭，大家坐在一张桌子上吃饭，只不过女人们坐在一起。吃饭时位置也不是特别固定，父母也不见得要坐上席。吃的食物相同，父母偶尔可以吃点好的（这是一个只有23亩所有地，租种了10亩地的家户）。

4. 聚会：家庭内的秩序

一家子在农闲时会聚集在一起聊天，一般在晚饭后。此时兄弟的媳妇们也会在一起谈话。

5. 聚餐和穿新衣

一年中的新年，五月的端午节，八月的中秋节，全家聚集在一起聚餐。全家任何时候都可以换新衣服。

6. 居住往来：家庭内的秩序

农忙时男人们晚上都会干活，女人也会在晚上做事，如缝制衣服等。晚上干活时，儿媳妇在各自的房间，偶尔也会在一起干活的。一月、二月和四月、五月会在婆婆的房间里缝制衣服，因为东西一般堆在婆婆的房间。

7. 居室往来：家庭内的秩序

一家中，串门有讲究：一是兄弟媳妇之间可以随意相互串门，去哥嫂或者弟媳的房间均可以。二是弟弟可以随意去哥嫂的房间，但是哥哥不能随便去弟弟和弟媳的房间。因为弟弟不用跟嫂子客气，但哥哥必须与弟媳要客气。三是父亲不能随便去儿媳妇的房间，如果是找东西可以进去，但不能待得太久。四是儿媳妇可以自由去父亲所住的房间，即使母亲不在时也可以，但不能待得太久。五是母亲可以自由去儿媳妇的房间。

8. 制作衣服：家庭内的秩序

一是媳妇给自己、丈夫和儿女做衣服，同时也做公公、婆婆、未出嫁的小姑的衣服（小姑只有10岁）。二是如果有两个以上的儿媳妇，公公、婆婆的衣服由婆婆决定哪个媳妇来做。如果有兄弟媳妇没有孩子，则她就给公公、婆婆做衣服。如果媳妇们都有孩子，则由母亲安排人来做衣服。三是做衣服的布料，由父亲购买，买后交给母亲，母亲再交给儿媳妇。因为无法控制成本，儿女们不能自己买布料。四是如果不是全家统一做衣服的时候，儿子想要做一件衣服，则拜托父亲；如果儿媳妇想要做一件衣服，则拜托婆婆。家里统一做衣服是冬天和夏天，除此之外都不能做衣服。

9. 工作指挥：家庭内的秩序

在家中父亲和母亲是工作的指挥者。一是母亲指挥和安排媳妇干家务活。二是父亲会指挥和安排儿媳妇做力所能及的农活，同时父亲也可以指挥儿媳妇做家务活。三是大媳妇不能指挥其他媳妇工作。四是哥哥不能指挥弟媳工作。

10. 洗衣：家庭内的秩序

一是各家的衣服由自己的媳妇洗。二是公公、婆婆和未成年的妹妹的衣服由儿媳妇们洗，具体由谁洗，由婆婆安排。三是弟媳妇不能洗哥哥的衣服。

11. 庆生

一般的家庭连温饱都解决不了，不会为家长庆生，只有有钱的人家才会庆生。

三　农村社会和文化

1. 大户

在吴店村，大户是指人口多、同族人多的户。

2. 庙宇及祭祀

吴店村有两座庙，一是五道庙，供奉着虫王、龙王、关帝、土地、青苗五神。五道庙没有祭祀仪式，每年正月十五村民们会焚香叩头。二是关帝庙，供奉着菩萨、关帝、龙王。每年六月二十四，村民们会举行祭祀仪式，以祈祷诸神保佑有好的收成。

3. 家神及祭祀

家里供奉着菩萨、老爷、龙神、财神、天地神。财神每月的初二和十六祭拜，进献一个鸡蛋和一块豆腐就行了。老爷与财神同时祭拜。观音在其生日二月十九焚香祭拜，但是不会进献供品。祭拜时谁都可以叩头，但是家里男人事多，一般由女人叩头祭拜比较多。当然如果家长叩头，其他人就可以不必叩头。龙神、天地神在初一和十五焚香。龙神也是女的祭拜比较多。在春节、端午、中秋聚餐时会祭拜家神。家神的祭拜会因家庭而不同，有钱人家天天都会叩头祭拜，儿媳妇早、中、晚都会叩头。但是穷人家只有初一和十五祭拜。

4. 幼名、学名和号

父母给孩子起幼名；上学时老师会给孩子起学名。如果有人不上学，不外出做事，可能一辈子也没有学名，就叫张二、李三、王五等。如果外出工作，掌柜的或者其他的长辈会给一个号。学名是大名，号就是小名。在社会上，不直接叫学名，而是叫号。长辈可以直接叫名，同辈之间要称号。如果初次见面不知道号，会问他的号，以便下次见面再称呼。

5. 认干亲

如果孩子的命不硬，不好养活时，父母就会给孩子认干亲。根据孩子的出生年月日找义父、义母，一般找义父的比较多。找义父时，给义父帽子一顶、鞋一双，有钱人的话还会给一件大棉袄。义父给义子瓷碗一个（放一杯盐）、筷子一双、棉袄子，义父有钱的话还会给银碗。找义父的要求：一是不能找同宗的人，但是同姓无妨。二是义父的辈分必须高于义子。三是义父死后，义子及义子的妻子都穿丧服，和义父的亲生孩子一样陪灵，一般是一个月。义子的儿子在葬礼的当天，白鞋后跟系红布（鞋后跟红补丁），而且肩上也要有红布。之所以只在葬礼当天，是因为干孙子关系很远。四是义子的兄弟称呼义父为义父，但不服丧。义父称呼义子的兄弟叫侄子。五是义子称义父的妻子为义母，称义父的儿女为义兄弟义姐妹。六是一般孩子一岁的时候找义父，仪式是桂钱。义父会在小铜钱上扣上细绳相赠，每年孩子生日母亲会带着孩子去义父家，小铜钱每年增加一枚，到了12岁时达到12个为止，这个仪式叫作桂钱，意思是添岁数。

四 土地租佃

（一）土地租佃

1. 本业地和地东

自己的土地称为本业地。如果将自己的土地出租，这样的农户称为“地东”。

2. 佃户和种地户

佃户就是租种别人的土地的农户。租种民地的农户，称为“种地户”。

3. 佃农的资格

地主在租地前，也会调查佃农的生产能力，如家里有几口人，有几头牲口，家里是否有土地。因为有土地就有交租的能力。

（二）租佃类型

1. 伙种

伙种其实就是租地，也称为分粮地。伙种分为两种，一种是“死分粮”，即每亩交一定数量的地租。从地主的角度来看，将土地借出去称为分租，分租只有死粮。每亩地租为五斗（收成大约是一亩一石，或者七八斗），一切费用、摊款、摊工都由租地者承担。所有者只负担田赋。伙种没有中间人，也没有契约，如果当年滞纳地租，第二年则不让租佃。租佃一般不会有确定期限。如果交租后双方都没有说，就是继续租佃。原因是：谁也不知道明年的收成会怎么样，费和税是多少也不清楚。因此地主和佃农都不喜欢有租佃期限。租地时不需要向保长、村长报告。二是“活分粮”。伙种也有分成交租的，如五五分成、六四分成、七三分成等（满铁调查对于伙种的调查比较混乱）。“秋种”的情况比较少。

2. 活粮

活粮与伙种、分粮不同，活粮是地主出种子，也有人说地主出一半有种子。收获时，主佃各分一半收获物。如果地主不出肥料，就不分草料。

3. 打现租

打现租不需要签订契约，也不需要担保人。一是租佃时间，三月初一到十月初一。二是交租时间，一般是3月交租，也有在2月交租的。如果有100元的租金，3月交80元，剩下的在3月末交也可以，但是在8月末交就不好。如果要在4月交租就得有担保人。三是担保人的资格和责任，担保人是与主佃双方都熟悉的有钱人。如果4月佃农还没有交租，担保人有责任代交。四是打现租不写文书，即使是有担保人也不签约，但是担保人会代交租金。五是如果担保人无法调解主佃双方的矛盾，也会请村里办公事的人调解，只是这样佃农第二年难以租佃到土地。六是商量租佃的时间，一般在2月份商量租佃，商量后5天内要交租，如果只交一部分，在3月20日前必须交剩余租金，否则地主会退回租金，另租他人。3月20日为交纳的最后期限，因为过了这个时间土地就要开始耕作，可能就无法租佃出去了。如果5天内没有全部交完租金，佃农就得请担保人督促。3月20日之前不能交纳剩余部分，担保人就得代为交纳。七是3月20日前没有交纳租金，佃农不能使用土地。如果担保人保证在3月20日会交纳，佃农可以使用土地。

4. 伙种、租地、打现租

一是伙种。租佃土地，给地主交租，期限为一年，这种租佃方式为“伙种”。在侯家营，这个租称为“租粮”，不称为租子。二是租地。土地租佃多年称为“租地”。租地需要签订契约，期限多为三年。三是打现租。土地一年一租，租金为现金，这种租佃方式称为“打现租”。打现租不签订契约。在打现租的租佃方式下，即使土地没有收获，也得交租。在三种租佃方式中，伙种最多，租地较多，打现租最少。三种租佃方式，其地亩款、贴办费、青苗钱均由佃农负担。对于佃农来说三种租佃方式的收益大体差不多。另外，伙种有“活分粮”的方式，其他两种租佃方式没有“活分粮”。

（三）出租类型

1. 菜园地出租

菜园地的租金为实物地租，租价为收获物的4/10，种菜需要较多肥料和人工投入，故地主占地租的四成。如果菜园种植多种蔬菜，则每种蔬菜的四成都要交给地主。如果菜园的井坏了，由地主负责维修，而如果是轱辘坏了，则有佃农负责维修。

2. 旗地租佃

旗地即王府圈占地，租种旗地的农户成为“佃户”，而租种民地的农户则称为“种地户”。旗地的租金一般为现金。旗地又庄头负责收租，一般为旗人。庄头下有若干催头，旗人汉人均可。庄头来到县里，催头下村，带着账簿每户催交。

（三）地租形态

1. 纳钱和纳物

以钱交租称为“纳钱”，以物交租称为“纳物”，一般旗地纳钱，变成民地后则纳物。晚清时民地纳钱，民国后特别是民国十年后纳物逐渐增多。在事变后，“活粮”变成了“死粮”。如果地主觉得收成不好，就会将“活粮”变成“死粮”。另外，地租也减少了，称为折租。吴店村有3位不在村地主，折租了1/3。

2. 地租形态及选择

一是作物的价格与交租。在侯家营，地租一般为每亩4斗，交纳高粱、玉米和粟。如果种植的是小麦，要将小麦换成上述三种作物交租。如果玉米价格比粟高，而佃农家有粟，可以用粟来交租。如果佃农家没有粟，而买粟来交租，地主会不高兴，从而影响第二年的租佃。如果各种农作物之间只有少许的差异，地主也不会在意。二是土地生产的作物与交租。佃农有自己的土地，也有租佃的土地，自家土地的产物比租佃土地的产物差的情况中，佃农不会用自己家地生产的较差作物交租，而是用租佃土地的作物交租。三是作物的质量与交租。家有上、中、差三等作物，佃农不会用差的作物去交租。不过受访者表示，在同一块地上很难区分作物的好坏。如果地里种植的是高粱，其价格比粟高，佃农想交粟，最后双方会商议，结果多是高粱和粟各交一半。佃农交租后，地主不会给收据，即使是分次交租，也不会写收据。

3. 折价

如果立契时约定交纳谷物，如果没有种植谷物，可以申请折价纳钱。折价一般是地主提出的比较多，折价一般在交纳地租时主佃双方讨论。

4. 租佃分成

土地出租、伙种称为“打粮”，收租金叫“收粮”。“收粮”分为两种：一是“死分粮”，亦称“死粮”，指收取固定地租，“死粮”在吴店村占所有出租土地的7/10。“死粮”一般交高粱，如果交麦子，一斗麦相当于二斗高粱。因交租后剩余的都归佃户，故佃农会增加施肥。一是“活分粮”，也称“活粮”，指出产物的一半，如果种植两季，则两季作物均五五分成，在吴店村没有四六、三七分成的分法。

5. 打现租类型

租地时收现金就是打现租。如果先收租金就是“上打现租”，如果后交租金就是“下打现租”。如果农民有钱，希望“上打现租”，这样租金便宜些。对于地主来说，如果住得比较远，也希望“上打现租”。“打现租”与“伙种”相比，还是后者多些。一般的人都喜欢用粮食交租。

6. 纳粮

佃农给地主交租称为“纳粮”，也称为“地粮”“地租粮”，纳高粱、谷子、玉米均可。地租一旦确定，一年内不会改变。地租粮一般是四斗，差地为三斗，好地为五斗，佃农多喜好地。地租一旦确定在一年内不会变化。如果是钱，称为“租钱”。

（四）租佃期限及程序

1. 耕种结束与租地结束

租地期限为一年，3 月 20 日到 9 月上旬。如果是“打现租”，租地随作物收获而结束，不管是六七月还是 8 月，只要收获完毕，租佃就结束了。如果佃农不准备续租，不能再使用土地。在租佃结束后，如果佃农不续租的情况下，地主可以自由使用土地。8 月或者 9 月作物收割了，其根还在地里，这个依然属于佃农的。如果佃农不再租种要告知地主，如果到时佃农没有说明，地主也会主动询问。

2. 分组租佃或者共同租佃

如果地主将土地租给 5 个人，这 5 人可以派位代表与地主交涉。地主可以将地租给一个人，再由这个人将土地再转租给其他人。立契时，地主可以写下 5 人的姓名，也可以只写下代表的名字。交租时，大家一起去交，也可以由佃农代表去交。佃农代表不能私自提高地租，如地主以每亩三斗租给佃农，佃农不能以每亩四斗再租给其他人。共同租佃又分为两种情况，一起耕作和分开耕作。一起耕作时，可由佃农代表交租，也可各自交租，而分开耕作时，只能各自交租。

3. 契约的时间

地租交纳后即可签订下一年的租佃契约，从时间上来看，重新签订契约的时间大约是 10 月、11 月、12 月。如果双方都不说，则默认继续租佃。

4. 地租的搬运

地租的搬运会在契约中约定好，有地主自己搬运回家的，也有佃农用牲口送给地主的。如果事先没有约定，则佃农送到地主家，地主会给一点运费，如果赶上吃饭，地主会叫佃农吃饭，但不会给牲口喂食。地租送到地主家时，地主会再次测量，也会查看谷物的质量。一般佃农不会将很差的谷物交给地主，以免影响租佃关系的延续。

（五）租地变更

1. 夺佃

假设甲以每亩四斗的租价租佃乙的土地，如果丙想租佃这块土地，就会偷偷地对乙说，愿以四斗五升租佃该地。此时，乙会询问甲是否愿以四斗五升租佃，如果甲不租佃，乙则将该地租佃给丙。这种现象就称为“增租夺佃”。乙丙的交易暗中进行，如果甲知道了则会引起纠纷。村里人也认为“增租夺佃”不好。

2. 佃农变更

如果地主想变更佃农，会在佃农交租后告之，当然佃农也可以请其他人说合。一般而言，在不滞纳租金的情况下地主不会变更佃农。但即使佃农按时交租，地主也有可能会变更佃农。

3. 转租佃

在预先交纳现金租金的情况下，可能会出现转租佃的情况。如一位佃农以每亩三斗的租价租佃某地，在租地时就交了租金，然后以每亩四斗租金再转租给其他佃户。这称为“转租佃”。

（六）租佃中人

1. 伙种的中介

伙种时主佃双方一般不见面，通过说合人或者中介人沟通。佃农可以请说合人，地主也可以请说合人。主佃双方的说合人不会协商，而是直接找地主或者佃农。当佃农不交租时，地主可请中人催促，如果发生了灾害则不会催促。如果发生了灾害，也可减免地租。如果租佃人生病了，可以延迟到第二年交租，如果延迟交租，佃农不能再拖欠，即使借钱也得交租。说合人不需要谢礼，但也有在节日时给说合人送点礼品，十中有一。说合人可以是本村人，也可以是外村人，前提是与主佃双方都熟悉。如果佃农滞纳地租，地主不会直接找佃农，而是委托中人去督促。伙种的说合人不会代替佃农交租。伙种的中人责任不大，故谁都可以担任。大地主会有管事人，说合人可以直接与管事人交流。

2. 租地的中人

土地租佃也需要找中人。中人要与地主和佃农双方都认识。本村村民之间的租佃，一般不需要中人，外村的租佃都需要中人。如果佃农不能按时交租，中人有责任督促，甚至有代交的责任。如果地主想退佃，则由中人出面与佃农交涉。退佃有如下情况：一是佃农遇到灾害，无法交租时，地主退佃。此时佃农也可主动通过中人向地主请求延迟交租，以免地主退佃。二是产量不足无法交租，地主要求退佃，佃农也会请中人说情。遇到地主退佃的情况，佃农只会找中人说情，不会找村里有权势的人说合，因为租佃是一种双方自愿的行为，地主有权选择佃户。

3. 两位中间人

不熟悉的人租佃地主的土地时，会请一位中间人。如果地主要收回土地，佃农会请另外的人与地主沟通，这个人也可以成为中间人，这样两人均成为中人。如果某人变成保人可简称中保人。如果地主对某位中人不满意，会建议另找中人。

（七）地租滞纳

1. 地租滞纳及换算

虽然滞纳地租，地主就可能会退佃，但还是有滞纳的情况发生。如果第一年滞纳了，第二年麦秋必须交租。即使无法全部交纳，也要交纳一部分。如果约定以玉米和谷子交纳地租，就不能交纳高粱，如果地主需要高粱也是可以交高粱，或者高粱的价格比谷子的价格高也可以。如果地主不同意，则必须将高粱换成谷子交租。地租滞纳不计算利息。

2. 滞纳的处理

如果佃农滞纳地租，在中人的协调下可以牵走佃农家的牲口，也可以将滞纳的租金转为借款。如果佃农滞纳地租，地主可以收回租佃土地，但收回土地后地主想将滞纳转为借款就比较难了。

（八）地租与相关变量

1. 土地等级与地租

上等的土地，地租比较高，一般每亩为六斗；中等的土地，地租适中，每亩五斗；下等的土地，地租最低，每亩二三斗。良乡县东南的沙地、西边的坡地属于下等地，在这些地方，即使是好点的土地，地租也只有二斗，较差的土地则只有一斗。上等土地即使地租高，佃农依然愿意租种上等地，而不喜欢下等土地。因为下等地受气候的影响大，比较费力，收成又不好。在良乡县，没有灌溉地，只有菜园会灌溉。

2. 土地远近和地租

土地远近和地租关系不大，因为如果土地离家近，则容易受牲口之害；如果土地离家比较远，虽然费力，但是不受牲口之害。土地距家的远近有一个限度，一般 2 里内不影响租金，因为 3 里以外，没有家畜就难以收获，耕种很不方便，地租会稍低。如果是土地买卖，离家近的土地会价格会高些。

3. 治安情况和地租

整体来讲，在日本人调查的前几年，治安一天比一天差，所有土地的地租都有所下降。地租下降主要有三个原因：一是摊款越来越多。因为摊款增加，如果不降低地租就找不到佃农。二是治安越来越不好。治安不好的地方，地租会下降。三是不在村地主增多。因为治安不好，地主都去了北京、或县城、或治安相对较好的地方，这些地主的土地的地租会下降。

4. 地价和地租

地价高，地租一般也会高。上等土地的价格是二百七八十元，此类土地的地租是老斗六斗，典价200元左右，指地借钱可以借150元左右。

5. 租佃与赋税

租佃土地的赋税、亩捐由地主承担，而乡村的摊款由佃农承担，也有约定主佃双方共同负担的情况。

6. 秋粮账

大地主家的土地出租较多，会有一个账簿，称为“秋粮账”，写着佃农的姓名、土地位置、数量及租价。良乡县有一个吴姓地主请了一个记“秋粮账”的先生，每年支付报酬200元，由吴家管饭。

五　土地买卖

（一）中人

1. 定义

土地买卖时，买家和卖家不见面，由中人说合。中人又称为中间人、中保人。也可以称为“来人”。中人的作用主要是避免交易过程中产生问题。

2. 中人的条件

中人必须识字，懂道理，能说会道，女性、穷人不可以当中人，被人雇用没有空闲时间的人也不可以当中人。

3. 中保人和代笔人

土地买卖需要中保人，一般是卖主委托中保人，帮忙寻找买主。分家后的亲兄弟之间一般不做中保人；娘家亲戚也不做中保人。中保人其实有两个职责：一是说合，所以又称为说合人。二是担保，担保人必须保持中立，故中保人不能写合同，因此必须找代笔人写契约，如果卖主自己会写字，有时也会自己写，这时就必须写上“亲笔”。中保人一般是2人，也有1人或者3人的情况。代笔人写完后，要当场读给卖主、买主听，然后将字据交给卖主，再由卖主交给买主，这称为交换“字儿”。然后买主将钱交给卖主。土地买卖时，买卖双方、中保人、代笔人要参加。

4. 中保人的责任

如果签订协议后出现了问题，则由中保人负责。如果测量的过程发现土地面积不够，就会少给钱；如果交易完成后发现土地面积不够，中人就会说已经交钱了，拿不回来了。一般而言，有中保人够协助解决，故很少有打官司的情况。

5. 测量人

土地买卖时要测量，在吴店村会测量的人称为打地人，全村只有一两个人。另外，一位访谈者表示，全村有八九位人会测量。如果中保人、代笔人会测量，也可以不请打地人。测量需要“五尺杆子”“绳尺”。测量一般在立契前，有“地少先量，地多后量”的俗语。

6. 一般中介

在日常生活中，有各种类型的中介人。这些中介人在不同的场合有不同的称呼：一是调解纠纷的人称为“排解人”，即排除理由的人。二是劝架的人称为“说合人”。三是土地买卖的中介称为“说合人”“说地人”，签订合给予担保的人称为“保人”。四是借钱时的中介称为“说合人”。五是伙种时的中介也称为“说合人”，此外还有“中人”“来人”“保人”“证人”“中间人”等叫法。六是借款写字据时的中介叫“中证人”。

（二）土地买卖的规定

1. 土地买卖程序

卖方委托中保人寻找买主，中保人找到买主议定价格后便可实地查看，看地时买卖双方、中保人、地邻必须到场。这时要搞清楚土地是否被抵押、出典，被抵押或者出典则不能买卖，抵押地还钱后或者出典地赎回后方可进行买卖。如果有中保人做担保，买方先付款给卖方，以便卖方先还钱或者赎回土地，然后再交易。

2. 土地先买权

在吴店村，土地买卖有一定的顺序，一是同族先买权。村民卖地时，会问问同族的人是否买地，如果同族人愿意买，就卖给同族人，价格会适当便宜些。如果同族人不买，方可卖给其他人。如果不与同族说，今后就很难求得同族人帮忙。二是抵押者先买。如果同族之间没有人要，就要问抵押者，抵押者有先买权。三是地邻先买权。如果同族和抵押者均不要，则就要问地邻。四是本村先买权，如果本村和外村的人出同样的价格，本村人优先。如果本村人和外村人都出同样的价格，即使已经签约了，也可以毁约再卖给本村人。如果已经交钱则不能毁约。如果价格在 10 元以内，则会优先卖给具有先买权的人。卖地时不向参议报告，但是要拜托参议到编乡拿官用草契，同时参议也是监证人，另外不用给参议礼金。

3. 价款的授受方式

土地买卖的价款一般全额支付，但是也有少数延迟支付的情况，这时需要中保人担保卖方能够得到钱。比如正月卖地，麦秋必须结清。延迟半年、一年支付价款的情况比较少。有受访者表示，有时也只给一半钱，另外一半钱做为贷款取得利息。一般而言，立契，交钱，拿地是同时进行的。

4. 土地买卖请客和谢礼

土地买卖结束后，买家要请中保人、代笔人、卖主吃饭，可测量人不吃饭，但是要给谢礼。此外，也要给代笔人和中保人谢礼，以米、面为主，如10斤面、5斤酒、100包茶叶等，一般不给钱。一位访谈者表示，中人的手续费“成三破二”，即买方出三成，卖方出两成。代笔人只吃饭，不给谢礼。

（三）土地买卖其他

1. 黑地买卖和报粮

黑地一般无法买卖，如果买卖黑地，要受惩罚的。黑地价格比较低，如果民地价格为100元，黑地只有六七十元。黑地报粮时一般不会被粮房接受，因此要拿着礼物去找人通融。如果没有带礼物，报粮可能要半年，而带了礼物只需一个月，这个礼物称为“监证人提成”。“监证人提成”由县里代收后，再转给监证人，证监人不是直接从买主处拿。

2. 白契、草契和老契

在晚清和民国，土地买卖双方签订的协议称为白契，如果去县公署契税，就变成了红契。民国十几年后，土地买卖必须在村长（监证人）处购买官制草契，费用为一毛、二毛，由村长写草契。交易人要在一个月内去县公署契税，将草契变成红契，否则就会受惩罚。监证人能够得到5‰的手续费，手续费由县公署转给监证人。在立了新契后，老契失去效用，有时卖方会将草契和老契一并给买方。草契制度实施后，不允许用白契直接去县公署契税。

3. 土地买卖的权利人

土地买卖一般以当家人的名义进行，如果男当家不在家或者去世了，可以有如下选择：一是如果男当家有小男孩，虽然家务由妻子主事，但是土地买卖必须以小男孩的名义进行。二是如果没有小男孩，则以妻子的名义进行土地买卖。

4. 监证人

监证人是进行土地买卖的做证人。在晚清时，监证人又称为官中牙纪，民国时先后由村长、参议、编乡的乡长充当。

六　农村金融

（一）借款概况

1. 借钱的类型

借钱有四种类型，一是靠面子借钱。靠面子借钱一般不会立字据，可能有利息也可能无利息。靠面子借钱，一般金额较少、借期较短，大约三四十天左右。二是借利息钱。因为靠面子借钱，要支付人情，欠别人的人情，加之债主也希望有利息，因此多会选择借利息钱，借利息钱往往需要立字据，利息也比较高。三是指地借钱。指地借钱指以土地为抵押借钱，需立字据，利息也比较高，另外还需要中人。四是典地借钱。典地就是将土地交给债主耕种，自己获得借款。

2. 借钱的选择

从农民的选择来看，在四种借钱方式中，比较多的是借利息钱；其次是典地；再次是指地借钱；最少的是靠面子借钱。从借款期限来看，借款期限最长为典地，最短为靠面子借钱。从利率来看，靠面子借钱的利率为 1 分或者 1 分 5 厘，指地借钱一般为 3 分。从借款的安全性来看，在四种借钱方式中，债主最安全的典地；其次是指地借钱，再次是靠面子借钱，最不安全的是借利息钱。因为典地和指地借钱有土地担保，借款最为安全，而依靠面子借钱，也有面子可以依靠，故借利息钱最不安全。

3. 借款的担保

借款的担保有三种形式：地、物、人。一是以土地担保，如指地借钱、典地；二是写字据做为保证；三是以人担保，即当中人、保人，如果只保人、不保钱就是中人，如果既保人也保钱就是中保人。在三种担保方式中，最受债主喜爱的是以土地担保，其次是字据担保，打官司时可以做证明；最后是以人担保。

（二）借款

1. 借

在吴店村或者在良乡县，只要说是借，就是免费，不需要利息、租金等，即不付出代价的使用。如借房子不需要房租，如借钱不需要支付利息，如借农具不需要给报酬，如借土地不需要支付租金，如借粮食不需要付利息。借钱必须有中人，有中人就必须立契，不过小额的借款，既不须找中人，也不须立契。

2. 借款

吴店村里有一半的家庭有借款，有两三个家庭借出，既没有借入款，也没有借出款的只有一家。在吴店村，借款一般以土地作为担保，最多借款额为100元，大多只有五六十元。借钱的原因主要有以下几点：一是没有饭吃；二是没有衣服穿；三是结婚；四是丧葬，另外还有购买不动产时需要借钱。大的葬礼需要花费千元左右，中等葬礼需要六七百元，这些钱主要靠卖地或者典地。

3. 借钱和还钱的顺序

借钱的先后顺序依次为：邻居、同族、亲戚、朋友、当铺和地主。还款也有顺序，总体来说依次为：朋友、亲戚、同族、地主。还款顺序需注意以下几点：一是地主在最后还钱，因为可以用第二年的作物偿还借款。二是在亲戚与同族中，先还亲戚的借款，因为娘家亲戚要讲讲面子，因此要先还。三是在丧葬借款和结婚借款中，要先还丧葬费用，因为父亲的葬礼最重要。如果结婚的时间在葬礼的时间前，要先还结婚的借款。四是在葬礼借款和粮食借款中，则要先还粮食借款，因为食为先，如果不先还，下次就难以借到粮食了。五是在石油、碳购买借款和粮食借款中，先还粮食借款，道理与前面相同。六是在冬天衣服购买借款和碳、石油购买借款，先要还冬天买衣服的借款；其次是碳；再次是石油，救急为先。七是在买药借款和买衣服借钱中，要先还买药的钱，因为父母生病借钱是孝道为先。八是在药房借款和杂货店借款中，要先还杂货店的借款。九是在粮食借款和药店借款中，要先还药店借款，因为药店只有一家。十是在买粮食借款和买种苗借款，先还种苗借款，因为没有种苗就无法收获作物。十一是在药店和种苗借款中，先还种苗借款。十二是在种苗购买借款和马骡购买借款，要先还后者，因为马骡借款数量巨大，利息高。

4. 借款中证人

借款时需要中介，即通常所说的中证人。一是如果借方不还账，贷方就会找中证人，请他出面督促还钱。二是如果借方不还钱，中证人有代为偿还的责任。如果中证人还款后，就从借方拿到借款字据，日后以此要求借方还钱。三是在还钱时，借贷双方和中证人一起，通过中证人来偿还。四是贷方可以提前要求还钱。五是借款纠纷的调解，借款的纠纷可由中证人调解，也可以请其他人调解。六是如果债务人不还钱，债权人不能直接去债务人家拿东西抵借款。七是如果甲通过某位中证人向乙借钱，乙不想借钱，就会说，要请××做中人，这样就不了了之。八是本村人向城里人借钱，可以由本村人做中人，也可由本村人认识的城里人当中人，一般前者居多。

5. 借钱期限

借钱期限一般是一两年。一般按照约定期限偿，提前还款亦可，如果借方有钱了，3个月偿还也可以，这时只计算3个月的利息。

6. 滚利折算

借钱比较多，时间比较长时需要立契，也需要支付利息。一般而言，借款金额越大，利息会越多。如果欠的利息比较多，可以将利息计入本金，一并收息。这称为滚利计算。

（二）指地借钱

1. 指地借钱

所谓指地借钱就是以土地做为抵押借款。指地借款时土地仍归借方使用，借方给贷方支付利息。指地借钱需要签订契约，也需要中人。

2. 指地借钱的中人

指地借钱需要中人，中人可以是一位，也可以是两位。中人也称为中保人或保人。指地借钱的中保人要负全面责任，借方不能偿还本金和利息时，中保人有责任代为偿还。当然如果借方不能偿还，中保人会劝说借方将土地交给贷方耕种。指地借钱改为典地时，需要重立典契。如果从指地借钱转为出典土地，借方会提高价格，这种行为为“找钱”，也称为“抄钱使”。

3. 指地借钱与第三者租种

土地所有者乙将某块土地指地借钱给甲后，可与甲商议将这块地交给第三方丙耕种，只要甲同意就没有问题；如果甲不同意则不可以。丙耕种也要按时给乙交租，乙再将租金转给甲。

4. 分家与指地借钱

指地借钱后两兄弟分家了，其契约可以这样处理：一是如果土地归大哥，二弟给大哥借款金额的一半，如整块土地指地借款为 140 元，二弟给大哥 70 元，此契由大哥来处理。二是如果土地两兄弟平分，则要平分借款和利息。如果一位兄弟滞纳，另一个兄弟没有连带责任。分家后的指地借钱的处理要写入契约。

5. 指地借钱土地的买卖

指地借钱的土地也可以买卖。借主会先问债主是否买，如果债主买，则债主支付借款与卖价之间的差额即可。如果债主不买，借主则按照一般土地买卖。如果土地价款是 180 元，借款是 140 元，借主从第三方获得 180 元，然后将 140 元交给债主，债主将契约交给借主，借主交给第三方。有时第三方担心借主将价款用掉，因此可以将 180 元交给中间人，中间人将 140 元给债主，拿回契约，再将 40 元给借主，同时将契约给第三方，完成土地买卖。

6. 指地借钱与老契

前清时，指地借钱只需要签订新的字据就行，可以不附带老契。如果要附带老契，则需要写上“随带契纸”。在日本人调查时指地借钱需要立新契，也要附带老契。因为过去的人老实，现在的人变聪明了。当然也有不带老契的情况。

7. 以粮抵利

指地借钱时，利息可以给现金，也可以给粮食（如每年五斗利息），由双方商定。对于粮利也按照利率一样计息，如100元，3分息，则一年要36元。如果用粮食来计息，可能需要43元，因为粮食涨价了。

8. 指地借钱不履行

如果以粮抵利，当年无法履行时，可以延迟至第二年一并交付。如一年利息四斗，第二年将两年的利息八斗一起支付。如果连续两年都没有交纳，有三种处理方式：一是债主取回本金，以后再要回八斗利息。二是八斗加本金一起转为租地（出典地），重新将指地借款契换成典契。三是让借主卖地，债主买了，债主只需要支付地价与典价之间的差额部分。

9. 拔地

一块土地值150元，指地借款先借100元，然后再借40元，再借的行为称为“拔地”，40元称为“拔地价”。这个可写入原契，也可以另加一个附页。

10. 地价与借款

在吴店村，上等土地的价格是一百八九十元；中等土地是一百一二十元；下等土地是二三十元。以上等地担保指地借款可以借一百四五十元；中等地可以借六七十元。以指地借款的利息是100元三斗，150元四斗五升。也有以再多支付的，这就变成了利息。如果是出典地（当地称租地，为了阅读方便，在行文时用书面语言），上等地可以借170元；中等地可以借八九十元；下等地可以借一二十元。

11. 指地、典地和债主

指地借款的钱粮、摊款全部由借主承担。典地的钱粮由借主承担，实际上是债主支付的，摊款全部由债主承担，这称为包纳。如果债主是普通农民则更愿意典地，因为出典后自己还可以耕种；如果是商人更愿意指地借款。

（三）出典土地

1. 出典土地

在吴店村，如果需要钱就将土地出典，即将土地交给别人耕种，别人给典价。出典者得到借款，承典者得到土地。这种出典在吴店村又称为“租地”，这与其他地方有很大的差异。

2. 典地的理由

出典者主要是需要较多的钱，但是又不愿意卖地的情况下的选择。承典者是想要买地，但是钱又不够，或者想要种地，又无力一口气买地，因此选择承典土地。

出典者多在不愿意卖地而又需要大笔资金的境况下选择典地，承典者多在想买地而又无力一口气买地的情况下选择承典。

3. 典地租佃

出典土地一般不会租佃给出典主，而是租给其他人。

4. 典地立契

典地立字据可以在借主处，也可以在债主处，还可以在餐馆等第三方立字据，也可以是中间人带着字据去，拿了钱然后交给债主，也可以三方一起立字据。如果是100元以上的典地，一般三方在一起，在餐馆立字据，这样立了字据后，承典人可以请中间人和出典人吃一顿饭。如果不在餐馆立字据，也不会给中间人礼物。立典契一般在9月、10月份为多。

5. 出典契税

在良乡县，土地出典一定要立契还要契税。程序是：一是出典人和承典人在中人的说合下，签订白契，出典人保管。二是出典人、承典人去村长处拿到草契，在村长的监证下，签订草契，村长是监证人，这时不需要中人。证监人制度自民国十五年开始实施。三是草契签订后，承典人拿着草契去契税。四是草契是一式四联，需要10钱购买，四联分别保存在承典人、出典人、乡公所、县公署。正契由承典人持有，其他都持副契。五是契税每百元需要6元60钱，包括交给证监人的50钱。六是契税按照出典人三分，承典人七分来承担，另外需要补充的是收据上写承典人的姓名。

6. 出典土地的利用

乙以150元的价格将土地出典给甲，甲可以将南北向的垄改为东西向，也可以将垄缩小或者扩大，这是甲的权利。如果甲想挖一口浅井，不需要请示乙，只是在退回土地时将井填埋即可。如果甲想挖一口深井，在不向乙请示的情况下，甲承担全部费用，将土地和井一并移交给乙。如果甲向乙请示，乙同意出一些费用，则甲会找乙要乙承担的部分，井与地到期后一并移交给乙。

7. 典地的赎回

典地一般会有一定的期限，在期限到后可以申请赎回。当然也有在十年、二十年也没赎回的典地。如果只有两年典地期限，不能提前，必须到期后赎回；如果三年期限，可以两年后赎回；如果五年期限，可以三年后赎回。如果承典方不同意，就不能提前赎回。如果承典方已经将肥料运到了地里更不能提前赎回。在提前赎回时，出典方会请中间人说好话，承典方看在中间人的面子上大多会同意。当然如果有肥料的问题，可能就有些难，当然出典方可以进行适当补偿。回赎土地时不能只回赎一半，应是到期后整体回赎。出典土地可以卖掉，但是必须回赎后才能卖掉。

8. 转典

如果乙将土地以 150 元出典给甲，甲可以用典契将土地在 150 元以内再转典给丙。

9. 典价支付

一般是立了字据后就得支付典价，但是也有立了字据后等三五天再付典价的情况，这需要中间人担保。也有先给钱，后立字据的情况，同样需要中间人担保。受访者表示，早三五天，迟三五天，甚至 10 天都没有多大差异。

10. 中人、保人和中保人

在吴店村，中人、保人和中保人是一样的，都要承担说合功能，还有督促还款和代还责任。如果中保人去世了，债主能够拿出证据来，中人的儿子继承中人责任。如果债主拿不出证明，中人的儿子可以不继承中人责任。如果借主去世，借主的儿子必须偿还父亲的债务。有人表示，中人只保人不保钱；中保人既保人也保钱。中人、保人可以有财产，也可以没有财产。债主一般不会调查中人、保人，如果是保人，在借主无法偿还时，必须代还债务。典地时因为有土地担保，立契时不需要写明中保人。

（四）借钱与其他变量

1. 面子与借钱

有几种情况下是有面子或者没有面子：一是没有中人能够借到钱，借主有面子。二是借主没有借到钱，但是中人说合后借到钱，中人有面子。三是相互知道和了解的人之间才会有面子；相互不知道、不了解的人之间没有面子。四是如果中人做保借到了钱，到期借主还不了，这就没有面子，可能还伤面子。五是如果借主无法还钱，就无法保住面子。在吴店村无论做什么事情，没有面子的人不被选作“对手”。比如吸烟，对方劝烟时不吸烟就是没有面子。靠面子借钱的人比较多，靠面子借钱可以不要中人，也可以不立据，也可能没有利息。也有些靠面子借钱，需要立字据，也需要利息，不过利息相对比较低。

2. 面子与信用

所谓信用就是说到做到，心里不实在就不可能有信用。信用是内容，面子是外表。有信用的人，谁都愿意与他一起共事，否则谁都不愿意与他一起共事。评价一个人的信用，主要是根据过去所做的事情，如约定的事是否如期完成。

3. 信用与中人

没有信用的人一般不能做中人。如果借主信用不好，但是中人信用好，债主也可能会借给借主。如果借主信用不好，中人信用也不好，借主就不会借钱。如果借主信用好，中人没有信用，这种事情不会发生，因为没有信用不会被接受为中人。一般债主从中人处调查借主的信用，如果发现借主信用不好，就不会借款给借主。当然，如果中人与借主关系好，中人也会隐瞒，但是中人承担代还责任。如果债主表示借主信用不好不愿意借款，中人就会承诺如果借主还不了自己代还。债主不仅从中人来了解借主的情况，也会从其他人考察借主的信用程度。

4. 信用与钱和地

一般有钱和有地的人会有信用，但是也有例外。没钱没地的人不见得就没有信用，如果能够还钱就有信用。

5. 保人责任

保人也称为中保人，既要对人担保，也要对钱担保，因此负有偿还的责任。如果有两位保人，则两位保人都有还款的责任。如果有一位外出毫无音信，由在家的另一位保人负全部责任。需要说明的是，日本人并未调查到两人的分担比例及责任情况。如果保人代还了债务，不管是10年、20年，借主有责任偿还中保人代还的债务，只要家里能够生活就得还账。

6. 借利息钱

如果不选择依靠面子借钱，可以选择借利息钱。约定支付利息和还本的时间，到期后有可能出现三种情况：一是到期后按期还本付利。二是只能还本，利息以后再还。三是先还利息，以后再还本，在超期期间，本金照样付利息。

7. 利息计算

借利息钱一般是以月计息，如果不超过4天，不计算利息；如果超过4天，但是不超过15天，按照半个月计算利息；如果超过15天，就按照一个月计算利息。

（五）其他借贷

1. 赊粮食

在春季不少贫穷的家庭会赊粮食。赊粮食的家庭都是特别穷已经没有地方借钱、借粮了，拜托中人去找“出粮食的”或“出粮食的人”（专门出借粮食收取利息的人），请求借一点粮食。赊粮食一般不签订合约，时间是10天或者半个月。如果春天借，秋天还，利率就比较高，如借一石粮，需要还一石半。如果借了粮食不能还粮，“出粮食的”会请中间人督促，如果万一还不了，借粮食的人会拜托中间人向“出粮食的”申请延期。“出粮食的”有时会同意延期，有时不会同意延期。如果不同意延期，中间人则会对“出粮食的”表明：逼太紧可能会让“借粮食的”自杀，事情就闹大了。如果出现这样的情况，“出粮食的”不仅收不回粮食，还要承担棺材费和丧葬费，而且今后做买卖也困难。因此，“出粮食的”一般会同意延期。同意延期后，滞纳的利息不能进入本金，也不收取利息。如果“出粮食的”不同意，就会打官司，即使打官司，官员也会请“出粮食的”延期，但是“出粮食的”会提高利息，如原来只还一石半，现在可能需要还一石七。

2. 当铺

晚清时良乡县有2家当铺，农民大多当衣服借钱，因部队抢夺当铺东西，如士兵们用军服来当，后来都倒闭了。其实，农民愿意去当铺，因为借利息钱是3分利，当铺也是3分利，但是当铺更方便灵活，三五元也能借。晚清时当的期限是三年，民国后变成了两年。如果不能按期偿还，就变成了死当。吴店村有20家去当铺借过钱。

3. 押小押儿

当农民贫穷到连当的物品都没有时，有一种借款叫“押小押儿”，利率是4分，时间是20—30天。“押小押儿”的没有专门的门面，急需钱的人可以去“押小押儿”的家里。受访者表示，“押小押儿”的只有抽大烟的、扎吗啡的才去借。

4. 公会经费贷款

如果公会有钱可以借给村民。过去由绅董负责，日本人调查时由村长负责。一般婚丧嫁娶需要钱时可以向公会借钱，购买上等土地如差二三十元也可以找公会借款。

5. 清明会借款

有些清明会可能有一些积蓄，本族人也可以向清明会借款，以渡过困难。清明会借款，一般没有利息。

6. 赊账与“走摺”

吴店村有些人会在城里赊账，有时赊账的人家也会有赊账簿。如果在店里赊账后，会请店里的人写在自己的账簿上，然后再偿还。只要家长承认，孩子也可赊账。赊账偿还主要有三个时间点：新年、端午、中秋。如果在端午没有偿还，可以在中秋偿还。“走摺”一般写商品的名称、金额。吴店村以“走摺”购买商品的农户有8/10。

7. 新民会春耕贷款

新民会也会从事惠农贷款，但只有会员才有资格贷款。新民会在吴店村有3名理事、3名监事，其中有一名理事长，负责与新民会联络。1940年吴店村借款1000元，以前是800元；1941年、1942年吴店村的会员没有借到贷款。新民会主要是春耕贷款，挖井贷款。利率是每月 8 厘，5 户作为一个贷款组。家里有 3 亩土地的会员都可以贷款，3 亩地其实也就是担保土地。农民表示，这是政府的贷款，没有人不偿还的。贷款的程序是：理事长借来，交给各个贷款户，还款时各贷款户交给理事长，理事长还给新民会。贷款大多用在耕作上，也可以用来买牲口、雇人，也可以用来办葬礼、结婚等。

七　农民生产和生活

1. 杂粮和麦子的买卖

农民生产的作物如果有多的就会出卖，卖杂粮一般会出售。农民种植麦子，但是不会吃麦子。一般会将麦子高价卖出，然后以相对便宜价格购买谷子、高粱或者玉米来吃。在麦秋时，如果家里特别需要钱，可以先卖一点麦子应急，在大秋后再出卖，因为大秋时麦子价格比较高，当然在第二年的春季时麦子价格更高。农民一般在大秋时卖麦子，同时买入高粱、谷子、玉米，因为此时这几种粮食价格最低。如果家里有 10 亩地，一般会种 3 亩麦子、7 亩高粱和玉米。

2. 食物的消费

农民平常吃高粱、谷子、玉米，不会吃小麦。有几种情况下会吃麦子：一是父母年龄比较大，会让双亲吃麦子；二是过年过节会吃点麦子；三是在农忙时，会吃一点麦子，以便有力气做劳务。农民种植麦子不是为了吃，而是为了换钱，吴店村有 50 多户卖掉麦子，购买高粱、玉米。

3. 把式

把式分为长把式和短把式。长把式按照年付薪；短把式按照月付薪。把式是能够带着大车和牲口到雇主家干活的人，如果雇主家有大车和牲口可以不带，但是把式必须会使用大车和牲口。另外，雇主家提供早餐和午餐，还要负担饲料。长把式与长工的区别是：前者没有休息的时间；后者有休息的时间。短把式和短工的区别是：前者必须会使用大车和牲口，如果做得好的短工可能会转为短把式。两者之间的工资是有差别的，把式一天 1 元 20 钱；短工是一天 1 元。把式也可以为两家所雇用，这样轮流干活，按日计薪。长短工不会带牲口和农具；但是把式必须带。

4. 做活

去别人家干几天活称为“做活”。

5. 学徒

在店里当学徒，没有薪水，衣服自备，但是吃住在师傅家。过年过节时东家可能会给学徒十几元的小费。当学徒期满后，如果继续在师傅家干活，就会拿月薪了。

6. 谢秋

如果丰收了，大村会举行谢秋，即给龙王上供，给其他神仙上香。谢秋时，大村会一起吃饭；小村则不会。

7. 农民的苦恼

一位农民表示，最大的苦恼是作物买卖的粮食税太高了；其次是县乡派人多了；再次是青年训练和打更要派人；最后是亩捐比较高。总体来讲是因为派人、派工影响了农业生产和外出打工。

八 县 政

（一）县政主体

1. 区长

在良乡县没有保正，只有区长，后来变成了区董，比保正权力更大。

2. 少年队

县里为了组织少年队，要求各乡安排人前往县里参加讲习，为期三个月，学习训练、教练、学课，学课包括日语、养鸡、棉花栽培等。良乡有2人参加了讲习，其中吴店村有1人。讲习回去后做如下工作：一是普及爱路思想；二是实行保甲制，强化治安。在驿站组织少年队，由参加过训练的人当教官。少年队由15—20岁的人组成，全乡共有25人，其中吴店村有5人。参加者既有穷人家的子弟，也有富人家的子弟。在村里抽签决定，有些家庭会雇人参加。少年队在县警务段的广场训练，训练时穿戴制服，包括帽子、袖章、绳子、棒等。参训时村里给30钱的饭费，驿站提供麻花、烧饼等食物（需要用钱购买）。少年队不是每天都训练，几乎没有痛苦，又比较好玩，少年们都愿意参加。

3. 小学校长

吴店村的小学校长由县教育局任命，主要负责学校的运营，包括日常用品、与上级机关的联络，但不上课。小学校长是识字的人，所以穷人无法当校长，但是其职务是义务的，没有工资。

（二）县政设施

1. 义仓

吴店村没有义仓，但是在前清和民国十年县里曾经要求建立义仓。县里要求各村出钱建立义仓，以备灾害时救济。经费、粮食按照耕作地亩征收，地多的多交，村里征收后统一交到县里。由县长派人看守，受灾后按照受灾人数发放，然而受访者表示义仓实施的两年间并没有看到救济粮发放。

2. 合作社

民国二十八年开始组织合作社，只要加入合作社，就可以从合作社购买米面、洋火、烟、毛巾、纸、化妆品、手套，等。其实农民最想买的是市场上比较稀缺的石油和火柴。在昌黎县，合作社就是新民会，日本人没有调查合作社与新民会的关系。

3. 实验村

民国二十八年，为了减轻农民负担，由新民会组织把小村合并到大村，减少村公所的数量，从而减轻农民的负担。吴店村所在的实验村，共有 7 个主村、5 个副村，各村有屯长（翻译时如此，这个词只出现了一次，可能调查者理解有误）。受访者表示，虽然减少了村公所数量及村公会人员，但是负担并没有减轻，因为修理道路派人、派车、派款没有减少。

（四）集市与税收

1. 交易场与作物买卖

民国二十八年，作物买卖要在城内的交易场进行，否则会被罚款。当然也可以在村里进行小额交易。如果在村里交易的数量比较多，就会有坏人告状而被罚款。在民国以前，作物在什么地方都可以交易，但是大部分的作物还是在城内的市场买卖，因为只能用经纪的斗来计量，而只有交易市场上才有经纪人。在交易场交易要交税，每 1 元交易额支付 3 钱税，1 元的税款，卖方 35 钱，买方 65 钱。因为有了交易场，所以税变多了。以前农产品交易基本没有税，即使有也很少，如两三斗的交易根本不用交税，现在不管交易多少都得交税。

2. 经纪和斗份

以前的市场以经纪的斗来计量粮食作物，如果有剩余或者撒出来的粮食就是经纪人的报酬。但是交易市场建立后不再是从前的经纪了，而是一些叫“斗份”的年轻人。“斗份”从交易场拿工资，全县有 24 位“斗份”。这些“斗份”每天分散到各个集市督促交税，从事谷物交易的叫“斗伙”。日本人并没有调查“斗份”与“斗伙”的区别。

3. 市价和斗局

交易场所成立后，专门了设立了斗局，斗局还有斗公所，全县有 24 名斗份。其实，在民国十年就有了“斗份”公所，只不过当时叫经纪公所。市价由斗局决定，斗局又由

“斗份”和商会商量决定。每个市场的价格均是这样决定的，即使是农村交易，也参照城内的市场价格。也有访谈者介绍，如果卖的作物多，价格就稍低。可见，“斗份”和商人决定的一个参考价格，最终的交易价格由买卖双方协商而成。

4. 牙行和斗伙

在集市买卖的中介人叫牙行或者斗伙。牙行主要有两种，一是牲畜；二是斗行。晚清和民国初期，牙行都是世袭的。斗伙有一定的资格要求，并非人人都能够成为斗伙。平时斗伙要去牙行帮忙，每年斗伙通过抽签决定在哪一个地点帮忙。全市牙行有19人，归征收处管，处长就是他们的头目。牙行下面有斗伙，人数不定，有一人的，也有三四人的。牙行不能从交易场得到工资，也不能从事其他的工作。牙行做中介时，每石收10钱的手续费。粮税是10元价款交27钱5厘，卖方付10钱，买方付17钱5厘。这个费用交给征收处，另外每石还得交10钱的手续费。农民一般会去熟悉的牙行去交易。在交易场所，虽然买卖双方知道价格，但是双方不直接交易，由牙行进行说合。在交钱时，卖方直接交给买方，不能由牙行转交。

5. 市场交易的量

按照规定，农民在村里不能交易，数量再少也不允许。去市场交易则不受数量限制，多少都可以。但是又有访谈者表示，在市场交易必须一斗以上。另外，农民不能直接将粮食交给粮栈，如果农民想卖给粮栈，双方也必须去牙行交易，向征收处报告。从民国二十八年开始，粮食就不能自由交易了，必须去交易场交易。

6. 大牙行

牲畜买卖的中介人叫作大牙行。大牙行有三四人，下面没有其他帮忙的人。大牙行每10元要收90钱，其中，合作社5钱，征收处85钱。另外，牙行的报酬是在90钱外再收10钱。

7. 征收处

征收处是征收钱粮的机构，隶属于财政科。征收处有主任、办事员各1人，书记10人。这些人中只有两三位是过去的老征收员。过去的征收员是世袭的，征收处成立后征收员不再世袭。

8. 税务征收局

田赋、契税以外有省税、国税及县附加税（亩捐）。国税由税统局征收，省税及县附加由税务征收局征收，征收局直属省公署财政处。县附加税由征收局代收后再转交给县。田赋契税以外的杂税，在征收局成立之前承包给包商，征收局建立后取消了包商制。

（五）田赋及征收

1. 田赋征收账簿

田赋征收依靠账簿，叫征收簿，也叫粮册子，过去叫红簿。全县有 19 册，每年开征前更新。19 册包括 4.088 万名花户。各花户以县城为中心，分为东、南、西、北分开来分担。除了征收簿以外，没有土地账册。

2. 田赋征收的方法

一是征收时间。过去三月初一到六月末是上忙，九月初到十二月底是下忙。在调查时什么时候都可以交纳。二是缴纳人。一般是各花户自己缴纳，比较远的可以委托乡来代交。三是征收程序。征收处根据账簿做通知单，政务员送到各大乡，大乡的乡长送达到各村参议，参议再分配给各花户，需要说明的几点：第一，事变后才有通知单，事变前没有。第二，事变后取消了地方，由大乡乡长代替地方，大乡制以后，改变了过去的县—村关系，变成了县—乡—村的关系。第三，事变后也没有“比卯”，各村的参议是征收钱粮的责任人，甲长负责催收。四是催缴程序。政务员通过各乡再经过参议来催缴，如果有滞纳，政务员就“传”下去。

3. 田赋税率

田赋税率有六个等级，分别为每亩 1 分、1 分 2 厘、1 分 5 厘、2 分、3 分及 4 分。特别需要注意的是税率划分不是根据土地质量，而是根据过去的习惯，至于是什么习惯，日本人没有调查。

4. 田赋的催缴

县里将通知单给大乡，大乡给参议，参议给甲长，甲长交给本人，然后本人直接去缴纳。如果不去缴纳，甲长就会挨骂。

5. 地方与催粮

在晚清和民国初年，地方根据“粮册子”在村里来回催粮。如果有人始终不缴纳，地方就会向县里递交“禀帖”，然后法警就会来“传”。地方催粮不会打锣，而是通过口头的方式传达给各家各户。在保甲制以后，参议从县公署取来通知书，将通知书交给保甲长发给农民，各家各户自己去县公署缴纳。事变之后，滞纳钱粮会被加罚，过 3 个月加罚一成；过 6 个月加罚两成。在晚清时，滞纳的钱粮有时也会减免，民国以后没有减免的情况。地方催粮没有专门的报酬，公会统一给钱，大约二三十元，再加上其他的一些费用，每年大概 100 元左右。地方管理看青人，有些地方也会看青。如果地方看青，则会获得看青报酬。地方在大秋之后会从有地的人家拿粮食，每户拿一点，这称为“敛秋”。比卯时也不会有奖金，但是有奖状。

6. 里老人与催粮

在良乡县，过去曾经有一位“里老人”专门用来催粮，地丁钱粮也由“里老人”管着。前清时期，良乡县的秀才额是6名，只有进入了里甲簿的人才有考试资格。秀才按照纳钱粮的地亩数量来分配。如果房山县的名额少，良乡县的名额多，有些人为了考功名，就到良乡县买地，以便争取考试的资格。各个里有两三位老人，后来逐渐变成了一人。在地粮方面，凡是在里甲的都有“里老人”催粮，不在里甲的由四班来催粮。“里老人”还有另外一个工作：土地过割。过割为一年一次，旧历正月“里老人”在粮房过割。外县的册子由社书做，本县的册子由粮房做。过割时一亩有两三毛的手续费，5毛的也有。一开始在里甲的土地一直都会在里甲；不在里甲的土地给“里老人”一点钱，就能够变成里甲的土地。“里老人”有底册知道所有的花户，但是粮房不清楚。有些人不知道过割程序，找粮房过割，粮房也要转给“里老人”。其实只有找到“里老人”，才是真正过割。买主先找到“里老人”，“里老人”再到县里更改红簿上的姓名，红簿只有姓名和银两，没有亩数。在里甲的土地过割，直接交给“里老人”和粮房，不在里甲的土地交给四班和粮房。过割与契税一起在做。民国四五年，土地核实后“里老人”就取消了，民国八九年四班变成了政务警。“里老人”和地方同时存在，但是两者没有关系，地方与四班有关系，后者让前者去催粮。四班在村里有事也会找地方。因此，县里催促四班，四班催促地方。四班本来是对里甲催粮，“里老人”没有之后，里甲就归四班了，四班就让地方去催，有时四班和地方一家家地催促。有了政务警后，就是县里催促政务警，政务警催促地方。归纳起来，田赋催缴有三个阶段：里老人—花户；四班—地方—花户；政务警—地方—花户。

7. 比卯

“比卯”就是比较催粮的成绩。民国五六年“比卯”的对象是四班和“里老人”。在每年5日或10日的时候比卯（日本人没有调查月份）。“比卯”时，“里老人”必须去县里。“里老人”取消后，就对地方进行比卯。地方催粮时被人叫成了“甲长”。“比卯”时就从粮房那里做比簿，比簿（比册）为一村一页，在比簿中写好各村的“甲长”应该催促的金额。其实这个“甲长”只是在催粮时就是“甲长”，村里还是叫地方，与保甲制的甲长不同。

8. 四班

所谓四班就是“四班头催”，也就东、南、西、北，如东是“东民壮”；南是“快马催”；缺西北是“西北民壮”等。四班主要的工作是催钱粮、民刑案件传人和捕盗，其收入由县长支付。粮房根据粮册写下粮户的姓名交给四班，四班负责催收钱粮。受访者表示，四班管外县的钱粮催促工作，即外县的钱粮由四班和社书负责，社书负责制作底册。四班拿到名单后就一家家督促。如果不急，四班就督促地方去催缴，如果县长催得急，就会自己去催缴。四班催促后，农民自己去交。四班不会代为缴纳，一是农民不放心四班；二是县长也不允许。5日或10日县长给四班比卯。四班去村里，村里会给饭钱。地方废除后，按照规定要对乡长比卯，但是乡长很少参与，因为乡公所有司计员和乡丁，这些工作由他们来做。

9. 政务警催粮

地方取消后，四班变成了政务警，负责催粮。政务警通知到乡公所，乡丁拿到各家各户。政务警催粮时，县里会给一些催征钱。政务警催粮比比卯效果要好，因为有罚款，滞纳 3 个月罚 1/10，滞纳 6 个月罚 2/10。

10. 政务警和法警

法警是县里用来“传案”的警察，又称为“政务警”“治安警”，主要用来维持社会秩序和治安的警察，全县有政务警察八九人。编乡以前，警察下村时，村里要供伙食、烟草。编乡后，警察“送公事”，将文件送到乡里，然后由乡公所两名“夫役”再传达到各村，这样警察就不直接下村了，此外“夫役”去给村里送通知不需要给钱或者烟草。

（六）各类摊派

1. 亩捐

田赋是交给国家的税收，除了田赋以外，县里也需要费用，这些费用就以“田赋附加”的形式征收，在民国三十年田赋附加改为了亩捐。民国三十一年亩捐按照上、中、下等地来征收，每亩分别为 1 元 3 角 5 分、1 元零 9 分，8 角 3 分。亩捐与田赋一起征收，称为“随粮征收”。亩捐根据当年县公署的收入和支出预算，亩捐预算要交道公署审核，审核通过后再征收。

2. 地亩款

大乡制后乡里也要征收摊款，称为地亩款，也有农民称为乡亩捐。地亩款按照耕种数量征收，只要耕种土地，就得交地亩款，因此佃农也必须交纳。如果地主将土地全部出租，就不必交地亩款。地亩款由大乡自己征收，自收自支。征收时由各村的参议委员向各家各户发“条子”，各家各户自己交纳。如果有滞纳，参议“禀户”后再“传”。滞纳乡亩捐或者地亩款不会被加罚。日本人调查的前一年地亩款为每亩 80 钱（8 毛）；日本人调查的当年为每亩 1 元 10 钱。

3. 预借亩捐

县、乡如果收支不平衡就会向村民预借亩捐，即找有地、有钱人先借款，然后从第二年的亩捐中扣除。

4. 村费及催缴

村里的村费不能按照门户的大小来收取，而是按照“种地数儿”来征收。如果有人不交，村里就会安排人催交，若还是不交，参议就会向乡里报告，乡公所就给“警察”打电话传人。以前村里是写字先生做这件事，现在由参议做。

5. 地主和佃农税费负担

自耕农既要负担钱粮，也要负担县、乡亩捐，还要负担村里的摊款。佃农除了不负担钱粮、县亩捐外，乡、村的摊款均要负担。本村地主将其土地出租，要负担钱粮、县亩捐和村的费用，但是不负担乡亩捐。外村地主或者住在城里的地主出租土地，只负担钱粮、县亩捐，不负担乡、土地所在地村的费用。自耕农要负责四种税费；本村地主负担三种税费；外村地主和佃农负担两种税费（见表一）。

表一　　地主和佃农税费负担情况

	本村地主出租	外村地主出租	佃农	自耕农
钱粮	负担	负担	不负担	负担
县亩捐	负担	负担	不负担	负担
乡亩捐	不负担	不负担	负担	负担
村费用	负担	不负担	负担	负担

6. 出工（修路和栽树）

良乡县每年都要组织两次修路和一次栽树，这就需要各村出工。县里将命令发到乡里，乡里再发到村里，村里再分配给各甲，每甲的甲长安排出工，即“按甲拨人”。如果这次不出工，可以下次再出工。如果家里没有人，可以出钱雇人。出工的人自己带饭，没有工钱。

7. 派人（琉璃河建设）

民国三十一年，县里安排人力修琉璃河的工事，全县需要3000人。派人分配方式如下：一是县乡按照甲来平均分配。如此一来吴店村所在的乡分配了300人，编乡同样按照甲分配给各村。二是村里按照地亩耕种数量进行分配。只要耕种土地，不管是租种还是自耕都得出工。如果某人在本村和外村都耕种土地，则在两个村都要出工。如果无法参加，需要雇人出工。三是吴店村每天需要安排2人，需要工钱12元，餐费8元，合计20元。吴店村在日本人调查的前一年派工100多个，不支付报酬，只有修火车路的10个工支付报酬。日本人调查的当年，琉璃河挖沟需要500个工。

8. 军队的征派

军队会征派骡子、驴、草等。军队将征派通知县公署，县公署安排警察到村里催缴，村长和帮办人收齐后交给军队。然后军队将钱给县里，县里再给村里。军队支付的价格比市场价格要低。军队征派柴火、草、鹅蛋时，由各村按照耕种的亩数分配，征派的家畜则根据所需要的头数从村里安排。村里会就此征派进行讨论：哪些家庭出，如果生病了怎么办，如果死了怎么办。有时军队使用家畜后还会还回来。即使军队给了部分费用，村里也会根据天数进行适当的补偿。另外，军队在征派车辆、木柴时，如果有“发价”，就以“发价”给摊派户。如果没有“发价”，就按照耕种数量进行摊派。

9. 地方的征派

县里有时也会征派柴和草，如吴店村在日本人调查的前一年就被派1000斤。日本人调查当年每亩派了6斤，一共18000斤干草。干草的市价为3元，但是县公署只付一半的钱，大约一元六七十钱。在日本人调查前一年的柴草送到了县公署；调查当年的干草送到警察局。另外，乡里还会派车，大约一个月一次，派车时也不会给钱。总体来看，日本人派工、派物会给钱，只是给的钱比市场价低些。军队派人、派物有时给钱，有时不给钱，给钱也远低于市场价格。县、乡征派人和物一般不给钱，自己带饭或者村里支付劳务或者饭钱，但是最后要摊派给村民。

10. 地亩册

过去的地亩册在村里，记载耕种人的名字，因此土地买卖一旦完成就可以计入地亩册。大编乡后地亩册收归乡里，由编乡的人和参议一同调查，将耕种人计入地亩册，该地亩册与县款的征收册不同，但是与村的地亩册相同。有了大编乡后土地调查更加严格。在发征收乡亩捐的通知时，如果甲村的某个人在乙村有地，通知书就交给乙村的参议，然后再转交给这个人，即乡亩捐按照所有人的所在地收取，而不是按照所有地的所在村来收取。

（七）其他县政

1. 挖井

良乡县推行挖井运动，以改善人畜饮水和灌溉问题，现将有关挖井事宜分述如下。一是挖井计划。全县计划挖150口井，模范乡所在的第一区分配了50口井，模范乡（吴店村所在的模范乡）挖20口，然后分配到各个村，大村挖两口，小村挖一口，每个村都要求挖井。如果乡里挖井的数量超过了25口，由县里决定。二是地点选择。挖井地址的选择由参议（村长或保长）决定，大多选择在平地上，亦有受访者表示，建井地址由参议和甲长决定。三是土地征用。挖井所占的是私有土地，但是没有补偿，因为挖井后对土地价值有增值作用，所以土地所有者还是比较欢迎，参议和甲长商定决定后没有人反对。四是经费投入。大井需要700元，小井需要400元。模范乡20口井需要8000元，全部由乡里负责。但是村庄提供人力，挖一口井至少需要60人，多的需要80名，这些人工全部由村庄免费提供，没有报酬，也不管饭。所需人力按照地亩数量进行分摊。挖井需要井匠以钱雇用。五是井的效益。一口好井可以灌溉五六亩地，所以即使挖了井，受益的人不多，但是被灌溉的土地的收益能够翻倍。即使收益由井周边的土地获得，但是用工却是全村分摊。六是水井使用和维护。在编乡成立实业股负责修井。实业股负责水利组合（日本人没有具体调查）的建设，水利组合的运行由实业股负责监督，但并不是每个村都有水利组合。当时的计划是实业股对井周边用水的土地收费，按照地亩数量交钱：谁耕作，谁交钱，以期投入的8000元挖井费用，在一年内能够收回成本。当时日本人问大乡长，能否从县亩捐出钱挖井？大乡长表示，亩捐是警备队、警察、学校所需要的费用，无法用来挖井。

2. 土地调查和补契

事变后县里进行过“清查地亩”，土地契约丢失的，可以补契，其程序是：先申请，然后写好土地所有者、土地位置、面积、四至等，经村长证明，向县里提交，缴纳契税后，在补契上盖上红印。每补一张契花费2元，纸价包含在内。

3. 庙地田赋和义地

吴店村有一亩庙地，由看庙的负责耕种，因为看庙人比较贫穷，故庙地不承担村里的摊款，但是要负担钱粮和亩捐。另外，村里有2亩义地，是否纳税和承担摊款不太清楚。

4. 粮房的瞎账和挪用

粮房无法做出瞎账，也无法弄出黑地，但是可以挪用农民缴纳的钱粮，以农民没有缴纳为由挪用半年左右。

5. 罪及程度

吴店村的受访农民表示，第一等的罪是偷东西，放火。一般偷得比较少的人，就会被带到庙里处罚；偷得比较多的人，就会被带到城里一队处罚。第二等的罪是不孝。孩子不孝会带到官厅去。第三等的罪是强奸和通奸。

惯行与治理：满铁对上口子门村及冯家村的调查

——满铁农村调查第五卷导读之三

满铁调查员在静海县，以上口子门村为中心还调查了周边5个村庄。上口子门村有93户，其中没有土地的30多户，靠自己土地为生的有10户，自耕兼租佃的30多户。借地的人都在做买卖，如贩卖蔬菜、花生，等。上口子门村是一个多姓村，刘姓有六七户；邵姓20户左右；吴姓20户左右；彭姓两三户；李姓30户左右；徐姓5户左右。另外，中河滩村，有27户。高里庄，24户。义都口村，27户。下口子门村23户。这些村也都是多姓村庄。

冯家庄村有7甲70户，总人口300人左右。据说冯家庄的先祖是明朝永乐年间从山西洪洞县迁移过来。冯家庄种植高粱、谷子、豆子，没有水田，只有菜园需要灌溉，菜园种植白菜、萝卜、韭菜等。全村有14顷地。土地多的家庭有六七十亩，没有任何土地的有10户，只能制作芦席、草席等。加上自己只有一点土地的农户一共有15户左右。不需要租地的农户大约30户。村庄没有卖日用产品的商店，但是有一家卖烟草、糖、落花生等的小店铺。村里有5人在天津当学徒，有3人曾经去过满洲，在日本人调查的前一年回村了。村里没有人在外面当官。村庄附近的五里庄有学校，但是本村的没有小学。孩子去五里庄的学校上学。村里有私塾，有十几名学生，老师依靠学费生活，每个学生一年交十几元。在调查时，因为治安比较差，去五里城的学校读书还要过运河，因此村里的孩子全部在私塾上学。冯家庄没有村公所，但是有更房。村费按照地亩征收，由更房来收取。

日本人在静海县关注治理、税费、租佃及同族关系。但是调查得不深入、不细致，甚至访谈内容矛盾比较多。上口子门的治理比较有意思，民国五六年时有一位村长和副村长，但是由于收费比较多，征派比较多，人不够用，因此有10多人来给村长和副村长帮忙。在民国二十年时，这些帮忙的基本变成了李姓的，李姓有7人来帮忙同姓的村长，每10天一人帮助做事。民国二十九年实施保甲制，选举了保长和5个副保长，另外每甲还选了10位甲长，在第七甲还有一位副甲长。副保长由各个姓氏推选而成。在村庄决策时，村长或保长不能单独决定，要与副村长和甲长共同商量。

1. 保长

保长由村民选举产生，选举时县里有官员来监督。保长最忙的工作是车站的事情，两三天一次会议，一天报告一次情况，最麻烦就是给看道夫出钱。上口子门村每月要给看道夫和县公署的人至少两三百元，其中看道夫一人，每月30元。

2. 村副

从保长开始，5个村就设置5个村副，其实5个村也就是4个大姓，另外其他小姓组成一个组，选出一个村副。设置5个村副是村民们向县里申请增设的。在选出5个村副前，曾经有个阶段，村长有十几个帮忙的人，后来有7位李姓的帮忙者。村副由各姓推出，如选李姓的代表时，全部李姓集中在一起开会讨论，推出人选。各族推出的代表由村里决定，与县里没有关系。选举村副时，有时是在同一姓的某人家里，有时会在庙里开会。村副主要参与征集摊款、派人派车等的讨论和决策。

3. 排头

上口子门村设置一位排头。排头是保长的助手，做一些跑腿的活，在村里接受县里的工作时，参与派工、派钱、派车的督促和征收。排头是本村的穷人，也会当看青夫。摊款时，排头会与5个村副一起去各家收费。排头没有报酬，如果他又是看青夫，则会有看青的报酬。排头在节庆时会去各家各户转悠，有些人会给些钱，有些人会给些东西。在冯家庄，排头必须有一点土地，没有土地不能当排头。冯家庄的排头，一直在干，只有老了，不能干后才换人，而且是由他的儿子继承。

4. 族的共有

族里一般会有一位族长，族长不是选出的，只有辈分高的人才当族长。如果族里有争议，请族长仲裁，也可以请其他人仲裁。徐姓村长说，如果徐姓分家，所有徐姓都会过来，还要叫上母亲娘家一方的人来商量。徐姓没有共同的耕畜，也没有特别的相互借用家畜之事。

5. 人役

人役也就是人工摊派，农民俗称派工。县公署安排的人役，主要是给日本军当民工、道路修理、城内扫除等。人役由村里给钱，每人每天1元到2元的报酬。

6. 看青与看青夫

庄稼成熟时候，有土地的人家就在龙王庙聚集起来，相互拜托照看庄稼，这样就有了看青。看青时间在春季是5月中旬，秋季是7月中旬。村长让排头走访有土地的人家，各家各户出一个人。如果收成好，会开会，吃饭，也会喝酒。吃饭钱由参加的人分摊。除了这个人外，还有看青夫，看青夫的费用也是根据地亩分摊，每亩给5钱，全村约100元左右，并由5名看青夫分配。这个钱由看青夫去各家收取，作物不好的家庭就不出钱。每亩5钱由保长和村副共同决定的。看青的范围就是上口子门村的土地，这些土地构成了村庄的边界，这个边界一直没有变化过。看青夫的人数，根据作物生长情况决定，每年都会不同，作物好就会多请些人；作物不好就会少请些人。如果看青夫抓住了偷盗的人，就会带到村长处，小偷道歉后就会原谅；如果不道歉就会送到警察分所。在上口子门村，没有对小偷罚款的现象。如果庄稼偷盗没有被发现，5 人则会聚集起来问值班的看青夫，如果搞不清楚谁偷了，庄稼的主人就不会给看青夫钱。这个钱称为“联青钱”，也称为“要青钱”。本村内其他村人的土地由本村的看青夫看青，然后从土地所有者收取看青钱。在看青时，上口子门村周边的 5 个村的保长、看青夫会聚集在一起商量看青事宜，然后安排一人记账，记账员也是看青夫，5 个村有 2 个村的村长是看青夫。由于土地相互交叉着，所以看青夫将联钱收上来后，再具体分配，聚集开会的地点在上口子门村。

7. 挖沟

离运河近的土地会引运河的水灌溉。灌溉就得挖沟，离运河近的七八户一起挖沟，然后引水灌溉。上口子门村周围的其他村庄很少有挖沟引水灌溉的情况。另外，用井水灌溉的只有菜园。

8. 庙与香火地

上口子门村有一个龙王庙，在日本人调查的前一年进行过维修，花费了 200 元。修庙费用由村中善男信女捐赠。修庙的发起人是和尚与保长，在与村副商量后再去各家走访捐赠。庙里有三四十亩香火地，由和尚请人耕种，一年收入 150 元左右。此费用也由和尚支配。和尚还可以支配香火地收入，但是不能将土地卖掉。保长等人也不能干预庙里的土地出租、费用支出等事务。

9. 官费

在中河滩村，钱粮由“各户儿”自己去县里缴纳。而钱粮以外的摊款称为官费。官费按照田亩数来分配，由村长来收取。官费是为了支付给从村里到县里去办公的人的费用。

10. 拨活工

在中河滩村，邻里之间相互帮助比较多，这叫“拨活儿”。

11. 租地和分种

农民借地主的地称为“租地”，地主借出去称为“开租”。租地交的租金称为“租地钱”。如果租金要求交钱，就是提前交租。关系比较密切的可以收获之后交租地钱。租地一般是每年借一次。同村之间很少有租地的情况。如果给地主交纳谷物，则是收获后交纳，这种租佃方式称为“分种”。分种的时候，一般是四六分成，地主得四，佃农得六；租地时，一般是三七分成，地主得三，佃农得七。这是交租前对产量和收入预计后的地租，实际情况会有所差异。租地和分种均不写契约。租地是预先交地租，再种地，不存在期限问题；分种则是一年一年的租，如果土地种植小麦就在秋天交租；如果种植高粱就春天交租。租地不需要中人，分种都是熟人也不需要中人。

12. 包种

佃农向地主租佃了很多土地，然后分开后再租给其他人耕种。包种主要是地主与品格比较好的佃农之间的一种租地方式。

13. 分家及养老

在义都口村，父亲去世就会分家，每一代分家都比较普遍。分家时兄弟均分，要写分家单。分家后可以给父亲养老田，也可以轮流供养；如果有养老田就不轮流供养。如果还有未结婚的妹妹，要给出嫁钱或者土地。如果父母已去世，妹妹跟着关系好的哥哥一起生活。

14. 官中

官中是清朝末期的制度，即土地交易的中介，做测量和做证的工作，官中的姓名要计入买契。在民国四五年时，官中就变成监证人了。官中主要是从事测量的人，会测量的人可以成为官中，官中不一定是世袭制。官中获得土地买卖的12‰作为手续费。在静海县有30名官中。一名官中管辖三个地方所在区域的土地交易。官中一般住在县里，每十天去一次县公署。

15. 地方和政务警

地方主要是向上呈报的人，又称为“专管催粮”，属于征收处。受访者表示，地方只为钱粮，不做其他的事。政务警是向下传达公事的人，主要是传达公事、催粮、传案等。全县的地方有48人，实际上只有30人。县里不给地方报酬，但是在过年过节时，地方去各家各户收点钱。麦秋时有地的农户会给三四十钱，或者四五十钱；大秋时给二升或者四升谷物；新年的时候还有人给10钱20钱的，也有人送炮竹的。

16. 比卯

所谓“比卯”就是在县里聚集在一起，比较征税的成绩。在静海县，地方催钱粮，监证人催契税都会有“比卯”。如果成绩差的人，在过去要被挨打；如果完成不了，还会被“收押”。当然如果遇到天灾，还是可以豁免。不过在调查时已经不存在挨打和收押的情况了。

17. 里书

里书是土地交易过割、钱粮征收底册的登记之人。钱粮征册由里书保管，底册也称为征册。全县有16位里书，后来也叫书记。在晚清，里书往往子承父业，是世袭的。地方与里书没有联络。

18. 村费分摊

村费由保长、副保长、村长及甲长等5人决定，然后几个人与排头一起去做收费。收费后由村长拿着。摊款按照田亩数量来征收，没有田地的不交村费。村费使用也由上述几人共同决定。

19. 钱粮征收

交纳钱粮时，县里让地方通知，地方通知到各户，各户自己去县里缴纳。如果不缴纳，地方再去催促。通知是口头通知，没有通知书及缴纳金额。

20. 官斗和佣钱

谷物交易要用官方的斗，持有官方斗的人称为“官斗”。用了官斗后要交佣钱。佣钱是买方和卖方各支付20钱。另外杀猪也要交佣钱，交给出票人。

21. 土地买卖

上口门子村的土地买卖，要先问族人，如果同族没有人购买，再卖给其他人，谁都可以。日本人调查的前几年，因为灾害和摊款，土地出卖比较多，购买土地的大都是商人。因此村里很多土地都是外村人，甚至城里人所有。

22. 摊款

在上口子门村及周边村庄，征收摊款，按照一定原则，所有者在哪个村，就交给哪个村，即所有者在哪里，摊款就交到哪里。本村的土地卖给了外村，这块土地的摊款就交给外村。本村人在外村拥有的土地向本村交摊款。但是天津等城市人拥有的土地是否交摊款，交到哪里，日本人没有调查。

原书序

前卷《中国农村惯行调查》所刊载的内容是河北省顺义县、栾城县及山东省历城县、恩县的农村调查，本卷内容则是河北省昌黎县及良乡县（附：静海县）的农村调查。调查期间为 1940 年至 1942 年，正值中国革命前夜。在我们所调查的两县农村，多数农民拥有或多或少的土地，但仅仅这样并不能维持生活。让人震惊的是——比如，在良乡县，村民以外的人占有过半的耕地。因此，多数农民，要么是雇农，要么是佃户，或是在附近的城市、远处的“东北”地区外出务工，以此维持生计。本卷内容也主要由和这种条件下农民的问答所组成。需要说明的是，调查正文中，基本按照日本的俗称，标记为“满洲”，但在中国则称其为“东北”。随着农村惯行调查的推进，调查员的调查本领也逐渐提高了。以昌黎县为例，在其他地区未能调查的方面，例如“带钥匙的主妇的地位”，相当于日本农村习惯上所说“掌勺主妇的地位”，都能调查到。但是，在 1943 年以后，调查无法继续进行了，这是十分遗憾的事情。

正如在前卷中多次记载的那样，《中国农村惯行调查》的目标，是生动地描述中国社会的特质。其视角偏于法律性的惯行调查，而且为社会学、经济学、史学等相关学科的研究提供了很多资料。此次调查，修正了长年来日本脱离现实的中国研究之根本缺陷，呈现了中国农民的疾苦及力量，真正有益于深刻理解中国社会。按末弘博士的引导，真实描述了在农村新旧两要素相克之“非连续线性涡流”。在此次调查中，我们有意反映出这样的问题点。例如，通过与昌黎县老农民的问答，我们了解到，户主不能背着家人出售家产。即便身为户主，其任意处理家产的行为仍被视为“盗买盗卖”（指不能任意处理的物品被任意处理的情况）。可是，孩子不能背着父亲“盗买盗卖”，但也有人提出这属于调查资料有误。像这样的意见，我们认为源自于对此次调查最具代表性的基本目标理解的欠缺。本次调查对前期修正会起到一定作用，但对顽固坚持自己特有观念形态者起到的作用很小。我们未能从此次调查中，看到毛泽东所做的湖南、江西的农民调查那样的积极方面。本次调查不可避免地受到了战争中各种条件以及方法上的制约。但仍然要说，尽可能地深入挖掘社会内部（的规律）关系，也为调查的一种意义所在，而这是迄今为止的文献所未能涉及的内容。

此卷的出版，也受到了文部省研究成果刊物费补助金的资助。我们对支持发行本书的各方人士深表感谢！此外，我们也在此告知各位读者，《中国农村惯行调查》的出版工作仅剩最后一卷——水利关系、赋税关系，其他、素材等，以及索引部分。

1956年8月20日
中国农村惯行调查刊行会
代表者仁井田陞

中国农村惯行调查刊行委员会

前有＊标记的是编辑委员

（顾问） 山田三良

（前会长） 末弘严太郎

砚田进

内田力藏

戒能通孝

德田良治

（代表者） ＊仁井田陞

平野义太郎

＊福岛正夫

我妻荣

田中清次郎

天海谦三郎

伊藤武雄

押川一郎

＊幼方直吉

（以下为原满铁调查部惯行班）

杉之原舜一

＊安藤镇正

内田智雄

＊小沼正

佐野利一

盐见金五郎

杉浦贯一

*旗田巍
早川保
本田悦郎
前田胜太郎
村田久一
山本义三
山本斌

河北省昌黎县侯家营概况

昌黎县位于河北省的东北角。乘北宁铁路从天津经唐山北上，如果乘快车，不足一小时就能到达位于山海关的昌黎县城。从昌黎县城乘朝邻县乐亭方向的公路南下，大概20华里即可到达泥井镇。调查组夜宿泥井镇，并进行实地调查，侯家营隶属泥井大乡，从镇上徒步约10分钟可达北边，公路的东侧已形成了密集聚居地。

明永乐或万历年间，战乱导致本地居民死亡情况严重，便有人从山东的柳州移民而来。也如碑铭记载那样，此处曾经被称为侯总旗营。村民之间也口口相传，此处曾有总兵居住，加上本村，附近共有7营的士兵汇总在此。但关于总兵后裔的情况却不明了，而且本村和其他6营的从属关系至今仍未完全被认可。

据民国三十年的保甲册记载，本村有户数114户，人口约680（男性约350人）人。而根据次年春的调查，已变成了117户人家，704人。如侯家营的名称一样，村中的侯姓最多，有84户人家（占73.7%），刘姓10户，王姓6户，陈姓5户，孔、齐、萧、傅、池、李、方、费、叶的姓氏各一户。比起其他的调查村落，这里的同族村落色彩更浓厚。且能看出，侯姓被分为三大族系，其同族间的结合值得关注。

民国二十八年[1]全县实施的土地调查结果显示，耕地面积由以前的20顷左右变成32.6顷。不过，其中包含宅地面积，需减去大约不足一顷的宅地面积。另外，外村人在本村所拥有的土地为2.8顷，本村人在村外所占有的土地则是4.8顷。按照此推算，一户人家平均所占有的土地面积为30亩。根据民国三十年的土地记录，村民所有土地的总面积是2979.25亩。所有土地数及户数如下所示。

如下表所示，拥有土地亩数在30亩以下的户数上升到75户约70%；50亩以上的户数仅仅不到15户。拥有一公顷以上的仅有5户，屈指可数。

如果从佃户关系看，看不到纯粹的不耕种地主，所有土地大部分都是自己耕种、剩余小部分给佃户耕种的地主达到13户，承租这部分土地的小佃户达到40户。而且，除此之外，实施分益租佃的地主6户，其他的小佃户8户。

农作物以高粱、稗子、豆子为主，还有黍子、谷子、棉花、落花生、荞麦、白薯等。但是因为地质不好、沙地居多，村摊款分摊分成上、中、下三个等级。其中下等地约占一半，剩下部分当中，上等地、中等地各占一半。沙地是因滑河的长期泛滥而形成的。

---

〔1〕 译者注：民国元年为1912年；民国二十八年即公元1939年。之后不再对民国纪年作出注释。

所有地数及户数

亩　　数	户　数	比　例（%）
以上　未满		
0.0—5.0	5	4.6
5.0—10.0	19	17.7
10.0—20.0	29	26.9
20.0—30.0	22	20.4
30.0—40.0	15	13.9
40.0—50.0	5	4.6
50.0—60.0	2	1.8
60.0—70.0	2	1.8
70.0—80.0	3	2.8
80.0—90.0	0	0
90.0—100.0	1	0.9
100.0—110.0	1	0.9
110.0—120.0	0	0
120.0—130.0	0	0
130.0—140.0	0	0
140.0—150.0	1	0.9
150.0 以上	3	2.8
共计	108	100.0

村里除仅有的纯农户以外，还有冶炼店，木工，小商人等。据说，如果不买粮食供食用，每人6亩地是必要的。上述拥有30亩以下土地的极少数农民，如果不租佃，就会因为土地不足而做雇工，或是外出务工。因为村子离满洲近，外出务工地点都是在满洲。我们做调查时，约有10人在外地，其中也有带着家人一起出去的。奔赴满洲，并非是做苦力等，而是为了做小买卖，因而需要介绍人。通过介绍的人，必须首先到商店实习。通过成功经商而存了大笔金钱返乡的人，或者定居外乡给家里汇款的人都不少。可以说，在本村获得土地的原因之一是外出满洲。相关的例子数不胜数，一个典型的事例如下；村中拥有土地数量排名第二的人，现在拥有160亩。以前，他仅有10亩地而已。后来，他是带着钱从满洲归来，一跃成为富有者。

近几年，在靠海的七里海成立了水稻耕种的公司，村民中有10人左右去那里当小佃户。

村民们主要赶的集市是泥井镇，在这里进行收获物的交易、购买日用必需品，以及牲畜的交易等。（小沼正）

河北省良乡县吴店村概况

在北京乘上京汉铁路，经丰台、宛平等县，从卢沟桥北经张辛店，约 2 小时可到达良乡。良乡县城为距离良乡站 2 华里左右的一个地方城市，坐落在被城墙环绕、略微突起的小丘上。大行山脉由南沿省境北上，西北方向可眺望北京以西以及西山的连绵群山。

县里的村落，没有全村单姓的情况。有些地方，如张家庄（张姓约占 1/2）、詹家庄（刘姓约占 1/2）、王家庄（高姓约占 1/3），同姓户数占有比例较高。与省南的栾城县相比，同族部落色彩远远淡薄得多。

吴店村距离县城东北约 3 华里（两公里），邻村有清朝行宫的皇辛庄（约 0. 5 华里）、后店村（1 华里）等村。

据村民们讲述，村子的变革与其他村不同。据说，村里最古老姓氏的祖先，乃清朝初期由南方而来，其余各姓氏是自那儿之后，从远近的各乡镇一点点迁移过来的。相反，也有从村子里迁移到其他地方的人。到目前为止，村里户数为 40 余户（除去附户），若分别计算分家者，调查当时有 70 余户人家，为很小的村庄。在保甲簿上有记载的 50 余户中，分姓氏户数分别有：郭姓 15 户、禹姓 7 户、杨姓 6 户、王姓 6 户、赵姓 4 户、李姓 4 户，以下还有少数户数的几个姓氏。总而言之，这只是一个纯天然的杂姓聚居村庄。尽管这里面 10 人以上的家庭有 13 户，但其中 5 户实际都已分家。所以从这个角度来看，似乎也不存在所谓的大家族。

据说，村子的土地原来有 20 顷，现有村子有约 11 顷，其中约 600 亩为外村人所有。村民的土地减少了，每户平均所有地不足 10 亩。根据村子里地亩台账，减去其他村 23 户村民持有的那一部分，本村 57 户的部分，按耕种亩数的规模分开来看的话，大体上如下所示。

吴店村耕种亩数、户数、面积和比例

亩数级别	户数	比例（%）
不到 10 亩	23	40. 4
11—20 亩	21	36. 8
21—30 亩	7	12. 3
31—40 亩	3	5. 3
61—70 亩	1	1. 7

续表

亩数级别	户数	比例（%）
71—80 亩	1	1.7
81 亩以上	1	1.8
共计	57	100

亩数级别	面积（亩）	比例（%）
不到 10 亩	149.5	15.5
11—20 亩	312.7	32.4
21—30 亩	170.0	17.6
31—40 亩	99.0	10.2
61—70 亩	70.0	7.3
71—80 亩	71.0	7.4
81 亩以上	93.0	9.6
共计	965.2	100

实际情况可能比上述记载要多，但是可以了解到其大体状况。对于5人家庭需要多少亩土地才能过上普通生活这个问题，其回答是需要25亩。在其他地区，一个8人家庭，所拥有土地为15亩，耕种23亩土地的农民认为，23亩就够了。

但该农民同时也在打短工，弟弟又在北京外出务工挣钱，从这些方面来看，前面应答所提仅是自耕的话，需要25亩地确实应该是最稳妥的。这可以和顺义县沙井村一带匹敌。因此，可以很清楚地了解到村民们的所有地是多么的不足。即使从耕地经营的阶级构成来看，把所有地租借给其他人的两户人家所持有的土地也不过只有30亩至40亩罢了。自耕户有三四户，纯租佃户为两三户，大部分都是耕种自家土地的同时又租赁外村、尤其是城内地主土地的自耕兼租佃户。据说，也有很多人通过做短工等来贴补生活。关于土地拥有量方面，最高的一户有71亩，之外30亩至40亩的有3户；20亩至30亩土地的有五六户；10亩至20亩的有25户；其他都是不足10亩；且没有土地的有六七户。

村里的土地大体上都是良田，北边的地势比较低的部分容易遭水淹，这种劣质地大约有200亩。作物主要为玉米、粟，除此之外还有白薯（甘薯）等作物。自民国以来，平均每五年就会有一次大的旱灾或者水灾。这种情况下，到了年末的时候，很多村民粮食不足，生活非常贫困。这导致欠款再次增加，踏入不得不卖掉土地的同一个套路。而这些土地主要都集中到了城里大地主的手中，栾城县也有类似事例。这种长期不安定的生活，在去北京或其他地方外出务工人数庞大，移居、往来等情况要比沙井村等村多得多的现象上都有所体现。外出务工的人据称没有原来多了，这应该是源于日本军占领后，各种事情都往来不方便所造成的结果。调查时，村民外出务工情况如下；除了去北京的几个人之外，去蒙古未归的有一人，在村外警卫队任职的两人，铁路警务段任职的一人，在新民会任职的一人等。另外，还有数人在农闲期去北京做蜜供的手艺人，这点和沙井村相似。村中住着一个小商人和数名洋车夫。有把瓦匠作为副业的 3 人，木匠 1 人。

据说清朝时代，旗人既做为公职人员又作为军队驻扎在城里，所以这个地方的土地几乎都是旗地。据说吴店村也都是旗地。经过民国十五年、民国十六年的官旗产清理，曾是旗地佃户的村民买了土地，村民的地契上，多有当时的“京兆区官产旗产清理处”或者“清室私产清理处”等颁发的执照，典契等上面标记有“……本身老揽旗地一段……”等字样。这些旗地的管事人员，在地方上是有旗人的庄头，再往下还有管理村子的汉人催头。

虽然不是很清楚村子里有 20 顷土地的时代是不是清朝时代，但是随着村民生活的贫困化，过半村民的土地大都集中到了城里大地主的手中。吴家、见家、秦家三家是其中的巨头，据说他们拥有的土地分别为吴家 30 余顷；见家 20 余顷；秦家 10 余顷。另外还有人说，还有远远比这些人持有土地还多的地主，虽然推测不出其具体面积是多少，但是肯定和各个村落居住的地主完全不是一个档次的。吴曾经是清末北京的绸缎店掌柜，随后又做过地方上的县长，也就是在做县长的那段时间聚敛了很多财富，被称作良乡的首富。据说见家原来是做过很长时间的教师。秦好像曾帮县长打理杂务。有人说租借吴家土地的佃户有 100 人左右。这 3 个人在村内租借给村民们的土地也不过只有 200 亩左右，剩余的约 400 亩的租地，大多是归以城内中小地主为主的外村人所有。村里持有土地最多、且唯一一个雇用有长工的郭，还是上述提到的大地主秦的土地管理人。

事变之后，村长、甲长等村子里的工作人员等也都替换了。调查当时，都是一些年少没有实力的人活动在第一线。成为模范乡之后，说让村长级别的人来做参议，据村民们的叙述，开始的时候村民们是推荐了另一个人的，县长也有意让其担任，但是因为一个住在城里、非公职人员却有势力的人，强烈推荐一个曾是警察的二十多岁的青年，所以最终还是任命那青年做了参议。该职位由于没有主动申请者，也就经由这样的选举过程定下了。之后，这个参议因在公款的使用上有不正当行为，遭到了村民的弹劾，约定以其工资来赔偿公款的损失，但是引人注意的是，参议只赔偿了部分之后就没再履行约定了。根据其他的资料推测，那个有势力者可能是持有 2 顷土地的本村人赵氏，出身为该村，其父曾经营一家粮店，他本人从天津师范毕业以后担任教员，现任县城中心小学校长一职。至少在有关村子的事情上，他确是一个有权势的人。

提到村子里没有人想做村长这件事，主要是由于这里地理位置距北京较近，民国初年以后，军阀接二连三内战，每次内战，但凡军队经过此处，必然会给村长施加各种课役负担等难题，因此没人想做村长。村民们的回答，都多次体现了这个问题。

村民们耕种的作物，如上述提到的那样，以玉米、粟等干燥作物为主。秋收的时候，不得不卖掉其中的很大一部分来支付地租和其他费用。因此，年末大部分农民都会粮食短缺。除此之外不会再变卖粮食。用便宜的价格卖掉粮食，再用很高的价格买回，这对农民们来说是一个很普遍的现象。这个交易一般都在县城的集市上进行。日用品也一般都是在集市上购买。

虽说村民和外村人通婚较多，但是村子与村子之间似乎并没有什么特殊的关系。成立编乡制以后，虽说和后店村之间有主村和副村的关系，但是看起来也只是形式上的东西罢了。只是，小学一直以来都是和后店村一起来设立的。原来有30多个学生，但是三年多以前被皇辛庄的学校合并了。

原来在村子的庙前是吴姓家的车店，据说那就是村名的由来。正如沙井村的村名和井的关系一样，或者说沙井村的情况好像更加偶然。正如这个名字所显示的那样，这个村子的成立还有其命名间的关系，和其他村子相比，都给人一种非常偶然、无太多联系的感觉。（安藤镇正）

凡　例

本卷合并收录了以河北省昌黎县侯家营以及同省良乡县吴店村为主的相关调查资料，以及河北省静海县上口子门林及冯家庄相关概况资料。静海县，原预定和山东省恩县（第4卷所收）一起作为调查地。但是根据第一次的调查，因治安和其他因素，判定难以继续调查，于是只调查了概况部分就中止了。作为替代，我们选定了良乡县。

在本卷，首先收录一直以来的重点调查村落的各项资料。但从调查开始或者此后有机会收集到的、在一定程度上跨越宽广地域的一般性概况调查资料以及个别补充资料等以外，涿县、天津等地调查的与“水”相关的资料；第1卷、第2卷没有收录的与顺义县相关的资料；第4卷没有收录的与历城县相关的采集资料等，都预定统一收录到第6卷。

此外，为了方便使用者的使用，分类索引都预定统一收录在第6卷的第一部分。

虽说没有良乡县地图，但是昌黎县有除了在卷末载有县公署制作的县全图之外，还有在当地制成的调查村落的示意图等。

在1942年5月到6月，有关良乡县的资料中，第75辑“土地买卖和公共税费”篇，本来是应该分开编集的，但是因为原资料记录在一册上，且内容也没有根据日期区分开来，所以本卷也因情况直接按原样收录了。

本卷问答中出现的土地关系的用语，需要提前稍作说明。关于一直以来被看作土地的担保形态之一的“典”，和以佃户的形式耕种他人土地的“租”，虽说使用同一个用语但是其内容并不相同。虽说因地方的不同多少都会出现一些用语的差异，但是上述提到的这个问题，在本卷里，当时调查员在没有意识到这个差异的情况下进行了调查，在问答之间，有因为混为一谈而导致有分歧的地方。如果通读全文，大体上应该能判断出来，因此希望使用者加以特别注意。

和已经刊行的各卷一样，本卷在本文中出现的村庄名和人名，以及各种契券类的文字用语，根据同音的音译字来表述的用例屡次出现。除了明显的誊写错误以外，都是按照惯例没有一一订正，而是按照原资料直接使用。这一点希望能引起注意。

村　落　篇

1942年5月

（华北农村惯行调查资料第70辑）

村落篇第9号　河北省昌黎县侯家营

调查员　杉之原舜一

翻　译　孙希中、郭文山

5月20日

村落概况

应答者　侯恩荣（廷武，78岁）

地　点　泥井镇乡政府

【侯恩荣家的概况】

你在村子里担任过什么职务吗？＝30年前做过村长、副村长。

那之后就没有再做过了吗？＝辞掉了在村里的职务之后就回家，一边务农一边做中医了。因为自己有一些中医的处方，所以村民中有得处方中那些病的话，就按处方拿药。

有孩子吗？＝嗯，有一个儿子。

他是做什么工作的？＝之前经商，因为经济不景气就回家务农了。

在村里担任了什么职务吗？＝在去年大乡制成立之前管理村子的账簿。

管理账簿的人怎么称呼？除了"先生"还有其他的称呼吗？＝没有。

保甲制成立以后担任什么职务？＝什么也没有。连甲长都不是。

你的父亲、祖父或其他的祖先都没有担任过村长或副村长之类的职务的吗？＝没有。

你们家一直以来都是农民吗？＝以前是的。

现在是雇人耕种吗？＝是的。雇了一个"半壁儿"。

"半壁儿"是什么？＝指比如去其他家工作两天，接下来到自己家工作两天这样的人。

你把自己家的地租赁给其他家吗？＝没有。

你自己家的土地都是自己耕种吗？＝是的。

没有租其他家的土地吗？＝租了6亩。

总共耕种多少亩地？＝38亩。

其中你自己家的土地有多少？ =32 亩。

家里有几口人？ =六口。自己和老伴、儿子（儿媳死了）、孙子和孙媳妇、孙女。

【同族、族长】

凡是姓侯的都是同宗吗？ =是的。

有祖先不同的侯姓人吗？ =没有。

姓侯的在村里有几家？ =有 70 多户。

有管理全部侯姓的长之类的人吗？ = （回答不明）

侯姓中辈分最高又最年长的是谁？ =自己虽然是年纪最大的，但叔父辈分比我高。

侯姓中辈分最高的是谁？ =叔父侯俊良。

侯俊良在侯姓分家的时候一定到场吗？ =不一定。

整个侯姓怎么称呼？ =没什么特别的称呼。

侯姓家族成员之间和其他家族区分的时候怎么称呼？ =没什么特殊的叫法。只是用辈分来称呼。

知道同族这个词吗？ =知道。侯家就是同族。

村民经常使用同族这个词吗？ =一般是知道这个词的，但是不知道的人也有。

农民没有经常使用的与同族相同意思的词吗？ =没有。

通常，侯姓成员之间用同族这个词来称呼吗？ =一般不会。都是用辈分来称呼。

知道“当家子”这个词吗？ =知道。

它是什么意思？ =兄弟分家之后，相互之间成为“当家子”。原来是指同族的意思，现在变了。

知道“族长”这个词吗？ =知道。指同族中年龄和辈分最高的人。

在农民之间普遍使用族长这个词吗？ =用倒是用，但是不知道这个词的也还是有的。

侯姓的族长是谁？ =侯俊良。

有把侯俊良称作族长的时候吗？ =一般是不这样称呼的。只有在有事情发生的场合，才称族长。

什么样的场合？ =例如婚礼和葬礼的时候称族长。

有驴、马、牛之类的吗？ =有两头牛。

应答者　侯荫堂（73 岁）

【侯荫堂家的概况】

你任过村里的什么职务吗？ =做过。

做过什么职务？ =之前是村长。保甲制的时候是做副村长。

现在还担任什么职务吗？ =没有。年纪大了。现在正在接受浮肿治疗。

你的父亲、祖父有在村里担任过什么职务吗？ =父亲做过村里的董事（也称会头）。

你祖父和其他的祖先也做过村里的董事吗？ =因为是很久之前的事了，所以不清楚。

你父亲做董事大概是多少年前？ =同治年间[1]。

有孩子吗？ =有。

几个？ =有一个儿子。

他是干什么的？ =在奉天经商（在纺织工厂上班）。

你们家共多少口人？ =十一口。

都有哪些人？ =我、弟弟和弟媳两人、外甥和外甥媳妇和他们女儿、外甥女一人、死了丈夫的外甥媳妇和他们的一个女儿、我儿媳和他们的儿子。

你们家都是农民吗？ =是的。

耕种的土地全部都是自己的吗？ =也有租赁的别人家的土地。

有多少亩？ =自己家的土地有 67 亩 4 分。

租了多少亩？ =25 亩。

自己家的地有租出去的吗？ =没有。

都是自己家人耕种吗？ =是的。

【打头的、长工】

没有雇人吗？ =雇了两个。

是整年都雇用吗？ =是的。

像这种被雇用一整年的人一般怎么称呼。 =打头的。

不称作长工吗？ =不。一般称作打头的或者工人。连续好几年雇用的才称作长工，每年重新订合同的叫打头的，不叫长工。

村子里有长工吗？ =没有。

有驴、马、牛之类的吗？ =有一头牛、一头驴。

应答者　侯恩荣、侯荫堂

【村子的名称】

侯家营这个名称变过吗？ =原来叫侯总旗营。

从什么时候开始称作侯家营的？ =大约在一百年前左右。自然而然演变成的，并不是刻意改变的。

为什么叫侯总旗营？ =因为从前有一个总兵在这里组建了一个营。

总兵是什么？ =清朝时统领兵士的人。

【村子的起源】

侯家营是什么时候建立的？ =不清楚。

侯家营的人是从哪儿迁徙过来的？ =是从山东省柳州来的。

大概什么时候迁徙过来的？ =根据传说是明朝万历年间。

为什么要迁徙到这儿来？ =具体不清楚。当时是移民。

为什么要移民过来？ =当时这个地方的人们因战乱都死了，因为山东省的人多，所以

[1] 译者注：同治年间为公元 1862 年至 1874 年。

就迁徙过来了。

叫侯总旗营，是因为有军队驻扎在这里吗？ = 没有军队。侯总旗营是由一个总兵创立的。

是那时候从山东迁徙过来的吗？ = 是的。

那个总兵是从山东带过来的吗？ = 是总兵带领人民来到这里的。

那个总兵叫什么名字？ = 不知道。

他的子孙还活着吗？ = 因为是侯姓，所以本村所有的侯姓人家全部都是他的子孙。

作为当时的主人，那些从山东过来的人们都做了些什么？ = 开垦荒地。

那些被带过来的人们也是军队里的人吗？ = 大家都是老百姓，不是军队里的人。

总兵管理着哪里的士兵？ = 七营的士兵。

七营是从哪里到哪里？ = 就在这附近。陈官营、魏官营、萧（肖）官营、康官营、王官营、侯家营、薛家营七个。

这种称呼现在还有吗？ = 现在也还有。

这些营都是同一个总兵从山东带过来的吗？ = 不知道其他的营是不是。

这些营，例如侯家营，除了侯姓的老百姓之外，有军队吗？ = 没有。只有之前战败的时候有，但是不知道在哪个地方。

在侯家营，那些从山东过来的人们开垦了土地，那些开垦的土地归谁所有？ = 归那些开垦者所有。从政府那儿领取一个什么证书。

那个证书还有吗？ = 没有了。有了土地买卖之后，之前的那些证书都作废没有了。

那个证书怎么称呼？ = 叫作文书。也可以称作执照、文契。

还有其他的称呼吗？ = 没有了。

知道上面都写了什么东西吗？ = 大体上都是接下来这样。“昌黎县侯家营庄南白地○○亩○○垄于○○年经○○县长给○○○执照为记。”

见过那个证书吗？ = 没有。

为什么知道上面大体的文句呢？ = 想着应该是这样。

【钱粮、封粮】

开垦的人们向总兵缴纳钱或谷物之类的吗？ = 缴纳粮食。那些粮食是皇帝封给总兵的。

那些缴纳给总兵的粮食叫作什么？ = 称作钱粮。

即使是缴纳的粮食也称作钱粮吗？ = 不缴纳粮食，缴钱。

从开始就是缴纳钱吗？ = 是的。

还记得一亩大概缴纳多少吗？ = 一亩一百制钱。民国以来是10钱左右。

那些钱交给谁？ = 交给县。

不是缴给总兵吗？ = 是的。

那些钱粮是皇帝封给总兵的，这是什么意思？ = 先是缴给县里，然后由县长缴纳给兵长。

那些钱粮不称为“租”吗？ = 不。叫作“封粮”。

钱粮和封粮哪个更常使用？ =封粮。用钱缴纳之前是用米、豆、草之类缴纳的，但是因为有些品行不好的百姓用不好的东西缴纳，所以就改成用钱来缴纳了。

知道大概从什么时候变成用钱缴纳的吗？ =不知道。我小时候都已经是用钱缴纳了。

过去那些需要缴纳封粮的土地现在还在缴纳吗？ =是的。

现在是谁得到那些封粮？ =现在因为有大总统，所以是缴给他。

总兵是从什么时候开始没有的？ =从清朝灭亡之后没有的。民国以来，旅长、师长相当于过去的总兵。

总兵没有之后，谁拿了那些封粮？ =大总统。

没有总兵之后，有过不缴纳封粮也可以的时期吗？ =因为县长有账本，所以不缴是不行的。如果不缴的话，社书会不断催促。本来是10钱，会收走20钱。

【村子的土地】

侯家营的人们总共有大约多少土地？ =算上沙地的话，大约有20顷。被分为三等，三等地三亩的缴税份额，相当于一等地一亩的份额。

村子大概有多大？ =具体说不清楚。村里的住宅面积大概有30亩。

【村子的边界】

有和邻村的边界吗？ =有。

那个边界有什么记号吗？ =有一个上面写很详细的立碑。

那个边界一般叫作什么？ =农民一般把它叫作“交界”。

交界变过吗？ =没有。

侯家营拥有的土地可以卖给其他村子吗？ =可以。

侯家营交界内的土地可以卖给其他村吗？ =只要外村的人想买，哪里的土地都可以卖。

有这样的例子吗？ =有。

侯家营的土地即使卖给邻村人，那块地仍然是侯家营的土地吗？ =要是卖给外村人，那地就是外村人的了。

但是那块地仍旧称为侯家营交界内的土地吗？ =不这样说。

那块地的看青，是由哪个村的人来做？ =买了那块地的外村人。

村子的交界是什么时候做的？ =六七年前。之前没有交界。

为什么要做交界？ =原因不知道。上面命令让划分开的。

有过由于没有明确划分而导致和邻村之间产生矛盾的情况吗？ =如果让缴纳摊款的时候交界不明的话，确实可能会有纷争。

发生过那种纷争吗？ =没有，但是为了防止这种事件的发生，明确了交界。

【村子的摊款】

那个摊款是在村子里收集的摊款吗？ =是的。

摊款是以什么标准来收取的？ =根据亩数来决定。

假如，有10亩地的人租给别人5亩，自己种5亩。那么在收摊款的时候，是按10亩地收，还是按只有自己种的5亩地收呢？ =按10亩地来缴纳摊款。

自己一点地也没有，只耕种别人土地的人，还用交摊款吗？＝不用。因为在地亩册上没有那个人的名字。

从很久以前就是这样吗？＝是的。这是一直以来的习俗。

保甲制之前，这样的人也不用交摊款吗？＝嗯，即使是保甲制之前，在自己村子里没有地的人，也不用交摊款。其他村也有地主和佃户各拿一半的情况。

是哪个村？＝具体是哪个村不清楚。

侯家营交界内的土地由外村人拥有的时候，要从那个人那里收取摊款吗？＝不，从那个人所在的村子那里收取。一直以来都是这样。

侯家营交界内的土地如果本来是由本村人拥有，但是后来卖给邻村了，这种情况下，侯家营的摊款还是从邻村人那里收取吗？＝从邻村收取。

由于交界不明，收取摊款时什么情况下会产生纠纷？＝（答案不明）

交界划清之后，有什么便利之处吗？＝有没有交界线，都没什么变化。

村中有家的地方，整体上用什么围起来了吗？＝没有。

5月21日

村落概况

应答者　侯恩荣

地　点　泥井镇乡政府

【看青】

以前村里怎样看护庄稼的呢？＝会头会雇用看青的看护作物。

有会头不雇用看青的、而一个人一个人雇用的情况吗？＝没有。

看青人是村里的人吗？＝是的。

大概有多少个看青人？＝村里雇用一个人，那个人如果忙的话，他会雇用其他人。

那个看青的人大约雇用了多少人？＝雇人的时候，即使雇用也只是雇用一个人。

村里雇用的叫作“看青的”人，那么那个看青的人雇用的人叫作什么？＝叫作“帮办的”。

帮办的那个人称呼看青的人为“看青的”吗？＝不会。帮办的虽然和看青的有关系，但是和村里没关系。所以如果找看青的有事的话，就直接去找看青的，而不去找帮办的。

给看青的什么报酬吗？＝给钱。

大概给多少？＝一季二三十吊。

一年需要看青几次？＝只有从麦秋到大秋一季。

那二三十吊钱由谁来收？＝用会上收取的钱支付。

什么时候收？＝什么时候看青的要了什么时候收，没有固定的时间。

麦秋刚开始，也就是说有在看青之前就要的吗？＝也有这种情况。但是这种情况下，只付给一部分，而不付给全额。因为全部付了，有可能会偷懒。

付给看青的钱由谁来收？ = 根据亩数从百姓那儿收集。8 人为一个小组，会头从各自管理的小组收取。

假如有一个人把他的 10 亩地全都租出去了，那他还用再付那 10 亩的看青费吗？ = 用的。看青费由地的主人来付。

租借的人不用给看青的看青费吗？ = 不用。

给看青人的费用，难道不可以不单独收，而是和村里其他的费用一起收吗？ = 都是临时分别收的。

【典】

知道“典”吗？ = 典和租是一样的。

典这个词都是在什么样的场合下使用？ = 地主有地，但是自己不耕种，租给想要耕种的人的时候，称作典。

这种时候，租出的一方怎么称呼？ = 叫“地主”。

那么租借的一方呢？ = 叫“典地的人”。

地主刚把地租给典地的人，就收租金吗？ = 是的，这种情况比较多。叫作现租或秋租。

现租一般多少钱？ = 取决于土地的好坏。去年那些坏地都没有人典。那种收成，连县里的摊款都不够支付的坏地，它的租金一亩也就三四元左右。

好地多少钱一亩？ = 一亩大概十元左右。一般好地是不租出去的。

典地的时候，从典地的人那里收取一定的押金，典地约好的时间到了之后，地被返还的同时，押金必须返还。这样的例子有吗？ = 没有。

【当】

有从他人那儿借钱，把自己的地让那人耕种，直到把钱还上，地才被还回来的例子吗？ = 有。这称为“当地”，而不是典地。

把地当出去的人怎么称呼？ = 因为在契约书的开头，一般都写立当契人这几个字，所以叫他们立当契人。

村里的人一般都怎么称呼他们？ = 当地人。

把钱借出去、当到地的人叫什么？ = 当主。

给看青人的费用，在当地这种情况下，费用是从当地人那里收取，还是从当主那收取？ = 由当地人支付。

没有从当主那收取的吗？ = 没有。

【看青的范围】

侯家营看青时，看青范围是固定的吗？ = 是的。只看侯家营管辖范围内的。

侯家营看青的范围没有发生改变的时候吗？ = 侯家营管辖范围内的土地有由邻村人持有，而邻村管辖范围内也有由侯家营的村民持有的土地的时候，一般双方看青的就会约定好，把在各自管辖范围内邻村人的土地也一同看护。

有不约定的情况吗？ = 没有。

侯家营的管辖范围是从什么时候定下来的呢？ =很久以前。

看青的称看青范围为什么？ =没有什么特别的称呼。

侯家营看青的看护范围和邻村看青的看护范围的边界称作什么？ =称为交界。

交界不是五六年前定下来的吗？ =是的。

那个交界和看青的交界不一样吗？ =一样。村子管辖范围内的土地就是看青的需要看护的土地。

看青时候的交界很早之前就有吗？ =是的。很早之前就有。

知道从什么时候开始有的吗？ =从村子创立的时候就有了。

看青时候的交界有变过吗？ =没有。一直以来都是一样的。

【公会、青苗会】

有专门看护作物的公会吗？ =有。

叫什么？ =公会。

公会是只负责看青的公会吗？ =公会不仅管理看青事务，也管理村子里的所有事务。

知道青苗会吗？ =知道。

青苗会是干什么的？ =是负责看护村子里作物的会。

侯家营没有青苗会吗？ =没有。公会把青苗会的工作也做了。

一直以来都没有吗？ =没有。

那为什么知道青苗会呢？ =因为一般的作物都称作青苗，所以知道。

知道哪个村子有青苗会吗？ =不知道。

听说过青苗会这个词吗？ =没有。只知道青苗这个词。

【作物、摊款】

侯家营主要生产的农作物是什么？ =高粱、稗子、豆子、黍子、谷子。前面三个很多；后面两个较少。今年由于高粱被要求砍掉（警备道两侧各1华里以内的高粱都要求砍掉），所以大家都觉得很困扰。虽然瘠田一亩只能收获3元左右，但是保甲制成立以后，一亩却要被收走4元的保甲费。而且在以前，3亩瘠田被换算成1亩良田，但在保甲制成立以后，这条规定也被废除了，良田和瘠田都按照一亩的标准来收取摊款。赵家港也和本村一样，因为这个问题而备受困扰。保甲制的摊款真是让人为难。

【大乡制的利弊】

不实施保甲制比较好吗？ =是的。

哪方面变得不好了呢？ =首先是土地。也就是3亩差田换算1亩良田制度被废除。其次，建乡政府的时候一亩收3元摊费，但是从去年开始，每一亩分成了8次来收，分别为15钱5厘、40钱、30钱、31钱、14钱、30钱、43钱8厘、20钱。

保甲制没有什么优点吗？ =只有一点好处，可以直接坐车去城里。建立学校这也是有利有弊。优点是可以让本村的孩子们学习；坏处是泥井镇的孩子们如果学得好，肯定会离开村子。

那你觉得保甲制是实施好还是不实施好？ =实不实施都没什么，但是确实是有需要改良的地方。也就是不得不缴钱这个问题。

【姓的种类】

侯家营都有什么姓氏？ =费、李、王、陈、孔、齐、叶、刘、侯。

从山东省柳州过来的有侯姓以外的人吗？ = 不知道其他姓氏的人是从哪个地方过来的。只有费姓和李姓因为是刚来到这个地方的，所以清楚。费姓是从昌黎县城、李姓是从乐亭过来的。

【商人】

村子里有经商的人家吗？ =有四五户。在村子里卖花生、烟草之类的有 3 家左右。

都做的什么生意？ =一般都是开杂货店的。

是哪个姓的？ =侯姓的较多。费姓的有两个人、李姓的一个去满洲了。

在村子里做买卖的是哪一家？ =王姓人新开了一家锻冶屋。

没有在村内做买卖的吗？ =没有。

侯家营里有满洲人或蒙古人吗？ =没有。

大家都是汉族的吗？ =是的。

侯家营出过很厉害的公职人员、学者吗？ =有考中过贡生的侯建功、第一届师范学校毕业的刘子新、还有满洲大学出身的肖惠生。

【信仰】

村里人一般都有什么信仰？ =老爷、财神、五道、娘娘。

【土地所有权状况】

村子里的人最多大概持有多少土地？ =有两三家大概有一顷二三十亩。

都是谁？ =侯庆昌（号善廷）、刘子新、侯全武。

有 50 亩以上的大概有多少户？ =6 户。

不租赁其他家的土地，只耕种自己家土地的有几户？ =10 户左右。

有尽管自己有土地，却一点都不耕种，全部租借给别人的情况吗？ =没有。

自己一点土地也没有，全部租借别人家的，这种大概有多少户？ =没有。

【逃户】

有一点土地也没有的人家吗？ =没有。一点土地也没有的叫作“逃户”。

逃户是指什么样的门户？ =一点土地也没有，不用缴纳税金的家庭。

一户逃户也没有吗？ =没有。

【旗地、旗租】

知道旗人这个称呼吗？ =知道。

村里有旗人吗？ =没有，但是有旗租。

旗租是什么？ =收取旗租的土地称为旗地。村里有几亩地，每年都有人收取旗租。

现在也来收吗？ =现在不来了。

什么时候开始不来了呢？ =三四年前。

从哪个地方过来的呢？ =虽然每年都来收，但是不知道是从哪个地方来的。

为什么不来了呢？ =不是很清楚。

那么现在那些地还在缴纳旗租吗？ =具体不清楚。会里的人应该知道。

那些旗地是谁在耕种？ =忘了。

那些旗地还有在缴纳钱粮吗？ =不知道。

怎么称呼那些来收取旗租的人？ =社书。

知道社书是哪里的吗？ =不知道。

那些社书和来侯家营收取钱粮的社书一样吗？ =不一样。

【雇农】

为了耕种而雇人的农户多吗？ =有七八户左右。

最多大概雇多少人？ =侯全武雇了3个人。

一般都是雇多少人？ =雇一个人的比较多。

在被雇用的那些人里，侯家营的多吗？ =外村人比较多。

一年都被雇用的多吗？ =一般都是这样。

雇用一年的怎么称呼？ =叫“打头的”。

有连着雇用超过一年的吗？ =没有。

没有雇用一年以下的吗？ =有。有只在农忙时雇用一个月的。

那种怎么称呼？ =称作“月工”。

月工很少吗？ =是的。

比如三天在其中一家工作，接下来三天去其他家工作。这种情况有吗？ =有。

那个怎么称呼？ = “半壁儿”。

“半壁儿”多吗？ =村里只有两家雇用“半壁儿”。

打头的雇用月工时，怎么雇用？ =在秋天雇用之前，双方谈妥之后，就可以雇用了。

打头的怎么找月工？ =拜托其他人帮忙找。

难道不是去聚集打头的和月工的固定地点找吗？ =不是。

在这周边，想要做打头的和月工聚集在一个固定的地点，雇主去那个地方寻找雇工。没有这种情况吗？ =没有。

【去满洲务工】

有离开侯家营去其他地方挣钱的吗？ =很多。大部分都是去满洲。

现在大约有几个人去？ =10个人左右。有单身一人去的。也有带上家人一起去的。

带上家人一起去的多吗？ =只有2户。

去满洲一般都是做什么？ =做一些小生意。

做苦力的多吗？ =一个也没有。

去年大概去了多少人？ =只去了2个人。

与之前相比，最近去满洲的人是变多了还是变少了？ =变少了。

从什么时候开始变少的？ =六七年前。

为什么变少了？ =介绍人少，很难进商店务工。

去满洲的人会在满洲住很久吗？ =只有两个人长期在满洲居住。其他都是刚去的，所以我也不是很清楚。

从侯家营去满洲的人当中，在满洲长期居住的人多吗？回村的多吗？ =都待不长。短时间内就回村的很多。

一般多长时间回村？ =两三年左右。

大家都是挣了好多钱回来的吗？ =也不一定。以前这种情况比较多。

【大土地所有者】

从满洲回来的人买地的多吗？ =多。

现在在村子里有很多土地的人中，从满洲挣了很多钱回来的人多吗？ =很多。

村子里有一顷以上的人是从祖上开始就有的吗？ =从祖上开始就有的，只有刘子新一个人。其他的都是到了自己这一代之后买的。侯全武、侯庆昌以前分别只有30亩和10亩。

刘子新也去过满洲吗？ =没有。他小时候学习去了师范学校。

刘子新家是从什么时候搬到村子里来的？ =建村时和其他侯姓的一起来的。

刘子新家以前就有很多土地吗？ =以前有好几顷，分家之后变少了。

刘子新家从前是村子里地最多的吗？ =是的。

之前没有比刘子新家地更多的吗？ =没有。

【救贫】

村子里有生活困难、要从其他家要粮食之类的家庭吗？ =没有。过年的时候，村长都会收钱给村里的寡妇和孤儿。

这种人多吗？ =不多。只有三四户。

他们平时不会去其他家要粮食吗？ =会的。

哪一家都去吗？ =一般都去那些可能会给自己粮食的家里。

那种情况下，为表示感谢，他们会帮给自己粮食的家庭做一些工作吗？ =可能会。但是我觉得那种情况应该不多。因为他们都是一些不能工作的寡妇、老人和孩子。

村里有去其他地方做官的吗？ =有去治安军里的。

过年的时候，村子都会收钱给那些村里贫困的人。那些钱都是从什么样的家庭收取的呢？ =从10户甚至20户有钱人那里收取的。因为不能强制让大家交，所以具体收多少，数额不定。

大家一般都愿意交吗？ =是的。

这种情况从很久以前就有吗？ =是的。因为不这样的话他们一定会饿死的。

5月22日

村落概况 理事者

应答者 侯恩荣

地 点 泥井镇乡政府

【村子的起源】

创建村子的时候，有和侯姓一起迁移来的其他姓氏吗？ =有。

都有哪些姓？ =刘姓和孔姓。

侯姓、刘姓、孔姓中最多的是哪个？＝侯姓最多，接下来是刘姓，孔姓最少。

能确定哪些家是总兵的子孙吗？＝不确定。

总兵也住在村子里吗？＝不清楚，但是据说侯家营是那个总兵创建的。

【租佃——租、典】

从别人那里租地来种叫作什么？＝叫“租”或“典”。

农民一般都用哪个称呼？＝租。

说典大家也都明白吗？＝是的。

农民们也说典吗？＝本村的人都说典，外村的说租。

侯家营的农民一般说典还是说租？＝一般说典。不怎么用租。

租借其他人土地的那些人怎么称呼？＝典地人。

用租的时候怎么说？＝租地人。

把地租出去的那些人怎么称呼？＝叫“租地的地主”或“典地的地主”。

不直接叫“地主”吗？＝这样说大家也都明白。一般都叫典地的地主。

典或租的土地怎么称呼？＝叫租地或典地。典地最常用。

收村子摊款的时候，是向典地的人收取，还是向典地的地主收取？＝典地的地主。

双方各支付一半的村子是在哪里？＝有这样的村子，但是不知道在哪里。听说在村子的东边。

看青费是从典地人那收取，还是从典地的地主那收取？＝从地主那里收取。

因为是作物的看护费，不是从耕种人那里收取吗？＝其他村可能是的。但本村不是。

有地主和典当人各支付一半的吗？＝本村没有，外村有。

哪个地方的村子有这种情况？＝听说过，但是不知道在哪个地方。据说是在村子的东边。

【降雨、水灾】

这一带雨水多吗？＝多。

什么时候下雨比较频繁？＝农历六、七月份的时候。

在那之外的月份不常下雨吗？＝是的。

经常有水灾吗？＝经常有。只有去年没有。

是从哪个河流过来的吗？＝应该是从西边滦河过来的。

水灾第二年的农作物怎么样？＝到了第二年土质会变差。

大概要几年能恢复到原来的土质？＝需要两三年。这个地方沙地很多，所以一旦发生水灾，土地就会变弱。

水灾大概几年发生一次？＝不一定。一旦发生水灾可能连着持续几年，但是连着两年没有的时候也有。

连着两年不发生水灾的情况很少见吗？＝是的。

大概每年都会发生吗？＝是的。只有去年没有发生水灾。

前年怎么样？＝前年虽然发生水灾了，但是程度不算严重。

在你印象中最严重的水灾是什么时候？＝光绪二十年的时候颗粒无收。光绪年间，除此之外，大的水灾还发生过两三次。光绪之后也有过，但是没有比那更严重的了。

有雪和冰雹带来的灾害吗？ =不常有。

【作物的种植顺序】

作物种植和收获的顺序是怎么样的？

如下表所示。

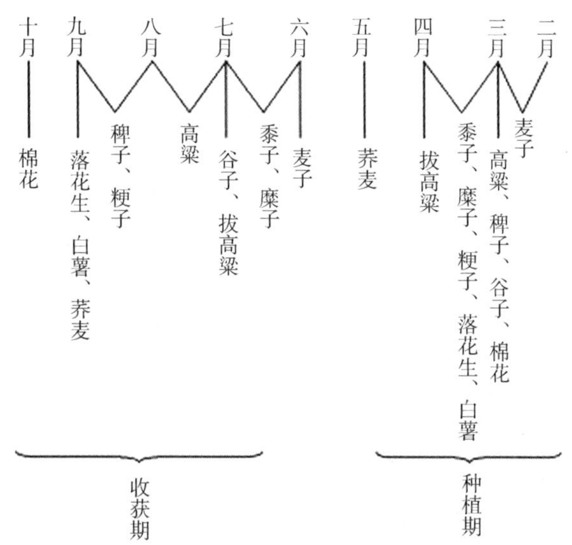

（译者注：从上到下，从右到左文字依次为：

二月麦子

三月——高粱、稗子、谷子、棉花

黍子、糜子、粳子、落花生、白薯种植期

四月——拔高粱

五月——荞麦

六月——麦子

黍子、糜子

七月——谷子、拔高粱

高粱

八月收获期

稗子、粳子

九月——落花生、白薯、荞麦

十月——棉花）

这些作物都是在一块地上混合种植的吗？ =也有这种种植方法。

哪些放在一起种植呢？ =什么都可以。

高粱和什么一起种植呢？ =豆子。一垄豆子，一垄高粱。

稗子呢？ =和豆子一起种植。一垄稗子一垄豆子，或者一垄稗子和豆子交叉着种。

一块土地通常一年可以收获几次农作物？ =一年两次。

【雇农】

拜托找打头的和月工的人是固定的吗？＝不是。

是拜托一般人来找吗？＝是的。

在村子里，大体上拜托给谁，不是固定的吗？＝不是。一般都拜托关系好的人找。

给那个帮忙寻找的人什么谢礼吗？＝一般不会。只是在雇用的期限到了之后，一起吃顿饭。

雇用的人找到带来时不一起吃饭吗？＝不。雇用结束之后才一起吃饭。

【仲裁人】

村子里发生纠纷产生问题时，有一定到场的人吗？＝有的。我就是。

【粗鲁的人】

村子里有因为施暴而被讨厌的人吗？＝没有。

村子里一般什么样的人会成为看青的人？＝那些只有很少土地的人会入会，然后由会里选择合适的人雇用。

“光棍”或“土棍”这样的词知道吗？＝知道。又称为“泥腿”。

说的是什么样的人？＝现在没有了。原来是指恶人。

侯家营也有这样的人吗？＝没有。

从前不是每个村都有吗？＝在西北凤凰山的附近有。

他们也来侯家营附近吗？＝不来。

【村正、村副、闾长】

为村子服务的人怎么称呼？＝村正、村副。

村正、村副从什么时候开始没有的？＝大约10年前左右。

没有村正、村副之后，是谁负责村里的各项事务？＝闾长。

闾长从什么时候开始有的？＝10年前左右。

在保甲制实施之前，由谁来负责？＝乡长。

【乡长】

乡长是什么时候开始有的？＝六七年前。

在那之前，是谁为村子服务？＝在那之前是闾长，再往前是村长和副村长。

乡长是怎么选的？＝村里全体百姓投票，票数最高的推举为乡长。

那个投票制是村民们随意定下来的吗？＝是县里的命令。

保甲制实施前的乡长是谁？＝侯全武。

在给侯全武投票之前，难道不是村里的人们聚在一起商量之后决定的吗？＝不是，是由百姓的意见决定的。

村长在处理村里的事务的时候，什么都是一个人决定的吗？＝不是，是和其他人商讨之后决定的。

和乡长一起商讨的人是固定的吗？＝是的。大体上是村子里德高望重的人。

那样的人侯家营有几个？＝四五个。

他们几个人是谁？＝忘了。可能是保安队的人。

【会头】

不说会头这个词吗？ =从前有会头，但是现在不这样说了。

现在没有会头了吗？ =没有了。原来有，但是现在负责村子里的事务的人不叫会头了。

会头从什么时候开始没有的？ =从十七八年前开始就没有了。

有村长、副村长的时候，没有会头吗？ =有。

闾长的时候还有吗？ =没有了。

【公会】

现在也有公会吗？ =有。比如在雇用看青人的时候，没有公会是不行的。

现在，公会在村子里都做什么工作？ =因为保长一个人处理不了村里的所有事务，所以公会是为了协助保长的工作而存在的。

【十家长】

公会里协助保长工作的人怎么称呼？ =没有名字。但是保长下面还有十家长。

有多少人？ =12 个。

建立公会的人都是谁？ =十家长们。

十家长都是谁？ =和甲长一样。

十家长是从什么时候开始有的？ =和保长是同一时期开始有的。

闾长时代都有谁在公会？ =闾长、副闾长。那之下还有“调查调解”。

公会从很早之前就有吗？ =是的。

村长和副村长时代也有吗？ =是的。

在有村长和副村长之前，是谁来负责村子里的各项事务的？ =会头和地方。地方是隶属于会头下，供会头差遣的。

会头之前由谁来管理村里的事务？ =那之前就不知道了。

在有会头的时候，也有公会吗？ =有。会头就是在公会里工作的。

会头有几个人？ =8 个。

【地方】

地方有几个人？ =我们村原来只有半牌，所以就只有一个地方。

地方都做些什么工作？ =地方受令于会头，村子里有事情的时候，负责通知大家，也负责收钱。有官员从其他县过来的时候，首先到地方那里，把事情拜托给地方。

地方是由谁来选定的？ =是由县指定的。如果那个人不合格的话，也可以由村里向县里提议辞掉。

那个地方是村里的人吗？ =外村的。泥井等地方的。

本村人不行吗？ =也不是不行，只是要被别人使唤，所以没有人想做。

在县里指定地方之前，有村子一方拜托县里指定某个人的吗？ =也有这种情况。但大多都是县里随便指定。

地方在收取村里的费用或决定其他问题时，会和会头商谈吗？ =村里的事情都是会头们一起协商决定的，地方只需要去接受上面的命令就可以了。

也就是说，地方不参与协商，只是负责把会头们的决定转告给大家、做一些收钱之类的工作吗？ = 是的。地方不参与商讨，只负责执行命令就行了。

会给地方报酬吗？ = 会的。表现好的话多给一些，差了就少给一些。

是给钱还是给谷子？ = 给钱。

地方是在村子里住吗？ = 不是，住在自己的村子里。只有在有事的时候才来。

给地方的钱是由村里来出吗？ = 用从村民那里收来的钱支付。

一般给多少？ = 一年十几吊。那时候一斗粟值 2 吊钱。

是给粟吗？ = 不是，给钱。

侯家营的地方只是侯家营一个村子的地方吗？ = 11 个村子一个地方。

摊款也是由地方来收吗？ = 村里的摊款由会头来收，和地方无关。

地方都负责什么样的工作？ = 村子里有纷争或杀人事件的时候，负责报告到县里。

催缴和收取钱粮不是地方的工作吗？ = 和地方无关。

也不催缴钱粮吗？ = 不。那是社书的工作。

地方负责给村民传达消息，那是指什么消息？ = 地方接到县里的命令，通知到会头，然后由会头通知村民。

县里给村里下达命令的时候，县里直接通知会头吗？ = 不是，由地方通知会头。

村里向县里提出什么要求时，是会头直接去吗？ = 是的。

难道不是会头先告知地方，然后地方再传达到县里吗？ = 是的。会头先到地方那里，然后地方再转达到县里。

会头不能直接自己到县里去吗？ = 也可以。

是根据事情来判断是选择通过地方转达，还是自己去提出申请吗？ = 是固定的。

什么样的事情必须要通过地方来传达？ = 杀人和纷争事件必须通过地方来转达。

什么场合是由会头直接去县里？ = 杀人和纷争事件以外的任何事都可以。

为什么地方隶属于会头之下呢？ = 因为地方只是被会头差遣通知各种事情，不能像会头那样在村民之上决定各种事情。

无论什么事都是县里给村里命令吗？ = 是的。

县不会不通过地方直接来吗？ = 不会。

【会头的选拔】

怎样决定由谁来做会头？ = 从村民中选举。只有做事可靠，土地较多的人才有资格选举。

以哪种方式选举？ = 投票决定。也有直接通过商讨决定的。

商讨决定的时候都由谁商讨？ = 一个会头只管理十家，由那十家一起来协商决定。

投票决定和商讨决定哪个是最常用的？ = 商讨决定。管辖的户数本来就不多，投票的比较麻烦。

决定好了要向县里汇报吗？ = 不用。没有那个必要，县里没有会头名单。

【十家】

每十家选一个会头，十家是固定的吗？ = 是的。

没有变过吗？ = 没有。一直以来都是这样。

现在也是十家吗？ =现在不是了。

为什么？ =会头制取消，有了正副村长的时候变的。

知道各个十家分别都有哪些家吗？ =记不清了。

什么样的家会成为一组的十家？ =如果是王姓的话那就是王姓十家为一组、侯姓的话就是侯姓十家为一组。

侯姓人有和其他姓氏的人组成一组十家的吗？ =也有这种情况。

在什么情况下可以这样组合呢？ =一个姓氏的人不够的时候，就和其他姓氏组合在一起。

那种情况是和住的最近的他姓组合在一起吗？ =是的。

同姓、假如只有侯姓人组成一组时，离得远的也会组成一组吗？ =一般都会和邻居组成一组，但是也会有离得远仍旧组成一组的。不过，这种通常本来就是一家，只是分家之后才搬到别处去住的。

【会头的资格】

从十家选会头的时候，除了土地持有的多和工作能力出色之外，与辈分、年纪等有关吗？ =没有。

祖上是会头，子孙也成为会头的情况多吗？ =有倒是有。但是如果子孙没有能力的话，是做不了会头的。

那时候的十家一组和现在的一甲有很大不同吗？ =一样的。

现在组合的一甲还有家离得很远的吗？ =现在没有了。

你的父亲是会头吗？ =是的。

当时的会头都有谁？ =很久之前的事情，记不清了。

还记得在那儿之后都有谁做过会头吗？ =不记得了。

你多大年纪的时候没有了会头？ =大概十四五年前。

会头没有之前，还记得最后一届会头都是谁吗？ =侯荫堂、刘万举、侯显扬、侯宝臣、侯绰然、王指升、侯心一、侯凤昌。

现在他们的子孙都是谁？ =刘万举——刘殿元。侯显扬——侯全武（已死、有一个2岁的儿子）。侯宝臣——侯永立。侯绰然——侯元来。王指升——王义存。侯心一——侯元左。侯凤昌——侯宝文。

上面那些当过会头的人，当时都大概有多少土地？ =刘万举最多，大概有1顷左右。侯显扬也有1顷左右。侯宝臣大概有50亩。侯绰然有20亩。王指升有20亩。

他们的父亲或者祖父也有做过会头的吗？ =有。

比如说都有谁？ =侯荫堂的父亲、刘万举的父亲、侯显扬的父亲、侯宝臣的父亲、侯凤昌的父亲都做过。

【会头的协商】

8个会头中有没有地位最高的会头？ =没有。有事的时候都是一起协商。

无论什么情况8个人都必须聚齐吗？ =是的。集合的信号是撞村子里的钟，钟响时，就在固定的地方集合。

根据情况，不把会头全部召齐，而是只召集其中一部分协商不可以吗？ =特殊情况下，也可以不召齐。

只要是村子里的事，就必须所有人都到场，没有这样的规定吗？ =没有。

没有专门负责召集会头、或去县里等事务的会头吗？ =没有。

与其他村有事情要说的时候，没有固定的会头去吗？ =没有。谁有空谁去。

会头们聚集起来商讨事情的时候，边上有专人负责打杂的吗？ =没有。谁都可以。

【会头的任命】

什么情况下会换届？ =某个会头因为家里的事情很忙，没有时间处理村里事务的时候。或者，长期外出不能回村的情况下会换届。

有规定会头的任期是多久吗？ =没有。由会头自己决定。

如果一个会头辞职，选择来代替他职务的会头时，其他的会头可以来推荐由谁来做会头吗？ =也有会头会这么做。

协商时候，一般是推荐还是不推荐？ =一般都推荐。

其他的会头决定之后，还会和其他十家商讨吗？ =是的，如果那十家不赞同的话，那人是不能做会头的。

有会头做了决定，但遭到十家反对的例子吗？ =实际上是没有的。

会头们都是在哪儿集合商讨？ =在村西头的关帝财神庙。一旦撞击那里的钟，大家都会马上到那里集合。

【会头的报酬】

会头收取一定的报酬吗？ =没有。不要钱的。只是一年请他们吃三顿饭。

三顿是在什么时候？ =第一次是在耕种之前的2月左右；第二次是在6月20日关帝生日的那天；第三次是在9月和10月之间立冬的时候，也就是在结算看青等费用的时候。

只请会头们吃饭吗？ =是的，只有8个会头。但是看青的可以只在立冬的时候加进去。

请客的费用是从村里收取的吗？ =根据地的亩数，从地主人那里收取，比如一亩地收取5钱或者6钱左右。

除此之外，会头还从村子里收取什么东西吗？ =除此之外就没有了，所以谁都不想做会头。

【会头的职务】

会头都负责村子里的什么工作？ =只要是村子里的工作，什么都做。

在村子里收取的摊款，都由会头来决定吗？ =是的。

有不服会头所决定的分摊比例的情况吗？ =因为很公平，所以没有人不服。

村子里发生分家纠纷或边界纠纷的时候，有人过去当仲裁吗？ =会头们会去。

有村内发生纠纷，而会头们不去的情况吗？ =没有。

夫妻吵架的话，也去处理吗？ =那种情况也去的。

除了会头之外，还有仲裁这些纠纷的吗？ =有。

什么样的人呢？ =侯连昆、刘万臣、侯振三等常去。其他人也有偶尔去的。

会头只在自己管辖范围内的十家发生这种纠纷时才会去吗？ =不是，无论哪十家发生纠纷都会去的。

不是8个会头都去吧？ =是的，不一定。

对于会头的仲裁大家都服气吗？ =一般都会听会头的。不听会头的时候，会头会对不听话的人说“随你便，即使是去诉讼，你也会遭到反对”。

有不听会头而去诉讼的吗？ =没有。

这个村子没有人提出过诉讼吗？ =没有。村里没有恶人。

村里分家或举行结婚或葬礼仪式的时候，村民们想要找会头商量的时候，会头会接受吗？ =会。

一般都商讨什么呢？ =分家的时候，关于财产分割问题，有寻求会头给予建议的。不过也有直接和家长商讨，而不去找会头的。

分家的时候，找会头商讨的情况多吗？ =很少。一般都不去的。

什么时候会去找会头协商？ =是因为关系比较亲密，才去找他们商量，并不是因为他们是会头。

结婚或举行葬礼的时候会去请会头吗？ =那时候，也是因为是亲友才请他们去的。

关于种植什么作物或者耕种方法，会头会给予指导吗？ =不会。这些由农户自己决定。因为农民们比会头更清楚自己家的地适合种什么。

关于种植什么样的农作物、或者用什么样的肥料比较好，这些难道公会都不给予推荐吗？ =自己家的土地，想怎么打理是自己家的自由，与公会无关。

一直以来都是这样吗？ =是的。

有因为处理不好村子里的工作，而被辞掉的会头吗？ =没有。因为凡事都是大家一起商量着来做的，所以即使结果不理想，责任也是大家一起承担。

有因为会头做了什么坏事而被辞掉的吗？ =没有。

即使会头做坏事也无计可施吗？ =假如一个会头不好，其他的会头会对他进行监督，当然也可以辞掉他，但是没有过这种先例。

这个村里都给作物施用什么肥料？ =一般都使用猪粪，不过也有使用从满洲拉过来的粪肥的。

【地方的工作】

地方一般都传达县里的什么命令？ =如果县里有布告的话，地方会负责布告的内容。另外也负责收取“差钱”。

差钱是什么？ =根据地的亩数来收集的钱粮。

钱粮不是由社书来收取的吗？ =是的。

那么地方收取的钱粮是什么？ =钱粮是由社书收取的，地方只是负责传达通知。

钱粮和差钱难道不一样吗？ =一样。

除了钱粮之外地方收取什么钱吗？ =没有。

除了钱粮之外的县的摊款等由谁来收取？ =由会头收取，通过地方缴纳到县里。地方不会直接收取。

向县里上交车、东西等也是地方去吗？ =是的。

直接将车、东西等拿到县里吗？ =有从村子里直接拿到县里，也有拜托地方领着村民一起去的。

县里的摊款必须要通过地方交到县里去吗？ =可以通过地方交到县里，也可以直接交到县里。

一般都选择哪种方式？ =拜托地方交过去的比较多。

除了地方之外没有供会头差遣的人了吗？ =还有夏天的看青的和冬天的打更的。

除此之外没有了吗？ =没有了。

村子里没有勤杂人员之类的了吗？ =没有。

【公会先生】

从会头当中雇用了管理账簿的人吗？ =有固定的一个人管理。

规定由谁来保管从村子里收取的摊款？ =由管理账簿的人来保管。因为都是在需要的时候临时征收的，所以一般数额都不多。

一般都怎么称呼那个管理账簿的会头？ = "公会先生"，有时候也称"账房先生"。如果账房先生那年非常忙的话，多少会有一些报酬，但是其他的会头不会给。

一般大概能领取多少报酬？ =一年一般30吊左右。

【公会】

把会头聚集起来的协商会议叫什么？ = "议事""会议"。一般都叫"公会"。

公会什么时候召开，有固定的时间吗？ =没有。有事情的时候临时召开。

如果即使没有事情，一年中有会头一定要聚齐的时候吗？ =上述说过的那三次一定会聚齐。

【公会的决议】

8个会头不聚齐，也可以商讨并决定村子里的事情吗？ =即使有一两个人不出席也可以。

缺席的人有对商讨的结果表示反对的吗？ =没有。

如果有异议了怎么办？ =因为没有过这样的先例，所以不清楚。

如果8个人中只有4个人出席，也可以做决定吗？ =平时即使只有4个人也可以做决定，但是上述讲到的那三次必须得全部到场。

如果那三次的时候，发生了无论如何也不能到场的事情怎么办？ =那没办法，只能不到场了。

村子里协商事情的时候，有因为到场的会头太少，而不能决定的情况吗？ =如果是特别急的事的话，一两个人做决定就可以了。如果是一般的事情的话，通常是等个四五天，召集的人多了再决定。

聚集的会头之间，如果因为意见相左而不统一的时候怎么办？ =那就听取多数人的意见。

一般多少人赞成才能称为多数？ =不一定。以其中多数人的意见为准。

如果意见双方人数各占一半，该怎么办？ =那就接着商讨，选取比较好的那个。

即使赞成的只多一个人，这时候也叫多数吗？ =是的。

因为就多一个人，就以那个意见为准的情况普遍吗？ =是的。大家都是成人了，也都不怎么有意见。

会头聚集起来商讨的时候，如果其中有一个人特别强调自己的意见，其他人一般都赞同吗？ =一般都是这样。

那个提出意见的会头总是做决定吗？ =不是。有意见的可以提出。

公会决定的什么事情，大体上是确定的吗？ =只要有事，什么事都可以开会商讨。

【村民会议】

有把一般的村民聚集起来协商的吗？ =村里的事情因为有公会，所以不会召集村民协商。如果有村民这么做，会被村里的人认为是恶人，而遭到讨厌的。

有会头召集村民商讨问题的吗？ =一般不会。如果有什么特别的事情可能也会这么做。

有过这种先例吗？ =实际上是没有的。

【董事】

董事是什么？ =董事就是会头。

会头都是董事吗？ =是的。

会头和董事，一般哪个称呼用的比较多？ =董事。

董事和会头哪个是从很早就有的？ =会头比较古老一些。

在有董事之前，就有会头了吗？ =不知道。

不称会头为会首吗？ =不常说。

也有叫会首的吗？ =没有。

知道会首这个词吗？ =懂是，懂得的，只是不这么说。

【村正、村副】

村正、村副是从会头里选出来的吗？ =是的。

即使是村正、村副在的时候，会头也得在场吗？ =是的。很多事情都是由村正做决定的，会头没什么权利。

怎么选村正、村副的？ =县里命令选来的。

村长是怎么决定的？ =选举。

【选举】

由谁来选举的？ =村里的百姓。

所有人都参与吗？ =也有不参与的。不想参与的人不参与也行。

一点土地也没有，或者只有一点土地的人，不能参加选举吗？ =只要是村民都可以参加选举，和持有土地的多少无关。

一户几个人参加？ =原则上规定一户一个人。

如果不是户主是不能参选的吗？ =是的。

如果说户主是女人的话怎么办？ =那种情况的话，就是那个女人拜托别人帮忙选举谁谁。

除了女人的丈夫之外，也可以拜托别人帮忙选举吗？＝可以。

是投票选举吗？＝是的。

投票人的名字也写上吗？＝本人的名字不写。

难道不是选举前，由会头们先推荐一个，然后传达给村民们吗？＝不是。

会在村民之间游说，说选举谁比较好吗？＝不会。不能这样做。

5月23日

理事者　裁判

应答者　侯恩荣

地　点　泥井镇乡政府

【投票】

你做副村长的时候是经投票选举的吗？＝是的。

那时候除了你之外，还有被投票选举的吗？＝刘子新。那个人成了村长，我是副村长。

除了你和刘子新之外，那时候还有被投票选举的吗？＝有。

有很多吗？＝是的。

那时候参与投票的大概有多少人？＝有100个左右。

其中，你和刘子新大概都有多少票？＝刘子新有20票，我有15票左右。

除了你和刘子新之外，都有哪些人被投票？＝有十几个人。

那时候参与投票的，大概有多少人？＝超过100个。

那时候，侯荫堂大概有多少票？＝30票左右。

除了侯荫堂之外，还有几个人被投票选举？＝10个人左右。

【地方】

地方大概到什么时候废除的？＝大概到民国十年左右开始没有的。

为什么没有了？＝因为有了警察。

地方是因为县里的命令才有的吗？＝是的。

什么时候开始有的？＝很久以前就有了。从自己记事开始就有了。供县里差遣，从百姓那里收取报酬。

【牌的相互援助】

牌是什么？＝很久之前就有牌这个称呼了，自己村和邻村11个村是半牌，20个村以上才能称为一个牌。

什么时候开始有牌的？＝很久很久之前，在我们小的时候就有了，什么时候开始的不知道。

牌是为了做什么事情而出现的？＝牌是为了村与村之间能够相互援助而出现的。我们这半牌雇用一个人，如果有和地方有关的事情的话，11 个村平均出钱等。

与地方的事情，牌的成员之间相互援助，那都是些什么事情？ = 大体上都是村子和地方有关的事情。

村子和地方之间有关的事情是什么事情？ = 村民之间发生纠纷（打架）、诉讼（打官司）、通知（传命）、死人（死倒）等事情的报告。

这种时候，半牌中村与村之间的人们相互帮助的事情是什么？ = 当半牌中的某一个村子需要钱的时候，例如死人的时候，在地方向县里汇报过程中，花费的旅费、县里尸检花费的费用、买棺材的费用等，这些都是由半牌成员之间均摊。

打架、打官司、传命的时候，不需要村与村之间的相互援助吗？ = 各村的事情自己解决，村与村不需要直接联系。只需要通知地方就可以了。

属于牌之中的村与村之间，除了这之外还有相互援助的事例吗？ = 有盗贼的时候撞钟，其他村听到钟声会来援助。

除此之外就没有了吗？ = 没有了。

作物的看护等，不是共同完成吗？ = 不是。自己村负责自己村的。

同属于半牌的村子会聚集起来商量什么事情吗？ = 会。但不是所有村民，只有会头、村长、乡长出席。

发生什么事情的时候，会聚集起来协商呢？ = 例如，县里的公职人员悄悄到村里来取缔赌博时，赌博的村民逃跑了，但是却逮捕了没有参与赌博的善良村民。于是村与村会聚集在一起，担保那个村民是善良的，并要求释放。

除此之外，还在什么情况下聚集起来呢？ = 明明是善良的人，却被当作盗贼抓起来的时候，大家会聚集起来，要求释放该村民。或者说，发生死人事件的时候，大家也会聚集起来协商处理办法。

上面所述时间中，不能只有一个村子来担保那个善良的村民吗？ = 也有这种情况，但是因为有过因只有一个村子力量太小、而没有成功的先例，所以一般都是村子互相结合起来做担保。

打更的也是半牌里的村子之间共同的吗？ = 不是，各村负责各村。

半牌里的村子发生水灾等的时候，有联合起来要求免税、延期、减税之类的吗？ = 有。

有过这种先例吗？ = 有。

有过几次？ = 我知道的有两次。

像这种联络联合起来的，只是那些属于半牌之中的村子吗？ = 是的。

难道不能半牌和半牌之间合成一个牌，然后由属于一个牌中的村与村之间联络互相援助吗？ = 很少。只有县里要求以一个牌为单位来收取摊款的时候，才会合成一个牌。

各个牌有属于自己的名字吗？ = 只称牌没有名字。这附近有 6 个牌，东边有 3 个西边有 3 个。东边的称为东三牌，西边的叫西三牌。

评判东西的标准是什么？ = 以赵家港开始到南海为标准。

东三牌中的牌之间没有名字吗？ = 没有。

现在也有牌这个名字吗？ = 有。

【牌的征税】

现在的牌是为了什么而存在的呢？＝为什么不知道，但是要交钱的时候（也就是“花销”的时候）是很必要的。

为什么交钱的时候需要呢？＝因为如果没有牌的话，县里来收钱的时候，只能一个村子一个村子的去收。非常不方便，所以都是每个牌汇总好交上。

现在县里收钱的时候，也是要求每个牌汇总好交上吗？＝是的。

是每半牌或每一牌汇总缴纳吗？＝每半牌都会有一个地方，地方传达县里每半牌为一个单位缴纳的命令。

现在没有地方了，也是这样吗？＝现在虽然没有地方了，但是有警察，所以还是这样的规定。

每半牌把钱全部汇集起来交给其中一个人，然后由那个人交上去吗？＝是的。

有地方的时候是直接交给地方吗？＝是的。

是每个村子收集的钱分别交给地方，还是11个村子收的钱汇集起来再交给地方？＝是由各个村子分别交给地方。

有过由11个村子汇集起来一起交给地方的情况吗？＝也有这种情况。

哪个比较普遍？＝各个村子分别交给地方。

什么时候才由11个村子汇集起来一起交给地方？＝不这样的。

每个村子都集合起来交到县里的钱是什么钱？＝无论什么钱都是这样。

钱粮怎么办？＝那由百姓自己缴纳。

除了钱粮之外，所有的钱都是以村子为单位缴纳吗？＝是的。

村子里收的交给县里的钱叫什么？＝“花销”。

不叫差钱吗？＝不叫。和差钱不一样。

差钱是什么？＝地丁银。

地丁银是什么？＝是县里根据百姓各自持有的土地的亩数征收的钱粮。

地方没有了，那么村子里征收的钱交给谁？＝警察。现在是交给乡政府。

交给警察中的哪个人？＝负责土地工作的警察，也就是交给“班头”。

是班头来收，还是村子里的人送过去？＝送过去。

一个牌必须分成半个牌、半个牌的去交吗？＝必须分成两个半牌。现在的一个大乡就是原来的一个牌。

属于半牌中的所有村子是把交的钱均摊吗？＝是的。

【半个庄、一个庄】

大小村都是交相同的数额吗？＝根据村的大小而有所不同，小村按照一个村的一半，即半个村来对待。

一个庄还是半个庄是由户数来决定的吗？＝是由人口来决定的。

即使人口很多，但是村民所持有的土地很少，这样也是可以的吗？＝是的。因为土地的主人经常改变，所以不能以此为标准。即使是半庄的话，也有5厘或6厘的差别。

5厘、6厘是以什么为基准来判断的呢？＝是以“银”为基准判断的。

由“银”来决定的事情是指什么？ =就是由村民们缴纳的钱粮的数额。

侯家营有几厘？ =5 厘。在自己所属半牌内的村子都是 5 厘。

【牌头】

半牌没有领头的吗？ =没有。

知道牌头这个词吗？ =知道什么意思，但是没有牌头。因为如果设立牌头的话必须要支付报酬，所以就没有设立。

有设立牌头的地方吗？ =昌黎县没有，但是满洲有。

【上眼皮】

县里没有下过让设立牌头的命令吗？ =没有。农民们把地位比他们高的人叫作上眼皮。

会头、村长等也被村民们称作“上眼皮”吗？ =是的。

上眼皮是什么意思？ =地位在人上，支配他人的意思。并不是很好的词。希望你不要把这个词记录下来。

【十家】

十家一组选举一个会头是从什么时候开始有的？ =从创立村子开始就有了。因为修改要花钱，所以一直没有修改。

为什么修改要花钱呢？ =因为如果改革的话，可能会增加村里的工作人员，所以一直没有这么做。

由哪十家组成一组，是从很早之前就定下来了吗？ =是的。

以前确定为一组的那些家都是什么关系？ =没什么关系。只是收钱的时候，由那组的会头来收集罢了。

同是一组的家与家之间的关系，会比与其他组的家之间的关系更亲密吗？ =都是同一个村的，没什么差别。而且如果一家分家了，也有可能会归属到其他会头的管辖范围内，所以不会因为是一组的就特别亲密。

农忙的时候，同一组的组员之间相互帮忙、互借牛、工具等会比其他组的多一些吗？ =不一定。

原来的时候，没有只由血缘关系近的十家组成一组的吗？ =没有。

【侯姓的三大门】

侯姓同族之间有再细分为几个部分吗？ =有的。

分为几部分？ =被分成三部分，称为三大门。

为什么要分开？ =因为祖先有 3 个儿子，他们在祖先去世之后分家了。

各门有其他的称呼吗？ =叫大一门、二一门、三一门。

哪个家属于哪一门，现在也还清楚吗？ =清楚。

各个门没有再划分开吗？ =有的。我（侯恩荣）所属的三一门，分为三个小门。其他门没有分开。

三一门为什么又划分开？ =根据坟墓来划分的，但是原因不详。

那些划分的小门有什么特别的称呼吗？ =都叫小三股三一门。这是与原来的三一门相对而言的，而开始的三一门与这个相反，叫老三一门。

有会头时候的十家一组，属于大一门的家和属于二一门之家的家等有成为一组的时候吗？＝有。大一门的也不一定只和属于大一门的家成为一组。怎么方便怎么分组。

虽说怎么方便怎么分，但是什么叫方便？＝近邻之间互成一组。

现在甲的组合和原来十家的组合一样吗？＝大体相同。

村民有什么困难解决不了时，会去找会头帮忙吗？＝如果会头解决得了的话，就去找会头，否则就不去。

【公会的多数表决】

有公会的时候，在公会商讨决定村子里的事情，以多数票来决定的情况下，怎么判断那是不是多数呢？＝采纳在场的多数人赞同的意见。

怎么判断都有谁赞同那个意见呢？＝大家都是直接表述的，所以结果很清楚。

不用举手或投票表决之类的吗？＝也有举手表决的，但是没有投票表决过。

一般哪种情况比较多？＝直接表述意见的比较多。

【会上、庄中会】

公会也叫作会上、庄中会等吗？＝也可以叫庄中会、庄会、会上等。

上述三种哪种用的比较多？＝会上用的比较多。

有和牌相关叫作堡的词吗？＝和庄一样，只是不常用。比如侯家营就叫作庄不叫作堡。

【保正】

知道保正这个词吗？＝知道。和地方一样。

保正从什么时候开始没有的？＝和地方一样。

有地方的时候也有保正吗？＝有，但是本村没有做保正的。是由外村的保正来管理。保正只是在有杀人事件，县里来人处理的时候，在旁边打杂而已。其他并没有别的工作要做。

除了有地方还有保正吗？＝是的。

如上所述，保正负责打理事务，打理什么事务呢？＝也就只是负责“搭棚”。

保正也从村子里领取报酬吗？＝是的。

一般收取多少？＝我们村是一年支付2吊。

保正是管辖几个村庄吗？＝东三牌由一个保正管辖。

由谁来做保正，是由县里决定还是由村里决定？＝由县里来决定。如果县里不规定的话，村子里是不会设置这个职位的。只是白花钱而已。

有会头的时候，有隶属于会头下负责打杂的人吗？＝没有，会头自己就可以把工作做好了。再雇人也要花钱的。

看青的、打更的等，他们当时只是负责看护作物和值夜，不负责村子里的杂务吗？＝偶尔可以拜托他们做一些杂务，但是不能经常那样。

村正、村副必须要选举决定吗？＝是的。但是会头不用。

【会头的选拔】

会头是怎么决定的？＝会头想要离任时，会推荐其他人做会头。如果推荐不了的话，那十家是不会承认会头的离任的。因为会头既没有报酬又比较繁忙，所以谁都不想做。

那种时候，不用和所属于自己十家内的成员商量吗？ =要离任的会头直接推荐替换的会头上任。

【村正、村副的选举、离任】

选举村正和村副的时候，是在一张纸上写上由某某××来做村正，××做村副吗？ =一张纸上只写一个人的名字。

那要怎么决定由谁来做村正和村副呢？ =收集选票，票数最高的做村正；接下来的做村副。

村正和村副是同时选举吗？ =有同时选举的，也有分开选举的。

村正和村副的任期是确定的吗？ =不确定。因为工作做得不好被辞掉的情况也有，自己离职不做的也有。如果被选举上了必须要向官报告，领取委任状。

有因为工作做得不好而被辞掉的先例吗？ =有。

由谁来辞退？ =村民会投官，然后由官家来解聘。

这样的情况什么时候发生过？ =10 年前发生过一次。乡长侯大生被解聘。

为什么被解聘了呢？ =因为账目不明，被解聘了。

是村民们向村里提出告诉的吗？ =是的。

村副难道不是村正自己选的吗？ =那样是不被允许的。村正和村副都是必须得通过选举才能上任的。

【董事】

有村正和村副的时候，还有其他管理村子里事务的吗？ =还有村正提供帮助，就和现在的甲长援助保长一样。

村正、村副以下，除了董事以外没有其他人了吗？ =没有。

没有比如记账、传达村正、村副命令之类的人吗？ =没有。

没有类似与司账、勤杂工之类的人吗？ =没有什么事情，所以没有勤杂工。账簿由村正和村副来记。

有村正和村副的时候有几个董事？ =8 个。

村正和村副也是董事中的一员吗？ =不是。村正和村副被称为村子里的政人。

有村正和村副的时候，也是十家有一个董事吗？ =是的。

由谁来做董事不是由村正和村副来决定的吗？ =不是。

村正和村副会提前向十家的成员们推荐选谁做董事比较好吗？ =不常有这种情况。如果有董事不合格可以由村正解聘那个董事。

有被村正解聘的董事吗？ =有。我做村副的时候，有一个穷人董事，因为做了董事想要多分一些土地，被我解聘了。但是一般有钱人都不想要做董事。

选举村正、村副的时候，被推选的董事们会提前和村民们商量说，由××人来做村正、村副比较好吗？ =不可以这样做。因为如果董事是恶人的话，那么也会推荐恶人做村正。那么大家都会很困惑的，所以这种情况是不被允许的。

村副都担任什么工作？ =村正不在村子里的时候由村副代理。

那么村正在的时候，难道村副什么都不做吗？＝有事的话，村正会和村副相互协商。而且两个人的话，可以起到相互监督的作用，如果其中一个不称职，那么另一个可以向官提出告诉。

【村正、村副的资格】

即使只有很少的土地也可以参与选举吗？＝这与土地的多少无关，一旦被选上就可以任职。

但是实际上，被选上村正和村副的，不正是那些持有土地比较多的人吗？＝是的。除了持有土地之外，还必须得有能力又诚实可靠。

还记得都由谁做过村正吗？＝（1）侯荫堂。当时大概有七八十亩地左右。（2）侯荣宽。有二三十亩。现在还在世。（3）侯心如。当时大概有六七十亩地。现在还在世。（4）刘子新。当时有1顷以上的土地。现在是保长。（5）侯大生。当时有七八十亩地。现在仍在世。（6）侯全武。当时有七八十亩地。已经去世，有一个只有1岁的儿子。他是村子里最后的村正，那之后就是乡长了。

成为村副的人是谁？＝最初是没有村副的，从刘子新做村正的时候，才开始有村副。侯恩荣（当时有1顷以上的土地）是最后一个，也就是说，直到保甲制开始实施，做了20年的村副。因此只有侯恩荣一个人做过村副。

【村正、村副的职务、权限】

村正和村副的工作是什么？＝打架仲裁、管理看青的、打更的人，以村正的名义写买卖土地的文书。其他所有和村子有关的事情都和村正有关。

这些事情都是村正和村副来自由决定吗？＝是的。

不和董事们协商吗？＝不常。即使是诉讼的时候，也是官随意叫上村正或村副询问罢了。

都有哪些事情会和董事们商量？＝在缴纳差钱的时候，会叫上董事们一起协商应当收取的比例。

除此之外，就没有和董事们协商的事情了吗？＝在雇用看青的或打更的时，会和董事们一起商量。还有就是村子里突然发生骚乱等时，也会叫上董事们，一起讨论应对措施。

不用和董事们讨论，只有村正和村副就能做的村里的工作是什么？＝除了上面提到的大事之外，其他的小事都可以。

比如说都有什么样的事情？＝庙附近的坑里莲藕的管理、哪里有个茅草屋需要打理、接济穷人、对盗贼的处分等。

【犯人的处分】

对待盗贼采取什么样的处罚措施？＝盗贼的处罚都是和董事一起讨论。

不同的盗贼都采取什么样的惩罚措施？＝如果是情节比较轻的话，会揍他一顿，然后放他回家，但是如果是情节比较严重的话，会送到县里处理。

什么样的叫情节比较轻的呢？＝只偷一点点的时候。

无论偷什么都是这样吗？＝躲过看青人的看护偷一些高粱、从别人家偷一点高粱之类的，属于情节比较轻的。

无论是本村人还是外村人，都是采取一样的惩罚措施吗？ =是的。

本村人偷的话，难道不会惩罚的稍微轻一些吗？ =不会，都是一样。

即使是本村人也会送到县里处理吗？ =是的。

有过这样的先例吗？ =之前有过。

有除了偷盗之外，做坏事在村子里被惩罚的吗？ =有。

都是什么样的情况？ =放火、害人、通奸、强奸。

放火的时候怎样处置？ =送官。因为没有殴打人的权利，所以送官的时候不能殴打。

那么害人的时候呢？ =杀人或造成重伤的时候，会送官处理，轻伤的时候，会采取仲裁。但是如果仲裁不顺利，也会送官处理。

强奸的时候怎么处理呢？ =强奸幼女和寡妇的时候，送官处理。强奸别人的妻子的时候，由村民和那女人的丈夫对其殴打。

如果是通奸的时候呢？ =因为是两个人你情我愿的事情，所以构不成犯罪。但是女人的丈夫有殴打他们两个的情况，也有不殴打的情况。村民则不会参与殴打。

发现上述犯罪的时候，送罪犯见官、参与殴打的村民这些都由谁来决定？ =由村正和村副来决定。如果被害人和加害人协商顺利的话，会拜托村正、村副帮忙解决。

这种情况下会找董事协商吗？ =也和董事一起协商处理。因为将罪犯送官时是需要一定的费用的，这必须从村子里征收，所以必须得找董事一起讨论。

由谁来殴打做了坏事的人？ =不管是谁，只要收到村正的命令，就由他来打。村正自己也有参与殴打的时候。进庙里之前谁都可以参与殴打，但进入庙里后，除了村正、村副、董事或是村正命令的人，其他人是不能参与殴打的。

是在庙里殴打吗？ =一般是在庙里进行，打完之后就不能送官了。

有在庙外殴打的情况吗？ =在去庙的路上，有用手打的。

代表村子进行殴打，必须要在庙里进行吗？ =是的。

哪个地方的庙？ =老爷和财神庙（原来小学的旧址）。

在庙里打的时候，都用什么来打？ =有用手的、也有用棍子和柳条来打的。

都在什么时候不一样？ =抓住坏人之后，首先用手来打；如果不招供的话，换柳条打；如果还不招供的话，就不打了。用棍子打的情况很少。

用棍子来打，是最重的惩罚吗？ =一般不用。因为一旦用棍打的话就会受伤。这时候，即使是送到县里，县里也不会受理了。

有打过之后又送到县里的情况吗？ =用手或柳条打的情况下，都是情节比较轻的犯罪，所以不会送到县里。

进入庙里之前，村民们不能用手以外的东西打人吗？ =不能。

在庙里，由谁来决定用哪种殴打方式？ =由正副村长和董事来决定。

一旦在庙里被殴打过后出来，村民们还能再对其进行殴打吗？ =不能。

在庙里用手或柳条进行殴打的时候，都打在哪里？ =用手的时候是肩膀，柳条的时候是肩膀和屁股，除此之外的地方不会打。

是脱光打吗？ =穿着衣服打。打多少下不固定。

在村子里打的时候，村民们都会来看吗？ =会的。

村正会对来看的村民说，被打的人做了什么坏事吗？ =是的。

在什么地方通知？ =在庙里。因为小偷也有很多种，如果是穷人的话，村民们会同情他，稍微处罚一下就让他回去了。但是如果不是穷人，就会受到很重的惩罚。

在庙里惩罚恶人的时候，会提前通知村民们吗？ =不会。

每次惩罚做了坏事的人的时候，村子里有什么规则吗？ =没有。都是视情况而定。

没有大体上的规定吗？ =没有。因为情况会有变化嘛。

即使是在村正制度成立之前的董事时期也是这样吗？ =一样的，即使是村子里工作人员的职务名字变了，风俗习惯是不会改变的。

现在也是这样吗？ =是的。

殴打做了坏事的人这种事，一年大概有几次？ =有一年一两次的，也有一年一次也没有的。大家都很善良。

去年有吗？ =没有。

【村正、村副和董事】

决定和收取村子里费用的征收比例的，只是村正和村副来做吗？ =那时候就必须和会头一起来做这个事情了。因为需要会头来收钱，所以必须通知会头。

有村正和村副的时候，有事情要和董事讨论的时候，在哪里集合？ =庙里。

经常聚集起来讨论事情吗？ =一般不会。一个月也就一次左右。

把大家聚集起来举行的会议要怎么称呼？ =公会。

如果公会的时候大家意见有分歧，是村正和村副的意见比较重要吗？ =不一定。

村正和村副的职位比董事高吗？ =因为董事没有县里发委任状，而村正有，所以村正职位比较高。

村正和村副比董事更受村民们的尊敬吗？ =对于村民们来说都一样。

村正、村副、董事出席葬礼、婚礼等时，相较于普通的村民会坐上席吗？ =坐上席。

村正、村副、董事谁坐上席？ =由辈分和年龄决定。

如果是他姓的话要怎么办？ =即使是他姓之间，也是能分得清辈分的。

村民们一般都怎么称呼村正、村副、董事？ =按辈分来称呼。不会称呼村正、村副。叔父、哥哥之类的。

村民之间相互称呼的时候不叫名字吗？ =长辈称晚辈时用名字，但是晚辈称呼长辈时按辈分。

他姓之间也是这样吗？ =是的。

假如刘姓的人称呼侯姓的人时，也是叫叔父或哥哥之类的吗？ =是的。

那种关系不叫作“街坊的辈”吗？ =那种事即使说了也不明白。

村正、村副、董事聚集起来讨论事情的时候，也是少数服从多数吗？ =是的。

两个意见各占一半的时候，以赞成村子一方的意见为最终结果吗？ =是的。

有过这样的先例吗？ =没有。

一般情况下，董事都会赞成村正的意见吗？ =村正提出的建议，一般都是赞同的。

意见稍微有些相左时，也是会赞同的吗？ =是的。

董事们多少还是会顾及一下村正和村副的面子的是吗？ =是的。

成为村正和村副的一般都是村子里数一数二的有钱人吗？ =是的。

【村正、村副的选举】

选举村正和村副的时候，有自荐想要做村正或村副的村民吗？ =没有。

村子里会有那么一两个人，在村子里游说选举谁谁为村正比较好吗？ =没有。

难道村民之间没有商量把票投给某个人这样的事情吗？ =没有。有的话是不被允许的。不过私下偷偷的讨论就另当别论了。

和其他村子有事情需要交涉时，村正村副或董事会出面吗？ =村正出面。董事没有出席的必要。村正村副没空的时候，会派一两个董事出面。

村正和村副从什么时候开始没有的？ =我六十几岁的时候辞掉了村副一职，所以大概15 年前左右吧。

【乡长、闾长】

什么取代了村正？ =乡长。

闾长没有出现吗？ =闾长是和乡长一同出现的。

取代正副村长制度，实施乡长、闾长制是县里的命令吗？ =是的。和乡长、闾长一同设立的还有“监察员”和“调解”。

除此之外没有其他的了吗？ =没有。

【乡丁】

没有“乡丁”吗？ =有。

乡丁也是从那个时候才开始有的吗？ =是的。有乡丁之后，从百姓那里收取附加金。在那之前学校是学校，村子是村子，并没有什么关系。

之前学校都是怎么经营的？ =之前都是依靠从商店讨来的布施（写钱）来经营学校。

乡成立以后怎么办的？ =根据持有土地的亩数，从百姓那里征收经费？

之前都是从哪里的商店来讨钱的？ =那时候，都是拜托那些在满洲的奉天或锦州开商店的村民给钱。

【乡长】

乡长是做什么工作的？ =统管村子里的一切事务，和原来的村长一样。

乡长是怎么决定的？ =选举。投票表决。有县里给的委任状。

各个村子都有乡长吗？ =是的。

仅仅一个侯家营也能成为一个乡吗？ =和赵家港合并成一个乡了。侯家营只是半个乡。

乡长是侯家营和赵家港各一个吗？ =侯家营的是正乡长，赵家港的是副乡长。只是名字不一样，乡长还是只负责侯家营的事务，副乡长只负责赵家港的事务。

选举正乡长的时候，赵家港的村民也参与投票吗？ =选举侯家营的为正乡长，赵家港的为副乡长。

这是县里的命令吗？ =是的。

县里通知说，让两个村子的村民一起选举正副乡长的吗？ =县里没有说什么，只是说让把村长换成乡长罢了。

只从侯家营选出正乡长，从赵家港选出副乡长，这事是两村的人们自己决定的吗？ =是的。村与村决定的。

【闾长】

闾长是做什么工作的？ =闾长也是负责会里的工作的。

闾长是隶属于乡长下面的吗？ =是的。

侯家营有一个闾长吗？ =是的。

一个村子一个吗？ =是的。闾长也就一两年就没有了。

赵家港也有一个闾长吗？ =没有。

闾长是怎么出现的？ =上级命令。

闾长是由谁来定的？ =由全村的人来讨论决定的。

不用选举吗？ =不用。村民们对董事中的一个人说，你来做闾长好了，然后那个董事就做闾长了。

是谁？ =孔子明。有10亩地，有能力。现在是副乡长。

村民们都说，你来做闾长吧。难道是村民们都聚集在一起的吗？ =是的。

为什么是在大家都聚集起来的时候决定了呢？ =选举乡长的时候，大家都觉得闾长没必要选举了，所以当时直接就那么定下来了。

闾长都是负责会里的什么工作？ =只是一个名义上的闾长，并不需要做什么事情。

闾长原来是为了什么而设立的呢？ =县里的命令说是让辅助乡长而设立的，但是实际上闾长什么工作都没有做。

那闾长为什么没有了？ =既没有委任状又不工作，所以就取消了。

是谁取消了？ =不知道什么时候，闾长本人辞职了。

不是县里让他辞职的吗？ =不是。

【监察员】

监察员是做什么的？ =是为了检查乡长的账面、监督乡长的工作而设立的。

谁做了监察员？ =侯荫堂。在保长成立之前都是他。

由谁来定的？ =接到由县里发来的让设立监察员的命令之后，由村民投票决定的。

监察员直到什么时候还有？ =到保长成立之前。

【调解】

调解是做什么工作的？ =有纷争的时候负责仲裁的人。也有想要到县里起诉，但是经过那个人的仲裁而解决的。

谁是最先成为仲裁的人？ =不知道。只是名义上的，即使有纷争的时候那人也不去，所以没有人知道。

调解是由谁来任命的？ =县里将命令下达给乡长，由乡长指定。

侯家营没有过调解吗？ =因为有人能做到很好的仲裁，所以没必要调解。

赵家港也有监察员吗？ =不知道。

【董事】

有乡长的时候已经有董事了吗？ =是的。

有几个人？ =8 个人左右。之后也开始逐渐减少。

乡长从什么时候开始没有的？ =大约在民国二十九年秋天，有保长的时候。

保长马上要设立之前有几个董事？ =8 个。

乡长不是董事吗？ =不是。

最开始成为乡长的人是谁？ =侯大生，接下来是侯全武。那之后就有保长了。

马上要有保长之前的董事都有谁？ =那时候董事都是半年或一年一换的，所以具体不清楚。最后董事在村子里的地位变低了，所以百姓们都不是很清楚。

乡长在处理村子里的工作的时候，会找董事商量吗？ =不会。

一点也不吗？ =一点也不。即使想要一起讨论，董事们也不会来。

为什么不来？ =即使是出席了，也会因为意见拙劣而不被采纳，所以就不再出席了。

董事即使是提出建议，乡长也不会采纳吗？ =是的。

乡长在处理村子里的事务的时候，是一个人自由决定吗？ =是的。但是成绩很出色。

和谁都不商量吗？ =是的。

也不和监察员商量吗？ =到了后来，就不再商量了。

也不和乡丁商量吗？ =乡丁只是打杂的，所以不会找他商量。

乡丁是由谁来任命的？ =由乡长决定。

谁做乡丁？ =在保长没有换之前，是侯治群。换了保长之后，由侯瑞和做乡丁。

对于看青的、打更的人的管理，莲坑的管理，村里费用的收取比例，都是乡长一个人自由决定的吗？ =是的。

由谁来收取村费？ =乡丁和书记。

董事不参与收取吗？ =不参与。

书记是什么？ =管理账簿的。

由谁任命的？ =乡长。

是谁来做书记？ =侯治存（直到乡长没有之前都是他）。

一年请董事们吃三次饭，这个习惯到什么时候开始没有的？ =现在还有。

都谁出席？ =保长、甲长、乡长。

有村正和村副的时候呢？ =村正、村副、董事。

有乡长的时候呢？ =乡长、董事、乡丁、看青的（只有春秋两季）、书记。

乡长的报酬是多少？ =不收取报酬。

监察员呢？ =也没有。

乡丁呢？ =有。大概一个月有十五六元。

书记呢？ =15 元。

5月24日

村里的理事者 治安 维持财政

应答者 侯恩荣

地 点 泥井镇乡政府

【十家】

有会头的时候，选取十家一组的事情有什么特别的称呼吗？＝没有。

说哪儿和哪儿的十家吗？＝不说。

没有区别各个十家的称呼吗？＝没有。

比如王某，有称呼王某为哪个十家的人的场合吗？＝没有。

王某是某个十家的会头的情况下，会称呼王某为某十家的会头吗？＝不会。

就像现在的甲有一甲、二甲这种称呼一样，原来的十家没有什么称呼吗？＝没有。

难道不是挨着的十家成为一组吗？＝未必仅仅是近邻就能成为一组，假如里面有一户分出去了，也就不一定能住在附近了。

假如姓王的、姓刘的、姓侯的会头都在时，为了区分是哪一家的会头时，要怎么办？＝大家都很清楚，所以不用区分。

以前血统比较近的人，难道不是一般都居住在附近吗？＝因为人情大家都想住到一起，但是实际上也有实现不了的时候。附近没有房的话，肯定是不行的。

血统近的住在一起，难道不是很普遍的吗？＝不一定。

哪种情况比较多？＝住在附近的比较多。

村民有困难的时候，只有会头能帮忙解决的情况下，才会去找会头商量，那是什么情况呢？＝打架的时候让会头帮忙仲裁。其他的一般不怎么去拜托会头帮忙。

生活困窘难以维持的时候，会去找会头请求帮助吗？＝那种情况下，都是自己想办法，不会去拜托会头。会头虽然要处理村子里的所有事情，但是个人的问题与会头无关。

【村正、村副、乡长的任免】

县里有不给村子里选举的村正、村副、乡长委任状的情况吗？＝没有。

其他村发生过这种情况吗？＝没有。县里并不知道那个人好不好，所以不会做这种事。

有村民们向县里提出申请，但是县里却擅自解聘了村里的村正、村副、乡长等的先例吗？＝没有。也没听说过其他村子有这种情况的。只有提出申请才能解聘是原则。

向县里提出要解聘乡长侯大生的是谁？＝侯全武、刘子馨、王福春等10个人左右。

只有那10个人讨论决定之后提出的申请吗？＝是的。

不和一般的村民商量吗？＝不。

那10个人大部分都是会头吗？＝全都不是会头。

那时候不找会头商量吗？ =那时候会头的势力已经逐渐减弱了，所以不会找会头讨论。

那时候已经没有会头了吗？ =有倒是有，只是形式上的。村子里的事务都是由乡长打理了。

那一起讨论的10个人，在村子里是什么地位？ =都是持有的土地多、有能力的人。收取什么费用的时候，因为他们土地比较多，所以被征收的就比较多。他们很愤慨，就要求辞掉乡长了。

除了上述10个人左右，持有土地不多的普通村民们对侯大生的评价也不好吗？ =是的。即使是穷人也认为侯大生不好。

一般的贫困村民为什么讨厌他？ =因为他经常乱花钱。虽然穷人比富人交的钱少，但是交的钱还是比较多。诉讼的时候我也参与了。侯大生用从村民们那里收取的钱一个月请吃10次饭，很是浪费。

那些宴会是以什么理由开展的？ =没有理由。

那些宴会都有谁参加？ =乡长、侯瑞文等公会里的人们。

会头也在其中吗？ =不在。

那时候，除了乡长以外公会里还有什么人？ =乡长、两个监察员、管账的、乡丁等。

他们也出席那些宴会吗？ =是的。

两个监察员都是谁？ =侯荫堂、侯新一。

侯瑞文是做什么的？ =管账的。

【村政和村民生活】

因为会头变成了村正、村副，村政或村民们的生活有什么改变吗？ =只有村子里的事情变化了，村民们的生活没什么变化。

侯大生离职以后，也把监察员、管账的、乡丁等罢免了吗？ =他们自己辞职了。

村子发生了什么变化？ =除了会头以外，又设立了村长。除此之外，实际上没有什么其他的变化。

因为村长变成了乡长，除了形式发生了变化之外，村子里的工作有什么变化吗？ =没有。不管怎么变村民们的生活是不会改变的。

【保长的选举】

保长是从什么时候开始设立的？ =没有乡长之后。

保长的设立是由谁来决定的？ =县里的命令。

最初的保长是谁？ =刘子馨（现在也是）。

任命刘子馨为保长的是谁？ =村民们选举决定的。

是大家聚集在某个地方讨论决定的吗？ =是的。

聚集在哪个地方？ =庙里。

都有谁？ =大体上所有都在。

你也去了吗？ =是的。

大概聚集了多少人？ =四五十人。

是来回通知大家集合的吗？ = 乡丁一边敲锣，一边在村子里走动，把大家集合起来。

在那之前，有向大家提前通知要选举保长吗？ = 没有。

乡丁边敲锣边走动的时候，大家知道为什么集合吗？ = 乡丁边走动边向大家解释，是因为要选举乡长所以要集合。

在那之前，大家知道要选举保长吗？ = 有知道的也有不知道的。当时我知道。

你为什么知道？ = 从公会里的人那里听到的。

由乡长换成保长的时候，会预先通知村民们吗？ = 不会。因为即使由乡长换成保长，但是实质上并没有什么变化。

关于那个选举，拥有土地少的村民是不是不出席？ = 是的。穷人们觉得，即使自己去了，也派不上什么用场，所以也有人不去。

普通的村民会因为村子里的事情，向乡长提出建议或和村民们互相讨论吗？ = 不会。

村民之间不会互相讨论吗？ = 即使背着村子里的工作人员互相讨论，也起不到什么作用，所以不会这样做。

保长是由口头决定的还是投票决定的？ = 投票决定。

为什么要投票决定？ = 开始的时候，大家一起讨论怎么选举，赞成投票选举的人比较多，所以就按投票选举了。

召开选举大会、收集选票、计算票数的人是谁？ = 会上的人们。也就是侯全武他们。

投票之前，有谁提过选举刘子馨的建议吗？ = 没有。

大概能预想到大部分人都会选举刘子馨做保长吗？ = 不能。

除了刘子馨，还有其他被投票的人吗？ = 有。

大概有多少人？ = 10 个人左右。

刘子馨大概有多少票？ = 大概有 30 票左右吧，记不清楚了。

保长有县里的委任状吗？ = 有。

现在村子里的会上都有谁？ = 保长和 10 个家长。

只有那么多吗？ = 是的。

有供保长差遣的人吗？ = 只有乡丁。

乡长是谁？ = 侯瑞和。

乡丁是由谁来任命的？ = 保长任意定的。

保长有报酬吗？ = 没有。

一点都没有吗？ = 只是有一点车马费，除此之外就没有了。

乡丁有报酬吗？ = 有，一个月 16 元。

【大乡制】

那报酬由谁来付？ = 公会用从村民那里收取的钱来支付。因为保甲制成立，不知道那之后会发生什么事情。

设立保长，是因为保甲制实施的原因吗？ = 保长出现的时间稍微早一些。

保长设立以后，大乡就成立了吗？ = 是的。

大乡制成立之前，除了保长之外还有乡长吗？ = 没有了。

大乡出现之前设立保长，那么乡长没有的时候，一直以来和赵家港合并成为的一个乡怎么样了呢？ =乡没有了。

【保长的职务】

保长在村里做什么工作？ =差钱的征收比例等，所有和村子有关的事情都做。

雇用看青的、打更的人，管理坑里的芦苇、莲藕等也是保长做吗？ =是的。

乡长和村子做的事，与保长的工作有差别吗？ =一点差别也没有。

有了保长之后，原来不属于乡长或村长的工作的，有交给保长负责的吗？ =没有。与原来完全没有区别，只是名字变了。

【会头的消亡】

保长有事情会和十家长商量，不和会头商量吗？ =会头已经被取代没有了。十家长里有原来的会头。

取消会头的时候，是很干脆利索的取消了的吗？ =是自然而然的没有的。

为什么没有会头了呢？ =因为有了乡长之后，会头没有存在的必要了。

为什么有了乡长之后，会头就没有存在的必要了呢？ =因为所有事情都是乡长一个人做，并不会和会头商量，所以会头自然而然也就没有了。

乡长为什么不和会头商量了呢？ =乡长是收到县里的命令才出现的，乡长都是自己做事，不和会头商量的。

有会头的话，不是对村民们来说更便利吗？ =有没有都一样。

乡长一个人做的时候，不会容易造成独断专行吗？ =虽然说没有了会头，但是相对的设立了监察员和书记等，所以乡长会和他们商量，不至于导致独断专行。

【十家长、甲长】

十家长还有其他的称呼方式吗？ =没有。

不叫作甲长吗？ =正式来说叫甲长，但是一般不这么称呼。

十家长这个称呼从很早就有了吗？ =从有乡长的时候开始有的。

那时候的十家长也不称作甲长吗？ =也叫甲长。

甲长是从什么时候开始出现的？ =和乡长出现的时候是一样的。

不是和保长同时出现的吗？ =不是。开始的时候只是一个称谓，并不做事情的。

乡长时代的十家长是每组有一个家长吗？ =根据大门，如果有 10 个门的话就可以称作一个甲。

那时候有几个甲？ =大概有六七个。

那时候的甲长是怎么选的？ =由乡长指定。

那时候的甲长都做什么工作？ =什么都不做。只有当管辖内的农作物被盗的时候，被盗农户会把情况报告给甲长，然后由甲长来考虑处置方法之类的。

成立保长之后的甲长和那之前的十家长一样吗？ =尽管是一样的，但是与原来甲长什么也不做相反，现在的甲长开始变得做事了。

现在的甲长是由谁来任命的？ =保长。

不是每个十家选举决定吗？ =保长任意指定。

甲长有什么报酬吗？＝没有。

【甲长的工作】

甲长的工作是什么？＝因为甲长是为了辅助保长的工作而设立的，所以保长会和甲长一起讨论事务。比如说，上面下达命令让派车、修缮道路等的时候，保长会找甲长讨论解决问题的办法。

村子里摊款的征收比例、雇用看青的、打更的人等的时候，保长也会找甲长商量吗？＝是的。

村子里有不用和甲长讨论，保长自己就能随意决定的事情吗？＝没有讨论的必要的事情就不讨论。什么都可以讨论。

是确定好固定的某一天聚集起来讨论事情吗？＝都是临时集合。

经常聚到一起吗？＝如果事情多的话，就经常集合。

在哪里集合？＝庙里。有时候太阳落山了，收到命令让修缮道路，这时候，保长会马上聚集起来，大家一起讨论。

集合的时候是一个一个通知、还是敲钟？＝由乡丁去通知。

【钟、锣】

现在都是在什么情况下才敲钟？＝现在钟不怎么使用了，都是用锣。

那什么时候敲锣？＝不急着让甲长们过来的时候敲锣。

除此之外没有敲锣的场合了吗？＝没有。

有小偷来的时候，或者惩罚恶人的时候不敲锣吗？＝那时候，不管是钟还是锣都敲。在殴打坏人的时候会撞钟。

除此之外不敲吗？＝除了公事以外，都不敲。

保长和甲长聚集起来开的会议叫什么会？＝叫“公议会”（一般叫公会）。

【对村政的关注】

保长和甲长在会议中决定的所有事，都会通知村民们吗？＝不会。

有通知的时候吗？＝没有。如果去问的话会告知。

村民中有人去问吗？＝有。

什么情况下会去问？＝甲长回来之后，和附近的人们闲聊的时候会问。

现在做甲长的这些人，还是只有那些在村子里有很多土地的人吗？＝是的。

只有很少土地的人们，不会对保长和甲长的做法感到不满吗？＝不会。

一般的村民很不关心由谁来做保长或甲长吗？＝是的。

为什么？＝没什么原因。

那些有很多土地的人，也觉得自己做会头、村子、乡长、保长比较方便吗？＝是的。

为什么？＝如果是别人做的话，可能会花一些不必要的钱，但是如果自己做的话，就可以努力节约一切可以节约的钱，进而减少上交的份额。

除了节约费用之外，没有其他便利的事情吗？＝只有这个。

如果是其他人做村长或乡长的时候，没有只有自己缴纳很少的费用，让其他人缴纳很多费用的情况吗？＝那是不行的。交多少钱都是按持有土地的亩数决定的，所以没办法做坏事。

保长不用和家长商量就可以做的村子里的工作是什么？ =大体上，所有的事情都得讨论决定的。在没有时间与甲长商量和的紧急情况下，倒是可以自己定夺。

在处理村子的事务方面，保甲制实施前后有变化的地方吗？ =一点也没有。

不按照土地的多少来将村民们分为几组吗？ =不会。

不会按照持有土地的亩数将村子划分为几个等级吗？ =不会。

不将农户划分为一户、两户、三户、四户四个等级吗？ =不会。

也不按照甲、乙、丙、丁、分开吗？ =不分。

【棒子队】

在村子里为了防范小偷、匪贼等会寻求什么防范措施吗？ =因为匪贼很少来，所以夜里大家都能安心睡觉，只是各家小心谨慎一些罢了。现在村子里只是成立了一个“棒子队”。

为了防范小偷，会专门看护村子吗？ =原来不会。现在也只有棒子队值班。

棒子队是从什么时候开始成立的？ =和侯全武做乡长的同时成立的。

是村子里的人自发组成的吗？ =收到上级命令组建的。

棒子队里的人都是固定的那些人吗？ =只要合适的就可以。年龄在 18 岁到 40 岁之间的人轮流来做。

18 岁到 40 岁之间的人全部都得去吗？ =是的。每天两人。以前是一个人。

从什么时候开始变成两个人的？ =什么时候开始，不记得了。现在是收到治安军的命令，让这么做的。

晚上也会值班吗？ =不通宵，还是要睡觉的。

只有两个人，不和其他人轮流值班吗？ =是的。农民们都很忙，轮流的话会让大家很困扰。

棒子队为什么值班呢？ =为了检查那些可疑的人。

如果有可疑的人通过，要一个一个的核查吗？ =是的。

有 18 岁到 40 岁之间，但是不加入棒子队的吗？ =没有。原来打头的不用加入也可以，但是现在也是棒子队里的成员。

棒子队里的队员吃饭怎么解决？ =在自己家吃。棒子队在泥井接受训练。

加入棒子队会稍微领到一些钱吗？ =不会。

在泥井接受训练，也是大家轮流着来吗？ =是的。

大概有几次？ =今年的春天每天都来。

一个人只接受一次训练吗？ =不一定。

这个春天，所有 18 岁到 40 岁之间的人都接受训练吗？ =是的。现在只有十家长们接受了一周的训练。

村子里的棒子队由谁来指挥？ =本村没有。是由泥井的某个人指挥。名字不记得了。

难道村子里没有人负责棒子队的各项事务的吗？ =只有保长。

棒子队有分为几个小组吗？ =没有。

每天拿着棒子值班的人，都是按照什么顺序值班的？=按照家居住的顺序来值班。

棒子队接受治安军哪些方面的指挥？=和治安军无关。

棒子队有需要的花销吗？=钱和时间都需要。

收取钱是为了什么？=买棒子、定做帽子、衣服的时候要交钱。

现在也时不时的需要交钱吗？=一次交完了。

帽子或衣服破了的时候，要怎么办？=由会上出钱。

在棒子队成立之前，有类似于这种看护村子的事情吗？=没有。

【打更】

现在也还有打更的吗？=冬天的时候有。去年就有。轮流着做。

打更的不是拜托某一个固定的人来做吗？=是的。会雇用一些穷人来做。

去年的冬天是怎么办的？=去年是轮流来做的。

去年为什么没雇打更的？=会上经济紧张，收取费用又比较困难，所以就轮流来做了。

轮流的时候都由谁来做？=根据土地的持有亩数，每10亩派一个人。一夜大概有五六个人借公会的房子打更。那天晚上值班的人，每人带一束高粱秆烧炕。

持有土地不到10亩的那些人怎么办？=10亩以下的即使有一亩也得出一个人，因此即使是有11亩，也要派两个人。

一点土地也没有的人，不用打更吗？=没有一点地也没有的门户。

如果有1顷土地的人，要派10个人吗？是按一夜一个人？=是的。

各户根据土地持有的亩数，决定派出的人数，每夜各家轮流派出一个人时，要用哪种方法分配？假如要派出的人数分别是以1、2、4、1、5、1的时候，该怎么分配？

如图所示：

→1	2	4	1	5	1	
(−) 1	1	1	1	1		
0	1	3	0	4	0	第一夜
(−)	1	1		1	←	
0	0	2	0	3	0	第二夜
		1		1	←	
0	0	1	0	2	0	第三夜

冬天打更从什么时候开始，到什么时候结束？=从10月1日到1月15日。

为什么要打更？=到了冬天，百姓们都休息了，因为都存有粮食和高粱秆等易燃物，所以打更是为了防范小偷和火灾。

打更从几点开始到几点结束？=从晚上9点到第二天早上7点。

6个人依序围绕村子巡逻吗？=每3个人依序巡逻。

多长时间换班？=2个小时。巡逻的时候也不是一直都在走动，稍微休息一下也是可以的。

巡逻的路线是固定的吗？ = 是的。

如果轮到自己家派出打更的人，但是有事不能去的时候，可以雇人去吗？ = 可以。

可以往会上交钱但不去打更吗？ = 可以。也可以把钱交到会上，让乡丁帮忙雇人，但是必须提供燃料。

要交多少钱？ = 一个人一元。

如果逮到小偷，或发生火灾了要怎么办？ = 撞钟或者敲锣。

如果因为打更的人疏忽，而导致东西被盗，或者发生火灾时怎么办？ = 打更的第二天会被斥责。有打更人的时候，也仅仅是对打更的人进行斥责，因为都是穷人，所以也并不会按照规定从工资中扣除损失的部分。

有受到惩罚的情况吗？ = 只是会受到斥责。

冬天的警备工作，一般是轮流打更还是雇用人打更？ = 从 10 年前左右开始轮流打更。

从什么时候开始不再雇用打更的人了？ = 10 年前左右。五六年前，也有过一两年的时间是雇用的。

雇用几个打更人？ = 两个。两人一个边敲锣边走，一个边打梆边走。

是两个人一起吗？ = 是的。

被雇用的打更的人，在村子里是固定的吗？ = 大体上都是每年从村子里的穷人里挑选。

打更的一般能收到多少报酬？ = 都是临时商讨。一般都是一个人 20 吊左右。

打更的晚上都在哪里？ = 自己家里。先出门的那个带上锣，锣被敲响的时候，听到锣响的另一个人会带上梆子出门。

每隔多长时间巡逻一次有规定吗？ = 有。分别在 9 点、3 点、4 点、7 点，共四次。

打更的除了能收到 20 吊的报酬之外，还有其他的收入吗？ = 如果工作比较好的话，也有多给三四吊的情况。

付给打更人的报酬是从哪里支付的？ = 由会上支付。

那钱是从村民那里收集来的吗？ = 根据持有土地的亩数，从村民那里收取的。

什么时候支付打更的人酬劳？ = 雇用刚开始的时候，支付一部分；结束之后，支付剩下的部分。

支付给打更的人的酬劳，是在雇用打更人之前，从村民那里收取的吗？ = 如果会上有钱的话，会先垫付。没钱的情况下，会提前全部收取。

会上垫付的时候，什么时候收取？ = 过了半个月之后，就会从村民那里收取。

村子里有保甲自卫团吗？ = 从来没有过。

棒子队不是保甲自卫团吗？ = 不这样称呼。一般都叫作保卫或治安。

棒子队是按照一家派出一个人来分配的吗？ = 是按照年龄派出的。一家里如果有两个人符合标准的话，就派两个人；如果一个也没有的话，一个人也不用。符合标准、但已外出的人，也不用参加棒子队。

为了防范小偷和火灾，棒子队会和打更的采取一样的措施吗？还有其他的办法吗？ =

没有。

村里很早之前都没有望楼吗？ = 没有。

【诉讼】

村民诉讼的时候，必须由会头、乡长、村长、保长审判之后才能上诉吗？ = 不是。

可以不先由他们审判而直接上诉吗？ = 可以倒是可以，但是没有过这样的先例。

诉讼的时候，实际上都是由他们审判的吗？ = 有纷争的时候，会由他们来做仲裁，但是没有不听他们的仲裁而上诉的人。

【村子的财政】

村子里一年有多少收入和多少支出，大体上都是提前决定的吗？ = 那些预先并不知道，都是临时征收的。

由村子里支付的费用一般都有哪些？ = 看青费、差钱、乡丁书记的报酬、还有很多临时需要支付的费用。

临时需要支付的费用，比如说都有哪些？ = 在保甲制之前，有一些需要缴纳的各项招待费。

侯家营一年大概花费多少？ = 我不在公会，所以不清楚。

你做副村长的时候，大概花费多少？ = 大约七八百吊。

【征集方法】

规定一年向村里征集几次费用？ = 没有。都是临时征收的。

看青费和打更费都是分开来征收的吗？ = 不一定。有时候是各项费用一起征收，但是有时候只单纯征收一种费用。

征集费用的时候，会告知村民们征集的是什么费用吗？ = 村民们如果问的话，会告知他们，不问的话就不说。

村民们一般都怎么称呼那些费用？ = 没有什么名字。叫花销。

一般不称作摊款吗？ = 不会。一般都叫会上的花销。

村里费用，是根据耕种土地的亩数来征收的吗？ = 是根据持有的土地亩数来征收的。

征收差钱时也是这样吗？ = 是的。

【差钱】

征集差钱的时候，县里不派人来通知说让缴纳多少钱吗？ = 县里会带票过来，按照票上写的金额来缴纳。

那票是一户一户的给吗？ = 是的。持有土地的每一户都有。

差钱难道不是来通知整个村子缴纳的金额，然后由村子来进一步分配到每一户吗？ = 县里有柜，柜开的时候必须带着差钱去。

村里需要向县里缴纳差钱吗？ = 不需要。

【县里的摊款】

有村子里向县里缴纳的费用，也就是说县的摊款有吗？ = 有。

由村里缴纳给县里的摊款，村里怎么分摊给村民们？ = 县里通知到牌，然后由牌通知各村，由村来垫付。

由村子垫付的钱，村里会从村民那里征收吗？ =是的。

虽说是由村子垫付，但是村子里预先有那么多的钱吗？ =村子里如果有那么多钱的话，会直接垫付。如果没有那么多的话，会从有钱人那里借来垫付。

【村费的征集时期】

为什么不马上从村民那里征收？ =马上就从村民那里征集的话，不仅麻烦，而且有些村民一时没有缴纳的能力。

那么，难道就没有规定从村民那里征集费用的大概时间吗？ =没有。即使规定那个时期征收，还是有缴纳不上的人，所以难以规定征收时间。

难道大体上不是秋天收获以后，或者麦秋的时候征收吗？ =因为一般那个时候征收会容易一些，所以基本都是在那个时候征收。但是也并非一定。

【村费的垫付】

村子里垫付的时候，拜托的那些有钱人是村内的人吗？ =是的。

那些垫付村费的有钱人是固定的吗？ =是的。

一般都是谁？ =现在不知道是谁。10 年前左右的时候，是刘万举（刘殿元的父亲）、侯显扬（侯全武的父亲）、以及像我这样的村长和副村长。

你觉得现在大概是由谁来垫付？ =大概是侯元广、刘子馨、侯宝连他们吧。

垫付的那些钱会给利息吗？ =不给。

那么垫付钱的那些人，不是吃亏了吗？ =就那么点钱，即使没有利息，我认为他们也不会觉得吃亏。

会拜托外村人、比如说泥井或者昌黎县城附近的人帮忙垫付吗？ =如果是外村人的话，借钱肯定要支付利息的。实际上都是由本村人来垫付的。县里先将通知下达到泥井的牌那里，泥井先垫付出来，然后到本村来通知。村子在把钱返还给县里，所以可以说是泥井先垫付了。

不再支付泥井利息了吗？ =不会。

即使不支付利息，难道不会稍微多返还一些钱给泥井吗？ =不会。

会拜托昌黎县城里的商人们垫付吗？ =不会。

怎么称呼向县里缴纳的摊款？ =没有名字。叫作某某的花销。

【看青费的分配基准】

支付给看青人的费用由谁来征集？ =有乡长的时候，是有乡长来征集；保长的时候是保长命令十家长来征集。

支付给看青人的费用由谁来征集？ =从土地的所有人那里征收。

是根据持有土地的亩数来征收，还是根据耕种土地的亩数来征收？ =根据持有土地的亩数来决定。

【分种、伙种】

王的土地由刘来耕种，收获物由两个人来分。村子里有过这样的事例吗？

=有。但是不多。

这种例子叫作什么？ =叫“分种”“伙种”。分种又分为两种。一种是约定好之后，就和地主没有任何关系了，耕种的一切事宜都由耕种者自己决定。作物收获后粮食折半。另一种是在约定好之后，在收获前夕，将土地平等的分为两部分，各自收获属于自己那一部分的作物。前者，地主只要粮食不要燃料，后者燃料也会取走。

后者的情况，种子、肥料等都由耕种者来承担吗？＝是的。

分种的时候由谁来出支付看青费？＝地主。

村子里有不根据所有土地的亩数来征集的费用吗？＝没有。

村子里有根据实际耕种的土地亩数来征集的费用吗？＝没有。

村子里有根据牛或者鸡等的头数来征收的费用吗？＝没有。

【征集方法】

村子里的费用由谁来征集？＝乡丁。也有由甲长来征集的场合。一般都是先由甲长来征集，然后剩余的部分由乡丁来征集。乡长的时候，监察员、乡丁、书记等谁有时间谁来征集。不固定。在那之前董事收集其管辖范围内的费用。

征收的时候是由征收人到各家各户去征收吗？＝是的。一时拿不出来的人，先由会里垫付，之后再返还到会里即可。

【支出者】

村子里要支出所需某项费用的时候，由谁来决定？＝有村长、副村长、乡长、保长的时候，分别是由村长、副村长、乡长、保长来决定。

不和任何人商量吗？＝小事的话不商量。比如说收到上诉命令的时候不用找人商量。

也有找人商量的情况吗？＝有大事的时候会找人商量。比如说征集差钱、收到县里命令征集道路维修费等的时候，是要找人讨论的。

和谁商量？＝村长、副村长、董事、乡长、书记、监察员、保长、十家长。

【差钱】

差钱是什么？＝是指国家的地丁银。

差钱是由村子里来缴纳的吗？＝差钱分为两部分。一部分由各村民用钱粮来缴纳。减去上交的钱粮，还剩下的另一部分差钱，由村里来支付。

那剩下的一部分也是写在票上吗？＝没有票。只有文书会送来。

缴纳钱粮的同时，村子里也会把差钱交上吗？＝（回答不明）。

有由村子缴纳到县里的差钱吗？＝有。

和县里的摊款不一样吗？＝一样。

【收支内容的公示】

村子里收取的钱和支出的钱，会详细告知村民们吗？＝那叫作“清单”。

清单什么时候做？＝春、秋一年两次。月份不定。

清单里面会写有，类似于某人于某日收取多少钱，某日用于某处这种很详细的收支吗？＝会的。

贴在哪里？＝庙的墙壁上。

村民们都会去看吗？＝不一定。

一直以来，都是一年两次吗？＝是的。

去年和今年都是这样吗？ = 去年有。今年因为没有管账的了，所以现在还没有张贴。

【滞纳】

不缴纳村费的人怎么处理？ = 那是不被允许的。有可能会被起诉。

稍微晚些交可以吗？ = 可以。

有最后不交的先例吗？ = 没有。

5 月 25 日

公共物　相互扶助

应答者　侯恩荣

地　点　泥井镇乡政府

【土地的等级】

收取村费的时候，和土地的好坏无关，一亩地都是收取同样的金额吗？ = 分为上、中、下三个等级。

上、中、下有什么区别？ = 上、中、下分别用一亩、两亩、三亩来换算成一亩地。

由谁来决定土地的等级？ = 会上决定。

每年都是固定的吗？ = 是的。

同样的土地有等级发生变化的时候吗？ = 没有。有一定的规则。

现在的上、中、下是什么时候规定的？ = 之前就定下来了。

和缴纳钱粮时候的上、中、下一样吗？ = 不清楚那个上、中、下的区分方法。那是由官来决定的。

原来是上地，但是实际上变差了，这时候也不能改变成中地或下地吗？ = 因为不怎么有水灾，所以地质一般不会改变。上地一直都是上地，下地也一直都是下地。

难道一直以来，都没有上地变成中地，中地变成下地的情况吗？ = 没有。

村民们知道自己持有的土地是上地或中地吗？ = 知道。

【被征税的土地】

住宅用地也会收取村费吗？ = 不会。

坟地呢？ = 不收取。

自己的一部分土地变成了道路的时候怎么办？ = 还是会被收取村费。

持有的 3 亩地里有坟墓的时候，坟墓所占的亩数会从总亩数种减掉吗？ = 不会。

如果一块地全都成了坟地怎么办？ = 只需缴纳田赋，除此之外的村费不用交。

村子里有为了方便分摊村费，而记录有村民们所持有土地亩数的东西吗？ = 因为我不在会上，所以不清楚。

你做副村长的时候呢？ = 不好说。

假如说有 5 亩地，但是 3 亩地用来建房子，只有 2 亩地用来耕种。那么缴纳村费时，是缴纳5亩地的，还是缴纳2亩地的？ =5亩。

不能只缴纳耕种的那2亩地吗？ =不能。

5亩地全部被用作墓地的时候呢？ =不交。

全部都作为墓地的土地，还会写在地亩贴上吗？ =虽然写在“地柳子”上了，但是并不分摊村费。

地柳子是什么？ =记录村民们各自持有多少土地的账簿。

只有土地的一部分作为墓地的时候，是把墓地的亩数从其中减去之后，写在地亩贴上吗？ =不减，写全部亩数。

被建做家的土地叫什么？ =叫庄户地。

庄户地也有上、中、下之分吗？ =没有。

庄户地只是被建成家的那部分土地吗？ =家周围的空地也叫作庄户地。

在收取庄户地的村费时，一亩就是作为一亩来计算吗？ =是的。

耕地的一亩地和庄户的一亩地，都是同样作为一亩地来收取的吗？ =一样的。

有把一直以来耕种的土地建成家的情况吗？ =有。

有实际发生的例子吗？ =有。

下地的耕种地用作庄户地的时候，一亩地也是作为一亩地来计算吗？ =下地不能建房子。

建房子的时候，是在什么样的土地上建？ =在地势比较高的地方。

有在中地上建房子的吗？ =在本村，即使是中地也不能建房子。本村的高地又叫高土地。低土地经常会有水灾。

有不能耕种的荒地吗？ =有。

那些荒地有持有人吗？ =有。

那些荒地也会被收取村费吗？ =如果是不能耕种的荒地，不交村费也可以。但如果一直以来不能耕种的土地变得可以耕种了，如果不交村费的话，村民们也不会同意的。

轮流打更的时候，虽说各家派出的人数要依据土地亩数来决定，计算亩数时会因土地的上中下而有所不同吗？ =不一样。

哪里不一样？ =上地的一亩地是作为一亩地；中地的2亩和下地的3亩才能换算成一亩地。

保长的车马费从什么地方支出？ =不知道。大乡制之前没有车马费。

车马费是从村民那里收取的吗？ =不清楚。

【副保长】

有副保长吗？ =有。

是谁？ =孔子明。

孔子明的任命是由谁来决定的？ =村民们投票选举的。

孔子明大概有多少土地？ =不是10亩就是20亩。

他是从哪个学校毕业的？ =他一直务农。只上过本村的小学。

他的父亲、祖父等做过村里的村长、副乡长或董事吗？ =没有。

为什么选取他做副保长呢？ =因为他很明事理。

有多大年龄了？ =30—40 岁的样子。

耕种多少土地？ =十几亩。

没有从其他人那里典地吗？ =没有。

副保长有什么报酬吗？ =没有。

会把那些做了坏事的人从村子里赶出去吗？ =不会。

会这样区分吗？比如说，有一顷以上土地的人家有一户，五六十亩以上的人家有 2 户；20 亩左右的有 3 户；乞讨的有 4 户。 =不会。

村里的收支会时不时由会上的人核算清楚吗？ =会上平时是不做的。只有在张贴清单的时候才做。每年 2 月会订正一下地柳子。那之前土地的变动会在那时候订正。

【道路、水井工程】

村子发生过没收到官的命令，但为了修缮道路，而让村民们劳动的事情吗？ =有。

什么情况下会这样呢？ =街道的修整、水井的挖掘以及修整，等。

修理街道和井的时候，是按照什么比例派人的？ =不一定。谁家附近路面损坏了，就让附近的人来修理。

修理井的时候呢？ =附近使用井的人家派人修理。村里的井也是这样。

不是按照顺序轮着修理吗？ =不是。都很随意。

村子里没有按照顺序轮着劳动的事情吗？ =没有。

【出役】

有接到上面的命令让村民们工作的情况吗？ =也就只是道路的修理。

除此之外没有了吗？ =没有。

派村子里的谁去修理道路？ =保长和甲长商量过之后派人。

派出的人大体上有规定什么顺序吗？ =我们只是接到命令去劳动，所以具体的不清楚。

难道不是持有土地多的人家派出的人多吗？ =是的。

多少亩地会派出一个人这样决定的吗？ =应该是这样的。

那多少亩地会派出一个人？ =上面命令让我们派出多少人的时候，我们只需要凑够那么多人数就可以了。

但是在村子里，分摊到各家时要怎么分配？ =没有办法决定。

但是打更的时候不是都是规定好的吗？ =因为打更的日子都是固定的，所以可以提前确定下来。但是什么时候让修理道路是不定的，所以不能提前决定。

拥有土地多的人家，派出的人就多，但是大体上是怎么规定的呢？ =修理道路的时候，和亩数没有什么关系。每一家都会派出一个人。

【车的征发】

大乡有让上交什么东西的时候吗？ =没有。只有去年建校的时候让派出几名小工罢了。

没有让上交过牛、鸡、车、薪草之类的吗？ =只有在修理道路、建学校等的时候让上交过车。

那种事经常有吗？ = 不常有。

去年有过几次？ = 好像没有。

让有车的人上交吗？ = 村里来人说让出几辆车，然后由村里收集一下，一起派出。

当时，村子是怎么把车收集起来？ = 保长、甲长会先讨论，然后会让谁来提供。

是让本村的人交吗？ = 是的。

派小工、提供车做这些事，大乡会给钱吗？ = 什么都给。

作为小工被派出的时候，吃饭问题怎么解决？ = 去附近地方的时候自带，去远点的地方的时候，也有请吃饭的情况。

公会会给那些作为小工派出的人和提供车的人钱吗？ = 不会。

【仲裁人】

村子里有纷争的时候由谁来仲裁？ = 十家长和保长。

无论是什么纷争都会到场吗？ = 是的。

即使是夫妻吵架的时候也会到场吗？ = 因为夫妻吵架的情况很多，所以如果保长和甲长都去的话，就没完没了了。

一般都是什么样的纷争会到场？ = 吵架吵得很严重，附近的村民解决不了时，保长和甲长就会到场。

只要甲长和保长到场，仲裁就能成功吗？ = 是的。

有即使甲长和保长到场，也没能仲裁成功的情况吗？ = 几乎没有。如果仲裁不成功的话，就会打官司。

有因为保长、甲长或者村长、副村长等仲裁不成功而导致打官司的先例吗？ = 很少。

即使是保长和甲长也仲裁不成功，但是有一个人出场的话仲裁就能成功。村子里有这样的人吗？ = 有。

那是什么样的人？ = 非常有威望的人。

比如说都有哪些人？ = 像郑老爷那样的。现在仍健在。如果是现在的话就是，类似于保长之类的人物。

【纷争】

村子里一般都会因为什么起纷争？ = 因为欠债不还而产生的纠纷很多。

没有因为边界产生的纠纷吗？ = 有。那时候就会实地测量。

由谁来测量？ = 当事者两人。

那种情况下没有其他人做人证吗？ = 会有一两个人。

由谁来做证人？ = 不一定。有时候是甲长，有时候是熟人。

边界有什么记号吗？ = 没有。根据垄数来定。

有因为分家产生的纠纷吗？ = 有。不过不多。

边界纠纷很多吗？ = 不多。

有属于全村的公共财产吗？ = （回答：不明）。

【公会的土地】

有不属于村民个人但属于公会的土地吗？ =水壕是属于全村的土地。

大概有多少？ =2 亩。需要缴纳两亩地的田赋。

那地用来做什么？ =用来排水。

那是大概什么时候建成的？ =十几年前。

要排哪里的水？ =发大水的时候排水用。因为如果不挖水壕的话，水会流到其他村子。

那壕是侯家营自己挖掘的吗？ =是的。

从侯家营到下面的壕是谁挖的？ =侯家营下面的壕本来就有，所以只是把它们连起来罢了。

种蒲子和莲藕的土地是谁的？ =会上的。

大概有多少？ =种蒲子的大概有 3 亩地；种莲藕的土地不到 1 亩。

那地方种植的蒲子和莲藕是谁的？ =会上的。原来归学校所有。

由谁管理？ =不用管理。

那些蒲子和莲藕会被怎么处理？ =卖掉。作物收获等工作由买主承担。

一般都是由谁购买？ =也有村里的人买的，但是因为不划算，所以很少有人买。具体哪个地方的人买不确定。

一年大约有多少收入？ =总共二三十左右。那还是卖得比较好的时候。有时候连买主都没有，就那么扔掉了。

那钱是归公会所有吗？ =是的。大乡成立以后，归大乡所有。

村子里的人可以稍微取走一些蒲子或莲子吗？ =不能。如果大家都取的话，那就没尽头了。但是可能会有人偷偷拿走。

那些土地没有什么特别的称呼吗？ =叫“蒲坑”“藕坑”。

公会持有的土地叫什么名字？ =没有什么特别的称呼。

除了上述提到的，还有其他属于公会的土地吗？ =没有。

【公共财产】

有村民们无论谁去都可以拿走的土地吗？ =需要土地的时候必须得去海上（七里海）。

有无论哪个村民都能使用的打谷场吗？ =没有。

有村民们都可以使用的磨吗？ =没有。但是有碾子。

有几个？ =12 个。

那是公会的所有物吗？ =都是个人的。

【碾子】

无论哪个村民都可以自由使用吗？ =是的。但是，那时候不能把牲畜在那个时候拉的粪便带回家。

那些碾子是在各自主人家里吗？ =是的。

难道没有某一户家的碾子规定只能由某某来使用吗？ =没有。

村民们去使用的时候，有被碾子的主人拒绝的情况吗？ =没有。

需要带什么谢礼过去吗？ =不用。

谁来修理碾子？ =碾子的主人。

使用的人们会每人多少拿出一些修理费用吗？ =不会。都是主人自己拿。

【井】

除了碾子之外，还有所有村民都可以使用的东西吗？ =井（只是饮食用的，没有灌溉用的水井）。

井是谁的所有物？ =有2口官井，6口私井。

村民们可以自由使用的，只有官井吗？ =私井也可以。“天下人吃天下水，天下人走天下道。”

官井是什么时候建的？ =太久了，不清楚。

官井的修理由谁来做？ =一般不修理。也就是淘一下井底的程度。也只有附近的人参与。

需要淘私井的时候由谁来做？ =和官井一样。

除了井和碾子之外，还有村民们都可以使用的东西吗？ =没有了。

【相互扶助】

耕种或收获很繁忙的时候，村民之间会相互帮助吗？ =不会。如果忙的话，雇人就可以了。

村子里有几个人之间在这种场合下相互帮助的吗？ =没有。

农具、牛马、车等这些东西会相互转借吗？ =会。

都是什么关系的人们会相互转借？ =没有什么特别的关系，也可以相互转借。

即使不是很亲近的人之间也可以吗？ =是的。

没有的人，无论去哪里借，大家都会很乐意的借给他吗？ =如果东西的主人不用的话，去哪里都能借得到。

有去借但没借到的情况吗？ =只要东西正闲置着，就能借得到。

借牛马的时候会给什么谢礼吗？ =有事后给一些高粱、秫等饲料的。

借农具的时候呢？ =免费使用。

有作为借牛马的报酬，自己去牛马的债主那里帮忙耕种的例子吗？ =没有。

虽然也有牛马，但是因为自己家的不够用而相互转借的例子有吗？ =有。

【串换、穿换】

串换是什么？ =串换又称穿换（农民一般都写作“传换”）。

不叫作搭套吗？ =不。

串换是做什么的？ =相互转借各种东西。

串换并不限牛马之间的相互转借吗？ =是的。

假如说王有一头牛，孔也有一头牛的时候，双方耕种时需要两头牛的情况下，双方会相互约定相互借一头牛吗？ =会。这就是串换。

那种约定会规定一年或者两年吗？ =是的。

有3个人之间的约定吗？ =之前有过。不过现在几乎都是两个人之间相互约定。

【打具、搭套】

有只是约定相互帮助播种的例子吗？ = 有。叫作打具。只限一次。

耕种的时候有几个人之间相互帮助的情况吗？ = 只有春耕土地耕种的时候，有这样的情况。

这种例子多吗？ = 几乎大家都是这样。打具又称搭套。

收获的时候不相互帮忙吗？ = 不会。

搭套的时候，有牛的人会牵上自己家的牛去帮忙吗？ = 大家各自拿出自己家的牲畜相互帮忙。

没有牲畜的人不能搭套吗？ = 即使没有牲畜的人也可以“跟驹”（具?）。

跟驹是什么？ = 帮忙做能做的事情。

比如说都有哪些事？ = 撒肥料、播种、挖洞等。

搭套的一般都是几个人左右？ = 通常是 2 户。

多的时候几个人左右？ = 都是 2 户。

村里有不搭套的人吗？ = 有。

搭套的人多，还是不搭套的人多？ = 搭套的人多。

不搭套的大约有多少户 = 不是 10 户就是 30 户。

同一个人可以和不同的人搭套吗？ = 不行。

【跟驹代地】

跟驹也算作搭套人的伙伴吗？ = 是的。那叫作“跟驹代地”（居?）[1]。

有牲口的人提供牲口，没牲畜的人做力所能及的事情。这种约定叫作跟驹吗？ = 不是。只有一头牲畜是什么也做不成的。

有持有两头牲畜的人和没有牲畜的人之间约定相互帮助的例子吗？ = 没有。

搭套、“跟驹代地”的是有亲密关系的人们吗？ = 当然是的。

那难道不是同姓之间的人们才相互约定的吗？ = 不以那为依据。

即使不是近邻也可以那样做吗？ = 是的。

可以两三年等连着和相同的人约定吗？ = 可以。长的可以达到三五年；短的一年就结束了。

开始的时候约定几年？ = 不一定。先约定一次，如果合作好的话会接着约定。

有一开始就约定三年的吗？ = 没有。如果中间牲畜被卖了就无计可施了。

【相互扶助】

除此之外，村子里还有相互帮助的事情吗？ = 有。

都是什么场合？ = 搭炕、上房、拔麦子、打稗子这样的事情。

像这种事情，相互帮忙的人之间都是什么关系？ = 会做的人来帮忙。

即使不是亲戚也会来吗？ = 如果既不是亲戚，又不是同姓和朋友的话不会来。

一般的村民也不会来吗？ = 怎么可能会来。

葬礼的时候，都有什么人会来帮忙？ = 邻居们都很亲密。同姓的人都会来。

---

[1] 译者注：原文如此。

村民有人有困难了，村子会提供帮助吗？ =一般不会。

【大乡的征税】

现在村子里的摊款，还是3亩下地按照一亩地的比例来征收吗？ =现在村子里已经不征收摊款了。

那村子里使用的费用怎么办？ =不知道。

现在没有要从村子里收取的费用了吗？ =没有。

现在侯家营上交的钱，由哪个地方掌管？ =大乡。

由谁来收缴？ =大乡。

是大乡派人来收取吗？ =是的。

大乡的谁来征收？ =大乡的办事员李。

李是一户一户的征收吗？ =是的。

难道不是保长或甲长征收齐，交给李吗？ =不是。

来征收前会提前通知吗？ =先把通知票送来。

保长和甲长一点也不征收吗？ =今年一次也没有。

去年呢？ =去年不仅交了村费，还交了大乡费。

去年大乡的费用是谁来收取的？ =李。

从去年开始保长和甲长不再收取村费了吗？ =是的。

这样公会不为难吗？ =我想，现在公会因为没有事情，所以不收取村费，如果有事了，可能还会收取村费。

【副业】

村民们除了农业之外还会做其他的工作挣钱吗？ =不会。有一家炼铁店和一个商店。

百姓闲下来的时候，会做一些什么东西拿去卖，或者去某地工作吗？ =不会。

知道青苗会吗？ =不知道。

临近几个村子会一起护青吗？ =一直以来都没有。

【庙】

村子里有庙吗？ =有。

有几座？ =2座。

都是什么庙？ =老爷财神和五道。

五道是什么？ =掌管庄中所有事情。

是什么神？ =五道老爷。如果村民死了，他家里的人会到五道庙报告。

那个比较古老？ =五道庙。

什么时候建造的？ =很久以前的事情了。不清楚。

老爷庙是什么时候建造的？ =同治四年。大概有80年。

庙里有和尚吗？ =一直以来都没有。

【庙的祭祀活动】

有庙的祭祀活动吗？ =在六月十四老爷生日和九月十七日财神生日的时候会有祭祀活动。

除此之外没有了吗？ =没有。

祭祀的时候都会做些什么事情？ =点灯、上香、供奉精美食物。

大家都和参加吗？ =大体上都会。

那时候会唱戏等之类的吗？ =不会。

庙里举行祭祀活动的时候，村民们会把农活停下来去玩儿吗？ =不会。

庙里举行祭祀活动的时候，会请村民们吃饭吗？ =曾经有过，但是后来渐渐就没有了。

庙的祭祀活动所需的费用由谁来出？ =会上。

然后会上会从村民那里收集吗？ =是的。会上的钱全部都是从我们这里收取的。

即使去庙里祭拜也不能应验吗？ =不能。

为什么要做祭祀活动？ =因为那天是神的生日。

有支付祭祀活动所需费用的土地吗？ =没有。

原来庙里有土地吗？ =没有。如果庙有土地的话，应该有看庙的。

管理庙的所有事务的是谁？ =乡丁。初一和十五上香。

乡丁之前是谁？ =董事们。

没有专门为了祭祀活动组成的会吗？ =一直以来都没有。

其他村子有吗？ =有。

哪里有？ =泥井。二月十九日的祭祀活动原来还唱过戏呢。

除了公会以外，有管理庙的相关事务的会吗？ =没听说过。

【会】

村子里没有什么会吗？ =没有。

没有钱会吗？ =没有。

有一些人拿出一定的钱，然后抽签决定钱归谁所有的事例吗？ =没有。

知道钱会、合会这些词吗？ =不知道钱会。

有押会吗？ =虽然两三年前听说过，但是和不知道一样。

那是做什么的会？ =有37个门，赌那些门里，哪个门有钱。每天会局会发表哪个门里有钱，一致的话，可以得到赌金的三倍回报。就是这样的会。

侯家营也有吗？ =没有。

【学校】

村子里有学校吗？ =现在没有了。原来有，但是大乡成立以后，成了乡立，就和泥井的学校合在一起了。

原来有，是指你小的时候就有的吗？ =从二三十年前开始有的。

原来学校所需的费用由谁提供？ =会上。

那些钱是会上从村民那里收取的吗？ =从村民那里收取一些，坑的收入也成为了学校的经费。

有几个老师？ =一个。

学生大约有多少个？ =40个人左右。

学校是小学吗？ =是的。

【私塾】

在建小学之前有私塾吗？ =有。

有几个？ =一个。

谁是老师？ =贡生侯建功教过。

私塾的老师是谁决定的？ =随便定的。

不需要董事等的许可吗？ =不需要。

建小学之后，老师是谁定的？ =校长们商讨决定的。

校长是谁？ =侯荫堂做过校长。

私塾和公会没有关系吗？ =没有。

【义地】

有义塚吗？ =义塚是什么？

知道义地吗？ =不知道。

有由于贫穷而没有墓地的人们能够埋葬的地方吗？ =那是官地。埋在官地里。

有官地吗？ =没有。

蝗虫来的时候怎么防范？ =无计可施。

没有为了防范蝗虫而成立的会吗？ =没有。

【长老】

村里的长老们会对村子里的各项事务提出建议吗？ =因为年纪都大了，所以和他们无关。

乡长或保长有难题的时候，会去长老那里商量吗？ =不会。没有那必要。

为什么？ =因为年轻人有很多。

村里有集市吗？ =因为泥井有，所以村子里一直以来都没有。

【庙的恩惠】

庙是侯家营自己的吗？ =是的。

其他村没有人来祭拜吗？ =如果信仰的话，也可以来祭拜。但是一般都没人来。每个村子都有庙。

为什么无论哪个村子都有庙呢？ =因为哪里都会建庙。

有建庙的必要吗？ =但是每个地方都会建。

不建庙有什么不方便的吗？ =为了祭祀神用的。这样的话，既不会生病也不会有浮肿等病症？

【祈雨】

有祈过雨吗？ =有。不过很少。

用什么方式祈雨？ =把龙王的像放在笼子里到各个部落转动。各村各家门口都贮备好插有柳条的水瓶，瓶子上贴上写有“九江八河五湖四海龙王之位”的黄纸。在那之前，点上线香祭祀。如果路上见到井了要下跪叩拜。而且要高呼掌管下雨的“下雨龙”。很多人都会头顶柳条编成的环，裸足排列行走。在各村转动，到村子里的时候，村里会有人来迎接。转完各村之后回去。然后到龙王庙集合，夜里祈祷。

龙王庙在哪里？＝村子里没有。因为我们村地势比较低，所以没有祈过雨。也就是“锣鼓响落坏了侯家营赵家港”，所以不祈雨。

【和其他村的协作】

除了牌的关系，侯家营有和其他邻村共同协作的工作吗？＝没有。

道路的修整没有和邻村共同作业过吗？＝没有。

侯家营的人主要是和本村的人结婚，还是和外村的人结婚？＝因为是自由结婚，所以不一定。

和外村的人结婚的多，还是和本村的人结婚的多？＝和外村人结婚的比较多。因为侯家营几乎都是侯姓，所以和外村人结婚的比较多。

有和某个特定的村里的人结婚比较多的倾向吗？＝没有。

有和某个村子结婚比较多的情况吗？＝大体上和新金堡之间联姻比较多。

为什么？＝那个地方村子里的亲戚比较多。

一直以来都很多吗？＝慢慢变多的。

侯家营和新金堡之间有什么特别的关系吗？＝没有。

新金堡里主要都是什么姓氏的？＝邢姓和朱姓。

邢姓和朱姓是从哪个地方来的？＝不知道。

那个地方也是总兵建的村子吗？＝不清楚。

【和其他村的纷争】

村和村之间会产生各种各样的纷争吗？＝很少。

一般都是什么样的情况下会有矛盾产生？＝因为侯家营的人都很温和，所以没有过这种事情发生。

如果产生纷争，一般都是因为什么？＝地的边界纠纷和费用等。

费用纷争是指什么费用？＝借给其他村钱不还、赖账的时候。

如果有边界纷争、借钱纷争的时候由谁来仲裁？＝双方的保长和甲长等会出席调解。

如果调解不成功会怎么办？＝没有这种事情。

发生过其他村嫁过来的太太因为离婚而造成村与村之间产生纠纷的情况吗？＝很少。

是什么样的纷争？＝因为那种事情很少发生，所以不知道。

有见过其他村之间发生过这样的纠纷吗？＝哪个村子都是一样的。哪个村子都要脸面，所以不会发生这种纠纷。

原来村子里有段吗？＝没有。

知道段是什么吗？＝土地的划分。这一段的土地几亩几亩之类的。

【会底钱】

会底钱是什么？＝公会买的拿到桥上的庙里的香钱。

为什么要拿香到桥上的庙里？＝祈祷不降冰雹。因为本村没有那样的庙，所以一直到现在，都会拿香过去。

【看捐子】

看捐子是什么？ =看柳树的叶。现在柳树变少了。
现在也这么做吗？ =现在由乡丁来做。
怎么称呼那些看护的人？ =叫看捐子的。
看捐子的什么时候开始没有的？ =不清楚。很久之前就没有了。

5月26日

理事者　村费　会

应答者　侯振德
地　点　泥井镇乡政府
【甲长侯振德的家】
你有多大年龄了？ =38岁。
你是甲长吗？ =是的。
什么时候开始做甲长的？ =民国二十九年三月。
是谁任命你做甲长的？ =十家人选举出来的。
上过学吗？ =上过。上到村里的小学三年级。
职业是什么？ =百姓。
除了百姓之外，有其他的挣钱方式吗？ =利用农闲的时候，做些小买卖，卖梨、红薯等。
去哪卖？ =去附近的村子里。
去过满洲吗？ =去过两次。民国十三四年去，民国十六七年回来的。第二次是民国二十四年的时候去的，两年左右后回来了。
在满洲做什么？ =在绸缎店做学徒。
你现在是当家吗？ =不是。
谁是当家的？ =父亲。
你家有几口人？ =十口。父母、一个弟弟和弟媳、弟弟的三个孩子、两个妹妹、我（妻子死了）。
你的父亲、祖父等在村子里担任过什么职务的吗？ =父亲做过邻长。
什么时候？ =民国十二三年的时候。
祖父没有做过董事、村长、副村长吗？ =没有。
你属于侯姓的哪个门？ =三一门。
你家耕种了多少亩土地？ =30亩。
那30亩都是你们自己家的吗？ =不是。我自己家只有10亩。剩下20亩都是租借的。
【甲长的选举】
你是通过哪种方法被选举成甲长的？ =名字写在纸上选举的。

那之前也有甲长吗？ =有。

村子里从什么时候开始有甲长的？ =民国二十三年。

那之前的甲长都是怎么选的？ =都是一样的方法。

你成为甲长的时候，村子里所有地方的甲长也选举了吗？ =我所在地方的甲长不干了，所以只是我这个地方重新选举了。

那时候选举甲长的只有你一个人吗？ =是的。

在哪个地方选举的？ =乡政府。

乡政府在哪个地方？ =在原来学校的地方。

那时候都有谁来参与选举了？ =侯振瑞、侯振群、侯永明的祖母、侯永厚的母亲、侯永长的妻子、侯振山、侯元起、侯元东、侯元会、我的父亲。

那时候保长也在场吗？ =没有。

会上的人谁出席了？ =副保长和乡丁。

各自把名字写在纸上交上吗？ =是的。

让你做甲长是十家提前商量决定的吗？ =不清楚。

选举前有人和你说过让你做甲长的吗？ =有。

会上有人和你说过让你做甲长的话吗？ =选举之前，副保长把我叫过去，让我做甲长。被叫过去过几次，但是因为我不想做，所以回复说，选举结果是那样的话，做也行。

【甲长的职务】

甲长都做些什么工作？ =清查户口，有陌生人来的时候，向上面报告。

关于村里的事情会和保长等商量吗？ =在大乡制成立之前，征集村费的时候和保长商量很多。

大乡是什么时候成立的？ =民国二十九年。我成为甲长的时候开始组建，但是还没有开始处理事务。去年年初才开始办公。

从什么时候开始不再征集村费了？ =去年旧腊的时候开始，不再征收。

去年旧腊之前，保长和甲长主要都商量些什么事情？ =道路修理的人员派出，虽然有看青的，但还有人偷取农作物时的处理办法，还有关于村费的问题。

村子里的事务，保长不和甲长商量就能处理的有哪些？ =作物被少量偷盗时，保长自己简单地处理一下。修理道路不需要很多人时，例如每甲只需要一个人时，不和甲长商量，直接到甲里，通知让派出一个人。

【董事】

董事从什么时候开始没有的？ =我 10 岁的时候开始没有的。

为什么没有董事了？ =以前因为没有村长，所以大家就选举董事。后来有了村长之后，董事就没有存在的必要了。所以自然就没有了。

【邻长】

邻长是从什么时候开始有的？ =民国十四五年。具体不清楚。

邻长是做什么的？ =和现在的保长很相似。

村子里有几个邻长？=6个人左右。

除了邻长之外，还有其他处理村子里事务的人吗？=各族的老年人相互商量处理村子里的事务。但是这和会上没有关系，只是仲裁村子里的纠纷。

邻长做会上的工作吗？=做。

会上的工作，除了邻长做之外，还有其他人做吗？=乡长。

邻长是隶属于乡长的吗？=是的。

会上的工作主要是谁来做？=乡长和副乡长。

邻长是做什么的？=协助乡长的工作，和乡长商讨村费等问题。也会商量排水壕的挖掘等。

那时候有董事吗？=没有。

【十大门】

邻长是由谁来任命的？=十个大门投票选出来一个人。

十个大门怎么样分成一个个小组？=附近的门组成一组。

那时候十大门的组合和原来选董事时候的组合一样吗？=不一样。

【不交村费的土地】

你家的庄户地大概有多少？=2分左右。

那在地柳子上有记载吗？=有。

你家的10亩只是指耕种的土地吗？=宅地的2分也包含在内。

缴纳村费的时候，庄户地的2分也会上交一部分村费吗？=原来不需要缴纳，但是大乡制成立以后就开始缴纳了。

庄户地原来是不收取村费的吗？=是的。

你家有未耕种的土地吗？=没有。

完全不能耕种的土地，也需要缴纳村费吗？=不需要。

耕地里有墓地的情况下，缴纳村费的时候，会把墓地所占的亩数从总亩数中减掉吗？=不会。

一块土地都是墓地的时候，要缴纳村费吗？=不需要。

【土地的等级】

缴纳村费时候土地的上、中、下，和缴纳田赋的时候的上、中、下土地所缴纳费用的比例相同吗？=缴纳田赋的时候都一样。无论什么土地上交的费用都一样。

村子里土地上、中、下的区别，是从什么时候开始有的？=民国十几年的时候。

是由谁决定的？=村子里讨论决定的。

你知道当时讨论时候的情形吗？=有意见说，劣田和良田收取相同的费用不公平，所以就区分开来了。

知道那意见是谁提出的吗？=不知道。

那之前是不区分土地的上、中、下等级而分摊村费的吗？=是的。

【劳役、兵役的分配】

建立大乡前，县里有下命令让派劳力的先例吗？=不常有。

那时候采取哪种方法派出劳力？ =根据情况雇人去。

雇用侯家营的人去吗？ =不一定。

给雇用的人报酬吗？ =给。

由谁来支付？ =会上。

没有不雇人，让村子里的人家分摊派人去的情况吗？ =没有。

需要派出劳力的时候，不雇人，让村子里的人家分摊派人去的情况，现在有吗？ =最近在征兵了。

哪个地方的命令？ =昌黎县的。

去的人都做些什么？ =进入国家的军队。

侯家营需要派出几个人？ =一个。

县里有下达让侯家营派出一人的命令吗？ =县里把命令下达到第四区，然后通过乡里传达到侯家营。

有特意来下达让侯家营必须派出一个人的命令吗？ =有。

如果有人想去参军就去，难道不是这样的通知吗？ =不是。

村子里怎样选？ =因为上级命令让派出 20 岁到 30 岁之间的人，所以抽签决定。

难道不是保长和甲长讨论决定吗？ =不是。

村子里会给抽到签的那个人钱吗？ =不会。

可以不是本村的人，雇用其他村的人去参军吗？ =不可以。

其他村有这样的例子吗？ =不知道。

大乡有要求派出若干人修缮道路的事情吗？ =有。

那种情况下村子里要怎么办？ =敲锣要求每户派出一个人。也有一个甲派出一个人的情况。

难道不是土地持有多的人，要比持有少的人派出的人多一些吗？ =一户派出一个人。

难道不是如果有 10 亩土地的话去一次，20 亩地的话去两次这样吗？ =不是。

打更的时候怎么办？ =根据土地的多少。每 10 亩地派出一个人。

难道不是用和这相同或相似的方法处理道路修缮问题的吗？ =不是。

无论土地多少，去的次数都是相同的吗？ =是的。

【车的征发】

有大乡下达命令要求提供车的情况吗？ =有。

这种情况下，村子要怎么征集车子？ =让有车的人按顺序提供车子。

【开叶子】

有村里高粱的叶子可以任取的固定时间段吗？ =有。是“开叶子的时候”。

“开叶子的时候”是什么时候？ =视高粱的成长情况而定。

由谁来决定？ =保长们讨论决定，但是因为都已经是风俗了，所以到了那时候马上就知道了。

大体上是什么时候？ =只有 6 月的时候的一次。

从哪日开始到哪日结束？ =没有规定。

无论是谁家的土地都可以自由摘取吗？ =是的。

无论取多少都没有关系吗？ =取多少都行。

摘取什么样的叶子有规定吗？ =有。

其他村的人也可以摘取吗？ =没有关系。

本村的人去其他村子里摘取也可以吗？ =只要是摘取的时期，即使是其他村也没有关系。

其他村的人，无论是哪个村的人都可以吗？ =不是。

【拾取落穗】

收获以后，村民们可以自由拾取落在地上的东西吗？ =是的。

无论是什么都可以吗？ =是的。无论是什么作物都可以。

即使是其他村的人也可以吗？ =是的。

【作物损失赔偿】

有看青的时，如果作物被盗，看青费还会按照约定全额支付吗？ =不会。

扣除的看青费数量怎么决定？ =只扣除被盗的那部分作物的价值。

有没有被盗作物的价值比看青费还高的情况？ =不知道。

扣除被盗部分作物的价值之后，看青费所剩无几的时候，仍旧按照损失部分的全额扣除吗？ =是的。

看青期间，本人可以随意收获自己家的作物吗？ =不可以。

本人取走的时候，会遭到看青的拒绝吗？ =因为还不成熟，所以不会采收。

会预先决定从什么时候开始收获吗？ =不会。

从什么时候开始收获，是由个人自己决定吗？ =是的。

那时候会告知一下看青的吗？ =没有说的必要。全凭自己随意处置。

【看青的范围】

侯家营看青的时候的范围每年都是固定的吗？ =是的。

没有改变过吗？ =每年都不变。

一直以来没有变过吗？ =没有。

侯家营一直以来看护的土地由其他村的人耕种，但是地主仍旧是本村的人时，侯家营看青的还要看护那块土地吗？ =是的。

地主仍旧是本村人，但是由他村人耕种的时候，看青费谁支付？ =因为是侯家营的人，所以还是由本村来支付。

土地卖给了外村人，而且由外村人耕种的时候，谁支付看青费？ =购买了那块土地的人把看青费交给侯家营。

那费用是去其他村收取吗？ =有去其他村收取的，也有自己把费用带过来的。

有那样的先例吗？ =有。

【看圈】

看青的看护的区域有什么特别的称呼吗？ =叫“看圈”。

还有其他的叫法吗？ =没有。

知道交界这个词吗？ =交界就是边界。

侯家营有交界吗？ =有。

侯家营的交界和看圈一样吗？ =一样。

侯家营的交界是从什么时候开始有的？ =从很久之前就有了，所以不清楚具体从什么事开始有的。

邻村的看圈内有本村人的土地时，邻村的看青的会一起看护吗？ =会的。

看青费要交给邻村吗？ =是的。

紧挨着的看圈内有各个村的村民的土地时，双方的村子会把看青费相互抵销吗？ =没有过那样的先例。

【连圈】

知道连圈这个称呼吗？ =知道。

那是什么？ =侯家营的村民所持有的土地有在附近圈内的土地里的，邻村人所持有的土地有在本村圈内的时候，两个村相互看青的情况叫作连圈。

和侯家营连圈的村子在哪儿？ =泥井、赵家港、崔家坨 3 个。

这四个村会互相把需要支付各村的看青费先收齐，然后相互抵销吗？ =不会。

如果侯家营圈内的土地有属于泥井村民的情况，侯家营会直接向那人收取看青费吗？ =侯家营会直接找那个人收取。

难道不是泥井先收取，然后交给侯家营吗？ =不是。

知道现在的保长选举时的情形吗？ =不知道。

【村民的等级区分】

村子里某些家属于一户，某些家属于二户，有这样的区分吗？ =有。

怎么划分的？ =一般根据持有的财产，分为甲、乙、丙三等。也称作头等户、二等户、三等户等。

是根据持有土地的亩数来决定的吗？ =是的。但也没有非常明确的划分。就是大体上那样。

从什么时候开始这样区分的？ =很久以前。

甲、乙、丙是从什么时候开始出现的？ =在保甲册上是第一次出现。

【香火会】

村子里有什么会吗？ =5 月 5 日会到桥上举行香火会。10 月 15 日会到昌黎北山的水岩寺举行香火会。

侯家营有香火会吗？ =10 月的时候村子里会有。村民有加入会的，也有没有加入到会里的。加入会里的人叫作“在会的人家”，没有加入到会里的人叫作“不在会的人家”。在会的人家，在 10 月 15 日前一天，会“给片”交钱，抽中签的人会用那钱在家里请大家吃饭。到了第二天，大家敲着锣和大鼓，去北山的水岩寺祭拜。5 月 5 日的那次，为了参加桥上的香火会，侯家营也建了香火会。大体上和上述差不多。但是，那次不请吃饭。

加入香火会的人多吗？ =不多。

大概有多少人加入？ =每年都会改变。加入的都是男人。

【坟会】

除了上述提到的会之外，还有其他的会吗？＝还有坟会。

那是什么会？＝为了清明节祭祖时组建的会。

村子里有几个？＝所有姓都有。户数少的没有。除了侯、王、刘姓之外其他姓氏的也有。

一个姓一个吗？＝当然。

即使是同姓的人也有没加入的吗？＝没有。大家都会入会。

除此之外，还有其他的会吗？＝没有。

知道钱会吗？＝知道。但是本村没有。

有类似于钱会的会吗？＝没有。

【差钱】

知道差钱这个称呼吗？＝知道。

是什么？＝归官庄花的钱。

大乡征集的钱叫作差钱吗？＝也叫差钱，但是现在叫作“乡亩捐”。

村子里收取的费用，叫作差钱吗？＝也叫。

县里征收的钱也叫差钱吗？＝是的。

钱粮也叫差钱吗？＝不叫。

应答者　侯瑞和（乡丁，39岁）

【乡丁的家】

多大年龄了？＝39岁。

在哪个学校上过学？＝本村的私塾。

什么时候开始做乡丁的？＝大约一年前多一点的时候。

父亲、祖父在村子里担任过什么职务吗？＝父亲没有做过，但是听说祖父从前在会上担任过什么职务。

去过满洲吗？＝20岁到31岁之间都待在满洲。

家里有几口人？＝八口。父母、我和妻子、三个儿子、一个女儿。

耕种了几亩地？＝13亩。

全部都是自己的吗？＝是的。

没有从别人那里租赁吗？＝没有。

村子里从什么时候开始有乡丁的？＝5年前。

【乡丁的工作】

乡丁的工作是什么？＝村子所有的事情都做。并负责向村民们传达消息。

现在多由谁处理村子里的各项事务？＝保长、甲长。如果保长不在的话，就由乡丁代理各项事务。

【副保长】

副保长都做什么工作？＝虽然有副保长，但是几乎不处理事务。因为他家里贫穷，所以夏天的时候都不在村子里，只有冬天的时候才会帮忙处理一些事务。

夏天为什么不在村子里？ =因为他在承包苦力，所以夏天的时候会去七里海。

做什么苦力？ =挖掘水田的水沟。

副保长是谁选的？ =村民们。

什么时候选的？ =两年前。

副保长是谁？ =孔子明。

孔子明家有多少土地？ =沙地十三四亩。

从祖上的时候开始，家里土地就不多吗？ =之前比这多一些，但是好像卖掉了。

村民们为什么选孔子明为副保长？ =因为在奉天的店里工作过，所以很是能说会道。

【甲长】

甲长是做什么工作的？ =指挥十户的棒子队。

保长在处理村子里的事务的时候，会找甲长商量吗？ =只有一些重要事务，会找他们商量。

比如说什么样的事情？ =上面下达高秆作物不准种在道路两边的命令时，保长会找甲长商量要怎么办。

收取村费、派出劳力的时候，会和甲长商量吗？ =会的。

如果保长不去找甲长商量，甲长会对村子里的各项事务提出建议吗？ =不会。

甲长们聚集起来讨论事情，只限于被保长召集的时候吗？ =是的。如果保长不叫他们，他们是不会来的。

甲长是怎么任命的？ =十家人选举决定。

选举之前，保长会建议十家的人们选举某某人吗？ =不会。

【村费】

村子里现在还收取村费吗？ =不收了。

从什么时候开始不收取的？ =今年的 1 月。

那村子里的花销要怎么办？ =没有花销。

一点也没有吗？ =没有。

如果村子里又需要用钱的时候怎么办？ =没有需要用钱的事情。

直到去年都一直在征收？ =是的。

收取的村费主要都用在了什么地方？ =打更的、看青的费用。香火会也需要稍微支出一些钱。

接待费怎么办？ =不过是一些茶和烟之类的东西罢了，不值一提。

上面有人来的时候不请客吃饭吗？ =没有人来。

去年村子里大概有多少村费？ =一亩地 80 钱左右。

如果村子里有 20 顷以上土地的话，村费大约会接近 2000 元，那些钱主要都花在了哪里？ =具体不清楚。去年明明是在泥井建学校，村子里提供车子的时候，村费大部分都请那些提供车子的人吃饭了。

去年大乡又另外收取费用了吗？ =是的。

去年，大乡一亩地大约收取多少费用？=一亩地2元30钱。

去年收取村费的时候，下地三亩是换算成一亩收取费用的吗？=是的。

大乡呢？=无论什么样的土地，大乡都是做为一亩地来收取费用的。

【劳役的分配】

村子里需要派出劳力时，怎么在村民之间分配？=根据情况而定，按户的时候，每家派出一个人。不是这样的时候，按土地持有的亩数决定。

哪种方式比较多？=按户派人比较少。

按土地亩数分摊的话，要多少地分摊一个人？=10亩地一个人。

那种情况，也是两亩中地按照一亩地来计算吗？=这种情况没有上、中、下之分。

根据亩数分摊的时候，村子里有什么账簿吗？=没有。

那岂不是不知道每户有多少亩数吗？=提前登记到条子上。

分摊打更人的时候，也是按照亩数吗？=也是10亩地分摊一个人。

这时候，土地还有上、中、下的区别吗？=没有。所有地的一亩地都按照一亩地来计算。

从今年开始，看青费怎么办？=还没有商量。

关于这方面没有设立青苗会吗？=没有。一直以来都没有。

大乡成立以后，关于村子事务方面有什么变化吗？=以前的事情不清楚，但是和去年大体上没有什么变化。

【村子的理事者】

保长是从什么时候开始有的？=两年前。

那之前处理村子事务的是谁？=乡长。

除了乡长之外还有什么？=副乡长、十家长、书记、乡丁。

乡长是从什么时候开始出现的？=大概8年前左右。在那之前是村长。

有乡长前不叫村长、副村长吗？=叫村长或村长、副村长。其他的就不清楚了。

有村长和副村长之前呢？=不清楚。

【乡和保】

现在隶属于乡下面的都有什么？=保。

县里给保下达什么命令时，是通过乡转达吗？=是的。

通过乡直接到保吗？=是的。

联保公所是什么？=保甲制的一种。

联保公所是做什么的？=什么都不做。只是和保甲有关的事情都是在那里处理。

乡里有什么命令的时候，是先通过联保公所再下达下来吗？=是的。

村子里的工作大部分是由谁来做？=几乎都由保长来做。

关于大乡制村民们好像有各种不满，是这样吗？=这事谁也不会说。

（下面是和应答者闲聊的时候，记录的本村的娱乐活动）

【灯会】

正月十五日的时候，村民各家各户会点上提灯。

【太平歌——秧歌】

在正月举行。今年虽然没有举行，但是去年有。从村民那里各家各户收钱，雇用音乐队，村里的男人们穿着演出服跳舞。

【纸牌局】

一种中国扑克牌。可以赌钱。平时没有，只有正月的时候才会被允许来玩。

【下象棋】

夏天的傍晚的时候近邻会一起玩。

【鼓会】

与香火会有关的会。在 10 月 15 日去昌黎县北山水岩寺祭拜前的两头，和 5 月 5 日去桥上的龙王庙里祭拜前的两头举行。也就是说 10 月 13 日、14 日两夜和 5 月 3 日、4 日两夜举行。让 10 名甚至 20 名孩子拿着三角形的旗子（上面写有风调雨顺、国泰民安等）走在村子的街上，前面敲着锣、太鼓等，村子里跳舞好的人在前面跳舞。5 月 3 日、4 日时候的鼓，会比 10 月时候的更加热闹。以上提到的各种经费都由会上支付。

【吃食】

是和 10 月 15 日的香火会相关的活动。只有 10 月 15 日去昌黎的北山水岩寺祭拜的那次，大家会一起在前夜，也就是 10 月 14 日晚上，吃素食。经费的大部分由会上承担，不足的部分由参加聚餐的人承担。之前不过是 10 钱、20 钱罢了，但是去年每人交了 70 钱，会上只提供了 12 元。参加聚会的，一般都是 24 人。只要在规定的人数范围内，谁都可以入会。只有参加聚餐的人，翌日才会去水岩寺祭拜。5 月 15 日的时候就没有聚餐了。因此 16 日去龙王庙祭拜的人数不限。

（一）户口和姓名户数（来自民国三十年制成的保甲册）

户数 114 户

人口男约 350、女约 330

性别户数侯姓 84 户；刘姓 10 户；王姓 6 户；陈姓 5 户；孔、齐、萧、傅、池、李、才、费、叶姓各 1 户。

土地所有关系（来自民国三十年本庄地亩册）

本庄人所有地亩面积 2979. 25 亩

土地所有户数 108 户

拥有亩数分类户数

户数	5	19	29	22	15	5	2	2	3	0	1	1	0	0	0	1	2
亩数	5亩以下	10亩以下	20亩以下	30亩以下	40亩以下	50亩以下	60亩以下	70亩以下	80亩以下	90亩以下	100亩以下	110亩以下	120亩以下	130亩以下	140亩以下	150亩以下	160亩以下

（三）团员注意（注：保甲自卫团所有棒子队的规则）

丢军帽一个赔偿国币一元
丢背章一个赔偿国币二角
损坏棒子一根赔偿国币八角
（乡丁如不报告自行赔偿）三时交保甲所
三时添购保长押
九月初十日
以阴历八月十七日往下以换岗为限
帽子背章往下互相交换倘有不遵定罚大洋两元以补前丢失之需切记诸位出力
民国三十年八月初七日

（四）泥井镇公所预算决算比较表
（民国三十年度）

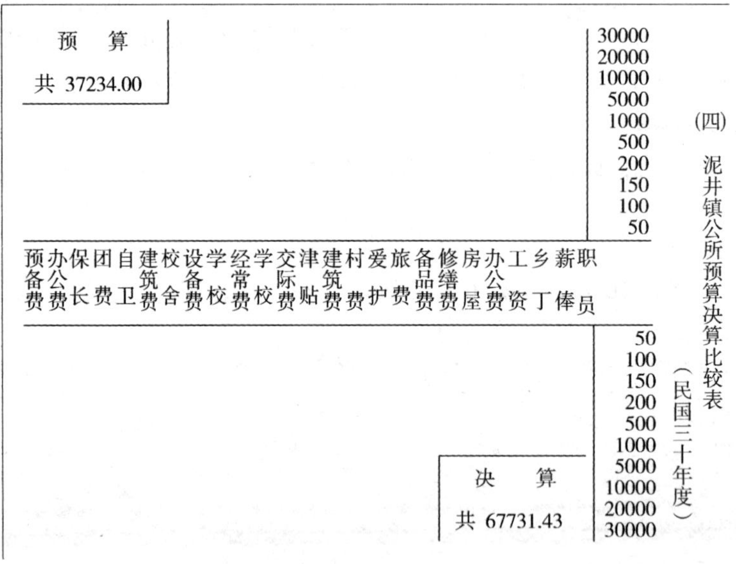

（五）第四区全乡农村状况一览表
（民国三十年度）

乡别	耕种地	人口（男）	人口（女）	主要农作物	产量	主要农作物	产量
泥井乡	32559	4243	3892	高粱	2400石	玉蜀黍	2000石
周林乡	28482	3895	3679	高	1280石	玉	755石
莫各乡	31504	3284	3226	高	365石	玉	74石
施各乡	29131	2824	2730	高	1421石	玉	610石
会君乡	2366	3457	3447	高	5400石	玉	1080石
腾远乡	17700	1966	1983	高	973石	玉	602石
上庄乡	24650	2920	2784	高	1908石	玉	724石
王官乡	28000	2890	3116	高	3541石	玉	886石
林子乡	57347	3153	3214	高	1698石	玉	680石
刘台乡	31650	3565	3378	高	2866石	玉	714石

1942年10—11月

（华北农村惯行调查资料第100辑）

村落篇第13号　河北省昌黎县侯家营

调查员　旗田巍

翻　译　郭文山、姜佑用

10月30日

庙

应答者　侯定义（很善良的一位老人，看起来很闲。每天我们去村子的时候，都会在庙里等着我们）

【老爷庙、财神庙】

在侯定义的引导下，我们参观了老爷庙。老爷庙也可以称为财神庙和西大庙。坐落在村子里的西侧，是一座两间约4平方米大小的小庙。里面放有财神和关帝两座像。内有一块用大字写着"宫国佑民"四字的匾额。是同治九年，侯廷柏、侯廷相供奉的。两个人是兄弟，又同是本村的会头。廷相有宝馨、宝臣、宝山（死亡）三个孩子。廷相有一个孩子宝田，两个孙子稽增、少增。除此之外还有一个匾额。上面写有大字体"相府权衡"四个字。是同治二年，阁会供奉的。据侯定义说，因为是全村人出钱挂匾，所以称为阁会。会是指聚集全体村民，或者指村子全体，和公会是一样的。

庙那一侧的路边，立有长约6尺，宽约3尺的石碑。刻有碑名"重修财神庙并创立关胜帝君庙碑文"。根据碑文，该石碑是同治四年阴历二月建立的。上面有作为监理人、督工人的侯景圣、侯平保、侯万年、侯定邦、阁会等人的署名。碑文由恩援从九品侯景圣所写。据侯定义所说，所有名字都是当时会头的名字。碑文中可以看到"我侯总旗营旧有财神庙"这样的句子。听说碑的背面写有庙建立费用捐赠者的名字，但是没有看到。这个庙原来是建在现乡公所所在的地方，最近才搬到这里。（以下是和侯定义之间的问答）

这个庙原来叫作财神庙吗？＝是的。

除此之外没有老爷庙了吗？＝财神和老爷，都在同一个庙里，中间用一个隔板隔开。

庙的名字叫什么？＝财神庙或者老爷庙。

财神和老爷哪个存在的时间比较久远？ =都一样。

【庙的迁移】

庙是什么时候从这里（乡公所）迁移到现在的地方的？ =民国二十八年。

为什么要迁移？ =为了建乡公所和学校。

转移前庙的情况和现在一样吗？

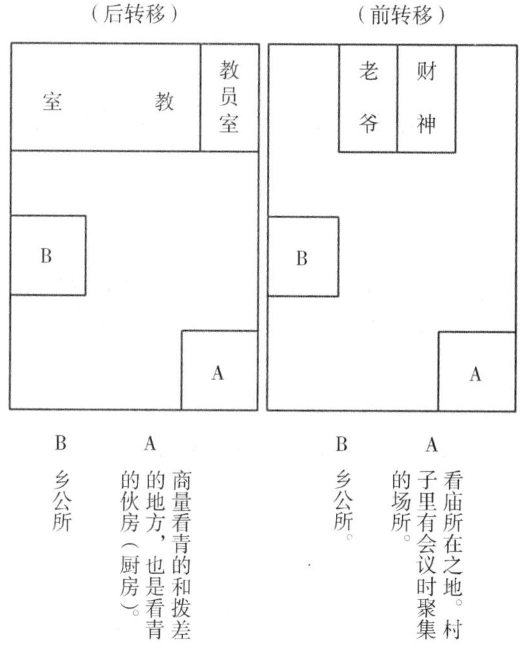

译者注：图表下方文字从右往左依次翻译为 A 看庙所在之地。村子里有会议时聚集的场所。B 乡公所。A 商量看青的和拨差的地方，也是看青的伙房（厨房）。B 乡公所。

庙迁移到现在所在地的原因是什么？ =风水比较好。

是谁让迁移的呢？ =乡长侯全武。

现在的庙叫作什么？ =财神庙或老爷庙。

一般叫作什么？ =西大庙。

有人反对迁移吗？ =没有。侯全武已经死了。

是因为迁庙受到惩罚才死的吗？ =不知道。

有人这样说吗？ =没有人说。

村民们有因为迁庙的事聚集起来过吗？ =有。

在哪里聚集？ =庙。

有很多人来吗？ =是的。侯全武把大家都叫到一起，说因为要盖乡公所和学校，所以要把庙迁走。

女人也去吗？ =女人不去。

一户来一个人吗？ =大家几乎都来了。乡丁通知各户会议的内容了。

当时保甲制度开始实施了吗？＝是的。

保长和甲长来了吗？＝来了。

除此之外的人呢？＝不来也行。

没有反对者吗？＝只要是侯全武说的，什么都能通过。

【财神】

什么时候给财神烧香？＝9月17日财神生日的时候、正月十五、二月初二日。还有孩子生病的时候。那时候会供奉蜡烛和灯。

祭祀财神会有什么好处？＝家庭和顺，孩子的病会痊愈。

不能生财吗？＝不能。如果祭财神就可以生财的话，那么村子里应该就没有穷人了。

家里也祭财神吗？＝不。

财神会惩罚人吗？＝不会。

【老爷】

什么时候祭祀老爷？＝6月24日。除此之外还有过年、正月十五日、二月初二日。

6月24日会吃饭吗？＝办公的人会在乡丁家烹调猪头吃。

【聚餐】

还有其他吃猪肉的日子吗？＝9月17日吃羊肉和粉豆腐。

办公的人都是谁？＝办事的人。有什么事情的时候，调配村民们的人。

现在都有谁？＝保长和甲长。

今年的9月17日都有谁吃羊肉了？＝保长和乡丁。加上其他的为了挖壕而外出的三四个人。

从你小的时候开始，6月24日和9月17日一直就是吃猪肉和羊肉吗？＝是的。

原来也是只有办公的人们吃吗？＝是的。

办公的人以外的人不吃吗？＝原来9月17日的时候，大伙会聚集起来，摊钱吃猪肉。

现在也是这样吗？＝现在不是了。现在只有办公的人吃。

原来6月24日的时候，大家也会一起摊钱吃猪肉吗？＝一直以来都没有。

原来9月17日的时候，是在庙里吃猪肉吗？＝在庙里或者乡丁的家里。

吃猪肉这个活动叫作什么？＝“祭财神”或者“祭老爷”。

办公的人吃猪肉所花的钱从哪里支出？＝由公会支付，不足的部分大伙摊钱。

公会支出，是指公会到了时，收钱的意思吗？＝乡长（现在是保长）会拿出五六元钱给办公的人。

保长是拿自己的钱给他们吗？＝不是。是公费。

那些钱是从村民那里收取的钱吗？＝是的。也有保长先垫付出来的情况。

9月17日大家一起摊钱吃猪肉是从什么时候开始没有了？＝乡长被废除，有保长的时候。

是事变以后吗？＝是的。

为什么？＝侯全武把它废除了。

原因是什么？＝说没有必要大家都聚在一起，三四个人就够了。

是因为需要花钱的原因吗？ = 又花钱，又必须得把人们都聚集起来。

难道不是因为警察禁止人群的聚集吗？ = 不是。

9 月 17 日是收获结束以后吗？ = 是的。

那时候大家都聚集起来开心吗？ = 开心。

因为聚会被废除，有人有意见吗？ = 没有。

【看庙】

看庙从什么时候开始的？ = 乡公所建成以后由乡丁照看，之前都是看庙的人看护。

都有谁看过庙？ = 侯姓和池姓。名字不记得了。

看庙的人是单身吗？ = 是的。会里会支付给他钱。

看庙的人都做些什么工作？ = 摆放庙里祭祀的供品，打扫庭院，村子里有什么事情了负责跑腿。

和现在的乡丁的工作一样吗？ = 是的。

看庙的是一个人吗？ = 是的。

是穷人吗？ = 是的。

会让他耕种会里的土地吗？ = 会里没有土地。

6 月 24 日的祭祀活动叫作什么？ = 纪念老爷。

9 月 17 日呢？ = 纪念财神。

事变之前纪念老爷的时候，由谁处理各项事务？ = 会头。

纪念财神呢？ = 会头。

民国以前呢？ = 会头。

现在呢？ = 现在不叫会头叫甲长。原来叫会头，接下来是村长、副村长，然后是乡长，再接下来是保长。

【祈愿】

祭祀老爷有什么好处？ = 保佑永远无灾，平安。

是一家，还是全村都能永远平安无灾？ = 可以保佑一乡。

财神呢？ = 一样。

祈祷的时候，是祈祷一家平安无灾，还是全村都平安无灾？ =6 月 24 日和 9 月 17 日的时候，会祈祷全村的人都平安无灾。其他的时候只是祈祷一家平安。

6 月 24 日和 9 月 17 日的时候，是全体村民一起去庙里祈祷吗？ = 原来是会头，现在是由保长作为代表去祈祷。

其他的人不去祈祷吗？ = 其他的人只有在有病等的时候才会去，6 月 24 日的时候不去。

【五道庙的祭神】

（村子东侧一间四方大小的小庙。连神像都没有。）

五道庙是祭祀什么的？ = 山神、土地爷、小鬼、判官、农神。

村民们都知道那五个神仙的名字吗？ = 知道。（其实我也不是非常清楚，想半天也就上面那样。小鬼估计就是南海大师。）

现在里面完全没有供奉神像，是一直以来都没有吗？＝五六年前庙坍塌以后，修理的时候没有画神像，所以现在什么也没有。原来有神的画像。

【山神】

山神是什么神？＝防范狼、豹、獐的神。

山神是野兽吗？＝画像是人。

【土地爷】

土地爷是什么？＝地方。

土地爷是做什么的？＝是城隍庙的地方。死人的时候会到城隍庙通报。

做坏事的时候，土地爷会来把人招走吗？＝如果有做坏事的人，土地爷会将之通报到城隍庙，然后城隍爷会命令小鬼和土地爷一起来把那人的魂魄带走。魂魄到了城隍庙之后，城隍爷会询问判官那人的寿命是否已到。判官会根据持有的写有姓名和寿命的账簿（生死簿）来回答。

即使魂魄被土地爷带走，如果和生死簿上的寿命不符，那人会死吗？＝寿命不到魂魄，是不会被带走的。

一旦做了坏事，土地爷会马上来带走那人的魂魄吗？＝如果做了坏事，即使生死簿上写的寿命是80岁，也会有30岁时魂魄就被带走的情况。如果30岁魂魄就被带走，那么，那人会在另一个世界转世为兽。如果做了好事，那么来世会获得幸福。

这些是由谁来决定的？＝城隍爷、土地爷、判官。

坏事是指什么样的事情？＝城隍庙有十个门，人死后的100天会分成10个时间段，从这十个门通过。通过这十个门之后，投胎转世为好人。因此为顺利通过十个门，就会给死去的人烧纸。

做什么坏事会变成兽？＝杀人、防火、偷人东西、强男霸女、路途腰接。

强男霸女是什么？＝男的卖掉或强奸别人的女儿。

路途腰接是什么？＝强迫过路的人。

不孝顺父母呢？＝打爸骂妈也是不好的。像上述提到的那样，做了坏事是要被摘掉眼睛或耳朵的。

上述提到的那些坏事，哪个是最恶劣的？＝打爸骂妈情节稍微轻一些。

做了好事，来世会获得幸福，那个好事是指什么？＝不搬弄是非、救济人、做好事、帮助人、不说别人坏话、良心劝人。

哪个是最好的？＝帮助人和做好事。

【农神】

农神是什么样的神？＝保护地里的青苗、防范虫灾、该种地的时候让庄稼人种地。

作物长大之后也会帮忙保护吗？＝打锣烧香的话，会帮忙看护。

收成好的时候，会有什么灾害发生吗？＝不会。只是护持。

该种地的时候，如果不种会受到惩罚吗？＝农神不会惩罚人，人死之后，会由土地爷来施以惩罚。

【祈雨】

有龙王吗？ =没有。

不祈雨吗？ =有时候会。

祈雨的时候，向谁祈求？ =会到五道庙和老爷庙烧香叩头。各家都会贴上写有“九江八河五湖四海井泉龙王”字样的黄纸。每一口井都有井泉龙王，每年的二月初二日都会祭祀龙王。

祈雨的时候，会去其他村的龙王庙吗？ =只要有井就去。祈雨的时候无论是村里的哪个庙、哪口井都会烧香叩头。

如果作物收成好的话，神会降灾下来吗？ =不会。作物收成好，是因为神高兴让其好的。

【恩惠】

有降灾的神吗？ =没有。如果有那样的神的话，也不会祭祀他。

有得到神帮助的例子吗？ =有。农作物如果收成好的话，会给他们烧香叩头。

有因神的帮助，疾病得到治疗的例子吗？ =有。如果痊愈了会向财神和老爷供奉黄色的布。

天旱的时候，祈祷特别多的人收成会比较好吗？ =只是一家的话是不可以的，不是全村的人祈祷，是没有效果的。

因为想要钱而祈祷，并且如愿的情况有吗？ =没有。如果那样也可以的话，那就没有穷人了。

山神不能防范土匪吗？ =不能。

本村来过土匪吗？ =没有。

土匪来到村子附近的时候，会去庙里祈祷吗？ =会的。

向什么祈祷？ =去两个庙里祈祷。

【五道庙的钟】

五道庙的前面有座钟，钟上有以下文字。 =永平府昌黎县后总旗营合庄人等五道庙造钟一口五十斤嘉庆十二年四月吉日立匠人孙好良

接下来列举费用负担者名字。

侯　贵	刘中道	侯维让	刘起凤	侯平如	刘中立
刘中兴	刘　永	刘中凯	侯　云	王　立	侯思朋
侯继宁	侯思杰	侯继凤	侯维杰	侯继绪	侯景礼
侯继荣	王　正	池元美	池元凤	池元就	侯维福
侯继路	侯　利	侯思英	侯维程	侯平程	侯平重
侯平和	侯　镇	侯维财	侯平正	侯　凤	侯维国
侯维永	侯维文	侯维武	侯维智	侯维臣	侯维岳
侯平安	蔺明公	侯万苍	侯维治	孔明铎	孔明佩
孔　英	孔　俊	侯　明	池　章	池元魁	王　用

王　献	侯　铭	侯　锦	侯平修	侯维则	侯　朱
侯　垣	侯　景	侯　宽	侯平恒	侯维公	侯平均
侯维善	侯平慎	侯维多	侯思忠	侯维富	侯思德
侯维昌	侯万富	侯万财	侯思敬	侯思仆	侯继永
王　富	王　书	侯　锡	侯维美	侯维嘉	

上述人们包含当时全村各家各户的人吗？＝村民们的名字都在上面。

现在村子里有的，没有包含在这里面的姓有哪些？＝后来迁移都这里的人们。

这个钟是五道庙建成的时候做的吗？＝是的。

在这之前有五道庙吗？＝没有。

10月31日

庙额　诉讼　通奸事件

应答者　孔子明（43岁）

地　点　萧惠生家

【孔子明的经历】

什么时候去的满洲？＝15岁的时候。民国四年。

什么时候回来的？＝民国二十三年。

做过乡长吗？＝做过三年，民国二十五、二十六、二十七年。

做过保长吗？＝从民国二十八年开始到民国三十年。

现在做什么？＝在家种稻田。

在满洲的时候做什么的？＝在奉天的福来永钱铺（银行）做经理。

【学习】

这里这么多书，你都读过吗？（孔子明把我们领到萧惠生的家里，在萧惠生家里接受我们的询问。因此把萧家错认为是孔子明的家，并误以为这些书是孔子明的。孔子明毫不介意的回答这个问题，好像这些书是他的一样。）＝有读过的，也有没有读过的。诗书读得多一些。也读百家姓、三字经、大学、中庸、上论语、下论语、上孟子、中孟子、下孟子、告子、诗经（四本）、易经（一本）、左传（八本）等。

是跟谁学习读这些书的？＝侯元勳。（已经去世）

那人是开私塾的吗？＝从同治开始到光绪，开了50多年的私塾。光绪年间皇上赐他恩贡进士之位。我的同龄人们都是跟着他学习的。

那人做过村长和会头吗？＝没有。只是教书。

【庙】

庙前的两根旗杆上面挂旗子的时候，旗子上面写什么字？＝在贡布上写上“风调雨顺”“国泰民安”。

什么场合要挂旗子？ =过年和过五月节的时候。

一直以来都这样写吗？ =是的。但是现在大家都不再信庙，所以就不再挂旗子了。

五道庙和老爷庙都是从很久以前就有了吗？ =五道庙更久远一些。

老爷庙是什么时候建成的？ =具体不是很清楚，但据说是在五道庙建成一两年之后修建的。

哪个更能得到大家的信仰？ =财神老爷庙。

到老爷庙烧香的人很多吗？ =是的。

【校董】

一般叫老爷庙还是财神庙？ =老爷庙。民国二十七年，我做乡长的时候迁的庙。当时我还兼任校董。

校董是做什么的？ =一个村子有3个校董，叫作先生，负责管理工资和食物等。

剩下的那两个校董是谁？ =萧惠生和侯全五。

他们是会头吗？ =是的。迁庙是3个人讨论决定的。

迁庙的时候有人反对吗？ =没有。

应答者　侯定义

【侯元铭家的匾额】

侯元铭家入口处挂有一个很大的木制匾额。是别人赠送给他祖父的匾额。右侧写有“大乡望侯公定起字兴邦政”字样，正中央横着写有“一乡善士”四个大字。左下部分，写有赠送匾额的人们的名字。名字如下所示：

卷

乡友族

恒增薄　陈雨春　侯俊魁　侯承川
信德和　孔进禄　侯廷赞　侯俊英
信和堂　侯长赞　侯廷武　王化祥
王慎修　侯长瑞　侯俊有　全盛号
曹克庄　侯万户　侯廷举　朱德书
王作起　侯万盛　侯万春　朱贵深
王作武　侯元勳　侯正邦　侯廷柏
王作东　侯廷凯　侯有邦　侯俊贵
王作富　侯廷相　侯长惠　侯俊盛
池水宽　侯凤吉　杨鹏祥　侯定芳
顿首拜

关于这个匾额，侯定义解释如下：

这大约是60年前的东西。侯定起在中后所县（现在的绥中县）商店上班。即使店主给的工资变少了，他也没辞职，是一个非常勤劳的人。他一年回一次村子，给叔父钱，帮助村子里贫困的村民。村子里有村民去中后所县时，他总是给那村民提供食宿，帮忙找工作。村民们称之为德，赠送他匾额。

应答者 孔子明

【匾额的由来】

这个匾额，是上面刻有名字的那些人出钱做的吗？＝是的。里面还有本村以外的人。

眷乡是什么意思？＝村子里的人的意思。

眷友是什么？＝朋友的意思。是指外村人恒增薄、信德和、信和堂、王慎修、曹克庄五人。

眷族是什么？＝同族。

恒增薄是哪里的人？＝崔家坨的人。

信德和呢？＝团林人。

信和堂呢？＝团林人。

王慎修呢？＝王官营的人。

曹克庄呢？＝崔家坨人。

这些人之间有什么关系？＝他们都是受到过帮助的人。

剩下的人也是在中后所受到帮助的那些人吗？＝不是。因为侯定起的儿子寿山（元铭的父亲）为村子做了很多贡献，所以本来是应该献给他的，但是因为父亲定起还活着，所以就为定起悬挂了牌匾。因为定起不在村子里，所以和村民们没有什么关系。

侯寿山做了什么好事？＝劝阻吵架，帮助穷人，打官司的时候做仲裁等。

他在村子里吗？＝是的。他是村长。

什么时候做的村长？＝光绪、宣统年间的村长。直到民国三年死之前，他一直是村长。

匾额是他死后送的吗？＝不是。是光绪年间，他还活着的时候送的。人死后，不管他生前做了多少好事，都是不会送匾的。活着的时候，为了让那人有面子才送匾，是一种风俗。

外村的那5个人得到了什么帮助？＝崔家坨、团林、王官营都是附近的村子，其他莫各堡（现在的第四区）的人也是得到了他的帮助。比如说崔家坨和王官营有纷争的时候，侯寿山会做说合人。

【牌、堡、班头】

莫各堡是一个牌吗？＝不是。是六牌半。侯家营、赵家港、泥井、张家坨、莫天庄、冯庄、杨庄为半牌。半牌由一个地方来管理。

堡从什么时候开始没有的？＝民国元年公安局成立以后有，之后变成区了。公安局成立时，一个村派一个巡警，一个区选出一个区官。那个人就是公安局长。

清朝时期的堡是做什么的？＝县里有七个班头，一个班头管理一个堡。

班头是做什么的？ = 如果有人打官司，班头下面的小班会下发传票，打官司的人到班头那里提起诉讼。然后班头写好呈子送到县长那里。到了民国时期，金县长废除班头，创建了公安局。支付给巡警的工资，一律按每半牌相同的金额分摊。

半牌里有牌长吗？ = 没有。

牌里上交的钱怎么分摊？ = 按照侯家营五里庄、泥井一个庄、赵家港五里庄、张家坨一个庄、莫天庄一个庄、冯庄五里庄、杨庄五里庄来分摊。

牌从什么什么时候开始没有的？ = 民国二十八年大乡建成之后。

现在的大乡是半牌吗？ = 不是，新增了牛心庄、崔家坨、陈官营。

【会头】

名字刻在匾上的那些人都是会头吗？ = 外村的那些人都是会头。但是本村人里面有不是会头的。

会头都有谁？ = 陈雨春、孔进禄（我的祖父）、侯长赞、侯廷相。当时小乡有 4 个会头，大乡有 8 个会头。

当时的会头有委任状吗？ = 没有。只是由村子里的人决定的。

当时有村长吗？ = 有。是侯寿山。

有副村长吗？ = 有。是侯定武。

村长、副村长也是会头吗？ = 是的。有事的时候，由他们 6 个人处理。

孔进禄是代表孔姓的会头吗？ = 不是。孔姓只有一户。会头是 20 家或 15 家的代表。

会头是由 20 家或 15 家选出来的吗？ = 有 20 家或 15 家的人们商量决定由谁来做会头。

那个商谈叫作什么？ = 合议或会议。

不是由村长指名的吗？ = 不是。

连着的 20 家或 15 家组成一个小组，从中选出一个会头吗？ = 从东往西数 20 家，从中选出一个会头。现在也是从东往西数 20 家，从中选出甲长。

那 20 家称作什么？ = 没有什么名字。会头的工作是收集拨差的钱。

不叫作会吗？ = 不。村全体叫作会。

一直以来都是 4 个会头吗？ = 是的。

村长是怎么决定的？ =4 个会头讨论决定。

副村长呢？ = 和上述说的一样。

会头从什么时候开始没有的？ = 民国二十年会头变成了闾长。每 20 家一个闾长。

匾额上写的会头以外的那些人，都是村子里有权威的人吗？ = 是的。原来是和会头差不多的能办事的人。

为什么没有刘姓的人？ = 因为侯寿山和刘姓的人关系不好。

为什么没有李姓的人？ = 李姓和萧姓尚未到村里。

【侯瑞文家的匾额】

侯瑞文家的门上挂有一个用大字写有“硕望高骞”的匾额。是同治十年“乡友乡族”赠送的。受赠人名字不详。赠送乡友乡族的人名如下。

王作禄　刘永庆　侯　俭　侯俊飞　侯万本　侯定邦
侯庭财　王作有　刘永平　侯　任　侯凤林　侯万春
侯定选　王作财　王作程　刘永春　侯俊盛　侯凤清
侯万发　侯定超　池永富　王作新　孔友富　侯俊富
侯凤吉　侯廷俊　侯定福　池永宽　王作云　陈两春
侯俊义　侯凤雨　侯廷福　侯定永　王作超　叶　春
侯俊贵　侯凤领　侯廷赞　侯安邦　王作升　侯　清
侯俊英　侯凤著　侯廷凯　侯连发　池　安　侯养俭
侯俊起　侯凤彩　侯凤超　侯连成　池永成　侯玉珍
侯俊凤　侯凤桐　侯凤山　侯庆昌　池　有　侯国栋
侯俊发　侯凤枝　侯庭贵

这里面有外村的人吗？

没有。全部都是本村的人。还有一部分人，例如，陈两春、侯廷凯、侯连发、池永富、池永宽我都记得。

这是什么匾额？＝收到匾额的那个人，当时好像是昌黎县的官员，而且因为好像要升迁，所以挂了一个匾额。名字不详。

村民们受过他的恩惠吗？＝县里让交封粮的时候，如果村民们没有钱，他会先垫出来，或者和县长交涉延期上交封粮。还有打官司的时候，会帮忙说合，让他们不打官司。

在县里做什么职务？＝粮房的下役。

这些人名里面哪些是村长、副村长、会头的名字吗？＝侯廷凯是村长，侯俊起、侯定邦、侯定超、刘永平是会头。陈两春是副村长。和现在不同，当时的村长和副村长是不做工作的。只是处理看青、打更、差钱（一年向县里缴纳两次）、贡庙的事务。

应答者　侯定义、孔子明

【萧惠生的匾额】

萧惠生家的门头上挂着一个，用大体字写有“热心公益”字样的匾额。是民国二十六年九月，有以下各村赠送的。

施各庄　南藤远庄　冷各庄　会君坨　前刘坨　保子庄　莫各庄　郑林子　新金堡　张家堡　东藤远庄　陈青坨　后柳坨　大葛庄　夏庄子　尹坨庄　安心庄　杨柳庄　河南庄　郭青坨　小葛庄　李花庄　金花庄　渠柳港　井庄　庄窠庄　小心庄　左家庄　杨柳上庄　张青坨　矾庄子　马庄子　李庄子　秦庄子　刘林子　张庄子　吴林子

这个匾额是送给谁的？＝萧惠生。

为什么要送给他？＝当时他是本村的校董，因为受学校经费不足的困扰，他便到各村去收集捐款。而且上述的村子打官司的时候，他会去帮忙和解。

本村的学校是什么时候建成的？ =民国八年建成，建在如今乡公所所在的地方。民国二十七年迁庙的时候把教室扩大了。

这个匾额和学校有什么关系吗？ =没有。

这些村子是第四区所有的村子吗？ =大概有第四区的一半。没有第四区以外的村子。

【打官司的仲裁】

能得到匾额，应该是作了很大的贡献了，都做了些什么呢？ =民国二十三、二十四、二十五、二十六年，他担任县里电话局长，村民去打官司的时候他都会说合、仲裁。

这些村子里的所有人都打过官司吗？ =不是。

侯家营没有写到匾额上吗？ =和这个同时做的，还有一块匾额，但是那块匾额在他们家遭到破坏的时候毁掉了。所以现在没有了。

各村大约拿出多少钱？ =每个村两元钱。是杨柳上庄的乡长张子丹和施各庄的马景阳，以及莫各庄的郭广成发起收集的。

另一块匾额的发起人是谁？ =由侯定义、孔子明、侯全五、侯心如（都是本村的人）发起，侯家营、泥井、牛心庄、崔家坨、陈官营、赵家港、韦家营、唐官营、王官营、赤羊口、庙前、苟庄子、团林、侯里、上庄、坨上、河背、张家坨、莫天庄、李家庄、毛家河北、吕家庄、柴家庄、韦杨庄，还有桥上的村子每村两元。

是以什么样的理由要求你们出钱的？ =村子里有人吵架的时候，会出面说合，圆满解决。

当时侯定义在村子里做什么？ =以前做过村长，但是当时什么职务也没有担任。

孔子明呢？ =是闾长。

侯心如呢？ =校长。这个人在村子里的地位是最高的。是本村人。现在去了满洲国。从民国八年开始做校长。学校也是他提出修建的。

那时候，两元是由你们出的吗？ =是会上出的。

那时候，村子里有什么大的纷争吗？ =没有。

仲裁吵架是如此重要的事吗？ =吵架都是因为钱、土地、或家庭而导致，有可能要打官司。那样的话会花很多钱，大家会很困扰的。

因为吵架而引起打官司的情况多吗？ =经常会导致打官司。

萧惠生什么时候回村的？ =民国二十七年辞掉电话局的工作回村了。

直到民国二十六年，都是只有家族成员才待在村子里吗？ =是的。在村子里待了30多年。

他是去县里说合吗？ =如果是去县城打官司的话就去县里仲裁；如果是在村子里发生纠纷了，会把他叫到村子里仲裁。

经常在村子里发生纠纷吗？ =一年大概有一两次。其他村也一样。

他现在在村子里吗？ =虽然住在本村，但是因为分租七里海的农场，所以去了那里。

即使到现在，有了什么纠纷还是他来说合吗？ =是的。

为什么他经常说合？ =因为他有很多念书的朋友，电话局里又有好多同事，又是局长，所以他说的话，村民们都比较听从。而且，他还懂法。

他是哪个学校毕业的？＝锦州第二中学。

年龄多大了？＝49岁。

有多少土地？＝不少于60亩。

从哪个地方来的？＝乐亭。

本村人和泥井村的人打官司的时候，会偏袒本村的人取得胜利吗？＝不会。未必只是站在本村人的立场上。

打官司的时候，有为其中一方辩护的情况吗？＝没有。

是为了不让他们打官司而进行说合的吗？＝是的。

是不是正因为他是外村过来的，所以由他来仲裁比较好？＝他从父辈开始就搬到这里来了，所以不是这种情况。

他帮忙说合的时候，会收到谢礼吗？＝不会。

【纷争的原因】

一般都是什么场合下需要说合？比如说偷盗作物的小偷被逮捕的时候，会说合吗？＝不会。因为这种情况下，一定是小偷不好，所以没有说合的必要。这种情况由公会对小偷施以惩处。只有村里人因土地、钱、家庭关系等引起的口角才会进行仲裁。比如说，土地关系的情况，就是指侵占他人土地的时候。或者欠钱不还，又或者是建房子的时候，占用别人家土地等情况。

侵占土地是指？＝耕种其他人的垄。今年夏天，一个年轻女孩自杀，娘家人非常生气不罢休的时候，也是他去说合的。

即使是他去说合也有不听的人吗？＝有。

那种情况下是打官司吗？＝是的。除此之外没办法。

【儿媳的通奸】

你打过官司吗？＝我（侯定义）打过。（以下是侯定义满怀愤怒地回答自己的往事）

是什么事情？＝儿子外出长久未归，儿媳的娘家人要求把儿子叫回来。为此打的官司。

是和儿媳的娘家人打官司吗？＝西沙河有一个叫李宝书的人和我的儿媳通奸，并导致儿媳怀孕。因为李引诱儿媳离婚，所以让儿媳把丈夫叫回来。

把丈夫叫回来是什么意思？＝丈夫离家已经10年以上了，因为通奸而导致怀孕，没办法处置。李劝诱儿媳，如果不把儿子叫回，就离婚。

因为我不知道儿子去了哪里，所以把事情放在一边不去处置。结果儿媳的娘家人来说，如果儿子不回来就离婚。我拒绝了之后，儿媳的娘家人到县里以“卑虐难渡、夫久不归、终身无靠”为由起诉离婚。因此县里来人传唤我。裁判的时候，儿媳说：“我丈夫十几年不归，我在丈夫家被虐待、被打、不给食物吃、到了冬天也不给生火。”县里命我一个月内找回儿子，但是我没管它。于是再次被传唤，说结婚时的费用会由娘家人赔偿，让我同意他们离婚。但是我回答说“不要钱，我不能擅自替儿子作主离婚”。县里看我直到最后也不同意他们离婚，只同意在儿子不在这件事上按印。于是儿媳的娘家人拿钱到县里活动，由儿媳的哥哥李呈祥做主婚人，嫁给了李宝书。

这是什么时候的事情？ =民国十几年的时候。

李宝书在村子里吗？ =是西沙河人。儿媳的娘家也是在西沙河。

那时候的事情给萧惠生说了吗？ =没有。

儿媳是从什么时候回到娘家的？ =在裁判开始很久之前，就已经回娘家了。

李宝山应该遭到了西沙河人的憎恶了吧？ =因为是其他村的事情，所以不清楚。

李宝书是在西沙河吗？ =是的。

结婚了吗？ =是的。

本村的乡长没有到西沙河去交涉吗？ =她说“终身无靠”，乡长也没办法反驳。虽然我也和乡长商量过，但是乡长说如果我儿子回来了，肯定不允许这样，但是因为我儿子行踪不明，所以没有办法只能这样。

那时候，你没有去西沙河把儿媳带回来吗？ =儿媳和李宝山在一起，李宝书对我说，带着儿子过来就把儿媳交出来。李给谢（校长）钱让他去县里活动，而我无计可施。

不可以把儿媳扣留在家里吗？ =我有去把她叫回来过。但是过来两三天，就说不让她回去她就去死，所以没办法就让她回去了。

你没有拜托其他人帮忙吗？ =没有。对方完全不讲道理。如果我像儿媳的娘家人那样的人的话，我会把儿媳带回来卖掉，但是我做不出来这种事。

没有媒人吗？ =媒人去满洲了，不在家。

从出现问题开始，你去过西沙河吗？ =没有。娘家人来了三次，让我做主婚人，把儿媳嫁给李宝书。

没有其他办法吗？ =儿子不回来就无计可施。

如果儿子回来了会怎么办？ =如果儿子回来了，是准备起诉他们的。

如果回来了可以殴打李吗？ =不可以。如果殴打他了，就没有正当理由了。

如果儿子在家的时候，儿媳通奸了，儿子可以殴打他吗？ =不可以。

如果李是本村的人，李是不是就不能在本村住了？ =肯定是不能把他赶出去的，但是可以不让他到我家里来。

对于通奸，村子里没有什么制裁吗？ =男方不能再到女方那里，也就是离婚。不能殴打。

因为这附近有好多去满洲外出挣钱的，所以是不是时不时会有人通奸？ =很少。

发生通奸事情的时候没有什么惩罚吗？ =虽然不能把男方从村子里赶出去，但是丈夫一方可以把女方卖掉。这样的话，娘家人就需要拿钱把女儿带回去。

有过这样的先例吗？ =有。

那种时候有说合人吗？ =有。

什么人能做说合人？ =如果起诉的话就没办法了，但是不起诉的时候两家可以找一个说合人。

媒人不参与吗？ =不参与。

强奸和通奸都很恶劣吗？ =强奸更恶劣。强奸是单方意愿，通奸是你情我愿。

【儿媳的自杀】

今年夏天，有一个女人投井自杀是怎么回事？＝侯振祥的儿子永成（16岁）的妻子刘氏（18岁）在旧历六月十一日很晚才从娘家回来。第二天人不见了，已经死在井里了。

刘氏的老家在什么地方？＝刘家坨。

为什么死了？＝因为当时刘氏回娘家的时候，正值收获小高粱的繁忙期，所以，丈夫的父亲去娘家，叫儿媳回家。儿媳的母亲不想让女儿回去。结果回去之后就死了。

儿媳的母亲为什么不想让女儿回去？＝儿媳的母亲脾气不好，想让女儿在自己身边。

两家原来关系就不好吗？＝不是。侯振祥在百姓中一直以来都是一个很老实的人，只是因为农忙，才去叫儿媳回来罢了。

村子里关于这件事是不是有很多流言？＝因为人死了，所以泥井的警察把这件事报告给了保长。侯振祥托人通知儿媳的娘家人。儿媳的哥哥马上就过来了。然后在6月12日，泥井警察将消息上报到县里，县里派人来进行尸检。并且县里的警察也来了。

警察有把村子里的人叫来进行调查了吗？＝叫了保长、侯振祥、儿媳的哥哥和附近的人们。

儿媳的哥哥什么反应，很生气吗？＝当然很生气了。

后来怎么样了？＝县里和警察先对侯振祥进行询问，接下来又对妹妹是否受到虐待事宜，询问儿媳的哥哥。儿媳的哥哥回答说，妹妹受到虐待。然后警察就回去了。葬礼的时候，儿媳的母亲、哥哥、姐姐三人过来，要求准备800元的棺材、各种布、棚子、喇叭、席等各种很费钱的东西。如果不听，就不原谅他们害死刘氏。侯家花了大约2400元。除此之外，在自己家里准备的那些东西，应该也花了很多钱。

是那3人直接要求这样做的吗？＝是的。而且还是有说合人说合，说合人不出面，有可能就要卖房子了。

谁是说合人？＝萧惠生。泥井的乡长。裴家坨和本村的保长。

11月1日

村子的理事者

应答者　侯瑞和、孔子明

地　点　侯瑞和家

【侯瑞和的经历】

年龄？＝39岁。

有去过其他地方外出挣钱的经历吗？＝去过满洲国的锦州。

什么时候到什么时候？＝18岁到二十七八岁。

做什么工作？＝杂货店的小工。

有多少土地？＝大概11亩。

耕种了其他人的土地吗? =没有。

从什么时候开始做乡丁的? =做了两年半。

这之前，在村子里担任过什么职务吗? =没有。只是务农。

上过学吗? =上过本村的学校。

【保长、副保长、甲长】

现在的保长是谁? =侯元广（38 岁）。

副保长是谁? =萧惠生（48 岁）。

甲长是谁? =有 12 个人。分别是：第一甲长—陈占祥（25 岁）、第二甲长—侯连昆（48 岁）、第三甲长—侯振德（38 岁）、第四甲长—侯元文（52 岁）、第五甲长—侯万臣（39 岁）、第六甲长—侯瑞文（56 岁）、第七甲长—侯文炳（52 岁）、第八甲长—侯玉恒（33 岁）、第九甲长—王盛存（33 岁）、第十甲长—王福存（38 岁）、第十一甲长—侯元兆（44 岁）、第十二甲长—叶润亭（31 岁）。

侯元广是从什么时候开始做保长的? =今年 5 月选举，6 月就职的。

副保长是什么时候就职的? =同上。

甲长呢? =侯玉恒是今年旧历八月份，叶润亭是今年旧历六月份，侯元兆是旧历八月份，其他都是从原来开始一直做到现在的。

陈占祥是从什么时候开始做甲长的? =一年多以前，继承父亲的职务。

侯连昆呢? =从去年开始做的。

侯振德呢? =做了一年半了。

侯元文呢? =做了一年半了。

侯万臣呢? =做了三年了。

侯瑞文呢? =做了两年半了。

侯文炳呢? =做了三年了。

王盛存呢? =做两年了。

王福存呢? =做三年了。

第八甲长侯玉恒的前任是谁? =侯永振。

第十一甲长侯元兆的前任是谁? =侯元义。

第十二甲长叶润亭的前任是谁? =侯元广。

侯永振为什么辞职了? =因为去七里海做买卖了，很忙，没办法处理村子里的事务。

从什么时候开始做买卖的? =去年春天开始。

是他自己提出辞职的，还是有人让他辞职的? =因为就一条腿，也不能做什么事情，所以村民们就一起商量让他辞职了。

是哪些人在一起商量的? =公会的人。

公会人都是谁? =保长、副保长、乡丁。

接任者是第八甲的人选举的吗? =在大乡培训甲长的时候，因为没有甲长，所以大乡让选举新的甲长。然后，会上就催促第八甲的十户人投票选举新的甲长。

侯永义为什么辞职了? =他和刘子馨一起去七里海建水田，不在村子里，所以自动辞职了。

他大概做了多久甲长？=三年左右。

现在的十二甲长全部都在村子里吗？=是的。

甲长的工作很繁忙吗？=也有很繁忙的时候。现在去挖壕了。

【辞任】前任保长是谁？=刘子馨（万德，57岁）。

前副保长是谁？=孔子明（昭中，43岁）。

孔子明为什么辞职了？=去七里海建水田去了，而且三年的任期也到了。

刘子馨为什么辞职了？=同上。

甲长也有三年任期吗？=没有。随便多久都可以。

【乡长】

刘子馨之前的保长是谁？=没有保长，有乡长，是侯全五（永信）。

他做了多少年的乡长？=三年。

他前面的那任乡长是谁？=侯大生。

侯大生做了多少年的乡长？=四年。原来是做的村长，后来变成了乡长。

【村正】

那之前的乡长是谁？=没有乡长，有村正，是侯宝臣。

侯宝臣做了多久的村正？=三年。已经死了。

侯宝臣之前是谁？=侯宝田（心如）。从民国十五年左右开始做了两年。

侯宝田之前呢？=侯恩荣（廷武）。做了四五年。

侯恩荣之前，是谁做的村正？=侯显扬（连仕）。做了四年。

侯显扬之前，是谁做的？=侯长赞（荫堂）。做了两年。

侯长赞之前呢？=不明。

村正这个称呼，是从什么时候开始有的？=民国初年。

民国以前，没有村正这个称呼吗？=那之前叫会头或村长。

【乡副】

孔子明前面的副保长是谁？=没有副保长有乡副，孔子明就是乡副。

孔子明做了几年的乡副？=七年（从民国二三十年开始，到今年）。

【村佐】

在你之前是谁？=那会叫村佐。是侯永和（新一），做了两年。

侯永和之前是谁？=侯恩荣（廷武），做了四五年。村长是刘子馨。

侯恩荣之前是谁？=侯玺臣（长印），做了六年。村长是侯显扬。

再之前是谁？=没有。

【村长、副村长的土地】

那么村正、乡长、保长按：侯长赞—侯显扬—侯恩荣—侯宝田—侯宝臣—侯大生—侯全五—刘子馨—侯元广这个顺序排列没有错误吧？=没有。

村佐、乡副、副保长按：侯堇臣—侯恩荣—侯永和—孔子明—萧惠生这个顺序排列的吧？=是的。

侯长赞做村正的时候，大约有多少土地？ =80 亩左右。现在有 60 亩。

侯显扬当时有多少土地？ =150 亩左右。现在已死。

侯恩荣当时有多少土地？ =七八十亩。现在有 37 亩左右。

侯宝田当时有多少土地？ =70 亩左右。现在只有他的家人待在本村，他去满洲了。现在有 37 亩土地。

侯宝臣当时有多少土地？ =60 亩左右。已死。

侯大生当时有多少土地？ =80 亩左右。现在大约有 40 亩。

侯全五当时有多少土地？ =1 顷 60 亩左右。虽然侯全五已死，但是土地数额没变。全五是显扬的儿子。

刘子馨当时有多少土地？ =1 顷 70 亩左右。现在也没有变少。

侯元广当时有多少土地？ =98 亩 7 分 5 厘。

侯堇臣当时有多少土地？ =30 多亩。

侯永和当时有多少土地？ =70 亩左右，现在有 35 亩。

孔子明当时有多少土地？ =31 亩。现在有 20 亩，因为建房子就卖了。土地不好。

萧惠生当时有多少土地？ =60 亩左右。

是父子或祖孙关系的，除了侯显扬和侯全五之外，还有其他的吗？ =没有了。

侯长赞是侯姓哪个门的人？ =大一门。

侯显扬是侯姓哪个门的人？ =大一门。

侯廷武是侯姓哪个门的人？ =大一门。

侯宝田是侯姓哪个门的人？ =大一门。

剩下的侯姓，也都是大一门的吗？ =是的。

为什么没有第二门的人？ =第二门只有两户人家。

第三门呢？ =也只有十五六家。

上述人当中，侯姓的人以及侯姓的现任甲长，按辈分排序的话是什么样的？

如下所示：

长赞	宝臣	永和	
延武	宝田	元广	大生
玺臣	显扬	全五	
	连昆	王恒	元文
	振德		元兆
	瑞文		
	文炳		

上述人们，如果将侯姓再分成几个小组的话，要怎么分？ =长赞、玺臣、瑞文是一个小会。廷武、显扬、全五、连昆、元文、元兆属于一个小会。元广、大生是一个小会的。侯文炳是从其他村子过来的，不是本村的侯姓。

保长、甲长、村长等是姓或者小会的代表吗？ =不是。他们是全村的代表，和姓或小会没有关系。

【保甲、邻闾】

甲长是民国几年产生的？ =民国二十八年。

那之前是什么？ =邻长、闾长、乡长。

多少户一个邻长？ =有20个。每人管理5户。

闾长呢？ =有5个。管理20户。

邻闾制是从什么时候开始成立的？ =民国二十二年。

你之前有什么？ =会头。

【闾长】

都有哪些人做过闾长？ =侯瑞墀、萧惠生、侯永正、刘斌魁、侯振山5个人是第一个三年间的闾长。

那之后由谁做闾长？ =侯凤呈、侯瑞文、侯长赞、侯恩荣、侯长勇。除此之外侯永和、侯树范做过三年的监察委员，接下来的三年，由侯老福和侯永信担任。

【会头】

都有谁做过会头？ =侯长惠、侯凤昌、侯万举、侯宝臣、侯连仕、王兴邦、侯永和、侯长赞。

他们大约都是从什么时候开始做会头的？ =民国十二年左右。

那之前都是谁来做？ =李恩、侯定邦、侯永周、侯永宽、陈金山、侯振芳（管的）、侯长印、侯万存。他们是民国七八年的会头。

这些人是民国十二年同时卸任的吗？ =是的。

【理事者和同族关系】

至今为止，担任村子职务的人中间有是父子、祖孙等关系的情况吗？ =侯定邦是侯元广的祖父、侯永正是侯连仕的侄子、刘斌魁是刘万举的儿子、刘万举是刘子馨的亲哥哥、陈占祥是陈金山的儿子、侯瑞文是侯董臣的侄子、侯连昆是侯廷武的侄子、侯宝臣和侯宝田是同一个祖父。

侯姓的闾长、会头、监察委员中有大一门之外的人吗？ =侯振山是第三门、侯凤呈是第二门、侯凤昌是第二门、侯振芳是第三门、侯万存是第二门的。

父亲还健在却由儿子来做会头，可以这样吗？ =可以。

有哥哥但是由弟弟做会头可以吗？ =可以。

兄弟两个人一起做会头可以吗？ =如果分家了可以。分家前是不可以的。

可以父子都做会头吗？ =不可以。即使是分家了也不可以。

可以祖孙都做会头吗？ =不可以。即使分家了也不可以。但是也没有过这种事情。

叔侄可以同时做会头吗？ =不可以。分家了可以。

保长和甲长也是这样吗？ =是的。

乡丁呢？ =乡丁可以，没有关系。

管账的呢？ =可以。

看青的呢？ =可以。

看庙的呢？ =本村一直以来都没有看庙的。

有人住在村公所里吗？ =没有。

应答者　刘子馨

地　点　刘子馨家

【刘子馨的经历】

年龄多大了？ =59 岁了。

有出去打过工吗？ =没有。

你那个做校长的孩子叫什么？ =斌质。

他现在在哪里？ =王官营。

是做的本村的校长吗？ =直到去年都是在泥井的小学做校长。那之前在新民会，接下来任合作社教化科主任。

你做过村长吗？ =是的。

什么时候？ =从民国元年到民国十一年。

那之后呢？ =从民国八年到民国十八年，在昌黎县的高级小学做老师。民国八年到民国十一年兼任村长。

然后呢？ =民国十八年到民国二十五年任县里的教育委员，民国二十五年回村。民国二十八年开始到今年 4 月任保长一职。

【会头和姓】

民国以前做会头吗？

从宣统元年开始做会头，民国元年担任村长一职。

多大年纪的时候做会头的？ =二十八九岁。

当时会头有几个人？ =8 个。

还记得都有谁吗？ =侯山魁（已死）、侯显扬（已死）、王子升、侯永宽、侯荫堂（长赞）、侯宝臣（已死）。

民国以前有村长副村长吗？ =没有。只有会头。民国元年开始有村长、村佐，民国五六年左右，变成村长、副村长。

你做村长时候的村佐是谁？ =侯恩荣。

除了上述 8 个会头之外，你也是会头吗？ =如果包括我的话，有 9 个。

上述所有的侯姓都是大一门的吗？ =不是。也有其他门的。

侯山魁是哪个门的？ =一门。

侯显扬是哪个门的？ =二门。

侯恩荣是哪个门的？ =二门。

侯永久是哪个门的？ =一门。

侯永宽是哪个门的？ =一门。

侯荫堂是哪个门的？ =一门。

侯宝臣是哪个门的？＝二门。

第三门为什么没有人做会头？＝在家的人很少。那之前有做过会头的。

现在第三门有多少户？＝十几户。

第二门呢？＝四十几户。

第一门呢？＝三十几户。

大门里担任会头的人多吗？＝有能力处理姓氏里面事务的人做会头。

不是有能力处理门里的事务的人做会头吗？＝不是。是姓。

会头是姓的代表吗？＝是的。

你是刘姓代表的会头吗？＝是刘、叶、池的代表。

孔姓的代表是谁？＝王子升是王、陈、孔的代表。

为什么刘姓的会头多？＝因为刘姓的人多。

一直以来刘、池、叶都是一个会头吗？＝是的。

王、陈、孔也是一个会头吗？＝是的。

刘、池、叶三姓中，池、叶姓的人做会头也可以吗？＝可以。叶、池各有一家。

叶、池姓中有做过会头的吗？＝没有。

王、陈、孔呢？＝三个姓都有人做过会头。

你做会头的时候，是刘、池、叶三姓的人们商量之后，推选你做会头的吗？＝不是。是其他的会头聚集在一起讨论，决定让我做会头的。

刘、池、叶三个姓里，有同时出来两个会头的情况吗？＝没有。

王、陈、孔三姓也是这样吗？＝是的。

侯姓的会头是怎么任命的？＝由会头决定的。

【会头的工作】

你成为三姓的代表之后，就开始处理三个姓氏的事务了吗？＝除了三姓中的事务之外，也处理全会的事务。

都做了些什么事？＝说起来，三姓的事情就是，起差（收钱）或作物被盗时和被损失人、看青的和会头一起查看损失情况，由会头做证明，让看青的赔偿等。

【起差】

起差是什么？＝摊差。收县里让缴纳2月和8月的差，收集看青费、打更费等。

2月和8月的差不是指田赋吗？＝是给地保（地方）和班役的钱。

【地保、班、堡】

地保是做什么的？＝县里有三班，各自又分成两班（头快、一快、头庄、二庄、头它、二它）。县又可以分为6个堡（裴家堡、蛤泊堡、静安堡、莫各堡、石各堡、套里堡），堡由班来管理。堡又可以分为几个牌，半牌有一个地保（地方）。地保负责村子和县的联络。

头快裴家堡（现在的第一区）

二快蛤泊堡（第二区）

头庄静安堡（第三区）

二庄莫各堡（第四区）

头它石各庄（第五区）

二它套里堡（第六区）

【绅士】

堡里有办公的地方吗？ =没有。堡里有几个绅士，负责传达县里的命令、收集公益资金等。那时候会派地保向下面传达。绅士可以和县长直接交涉。

绅士是县里任命的人吗？ =由地方来推荐，县长委任。

绅士是职务的名称吗？ =是官名。

本村有绅士吗？ =没有。泥井有绅士。

什么样的人可以做绅士？ =有功名的人（有名望的人）。

地方是听从县里的六班的命令工作吗？ =只接受管辖自己班的命令。

那么地方是受绅士和班两方的命令吗？ =是的。但也只是负责联络报告。

【社书】

绅士和社书有关系吗？ =没有。

班和社书有关系吗？ =有。班在征收钱粮的时候，会交由社书负责。

【班役】

班役使什么？ =处理班里各项事务的人。而且村里会支付给班役报酬。

2 月和 8 月的时候，会在村子里征收那钱吗？ =是的。不是什么数额很大的钱。

为什么定在 2 月和 8 月征收？ =虽然也没有固定在 2 月和 8 月，但是一般都是在 2 月和 8 月。

【会头的掌管范围】

当时，有人夫、马车等的征发吗？ =有。但是很少。

那也是由会头来负责吗？ =是的。地方到村子里来了之后，由会头来处理。

那时候，你也负责处理刘、池、叶三姓的事务吗？ =是的。

给地方的钱，是只有上述三个姓收集好之后上交，还是全村都收集、汇总之后再一起上交？ =会头里面有一个管账的（因此有 9 个人），会头们收好的钱交给他，然后再由他交给地方。

会头管辖的户都是固定的吗？ =因为有 100 户左右，所以家的户数不定，但是大体范围是固定的。有时候因为姓氏或亲属的关系，所以也有跳过那家直接到下一家收取的情况。

没有规定某个会头管辖某某家吗？ =没有。

侯姓的会头管理哪一部分也是固定好的吗？ =是的。

分家的时候要怎么办？ =即使是分家了，还是亲属关系，所以还是在原来的会头的管辖范围内。

搬家的时候怎么办呢？ =只要还在村子里就不会变。

那个管辖范围怎么称呼？ =没有名称。

不把那个叫作会吗？ =不叫。

侯姓的一个小会是由一个会头管理吗？＝小会是侯姓家门内的小会和公会无关。

因为是亲戚关系，所以不应该包含在会头的管辖范围内吗？＝不是。

一个小会中的门户，有一部分由一个会头管理，剩下的部分归另一个会头管辖。有这样的情况吗？＝有。

现在的甲长也和会头一样有管辖范围吗？＝按照家的顺序，十户一个甲长。和会头的管辖范围不同。

刚才你说的有亲属关系是指什么意思？＝比如说，以我为例，虽然我的哥哥和我分开住，但是因为我是会头，所以我哥哥家就在我的管辖范围之内。

如果在你的受理范围内有纷争了，你要负责说合吗？＝是的。

借钱的时候做中间人吗？＝如果来拜托我的话，就会做。

你做会头的时候，三姓里的人会来找你商量或拜托各种事情吗？＝不来。

如果你管辖范围内的人和侯姓的人之间产生纠纷了，双方的会头都会出来做说合人吗？＝是的。

一个人也可以吗？＝可以。

其他的会头来说合也可以吗？＝可以。根据个人能力。

即使不是会头也可以吗？＝是的。

作物被盗时，由会头说合，让看青的赔偿时，可以是其他的会头吗？＝可以。

一般是由谁来说合？＝负责管辖该范围的会头。

你做了村长之后，也会管理三姓的事务吗？＝不会。村长是全村的代表。

那时候，会有其他会头来负责三姓的各项事务吗？＝是的。村长管理8个会头。

在刘姓的分家单上，族长是中介人吗？＝族长不一定是中介人，但是需要外姓的中介人。

三姓的会头也是中介人吗？＝做中介人的有很多。

不做中介人也可以吗？＝可以。

三姓中的一个人卖土地的时候，由谁来做中介人？＝虽然说谁都可以，但是会头来做的情况很多。

有做过中介人的族长吗？＝有做过的。

三姓中的一个人要卖土地的时候，会和同族的人商量吗？＝当然。如果同族的人要买的话，就不卖给他姓了。

如果同族的人不卖的话，是在三姓中寻找买主吗？＝是的。

那时候会和会头商量吗？＝没有必要。

如果三姓中有人要买的话，必须要优先卖给他吗？＝（回答不明）

刘姓的人如果没人买的时候，可以不和池、叶姓商量，直接卖给其他人吗？＝可以。

如果同姓的人没有人买，可以不给村民们说，直接卖给外村人吗？＝可以。

刘、池、叶三姓为什么由一个会头来管理？＝没什么特殊的理由。因为刘姓有8户、叶姓有2户、池姓有3户，放在一起比较方便罢了。

是为了收钱的时候方便吗？＝这也是一个原因。

现在三姓的人之间，比其他姓之间更亲密吗？ =都一样。

原来是怎么样的？ =和现在一样。

现在三姓是一个甲吗？ =不是。现在分开了。

刘姓也分到其他甲里了吗？ =是的。因为是按门牌顺序分的。

将三姓合并到一起是由县里决定的吗？ =不是。是村子里决定的。

什么时候这么规定的？ =不明。

【挖壕】

因为挖壕花了很多钱，很是为难。挖壕的人，每人每天要给他们2元50钱。但是实际上现在还没有给他们。如果给他们的话，大概要花费2500元左右吧。除此之外，还让上交了很多食物，只有这个，估计也有接近2000元的价值。全部应该要花费5000元左右。第一次（8月15日—9月10日）挖开平的壕的时候，派出了12个人。第二回（8月27日—9月17日）派出12个人。第三回（九月二、三日左右直到现在还没有结束）去了4个人。去挖护路壕的时候第一回（9月1日—3日）去了5个人；第二回（9月10日—19日）派出了7个人；第三回（9月18日）按户每户派出了一个人。按户派人的时候，不用付钱。上述需要钱的情况，今后估计会按土地分摊收钱。虽然说是一个很大的负担，很是为难，但是因为有津贴，所以想去挖壕的人也不少。

11月2日

村子的理事者　看青　庙

应答者　刘子馨

地　点　刘子馨家

【会头的责任】

你做会头的时候，收看青、打更等的费用的时候，如果刘、池、叶三姓中有人交不出钱的时候，你会替他们先垫付出来吗？ =垫付过。但是当事人必须随后要再还给我。

不足的部分，必须要先垫付出来吗？ =有规定期限的时候，就垫付出来。

如果你管辖下的人，偷了其他会头管辖范围内的作物，你要担负责任吗？ =是的。

需要承担什么样的责任？ =如果对方提出责难的话，我作为会头必须出面处理。

不会向会头收取罚金吗？ =不会。

那种情况下，对方的会头会来抱怨吗？ =受到损失的人会来。

只有刘、池、叶三姓看青的情况有吗？ =没有。

只有三姓一起做过什么事情吗？ =没有。

当时的庙祭是什么时候来着？ =关帝是6月24日；财神是9月17日。

那时会头代表三姓去祭庙吗？ =所有会头都会参加。

会头以外的人会去吗？ =不去。

那天会头们一起聚餐吗？＝会的。6月的时候吃猪头，9月的时候吃羊肉。

会头以外的人聚餐吗？＝不聚。现在是乡丁、书记、棒子队、保长、副保长、甲长一起聚餐。

祭庙也是会头的一项工作吗？＝是的。

【看青】

看青的是由会头来决定的吗？＝是的。是由会头雇用的。

当时看青的有几个人？＝两个人。也有一个人的时候。

每年都雇用吗？＝是的。

是8个会头讨论决定雇用谁来看青吗？＝是的。

讨论的日子是固定的吗？＝在麦收前，日子不定。

看青从几月开始到几月结束？＝从5月到9月。

对偷盗作物的人有什么惩罚吗？＝有。

现在也是这样吗？＝是的。

也是写在纸上张贴出去吗？＝不是。但是在雇用看青的时候，会写在契约书上。

立包揽看青人〇〇〇今包得侯家营全境麦秋大秋之青圈由五月初起至九月末日止（即霜降节）言定工价若干分三期交足第一期麦秋若干第二期八月节若干算账交足所有丢失禾稼均按市价包补此系众议各无异说空口无凭立字为据

计开

高粱每升〇〇〇

稗子每升〇〇〇

保人

会末人

立

年月日[1]

现在也和这个一样吗？＝是的。但是从今年开始，由大乡来雇用看青的，所以村里就不再写上述契约。

保人由谁来做？＝可以是会头，也可以是普通人。

是和看青人比较亲近的人吗？＝非常亲近的人。

是同族人吗？＝不一定。

也可以是其他村的人吗？＝可以。但是实际上保人都不是外村人。因为外村人不会到这里来看青。

会末人是什么？＝是会头的对自己的自谦语。

会末人是和会头的名字并列的吗？＝是的。

---

〔1〕 译者注：此处为民间契约，保持原文文字结构。

【罚金】

这个证书是表示作物被盗的时候由看青的赔偿的意思吗？ =是的。

是看青的从偷盗的人那里要回来吗？ =如果抓到了就要回来。

小偷只要赔偿了损失就可以了吗？ =除了要返还偷盗的作物外，还需要道歉交罚金。

关于那个罚金也有规定吗？ =没有。根据偷盗人的贫富不同会有所差异。没有具体的规定。

是谁决定收取多少罚金？ =会头。

是所有会头一起讨论之后决定吗？ =是的。

看青的也会参与吗？ =是的。对看青的来说，罚金越多越好。

罚金给谁？ =看青的。

除此之外，还有以村子为名义收取的罚金吗？ =没有。

有收取比看青的需要赔偿金额更多的情况吗=有。肯定会多一些。有时候逮到比较爱面子的人的时候，也有偷偷给钱就能得到原谅的情况。

偷盗的人是本村人多还是外村人多？ =哪个都有，本村的会多一些。

本村的人和外村的人收取的罚金一样吗？ =一样。只根据贫富来决定罚金的多少。

小偷要给谁道歉？ =会头。

不向被害人道歉吗？ =不道歉也可以。

会向神道歉吗？ =不会。

审判小偷的时候，除了看青的、会头在场之外，被害人也会在场吗？ =会的。

其他的村民呢？ =不到场。那时候小偷会拜托村子里德高望重的人帮忙，减少一些罚金。

德高望重的人是指会头吗？ =是会头以外的人。

谈话结束之后，会一起聚餐吗？ =不会。

【看青的】

做看青的人都是穷人吗？ =是的。

是力量大的人吗？ =是村民都害怕的人。

是那些会和别人打架的人吗？ =是的。

现在也是这样吗？ =是的。

那些人平时也对他们很重视、给他们钱、请他们吃饭吗？ =原来是这样，但是现在不是了。

是哪些人这样做的？ =有钱人。看青的都很穷，所以平时不知道做些什么，如果平时不让他们心情好的话，很危险。

地主会拜托他们帮忙收取地租之类的吗？ =本村没有，其他村可能有。

有听说过吗？ =有。

有让他们帮忙收取欠款情况吗？ =有。

现在也有这种情况吗？ =有，但是很少。

本村看青的人里面有做过中介人的吗？ =有。

什么场合的中介人？=做土地买卖的中介人的比较多。

原来的绅士会让那些易惹事的人做自己的手下吗？=绅士是政府机关的人，所以不会让他们做自己的手下的。

原来的地方是那些难缠的人吗？=是的。也有地方同时兼任看青一职。

现在的巡查呢？=大体上也是这样的。真正的良民应该是不会做巡查的吧。

今年本村看青的人是谁？=侯元兆。从四五年前开始就一直是他。

是他一个人吗？=还有陈占选。从今年开始做的。

那之前是谁？=不清楚。

你做村长的时候，看青的是谁？=侯焕庭（乡丁的父亲）。今年88岁。

乡丁是从什么时候开始有的？=民国二十年左右。民国初年村子里有一个巡警，做乡丁的工作，但是到了民国十几年开始，就没有了。

是什么样的人？=侯焕庭也做过。

【公会地】

公会地（坑）是一直以来都有的吗？=从建村开始就有了。

乡公所所在的地方，也是公会地吗？=是的。那是个人捐赠的土地。

什么时候捐赠的？=乾隆年间。

是谁捐赠的？=侯长赞和侯大升的祖先。

【坑】

学校有地吗？=村子里有学校的时候开始，从坑里收获的作物的收入便成了学校的经费。

坑有多少亩？=17亩。

坑是为了什么而挖的？=坑是洪水冲成的。

那地方的蒲是自生的吗？=是人工栽种的。

一直以来都有蒲吗？=开始是苇子。苇子收成不好便换成了莲藕，之后又换成了现在的蒲子。

一年大概有多少收入？=125元左右。

由谁来看护？=乡丁。

那个钱现在用到了哪里？=变成了大乡的收入。

大乡派人来把它卖掉吗？=保长卖掉，把钱上交到大乡。

你做村长的时候，那钱用到了哪里？=用作学校的经费。没有学校的时候，做公会费。

当时是由会头把它卖掉吗？=是的。

卖的金额有多少？=不一定。从三四十吊到100吊左右不等。

村里全体的费用大概要花费多少？=也就三四百吊。不值一提。

当时都有哪些需要花钱？=巡警、打更、看青等的花费和会头的聚餐费。

坑地也要缴纳田赋吗？=是的。

有地券吗？=有。

地券的名义人是谁？ =学校。

学校建成之前呢？ =那时候即没有田赋，也没有地券。

【萧家的匾额】

萧惠生家挂的那个匾额，有什么意义吗？ =没有什么特殊的意义。只是因为人品好才得到的罢了。

【水钱】

水钱是什么？ =寡妇再嫁到其他地方的时候，寡妇的娘家人捐到公会的钱。

现在还有吗？ =有。但是很少。

金额是固定的吗？ =不定。原来是2吊到8吊左右。现在是2元左右。原来是作为公会的收入，有了巡警之后，便给了巡警，现在有了乡丁就给乡丁了。

水是什么意思？ =没有什么意思，也叫“踏街的钱”。

寡妇嫁到本村的时候，需要得到村子的许可吗？ =不用，随便。

姑娘出阁的时候。用给水钱吗？ =不用。

外出挣钱的时候和回来的时候需要交钱吗？ =不用。

外出挣钱，赚到钱回来后，有向村子里捐赠的先例吗？ =没有。

【庙的土地】

侯长赞的祖先为什么要捐地？ =自己家土地适合建庙，所以捐赠了。

在那之前村子里没有庙吗？ =没有。

和五道庙相比哪个更古老？ =五道庙。

捐给庙的土地有地券吗？ =不清楚。

需要缴纳田赋吗？ =公会交。

【庙的信仰】

乾隆年间为什么要建庙？ =根据中国古老的风俗，村子建成之后，如果不建庙，民心就不安定。有了庙大家就能安心的过日子。

如果没有庙，就会觉得不安吗？ =倒也没觉得不安，因为哪个村子都有庙，所以就仿照其他村建了。没有的话，会觉得很奇怪。

乾隆之前就有村民了，为什么那之前没有庙？ =我觉得那之前应该也有庙。人少的时候，会有一个小庙，人多了就会建一个大庙。乾隆年间那次应该是重修。

庙会保护全村的人吗？ =那是迷信，如果那样想的话也可以。

一般的村民怎么想？ =一般什么都不想，只是因为有庙，所以就烧香。

如果现在把庙给毁掉的话，会遭到反对吗？ =肯定会。

是因为会受到惩罚吗？ =有可能。

为了建学校而迁庙的时候，村民们有一起讨论过吗？ =乡长侯全武把村民们都聚集起来讨论过。侯全武对大家说“明明村子很小，但是庙太大了不好。大家去满洲，都没成功地赚到钱，是因为大庙和小村不搭配。把庙改成学校，再建一个小庙好了”。

有反对的人吗？ =没有。

是因为建在哪个地方都好，所以没人反对吗？ =虽然原来也有人提过意见，说庙太大了不好，但是这次是侯全武口才比较好，所以就成功迁走了。

你也这样认为吗？＝因为迁庙之后，从满洲回来的人变少了，所以可能真是如此。

是那些去满洲的人提议把庙建小一些的吗？＝没去过满洲的人也有这样提议的。

迁庙花了多少钱？＝迁庙加上建学校，花了400元左右。

钱是怎样收集起来的？＝其中的一半是按地亩征收；另一半是捐赠。

只有本村人捐赠吗？＝当然。

其他村的没有人捐赠吗？＝没有。

你也捐赠了吗？＝因为我按地摊钱就已经不少了，所以没有捐赠。

都是什么人捐赠了？＝做买卖的人。

捐赠人的名字会写在石头或匾额上保留下来吗？＝侯全武有过这样的想法，但是，他还没能实现这个想法，就在民国二十九年旧历二月十一日去世了。

是因为受到惩罚才死掉的，有这样的传言吗？＝没听说过。

迁庙不是一件很大的事吗？＝不是。

五道庙里什么也没有，难道没有人挂一些画什么的吗？＝原来里面有画，但是冬天的时候有乞丐在里面住，做饭的时候给烧掉了。

不把乞丐从里面赶出来吗？＝因为是本村没有家的人，所以没有办法。如果是外村人的话，可能会把他赶出去吧。

有在村子没有家的人吗？＝现在大体上都有，原来有没有家的人。

现在没有人在五道庙里画画像吗？＝没有人有那心思，大家对庙都是持以半信半疑的态度。

【大会头——管账的】

民国以前有村长、村长吗？＝没有。

会头里面有一个代表吗？＝有。那个人说的话其他人会听。

那个人是管账的吗？＝是的。

除了会头之外，没有一个专门负责管账的吗？＝没有。会头里的总会头同时也管账。

你做会头的时候，总会头是谁？＝侯山魁。

也可以叫作总会头吗？＝可以。

大会头是会头们选出来的吗？＝是9个会头公选出来的。

当时总共有几个会头？=9个。

侯山魁之前的大会头是谁？＝侯占魁。

侯占魁之前呢？＝不清楚。

会头是什么时候没有的？＝邻闾长出现之后。

【侯家的匾额】

候元铭家那块“一乡善士”的匾额是为谁挂的？＝侯兴邦。

什么时候的人？＝光绪二十年左右。

是会头吗？＝原来在外面做生意，后来回村的。

做了什么事？ =仲裁纷争，做好事等。

说合是一件很好的事吗？ =为了不用打官司而说合，本来就是很好的事。

【慈善】

有帮助过穷人的事例吗？ =近几年没有。

即使成为乞丐住进五道庙，也不向他们提供帮助吗？ =不帮。

同族的人也不帮助他们吗？ =不一定。

会帮助那些生了病很为难的人吗？ =帮助。

有这样的实例吗？ =给老太太（刘姓的长辈）提供木柴、食物等，她在去年去世了。

是你一个人做的吗？ =也有其他人这么做。

有人把东西和钱汇集起来拿过去吗？ =也有这样的情况，但是这种情况都是自己一个人做。

有全村收钱给需要帮助的人的情况吗？ =有。我做保长的时候，我曾经做发起人，从各家各户收木柴和食物，给两个八十几岁的老太太。这两个人现在还活着。

【公会】

不能以公会为名义收钱给他们吗？ =因为有反对者，所以作为保长是不能做那种事情的。

不能从公会直接给钱吗？ =因为有人不愿意出钱，所以不能从公会拿钱。

如果一个反对者也没有，会怎么办？ =即使是那样，也不以公会的名义给。

现在正在各家征收高粱，这时候可以用公会的名义来征收吗？ =可以。

和上面提到的有什么不同？ =公会使用的时候，就用公会的名义来收集。

那高粱是要交到大乡的吧？ =是的。但是，因为是按地亩从全村村民那里收取的，所以会以公会名义收取。

公会是什么？ =一个村里的联络机关。

【会头和甲长、保长】

原来的会头和现在的甲长有不同的地方吗？ =甲长管辖范围内的家是按照门牌序号决定的，有十户。会头管辖范围内的门户，是按照姓而不是按照门牌序号决定的，而且户数不定。另外，甲长是按照十户一甲决定后，从其中选出一个人做甲长，而会头是从全村选举出来的。

处理的事务一样吗？ =有事的时候，会头会全部聚集到一起商量。现在是有保长和副保长，即使甲长不出席也可以。甲长管辖范围内的十户出现恶人的时候，甲长需要承担一定的责任，甲内的各户也有连带责任。会头则没有什么牵连。

会头和甲长没有共同点吗？ =哪个都是管理几个家。需要收钱的时候，从管辖范围内的每家收集起来。看青的时候，如果管辖范围内的人有人偷东西，需要承担一定的责任。

保长、副保长和会头的工作相同吗？ =大体上一样。

【挖壕的负担】

现在来收取的高粱需要上交到哪里？ =拿到大乡去作为挖壕的食物。

戴着眼镜、拿着算盘的那个人是谁？ =书记侯元耀。

全村共收集了多少？=五天六斗。

直到现在共上交了多少？=三石多。

一石大概多少钱？=280元。

之后又交了多少？=不知道。

到今天为止，你自己交了多少了？=三斗半。

五天六斗是大乡规定的吗？=是的。

10亩上交两斗吗？=是的。

那也是大乡规定的吗？=是村子内的均摊。

那还有上、中、下的区别吗？=没有。

应该还有人没有交吧？=很多。

那要怎么办？=没办法。只能再想其他办法。

你觉得要怎么办？=有地的人卖地，或者把东西当掉，买高粱缴纳。

保长不能到大乡去拜托延期什么的吗？=不能，因为如果这样的话，其他村的人也会去的。

其他村的应该也交不上吧？=应该和本村差不多。

和其他村的一起去大乡拜托通融一下怎么样？=那就变成反抗命令了，会被带到县里去的。

工钱大概有多少？=2000元左右。应该还会增加吧。

拿自己大概要上交多少？=接近2000元。

没有土地的人，不用交钱还能拿到工钱。应该会有人很高兴吧？=有。

没有土地的人不用交钱，这是大乡规定的吗？=是的。

也可以按户派人吗？=可以。大乡只是要求年龄在20岁到50岁之间，所以按户也可以。

有人反对按户派人吗？=没有。因为这样就不用花钱了。

那为什么不这样做呢？=是保长决定要雇人的。明明可以让20岁到50岁之间的人抽签轮流去的。

为什么不这样向保长提议呢？=保长独自决断的。当初让派10个人的时候，没想到是长期的，就直接雇人了。但是没想到竟然变的这么长期，所以就这样直接也雇人去了。有一次是按户派出的，但是工事停止了。等工事再施行的时候，又再次雇人去了。

没有人给保长提议让按户派人吗？=没有。

甲长也不说吗？=不说。保长是受令于镇长。

【保长和镇长的关系】

如果给保长说的话，会被镇长斥责吗？=反对保长和反对镇长是一样的。而且现在的保长根本没有什么知识，什么都听镇长的，所以镇长很喜欢他。我做保长的时候，因为有时候不听镇长的话，所以镇长不喜欢我。

即使是这样，现在的保长在村民中间还是有威望吗？=不识字。只是因为有1顷左右的土地才被选做保长，不知道有没有威望。

难道不觉得保长的选举很奇怪吗？ =我当时不在。副保长是个明事理的人。7 月的时候，修理村公所花费了 900 元。那钱在村子里分摊收取的时候，因为遭到了村民们的反对，镇长就说以镇的名义收取。然后 8 月 9 日按照摊款收取，我交了 48 元 96 钱。而且 900 元的用途不明。

这次修理的发起人是谁？ =保长和副保长孔子明（监工）。即使新建一个 600 元也够了，不知道都有哪些花了多少钱。

有人反对乡公所的修理吗？ =在没有人知道的情况下，施工就已经开始了。当然这种情况下，是应该召开乡民大会的，但是，只在前几天把甲长们召集起来，通知说明天开始施工。甲长们也不能提出反对。施工的时候，很多人去吃饭。孔子明说，施工天数有多久，就能吃多少天的饭。虽然按地亩数召集了施工的人，但是因为谁都不劳动，所以最终还是雇人继续施工了。

正是因为有这种事，所以这次挖壕也是雇人吗？ =是的。

如果雇人的话，因为那人会很高兴，所以就雇人了吗？ =是的。

保长和孔子明的关系好吗？ =好。

孔子明会指导保长各种事吗？ = （没有回答）

副保长同意保长的各种做法吗？ =保长所有事都听萧惠生的。

维修村公所也是副保长提出来的吗？ =是的。

孔子明和副保长怎么样？ =孔子明是喜欢追随有权势之人的男人。保长和副保长都一样。

侯姓人都支持保长吗？ =也有反对者。

保长知道大家对他的议论这么差吗？ =应该不知道吧。本来村子里摊款就已经收不上来了，又雇用了一个书记，那钱从哪个地方支出，更是不知道了。说不定已经用村公所的维修费支付了。

反对这个保长的话，会被镇长斥责吗？ =是的。如果反对的话，有可能会被警察带走。

11 月 3 日

看青　儿媳的自杀　镇长

应答者　刘子馨

地　点　刘子馨家

【看青费】

民国以前，看青的是一个人还是两个人？ =一个或者两个。

当时会给看青的人谢礼吗？ =用钱雇用。

那钱是村民各自给看青的，还是公会汇总好一起给？ =公会汇总好，一起给。

看青费是由地主给，还是佃户给？ =地主给。佃户有可能是其他村的。

本村一直以来都是地主给吗？＝是的。

因为看青是看护作物的，所以别的地方看青费都是耕种者支付，为什么本村的是地主支付呢？＝这是本村的习惯。

民国以前，一亩地大概要多少看青费？＝100钱。

现在呢？＝8元到10元。高粱是22元。

原来，有没有因为去满洲的人多，而导致种地的人手不足的情况？＝没有。一直以来都是种地的人多，想种地的人就去地主那租地。

因为看青费要地主交，所以相对的佃户的租子就会高一些吧？＝不会。因为看青费很少，不值一提。

今年的看青费多少？＝总共120元。一亩地两三钱左右。

原来佃户很少吗？＝不少。

和现在比，什么时候多？＝都一样。

民国以前，给地方的钱也是地主来支付吗？＝是的。给看青的、打更的、地方的钱，汇总一下由地主分摊。

如果把那些钱汇总起来，一亩地大概多少钱？＝两三百制钱左右。

但是一吊是多少钱？＝160文（16文是100钱）。

当时，打更的雇用几个人？＝一个。也有雇用两个人的时候。

除了看青的，还有打更的吗？＝是的。打更的是晚上看护，和看青的工作不同。

【看青的契约书】

看青的是一个人的时候，契约书要写几分？＝无论几个人，都是写一份保存在会上。

由谁来写？＝会上的管账的。

也可以由其他人来写吗？＝可以。

保人有什么存在的意义？＝保人是看青的证明人。看青的收到钱之后，如果有不看护作物，逃跑、偷盗作物不赔偿的时候，由保人代替赔偿。因为看青的如果做不好的事的话，都是保人的责任，所以保人是很吃亏的。仅仅是写青（指写契约书）和算账的时候，请吃两次饭。

为什么要写会末人的名字？＝因为会末人是雇用看青人的人，所以要写上。

那是看青的为会末人写的契约书吗？＝是的。

保人是一个人吗？＝和看青的人数相同，看青的如果是两个人的话，保人也是两个人。每个看青的都有各自的保人。

保人是看青的找来的吗？＝是的。尽量找的是有钱人。

有为了承担责任而赔偿的保人吗？＝没有。

写青的时候都有谁一起聚餐？＝8个会头、看青的和保人。

算账的时候呢？＝一样。写青的时候，聚餐费用由看青的出，算账的时候，由会上出钱。前者只是简单地聚一下；后者所花的钱是前者的好几倍。

写青的时间是固定的吗？＝不是。大体上都是在4月。

算账的呢？＝具体时间也不定，一般都是在9月下旬。

写青的时候，聚餐的意图是什么？ =看青的给大家回礼的意思。

算账的时候呢？ =没有什么特殊的意义。

那时候会去庙里烧香叩头吗？ =不去。

算账是指什么？ =计算受损作物的价值，以及精算需要给看青的费用。

有账吗？ =有。

什么账？ =会写入会账里。

【青圈】

青圈是什么？ =村子土地的范围。如果里面有外村人的地的话，就不看护那一块。即使被盗了，也和本村的看青人无关。

一直以来都是这样吗？ =是的。

如果本村村民在外村有土地了要怎么办？ =由本村的看青人看护。

如果那地里的作物被盗了，本村看青的要赔偿吗？ =要的。

本村内的外村人的土地，是外村的看青人看护吗？ =是的。

如果泥井人的在本村内土地，由本村的村民耕种的时候要怎么办？ =由本村的看青人看护。

如果在本村内的本村人土地由外村人耕种的时候，要怎么办？ =由本村的看青的看护。凡是和本村有关系的土地，都由本村的看青的看护。

青圈的界限不定吗？ =“我们庄的青苗”由本村看青的看护。

是指我们村的村民耕种的青苗的意思吗？ =是的。

那和我们村的村民所持有的土地有什么不同吗？ =和“我们庄的地”是一样的。

但是，我们庄的土地给外村人耕种的时候，那青苗难道就不再是我们村的了吗？ =交土地摊款的那个村，就称那块土地是他们村的。我在泥井的南边（离这里有5里地）有一块土地，由泥井人耕种，因为是泥井人交土地的摊款，所以那块土地就被称作是泥井的土地。

那块地在泥井的青圈范围内吗？ =是的。

本村内泥井人的土地，由本村人耕种，本村人看青的看护时，看青费由谁来出？ =泥井的地主交给本村。

本村看青的看护的土地称作我们庄的地吗？ =不是。青圈内的外村人所有，且由外村人耕种的土地，不是我们庄的土地。如果那土地是由本村人耕种的话，才叫作我们庄的土地。

上述提到的前者的土地怎么称呼？ =没有什么特别的称呼。

青圈的范围是固定的吗？ =是的。

【看青人的选定】

什么时候商量由谁来看青？ =在写青的两三天之前，会头们先讨论决定写青的日子。到了写青的那天，听到锣响，想到做看青人的人们会聚集过来，然后会让他们各自把工钱写到纸上，选定其中要求工钱最低的人做看青的。

每年都有很多想要做看青人的人吗？ =有六七个。

不看人品的好坏就决定吗？ =无论工钱多么低，人品不好的话是不可以的。

有意愿的人写工钱的同时，会把保人的名字也写上吗？ =不会。保人是决定了看青人之后再找。看青的如果找的保人不合适的话，会上也有让看青人重新再找的情况。

你做保长的时候，是保人吗？ =是侯树潘和侯永义的保人。

【儿媳的自杀事件】

是哪家的儿媳自杀了？ =侯振祥（73岁）家。他的儿媳（20岁左右）自杀了。

儿媳是什么时候嫁过来的？ =17岁的时候。

振祥的家庭成员都有哪些？ =妻子（60岁左右）、儿子（儿媳的丈夫15岁）、女儿（20岁左右）。

为什么自杀了？ =因为侯家是普通的百姓，所以有空闲的时候，儿媳会去工作。儿媳去其他家除草，约好的一天80钱工作四天。所以能得到3元20钱。但是儿媳在还没有领到那钱的时候，就回娘家了。然后侯振祥就替儿媳把那3元20钱领了，然后送到了儿媳的娘家。因为那个时候侯振祥没有零钱，所以就直接给了儿媳4元。儿媳也没有零钱，所以就没有把那80钱给侯振祥。那时候，侯振祥让儿媳用那80钱给娘家买些东西，所以没有拿到那80钱就回家了。他回家之后，妻子非常生气，责骂侯振祥没有拿回那80钱。因此好像为了那80钱的事，去了儿媳的娘家两三次。但是他好像没有说让把那80钱还回来，只是告诉他们说，妻子因为那80钱的事情很生气。因此那80钱也没能要回来。6月8日的时候，侯振祥又去了儿媳的娘家，妻子认为只有振祥自己要不回那80钱，所以随后又领着儿子（儿媳的丈夫）去了儿媳的娘家。振祥见到儿媳和儿媳说话的时候，儿媳觉得很对不起振祥，且再次对母亲抱有不满。然后儿媳和振祥就离开儿媳的娘家回家了。途中尽管和振祥的妻子和儿子（丈夫）见面了，但是振祥等人回家了，而振祥的妻子等人却没有回家，而是去了儿媳娘家，并向亲家母抱怨此事。当晚只有振祥和儿媳二人在家，妻子等人住在了儿媳娘家，没有回来。到了晚上，儿媳越想越觉得不高兴，就投井自杀了。

儿媳和振祥家的人相处得怎么样？ =挺好的。只是儿媳的母亲老是吵闹，所以和小姑子（丈夫的姐姐）的关系也不怎么好。振祥对儿媳很好。儿媳是一个很勤劳贤惠的女人，而儿子才15岁，什么都不懂。

娘家人应该很生气吧？ =非常生气。说这样不能算完事，事情很是麻烦，很多人参与仲裁才算解决。知道自杀之后，保长向镇长报告，镇长向县里报告，县里便派人来进行尸检。

都有谁参与说合了？ =侯廷武、侯元广、侯荫堂、齐镇长、侯元文、侯振山、萧惠生。

听说花了很多钱？ =娘家人对葬礼的棺材、衣裳等要求很高，据说全部加在一起，花了3000元左右。虽然娘家人没有起诉他们，但是因为保长向上级汇报过，有很多人都被叫到县里盘问。但是没有进行裁判，通过村里的仲裁解决了此事。也给了县里很多钱。给了娘家200元左右的白布，没有给钱。

都有谁被县里叫过去了？ =镇长、侯元广、侯荫堂、侯廷武、萧惠生。

侯振祥和娘家人有被叫过去吗？ =没有。

给县里的钱是谁出的？ =侯振祥。

大概花了多少钱？ =四五百元。

也给镇长了吗？ =不清楚。

3000 元那么多钱从哪里弄的？ =卖粮食、牛、土地、树木。即使这样，好像还是不足。于是借钱支付，之后就卖东西还账。事发当天，在保长侯元广的帮助下，从侯元廉那里，以每月 7 分 5 厘的利息借了 200 元。另外又通过大乡的乡长（镇长）以 6 分利（1000 元就是每月 60 元）借了 1000 元。

大乡的乡长和侯振祥是熟人吗？ =不是。是在侯元广的帮助下借到钱的。

借那 1000 元的时候，有把地券交上去作为抵押吗？ =地券全部被乡长拿走了，因为钱还没有还，所以地券到现在还没有还回来。在葬礼上用的小豆，侯元广一斗卖了 34 元，做了很过分的事情。

200 元还了吗？ =因为利息太高，所以马上就还了。

葬礼的时候，是谁做的会计？ =侯元广。他掌管钱的支出。尸检的时候，他很随意的给县里派来的人二三十元。就仅仅是喝的，就花掉了 30 元左右。

都有谁负责买东西？ =大家都帮忙买。

除此之外还有其他管事的人吗？ =没有。大家都是随意帮忙。

应该没有记账吧？ =侯元耀是记账的。

不让保长做会计，而让其他人做会计，不是更好吗？ =保长好像虚报了很多钱。

侯振祥把一切都委托给保长了吗？ =不是很清楚。

乡长也来帮忙了吗？ =什么忙也没帮。

保长和乡长有亲属关系吗？ =没有。只是因为保长很听乡长的话，所以才让他做保长了。

侯元耀和侯元广有什么特别的关系吗？ =没有。侯元耀是经过萧惠生的介绍做书记的。因为保长什么都不懂，所以很有必要有个书记。

侯元耀和萧惠生关系如何？ =很好。

葬礼持续了几天？ =五天。在此期间，每天都请客，村里的人都会去吃。

振祥是有钱人吗？ =原来有 40 亩地左右，现在就只剩下 20 亩左右了。出事的时候，有恶人想要把那 40 亩都要走。能留下 20 亩，是因为运气比较好。

有人出面，说让不借给他钱吗？ =没有。

【镇长的恶行】

侯元广能成为保长，是因为有镇长的援助吗？ =不是很清楚，但是镇长对元广能做保长一事很开心，这是事实。元广作了保长的话，镇长在侯家营做事就会变得容易。镇长不喜欢有智慧的人做保长。

大家对镇长的评价怎么样？ =在县里好像不讨人喜欢，不知道这个地方大家都怎么评价的。

有听说过他收贿的事情吗？ =不知道其他村怎么样。我做保长的时候，没向他低过头。

他在泥井把庙毁掉建了一个饭馆，这事你怎么看？ =没有人有意见。只是把庙毁掉还是好的，即使是把村子烧掉也没人有意见。因为他和县里以及警察有联络，所以有意见的人会被打的。他的父亲也是个曾把儿子（镇长的哥哥）杀掉的名人。

他本来就是泥井人吗？＝是的。

因为什么成为镇长的？＝按照规定，只有保长才能参与选举镇长。但是他把几个泥井的甲长培养成保长，然后让他们投票。于是得到九票当选为镇长。那时候，还给了县里300元钱。

县里也知道他的不正当选举吗？＝当然知道。

300元给了县里的什么人？＝不清楚。他现在的权力很大，所有保长都会给他一些东西。我做保长的时候，我说我还有欠款，所以就什么都没有给他。

副保长萧惠生和镇长关系好吗？＝镇长害怕萧惠生。

为什么？＝因为萧惠生很擅长打官司。所以如果被他给起诉了会很麻烦。所以镇长最不想让萧惠生做保长。但是如果不让萧惠生有点地位的话，又不方便。例如：维修本村乡公所等，如果镇长做了什么的话，会很奇怪。

萧惠生和镇长的关系不好吗？＝也不是不好，只是怕他。

萧惠生在县里有熟人吗？＝虽然也没什么熟人，总之很擅长打官司。

村民们都很高兴他能做副保长吗？＝不怎么高兴。

乡丁和保长、副保长的关系好吗？＝即使不好，因为乡丁是他们的下属，所以只能听他们的吩咐。

镇长是从什么时候开始上任的？＝民国二十九年四月开始。

镇长原来是做什么的？＝原来是买卖人。四十几岁的时候回到泥井赌博。

他的父亲是做什么的？＝百姓。光绪二十一年曾有军队驻扎在泥井。那时候他帮军队做事，于是就有了一些地位。从那之后就被称作齐大老爷，开始在泥井公会做事。

是有钱人吗？＝不是。开始在公会做事就是为了钱。

他把孩子杀了是怎么回事？＝那孩子赌博、做很多坏事，让父母很烦恼。妻子死了之后，他想要娶一个新的妻子，而父亲不给他娶。于是，父子每天都吵架，孩子甚至想要杀掉父亲。因此，父亲在儿子睡觉的时候，将儿子杀了。

他没有被县里带走吗？＝没有。什么事也没有。

镇长原来去哪里了？＝锦州。

是成功之后回来的吗？＝没听说过有关他成功的消息。

回到泥井以后都做些什么？＝以赌博为生。

是那些赌博人的头目吗？＝是的。把人聚集到一起赌博。现在也是这样。除此之外，还吸食鸦片和海洛因。

那样的人，怎么成为镇长了呢？＝不是很清楚，好像是威胁别人成的镇长。而且，好像又拿钱活动了一下。同族外甥的妻子和他正在同居。外甥死后，尽管他自己有妻子，还是和那个寡妇同居了。和孩子同辈的妻子同居真是太奇怪了。如果被以“霸占娘侄”为由起诉的话，会是一个很重的罪。

这事大家应该都知道吧？＝是的。他因为吸食鸦片，每天都要花费20元左右。

他成为镇长的时候，和村子里的保长打过招呼吗？＝没有。

分所长是什么时候来的？ =去年春天，山东人。

镇长和分所长关系好吗？ =不错。因为镇长是一个很粗暴的人，所以哪个分所长都怕他。他就是一个恶绅士。分所长对他的话言听计从。如果不听的话，他就会联络各村的保长，起诉那个分所长。

有被他起诉过的人吗？ =有。这种事做起来很随意。现在的分所长都是对他言听计从，所以没有被起诉过。

如果被起诉的话，是分所长败诉吗？ =有败诉被卸任的分所长。只要听镇长的话，就不会被起诉。

【起诉镇长事件】

起诉镇长的时候，萧惠生会出面吗？ =因为和自己的利益无关，所以不会出面。去年虽然镇长被起诉了，但是花了2000多元钱胜诉了。县长好像喜欢他。知事反而惩罚了起诉的人。

是谁起诉镇长的？ =泥井的李姓、侯家营的刘斌义、崔家坨的赵恩石3人。都是村子里的普通人，不是什么办事人。

以什么为由起诉镇长的？ =以“会账不清、人格卑劣”的名义起诉的。镇长打官司回来，召集各村的保长说3000元不够。意思是让大家出钱，但是我没有出。然后他就用会上的钱到县里活动，之后便征收摊款。

上诉提到的3个人为什么要起诉镇长？ =因为其他人都害怕镇长，不愿意起诉镇长。

3个人分别代表自己的村子起诉的吗？ =是的。因为刘斌义是我的侄子，所以我儿子被罢免了泥井校长一职。

关于代表村子起诉一事，刘斌义和村子里的人商量了吗？ =没有。只是泥井的李和本村，以及崔家坨的人之间相互联系。

你做为保长去起诉的话，不方便吗？ =哪个村的保长都不出面，只有我一个人的话是不行的。

李和你商量过吗？ =没有。和刘斌义商量了。

你一直都知道吗？ =知道，但是没有出面。

当时刘斌义是做什么的？ =在家。后来离开家到钱家庄的学校，做教务主任去了。

如果他和公会的人商量，能得到大家的支持的话不是更好吗？ =不行。因为大家都害怕镇长，所以如果商量的话官司都打不成。因此，他没有和任何人商量。镇长打完官司之后更加有权势了。

刘有遭到镇长的什么报复吗？ =没有。

打官司开始之后，村民们有去声援刘的吗？ =没人敢去。结果被鞭打了50下，作为惩罚。

没有人给他辩护吗？ =没有人想要出面。

你也没有出面吗？ =没有。其他的保长都去声援镇长了。我做到中立已经是底线了。保长们声援镇长时所花的钱，最后都被大乡以摊款的形式征收支付了。

是镇长命令保长们去给声援他的吗？ =是的。都是事先下达的命令。

3人起诉的时候，应该想着会胜诉的吧？＝不清楚。

他们应该认为村民们会去声援他们的吧？＝他们没指望村民们会去声援他们。

3人和镇长之间有什么仇吗？＝李好像和镇长有什么纠葛，不是很清楚。

李和刘关系很亲密吗？＝也不是什么很亲密的关系。

刘是一个很有骨气的人吧？＝是的。

刘败诉以后，村民们有认为对不起刘吗？＝当然是这么想了。

有采取什么形式犒劳他吗？＝没有。如果那样做的话，会被镇长记恨的。

村民们在家或庙里祈祷让刘胜诉吗？＝什么都没有做。大家都很害怕镇长。即使是大乡的会议，也是镇长把一个人决定好的事情通知给保长，从来不听其他人的意见。即使是对保长，说话也很无礼。

现在的保长跟着镇长能得到什么好处吗？＝只有不会被虐待这一个好处。

但是，在修理本村村公所的时候，镇长拿走了修村公所的费用，这样的事在其他村难道没有吗？＝不清楚，可能也有。

今年夏天选举保长的时候，镇长有来通知让选举侯元广吗？＝好像没有那么做，但是因为我当时不在，具体不是很清楚。

是因为你说你想辞掉保长，所以才重新选举的吗？＝因为年龄的关系，失去做保长的资格了。

【看青的】

看青的是从今年开始由大乡来雇用的吗？＝是的。

是本村人吗？＝是的。

是从本村推荐上去的吗？＝不是。将保长和乡丁聚集到镇公所，通知让乡丁来看青。但是因为本村的乡丁腿脚不方便，所以便雇人看青了。

看青人的工钱是大乡支付吗？＝是的。

乡丁的工资呢？＝也是由大乡支付。

乡丁是由村子推荐到大乡的吗？＝只是继续沿用小乡时代的乡丁罢了。

乡丁一般情况下是镇长的手下吗？＝是保长的下属。

【保长和镇长】

保长是保护村子利益的人，还是镇长的手下？＝因人而异。如果是不好的保长的话，会借助镇长的权势做坏事。现在镇长已经把保长作为自己的左右手来使唤了。

【镇长的恶行】

现在的镇长和大乡的乡长都是这样的人吗？＝是的。因为他们和知事之间相互包庇，所以没有可以起诉他们的地方。但是即使是这样，泥井的镇长也是最坏的。

镇长带给本村的麻烦，具体来说有哪些？＝不知道。

蒲坑的收入要交到大乡，这也是镇长的命令吗？＝是的。

田赋由谁来缴纳？＝不一定。

让你最困扰的是摊款吗？＝是的。

没有了土地的上、中、下的区别，是把上地降低变成下地，还是把下地提升变成上地来征收摊款？ =是把下地按照上地来征收摊款。

【大乡的坏处】

没有大乡的话，会更好吗？ =是的。这样的话，薪水、杂费、应酬费等这些没必要花的钱就不用再花了。

你做过保长，你觉得要怎么办才好？ =还回到原来的小乡就可以了。各种不必要的钱就不用再花了，各类不必要的公职人员也没有了。在村子里，即使是花费 100 元也可以看到很显著的效果，但是在大乡即使是花了 1000 元，也看不到什么效果。因此如果能变回小乡制，各类花费就会变少。

大乡应该不能随意地征收摊款的吧？ =但是现在征收摊款已经成为大乡的一个作用了。

如果大乡不征收摊款的话会怎么样？ =那样就没有人在大乡工作了。

【绅士的恶事】

从前的绅士也做坏事吗？ =也有好人，但是坏人比较多。会做一些类似于在打官司的时候，参与到中间从两方那里要钱等事情。

村民们起诉过绅士吗？ =经常有这种事。如果摊款收得多的话，会被起诉。

发生过全体村民起诉绅士的那种情况吗？ =有。

那现在的人是变得胆小了吗？ =是的。现在如果起诉他们的话，会变得处境很危险。因为对方的势力过大。本村，曾经有过因账面不明而投诉乡长侯大升，使其卸任的事情。小乡的时候，村民们一起商量之后，投诉那些恶的绅士并不难。但是，成立大乡制以后，即使想要投诉，联络起来也很困难。

你认为大乡和县长有什么联系吗？ =大乡应该是知事收入的来源吧。

你觉得，如果成立一个新民会会怎么样？ =这样的话，镇长会成为分会长，费用应该只会越来越高。新民会里的人和方针可能是好的，但是因为实际参与实施的是坏人，所以只会让我们更困扰。

11 月 4 日

看青 自杀事件

应答者 侯元兆（看青的）

地 点 侯元兆的家

【看青的】

多大年纪了？ =44 岁。

从什么时候开始成为看青人的？ =做了两年了。

今年写青了吗？ =今年是乡丁做的。我为乡丁工作。

从乡丁那里领工钱吗？ =是的。但是现在还没有拿到。

【看圈】

知道青圈是什么吗？ = 不知道。如果是“看圈”的话知道是什么。就是指看护的范围。

看圈是固定好的吗？ = 是的。

今年是两个人看青吗？ = 加上乡丁3个人。

3个人看护的区域是固定的吗？ = 没有分开。

看圈中外村人的土地也要看护吗？ = 是的。

去年是这样吗？ = 是的。

一直以来都是这样吗？ = 是的。

看圈中归外村人所有、且由外村人耕种的土地怎么办？ = 一样看护。

对方会把看青的费用拿过来吗？ = 因为在外村也有本村人的土地，所以是免费看护的。

原来的时候，难道也不收费吗？ = 是的。

你看青的时候有保人吗？ = 有。现在因为是协助乡丁看青，所以没有保人。

去年你的保人是谁？ = 侯永义。

需要给保人什么谢礼吗？ = 不给。

去年工钱是多少？ =80元。

有很多人想要做看青人吗？ = 有3个。其中选了2个人看青。

去年也写青了吗？ = 写了。

是谁写的？ = 会上的人。我不会写字。

【偷盗赔偿】

如果有偷盗作物的人的话，会要求赔偿吗？ = 会的。

去年赔偿了多少？ = 没有赔偿。

赔偿的数额是规定好的吗？ = 是的。苞米一棵5钱，40棵左右的高粱秆赔偿高粱半斤。其他的就交由会上的人来判定。

需要看护坑里的蒲子吗？ = 不用。那由乡丁看护。

柳树需要看护吗？ = 需要。

有人偷盗柳树上的什么吗？ = 没有人偷盗。柳树也没什么用，也不过是拿柳枝做棒子罢了。

现在正是需要拔田地里的草的时候，去哪里拔都可以吗？ = 可以。

也可以随便放养猪到里面吗？ = 可以。现在田地里什么也没有。

如果地里有作物的时候，被家畜毁坏了，看青的需要赔偿吗？ = 需要。

和偷盗的时候赔偿的金额一样吗？ = 是的。

有过这样的先例吗？ = 没有。

【开叶子】

高粱的叶子有任何人都可以摘的时期吗？ = 有。从旧历六月二十日开始，大约半个月左右。称为“开叶子”。结束了的时候会说拒了，之后再摘就不被允许了。

开叶子之前，自己摘自己家的叶子可以吗？ = 不可以。

如果摘的话会受到惩罚吗？ =没有人会摘的。

开叶子的时候，其他村的人可以来摘吗？ =可以。

开叶子的时候会撞钟吗？ =乡丁会敲着锣，在村子里边走边喊“开叶子”。过了那段时间，乡丁会敲着锣，绕着村子边走边喊“拒叶子”。

开叶子只指高粱吗？ =是的。

【拾柴火】

无论是谁，都可以拿走那些残留在田地里的高粱根吗？ =不可以取走在地面以上的秆。可以取那些没有出现在地面以上一点的根。

现在的话应该可以了吧？ =因为已经把自己家要拿走的都拿回去了，所以接下来谁拿都可以。

白薯呢？ =收获完之后就可以了。

像这种在人们收获之后，拾取剩下的东西的人怎么称呼？ =叫作“拾柴人”。

拾草的人也叫作拾柴人吗？ =叫作“楼[1]柴火”。

拾柴火的人多吗？ =不少。

都是一些贫穷的人吗？ =是的。

“开叶子”的时候，摘取叶子的是哪些人呢？ =也是穷人。

高粱的叶子可以用来干什么？ =拿给牲畜吃。

可以卖钱吗？ =也有人卖。

可以把猪放到别人家的田地里吗？ =可以。

去年看青，是从什么时候开始到什么时候结束？ =从麦秋到霜降。

什么时候给报酬？ =分两次给，先给一半，剩下的精算之后再给。

【挖壕】

去挖过壕吗？ =去了 20 天。现在一分钱也没拿到手。

说定什么时候给？ =只是说一天 3 元钱。

饮食怎么解决的？ =包吃。

是自己自愿去的，还是被派去的？ =自愿去的。

想去的人多吗？ =多。

有被命令去的吗？ =虽然是让适龄者去，但是也有人雇人代替去的。开始的时候，是让适龄者按年龄去的，但是因为让去的人少，所以就从 18 岁到 50 岁之间的人抽签，中签的人由村里雇用派去。

3 元钱，而且还包吃，应该有人挺高兴的吧？ =是的。

应该有人抱怨要花钱的吧？ =没有。高兴的人比较多。

决定之前，会把人们召集到一起商量吗？ =没有。

是大乡的人来收取高粱的吗？ =来了五回。只有一次没有缴纳。

粮食不够吧？ =当然不够。

---

〔1〕 译者注：原文如此，疑为别字。

那要怎么办？＝除了雇用临时工之外没有其他的办法。

20天的津贴和交出的高粱，哪个更高一些？＝得到的多一些。

【对镇长、保长的评价】

保长人怎么样？＝不错。

和前任保长相比呢？＝一样。

有困难的时候会提供帮助吗？＝不帮。

镇长怎么样？＝更好。

哪个地方好？＝为了国家鞠躬尽瘁。

应答者　侯振祥

地　点　侯振祥家

【自杀事件的借款】

这次好像花了很多钱，大概花了多少？＝2000多元。

那钱是怎么凑的呢？＝卖牛、树木、土地等凑来的。猪也没有了。

有欠款吗？＝有。开始的时候都是借的钱，后来就卖东西还钱。

现在应该还有欠款吧？＝有。

大概有多少？＝500元左右。

那是从哪里借来的？＝本村的刘子馨。外村人（女儿的婆家，已经订婚了）。

最初是从谁那里借的？＝从大乡的人那里借的，是贷给我的。

刚开始的时候，没有向村里的人借钱吗？＝没有人有那么多钱。

从大乡那里借钱的时候，是谁帮忙说合的？＝保长和镇长。

从大乡那里借了多少钱？＝1000元。

利息是多少？＝月利息6分（1000元每月利息就是60元）。

中介人是谁？＝侯元广、萧惠生、侯恩荣。1000元大部分都已经还上了。

是你拜托上述提到的那三人帮忙借钱的吗？＝是出事的时候，他们来时，我拜托他们的。

是谁把钱贷给你的？＝镇长。

有契约书吗？＝没有。

月利息6分高吗？＝一般都是2分或3分。虽然很高，但是急用，所以没有办法。还那1000元的时候，是托人带过去的，但是交到萧惠生手里的时候，他擅自用掉了500元。所以三张地券中的两张现在还没有要回来。他家的牛死了，为了买牛让镇长借给他一个月，从镇长那里把那500元借走了。总之，我的是全部还清了。

三张地券都分别是几亩的地券？＝5亩、4亩、4亩。

还有哪两张没有要回来？＝5亩和4亩的。

5亩和4亩加一起大概值多少钱？＝应该大约值900元左右吧。

从刘子馨那里借了多少钱？＝400元。4分利。

说合人和中介人都是谁？＝没有。那钱是刘子馨自己和他女人们那里凑来的。他应该也是中介人了。

有契约书吗？ =没有。

地券呢？ =没有给他。

从女儿的婆家那里借了多少钱？ =200 元，3 分利。没有契约书，也没有给他们地券。

除此之外，还有其他的欠款吗？ =从崔家坨的亲戚那里借了 150 元，4 分利。没有中介人，也没有契约书。

上述所提到的共 2000 元的借款都花掉了吗？ =是的。

关于那些钱都用到了哪里，当时是谁在打理？ =侯元广、侯恩荣、萧惠生等人。

有账簿吗？ =用完之后就丢掉了。因为我不识字，所以即使有账簿，也没什么用处。

关于钱都用于什么，他们和你商量过吗？ =没有。交给他们全权处理了。

那些钱都用到哪里了，你也不是很清楚吗？ =不清楚。人家让做什么就做什么。

关于那些钱的使用，你有过怀疑吗？ =因为是拜托别人帮忙的，所以没有怀疑过。

还记得大体上都用到哪里了吗？ =不清楚。

那时侯家里的人也没说什么吗？ =是的。

为什么要拜托侯元广、萧惠生、侯恩荣他们帮忙？ =因为他们都很亲切，又是村里的保长和副保长。

和侯恩荣是什么关系？ =他是同族的叔父。

大家都很热心的来帮忙吗？ =是的。

（虽然侯振祥的话表达得不是很清楚，但他是一个很善良的老人。花了很多钱，现在想想虽然仍旧很后悔，因为是没有办法的事情，所以好像也放弃了。他的妻子看起来很盛气凌人。女儿似乎嫁到附近的人家去了，看上去是一个很可靠的人。我们在访问侯振祥的时候，她一直都在旁边，会时不时插一句话。比父亲的理解力强，好像对父亲的回话有些不耐烦。）

应答者　侯瑞和（乡丁）

地　点　侯瑞和家

【看青的契约书】

今年看青的都有哪些人？ =大乡让我来做，但是我做不了，所以就雇了侯元兆和陈占选两人让他们来看青。

今年写青了吗？ =写了。有写给泥井的联保的契约书。

都写了些什么？ =写有作物被盗时，看青夫需要赔偿的相应金额。还写有我的名字。

有保人吗？ =有。我同族的哥哥侯瑞文。

你雇用侯元兆和陈占选的时候，也让他们写契约书了吗？ =没让他们写。

有做什么约定吗？ =和大乡要求的做法一样。

去年是怎么写青的？ =

立包人侯元起、侯元照今包得将本庄全境之青圈言明由立合同起至霜降后结账为止共包价工费洋八十元整其洋按三季支使计麦秋二十五元六月二十四日二十五元余者三十元至结账找清至于各包头各色粮食以及树木梢棵俱已存内均同公会议决包头列后均归元起、元照按照规定价格临时作价赔偿倘有丢失过多无力赔偿以及半途变更均归保一面承管嗣如抓获偷窃之人公会按具身众议罚不准争多论少空口无凭立合同为证

计开丢失各种集粮树株赔偿列后

苞米每根分二种三分、四分

高粱稗子粳子糯谷糜黍豆子棉花及一切集根均按市价包补

树为两才粗每棵包洋二元余者一类推算

树梢临时按验包赔

保　　人　王福存（指纹）　侯永义（印章）

保 甲 长　刘子馨　侯永义　侯元文（印章）　侯连昆　侯元广

正副团长　侯赞臣　刘殿元

包揽青人　侯元起（指纹）　侯元照（指纹）

中华民国三十年五月二十六日立[1]

这个格式是上级命令这么写的吗？

是本村人自己制定的。

包是什么意思？＝承包的意思。

看圈是什么意思？＝需要看护的地。

青圈中外村人耕种的土地，也由本村人看护吗？＝无论是谁家的地都看护。因为都是有关联的，所以就相互看护。

公会的地，也需要看青吗？＝是的。

合同是什么意思？＝契约的意思。

结账是什么意思？＝指最后的精算。

80元是由两个人分摊吗？＝是的。

包头是什么意思？＝赔偿的意思。

两才是指多粗？＝两手的拇指和食指组成的圈的大小。

除了保甲长要写在契约书上之外，按说不应该也要有甲长的吧？＝写在契约书上的这些都是常务甲长。一般都是这些人处理各项事务，其他的甲长不写上契约书上也没有关系。

团长是什么？＝指自卫团长。

包揽是什么意思？＝包是承包；揽是指承担的意思。

为什么署名的下面有的人有盖印章，有的人却没有呢？＝有没有都可以。

保人王福存是谁的保人？＝侯元起的保人。侯永义是侯元照的保人。

“开叶子”前，有针对摘叶子的人实施的惩罚办法吗？＝没有人会这么做。

〔1〕 译者注：此处为民间契约，保持原文文字结构。

如果有人在“拒叶子”之后摘取叶子呢？ =按照这个惩罚办法，接受惩罚。

应答者 侯长会（77岁，瑞和的父亲）

【看圈】

原来你看青的时候，有看圈吗？ =有。

这个是固定的吗？ =是的。

如果看圈里面，有块地归泥井人所有，你还会看护那块土地吗？ =会。大家都会看护好自己看圈内的土地。

那块土地的看青费，是从泥井人那里收取吗？ =因为是承包的，所以不会去收取。

一直以来都是这样吗？ =是的。从开地立地的时候开始，就是这样了。

原来，本村看圈内的土地，应该没有外村人的吧？ =有。

看圈内的土地怎么称呼？ =没有什么称呼。

不叫作“我们庄的地”吗？ =叫。（没有回答清楚）

可以称作“我们庄的青苗”吗？ =不这样称呼。（回答得不清楚）

【偷盗作物的人】

有抓到过偷盗作物的人吗？ =有。

本村人和外村人哪个比较多？ =本村人和外村人都有，不过本村人比较多。

11月5日

隐瞒的田产

应答者 侯长永

地 点 村公所

【土地的上、中、下】

年龄？ =60岁。

有多少土地？ =上地一亩、中地一亩、下地16余亩。

民国初期的时候，本村的土地分为上、中、下这件事知道吗？ =知道。

那是民国几年的事？ =民国二十五年二月。

当时谁是村长？ =刘子馨。

副村长是谁？ =侯廷武。

会头是谁？ =侯长赞、侯宝臣（已经去世）、侯治相（已经死亡）、侯凤义、侯大生、侯振芳。

是上述那些人将土地分为上、中、下的吗？ =是侯凤义、侯长赞、萧惠生、侯宝田4人商量后决定的。

民国二十五年之前，都没有上、中、下的区别吗？ =没有。宋县长到泥井来演说，让把土地分为上、中、下。也有村子没执行这个命令。

如果说是民国二十五年开始把土地分为上、中、下的话，那也就是最近才发生的事情了？=是的。和建学校是同一个时期。

那4个商量的人是会头吗？=是的。

当时不是闾长吗？=不是，是会头。

会头不是8个人吗？=另外还有2个闾长。

都是谁？=（没有回答）

除了那4个人之外，村长和副村长也加入讨论了吧？=是的。一起讨论的。还听取了村民们的意见。

那时候有让村民们聚集到一起吗？=一家派一个人到这里（村公所），让大家举手表决。

女人来吗？=女人不来。

有人反对吗？=没有。如果有人反对的话，事情就做不成了。

有上、中、下的区别比较好吗？=是的。

为什么？=沙地也和其他的地交一样的钱，太可怜了。因为现在大乡的摊款没有上、中、下的区别，所以那些穷人都食不果腹。

在土地分为上、中、下之前，有人抱怨不公平吗？=没有。因为是宋县长命令这么做的，如果没有县长的命令，应该是施行不了的吧。

以前应该都有这样的希望吧？=有。

有村子不听从县长的命令吗？=有。

都是什么样的村子？=有钱人持有很多土地，反对将土地分为上、中、下。这样的村子没有施行这个命令。

这个村子土地多的人，但拥有的上地却很少吗？=刘子馨、刘殿远、侯庆昌三人虽然有很多上地，但是因为他们人很好，所以也赞成将土地分类。

凤义、长赞、萧惠生、宝田他们呢？=他们的下地很多。

村子全体的土地是什么状况？=下地多。上地有700亩、中地有800亩、下地有1500亩。

持有土地多的人，拥有的上地就多吗？=不一定。

持有土地少的人呢？=拥有的下地比较多。

是为了那些持有土地少的人，才将土地分为上、中、下的吗？=不是。是县长命令让这么做的。

在村子里大家商量之前，会头们有提前先商量了吗？=没有。因为县长的命令，所以就将土地分类了。

县长的演说都有谁去听了？=村子里的所有人都去了。

你呢？=我也去了。

怎样决定土地的上、中、下，实际上是由谁来决定？=土地的良贫公会的人都知道。泥井以南的土地是良田，以北的土地是中地或下地。

那时候有把土地的上、中、下都记录在账簿上吗？ =有的。

是巡视之后决定吗？ =是的。

是谁去巡视？ =会头、村长、副村长、闾长、地的主人。

总共用了多长时间？ =五六天。

关于区分的方法，有公会里的人的意见和地主的想法不同的情况吗？ =如果村长把自己家的土地都认定为上地，其他人的土地都定做的下地的话，大家就都没有意见了。

划分土地类别的时候，地主会提出意见吗？ =如果有不公平的情况，地主可以提出。

是你自己把自家的土地说成下地的吗？ =会头把那土地认定为下地的，我什么都没有说。

那时候都有谁在巡视？ =村长、副村长、会头。也有其他人一起去。

也去其他人家的土地那里吗？ =是的。

为什么？ =那些没有男人的家庭，没人去地里。

应答者　侯长永、侯凤义

泥井从什么时候开始有县长的？ =民国二十五年。

在那之后多久召开了村民大会？ =一个月左右以后。和会头们商量说，从那些只有女人没有男人、而且持有的都是下地的家庭，收取相同的摊款，太让人不忍心。

是先和会头们商量的吗？ =是的。

侯凤义的土地都是什么样的？ =没有上地和中地。虽然原来有两亩下地，但是也卖掉了，所以现在一亩也没有了。

那时候侯长赞都有什么样的土地？ =上地 5 亩、中地 20 亩、下地 20 亩。

萧惠生呢？ =没有上地，15 亩中地，10 亩下地。

侯宝田呢？ =有 10 亩上地，没有中地，15 亩下地。

刘子馨呢？ =有 40 亩上地，60 亩中地，70 亩下地。

刘殿远呢？ =有 40 亩上地，60 亩中地，70 亩下地。

侯廷武呢？ =有 10 亩上地，15 亩中地，10 亩下地。

【黑地】

民国二十五年以前收取看青费、大更费的时候，土地有上、中、下的区别吗？ =没有。民国二十五年以前，有很多黑地，有很多人既不缴纳田赋，也不缴纳村子里的摊款。民国二十五年土地调查之后，大家才开始都交。

黑地连村子的看青费也不缴纳吗？ =是的。从前因为摊款比较少，所以不是很清楚土地的面积有多少。如果说自己有块地 5 亩，然后卖掉了，那么买了那块地的人就会缴纳 5 亩地的摊款。并不会详细调查土地的面积。

民国二十五年以前，村子里有地亩账吗？ =有。

有未记录在上面的土地吗？ =有。

有住在村子里且持有土地，但是却不向村子里缴纳钱的人吗？ =有。有些人的土地记录在社书的账簿上，缴纳田赋但却不向公会交钱。

什么样的人？是持有土地多的，还是少的？＝不一定。

只要耕种的话，肯定知道那是谁家的土地，这样为什么还不往公会交钱呢？＝虽然通过耕种知道那是谁家的土地，但是不知道他有没有向公会交钱。

公会的人应该知道吧？＝是的。

公会应该会让村民们看清单吧？＝是的。

上面应该写有某人缴纳了多少钱吧？＝是的。

看了那个，应该就知道谁没有交了吧？＝也有人有10亩土地，但只是缴纳了8亩的钱。

村民们都知道那个人有10亩地吗？＝知道。

那为什么没有人有意见？＝正是因为有意见，所以才对土地进行了清查。

公会没有人不满吗？＝不清楚。

民国二十五年地亩账上的亩数比现在少吗？＝那时候有2700亩左右，现在有3100亩左右。

民国二十五年清查的时候，知道都有谁隐瞒了多少亩地吗？＝知道。

那人会遭到大家的谴责吗？＝因为大家都有隐瞒的土地，所以也没怎么样。

你也因为清查而导致土地增加了吗？＝我们都是穷人，所以即使是想要隐瞒也会马上就被发现。

谁的土地增加得最多？＝不清楚。一个人隐瞒五六亩的都是大户。隐瞒的土地都是种不出庄稼、收成不好的沙地。

有人隐瞒良田吗？＝因为知道那是良田，所以隐瞒不了。

民国二十五年前测量土地了吗？＝测量了。

是谁测量的？＝以村长和副村长为首，大家一起测量的。

主要是看青的人测量的吗？＝不是。

如果没有宋县长的命令，现在仍旧会有1000亩土地被隐瞒起来吗？＝是的。正是因为有了命令，被隐瞒的土地才查出来。

即使没有命令，也差不多该被查出来了吧？＝不会。如果没有命令的话，就会有反对者，所以现在应该还被隐瞒着。

现在大乡的摊款没有上、中、下土地之分，这是乡长决定的吗？＝是的。

关于这个事，村子里没有人提出申请吗？＝没有。原来新民会的郑科长曾经建议过，将土地分为上、中、下来缴纳摊款，但是没有成功。

现在整个县都没有上、中、下的区别吗？＝没有。也有仍旧区分的土地。第一区5顷沙地的摊款已经被取消了。第四区摊款全部取消。南方的村子都是上地，所以他们反对将土地分为上、中、下来缴纳摊款。

因为南方村子的反对，所以大乡将土地一律按照上地来收取摊款吗？＝是的。

都有哪些村子反对？＝崔家坨、冯庄子、张家坨、牛新庄等。

是这四个庄拜托乡长这么做的吗？＝不是。

如果本村的保长提出申请，将土地按照上、中、下的区别来缴纳摊款的话，会怎么样？=不会去申请的。

如果说的话，南边的村子会反对吗？=不清楚。但是向郑科长那种很好的人，来本村的时候，村里的人拜托他帮忙提议的。因为即使是科长给乡长提议都不可以，所以保长即使提出申请也一定不会成功。乡长虽然是个好人，但是因为工作太忙，申请的话应该也是不行的吧。

应答者　孔子明

地　点　萧惠生家

【开叶子】

知道“开叶子”吗？=虽然高粱长的高度不完全一样，但是长得差不多一样高的时候就会“开叶子”。大体上每年都是固定的一天。

在那之前，即使是摘自己家的叶子也不可以吗？=不可以。

有惩罚吗？=会被罚款2元到3元。

如果是收获高粱的种子呢？=随便。

如果摘取小麦的叶子会怎么样？=不会摘取小麦的叶子的。

为什么只有对待高粱的叶子要这么严格呢？=如果真的是自己家的高粱的话也可以，但是如果摘取了别人家的，却硬要说是自己家的时候就难办了。因此，即使是摘取自己家的叶子也是被禁止的。

很多人都想要高粱的叶子吗？=因为很有用，所以想要的人很多。

高粱的叶子都可以用来做什么？=做饲料（牛、马、骡子、驴）和燃料。

为什么“开叶子”之后，谁家的叶子都可以摘取？=大家都是相互摘取的。

有很多高粱地的人可以摘了卖掉吧？=卖的钱还不够支付工钱呢。

应该也有人拿去卖吧？=那些连牲口都没有的穷人会拿去卖。

“开叶子”是为了帮助那些穷人吗？=叶子摘掉的话，空气会比较畅通，有利于高粱的生长。

高粱地比较多的人，如果没有人来摘叶子的话，即使是雇人也要把叶子摘掉吗？=是的。

【土地的上、中、下】

区分土地的上、中、下是从什么时候开始的？=民国十一年。

是因为县里的命令吗？=村子里商量决定的。

都有哪些人参与讨论了？=村长、村佐、会头、会办事的人。

为什么要这样做？=因为摊款变多了，那些没有收成的土地要和收成好的土地缴纳相同的钱太不公了。

是那些持有瘠田多的人提出来的吗？=应该是吧。

上地多的人不反对吗？=不反对。

为什么？=因为持有良田的人很少，所以即使是反对也没有多少人。

那时候召开村民会议了吗？=召开了。

那是你多大年纪的时候的事情？ =二十二三岁的时候。

你当时也出席了吗？ =是的。

那时候的村长是谁？ =刘子馨和侯廷武。会头是侯心如（宝田）、侯振芳、侯荫堂（长赞）、侯连仕（显扬）、侯宝臣、侯永和六人。

是谁提出来的？ =侯心如和侯荫堂。

这两个人是有钱人吗？ =是的。每人都有100亩左右的土地。

是穷人拜托他们把土地分为上、中、下的吗？ =收取摊款的时候，有下地的人提出了异议。因此会头们就商量，想着如果把土地分为上、中、下的话，收取摊款应该会容易一些。

召开村民会议的时候，全村的村民都聚集起来了吗？ =有一半左右。

那些没来的人是怎么回事？ =不明事理的人和外出的人。

村里的人大家都很高兴吗？ =是的。

应该也有人不高兴吧？ =没有。即使现在有上地，如果以后上地卖掉、只剩下地的时候，仍旧会很困扰。所以区分开来的话，不可能不高兴。

上、中、下是这么决定的？ =根据地点来定。村子的东边和南边的土地是上地，西边和北边那些与村子靠得近的地方是中地（一里半以内），西边和北边一里半以外的地方是下地，收成有三斗、两斗和一斗的区别。

那是谁规定的？ =村民们都知道差别。

现在那差别还是没变吗？ =没有。因为土地没有变。

是那个时候测量的土地吗？ =没有测量土地的必要。

那时候做地亩账了吗？ =做了。

当时有多少地？ =28顷。

现在有多少？ =33顷。

为什么增加了5顷？ =买的土地。而且现在宅地也算在内了。

在民国二十五年没有修订地亩账吗？ =没有。

【村子的黑地】

有地亩账上记录的土地亩数，比实际持有的土地少的情况吗？ =有。

直到什么时候才开始没有了？ =民国十一年。

那之前少了多少？ =有六七顷吧。民国十一年以前，摊款每亩只有5钱左右。但是因为民国十一年的时候，摊款突然大幅上涨，所以如果有人隐瞒土地的话，会给大家带来困扰。

土地少的人没办法隐瞒吧？ =是的。没办法隐瞒。

那六七顷的土地连村子的费用也不上交吗？ =是的。

田赋呢？ =田赋会缴纳。

为什么会有这种事发生？ =我们村没有不需要缴纳田赋的土地。

村民应该都知道有六七顷的土地没有缴纳摊款吧？ =虽然具体不清楚，但是大家都有疑问。

从民国十一年开始所有的土地都得缴纳摊款了吧？ = 是的。

一个人大体上都隐瞒的多少土地？ = 隐瞒七八亩的比较多。最多的能达到六十七十亩。

难道不是只有会头隐瞒土地吗？ = 不是会头的人也有隐瞒的土地。

没有因为这种事打官司吗？ = 差点要打官司了。

想要起诉会头吗？ = 起诉那些隐瞒的人家。

哪些人想要投诉？ = 那些没有隐瞒土地的人们。

那事是谁提出来的？ = 侯心如、侯振芳、侯荫堂。

支持他们的人多吗？ = 多。

村长和副村长呢？ = 他们是隐瞒的一方。

他们两个辞职了吗？ = 因为差点就打官司了，所以他们就辞职了。

其他的会头呢？ = 其他的回头没有辞职。

当时刘姓的人都隐瞒了吗？ = 是的。

那么刘姓应该遭到大家的讨厌了吧？ = 是的。大家都对刘姓没什么好印象。

现在呢？ = 过去的事，现在大家应该都忘了吧。

村长和副村长很生气吗？ = 民国十一年的时候，实际的亩数都写到了新的地亩账上。因此，村长和副村长一直都在隐瞒土地的事情，大家都知道了，有一部分人要求他们把原来没交足的部分补上。还有一部分人不同意和解，但是最后还是不了了之了。

与此同时，土地也分成了上、中、下三类了吗？ = 村长、副村长辞职以后，土地就被分为上、中、下三类。那时候的村长是侯心如，副村长是侯荫堂。

民国十一年以前，摊款是土地的持有者交还是由佃户来交？ = 由土地的持有者缴纳。

侯心如、侯荫堂、侯振芳三人持有的瘠田多吗？ = 侯振芳没有下地。其他的两个人下地也不多。

当时的情况，村子里的人都知道吗？ = 是的。

大部分人都有隐瞒的土地吗？ = 有二十几家都有隐瞒的土地。

都有谁？ = 不记得了。

多少应该也记得一些吧？ = 有侯连仕，其他的不记得了。

经过这件事情之后，村子里人们之间的关系变差了吗？ = 没怎么变差。

【侯姓和刘姓的对立】

侯姓和刘姓的关系怎么样？ = 原来关系很不好，现在没有那么差了。

从什么时候开始变好点的？ = 近几年才开始变好。

关系不好，表现在什么方面？ = 只要侯心如和侯荫堂做村长和副村长，就没有一个会头。

没有人在里面说合吗？ = 虽然有很多人都给他们说合，但是也只是表面看起来关系好。

你也给他们说合过吗？ = 是的。有一段时间，因为他们两家即使碰面了，也不说话，为了让他们关系变好，我就去说合了。

所有的侯姓人都不和任何一个刘姓人说话吗？=不是。只是会头们。

为什么不说话？=因为土地的上、中、下分类的原因。

其他人都怎么样？=和这些纷争没有什么关系。

侯姓里那些隐瞒土地的人，也不和他说话吗？=是的。

你是怎么说合的？=我给侯荫堂说，都是一个村子里的，不和人家说话的态度是不行的。之后，又和刘谈话，还把他们双方都叫到村公所说合。

除了你之外，还有人给他们说合吗？=还有十几个人。

是很多人都聚集在村公所吗？=是的。

这是什么时候的事情？=民国十五六年左右的时候。

即使是现在，刘子馨和侯元广的关系难道还是很差吗？=不好也不坏。

现在，侯姓中最有权势的人是谁？=没有有权势的人。

刘姓呢？=刘子馨。

侯姓和刘姓之外，有权势的是谁？=萧惠生。

萧惠生应该是最有权势的人吧？=应该是的。

【庙】

我觉得把庙迁走建成学校挺好的。庙小点比较好。村子里的人说“庙大压庄”等。因为庙太大，所以才挣不到钱，但是我觉得，庙的大小和村子的盛衰怎么想都没有关联。虽然我觉得，完全没必要要庙，但是因为村子里的一般人还是有迷信思想，所以在建学校的时候，建了一座小庙。

【水钱】

今天侯赛魁结婚。新娘是新金铺的人。双方都是再婚。这对男的没什么影响，但是女方再婚的时候，迎接新娘的车子只能停在村子外面，等着新娘出来。初婚的时候，车子直接到新娘家门口。女方再婚的时候，要给之前一直居住的村子里的乡丁2元左右的“水钱”。叫作“水钱”或“钱街的钱”。是这个意思，由于是再婚，没有像嫁入时在街道上走的资格了，因而请求允许其在街道上通过。乡丁即使是收到了2元钱，也不会回礼。

家 族 篇

1942年5月

（华北农村惯行调查资料第82辑）

家族篇第12号　河北省昌黎县侯家营

调查员　安藤镇正

翻　译　何凤岐

5月22日

当家　外出务工　家规　过继　分家

应答者　裴元亭（46岁，普通农民，不太圆滑之人）

【关于应答者的家庭】

你是甲长吗？ =不是，民户。

你以前一直住在村里吗？ =从祖父辈开始，在这里108年。

去过满洲吗？ =没有。

家里有几口人？ =15口人。母亲，我们夫妇，儿子4人，儿媳2人，孙子1人，姑娘5人。

土地有几亩？ =加上宅基地，大概39亩。砂石多，是差地。

上过学吗？ =上过。去过村里侯老师的私塾。宣统年间。

村里有比你家里人多的家庭吗？ =有。侯大生家，大概十三四人。

10人以上的家庭大概有多少户？ =两三户吧。

你的父亲什么时候去世的？ =7年前。

家里人叫你什么？ =爹。

村里的人叫你什么？ =按辈分来的，叫兄、哥、弟、叔叔、大爷等。

【当家】

一家人中的主心骨叫什么？ =当家或当家的。

那么，在你家里，你是当家的吗？ =是这样。

【正副当家】

女人不能当家吗？ =也有女人当家。根据家的内外不一样。爷们儿在外面办事儿，娘们儿（老娘）主持家里事。

那么，在你家里，你的母亲也当家吗？ =以前是父母当家，现在老了就不当家了。

那么现在你和你妻子当家吗？ =是这样。

但是，一家人中不是只有一人称作当家的吗？ =爷们儿当家的时候，娘们儿协助，前者为正，后者为副。

【当家——家长】

当家的不是称作家长吗？ =没有那样的事儿。

【当家、户长】

没有户长这样的称呼吗？ =有，现在叫户长。

现在叫户长和当家的是同样的意思吗？ =长子称为当家的，村里的人称作户长。

以前，村里的人怎么称呼一家之主？ =什么也不喊。只喊名字。

【当家的顺序】

以前，你家里是你父亲当家吗？ =是这样。

父亲死后呢？ =母亲。

现在？ =我自己。

村里的人也知道是那样吗？ =知道。

无论哪个家里都是这样吗？ =是的。一样的风俗。

母亲当家的时候，外面的事情谁做？ =拜托邻里的人，或者给钱雇人做。

父亲去世时你多大？ =41岁。

父亲死了，没有称呼你为当家吗？ =没有，因为母亲还在世。

那么，你是从什么时候开始当家的？ =三十七八的时候开始帮母亲的忙，正式当家是从40岁开始。

那么，你是从父亲去世之前，便开始做当家的吗？ =不是，之前搞错了，父亲去世的时候我39岁。

父亲也没去过满洲吗？ =在吉林做过大师傅（厨子）。

回到这里去世的吗？ =生病后就回来了，过了6年后去世了。

【代理当家】

你父亲去满洲不在家的时候，谁当家呢？ =母亲当家。

那个时候，你的母亲是代理当家吗？ =正式的当家的。

现在你母亲不是当家的吗？ =因为年纪大了，不当家了。73岁。

你母亲从什么时候起不当家的？ =我40岁的时候。

当时只有母亲当家吗？ =我40岁以前，全部是母亲当家。

那么，你父亲当家只是名义上的吗？ =是这样。

那么，即使去了满洲，名义上不也是你父亲当家吗？ =是这样，做事是母亲，名义上是父亲。

【当家的更替】

那么你当家的时候，你母亲不干了，说你来当吗？ =是这样，她自己年纪大了不能做事儿了。她说，你们已经长大成人了，可以当家了。钥匙交给内人，财产全部交给我（土地，房屋及其他之类的）。然后说，从现在开始，把生活过得像模像样，吃的也要像给你们那样吃好。

像这样，钥匙和财产交接叫作什么？＝交接家当（也没有格外的叫法）。

【双亲去世后的当家——长兄不能当家的情况】

那么，母亲先去世，父亲之后去世的情况下，是什么样呢？＝如果有几个兄弟，就是大哥当家。如果不行的情况，那么就从剩余的人中间挑选一个。

那时候不是二哥当家吗？＝不是的。根据人品来选。

大哥不行的情况，是什么情况呢？＝赌博、抽大烟、嫖、好吃（什么都吃）、好花钱（花钱大手大脚）。

大哥不能当家是由谁决定呢？＝兄弟商量决定。

那时候，大哥执意要当家的话？＝那时候就分家。比如说兄弟四个人，除开大哥一人这样分家，其他三人一起生活（不希望一起生活的分家）。

那这样商量的时候，只是兄弟一起商量吗？还是有其余的人来呢？＝分家的时候，会喊个熟人过来。决定谁当家的时候，只有兄弟在场。

【分家】

那么分家时候的熟人，是什么样的人呢？＝拜托保长，本家，邻居等（如果兄弟中有人不分家导致吵架的时候，邻居过来询问原因，也会叫本家或保长等过来解决。如果是分家，财产全部平分）。

什么是本家？＝本家就是分家了的同族。因为是同姓，彼此也是家人。

兄弟几人分家的时候，互相之间称呼什么？＝和以前一样，按照哥儿、兄弟的叫法。

不管是父亲的兄弟，还是祖父的兄弟，如果分家了都是本家吗？＝是本家的老人。

老人家是指什么范围？＝父亲、祖父、长辈都是这样喊的（从以前）。

祖父弟弟的孩子也是喊老人家吗？＝喊堂叔弟兄（平辈间不喊老人家）。

【当家的交接】

母亲先去世、父亲年迈时，会让孩子当家吗？＝会。

父亲健在、但是让孩子当家，称作什么？＝经管家务事（承担全部家事）。

在那之后，父亲不叫当家的吗？＝不叫。

那个时候，村里人也不叫父亲为当家的吗？＝不叫。

那个时候，都会告诉村里人不当家的事儿吗？＝不通知。

如果不通知，会不会仍然认为是父亲当家呢？＝虽然不刻意通知，但是有要事来找父亲的时候，会让对方知道。父亲会说，自己不当家了，会告诉对方现在是第几个孩子当家。

父亲先去世，母亲不当家的时候，也是一样的吗？＝是这样。

不做当家的事儿，除了本家之间，都不通知吗？＝也有通知的时候（不一定）。

通知的时候，是通知集合吗？还是让人去通知呢？＝比如说，有某人去本家玩的时候，说这件事的情况。并非专门请到家里来说。

【同族】

村里和你同姓的人家有几户？＝我们一家。

你们家是从哪里搬过来的？＝昌黎西南边的古松庄。

那个村里姓费的多吗？＝大概不超过五六户吧。

没有同族的称谓吗？＝没听说过，不知道（如果有家谱，就知道辈分，但是没有的就不知道）。

你没有兄弟吗？＝没有。一个人，有一个妹子，已经出嫁了。

【应答者家的生计】

你家里是过普通百姓的生活吗？＝是这样。

仅仅靠自己土地上作物够维持生活吗？＝不够。

那怎么办？＝不够的时候，从亲戚或者其他人那里借钱买。现在让孩子去田间挖野菜。

不去外面工作吗？＝因为只有我一个人，干农活儿足够了。

【家庭成员外出务工】

但是孩子在工作吧？＝大儿子在满洲的拉法站做皮匠。二儿子去崔家屯做工了（隔三里地，被别人雇用）。

【家中女人的工作】

在你家里，女儿和儿媳不用做事儿吗？＝做事儿。春天帮忙在田里除草拔苗，秋天下地收割。

女人在做事儿的时候，由谁吩咐？＝大媳妇安排拔草或拔苗。大媳妇儿不在的时候，二媳妇吩咐。我自己不做（老爷们儿有自己的事儿；老娘们儿也有老娘们儿的事儿）。

你的太太不做事儿吗？＝留在家里做事儿。

谁做饭？＝儿媳回娘家了，就是自己的太太做。平时都是儿媳做。

【家计的责任人】

家里谁管钱？＝一般很少。全部是自己的太太。

母亲当家的时候，也是母亲管吗？＝是这样（如果要买东西从母亲那里拿钱，买回来后说价格返回余钱）。

【日常食物】

平时你们吃什么？＝一般吃高粱，稗子（甩子米）（小米也是自己种了吃，因为太贵了，不会买）。

这些粮食都是你太太每天分配来做吗？＝每天大概一样，换食物的时候，太太会说。带东西出去时，儿媳自己做。

这些食物怎么做了吃？＝一般都是熬成粥吃。想节约的时候，放入野菜一起吃。

除此之外不吃菜吗？＝吃。腌萝卜、水豆腐等是常见的。

【节日祭祀的食物】

在哪些特殊的日子里会吃得丰盛？＝5月节、8月节、过年的时候。除此之外，朋友亲戚来的时候，会盛宴款待。

清明节呢？ =有钱人会买一两头猪，在坟前供奉过后吃。穷人会买一两斤猪肉供奉在坟前，然后带回来吃了。

【来自外出务工者的汇款】

去满洲的儿子寄钱回来过吗？ =没有。三儿子也去了满洲北镇县。

去崔家屯的二儿子呢？ =一年可以赚到200元，全都带回来。三儿子寄过两回，因为一次允许寄10块，共寄回20块。

去赚钱的地方做事儿的话，必须要寄钱给父亲吗？ =是这样，必须给老人家寄钱。

不管哪家人都是这样吗？ =是这样。

【汇款的用途】

从孩子那里收到钱后，你怎么使用？ =买高粱米糊口，买衣服穿。除此之外，还有大乡费等要缴。

谁去买高粱米和衣服？ =我自己。比如说，布匹在集市买也行，在门口的小贩手里买也行。高粱米去昌黎县买也行，在这里（泥井）买也行。

你怎样把钱交给太太？ =比如二儿子从东家拿到钱后，交给自己的太太。自己买东西的时候，从太太那里拿钱买。爷们儿如果管钱，会产生纠纷。

零钱不用分配给家人吗？ =不用。因为家规很严，不允许随便花钱。

【家规】

无论哪家都有家规吗？ =有。老人家重视家规。

家规是写在纸上的吗？ =必须的（祭祀等拿钱用是遵守家规的，但是随便使用的话，是不遵守家规，会被视为逆子）。

你家的家规是什么？ =作为庄稼人家，（1）儿子如果去其他地方做事，必须把职业告知老人家。

（二）不允许随便做事。媳妇做事时，必须询问母亲做什么，随意做事是不好的。

（三）媳妇不能随便跑到附近地方玩，去的时候必须是奉命而去。

（四）媳妇不准通奸。

（五）老人家年老时，由儿媳照料起床穿衣，倒洗脸水、倒痰盂。

关于媳妇的家规很多，但是关于孩子的没有吗？ =女儿的家规和媳妇的全部一样。

关于儿子的家规呢？ =有。（一）不准随便花钱。

（二）对待老人家要和颜悦色，即是孝子。

（三）和前面的（一）相同，去别的地方做事要告知。

（四）要勤快。闲暇的时候要经常捡粪。除此之外没有了。

没有关于当家的家规吗？ =在一家之中必须团结。不准吵架，不准恶言相向。

有这样的家规吗？存钱的话，必须全部交给当家的。 =有。当家的是中心，处理所有事情。家庭成员必须服从当家的话。

【儿媳妇】

儿媳是从哪里娶的？ =大儿媳是本庄的侯氏（元章的母亲）；二儿媳是西北庄的王氏。

大儿媳是17岁娶回来的，今年30岁。二儿媳也是17岁娶回来的，今年24岁。

为什么娶媳妇？=传宗接代，供奉老人家。

说亲是谁提出来的？=我们夫妇商量好之后委托媒人。娶大儿媳的时候，是自己传话。娶二儿媳的时候，是我太太通过娘家传话的。

孩子们不说自己想求亲吗？=不说。如果父母双方不在了，一个人的话，托朋友来说。

【结婚的年龄】

男子一般到什么年龄结婚？=大致是15岁。早的也有13岁结婚的。

女子一般什么年龄出嫁？=17岁居多（达到8成）。

【过继】

娶了媳妇不能生孩子的情况下，怎么办？=过继哥儿、弟兄的孩子到自己名下。

不能再娶吗？=有钱人有那样做的，但是村里没有。

【一子三不绝】

兄弟二人，兄长没有孩子，只有弟弟有一男孩时怎么办？=一子三不绝。兄弟三人只有一个孩子的时候，全部财产归那一个孩子，意思是不让三人断后。

有真实的事例吗？=有。村里的王金生就是一子四不绝。

那个家里也没有女孩儿吗？=有。每个人有一个，共四个。

【女婿】

只有一个女孩儿的情况下，会招女婿吗？=不会。招婿养老在满洲有，在这里没有。

【童养媳】

有没有童养媳？=没有。不对，有一个。村里李维恒的媳妇。

【过继单】

过继孩子的时候，要写什么？=附上过继单。亲家、亲娘、舅舅、姑母、熟人在一起写。

村里有持有那个单子的人吗？=一般家里都有。

称什么人为亲家？=称五服以内的。

亲娘、舅舅呢，指什么人？=母亲的哥哥、兄弟（母亲的姐姐、妹妹称作姨母或姨）。

姑母指啥人呢？=爹的姐姐或妹妹。

【过继】

夫妻双方有一个女儿，父亲去世的时候，是由母亲当家吗？=是这样。

接着母亲死了呢？=五服以内没有人的话，从外面过继一人回来，作为后人继承产业。姑娘不能当家。

如果那个家里贫困，没人来怎么办？=母亲去世时，如果没有钱买棺材，由邻里和亲戚等出钱买棺材举行葬礼。如果姑娘已经定下了出嫁方，去出嫁地不接收过继。

这样的话，那个家不是就没有了吗？=没有了，结束。但是，如果有哥儿弟兄，即便没有财产，也要过继子。

即使没有财产有孩子的话也必须过继子吗？=是这样，必须这样做。

【结婚和当家的同意】

你的姑娘出嫁的时候，是由谁决定的？ =母亲（妻）决定的。我不管。

也不用和你的母亲商量吗？ =因为是老人，没有关系。

作为当家的，即使不和你商量也可以吗？ =可以的。决定之后再商量，我会说，就按照你说的做，很好。

如果你反对的话怎么办？ =开始的时候，夫妻商量，之后叫姑娘过来说。强制性的话，女儿将来也许会有麻烦。

一般和女儿商量吗？ =看年龄。10 岁以下的小孩子因为不懂，不商量。但是十七八岁以上的时候要说。会问些让她看照片之类的话。

父亲反对的情况下，母亲怎么做？ =那个时候，母亲也没办法。

兄弟三人一起居住，三弟当家的时候，大哥的姑娘出嫁，只要大哥和他媳妇商量就可以吗？ =开始夫妻之间商量，接着给姑娘说，最终要给当家的说。

当家的不同意就不行吗？ =夫妻间再商量。在对方有家产或对方没有孩子的情况下，还会去和当家的商量。

即使那样，当家的也不同意怎么办？ =那样的话，就放一放。一年或一年半过后或许会同意。有这样的事情。

总之，如果当家的反对，不能立刻出嫁？ =如果夫妇强制性地做的话，也许兄弟间的关系就会恶化。

这个时候，作为当家的弟弟可以让哥哥分家吗？ =不会那样说的（反对的很少）。

兄弟一起生活，弟弟当家的多吗？ =有是有，但是少（村里没有），大哥当家的多。

【当家的工作】

当家的主要做什么工作？ =

（一）在没有食物的时候，准备去买或者借；

（二）没钱的时候，如果有东西，就拿去集市卖来挣钱；

（三）随人情之类；

孩子上学吗？ =也有，但是兄弟的孩子到了上学的年龄，大家都一样要去学校。不去学校的，有聋哑等情况。

儿子娶媳妇，是当家的责任吗？ =那也是当家的事情，如果当家的不管是不行的。因为娶亲的时候必须花钱。

嫁女儿也是一样的吧？ =这是由母亲决定的，但是当家的也有责任。

那个时候因为需要钱，如果当家的说不行的话，就不能嫁娶吧？ =那个时候要给对方说。即使那样好的话，也许对方说不要钱（对方是有钱人的话会那样）。

修缮房子建房是当家的事儿吗？ =是这样。

土地买卖呢？ =也是。但是如果老人家还在，土地买卖必须和老人家商量。因为土地是从老人家手里传下来的，偷偷变卖，老人家会伤心（好的话，变卖的时候撰写奉父命，母命。父母不在的时候写自己的名字）。

【兄弟共居家庭的当家与家庭关系】

兄弟三人中三弟当家的时候，当家的不与哥哥商量，可以卖土地吗？ =不行。如果悄悄卖地，就是犯罪（盗卖）。也许要通过打官司分家。

大哥当家的时候呢？ =那时也必须和弟弟商量，但是稍微有点儿不同。因为有父从父，无父从兄（如果兄弟卖地要服从。比如借款很多的情况下，必须卖地还钱，因为没有办法要服从）。

在大哥肆意花钱想变卖土地的情况下，弟弟不服从也可以吗？ =那时候不服从。会吵架。

三弟兄中三弟当家，大哥去满洲工作时，大哥存的钱必须交给当家的吗？如果是被迫交的呢？ =必须交出来（被迫交出来，就认为他心眼坏）。

那样，大哥如果在满洲买了土地怎么办？ =买了土地或用钱做了买卖，需要写信告诉兄弟们。如果不告诉，就会吵架分家，弟弟可能会去满洲看。

例如去唐山又去北京工作，买了土地的时候怎么办？ =买了之后，写信通知好一些。那样将来就成了兄弟三人的财产。

那么，悄悄买的地也不能成为那个人的吗？ =悄悄买，大家都不知道，就没办法。知道了的话，就不会不管不问。

你认为土地和房子是谁的？ =在民国三十年之前是个人的；民国三十年之后是国家的。

这是由谁决定的？ =从昌黎来了个科长讲过。

但是你们应该不是这样想的吧？ =是这样。但是听过训话的人，一般都会那样回答吧。

你们认为一般的土地房子是当家的吗？ =思想陈旧的人会那样想；思想观念新的人认为是国家的。

兄弟三人中三弟当家的时候，大哥如果死了，谁来张罗姑娘出嫁的事情呢？ =如果母亲在就是母亲做。但必须和当家的商量。

谁给大哥的太太或女儿买衣服？ =大嫂会和当家的说，没衣服了要买，然后再去买。

三弟当家的时候，谁来吩咐家中的事情？ =外面是当家的责任，但是家里是大嫂负责。

这种情况下，谁管钱？ =如果有两把钥匙，大嫂，三弟一人一把，钱交给大嫂（如果是这样的话，什么时候都能好好相处。如果交给自己的媳妇就糟了）。

无论谁家都有两把钥匙吗？ =不一样。

钥匙是干吗的？ =柜子的钥匙（也说是用普通木料做的箱子，钱柜）。

兄弟三人中不和当家的商量，就把土地卖了会怎么样？ =知道的话，是决不允许的。

在不知道的时候，卖掉拿钱了怎么办？ =买卖双方打官司。然后分家。

打官司可以取消买卖吗？ =这是盗卖，所以说无效。拿到钱花了，从兄弟那里把剩余的钱还给买主。然后能取消。

你知道有那样的事儿吗？ =从老人那里听说过。

【父亲的负债】

在父亲借钱未还就死了的情况下，如果家中有三个孩子怎么办？ =那时候，债主会上门来。然后全部归还。

谁还？ =兄弟三人中谁都可以。

如果三人都没钱怎么办？ =那时候三人平均分，债主就会说，等到有钱时再还。

【分家】

说分家是很平常的事儿吗？ =一般不这么说，但是知道意思（分家又或叫作独居）。

在什么情况下分家？ =没有财产无法生活的时候，兄弟当中有人良心坏了，认为钱属于个人的时候。

【父亲过世后的分家】

有两个以上孩子的情况下，自父亲去世了后，有分家的情况吗？ =有。

自父亲去世起分家的，是多还是少？ =五成以上。留下母亲一人，就轮流赡养。也有因母亲想一个人生活，给母亲分些财产的情况。

如果父亲去世，必须要分家吗？ =不一定。

父亲去世分家的时候，如何分配财产呢？ =如果有兄弟三人，就平均分十分之三。两人的时候，对半分。

如果均分成十分之三，会剩下十分之一吧？ =那时候也许会给谁多分点。

那给谁多分点，是由谁决定呢？ =这是根据土地决定的。比如侯家营的土地分为上、中、下，所以土质差的人会分多点。然后，同等土质下，大哥会让给弟弟。

房子怎么分配？ =比如在三个人五间房的情况下，将土地合并后，再平均分配。

有马牛牲畜的时候呢？ =有老人家在的情况下，由老人家分配。在老人家去世的情况下，确定价值，然后和土地合并，平均分配。

【母亲的生活方式】

留下母亲一人时，怎么分呢？ =分养老地。或者取而代之，拿日常的零用钱，儿媳轮流到母亲的住处侍奉。或者母亲决定轮流赡养（确定天数，母亲在每家住同样的天数。但是比如说，兄弟三人中两人困难、一人好些的情况下，母亲可能会去条件好的儿子那里。总之轮流赡养多点儿）。

【分家单】

分家的时候要做分家单吧？ =三个人的话，做三份单子，每人拿一份。

其中财产分多少，养老地分多少，轮流赡养老人都要写吗？ =轮流赡养老人的事不用写。

【父母和当家的对孩子行为的责任】

假设有三兄弟，孩子做了坏事。比如偷盗别人家东西。这时候是父亲去道歉还是当家的去？ =老人家归还了东西回来后，父亲会给当家的说。家规严格的家可能那样做，不严厉的家庭可能就隐瞒了（像上面的情况，也有可能首先父母给当家的说，然后父母和当家的一起去）。

一般像这样家规严格的家庭多还是少？ =家规严格的家少。大凡还是疼爱孩子的多。

【埋葬】

一个家里的老人去世时，由谁负责安葬？=如果有兄弟三人，三人商量怎么办。

埋葬要定时间吧，怎么做的？=没有特别的。不过要随便挖个坑，用罗盘定方向下葬（下葬用罗盘指定方向）。

挖坑的位置怎么决定呢？=如果有祖坟，就顺着兄弟一列排列（被称为鼎脚）。如下图所示。

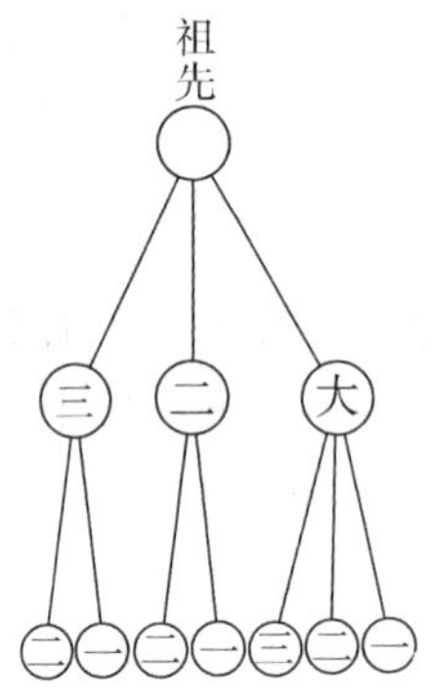

5月23日

分家　当家　家产　祭祀　同族　嫁娶与妾

应答者　侯瑞文（56岁，甲长，毕业于村里的私塾，已故的侯元勳是他的老师，属于比较木讷的农民，没有太多见识）

【关于侯瑞文的家庭】

你家是从什么时候来村里的？=大概来了200年了。

在村里是最早的吗？=不太清楚，是老户了。

你没去过满洲吗？=两年前去过。光绪三十一年。[1]

去干什么？=做小买卖（鞋子，袜子等）。

家里有几口人？=4人。内人和孩子（男孩十岁和八岁）。

什么时候结婚的？=之前结过一次（21岁时）死了，又结了一次（41岁的时候娶的30岁的媳妇）。前妻没有孩子。

父母健在吗？=都去世了。

你排第几？=第三。

分家了吗？=是这样。

什么时候分的家？=二哥和四弟、五弟在分家前死了，剩下我们兄弟二人，在9年前

〔1〕译者注：光绪三十一年即公元1905年。

分的家。

那么你父亲去世的时候，也没有立刻分家吗？ =是这样。住在一起的。

这样食物够吗？ =不够。典了别人的 10 亩土地（借来种地。一亩地一年 10 元，是好地）。

在外面做什么事吗？ =什么都没做。

你和你哥哥住在一个院子里吗？ =哥哥在大嫂死后，跟着儿子、儿媳和两个孙子搬到满洲去了（7 年前）。

【分家】

在村里，一个院子住几家算多的？ =一个院子住一家是少的。多的有两三家，也有四五家住在一起的。

这样的话，分家了吗？ =是这样。比如说，如果有三间房子，各分一间半居住。

【当家】

每一家都有主人吧？ =肯定有。

一家的主人称呼什么？ =当家的。

没有其他的称呼吗？ =没有。

不称作家长吗？ =不称。最近实行保甲制，外面的人喊的时候会称家长，但一般都喊当家的。

【当家的继承】

你从什么时候起当家的？ =从分家时起。

分家之前是谁当家？ =我哥哥。

在那之前，是谁当家？ =之前是母亲。

母亲之前，是谁当家？ =在那之前是爷爷（祖父）。

那么，你父亲比你祖父先去世吗？ =祖父先去世。

那么，你父亲是什么时候当家的？ =我 20 岁样子的时候。不太记得（祖父之后）。

你母亲什么时候当家的？ =哥哥去满洲之后，母亲当的家。

你母亲什么时候不当家的？ =我 30 岁的时候。

母亲不当家之后，谁当家？ =哥哥。回来了（32 岁左右）。

【女性当家】

人们认为当家的一般都是男的，女的也可以吗？ =家里有男人，就是男的当家，没有男的，就是老娘儿们当家。

男人外出，老娘儿们当家的多吗？ =多。

男人虽然在家，其母亲当家的多吗？ =有是有，但是少。因为这样不能出去办事。

同一家有两个人当家的情况吗？ =没有。少（但是有夫妻双方商量当家的）。

夫妻双方商量的情况下，由谁当家？ =老爷们当家。

【钥匙的管理和当家】

家中放置衣服、钱币、重要物品的箱子的钥匙由谁保管？ =有老娘们儿拿着的，也有老爷们儿拿着的。衣服和不太重要的物品，由老娘们儿保管，钱币和重要物品，由老爷们儿保管。

那么，比如说父亲去世时，要交给哥哥吗？ =是这样。交钥匙。

那么哥哥去满洲的时候，钥匙交给母亲了吗？ =没有，母亲已经去世了。因为自己也不在，就交给嫂子了（最近的事儿）。

钥匙交给嫂子的话，就是嫂子当家吗？ =是这样。

嫂子什么时候交给你呢？ =嫂子死之前，哥哥回来了，就交给哥哥了。

【金钱的管理和当家】

你们家中一般谁管钱？ =当家的。

【家中女性的工作】

每天的饭菜由谁来做？ =家里的妇女，即嫂子。

母亲在的时候是谁做？ =母亲。那时候，嫂子会问母亲，今天要做些什么。如果母亲说做高粱米饭，嫂子就会听她安排。

嫂子正在忙的时候，谁来做饭？ =自己做。因为没人在。如果儿子娶媳妇了，儿媳做。我内人来了，内人也做。

你当家之前，你和太太的衣服怎么办？ =内人自己做。当家后直接买。

【金钱的支出和当家】

当家的给过家里人零花钱吗？ =没有给过。

比如集会或朝会的时候，想吃什么、想看戏也不给钱吗？ =有给过的情况。也有告诉当家的，他却不给钱的情况。给的话，也只给30钱、50钱。

【当家的工作】

当家一般必须要做些什么？ =比如在过年或过节时，当家的如果说今天吃两斤肉，老娘们儿就会用两斤肉做饭。其他的，家里的事情全部是听当家的。比如田里草多了，要去除草或者雇人的情况。

【外出务工者家的汇款和当家】

你去满洲工作的时候挣的钱怎么处理了？ =仅仅只够养家糊口，没有积蓄。

你说不给当家的汇款，当家的不生气吗？ =没办法。生气过，但是也没办法。说让在家里的人挣。

【家庭成员服从当家的】

家里有人不服从当家的说话吗？ =大家都听。也有不听的，没办法。比如，聚会的时候，尽管做饭的娘们儿也想吃，但如有客人在，当家一边说不允许，一边和客人一起吃。娘们儿即使生气也没办法。

【家人逃跑和当家】

有没有人因为在家待着没意思，与当家的吵架后离家出走的？ =有。但是那种事儿不多。

比如说，是什么情况？ =很少。以前因为每天种地十分累，吵架后离家出走的有。现在没有。

像这样离家出走的怎么说？ =不是分家，一个人出去。

离家出走称作什么？ =称作跑了。

离家出走的人会再回来吗？ =会回来。达到目的，做了买卖之类，会写信通知家里，然后回来。

在外面无法生活也可以回来吗？ =可以。

当家的会说因为是离家出走，不准回家吗？ =不会这么说。

【女儿的结婚和双亲、当家】

姑娘出嫁是谁来负责？ =不一样。主要是母亲来负责。然后父亲和当家的商量。

有不和当家的商量就把女儿嫁出去的吗？ =没有。必须商量。

如果当家的说不行呢？ =不会。

【女儿逃跑】

有没有女儿无意中喜欢上其他的男子私奔的？ =有。以前有，最近没有。

这样的姑娘怎么办？ =有之后回来了的，有和那男子一起回来的，也有嫁给其他男子的。

这种事情名声不好吧？ =面子上不好看。

那么，当家的允许姑娘回来吗？ =有允许的，也有不允许的。但是如果两个人说想在一起，也可以在一起。

那样的女子会有男子要吗？ =有。有不知道的人。嫁到远处不知道（近处不行，买猪不买圈）。

姑娘这种不检点的行为，是父亲的责任，还是母亲的责任？ =谁的责任都不是。

已经订婚的女子和其他男子跑了的时候，订婚的男子对谁发火？ =不发火。即使那样，有娶她的，也有不娶她的。

不会认为女子的父母没用吗？ =会认为。

只是思想上认为吗？ =只是认为那样，因为羞耻。

不去给男方道歉吗？ =不去。

也不去给媒人道歉吗？ =不去。因为不能让人知道，尽量保持沉默。

【家庭的负债和当家】

大哥当家的时候，如果二弟随便借很多钱，逃跑了，怎么办？当家的没有责任吗？ =不一样。有商量之后把钱退还回来的，也有说不知道不还回来的。退还钱的人很多。

【土地、房子的所有权】

无论谁家里，房子或土地等是属于谁的？ =土地是国家的，房子是个人建的，所以是个人的。

那么，你的房子是你的物品吗？ =分家的时候，就是自己的了。

那么，分家的时候，可以分到一些土地吗？ =是这样。

那土地也是你的吗？ =是这样。自己的东西。

是你自己的，还是国家的？ =给国家缴纳钱粮。

从过去，你认为土地是国家的吗？ =没那么想过，但是缴纳了很多费用。

从什么时候开始，知道土地是国家的？ =民国年间吧。

分家单上写着土地是你一个人的？还是你们家的土地？ =写着我自己的名字，是我自己的。

【家产和家庭成员的特有财产】

家的财产和个人财产不同吗？=一样的。但是老娘们从娘家带来的东西，只能是老娘们的。除此之外是一样的。

比如，弟弟去满洲工作，土地是谁的？=家里的。

弟弟分家的时候，说了那土地是自己家的，不能拿走吗？=没那么说。

比如说，某个有钱人夸你家孩子好，给了孩子一百元，这钱是谁的？=这是孩子的。

这个钱，父母不能拿吗？=母亲保管。

用那笔钱买吃的，大家不能都吃吗？=没有那样的事儿。

那么，如果用那笔钱买鸡回来，是属于谁的？=孩子的。母亲饲养。

鸡长大了，孵出的蛋是谁的？=孩子的。

有带土地来的老娘们吗？=有，但是少。

如果带来了，那地是她的吗？=是这样。

那么，卖那块地的时候，她自己可以卖吗？=可以。随便。

那个时候，不用和丈夫商量也行吗？=不商量也行，但是没出现过那种情况。

大哥当家的情况下，二弟的媳妇带来的土地，他们夫妇商量，而不和当家的商量，可以卖吗？=可以。

老娘们嫁过来的时候，带来的钱可以随便花吗？=可以。

一般媳妇带什么来？=带地来的几乎没有。带钱来的也少。比如带餐具、镜子、衣服、寝具等。有带箱子的，也有不带箱子的。就是那些东西。

太太带来的东西叫什么？=嫁妆。

【家庭的饮食】

你家人和你哥哥家在一起的时候，是一起吃饭吗？=是这样。

有在同一个房子里居住、分开吃饭的吗？=有是有，但是少（兄弟两人一起吃饭，家人分开吃的意思。做饭不分开）。

【分家后的住处】

有分家后仍住在同一个房子里的情况吗？=有。比如，有三间房子，分家的话，每人分一间半。不一起吃饭。

那种情况下，在一间房子里住的，是两家还是一家？=两家。

【因年老更换当家】

有因为父亲年纪大了，当家让位给孩子的情况吗？=有。很多。因为年纪大了，不能做事，让位给孩子的情况多。

一般是到多大年纪让位？=不一定。四十多岁，五十多岁，六七十岁等。

有到了70岁以上，孩子50岁左右了，还在当家的人吗？=有，但是少。没有孩子或者孩子不在家的时候。一般让孩子当家的多。

因为年纪大了，让孩子当家称作什么？=交代（土语）。

【遗言】

人死的时候，会给后人说些什么吗？ = 会。叫遗嘱。

那一定会做的吗？ = 一定。

遗嘱写在纸上吗？ = 不写。

那谁问呢？ = 在场的人都可以，儿子或儿媳就问有什么要说的。也有什么都没说就死了的。

有在没生病之前，先写在信之类的东西上，说死之后再看的情况吗？ = 没有。

【分家的事由】

怎样的情况下分家？ = 因为家庭贫困或者兄弟不和时。

不为生活所困、兄弟关系良好的话，不分家不行吗？ = 不是不行，但是没有。

有在父亲去世后，兄弟分家的吗？ = 有，不少。

是因为兄弟间关系恶化而分家的吗？ = 俗话说，树大哪有不分枝。商量着分家的多。

【分家后的互助】

即使分家了，互相之间很多事都互相帮助吧？ = 关系好的时候，互相帮助。

【分家时的财产分割】

分家的时候，东西怎么分配？ = 原则上平均分配。但有差异的东西，因为没有办法，只有抽签分配。比如，四间半房子分成两间半和两间，没有办法。各由天命。

【养老地】

那时候，如果母亲在怎么做？ = 比如有 15 亩的土地，除母亲自己拿 5 亩养老之外，其余 10 亩三人分，5 亩养老地等母亲死后再分。

母亲嫁来的时候带的土地怎么办？ = 母亲说，这是我自己的土地，你们两个人分了，或者现在不动，等我死了再分。

【分家后妹妹的生活、结婚】

分家的时候，如果有妹妹，也要给她分吗？ = 未婚的妹妹和母亲一起。如果是轮流赡养，妹妹和母亲一起轮住。不给妹妹分产业。

分家后，妹妹出嫁的时候，由谁来打理？ = 母亲打理的多点。也有兄弟商量后打理的，不固定。

即便由母亲打理，但钱不够的时候，该怎么办？ = 那时候和兄弟们商量，有一百出一百（随便，出钱就行）。

【养老地的耕种】

母亲的养老地由谁来耕种？ = 由儿子们耕种。

已经分家的儿子，如果有兄弟两人，怎么耕种？ = 分开。比如，有 5 亩的话，每人分两亩半。

【分家后母亲的食宿】

母亲住在谁家？ = 住在以前一直住的地方。不搬动。

那么，分家的时候，要除掉把母亲住的那间吗？ = 没有。都分掉。母亲去世了，儿子再使用这间屋。

母亲的饮食由谁来照料？ = 还是轮流。比如哥哥家五天，弟弟家也五天这样。

是带着吃的去母亲住的地方吗？=带过去的也有，叫过来吃的也有。

【养老地的作物】

儿子耕种的养老地的作物怎么处理？=耕种的人得收获物，然后给母亲换成钱（和从别人那里借是一样的）。

那个钱，母亲怎么处理？=母亲随便使用。如果有女儿，会给点儿零花钱，买些小物件。

母亲的粮食并非由母亲出吗？=不由母亲出。

【母亲的赡养和养老地】

母亲喜欢弟弟，不喜欢哥哥的时候怎么办？=那个时候，兄弟商量，在弟弟家扶养，哥哥一年给弟弟多少钱。

这样的话，老太太住在弟弟家，不是只让弟弟种养老地吗？=还是要商量。可以的话，就让弟弟耕种。

今年一年弟弟赡养老太太，养老地全部弟弟耕种。明年一年哥哥扶养老太太，养老地全部哥哥耕种，这种情况有吗？=有。但是不多。

【祖先的祭祀】

家中祭祀死去的祖先吗？=祭祀。

怎样祭祀呢？=墓中有祖先堂。过节的时候将供品放碗里，插三炷香后叩拜。

【牌位】

祖先堂里面放的什么？=在木牌上写的有字。例如：

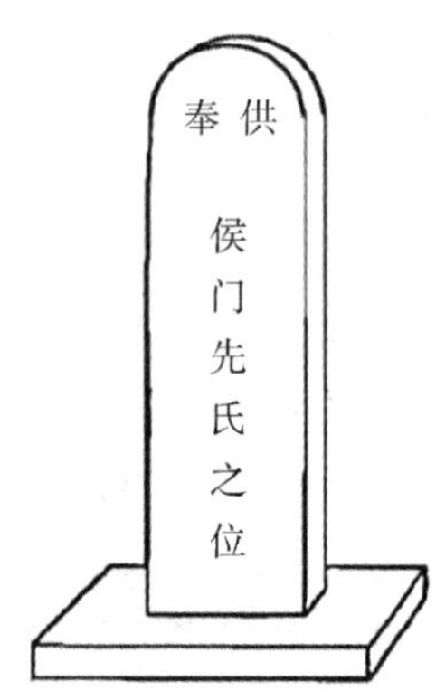

又有写供奉侯门三代宗亲之位如上图所示（称为牌位）。

分家的时候，这个怎么办？=每家一个。

只有一个怎么办？=没有的话，就再做一个。写在纸上也行。

在日本，亡故的父母各有一个牌位，在中国是怎么样的？=在中国，亡故的父母只有一个牌位。

【家谱】

有家谱这个东西吧？=有的有，没有的也多。

在侯姓中，有多少家谱？=没有。不知道。

那知道其他村家谱的情况吗？=没听说过。

如果有家谱，分家的时候怎么办？ =由谁拿着。但是不知道由谁拿。

在村里有几家姓侯的？ =60 余户。也许有 70 余户（全村 117 户）。

【同族、同宗】

姓侯的都分家了吗？ =好像是。

这样，同姓的人互相之间怎么称呼？ =互相之间根据辈分称呼。比自己辈分高的称爷，辈分低的称自己为爷。

同姓的人不说同族吗？ =一般都说同姓。

不使用同宗这个词吗？ =曾经使用过（前面的牌位里有写到供奉侯门三代宗亲之位）。

【一家子】

不说一家子、当家子、本家子吗？ =不说当家子。

同姓，同宗和一家子是一样的意思吗？ =一样的。庄稼人一般用一家子。

如果在北京有侯姓的话，和你们是一家子吗？ =是一家子。

那是同宗吗？ =不是同宗。

那么，同宗和一家子不一样吗？ =不一样。

【同宗】

那么，侯家营的侯姓是同宗吗？ =是的。

同宗是什么意思呢？ =源于同一个祖先的人群。

【同族的分派】

侯家营侯姓是被分成三派五派吗？ =按远近分。

【近的同族】

离你近的侯姓有几家？ =最近的有 5 家，比这远的有十二三家。

那仅有的数十家，是在多少代前分开的？ =不知道。

像和你这样亲密关系的有几家？ =不太清楚。坟是如下图所示。

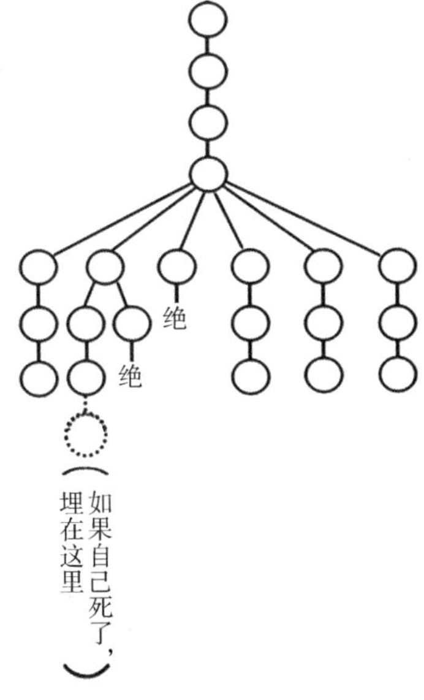

不使用同门这个词吗？＝不知道。

和你关系近的人，不说同门吗？＝不说。近的叫家里。

【同族的集会】

仅仅只有上面你们十几户人家集会吗？＝不是。

那么，一年当中你们侯姓没有全部集中过吗？＝没有。过年的时候说叔叔过年好，或者大爷过年好。

【同族间的拜年】

那是见面吗？还是去哪里？＝10余岁的孩子去家里拜年，到了自己这个年龄的话，是见面时说。

过年的时候，你首先去哪里拜年？＝去亲家家里。

在亲家家里先去哪里？＝比自己辈分长的人中，从长辈开始转。大爷之后，就是叔叔，如此这般（到亲家拜年结束后，有去邻家的，也有不去的）。

你最早去问候的人是谁？＝侯荫堂（元勳）是叔叔（现在不是大爷）。

侯阴堂在过年的时候，去哪里拜年吗？＝不去。没有比他年纪大的长者了。

今天来了另外一个老人，不是比他年纪大吗？＝他（侯恩荣）非常远了，所以不能算。

两个人没有辈分大小吗？＝平辈儿。

【同族的太爷】

在侯姓中，辈分最高、年纪最长的人，称为什么？＝叫太爷（不叫族长。太爷是曾祖的俗称）。

侯姓的太爷是谁？＝没有。现在自己这边没有。如果自己有孙子，管侯荫堂叫太爷，没有就不喊。其他有人管他叫太爷。

【坟会】

清明节上坟吗？＝上坟。

那时候是自己随便去，还是聚集在一起去？＝作会的时候聚集一起去，不作会就自己去。

作会是什么？＝买点肉做饭，然后将其和一张桌子带到坟前，叩头之后吃。

作会是几家做呢？＝不一定，有多也有少。

在清明节时决定作会的事吗？＝不一定。

举行作会时告诉谁呢？＝大家商量。

平时没有其他的会吗？＝没有。

【钱会】

知不知道钱会？＝不知道（也没人说请会）。

【同族的互助】

你们同姓的人在种地的时候，会互相帮助吗？＝不。

那借牲畜吗？＝那有。雇人就必须给钱。

比如，有一家因为全家生病了，有麻烦的时候，同姓的人会给予帮助吗？＝不会全部生病。不去的多一些。只有最近的人去看望。

【同族的共有地】

有侯姓人全体共有土地吗？ =没有。

知道族产这个词吗？ =不知道。

【租佃的同族优先】

土地不足想借种的时候，是去拜托同姓呢，还是拜托外姓人？ =不一定。如果同姓有当的，就借同姓人的。没有的时候，就从外姓人那里借。

比如，你有百亩土地，仅靠自己无法耕种的时候，怎么办？ =往外当。

当给谁？ =不管谁都当。

同姓人和外姓人同时借的时候，怎么办？ =根据人情往来而定。

如果人情关系一样呢？ =给先来的先借（还有一个问题。如果即有有钱的，也有没钱的，就借给有钱的）。

在同姓人比外姓人穷的情况下，借给外姓人吗？ =即使是同姓人没有钱也不行。

【同族间的纷争】

发生过同姓间争吵的事情吗？ =有，但是少。

因为什么原因争吵？ =言语不和，或者借钱不还的时候，借了牲畜或车不还等，很多很多事儿。

在那种争吵的情况下，用什么方法解决呢？ =旁边人过来说一些话解决。

即使附近的人说话，也不能解决怎么办？ =没有解决不了的。

辈分高的人不出来协调吗？ =有。

谁来的多点儿？ =不一定。不管谁来说都行。

【家庭成员的住处】

房子中谁住哪间房子是固定的吗？ =不一定。也有变动的时候。

变动的时候由谁吩咐？ =由婆娘们说，也有由当家的说。总之孩子多的住大间，少的住小间。

那么，孩子和父母住同一间屋吗？ =是这样。

孩子大了也是吗？ =儿子大了，如果娶媳妇了，就住到别的房间。

姑娘在出嫁前，和父母同住一屋吗？ =是这样。不介意。但是如果有空的屋子，就分开住。

从几岁开始分开住。有房间的时候？ =十七八岁。

【结婚前对女儿的教育】

出嫁前，需要给女儿特别教导吗？ =母亲教导家事和缝纫。不教家规。

不教家规吗？ =读书人有家规，庄稼人没什么讲究。以前有。

教些什么？ =（一）如果亲戚来了，恳切地低头。父亲的亲友来了，要当成亲戚。普通朋友来了，可以不用出去。（二）从命。听父母的话，听丈夫的话，在家从父母，出嫁从夫。其他的没有了。

【新娘】

娶新娘是为了获得什么？＝是为了生孩子侍奉公婆。

娶妻的事情，要请求谁？＝不用特别请求。和父母商量。

不用和儿子商量吗？＝有和儿子商量的。很多到儿子15、16、17岁的时候还没商量。

娶妻不能生子的情况下怎么办？＝没办法。先等等看，30岁或40岁的时候再娶。

【妾】

已经有孩子了，再娶的有吗？＝有。可以（但是那种情况经常发生争吵，没有好的方法）。

没有孩子的话，太太会抱怨另娶他人吗？＝起初要商量。但也有后来抱怨的情况。

一般来说，在没有孩子的时候，会考虑再娶吗？＝男子都会那么想，但是通常不问太太。也有的说，40岁以后可以（因为40岁以前还有生育的希望），之后又会经常吵架。

只有女孩没有男孩的时候，会考虑再娶吗？＝是这样。如果太太到了40岁，就会说再娶一个。那也是有钱人，穷人是没办法的。

娶的第二个叫什么？＝在村里，第一个娶的叫大的；后面的那个叫小的。

不叫二房吗？＝如果第一个娶的死了，之后再娶的叫二房。

有瞒着太太在别的地方养女人的事儿吗？＝那样的少。

【打伙】

藏着的女人怎么称呼？＝因为不是娶的，就喊搭伙计。一般不到家里来，没有名字。

如果搭伙人有孩子了怎么办？＝给钱让她养。不能带到家里。

只带孩子回去也不行吗？＝母亲死后，可以带孩子回去。两个人还活着的时候，只能给钱养，不能带回去。

【儿子的出生】

生孩子的时候，是喜欢男孩还是女孩？＝在我们这里喜欢男孩。

为什么不喜欢女孩？＝因为等老了之后，儿子有后人。

有子嗣是最重要的事吗？＝是这样。

有没有听说过生了女孩把她杀了？＝没有那样的事（曾有姑娘出嫁前在家生子秘密杀死孩子的情况）。

有姑娘出嫁前生孩子的吗？＝有，但是少（村里没有）。

生孩子的时候，通知哪里？＝现在是报告给保长。

以前怎么样？＝以前没有。两三年前。

以前哪儿都不通知吗？＝以前通知给乡里的村公所。

不告诉亲戚吗？＝告诉。首先通知娘家的母亲。而且做饭款待母亲、姑姑、姨母等。但如果不做饭待客，只告诉娘家的母亲，其他人不通知。

生男孩的时候和生女孩的时候没有不一样吗？＝大致上一样。

第一胎生男孩的时候要庆祝吧？＝那时候，要做饭款待娘家的母亲、姑姑、姨母等。接下来的也不用。

生男孩的时候，不喊兄弟或者伯叔父等庆祝吗？＝有喊的，也有不喊的。

第一次生男孩时候，不通知亲家的长辈吗？ =有通知，也有不通知的。
通知的情况下，长辈们怎么做？ =就带两斤面。但是不一定，也是根据人情往来。

5 月 24 日

分家 当家 外出务工 同族 坟会 结婚 过继 离婚

应答者 侯树潘（69 岁，自认为是老人，称为无用人，但知识渊博）

【关于应答者的家庭】
你去过满洲吗？ =去过。度过了 40 余年，17 岁的时候去，64 岁回来（绥中）。
去干什么？ =粮业。买卖粮食（这里土质不好，兄弟多的话，大都到那里去做事）。
你们兄弟几人？ =4 人。
兄弟中有几人去了满洲？ =3 人。
你是长兄吗？ =是这样。排第一。
现在家里有几个人？ =家里一共 6 个。有个儿子在北安省。孙子 2 人，儿媳，妻子。
【分家】
去了满洲的弟弟都分家了吗？ =是这样，23 年前。
为什么分家？ =因为人口多达 20 多人，土质差，生活越来越艰苦。老人家希望分家。
你父亲什么时候去世的？ =11 月左右分家，大概第 2 年 7 月份去世。
你母亲什么时候去世的？ =10 年前。
【分家后父母的生活——养老地的耕种】
分家后，父母住在谁家里？ =老三（三弟）的家里。
为什么去了三弟家？ =因为老人家有养老地，所以去了他喜欢去的地方。
你那三弟没去满洲吗？ =没有。在侯家营待着。
养老地全部由三弟耕种吗？ =是这样。
【父母的葬礼——养老地的出售】
父亲去世的时候，葬礼由谁操办的？ =兄弟 4 人。
钱是怎么出的？ =4 人出的一样多。
没有卖养老地吗？ =父亲在的时候没卖。
母亲去世的时候如何？ =还是 4 人平分。养老地卖了四亩半（养老地共有 19 亩）。
【当家】
分家之前由谁当家？ =父亲。
分家之后呢？ =各当各的家。
母亲当过家没有？ =当过。父亲去世后，由母亲当家。
母亲当谁家的家？ =老三家的家。
在老三家当了多少年的家？ =十二三年。

那期间，老三没有当家吗？＝是这样。那期间，三弟去了满洲，只留下了家人在家。

【去满洲务工】

你二弟（老大）什么时候去的满洲？去干什么？＝10年前。做厨子。去的哈尔滨。

三弟什么时候去的？去干什么？＝5年前。在帽子铺管账。奉天的小北关。

你四弟什么时候去的？去干什么？＝去了30年了。在奉天的鼓楼北当大师傅（厨子）。

分家前只有你去了满洲吗？＝大家都去了。奉天。我是绥中（在这儿的小学习字，之后去了满洲）。

【外出务工家庭的收入和收到的汇款】

大家每年外出务工挣的钱都寄回来了吗？＝是这样。

那些钱必须寄回来吗？自己可以使用一部分吗？＝也不用全部寄回来（因为没有随意使用，父亲也不会发牢骚）。

自己另外存过钱吗？＝那是不行的。老人家不允许。

【侯家营村民到满洲务工】

这里的人第一次去满洲是怎么去的？＝每家都有做生意的。这个村里从以前就有去满洲的，然后介绍着带过去。

在满洲有这里的同乡会吗？＝本县的没有。

现在从侯家营去满洲的大概有多少人？＝大概一两百人。

主要做些什么工作？＝杂货店的店员居多。

这样的杂货店的老板都是从这里去的人吗？＝是这样（现在生意不好做，而且不能寄钱）。

你为什么没做买卖回家了？＝买卖休业，然后回来了。

你是那家店的主人吗？＝是这样。

你一个人开的店吗？＝不是。有东家。

那么是合伙开的吗？＝不是。东家一人，张芙吉。

你也出了钱的？＝我没出。

东家不在店里做事吗？＝东家在柜台。也做店里的事情。

【侯姓的来历】

侯姓在侯家营有几家？＝80家或者100家。

祖先是从什么时候来这的？＝前明朝的永乐年间，以官兵的身份来的。大家都明了是带营的村子。原本叫后总旗营。

那时候，侯姓的来了几个人？＝来了兄弟3人，还有2个去了别的那里。留下老大一人。这就是先祖。

那人有几个孩子？＝一个儿子。下一辈3人。然后分成今天的三大门。

【同族内的分派——门】

在这三门有什么名字吗？＝没有。以前同辈如果是元就使用元区分，但是现在不一定。

但是在同门之间是固定的吗？ =不一定。但是第一门多；第二门有 1 家；第三门有 10 家左右。

你是第几门？ =第一门（长门）。

【门的上辈】

在第一门最了不起的人是谁？ =现在没有了，去年去世了。前清的恩贡。

辈分最高的是谁？ =侯恩荣。和我的孙子差 9 辈，和我差 7 辈。

你叫他什么？ =太爷（我也叫他儿子爷）。

他相当于第一门的什么？比如门家长之类的？ =没有格外的称呼，只叫太爷（坟是前明朝的，在离泥井一里地远的地方，叫李家坟。最大的有两里样子）。

第二门的那一家是谁？ =侯凤昌（60 多岁）和侯凤成兄弟二人。

第三门辈分最高的是谁？ =侯俊良（40 多岁）。

【同族间的称呼和辈分】

侯恩荣称呼侯俊良什么？ =是平辈。最多也就差一辈。称呼弟兄（后来问别人，喊侯家良叔叔）。

侯阴堂称呼侯恩荣什么？ =喊哥哥。平辈。

侯恩荣和侯凤昌的辈分如何？ =还是平辈。

【同族】

称呼侯姓全体是什么（同宗，同族）？ =同族。

使用同族这个词吗？ =使用。

村里人都知道吗？ =知道。

【族长】

那么谁是族长？ =辈分最大的。

谁？ =侯恩荣吧？

但是也有和他同辈分的吧？ =有。

那么族长是一个人吗？ =近门是家里。侯恩荣是近门的族长。

那么第三门（远门）呢？ =侯俊良。

侯姓全体的族长是谁？ =辈分最高的人。现在是侯恩荣。

姓侯的人都是这么认为的吗？ =当时（但是问别人好像是侯俊良）。

【门的分派】

第一门里面有没有被分成几派？ =因为没有家谱，不知道。非常多。

那么离你最近的有几家？ =10 家。

这中间辈分最高的是谁？ =侯永和（64 岁），他是我们近门的族长。

你称呼他什么？ =叔叔。

这样的话第一门又被分成了几门？ =不太清楚。

上面 10 家基本上都挨着的吗？ =是这样。

有几个院子？ =好几个院子。

【门的分派的会】

这十家不开什么会吗？=不。有时候也有。

有时候也有是什么会？=在清明节清明作会，上坟地会还有坟会吧。

【门会】

全部长门的会没有吗？=没有。有三门集中在一起的会。

【全体同族的会议】

那叫什么会？=清明作会。祭祀坟的会。

全体的会做什么？=抬一头猪去坟地，在那里宰杀供着，上香叩拜，回去之后大家一起吃。只有70岁以上的可以吃。70岁以下的不给。

70岁以上的人多吗？=没有那么多。十几个人（剩下的按股分）。

买猪的钱谁出？=祭祀坟会有钱。

为什么会有钱？=至今在坟的周围有树，卖了树的钱，然后买猪。现在没有了只有供头了（赵家港的坟会最有钱。在清明节大概供奉五六头）。

【同族的共有地】

侯姓所有人没有共同拥有的土地吗？=没有。

【门的共有地】

只有第一门或是近门没有吗？=没有。

【同族的坟地】

侯姓的老坟在哪里？=村子的东边。

有多少？=数十亩。

那是谁的？=侯姓全体共有的。

那数十亩全部用作坟地不种作物吗？=不能。如果有树，树是坟会的。

【坟会】

在清明节，侯姓的人全部都去老坟吗？=是这样。去之前，在分会吹唢呐，根据这个一同集合前往。

谁吹呢？=作会的。从侯姓的人中选两家。每年清明节，吃完饭之后都在纸球上写名字。然后别的人捉球（两个）。中了的人在第二年的坟会帮忙打理。

中了的两个人称作什么？=改他作会（没有别的名字）。

谁去买猪？=那两个人。

管账的怎么处理钱？=给人借钱收利息（现在是两分的利息）。

没钱的时候怎么办？=不作会。

不作会也不去坟头祭拜吗？=各自祭拜各家的坟。一个人一个人上坟叩头。

有坟会的账吗？=有（要拿来看的话先请示）。

【结婚和同族】

儿子娶媳妇的时候，会通知辈分高的人来吗？=通知。

通知谁？=姑姑、姨、姐姐、姥姥等。

通知族长吗？=不通知也行。如果到那时候来。

儿子娶媳妇和谁商量？ =和家里人商量。儿子怎么做都行。不商量。

不和族长商量也可以吗？ =可以。

不和最近族系的长辈商量也行吗？ =可以。

【过继】

你没有儿子的时候怎么办？ =过继（继子）。例如兄弟三人弟弟家有儿子的话，把他过继过来。弟弟家只有一个儿子也过继过来。必须这样。如果二弟家有一个，三弟家有两个，从三弟家过继过来。

如果二弟家三弟家都只有一个怎么办？ =那时候从二弟家过继。一子两不绝。

兄弟三人家都没有男孩儿的时候怎么办？ =从近门过继。

女子不行吗？ =不行。

只有姑娘的情况下。不能从他姓中过继男子过来吗？ =不行。

【过继和同族】

过继的时候和谁商量？ =叫族长过来。

除此之外还叫谁？ =把近门的都叫来。

在过继单上谁写名字？ =族长，家里近人（本家）。

【家庭纷争】

兄弟间吵架吗？ =经常吵。老爷们儿虽然都是兄弟，但是媳妇是从别家来的，有合不来的，偶尔打架。

那时候通过什么办法解决？ =谁出面阻止。不能阻止的时候就去警察所说（地方派出所，地方厅）。

族长或者老人会仲裁吗？ =来，说和。现在是保长来说和。甲长，保长来做。

老人来说的话听吗？ =听。

孩子吵架，家长说不吵了，孩子们会听吗？ =听，不听的话就敲头。

兄弟吵架的原因是什么？ =古语说："争多论少家务事。"比如媳妇晚上给丈夫说大嫂怎样怎样，不公平。第二天兄弟间就会争论起来。这种情况较多。

兄弟同住一起的时候，媳妇之间关系好的多，还是吵架的多？ =关系好的多。但是现在分家的多。

媳妇之间关系不好，都是因为什么事？ =比如大哥做买卖赚了钱，大嫂就会很神气。二弟没赚那么多，二媳妇就会不高兴。那时候常常会吵架。

孩子关系不好，媳妇之间打架多吗？ =有。

那时候怎么办？ =明白人就训斥自家的孩子完事儿了。不明白的人还会吵架。

【当家的妻子——丈夫外出务工期间】

如果丈夫去满洲了，在家里的媳妇当家吗？ =没有其他人了，就这样。

那么媳妇可以从他人手里借钱吗？ =可以。丈夫回来了还。

给媳妇一个人借钱的人有吗？ =有，亲戚，娘家人。

因为媳妇不能自己种地，借给别人可以吗？ =可以。

不用和谁商量可以吗？ =可以。

因为困难可以卖地吗？=不行。必须给丈夫写信联系。典地可以。

留媳妇一人在家，丈夫去满洲工作的时候谁当家？=名义上当家的是丈夫，事情是媳妇做（在门牌上也写上名字）。

【当家和门牌——名义上的当家】

一般在门牌上都是写当家的名字吗？=是这样。

那么母亲当家的时候，写母亲的名字吗？=不是。写儿子的名字。

那这时候谁当家呢？=母亲。

儿子只是名义上的当家吗？=不能写婆娘的名字。因为只是名义上是儿子当家。

活着的时候不管多老都当家吗？=是这样。

没有人说因为年纪大了不当家了吗？=那是老人自己说。会给儿子说已经年纪大了，让给你们当家。

那这样的话，儿子就当家了吗？=是这样。

这时候门牌的名字要变吗？=不变。

名义上还是老人当家吗？=是这样（儿子当家的时候也必须和爹商量）。

【作为当家的儿子和老人的关系】

儿子当家的时候，借钱必须和老人商量吗？=是的。不商量也可以。

土地借出借入的时候怎么办？=怎样都行，要说一下。

典地的时候呢？=还是一样的。

卖地的时候呢？=必须商量。

娶媳妇的时候呢？=要商量。

嫁姑娘的时候呢？=姑娘的爹妈商量。

不和老人说也可以吗？=不说也可以。

【新娘的特有财产】

娶媳妇的时候，带过来的东西叫什么？=陪嫁。

那是谁的东西？=媳妇自己的东西（花瓶，大镜子装饰在丈夫的房间，其他的是自己的东西）。

【特有财产的出售】

那么媳妇可以自由地卖吗？=是这样。

丈夫不能卖或给别人吗？=不能。

但是丈夫没有钱窘迫的时候怎么办？=两人关系好可以。不能悄悄变卖。

【当家的家产出售】

当家的出卖土地时，不用商量也可以吗？=不行。悄悄变卖是盗买盗卖行为。必须公开。

一定要和哪些人商量吗？=有兄弟的话，和兄弟商量。没有的话，要公开。

什么是公开？=商量，让大家都知道。

所谓的大家是指谁？=所有家里人。

最近的近门可以吗？=不管对近门还是远门，都可以不说。自己家里的所有人。

不通知近门也可以吗？ = 不通知也可以。但是叫买主来的那天，叫近门的人过来（远门的不叫）。

为什么叫近门的过来？ = 他们也许会埋怨，为了不反悔（我买了，你不用买了之类的）。

不用通知族长吗？ = 不用。

【当家的顺序——兄弟同住的情况】

父亲去世，兄弟三人同住的时候谁是当家的？ = 那不一定。俗话说能者多劳，什么都会的人当家。但是一般都是大哥当家的多。

成为当家的由谁决定？ = 兄弟商量决定（我们家南边的李家是由老四当家，生活贫困死了。就好像有 100 个瓜分给 4 个孩子，然后剩余的留给自己那样。老四死后，他的侄子——老大的儿子当家。此后他家还是很贫困）。

那时候不和族长商量吗？ = 不商量。

只是在家中决定吗？ = 是这样。

兄弟之间，难道没有什么顾虑的吗？ = 没有。

有没有人因为贫穷自己不能担当的？ = 有是有，但是大儿子不能推辞。现在有兄弟三四人的，老家人一去世就分家（在抚宁县的牛头崖的老张家，七世同堂，这样的少）。

【没有长兄的情况】

在有兄弟三人，大儿子比父亲先死、有男孩的情况下，父亲去世了谁当家？ = 那时候是叔叔当家。一般都是二叔。

大儿子的儿子不当家吗？ = 不当（按照满洲旗户的习惯，大儿子当家，接着是那个孩子）。

【同族的互助】

同门中，如有因贫穷没饭吃的人，大家会帮助吗？ = 如有钱，会帮助。

现在怎么帮助？ = 提供粮食或者燃料（保长从去年秋天开始，帮助了寡妇或穷人。提前收集粮食或钱帮助那些人）。

就侯姓的人之间不那样做吗？ = 不。没有有钱人（保长有很多土地）。

侯姓人没钱、困难的时候，可以优先于其他人借钱出来吗？ = 不是。近年来，侯姓人也不太好过。

【订婚】

娶媳妇的时候，需要办什么手续？ = 第一次订婚。这时候 10 岁左右，给女方 30 元、50 元的钱。15 岁前后，给 100、80 元。如果订婚，要在 20 岁之前嫁过去。这之前不订婚，娶的就不是正妻。只是白给。

订婚的时候由谁说？ = 媒人，1 人。

【订婚的媒人】

什么样的人可以成为媒人？ = 亲戚、朋友、一家子人中的一个。

是仅限男方的人，还是也有女方的人？ = 从女方来的，从男方去的都有。总之是 1 个人（中国有个不好的习惯，穷人想让人来却没人来，去富人家的有好多人）。

媒人说可以的话怎么办？ = 订婚（在乡里没有什么证据，媒人就是证人）。

【订婚后两家的关系】

在娶亲之前，男方和女方是什么样的关系？=应该成了亲戚。但是不拜年，只有红白事通知。

【结婚仪式】

快要嫁过来的时候，怎么做？=男方从女方家得知女子的出生年月，与男的出生年月一合，选定好日子。

那一天由谁选？=在村里是侯建功先生（前清的恩贡）。

选定日子后怎么办？=通知。女方和亲戚，姑家、姨家、姥姥家。

亲戚的话就是近门的吗？=除了近门之外，如有兄弟，哥哥媳妇的娘家也通知。

接下来怎么做？=到了那一天娶媳妇。

新娘来之前，不能看新娘的脸吧？=不看。相信媒人说的。

那一天，得到通知的人聚齐后怎么办？=大家都来道喜，然后盛宴款待。

只是道喜？贺礼或钱不带吗？=拿钱上礼。

一般都带什么来？=大家都带钱。现在本地这种情况很多。过了3天，姑姑或者姨母会送戒指、手镯等，这是拜礼钱。媳妇叩头。如果出钱的话，姑家、姨家、姐姐等一般是10元左右，称为送饭。近门的人要给拜钱。同属一家的人什么都不用给。

【回门】

过了那一天怎么做？=过两三天回娘家。称为接回门。从娘家接回来（2天后回来时，住一晚回来，3天的话，住两晚回来，一个月的话，在娘家住一个月）。

为什么回娘家？=带着丈夫去。姑爷认门去，因为不知道娘家要去问候。

【六月鲜】

娶媳妇之后，不满10个月，就生了孩子怎么办？=7个月也可以，6个月也可以。5个月以下不行（称为六月鲜）。

5个月以内的怎么办？=把那孩子扔掉（在满洲看到过那样的情况。在结婚当天生孩子。问当家的，即丈夫，是要还是不要，然后说双喜临门，就把孩子生下来了）。

【离婚】

那种情况下，有没有不要新娘，退回娘家的？=有。老人家说回去，就要回去。

新娘回去的叫什么？=休回去了。

新娘过了好几年，没有生孩子的话，有没有送回去的？=那是不行的。

新娘和其他男子通奸的情况下，也不用送回去吗？=有过。

回去的话，娘家人怎么做？=没办法只能带回去。然后嫁给别家。

带来的东西都带回去吗？=都带回去（但是也有不还回去的）。

【休书】

新娘回去的时候写字据吗？=写休书。

谁写？=男人写。

一张吗？=一张。

不知道怎么写吗？=不知道。没见过。

不按手印或者脚印吗？ =按。男子按手印、脚印。

那意味着什么？ =担心女的将来反悔，说没有拿到这个。嫁给他人的时候会有麻烦（手印、脚印就是证据）。

【离婚】

休回去的是多还是少？ =少。村子里没有。实际上现在也没有（结婚之前，即使和别人通奸，不回去的多。但是这种事情少）。

【分家】

分家的时候，要送到谁手里吗？ =通知给婆娘们的娘家、亲戚。这样的话，会来祝贺。带东西来。锅盖、肉，等等。

不去哪里报告吗？ =不报告。

【老房子】

在侯姓中，最老的房子是谁家的？ =有10余家。侯治相、侯元太、侯阴堂、侯善堂、候永凤、侯恩远，就这些。

这些家里从以前一直有房子吗？ =是这样。经过了100多年。

100年以上的最古老的房子是谁家的？ =侯俊良家里有500年的，但是卖了。

【过子单】（写在红布上，各执一张割书）

立过子单人侯门罗氏因身乏嗣奉严命特邀请亲友族中等情愿将侯瑞墀之长子侯金生过给罗氏承嗣本身此后生养死葬均归侯金生负担关于家产器皿等罗列在分单亦均归侯金生承受他人不得干涉此系双方情愿各无反悔恐后无凭立此为证

中人

亲友宗族

罗进爵

侯允中〇（花押）

侯全五〇

侯心如〇

侯长赞〇

侯长立代笔

侯瑞文〇

侯永振〇

各执一张

民国二十七年旧历十二月十九日立[1]

【过子单字据的说明】

---

〔1〕 译者注：此处为过继单，保持原文文字结构。

罗氏是谁的太太？=侯瑞墀的兄弟，侯荫堂的近门。

写在这里的名字都是那个近门的？=不是。侯全五以前是乡长，侯允中是他哥哥。侯心如以前是先生。现在做买卖。长赞之后的都是近门。长立是荫堂的弟弟，瑞文是瑞墀的弟弟。侯永振是甲长不是近门。罗进爵是娘家的兄弟。

名字下面的画押都是自己写的吗？=是这样。

罗进爵没有画押可以吗？=不画也可以。

有写过继单时候，有没来的人吧？=好像是的，不来也行。

没来的人为什么把名字写上去了？=之前商量的时候来了，立字的时候没来。

【分家单】（写在毛头纸上）

立分单执照人侯永勤永俭胞兄弟二人以民国二十五年由古历七月间视其家道纷纭难为支持被时兄弟议妥将家庭地亩钱财账目所有等件什物照两股酌配平充均分祈神招阄各由天命特邀宗族立据自分以后即各承各股家业照管永远不准争执出于情愿各无反悔恐后无凭立分单永远存照

胞弟永俭应分庄窠一所正房三间东西厢房六间猪圈一间大门一间南至街道北至横道东至胞兄空庄窠西至侯永廉场北树在内应分家西南上地三亩五分家东南土地三亩李家坟地三亩家小坟上地一亩七分五厘小沟东地四亩道广地四亩家北水坑地三亩贷人坨地两亩七分五厘隔沟地一亩小树林地三亩菜荒地一亩五分兰家坟西地两亩叶家坟地两亩又荒地一亩刘家坟南北一亩五分又分当价地刘家坟北三亩五分水坑腰道西地三亩大墕上腰道东地一亩五分是本产

胞兄永勤应分空庄窠地基横宽四丈七尺东至侯宝连西至胞弟东大山墙根南至道北至道树木在内又应分家西南地三亩五分家东南长垄地三亩李家坟地三亩小坟上地一亩七分五厘小沟东地四亩道广地四亩水坑地三亩残人坨地两亩七分五厘隔沟地一亩小树林地三亩菜荒地一亩五分兰家坟西地两亩叶家坟地两亩又荒地一亩又分当价地刘家坟北地三亩五分水坑腰道东地三亩大墕上腰道东地一亩五分孔家房后地五厘

中人
侯恩荣正
侯制一□
侯大生□
侯心如□
侯庆轩代字○
各执一张

民国二十五年阴历七月二十日立执照

【分家单的丢失】

分家单丢了怎么办？=不会只写一张。其他人还有。

中间人的丢了，这样说了不能再写一张吗？ =不能。

双方丢了怎么办？ =也有这样的事。这时候两个人去中间人那里说一下，能否重新再立一份（丢了的话很麻烦。如果兄弟不和，也许会发牢骚）。

【分家单字据的说明】

其家道纷纭难为支持的意思是什么？ =关于家务互相之间，不能抱怨的意思。

一般都会在分家单上这样写吗？ =老人家还在的话奉命写，但是不在的时候这样写。

特邀宗族立据是什么意思？ =诚意邀请宗族的人来立字的意思。

宗族是什么意思？ =同宗同姓的人，近门的人。

先写胞弟的，是因为弟弟拿着分家单吗？ =是这样（弟弟是庄稼人，哥哥在奉天的南千金塞做买卖）。

庄窠是什么？ =宅地建筑中没有的部分。

应分是什么意思？ =应该分给的意思。

应分和分有什么区别？ =一样的。又分也是一样的。

腰道是什么？ =大道和小道之间的道路。

大坑上？ =地名。

那样的土地也分吗？ =是这样。为了让对面的人以后回来时能明白。

两个人分的话当契归谁？ =还是分成一半各拿一半。

剩下的四个人是中间人吗？ =是这样。侯制一和侯大生是近门，侯恩荣是族长，侯心如不是。近门（平辈），侯庆轩是第三门，其他都是长门。

为什么不写族长？ =漏掉了吧。

5 月 29 日

义子　要的孩子　分家

应答者　刘子馨（保长、地主，有见识，好人物）

【干儿子——义子】

刘和的家里有干儿子是怎么回事？ =郭正升在小的时候，做打铁人的帮手。他是孤儿，刘和没有孩子。每天去同一个院子里，郭就问，自己能不能做刘和的儿子，刘和同意了，郭就成了干儿子。意思就是义子（郭在卜子庄）。

这样，郭的姓氏不改吗？ =不变。

【义父】

常有义子吗？ =有。在中国生了孩子之后，会迅速找个义父。因为担心孩子马上死掉。有这样的习惯，就是认为找了养父后，就会永远不死（认为好养活 =容易养）。

那是一种什么教导吗？有相关的谚语吗？ =从以前就有。是否有谚语不知道。

生孩子的时候，是要请谁做孩子的义父呢？ =是这样。生了之后，父亲根据命里找合得来的人（火、木、土、金、水）。

是自己认识的人呢，还是和自己不熟的人也可以呢？ = 认识的人。必须是关系好的人。比如在刘姓或是侯姓中找这样一个人。

找对方没有孩子的人吗？ = 即使有孩子也可以（孩子多的好）。

并不需要让义父养着孩子吧？ = 是这样。

只是名义上的吗？ = 是这样。

在对方没有孩子的情况下，会成为那一家的孩子吗？ = 不会。

【要的孩子】

现在或者是在家里的户口簿上看见要的孩子，就是孩子父母亲去世了后领过来的情况吗？ = 少。要的孩子将来会成为自己的孩子。孩子多、家里穷的情况下，有可能那样做，但不多见。如果有办法的话，不会把孩子送给别人。一般都是太困难了，才那样做。

不管是义子还是要的孩子，要立字吗？ = 不用。一句话的事情。

哪儿都不用去办手续吗？也不用通知亲戚吗？ = 不用。

【分家】

在什么情况下分家？ = 因为贫困或是兄弟不和分家的多。

那是父母在世的时候分家。父母去世后，不需要分家吗？ = 不是的。我们家是父亲在的时候分家。家里有40余人，各种事情很乱，父亲就让大家商量分家了。

父亲在世的时候分家和去世之后分家，产业的分配方法一样吗？ = 一样。

实际上亩数等不一样的情况也有，是什么原因呢？ = 因为房子的关系，正房少的时候，厢房给的多，正房给的多，厢房就给的少。然后再根据房子的好坏来，得坏房子者，土地多给点儿。还有，在大儿子已经娶媳妇，而二儿子还没有的情况下，因为花钱了的，二儿子就会多给点儿。还有大儿子在外面做买卖存钱了，在家里做农民的二儿子也会多分点儿，像这样的例子都有。

在这里，父母在的时候和父母去世后分家的情况，哪种分家分得多？ = 总之都是一样的（相当）。

【养老地】

父母在的时候，一定会留养老地吗？ = 是这样。例如，如果有50亩地，20亩地作为养老地，再各分成15亩这样。

谁来耕种养老地？ = 有父母自己耕种的，有借给儿子耕种的，有借给他人的（给儿子种的多点儿）。

给儿子种和给别人种的租钱是一样的吗？ = 一样。

有养老地，父母去世后怎么办？ = 举办葬礼的费用从这块土地出，如果能剩下来少量，由孩子均分。

认为养老地应该全部用作葬礼的费用，还是认为留点儿也可以？ = 都有。留下的多（人们是赞赏前者）。

【当家】

父母和儿子兄弟同住的时候，让给儿子当家还是父亲当家？哪一种多？ = 父亲当家的多。

在这个村里女的当家好像很多，为什么？ =男的不太聪明，全国这样的多的是吧。

【去满洲务工和拥有土地的处理】

在这里分家了去满洲的时候，土地一般都怎么处理？ =租出去或当出去。

租出去的话，给兄弟或者近门借的会不会多一点儿？ =租给附近邻居。

租给兄弟呢？ =也有。

那时候的地租如何？ =和租给他人是一样的。

【租地】

把土地出租给别人耕种，应该用哪个词？ =租、典，意思相同。

哪一种用的多一些？ =一样的，使用的时候，典用得多。

那个字怎么写？ =典。

从以前就是这样写的吗？ =是这样。

【当地】

把当地称为典吗？ =不这么说。

6 月 2 日

（县志　风土志的歌谣　例式　附带家庭项目　询问了侯定义、侯瑞和）

【与家族制度相关的谚语的说明】

有好儿不在多，一个顶 10 个的说法吗？ =有。好孩子一个就可以守业，增产足够了。即使有 10 个孩子，不是好孩子也不行的意思。

多年媳妇熬成婆，多年老道变成河是指？ =在 18 岁或者 20 岁媳妇来家里的时候，公婆必定在世。爷爷、公公、奶奶、婆婆还在。随着年纪的增长，在长辈去世之际，自己也生孩子了，等孩子娶媳妇了，自己又成为婆婆的意思。

有钱不买同村鸡，有钱不娶活人妻？ =有这种说法。如果买同村的鸡，它又会跑回自己家里。因此不买同村的鸡。有钱人离婚了，也不娶旧当家的妻子，因为那样的妻子还会跑去找别的男人。

有那样的女的吗？ =有。在泥井就有（翻译说），这个村子里也有（侯定义说）。

以本村为例，为什么和丈夫分开？ =不知道为什么。有娶别村的离了婚的女的情况（孔家）。

【离婚的原因】

一般什么情况下，媳妇会离婚？ =我们村没有那样的，所以不知道。据传闻，因为婆婆家（丈夫家）太穷了，或者丈夫太丑而离婚的都有。民国以来，出现了文明结婚，自由结婚（侯定义感慨）。

男方可以没有原因地将媳妇赶出去吗？ =通常要么媳妇通奸，要么不孝敬公婆，或者是乱七八糟地用东西。

有被男方休了的媳妇吗？=在这个村子里有一个（我二十五六岁的时候）。

那是什么原因？=媳妇太丑，夫妻关系不好，所以休了。儿子不听父母的话，直接休了。

儿子可以不听父母的直接休妻吗？=因为儿子时打时骂，不睡同一间房，没有办法只能休妻了（按道理来说上面是无理取闹）。

【谚语的说明】

当家方知柴米油盐贵，养儿方知父母恩，是什么意思？=有这样的说法。当家的必须要让全家人吃饱，因此要知道柴米的价格。别人不了解这些情况，成了当家的以后，就知道了。父母养育的时候，不懂父母的恩情，自己成了父母之后，就懂得父母恩了。

家有千口主事一人？=有这种说法。一家有1000口人，必须要有一个家长。不管有什么事，都必须和家长商量。

6月4日

分家　当家　同族

应答者　张子润（57岁，建设科员，第三区靖安堡出身，温厚的老人）

地　点　昌黎县公署

靖安堡的人口数是多少？=两千余人。

第三区以前称为靖安堡吗？=是这样。

堡是什么意思？=现在的靖安镇。以前全县分为六堡。堡是区的意思。

【大家庭】

在靖安堡，家庭成员最多的一家有多少人？=二三十人。平均来说，一家有五六个人。以前有十五六人的家庭。最近几年都分家了。

就全县而言，有家庭成员多的人家吗？=没有20人以上的。大致上都是10来个人。这在哪个村都有。

【分家时候财产的分配】

兄弟分家的时候，产业怎么分？=平均分。

像房子那样不能平均分的东西怎么办？=根据价格来分。

三亩地或五亩地这样小的土地也要平均分吗？=还是要分。土地多少根据价值来判断。

土地有好坏的时候怎么办？=好的地分，坏的地也分。太小，仅有一亩地的话，分土地之外的东西。

【分家后的饮食】

分家后一起吃饭吗？=不。但是兄弟娶媳妇等时候，会一起吃饭，平时不一起吃。

【分家前的饮食】

没分家之前，只是一起吃饭，不一起做事吗？ =有。但是非常少。

是什么情况呢？ =有钱人的话，人口也多，喜欢怎样就怎样。另外，也有兄弟多，哥哥去其他地方谋生，住在别处等情况。

【当家】

一家之主怎么称呼？ =当家的。

没有其他的称呼吗？ =没有（文言是家长，但是不说）。

【当家的顺序】

当家的去世了，接下来由谁当家？ =在一个家庭中，通常是父亲当家。如果去世了，由母亲当家，再接着是长子。

父亲去世后，母亲当家多，还是长子当家的多？ =哪一种都有。因人而异。母亲能办事儿，就是母亲；不能做事儿，或不喜欢的话，就是长子。

在长子、二子、三子俱在，长子的孩子长大了的情况下，如果长子先死，此后父亲也死了，由谁当家呢？ =叔叔（二儿子）。即使父亲还在，因为年纪大了不能劳动了，办事也不利索了，这时候也会让孩子当家。

父亲在世的时候，让孩子当家的情况叫什么？ =没有什么叫法。就说年老了不爱管事儿。

如果当家的去世了，他的孩子和他的弟弟谁当家？ =一般如果老大死了，就是老二当家。但在老二不爱管事儿的时候，就是老三当家。那两个人都是老百姓，做不了什么事，侄子（大儿子的儿子）又能干，这种情况下，也有大家商量，由侄子当家的先例。

【牌位和分家】

在这个县里，无论哪家都祭祀祖先吗？ =一般的家里，在红纸上写上供奉祖先之位（叫祖宗会），富裕的家里做个箱子，在里面放木牌，写上名字，出生年月日，去世年月日和儿子、孙子的名字，写在下面祭祀。以前做官的人也这么写（称为神主，也称为牌位）。

这个在分家的时候怎么办？ =放在大一门的方位。大家在一起的时候也不一定，一般都放到祖先堂。红纸贴在墙壁上。红纸在分家之后，随便写贴在墙上，在过节等的时候，烧香叩头。

【同族村庄】

在昌黎县有全村都是同姓的吗？ =没有。有大部分是一个姓，但是其他若干姓混合在一起的有（比如100户中有90户以上）。

【族长】

在同姓的人住在一起的情况下，有领头人吗？ =有，叫做族长。辈分岁数大的人。但是不做别的事儿。

【一家子——同族】

姓名相同的人称作什么？ =一家子（俗名），以前从一个人分出来的。即使同姓，也有不是一家子的。不是从同一个祖先分出来的就不是一家子。

【门】

一家子中一般分门吗？ =是这样（大一门、二一门、三一门）。

【门的族长】

每一个门有没有像族长那样的人？ = 有。叫大一门的族长，二一门的族长。族长就是辈分岁数大的人，任何事儿都不管。并非代表一个族。比如在大一门中过继儿子的时候，因为财产合并产生纠纷打官司，因为谁是对的并不清楚，在县公署会把族长叫过来。

【同族共有地——祭田】

一家子所有人有共同的土地吗？ = 有是有过。称为祭田（祭祀祖先的田）。在清明节的时候，用从那里得到的钱买猪供坟，回去之后一起吃了。

祭田由谁来管理？ = 轮流管理。今年是大一门，明年是二一门这样子。

【坟会】

没有坟会吗？ = 有。上面说的就是坟会。在清明节的时候。

坟会的事情谁来做？ = 每一门轮流做。不需要格外管事。

【祭田的耕种】

祭田由谁来管理？ = 今年管理的人来种地。自己不种借给别人种也可以（科长来了。说到家族数，20 年前我的家里有 60 余人，这几年逐渐少了）。

【分家】

为什么近年来分家的多了？ = 因为军队征兵变多了，原来兄弟之间关系好的，近年来变差了（征税也同样因地亩数量而增多。据说兄弟多了，会被抓去军队当兵。但是一家人只有一个的话，就不用去）。

1942年10月

【华北农村惯行调查资料第103辑】

家族篇第16号　河北省昌黎县侯家营

调查员　早川保

翻　译　刘俊山

10月21日

分家　当家和家族　住处

应答者　侯廷武

你们兄弟几人？＝两人，廷文和廷武。

兄弟还在吗？＝哥哥在14年前死了。

哥哥有几个儿子？＝连璧，连玉，连昆3人（民国十九年分家）。

你有几个儿子？＝连青1人。

【分家】

你们兄弟二人什么时候分的家？＝20年前。

【分家单】

想看看那时候的分家单

立分单永远执照人侯廷文、侯廷武同胞兄弟二人因家中人多事繁均年迈不能照管难以共度与阖家商妥折居各家特邀宗族中人将家中所有祖遗房产地亩钱财账目牲畜车辆什物等件按照两股配匀均分自分以后即各领各股家业照管永远不准争执此系两方情愿对众分领各无反悔恐后无凭立分单永远存照

兄廷文名下分得西院东边庄窠一间半内计前后正房两层各一间半腰院东厢房三间大门东墙垣一面地基南至道北至伙场南边又分东院庄窠南半截两间内计正房两南耳房一间猪圈一所大门东墙垣在内地基南至道北至正房后照腰院厢房北山为准两院前后同

行南院东西大门与北场阔五间长八丈北至道均归两家伙用又分得祖遗地长垄七亩东沟南边两亩半井家坟上东边两亩小偏坡地五亩沟东两亩半房后南边三块合九亩半水坑北边三亩大壕上北边六亩道广南边三亩兰家坟西南边两亩半顶场地东边垄十条共地四十三亩其余牲畜车辆钱财账什物等件均按两股配匀对众分领另有草单

弟廷武名下分得西院西边庄窠一间半内计前后正房两层各一间半腰院西边厢房三间南边猪圈一所大门西墙垣在内地基南至道北至伙场南边又分东院庄窠北半截两间地基南至照腰院厢房北山为准北至伙场南边因少一层正房帖伙中石头盖房木料约值东钱两千吊之谱长房又净帖东钱九百吊为盖房之用南院东西大门与北场阔五间长八丈北至道均归两家伙用两院前后同行又分得祖遗地李家坟上六亩坑东地两亩半东沟地北边两亩半井家坟上西边两亩房后南边四亩北边九亩半水坑南边三亩腰道东三亩大壕上南边三亩旧坟上三亩兰家坟西北边两亩半莱荒地两亩半道广北边三亩顶场地西边垄十条共四十六亩半其余牲畜车辆钱财账目什物等件均按两股配匀对众分领另有草单

侯国山　侯廷玺　侯永宽
侯元勋　侯连仕
中华民国十四年夏历四月初四日

注：国山（死），老大三门，相当于廷武的祖父俊良的父亲。

廷玺（死），老大一门，相当于廷武的哥哥的辈分。宝连的父亲。

永宽，老大一门，相当于廷武的孙子的辈分。

元勋（死），老大一门，相当于廷武的孙子的辈分。

连仕（死），老大一门，相当于廷武的侄子的辈分。

【父母死后的分家】

分家的时候你们的父母还在吗？ =两人都去世了。

分家是在民国十四年，父亲什么时候去世的？ =53年前。

母亲呢？ =45年前。

父母亲即使去世了好长时间也没分家吗？ =是这样。

父亲去世后叔父在吗？ =没有。

【分家的缘由】

父母亲去世后很长时间都没分家，后面为什么分家了？ =因为自己的孩子、孩子的孩子都长大了。

孩子增多了，生活就不好了吗？ =因为生活变拮据了。

房子也变拥挤了？ =住是能住，但是生活变得艰辛了。

【分家的提出者】

分家的事情由谁提出来？ =兄长先说。

不由兄长提出由兄长的太太提出可以吗？ =不行。兄长。

兄弟的太太不找兄弟吵闹吗？ =不会这样。不会吵架。

【分家前的当家—弟弟】

分家前是兄长当家吗？ =我当家。兄长在新民县杂货铺做事，杂货铺的掌柜的。

兄长的家人和你是一起住的吗？ =是的。

当时的哥哥家有多少人？ =三个孩子，然后各自有妻子。

哥哥的孩子们在做什么？ =一个在新民县的杂货铺和父亲在一起，做伙计。一个在锦州杂货铺做伙计，还有一个在家里务农。

【外出务工家人的汇款】

兄长给当家给你寄钱吗？ =是的。

兄长的孩子们也寄吗？ =是的。

嫂子、兄长孩子的老婆们也和你一起都在村子里吗？ =是这样的。

寄回来的钱养活她们吗？ =是这样的。

是直接把钱给太太还是寄给你？ =不是这样的。寄给我。

从前开始就这样做事儿的话，分家不分家不都是一样吗？ =分家了，自己过自己日子好一些。

【分家前的住处】

分家前是怎么住的？ =

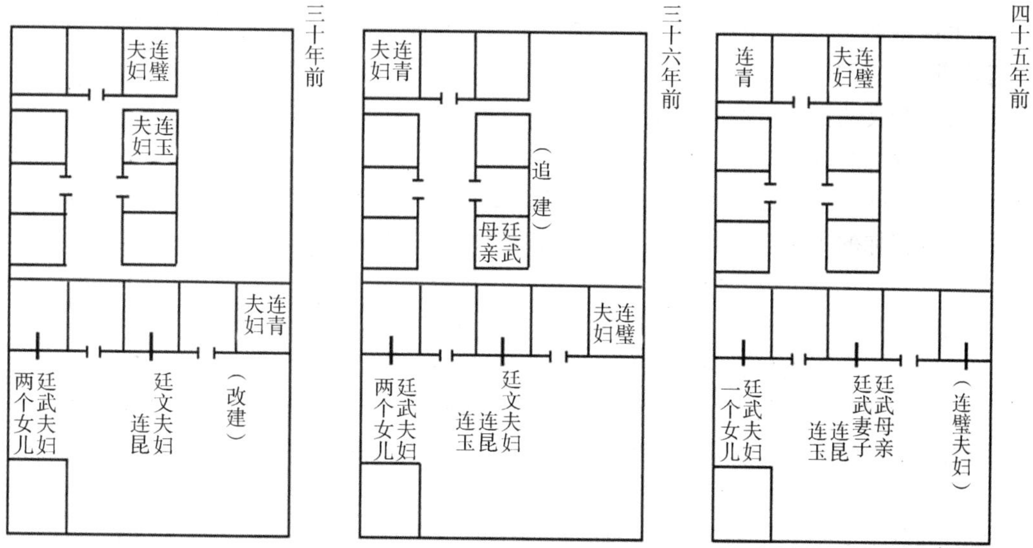

注：廷文和廷武在民国十四年分家，廷武家有三个孩子，二儿子，三儿子在民国前死亡，大儿子连青以前在长春的瓷器铺工作。廷武家有四个女儿，分家的时候有三个出嫁了剩一个女儿在家。正房（或祖房）的东边房间比四间厢房价位高，东厢房比西厢房价位高，在厢房里面南边的房间比北边的房间价位高。正房比厢房的房子价位要稍微高点儿。

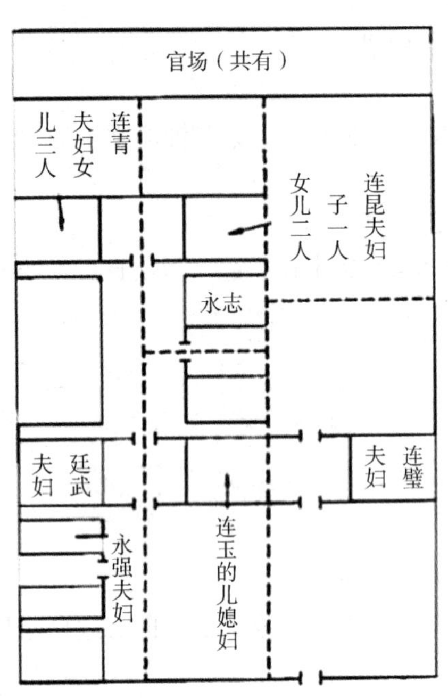

民国二十九年廷文的儿子连璧、连玉、连昆分家以后

民国十四年廷文、廷武分家以后

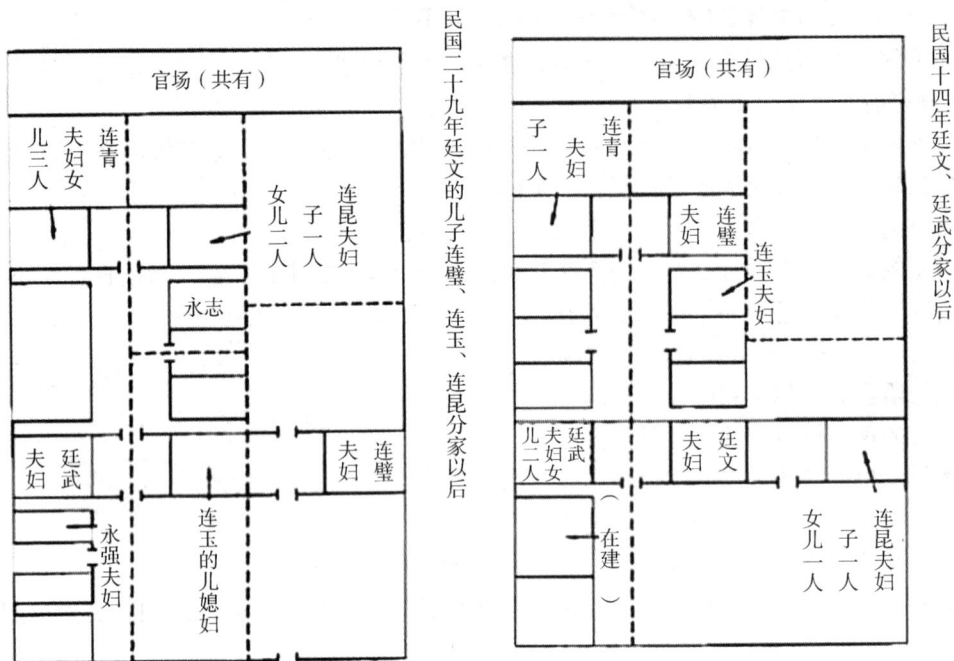

谁住在哪个房间是怎么决定的？ =视情况而住。

不是你指定的吗？ =是这样的。我指定的。

你也指定你兄长妻子的房间吗？ =那个房间从以前就是哥哥的妻子住着的。

【女儿的房间】

你有几个女儿？ =4个。

长女几岁的时候出嫁的？ =19岁。

在哪个房间睡？ =有在自己的房间睡的，也有在其他的屋视情况而居的。

一个月在你的房间里睡几天？ =在自己的房间睡得多。

在特别的情况下，睡其他屋吗？ =是的。在哥哥儿媳的房间，嫂子的房间，关系好的人的房间睡。

你的房间女儿4人加起来一共6人睡吗？ =是的，有点挤。

因为房间多女儿们长大了不是每人一间单独睡吗？ =没有那么多的空房间。

如果空着的话，可以有别的房间住吗？ =因为在乡里给女儿房间住是浪费。不会的。

【分家单】

想看看你哥哥的儿子们（连璧、连玉、连昆）的分家单。

立分单人侯连璧、侯连玉、侯连昆因人口繁多势难伙度树大分枝自古皆然兄弟三人商因妥协邀请族中人等将家中所有庄窠地亩家具粮石柜箱及一切器皿除井家坟上地两亩东沟地两亩五分拨归永志、明头侯俊成婚费用外其余俱按三股均分连璧应分东边庄窠两间大门猪圈、牛圈、秕子草棚俱各在内房后地三亩垄十二条大壕上地三亩垄十六条小沟东二亩五分垄十四条水坑地三亩垄十二条连玉应分老庄窠南半截地基间半计正房间半正房北厢房间半大门半壁北场南地基一丈五尺房后地三亩垄十二条大壕上地三亩垄十六条道广地三亩计长垄十二条、短垄二条兰家坟西地二亩五分长垄十二条、短垄四条连昆应分老庄窠北半截计正房间半正房南厢房北边间半草棚在内场道北地垄十条场南地基一丈五尺分给连玉作厕所用房后地北边三亩半垄十四条大壕上地三亩半北边垄十八条偏坡地五亩垄十六条以上均系抓阄应得所有缺外债累三百元有牛一头车一轮顶此债款连壁之买卖实盈余多寡归自受与连玉、连昆无干连玉缺新民县柜上债六百元归伊自还俟后新民县生意即财发万金与连壁、连昆无关外有小牛半头价六十元及连壁铺佃作价二十元因连昆业麓贴伊自用此系眼目族人、中人等公议各无异说恐口无凭立此合单存照

族长侯恩荣押

族人、中人侯凤仪押

侯新一押

侯全五押

刘子馨代笔

侯连璧收执

各执一张

中华民国二十九年古历十二月二十六日

注：侯恩荣是侯廷武。

侯凤仪（大三门）是侯治龙，廷武的弟弟辈。

新一（大一门）是侯永和，廷武的孙子辈。

全五（大一门）是侯永信，廷武的孙子辈。

刘子馨，本村人。

兄廷文的受分地	备注	廷文的儿子，连璧、连玉、连昆的受分地
长垄地七亩		
东沟南边两亩半	变卖	女儿的结婚费
井家坟上东边两亩	墓地	女儿的结婚费
小沟东两亩半		连璧
房后南边三块共九亩半		连璧三亩，连玉三亩 连昆三亩半
水坑北边三亩		连璧
大壕上北边六亩		连璧三亩，连玉三亩
偏坡地五亩		连昆
道广南边三亩		连玉
兰家坟西南两亩半		连玉
顶场东边垄十条（约三分）		连昆
计四十三亩		

弟廷武的受分地		备注
李家坟上	六亩	十年前，因为债务清偿卖给本村的侯元广
坑东边	两亩半	
东沟、地北边	两亩半	
井家坟上西边	两亩	七八年前因为儿子的结婚费用（约三百吊）及借债，卖给本村的侯元来，一钱七十吊
房后南边	四亩	
北边	九亩半	
水坑南边	三亩	
腰道东	三亩	
大壕上南边	三亩	三年前，因为借款以典地的形式一百六十元卖给侯元庆
顶场地西边垄	十二条	
兰家坟西北边	（约三分）	
坟上	两亩半	
菜地	三亩	五六年前因为生活困难卖给侯元来
道广北边	两亩半	
计四十六亩半	三亩	

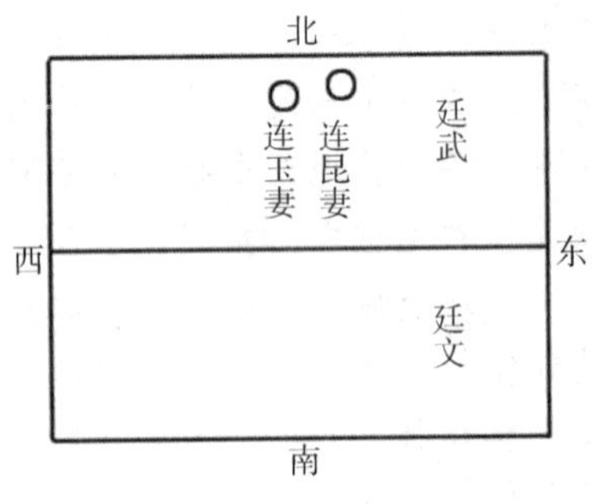

廷文之墓皆在老坟
侯连青之妻墓

10月22日

分家　分家的职位　结婚　同族的坟会

应答者　侯廷武

【分家后的耕种】

你和你哥哥分家之后，自己的土地就自己耕种吗？ =是的。

儿子一人和你一起两人能种40多亩地吗？ =雇半工。

【半工】

半工是什么意思？ =每隔一天来做事。

泥井的人也有每天歇在这儿的吗？ =有。称为长工。

有没有半工住在这里的？ =没有。

半工不来做事儿的日子，去别的地方做事儿吗？ =也有那种情况。也有在自己家做事的。

也有每隔一天去两家的吗？ =也有那种。

就确定在一家，别人家被请去的时候，也不一定会去的情况也有吗？ =也有。

半工和短工是一样的吗？ =一样的。但是短工的时间更短。短工只有一个月。

半工是一年每隔一天来吗？ =是的。

来工作一个月是叫月工吗？ =是的。

半工的工钱，是一年定多少吗？ =按当时来说的话，一年或者一个月给多少。

不是一天给多少吗？ =不定。

短工是按照一天多少定的吗？ =是的。

短工的话供饭吗？ =供饭。

半工呢？ =也给半工供饭。

【分家股的互助】

分家后，哥哥及孩子不帮忙吗？ =他们都在别的地方做事儿，不在家里。

你帮你哥哥耕种吗？ =不帮忙。偶尔帮忙但是不整天帮。

帮忙的话怎么帮？ =房子的修缮，秋天收获期，在必须收割的日子帮忙。

哥哥的土地由谁种？ =连昆。

是连昆一个人种着的吗？连昆雇了长工没有？ =没有雇，常常雇短工。

【女性的农活】

在哥哥家里男的都出去工作了吗？农活忙的时候太太和儿子的太太们也帮忙吗？ =是的。

女人去农田做什么事？ =收获、除草。

女人在农田能做什么事？ =就只有收获和除草。

在哥哥家里太太们如果都下田了，谁做饭？ =交替着做。不确定谁。

哥哥的太太在家里，儿子的太太们不是就要去农田吗？ = 不是那样。一般有孩子的媳妇在家里。

哥哥的太太，哥哥的孩子的太太们全部（四人）在农田做事儿的时候，由谁指定？ =由连璧的太太指定。

连昆一起做农活的时候由连昆指定吗？ =是这样的。

只有女人在农田的时候，不是由哥哥的太太指定吗？ =是这样的。

【炊事的承担者】

哥哥的儿子们分家前，谁来负责做饭？ =一般是轮流做饭，忙的时候大家一起做饭。

今天大儿子的媳妇，明天二儿子的媳妇，后天三儿子的媳妇这样来决定吗？ =是这样的。

【钱财的管理者】

分家前由谁存着钱？ =连昆存着。

不是连昆的母亲吗？ =因为连昆的母亲老了，没有关系。

【炊事的指挥】

分家前，孩子的媳妇轮流做饭，由母亲每天指定吗？ =是这样的。

【钥匙的管理者】

分家前，钥匙的管理者是谁？ =当时连昆因为分家，由连昆保管着。

现在是孩子们的太太分别保管着吗？ =是这样的。

钥匙对应的箱子（放着重要东西的箱子）称作什么？ =文书箱子。

箱子里面放的什么东西？ = 地契、分家单、过继单，等等。

【外出务工过程中所有地的耕种】

哥哥的儿子们，三个人中有两个去其他地方工作了，那么其中两人的土地由谁来耕种？ = 大儿子连璧，三儿子连昆在家里。连玉及他孩子们因为去外面工作，雇了短工。

短工是由谁指定的？ = 不指定委托短工。

谁给短工支付工钱？ = 连玉的儿媳妇支付。

【外出务工和当家】

在连玉家谁当家？ = 连玉的儿子（侯永帧）的太太。

连玉的太太现在多少岁？ = 在新民县和连玉在一起。

他们在那里有家吗？ = 借的房子。

哥哥的儿子们分家之后做饭耕种都分开了吗？ = 是这样的。

【分家和过割】

你和你哥哥分家的时候土地都过割了的吗？ = 没有过割。

【分家后的田赋】

税（田赋）由谁去缴纳？ = 自己去缴纳。

田赋是哥哥一半交给你，你把两个人的合起来拿着吗？ = 是这样的。

为什么是你拿着去？哥哥没拿着去吗？ = 哥哥一年都不在家，因为在新民县工作，不知道社书。

【分家后的摊款】

你们两人分家之后，村里的摊款都是分开交的吗？ = 是这样的。

你分家后什么时候过割的？ = 分家后三四年。

【过割】

为什么要过割？ = 因为分家后，尽量想把土地写上自己的名字。

过割的话，只要你们两人中的一个办理就可以了吗？ = 两人都必须办。

哥哥是什么时候过割的？ = 和我同时。

因为要分割土地，所以过割的吗？ = 是的。因为自己的土地想以自己的名义拥有。

【分家后的摊款】

现在哥哥的孩子们家里要分别缴纳摊款吗？ = 分别的。

【过割】

哥哥的孩子们过割了吗？ = 分家立马过割了。

你的儿子连青在家吗？ = 在（这会儿因感冒，睡了）。

【关于孙辈的婚事及其父亲的意见】

孙子永强的媳妇是谁找的？ = 自己找的。

没有别的人传话吗？ = 新娘的姑姑（叔母）作为媒人从她那里传话。

那话不用带给连青吗？ = 不用那样。带到自己（廷武）这里。因为当时连青在长春做买卖。

你孙子娶媳妇的时候，和连青商量了决定的吗？ =已经决定之后写信通知的。

连青怎么说的？ =连青同意。

和连青商量过怎么办吗？ =没有。我这边决定了再通知的他。

如果连青说反对的话怎么办？ =我这边，我妻子和连青的妻子商量。永强的媳妇，连青本身也是知道的，不会反对。

如果反对的话怎么办？ =如果反对的话，取消订婚。

如果连青和你在一起，你认为孙子的媳妇不太适合的话怎么办？ =和大家一起商量，即使有一个人反对都要取消。

大家是指谁？ =我，我妻子，连青、连青的太太，四口人。

【订婚、结婚的年龄】

孙子定婚是什么时候？ =永强是十一二岁的时候订婚。

孙子（永强）现在 19 岁，那什么时候结的婚？ =16 岁结婚（现在媳妇 20 岁）。

【向分家股通知订婚】

孙子娶媳妇的时候，你通知你的哥哥吗？ =通知。订完婚之后。

也通知你哥哥的孩子们吗？ =通知。

分家了的外出务工的哥哥的孩子们不通知的话，也没关系吗？ =不通知也可以，通知一下好些。

【与分家股商量婚事】

你哥哥的媳妇，儿子的媳妇在家，大家都商量吗？ =商量。

为什么要商量？ =即使分家了还是要商量。

如果反对怎么办？ =如果说兄弟反对娶亲的话，肯定要有充足的理由，如果有道理也许会取消。

孙子的媳妇从哪里来？ =从邢家庄来的，昌黎县的虹桥。

【订婚大帖】

孙子娶媳妇的时候，不做订婚帖子吗？ =按照这里的习惯，什么都不写。

那这样的话，村里人不是不知道什么时候和谁订婚吗？ =那些事知道不知道都可以。

订婚的时候，会收到很多人的祝贺吗？ =不会。

【喜礼账】

结婚的时候有喜礼账吗？ =有。像这样的。想不起来是第一门侯姓的谁写的了（掌握侯廷武的孙子侯永强结婚当日收到的贺礼）。

民国二十八年九月二十一日

喜礼账

侯绰然（永宽）喜仪洋四角	老大一门
侯荫堂（长赞）喜仪洋四角	老大一门
萧惠生喜仪洋四角	本村人
王表侄喜仪洋一元	哥哥孙子媳妇的父亲
（泥井园长）	
魏子臣喜仪洋四角 魏家营折一元拜一元	女儿的丈夫，折一元拜一元就是因为是特别的亲戚，不吃饭相当于一元。给新娘一元
侯元太喜仪洋三角	老大一门
黄玉富喜仪洋四角	三女儿丈夫的父亲
泥井折一元	
侯善廷（庆昌）喜仪洋一元	老大一门
贾荣喜仪洋一元 秦庄	第三门侯俊的女儿，同族的姐妹，从以前就有来往
齐品乡内收喜仪洋四角 城里折一元	孙女的公公，也就是自己的侄子连璧的女儿的丈夫的父亲。内收就是指钱币不归管账的人收，由主任廷武直接收取的意思
宋连会内收喜仪洋一元	在儿子连青的妻子的娘家。
肖心庄拜一元	朋友
刑焕然喜仪洋四角	二女儿的丈夫的父亲
新金铺折一元拜一元	
曹述先喜仪洋四角	四女儿的丈夫
存家坨折一元拜一元	
赵敬堂喜仪洋一元 崔家坨	侯廷武的母亲和赵敬堂的祖父（过继子），相当于祖父即从兄妹

黄桂分四角	三女儿丈夫的弟弟
泥井	
陈旭东四角 肖心庄同贰角折贰元拜一元	儿子连青的妻子的哥哥，同贰角指同饭的意思
丁百祥四角	儿子连青的妻子的大姐的丈夫
折拜一元六角	
李相四角	儿子连青的三姐的丈夫
蔡坤折拜一元六角	
陈国清四角 肖心庄同贰角折一元拜一元	儿子连青的妻子的父亲和陈国清是从兄弟
张荫乡贰角	儿子连青的二姐的丈夫
左家春折一元拜一元	
侯长永五角	老大一门
侯永庆五角	老大一门
折一元拜一元	
侯心如（宝田）四角	老大一门
候焕廷（长会）四角	老大一门侯瑞和的父亲
元成兴四角	本村人（墓子屋，到去年还在）
刘子新四角	本村人
陈双四角 肖心庄折八毛四角	相当于连青妻子娘家的同族的弟弟辈分，和连青妻子是朋友
共接喜仪三十七元一角 出内收六元八角	所谓的喜钱是指给厨子、喇叭队的钱，账面指买挂面的费用

续表

出回饭四毛 帐子九元出喜钱三元 现点三十五元九角 池德臣喜仪洋四角 福庆成李福田一元 侯治祥四毛 孔子明 侯元广 侯馨一 侯治纯以上九名共九元喜帐 侯明远一轴 侯全五 侯允中 刘殿元 刘子新
*****〔1〕

看上图的喜账簿，你的哥哥和哥哥的孩子没有上喜仪洋，什么原因？=因为是家里人。

家里人指的谁和谁？=哥哥，哥哥的太太，哥哥的儿子，儿子的太太们。

除此之外不是家里人了吗？=不是。

这个喜账簿里面没有写的人，是结婚当天没有来的人吗？=没有来庆祝找人帮忙带的。

来祝贺的人没有帮忙带吗？=帮忙带。

只有和你亲近的人来祝贺吗？=是的。

在你周围的人是谁和谁？=萧惠生、侯永生、刘树凯。

萧惠生和刘树凯没有来祝贺是什么原因？=不来我这里，我也不会去他们那里。

但是帮忙带来了吗？=帮忙带来了。

【清明会】

在老大一门有清明会吗？=没有。之前有现在停止了。

从什么时候停止的？=两三年前。

为什么要停止？=因为村里穷，物价也上涨了，就停止了。

清明会需要很多钱吗？=至少需要一百多块。

有老大一门全体人员的清明会吗？还是在少一门有过清明会？=在老大一门全体成员有过清明会。

侯姓有过几次清明会？=全体侯姓有过一次。

老大一门也有过一次清明会吗？=没有。在老大一门没有。

【清明会的账簿】

---

〔1〕译者注：此处备注字体太小，字迹模糊，无法辨识。

在清明会时，集会钱和费用等都写在账簿上吗？ =不用账本。

【清明会的负责人】

清明会，从第一门、第二门、第三门派负责人吗？ =要派。从第一门派四人。侯永正、侯长会、侯大生、侯元耀。从第二门派一人，侯凤昌。第三门派一人，侯凤义。

大约什么时候的事情？ =现在也是这样。有老坟地两亩，用那地的收入买猪头拜墓。

那不是有清明会吗？ =在以前（两三年前）的清明会上，要买三头猪几十人聚在一起吃。现在的会因为小，不叫做会。

两、三年前清明会上的负责人，也是上面老大一门的四个人吗？ =侯元耀是10年前开始的，侯大生是20年前开始的，侯长会、侯凤昌、侯凤义是大概20年前开始一直到现在是负责人。

他们是怎么被选上的？ =因为他们的父亲都在负责清明会。

现在的负责人去世了的话，理所当然他的孩子成为负责人吗？ =是这样的。

其他人不能成为负责人吗？ =谁都不想做。

他们的孩子等父亲去世了，即使不想做也要做吗？ =如果有其他人来代替，也可以。但是应该没有接受的人吧。

负责人称为什么？ =办会。

为什么不愿意成为办会？ =会上没有基金，用很少的基金去买东西很困难。如果超过了预算必须由办会补偿。

【清明会的基金】

清明会的基金现在是多少钱？ =去年是12元，今年还不知道。

所谓清明会的基金就是收集的钱吗？ =不是的。仅仅就是两亩坟地的收获所得。

以前要花100多元的时候，从各家收的吗？ =是这样的。

如果平均到各家的话，一家收50钱吗？ =是这样的。

去年收的12元，在去年的清明会用完了吗？ =是这样的。

今年去哪里集合？ =上面六个办会抽签决定了的，但是我忘记了。

【老坟地的租佃】

两亩的坟地出租谁了？ =租给老大一门的侯元亭了（把租佃叫作出抵押）。

去年租给谁了？ =侯庆昌（老大一门）的侄子侯文焕。

前年呢？ =侯文焕连续种了三年。之前是老大一门的侯永宽租种。

侯永宽租种了几年？ =四五年。

土地的租金交给谁？ =交给那六个人的谁都可以。

一般谁拿着？ =侯长会、侯凤昌、侯凤义拿着。

为什么？ =因为上面三个人上年纪了。

土地租给谁是怎么决定了？ =这六个人互相商量。

每年都商量吗？ =是这样的。

什么时候商量？ =清明节。

一直耕种的人，如果不想耕种了，要商量吗？ =是的。提出不想耕种的情况下，或者土地的租金上涨的时候商量。

【清明会负责人的工作】

上面六个人除了清明会之外做什么？ =什么都不做。

老大一门有纷争的时候，不是从上面老大一门派出四人仲裁吗？ =没有关系。谁都可以。

【负责人的资格】

上面四个人是老大一门中最有钱的吗？ =不是的。

以前呢？ =以前也不是特别有钱。

是最明白事理的吗？ =是的。

侯凤昌作为第二门的办会，在大二门中是辈分最高的吗？ =是的。大二门只有两户（侯凤成和侯凤昌）。

大三门有多少户？ =十五六户。

侯凤义在大三门中是辈分最高的吗？ =是辈分最高的。但是也有同辈。

在同辈中是最年长的吗？ =不是这样。比凤义年长的有一人。

那个人为什么没有成为办会？ =那个人的父亲也没成为办会，因为没有经验。

没有清明会之后，老坟的祭拜只有办会六个人吗？ =是这样的。

其他的家里不去吗？ =不去。

第一门和第二门明白之间的辈分关系吗？ =明白。

10 月 24 日

坟会　同族　家畜和分家水井

应答者　侯瑞和

【清明会的账簿—坟会的流水账】

侯瑞和在做乡丁的工作，每天带我们到处走访，今天拜访瑞和的家。昨天在侯廷武的家里，询问侯姓的清明会的问题时他也在。那时候，他说虽然没有侯姓清明会的账簿，但是应我们的请求；拿出 3 侯氏坟会流水账。如下所示：

民国三十年三月初九日立
元号侯氏坟会流水账

民国三十一年二月二十日
出与猪首一六斤合洋八元
入侯宝兴洋元一元贰毛
出与猪肉合洋一元

入侯宝珍洋三毛六分出与干豆付五斤合洋元一元七毛五分
入侯心如洋二元出与粉三斤合洋三元六毛
入侯广仁洋一元出与白菜一〇斤合洋一元二毛
入侯荣五洋一元出与烧酒一斤合洋一元一毛
入侯庆春洋八毛出与粳米三升合洋七元二毛
入侯长会洋一元七毛六分
入侯凤仪洋一元六毛出与纸泊卜子香三〇张壹个三打合洋元二元五毛
地典钱
入侯治祥洋二拾元出与鞭炮合洋九毛
出清明前两清大乡五八元本庄二四元
入侯永初洋四毛出与地差合洋八元三毛
入侯宝兴洋一元二毛出与海纸金泊卜子四〇张二个二打合洋一元八毛
入侯永立洋四毛出与鞭炮香合洋五角五分
入侯宝珍洋五毛六分出与猪首一个九斤合洋四元五毛
入侯心如洋二元出与猪肉三斤合洋二元四毛
地典钱
入侯刀洋元一六毛出与干粉三斤合洋二元四毛
入侯长会洋元一七毛六分出与白菜合洋二毛
入侯广仁洋一元出与干豆付四斤合洋一元二毛
入侯荣五洋一元出与花生大料葱合洋四毛
入侯凤仪洋一元六毛出与烧酒一斤合洋一元
入会底洋一毛六分出与粳米三升合洋五元一毛
地典钱
入侯文焕洋十六元出与满洲银子合洋一毛五分
入侯庆春洋八毛出与还伙荣五斗后去年佃合洋一元
出与毛头纸一五张合洋三毛八分
出与洋烟合洋二毛
出与禾粮合洋四毛
内付泥井一期三一毛前后两清
出与官金差
合洋六元〇三分
共入洋二八〇元八毛共出洋二六八元一毛现存洋一元二七
本五〇吊
入侯永初洋二元
入会底洋一毛六分
入侯心如洋一元六分
入侯长焕洋一毛

入侯凤昌洋一毛
入侯凤仪洋一毛
入侯允中洋一毛
入侯广仁洋一毛
入侯荣五洋一毛
现存洋一元二七
共入洋三四元六八共出洋三五元九五
无有现点一两清

这个侯氏坟会流水账是老大一门的流水账吗？ = 不是的。是侯氏全部的流水账。

在这里面侯氏全部都出现了吗？ = 是的。

【清明会的贷款】

为什么？ = 在清明会借出的钱，对应的利息每年收集起来，将利息附在账面上。

如果侯宝兴有洋元一元二毛，那对应的利息有多少？ = （应答者瑞和，口算）150 吊。

怎么计算的？ = 利息一元二毛，一元算 25 吊，一元二毛是 30 吊，利率一年两分，因此 30 吊的 20% 的话，就知道是 50 吊。

什么时候开始举办坟会？ = 清朝的同治年间。

你是怎么知道的？ = 右边的石碑上写着的。

【贷款的证文】

那时候，有向侯宝兴借出的证文吗？ = 有。

可以给我看一下吗？ = 我找一下（侯瑞和去找，拿来四张证文）。

立当契人侯廷相因乏手今将自己窑工白地一段计地两亩整计垄十八条其地南长东西阔南至横头北至对头东至道边西至李姓四至明白情愿当与侯氏坟会耕种言明当价钱一百吊整其钱笔下交足并无短少恐口无凭立契存证

每年包纳钱粮六百
中人合族人等
大清光绪二十六年三月十二日立

立当契文约人侯庆春因手乏今将自己家坑西白地一段计地两亩五分正计垄八条其地东西南北阔南至侯姓北至刘姓西至池家坟西道东至坑沿四至分明情愿当与侯氏坟会上耕种言明当价钱一百吊整其钱笔下交足并不缺少恐口无凭立当契存证

每年包纳钱粮钱一吊二百五十文
中人合合人等
中华民国十五年二月一十三日立

立借字人侯荣五因手乏今将自己家北菜荒地白地一段计地两亩计垄十条东西长南

北宽东至腰道西至大道南北侯姓四至明白情愿当与侯氏坟会名下耕种言明当价五圆其洋笔下交足并不缺少恐口无凭立契为证

言明按年二分行息在外

中人合会人等

侯荣五亲笔

民国二十八年二月十七日立

立当契人侯大生因手乏今将自己家西白地一段计地两亩半计垄十六条东西长南北阔东至坑西至道南北至郑姓四至分明情愿当与侯氏坟会名下耕种言明当价洋五元其洋笔下交足并不缺少恐后无凭立契为证

言明按年两分行息在外

中人合会人等

民国三十年三月初九日立

【证文的保管】

今天你从哪里借的证文？＝侯凤昌。

侯凤昌是第二门的办会吗？＝是的。

在侯凤昌家有所有的证文吗？＝是的。

为什么在侯凤昌的家里？＝因为谁都不愿意保管。

为什么大家都不愿意保管呢？＝因为从中没有利益可言。

不是每年都交换保管吗？＝并非这样。

从什么时候侯凤昌保管的？＝从侯凤昌的父亲开始。

【贷款的返还】

坟会贷款的利息是这边去申请要吗？＝清明节的前一天，六个办会会把利息钱收集起来。借款的话，借的人想还的时候就还。

从坟会借出的钱有催促过还回来吗？＝没有。

【清明会贷款基金】

坟会的钱是怎么来的？＝以前在清明会上有收上来剩余的钱。

以前，除开清明会吃饭必要的钱外会故意多收一些钱吗？＝是的。

以前借钱，不从别人那儿借，而是等到清明会时再借吗？＝因为清明会的时候借的钱没被要求返还，也不清楚之前借钱的人是否还钱了。

以前为了借给想借钱的人，每年会多收一些吃饭的费用吗？＝没有关系。

如果姓侯的谁想借钱，提前拜托办会，可办会催促借了坟会钱的人归还却没人还的时候，为了能给拜托借钱的人借钱，会不会多收一些坟会的钱？＝没有那样的事。

因为从别人那里借钱利息很高，所以便不能从清明会那里借钱吗？＝如果清明会有剩余的钱就能借。

【清明会同族扶助的捐款】

在清明会上为了帮助同族人没有凑钱吗？ =没有。

【对穷困同门的扶助】

老大一门全体人员没有帮助过侯姓老大一门的穷困者吗？ =有过。

最近的例子呢？ =侯瑞福（56 岁）因为生病不能劳动。一年都没做事儿，大家都给予了帮助。

是什么事儿？是侯瑞福的家人吗？ =弟弟瑞祥，母亲，瑞福三人。弟弟每天做买卖外出，照顾着母亲，一周前去世了，每天给她喂饭，照顾大小便。

【和村里有声望的人商量扶助事项】

谁来照顾的？ =瑞福因为母亲去世了想自杀。侯宝全觉得可怜，就找村里的领导商量给予帮助。

村里的领导是什么人？ =孔子明、萧惠生（村里的副保长）、侯长庆（侯姓同族的最高长辈）、侯宝善（收钱的发起人）。

收集了大概多少钱？ =85 元。

【同族以外的村民给予的扶持】

不仅仅局限于侯姓，从村里所有人那里收集钱款吗？ =是的。

怎么收集呢？ =大概从 20 户每家收五圆（侯元庆、刘殿元、刘子馨、刘万喜、侯凤成、齐福海、侯元润、侯云中、侯庆昌、侯长赞等）。

这个钱给谁？ =给侯瑞福。

侯瑞福怎么用那个钱？ =计划到县城的医院住院。

现在谁照看着？ =现在他弟弟在这个村里卖梨，不用去别的村每天照看着。

【清明会的规模缩小】

昨天听说清明会没有了，不是还有吗？ =现在变小了。

怎么变小的？ =以前的清明会以吊为单位，如今钱少了，连猪肉也不能买了。

是从什么时候规模变小的？ =从民国十年的时候开始。

怎么变小的？ =以前都买三头猪，现在只买猪头。

集会的人怎么变的？ =以前虽不能全部人都聚齐，但没来聚集的人也能分到猪肉。

在民国十年的时候，侯姓人都聚集起来拜祭坟吗？ =并非如此。只有坟会的负责人去帮忙。

吃饭的时候全部来吗？ =大概只六七个人的样子。

民国十年和现在比较，只有猪三头和猪头的区别吗？ =是的。仅仅就这样的区别。

民国十年清明会的时候，不是从侯姓的各家收钱吗？ =不是。当时靠坟地的收成就能充足地买。

【清明会的贷款】

坟会借出的钱是从以前一直借出的钱吗？ =是的。

那个本钱什么时候有的？ =我想是坟会刚开始的时候大家出的钱吧。

【同门的救援基金】

在老大一门为了困难的时候互助出钱，没有提前储备钱吗？ =没有。

【同族的共有物】

侯姓全员除了共有的墓之外，还有什么吗？=没有。

有没有老大一门结婚或者葬礼时候的炊事用具或者宴会的道具、器具之类的东西？=以前，侯姓全员有一些葬礼时候的道具，放在厅堂的，现在没有了。

一直到什么时候都有呢？=到民国三年的时候没有的。

那是什么时候买的？=是非常老的东西了，我的父长会（77岁）都不知道。

那些道具也借给侯姓之外的人吗？=偶尔借。

卖了吗？=因为坏了没卖。

之后为什么没买替代品呢？=大家都穷没钱买。葬礼的时候从泥井借。

结婚之类的时候需要很多碗、椅子之类的，这些东西，是否侯姓所有人都有呢？=没有。

需要的时候怎么办？=从泥井拿来。

泥井什么店？=借用铺。

那个店租借什么东西？=碗、椅子、桌子、天棚、酒壶、器皿、葬礼道具之类的。

不从侯姓的人那里借茶碗及椅子之类的吗？=一来需要很多，二来不是一样的东西也就用不了，所以不借。

侯姓人大家是否共同拥有像葬礼道具那样的东西？=什么都没有。

【家畜】

这个村里有些什么家畜？=几乎都是牛。全村有两头骡子，驴子三头，没有马。

牛大概是每一家都有吗？=并非如此。村里半数以下都有。在老大一门有牛的家庭是：少一门有廷武，连璧，连昆，永庆各一头。少=门则是长赞、舍生各一头。少三门是定禄、永章、元文、元功、玉亨、永廉各一头，玉亭两头。

别处有骡子两头、驴三头的话，耕种的时候怎么办？=从同村人那里出钱借（一亩土地两元）。

【分家时家畜的处理】

分家的时候，是分牛的情况很常见还是共有的情况常见？=分牛的情况常见。

【借用耕畜】

你们家是从哪里借？=从侯永廉，（属于老大一门的少三门。瑞和也是少三门）和叶金瑞（本村人）处借。从哪家借都是免费。

每次借几天？=借两天。

不给钱的话用什么作为谢礼？=找两个人都借牛的时候，叫过来吃饭。

叶金瑞和你是什么关系？=没什么关系。朋友。

你每年借的人是一定的吧？=没有特别确定。

去年从谁那里借的？=侯元文（少三门）。还有一个人忘记了。

是一亩两块钱借的吗？=没出钱。

借了几天？=两天（12亩的土地）。

一年之中，用牛两天够吗？用来干什么？=用来翻地。

借牛的话，什么时候给钱？=从普通朋友那里借，或者从一家当户那里借的时候，不用付钱。

借几天都不用付钱吗？ = 是的。

有牛的人一般用来做什么事情？ = 在有钱人家里，土地多用牛耕地。收获的时候，去集市的时候也用来卖谷物。

【分家后的家畜共有】

分家的时候，不分牛而是共同拥有的是什么人？ = 侯金生和金泽（少 = 门）在分家的时候，没有分牛（七八年前）。

公用的牛是什么时候卖的？ = 两年前卖的。

为什么卖了？ = 两个人关系不好了，都不给牛供饲料了。

那个牛在哪个牛棚里？ = 金生，金泽都有牛棚。一年中每隔两天用一下，互相说给牛喂的饲料太差牛瘦了，然后吵起来了。

现在金生有一头牛，是什么时候买的？ = 今年的春天买的。

今年金泽借了金生的牛吗？ = 没有借。借了侯元章家的牛。

金泽家有几亩地？ = 本来是有 40 亩地，但是现在只有 20 亩了。其他的卖出去或者当出去了。金泽现在在满洲西安天增顺开着杂货铺。

金生和金泽没有吵，是在家的女性吵架了吗？ = 是的。

卖牛的时候和满洲的商量吗？ = 不商量。

住在同一个院子里吗？ = 是的。

现在他们关系也不好吗？ = 好像是的。

【分家的缘由】

分家大概是因为关系不好的原因吗？ = 也不一定。

从分家原因上看，因为吵架分家和兄弟间关系好却因人越来越多不得已分家，哪个情况多一点儿？ = 人口多要分家的情况多一些。

【家畜的借用和同族】

借牛的情况下，会不会老大一门的人必须要从老大一门那里借牛？ = 倒不一定。

【灌溉】

在这里不给田里引水浇灌吗？ = 不。

【井的借用】

在这个村里每家每户都有饮用用井吗？ = 没有。村里有八口，侯长赞、侯永正、侯大生（总之都是老大一门），除此之外有四口官井。

侯长赞的井借给谁？ = 李维成、侯瑞文、侯文安、侯文炳、侯金生、侯金泽、侯庆昌。

侯永正的井呢？ = 侯大生、侯治东、侯治平、侯永镇、侯宝善、侯宝山、侯宝田、侯永立、侯宝兴、侯玉亭、侯治中、侯治宽、侯振九、侯永庆、侯永谦、侯全五、侯永正、王文纯、王树忠、王盛纯、王义纯、王福纯、费元亨。

侯大生的井呢？ = 这个井水质太硬，侯大生也不用。

【官井】

官井是大家都饮用的水井吗？ = 只有三口。

官井是全村人出的费用修的吗？ =是的。

那这样的话，有水井的人或者借水井的人不出钱吗？ =大家都同样出钱了。

【井的借用】

侯永正家的水井借用的人很多，是什么原因？ =位置的原因。侯长宝的水井的位置太远了。

大家都出钱借吗？ =不出钱。

井修缮的时候要凑钱吗？ =凑钱。

有那种情况发生过吗？ =每年要修缮两次水井。

侯永正的水井有很多人用，有没水的时候吗？ =没有这样的情况，很充足。

除了水井是大家互相使用外，还有其他东西也是这样的吗？ =没有。

【水井的借用和同族】

借用侯永正家水井，有没有异姓要比同姓更难借到？ =没有那样的分别。

如果家近，谁都可以借用吗？ =是这样的。

10月25日

分家

应答者　侯瑞和

【关于应答者的家庭】

户长侯瑞和　39　农
　妻郭氏　42
　父侯长会　77　农
　母常氏　71
长子侯金榜　17　农
次子侯歌子　8
三子侯田头　5
长女侯连　10
户长侯瑞谦　34　商　昌黎大兴昌粮站
　妻翟氏　36
长子侯五子　9
长女侯香子　11
三女侯好头　2

你们兄弟几人？ =两人。

弟弟的名字？ =瑞谦。

【分家】

分家了吗？ =分家了。

【分家单】

想看下你们的分家单？ = （拿出来说是自己写的），如下所示。

一分和名下地亩祖业地紫金坨三亩半小园子五亩庄子门前顶河沟一亩一分已荒二姐管二十元又二十元二伯管五元二姐管二十八元三妹管七元五毛郭成恩管十元田恩志管十元学堂管四元侯老显管二元三妹五十吊二姐管一百六十吊和管两百九十吊又一百五十吊老坟会上一百一十吊

共大洋 1065 百

共钱吊 76 百

中华民国二十四年十二月初十日立分单

【族中人】

为什么在你的分家单里没有族中人？ =因为我们家里穷，喊族中人来还必须设宴款待。

那么就除了父亲和瑞和、瑞谦外谁都没有到场吗？ =是的。一个都没到场。

你父亲的哥哥在你们分家的时候还在吗？ =父亲四个兄弟当中，长恩、长永还在。

那两个人没有到场吗？ =没有到场。

两人没在村里吗？ =在村里。

【各家的炊事—与分家前相比】

喊两个人来不是也花不了多少钱吗？ =以前都是各自做饭，但想着还是有分家单更妥当，于是就写了。

是什么原因各自做饭了呢？ =那时候家里没有粮食，我和瑞谦都没钱，无法生活，只能是自己考虑自己的吃饭问题，所以炊事分开了。

你父母还健在吗？ =健在。

【养老地】

父母有养老地吗？ =有的。

分家单里面没有写吗？ =没有写。

写在另外的分家单上了吗？ =没有。

为什么没有写上去？ =兄弟二人没有分到的地都是养老地，所以没必须写。

父母二人有多少养老地？ =10 亩。

【养老地的耕种】

那十亩地在分家之后由谁耕种？ =我们两人各五亩。

那只给父母什么东西呢？ =让我们免费耕种，作为交换就要赡养双亲。

怎么赡养？ =每两天轮流。

父母亲一起轮流吗？ =是的。

从五亩养老地收获的作物都是你们自己得了吗？ =是的。

【父母去世和养老地】

父母去世，如果你出丧葬费，现在耕种的土地就是你的了吗？＝是的。

【分家和借款】

在分家单上写的借款有证据吗？＝没有。

什么借款都是兄弟两人平摊吗？＝并非如此。一个借款是哥哥承担的话，另外的借款就是弟弟承担。

会把总额平均分摊吗？＝是的。

你和你弟弟谁的借款多？＝我的借款多。即使多也就一百吊左右。

与之相替代的，你得到了土质好的地吗？＝不是这样的。土地稍微多点儿。

父母完全没有借钱吗？＝没有。

【分家单记载的借款】

在分家单里有说到二姐管20元，是从二姐的丈夫那里借的吗？＝不是。从姐姐那里借的。

姐姐从哪里拿的那个钱？＝姐姐嫁到有钱人家里去了。

姐姐丈夫的父亲当时还在吗？＝还在。

从姐姐那里借的钱是什么钱？＝是姐姐做事儿的钱。

做什么事儿的钱？＝给人缝制衣服、种田得的钱。

姐姐瞒着给的吗？＝她丈夫知道。

不是丈夫给的钱吗？＝她丈夫不给钱。

是姐姐回娘家时候管她要的，还是你出门找她要的？＝我出门呀或是让人叫她回来。（冯庄子的冯国庆的妻子）

用什么理由喊的？＝就说母亲想见姐姐了，让她回来。

分家单上有三妹管七元五毛。从三妹那里借钱了吗？＝是的。但是因为三妹家只有她和她丈夫两人，大概是分家的钱（嫁给赵家港的赵文祥）。

分家单里有郭成恩管10元，郭成恩和你是什么样的关系？＝我妻子的哥哥。

分家单里有田恩志10元，和田恩志是什么关系？＝和我的父亲是同族，堂妹女儿的丈夫。

在哪里居住？＝崔家坨。

好像关系挺远的，什么原因借钱呢？＝因为交情好。

从二姐那里借了很多钱，没有证据吗？＝都没有。账面也没有。

要付利息吗？＝没有利息。

那样的话，不是合计起来容易记吗？分家单也就没有必要分开记了？＝分家前，弟弟在做面的买卖。分家的时候，把父亲不知道的借款报告清楚，哥哥有多少，弟弟有多少，将其分开。

那时候将兄弟二人借的钱合在一起再平摊吗？＝是的。

【分家前的当家】

分家前是你当家吗？＝是父亲当家。

父亲没有做过买卖吗？＝没有做过。只有弟弟做买卖。

【借款的返还】

那些钱还了吗？＝大部分还了。只有姐姐和妹妹的没有还。

【分家后与借款相关的责任】

你借的钱在分家的时候成了弟弟的责任，你姐姐知道吗？＝知道。

如果弟弟不支付的话，你没有责任吗？＝没有。

即使是你分家前借的钱，也没有责任吗？＝没有责任。姐姐也知道分家的事情。

【侯瑞和结婚时候的喜仪账分单】

民国十年阴历冬月十三日
喜仪簿（侯瑞和结婚的时候）
绰然孙喜仪钱两吊侯永宽
（老大一门）
建功孙拜钱两吊喜仪钱两吊侯大生的父亲侯元顺
〃（老大一门）
刘子馨〃本村人
陈五表弟拜钱两吊〃陈五的长兄是瑞和的义父
显扬侄〃侯连仕（老大一门）
宝林侄〃侯宝林（老大一门）
文焕弟〃侯治成（第三门）
宝兴侄〃侯宝兴（老大一门）
盖二兄〃侯廷相（老大一门）
元会孙〃老大一门
元铭孙〃〃
永和孙〃〃
吴四弟拜钱两吊〃在中庄居住的朋友吴庆
庆中庄
陈大表兄拜银钱二支〃
折饭四吊回钱五百钱
李妹丈折饭三吊喜仪钱一吊长会妹妹的丈夫
小葛庄
长顺兴〃两吊布商，长会弟弟经营的店
施各庄
赵姑爷忠拜钱两吊〃一吊侯三魁（老大一门）
女婿
赵家港

赵亲家喜仪钱两吊长会女儿（瑞和之妹）的丈夫
赵家港
王贤弟文贵〃〃朋友
庆各庄
谷贤侄老岳〃〃
赵家港
元刘孙〃〃老大一门
李表叔英〃四吊朋友
泥井
泰玉樨〃〃
泰庄子
刘有山侄〃两吊邻居
本庄
凤昌弟拜钱两吊〃〃侯姓（第二门）
殿一兄〃〃侯廷文（老大一门）
本庄
定义侄〃〃
本庄
张顺年侄〃〃本村人
本庄
冯亲家拜钱两吊〃〃长会二女儿（瑞和的婶婶）的丈
夫家
折饭四吊
赵鹤年回钱一吊
喜仪钱两吊朋友

内收
刘二舅父折钱二吊喜仪钱一吊长会母亲的弟弟
刘家坨折饭三吊内收
邵婶丈拜钱二吊〃长会的姐姐的丈夫
施各庄
魏表孙全义折饭三吊喜仪钱两吊朋友
魏官营
王亲家拜钱四吊〃长会长女的丈夫家
树庄子折饭五吊
当大内兄拜钱二吊〃长会妻子的长兄
沙河
当二内兄拜钱二吊〃长会妻子的次兄
当三内弟拜钱二吊〃长会的妻子的弟弟
刘万全〃本村人
本庄
李表弟拜钱一吊〃长会妹妹的儿子
泥井
曹内地拜钱二吊回钱一吊
崔家坨折饭四吊长会妻子的弟弟
光绪二十八年三月初六日
鸿之喜
李文明泥井贺仪钱二吊
仁寿堂泥井〃
侯俊英〃
侯定义〃
李瑞泥井庄〃

侯瑞堂贺仪钱二吊
孔广芝〃
侯永昌〃
刘万举〃
侯有邦〃
侯国珍〃
侯书臣〃
侯廷楷〃
侯洪全〃
齐殿乡〃
侯宝兴〃
侯相臣〃
侯运顺〃
侯樊龄〃
刘镇〃内收
侯廷武〃
赵老运泰远庄〃内收
邵姐丈施各庄〃内收
李妹丈小葛庄〃内收
陈表婶后刘家坨〃内收
刘二舅贺喜肉三斤
刘表弟刘家坨〃
刘永恩庞各庄贺仪钱二吊内收
侯治隆〃
侯治成〃
侯长赞〃
刘和〃

李恩贺仪钱二吊
陈遇春〃
许表叔施各庄〃
王瑞昌〃
许表叔〃
许表叔〃
赵表弟之升渠流港〃
马定邦施各庄〃
侯永才〃
侯廷栋〃
侯巨山〃
侯显扬〃
侯永和〃
任锡保贺仪钱二吊
侯振太〃
侯绍武〃
侯建功〃
侯元太〃
王兴邦〃
双发炉〃
侯永宽〃
永茂当〃内收
许盛堂〃内收
屈柱君〃内收
公义店〃内收

立分单永远执照人侯长会，侯长恩，侯长德，侯长勇同胞弟兄四人自父母去世又同居多年近因家贫人多难以同居共处无奈兄弟析居议妥特请宗族中人将祖业房产地业钱财账目牲畜车辆什物等件房地轻重相均饥荒大小相配俱按四股均分先仍明归长会承祧自分以后即各承各股家业照管永远不准争执此系兄弟情愿对众分领各无反悔恐后无凭立分单永远存照祖茔逼窄日后有无地安葬者无论择在那房地内均许留出余地作坟

计开

长房长会名下分得老院祖业正房东边两间半房南正房两间地基南至侯家厢房北山根房北地基并房东北地基俱北至道树木在内又分祖业地道广四亩半水坑四亩菜荒地三亩树木在内又分当契地柴荆坨三亩半分骡子一半顶外缺钱三百五十吊正绳套在内其余什物等件俱对众分领明白无庸备载

次房长恩名下分得老院祖业正房西边两间半房南地基南至侯三魁房北猪圈一所地基北至道树木在内又分祖业西南上地六亩小树林地六亩小园子五亩老坟北两亩半又分当契地柴荆坨六亩分骡子一半顶外缺钱三百五十吊绳套在内车一辆并共送立其余什物等件俱对众分领无庸备载

三房长德名下分得路北祖业空庄窠地计二十四条东西至刘姓南北至道因外当出价钱三百九十五吊未赎贴并祖业截沟地四亩以归赎此庄窠地之项又分施各庄置买庄窠宅舍一所家居铺塾在内并账目俱在内顶外欠项两件七百六十一吊并顶家干地来外分石头一推约十三四车言明准自己盖房需用不准自己外卖其余什物等件对众分领明白勿庸备载

四房长勇名下分得西院庄窠正房三间地基南北至道房西空庄窠一所西至刘姓南北至道树木在内惟北头外当钱八十吊仍归自赎又分祖业新沟地四亩庄子门两亩大墁上四亩小坟一亩又当契小坟上三亩半庄子东两亩半其余什物等件俱对众分领明白无庸备载

执照宗族中人

侯三奎　侯连仕

侯长锐　侯元勋

侯长占　侯长印书

侯善林

侯永照

侯振邦

大清光绪三十三年九月十八日立

10 月 26 日

外出务工　家族的职位　家计　义父母和义子　分家

应答者　侯宝连

【关于应答者的家庭】你家里有哪些人？ = 如下所示

户长宝连　　61

妻子李氏 59
弟弟宝贵 44
妻子敦氏 45
长子得全 20
妻子朱氏 24
长子侯得印 13
三女侯夫子 8
二子侯得顺 2
家人的住处是怎么分配的？=如下所示

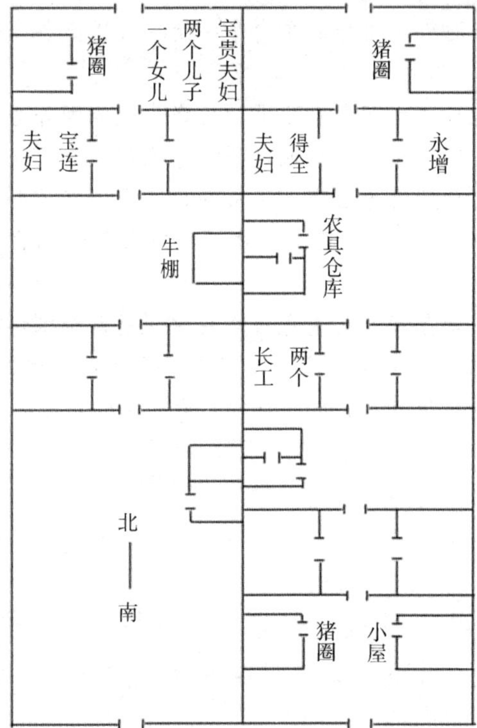

你父亲是兄弟几人？=一人。
父亲什么时候去世的？=九年前。
母亲什么时候去世的？=19年前。
【家庭成员外出务工】
你弟弟在哪里做事？=十余年前，一直在牡丹江的油店里面当店员。
一年回来一次吗？=不能确定。一年一次，两年一次，三年两次这样回来。
一年中的大概什么时候回来？=不一定。根据店里的情况，春天或者年末。
春天什么时候？=正月的中旬样子。中秋节也有回来过。
你们之间说过分家的话没有？=一次都没有。

你们有多少土地？ = 比一顷多点儿。

有那些地，即使你弟弟不去满洲做事不是也够了吗？ = 还不够。我年纪大了，孩子都还小，雇了两个长工都不够。

【结婚】

你有几个孩子？ = 一个。

什么时候结的婚？ = 七年前（现在 20 岁）。

现在在家吗？ = 在家。

你儿子是在 13 岁的时候结的婚？ = 是的。

不是有点儿太早了吗？ = 通常不到十五岁不结婚，因为自己太太身体不好，早点娶儿媳妇。

儿媳妇是多少岁来的？ = 17 岁（比儿子大四岁）

生孩子了吗？ = 没生。

你弟弟有几个儿子？ = 两个，13 岁（现在在学校）和两岁。女孩儿两个，一个在 20 岁的时候就近嫁了（瓦子坨）。

你没有女儿吗？ = 有两个都出嫁了。

【外出务工家人的汇款】

你弟弟每年给家里寄钱吗？ = 每个月大概 14 元。

以前（三四年前）大概多少？ = 两三百元。

那钱是你拿了全部交给你弟媳吗？ = 不给。

是你弟弟挣的钱，即使一点儿都不给你弟媳也可以吗？ = 给的是生活必须的钱，未必是寄回来的钱，不给也可以的。

【炊事】

大家都在一起做饭吗？ = 弟媳和我儿媳一起做饭。

你太太做什么？ = 一般不做饭。

为什么平时不做饭？ = 只在忙的时候帮忙做饭。

【金钱的管理】

在日本，家里的钱由户长的太太管理，在你们家是怎么做的？ = 在我们家，和老婆商量，但是钱不给老婆管。

每天因为炊事给一点钱吗？ = 米和菜家里有，副食之类的也在家里，白菜之类的自己去集市买。

交给太太保管的时候是怎样的时候？ = 钱放在固定的地方，外出没回来的情况下，把钥匙交给老婆。

【钥匙的管理】

钥匙交给你太太吗？ = 挂在自己住房的柱子上，谁都知道。

有八把钥匙大家都用吗？ = 用其中的四把。

像钥匙那么重要的东西放在那种地方可以吗？ = 没关系。在乡下没有特别重要的东西，也没有什么钱。

【学费的管理】

你弟弟的孩子去学校，平时上学的钱由谁出？＝我出。

直接给弟弟的儿子吗？还是给弟弟的太太？＝弟弟的儿子如果需要钱直接给我说。

弟弟的儿子如果她母亲说要钱，弟弟的妻子不会说找你拿钱吗？＝不会那样。

【钥匙】

钥匙四把是哪里和哪里使用的？＝箱子一把，猪圈一把，仓库一把。

仓库里放的什么？＝谷物。

还有一把呢？＝媳妇的房间一把。

为什么特意在儿子的房间里用一把？＝因为有点距离，来这里的时候要上锁。

【女性的家务事】

你媳妇，弟媳妇，儿媳妇之间，分清了家里事情的责任吗？＝男人出去干农活的时候，自己老婆在家里喂猪。

弟媳妇做什么？＝缝纫，准备饭。

你的太太不做缝纫或饭吗？＝因为眼睛不好使，一般不做缝纫。也不做饭。

儿子的媳妇做什么？＝做饭送饭。完了之后回自己房间做缝纫。

【女性的农活】

女人去做过农活吗？＝去过。

什么时候去的？＝春天的时候栽秧。

什么苗子？＝除豆子以外的作物。高粱，粟子，粳子，棉花都需要帮忙插秧。

女人在春天需要插秧秋天需要帮忙收获吗？＝穷人家这个时候去田里去砍草当燃料。我们家没做那些事情，我和孩子空闲的时候去。

【长工的工作】

长工现在在做什么？＝在村里的各个地方转，一点点的收土放到猪圈里做肥料，在赶集的某一天去卖高粱壳。

长工在什么时候出去？＝乡公所要求长工出去或者去村里站台的时候。

你和儿子去田里耕种吗？＝去。

【女性的农活】

春天帮忙育苗，秋天帮忙收获。女人中的谁去做这些？＝我老婆儿媳妇去。弟媳妇家儿子年纪小，所以不去田里。

【一年间的现金支出】

在你家一年开支多少钱？＝长工两人500元，新年30元，用作食料的高粱15石，茱72元（一口人约20钱）。油费84元，衣服（棉花）百元，布类50元，小孩儿学费30元，大乡公费30元。

【一年间的现金收入】

在你家一年收入多少？＝每年买十头小猪100元，在家里种的都累自家用全部除开，其他全部卖出去。买十头大概1000元，所得收入是900元。

作物卖多少钱？ = 谷物在需要钱的情况下去卖，赶紧的某天一斗两斗一点点的卖，一年卖大概两百元。

弟弟的汇款是多少？ = 年约 200 元。

【产量】

你的家里一年都收获些什么？ = 今年的收成，谷物四亩收获五斗，黍子四亩收获四斗，糜子两亩收获两升，小高粱十五亩收获四石，粳子五亩收获五斗，包谷六亩收获一石二斗，白薯两亩收获 800 斤，豆子十二亩收获两石四斗，麦子五亩收获五斗，棉花两亩半收获 40 斤，饭豆两亩收获半斗，芝麻五斤。

【耕地的借贷】

你有分种或者租借土地给谁吗？ = 没有。

两个长工耕种所有的土地吗？ = 是的。

从别人那里没有借土地吗？ = 没有。

【作物的贩卖】

卖什么谷物？ = 卖大高粱，粳子，麦子，芝麻（和棉花在同样的田里耕种的东西）。

【猪饲料】

给猪吃什么？ = 豆子和包谷。

应答者　侯元镇　侯瑞和

【义父母—干亲】

知道义父这个词吗？ = 干亲。

有义母这个词吗？ = 女的干亲叫义母。

【成为义父母的理由】

干亲是怎么回事？ = 两家如果关系好，也有成为义父的。或者孩子的身体不好，找和孩子命理合的人成为孩子的义父。

怎么知道和孩子的命理合呢？ = 如果孩子是火命就找土命的人当义父或义母。土能生火。

这种事谁最清楚？ = 算命的占卜师。刚才占卜的新金堡（盲人）我知道（偶尔在侯元镇家占卜时遇到过）。

【风水先生】

不知道风水先生吗？ = 不知道。

在这个村里有风水先生吗？ = 没有。崔家坨有。叫曹先生。不知道名字。

【本村的义父母】

在村里有成为义父义母的吗？ = 不多。刘万喜的义母是侯金生的母亲（他七八岁时候拜了义母。两家为了更亲近），刘万喜的义母是侯金泽的母亲（七八岁的时候拜了义母。为了两家更亲近。刘万臣和刘万喜是兄弟，侯金生的父亲和侯金泽的父亲是兄弟），侯瑞和的义父是陈振山（两岁的时候拜的，以前没有特别的关系）。侯元生儿子的义父是侯元喜（五六岁的时候拜的，以前没有特别的关系）。其他的想不起来了。

在村里成为义父的人多吗？＝义母比义父多。

如果多的话为什么想不起来？＝因为成为义母不举行什么仪式，所以不太清楚。

那多不多不也不知道吗？＝我想应该很多。

【义父母和辈分】

侯瑞和的义父是陈振山，瑞和和振山辈的关系如何？＝与瑞和的父亲是同辈。

义父如果和父亲不同辈不行吗？＝不行。

即使命理合，和自己同辈或者祖父母的辈分也不行吗？＝不行。

比自己辈分低的也不行吗？＝不行。

义母的话也是一样的吗？＝一样。

【女子的义父母】

女孩子有义父母的吗？＝有。

【男子的义父母—认命的情况】

男子的话义父义母都是可以的吗？＝认命的时候，首先是拜义母，如果拜了义母，义母的丈夫理所当然就是义父。

认命的时候一定是义母吗？＝是的。

认命的时候，义父没有作用吗？＝是的。但是我不明白为什么。

如果那样的话，侯瑞和因为拜陈振山的太太当义母，因此陈振山就成了义父？＝是的。

侯元生的儿子也是因为拜了侯元山的妻子为义母，结果侯元喜就成了他的义父吗？＝是的。

【两家亲密的情况】

因为亲密认作干亲的情况怎么样？＝同于父母。

比如刘万臣拜了侯金生的母亲为义母，可以不认义母的丈夫为义父吗？＝没有那种说法。

【义父母的任务】

成为义父义母要怎么做？＝义母为了孩子做衣服（做衣服的布料由义母出，不用给义母钱，也不用给别的礼）。

在外面怎么做呢？带孩子吗？＝不带。

给孩子喂饭之类的吗？＝不用做什么。

【义父母和两家的关系】

成为义父母之后，两家是什么样的关系？＝成为干亲的关系。也叫亲戚。

【义子】

对于义父义母，孩子叫什么？＝义子。

【义子的订婚、分家和义父母的关系】

在义子订婚的场合，亲生父亲和义父母商量吗？＝不商量。

义子分家的时候要义父当中间人吗？＝不一定。

【异姓的义子和义父母的关系】

陈姓的人成为侯姓的人的义父母的情况下，义父义母去世后埋在哪里？ = 由陈姓的埋。

对于侯姓义子的未来，陈姓的义父义母有什么关系？ = 对于孩子的将来，什么意见也不会提。

陈姓义父义母的孩子和侯姓义子可以结婚吗？ = 不可以。

侯姓义子可以成为陈姓义父义母的过继子吗？ = 不行，非常少。

为什么？ = 原因不知道。做义父义母的人通常孩子很多。所以想着找那样的人做义父母，他们就能养好孩子吧。

【成为义母的资格】

即使命理合，如果没有孩子也不能成为义母吗？ = 是的。

【有两个以上义子的义母】

可以成为几个义子的义母吗？ = 可以。

在村里有那样的例子吗？ = 侯永会的妻子自己有四个孩子。成了侯元明，侯元练的孩子的义母。

【成为义母的资格】

要成为义母，没有一个男孩儿只有女孩儿也可以吗？ = 可以。

死了丈夫的人也可以成为义母吗？ = 可以。

【义女】

女儿也有义父母吗？ = 有。

男孩儿叫义子，女孩儿叫什么？ = 叫义女。

村子里有义女吗？ = 肖雅琴和侯元喜的女儿侯则之关系好，侯则之十四岁，肖雅琴十二岁的时候，两个人的母亲互相成了义母。

为什么你知道的那么清楚？ = 因为我们在学校的时候是同一组。

你为什么知道认了义母？ = 因为和两个人都很近。

那种情况下，他们都设宴了吗？ = 没有。

也没有一起去互相的墓地拜祭吗？ = 没有。

认义母的前后，称呼有什么样的变化？ = 侯则之喊肖雅琴的母亲婶子，肖雅琴喊侯则之的母亲大娘。从认作义母之后，就叫义母。

关于认义母，要特意在父亲之间商量或者在母亲之间商量吗？ = 不用。女儿们喊姐姐喊妹妹，在自然的关系中成为义母。

【义子和义女结婚】

成为几个人的义母的情况下，同一义母如果有义子和义女是异姓，可以结婚吗？ = 可以，例子很少。

【给义母的谢礼】

给认命而拜认的义母什么礼物呢？ = 什么也不给。

【分家】

在你家里为什么分家？ = 孩子们多，一直和父母们在一起，家里的经济情况很糟糕。

父母和三儿子元钧住一起吗？ =住一起。

父亲什么时候去世的？ =23 年前。

母亲什么时候去世的？ =11 年前。

你的父亲在儿子们分家后很快去世了吗？ =是的。分家的第二年走的。

母亲在分家之后第几年去世的？ =过了十几年去世的。

目前和谁一起住的？ =三儿子元钧一起住的。

四儿子元錬在，为什么和三儿子元钧住一起呢？ =根据母亲的希望来决定的。

分家的时候，父母亲就和元钧一起生活了，是父母自己的希望吗？ =是的。

你们兄弟四人都在村里吗？ =只有二儿子在村里。大儿子、三儿子、四儿子都去绥中县做事了。

在做什么？ =大儿子是粮店的店员，三儿子是钱庄的店员，四儿子是粮站的伙计。

分家的时候，四个人都有太太了吗？ =有了。

父母亲和三弟一起生活，是因为最喜欢三儿子的太太吗？ =是的。

【分家后父母的生活】

根据分家单来看，米一石、金100吊是父母的赡养费。一年就那么点儿够吗？ =够了。

这样的话，和三儿子一起生活，三儿子什么都不出也可以吗？ =因为每年都不够，三弟出了的。兄弟们拿出来的谷物和三弟的禾求[1]米一起的，不知道有多少不足。

分家的第二年你父亲去世了，那之后你给母亲一半，也就是大儿子一年出50吊，二儿子，四儿子各出二斗五升吗？ =父亲去世后也和之前一样。

父亲去世到母亲去世有十多年，每年各出一百元吗？ =是的。

米仍然是每年二儿子、四儿子各出五斗吗？ =是的。

三儿子没有得到吗？ =是的。但是兄弟什么都不会说。

【父母的丧葬费】

父亲葬礼的费用怎么出的？ =四人平均出的。

母亲去世的时候费用呢？ =还是一样的。

【分家后的外出务工】

你们分家后也在绥中做事吗？ =是的。

你什么时候回来的？ =五年前。三儿子现在还在绥中。

四儿子呢？ =也在绥中。

二儿子呢？ =二儿子从十二三年前一直在哈尔滨的粮站里做事。

【分家的见证】

分家的时候，兄弟四人中，谁在场了？ =都在家里。

大家都因为分家回来了吗？ =是的。

父亲喊大家都回来吗？ =是的。

【分家后的汇款】

---

〔1〕 译者注：原文为一个字，左边是“禾”，右边为“求”。

分家以后，直接将钱寄给你太太吗？ =是的。

赡养父母的100吊是直接从绥中寄给父母吗？一起寄给妻子，妻子交给父母吗？ =从绥中直接寄给父母。

什么时候寄？ =春天。

【分家股的共有财产】

你们四人在分家的时候有不能分配的东西吗？ =坟和打谷场。

【牌位】

你的家里有牌位吗？ =没有。

从以前就没有吗？ =没有。

在这个村子里有牌位的人家少吗？ =一般就只是写在纸上贴在木板上。

【分家和借款的分担】

都平摊了借款，是都有借据的借款吗？ =是都没有借据的借款。以前大家在一起的时候，没有借据借的钱。

为什么借的钱？ =房子的修缮呀，因为结婚借的钱。

分家单里为什么只是记录了借款金额的总额？ =即使不写也明白。

在分家单里面也没有写借据，之后关于谁怎么负担借款万一产生矛盾，不是连证明都没有吗？ =互相之间都信任。

在这个村里借款的时候不写证明的情况很常见吗？ =以前不写很常见。现在写。

现在即使亲戚之间也写吗？ =如果亲戚要求就写。

分家后，给债主一一通知多少钱由谁负担的事吗？ =虽然不通知，但是对方知道。

为什么知道？ =分家的时候通知大家。

债主都叫过来吗？ =并非都叫。分家的事情全村很快会知道，债主也知道。

债主有亲戚之外的人吗？ =有。

在分家之后，债主应该找谁拿钱，不是不知道吗？ =分家的时候在场的中间人去通知。

用抓阄分家，决定谁还哪一个吗？ =是的。

借款也是由抓阄决定的吗？ =借款不由抓阄决定，分家前借款人承担下来。

三儿子150吊，大儿子小洋元650元，760吊的话，不是不公平吗？ =分家的时候是民国七年旧历十一月一日，那之后不久在绥中拿到了粮站的钱。本来应该是分家的时候兄弟四人分的，结果没有分。作为交换，就相应地比其余兄弟多承担一些借款。

你什么时候从粮站拿到的利益分配（给粮站提供劳力）？ =实际上是做了两年，因为关店了就没有拿到了（如果存的话，应该有3000元或5000元）。

那么承担了多余的借款，也没有事后给弟兄们说下请他们也稍微承担一下他们的借款吗？ =没有说。

四儿子承担了650吊是什么原因呢？ =因为既年轻又能做事，家里人也少。

三儿子借款最少是什么原因呢？ =因为没有得房子。

【分单】

立分单执照人侯永春年六十一岁所生四子、长元镇、次元锐、三元钧、四元鍊俱各成立自己年迈不能操持家务请愿把所有房产地业钱账目什物等件余自己夫妇赡养外尽与四子照四股酌配平允均分祈神拈阄各由天命特邀宗族立据自分以后各承各股家业照管永不准争执此皆出于请愿各无反悔恐后无凭立分单永远存照[1]

计开[2]

自己夫妇养赡长子元镇每年账给东钱一百吊次子元锐每年账给秫米五斗四子元鍊每年账给秫米五斗现与三子元钧同渡如不与同渡时元钧亦账给一分家中所有地亩除账给元钧房产外其余活头地日后找钱均归养赡夫妇一百年后丧葬费四股均摊不准

推诿长子元镇名下分得前正房一间半猪圈一所大门一间前后同行地基北至所分正房北滴水南至坑沿又分外头缺款小洋六百五十元家里缺款七百六十吊任赡任缺债太钜言明日后生意身得多寡不与元锐、元钧、元鍊三股相干次子元锐名下分得北正房一间半地基南至厢房北山根北至所分正房北滴水北四丈五尺同行又分家里缺债四百吊、三子元钧名下分得庄窠地基后正房北滴水北九外账给房产地冯家坟南两亩北两亩庄子东三亩又分家里缺债一百五十吊、四子元钧名下分得腰院厢房三间地基南至前正房北滴水北至后正房北滴水四丈五尺外四丈五尺前后同行又分得家里缺债六百五十吊后北场均用

侯永秋
族中人 侯永和 书
侯建功

大中华民国九年旧历十一月初一日

注：永秋 永春的弟弟
永和 老大一门、永春弟弟的辈分
建功 侯元勋老大一门、永春侄子的辈分

10月27日

分家 外出务工

应答者 侯元功（稍微有点神经衰弱，文字记载较多）

【分家】

你什么时候分的家？=31年前。

〔1〕 译者注：此处为石碑碑文（或：民间契约、政府公文），保持原文文字结构。

〔2〕 同上。

那个时候你结婚了吗？ =结婚了。
大概分家的多少年前结婚的？ =分家前两年。
当时父亲去世了吗？ =去世了。
你几岁的时候去世的？ =五六岁的时候。
你分家也立会了吗？ =没在。在绥中当铺做事。
你什么时候回来的？ =在绥中待了两三年回来的。
【分家单】
分家单是由谁保管着的？ =太太保管着（如下所示）

立分家单永远执照人侯连发因子去世多年遗有三孩俱各成立今已老迈无能操持家务情愿清除自己夫妇与儿媳养赡地业待百年后所余多寡仍按三股分给其余房产地业钱财账目车辆牲畜什物等件特邀中配匀按照三股均分祈神抓阄各由天命自分以后即各承各股家业照管永远不准争执此系合家情愿永无反悔恐后无凭立分家单永远存照[1]

计开

自己夫妇养赡地长垄地四亩半东沟地四亩小沟地六亩道广地九亩大壕上地四亩半偏坡地五亩小沟东地两亩共三十五亩房位次孙元文四正房屋待夫妇百年后始准元文承住

儿妇冯氏养赡地东沟地四亩李家坟上地四亩半井家坟地上地两亩半小沟东东头南边地一亩半房后头地两亩半大壕上地四亩偏坡地五亩腰道东水坑地两亩共三十二亩因伊有三女四女未字拔老坟北地三亩或当或归伊三女四女陪嫁房位长孙元章西正房屋待儿妇百年后始准元章承住

长孙元章名下分得南正房三间正房南西边猪圈一所地基南至道树木在内正房北西边厢房两间地基北至厢房北山根为界又分后正房北除地基三丈五尺外西边地基七丈五尺树木在内场归伙用大门过路道前后同行又分道北园子地西边垄五条内有杨榆柳归伙卖又分家南地两亩大坑北地五亩截沟地两亩半菜荒地腰道西地两亩半又北边道西地三亩四坟地三亩除园子地共十八亩次孙元文名下分得腰院正房三间房南东边厢房两间地基南至厢房南山根又分南正房南东边猪圈一所地基南至道北至猪圈北山根为界又分后当房此地基三丈五尺外东边地基七丈五尺树木在内场归伙用大门过道前后同引又分道北园子地东边垄六条内有杨榆柳归伙卖又分家南地两亩坑西地五亩庄子东地两亩半菜荒地腰道东地四亩又北边道东三亩旧坟地当中三亩除园子地共十九亩三孙元功名下分得北后正房三间房南东边小猪圈一所缩间一间后两门内厢房三间西边牛棚一间后正当房地基东西俱南至二门内边东厢房南山根为界准正当房北地基东西俱北至三丈五尺树木在内场归伙用大门过道前后同引又分道北园子地中间垄五条内有杨榆柳归伙卖又分老坟西地两亩大坑北地北边五亩截沟地北边两亩半菜荒地道西北边两亩半垄十四条庄子门口地两亩老坟东两段一亩旧坟上地北边三亩除园子地共十八亩

[1] 译者注：此处为分家单，保持原文文字结构。

亲族中

冯炳起　侯书臣　侯恩荣　侯显扬　侯建功代字　立

大清宣统三年九月二十六日[1]

分家的时候两兄弟在村里吗？＝在。

分家是因为两兄弟关系恶化了吗？＝不是关系恶化了，是因为那年收成变差了。

但是分家单上不是写着土地很多吗？＝即使土地很多，也没收获多少。

你回家之前知道分家的事情吗？＝写信通知了。

【分家后母亲的生活】

你的母亲和谁一起生活的？＝住在大儿子的家里自己生活。

【分家后妹妹的生活】

你有姐姐或妹妹吗？＝当时有一个妹妹。

分家的时候妹妹多少岁？＝十三四岁。

分家之后妹妹在哪里生活？＝和母亲一起生活。

在分家单写着两人，不是你的两个妹妹吗？＝我有三个姐姐，一个妹妹。

你最小的姐姐大你几岁？＝两三岁。

【分家后祖父母的生活】

当时分家，祖父母还在吗？＝在。

分家以后住在哪里？＝住在二哥的家里。

这是怎么决定的？＝由中间人决定的。还是在分家前住的地方住着。

【家产分割的抽签】

这是大儿子的，这是二儿子的，这是你的，这样的事是怎么决定的？＝分成三等份，抓阄。

【母亲的生活】

母亲不是轮流在三人家里吗？＝没有轮流。

【养老地】

母亲的养老地是由谁来耕种的？＝最初一两年是自己耕种，之后让兄弟三人耕种。

母亲自己去田里劳作吗？＝是的，但是有时候雇短工。

按照分家单来看，母亲的养老地有东沟上地四亩、李家坟上地四亩半、井家坟上地两亩半、小沟东西头南边地一亩半、房后头地两亩半、大壕上地四亩、偏坡地五亩、腰道东水坑两亩、计32亩。怎么耕种？＝除了井家坟上地两亩半，房后头地两亩半外，全部都当出去了。

当给谁了？＝好久之前的事情了，不记得。

母亲是用租金在养育女儿们吗？＝是的。

姐姐和妹妹结婚的时候你们也没有出钱吗？＝没有出。

---

〔1〕 译者注：此处为分家单，保持原文文字结构。

母亲还健在吗？ = 四年前去世了。

【养老地的生前分割】

到那时井家坟的两亩半，房后头的两亩一直是自己耕种的吗？ = 死之前养老地分给了我们。

那是什么时候的事？ = 十年前。

母亲的养老地没了吗？ = 是的。

取而代之的是轮流照顾母亲吗？ = 为了不妨碍母亲的生活拿出来的。母亲以前一直住在长兄家里。

母亲为什么分了养老地？ = 自己管理麻烦。

那时候，母亲自己考虑之后事宜，分地的吗？ = 不是的。侯廷武及其他几人到场了。记得不太准确了（应答者侯元功神经衰弱，二哥健康但是很忙，长兄是白痴，现在财产经常丢失，在做长工）。

【养老地分割的证书】

那时候，写了像分家单那样的东西吗？ = 写了（如下所示）

立给地字据人侯门冯氏因年迈不能操持耕种将分家后自己所留并元人所遗赡养地共六十五亩托族宗亲友配匀抓阄按股分给三子名下永远为业由此之后各管各地中人叙明每年每股供给大洋十元按麦大二秋两季均纳历年秋后每又供养粳米小米各一斗烧柴三股遂时均摊不误各人所分之地列后共成三纸每子一页备为存照经此之后不得反悔倘有异说者族宗亲友担任恐口无凭立字为证

计开

侯元章　应领大壕上地八亩五分东沟地四亩五分房后地两亩五分大壕上地六亩五分共计地二十二亩

侯元文　应领道广地七亩小沟东地两亩偏坡地五亩紫金坨地三亩老坟北地三亩共计二十二亩

侯元功　应领东沟地八亩井家坟地两亩五分偏坡地五亩水坑地两亩家南地两亩老坟坑西把道地一亩五分

共二十一亩

侯殿一　侯显扬　冯殿林　侯元耀代笔

民国二十二年十月十八日

【祖父母的丧葬费—养老地的变卖】

你的祖母什么时候去世的？ = 母亲去世前七八年。

祖父什么时候去世的？ = 比祖母晚两三年去世的。

因为祖父母的丧葬费用卖了祖父母一部分的养老地吗？ = 是的。

你们兄弟谁买了？=谁都没有买。

卖给侯姓的谁了吗？=不太记得了。

祖母去世的时候祖父去世的时候都卖了养老地，你们兄弟没有出钱吗？=没有出。

但是祖父母去世的时候，不太能立刻卖了养老地吧？=好几个帮着垫付的。

【祖父母死后的养老地】

祖父母去世后留下的土地就直接成为母亲的养老地了吗？=是的。

【养老地的耕种】

你们分家之后，祖父母的养老地有长垄地四亩半，东沟地四亩，小沟地六亩，道广地九亩，大坑上地四亩半，偏坡地五亩，小沟东地两亩，是由谁耕种的？=我从18岁到18岁去绥中做事了，之后去了一些地方做事，所以家里的事情不知道。

【外出务工】

你去哪里做事了？=从16岁到18岁在绥中当铺做事，从19岁到23岁在海龙杂货铺里，从23岁到29岁在通辽旅馆里，从29岁到30岁在奉天首饰店里，从30岁到39岁在长岭钱号里做事。40岁的时候回家一直到现在。现在47岁。一男一女（因为有人去了，找认识的拜托工作去的）。

【丈夫外出务工期间的妻子和家政】

你外出务工期间，太太在家里什么都能做吗？=是的。

重要的事情不是拜托大哥或者二哥吗？=一般的事情太太自己做。重要的事情找哥哥商量。

找哪个哥哥商量？=没发生什么重要的事情。

【外出务工期间所有地的耕种】

你在外出务工期间，你的土地由谁耕种？=老坟西地两亩，截沟地两亩半是自己耕种，庄子门口地两亩当给陈金山，旧坟上地北边三亩借给陈金山，园子地中间垄五条（约三分）借给大哥。大坑北地北边五亩因为候大文的交代借给泥井的人，之后借给陈金山，莱荒地两亩半借给侯连璧，老坟东两端一亩借给陈金山了（有当给陈金山的也有分种的时候，分种的情况多）。

陈金山和你什么关系？=同村人。没有特别的关系。

【丈夫外出务工期间妻子商量事情的对象】

你外出务工不在家的时候，你的太太和祖父母，母亲，大哥，大嫂，二哥，二嫂，总之经常商量吗？=如果有必要商量就找母亲，难以抉择的时候找大哥。

不是和大嫂商量吗？=是大哥。不是大嫂。

和祖父母商量吗？=祖父母健在的时候首先和祖父母商量。

祖父母中，首先和祖母商量吗？=首先和祖父商量。

必须遵照那个顺序吗？=不一定。

在这个村里，祖父母，母亲健在的时候首先找祖父商量。这种情况常见吗？=我们家是这样。

如果祖父母，父母都健在，在家的妻子首先应该和谁商量？=首先是祖父，其他是父亲（侯瑞和，侯元功的回答）。

应答者 孔子明（到今年的六月三年间担任第四保长，今年六月的选举辞任之后从事农业，甲长呀啥都不做。在成为保长之前在满洲做替换。民国二十三年回来后，在成为保长之前，也即保长制度产生前都做的闾长。根据户口簿 42 岁，妻子 42 岁，长子 10 岁，次子 7 岁，叔 70 岁）

你们一家有几个人？ =共五人。妻子和孩子两人，叔父一人。

【没有分家的叔父】

叔父没有和你父亲分家吗？ =没有分家。

父亲什么时候去世的？ =我 19 岁的时候。

你什么时候当的家长？ =父亲去世后很快成了家长。

叔父没有妻子吗？ =叔母 30 年前去世了。

【叔父外出务工】

叔父没有续弦吗？ =他去了满洲在粮站做店员（在营口）。

叔父什么时候从满洲回来的？ =民国二十九年七月。

什么时候去的满洲？ =23 年前去的满洲，回来之后又去了两三年。

现在叔父在做什么？ =因为是老人了（75 岁），不做事。

从什么时候不做事了？ =从前年回家之后不做事了。

叔父在满洲做事的钱交给你吗？ =之前没有分家，但是在满洲和家里人住在一起。

【叔父的儿子】

叔父有几个孩子？ =一个。孔照瑞，现在 30 岁，在泥井李福田的家里做长工。

从什么时候起在李福田的家里做长工的？ =从去年开始。

前年在哪里做事？ =在本村的侯远广的家里做长工。

孔照瑞没有在你家里生活过吗？ =之前的契约结束了，没有下一个做事的地方的时候，住在自己家里（住在叔父的屋里）。

【叔父的住处】

孔照瑞从什么时候开始做事的？ =15 岁。

孔照瑞的父亲在满洲吗？ =在侯家营别的地方。现在的家是民国十年的新家。

搬新家之前住在哪里的？ =借住侯元有的家。

多少钱？ =每年五圆。

在这个村里借住别人家的人有多少户？ =五六户。

那是借的都去满洲的空宅吗？ =不一定，家里有多余的房间的。

你们家是从什么时候来这个村的？ =300 年前。

从什么时候起借住侯元有的房子？ =叔父从民国二十年开始借住的。我们有别的房子，也就是有现在的宅地，住在别的房子里。

为什么叔父和你们住在别的房子里？ =因为房子不够。

【没有分家的叔父的所有地】

叔父在侯元有的家里做长工吗？ =不是。叔父自己耕种自家的五六亩地。

不借别人的土地耕种吗？ =不借。

叔父没有分家，为什么有五六亩土地？＝如下所示

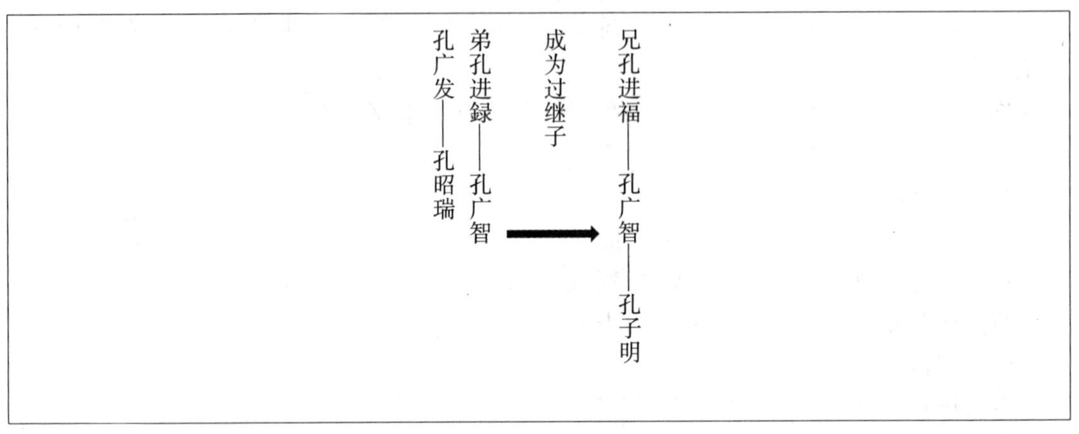

你的叔父们分家了吗？＝两人分家了。

没有过继单吗？＝丢了。

【本村的孔姓】

有几户姓孔的？＝一户。

为什么只有一户？＝不繁盛。

【所有耕地】有多少土地？＝十六亩半。

一个人耕种吗？＝是的。

雇长工或短工吗？＝不雇。

种什么？＝高粱，粟。

给别人借土地吗？＝不借。

【租地】

从别人那里租地吗？＝五十亩。借了水田（七里海的日本人经营的农地的一部分）雇用两个长工。

【分单】

立分家单侯贾氏、侯连仲、侯连仕、侯叶氏

兹因人口繁多难伙度树大分枝自古皆然特邀族长族中人公同集议除将垄地侯定恒坟北二十亩垄五十二条顶南场地八亩垄三十二条小房东地一亩两分顶债东园子地两亩出当四十元还债外所有庄窠房产地基地亩及两切像具器皿箱桌拨缸物牲畜车辆粮米等等均按四股匀分侯贾氏应分住宅东边南半截计南正房两间半正房两间半正房北厢房三间正房两批棚一猪圈一个地基南至墙南三丈北至厢房北条根又靠住宅东地基南半截东西宽两丈四尺五寸又东边靠费姓园子地南半节四丈均南至道应分地计长垄地四亩半东沟地三亩小沟东北边六亩偏坡地四亩小树林北边四亩房后头地五亩坟西边地二亩西荒地北边棵子一行地一亩坑西地三亩至南北车门大门二门均归伙用前后通行所有债累一概不管准有东园地

两亩价四十元当给三门俊后找价多寡再按四股均分大车门南三丈外场归伙用此系公同认可各守各业均无异说恐后无凭立此分单存照

二门应分长垄地六亩老坟西四亩五分柴荆北边四亩水坑北边四亩小沟东北五亩菜荒两亩五分坡东北边两亩西荒南两棵子一行地一亩冯家坟南边两亩五分

三门应分南窑地六亩老坟里三亩五分小沟东南边三亩五分柴荆地南边三亩五分小树林南边四亩水坑三亩五分小沟东四亩坟西南边两亩西荒地南三棵子一行地一亩冯家坟北边两亩五分

四门应分南场六亩老坟坑六亩柴荆地中三亩五分水坑南边四亩五分偏坡地七亩坟东南边两亩西荒南一棵子一行地一亩冯家坟中垄十四条

族中人

侯恩荣　侯凤仪　侯心如　侯永和　侯明远　侯连昆　侯永奉　刘子凤

永正收执

中华民国二十五年古历正月三十日立[1]

【侯姓同族系统图】

侯瑞和？＝侯贾氏，连仲，连仕，叶氏的家族关系未做调查。但是过继关系如下图所示（因没有过继单）

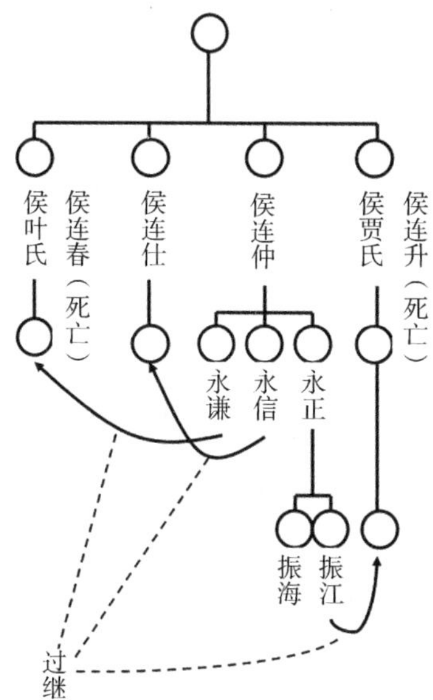

根据民国三十年作成的保甲册，在侯家营的114户中，侯姓84户（现在88户）被分

〔1〕 译者注：中华民国二十五年即公元1936年。以上为分家单，保持原文文字结构。

为第一门（68户）第二门（两户）第三门（18户），第一门更是被分为少一门（22户）少二门（10户）少三门（36户）。侯姓没有称之为家谱或宗谱的东西，为了解它的构成花费了很多时间。上记归功于刘峻山，表中没有连上的相互关系正是因为没有获取清楚信息，对于“某某和某某的关系”的问题，往往都是类似于“非常远”这样的模糊回答。尤其是提问的对方仅仅是侯瑞和、侯廷武、侯宝连为主，如果考虑更换提问对象，又或是多花费时间认真调查，定能得到些更清楚的信息。比如想知道某人到底属于哪一门，以他们的墓地为根据往往容易得到明确的信息。也即说是在两三个应答者之间有不同意见的时候、提问问“某人的墓地在哪里”那这样类似的问题，多少能够说出来。所以感觉现在即便对象限于各户长，也比较容易确认各门所属。

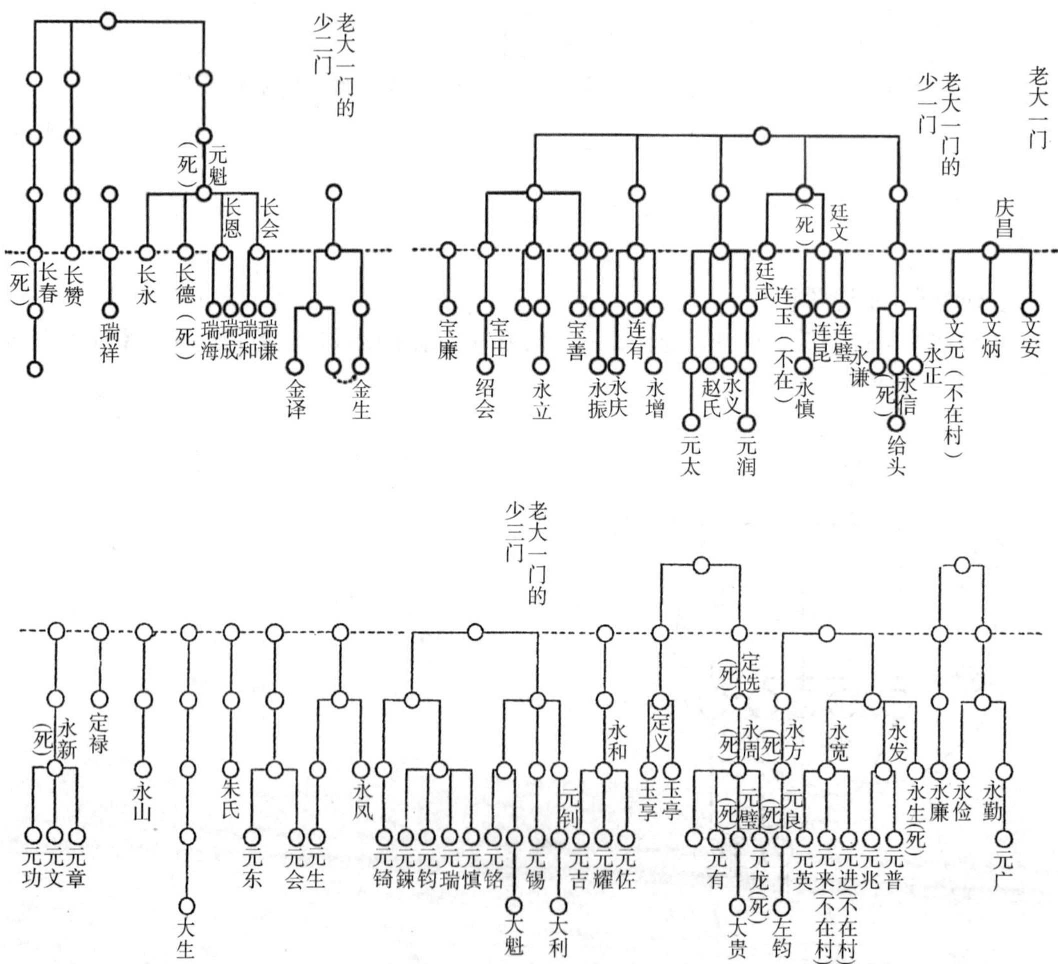

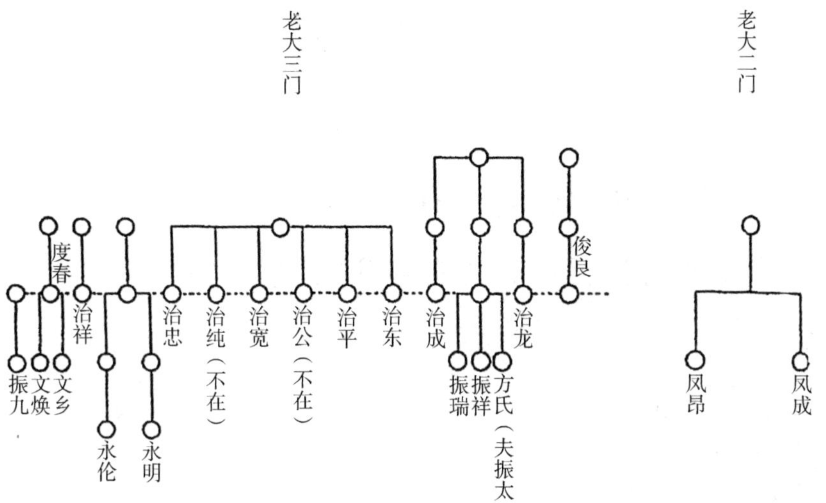

老大三门
老大二门
度春
俊良
治祥
治忠
治纯（不在）
治宽
治公（不在）
治平
治东
治成
治龙
振九
文焕
文乡
永伦
永明
振瑞
振祥
方氏（夫振太）
凤昂
凤成

1942年10月—11月

（华北农村惯行调查资料第99辑）

家族篇第15号　河北省昌黎县侯家营

　　调查员　杉之原舜一

　　翻　译　郭文山、姜佑用

10月30日

当　分家

应答者　刘万臣（40岁）

地　点　应答者家里

【关于应答者的家庭】

家里有几个人？ = 九人。

都有谁？ = 我们夫妇两人，男孩子四人，女孩子三人。

大儿子几岁？ = 16岁。

大儿子现在在做什么？ = 老百姓，是哑巴。

土地耕种多少亩？ = 30多亩。

全部都是自己的土地吗？ = 不是。

自己的土地有多少亩？ = 10亩。

当的五亩土地和自己的10亩土地以外，怎么分配土地？ = 其中七亩四是兄弟三人耕种的土地。父亲耕种五亩，二儿子耕种十亩二。

【当地】

当地的五亩是谁的地？ = 侯文元的。

侯元文和你是什么关系？ = 没什么关系。家在对面。

当地要给多少银子？ = 100元。

什么时候呢？ = 去年九月的时候。

有当期吗？ = 五年。

写了证书吗？ = 写了。

【当契】

立当契文约人侯文元因家中用钱使用将自己大涧北祖遗白地一段两家情愿当与刘万臣名下耕种此地东西长南北阔东西至道北至侯姓南至赵姓计地五亩计垄十六条四至分明当价国币一百一十元正言明当期三年抽回其钱笔下交足并不欠少恐口无凭立字存照

代字人侯瑞文

民国三十年旧历八月廿一日

【分家】

什么时候分的家？=六七年前。

为什么分家？=因为家族人口增加了生活变得艰辛了。

分家的话由谁提出来的？=自己提出来的。

不是父亲提出来的吗？=是父亲。

那时候，各分几亩土地？=我是六亩半，哥哥四亩，弟弟五亩。

【养老地】

养老地有几亩？=15 亩。

养老地由谁耕种？=兄弟三人每人五亩。

父母要支付那五亩地的耕种费吗？=不支付。兄弟三人每隔两天轮流赡养父母。

【分单】

长 喜

立分单执照人刘会年六十三岁所生三子次万臣俱各成立自己年迈不能操持父子议

三 年

妥情愿将所有房产地业钱财账目什物等件除余自己夫妇养膳外尽与三子照三股均配平充均分祈神抓阄各由天命特邀宗族立据自今至后即各承各股家业照管永远不准争执此皆出于情愿各无反悔恐后无凭立分家单永远存照

计开

坑西地十五亩五分伙头地均归自己夫妇养赡夫妇百年后丧葬费三股均摊不准推诿次子万臣分得正房南西厢房三间西至万喜之地基西至自己厢房大山北至厢房大山又分东院正房一间半地基东至侯锡武伙山西至二叔父伙山南至街道北至井南小横道前后通行又分家北大壕上地两亩五分小园子地三亩菜荒地三亩五分因地亩顿怙正房后榆树一棵

各执一张

中间人

族中 刘银 刘合

乡长侯大生☐ 侯定义 侯焕廷＋ 侯锡武 侯心如☐ 侯元钧○字

大中华民国二十五年旧历十月廿立

不给父亲零花钱吗？=如果催促的话就给，但是没来拿。
至今一次都没来拿过吗？=没有。
【养老地的变卖】
父亲可以偷偷卖掉养老地吗？=父亲随意卖。我们不能阻止。
养老地即使卖了仍然赡养父亲吗？=养。
卖了有钱期间不是也可以不养吗？=因人而异。即使有钱，因为是父母也必须养。
【土地的买卖和分家后父亲的同意】
最近买了土地了吗？=四年前买了四亩，但是土地整理之后增加了五亩三分。
买那块土地的时候和父亲商量了吗？=说了。说一下好一些。
是否可以买能得到父亲的许可吗？=听父亲的。
如果父亲说不行就不能买吗？=没有关系。孩子买土地是最好的事情。父亲不会阻止的。
买土地的时候，如果父亲不同意就不行吗？=商量了，父亲不会说不同意。
【过继和父亲的同意】
你的孩子是过继子，太太接受的时候需要父亲的同意吗？=商量了，不会反对。
你的孩子是谁的过继子？=刘银（伯父）的过继子。
过继子的时候和父亲商量了吗？=商量了。
做了证书吗？=做了。叫过子单。

11月4日

过继　改嫁　结婚　一家子

应答者　刘万臣
地　点　应答者家
【过继】
去刘银家做过继子的是你的第几个孩子？=第二个孩子。
注：和刘银等的关系如该图在下页，建议能不能提到这一页。所示，不一定正确
过子单留着吗？=留着。在刘家坨，刘银的娘拿着。
刘银家有男孩儿吗？=有两个死了。
在几岁的时候死的？=二儿子是在28岁，12年前死的。大儿子的话不知道。
太太知道儿子死吗？=二儿子死的时候，太太在。
孩子没了吗？=没了。
【改嫁】
那个太太现在怎么过的？=改嫁给新进堡的温姓家了。九年前。
从刘银的家里改嫁的吗？=从娘家去的。据说改嫁的时候，刘银从新进堡的温家得到

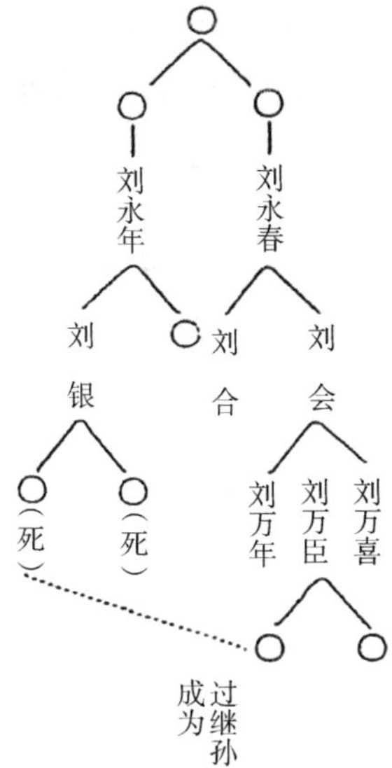

了 100 元。

【走道钱】

改嫁的时候，太太从前嫁的人家，可以从改嫁方得到钱吗？ ＝改嫁时的媒人拿了是很平常的事。

大概收到多少钱？ ＝大概 110 块钱。

那样的钱叫什么？ ＝一般叫走道钱。

为什么叫走道钱？ ＝因为是从这边去对方家，所以叫走道钱。

【水钱】

改嫁到其他村的时候不给村里钱吗？ ＝给村里两三元。那叫差接子钱。

谁拿呢？ ＝给乡长。乡长用那个钱做批斗子。

为什么要做批斗子？ ＝为了让全村人用。

拿钱如果是现在谁拿着？ ＝保长拿着。

那个钱不叫水钱吗？ ＝叫水钱。一样的意思。

为什么叫差接子钱、水钱？ ＝从老人就开始这样叫的，不清楚。

为什么出水钱？ ＝不知道。也可以不出水钱。

【村内的改嫁】

即使在同村内，改嫁的时候也出水钱吗？ ＝没有那种例子不知道。

不允许同村改嫁吗？ ＝虽然也有例子，但是本村没有。

同村内改嫁是不太好的事情吗？ ＝因为熟悉双方的本质近一点儿好。

在本村改嫁的例子有很多吗？ ＝不记得。十几年间只听说过一个。侯瑞龙的太太在丈夫死后改嫁的。

【过继】

你的儿子过继给刘银当继子的时候，和谁商量决定的？ ＝父母、刘银夫妇、刘斌奎、刘万德、刘子馨的儿子和刘银的女儿、刘合。

把你的儿子当过继子的事情是谁说的？ =刘银说出来的。因为刘银生病了，他说如果死了，给我当过继子。

过继子是刘银死后决定的吗？ =死之前决定的。

上面图表的人都是从哪里召集起来商量的吗？ =召集起来商量。在过子单上也写了大家的名字。

召集到哪里商量？ =召集在这个屋子里商量的。

过子单是在哪里写的？ =在这个屋子里写的。

刘银也到这里来了的吗？ =刘银当时住在这个屋子里。我在这前面的房子住着。刘银去年二月六日死的。那个老太太在今年七月死的。我们就搬过来了。

什么时候过的继子？ =前年11月办的。不是过继子是叫过继孙。

刘银有多少土地？ =十三亩九。除此之外这个房子是刘银的。

过继孙的时候，你的儿子几岁？ =十五岁。

现在刘银留下的十三亩九的土地谁在耕种？ =我自己在耕种。

收获物都是你的吗？ =是的。因为儿子小，自己耕种自己收获。

那个土地什么时候给儿子？ =过四年后可以给儿子。这个土地必须卖。因为葬礼的时候借了些钱。即使这些土地全部卖了，也不够葬礼的费用。因为这个地质不太好不好卖。我是借钱办的葬礼。

【借款】

用了多少钱？ =460元。

460元从谁那里借的？ =城内的德义当铺（烧锅）100元，城内的福成永（烧锅），河南庄的永义泉（烧锅）120元，在泥井的杂货铺的三合成借10元，双裕成借十元，之后用的我自己存的钱。

100元，120元的结婚没有用你的土地做抵押吗？ =我在家卖酒，用买酒的代替。

不是为了葬礼借的钱吗？ =因为葬礼用了卖酒的本钱，所以就借钱了。如果今年收成好的话准备全部还了，如果不好的话，就不能还了。

从酒铺借的钱写了什么东西吗？ =什么都没写，靠信用。

付利息吗？ =没有利息。

到什么时候必须还？ =没有期限，有钱的时候还。我决定过年的时候全部都还了。

【过继】

你成了刘合的过继子吗？ =只是说了要成为过继子，还没有成为过继子。父母兄弟二人，所以叔父没有孩子，所以自己必须过继过去。但还没约好。

【过继和分家】

你成为刘合的过继子的时候，你的土地仍然还是你自己拥有吗？ =因为分家了，所以是我带着。如果不分家就不能带去了。

作为刘银的过继孙，你在分家时候给你儿子分土地吗？ =不分。

【结婚、订婚】

你长女多少岁？ =20 岁。已经出嫁了。

什么时候出嫁的？ =17 岁的时候。

你分家之后吗？ =是的。

由谁来决定的？ =我自己决定。

不是你父亲决定吗？ =与父亲没有关系。

如果没有分家，由谁来决定呢？ =父亲和我都有关系。如果是分家前，父亲说不行就没有办法。

分家后，你父亲没有说不行吗？ =父亲就只是听一下，和父亲没有多大关系。

二女儿订婚了吗？ =订婚了。

什么时候订婚的？ =13 岁的时候。

还没有结婚吗？ =还没有。还没有决定什么时候结婚。

女儿结婚，订婚的时候，听女儿本人的意见吗？ =不听，女儿大了的有听，如果小的话不听。

大概多大的时候听呢？ =20 岁前后。

订婚结婚的时候做证书吗？ =不做。

订婚时候做的证书叫什么？ =订婚的时候叫婚书，但是不做。

【一家子的合议】

不需要刘姓所有的人聚集起来商量吗？ =过继子或者结婚的时候要。

你女儿结婚订婚的时候，大家都聚集起来商量了吗？ =没有。

【婚丧和一家子】

结婚或葬礼的时候大家都来吗？ =都来。

没有不来的吗？ =没有不来的。侯姓的多的话，不来的也有。

【借款和一家子】

你在办葬礼的时候，为什么没从一家子手里借钱呢？ =从一家子处借钱，需要支付利息。而且不知道是否能借。但是从主顾那里借，既不要利息，又能用自己的利息借钱。

那时候没有拜托让一家子给你借钱吗？ =没有拜托。

【对穷困一家子的扶助】

一家子的人困难的时候互相帮助吗？ =如果近的话，帮忙做能做的。

有吃饭都困难的人的情况下，给钱给粮食吗？ =如果是离的很近的人就会给。

有这样的例子吗？ =没有。刘姓一家子到现在都没有一个。

【保长选举和一家子】

谁投票选举的现在的保长？ =投的侯元庆。

为什么选的侯元庆？ =因为性格温和，人品好。

投票之前，就知道侯元庆当保长比较好吗？ =有那样的传言，但是自己投自己的。

那时候，刘姓一家子没有谈论那个事情吗？ =没有谈论。

刘姓之间比其他姓的人亲密一些吗？ =亲密。因为刘子馨不干了，选了他姓的人。刘姓中如果有胜任保长的人，理所当然就选刘姓的人。

【一家子之间互赠物品】

刘姓一家子人中，有互赠钱物的吗？＝没有。一般有食物馈赠或者借钱情况。

拿食物一般是在怎样的情况下？＝做了饽饽等比较稀罕的东西的时候，拿了给孩子吃。

一家子所有人都去吗？＝长辈或是近处家里的孩子去拿。

在你们家去哪里呢？＝叔母（刘合的太太），侯宝魁的孩子（侯宝魁也经常给）。

结婚，葬礼，孩子出生的时候互相之间会赠答吗？＝会，但是不是所有人。

你们家和哪里互赠物品？＝我们家没有送的东西，所以不送。

那种情况下，一家子人都不给你们送吗？＝自己不送，也就不会收到。即使有可以送的东西的人，也不会在我这里送礼，所以也不会收到。

你长女结婚的时候，一家子都没有送什么东西吗？＝没有。

从亲戚那里收到了吗？＝就老家姨娘，老丈人家，姑姑家送了。

两三年间，刘姓一家子人中没有结婚的吗？＝没有。

【结婚和一家子】

如果你儿子娶媳妇，招待一家子所有的人吗？＝招待。

你长女结婚的时候没有招待一家子人吗？＝没有招待。上图的亲戚招待了。正月有招待一家子人的习惯，但是像我这样穷的人不招待。

娶老婆的时候，一定要招待一家子的人吗？＝即使穷作为礼仪也必须招待。

你结婚的时候也招待了所有人吗？＝招待了。

你太太来的时候，三天都在磕头吗？＝是的。

给谁磕头？＝族宗。我们家长辈祖母，父母，一家子的长辈的老婆，然后去一家子的家里给祖先叩头。那时候，就按照刘子馨，刘赋云那样辈分高的顺序转。

你自己不转着来吗？＝轮着给祖先叩头。

和太太一起吗？＝老婆比我早一点。

转着给一家子磕头时，不给男长辈磕头吗？＝不磕。给老婆们磕头，和磕头一样的。

10月30日

分家

应答者　刘会（69岁）

地　点　侯家营原小学旧址

【关于应答者的家庭】

你现在是在做什么？＝打铁。

农活一点都不做吗？＝不耕种。

没有土地吗？＝有15亩。孩子们种着。

你家里有几个人？ =就两个人。就我们夫妇俩。

和孩子什么时候分家的？ =六七年前。

你从以前就一直住在这个村子里的吗？ =是老户了。

你没有去过别的地方吗？ =在营口待过五年。

大概多少岁的时候去的？ =光绪十八年去的。十八岁的时候。

就那时候去了一次吗？ =是的。

那时在营口做什么呢？ =打铁铺帮工。

分家前有多少亩土地？ =30 多亩。

父亲什么时候去世的？ =74 岁的时候去世的。十余年前。

你父亲有兄弟吗？ =两人。

父亲不在了的时候有多少土地？ =30 多亩。

你从满洲回来之后，没有买过土地吗？ =买了一点儿。

买了多少？ =五亩。

五亩多少钱？ =100 吊。

从谁那里买的？ =从同族的侄子那里买的。从刘万玉（现在家都没了）。

为什么分家了？ =只是分家了，没有别的理由。

但是不分家的人一般认为好一些不是吗？ =因为各自挣得钱都不会带回家。

那时候，孩子去其他地方赚钱了吗？ =没有，就在家里做老百姓。

存的钱没带回家里来是怎么回事？ =因为全部自己拿了。

那时候孩子干什么存的钱？ =三个人都在打铁。

打铁存的钱没有交给家里吗？ =那时候全家人都在一起做事。

【分家】

分家的时候，孩子们都有老婆了吗？ =都有了。

分家的话是谁说出来的？ =我先提出来的。因为说的话不听就烦了，自己提出来了。

说的话不听，比如说什么事情？ =有很多事情。比如说长兄经常花钱弟弟节约，弟弟让哥哥节约点儿之类的，说了不听。

孩子们之间不高兴了吗？ =好像是的。

【分家时的分产】

分家的时候怎么分土地？ =土地每人分五亩。

除此之外的东西不分吗？ =也分房子。

【分家后的住处和饮食】

你家里是怎么办的？ =住在分给三儿子的家里。

吃饭都是和三儿子分开了的吗？ =每两天轮流管饭。

没有另起炉灶吗？ =没有。

饭是过去吃，还是带过来？ =去吃。

【分家的中人】

分家的时候有中人吗？ =有两三个。

【分家单】

会写什么证明吗？＝写。

那个证明你叫什么？＝分家单。

做几张？＝三张，一人一张。

你的十五亩地，也写在分家单里面了吗？＝没有写。

【养老地—其耕种】

分家的时候，留给父母的土地叫什么？＝养老地。

15亩的养老地由谁来耕种？＝由三个孩子。

把15亩地分了耕种吗？＝分成每人五亩。

作为交换从孩子们那里收到多少？＝因为在孩子家吃饭，什么都不收。

零花钱怎么做呢？＝打铁的时候有小用钱。

那十五亩地不能借给其他人吗？＝因为在孩子家吃饭不可能借给别人。

不在孩子家吃饭可以借给他人吗？收点租金糊口？＝只是当给别人也吃不饱的。

【分家的中人】

分家单上写的中人是谁？＝侯定义、侯元钧、侯长永三人。

【养老地面积的决定】

作为15亩的养老地，各给孩子五亩由谁决定的？＝我自己决定的。

和谁商量了的吗？＝没有商量。

也没有和中间人商量吗？＝没必要商量。

没有听孩子们的意见吗？＝没有。

那样分的时候，孩子们没有说不服之类的吗？＝因为本来就没有什么，不会发牢骚。

【把所有土地都作为养老地的例子】

一点儿土地都不给孩子，全部作为养老地来分家的情况有吗？＝有。

这个村里也有那样的例子吗？＝没有。

【养老地的变卖】

你可以卖十五亩的养老地吗？＝可以卖的话就卖。

那时候不和孩子商量也可以吗？＝商量。

如果孩子们反对的话，就不能卖吗？＝孩子不会反对。

如果把那土地卖了，你的饮食怎么办？＝如果靠那块地，吃饭的钱没有了，还是在孩子家吃饭。

那时候，孩子们不会说不让你吃吗？＝不会。即使没了地，还是必须赡养。

父母自顾卖地的例子有吗？＝并非没有。有。

比如说谁卖了？＝现在没有。

以前没有吗？＝不太清楚。

卖养老地的时候，父子之前不会起争执吗？＝不会。

【分产】

哪个孩子分哪五亩是怎么给的？＝中间人适当分配。

分的五亩地都是各自在一块儿吗？＝有两亩三亩的，也有在一个地方的。

【关于分产的抽签】

哪个孩子得哪五亩是怎么决定的？ =写在纸上抓阄。

写在纸上让抓阄是由谁来操作的？ =来的中间人。

【分家的会长】

分家的时候会喊人来设宴款待吗？ =家里的人和来的人，其他人不会。

【分家后的当家】

分家后的三个孩子家的当家是谁？ =各家的，与我没有关系。

【分家后土地的买卖和找父亲商量】

分了家的孩子，在分家时所得土地，不和你商量吗？ =没必要商量，和我没有关系。

分了家的孩子，没有分家后买卖土地的例子吗？ =大儿子买了点儿土地。

分了家的孩子，没有卖土地的例子吗？ =没有。

大儿子在买土地的时候，和你商量了吗？ =商量了。

如果不商量就不能买吗？ =如果要买的话，商量不商量都可以。

卖的时候不能偷偷卖吗？ =根据情况不一样。吃不饱的时候，必须卖地。那种情况下，不商量也可以。

分了家的孩子，不和你商量就把土地卖了的情况有吗？ =没有。

商量不商量都可以吗？ =商量不商量都可以。

一般商量的多吗？ =因为不卖，所以没必要商量。

如果卖的话怎么办？ =即使来商量，我也没有理由反对。

【分家后的结婚和找父亲商量】

你的孙子有老婆吗？ =有一个，大儿子的二儿子。

那个孙子娶媳妇是由谁决定的？ =他的父亲。

是分家后娶的吗？ =分家后，去年娶的。

那时候和你商量了吗？ =没必要商量。

完全没商量吗？ =说了的。

【分家后的住处】

分了家的孩子和你住在同一屋檐下吗？=和两个人同一家。二儿子住在这个村别的地方。

二儿子的家是谁的房子？ =分给他的家。

除现在这个房子外你在别处还有房子吗？ =没有。

现在二儿子住的房子原本是谁住的？ =同族人住过。

你现在住的两个孩子的家原本是谁的房子？ =自己住着的。

没有给二儿子分房子吗？ =分了。

那房子现在呢？ =大儿子住着的。

那给大儿子了吗？ =他暂时住着。

10月31日

分家　改嫁　同族

应答者　侯长恩（75岁）
地　点　应答者家里
【关于应答者的家庭】
你家里有几个人？＝三人。
都有谁？＝我们夫妇和孙女一人。
孙女多少岁了？＝十一岁。
孙女的父母是谁？＝侯瑞荣，死了。
你有几个儿子？＝三个。分家了。
什么时候分家的？＝十多年前。
现在活着的孩子是？＝大儿子侯瑞成和三儿子侯瑞海。
孩子们都在村子里吗？＝二儿子死了，三儿子去了奉天。大儿子去泥井做长工去了。
你有多少土地？＝12亩。
正在耕种的土地有多少？＝12亩。
从别人处借土地种吗？＝没有借。
也没有把自己的土地借出去吗？＝没有。
12亩地是你自己一个人耕种吗？＝是的。
雇过人吗？＝没有。
去了其他地方的两个儿子的媳妇在哪里？＝大儿子的媳妇在村里。三儿子的带着的。
已故儿子的媳妇现在怎么生活的？＝留下孙女改嫁了。
【分家和家产的分割—之后的状况】
分家的时候土地怎么分？＝逐个分给土地。
每人给多少？＝各三亩。
分家之前有多少土地？＝20亩左右。
现在的20亩，是分家的时候得到的土地吗？＝是的。
分家的时候，土地没有增减吗？＝没有。
给二儿子的三亩地怎么办的？＝给哥哥了。
卖给哥哥了吗？＝没有卖。
哥哥现在在这个村里有土地吗？＝有。
由谁耕种？＝雇人然后自己耕种。
为什么把二儿子的三亩地给了大儿子？＝因为二儿子死了，土地给回大儿子。二儿子把地典当给侯荫堂，大儿子后来拿回来，相当于是二儿子得钱卖给了大儿子。

卖给哥哥是死之前吗？=是的。

三儿子在这个村里有土地吗？=有，有五亩砂质的土地。

那五亩是怎么得到的土地？=分家的时候得到的。

分家的时候给了三儿子五亩地吗？=因为土质不好，给了五亩。那五亩地都抵不上一亩好地。

那五亩地现在怎么办的？=放在那里的。

分家的时候没有分房子吗？=只住在自己家里，没有分。

你现在的十二亩地和现在住的房子，是分家的时候分的吗？=是的。

有分家单吗？=有。

【分家后父母的生活—养老地的自耕】

从分家的时候开始，你一直种着十二亩地吗？=是的。

没有让分了家的儿子们种吗？=没有。

也没有当给别人种吗？=没有。

分家后，从孩子们那里得到食物了吗？=没有，吃自己地里收获的东西。

没有从孩子们那里得零花钱吗？=没有，因为孩子们自己没有多余的。

【分家后的土地分配和与父亲商量】

已故二儿子把土地当给侯荫堂的时候，和你商量了吗？=商量了，卖的时候也商量了。

那时候，是当了好还是卖了好，听了你的意见没有？=听了。我说自己决定就好。

如果你反对，就既不能卖也不能当吗？=不能。

孩子们那样商量的时候，你一定会说同意吗？=也可以说不行。

实际上没有说过不行吧？=没有说过。

如果悄悄地卖掉会怎么样？=如果那样，会没有买的人。

买地的人会来问你是否知道吗？=会来问。

谁来问？=买土地的人。

买地本人来吗？=是的。

不是中间人来吗？=那是本人来，不是中间人。

【分家后的外出务工和与父亲商量】

三儿子去奉天的时候得到你的许可了吗？=同意了。

即使你反对，也可以去吗？=如果反对，吃什么呢，只有同意去。

【分家的缘由】

为什么要分家？=因为生活越来越贫困。

【抚养没了父亲的孙子】

二儿子死了，孙女为什么由你抚养？=他的母亲留下的，孩子是自己的孩子。

大儿子和三儿子可以不抚养吗？=不抚养。

可以抚养的话由谁抚养？=大儿子或三儿子都可以抚养，但是我还是自己抚养。

他们没有孩子的时候呢？ = 谁生活富足就谁抚养。

即使那时候你抚养，也是理所当然吗？ = 不一定。因为自己没有孩子所以可以帮下忙。如果我死了，就必须由哪个儿子来抚养了。

【改嫁】

二儿子媳妇在你儿子死了多久之后改嫁的？ = 死之后过了两年。

儿媳多少岁的时候？ = 不太记得，大概32岁左右。

改嫁的情况，和你商量了吗？ = 商量了。

是从你家里直接去的吗？ = 问了这边的意见，从她娘家去的。

说改嫁的话时，还在这个家里吗？ = 从娘家带话到这边的。

二儿媳在二儿子死后，立马回娘家了吗？ = 是的。但是有时候在这边，有时候在娘家。

媳妇去别人家的话由谁决定的？ = 不是我们这边说的。她自己本人决定的。

那时候，待在娘家的二儿媳的父母在吗？ = 兄弟媳妇在。

从她娘家来传话的是谁？ = 就本人来说的。

【改嫁和孩子的处理】

为什么没把孩子带过去？ = 因为对方说不要孩子。

如果对方要孩子的话，可以把孩子带过去吗？ = 是的。我们这边也会觉得带过去好。因为太小不能和母亲分开。

如果对方说了不要，就必须留下来了吗？ = 是的。必须留下来。

那时候，这边不会说不要孩子吗？ = 那个孩子是这个家里的孩子，所以不会那么说的。

那个孩子是男孩的话，会怎么样？ = 如果是男孩儿，仍然是这个家里的孩子。

是男孩子的话，对方过来就带过去可以吗？ = 如果是婴幼儿的话可以带走，如果大点儿了不能带走。

孩子小带去的情况下就成了那家的孩子了吗？ = 如果长大了，还是要回来。

当成改嫁方的孩子不行吗？ = 不行。

【家的后继——一个女儿的情况】

已故二儿子家的后继怎么办？ = 因为什么都没有，没有后继者。

你孙女长大之后怎么办？ = 嫁人。

【父亲的祭祀——一个女儿的情况】

已故二儿子是由谁祭奠的？ = 谁都没有祭奠。我是父亲不祭奠。

你孙女也不用祭奠吗？ = 那时候还小，不祭奠。

如果大点儿的话祭奠吗？ = 如果大点儿可以祭奠。现在也时常去烧纸钱。

嫁给别家了怎么办？ = 嫁人了就不祭奠了。但是回来了要去烧纸钱。

没有给二儿子过继子吗？ = 已经过了时机。

过继子需要时机吗？ = 要。

在什么时候之前必须做？ = 死后一年两年内。周年的时候让孩子给烧纸钱。

但是你现在的孙女即使以后出嫁了，即使周年不是也不能烧纸钱吗？ = 那时候女儿回来了。

【父亲死后养老地的处置】

你现在的 12 亩地，在你死后怎么办？ = 我自己把那土地卖了得的钱给儿子让他们安葬我。剩下的土地孩子们随便处理。

【没了父亲的孙女的结婚】

孙女嫁人的事由谁来决定？ = 我决定。

【改嫁】

二儿媳改嫁的时候你给了钱或物吗？ = 什么都没给。如果有东西给的话，就不会改嫁。

【关于应答者死去的二儿子】

二儿子生前是做什么的呢？ = 去店里做事。在奉天。

媳妇孩子也都去了奉天吗？ = 只有儿子去了。

媳妇和女儿是怎么生活的？ = 二儿子寄钱回来。

媳妇在这边不是做普通农活吗？ = 做。

耕种几亩地？ = 三亩。

那是谁的土地？ = 他们自己的土地。无法生活下去了，就当掉了。

二儿子在奉天死的吗？ = 在家里死的。因为生病就回来了。

生病回来之后怎么生活呢？ = 回来都没问，就死了。

带了点儿钱回来了吗？ = 带了一点儿都用完了。

【对贫困分家股的扶持】

回来没有钱，生活不困难吗？ = 困难。

那时候怎么办？ = 吃各家送的米过活。

比如说从哪些人那里得到？ = 我和大儿子，三儿子。外人不会拿来。

没从他妻子家里拿吗？ = 因为穷没拿。

不给钱吗？ = 给。

你和他兄弟们给钱或物的时候，商量了谁给多少吗？ = 没有商量。

说给二儿子家的时候给吗？ = 有催促的时候，也有没催促的时候。

二儿子即使困难，也没有从别人那里借钱吗？ = 没有。

【门】

你是侯姓的哪一门？ = 大一门。

【门的分派—股】

大一门不是又分成几个了吗？ = 分成五股，各股下面有很多家。

你属于第一门的哪一股？ = 第一门的第三股（本人不知道，根据哥哥所说）。

【同族的长辈】

侯姓人中辈分最高的叫什么？ = 没有名称。

【同族的共同祭祀】

大家都祭祀侯姓最早的祖先吗？ =祭祀过吧。

清明节的时候，大家不需要祭祀吗？ =需要。大家都去烧纸钱。每年的惯例。

为此没有什么会吗？ =有，但是取消了。

那个会叫什么？ =没有了。

【同族的共有地】

侯姓全员没有共同拥有的土地吗？ =没有。

有拜祭最早祖先的土地吗？ =一亩也没有。

【同族的坟地】

在清明节祭祀侯姓全员最早的祖先的时候，去哪里祭祀？ =去墓地。

那个墓地有多少亩？ =四亩左右。

那个土地是谁的？ =坟会的土地。

【坟会】

坟会是做什么的会？ =焚香烧纸钱的。

这些费用由谁出？ =自己出自己那部分的。

坟会不是从侯姓各家收集钱吗？ =不是。自己在祭祀自己父母的时候凑钱。

现在也还有坟会吗？ =现在没有了。

到什么时候还有的？ =大概30年前没有了。

有坟会的时候，从侯姓的家里收钱吗？ =不收。

坟会给侯姓的人或侯姓之外的人借钱吗？ =不借。

但是有从坟会借钱的证明，是怎么回事？ =不知道有那么两本。写了的。

没有听说过从坟会借钱的事儿吗？ =没有。坟会没有钱。

侯姓全员的头儿是谁？ =侯俊良。现在妻子在讨饭，他自己在做木工。

第一门的头儿是谁？ =还是侯俊良。

股里也有头儿吗？ =股是全部的兄弟。大家都叫侯长。

【结婚和与族长商量】

你们分家，儿子娶妻子的时候和侯俊良商量了吗？ =各管各家。

谁都不管吗？ =不管。

【分家后的结婚和与父亲商量】

大儿子的第一个孩子多大了？ =23岁，男孩子。

娶妻了吗？ =娶了。

娶妻的时候谁决定的？ =作为父亲的大儿子。

那时候和你商量了吗？ =我知道。

给你说了“让我们结婚可以吗”的话？ =娶妻是好事，没必要问好坏。

娶妻的事情只给你说吗？ =是的。

不听其他的意见吗？ =会给我说“不行”吗？

为什么？ =不会说那些。不会说坏。就是好事儿。

【分家后的卖地和与父亲商量】

大儿子在卖土地的时候听你的意见吗？ =听。困难的时候也会卖地的。

【分家后长子的儿子分家和与父亲商量】

大儿子的儿子们分家的时候，听你的意见吗？ =听。

【父亲对卖地、分家的反对】

对于大儿子卖地分家的情况，你会反对吗？ =为什么要反对？

为什么不反对？ =如果没了食物可以卖，如果让生活更好一些，再买也可以啊。

10 月 31 日

分种 当家和家族 家族的职责 住处

应答者 刘斌奎（55 岁）

地 点 应答者家

【刘姓的来历】

你的祖先是什么时候来这个村里的？ =依据本县第五区槐各庄，六代以前迁过来的。

距今多少年前？ =300 多年前。钟姓、井姓在本村落户之后就是刘姓。

侯姓是从什么时候来的？ =侯姓是最早落户的。

这个村的刘姓都是从槐各庄来的吗？ =我和刘子馨、刘会的祖先是从槐各庄来的。外面有个刘树凯的是从刘家坨来的。

除刘树凯以外，刘姓的祖先是一样的吗？ =是的。

【关于应答者的家庭】

你的家里有几个人？ =十九人。

都有谁？ =母亲，兄弟四人，同妻子三人，孩子的妻子两人（一人是已故大儿子的妻子），孙子四人，侄子三人。

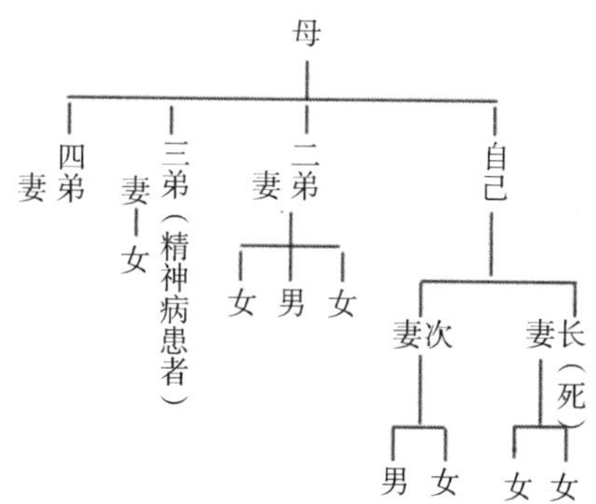

父亲什么时候去世的？＝前年去世的。

你家里现在从事的什么职业？＝农业。

除了农业之外没有做其他什么吗？＝没有。次弟是教员，四弟在满洲国札南屯营林署工作。

你家耕种多少亩土地？＝145亩。

全部是你的吗？＝全部都是。

【分种】

不抵押给别人吗？＝不抵押出去。有分种。

有多少亩？＝11亩和四亩。有14亩荒地没有耕种。

11亩和四亩是谁在耕种？＝11亩由王福纯耕种，四亩由侯文焕分种。

那个土地是你的吗？＝是的。

王福纯和侯文焕一起耕种那些土地吗？＝是的。

怎么把收获物分开呢？＝去年一亩地的高粱按一斗价格（八元）收的。

农作物的分开方法不是有一定的约定吗？＝每年一亩地按照高粱一斗的价格。

和侯元吉也是同样约定的吗？＝是的。（在村里也有一半一半来分的，但是我没有那么做）。

分种和抵押有什么区别吗？＝分种是得收获物，抵押是得钱。

王富纯、侯文焕是从什么时候分种的？＝两年前。

和侯元吉是什么时候？＝三年前。

为什么和那三人分种？＝没有什么理由。因为是同村。

向三个人请求过“请和我分种”吗？＝是的。

为什么不抵押呢？＝我的做法和抵押完全一样。

没有写证明吗？＝没有写。

现在和王福纯，侯文焕分种十一亩的土地吗？＝分开了。

分种的时候，收获的东西叫什么？＝没有名称。

拿补偿的时候，王福纯和侯文焕是分开来拿吗？＝分开拿。

和两个人分种约定是由两个人共同承担吗？＝是的。

如果一个人不支付补偿，另外一个人支付吗？＝没有那样的事。

【当地】

在你们家没有从别人那里拿到当地吗？＝没有。

【长工、月工】

在你们家雇人耕地吗？＝长工一人，月工一人。

你们家有几人耕种？＝没有特别能干的人。就是我们自己。女的帮忙。

一百四十五亩能种完吗？＝无论怎样要种完。

【管理村子的人】

你现在在村里担任什么吗？＝以前做过学校的校董。

除此之外没有了吗？ =七八年前做过会头、闾长。

【校董】

做校董是什么时候？ =从民国二十六年到二十八年。

校董做什么事情？ =主要负责学校的经费管理及老师的人选等。

和平时叫的校长有区别吗？ =有区别。那时候没有校长，只有几个校董。

校董由谁来决定？ =大家选举产生。

用什么方法选举呢？ =族长，甲长等商量决定。

校董有几个人？ =三个人。

【关于应答者的父亲和祖辈】

你的父亲或祖辈在村里做过什么吗？ =做过。

做的什么事情？ =父亲做过村副，祖父做过会头。

在祖父的时候有多少亩土地？ =两顷左右。

父亲有几个兄弟？ =三个。

父亲和兄弟分家时，祖父还在吗？ =父亲没有分家。父亲是过继到这个家里的，没有分家。

【关于家庭】

你的母亲徐氏是你的亲生母亲吗？ =不是的。继母。

什么时候来的？ =四十多年前。

你的兄弟全是去世了的母亲的儿子吗？ =只有我是去世了的母亲的儿子，之后全部是现在母亲的孩子。

现在家族19人都在家里吗？ =不是的。四弟夫妇出门了。

除此之外其他人都在这里吗？ =是的。

你的去世了的大儿媳也一直在这里吗？ =是的。

【当家】

在你们家谁当家呢？ =我和母亲当家。

不是只有你当家吗？ =但是母亲还在，大致商量一下。

卖谷物的时候由谁卖呢？ =自己卖。

不和母亲商量吗？ =商量。

不和你的兄弟商量吗？ =因为大家都不在，不商量。

【结婚和当家—祖父】

你的二儿子是什么时候结婚的？ =19岁的时候。

他结婚是由谁决定的？ =那时候父亲还在，由父亲决定的。

办了结婚证？ =没有。

你父亲听了你的意见了吗？ =也和我商量了，大致都是听父亲的。

是谁说合的大儿子娶现在这个妻子的事儿的？ =媒人来父亲这里说的。

那时候不是你大致决定了，再去问父亲的意见吗？ =不是那样做的。首先由父亲决定。现在和以前不同，儿子也会娶自己喜欢的女孩儿（村里好像没有这样的例子）。

即使你认为想娶，如果父亲反对的话也不行吗？＝不行。

在村里祖父健在的情况下，孙子结婚的时候，孙子的父亲决定，然后问祖父的意见。这样例子有过吗？＝有。在祖父衰弱、什么都不能做的情况下，只有父亲说了决定。不是那样的话，要征求祖父的意见。

那时候如果祖父反对的话，就不能结婚吗？＝不能。

【分家后的情况】

祖父和孙子的父亲分家的情况下，如果祖父反对也不能结婚吗？＝要说的话，一般和祖父没有什么关系。在孙子不知道对方女儿不好的情况下，为了孙子会反对。

【家人的外出务工】

四弟在满洲自己生活吗？＝好像是这样的。现在虽然住在别处，还是家里人。

给他寄过生活费吗？＝他没要过。

四弟自己赚的钱给这里寄过吗？＝没有。因为不富裕。如果富裕，肯定会寄的吧。

二弟的妻子和孩子都在这里吗？＝是的。

【家庭的现金收入】

二弟得到的工资怎么做？＝虽然得到50多元，但是有40多元要作为伙食费，没有剩余了。

【家里的炊事】

你家里由谁做饭？＝全部是交换着做。

谁来交替呢？＝弟弟两人的媳妇和儿子两人的媳妇四人交替着做饭。

由谁来决定做什么呢？＝母亲决定。

【金钱的保管】

这个家里由谁来管钱？＝我放在母亲的箱子里保管。

钥匙谁拿着？＝母亲拿着。

母亲总是带着吗？＝是的。

需要钱的时候要一一给母亲说了从箱子里拿吗？＝是的。说了之后，一个个开箱子拿。

关于拿钱，母亲不反对吗？＝没有。不会随便乱花，不会那么做的。

用来做什么，要提前和母亲说吗？＝是的。

那样，母亲不会说“最好是不要用”的话吗？＝不会。因为是必须要拿钱的时候才拿，所以不会反对。

家里人有要零花钱吗？＝不会怎么要。

【衣服的缝制】

衣服等交给谁做？＝在家里做。女人们在家里做。各分几斤棉花，将棉花缝线做成衣服。

各分几斤棉花，是由谁来分配的？＝母亲分配。

二弟的孩子和妻子买衣服的时候给谁说？＝孩子的衣服由孩子母亲买。妻子的衣服不用买。用分的棉花做。

给孩子做衣服的情况下，孩子的母亲怎么处理那钱呢？ =孩子的母亲拿钱买。

那钱只是怎么来的？ =有从娘家带来的，也有嫁人的时候没用而留下来，也有做针线活挣得的钱。

【妻子的副业收入】

妻子做针线活等得到的收入，可以自己拿着吗？ =可以。

做针线活的情况下，不需要征得母亲的同意吗？ =有丈夫的话是妻子的自由。作为父母，越勤快越高兴。

弟媳妇们没有从你那里拿钱？ =没有。因为自己不用花钱。

【耕种的指挥】

帮助弟媳妇耕种由谁来吩咐？ =大致都是自己。

【饮食】

家庭成员都是在一起吃饭吗？ =我和妻子在这个房间。弟媳妇和孩子们在别的房间里吃饭。

你和母亲他们，弟媳，孩子们，谁先吃饭？ =我们一般吃的早，快要完时大家就都开始吃了。

吃的东西一样吗？ =菜有些区别。

大家不会一起吃饭吗？ =不会。

像正月的时候也是一样的吗？ =一般都一样。父亲在的时候也是一样的。

【家庭成员的住处】

在你家里，家里人是怎么住的？ =如下图所示。

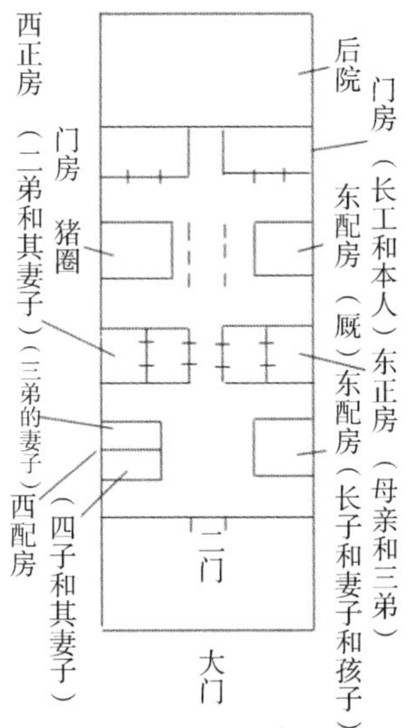

【家庭成员的团聚】

大家不会聚在一起拉家常吗？ =有时候会，但是少。

什么时候聚在一起？ =一年一回或两回，自然就聚在一起了。

平日里吃完晚饭后，大家都各回自己的房间吗？＝是的。

互相之间去谁的房间说话吗？＝去。

弟媳妇们可以自由去别人房间聊天吗？弟弟们也可以自由去别人房间聊天吗？＝女的自由。男的在母亲房间聊天。

兄弟的媳妇也可以去其他弟兄的房间说话吗？＝除了这个房间（母亲和我）都自由。

【长工的饮食】

长工的饮食和家人的饮食有什么不同？＝大致一样，又稍微不同。

11 月 1 日

家族的本职工作　当家和家族　祭祀　同族

应答者　刘斌奎

地　点　应答者家

【衣服的缝制】

缝制家里的衣服要分配棉花，分配比例是怎样的呢？＝母亲，二弟媳，三弟媳，儿媳两人，总共五人平均分配。

只用分配的棉花做女人们的衣服吗？＝是的。

孩子们的衣服，男人们的衣服怎么做呢？＝买布来做。二弟用自己的工资买。

买布的钱由谁出？＝一起出。因为不是每年都买，衣服钱没有那么花费。

做衣服的话，是本人向你请求吗？＝必要的时候，自己花钱买。

谁买布做衣服？＝女人各自做。

你的衣服是谁做的？＝儿子的媳妇做的。

两个儿子的媳妇是谁做的？＝交替做的。

那是谁拜托的？＝给母亲说，让她去取。

你自己不直接拜托吗？＝也有。

你母亲的衣服是谁做的？＝原来就有，不怎么做衣服。做的时候就自己做，或让孩子的母亲做。

你要做衣服的时候，没有让弟媳做吗？＝很少。

你儿子的媳妇给你母亲做衣服吗？＝按母亲的意思。

是拜托你的弟弟媳妇多，还是拜托你儿子的媳妇的多？＝大致一样的。

【儿媳和母亲】

弟媳不怎么来母亲的房间吗？＝没有重要的事情就不来。

没有重要事情的时候，就不能来吗？＝不是不能来。因为她们自己有事情，她们自己不来的。

虽然没有重要事情，来的话也会有所避讳吗？＝没有那样的事。因为是在自己家里，不会那样的。

【孙子的照料】

祖母不照顾孙子们吗？ =经常照顾。

主要由谁照顾孙子？ =祖母照顾得多点儿。

孙子的母亲不怎么照顾吗？ =母亲因为家里事非常忙，所以祖母照顾得多一点儿。

【孙子的教养】

孙子淘气的时候谁来训斥？ =有祖母训斥的时候，也有我训斥的时候。

【孙子的教育】

让孙子们上不上学，由谁来决定？ =我和母亲商量决定。

不和孙子的父母商量吗？ =没必要商量。

几岁开始去学校？ =有 9 岁去的，也有 10 岁去的。

现在有哪几个是从这个家里去的？ =晓堃、晓云、继荷、继花四人。

【女子职务的差异】

你弟媳妇在家里做事，和二弟媳妇，三弟的媳妇在事情上有什么不同吗？ =都是一样的。

二弟媳妇没有给三弟的媳妇各种吩咐吗？ =没有那种事。因为年纪大致差不多。

【吃饭的座次】

吃饭的时候，弟媳妇和孩子媳妇的位置固定了的吗？ =弟媳们坐的位置是固定的但是孩子们的位置自由。

怎么确定的？ =二弟媳坐在里边，三弟媳坐在外边。我儿子的两个媳妇在吃饭时候两个人都坐在外边，三弟的媳妇坐在里边。坐在外面的媳妇伺候大家吃饭。

母亲和你吃饭的时候也固定了吗？ =母亲随意。

二弟回来的情况下，你和二弟坐的位置是固定的吗？ =没有固定。

谁伺候吃饭？ =我们自己随便。母亲的话自己或者次弟伺候。

母亲没有自己盛饭的时候吗？ =没有。

【女人们的纷争和仲裁】

弟弟的媳妇和你的儿媳之间有争吵的情况下怎么办？ =没有那种情况发生。如果那样的话家就乱了。

【儿媳回娘家—母亲的允诺】

弟媳和儿媳回娘家的时候和谁商量？ =和母亲商量。

不和你商量吗？ =要使用家里的车的时候也会和我说。

【钥匙的保管】

放钱财等的箱子钥匙一直到母亲去世都由她保管吗？ =是的。

你父亲在世的时候也是由母亲保管着吗？ =是的。

父亲没有保管吗？ =没有。因为没有什么钱由母亲保管。如果做买卖等钱多的时候由父亲保管。

父亲死后金额多的时候由谁保管？＝一直由母亲保管。

你没有保管过吗？＝没有。

母亲在世，没有机会把钥匙委托交给你吗？＝这不知道。

【儿媳回娘家】

已故大儿子的媳妇不回娘家吗？＝一年回去几次吧。

没有一直回娘家不回来吗？＝没有。春耕和秋获的时候因为忙碌说都无法回去。除此之外的时间四个媳妇交替回去，只留两个人在家。

【改嫁】

已故大儿子的媳妇没有再婚吗？＝没有。

本人不想吗？＝根据她自己的意愿。

如果本人说想再婚，同意吗？＝到时候商量。因为有两个孩子再婚不容易。

【分种—与家人商量】

在你家分种11亩和4亩，是从你父亲生前开始的吗？＝是的。

约定分种的人是谁？＝父亲决定的。

关于分种是否好，问过你的意见吗？＝没有怎么问过。只是说过。

【土地的买卖—与家人商量】

在你家有过土地买卖的事情吗？＝买过，也卖过。今年冬天也想卖。

父亲生前卖过土地吗？＝卖过。

卖了多少亩？＝15亩和五亩半。

那时候，父亲有没有问过你是不是卖了好的意见？＝没问。那时候父亲也还年轻，我也还小。

父亲去世后，卖过土地吗？＝这两三年来卖的最多。

卖了多少土地？＝30多亩。

那是谁卖的？＝我卖的。

和母亲商量了吗？＝商量过。

母亲没有反对吗？＝因为明白自己家的事情，所以没反对。

如果反对的话，就不能卖吗？＝不会反对。因为明白事情。

也和二弟以下的弟弟商量过吗？＝当然商量过。

也和去了满洲的弟弟商量过吗？＝没有。回来后说一下。总之，只要母亲不同意，什么事情都不行（这个时候，孙子媳妇过来问让短工吃几顿饭，应答者说两次就可以了吧）。

如果母亲去世了，卖土地的时候，也必须和弟弟商量吗？＝是的。

不和弟弟商量就卖土地，是不行的吗？＝不行。那样就太乱来了。

【家族成员中儿子的结婚】

你弟弟儿子结婚，由谁决定呢？＝一般由孩子的父母决定。

母亲在的时候，也是这样吗？＝钱的事情由母亲决定，对方人选由父母决定。即使对方人很好，但是被告知没钱就不行了。

母亲不在的情况下和你商量吗？＝一定商量。

那种情况下，钱的事情仍然是你决定吗？ =是的。

那时候，如果说没钱了，不能结婚的情况有吗？ =无论如何都没钱的情况下也没办法，但是尽可能地办成。

母亲在的话，如果反对，不能结婚吗？ =大致上不反对。只有在对方不好的情况下才反对。

【卖地和与家人商量】

母亲去世之后，你卖土地的时候，必须和去了满洲的弟弟商量吗？ =必须提前写信商量。

【去满洲务工】

你去过满洲吗？ =去过。

什么时候去的？ =三十一、二岁的时候。

去了几年？ =去了六七年。那期间一直在来回地往返。

做什么？ =在杂货铺里做事。

【当】

在你家没有给其他人借过钱吗？ =没有。有抵押过东西。

抵押的什么东西？ =衣服和手镯等。

抵押给哪个当铺？ =城内的裕民当铺、义成当铺。

义成当铺	四月十号	黄字二八五	六五元
裕民当铺	四月十六号	有字一八六〇	三〇元
〃	〃	〃一八六一	三〇元

没有从外面借钱吗？ =父亲去世的时候，用了姑母的棺材，以后必须买了还。

【赊买】

没有借钱吗？ =没有。赊账买的有一百多元。

在哪个店？ =泥井的双义城四元五十和大成和七元八十。

赊的什么东西？ =纸、油、酱等日常用品。

什么时候还呢？ =年末的时候还。

付利息吗？ =不付。

用现金还吗？ =是的。

不能用谷物还吗？ =因为自己家都不够吃，以后卖了土地还。还有地亩摊款400多元，没有支付。

【租税】

根据应答者所持有的交税通知书，从本年年初到现在，本人所应承担的赋税如下所列。

田赋年		13.89 圆	
亩捐种类每亩捐数（圆）总亩数总税额			
第一期 县经费 / 校经费	0.125 / 0.175	165.00	49.50
第二期乡经费	0.20	151.00	30.20
第三期 县经费 / 乡经费	0.10 / 0.20	145.65	43.69
第四期 县经费 / 乡经费	0.17 / 0.33	145.65	72.82
七、八、九月份 乡经费 / 县经费	0.135 / 0.115	144.71	36.18
″校经费	0.35	144.71	50.65
十、十一、十二月份			
乡经费	0.20	144.71	28.94
村子的摊款			
八月九日泼坨、满款上地一亩 0.48　40 亩			
中地″　0.24　70 亩		40.64 圆	
下地″　0.16　29 亩			
九月十五日同上		40.64	
八月二十七日同上		40.64	

【当和与家人协商】

城里的当铺当些什么？=衣服、寝具、饰品、布等等。

那是谁的东西？=家里大家的东西。到年末取出来还给每个人。

那种情况，和每个人都商量了吗？=当然商量了。因为家里需要钱，大家都出东西。总之大乡摊款非常重。今年的摊款又到了一亩四元。而且村里的摊款也增加了。

把家人的衣服当了，家里人不高兴吧？=没有。因为还要还回来的，所以不担心。

当家里衣服的时候，问过家人是否愿意拿出来吗？=那时候母亲会帮着说话。如果讲清楚家里情况，大家都愿意拿出来。

有不愿意拿出来的人吗？=没有，大家都拿出来。

【媳妇的特有财产】

弟弟和弟媳有自己的财产吗？=什么都没有。

弟媳和你的儿媳来这里的时候，带钱过来了吗？=当然多少带了点钱或衣服。

那些钱，媳妇自己拿着的吗？=当然，各自保管自己的。

那钱可以自个儿随便自由使用吗？=想用的话可以随便用，但也一般没啥事情需要用的。

用的时候必须和丈夫商量吗？=不知道。

带来的钱不用买土地吗？=不用。

娘家不会给那媳妇土地吗？=不会，别家有这样的例子。

这个村子里有那样的例子吗？=不太清楚。但是王树忠的媳妇带来了吧。

那种土地叫什么？=叫贴己地（?）[1]。

【当和与家人协商】

去城里的当铺当衣服等的时候由谁去？=自己去。

那时候和谁协商过当衣服的事情吗？=和母亲商量。

不和弟弟们商量吗？=因为大家都不在家，不商量。

在的情况下，必须要商量吗？=还是说一下。

弟弟们有反对的吗？=没有。因为是正当用。

【家里的祭神】

你家里有祭神或祭佛之类的吗？=保家仙、观音菩萨、胡三太爷、龙君。祖先当然有祭拜。

【祖先的祭祀】

祖先放在哪里祭祀的？=放在外屋祭祀。

每天祭拜祖先吗？=只是过年的时候。

那时候，家人都祭拜吗？=只有正月大家都祭拜。节日的时候只是上香。

在祖先的祭拜上，有没有“只有大儿子才能祭拜”的情况吗？=正月的时候大家都一起祭拜。先男后女。除此之外，女子就是烧香之类。

有祖先的牌位吗？=很久之前的祖先没有，从祖父辈开始有的。

祖先的牌位叫什么？=神祖匣子。

这个在分家的时候由谁拿着？=在谁家就谁拿着。

那个并非大儿子拿着吗？=当然。分家的时候，每个人在红纸上写上“刘氏门中先远三代宗祖之位”各自祭拜。在正月的时候，又会在新的纸上重写。

从很久之前的祖先，不是说只有大儿子祭祀吗？=不是。

知道“宗祧相续”这个词语吗？=不知道。

【墓】

在你家里有墓碑吗？=只有墓，没有祭田地。

那个墓地从几代前开始就有墓了？=从六七代之前就有了。

墓地是只有你家的墓地吗？=是我们这几股的墓地。

【同族的分派—股】

---

〔1〕译者注：原文如此。

刘姓被分成几股了？ =现在被分成五股了。

哪里和哪里成为一股了？ =刘斌奎、刘子馨、刘合、刘会、刘斌选各被分成一股。所谓五股就是五户或是五家的意思。

这五股之外的刘姓不是同一个祖先吗？ =不同。

不是同宗吗？ =除了刘树凯之外的人是同宗。

同宗的刘姓有几户？ =在这个村只有五户。

比如，如果你家分家了成为几股呢？ =成为八股。

【同族的墓地】

只有你们家没有墓地吗？ =没有。五股全部一样。同宗的刘姓都没有单独的墓地。

现在刘姓的人死了也埋在那里吗？ =是的。

各股埋葬地方固定了吗？ =是的。各有分支。

埋葬的地方有区别吗？ =不明显。以最高的祖先为准，然后子孙们并排埋葬。

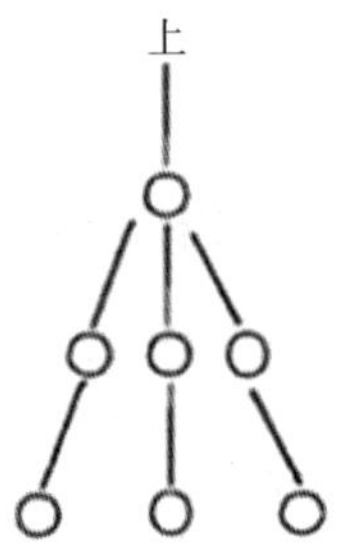

【坟会】

同宗刘姓所有的人，一起祭拜过最长的祖先吗？ =每年寒食的时候，我们五股全部祭拜。

五股所有的人凑钱吗？ =刘姓有祭奠的钱。用那利息买香、纸钱等。

祭奠的钱怎么出来的？ =入会的人出五元，那个钱借给别人产生的利息买。祭奠的钱现在全部有60多元。

那五元什么时候交的？ =七八年前，因为以前按吊收的，换算成元变少了，就按每人五元收的。

从一户人家各收了五元吗？ =是的。如果我们分家了必须出15元。如果分家，因为有兄弟，要变成三家的出。

如果分家了，现在也必须出吗？ =想入会的话，出五元。

那个会称为什么？ =称为坟会。

分家的时候，可以不入会吗？ =可以。分家之后，如果贫困，入会的五元也可以不出吧。

刘姓中有没有入会的吗？ =没有。

祭奠的钱现在由谁保管着的？ =因为轮流作会，由五股各一年交替。

那个钱借给谁了？ =因为少，没有借给别家。我们互相使用。

利息是多少？ = 年利息是两份五厘（相当于日本的五分之二）。

寒食的时候，刘姓所有的人一起做什么？ = 每年寒食到了的话，用利息买香，纸钱，猪头等，从各家出一人祭拜。用剩余的利钱买米，白菜等做饭给当作会的家里。而且下一年的作会由谁担当，可以抽签决定。

这个会食一家人出一个人吗？ = 是的。

谁去都可以吗？ = 谁去都可以，但是一般都是当家的去。

你家里今年是谁去的？ = 我去的。

母亲没有去过吗？ = 都是男人去。

【族长】

在同姓的刘家，辈分最高的称为什么？ = 称为族长。

族长现在是谁？ = 刘会。

在村里一般都喊族长吗？ = 是的。

村里的人都知道“族长”这个词吗？ = 知道。

族长做些什么事？ = 只是称呼。

【同族的土地先卖】

刘姓中有卖土地的情况下，可以不和族长商量吗？ = 不商量也可以。我卖土地的时候，因为刘子馨是叔父，问过他买不买。

问是否可以卖吗？ = 没问。只是问买不买。

不问刘子馨以外的人买不买吗？ = 都问。大家都说不买的时候，卖给外姓。

你之前卖土地的时候，问了大家的吗？ = 问了。

不是只问了刘子馨吗？ = 先问刘子馨。因为和他关系近。

同样也问了刘姓的家人，有顺序吗？ = 有一定的顺序。

什么顺序呢？ = 刘子馨、刘会、刘合、刘斌选的顺序。

那个顺序是怎么决定的？ = 刘子馨是叔父，刘会是同族的大祖父，刘合是二祖父，刘斌选是同族的兄弟，结果就按血缘的远近来决定。

【一家子】

五股家统称为什么？ = 一家子。

在这个村一般叫一家子吗？ = 叫。我们叫刘家。

不使用和一家子同样意思的词吗？ = 不使用。

【一家子的土地先卖】

卖土地的时候不问一家子，直接卖地不行吗？ = 基本上不问是不合常理的。

【婚丧和族长】

一家子的人在结婚的时候，可以不用问族长的意思吗？ = 不问好坏。只是邀请出席。

在葬礼等场合，族长不用吩咐吗？ = 在自己家里做很多事情。族长只是来帮忙。

寒食或是结婚仪式的时候，族长不是坐在上等座的吗？ = 坐上座。结婚的时候，有这样的习惯。第二天，在一家子各户的媳妇中，叫上比新娘子辈分高的人，新娘子给她们磕头。同样的，在第三天新婚夫妇（新郎先去）去一家子的各家，给祖先磕头。

比新娘子辈分高或低，是以谁为标准决定的？ =以新娘子的丈夫为标准决定的。

去磕头，对方媳妇的辈分高或低是以谁为标准的？ =以对方媳妇丈夫的辈分为准的。

【一家子的座次】

结婚或者葬礼的时候，一家子人确定了座的位置了吗？ =辈分高的人从里面开始坐，自然就确定了。

【一家子的集会】

一家子聚在一起有商量些什么吗？ =没有。

一家子的人聚在一起不吃饭吗？ =没有。但是寒食的时候每家只出一个人。正月里会喊辈分高的人吃饭。

【一家子间的交往】

一家子间聚一起请客吃饭啥的，即便聚不齐所有人，也有这种情况吗？ =有吧。刘会就请过。

年节的时候，一家的人互相赠过礼物吗？ =没有。

【一家子间的互助】

忙的时候，一家子的人不会互相帮忙吗？ =不会。只是结婚和葬礼时。

【一家子在租佃时的优先情况】

像抵押土地这种情况，首先是在一家子人中进行吗？ =不是。

一家子的人和他姓的人同时来借土地的情况下，借给谁？ =借给一家子的人。

即使在他姓人出的典钱多的情况下，也是借给一家子的人吗？ =典钱一般都一样的。

想把土地抵押出去的时候，首先会问一家子的人吗？ =不问也可以。

【借款和一家子】

借钱的时候，首先会拜托一家子的人借给自己吗？ =如果在一家子的人中有有钱的人会这样拜托。没有有钱人的时候拜托他姓的人。

从一家子的人那里借钱，和从他姓的人那里借钱的情况比较，利钱不会便宜些吗？ =没有变化。只是期限短的话，一家子不会拿利钱，这就是一家子的好。

【对困窘一家子的扶助】

一家子的人如果有困难，有钱的人不会同情他借钱给他吗？ =钱少的情况下，互相都会帮助。

一家子的人贫穷困难的时候，不会给食物帮助吗？ =没有那样的例子。因为没有那么穷的家。

【保长选举和一家子】

比如希望一家子的人成为保长的情况下，一家子的人肯定会选那个人吗？ =要看是否有能胜任保长的人，不能一概而论。

如果希望能胜任的人成为保长，一家子的人肯定会选那个人当保长吗？ =那个人如果能胜任的话，一家人肯定都会推荐。有刘姓候选人在的话，刘姓的人肯定会选那个人。现在谁都不想当保长。有土地的人不想成为保长。土地少的人，为了得到生活补助，想当保长吧。

【长工】

你家的长工是从什么时候开始请的？ =从去年的10月到今年的10月。

给了多少钱？ =200元。

在这里给他食物吗？ =这里专有。

衣服怎么处理？ =长工专用。

除了两百元之外什么都不给吗？ =不给。

哪里的人？ =张家坨的人。

谁照看的？ =王福纯。

王福纯照看的时候，给了什么谢礼吗？ =没有。只是在下工的时候做饭。

长工的工作是什么？ =只是种地。

除了种地什么都不做吗？ =不做。

喂猪，家里的各种事情不用做吗？ =闲暇的时候做。

【分家时的家产分割】

分家的时候你怎么分配土地？ =除开母亲的份（养老地）平均分。

给去满洲的弟弟也分吗？ =是的。

母亲的养老地留的多少？ =二三十亩。当然给的最好的土地。

【家庭成员的借款】

弟弟们没有从别人那里借钱吗？ =在家里的弟弟没有。但是四弟也许从别人那里借了。前几天四弟写信来了，说借了300元抵押。

那种情况下，不还钱的话家里必须还吗？ =当然是的。

四弟借钱的时候，不用和家里商量也可以吗？ =没来商量。

没跟家里商量时，又没还钱的话，家里也必须还吗？ =是的。因为是正当用途，没办法。

如果不是正当用途，就不给吗？ =一般都是正当用途。

比如付300元的话，分家的时候扣除吗？ =没有那种做法。平分。

父亲去世的时候，没有留下借款吗？ =没有。

11月3日

一家子　结婚　离婚　亲戚

应答者　刘斌奎

地　点　应答者家

【新娘子给家人、一家子叩头】

新媳妇什么时候给母亲和你叩头呢？ =第三天。

也给祖先的牌位叩头吗？ =最先给祖先叩头（第三天），接着给公公婆婆（丈夫的父母），然后是哥哥、嫂子、姑姑、舅母、舅舅依次叩头。

给一家子的长辈媳妇叩头是什么时候？＝先给婚家的祖先叩头，办接待的一家子的祖母、叔母叩头，然后给公公婆婆叩头。

不给弟弟，弟媳叩头吗？＝不叩。

给丈夫的姐姐叩头吗？＝叩头。

姐姐出嫁也是这样做吗？＝是的。新老婆在叩头的时候，受拜的人都要给新老婆叩头钱。

公公婆婆也给吗？＝公公和哥哥不给，婆婆和嫂嫂给。

给丈夫的妹妹叩头吗？＝不叩头。

不给一家子的长辈男性叩头吗？＝虽然一般应该是要去长辈家里叩头，但实际上对方不受拜。

那是为什么？＝因为即使不叩头也和叩头一样，不用叩头。男人即使是长辈，不接收新老婆的叩头不受拜。

男性长辈不接受叩头，是为什么呢？＝为了叩头去的话，有带着人来见的，房间太小太麻烦，不叩头。

需要一家子的长辈媳妇叩头的话，一家来一人吗？＝一人。

一家人中作为长辈的媳妇有几个也来一个人吗？＝只来一个人。

一家人中谁的媳妇来？＝一家人中辈分最高的媳妇来。家长的老婆来。

新媳妇还没有给夫家的祖先牌位叩头的时候，还不能成为夫家的人吗？＝新娘子来到夫家后无论是否给祖先牌位叩头都成为夫家人了。

【在年节时候互赠物品】

年节的时候在你们家和别人家会互赠物品吗？＝不互赠物品。

一家子人也不互赠物品吗？＝不互赠物品。

【结婚】

你的四弟什么时候结婚的？＝第二个老婆是去年在满洲娶的。

第一个媳妇怎么了？＝生病死了。是罗家营的人。

现在的媳妇是哪里人？＝原山东省的人，现在在满洲的公主岭有房子。

那个太太是谁介绍的？＝侯元来介绍的。

侯元来在哪里？＝在奉天做麻袋商。

侯元来和谁说的那话？＝直接和四弟说的，四弟写信给我们说的。四弟之前是和杨庄子陈姓的人结婚，性格不合散了。

和陈姓结婚是什么时候？＝六年前。

第一个媳妇是什么时候死的？＝结婚第二年，八九年前。

【结婚的决定者】

和陈氏结婚是谁决定的？＝父母。

【与本人商量】

听了四弟的意见决定的吗？＝因为四弟去满洲，写信问了，他本人说合适就娶，然后决定了。

本人决定之后，没有通知吗？ =决定之前，问了的。

订婚的时候，一般问本人的意见吗？ =儿子如果长大了，就问一下，如果不是的话，由父亲随便决定。

大概多少岁的时候问？ =必须过了十四五岁。

【媒人】

和陈姓结婚是谁的媒人？ =族宗的姑姑。

【订婚】

和四弟现在的太太订过婚吗？ =订过。

什么时候订的？ =前年的农历 11 月。

【结婚费】

四弟这次结婚的费用是由谁出的？ =从自己家里出的。

大概用了多少钱？ =大概四百块。衣服是他自己做的。

结婚仪式这边谁去了？ =母亲和二弟去了。

【离婚】

和陈姓的婚姻是什么时候取消的？ =大概两年半前。

婚姻取消是由哪方提出来的？ =平时两人的关系不好，结婚后媳妇经常回娘家，前年的五月娘家提出离婚。

陈氏太太去过满洲吗？ =没有去过。

陈氏太太多少岁了？ =今年 27 岁左右。

和陈氏关系恶化了吗？ =是。

为什么关系恶化了？ =原因不清楚，但是光吵架。四年里也一个孩子也没生，四弟一年回两个月的时间，也是光吵架。

和四弟以外的家人之间，关系怎么样？ =关系没变坏。即使现在在途中碰见了会讲话。

【离婚的中间人】

离婚是谁带话来的？ =陈的姑父。

作为媒人的族人姑姑没有关系吗？ =媒人去了满洲，不在。杨庄子的保长也来说了的。

陈的姑夫和保长一起来的吗？ =一起来的。

来和谁说的？ =开始来给母亲说的。母亲给四弟写信说，让他回来商量下。他回信说，因为光吵架就离婚吧，就离了。

母亲和你或是次弟也商量了的吗？ =商量了。对方也说了几次，说不要离婚让老婆回来，但是弟弟同意离婚就离了。

离婚的话，一般都是通过谁说的？ =结婚时候的媒人和双方村里有权威的人做中间人。

四弟离婚的时候，除了姑父、保长外，还有谁是中间人？ =泥井的齐镇长做中间人。

齐镇长是啥时候介入的？ = 四弟原来的太太相当于齐的妾的干女儿。

【干女儿、干妈】

干妈抚养干女儿吗？ = 不养。

什么情况下认干女儿？ = 也有看感情，但如果认干妈，就有干女儿永生的信仰。

可以认他姓的人做干妈吗？ = 他姓也可以，不一定。

【离婚】

离婚的时候，为什么有那么多人介入呢？ = 陈对齐讲了，齐带我去了杨庄子，在那里，保长和姑夫又聊弟弟离婚的事，我说我搞不清楚，所以又回去了。结果齐又带着保长和姑夫来了我家里。

离婚的时候，这边给了钱和物品吗？ = 没给。老婆带过来的衣服带回去了。

在这个家里添置的衣服怎么处理了？ = 在这个家里没有添置衣服。

在这个家里有添置衣服的情况怎么办？ = 如果是在这个家里添置的衣服，就留在这里。

【离婚补偿】

不从对方那里拿钱或东西吗？ = 没有拿。弟弟很强硬地说要补偿结婚当时的费用，但是中间人调解阻止，也就罢了。

一般都能补偿到结婚费用吗？ = 男方提出离婚的时候，必须给女方贴养费。女方提出离婚的时候，一般都补偿结婚的费用。

所谓结婚的费用，仅指结婚的时候给女方的钱吗？ = 要是给了女方钱，就要收回那个钱和首饰衣服钱、酒席钱。

贴养费和结婚费的金额，是由谁来决定的？ = 贴养费是女方决定的，调解的人适当斡旋。结婚费是由男方提出，调解的人斡旋决定。

【休书】

决定离婚之后要附上什么文件吗？ = 附上。

附上几个？ = 做两张。双方各拿一张。

这里有休书吗？ = 四弟拿着的。

书写格式是怎么样的？ = 不知道。大体上就是写对方提出离婚，我方也同意离婚之类的。

调解的人的名字也写进去吗？ = 保长，姑夫的名字写进去了。齐的名字没有写。

【给中间人的谢礼】

给帮忙调解的人礼品吗？ = 这边不送礼。对方不知道。

在本村有离婚的例子吗？ = 侯定义的儿子就是例子吧。

【离婚补偿】

因为媳妇的原因而离婚的时候，也给贴养费吗？ = 不给。

什么情况不给？ = 因女子品行等恶劣离婚的情况下。

即使是强迫女方说出离婚，男方也收不到结婚费的情况有吗？ = 没有。如果男方说不用了的话，不给也可以。

【妻子提出的离婚和补偿】

男方不好，女方想离婚的情况有吗？ =有是有，但是少。

是怎样的情况下？ =男方虐待女方的情况下。男人娶妾，如果虐待妻子了，女方会请求提出离婚。

因为被虐待女方提出离婚的情况下，男方可以得到离婚费吗？ =那种情况下，男方很高兴妻子回家，男方不会说要，还要的话就没理了。

那种情况下，女方可以得到贴养费吗？ =可以。

【休书、补偿】

离婚的时候写的文件叫作什么？ =休书。

收到贴养费的时候，也会写休书吗？ =写的。

贴养费是一次收到吗？ =要定下来一共是多少？

不是决定每月多少、每年多少吗？ =不是那样的。

如果不写休书，就没有离婚吗？ =没有休书不行。

这个村里离婚的少吗？ =有是有，但是少。

【因为没有孩子导致的离婚】

有女人因为没孩子而离婚的吗？ =没有。可以续二房。

【同族】

刘姓在保甲册上有十户吗？ =有刘子馨、刘会、刘合、刘斌选、刘斌奎的五股和他宗的刘树凯。刘会的儿子有刘万喜、刘万臣、刘万年。这三个人分家了。

即使刘会死了也是一股吗？ =变成三股。但是因为刘合没有孩子刘万臣必须成为他的过继子。

【过继】

刘万臣成为过继子的事情是确定了的吗？ =确定了的。刘会是大儿子，刘合是二儿子，所以刘会的二儿子成为刘合的大儿子。

【亲戚】

知道亲戚这个词吗？ =知道。经常用。

所谓的亲戚，什么样的人称为亲戚？ =非常少，比如老家，姑母，妹子家，弟媳家，老大爷家等等都是。

【婚丧和亲戚】

结婚，葬礼的时候亲戚来吗？ =来。

所有的亲戚都来吗？ =上面提到的亲戚都来。

【给亲戚的扶助】

困难的时候，亲戚之间不会互相帮助吗？ =困难的时候互相帮助。也会帮忙。

【一家子的亲戚】

一家子和亲戚哪个更亲？ =一家子亲些。除此之外妹子家或是姑母家更亲。和一家人差不多一样的。

【过继和亲戚】

选过继子的时候，除了一家子之外，亲戚也来吗？＝亲戚不来。女人在过继子的时候，女人的哥哥或者弟弟回来和女人商量。

【亲戚间的互赠物品】

在亲戚间，年节等的时候，有互赠物品的习惯吗？＝拜年的时候，会带点心等。

【拜年和亲戚】

你去拜年吗？＝拜年。

去谁家拜年？＝去老姑家、姑母家、老大爷家、姐姐家等。

亲戚中的谁会来你家拜年？＝母亲家来的母亲侄子、母亲的兄弟、妹夫、姑母的孩子们会来。

【婚丧和亲戚】

结婚或者葬礼的时候，上面的人会来吗？＝来。

除了上面之外的亲戚会来吗？＝亲戚就只有上面的人。朋友的话只有给了帖子的会来。

11月2日

分家和同样的家庭生活　同族

应答者　侯定义（69岁）

地　点　侯家营小学旧址

【关于应答者的家庭】

你去过满洲吗？＝没有。

去过满洲以外的哪个地方吗？＝去过开平，去过一次买自家用的锅缸。

你是做什么的？＝农民。

除了农活，什么都不做吗？＝什么都不做。

买卖之类的也不做吗？＝以前做买卖。经营布匹和绢。

去哪里经商的？＝本村村民都是在我家里来买的。别的村比如牛心庄，张家坨，韦庄，杨庄子，泥井，新进堡，马蹄庄，赵家港也去了。

是什么时候的事情？＝宣统年间到民国年。做了17年。

那时候，没做农活吗？＝雇用了一个长工做农活。

现在什么买卖都没做吗？＝现在年纪大了不做了。

现在耕种几亩地？＝自己老了不能耕种。两个儿子每人耕种三十亩。

【分家和同样的家庭生活】

儿子们分家了吗？＝虽然没有分家，但是各过各的生活。

你自己有多少土地？＝五十二三亩。两个儿子种着的。

【两个孩子的分别耕种—各自的生活】

两个儿子耕种的土地都是你的土地吗？ =是的。

没有借别人的土地耕种吗？ =没有。两个儿子把土地分开耕种。因为有妻子让他们各过各的生活。因为自己年纪大了，不想太操心。两个孩子供我吃饭。

你家里有几个人？ =大儿子不知道去了哪里。二儿子家四人，三儿子家五人。

大儿子没有老婆、孩子吗？ =没有。

什么时候走的？ =30 多年前。

谁在你家里？ =二儿子和他的妻子，三儿子和他的妻子，二儿子的孩子一人，三儿子的儿子一人，女儿一人。我自己。

二儿子和三儿子住在同一个院子里吗？ =住在同一个院子里。

二儿子三儿子各耕种几亩的？ =平分。

二儿子三儿子是分开做饭吗？ =分开。

【父亲的生活—轮流赡养】

你怎么生活的？ =两个儿子每隔一天交代一下送饭来。

你自己没有开火吗？ =自己没有开火。两个儿子做了送过来。

【不提分家的原因】

二儿子三儿子分开生活，但是为什么没说分家？ =大儿子因为去向不明，不能做分家单。如果回来的话，怕产生问题。如果我死了，可能会拜托谁写分家单，但是活着的时候，不会写分家单。

只要不知道大儿子怎么样了，就不分家吗？ =即使知道大儿子的住处，只要不回来，都不能分家。我活着的时候，不写分家单。

如果知道大儿子死了的话，怎么办？ =那个时候可以分家，但是没有消息期间不能分家。

只留大儿子的那一份，也不能分家吗？ =留下那一份，如果他回来的话也可以，但是如果不回来了，分家就麻烦了。到现在已经等了三十年了，到事情确认了，也没有太大关系。

你死了之后，就可以分家了吗？ =即使死了，也要等哥哥回来。不回来的时候，没办法要分家。

那种情况，现在只有两个在的儿子分了土地吗？ =只有两个人分。如果分家之后，大儿子回来了，必须分土地或是房子，让他一辈子有吃的。

你儿子耕种的土地是你的吗？ =是我自己的。是由族宗留下来的土地是我的。

【土地的处理权—父子关系】

儿子耕种的土地可以任意借给别人吗？ =我不说的话，儿子不能随意借出。

那个土地儿子不和你商量可以卖吗？ =只要我活着，就不能随意卖。

分家之后如何呢？ =写了分家单之后，儿子可以随便卖。

孙子几岁了？ =三儿子的儿子九岁，二儿子的儿子七岁。

【父亲的生活】

你只跟着儿子吃饭，别的方面儿子不赡养吗？=除了吃饭外，给零花钱和衣服。

零花钱给多少？=没有钱的时候问儿子要。没有的时候给五六元。一年一个儿子大概给五六十元。

每年都会给你做衣服吗？=衣服不够穿的时候，两个儿子会商量了给我做。

【收获物的处理权—父子关系】

两个儿子可以随便卖收获物吗？=没什么特别可以卖的东西，但卖的时候，会和我说一下。

如果分家之后怎么做？=写了分家单之后，可以随便卖。和我没有关系。

【分割耕种】

让两个儿子分开土地耕种，是什么时候？=五年前。

没有写分家单，让两个儿子分开耕种分开生活，叫什么？=叫作各吃各的。

【各自的生活和户】

两个儿子算是各立门户吗？=算是分开。

如果一起耕地、一起吃饭的话算几户？=一家。

【当家】

你家里谁当家？=还是我当家。

二儿子家不是二儿子当家吗？=还是我当家。

如果分家了，谁当家？=儿子各当各的家。

【土地的买卖、典当】

你们家买卖过土地吗？=有。

什么时候卖的？=在民国十七、八年卖给李家六亩，二十六、七年卖给侯宝连五亩，二十七年卖给崔家坨的赵进臣两亩，二十九年卖给侯全武四亩。

买地是什么时候？=光绪二十年七月左右买了四亩。

之后没买吗？=没有。

现在没有典当的土地吗？=没有。

没有从别人那里借钱吗？=没有。

在民国十九年卖土地的时候，两个儿子已经分开耕种了吗？=在民国二十九年卖了土地之后，分开耕种的。

两人分开耕种之后，没有买过土地吗？=没有。

儿子多少岁了？=二儿子32岁，三儿子27岁。

你的父母是什么时候去世的？=父亲在三十年前去世的。母亲比父亲早两年去世。典当土地就是因为父母生病死去的缘故。

民国二十九年卖土地的时候，没有和儿子商量吗？=没有，只是说了一下。

【村里的管理工作】

你给村里做过什么吗？=做过。

做的什么？=宣统年间做过村正。

没有做过会头吗？ =村正就是大会头。

你有几个亲兄弟？ =兄弟二人，哥哥在二十六七岁的时候死了。

亡兄没有妻子和孩子吗？ =有。光绪二十一年八月二十一日哥哥死了，八月二十九日嫂嫂死了，九月初三侄子死了，11 月左右我妻子和孩子死了。当时有严重的病。

现在的儿子是你亡妻的儿子吗？ =第三个妻子的孩子。

你得到你父亲所有的土地了吗？ =全部给我了。

你的父亲做过村里的什么吗？ =做买卖的，什么都没做过。

做的什么买卖？ =在满洲做的杂货生意。

【农耕、家务的运营—父子关系】

现在在你家里，耕种或是家里的事情，由谁吩咐？ =我吩咐。

雇用长工短工吗？ =现在没有雇，如果雇的话，儿子会和我商量。

卖谷物的钱谁拿着？ =儿子拿着给我零用钱。

两个儿子都各自拿着自己卖谷物的钱吗？ =是的，各自拿着。

儿子可以支配那些钱吗？ =关于吃饭用钱等的事情，不用商量就可以。但需要用很多钱的时候，就必须要和我商量。

孩子们有多少钱你知道吗？ =也不是完全不知道。我让他们正常用钱后，把剩余钱数告诉我。

分家之后还是会告诉你吗？ =如果分家了就和我没有关系，不用告诉我。

【租税的负担—父子关系】

钱粮或是乡里的摊款由谁来支付？ =名义上是我，但是是两个儿子平摊。

【同族的门】

你属于侯姓第几门？ =属于大一门。

大一门有几户？ =四五十户。

【门的小股】

大一门分成几个了？ =被分成小股（分支）了。

分成几个小股了？ =太多了不清楚。

你属于哪支小股？ =第二小股。

有到第几个小股？ =有八九小股。

第二小股有几户？ =有八户。

都有谁？ =侯永俭，永连，永勤，永周，大生，定义，安邦（在满洲），明邦。

【小股的基准】

小股是按什么标准分的？ =按近亲的关系分的。

是否五服以内，怎么知道的？ =曾祖父，祖父，父亲，自己，孩子入五服。与此相对应的一代的人就成为小股。

有家谱吗？ =没有，但是认为有必要的话，就自己做。

大门和小股之间，大一门又被分成几个？ =没有。

【小股的住处】

你们小股的人住在同一个院子里吗？ =没有。分成六个院子。

非同一小股的人住在同一个院子里的情况也有吗？ =没有。同一个院子里的都是同一股的人。但也有没房子的例外情况。

【小会】

知道小会这个词吗？ =知道。在我们小股里没有小会。

小会是干什么的？ =八家聚在一起，买猪头祭祀祖先的会。但是我们小股没有会。

到现在小会一次都没有吗？ =从以前就没有。因为没有出钱。

举行小会要出钱吗？ =出钱。因为要买东西。

【小股和小会】

小会是一个小股只有一个吗？ =只有一个。

有没有在一个小股里有好几个小会情况？ =没有那样的。

在两个以上的小股里，有形成一个小会吗？ =成立小会是因为拜祭祖先，没有必要成立别的小会。

现在在大一门里有几个小会？ =大一门没有。三一门只有一个。

【大会】

从以前开始，大一门就没有吗？ =一直以来是所有门都只一个大会，之后没有了，现在只在三一门剩下一个小会。

小会在有大会的时候也有吗？ =没有小会。大会没了，才产生了小会。

什么时候大会没的？ =刚好二十年前。

【小会的集资】

在小会上收钱吗？ =收。

现在在三一门的小会从谁收钱？ =侯连仕，连奎，连邦，元泰，连有，永庆，永增，永凤，保连，保田，保山，保臣，保林，保珍，廷武，廷文，庆永等。

【小股和小会】

三一门分成几个小股了？ =应该六七个吧。

上面说的人都属于同一小股吗？ =属于一个小股。

属于那个小股的人都入会了吗？ =没有都入。

属于上面的小股又没有入会的人有吗？ =大家都入了。

【一家子】

这个村里的侯姓都是同一个祖先吗？ =同一个。

知道一家子这个词吗？ =知道。所谓的一家子，就是分派在同一祖先下的一家里的所有人。

【一家子的长辈】

在一家子中，辈分最高的人叫什么？ =叫老先人或是老族家。

侯姓一家子的老先人是谁？ =不知道，五服以内知道，五服以外不知道。

【门的前辈】

在大一门，二一门，三一门，各自辈分最高的人叫什么？ =叫太爷。

大一门的太爷是谁？ =不知道。五辈以上的不知道。

【小股的前辈】

在各个小股，辈分最高的人叫作什么？ =叫太爷。

你们小股的太爷是谁？ =侯俊良。

【卖地、结婚和与小股长辈的商量】

你卖土地的时候和小股的太爷商量了吗？ =股现在都很远，没有商量。通知了的。

支派是什么？ =某些人的孩子都是股。

支派远或者近是怎么回事？ =根据辈分的大小。

你的儿子结婚的时候，和侯俊良商量了吗？ =没有商量。

【土地先卖同族】

卖土地的时候会问小股的人是否买吗？ =问。

问小股所有的人吗？ =问。

不问小股的人就不能卖吗？ =不问就卖是不行的。要是碰到小股里面有有钱的，又如果要买地的人的情况就不行。

也会问小股以外的大一门的人吗？ =不问。

有没有即使同支小股，但也可以不问其购买意图的情况呢？ =有。

什么样的人不问也可以？ =家里穷的人即使问了也不买，所以不问。

如果不属于你们小股的，属于大一门的有钱人的话，必须问那人买不买吗？ =如果在侯姓里，即使属于大一门也有问。

【在先卖土地的时候同族内的顺序】

属于你们小股的有钱人，和不是侯姓的有钱人，你先问谁？ =我们小股的人。

大一门的有钱人，和大一门之外的侯姓的有钱人，你们先问谁？ =问大一门的人。

如果你们小股里有三个有钱人，有询问的顺序吗？ =有。

按什么顺序问？ =从血统近的人开始问。

问大一门，二一门，三一门的人的时候也有顺序吗？ =有顺序。

你知道在大一门，二一门，三一门和自己的远近关系吗？ =知道。

怎么知道的？ =看墓碑就知道了。

【婚丧和同族】

你儿子结婚的时候，叫哪些人来？ =自己小股全部的人和侯姓中比自己辈分高的人都叫过来。

你父母去世的时候，谁送钱或供品了？ =姑姐，老家姨娘，姑娘的婆家，儿媳的娘家，在本村的人中我以前送过供品的人。

在你们小股中，或者大一门，二一门，三一门中，有人没带供品来的吗？ =有。

什么人没带？ =没钱的人，互相之间从来没有礼尚往来的人，还有关系差的人。

你们小股中有人没带的吗？ =没有那样的人。

【租佃的同族优先】

借出土地的时候，问小股的人是否耕种吗？＝和卖地一样的。

也会问大一门，二一门，三一门的人吗？＝不会特别问。

【借款和同族】

需要钱的时候，首先会拜托小股的人吗？＝首先问小股的人，然后问大门的人。

从小股和大门的人处借钱，和与从他姓的人那里借钱有什么不一样吗？＝没有太大区别呢。如果借的金额多，不管从哪里借，不抵押土地的执照都借不了。

从小股或大门那里借钱，不会不要利息或者利息会便宜些吗？＝小股的话，一个月期限没有利息，如果是他姓即使一个月也有利钱。

【同族的坟地】

侯姓所有人都有坟地吗？＝没有。

大一门有坟地吗？＝没有。老大会只有两亩。

老大会是什么？＝就是老先人。

现在是谁？＝现在没有了。

什么时候没有的？＝20年前。

老大会现在的两亩地怎么处置的？＝租出去了。

谁现在种着的？＝侯元恒。

那个租钱谁着？＝侯云中、长惠、凤昌、太生、元耀、元泰拿着。用租钱买猪头祭祀祖先。

这些人属于第几门？＝元泰是三一门，元耀、太生、云中、长惠是大一门，凤昌是二一门的。

建墓的地方所有侯姓都是一样的吗？＝不一样。老祖先是一样的。

大一门在同样的地方吗？＝不同。二一门，三一门也都不同。

你们小股在一个地方吗？＝不在。

即使在你们小股每家也不同吗？＝不同。

如果墓地都不同的话，不是不知道侯姓中谁的辈分高谁的辈分低吗？＝五辈之内知道，五辈之上不知道。

【祖先祭祀—同族的集会】

祭祀老祖先的时候，侯姓所有人都聚集吗？＝在十月一日和清明节的时候，大家都带着纸钱烧纸。

侯姓所有的人一起聚集吗？＝有猪的时候全部聚集，现在没猪了不聚集。

大家没有聚集一起吃饭吗？＝20年前分猪肉。40年前一起吃饭。现在什么都没有。

老大会的两亩地的租钱现在用来干什么？＝买猪头祭祀老祖先。

大家不一起吃饭吗？＝不吃。祭祀时，就上述的几个人一起吃，其他人不吃。

那些人一起吃饭，不叫什么什么会吗？＝也叫小会。

上面的人拿租钱是由谁决定的？＝由侯姓所有人决定的。

变化过吗？＝那些人如果活着就不变，如果死了就变。

替代的人怎么决定呢？＝有儿子的话儿子当，没有儿子的话，侯姓指定。

那时候侯姓所有的人都集合吗？ =虽然不集合，但是如果是侯姓的人谁都可以。

老大会的二亩地叫作什么？ =叫坟会地。

在属于侯姓的家里，有没有拥有附属在墓地下的耕地的家庭？ =没有。

【新媳妇给小股、门的叩头】

儿子娶媳妇的时候，太太要转着去给小股和大一门寒暄吗？ =给小股和大一门寒暄。

小股和大一门全部转吗？ =全部转。

不去二一门，三一门吗？ =不去。

媳妇转的时候做些什么？ =叩头。

给谁叩头？ =给族宗叩头。

不给那家人叩头吗？ =给长辈叩头。

结婚的第几天？ =第三天。

没有把小股的长辈的媳妇叫到自己家里叩头吗？ =小股的家人全部叫过来，坐在上座，媳妇坐在下座叩头。受拜的长辈给媳妇钱或物。新媳妇去大一门转。

叫小股的什么人？ =从一家人来一个。当家的不在的话，就叫当家的媳妇来。

不是长辈不叫吗？ =即使晚辈也过来。

给晚辈也叩头吗？ =不给晚辈叩头。

也去大一门的晚辈家里叩头吗？ =去是去，但是不叩头。只是问候。

在晚辈家也给祖先叩头吗？ =叩头。

不去给小股的祖先叩头吗？ =给长辈叩头之后，给祖先叩头。

去给大一门或小股的祖先叩头的，就只有新媳妇吗？ =在大一门只有新太太带人去。之后新郎去叩头。在小股里面新婚夫妇一起去。

【给家人叩头】

儿子的新太太什么时候给你叩头？ =第三天。首先给咱们家的祖先叩头，小股的长辈叩头，然后给我叩头。

不给儿子的兄弟叩头吗？ =给哥哥或嫂子叩头。不给弟弟或弟媳叩头。

给儿子的姐姐叩头吗？ =叩头，不给妹妹叩头。

新老婆还没给祖先和你叩头的时候，还不能说是你们家的人吗？ =下了轿子就成了我们家的人了。与是否叩头没有关系。

【结婚、订婚】

你的儿子什么时候娶的媳妇？ =大儿子 19 岁，二儿子 17 岁，三儿子 19 岁的时候娶的。

娶媳妇的时候问了儿子的意见了吗？ =没问。

孩子们是在结婚仪式上第一次看见媳妇的面容吗？ =是的。

订婚之后让孩子们问过吗？ =告诉儿子，邀请村里的人或媒婆凑热闹。

11月3日

分家和同样的家庭生活　同族　过继

应答者　侯定义

地　点　侯家营小学校旧址

【分家和同样的家庭生活—两个儿子分割耕种的互助】

分耕的二儿子三儿子相互之间帮忙耕种吗？＝互相帮助。

比如说怎么帮助？＝一方忙、另外一方不忙的时候，就来帮忙。

耕种或是收获的时候，也来帮忙吗？＝一起耕种。除草或是收获也会帮忙。

比如二儿子的地由三儿子二儿子耕种，然后三儿子的土地再由两个人耕种，是这样吗？＝需要早点儿耕种的土地，两个人在一起耕种。除草和收获是分开的。

二儿子分耕的土地只由二儿子耕种吗？＝不会。作为父亲，全部是我的土地。

由二儿子负责分耕的地，三儿子会一起帮着耕种吗？＝耕种的时候一起，收获的时候分开。

除草收获的时候，有没有先帮二儿子再一起帮三儿子的情况？＝除草的时候各干各的，早做完的话去别的地方做事。

例如二儿子早早地就除完草了，不会帮三儿子吗？＝不会帮。如果空闲的话就去别的地方做事儿了。

收获的时候不帮忙吗？＝虽然各自做，会帮忙。

例如，两个人收完二儿子这边的收获物，两个人又收三儿子这边的收获物吗？＝互相帮忙只在耕种的时候。除草、收获都是各干各的，如果生病了的情况下，会帮一两天。

【农具的使用和所有—父子关系】

二儿子三儿子分别有农具吗？＝两个人都用我的农具。

同样的农具二儿子三儿子是交替使用吗？＝犁杖一起使用。

除此之外的农具都是分别使用吗？＝分开使用。

那些农具是谁的？＝我的。

【家畜的使用和所有—父子关系】

有牛或者马吗？＝有一头牛。猪是孩子们自己饲养。二儿子三儿子每人都有一头母猪。

牛是两个人一起使用吗？＝一起使用。两个人饲养两个人使用。

两个人怎么饲养？＝饲料两人每天交替饲养，草是分开给。如果没有了再给。

一天喂多少是固定的吗？＝不固定。

没有多给或少给的情况吗？＝没有那样的差别。

那头牛是谁的？＝我的。我买的。今年三儿子买了一头牛。把现在的牛卖了，生的子牛今年给了二儿子。

三儿子买牛的钱是谁出的？ = 三儿子喂的老母猪生了小猪后，卖了小猪买的。

现在的牛生的小牛已经给二儿子了吗？ = 是的。

从今年开始，二儿子和三儿子各自使用自家的牛吗？ = 因为母牛还在，今年的耕种是一起使用。从今年秋天开始，一起用三儿子的牛。

为什么不用二儿子的牛？ = 因为小，不能用。

等到牛长大了，一起用三儿子的牛吗？ = 是的。

三儿子的牛的饲料怎么弄？ = 只有三儿子饲养，粪只有三儿子得了。

二儿子不表示感谢吗？ = 不给，只是帮一天忙。

你的母牛卖的钱归谁？ = 自己拿着。我死了之后买寿衣。

子牛给二儿子，没有收钱吗？ = 没有。二儿子将来把牛卖了，钱自己拿着。

分家的情况下子牛怎么处理？ = 如果我活着，就不会分。如果死了，二儿子就按照牛的价格多出一些丧葬费。

二儿子三儿子的老母猪是谁出钱买的？ = 各人卖谷物买的。

买老母猪的时候，听了你的意见了吗？ = 听了。

二儿子三儿子可以不和你商量卖老母猪吗？ = 卖的时候，不说也可以。

卖猪的钱归谁？ = 各归各的。

猪是你的吗？ = 不是。是儿子的。

【谷物的货款—父子关系】

卖谷物的钱是谁的？ = 都是各自的钱。只是给我零用钱。

【分家后的互助—帮工、搭套】

儿子们分家之后，还是会互相帮助一起耕种吗？ = 互相帮助。

分家后也一起耕种的例子在本村多吗？ = 在本村多。他姓也有一起耕种的。

一起耕种叫作什么？ = 帮工。

不说搭套吗？ = 说。

二儿子和三儿子互相帮助也叫搭套吗？ = 兄弟间不说搭套。和他姓之间的情况下说搭套。

兄弟之间没有搭套吗？ = 虽然互相帮助，兄弟之间不说搭套。

【父亲的零用钱】

如果没有零用钱了从你这里要吗？ = 问儿子。

在问儿子之前不说给你钱？ = 需要钱的时候我也说，如果要五元，每人给二元五。

【儿子的现金收入】

二儿子三儿子存的其他的钱用来干什么？ = 各自拿着做生活费。

给你说存了多少钱吗？ = 说今天存了一元明天存了两元。

必须说吗？ = 回来了的话一定说。

【家人的住处】

你住在哪个房间？ = 东屋。

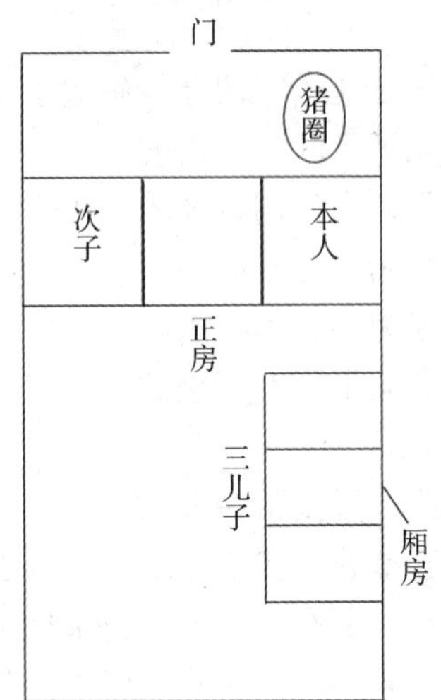

【父亲的饮食】

吃饭是和二儿子家的人一起吃吗？＝单独吃。

【父亲的照顾】

给你缝制衣服，照顾你的人是谁？＝两个儿子的媳妇。

主要是哪个媳妇做？＝都一样。

交替做吗？＝每天交替。照顾吃饭的人那天扫地之类的。

扫地之类的都是媳妇做吗？＝是的。

【门的小股】

大一门里面有小股（分支），但是第一小股，第二小股这样的称呼是固定的吗？＝（回答不明，所以没有附上回答）

【五服】

五服以内，五服以外是怎么决定的？＝祖父，父亲，自己，儿子，孙子是五服。

现在有孩子没有孙子的情况下，五服是？＝哥哥有孙子的话，孙子是五服。

兄弟没有孙子的情况下呢？＝我那里有本书，看了你就明白了（回答不明了）。

【家的祭祀】

你的亡兄是谁祭祀？＝我祭祀。

有牌位吗？＝没有。

你家里有祖先的牌位吗？＝没有。

【过继】

亡兄没有过继孩子吗？＝没有过继孩子。我因为有三个孩子，只是去上坟。

这个村里有过继子的例子吗？＝有。

亡兄为什么不过继子？＝那个时候因为我还没有孩子。哥哥那会儿也还没到过继子的年龄。

大概多少岁的人必须过继孩子呢？＝40，50岁开始过继孩子。

30 多岁死的也不过继孩子吗? =不过继。

过继孩子是为了做什么? =添坟、上香。

30 多岁死了的话,不添坟上香也可以吗? =有必要,但是是兄弟做。

40 岁,50 岁去世,为什么必须过继孩子,添坟、上香呢? =为了后代延绵。

30 多岁死了的话,没必要延续后代吗? =兄弟可以照顾,所以没必要。

【小股的合议】

你们小股集合商量些什么? =如果有重要的事集合商量。过继孩子的时候也会集合商量。

过继孩子之外的情况下,有集合商量吗? =有。

什么情况下? =上坟的时候老姑子来了。那个时候如果没有钱会商量借钱。

小股的人都集合商量吗? =有钱的人家会去商量。

有小股所有的人集合商量的情况吗? =如果是大事商量,但是除了过继孩子之外,没有什么大事。

除了过继孩子,大家都没有集合商量过吗? =没有。

关于过继子大家曾经集合过吗? =我们小股没有。

【门的合议】

大一门的人没有一起集合商量过吗? =有过,我出生之前。我出生后没有过。

听说过什么情况下聚集吗? =听说是为了过继孩子聚集的。

现在关于过继孩子,大一门的人不聚集吗? =大一门所有人不聚集,兄弟几人聚集。

在大一门最近有过继孩子的例子吗? =有。

哪一家? =侯瑞慈的孩子过继给侯瑞祥。

什么时候? =五六年前。

那时候,大一门所有的人都聚集到一起吗? =只有那边小股的人聚集了。

【同族的合议】

大一门,二一门,三一门的人没有都聚集在一起商量过吗? =没有。

侯姓所有的人没有因为什么聚集在一起吗? =没有。大家都没听说过。

【对同族的亲近感】

侯姓人比其他姓的人亲近些吗? =稍微亲近点。

【保长选举和同族】

侯姓的人不是从侯姓中选保长吗? =不是那样的。选有公道品行端正,有财产的人。

侯姓的人,他姓的人各有一个人想成为保长,同时拥有同样的资格,这种时候,侯姓的人选择哪一个? =不一定。也给他姓的人投票。

在侯姓人中,关于村里各种各样的事情没有产生过分歧吗? =有。也有发生口角的。

在村里,侯姓的人意见一致吗? =并不会因为姓侯就都一致。根据事理达成一致。

选举现在的保长的时候,侯姓的都给他投票了吗? =投票了。

投票前大家都商量了吗? =没有时间商量。

那种情况提前商量吗? =为了防止给不好的人投票,会商量。

为了不给他姓的人投票，不商量吗？ =不。
那样的话，聚集起来商量的人是侯姓全部的人吗？ =村里所有的人集合商量。
【儿子的借款】
去年或今年借过钱吗？ =没有借过。
儿子分耕之后没有借过钱吗？ =没有。
没有抵押土地吗？ =没有。
你的儿子借钱的话以谁的名义借呢？ =以儿子个人的名义。
不是以你的名义吗？ =不是。
为什么？ =因为八九元，不以我的名义也可以。
如果是大的金额，以谁的名义借钱呢？ =因为不需要钱，不用借那么多钱。

11月4日

同族坟地　坟会

应答者　侯凤昌（67岁）
地　点　侯家营小学校旧址
【关于应答者的家庭】
您现在从事什么职业？ =农业。
有儿子吗？ =有两个，一个34岁，一个24岁，都有老婆。
分家了吗？ =没有。
耕种多少亩地？ =大约26亩。
这些都是自己的地吗？ =是的。
还耕种其他人的地吗？ =有四亩是别人的地，在26亩之外。
属于侯姓的哪一门？ =二一门。
二一门有几户？ =只有两户。
【同族的坟地—老坟地】
有侯家全体人的坟地吗？ =有。
现在还把侯家人葬在那吗？ =现在不葬在老坟地了，都有其他的坟地。
老坟地以外的坟地，各门都有一块吗？ =不一定，每门都有一块。
二一门是一块坟地吗？ =两户各有一块。
【门的小股】
大一门有又分吗？ =分。
分成多少？ =分成几小股不知道。
二一门分成小股了吗？ =没有。
【老坟地】

老坟地在谁手上？ =侯长惠、侯子隆、侯云中、侯凤昌、侯大生、侯永和六个人管理。

老坟地是谁的？ =不知道。

上面六个人管理老坟地，做些什么？ =清明节烧香祭祀，用从坟地的收成买东西祭祀。

坟地有几亩？ =大概五、六亩。

有能耕的土地吗？ =不能耕种。

老坟地也没有能耕种的土地吗？ =没有。

能从坟地采到什么？ =草。

【坟会地】

两亩能耕种的土地也没有吗？ =有。

这个土地叫什么？ =坟会地。

坟会地是谁在管理？ =上面六个人。

【坟会地的租佃】

那块地谁在耕种？ =侯元恒。

是典给他的吗？ =是的。

得了多少钱？ =今年是 20 元，耕种的时候得到的。

典的人每年都变吗？ =有变的。

这是谁决定的？ =上面六个人决定。

侯元恒是什么时候开始典的？ =今年开始的。

这个 20 元用来做什么？ =买猪头、纸料、鞭炮、香。

【老坟地的祭祀和管理人】

是在老坟地祭祀祖先的时候买吗？ =是的。

老坟地一年祭祀几次？ =一年一次，清明节的时候。

剩下的钱干吗用？ =还不够呢。

不够的钱怎么办？ =上面六个人分摊。

六人以外的侯家人不摊吗？ =不摊。

清明节的时候，这六个人会一起吃饭吗？ =一起吃祭祀剩下的东西。

六个人祭祀祖先一起吃饭，这称作什么？ =吃老祖。

六个人组织开会吗？ =没有。

【坟会—老会】

知道坟会吗？ =就是老会。

老会是什么？ =一家子开会就叫老会。

开会做什么？ =给先人烧香。

现在侯家有老会吗？ =有。

老会的时候，侯家所有人都来吗？ =都来。

老会做些什么？ =上坟、烧香化纸。

侯家的人都聚在一起吗？ =那天各做各的。

老会不从各户收钱吗？ =不收。

老会现在还有吗？ =有，每年都有。

【小会】

知道小会这个词吗？ =从大一门分出来的就叫小会。

小会现在还有吗？ =以前有，现在没了，现在都各祭各的。

小会做些什么？ =还是烧香化纸。

这是对谁做的？ =对上一代的先人。

不是在老坟地做吗？ =在从老坟地分出来的坟地祭祀。

小会什么时候没了的？ =十多年前。

二一门没有过小会吗？ =没有。

【坟会地—坟会地的管理人】

坟会地是老会的东西吗？ =是的。

是谁决定让上面六个人管理坟会地？ =老祖先决定的，谁也不知道。

六人中要是谁死了，谁来代替？ =有儿子就儿子替，没儿子就别人来管理。

没儿子的话，怎么决定谁来替代？ =这六个人决定。

一定是要六个人吗，五个、七个都不行吗？ =这没关系，有人照料就行了。

【老坟会—老会】

只有六个人祭祀祖先就不叫小会吗？ =不叫，叫老坟会。

现在还叫老坟会吗？ =是的。

老会和老坟会有区别吗？ =是同一个。

【小股—小会】

小股这个词现在还用吗？ =还用。

什么场合使用？ =过去叫大股小股。

大股是什么？ =比如儿子三人在父亲活着的时候分家，父亲就叫大儿子大股，二儿子二股，三儿子三股。父亲死了就不这么叫了。

小股是什么？ =分家了的儿子再分家就叫小股。

【坟会地的租佃】

去年坟会地是谁在耕种？ =侯文焕。

他为什么又没再耕种了？ =要交典钱，他就没做了。

坟会地典给过外人吗？ =典过。侯家人要没人做，谁都可以。

侯家人有人耕种的话，就不能典给外人是吗？ =是的。

典钱由谁决定？ =上面六个人。

【坟会地的管理人】

六个人中有主要照料的人吗？ =一起商量。

六个人中，谁地位最高？ =并没有。

谁去买东西？ =六个人一起商量，然后两三个人去买。

20元是谁在保管？ =当时就用完了。

今年的清明节20元够吗？=不够。

差多少？=六个人每人出了十钱。

【小会】

听说大一门有小会？=有一个。

谁办的？=侯元太、永义、连昆、隆恩。

这个小会做些什么？=烧香化纸。

在哪做这些？=在小会的坟地。

这个小会有一块坟地吗？=有一块。现在变小了，各自都有。

烧香化纸的费用怎么办？=以前是各自交钱，现在办小会祭祀东西太贵了，就只是烧香化纸。

费用怎么办？=有利息，用利息买。

这个小会借钱给别人是吗？=小会有钱，会借给别人。

大概有多少钱？=这个不知道，多少有点，但很少。要是多一点的话，坟会应该会稍微兴盛一点的。既然那么多事情没做，就应该没多少。

这个小会的钱借给小会以外的人吗？=这个不知道。

听说过向这个小会借钱的人吗？=听倒是没听说过，只知道有点钱。

这种小会没有其他的吗？=大一门、三一门都没有。

小会没有土地吗？=没有。

【老坟地的祭祀和管理人】

什么时候开始老坟地只用这六个人祭祀的？=三、四十年前开始的。

一直到那时都是侯家人聚在一起祭祀吃饭吗？=是的。

为什么没再那样做了？=东西太贵了，以前的钱都没了。

您还记得大家聚在一起吃饭时候的事吗？=知道。

为什么只决定在这六个人的家？=有人不做，有人去其他地方做，这六个人不祭祀的话就没人祭祀了。

那个时候开始，就由这六户祭祀了吗？=六个人料理小会，抽签决定谁家准备饭菜。

祭祀的人有谁？=侯家所有人。

是抽签决定六户中的哪一户准备饭菜吗？=在侯家所有人抽签决定。抽中签的人也吃，结果就变成了上面六个人和那家的一起，七个人吃。

侯家人聚在一起抽签吗？=是的。

什么时候抽呢？=清明节的时候决定第二年的。

这哪儿抽签？=在街头打锣，大家就聚集起来。就在那抽。

有人没来的吗？=别人就代他来。

非常贫穷的人要是抽到签，不就特别难办？=是难办，但不会用那家人的东西也没关系的。

照理老会的六家人，是以前就决定的吗？=一直没变。

您家要是分家了，谁来替您照料？=大儿子。

一定是大儿子替吗？ =不一定，开会决定，指定合适的人。

钱不够的话抽中签的家也会要分摊吗？ =不分摊。

只用这六人分？ =是的。

【兄妹的子女结婚】

甲家有哥哥妹妹，妹妹嫁到乙家，妹妹的女儿可以和哥哥的儿子结婚来到甲家吗？ =不可以。

为什么不可以？ =血统关系的缘故。

血统关系具体是什么？ =这样血统会反的。

上面的例子中，哥哥的女儿也不可以和妹妹的儿子结婚去到乙家吗？ =不可以。

11月4日

分家　同族

应答者　侯长惠（77岁）

地　点　侯家营原小学校址

【关于应答者的家庭】

现在做些什么工作？ =就在家做点杂活。

有儿子吗？ =有，两个，分家了。

分家前有几亩地？ =大概20亩。

分家的时候，儿子每人分几亩？ =大概每人10亩。

【养老地】

您还留着养老地吗？ =没有留。两个儿子轮流管我吃。有时端过来，有时我过去吃。

什么时候分家的？ =五年前。

儿子现在几亩地？ =现在也是每人10亩左右，那里面有我的养老地。

其中有几亩养老地？ =两人合起来大概10亩。剩下的就是他们两个的。

养老地是两个儿子平分耕种吗？ =是的。

养老地有决定是哪块地吗？ =没有决定。

养老地由两人耕种，只是给您吃的吗？ =是的。收成归他们，用那个养我。

管吃以外还给零用钱吗？ =不给。

需要钱的时候，怎么办？ =就卖自己的东西。没了东西就给人做工。

把养老地典给别人，自己收钱不是更好吗？ =典给别人，典钱还不够我吃呢，因为地不好。

【门、小股】

大一门下面又分吗？ =没有分。

没分几个小股吗？ =坟地窄墓多，分成了小股（老弱缘故，回答不明，中止提问）

11 月 5 日

同族 坟会

应答者 侯元太（66 岁）

地 点 应答者家

【关于应答者的家庭】现在做什么？ =百姓。

百姓以外做什么事？ =没做什么。

有儿子吗？ =有三个。36 岁、35 岁、31 岁。

分家了吗？ =没有。

耕种几亩地？ =上地七亩、中地一亩、下地十八亩半。一共二十六亩半。

耕种地都是自己的地吗？ =是的。但还是不够自己吃的。

没有耕种别人的地吗？ =没有。

儿子都在家吗？ =全部都去满洲了。老婆们在这里。

您是侯家第几门？ =大一门。

【门】

大一门有几户？ =四十三、四户。

侯家分大一门、二一门、三一门，大一门有像这样往下分吗？ =最近没分。

以前分过吗？ =明朝的事情不知道。

明朝分了吗？ =不知道。

【分家和小股】

小股这个词还说吗？ =是指后辈们。没分家的话就不叫小股。

您家儿子要是分家了的话，谁叫小股？ =分完家的儿子的家就叫小股。

您管分完家的儿子的家叫小股吗？ =是的。

您要是死了，儿子还叫小股吗？ =其他人叫他们小股。

三个儿子分家了的话分成几小股？ =三小股。

在您生前就分家的话分成几小股？ =还是三小股。

您在世期间即使分家也只是一小股吗？ =三小股。

【老坟会】

侯家有老坟会吗？ =有，但是没钱。是个穷坟会。以前用吊来算钱的时候，大概有 80 吊，现在买纸都不够。以前猪肉一吊钱三斤，利息 20 吊都能买很多东西，现在不行了。

老坟会什么时候开始不买猪肉这些了？ =三十五、六年前开始。

【老坟地】

老坟地有土地吗？ =没有。

老坟地有两亩吗？ =没有。

那侯元恒典去耕种的两亩地是？ = 那个跟会没关系不知道。我生下来就没在会里吃过饭，也没去过，所以不知道。

【老坟地的祭祀】

清明节的时候，在老坟地祭祀完后，没有六、七人一起吃饭吗？ = 有，四、五人吃。

吃饭的人是固定的吗？ = 照料坟会的人。

是用抽签决定做饭吃饭的人吗？ = 抽签。给抽中签的人做饭的补偿，是允许他们割坟地上的草当柴火。

平常就割草来烧，还是只有清明节做饭的时候？ = 平常也可以。

没中签的人，就不能割草来烧吗？ = 作会以外的人不行。

签是什么时候抽？ = 清明节的时候，吃完饭打锣，大家就聚起来抽。中签的人就能去老坟地割草，第二年的清明节作会。

今年中签的人，明年以后还能再抽吗？ = 今年中签的人记下来明年以后不能再抽。

抽签的时候，都很高兴来吗？ = 都高兴。没人不高兴。中签了就能去取柴了。

除了抽签，侯家人还有聚在一起做什么吗？ = 没了。

【小会】

知道小会吗？ = 知道。老坟地太小，另外安葬就叫小会。

小会做什么？ = 清明节添坟烧香。

大一门有小会吗？ = 没有。

以前有吗？ = 没有。各人都在自己的地上造坟地，就没法设小会了。

你没有和侯永义、连昆、隆恩一起设小会吗？ = 没有。

听人说大一门有一个小会？ = 以前有，现在没了。

什么时候没了的？ = 四、五年前。设小会要花钱，四、五年前就没钱了，又不得不向大家收钱。又交不出那个钱。

这个小会设在哪家？ = 侯连斐、永探（死）、侯元太、侯永凤、侯元文、侯心如、侯宝善等。

这个小会现在没了吗？ = 没了。

二一门、三一门也都没小会吗？ = 没有。

11月5日

同族　离婚、改嫁

应答者　侯恩荣（78岁）、侯成永（60岁）

地　点　侯家营原小学校址

【小会】

小会现在还有吗？ = 没有了。

以前有很多吗？ =侯家以前有，现在没了。

这个小会什么时候没了的？ =两年前。

侯元太加入这个小会了吗？ =加入了。

【分家和小股】

知道小股这个词吗？ =知道。

是什么？ =分家之后分的家就成了一个小股。

三个儿子分家的话分成几个小股？ =三个。

分家的三个儿子父亲还在世的话，也是叫三小股吗？ =是的。

父亲死后也叫三小股？ =是的。

只要父亲还活着，分家的三个儿子不是叫一个小股吗？ =还是三小股。

股和小股不同吗？ =是一个。

有跟小股相对的大股吗？ =没有。

【离婚钱】

知道贴养钱这个词吗？ =不知道。

跟老婆离婚时，男方要给钱吗？ =给一些。

这个钱叫什么？ =离婚钱。

离婚钱大概给多少？ =不一定。

怎么有这个规定的？ =给了离婚钱，对方就没有抱怨了。

金额由谁决定？ =媒人。

如何决定给多少钱的？ =看主婚人给100元还是50。

男方土地多少影响金额吗？ =双方商量。给得不恰当，还有打官司的。

土地多的人，给的钱就多吗？ =不一定。看本人的意见。

【水钱、踏街子钱】

知道水钱这个词吗？ =知道。

这是什么？ =也叫踏街子钱。寡妇改嫁到别村或本村的时候，不在本村放水钱，那个村就会受穷。

为什么叫水钱或踏街子钱？ =叫水钱，是因为喝过这个村里的水，去别村的话就要交水钱。踏街子钱因为是踩了本村的道去别村的。

【在村里的改嫁】

就在本村改嫁还要水钱吗？ =要。还没有改嫁本村的例子。

改嫁本村不好吗？ =也没什么不好。只是还没出现过这种例子。

1942年10月

（华北农村惯行调查资料第110辑）

家族篇第19号　河北省昌黎县侯家营
调查员　内田智雄
翻　译　刘竣山

10月12日

葬礼

应答者　萧惠生（副保长）

【葬礼的准备】

人要死了的时候，做些什么？＝把亲戚、儿子、出嫁了的女儿都叫回来。买棺材、买寿衣。

人死了做些什么？＝家人聚在一起预算一下葬礼的费用。

接下来做什么？＝雇厨子，建天棚，买做饭的材料、冥衣等。

天棚是什么？＝打棚就是搭灵棚。雇音乐队。

【寿衣】

祜衣和寿衣哪里不同？＝祜衣平时也能穿，寿衣是人死了才穿的。

寿衣是人死了后，立马给他穿上吗？＝还没完全死的时候穿上。

为什么？＝人死了身体就变硬了。还有说法是死了之后再给他穿上，就是裸着去阴间的。

【送信、倒头纸、后辈拜庙—送纸】

给死者穿完寿衣后怎么做？＝死了的话，家里人就去给同族的亲友报信，这叫作送信。第二天这里的人们都带着烧纸过来，这叫作倒头纸。

这就是开弔吗？＝不是这样。

倒头纸是什么？＝只有非常亲的人才拿着过来的，报信之后第二天带过来的烧纸，不叫作倒头纸。比死者的小的亲戚拿着纸边哭边拿去庙里烧。每天早中晚带着纸参庙三次。这只限于很亲的人，叫作送纸。

亲密的比死者的小的亲戚包括哪些？＝弟弟、妹妹、比死者年纪小的老婆、孩子及其妻子、女儿、侄子、侄女、孙子、孙女。

庙是土地庙吗？ =常去村西边的庙（祭祀财神、关公的庙），东边的五道庙是不去的。五道庙的东边只有两三座，很少去五道庙祭拜。

过去就一直这样吗？ =是的。

为什么？ =不知道。

【送江水】

送江水这种事做吗？ =不做。

【遗体的方位、幡】

死者头朝哪边？ =南。人死后，会在门上贴国太纸（？）[1]，男左女右。在一张纸上写姓名、出生年月，以及死亡日期（幡）。

这要贴到什么时候？ =死了立刻就贴，送三的时候一起烧了。把送信以前门上贴的撕下来放在纸椅子上带去庙宇，绕庙宇三次，带回来后让大家叩头。送三的时候再放进纸车里烧掉。

头的位置不朝南的话朝哪边？ =一定朝南。

【入殓】

入殓是死后第几天做？ =一般是死后第二天，如果子女在外地，就等子女回来。

入殓前要通知同村的朋友吗？ =在同村的话就都知道。

【净身】

人死要剃头剪指甲吗？ =脚和眼睛都要洗。

这叫什么？ =净身叫开眼光。

开眼光就是说净身吗？ =是的。

【送三、出殡】

送三是第几天做？ =不叫送三，叫送行。不一定非得第三天。一般是七天之内出殡。送行一定是在出殡前晚。要是出殡超过七天，就一定要让风水先生占一下吉日。

【讣告】

一般的家庭不出示讣告吗？ =大多不出。

10 月 13 日

葬礼 服丧 坟

应答者 侯瑞和（39 岁）

【五道庙】

五道庙是祭祀什么的？ =山神、土地神、苗神、财神。

---

〔1〕 译者注：原文如此。

神有五个吗？=是的。

【小辈的拜庙—送纸】

近亲小辈什么时候去庙里？=把国太币贴到门上，立即去庙里，并马上回来，去三次。

那个时候不烧纸吗？=烧，烧三回。

这个叫作送纸吗？=做个木皿，在上面放个铫子（酒壶），里面放些水带着去，烧纸的时候，撒到周围。

送纸是只有死的当天吗？=出殡之前，每天早中晚去三次。

只有近亲的小辈吗？=死者的长子拿着酒壶，木皿上面放些纸。其他人什么都不用拿。村里帮忙的人拿着灯笼去。

【送信】

送信是什么？=人死了就马上去送信。

通知同村同族的人也叫送信吗？=是的。

【倒头纸、送纸】

倒头纸是什么？=人死后身体倒了，所以就叫倒头纸。

这是什么？=去庙里祭拜三次烧的就叫倒头纸。

和送纸有什么区别？=死的当天三次去庙里烧的就叫倒头纸，以后每天烧的纸就叫送纸。

亲戚送来的纸不叫送纸吗？=是的，亲戚带来的纸叫弔纸，那个是在棺材前烧的。

死当天带过来的纸不叫倒头纸吗？=再怎么亲也不会立刻带纸过来。

在庙里烧别人送来的送纸吗？=自己家买的。

别人送来的什么时候烧？=送行的时候烧。

开弔的日子吗？=开弔跟送行的日子也有同一天的。第二天发引的话，就是第一天开弔，第二天送行，第三天发引。

【上礼】

亲友送来的钱叫什么？=上礼。

同族也上礼吗？=当户要。一家人就不用。

当户包括哪些？=同姓出了五服的人。

五服以内是一家子吗？=是的。

五服以内为什么不上礼？=因为是近亲，要送纸。

当户上礼以及亲友大概要送多少？=同村来往多的人也要上礼。当户是一元、两元左右，不一定。近一点的亲戚就带打菜（饭菜）过来，大概花15、6元到20元左右。远亲是一到五元，朋友两元是普通的，同村有来往的是一元左右。

上礼是什么时候带去？=送行和开弔是同一天的话，就在那一天。第一天送行第二天开弔的情况就开弔的时候带去。

记录上礼的账叫什么？=礼奠账。

送行比开弔早的情况，就算来送行也不送上礼吗？=来送行的话第二天开弔的时候，带上礼过来。

【送信】

送信是？=报丧。

通知去世吗？=来帮忙的人戴着孝帽去通知。

这和通知、发引的日子不同吗？=送信的时候，还不知道发引的日子。那个等亲友们来后再通知。

这个时候亲友们不需要带点什么来吗？=带纸来，弔纸。

【看灵】

发引之前要伴宿吗？=本地是孩子们要日夜不离守棺材。

这叫什么？=看灵。

【入殓】

入殓是死后什么时候？=很多就是在当天。如果是女的话，就把娘家人叫来，穿完寿衣之后入殓。

【灵棚】

灵棚是什么时候收拾？=出完棺后立马就收了。

【棺】

棺叫什么？=棺材。

棺材不叫松柏或者桑树吗？=叫木头或者料子。

【丧服】

葬礼的时候，有些什么服装？=孝袍子、裹头巾（女）、孝帽子（男）、麻绳子（男女）——出殡的日子取下来。死之后一直到出殡的日子不用穿孝衣所以不用系麻绳子。送纸的时候要穿。出殡的时候，棺门要打开叩头。结束后就把麻绳子取下来。

这些是什么意思？=不知道。

鞋子呢？=鞋子穿白的。叫满鞋。把尸体埋到新墓地的时候，孝衣、满鞋都要脱了才能进去。老墓地就那样就行了。

【丧服和辈分】

根据辈分不同，满鞋是不是有很多差异？=五服以内是半白，五服以外是全黑，子女辈穿满鞋，孙子辈白的黑的都行。

只有鞋子的脚后跟部分做成黑的或白的吗？=不是。

侄子怎么穿？=随便。

全部黑或者全部白都可以吗？=跟孙子辈一样。

发引之后，只有儿子要穿孝衣吗？=同族的人也要穿丧服。

丧服只有帽子和鞋子吧？=同族人只要跟红没关的不穿白的也行。

子女穿白布圈儿还有白鞋。

孙子、侄子是黑白都可以是吗？=是的。

上辈、同辈不穿吗？=是的。

死了丈夫的妻子怎么穿？=跟孙子侄子一样，只要不是红色的就好了。

要不要穿满鞋？=不用。

妻子和丈夫是同辈吗？=是的。

大清律里是说要三年吗？=不是。

【讣告】

没有讣告吗？=有是有，但这里没有。

是写的还是印刷的？=印刷的比较多。

讣告是孙子、侄子或者是曾孙写的吗？=有写的，但是跟祖父不是父子关系，所以很少写，因为是隔辈人。

【丧服和辈分】

发引的时候，孙子穿什么服装？=全孝衣。

侄子呢？=全孝衣。

曾孙呢？=全孝衣。

都有哪些人穿孝衣？=平辈们都不穿，后辈们都要穿，妻子不穿。

妻子穿什么服装？=平常的衣服。

五服以内的后辈们都要穿孝衣吗？=是的。

亲戚怎么穿？=外甥都要穿孝衣，外甥的妻子不用穿。

孝衣全是做的吗？=也有借过来的。

从哪儿借的？=村里的有钱人都有。

没有可借店铺吗？=没有。

县城内有借的店吗？=没有。从有钱人家借，不要花钱。

葬礼的时候，五服以内的人穿什么？=全孝衣。

【葬礼的队伍】

送行的时候，队伍的顺序是什么样的？=先是敲锣的人、拿灯笼的人。拿着贴有国太纸的椅子的人。拿着纸做的车、老牛、莲花灯的人。（拿灯笼的旁边有乐队。）国太纸的椅子后面是孝子。接下来是纸车，再接下来是真正的车，上面坐着女人。围着村子转圈的时候，把国太纸从椅子上取下来，放入纸车中。

铜锣—灯（很多）—乐队—椅子灯—纸车—车。

孝子要拿些什么？=拿着椅子灯。

转村子的路线是怎样的？=这要看家住哪，不一定。

是随便转圈吗？=是的。

灯那些在哪烧？=在家北（村北）的路口（北辻）。

烧些什么？=纸做的东西全部烧光。

这是什么意思？=让去到阴间的人全部能用。

葬礼的顺序是什么样的？=（没有牌子）

孝子（拿着幡）—灵—乐队—纸—金山、银山、对子马、桌子（吃饭）—（和尚）—车人、车、十二音乐、开路鬼。

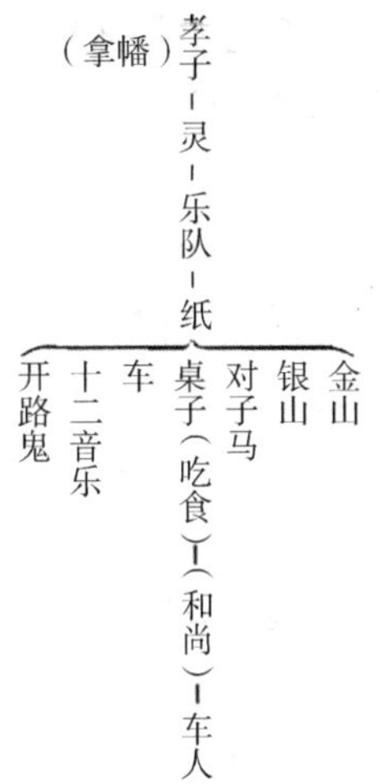

【送葬和辈分】

父母要去吗？ =上一代的不用去。

一家人或当户的上一辈要去吗？ =也不用去。

【送葬和村民——抬杠】

村里的人送到哪儿？ =村里帮忙的人去抬杠。

同族的人也抬杠吗？ =是的。亲戚的上一辈不做，村里的人是上一辈也没关系。

抬杠要多少人？ =32 人。

一家人，一定不会抬杠吗？ =不抬。

一定是 32 个人吗？ =是的，以前是 16 个人。

村里人不用送到村外吧？ =只有孝子一个人需要送到村子外。背对着棺材走。出了村子后，这里的人和亲朋好友都要改方位，站在那个棺材前面，朝着棺材磕头。那个时候，孝子要站在棺材的旁边（右）还礼。

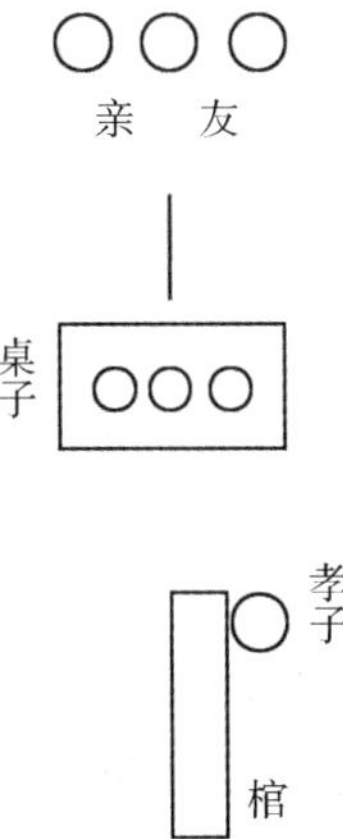

出殡的时候，村里的每一户都要出一个人吗？ =不是的。

邻居一定要去吗？ = 会帮忙抬杠，但是不用送行。

也就是说，出殡的只要同族朋友和亲戚吗？ = 是的。

五服以外的去吗？ = 会来帮忙的。

【棺材】

棺材是用什么木做的？ = 松树、柳树、桑树。

松树多少钱？ = 上等的松树五六百元；上等的柳树 100 元；上等的桑树六七百元；一般的三四百元。

这一带常用哪一种？ = 柳树。

包括买棺材丧葬费大概要花费多少钱？ = 500 元。

【出殡后要做的事——请客】

出殡之后不要请客吗？ = 三五天之中请那些帮了忙的人。

这叫什么？ = 请知宾。

这大概要花多少钱？ = 两桌是 40 元。

这个时候要叫厨子过来吗？ = 在家做就好了。

【圆坟】

出殡之后到第 7 天要做些什么？ = 第 2 天圆坟。早上孝子带着 4 根高粱去坟地，家里的人也可以去。做一些饺子带去埋在坟头，在那上面插上高粱。

圆坟是什么？ = 把坟弄圆，烧纸。

【烧纸】

第 7 天要干什么？ = 烧纸。一七烧纸；二七烧纸；三七、四七、五七烧纸；六七、七七烧纸。第 5 天和第 7 天是由死者的女儿烧纸质人形玩偶（儿童）。

如果没有女儿的话呢？ = 谁都可以。

第 7 天要做些什么？ = 上坟烧纸。

一直到七七，要去七回吗？ = 是的。

七七那天要不要做些特别的事情？ = 只要烧纸。

不用高粱砌房子吗？ = 不用。

第 100 天叫什么？ = 百日烧纸，只用烧纸。

【一周年】

接下来呢？ = 死后第一年烧纸。

这叫什么？ = 一周年。两周年；三周年；不用做什么。

【鬼节活动】

在死人的鬼节做些什么？ = 清明节是插褂子。把五色纸像国太纸一样撕开，插在坟头的短高粱上，添坟上土烧纸，贡品（猪头、蔬菜）

为什么要供奉猪头？ = 为了表达对死者的敬意，同族的祖坟要供奉一整头猪。

7 月 15 日呢？ = 在新坟的坟头插上麻和麦子的穗，还要烧纸。

11 月 1 号呢？ = 这是鬼穿衣的季节，所以要烧纸衣服送寒衣。

【换孝】

满三年的忌日叫作什么？ = 换孝。

这个时候要做什么？ = 在那一天，家人穿什么都可以。

除那之外还要做些什么？ = 什么都不用做。

不用在门上写上除服吗？ = 要。连着三年都没有贴春联，从那之后一般都会贴了。

除服时候的句子知道吗？ = 一旦衣更心未更。

【三年服丧中的禁忌】

春联一定不能贴吗？ = 只有在祖先的位牌（祖宗）、灶王前面一般贴红色的春联。

父母死后三年不分家是吗？ = 也有死后立即就分家的。

结婚也是这样吗？ = 要一年以上儿子才能结婚，其实应该是三年。

嫁女儿呢？ = 没满三年不可以。如果男方非得三年之内结婚的话，不可以穿红衣服，要穿普通的衣服嫁人。

【三年的服丧】

嫁了人的女儿也要为父母穿三年丧服吗？ = 嫁到夫家一年了的可以让他换孝。一年以内的话还是穿着好。

女儿的丈夫只有发引的时候服丧吗？ = 是的。

三年的丧叫作什么？ = 没有名称。

【讣告】

知道写讣告的方法吗？ = 不知道。

孤子、哀子、孤哀子知道吗？ = 不知道（说明后）知道。

这是写在讣告里是吧？ = 是的。

【服丧的名称】

两年、一年、九月、七月、五月的丧，名称知道吗？ = 不知道。

丧服呢？ = 不知道。

丧衰期服呢？ = 不知道。

斩衰呢？ = 不知道。

大功小功？ = 不知道。

缌服？ = 不知道，没有讣告，所以不知道。

【埋葬的形式】

这一代是怎样埋的呢？ = 男左女右。

父母，儿子两人，长子又有三个儿子，二儿子有两个儿子，怎么埋？ = 长子不离父。

这样的埋葬方法叫什么？ = 长子不离父葬。

这种方法以外的埋葬方法还有吗？ = 没有了，别的村有其他的埋葬方法。

什么样的埋葬方法？ = 曾孙的脚的方向是孙子，孙子脚的方向是儿子，在那下面埋着

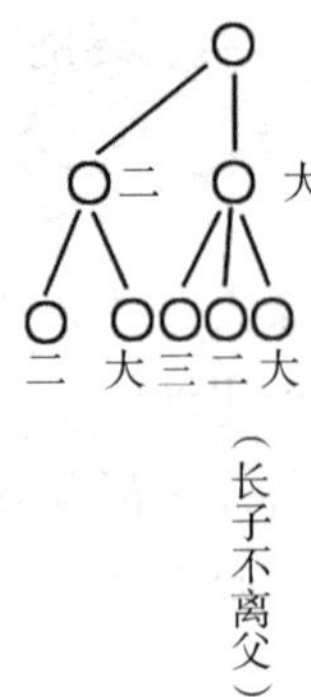

父亲。这叫作爷爷顶孙葬。

爷爷顶孙是什么意思？＝赵家岗有这样的埋法。

其他的地方有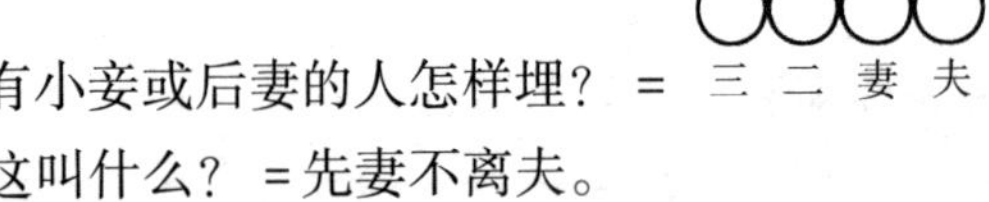的吗？＝有OOOO的。

这个叫什么？＝根据地形，有这样埋葬的。

有没有明堂这种东西？＝没有。

【埋葬和风水先生】

埋葬时一定要向风水先生占卜吗？＝是的。

风水先生在哪儿？＝侯玉恒，他读过地理书。

【坟的方向】

坟大多数是朝哪个方向？＝根据风水决定。

【埋葬的形式】

有没有人有妾？＝有。

有小妾或后妻的人怎样埋？＝三　二　妻　夫

这叫什么？＝先妻不离夫。

一子两不绝的情况，坟应该怎么埋？＝

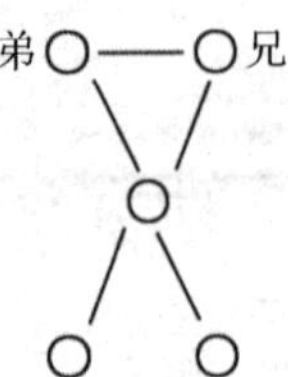

10 月 14 日

葬礼　婚姻

应答者　侯瑞和

【对子】

死的时候贴在门上的对句叫什么？ =对子。

春联也叫对子吗？ =是的。

【蓝对子】

死的时候，特别用蓝色字写的对子，有名字吗？ =叫蓝对子。

句子是一定的吗？ =大体上是一定的。

能写给我看吗？ =写不出。

村里有特定写这个的人吗？ =（侯定义来了）蓝对子是用蓝色的纸，同族里有人死的时候贴着。如果是白纸的话，就是叫白对子。句子根据家里情况是变的。村里刘子馨写这个，还有萧惠生也写。

【鼎脚、顶脚】

鼎脚知道是什么吗？ =儿子为父亲鼎脚，埋入坟里的时候，儿子的头顶着父亲的脚。

这个不是坟的形状吗？ =儿子去到父亲下面。

文字有错误吗？鼎不是顶吗？ =是的。顶脚。

【订婚、结婚】

小孩的时候订婚吗？ =订，最早三四岁，一般 10 岁。有钱人家订婚很早。

一般说订婚吗？还有其他说法吗？ =订婚以外没有了。

一般结婚是多少岁？ =13 岁到 20 岁左右。

女方要大一些吗？ =不一定。

订婚有中间人吗？ =媒人。

【村内的结婚和街坊的辈分】

有村内结婚的吗？ =经常有。

不是同一个村的叫他兄弟或祖父这是为什么？ =没有这种事。

不是街坊的辈分吗？ =不知道。

一个村子里辈分不同有结婚的吗？ =有。

叔叔和侄女结婚的话，侄女的兄弟不就跟叔叔同辈了吗？ =是的。

村里的人的话怎么叫他？ =直到现在也是同辈叫。

这样的话，只是在亲戚之间辈分提高了，一般还是跟以前一样叫同辈吗？ =是的。

村内不同辈分之间结婚的话，会因为村内的辈分会乱而不能结婚的吗？ =有。

村内的结婚是平辈比较多还是不同辈分比较多？ =平辈比较多。

辈分不同也没关系吗？ =没关系。

【订婚的媒人】

媒人什么样的比较多？ =男的比较多。

是同族多还是亲友比较多？ =同族比较多。

订婚是怎样的顺序？ =如果媒人带着腕环、耳环到女方家里去，意思就是决定了。

这个时候要给她写好的东西吗？ =不给。

【订婚后的交往、通婚圈】

订婚后到结婚前，男女相互知道吗？ =有认识的，有不认识的。

离村多少里？ =有二三里的，也有20里的。

订婚后结婚前，两家人来往吗？ =来往，结婚丧礼等。

还有吗？ =没有了。

【订婚后的毁约】

订婚后，没有因为交往很少而毁约的吗？ =没有。只要没特别原因。

有毁约的吗？ =没有。

没有因为一方家道中落或者意见冲突而毁约的吗？ =就算变穷了也不会毁约，因为意见冲突毁约的倒是有。

男的想要别的女人，这样的情况没有吗？ =没有。

【结婚仪式的顺序——通知娘家人婚礼日子】

结婚的时候，是男方去女方家吗？ =媒人去。

结婚是怎样的顺序？ =媒人带着红布和大概20元钱去。

那个时候会通知结婚的日子吗？ =是的。

【婚书】

婚书呢？ =要带一张去。

女方也要出示婚书吧？ =是的。

结婚的日子是男方决定的，还是要去商量？ =决定了之后去。不方便的话可以拒绝，那个时候就再写婚书。

这个只叫婚书吗？ =婚姻帖子。

【婚礼的前一天——吹门吹炕】

婚礼的前一天或者当天要做些什么？ =前一天在男方的门旁边吹喇叭（吹门）。

接下来做什么？ =吹门的那天傍晚，要在炕边吹喇叭（吹炕）。

这是什么意思？ =这样之后，就结婚了。这样那一天就完了。

【婚礼的当天——娶亲】

第二天怎么样？ =婚书中写着结婚的时间，要做好能按时回来的准备，娶亲妈一人，抬轿的四人，鼓乐车（压车的小孩坐着娶亲妈的轿子）从娘家带着日用家具，送妈客一人，送客两个人，压车一个人，拉包袱车压包袱车一个人（带着镜子，把从娘家带的衣服送到新娘的屋里挂起来。这样可以得到一块钱或两块钱）。

送客不是同族或亲戚也行吗？ =可以的。

送客可以是亲戚或同族吗？ =可以，哥哥也行。

压车是什么？ =送妈客带来的孩子。给来迎接的压车小孩一块钱作为礼物。女方的压车小孩从男方那边得到两块钱回来，这里觉得打单的东西不吉利，娶亲妈们一般都是有父母、有丈夫、有孩子的人。因此都会带着小孩来。

为什么叫压车？ =不知道。

出娘家的时候，有什么仪式吗？ =女儿的两个哥哥会用红布戴在她头上和脸上让她坐在椅子上。抬着椅子送到轿子里。

如果没有哥哥呢？ =邻居也可以，只能是男的。

嫁过来的路上做些什么吗？ =不做。出了娘家，就暂时朝喜神的方向走，这叫作迎喜神。从那之后随便去哪儿都行。

【新娘的到达】

到了男方家里后怎么样呢？ =在男方家的门前准备了一张桌子，把轿子放在上面。陪同轿子来的人，进屋享用宴席，不做其他的。

新娘的队伍顺序是怎样的？ =娶妈—轿—送妈—送客—日用家具—鼓乐车—包袱车。

【拜天地】

要拜天地吗？ =拜。轿子到大门前的时候，从男方家选两位太太，用新娘带过来的洗脸盆，端着干净的水，进入到轿子里面。新娘就做做样子，把头发和手放进去。谁都可以。再把这个洗脸盆传到在新房屋顶上的男人手里，男人把水从新房的烟筒里倒进来。这个结束后，新娘就从轿子里出来。面前有两条干的红毛巾。这个毛巾。一男一女两个小孩一起把这两条毛巾铺在新娘的前面，为了不让她直接走在地上。把她引到天地桌子的前面。从轿子到这里由两个女儿带路，另外的一位太太（40 岁左右）在新娘走的两边撒小菜。新娘跟在后面，走到天地桌子的前面，和新郎一起在天地桌子的正前方叩 4 次头。

这个完了之后，就把天地牌放进桌子前面放着的洗脸盆里烧。（桝和斗的中间插着高粱放在上面）天地牌是纸。这个完了之后，新郎叩 4 次头。再接下来把摆在天地牌前面的 3 杯酒倒到洗脸盆中。

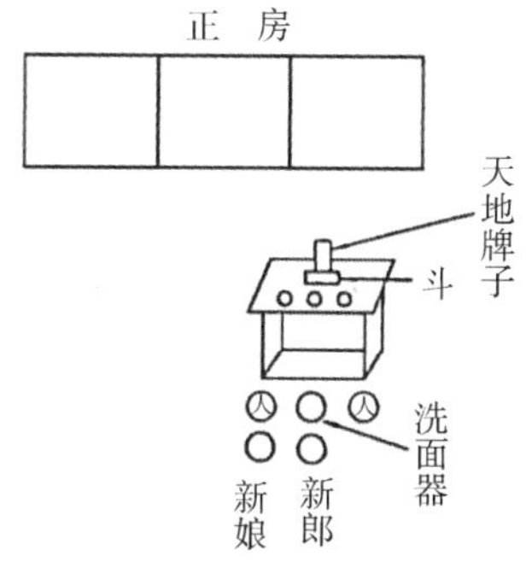

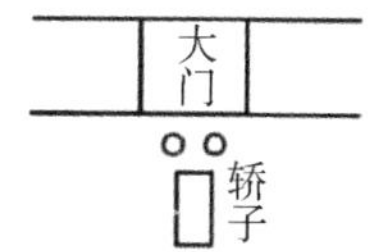

拜天地是在院子的正中间吗？=不是。

天地牌上写些什么字？=在纸上印刷佛像（月老）

哪儿有卖的？=泥井有，杂货店。

【道喜】

拜完天地后做什么？=客人聚在一起向新郎父母道喜。

客人是些什么人？=亲戚朋友。

一家子呢？=也一样。道喜完了后有赴宴（宴席）

【赴宴】

去哪儿赴宴？=院子里搭了天棚。贵宾在房间里。

贵宾是些什么人？=送客、村长、舅父。

院子里的赴席座位有什么顺序吗？=没有。

【拜后席】

赴席完了做什么？=新娘房里还准备了一个拜后席，菜大概有4个。送客、村长坐那儿讨论新娘回门的日子。客人都回去了。

【晚饭时新婚夫妇要做的事情】

之后呢？=吃晚饭，新婚夫妇要做大概10个饺子。其他的由别人做。

新婚夫妇做饺子是什么意思？=就像饺子皮由两个合成一个，意思是说将来两个人能和和睦睦。

【拜天地后新婚夫妇的活动】

拜完天地后新婚夫妇要做些什么？=什么都不用做。

（举其他地方的例子说明）？=在炕上放一张桌子，在上面放一碗面条和饺子，盖上盖子，让他们看不见。两人一起进来的时候，让新娘随便揭开一碗。是饺子的话就能生孩子，是面条就能长寿。两个人就一起吃。

饺子为什么有多生的意思？=俗话说饺子孙饺子，还有长寿面的说法。

【新婚夫妇的房间】

新婚夫妇进入的房间叫什么？=新亲屋里[1]。

新娘的家脸布什么时候取下来？=进到新亲屋里后。

谁取下来？=领媳妇（带路的女儿）

拜完天地后怎样进房间？=男人不能进，由领媳妇带进去。

【赴席】

宴会期间，新郎新娘做些什么？=什么都不做，新郎在哪儿都行。

【夜晚的活动】

结婚当晚不做什么吗？=睡觉的时候，由领媳妇铺床，这个时候要说：东一辆西一辆养儿闺女一大群。

【听房】

有听房吗？=在房间外面听，听声音。

---

〔1〕译者注：原文如此。

这只有晚辈做吧？ =是的，平辈也可以。

平辈结婚了的也可以吗？ =可以。

有在床上放点什么搞恶作剧的吗？ =有的放些辣椒。

这是领媳妇做的吗？ =谁都可以。

这是什么寓意？ =就是恶作剧。

【婚礼第二天——叩头】

婚礼第二天做什么？ =向家里长辈叩头。

要拜坟吗？ =不用。

【亲戚间的重缘——换亲】

A 家有两男两女，B 家也有两男两女；A 家人娶 B 家女儿，A 家再把女儿嫁到 B 家，有这样的吗？ =没有。

为什么没有？ =没有，不可以这样。

A 家两个女儿都嫁到 B 家，有这样的吗？ =没有。

有亲戚间辈分不同的结婚吗？ =不可。

为什么不可？ =不合道理。

怎么就不合道理了？ =辈分不同，不知道怎么称呼。

【牌子】

家族祖先是什么？ =牌子，用纸做的。

都有吗？ =都有。

除了叫牌子还叫什么？ =祖宗心子。大家族里有木做的叫祖宗匣子。

不叫祖宗牌吗？ =叫祖宗堂。

【回门】

回门是什么时候？ =第三天。

怎样做的？ =娘家来两台车来迎接。夫妇一起去三天回来。第九天娘家来车迎接，一个驾马的和一个孩子。女儿一个人回去住一段时间回来。

这叫什么？ =接三换九。

换三换九是什么？ =第三天回来，第九天喊回来。

第九天为什么喊回来？ =不知道。

新娘的父母什么时候来？ =生孩子时，娘家母亲来。

10 月 15 日

婚姻　葬礼

应答者　侯瑞和

【生时年月帖儿】

（坤命二十岁九月十七日未时生）生时年月帖儿，这是媒人从娘家去男方家拿的东西。

结婚一个月前。

【婚姻单】

婚姻单红纸

—择农历九月初八日成婚大吉

—用上轿用卯时大吉

—用上轿面向东南迎喜神大吉

—用下轿午时大吉

—用上头人忌猪牛鼠三相人不用大吉[1]

婚姻单谁写的？＝择选先生。

就是风水先生吗？＝差不多。

婚姻单什么时候写？＝准备要结婚的时候。让媒人从娘家拿生时年月帖给择选先生选个吉日

要择选先生写婚姻单吗？＝是的。写一张，媒人或家人拿着这个和财礼（一百元到十元左右）去娘家。财礼叫作下聘礼，再抄一份婚姻单放到男方家。

抄一份婚姻单做什么？＝给了女方多少东西，新娘来的时候，贴在轿子外面的正中央。没风的时候，就贴男方的婚姻单。

去迎亲的时候，男方要拿着婚姻单吗？＝不用。

新娘的婚姻单丢了怎么办？＝到了男方家里后再贴。

【押婚】

订婚的时候，要给钱吗？＝下财礼。外面给布匹、棉花、手镯。这些物品叫作押婚。

钱大概多少？＝最少的五十元，多的上百元。

【陪送】

陪送是什么？＝瓶子一对、箱子一对、锡器五件、座钟一个、茶壶、茶碗、漱石、盂、大镜子各一个，洗脸盆一对、泡子灯一对、梳头匣一个（有钱人家女儿的陪嫁）

陪嫁是什么？＝跟陪送一样。

【拜钱】

拜钱是什么？＝客人在新娘叩头的时候，把钱用红纸包着作为祝福。

这是结婚后第几天？＝当天。

这个钱是新娘的还是家里的？＝新娘的。

一般是多少？＝百元以内。

一人大概多少钱？＝亲戚五元、同族一元或五毛、朋友大概十元。

【送饭】

送饭是什么？＝新郎的老娘、姨娘、姑姑、姐姐送三块猪肉、一膀猪蹄、一只鸡、一条鱼、一个猪肚子、两个馒头。

什么时候送？＝结婚那天。也有不送这些，换算成钱的。

---

〔1〕译者注：此处为婚姻单，保持原文文字结构。

【拜钱】

不送指环和手环吗？ =有钱人家不拜钱送金器。

这也叫拜钱吗？ =叫。

村里一定是钱吗？ =是的。

【亲戚间的重缘——换亲】

亲戚同辈之间有重婚的吗？ =没有。换亲。

是不行所以没有的吗？ =没有过所以不知道。

【姐妹出嫁】

儿子两个娶一对姐妹的情况有吗？ =不行。

为什么不行？ =姐儿俩不走同道，走则受穷。姐姐死后，妹妹可以嫁过去。

【换亲】

双方一男一女相互换亲可以吗？ =不行。

为什么不行？ =理由不知道。换婚。

【骨肉倒流、骨肉顺流】

这不叫骨肉倒流、骨肉还亲吗？ =叫骨肉倒流。

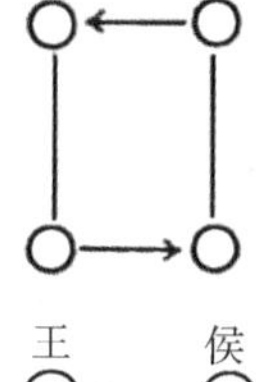

在以上第二代怎样？ =有关骨肉倒流，有俗话说舅妈作婆养阎罗，姑妈作婆养活佛。

姑妈作婆养活佛是叫骨肉顺流吗？ =是的。

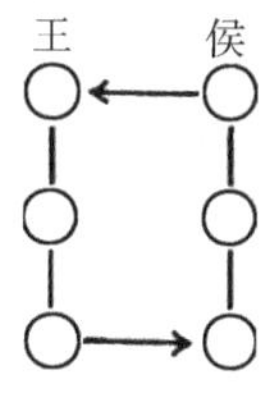

在第三代怎样？ =倒流。

第四代、五代不行吗？ =不行。

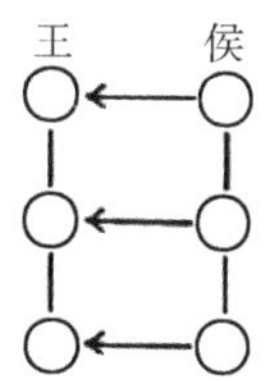

以上的关系都行。骨肉顺流。

【村内结婚和姓】

同村的结婚可以吗？ =只要姓不同就行。

辈分不同也行吗？ =可以。

同姓不同宗的可以吗？ =其他的我不知道，侯是小姓，认为都是同宗，所以不行。

【村内不同辈分的结婚】

最近有村内异辈结婚的吗？ =三年前。刘万喜的女儿和侯治东的儿子，侯治东是侯定义的叔父、侯瑞和的叔父。

侯振刚（侯治东的儿子）跟他们是平辈吗？ =是的。

刘万喜和定义、瑞和的辈分呢？ =侄子。自己的孙女。

结婚之后辈分变了吗？ =变了。自己还是原先那样。结婚双方变了。

侯和刘万喜的家人全部变了吗？ =是的。

结婚前、侯治东和刘万喜是什么样的辈分？ =治东是刘万喜的爷爷辈。

振刚就是刘万喜的叔叔辈吗？ =是的。

结婚以后变成什么样？ =刘万喜变成侯振刚的岳父了。

结婚之后只有这两家人的关系变了，村里的辈分还是不变的吧？ =是的。五服以内的同族都要变。五服以外就没关系了。

村里人不是不喜欢辈分变小吗？ =结婚是好事，所以没关系。

村里辈分高是很光荣的一件事吗？ =没这么想过。

【葬礼的队伍】

出殡的行列顺序是怎样的？ =鼓乐队——孝子（拿着幡走在最前面）

服制里头的孝子（陪祭）——亲友（不穿孝衣）——棺材——女孝子。

孝子拿着的幡呢？ =男左女右站着。

【哭】

埋完之后回来还哭吗？ =不哭。

第几天要去哭？ =七天，一七。

只有一七吗？ =边烧纸大家一起哭。一直到第七十天。

真的不只是一七去哭吗？ =全部。

今天看到的哭是什么程度的哭？ =没哭很久，为了让阴间的神不惩罚的哭。

哭叫什么？ =就叫哭。爷爷死了叫爷哭。奶奶死了叫奶哭、爹爹死了叫爹哭、妈妈死了叫妈哭。

外面哭时说些什么？ =爷呀爷呀几七啦烧纸来啦收着点吧。

【上樑】坟上建的高梁的东西叫什么？ =上樑，三天。

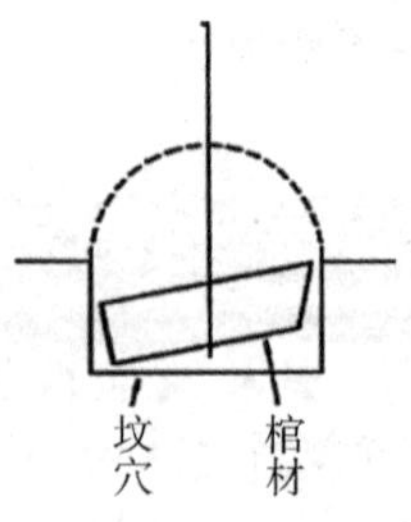

【结婚和占卜】

结婚要根据五行是叫吉凶吗？ =叫。叫五行。木能生火、火克木、金能生水、水能生金、土能生金、水克火、金克木。这个可以看人的命。

根据十二支和五行吉凶就是一定的吗？ =是的。龙兔相逢一旦休，自来白马怕青牛，蛇见猛虎如刀断，金鸡见犬泪交流，猪猴不到头。

这个只是要用来决定结婚日子吗？ =这个不用，这个有皇历。

那这个订婚的时候要吗？ =会查一下这个。根据十二支能知道人属什么。

10 月 16 日

葬礼　婚姻　移住本村的人　名

应答者　侯定义

【哭和叩头】

去哭的大多是哪些人？ =孝子先去不用哭，之后女孝子去哭。哭的地方稍微离坟有点距离。靠近坟的地方叫坟盘。

大前天看见的哭是在坟盘哭的吗？ =那不是圆坟的日子。

圆坟的日子是在外面哭吗？ =圆坟是有喜事或者一般想起来的时候，稍微哭一下就回去了。

不是每隔七天，其他的日子有随便去哭的吗？ =少。年轻的老婆死了的话，孩子就算不是每隔七天去哭的也很少。

男孝子不哭吗？ =不哭。

为什么？ =只叩头。

女孝子来回都坐车吗？ =是的。

同辈的男的要去叩头吗？ =年纪小的要去。

年长的不去吗？ =去也可以。不用叩头。

同辈的女的要去哭吗？ =女的不叩头。年长的、年幼的都哭。

上一辈的男女要叩头吗？ =男的去了也不用叩头。女的跟死者关系深的就哭。

【上供】

给坟上供是第几天？ =五七日[1]，一周年。每年清明节和十月初一要摆菜（蘑菇、木耳、粉条、豆腐、肉两碗），其他时候不用。清明节和十月初一分别上供饽饽。一周年不用。

【与远亲结婚】

有没有跟很远的亲戚结婚的？ =可以。近的话就不得不考虑骨肉倒流了。

远亲异辈的话怎么样？ =可以。

要多远才行？ =比表兄弟姐妹远，异辈也行。

有比表兄弟姐妹还远的吗，有没有把女儿嫁给儿媳妇娘家的亲戚的吗？ =[2]

---

〔1〕 译者注：指死者去世后第三十五天。

〔2〕 译者注：原文此处无回答。

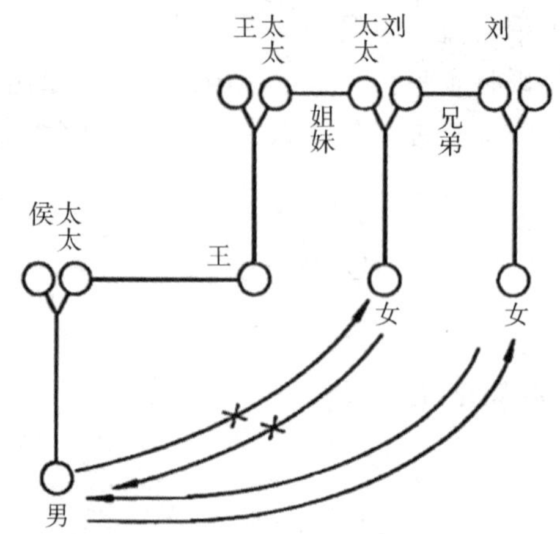

有把自己女儿嫁到妻子娘家五服内的同族同辈的吗？＝不可以。

五服以外的同辈也不行吗？＝同姓不同宗就行。

【结婚和处女】

结婚当晚，有把女儿是处女这件事告诉娘家的吗？＝不是处女也不会说什么。

在顺义会把处女的证据告诉媒人，这里没有吗？＝没有。

【听声】

听声听到几点？＝十二点到两点。

是想要做什么？＝在窗户外面听看谁先开口说话。

新婚夫妇知道吧？＝一开始不让他们知道，两点一到要回去的时候，就大声笑着回去。

【来到村里的移居者】

萧、李、傅、才家是从哪儿来的？＝其他村来的。叶家很早就从其他村迁来了。我小的时候就有好几个坟了。

齐家是以前就有吗？＝五十年前。侯定义的亲戚。

费家是怎样的？＝我不知道。才家是三四年前来的。

王家是站山户吗？＝老户。

王树忠是王的同族吗？＝一户。不是王的同族。十多年前来的。

池姓？＝站山户。

孔姓呢？＝站山户。

萧家是什么原因来到这个村的？＝以前跟侯在满洲的锦州一起工作。萧是乐亭人，在锦州做买卖。乐亭治安不好，托侯的关系就来这儿了。

李家怎样的？＝萧的姐姐家。原本也是乐亭人，家破败后，就在萧之后来了。

齐家是为什么来的？＝齐福海是侯定义姐姐的孙子。从大概离这10里的各卜庄来的。姐姐的丈夫是商人，分了家不要东西，来这里买了田地。

才家是咋来的？＝因为才庄子（六里）。才东林的妻子是侯心如的外甥女。

是来村之后结的婚吗？＝来村前，就和才庄子结了婚。家里贫穷就到了这里。

王树忠？＝他的妻子是王瑞林的女儿。以前在窑儿（十五里）。

傅炳新呢？ =原来是石门人（二区、四十里）给侯老印（长赞）做了两三年长工。乡里没家没田，就离开妻子来到这里劳动。

傅家成为本村人要保证人吗？ =要。傅崑（侄子）这个人在这里做了更久的长工。

从其他村迁到这里的人亲戚关系最多吗？ =是的，也有朋友关系的。

这个村里有因为朋友关系来的吗？ =傅家没有亲戚，和萧是朋友。

【移居者和辈分】

你来叫的话，傅是什么辈？ =没有辈。

为什么？ =才来不久，没多少交往。见面就稍微问候一下。

傅怎么叫你？ =什么都不叫。

【辈】

交往密切的话有辈分吗？ =交往深了后，叫你我不方便就根据年龄来分。

为什么叫你我不方便？ =年龄相近的就叫哥哥、弟兄之类叫起来顺一些，伯伯叔叔的难叫。有事情拜托的时候，就不得不叫亲一些。

对平辈或长辈不能只叫叫名字或叫你吗？ =傅是新来的没关系；对本村的人这样就失礼了。自己要说话的时候，要叫一声爷爷叔叔之类的。

辈是长辈对晚辈常用的还是晚辈对长辈常用？ =晚辈常用。长辈对晚辈叫号名。

【号、学名】

学名不经常用吗？ =不用。

学名是什么场合用？ =没号名的就用学名。

有学名但也还是常用号名吗？ =是的。

不叫学名叫号名是什么意思？ =抬敬人（尊敬的意思）

人死了要写牌位（送行时用纸做的要烧的）吗？ =写。

【牌位】

不做木的牌位吗？ =做先祖匣（开弔的时候做的）

那上面怎么写？ =

民故先考侯府君讳元勋之神位
奉祀男侯大生
皇清显祖考升公侯府君享八十八寿神主
男永起、永兴
承重孙元勋奉祀
皇清显祖妣侯母刘太君享年六十九寿神主
男永起、永兴
承重孙元勋奉祀[1]

〔1〕 译者注：此处为牌位文，保持原文文字结构。

【学名、号】

人死是写学名还是写号？=学名。

牌位上的元勋是学名吗？=是的。

升公是学名吗？=号名。

【忌讳】

讳是用学名或是用号吗？=牌位上一定写着讳（事实上不像上面所说的也有）

讳是避忌生前名字的意思吗？=是、是，你太聪明了。

【移居者和辈】

傅姓不管在村里待了多少年，不亲密的话就不加辈吗？=久了之后机会就有了。

没有村里的辈也是本村人吗？=老婆也在这里，所以当作本村人对待。

靠亲戚关系来这的人怎么有辈呢？=比如，自己的姐姐来到这里，就根据自己的情况给她加上辈。

靠亲戚关系来这的人，比靠朋友关系的人应该要更早有辈吧？=是的。我叫爷爷的人，我姐夫也得跟着叫爷爷，立即就叫上了。

这样的情况，是先用辈叫自己同族的，再叫村里人的吧？=是的。

【移居的保证人】

听说移到本村的人要保证人，去哪保证？=从其他地方来要找房子，就要向家主（房东）保证。这个在村里就看作是保证人。

在这里买家的人是怎样呢？=没有亲戚在这也买不了房。不会卖给不认识的人的。

除了长工，单是朋友关系不能来吗？=交钱给本村的朋友就会被信任了。

【同辈的排行字】

同族同辈是用同一个字吗？=同一个字。

实际上没有使用不同字的吗？=关系远的同族用不同的字。

一门用一个字吗？=不一定。

门下面还分吗？=有细分的。太多了。大二门有两家，侯凤成、侯凤昌。大三门有十四五家。大一门是剩下的全部。

门下面是怎么分的？=支派。

大一门分成多少个支派？=六十个支乃至七十派。

大二门呢？=一个支。

大三门呢？=三个支。

同一支派用同一个字吗？=是的。

一定一个吗？=是的。

你是大一门的哪个支派？=不知道。支派叫家子。

不知道是大一门有多少家子吗？=说不清。

你是哪家子？=六家。

辈最大的人是？=定义。六家中，排行字也不一样。儿子是永，孙是子，六家以内的曾孙用大字。

排行字在六家中也不一定吗？ =是的。

同辈取同一个字，这叫什么？ =一流的字儿。

同族的同辈若是不取同一个字，辈分不就变得不知道了吗？ =知道。要是给同辈取一个字的话，就取不了好名了。

【号】

怎样的人才有号？ =年纪大了受人尊敬就给他取个号。

年老了所以才取号吗？ =现在年轻人去学校读书，老师也会给他们取号。去商店做工，掌柜会给取号。

在学校取的不是学名吗？ =大概过了五、六年老师就会给取号。

村里有号的人是怎样的人？ =有很多。

那是谁取的？ =去学校或商店或者在村里办公的人都会从别人那儿得到号。

定义先生的号呢？ =制一。

其他还有什么样的号？ =侯长赞是老印；侯廷武是老恩。

您死了之后牌位上是写号还是学名？ =学名。

【门的上辈】

第一门辈最大的是谁？ =（不知道的样子）

一门辈最大的叫什么？ =我们族长。

不叫本族根吗？ =不叫。

10月17日

葬礼　关于死后的信仰　坟、坟会

应答者　侯定义

【哭】

去哭的最长的是哪一天？ =五七日和三七日

一七怎样？ =稍微哭一下。

去哭的时候要带些什么？ =纸和线香。

【五道庙】

人死的时候好像不用去拜五道庙，这是什么时候开始的？ =死那天的早上四点、中午十二点、晚上八点。

什么时候开始不去拜五道庙了？ =我小的时候去拜老爷庙（也叫财神庙）

什么时候去拜五道庙？ =过年。全村人都去。

是一个人拜吗？ =是的。

不是没有佛像吗？ =没有。

没有也要拜吗？ =有画像。

这一带有土地庙吗？＝五道庙就是土地庙。

这一带不叫土地庙叫五道庙吗？＝是的。

【老爷庙】

人死的时候去拜老爷庙是因为方位不好吗？＝因为方位关系所以去拜老爷庙。在这个庙里拜山神。

有死人的时候不能朝东拜吗？＝没关系。那边庙小所以才不去的。

老爷庙不能祭祀山神只有财神，所以才不去西边的庙吗？＝是的。

五道庙有山神能祭祀，所以才去西边的庙吗？＝是的。

【城隍庙】

城隍庙是什么神知道吗？＝城隍庙是掌管阴间事物的神，农村里没有。

五道庙和城隍庙的关系是怎样的？＝五道庙在城隍这地方，有人死了五道庙（五圣神祠）就去报告给城隍。城隍庙里叫判官的神来调查的时候，就在五道庙休息。

接下来呢？＝不能把死搞错了，就靠判官带来的账面（生死簿——写有人的生死年限）来调查。

人名是怎样的？＝没有人名，写的是上一辈子的名。那里写的是侯定义前生的名。写着在这世的年龄（到死）、从出生到死亡的善恶（每日恶善当赋当棒子手放火作德作好事周恤人[1]）。根据这个做了坏事的人就下地狱，做了好事的人就上天堂。做了恶事的人就是恶终（临终），做了善事的人就是善终（不生病死亡）。

【死后的过往——做了恶事的魂】

人死了魂是按照怎样的顺序去天堂或者地狱？＝进到五道庙里，等着子女送倒头纸。从城隍庙来两个牛头马面的小官带魂去城隍庙。接下来城隍神就问你是谁，如实回答之后就让你进入模范监狱，一直在那儿等到尸体被埋了。埋葬完毕后就被带到一殿阎君那里，问你生前所做的善恶事。一般不会说恶事，只会说善事的。这个口供一殿阎君全部记下来，再跟着魂一起送到二殿阎君那儿。再问些同样的问题记下回答后，就送到三殿阎君那儿。然后又问些相同的问题。要是还不诚实回答的话，就从锯拉、油锅、飞叉、酸硝中选一个适合生前所做恶事的，送过去受刑。一般还不从实招的话，被送到四殿。四殿的刑罚跟三殿一样。五殿里有反光镜，生前的善恶都能映出来。在这里不说实话的话，就让你看这块镜子。都不得不招了。再根据这个处罚，挖眼、扒心、刀肠子之类的。接下来再把五殿的文书送到六殿，再问一遍你在五殿说的恶事。意思是再次确认五殿的真伪。再让魂说一下对刑法有何不满。在七殿让你再承认自己所说的。八殿又再重复。在九殿做出裁决。你做了这样的坏事，来生就让你做狗、猫、老鼠之类的。在十殿，要变成猫的就给你猫皮；变成狗的就给狗皮。这样做了恶事的魂就算全部走过一遍了。

【做了善事的魂】

做了善事的魂经过怎样的路？＝善人恶人都一样先到城隍庙。在一殿就被问到做的善恶事。不说恶事只说善事。调查这个的神就叫日巡夜巡。这两个神证明是这样的话，就从二殿

---

〔1〕译者注：此处为原文的记录。

走到十殿。到了五殿就看一下反光镜。在六、七、八殿看做了哪些善事，一个一个给评语，再汇总评价决定来生的幸福。只做了一点善事呢，今世有十亩的家，来世只给你二十亩的家。做了很多善事的呢，就让你当官。不仅自己做善事，还劝人做善事的人，就让他成为大学士或者大官。为人容易作人难，再要作人恐则难，心无愧作无难处，对天可表身自安。善人生在这世作了这首诗，把自己经过的十殿可怜的恶。人说给人们劝人做善事。

从城隍来五道庙的判官叫什么？ =和牛头马面一起来。名字不知道。

【媒人】

媒人只是带着婚书去决定日子吗？ =得到出生年月的纸后只送婚书。

媒人不用迎新娘吗？ =不用。

拜天地的时候，媒人也什么都不做吗？ =不做。

夫妻吵架什么的，也跟媒人没关系吗？ =订婚后到结婚前媒人会调停，但结婚后就没关系了。

要给媒人礼吗？ =男方给一个财子（八斤）、两斤糖果。

应答者　孔子明

【孔姓的来历、坟、辈分】

孔是什么时候来到这个村的？ =村子形成的同时就来了。大概三百年前。

为什么只有一家，没有再增加了？ =以前有两家的，叔父家太穷了，就寄居我们家了。

坟有几代了？ =十四代。

侯家的坟有多少代？ =大概三百年了，数不清。

孔家的坟是怎样排的？ =

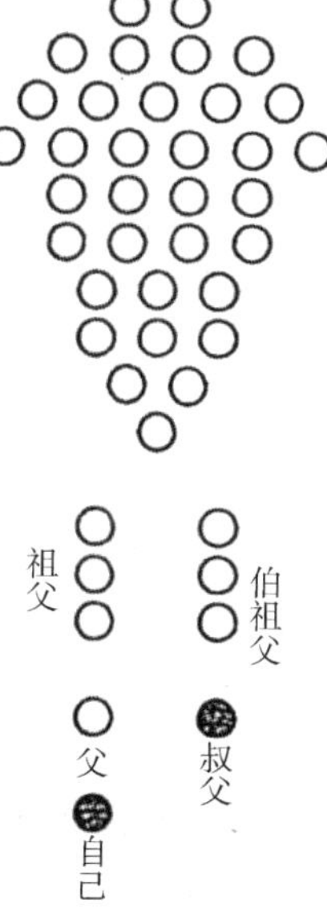

这种坟称作什么？ =没有名字。

祖先是两个人一起来的吗？ =是的。

像侯家一样分大一门、二一门吗？ =不分。孔子不管是从中国哪个地方来的，辈都知道，孔子的子孙。

为什么辈都知道？ =排行字是确定了的。我的名是昭中，儿子叫宪庭。子明是号。

为什么要取宪这个字？ =虽然没有了家谱，但字还是知道的。我是孔子的第七十二代。

孔子家除了孔德成还有其他的族长吗？ =孔令一。比德成还高一辈。

应答者　侯定义

【坟会、小会】

侯家每年办坟会吗？ =我小的时候有，民国以来就没了。

现在还买猪供奉祖坟吗？ =现在只用猪头，过去有坟会的时候要供三头猪。

现在做的不叫坟会了吗？ =不叫。清明节5、6个负责人去修理一下坟，供奉一下猪头，叫小会。

坟会和小会有什么区别？ =清明节去拜坟叫坟会，小规模简单弄一下呢，就叫小会。过去清明节和十月初一要弄两次。

坟会是同族每家出一个人吗？ =一家出一个人去拜坟吃三头猪。六十岁以上的人都会去。

现在的小会变成什么样了？ =侯焕亭、侯大生、侯凤昌、侯凤义、侯云中、侯元耀是经理人，坟会有两亩地，佃给别人耕种得到20元的地租，用那个钱买猪头修理坟墓。猪头就六个人吃。

这六个人是交替的吗？ =决定了的。

他们是哪一门的人？ =焕亭、大生、云中、元耀是大门，凤昌是二门，凤义三门。

这都是很早以前就决定的吗？ =焕亭是开始有坟会时就管理这些事务了，其他是选举决定的。

【坟会地的租佃】

坟会有地券吗，明天能给我看看吗？ =找找。

现在佃给谁耕种吗？ =（说凤义，又说焕亭）

每年交替吗？ =随便。

这块地叫什么？ =坟会地。

什么人租佃？ =谁都行。

其他地方是轮流给穷人耕种，这里是什么样？ =现在的两亩地不怎么好，谁都不想耕种。

小会的20元是谁给的？ =租佃的人。

这样有利益吗？ =没有。

租给其他人吗？ =租。只是现在耕种的人有一直耕种的权利。

如果不想做了要办什么手续吗？ =向这六个人提出申请。这六个人就找其他人。

10 月 18 日

埋葬 名 同族、坟会 兼祧 童养媳 新娘的自杀 招养老

应答者 侯定义

【未婚者的埋葬】

未婚就死了的人，是不是不能埋到祖坟？=只要满了 20 岁，没结婚也能埋。

20 岁以下的怎么办呢？=不能埋到祖坟里，埋到其他的田里。

为什么 20 岁以上就能埋到祖坟里呢？=认为是成年人了，就算没孩子也有过继子。

【过继子】

过继子只限于一家子吗？=只限于一族。

不能是他姓人吗？=不可以。

【娶骨尸】

没有未婚男女尸体合葬的吗？=没有。有娶骨尸，把单身的男女从埋葬地挖出来移到男方的祖坟里。

现在还有这样做吗？=是的。

这一带这样做吗？=是的。

大概多少岁的男女？=男的是十岁到二十岁，女的也一样。

女的没结婚就死了怎么办？=就做娶骨尸。

十岁到二十岁的女的一定会要做娶骨尸吗？=要做。但也有不做的。

什么样的情况不做？=没有合适的对象就不做。

合适的对象是指？=男方找女的，知道了之后就去商量，谈妥之后就娶骨尸。女方没死就没有。

这一定是男方找吗？=男女都找。

财产不同也可以吗？=可以。

娶骨尸之后成为亲戚吗？=一样的，有来往。

红白事的来往有吗？=有。

除了叫娶骨尸，还有其他叫法吗？=没有了。

不叫阴亲、冥婚、鬼婚之类的吗？=不叫。

男女双方谈完之后做什么？=男方送给女方财礼（大概一两元到五元），女方拿纸做的容器（棺材）和被格[1]会在娶骨尸那天，在女的坟上烧掉。之后要把棺材挖出来，埋到男的坟里。

这个要不要出殡之类的？=不用。这跟结婚仪式一样进行，村里人都来祝福。

---

〔1〕 译者注：此处保留了原文，推测为纸做的棺材、柜子一类。

要带钱之类的去吗？ =带钱来了也不会接受。村里人都来挖棺材啊，抬棺材的。带来的幡是用纸做的。

把男的棺材挖出来放着，和抬过来的女的棺材合葬吗？ =男的棺材由男方家人挖；女的由女方家人挖。

村里人来祝福说什么？ =喜呀，咱们小子娶女啦，媳妇啦。

父母还没去世的能埋吗？ =能埋。

【晚辈先死的埋葬】

一般下辈比上一辈先死的情况，不要先放在某个其他的地方假埋葬，等上辈死了再重新埋葬吗？ =埋的时候，给上一辈留着位置。

【十岁以下的埋葬】

十岁以下就死了的话怎么办？ =不娶骨尸，只是埋到田里。

造坟吗？ =造。一直把坟留在那里，清明节啊，十月初一，父母都会去烧纸。

【同辈的排行字】

关于名，为什么同一门的不用同一个排行字呢？ =怕同辈用同一个字会重复。

名是谁取的？ =去学校的就由老师取，一入学就马上取。父母有学问的话，就自己取。

同辈又没有那么多，中国又有那么多文字，为什么不用同一个字呢？ =下辈不能跟上辈用同一个名，侯家因为没有家谱，不知道三辈以上的先辈的名，现在就不取还活在世上的老一辈的名。取名的时候要看老地券，回避在那上面出现的先辈的名。

【作会的】

作会的是什么？ =经理人。

作会的要一起去拜祖坟，那同族人要一起拜吗？ =清明节的时候，一边敲着铜锣，一边去拜坟。十一月初一[1]是只有想去的人去。

【族长】

族长那个时候要做些什么吗？ =什么都不做。

族长不要最先叩头吗？ =不要。

族长什么都不做吗？ =族长40岁，很年轻，叫侯俊良。

族长的名要写到分单、过子单、地券上吗？ =随便。

【小会】

小会一定每年都弄吗？ =一定。

小会不限于坟会吧？ =十月初一在家坟上摆些贡品就叫小会。

【老坟会】

六个作会的人每年清明节的会一般叫什么？ =老坟会。

【小坟】

侯家的坟地大概分了多少？ =二十八。

一家一家的坟叫什么？ =小坟。

---

〔1〕 译者注：原文如此，疑为“十月初一”。

坟现在还能埋到坟会地吧？ =不能了。太小了。

坟变成什么样了？ =祖先的兄弟两人是从关外石岭来的。（其他应答者的祖先是大概三百年前从河北省临榆县迁来的）一个人去了县内的魏官营（八华里）

【土地先卖给同族】

卖田地的时候，首先要跟同族商量吗？ =一定要。

若是有人要买，就算其他人价格高，也一定只能卖给同族吗？ =要是没出到那么高的价格，也不卖给同族。

同族要是不愿意提高价格怎么办？ =那就卖给其他人。

说这个的时候，要分大一门、大二门，这样的区别吗？ =一开始是跟兄弟说，再就是同支派的、侯家全体。谁都不要的话，就跟外人说。

实际上没有同族买同族的田地吗？ =没人买。卖给了姓刘的（刘子馨）。

为什么卖给了这个人？ =出价高。同族买不了很多。

这个时候不会因为是同族所以便宜一点卖给他吗？ =卖土地的时候，还是价格高一点好。

【当、租和同族】

当是同族间的多吗？ =随便。当很少。手续麻烦，承当的人想买。

租呢？ =跟同族没关系。谁都可以。

【族长、支派长】

老族长是？ =就是族长。

老祖长？ =和老族长一样。

一门没有族长吗？ =支派长。

实际上叫他支派长吗？ =叫。

大一门的支派长是？ =长惠。大二门是凤昌。大三门是治成。

侯俊良呢？ =他是大二门的，侯姓全体的族长。

【家里、近门】

说家里是什么意思？ =五服以内。

近门呢？ =五服到七服的关系。

七服是？ =五服以外的不用穿孝衣的人。

不是五服外的同族人都不用穿孝衣吗？ =和其他同族不同的是红白事的时候，一定要来帮忙。

【坟会地】

有坟会地的姓氏有哪些？ =王和刘。

王有多少？ =两亩。

【坟会】

要弄坟会吗？ =每年都弄，用一只猪。

我想借一张地券看看？ =我找找。

刘怎样？ =没土地。

这样还要弄坟会吗？ =摊款弄。

应答者　刘会（69岁，族长）

【刘姓的来历、坟、坟会】

刘有几家？＝四家。

什么时候来这个村的？＝比侯家晚到两百年。

有几代坟？＝六代。

六代的话，就百年多了吧？＝两百年。

假设一代20年，百年多吧？＝二十多岁就生孩子的有，也有四五十岁生孩子的。

有坟会地吗？＝只办坟会，没有坟会地。

怎么办坟会的？＝花的钱四家分摊。

一起拜坟吗？＝拜。

你先叩头，其他人再跟着叩吗？＝是的。

招待些什么？＝看前年收成。

大概多少钱？＝十块钱左右。

做些什么？＝烧纸、香、粉条、猪肉、高粱米、白菜。

坟会地过去没有吗？＝没有。

四家都是五服以内吗？＝也有五服以外的。

在谁家办坟会？＝轮流。

会食叫什么？＝坟会饭。

坟会的经理人是谁？＝轮流。

轮流是怎样的顺序？＝今年是万臣；明年是万德；后年是会；大后年是斌魁。

这是按的什么顺序？＝一开始只有一家，不用轮流。后来分家了，弟弟就轮流。像这样就成了现在这样。

坟会饭在家的哪里吃？＝一般的房间。

上坟后，要去拜祖先堂吗？＝不用。

应答者　王金陞（68岁，族长）

【王姓的来历、坟会、坟地】

王姓有几家？＝三家。

什么时候来这个村的？＝不知道。

三家都是五服以内吗？＝全部都是五服内。

有坟会吗？＝有。

是怎样办的？＝不像过去那样办得盛大。筹一点钱，买一头猪当坟的供品。现在也不买猪了，只买猪头。作为坟会饭的菜。

买的猪是活的还是死的？＝死了的。

买回来是死的吗？＝是的。

有多少坟会地？＝卖了。

什么时候卖的？＝很久了，我出生前。

坟会是怎么办的？ =轮流。

办坟会的那家也轮流吗？ =是的。

轮到的人叫什么？ =没有名字。办会的。

每年一定会办吗？ =是的。

大概要多少钱？ =两三块钱。

能有一些什么好处？ =办会的拔下这年坟上的草，相反的有义务买烧纸和线香。

大概有多少坟地？ =四亩。有八棵松。

办会的能取松枝吗？ =跟三家人商量了也可以砍。

一个人不行吗？ =不行。

掉到地上的可以吗？ =可以。

松树的枯枝啊、草，一年能有多少？ =大概两块钱的。

办会的一整年都能取吧？ =可以。

线香和纸要多少钱？ =一块多。

坟会饭的菜呢？ =白菜、猪头、高粱米。

今年的猪头大概花了多少钱？ =三块多。

这样的话，白菜和高粱米是各自带过去的吗？ =买的。

这样就不止两三块钱了吧？ =大家一起分担。

轮流的顺序呢？ =王福存（大四门）、王金陞（三门）、王义存（四门）、王化云（大一门）、王文存（一门）、王兴邦（一门）大二门去了。

其他地方。

你为什么做了三年？ =虽然代替父亲的有兄弟三个，我一个人就要做三年。

是为了代替父亲分成三家的意思吗？ =是的。

其他的两家不顶用吗？ =是的。

王文存也是这样吗？ =是的。

就算有几个兄弟，要是没分家就不能持续干两三年吧？ =是的。

轮流的顺序是什么样的顺序？ =以前就一直这样，我也不知道。

看不同的门吧？ =是的。

应答者　侯定义

立卖契人高玉因乏手今将拨补地坐洛侯家营地二十五亩情愿卖与王利名下永远为业言明卖价银二十五两整其银笔下交完立不缺少言明不许亲族争竞如有争竞者在卖主人一面承管恐后无凭立此存照

钱粮随地过割

乾隆五十年十一月十八日

侯振

执照永远人侯继绪

刘中行[1]

这个地券的乾隆时代王姓还是一家。这二十五亩中九亩卖给侯庆昌，六亩卖给侯连仕五亩作为坟地，其他五亩不知道。庆昌、连仕都还在世，当时是谁买的不知道。地券的拨补地是移民补助地。

查一下地券就知道了吧？=是的。

侯庆昌的地是在王家地的附近吗？=坟北。

连仕呢？=坟北。

【坟会地】

陈家有坟会地吗？=没有。

【红白事和同族】

同族的不同门不用给红白事的钱吧？=要给钱，叫作烧纸钱。

结婚的话呢？=给拜钱。

同门的话呢？=不给。只带着纸来。钱不要。结婚的话要拜钱。

【一子四不绝】

在侯金生的家听到了一子四不绝，是什么？=过继子。

【一子两不绝—兼祧】

村里有一子两不绝吗？=侯定泰（根据侯定义手上的家谱）。

凤来的土地呢？=只知道有房子（两间）。

凤林有多少？=不知道。有两间房子。

分家了吧？=四人分家。

定泰的妻子是一个还是两个？=太穷了，没有。

一子两不绝的时候，妻子只有一个吗？=一个。

生了两个男孩怎么办？=两个孩子分家。

这样两个人分家因为一子两不绝又变成一起，又生了两个男孩又分家吗？=一个人的话，是分两家的兼子，两个人的话分家。

是叫兼祧吗？=叫。过子单上写着兼祧。

---

〔1〕译者注：此处为民间契约，保持原文文字结构。

现在定泰有孩子吗？ =没有。妻子也没有。

之后怎么做？ =定选的儿子永周继承。

继承叫什么？ =称为顶绝户器的江山[1]。

财产有多少？ =两间房子、四亩土地、一个猪圈，因为有大门，所以有那个的四分之一。

大门里住着四家吗？ =大门倒了。那儿四个人都有份儿。

【过继】

你成为凤来的过继子是特例吗？ =如果定礼、定义成了过继子的话，定选会不满。因为凤来有财产。

第四子凤吉一个人有两个儿子，四人兄弟都只有一个儿子，不是吗？ =定泰进了凤来的家。同族中有人说让定义成为长子的过继子，但定选反对，就让永周成了过继子。虽然事实上成为了过继子，但因为不合理，谁都不写过继单，就一直那样。

是什么地方不合道理了？ =自己有三个孩子，虽然一个去了远地；三个中的一个又送给定礼；一个成为定泰的过继子，这很好了。但是永周很贫，就把自己让给了他。

定泰的四亩田地怎么样了？ =被永周的儿子卖了。

卖给谁了？ =侯永廉。

没有过继子单也能卖吗？ =自己作了证明，否则就没人买。

中间人是谁？ =现在的是有误的，我自己也什么都不知道。定选死的时候，买了棺材，帮了点忙。

没有过子单能卖那家的田地吗？ =人们只顾自己的生存，因此只要自己不说就能卖。

【童养媳】

在李维恒家，有小的时候从别家嫁过来的儿媳妇是吗？ =是的。

这是什么情况？ =赵家港的赵姓的女儿、父亲去了满洲工作，妈妈不在，是个孤儿。之前就跟李维恒的弟弟李维诚有订婚，结婚前就来到了李家。

这个姑娘是几岁来的？ =七八岁。

几岁结婚的？ =还没，现在十四五岁。

李维恒的田地呢？ =不足20亩。

这叫作什么？ =童养媳。

这种情况不是不叫童养媳吗？ =不，叫的。家倒了，父母没了，就被带到夫家来。

【童养媳的结婚典礼】

要办结婚典礼吗？ =和普通的一样，借同村的别人的房子，从那里迎亲。

要媒人吗？ =不用。

要娶送客吗？ =要。

要拜天地吗？ =要。

仪式之前发生了关系怎么办？ =一般会让童养媳住在别处，这种事情不会发生。

结婚的行李没有吧？ =要去远地给父亲送封信吧，父亲有钱给的话，就用那个买。没

〔1〕 译者注：此处为原文的记录。

有的话就用夫家的买。

这些东西都是先放到村里别人家，然后再带去夫家的吗？ = 是的。

这一带童养媳多吗？ = 只有一个。

这附近呢？ = 每个村都有。

【童养媳的事由】

什么样的情况会收童养媳？ = 主要是娘家太穷了。娘家变得要乞讨的时候，大多就会说女孩去夫家待着。

这是订婚之后娘家变穷了吧？ = 是的。

男方家很穷，为了节省婚礼费用，从家境贫穷的人家抱过来还未订婚的女儿成亲的情况有吗？ = 有，这叫抱养童养媳。

【儿媳的投井自杀事件】

听说有户人家儿媳妇投井死了？ = 侯振祥。

什么原因死了？ = 原因不明。前天晚上从娘家回来，第二天早上就死在了井里。

什么时候嫁过来的媳妇？ = 前年末，今年七月末死的，不到两年。

家里有几个人？ = 公公（丈夫的父亲）、婆婆、大棍姐[1]（十八岁）、夫（十六岁）、妻（十八岁）

村里是怎么说死因的？ = 儿媳妇闲的时候，帮别人料理田地，一天八十钱，家里大概有四十亩田地，那天跟姐姐一起去别人家除草，之后回了娘家。通过别人转达说要把钱送过来（娘家在刘家坨——六、七里）。公公看挺闲的，就拿着钱送去娘家给她。递了两元钱给她，但四十钱的零花钱也没拿到就回来了。从儿媳妇那儿连一点零花钱都没拿到，状态就不好了。回到家跟婆婆说这件事，婆婆说自己的女儿都没给过钱，不能给儿媳妇这么多钱。就吵了起来。公公也很愤慨，就去要这四十钱，在娘家人面前要钱不好看，就把儿媳妇带回来了。路上就跟儿媳说这个。

到了傍晚才到家。那四十钱不还给她，第二天就跳井死了。

儿媳妇为什么要回娘家呢？ = 夏天到了的话，得到公公婆婆的允许，回娘家待五六天是很普遍的。去之前跟公公说，要是在集市上碰到我们村的人，就让他转交给我，但是也没碰到，公公就自己带过去了。

对儿媳妇的评价怎样？ = 不管是娘家村还是本村，评价都很好。

婆婆呢？ = 好人。

公公呢？ = 好人。

姐姐怎么样？ = 也很好。

虽然不知道真正是怎么一回事，但结局真是四十钱成了问题吗？ = 婆婆觉得这四十钱也很多了，应该二十钱给女儿，二十钱给儿媳妇，说是全部都给儿媳妇不行。

不是应该女儿做的工钱给女儿，儿媳妇做的给儿媳妇吗？ = 是这样。

平常婆婆跟儿媳妇关系不坏吧？ = 没听说过。

---

〔1〕 译者注：原文如此。

有四十亩地的家里四十钱也会成为问题吗？ =这四十亩的土地都是勤勤勉勉劳动，连1钱都要节省才买来的，所以很珍贵。

这个四十亩是公公买的吗？ =以前就有四十亩。

有听说过给儿子娶后妻吗？ =没有，后妻叫续弦。

儿媳妇死了，谁是孝子？ =没有人。

谁做全孝？ =丈夫，送纸也是丈夫。

侯振祥的家里谁都不服丧吗？ =要丈夫做，这些是娘家人的要求。葬礼也应娘家人要求，办得盛大。

女儿自杀的事情多吗？ =有倒是有。

原因大多是什么？ =家庭的教育不好。这里是娘家人不好。

为什么娘家人不好？ =听从娘家过来参加葬礼的人说，娘家的父母既没受过教育也没见识。

娘家不好的地方在哪儿？ =娘家人让他们买八百元的棺材，要求穿的全是纯绢的，还要很多孝衣的白布，要杀三头猪招待客人，要气派的乐队和纸质的人形轿子，四十亩的家底根本不符嘛。

女儿自杀的什么样的方法比较多？ =上吊、投井、投坑、吃红薯、切腹。

男的呢？ =一样。

【一子四不绝】

王金生是一子几不绝？ =四不绝。

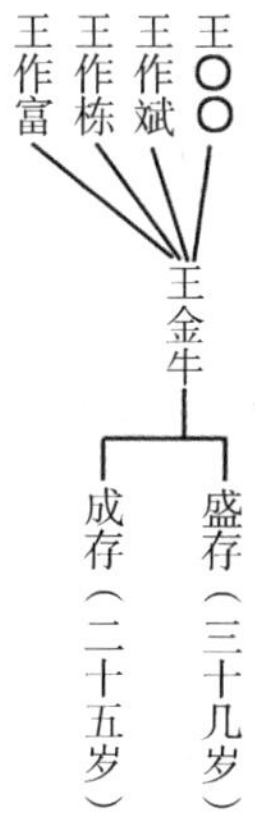

田地有多少？ =金生的父亲没有，三个叔父合起来有大概四十亩。

一个妻子吗？ =一个。

盛存和成存还没分家吗？ =是的。

四十亩的田地怎样了？ =两个人分。

两个人分家的话，一人分二十亩吗？ =是的。

【埋葬的形式】

侯振祥的儿子要是娶后妻的话怎么埋呢？ =夫、妻一、妻二，有先有后。

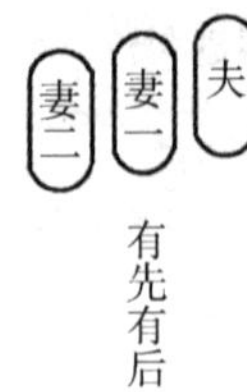

【招养老】

招养老是什么＝没有儿子有女儿的情况，招男孩做丈夫养双亲。

【和其他姓的招婿养老】

其他姓的也可以吗？＝侯和孔不可以，李的话也可以。

招养老有很多吗？＝村里没有。

其他村有很多吗？＝少。招过继子的倒很普通。

为什么李姓可以，侯和孔姓就不行呢？＝侯无二姓，孔也无二姓。

【招养老的年龄】

招养老一般是多少岁招过来？＝结婚年龄。没有小的时候就来的。

这样的男孩叫什么？＝养老女婿。

【养老女婿本家的情况】

养老女婿是家里穷、兄弟多吗？＝是的。有生前养、死后葬的义务。

【家产和养老女婿】

家里的财产叫什么？＝家业（田地、房子、现金）

家业全会变成养老女婿的吗？＝是的。

【招养老的结婚仪式】

结婚仪式怎么办的啊？＝男的在本村借一个房间，在那儿迎接女方，过了三天就回娘家。费用全部娘家人出。

在哪儿拜天地？＝在借的家的院子里。

借的家是一家人的吗？＝亲戚、朋友。也可以是同族的。

要媒人、要写婚书吗？＝是的。

要娶送客吗？＝要。

10月19日

养子　养老地　离婚诉讼　分家和同样的家庭生活

应答者　侯定义

【大的小的】

大的、小的这样叫吗？＝二十岁以上大的，十岁以下小的。

二十岁以下、十岁以上的叫什么？＝中年。

本妻叫什么？ =头一房的媳妇。

续弦呢？ =二房。

头一房和二房这些称作大的、小的吗？ =一房没去世又娶了二房的，就叫一房大的，二房小的。

【成主】

成主是什么？（141 页，参考《县志》“葬”） =大户人家的葬礼办得特别盛大，这叫作门大市。神主匣上记下的不是写的主人的字，而是那一天请礼教先生写，用新的红笔。

神主匣的什么地方有主人的字呢？ =名字的下面有（自己不能写）

孝子以外的葬礼的全部负责人叫什么？ =执事人。

不叫成主吗？ =不叫。

【里抬】

什么叫里抬？ =亲友送的面做的供品。

【公公】

谁叫公公？ =丈夫的父亲。

【老妈子】

谁是老妈子？ =大家的女佣。

【娃娃】

娃娃指谁？ =小孩。

【双棒郎】

双棒郎呢？ =不知道，一起生了两个孩子。

【老爷子】

老爷子指谁？ =上了年纪的爷爷。不认识的人也会叫。

【义子、义父】

义子是什么？ =干儿子。自己的儿子管别人叫父亲。

什么情况会认干儿子？ =和朋友变得特别亲密的时候，就管对方叫义父。

不是把自己的儿子给他人当儿子吗？ =不是完全给人，自己的孩子还是自己的，只是管别人叫父亲称自己儿子。

【干妈】

有没有哥哥都死了，暂时把弟弟给别人当儿子的情况？ =那个时候不是义父，而是找一个干妈。干妈和孩子一定要是相生之命。这样孩子能成为丈夫。

这叫什么？ =认命。

认命是什么？ =孩子的性若是火，就找木的干妈；是金就找水的干妈。

干妈是只要命相合，什么人都行，是吗？ =是。

这个村有吗？ =哪个村都有。

这是在孩子几岁的时候做呢？ =看重孩子的父母亲一两岁的时候就找干妈了。本村没有合适的人就去外村找。

成了干妈后要做些什么？ =干妈要为孩子制作一个腰子，里面有粉、豆腐、酒、切

糕、首饰（锁牌，上面刻着长命百岁，普通的银器）

这个送给孩子吗？=是的。

孩子家里做些什么？=每年端午、新年、中秋的节日里都给干妈送糕点。最开始带着孩子去干妈家的时候，要带上礼物，干妈会给钱，这样两家就成了亲戚。

干妈不是之前认识的也可以吗？=非本村人的话不可信。还是之前就认识的人。

最初不用带钱去干妈那儿吗？=不用带。

有了干妈孩子还是很弱的话怎么办？=没办法。

还会再找干妈吗？=有。找两三个也可以。

两个干妈都跟孩子家分别是亲戚吗？=是的。

完全不把孩子给别人的叫什么？=有是有，没有名字。

得到乞讨的孩子的话，叫他义子吗？=没有得到别人的男孩。有田地的话，就从同族那里得来。贫穷的人也有得来女儿的，什么也不叫。

【分家的原因】

分家的原因大多是什么？=父亲上了年纪不愿再做家务的时候，这叫作和分。哥儿们众多，其中有一个勤勉赚得的钱多的话，老婆首先就会主张分家。在家庭里耀武扬威和其他人经常吵架。这叫作逆分。这很少。有两个孩子，一个勤勉劳苦；另一个是个无所事事的放浪者，家长就会让他们分家。

没有婆媳不和吗？=有。

父子不和的呢？=很少。妯娌不和而分家的很多。

【义子】

刘和跟儿子郭永升是什么关系？=义子。

怎么来的？=刘和没有孩子，夫妇两个人（六十二岁、五十六岁）有大概二十亩地（保甲簿十五亩），哥哥刘会那里（锻冶屋）有一个叫郭永升的勤快的青年。郭是卜字人（十里）没父母没妻子，大概三十多岁，在卜字只有一个叔叔。虽然住在刘和家里，不会做针线活。刘和的妻子人很好，两个人就亲近起来。就正式开始叫她干妈，刘和就成了义父。刘和照料下找了妻子回了自己家。

刘和没孩子怎么办呢？=有侄子。现在还没过继。迟早是会这样的。三个侄子中选一个做过继子。

不能把郭永升当儿子吗？=对方也没有过来，这边的同族也不允许。

永升不来的理由呢？=姓不同。

【养老地、轮流养活、养老粮】

有什么办法能父母还在就分家吗？=父母拿一部分养老地，把剩下的土地平分给孩子，让他们分开生活。

其他呢？=没有了。

轮流养活呢？=养老地也分给儿子做租佃，自己就轮流去孩子家吃饭。还从孩子那里得到零花钱（轮流）

租佃的费用呢？=不用。

养老地是自己的东西吗？ =是的。全部分了将来要是被卖了，就对自己的生活和埋丧葬费担忧。

没有养老粮吗？ =分家的日子自己家里还剩的谷物就当作养老粮。在不是轮流养活的情况下。

有养老粮的情况下，要另外分养老地吗？ =一般拿了养老地就不拿养老粮了。

有父母还在、分家但不给养老地的吗？ =非常少。

为什么少？ =自己挣得的财产不能全部让孩子用完。还剩一点分给他们。养老地让他们租佃，也并不是自由的。

祖先留下来的土地怎么办？ =同样留作养老地。祖父买的传给父亲，再传到自己手上的田地，要是让孩子弄没了，要对祖先负责。

【分家后的卖地和父亲的同意】

如果是分家了的孩子卖的，只要不是养老地就不会有责任吧？ =虽说是孩子卖的，但自己不同意就不能卖。不是收成不好也不能卖。

分家了的孩子卖田地要经过父亲的同意吗，怎样的形式？ =不写名字的话父亲不知道，卖土地的中间人就不会做。

【养老地的耕种】

养老地是让孩子租佃呢，还是自己耕种呢？ =好孩子的话，就让自己的孩子租佃；坏孩子的话就让别人租佃。我们村让自己孩子租佃的人多一些。

为什么？ =坏孩子的话，怕他会偷偷卖掉，父亲就算不知道也能卖。

【轮流养活】

轮流养活的情况是多少天？ =两个人的话，每天或者每五天，三个人的话，一天、两天、三天、四天、五天。没有五天以上的。三人协商决定。

三个人的情况，没有一个月三十天每十天这样的吗？ =没有。五天以上的没有。

为什么？ =好孩子虽然会让父母吃好的，但时间长了父母会厌烦，就时间短一点交替。

父母就为了食物轮流到孩子家去吗？ =在同一个院子里的话，就把食物拿到父母那里。在其他地方就叫来孩子家。

【养老地的耕种】

养老地的地租用，不管自己孩子还是别人都一样吗？ =是孩子的话，得到的东西都变成孩子的；别人的话，就预先确定好地租。

不收孩子的地租是因为轮流养老吗？ =是的。

有自己耕种养老地的吗？ =有。

是自己耕种的人多，还是轮流养老的多？ =轮流的多。

这是为什么？ =父母都老了，没法做饭了，轮流养老是对父母尽孝道。要是让他们单独生活，儿子就成了坏人。

【丧葬费和养老地的处理】

父母死后，养老地怎么办？ =儿子有钱的话就出丧葬费。否则就是卖掉土地作丧葬费。孩子出钱的话，土地就平分。

哪一种比较多？＝一半一半。

多少养老地才能作丧葬费？＝没有二十亩做不了丧葬费。卖完养老地，孩子还要出钱。有钱的孩子出剩下的。

一亩大概多少钱？＝上地是百元；中地六七十元；下地两元到十五元。

普通的丧葬费多少？＝父亲死了的话，两三个孩子先去找村里有能力的人、同族、亲戚的上一辈协商，请他们帮忙，没现金的时候，从各方借钱来办葬礼。那之后就卖养老地。一般养老地的钱要剩一点。穷而不可富葬，富而不可穷葬。

从养老地那里剩一点钱是什么意思？＝葬婚的预算大多会超出，作为预备剩一点。

卖了养老地剩下的钱兄弟平分吗？＝是的。

大多数情况，是因为没现金所以才把养老地卖了当作丧葬费吗？＝养老地的钱如果不够的话，燃料、食物、猪一般家里都有，亲友会带礼金过来，自己家里还有点钱，向亲友借一点，雇乐队搭天棚。

养老地最终会变成丧葬费吗？＝是的。

【丈夫的失踪和妻子的再婚诉讼】

你有三个儿子吗？＝豫丰（三十几岁）、豫享（三十二岁）、豫亭（二十六岁）。

豫丰去哪儿了？＝以前去了满洲，现在在西边吧。

他的妻子呢？＝他十一年前没了音信，妻子受不了，说想再婚。我说要是儿子回了就会很对不起他，于是没同意。这样一来儿媳妇就以夫久不归、终身无靠这样的理由打了官司。我自己也被叫上了法庭。我说虽然儿媳妇嫁到哪儿都可以，但不能就这样跟我们脱离关系。儿子要是回来了，还打算再打官司。我主张只要本人没回来就没法离婚。因为不能确定儿子死了所以不能离开这个家。在法庭上争了好几次。事情还没解决，儿媳妇好像怀孕了。去法庭就把这件事揭发了。儿媳妇什么都没法说，就说让她跟别人结婚吧。判官说等本人回来了再来出庭，做了调停。但是直到现在儿子也没回，媳妇也死了。

【分家和同样的家庭生活——两个儿子分割耕种及证明】

你的田地是分给三个人还是两个人？＝还没分。只是让他们分别耕种分别做饭吃。

儿子回来的话，有分家的打算吗？＝有。

田地一共有多少？＝五十三亩。

怎么分的？＝让他们分别耕种二十六、二十七亩。

这叫什么？＝分了家啦没清、没写分单、立了字据。

你是怎样生活的？＝均养、轮流。

每多少天？＝一天。

是在自己家吗？＝带过来给我。

零花钱呢？＝去年一个儿子给了我七八十元，两个人一起一百五六十元。

长子要是回来了怎么分？＝他要是在我活着的时候回来了，我就收回已经立下的字据。二十亩作养老地，剩下的三个人分。

写了些什么？＝因为两个儿子去挖壕了不在，就没有字据。

侯定义年过年耳眼花长子出外年久未回因此家里我懒怠支持今将家北菜黄地八亩半归与次子三子二人均种庄子门口儿地五亩也是他们俩均种又横头地七亩也还归他们俩均种下剩等等的地归与我自身养老有长子回家时再可以三股均分如有不回家时房产地业身百年之后就归次子三子二人均分我就不管了次子三子各执一张有中人可证。

中人 侯长赞
侯心如
侯瑞墀
侯允中 代笔
中华民国二十七年冬月 日 立

（注）侯长山——叔父 侯心如——堂弟（五服以内）侯瑞墀——兄弟（五服外）侯允中——侄子

【侯家三门】

侯姓是什么时候分成三门的？＝百年以上了。

坟是多少辈分成三门的？＝不知道。

大一门侯元镇 侯定禄 大三门侯治龙 侯才氏

元锡 大利 振祥 振瑞

元铭 连壁 永明 治成

永慎 连昆 永伦 治祥

廷武 元锜 元章 元文

元会 元东 元功 凤成

永和 大贵 凤昌 俊良

元有 善林 治平 治东

瑞谦 瑞成 绍会 永振

瑞知 长恩 宝善 永立

大一 侯长永 侯长赞 大三 侯宝兴 侯宝田

瑞文 金生 治忠 治宽

金锋 文安 振九 永庆

文元 文炳 赵氏 永正

庆昌 大生 永谦 文卿

瑞祥 玉亭 庆春 文焕

玉享 永宽 元英 元普

元佐 永勤 文兆 文润

永俭 永帘 赵氏 左钧

大二门 侯朱氏 侯永增永义 元太

连有 永凤

宝廉

【资料——过子单、分家单】

过子单

立合同人侯凤彩年近五旬缺嗣无后今将堂弟凤翘次子五岁赶成厮过继为嗣今同族长亲友当面言明自过之后不许撵出亦不准要回此係两家情愿各无返悔如有返悔者同族亲友一面承管恐后无凭立合同存照

甘成印　张树远　杨布云　夏起盛　田慎身

中人　侯万玉　侯凤清　侯凤翎　侯凤翥　侯凤飞　侯凤翩　侯凤至　侯连成

侯定邦　代笔

咸丰八年二月二十七日立

立合同人侯思平因缺嗣年过六旬二目晕花手足无力春种夏耕不能不免有昼夜悲泣之意今族长亲友共同议论将侯思德次子万才同妻刘氏过与思平为嗣今思平房屋田产其是万才承收别人不得而争之自过以后不许去出吊入亦不许不要撵回如有去出吊入不要者仲人送官治罪恐后无凭立过契永远存照　后头厢房南边三间居主永远为业

乾隆五十七年三月十九日立契

侯万淳　杨守成　李明秦　刘朝相　陈少贤

永远执照仲人　侯镇　孔成天　侯景达　侯景礼　侯思公　侯思杰　侯思敬

立过子单人侯门罗氏因身乏嗣奉严命特邀请亲友族中等愿将侯瑞墀之长子侯金生过给罗氏承嗣本身此后生养死葬均归侯金生负担关于家产器皿等等别在分单亦均归侯金生承受他人不得干涉此係双方情愿各无反悔恐后无凭立此为证

中人亲友宗族

罗进爵　侯允中　侯全五　侯心如　侯长赞　侯瑞文　侯永振　侯长立代笔

民国二十七年旧历十二月十九日立

分家单

立分单永远执照人侯元东会同胞弟兄二人父母早年去世同居多年近因家道萧条难以共度特邀宗族中人情愿将祖遗所有房产地业钱财账目牲畜车辆器皿什物等件俱照两股配匀均分祈神拈阄各由天命元东缺嗣元会随即将长子李孩过与胞兄元东名下永远为嗣自今以后即各承各股家业照管永远不许争执此係两家情愿各无反悔恐后无凭立分单存照

计开

长门元东名下分得西边正方一间半正房南西厢房两间正房北除分与元会厢房三间外又分西边北边院墙在内过道同行地基以分西边一半过道当中为界南至侯至安北至道又分得东边元会地基上靠南小房贰间又分得祖业地庄子门口东边四亩计垄二十八条老

坟后头南边两亩垄二十条莱荒地道东三亩十六条旧坟上道※南垄十八条道※[1]北垄二十二条此地内树木长成两家均分车牛绳套经中作价东钱二百八十吊既归元东随即多认摊饥荒贰壹百四十吊其余器皿什物等件亦俱分清各收各业照受又分房后园子地南半截

二门元会名下分得东边正房一间半此屋较窄又分西边元东地基上厢房三间无力翻盖不准撵折又东边正房南北边小房二间过道同行地基分东边一半以过道当中为界南至侯定荣北至道又分得祖业地庄子门口西边四亩垄二十四条老坟后头北边二亩长垄十六条短垄东头八条莱荒地道西二亩垄条东东坑沿尖十二条即小沟东短旧坟上上当中垄（此地内树木长成二家均分）四十四条庄东小沟东垄十二条（树木在内）短十二条其他器皿什物等件亦俱分清各收各业照管又分房后园子地北半截

执照中人 侯定荣 侯定安 侯永秋 侯永和 侯元镇 侯建功 立书单

大清光绪三十四年五月二十二日[2]

长 喜

立分单执照人刘会年六十三岁所生三子长次三万喜万臣万年俱各成立自己年迈不能操持父子议妥情愿将

所有房产地业钱财账目什物等件除余自己夫妇养膳外尽与三子照三股均配平允均分祈神拈阄各由天命特邀宗族立据自今至后即各承各股家业照管永远不准争执此皆出于情愿各无返悔恐后无凭立分单永远存照

计开

坑西地十五亩五分伙头地均归自己夫妇养膳夫妇百年后丧葬费三股均摊不准推诿次子万臣分得正房南四间厢房三间西至万喜之地基西至自己厢房大山北至厢房大山又分东院西房一间半地基东至侯锡武伙山西至二叔父伙山南至街道北至井南小横道前后通行又分家北大壕上地两亩五分小园子地三亩莱荒地三亩五分因地亩软帖正房后榆树一

刘银

族中

刘合

侯大生

乡长 印

侯定义

中人 侯焕廷

侯锡武

〔1〕 译者注：此句中两字均为同一字，原文字迹模糊，无法辨识。

〔2〕 译者注：此处为过子单、分家单，保持原文文字结构。

各执一张 侯心如

侯元钧

大中华民国二十五年旧历十月二十日立

立永远分契人侯凤吉因度日晰居胞兄弟四人各自度日道南庄舍西边紧挪着三胞兄凤五个半垄田各自便路北老庄舍房屋一间分在二层西边大门外地基四家伙用自头层后房檐地基随二层房子自便东边墙亦随二层房子二人伙用西厢房二间上盖木料砖瓦石块四人异日伙用均分自今至后同中人言明照契自便不许反悔如有反悔送官究治各执壹张收存立永远分契执照

书契

中人侯奥尧

侯定邦

侯凤岐

侯凤清

咸丰二年上月初二日立契

【资料——县志抄】

丧

初丧之时、治衣衾、置装寝于堂前、子孙哭号、焚楮镪于五道庙前，晨夕三次，俗谓之送纸、至二日而殓、富者棺椁、俱用松柏及桑木、贫者有棺无椁、木亦次之、既殓日暮时、延诸生四人、致祭于堂、行三献礼此礼惟士大夫家及富室有行之者、毕复奉里台谐音不知是此二字否、以升于独车、燃短炬尽、焚诸冥器、亲友毕至、子孙哭拜于地曰送行、越三日成服矣、迨卜葬有期、必以白帖、通丧于亲朋家、或某日开弔、致祭某日、成主致祭至、成主择亲朋中之明显有德者、任其事、发引之日、亲朋咸素服、送于墓侧、既葬后、孝子登堂谢焉、至于※[1]碑碣刻行述表扬先德者、则各称其家之有无耳（旧县志）

《昌黎》《县志》卷五风土志

婚

男女数岁、以至十余岁、皆议婚先通媒妁、两家皆充、则各治酒馔、相燕会、亦邀媒妁、谓之会亲、男家备衣服首饰、以达女家、谓之定亲、迨婚有期矣、则择吉日送婚书、启行催妆之礼、届期嫁娶、夫家先备五彩肩与及鼓吹仪仗以逆女、三日后行庙见礼、若夫通柬御轮士大夫之家、间或行之、非大同之俗也（旧县志）

[1] 译者注：此段中“※”号均代表原文字迹模糊处，无法辨识。

按昌黎习惯、俗婚礼男女、率以媒妁介绍一言为定、不用婚书、后以负约、有成讼者、官谕用之、然用者终寥寥也、近来自由之说兴结婚离婚之案、数见不鲜、婚礼视为辨髦矣

喜对

大门

金屋人间传二美　银河天上渡双星

前门

诗云关雎起化易日有占风型

横头

钟鼓乐之、关雎起化、百轿迎门、百年偕老、天作之合

二门

诗歌杜甫其三句　乐奏周南第一章

屋门

车马迎门到　钟鼓乐之临

春條

宜入新年人口平安合家欢乐福寿双全大吉大利

春联

福如东海长流水、寿比南山不老松

向阳门第春先到、积善人家庆有余

喜春王正月、贺天子万年

横头

一门五福、五福临门、天子万年、四时告庆、三阳开泰

昌黎县志卷五风土志

方言例式　称人

邑人称父曰爹称母曰妈称外祖父曰老爷称外祖母曰姥姥称大父曰爷爷称大母曰奶奶称闺女为姑娘称子妇曰媳妇外人称曰娘子妇人称夫兄曰大伯子称夫弟曰小叔称夫伯曰大伯公公称夫伯母曰大妈婆婆称夫叔曰叔公公称夫叔母曰婶婆婆称岳父曰丈人称岳母曰丈母娘称女婿曰姑爷称小孩曰娃娃称扶持人之媪曰老妈子称叟曰老爷子称佣工曰打头的又曰伙计称婢女曰了头俗谓我为※[1]们谓人为他们孪生之儿曰双棒郎。[2]

---

〔1〕 译者注：原文模糊，无法辨认。

〔2〕 译者注：此处为政府公文，保持原文文字结构。

租 佃 篇

1942年5—6月

（华北农村惯行调查资料　第86辑）

租佃篇第15号　河北省昌黎县侯家营
　　调查员　山本斌
　　翻　译　郭文山

5月20日

家族制度和租佃

应答者　侯定义
地　点　村公所
【侯家的同族】
你名字是？=侯定义、字制一。
你是哪一年生的？=同治末年。
是侯家最年长的吗？=80岁以上的有两个人。
那个人叫什么？=侯连仲、接下来是侯永发。都是80岁以上。
侯家人怎么称呼侯连仲？=老族长。其他没有了。
侯连仲是辈分最高的吗？=不是。最高的人是侯俊良。虽然才四十几岁，但辈分最大。
【老祖长】
称他为什么？=叫“祖”，又叫老祖长。常用“祖”字。
老祖长家造得比别人好吗？=没有家。借的，一个人住。
右边是什么人？=妻子和4个儿子。
什么时候变穷的？=父亲那一代，民国二十年的时候开始。
父亲在世时有财产吗？=以前一直都很穷，有20亩。
上面的20亩现在还有吗？=土地、家都卖了，什么都没了。
为什么卖地？=父亲的丧葬费，生活苦难。
现在有租佃吗？=他是木匠，靠那个生活。太太在乞讨。有六七亩租佃地。

上面的租佃地是谁的？＝侯庆昌和刘子馨的。

侯庆昌和侯连仲是什么关系？＝不是家里的血缘关系。虽然是同一祖宗，但都是好久好久了。

【三大门】

侯族的祖先分成了几门？＝分成了三大门。

来到村里的时候，就已经是三大门了吗？＝最先是一个祖先来的，到第三代就有了三个儿子。这就是三大门的祖先。

到现在侯家人也属于三大门中的哪一个吗？＝是的。

现在大一门有几户？＝六七户。

大二门呢？＝三十多户。

大三门呢？＝三四十户。

居住地域呢？＝全部。

大一门中哪家是系统的中心？＝侯永升的家。

是什么样的系统的家？＝长子的系统之家。

大一门的人都尊敬这家吗？＝是的。

这一家叫什么？＝本族根。

老祖长是侯姓全体的，还是各门都有？＝前者。

大一门中有能当老祖长的吗？＝没有。

侯族家里的坟是各门分开的吗？＝不是。虽然是一起但各走各雪路，就是各个都以不同的祖先为中心。以三个祖先为中心，各门有区别。

【家谱】

家谱、族谱是由谁保管的？＝没人。

以前有吗？＝不知道。

有的话是怎么样的？＝应该是让代代的长子家保管。

祖先堂有没有家谱这样的东西？＝有是有，但很简单。只有一个写着侯氏门中最先三代宗亲之位的木牌。

【坟地——同族的互助】

各门都有坟地吗？＝侯姓全部的东西。

过去有像上面那样归侯族全部所有的、帮助贫户、经常用来交子弟学费的地吗？＝一点都没有。

没有土地，那没有各家筹钱帮助同一族的人吗？＝没有。

【同族间的租佃】

面对门中的贫户，一门中的人有没有优先让他租佃？＝一门内说想耕的贫户如果有的话，就不得不先借给他。过去现在都没变，过去以来就习惯了。

别姓的人以及一门的人、二门的人和三门的人都申请租佃一门某个地主的地，地主按照怎样的顺序借呢？＝一门、二门、三门、别姓的人。

6 月 4 日

补充调查

应答者　侯定义

【族长的待遇】

侯俊良（40 岁）是族长，那么同族人有没有主动要来提供租佃地或者他有什么困难就去帮他吗？＝不用。并不会为了他特别想什么办法。而且他是木工，有可观的收入。

如果他有什么难办的事怎么办？＝全村都想办法。不是同姓的人考虑。

【租佃和同族】

村人租佃的时候，同姓、又同门、又是同一个门构内的家，这个按照什么优先顺序呢？＝总体说，借给同院子的人比较多。同院的就是同一个门构内的人。

同院儿的不仅是在租佃的时候，在日常生活和农事上也比其他院的人要多扶助的对吗？＝是的。日用品的借贷啊、小农具的借贷啊，同院儿的人常做。

搭套呢？＝这个不定。

大一门中租佃的有多少户？＝一户，侯元照。

同样的出租佃的有多少户？＝一户，侯元来。

侯元照的地主是谁？＝刘子馨。

刘和侯元照是什么关系？＝不过是同村人。

是邻居吗？＝两端。

是好朋友吗？＝同村人感情都很好。

是亲戚吗？＝不是。

大二门中有多少人租佃？＝只有侯善堂、侯长赞。

同样的出租佃的有多少户？＝没有。

侯善堂的地主？＝陈占先。

侯长赞的地主？＝侯庆昌。

侯庆昌是几门？＝三门。

侯庆昌出租佃的时候，会去问一门、二门、三门谁想耕种吗？＝我觉得应该是问的。

是怎么去问的？＝不是个别去问。没人来就知道没人借。

那个时候没人来借，一问的话想耕种的人不是很多吗？＝不是。

借给同一族又同一门的人会不会便宜点？＝不会。

租佃的费用缴纳是不是可以宽松一些？＝不。不管他姓同姓都有一点点迟交。一样。

【同族和租佃排序】

地主要是无视已定的申请愿望借给他人，会引起纠纷吗？＝不可以无视。这种事不会发生。同姓、同门的人说不耕的话才会给别人。

有没有一门的地主不小心没通知到同门的人而是跟其他人约好了？ =同门有人想借的话，会先来打招呼的。

没人来说的话，地主会想办法调查同门有人想耕租佃吗？ =没有这种事。

同门的想耕种租佃的人来晚了一天，前一天已经跟其他人说好了，这怎么办？ =这已经过去了也没办法了。反问地主为什么没有早一点通知。

这种时候因为同门人本来应该优先借到的，有没有过抗议？ =没有。

可以像上面说的那样抗议吗？ =村里还没有这样较劲的人。

（注：根据本日的调查，同姓之间虽然耕种租佃有优先，但从后面的应答来看，这只是观念上的，事实上的惯行并非这样。）

5月21日

村的户口　阶级　土地　作物

应答者　侯定义、侯瑞祥

【户口】

本村的户口呢？ =120户左右。

民国初年、十年、二十年的户口呢？ =粗略来说，民国初年90户左右；民国十年100户左右；民国二十年110户左右。

为什么越来越多了？ =主要是分家。

【分家的原因】

分家多的时代是怎样的？ =大多是家庭一多，就吵架分家。因老娘儿们（女人的意思）吵架而分家的多。“不怕人间缺了种，天下妇人都该杀”，说的就是女人不好。

由于水灾或者歉收，人们变贫穷，有没有因此分家变多的年份？ =实际上就是因为穷分家。但没有因歉收导致分家变多的年份（水灾每三年就有两次、旱灾六年一次）。

【地主】

民国初年有多少大地主？ =本来就少。有一户的土地超过一顷。

现在呢？ =有两三户。

这两、三户是百姓，买过来的土地吗？ =在外面做买卖赚了钱。

【职业】

民国初年除了农业还有些什么职业，有多少户左右？ =念书、木匠、泥水匠、商人。念书是让孩子学习的人。木匠三四户、泥水匠四户。商人有二三十户。小生意的（卖菜的、卖水果的）有三四户。以上是村子内部的工作。村外还有掌柜的、算账的三户（满洲的宁古塔、奉天等，都是在满洲，没有人在县城里）

现在呢？ =木匠6户（民国初年的木匠现在还在做的有两户）；泥水匠现在没有了。做小买卖的2户（卖车、花生，过去卖菜的现在去了满洲国）卖杂货的1户，现在全族移到满洲的有3户。（店里的算账的带过去的，做苦力）现在离开家人外出挣钱的有15人（8名苦力。剩下的做小买卖或者算账）去了满洲现在回来的有6人。

【外出务工】

去满洲挣钱的人情况怎样？=因没饭吃去那里的人有三四户，外出的人叫过去的有三四户，应召苦力的人没有。（现在在满洲做苦力的，都是小时候就去了那里的人）

民国初年没有靠除了农业以外的生活的人吗？=没有。木匠、小买卖都靠农业，主业是农业。

现在怎样？=2户，靠小买卖生活。

【乞讨】

民国初年乞讨的有多少？=10户。

现在呢？=7户（两户是家族死光了。一户独立了。其他的没变）

民国初年以及现在，有没有把地全部借出去的地主？=没有。

【自然的诸多条件】

土地的高低？=如下所示。

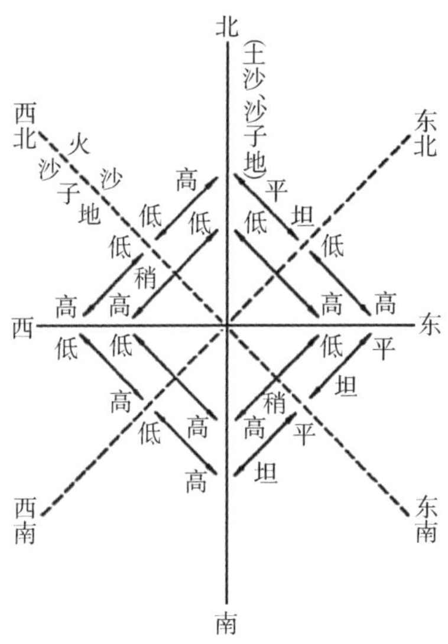

【土地、作物】

调查前所访谈的内容如下所示。

○大体为平地，高低概况如上图所示。没有丘陵地。

○村基在比平地高一点的地方。

○土质比起相邻的村子，是最差的，低地多，因为水灾良土都被冲走的情况特别多。这在西北部，其中有什么都产不出来的土地。

○地层（后述）以本村为中心大概20华里外都是一样的。但是分布比例本村是最坏的。20华里外的农民不知道。

○本村高地适合种植的作物有高粱、苞米、谷子、黍子，不可以种的有麦子、粳子。

低地可种的是小高粱、麦子、稗子、粳子，其他的都不行。

○除了上面所说的作物，高地有20亩的棉作地、沙地里有稗子。警备路附近三年前开始种地瓜（芋=甘薯）

【不同方位的作物类别】（数字是耕种量的排序）

1高粱 2苞米 3豆子（黄）　4稗子（其他）谷子黍子	东南
1高粱 2豆子（黄）3稗子（其他）苞米、谷子黍子不能耕种	东
1高粱 2稗子 3黑豆子（低地不能种黄豆）（其他）苞米黍子稍微种一点谷子不能种	东北
1小麦 2稗子 3黑豆（其他）高粱、苞米由于警备路的关系禁止耕种谷子、黍子不能在低地种	北
1粳子 2小麦　3稗子（其他）若干小高粱苞米、豆子。谷子、黍子由于低地、下地的缘故不能种	西北
同上	西
1粳子　2稗子　3谷子、黍子 4黄、黑豆子（其他）高粱、苞米由于警备路的关系禁止耕种小麦土地不适	西南
同东南	南

○土地等级图

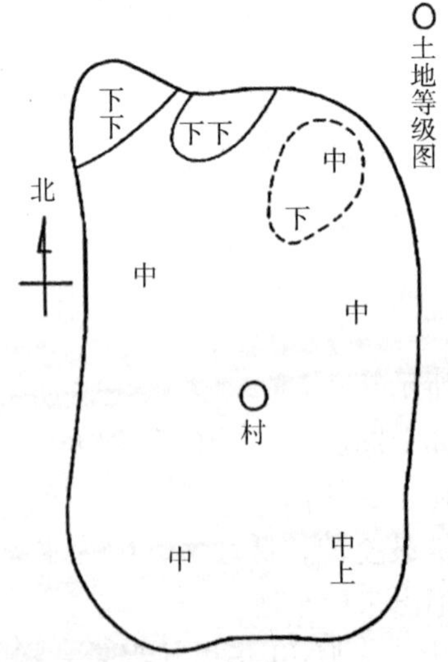

（注：以下的地层分布状况都是预先听到已确认过的）

【地势】

村的范围是哪些？ =如图所示。面积30余顷。

村内有河吗？ =没有。水的话只有东西两沉[1]。

水沟的位置？ =如图所示。发源于东西的沆。

水沟通过哪些部落去到哪里？ =朝东方，崔家坨—罗家营—苟家河—朝河—大海（渤海）

是自然的沟吗？ =到罗家营是沟，往下就是河了，沟是很久很久以前挖的。

什么都产不出来的土地在哪里，有几亩？ =4顷（西北）。

在那植树了吗？ =有杨柳。但是很小。个人的地主自己分别种的。因为地不好树也栽不了。这里是低地，一下雨就成了大水，但是没水的时候很多，苇子长不出。现在正是干旱。只要下雨就成了大水。

【地质】

上面的地质怎样？ =土沙，下面是水沙。

上面土沙、下面水沙的土地在哪里有多少亩？ =西北方，从西边的沆到这一带有一点好土地。穿过这条路就不行了。4顷。

像上面那样，东、北、南没有吗？ =北方有。2顷位。

上面是黑土、下面是水沙的地，在哪里有几亩位？ =一个地方有。东北6顷。

上面是棋子土、下面是水沙的地，在哪里有几亩？ =东方，2顷。

其他没这种地了吗？ =没了。

剩下的土地地质如何？ =上面是黄土、棋子土、水沙。从东到南七八顷，西南附近也有一顷半这样的土地。

【面积】

村的总面积是多少？ =30多顷位，低地。

【作物】

西北（已述）的土地种些什么？ =小高粱和黑豆。麦子不怕水（不害怕水的意思），所以也种。就算种了大高粱，穗也不大。粳子种不出。稗子能种，但是太干瘪。谷子、苞米、黍子、地瓜、甜瓜两次都因为有水而绝收。高粱类的有四次碰到大水，虽然没有全被淹，但产量减少了。

【混作】

上面的地大概是按什么顺序种呢？ =麦子、稗子先种，再撒大豆。没有只种麦子或者只种稗子或者豆子的地。都是混作的。

为什么要混作？ =怕只种一类的话，要是没产量，就颗粒无收了。

种的顺序呢？ =麦子是秋分（9月），稗子是3月，豆子3月。

小高粱呢？ =只有小高粱不跟其他的混作，三四月的时候播种。

只种小高粱的土地和前面说的混作的土地面积比率怎样？ =前者非常少。

---

〔1〕 译者注：原文如此。

上面的做法每年都一样吗？＝不。今年种麦子、稗子、豆子。第二年就种小高粱。

小高粱地跟其他混作的地相比很少，是因为今年不是种小高粱的年份，只是今年比较起来比较少是吗？＝是的。

为什么要这样变？＝如果种稗子的话，根是密生的，会把土地变硬而且又恶化，不连续种，种小高粱。（这种作换叫作倒楂）

【作物的顺序】

这块地的作物产量以及价格（假设全部卖完）的排序是怎样？＝产量顺序是稗子、麦子、小高粱、豆子，价格顺序是麦子、小高粱、稗子、豆子。

【西北的土地所有】

上面的土地是归本村人所有吗？＝全部是本村人的土地。

这些土地的所有者有钱人多不多，还有和其他的土地相比租佃多吗？＝所有者很杂。但有钱人并不会拥有大量这样不好的地。租佃也不是说这块地就多（虽然大体上土地不足，但是不在家耕种土地的人才会出租佃）。

【地势和作物】

上面有高地和低地吗？＝总体没有高低。

上面是土沙、下面是水沙地的有多少亩位？＝四五顷。

有高低吗？＝东、南高，北和西低。

高地和低地作物不同吗？＝不同。

高地主要种些什么？＝黍子、豆子、糜子、高粱。

低地呢？＝稗子、高粱、豆子。

不能产麦吗？＝西南方种。东方种不了。（因为西南方低，有水气，能成熟）

低地种不了黍子、糜子吗？＝是的。

稗子不能在高地种吗？＝能种。高地还能收获更多。

这块地不能种芋吗？＝在高一点的土地上种。

这里一般的播种顺序是这样的？＝三四月种稗子、豆子、黍子、高粱、糜子，现在撒芋的苗。

作物产量的顺序？＝稗子、黍子、高粱、豆子、糜子。

价格的顺序？＝高粱、豆子、黍子、稗子、糜子。

一块地以什么样的比例播种？＝全部种高粱，同一块垄上又撒豆和稗子。第二年也一样。

这种做法很多吗？＝最多。

黍子怎么办？＝黍子和豆混作，就是说，一垄豆，二垄黍子交互种。第二年一样。

糜子呢？＝跟豆混作，跟上面一样的方法，第二年也一样。

没有种两种以上的吗？＝没有。上面说的收获的最好办法。乱搞一气的人没收获。

【东北的土地和作物】

黑土和有水河的东北的亩数是多少？＝六七顷。

这里有高低吗？＝大体平坦，东北和西北是低的，经常有水灾的地。

作物主要是什么？ =麦子、稗子、小高粱、豆子，（黍子、糜子、豆子怕水，稗子不怎么怕水，麦子怕水，种的话，六七月份出水期前就要收获）。

（夏至东风摇麦子水里捞？ =东风一吹就下雨，这个时候麦子没法收，水排出之后，收获就少了。）

【耕种方法】

麦子、稗子、小高粱、豆子都是怎么种的？ =一般小麦和稗子是有两垄麦子，两垄稗子的，但这种很少。（这样垄的分配叫作大栽垄，麦子和稗子以外的作物一起种的时候一定是大栽垄。）另外麦一垄、稗子两垄的情况比较多。（这样垄的分配叫作小栽垄）

什么时候叫大什么时候又叫小？ =看土地面积。土地大就叫大，土地小就叫小。

为什么要这样？ =土地少的人，为了自家食用，种很多稗子，自家消费满足了之后才种麦子。

第二年怎么做？ =高粱里面混作小麦。

再下一年呢？ =回到原来的。

这块土地作物的产量顺序？ =稗子、麦子、豆子。

换成钱的话呢？ =麦子、豆子、稗子。

【东方的土地和作物】

棋子土和水沙地带有多少亩？ =4 亩。

有高低吗？ =平坦。

能种哪些作物？ =麦以外都能种，主要是黍子、豆子、苞米、稗子、高粱。

麦子为什么种不了？ =棋子土是黏土土质，不细很硬，一下雨就变得黏糊糊的，再一干就变很硬，不适合种小麦。

【耕种方法】

做法呢？ =最多的是大（又说是小）高粱的“花代豆”（同一垄上每七株就混作一处豆）第二年也是同样的做法。接下来还有三种方法，相互间的普及率是相同的。也就是说，一种是黍子和豆，黍子两垄、豆一垄（即小栽垄）这个时候第二年的做法就不得不改变了。也就是只种苞米和豆或者和高粱。前者是苞米两垄、豆一垄。第二年种什么都随便一种的跟前年一样也行。一般和第一年种的东西一样的比较多。第二种是苞米和豆小栽垄（苞米两垄、豆一垄），虽然可以继续种同样的东西，但大多用高粱和豆来花代豆。第二年变成黍子和豆。我们村尽量变化。

为什么要尽量变化呢？ =同一块田种同一种作物的话，土地的性质就会偏向这一种作物，其他的就种不了了。第三种是稗子和豆的花代豆；第二年就变成高粱和豆的花代豆，再下一年还是同样高粱和豆的花代豆。（虽然两年间连续种高粱是可以，但三年以上就不行了。）再下一年稗子花代豆啊，黍子和豆的小栽垄（黍子两垄、豆一垄）或者苞米和豆的栽培也可以。这种情况也要尽量改变种类，使土地肥力不丧失。

这块土地作物数量的顺序？ =苞米、高粱（大、小）、稗子、豆子、黍子。

换算后的顺序呢？ =跟上面一样。

【东南、西南的土地和作物】

黄土、棋子土、水沙土地的亩数？ =六七顷。

有高低吗？ =平坦。

哪些作物能种？ =棋子土和沙土一样，西半部分常种谷子。

谷子在其他地方种不出来吗？ =是的。

为什么只有这里种得出来谷子？ =其他是洼地，种不出来。谷子最怕水。

谷子是怎么种的？ =有三种，只有谷子的情况和谷子花代豆以及谷子和豆的垄（谷子两垄、豆一垄），其中只有谷子的情况比较多。其他的一样。只有谷子的时候，第二年只有谷子就不行了。种什么都行。比如高粱花代豆或者稗子花代豆或者是苞米栽垄等等。再下一年只种谷子也可以。谷子花代豆的时候也是，第二年不种谷子。相反，也用上面的办法。再下一年就回到原来的。谷子和豆的栽垄的时候，也像上面说的那样。

这块土地的收量的顺序？ =苞米、高粱、豆子、稗子、黍子、谷子。

换算之后的顺序呢？ =高粱、豆子、苞米、小高粱、稗子、黍子、谷子。

【土地和作物相适应关系】

菜园地的地层怎么样？ =黄土有7尺，下面是沙子。

	火沙 水沙	土沙 水沙	黑土 水沙	棋子土 水沙	黄土 棋子土 水沙
适合的作物名	没有	麦子 稗子 小高粱	大小高粱 麦子 稗子	大高粱 苞米	苞米 大小高粱
不适合的作物名	芝麻 鸦片 麦子（什么都不长）	稗子、麦子、小高粱之外都不行	芝麻 鸦片 谷子 棉也能长	谷子 芝麻 棉 麦	芝麻 鸦片 麦子（能长但没多少收获）

水利设施好的情况能种的作物有哪些？

火沙、水沙的时候？ =粳子、稗子。

土沙、水沙？ =麦子、豆子、稗子、大、小高粱。

黑土、水沙？ =豆子、大高粱、麦子、稗子、甜瓜。

棋子土、水沙？ =苞米、高粱、豆子、黍子、稗子、糜子。

黄土、棋子土、水沙？ =谷子最好。这种地除了麦子都能好种。

【土质和地别】

一般说来，上面的地别是怎么变的？ =上面是黄土的最好；其次是黑土、棋子土、土沙、火沙。

【不能耕种的土地】

无法耕种的土地所处位置和面积？ = 西北角一顷多，还有沉[1]的面积合计 50 亩不能耕种（沉的附近也包括了），其他的非常少，荒地也都是有主的（费用也跟其他地一样决定）。

【水利、水灾】

回到原来的话题，像上面要是水利设施改善的话能收获的东西就会变，那采取过什么方法吗？ = 没实施过什么方法，全靠老天爷。

除了靠老天爷，就不靠自己的力量做些什么尝试吗？ = 不做，龙靠江河虎靠山、小靠父母老靠子、人生于世靠老天。

有洪水或者是雨灾吗？ = 洪水三四年前 6 月的时候有过。从西方来的。流到泺河方面的村子的低地，受了水灾。

浸了多少耕地？ = 三分之一。

哪些作物不行了？ = 只有稗子、粳子和高粱还收了一点点，其他的全部没收成。

这种情况时常有吗？ = 三五年一定有一次，但还不至于到这种程度。

这种大水灾民国后有几次？ = 三次。

比这小一点的水灾会淹没多少？ = 只会淹没西北角。这经常会有。两三年就一次。

水灾能说是定期的吗？ = 不定。

有因为村附近的大雨而淹没被害的吗？ = 连下五六天的话，低地就会积水，作物就没收的了。

每年都有吗？ = 也不是。两三年就有一次。

干旱呢？ = 有。

这个村地势低，所以不希望下雨的人是不是挺多？ = 基本是这样。

要是造一些灌溉用的水井好像就能增产，为什么不做呢？ = 想做也做不出，没有钱。

有钱人的话，不是可以凿井吗？ = 没有有钱人。

凿一口井要花多少钱？ = 没凿过，不知道。

有百亩地的家里应该能凿的吧？ = 有钱也不会想凿（垄）。

垄的宽度大小根据作物以及各个地域有差异吗？ = 没有。

那相当于一亩的垄的数量是一定的吗？ = 有 8 垄的，有 10 垄的，不一定。

8 个 10 个，是什么原因导致的呢？ = 没有原因，也不是说因为作物不同而变的。

地主都是大间隔，佃户会为了增产缩小垄的间隔吗？ = 不会。

大概垄的间隔有多少尺？ = 一尺 4 寸到 5 寸。

佃户可以改变垄的方向或是间隔吗？ = 随便。但是一块地的方向是根据土地的形状很久之前就决定了的，所以实际上没变过。

---

〔1〕 译者注：原文如此。

【作物播种、收获期及产量】

甜瓜	黄豆子	黑豆子	粳子	黍子	谷子	苞米	小高粱	大高粱	稗子	大麦	小麦		
三月二十日	三月初	三　月谷雨	二月下旬		三月初	三月初	三月初	三月初	三月十日后	春	九月	播种期	
六月中旬	七月二十　日左右	七月下旬、八月初	八月下旬		六月二十　日左右	七月初	七月中旬	七月下旬	八月中旬	五月中旬	五月	收获期	
			四斗	四斗	四斗	四斗	三斗		五斗	四斗	上地是高地不能种	上地	产量
			三斗	二斗	中下地没有	三斗	二斗		四斗	三斗五	二斗	中地	
			二斗	下地不能种	中下地没有	二斗	一斗多		四斗未满	三斗	二斗以下	下地	

（注：一般一亩的收获量是装一车的程度）

【西北某块田的作物】

（6月3日在田里现场听到的）

10亩内有7亩，去年9月初旬间隔两垄种了小麦，今年3月10日左右，撒了一垄稗子。剩下的3亩在3月20日的时候播种了甜瓜。到了谷雨的时候就以麦的七座一个的比例播下黑豆子。上面说到，5月中旬理应收获麦子、6月中旬收获甜瓜、8月初旬收获黑豆、中旬收获稗子，但是收获之后什么都不做直到第二年清明节都一直放着。第二年3月初的时候，10亩全部都拿高粱和黑豆来做花代豆。小高粱的话是7月中旬，大高粱是7月下旬收获。那之后一般就是种麦子、稗子了吧。

【不可续种的作物】

（后一天在田里听农民说的）

○麦子不可以续种，续作的话穗会变短，产量会减少。

○谷子也不可。续种的话穗里面会长黑的东西，果实也会变少。

○稗子续作的话，成熟之前风一吹粒子就落了（落粒叫作落白）

○黍子续作的话，第二年的果实就不紧凑。

○高粱要是连续种三年以上的话，就会长黑穗。倒楂很必要。

○除了以上所说的，没有不可续作的作物了。

【可以续种的作物】

○棉一开始种的年份收获少，到了第二、第三年就会慢慢变好，连续种 10 年、12 年的话会大有改善。棉适合黑土、黄土，我们村土质不好，没有适合种棉花的土地。要是有的话，也会先种供自己家消费的作物，没有余力种棉这样的商品作物。

○地瓜（芋）也可以续作。连续几年的话慢慢地毛会变少，果实变大。

○落花生也可以。连续几年的话壳和果实都会变大。

○窝瓜也可以。这个没多余的地方种在田里，种在家前面的空地上，续作的话，中间空的部分会变少，果实变大变甜。

【新作物】

（后一天在田里听农民说的）

近来村里种了什么新作物吗？ = 倒是听说西方村子里有个山西来的种了，但不知道作物名，本村没有。

本村现在种的东西，一直没变过吗？ = 没有。

种类相同种的面积比例也没变过吗？ = 这个倒是多多少少有的，过去少现在多的。有些什么？ = 苞米慢慢变多了。其他没有。

苞米为什么变多了？ = 苞米是常食，不管种多少都能吃。

不是因为可以卖或者能卖的话价格高吗？ = 不是。

哪些人（比如地主、佃户）多种苞米？ = 不定。

【作物的变迁】

有没有过去很多现在变少了的作物？ = 谷子。

为什么？ = 为什么不知道，谷子慢慢产不出来了。

主要用作出售的作物有什么？ = 甜瓜。

为什么要种甜瓜以外的作物呢？ = 都是为了自己家用而留下来的。但是需要钱的时候，没办法就卖麦子和高粱。

过去和现在比，哪个时候卖谷子更多？ = 过去也卖，现在也没变。比起现在，过去麦子卖得比较多。

【菜园】

村里的菜园一共有多少亩？ = 土地不好，不适合，所以很少。面积不清楚。

谁家有？ = 侯、王、刘家几户人家有。

种些什么？ = 白菜和其他。

菜园是种些自己家用的作物呢，还是卖的作物？ = 一般都是自家用。

菜园的位置？ = 自家的旁边，或者院子里面。

这些不用做租佃吗？ = 完全不会。

【自耕、租佃和作物的种类】

大体上说，自耕人和自耕兼佃户中，依赖自耕地的人和自耕兼佃户中依赖租佃地的人，种的作物有没有差异，种类相同量方面也会有差异吧？ = 个别的有差异吧，但一下子答不出来。

那么自耕人和自耕地依存者是自家消费作物种得多，还是出售用的作物多？ =自家消费的东西种得多。

为什么？ =这个村贫困，都没钱，作物尽量种自家消费的东西。

那么依靠租佃地的人怎么样？ =因为更加贫困，只种自家消费的东西。

但是不会为了交得上地租而种卖得高的作物吗？ =特殊的作物种不了，再说这种作物也没有，一般都是根据地性种，为了得到地租，卖这个也是可以的。

村里的有钱人除了自家用的作物，还种能高价出售的吗？ =不种。

虽然不种，但有没有人想想办法试着种一下呢？ =没有。

5月24日

土地分配和利用

应答者 侯定义、侯瑞祥

【土地分配】

本村的户数？ =120户。

在外村有土地的本村人有几户？ =六七户。

最远的有多少里左右？ =顶多3里左右。

面积总共有多少亩？ =30亩左右。

过去这种土地多吗？ =不比现在多。

谁在耕种这个地？ =都是自家耕。过去也是。

是有钱人家有这种地的吗？ =都是穷人，基本上都不好。

在别村为什么还能有土地？ =不知道。

上面六七户中最大的地主有多少左右？ =60亩。40亩的一户，二十几亩的三四户，10亩的一户。

十亩的这一家是租佃吗？ =是的。

二十几亩的家呢？ =基本上是佃户。

40亩、60亩的家呢？ =不是。只是自己耕种。

上面的土地是上地还是下地？ =不怎么好。

是因为地不好、便宜，所以才买的吗？ =差不多吧。过去的事情不太知道。

【外村人的土地】

有没有外村人在本村有地的？ =泥井人基本上十几户都有，崔家坨有一户，加起来共有一顷左右。

这些土地在本村属于什么等级的地？ =中等地。

过去在本村有土地的其他村的人多吗？ =多。

最多的时候是什么时代，有多少亩左右？ =光绪年代，有2顷左右。户数不明。

【指地借钱产生土地移动】

为什么有那么多外村人的土地？ =不太知道。过去是指地借钱。现在都还了钱收回来了。买不回来的，就是剩下的刚刚说的这些地了。

指地借钱的时候还不出钱，地成了谁的？ =成了债主的。

【外村人土地的耕种】

过去村里外村人的土地是谁耕种？ =外村人到这里来耕种。

有没有租给外村人或本村人租佃的？ =有。

比例有多少，多吗？ =外村的佃户比较多，本村的只有一两个。

上面说的本村的佃户，过去是这块的所有者，向别人指地借过钱还不出来，就干脆交给其他人，又因为一直以来的机缘，就让他租佃是吗？ =是的。以前就是他的土地，尽可能就借给他本人。

现在还有这些事情的实例吗？ =现在没了。

现在本村内外村人地是谁在耕种？ =其他村的地主自己在耕。没有本村人耕。

【土地的上下等级及拥有阶层】

村里一般是有钱人就是上地、贫民有的一般都是下地吗？ =确实是这样。有钱人不买不好的地。有钱人手里不好的地都是债务者是贫户，钱还不了，就把那块地交给了地主。

过去，各个姓氏的土地一般是在一起的吗？ =不是。过去就一直是一块一块不同，是乱的。

【姓别户数及土地所有】

本村的姓别户数怎样？ =侯有八九十户（分成三门），王5户，刘9户，池1户，费1户，陈5户，傅2户，李1户，萧1户，叶1户，齐1户，孔1户（只有侯分成三门，其他都只有一门）

各姓别都有多少土地面积？ =侯、刘、王很多，没法简单说。侯有20顷位，王1顷，刘5顷位，池20亩位，费20多亩，陈五六十亩，傅没有，李20亩，叶20亩，齐30亩，孔10余亩，大部分的土地都在侯或者刘家人手里。

【老户】

老户是哪些姓？ =侯、王、孔，之后就是刘、池、费、陈到了村里。时代比明朝还早一点。接下来就是100多年前叶姓来村，然后是傅、齐、刘姓中的一户、李（20年前）。

【村的沿革】

最初到村里的人是为什么来的？ =从关外的石岭去到西方北京的时候，路过了我们村，知道这块地居住条件好，就让家人们住在这里。本人就去北京，或者是念书，或者在中央军事机关奉职，成为总兵。并不是在本村驻扎担任边防，一开始是不是农民不知道（昌黎县下有72营，都变成了现在的村名。但这里并不一定就有兵营）。

侯、王、孔是同时入村的吗？ =听说侯最先，王和孔稍晚一些。

比侯早的没人了吗？ =有姓井和宋的，过去在这个村，现在移到别的地方去了。

侯一来，井就买了宋的土地吗？ =这种事情不知道。

有没有记录这些过去事情的文献？ =没有。

最先到村里的人开发过这块地吗？ =不知道。

一直以来作为名家受到人尊敬、又有实力的是哪家人？ =听说是侯姓，其次是池。

为什么？ =侯是总兵，有实力。池姓虽然家里没多少东西，但是朋友多，人缘好。有个姓金的朋友，连他的来历都不知道，一直让他住在池家。

除了侯家和池家，还有哪家受到众多的后辈、佣人和佃户的拥护吗？ =没有了。

现在虽然是人多地少，过去还是有大地主的吧？ =没有（刚入村的时候，村里只有一口井）。

刘、池、费、陈、叶等是跟总兵有关系所以才来的吗？ =好像是没关系，不知道。

不是受侯家雇用才来的吗？ =不是。不如说是靠亲戚、朋友的关系来的。

【傅家来村的关系】

傅家是什么原因来村的？ =傅姓有2户。原来是离我们村30里的县下傅家团字村人。在本村扛活（做长工）所以来的。也就是说前一年因为做侯全武的扛活来村的。一户现在在侯长宝家做扛活。一家在崔家坨做扛活，本村的家就这样放着，人住在那边。

傅为什么从那么远的地方到本村来的？ =在本村现在都还在雇用三四个本村人。

本村和这个村子有什么关系吗？ =关系也并不深，本村人的亲戚也不一定在这个村子里。

【扛活和村的关系】

本村从过去就一直雇用这个村的人做扛活吗？ =最近才兴起的。

这个村很穷所以才这么多出来做扛活的吗？ =不是，普通的村，只有有余力的人做扛活。

本村人会在这个村的附近，让这个村有土地的人租佃吗？ =没有。

最初是有谁雇用这个村的人，用做扛活吸引他来这里的吗？ =是的，近十年是这样的。

傅的家是他买的吗？ =借的家。

是借的原来的雇主的家吗？ =不是。

傅准备一直留在本村吗？ =不知道。

本村地主的扛活主要是从哪里来的？ =赵家港、张家坨、坨上、本村、泥井。

这基本上是一定的吗？ =不一定，也有亲戚介绍来的，或者其他人介绍来的。上面。

说的只是现在的情况。

【各姓来村的关系】

齐是什么原因来村里的？ =我（侯定义）姐姐在卜子村没家，我就叫她来我们村，买了房子给她。

萧怎样？ =50年前，他在满洲和侯连升（本村人）一起在店里当伙计成了好朋友，后来就来了本村。原来是乐亭县人。

李呢？ =是萧的亲戚，是离本村16里的县下沙河人，在沙河没了土地，萧就叫他来了。李的儿媳妇是萧的女儿，丈夫死后，父亲（萧）就给女儿在本村买了土地给她，女儿带着孩子就回村了。以前李家很穷，萧家什么事都照料。听说买给女儿的土地收入，现在是萧所得。

萧家不是让李在土地上租佃吗？ = 不是。孩子都能工作了，就去了关外的勃利县。

刘一家怎么样呢？ = 刘妻子的娘家是本村的，为追求她来到了本村。娘家三四十年前只有母亲在（刘妻子的）不久就搬了过来，买了 21 亩田，落户本村了。后来李家就养这个母亲。

各姓的土地大体是在一个地方是一块吗？ = 不是。

完全没有土地的有几户？ = 或多或少都有土地。

【穷棒子及其生活】

那么，只有一两亩土地，相当于没土地的有几户呢？ = 8 户乃至十一二户，叫他们为穷棒子。（极贫的意思）

民国初年以及事变前是怎样的？ = （没回答）

上面说的这些人怎么生活呢？ = 租他人的土地（租佃）的人有两户，扛活的一户，剩下的都要粥。（要粥的每天步行讨粥，他们的家里要是有了病人，乡丁就转到各家给他们送点饭。或者死了人买不起棺材的话，乡丁就一点点收集捐款）

这些人事变前就一直很穷吗？ = 是的。

事变后变成这样的家有吗？ = 没有。

要粥的家里没有可以劳动的人吗？ = 有劳动力怎么会去要粥呢？有女人或小孩的家会去要粥。而且没有男的，也没法租佃。

【分家和土地增减】

事变前和现在，哪个分家比较多？ = 没有太大差别。

以事变为中心，前后变化多吗？ = 没有太大差别。

那么从民国初年开始到现在，一年中的分家数是多了还是少了？ = 像是有一点增多的样子。

一般各户的所有地是在增多还是减少？ = 大多数是减少的。一点一点。

什么原因变成这样的？按照原因大小顺序排列如何？ = 总的来说就是人口增加了，养家变困难了，家内部起了纷争，分家是一个原因。还有就是不分家谋生难，就把所有地卖了。

从一亩到十亩的有几户人家？ = 太多了，一下回答不上。

（注：尝试按所有面积以及租佃面积的分类去提问，但得到的答案都十分模糊，这一点将进行个别调查。）

【家庭数和所需土地】

那么本村有多少人的家是最多的？ =8 个、10 个的过了一半。

能够养 10 口之家的土地（假如是中地）要多少亩？ = 一顷二三十亩。

5 个人的话呢？ = 一个人 10 亩的话还行。50 亩。

【拥有面积户数】

一般在本村有多少面积土地的家最多？ =50 到 80 亩的所有者有五六十户、50 亩以下的有六七十户（或者更多。而且这里面有八成是二三十亩以下）。

那一般如果是这么一点面积，生活不是很困窘吗？ = 是的。而且土地很多是下地，大家都生活得很苦。

【副业、分职、外出务工】

像上面这样苦于生计的家庭靠什么吃饭？=租佃、出卖劳力的比较多。做短工的最多。除了农业还做些小买卖的有四五户。过去的贫户在村里过不下去的时候，就会去满洲赚钱。现在没法汇款了，也就不怎么去了。

过去多少亩地的所有者阶层最多？=不知道。

【土地所有和租佃关系】

在多少亩的土地所有者中佃户最多？=所有地50亩以下的佃户有30户。

50亩以上的怎么样？=50到80的所有者中有六七户租佃。

所有地50亩以下、租佃的这30户大概多少亩的所有者阶层比较多？=20亩以下的所有者占了八九成。

【自耕、租佃和家庭数】

之前说到这个村10人家庭占大多数，佃户和自耕人家里一般家庭成员人数没多少差异吗？=勉强能生活的家庭10个人是很多的，但是所有亩数也少，不租佃就无法生活的家庭一般10个以下比较多，5人或者7人。

【自耕、地主的数量】

村里现在只靠农业以外生活的家庭有几户？=没有。

那去满洲成功了的，在村里只有土地还借给了他人的人有吗？=基本上是放在家里的某个人那让他耕种。

村里把自家的土地全部借给别人的有几户？=没有。

那自己也耕种，但把一部分或者一大部分借给别人的有几户？=8户。

村里耕种自己的土地，不借别人的土地的有几户？=40多户。

【副业】

这些人还有其他生计吗？=住地方的（店伙计）、扛活的（短工以外的农业劳动者）、工夫（短工）、手艺人（木匠、铁匠、瓦匠等）。

有没有以上面这些为主业，自耕为副业的人？=大家都是以自耕为主。

这些工作是因为只靠自耕生活不了，还是为了赚更多钱而做的？=前者比较多。

这些工作近年开始的多吗？=不一定。少部分是近年才开始有的，但和过去没什么大差别。

【自耕兼租佃和小型自耕兼租佃】

村里既耕种自己的土地还借别人的地生活的人家有多少户？=30多户。

主要依靠自家的土地生活的有多少户？=六成。

主要依靠别人的地获得收入生活的有多少户？=四成。

【纯租佃】

村里有没有自己没土地，只靠耕种别人的地生活的？=有一个人。只有今年来村里的傅炳新。

从刚刚聊的内容看来，大概地主是8个人，佃户30个是吗？=是的。因为地主会借给好几个佃户才会这样。

【租佃关系的变化】

近年生活变艰难，只耕种自己土地的人中，有没有盛行回收租佃地？ =两三亩的租佃地回收还是有的，但过去也有，并不稀奇。

有没有以前主要依靠自己的土地的自耕兼佃户变得依存于租佃地了的？ =只有一户。

这一户是失去了自己的土地，还是扩大了租佃地？ =卖了土地，又增加了租佃地。

是谁家？ =侯长赞。

附近村里有什么变化？ =不清楚。

以前就依存租佃地的自耕兼佃户，有增加租佃地的吗？ =事变后，出现很多。

是什么情况？ =有钱人买穷人的土地，自己不耕种，就出租佃，因此租佃地的总面积就增加了。

【大地主】

百亩以上的地主有多少户？ =侯庆昌、侯宝廉、刘斌奎、刘子馨、侯全五。

侯庆昌有多少亩？ =一顷五六十亩。

侯庆昌的租佃户？ =家里没人手，基本上是出租佃，有十五六户位，他靠奉天的扇子业，生活得很不错。

他家里还剩下些什么人？ =妻子、两个儿媳妇。因为是女子，所以没有长工。

【地主的代理】

女的不是没法监督土地吗？交给谁去监管？ =侯文焕照料各种事务。

这个人被称作什么？ =硬是要说的话，叫他“代理的人”。

他住在家里面吗？ =不，有时候去看看。

是同门吗？ =是的，三大门。

是什么关系？ =表兄弟。

这附近拜托看家的都是找同门的吗？ =是的。

不拜托朋友吗？ =有同门，为什么要找别人。

侯庆昌给他报酬吗？ =正月里和过节的时候，请他吃饭。

没有让他租佃吗？ =给了十几亩租佃。

是白种吗？ =不是，跟一般的一样。

【大地主的租佃关系】

庆昌十五六个佃户都跟他是什么关系的比较多？ =本村人。多借给侯家各门以及他姓的也很多。

侯宝廉没有佃户吗？ =自耕。

有多少亩地？ =1 顷 14 亩。

家族呢？ =10 人，雇了两个长工。

刘斌奎的佃户呢？ =不知道。有是有的。长工有两个。

刘子馨有多少亩地？ =1 顷 70 亩位。

他的佃户有多少户？ =六七户。

借给什么关系的人？ =侯姓和王姓，分散的，不是一门。

自己家也耕种吗？ =长工两个耕种一顷。

侯全五有多少亩地？ =一顷六十亩。

佃户有多少户？ =两三户。

什么关系？ =借给侯家人。不止一门。

【农村的财主】

村里称为财主的是哪家？ =

顺序	一	二	三	四	五	六	七	八	九
姓名（门）	刘子馨	侯庆昌（三）	侯宝廉（一）	侯元文（一）	侯全五（一）	侯元宏（一）	侯元来（一）	侯允中（一）	刘斌奎
富裕原因	在本村开了碗铺，慢慢地买了土地。	去满洲存下的。买了土地，农业收入也增加了。	同上	同上	过去跟官（大官的侍从）的时候存了钱，买了土地。	去满洲存下的。买了土地，农业收入也增加了。	同上	父亲在满洲存的钱。买了土地，农业收入也增加了。	在本村开了碗铺，慢慢地买了土地。
富裕时代	过去就一直是有钱人。	过去是十亩的贫户。现户有一顷。	父辈是乞讨，现户主这代富了。	过去是中等水平。	同上	同上	父亲那代是贫户，做小买卖，现户主这代富了。	过去是中等水平。	过去是富户。父亲这代土地没了。

（注：门是侯姓的门）

【财主和佃户的关系】

有没有出租佃的王姓人？ =一户也没有。

刘姓呢？ =保长和刘斌奎。

保长的佃户姓什么？ =多借给侯姓人，王姓一户。

村里有姓刘的佃户吗？ =有。

保长过去让刘姓人租佃吗？ =没有。

刘斌奎呢？ =没有。

比起同姓的人，更喜欢借给他姓的人吗？ =随便。村里侯姓的人比较多，自然侯姓的佃户就多。

侯庆昌的佃户数和姓氏是怎样的？＝太多了，一时半会说不了。

他（大三门）的佃户中大三门的多吗？＝有的，但不知道几户。

大三门的佃户和其他的哪个比较多？＝大一门的多。

大三门的佃户比较固定，大一门的经常变吧？＝双方都不固定。

大三门中关系比较近的每年都是固定的吧？＝也不一定。只要交得上地租都能继续耕种。再说并不是关系近地租就能延期交。

侯宝廉的佃户呢？＝没有。

侯元文的佃户呢？＝没有。

侯全五（大一门）的佃户呢？＝借给侯姓大一门的三四户。

他过去只借给大一门的吗？＝不，以前是自己耕种，前年开始出租佃。

前年的佃户跟现在的有变化吗？＝没变。

是什么关系？＝并不是关系近的就给他租佃。

大一门的人出租佃的时候，要向大一门其他人咨询吗？＝不用，没有必要。

但是有意向的话，不得不优先借给他吗？＝看地租谁出得高，门内门外的一样。

地租是一样的话呢？＝那就尽量借给同一门的。

亲戚、朋友、同门的人同样的价格竞争的话怎么办？＝没有这种事。

假设有怎么办？＝没有过，不知道。

侯元宏的佃户？＝没有。

侯允中的佃户？＝没有。

侯元来（大一门）的佃户？＝五六人，侯姓的四五人，陈姓的一人。侯姓中大三门一户，剩下的是大一门的。

从过去就一直借给这个大一门的吗？＝没有，和一般的佃户一样。

（注：侯姓中大二门两户，大三门十四五户，其他的都是大一门的）

村里同一门内也住了很多别姓的人，这个院子里人想出租佃的话，要跟其他人先商量吗？＝关系好的话可以商量，但也不一定。

5 月 25 日

租佃的动向

应答者　侯定义、侯瑞祥

【佃户和租佃地的增减】

家里有男人，但是筹不出来地租不能租佃的人有吗？＝没有。卖谷子或者借，都能筹到地租。

有人慢慢扩大自己的租佃地吗？＝有三户。

租佃地慢慢变少的，以及能维持现状的比例是怎样的？＝前者有三户，剩下的一般都能维持现状。

生活越来越苦，有没有以前把土地借给别人的人，现在由于回收土地自耕，佃户的租佃地变少的倾向？＝有。上面三户的情况大概就是这样的。

跟事变前比起来，这种倾向哪个强？＝事变后反而感觉佃户的租佃地增多了。

除了上面三户，其他的租佃地都增加了吗？＝是的，但是具体的不知道。

事变后，不断出租佃的是大地主还是中、小地主？＝只有上面说到的有钱人。其他的基本没变。

【财主的土地入手情况】

那上面说的有钱人事变后土地增多了吗？＝是的。

为什么土地会变多？＝一直在买贫户的土地。

买的土地，和指地借钱抵押后变成地主的土地，这两种哪种比较多？＝买的多。只有刘子馨和侯元来买之外，还有通过指地借钱拿到的土地。

就算是买的，由于租金清算，租金变成买价到手的没有吗？＝没有。

【财主的出租情况】

有钱人是因为，只要出了租佃一定能得到地租，自己耕种要是遇到收成不好反倒不利，所以才出租佃的吗？＝不是，家里人手不够。

但是，雇用扛活来耕地，比出租佃利益要大不是吗？＝从利益来说是这样，但是雇扛活很麻烦，所以才出租佃的也有。还有地主因为很多事情出的租佃。

很多事情，主要是什么？＝每个人有不同的事情，你还是去问本人吧。别人家的事情不怎么知道。

【租佃关系的变迁】

刚才你说，租佃面积维持现状的人还是挺多的，这指的是租佃的面积呢，还是地主固定呢？＝三分之二的地主不怎么变，剩下的经常变，佃户各自的租佃面积基本不变。

固定下来的大概有多少年了？＝七八年的可能有但是很少，一般三五年。

土地看着看着变多的人家是谁家？＝侯元来和侯元进。

过去就是有财产的人家吗？＝过去很穷，过去连一垄都没有。现在元来有70亩、元进有40亩。

【成为地主后的情况】

做了什么变得买得起土地了？＝过去在村里做点小买卖，生活非常困苦，拜托亲友就去了满洲—奉天在店里当伙计，后来开了一家麻袋庄。成功了变成有钱人就慢慢买土地了。现在也还是住在奉天。把父母放在村里。

他兄弟的土地是分家分的吗？＝不是，各自开麻袋庄，各自买的。

元来的70亩土地是谁在耕？＝父亲20亩，元英20亩，剩下的让本村人租佃。

父亲和元英分家后，也还是一家过吗？＝不，分开。

元来从父亲哥哥那里得地租吗？＝白种。

分家之后，互相借土地的家还有吗？＝没有了。

由于不同的原因，白种的家有多少户？＝没有。

【倒叩租】

上面说的剩下的佃户和元来是什么关系？ =侯步云和侯永俭在租佃。永俭的租佃地原来就是他的，元来买了下来，钱到现在也没给。于是元来就租给永俭，抵地钱。因此没有地租。

这种租佃关系没有名称吗？ =有，叫倒叩租。

除此之外，还有倒叩租的吗？ =没有了。

过去这个很盛行吗？ =没有。

这附近有倒叩租的土地吗？ =其他村的情况不知道。

元来和步云是什么关系？ =不是同门。一般认识。

【父亲的白种】

元进的土地谁在耕种？ =他父亲。白种。

村里有没有分家了的让父亲租佃的？ =没有。

【兄弟的租佃】

有没有让哥哥租佃的？ =有。侯治宽借给了哥哥侯治平。侯治公的土地借给了哥哥治东。外面好像也有。

过去和现在哪个比较多？ =近年来一点点有了起来。

这是白种吗？ =不是。和一般的一样。地租跟一般的也一样。期限没那么严格。

这种血缘关系的租佃叫什么？ =没有名字。

6月3日

补遗

【不在地主的经营】

侯庆昌（奉天）的佃户有多少人？ =十五六户。

他是什么时候去的满洲？ =民国前。

去了偶尔会回吗？ =一年回两次。

为了什么回来？ =来看看家里和地里。

他过去有多少亩地？ =十几亩。

去奉天的时候家里人怎么办？ =过去没有带去。成功后也是这样。现在留在家里的有妻子1个人，儿媳妇2个、姑娘3个，一共6个人。

土地怎么办呢？ =交给女的。女的自己也耕种，忙不过来的时候就雇短工。

什么时候他的事业成功了？ =不太知道。

土地变多的时候呢？ =六七年前吧。那个时候他把一直做的扇子屋关了，一直到现在还在奉天开杂货屋。

什么时候开始租佃的呢？ =正好六七年前。

他不在的时候，侯文焕帮忙照料吗？ =是的。

他和文焕的关系怎样？ = 庆昌的表兄弟。

【租佃关系的代理人】

什么时候开始委托文焕照料家里？ = 六七年前。

那个时候拜托了什么？ = 只有佃户的事情。家事没有委托他。

近来留在家里的女人们从事农业吗？ = 三姑娘是泥井的学生，其他主要是做针线活，但有一些土地是自己耕种，她们也除草。主要的工作还是短工做。

女人们雇短工耕种要文焕指示吗？ = 不用。他只是她们雇来的而已。

有关租佃地的都是他指示吗？ = 一般是这样。但并不是女人们不能干涉。这一点并不明确。代理人也不是很重要的，实际上他本人每年回来两三次，那个时候他决定一些大事。

租佃的契约是由谁决定的？ = 那个时候庆昌会回村，他直接决定。

地租是谁收？ = 那个时候庆昌一般也都在，不在的时候家里人就会聚在一起。和文焕没关系。

那文焕做些什么事，要巡视租佃地吗？ = 没什么大事，巡视不要。

为什么不用巡视？ = 佃户为了自己的利益都很爱惜土地，没有必要巡视。

那文焕关于租佃地什么都不用做吗？ = 不是。替家里帮忙买点东西，收未交的地租。

刚刚不是说收钱说家里人做的吗？ = 家里人做，他也做。家里人拜托他去催钱。也有佃户直接将钱给家里人。那他就不用去收了。

有14个佃户，那有确定地租的租帖之类的东西吗？ = 并没有特别正式的帖。可能有缺摺儿位。

缺摺儿是什么？ = 记录地租收缴的纸片。

在谁手上？ = 家人。

文焕没有报酬吗？ = 没有。

庆昌有没有免费给他租佃地？ = 他有10亩租佃地，一般交得上地租。

庆昌不用给文焕什么恩惠吗？ = 有时请他吃饭。庆昌买的驴子会给没有牲口的文焕使用，驴子养在这两间房里，必要的时候用5个。

村里还有没有其他去满洲的，把村内所有地有关的一切交给其他人的人？ = 没有把一切交给别人的人。

附近也没有吗？ = 没有。

5月25日

土地整理

应答者　侯定义、侯瑞和

【公有地、旗地】

村附近除了民地之外，还有没有公共的土地、官荒地或者官地之类的？ = 只有水坑。

这是村里的土地。

满洲人有没有在这块地方跑马、占领过土地？＝过去有，叫旗地。

村里有多少亩这个地？＝十几亩位，我们村非常少，泥井很多。

【土地整理】

这个地什么时候得到整理的呢？＝不知道。

整理前租子交给谁？＝交到乐亭的管理人那（这块地过去叫乐亭地）。

是谁的土地？＝现在是侯连山的地。

整理这块土地的时候，侯连山办了一些什么手续？＝整理的时候，他有没有土地我不知道。过了很久以后，才成了他的土地。

民国初年有没有对庙产进行过整理？＝庙的财产过去以来就只有沉[1]，没有整理过。

衙门不会出示土地的各种申告、地券之类的吗？＝没有。

【黑地整理】

事变后怎么样？＝民国二十八年土地整理过一次。好像是为了整理黑地。

过去没有过整理黑地吗？＝六十年前有过，过去的事情不是很清楚。

民国二十八年调查出多少亩黑地？＝我（乡丁）还没见过跟那个有关的文件，说不清楚。但是调查前村民们有 20 顷的地，之后变成了 30 顷。可能黑地有十多顷吧。

黑地多的是哪块地附近？＝西北的下地方向比较多。

其他地域没有吗？＝没有（确定的口吻）。

黑地的所有者大概是贫富中的哪一个？＝不能一概而论，双方都有。

有多少户有黑地？＝不清楚。

这块土地的耕种者是穷人比较多，还是富人比较多？＝10 户左右的贫户在租佃，地主觉得这种地没利益所以不耕种。出租佃的情况就比较平常。

在那能种些什么作物？＝基本上什么都种不出来。

这种土地的佃户还是要交地租吗？＝过去有五六户是白种。

形容这种土地可以用指租佃的单位面积、大的“亩”吗？＝不用。不好的土地多还是少没差异。

黑地是什么情况下会整理？＝不是给耕种者，而是归属于包括这块地的四至内的土地所有者。

归属不明的地，会归给实际耕种者吗？＝不会。所有的土地一定会有地主，这种事情我出生后还没听说过。

---

〔1〕 译者注：原文如此。

5月25日

租佃纷争

应答者　侯定义、侯瑞和

【纷争与仲裁】

不遵守租佃的约定或者佃户不施肥，地主和佃户之间会不会起一两次纷争？ =没有。

村里有争吵的时候，主要由谁来仲裁？ =不一定。

有没有最后出场，巧妙地解决问题的人？ =有是有，已经过世了，侯永福。

他平常做过一些什么，有公职吗？ =公职没有，街上的商人。

他一出面，什么吵架都能平息吗？ =一定能解决。他又叫作“厌是的人”。而且村民尊敬他，送了他“一乡善士”的额匾。

想听听他仲裁关于土地纠纷的例子？ =别人的土地纷争我不知道，我有一次请他仲裁。他一开口就“大事化小，小事化了”了，全解决了，绝对不用去打官司。

【相邻纷争】

你的是件什么事？ =我（侯定义）年轻的时候，在自己地内种了一棵树，树长大根部伸到了和邻地的交界处，有一天我把那棵树砍了，邻地的人非强词夺理说那棵树是他的，就争了起来。请侯永福来做仲裁。结果，我就把那棵树的底部给了邻人，事情就解决了。

树的底部好吗？ =比以前的要好，我还是让给他了。

为什么要让呢？ =虽然不公平，他是贫户，我就大方一点。对贫棒子（贫户）太固执己见的话，怕说不定哪天他来报仇，烧了你的家、跑来动粗。

有没有贫棒子的佃户反抗过地主？ =关于佃户没有过争执。

关于土地的争执是什么事件？ =没有。

【诉讼的案例】

侯永福死后打过几次官司？ =三次（继续说）打官司只限于告到县里、区里。区就是警察分所，告到县里的是：（一）学校关系；（二）乡长不好，账簿有错的事件；（三）我（侯定义）儿子和一个长工的争吵。告到区里的第一次是由我（侯定义）发起的，因为会的摊款申诉，第二次是个人间的借贷关系。

去区里前不用先向村长申诉吗？ =有，不叫打官司。

村长仲裁的争吵的例子有吗？ =记不得了。

【仲裁诉讼的顺序】

民国十几年，新设的小学校提倡者和既存的私塾经营者之间起了冲突，私塾不少学生都被新小学夺了去，就争了起来。因此去县里打了官司，裁决上没分胜负。

这个时候，打官司的顺序是怎样的？ =没决定。

告到县里之前，一定要请村长仲裁吗？ =一定要，现在也没变。

村长以外还要找谁谈吗？ =村里的年老者。

这叫什么？ =来人（也就是仲裁者的意思）。

来人是确定的吗？ =不一定。

现在也有来人，而且还请他仲裁吗？ =不一定，根据事情不同，请合适的来人。来人一旦跟仲裁牵扯上关系，就一定要做到最后，不能逃避。

村长不能调解的时候去哪上诉？ =警察分所。

上面的事件（二）是什么？ =事变前账簿的记载有错误，起了争执，不是土地的纷争。

上面的事件（三）是什么？ =我儿子卖甜瓜给保长家的长工。他不付款，就起了争执。

告到区里的（一）呢？ =我向乡长代理交了摊款，代理后来说没收到，就发生了争执。

因为什么呢？ =约定借半斗谷的人，不按约定借给他，双方就说对方过去的坏话。

有争土地的界限的吗？ =没有。

【没有租佃纷争】

就算不是这个村的，也没有发生过租佃关系的争执吗？ =没有。

有没有佃户团结起来反抗地主的？ =一件也没有，一分都没有，半分都没有。

没有租佃的人聚在一起提出要减少地租的事吗？ =没有。

没有佃户团结起来跟地主商量的事情吗？ =没有。

与此相反的地主有没有针对佃户的对抗？ =没有。

5 月 26 日

商品化　作物和租佃

应答者　侯定义、侯瑞和

【有钱人的资金运用】

一般有钱人存钱是为了买土地、放贷还是商业投资？ =首先是买地和家。

土地和家都有了的话呢？ =买牲畜、车。

钱还是有多的话呢？ =买土地。

去外面的有存款的人呢？ =也是买土地。

一般不把钱存到银行里放在一边吗？ =几乎不。

这一带的地主有钱了买土地，不放贷吗？ =不。

【土地投资多】

住在满洲经商成功的人拿存的钱做商业投资吗，还是单方面一定会去买土地？=大体上买土地。买土地是最大的念头。只有侯元来成功了，既投资商业，也买土地。

村里的地主中，有尽量回收之前借出的租佃地，转到自家经营的情况吗？=没有。

【作物种类的变迁】

有去满洲学习很多新知识，回来种植新作物的村里人吗？=没有。

有没有谁种植跟过去不同的作物？=除了地瓜就没了。这在警备路上能种，高秆作物被禁止后，种地瓜。

种类没变，但现在种的数量变多了的是什么？=只有苞米。

什么人种得多？=地主。

是为了卖吗？=自家用。

比过去种得少的是什么？=马路修好后，高粱被禁止种植，就变少了，其他没有了。

地主和佃户作物的量和种类不同吗？=地主和佃户没什么不同。根据土地的性质而不同。（表面是黄土就种一些高粱、苞米、豆子、稗子、黍子）

【商品作物和佃户】

尽量为了卖种植作物的地主和佃户谁比较多？=佃户比较多。

为什么？=为了赚地租。

只为了能得到地租吗？=只为了得到地租。其他的什么都能种。

那种些什么？=不一定，什么都可以。

那特地为了卖出去而种的作物是特定的吗？=每家都不同。

有没有只为了出售，自家不用而种的作物？=不太知道。各家不同。

【地主的作物】

地主自家消费的作物和出售的作物哪个种得比较多？=一般只为了满足自家消费。

只要自家消费满足了，剩下的就是选择存储作物了吗？=根据土地决定作物。也就是说在那块土地上大量耕种收成最好的作物。剩了的话就卖。不是特意为了好存储而选择作物。

【地主、租佃和垄】

地主（自耕的时候）和佃户垄的大小有差别吗？=没有。

佃户为了最大限度地利用租佃地，会不会把垄靠紧？=垄是一定的，没有为了增加收获缩小间隔的人。这样做反而会使收成减少。

一般、地主和佃户垄的大小、间隔完全没变化吗？=是的。

现在地主都是在大栽垄，佃户在小栽垄，是吗？=有。

这样做好吗？=没关系。

实际上是什么样？=实际上也有。

这个变成租佃后，会有很大变化吗，还是说，就算是地主耕种也会变成这样？=并不是因为变成了租佃。要看土地的性质、谷价。

5 月 26 日

兵乱和租佃

应答者 侯定义、侯瑞和

【战乱的影响】

民国以来，什么时候卷入过兵乱？ =村里没有来过兵。也没有荒废过田地。

附近的村呢？ =也没有。

奉直战争时，奉军没有路过这个村吗？ =路过泥井的南部（当时我们村没有附近可供车马通过的道路）。

来过土匪吗？ =没有。

有没有因为战争征调过车、人、马？ =有。

什么时候，交了什么？ =奉直战争的时候，为了送兵，出了两台车。人和马也跟着去了。第二天，车和马都回来了。

当时是谁去了？ =忘了。

那个时候，决定派谁去？ =公会里的人分配。

地主会不会让佃户代替自己去？ =不会。所有者去。就算让人代替，也不会找佃户。

这次的事变没有这种事吗？ =没有。本地没有战争。没有影响。

事变前，村里人有没有因为物价大幅度变化，日子过得很苦？ =没有。

有没有受战乱和匪乱的影响，村里人变得极其贫穷，或者逃亡者和乞丐变多？ =没有。

5 月 27 日

租佃契约

应答者 侯瑞和、叶润亭

【租佃契约】

租佃的契约叫作什么？ =（说明之后还是回答不了）租地又叫典地。

有人想租佃的话，会有中间人，这个叫什么？ =中人，没有其他称呼了。

（注：后面会写明，这里的“中人”都是指“当”的事情）

【中人】

中人有多少个？ =两三个。

有一个人的时候吗？ =有。

多的是几个人？＝两三个。

不叫介绍人吗？＝叫，中人。

中人和介绍人哪个用得多？＝中人。

有给中人的报酬吗？＝没有。地主和佃户都不给。

中人要周旋谈很多话，很麻烦，不用送些礼品吗？＝没有特别麻烦。有时候就请吃饭，不请也没关系。

谁请吃饭比较多？＝虽然佃户拜托中人得到了租佃地，但佃户不请客，也没法请。请客的是地主。

【出租的手续】

租佃的时候，是地主找佃户，还是佃户找地主？＝地主拜托中人，中人找租地户。

佃户不自己找租佃地吗？＝佃户不是不知道谁租佃土地嘛。

有佃户自己找中人或地主的吗？＝有。

地东找地户与地户找地东，哪个比较多？＝前者比较多。

这个村里情况怎么样呢？＝一样。

【佃户的增减】

本村的佃户是在增加的吗？＝没什么大的变化。

是减少还是增多？＝增加了一点点。

卖土地的人逐渐增多吗？＝没变多。

【分家与土地细分】

分家是逐渐变多的吗？＝虽然没什么大变化，但是每年都有一两户分家。

分家的是贫富中的哪一个？＝跟贫富没关系。

分家的原因？＝人变多了，生活变困难了。

变困难了的话，为什么会分家？＝变穷的话，就会吵架。

分家会细分土地，这样由于耕地不足，去租佃的变多了是吗？＝是的。

除了分家，还有其他原因会细分土地吗？＝这也有。

【租佃的原因】

现在的租佃户30户，都是因为分家去租佃的吗？＝不是。因为分家的有一两户。

因为把土地卖了，所以去租佃的有几户？＝没有。

以前有10亩土地勉强能生活的，到现在由于物价变高，没法生活去租佃的有几户？＝五六户。

30户中剩下的20多户是什么原因成了佃户的？＝各家的情况不是很了解。可能还有些是只有他们自己知道东西。

是事变后变成这样的吗？＝事变前就这样了。

【租佃户数】

现在30户的租佃户中，事变后租佃的有多少户？＝没有。

民国元年的租佃户数呢？＝不知道。

民国十年的时候呢？＝不知道。像是跟现在没什么差别。

民国二十年呢？ =跟现在没什么大差别。近年来变多了一点。

【租佃契约】

最新的约定租佃的时候要一些什么手续？ =一说就行（商量一下就行了）

【出租时期】

地主拜托中人是几月？ =从收获到旧腊月期间。

为了得到好的佃户，地主会不会收获还没开始，就拜托中人了？ =也不能说没有。

那是收获前多少月？ =不一定。

经常有这种预先的工作吗，尤其是跟事变前比较？ =很少。跟过去没变。

【中人是村人】

中人有别村的吗？ =没有。

村里地主的中人都是从本村找的吗？ =是的。

村里的地主有找别村人租佃的吗？ =现在没有。

以前有吗？ =民国二十五六年。

【外村佃户及介绍人】

佃户是哪个村的？ =赵家港。

这个时候有中人吗？ =有介绍人。

这个介绍人和中人不同吗？ =是的。

【和中人的区别】

有什么差异？ =介绍人只是去找双方谈话，中人对双方负有责任。

是同村人的话，地主和佃户中间就没有介绍人吗？ =少。但也有。

村里人都认识吧，那为什么还有介绍人？ =是本村人不需要介绍人。

赵家港的人租佃的时候，除了介绍人还要中人吗？ =不用。

【出当时的中人】

中人是在租佃的时候不出现吗？ =不，是在当的时候的。

【当与典】

当是什么东西？ =为钱所困的时候向别人借钱，还钱之前就把自己土地交给债主使用。

也叫典吗？ =不叫。典是交租，借别人的土地耕种。

一般只是在本村人中间才会当吗？ =不一定，但是本村内部的比较多。

被当的土地有多少笔，多少亩位？ =基本没有。我只看到过去了满洲的侯元瑞把地分别当给了侯元錬，侯元齐。其他没有了。一共 10 亩位。

有钱人去满洲的时候，是把土地典出去（租佃）还是当出去？ =典。

【当和指地借钱】

穷人呢？ =因为需要钱，所以会当。

这个时候不会指地借钱吗？ =指地借钱要给利息，而且缴纳利息又很麻烦，比较起来还是当。

之前说租佃要中人，是不是错了？ =那是“当”的情况，租佃不要中人。

【当】

当的话几年之内不能赎回？ =至少三年，五年、十年的也有。

一年的没有吗？ =没有。因为是作物没办法一年。

当的契约书是使用县里固定的东西吗？ =是的。

这个有利息吗？ =没有。

【典（租）】

“典”是什么？ =一年一年接地。

和租地是一样吗？ =租典一样。

“典”的时候，佃户拜托地主会说些什么，我想知道他们的会话？ =新开始租佃的时候（佃户说）

大叔、到明年了啊，给我留点儿地，我过年哪，多种点——行啊，我给你留点地啊。

继续耕种的时候（地主说）

到明年你还种我那个地不哪——我还种（还就是再的意思）

上面这种时候，会说典的话吗？ =说。也会说你典我点地吧。

【介绍人】

上面的情况有介绍人吗？ =因为是同村所以不要。

就算认识，基本不怎么说话的关系，要不要介绍人？ =那个时候就拜托熟人。由熟人去谈，熟人去到地主那里交涉。

这种人称作什么？ =介绍人。

不叫中人吗？ =是的，不叫。

介绍人是一个人吗？ =是的。

【地户（典户）】

村里耕种典地的有几家？ =30户。

典地有几户？ =七八户。

耕种典地（租佃）的人叫什么？ =地户。

不叫典户吗？ =也叫典户。

不叫承典户吗？ =不叫。

地户和典户是一样的吗？ =一样。

哪个用的比较多？ =典户。

30户的佃户的地主都是本村吗？ =是的。

有没有地主是本村的，佃户是外村的？ =现在没有。

民国二十五年是有的吗？ =是的。

【介绍人的有无】

今年的30户佃户中，有多少是经过介绍人签订租佃契约的？ =三四户。

【租佃契约的申请】

典的时候，是地主去拜托租佃，还是相反？ =典户来拜托地主。

当的时候是反的吗？ =跟前面说的相反。

【申请的时期】

是几月份的时候去请求地主？＝收获后马上。

新租佃和续耕去请求的时期不同吗？＝近年物价变动较多，地租也时时刻刻变化。收割一弄完，就经常有地主告诉佃户，想提高地租。

有没有收获前佃户就来请求的？＝有，但是能否如愿就不知道了。少。

【收获前的申请】

收获前就去请求的，事变前也有吗？＝一般觉得不好，所以很少。

为什么不好？＝有其他佃户在的话，就变成了夺他的。

事变后，稍微变多了吗？＝基本没有。没有。

要是没有其他佃户的话，就可以收获前去请求了吗？＝这个也没有，现在也没有。

【决定的时期】

什么时候决定租佃的约定？＝年末。

【已是租佃地的租佃申请】

想要开始新的租佃的时候，却已经有了佃户。要先和这个佃户商量，还是直接去向地主申请？＝租佃希望者不能无视从前的佃户直接向地主申请。直接申请的话，不合人情。只有之前的佃户说不想做了才能申请。收获后不想做了，这个能马上知道。

有没有拜托之前的佃户得到他稍微分一点租佃地的允许，再向地主申请的？＝没有。

只有知道他不做了，租佃希望者才去地主那里申请吗？＝是的。

不用确认之前那位佃户的意向吗？＝不要。

和地主碰面的时候，能决定些什么？＝先问借不借给你，再谈一下地租的事情，达成一致的话就谈妥了。

这个要写下来吗？＝不用。

【地租】

地租呢？＝一亩上地十一二元，中地八九元，下地 1 元、3 元、5 元。

【来自异姓的申请】

张姓的人去申请王家的租佃的时候，王家不找同族的谁商量就出租佃可以吗？＝可以。

虽然一般不会收到同姓的人的申请，但如果去跟同姓人去讲的话，就算知道肯定会申请，也可以借给别人吗？＝可以。

邻居的情况也可以这样吗？＝可以。

好朋友的情况呢？＝朋友没有说过的话，就没有必要问他的意向。

决定好了之后，要不要做一些仪式一样的事情？＝不用。

喝酒之类的呢？＝没有。

【契约和四至、坐落的确认】

约定的时候，不会特别强调四至或者坐落吗？＝不需要，本村人都知道。

对好土地的界限争执或者别村人的土地呢？＝没有界限有争执的土地，如果有的话，佃户就会详细从地主那里弄清四至，现场要到场。

那种时候谁到场，看些什么？＝佃户一个人去。看明白之后就回来。地主不去，佃户没法明确四至的时候，就把地主家的伙计带来。介绍人也不会去。

佃户都会像这样，先去看看地吗？＝都会。

位于外村里的外村人土地和位于本村的外村人土地，在进行租佃的时候，地主会讲清楚四至吗？＝是的。这种场合地主经常强调。本村的话不强调也都清楚。

【地租的缴纳日期】

会说请你几日之前把地租交了这种话吗？＝一般是（1）正月结束（2）5月左右结束（3）到收获后缴纳。

到正月的意思是什么？＝不一定是全额，全额一次性交清的很少。到正月是交一半，剩下的5月或者收获后交（也有例外不是这个时候交）。

为什么把5月当作一个缴纳时节？＝端午节（决算期）。

【无保证人】

为防止佃户交不上地租，会不会要有一个保证人？＝不会让那种交不上的怪人租佃的，要是有这种怪人，会让他先交地租。

【租佃的期限】

约定租佃的时候，会说期限吗？＝不说。

不说的话会是几年？＝一年。

租佃约定好之后，要不要在桌子上放五块钱，当作商量好了的印证？＝不用。

【期限与耕种】

9月15对新耕的租佃达成了协议，那佃户在9月16那天就可以去那块土地上耕种了吗？＝不可以。一定要到第二年。

9月15就把地租交了呢？＝不行。

为什么？＝因为是第二年的租佃契约。

运肥土的什么时候？＝春天，2月。

没有10月份种的作物吗？＝没有。

收获到年末之间不翻土吗？＝不翻。

9月16定下契约的新佃户，能去挖剩下的谷子的根吗？＝可以。但是很少有人做。

如果是9月16除掉前佃户留下的根部的话，双方会有什么说法？＝没有这种事，不行，旧佃户在来年的春天之前把这些事做完比较好，新佃户不可以在那一年里耕种。

谷子的话也不行吗？＝也不行。没有人做过。

【续耕申请的时期】

佃户想第二年继续耕种的话，什么时候去申请呢？＝一般是秋天过完之后到正月之前。

有秋天没过完之前就申请的吗？＝没必要。谁也不会这么早申请。

有没有争夺租佃地的事情？＝从没有。

了解争端的缘由吗？＝不知道。

一般地主会将让谁租佃这种事通知出来吗？＝不会。

5 月 22 日

租佃　关系的称呼　农具　役畜　测量

应答者　王素忠、叶润亭（本次是按照惯行调查提问事项（三）中关于租佃的提问事项进行的提问，因此由于调查不便，只对租佃条件进行了提问）

【租地、典地】

出钱出物去耕种别人的土地，叫作什么？ = 叫租地、典地。贷的话叫租出去。

租地和典地哪个使用得较多？ = 典。

租和典有区别吗？ = 租的期限长，四五年，典是一年一年地借。

（参考侯瑞和的意见，和这两个人的不同）

是什么时候租地？ = 村人去了其他地方，没人的话，就贷给别人四五年（侯瑞和的意见）

【契约书】

这个时候要立契约书吗，立的话是什么样？ =

立当契人某某今乏手将自己白地一段坐落家某处计几亩计垄几条四至或东西或某姓或至道四至分明烦中人说允当某某名下耕种言明当价钱若干或几年笔下交足并不缺少恐口无凭立此存照

包纳银粮若干　中人某某

代笔某某

中华民国　年　月　日立

【当】

这是当吗？ = 是的。

那当和租地是一样的吗？ = 不一样。

当是什么？ = 地主想要钱的时候，把土地贷给别人借钱，过了一定的时间后，把钱还了回收土地。

这块地在当的期间由谁来耕种？ = 收到当的这个人。

还钱的时候，要包括利息在内一起吗？ = 没利息。

【地东、典户、地户】

佃户叫土地的所有者什么？ = 地东。

称佃户（地东称呼借土地的佃户）是什么？ = 典户、地户。

典户和地户哪个用的多？ = 典户。

租佃的时候交的钱和物叫什么？ = 租地钱或者典地钱。

典户向地东借土地的时候说些什么？ = 你的地典给我种了，或者是，你的地归我种吧。

哪个用得多？ = 后者。

出去挣钱的人外出的时候，说些什么？ = 我出外没盘费钱，你给我点儿盘费，我地归你种好不好。或者是，我出外没有钱，我的地归你种，你给我出两个钱吧。

【农具、役畜等】

村里地主只贷土地吗，农具牛马、房子、种子都是佃户负担吗？ = 地主只借地。其他的一切都是佃户自己负担。

佃户要是没有这些怎么办？ = 佃户去借。

这个时候会向地主借吗？ = 不一定是向地主借。

村里没有向地主借这些的吗？ = 不知道。

村里佃户基本上都有这些是吗？ = 有种子、农具。也有佃户没有牛、驴、房子之类的。

村里役畜有多少？ = 没有马，驴五六只，牛40，鸭10只。鸡数不清。狗60只，也有猫。

一般自耕户家里都有可用的牲畜吗？ = 有。

租佃的家里怎么样？ = 没有的比较多。

没有的人会向地主借牛或驴吗？ = 没有向地主借的。

那向谁借？ = 关系亲的。

借的人家是一定的吗？ = 不一定。有就可以借。

依赖自己的所有地自耕兼租佃，但没有家的有几户？ = 两三户。

【佃户的借家】

他们有没有住在地主家或院子里的？ = 没有。

依赖租佃地没有家的自耕兼佃户有几户？ = 五六户。

他们没有住在地主家或院子里的吗？ = 完全没有。

那一般借谁的家住呢？ = 不是地主家，借关系亲近的人的。

过去不是有雇用的住在地主家的佃户吗？ = 没有。

【农具的所有及使用】

大农具有些什么？ = 犁仗、碾子、大车。

在全村数量多吗？ = 犁杖不知道。碾子12个、全部都是个人的东西。（保长家的这些东西也是私人的，但谁用都行）大车36（为了运输肥料，不做农业以外的用途）没有推车。

有这些农具的自耕兼佃户有多少户？ = （一直没回答，因为费时间就中止了）

没有这些农具、借地主家的自耕兼佃户有吗？ = 没有。

有地主给佃户提供种子吧？ = 不，这是佃户的负担。

佃户没有农具和役畜，请求地主的话，会不会要多给一点地租？ = 没有。

过去呢？ = 过去以来就没有。

听了这么多，村里的地主就只是借土地，农具什么的都不借给佃户吗？＝是的，互相感情再好也不会借。

【地租是缴纳货币】

有没有以作物的产量折半或者每亩若干麦子作为地租的？＝没有。

那拿什么作为租佃的礼？＝钱。

这一带都是这样的吗？＝是的。

【水井】

村里8口井里，属于佃户的有几口？＝一口。

其他的佃户租佃一开始就能用地主家的井吗？＝不。

【打谷场】

村人在哪打谷？＝住处的院子。

借别人家的地方狭小打不了谷的佃户怎么办？＝基本上住的地方院子还是够大的，小了的话就借房东的院子。不会借地主的。

【采土】

村里采土（粪用的）用的是哪里的土地？＝自己拥有地。

佃户怎么办？＝不管多少，总有土地的，从那个地里取。不会让你取地主家的。

没有从村的东、西沆[1]里取来的吗？＝没有允许不能取，取了的话会受惩罚。

是什么样的惩罚？＝给了钱就能取。

惩罚是什么样的？＝（没有回答）

是从谁那得到允许？＝（没有回答）

有得到许可取的吗？＝没有。

佃户所有的驴、牛的饲料，都由地主给吗？＝没有。

【租佃地的测量】

租佃的时候面积是实测的吗？＝四至、面积大家都知道，不用测。

地主会比实际面积多报一点吗？＝不会。

地主说的面积和田赋上的面积是一致的吗？＝是的。

因为土质不好，把10亩的地当作8亩出租佃的有吗？＝没有。因为要根据土地的好坏分成上中下，地租也不同。

面积的单位除了亩还有吗？＝没有。

没有根据大中小亩等区别使用的吗？＝没有。

一亩是多少弓？＝二百四十弓。

一弓是多少？＝五尺平方。

一尺又是多少极？＝不知道。

村里卖地的时候，有没有专门测量土地的人？＝没有。

有没有谁家保存着丈量土地使用的木尺？＝没有，不是丈量的目的，村里有一个木匠

〔1〕译者注：原文为“沆”。

有尺子。

有没有借过这个木匠的尺子测量过土地？=测量土地怎么说都不会去借木匠的尺子。

那一般怎么测土地？=两步就当作五尺。

5月28日

租佃关系的公示

应答者　侯定义、侯瑞和

【租佃关系公示的有无】

佃户有没有办法通知其他人，自己从某人那里借来了土地，同样地主有没有方法，告诉大家租佃地已经出租出去了？=没有。

一直以来，就没有关于租佃关系的事情联络过官府、村长或者保甲长之类的吗？=没有，租佃款不用摊款，因此不用通知。

土地买卖是什么时候？=收获后，秋天过完。

土地买卖接受税契、过割，这个时候要贴告示，说这块土地已经有了佃户吗？=没有。

除此以外的情况呢？=完全没有。

5月29日

租佃期限　租佃权的继承、让渡　地租的交期

应答者　侯定义、侯瑞和

【长期的租佃】

一直以来，有没有因为特殊关系，长期借给某个人的？=没有。

没有在满洲待五年或者十年，常年把那块地借出去的吗？=没有。那种时候经常是典（租佃的意思）出去。典也没用长期的。

但是，两三年都不从满洲回来的怎么办？=有家里人在，事情交给那个人办。

没有特别限制期限借出去的，要的时候能说还给我吧就交出租佃的，这样的有吗？=有（但是，一年以内就夺取租佃是不行的）。

一般的贷方跟上面说的不同吗？=一样。

那个时候，不是会说借到什么时候的吗？=这看人，会不同。人的心情不能一概而论。

要是一开始就有租佃的约定，第二年度不用重新约定吗？=第二年还是要定。一年一年地约定。

【续租的契约更新—地租的关系】

上面说的第二次的约定，是不是只是形式上的，真正的约定还是前一年定下来的？ =（没有回答）

地主每年都借，只有地租是要看当时的租佃金额，每年都重新定的吗？ =是的，但是只借一年的话，心里决定就好了。

再问一遍，地主不会特别说期限的事情，说“总之就先借给你，多少年都行。但是地租要看市场价”是吗？ =很少。“一直借给你”，会这样说的很少。

很少，但是有的，是吗？有的话能举个例子吗？ =没有。

那有说“借给你三年或五年，但是地租要看当时市价定”的吗？ =这个也没有。

【续租的实例及当事者的关系】

实际上没有多年耕种一块地的吗？ =3 户。

借给他们多少年？ =五六年。

地主和佃户都是本村的吗？ =是的。

地主的家长是去了满洲的吗？ =不是。

土地是下地吗？ =有上地也有下地。

双方是同姓、同门吗？ =一家是这样，一家是异姓。

异姓的是什么样的关系？ =只是同村人，没有血缘关系。

其他村有持续五六年耕种地主地的佃户吗？ =没有。

上面 3 户的地租便宜吗、是固定的吗？ =每年都变，并不特别便宜。

【租佃续否及其异同】

两三年持续租佃一块地的有多少户？ =十多户。

每年都变的大概有多少户？ =十多户。

有没有把三五年的地租写在契约书里，以三五年为租佃期间的？ =没有。每年都口头约定，因为感情好，所以只是租佃几年的问题。

总之借一年，明年的事情再说，是这样借的吗？ =大家都是这个形式，但并不会说出来。

【收获的好坏及地租】

秋麦能种得出来的年份和种不出来的年份，土地的地租价格有差异吗？ =没有。

秋麦能收和不能收的年份，收量以及佃户的收入不都是有差别吗？ =就算收入很多，地租也不会变。看土地的性质，麦子结不结得出来，地租是不会变的。就算在结得出麦子的地里，像今年这样的干旱，你要出种子钱、肥料钱，这样一来收入就变少了。而且小麦要很多肥料。

要是收入非常高的作物能收成的年份，土地的地租不会比常年高一点吗？ =没有这样的地。

佃户可以续作麦子吗？ =可以。但麦子连续种三年收成会不好，能连续种两年。

佃户要是第三年继续种小麦，地的肥力会变弱，那地主会干涉叫他别这样吗？ =土地肥力不会下降，只是作物没有收成。

有作物连续耕种的话，会使土地肥力下降的吗？ = 没有，只是作物会减收。

第三年不管怎样，秋麦收不了，那块地的地租和最初麦子收成很好的年份一样没有差异吗？ = 没有。

【作物的周期及租佃期间】

没有以一次轮作为期限的租佃吗？ = 没有。

地主那一方实际上没有让他们轮流租佃的吗？ = 没有。

那么短期的，比如 9 月到第二年 6 月，只在能收到小麦的期间，有出租佃的吗？ = 没有。

现在是一年一年的租佃，过去有跟现在不同的租佃模式吗？ = 变了的情况，就是地主急着要钱的时候，就急忙出租佃，地租是便宜，但要当场收到钱，只有地租会便宜一点，其他的没怎么变。

有播种中比如四五月份，像这样的做的吗？ = 没有，播种前，最迟到 2 月份止。

有没有到了四五月份播种中拜托租佃的？ = 没有。

突然要外出挣钱，家里又没人的，有播种的作物的话怎么处理呢？ = 过去很少有，这个时候外出挣钱的人就转让给别人，收取到现在为止的经费。

【无地皮、地骨的思想】

知道地皮、地骨这些词是什么意思吗？ = 不知道。

佃户长年对这块土地倾注劳力、施加肥料，对土地的感情也一年一年加厚吧。虽然土地是地主的，但有没有这块地的耕种是专属于佃户的，而且地主不能任意换佃户的这种想法？ = 没有。这种想法没有。长期的佃户基本也没有。就算有六七年的佃户，但毕竟地是地主的，地主一年就能收回来。

【租佃权的让渡】

约定好租佃，也交了地租的时候，佃户就能在这块地上耕种了，那把这个能耕种的权利卖给别人、让给别人可以吗？ = 完全没有这种事。

这种事可不可以做？ = 欺骗地主不好。

那去跟地主说的话，可以让吗？ = 一定要告诉他。

地主的谅解是先得到还是后得到？ = 事后联系就行了。

事后说的话，地主会不会抱怨本来这土地是借给佃户，不是借给别人的？ = 会有。那个时候就好好解释自己的情况，得到地主的谅解。

地主要是还不能谅解怎么办？ = 地主已经收了地租了，就算不服也没办法。地主就等到明年，收回土地。

地主不会把收到的地租还回去，把地收回来吗？ = 不会。

这种事情经常有吗？ = 少。

【地租未完全缴纳的情况】

地主收了一部分的地租，但是像上面这样，想让租佃的情况怎么办呢？ = 这个时候就不同了。如果佃户把租佃让给了别人，再去联系地主，地主就可以不租给对方。会说“你把地租全交清了再来做这种事情”。钱没有全交完，佃户想转让租佃的，要先去告诉地主求得他的谅解。

没有交地租，只是口头上约定了的租佃呢？=一定要求得地主的谅解。去请求地主也不会答应。地主会直接自己找佃户，要是只是口头约定，没有交地租就擅自将租佃让给了别人，这会大吵一架的。

【租佃权的继承】

佃户的双亲死了的话，孩子还是可以继承租佃吗？=是的。

但是，要是孩子还很年幼做不了农活，地主会收回租佃吗？=只要是地租全缴纳了，地主就不能收。孩子怎么样都会耕种一点。结不结得了作物，责任在孩子方。

这个时候孩子能对地主说自己耕种不了，要把土地还回去把钱退回来吗？=不能。

那孩子能把租佃让给别人吗？=可以。

交了一部分地租的，但父亲死了怎么办呢？=地主没办法收回，儿子就照原样继承父亲的约定。

要是孩子不希望耕种租佃呢？=这个时候，主要是拜托他能不能还回来那一部分地租，或者是把租佃让给其他人。

要是孩子请求地主返还地租，地主应该还吗？=不一定，但地主绝对不能把这当自己的东西贷给其他人。

孩子这个时候把租佃给了其他人，告诉地主能得到谅解吗？=能，但一定要告诉他。这个时候要是地主不同意，孩子能请求偿还已交的地租吗？=这种情况，地主基本不会反对把租佃让给其他人。没有听说过地主会反对。没有这样不讲道理的地主。

要是地主反对的话会怎么样呢？=地主不会反对。要是反对的话，收的地租就不得不返还。

【地租的缴纳与否及租佃权】

口头约定租佃的佃户要是死了的话，他的儿子还是能继承这个约定的吗？=这个时候，认为约定失效了。要是稍微交了一点钱孩子也能继承。没有交钱的话，就是另当别论了。

比如有个人以两个月为期限借了钱，作为抵押，要是自己两个月内还不了钱就把自己租佃的土地移给债主耕种，这样行吗？=不行。

本来的佃户把土地借给甲，甲又借给丙，丙又借给丁，这种例子有吗？=完全没有。

【租佃地的一部分转租】

有没有人把自己租佃的一部分土地借给别人的？=有。只有全部缴纳了地租。

这种例子多吗？=基本没有。

这样的话事前要得到地主的谅解吗？=之后联系他也行。

【租佃无定金的情况】

约定租佃的时候，要不要交一定的钱作为定金？=会交一部分地租。下次不足的再交。

虽然是这样，但交了一部分，要是不在某个日子之前把剩下的补足的话，这个钱是不是就成了债主的了？=不会。没有“定金”这一说法。

有没有地主几倍返还从佃户那里收到的钱要求收回租佃地的？=完全没有。

约定的时候交钱的多还是不交钱的多？ =不一定。

交钱的时候有没有要按地租的多少比例交？ =没有。

【先交一部分的效果】

佃户要是先交了一定的钱，地主就没办法让其他人租佃这块地了吧？ =是的。

但会不会根据交了钱的多少有变化？ =只要交了一点点钱，都不能再借给别人了。

【地租的缴纳期】

租佃约定好后，地租的缴纳期大概也就确立了吧？ =是的。

到什么时候为止的比较多？ =不一定，但是有到正月的，端午的，秋收的，比例我不清楚。

到这个期限还不交地租，地主能收回土地吗？ =是的。但事实上地主都会等一段时间。

这个时候地主已经收的地租一定要还是吗？ =当然。

有没有地主说因为不能实行约定，不愿意等，要将租佃地收回来的？ =没有。

【地租滞纳】

等了一段时间还是不交怎么办？ =没有这种事。事情到了这个地步的话，佃户就会失去信用，来年谁都不会再借给他了，所以不管怎样都要交上。

有没有佃户四处奔走，怎样都没法筹到钱的吗？ =这种时候，就拖到明年再交。

来年延期交的多吗？ =有，不多。

到最后拖了不止一年的有吗？ =有，不多。

这种关系下，为了借到滞纳的地租，把佃户的所有地当出去，或者指地借钱的有吗？ =没有。

一直交不上地租，会不会像上面说的这样，为了借钱处理土地的？ =没有。

要收利息的吧？ =不收。

【未交地租和地主】

完全没交地租的，一直等着交地租、拖一年耕种的有吗？ =这跟上面比起来很少，会一部分慢慢交的。

但这种情况也有地主会逼着他不让他租佃的是吧？ =不会。

耕种期间出现了问题，要是借给别人肯定能收到地租，这样的情况下，可以借给别人吗？ =就算是口头约定的，但只要约好了，还是不能借给别人，只能等。

这种情况，地主都应该等吗？ =不等也行。

不等会不会被别人说坏话？ =不会。

5月30日

租佃　土地返还时的原貌　恢复

应答者　侯定义、侯瑞和

【租佃地的使用方法】

租佃的时候，在这块土地上什么都不种就那样放着可以吗？ =这是佃户的自由。

也不施肥，土地肥力下降，地主会抱怨吗？ =肥力不会怎么下降的，损失的是佃户自己。

作物是佃户自己决定种什么的吗？ =是的。

有没有地主要求一定要种某种作物并以此为条件出租佃的吗？ =没有。

垄的间隔、方向什么的，都是佃户自己决定的吗？ =是的。

有没有佃户自己修建排水沟的？ =没有。

为什么？ =土地自然地就能排水，没必要弄新东西出来。

佃户在租佃地上建住房不可以吧？ =是的。

为什么不可以？ =土地是为了让你种作物才给你的。

建一个可以照料作物的小屋可以吗？ =普通的旱地里完全不需要，瓜田的话就搭个棚，佃户自己负担。

【原状恢复】

搭了棚的话，返还土地的时候要怎么办呢？ =佃户自己撤掉。

为什么？ =因为花了钱的。

返还租佃地的时候，这些建造的东西都要撤掉，把土地恢复原貌是吗？ =是的。

有没有佃户还给地主的时候就那样放着的？ =如果是地主的话，没有必要搭棚，有需要会自己搭。光是棍子和芦席也花不了什么钱，所以尽量都会让其撤走。

有没有佃户在租佃地里种树之类的？ =完全没有。因为租佃只有一年，这样做的话是佃户的损失。

地主会讲清楚打算让佃户租佃多少年或是专门聊这个方面的问题没有呢？ =没有。地主不会同意的。

收获的时候干和根怎么办？ =看作物，一般是干和根全部取走，全弄完。但是豆子会留下根。

自耕地和租佃地都是这样吗？ =是的。

租佃地来年无法续作的话怎么办？ =跟上面说的一样。

豆的根也一样吗？ =是的。

豆的根能成为肥料吗？ =很难取走，也不会成为肥料。

豆的根留下来的话，不会给接下来的佃户带来麻烦吗？ =这倒不会。耕种者早春会把这些拔掉，但不如就这样放着不拔直接耕种。拔的话，也不是什么大的麻烦事。

返还土地的时候，一定要跟借的时候一样吗？ =并不会。刚刚收割的状态也好，有凹凸的土地都行。

挖了小水井的怎么办？ =不会挖小水井。

返还土地的时候，佃户要不要把地主叫过来现场，按照他的指示返还？ =一次也没有过。

【租佃地的负担及负担者】

佃户不用交租佃地的田赋、亩捐和摊款吧？ =不用。

有没有佃户代替不在的地主先把这些交了，后面清算的？ =没有。

那不在村里的地主怎样交这些呢？ =自己家里肯定还有留在家里的人，他去交。

6月1日

地租

应答者 侯定义、侯瑞和

【地租的形态】

一般帮忙打水或者帮着做家务的人会不会不收地租就让他租佃的？ =没有。

过去有没有借土地不给钱，而是拿作物或者其他物品当作地租交的？ =我们这代从小时候起，就基本是拿钱交吧。

佃户借了土地，家里没钱就拿其他的谷物代钱交的情况没有吗？ =没有。

那一部分交物品，另一部分交钱的有吗？ =没有。

一开始交一部分钱，后来交谷物的有吗？ =没有。

比这个村更偏僻一点的地方，有没有交物品的？ =没听说过。

那有没有人借了土地，又没钱也没物品，就在地主家做劳役，或者不要报酬耕种的有吗？ =没有。

地主的话，比起收钱，更多的是收到物品的时代是什么时候？ =这样的时代并没有。

【伙种】

有没有在地主的土地上和地主或者第三方一起耕种，收成一起分的？ =这种现在也都有。叫作伙种（也叫作分粮，伙种这个词用得比较多）。

那这样分成的比例一般是决定好了的吗？ =是的，一半一半。

有收成没收成每亩都要交一定量的钱的关系吗？ =不是。

地主出种子和农具，并不参与耕种，这样不会把地租提高吗？ =不会。

像上面这样的情况，地主会收取很多产物吗？ =不会。

同样，地主并不大量收取产物，也不提高地租，那会不会收一些秸秆之类的？ =不会。

那一般地主并不会把种子、农具、肥料以及其他的东西全部拿出来是吗？ =是的，地主只出土地。

那再问一下伙种的事情，伙种每年有几件有多少亩？ =最近好像没有。

今年呢？ =没有。

去年呢？ =没有。

那是什么时候有过？ =我（侯定义）二十四五岁的时候，和外甥一起种过甜瓜。

是谁的地，有几亩？ =我的地，3亩。

你也耕种吗？ =因为土地是我的，我主要是照料，是他耕种得比较多。

近年这种事情没有吗？ =没有。

这种事情叫作什么？ –伙种。

甜瓜是什么时候种的？ =谷雨以后，立夏之前。

【那个契约】

种地的事是谁提倡的？ =他是二爹（伯父）的儿子，以前给人打工（长工、短工），有一年生了病，没法去外出务工就很愁，找到我说，想跟我在我的那3亩地上种甜瓜。我就同意了。

那个时候决定了些什么？ =让他种，我就得一点。费用他付。

关于种子谈妥了吗？ =他负担。

农具呢？ =全部是我。

牲畜呢？ =我出小牛。

短工呢？ =没必要雇用短工。

播完种到收获之前，是谁在耕种？ =应该是他耕的，但他因为生病不能劳作，就是我在耕的，后来他也出了份力。到收获前。

收成是怎么分的？ =拿了些自己吃的甜瓜，其他的换成钱分了。

这也叫伙种吗？ =对方也在耕种，自己也耕种了，两人一起劳作，跟普通的“典”（租佃）不同，叫伙种。

但是你不是说一开始只出了农具和牲畜，工作都是他在做的不是吗，是他生病了不得已你才去耕种的，最终能成为伙种吗？ =一开始就是伙种，我并不是只是照管，什么都没做。土地是我的，而且我出的东西更多，只是约定他主要是耕种的而已。

只是在甜瓜地里伙种的吗？ =是的，去年村里的刘万臣和侯宝善也伙种了（想起来的样子）

谁的地？ =侯宝善的四亩地。

种了什么？ =稗子和豆子（虽然不是甜瓜地，应答者有些满不在乎的样子）。

【当事人的关系】

刘和侯是什么关系？ =交心的朋友。

伙种一般是交心的朋友之间才会有的吗？ =是的吧。

跟同姓或同院子里的比较起来怎么样？ =就算是别人也是朋友的比较多。

就算是其他的作物也经常伙种吗？ =甜瓜比较多，（王盛春和王文春。甜瓜地，四年前。王盛春的土地）

为什么甜瓜地的伙种比较多？ =种甜瓜很麻烦，要一个人照料，一个人耕种，而且收获的时候，要一个出去卖，还要一个在家守着。

6月2日

伙种　地租

应答者　侯定义、侯瑞和

【伙种】

伙种是典的一种吗？ =不是。

伙种不是借土地吗？ =不是借，自己也耕。

不是借，不是雇用一个人给他报酬吗？ =不是，雇用的是包工子。

【包工子】

包工子是什么？ =地主叫人来耕种土地，作为谢礼会给一定的钱给他。

什么时候有过？ =我（侯定义）小的时候也没有，好久之前的事情。

谢礼是分给他收的作物还是给钱？ =钱。

跟上面打头的不同吗？ =种子、肥料、役畜都是地主的，农具是包工人出。

收成不好的时候，也要给包工子报酬吗，还是没达到一定的标准就不给？ =不知道。

给包工子的报酬与打头的工钱相比怎么样？ =不知道。

其他村里现在还有包工子吗？ =其他村里的事情不知道。

（包工子的调查，由于对方疲倦就停止了）

【瓜的伙种】

王盛春是王文春的什么人？ =堂兄，关系近。

是瓜田的伙种对吧？ =是的。

村里每年都有一个地方种瓜吗？ =是的，每年都会有人种，15 亩。

每年都是伙种对吗？ =家里人手多的就不需要伙种了。

种瓜的土地多少年能结一次果？ =12 年。

继续的话，瓜结不出来是吗？ =是的，第二年结不出。

是因为甜瓜会吸收掉地的肥力吗？ =不是，根残留的话，就不能续作。

伙种的地主叫什么？ =没什么特别的称呼，就叫地主。

地主的对方叫什么？ =叫“伙种地儿的”。

【伙种的负担关系】

一般伙种的时候种子是谁出？ =伙种地儿的。

肥料呢？ =地主。

农具呢？ =要的东西双方都出。

牲畜呢？ =伙种地儿的基本都没有，地主出。

雇短工的费用呢？ =工钱、餐费都是双方均摊。

这和你伙种的时候有很大不同，出这些工具什么的有一个定则吗？ =没有定则，看家里贫富、有没有农具、牲畜再决定出些什么，也是会变的。

种子由伙种地儿出的很多吗？ =也不用花费很多钱所以是伙种地儿的出。

肥料呢？ =地主出。

这些费用（种子、肥料）一般是平均负担会清算的事吗？ =表面上是这样，但是也不一定。

田赋、摊款呢？ =国课（也就是田赋、亩捐）以及摊款一定是地主负担，卖瓜是不用交税的。

收获是怎么进行的？ =地主不太出去收，一般伙种地儿的去。

这些都是加上了雇用短工的情况吗？ =是的，但是雇短工的情况费用是后来平均负担。

你当时也是这样吗？ =是的，都是这样。

【工作的分担】

播种一直到收获，工作是谁做的？ =地主不做，伙种地儿的做。

地主指挥伙种地儿的是吗？ =会商量，不会一个一个命令的。

那地主一般不会去田里的吗？ =会去看看田里的耕种情况，但一般不会做事。

甜瓜是在哪里、怎么分的？ =按自家用的分量折半分，在现场。剩下的瓜就拿去卖，钱对半分。

摘瓜装到车里去卖的人是谁？ =用车去卖和装到笼子里去卖是不同的，车的时候两个都去，笼的时候地主留下来看守，伙种地儿的去卖。

车的时候，地主也去吗，是因为瓜太多了，地主要去监视吗？ =要是这样的关系，还怎么能一起伙种，车是地主的，所以地主要去。

主要是到哪里去卖呢？ =二、七的日子就去泥井的集市上，平常就到各个村里转。

谁去卖？ =伙种地儿的。

地主一起去的时候，做些什么？ =看瓜。

卖的钱当天就分吗？ =有当天分的，也有两三天分的，不一定。

分之前是谁保管？ =伙种地儿的。

有到达了一定金额了却还没分的情况吗？ =有，一天一天的分比较多。

分的比例呢？ =折半分，没有四六分的。

【伙种的其他例子】

上面说的刘万臣和侯宝善是什么关系？ =好朋友。

是谁的地？ =侯。

几亩？ =4 亩（种不出来麦子的地）。

伙种了什么？ =小高粱和豆子。

土地级别呢？ =下下地，实际上租不出去的地。

经常有在旱地伙种的吗？ =少。

和甜瓜地比起来怎样？ =这个要少一些。

伙种了几年？ =只有去年。

是谁申请要伙种的？ =不知道。

旱地的伙种在下地的比较多吗？ =不一定，看地主的情况。

这样的话，种子、肥料、牲畜、农具一般都是谁负担呢？ =和甜瓜一样。

收成怎么分？ =分实物。不会分钱，有话说是“伙种地没分钱”，意思就是谷类的伙种不分钱，地在这里说的是谷物。

为什么谷物的时候不同呢？ =自己家里能吃的东西，卖了分钱的话太麻烦了。

谁收割呢？ =从收割到搬运、精制都是伙种地儿的。

不是把田分两份，双方都收割吗？=没有。

搬到哪里？=搬到双方都方便的院子里。

豆的收获期以及分配期是什么时候？=8月收获，20日晒干之后分。

小高粱的收获期以及分配期是什么时候？=7月收获，五六日干了之后分。

分配的时候地主不用开个会分吗？=打谷的时候地主不立会，打谷完了地主会收到通知来分配。

送收获品的部分是谁？=都去，地主要是有走不开的事情，就由伙种地儿的去送。不行的话就带着去，地主家里没有男的的话，基本上都是伙种地儿的去。

剩下的秸秆怎么分？=这些种类的东西都归伙种地儿的所有。

地主不能要求得到这些杆类的东西吗？=不能，但是收成好的时候，伙种地儿的会自发地搬一些，作为柴，送到地主家里。

最近给我一些杆作为柴的话不说吗？=不，不行。地主要是把肥料负担也转给伙种地儿的话，所有的秆都要平分。否则地主一点都得不到。

【地租】

地租金额的倾向？=最近慢慢变高了。

地租？=西北的土地是一亩1.5元乃至2元。

东北的土地是2元、3元、4元（离村越远越便宜）。

东方的土地6元。

东南的土地8元。

西南的土地6元——越远、土地越不好、地租就慢慢便宜。

如果你是地主，地租要怎么决定？=土地是国家的东西，我们都是借来的，因此要交税、摊款。既然是借的，稍微收点地租也是可以的。地租的金额根据土地的产量决定。

最近一亩地要交多少税？=去年村里的费用加上乡里的一共五块钱多。

前年呢？=2元。

【租佃地的公课】

土地借出去租佃，像上面那些费用都是谁负担？=全部都是地主。

伙种呢？=也是地主。

共同借土地呢？=没有这样的例子。

不用地主负担一部分，佃户负担一部分吗？=北边的虹桥是双方负担。我在那里有亲戚所以知道。本村没有。

今年要花多少？=已经交了8角了，后面还不知道。

【下地的情况】

地租比赋税的金额还便宜的地，是怎么一回事（西北方的下地）？=没人借就便宜了，这种地拿在手上是损失，也没人买，但下地的所有者一般都还有其他的土地，平均下来，收入还会变好。

两三元的地租的土地会损失多少钱？=丰收的话，每亩能收一斗高粱。10元钱。要花四五块的经费，除去很多很多的东西就勉勉强强。但这是丰收的年份，经常是缺损的。

拿着这种土地和把它租佃出去，那个能赚一点？ =像歉收的年份，地主就比较好，地租还是能到账的。

经常是歉收的年份吗？ =比较多。

【决定地租的标准】

决定地租的标准是什么？ =推测自耕的情况，算一下那个时候的各种费用，也就是国课、打更、看青费等，又估计一下收获量，想想大体的收入。这样决定地租。

以收获量和实际收入为标准吗？ =假设一亩能收获一斗，一斗是 10 元。10 元的话，那里的七八成都取走，不能一个一个考虑实际收入算出地租。

考虑一亩所要的所有的课金，至少跟这个一样多，还是以这个的几成作为地租，要考虑这些吗？ =不考虑。

土地好的地方和不好的地方，地租的决定方法会不同吗？ =不会，像我刚才说的一样吧，我会这样。

【地租决定的实际情况】

一般会怎样决定呢，跟你一样吗？ =不知道什么时候，地租就已经决定了，按照那个。

是谁决定的，这附近有地的人都这样做吗？ =是的。

是地主们聚在一起决定的吗？ =没有。

【地租缴纳期及土地的上下】

地租的纳期根据土地的上下不同吗？ =是的。不好的地的纳期一般要迟一点，好土地就早一点收。好地谁都想耕就可以早一点收，与此相反，不好的地没有人借，就推迟一下纳期。

地租六块、八块的土地纳期是怎样的？ =分两三回。比如第一期是到过年的时候，接下来是 2 月，再就是清明节全部交清。各个纳期的金额并没有确定。

四五元的呢？ =一样。

一两元的呢？ =有人耕就够了，地租什么时候交都行，收获后来给的很多。

不好的土地从过去以来就一直这样吗？ =从我小时候开始就这样。

好地的纳期呢？ =没变。

没有要根据纳期缴纳金额的比例吗？ =第一期是 5 元、接下来是 3 元、再接下来是 2 元这样递减。但是交钱的比率没有，基本就是上面所说的。

【地租的缴纳】

地租是佃户自己来交吗？ =有地主去收的，也有佃户来交的。地主来收的比较多。佃户拿着钱去交，也是被催的。

地主是直接来，还是派人来？ =都有，直接来的比较多。

【地租的涨价及下地】

有没有地租一直不涨的土地？ =那种看上去收成不太好的地，多少年都不会增加地租。

现在两三元的地过去怎样？ =过去没有耕种，变得越来越困难后，就开始耕种了，是西北的土地。我10岁的时候是被放任的一块地。20岁的时候被开垦了。

被放任的时候谁的土地都不是吗？=有主。

那个时候这块地也要交钱粮吗？=要。跟现在一样交。（我小时候人们经常在这一带放牛，那个时候吃草的牛都不进荒地，就慢慢荒了）

大体上地租每年都变吗？=是的。

虽然地租在变，有没有因为肥料和作物种类的关系确认两年以上的期间的？=没有。

【地租减免】

两三元的地租的土地，碰到收成特别不好的年份也一定要交吗？=要是没怎么收成就交七八十钱。没有全免的。

地主是主动少收钱的吗？=佃户拜托他的。

【荒地的租佃关系】

这种荒地一般是由地主找佃户来耕种呢，还是与此相反呢？=地主一方找人耕种。

地主希望长期都有人租佃吗？=是的。

因此地主就会讨好佃户送礼物、留他工作吗？=这倒不会，但是会尽量不放佃户。

有这种荒地的地主有多少？=只有这种荒地的没有。每家多少都有点这样的地。

有没有为了尽量让这种地长期租佃出去，而签订长期的契约书的？=没有。这样的话，大家都不会来租你的地租佃了。

地主在收成不好的年份，会返还上地已经交了的地租吗？=我还没遇到过这样的年份。地主会返还什么东西？不会还的。

6月2日

地租以外的佃户负担

应答者　侯定义、侯瑞和

【打更—看青及佃户】

村里有打更的人吗？=有，轮流。按所有地出人。

会按照租佃亩数吗？=不会。

有佃户代替地主的吗？=最近关系近的话有，单是地主和佃户的关系，是不会去的。只有关系很亲的。

看青的有吗？=2个。

是没土地、没钱的人看吗？=穷棒子（穷人的俗称）。

这些人也是有土地的是吗？=是的。我们村穷人也多多少少有点土地。

要给打更、看青的人报酬吗？=打更的不用给钱。吃饭也是自己出。看青的两个人给了一百块（去年）。

给看青的人的报酬是谁出？=保长、村长们那个时候就开会，土地的所有者按亩凑钱。

有没有 10 亩的租佃地当作 5 亩的所有地交摊款的？ = 没有。

【户别的负担】

县和乡里命令要出兵役的时候，怎样决定派谁去？ = 一般按户，也就是每家出一个。

那个时候，地主和佃户有区别吗？ = 土地所有者也有的出车马。人的话，不论地主还是佃户都要去。

出了车马的家里可以不再出人了吗？ = 不可以。人之外还要出车马。

就算是佃户有车马也要出吗？ = 佃户都没有车马。

那地主还要出车马负担岂不是更大？ = 是的。

出车马有报酬的吗？ = 没有。人也没有。

下一次，出过车马的人能减免不用出兵役吗？ = 不能。

【单叫】

其他的出役方法还有吗？ = 单叫。

单叫是什么？ = 一般都是像上面说的那样，从各户出役，乡公所（过去是县）委托我们村修一条桥和路。委托全村人的时候，从一甲出几人委任，这就叫单叫。

那个时候在村里做些什么？ = 单叫的前者是指保长从土地所有者中选出来，后者是保长让乡丁联系各甲长，甲长任意选人。

土地所有者中是按照怎样的顺序怎样出人的？ = 一般是有很多土地的人家先开始。但是没有男人的家里，尽可能不出人。下一次就是比上一次土地稍少的家里出。没有男人的家里，虽然不怎么出，但是也不一定，为了保持均衡，也有雇人出的。

这个时候，表面上是佃户最终不用出吗？ = 因为没有纯粹的佃户，会轮到的。

租佃地不管什么情况都不能成为出役的标准吗？ = 不能。

除此之外村里要挖沟、修庙的话怎么办？ = 像前面说的，按每户出人的方法。挑沟顺水（帮忙排水沟）的时候也这样。

【对地主的支援】

地主换坑床的时候，佃户一定要去帮忙吗？ = 不去也行。随便他。

实际上去帮忙的多吗？ = 少。

地主有去帮过佃户的家事吗？ = 有，不去也行，随便。

6 月 3 日

特殊的租佃关系　佃户的隶属关系　搭套

应答者　侯定义、侯瑞和

（注：关于特殊租佃，已经时常听到了一些，这里做一些补充的提问）

【又租佃】

佃户向地主交完地租，还能擅自把这块地再出租佃吗？＝也行。

这种事村里有吗？＝过去从来没有过。

其他村里有吗？＝没有。

这种事是好还是不好？＝看情况。10块钱借的，20块借出去就不好。要离开家里出去工作，没人耕种就再贷出去并不是不好。

【典租佃】

“当”出去后，土地的所有者不就是耕种的人了吗？＝从来不是。

【公有地的利用】

东边的水沆[1]是谁的东西？＝官坑，过去是老爷庙的地。

西边的水沆[2]是谁的东西？＝一样。

五道庙有附属地吗？＝一直就没有。

老爷庙里有住持吗？＝没有。以前也没有。

过去有看庙的吗？＝没有。

东边的池子里种了藕吗？＝是的。

什么时候种的？＝五六年前。

是谁说要种的？＝会上办公的人，会是庄会，村公所。

叫谁种的？＝会上的人们。

最初是谁种的？＝不知道。

现在是谁在收藕？＝大乡公所。

大乡公所之前是谁收？＝学校。

一开始就成了学校的收入吗？＝一开始是大会，大会就是庄会。

是谁在种在帮忙？＝一年里什么忙都不需要。放进去它自己长。

谁在收获？＝承包人。

什么时候开始承包卖给别人的？＝不知道。

过去呢？＝过去挖藕的人一般是确定的，不用投票。

承包人能说是这的佃户吗？＝平生一次也不来。到了收获期就来村公所商量价格，谈完就挖。

藕以外还种了其他的吗？＝什么都结不出来。也没有种。

西边的沆种了什么？＝蒲子。

蒲子是什么时候开始种的？＝七八年前。

谁最开始种的？＝小学校校长。

小学校的校长是借的这块土地吗？＝不是，只是校长提议在这块土地上种蒲子，收入当作学校的经费。

这个收益如何处理的？＝只用来填充学校的经费。

---

〔1〕译者注：原文如此。推测含义为“积水地”。

〔2〕译者注：原文如此。推测含义为“积水地”。

【坟会】

坟会是什么？ =同姓的人清明节的时候去祖坟祭拜，供奉猪头，为了祭拜祖先的会。

坟会里有土地吗？ =有的有，有的没有。

有土地的姓什么？ =王姓 2 亩、侯姓 2 亩，其他的没有了。

其他姓的有坟会吗？ =不知道。

其他姓的祭祀是怎么做的？ =凑[1]钱祭祀。

王、侯的坟会地以前就多吗？ =跟过去没什么变化。

除了买清明节祭祖用的猪头，还有其他坟会的工作吗？ =有基金救助同姓的贫困户。

现在呢？ =没有了。

什么时候没有的？ =不知道。

【侯姓坟会】

侯姓是怎样的？ =过去侯姓坟会有一点基金，除了祭祖还会帮助贫困户（侯姓），什么时候就没有再做了。（10 多年前，刘姓每家出 10 元钱作为基金，用利息救助贫户）我（乡丁）小时候这个基金就没有了，相传百数十年前是有的，也就是用这个钱的时代。

那近年，侯姓的坟会收入靠的是什么？ =只有坟会地的收入，没有凑钱。

坟会地的收入怎样？ = （没有回答）

用这个做些什么？ =清明节的猪头、线香、爆竹、纸钱、酒。

【头目人】

坟会是谁经营的？ =侯姓十多个人。

侯家人叫这些人什么？ =头目人。

地位最高的人叫什么？ =没有什么地位高的人。

对一些要商量的事，没有人起主导地位的吗？ =没有。

这些项目人上面还有没有人？ =并没有。

清明节祭祖活动的一些操办是谁商量？ =只有头目人互相商量。

没有人负责吗？ =并没有。

头目的家是代代确定的吗？ =是的，一直就没变过。

头目人是家里土地很多的吗，还是以前出身就比较好的？ =不一定，只有一个人有 80 亩地，其他都是想要被救助的贫农。

【坟会地的租佃】

一亩的土地由谁耕种？ =去年是侯文焕，今年是某个头目人。

过去坟会地的耕种者是不一定的吗？ =不一定，跟一般的租佃一样。

这块地是跟祖坟在同一个地方吗，地质怎样？ =在祖坟的南部，被水坑和别人的土地夹着，在其他地方。下地。

坟会地的租佃向谁申请？ =头目人都在的时候，想耕种的人去申请。

头目人的集会一年有几次？ =只有清明节前一次。

---

〔1〕 译者注：原文模糊，此处似“醵”字，译为“凑”。

这个时候能决定坟会地的租佃吗？＝决定祭祀和租佃的事情。

听说一般的租佃的话，约定是跟以前一样地执行，坟会地的租佃是清明节前吗？＝这实际上也不一定。租佃希望者想前一年约定的话，向其中一个头目人表达意愿，这样，那个头目人就去跟其他人商量。

【佃户的资格】

同姓以外的人，能当坟会地的佃户吗？＝虽然没有不行的规定，但尽量让侯姓人耕种。

为什么？＝祖坟的土地，其他姓氏的人耕种的话，会没面子。而且同姓人不会胡来。

要签订什么契约书吗？＝口头就行了。

有佃户是同姓的，而且尽可能借给贫户的方针是吗？＝不是的，谁都可以。

【地租】

地租怎么样？＝和其他同样的土地比起来要便宜一点，去年很便宜。因此头目人就商量要将地租提高一点，通知侯文焕。侯文焕不愿意这个价格，头目人中的一个说，那我来耕，就交给他了。

侯文焕租佃了几年？＝五六年。

每年的地租是多少？＝开始的两三年是一亩3元，接下来是每年4元，今年是6元。

坟会地的地租比起其他的价格不是不怎么变动吗？＝这也没法说。一般的场合，也有很多年金额是固定的。

地租的纳期怎么样呢？＝和一般的租佃不同，清明节当天交。（购买供品的钱由头目人先买来）

【王姓的坟会】

王姓的坟会呢？＝30年前有凑钱，应该有基金。内部情况不知道。

坟会地的执照谁拿着？＝有，会里的人在保管。

【坟会地的公租】

这个钱粮由谁出？＝从地租里出。

【分家及租佃地】

佃户的家里要是分家了，租佃地由谁耕？＝这要看地的大小。

大的话呢？＝分家户均分。

小的话呢？＝分家户中年长的人耕。

佃户分家的话，要不要告诉地主由谁耕种？＝不用。

大概到多少亩位为止，就不能分，只能一个人耕呢？＝90亩，但是这个大小在各处都有分的，在适当的时候是能分的。

租佃地耕种之中分家了的话怎么办？＝经费均分负担的话，收成也均分。而且耕种的时候，分家各户都出人。

【分家者相互间的租佃关系】

分家后，哥哥让弟弟在自己的土地上耕种的时候，白种多吗？＝根据家里情况和土地大小，决定是否白种。

父亲借土地给儿子、哥哥借土地给弟弟，这样的多吗？ =少。

根据情况白种的是什么时候？ =去满洲等地外出务工的人把那块土地让自己家里的人白种。

有没有在同一个村里居住，分家了的家里有白种关系的？ =一方是土地不足贫穷，另一方富裕一点，就会让他白种，实际上因为关系不好，所以才会分家，因此白种很少。基本上是一般条件下的租佃。

【养老地】

分了家的家里有养老地吗？ =基本都有。

养老地的大小以什么为标准？ =分家时候，家里所有地的四五成当作养老地。

土地再怎么少，也要留出养老地来吗？ =是的。

10 亩的话呢？ =那个时候全部当作养老地。

要多少亩以上才分养老地以外的地？ =20 亩的话，每户能分到一两亩，剩下的当成养老地。

【父母健在与否及分家】

父母都还活着的时候，能分家吗？ =有，也可以。

父母在世时、父母一方死亡、父母双方都死亡，这三种分家哪一种比较多？ =双方都死亡的时候，分家的比较多，接下来是只剩下母亲的时候，再是父母都在世的时候。

只剩下父亲或者只剩下母亲的情况，是不是一定要留养老地？ =是的。

【父亲死后照料母亲】

只剩下母亲的时候，分家后谁照料母亲？ =看母亲想去谁家。谁都不能让母亲高兴的话，母亲就剩下来了。

母亲谁家都不想去的时候，是完全自食其力还是有谁会出生活费？ =两种都有。但是，基本上后者比较多。

【养老地的耕种】

母亲的养老地有 10 亩。母亲不能耕种的话让谁耕种？ =让儿子耕种。

不可以让别人耕种吗？ =作为母亲，不容许这样不讲道理的行为。

把土地给儿子耕种，这叫什么？ =典地。

这个时候，要是分家的儿子有三个的话，借给谁呢？ =按照长子、次子、三儿子的顺序借。

三个都想耕种养老地的话，母亲怎么办？ =分地让他们耕种。

这个时候，是把养老地分开让他们耕种，还是让兄弟三人一起耕种？ =分开耕种。

肥料、耕种关系什么的，分开的话又要白费钱，收量也变少，这个时候，还不如整合起来借给他们？ =这种事情没有。

10 亩不在一个地方，各个方向都有的话怎么办？ =这个时候就不平分面积了，要考虑地质和面积再一个个分。

上地给哥哥、下地给弟弟吗？ =没有这样的惯例。

借给长子的多，弟弟的少吗？ =也没有这样。

【租佃的条件】

母亲让他们耕种，要收地租吗？＝收。

有没有分给母亲收获的作物？＝有。

既不给地租，也不分作物，只是特别给母亲一点生活费的有吗？＝有。

这中间哪个最多？＝分作物的比较多。

接下来呢？＝像一般的租佃一样收地租。

分作物的场合，母亲只是借给他买土地其他一切什么都不帮忙的吗？＝不是，母亲也耕种，儿子把这当作帮忙，因此作为报酬会分给他作物。

那么种子、农具、牛马、短工都是母亲负担的吗？＝儿子出。

种的作物的种类和耕种的方法是谁指挥？＝母亲。

女人知道这么多农事吗？＝这里的女人都懂农事。

虽然是指挥但是劳动的事情是委任给儿子是吗？＝是的。母亲都很老了，没法劳动，只是看的比较多。

这样的话作物是按照什么比例分的？＝折半。

谁收获来分的？＝儿子收获送到母亲那里在那里分。

这种分法叫什么？＝也还是叫伙种。

这种例子多吗？＝今年没有。去年有一件。

收入充分的时候，儿子们什么费用都不送吗？＝是的。但是母亲要是能够勉强吃上饭，儿子们都是有补助的。

补助额是一定的吗？＝看儿子的意思。不一定。

那母亲收地租的时候，地租会不会稍微便宜一点？＝不会，和一般的一样。

纳期怎样呢？＝和一般的相比不会严格，什么时候交都行。

要是儿子不交地租，可以给别人租佃吗？＝因为是母子关系，所以这样不可以。

儿子想一直租佃的话，母亲能把这个借给别人租佃吗？＝不可以。儿子想做的话多少年都能耕种。

【关于照料母亲】

有没有母亲去到喜欢的儿子家，在那过完一生的？＝没有。这样的话，其他的儿子会抱怨，没法轻松地去。

那普通的是什么样？＝母亲有自己的家，以那里为根据，随便地让儿子照顾。

分家的时候，母亲能得到家吗？＝是的。

有家和没有家哪个比较多？＝一般都有家。

有家的话，晚上就在那休息吗？＝是的。

随便地让儿子家照顾是什么意思？＝就是在儿子家吃饭之类的。

自己有家，也有随便在儿子家生活起居的吗？＝有。

那个时候，去各家住的日子大体均等吗？＝不一定。在长子家200天，次男家200天，三男家待65天的也有。并没有决定好了。

那个时候的生活费是各自负担，还是均分？＝不均分。

这个生活费最终会不会从养老地的收入里扣？ =不会。

【和养老地耕种的关系】

这个时候，生活费负担得多的家里，会不会不出生活费以外的费用，或者独占养老地耕种？ =没有过这种事情。养老地还是平分让儿子耕种的，只要关系到土地，分得不平等，兄弟中间就有人会说母亲偏向哪个。

只剩父亲还活着的情况，养老地的处理、去儿子家得到照料的方法都跟上面说的一样吗？ =是的。

父母都在世的情况怎样呢？ =一样。

【女性家长时的租佃】

村里女人当家长的有几户？ =六七户。

家里有没有出租佃的？ =两三户，侯全五、侯元铭、侯善庭的家。

他们家出租佃的时候，约定是女性家长制定的，还是有其他帮忙的人？ =都是女人自己做。

女的又不懂农业，有没有请谁帮忙的？ =有是有，但并不多。

商量的对象是一个院里的或者是同姓人是吗，那种比较多？ =不一定。都有，但拜托同门同姓的还是稍微多一点。这种事情向谁商量都可以。

这种事情对于女人实在太累了，有没有把租佃什么的全部委托给别人的？ =没有。女的也很懂农事，并不会上当受骗。

【女家长及长、短工】

女性家长的家里，有没有长工、短工住在家里的？ =没有。这些家里就算雇了长工也不会留宿（例：有 160 亩地的侯全五家）。

侯全五家里雇了几个长工？ =3 个。

【大打头】

三人当中，有经常被雇主当作商量对象的吗？ =有一个。

这样的人称作什么？ =大打头。

大打头是哪个村的人，工作多少年了？ =西方第二区的人，工作两年了。

雇主和大打头的关系？ =原来并不认识。介绍人推荐就雇用上了。

这个家里过去有没有一直都在的长工？ =没有。

【大打头的工作】

雇主委任大打头什么事？ =农事。

不委任他家产或者家事吗？ =这个雇主做。大打头的只做农事。

要他选定作物、购买肥料、雇用短工之类的吗？ =是的，一切都交给他。

普通雇用长工大体上都是做些这种事情吗？ =虽然不一定，但基本上都是。

一开始雇主还会干涉，时间长了了解这个人的品格之后，会慢慢把所有事都交给他打理吗？ =一开始就交给他，不行就可以辞掉他。

【长工契约】

上面雇主家里有没有签订长期约定的长工？＝没有。约定是一年一年的，好的话就继续雇。

只有工资一年一年会变，雇用的期间不是一直的吗？＝没有这回事。

【牧草地的利用】

不是为了耕种土地借的，而是为了得到牧草或者为了其他的用借土地的有吗？＝没有。

牛马的饲料用什么？＝作物的壳。

要是不够呢？＝买别人的。

为了让牛吃草，不要在某块地里放牧吗？＝有到西北长草的地方放牧的，其他的土地不能放牧。

那块放牧地是谁的？＝虽然所有者不明，但是块民地。是块荒地谁都不耕。

要事前得到所有者的谅解吗？＝不是什么大不了的土地，随便去都可以。

不要付报酬吗？＝完全不用。

在那块土地上放牧的家是一定的吗，还是根据放牧的天数决定的？＝不。

村内外长了草不能耕种的土地，谁都可以去放牧吗，不会有人抱怨吗？＝不会。

别村的人到村里这块地上放牧，也不会抱怨吗？＝不会。

【佃户的帮忙、赠答】

佃户过节要去给地主帮忙或者要送礼吗？＝不去。

地主家里结婚的时候，要去帮忙吗？＝普通人一般都会去。

不去可以吗？＝可以。

刚成为佃户的情况要不要去？＝有去的，也有不去的。

可以长时间租佃的情况呢？＝跟上面没什么大不同。

地主有很多事情的时候，有没有叫佃户去做？＝并不显著，随便。

想长期租佃的人，会不会经常拜访地主送礼品之类的？＝不会。

佃户家里有结婚、办葬礼之类的，会去找地主商量吗？＝不会。

佃户自己家的家事（比如借钱、卖地、外出务工之类的）会去找地主商量吗？＝不会而且也不要。跟地主没关系。但是相互之间感情好的话，可以商量。

【地主的耕种干涉】

普通租佃的时候地主会巡视吗？＝不会。

佃户不施肥土质会变差，为防止这个地主不巡视田地吗？＝不。到了第二年不把田地借给他就好了。（刘保长经常在田里转悠，不好好施肥的话，就会抱怨）

这种事情经常有吗？＝有是有，但不多。

因为这个换佃户的一年里有几个？＝非常少，谁不施肥就没收成，借钱都要买肥料。

【地主的恩惠—金融】

地主有没有给佃户施予什么恩惠？＝并没有。施肥的时候佃户要是没钱，地主倒是有借给他的。

这种情况下地主常常借钱给佃户吗？ = 每年不同。年份好的话就不出钱。

像现在呢？ = 现在基本上不会。

佃户借钱的时候，是找地主的多还是找其他人借的多？ = 有是有，但一般都是找朋友借的多。

【续租】

什么时候必须要去找地主商量？ = 想继续租佃的话就一定要去找地主商量。除此之外没有了。

【搭套】

知道“搭套”这个词吗？ = 知道。有很多。基本上全村都是这样。

最多的时候有多少家？ = 3 家。

最长的又多少年？ = 有 20 年的。我和刘会搭套的时候有。（现在对方成了有钱人，就没再弄了）

现在是和谁一起？ = 现在和分家了的孩子一起。

双方都有牛，只是犁杖要借的才叫搭套吗？ = 不是。搭套一定是互相借牲畜的才这样叫。

有家里没有牲畜的吗？ = 很多。

他们不能搭套吗？ = 不能。

王所有的农具都有，李有牛，李家耕种的时候，王借农具给他，王耕种的时候，李借牛给他，这样的例子有吗？ = 实际上没有。但是王和李都有牛，孙有人力和农具，三人一起交出物品互帮的情况有。这叫作搭套。孙叫作跟驹或者跟套。

两人一起的和三人一起的搭套哪种比较多？ = 基本都是两人的搭套。

【搭套当事者】

有佃户和地主搭套的吗？ = 地主什么都有，没有必要搭套，因此没有这种事。

同门兄弟的搭套多吗？ = 不，随便，感情好的多。

一院人互相搭套和院外同门或者朋友间的搭套哪种比较多？ = 这完全是不同的。

耕种地的远近跟搭套没关系吗？ = 就算远也都认识，没关系。

搭套并不称作什么吗？ = 没有。

【跟驹、雇套】

没有牲畜的人怎么耕种？ = 跟驹或者雇套。套就是牲畜和车一组的意思。

跟驹的有多少人？ = 十二三户。

三人都有牲畜搭套的有吗？ = 过去有，现在没了。现在的三人是把跟驹加进来的三人。

帮忙的时候是人也去，农具也出，集中在一块地的耕种上吗？ = 是的。

耕种日子的顺序是如何决定的？ = 商量后随便。

出了很多物和人的家庭，地会最先耕吗？ = 有。但是有很多事情，并不能按照这个顺序。比如高地干燥，这块土地就会早一点耕种。湿地会延后。这种情况并不是物和人出的多的就会先耕种。

6月4日

雇农

应答者　侯定义、侯瑞和

【打头的】

大地主里面有没有拥护雇用的人？＝没有，其他村也没有。

地主家里没有常年像伙计一样的什么都做的人吗？＝有。

这个人称作什么？＝打头的。

打头的住在地主家里吗？＝是的。

还有其他名字吗？＝管事的。

长期的是多少年？＝本村没有长期的，三年。

过去有10年、20年的吗？＝有。

谁家的？＝侯显扬家的杨永。10年以上。

短的和长的称呼一样吗？＝一样。

做十年以上这种长期的打头，各地都有吗？＝我们村有这样一户，其他村完全没有。

一两年的多吗？＝现在一两年的住进来的也有，侯元润家里三年的有一个人，侯宝田家里两年的也有一个。

过去像这样的有很多吗？＝三四家。

【雇主的倾向】

慢慢这样的地主变少了吗？＝是的。

被雇的人是村里人比较多吗？＝石门人的情况比较多。

为什么？＝石门种地的人多，人又有剩余。并不是因为贫困村的缘故。

为什么雇用打头的地主变少了？＝人增多了就分家了，大地主变少了。

【成为长工的原因】

打头的是因为还不了借的钱，就变成了债主打头的吗？＝不是。

那被地主雇用的什么原因比较多？＝土地没了，在自己家里呆不下去的比较多。

这附近变成贫民的原因呢？＝由于人多地少。没钱买吃的，就慢慢卖土地。

地主雇用的打头的要有中间人吗？＝有介绍的人，叫作介绍人。

【雇用的申请及周旋】

地主拜托介绍人找打头的比较多，还是打头的拜托介绍人找地主的比较多？＝基本上是打头的人的拜托。

有人以介绍为职业的吗？＝没有。

那打头的去拜托什么样的人？＝介绍人不一定。村内、村外人不一定。拜托熟人或亲戚的话，就会帮你找雇主。

找到了想要雇的家之后，介绍人做些什么？=最初是介绍人自己去问一下意向，再传达给本人。

打头的拜托介绍人是什么时候的事情？=10月到1月之间。

介绍人和地主第一次会面的时候问些什么？=问要不要打头。要的话，雇主会问对方能力和所要工钱，考察过后，会说把他带来。

介绍人什么时候带他去？=10月收获后立马去见，至少要在12月前谈妥。

【长工的工作】

是为了让他做什么而雇进来的？=打头的跟伙计一样。

让他做农活、还是处理家事，还是这两个都要，哪个比较多？=地主说的什么都要做。其他的不用。

有没有雇两三个伙计的？=有，只有侯全五和保长家。

过去雇用两三个的多吗？=不多。

【雇人的决定】

下次来的时候介绍人把伙计带过来吗？=是的。

介绍人不来行吗？=地主不认识对方，所以不可以。

当天谈话就能立个约定出来吗？=当天决定。

约定后第几天开始上工？=那天，当天上工。

就那一天地主怎么能看到他的才能？=是不是好人一看就知道，而且也相信介绍人的话。

雇进来之后要立契约吗？=一直都没立过。因为有保人。

介绍人以外还有保人吗？=介绍人就是保人，没有其他的。

雇进来要举办仪式吗？=有，但不是雇进来的那一天办，1月18日到了的话，就出猪羊肉、八碟四碗，酒、大米，叫作上工饭。

上工饭的时候，打头的什么都不用做，只要当个客人就好了吗？=不，自己也帮忙准备。

入座的时候，主人会说些什么？=为打头的请客，所以会说“我端菜你吃”。

【长工的就业】

比如10月份决定，那天起就留在他们家了吗？=是的。

不是到来年3月都没有农事吗？=不，有工作，家里的工作，还有拉土（往猪坑里填土），其他的也很忙。

【雇用期间】

雇到什么时候前？=到霜降。

为什么是到霜降？=田里的工作大体结束了。

【工钱】

劳银又叫作什么？=工钱或者工价钱。

一年的劳银近来是怎样？=打头200元到400元。

谁决定？ =地主和打头的商量决定的。

有没有雇用孩子或者做不了什么工作的人，只给他们饭吃的？ =没有。

【长工的阶级】

工钱为什么有200元的400元的，有差异呢？ =看是大打头还是二打头，工作不同。

大打头的和二打头的是什么？ =打头的人多的时候，就分阶级，分大打头的、二打头的、三打头的。

这样分的标准是什么？ =不是按年龄，看“伙计好底”（工作的上下）决定。一般是根据工作年限的顺序。但是没有才能不行。

【工钱及给予】

劳银是什么时候付？ =第一次会面的时候给一半，1月18日把剩下的全部给清。

吃饭呢？ =雇主包，白给，跟主人一样，黍米、稗子米。

会给什么样的睡的地方？ =给他同院子里的其他房间，离马厩近的比较多，寝具、枕头、手巾等都是打头的所有物。

不给他工服、帽子什么的吗？ =没有。但是关系好的话例外。

夏天热的时候要戴帽子和手套吗？ =手套不戴，4月18日给草帽子，那个时候给他三五块钱叫他买帽子。

像这样的零花钱并不给吗？ =有请他吃饭，并不会给钱。

什么时候要特别招待他？ =收获的时候。

【长工的工作及家事】

有要打头的做饭的吗？ =没有。饭是老娘儿们（家里女的）做。

这里打水呢？ =打水的话是打头的做。

派他去县城吗？ =派，三年四年信赖他的时候派他去。

是地主指挥家事以外的农业，还是委任给他？ =地主每月跟大打头的说，大打头的告诉下面的打头的。

地主不会完全交给大打头的去做吗？ =有也很少。

大打头的能决定种什么作物、随意地雇用短工之类的吗？ =一定要得到地主允许。

【长工的阶级及工作】

有三个打头的人的时候，比如播麦子的时候怎样工作？ =大打头的不做事只监督的情况没有，也同样地做事。苦的工作就让其他人做，自己就拣轻松的活做。不过也不一定。

使用一犁杖要几个人？ =前面要一个拉牲口，要一个扶犁，接下来要泼粪（施肥），再就是点种的（播种）。

这样子怎样分配打头的？ =这要看才能怎样分配，点种的工作比较轻松，并不是就是大打头的做，大打头的一定要做重要的工作扶犁，扶犁的基本上都是大打头的，二打头的点种，三打头的泼粪，四打头的拉牲口。这基本上定好的。

收获的时候怎样？ =大打头下面的都是到田里一样地去收割。

打头的什么时候不做了？ =霜降。

知道“长工”这个词什么意思吗？ =就是打头的。

【长期的雇用】

这个地方有没有以一年以上为期限雇用打头的？ =有，这个十多年来变少了。

这种时候是以三年为期限雇进来还是一年一年延期？ =后者。

【事故的保证】

比如打头的在雇用期间生病了，工作没法做的时候，谁来给他看病？ =看地主。工作认真的、双方感情好的地主负担，否则就要打头的自己负担。

有没有确定谁应该负担，或者决定过吗？ =没有。

打头的故意不工作，跑到其他地方的时候，工钱要怎么办？ =那个时候地主把介绍人叫来，请求介绍人把工钱还回来。

介绍人能反驳说自己只是介绍了一下，后面的事情不知道吗？ =没有这种事。介绍人是保人。

【月工】

有没有雇用半年或者3个月的？ =没有。2个月的有，这叫作月工。

月工是几月要做什么事的时候雇的？ =要除草的时候，雇两个月或者两个半月，小满上工。也就是春月雇用。春月就是春天的意思。有雇春天两个月的。也有雇秋天两个月的，处暑上工。

有介绍人吗？ =有。

从村外叫还是村内叫？ =大体同村的人就够了。

【月工的介绍人】

这个时候的介绍人也是保人吗？ =是的。

同村人的话，大家都认识还要介绍人吗？ =不要。

月工要介绍人的是怎样一种情况？ =雇用外村人的时候，要介绍人。本村人的时候不要（雇用其他村人的情况很少）。

【月工的雇用】

雇月工的家有几户？ =春雇的家有五六户，秋雇的家也有五六户。

春雇的家一般也会秋雇吗？ =不一定。

搭套的家里要雇月工吗？ =一般不雇。

不搭套的话就有雇用的必要吗？ =看每家不同。也有这样的家。

过去雇月工的家多吗？ =和现在一样。

春天的月工要做些什么？ =帮忙铲地（除草）。

秋天的呢？ =收获前后的工作。

雇进来的话是口头立契吗？ =口头。

雇来的时候有饭宴或者仪式吗？ =没有。

【工钱及给予】

对月工的报酬叫作什么？ =工钱。

最近的春工的月工的工钱有多少？ =50元。

同样的秋天的呢？=50元。

最高以及最低的呢？=40元到50元。

春天的话，工钱是什么时候给？=春秋都是上工的那天，全部给清。

有没有把作物和秸秆之类的给打头的？=没有。

对打头的或者月工，有没有不给钱而是给东西的？=一开始就有规定的。

一般是给钱的多，还是给作东西的多？=基本上全是给钱。

给东西的情况是什么时候给，给些什么？=上工时，同村人的时候给一些当柴用的秸秆或者粮食。从来就没有给外村雇来的人东西的。

给东西的情况，是像上面只给东西不给钱吗？=两个都给的也有，只给东西的也有。

这是打头的还是月工的？=只有月工是这样的。

没有后来给东西的吗？=没有。

【月工的工作】

有没有要月工去打水、去县城或者做农活之外的事情的？=有。

表面上帮忙农活并不是目的是吗？=是的。

被要求去打水的时候，会不会说不做农活以外的事情有抱怨的？=地主说的都要听。

但是做的事情主要是农活。

吃饭怎样呢？=地主家给。

有没有在自家吃饭的月工？=没有。

睡的地方呢？=睡在自家。外村的话，就睡在这里（打头的没有天天跑的）。

农具呢？=一切都是地主提供。

地主会给草帽或者零花钱吗？=不给。

【长工和月工】

有没有既雇打头的又雇月工的家？=有。

这种时候地主是分别给打头的和月工分配任务吗？=通过打头的吩咐月工，中心工作还是打头的做。

月工生病了地主会照顾会出费用吗？=地主什么都不做，就算照顾他也是月工自己负担。

【短工—工夫】

月工以外持续雇用一两个月的有吗？=完全没有。

连续雇用10天、20天的呢？=没有，有雇用两三天的。

这样的人叫作什么？=工夫。

不叫短工吗？=也叫，但是基本上叫工夫。

本村做工夫的人有几户？=20户里有20个人做工夫。

他们主要是去哪里？=现在有四五人去海边。其他的就在本村做工夫。不去别村。

去海边的是去做什么？=现在二三十户里每户出一个人，去修建稻子沟。

挖稻子沟是什么时候开始的？=去年。

平常不用挖稻子沟也出工夫的家有几户？=这些家平常都出工夫，20户。

只靠自己的土地生活的家里有出工夫的吗？ =没有。

那什么样的家出的比较多？ =就算有自己的土地，或者借的别人家的地，生活不下去的家。

有没有去外村做工夫的本村人？ =除了挖稻子沟，其他没有了。

【外村工夫的雇用】

有来本村做工夫的人吗？ =现在有十三四个。

从哪些村里来的？ =姜家港、张家坨、木井等地方。

有从其他村来做工夫的，是因为本村人手特别少吗？ =本村的人一直长期的工作都做不来，因此就从其他地方叫人来。

长期的工作是指什么？ =一般的田作。

为什么长期的工作做不来？ =不管自己怎么劳作，人手都不够，做不来。

【雇用短工的时期】

什么时节雇工夫比较多？ =一年中的现在（4 月到 6 月三个月里）雇的最多。也就是要除高粱、苞米、豆子田里面的草、要翻土。五六月这两个月是最忙的。其次就是 8 月割秋的时候也忙（收获的时候）要雇人。除此之外就不怎么雇了。

除了泥井，其他不立工夫市场的吗？ =没有。

【短工雇用手续】

本村人雇用本村人的时候，要有中间人吗？ =直接。

是地主找工夫，还是工夫去拜托地主？ =基本上是地主去人手多的人家里拜托。

那个时候决定些什么事？ =问“有空吗，有空的话明天能来给我工作一天吗”，答“您知道现在的工钱吗？两块的话就去”。要是雇主答应的话，事就定下来了。

【是否需要农具】

雇主会不会说“带上农具过来”？ =不说。但是就算不说，也要带上锄（4 月、5 月、6 月），8 月的时候要带上镰刀、小镐子。收割的时候什么都不用带，地主会准备。

工夫的一方要带牛马去吗？ =不带。地主没有这样要求的，一般工夫没有牛马。

像这样要带锄头什么的是因为雇主家里没有吗？ =雇主家里一般都有，从前就算有也不借给你。

【短工的期限】

工夫的长期有几天？ =最长三天。

为什么没有三天以上的？ =一点点工作三天就能做完。

连续雇 10 天的叫月工吗？ =没有这种事。

没有连续雇 10 天的吗？ =工钱的关系 10 天后的事情不知道，所以一天一天地雇。再说雇 10 天的也没有。

一天一天地雇有连续雇 10 天的吗？ =连续雇三天，工夫自己就会不干了。工夫自己家里也有要事、田里也要帮忙，不得不回去。

【短工雇用及工钱】

雇三天的话，是以三天为一期吗？ =按一天一天的市场价约定给钱，连续做三天。

这样的话第一天、第二天、第三天分别是多少钱？ =看市场价。雇一天的话，是两块，第二天来的话，可能就只有1元80钱来，要看第二天当天的市场价。

有没有拜托说要出比市场价稍高一点的？ =经常有。

上面两种方法哪个用得比较多？ =看一天一天的行情的。

【工夫钱的倾向】

这个工钱叫什么？ =叫工夫钱。

去年这个时候工夫钱有多少？ =最高一块五、最低一块。

今年这个时候呢？ =最高两块、最低一块四五十钱。

去年夏天呢？ =一块五。

去年的收获期呢？ =一块七到两块。每年收获期都很忙，高一些。

【支付及给予】

工夫钱是什么时候付？ =一天的话是晚饭后，两三天的话，最后给的比较多。

不给钱给东西的有吗？ =没有。

吃饭是谁负担？ =雇主给三顿饭，家里用的也一样。

让他住吗？ =不。

【瓜地的看守】

有没有让人住在田里看守田里的？ =有在田里打铺，睡在那里的。

是什么样的田？ =只有瓜田。

其他的田里为什么不用看守？ =因为有公共的看青的。

瓜地的值班的不是长期雇用的吗？ =不是。自己家的人照看。不会雇人看的。

【工夫的工作】

工夫除了农活还会做家里的工作吗？ =起粪、倒粪地、除草（拔草）、割秋、拔根（挖苞米的根）等。

不要打水或者做饭吗？ =要打水，但是饭是老娘儿们的做。

有既让他做很多家里的事，也做很多田里的活吗？ =尽量让他做田里的活。

劳动时间怎样？ =日出到日落。

【半长工】

长工月工和短工以外，雇来做农事的还有吗？ =还有半长工。很少，泥井有一个。

半长工的工作日呢？ =每两天来工作一次，后面两天在自己家耕种或被别人雇去。

过去和现在半长工哪个比较多？ =没什么差别，每年大概雇一个。

村里有做过半长工的家吗？ =没有。

现在呢？ =没有。

上面说的那个半长工是谁雇的？ =侯恩荣。

他家几口人，有多少亩地？ =能劳动的只有一个，所有地有30多亩、租佃地有10亩，做不了就雇人。

雇来几年了？ =今年开始的。

以前为什么没雇？ =不知道。

【介绍人】

介绍人是谁？ =本村的陈。

他经常介绍长工、短工、半长工的吗？ =不。

有没有其他经常介绍的？ =没有。

陈和半长工的关系？ =亲戚。

是侯向陈拜托他找半长工的吗？ =不知道。

什么时候有这个事的？ =1 月 18 日前。

去年没有这种事吗？ =有，很少。

【半长工的就业】

那么什么时候开始上工的？ =1 月 18 日。

一般半长工的上工日都是 1 月 18 日吗？ =大体是这样。

为什么是 18 日？ =不知道。

是 1 月 18 日到什么时候的契约？ =到 9 月收割完了。

在此期间一定是每隔两天来工作吗？ =是的。

半长工的工钱多少，什么时候给？ =工钱数量不知道。支付跟打头的（长工）一样。

上工的时候要什么仪式吗要请客吗？ =跟长工一样都要请吃饭。

介绍人到时也要列席吗？ =不一定。

【介绍人的保证】

介绍人得到拜托介绍完之后就完事了，还是如果半长工随意地辞职，转到其他地方去了，介绍人要赔偿呢？ =造成损失了的话，介绍人给。

介绍人这个时候可以只做仲裁吗，还是要代替半长工负担赔偿？ =介绍人是保人，因此最后不得不赔偿的也有。但实际上这种事情不会发生。

【半长工的工作】

半长工的工作呢？ =农活人手不够的话就补足，因此只是做农活。但是打水这种也会有。

1942年11月

（华北农村惯行调查资料第105辑）

租佃篇第17号　河北省昌黎县侯家营
调查员　本田悦郎
翻　译　刘峻山

10月30日

富农经营　典地概况　伙种

应答者　侯宝连（地主）

家人有几口人？=9人。

能做农活的人？=两个（男的）。

【女人的工作】

女的主要做些什么工作？=做饭。拔秧苗，接下来是做裁缝。

【女的在田里的工作】

农活上，女的能做的有哪些？=打场（从穗子里取粒）、收割（田地的收割）。

每家女的都会做这些吗？=女的有两三个的话，就去田里做事，只有一个的话，不出去工作。

有女的不去田里的家庭吗？=不去的也有。三分之二的都去。

一年中，女的出去工作的是什么时候，去几次？=春天里4月到6月的拔苗，秋天7月15日到9月15日。收割两次。贫困的家里，也有去外面收草的。

【经营规模】

耕种土地有多少亩？=自耕地有1顷10亩。

雇人呢？=两个长工，秋天忙的时候，会雇一两个短工。

女的呢？=三个能耕种。

【耕地的所在、等级】

在村外有土地吗？=全部都是村内的土地。

土质呢？=上等地30亩、中等地30亩、下地40亩。

其他的当地、租地没有吗？ =没有。

【通过外出务工买来的土地】

父亲的时候有多少亩地？ =40 亩。

剩下的 70 亩是你买的吗？ =年轻的时候，我在宁安（吉林省）的制粉所工作，做收购小麦的工作，做了 30 年，用那个时候的储蓄买的地。兄弟有两个。

另一个弟弟分家的时候，也分到了 40 亩地吗？ =两个人一共得到 40 亩。没有分过家，现在也没有分。弟弟现在在牡丹江的油坊里做雇用。

70 亩都是你买的，还是也有弟弟的？ =50 多亩是我自己买的，剩下的是弟弟买的。

【买来的土地和分家】

买的土地是你的，兄弟分家的时候，也要对半分吗？ =是的，虽然是各自买的土地，但仍然是一半一半。我不能多拿，分家一定要大家都公平。

【自耕和出租的优劣—地主】

土地不全部自己耕种，让别人耕的话怎么样？ =百十亩的土地能满足家里人的食物。

是自己耕种有利益一些吗？借给他人收地租的话怎么样？ =还是自己做赚得多一些。这附近的土地不施加很多肥料，收不了什么庄稼。让佃户耕种的话，不会施太多肥，收成不多，朋友中要是有想借的就借给他（？）

父亲死后到现在，有没有一直让别人耕种的？ =我不在的时候，父亲因为年迈借给别人过。当时借出去 20 亩自己耕种 20 亩。

什么时候？ =20 年前。我 21 岁出去外出务工，50 岁回来的（现在 61 岁）。

佃户耕种的和自己耕的收获产量不同吗？ =有盈有亏，看年份。

盈利的时候？ =收获多的时候。

不管是谁，租佃地里肥料都给得少吗？ =少。

【肥料】

现在肥料要几斤？ =一亩一车半。

一车土和粪的混合比例是怎样？ =一车中二对一的比例，粪是猪、牛、人粪以及沆[1]里的土。

粪要从外面买吗，还是自己家里的够了？ =家畜养得多就够，今年没买，去年也没买。

村民一般是怎样？ =还是不买的多。

【役畜】

家畜呢？ =一头牛、八头猪。

百十亩的地一头牛的话不够吧？ =忙的时候，也向别人借过一头牛。

借一头牛要多少钱？ =不要。因为自己家的也借给别人。

借给没有牲口的家呢？ =也是不要钱的。

有人收钱吗？ =借一天的情况要给饲料（只要牲口当天吃的东西，多余不给）。

---

〔1〕 译者注：原文如此。推测为“积水地”的意思。

【作物】

今年种了什么？=麦子（去年5亩、收七斗）、黍子（4亩、四斗）、谷子（5亩、五斗）、稗子（2亩、三升）、小高粱（15亩、一石六斗）、大高粱（35亩、六石）、秕子（15亩、四石）、苞米（12亩、未收）、豆子（13亩、两石）、粳子（5亩、六斗）、绿豆（补苗、一斗）、棉花（2亩）、地瓜（2亩、800斤）。

去年卖的谷物呢？=小麦三斗、苞米五斗、高粱也卖了。

每年不能种的是什么？=除了高粱以外都不能续作。高粱每年都能种，能连续种三四年（注：因为地的地质关系）。

去年买的呢？=没有。

【雇农的工钱】

今年雇的人要花多少钱？=去年一个长工180元，另一个人255元，短工一天两三元，去年太忙，雇了12个工人。

【赋税】

钱粮呢？=去年4元。

村里的摊款呢？=去年七八回，一共（合计）大概400元。

其他还有要花的钱吗？=上面说的400元是乡里的，其他的村里也要交，一亩七八十钱（一年总计）

村里的摊款是按亩数还是耕种地？=按所有地的亩数。

自己所有地给他人耕种的时候呢？=所有者。各个村里不同，其他村也有由耕种者负担的。

村的摊款是什么？=不是入费的时候收，两三回的整在一起，叫作庄公款，其他就没了。

人夫呢？=也是庄公款。这种负担方法虽然出的人不一定，但出役者的赁钱还是根据所有亩数收集支付，也就是进了庄公款的里面了。

【租佃—典地】

三十年前的典地叫作什么？=典地。租子叫作地典钱（地租子），这种收一块、两块的（亩当）借给别人。

【地租】

地租子要之前交吗？=不一定，定完契约之后立马收到的也有，秋收之后的也有。

是用钱给吗？=是的。没有用谷子交的，交不上租子的话就明年再交，或者就给地主家当短工交（？）

【租佃期限】

典地是约定一开始就定下来的吗？=就算是借给同一家，每年的契约都要修改。

【地租的交付期】

修改契约主要是关于什么？=佃户去地主家拜托他去商量，地租和缴纳时期都确定下来。

缴纳的时期看人有差异吗？=有。有钱的佃户马上就能交，贫穷的人要收获后才能交。

哪一种比较多？ =先交的比较多。

【租佃契约书的时期】

契约书是哪个月定？ =旧历10月到第二年的正月。

什么时候比较多？ =普通的话是11月（旧历）的上旬比较多。到3月份还不定完，就会不能耕种的。

【地租的交付期】

租子先交的情况，因为有约定，能几天之内交？ =不一定。通常是决定后的第二天，有困难的时候，晚10天左右也没关系。

确定交付期具体会限定到某一天吗？ =是的（?）

后交的情况是几月？ =那一年的九月初。

哪一天截止也是固定的吗？ =不一定。因为秋收期是确定的，所以不特别规定是哪一天也行。

普通是怎样的，是规定月份还是规定日子？ =说收获期的话，就是整个9月。

【典地后纳—典地秋租】

后纳的情况也叫典地吗？ =典地分典地春租和典地秋租。

【伙种】

典地秋租完全没有交谷的吗？ =没有。最近伙种的流行起来了，地主只出土地，佃户出肥料、劳力、种子，收获分半。

什么时候开始的？ =这个四五年。

以前没有吗？ =基本没有。

【伙种—分种的地租】

伙种的地租叫作什么？ =不是租，也叫分种。

也就是说伙种的地租不是租子对吗？ =因为伙种不是交一定量的钱。

就算是伙种每年交的地租的金额也是确定的吧？ =不确定。

伙种的话那一年地主、佃户能得到多少是不收获完就不知道吗？ =不知道。

颗粒无收的情况怎么样？ =地主全分了得不到。

【伙种、出典地的原因】

给伙种出土地的人是有很多土地的比较多还是土地不怎么多的人比较多？ =跟土地多少没关系，家里有地没人耕就出借。

出典地的人是怎么样的？ =有很多土地但没必要有这么多地的人出典地。有一点地但没人耕种的话也出典。

【肥料、种子由地主负担—伙种】

伙种中出了土地的人也有出肥料和种子的吗？ =非常少。有的话也是地主和佃户以及特别的关系。

特别的关系是指？ =亲密的亲戚和同族。

【典地的优先顺序—同族、亲戚、村民】

借给亲戚、同族、同村民的典地哪个比较多？=同族有想借的人的话，就先借给他。亲戚也是。

要是租金出的高不是同族，亲戚也行吗？=不管是其他人还是亲戚、同族都是出一样的钱。

亲戚、同族、同村民都出10元的情况下，应该借给谁？=借给最先来的人。

亲戚出8元、同族出9元、同村民出10元的时候呢？=还是借给先来的那个人，不能借给后面的人。

如果都是同时来的话呢？=还是给最先的那个。

但是借给租金出得高的人不是更有利吗？=还是借给先来的那个人，不是看钱多。

虽然是借给先来的人，地主之前就知道有没有人想耕种的情况，和完全不知道的情况下怎么办呢，是不是一定要去问对方？=地主不会去问。

没来之前，地主就知道有想耕种的同族，但是已经借给了先来的同族以外的人，想耕种的同族抱怨的话怎么办？=借给先来的同村民。要是同族没来也没办法。但要是前一年耕种的是同族的话就一定要去问问他的意向。

【伙种】

最近出现伙种地是什么原因？=现在并没有那么多，10个人里有3个。一般是不怎么有土地、还没有能耕种的人的情况，就出伙种地。而且出伙种地比起典地地租还要更贵。但是是从外村流行起来的吧。

（注：说伙种最近流行全是大话）

地租更贵吗？=收成好就折半的谷物比典地的租金多。

亲戚间、同族间、其他人之间的伙种，哪一种比较多？=不知道。亲戚间的很少。伙种我不知道。

民国初年没有伙种吗？=我不知道。

（应答者交换，侯瑞和的回答）还是有，过去和现在一样都有分种。

应答者　侯瑞和（乡丁）

【地主和佃户的人际关系—伙种】

不认识的人之间也能分种吗？=只要是村里的人都认识，不借给外村人。

【外村人的典地】

外村人和同村人的典地哪一个比较多？=村里要是没有希望者就借给外村人。借给外村人的非常少。今年只有一户（六七亩）。

【租佃契约的申请】

伙种是有地的人找地户吗？=要借土地的人找。并不是哪一方找，而是两个人商量。

典地的时候呢？=佃户找地主。

地主找佃户的情况呢？=少。

【租佃户数】

本村典地的佃户有多少户？=六七户。

伙种的人呢？ =四五户。

【地主】

典地的地主叫作什么？ =地主，不叫典主，佃户叫典种人。

典地的地主有多少人？ =七八人。

伙种的时候出土地的人叫什么？ =地主。

伙种的地主有多少人？ =四五户。

10月31日

典地概况　养老地　地主佃户个别表　村政和租佃　地租　雇农

应答者　侯元广的妻子（黄氏）、侯永勤、侯瑞和（乡丁）

【公会地】

公会地有多少亩？ =湿地12亩，不能耕种。

过去呢？ =一样。一直就不能耕种。

由来呢？ =（?）

学校里呢？ =没有。

地亩册里有的12亩是？ =向学校借钱的两个人担保（指地借钱）出了土地。还没有收回来。

学校有钱吗？ =侯充中知道。不对，这是庙里的土地是两个池子。其他的12亩地是指地借钱。

钱呢？ =村里人捐的钱。十年前，村里的大多数人为了建学校。

叶金瑞、侯大生借钱的金额呢？ =叶是10元，侯是30元。

这附近公会地多的村子有吗？ =没有。

应答者　侯元广（地主）

【经营规模】

所有地有多少？ =98亩50分。

土地这么多，都是家里人耕种吗？ =有一个长工。

忙的时候呢？ =雇了一个月的短工（今年）。

【不出租理由】

为什么不伙种或者出典地呢？ =这样的话，家里粮食就不够吃了。

不是收到了租子吗？ =租子有钱也不能吃，钱没用。

那么把典地的租子换成交谷子呢？ =这是分种。能耕种的人有两个，再雇一个就够了。

【足够生活的耕地面积】

夫妇两个人多少亩地可以了？ =20亩左右。

【典地的租子】

今年的典地租子有一亩吗？ =今年的市价还没定，去年是上地11元，中地七八元、下地4元到2元。

事变前怎样？ =上地五六元，中地两三元，下地一元以下。

前年呢？ =上地10元，中地五六元，下地三四元。

【一亩的产量】

去年11元的上地能收几斗高粱？ =高粱两斗，中地一斗两斤，下地七八升。

谷子呢？ =种不了。

玉米呢？ =上地三斗，中地、下地都不能种。

【典地和土地的等级】

把下地当典地的人有吗？ =有。

哪个比较多？ =上地多。

这是佃户的要求还是地主的希望？ =佃户希望的。

地主的话不出上地，想出中地和下地吗？ =是的，想尽可能地出下地和中地，上地自己耕种。

【人多地少—典地】

现在是佃户多典地少吗？ =是的。

过去呢？ =也是这样。

希望租佃的人有没有比过去多？ =多了一点吧。

这是什么原因？ =因为每年收成不好，生活困难。

【租佃户数】

民国初年有多少户？ =10户吧。

伙种呢？ =（?）

现在有六七户，比现在多吗？ =比现在少。

【介绍人、契约书】

典地的时候有介绍人吗？ =不一定。

文书要吗？ =不要。

伙种呢？ =不写。

典地的话，有介绍人和没介绍人哪个多？ =没有的多。

佃户不认识地主也不要吗？ =不认识的时候要。

【养老地】

知道养老地吗？ =知道。分家的时候为父母留下的土地。

本村分家的时候，都会留养老地吗？ =是的。

可以10亩中把9亩当作养老地，剩下的再分吗？ =可以。

孩子太多了的话怎么办？ =不会抱怨，本来就是父母是财产。

【养老地的耕种】

一般的是孩子耕还是父母耕？ =父母在孩子家轮流吃饭的话就让两个儿子（全部儿子）耕种，只在一个儿子家吃饭的话就让那个儿子耕种。

父亲耕种的情况呢？ =也有。

这三种情况，本村哪一种比较多？ =让两个儿子耕种的比较多。

让两个人耕种的话是全部轮换吗？ =一半一半分开耕。

全部交替的呢？ =没有。

儿子耕种但不跟父亲一起吃饭的情况也有吧？ =有，这个时候给父母提供谷物。

哪一种比较多？ =一起吃饭的比较多。

给父亲的谷物是怎样决定的？ =没有标准，父亲要就给。

父亲会让儿子以外的人耕种吗？ =没有。

既交谷物又一起吃饭的有吗？ =没有，有一起吃饭还给父亲钱的。

儿子耕种的面积不同的话交的钱也不同吗？ =养老地的话，一定平均分给儿子耕种。

但是我觉得一起吃饭的儿子和不一起吃饭的儿子之间不公平？ =一直在一个儿子那里吃饭，把地分给两个儿子耕种的情况很少。要是有的话，会从没有吃饭的儿子那里收到谷物。

父亲不跟儿子一起吃饭的情况，给谷物和给钱的哪个比较多？ =收谷物的比较多。

这个谷物量要比伙种的谷量还多吗？ =养老地的比较少。

那把养老地让别人伙种不是更加有利吗？ =让儿子耕种养老地，必要的时候能从儿子那里得到谷物或者钱。

儿子耕种养老地的情况下一亩能收到多少？ =这个情况因为养老地很少，父亲就不和儿子一起吃饭了。

一般有多少父亲就能单独做饭吃？ =要是没有 20 亩以上的养老地，父亲就没法自己独立做饭。

有没有跟儿子一起交替耕种养老地，父亲收获的？ =有。村里没有。

20 亩的养老地给每个儿子一人 5 亩耕种，不收谷物，但是剩下的 10 亩共同耕种的情况有吗？ =村里没有，但是可以。

养老地怎么耕种是由谁决定的？ =父亲。不能由儿子决定。

【不留养老地的分家】

分家的时候，有没有父亲一点养老地都不留，儿子全分走的？ =没有。

父亲要是说不要养老地呢？ =谁都不会说不要。

【养老地的变卖和与儿子商量】

父亲能随意卖养老地吗？ =可以卖。

那个时候，要是儿子说没了丧葬费、没了生活费、抗议的话呢？ =父亲要是有无论如何一定要卖的理由，是不能阻止他的。

父亲卖养老地的时候，一定要去找儿子商量吗？ =商量，有钱的话，儿子会买。不商量也行。

父亲卖给别人的时候，儿子会抗议说应该卖给我吗？ =儿子有买的能力的话，可以抗议。

要是已经卖了的话，父亲不得不收回来卖给儿子吗？ =是的。

其他人要是不同意父亲把土地收回去呢？ =要是儿子抗议的话，其他人就算买了地也不得不还回去。其他人可以向儿子要求负担所有的购入费用。

有这样的实例吗？ =没有。有一家不跟同族商量就卖了，同族的人说一定要买就收回来卖给他了。

买方不反对吗？ =按他的请求，返还给他了。

那是养老地吗？ =不是。

【与同族商量】

卖养老地的时候，要去找同族商量吗？ =有商量的，不商量也可以。一般的会商量。

【养老地的地租】

儿子耕种养老地的时候，不给谷物给多少钱？ =村里没有。有的话，跟典给儿子的租子金额差不多。

跟典地的租子没差吗？ =一样。

不给钱给谷物的时候，有像分种那样折半的吗？ =有。

不是五对五，有四六分的吗？ =都是五对五。

结果就跟分种一样吗？ =是的。

前面的跟典地一样吗？ =是的。

养老地给父亲钱的情况跟典地完全一样吗？ =虽然契约跟别人的典地完全一样，但给钱多一点少一点都行。

儿子滞纳的时候呢？ =没有人不给。

【兄弟间的典地】

分家后兄弟之间有典地的吗？ =有。

那个时候租子呢？ =和别人一样。

应答者　侯瑞和（乡丁）

【典地的地主】拥有典地的人有哪些？ =

	所有地	典地
侯元炼地主	10亩	4亩
侯元铭〃	38	12
侯永慎〃	11	6
侯元功〃	30	10
侯金铎〃	40	12
侯宝善〃	27	6
侯绍会〃	10	8
侯治宽〃	29	5
侯赵氏〃	60	7
侯永谦〃	20	7

刘斌奎〃	170	20
刘子馨〃	170	30
侯庆昌〃	160	100

【典地的佃户】耕种典地的人

	典地
叶金瑞典地的	20 亩
侯永义〃	10
侯元兆〃	7
侯元变〃	7
侯元英〃	20
侯永山〃	7
侯文焕〃	15
王福纯〃	8
侯永庆〃	4
侯宝田〃	12
侯治东〃	30
侯治平〃	6
侯俊良〃	10
侯文安〃	12
侯长赞〃	35
刘万年〃	5
刘合〃	5
侯瑞成〃	7
侯善林〃	7
池德臣〃	8
侯凤昌〃	5.5
刘万臣〃	16
侯连有〃	6
侯元章〃	5
侯元会〃	7
侯元锜〃	12
侯治成〃	15
侯治龙〃	12
侯廷武〃	13
侯连昆〃	6
侯元升〃	5
陈占选〃	10

陈占鳌〃　8
陈锦山〃　6
计地主　13户
佃户34户
（注：个别调查的结果，增加佃户侯治祥、侯大祥、侯长永、侯长思、侯元广6人少了1人，因此佃户变为40户）

【伙种的地主】伙种是怎样的？＝
所有地分种地
陈锦山分种主　10
侯治龙〃　3
侯治成〃　4
侯元章〃　5
侯元功地主　30
侯善林分种主　5
侯金铎地主　40
侯宝善〃　27
侯文焕分种主　14
侯永义〃　7
侯元太〃　5
刘子馨地主　170
侯庆昌〃　160
侯佐臣〃　5
计地主　6户
分种主　8户

【租佃地的公课】
关于村里费用的公摊，分种地和典地出资一样吗？＝地主出。
相对于典地的地主，耕种者叫什么？＝典主（?）。
看青费呢？＝不用出。
看青费是放进其他摊款中，统一收取的吗？＝对。

【伙种的时期】
伙种，大多签订多少年的合约？＝一年的协议。
续约年数呢？＝一两年到三四年。

【租佃外村人的地】
有耕种（典当）外村人的地的人吗？＝没有。向外村人典地的地主有一户。
伙种的情况呢？＝不与外村人一起。

【附近的大地主】

泥井镇的地主里，地最多的大约有多少亩地？ =2 顷（200 亩）。

附近呢？ =170 亩（本村的刘子馨）是最多的。

【村里的公课】

村摊款收多少次？ =今年 3 次。

去年呢？ =3 次。

什么时候收？ =春三月、麦秋五月、十月。

春三月称作什么？ =没什么别的称呼。

【村里的负责人和土地所有】

村里有哪些负责人？ =保长、甲长、副保长、书记。

有公会吗？ =有公会。

从事公会工作的人是 =甲长（12 名）、保长（1 名）、副保长（1 名）。

没有土地也可以成为公会负责人吗？ =不行。

拥有大约多少亩的地觉得好？ =有 1 顷左右的地的话，就能成为保长了。

副保长呢？ =有一点地就可以了。

甲长呢？ =现在最少也有 10 亩。

他们都是通过选举选出的？ =对。保长的选举要根据村民全体的投票，甲长要根据他管辖下的十户的投票。

完全没有土地的人有多少户？ =五六户。

这些人能投票吗？ =可以。

投票记名吗？ =是不记名投票。

什么时候开始实行这一制度的？ =两年前开始的。

这以前实行什么制度？ =保长叫作乡长，甲长叫作十家长。

叫作村长的呢？ =没有。这是很久以前的称呼了，大概是民国初年。

【水灾】

哪些年多发水灾？这些年份里大约有多少次水灾？ =民国三十一年有大水灾，三十年没有，二十八年的水灾比较小，二十七年是大水灾，二十六年也有相当大的水灾，二十五年没有，二十四年（?）

今年水灾的情况怎么样？有完全没有收获的土地吗？ =很多。

村里受到水灾影响的土地有几成？ =耕地的一半。

【因水灾导致的田赋减免】

田赋有什么变化？ =这个村子根据一般的政策实行，附近的赵家港申请减免被允许了。

这个村子为什么没有申请减免呢？ =没有人倡议。

【村里的负责人和土地所有】

村里拥有 1 顷以上土地的人，有不希望成为保长或甲长的吗？ =有。

什么原因？ =觉得工作麻烦。

但是不会觉得没面子吗？ =即使这样做有面子，但这也会成为自己工作的妨碍。

为什么会妨碍？＝村里发生了大水灾，保长也必须要带头做事。

这类人即使被投票选中也会辞退吗？＝如果当选了，就不能辞职。

在投票以前会透露出辞意吗？＝什么时候都不行。

但是这样的话，拥有很多土地的人，就像没有土地的人一样了？＝有人即使有很多地，有暂住的家，也无法做事。

暂住是什么？＝离开家乡到满洲干活。

拥有很多土地的人去吗？＝侯庆昌去外地干活，刘斌奎忙着水田经营。刘子馨是去年的保长。

进行典地和伙种的人中有成为甲长的吗？＝有。甲长有8个。

这些佃户们不想成为村负责人吗？＝不能说想，也不能说不想。

村民几乎不给这些人投票，是吗？＝也不是这样。

【伙种的地租】

即使今年有水灾，伙种的粮食也依然收取了一半吗？＝是。

平年里虽然茎和根没折半，但是今年也没有折半吗？＝普通的年份和今年都没有折半。

折半的东西有什么？＝只有粮食。

壳怎么处理？＝带壳的东西，没有按颗粒来分类的。

【伙种收获时地主是否在场】

收获的时候地主到场吗？＝收割的时候不来，但是在打谷场打谷的时候会来。

打谷的这一整天从开始到结束一直在吗？＝是这样。

有没有不在场的时候？＝没有。

【典地后纳和地租的减免】

典地后纳的时候，用粮食缴纳的情况？＝很少，但也有这种情况。

典地用粮食交纳费用时，因今年的水灾，可以用比粮食价格更少的现金来交纳吗？＝不行。

请求的话，地主会拒绝吗？＝一般来说，向佃户方面收取的少，因此不会去请求。没面子。

典地后纳时，有水灾旱灾也完全不会减价收取吗？＝不会。

没有过这种先例吗？＝有。佃户说过这种话，两三年前水灾的时候。

怎么做的呢？＝虽然地主不高兴，但是因为佃户的请求，少了1元或2元。

没有完全不收的情况吗？＝没有。

典地前纳是怎样的？＝没有这种做法。

【地租提前缴纳和事后缴纳的区别】

即使是同一典地，听说也会不公平＝根据当时的协议，决定是先纳还是后纳，秋天收取的话，比春天收取的租金多。

上地怎么收取？＝上地、中地、下地的租金各相差1元左右。

同样是在春天的话，早点收取和晚点收取是什么情况？＝没差别，一样的。

【役畜、农具的借用】

不向人借役畜和农具也可以耕种的人多吗？ =完全不用找人借役畜和农具，就能耕种的只有四五户，其他人都要借。

向拥有很多土地的人借吗？ =不一定。

有拥有专门为了借给别人的农具的人吗？ =没有。

租用农具的时候要租金吗？ =租借役畜的时候，有要租金的情况，但是租借农具不要。

典地的佃户向那地的地主借农具和役畜的情况多吗？ =那不一定。

【代替租子的长短工】

佃户去做长工、短工来代替交租子的情况有吗？ =有。

多吗？ =不多，两三人。

在这种情况下，工钱做租子的替代品吗？ =是这样。

【雇农的工钱】

长工、短工的工钱是怎样的？ =长工去年最高有 300 元、最低有 200 元（一年），短工今年月工资 80 元、最高 90 元。去年也是这样。

事变之前呢？ =月工 32 元，长工 160 元左右。

前年呢？ =长工最高 200 元、最低 100 元，月工 30 元到 60 元。

短工工资日结的多还是月结的多？ =日结的多一些。

【佃户和雇农】

典地的佃户都会去做长工或短工吗？ =做。

都会去做？ =从数量上来看自耕农多，但所有的佃户都做。自耕农中不做长短工的人也有。

典地的佃户中有雇用长工短工的人吗？ =佃户中只有一户雇用长工。没有人雇用短工。

为什么？ =自己的典地只要可以就自己耕种。典地多雇用短工来耕种的话，就没有利益了。

11 月 1 日

外出干活的地主的成长　佃户　地租　典地和伙种　租佃合同　坟会地租佃

应答者　侯庆昌（地主）

【关于应答者的家庭】

家里有几口人？ =8 人。

这个院子里呢？ =24 人，4 家。

都是亲戚吗？ =有两家是同族，另一家是其他人。

什么时候分家的？ =没分家。弟弟不知道去哪儿了，行踪不明，30 年前在奉天（沈阳市旧称），走了就再没回来。

父亲呢？=侯黄盛也在满洲绥中县做过生意（当铺的掌柜的）。庆昌也是从小开始就做买卖，在奉天卖过扇子。现在在卖日用杂货，在奉天有一家店（大兴文）。45年前开始就总是去奉天，现在回来了。以前从华南带扇子回来，但现在从大阪那边进口商品来卖，因为不能直接进口，要从其他商人那儿买过来，所以利益很少。能够直接进口商品的中国人在奉天只有两户。

去奉天的时候，土地的经营呢？=妻子来管理。

自己家里耕种着多少亩地？=15亩。

其他的土地怎么办呢？=21亩分种，剩下的是租地。

【典地—租地】

典地和租地是一样的吗？=一样。我们这里叫作典地，在奉天叫作租地。

这儿为什么叫典地？=在奉天典是借款的意思，但这儿是当地的意思。我也不知道理由为何。

【购买土地】

在父亲那个时代有多少亩地？=16亩半。

剩下的是你们买的吗？=是的。170亩地里有24亩是荒地。

【对土地的投资和对商业的投资】

不买土地的话，赚的钱会用于投资商业吗？=10岁的时候父母双亡很穷。在奉天干活儿，从做小学徒开始就开始赚钱，刚开始是建了住宅，有更多钱了之后就买了土地，拥有土地的我，即使生意做不好也能够养家糊口。

但是其中也还是有专一的做生意的人吧？=有。

这些人应该有什么别的理由和方法吧？=因人而异。为了尽可能使家庭生活有保障的话就买土地。一心做生意的人希望赚得更多，但是因为自身安全第一，就没抱有那种野心。

【佃户—典地的】

有多少亩典地？=1顷34亩。

耕种着这些地的人叫什么？=叫作典地的。村民都这么叫。

典地的都是本村人吗？=是的。

在外村也有土地吗？=在泥井有19亩地，剩下的地都在本村。

典地的有多少？=10人左右。

【典地的亩数】

典了最多地的典地的人典了多少？=23亩。

最少的呢？=3亩。

典地的希望典地多少亩呢？=根据拥有典地的人来看。根据一块地是3亩还是5亩，租借的地也不同。

一块地只租借给一个人吗？不会分开租借吗？=分开来租借的情况少，一块地就租借给一个人。一个人不能耕种完的情况下，就会租借给别人。

【典地的申请】

典地的会明示亩数吗？还是只是申请租借？ =典地的只表达想耕种的意思。亩数由我们这方决定。

会明示土地所在吗？ =我们决定，对方不会说。

【典地的资格】

那么，向谁租借多少亩典地，是通过什么标准来决定的呢？ =根据当时的情况来决定，不是根据人。

到底还是要考虑信用有无的吧，因为不考虑，有租子的事情吧？ =有的。

这个信用的准则是什么？ =看典地的平常的行为就知道了。

也会考虑所有地的多少吗？ =与所有地的多少没有关系。

也会考虑他之前从别的地主那儿典地耕种之后的成绩吗？ =是的。

怎么知道他从别的地主那儿典地耕种之后的成绩呢？ =村子又不大，马上就知道了。

【介绍人】

典地的请介绍人的情况多吗？ =不需要。

直接登门拜访？ =是的。

是否通过介绍人的话更方便呢？ =没这回事。

【地租的决定】

租子的金额怎么决定的？是由哪一方决定的？ =双方协商后决定。

【地租的领受】

收取租子的时候需要给发票吗？记账吗？ =不记账，也不用收据。

尽管如此也不会变成麻烦事吗？ =不会起纷争。缴纳了租子才能耕种。

【地租的缴纳时间】

租子是最初商议的时候就交吗？还是多少天之后交？ =商量的事情谈妥的时候决定租子的缴纳时间。

这个时间是谈妥后几日之后呢？ =一两个月后。

那是以日为期限还是以月为期限？ =交租的那天决定。但是那天不全部缴纳也可以，之后两三天内再全部缴纳也可以。

【定钱】

有定钱吗？ =没有。

【地租的缴纳】

指定日期全部缴纳的多吗？ =一次性全部缴纳的多。

【平均每亩的地租】

今年上等地一亩的租子是多少？ =12 元。中等地五六元，下等地一二元。

【典地的期望土质】

典地的希望土质哪一种多？ =因人而异。认为多出地租也可以，想耕种上等地的也有。

【典地的】

典地的有谁？=

侯老印	23亩	上地	2块	一年（一年前是分种）
侯心如	10	上	2	2
侯瑞文	5	上	1	3
侯元普	6	下	2	3
侯治龙	11	下	1	3
侯文焕	3	上	1	1
侯俊良	3.5	上	1	1
李世瑞	6	上	1	3
叶景瑞	19	下	2	2
叶文柄	2	上	1	2

（注：虽然认为确实有与租佃有关的账簿，说没有又顽固地拒绝提出。因此，前面的数字也非常有疑问。佃户每年替换的多，续耕的少）

【伙种】

伙种地=

侯文焕	13.5亩	8上7、	中6.5	2块
陈锦山	7.5	上		1

两个人没有共同分种吗？=没有。

虽然以前耕种很久，但是最近是交替变得很激烈不是吗？=不是。

把谷物当作钱来缴纳的分种也有不是吗？=没有。

【从伙种到典地的转换】

决定分种也好决定典地也好，都是根据佃户的期望吗？=侯老印之前是为了种植谷物而决定分种，但今年因为不种植谷物而种植白薯所以决定典地。

因为种植白薯所以决定典地，这是=白薯比谷物更有利益。

为什么不分种呢？=佃户方面不想分种。

虽然佃户这么说，但对于作为地主的你这方来说，主张分种的话不是更好吗？=因为这块土地在汽车道路附近不能种植高粱。决定种白薯的话，地主方面也不想分种，收割太麻烦了。因为家里没有男人，所以决定简单地典地。

分种的话，收割麻烦，是怎么回事？=白薯的收割，是地主方也必须去挖的。

什么场合下都依然是这样吗？=家里有能劳动的人的话，就要去，没有的话就不用。

相对于谷物分种的情况来说麻烦吗？=一样。

在分种地种植白薯这事由谁决定？=这是佃户的自由。

不过这必须告诉地主不是吗？=不告诉也可以。上面说的土地是除了白薯以外什么都种不了。

如果种植豆子等矮小的作物呢？=这个也种着。

那么不分种也可以不是吗？=因为双方都想典地。因为比起物品更想要钱。

【典地和伙种的优劣】

现在典地和伙种哪一个更有利益？ = 村里需要很多摊款等，因为伙种是秋天收租，全部是伙种的话春天就交不了摊款了。因为春天钱也很重要，所以全部是伙种的话不方便。

只看租子的话是伙种更有利益吗？ = 根据谷物的价格和收成的好坏，损益也不一定。比如去年高粱是一斗 10 元，但是今年变成了 30 元，所以今年春天的典地如果伙种的话应该更好。

一般来说谷物的价格越高分种就更有利益是吗？ = 是的。

那么停止典，只进行分种的话，应该会更好是吗？ = 如前述那样，钱很重要，春天不收取租金的话就很困恼。

如果钱很重要的话，卖掉谷物就好了吧 = 那个时候没有谷物（问题意思不明吗）。

但是前一年卖了，之后剩下的还有吧 = （？）

典地的话，如果春天收钱，租借能得到的一年的利息大概是多少？ = 相比加上利息的典地的租子，也就是谷物伙种的租子的金额更大。但是分种的情况下，谷物的租子是多少就不一定了。根据收获量得到的份额就不同了。

在本村收获量的高低激烈吗？ = 是。

今年呢？ = 上等地一斗八升。去年是二斗多，前年是一斗多，这 5 年来情况一直在持续地恶化。10 年中 9 年歉收（十年九不收）。

那么与高地不同，从水灾这点来看，对于下等地而言，比起分种，典地会更安全吗？ = 当然是分种高地。

低地和高地哪个多用来分种？ = 高地比较多。

本村有低地分种的吗？ = 没有（？）。

歉收持续的时候分种变少，相反的典地会变少，是吗？ = 地主方面希望这样，佃户方面是不希望的。

【租佃形态的决定】

地主反对佃户不向他租借土地这种事能做吗？ = 不能。

不过最初佃户来的时候，他会明示是典地还是分种吗？ = 佃户方面，因为没带现金来，要求分种的情况也有，但地主这方用“因为钱很重要，所以要典地给对方”这样的理由来拒绝的也有。

哪种情况比较多？ = 明确表示的情况多。

哪种耕种形态不能由地主方决定吗？ = 地主方不同意那个主张而不租借的情况很少。

【伙种的文书】

分种的情况是不订立文件的吗？ = 不订立。

【租佃申请的时间】

佃户大概什么时候来商谈？ = 10 月到 11 月。

【耕种开始的时间】

佃户什么时候开始耕种？ = 3 月。11 月到 12 月交钱。

【在此期间租佃地的使用权】

这样的话，12 月到 3 月之间，土地由哪方使用？ = 地主不用。

地主使用也可以吗？ =不行，交钱后就不准了。

从商谈开始到交钱之间的时间佃户也可以使用土地吗？ =这个期间谁也没有使用土地的话，佃户就可以使用。

【典地后纳和土地的等级】

典地租子后纳的情况在你们佃户中也有吗？ =有。不好的地、下等地。

上等地、中等地的话没有这种情况吗？ =中等地有，但是上等地没有。

后纳是在协定之初就决定了的吗？ =对。

你的典地中大约多少户是后纳？ =4户。

都是下等地吗？ =下等地有3户，中等地有1户。

佃户方面难道不希望上等地后纳吗？ =上等地是必须先纳的，稍微晚点也不妨碍，但是不能后纳。

后纳的情况下，下等地租子大约高多少成？ =一样。

后纳是佃户的期望吗？ =是。

为什么？ =因为没钱，要把秋天的谷物卖掉之后交纳。

你的典地的人里面后纳、谷纳 =没有。

典地租子从以前就是用钱交纳吗？ =对。民国初年没有，附近也没有。

上等地不能后纳是为什么？ =因为佃户们都希望耕种上等地的关系，人多，能早点交钱的人就能得到上等地。也就是说是因为竞争。

【后纳时地租的减免、延滞】

典地后纳的场合下，因为歉收，佃户要求减免的情况有吗？ =交一半这种要求没有，但是有要求延长交租时间的。

延长多久呢？ =一年。

没有要求减额的吗？ =没有。有要求延期的。不要求延长二三年，都是一年。

【地租滞纳—欠典钱】

下一年也有水灾，延长时间为 =这一年的租金也滞纳。滞纳叫作欠着、欠典钱。

去年欠典钱的有多少户？ =一个人也没有。

欠典钱多的年份是什么时候？ =最近都没有。前年有一户，在去年已经交纳了。

欠典钱的利息呢？ =没有。

把它折合为普通的借款的情况 =没有。欠典钱的人一定是穷人，所以连地租都可以交纳的话，就满足了。

【出当者的当地租佃—典租佃】

出当者把当地用来租佃吗？ =不会。

当地由承当者耕种，这样寻常吗？ =多为承当者耕种。

出当者耕种的话叫什么？ =没什么特别的，依然叫当地。

实例呢 =（？）

【租佃地的出售】

地主卖掉典地的时候，典地的必须归还土地吗？ =秋收还没结束之前不能卖。

还只插种了的时候呢？ =不能卖。

还只翻耕了田地的时候呢？ =不能卖。

【租佃的继续】

佃户收获结束了也没有另外来说什么的时候，地主会怎么想？ =来年续耕也好不续耕也好，都会通知大家。

【共同租佃】

两个人请求共同租佃同一块土地的情况 =没有。

【典地的呈报】

典地的时候，地主向有关机构呈报吗？ =不呈报。佃户也不呈报。摊款与典地无关，由所有者出。

【典地结束的时间】

典地来年几月结束？ =9 月末。

结束时间的限定到日期了吗？ =没定，哪天都可以。把谷物的壳和干带回去了的话，土地就还给地主了。

这时，地主会去看吗？ =不会去看。

10 月结束的情况？ =没有。

8 月结束的情况？ =没有。

为什么是 9 月结束？ =因为 9 月末会降霜收获就结束了。

如果是约定开始就决定了 10 月结束 =不会这样决定。

这段时间内不论一年两熟还是一年一熟都与租子无关吗？ =这不要紧。租子没有别的不同。

9 月结束就是说收获结束的意思吗？ =对。

收获在 8 月就结束的话，典地也就结束了吗？ =是。7 月收获瓜后种植荞麦，9 月再收割这个的也有。

那么佃户在 7 月就收获完了瓜，地主开始使用土地的时候，比如种植荞麦啊，这样做如何？ =不能。佃户租借土地后到 9 月都能使用。

【两年以上的租佃契约】

商约时，有无佃户方面希望耕种两三年的情况？ =没有。

【地主、佃户的关系】

佃户在节日的时候，会来地主家拜访吗？ =不会。

什么情况下会来？ =完全不会来。

典地的比起其他人向地主借钱的情况多一些吗？ =不来借。

农具呢？ =不来借。

【肥料、种子由地主负担—伙种】

你分粮食是因为提供肥料、种子了吗？ =不提供。

有这种事吗？ =没有。

以前呢？ =没有。

【主食】

食物有什么？ =高粱、小米、稗子，这是常吃的。

【谷物的买卖】

主要卖什么？ =豆类、苞米。

主要买进什么？ =高粱、小米。

这些买卖进行的场所在哪儿？ =泥井的集市。

去县城的情况=少，因为远。

有从县城来买东西的商人吗？ =驿站里有。不过他在集市买。

直接来村子里买的情况=没有。

买的多吗？ =多。主要是苞米。

【地价】

上等地的卖价是多少？ =上等地1亩100元，中等地六七十元，下等地10元到30元。去年最高有一百七八十元的，但今年下跌了。

当价是多少？ =上等地五六十元，中等地30元到20元，下等地不当。

【公课】

今年的钱粮是多少？ =今年还没有。去年是13元多。去年的摊款是1亩3元（乡村合计），总计交纳500多元。

【土地清理】

土地清理=民国二十八年时有一次。状况不详。

【佃户的死和儿子继续耕种】

父亲典地期间死了的话，儿子不跟地主打招呼能耕种吗？ =不要紧，不跟地主说也行。来年就不知道了。

【指地借钱和典地】

可以把指地借钱地作为典地吗？ =典可以，但当不行。

这个的担保土地由租方收来使用的场合下，与典地的关系会怎样？ =典地的收获结束后收地，结束前不行。

【荒地的租佃】

没有租佃荒地的人吗？ =没有。

没有耕种荒地10年、20年不用交租子的情况吗？ =没有。因为土质差，不管施多少肥也没用。

应答者　侯瑞和（乡丁）

【同族坟会地】

没有共同的墓地吗？ =没有。

墓地是一户一户的吗？ =住在同一个院子里的同族拥有共同的墓地。

【坟会地的耕种】

墓地有附带的耕地吗？ =不一定。

会去耕种这个地吗？ =这片墓地里埋的人的子孙耕种。

子孙多的情况下，比如4个亲戚拥有共同墓地的话怎么办？ =分开耕种。

分开耕种是轮流还是均分？ =均分耕种。

轮流耕种的情况 = (?)

【侯姓坟会地的租佃和坟会的负责人】

村里谁的墓地最大？ =2亩。侯姓的坟会的土地。

为什么会这样？ =用坟会的钱买的土地。

坟会是什么？ =包含侯姓全体的一门、二门的组织。

会用于耕种吗？ =典地。

决定拿出典地的是？ =坟会有负责人。

坟会的负责人做些什么事？ =负责人清明节时，用典地的租子买供品扫墓。

几个人？ =6人。侯凤昌、侯大生、侯凤义、侯永正、侯元耀、侯长会。

坟会的土地今年谁是典地的？ =侯元恒。

那里有侯姓的墓吗？ =有。

侯姓全体的墓地吗？ =对。现在那里已经不使用了。

坟会的负责人每年替换吗？ =不替换。

怎么决定负责人？ =从以前开始，就是6个人做。

这些负责人对外做些什么事？ =什么事都不做，只有坟会的事。

坟会的工作是？ =上面说的土地的事和扫墓。别的事就没有了。

侯姓以外的人，可以成为典地的吗？ =可以。

希望典地的人多吗？ =不多。

从典地申请人中怎么决定耕种者？ =清明节时，典地申请人到6个负责人那里申请。

仍然是一年一年的吗？ =是。

约定是每一年的，但续耕是多少年都可以吗？ =都可以。

以前更多吗？ =没有更多。

【王姓、刘姓的坟会】

他姓也有坟会吗？ =王姓、刘姓。

王姓的坟会地呢？ =2亩。刘姓没有。

王姓有负责人吗？ =没有像侯姓一样的人，但是各家都有一个人出来，处理坟会工作。

也典地吗？ =王姓的人典。

王姓以外没有典的吗？ =是。

那是王姓交替耕种的吗？ =听说最近是一个人持续在耕种。

【侯姓坟会地的地租】

侯姓的坟会地是用谷纳租吗？ =用钱交纳。

你耕种过吗？ =以前耕种过。

仍然是每一年换人吗？ =不是，那不一定。

坟会地比普通的地便宜吗？ = 虽然是上等地，但是因为土地不好所以便宜，今年是16元（2亩）。

租子的金额每年改变吗？ = 对。去年12元，前年8元。

租子是6个人使用吗？ = 是。

墓以外的事情上可以使用吗？ = 不行。

【一院子的坟会地的租佃】

上面说的同一院子共同墓地的收获，用在什么地方都可以吗？ = 都行。

你的呢？ = 有1亩，叔父正在耕种，10户共同使用。

其中有他姓的人吗？ = 只有侯姓。他姓不能参与进来。

一直是叔父在耕种吗？ = 对。

通过选举来决定耕种的人吗？ = 不是。

为什么他一个人耕种？ =10户中他是最穷的。

让穷人来耕种吗？ = 是。

租子呢？ = 不要。

这也是坟会地吗？ = 是。

如果耕种坟会地的话就必须照看墓吗？ = 不用。

墓是10户人各自照看吗？ = 因为10户的坟会解散了，所以是各自照看。

解散前的代表者照看过吗？ = 解散前进行典地（10户是谁）、照看墓是大家一起的。

那时，典地的是怎么决定的？ = 大家商量后决定的。仍然是让穷人来种。

租子怎么使用？ = 作为坟会的费用，买猪肉啊，买菜啊（为了清明节的酒席）。

坟会是哪个院子里都有的吗？ = 对。

在这个坟会中大家都有耕地吗？ = 不一定。

同一院子里有他姓的情况下，坟会是怎样的？ = 姓氏不同的人，不能进入。

11月2日

伙种　典地　概况　地租滞纳和对地主的劳动服务　典地的作物　地租租佃合同

应答者　侯元昌

【应答者的土地关系】

佃地23亩，地主是侯庆昌，从去年开始典地。之前的合同是分种，三年时间。此外，也分种了地主李广泰（泥井）的5亩地，三年时间。

【伙种】

相同的土地可以由分种变为典吗？ = 可以（2块地）。

从分种改为典地是哪一方开口提出的？ = 由地主方。

最初的分种呢？ = 两人商量。

【伙种的地租和作物】

去年分种是怎么分配的？ = 谷子五斗，粳米一斗，高粱（?）

分种地里不能种植这 3 种以外的作物吗？ = 黍子分了一斗五升。

分种的作物不管是什么都折半吗？ = 是。

泥井的地主的情况是怎样的？ = 种植苞米、豆子。

只分苞米的情况呢？ = 不行。豆子也是一半一半的。

不能用相当于豆子的一半的其他的作物来交纳吗？ = 地主不同意。

要把作物告诉地主吗？ = 种植之后告知。

【根据作物不同分配方式的差别】

一年中分配多少回？ = 一回。根据商谈有许多方法。今年把旱田里的树作为田界分割土地各自收割。

有其他的分割方法吗？ = 全部分种的把收获的粮食对半分。只有这两种。

如果田有好坏之分的话怎么办？ = 一块土地中不会有很大差距。

用田来分配是什么时候决定的？ = 作物成熟的时候，两人看后再分配。田的数量分得要一样。

按粮食量分配的场合，壳怎么办？ = 这个村子里，佃户方出肥料的情况下，佃户得到全部的。他村也有壳也对半分的情况。

【伙种的肥料—地主负担】

这种情况下，肥料由地主出吗？ = 分种时地主出的情况也有，根据商量来定。

这样做过吗？ = 没做过。

这个村里有这样的实例吗？ = 没有。

根据商量就行吗？ = 分种的时候，地主家里没有粪。

这样的村子在哪儿？ = （?）

以前不是地主出肥料和种子吗？ = 不出。

【典地和伙种的优劣】

作为佃户，典地和分种哪一个更有利益？ = 典地更有利益。

为什么？ = 分种的话，遇到歉收就会亏损。佃户分种前没有计算肥料、种子、劳动力。

典地的租子不是一直很便宜吗？ = 有钱的话典地更有利。像今年一样不能得到的话分种更好。

【租佃事由】

什么时候开始典地和分种？ = 三年前耕种自己的土地。之后卖土地，渐渐地卖掉了，从 10 年前开始每次一点。

这是为什么？ = 因为生活贫困。

没有特别需要婚丧费用的情况吗？ = 对。父亲的时代有 80 亩地，到了我的时代卖地。现在有 60 亩，只有下等地。

【作物的买卖】
买些什么？=高粱、小米。
什么卖得多？=豆子、粳米、白薯等。
【公课】
费用花费多的有什么？=长工费、乡村的摊款。
去年的摊款是？=一亩3元50钱（乡村合计）。今年到现在是一亩2元70钱。
分种地、典地呢？=不用出。
【共同的伙种】
有无两人共同分种一块地的情况？=没有。
【伙种的地租】
有无分种的场合下，交纳与物相当的钱的情况？=我没有做过。不能。
【典地的介绍人】
典侯庆昌的土地的时候的介绍人是谁？=没有。
直接见面商量的吗？=对。
泥井的地主的情况呢？=没有，我的亲戚。
【与外村地主的典地】
有无租借外村人的土地的情况？=麻烦。我没有借过。
【村子的负责人】
当过村负责人吗？=当过村长、乡长、董事。保长制实行后年纪大了做不了。
【典地】
三年以前有租借给人过吗？=有。小时候，80亩地全部典出去了，都典给本村人了。
有多少年？=大约10年。5岁时父亲去世到自己可以耕种为止。
欠典钱呢？=没有。
你的典租子是前纳吗？=是，前纳。
【坟会】
坟会呢？=没有。
【外出务工】
外出务工呢？=一个人在满洲国做纺织工，从20年前起。

应答者　侯元奇（佃户）
【关于应答者的典地】
做什么生意的？=务农。做豆腐。
地主是谁？=侯万护。
从什么时候开始？=2年前。
之前没做过吗？=没做过。
分种呢？=没有。
多少亩？=8亩，下等地。有6亩是10元，有2亩是14元。

同样是下等地租子怎么不同？ =6 亩 10 元的土地，谁也耕种不了，沙地。

6 亩的土地也是每一年吗？ =是。

家里人呢？ =7 人。没人外出务工。

介绍人呢？ =没有，直接去。

自己的土地呢？ =9 亩半。

侯万护以外的土地多少？ =侯元练的 4 亩地。只耕种今年一年，来年就不种了。

为什么来年不种？ =来年地主应该会自己耕种。

【人多地少】

得到佃地困难吗？ =困难。

为什么？ =人多地少。

【租佃申请】

怎么知道佃地的有无？ =去土地多的人家里打听。

不是先申请租佃，之后再取得土地吗？ =不是。

【佃户的选定】

地主是选择租子高的佃户吗？ =地主方想选择的，是即使租子便宜但认真典地的，为了不使土地荒芜。

【收回租佃地】

地主不答应续租没收土地是什么情况？ =因为地主方想自己耕种。

另外呢？ =不交地租。

地租交纳地晚的情况呢？ =不要紧。半年和 3 个月左右不会被没收。

大约晚交多久，会被没收呢？ =即使今年的钱到来年收获期交，也不要紧。

那样的地主很少吧？ =多。

【地租的滞纳和对地主的劳动服务】

交纳地晚的时候，会请求地主吗？ =会。

全额晚交也可以吗？ =佃户真的很穷的情况下，全额晚交也可以允许。之后去地主家劳动一点一点地偿还。

这种情况下，一天算多少钱？ =拿不到钱。

扣去地租后有多少？ =不扣除。

交纳地晚的时候，地主来劳动吗？ =佃户方是希望的。

在地主那儿白干活的情况下，迟交的地租之后还要全额交纳吗？ =全额交纳。在这期间的劳动是为了让地主高兴。

滞纳额多的话，也只是在地主那儿干活的日数变多吗？ =也不是这样。如果地主度量大的话。

通常要去多少天？ =佃户空闲的时候就去。忙碌的时候去的话，地主也会给工资。

通常什么时候去比较好？ =地主忙、我们有空的时候去。

对方不来叫吗？ =来叫。

不给工资，但还是给饭吃吧 =是。

从今年9月延期到明年9月的情况下，应该去多少天？=不一定。

应答者　侯俊良（佃户）

【应答者的土地关系】

家族6人。无所有地。典地7.5亩。地主侯庆昌的2.5亩，一年时间，前纳30元，上等地。地主刘子馨的5亩，一年时间，后纳。

去年是怎样的？=没有典地。作为木匠生活。

木匠的收入更多吗？=一日2元。更多。

【瓜的典地—后纳】

刘子馨的租子是后纳吗？=去年租借的，现在到了支付约定时间了，还没支付。与他关系好，偶尔去他家做木匠。租子没定下来。今年种瓜卖了之后，就能交纳代金了，但是瓜没用，所以还没交纳。

去做木工的时候，刘子馨付工资吗？=给工资。

那是典地还是分种？=典地。

即使典地，种西瓜的年份也交纳代金吗？=不一定。

后纳是依据你的期望的吗？=是。因为我没钱。

最初约定的时候决定的是今年几月交纳？=7月。

7月初还是中旬、下旬？=月初。

限定到日了吗？=没有限定日期。只说在卖瓜后交纳。

瓜在几月收获？=早的话6月末，迟的话7月初。

最初约定时，说过今年种瓜吗？=租借的时候说过种瓜的事。

【关于作物地主的同意】

通常，村里种瓜时会跟地主说吗？=不说。种什么都可以。

有种瓜的话，就不租地的地主吗？=种瓜的话，土地会变好。

种瓜的话，因为比起其他作物收获的好，地主不会要求收取更多租子吗？=虽然比普通的谷物利益高，但不会收更多租子。

西瓜怎么样？=这个地方种不了。

白薯呢？=这个村子到现在没有过。今年开始种的。

种植白薯的时候，要专门去得到地主的许可吗？=不是。

不过与其他作物不同，没有必要告诉地主吗？=没这个必要。

棉花怎么样？=几乎不种。

种植的情况呢？=不用商量。

你的话，告诉地主种瓜有什么特别的理由吗？=因为正在那个家里工作，只是当作闲谈说过。

【地租的滞纳和对地主的劳动服务】

地主方不会催促吗？=一次也没有。

来年收获后打算交纳吗？=有钱的话，马上就会交，但是没钱交不了。

不能交纳的时候，有通知地主的必要吗？ = 虽然每天都见到，但是没有谈过租子的事。

有做短工来支付的例子吧？ = 我自己也有这个打算。对方来叫的情况下，拿不到工资，我认为用来抵销地租了。

不来叫的话，就不能去吗？ = 对。什么工作都没有。

一般都是对方通知之后再去的吗？ = 没有主动去的。

平常地租付不起的情况下，地主会到家里来让人去做短工吗？ = 不是。不是说让人做短工，只说去帮他做事。

让人去帮忙，不管是 10 天还是 20 天吗？ = 不会让人帮忙这么长时间。让帮忙 7 天或 6 天的话，工资就比地租多了，所以没这回事。

在地主那儿一天就要在他家干一天活儿不是吗？ = 因为刘的租子还没定下来，所以平常都是拜托木工来的情况，按照自己的情况，来不来都自由，但是这次是叫来的就必须去（即使拒绝他人的委托）。

【滞纳和续耕】

普通的地主的话，会让你明年续耕吗？ = 今年还没听说。这是根据地主和佃户的商约决定的，根据关系好坏。

【地租滞纳的通知】

到了交纳期限也交纳不了的时候，必须通知地主吗？ = 到了那天的话，通常会去地主那里。不说也可以。

哪种情况多？ = 通常会说。

地主方会怎么做？ = 会说有钱的话，就带来。

说了到几月前拿来吗？ = 没加期限。

也有加期限的吧？ = 村里还没有。

【典地后纳】

典地的租子后纳，地主会不高兴吗？ = 就是这样。

只有有特别的事情的时候，会允许后纳吗？ = 对。

比如什么情况？ =2 人关系亲密的时候，或者（?）

平常即使请求后纳，地主也不允许吗？ = 对。

【瓜的典地的地租】

你的话，不能直接就这样用瓜来交租吗？ = 地主觉得没必要要那么多瓜。

虽然没必要，但地主自己卖的话不是更好吗？ = 不是那样。

【伙种】

你典地的情况下，给地主瓜的话会变成分种吗？ = 分种。

为什么分种？ = 因为种植谷物的话，用谷物交纳，种瓜的话用瓜交纳。

分种，种植瓜的时候，没有用高粱代替瓜来交纳的情况吗？ = 分种种瓜的事几乎没听过。

【伙种的作物】

分种的时候，为什么不能种瓜？＝拿出分种地来，是因为地主家里没人劳动，但是分种的话，地主方必须有人来取走这些瓜。

分种的话，白薯、花生等收获的时候，地主必须来帮忙吗？＝村里不种植花生。分种的时候不种植白薯。

分种的时候，不种植白薯？＝（?）

地主方不希望吗？＝（?）

为什么？＝佃户方因为需要花工夫，所以不希望。地主方是因为不知道白薯是什么东西。

但是在自己的土地里种白薯吧＝种。典地里也种。

为什么，不懂吗？＝佃户是亏损的。看管和肥料这点就要花费很大工夫。

地主方并非不希望，是佃户不希望吧＝地主方没什么特别不希望的。

（注：他在没有木匠工作的时候会乞讨。木匠的工作不是每天都有，即使想典地也没有钱，想分种又几乎没人给他种，即使去了侯庆昌那儿也没租借到，分种不是上等地的话佃户会亏损，上等地的话，因为地主想尽量当出去，几乎没有，好像是这样的情况）

应答者　侯凤昌

【应答者的土地关系】

所有地30亩。典地4亩，地主刘银，租子32元，前纳，中等地，去年一年时间。来年续耕与否情况不明。

【典地契约的对方—地主】

地主＝不在，死亡，去年6月。家里谁也不在了。

谁也没有？＝有个继子，刘斌选（15岁）。

典地合同是与谁签的？＝与刘银的女儿（40岁）签的，一年的合同。

【中人】

有中间人吗？＝没有。

【租子】

租子什么时候交纳的？＝今年2月。

什么时候签约的？＝去年11月。

2月全部交清了吗？之前完全没交纳吗？＝12月交了10元。2月交了20元。

【定钱】

这10元是定钱吗？＝租子。

为什么与定钱不同？＝买东西的时候，先支付的叫定钱。这附近租借土地时不要定钱。

【契约的对方】

与女儿签约时，继子在吗？＝在，但刘银和继子一起没了。

当时女儿出嫁了吗？＝以前就出嫁了。

土地是谁的？＝（?）

能与出嫁后的女儿商量的吗？＝女儿出嫁后，从侯大生那儿买来了。

女儿在哪里的村子里？＝嫁到刘家去了。

这样的话，女儿的丈夫没有管理这土地吗？＝女婿去满洲做工去了，因为家里没有男人，所以与女人商约也行。

【租佃的继续】

来年是否续耕还不一定的情况下，怎么办？ =因为还没见刘银的女儿，所以来年是否让我耕种，还不知道。

收获结束了吗？ =结束了，10 天前就结束了（旧历九月初十日）。

什么时候去问续耕的事？ =十月初一日去本村扫墓回来时。

来年也想耕种吗？ =因为今年没有很好的收成，所以来年是否耕种还在考虑。只收了稗子二斗、芝麻 1 斤、棉花 20 斤。

【续耕和地租】

今年歉收明年也续耕的话，租子会便宜多少？ =应该会与平时的时候一样交纳。不会便宜，不管续耕多少年也不会便宜。

【外村人所有地的摊款】

刘银女儿的土地也要出本村摊款吗？ =是。

不过她是外村人了吧？ =土地在这儿。

其他的外村人的土地也是一样吗？ =也一样。

从最初开始外村人在本村有地的时候就一样？ = （?）

刘银的女儿会来这村子取吗？ =会来，但是因为现在委托继子家保管土地，所以要来这儿取摊款。

地主在外村、土地在本村、佃户在本村的情况下，这块土地的摊款由哪一方负担？ =外村的村公所收摊款。

地主在本村、佃户在本村、土地在外村的话，会怎样？ =由对方的村公所征收。与佃户无关。

刘银女儿的土地也这样？ =无关。

11 月 3 日

租佃合同　养老地　地租　伙种　代替典地地租的短工　外出务工

应答者　侯瑞和（乡丁）

【典地契约的申请】

典地的情况下，佃户找地主吗？ =是这样。

地主找佃户 =完全没有。

这是为什么？ =通常地主自己雇长工耕种。拿出典地的很少。

拥有 1 顷或者 1 顷 50 亩土地的大地主也是这样？ =也一样。

应答者　侯长恩（所有地 17 亩，与 3 个儿子分家）

【分家】

分家＝与3人十二三年前就分家了。

土地＝每人分3亩。

【养老地】

养老地呢？＝12亩。

关于养老地，是儿子先得，再从儿子那里得到的吗？＝父亲这方先说，就得到了。

分家后，与谁一起吃饭的？＝一次也没有与儿子一起吃过饭了。

也是分开住的吗？＝分开住。

分家的时候，建了自己的房子吗？＝分家的时候，没有给儿子分房子，孩子们自己买房自住的。

【养老地的耕种】

养老地是怎么耕种的？＝自己种。

分家后，没有让孩子们为你耕种吗？＝完全没让孩子们做过。

【养老地的分配比例】

父亲不管要多少养老地都可以吗？＝不管多少都可以。

分家后，儿子一点都不要，全部作为养老地的也有吗？＝有。

有实例吗？＝村里没有。

50亩、3个儿子的情况下，养老地大概是多少？＝大约20亩。

父亲想50亩全部作养老地也可行吗？＝不行。

30亩、2个儿子的情况呢？＝10亩养老地。

20亩地作养老地也可以吗？＝可以。

你要12亩养老地的时候，你的儿子没有意见吗？＝没有。

【养老地的变卖和儿子的同意】

卖掉这块地的时候，有必要与儿子商量吗？＝商量之后卖。

不商量也能卖吧？＝没有买家。

没有买家，是没有与儿子商量不能卖的意思吗？＝是。

有父亲想卖，但儿子反对的情况吗？＝儿子给必要的钱的话，就卖给儿子。

儿子没钱的话怎么办？＝不反对。

有没有说养老地是父亲的生活费、丧葬费，来源不能卖，加以反对的情况呢？＝父亲生活贫困的情况下，孩子不反对。

【儿子耕种养老地】

你如果不能劳动了的话，让谁优先耕种？＝让儿子耕种。

让3个儿子怎么耕种？＝3个人中让其中一个人耕种。

这样的话，吃饭的问题呢？＝让谁耕种，就让谁给我饭吃。

让一个儿子耕种，如果其他2人有意见的话呢？＝大儿子死了。还有一个在外做工（奉天）。

剩下的儿媳们有意见的话呢？＝她们不会有意见的。

分开吃饭的时候怎么办？ =不会那样。

让儿子耕种养老地的时候，不会分开吃饭吗？ =不会。

住房那？ =分开住也可以。

【租佃养老地—由他人种】

不让儿子耕种的话，可以让他人耕种吗？ =可以。

儿子在家的时候呢？ =与儿子商量。儿子不想耕种的话，可以让其他人种。

不与儿子商量就典给他人，可以吗？ =不行。

不跟儿子说就典出去的话，会怎么样？ =没人会来耕种。

为什么没有耕种的人？ =因为那时儿子会发牢骚。

不过已经签约了的话，即使儿子有意见，也不能取回了吗？ =那是不可能的。

【养老地的分配】

你的话，好像你儿子的份额比较少，你的养老地比较多吧？ =不少。

全部土地的一半作养老地的话，怎么样？ =儿子可以劳动，但我没有这 12 亩地的话，就无法生活了。

【死后养老地的处理】

如果你死了，你的 12 亩地怎么办？ =用作葬礼的费用。余下的分了，不够的话儿子们出。

你跟其中一个儿子一起吃饭，土地也只给他一个人耕种的情况下，死之后养老地如果还有剩余的话，要怎么办？ =一起吃饭的儿子得到全部的。

但是这是祖先的土地，没有与你一起吃饭的儿子也有分地的权利吧 =因为另外的两个儿子不在。

儿媳们不是还在吗？ =二儿子的妻子已经再嫁了。

还有一个儿子的妻子在啊 =回娘家了。

如果另外两个儿子在的话怎么办？ =这样的话，就分三份。

一起吃饭的儿子也均分的话，会觉得他吃亏了吗？ =如果儿子们都在村里的话，我就不会只跟一个儿子一起吃饭，会轮流来。

应答者　侯永义

【应答者的土地关系】

家中 11 人，其中短工 3 人。所有地 23 亩。典地 10 亩，中等地，分种，地主刘子馨，自 3 年前。之前 2 年时间典地 4 亩，地主侯永奎。5 年以前所有地有 33 亩，没有典地和分种。

【土地变卖的事情】

为什么要变卖土地？ =因为父亲的葬礼以及盖房子借了钱（500 元）。

向谁借的？ =向很多人借了。债主有 6 个。

指地借钱吗？ =是。

多少亩？ =必须指地担保的是其中 2 户，即 3 亩—侯全武（本村人），借款 100 元，4

亩—王树忠（本村人），借款150元。

土地是卖给前述债主了吗？ =侯全武6亩。没有卖给王树忠。

其他的卖给谁了？ =福庆成（泥井）4亩半。

这也是指地借钱吗？ =不是。

不卖给王树忠（放钱主），卖给别人可以吗？ =可以。

赎回要多少钱？ =本金150元和利息（每100元年利20元）。

借款中还有4亩是谁耕种？ =我耕种。

这是你再把土地租借过来，进行耕种的吗？ =不是，我可以耕种。无法支付利息的时候，就由对方耕种。

【典地的租子】

10亩典地的租子=1亩8元。

最初那年也是8元吗？ =1亩2元80钱（3年前）。

第2年呢？ =一样。

第3年呢？ =4元。

第4年呢？ =6元。

第5年呢？ =8元。

这样的话，是持续5年吗？ =3年。

去年多少？ =5元。前年是（?）

前年呢？ =租子的金额没决定，到现在也没交。之前是2元50钱。

【典地后纳】

提前缴纳吗？ =今年是后纳。

几月交租？ =谷物收获后，10月。

没有与地主决定交纳的月份吗？ =没决定。收割谷物卖掉后马上交。

去年是前纳吗？ =后纳。

滞纳的年份是提前缴纳的约定吗？ =因为贫穷，所以没有催促，但约定（?）

最初那年是后纳吗？ =是。

【欠典钱—滞纳和对地主的劳动服务】

滞纳叫作欠典钱吗？ =对，欠典钱。

欠典钱大约有多少？ =25元。

这是第二年的东西吗？ =是。

欠典钱什么时候归还，约定了吗？ =地主什么都没说。

你说了什么？ =没说话。

欠典钱时，什么都没对地主说吗？ =地主有急事的话，会去帮忙。

这是去做短工的意思吗？ =不能说是短工，作为没有交纳欠典钱的代替物。

这叫什么？ =日工。

为什么叫日工？ =干一天活给饭吃，不给工资。

短工也是一天一天的吧？ =对，按天计算。

这样的话与日工没有区别＝没有区别。

村民因为欠典钱去地主那里劳作，这叫什么？＝做一天短工，扣除地主账面上的欠典钱。

这种情况下，一天的工资大约多少？＝一日两元。

欠典钱太多的话，不就成为长工了？＝不是。

还是没付清的欠典钱就当作普通的欠款了，不是吗？＝不是。

五年、十年一直欠典钱的时候，不会去典当或者指地借钱吗？＝不会欠典钱五年、十年的。

【典地后纳】

你事后支付，是因为你特别要求的吗？＝是，我要求的。

地主准许了吗？＝对。

最先那时候，地主也是主张提前支付的吗？＝一句话就决定了。

提前缴纳和事后缴纳有多少不同，前纳的话，便宜多少？＝不会便宜。

但是先交租的话，对地主不是更有利吗？＝因为地主有钱。

【租佃的继续】

来年再续耕的话，要去与地主商谈吗？＝要去商谈。

续约三年不去也可以吗？＝可以。

一般是怎样？＝一般是不谈的。

【地主的租佃契约废弃】

地主方令合约停止的话怎么办？＝地主会通知。

佃户打算续约，但地主打算停止的情况下，佃户不说话，只种地的话怎么办？＝耕种是来年开始，想停止的时候，地主会提前通知。

大约什么时候？＝三个月前。

这样的话，因为通常约定的时期是 9 月到 12 月，不就迟了吗？＝之前与别的地主约定（我方）。

【废弃通知前的新契约—撬】

地主向佃户通知停止的事情前，早就与他人签订租佃合同了也行吗？＝不要紧。

这种情况下，佃户不能抗议吗？＝地主通知停止事情前，即使与他人商约我们也不能说什么。

那新签约的佃户会对你怎么样？＝约定了也无所谓，但没有做这种坏事的人。

这叫什么？＝撬。

村里多还是少？＝少。城里多。

撬的情况下定钱是多少？＝没有。预付了租子。

【伙种】

分种的场合，粮食怎么分配？＝给地主四斗高粱。

此外分种地里也种植了豆子吧＝高粱中间间种豆子。

豆子不分配吗？＝对半分。

分种地里种植的作物都是对半分吗？＝是。

【伙种的地租—代纳】

比如，不能把高粱作为豆子和黍子的替代用来交租吗？＝不，种植的作物都是对半分的。

不能用分种地里不能种植的作物来代纳吗？＝不能，地主不允许。

【地主的伙种地检分】

那么，地主会来分种地看吗？＝必定会来看。

种植后到收获为止大约来几次？＝发芽的时候一次，收获的时候去一次。

【见证人—说合人】

这时的在场的人有？＝没必要。佃户不去也可以，通常是地主一个人去看。

分粮时在场的有？＝只有地主和佃户。

为什么说合人不去？＝没有说合人。

直接见面说话的话，不会没面子吗？比如，直接拒绝的情况等＝地主不想分种时不会直接说，会说自己耕种来拒绝。

村里有土地买卖和租佃等的中介者吧？＝买卖场合有。

租佃的时候没有吗？＝没有。

典和分种，哪个有说合人的情况多？＝哪个都没有。

不是完全没有吧？＝这个村里租佃的说合人完全没有。

【与外村地主的典地】

有本村民典外村地主的土地的情况吗？＝不耕种外村的土地。

为什么不耕种外村地主的土地？＝外村人的土地被他们村里的人种了，没有多余的地。

【伙种和典地的优劣】

听说分种替换了典地，哪一个更有利益呢？＝典地更有利。

为什么？＝因为典地的话，交的地租少，谷物也都是自己的。

【伙种及地主、佃户的负担】

但分种的话，肥料和种子是地主出的吧？＝地主不出。以前也不出，没有。

佃户不负担看青费吗？＝地主负担。

附近的村子是怎样的？＝（？）

佃户需要负担的是什么呢？＝耕种、种子、劳力。摊款完全不用支付。

但是因为最近摊款变多了，只有地主的话负担过重，所以地主想从佃户那里取得摊款这种意思的东西，不是吗？＝没有。

应答者　侯元兆

【应答者的土地关系等】

家中6人。10年前兄弟二人分家，养老地20亩，房子每人分配3间，土地没分配。典地10亩，地主刘子馨，一年时间，后纳，中等地，1亩8元。去年分种和典地都没有。

职业是做袜子的中介买卖，一年的采购额为 1000 元，销售额 1000 元。去年未全额卖出采购额。利润只有两成。

【儿子耕种养老地】

父亲跟谁一起住？ = 在哥哥那儿住，也一起吃饭。

轮流吗？ = 对。每人一个月 15 天。

10 亩的养老地怎么办？ = 最初 20 亩，现在每人分了 10 亩。

父亲收多少谷物？ = 不收租子，用赡养父亲代替。

父亲必要的钱怎么办？ = 两人一起出。

最初的 20 亩几年后每人分 10 亩的？ = 分家的同时，分了养老地。

最初要 20 亩养老地是父亲的意愿吗？ = 最初全部的土地都作为养老地，那是父亲希望的。

父亲想全部的土地都作养老地也可以吗？ = 可以。

为什么又把养老地给你们两个儿子一人分了 10 亩？ = 因为父亲不想种了。

这样的话，父亲把地典给儿子不是比较好吗？ = 典地的话，父亲就必须要自己开火吃饭了。

住处呢？ = 一起也行。

父亲耕种的话怎样？ = 父亲想这样做的时候，就让他做。

【典地后纳—交付的时间】

典地 10 亩几月几号交租子？ = 旧历十月初一日。

精确到日了吗？ = 没有特别定下几号，但是典地的话，通常都是这个时候交租的。

交纳时间是因人而异的吗？ = 是。

早的话大约是几号？ = 提前缴纳。迟的话是到来年的十月初一。

地主允许后纳吗？应该希望前纳吗？ = 对。

什么情况下地主允许后纳？ = 因为穷，特别去求情允许后纳。

【伙种和典地】

分种和典地有什么不同？ = 分种不支付租子也可以，可以分配秋天收获的东西来代替。

【典地的续耕—和一年期契约的优劣】

典地续耕大概是多少年？最长的有多久？ = 七八年。

实例有吗？ = 有。非常多。

一年的也有吗？ = 有。

哪种比较多？ = 一年就替换的很少。

每一年替换和续耕哪种更有利益？ = 续耕更好，肥料施得多，土地也照看的比较认真。

【续耕的租子】

租子更便宜吗？ = 几乎没什么区别。

稍微便宜一点让你耕种吗？ = 一样。

跟一年替换的一样，提高租子也去？ =提高也去。

长年续耕的租子上涨的情况下，地主的理由是什么？ =摊款变多，其他土地的也提高了，所以租子要上涨。

佃户反对这个的话，地主有没有同意？ =因为都上涨了，所以不会不讲理的要求降租。

【土地的等级和租子】

同一片土地也有上下之分吧？ =大致一样。

有一两块的差别吧？ =对。

这是为什么？ =土质的关系。

即使是同一土地，收获也不同吗？ =对，最高的跟最低的有大约一斗的差距。

差距一斗的情况下，租子有怎样的区别？ =2元。

中等地的差别是怎样的？ =也是一斗，2元。

下等地呢？ =有差不多3元的差距，收获量有一斗的差距。

【佃户希望的土质】

佃户耕种下等地的话，能得到利益吗？ =下等地的租子便宜。

一般希望是哪一种？ =出不了很多地租的话，就种下等地，有钱的话就希望是上等地。地主是想自己种上等地，其他的用于租借。

应答者　侯治成

【应答者的土地关系等】

家中8人，短工1人。做点水果生意。所有地17亩，下等地，荒地4亩，当地2亩。没有典地。分种10亩，下等地，中等地1亩，地主侯宝善，从今年开始。去年没典地，也没分种。

去年粮食不够吗？ =不够。

为什么没有典地或分种呢？ =拿不出钱。

【人多地少—分种】

分种的话更好吧？ =去年没有找到分种的地主。

为什么？ =不管怎么找都没有。

去年是大概几月开始找的？ =春天的耕种期开始，3月。

为什么不从去年9月开始找？ =前年春天就开始找了。

找的是哪儿的土地？ =本村。

外村呢？ =没去。

为什么？ =向外村认识的人打听过，但是没有了。

本村也委托谁帮你找的话呢？ =没有委托。没有对象，因为这边都是穷人，所以没对象。

【伙种—根据作物分配方法的不同】

已经分粮食了吗？ =分了。

怎么分的？ =苞米按垄子分了 5—6 个（不是按颗粒），高粱按束分了 4—5 束，黍子二升，稗子四升，豆子一斗八升，以上是给地主的。折半。

高粱以外的作物没有按束分配的吗？ =高粱收的多的话，也是按斗和升分配，但是因为这次收获量少，所以不需要按升和斗分配。

黍子、稗子等收获的少的时候，也是按束分配吗？ =稗子、黍子等作物的形状不同，所以不管收获的有多么少，也不会按束分配。

按束分配的有什么？ =只有高粱。

按垄分配的作物有什么？ =苞米。

其他的分种的场合也是这个多吗？ =一般种的多的话就是按垄分。地主没有收割的人的时候，就不按垄，按颗粒来分。

黍子和稗子不按垄分吗？ =按颗粒分配。

【下地的分种】

下等地不是很少用来分种的吗？ =是。

为什么用下等地来分种？ =没有人用上等地来分种，自己想要上等地。

是高地还是低地？ =低地，沙子地。

有分种低地的吗？ =也有。

多还是少？ =不知道。

（注：谈话没有得到要领，没有理清条理的地方很多，停止了）

应答者　侯文安

【应答者的土地关系等】

家中 7 人。所有地 5 亩。典地 5 亩，3 年，下等地，今年 40 元，地主是叔父侯善亭，4 亩—荒地，租子免费，地主侯善亭。

【下地的租子】

1 亩 8 元的地是下等地吗？ =最开始一年是 1 亩 3 元，第 2 年是 6 元。

觉得下等地 1 亩 8 元价格高吗？ =与谷物的价格对比，也不是那么高。

前纳的话不会稍微便宜一点吗？ =一样。

其他有下等地要 8 元的地吗？ =有也。

5 亩加 4 亩的这 9 亩地不是 40 元吗？ =是，就是这样。

3 年前也是 9 亩吗？ =4 亩荒地是去年才开始的。

3 年前的 5 亩地的租子是多少？ =都是 15 元。

【荒地的租佃】

今年荒地种植什么？ =豆子。播种五升收了三升。

4 亩的荒地约定了让你耕种多少年吗？ =根据约定，继续多少年都可以，但是来年不打算种了。

耕种荒地时，一般是不管到什么时候都可以的吗？ =荒地也是每一年的。没有我这样的情况

【地租的滞纳】

今年的40元交了吗？＝没有。

每年几月交租？＝秋收后，8月1日（阳历）。因此被催过一回。

催促说了什么？＝说已经秋天了，快交地租。我说我已经在准备了，请再等一下。

说了等几天吗？＝没说日期。

对方说了什么时候交吗？＝没说。

今年能交40元吗？＝打算每次交一点，分几次交。

打算分几次交？＝对方说了一次交清，但是我决定分两次交。

大概什么时候交比较好？＝不知道期限。打算在第1次来催促后的第10天交。

最开始少交点，之后再多交点吗？＝打算第1次交20元。

不是10元吗？＝10元的话，对方会不高兴。

剩下的20元等到来年收获后交吗？＝到正月就必须全部交清。

但地主是亲戚，所以请他租子便宜点或是纳期延长一点的话，应该可以吧？＝多少会比普通的好一点，超过这个就不行了。

比普通的好是什么意思？＝可以让我租子后纳，比普通的好。

其他方面呢？＝其他人的话不允许延期。

5亩的土地的收获情况呢？＝不好。

怎么不好的？＝因为在汽车公路的附近，所以高粱被割了。

【地租的减免】

因为被割是由于公事，没办法的，地主就没有降低租子吗？＝不能要求他降低。

要求降租的话会怎么样？＝不只是我一个人，受到损害的有很多人，没有谁要求降租。

要求降租的话会怎么样？＝地主不会允许的。

水灾等天灾和前述高粱那样的情况下，村民中没有要求降租的例子吗？＝一次也没有。

租子便宜的情况，是根据这边的要求还是自发的降低？＝对方降租的事当然没有，但是我们这边要求了也没用。

【减免和续耕】

要求的话明年就不租借给你了吗？＝地主也贫困。摊款也变多了，明年就不租借给我了。

【滞纳和续耕】

虽然今年租子延期了，但来年地主还是允许续耕的吧？＝因为是同族，来年当然还会给我耕种。

一般的地主是怎样的？＝不一定。通常是不会让他耕种了。

欠典钱的话，就不会再允许续耕了吗？＝不允许。

这样的话，剩下的欠典钱怎么办？他人的土地的话变成普通的借款吗？＝不会，会催促。

【农具、役畜的借用】

农具这种对于耕种必要的东西你有吗？ =没有。向邻居借，免费的。

借役畜的话要钱吧？ =不要。

借农具和役畜的情况下，为表示感谢会去做短工吗？ =不会。只要喂役畜饲料。

应答者　侯连有

【应答者的家庭、土地关系】

家中6人。30年前3人分家，土地1人15亩，房子每人1间，没有养老地。典地4亩，下等地，地主侯宝善，一年，10元。分种4亩，下等地，地主侯宝善，一年。去年没有典地或分种。短工1人，长工1人。

【代替租子的短工】

典地的租子呢？ =4亩10元。

前纳吗？ =没钱付可以做短工付。

要做多少天短工？ =不一定。有工作就去。

最开始就约定好做短工付租子了？ =是。

约定做几天短工了吗？ =五六天，合计10元。

做短工支付是地主的意见吗？ =双方的意见。

哪方先说的？ =对方。

为什么不是钱而要求短工呢？ =对方没钱，我们也没钱。

地主的所有地是多少？ =27亩。

做短工支付的租子在本村多吗？ = （?）

根据这个约定，地主来找你做短工时，你生病了的话怎么办？ =那就没办法了。我方雇用不了谁去做工，也没钱。如果不去的话，就是欠典钱。今年劳作了6天，没有欠典钱，对方也没有来叫我去的必要。

来年有这个打算吗？ =来年不知道。

【租子以外的劳动服务】

1天2元，去了6天的话，多出的1天是什么意思？ =谢礼的意思。

不能去5天吗？不能不给谢礼吗？ =必须给谢礼。因为就是1天的事，所以必须去。

没有多去2天的必要吗？ =没有。

租子是20元的话怎么办？ =租子上涨的话就不耕种了。

不是这样，耕种着20元的土地，要做10天短工来还租的情况下，谢礼的天数是几天？ =也是1天。

做短工时的午饭呢？ =给午饭。

【伙种】

分种分粮了吗？ =分了。

什么有多少？ =高粱一斗，豆子五升。

这是按垄分的吗？ =按颗粒计量的。豆子也是。

什么时候？=1个月前。

合约上是什么时候？=收获完的时候。

分粮地里没种其他别的什么作物吗？=没有种。

应答者 侯长永（家中5人）

土地？=18亩。典地和分种地都没有。

工作主要是什么？=父亲是农民，哥哥是铁匠，我做小生意（在新京做工，古董商，6年时间，现在因为生病回来了）。

分家呢？=30年前4个人分的。

一个人的土地有多少？=18亩。房子每人分2间。

养老地呢？=当时父亲不在了。

不打算分种或典地吗？=没心思。

【外出务工】

在家典地或分种与外出务工哪个好？=有钱和种子的话，比起外出务工，还是在家典地或分种比较好。

外出务工也有侯庆昌那样的人怎么办？=存不住钱的也有。

外出务工后变得有钱的人多吗？=不一定。少。

为什么去满洲？=北京和天津没有熟人。

以前和现在外出务工的情况是怎样的？=以前多，因为现在不能汇款了。商人不准苦力带着钱回家。

去县城做工怎么样？=去满洲的话不要雇用金，在县城要。

也去附近的村子做工吗？=哪个村子都去。

哪个村子去的多？=（?）

11月4日

外村租佃 地租 典地和伙种 谷价 对地主的劳动服务 伙种 雇农

应答者 刘子馨（地主）

【应答者的经营土地关系】

家中11人。40年前，父亲那代3人分家，父亲刘忠—本村，刘金—刘庄，刘荣—本村，每人分160亩。祖父那一代剩下了4顷。典地26亩—侯永义10亩，4年时间，1亩7元，下等地，后纳。赵家港的赵6亩，一年，1亩5元，下等地，前纳。赵家港的侯10亩，一年，1亩5元，下等地，前纳。分种泥井镇的李20亩，一年，中等地。自耕地92亩，荒地不耕地30亩。长工2人，春天雇了短工。

【关于应答者的分家股】

刘金为什么去了刘庄？ =他卖掉了本村的上地移居到了刘庄。在刘庄有亲戚（儿子的姻亲）。

在刘庄有土地吗？ =在这边没土地了，那边也没有。

为什么刘金160亩地都没有了？ =刘金的儿子不在了，做生意的时候死的。现在完全没有土地了。

刘荣现在大概有多少土地？ =140亩。

【外村的佃户】

赵家港村的典地的是熟人吗？ =是。

他们在典地的时候有委托介绍人吗？ =本人直接来的。

与侯是什么关系？ =以前住在这个村子里，但是没有地，因为对方有亲戚所以移居了，自己没有所有地。

与赵呢？ =朋友。自己没有所有地。

本村民的话，姑且不说，你典地出来的事，赵家港的人是怎么知道的？ =距离也不远。这块地是双方共有的，在侯家营和赵家港的交界上，因为离赵村近，所以关于这块地，需要赵村民那边的典地的希望者。

不是对方来请求租用佃地的吗？ =是。

那么为什么他们知道你的想法？ =（?）

【租子】

侯永义的第一年的租子是多少？ =1亩3元。第二年是3元，第三年是5元。

【欠典钱—滞纳】

有多少欠典钱？ =合计180元。第一次30元，第二次30元，第三次50元。

第一次的欠典钱是因为什么原因？ =歉收。双方朋友。

这180元要怎么交纳？ =有钱的时候就交。

【滞纳和续耕】

明明持续欠典钱了，为什么还让他续耕？ =是朋友。

与侯永义的关系 =（?）

欠典钱不用写借据吗？ =不写。

通常是怎样的？ =也不写。

来年也打算让他续耕吗？ =是。最初那年没决定耕种多少年。

【土地的等级和租子、摊款】

上等地是10元，但也有下等地要7元？ =因为即使是下等地也好。

中等地呢？ =七八元。

那么你的地与中等地一样，这还叫下等地？ =村里把一块的土地分开了，一边是中等地，一边是下等地。民国十一年。

当时为什么这么做？ =民国十一年前摊款很少，但那之后变多了。至此上、中、下等地要一起负担一样的数额，所以村长们集中起来划分了上、中、下等地，摊款的负担率才变低。决定以中等地的2亩相当于上等地的1亩，下等地的3亩相当于上等地的1亩这个方法来负担摊款。

这个负担比例是针对哪个摊款的？＝当时只有村里的摊款，乡的还没有，钱粮是不同的。

现在是怎样的？＝只有村里的摊款。镇上上、中、下无区别收取。

当时他村也是这样决定的吗？＝只是这个村子。

当时，村民全体会议等的代表者决定的吗？＝村长、会头、有文化的人大约20人聚集起来决定的。分成3班检查土地，然后决定了上、中、下。

关于这个留下记录了吗？＝留下了，地亩账。

民国十一年的时候呢？＝（？）

反对这个的村民？＝没有。

【介绍人】

在你的经验里，有过介绍人吗？＝没有。

【典地后纳】

明明赵和侯是前纳，而永义却是后纳，这是为什么？＝因为永义穷，所以有帮助他的意思。

是前纳还是后纳就能起到帮助作用吗？＝就只是这样就可以帮到他。

为什么？＝春天怎么都要收租子的话，佃户就不能租借土地了。

春天或者秋天出不是一样的吗？有什么区别？＝虽然金额是一样的，但是把前纳改为后纳的话通常高一些。

高多少？＝50钱。

此外，春天不方便秋天方便，佃户那边有这样的原因吗？＝春天对佃户来说是最穷困的时候，之前收获的作物也已经吃了。因为秋天收获后有了钱就变得方便了。

把前纳改为后纳的话，借方变多了吗？＝是这样。

因为前纳而租借不了的典地的多吗？＝多。

大概到什么时候决定土地的借方，把土地借完？＝忙种，4月23日。

即使3月想借也没有吧？＝虽然想租借的人还有的话就能借，但是超过这个期限就不行了。

【典地和伙种的优劣】

比起把前纳改为后纳，把典地改为分种的话，对于佃户不是更好吗？＝是这样。

而且不想把典地改为分种是什么原因呢？＝典地的话简单。

其他的呢？＝没有。

租子不用钱交纳而用谷物吗？＝地主方没有劳作的人的话，拿到了钱还必须去买食材，直接拿谷物的话更有利。

但是你对李是分种吧？＝只是自作地的粮食不够。

这样的话，永义、赵、侯即使分种不是也一样吗？＝这3人不想分种，李想分种。

作为佃户，有钱的话，比起分种，典的话更有利益吗？＝是。

为什么？＝因为秋天收的谷物全部都是自己的。

分种的话，因为不用交钱，谷物少一点的话也好吧？ =对。

这样的话，典是有利的这事 = （?）。

谷物是怎样的？ =谷物收一半。比典的地租更高。

佃户穷得典不起地，但是可以分种吧？ =是。

【谷价】

谷物的价格是多少 = 今年是

高粱（红）		1 斗 20 元	稗子	1 斗 9 元
〃（白）	〃	23	小豆	〃23
豆子（黄）	〃	19	白薯	100 斤 14
〃（绿）	〃	23	花生	〃50
〃（黑）	〃	18	棉花—	
玉米（苞米）	〃	20	小米（谷子）	1 斗 30
黍子（黄米）	〃	32		

春天和秋天的价格不一样吗？ =是。前面的是秋天的价格。

高粱（红）	（春）10 元（秋）20 元
〃（白）	11
豆子（黄）	12
〃（绿）	15
〃（黑）	11
苞米	10
黍子	16
稗子	5
小豆	13
白薯	—
小米	20

【谷价的变动和租子】

欠典钱是春天还是秋天？ =不一定。

因为春天和秋天的谷价不同，所以地主根据收租的时间是有得失的吗？ =没办法，即使稍微亏损一点。

作为地主什么时候收取什么都有利吗？ =春天收钱的更有利。

春天收取谷物怎么样？ =春天佃户没有谷物。

不过春天让他们用谷物交纳欠典钱的话，不是更好吗？ =即使对我们有利益，佃户也不会交纳。

为什么？ =他们没有。

【外村的佃户】

借给本村人和借给外村人，哪个更好？ =一样。本村人不知道而外村人来了的话就借给外村人。

先来先得吗？=是。

你的土地都在本村吗？=大部分在本村。赵家港有2亩。

借给土地所在地附近的村子的情况多吗？=多。

即使土地离外村近，也有不借给外村人的情况吗？=也有这种情况。

听说这个村子的地主几乎不借给外村人，这有什么原因吗？=因为村里有很多佃户。

【佃户的教育】

这个村里佃户的子弟都上学吗？=上学。

【地主、佃户的食物、农具的借用】

典地的不来地主家里借食材吗？=不来。

农具呢？=不借。

【替代租子的短工】

做短工付租子的情况是地主去叫的吗？=去叫。

去叫的时期是一定的吗？=忙的时候。

春天播种、秋天收获的时候来叫是最多的吗？=是。

那是他们也很忙吧，不过必须来吗？=对方忙时不去叫。

去叫的话怎么样？=我们非常忙（秋收）怎么都必须去叫的时候，对方即使忙也要来。

【对地主的劳动服务】

不能做短工付租子的情况下，典地的也来地主家里做短工吗？=是。即使没有租子的关系，一年也有一二天会叫他们来，给他们工作做。

分种和典地的天数怎么样？=不一定。不叫外村人。典地的话天数多。

一般一年里来几天？=二三天。

那时，不是来地主家做短工而是来帮忙的意思吗？=是，不要工资。

本村的佃户里没有不这么做的人吗？=帮忙的情况也是地主方去叫的。不叫的话不会来。

没有不去叫的地主吧？=不太多。

去叫的话，没有不来的人吧？=没有。

叫来的天数也是根据典地的多少而不同的吗？=这倒不是。一个地主有很多典地的，会叫来其中好的人。

这样做的话，被叫来的人不就吃亏了吗？=不过习惯是前述那样。

【伙种—分配方法的区别】

分粮的场合，按垄分和按斗分，哪种情况多？=按垄分的少，但是我是按垄分的。

按斗的时候，是小斗还是老斗？=市斗。

地主家里的斗吗？=地主家里的斗。

老斗测量的多一些吧？=这也相当多。

是用老斗还是市斗，是约定之初决定的吗？=这是地主的自由。分粮是一半一半。

按束来分的吗？=没有。

有的话是什么情况？ –没有。

【伙种和茬】

分粮地的作物不管哪种都是一半一半吗？ =是。

这样的话，一年两熟、一年三熟和一年一熟，地主的配额有增减吗？ =是。

收获期不同也是吗（一年两熟的情况）？ =同一土地里不管种几次都是折半。

这叫什么？ =两茬。一般是一年一茬，没有两年三茬。

地主的配额也随着这个有增减吗？ =是。

约定之初就决定是两茬还是一茬吗？ =对。不过不是非常好的土地的话不能一年两茬。

上等地的话可以吧 =可以。

这种情况下，种什么作物？ =麦子和苞米。麦子（秋天的寒露）8 月 30 日播种—（夏至）5 月收获，苞米 5—9 月。

麦子是 8 月—5 月的话，很奇怪，不需要一年吧 = （?）。

这样的话，不是一年两茬吧？ =大麦可以。大麦 2 月上旬（5 日）播种—5 月初（9 日）收获，苞米 5 月（15 日）—9 月。

这种情况下，苞米和大麦都是一半一半吗？ =对。

两茬还是一茬，是哪一方希望的？ =佃户的希望。

虽然上等地能够两茬，但如果佃户要一茬怎么办？ =没办法。

上等地分粮的时候，地主方不会要求两茬吗？ = （?）

上等地、中等地、下等地中，分种多的是=上等地也不是没有，但是中等地、下等地分种的多。

中等地、下等地多是茬的关系吗？ =不是茬的关系，因为上等地安全，所以地主自己耕种上等地。

应答者　吴赵氏（地主）

【应答者的土地经营关系】

所有地 150 亩。自耕地 1 顷。长工 3 人。

（注：只有女子回答，又不得要领，就停止了提问。女子的回答比男子更小心谨慎）

应答者　萧惠生的妻子

【应答者的土地关系】

家中 10 人。水田分种。所有地 51 亩半。长工 1 人。典地。

【与日本人地主伙种水田】

水田在哪儿？ =七里海。引滦河的水。

分种多少亩？ =2 顷多。只有 40 亩被耕种（今年）。

地主是谁？ =公司。很多村民去耕种。现在是稻子的收获期，主人在七里海农场，雇用了 2 个长工。中坚公司。

从什么时候开始的？＝今年开始。

公司是中国人的吗？＝日本人、朝鲜人。去年开班。去年是别的人耕种，成绩不好。

分种的话，保人和保证物是必要的吗？＝（?）

中坚公司是怎么回事？＝把海岸的荒地作水田，去年开始日本人（?）

约定是几年？＝一年一年。

【虫灾】

虫灾呢？＝十五六年前有过。黍子损害严重，高粱还好。

【外出务工时的土地管理】

男人在外做工时，家里土地是谁管理？＝妻子。

祖母在的时候呢？＝妻子。

这种情况下，分种和典呢？＝妻子。

（注：惠生的妻子，对丈夫的七里海农场的水田分种的事情不清楚，对农事也不清楚，停止提问）

应答者　侯大祥

【应答者的土地关系】

家中6人。所有地21亩，上等地4.5亩，中等地2.5亩。分种17亩，今年开始，地主侯金铎。至今没有典或分种。

【开始租佃的事情】

为什么至今没有分种、典地过？＝因为没钱所以典不了，没有允许我分种的地主。

没有分种是因为你没有去找地主吧？＝找了，但没有地主同意。

今年为什么找到了？＝因为今年这个地主解雇了长工。之前他雇了长工自己耕种。

【由长工的自营和租佃的优劣—地主】

作为地主，雇用长工自己耕种和典或分地，哪一个更好？＝长工工资少收获多的话，自耕好。

【长工的工资】

今年长工的工资上涨了吗？＝比以前高。前年是150元，去年是200元，今年哪儿都还没有签合同，但因为谷价涨了，所以会变高吧。

继续雇用长工的话，也是年年涨工资吗？＝是。每年续约也是。

【伙种—根据作物分配方法的不同】

今年分粮了吗？＝分了，按垄分的（高粱、苞米）。稗子给了地主三斗四升。豆子八升。

豆子和稗子不按垄分吗？＝不按。

为什么？＝因为干不高。豆子按垄分的也有，但是因为忙，所以没按垄分。

主要是什么谷物按垄分？＝什么作物都没关系。

什么时候按垄分的？＝40天前。

收获是多少天前？＝收获的时候，按垄分的。

没有收获之前就按垄分好吗？＝没有。

【收获时地主的到场—伙种】

分配时到场的是谁？ =佃户和地主（长工跟着去）。

长工为什么跟着去？ = （?）

【肥料的负担和作物的分配方法—分垄和它的关系】

怎么收割地主的田？ =我去收割。

收割地主的田是很平常的吗？ =我的话，是因为地主出肥料，所以去收割。不出肥料的话，就不按垄分。

按垄分是在出肥料的情况下？ =是。

分种地里必要的肥料全部由地主出吗？ =是。

17 亩的分种地要出多少？ =只有 9 亩是完全不用自己的肥料的，这由地主出全部的。8 亩是我们这边出。

地主 1 亩地要出多少肥料？ =只要足够这 9 亩地。

最初的约定是怎样的？ =关于量没有约定。

那么只要你去取就给你吗？ =是。

如果是去取 10 亩的呢？ =如果去取太多就不好了。

约定的时候说过只有 9 亩由地主负担吗？ =是。

如果说 17 亩全部的肥料都由地主出的话，全部的作物就必须按垄分了吗？ =是。

地主不出肥料的话就不能按垄分了吗？ =是，那样就不能。

那么为什么要分？ =谷物全部收割后运到佃户家里，（把高粱）一束一束的分成两份，让地主选择任意一束。

用束分的作物有什么？ =不一定。

豆子呢？ =不用。

地主给了肥料的话为什么要按垄分？ =因为按垄分的话，对方连壳子一起收取。

地主收取的其他的东西呢？ =没有。

作为出肥料的补偿，地主收取什么东西呢？ =壳就作为肥料的替代。

作为地主，按垄分和按束分，哪个更有利？ =今年壳的价格刚好是肥料的价格。

地主出的肥料的量必须与壳的价值相当吗？ =即使壳的价格上涨了也收折半的壳。

1 亩按垄分的情况下，必须出多少肥料？ = （?）

要出多少肥料才按垄分配？ =一般的旱田的话，出 1 车肥料就有 1 亩按垄分。

1 车的肥料和土的比例呢？ =土 65%，肥料 25%。

不出肥料就不能按垄分了吗？ =不能。

按垄分的亩数是多少？ =9 亩。

这样的话要出 9 车肥料吗？ =对，就是这样。

不出这以外的吗？ =我们没有要求比这更多的。

应答者　侯元升

【应答者的土地关系】

家中4人。典地12亩，下等地，7亩的地主是侯永宽，一年。5亩的地主是侯元铭，2年，租子1亩7元，后纳。所有地16亩，下等地。3年前为止分种和典都没有。

【半工】

3年前为止，没有过分种和典吗？=没钱。做过长工，在侯宝廉家做过一年半工（2天自家，2天廉家），工资是65元。

哪方提出做半工的？=我提出的。

主人是更希望长工吗？=他是希望要长工。

为什么希望做半工？=因为家里有16亩土地，必须耕种。

半工的工资什么时候支付？=春天一半，秋天一半。

哪个半工都是这样吗？=不一定。一次性付清的也有，先付。

半工和长工的工作不同吗？=一样。

【主家的农具、役畜的借用】

做半工的时候，不能从这家借用农具、牲口吗？=空闲时间能借。

没有因为借用农具、牲口而做半工的吗？=有。

这种情况也付工资吗？=付。

不借的时候怎么办？=并不怎么不同。

借用农具和牲口而做短工和不借这些就做短工，哪一种多？=借不借农具和牲口都一样。

还是在借用东西的家里做短工的多一些吗？=想用农具和牲口的话，比起不借的，还是会在借用的家里做短工。做了短工后再借用。

【长、短工使用的农具、役畜】

雇长工、短工时，使用哪一方的农具？=使用主人的农具。我们这边带过去也一样。

有没有从这边带牲口过去的情况？=没有这种情况。

有没有借牲口的用时也借长工一两天的情况？（良乡县吴店村）=没有。

【两家雇用的长工】

有没有双方家里一起雇用长工的情况？=也有。一户一户地去做半工。

这种情况下的劳动日是怎样的？=2天在甲家里，2天在乙家里，工资是一半一半地付，没有哪一方单方面全部支付的情况。

一方有牲口，另一方没有的情况下，会把有牲口的家里的牲口带去没牲口的家里吗？=不带去。即使带去了，没牲口的家里也不会给租牲口的钱。

【典地后纳】

5亩的土地在最初一年协定的是前纳吗？=后纳。

你第2年续耕同一块地的时候更改，商量了是前纳还是后纳吗？=是的。商量的结果又是后纳。

哪一方要求的？=我要求的。

后纳的话，选择伙种不是更好吗？=不想分种。

为什么不想分种？ =因为自己没有土地。

自己没有土地，为什么就不想分种？ = （？）

应答者 侯治祥

【应答者的土地关系】

家中2人。没有所有地。典地10亩，下等地，地主刘斌奎，租子22元，春天交了8元剩下的还未交，时间一年—今年。

【半工和典地】

听说你在做长工，家里只有母亲一人，而且还典地，春秋季时旱田的工作怎么办？ =在主人家劳动2天，自己家劳动2天，所以不是不能耕种典地。

在主人家劳动2天自己家劳动2天，这是根据长工的最初的约定吗？ =是，这是半工。

做半工的时间与长工一样是一年吗？ =是，约定的一年。

一年的工资=100元。

明明做长工可以得到更多工资，做半工的理由是什么？ =因为自己家没人。

比如说，为了借用主人家的农具和牲口才去做半工，没有这种原因吗？ =什么都没找主人借过。

做半工是主人那边希望的吗，还是出于你的考虑？ =根据双方的情况，主人没有只雇用长工的钱，而且我家里没劳作的人，做普通的长工的话自己家的地就耕种不了，所以选择做半工。

（注：因为说现在必须要去主人家做长工，很急的样子，尽管遗憾，还是结束了提问）

11月5日

地租 租佃合同 伙种

应答者 侯文焕

【应答者的土地关系】

家中4人。民国二十七年4人分家，土地1人3.7亩，房子每人1间半，养老地5亩。所有地3.7亩，下等地。典地3.5亩，上等地，地主侯永宽，2年，租子40元后纳。分种20亩，14亩—中等地，地主侯庆昌，一年；6亩—下等地，地主刘斌奎，2年。

【典地后纳】

最初约定时，侯永宽要求前纳还是后纳？ =开始要求前纳。

你呢？ =要求后纳，对方同意了。

前纳的话，会便宜多少？ =一样。

一般是便宜一些的吧？ =前纳40元，如果是朋友的话，后纳也是40元。

不是朋友的话要多少？ =不是朋友的话，不会同意后纳。

本村人里还是有跟地主不是朋友的人吧？ =同村的话都是朋友。

即使是同村村民，也有没与地主商谈过的人吧？ =有。

本村人的佃户认识本村的地主吗？ =认识。

【租佃的申请】

即使认识，也不一定就必定能租借到地吧？ =对。如果地主没有多余的地的话。

【申请前的咨询】

通常佃户去地主那儿时，知不知道地主还有没有地？ =首先要找其他人打听这个地主的状态，之后再去。

不能拜托其他人与地主交涉吗？ =打听的对象是那个地主之前的佃户。

想典地的人，一般会去地主的佃户那儿打听地主的情况吗？ =会。

这种情况下，是打听这个佃户是否续耕，或者是打听这个佃户以外的地主的土地状况？ =最开始是打听这个人是否续耕，接下来打听其他的土地的情况。

这样的话，本村村民都会去问前一年的佃户是否续耕吗？ =是。

与不去打听这些情况，一开始就去地主那儿的相比，哪样的多？ =直接去地主那儿的。

没有与之前的佃户一起去地主那里请求典地的情况吗？ =不特意与之前的佃户一起去也行。这种情况也没有。

【租子的提高】

3.5亩的土地去年的租子是多少=37元。

什么时候从37元涨到40元的？ =去年秋天。

地主要涨价时你什么都没说吗？ =涨价后，其他人也没说什么。

也没有说过因为第一年耕种是37元，所以第2年也该是37元这种话吗？ =我说过这个意思的话，但是对方以摊款上涨的理由，拒绝了我。

你就说40元会更穷，所以不租地了吗？ =就是这样。

欠典钱多少？ =没有。

第2年地主说过把后纳改为前纳吗？ =没说过。

【租子的分纳】

去年什么时候收了多少？ =分两次收的，9月20元，15天后收了17元。

今年几次？ =3次。这个月2日收了15元，七八日左右15元，第3次是22日10元。

典地的租金一般就是这样分2次、3次交的吗？ =是。

没有一次性交清的典地的吗？ =非常少，因为穷人多。

前纳也是这样吗？ =也是一样的。

收多少次是根据典地的地主张吗？ =地主方是想只要可以，就1次收完，但是佃户没钱。

没钱的情况下，用谷物交也可以吧？ =用谷物交租的少。

分纳的情况下，金额是最开始多还是最后多？ =不一定。

收 3 次的话，最后一次在第 1 次之后两个月可以吗？ = 可以。

6 个月呢？ = 不行，不能隔太久。

隔几个月比较好？ =1 个月。

收 3 次的话，第 2 次的日期是根据第 1 次的时间决定的吗？ = 是。

是几月几日这样的吗？ = 大概的日期。

大概的日期 =40 元的租子的话，最开始拿 20 元去，就说现在只有这么点请再容忍一下，剩下的会尽早拿来的。地主也会问下一次的日期，佃户会回答地主 1 个月后或 20 天后。

不是最初就约定好分几次支付的吗？ = 最初不说分纳几次。第 2 次没有带去全额也不要紧。

最大次数是几次？ = 约定的是 1 次但最多 3 次。

没有 4 次的吗？ = 也有。地主同意的话就行。

一般地主不会同意 4 次吗？ = 只到 3 次。

【伙种—根据作物分配方法的不同】

侯庆昌的 14 亩的分粮是什么？ = 地主高粱六斗，稗子五斗，棉花 15 斤，豆子一斗。

不是按垄分吗？ = 按垄分的。

按垄分了多少亩？ = 高粱旱田各分 3 亩半。

这 3. 5 亩的收割时各自做的吗？ = 是。

什么时候这样的？ =8 月上旬，高粱成熟的时候。

之后到收获为止有多少天？ = 那一天就收割。

剩下的 7 亩怎么办？ = 棉花按秤分。豆子和稗子与高粱一样分，各分 3 亩。

【分高粱的方法—分垄】

分高粱时，垄是什么走向？

= 垄是东西走向，沿着田界分成东西两块。

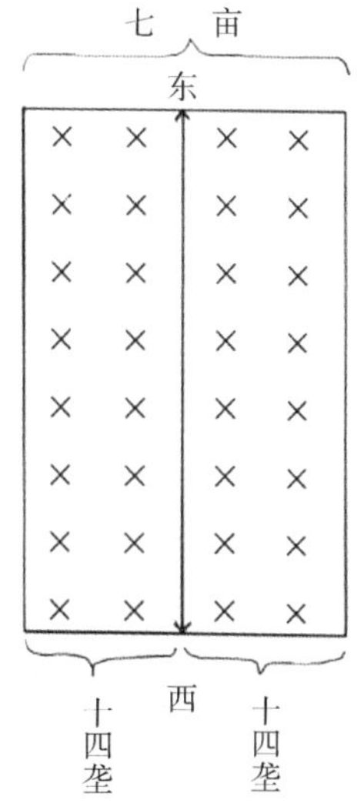

垄的数目左右相同吗？ = 一样。

3 亩半的土地里有多少垄？ =14 垄，地主那边也是 14 垄。

各分 3 亩半，垄的数目分别不同吗？ = 相同。

这样的分配方法叫什么？＝半对半。

按亩分还是按垄分？＝一样，哪个都可以。

垄是南北走向的情况，东西向划线分配的有没有？＝没有。

【分棉花的方法】

为什么棉花不按垄分？＝棉花不像高粱那样高高的伸长，干很矮枝横向伸张，按垄分很困难。

【肥料负担和分垄的关系】

地主会给17亩分的肥料吗？＝不会。

那为什么按垄分？＝根据协议。收割的劳动自己做。

那么，如果地主给肥料的话，就由这边收割吗？＝是。

给肥料的情况下，不能拒绝帮他收割吗？＝不能拒绝。

按垄分的时候，给了肥料却没有帮地主收割，可以这样做吗？＝不可以。

按垄分不一定必须给肥料吗？＝是这样。

【伙种作物的分配方法】

刘斌奎的是怎样的？＝高粱三斗半，豆子一斗。

这不是按垄分的吗？＝全部是我收割的，按颗粒分，按秤分。

按颗粒分的情况，地主到场吗？＝不到。

那地主不是不知道收割了多少吗？＝佃户不会做那种事。

收割时不到场吗？＝不到场。

一般呢？＝把收割的高粱按束分的也有。

按束分也要是在地主出肥料的情况下吗？＝不是。

按束的话杆儿也一起吗？＝杆儿是另外的，只切下穗子的部分束起来，按束的数量来分。

去年呢？＝没按垄分。

是否按垄分是最开始协商时就决定的吗？＝是。

前述3种方法以外的分粮方法？＝没别的。

土地买卖篇

1942 年 5—6 月

（华北农村惯行调查资料第 84 辑）

土地买卖篇第 11 号　河北省昌黎县侯家营

调查员　小沼正

翻　译　徐秋仁

6 月 6 日

土地买卖相关的县概况

应答者　赵广学（省款股科员）

地　点　县公署

【指地借钱、当和卖】

在这个县里，因结婚和葬礼等需要钱的时候，卖土地的人多吗？不卖土地先借钱的人多吗？ = 分为出当的和卖的。开销少时，就出当 2 年或 3 年，开销多时，就卖掉。

那时立即卖地的，先指地借钱之后当地、然后再卖的，指地借钱然后再卖的，起初当地然后再卖地，以上情况当中哪一种是最多的？ = 这边立即卖掉的多。也有因开销少想当的，但因为有钱人想立即买下来不想承当，所以不得已只能卖掉。

比起拿出来当的，还是卖的多一些吗？ = 多一些。出当的是最少的。

指地借钱比卖的少吗？ = 卖地的是最多的。

【买地的家庭】

买地的家庭大体上是定在县内的吗？ = 不是一定的。即使有想买地的人也不知道卖家信息。再者，也不知道卖哪块。要从中间人那里知道卖家消息，所以不是像买物品那样想买就能立即买到。

每年大致是定下什么样的家庭作为买地的家庭？ = 不是一定的。变得有钱的农村人什么时候都买。耕种后赚到钱的话，什么时候都想买。

在这边没有去满洲赚钱买地的人吗？ = 有。

不多吗？ = 比农村人买的少。不过商人比起买地更多的是积累商业资本。

这个县里拥有最多土地的是谁？ = 在第二区有拥有 60 顷的人。

为什么成为土地大亨？＝几代前就开始逐渐赚钱了。

怎么赚的？＝做商人赚的。开始是农民但后来当商人了。

也去了满洲吗？＝二三十年以内没有去满洲的人。在本县做。

除了通过农业赚钱，通过商贾赚钱成为土地大亨以外，就没有其他的原因了吗？＝没有。

例如，没有通过成为官吏来地方巡视的吗？＝昌黎县有1个人，但现在变穷了。第1区的马家以前是前清的运粮道的道台。

【土地先买的顺序】

卖地时必须先卖给同姓同宗的家庭吗？＝虽然有这样的习惯，但是也不一定。卖地时与同族同宗谈话后，不买的话就卖给他人。不过，不跟同族同宗说也可以。

因为没有拒绝，所以就不能生气，不能收回吗？＝不会生气。这附近的村里卖主想卖地时，会先问近祖即同姓。问了这些人之后没人买的话，会问地邻。还是没人买，就随便卖给谁都可以。因为这在法律里没有，所以也有人不遵守。

因为这在法律里没有，所以不问也可以，但还是问一下比较好吧，这样做的人还是多一些吗？＝不是，这样的少。

不会去问地邻以外的其他承当者吗？＝问老实善良的人。

近祖、地邻、承当者中必须最先问哪个？＝最先问近祖，然后是地邻，最后是承当者。

以上是应该这样做的吧，但是实际上是怎样的？＝还是先从近祖开始，地邻次之，承当者没关系。例如，自己要卖的地是祖产，分家分的，因为这个祖产只是分家之后分的，所以让近祖买的话，就可以保存祖产。接下来问地邻，是因为测量时必须拜托他们。如果没告诉地邻就卖了的话，在与地邻的关系上容易被起诉。不与承当者说的话，也可以买卖。因为能从承当者那里赎回来的话，就好了。

【出典地的变卖】

自己想要钱但出当了土地，并且那个期限还没到的时候，跟承当者商谈不是更好吗？＝当契不一定要写期限。即使当契上写了期限也不用管期限。想卖的时候立即找承当者，如果承当者不愿买地的话就卖给别人。因为卖家是因为穷卖地的，所以承当者也必须认识到这点。

为什么设当契的期限呢？＝期限内，即便承当者说一点也不能卖，但因为与出当者生活相关，他必须同意卖地。

那种时候必须跟承当者谈话吗？＝必须商量。

如果到期了不商量也可以吗？＝没问题。

【同族、地邻的先买】

以前更近祖缘的人更有先买的优先权，如果不理会，估计都有想把地买回来的念头吧？＝确实是。现在经验丰富些了，也有不认可先买权的人。其中也有认可的。

地邻的话会怎样？＝如今有的时候还是可以的。以前更厉害。

大约到什么时候还是这样？＝民国以前是很麻烦的。

【土地买卖的时期】

土地买卖主要在一年中的几月左右进行？＝昌黎县分两部分。第一、二区多在阴历的年节以前，三、四、五区多在阴历的清明节前。

为什么分两部分呢？＝这也不是衙门决定的，而是以前开始的习惯。

为什么这样？＝在阴历年前是为了在年前还借款而自发的卖地。一区、二区现在通常是在年末前还借款。三、四、五区是来年的清明节前还。

一、二区和三、四、五区为什么借款的偿还方法不同呢？＝这是祖先习惯形成的东西，不是官署的习惯。

看了财务科里的契税的比额表后发现有淡月和旺月，这是怎么回事？＝这是在省里根据省全体决定的，在县里不适用。淡月征收得多，旺月征收得少。

【土地买卖的渐减倾向】

现在和10年前哪个买卖土地多？＝10年前多。

与20年前相比呢？＝20年前多。现在的摊款多，1亩八九元，所以有钱的人不想买地。

民国初年和民国十年、二十年和现在相比逐渐变少了吗？＝渐渐地变少了。

这是为什么？＝因为本来从满洲可以自由的汇款，摊款也少，所以买卖的人多。

去年一年里在全县有多少人卖地？＝25，000户。因为都是3亩、5亩这样的小数目，没有30亩、50亩这样的大数目，所以即使是每户3亩也有75，000亩。

【地牙纪、中人、监证人】

卖地时，卖主和买主之间有牵线搭桥的人吗？＝有。

这叫什么？＝以前叫地牙纪。现在叫中人。但是现在的中人是不以这个为生的，就是没有以这为职业的人。

地牙纪做些什么？＝说合，在卖家和买家之间公平地决定价钱。

怎样做？卖家马上去那里吗？＝是。请他帮忙找买家。

昌黎县里有很多吗？＝以前也还有几十人。从民国十年就渐渐没了。

地牙纪像包商一样涵盖吗＝到县里申请执照，领到的话就成为牙纪。

这个许可时牙帖吗？＝相当于现在的许可证。

这与官中牙纪不同吗？＝从地牙纪变成官中牙纪，一、两年后就没有了。地牙纪与官中牙纪的工作是一样的。文书之上只填写中人。

与现在的监证人工作一样吗？＝监证人不说合。是监督卖家、买家的漏税情况。

监证人大约是从什么时候有的？＝从十几年前有的。官中牙纪消失后村正、村副监督漏税，之后小乡长开始做这件事。

官中牙纪说合吗？＝官中牙纪不会真正的说合。后来村正、村副开始说合后，牙纪就不说合了。

村正、村副大约什么时候有的？＝民国初年开始有的。一部分是宣统年间开始实行的，全部都有是民国之后的事了。

中人做什么工作？＝以前和地牙纪、官中牙纪是一样的。但不是专员。谁都能成为中人。主要的工作是公平地决定卖家和买家间的价格。

其他的就是，中人成为保证人不用承担责任吗？=不用承担任何责任。平常的谚语中有土地买卖缺少中人，买卖就做不成的说法，卖家和买家不能直接商约。

中人是一个人吗？=不限定为1人。两三人的，5人的情况也有。

这5个人都在时中人的工作不会不一样吗？=没有这种事。

【卖契】

卖地时必须写文书吗？=写契约。当地是当契，卖地是卖契。

没有退契吗？=虽然旗地是这样，但现在没有了。

契约里面写些什么？=印有买卖的田房草契，写上立卖契人的名字，地名，垄数，坐落，买家的名字，价格，地积，南北丈数，东西丈数，四至，亩数等。署名者是中人和立卖契人，印是盖监证人和学款的印章。

【立契和货款交接】

这份契约与货款同时交换吗？还是迟点交？=契约是立契后马上给。货款是当日给，也有经过10天、两周后给的。

不收这段时间的利息吗？=不收。

给货款和给契约的时期不同时，什么时候使用土地比较好？=立契后马上就是买主的东西了。因为这是不动产，所以不会立即耕种。清明节前能买的话到清明节都不用开始耕种。

有卖了地但没有立契的情况吗？=必须立契。不能只是口头决定。必须写在纸上。

【老契交付的有无】

没有订立新契约只给旧契约，没有这种情况吗？=只给旧契约是无效的。也有连着新契约一起给旧契约的。

给旧契约是在本县进行的吗？=很少在这个县里进行。根据这个，如果旧契约的名字与买家不同的话也无效。

【当契】

立当契后就这样不赎回，然后卖掉怎么样？=没有这种事。立当契后又接着卖掉，必须使之增值，再另外光凭当契，是卖掉了还是当掉了都不能很清楚地知道情况，所以行不通。

【指地借钱和出售】

指地借钱时，没有立卖契，就不能卖地吗？=不能。

【白契、红契、草契】

土地买卖的时候，买家把制作的契约递送到哪里？=买卖时写的契约叫作白契。来县里签税契后就变成红契，将来要打官司等的话才有效，白契在打官司时是不被认可的。

最初制作时是白契，白契在哪里签草契？=根据章程立契的同时必须临摹草契。

草契在哪儿有？=在乡长那儿。

草契多少钱？=1张7钱。

【监证、税契】

监证人的印呢？ =每100元4厘。

学款呢？ =当地的学款是1分。

税契要花费多少？ =每100元12元60钱，1元作为学款，剩下的给县里11元60钱，加之契纸价是每张1元。

签税契平常吗？不签平常吗？ =村民们一般都签税契。

以前是怎样的？ =即使以前也没有不知道的人。不过早签税契的人和晚签税契的人都有。

卖地时会附上钱粮票吗？ =因为乡长可以先知道买卖，所以从乡长那里来通知后，会根据通知更改征收处。因此没有附加的必要。

【土地买卖的货款交接】

买地时，给全额之前不用先给少许钱吗？ =虽然这少许钱没有名称，但还是有这笔钱。卖主和买主协商好了的话就给。

给多少？ =没有标准。大概一半。

自立契日后多少天内给？ =立契以前不用给。立契以后给。

像买东西要定金一样，立契前不用吗？ =不用。

立契日收取大约一半的钱，如果又不卖了的话怎么办？ =没有这样的事。这样就要打官司了。

不打官司，收取了一半的钱又毁约的话，双方都不讲不就好了吗？ =没这种情况。

金额不是很多，如果毁约，有没有收取像定金钱那样，金额又不大的毁约金呢？ =没有。

【田赋的负担】

卖地的时候，田赋由谁交纳？ =买家交。

立刻从那一年开始交吗？ =今年春天买的话马上由买家交。

秋天买的话怎样？ =秋天买的话，卖家替买家包纳本年的田赋。

【过割】

买家交田赋的话，名字在什么地方改？ =监证人，附上账簿，把这个告知县里，县里根据这个替换田赋征册。叫作过割钱粮。

过割要花钱吗？ =不花钱。

以前是社书的时候要花钱吧 =社书根据这来赚钱。

1亩大概多少？ =1亩二三十钱，以前县里不收，现在县和乡都不收。

如果有买卖，必须过割吗？ =必须。不过割的话不能交田赋。

土地买卖时，不登记吗？ =签税契的时候登记。

【旗地的清理】

以前叫做旗地的是怎样的土地？ =前清皇帝的皇族姻亲从皇帝那里直接买来的土地叫作旗地。这样的土地有很多，因自己不耕种所以拿出来租佃。这个租地的人叫作佃户。佃户每年向皇族交租，但民国十五年成立了官产旗产清理处，也即是卖旗地的地方，决定价钱后卖给佃户。民国十五年向县里交钱，这个清理处给出证明。之后就变成了民地。

根据这个清理，旗地一点也没有了吗？=对。

旗地也有各种各样的区别吗？=王府的名称（内务府、玉亲王府、敦王府等，其他的种类也有很多）。各旗地有庄头，征收王府的钱粮。

以前做庄头的人现在也还有吗？=现在不清楚。活着的人还有，但是过去十几年没有征收过王府的钱粮，所以已经变得跟村民一样了。

【转佃】

佃户在耕种着的地可以让给其他人吗？=可以。叫作转佃。

不叫作卖地吗？=不叫卖地。

不能叫吗？=不能。旗地的话叫退契、推契。

兑契呢？=这是交换的意思。

不叫过契吗？=不。

退契的话，去庄头那里跟过割一样做吗？=不过割。庄头来收集钱粮，那时跟他更换账簿。

现在变成佃户的东西了吗？=变成佃户的东西了，田赋是他们交纳的。

【清理的价格】

清理的价格不是与地价一起变化的吗？=对于1亩40元、50元的地，只用出1元或2元。

为什么这么便宜？=名义上即使是佃户的，但也等同于是自己的东西，退契和卖契也一样。

【旗地的由来】

不过起初不是庄头让人耕种的吗？=起初是王府出典。之后经历了几百年，变成佃户直接买卖也可以了。

不能把典地作为自己的地来卖吧？=王府旗地的租金，跟如今的民地向国家缴纳租子一样，只交纳这个就可以了。经过几百年后便可以自己买卖了。

是原住农民的土地，也已经交了田赋，清朝初年把这些地交纳给了王府，没有这样的土地吗？=皇帝把土地给他时，这个旗人会去建跑马圈。

这是什么旗地？=不知道。只是根据传言。

建跑马圈的话，不是原住农民的土地了吗？=决定前是皇帝的土地，决定后是旗人的土地。

虽然是皇帝的所有物，但其中的农民可以自由的进行买卖吗？=以前买卖也可以。

【临归卫地】

临归卫地是旗地吗？=不是旗地。

买卖也行吗？=可以。

是什么土地？=以前的县被分为社甲，这是社的名字。

【拨补地】

拨补地是怎样的？=不是旗地的社的名字。

买卖也可以吗？ =可以。现在全部是田赋。

【官产、学田】

县里没有不能买卖的土地吗？ =那是官产。

大概有多少？ =不多。有一二十亩，大约 300 元的租税。

学田是这样吗？ =不是这样。

什么样的是官产？ =以前的东儒学和西儒学就是官产。昌黎县财政状况里作为官地收入的官产官地就是县的收入，学田大部分成为学校的收入。

【村里的官地、官坑】

其他农民卖的就没有不好的土地吗？ =各村有官地和官坑。这不能自由买卖。如果卖的时候是村民全体商量后卖的话，这块土地就不能作为县的收入。

5 月 30 日

土地买卖相关的侯家营概况

应答者　刘子馨（侯家营保长）

地　点　其家中

【买地的人】

这个村里卖地时大多是什么人买？ =去满洲做生意赚了钱的人，不乱用钱存起来的人等会买。

大体上是本村的人多，还是泥井等外村的人多？ =本村的多。

这四、五年买地的人是不是大致就是那么一些人？ =倒不一定。一般稍微赚了点就买个几亩。很有钱的个还没有。

没有从昌黎县来买地的人吗？ =没有来买的。

泥井来的呢？ =有一、两个人。

都是看起来要买的那拨人吗？ =倒不一定。村里想卖地的时候，就会跟中间人说去找买家来买，看本村有没人买。

【中间人】

中间人是做什么事的人？ =谁都可以成为中间人，想卖地时就拜托他。

想买地时有能依赖的中间人吗？ =因为钱少，没人拜托中间人去找卖家。

【土地买卖的时期】

一年之中什么时候进行土地买卖的多？ =阴历的 11 月到 12 月进行。

这是为什么？ =有借款的话，秋收后要还。因为这个时候的粮价低，所以收入不足，要卖地来还借款。借款少。一年大概一次。另外收获后旱地里什么都没有的时候，会进行买卖。

这段时间以外有买卖的吗？ =虽然有，但是少。

这段时间会把谷物也一起卖掉吗？买家会要求卖家保证能种出作物，要求有收获吗？=这种时候往往是典给卖方，卖方收获。

大部分是这样吗？=全部是这样。

【土地买卖的原因和增减倾向】

土地买卖是什么原因？=多因为葬礼婚礼。水旱灾、杂捐的增加、病患、战祸都是原因。

哪个原因是最多的？=婚礼葬礼、生病和生活穷迫这三个。

民国二十六年至民国三十一年，民国二十五年至民国二十一年，民国二十年至民国十六年这几个时间段里，什么时段进行土地买卖的多？=几乎没什么不同。

最近和20年前哪个多？=也没什么不同。

【指地借钱、当和卖】

买卖时，是先借钱然后当地接着卖地这样的顺序，与直接卖地相比哪种多？=直接卖地的多。

为什么？=借人钱后再把地卖给那个人是很麻烦的。

先找甲借钱，接着把地卖给乙来还钱给甲，这样的多吗？=这样做的多。

这样做的话，把土地全部卖完后怎么办？=去满洲，做短工等。还有典地。靠自己的力量生活。

【去年村里的卖地者】

去年一年时间里，大约有多少人卖地？=大约6、7人。

（民国二十八年二月的地亩老账里，这一年里有24桩。其中写着上什么什么的指买，下什么什么的指卖，结果是有12桩）现在，二十九年阴历五月以来，因为不能从满洲汇钱过来，所以土地买卖少（参考泥井乡过地清册）。

【不能买卖的土地】

这个村里有没有不能买卖的土地吗？=没有。

以前也没有吗？=没有。

比如，旗地就不能卖吧？=不能。

为什么不能卖？=这是通过转让得到的。写了转契。

没有别的名字吗？=也写作卖契。

不叫推契吗？=也叫推契。

【旗地与庄头】

旗地可以卖吗？=可以卖。不管卖给哪家，只要他出租子就行。

去哪儿交租子？=庄头。

哪里的庄头？=五区黑王庄里叫吴的人。

来这个村里的庄头就是这一个人吗？=不知道。

没有从乐亭来的庄头吗？=有来过的。

这个吴庄头和从乐亭来的那个不同吗？=庄头从乐亭来的情况没有。

没有从乐亭来收取银粮和租子的吗？=没有。

不来收取乐亭的拨补地的银粮吗？－这地也是把银粮交到县里。

从滦县来吗？＝从滦县来的收栾县银子。

结果旗地能卖吗？＝能。

对于不能买卖的情况，典即当地的当，和退、兑等情况没有吗？＝没有。

旗地有多少亩？＝现在不知道。也不知道谁的在哪儿。

6月3日上午

土地买卖的手续　中人　买卖权限　土地的评价

应答者　侯定义（原村正、族长）

　　　　侯瑞和（乡丁）

地　点　侯家营保公所

【关于应答者土地买卖的经历】

侯定义先生做过会头、董事吗？＝40岁左右做过一年村正。

是民国多少年？＝宣统年间。

宣统年间有村正吗？＝有。村正是从宣统年间开始的。

之前是会头吗？＝从会头中选出村正、村副。

去过满洲吗？＝年轻时开始就是农民，没去过。

有几亩土地？＝50多亩。

民国初年呢？＝比现在多七八亩，有60多亩。

那是什么时候卖掉的？＝5年前卖了5亩，民国二十八年卖了4亩。

乡丁侯瑞和先生有多少土地？＝13亩。

民国初年呢？＝父亲在民国十四年左右卖了4亩。之前有二十四五亩，分家了。而且，自己民国二十五年卖了3亩，民国二十七年买了5亩半。

【土地买卖的手续】

要卖地的时候，首先要做什么？＝自己要想卖地。这时在村里有钱人有两个，但是不清楚他们是否要买地。因此要拜托第三人作为介绍人去商量价钱等。

【中人】

这个介绍人叫什么？＝立契时成为中人。中人还有其他的四、五人加入。另外，写文书的人叫作代笔人。

不叫作保人、中保人吗？＝不叫。

不叫中见人吗？＝这个村里全部写作中人。保人、中保人、中间人也被归入中人之中。

保人、中保人、中间人的工作有少许不同吗？＝全部相同。

想买地的人会去找卖家吗？＝与卖地的情况相同。自己赚了钱想买地时就告诉中人。

想卖地的人也告诉中人。中人会介绍双方。

【委托中人的方法】

瑞和先生民国二十七年买5亩半地时是因为什么？ =侯长树向瑞和先生出当了四五年时间。某天侯长树来说想卖给乡丁（侯瑞和）家。乡丁买是买了，但找了中人，找来了作为中人的孔子明写了文书。

民国二十六年卖了3亩半是为什么？ =因为瑞和先生脚不好，路都走不了，食物是买来的。正好侯元来想买地，所以委托（瑞和先生的）弟弟侯瑞谦去商量买地。

侯元来想买地这事是怎么知道的？ =我脚还没恶化时就知道了。

自己不能去吗？ =脚不好，去不了。

脚没有不好的话，自己去也行吗？ =不行的。对于决定价钱而言，中人是必要的。

中人首先与哪一方商量价钱？ =我跟侯瑞谦说，先去找侯元来商量。

【买家和中人】

侯元来想买地时，没有别的中间人吗？ =侯元来有别的中间人。但是买到地的是侯瑞谦。与其说是没有中间人，还不如解释为因为有钱应该会买，买家的中人当然就会去。

买家委托中人的情况不怎么多吗？ =不多。找买家的多。

【卖家和中人】

卖家委托的中人只有一个吗？ =一人可以，两三人也可。

想卖地的人委托了3个中人的话，买家变多不为难吗？ =不为难。卖给出钱多的人。

钱少的那方的中人不就丢面子了吗？ =3个中人一起去甲那里商量价钱，接下来去乙那里再去丙那里。然后3个中人商量决定。

卖方是分别委托中人的，此后中人之间会感到惊讶吗？ =会把委托的中人聚集到一起来介绍。

初次见到其余受委托的人，中人会因为卖家不光委托了自己而愤慨吗？ =没有这样的事。不管委托多少人都可以。委托得越多，价钱越高。

【委托中人的实例】

定义先生在民国二十八年卖了4亩地是为什么？ =为了小儿子结婚。

怎样委托中人的？ =正如刚才说的那样，这是村里的习惯。

中人里会先委托谁？ =萧惠生、侯荫堂、孔子明这3人。

首先委托谁？ =同时委托。

挨家走吗？ =先去萧家，孔家次之，最后去侯家，在同一天去。

带什么东西去？ =什么都不带。不需要。

这3人知道你委托了谁吗？ =知道。

这3人采取什么样的介绍方法？ =去像是有钱的家里。

这3人先去了哪里？ =去了侯全武那里。因为我说首先想卖给侯全武。然后全武答应了。

卖地时，决定对象的情况多吗？ =这很少，决定对象的少。

怎么知道侯全武想买地的？ =因为这块地与他的地挨着。

知道他要买地这件事吗？ =因为是地邻（耕地相邻的人家互称地邻），所以当然知道他想买地。

他早就说过想买这块地吗？ =侯全武有钱又是地邻，理应想要那块地，所以即使价钱稍高一点也会买。

5 年前卖 5 亩地时是因为什么？ =妻子和孩子长了疖子，借了二三百元钱。这一年支付了大约 500 元治疗费。

委托了谁做中人？ =侯瑞墀、侯荫堂、侯宝田。先是侯荫堂，侯宝田次之，第 3 回去委托的侯瑞墀。

【中人的数目】

你经常委托 3 个中人，一般是这样吗？ =卖家即使委托了 3 人，写文书时买家又会再加几个人。

只委托 1 个中人是比较罕见的，委托 3 人左右的才多吗？ =卖家只委托 1 人的也有。这是会加上买家那边的代笔。乡长也会加入。另外，委托了几个中人，就要宴请这些人。不过委托二三人的多。

为什么要委托二三人？ =与有钱人商量的情况下，在中人中，有一个是与甲关系好的人，其次有一个与乙关系好的人，再有一个与丙关系好的人，这样划分。

卖 5 亩地时，这些中人去了谁那里卖的？ =也是一次性成功。去了侯宝廉那里。

是因为什么去的？ =那时他赚了新的一笔钱。

不是地邻吗？ =不是地邻。

这 3 人中谁与侯宝廉关系好？ =全部都关系好。委托这 3 人就是因为知道他们以前就跟侯宝廉关系好。

这是因为第一想买给侯宝廉，所以才委托这 3 人的吗？ =自己（侯定义）曾经与侯宝廉谈过话。侯宝廉说有好地的话何时都会买，不好的地就不买，事实上也是几次没买不好的地。因此我想卖给侯宝廉，就请来了中人。

之前想把 4 亩地卖给侯全武时也请了中人吗？ =因为我知道，侯全武先生是觉得地邻的土地不管有多少，都想买。

瑞和先生想卖地给侯元来时，委托了侯瑞谦做中人，这是因为两人关系好吗？ =是。

从开始就是想卖给侯元来吗？ =是。

这样的话，卖地时是要先考虑对象，然后委托与这人关系好的中人吗？ =是。

自己想卖地，但是因为不知道谁要买，所以不请中人，这种情况少吗？ =请中人的方针是去村里有钱人那儿使他买地。首先甲会买吧，其次乙会买吧，做出这样的判断后去请中人。

【这个村成为中人的人】

成为中人的人是村里决定的吗？ =不是。是有知识的人来做的。写文书时可以写一些字的人，再者商量价钱时很会说的人等，就是有资格成为中人的人。

村里大约有多少人？ =侯荫堂、侯宝田、侯大生、侯定义、侯永正、侯全武（死亡）、孔子明、萧惠生、刘万臣、刘子馨、侯实臣（死亡）。其中找孔子明的最多。其他也还有几人，但是这些人是做中人做得比较多的。买地时、卖地时，都是从其中挑选出与对象及自己关系好的人来做中人的。

委托中人时只是口头委托吗？=是。

在山东，在买家那里完成的文书要交给中人，作为卖地意愿的证据，这里是怎样的？=这儿没有这样的事。是“立字为证”。买家、卖家的买卖决定后立下契约，与此同时付钱。写卖契的人要宴请买家，也让卖家、中人一起吃饭。

【村外的中人】

有卖给村外的人的情况吗？=有。

大致是哪里的人买？=连村的人。泥井、牛心庄、崔家坨、赵家港。

这时谁做中人？=本村有几个中人，外村也来几个中人。

把与赵家港的连接地卖掉的时候，在本村找中人，这个中人再去赵家港找中人吗？=是。本村的中人去找赵家港的中人。

村里要先考虑对象再决定中人，要卖给赵家港的时候，也是先考虑对象再委托中人吗？=因为卖给外村时不知道卖给谁，所以无法考虑卖地对象。只能先请中人，拜托这个中人去外村。即使这种场合，也要先确定本村有钱人因为地太远而不想买之后，再卖给外村。因为外村想买的人也有东方精神，重视礼仪，会问清楚为什么不卖给本村人，明确了不卖给本村人后才会买。

这样的话，卖地给外村的中人不是根据村子来决定的吗？=不是。

那么他去外村怎么寻找中人？=本村做中人的人大致都知道，也知道外村经常做中人的人，所以他们相互之间都认识，找谁都可以。

卖给没有联系的村的话怎么办？=没有这种情况。

【指地借钱和当契】

桥上的土地没有进行过买卖吗？=没有。我（定义）某一年在村内借了钱，亲戚中有一人把从桥上开始的一块土地拿出来作为借钱的抵押品，写了当契。

那么桥上的人来耕种了吗？=向侯宝廉卖地时，把文书和当契给了桥上的人，然后借了一笔钱赎地回来再卖的。

没来耕种过这块当地吗？=真正的当契里没有利息，但我自己在这份当契后面写了利息，作为指地借钱。

这没有盖章吗？即使这样也写了当契？=之后写了利息的金额，也写了钱到赎回。

那是没有制订押契吗？=制订当契的多。

指地借钱时也是制订当契吗？=制订当契。

一边制订当契一边支付利息，不就变成指地借钱了吗？=没变。当是借主耕种，指地借钱是地主耕种。

刚才那样边立当契边在后面写利息多少的也有吗？=也有。

在赵家港的人那儿听说桥上有拥有土地的人，是怎样的？=也有这种可能。因为连村，赵家港的人去桥上领取差钱。

【买卖的权限】

回到刚才的话题，卖家委托中人，中人去拜托买主时只是口头说就可以吗？=是。谈好价钱决定买卖时制订文契。

有的地方让我看了地契，没有把这个卖掉就不会清楚明白，没有这种事吗？ =近来看了没有进行买卖的从前的土地的老契。不知道这个人的土地是怎样的时候就见过。

谁看过？ =买家想看，但我看不懂文字，所以中人读给我们听的。

这是在决定买卖后？ =立契日看的。

那么老契要给买家吗？ =卖家保存。

也不管这份老契是红契、白契吗？ =以前不管，因为没签税契。最近50年以来没有白契了，应该只有白契。

村里白契也可以吧？ =村里不管是白契红契都不要紧。

委托中人时，中人给看了才会被委托吗？ =不是。

中人没有确实查明这个人的土地的话，不会困扰吗？ =本村人不管谁的都知道。想卖地时说地名，就会连土地的上中下等级都知道，所以没有看的必要。

那么从以前开始两家不就会争这是自己的土地吗？ =因为清楚地知道，所以不会有这种事。

知道一地二契吗？ =这个村里没有。这种事出现的时候，看过这份契约的年数，因为中人很清楚地记载过，查一下的话马上就知道哪份是真的了。到现在还没遇见过这种事。

根据现在的地契，清楚地限定了卖家的权限，根据地方也弄清了地邻。这个村里是怎样的？ =因为这个村子太小，所以只听到地名就知道是谁的地。没有那个必要。

也有向乡村长确认的，这村里连这个也不用吗？ =不用。

卖家口头跟中人说一下就够了吗？ =就够了。

说弄错了取消的，忘了的，没有说过这回事的，之后没有出现过这种情况吗？ =没有。不过后来借钱给中人，但是订立了还钱方法，有拜托想取消的。

【有土地处分权限的人】

有母子二人，儿子6岁左右时能卖地吗？ =母亲当家时可以自由卖地。

这时地契里写的谁的名字？ =10岁以下不能在文书里写名字。10岁以上可以写。10岁以下写母亲的名字。

这个儿子长到20岁以上后，如果说不想卖那块地的话怎么办？ =虽然15岁以上就能自己写了，但是要“母子协妥”即商量后才写。

6岁左右时也这样写吗？ =只有母亲能卖。

丈夫长时间去满洲不回来。只有媳妇在家时，能卖地吗？ =没有卖地的权利。丈夫长时间在满洲，也不能汇钱回来时，即使去乞讨也不能卖地。

什么样的人有权利？ =只有家长。丈夫去满洲长时间不回来，家里有父亲、祖父或者弟弟在的时候，这些人来商量。

一般家庭都应该有很多人，但是谁才能卖地呢？ =家长即当家的。另外，父亲、祖父、母亲在的话，奉父命、奉祖父命、奉母命等再写。

买卖结束后，家里人说那人没有权利而反对，没有这种情况吗？ =这种事这个村里没有。

女性也能成为当家吗？=没有男性的话，女性可以。

这个女性当家的能卖地吗？=不能。

自己的丈夫死了，孩子6岁的时候，40岁的母亲能卖地吗？=没有借款的话，即使去乞讨也不卖地。即使欠借款，很穷，债主也不会要钱回去。指地借钱和出当，孩子成人后才能赎回。

这是不能卖还是不卖？=为了赎回，因为卖地要交捐所以不卖。卖地是因为能卖的例子很少。

【土地的评价】

接下来想问一下，买卖价钱的决定方法是怎样的？=买家想便宜买，卖家想高价卖，要通过中人在其间决定。

定义先生二十八年卖4亩地时是怎么决定的？=中人决定的。

与中人谈话时会说大概的价钱吗？=土地的价格是在5元上下浮动的。因为自己急用，钱很重要，价钱就只能对对方唯命是从了。

开始不向中人说定多少钱吗？=不会。

这样的话，中人起初就会说出价格吗？买家会说吗？=中人大体上开始就会决定。买家会说想要以多少钱买来还价。

中人开始时说的是多少？=4亩地每亩50几元。

结果多少钱卖的？=二百几十元，记不清楚了。

这在村里是什么级别？=中下等地。

另外的5亩是怎么定价的？=中人找卖家问多少钱卖，之后问买家多少钱买，因为买家的价钱便宜了，所以中人商量了二、三回才决定。

起初卖地价钱是多少？=每亩70元。

起初买家说的是多少？=50元或55元。卖家坚持不能低于70元，最终卖得60元。全部是300元。

这在村里是什么级别的土地？=中下等地（黑土）。刚才说的5亩更好（黄土地）。

这样的话，与之前的不一样=之前的是这年收成不好没钱。接着的是收成好有钱。

【找死了】

瑞和先生在民国二十七年买了侯长树出典的土地，以前是多少钱承典的？=200吊。

什么时候开始的？=民国元年。

民国元年是200吊，之后这个价格涨了吗？=27年换成大洋，20吊换算成1元，就是10元。

10元不是更便宜吗？=沙地的话不好。

这是用多少钱买的？=民国二十七年出了30元，合计40元，换成了死契。

这个改变叫什么？=找死了。

这种事情多吗？=不多，直接买卖的多。

那时候加的30元钱叫什么？=找梢子钱。

梢子是什么？=我们习惯说找死了和找梢子。

这在中国法律中不就是拔价吗？不这样说吗？ =不。

不叫找价吗？ =不。

那时1亩大约多少钱？ =7元多。

价钱是谁决定的？ =中见人孔子明。

起初瑞和先生跟孔子明说过吗？ =自己不说。卖家说。

卖家说了多少价？ =孔子明跟卖家商量后来说40元，就知道了。中间人的事情很麻烦的，自己不买这件事与中间人的面子相关，而且还有麻烦事，所以1、2元根本不是问题，就定下了。

这5亩半是什么样的地？ =下下的地，沙子地。

【土地的评价】

卖接下来的3亩半地时，跟中人说了价钱吗？ =说1亩20元，全部是70元。

中人告诉侯元来了吗？ =他说65元。

最终多少钱卖的？ =最终70元卖的。中人瑞谦回来说对方说的价钱，但是跟元来说了瑞和脚伤恶化的事情后，元来决定70元买。

这是什么样的土地？ =也是沙子地，中下下等地。比前面说的地稍好一点。

听了价钱的决定方法，是以什么为标准决定的呢？ =没有标准。中人与两方协商决定价格。

我觉得村里大致根据上中下来决定，这些等级是根据什么来决定的？ =沙子地、黑土地、黄土地等。沙子地是下下等地，黑土地是下等地，黄土地是中等地，房宅地是上等地。

现在的土地价格，房宅地即上等地是多少？ =200—350元。

黄土地即中等地呢？ =一百四五十元到一百五六十元。

黑土地即下等地呢？ =八九十元。

沙子地呢？ =分为三等。上等沙子地40元，中等20元，下等10元以内，七、八元。

买卖时，因为这里种麦子所以价格高，种高粱所以价格便宜，没有这等说法吗？ =没有。总的来说是根据土地的性质。

【钱粮的多少与地价】

钱粮根据多地少地，地价不变吗？ =钱粮会变，但是几乎没差别。对土地买卖也没影响。赵家港的籽粒地的钱粮重。封粮时，带着米、豆子、谷草去。哪个最好交哪个。可是，因为能收取的东西比起钱粮来不充足，所以即使想给谁也没人收（参阅赋税篇第15号最后一页，赵家港碑文）。

【籽粒地】

籽粒地是什么意思？ =知道的不是很清楚。有个从外堡搬家来的人，让他对地负责任，但是这个人逃跑了，所以大家轮流来照看。结果因为赵家港里虽有交纳的人，但人不在了，所以按照赵家港的石碑上的那样，降低银粮收取。二十八年清查时，这个已经没有了。

这不叫包丁吗？ =不叫。把籽粒地分给各户，这些人拿着钱粮去。

【出典的有无和地价】

因为典地和分种，就说土地价变高或变低，没有这种事吗？＝没有。

甲向乙出典，甲想把这地卖给别人的时候，没有找乙协商的必要吗？＝典地不用协商。

不用协商吗？＝不用。因为典钱是一年的期限。

典地的典价应该有高低吧，因此卖价不用变高（或低）吗？＝典价高就高，低的话就低。但是，这是根据土地的性质，典价才有高低的，所以不是根据典价变化的。

【水利的有无和地价】

价格不会根据这附近有无排水沟而变动吗？＝价格不会根据水沟而变动。夏天洪水会流到有沟的地方。但价格不会因为这个变动。

即使有井和河也不会变吗？＝这个村里没有井和河。

为什么不修建水井呢？＝旱田里不需要水井。不能修。因为土地很广阔，灌溉很为难。井的石料和木材需要花钱，请风水先生来看也要花钱，没有这个钱。

6月3日

土地的评价　土地买卖的手续　介绍人、监证人、官中牙纪

应答者　侯定义（原村正、族长）

　　　　侯瑞和（乡丁）

地　点　侯家营保公所

【土地的评价】

土地买卖时，决定价钱的是谁？＝卖家认为一个价格好，买家又认为另一个价格好，所以中间就有一个中人来决定。

这时不是卖家、买家、中人3人一起决定价钱的吗？＝不是。卖家、买家只是出一个价格。

卖家和买家不直接见面吗？＝不能见面。

什么时候初次见面？＝制订文书时初次见面。这时卖家和中人去买家家，买家又委托几个中人聚集到一起。

村里人商议价格是以1亩为单位商议的吗？＝根据土地决定。以1亩为标准，根据亩数合计多少钱。

比如，有6亩5分地，卖价1亩10元，就是65元，这就是60元啊、70元的决定方法吗？＝决定土地是按1亩多少钱来商议的，根据土地的上下（质量）概括这块地是多少钱的土地，也有这样来决定价格的方法。

哪一种多？＝谈论一块地的少。1亩多少钱这种多一些。

【实地调查】

如此决定价格后实际去看地吗？＝这村里不去看。即使不去看也清楚地知道土地的面

积、上下。

没有去看的情况吗？=没有。说了地名就很清楚地知道了，没有去看的必要。买家清楚地知道。

卖给外村时怎么样？=外村人会来看。卖家会跟着买家去。

这是因为契约决定的吗？=刚开始去看。中人跟买家说话时，卖家跟着买家去。

契约前卖家和买家见面吗？=本村的话就是这样。对于外村人这样跟着去看，就算见面。

商量价格吗？=不商量。

【实地调查和地邻】

去看时地邻在场吗？=买家觉得“这不小吗”时，地邻会去看。地邻为了明确界线必须去。除此以外不用去。

【外村人的实地调查】

外村的人进行买卖时必须来看吗？=必须来看。侯家营有多少土地，想买的话必须来看，调查与自己所在处的远近、土质等。因为要特意从他村来耕种，所以要特别调查。

这时，地邻不一定要到场了吧=比起民国二十三、四年，之前没有进行土地测量。4垄作为1亩的话16垄就是4亩，二十五、六年开始进行测量，现在连本村内都必须进行。不仅是买家没必要去看，连地邻都没必要到场。

从外村来看时，同族、族长有到场的必要吗？=没有到场的必要。卖家对族长会事先打招呼说来看自己的地。

【外村人实地调查与族长、保长】

必须跟族长事先打招呼吗？=因人而异。去告知的也有。问族长是否买，再就是不买的话，就预先告诉他卖给谁。还有的人说自己的土地的买卖是随意的，就拒绝了。

一般好像不叫族长，那称呼什么？=称为自己家族的族长。保全体开始自己就不被叫作族长了。

仍然使用族长这个称呼吗？没有别的名字吗？=族长。

外村的人来看时保长不用在场吗？=制订文书时保长去。

【测量】

接下来是测量的话题，什么时候进行？=制订文书之日，首先带着纸笔测量，之后回家写文书。

决定价钱后吗？=是。

制订文书要选择吉日吗？=不用决定日期。比如，因为泥井的集市在2、7的日子里，买家想在3日内制订，在2天的集市里买肉和菜回去做准备，所以可以适当决定日子。

然后这日去测量，什么人会来？=中人、保长、卖家、介绍人、地邻（卖房子时是居邻，合起来叫邻居）。

地邻大概有多少人？=两邻虽说，但2人都多了。

中人大概多少人？=三、四人。地邻、中人、介绍人、保长加起来七、八人。

保长是为了什么集合的？=按手戳儿即印章。

就是监证人吗？＝是。盖印章后拿去县里。

保长必须出席吗？＝叫来的。不管怎样都要盖印章，这是必要的。不在的话，之后盖。

这时要花钱吗？＝变为保长后不用。以前是乡长的时候，要花点钱。

【中人和介绍人】

中人和介绍人不同吗？＝文书上是没有介绍人的。他是在买家和卖家面前作介绍的。文书上写作中人。

那么相同吗？＝买家和卖家之间作介绍的是介绍人。买卖决定后，又要委托几个中人。中人中也有一点也没出力的人。

起初作介绍的人是介绍人吗？＝介绍人。

这从一开始就叫中人吗？＝买卖前叫介绍人。但是写文书时叫中人。代笔人也必须归入中人。写作中人何某，下面的由代笔来写。

起初介绍人有两、三人，买卖契约达成后又加两、三个中人吗？＝是。保长只是盖个印章，代笔也只是写，其他什么力都不用出。

不是介绍人，之后两、三个人由谁去找？＝买家委托保长和代笔人，再委托两、三个友人。

这两、三个友人为何受委托做中人呢？＝因为买了地，自己的财产增加了，高兴，把两、三个友人叫来款待他们，把他们当作中人。再者，打官司时，去调查买家和中人就了解情况了。

介绍人是中人，后来找来的也是中人，没有什么区别吗？＝没有别的名字。

【参与测量的人】

这些人集中后，测量时谁去？＝卖家、买家、介绍人（即已成为中人的人）去。地邻也去。

保长也不去吗？＝不去。地邻归入中人中。

地邻必须归入中人吗？＝必须。

【土地买卖和族长】

族长不来测量、吃饭吗？＝因人而异。也有叫族长的人。

族长成为中人吗？＝光绪、宣统年间到民国五、六年左右，买家吃饭时开始会对卖家问，“你的族长是谁，在吗？”然后卖家的族长会作为中人加入。不过买家的族长不加入进来。这样的事情现在没了。

卖家的族长为什么成为中人？＝为了确认卖家的族长是否知道同族的人卖了地。

这样的话还有一个，以前土地买卖必须事先告诉族长吗？＝以前很穷，想卖地时首先要去族长那里，其次要问族里全部的人是否有要买地的。然后要先卖给同族。

这种情况延续到什么时候？＝即使到现在也还有这么做的人。想这样做的人也有。至今也是说的人比较多。买家是不事先告知的多。

现在是怎样的？＝根据人情，以前买家在买地时会叫族长来吃饭。现在也有人认为没有必要招待族长的人。

【测量的方法】

谁去测量？ =卖家、买家和介绍人一起做。一个人是无法对付的。

测量是不容易的，这个村里没有以测量为专业的人吗？ =没有专业的人，但是有很擅长算盘的人。

测量是用绳子吗？还是用杆？ =用绳子量，量剩下的小的部分用小尺杆子来量。

在哪儿有这些？ =在哪儿都有绳子。尺杆子木匠那儿有。

村里没有准备吗？ =没有。

谁都能量吗？ =谁都能量，但计算很难，所以不会的人很多。

村里谁会计算？ =侯庆昌、侯树藩、侯长利、侯永正、孔子明、刘子馨（会笔算）。其中侯庆昌很擅长，1 次就可以算出来。其他的需要二、三次。

这些人帮忙测量就不能做中人了吗？ =孔子明很会写，所以成为中人的情况很多。

只帮忙测量而不做中人的情况有吗？ =有。

那时会去吃宴席吗？ =为什么知道侯庆昌擅长计算的，遇到这些形状时，不靠他。就无法知道。以前侯定义先生的父亲侯凤吉很擅长，但他去世后，就剩侯庆昌了。以前不测量田地只测量宅地。那时是侯凤吉来做的。后来他年纪大了，不能测量了，但是会去拿测量后的数据来计算。现在是侯庆昌在做。测量结束后，测量相关人士会去吃宴席。

【土地买卖不测量的情况】

测量是现在必须做的吗？ =民国二十八年清丈公会来测量过。因此，现在也有根据地亩台账，不测量就卖地的人。

也有不测量的时候吗？ =有，但是少。

决定价钱后测量，买卖契约不能完成时就不用测量吗？ =不是这样。未必是买家即使自己测量也必须买，卖地也未必，所以测量必须在定下价钱的立契之日进行。

【定钱】

价格定好时，预备 5 元左右，买家事先拿给卖家，没有这种事吗？ =没有。

不用像买东西时要出定钱那样做吗？ =不用。

价钱定好后几天以内立契？ =3 天或 5 天以内。

根据地方（不同），买卖的价格定好后，有马上给 5 元（定金）的情况的话怎么样？ =这里没有。

这 5 元也是 100 元定好时，之后 100 元与 5 元没关系也全部一起给卖家，没有与这相似的事情吗？ =没有。不过签订卖契之日，不管多少都给卖方。

【货款交接的时间】

立契之日大概给多少钱？ =按定好的价钱全部给清。

有过不按定好价钱给的情况吗？ =离开自己家做生意，用 500 元买的却只有 200 元钱时，给这个生意那边写了一封信，就拿到了寄来的不够的 300 元钱。但是这到期限很近时才完成。

例如，没有清明节、5 月的节、年末的节给钱这样的约定吗？ =土地买卖必须在一个月以内给钱。急着要钱时才卖地，不是这样的话不卖。

没有一年分4次付的情况吗？=没有。这样对卖家急着用钱的情况起不到作用，很困难。

立契日不能马上给钱时，要付利息吗？=卖家在一个月以内不收利息。收到买家寄的信汇的钱的期间不收利息。支付犹豫期在一个月以上完全不行。

【介绍人】

成为介绍人的必须是本村人吗？=必须是本村人。

限定为男性吗？=限定男性。

多少岁以上的人？=30—70岁。

年岁不管大多少都可以吗？=虽然不限制年龄，但是70岁以上还做介绍人的话，都不知道什么时候会死了，也不能做中人们的忙碌的工作。30—60岁是做中人适当的年龄。

甲长、保长、会头等经常成为中人吗？=这个村里甲长中能做中人的一个人也没有。虽然有甲长的名目，但说话也不高明，也没有知识。

什么样的人能成为介绍人？=责任是最重要的。500元的土地首先付200元，还有的300元的支付都是中人的责任。其次是年龄。年轻人什么都做不了。接下来是要会写字的人，然后是很会说话的。

卖家委托的介绍人和买家委托的介绍人，哪个都是有相应的能力的人吗？=是。中人也有成为介绍人的能力。

关于工作，哪一个的难一些？=介绍人的难一些。因为必须圆满地解决卖家、买家两者的要求，所以难一些。

介绍人的责任是什么？=卖家委托介绍人，完成要卖地的谈话。卖家高兴地告诉债主能够还钱给他。如果卖家毁约，介绍人必须负起责任。

必须要负什么责任？=卖家跟债主说了要还钱，但因为还不了而没有面子。这是责任之一。而且介绍人自己也会没面子。这也是责任之一。

怎么弥补卖家丢掉的面子？=介绍人向债主用适当的价钱卖掉土地，或者卖给别人。

这种情况下，介绍人不用垫付钱吗？=没有这样做的。

介绍人没有损失吗？=没有。思考所有的方法来处理土地，尽量使卖家能还债主钱。

以前不测量的时候，说有2亩半，但事实上只有2亩的时候，介绍人要负责任吗？=不要这么说。拜访地邻就可以清楚地知道了。

这附近的村子里没发生过什么关于土地买卖而打官司的事吗？=没有。没听说发生过。

如果发生了的话，介绍人要负什么责任？=因为这村子里没有，所以不知道，但是关于出名的打官司的事情我可以证明。

【监证人】

这种情况下，保长、监证人没有证明的义务吗？=只是盖印章，责任转让给介绍人了。

现在这个村的监证人是谁？=刘保长（？）现在都是大乡长在做。签税契时拿大乡长的印章。

这时要花什么钱？ = 要支付学堂扣留款。

要花多少？ = 去年是每 10 元收 3 钱。

监证人是什么人做？ = 大乡长。

大乡制实行之前？ = 本村的乡长。

再之前呢？ = 村正。

再之前呢？ = 不知道。

【官中牙纪】

官中牙纪不在吗？那是什么？ = 仍然只是盖印章。

这与现在的监证人不同吗？ = 不同。只盖印章，自己（定义）年轻时不盖官中牙纪的印章的话，就签不了税契。而且与现在的监证人一样收学堂扣留。

哪里不同？ = 以前有官中牙纪，之后没了，变成了监证人。

什么时候没有的？ = 民国就没了。民国以来就变成了监证人。

官中牙纪在哪儿？ = 在乡里。自己（定义）知道时，他在泥井（李老文）。

这人现在还活着吗？ = 死了。

那是哪里有一人还是半牌有一人？ = 是。半牌有一人。与地方相同。

【监证人的责任】

监证人的责任是什么？ = 与官中牙纪一样的责任，在文书上盖印章后成为真正的文书，没有这个签不了税契。也有签税契前，把一百吊的土地诓骗成五十吊来书写的情况，但是有官中牙纪后就不能这么写了。这也是官中牙纪的责任。

【官中牙纪】

官中牙纪去看土地吗？ = 实际上是不去看的，但是会问中人和代笔人是否属实。

那么，为了拿到印章要去官中牙纪那里吗？ = 制订文书之日来，去拜托他拿。有事不能来时写完文书后再盖。

为什么使用牙纪这样的词？ = 这个印称作牙纪。是“中立不倚”的印。

这是什么意思？ = 公平无私。牙纪不能任意而为。必须通过官署。

在牙纪那儿盖了印章后，为了成为红契必须要签税契吗？ = 牙纪盖印章后向县里提出公事。有制税契的期限。县里知道没来税契。

以前白契的买卖多，那时没盖牙纪的印章吗？ = 县的催契的人来的时候，找官中牙纪拿到印章签了税契。

被称为牙纪不是因为以前包办吗？ = 是。以前是包办。与包税一样。

延续到什么时候？ = 每一年交替，交纳给县，包税。民国以前各自分别做。

【不立契的买卖】

有不立契的买卖吗？ = 没有。必须立契。

根据地方，有只给老契就可以完成买卖的情况，现在是怎样的？ = 这是不行的。买卖后马上去税契。如果迟于期限就会被惩罚。这个期限是 6 个月。

只口头上进行土地买卖，没这种情况吗？ = 没有。

非常受照顾，所以要把土地给他人的话怎么做？ = 也要立契。不过不会有这种事。一般是用其他的物品。

【送契】

知道送契这个词吗？ =其他的村里可能有，但是这个村子里没有。因我儿子啥出息，别人关照的时候，有给对方东西的情况。就是这个。

那时需要税契吗？ =仍然是必要的。哪个都一样。

那么，没有立契以外的买卖方法吗？ =没有。

分家时用分家单分配吗？ =是。

那时不制订送契吗？ =不制订。

那时不把分家单当作税契吗？ =因为有老契所以不用税契。

【分家和过割】

分家时，没有过割吗？ =出了钱过名。老契上只有一个名字。分家后名字会变成2人、3人。

【过割和过名】

过割和过名不同吗？ =不同。

它们的手续费也不同吗？ =不同。过名是每亩5毛，过割是每亩1元。

【不签卖契的情况—不叫推契】

买卖时，应该签了卖契吧，但没签别的契，例如过契等吗？ =自己没儿子时会制订过继单。没有过契。其他的还有当契。卖契和当契是两种契。

没有退契和兑契、推契吗？ =没有。

知道推契是什么吗？ =不知道。

【白契】

立契日去测量，回来后制订契。用什么纸写？ =糊门窗的纸。

规定纸张大小了吗？ =没有统一，但是不管亩数是多是少，都要写在一张纸上。

写在一张纸上吗？ =一张上。

谁保管？ =买家保管。

写当契时，要写几张纸？ =一张。承当者保管。

【契的用纸—格纸】

最近，不用县里造的纸吗？ =税契的时候用。叫格纸。

这个格纸在哪儿能拿到？ =去县里能拿到。

保长那儿给的是什么？ =保长从县里拿来保管的。去年县里给了大乡，保长从大乡拿到的。

一张多少钱？ =以前是5钱，现在是20钱。

买卖签税契时，出20钱就能得到吗？ =是。

保长用多少钱得到的？ =村民要支付保长所支付的这些钱。

这个格纸没有别的名字吗？ =虽然在上面写草契，但是不这样叫。

在门窗纸上写的是什么？ =白契。

签税契时，带着这个白契和格纸去吗？ =不需要白契，只拿格纸去。

格纸大约什么时候开始有的？ =宣统年间就有了。拿出格纸，县里给贴契尾。

6月4日

契的记载内容

应答者 侯定义（原村正、族长）
侯瑞和（乡丁）
地 点 侯家营保公所

【契字的记载事项】

今天想打听一下地契的内容。首先要写如立卖契文约者侯长春这样的立契名吧 =是（参阅本辑资料地契1）。

【因老病不赡】

接下来，我认为是因老病不赡这种原因卖地，其他这样的原因大约还有多少？ =无洋使用、国课无出、因法（ =乏）手无钱等。

【因法手无钱】

因法手无钱是 =虽然不知道法手的意思，但是知道是自己没钱。还写有因弟兄议妥、因母子议妥、因奉母命、因奉父命、因奉祖父命、同父言明等。继续上面的词，还写了还某某款项（还借款）、结婚花费洋多少（为了结婚）、葬式花费洋多少（葬礼）等原因。

写了诸如上述原因理由后，接下来以“将”或“今将”开头写土地的名字吗？ =是。

【后园子地】

“今将自己家庄窠后园子地”中的“后园子地”是什么？ =自己房子后面的土地。

这不是菜园吗？ =不是。

【白地】

“自己家北庄子门口白地”的“白地”是什么？ =什么都没种植的土地（参阅本辑资料地契7）。

【庄窠地】

“将自己祖遗庄窠地”的“庄窠地”是什么？ =是没有建房子宅地。

【祖遗】

“祖遗”呢？ =就是祖产。

不是祖产而是自己买的地的话如何？ =什么都没写。

【菜荒地】

“今将自己家北菜荒地白地”的“菜荒地”是什么？ =因为总是长出像杂草那样的蔬菜，所以这么叫（参阅本辑资料地契6）。

【做落】

上面写的做落是什么？ = 在地名上写作坐落。做落就是坐落（参阅本辑资料地契10）。

【白地】

被称作白地，是因为仍然什么都没种吗？ = 是。

只今年没种的叫白地吗？ = 写文书时都写进去了。

秋天收获结束时，什么也没种的叫白地吗？ = 是。

至今为止完全没种过的地也是白地吧？ = 是荒地。不过写文书时会写作白地。

至今没种植过作物的荒地是白地，收获后的什么都没长的地，反而觉得不是白地，如何？ = 也还是白地。旱田上什么都没有的叫白地。

旱田上种植了麦子等作物时，写作什么？ = 现在生长着青苗，除掉青苗后进行买卖的话，仍然写作白地（参阅本辑资料地契1）。

【计垄】

然后是计垄两条，这里面写着面积吗？ = 写着面积和垄的数目。

格纸上面怎么写？ = 也写垄数和亩数。

有不写垄数的时候吗？ = 总是写垄数和亩数的。

宅地写垄数吗？ = 估计大概垄数后与亩数一起写。

【长垄和短垄】

"计地3亩，计长垄24条，短垄30条，其地东西长南北阔"中的"长垄"是哪个？ = 下图（原文为左图）达到两端的垄是长垄，不能够到两端的是短垄（参阅本辑资料地契7）。

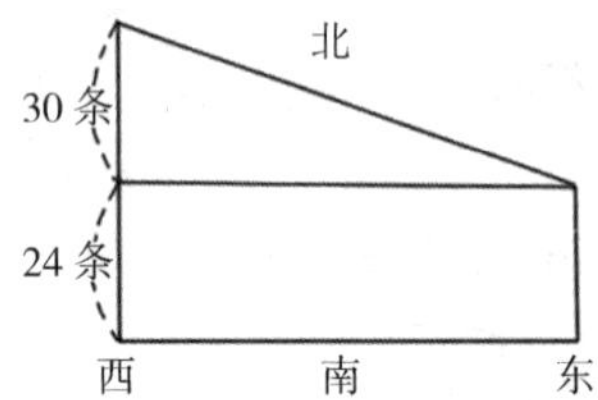

长垄中应该是长的和短的都有吧 = 是。

一般长垄的长度大约有多长？ = 这个村里没有规定。即使是短垄也有长的，长垄也有短的。

东西长南北阔是什么意思？ = 东西方向上是长的垄，南北方向是短的。

知道这长垄和短垄的位置吗？ = 不知道。不过认真地写的话，上图中从西开始的短垄有30条，写作"西短垄30条"。

【半截地】

半截地是什么？ = 一块宅地中有一半是自己的（参阅本辑资料地契2）。

"半截计地3亩"，是总括一起的，还是只是自己的？ = 只是自己的那3亩。

"计垄32条，短垄10条，内有土房5间，东西以土房磉根为准，地南北长东西宽"。这是有长垄24条短垄10条，那么土房5间在哪儿？ = 如下图所示。

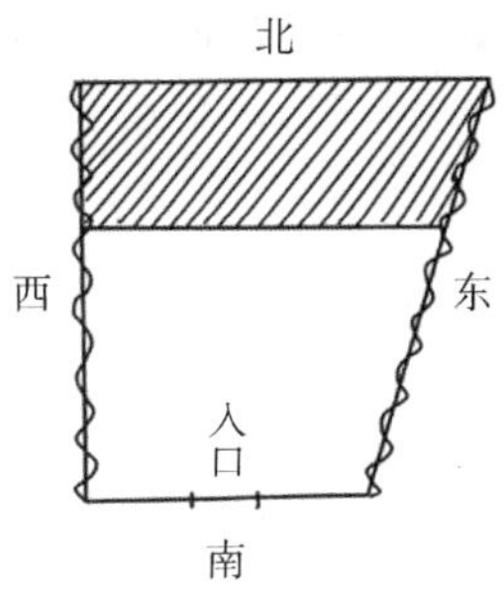

【磉根】

“东西以土房磉根为准”是什么？ =东和西在图中用～～～表示，就如与邻居家房子的界限一样的东西。

入口在哪儿？ =门在南边。

【东西阔】

定义先生的“长垄22条，南短垄2条，共计长短垄24条，其地南北长东西阔”，是短垄从南边开始的意思吗？ =是。关于这个也是根据代笔人的好坏（参阅本辑资料地契11）。

【四至】

接下来写了四至，四至大概是4人吗？ =是。不过地邻大概是2个人，另外的是道路。有时也有3家的情况。

【姓的书写方式】

这四至必须写姓吗？ =写姓。

不写堂名吗？ =不写。

【情愿】

四至明白和四至清楚明确地书写，接下来的“央中人说白，情愿卖与××”是什么意思？ =关于委托中人介绍的土地，清楚地说白后下决心卖掉。要确定自己情愿，如果有想违约的心思的话，就不是情愿的（参阅本辑资料地契1）。

【价格的单位】

然后写买家，再是“卖价钱5吊整”，现在写的是什么单位？ =5吊是现在的20钱，但现在写元。

大约到何时为止是用吊的？ =民国二十年，民国以来使用的是铜子儿。80铜子儿是5吊钱。16枚1吊。

【铜子儿和元】

铜子儿怎么换算成元？ =40枚铜子儿是1毛。

【铜子儿和银】

从前，写的是银多少两，这使用到什么时候为止？ =自己（定义）年轻时，写银的写吊的都有，但是用的钱只是吊，花费的价格是银，但是使用的只是吊。

银怎么换算成吊？ =因时而异。现在1两是1元50钱。

民国元年时，1两银子是几吊？=光绪年间6吊是1两。宣统以来银的价值没被公布过。

【笔下交足】

“其钱笔下交足（完）”是马上就给钱的意思吗？=是。

这时也有不给的情况吗？=也有。

这种情况怎么写？=也写作“其钱笔下交足”。

没有别的语句吗？=没有别的语句。只是迟交几天钱而已。

长的话大概能迟多久？=最长的是七八天，一般是三四天。

【土地买卖和树木】

接下来是结尾语句，关于契的正文大致已经结束了，“内有树木在内”，是连树木也卖掉的意思吗？=对（参阅本辑资料地契11）。

一般不卖吗？=有卖的时候，也有不卖的时候。

卖的话必须这样写吗？=对。

不写的话就不能卖吗？=如果之后卖家产生不卖树这样的抗议，就会变得很麻烦而苦恼，所以必须写。

不写时，树还不卖的话怎么办？=卖家不卖树的时候，就挖出来带回去。

【土地买卖和房子】

卖地后，有不卖房子的情况吗？=没有这样的情况。

不能拆了后带回去吗？=没有这种事。房子必须一起卖掉。

卖房子的时候要拿出地契吗？=写“庄窠几亩，房子几间”。

你（定义）有过吗？=没有。只买过白地。

你（瑞和）有过吗？=有。“土房5间”。石头和炼瓦都没有，是土房（参阅本辑资料地契2）。

如果有房子但是不写的话怎么办？=没有不写的。必须要写。因为连树木都写了，房子比这更重要。

【土地买卖和青苗】

接着能想到的，是有现在这样的青苗的时候，是否一起卖掉，这是怎样的？=也有卖的，但价格高一些。

地契里包含这个时怎么写？=在后面写“青苗在内”。

不包含时？=写“白地一段”。这种多得多。买青苗的几乎没有。

怎么也不写时，想不写树木一样，也不写青苗吗？=是。现在卖地时不卖青苗，买家会出典给卖家，收获后收取典钱。

必须这样做吗？=对。

没有不这样做的时候吗？=没有。卖家种植的作物必须典给卖家。

【土地买卖和井】

自己的土地、旱田里有井的人有吗？=旱田里没有井。不过宅地里有私有的井。

卖宅地时，井也一起卖吗？=井也一起卖的时候，就写“连井在内”，不是这样的时候就写“井不在内”。

有这样的事实吗？＝这个村里有私有井的有两户，但是没有卖掉的例子。

【土地的附属物和土地买卖】

能想到如以上房子、树木、青苗、井等与土地一起卖掉的事，没有别的什么了吗？＝没有其他的了。

这样的买卖中，没有什么应该注意、易发生事件的吗？＝没有。

没有连牲畜、农具也一起卖掉的吗？＝没有。

家具呢？＝没有与房一起卖掉的情况。没有过这样的事。生意人破产后有一起卖掉的情况，但这个村里没这样的事。

【折钱粮】

换行“折钱粮钱1吊整（正）”是什么？＝买家向卖家出1吊的钱粮的钱（参阅本辑资料地契1）。

为什么要出？＝卖家交纳过钱粮的时候，因为这应该由买家交纳，所以买家要付给卖家。

即使卖了，因为那一年的名义没变，所以要出吗？＝是。

折钱是什么？＝那时马上能典的东西。

庄窠地不是不需要银粮吗？＝不是这样。以前开始就必须要。前者也是宅地。

【学堂款扣留】

“学堂款扣留”是什么？＝学校的费用在委托盖印章时就出了，即监证人征收了（参阅本辑资料地契3）。

【随时过割】

随时过割是什么？＝当时即立即过割。

那么，那时没有写刚才的“折钱粮钱1吊整”等的必要了吗？＝没必要。

【过割】

过割在哪儿进行？＝县里。

不去大乡公所吗？＝到去年是去县里。今年开始在大乡公所进行。

“照河西钱粮随时过割”是什么？＝这地是河西交纳钱粮的土地，所以在那儿过割。现在变成在没了的县里交纳（参阅本辑资料地契8）。

【过割和社书】

那么以前在哪儿过割？＝来这里过割。每当社书来征收钱粮时，就来过割。

不自己去县里交纳吗？＝也有去的，但河西一年来一次。

从哪儿来？＝从滦县来的。向滦县交纳银子。

【黑白一斗一升】

“照临归位粮黑白一斗一升随时过割”是什么意思？＝这是本县的银粮。黑白一斗一升，就是每一亩交纳半升黑豆和半升小米（这就是白）。这地有11亩，所以是1斗1升（参阅本辑资料地契12）。

大概到什么时候为止还是用现物交纳？＝仅限于我所了解的，规定了1升黑豆和1升小米的价格后，变成用现金交纳。

就你所了解的是用钱交纳吗？ =是。

这只在秋天交纳吗？ =春天一次，秋天一次。满洲的河西是一年一次。

黑豆、小米是秋天收获还是春天收获？ =全部是秋天收获。秋天全部交纳的人来年春天就不用交了。迟交的话，来年春天就必须交。

以前的钱粮票子上写着豆子，要用钱交吗？ =用钱交。

这个钱每年变化吗？ =县里每年规定新的折算率。

【当契和年数的记载】

想打听一点关于当契的事。这上面没有年数吗？ =不写年数。

为什么没有年数？ =什么时候都可以赎回。

什么时候赎回的？ =六七年的样子。

【包纳钱粮】

“每年包纳钱粮钱2吊500文，同中言明头，清明前钱到许赎”是什么？ =承当者一年里要给出当者2吊500文钱粮的钱（参阅本辑资料地契13）。

【村和差钱】

村里的差钱由谁出？ =承当者出。

村里的董事去承当者那儿收取吗？ =地亩的数目在村中变化后就成了承当者的东西，买回时，要再把这一部分还回去。

当的时候马上通知村里吗？ =清明节写地亩一账时呈报。

现在也还是这样吗？ =大乡不是这样。

【乡亩捐】

那么，大乡要收的乡亩捐由谁出？ =出当者去承当者那儿收。

【清明前钱到许赎】

接着，“同中言明头，清明前钱到许赎”是什么？ =中人知悉的，清明节以前可以赎回，但清明节以后不能赎回。这是因为清明节以后已经种植谷物了。

【指地借钱和当契】

别的当契里“当价50元，言明年利2分2厘”是指地借钱吧 =是（参阅本辑资料当契14）。

这个村里不写立指地借钱文吗？ =有写这个的，但因为麻烦，所以写当契，在后面写上利息。

哪种多？ =写立指地借钱文的多。

【押契】

没有立押契的吗？ =这个没有。

【指地借钱和当契】

立当契时，写上利息的有很多吗？ =有。

“年利2分2厘”，每100元要多少？ =22元。

瑞和先生光绪十年的当地是一样的，为什么有2张（当契）？＝是2处的，垄数也一样。2处连接到一起了（参阅本辑资料地契6）。

制订2张当契，每人各持1张吗？＝不是。总计有6亩地。

【包纳钱粮】

“包纳钱粮钱900文”，1亩300文不是很便宜吗？＝刚才的因为是河西所以贵，1亩1吊。加之是光绪年间。河西从民国开始就高了。

【当契和抽出】

对于光绪十年冬月二十三日的立契，“光绪二十八年正月二十三日以侯长会手抽出三十二千”是什么？＝用32吊赎回了。侯长会是我的父亲，因为是出当者，所以这个名字出现了。

【包纳】

这份当契（民国二十七年）为什么没写包纳？＝承典者（瑞和）交纳（参阅本辑资料地契7）。

为什么你（瑞和）要自己交纳？＝因为虽然是同族，但是没人在，所以出当给瑞和，也决定交纳钱粮。

不是包纳时，当的价格会变便宜吗？＝沙地便宜。已经变成两年的荒地了。没变更名字，按出当者的名字收纳。

不写包纳时，出典者交纳钱粮吗？＝交。

出当者侯韩氏交纳吗？＝应该要，但是同族只有一个孩子，很穷，所以自己（瑞和）来交纳。侯韩氏丈夫死了，又再嫁了。因为孩子还小，没有办法，所以做了等孩子长大后再赎回的约定后，把地出当了。

【执照族人】

定义先生的执照族人是什么？＝买家、卖家全部是同族。全部是近族（参阅本辑资料地契11）。

不写中人吗？＝因为只是同族的人，所以不写中人，写全部的族人。只要有1个其他人的话，就必须写上中人。

以前是同族内的买卖只集合族人，只写族人就可以了吗？＝因为同族中也有介绍人和代笔人，所以族外的人是不必要的。

【代字人】

代字人是代笔人、书契也可以的意思吗？＝是。

【同族内的买卖】

现在和以前相比，这种同族内的买卖哪个多？＝以前多。

为什么？＝现在同族搬家啊、死亡啊，就变少了。

押戳		
村正　刘万德	中立不倚	村副　侯廷武

（注：上图的人名是红色字。首先捺黑色的，之后用红字捺人名）

【官中牙纪和监证】

上图的印章是什么时候盖的？=不太清楚。是民国以前的。并且民国以后也有。

关于这个，因为契尾是民国三年、民国四年，所以是在这之前被印出来的，我觉得这是民国、三年左右的东西，如何？=村正、村副是民国以前的职位。

盖这个印章是什么时候？=有民国三年的契尾的话，就是这之前的东西。

那么，这是监证人一样的工作吗？=是。监证。

那是花了钱吗？=这2人是官中牙纪，每一账500文即现在的4钱。

【土地买卖相关费用】

接下来，想问一下关于土地买卖费用的问题。费用最多的是什么？=宴席是最花钱的。必须张罗两三桌。

宴席只有一次吗？=只有立契之日一次。

现在的话大概花多少钱？=1桌12元。大概5人1桌。

【没有给介绍人的谢礼】

不用给介绍人礼物吗？=只请吃饭。之后买家的客人来的时候，再叫介绍人来，请他吃饭。

这大概有多少次？=这个没有规定。

这不是只是在买卖后一年，还是两三年决定吗？=买家不在的话，也有一直继续做的。而且，也有只一年就不做了的。不一定。

不赠送物品吗？=没有这样的。

节日等不请吃饭吗？=不一定。也有不请客的。

【没有测量的报酬】

请人测量后，不送礼吗？=只请客吃饭。

对代笔人也是这样吗？=只请客吃饭。

对保长也是这样吗？=是。

与外村进行买卖的时候，对外村中人也是一样的吗？=一样。

那么，在村中关于土地买卖花不了太多的钱吗？=花不了太多。

【没有给介绍人的谢礼】

在别的地方，有把价格的7%给介绍人的，这里怎样呢？ =没有这样的事。

【格纸、监证的费用】

在村中宴席不用花费很多钱，但请监证人盖印章要花钱吧？ =花钱。

这要多少？ =买格纸20钱，学堂扣留每100元收30钱。这要交到大乡公所。

格纸在哪儿买？ =在保长那儿用20钱买。保长是用20钱从县里经过乡买来的。

【学堂扣留】

学堂扣留是写入其中的，拿着格纸去大乡公所吗？ =买家拿着去大乡公所。

这个学堂扣留以外再不花钱了吗？ =乡里不用了。

以前这里有乡的时候，在这里征收学堂扣留，用于这里的学校吗？ =是。

【税契】

盖印章后，自己拿回来，去县里拿税契吗？ =是。

【过割费】

从今年开始过割在乡公所进行，过割费是多少？ =从正月二十日开始变为1亩30钱。昌黎县过割1桩50钱。

现在在乡里过割的话，不在县里进行也可以吗？ =不做也行。现在是每件50钱，在泥井乡公所取。

到去年为止，去县里的话，过割要多少钱？ =每桩50钱。

这是今年正月二十日以前吗？ =是。今年开始过名是1桩50钱，其他的每亩出30钱。

把这个交到乡公所后，不去县里也可以吗？ =只去乡公所就可以了。

从今年开始不是变高了很多吗？ =是一样的。自己去县城的话，只有这个花钱。

【税契的费用】

税契只花费什么？ =每卖100元交11元60钱。

签税契时，其他的什么都不花吗？ =不花。

税契在哪儿办？ =在县里办的。现在在大乡办。从大乡拿去县里。

变方便了，但因此税契的费用不就变高了吗？ =没变高。

不知道11元60钱的明细吗？ =不知道。

定义先生年轻时，税契大概要花费多少？ =6%。每100吊交6吊，另外契尾每张800文。

其他的什么都不要了吗？ =不要。

【其他的费用】

以上的宴席、监证人、过割、税契的费用之外，就不用再花什么钱了吗？ =不用花钱了。

【费用的负担者】

这全部由买家出吗？ =是。

当的时候哪方出？ =当的情况，宴席、过割和税契都不用。

【所有权转移的时期】

有立契日，但什么时候才会成为买家的地呢？＝立契日就转让给买家了。一立契就是买家的。

500元的地价只给了200元时怎么办？＝马上转让土地。地价可以晚几天，土地要马上转让。

马上转让但不卖树木，还有剩余的树的话怎么办？＝土地转让后，卖家必须立即把树木带回去。不过这个期限有点长。在耕种之前带回去就可以了。必须在这之前。

转让土地是两者聚齐后，不去地里马上给买家，怎么样都行吗？＝制订文书后，土地就是买家的了，与卖家无关。

有青苗时，与立卖契同时制订典契吗？＝不制订典契。从卖地的钱中扣除典钱。

不留下证据吗？＝中人知道。从第2年开始就由买家自有耕种了。

附带青苗的话，价值不会变低吗？＝没有这种事。

有青苗但不立典契的情况没有吗？＝不典的话，就必须支付粪的钱、种子的钱、工钱。

有过这样的情况吗？＝卖家去满洲做生意，从买家那里取回，有这样的情况，别的就没了。

买家不讲理的取走青苗，没有这样的吗？＝因为有中人，所以这不可能。

【不卖坟地】

卖出的土地里有坟地的话，怎么办？＝从土地的亩数中减去坟的亩数后再卖。

坟原则上是不能卖的吗？＝不卖。跟卖祖先一样。

不管怎么贫困都不卖吗？＝是。

因为有这个坟在，去那里时要踩土地，作物因此长不好的时候怎么办？＝必须允许从旱田中通过。

不允许通过时，固执己见的话会怎样？＝这样的土地要稍微降低点价钱。不准通过时，也不能固执己见（一意通行）。

6月4日

土地买卖的手续及效力　中人　先买权者　卖掉土地的方法　对第三者的效力

应答者　侯定义（原村正、族长）

　　　　侯瑞和（乡丁）

地　点　侯家营保公所

【过割费】

为了过割去乡公所后，被征收1件50钱的过名费，另外每亩收30钱，这叫什么？＝

叫手续费。如果不在乡里进行，自己要花旅费、饭钱等。乡拿去办也要花这些钱。觉得就是手续费（回扣）。没别的称呼。

这样的话，办税契时是自己去的，所以手续费不就不必要了吗？ = 去大乡公所也不要钱。

有青苗时进行买卖，买家会向卖家出典，这时不会进行分种等别的吗？ = 不会。

为什么？ = 卖家种植谷物是一件很辛苦的工作，所以买家不会有想分种这样的想法。

【定钱】

钱是在立契之日支付，延期也就五六天，没有延更久的吗？ = 没有。

没有立契前先给一点钱的吗？ = 没有这样的。

昨天也问过了，没有类似于定钱这样的东西吗？ = 没有。

【老契交付的有无】

这时是把老契一起转让吗？ = 不转让。老契由买家保管。

今天拿来的地契中，有已经卖掉的土地的老契吗？ = 有。没地的地契在我（瑞和）这儿。定义先生也有。

付款时，钱粮票子等什么的不跟钱款一起给吗？ = 这次只给了新写的文书。

那么，已经卖掉的相同的土地就有 3 张甚至 4 张地契，不会为难吗？ = 不会出这种事。相互都拥有老契无妨的。

有别的地方，必须把老契转让给买家，是怎样的？ = 这村子从以前就一直是这样做的。

这样不会起争执吗？ = 一点争执也没起。

本村人的话是没问题，但卖给外村人的话，这个人又卖给别人的时候，或者买家搬到满洲去了的时候，这等情况下也不起争执吗？ = 不管变成什么样都不会起争执。

为什么不会起争执？ = 今年买的即使今年卖，日期也变了。并且地契上有自己的名字，再者因为有中人，所以不会起争执。这个村里，先人教给我们这样的说法，起争执的人是有能力的人，但不是真正的能力，没有能力的人起不了争执，有真能力的人也是不起争执的人。

【契字记载与事实不一致】

有地契上写的东西与实际不同的情况吗？ = 没有。经过了测量，有中人在。亩数不可能不一致。

也没有场所不一致的吗？ = 没有。

说是黄土地，其实是沙土地的情况也没有吗？ = 这是不可能的。

外村人买地，以为不很了解，所以容易弄错，也没有这样的吗？ = 因为有本村的中人在，从中人的信用来讲，不可能有这样的事。

中人等不希望特意去写名字的有吗？ = 如果中人不想写名字的话，这就失去了中人的资格，不能成为中人，所以尽力地成为了中人后，以上的书写就是当然的必须写的。

监证人没有不想盖印章的情况吗？ = 没有。

制订地契看了后，发现没有印章、没写名字，没这种情况吗？ = 这是不可能的。因为立地契之日中人聚集在一起，所以这是不可能的。不来的话也会被叫来。

没有族长的名字的话，这张地契就无效等，这会成为问题吗？＝不会。

关于地契，说之后无效，这会成为问题吗？＝不会。

因什么打官司时，衙门说无效的情况没有吗？＝没有。这种时候卖家、买家即使不说，中人也会发出声明来证明的。如果县里说这地契无效的话，可能就要发呈文与县长打官司了。因为不是1人对1人的协约，还有三、四人也在，所以不可能无效。

【契约的不履行—中人的作用】

中人尽力决定价格，卖家可以卖地后，有别的收入而中止卖地的情况有吗？＝有。

那么，决定价钱到立契日之间有几天？＝三四天或五六天，这之间可以中止的。

这叫什么？＝叫作没这场。即做还没说好的事情。

有什么样的理由时可以这样说？＝因为自己家里没钱才卖地的，突然有别的收入时，要马上去中人那儿中止卖地。

没有别的理由吗？＝没有。

决定价钱后一看，太便宜了，所以要中止，没有这种吗？＝这种情况要去拜托中人。不过一旦决定了就不用去拜托了。没决定下来时可以找中人交涉。

一旦对中人说了可以，就不能因为便宜取消了吗？＝不能。

一旦说了可以，怎么都不想便宜的卖掉时，准备好理由去中止卖地，没这种吗？＝已经立契后就什么都不用说了。没立契之前怎样都可以。不过也不能卖给别人了。

一旦定好价钱后，听到其他人说要用更高的价钱买的时候，中止协约、卖给那个人，可以吗？＝可以。叫作增价。立契前什么都能做。定价100元时，有人说想用110元买的话，卖家去中人那儿告诉他这个，中人会去找（之前）那个买家交谈，问他是否增价到110元。那么，大多买地者因为有钱会涨价。有这样的（这是错的，价钱定下后，这是不可能的，之后就会知道）。

有立契后因特殊的事情而中止的吗？＝没有。

价格为500元的时候，只有200元，300元会从满洲寄过来，但一直没来，这时怎么办？＝买家即使借钱，也要支付给卖家。

一旦价钱定好后，中人考虑后，觉得价钱不是最好的而中止，有这种吗？＝这绝对没有。这样的话就失去成为中人的资格了。添麻烦，中人不会去打破约定的。

一旦定好价钱后，买家要求中止，不能吗？＝不能。卖家有借款，卖地定好价后会告诉债主并约定什么日子还钱，所以买家不能中止。

想买地并决定了一个地方的时候，还有一个地方的条件更好，所以取消最初那个，有这种情况吗？＝因为中人要负责任，所以中人会没面子，这样做的话，将来就无法买地了。因为没有人会给你做中人。

结果，到立契日之前能取消买卖的，只有卖家吗？＝是。

取消的时候，对于中人的努力、买家的期待，不送礼或者做出赔偿吗？＝不。

那么，对取消不会感到愧疚吗？＝会。

买家的取消什么的，是不好的事吗？＝这是不合情理的。

一旦价格定下来了，再取消去找别的买家也可以吗？ =有这种事的话，中人还是之前的那个。中人是不能换的。一旦定好的价格是最高的，换了其他人的话，价格还可能会变低（价格定下后，相关的事情就不可能了，根据后面的对话，就知道了）。

一旦价格定好后，中止了买卖，委托了其他的中人的话，会损坏之前的中人的面子，所以不这样做，是吗？ =对。

那么，即使中止了，中人也必须是之前那个吗？ =是的。

定好价格后，卖家可以擅自中止买卖吗？ =是的。

中人是同一人，倒不受影响，但买家在谈好后被中止，不生气吗？ =如果在价格一样的情况下，就跟之前的买家商量。比如中人决定价格是60元，买家却说即使50元也不买的时候，如有别的愿意用60元买的买家的话，就停止与之前的人的交易。这叫作拿穷人。

这是在价格定好后中止吗？ =不是，是在定下价格之前。一旦定好了就不能这样做了。

卖家能中止买卖的情况类似于从其他渠道有收入进来时，如从满洲等有钱寄来后便不想出售土地，这是可以的，但除此之外，便不可以了吗？ =对，还没有遇到这之外的情况。

这样的话，中人就白干了。对这（表示歉意）不送礼吗？ =什么都不用送。因为中人也是不离开土地就好，会一样的高兴。不会生气。

那么，买家碰到这样的事，明明已经筹好钱了，却又被中止买卖，他不会为难、生气吗？ =人都不希望自己变穷。买家没必要委托中人寻找卖家，所以因为同样的理由，买家也会高兴。

买家碰上这样的事，不用送礼或赔偿吗？ =不用。

有立契后不实行协约的情况吗？ =没有。

比如，卖家卖地后，不久寄钱来时，说不卖了要毁约之类的情况有吗？ =没有。即使从他人那儿买了地，也要让契约无效，这样的话是说不出口的。

买家试着去买后想中止，有这种情况吗？ =没有。又不是小孩子，所以不要这么愚蠢。

在北京等地卖了房子后，不管过了多久也不让出房子，因此而打官司，有这种事吗？ =没有。

因为没有遵守约定，所以要董事、保长、甲长等仲裁调停的情况有吗？ =买家不能做这样的事。就像不会用很多钱去买一张桌子一样。卖家也不会这么做。如果出了这样的事的话，不会再有人做他的中人，卖家不论何时都卖不了地了。

这附近有过这样的事吗？ =没有。

例如，制订不卖树木的协定的话，无论过了多久，也不去把树木拿走的话怎么办？ =没有这种事。即使树木在土地的边缘，也必须自己去拿走。

如果没去拿怎么办？ =因为是自己的树木，不去拿走的话，买家是不允许的。有树木的话，根深扎进地里对作物不好。

不过因什么原因不能去拿的话怎么办？ =因为特殊的原因不能去拿回的话，就卖给买家。

又不卖，又不去拿回，就放任树木一点一点深深扎根，有这种情况吗？＝这是坏人，普通人不可能这么做。

这个村里没有这样的人吗？＝没有这样的坏人。只有通情达理的人。

【先买权者—族长】

没钱想卖地时，首先必须跟谁商议？＝自己家里有老人的话，就与老人商议，再者本族的族长在的话，还要跟他商议。

必须先与族长商议吗？＝必须商议。如果不商议，就可能不会得到族长和父亲等的同意而起争执。

有过这样的事情吗？＝这个村里没有。这个村里卖地时首先要委托中人。这样，这个中人会先去询问你的父亲和族长，中人会亲自去族长和父亲那里拜访，得到认可，并介绍已经知道的情况。

不只是父亲，祖父也在的话，要与祖父商议吗？＝要。

对母亲呢？＝父亲在的话，就没必要与母亲协商。

自己的孩子呢？＝不用。

自己是60岁，孩子是30岁的情况下，是怎样的？＝这种情况要与孩子协商。自己（定义）已经让他们分家了，但是想卖养老地的话，就要与他们协商。瑞和（39岁）就与76岁的父亲商量。

买卖时要先考虑家长，另外不是家长的人的话，就要与家长商量，并得到他的许可吗？＝是。

一般叫家长？＝叫家长。没有别的名字，也叫老人家。

要让族长接受商谈的话，要怎么做？＝如果有确实的理由，就会同意。没有的话就不会同意。比如，借了钱，但没有钱来还，就去族长那儿商量卖地的事，族长会先考虑还钱的方法，不得已就会给予同意。

族长给予同意的话，不就在本族中寻找买家吗？＝对。族长首先会在本族中找。没有的话就卖给外族。

必须这样吗？＝心地好的人会这样做。

现在不做的人也有吗？＝我们村里没有这样的人。别的村的事情我也不清楚。

族长在族中找买家的情况下，就不需要中人了吗？＝仍然要规定找族外的人的价钱。

不能是同族的人吗？＝为了也能通知他人，还是找族外的人。

中人必须是族外的人吗？＝不限于族外的人。也有同族的人的情况。不过为了通知族外的人，还是族外的人比较好。

同族的中人叫什么？＝文书里叫作族中人。

同族中没有买家的话，会找怎样的买家？＝有钱的人。

【地邻】

不是一般的有钱的人，而是一开始就去找地邻，没有这种吗？＝地邻有钱的话就去那儿。穷的话就不去。

那么就是没有必须先找地邻商量这样的规定吗？＝在这个小村庄里，地邻谁有钱、谁没钱都知道得很清楚。

【承当者】

如果出当的话，不用跟承当者商量吗？＝首先就要商量。想买的话，就可以卖。

如果承当者是同族的人，我认为要先商议，如果承当者是族外的人的话，相比于在同族中找买地的人，会与哪个商议？＝同族的情况要先商议，族外的情况要先与同族的人商议，同族不买的话，再与承当者商议。

那么，同族的人想买的话，即使有族外的承当者，也要卖给同族的人吗？＝是。

现在也还是要严格地进行吗？＝现在也还是这样做的多一些。卖给同族的多一些。

在同族中、是地邻、又是有钱的人和承当者这二者，先卖给哪个？＝卖给与自己亲近的人。父亲想买的话，就不卖给祖父，祖父想买的话，就不卖给孝祖父。

这时，地邻、承当者就都不是问题了吗？＝不是很大的问题。

有钱的地邻和承当者都是族外的人的情况下，先卖给哪个？＝卖给承当者。

地邻、承当者、同族之外，还必须与其他人商议吗？＝只要有钱，谁都可以。

【族长、承当者的优先顺序】

现在思想改变了，如果不与同族商议，就卖给族外的承当者的话怎么办？＝同族内必须先商议。这个村里必须这样做。

这样的话，买卖后请客时必须叫族长吗？＝如果卖家想请自己的族长来吃饭的话，就要自己准备。现在也有买家连卖家族长的宴席都不准备。为了节约钱，我（定义）卖掉自己的土地的时候，同族的人去了两桌即 10 人。买家见到这个很高兴，但是现在就很反对，厌恶来这么多人。

族长不是介绍人，立契时成为中人，这是不限制的吗？＝吃了买家的饭，族长全部都是中人。

买家的族长去吗？＝必须去，但不成为中人。卖家的族长成为中人。

卖地后，承当者说地没被卖给他，他不会发牢骚吗？＝承当者贫穷的话，就不会说。如果有钱，会与承当者商议的。

明明有钱，却没与他商议就卖了的话怎么办？＝如果没商量就卖了，如果买家与卖家关系特别好又亲近的话，就不会发牢骚。如果不是这样，那就会有意见了。

发牢骚这件事是怎样的？＝如果是心地好的人，就不会发牢骚。不过，因为是承当者，所以只会是把钱拿出来这样的话。

如果是心地不好的人，会怎样？＝虽说是心地不好的人，也只是其中贫穷的人才会说。如果是心地好的人，不论贫穷还是富贵都不会说。会说自己要买更多广阔的土地，说坏话。

不会说“中止买卖把地给自己”这样的话吗？＝这连中人都会生气的。绝对不会允许。

【出当地的变卖】

不把出当的土地卖给承当者的情况下，会对承当者进行通知吗？＝通知。

之前是出当的土地，买家是知道这件事的吗？ =是，知道。

出当的土地的地价便宜一些吗？ =不便宜。一样的。

甲60元当给了乙，如果甲把地卖给了丙，那么谁出60元赎回土地？ =立契时（出当者）叫承当者来吃饭。这时承当者就成为了中人。然后同时拿来当契，同等价格是从买家那儿解除支付当的关系。

有解除当的关系必须在清明节前等这样的约定吧。这个期限是怎样的？ =必须在立契之日买回来。不是这样的话，买家不会同意的。

那么，对承当者来说是麻烦的话吧。承当者还留有青苗的话怎么办？ =这种还有青苗的情况下，买家不到第二年是不能接受的。

【卖掉出当地的情况下的租课负担】

卖家从卖价中赎回，承当者和买家结成典关系的情况没有吗？ =没有。卖家向买家交纳承当者的当价（?），承当者在收获结束前是自己耕种。

这样的事经常有吗？ =虽然有，但还是很少。

这种情况下，谁出差钱？ =承典者出。

谁出钱粮？ =这一年由承典者出，如果土地转让了就由买家出。

立契之日拿来当契的话，之后由谁保管？ =赎回的情况下，卖家和买家保管的情况都有。卖家直接拿出来的话，就是卖家的东西。从买家的买价中扣除的话，就由买家保管。买家赎回的比较多。因为卖家拿不出钱而卖掉的话就会穷困了。

卖家没有说卖掉了（非意愿）这样的话的吧？ =如果是当日，卖家可以赎回。

不是当日的情况也有吗？ =也有。不一定的。

买家赎回的时候，没有承当者不愿意的情况吗？ =没这样的事。

立契之日，买家给卖家钱，之后买家却说要赎回什么的，有这种事吗？ =卖家出当的钱当日就扣除了。

【变卖现租典地的方法】

然后买卖典地时是怎样做的呢?，首先你淡淡现租的时候吧。 =现租时，正月前还在上冻，粪之类的浇不进去的时候，因为还加工（耕种）不了，所以卖家会归还典钱，解除典关系。正月后土地解了冻，粪等能进去的时候，以为有工钱、有这个的利息，卖家会把典钱转让给买家，像承典者从买家那儿承典一样。

这时买家能够说不愿意出典给卖家，然后就取消吗？ =卖家会与买家就出典事情沟通。

对于这种情况，买家想自己耕种，不能这样吗？ =本村没有这样的事，必须让他典出土地一年。买家知道出典事情买地的，就必须认识到上述情况。

【变卖秋租典地的方法】

接下来，秋租的情况下是怎样的？ =不典也行。

不过已经浇了粪播了种的话怎么办？ =即使是现租，播了种，上述的也不能改变。

买家不能改变典钱的价格吗？ =根据与卖家协商的价格。此外就不能改了。

【变卖分种地的方法】

如果是分种着的土地怎么办？又是没有耕种的情况下 = 这就没关系了。

如果耕种了的话怎么办？ = 这是一样的关系。

不能变为典吗？ = 没有这样的。还是一样的分种。

【变卖指地借钱土地的方法】

接下来是指地借钱的情况下，甲把土地担保给乙，然后借了 60 元钱，之后又卖给丙的话会怎么样？ = 卖家拿着借款和利息去债主那儿赎回地契。

立契之日做这个吗？还是之后也可以？ = 之后也行。那天也行，那天做的多一些。

如果之后还钱时还不了怎么办？ = 因为中人和代笔人在，买家会找他们来去催促。

没有这种事情吗？ = 之后还钱这事也是依人而定的。如果卖家是有信用的好人，即使说把还钱日期延迟到来年，中人和代笔人也会做保证人的。如果是心地不好的人，借款就必须在立契之日归还。

这种心地好的人过了一年也没还钱的话怎么办？ = 卖家家里又不是只有一块地，换掉文书，改写别的土地。然后建立押关系并支付利息。

指地借钱没有定 3 年、4 年的期限吗？ = 有短期的期限，有 3 个月、5 个月、半年之内还这样的，不定 2 年、3 年这种长期的期限。

其他的土地有说 3 年、5 年的，这个村里没有吗？ = 这个村子没有，只是每月每年支付利息。

【出当地的期限和土地变卖】

当没有期限吗？ = 有。这是出当者的土地是荒地，比如承当者看了耕地，说耕种不好，所以会约定期限，这时会做出例如承当 5 年以上那样的约定。

这种情况下，还只 3 年后，就把地卖出去的话怎么办？ = 买家会从承当者那里打听出当的年数，然后承当者说现在第 3 年，还有 2 年，买家就不会买了。

如果买了的话怎么办？ = 用 200 元买的，如果是 100 元出当的土地，就扣除 100 元后再给卖家。期限到了后再用 100 元赎回。

买家不就有很大损失吗？ = 没损失。

如果不这样做，卖家赎回土地后，会与买家结成三年期限的典地关系吗？ = 有这样的情况。

哪一种多？ = 这种事从以前开始就少。在这个村里，不告诉买家相关的事情，就是因为卖家心地不好。告诉了的话，买家可能就不会买了。

【房子变卖和租客】

卖掉家和房子的时候，借住在这里的租客怎么办？ = 借住期限是一年，在半年时卖掉，虽然买家搬进来了，但借客还可以住到年末，之后就要搬走。

新买这房子的人不能在大约 8 个月时赶走借主吗？ = 期限前不能赶人，年限前要等着。

但是，买房子的人没有责任，房租也是交给卖家了，这不是与卖房子的人的约定吗？ = 不管怎么样，年限之前都不能赶人。

【土地变卖和碾子】

碾子与土地一起卖掉吗？ = 根据商议的情况。所有的都一起卖掉的，和把碾子带走的都有，这种时候就必须马上拿走。

一起卖掉的情况，因为碾子是三、四户人使用的东西，所以不给买主使用，没有这种情况吗？ = 这样不行。

如果这个碾子碰巧是三、四户人合资出钱制造的碾子的话怎么办？ = 碾子不会是三、四户一起制造的，有钱的话每1户就必定会制造1个。

【土地的一体性】

卖土地时，土地和房子不能分离，树木可以分离，那什么是要与土地一起卖的，而什么又是要分开的？ = 在房子这一方面，整体卖掉的和卖掉一半的，这两种情况都有。全部卖掉是没问题的，但是只卖一半的情况下，只有正中的道路不能卖。土地里附带房子、棚子、大门、一门、厢房，其他的东西全部不能附加。

井呢？ = 卖一半的情况下，前面园子的一半里有井，井也卖掉的话就写作"连井在内"。不卖的时候就写"井不在内"。

卖掉井的话，后半个园子的人不苦恼吗？ = 即使卖了井也不用苦恼，谁都可以去汲水。

如果这口井是2户以上的人合资出钱建的，怎么办？ = 没有这样的事。不过3户分家的话，就变成3人一起拥有了。

把这个卖掉的话怎么办？ = 有1个人想卖掉的时候，其他2人有钱的话，这2人就会干涉不让他卖。

指地借钱的时候，用价值200元的土地，从甲那里借50元，从乙那里借60元，有这种情况吗？ = 这不行。

指地借钱时，用同一土地能立两张指地借钱契吗？ = 用价值200元的土地，合计借150元，这种场合下是可以的。

【对第三者的效力】

买卖结束时，怎样通知给人们？ = 因为立契之日请客时会很热闹，所以村里的人全部都会知道了。

保长等人不会把人们集中起来告知，或者派送告示吗？ = 不会。

没有这样的必要吗？ = 没这必要。

也没有告知其他村子的必要吗？ = 没必要。

【税契】

税契时为了什么而制订的？ = 有把这事告知衙门的必要，告知的方法就是这个。

为什么制订税契呢？ = 如果不制订税契，就可以用白契漏税。如果不制订税契，打官司的时候白契是无效的。

像这个村子一样，因为和睦相处不会打官司，放着白契不也很好吗？ = 不是这样，是谁都喜欢税契。

为什么喜欢税契？ = 就那样的白契，如果到子孙那代不幸地要打官司，就没办法了。

这就是这件事（税契）的原因，那时再把白契变成税契不就行了吗？ = 立契的日期开始6个月以内，必须把白契变成税契，没做的话就是漏税。

不过，实际上，我觉得在农村税契等是不必要的 = 白契是根本，红契是有效的。红契丢失的话，拿着白契也还是可以制税契，不过要说明丢失的理由。

这是补契吗？ = 是。

这可以经常做吗？ = 不行。

【过割】

为什么要过割？ = 为了变更卖家交纳银粮这件事。

过割不能跟税契一起吗？ = 不能，分别做的。

今年开始是去大乡公所变更的吧？ = 今年开始是变成这样了，但是以前不是这样。

【登记】

登记是在昌黎县吗？ = 登记地表是在大乡公所进行。这与税契过割不同。过割是改人名，记载它的亩数增减的是登记。过割是正月二十进行，此外就不能做了。登记什么时候都可以，不过实际上不这样做。

过割和税契，哪一个重要？ = 哪一个都重要。

先进行哪一个？ = 先过割。

6 月 5 日

特殊的买卖　土地买卖的当事者　不采取买卖形式的买卖　土地买卖的时期及原因

应答者　侯定义（原村正、族长）

　　　　侯瑞和（乡丁）

地　点　保公所

【死卖、杜绝卖】

一般的买卖有叫死卖吗？ = 卖家卖土地这件事就叫作死卖，另外文书叫死契。

这不叫杜绝卖吗？ = 这也是一样的。

有不是死卖的买卖吗？ = 不清楚。

【找死了】

没有叫活卖的词语吗？ = 没有。

其他的地方把当叫作活卖，这里不叫吗？ = 不叫。

打算卖地就不立卖契吗？ = 不。

卖地时必须立卖契吗？ = 是。不立卖契，买家就不会同意。

通常拿出来当的土地不能赎回的话怎么办？ = 不管到何时一直当，就这样转让给子孙。只要有钱，不管过了多久都能赎回。

一边当地，一边又把地卖给承当者，有这种情况吗？ = 有。这叫找死了。

这时在当价上加钱吗？ = 比如 200 元的土地，用 100 元出当，出当者再追加 100 元就能买。

这叫作什么？=叫作了死或找死契。

追加的钱叫作什么？=没有名字。

这不叫作找价或者拔价吗？=不叫。

【典地的变卖】

有卖掉出典的土地的吗？=有。

这种情况下是怎样卖的？=卖家委托中人，然后制订卖契。

这在什么时期比较多？=哪个月都可以，即使有青苗也能卖。有青苗时，卖给他人的少，但是这时买家会扣除典钱。

有青苗的话，会更便宜吗？=一点也不会便宜，是一样的。

典出去后就丢在一边不管，然后就这样卖掉，没有这种情况吗？=不立契就不能叫作卖，只是"委托"他人耕种。

放任典的约定不管，就卖掉的情况没有吗？=没有。

【指地借钱地的变卖】

指地借钱的情况下，会规定年限吗？=短期的话就有期限，长期的没有期限。长期是指借主什么时候还钱都行，利息始终必须还。

短期的话，期限是几个月？=大概3个月、5个月。

这个期限一到就收回土地吗？=这种情况是在5个月左右时做。

还是没还怎么办？=收获期结束还没还的话，就必须卖给他人，或者是卖给这个人（债主?）。

开始时猜测到还不上钱，也不写利息，也不立指地借钱契吗？=不是。

长期的指地借钱是什么时候还都行，这不就是打算卖掉指地借钱才制订的吗？=是。借钱的人支付利息，不支付的话地就成为债主的了，支付利息的话，就还是自己的地。

长期的指地借钱必须写当契、写利息吗？=写哪个都可以。

短期的话怎样？=也是一样的，但写指地借钱的多一些。

长期的指地借钱，如果还不上钱，就与卖地一样了吗？=不一样。

【打不上利交地】

哪里不同？=卖地的话就不能赎回了，指地借钱的情况下，不支付利息就把地给债主，支付利息和本金就能赎回。

因不支付利息而出让土地，这叫作什么？=叫作打不上利交地。

这时中人在场吗？=中人不在场，只在自己不能交利息，要转让土地时告诉中人，另外也要告诉债主那方的中人。

打不上利交地和只卖地，哪一种多？=交地的多。这是因为自己有钱的话还可以赎回。

打不上利交地与当是一样的吗？=与当地相同。

这种情况下规定年限吗？=没有年限。

立即买回来也行，经过了20年、30年再买回来也行吗？=什么年限都没有。

【不按照卖契变卖土地的情况】

制订了卖契，然而实际上却是当地，没有这样的情况吗？=不能卖当的地，这种事是不可能的。

母子二人，因孩子年幼不能耕种，所以签订了卖契，这时不需要做出 10 年、20 年后买回来的约定吗？ = 当地的情况有这样做的，卖地的话不行。

当的话，经常有这样的吗？ = 偶尔有。

签订了卖契却不转让土地，只支付利息，没有这种情况吗？ = 没有。

签订了卖契的话，不管怎样，实际上都要卖地吗？ = 是。

约定签订卖契却不转让土地，共同利用，没有这样的吗？ = 这是不可能的。要赎回的就当，不赎回的话卖掉更好。有卖家承典的。

虽然卖掉了房子等，但是共同使用，没有这样的吗？ = 即使共同居住，也必须出一点钱。必须典或者当。

对于房子也有叫作典的？ = 与土地一样，也有典和当，另外也有指房借钱。

没有实际上说是卖地却又不卖的例子吗？ = 没有。

没有不说卖却卖了的吗？ = 没有。

比如，因为旗地是禁止卖掉的，所以拒绝，而且旗地在满洲是被禁止卖出的，所以就典，没有这样的例子吗？ = 在这个村、这个大乡没有。

先祖代代典地，地主想结束这种典地状况却不行，有没有这样的土地？ = 没有。

以前没有学校里有学田的吗？ = 没有。

没有有庙产的吗？ = 这也没有过。

【坟会地的耕种】

有侯氏坟会这种东西，那是什么？ = 因为每年坟上会长草，把草卖掉，在清明节时买纸和香。

这里不耕种吗？ = 不耕种。

听说王氏、刘氏也有，哪一个都没耕种吗？ = 王氏只耕种了 1 亩 6 分地。以前卖草的价格高，比耕种得到的钱多。因此，他从以前开始一直不耕种，现在也耕种不了。

王氏的坟会地是谁在耕种？ = 王家 6 户人轮流耕种。耕种的人出清明节宴席的费用。

不卖坟会的可耕地吗？ = 不卖，与墓在一起，耕种得少的话就变成墓了，所以也没有买的人。

侯氏里没有一族共有的土地吗？ = 侯家很少有，2 亩是老坟地，正在耕种。那里有 1 个坑，每年清明节堆土时就从这儿取土。因为有土坑和道路，所以耕种其中的 2 亩。

这与刚才的取草的老坟地不同吗？ = 不同。

这 2 亩地是轮流耕种的吗？ = 不是。

谁在耕种？ = 出典了。去年是侯文焕，今年是侯治龙。

决定这个的是谁？ = 侯氏坟会的会头决定的。

会长有几个人？ = 六、七人。侯大生、侯治龙、侯凤昌、侯永正、侯焕廷、侯元耀等。

这些会头是怎么决定的？ = 清明节到了，烧纸香的时候，侯氏谁都应该去，但是不去的人也有，不过因为这些人必须去，所以作为会头。

【坟会地的变卖】

不会卖坟会地吧？ = 不会做这样的事。虽然烧纸香的钱不够，把坟会地卖掉后却又会不够的。

【拍卖】

知道拍卖这个词语吗？ = 不知道。

没有拍卖土地的情况吗？ = 没有。

长时间去满洲不回来的时候，不拍卖吗？ = 不。

听说赵家港的籽粒地，地主交纳不了钱粮逃走了，不拍卖吗？ = 这个拍卖。卖的话，因为谁也不想要，所以我觉得会拍卖。我知道的也不清楚。

在村里做了不好的事而逃跑，土地就没有主人了，我觉得这可能会拍卖，是吗？ = 这个村里没有。

在县里有土地，然后把这个转让给村或者个人的没有吗？ = 没有。

比如，有拿起洋砲[1]转让给保公所的，对于土地没有像这一样的事情吗？ = 没有。

【村内土地买卖的倾向】

今年，土地买卖大约有多少件？ = 侯永俭卖给侯元来这一件。

去年大约有多少件？ = 刘万喜、侯元普、侯元来、侯元文、侯宝奎的5件。这是在去乡丁那儿过割后知道的。

前年呢？ = 不清楚。

比起10年前，土地买卖是变多了还是变少了？ = 变少了。

民国元年前后是怎样的？ = 元年前后比较多。

元年前后这一年大约有多少？ = 3户或2户。

那不就与现在一样吗？ = 卖给外村人的多。有3户或4户，本村人很穷买不起。

近来变少了吗？ = 是。

为什么会这样？ = 近来生活不好。因为旱灾洪水等收获不好，所以农民买地的钱很少。

现在和民国元年前后去满洲赚钱回来的，哪个更多？ = 民国元年前后人去得更多，但是赚了钱不回来。现在去得人少，但是赚了钱会回来。

【村内土地购买者】

土地的买卖，与本村人进行，和与外村人买卖的，哪一个多？ = 现在是在本村买卖。以前很穷，不在本村，在外村进行买卖。

现在，与同族之间进行买卖和卖给承当者，哪一个多？ = 同族的多。

这个村里卖地时，大致上是什么样的人会买？ = 有钱人。

怎样赚钱的人？ = 去满洲做生意赚钱的人。

没有用其他的方法赚钱的人吗？ = 全部是去满洲的人。

这四五年买地的人不是大致决定了吗？ = 正在决定中。

这大体上是谁？ = 侯元来、侯元文、侯宝廉、侯元广。

---

〔1〕　译者注：原文直译，不明其意。

其中侯元来是买的最多的。

这些人都是在满洲赚钱的人吗? =是。

【村外的土地购买者】

从泥井附近没有来买的吗? =没有来的。

泥井以外的村里也没有吗? =泥井叫董的人去年来买过。这是萧惠生卖的。

【村的蒲坑】

村里有蒲坑,那是村里的东西吗? =是。

没有卖那个的吗? =现在,蒲子是由大乡经管的。

变成大乡的经管后,就不用照顾了吗? =本村去看梢子。

那个不能卖吗? =蒲子可以卖,但是土地不能卖。

为什么土地不能卖? =那是公共所有物。

不是会上商量后就能卖吗? =以前卖掉蒲子,作为会上费用的补助。即使卖掉那块土地,有谁会买吗。有必要买的人是没有的吧。

【临归卫地】

有临归卫地,从以前开始就是卖、买都可以吗? =这是银粮的名字,是临归卫粮,不是土地的名字。卖掉也是可以的。

【旗地】

有一点旗地,那是怎样的? =不清楚有没有。

【拨补地】

卖掉拨补地也可以吗? =也是钱粮的名字,所以可以卖掉。

【滦州租地】

滦州租也是卖掉也可以吗? =土地可以随便卖。

临归卫地是什么样的土地? =这不清楚。封粮的时候,叫做封临归卫或封拨补银。

为什么去滦州纳粮? =自己打听了买土地的银粮要去哪里过割,问河西的话是去滦县过割。因为我自己(瑞和)在滦州的地很少,所以从各县一点一点打听了滦县的租的事,但是知道得不是很清楚。

【土地买卖的时期】

土地买卖在一年中什么时候是最多的? =阴历的 10 月到来年的二月多。过了二月就变少了。

为什么这段时间会变多? =十月到了,收获后青苗什么都没有了。另外,年末必须要还借款。最迟也必须在二月前还。

这不会根据丰年或凶年而变化吗? =几乎没有变化。不过,歉收的年份里,一进入 10 月早就卖了。丰年里会迟一些卖。

这个时段以外也有买卖吗? =有,但是少。

【土地买卖的原因】

因为什么原因而买卖的多? =生活困难。去年每亩地收获一斗半,今年只能收几升,这种情况下就要卖地。买地的人必须是很有钱的人。就是去满洲等地赚钱的人。卖地的都是农民，买地的是有钱人。

这些有钱人不会从外村过来买地吗？ = 本村也有很多卖地的人，所以不去外村也可以。

生活很拮据，像现在这样因水旱灾收获不好的，也有因亩捐等税收太高的，哪一种多成为原因？ = 没有因为钱粮的繁重而贫苦卖地的。赵家港有。

也有因结婚、葬礼等而卖地的吧 = 很多。我（定义）父亲死的时候卖了地，因为自己的小儿子结婚又卖了地。因为这样的原因卖地的人很多。

这个原因与因生病卖地，哪一个多？ = 葬礼、结婚的多。

转业去铁路工厂工作或成为铁匠为理由的卖地情况怎样呢？ = 没有这样的。

不过为了转业，需要资金时怎么办？ = 本村里没有这样的例子。

军队从这里通过时，会损害作物，没有卖地的人吗？ = 没听过卖的。

为什么这个时候，村民会来买粮食啊？ = 虽然泥井有这样的战争，但这里没有。这个村里全部逃跑了，不过作物不会变坏。

没有因收取兵差而变穷卖地的吗？ = 没有。

民国初年的革命，义和团时怎么样？ = 革命军的不知道。义和团的时候没有损失。

这个村中有不能卖的，不能买的地吗？ = 没有。

结婚和葬礼时，为了得到钱会立即卖地，在这之前进行指地借钱或者当吗？ = 首先会借钱，然后收获后不够还钱的话就卖地。

【指地借钱、当和卖】

立即卖地的，和按指地借钱—当—卖这种顺序来的，和从指地借钱变为卖地的，和先当接着再买的，哪一种情况多？ = 先当再卖的最多。

其次呢？ = 指地借钱的多。

有刚才的两种，情况如何呢？ = 指地借钱的超过一年后，再决定怎么办，但是这之后当的比较多。

很少有一开始就卖地的吗？ = 是。

葬礼的时候，有养老地的人会立即卖地吗？ = 卖地的多一些。

不决定当吗？ = 没听过有这样的事。

没有指地借钱的吗？ = 这也很少。卖地的多。

【资料—在侯家营得到的地契】

甲、侯瑞和那里得到的地契

地契一[1]

立卖契文约人侯长春因老病不赡今将自己家庄窠后园子地计垄二条其地南北长东西阔南至买主北至道东至买主西至侯姓四至明白央中人说白情愿卖与侯元钧名下永远为业言明卖价钱五吊整其钱笔下交足并不短少恐口无凭立此卖契永远存证

---

〔1〕 译者注：地契1至地契40均为民间契约，保持原文文字结构。

折钱粮钱一吊整

侯永昌

中人

侯建功　书契

大清光绪十五年正月二十九日

地契二

立卖契人侯占魁因国课无出今将自己祖遗庄窠地一段半截计地三亩计垄三十二条，短垄十条，内有土房五间东西以土房磉根为准（其地南北长东西宽）南至侯长春侯三魁北至道东至池永富侯万春西至王作才又家东北白地一段计地四亩半计垄十八条东西长南北阔东至对头西至道南北至侯姓四至明白情愿卖与侯元魁名下永远为业言明卖价银十二两正其银笔下交完并不短少恐口无凭永远为证

地契三

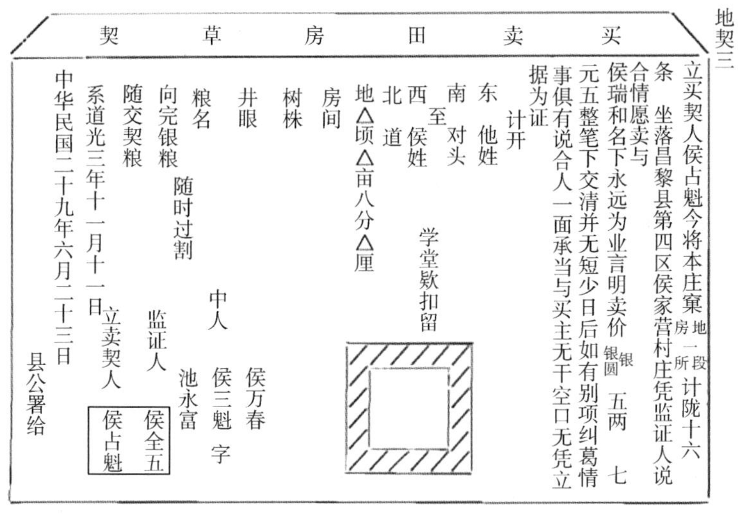

买卖田房草契

立买契人侯占魁今将本庄窠地一段/房一所 计陇十六
条　坐落昌黎县第四区侯家营村庄凭监证人说
合情愿卖与
侯瑞和名下永远为业言明卖价银/银圆 五两　七
元五整笔下交清并无短少日后如有别项纠葛情
事俱有说合人一面承当与买主无干空口无凭立
据为证
计开
东　他姓
南　对头
至
西　侯姓
北　道
学堂欵扣留
地△顷△亩八分△厘
房间
树株
井眼
粮名
向完银粮　随时过割
随交契粮
系道光三年十一月十一日
中人　侯万春　侯三魁　字
监证人　池永富　侯全五
立卖契人　侯占魁
中华民国二十九年六月二十三日
县公署给

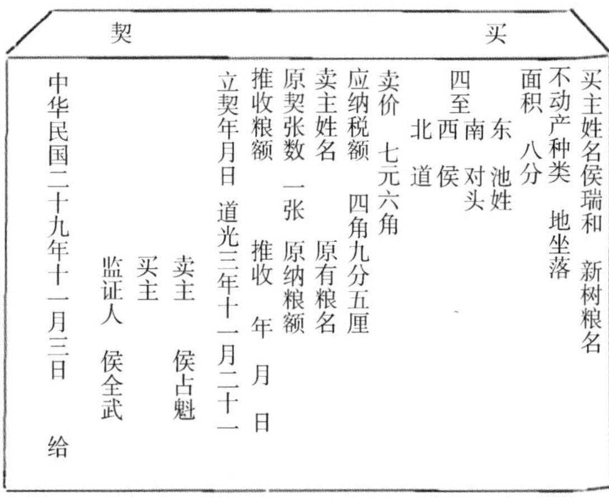

买契

买主姓名侯瑞和　新树粮名
不动产种类　地坐落
面积　八分
四至　东　池姓
南　对头
西　侯
北　道
卖价　七元六角
应纳税额　四角九分五厘
卖主姓名　原有粮名
原契张数　一张　原纳粮额
推收粮额　推收　年　月　日
立契年月日　道光三年十一月二十一
卖主　侯占魁
买主
监证人　侯全武
中华民国二十九年十一月三日　给

地契四

买卖田房草契

立卖契人侯占魁今将家北菜荒地（房地 一所段）计陇二十条坐落昌黎县第四区侯家营村（庄）凭监证人说合情愿卖与侯瑞和名下永远为业言明卖价（银 银圆）九元整笔下交清并无短少日后如有别项纠葛情事俱有说合人一面承当买主无干空口无凭立据为证

计开

东　道

南　至　刘姓

西　道

北　侯姓　学堂欵扣留

地　顷　亩八分　厘

房间

树株

井眼

粮名

向完银粮　随时过割

随交契粮　张　　监证人　侯全五

系光绪二十年二月初六日　立卖契人　侯占魁

中华民国二十九年六月二十三日

县公署给

买契

买主姓名侯瑞和　新树粮名

不动产种类　地坐落

面积　四亩

四至　东　道　南　刘　西　道　北　侯

卖价　九元

应纳税额　五角九分四厘

卖主姓名　原有粮名

原契张数　一张　原纳粮额

推收粮额　推收　年　月　日

立契年月日　光绪二十三年二月初六

卖主　侯占魁

买主

监证人　侯全武

中华民国二十九年十二月三日　给

地契五

买卖田房草契

立卖契人侯韩氏□今将家西北小园子沙地（房地 一段所）计陇二十八条坐落昌黎县第四区侯家营（庄村）凭监证人　说合情愿卖与侯瑞和名下永远为业言明卖价（银 银圆）八元□整笔下交清并无短少日后如有别项纠葛情事俱有说合人一面承当与买主无干空口无凭立据为证

计开

东　道

南　侯姓　学堂款扣留

西　道

北　侯姓

地　顷五亩五分　厘

房间

树株　　中人　侯习武　陈锦山　侯长恩

井眼

粮名　　孔子明字

向完粮银　随时过割　监证人　侯全武

随交契根　张　立卖契人　侯韩氏

系民国元年十一月二十五日

中华民国二十九年六月二十三日

县公署给

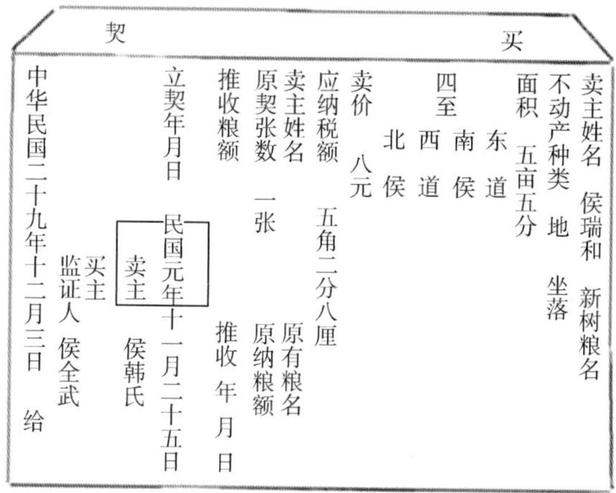
买契

卖主姓名 侯瑞和 新树粮名
不动产种类 地 坐落
面积 五亩五分
四至 东 道
南 侯
西 道
北 侯
卖价 八元
应纳税额 五角二分八厘
卖主姓名 原有粮名
原契张数 一张 原纳粮额
推收粮额 推收 年 月 日
立契年月日 民国元年十一月二十五日
卖主 侯韩氏
买主
监证人 侯全武
中华民国二十九年十二月三日 给

地契六

立当契人侯凤羽因法手无钱使用今将自己家北菜荒地白地一段计地三亩计垄十六条其地东西长南北阔西至大道东至腰道南至本姓北至侯姓四至明白言明当与侯连魁名下耕种当价钱三十二吊其钱笔下交完并不短少恐口无凭立契存照

包纳钱粮钱九百文

侯仲魁
中人 侯治明
侯会昌代笔

光绪二十九年正月二十三日以侯长会手抽出二千

大清光绪十年冬月二十三日立

地契七

立当契文约人侯韩氏因无洋使用今将自己家北庄子门口白地一段计地三亩计垄长垄二十四条短垄三十条其地东西长南北宽东至横头西至大道北至赵姓南至侯姓四至分明烦中说妥情愿当与侯瑞和名下耕种言明当价洋八元其洋笔下交足并不缺少恐口无凭立当契为证

侯习武
侯长恩
中人 侯永俭
陈镇山
孔子明代

民国二十七年七月初七立当契侯韩氏

乙、侯定义那里得到的地契

地契八

立永远卖契人侯平仲因乏手今将自己家北白地一段计地十亩半计垄四十四个正其地东西长南北阔东至腰道西至大道南至侯北至侯四至明白情愿立契卖与侯万玉名下耕种永远为业言定卖价银二十两正其银笔下交完并不缺少自卖一后恐后无凭立此永远存照

照河西钱粮随时过割

侯凤羽
侯万学
执照中人　侯平祯
侯平公
侯玉润书笔

道光十五年十月十九日立

地契九

立永远卖契人侯平仲因乏手今将自己家东孔家坟上白地一段计地十亩计垄六十条其地南北长东西阔南北至衡道东西至侯姓四至明白情愿卖与侯万玉名下耕种永远为业言定卖价银十八两整其银笔下交完并不缺少恐后无凭此契为证

照河西钱粮随时过割

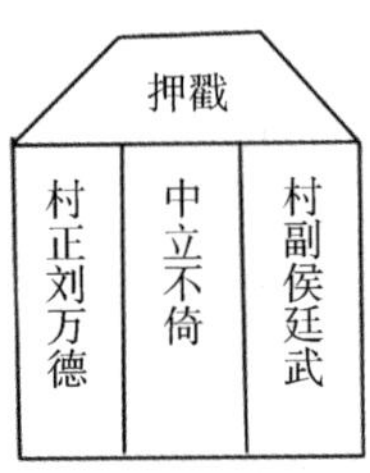

执照中人　侯凤羽
侯万学
侯平祯
侯平公
侯玉润书笔

道光十五年十月十九日立

地契十

立卖契人侯凤山因国课无出今将家东长垄地白地一段计垄十六条计地六亩其地东西长南北阔东西至道南至王姓北至池姓四至明白又家东李家坟上白地一段计四亩计垄十六条其地东西长南北阔东西至道南北侯姓四至明白情愿卖与侯凤吉名下为业言明卖价银二段共卖银二十三两整其银笔下交足并不缺少恐后无凭立卖契存照

钱粮随时过割

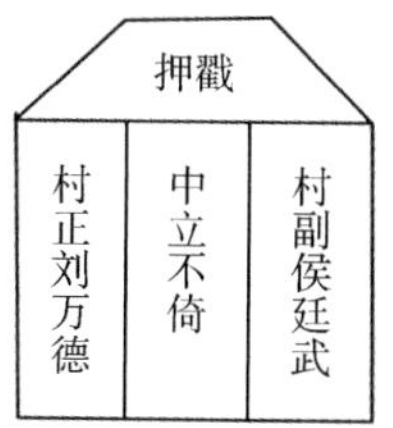

中人 侯得禄
侯凤清
侯定邦
侯定选
侯兴邦代笔

咸丰十年冬月十八日立

地契十一

立永远卖契人侯凤庆因乏手同父言明将自己庄窠地一段长垄二十二条南短垄二条共计长短垄二十四条其地南北长东西阔东西至侯姓南至衡道北至街道四至明白同族人情愿卖与胞弟侯凤吉名下永远为业言明卖价银五两整其银笔下交足并不缺少恐后无凭立契永远存照内有树木在内

照河西银粮过割

执照族人 侯凤临
侯凤山
侯凤清
侯定邦
侯兴邦
侯俊发
侯富贵代笔

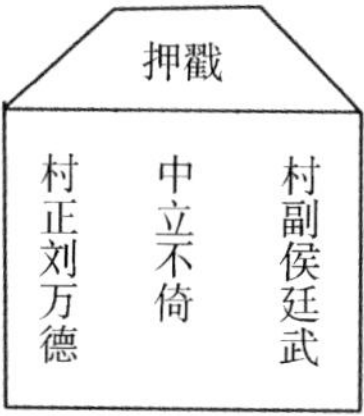

咸丰七年八月二十五日立

买契

买主姓名　侯风吉
不动产种类　庄窠地
座落　莫分泥井
四至　东　侯姓
　　　南　衡道
　　　西　侯姓
　　　北　道
卖价　五两
应纳税额　二钱
原契几张　一张
立契年月日　咸丰七年八月二十五日
卖主　侯凤庆
中人　侯定邦
中华民国三年七月二十日　给

地契十二

立卖契永远执照人侯万仓侯万喜因国课无出今将自己家东北白地两段座落水坑地四亩计垄十六条其地东西长南北阔西至大道东至腰道南北至侯姓又坐落横头地

计地七亩计垄不明东西阔南北至道东至田姓西至侯姓四至明白与中人说合情愿卖与（不明）名下永远为业言明卖价银五两七钱整其银笔下交足并不短少恐（不明）凭立卖契永远存照

照临归卫粮黑白一斗一升随时过割

侯庆昌　侯庆麟
侯庆德　侯庆荣
执照中人　侯庆芳　侯显扬
侯尽臣　侯寿山
侯建功

大清光绪二十七年二月十一日

为子税校

买兑契

买主姓名 侯定义
不动产种类 地
座落 莫分侯营
面积 十一亩
四至 东 腰道
南 侯姓
西 大道
北 侯姓
卖价 五两七钱
应纳税额 二钱二分八厘
原契张数 一件
立契年月日 光绪二十一年二月十一日
卖主 侯万喜
中人 侯庆荣
中华民国四年三月三十日 给

地契十三

立当契文约人侯定义因手乏今将自己家东坐落孔家坟西白地一段计地二亩五分整计

垄十六条其地南北长东西阔东至王姓西至侯姓南北至道四至分明情愿当与王旨升名下耕种言明当价钱一千五百吊整其钱笔下交足并不缺少恐口无凭立当契存证

每年包纳钱粮钱二吊五百文

同中言明头清明前钱到许赎

王兴邦
中人
侯显扬代笔

中华民国十五年阴历闰二月二十四日立当契

地契十四

立当契文约人侯定义因手无钱使用将自己坐落家南白地一段计亩四亩计垄十六条南北长东西宽南至横地北至道东西侯四至分明情愿当与王宝纯名下言明当价五十元言明年利二分二厘立字为证

代笔人王永惠

民国二十一年二月二十二日立

丙、刘子馨那里得到的地契

地契十五

立永远卖契人刘昱因乏手今将房后庄窠地白地一段计地半亩计垄八条其地南北长东西阔南至道北至道东至买主西至刘姓四至明白情愿卖与费宜春名下自便言明买价银两钱正其银笔下交完并不缺少恐后无凭立卖契永远存照

钱粮随时过割

梁发
刘永
刘禄
执照中人 刘中礼
刘永清
侯士科
侯平和

道光二十一年二月十七日立

地契十六

立卖契人侯恩因乏手今将自己房西白地一段计地五分计垄六条其地南北长东西阔南至道北至道东至刘姓西至侯姓四至明白情愿立契卖与刘永清名下耕种言明卖价银二两三钱正其银笔下交完并不短少恐后无凭立契存照

照关上钱粮随时过割

侯老养
孔友仓
中人 侯平保
侯任
侯凤清代笔

咸丰九年三月初八日立

地契十七

立卖契文约人侯万成因乏用今将自己家东北白地一段计地四亩半计垄十四条其地东西长南北阔东西至道南至侯姓北至沟四至明白情愿卖与刘永清名下永远为业言明卖价钱银十五两正其银笔下交足并不短少恐后无凭立契存照

钱粮河西银随时过割

此钱粮银以侯士杰名下过来

侯凤桐
侯凤羽
中人 王作才
侯长喜
费占元代笔

同治七年冬至月初七日立

地契十八

立卖契文约人池安将自己祖遗白地一段计地二亩半计垄十条其地东西长南北阔南北至池姓东西至道四至明白其地水坑同中人情愿卖与刘荣名下永远为业言明卖价银二

两五钱正其银笔下交足并不缺少日后并不许如有亲族净竞如有亲族净竞者全有中人一面承管恐口无凭立字为证

涿州河西银子随时过割

侯凤桐
中人 池有
侯元魁代字

大清光绪元年正月十五日立

地契十九

立卖契文约人侯仲魁因国课无出自将自己家北水坑地白地一段计地十五亩五分计垄六十二条其地东西长南北阔东至要道西至大道南北至侯姓四至分明又侯定邦水坑白地一段计地三亩计垄十二条其地东西长南北阔东西至道南北至侯姓四至分明今同中人说合情愿二段卖与刘荣名下永远为业言明卖价银二十二两五钱正其银笔下交足并不短少恐后无凭立卖契存照

钱银照涿州银子如数随时过割

侯定太 池永宽
侯三魁 侯元魁
中人 侯凤羽 侯长贵
侯宓 侯文魁书契
侯举

大清光绪三年二月初二日立

地契二十

立卖契文约人叶金祥叶金玉因无奈国课无出今将自己庄窠房屋前正房二间门窗户壁俱全后正房二间在内计垄十二条其庄窠南北长东西阔东至买主西至叶永发南至道北至道四至分明今同中人说合情愿卖与刘荣名下永远为业言明卖价银三十五两六钱正其银笔下交完并不短少恐后无凭立卖契为证

照涿州银子随时过割

侯元魁
侯凤桐
中人 叶永发
叶永成
叶永茂
侯俊秀书契

大清光绪七年九月二十二日

立

地契二十一

立卖契文约人王俊昇因国课无出今将自己家西北港白地一段计地八亩正计垄四十八条其地东西长南北阔东西至道南至赵姓北至赵姓四至分明今同中人说合情愿卖与刘荣名下永远为业言明卖价银八两五钱正其银笔下交足并不短少恐后无凭立卖契为证

钱粮照吴家林随时过割

侯元魁
中人　王作新
侯俊秀书契

大清光绪十一年正月二十一日立

地契二十二

立卖契人李新因为无钱使用今将自己家西南白地一段计垄十二条此地二亩正此地东西长南北阔东至道西至沟南至龙姓北至赵姓四至明白情愿卖与刘荣名下耕种言明卖价银二两正其钱笔下交足并不缺恐口无凭立此存照

赵长禄
中间人　李云才
亲笔

光绪十四年腊月十三日立

地契二十三

立卖契文约人池永宽因国课难出今将自己家北坐落水坑白地一段计地二亩，计垄八条东西长南北阔东西至道南至池姓北至买主四至明白情愿卖与刘荣名下永远为业言明卖价银二两五钱正其银笔下交足并不短少恐后无凭立卖契永远存照

照泺州银随时过割

大清光绪十五年正月十七日立

池有
中人
侯建功书契

地契二十四

立卖契人赵长新赵长顺因为无钱使用今将自己家南白地一段计垄三十二条正此地十亩正东西长南北阔东西至道南北至侯姓四至明白情愿卖与有一段家北白地一段计垄八条正此地二亩五分有一段家南地一段计垄二十二条此地五亩正此地东西长南北阔东至对头西至道南至侯姓北至赵姓四至明白情愿卖与刘荣名下耕种卖价银六两正其钱笔下交足并不缺少恐口无凭凭立此存照

因赵玘安郭可无出银粮全出

张定义
中人 赵长新
李云才
书 李 新

光绪十五年冬月二十七日立

地契二十五

立卖契文约人侯定荣因国课无出今将自己家东北偏陂地白地一段计地七亩计垄二十二条其地东西长南北阔东至枕头西至道南至孔姓北至陈姓四至明白情愿卖与刘荣名下永远为业言明卖价七两正其银笔下交足并不短少恐口无凭立卖契存照

照临卫粮照归卫粮全出随时过割

大清光绪十五年十一月二十三日立

中人 侯永隆
侯建功书契

地契二十六

立卖契文约人刘思因乏手今将自己北园子计其两家一半长四丈宽一丈五春树在内树南五尺树北三丈五情愿卖与刘荣名下耕种言明卖价银二两正价家情愿各无反悔恐口无凭立此存照银粮在内永无增论亲笔

刘银
中人 池有
刘永春

大清光绪十七年腊月十三日立卖存照

地契二十七

立卖契文约人侯永恩因国课无出今将自己家北水坑地白地一段计地三亩计垄十六条其地东西长南北阔东西至道南北至侯姓四至分明今同中人情愿卖与刘荣名下永远为业言明卖价银五两六钱正其钱笔下交足并不短少恐后无凭立卖契为证自卖以后有卖主一面承管

照泺州银三分九厘随时过割

侯玉珠
池有
中人 侯三魁
侯长会
侯长义
侯俊秀书契

大清光绪十八年正月初四日立

地契二十八

立永远二十八卖契执照人侯永恩侯善封即黑头因国课难出各奉慈命一口同音将二（自己祖）家遗伙地坐落小树林白地一段计地五亩计垄二十条东西长南北阔东至腰道西至大道南至侯姓北至李姓又一段坐落腰道东计地二亩计垄十二条东西长南北阔东至三古道西至腰古道南至侯姓北至买主四至俱各明白央中人说合情愿卖与刘荣名下永远为业言明二段共卖价银七两正其银笔下交完并不短少恐后无凭立永远卖契存照

照涿州银随时过割

光绪二十一年腊月十九日立

侯三奎
侯长会
执照中人　侯瑞堂
侯长赞
侯建功书契

地契二十九

立卖契永远执照人侯廷圣因国课无出今将自己家东坐落景家坟上白地一段计地二亩五分计垄十六条其地南北长东西阔南北至道东西至侯姓四至明白情愿卖与刘万举名下永远为业言明卖价银二两五钱正其银笔下交足并不短少恐后无凭立卖契永远存照

银粮随时过割

大清光绪二十六年十二月二十三日立

侯建功书契

地契三十

立卖契永远执照人刘万玉今将自己应分家北小树林白地一段计地五亩计垄二十条其地东西长南北宽东至腰道西至大道北至李姓南至侯姓四至分明又一段坐落家东南长垄地侯定恒坟东白地一段计地三亩计垄十六条其地东西长南北阔东至道节西至坟边北至侯姓南至买主四至明白央中情愿卖与族弟刘万德名下永远为业言明两段卖价钱一千六百吊正其钱笔下交足并不短少恐口无凭立卖契存证

银粮言明照兹册地丁银随时过割

侯焕章
侯万举
中人　侯万全
侯恩荣
侯荫堂
侯显扬代笔

中华民国六年阴历六月二十八日立卖契

地契三十一

立卖契文约人刘万玉因乏钱使用今特将自己祖业门房内西厢房两间并北牲畜棚一间同中人说合卖与刘万德名下永远为业门窗户壁土木相连东西南北大山磉以至南短墙炕沿锅台俱各在内言明卖价东钱一百二十七吊正其钱笔下交足并不缺少自卖之后永无返还嗣后任随买主兴毁由其自便不与刘万玉相干恐后无凭立卖契存照

刘焕文
侯焕廷
中人　侯宝臣
刘万举
刘万全
侯长印书契

中华民国六年九月十五日立契

地契三十二

立卖房契人刘万成因无钱使用今将自己东厢房三间外一小间共四间同中说合卖与刘子新名下裁把门窗户壁砖瓦块土木相连尽其所有统归子新名下经理言明卖价钱一千四百吊正其钱笔下交完并不缺少恐口无凭立字存照

亩路石在内

侯恩荣
中人　侯焕廷
侯万举
亲笔

中国民国十四年旧历九月二十一日立契

地契三十三

立当契人李荣因为无钱使用今将家西港土井南白地一段计地二亩整计垄十二条其地东西长南至本姓北至赵姓东西至道四至明白情愿当与刘荣名下耕种言明当价钱五十吊整其钱笔下交足并不短少恐口无凭立此当契存照

每年包纳钱粮六百文

书写人　李发

同治十年十二月二十八日立

地契三十四

立当契人侯长春因乏手今将自己家北白地一段计地二亩计垄十二条其地东西长南北阔南至刘姓北至侯姓东西至道四至明白情愿当与刘荣名下耕种当地价钱七十吊整其钱笔下交完恐口无凭立此文约为证

每年包纳钱粮钱六百文

中人　侯长春自己交

光绪元年三月初八日立当契存照

地契三十五

立当契人李景荣因乏手今将自己家西冯家后头白地一段计地三亩计垄十条其地东西长南北宽南至李姓北至李姓东至枕头西至道四至明白情愿当与刘荣名下言明当价钱三十吊每年当利钱六千在外其钱笔交足并不缺少恐口无凭立当契存照

每年包纳钱粮钱九百文

李元起
中人　常自太
李君墨书

光绪十二年八月十六日立契

地契三十六

立当契人李升因手内无钱使用今将自己家西北老荒地白地一段计地二亩半计垄二十五条内有稍子三行其地东西长南北宽东至道西至枕头南至李姓北至李姓四至分明白情愿当刘荣名下耕种言明当价钱二十吊整其钱笔下交完并不短少恐口无凭立契存照

当面严明自己封纳银粮

中人　李元起
代笔人　李尚贵

大清光绪十七年五月初四日立契

地契三十七

立当契文约人王作栋因乏手无钱使用今将自己家南坟上地计地二亩计垄三十八条南至坟北至道东至侯姓西至刘姓四至明白情愿当与刘荣名下耕种言明当价钱三千整契钱笔下交足并不缺少恐后无凭立当契为证

每年包纳钱粮六百文

王自昇
中人代理人　侯樊龄
王作宾

光绪三十三年九月十七日立

地契三十八

立当契人刘万成刘万誉因乏手今将自己家北小树林田地一段计地五亩计垄条其地东北长南北阔南至侯姓北至李姓东至道西至大道四至分明情愿当与刘万德名下耕种言明当价钱五百吊整其钱笔下交完并不短少恐口无凭立当契存照

每年包纳钱粮钱一千五百文

侯尽臣
中人
侯印堂

光绪三十二年十月十八日

地契三十九

立当契人刘万玉因乏手今将自己北场地场一段计南北长东西宽南至一东至猪圈北砾根为准北至道西至当主东至本主计东西狂一丈五尺南北长六丈四至明白当与刘万德名下作场言明当价钱八十吊整其钱笔下交足并不缺少恐后无凭立当契存照

每年包纳钱粮钱二百文

侯焕廷
中人　　亲笔
刘万全

中华民国六年七月初七日立当契

地契四十

立送契人侯连科今将家西北白地一段计地十五亩计垄东头十二条西至道北至侯南至李东至大道四至明白同中人言明情愿送于刘荣名下言明沙成社全除刘荣名下永存封纳恐后无凭立送契存照

侯王润
侯明
侯景
执照中人　侯养廉
侯福贵代笔
侯廷俊

道光二十七年冬月二十五日立

1942 年 10 月

（华北农村惯行调查资料第 104 辑）

土地买卖篇第 13 号　河北省昌黎县侯家营

调查员　杉浦贯一

翻　译　郭文山

（本篇主要通过个别调查，调查了分家、买卖等的土地关系）

10 月 22 日

应答者　刘树凯

大约什么时候来这个村里的？ =20 多年前来的（从刘家坨）。

这个村里没有同族吗？ =没有。

兄弟有多少人？ =2 人。自己是大儿子。

父亲有兄弟几人？ =也是 2 人。

孩子有几个？ =2 人。

现在拥有多少土地？ =18 亩。

【分家和养老地】

现在与孩子们还没有分家吗？ =分家了。

这 18 亩地是你的养老地吗？ =不是。养老地是 6 亩。

那么这 18 亩是分家前的亩数吗？ =是。

给大儿子分了多少亩？ =6 亩。二儿子也一样。

在这个村子里有房子吗？ =有 4 间。

【轮流管饭】

现在仍然与孩子一起居住吗？ =是。因为自己不能做饭，所以在两个儿子家里吃饭，各 2 天。

你的养老地是谁在耕种？ =2 个儿子。

怎样收取地租？ =因为在儿子家吃饭，所以不要地租。

有房子吗？ =有 2 间。

【上一辈的分家】

你父亲与他的兄弟分家时，分到了几个什么？ =土地 6 亩。分给他弟弟 2 间房子。

什么时候与他弟弟分家的？ =大约 40 年前。

那么，你分家后得到了很多土地呢 =结果，我卖掉了自己分家时得到的位于刘家坨的 6 亩土地，因为在那里没有房子，所以搬到了这个村，在这里买了 18 亩土地、4 间房子。

这次没有分房子给儿子吗？ =分了。2 间正房分给大儿子了，2 间厢房分给二儿子了。

【父亲在别人家睡觉】

现在你在哪里住宿？ =寻宿（每晚睡在别人家）。

你每晚去谁家？ =孔子明家里。

与孔子明什么关系？ =没有特别的关系。因为住在同一个村里。

在刘家坨有同族吧 =有。6 家。

为什么不在那里住宿？ =太远了。不去。

如果去的话会给你住宿吗？ =当然会给。

现在大儿子在做什么？ =做木匠。现在去垒地去了。

二儿子呢？ =也是木匠。现在去挖沟了。

从什么时候开始去的？ =大儿子从 9 月 5 日，二儿子从 8 月 15 日。

现在去哪儿了？ =知道的不清楚。

这是因为命令去的吗？ =是。征发。

有日薪吗？ =有。大儿子每天 4 元，二儿子 3 元。不过还有一点没拿到。

吃饭呢？ =管饭。

什么时候回来？ =不知道。

【出当】

你与孩子分家前，刘家坨的 6 亩地除外，没有过卖地、当地的情况吗？ =虽然没有卖过地，但是出当给侯定禄 4 亩半。

什么时候出当的？ =4 年前。

用多少钱？ =200 元。

期限呢？ =3 年。

还没有赎回吗？ =因为没钱，所以还没有。

为什么把土地出当了？ =因为收成不好，为了买食粮而出的。

【不分出当地】

那么，这 4 亩半没加入之前说过的 18 亩地里面吧 =对。

那么，这 4 亩半会成为谁的土地？ =将来如果两个儿子赎回来的话，就是这 2 人的土地。即每人 2 亩 2 分 5。

如果是在大儿子有钱、二儿子没钱的情况下，大儿子把地赎回的话，就只是大儿子一个人的土地了吗？ =不能这样。2 人商量后一起赎回。

但是，如果你出钱赎回这地的话，不能成为你的地吗？ =因为已经这个年龄了，而且又没钱，自己去赎回的话，将来也还是儿子的所有地，所以我不会这么做。

那么，与儿子分家之前，全部加起来就有22亩半吗？ =是。

这22亩半全部在村内吗？ =是。圈里。

【土地买入情况】

刚才你说你卖掉了刘家坨的6亩地，这里的18亩地和4间房子是买的，这6亩卖的钱足够吗？ =当然不够，这之前攒了点钱。

这18亩地是从谁那儿买的？每人几亩？什么时候买的？ =都是二十八年前从李恩那儿一次性买的。

用了多少钱？ =记不太清楚了。是沙地，也不当，土质又差。10多元1亩。

李恩是哪里的人？ =这个村里的人。

至今还活着吗？ =死了。

他的儿子呢？ =没有。这个村里他已经没有家了。

现在仍然出当了4亩半地给侯定禄，这是怎样的土地？什么时候从谁那儿买来的？ =与之前的18亩一起从李恩那儿买的。

你从李恩那儿买地时，那个时候他有多少亩地？ =只有这些。

李恩和你是什么关系？ =岳父（妻子的父亲）。

为什么李恩会把这些土地和房子全部卖给你？ =不是李恩卖的，是他的妻子（自己妻子的母亲）卖的。即李恩死时，他的葬礼上相关的一切费用全部是我出的，岳母把他的土地和房子适当估计价值后，全部卖给我，作为对我所出的费用的补偿。

那时，自己只是出钱后就得到了土地和房子，没有像其他买地时那样立契吗？ =写了文书。也制订了税契，在县里。

【地契】[1]

能把这文书给我看一下吗？ =那就给你看吧。

立卖契永远执照人李门李氏因夫身故孤孀难度邀请宗族中人亲友商议今将自己祖遗坐落大道西白地一段计地十二亩计垄四十条其地东西长南北阔东西至道南北均至侯姓树梢在内又一段坐落家北水坑白地一段计地四亩五分计垄十八条其地东西长南北阔南至刘姓北至侯姓两段共计十七亩五分四至均都明白央中人说合情愿卖与刘树凯名下永远为业言明卖价钱七百五十吊其钱笔下交足并不欠少恐口无凭立此为据

银粮随时过割

李安
李树珍
王兴邦
侯定义
宗族亲友中人　侯永和
田如尚

〔1〕　译者注：此三处为民间契约，保持原文文字结构。

魏守静
刘万詹
侯恩荣
侯显扬
侯元锡
李广福代字

民国十一年十月十六日立契
(有二十五年四月二十日发给的县公署的卖契和二十四年五月十五日的田房草契)

立卖契人侯永隆因国课无出今将自己家东北坐落横头地计地六亩原长垄二十六条短垄十六条长短不齐共计垄四十二条其地南北长东西阔南至道节北至道东西至侯姓四至明白央中人说合情愿卖与李恩名下耕种又地一段计地十一亩计垄四十条其地东西长南北阔东西至道南至侯姓北至本主情愿卖与李恩名下耕种言明卖价银十两零五钱其银笔下交足并不欠少恐口无凭立字为证

钱粮随时过割

侯俊秀
侯安定
执照中人 刘殿英
张景亭
侯寿山书契

光绪二十二年十二月十三日立契
(民国四年三月三十一日发给的买契)

立卖契永远执照人李门李氏因夫身故孤孀难度邀请族中亲友商议今将自己祖遗庄窠一处房屋地基门窗户壁土木俱各在内南至街心道北至后街道即东邻侯之铭西伙山西至西邻侯廷文东伙山其庄窠南北长东西阔前后阔一丈九尺六寸四至明白央中人说合情愿卖与刘树凯名下永远为业言明卖价钱六百五十吊整其钱笔下交足并不欠少此事两家情愿各无异说恐口无凭立卖契永远存照

照泺州地丁银五分二厘随时过割

李安
李树祯
李广福
王兴邦
族中亲友人 侯定义
侯永和
田如尚
魏守静

侯恩荣
侯元锡
侯显扬代书

民国十一年十月十六日立契
（有民国二十四年五月十五日的草契和同二十五年四月二十日的买契）

10月23日

应答者　刘树凯

刘家坨的6亩地是什么时候卖的？＝20年前。

搬来这个村子是在买了这些土地后，还是没买前？＝买之后来的。因为岳父死后没钱了，所以岳母把那些土地卖给了我。那是存了一点钱，仍然不够，所以卖了刘家坨的6亩地才买。

那么这契约是在这个村子订立的吗？＝是。

【寡妇卖地与中人的关系】

契里写了很多中人，为什么有这么多？＝因为是今后没有依靠的老太太，将来万一有什么不可以的，所以多一点更好。

那么，中人伙伴都与这老太太是什么关系？＝同族、亲戚、同村人。

李安、李树珍和李广福是这老太太的同族吗？＝是。

李安相当于这老太太的什么？＝一家子的弟弟。

李树珍呢？＝也是一样。

李广福呢？＝不清楚。

田如尚是谁？＝老太太的亲戚（女儿的公公）。

魏守静呢？＝老太太的女婿。

刘万举呢？＝那个时候的这村的村正。

之外的人分别都与老太太是什么关系？＝没有什么特别的关系。大家都是这个村里的办事人（干事）。

办事人是什么意思？＝即公正人，是对哪一边都不依故偏袒的人。

【添附老契的理由】

家里的契附加了以前的老契，这一般都要转让吗？＝不。

买家不要吗？还是卖家不给？＝没有要的必要。因为买地时会立新契，把新契拿去县里制成税契，也不能说对方不卖。

你为什么拿来了这张老契？＝因为老太太没有儿子，什么都没有了，还是拿来老契更安全一些。在有什么万一的情况下可以起作用。

通常买家那方明白卖家有不给的习惯，因此是否不要求转让老契？＝是。没有要的必要。因为会立新契制税契，所以对方那儿的老契与此同时就会变成废契。去满洲的话，事情就又不同了，老契就是必须要的。

【烧掉老契】

刚才你说卖家卖掉土地后会立即烧掉老契，这要怎么烧？什么时候？在哪儿？＝在大家面前烧的也有，之后在自己家里烧的也有。

在大家面前是怎么做呢？＝书写新契时（中人等面前）就在那个地方烧。

一般卖家烧掉那张老契吗？还是随便保留到什么时候？＝烧掉的情况比较多。

你已经与孩子们分家了吧？＝是。

【契的保管和更名关系】

那么，为什么契还全部是你在保管？＝还没有在大乡划分给谁（两个儿子）哪里的地，还没更改名字，所以还是我保管。

写了分家单吧？＝写了。

那么哪个儿子分哪块土地也写了吧？＝写了。

为什么还没有更改名字？＝因为规定了与以前有社书的时候一样的姓名更改时期。是每年的正月二十日。

那么你与儿子们是什么时候分家的？＝今年六月。

下次正月二十日到了的话，就去更改姓名吗？＝是。

更改了姓名的话，至今为止的地契由谁保管？＝我自己保管。孩子们因为保管着分家单，所以没关系，因为上面写了多少亩。

你与兄弟分家时（40年前）的分家单还保留着吗？＝不记得了。

应答者　刘万臣

【家人、分家、土地关系】

兄弟有几人？＝3人。我自己是二儿子。大儿子万喜，三男万年。

父亲兄弟有几人？＝2人。我的父亲（大儿子、刘会），叔父刘合。

孩子有几人？＝4人。大儿子本头，二儿子二庆，三男三庆，四男广庆。

现在你与兄弟分家了吗？＝分家了。

分家多少年了？＝六七年。

分到了几亩土地？＝10亩。

房子呢？＝3间厢房，1间半正房。

现在有几亩土地？＝约12亩。

那就是说，你分家后自己只买了2亩地啊？＝买了5亩。

买了5亩地的话，亩数不就对不上吗？＝不。刚才所说的10亩地中卖掉了3亩，然后买了5亩。

这3亩卖给谁了？＝卖给刘元文了。

什么时候卖的？＝5年前。

用多少钱卖的？＝35元。

相当便宜啊！＝因为土地并不好。

为什么卖掉了这些土地？ =因为收成不好。

【摊款的收据和土地亩数】

你有大乡摊款的收据吧，能给我看一下吗？ =给你看吧（拿出来3种共3张收据）。

（看其中第1张）这上面你的名下写了29.78亩，是什么意思？ =不全部是我的土地，其中只有刚才说过的，只有大约12亩是我的。

那么，这到底是谁的土地？ =父亲5亩，刘银叔父3.7亩，姐姐4.5亩，兄弟2人4.8亩，刘合叔父1.1亩，村西端的房基地0.7亩（?），水坑0.9亩（?）。

这就是说，作为中人的土地的有20.7亩，不过这里面加上你的12亩的话，不就比29.78亩只多出2.9亩了吗？ =因为百姓头脑总有些不好，这种程度的差别实际上就免除了，总之不是故意撒谎的。

这是怎么样都可以的，为什么你保管着别人的土地？ =（回答不明）。

【过继及其财产关系】

（看其中第2张）这里有10.25亩写的是刘斌选的名字，刘斌选是谁？ =我的二儿子。作为已经去世了的同族刘银叔父的孙子过继过去了（在民国三十年正月）。

刘银是什么时候去世的？ =去年2月6日。

这里的土地是去世的刘银的吧？ =是。

刘银只留下了土地吗？没有房子吗？ =有，就是现在我自己住着的这个房子（全部一共有4间加3间=7间）。

这个房子也是刘斌选的所有物吧？ =是。

现在刘斌选怎么样？还是住在一起、吃在一起吗？ =是。因为年龄还小，也没娶媳妇，所以还不能独立。

将来会分开吗？ =会。

那么，刚才忘记了问，你的父亲分家时得到了什么？ =土地10亩，房子一间半。

【轮流管饭】

现在你的父亲怎么样？ =分开住的。吃饭是轮流的。

与你的孩子们还没分家吧？ =是。因为还小。

【承当地、买地】

（看其中的第3张）这里有5亩地写的是侯文元的名字，这是什么意思？ =这是我当来的土地。

为什么你保管着这张收据？ =因为当的时候，土地的一切费用（摊款、田赋）由承当者出，所以我自己保管着。

这块土地是什么时候开始承当的？ =去年九月初一开始。

用多少钱？ =100元。

期限呢？ =定的是五年。

我刚才又忘了问，刚才你说你买了5亩地吧，什么时候从谁那儿买的？ =从刘焕昌那儿买的，4年前。

用多少钱？ =5亩共25元。

相当便宜呢！ =土地不好。

他为什么要卖土地？ =为了买粮食。

谁是中人？ =李广勋。

与你是什么关系？ =妹妹的丈夫。

刘焕昌与你是熟人吗？ =不特别熟。妹夫认识。

应答者 叶金瑞

【家人、土地关系】

什么时候来这个村子的？ =祖父时代就来了（约200年前）。

来这村子前住在哪儿？ =陈官营。

是那里的老户吗？ =不记得了。

为什么来这个村子？ =都是以前的事了，我几乎不知道。

兄弟有几人？ =1人。

父亲的兄弟呢？ =5人。我自己的父亲是三男（永成）。大儿子永生，二男永发，四男（不明），五男永茂。

孩子有几个？ =5个。大儿子润林，二男润芝，三男润春，四男润田，五男润廷。

现在家中有多少人？ =19人。

你父亲分家时得到了什么？ =土地不明，房子1间半。

没有得到别的东西吗？ =别的什么都没有。

现在你还没与你的孩子分家吧？ =是。

现在土地全部加起来有多少亩？ =20亩左右。

有佃地吗？ =20多亩。

这20亩的土地全部是你买的吗？ =不是。父亲留下了10亩。

那么就是你买了10亩左右的意思吗？ =是。

这些地是从哪里的谁那儿买来的？ =从泥井的刘勤（去世了）的妻子那儿买来的。

这10亩地全部是从这个妻子那儿买来的吗？ =是。

这个妻子为什么卖掉土地？ =为了生计。

买这些土地是什么时候？ =约10年前。

出了多少钱？ =七八十元（是下等地）。

现在的话，要多少钱？ =几乎不变。

【承当地】

没有当来的地吗？ =有。从赵家港的赵金成（去世了）那儿获得了4亩地。

出了多少的当价？ =全部加起来六七十元。

什么时候的？ =约10年前。

没有期限吗？ =没写期限。

对方还没有来赎回吗？ =是，没赎回。

无论过了多少年还是能赎回吗？ =因为没有期限，所有多少年都可以。

他为什么要把土地出当？＝为了维持生活。

【作为金融手段的卖地及其顺序】

在村里到了什么境地会卖地？＝需要金钱的时候，比如结婚、葬礼等。

需要金钱的情况下，是马上把土地卖掉吗？还是之前先指地借钱，或者先当地，最终实在不行后再卖地？＝因为卖了地就没有了，所以之前会指地借钱或者当地。因为将来还可以赎回土地。

什么样的人会买地？＝有钱的人。

为什么他们会有钱？＝外出务工的人自己赚来的。

这个村里谁是最经常买地的人？＝现在没有这样的人。

以前不是有吗？＝即使有也很少。

是谁？＝不清楚。

【买卖契约成立前的手续】

想卖地的人，首先要怎么做？＝首先要拜托人。

向谁拜托什么？＝去自己很熟的人那里，拜托他就说“我因为这样的原因想要卖地，请帮我找一个适当的买家”。

被委托人会怎么做？＝首先去好像有钱的人家里询问。说谁谁因为怎样的原因想多少钱卖掉哪里的怎样的土地。

如果这个人说不买的话呢？＝再去别的地方。说与之前一样的话。

一旦定下了买家，接下来怎么做？＝通知卖家谁要买。顺便写文书。

文书在谁家里写？＝在买家家里。

写文书时，谁和谁要出席？＝说地的，买卖双方，卖家同族的谁（关系亲近的人）。

说地的是什么意思？＝就是刚才说到的买卖双方中间的人。

不叫作中人吗？＝叫。

一般叫作哪一种？＝中人。

什么时候给钱（地价）？＝契上写着当面交齐（在这个场合交）。

只是写着，什么时候都行吗？＝大多是在这个场合下交的。过分滞后的话就是中人的责任了。

钱没有全部交清的话，就不给文书，不是吗？＝大多是文书一写好就交钱的。即使有一小部分没交齐，也会给文书，因为中人在。

买家买了土地，也得到了文书后，怎样？＝就变成自己的土地了。

【过割和税契】

当然是这样，就照这份文书就可以被承认？＝过割。以前是每年正月20日去县里的房里过割，现在是去大乡公所。

现在也是每年正月二十吗？＝不清楚。

知道税契这东西吗？＝不知道。需要钱。去那里盖印章回来。

那里是？＝不是县城吗。

什么东西上盖印章回来？＝文书上（私凭文书，官凭印）。

不能盖在别的纸上回来吗？ =不行。

你买地时是怎么做的？ =盖印章。盖了印章就是红契了，没有印章的是白契。

你是什么时候买的地？ =约十年前。

那时，为了盖印章需要花钱吗？ =记不清了。

【先买权及其顺序】

想卖地时，首先必须得到谁的同意不是吗？ =是。首先去询问同族。

也有同族太多的情况吧，这种情况下，首先去问谁？ =不过因为关系有远近，所以首先问关系亲近的。

不是先问族长吗？ =也要问族长，但是首先还是要问关系亲近的同族。

同族中谁也不买的情况下，接下来找谁说？ =找其他人。

不是问亲戚和朋友吗？ =不是。谁都可以，问有钱的人。

比如亲戚说想用 1 亩 10 元的价格买，另外有一个还不认识的人想用同样的价格买，这种情况下，卖给谁呢？ =根据中人的话。按先后顺序。

同族的人出 1 亩 10 元，其他的人也出 10 元，这种情况下卖给谁？ =当然是卖给同族的人。

没有通知同族的人就卖掉土地也可以吗？ =不准。

即使知道不准，也随意卖给别人的话怎么办？ =同族的人如果无论如何都想买的话，就要从那个他族买家那儿把这土地要回来。不过必须赔偿那顿宴席的钱。

谁赔偿那顿饭钱？ =那个想买的同族。

那个外族买家针对这个不会发牢骚吗？ =即使发牢骚也没办法。本来就不准有这样的买方。同族谁也不想买的时候，外族人可以买。

地主的情况是怎样的？比如，你拥有 20 亩的佃地，如果你想卖地时，也要像对同族一样，先去跟自己的地主说，不是吗？ =不这样做也可以。与对其他人一样。

不过不先与这个地主说的话，就不能卖地的吧？ =没有这个必要。因为与同族不同。

相同价格的情况下，比起完全不认识的人，还是卖给朋友和认识的人的情况普遍一些吧？ =这不一定。

对于债权者来说是怎样的？ =因为把土地给他作为担保物了，所以当然要先找这个人说。

不过这个人和同族的人相比是怎样的。比如二者都想用相同的价格买的时候呢？ =还是卖给同族。卖地之后还钱也是可以的。

对邻近地方什么的是怎样的？ =与其他不认识的人一样。卖给出价高的人。

同样价格的情况呢？ =卖给邻近地方的人。

承当主的情况呢？ =同族不买的时候，先卖给承当主。

【当地的买卖及期限】

比如，当的期限是 3 年，这 3 年还没到之前，这块地能卖吗？能卖的话，必须先卖给承当主吗？ =不能这样做。如果承当主承诺了的话就另当别论，如果承当者说因为期限还没到所以不行的话，就不能卖。

虽说是期限内，但是承当人能买的话，就没问题了吧？ =是。

接下来情况是怎样的？比如，甲把土地出当给乙3年，期限还没到时，假如是2年的时候，甲急需钱所以把这地卖给了丙，丙在第3年时赎回了土地，作为自己的土地，这种事情能做吗？ =能。

不过这种情况，首先承当主的承诺是很必要的，不是吗？ =不专门去说也可以，不过事先打个招呼更好。

10月24日

应答者　王树忠（41岁）

【入村的情况】

什么时候来这个村子的？ =15年前。

这之前住在哪儿？ =绕湾庄（第1区）。

为什么来这个村子？ =因为在这个村子娶了妻子（侯瑞林的女儿），所以来了。

即使在这个村子娶了妻子，为什么要来？ =因为我这个妻子的母亲只有这一个女儿，不舍得分别，所以就搬来了这里。

兄弟有几人？ =1人。

父亲的兄弟呢？ =3人。

现在孩子有几个？ =儿子有4个（15岁、10岁、8岁、3岁）。

因为只有1个兄弟，所以不用分家，父亲那时分家了吧？ =分家了。

得到了什么？ =没有土地。房子4间。

那个房子不在这个村子里吧？ =对。在绕湾庄。

现在有多少土地？ =6亩（本产）。

父亲是什么时候去世的？ =39年前。我才2岁时。

【土地买入情况】

这6亩地是你买的吧？ =是。在来这个村里之后。

从谁那儿买来的？ =侯元章。

全部是一次性买的吗？ =分两次买的，4亩和2亩。

全部从同一个人那儿买的吗？ =是。

4亩是什么时候买的？2亩是什么时候买的？ =4亩是民国十七年买的，2亩是民国二十二年买的。

4亩地是用多少钱买的？ =1400吊。

2亩呢？ =40元。

他为什么要卖地？ =因为生活困难。

【外出务工】

你为什么要出这个钱呢？ =因为去外地做工了。

去哪儿了？ =满洲西丰县。

在那里做什么？ =做了 3 年洋货店的掌柜。

结婚前去的吗？ =结婚前去的是奉天。

在奉天待了多少年？ =10 年。

什么时候去的奉天？ =14 岁的时候。

在奉天做什么事？ =也是在洋货店。做店员。

什么时候去西丰县的？ =24 岁的时候。

在那儿待了几年？ =5 年。

【承当和出当地买卖】

没有承当谁的土地吗？ =侯大升的 4 亩地。

什么时候承当的？ =大概 1 年前。不过侯大升又把这块地卖给侯元来了。

什么时候卖的？ =记不清楚了，大概是七八年前。

侯大升还没从你这里赎回土地，为什么却可以卖地呢？ =这不要紧的。侯元来将来赎回就可以了。

当的期限是多少年？ =没有期限。

【当不拦卖】

因为侯大升还没有赎回，所以不准卖这块地，你没有这样子阻止吗？ =不会说这样的话。因为侯元来赎回的话也可以，这就是所谓的“当不拦卖”。

不过，不也有这样的情况吗？比如，侯元来从侯大升那儿买了你还承当着的土地，那么，侯元来因为土地已经是他自己的所有物而迅速赎回，这样你不会有意见吗？ =不会有意见。因为没有期限。侯大升即使不卖，也可以随时赎回。

【期限内外】

就你的情况，因为没有期限，好像也没有什么特别的问题，但是如果是在有 3 年期限的情况下，这个期限内出当者卖掉了这块地，买这块地的新的主人立即赎回这块地的话，对于这种事情承当者可以有意见、发牢骚了吧？ =当然可以阻止了。就说期限不是还没到吗。

侯大升卖掉这块地的时候，事先告诉你了吗？ =说过。

说了什么？ =侯大升没有来。他的中人来了。现在侯大升想卖掉这块地，但是你说过不买。

你怎么回答的？ =我说因为我没有钱，所以不买，去问别人吧。

你如果有钱的话，就会买这块地，其他人就不能买了吧？ =是。不过是在相同价格的情况下。

【相同价格情况下的顺序】

接下来的情况是怎样的？谁可以先买？大家都想以相同的价格买的情况下，依次有：同族、亲戚、朋友、临近所、债权者（对你而言是承当者）、其他的一般的人 =首先是同族，其次是承当者，以下随意。

【出租地租佃期限内的买卖】

话题换成别的了，拿出来地租的土地可以在其期限内（假如就是一年）卖出吗？=可以。

首先，佃户的承诺是必要的，不是吗？=没有这种必要。

以下的情况下是怎样做的？

(甲) 10月签订契约（期限一年），12月卖地（还没有作物的时候）（分为地租已完成、未纳入）。

(乙) 10月签订契约（期限一年），第2年4月左右卖地（播种后）（分为地租已完成、未纳入）。

=（甲）这种情况下，如果已经收纳地租了的话，就还给佃户。如果还没收地租的话，就更加不成问题了。

不论收了地租，还是没收地租，总之，因为自己已经把土地拿出来出租了，所以佃户就不能反对吗？=不能。因为当的时候连承典者也不能阻止，更何况是佃户之类的。

如果已经收纳了地租的话，就要附上利息返还吗？=不这样做也可以。先进行交涉，之后可能会变成这样。

(乙) 这种情况下是怎样的？=没有这样做的实例。

如果有的话，收纳了地租的情况下，除了返还地租，种子、肥料和劳力等也要赔偿，与夺取土地卖掉有什么不同吗？=就是这样的吧。不过大体上既然已经拿出佃地了，就绝对不会再拿去卖。因为是有钱人。

不过如果一开始买家就跟卖家说“我来承接你的佃户吧”这样的话，买卖就可以很简单的进行了吧？=是。

【地契】[1]

托你的福，我大致都了解了，能把你的一张地契给我看一下吗？=给你看吧（拿出2张。与红契一起）。

立卖契永远执照人侯元章奉慈命今将自己应分祖遗白地一段坐落小沟东计地四亩计垄二十条其地东西长南北阔东至三股道西至小沟沿南至刘姓北至侯姓四至分明恳求中人说允卖与王素忠名下永远为业言明卖价钱一千四百吊整其钱笔下交足并不欠少

恐口无凭立卖契永远存照

银粮随时过割

昭临归卫银粮黑白四升正

侯元文

侯连有

侯元来

执照中人　王福纯

---

〔1〕 译者注：此两处为民间契约，保持原文文字结构。

侯宝臣
侯永和
侯显扬　代笔

中华民国十七年阴历润二月十三日　立卖契

（与马契一起在民国二十九年制订税契）

立杜绝卖地文契人侯元章因有正用急需将自己家南白地一段计地二亩计垄十条其地南北长东西宽南至横头北至坟边东西至侯姓四至明白自烦中人道达情愿卖与王素忠名下为业言明卖价大洋四十元正其钱笔下交足并不短欠自卖之后任凭买主投税不与卖主干涉此係两造情愿各无反悔如有追情者俱在中人承管揭后无凭立此卖契存照

乡长　侯大生
中证人　侯元弼
侯字

中华民二十二年二月二十九日

立地卖契人　侯元章

【关于地契、红契的询问】（看第一张）

为什么写“奉慈命”？ =因为卖这块地的人的母亲还在，所以写上这个就是服从母亲的命令卖地的意思。

这张白契上明明写着 4 亩，为什么红契上写的是 3 亩 4 分？ =正如你所知，因为村里的习惯，买卖土地时大致都没有正确地测量，只是估计后就买的，所以实际上测量后一看，就有稍微变多一点的情况。制订税契的时候测量后，就像这样，亩数会稍微有点不同。

制订税契时会有谁来测量吗？ =是。

从哪儿来人？ =不清楚。

临归卫粮是什么？ =是田赋的种类，我也不太清楚。

中人中写有一个叫王福纯的人，这个人与你是同族吗？ =不是。这个人是这个村的老户。

（看第 2 张）卖家是同一个人，为什么这张却没写“奉慈命”呢？是母亲已经去世了的意思吗？ =不是。还在世。

那么，为什么这次没有那样写？ =总之，这只是形式上的东西，也有不写的时候。

应答者　侯定义（69 岁）

【家人、土地】

你家中有几个人？ =8 人。加上我自己。

有几个孩子？ =有 3 个儿子。（分别是）40 岁、33 岁、26 岁。

你的兄弟呢？ =2 人。自己是二儿子，兄长定礼（72 岁，早已去世）。

你父亲的兄弟呢？=4人。父亲（凤吉）是四男，三男凤庆，二儿子凤林，大儿子凤来。祖父叫万玉。

祖父的兄弟呢？=2人。我自己的祖父是二儿子，祖父的兄长叫万全。

祖父那代是什么时候分家的？=不知道。

你父亲那代呢？=也不知道（根据分家单是咸丰二年七月二日）。

你与兄弟是什么时候分家的？=分家前兄长就去世了。我办了葬礼，做了各种事情。嫂子也是同一年去世的。

你的兄长是什么时候去世的？=光绪二十一年八月二十六日（24岁）。嫂子是在同月的二十一日去世的。我的妻子也在同年的十一月十一日死了。

所以至今也没有分家吗？=是。因为兄弟去世还是在我21岁的时候。

那么，你的父亲留下的财产就全部是你一个人的了吧？=是。

那时，有什么程度的什么东西？=土地70亩，房子有3间正房，3间厢房。

现在大约有多少土地和房子？=五十三四亩。房子还是以前那样。

【出当的情况】

为什么土地减少了？=兄长和嫂子、妻子的葬礼上，因为没钱，所以把土地卖了。

减少的亩数全部使用在这几个葬礼上了吗？=不是。办葬礼时没有马上卖地。借钱之后才卖地。

什么时候卖的？=先是出当。9亩（在两个地方，分别是4亩和5亩）。

出当给谁了？=都出当给陈玉春了。

多少钱？=那4亩地是300吊，5亩地是280吊。

在同一天出当给他的吗？=是。

写了当契吗？=写了。

写了几张？=2张。4亩地的1张，5亩地的1张。

因为是给一个人的，只是1张不行吗？=还是分成2张更便利更好，如果只有那4亩地的钱的话，就只赎回4亩的地。

以后这9亩地就这样卖掉了吗？=赎回了。

从拿出开始到赎回用了几年？=记不清楚了。

那么，你的土地从那时开始就又变回70亩了啊=是。

【卖地的情况】

那么，是什么时候卖地，变成现在的53亩的呢？=民国二十三四年左右卖给李维元6亩，民国二十六年卖给侯宝连5亩，民国二十七年卖给崔家坨的赵敬臣2亩，民国二十九年卖给本村的侯全五4亩。

民国二十三四年是为什么卖地的？=我3个妻子都死了，因此需要钱。

民国二十六年呢？=因为我的儿子娶媳妇，然后为了装修厢房。

民国二十七年呢？=因为要嫁三女儿。

民国二十九年呢？=因为二十八年时马被匪贼抢走了，二十九年要买牛，所以卖了地。因为生活也变得困难了。

现在没有出当的土地吗？ =没有。

【先当后卖】

你从民国二十三四年开始到二十九年左右为止，一直在变卖土地啊。这些土地在卖掉之前都先出当过一次吗？ =是。先出当过一次，然后才卖掉的。比如民国二十四年左右卖给李维元的 6 亩地，在这之前是出当给侯连仕了的。从这个人那儿赎回后再卖地的。

你买过土地吗？ =买过。一次。这也是父亲承当的土地，稍微找价后买来的。

是谁的土地？ =侯万喜和万仓兄弟二人的地。

多少亩？ =4 亩加 7 亩，一共是 11 亩地。

那是什么时候的事？ =光绪二十七年二月。

现在你全部的地是有 53 亩吧 =是。

其中加上买的这 11 亩了吗？ =加了。

【分家前的分种、分食】

现在你和你的孩子们还没分家吗？ =还没分家。只是划分了土地，分开分别耕种。这些土地不能随意地卖掉。

伙食呢？ =分开的。

还没写分家单吗？ =还没。在我死后再写也可以。因为现在就写了的话，卖土地会很困难。

【未分家分种状态下的养老方式】

你的伙食是怎样的？ =3 个儿子分别每天给我端来。

日常需要很多钱吧，这个时候大家是怎么做的？ =因为儿子都在耕种土地，我自己也有自己的钱，我的份是孩子们拿来的，每年 50 元。

你现在有养老地吗？ =现在只要是我有的，都是我的养老地。孩子们划分来耕种，但是我死后留下的东西就开始变成孩子们的所有物了。

上述那样的做法不是分家吗？ =不叫作分家。

这样的例子有很多吗？ =在这个村子里，就只有我们这一家是这样。

去其他村子的话呢？ =不知道。

门牌上也分别写了孩子各自的名字，这不就是很清楚地分家了吗？ =没有分家。只是为了让孩子们多些经历。

大儿子现在去哪儿了？ =听说是去满洲了，20 多年没有音信了。

刚开始去的时候你是知道的吧？ =去绥中县，在当铺工作。

二儿子和三男现在在家里吗？ =在家。当普通老百姓。

【离婚】

大儿子没有妻子吗？ =有过。离婚了。

什么时候离婚的？ =十三四年前。

为什么？应该是因为大儿子没回来吧？ =是。

【关于不能买卖的土地】

有不能买卖的土地吗？ =没有。

旗地是怎样的？ = 这个村里没有旗地，我也不知道。

祖营地是怎样的？比如，兄弟5人，分家时只划分某块土地，是同族的所有人的坟地，这样的土地能随意地卖出吗？ = 不能卖。大家不都同意的话就不能卖。

有卖掉这样的土地的实例吗？ = 没有。

村里所有的庙产啊、公产啊，是怎样的？被允许随意地卖掉吗？ = 没有庙产。公产只有村子东西的水坑。这个即使能卖也没有买家。

买家是别的问题了，总之这个能卖吗？ = 不能卖。

那么，你认为这个水坑究竟是谁的所有物？ = 整个村子里的公产，是公会的东西。

村的西端有一座庙，这是谁的东西？ = 一庄的庙，是村里全体人的东西。

把这座庙毁坏后，也不能卖掉那个地基吗？ = 这是可能的事情吗？庙一被破坏，就修理。

【同族间的土地买卖是否需要制定新文书】

（看契）你的父亲有从凤田的同族伯父那里买过土地吧？ = 有过。买了10亩。

即使是在这种情况下，也有立新契的必要吗？ = 不论是谁，都必须写新的。即使是亲兄弟。

为什么无论如何都必须要写新的呢？ = 因为不写的话，买卖就不会很清楚明确，将来就有出问题的风险。

比如，假如你与孩子们已经分家了，他们兄弟间要进行买卖的话，只交付红契，认为没有必要制订新的文书，这样的话会怎样？ = 不能这样。还是必须制订新的。为什么如此，是因为买地的人也有后代，没有卖契的话，怎么也不能正确的看出红契的去向。可以说相当于卖掉了地却没有卖契。

土地买卖的时候，一般新文书之外，不用出让老契吗？ = 不转让。

同族的情况下是怎样的？ = 也不转让。这就是所谓的“老契不离长门”，即使认为要转让也不用转让。

分家后这张老契也是在长门那里吗？ = 是。

是能分配的东西吗？比如10亩的土地分成2张每人5亩的契，兄弟2人的情况下是怎样的？ = 每人1张。这个被分配的土地的契每人分一张。

这种情况下，如果有买卖的时候，老契也不用转让吗？ = 只有卖给兄弟时要转让，不过新文书的制订仍然是必要的。

那么，卖给同族的兄弟也是这样吗？ = 不是。不用转让。

同族的叔父的场合呢？ = 也不用转让。因为系统不同。

亲兄弟之间为什么要转让？ = 虽说是这样，也只是兄弟2人的情况。只有兄弟2人的情况下要转让。

为什么？ = 因为后裔多。有发生纷争的风险。兄弟二人的情况下，比如即使发生问题了，也可以简单地解决，所以转让也可以。

【侯定义的地契】[1]

其一

立永远卖契人侯平仲因乏手今将自己家东孔家坟上白地一段计地十亩计垄六十条其地南北长东西阔南北至街道东西至侯姓四至明白情愿卖与侯万玉名下耕种永远为业言定卖价银十八两整其银笔下交完并不欠少恐后无凭立此契为证

照河西钱粮随时过割

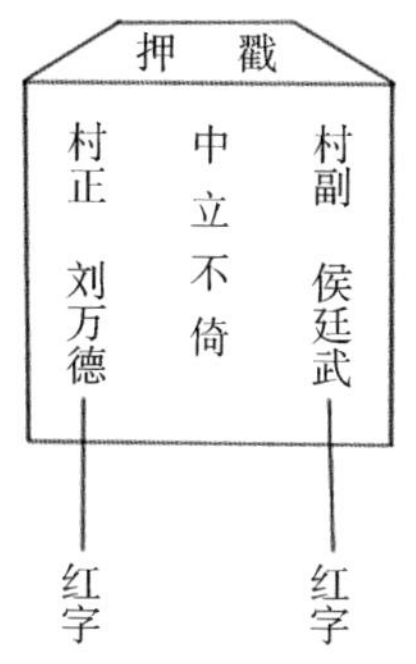

执照中人　侯凤翔

侯万举

侯平慎

侯平公

侯玉润　代笔人

道光十五年十月十九日　立

其二

立卖契人侯凤山因国课无出今将宗东长垄地白地一段计垄十六条计地六亩其地东西长南北阔东西至道南至王姓北至池姓四至明白又家东李家坟上地白地一段计地四亩计垄十六条其地东西长南北阔东西至道南北至侯姓明白情愿卖与侯凤吉名下为业言明卖价银二段共卖银二十三两其银笔下交足并不欠少恐后无凭立卖契存照

钱粮随时过害

侯得禄

侯凤情

中人　侯定邦

侯定选

侯兴邦　代笔

〔1〕译者注："其一"至"其五"均为民间契约，保持原文文字结构

押戳

村正　刘万德	中立不倚	村副　侯廷武

咸丰十年冬月十八日立　卖契

其三

立卖契永远执照人侯万仓侯庆麟因国完无出与弟妹议妥今将自己家东北坐落横头地白地一段计地七亩计垄二十八条其地南北长东西阔南北至道东至田姓西至侯姓四至明白央中人说合情愿卖与侯定义名下永远为业言明卖价银二十四两五钱整其银笔下交足并不短少恐后无凭立卖契永远存照。

照临归卫黑白七升随时过割

大清光绪二十七年二月十一日

侯尽臣
侯显扬
侯寿山
执照中人　侯万喜
侯庆荣
侯庆昌
侯庆德
侯庆芳　侯建功书契

其四

立永远卖契人侯平仲因乏手今将自己家北白地一段计地十亩半计垄津十四个整其地东北长南北阔东至腰道西至大道南至侯北至侯四至明白情愿立契卖于侯万玉名下耕种永远为业言定卖价银二十两整其良笔下交完并不欠少自卖一后恐无凭立此永远存照

照河西钱良随时过割

侯凤翔
侯万举
执照中人　侯平祯
侯平公
侯玉润　代笔人

道光十五年十月十九日（白契）

其五

立永远卖契人侯凤庆因乏手同父言明将自己庄窠白地一段长垄二十二条南短垄条共计长短垄二十四条其地南北长东西阔东西至侯姓南至衡道北至街道四至明白同族人情愿卖与胞弟侯凤吉名下永远为业言明卖价银五两整其银笔下交足并不欠少恐后无凭立契永远存照内有树木在内

照河西钱粮过割

侯凤临
侯凤山
侯凤清
执照族人　侯定邦
侯兴邦
侯俊发
侯福贵　代笔

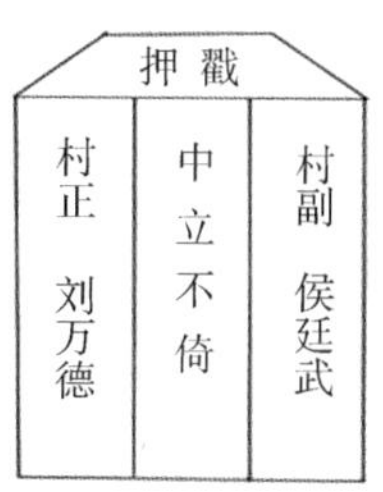

咸丰七年八月二十五日　　立契

10 月 25 日

应答者　侯长曾（77 岁）
有几个孩子？ =2 个孩子。长子瑞和，次子瑞遭。
兄弟有几人？ =4 个。自己是长子。二弟长恩，三弟长德（死），四弟长永。
父亲有几个兄弟？ =2 个。我的父亲是老二（元奎），伯父占奎。
父亲那辈是什么时候分家的 = 不是很清楚。而且他们已经去世了。
【两代人的分家和土地】
你和你的兄弟什么时候分家的？ = 大概 40 年前。
你的家产有什么？ = 土地 15 亩，一个 2 间半的房子和一个 2 间的房子。
你和你的孩子们什么时候分家的？ =3 年前。
老大分到什么？ = 土地 7 亩，房子 2 间半。
老二呢？ = 土地 5 亩，房子 2 间。

那你（现在）有什么家产？=养老地五、六亩。

房子呢？=没有。

那么，你（现在）住在哪儿呢？=老大家。

吃饭呢？=每两天去一个孩子的家里，两个孩子家轮流吃。

你和你的孩子分家是在3年前吧，那么5年前你有几亩地？=15亩。都卖给别人了。

父亲什么时候去世的？=大概40年前。

你和你的兄弟分家后买过地吗？=只卖过。

【卖地的详情】

卖过几回地？=2回。

第1回是什么时候？=20年前。

卖了几亩？=4亩。

卖给谁了？=（卖给）费元恒。

多少钱（卖的）？=忘记了。

第2回呢？=五六年前。

（卖了）几亩？=4亩半，190元。

卖给谁了？=侯宝莲。

为什么卖地？=第1回是因为借了钱（需要还钱），第2回是为了买粮食。

侯宝莲为什么有买地的钱呢?）=因为侯宝莲家有商人（掌柜）。

他经常买地吗？=是的。

他现在有多少地呢？=不清楚。

你是卖过2次地是吧。那么那些（卖的）地和一开始典当出去的地不一样？=是的，不一样。

你在分家的时候有15亩地吧。但是之后你并没有买地，后来卖给费元恒4亩地，侯宝莲4亩半地，你和你孩子分家时，自己有5亩养老地，长子分到有7亩地，次子分到有5亩地。这样的话，和你有的地（15亩）亩数就对不上了。多了10亩地，对不上是吧。=那样的话，可能是分家的时候有20亩地，（我）不是很清楚，脑子不好用记不清了。

但就算是这样也还差了5亩地呀？=另外我妻子好像有5亩地。

为什么妻子还有别的地呢？=她娘家在（她）结婚时用钱买的地。

应答者　侯长恩（75岁）

你是侯长曾的弟弟吧？=是的。是第二个。

你有几个孩子？=2个。老大瑞成，老二瑞海。

【分家和分财产】

你分家的时候有几亩地？=24亩。

为什么你哥哥（只）有15亩呢？=根据土地的优良决定的。也（因为）我比哥哥少分到房子。

你（分到）的房子有几间？ =2 间半。

和孩子们分家了吗？ =分（家）了。

什么时候分家的？ =记不大清楚了。14 年前（他妻子说）

孩子们（分别）分到多少？ =老大分到了 3 亩地，老二也只分到了 3 亩地。

房子没有分吗？ =没有。

那样的话，你分家时有的 2 间半的房子呢？ =自己两夫妻住。

你没有留养老地吗？ =（有），12 亩。

那不是还有 6 亩地去向不明吗？ =分给已经去世的三子了。

【出当】

即使这样的话，还是差 2 亩地吧？ =典当出去了，大概 2 亩半。

典当给谁了？ =函郭庄[1]的许有周。

什么时候？ =10 多年前。

为什么？ =大儿子去奉天务工时向那个人借了钱，之后还不了钱，以那（2 亩半）土地抵押出去了。

就这样典当出去了吗？ =是的，如果还钱还能再赎回来。

你在分家之后没有买地吗？ =没有买地也没有卖地。

应答者　孔子明（43 岁，听说经常做中人）

你是这里的老户吗？ =是的。

在这个村，孔姓应该只有你这一家吧？ =是的。

（你有）几个孩子？ =有 2 个儿子。长子宪廷（11 岁），次子宪丰（8 岁）。

你有几个兄弟？ =只有自己一个人。

【家庭、过继—分家】

（你）父亲那一代（有几个兄弟呢？） =3 个兄弟。我的父亲是老二（广之，死）。

（你）祖父（那一代）呢？ =2 个兄弟。祖父（进禄）是老二，祖父的哥哥进礼。

（你）父亲那一代是什么时候分家的？ =父亲没有分家。

为什么？ =过继了。父亲去了进禄祖父的哥哥那。

你祖父的哥哥没有孩子吗？ =是的。

你父亲什么时候过继的？ =20 岁左右时。

那这样的话，你祖父的财产就分给你叔叔和伯父了吧？ =是的。但是伯父在分家前就去世了。

（所以）最终全部变成叔叔的财产了吧？ =是的，原来什么东西都没有。

祖父什么时候去世的？ =37 年前。

伯父呢？ =记不大清楚了。应该是在祖父前去世的。

祖父和伯父没有分家吗？ =是的。

---

〔1〕 译者注：此处为音译。

祖父在去世时，有多少财产呢？ = 只有8亩地，正房3间。（后面）这些都变成叔叔的财产了。

（你）父亲在过继时，祖父的哥哥（进礼）大概有多少亩地？ = 大概有10亩地，房子3间（正房）。

这些后面都变成你父亲的（财产）了吗？ = 是的。

你父亲现在还在世吗？ = （已经）去世了。24年前。

现在你叔叔有多少亩地？ = 没有土地。

（你）祖父不是留了8亩地吗？为什么没有了呢？ = 卖掉了。

房子（也是这样）吗？ = 倒了。

（你）叔叔为什么卖掉地？ = 为了祖母和婶婶（叔叔的妻子）的葬礼。

8亩地全是一次卖掉的吗？ = 不是，分了两次。祖母去世的时候和母亲去世的时候。

祖母什么时候去世的？ = 在我5岁的时候。38年前。

母亲呢？ =25年前去世的。

（你）叔叔现在有几个儿子？ = 一个，（叫）照瑞（30岁）。

现在在做什么？ = 在做长工。

在哪做长工？ = 在泥井做（李富田家）。

（可以）赚多少钱？ = 一年整150元。

你现在有多少亩地？ =16亩半。

房子呢？ =3间。

那这样的话，只有6亩半地是你花钱买的吗？ = 是的。

【买地和买地钱】

什么时候买的？ = 民国十五年。

从谁那买的，花了多少钱？ = （从）侯振芳（那买的），70元1亩。

（那个时候）你为什么可以出那些买地钱？ = 那个时候，去满洲务工稍微存了点钱。

在满洲（奉天）做什么？ = 做钱铺的掌柜。

什么时候去的？ =15岁的时候。

什么时候回来的？ =33岁的时候回村。

现在有典押谁的土地吗？ = 没有，出了钱也没有。

你现在在村里做什么？ = 老百姓（村民）。

【水田经营】

在七里海有在种水田？ = 是的，有50亩。

什么时候开始的？ = 七里海的话，今年春天才开始。之前是在潮河。

在潮河种了多久？ = 只有一年。

现在在七里海有种50亩水田吧，那些是谁的土地呢？ = 是七里海农场的东西。（叫中野的人在经营）。

（所以）结果是你在七里海的农场租佃吧？ = 是的，分成。

怎样分成呢？ = 靠一半一半分收成。

种子和肥料呢？ =种子靠贷，肥料（肥田粉）是（各自）一半。

劳力呢？ =我这边出。

今年的收成怎么样？ =还没收获。从明天开始。大体上是1亩地收五六斗左右。

1亩地五六斗只是毛重吧？ =是的。

只是毛重的话换成大米有多少呢？ =四五升。

现在1斗米大概多少钱？ =大概40元吧。

应该雇了长工吧？ =2个（其中有1个小孩）

多少钱？ =1个300元，1个90元（小孩）。

50亩的水田需要多少种子？ =需要1石5斗。

肥料呢？ =需要250元。

1石5斗的种子换成钱的话？ =大概180元。

忙的时候，除了长工还要雇短工吗？ =很忙的时候需要。

需要多少工？ =需要150工。1工大概3元5角。总共需要500元。

你现在种了50亩的水田，除去一切费用，大概能剩多少呢？ =五六百元左右。

家里的16亩半地也是你自己在种吗？ =是的。

【收支计算】

今年这16亩半地大概有多少收入？ =大概400元。但是除掉一切费用，也只剩100元左右。

一年的生活费（包含一切费用）需要多少？ =大概需要100元。

那这样没有不够的时候吗？ =（有的），还有外面的工作可以赚到一些钱。

做什么呢？ =苦力的承包人。今年1个半月大概能留四五十元。

院子里站着的老人是谁？ =我的叔叔。

你赡养他吗？ =是的。

【有关中人】

说回来，什么人能成为中人？ =一般是村长或副村长这种熟知村情的，或者是村里一些德高望重，见多识广的老人。

在你村中，有经常做中人的人吗？ =有，五六个。

是谁？ =刘殿元，侯永正，刘子馨，侯振田，萧惠生，侯恩荣，我自己。

这样一群人大致是在村中有土地买卖情况时出场吗？ =大致上是。

典当的时候呢？ =当然是出场的。不仅是土地买卖和典当时，有吵架需要仲裁时也会出场。

这样一群人在村中应该是有声望者吧？ =恩，应该是吧。

【中人的工作】

中人到底做什么？土地买卖或典当等时（出场）？ =为（土地）买卖作介绍，与土地买卖当事者协商。例如，甲要卖地，乙（买主）不会直接知道。这个时候就需要中人，中人了解情况，哪里的土地想卖多少钱，买主会拜托中人介绍。这个时候被拜托的中人会去想买地的人那去介绍情况，听听意愿。对方（买主）如果说要买，然后向甲（卖主）表达乙的意愿。

中人在土地买卖的时，是由他来决定地价吗？ =并不决定（地价）。例如，只有甲说想要100元（卖出），乙说想要90元（买进）的情况下，中人会站在中间提议95元卖出怎么样。如果双方怎样都不肯让步，中人也没有办法。

【参与立字】

中人在写成文书时必须在场吧？ =是的。但是假如有3个中人，这3人中如果有谁因为有急事怎样都来不了的情况下，这也没有办法。只能在成文书上写上名字盖章（就行了）。

【中人的数量】

中人一般是几个人？ =3人。

土地买卖，典当，指地借钱，这每种不同的情况下中人的数量没有差异吗？ =有。

典当的时候一般是多少人？ =2人。

指地借钱的时候呢？ =3人。

想问问土地买卖，典当，指地借钱这3种情况下中人的最少人数？ =土地买卖最少3人，典当1人，指地借钱2人。

代笔人和中人是分开的吗？ =不是。中人中的某个人来做。

有3个中人的情况下，3个人的任务都是一样吗？没什么差别吗？特别是没有某一个人做代表这样的风俗？ =没有，大家要背负着同样的责任。

【中人应处理的事项】

中人只要在土地买卖的场合下出来介绍，制定成文书的时候出场吗？在外面出场的情况应该也有吧？ =有的。地价交付的时候，打地（实地调查）的时候，打地之后出现关于亩数的错误的场合，关于这块土地引起的纠纷等的时候。

【关于买地款交付】

买地款一般是怎样交付的？（靠）交换成文书吗？ =一般是交换成文书。但是暂时还拿不出钱时，分开交付也是有的。例如地价需要1，000元的时候，钱不够（可以）先交付800元，剩下的300元在指定日期（到什么时候为止）交付这样的风俗也有。

买地款是一定要通过中人交付给卖主吧？ =是的。

像你刚刚说的，存在一次不能付清（钱）的情况。那个时候虽然有确定剩下的部分什么时候交付，确定交付的日期，但是在最后交付日期到了，仍然还不了钱怎么办？中人没有责任吗？ =有。卖主会催促中人。中人必须催促买主。

假如（中人催促了）买主仍旧没有办法交付（剩下的钱）的情况，中人应该要代为交付吧？ =恩，应该是这样吧，但是没有这样的实例。可是今年三月份的时候，村子里有与那很像的实例。

难道没有稍微打听的实例吗？ =今年三月份，侯元来（买了）侯永定卖的土地（3亩）。地价总共300元，但是当时（侯元来）只有200元（家中能拿出的钱）能交付。于是剩下的100元就商定事后的两星期内交付，但是侯元来并没有从满洲（寄）来钱（侯元来在满洲务工）无法交付（剩下的部分）。刚好（那时）因为向侯永俭借钱而将土地卖掉，用这个钱来还借钱。侯永定因为以上的原因剩下的部分没拿到，非常烦恼。最终对策是，中人们作为侯永俭的债权人，请求侯元来（交付剩下的部分）。但是侯元来还没有从满洲（寄）来钱，这个债权人也发牢骚抱怨。

但是对于这样的场合时，中人们不是应该代出剩下的地款吗？ =那确实本应该那样，但是实际上中人们似乎是不会出（剩余的）地价的。

那个时候你没有出场吗？ =（那个时候）去了七里海不在场。

那是哪两个人呢？ =不是很清楚。大概是侯永正和谁吧。

你大致一年平均做几次中人？ =大概七八回。

从别的县调查的情况来看，中人好像有将地款的几分之一作为报酬。这一带是怎样呢？ =没有这样的习惯。

10 月 26 日

应答者　王才氏（77 岁）

【寡妇的家人—外出务工】

你丈夫是什么时候去世的？ =10 多年前。

没有孩子吗？ =有 2 个。大儿子化龙，二儿子化云。

两个孩子和你分家了吗？ =没有。大儿子化龙现在去了满洲。二儿子在村里。

（大儿子化龙）在满洲做什么呢？ =铁匠。二儿子在村里也是铁匠。

（你）丈夫有兄弟吗？ =有 3 个。都去世了。

和孩子一起（生活）吗？ =是的。

门牌上为什么写了王才氏，而没有写二儿子的名字。=因为二儿子到这个正月底也要去满洲了。

大儿子去满洲多少年了？ =40 年了。

没有送钱回来吗？ =没有。

有音信吗？ =没有。

（他）现在在哪你应该知道吧？ =听说在田庄台。

这样的话，现在是由二儿子赡养吗？ =是的。

现在没有土地吗？ =什么都没有。

（你）丈夫在世的时候有土地吗？ =没有。

现在你的二儿子是铁匠吧，他是自己开店呢，还是在别人店里打工呢？ =打工。现在因为生病基本上在休息。偶尔出去捡拾柴火。

你现在靠什么养活自己？ =好歹能养活（自己）。

应答者　陈锦山（68 岁）

【移居与分家】

什么时候来这里的？ =60 多年前（祖父那一辈）。

从什么地方来的？ =从刘家坨来的。

为什么来（这里）？ =祖母的娘家在这里。

（你）本来是刘家坨的老户吗？ =是的。

现在有几个孩子？ =（指着孩子）只有这一个（占祥，25岁）。

你有几个兄弟？ =5个。不过第3个（3哥）在娶妻前就去世了。我是第5个。

你祖父有几个兄弟？ =1个。

你父亲什么时候去世的？ =大概是十六十七年前。

那么30年前还在世是吧？ =是的。

那个时候有多少土地呢？ =大概70亩。

你和你的兄弟什么时候分家的？ =（拿出分家书）你看看这个（上面写着光绪三十二年）。

（看着分家书）你分到了土地10亩5分，3间房子是吧。 =是的。

现在你有多少亩地？ =不一样了，买了4亩。

【因土地清理引起的亩数变动】

那样的话，不就对不上账目了吗？ =原来划分的是10亩5分土地，但在民国二十九年官家打地（土地清理）时测定时变成9亩5分（因为原来的亩数不正确，依据9亩5分卖了3亩地买了4亩地）。

即使这样的话，还是有1亩5分不够？ =父亲去世的时候，还得了他的1亩5分养老地。

先前的3亩地是什么时候卖的？ =两年前。

卖给谁了？ =（卖给）侯元广了。

几亩，多少钱？ =3亩，1亩125元。

为什么卖掉土地？ =因为我的孩子的妻子去世了。

之前的4亩地是从谁那买的？ =从陈占起那买了1亩5分，侯永明那买了2亩5分。

都是一次性买的吗？ =不是。从陈占起那是今年春天，侯永明那是2年前。

【承当与子女名义】

现在承当了谁的土地吗？ =有的。从陈占先那。

多少亩？ =1亩2分。

多少钱？ =55元。

期限呢？ =没有。

陈占先为什么将土地典当出去？ =因为要打官司没有钱。

陈占先为什么要打官司，和谁打官司？ =因为孩子无聊的打架。

陈占先的孩子和谁的孩子？ =陈占起的孩子。

谁输了？ =陈占先。

陈占先一共要花多少钱？ =22元。

说回来，你没有和你的孩子分家吧？ =是的。

【当契】

为什么当契书上没有写你的名字，而写的是你孩子的名字？ =自己已经是这个年纪了。也不知道对方可能什么时候赎回（土地）。

（陈锦山的当契）

立当契文约人陈占先因有正用今将自己房后的一亩二分土地典当地形南北长东西宽南到此北到道东到侯姓人家西到孔姓人家四到地都经过中人的认可请求当与陈占祥名下耕种当价为五十五元整交付不欠不少特立此当契存证

立当契文约人陈占先因有正用今将自己房后白地一段计地一亩二分计垄二十二条其地南北长东西宽南至对此北至道东至侯姓西至孔姓四至明白经中人说允请愿当与陈占祥名下耕种言明当价遂市国币五十五元正其洋笔下交足并不欠少恐口无凭立当契存证

孔子明 印

中人 陈占鳌 印

侯荣五 代字 印

指纹

民国三十一年十月十八日

陈占山 立契

指纹

答应者 孔子明

应答者 孔子明

【关于中人—续】

土地买卖也好什么都好，中人不在的话就不出场吗？ = 不出场。大家都有。

虽然现在大家应该都有，但是以前也没有不出场吗？ = 没有。

为什么需要中人？ = 那是因为（交易）双方都有许多不擅长的地方。为了（防止）万一证明人不在的情况。并且这是以前开始就有的习惯。

双方当事人一开始就把话等各方面说好，只是在制作成文书时形式上地把中人加上，这样的事情有吗？ = 有可能。实际上可能存在。

这样的事情，在同族人之间会不会很多？ = 也不一定。

同族间如果有土地买卖的情况下（买卖双方是同一族人），卖主是中人中的谁（同族或其他的人），会拜托他吗？ = 会拜托其他人。

为什么呢？ = 因为交涉地价和其他很多东西都不擅长。

普通土地买卖的时候，是卖主先去找中人，还是买主去找中人？ = 卖主。

为什么？ = 如果卖主不先找（中人的话），（我们）不知道谁要卖地。

买主先去拜托中人，问谁要卖地的情况没有吗？ = 这样的例子很少。有也是在卖地的人很少，而买地的人很多的时候。

怎样是卖地的人少，买地的人多的情况呢？ =收成良好的时候。大家手上都有盈余。

【在买卖、典当、指地的情况下，中人工作的区别】

中人的话，在土地买卖时，典当时，指地借钱时，没有各自不同的意思（不同任务的责任）吗？没有区别吗？ =有。

有怎样的差别呢？ =土地买卖和典当时大致相似，指地借钱的时候，如果借主还不了钱的时候中人有代替借主付借款的义务。

土地买卖的时候也是，如果还不了地款，中人应该有责任吧？ =土地买卖下这种例子还没有。

如果有的话怎么办？ =当然应该是中人负责任。

因为即使都是中人，没有因土地买卖，典当，指地借钱的情况，有不同的名称吗？ =不一样的。土地买卖和典当的时候是中人，指地借钱的时候是中保人，或者说是保证人，承还保人。

土地买卖时，没有写上中保人或保证人的情况吗？ =没有。

为什么？ =因为没有还钱的责任。

那样的话，最后中人没有保证地款的责任吗？ =是的。没有故意滞纳地价或者还不了的情况。

【老契的交付】

土地买卖时，递交老契也是和（别的）一样吗？ =有递交的，也有不递交的。

哪种多一些？ =现在一般不递交。

以前呢？ =有递交的。

递交和不递交两种情况？ =没什么（特别的原因）。只是在不知道对方的土地的情况下需要老契。例如，我们村里的人将地卖给外村人时，外村人对（本村的情况）不了解时要求要老契。那个因为有卖地前以老契作为担保物的考虑在。

本村人和本村人之间一般不递交吗？ =是的。

一般，老契的交付不是买卖双方都是同族人时递交，一方面如果是其他人就不递交吗？ =不是，这要根据情况而定。

【买卖结束后老契的处理】

虽然有不向买主递交老契的情况，但是为什么要设置这个呢？ =没什么（特别的意思）。

不是为了让自己的后辈看到以前就有土地吗？ =不是这样的。卖地之后就没有意义了吧。

通常，卖土地怎样（处理）老契呢？放到什么时候为止呢？还是说事后立即烧毁？ =因为没什么用处，立即烧毁比较多。但是如果老契上写的是10亩，其中只有5亩卖出去的情况肯定是要保存老契的。

这样说来，最后因为自己的老契上还留有土地，不递交老契，自己放着的情况也有是吧？ =是的，大概是这样。

【关于丈量】

你们村在土地买卖时测量土地吗？ =测量。

用什么东西测量？ =用丈杆测量。

丈杆是什么？ =1 丈长的尺子。

用估计的数不行吗？ =不这样做。

测量的时候，谁会在场？ =买卖双方和中人。

如果中人是 3 个人，他们都要在场吗？ =是的。

地邻不在场就不能买卖吗？ =是的。必须出场。

土地丈量时村长（保长）不是应该出场吗？ =只有在家的时候才来。

【亩数不合的情况下进行实测】

如果丈量的结果和原来的亩数对不上的情况下怎么办？ =总之以实际测量的亩数。

丈量是在制定文书前还是它之后呢？ =当然是文书制定前。

【关于丈杆】

听说了关于丈杆的事，一般的话是谁持有丈杆呢？ =没有专门为土地买卖用的丈杆，大致上是借用木匠的。

但是应该有通用的丈杆吧？不拘泥于谁的买卖，没有一定是用那个测量的东西吗？ =还没有。去县城的话有，但是因为木匠所有的丈杆都是一样的。

你们村谁持有那种丈杆？ =侯大文。

他是木匠吗？ =是的。

那样的话，大家都用他的丈杆吗？ =是的。

他有几根那样的丈杆呢？ =只有 1 根。

假如他有 2 根丈杆，1 丈的杆实际上只有 9 尺几寸和 1 丈的两根杆，他会不会借给自己讨厌的人那根 9 尺几寸的丈杆吗？ =没有这样的事。因为也有别的人有丈杆，一比较就知道了。那样做的话反倒坏事了。

应答者　侯永廉（55 岁）

有几个孩子？ =没有儿子。

兄弟呢？ =只有自己。

父亲的兄弟？ =也只有 1 个。

祖父的兄弟呢？ =有 5 个。

父亲还在世吗？ =已经去世了。3 年前（85 岁的时候）。

父亲去世前有几亩土地？ =45 亩。

父亲在世时，有卖过或买过土地吗？ =没有。

父亲去世后，你有买过或卖过土地吗？ =都有一回。

那分别是什么时候？ =2 年前卖过一回，今年（今天刚制定好文书）买过一回。

两年前卖了几亩？卖给谁了？ =2 亩 5 分，侯永宽。

（看着新文书）这次买的地是 4 亩，324 元。

八成是从侯振祥那买的吗？ =是的。

那这样的话，全部土地大概有多少亩？ =49 亩（？）

应答者侯振祥（73岁）

有几个孩子？=只有1个（16岁）。

兄弟呢？=4个。自己是第3个。

父亲有几个兄弟？=2个。

父亲还在世吗？=已经去世了。64年前。

什么时候和兄弟们分家的？=20多年前。

那个时候你拥有什么？=土地12亩，房子一间半。

你和你兄弟分家后，买过和卖过土地吗？=买了五回，卖了一回（今天刚制定好的文书）。

买地是什么时候？买了几亩？向谁买的？=第一回2亩5，从侯瑞堂那；第二回，4亩，从侯俊升那；第三回，5亩，从侯治安那；第四回，6亩，从侯善堂那；第五回，4亩，从侯治相那。

买地的年份还记得吗？=第五回是26年前。其余的忘记了。

卖地的一回呢？=这次（今天刚制定好的文书）4亩。

为什么卖地呢？=儿子的妻子去世了（比如说妻子投井自杀的情况）

现在土地总共有多少亩？=32亩（除掉这次的4亩）。

你的儿子现在娶过别的妻子了吗？=还没有。

因为你孩子还小（16岁）还没和你分家吧？=是的。

应答者　侯振瑞（68岁，前者的弟弟）

你和你兄弟分家时是有土地12亩，房子一间半吧？=是的。

现在有几个孩子？=两个。

还没分家吗？=还没有。

（指着前者）你的哥哥分家后买过五回地，你买过几回？=一回都没买过。卖了三回。

【卖地的事情】

什么时候，卖了几亩，卖给谁了？=三次都卖了3亩。第一回卖给侯大文，第二回卖给侯定善，第三回卖给王义纯。

年份呢？=王义纯是在2年前，其他的两回不记得了。但应该是在最近5年内。

为什么卖地？=因为孩子要娶妻，要买粮食。

应答者　侯治成（68岁）

有几个孩子？=1个（振山）。

兄弟呢？=两个。其中1个（哥哥）在自己两、三岁时去世了。

父亲有几个兄弟？=2个（自己的父亲是长子）。

你父亲是什么时候和他的兄弟分家的？=不清楚。

父亲还在世吗？=去世了。自己二十三四岁的时候。

几岁去世的？=68岁的时候。

父亲去世的时候，有几亩地？=4亩5。

现在呢？ =17 亩 5。

那样的话，有 13 亩是你在你父亲去世后买的吗？ =是的。

那 13 亩地都是同一年向同一个人一次买的吗？ =不是。分了 3 回买的。第一回（自己 30 岁时）2 亩 5，从侯治祥那；第二回（35 岁、36 岁时）2 亩 5，从侯永厚那；第三回（40 岁的时候），8 亩，从泥井的李洋子那买的。

没有卖过地吗？ =没有。

【出当的事情】

有典当过土地吗？ =有。去年春天。

当给谁了？ =侯大文，100 元。

为什么？ =自己的孩子（振山），新金堡的一个姓朱的人和侯大文卖牛的时候，当了保人。但是买主还没给钱就去世了。而且那个人没有孩子，什么都没有。所以那份钱只能由我的孩子和另一个保人出。于是，因为没有钱，只能将地典当出去。

10 月 27 日

应答者　侯大文（42 岁）

有几个孩子？ =4 个。长子增富（20 岁）、二儿子增桂（15 岁）、三子增谦（13 岁）、四子增秋（7 岁）。

你有几个兄弟？ =4 个。自己现在是过继到伯父那。

你伯父（元东）没有孩子吗？ =是的。

什么时候过继的？ =两、三岁的时候。

你父亲（过继的）和叔叔（元来的父亲）是什么时候分家的？ =不清楚。找出当时的分家单（拿出分家单）。

光绪三十四年五月二十日是吧？ =是的。

（看着分家单）过继的父亲那个时候有 9 亩地，房子 3 间半，亲身父亲有 8 亩地，房子四间半，是吧。=是的。

那个人（指老头儿）是你过继的父亲吗？ =是的。

几岁了？ =79 岁。

（你家中）有多少地？ =22 亩，原来是 8 亩。

【由土地清理引起的亩数增加】

为什么原来 8 亩变成 22 亩了？ =民国二十八年因官家打地（土地清理）变多了。将原来的亩数测量了，而且土地土质差（砂地）。

父亲那现在有多少土地？ =15 亩。这也是打地后亩数变多的原因。

双方都是分家后没买过地吗？ =没有买过，也没有卖过。

从侯振山那当了地吧（2 亩）？ =是的。

当价是 100 元吗？ =是的。

没有将土地当出去吗？ =没有。因为土质太差，没有来当的人。不能依靠这个土地生活。幸运的是自己是木匠。

【副业——木匠】

你的生活主要是靠木匠做活是吗？ =是的。从土地那收不到多少钱。

现在土地买卖时必须去测量土地吗？ =是的。

听说大家都是借你的丈杆测量土地的？ =是的。因为大家都胡乱使用，原来有两根，毁坏了一根。已经不想借了。

应答者　刘殿元（55岁）

【外出务工】

你去过满洲吗？ =40岁前去过。

去了几年？ =31岁时去的，42岁回来的。

在满洲的哪里？做什么？ =奉天和抚顺。

这样的话，在哪里做什么？ =杂货店的司账。

现在有几个孩子？ =现在只剩一个孩子。（晓风，32岁）。

【水田的共同经营】

现在在做什么？ =七里海那耕种水田。

种了几亩？ =三人种了90亩。

和谁？ =和刘子馨、侯永正二人。

什么时候开始耕种的？ =今年春天。

你有几个兄弟呢？ =4个。自己是长子，老二斌义，老三斌海，老四斌明。

现在分家了吗？ =还没。现在住在一起。

你父亲有几个兄弟？ =3个。自己的父亲（万举）是长子。老二万和。老三万德。

你父亲和叔叔已经分家了吗？ =分了。

祖父有几个兄弟？ =3个。自己的祖父是次子。大祖父那因为没有孩子，自己的父亲就过继过去。

现在你祖父们还在世吗？ =都去世了。

那样的话，你现在的家是你大祖父的家吧？ =是的。

祖父们分家时你大祖父分到几亩地？ =大家都是2亩地。房子13间。

祖父那大概有多少房子？ =房子16间。

三祖父那呢？ =11间。

为什么大家的房子都是不一样呢？ =房子有大小。好像房子不够的人有其他的东西补偿。

现在家中一共有几个人？ =大小18人。

有多少地？ =1顷45亩。

那样的话，只卖了55亩？ =是的。

【卖地的事情】

大家都是什么时候卖给谁了？ =20多年前，卖给侯大升5亩，泥井的李老贺（？）15

亩。五六年前卖给崔家坨的赵书臣 10 亩，同时也卖给了本村的侯宝莲 6 亩，民国二十九年时卖给官庄的齐福海 8 亩，去年卖给侯元文 3 亩。同年卖给泥井的李福太 5 亩 3。

为什么卖掉那些土地？ = 五六年前卖给崔家坨的赵书臣 10 亩是因为父亲生病了。但是次年就去世了。

最后你父亲是什么时候去世的？ = 民国二十九年。

除这之外其余的大量卖地呢？ = 那些各有各的原因。

为了什么？ = 有为弟弟娶妻用的，还有因为家人变多需要大量的粮食和金钱。

（指着旁边站着的发疯的人）那个人是你的谁？看着他老是捂住耳朵走路的。= 第 3 个弟弟。

为什么变成这样？ = 那是因为原先去满洲。大家都不清楚他在满洲不知和谁吵了架后回来就变成这样了。工作啥的也都做不了。就这样家中的人多，干活的人却又少，我觉得今年可能又必须卖土地了。

你的地全是在村子里的吗？ = 是的。在别的村没有地。

现在你母亲还在世吗？ = 在，是继母。

亲生母亲什么时候去世的？ = 自己 11 岁的时候，40 多年前。

大祖父什么时候去世的？ = 记忆中自己还 22 岁的时候。

那样的话，是在母亲去世之后吧？ = 是的。

大祖母是在大祖父前去世的，之后还有什么？ = 母亲也是那年去世的。比母亲晚 3 个月，母亲是在那年 4 月去世的，大祖母是在那年 7 月左右去世的。

那样的话，你在母亲去世之后，大祖父大祖母去世后没有卖过地？ = 没有。

那个时候有葬礼的钱吗？ = 有。还没分家。

最后是你祖父们分家后才开始卖地吗？ = 是的。

父亲是在民国二十九年去世的话，在世时卖过地吧？ = 是的，卖给泥井的李老贺 15 亩地后，和人分种，自己留有 1 顷 30 亩。

没有雇长工吗？ = 雇了 1 个（张凤鸣，33 岁）。

他是哪里的人？ = 张家坨人（离这里 8 里）。

多少钱？ =200 元。

已经雇这个长工几年了？ = 只有今年一年。去年是别的人（傅坤、傅店子的人）。

应答者　侯永宽（74 岁）

【外出务工的一家】

你有几个孩子？ =4 个。现在大家都不在家。

大家都去哪了呢？ = 有去满洲的，有去挖壕的。

已经和孩子们分家了吗？ = 是的，20 多年前。

现在你们夫妇二人生活吗？ = 是的。已经这样 20 多年了。

老大现在去哪了？ = 去了满洲的奉天。

在那里做什么？ = 做小买卖。

去了几年了？=不清楚。

老二呢？=现在在挖壕。

什么时候去的？=1个多月前。

什么时候回来？=原来预定2周，但是现在还没回来。

去哪了呢？=不清楚。听说去了迁安。

没有联系吗？=没有。

三子呢？=去奉天了。

做什么？=麻袋庄的掌柜。

什么时候去的？=10多年前。

一开始就去奉天的吗？=好像是。

四子呢？=也去奉天了。

做什么呢？=开了麻袋庄。

孩子们会给你钱吗？=没给一分钱。

你有几个兄弟？=3个。自己是第三个。老大永生，老二永发。

父亲有几个兄弟？=1个。

你和你的兄弟什么时候分家的？=自己24岁的时候。

那这样的话，已经是50年前的事了。=是的。

分家的时候你有什么？=土地3亩，房子一间半。

分家后买了土地吗？=买了4亩（土质差的地）。

什么时候向谁买的？=30多年前，从王化纯那买的。

多少钱买的？=8吊。

那时粳米一斗大概多少钱？=4吊。

高粱米呢？=一斗2吊。

卖过地吗？=卖过一回。3亩。

卖给谁了？=卖给费元恒。

【卖地充当粮款】

卖了多少钱？=相当于高粱8斗。

那是怎么回事？=那个时候，我自己从庆义隆那赊买了8斗高粱，但是那个钱没能返还，于是姑且向费元恒说以自己3亩地为替代来返还高粱8斗。

这个就卖出去了？=是的。

那个时候高粱大概多少钱一斗？=大概2吊。

那样的话，你大概以16吊将3亩地卖出了？=是的。没有以16吊钱买3亩地的人。

写了文书吗？=当然写了文书。

这次和孩子们分家时，给老大分了什么？=不是什么也没分给他，给他娶了媳妇。

老二和三子、四子也是吗？=老二只分到房子一间半，三子、四子什么都没做，也没分到什么。

现在你自己有多少亩地？=3亩。

【承当房—不立字】

有房子吗？ =没有。

现在住的家是谁的家？ =侯耀宗的家（两间半）。

现在的家是借的吗？ =是当的。

多少钱？ =40 元。

期限呢？ =5 年。

他为什么将房子当出去？ =因为去满洲了。

什么时候去的？ =两三年前。

写了当契吗？ =没有。

为什么没写？ =因为 40 元的东西没有必要写。他回来的时候马上把房子还给他就好。

中人在场吗？ =不在。

当契没有立，中人也不在场，对你来说不是很好的一个形势吗？假如他回来后，你应该可以不让出来吧？说是自己家，契约什么的也没有，别人也不知道吧。那样的话，不就变成自己的房子了吗？ =这样的事情太不人道了。我也没法做到。

你现在做什么呢？ =普通老百姓。

没去做短工吗？ =现在这个年代一般不雇用别人。

3 亩地够吃饭吗？ =总之就这样敷衍着能过去。

同族间大家不帮助一下吗？ =大家都差不多。

应答者　侯文焕（35 岁）

有几个孩子？ =一个男孩（4 岁），一个女孩（1 岁）。

有几个兄弟？ =4 个。自己是长子。已经分家了。

你父亲有几个兄弟？ =3 个。我父亲是第二个（庆春）。

你和你兄弟什么时候分家的？ =民国二十七年。

那个时候你分到了什么？ =土地 3 亩，房子一间半。

现在有几亩地？ =土地还和那时一样。房子也是。

民国二十五年你有几亩地？ =12 亩。房子三间半。

【未婚分得财产增加】

那三间房，你一个人分得一间半不是不公平吗？ =那个时候我还没娶妻。

那剩下的一间半呢？ =分给四弟了。

那样的话，他也还没有娶妻吗？ =是的。

第二个和第三个兄弟没有分到房子，是因为他们都已经娶妻了吗？ =是的。

你父亲什么时候分家的？ =在我还很小的时候，我也不是很清楚。

分到了什么，你也不清楚吗？ =是的。

【分种】

现在你在做什么？ =普通老百姓。也分种。

和谁分种？ =刘斌奎和侯庆昌这二人一起分种。

刘斌奎分种了几亩地？ =6 亩。
收成呢？ =一半分。
种子、肥料和农具呢？ =我这边出。
他那边出土地是吗？ =是的。
摊款和田赋呢？ =那边出。
侯庆昌分种了几亩地？ =14 亩。
种种的条件都和之前（刘斌奎）那一样吗？ =是的。
没有典当吗？ =没有。
连拿出都没有吗？ =没有。

应答者　侯永伦（17 岁）
你现在还很年轻，和家人分家了吗？ =自己是一个人，不用分家。
父亲还在世吗？ =已经去世了。
什么时候去世的？ =8 年前。
你父亲有几个兄弟？ =两个。父亲是长子（振芳）。
你叔叔有几个孩子？ =有一个儿子。
那样的话，你和你叔叔的孩子分家了吧？ =是的。
分到了什么？ =没有土地，房子一间半。
现在也没有土地吗？ =没有。
你和你叔叔的孩子分家已经几年了？ =三年前。
你和你叔叔的孩子谁比较大？ =叔叔的孩子。
那样的话就是你的哥哥了？ =是的。
名字呢？ =永明。
你祖父有几个兄弟？ =两个。我祖父是第二个。
祖父和他兄弟是什么时候分家的？ =（他）在分家前就去世了。
大祖父呢？ =38 岁去世的。
祖父去世前有几亩地？ =有 2 顷多。
现在为什么 1 亩都没有了？ =因为店子经营失败，把地全部卖了。
开了怎样的店？ =喝茶吃饭的店（万德兴）。
【凭贴引起的失败】
开了茶食店就损失了这么多吗？ =因为出了凭贴。
凭贴是什么？ =钱贴（信用纸币）。
虽然有 2 顷多土地，全部因为这个卖掉了吗？ =是的。
卖了几回？ =应该是一回。
卖给谁了？ =不记得了。
以前的老契应该还有吧？ =有（祖母说已经不在了）。
那个老太太是谁？ =我的祖母。

现在祖母由谁赡养？ =哥哥。
你母亲还在世吗？ =在世。
那，你和你母亲一起生活吗？ =是的。
你现在在做什么？ =只是玩。
没有典当土地吗？ =没有。
靠什么生活？ =偶尔出去做短工。
你母亲身体还健朗吗？ =51 岁，在生病。
先前你说开了茶食店，那开了几年的？ =只有两年。
两年就亏损了这么多？ =是的。
在哪里开的？ =刚开始是在泥井，后面在本村开的（现在的住宅）。
你父亲在关店后几年去世的？ =关店 8 年后去世的。
因为什么去世的？ =生病。
怎样的病？ =痨病（肺病）。
因为担心土地，染病然后去世的吗？ =嗯，应该是这样。

【附录—地契】

（以下揭示的是由本村人代写的地契）

立卖契人侯忠因乏手今将家北白地一段记地三亩此地东西长南北阔东至道西至道北至卖主北至侯四至明白情愿立契卖与刘起凤名下永远封纳为业言定卖价银十两整并无欠少其钱笔下交足二家不反悔如有反悔者在仲人一面成管恐口无凭立契存照

钱粮随时过割

乾隆四十八年正月初二日　　立契

侯全
永远执照　孔明珮
侯振

立卖庄窠地基文约人刘荣因国课无出今将自己祖遗庄窠地一段其地东西阔南北长计垄贰拾贰条地地贰亩南至庄心道北至道东至侯永周西至侯老荣四至分明情愿卖与刘银名下永远为业言妥卖价银六两整此银笔下交足并不欠少恐口无凭立卖契永远存照

过割
乡　侯俊奎　代笔
中人　侯山奎
族　侯万春

大清光绪二十年冬月二十日立

立卖契人侯义因为乏手今将家北白地一段记地三亩此东西长南北阔东至道西至道

南至侯北至侯四至明白情愿立契卖与刘起凤名下永远封纳为业言定卖价银十两整并不欠少其钱笔下交完不许傍人争竞如有争竞者在卖主一面成管恐后无凭立契存照

钱粮随时过割

乾隆四十八年正月初二日　　立契

侯全
永远执照中人　侯振
孔明珮

立卖契人郑继昌因为无钱使用将自己家北白地一段记地四亩此地垄二十二个地东西长南北阔东至道西至对头地南至侯北至郑四至明白情愿立契卖与刘起凤名下永远为业言定卖价银十两并无欠少其银笔下交完不许亲族争竞如有争竞者在卖主一面成管恐后无凭立卖契永远存照

钱粮随时过割

乾隆四十八年十月初六日　　立契

封得有
永远执照中间人
侯振

(刘起凤是刘万臣的祖父的父亲)

民国二十八年十二月二十八日

卖主　刘焕昌　　四亩
二十元

(系光绪三年十二月二十五日)

民国三十年十一月二十日

卖主　刘万德　　六分六厘
五十一两

(系光绪二十年十月十三日)

民国二十九年　月　日

卖主　刘万全　　八亩
三十元

(系光绪二十年十一月二十日)

民国二十九年十一月二十二日

卖主　刘荣　　二亩二分五厘
六两

农村金融及贸易篇

1942年5—6月

（华北农村惯行调查资料第83辑）

农村金融及贸易篇第10号　河北省昌黎县侯家营

调查员　安藤镇正

翻　译　何凤岐

5月26日（农历四月十一日）

关于泥井镇集市

【泥井镇集市见闻录】

这里的集市是每5日一次。场所是老母庙，也就是以现在警察分所前的广场的十字路口为中心，贯通东西，最繁华到北部的镇公所外面。隔着十字路口对面的警察当局是合作社的交易场所及税务征收局第四区分所。贯通东西的西边，到洼地为止的空地是牲口市场；它的东边是都是粮食市场，今天其东部卖的是地瓜（甘薯）苗。因不转移时期老百姓多聚集在此处。接着是靠近十字路口的附近有很多卖包子、饼、面条等的小摊儿。从十字路口往北走，是鱼类市场，或者说是鱼市胡同。镇公所的入口附近，有卖从团林镇一带采购而来的鱼类。从那以北，斜边处南侧有在卖粮食的外壳（皮子）（糠市）。庙前的广场上，除蔬菜、肉食，也卖锅、簸箕、油、烟草、面和其他一些杂货文具等（也称为菜市、肉市、席市等）。两三个打铁的地方盛行打锄头。所到地方都是大车当道，牲口市场上牛的买卖热火朝天，打听猪肉的价格时，有很多传闻。说是这个地方牛和猪很多。那是因为听闻这个地方有很多沙地需要肥料，为了制造肥料，很多人都饲养这两种牲畜。因此在满洲为了猪肉好卖会喂养好的饲料，同样大小比这里的重，这里饲料主要采用粮食的外壳（麸子），因此不是太好。据说也因为轻所以便宜。牛是在春季时特别多，一次集市上有四五十头牛，听说今天应该有二三十头牛左右。问："贵姓"（你的名字是?），拿出的名片上写着"昌黎税务征收局第四驻所税警，刘恒柱"。每次去集市上似乎有监视偷税行为的人。牲口市场还是有牲口贩子的，这第四区有50名，说是他们也能去第一区和第三区。看了牲口价格的设定，又大又好的是450元，中等的也有是300多元的，一年左右的小牛是100多元。骡子的话，又大又好的是五六百元，不好的是一两百元。驴子的话，好的

200元，不好的也有就五六十元的。猪的话，30多斤的30元左右，40多斤的40元左右，小猪按其大小似乎有3元、5元、8元的。

牲口市场的东侧地贸稍高的地方有牲畜税、牙税的征收员，合作社的交易场所的东西也在桌子上排列着，在等着农民的纳税。看了合作社的交易单，值10元的猪纳5分的税。

看看粮食市场。这里有斗子，用写了买卖的际官斗局的升来测量。看了定的大概粮食的种类，价格在接下来一份。

高粱米　1斗　15元5　或者十二三元

苞米　1斗　9元

白兹米　1斗　16元5

小米　1斗　18元

下面是非常相像的粗米1斗十六七元。

小麦　1斗24元

粳米　1斗28元（像糯米一样的东西）

绿豆　1斗12元

黑豆　1斗12元

鱼类因为距离海很近，价格很便宜。例如，像虾一样的少买的话，1元有七八只。琵琶虾10钱能买20只。

5月26日

长工　短工　搭套　集市

应答者　侯荫堂（长赞，73岁）

（他也是侯家营的一位长老，关于他带去的老账提的若干问题，继续问了集市有关的。）

【关于长工】

打头是干什么的？=我们雇的工人。

为了什么雇工人？=为了种地。

时间决定才雇的吗？=是的。有日子。

雇怎样的人呢？=40多岁，西边的人。一般是以个计的。

那个人是什么时候开始雇的？=今年，正月（一般是二三月时）

一般，春天雇的工人到什么时候为止呢？=到工作结束时。9月20日左右。

收割完农作物就意味着工作结束吗？=是的。结束后会请吃一顿饭。

来年还是雇同样的人吗？=能雇的话也行。不雇也行。（经常请人做事就要花额外的钱，这样我就不能雇人了）。

打头替人干活，报酬是多少呢？=看一年给多少钱。如果他家没有粮食，想要粮食的话，定价格时会以粮食代替钱来支付。

[我自己雇了2个人。一个是小孩。自己因为是老人，不能工作了，才雇的，大部分是不雇的。土地也想典当（借）出去，或者分种。]

现在雇的打头的一年大概多少钱？=160元。小孩是150元（但是大人还不及小孩）。

一年多少钱是刚开始给呢？还是最后给呢？=有前面给的也有后面给的。

那是他说想要的时候给吗？=他提出来的时候，给10元或20元。

以前使用洋○○的时候也是工作前就给吗？=不是，做账前给钱。

这个账面上十二月二十七给了100元是怎么回事？=这个人是两年前雇的。

那100元是民国二十九年的份儿，还是民国三十年的份儿？=民国二十九年的份儿。之后是民国三十年的份儿。

打头的是指每天回家，还是在你家住呢？=回家。

那是正月时雇的工，然后到九月为止。每天来这里工作吗？=是的。

九月结束工作后就不来了？=不来。(来年又决定了就又来)。

打头的除了种地之外，不干别的活吗？=干的。什么都做。也养牲口。

那家畜和农具都不带着过来吧？=是的。不带着过来。(用我这边的)。

打头的除了钱还给什么？=不给。

每日管伙食吗？=是的。

刚开始约定时，是他来还是你去？=他找来的。

是口头约定还是立字据？=不立字据。

【短工】

叫池老鸿的是不是打头的？=是的。工夫。

工夫是怎么雇的？=按天算钱。

那是去他家去拜托他吗？=也有去的时候，没工作时也有他找上门的情况。

工作了一天后，傍晚时给钱吗？=也有这样的。若是雇5天或7天的时候，到最后完工时给钱。

那肯定是给现金吧？=是的。如果他想要粮食的话，也可以给粮食。

粮食的话是怎样的比例？=看价格而定。以一斗来说，以那天的价格，泥井市集的价格（最接近日子）。

【月工】

月工人是指？=月工是指一个月契约的工人。

这个是怎样来雇的？=论月。农忙季节的一个月。

雇月工，大概是在什么时候？=忙的时候，五六月的时候和秋天收割的时候（可说是月工，在这里也说是短工）。

现在一个月多少钱？=现在要花50元。今年很贵。去年30元左右。

月工是管伙食的吗？=是的。(其他不包)。

工夫是怎样？=管饭（这个比较便宜，管伙食比较贵）。

不管饭是多少钱，管饭是多少钱？=现在不管饭是3元，管饭是2元，最近是1元

50钱。

月工和工夫都是回自己家，来这边上工吗？=是的。

【搭套】

有搭套吗？=有的。

是怎样的情况呢？=种地的时候，互相用土地，互相出牲口。因为犁杖需要2头牛，那也是双方互相帮助。

打头的也说是年工吗？=是的。

【长工的雇用】

雇长工时有介绍人吗？=有时候有，没有的情况也有。很熟悉的人不要。

有承保吗？=外面的不认识的人需要保人。

那个时候的保人就由熟悉的人来当吧？=是的。

【朋友间的借贷和免于偿还（包哭）】

郑老润民国二十七年什么什么的是指什么？=以民国二十六年账抄来，共大洋167元5角。临逝世以前在其病时同其妻兑清。

因为他和我的关系好，他买猪的钱是从别人那借来的。因为债主一直催他还钱，向他请求还钱，但是没有，我自己就卖掉土地帮他还钱了。在那之后，他染病去世了，在这之前，我就和他太太说不用还钱了。(包哭、包窟，因为是土话不清楚)。

那个时候你是从谁那借来的？=从本村人那借的，泥井的人。

借的时候有没有立字据？=没有。因为关系好（是朋友）。

有利息吗？=我自己出利息，借164元出10多元的利息。

什么时候借的什么时候还？=打利是指，借钱后过一个月。归还本钱是过三四个月(之后因为是包哭，不要求要利息。)

开始的时候没有中人吗？=没有。

放牛是指？=牧童，赶牛。

(因为有从奉天的汇票的扣除)

这是什么钱？=靠奉天的亲戚给的织布存的钱，给在桥上的家人糊口而归还的东西。

【关于集市】

泥井的集市是从什么时候开始有的？=自己还小的时候。

那个时候集市的样子和现在的一样吗？=一样的。

从这里往外几里的人会来这个集市？=大概20里。买牲口的时候，有更远的人来。

在昌黎卖牲口的集市有多少？=远的地方我不清楚。施谷庄、刘台庄、泥井、昌黎、大夫庄、除掉这些我就不清楚了。

集市那天大概会有多少人来？=没有1万人。七八千人（稍微有点多了）。

有多少村子会来呢？=五六十个村子。但是一个村来两三个人的情况也有。

这里有什么庙？=老母庙。

【庙会】

老母庙的庙会是？=2月19日。

一天吗？ =没有戏的时候是一天，有唱戏的时候是四天。

以前庙会的时候，就有唱戏的吗？ =是的。没有的时候也多。最近不怎么唱戏了。

庙会的时候热闹吗？ =是的，很热闹。唱戏的时候很热闹（有两三万人左右）。

庙会的时候有集市吧？ =有的。只有一天。除此之外的日子，唱戏的场所是店子。

庙会的时候，从聚集的店子会收给庙的钱吗？ =收的，烧香钱（香火钱），但不会多。

【场钱—案子钱】

从聚集的商人会收场钱吗？ =收。有戏的时候收一二角。

那钱叫什么？ =不清楚（摊钱或者是地皮钱）。

一般集市的时候，商人不收钱吧？ =收钱。地主收 1 角到 2 角。（案子钱?）

庙前宽阔的地方也有地主吗？ =有。只有庙前，庙宽是庙子的地方，它以东都有地主。

庙前的土地现在不是庙子的地方吗？ =大部分庙子的土地都不是。庙子的土地变成学校了。

那么，用庙前的土地开店的商人要给学校钱吗？ =是的。

那里以东的部分是地主收钱吗？ =地主会来取。

每次有集市都来取钱吗？ =是的。

大概是多少钱？ =一年 72 回。卖布大概 20 元，其他的七八元。（一回两三角）。

那个比例和庙子的土地一样吗？ =一样的。根据案子的大小不同。（这里叫案子钱，也叫摊儿钱，地皮钱）。

【道路的地主和案子钱】

庙子旁边的道路是谁的？ =以道路的中间为界，其以东是庙子的；以西是私人的地方（东边的广场也是从正中间开始，往北为北边人的，往南是为南边人的）。

往西的道路呢？ =仍然也是以正中为界，分属南北两边人的地方。

那么在道路上卖东西的话，也是要交钱给地主吗？ =是的。

以前，庄长没从商人那收案子钱吗？ =承包给人了。

那么商人除地主外，也给庄长钱吗？ =不是，只有地主。

那么庄长让承包的是什么？ =那是庙子的分，那是乡公所承包后收的学校的费用。

用推车将物品卖掉不需要案子钱吧？ =不需要。

【商人的种类】

人能走的地方用推车可以吗？ =可以。

来集市卖东西的人是从哪里来的呢？ =哪里来的都有。

卖布或杂物的，可以辗转多个集市吗？ =有这样做的，也有不这样做的。

卖什么的会走来走去地卖？ =卖帽子、带子、手巾、布、褂子、鞋等的。

【鱼的买卖】

鱼是从哪里拿来卖的？ =海里。（离团林以东还要 10 里左右，从新开口附近的海岸那里买来卖的）。

那个是那天买的吗？ =是的。总共是早晚两次，前天晚上买来第二天卖出的也有。

买鱼的时候，有像经纪人一样的，从打鱼人那直接买鱼而来的吗？ =没有经纪。买完立刻来这里。

这里的集市卖东西时也没有经纪吗？ =没有。

那么买鱼的时候，另外收税金和手续费吗？ =收税金。

去哪里交税？ =包税。

那是在团林还是在这里呢？ =团林。

那个鱼的税只是在团林收吗？ =从海里买来的时候收税。

【家畜交易和经纪】

买家畜的时候是怎样方法买呢？ =有经纪。

经纪是怎么做的？ =于卖主、买主之间往返说合价格。

价格决定后是怎么做的？ =经纪从双方那拿钱。那个比例没有明确规定。好的牲口的话，有拿3元的。1元5角的也有。有时候也有收五六十钱的。例如100元的马，以110元卖掉的时候能赚多余的钱。

从买卖双方那拿一样的钱吗？ =不是。

那么那是买卖双方随便给吗？ =是的。

牲口的贷款什么时候给呢？ =现金的情况是价格一决定下来就给钱。赊账的情况是半个月、二十天，或者是一个月后给。这个是在刚开始决定价格时就说好的。

给现金的时候经纪会数完钱再给吗？ =是的。

假如说好一个月后给钱，买主可以直接将牲口牵回家吗？ =可以。

一个月的话，怎么给钱呢？ =需要保人。有钱后把钱给保人，由保人将钱给卖主。

【铺保】

怎样的人能当保人呢？ =买家卖家。这个集市的话，就是这儿的商人。

那是买卖双方都很熟悉的店，还是不怎么熟悉也可以呢？ =主要是和买主熟悉的店，卖主不熟悉也可以。

没有熟悉的店的时候要怎么办？ =拜托认识的人（不是保人也可以，最好是有钱人）。

经纪不能作为保人吧？ =不能。

一个月内牲口要是生病了怎么办？ =没办法。今天买了，明天就死了，也没有办法（不得不付钱）。

生病了的牲口能不能不要，退回去呢？ =自己卖的时候没有生病，那就和自己没有关系。

那么坚决不付钱会怎样呢？ =有保人在。

5天或者是10天间牲口患病可退回，之后就必须付钱，有这样的习惯吗？ =没有。不能这样。

【包商和经纪】

牲口的买卖中有包商吧？ =从以前开始就有。

包商和经纪没有关系吗？ =没有。以前经纪是固定的，现在不一定（谁都可以做经纪）。

为什么现在不固定了？ =正式的经纪已经不在了。以前是由经纪收牙税，现在变成直接收。因此不需要正式的经纪了。

【资料一】

昌黎县集市表（民国二十三年昌黎县志抄）

区别　一六日　二七日　三八日　四九日　五十日

本城（第一区）

五日东西街集十日南北街集

裴家堡　裴家堡街　大蒲河　两山　沙河桥

虹桥

（第七区）（今第一区）

蛤泊堡　葛家庄　木井街　蛤泊街　晒甲坨　安山街

犁湾河

龙家店

（第二区）

靖安堡　靖安街　大夫庄　总屯营　石门街

（第三区）

莫各堡　刘家林子　泥井　团林　施各庄　刘台庄

（第四区）　赤洋口

石各堡　赤崖街　荒佃庄　姜各庄

（第五区）

常坨（每日集）

（第五区）

套裹堡　会裹街（二、四、八日）崖上庄　新集

（第六区）

（今第三区）槐各庄（三、八）

本城东西街是五日、南北街是初十的集市。小月的时候是次月的初一，十二月是小月的时候，就在二十九那天办集市。在集市、粮米鸡鸭市场是四街轮流的。除这之外的物品在指定的场所买卖。牲畜市场是西门外、鱼肉菜市场是东门外、水果市场是在北城桥下。

在各个集市，粮食的买卖都是根本，丝棉布匹是其次的，木材柴火再其后。自从交通开通后，洋布、洋面以及各种洋货都进入市场，各个市场聚集的货物完全改变了。粮食的来源主要是关东，或者也有从外面口岸水路进来的。天津是苞米的集散地。旧历六月前后各种菜出来了。豌豆也在这个时候可以卖了。八月收获前后以及年

底是人聚集最多的时候，平时和这相比人算少的（抄录县志卷二）。

【资料二】

昌黎县志　卷五风土志抄

商地非通区故无富商大贾、若粟米则籴于关东口外、绸缎则自苏杭京师、土著多而客民少、虽城堡各有集市、集市皆有定期日出而聚日昃而散、所易者不过绵布鱼盐以供邑人之用、初无奇珍异物各安本业以谋生活、此其俗之厚者欤（旧志）

按县境因铁路横亘东西南关外及安山石门车站俱开设栈房、本境及各省外洋货物交通便利、商业亦日见增、多乡里儿童至十四五时凡识字者率多出门经商不识字者亦出门赴外商家学手艺、然十人之中在本县者十之三二赴东三省者十之八九赴京津者百无一二、及壮所得薪金可供事蓄亦有因以致富者、惟遭辛未九一八变故东省商人纷纷回籍将来之状况不知何以结局矣

5月27日

集市　典当

应答者　郑翰墨（69岁泥井镇人）

　　　　侯元太（66岁侯家堡人，也有辫发）

（两人都是木讷的老人，但是陈述很清晰）

【外出务工】

郑先生现在在做什么？＝现在在家务农。以前在锦州经商（运气不好，现在生活很艰苦。）

什么时候从锦州回来的？＝十多年前。从那之后一直在家。妻子也72岁了，儿子是长子，孙子现在在北京的新民印书馆工作。

侯先生呢？＝我也是庄稼人，从以前到现在都没去过哪。

郑先生什么时候去锦州的？＝17岁的时候去的，五十六七岁的时候回来的。

在锦州做什么？＝在西街的德兴增鲜货庄工作。（下面的是掌柜的。）现在去世了。

【集市】

你们买卖东西时去哪里买呢？＝零碎的东西就在街上的铺子里，或者是小挑贩那（到处走卖的行商）买。过五天就能赶上集市。

没有集市上买不到的东西吗？＝没有。庄稼人所必要的东西大致就那些了。没有的时候就去昌黎。

现在盐是怎么买的？＝泥井街道上也有卖盐的。从施各庄那来卖盐的也有。

石油呢？＝从昌黎到这条街上来买的人也有。

【集市的商品和贩卖场所】

集市上主要卖什么东西？=庄稼人用的东西。例如，粮食、酒、油、粉、肉等等。其他的很细的东西大概是什么都有。

根据物品的种类来决定贩卖的场所吗？=是定好的。

那个场所叫什么？=粮食市场、蔬菜市场、粉市、肉市。以上是四大市场。

右外边有什么？=鱼市、饭市、糠市、皮下市、牲口市、猪市（这两个是在一个市场）（没有铁匠的市场）。

笼子、席子等是？=和粉市在一起（和洋火、石碱、鞋子、帽子等很零碎的东西一起，这些没有组成市场。）

你去不去外面的集市呢？=因为这边近，外面远所以不去（因为是庄稼人没有什么需要买的东西。）

【集市的日期和距离】

离这里最近的集市是哪里？=团林是逢三日、八日，15 里；施各庄是逢四日、九日，15 里；昌黎是逢五日、十日（二十九的时候是一天），20 里；赤洋口是逢二日、七日，大概 23 里；刘云庄是逢五日、十日，大概 20 里。

常坨是在哪？=离荣亭很近的昌黎县（滦河的沿岸）。

右边的地方是每天都有集市吗？=是的。但是只有晚上。早饭因此也变没了。

这里卖什么呢？=没有除青菜、酒肉集市以外的东西。只是一时的集市而已。

【集市的大小】

泥井的集市一般有多少人？=虽然不是很清楚，但是冬天人比较多。春夏人比较少（现在人少）。年末时买菜、卖菜的人从四五十里外赶过来，大概有 1500 人到 2000 人左右。现在应该是两三百人左右（听说提问者看到的地方人更多，好像有好几百人。）

第四区中哪个地方的集市是最大的？=果然是在这里。现在这里变成镇了，集市也变得更大了。

那么外面的地方的集市不能聚集这么多人吗？=像这种规模的聚不了这么多。

（这个地方厚德—因为老实人很多，集市也因此变大了。）

昌黎的集市能聚集多少人呢？=那里的集市很大。即使是现在也有两三千人。冬天有一万人以上。

【集市的时间】

这里的集市什么时候开始？=八九点（旧表）。

什么时候结束？=12 点左右就散集了。冬天是两三点左右。

【集日的监督、取缔】

管理聚集去集市的人是谁？=应该是这里的警察。

以前没有警察的时候怎么办？=从昌黎县来的“弹压地面”。

弹压地面是指什么？=从县里来的当差的。来监察的。

例如做些什么呢？=打架（吵架）时或买卖不顺利进行、起冲突时做仲裁。

以前来这里卖东西的人一般是必须要取得谁的许可呢？=没有。随便来的也行（卖的东西不固定，下次的集市是否会来也不确定，因此没有许可之类的）。

不用往哪里递交什么也行吗？=可以。

这里的庄长不会向来这卖东西的人收取费用吗？=不会。在谁的土地上卖东西就向那个土地的地主交案子钱就行了。除这之外，乡长也不做这样的事。

【集日的由来】

为什么集市的日子定在逢一日、六日、二日、七日、三日、八日、四日、九日来开呢？=这我不清楚。三四辈子前的事我也不清楚。

你们有将东西拿去集市上卖吗？=我们没有。粮食有多余的人会拿去集市上卖。例如来客人时，将粮食卖出去以买菜。

卖过猪肉吗？=我们没有。

在这个地方，收割农作物前，没有将田地就那样卖出的吗？=在这里没有这样的事。

【物物交换】

来买东西的人没有用物物交换的吗？=没有这样的事。

芝麻和油呢？=有。根据价格进行交换。

豆腐和豆子呢？=没有。卖了然后再买。

合作社知道这样的事吗？=不知道。

【租佃—典地】

典地是怎么回事？=他不用土地，而自己没有土地的时候，自己将土地典当下来。自己耕种一年，给他一些典钱。这就叫典地。

不叫租地吗？=一样。

一般使用哪个多一些？=一般说典地（郑老典当了2亩地）。

典钱什么时候给？=先给。

约定时决定时间吗？=收割后就结束了。一年。

没有三年、五年的吗？=一年。以一年为单位。

立字据吗？=不立。

种什么农作物都行吗？=是的。自己决定。

给土地施肥或不施肥都是自己决定吗？=是的（这个地方土地质量差，不用肥料种不出作物）。

【当地】

当地是什么？=因为自己没钱，向别人当地，制定文书。中人一个，代笔一个。写完文书后就有了交付金。

【当地的期限】

当地的期限是几年？=没有规定（也没有规定好的）。

文书上不写上期限是几年吗？=刚开始谈的时候规定。然后以规定好的写入文书。

写上和不写上哪个多一些？=不写的多一些。

不写的时候，出钱的人能耕几年地呢？=没有规定（写上了也相同）。

那么，当地的人可以随意地将土地收回吗？=是的。

文书上规定了，也可以随意吗？ =是的。

那么，即使规定是 3 年，当地的人可以在一年的时候将地收回吗？ =可以。过了一年给钱的时候，将钱还回去就可以了。

还没到 3 年就说这样不行的事情有吧？ =这样的事有。给钱了就将它还回去。

【地价和地租】

现在这个地方地价是多少呢？ =土地五六十元。土质差的地 20 元左右。

有分上中下等吗？ =没有。说中等的话，就没有下等。

那个典钱是多少？ =上等土地 3 元多，下等 2 元左右（1 亩）。

侯家堡有分上中下等吗？ =一样的。

现在 50 元的土地，在事变前大概是多少钱呢？ =差不多一样（另外一个人说大概 30 多元）。

【当价】

现在 50 元的土地将它当出去能借多少钱呢？ =20 元到 25 元。

【无当地佃耕】

靠当地借钱的人，不会继续自己的耕种吗？ =没有这样的事。

【指地借钱】

你在有土地的情况下，有不靠当地获得钱的方法吗？ =有。指地借钱、出利息这样获得的钱很少。

哪个比较多呢？比例是多少呢？ =虽然这我不是很清楚，但是当地比较多一些。

指地借钱的利息有多少？ =（郑）月利 3 分，（侯）我老家都是年利。

5 月 29 日

应答者　刘子馨（保长）

（殷雯在泥井镇公所的 30 年间的清单中，4 月、5 月、6 月的从成泰祥那借了 1000 元，12 月时将这笔钱还回去了。）

【乡镇的金融方法】

成泰祥是什么？ =昌黎县城的布匹庄。

这家店会放账吗？ =听说也做那个。听说去年大乡公所从那家店借了一笔钱。

那家店不会给个人借款吗？ =那不会。

大乡借钱时，是采取什么样的借钱方法呢？ =需要介绍人。

怎么样的人能成为介绍人？ =有信用的人，双方都熟悉的人。

那个情况下，应该要立字据吧？ =写借据。

那个有保人或有保证吗？ =介绍人就成为保人。

另外不需要土地或者房子的担保吗？ =习惯上就是上面所说的那样，其他的就不是很清楚了。

利息大概是多少钱呢？ =应该是两三分。

那是月利还是年利？ =月利。商人都是每月计息。

5月27日

帮子（同乡关系） 农村交易 集市

应答者 齐镇长（60多岁，兼任大乡长，被赞见多识广）

【老畲儿帮—同乡伙伴】

镇长什么时候去过满洲？ =去年9月。最初是光绪年间去锦州府做买卖。民国十五年回来了。去年去满洲抚顺参观了。去年是4个镇长一起去的。是姜各庄镇长刘克泉，蛤泊庄镇长高岐政以及大蒲河镇长曹佐臣等四人。

最初去锦州做什么买卖？ =粮业。光绪二十七年。

最初开始就是自己做主人吗？ =不是。柜上（店长）下面掌柜的。

去那个地方，是因为人介绍吗？ =锦州宝兴当铺掌柜的是泥井人做的介绍。

从这儿去满洲的却是之前去的人介绍的吗？ =是的。无人介绍去不了。从泥井开始到满洲去得多的是哪些地方呢？ =新京、宽城子、奉天、吉林、锦州。在那之中，奉天去过最多。也去过黑龙江的哈尔滨。有精明人在的地方老摊儿就在。（老摊儿在哪儿都存在，就像精明的消息通也是这样）。

老摊儿是什么？ =老练踏实的人。

现在不说老摊儿帮了吧？ =帮子是指一起行动的人。

从泥井到满洲的有多少人呢？ =200多人。

那些人是泥井的帮子吗？ =是的。

帮子是指老家在同个地方的人呢，还是互相认识的人呢？ =不认识也行。同乡就是帮子。（或老摊儿帮）。

从昌黎去的人，在满洲即使不认识也会互相帮助吗？ =是的。一样的。例如没钱的时候，可以去拜托昌黎县的人。回家后还不还钱，都完全没关系。

那么在奉天和锦州没有同乡会吗？ =没有。但是，有像上东会馆、福建会馆、宁波会馆的。但是老摊儿没有会馆。（需要钱）

只有昌黎才说老摊儿吗？ =说的是昌黎、乐城、溶州三个县的人（上面说错了。字是老畲，正确的是老坦。临榆县的称为狗肉帮。老妇人们买来狗肉，狗肉卖出去的钱就成为老妇人们的钱了，因此称为狗肉帮）。

那么三个县的人去满洲有互相联络吗？ =没有。一个县内的相互联系。

一个县的人怎样取得联络呢？ =没什么特别的联络。只是互相介绍认识的关系。从一个乡来的人虽然认识，但和不认识的外乡的人一样。

昌黎帮的人主要进行什么买卖？ =在新京开杂货铺的很多。在奉天的也是同样（在临榆、抚宁的开钱行和量衣服的买卖很多)。昌黎的人做粮业的也很多。

乐亭帮又是怎样? =和昌黎大致相同。

满洲呢? =和上面说的相同。老奋也大致相同。

那样去工作的，是存到钱回来的人多，还是客死他乡的人多呢? =后者有，但很少。前者比较多。

回来后还有再做买卖的吗? =没有。有在关外做买卖的。

昌黎县去满洲做出一最好成绩的是谁? =秦庄的秦品阶和秦玉云这两人(一家子)。

这两人做什么的? =在锦州的天桥庄做代理店发财了。是从上海和烟台等地来的船停靠的船站。船店。

那些人现在还在那里吗? =是的。

大概有多少财产呢? =每个人应该有三四十万元。

你在锦州时和他们是什么关系? =一直就认识。没有什么其他关系(个人觉得)。

你的店和他们的店有关系吗? =没什么特别的关系。有商业上的关系。只是我这边在经营粮业，他们有需要时会过来买。那也是现金交易(我在锦州做买卖的时候，。有钱行的买主写兑条，然后带着去钱行。钱行就会把这个给卖主。大家都是这样)。

你应该也算去了满洲的成功人士了吧? =我自己不成功(民国十二三年亏损了2万元。因为家里有土地，就回家种田了。儿子也不希望我再去)。

【满洲务工和归乡】

应该也有山东人吧。=有。山东黄县的人很多。蓬莱的也很多。

(老奋是过了三年回家，待半年左右，生孩子。山东、山西人不一样。过五年再回家。然后一年后孩子出生后再回去。有这样的话:

昌栾乐钱8吊，山东山西大褥套。

本地人不用算，娶了媳妇就不干。

这话的意思是这个地方去奉天要8吊钱。山东、山西人用大的被褥将大量的钱和物品包起返回家乡。本地人也就是东北人不攒钱也行。娶妻后就不做买卖了)。

这个是老奋的一些语言。

山东人去哪里呢? =去安东、营口的很多。去奉天的也很多。

山西人是哪里的人来得多? =太原人多。另外的就不清楚了。

山东人做什么买卖? =钱业、当铺、杂货、代理店(局店)等等。

山西人做什么买卖? =做钱业的很多。当铺，铁器铺等等。

【粮食交易】

昌黎县的粮食在全县足够吗? =不够。只够全县的3/10。

那不够的部分从哪里来的呢? =关外。以前是从满洲那里来的，去年开始不行了便从山东那来的。

以前泥井的人是采取什么方法买粮食的? =开车去昌黎和安山那买粮食。

泥井有粮行或粮店吗? =没有。这里有集市时，农民会稍微卖一些。开车去昌黎县买粮食的话，会买两三斗左右。因为一斗十二三元买来的话，卖出去十四五元，有利益可拿。

那么，老百姓不管是谁都能做买卖吗？ = 是的。

这附近的老百姓没有将自己种的粮食拿去集市上卖的吗？ = 有是有，但很少。

【集市交易】

集市上卖粮食一般是用什么方法呢？ = 从家里将粮食装进袋子里，然后到卖粮食的地方并排放好。买主就会来。然后问价格。然后商讨价格，之后决定价格。买主用公斗子（量斗、过斗）量粮食（用官斗）

测量完粮食的重量后呢？ = 付钱。

【斗子】

那个过斗人什么也不收吗？ = 斗子的话，1元附带收1分5厘。

谁出这个呢？ = 买主。（实际上是买卖双方每人不得不出一半，但是只有买主出了。一开始商量好了的。）

实际上虽然商量了，但一般是买主付的吧？ = 是，已经是这样的习惯了。

以前有这样的习惯吗？ = 以前的话很便宜。两个子儿。测量了不需要损的粮食。

现在那些不收了吧？ = 现在大部分是不收缺损的了。（很少）。

粮食的买卖有经纪在吗？ = 没有。以前也没有。（牙伙、牙行也没有。牲口的买卖就有经纪在。）（斗子、秤子、牙行都是取得了衙门的允许的。）

【秤子】

秤子是干什么的？ = 过秤的时候，买鱼、柴草的时候用官秤。

除这以外卖肉这些的时候，也没有经纪和牙行类的在场吗？ = 没有。

这里的集市卖鱼的时候，会用秤子来读数卖鱼吗？ = 会的。有专门读数的人来。

那需要给多少钱呢？ = 很少。一回秤一二分。和价钱有关。

斗子、秤子要得到哪里的许可？ = 县里的。

【县帖、裕帖】

有拿到哪里的许可证吗？ = 有。“帖”（县帖。除这之外还有“裕帖”）。

裕帖是什么东西？ = 县城以上的许可证。

在什么时候需要这个？ = 县帖是一年一换。裕帖是60年一换。现在裕帖很少了。（因为需要更多钱所以年限更长。）

那么拿到县帖时需要多少钱？ = 二三十元。

不是根据斗子和秤子来决定的吗？ = 一样的。现在没有县帖的话，就会变成包商包办（变成斗子、秤子、牙行包商包办）。

5月30日

农民的生活和工作　经费和金融

应答者　侯定义（69岁，温厚的老百姓，回答诚实）

侯瑞和（39岁，乡丁，像是正直人）

主要是前者回答的

地　点　侯家堡公务处

（农村金融概况—村民的过日子，面对水旱灾害时的举措和借贷的办法）

【村民生活—土地关系】

村里的人一般靠什么生活？=有地的人种田，没地的人靠典地，或者地产少的人靠作工夫（短工）、瓦匠、木匠、泥水匠等来生活。

自己没有土地的人有多少呢？=6家。

主要是借地种田生活的人呢？=典地的人家有30多家。（上面说没地的人也包括在内，没地的人家当中，有4家没有典地。）

这个村平均下来，一户应该有多少亩地？=应该有二十五六亩吧。

【每户所需粮食和所需亩数】

一户平均有多少人？=总共是704人，117户，1户平均6人左右。

6个人的家庭，正常年份一年的话，不买粮食的话，大概需要多少亩地？=一个人6亩左右。这个是大人和小孩的平均。大人的不够。6个人大概需要36亩左右。

有30亩地以上的人家吗？=有五六十家。

这个村主要粮食是用什么？=高粱、苞米和白子。这个时候吃苞米都是带皮儿，其他主要是皮子。高粱米、白子米、小米等。

一般吃的最多的是什么？=稞米（高粱米），白子米，小米等。

大人的话需要多少高粱米？=应该是一个月1斗二三升。

白子米呢？=大人的话，一个月大概1斗。是将白子米或小米和别的东西混在一起吃呢？还是只吃那些？=不混在一起吃。只吃那些。

小孩子的话需要多少高粱米和白子米呢？=一个月。

高粱米4升（5岁）8升（10岁）和大人一样（15岁）

白子米3升（5岁）7升（10岁）和大人一样（15岁）

【饮食和季节】

现在这个时候这个村子一天吃几顿饭？吃早饭、午饭、晚饭吗？=3次。早饭，稞米；午饭也是稞米，晚饭是吃白子米或小米。

现在有不工作的时候吗？=现在正是忙工作的时候。白天长夜晚短也是三顿饭（白天短夜晚长时吃两顿饭。）

白天长夜晚短大概是几月到几月？=按节气分，从立冬到雨水的4个月间，就是每天吃两顿饭，从雨水到立冬的8个月，就是每天吃三顿饭。

吃两顿饭的时候是吃三顿饭的2/3，这样行吗？=吃两顿时吃得比较多，吃三顿时吃得比较少，平均下来也差不了太多。

【衣服的消耗和更新】

在这个村子里，像衣服、被子、褥子等的东西是每年都换呢，还是几年换一次？=今年换了新的衣服穿到破为止，穿破之后再换（被子的话，差不多用10年，小褂儿和褥子等的是一年，长衣是4年，马褂儿是2年左右）。

夏天不给很小的孩子穿衣服吗？＝有穿衣服的时候，也有不穿的时候。但是就算给穿了衣服，也会在淘气时立马撕破（费衣裳）。

【燃料】

燃料如果不买够生活吗？＝因为只靠谷物的秆不够，会去拾柴火。

去哪里拾什么呢？＝像豆根、高粱根之类的，冬天的话就捡大量的野草。

【耕种期间和季节】

种地的人下地，是从什么时候开始什么时候为止的？＝正月二十日开始下田到十月左右结束。

实际工作时间大概是多少？＝清明开始，立冬为止，大概7个月。

接下来有个谚语（二十四节气）（一个节气15天）

春雨蛰天清谷天

（立春、雨水、惊蛰、春分、清明、谷雨）

夏满芒夏二暑连

（立夏、小满、芒种、夏至、小暑、大暑）

秋暑露秋露霜降

（立秋、处暑、白露、秋分、寒露、霜降）

冬雪雪冬寒又寒

（立冬、小雪、大雪、冬至、小寒、大寒）

到什么节气，就决定干什么。（侯定义写的二十四节气的说明表）

1 立春阳气转　2 雨水沿河边　3 惊蛰乌鸦叫　4 春分地皮子　5 清明忙种麦　6 谷雨种大田

7 立夏鹅毛住　8 小满雀来全　9 芒种耕完地　10 夏至麦角子　11 小暑交六月　12 大暑在伏天

13 立秋忙打靛　14 处暑动刀镰　15 白露忙割地　16 秋分不生田　17 寒露不算冷　18 霜降变了天

19 立冬交十月　20 小雪地封严　21 大雪河查住　22 冬至天更寒　23 小寒年将近　24 大寒终过年

【冬季的工作】

立冬以后大致上是变闲了吗？＝没有变闲。雇了长工的人要决定是否要换长工。普通人则是换宅子（用高粱秆将房子周围的东西换掉）、拉土（填园、将猪圈的土翻新一遍）、喂牲口之类的工作。

那么即使是冬天也有工作要干？＝也就是说有这样的工作。雇伙计的家庭不用干上面所说的工作，没雇伙计的家庭就自己做。还有拾柴火和拾粪等。

长工的话，即使是冬天也要工作？＝是的。除那之外，还做推碾子（推白子米）。

除那之外，没有去别的地方工作的吗？＝没什么特别的。也做挖壕之类的（昨天刘保长去的那个地方，现在被临时去七星海的挖壕的工人占据了。听说在这个村子有30多人。

挖壕的工作是每年冬天来做吗？ =是的。每年都做。

为什么要挖壕？ =进入冬天后，道路变糟糕，人和车都往旱田地里通过，为了不让人走旱田，没办法只能挖壕，这样路就通了。

【水灾和作物】

地势低平的土地每年都会积水吗？ =是的，会。

那样的地方能种地吗？ =可以。积水就不行了。

那种地多还是少？ =本村很少

那这样的土地要种雨季来临前就能收获的农作物吗？ =大部分是麦子和小高粱。麦子要在降雨前就收割好。小高粱必须在囤积了一些水，水变多后才收割。

麦和高粱是每年在同样的地方种同样的东西吗？ =种的。两年可以，三年就不行了(听说地倒碴?)。

这个村里有水灾时会变成什么样？ =收获不了作物。

那个地势高的土地也不行吗？ =不是，只有地势低平的地方不行。

【水灾减少】

水灾是几年有一回呢？ =我自己 30 岁左右开始，每年都有水灾。这 10 多年来水灾变少了，相反的有旱灾。

旱灾的话，地势高的土地也不能幸免吧？ =是的。而且和以前相反的是地势低的地方反而受灾较少。从 40 岁以后，水灾变得少了，大概三四年一次。

水灾为什么变少了？ =因为从海里引水种田，没有多余的水来这里。

那应该是最近的事情吧。40 岁左右以后是指？ =上面所说的每三四年一次水灾的事情。40 岁以后雨水变少了。以前是持续下五六天的雨，现在大概下三四天。

有没有特别做为了不积水的排水设备？ =因为是从天上降下来的雨水，人们做的排水设施不管用。

【外出务工】

有只是冬天去满洲务工的人吗？ =还没出满洲国的时候有，现在没有了。只是冬天的时候去满洲务工，也存不了什么钱。因此一般去打短工或拾粪。

【物价】

现在的物价和事变前相比，变了多少呢？ =拿高粱为例，收割时很便宜，现在这个时候价格变得很高。大概一个月一回的行市。事变前是每斗七八元，现在是 9 元或 10 元。

布匹怎样呢？ =蓝布以前是 1 尺 40 钱 (4 年前)，现在是 80 钱。

棉花呢？ =这里的，自家种的很多。说到价格的话，以前是 1 元二三十钱 (12 两 1 斤)，现在是 3 元 1 斤 (棉是 1 个儿 12 两，1 斤是 16 两)

【赋税负担】

税金是多少呢？ =民国二十五年的时候，每亩三四十钱。现在下等地是 3 分 5 厘，中等地是 5 分，上等地是 15 分。以前是没有上中下等地之分。

民国二十五年的时候，除税金以外，1 亩地有没有摊款和其他的一些多少钱的费用呢？ =乡里的东西是 1 亩八九十钱。

现在那样的东西要多少钱呢？＝加上全部1亩4元左右（这个没有上中下等土地之分，大乡制度出来后就没有区别了。那之前是有上中下之分）。

【土地的上下和面积】

这个村上中下等地大概有多少？＝上等地有10顷多，中等地也差不多，下等地有十五六顷。全部加起来有30多顷。

有上等地的人大部分都是有钱人吧？＝不是，大家都有下等地。

【生活今昔和丰歉】

现在和事变前相比，哪个时候更难过一些？＝以这个村为例来说，民国二十五年以后生活变得很困难。我自己四五十岁的时候，即宣统、光绪年间和现在相比更快乐。

民国二十五年时和现在相比呢？＝一样。一直都不够吃（要说哪个更难过些的话，民国二十五年时更难过一些）。

那个时候很艰苦是因为有水灾吗？＝那个时候，水不足。北方因为是沙地，大部分农作物都死了。

【歉收时的方法】

像上面讲的那样，水不够或者太多，又或者收获不了农作物的时候采取什么方法呢？＝雇用了伙计的地方是，向朋友和亲戚借钱买粮食，我们这样的小农民的话，靠吃高粱做成的粉，加上树叶、草等东西和成的团子。最糟糕的人和穷人们只能靠要饭。（上面所说的团子是将树叶芽子，竹节草，车轱辘菜，水心菜，取家菜等混合而成）

【救恤】

那个时候，县署和商人们没有提供什么帮助吗？＝光绪二十一年，县城有放账。那之后就没有了。民国二十九年的时候，县署给了很多穷人一些苞米、小米、高粱之类的。最近就没有了。

光绪二十一年放账的要还回去吗？＝这个是给的小米，不用还回去（因为是救穷人，所以叫放账）。

【粮食充足与否和筹措方法】

村子里一般年份里食物数量足够的家庭有几家呢？＝不买粮食的家庭很少。6家，那也是收成好的年份。

那么剩下的人们是怎么补充粮食的？＝买粮食。

买粮食的钱是怎么来的？＝做年工，月工，工夫等，从做买卖的人那里借钱。或者又像今年那样饲养了牛，没食物的时候将牛卖掉然后买粮食。或者将衣服和一些其他的东西拿到昌黎县的当铺里典当而获取钱。没有实物也没有牛的人很多，非常苦恼，去求人，因为没有食物只能忍痛将土地卖掉，靠卖地钱买粮食。又或者自己家里有柜子，走投无路的时候，连那个也卖掉。那些东西也没有，也没有土地的时候，就拜托介绍人找找有没有要买宅地墙的人。

还有什么方法吗？＝有。如果锄头，锆或釭之类的有两把，就把其中一把卖掉再买半升米，能够1天生活。

不卖房子吗？＝只有一年情况不好时，不会卖掉。若连年生活恶劣，没有可以卖的东西时，这个也可以卖掉。但是房子是直到最后才会卖的。即使是要饭也需要晚上住的地方。

这个村好像有向别人借房子的人，这是怎么回事？ = 例如，别村的朋友来了说要在这里住下的时候，向房子多的人说因为朋友要来能不能借房子住一下（朋友的关系）。

有没有卖了自家房子然后借别人家房子的情况？ = 这也有。

那是没什么卖的东西了，只能将房子卖掉是吧？ = 是的。

【财产变卖等的金融顺序】

有土地、房子、家具、农具、牲口和粮食等的人，在需要用钱的时候是采取什么方法筹措的？ = 在这个村里：

1 有信用的人，开始和关系好的朋友借钱。还不够的时候，再从别的朋友那借。

2 如果还不够的话，实在走投无路的时候，把 3 个人叫到家里去，说这些借的钱都没法还，想将财产卖出去，决定计算好财产的价格，剩下的部分就给自己。

这样的情况将财产卖出去，为什么不一开始就将卖出去呢？ = 因为也没有粮食。

1 土地；2 牲口；3 一半房子。如果有器具，家具（桌子和其他）等就先于土地卖掉。

农具之类的呢？ = 卖一半左右，另一半必须要用所以留下来。

【去产还债—打扯还债】

这样叫朋友来家里，说要卖财产的事叫什么呢？ = “去产还债”。但是向 3 个朋友借了 1000 元，自己又没有别的什么财产，只有 400 元财产时，让 3 人拿去后就算是还了 1000 元，这叫作“打扯还债”（有 1000 元的话，持有剩下部分。）（1000 元的债，用 1000 元物品还，叫去产还债。）

没信用的人不可以去产还债吗？ = 有 2000 元财产的人有 1000 元借款时，故意不带足，说只有这点钱要求债主同意少还点，债主可不会同意。

没有信用的人，实际没财产也能办到吗？ = 是的。

【信用和金融】

说有信用，是靠什么来决定的呢？ = 如果说的话都是谎言，这样的人肯定没有信用。说的话都是实话，就说这样的人有信用。

说一些正直的话，但没有财产的人，是不是不说他没有信用呢？ = 说的话是正直的话，就说他是有信用的人。

即使是没有财产的人，不说谎话也能借钱吗？ = 头一回会借钱。如果没有还钱，下次就不会借了。

这样的人还钱或不还钱，是根据什么来确定的？ = 一般大家说的是正直的人就行，我认为他不会没有信用（然后，看他借了一回钱，如果还钱就是有信用）。或者在这个村里，什么事情都做得好就是有信用，不这样做的人就是没信用。

【信用和是否需要介绍人】

最初，那个人有信用或没信用，没有向很熟悉那个人的人那去问清楚吗？ = 是的。会去问那个人的朋友，如果说那个人是有信用的人当然是好的。但是作为朋友，即使是坏人也不会说出来。

那么借钱的时候，在两人之间，很多时候需要熟悉双方情况的人做介绍吧？＝小额借款不需要介绍人。只有重大时刻，借1000元、800元的时候才需要。

那么到多少为止是不需要介绍人呢？＝10元、20元左右。

借这些金额的钱时，即使是不熟悉的人也不需要介绍人吗？＝不怎么熟悉的就不借钱。

怎样的范围内是不需要介绍人就能借钱呢？＝有交情有信用才能的。（朋友有信用的）

即使是兄弟没有信用就不借钱吗？＝即使没有信用，真的需要用钱的时候会借。即使有信用，没有用途时就不借。

【需要中人的情况】

在有信用的情况下，不管金额有多少都不需要介绍人吗？＝不是。重大事情的时候是需要中人的。

在有信用的基础上，多少钱开始是需要中人的？＝借的钱变得大额时，自己就算不说，也会拜托人。期限和利息根据交情而不同。50元、100元等的不需要中人，根据情况决定要不要中人？

【粮食借贷】

村里有没有谁不够粮食了就借给他的情况呢？＝有。

这种情况是多还是少呢？＝有几家，但不是很清楚。秋天没有。春天，夏天，冬天都有。

借粮食的时候，从怎样的人那里借粮呢？＝在没有粮食时，老娘们向老娘们，因为是借所以要还。或者正月前没有粮食的人借粮食以作正月用。

借粮食的对方是从什么地方借呢？＝过年的时候借粮食的是穷人，如果同乡人谁都可以借。

谁都会愿意出借吗？＝是的。

但是先找兄弟借不够。借的话一般还是找兄弟或者近门借的吧？＝穷人的话，不到处找人借是不够的。

那么平常情况下，存粮稍不够时，是向兄弟借多些呢，还是向别人借情况我些？＝算上农作物的话，因为加上皮能返回的，借两三升的非常多。这是老娘们和老娘们之间的。如果是同乡，谁都可以。近门间没有限制，哪里的都行。

谷物的话，没有说一年是一年，以借了1个月或者2个月为期收利息的吗？＝没有这样的事。谷物不收利息。

比方说，有春天借、秋天还这样的事情吗？＝有的。不过，如果春天借了1斗，秋天还是1斗。

【借粮还钱】

春天借了谷物，没有到了秋天还钱这样的事吗？＝有。那个时候即使秋天谷物价格变低了，也按春天的价格归还。

现在这个村里有做这样的事情的人吗？＝别人的事情我不是很清楚，但是自己最近发生了这样的事。有人介绍能借粮食。借的时候稻米是1斗8元50钱。现在虽是14元，但

还是按 8 元 50 钱还回去的。(借的时候是腊月，还回去是在 3 月)

一般都是这么进行的吗? =自己借的是大家族中的人。我认为关系近的各门中大致都是这样借的吧。(侯定义)

【借钱还粮】

没有春天借钱，秋天还粮食这样的事情吗? =有。那是在收获后，一方想卖粮食，债主想买粮食的情况下，根据集市的方法来返还作物。

春天，没有规定到了秋天还 3 斗高粱米，20 元的话就借 20 元这样的事情吗? =没有这样的事情。(以谷物归还要根据市场的行情。)

【借款来源】

需要钱但身边没钱的时候，首先会去哪里借钱? 兄弟或者近门或者朋友那，或者其他的谁那都行吗? =亲戚有远近，朋友有厚薄，首先会去关系好的人那借钱。

需要凑齐 100 元或 200 元钱的时候，例如家人生病去世这样的时候，牲口死去后不得不买的时候，会去拜托谁呢? =例如埋葬等的时候，因为村里的人都知道，所以大家都会筹集钱来帮助你。或者不是这样，有 3 个好朋友的话，3 个都是同样的关系，去拜托谁都可以。亲戚和朋友一样，不管哪一种都要出利息借钱。不出利息的话，借不到钱。

哪一种拜托的多一些? =哪一种都有。老爷们的话，首先去兄弟那借钱，然后去亲戚和朋友那借钱，如果这些不行的话，往老娘们家的娘家借钱。

如果一家中是孩子当家的时候，没有从父亲，母亲或者嫂子那借钱的吗? =从哥哥，嫂子那借钱的很多。

需要钱的时候，是先从家中借钱还是从外面借钱呢? =那肯定是从家中借钱的多一些。

【利息、是否需要文书】

家中，比如说从嫂子那借钱，需要利息或者字据之类的吗? =短时间的话，两种都不需要。

短时间是指多久? =两三个月的话就不需要利息和文书。

那两三个月以上就需要利息和文书了吧? =因为刚开始当分不需要返还，出利息钱，决定好一年左右的时间。

那样的候需要立字据吧? =是的。

【有利、有字、有中人】

利息大概是多少呢? =比外面借的少。如果是 100 元的话，一年应该是 20 元。外面借的话，需要 30 元。

那样的立字据的时候需要中人吗? =立字据时有中人。

那样的话，向家中人借钱时应该是什么人变成中人呢? =例如借土地 2 亩，是指地借钱时，有拜托代笔人，朋友中的 1 人成为中人这样的风俗。中人是朋友或者邻居都行。代笔人不写字据之类的也行。

【同姓间的借贷】

在家中借钱，这样的风俗多吗? =多。这样的事情在哪个村里都多。在侯姓同志，刘姓同姓，王姓同志中这样的事情很多。

即使在相同姓氏中，也应该是近距离伙伴借钱借的多吧？ = 远近一样。

【中人和保人】

借钱时应该是要拜托介绍人吧。那样的人叫什么？ = 立字据时称为中人。（不立字据时是介绍人）

虽然有保人，什么时候需要呢？ = 雇月（雇月工），雇伙计（长工）的时候需要保人。

保人是做什么的？ = 生病时，不能走动的工人在保人家里住下，能走动的工人回家。或者雇伙计呀，给工人付工资的时候呀，工人不能工作又不热心的时候呀，或者没做啥工人就跑了这些保人都有责任。

那么雇伙计时，这样的事情要立字据吗？ = 不用。

那么借钱的时候没有保人吗？ = 没有。

那么中人是做什么的？ = 立字据时写名字，像指地借钱的时候，将来偷偷卖掉土地这样的事情，中人负有责任。（和保人相同。）

那么立字据时保人不写，中人来写吗？ = 是的（不立字据时，称为介绍人或保人）。

立字据时，不写中保人吗？ = 不是。只是中人写（写的东西写上代笔）。

中人的话，在借主不能还钱时要代替借主还钱吗？ = 根据刚开始写的字据来说。指地和指房、指墙等的时候，根据那些来决定。

指墙是以前有现在很少了。在以前，我自己因为对方没有还钱，将墙拆毁，拿来石头建了自己的墙。（侯定义）。因为指地不给利息的时候，是找死的行为。（侯瑞和）

【无担保情况下的中人】

那样什么都没有指的时候，中人做什么呢？ = 不能返还的时候，中人会去问怎么办才好，对方说因为没有钱不知怎办的时候，中人就会要求对方拿出土地卖，2 亩地的话，就拿出 2 亩地来从外面借钱归还，有这样的风俗在。

【拉饥荒】

既不是当地也不是指地的，借钱称为什么？ = 称为“拉了饥荒了”（饥荒是借钱的意思）。

这个立不立字据呢？ = 有立字据时也有不立字据的时候。有这样的说法：日子过衰败了，拉了饥荒了，所以穷了。

拉饥荒的时候，是怎样的时候立字据，什么时候不立字据呢？ = 拉饥荒后，不能还钱时，当家和兄弟之间商量，实在不能还钱，或者从哪里的几亩土地拿来指地，或者拿来当地，这样说的时候要立字据。

那么不说当地，不说指地，那之前不用立字据吗？ = 只是在拉饥荒的时候不用立字据。

【信用借款】

那么只靠信用能借钱或者说有没有信用借款这样的事情呢？那个时候也不立字据吗？ = 有这样的事。那个时候不立字据。（因为有信用）。

像没有现金，只有很多土地的朋友拜托成为中人，因为那个认识的人是有钱人，如果不能还钱的时候，没有朋友代替还钱，立字据，不当地和指地就借到钱的事吗？=非常多。

那样的称为什么？=维护朋友。

这个不是信用借款吗？=应该是。

但是一般这种情况下需要用称呼吗？=用的。外面的叫法就没有。

这样的时候，应该没有当地的必要了吧？=没有必要了。因为那个朋友有信用。

【立字的多少】

立字据和不立字据哪个多一些呢？=当然是立字据的多一些。（侯瑞和说，从没有钱有土地的朋友那借了土地，于是就指地借钱了，但是不多。）

在维护朋友的场合下，是村内的多一些呢还是从村外借的多一些呢？=哪个都有。不过当然是村内借的多一些。

【不履行时的代还】

现在的情况，借主不能还钱的时候，朋友会代替还钱吗？=是的。

这样的事情是有写字据的吧？=当然写了字据。

【成为中人的人】

这个村里有专门代笔的人吗？=有。会做代笔，有成为中人的人。

主要做这些事的人是谁呢？=侯元功，侯元罗，孔子明，董惠生，刘子馨（后者比较少）。

经常做中人的人有谁？=侯永正，孔子明经常做中人。侯荫堂，侯永和也做（瑞和说，侯定义也做这样事情。说到定义，自己比如说是买卖土地或者是跑腿学舌=传达别人的话，做中介=只是做这样的等等事情）。

【指地借钱】

指地借钱是什么东西？（以全体来说是指物借钱）=一年中，不管什么时候需要钱，都能指地借钱。比如埋葬，娶媳妇等的时候也能拿出钱。

那些手续是怎么办理呢？=比如说假设你拜托我，我到有钱人家里去，和他说某某需要钱想要向您借钱，某某现在手头没有钱，明日或者几日后再借也行，有钱人答应后就会说有立字据的必要。从有钱人的地方回来，和要借钱的人商量怎样写字据，如果有土地的话，就以土地为据，写指地借钱的字据。

补：那写字据后带去吗？在借全家写好，带去债主家。

那么写了那个字据后谁带着去吗？=中人带着去（1个人带着就可以。借主不去也可以）。

带着字据去之后做什么呢？=决定期限是2个月还是5个月或者是一年，只是那个的话就归还本利。

带着字据去之后，会兑换然后给钱吗？=是的。或者说是先给钱的情况也有（哪种都有，根据中人的办法。如果有信用的话，先给钱的也是有的）。

【指地借钱的期限、利息】

这个地方指地借钱的期限是多少的比较多呢？＝一年的比较多。

那个字据上会写期限是一年吗？＝会写。

是写一年但是不写秋后还呢？＝那个也有。贫穷人的话，借钱的话，借了少量钱写一年的比较多。不是贫穷人的时候，写秋后还的比较多。

指地借钱的利息是多少呢？＝现在是3分、4分。100元的话，一年40元的比较少，30元的比较多。年利的话，3分的比较多，但是月利的话，如果是3个月到4个月的话，4分比较多。从春天到秋天的时候是3分5厘到4分。

这个也应该一定写在字据上吧？＝是的，写上年利几分或者月利几分。

【利息的支付】

利息和本钱一起还，还是按月支付呢？＝年利的情况是期限一到，本利一起返还。月利的情况是3个月的话，规定到了3个月的时候，和本钱一起返还。

5月31日

农村金融概况　押（指地借钱）　当地　典地　信用借钱

应答者　刘子馨（保长，村里头号财主，见多识广的有声望的人）

【押】

使用押这样的词汇吗？＝使用这件事是使用，是什么意思呢？＝借钱的时候，说指地作押，指房作押（指的代替也说是以地。）但是这样的事情很少。

“押”这个字的意思到底是什么呢？＝单说这个字的话，例如说借了50元就决定押多少土地，这样的意思。抵押也说是抵押品的意思。

指地借钱是不说“押”吗？＝也有说“押的”时候。借了钱，那个人决定要押些什么或者说抵押。

【当】

那么拿着东西去当铺借钱这样的事情，是怎么说的呢？＝那个也说是抵押。或者说是“当”。

一般来说“当”是什么意思呢？＝活的意思。什么都拿去当的东西拿来换钱，然后自己又将东西取回。卖的东西是死的意思。

【典】

只说“典”，是什么意思呢？＝和“当”是一样的意思。

这个地区没有不一样的东西吗？＝一样的。

这个村呢？＝一样。

【当地和典地】

典地和当地应该是不一样的吧？＝不一样。典地是租地的意思，当地是当给人家里靠永久种地，拿不出钱就不给取赎。

当地的时候有抵押的意思在吗？ =是的。

那么这个村里借了钱把房子给债主住的情况就称为当房还是称为典房呢？ =不一样的。永久住的情况是当房，一年一年住的叫作典房或者是租房。

一年一年给钱还是借房的是典房还是租房呢？ =那个叫作租房。

称为租房的情况多呢？还是也叫作典房的多呢？ =说是租房的比较多。

【指地借钱】

指地借钱是指什么东西呢？ =借钱的时候，因为没什么信用立字据的时候写上土地，以地作为信用，写上期限，到了期限归还不了本金和利息的时候，债主就可以耕种那块土地。

那个是一定要立字据吗？ =指地的时候必须立字据。

没有不立字据，只靠土地的老契交付的指地借钱吗？ =那称为“以老契作押”。这个有很多。

那个不是指地借钱吗？ =这个当然是指地作押。

那么这种情况下不还钱的时候，债主也可以在土地上耕种吗？ =是的。那种情况下，只是没有归还利息的话就不能耕种。

那么之前立字据的情况下，只是付了利息的话也不行吗？ =一样的。只是不付利息的话就不能耕种。

【信用借钱】

不交付老契或者别的什么的就能借钱的吗？ =有。很多。

那个称为什么呢？ =信用借钱（口头信用）。中间有介绍人在。

【当契】

没有立字据也没有交付老契，没有这样的指地借钱吗？ =那个时候写当契。那个不写的话将来就没有凭证了。

写当契是刚开始借钱的时候写呢还是不能返还的时候写呢？ =当然是刚开始就写的情况多一些（也有之后不能返还的时候，写上本利一起归还的当契）。

刚开始写当契的时候，那个日期是写使钱的日期吗？ =是的。那一天。

（当契的例子 = 子馨笔）

立当地契文约人〇〇〇现因乏手将自己坐落某处白地一段计地若干亩计垄若干条其地东西至南北宽东至某道西至某姓南至某姓北至某姓四至分明央中说合情愿当与某某名下耕种言明当价若干其钱笔下交足并不短少钱到许赎地归本主恐口无凭立此当契为证

每年包纳钱粮钱若干

（该地三年后许赎）

〇〇〇

中人 〇〇〇 并书

〇〇〇

民国　年　月　日　　　　○○○　立
某年某月某日撩钱若干中证人　　　　○○○
（刘和的当契）

立当契文约人侯耀中因有正用将自己大坑白地一段计地三亩计垄十八条其地东西长南北宽东西至道南至李姓北至刘姓西至分明有中说允情愿当与郭正升名下耕种言明当三年外徐赎恐口无凭立字存照

言明当价三十五元正其钱笔下交足并不欠少

每年包纳钱粮耗

中人　侯韩氏
中人　侯瑞文

中华民国二十九年腊月廿日[1]
（指地借钱契的例子）

立指地借钱文约人○○○今因无钱使用指某地座落某处白地一段计地○亩计垄○条其地东西长南北濶东至○西至○南至○北至○四至分明。指该地借到○○○名下国币若干元，其国币笔下交清并不短少言明由立契日至某年某月某日止月利（或年利）若干届期本利清还。倘至期不交该地归债主耕当自便恐口无凭立契为证[2]

中人　○○○书
○○○

民国　年　月　日　　　　○○○立

【当契和期限】

当契上不写上期限吗？ =不写。

当地的话，如果是3年没有写上3年的吗？ =有的。

不写期限的多吗？ =多。

写的情况下几年的比较多？ =一般是3年或者5年。那之中，5年的比较多。

日附是必须是立字据时的日附吗？ =是的。

假设即使写了5年，没有带钱去还，也是可以耕种吗？ =是的。

【当和白地】

白地是什么样的土地呢？ =没播任何种的土地。

那么夏天当地的时候，不说白地吗？ =那个时候也说白地。像种呀，肥料钱呀，如果债主赔偿的话就叫白地。

旱田里也有农作物，耕种也已经耕种过的地，直接做当地的时候怎么办呢？ =那个时

---

〔1〕 译者注：此处为民间契约，保持原文文字结构。

〔2〕 同上。

候也叫白地。是夏天的话，到了秋天将农作物收割后就递交土地。

那么像当地呀指地呀决定抵押的时候，是以白地抵押出去的吗？ =是的。

【包纳钱粮】

当地的话，有将钱粮包纳进去的吗？ =当地因为是活的，钱粮就纳入借主的名下了。于是钱就由债主出。

债主是出所有钱粮吗？ =是的，全部。

除钱粮以外，大乡费用和摊款呢？ =那个是全部种地的东西，也就是债主。

【中人】

当地的时候，中人要几个人？ =一人或两人。多的话是三人。

指地借钱的情况下中人有几个？ =一样，多的话是三人。当保。

不用中保人这样的名义吗？ =中人也就是保人。

【指地借钱的中人和代还】

指地借钱的中人要做什么？ =也就是证明人。

那么不付钱的时候也不会代替还钱吗？ =不做。指地的土地交还给债主就行了。

不还钱的时候反而将那个土地卖给别的人呢？ =债主可以起诉借主。

那种的时候，中人没有责任吗？ =说有也有，但他只起证明作用。

不代替还钱也行吗？ =看是否有土地。因为土地就是信用。

当地的时候中人是什么呢？ =还是证明人。

【信用借钱和承还保人】

信用借钱的时候，中介的人称为什么？ =那个是承还保人。

那个人是可以成为介绍人吗？ =那样的事情也有。但是说介绍人是谁，和介绍借钱的人不是一样的。只是帮忙介绍的是介绍人，自己直接和借主谈话和说想借钱的谁谈，向朋友的谁拜托成为承还保人。借钱的情况下是承还保人。

一般，是介绍人的话不能成为承还保人吧？ =不成为。

【有无立字】

有承还保人的情况下还立字据吗？ =也有不立字据的时候。立字据的时候，写借据。但是乡下的话不立字据的情况多一些。

一般，信用借钱的时候，还需要承还保人吗？ =有需要的时候，如果很有信用的话就不需要承还保人。

需要承还保人的多，还是不需要的那种多呢？ =需要承还保人的情况多一些。（保人即承还保人。）

能不能告诉我信用借钱的字据的样式？ =因为没有写过不清楚。

下面是最简单的东西：

今借〇〇〇国币若干元言定一月交还倘届不交有保人一面承管此〇〇〇

立字人 〇〇〇

不写利息吗？ =有写的时候，也有不写的时候。

【期限、利息】

信用借钱的时候期限一般大概是多久？ =很短。一般是一两个月。或者到3个月左右。

利息是多少钱呢？ =3分。(2分的很多。没有4分的。)。

有比一个月短的吗？ =有。半个月。最短的情况。

那个时候大概是多少钱呢？ =不一定。

信用借钱发生在什么样的人中呢？ =有信用的人中，关系好的朋友之间很多。

【信用借款的比例、债主】

一般这一带农村中，需要钱的时候，虽有像上面所示的种种方法在，但是哪个是用的最多的呢？ =信用借款很多。

这个村里的话，信用借款是村内借款的多吗？ =从村外借钱的多。

说从村外借钱的很多，比如说从什么地方借钱呢？ =没有规定。每个人从自己的亲戚呀朋友那借钱。

像泥井镇呀，没有从县城的商人那借钱的吗？ =有。

那是多还是少呢？ =应该很少。

【不履行时的处置】

信用借款不还钱时，没有将土地指地或者当地之后立字据的吗？ =有。那是好人。(不是坏人。)

那样是多还是少呢？ =少。(信用借款大部分会还。)

实际上不能返还的时候要怎么办呢？ =除了慢慢催促还钱就没有别的办法了。

除此之外没有别的办法了吗？ =将来会变得没信用。如果金额很多的话可以起诉。

起诉时以什么为证据呢？ =这种时候，村里肯定有知道这件事情的人。拜托那些人来当证人。

如果没有那样的人该怎么办？ =只有2个人知道的时候，就没有办法了。慢慢地请求，在那期间，请互相的朋友仲裁。

【指地借钱和当地】

指地借钱和当地哪个多一些？ =差不多。

从面子上说，一般人对这两个哪个更喜欢些？ =指地借钱的情况下，出利息但是土地可以自己耕种，当地的话虽然只出本钱，但是土地由债主耕种。因此指地借钱的人多一些。

【各种金融办法比较】

按照保全面子排序的话，信用借钱，指地借钱，当地，卖地这四个的顺序是？ =哪一种的意思都不一样。根据境遇来说不一样。信用借款是在需要一些钱，在短时间内借到后就必须返还的情况下使用；指地借款，是在实在需要钱，但是近期内没法归还，于是出利息，两年到三年后归还这种时候使用；也是自己很想利用土地耕种的时候。当地是发生在借款有利息但又可能将来不能归还的时候，于是就当地，因为当地后只要能出本钱就能把地拿回来。或者刚开始出500元的土地，只借200元，是三年的话，到了三年，可以嫌便宜说再借100元就叫“撩钱”。都能办得到（这个要写字据）。如果地价上升的话来年又能出撩钱（那个时候这个也写上）。

因为土地很多但人手不够，又不缺钱，有没有将地当出去，让别人来耕种这样的事情吗？ =虽然有，但是那个是典地。不是当地（当地的时候是，那个会变成债主的产权）。

【当地和产权】

但是那个土地是活的，不算成是当出的人的产权吗？ =实际上虽是自己的东西，但管理人是别人。

产权是什么意思？ =自己的土地是自己的产权，当给别人后，就成为别人的产权了。

那么耕种那块土地就有产权吗？ =不是。说是谁的土地时，就是谁的产权。

那么当地之后，也就相应地没了产权吗？ =是的。将来收回后，又变成自己的产权了。

比如说出典一年，让的人来耕种的时候，那一年产权就变成对方的了吗？ =不是的。对方没有产权。

为什么呢？ =这个只是借线给对方，并未交付产权。而且，那块土地还可以从别人那指地借钱（当地的情况下不行）。

【出租地的指地借钱】

那么一面出典（租），另外又向别人当这地地，可以吗？ =不能当。如果是指地的话可以。因为当地之后，就必须耕种了。

【典（当）租佃】

当地之后，有又从对方那里借来耕种的吗？ =有。很多。

那个叫作什么？ =还是当地。也称为租地。出租子。那个时候因为对方信任，所以在田地里收获东西也可纳入租子。因此比起出利息更稳当。

那个是说卖马不离槽吗？ =不那样说。这种情况下，租粮比利息便宜。

这个经常这么做的吗？ =不怎么多。

那个时候除当契外还要立什么字据吗？ =什么都不立。口头说。

【现租、清明租、秋后租】

那种租粮的情况下收纳多少？ =有现租，清明租，秋后租的区别。

现租是什么？ =今年种地，秋后收割，来年决定租地，就递交钱。这叫先给钱后种地。

清明租是什么？ =今年种地，来年又想要种地时，决定好那个后，过了清明节后给钱。

秋后租是什么？ =今年种地，收割后给钱。后给钱。

当地之后又租地的时候，这三个哪个多一些？ =差不多。

以上的情况，虽然当契和普通的情况一样，但是书写上有无不同？ =一样。什么都不写，租地的事情在口头说就可以。

【指地借钱和老契】

指地借钱立契约的时候，附加老契还是不附加老契呢？ =那种时候不用老契。

不立字据的时候，要递交老契吗？ =有那个情况。叫抵押。

指地借钱时，如未立指地字据，来年返还的时候，会要在当契里附加上来年期限的日期吗？ =没有那样的情况。

那么上述时候，日期必须是立字据那天吗？ =是的。

【指地借钱无法偿还时的处置】

一般的指地借钱，债主是什么时候耕种的呢？ =大致上付不上利息的时候。

还有不能还利息的时候吗？ =只有借据不能返还（土地不能耕种）。

那么单单只付利息就不耕地吗？ =是的。

那么只要能付了利息3年或5年都不耕地吗？ =是的。

有这样的实例吗？ =有的。不怎么多。

到了期限未能归还本利的时候，债主可以什么也不说，就耕种吗？ =首先会催促，实际上不能归还时就种地。

这样的时候，谁来做这种交涉？是债主自己做吗？ =那个时候会喊来中人相互商量，说好了的时候就延期。

延期的时候，应该不用付利息吗？ =第一回的话可以，第二回就不行。

那样的话，债主种地后，借主要怎样做才能拿回土地？ =带上本金和利息去就行了。

即使5年或者10年过去后带上本息去就行吗？ =是的。

【改典（当）】

如果不能付本利的时候，有没有改成立当契字据的事情吗？ =有。例如土地是500元，借200元，当利息积到60元的时候，再借140元，然后写当契。

这样的事情多还是少呢？ =有，时常有。

虽没立当契，但由于本利返还不了，债主要耕种土地，那也就是当了吧？ =是的，还是叫当了。只要没付钱，就称为“当”了。

那么立没立新当契都是“当”了吗？ =是的。

借主不能归还本利的时候，债主又不想要土地，不说把钱还来吗？ =那个时候只有延期的办法了。

【卖地还债的要求和种地】

那个时候，会说把你的土地卖掉还钱的话吗？ =会这么说。

那个时候，借主能说“我不想土地卖掉，你可以种我那块地”的话吗？ =真这样说了之后，就也没有办法，只能去种地了。因为写了字据的，没有办法。那块土地是被借用。

【打利延期】

比如说第一回时打利延期后，第二回只带着利息来的时候，会不会说也想要请你归还本金，只有利息的话不行这样的话呢？ =那样的话不说。

【耕种的意思】

因为不能归还本利所以耕种，这里的耕种是为了什么耕种呢？ =因为不能还钱的原因。

耕种的话，意味着补偿本利吗？ =是不能返还本利的补偿。

开始耕种的时候，不写一些和那相关的字据吗？ =什么都不写。

【土地交付和文书】

不写“钱无利息，地无租价”这样的字句吗？ =之后不写。只写利息。然后归还本利后就送还（土地）。也有这样的事情。3 分利的时候，以一年为期，写上一年后还 130 元，只收 100 元的时候。

【重押】

有先和别人指地借钱，又把土地给其他人指地借钱的例子吗？ =那样不允许。没有这种例子。

【指地和第三方的出当】

从一方那指地借钱，将那块土地当给别人，有这样的事情吗？ =有的。那个时候刚开始的指地借钱就不得不付钱了。

【债权担保】

有以抵押当契作为担保来借钱这样的事情吗？ =有，但很少。比如说以 100 元当出的时候，借 50 元进来。

有靠指地借钱的字据作为抵押来借钱这样的事情吗？ =不行。

【转当】

承当以后但又转而当给别人这样的事情吗？ =可以有。是转当。

【指地的当地等的经过及倾向】

指地借钱的时候，还本利，和不能返还本利，让债主耕种，这两种情况当中哪种比较多呢？ =还钱的比较多。

以前也是这样吗？ =是的。

当地然后将土地赎回和不能赎回，这两种哪种比较多？ =当然是赎回的比较多。

【因金融卖地的倾向】

借了钱后，不能返还钱时，将土地卖掉，这样的事情是多还是少呢？ =不少。

卖土地的情况，刚开始是指地借钱，或者当地之后没有办法而将土地卖掉，和因为需要钱一开始就将土地卖掉，哪种比较多一些？ =后者比较多。

【指地、当地、卖地的数量】

这个村子里一年卖土地的大概有多少次呢？ =10 多次。

一年内像当地呀、指地借钱呀，大概有多少次呢？ =指地借钱大概有五六家，当地的有两三家。(物价每年都在上升，今年以 20 元当出来年可能变成 50 元，会有损失，所以少。物价差不多。卖地因为很清晰明了，所以卖地的多一些。)

【地价】

和以前比起来，现在土地的价格是多少（1 亩）？

现在上地	八九十元	中地五六十元	下地 5—15 元
民国二十五年左右	三四十元	20 元以内	1—10 元
民国十八年左右	20 元以内	12 元以内	1—5 元

【当价、撩价】

当地的时候，以土地的多少价格借出去呢？ =半数。

100 元的话不能以 60 元当出吗？ =应该是 50 元。

那个时候之后不能到 60 元才撩价吗？ =少量的也可以。应该是 1 亩 10 元以内（上地和下地不一样。）

【指地的情况】

指地借钱的时候，以地价的多少借来呢？ =现在上地是 30 元，因为还有利息（3 分），大概变成一半左右。因此贷的话是 4 成左右。

【地租的比例】

和以前比起来，租子大概是多少（1 亩）？ =

现在上地	7 元	中地 5 元	下地　3 元
民国二十五年	5 元	4 元左右	1—2 元
民国十八年	3 元	2 元	1 元以内

6月1日

婚丧费　借钱的原因和方法　利息　指地　当地　先卖权

应答者　侯定义（前出）

地　点　侯家堡

【结婚费用和阶级差别】

这个村子里，儿子娶媳妇大概花多少钱呢？分成上、中、下的话？ =上等户的话因为朋友、亲戚都很多，不得不准备很多吃食，要花掉很多多余的钱。订婚可以不需要花钱，娶媳妇的时候要花很多。比如准备了 200 张桌子，就要花 1000 元左右。

实际上农村中有准备 100 张桌子的吗？ =有。

这样的人有多少土地呢？ =不是根据有多少土地来决定的。是根据人格。朋友、亲戚多的话，要招待的人就很多。

这个村里有这样的例子吗？ =有。保长家里就是。

在这个村里，上等户大概花多少钱呢？ =上面所说的二三百元是少的，大概花七八百元。

那么大儿子和二儿子没有区别吗？ =不一样。大儿子的时候会请相当多的人，二儿子的时候少一些，只请亲戚，不叫朋友来。

中等户的话花多少钱呢？ =普通家庭里，比如我自己家，长子的时候是花了五六百元（次子的时候和上面所说的一样少一些，200 元左右就可以了。）

下等户是花多少呢？ =下等户的话没有规定。10 元、20 元也行，30 元、50 元也行。

这个村里的话，上等户有几家？中等户和下等户有几家？ =上等户的话是两三家，中等户很多，大概有七八十家；下等户的话大概有 30 多家。

【丧葬费用和不同家庭、阶级的差别】

接下来是白事的时候，上等人家大概需要花多少呢？主人和孩子应该不一样吧？主人去世的时候呢？ =上、中、下等人家当然不同。老人去世的时候是红事的双倍。红事的时候花 1000 元的时候，白事要花 2000 元。

那个是不管父亲还是母亲都是一样吗？ =是的。

嫂子呢？ =和老人比，哥哥，嫂子的大概是一半。

比起父母，要是长子先去世的时候呢？ =这个时候不花这么多。花太多反而会被嘲笑。应该是五六百元左右。

还没嫁就去世的女儿呢？ =只是买棺材埋了，什么都不做。

长到 15 岁或者 20 岁的时候呢？ =像上面说的，大概就在那个年纪的时候。

不限男女，10 岁以下的孩子去世了的话？ =做一个薄板拼成的箱子，将他放进去，那日就埋葬。什么都不做。

那样不花钱的时候，没有让和尚来念经超度一下吗？ =有。但是这里没有。只会喊来吹手来吹奏而已。老人去世的时候还做纸钱。这是为了老人的名誉会做大量的纸钱，很耗时间。于是，到开大吊（终于到了丧礼仪式）为止，棺材会放在家里 3 个月、5 个月，甚至一年。

比如说有 200 亩地或者 300 亩地的人，不会在老人家（上了年纪的人们）去世的时候卖掉 100 亩地或者一半土地来办丧礼以示孝顺吗？ =这个也有这样的事情存在。但是那家人一定是去过满洲，因为有钱，不用卖土地之类的，也可以办出很气派的丧礼。但是没有去过满洲的人，不把丧礼办得隆重气派的话，会遭人嘲笑，没有办法只能将财产的一半或者三分之一卖出去，以办气派的丧礼。

例如大概有 50 亩地的人，也没有去过满洲，老人家去世的时候怎么办？ =有人格的人的话，在 50 亩地中卖掉 30 亩地来办丧礼。因为财产是父母的东西。

父母去世的时候，没有办气派的丧礼就会被说是没有人格的人吗？ =会被笑。每天去学校的人，不这么做的话，会被笑。老百姓的话，每天在田里种田，没有别的什么副收入，不办特别气派的葬礼也不会被笑。

这个村子周边中等人家家里老人去世时，大概要花多少钱呢？ =根据那个人家里情况，生活状况而定。小中等人家大概是二三百元，大中等人家的话应该是五六百元左右。

【婚葬的差别】

那么中等人家娶媳妇和老人的葬礼是不一样的吧？ =是的。娶媳妇的时候，拿着钱没有什么损失。从亲戚那朋友那收到各种各样的东西，他们会拿着拜钱来。而白事的时候，不会拿这些东西来所以亏损了。

拜钱是大概花出去钱的一半呢，还是多少左右呢？ =那没有一定的。花了 600 元的时候，带着指环等东西来的话大概有 200 元。除此之外，还有礼钱三四百元。还有带来“帐子”（祝福的字和礼的挂轴）。

【出嫁的情况】

接下来的是出嫁时的情况，那是怎样呢？ = 那够呛，大的小的都没有。

上等人家的话，大体上花多少钱呢？ = 座钟，挂表，器皿，大小箱，大小柜，衣服，被褥，桌子，镜子，花瓶，手镏子，耳环儿，褥单子等等，包含所有东西应该要花二三千元。

这个村里中等人家呢？ = 普通的300元左右，下等人家花100元或者80元左右。

【婚丧费用的筹集】

出不起这些钱的人家怎么办？ = 没有的话就不花。有的话就出那么多。

出嫁的时候，除那些东西外，不用别的现金或者土地吗？ = 这里的话没有。

娶媳、送姑娘、葬礼等等要花的钱，是怎么筹集的呢？ = 因为那个时候拿肯定拿不出钱来，因此娶媳，出嫁的时候，会在大概一年前就开始准备。

准备的意思就是存钱放着是吗？ = 是的，存钱。实际上是钱不够的时候向别人先借。

葬礼的时候应该没有办法准备吧，那怎么办呢？ = 去过满洲的人有，即使将财产卖出也要把钱拿到。不这样做的老百姓，因为没有办法，能卖的东西都拿去卖。比如说有2头牲口，会卖掉一头。有10只猪的话卖掉5只，有这样的风俗。然后朋友向来人（斡旋人）拜托邀请而来，说因为这些没有钱想要把土地卖掉，去产（变卖财产）得钱。

【根据阶级借钱和卖地】

那样的时候，卖土地的和不卖土地先借钱的，哪种比较多？ = 家里如果稍微有点钱，就不会卖地先借钱，家里一分钱都没有的，卖地的比较多。

那么，中等和下等人家比较，那样的时候哪种卖地的比较多呢？ = 中等人家比较多。

为什么中等人家卖地的比较多？ = 中等人家是“比上不足比下有余”，不想要花多余的钱，因为没有相当的东西会被笑，会卖掉土地。下等人家的话都是贫困人，出拉饥荒，不用花太多钱，也不会被笑，就不卖土地。如果卖掉土地的话就没办法生活了。

【卖地的原因】

这个村子里有土地买卖的时候，卖主是因为什么原因卖掉土地的比较多一些呢？ = 大部分人是收入很少，也没有去过满洲，大乡的费用又很多，收割的粮食还不够吃，能卖的东西也没有，今年借钱的话明年还是要借一些钱，因为那些积累起来不能还钱，没有办法只能将土地卖掉，这样的原因是很多的。

【借钱户数的比例】

这个村里整体的话，有借钱的人家和没借钱的人家那个比较多？ = 应该是没有借钱，拉饥荒的人家多。

大概有几家？ = 虽然去过满洲的人家借钱后立马就还了，不算那样的人只是老百姓的家庭的话，因为不能返还钱，有一半以上。有六七十家。

【借钱的原因】

有那样借钱的人家为了什么借钱，借的钱多吗？ = 大致上是吃、穿、探亲、礼往，大乡公所的差钱等等（食，衣，和亲戚的交往，红白事等的来往，摊款等）。

那之中，那个是比较多的？ = 探亲、礼往（又说来往），大乡的差钱比较多。

【借钱的方法和顺序】

借钱的时候用什么方法借钱比较多呢？ ＝刚开始的时候，不管什么时候都卖粮食。接下来就是相互间有信用的伙伴间，每次借 10 元左右。从几个人那借来五六十元。这是没有利息的钱。那些还不了的时候就不行了，这次去拜托亲戚或朋友，说需要这种那种的钱，问问有没有能贷钱的人。

那之后还有怎样的方法呢？ ＝这次是出利息了。有信用的话不用立字据也行。介绍人也会提供信用，不立字据。没有信用的时候，立字据指地借钱得到钱（委托代笔人写，拜托中人，写上要多少利息）。

【担保附上金融方法的倾向】

和老契一起递交吗？ ＝那个不用交付。

没有指地借钱以外的方法？ ＝这要是能在短时间内还钱的时候，短时间内不能还钱交付的时候就当地。

指地借钱和当地哪个多一些？ ＝小饥荒的时候，是指地借钱多一些，大饥荒的时候，是当地多一些。

有信用的人，借钱不能还钱的时候指地借钱还回去，和当地后然后还回去，哪种多一些？ ＝同样还是饥荒少的时候指地借钱，多饥荒的时候是当地多一些。

那么，没有大概到多少元为止是指地借钱，多少元以上是当地的吗？ ＝好像是 80 元或者 100 元的时候是指地借钱，200 元、300 元的时候是当地，300 元到 500 元的时候，卖地后再还钱的比较多。

【指地借钱时无法偿还的情况和当】

指地借钱后，不能还钱后会变成怎么样？ ＝利钱打不上的时候，债主就可以在那块土地上耕种。

那之后 5 年、10 年后也没有还钱就变成债主的财产了吗？ ＝不是。将来有钱了，还上本金和利息，就可以将土地取回。

那么，过了 30 年后或者 50 年后，还上钱之后也能将土地取回吗？ ＝是的。

那么当地也是一样吗？ ＝是的，和当地一样。

不能返还钱的时候，也没有写当契，没有写的东西吗？ ＝别的不写。写上“本利不变，地归债主耕种”，产业并不是就归为债主了。

【无法偿还时的经过】

指地借钱不能返还本利的时候，没有债主说要写当契这样的事情吗？ ＝那不用说。第一年的期限里，不能归还本利就延期。第 2 年还不能归还的时候，就不能延期了，债主可以耕种了。

第一年期限到时即使不能付利息，本主还有一年可以耕种吗？ ＝是的。

指地借钱是不能返还钱的时候，债主耕种和一两年返还的，哪种多一些？ ＝当然是返还的多一些。

那之中，是一两年中就返还钱的多一些，还是过了数年后才返还的多一些呢？ ＝借了 100 元，150 元土地的情况下，3 分利的话过了 2 年就是 160 元，将土地递交的情况比较多。

【指地的地价和借款额度】

那么指地借钱，100元的土地多少钱可以借？＝到一半左右为止。100元的话到50元为止。

一般100元的土地，100元贷出和就那样不贷40元的情况，哪种比较多？＝哪种来说都应该是50元贷出吧。如果是3分利的话，过了5年，本利平下来不害怕。（不会损失。然后不能返还的话，可以递交土地，没有损失。）

【利息的倾向】

这里的话，借钱的情况，年利和月利，哪种多一些？＝借了钱立马就能还的时候月利比较多，不能立刻还的时候，年利比较多。

如果是月利的话，几分是比较多的？年利的话，几分是比较多的？＝月利的话，3分很多。年利也是3分的比较多。但是债主是有钱人的时候，不会出很高的利，年利是3分。

没有月利是3分的吗？＝没有。最近比较高，3分都是很便宜的了。

没有听说月利是4分，年利也是4分的吗？＝村里的话，3分的比较多。因为村子里没什么钱，从商人那借1个月到2个月的钱，是4分利。

和以前比较，现在的利息是变高了还是变低了？＝比以前高了。

民国以前是怎样呢？＝月利和年利都是2分。

民国十年左右呢？＝民国以来3分的就比较多了。

【利息的计算】

计算月利的时候，这个月5日借的，下个月10日返还，是怎样做呢？＝有钱人给贫困人贷款时，超过几日也没有关系，可以（超过）一个月左右。做放钱买卖的人，超过一天就要多计一天的利息。

【复利】

像月利呀年利呀，将利息放入本金再计利息，有这样的事情吗？＝有，但很少。以息计息，这样的事情很少。

那样的事情一般是发生在什么场合呢？＝这个村里没有。庄稼人和生意人也没有。但是，10个人借钱的时候，差不多有1个人是借的这种。

【贷钱的商店和方法】

有做放钱买卖的人吗？＝没有专门靠计利息生活的人。

这个村里没有，外面也没有吗？＝泥井的福兴成（果子屋）会向很多人贷钱。

这个村里也有在那里借钱的人吗？＝有。有一两家。

在福兴成贷钱时，是用什么方法借钱呢？＝认识的人呀，亲戚呀，朋友呀，有信用的人呀，不用带什么东西去也能借到钱。不脸熟的人，即使带上老契也不行。

在那里借钱要立字据吗？＝不立。

大概取多少利息呢？＝3分到4分。哪种都差不多多。

那个时候有承还保人吗？＝没有。中人和介绍人也没有。

那么，没钱返还的时候怎么办？＝借主自己去说，因为不能还钱，或者将土地当掉，或者抵押都行。

【不立字的借贷经过】

借主那一方，说不记得了，不返还钱时怎么办？ =没有那样的事。债主那一方在账簿上写了。

那么，在写那个账簿的时候，应该会让借主看吧？ =不让看。只写了何年何月何日，谁借了多少钱，利息是多少。

那么，没有债主那一方贷了100元，写上贷了120元这样的事情吗？ =没有这么愚蠢的事。

那么，有没有立借了100元，六个月或者秋后还150元的字据后，借钱的事情？ =没有这样的事。刚开始不那样做。利息是期限到期后再计算。

比如，从福兴成那借了钱然后去了满洲，也没音信，不知道去了哪里的时候，怎么办？ =也没有家人在，这样的事情有是有，但是很少。

有这样的实例吗？ =我自己经历的是没有这样的事情。我知道的，拜托介绍人借钱后去了满洲，工作了存了钱再返还，或者说去满洲前先去介绍人那去。

我不懂你说的上面的例子，应该是说那个时候，福兴成怎么办？ =在有音信前等待。没来信的话，就没法子了。

比如说过了三十年回来了，应该怎么办呢？ =有钱的话拿着本利去，说对不起，然后还钱。没钱的话，也没法子。

那个时候他忘记了，福兴成会去要吗？ =会去要一次。

然后要是说不认识时怎么办？ =没有那样的人。

【长期滞纳时付息的限度】

那么那个人，说着不好意思去，请求把过了民国三十年的利息补上吗？ =“贷不行息利不过本”比如说，买一元的东西，将这个东西卖出去不能付钱的时候，本来付一元就行了，不加上利息的意思。钱的情况，比如说100元3分利，过了10年的应该有300元的利息，总计是400元。没有那样的要求。利息100元计200元就行了。

【指地、当地的比例、倾向】

这个村里，将土地当出去的人家有几家呢？ =有，大体来说是10家，8家吧。

指地借钱的人家有几家呢？ =上面之中也有。上面一半左右。

和以前比，现在当地的人变多了，还是变少了呢？ =以前更多（加上指地借钱的）。

为什么现在变少了呢？ =以前需要借少量钱就当地。现在是，当地后贷款会损失（当地和包纳钱粮等很多的原因。）不怎么做。指地借钱因为不损失所以做。

和以前比村子里的人将钱拿出来后，不就是变少了吗？ =不是这样的。当的人变少了，所以变得少了。

以前当地的人多，是当出去的人将钱返还，然后将土地取回多一些呢，还是不取回土地，就那样的人多呢？ =当然是取回土地的人多。

最近当地的人之间如何呢？ =最近不取回土地，直接交付土地的人很多。

为什么不取回土地呢？ =因为没有钱。每天的生活很艰苦。

【当地的性质】

当地这个东西是，借钱后作为抵押的东西吗？ =是的。

那么，那个钱就是借钱了吧？ =是拉饥荒。

那么，那个钱必须要还，是吧？ =必须还。不还钱的话，土地就会没有。

那么承当的人，如果期限是三年，到了三年，会要求要还钱了吗？ =不这么说。

为什么不这么做呢？ =刚开始是对当地的人不信任，信土地，才将钱贷出去的。那耕种不就可以了吗。

当地了，过了三十年或者过了五十年，带着钱来还钱，是不管什么时候，都能耕种吗？ =是的，永久耕种。

那么，这个土地不就变成那个人的东西了吗？ =不是，因为有当契的字据在，不会成为债主的产业。

【当地当事者的称呼】

当地的时候，把当地借钱的人称为什么为好，贷款的人称为什么为好？ =称为往外当（外当），往里当（里当）。（不称为当主、承当人。侯定义说不这么叫。侯瑞和说叫当主、承当人也行。）

【关于当铺】

泥井镇没有当铺吗？ =民国二十六年、民国二十七年的时候有小当铺。那之前和之后都没有。

那个是谁开的呢？ =不清楚。

那个当铺，这个地方的人有利用过它吗？ =去过。

为什么没开下去呢？ =因为本钱很少，就开不下去了。这里进货的东西都是从昌黎县的当铺转当的，想要赎回东西的时候，还要去昌黎的当铺，这样告示麻烦，所以开不下去了。

本钱变少，变没了是因为赎回当的东西，返还的钱变少？ =那个也有，主要是因为赎回的东西比当进去的东西多。

往那个地方是带什么东西去呢？ =什么都行。

没有去昌黎的当铺当东西的人吗？ =有。泥井镇的当铺开不下去后，只能去远的昌黎县的当铺了。泥井的当铺在的时候，也有去昌黎县当铺的。比如说10元的东西，在泥井的当铺，只能贷到3元到4元，而昌黎县的当铺，能贷到5元到6元。

泥井当铺的期限，利息大概是多少呢？ =三个月，利息4分。

昌黎县的呢？ =12个月，4分。

现在也是这样吗？ =现在不知道昌黎县的当铺有没有变得便宜一些。

【捣号和利息的计算】

当铺当东西时到了期限，只要带了利息就可以延期吗？ =可以。这个叫“捣号”“捣个票”。凭着旧号拿到一个新号。

不付利息就不行吗？ =那个时候当铺会将东西卖掉。

当铺的话是12个月为期限，6个月有钱了将东西赎出的话，要付多少利息？ =几个月的都可以。6 个月的话，就付 6 个月的利息。过了 12 个月，即使付了利息，也将东西卖掉。从期限日起五天以内，将钱拿来就能赎回，六天的时候就不行了。

五天内将利息付了能延期吗？ = 可以。

比如说 3 月 1 日当出去的，规定 5 月 5 日归还钱，这是怎么计算的呢？ = 这个的话当然是算两个月就行了。过了五天之后就能赎回了。六天以上就算是一个月的利息。

【动产担保】

个人间，是牛的话，把牛给借钱的人，到了期限不能还钱，就变成对方的东西了。没有这样的做法吗？ = 没有这样的事情。

那么押大车这样的事情也没有吗？ = 这个也没有。

【当契和老契】

当地的情况下是一定要立字据吗？ = 是的。

除那字据外，还要递交老契，还是不用递交老契呢？ = 不用递交。只需要字据。

这个地方有当房子的吗？ = 有。这个村里有三家到四家。

【当房】

当房是怎样的情况下做的呢？ = 兄弟很多，分家以后，因为没有家没有住的地方，当房来住。或者从别的村来这住的时候，房子很多的时候，把上面说的那些人叫来给当房。

那么因为钱困扰，将房子当出去的人是很少吗？ = 那个也有。

【当地的期限】

当地时立字据的时候，会写期限吗？ = 会写期限。写上三年或者五年。

写上当地时的期限吗？写的话又是几年？ = 根据土地来说。荒地的时候写上期限。这个写上是 100 元，利息 30 元；当地一方如果经常耕种，肥料施肥好，变成好地也不奇怪。然后归还土地的时候，会变得有损失，所以一定会写上决定好的期限。好地的时候，100 元的土地要出额外的钱。这个即使卖出去，也会变成 100 元，债主不用担心。借主那一方如果早点赎回土地的话，会有损失，所以不写期限。

【地价和当价、撩钱】

比如说，2 亩 100 元的好地，不是很好的地 10 亩，100 元当出去的情况下，当的金额应该不一样吧？ = 前者的情况是能当 80 元，后者的情况根据期限来定。当两三年的情况下当不掉。即使施一些肥因不知收获情况会损失。5 年或者 6 年的话，当出去就行。即使那样，也只当得了四五十元左右。然后，到了五六年的期限的时候，没有草，变成好地的时候，如果借主还需要钱的时候，商量增加 70 元的撩钱，总计 120 元也会拿得到。那个时候即便不加撩钱，去别人那儿当也能拿到 120 元（那样做的话因为会有损失，所以还是撩钱）。

撩钱是在什么时候出的呢？ = 期限到了，那个的十一月、十二月或是来年的一月，这三个月间的时候出。

用好的土地，做没有期限的当地行吗？ = 可以。但是 100 元的话当出 80 元左右，不出撩钱。

【地价的涨落和赎价】

土地价格好的时候，以80元当出，之后地价变成50元的时候也要出80元才能赎回土地吗？＝是的。必须按照写的多少来赎回。但是实际上地价下降的时候，不让赎回土地。等地价再回升的时候才让赎回。

赎回当地的行为称为什么？＝称为"钱到赎回""抽回"（也说是"抽地"）。

当地得到的钱称为什么？＝"当价"。

【转当及其限制】

承当人需要用钱的时候，因为不能抽地，可以将那块土地卖掉吗？＝那样不行。可以转当。

那么50元当来的地，可以转当给别人60元吗？＝不可以，不能多当。少当是可以，50元或者40元都可以。

即使地价上升了，可以当更多的土地，也不能多当吗？＝刚开始当地的字据是多少当价，转当的时候就是多少。因此多当是不行的。另外，转当的时候，在原始字据后要写上"何年何月何日转当给谁，某某"。不立新字据也行。重新立字据，往往是缘于比原价低的情况，按原价当出去的话，可以不立新字据。

【赎回请求和转当】

刚开始需要钱的时候，承当会催促赎回土地吗？＝虽说可以，但抽回的很少，一般会说拿去转当。

因为还没到期限前就需要钱，也会催促抽回土地吗？＝一样的。因为无法抽回，就变成转当。如果有钱的话是可以。

【赎回及其时期】

抽地是在期限后多久都可以吗？＝是的。

在田里有农作物的时候也可以吗？＝那样不行。文书上写了。虽然说有年前抽地和清明抽地，但最迟到清明为止，要完成抽地。

年前抽地是指收割完之后就可以了吗？＝虽然是好的事情，但是不在那个时候抽地。因为即使在12月抽地也是一样的。8月左右的话，就不损失了。

清明以后就不能抽地了吗？＝不能。接受当地的一方不乐意在清明的时候抽地（不高兴）。

【赎回的手续—催告】

抽地的时候，收割后，是当地人告知是否抽地还是承当方去问对方抽不抽呢？＝期限到了的时候，承当方去问对方抽不抽地。如果不这样做的话，会说种会秋麦。那样的话，当主会说因为没钱，清帮忙耕种。或者是当地一方能拿出钱来，在期限到的时候，去对方家，说感谢长期的照顾，今年想要抽地（秋麦是在寒露时节播种，小暑的时候收割。大麦是在2月春分时节播种，比起秋麦早十天收割）。

【当契转让】

接下来有没有将当契卖给别的人这样的事情呢？＝没有。

没有递交给别人让那个人耕种的事情吗？＝这个可以。转当一样。

【出当地另卖】

当地的人如果还需要钱的时候，可以将土地卖给别人吗？ =刚开始不能将土地卖给别人，必须花钱收回当契后才行。因此刚开始要冲问承当人是否买进土地。说了不需要的时候，才能再卖给别人。

刚开始不问就卖给别人，承当人会抱怨的吧？ =会抱怨的。会说为什么不来问一下。

【承典（当）者的先买权】

那个时候，承当人说他想要买进土地，别人说想要买就无效了吗？ =不是这样的，别人出钱抽回就行。能出多余的钱就出。

那么承当人，别人买的时候说有损失，会要求当主赔偿吗？ =那不这样说。

那么那种时候，承当人必须拒绝时，卖给别人的时候的责任是谁负？ =当主。

【中人的责任】

那种情况，买卖的中人没有责任吗？ =没有。是因为中人不知道。当主的责任。

当地的中人没有责任吗？ =没有。因为带上钱，还钱就可以赎回。

买卖的时候，中人对那个事情必须要了解清楚是吧。那样的话，有承当人，不能拒绝的事情，中人应该是知道的不是吗？ =知道是知道，但是没有责任。

那么，那个中人在这种情况下，没有去问当的承当人那一方是否想要买的必要吗？ =虽有去问的必要，但是中人和承当人的关系不好的话，不去也行。因为带上钱还钱赎回就可以了。

但是，大家都是普通关系的时候，不去问不行吧？ =大家都不怎么认识的情况下，会去问当主。认识，普通的关系时，中人会自己去问。

那样的时候，中人不去问，然后卖给了别人会变成怎样？ =那个时候，和卖主，买主3 个人间去问清楚。没有不去问这样的事情。大家都关系好的时候，也没有不去问的事。

一般的事变成土地买卖的中人的人，会跑去问什么人买不买土地？ =以前是首先去问近门中的人（买不买）。之后再去问承当人买不买。中人和当主都一样。现在是不一样。即使是近门，关系不好的话也不能卖。之后就不去问买不买了。称为“新兴律”。

【新兴律和旧律】

新兴律是在什么时候开始有的？ =旧律没有的时候是在 20 多年前。新兴律不是很好。是有钱人和狡猾的人用的。好人的话还是根据旧律来。

旧律是从什么时候开始有的？ =前清时代的东西。有理的人（和好人一样）是什么都根据这个来做的。

【指地借钱的债主和卖地】

指地借钱的借主想要卖土地的时候，债主不可以拒绝吗？ =可以。不拒绝也可以。债主不会有抱怨。

【当和撩死】

当地的时候因为还需要钱，有拜托承当人买的事情吗？ =有。有理的人会这么做。但是不是很多。

那个称为什么？ =称为“撩死了”。

那个时候肯定会写卖契吧？ =是的。然后当契就在中人面前烧毁。

【担保土地的价值减少】

指地借钱，不能返还钱的时候，不给土地浇水应该不行吧？债主要怎么做呢？ =到了期限的时候，要求有利息。

如果说不付利息，实际上没有钱呢？ =因为没有办法只能延期。

当地的时候，土地淹水变废了的话呢？ =没有办法。是承当人的损失。

不说不需要这块土地了，要求抽回这样的事情吗？ =不说。实在需要钱的话，转当就可以了。今年不行，来年说不定就可以了。

【活卖】

“活卖”这个词汇是不用吗？（将土地卖掉，约定说过了若干年后再带着相同金额的钱将土地买回的事情。） =没有。除当地外没有那样的事情。

【字据的意思】

像当地呀、指地借钱呀，立字据是因为什么而立？ =字据。中人的拿手把戏。

那个是什么意思？ =“恐口无凭，立契为证”的意思。除这之外没有别的意思。即使是买卖也都是这个意思。

那么是当契的话，当契丢失后要怎么办？ =像是被偷了或是被火烧毁了的话，因为大家都知道往中人的地方商量。然后请客后重新立字据。出场的人都变成证人了。或者土地是邻居的，因为知道耕种的人是谁，当主怎么说都不行。

被偷的时候也是一样吗？ =是的。

6月2日

中人　字据　家庭和借钱　村内的纷争

应答者　侯定义、侯瑞和

地　点　侯家营

【设立中人的意义】

买卖土地的时候，其中会有斡旋人，这样的人称为什么？ =中人。

中人在立字据的时候，写上自己的名字吗？ =写上。

是因为什么将中人的名字写上？ =将来万一有什么事情发生后，可以成为证人。

那么中人是老人的话，在那之后去世了怎么办？ =那个时候就没有什么办法。因为有那个人的名字在，由他的儿子出面办事。

他的儿子即使是一点都不知道关于我的事，也要出来证明吗？ =中人不是一个人。因为不可能大家都去世了，不用担心。

没有两个人因为关系好，不用中人的情况吗？ =买卖土地的时候，不管关系多好，都必须要有中人在场。

为什么必须要有中人在呢？ = 比如说在父亲在世的时候，将土地卖出，孩子渐渐长大，父亲去世后，如果说那块土地没有卖出，就很困扰了，所以还是为了证明。

当地和指地借钱情况下的中人怎样呢？ = 也是同样的。

【指地和归债主耕种】

在指地借钱的情况下，把土地指给别人借钱，为什么要写明不能偿还本利时土地归债主耕种？ = 因为不能支付利息时，要给债主交地。

为什么不付利息，就将土地交付了呢？ = 不付利息的话，不递交土地的话，就变成没有信用了。

那么指地的时候，那样做是为了保存信用吗？ = 是的。

那么，那是因为那个人没有信用吗？ = （定义）字据的意思，（瑞和）标记的意思，不是因为没有信用。将来父母去世的时候，如果没有写字据的话，儿子可能说没有那样的事。事先写了字据的话，就不会说了。那个中人也在。即使他是否定要打官司，也能打赢官司。

【凭老契交付的指地借钱】

那么，指地借钱的时候，不是只要交付老契吗？ = 是的。

那种场合下，孩子们说不知道这件事怎么办？ = 那个时候这样不行。老契是债主保存着。自己带着老契去到你面前，不会说那样的事情。

只靠那个，不立字据也能打赢官司吗？ = 能打赢。

递交老契的时候，也有中人在场，因为在老契上，也写了别的一些“某年某月某日，向谁指地借钱了，中人是谁”的信息，贴在上面。

【口头的指地借钱】

有没有不写那样的事情就递交的吗？ = 有信用的话，也有不给老契这样的情况。

那么有只靠口头指地借钱的吗？ = 有。那种情况，中人（介绍人）也在场。

那个情况下，之后借主如果去世了，不能还钱了怎么办呢？ = 把介绍人叫来。介绍人去借主家里催促。

然后，实际上没有钱呢？ = 延缓期限。

如果还是没有钱怎么办？ = 再延缓期限。

如果延缓了三年或者四年后还是没有钱怎么办？ = 那个时候，就没有办法了。不能要求去要饭的人（没有钱，不要命）。

即使留有少许土地让变卖，也不能给自己吗？ = 留有少许土地的话，刚开始不延期，直接给债主。

【不立字、无担保的借贷】

如果不立字据的话，也没有中人贷款的时候，之后借主说不知道这件事，没有能要回来的办法吗？ = 外面的村子是怎样，我不知道，本村的话，没有这么傻的人。那是一开始就应该是在有信用的人间进行的。

比如两个人有信用，没有立字据也没有中人在场，贷了钱，但是借主因为一些急事出门，然后去世了，家人也不知道。这种情况下要怎么办？ = 那样的时候，没有办法。因为维护朋友将钱贷出去，不能要求家人把钱拿出来。有这样的例子（瑞和—我自己借给瑞龙700元，但是他本人去世了。他弟弟瑞海说也不清楚这件事，就不能请求）。

【信用和字据、中人、担保的关系】

本人、中人、字据、土地和这些之中只向本人贷钱的情况，有信用，有中人在，还立了字据才贷到土地，这是不是没有信用的意思呢？＝是的。只向本人贷钱是最有信用的。没有信用的时候，有土地和字据。

那么从债主那说，有中人在，写了字据，然后交付土地是最安心的吧？＝是的。“把握住的关系”（安心的意思。）

那么，只是口头上不能安心交付的时候，要立字据吧？＝是的。

那么，字据是真品还是伪造物，是很重的事情吧？＝没有伪造物这样的东西。

【代笔人和当事者】

像当地、指地借钱这些，代笔人会把文字到名字全都写进去吗？＝是的。

那么立字据的时候，债主，借主，中人都是在那个场合下的吗？＝是的。

但是，不认字的人在不在场应该也不知道吧？＝拜托代笔人读。教他写的那些东西。

【画押】

像中人呀，不在立字人的名字下面画押吗？＝画押。像指纹呀印章呀之类的画押（卖地就更有必要这么做了）。

没有不这么做的东西吗？＝没有不这么做的东西。

如果忘记画押的时候，后面那个人不会说因为不在所以不知道吗？＝没有那样的事。

【字据张数】

卖地或者买地或者指地的话，要写多少张文书呢？＝一张。

【借贷和家长】

一家内借钱的情况，必须是当家的吗？＝是的。

即使是老太太当家的情况吗？＝大家都是老爷们（当家）。老太太不管财政。（钱财的事情）（定义）

没有老太太拿着钱这样的事情吗？＝像老爷们去世了或者外出不在家的时候（有这种情况）。

那个时候老太太也能借钱吗？＝是的。

【家庭借贷】

普通家庭里，不当家的人能借到钱吗？＝虽能借到3元、5元，但是借不到大饥荒（大额的钱）。一家的不能借到钱，但个人可以借。不过也有看老人面子借钱的。比如说，因为吃、喝、嫖、赌这些事情的话，会劝诫说为这些用途只借一次钱，但是第二次不会借了。不是当家的却去借钱，这不是什么好人。

【字据数字的错误】

不管是卖契还是买契，金额和土地的亩数如果写错的话，之后交付的时候怎么办？＝没有那样的事情。一出来就会让读一遍，如果有错误的话马上改过来。还会让读第2次。

比如文书上写了10亩，但实际上只有8亩左右的时候怎么办？＝根据垄数。也可靠地邻。16 垄的话，地邻是 3 亩，这边也认可是 3 亩。如果说那是 3 亩半的话，承当人会说不要了。因此没那样的事。

【当、卖地和实地调查】

当地的时候，立字据之前要去看土地吗？ = 去看。看垄数。

卖地的时候只用看不用丈量吗？ = 只用看。

【指地借钱和权属的证明】

指地借钱的时候，不用去看土地吗？ = 不去看。

凭什么可以知道？ = 如果是村里的人的话，大家都相互熟悉。没有不清楚的事。

当地的时候要看老契吗？ = 不看老契。只看土地。

【货币价值的变动和赎回】

事变前 50 元当出去，现在也要花 50 元赎回吗？ = 是的。

两呀、吊呀这些，是到什么时候为止使用的？ = 到十四五年前的时候。

比如说民国十五年左右的时候，以 15 吊当出，要多少钱赎回呢？ = 那个要变成洋钱。25 吊是 1 元，所以 15 吊是 60 钱就行了。

60 钱就可以吗？ = 是的。因为钱法的关系没有办法。

25 吊是 1 元钱这样的事情是很清楚的规定吗？ = 没有什么特别规定的规矩。因为大致上铜子儿不见了，取这样差不多的。

【当契转让】

立字据借钱后，借主去满洲了，等借主有钱后，可以还钱给乙并把字据交给乙吗？ = 可以。当地的话，就转当，这就叫“转出去了”。

不像上面所说的那样写上土地相关的事情，有将字据卖给别人这样的事吗？ = 没有那样的事。有钱也不会买。因为不知道对方有没有付钱。之前转出去的情况，借主不拒绝的话就可以吗？ = 借主不会拒绝。借主有钱后，去乙那赎回。

但是借主不拒绝的话，借主有钱后，不是不知道把钱还给谁吗？ = 债主会在信上说明转给谁了。但是不通知的话村中就不知道了。

【金融出租】

这个村里需要用钱的时候，有将土地典当（贷）这样的事情吗？（虽然自己耕种，收租子）（因为拉饥荒不好看） = 有的。这种情况下，来年又是自己耕种吗？（有的情况不多）。

【地价和地租】

土地的价格，接下来去问别的？ = 买卖的时候。

现在上地　150—160 元　中地 100—120 元　下地（上 50 元，中 30 元，下 10—12 元）

民国二十五年	180—200 元	140 元（上 70 元，中 50 元，下 30 元）
民国十八年	80 元	50 元（上 30 元，中 20 元，下五六元）

租子大概是多少呢？（以上面的标准） = 年头儿的时候高，不好的时候少。

现在上地 8 元　中地六七元　下地（上 5 元，中 3 元，下 1 元）

民国二十五年　　11元八九元（上5元，中4元，下2元）

民国十八年同上同上不多不差

民国十八年的时候地价很低为什么租子那么贵？＝因为人口很多土地很少，借土地的人很多。

那么那个时候（民国十八年时）也当地，比如说100元的土地应该是很高的当价当出去的吧？＝那个没有一定。小当少花钱赎。

【没有钱会】

这个村里有没有像钱会或是请会这样的组织形式呢？＝没有。

那么有摇会吗？＝没有。（定义＝请会，是说村子里发生什么事情的时候，保长把甲长都聚集起来开会。）

需要用钱的时候，聚集一些人，每个人都出一定的金额由，会起来后给其中的1个人用，第2回是同样这么做，然后另外一个人用那份钱。有没有这样的习俗吗？＝没有。没有听过这样的事。

【互相扶助】

有谁要是生病了或者被困于火灾的时候，大家都出钱帮助他吗？＝有救济和帮助。比如有1个人出柴火，1个人出粮食来帮助他。有这样的事。

【新民会的贷款】

有从新民会那贷款这样的事情吗？＝因春耕借过一次钱。

这个是用什么方法申请贷款呢？＝村里的人进合作社成为会员。股票是1股2元。因为拿不到钱这样的事也有，就贷款10元，然后扣除2元，可以递交8元，秋后还10元。利息是1分（月利）。

那个要在什么文件上写上名字吗？＝记不大清楚了。

【信用借钱和中人的责任】

信用借钱的情况下，除中人外，没有保人吗？＝没有，中人即保人。

这个情况下，借主不能返还钱的时候，中人要代替还钱吗？＝不用。去催对方还钱。

即使催过也不能还钱的时候呢？＝延缓期限。

借主说不想延缓期限，要怎么办？＝可以根据中人的面子延缓期限。

第二回的时候，说这样很讨厌要求返还怎么办？＝当然延期。

中人在那之前，不说要返还钱吗？＝可能说了。中人代替还钱的事有，但是很少。

那个也是维护朋友吗？＝是的。

最初有没有人提出，当当事人不能还钱便自己代替还钱的情况？（承还保人做的事）＝我们没有听过这样的事。

【中人和谢礼】

像当地或指地借钱的时候，会给中人谢礼吗？＝没有谢礼。只是会一起吃顿饭。

【当、卖和官的手续】

当地的时候，要呈报给衙门吗？＝不做。

卖地的时候呢？＝不报告，但是要过银两，顺文书。

当地的时候要写税契吗？ =不做。

卖地的时候呢？ =做。

可以当的东西只能是土地和房子吗？ =是的。

【出租地的出当】

典（租）当的土地想要往外当地的时候怎么办？ =那样不行。

那个人返还的租子当出去后可以吗？ =那个可以。

比如说将土地典（租）出去，因为还需要钱，想要当土地的时候怎么办？ =花多少钱也不行，完成收割后就可以了。

有典（租）土地的人把土地当出去的情况吗？ =可以这样。实际上没有听过这样的事。

除那之外的人，不能将土地当出去吗？ =不可以。因为允许一年的种地所以不当。

【怎么看待无法返还借款的人】

比如说在村里借钱，不管什么时候都不能返还的人，是恶人吗？ =贫穷的好人有不能还钱的情况。这个村里没有借钱后不还钱的人。那种是恶人。

不是本村的情况也可以，有因为还不上借款而从村里逃出去的例子吗？ =有。我自己村里，在 30 岁的时候，只见过一个这样的人。(定义)

从别人那借钱不能还钱，当事人是很普通的男子，不能还钱。会觉得这样的人很可怜呢？还是会觉得他不是一个负责任的男子呢？会不想和他交往吗？ =真的因没有钱而不能还钱，没有产业也不能还钱这样的情况下，觉得他很可怜，认为他是一个好人。

那么，会骂那样的人笨吗？ =不会。

【村内纷争及其原因】

村内有双方因关系变差导致吵架、打架的吗？ =有。有这样的事情，但不是很多。

那样是因为什么原因导致的最多？ =比如说求借账目、公事等等。

求借是指托人借钱，却没有借到吗？ =只是因为那个不会吵架，但关系逐渐变差的，除此以外如果有其他原因就会打架。

账目是什么？ =比如说借了十元后被催着还钱的时候，却回复说只借了六元，有四元的差额，于是关系变差，互相变得不再互相应酬（交往）了，如果再有其他事情，就打架了。

因公事变得不和是怎么回事？ = “假私生端，以公及私”，也就是两个人关系不好的时候，以公事为由欺凌对方这样的情况。

除此以外，比如说太太和太太之间关系差，两家男人的关系也会变差吗？ =不会，那个时候老爷们会骂自己的太太。朋友依然是朋友。

不是本村的例子也可以，有因关系变差最后打官司的例子吗？ =有。这个村里也有。

【关于边界的纷争】

这个村里有这样的例子是怎样的事件呢？ =在中街有这样的例子。原来“伙山墙用”（墙壁是公用的）的 2 户人家，在墙坍塌后重新建起的时候，因为一方从界限那开始进到另一方的范围中去了，另一方说进到自己这一块，所以打架了被起诉了（墙壁是各自自己建起来，叫作“隔山墙用”）。

那个时候，谁都没有仲裁吗？ =我来做仲裁的。（侯定义）没有起诉。

是用什么习俗解决的？ =叫来3个人，4个人用尺竿子测量了，将界线测量清楚画好，然后就解决了伙山墙用。这个西邻是池永当，东邻是侯万春，说和人是侯定义、侯瑞堂、侯宝臣、侯宝林（3个人都没有去世）。

那个时候，还另外立了字据吗？ =没有。

解决之后，大家一起吃饭了吗？ =侯万春请我们吃饭了（因为他有钱）。

除那之外，没有别的什么谢礼了吗？ =没有。

【调停人】

那种时候，乡长会出面吗？ =当时没有乡长。是会头，村正，村副的时代。村正就是我自己。

田里的垄是相邻的时候，侵犯到隔壁地邻时不会打架吗？ =在这个村里关于种地没有这样的事。到我现在这样的年纪，上面所说的事情只发生了一次。

6月4日

农村金融及贸易　县概况

应答者　张子润（57岁，建设科员，昌黎县人）

地　点　昌黎县公署

【农村中需要用钱的情况】

在农村，一般什么场合最花钱？ =“秋收春种”时很花钱。还有佣工，饭钱，春天不得不准备肥料和种子很花钱。还有农具也是必需的，牛也是必要的。然后还有为了养猪弄的肥料。

临时需要用钱的场合呢？ =除上面说的，还有过年的时候很花钱。

葬礼和婚礼等的时候是怎样呢？ =视家庭而定。没有钱的人家不怎么用钱，有钱人家花很多钱。有小办和大办。小办事二三百元就足够了，大办的话，需要花3000元、5000元的。一个村子中，大办的人家也就1家到2家或者没有，毕竟还是中等人家比较多。

【金融方法】

办理红白事的时候，借钱的人和不借钱的人，哪种人多一些？ =拉饥荒时是大概30%借钱，70%不借钱。不借钱的都是大办的人家。

大办的人家卖土地的情况多还是少呢？ =当然是少的。最近大办的人家很少。买卖土地的人多。以前是在哪工作就在哪送钱。现在不能送汇票。也没有钱来大办了。

农村的话，一般有借钱的多还是没有借钱的多？ =借钱的少。春种的时候，大致上都会借钱，大概60%。不借钱的人占40%左右。

农民借钱的原因是什么的最多？ =比如说，春耕的时候，没有牛没有车，肥料和佣工的钱也没有，这是普通农户的故事。除这之外，其他的，人口很多，不工作的人很多，为了吃饭只能借钱，为了吃饭将田地卖掉的人也有。

农民借钱的话一般用什么方法？ =有信用的人，向有钱人家，或者去商人那借钱。不靠那些的人只能拜托保人，或者将土地抵押写字据来借钱。

【指地借钱】

抵押土地是有怎样的呢？ =如果是200元的话，借200元，将5亩地抵押，日期到了不能归还本利的时候，土地就归债主经管。带着钱的能抽回（交地）。

那个称为什么？ =“以地借钱”或者“指地借钱”。

【当地和典地】

借钱了，从一开始就是债主将土地耕种吗？ =“当地”。

不说“典地”吗？ =昌黎县把“租地”称为“典地”。典地的事称为“当地”（原先是说“佃地”，在农村大家都这么说错，就变成那样了）。

以前开始就那样吗？ =是的。在农村把“佃地”（“租地”）说成“典地”。

将“租地”说成“典地”的是在什么地方？ =抚顺是不一样的。称为“租地”。乐亭就不清楚了。

指地借钱和当地都必须要立字据吗？ =必须要立字据（不立字据的场合是有信用的人）。

【借钱时立字与不立字】

借钱的时候，立字据和不立字据的，哪种多一些？ =当然是不立字据的多一些。

立字据的时候，写上什么人的名字呢？ =借主的名字，中人（1人或2人或3人），自己不能写就拜托别人写即代笔人。

【农民的借钱处】

农民借钱的时候，是向什么人借钱的比较多呢？ =村中哪里有钱，大家都知道。有信用的话能借，或者拜托别人介绍借钱。或者不那样做的时候到每5日的集市的时候的钱号（银钱号），以小本小借经营。还有有信用的人，不立字据能借到200元、300元。

【钱号—钱桌子】

集市的钱号现在也还有吗？ =现在也还有。但是没有大钱号了。称为“钱桌子”。虽有3000元或者5000元的东西，集市的时候，带着桌子等待着。因为农民都知道就去借。这个是远的地方就不能贷款了。是认识的人和脸熟的人能贷款的。比如说今天想买猪，买豆子但是没有钱，借个30元，50元，80元的事情很多。

那个利息是怎么计算的？ =多的时候是3分，少的时候是1分多到2分。大多时候是3分。但是有信用的人，利息也比较低。

大概能贷多长期间？ =有1个月的也有一年的。（一年内不能还的可以再延期一年。这是不好的人。）

钱桌子是什么办的？ =当然是本县的老百姓。不是商人。有少量钱，不需要用的时候，在集市上贷出去以获取利息。

这个不需要介绍人或者保人吗？ =不需要（商人现在不放钱了。物价在上升，能够存货的话，上升的价值比取得的利息高）。

之前的钱桌子是在什么地方都有吗？ ＝是的。农村的集市上都有。

【动产担保】

在这里借钱，要递交牲口呀大车呀，有不返还后就变成债主的东西了这样的事情吗？＝没有。

【借钱还粮、赊粮】有借钱归还谷物，或者借谷物还钱这样的事情吗？ ＝借钱还粮这样的事情有，但是很少。没有借粮的。（不说“借粮还钱”，说是“赊粮”，不多。）

【集市】

农村买卖粮食或者其他的一些东西的地方在哪里呢？ ＝集市。在村里不行。现在是交易场。

没有在田里在收割前后直接就那样买卖农作物的吗？ ＝没有。

在昌黎县，农民除了靠种田外，还有其他什么办法来赚钱吗？ ＝做粉条子，或者半工半农，也就是说做木匠，泥匠之类的。也有做小买卖的。还有去集市上卖粮食的。

在集市上，没有站在卖主，买主之间的中介的东西吗？ ＝没有物品。有牛和猪。卖粮食的时候需要粮斗。

1942年10月

（华北农村惯行调查资料第101辑）

农村金融及贸易篇第12号　河北省昌黎县侯家堡

调查员　安藤真正

翻　译　郭文山

【调查日记】

10月8日午后出发到达唐山

10月9日去冀东道公署。大石顾问出差，道尹也不在，大武顾问也去部队了，所以由特务机关出头，和经济班的柳井氏会面。送了春礼，又拜托他在这次调查行动中要多多援助。

他很快和昌黎的联络员取得电话联系，让对方给予关照，并安排了汽车马上去了车站。坐上了晚来的慢车往昌黎县出发。车内有春泥井镇的模范乡工作代表的指导新民会昌黎总会的郑科长。听说现在转任道总会。在昌黎住宿以后立刻出发去县公署。顾问在开会，接下来的晚上又有宴会。明天又是“双十”节，后天是礼拜天（星期天），在那之后是岳飞还是谁的祭日，所以县公署休假。我真是感到无计可施，和日语秘书说，拜托她转达无论如何一定要在明天早上9点去拜访。

10月10日　9点随助手小郭访问县公署机内顾问公关。侍从说，昨夜太迟了还在休息中。恰好隔壁的警察所长起床了和他打招呼。所长把我们往室内招呼，说自己习惯晚睡早起。打完招呼后就开始谈话。这个人在静海、玉田、宝丽等都待过，因为也在乐亭在任过，所以很清楚乐亭的事。听说那里以往治安良好，而同县的北部近来有点恶化。聊到汀流河号称京东第一的财主刘家时，又听说乐亭的有钱人比昌黎更多，例如院子内有700间房子。比上面说的刘家更有钱。这个有钱人姓张，在四平街修了很多大建筑，拥有满洲的98家店。财产应该有1000万以上。那是第一的，听说乐亭还有好几个有几百万元的财主，几十万的人就更多了。听说百家内有99家是去满洲赚的钱。告别后，接下来去了宪兵队寒暄和打招呼，之后到县公署，等待不多时，小林顾问来了。送了春礼和正式拜托了这次调查的协助工作。小林说你们的工作做得特别好这样的话。后又聊到说他自己很忙，由于该县有很多农民参与冀东惠民壕的工程，但今年作物状况刚开始完全没雨，七八月份相交的时候又大量降雨造成水灾，于是和七里海的水田公司之间又有赔偿问题发生，所以非常烦心。这其中通过名片的县长也来了。同样是打招呼问候，拜托他。县长快速的和泥井镇等的公所电话联系，叫来安排筹备工作。短暂谈话中，没有和别的科长见面，拜托帮忙问好后就告辞了。

晚上接待了内田调查员，东研第6调查会学卫部的德田良治氏和助手小刘、田君等。

10月11日　说是德田氏对这里的厕所吃惊。旅馆的厕所也即公共厕所，在日本应该没有。我带上小郭给内田和德田2人领路，一起去了县公署。恰逢县长带着孩子，和警察所长，说准备去参加日本居留民会的运动会，于是就站着介绍了2人，打了个招呼后道别。接着又和顾问交换了名片，同样的做了个介绍打了个招呼。从谈稻子聊到七里海的土地问题，当地由于以前的土地登记很随便，造成如今有些人的地券面上土地重复了，如今成立稻田公司后便出现了问题，再加之水灾呀，以及朝鲜有些人在取得试作权后，苦心改良水田，如今自称购买了耕种权，要请求交付等事情。详细听哪个的时间都不够，于是在看了新修的承番所法庭等之后就告辞了。之后和旅馆、估衣铺交涉借用被子、褥子的事情未果，转而与商会交涉，最后定下来去了当地再说。粮食上，囤了很多34元1袋的面粉，领了毛毯，由于已经没有了公交，决定坐洋车去。临出发还和领事馆警察打了个招呼。3点半左右6台车一起出发了。天空稍微有云，很凉爽。沿途看到不少举家挖地瓜的农民，后经虹桥、赵家港等地，4点半左右到达泥井镇。副乡长等人出来握手迎接，春季曾住过的会议室都已经为我们备好了寝具。

兼任大乡长的齐镇长来了。介绍了新人，寒暄一番后行了春礼。听说雇了一个厨子。来途中从车上看到镇内有办葬礼的人家，稍微休息后去了解情况了。家前后立着用挽联和席子做成的像是楼门的门。贫困的人来讨饭和汤。说是晚上还会热闹些，便匆匆吃完晚饭，去看夜晚的送葬队伍了。送葬队伍提着纸灯笼，驱赶着好几辆牛车，打着火把，在黑暗中伴随着哀乐肃穆地行走在镇里。灯笼的火苗在夜晚看上去很幽美，从远处看，感觉就像是日本节日盛会时的样子。只是从队列中听不到讲话声。据说送葬队伍在绕着镇子巡回一圈以后，最后结束时要在路上将纸人和灯笼烧掉。

10月12日不知是否因为昨天买的面是二等品，又黑又不好吃。听闻米的价格是粳米的1斗40元左右；只买米可能会好吃点但却不划算。10点左右到了侯家营。我说想和自卫团的人聊聊，对方便去叫人。一会工夫，乡丁侯瑞和来了。好久不见，聊了一会，说了些感谢的话，后又介绍了新人。这时候前保长刘子馨也来了，同样寒暄了一番。保长侯元广听说下地去了，所以没来，等了会之后，到村内转了一圈。回来的时候恰好保长回来了，寒暄之后将土特产送与他。午饭后返回，下午去村里受副保长萧惠生接待。照例寒暄。虽是初次见面，但感觉他人品不错，老实，远比保长优秀和年长。之前照顾过我的侯定义老人也来了。聊了会儿后分开，定下由各自来问问题的形式。内田氏了解萧家的情况，德田氏了解村内人家情况，我开始采访侯定义老人。据老人讲，此地春天遭受旱灾，之后又是降雨带来的水灾，恐怕也只有年内有点粮食了，讨饭的乞丐也随之增多。这与我而言，完全不像是别人的事，不由得担心起来。

5点过后，停止了采访。回来途中，访问了泥井镇模范小学，这是所在农村不多见的气派小学。

晚上，以德田为中心，讨论惯行调查，土地关系，生产力和劳动力，中国社会的特质问题，等等。

10 月 13 日　9 点半左右去了村子。在昨日问的基础上，又了解了一些关于乞丐的情况。德田好像早上去了村里，下午去了小学。

晚上德田渊博的知识，让会谈、聊天都非常。什么日本村落的产生到发展至明治初期的变迁，什么与中国社会运动规律之不同及其原因，中国社会全体性的高利贷性格，其集市与商人、城市的发展，农民的食物和其脆弱性及影响，还有什么读小说的必要性等，受启发的有趣处很多。

10 月 14 日　内田听说又有葬礼，一大早跑去观看。

9 点半左右去了村子。将侯定义等人带来的分家单、卖契等拍了照片，又问了些关于当契的情况后，接着向保长侯元广了解他家一家的生计和其经营状况等。果然算是富裕的人。午饭没回去吃，就在村里向别人要的蒸白薯来吃。给抱着胖乎乎小孩子的刘万喜拍了照片，也和老太太约好等照片出来后送给她。

在我看来，这个村里的村民们反而不怎么认生，很容易亲近。回途中，还从侯长赞那儿买了他家的南瓜，决定做菜，又和侯瑞和聊天，从保长的田里买了些白薯回家。回家还是棒子队护送的。

晚饭后，大家在讨论中国家族的继承法问题上，得出结论应该先实地调查，再在此基础上回到对文献的讨论。

10 月 15 日　德田原本说坐公共汽车，但刚好那时有大车，便很早坐了大车出发了。他回北京后，又有了去良乡和颐义的决定。内田又去看葬礼了，且整理笔记，做好了写成书的准备。

午后去了村里，请人叫来侯治平开始个别调查。他是个特别踏实的人，自己有时候不好判断回答不上来，还会为这个请教别人。接下来问的是从开始就在的比较油滑的孔子明。他以前曾做过副乡长，也常做中介，也有日本人熟人，虽说话似乎很得要领，但给人感觉却不好。

回途参观小学时，刚好是 6 点半放学时间，全部学生排成整齐的队伍，在一个六年级学生的口令下，吹奏喇叭，敬礼降国旗。如果是同方向回家的学生，就排起队伍一起回家。似乎早上升旗时也是这样。即使日本的小学，我感觉有时候也没有这么规规矩矩的做这些事情。真是让人佩服和感叹。

10 月 16 日　今天因为有集市，在取得同意情况下，动员刘峻山、郭文山到集市上做了卖主的调查。分成住址、主业和其他集市的关系、商品、销售额、利润等进行详细记载。风很大，是个冷天。虽然自己也做了部分调查，但因为对方很忙，一直在做买卖，所以调查没有如预想那样进行得很顺利。粮食市场在刚刚收获之后拥挤杂乱，擦肩接踵。卖主大多都是因为需要钱而来卖东西的农民。

仆从来说有客人来了，回家发现是东研的戒能通孝君。听说翻译员因为参加县知事考试回去了，他便一个人来了，也不足为奇。即便如此，一个人能来，也很值得表扬。又一次和他一起逛了集市。2 点后大家聚集起来一起去了村里，让戒能氏也去了解了一下，之后他还亲自向侯振山、孔子明等人问了问题。

10月17日　之前个别调查漏掉的侯庆昌刚好在家，今天请人把他叫来了。他在满洲做生意，每年大概回来1次，原因据说是因为在村里拥有最多土地，不愧是面面俱到照顾得很周全的人呀。接下来调查的是同样从满洲归来但却不成功的男子侯聘之。不知是不是最近不怎么忙，孔子明在其他人来了后他们一起闲逛，有时候插插话有时候又不闲着地在抽烟。是个比较油滑世故的人。

下午调查的是两个贫农，回答时好像没什么力气，因为今年农作物歉收，负担很重，很是忧虑的样子。据村民讲，现在挖壕的有22人，木匠5人，总计27人，从村子出去了，其中3元日薪和口粮由村里负担。小工用的是20岁以上50岁以下的人，如果家里出不了小工，就要负担这个。说是1个月花4500元，简直不能忍受。

10月18日　附近有人出嫁，今天跑去参观了。非常气派地牛拉人抬的轿子队伍们，抵达家门后乐队欢快地吹起热闹的喇叭。盛装打扮的男方母亲进门后，新娘却老是不出来，无奈队伍又停下来进村里了。今天让人叫来接受调查的都只是贫农，上午结束提问后工作交与了戒能君。孔子明问我要不要在村里走走，随后和他一起绕了一圈。还以为他有什么事，结果发现也没啥特别事儿。最近听保长讲好人越来越少，无能力的人越来越多了。好像是在暗示说侯元广。之后又稍微参观了下打铁的刘万喜的工作地儿后回来了。今天也吃从瑞和那儿买的芋头。饭前有除开保长外的几人在认真地讨论，之后了解了情况，原来是讲有人出不起挖壕需要负担的口粮，很忧虑；保长是个啥都做不了的人，根本不行。

从两三天前开始办事人员便每天在乡公所进行着大量的计算，最开始据说是做到凌晨4点。这种情况每晚持续，到晚上大家都很疲劳，吵累得慌。今早去问乡长，

果然还是为挖壕摊款计算的事儿。听说全县大概是200万元。此乡有12个村子，显而易见负担相当沉重。当我询问为什么没有按照土地质量的好坏来区别负担的问题时，回答是现在正在向上面申请将两亩坏地所担摊款和一亩好地所担摊款做到一致，但县里还没批准。即便这样，不用说现在这样做不公平，而且我也多次听到贫农们的不满就是直接来自不管土地质量都一律以1亩来收税计算这件事上。真是非常难办的事情。

10月19日　时间过得真快，转眼就是第8天了。今天调查对象是一位叫刘树凯的老人。他对数字完全不敏感。我不由得想到，像这样的人活着有什么乐趣，都每天想些什么而生活的，心里完全没有答案。

问完他后，一段时间工作交与戒能君，我则零零碎碎地向乡丁侯瑞和了解村里有借贷行为的人的情况。那会，他叫了个有点小名气的女人过来，说是这大婶今年春天保长选举的时候曾来过，住得也距这个办公所很近，经常主动搭话，对人和善。基本上聊了这些后，我就寒暄了一下返回了。去警察分所、乡公所、小学等处寒暄感谢。总体说来，此村治安良好，村民热情，得以心情愉快地做完调查。4点过，公交公司的卡车来了，但满员乘坐不了。于是试着等大车，结果却没来。5点半左右步行出门。小郭替我去侯家营交涉找车，总算借到叶金瑞家的牛车，三人坐着牛车，行驶在渐渐暗下来的马路上，转眼间月亮都出来了，走了20里。8点过后到了昌黎县，住鸿兴旅馆。9点左右，第2班的小沼、早川和东研矶田的三个人也到了。饭后谈到很晚。

10月20日　早上内田、小沼两人去交接工作，之后6人一起去了县公署。小林顾问因为有点感冒，没什么精神。而县长又还在病床上，于是在寒暄和介绍新人、小聊半晌后告辞。午饭时分乘上火车。

10月12日

今年秋天的情况　歉收和农村

应答者　侯定义（69岁，原村正）

【秋收及之后的工作】

这个村里的话，收割过后是什么时候呢？ =8月。完结的时候是8月底（阴历）。

今天是阴历几号？ =九月初三日。

那么已经大致都收割完了吧？ =大概都收割完了。运的东西也大概完成了，但是高粱的根还没有运完。打谷也大概完成了。

现在耕种的是麦吗？ =秋麦。

除这之外，现在田里还种些什么？ =挖高粱和稗子的根。

那个完成后，今年的工作就完了吗？ =是的。

那么现在要干什么？ =将枯草和柴火聚在一起。

外面没有干别的什么事了吗？ =有。有做短工（泥工、木工）等的工作，没有干像上面所说的工作。

去外面工作的人多吗？ =没有那么多。村里的大概有10个人。

那么大部分人在家里做什么的吧？ =是的。收集柴火，喂养家畜等。

【处理收成】

打谷之后粮食怎么办？ =高粱和稗子等就是把皮去掉就可以吃。今年粮食不足。应该到年末就没有了。

那么打谷后放进袋子，然后放在家里吗？ =不需要考虑储藏粮食。比如说，打了2斗谷子，因为还没有缴纳大乡的差钱，要拿去卖，剩不下多少。或者是把剩下的粮食卖了还钱。所以基本上不会剩下什么。

如果在家里储藏的话，是打谷后放置好呢，还是不打谷直接放着呢？ =没有储藏的必要。但是要储藏的话，当然是打谷后放置。

【歉收—水灾】

那么在这个村里没有打谷之后储藏起来的人吗？ =今年半家都没有。因为今年有水灾。

一般年份呢？ =以前有这样的人，但是近年来不行。现在的情况是粮食到明年都不够。今年内恐怕会死。看到牲口，都只剩下皮了。因为连人吃的食物都没有，可能要去要饭。到了明年春天，大家可能都要去要饭了。今年种秋麦的人都变少了。因为没钱买种子，如果往年有10家种秋粮，今年就只有六七家。亩数也从5亩变成2亩了。

那在这种大家都境况糟糕的情况下要怎么办？=到了来年，到亲戚和朋友那叩头，靠拉饥荒生活。

【歉收与借钱】

这种时候，在村里能拉饥荒吗？=不能。因为在村里，现在是今天贷一升，明天就必须要还（即便现在收获这么少，也必须要提供从大乡来的挖沟人吃的高粱，保长他们来收）。

秋麦是来年的什么时候收割？=六月初一日，从五月末到六月初。

这一带也种白薯吃吗？=是的。然后也养牲口。

【外出务工】

那样收成不好的年份，去满洲的人会增加吗？=如果那边有亲戚和朋友在，过去也行，但那是实在没有办法了。这种困难的时候，来年大家或许都会去做短工和长工。

有去满洲做苦力的吗？=没有。

可以去远的地方做短工和长工吗？=近的地方无法务工的话，只能去远的地方务工了。

【财产变卖和借钱】

像上面说的时候那样，会卖牲口和土地来接济生活吗？或者是先借钱呢？=有这样的东西就先卖掉，没有的话就只能借钱了。虽然有卖土地的人，但是大家都没有钱，不知道是不是有买地的人。

那样的时候，土地的价格会降低吗？=那是当然会的。但是即使是那样的话，也无法说有没有买地的人。

【财主集中买地】

那样的情况下，没有像城内的有钱人会集中来买地变成地主的吗？=30年前，城内的张、马两家会这样集中买地，现在没有。

【商人地主】

那个姓张和马的人现在有很多土地吗？=有是有，但现在大部分都衰败了。

他们是自己做生意吗？=张氏现在有一家店，马氏现在有两三处房子。

自己不是做老百姓吗？=当然是雇长工来做。

让长工来做和让别人耕种，哪个多一些？=哪种都有。自己做的人应该比较多。

【村民贫富的今昔】

这个村子里一般和以前比，除了是变穷了还是变富了，没有别的什么变化吗？=没什么特别的变穷的，因为人口多，可能比以前稍微变好了。但是像今年一样恶劣的、很困扰的情况是特殊的。

比以前多少变好了，是什么原因？=人数变多，年轻人变多了，劳动力也变多了。

除那之外还因为存了钱吗？=是的。因为在外面做扛活（长工的意思）存了点钱。

【歉收的影响—乞讨】

那么像今年这样收成少很困扰的情况，应该有饿死人的情况吧？=拿着年轻人干活赚的钱就行了。

那么没有孩子的人很困扰吧？ =所以多了 3 个人要饭。今年春天有 12 个人，现在是 15 人。那些人现在在努力收集柴火（冬天没有活计和柴火，所以要走路要饭）。

他们只在村子里要饭吗？ =这次的这 3 个人要饭是只在村里。

在别的村子也有。 =有。

那些人是绕着走吧？ =是的。

那样的人是在哪里的村子里能要到饭呢？ =有要到饭的，也有没要到饭的。

这个村里要饭的都是没有孩子的人吗？ =这样说太片面了，也有孩子年纪小而要饭的。

他们是没有土地的人吧？ =其中也有家里有 2 亩到 3 亩地的人，大部分是家里连半亩地都不到的人。

【贫富转变】

有从以前开始就是要饭的吗？ =那没有。翻上翻下的，现在是要饭的，到了孩子那一代可能变成有钱人。

有要饭的变成有钱人这样的例子吗？ =有。要饭的时候孩子还小，长大赚钱以后发财了。

在这个村里有吗？ =有。一个姓刘的，打铁的，是个要饭的。以前是个财主，现在变穷了。有 2 顷地，现在连 1 亩都没有。侯治安是有 2 顷地，小的时候连 1 亩地都没有，稍微有家产的时候，听说从各户人家那买了很多地。

【凭贴】

那样的财主连 1 亩地都没有了，是因为什么？ =我小的时候，他家在城内开了一家叫万德兴的点心铺，但是亏损了。自然就变成这样了。那家店发行过凭贴（纸币），以 1000 元的资本发行了 5000 元，由于大家都来兑换，转眼间就兑完了。在万德兴买东西时，大家都用凭贴。然后凭信用卖给其他的店。即便在外面也能兑换。

凭贴等东西随便就能发行吗？ =可以。是信用。要估算财产。比如说，5000 元就付 5000 元。

那么他们是没有财产却要多出钱吗？ =不是，也是在他家财产范围内。当然，现金是没有这么多。

10 月 13 日

村里的乞讨

应答者　侯定义（前面出现）

地　点　侯家营

【村里的乞讨】

昨天听说的事，说以前有12人要饭，是12个人的意思吗？ =有12家。

1侯俊良；2六奶奶（侯姓）；3王大奶奶；4孔三；5陈占起；6永长内（侯永昌的妻子）；7侯振太家的；8侯元璧内；9侯元良内；10刘银女人；11侯咏坤（不在）；12王会女人（也走了）

新的3家是谁呢？ =13王兴邦；14侯永山；15李家老太太。

【1侯俊良的情况】

侯俊良的家人是？ =儿子2个，闺女（女孩子）3个，加上本人和女人（妻子）是7个人。孩子都还小。本人是50多岁了，女人有40多岁了。

没有土地吗？ =虽然有2亩地，但是没有收成。

这个人从以前开始就没有土地吗？ =以前有20多亩地，兄弟两人分。俊良是民国三年左右的时候，把房子卖给萧惠生了。土地卖给别人了。

他兄弟是懒人吗？ =不是。他兄弟娶的老婆过世了，再娶一个又过世了，先后娶了三个老婆。俊良也娶了两个老婆，因此把钱用完了。

那样就把土地卖掉了吗？ =是的。

他们没有卖地前借钱了吗？ =当然是之前借钱了，为了还钱而卖地。

借钱的时候应该是以土地做担保吧？ =是的。以土地作抵押，然后卖地。

作押是什么呢？ =指地借钱。（不是“当”）。

俊良现在在做什么？ =木匠。

木匠的收入也不够吗？ =1天2元，因为家里有6人到7人，所以不够。

【2独居老妇之死】

六奶奶的家人是？ =断后了，一直都是1个人，20多天前去世了。

那是因为生病吗？ =是的。70多岁。

谁给她办丧礼呢？ =近族人。将她生前住的房子择个价格卖了，然后买棺材，办丧礼。

不做别的葬礼仪式了吧？ =不做发葬等仪式。

她的丈夫和孩子都去世了吗？ =没有孩子。丈夫在世，但在四五十年前去了别处，至今没有消息。

【3王家遗孀的情况】

王大奶奶的家人呢？ =有2个闺女，1个儿子。丈夫是去年去世的。儿子2岁，连父亲的脸都不记得（去世后生的，遗腹子）。大的闺女也就8岁，小的是4岁或5岁。（丈夫是王文纯。）

这个人从什么时候开始要饭的？ =丈夫去世前一年开始的。

没有土地吗？ =2亩半。以前。

丈夫还在世的时候做什么呢？ =火车上卖水的（卖水的）。

这个人家里为什么变穷了？ =原来就很穷。

给这样的人贷钱的人有吗？ =没有那样的人。来要饭了，就实在没有办法，只给一点。

【4孔姓老人的情况】

孔三的家人是？ =2 个人。本人有 1 个孩子。孩子是在 30 多岁的时候在泥井做扛活。

本人多少岁了？ =77 岁左右。

没有家吗？ =有是有，但是连门牌都没有。住在孔子明的地方。

他也是以前开始就没有土地吗？ =以前有一些。但是父母去世，妻子去世，为了发葬，将土地卖了。

这个也是卖土地就借钱了吧？ =虽不清楚，但确实是在妻子去世后卖的土地。

没有当家子吗？ =只有孔子明。

孔子明没有给予帮助吗？ =那个时候，孔子明还小。现在就帮他，让他住进家里。

【5 陈的遗属】

陈占起的家人呢？ =现在是 3 人。1 个闺女，1 个儿子。本人在其他地方去世了，现在只剩他妻子一个。儿子六七岁了，闺女是八九岁了。他妻子是 40 多岁。

占起生前是做什么的？ =在奉天做大师傅（厨子），后面病死了。

他父亲在的时候就有很少的地吗？ =那个时候大概有 30 多亩。

那个时候是普通的老百姓吗？ =是的。

他父亲在的时候，没有别的什么困难的事吗？ =渐渐变得困难。

【6 侯永长的遗孀】

永长内人的家人呢？ =1 个人。没有孩子。60 多岁。

没有土地吗？ =没有。只有 2 亩。没有房子。

在哪里住呢？ =万德兴的家里。（侯永鸣把这个家出当给侯治成了。）

是借来的吗？ =不清楚，但应该是花了一点钱。

侯永长是什么时候去世的？ =40 年前。

永长内人在那个时候开始一直要饭吗？ =不是。五六年前开始。在那之前都是在亲戚家住。（别村）亲戚去世后，就来村子里要饭了。

【7 侯振太的老妇】

侯振太家的家人是？ =只有 1 人。没有孩子。虽有 1 个过继子但之后又去世了。70 多岁了（快 80 岁了）。

丈夫是在什么时候去世的？ =40 多年前就去世了。

什么时候开始要饭的？ =七八年前开始的。

在那之前呢？ =在那之前有土地。过继子去世后，他的媳妇也去世了，为了发葬将土地卖了。剩下的为了生存也卖了。

丈夫在的时候大概有多少亩地？ =二三十亩地。

过着平常的生活，是吧？ =是的。普通人。

过继子是在什么时候去世的？ =10 多年前。

侯振太近门的族长是谁？ =那就是侯振太自己。

他有多少门？ =31 门。兄弟 4 人，他是老大。

过继子和他媳妇都去世的时候，其他 31 门的人有没有帮忙？ =当然有帮助。比如说下雨的时候，就不能出门要饭了，会给她食物。天晴的日子就不会给。

振太有3个弟弟，她会去那几家求助吗？=家现在在老三家里。柴火等不够的时候，弟弟们会给。

把家贷出然后获取吃的，不这么做吗？=下雨的时候给她吃的。天气好的时候自己出去要饭。（老三是侯振群）

【8 侯元璧的遗属】

侯元璧内的家人呢？=总共6个人。3个闺女，2个儿子。2个闺女都嫁人了，先从家里出去不用在家吃饭。（不结婚的。）

大儿子在新京机子工厂学手艺。接下来2个儿子在家里。本人40多岁。

丈夫是在什么时候去世的？=做扛活的时候倒月了。（做长工和月工。）然后又典了几亩地。

自己没有土地吗？=自己没有土地。只有2间房子。借了兄弟的土地。

听说大闺女是嫁到外村了？=是的。外村。1个在凭庄，一个在莲河。

那分别是几岁？=大的是十七八岁，小的是十三四岁。

那是没有结婚吗？=做的时候没有结婚，现在已经结婚了。

没有办别的什么仪式吗？=没有。之后只做了一次返还的简单仪式。

那个都是对方出的钱吗？=是的。

【9 侯元良的遗属】

侯元良内的家人是？=2个闺女，3个儿子，共6个人。本人应该50岁了。老大是十七八岁，老二是16岁，老三是10岁左右，女孩子是一个20岁，一个十二三岁。

孩子们是做什么的？=大儿子去挖壕了。二儿子做扛活，但是生病了被解雇了。闺女都嫁出去了。

什么时候开始要饭的？=从男人去世后10多年了。

男人是做什么的？=做买卖。在城内做买卖亏损了，没有财产了。然后那个男人在世时就开始要饭了。

没有土地吗？=以前有50多亩地，做生意失败后都卖掉了。本来有家的，也卖掉了。

现在住在什么地方？=原来自己的家里。当家子兄弟元润的家里。

这个是借的吗？=是的。

【10 刘银的遗属】

刘银女人的家人是？=一共有4人。除本人外有3个闺女。在家里有自己孩子的媳妇，和2个外孙女。在家的有3人。本人60多岁，外孙女大的有十八九岁，小的是十五六岁。

那2个外孙女在做什么？=刘银女人去年也去世了，2个外孙女回家了。刘万臣把这个女人安葬了。因为是近门，所以卖了土地，办了葬礼。

刘万臣和刘银的关系是？=刘银是万臣的大伯（伯父，父亲的哥哥）。

刘银是什么时候去世的？=五六年前。这个时候刘万臣办了发葬。如果不做发葬会被别人笑（从近处开始）。

刘银没有土地吗？= 虽然有十三四亩，但是刘银去世时卖掉7亩。剩下的女人去世的时候都卖掉了。

刘银只是老百姓吗？ =是的。虽然渐渐赶上，但是不足的地方就靠万臣帮助。

刘银的十三四亩地是分家时分到的吗？ =是的。

刘银妻子是什么时候开始要饭的呢？ =自己也工作，但是不够，所以靠要饭补充。

刘银的葬礼时和他妻子葬礼时，是没有借钱直接卖地的吗？ =当然是先借钱，然后为了还钱卖地。

向谁借的呢？ =总之从这家借一些高粱，那家借些柴火这样借的。万臣自己也出了一些钱。

刘银的土地卖给谁了？ =刘万春（万臣的兄长）。

那么刘银的葬礼时，刘万春没有帮忙吗？ =那个时候，刘万春有自己的父母要照顾，万臣是没有父母了。而且在刘银在世的时候这样说过。我要是去世后你们俩谁帮我办葬礼我不知道，因为我自己有两间房子，那个就给你们两个了。然后在世的时候，万臣的二儿子作为刘银去世的儿子的孩子（作为孙子）过继了。然后立字据了。

那个过继的孩子现在在哪里？ =还在万臣的家里（刘斌运，去学校了）。

万臣说的2间房子在吗？ =不，那个和万臣一起住了（万臣有4个儿子、4个女儿）。

【11 侯永坤—绝后】

侯永坤呢？ =现在一个人都没有了。都去世了。他妻子也在要饭的时候去世了。有一个闺女出闺了（出嫁了。）

他妻子是什么时候开始要饭的？ =10年前开始。

侯永坤是什么时候去世的？ =10多年前。

没有土地吗？ =虽有七八亩，但是不是能耕种的土地。没有人要的土地（谁都不要的土地）。

房子呢？ =有。3间。

那个后面变成？ =2个人都去世后由埋葬的人持有。是侯永和。

永和是永坤的谁呢？ =堂叔弟兄。（同个祖父。）

永坤是分家的时候有的几亩地吗？ =没有分家。父亲在的时候就有七八亩。父亲是做小买卖的。

【12 外出务工者王会的家人】

王会妻子怎样了？ =王会去了满洲的四平街，他妻子就要饭了。不能忍受，一年以后也追着去了满洲。

孩子呢？ =没有孩子。

王会也没有土地吗？ =虽有3亩半，但是都卖掉了。

房子呢？ =没有。

王会是什么时候去的满洲？ =七八年前。

在村子的时候是做什么的？ =开了烟花爆竹的店。

除那之外还做什么？ =种了菜园子（借的）。

然后不能维持生活了才去满洲的吗？ =是的。

在那是做什么呢？＝不清楚。因为没有近门，所以没有消息。

【13 从满洲回来的归乡者王的情况—以前是富人】

王兴邦的家人呢？＝有2个儿子，2个孙子，1个儿媳妇，1个孙女。没有女儿。近年回来了（从绥中）。原来是村里的老户。

什么时候去绥中的？＝两年前。全部回来了。这个要饭稍微有些不一样。到别人家做针线活，靠劳作糊口。儿子们也都回来了，应该不会要饭太久吧。

为什么所有人都从满洲回来了呢？＝他妻子去世了。就回来了。

为什么？＝两个孩子，其中长子去了别的地方（百泉），他的妻子在那里去世了，留下一个孩子，生活困苦，就去了弟弟所在的绥中。由于弟弟的太太也病了，所以就一起回来了。

他没有土地吗？＝现在是没有，以前有1顷左右。

那是什么时候的事？＝他20岁时的事情。他的父亲也还在世。50多年前。现在67岁。

那个时候是村里的有钱人吧？＝是的。是二等户。

二等户的意思是第二的意思吗？＝是的。有比他有钱的人。

【变穷的原因】

他父亲是什么时候去世的？＝40年前。他运气不好，耗钱的事情很多。祖父母去世，孩子娶媳妇等的随份钱上很耗钱。

因为那些没有土地了吗？＝因为那些拉饥荒了，所以土地都卖掉。

他拉饥荒是用什么方法？＝本地习惯大抵先是拉饥荒，然后为了还钱而将土地卖掉。

那拉饥荒到底是用什么方法？＝有将土地作押的，有出当的。

王兴邦是村里的老户吗？＝是的。

谁买了他的土地？＝侯连仕最多。侯元勳也不少。前者是侯永正的叔叔。

【14 侯永山一家】

侯永山的家人呢？＝1个儿子，3个闺女，母亲1个，妻子1个，总共是7个人。永山是40岁至50岁。儿子是11岁，去学校了。大闺女十七八岁了，次女是十五六岁了。最小的是七八岁。

大概有多少亩地？＝剩下10多亩。去年是3亩，前年卖了1亩半。

有房子吧？＝3间正房。

永山是做什么的？＝庄稼人。因为脚上有肿伤有一年都没工作了。为了买药卖了土地。他妻子也靠要饭生活。

要饭是在最近开始的吗？＝去年冬天。年末开始。

闺女还没嫁出去吗？＝还没。

【15 李老太太】

李家老太太的家人呢？＝1个人。本有3个闺女的，但都病死了。

多少岁了？＝70多岁了。

丈夫是什么时候去世的？＝已经20多年了。

从什么时候开始要饭的？ = 五六年前开始的。但是有一个很好的老爷（闺女的丈夫），他会帮助。

那他是在村里吗？ = 是刘家坨人，但是现在搬来村里一起住了。然后抚养她。称为大姑爷的是刘树凯。

老太太家里从以前开始就没有土地吗？ = 不，有的。19 亩。

那是什么时候没有的？ = 丈夫死后为了埋葬、大姑爷也出了钱，把土地种了。

刘树凯现在有多少亩地？ = 十八九亩。但是去年卖了 3 亩半。

为什么？ = 妻子去世后，为了埋葬，然后为了养活李太太，生活变得困苦而卖掉。

【乞讨和分工】

要饭是只有女人做男人不做吗？ = 男人也做。孔三是男人。其他的都是女人。

大致上是女人多吧？ = 男人会做扛活能赚到钱，女人只能要饭。那样去做的很多。

【对待乞讨的态度】

来要饭时，会说没有而拒绝吗？ = 那应该不会。今天要是没有剩下的，会说改日再来。

要饭的几次来了都不给，没有这样的人吗？ = 没有。即使还剩半碗也会给。

要饭的人不觉得害羞吗？ = 当然会，但是没办法。

【只在名义下的政府扶助】

对那样的人，县公署没有给他们一些粮食等的帮助吗？ = 虽然有从县城来的粮食，但是只有 3 斤，连 1 天都没法支撑。比起那个，在这里 1 天要饭都有 2 斤多。

那么比起说扶助，其实根本不会去拿是吧？ = 也有去拿的。宣统三年和民国以来只去过 1 次和 2 次。去 2 次也拿不到多少。

没有来这边分配的事情吗？ = 没有。只是虽有民国二十八年从泥井拿到粮食的事情，是什么都不知道。

【不同村庄乞讨者的多少】

别的村庄里乞讨者的数量也大致相同吗？ = 不是，这个村子要饭的很少。

【关于借钱的期限】

有没有规定，借钱大概是什么时候还钱？ = 有规定好的，也有没规定的。

没有规定期限的大概是什么时候还钱呢？ = 暂借的时候，根据谈话，以抵押的期限来决定那个期限。

有不以抵押为期限的吗？ = 没有没有决定的事。何年何月，在之前就会说好。

决定期限的时候，是以秋还为多还是少？ = 秋后为多，如果是春天，麦秋的时候很多。

秋后是收割后立马还，还是到春天为止呢？ = 到霜降的时候。

在那之后不能吗？ = 可以。年底也行。

【春借秋还】

过年之后呢？ = 那个是春天了。不是秋后了。大致上春天拉饥荒，秋后还饥荒的很多。

昌黎的北部是春天还债的多，这是为什么呢？ = 那是卖土地还账的多的情况。

那么卖土地的是春天最多吗？ = 从 10 月到 2 月为止是卖地的时候。

昌黎的话，一区、二区是到年末为止还的多，三区、四区、五区的是到清明节为止还钱，这是为什么？=那应该是抵押的情况。这里的话有这里的习惯。

抵押的时候是为什么决定春天返还呢？=期限是到3月份的话，去问还还是不还。然后困扰的时候卖了，说不买，债主找债的时候买了。这个是从债主那听来的情况。从借方听来的情况也有，说不要还，请买了地这样的事情也有。

那个去问还不还的情况是在清明节前吗？=在清明节前后去问。大概是耕种的开始的时期。

一般是哪一方去问，借主还是债主？=这里的话，大概是债主去问的情况比较多。

【指地借钱的期限】

在这里，指地借钱的时候是怎么决定的？=决定是几个月的情况很多。决定是几年的情况少。

多少个月是很多的？=一般庄稼人是一年的很多。商卖等的去满洲的人是四五个月的很多。

那写契约书吗？=写。

有不写期限的吗？=没有。

没有只是写秋后归还的吗？=没有。

那是写到了秋后还吗？=当然是和借钱时的时节有关。秋后借钱的话，就不这么写。

【当的期限】

当的时候写期限的是多还是少？=有不写期限的但是很少。今年是变成大家都写年。

当的时候，期限是几年的最多？=有3年的，也有5年的。现在当地的变成非常少了。

为什么最近当地的变少了？=当地很麻烦，有钱人就买地。当地可能是可以赎回来。

借钱的人是不希望当地吗？=借主希望当地，有钱人不想要当地。

【当地和指地借钱】

当地和指地借钱哪个多一些？=当地的多一些。当地是大饥荒，指地借钱是小饥荒，后者是很少钱几个月的事情。首先指地借钱，不能返还就当地，其次是卖地。

有还钱的可能的时候，就指地借钱。

总之需要钱的时候，就决定是指地借钱吗？=是的。

简单的借钱是吗？=是的。还钱的时候也很简单。早点还钱利息就越少。

10月14日

关于当契、指地借钱契

应答者　侯定义（之前出现）

【当契、指地借钱契】（因为带来了当契和指地借钱契）（参阅土地买卖篇第11号资料中的侯定义地契13、地契14）

当契是这样的东西，其他的没有指地借钱的契约吗？＝这是指地借钱契。（指地契14）最后的地方写了利息2分2厘。大家都是这么写。但是也有写立指地借钱文约人的。以下是一样的。

（侯定义带来的当契）

立当契人侯万玉因为无钱使用今将祖遗家东白地一段计小地七亩垄四十条东西至侯姓南至坑北至道西至明白同中人当契大源号名下耕种言明当价钱三十九吊正又缺粮食五十四吊一百文言明二年交完无利钱言明二十七年腊月二十日本利不到与大源号典当自便不许反悔如有反悔在中人一面承管恐口无凭，立当契存照

每年包纳钱粮钱二吊一百文

中人　侯殿魁代笔

道光二十六年十二月二十日　立契

【关于契（当样式的指地借钱契）的字句】

当契也好，指地借钱契也好，都是因为无钱使用吗？＝是的。因手乏或者无钱使用。其他的事情不写。

【小地—小亩】

计小地是什么？＝小地是小亩的意思。大地是1亩，4小亩。

那么也有写大地的情况吗？＝有，但是写小地的比较多。

什么场合写大地？＝以前的时候。现在没有看到。以前买卖契，以大地买的时候是大地银粮……这样写后过割。

小亩的1亩是多少呢？＝240弓。

这个地方只写小地吗？＝是的，我自己从知晓事情开始，就是写小地。

收纳钱粮的时候，也是写小地吗？＝是的。

【同中人】

同中人是？＝土地买卖的时候，买卖主不直接谈话。在他们中间，需要有介绍人。那个就是同中人。

不说是中人而叫同中人吗？＝就是中人。一样的。

同中人只是写契约的，不是不叫中人吗？＝是的。叫的时候是中人。我们之间因为有中人，不会错。然后，央求中人写契约书的也有。

“央中人”是什么意思？＝拜托中人的意思。写的字据叫“央”（翻译说“央”是“仰”的别名。）

【中人的作用】

当和指地借钱的时候，没有中人，只有买卖双方，这样不行吗？＝当然是不行。一定需要中人。

为什么需要？＝写字据来证明。

只是由借主写字据不行吗？＝不行。

为什么不行呢？=那样的话有可能会有伪造借据。不准伪造字据，没中人字据无效，不发生效力。

中人在场的话，有不要字据的情况吗？=没有那样的事情。没有那样做的方法。即使是当事者自己来写字据，也不能没有中人。

兄弟之间借钱的时候需要中人吗？=当然是需要。小事的话可以不要，当或者卖的时候需要。

【从商店借钱】

大源号是什么？=城内的买卖家。这个往往是在村里没熟人或是有熟人，也没钱的时候，带着契约去城里的商人那作押，还不了钱的时候，就说随便借点然后去借。

上面说的是做什么的店？=这个是以前的事情，我自己也不是很清楚。

作押地契借钱应该不是当地吧？=根据事先谈话决定，写了这样的字据，和地券一起带去，作兑换来换钱。

那样的场合应该也需要中人吧？=是的。到店里带契约，去中人家里，确认对方是否真的做了中人，然后让其盖印章。即便有了印章，此时也要确认。

如果没先确认的话，就应该不能借钱吧？=但基本上和店里关系很好、又认识，所以有信用的话先给的情况也有。

那么即使有中人，借主和店不是很认识，也不能借钱吧？=当然，不那么做不给钱。

从那样的店里借钱的事情多吗？=很少。几乎没有。大致上村子里做这样的事比较多。

上面这样的时候，是带地券和当契去店里递交，不返还的话怎么办？=那个时候，店里就随便当了靠典（租）得钱。

店里的人不会将土地卖掉吗？=不会，不是本人不能卖。

在店里不能用本人的名字将土地卖掉吗？=那不会。那个是伪造的。

【名下耕种和为业】

有当与○○○名下耕种这样的写法，其他还有什么写法吗？=没有。大家都是这样的写法。

不写名下为业吗？=那个是卖契。当的话不这么写。写为业的话就变成卖地了。

好像是不写永远？=是的。只是为业的话就是卖了。但是卖地的时候，写永远为业的很多。

不写3年为业吗？=不写为业。写3年后准其赎回。非卖契不许写为业，中人不干。

言明当家○○的意思是？=决定这样的话。言明是说妥了的意思。（现在的年轻人不知道这样的事情。）这五六年我自己不做了，但以前哪里分家或是土地买卖的时候，我做得很出名。这是基于除正无私、非理不动的精神来做的。徇私舞弊这样的事情，我是不会做的。心无愧疚，对天可表。

【分家的中人】

中人不得不那样吧？=刘万臣分家的时候，幸好的是我来做的。在那之前谁做都是变得很困难。然后往我家来拜托我，因为没什么进展来拜托我，我就同意了。财产很少，饥荒很多，分家前债主们来了不回去，说怎么能分家，分家后由谁来还钱。比起财产饥荒更多。于是我在中间问了很多。调查了谁有多少饥荒情况，财产有多少，饥荒情况很多，财产很少。于是将债主都叫来，说只有这些财产。说不能按照欠你们钱的数量全部返还，但可以按照比例来决定。

那么，分家的时候没有只分财产的吗？ =没有什么分的东西，只留有少量的父母的养老地。

【缺粮食钱】

然后说缺粮食钱 54 吊等等是什么？ =当地前赊买，不用付那个贷款。为了这个，一起写上变成当地。(实际上是当价的追加。)

上是无利钱，下是本利不到，是为什么呢？ =因为 2 年交完，到那为止没有利息。到那时，不能还钱的时候付利息。民国二十七年腊月二十日是指地借钱期限。钱是民国二十五年借的，先用。那之前是信用。

不许反悔是什么意思？ =之后不允许改变态度这样的事情。

【在中人一面承管】

在中人一面承管是？ =根据中人证明的意思。中人承担一切责任的意思。

最后每年包纳○○○是？ =如果不能返还，变成典和当的时候，自己所付的钱粮也请归还的意思。

不能返还的时候，大源号出当是转当吗？ =是的。

侯万玉是你的谁？ =我的祖父。(爷爷。)

【还债后的文书】就意味着你已经还钱了吧？

你有这个文书是已经返还的吧？ =当然没返还就不能赎回啦。

一般，还钱拿回文书的时候会好好保留它吗？ =当然是好好保留比较多。烧毁的也有。(借钱来又还不上是败家。还父母的借款，把钱存起来是起家。像自己这样，不让父母留下的钱减少是守家)

【指地变为当】

上面说的指地借钱不能还钱的时候，是会变成当地吗？ =是的。

那个时候是撩钱吗？ =不一定。如果土地有相应升值的活，会那样办。

不能还钱变成当的时候，就没有期限了吧？ =没有。没有年限，是长尾巴单子。(土话，一直持续的意思。)

【本利的利】

上面说 2 年内还是有利息的吧？ =是的。

但是不写多少利息，这是为什么？ =把利息一起写进去的也有。缺粮食钱○○○的其中就包含了利息。

【期限的记录】

之前写的当契（前出现的地契 6、地契 7）都是不写期限，这是为什么？ =在当契上写期限的很少。但是现在当契很少，需要钱的时候大多是死契。

立当契来说，年利 2 分 2 厘的指地借钱契（地契 14）上没有写期限是为什么？ =那是信用借钱不用写。什么时候还钱都行，不用写。大概是在短时间内还钱的要写。

长时间的要写吧？=是的，长时间的必须写。

【个别调查1】

侯永勤（长子侯元广，38岁，回答；说父亲去了城里的集市了。元广是这个春天成为保长的，看上去不像是那么厉害的人。）

家人是？=父亲（59岁），母亲的父亲76岁，长子17岁，继母47岁，妻子35岁，长女13岁，妹妹18岁，以及自己，一共8个人。

雇人呢？=1个。长工，侯永芳。

【土地】

有多少亩地？=90多亩。

那是在几个地方呢？=22块。3亩，5亩和很细的土地很多。

全部都是自己耕种吗？=是的。因为土地质量不好，没有赚到多少钱。

很忙的时候会雇别人吗？=今年春天雇了月工。1个月。

上面说的土地都是在村里吗？=是的。

土地里有井吗？=没有。

有牲口吗？=有1头牛。春天的时候有1头驴子，卖掉了。

为什么卖掉？=今年收成不好，秋收只有一点点。

【作物】

今年种了多少农作物？=

	亩数	收获
高粱	30亩	5石左右
谷子	3亩	1石三四
稗子	16亩	3石5
秋麦（去年播种了，今年又播种）	5亩	1石2
苞米	6亩	1石四五
黍子	2亩	6斗
黄豆	2亩（截垄）	7斗
精子	4亩	1石2
糜子	2亩	4斗

这其中有拿去卖的东西吗？=没有。这些应该是能卖的东西的。还必须要买。

今年是按一般年份的什么比例来耕种的呢？=一半左右。

【粮食价格】

一般年份是卖多少呢？=去年是按下面那样卖的。

数量价格	
高粱米	2石平均一石100元（分了几次卖，高的时候是1斗14元，便宜的时候是7元5角。）

麦子	1石	1斗13元
苞米	1石多	1斗7元5
稗子米	四五斗	1斗20元或19元
黄豆	三四斗	1斗15元
黍子米（黄米）	2斗	1斗16元或17元

那个是什么时候的价格？=大概是今年的3月份左右。小高粱的1斗7元5角是去年的10月。

去年10月份的是这些价格：

高粱	1斗	6元六七十钱左右
高粱米	1斗	8元多（大高粱米）7元多（小高粱米）
苞米	1斗	9元多
稗子米	1斗	19元或20元（和春天没有差别）
小米	1斗	十七八元（今年春天是20多元）
黍子米	1斗	16元（春天是十七八元）
黄豆	1斗	十五六元

麦子的价格是多少呢？=今年5月是13元1斗，现在是二十七八元。都是秋麦。这里都不是春麦。

春麦是？=春天播种，到5月份时收割。

那样的粮食去哪里买卖呢？=泥井的粮食市场。

除种地外还做一些什么？=其他的没干什么？

【家畜和饲料】

养了猪吗？=现在养了9头。

今年没有卖吗？=春天卖了7头，1头70元（大的）。

猪崽多少钱一头？=1头13元。

每年都养这么多头猪吗？=有多的时候，有少的时候。肥料足够的时候，不只养这么多。

那么根据拿到的猪饲料来决定养多少头猪吗？=是的。

不是为了养大一些才养的吗？=主要是肥料。因为肥料需要花钱，及时卖了也存不了钱。

把猪养大需要花多少钱呢？=除掉豆子，也需要糠。1头要花数百元。摘来的豆子是喂给所有的猪吃。因为没花钱，所以不觉得贵（下文提到每斗豆子价值十七八元）。

养1头牛的话，一年需要什么，花多少钱？=稗子草二千七八百斤。还有黑豆2石，混着草喂着吃。

【长工和工钱】

需要付长工多少钱？=8个月，180元。

之后的4个月不工作吗？=工作。那4个月请短工工作。但是根据约定而不同。也有一年的长工。从秋后开始到秋后为止。从春天开始到秋天为止的是8个月。

月工和短工付多少钱？=月工是50元。

除月工外，不雇短工吗？=不雇。

肥料要另外买吗？=不买。

种子也不买吧？=是的。

【食物】

家人大致吃哪些食物？=一般是秫米，也经常吃稗子米。偶尔也吃苞米。

一年大概需要多少？=秫米7石，稗子米2石，苞米大概是1石左右。

一般年份是不需要买的吧？=是的，足够。

【衣料】

衣服和寝具等，一年需要花多少钱？=不是很清楚，但大概是二三百元。

那些是买了布来自己做吗？=买布的时候也有。种了棉花，自己编织的也有。（近年来没做。今年多少编织了。）

修理房子等的不花钱吗？=不花钱。不是每年做。

【燃料】

燃料是用什么？=高粱渣子，稗渣子等。

不买别的吗？=不买。

【赋税】

田赋大概要收多少呢？=钱粮是1亩1毛，9元多。

除这外的摊款呢？=去年是800多元，因为小乡到大乡都要给。

今年大概是多少钱？=应该是更多。应该有1000多元都不够。

大乡制是什么时候开始的？=民国二十九年十月开始的。

去年只是大乡摊款花了多少钱？=400多元。

除那之外的摊款还有哪里要出吗？=大致是小乡（本村）的费用。

【杂费】

除此以外，盐、烟等，其他一切日用品一年大概需要花多少钱？=一年大概花六七百元。

【收支和借款】

一般年份的话，有多少钱剩下来？=没有剩下的。只是不拉饥荒。不借钱的时候就是好的。

那么没有像你一样有那么多土地的人每年借钱吗？=那应该会吧。

今天秋天没雇短工吗？=没有。

一般年份呢？=不雇。

【购买土地资金】

你家的话有这么多土地了为什么还买土地呢？=父亲在满洲做生意存了钱，所以买了土地。

【原谷和精谷量】

高粱1石的话能得到多少高粱米？=根据物品而不同。（侯定义，侯瑞和参加）。小高粱是6斗米，红高粱是7斗，红谷白事9斗，老来青是8斗米。

哪种种的多一些呢？ =小高粱最多。土地质量差，种不出好收成。道路两侧不能种，所以明年应该不能种。（因为到今年为止很多都是种在道路两侧）

稗子是1石能得到多少？ =3斗六七升。

谷子呢？ =大概一半。

麦子呢？ =这个是直接卖的。不包皮。（根据面）。好的是1斗四十二三斤。今年的是二十八九斤。

黍子是怎样呢？ =1斗能得到黄米6升是好的。大概是一半。

精子呢？ =4升或4升5毫。

粟子呢？ =熟米（1斗煮了包括皮）是6升，生米（直接取得的）是4升5毫。

【蔬菜】

这里有种菜园子的人是种什么呢？ =本村没有。侯老荫是自用的，只种了一些菜。

【钱粮、摊款】

决定了钱粮是1亩多少吗？ =不一样的。有1亩1毛的，1亩1毛多的也有。1亩3分的也有，1亩1毛6分的也有。不根据土地质量的好坏。七八分的也有。

去年摊款的话是1亩多少呢？ =1亩3元（定义），5元（元广）。

村里的摊款是？ =全部算进去，加上大小乡是3元左右。（瑞和，定义等人说。）

今年的话，摊款大概是多少？ =1亩3元左右。还没到年末，应该还要花一些。

除这之外，还有村里的摊款是吧？ =应该是1亩60钱。（瑞和、定义等人说。问了这样的摊款后，大家的脸色都不好）

10月15日

个别调查

【个别调查2】

侯治平（47岁，31门，朴素且木讷的纯农民）

家人有几个？ =5个女儿，1个儿子，1个母亲（在别的地方住），妻子1个，总共8个人。

妻子45岁，儿子6岁，女儿分别是20岁，14岁，12岁，10岁，5岁。

【轮流管饭】

母亲是在谁家住呢？是轮流抚养吗？ =是的，轮流抚养。现在在我哥哥侯治东那里。有30亩养老地，由兄长耕种就由兄长抚养。

有几个兄弟？ =6个人。因为家人多，所以就不来我这住了。

【分家】

分家的时候分到几亩地？ =12亩，房子的敷地院子6亩，一共是18亩。

什么时候分家的？ =已经5年了。

现在有多少亩地？ =11 亩（房院不算）。

【卖地】

怎么少了 1 亩？ =卖了土地买了粮食。

什么时候卖的？卖给谁了？ =5 年前，卖给侯治公，侯治宽了。

两个都是兄弟吗？ =是的。我自己的弟弟。

【兄弟间的租地】

没有从别人那借土地吗？ =13 亩。从老三治公那借了 7 亩，老四治宽那借了 6 亩。

那么你是总共耕种了 24 亩地吗？ =是的。

雇了人吗？ =没有。

没有牲口吗？ =没有。

【房子的承当】

房子是自己的吗？ =从侯大生那承当来的。3 间。

什么时候承当的？ =6 年前。

多少钱？ =70 元。

立字据了吗？ =是的（当契写，后出）。

那么带着吗？ =有。

期限是？ =10 年。

侯大生为什么将房子出当？ =有很多房子。

不是因为别的什么没有钱的原因吗？ =那好像也是，但因为有很多房子。

为什么需要钱呢？ =人多，为了吃饭。

【作物】

今年种了什么农作物？ =

亩数收获今年的比例

	亩数	收获	今年的比例
高粱	6	5 斗	5 成（和去年比）
谷子	0.5（都死去）	1 升	(去年是 2 斗半)
稗子	2.5	1 石 1	(去年是 1 石 5)
秋麦	1.5	3 斗 5	同样
黄豆	间作	5 斗	4 成左右
苞米	4	1 石 2	8 成
黍子	1	1 斗 5	三四顾
粟子	0.5	2 斗	3 成左右
甜瓜	3	都吃掉	二
大麦（春麦）	1	1 升（全部不行）	(去年是 1 斗 5)
早稗子	3	2 斗 5	3 成

这个收获是普通年份的几成？ =今年春旱后下雨，非常差。（参阅上表下段）

去年卖了粮食吗？ =没有可以卖的地方。人很多，还要买。

【短工】

除种地外还做了什么？ =有时间的时候去作工夫了。也做倒月。

那是在村内吗？ =是的。

一年有几个月左右呢？ =春天 2 个月，秋天 2 个月左右。

那大概能赚到多少钱呢？ =150 元左右。

去工作的时候，那边提供吃食吗？ =是的。管饭。

【食粮】

一家人全部一年需要多少口粮？ =高粱米 1 日 2 升；1 个月 6 升；一年 1 石 2 升。稗子米（只吃这个的时候）；1 日 1 升 5 厘（这是有的时候只吃这个）。

吃什么菜？ =卤菜，酱，黄豆，豆芽（这些都叫庄稼菜）等。

也做豆腐吗？ =买。

一年这些需要花多少钱呢？ =盐、香油和其他的加一起是 110 元左右。

那 1 个月不足 10 元吗？ =是的。

【衣料】

衣服、被子等一年需要花多少钱呢？ =150 元左右。

普通年份要买粮食需要花多少钱？ =高粱米 2 石，1 斗 10 元，5 月左右。

【燃料】

燃料呢？ =不买。用豆壳，苞米秆等。

【地租】

借的 13 亩地的租子（典钱）呢？ =1 亩 10 元，共计 130 元。

肥料是怎么办的？ =不买。拾粪，用它焚烧后的灰作为土粪。

不买种子和农具吗？ =不买种子。有农具。

【钱粮、摊款】

出多少钱粮呢？ =中地，1 亩 15 钱，计 2 元左右。

大摊款呢？ =去年 1 亩 3 元左右。

今年呢？ =今年交 6 回，还没出 1 次。（孔子明说，到现在为止是 2 元 54 钱）

小乡摊款呢？ =1 亩 80 钱，今年到现在为止是 48 钱。（孔子明答，治平说不清楚）

除这之外没有出谷物的吗？ =没有。（今年是挖壕，10 亩是 2 合，出 1 升的 2/10，最近）。

租的土地要出摊款吗？ =不出。由土地的所有者出。

【收支和借款】

每年都不借钱可以吗？ =不行。拉饥荒。

什么时候？ =买食物的时候。

那是什么时候呢？ =5 月份（阴历）。

去哪里借呢？ =傅炳新（扛活）。

和那个人是什么关系？ =他是在介绍成为侯荫堂的扛活时认识的人。

成为他的保人了吗？ =是的，做当保。但是现在不做了。

为什么不做当保了。 =我经常不在家，有要事的时候只能拜托别人。

【信用借款】

向他借钱时，是自己去呢还是别人来拜托呢？ =自己去。别人不来拜托。

每次借多少钱？ =50元。只借1回。

还了吗？ =还没还。还不了。

有什么担保吗？ =没有。信用。

还不了怎么办？ =年头儿好的话就还。还没到卖的地步就先不还。

他来催钱吗？ =来了。来了低下头说等着。

立字据了吗？ =没有。

没有利息吗？ =月利3分。

是怎么决定期限的？ =开始是借一年。一年后来请求。那个时候，今年的收成不好，说要是可以的话，就还钱吧。

那么，是说什么时候都可以吗？ =是的。

前年没有借吗？ =没有借。收成不好。

姑娘还没嫁吗？ =大姑娘（20岁）已经嫁了。

什么时候？ =去年，嫁给桥上，吴殿魁。

花了多少钱？ =30多元。

父亲什么时候去世的？ =不记得了。10年前。（别人说）

（侯治平承当契写）

立当房文契人侯大生因有正用将自己前院西厢房三间烦中人说合当与侯治平名下居住言明当价随市大洋七十元整其洋笔下交足并不少欠日后款到许赎此系两造情愿各无反悔如有异说俱在中人乙面承管恐口无凭立此当契在证

中人　侯聘之代字

中华民国二十七年旧历八月初二日

立当契人　侯大生[1]

【个别调查3】

孔子明（43岁，经常做中人。去过满洲，是个狡猾的男人。）

有几个家人？ =2个儿子，1个女儿。儿子分别是11岁和8岁，妻子是43岁。

其他没有别的什么人了吗？ =没有。

有几亩土地？ =16亩5分。

向别人贷了土地吗？ =没有。

没有当之类的吗？ =没向别人当，也没当给别人。

---

〔1〕 译者注：此处为民间契约，保持原文文字结构。

没有牲口吗？ =没有。

【作物】

今年种的农作物是？ =

	亩数	收成
小高粱	7	3 斗 5
大高粱	3.5	5 斗
黄豆	1（间作）	1 斗 5
黑豆	1（间作）	2 斗
谷子	2.5	6 斗
苞米	2.5	7 斗
黍子	0.5	1 斗 5

卖了什么？ =全部苞米。然后高粱米卖了 4 斗。

【稻田的经营】

种地外还做了什么？ =在七里海种了水田。

今年开始的吗？ =民国二十七年开始的。那年开始是朝鲜人种的，去年成立了公司。

从公司那借的吗？ =不是借的。分种。6∶4 的比例，种 1 石可以收到 6 斗。

用人去做的吗？ =雇 2 个人。1 个大人，1 个小孩。

已经收割了吗？ =还没。今年有虫灾，所以晚了。

大概可以收回多少？ =50 亩大概是 1 亩 7 斗。去年收了 1 石 3 斗。

今年能卖多少呢？ =这要和合作社、县公署、领事馆、守卫队商量后再决定。去年是 8 元 1 斗。今年这段时间开会，还没确定价格，大概是 12 元 1 斗吧。

去年靠种植水田有多少收入？ =去年种了 70 亩。但是没有挖好沟等，全部收获的也就只有 10 亩，其他的很糟糕。

今年雇了 2 个人，给了他们多少钱来做这个？ =一年大人是 300 元；小孩是 90 元。

饭是怎么样呢？ =当然是管饭的。

【食粮】

家人的口粮是多少呢？ =小米和秫米，1 个月 3 斗，一年 3 石 6 斗（米 3 石，小米 6 斗）。

花多少钱买呢？ =去年买了 2 石秫米（将苞米卖掉又另外出钱买的。）

【衣料】

衣服和其他被子等呢？ =一年 200 元。

家里屋子的修理等呢？ =不用。

燃料呢？ =不需要钱。

【钱粮、摊款】

收多少钱粮呢？ =一年 3 元左右。

大乡摊款呢？ =去年是 1 亩 3 元，大概是 50 元。

小乡摊款呢？ =1 亩 8 毛，计 13 元左右。

肥料，种子，农具等呢？ =都不用买。

盐，油，烟和其他一切日用品的费用呢？ =需要300元左右。

【收支借贷】

你从种植水田那应该有多余的钱吧？ =好的时候有多余，去年不太好。

最近没有贷钱，借钱的事吗？ =没有。也没有贷出去的事。

父母是什么时候去世的？ =父亲是50岁去世的，25年前。母亲是2年前去世的。

【丧葬费】

母亲的葬礼花了多少钱？ =330元左右。

同样是发葬，今年的话要花多少钱？ =600元。

那个葬礼的费用是为什么？ =寿衣是之前就准备好的，棺材的价格也是立马就付了（只花了100元）。没有借钱。

兄弟呢？ =只有自己1个。

从父亲那拿到的土地有多少亩？ =和现在一样。

【短工】

耕种土地的时候，没有雇人吗？ =雇了工夫。春天七八个，秋天两三个，合计是10个。

1天多少钱？ =2元，管饭。

【外出务工】

有去过满洲吧？ =是，从15岁到30岁共15年，去了奉天。

做什么？ =在钱铺工作。

为什么去满洲？ =这里大家都这么做。大概都是小学毕业后就去满洲了。

是为了存钱而去的吗？ =是的。

存钱来做买卖吗？ =为了买土地。大家都这样。

你回来后买了土地吗？ =买了6亩。

怎样被介绍着去了满洲？ =那边有亲戚在。

【关于中人】

你经常做中人吧？ =是经常做中人。

只是土地买卖的时候，还是当的时候也做中人呢？ =哪种都做。

中人的资格如何？怎么样的人可以成为中人？ =没有限度。谁都可以。经常帮助别人的人可以。

不知道土地质量的好坏、价格等的，也不能成为中人吧？ =是的。当然是这样。村里的人大概都知道。在奉天，有专门收钱的中人（经纪）。在城里也有。

在农村拿不到钱吗？ =拿不到。

他们会带着礼物来吧？ =什么都不带。大致上卖地的人都是贫穷人，没有钱。买地的人也没有，不做这样的事情。只是买方会请吃一次饭。

当的时候也是那样吗？ =当的时候不做那样的事。

【当的中人】

当的时候，受到出当者拜托要怎么办？ =那会儿去估叶会承当的人那儿，说谁想要出当，问他想不想承当。在那之上决定当价。

当价多少是由谁来说呢？ =当然是出当的人说希望多少钱。例如说 50 元的时候，承当者说 40 元，中人在其中说合为 45 元。

那么起决定作用的是中人吗？ =是的。是那样的风俗。但是也有不让步的时候，这个很少。大多是根据中人说的。

那样决定好当价后怎么办？ =写文书。写完后递交钱。

写文书是，债主，借主，中人 3 个人聚集在一起吗？ =是的。3 人去承当那聚集。

钱是必须在文书一起递交吗？ =大多是一起的。

没有先交钱的事吗？ =那个也有。大致上是根据中人的话来的。例如有想要 10 亩地的人时，就先当给他 5 亩地，之后当又有 5 亩地典当的时候再一起写文书。这就跟吃好吃的要一次享受一样。(出售时)

交钱的时候，是由中人清点后交吗？ =是的。经中人手交钱。

当地的时候，不去看土地，不测量土地吗？ =做。当和卖一样。

当的时候先写文书，由中人拿着，去递交钱，有这样的事吗？ =有这样的事但是很少。并且中人不是 1 个，三四个人的也有。

【很多中人】

中人一般是多少个人？ =一般是 3 个人左右。也有代笔的。

像当的时候呢？ =没有只有 1 个人的。最少的是 2 个人。

为什么需要 2 个人以上？ =大家都是这样的习惯。

中人是 2 个人或者 3 个人，是由出当者来拜托吗？ =是的。

没有承当者来拜托的事吗？ =当的时候几乎没有，有钱的人说想要买多少，说好的对方的话就帮忙介绍，这样的事情有。

写文书，递交完钱之后就不需要中人了吧？ =是的，已经没什么用处了。

10 月 16 日

个别调查

【个别调查 4】

侯振山（39 岁，侯治成的长子，普通的农夫）

家人有几个？ =父亲 63 岁，母亲 62 岁，兄长去世了。嫂子 32 岁，妻子已经去世了。儿子 12 岁，侄子 15 岁，侄女 13 岁、11 岁，共计 8 个人。

雇人了吗？ =没有。

有多少亩地？=15 亩。

【房子的承当】

房子是自己的吗？=不是。当来的房子。

向谁当的？=侯永鸣。

多少钱当来的？=200 元。

家里有几间房子？=3 间正房，厢房 5 间，共计 8 间。

期限是决定了几年？=虽说是决定了 10 年，今年是第一年。

立字据了吗？=立了。

侯永鸣有别的房子吗？=有。

他为什么当房子？=没有钱，房子很多。

那个钱是因为什么要用？=过日子，买吃的。

谁是中人？=侯砚扬（去世），侯凤义，侯延武，刘子馨。（后面是孔子明说的）

他（永鸣）没有说要抽回吗？=因为没有钱，无法买回来。

你想过要买他的房子吗？=没有。因为连饭都吃不饱。

取当的时候是 200 元，为什么可以出那个钱呢？=一直以来储存的钱。

一直都是那样存钱吗？=那个时候做小买卖。现在没做了，拉饥荒也拉不起来。（借钱也出不起。）

做什么买卖？=开了一家布店，在泥井的集市上。

到什么时候为止呢？=8 年前。

为什么不做了？=亏损了，本钱也没有了，就不能开了。

为什么亏损了？=布的价格下跌，比起买进来的价格，卖出去的价格更低，所以亏损了。

别的没有什么借钱的吗？=没有。

也没有卖土地吗？=没有。

兄长去世是什么时候？=9 年前。

太太是什么时候去世的？=7 年前。

【丧葬费】

那个葬礼花了多少钱？=兄长去世的时候花了 100 元左右（如果是现在的话是 200 元）。妻子去世的时候是 50 元。（现在的话应该是 100 元左右。）

那些钱是怎么得来的？=刚好养了几只猪，将那些卖掉，充当丧葬费。

【租地和分种】

没有从别人那借土地吗？=从刘殿元那借了 5 亩种了甜瓜。

那是菜园吗？=普通的土地。

除那之外没有借了吗？=分种 11 亩，侯聘之那借的。

5 亩是花多少钱借的？=50 元。

那是什么时候付的钱？=说好卖甜瓜的时候付钱。（秋租）

分种的约定呢？=别人的土地，分给我自己耕种一半。

这些的土地都是在村内吗？ =是的。
有牲口吗？ =1 匹驴子。
忙的时候雇人吗？ =不雇。
【短工】
去别人那工作吗？ =去。
一年去多久？ =短工，年 20 多工。
1 天多少钱？ =2 元。
春秋都是一样吗？ =今年大概是一样的。
【作物】
今年种了什么农作物？ =

	亩数	收成	去年（亩当）
小高粱	5	3 斗	2 斗 5
大高粱	9	1 石	2 斗 5
黄豆	1	2 斗	2 斗 5
黍子	1	1 斗	2 斗
粟子	0. 5	0. 5 斗	2 斗
苞米	2	4 斗	4 斗
谷子	1	1 斗 5	三四斗
稗子	3. 5	4 斗	5 斗
秋麦	3	4 斗	3 斗
黑豆	2（间作）	4 斗	3 斗
粳子	1. 5	4 合	4 斗

这其中有卖的吗？ =只卖了黑豆 4 斗。
卖了多少钱？ =3 斗，1 斗 15 元，1 斗是今天 18 元。
去年卖了多少钱？ =只买了 2 斗黑豆（1 斗 8 元多。）
【家畜】
没有猪吗？ =有 3 只小猪。
多少钱买来的？ =3 只 20 元。
【食粮】
家人的食粮需要多少呢？ =米一年 4 石，小米 5 斗，稗子米 5 斗。
作为食粮要买多少？ =今年收成不好，不得不买了秫子米 3 石。小米也是 5 斗。
今年春天买了多少？ =秫米 3 石，小米 4 斗。秫米是 1 石 110 元，小米是 1 斗 15 元。
那是几月份的时候？ =2 月份的时候。
【衣料】
衣服和被子等需要花多少钱？ =这两三年没有用这些钱。
几年做一回新衣服吗？ =没有规定。
穿到什么时候会破呢？ =破了的话就缝好，破了的话就缝上再穿，不知道有多久。

燃料是用什么？＝用枯草和其他捡来的东西。

【其他】

不用买肥料和种子、农具等吗？＝不买。有农具。

【钱粮、摊款】

要出多少钱粮？＝一年3元5角。

大乡摊款是多少？＝50多元。（去年）

小乡摊款是？＝去年没有。（从孔子明那听说1亩8毛。回答说是14元。）

关于分种的土地不出吗？＝不出。

日常的油、烟和其他杂费需要花多少钱呢？＝100元左右。

侯永鸣的当契可以给我们看吗？＝

立当契文约人侯门张氏婆媳论议今将自己北边正房三间正房南西边牲畜棚一间东厢房两间正房北东边草棚子一间厢房三间厢房北小厦一间正房北西边地基七间计七丈又二门外东半截猪圈一个车门一门伙用车门北地基至道场伙用前后房屋地基门窗户尉俱各在内同中人说允情愿当与侯治成名下言明当价钱两千七百吊正大银洋一百元正交清各无异说恐口无凭立契为证

言明十年钱到许赎回许辞不许撵

前后同行　执照中人　侯俊臣　侯治祥　侯砚扬　代笔

中华民国十九年阴历六月十五日　立文契

（注：尉是壁的意思）

【关于当契的字句】

许辞不许撵是什么意思？＝因为是从承当者那里返还房子，可以要求还钱，但是出当者不能要求还房子。

撵是什么字？＝（有点不太清楚。侯延武说是土话。）

前后同行是什么意思？＝从前门到后门，从哪个地方通行都可以的意思。

为什么写这样的东西？＝门之中有两家人。永明是住在大门那儿，从一方通过不行的话，要打架了就很麻烦，从哪儿都通行就好了，所以这么写。

这里的话不在名字下面签字吗？＝现在大家都是画押，以前是什么都不做。（孔子明说，本来当是必须要立税契的。）

（应答者孔子明——继续中人的话题）

【当的赎回手续】

当的赎回时中人做什么呢？＝当事人去中人那儿，说自己想要赎回，把钱和文书带上去。当时的中人如果经过多年去世的话，就向他的孩子说这件事。

那之后呢？＝中人带着钱和文契去承当者那，把这件事说了，赎回土地。

出当者自己不用去吧？＝是的。只用中人去。

中人是3个人一起去吗？＝是的。有事故的时候2个人去的也有。

房子到期时候是立马就能把房子腾空吗？ = 不能立刻腾空。要事先通知。有钱的想要赎回的时候提前半个月或者 10 天通知一下，给对方找房子的时间。

过了 10 天也没找到房子的时候怎么办？ = 又延迟一段时间。

那还是没有房子怎么办？ = 有一定的规矩在。通知后就必须在 3 个月内搬走。

那是根据什么规定的呢？ = 因为这样的事情曾有打官司的。

那个时候规定的 3 个月吗？ = 是的。

没有别的什么法律了吗？ = 没有。

是土地的情况下会怎样？ = 土地的情况也是有一定的规矩的。必须在清明节前。

【赎价的利息】

过了一天会怎么样呢？ = 不行。但是怎么都需要土地的时候，比如过了一两天，因为家里的人需要埋葬，又没有其他土地，不管怎样都需要在就能赎回。但是当价是必须付一个月的利息。以前是 2 分，现在是 3 分。

不赎回的时候当的土地就能埋葬吗？ = 那不行。

【赎回限制】

有父母出当，孩子赎回来的事吗？ = 有。

有出当后过了 50 年后再赎回的吗？ = 现在是 30 年，以前是多少年都可以。

【当契丢失的情况】

说想要赎回的时候，承当者将当契弄丢的时候怎么办？ = 那样的事情也有。

原来的中人在的话就拜托中人再写一张。没有去世的时候，又拜托写新的当契。（乡长，保长等。）

写原来一样的东西吗？ = 那样写不出来。只写当价多少土地有多少。（自己做中人的时候，有关于土地买卖的官司在。在唐山有两回，昌黎有两回。）

【关于土地买卖的诉讼事件】

那个打官司是什么事件？ = 民国二十五年侯老荫卖给侯治东 15 亩土地。这里是以前土地买卖的时候是不测量土地，是 4 垄 1 亩（1 尺 5 寸垄，说用 6 尺宽的百丈的长度是 1 亩。）于是就给了 60 条垄。交付完由治东测量说没有 15 亩，很是愤慨，双方吵架，然后告到昌黎去了。于是 3 个中人也被叫去审查，问村里在这方面有什么习惯。讲述实情说，15 亩 60 垄是可以的，即便数量不足也毫无办法。尽管承审官也考虑过这个情况，但治东因为有钱就赢了。老荫因此很愤怒，又去唐山告状。所以又审判了一次，把中人叫去询问情况。中人也和上次一样陈述。于是推事就问，治东买地的时候是否数过垄数，治东回答说数了，听说有 60 条。这样，推事认为治东没必要控诉，所以治东败诉了。我自己也是中人当中的一个。

其他的事件是怎样？ = 因为最后治东败诉了，治东赔偿了诉讼费。

诉讼费也是判给治东了吗？ = 是的。

那样的时候觉得不公想要努力的时候要怎么办？ = 那不行，县政府会来催促。如果不出的话，会被起诉。（县公署让政务警官来催促，大致上是在那个场合—当堂—变得不得不出。）

除这之外，还有什么东西吗？＝虽然唐山的判决是治东败诉了，不得不出诉讼费，但是不道歉的话也不会出。老荫不能几次来催，在那之上起诉县政府和3个中人做伪证。然后变成第5个叫到的县城，那之前治东被村里的人说是做了愚蠢的事，说撤销就行了，现在后悔，去县城请官员和队长们吃饭道歉，之后出了诉讼费。然后就解决了。

治东为了诉讼花了多少钱？＝诉讼费是80元。

其他的花了多少钱？＝30元左右。

那应该是不够吧？＝那个时候够。

但是开始在县城赢了的话，应该要花钱打点吧？＝应该是要花的，不清楚（少说也要100元）。

除那之外还有什么打官司的吗？＝没有。

上面的事件，开始治东是怎么起诉的？＝因为侯老荫欺骗而起诉。

那么请求要赔偿了吗？＝那之前还有1个。治东买的时候垄是60条，让测出来看了，说不足，再有2条垄就够了所以就拿走了。原本老荫是18亩，剩余3亩，因为不打招呼拿走了2垄，老荫很生气。治东就说你骗人不服，说要起诉就起诉了。

现在两个人的关系还不好吧？（以下戒能）＝现在挺好的。

诉讼的人会被村里的人嫌弃吗？＝是的。

被嫌弃了怎么办？＝别人来做仲裁，劝说放弃诉讼。

大致上的打架都是由仲裁来吗？＝是的。（孔—但是有各种各样的人，不听从仲裁的人也有。那就没有办法了。）

讨厌起诉是因为麻烦吗？（戒能）＝不是的。当事者的谁都有亲戚在，变成诉讼后需要花钱，如果弄不好就变成意外的损失了。那样的话还希望停止更好。大方面来说，起诉需要花钱。那样的话，不管是当事者是谁都会变穷。变成那样的话，就成为村子里麻烦的事情了。

别的县城的承审员不会从中得到钱吗？＝那也有，但是诉讼的用纸等什么的还是花钱的。有做各种各样生意的人，保证书等的需要花钱，住宿钱，饭钱等都需要花钱。

【关于钱桌子】

泥井的集市上有钱桌子吗？＝现在没有。以前不少。

为什么没有了呢？＝治安的关系。用了银洋时有那个。那个时候还能同时从各个商店里出凭贴。然后收集凭贴到银洋里兑换做买卖。在各地银洋的市价不一样，所以根据差别来存储。那不见后，然后这个地方有很多去满洲的人，去他们那去，不管有多少都能换成钱。那要是拿来了不见了，钱不够的时候，就拿不出来了。

有代替像钱桌子那样的东西吗？＝没有。

在满洲存了钱回来的人不会给村里的人贷钱吗？＝没有。带着钱就不能回来了。

但是有带着钱回来买地的不是吗？＝那是以前的事，现在带着钱就不能回来了。

【关于中人——补足】

有成为指地借钱的中人吗？＝那也有。

这个村里指地借钱的多还是少呢？＝有是有，但是不多。

【指地借钱的情况】

那个时候怎么做？ = 借主去找中人，说自己在哪里有土地，需要用钱，问中人是否认识有钱人。如果（中人）认识，就委托中人（帮忙联系），然后回来。中人知道大概情况后去问债主是否愿意借钱给别人。债主说可以的话，就通知借主。

之后怎么做？ = 中人和有钱人谈话，此时债主说可以，利息是多少。然后中人转告借主。告诉他利息是多少，期限是多少。借主说好的话，就写字据。

借字据是在什么地方写呢？ = 在借主的地方写。债主带着钱往借主那儿去。

然后呢？ = 然后递交文书后就交换文书了。

【中人的数量】

那个时候中人也数钱递交吗？ = 是的。中人递交，然后交给借主。

中人是几个人？ =2 个人或者是 3 个人。

没有 1 个人的时候吗？ = 因为有 1 个代笔的，所以至少要有 2 个人。

【中人的保证责任】

代笔人和中人是一样的还是不一样的？ = 代笔人是别的存在。中人是保证人。

那么借字据的时候，需要写保证人吗？ = 是的。这个时候如果不能返还钱的话，就必须代为付钱了。

没有只是写中人的吗？ = 没有。写上大家都是保证人。

以前也是那样吗？ = 是的。借钱的时候，不只是中人，还是保证人。

当地的时候不写中人，写保证人吗？ = 不是。债主将土地耕种了没有保证的需要。指地借钱的时候，需要中人是因为如果是土地 10 亩的话，担保 10 亩土地的时候，又从别人那作押了借钱了很是困扰，也是为了保证这样的事情。

保证人的意思，主要是像上面说的那样代为还钱吗？ = 哪种都有。有全部责任。但是这种场合保证人的责任不是很重，因为有土地。信用借款的时候，谁都不做担保，因为责任太重了。

指地借钱的保证人因为有土地在，就没有必要代为还钱了吧？ = 此前帮别人作押借钱时，债主如果知道了，保证人就必须代为还钱。但是没有这样的事情。

指地借钱的时候，债主会去看土地吗？ = 本村的时候大致上大家都知道，有文契在不去看，别村的就会去看。

只是去看土地而不会问别人吗？ = 当然，会去问保长，乡长等人。从昌黎县来的时候也会这么做。当给别人、作押等。3 年前，新民会合作社春耕贷款的时候，有个叫藤田的日本人来做过调查。

10 月 17 日

个别调查

【个别调查 5】

侯庆昌（61 岁，在满洲做买卖。有钱人，办事周到的男人。）

是这个村子的老户吗？＝是的。

有几门？＝大爷是兄弟1人，爷爷是兄弟3人，自己是那3门。一共是21门。

你有几个兄弟呢？＝两个，自己是兄长。弟弟也出去了，6年来没有音信。

不知道他去什么地方了吗？＝不清楚。没有音信也没法找。

父亲是什么时候去世的？＝已经50年了。我自己10岁的时候，现在我是61岁。

分家了吗，还是没有分家？＝没有分家。

父亲分家了吧？＝兄弟有4人，分家了。

那个时候只拿到多少土地？＝2亩半。

【买地】

现在有多少亩地？＝1顷70亩。在那之中，有父亲买的14亩半。其他的都是自己买的。

你家人呢？＝加上孩子总共有8个。儿子分别是30岁和23岁，儿媳是28岁和20岁，孙子是5个月大（长子的儿子），姑娘13岁，太太56岁，总共8个人。

在家里工作的是？＝在家里没有男人。孩子全部去奉天了。

在这里的只有女人和小孩吗？＝是的。

【外出务工】

什么时候去奉天的？＝光绪二十七年，已经41年了。

那个时候是做什么的？＝那个时候在肩子铺，现在是洋货。并且店是同一家店。

孩子们在何处做什么呢？＝长子是利泰商行文具店。二儿子是在柏内洋行工作。

孩子是什么时候去的？＝长子是民国十九年，二儿子是民国二十五年。

为什么太太和儿媳不一起带去呢？＝因为这边有土地和房子，需要照看。但是从今之后，在这里生活觉得越来越艰苦了，就不得不去了。

这里的话没有雇人吗？＝没有。只叫了工夫。

一年雇了多少？＝大致上一年40多工。

每年都回来吗？＝回来一次。（现在回来了十七八日了。）

秋天回来吗？＝大概是这个时候回来。

孩子们也回来了吗？＝没有决定。

【出租】

土地贷给别人了吗？＝自己也很少耕种。典给别人的有134亩，典给侯老荫的有20亩，另外每个少量的贷给了很多人。分种的有21亩，侯文焕6亩5分和7亩，陈锦山7亩5分（自己耕种的是15亩。）

收租子的话，很多交涉都是由太太做的吗？＝是的。内人。

170亩全部都是在村内吗？＝是的。

有养家畜吗？＝没有。只有3只小猪。

大车，农具呢？＝1辆大车。农具都有。

不做搭套等吗？＝雇套。没有定人。

【买地方法】

买地是什么时候买的，向谁买的？还知道吗？ =从民国十几年开始到民国二十年为止，从侯振芳那买了7亩多（几次）。除这之外就不是很记得了。因为买了3亩，5亩那样的。

买地的时候就要回来一次吗？ =是的。

没有太太代理买土地的吗？ =没有。大致是现在回来，因为土地买卖也是现在这个时候。

【作物】

种了什么农作物应该不是很清楚吧？ =关于15亩的大概是知道的。

亩数收成

大高粱	7	1亩1斗
小高粱	2	1亩1斗
谷子	2	1亩1斗（大致分的。）
苞米	2	全部3斗
粳子	1.5	1亩4斗
黍子	0.5	1斗5

没有卖的东西吗？ =没有。因为连吃的都不够。

分种呢？ =

侯文焕13亩半的分=分成对半分（按照面积对半分）

亩

高粱	3.5	6斗
稗子	2	5斗
棉花	1	这个很差，籽花15斤
黄豆	很少	6斗

陈锦山7亩半的分

高粱	3亩25	只有6斗

【粮食】

普通年份是15亩，这里的家人的食粮足够吗？ =好的年份是足够的。今年是春旱秋雨发大水，没有收成。

自己的房子是有多少？ =8间。

没有贷给别人吗？ =没有。

【商店的事情】

你现在做的买卖是自己的吗？ =别人的店。我是掌柜和经理。资本是16000元。

财东是哪里人？ =杭州，徐姓。原来在杭州做扇子之后回来了，叫徐又新。已经4年没来了。

因为运输的关系没有带扇子来，带回来洋货。

经理是规定好了工资吗？ =按年算。每年600元，没法子。

除那之外应该还有利益的分配吧？ = 去年只有1000元。

利益的分配是怎样决定的呢？ = 例如有1万元的时候，财东是6成5分（65%），剩下的3成5分就由经理以下的分配。3成5分成5个4，自己是9厘，也就是54分的9成。（日本店不一样，花红是月分。）

你的收入不少，没有贷给别人吗？ = 没那么多盈余。即使有也带不回来。以前买土地很便宜，1亩二三十元。一百几十亩的土地也仅仅用了三四千元。

现在钱带不回来是将钱预存在银行中去了吗？ = 物价高全部用完了。（那边全是发放，价格比起这里更便宜，结果却不足。）

没有在满洲买土地吗？ = 没买。（问瑞和 = 说是财主，论土地也好，论钱也好都是财主。好像是村里第一。）

【个别调查6】

侯宝善（56岁，字聘之，在满洲阜新开了木厂，在北票开了石炭公司。去年回来。听说又要走。）

有几个家人？ = 内人51岁，女儿17岁，共3人。

兄弟有几个？ =2人。自己是老大。

什么时候分家的？ = 没有分家。

【外出务工】

弟弟现在在哪里？ = 满洲。在大来县种地。

已经不回来了吗？ = 应该不回来。我也经常去。

你去满洲的时候是几岁？ =17岁的时候。已经31年了。

开始是去哪里？ = 在锦州待了10来年，随后去义县，然后去了奉天。刚开始是在银号，九一八事变后，银行整理职位把我辞退，然后就去义县在德和木厂工作。然后去了同一家店的阜新分店。去奉天采购进货。

东记公司是什么关系？ = 北票。持有那家公司的股份所以经常去。

那个木厂是做什么的？ = 做和会计有关的工作。

去年辞职回来是因为什么？ = 木厂也是由东记股份持有，统制了木材，不能自由买卖。只能将所有的都卖给满洲煤炭，不能营业了。于是带着家人回来了。因为木厂还在经营，有再去看的准备。

有多少亩地？ = 二天半地。（25亩）

弟弟在满洲有多少亩[1]地？ =60天。（600多亩）

房子有几间？ =4间。

【土地的所属】

这里的土地和满洲的土地是谁的？ = 我的。但是满洲的土地是弟弟的。因为那边也有家人。

---

〔1〕 译者注：“天”推测为面积计算单位，1天约为10亩。

即使没有分家，也是弟弟的吗？ =总之是这样定的。但是如果我过不下去，去弟弟家里，让他养活也可以。

满洲的土地的地契名义是？ =父亲的名义。

那么，为什么是弟弟的呢？ =因为我没有出去，总之是弟弟在经营。

那么，还不算是弟弟的吗？ =是的。不是任何一方的所有物。

没有分家的意愿吗？ =没有。没有分家的必要。

【未分家时的共同关系】

那么哪里的土地都是家里的土地呢，还是认为是两个人的土地呢？ =两个人的土地。但是这边的土地是由我经营，所以认为是我的土地也行。那边的部分是弟弟在经营，说是弟弟的土地也行。而且弟弟往这边来，也不得不要养活他，我去那边，他也必须要养活我。

那么，在那边收获的全是作为弟弟的东西吗？ =是的。

那么，那边的土地是你在经营，就认为是你的东西，有这样商量过吗？ =没有。总之出了多少税之类的，今年有多少剩下来的事情我都知道。

那么弟弟和你不是两家吗？ =因为还没分家，就不是两家，分家后也一家一样。

那么你和弟弟都当家吗？ =是的（弟弟是那边的当家。）

那么，那边卖土地是随便就能卖吗？ =会寄信过来。买土地的时候，也一定会寄信过来。

那么，这边买卖土地的时候，是怎么样呢？ =当然会和弟弟说。

这边的土地是你的话，不断绝也是可以不是吗？ =自然是还没有分家，不会不断绝。

在这个村里的土地都是你自己耕种吗？ =全部分种。侯振山。

约定是一半一半吗？ =每人分一半。

父亲在的时候有多少亩地？ =很少。12 亩。

【买地】

之后是你买的土地吗？ =是的。

什么时候向谁买的？ =民国十七八年的时候从侯永厚那买了 12 亩。

多少钱买的？ =1 亩 10 元。（如果是现在的话是 20 元左右。）

那是中地还是下地？ =下地中的上地。（沙子地）

【作物】

今年种了什么农作物？ = （未分）。

大高粱	4 亩	6 斗
小高粱	10 亩	1 石 1
黑豆	12 亩	7 斗
黍子	2 亩	2 斗
苞米	1 亩多	4 斗

没有家畜吗？ =什么都没有。

除种地外还做了什么？ =什么都没做。

【伙食费】

一家人一年需要多少粮食呢？ =秫米 2 石 5 斗，小米 5 斗（计年需 3 石）。

【服装费等其他】

衣服、被子等大概需要花多少钱？ =因为没有做新的所以没花钱。

燃料也不需要吗？ =稍微买点。30 元左右。

钱粮是多少钱呢？ =1 元 3 毛。

大乡摊款呢？ =100 多元（去年是 80 多元）。

小乡摊款呢？ =去年是 10 多元。

其他一些细小的日用品的费用呢？ =除买菜外，针线（系）和其他的 1 天需要 40 钱（年 150 元左右）。

【收支】

没有贷给别人钱吗？ =没有。也没有借钱。（也没有当）

但是你应该是村里的有钱人吧？ =不是。是差的人。因为也没有土地。但是家人少可以帮助。

【个别调查 7】

叶金瑞（74 岁，贫农，老年，不怎么能回答的男人。）

家人呢？ =内人 69 岁，长子 51 岁，次子 39 岁，三子 37 岁，四子 35 岁，五子 28 岁，二儿媳 33 岁，三媳，四媳，孙子分别是 11 岁（老三的），5 岁（同上），5 岁（老二的），1 岁（老二的），孙女分别是 13 岁，7 岁，4 岁，4 岁，2 岁，计 19 人。（正月的时候大家都来拜年，是不是家里人都分不清了。）

兄弟有几个？ =1 人。

土地有多少亩？ =20 亩。

父母在的时候就是这样吗？ =父亲在的时候只有五六亩。

剩下的都是你买的吗？ =是的。（但都是没人要的地，土质差。）

【租地和地租】

从别人那借了土地吗？ =20 多亩。

向谁借的？ =从侯宝山那借了 9 亩，侯善庭那借了 15 亩，泥井的李佐卿那借了 10 亩。

租子是多少钱？ =侯宝山那是 1 亩 8 元，李佐卿那是 1 亩 5 元，侯善庭那是 15 亩 20 元（1 亩 1 元 3 左右。）

【作物】

今年种了什么农作物？ =

麦子：秋麦 3 亩，9 斗；大麦 2 亩，5 斗（不行）；大高粱 15 亩，1 石 5 斗；小高粱 5 亩，5 斗；谷子 1 亩（不行）；稗子 10 亩，3 石多；黍子 2 亩，3 斗；黑豆（5 亩多），1 石；甜瓜 3 亩，只有 10 元；苞米 1 亩，二三斗；白薯 1 亩 5，750 斤；

（他自己没怎么答出来，是问别人的。）

【伙食费】

1 家人一年需要多少粮食？ =秫米 10 石，小米，稗子，米等加起来 5 石多。（旁边的人回答的多。)

【工作】

除种地以外，还做什么？ = 自己只种庄稼。前三个孩子都去城内做住地方（伙计）。老四、老五在家，是普通老百姓。

【短工】

去别人那做工倒月吗？ = 是的。老四、老五是废人。

一年做多少工呢？ = 不做。自己年老了。

【钱粮、摊款】

收多少钱粮，摊款呢？ = 钱粮 4 元，大乡是 60 元，小乡是 16 元（都是去年的——侯振山代答。)

日用杂费需要花多少呢？ =1 天 5 元（说是 3 元，旁边的人说那不是一年就需要 1000 元，他回答不出来)，就是 500 元左右。

【收支和借款】

那么，普通年份钱够用吗？ = 不够。

那怎么赚钱呢？ = 总之是什么都去做。

去城里的孩子能赚到多少钱呢？ =1 个月 1 人 10 元左右。(又说) 3 个人一年有 1000 元。

会找人借钱吗？ = 很困难的时候就会去借。

以前没有借钱的事情吗？ = 几年前从别村有。从亲戚等那。(怎么都不能回答的样子，访谈中止了)

【个别调查 8】

侯永凤（61 岁，贫农，从外表看就是贫穷没有精神的男人）

有哪些家人？ = 我们两口子。1 个儿子，儿子是 11 岁，妻子是 50 岁，共 3 人。

有多少亩地？ =20 亩。

【租房】

房子呢？ = 没有。租房。租侯元来的房子。3 间。

租钱呢？ = 不出。他现在去奉天了，没有看守的人。他回来了就不得不给了。(因为是一家子。)

兄弟有几个？ =3 人。自己是老三，上面的两个去世了。

什么时候分家的？ =20 多年前。37 岁的时候。

那个时候分到了什么？ = 只有 12 亩地。

【买地】

那么剩下的 8 亩是你自己买的吗？ = 是的。

什么时候向谁买的？ =10 年前，从蜜井的王升那买的。

那是中地还是下地？ = 下下地。自己虽然可以说是有 12 亩地，但是没有一块好地。

牲口呢？ = 什么都没有。

【作物】

种了什么农作物？=因为土地质量差，所以没有种出什么好的东西。

小高粱11亩，3斗（不行）；稗子2亩，1石；苞米3亩，1斗（差）；黍子1亩，2升（不行）；黑豆5亩（间作），1斗半；甜瓜2亩，10元左右。

没有从别人那借土地吗？=没有。

也没有做工吗？=没有。已经老了不能干了。

【伙食费】

一年1家人需要多少粮食？=秫米1石5斗，小米七八斗，稗子米七八斗。

普通年份要买粮食吗？=收成好的年份可以不买，今年这样的年份就不行。

去年没有买粮食吗？=1斗稗子米11.5元，秫米1斗9元（去年腊月。）

【钱粮、摊款】

钱粮和摊款是多少呢？=钱粮去年是8毛，大乡是1亩2元65；小乡是2元多。

那其他日用品等细碎的费用呢？=布匹和其他一切需要花100多元。不管怎么节约都要花这么多。

【收支】

普通年份只靠收入够用吗？=普通年份还够，只要节约就可以了。

最近借过钱吗？=没有。自己本身就很贫困，借不到钱。也没有人能借钱（但是，听说在镇公所那边有土地，就要出摊款。我自己的是2元左右，别人有数十元的土地，据说让大家出一样的钱。这很让人为难。1亩地的收入都不够交钱。前几天交了镇上挖壕需要的秫米，我借了半升交上去了。完全没法解决。现在粮食不够，还不知道能不能撑到明年春天。有可能会饿死）。

从今年冬天到明年有什么打算？=那是非常困难的。没有什么办法。就算要饭的话，大家都是一样，会施舍的人应该没有。

10月18日

个别调查

【个别调查9】

侯元会（66岁，1个贫农，木讷，没有精神。）

家人有几个？=妻子63岁，儿子4个，分别是43岁（牛），37岁（马），33岁（狗），32岁（猪）。其中老大是过继的（兄老大，侯大文）。儿媳是加上过继一共有4人，孙子2个。在那个家里的是我夫妇2人和2儿媳和孙子，共4人。

你有几个兄弟？=2个。

什么时候分家的？=33岁的时候。

分到了什么？ = 房子 1 间半和 13 亩地。

现在有多少亩地？ = 一个垄没添没去[1]（房子是建了厢房 5 间）。

从别人那借了土地吗？ = 没有。

农忙的时候雇了人吗？ = 自己 1 个人做。（土地如果多就不行了。但是现在土地的收成不够吃了）

【分养活】

没有家畜吗？ = 没有。2 头小猪，分养活牛。（和亲戚的马连立兄弟。）

那个牛是怎么用？ = 自己想要用的时候就牵出来用。不用的时候就放在那儿。

钱是谁一直出的？ = 开始是自己出了 23 元买了牛仔，因为长大了，作为共同财产，分成 3 股，每股 20 元，共计 40 元，由他们出。

那 40 元是你的吗？ = 是的。

决定了一年中几个月是由谁养活吗？ = 没有决定。

那么当时放在马钱庄的吗？ = 是的。

【作物】

今年种了什么农作物？ = 今年都很差，因为发水，淹死了。

大高粱 2 亩，2 斗 5 厘；小高粱 1 亩多，2 斗；稗子 5 亩（都淹死了），6 斗；苞米 1 亩，2 斗多；黑豆间作，1 斗多；粳子 1 亩多，1 斗少一些；麦子 2 亩（都不行），2 斗少一些。

【伙食费】

一家人一年需要多少粮食？ = 因为是 4 口人，不需要多少，4 石左右，秫米（因为小米贵，所以不吃）。

去年买了粮食吗？ = 秫米 1 石多。花费 12 元（1 石），高粱是买来自己去皮。

除种地外还做了什么？ = 没做什么。闲的时候去拾柴火等。因为上了年纪，想作工业，没有担保。

【子女的工作和收入、汇款】

孩子们去什么地方了？ = 老二去抚顺的油房了；老三在长巅县的中央银行做招待；老四在同个地方的估衣铺打工。

孩子们能赚到多少钱？ = 老二在年份好的时候，会给 30 元回来，老三是一年送 100 元或者 200 元这样（问了去年是多少但不清楚。因为不是一次送，一次送 10 元或者 15 元这样送的。问月薪，说 1 个月 60 多元，问奖金是多少也不知道。）。老四是 1 个月赚 50 元左右，一年送 200 元回来。

你有这么好的儿子，真不错！ = 总之他们兄弟好像是商量好了送来的钱，谁给了多少钱，也不是很清楚。

多好的儿子呀！ = 把自己的妻子带去养活就更好。往这边送再多钱也不来。怎么会是好儿子呢。

---

〔1〕 译者注：原文如此，指从分家后土地数量没有增减，保持不变。

和没有这样儿子的人相比，不是很好吗？=这样比是很好。

孩子们把钱送来生活，应该很快乐啊？=这些钱什么都做不了，过着您看到的这种生活。

孩子们让你们去满洲了吗？=去不了。没有证明书就没有办法。在信上说来，也去不了。

不想去吗？=会不想去吗？如果能去那边的话，我就相当轻松了。能和孩子们一起生活。

【钱粮、摊款及其他】

钱粮和摊款呢？=去年钱粮是7毛，摊款就不记得了（说单子都还在，让我们看带来了。即下面的表格）

除那之外其他的日用盥油等的费用，一年需要花多少钱？=一个月三四元（说一天一二毛就行，说足够。）

付摊款的时候要怎么办？=因为没有能卖的东西，往孩子们住的地方（寄信）说拜托给钱。在非常困难的时候会这么做。

会送来钱吗？=可能会送来钱。

信是自己写吗？=不识字。拜托别人。拜托回村里的商人。

孩子们能读懂信吗？=都能识字。（即使在学校读了一些书，也做不了招待。）

【收支和借款】

一年有多余的钱吗？=每年都有饥荒。

饥荒是怎么办呢？=让儿子们回来想办法。

从什么地方借的？=向关系好的人那借个3元、5元左右来的。多的借不到。从孩子们那拿到钱，就赶紧返还钱。

【摊款的存根】

侯元会携带亩捐，摊款等的收据复件

年 月 日	类别	金额（元）	征收个所
二十九，3，4		67	侯家营乡公所（印刷收据）
二十九，5，28		3.20	侯家营乡公所（印刷收据）
二十九，6，8		3.20	侯家营乡公所（印刷收据）
二十九，5，1		70	侯家营乡公所（笔写单子）
二十九，8，5		1.20	侯家营乡公所（笔写单子）
二十九，9，21		2.80	侯家营乡公所（笔写单子）
二十九，12，16		1.20	侯家营乡公所（笔写单子）
二十九，12，18		6.20	侯家营乡公所（印刷收据）
二十九，12，23		1.20	侯家营乡公所（印刷收据）
三十，1，20		1.74	侯家营乡公所（印刷收据）
三十，4，8	亩捐第1期摊款	2.69	镇公所

续表

年 月 日	类别	金额（元）	征收个所
三十，3，26		1.60	侯家营（单子）
三十，6，18		3.20	侯家营（单子）
三十，6，24		1.40	侯家营（印刷收据）
三十，9，9	挖沟摊款	2.43	泥井镇公所
三十，8，7	亩捐第期摊款	5.39	泥井镇公所
三十，9，2	亩捐第5期摊款	5.21	泥井镇公所
三十，9，2		4.20	侯家营　（单子）
三十，10，3	亩捐第6期摊款	6.95	泥井镇公所
三十，11，3		1.60	侯家营（单子）
三十，12，2	亩捐第6期摊款	7.56	泥井镇公所
三十，12，12	亩捐第7期摊款	6.95	泥井镇公所
三十一，4，8	亩捐第1期摊款	5.22	
三十一，5，21	亩捐第2期摊款	3.48	泥井镇公所
三十一	亩捐第3期摊款	5.21	泥井镇公所
三十一，7，5	亩捐第4期摊款	8.69	泥井镇公所
三十二，7，30	校亩捐通知书 县亩捐元 1亩115元	6.08 789 3月	（未纳）泥井镇公所 （亩数）17亩38分
三十二，9，21	乡亩捐元 1亩135元	4.34	泥井镇公所
三十二，8，27	一挖沟款 10月，11月，12月分通	3.68	侯家营（单子）
三十二	知书元 乡亩捐1亩20元	3.48	（未付）泥井镇公所
三十二，8，9	7月，8月，9月份 乡亩捐收据	3.68	泥井镇公所
三十，12，28		5.80	侯家营（印刷收据）

【个别调查10】

侯治龙（60岁，又是一个贫农。记忆不明确。）

家人有几个？ =2个儿子，大的是38岁，小的是32岁；女儿3个，大的出嫁了，第二个19岁了，小的是14岁。孙子8岁，孙女6岁，老二的儿媳是26岁，老伴儿是58岁（太太），共9人。

侯家是几门？=31门。

没有兄弟吗？=4个。

什么时候分家的？=十六七年前。

分到了什么？=土地2亩5分，房子1间半。

现在有多少亩地？=当然和之前一样。

【租地】

耕种了别人的土地吗？=是的。

是谁的土地？多少钱？=30亩。侯聘之的10亩，侯善庭的11亩，老四的土地5亩。因为以前总在外面，回来之后，既不来往，也不通信，所以不记得名字了。后面的4亩是开垦地，变成自己的土地了。

原来是谁的土地？=没人要的坑子。

租子是多少？=都是不好的土地。侯聘之的1亩3元，善庭的是7元，老四的什么都没出。

老四分家的时候没有拿到5亩地吗？=媳妇没有拿，只有一些多余的。

土地全部都在村内吗？=是的。

【短工】

忙的时候不雇人吗？=虽有雇人的地方，但我去受雇。

那么是做多少工？=只是闲暇的时候去。没有规定好。顶多是两三个月，60工左右。

1天多少钱？=2元。闲的时候是1元多，忙的时候是2元多。

除这之外不做别的什么了吗？=以前去了满洲的掏鹿（开原县），现在在家。

什么时候回来的？=今年的正月时。

为什么回来？=因为关店了。

那么在家是普通老百姓吗？=目前暂且先这样，过不下去的时候，就准备再出去。

那是上面的还是下面的？=老二。老大在家里。

老大没有媳妇吗？=有的，但去世了。

没有再娶过吗？=谁会愿意。因为没有钱不行。

【作物】

种了什么农作物？=

大高粱2亩五六斗；小高粱，10亩，1石；稗子，4亩，8斗；黑豆，间作，1斗；谷子，很少，4升；苞米，1亩5分，8斗；粳子，3亩，6斗；麦子，4亩，6斗；黄豆，间作，2斗；棉花，0.5亩，未收完；白薯，1亩，500斤。

【伙食费】

1家需要多少食粮？=秫米八九石，稗子米是只吃一点。不是很清楚。

去年买了什么吗？=去年春天秫米和稗子米加起来买了2石多。应该只有200元。（买的时候是4月份。）

【钱粮、摊款】

出了多少钱粮和摊款？ =钱粮没有多少，就三四元（出一点，瑞和说，5 毛就够了）。摊款自己是不记得了。（旁边的人应该是 20 元左右。加了弟弟的分。）

【服装费及其他】

衣服、被子等需要花多少钱？ =不清楚。

那么细碎的日常用品和其他的加在一起，大概要花多少钱？ =写的是 300 多元（不是很清楚）。

没有借钱吗？ =没有。

那么买食粮要怎么办？ =用做工的钱买食粮。

谁去做工？ =老大。

谁是当家的？ =还是自己。

老大做工的钱全部要给你吗？ =是的。

家里买东西等是谁做呢？ =我自己。

【出嫁费用】

大女儿是什么时候出嫁的？ =二十一二岁的时候（现在是 29 岁）。

那个时候花了多少钱？ =没花什么钱。

是对方出的钱吗？ =也没有。给了一些布匹做了一些新衣裳。

二女儿结婚了吗？ =还没有决定。

想嫁到哪去？ =还没有准备。说是好的地方不太可能，不太好的地方不想去。

想嫁给有几亩地的人呢？ =那样的事情不好说。和吃饭一样，说想喝 3 杯，结果可能只能喝 2 杯。

【个别调查 11】

刘和（63 岁，又是 1 个贫农）

家人有几个？ =妻子 57 岁，没有孩子。

兄弟有几个？ =2 个。自己是老二。刘会是兄长。

什么时候分家的？ =光绪年间，16 岁的时候。

【分家和养老地】

分家的时候父亲还在世吗？ =父母都在（父母都还在世）。

为什么分家呢？ =嫂子和母亲关系不好。

你分到了什么？ =土地 10 亩，房子 1 间半（3 间房子的 1/2）。

父母在世的时候住在哪里？ =自己的家里。因为人少。

那么是你养活你父母吗？ =兄弟 2 人，每 2 天轮流管饭。

父母留下多少养老地？ =14 亩。

那 14 亩地是怎么办的？ =之后为了父母 2 人的葬礼卖掉了一些，还剩 5 亩。

那 5 亩地怎么办的？ =分成两半。

现在有多少亩地？ =15 亩。

自己买了地吗？=没有买。

【过继】

没有孩子也没有过继吗？=没有多少财产，觉得很难过继，就没有看上的。再年老些就会考虑。

除了百姓没做别的什么吗？=什么都没做。年老了，也不能出去了。

没有借土地吗？=没有借，也没有贷。

没有牲口吗？=没有（收成不好，买不了）。

【承当】

没有当谁的土地吗？=3亩，侯耀宗（往刘家坨移居了）。

什么时候取当的？=去年腊月。

一年多少钱？=30元，3年。

他是为什么出当呢？=因为要搬到刘家坨，钱粮和摊款就全部由自己包纳。

当的时候是承当者全部包纳吗？=是的。（瑞和与别的人都说，但是从上面来的时候是地主说，然后从地主往这里来，地亩册的名字是原来的样子那样）

那块土地的价格去年大概是多少钱？=1亩30元左右。很差的土地。

那些文书可以给我看一下吗？=（不能看清字，拜托瑞和来说了。）

立当契文约人侯耀中因有正用将自己大坑白地一段计地三亩计垄十八条其地东西长南北宽东西至道南至李姓北至刘姓四至分明有中说允情愿当与郭正升名下耕种言明当三年外许赎回恐口无凭立字存照

言明当价三十五元正其钱笔下交足并不缺少

每年包纳钱粮三毛

中人侯韩氏

代字侯瑞文

中华民国二十九年腊月二十日立[1]

【干儿子】

这个文书里面写的郭正升，是为什么？=他是自己的干儿子。（养子。）他出钱，然后只是给我耕种。

他现在在你家里吗？=现在不在。他现在回卜子庄自己家去了。

现在和你没有关系吗？=没有。没有什么。

他不出租子那些东西吗？=因为粮食也很少收，还没有出。还没决定。

将来是靠他来养活吗？=不说那样的事。也有侄儿。

这里的只写了包纳钱粮，摊款也出吗？=虽然没写，但是要出。因为摊款的钱没有规定好。

---

〔1〕译者注：此处为民间契约，保持原文文字结构。

【女性中人】

为什么女人可以成为中人呢？ =因为是当所以没关系。

【作物】

种了什么农作物？ =

大高粱3亩，4斗；小高粱，1亩，6升；稗子，2亩，6斗；黍子，1亩，6升；谷子，1亩多，三四升；黄豆，很少，二三升；苞米，1亩，1斗少一些；粟子，很少，3升；粳子，2亩（都死了），1斗多；麦子，1亩5分，1斗；黑豆，0.5亩，2斗。

【伙食费】

1家人需要多少口粮？ =全年是4石左右，秫米1石5斗。之后就是随便买一些东西来吃。

去年买了什么？ =

秫米，5斗，1斗105.5元，去年10月；粳米，半斗，1斗20元，去年10月，冬子月（11月）。

【钱粮、摊款及其他】

钱粮，摊款需要多少钱？ =去年钱粮是5毛多，大乡是30多元；小乡是10元左右。

忙的时候雇人吗？ =不雇。

细碎的一些其他日用品等的费用是多少钱？ =有的时候用，没钱的时候不买。不是很清楚，应该是100元左右。

【收支和借款】

过一年钱足够吗？ =不够。

不够的时候怎么办？ =拉饥荒。

【当铺】

怎么做？ =出当。

用什么？ =袄和裤子等。

往哪里当？ =昌黎县南门内裕民当。

可以当多少钱？ =是10元、8元这样的东西。

是走路去吗？ =是的。

没有在村里借吗？ =村里没法借，有能贷款的人也还不起。比起那些就去当铺。

那么在当铺也还不起呢？ =到了秋天可以卖少量粮食将东西取回。

10月19日

个别调查

【个别调查12】

刘树凯（67岁，贫农，老人，记忆不明确。）

有几个家人？ =2个儿子，2个儿媳妇，1个孙子，2个孙女。大儿子39岁，二儿子

33岁，大儿媳31岁，二儿媳26岁，孙子19岁，大孙女是9岁，小孙女是2岁，共计9人。孩子们分家了没有住在一起。

【分家】

什么时候分家的？=今年6月。

那么孩子们现在住在哪里？=在同一个院子里。但是自己管伙食。

为什么分家？=因为没法过下去了。米粮贵，奔不上吃来了。作工作又作不出去。就稀居开了[1]。

分家是谁提出的？=我自己。因为变得没法吃饭了，所以我提出来的。

孩子们说了什么？=他们虽然不想，但是也不知道该说什么。

孩子们的媳妇没说什么？=能说什么呢。

孩子们分到了什么？=老大分到正房2间，土地6亩；老二厢房2小间，土地6亩。我自己也是6亩。分成3份。

自己没有房子吗？=没有。

在哪里住？=老大的正房。现在正在做炕。

除那之外没有一起住的人吗？=没有。

【入村的情况】

什么时候来这个村的？=20多年前。

为什么来这里？=原来在刘家坨，因为没有家。

在这个村里买的房子吗？=是的。

向谁买的？=向李恩买的。

和李恩是什么关系？=亲戚。（做什么事情都有点原因。）

那个人说这个村里吗？=当然说了。因为卖了房子。

来这个村里移居是得到了村长或者谁的许可吗？=没有许可。

谁都不通知，只是买了房子就可以移居来这里吗？=没有那个必要。

这个村里也有刘姓，不通知别人吗？=没有那个必要。

这个村的话，刘姓不是一家子吗？=不是。

那么结婚或者其他什么事的时候不叫别人来吗？=没有那个必要。如果有必要的话，大家都会来。

刘家坨当家子的多吗？=很多。

大概有多少家？=10多家。

你有几个兄弟呢？=2个。自己是老大。

分家的时候分到了什么？=6亩地。没有房子。弟弟只有2间房子。

那6亩地是在哪里？=刘家坨。

那土地怎么办？=卖掉了。

为什么？=年头儿，没吃的，不能糊口。

---

〔1〕　译者注：原文如此，是调查员记录的应答者原话。

在这个村里的土地是你自己买的吗？=是的。

买地的钱是怎么赚到的？=卖掉6亩地的钱买了粮食，用剩下的钱买的地。这里的地都是沙子地很便宜。

土地是向谁买的？=都是向李恩。

从他那买了多少地？=2亩和4亩半，房子的土地2亩。4亩半是出当的。

【出当】

向谁出当的？=侯定禄。

什么时候出当的？=4年前。

多少钱？=200元。

期限是？=原本是3年，因为没有钱就没法抽回。

为什么出当？=这里收成不好的时候很多，口粮不足，家里人多，只能这么做。

出当的时候，那个土地的价格是多少？=1亩50元到60元。

当价是多了不是吗？=有钱人出了也不觉得心疼。因此买了我的土地。

为什么不卖掉呢？=如果有钱的话，就可以抽回了。

现在那块土地要多少钱？=没有行市。1亩应该是70元到80元吧。

怎么抽回呢？=但是现在分家后不行。谁出钱都很难。

那4亩半没有分开吗？=没有分开。不能分开。

那么那还是你的东西吗？=应该是，因此差钱也是自己名下来的。可是差钱应该是承当者出的。

摊款也是承当者出吗？=是的。这里好像是那样。

侯定禄是有钱人吗？=不是很有钱。

他为什么会有200元？=这个应该是多少存了点钱吧。

农村的人都是存那么多钱吗？=没有规定。按收入比例，很多家庭人少，可以做这样的事。

中人是谁？=陈占选。

1个人吗？=是的。

陈和你是什么关系？=只是同村的关系。连朋友都不是。

【耕种养老地】

你的6亩养老地是谁耕种？=我自己。但是2个儿子如果在家会帮忙。

那么儿子在哪里呢？=去挖壕了。

什么时候开始去的？=从8月14日。

那之后1次都没有回来吗？=是的。

去的只是老二吗？=老大是木匠，准备去做壕的榻榻米。

什么时候去？=9月5日。

没有借别人的土地吗？=没有。孩子们也没有借。

除种地外还做了什么？=拾柴火，捡粪儿。

【孩子的工作】

孩子只是老百姓吗？＝两个人都是木匠。只有闲暇的时候去做木匠。但是去挖壕是没有办法。

儿子是木匠，大概有多少收入？＝那不清楚。赚到的都用来买米吃了。而且和天气有关系。

去年是怎样？＝没数儿。（没有。）去的时候也有，在家的时候也有。

工作日是一日多少钱？＝一日2元。

一年大概工作多久？＝不这么说。

但是两个人都工作的话，应该能存到钱吧？＝怎样才能存到钱呢。现在即使工作一天也不能买到半升高粱。一天需要吃1升以上的食物。

没有牲口吗？＝没有。

农具、车等呢？＝没有。

【作物】

今年是种了各种农作物吗？＝是的。

去年种了多少农作物呢？＝

大高粱6亩，1亩1斗4升；粳子，1亩5分，全部是2升；稗子，2亩多，全部是5斗；黑豆，间作，全部是2斗四五升；爬豆子，2亩，全部是2亩多；麦子，2亩，全部是5斗；甜瓜，1亩多，全部吃掉了；

（因为大风，沙子都飞起来，很多都飞掉了。）

【伙食费】

分家前1家人一年需要多少食粮？＝1斗米吃六七天，1个月大概5斗。主要吃秫米和稗子米。总之买便宜的吃。

去年买了多少食粮？＝没有计算。因为都是5升、4升的买，不是很清楚。

【燃料】

燃料是怎么样呢？＝春天，田里工作忙，没有捡柴火的时间就会买一些。

多少钱？＝二三十元。

【钱粮、摊款】

是出多少钱粮和摊款呢？＝去年（问瑞和）忘记了。钱粮是1元多，大乡摊款是1亩3元多，小乡忘记了。只是收钱的时候才交，忘记了。

去年农忙的时候雇了人吗？＝不是雇人，而是我受雇。

去年一年的细碎的日用品等的费用花了多少钱？＝更没数儿。每次买很少就更不清楚了。

【收支和借款】

那么一年下来钱足够吗？＝没有足够的时候。因为没有办法忍受着就足够了。

没有向别人借钱吗？＝没有。

没有向侯连璧借钱吗？＝有。10元。去年借的还没还。因为年末很困苦。

自己去借的吗？＝是的。

和他关系好吗？ =是邻居。

立字据了吗？中人呢？ =都没有。

利息呢？ =3 分，月利。

付了利息吗？ =还没。

准备什么时候还？ =准备今年还，但是作物不好没有办法返还，先通知了说必须要延期。

期限是怎么决定的？ =借的时候，是说 3 个月到 5 个月内还，但没法还就推迟了。

不能返还怎么办？ =因为是 10 元的东西，等 2 个孩子有钱了就还。

应答者　侯瑞和（39 岁，乡丁，诚实人。）

【个别调查的补充】

叫陈锦山的人是做什么的？ =庄稼人。

没有去过满洲吗？ =没有。

他好像借过钱，是因为什么？ =儿媳最近病死了，为了办葬礼借钱。

从哪里借的钱你知道吗？ =不知道。

【关于外出务工者】

侯元镇是做什么的？ =以前是买卖人，现在在这里。

去过满洲吗？ =去过。50 多年。

做什么的呢？ =不知道。

回来后做什么？ =种地。自己不能种地的时候就雇人。

存了钱吗？ =没有存多少钱。现在儿子存钱。儿子在满洲。

他买土地吗？ =买了。应该是四五亩。

“赋闲” 是什么？ =什么都不做的人的事情。

他家最近没有入钱的事情吗？ =没有什么。

侯元炼呢？ =现在去了满洲奉天。是大师傅，30 多年。

【承当】

他承当了土地吗？ =向侯大成，2 亩。

侯大成为什么出当呢？ =为了出外面。

当了多少钱？ =80 元。

什么时候？ =五六年前。

那个时候土地大概是多少钱呢？ =1 亩七八十元。

【外出务工者的挣钱和房子】

侯宝廉是做什么的？ =现在是种地。去了满洲 30 多年。在油房工作。

存了钱回来的吗？ =也没有那么多。弟弟是存了相当多的钱回来的。

叫什么？ =侯宝贵。

他在村里吗？ =在。还没分家。

存了多少钱呢？ =不是很清楚。以前在哪里做过掌柜。

买了土地吗？=20 年前只有 30 亩，现在有 120 亩左右。好像大部分是弟弟买的。

分家的时候弟弟会拿到更多吧？=不会，一半一半。

那么弟弟不是损失了吗？=不是的，还没分家就是全家人的东西。

哥哥不说给弟弟多分一些吗？=不会那样说。

宝廉没有借钱吗？=那样的人家不用借钱。

没有贷钱吗？=那也没有。

【和商店的交往】

恒顺成是什么样的店？=昌黎城内的店。和那里经常有交际（来往）。不够钱的时候如果说马上就能还的话可以去借钱。

那样的时候需要中人吗？=因为是信用，不需要中人。

利息是怎么算？=不清楚。

交际是什么关系？=没有什么别的可说的关系。像借钱、还钱这样的事情，只是那样的关系。

恒顺成是什么店？=粮栈。

侯大生是做什么的？=在七里海种植水田。

去过满洲吗？=没有。

【买卖土地】

最近卖了土地吗？=卖了。7 亩，侯凤成，去年年底。

卖了多少钱？=200 多元。

是什么土地？=沙子地（下下地）。

侯凤成现在是做什么的？=庄稼人。

那 200 多元是怎么来的？=存来的。

他现在的生活怎么样？=很不错的人家。

侯凤成现在一共有多少亩地？=40 多亩。

他去过满洲吗？=去过。七八年。

去满洲做什么的？=不是很清楚。

他是为什么卖地的？=因为家人很多，不得不这么做。

大生没有借钱吗？=经常借钱。

谁经常借给他钱？=亲戚。凭庄，马钱庄等地的亲戚。

是什么家？=马钱庄是他妻子的娘家，凭庄是姐姐的地方。

在村里没有借吗？=可能有借的吧我不清楚。

【土地担保借贷】

有人把土地担保了借钱吗？=应该有。

不知道具体的事情吗？=那应该恐怕是从侯金生母亲那吧。

金额和土地不清楚吗？=不清楚，但是好像侯金生的母亲在催促利息的事。

大部分是之前借的吧？=好像大部分是以前。

那块土地现在是谁在耕种？=我自己。

侯金升的母亲知道这件事吗？ =应该知道。

叫了会给吗？ =会的。(叫着去。)

【个别调查 13】

侯金生的母亲（罗氏——城南，南罗家营的人，63 岁，文雅的老婆婆。)

有几个家人？ =自己和儿子，儿子 28 岁，儿媳 33 岁，孙子 3 个，分别是 9 岁，7 岁，1 岁，共 6 人。

儿子去哪儿了？ =满洲的西安（四平街的南部)。把妻子也带去了，现在自己是 1 个人。

这个孩子是过继的吗？ =是的。

是谁的孩子？ =侯瑞墀的孩子。

你丈夫有几个兄弟？ =2 个。丈夫是老大。

主人分家的时候有多少亩土地呢？ =40 亩。现在也只有这些。

现在那些土地是怎么办的？ =和姑爷王树忠分种。（全部)。因为他不能干，所以那样做。

一半一半吗？ =总之是一起吃饭。(不管是种出来还是带来都会拿来）现在也准备住在一起。(因为需要烧柴)

你想去满洲的孩子那里吗？ =不想。身体状况不好，如果在那边去世的话，会很麻烦。(坟安在那边，没有意思。)

儿子会汇钱回来吗？ =从去年到今年给了 15 元。因为那边也有 5 个人，有孩子，所以不行。

儿子在那边做什么活？ =开杂货铺。

什么时候去的？ =3 年前。在那之前还去了北京。上面的杂货铺就是北京的分店。

【关于指地借钱】

你向侯大生贷了钱吗？ =是以前的事了。

什么时候呢？ =10 多年前。已经还了。卖了土地，在很久以前。

贷了多少钱呢？ =45 元。

他为什么借钱呢？ =大概是为了他父亲的葬礼吧。

将土地作押了吗？ =是的。

多少亩？ =4 亩。

不是当吗？ =不是。是指地借钱。

利息是多少？ =年利 2 分。

他一共还了多少钱？ =当然是 45 元。因为利息是一年一年付的。

那么刚开始期限是一年吗？ =是的，一年。然后一年一打利，一年一打利。

那块土地是卖给谁了？ =不是很清楚。

那之后还来你这借过钱吗？ =没有。催促他还钱后，就将土地卖掉返还借款了。

其他还贷了钱吗？ =没有。

【分种】
王树忠在收获之后是怎么放置粮食的？ =哪都可以放。没有分开一起生活吃饭。
去年没有卖粮食吗？ =没有。因为不够，所以没卖。
去年也没有分开吗？ =是的，没有分开。
儿子会经常寄信过来吗？ =经常会寄信。一次说要回来，但因为收成不好没能回来。
去满洲后回来过几次？ =两回。
【和娘家（村）的关系】
你有时会回娘家吗？ =有时去。
没什么要事也会回去玩吗？ =是的。
回娘家后会请吃饭吗？ =有的时候会请吃饭。
娘家的当家是谁？ =侄儿。
娘家有几亩地？ =三四亩的沙子地。
去的时候给侄儿的孩子带土特产吗？ =1个烧饼。
侄儿的媳妇会很重视吗？ =是的，不那样的话，就不去了。

本书是教育部人文社会科学重点研究基地华中师范大学

中国农村研究院2016年基地重大项目
“海内外农村调查资料整理、翻译与研究”
项目的成果（16JJD810005）

目　录

下册目录

水　篇

赋税篇

河北省良乡县吴店村

村落篇

家族篇

租佃篇

土地买卖篇

赋税篇 土地买卖篇

收实物和出役　地亩款征收的方法　关于地亩款征收中乡丁的职责　参议的职责　县里关于地亩款征收的报告　乡公所的地亩账　地亩款的缴纳期　乡长的监证　黑地
应答者的经历　旗地　庄头　最近的租佃状况　最近地价的变动　地租　借钱的方法　土地的公课　出工　出工的报酬　出工的增加　出工的分配方法　村里的经费　乡公所的经费　给县公署的亩捐　乡公所的亩捐　临时预借　预借时村里的分配　田赋征收的通知——甲长及地方的变迁　村正、村副时代的甲长　地方的催粮　滞纳的处理　黑地　减免　粮房的瞎账和挪用　粮房的粮银册子　乡公所的地亩捐款征收方法　政务警　乡公所的夫役和辛苦钱　爱护村的经费　不在地主的负担　死分粮与活分粮　穷人的村费负担　村费的垫付　监证事务和报酬　税契的费用　旗地的买卖
应答者的土地　田赋和亩捐的计算方法　城内地主的负担　村内地主的负担　物品课税和计算方法　牲口的课征　车辆、木材等的课征　宅地的田赋　公会庙地的田赋　交易场的牲口买卖　村里的牲口买卖　牙行　牙行的手续费收入和报酬　牙行的身份　屠宰场　村里的宰杀—屠夫　粮食的买卖——斗行和杠行　花生秤税　蔬菜类的买卖　包税和承包　行宫的土地　陵户儿　皇上的驾临　寺庙的土地　土地调查和补契　典　不做典租佃　典和指地借钱
关于应答者　对土地征收的赋税　旗地的地租　庄头和催头　庄头的养身地　收租子的时期　租子的征收率　租子以外的负担　庄头的职责　陵户　陵户土地的升科　旗地佃户的名义变更　旗地的买卖——推、卖　旗地的清理　黑地　本村土地的大地主　村民的土地变卖　地亩账　田赋及附加的负担者——土地所有者　乡公所亩捐的负担者——佃户　土地所有者的负担　村摊款的负担者　牙杂税　户粮房　户房的老板　过割　活卖和死卖　指地借钱和典　城内地主买入土地
关于应答者　租佃地的赋税　地方和看青　参议不看地　地方（甲长）的看青报酬　地方的田赋代缴　看青费的负担者　村子的边界和看青的范围　出工　村内经费的敛钱方法　能测量土地的人　土地买卖的中保人　代笔人　制定契约的手续　土地买卖的手续　土地买卖的先买权　地价的交接方法　买卖结束时的请客　黑地的买卖　黑地的报粮　税契的方法　监证人的报酬　税契执行期间　买卖和老契　监证人制度以前的税契　不动产登记　最近土地买卖的倾向　除家长以外的人特别是女性的土地买卖权限　中保人的资格　租佃地的买卖和佃户　典当
回答者的土地　土地买卖多的季节　土地出售的原因　地租的收缴　抵押借款　典地　抵押、典当和出售　典价和卖价　土地出售先买权者　中介人　不能买卖的土地　村里的共有地　家长以外的人的土地出售权限　义地　兄弟间的土地先卖权　只出售住宅之类的和土地分割开来的出售　养老地
甲长　甲长的作用　保长　参议和监察委员　中保人、说合人、代笔人　代笔

赋税篇

河北省静海县上口子门和冯家庄

概况篇

保长、副保长、甲长 排头 地方 村副 族长 族的共同 保长的工作 看青 青苗会 偷盗作物 灌溉 村副 庙 香火地 土地买卖 摊款
5月14日（村落） ……………………………………………………………… (1368)
作为同族代表的村副 帮办 排头 看青 青苗会
应答者的经历 户口 作物 姓 自耕兼佃户 雇农 阶层 打工 村长 青苗会 庙 保甲 村费——官钱 相互扶助 蝗灾 水利 土地庙 青苗会 学校 边界 地亩账
5月14日（家族） ……………………………………………………………… (1374)
姓别户口 来住年代 杜姓 结婚费 过继子 土地多的人 雇农 船 没有土地的人 租地、租地钱 分种 分家 分家单 兄弟均分 轮流 养老地 女子取得的部分 高里庄和义都口 庙 学校 村公所 地目 媳妇 妻子的叫法 分家 分家之后的居住 母亲的住处
5月14日（赋税） ……………………………………………………………… (1380)
财政科 税的缴纳方法 请负制度 官中 契税 黑地 旗地 地方 比卯 过割 底册 里书、书记 田赋的缴纳 摊款 包税 牙行、经纪 田赋的名目 地方 里分
5月14日（赋税） ……………………………………………………………… (1384)
应答者的经历 大乡的税金 村费的分配者 征集者 保管者 支出决定者 分配基准 钱粮的缴纳方法 地方 钱粮 官中 牙税 佣钱
5月13日（租佃） ……………………………………………………………… (1387)
姓别户数 租佃 租地 作物 度量衡 分种 包种 租佃期间 介绍人 佃户的变更 转租 土质 水利、灌溉 地主 生计的补充 卖掉土地 看青 田赋 摊款 租地和分种的比例 大粮地
5月14日（租佃） ……………………………………………………………… (1392)
租佃的种类 租地 折租 分种 地主的代理人 契约书 减免 洪水后的测量 卖掉土地 地主的没落 搬到天津住 自耕 自耕兼租佃 租佃
5月13日（冯家庄） ……………………………………………………………… (1395)
户口 村子的起源 作物 水田 园子 土地多的人 没有土地的人 租佃 自耕 商人 交易 外出务工的人 官员 学校、私塾 会议 村长 牌头 村费 村长、牌头的的选定 姓别户数 办事员 村副 事务所 会议 庙 保甲制 仲裁、处罚 夜警 看青 边界 村副 看青的范围 公有地 同族 当家的 分家 卖契、典契 典 押 当 租地
译者后记 ……………………………………………………………… (1407)
编者后记 ……………………………………………………………… (1409)

水　篇

1942年6月

（华北农村惯行调查资料第87辑）

水篇第6号　河北省昌黎县侯家营

调查员　山本斌

翻　译　郭文山

6月3日

以雨为主对水的信仰

应答者　侯定义

【对自然现象的认识】地上的诸多现象都是如何发生的啊？＝一切都是遵照天老爷的意志而来的。

天老爷和玉皇大帝是同一个人吗？＝不一样（注：到后来说是一样的）。

玉皇和天老爷哪一个地位更高？＝地位一样，不是很清楚。

天老爷在何处掌管什么吗？＝雨。天老爷派遣各位龙王，让它们降雨。天老爷在天上。

冰雹、霜、风、雪都是何人来降啊？＝冰雹是由玉皇安排雹神爷来降，霜是由龙王一人根据玉皇的命令来降；风是由玉皇安排风婆来降；雪是由玉皇安排小白龙来降。

一年的气候是由谁来安排决定的呢？＝玉皇。

天老爷和玉皇分开决定降雨吗？＝天老爷和玉皇一样，玉皇可以决定降雨，他命令龙王降雨。

玉皇根据什么来降雨啊？＝甲子丰年，丙子旱，戊子蝗虫，庚子乱，唯有壬子水连天，十日无子天下乱（“十日……乱”——从每个月一号开始十天之内，如果没有孩子出生，天下就会大乱的意思）。

实际上是如上所述吗？＝天下的某个地方就是上面所说的那样。

这片土地上也是这样的情况吗？＝那不一定。天下总体上是那样的。

上面所说的是一整年的情况，那么一年之中的气候又是如何呢？＝如果没到二月春分之后，就不会降雨。从春分到九月初一为止降雨，从九月初一到来年二月这段期间降雪。

这是玉皇做出的决定。实际上也是如此。

那风呢？＝风也是春分以后才会有，夏至吹热风，风婆子根据玉皇的命令来降风（清明刮了坟头土，沥沥拉拉四十五——清明节如果刮大风的话，之后下雨可以持续45天）。

上述的雨期，风期之外，每天的雨和风的量和强度等是由谁决定的啊？＝不知道。

是玉皇或者其他人决定的吗？＝不知道。

要是有地方违反玉皇的旨意，那玉皇会让该处发生水灾或者旱灾吧？＝没这回事。

如果懈怠了修龙王庙和玉皇庙，这个村庄会遭受这样的灾难吗？＝这种事经常有。之后他们就会精心爱护龙王庙和玉皇庙。

玉皇的部下是怎么回事啊？＝左右两侧是四大天王、十八罗汉、二郎神、哪吒、下面还有雹神爷、风婆，虫王、龟王、龙王（龙王有很多）。

部下可以每天随便安排气候吗？＝绝对不能违反玉皇的意思。随便也是绝对不允许的。

那么一天的气候都是由玉皇决定的吗？＝是的。

气温等又是如何呢？＝这个和玉皇没有关系。

玉皇决定气候，每天安排部下到指定地点，而且部下管理的地带是确定的，大概都在地上吗？＝有很多种情况。龙王回定居住在河流或海洋里面。如果是当地的话，河流里会有乌龟。乌龟也是接受了玉皇的命令，按照龙王的指示来降雨。风婆和雹神爷在天上，降风，降冰雹的时候会下界去。

龙王没有管理的河流吗？＝虽然河里有乌龟，但是它上面有龙王，所以说到底河流归龙王管理。当然，也有直接由龙王管理的河流。

龙王和乌龟的主要工作是做什么呀？＝掌管雨和水。

也保护河堤不溃堤吗？＝他们不做这件事。倒不如说，龙王其他的部下一起发水，有时还导致大水了（部下是指海贝，螃蟹，虾等）。

那么，就算不降雨，也会仅仅因为龙王的部下发水而招致洪水等的灾害吗？＝这时候下雨，而且上面提到的部下也会大量吐水。

除了刚才说的玉皇和龙王等下达降雨命令之外，还有其他的降雨原因吗？＝没有。

小学生们在学校学了降雨的原因后，有没有回家跟你们说明过？＝没有。

青少年们怎样说明降雨的原因啊？＝和我们一样。虽然有人认为玉皇降雨是迷信，但是也还是参加了祈雨。年轻人和我们对于玉皇的观点都是一致的。

玉皇在什么情况下，会给地上带来旱灾和水灾呢？＝不知道。

是玉皇发怒的时候吗？＝有这样的情况。

那发怒的原因是什么？＝不知道。

那么祈雨的时候会祈求什么呢？＝因为雨水不多，所以祈求玉皇恩泽此地。

那发水灾的时候祈求什么呢？＝因为雨水很多，所以祈求玉皇减少一点。

在什么地方供奉什么吗？＝在村里的关帝庙供奉点心，烧香磕头。

上面所说的祈雨是个人的行为吗？＝整个村子都参加。

难道没有不让玉皇发怒的神仙吗？＝没有。因为没有弄清神意，所以烧香叩头来显示敬神的诚意，玉皇就会下降慈雨。

应答者　乡丁侯瑞和的父亲

【以雨水为中心的信仰】天是怎样形成的？＝我连有玉皇这样的人都不太清楚。

地是如何出现的？＝不知道。

人是如何出现的？＝不知道。

人为什么活着？＝因为吃食物。

那么为什么即使吃了食物，年纪大了还是会死？＝因为玉皇决定着人的命运，除此之外没有办法生存。

植物又是如何生存的呢？＝因为土地和雨水而活着。

为什么只要有雨水和土地，植物就能生存？＝因为植物能够借助它们的力量。

雨水有力量吗？＝是的。

这个力量是谁赐予的？＝龙王降雨。龙王的威力就在雨中。

龙王为什么要降雨啊？＝水是万物之源，如果没有水，人类就无法生存。最终是为了拯救人类。

雨水还没到达地面上的时候属于谁？＝因为是龙王降雨，所以属于龙王的吧。

雨水一到达地面就不属于龙王了吧？＝水和土地都是国家所有的，人类借用水和土地。

龙王降雨是进献给国家，或者是给县或村，又或者是单独赠给个人的吗？＝给大伙儿的，也就是给大家的。

大伙儿和国家是一样的吗？＝人们集合，构成国家，所以是一样的。

龙王总是把雨水进献给国家吗？＝不清楚。

那么人们在使用雨水的时候，会不会因为这是国家的东西，而谨慎爱惜地使用呢？＝胡乱使用是不允许的。

雨水降落到民地，那些水是属于谁呢？＝是民地所有者的东西，可以随意使用。

但是，刚刚不是说雨水是属于国家的吗？＝即使是国家的东西，降落到民地上，民地所有者也可以使用。

土地到底是属于谁的呀？＝土地也是属于国家的，人们借来土地，缴纳田赋。

土地是属于国家的，那么雨水降落到地面上会变成平民所有吗？＝不会，土地和雨水都是属于国家的。

【地下水】地下水的源泉是什么？＝不知道，但是从地下的四面八方流入泉，因为雨水浸入，一部分水成为地下水，一部分存留在海里。

你们知道哪里有甜水，哪里有苦水吗？＝我们不清楚，但是厉害的风水先生应该知道。

那你们知道哪里有地下水，哪里没有地下水吗？＝同上。但我知道的是，大体高地上是很少有地下水的。

这附近的井水是从哪个方向注入的啊？＝这个不一定，从西边向东边流入。

甜水和苦水的不同是由什么导致的？＝不知道，人们不相信是因为有海水流入才导致村里有苦水井。

为了挖井，个人挖得极深也没关系吗？＝没关系。

土地的上面好几代用惯并施肥，所以是属于个人所有，而地下则完全是归国家所有，可以这么认为吗？＝上面和下面都是国家的东西。

挖土而涌出泉水，挖的人辛苦得来的水，可以不让其他人使用吗？＝那个人可以先使用，但是不允许不让别人使用。

为什么不允许？＝因为水是从四面八方而来的。也就是水本来不是只在土地下面才有，而且土地也是属于国家的，所以个人不能蛮横地独占。

【祈雨】这个村子在哪里祈雨？＝向关帝庙（村西）的关帝祈雨。

为什么不向龙王祈雨？＝因为关帝爷也有降三阵雨的力量。五月十三的雨是三阵雨的第一次雨。

这个力量是谁赐予的？＝关帝从玉皇那里得到了降三阵雨的力量。

那么村民去龙王庙吗？＝祈雨的时候，在关帝庙举行仪式，然后在罗家营，泥井之外的龙王庙和关帝庙之间巡回。

龙王是一直在庙里还是降雨的时候过来啊？＝龙王一直在大海里（渤海）。

应答者　侯瑞和

【水灾】这个村子高低的顺序是怎么样的啊？＝南面最高，接下来是西面的道路附近，再者是东面，北面是很低的平地。

水浸到南面的年代，在民国之后有几回啊？＝一回也没有。

西面呢？＝同上。

东面呢？＝同上。

民国以前是什么情况？＝不知道。

6月4日

水灾和防水

应答者　侯定义

（①）根据县志抄记载事项的提问

【雨期】雨期大概是什么时候？＝从春分到九月之间。

降雨的时间和强度呢？＝没有规律。但是大概是六月份多雨。

【日蚀】我想听听你出生以来发生水灾的例子。

光绪二十年有什么异变吗？＝三月份左右有日蚀。

日蚀是如何发生的呢？＝太阳因为某种东西而遭受灾难，为什么遭受就不知道了。

日蚀过后据说会发生什么吉凶之事吗？ =会发生不吉利的事。听说是不打粮（无收成）。

【水灾】今年遇到了什么灾事吗？ =四、五、六月份连续几天降大雨导致浸水。不是三个月连续降雨，四月和五月是小水灾，六月是大水灾。

因为日蚀的关系，有预测过大雨等，做好防范工作吗？ =就算这么做了，也是人力无法改变的。所以完全没做。

水灾的状况呢？ =我经历过的最大的水灾，因为这一带的降雨和来自西边的地下水的缘故，村子附近一直浸水，村基虽在比较高的地方，但是也可以看到4、5尺的浸水。

滦河等河流的水也流过来吗？ =滦河、饮马河的水流不管有多大，都流不进这个村子。因为途中有比较高的村庄，也有自然的山岗。

【防水对策】考虑到水灾的情况，有在村子的西边一带造堤防吗？ =没有。

如果有堤防的话，多少可以防备一下水灾吧？ =这时候，流水的方向不在一处，从西边的各处都有水流入。人力实在是无法防备。

只要控制了这个村子外的某个地点，这个地带就不会发生水灾了吧？ =如果在西边40里的地方建造一个大堤防的话，从此西边的水便流不进来，水灾就会减少。

堤防设置在这一带成为问题了吗？ =没有。

各村有没有集合在一起讨论过堤防设置呢？ =没有。

县一带的人都知道吗？ =怎么可能知道。

（注：由于地势缘故，东南北方的水流不进本村）

【受害情况和对策】今年村内的房屋浸水了吗？ =赵家港好像浸水了，本村没有浸水。到现在为止没有浸水过。

房屋崩坏和人畜的死伤情况怎么样？ =没有受伤和崩坏。

浸水速度和退水情况如何？ =三四天里，水量逐渐增多，全村浸水了。之后水量没有再增加，一点一点在减少，到了7月份左右，水已经完全退了，出现了黏稠的土。水大致上往东边流去了（特别不依赖从大沟里排水）。

发生水灾的时候，村公所有没有采取紧急措施？ =不管做什么也无能为力，所以什么都没做。

有没有让妇女到高地去避难，运送谷壳啊？ =没有。

村子孤立，交通断绝的期间是？ =一个月和外部完全断绝交通往来。之后，能光着脚走去其他村子了。

完全不使用船吗？ =从以前开始就没有。

【村民的贫困和财产处置】有没有谁家粮食不足的啊？ =浸水期间，大家都没感到为难，多多少少有点粮食。一个月的话，无论如何也能坚持。粮食不够了，就喝粥。没有特意去借粮食的家庭。但是从第二年开始，大家开始慢慢转让自己手里的东西。

什么样的家庭卖什么样的东西呢？ =比较富裕的家庭首先卖牲口，然后是土地，接着是家具。家里比较贫困的话，大体是出售或抵押土地。

话说回来，即使是在离收获还有相当长的时候发生水灾，粮食储备还是有的吧？ =有的，如果不多的话，节约一点使用，也能挺得住。

那么，假设现在发生了上面所说的大水灾又是什么情况呢？＝即使是现在，也可以撑过去。每个家庭里都有一点储备。

考虑到这种情况，会有村民储存粮食吗？＝不太多，但是也有（现在需要交各种费用，生活很艰辛，不像从前那样储存粮食了）。

考虑到突发的灾难，有没有在村里经营过粮仓啊？＝没有。

这时候，作物的受灾，情况如何？＝几乎颗粒无收。高地上面每亩只能收获3升左右的高粱。

一点收成也没有的家庭来年会有粮食吗？＝这样的家庭一户也没有，于是他们卖牲畜，土地和家具。

一般的家庭也卖些什么吗？＝是的，什么也不卖，安然度过的家庭一户也没有。

如果是现在呢？＝当时村里的人都很穷，现在已经相当富裕了。现在去满洲赚钱的家庭特别多，过去真是太心酸了。

如果是现在，遇到这种情况，什么都不卖，只购入所需的粮食就可以的家庭有多少户啊？＝两三户。

【水灾的影响——外出务工】来年人口有减少吗？＝因为粮食不足，病死，饿死的人有七八个。他们全都吃树皮，树根和草，肚子变得出奇的大，脸肿了，死掉了。

那之后去满洲的人急速增加了吗？＝第二年去满洲打工的人有二三十户。能干活的男人就去了，一定要把家人留在村里。

去县城附近打工的人呢？＝很少。

为什么那么多人去满洲打工？＝因为当时有很多本村人的朋友和亲戚去了满洲，他们几乎都没有留在满洲，很多人几年后回到了村子里。

上面说的那七八个人是吃了草死掉的，其他的吃草死掉的也很多吗？＝其他的很少。

有开始做小买卖的人吗？＝不太多，有一点点。

之后有出现过这样的年份吗？＝之后是连续不绝。

【县当局的救恤】这场水灾发生的时候，有没有过互帮互助的事情啊？比如说施粥？＝县当局免费发送粮食给我们（当时的大老爷——县长在发水灾的时候，有过两次这样的活动，后一次的时间不清楚）。村子里没有过互帮互助的事情。

县当局发过什么东西给你们吗？＝粮食，光绪二十年的秋天，对于所有地不足三百一十一亩的家庭，要按照家庭人数发放。

【减免赋税等】县当局那年减轻了田赋吗？＝光绪二十一年田赋从五百钱减到三百钱。

根据作物受害的程度，免除额度不一样吧？＝不是，是一样的。

根据土地的上、中、下，免除率有差别吗？＝不是，是一样的。

县当局有借贷资金振兴农业吗？＝没有。

在村子里借贷给贫户吗？＝没有。

村里的摊款有减免吗？＝没有。

【对租佃关系的影响】地主返还或者减轻地租吗？＝地主不返还已经缴纳的地租。没交的地租那一年不交，转到第二年再交（不要利息）。

这样的年份里不换佃户的话，来年也是租佃吗？ = 是的，不换。

当时和现在比较的话，地租是一次性缴纳还是分期缴纳的概率有变化吗？ = 以前穷人很多，大多是分期缴纳。现在基本上都是一次性付清。

【靠土地筹款】刚才说到水灾的第二年，村民会卖土地。除此之外，会指地借钱或者典当吗？如果有的话，比例如何呢？ = 土地不能出卖。没有谁买土地。也没有谁指地借钱和典当。因为有钱人很少。

上面所说的是水灾那年的情况吗？ = 是的。

来年呢？ = 有卖土地的。

买主主要是哪里的人？ = 村里的人（县城附近的人没有要买这个村的土地的）。

有多少桩买卖？ = 不知道。

典当、指地借钱呢？ = 没有典当，指地借钱有。

卖土地和指地借钱哪一个多？ = 不是很清楚。

【之后的天灾】光绪二十四年也发生了水灾吗？ = 义和团运动之前的三四年里有发生过。不是很严重。村子里没有浸水，其他地方不知道。

宣统三年有过大雨、大风吗？ = 春天有，雨不是很大，风很大。

当时风灾情况如何？ = 很严重，刮了半年的强风。因此，到了春天，作物不能发芽、生长。之后又降了大雨，但是大雨没有带来什么危害，倒不如说大雨拯救了遭受风害的作物（刮大风的时候没有过祈求风停的仪式）。

这时候的受害情况和光绪二十年的水灾比较起来如何呢？ = 不严重。

因为大风而使作物受害有过几回啊？ = 有过几回，风一直吹，雨一来救了这些作物。

按顺序排列一下因为雨、风、霜、冰雹、雪而带来的受害程度？ = 雪和霜没有带来危害，顺序是水灾、冰雹、虫灾、风灾。

大冰雹是什么时候的事？ = 光绪年间有一回，宣统年间有一回。

大概是什么时候发生的呢？ = 八月份比较多。

这时候的受害作物呢？ = 这时候的受害作物，高粱、秆子等都被摧毁了，高粱的穗被毁坏了或者折断了。

虫灾是什么时候比较严重？ = 不固定，每年都有受害。

虫灾的例子呢？ = 八月，高粱、秆子、糜子、黍子被蝗虫毁坏；六七月梗子被高丽虫毁坏；五月麦子被蝗虫毁坏。

发生水灾以外的灾难时，县当局会免税、施粥吗？ = 没有。

发生水灾以外的灾难时，来年，村里又有很多人去打工了吧？ = 几乎没有，水灾很多。

【关于天灾的谚语和例子】甲子丰年，丙子旱，戊子蝗虫，庚子乱，唯有壬子水连天，十日无子天下乱。关于这个民谚，大体上是上面所说的那样吗？ = 大致可以这么说。但是戊子蝗虫这一点不适合本地。

那么，给我举一两个例子吧。 = 民国二十五年（丙子）有过几次祈雨，但还是干旱。

民国元年（壬子）下大雨。

上面所说的各年里，农业上有过调整吗，比如说改变作物，建造防水设施？＝没有，上面说的谚语在全国基本是通用的，但是在我们村里就不一定了。但是如果是非常慎重的人，丙子年里也收获了很多谷子。

像上面那样决定作物的例子在以前有很多吧？＝说不上。

上述民国初年的水灾状况呢？＝其他地方有，本村没有。

民国六年和民国十年如何？＝好像有，但是本村没有。

【村子的土地性质】村子里有湿地吗？＝南载公路附近一年都是湿地，不如说因为这里的地比一般的地要高，所以成了湿地。也叫作油碱地，因为它又黑又湿。

你说的是碱地吗？＝我认为不含盐分，就像石油流出来的样子，可能有石油吧。

那你清楚相关土地的地层状况吗？＝上面是黑土，下面是沙子。

这块地有多少亩？＝这附近有约两亩，一部分也跨越到隔壁村子。

这里土质的特性呢？＝不太稳定。

灌水的话，会变成良性土壤吗？＝人们削减土地表面的土，那么会变好一点，但是周围都是油碱，所以又会变回原样。

有没有主人的土地吗？＝没有，很多人多多少少都有一点土地，有的人有一公顷多。

可以结出什么作物来？＝即使种了什么，生长环境太差，长了一点点就停止了。特别是中央地带，土质最不好。但是不会没有收成。不长麦子，大多是高粱，稗子，实际上只有结出一种带刺的杂草（发音为“フ－コ”即“fugo”），但是不能吃。

（②）新沟、大沟

【易渗水的土地】有历年都浸水的地方吗？＝蒿子坟地，小园子地，虾米地附近，合计两顷左右。

那一年不管水有多少也浸水吗？＝是的。就像去年的干旱一样。

去年完全没有下雨吗？＝下了一点。

那个雨水是积存的还是从其他地方流过来的呢？＝是积存的雨水。

完全不下雨的时候，这样的地很干吗？＝是的，没有水的话。

那雨水是积存下来呢还是流走呢？＝积存下来。

去年积了几天的雨水啊？＝几天甚至十几天，去年积水15天就浸水了。

为什么没有了呢？＝慢慢地被地下吸收了。

平均下来，每年会有多少顷土地浸水啊？＝十顷，即使这样也还不错。

这是雨水（本村一带）导致的，还是从其他地方流过来的水造成的啊？＝就是村子一带的雨水导致的，不是因为其他地方流过来的水造成的。

上面所说的是哪里啊？＝蒿家坟（西北）、虾米地、大坟北、大道西、刘家坟、冯家坟北、小园子、庄子门口儿、旧坟上、蔺家坟、北载横头、庄子东地、大园子地。

上面说的15天的浸水给作物带来了什么影响啊？＝有浸水导致作物全部覆灭，民国以来有过五六回。那时浸水时间更长，平时大致浸水15天，不会造成那么大的损害。但是，浸水一次之后，水被地下吸收，一下大雨，作物就不行了。

这些土地是上地还是下地啊？ =是下地。是没有人买的土地。地价和地租非常便宜。

【排水沟】有没有将浸水地带的水通过村东的大沟排出去啊？ =浸水地带和水沟之间有高地，不能向大沟排水。不如说水流向东北方。

从西边流过来的水也经过这片土地吗？ =是的。（和上面说的矛盾）

这片土地的水也积存，和从西边过来的水合流吗？ =是的，因为本地下雨的时候，西边也下雨了，没有说哪一边要早的。

西方是哪里呢？ =最远的地方是20里外的蒿子水村，接着是景儿庄，林子儿，新金铺北，蒿子坟（本村）。

上述是在水路附近的村子吗？ =是的，沟路是固定的。

有沟吗？ =是的，叫作新沟。

什么时候出现的沟啊？ =不清楚。

这个沟为什么会出现啊？ =用于排出这一带的积水。

不用于灌溉吗？ =不。

这个沟流入本村，在何处流出啊？ =从西北方流入本村，转一圈再流向北方。

为什么这个沟里的水会流入本村？ =因为沟迂回的地方（蒿子坟）堤防坏了。

不会从起点开始都坏了吧？ =是的。

从什么时候开始的啊？ =不管修了几次，水还是变强，导致堤防坏了。因此很早以前就放任不管了。

如果这个新沟只给本地带来灾害，本村有没有跟新沟所在的村子交涉过？ =因为已经发生了，毫无办法。没有交涉。

建造新沟的时候，本村和他村有没有共同约定过什么？ =没有。

【关于排水沟有无协作】挖新沟的时候，相关的村子来商量吗？ =他村的事情不是很清楚，但是我认为是没有的。在我出生以前，新金铺和泥井的村民都没有打算排出土地的积水，他们的土地从本村西开始穿过本村的西北境，挖了一条和大沟合流的沟，规模很小。如果它规模大一点的话，也能帮助我们村子稍微减轻一下水灾吧。但是这不是新金铺和泥井的村民共同商议而建的水沟，也不是双方的村公所商议而建的，是个人挖的水沟。新沟不是经过商量而建成的，首先甲地出现了一个排水沟，水流向乙地，乙地为了排水，做了一个沟，将水送到丙地，我觉得就是这样形成了新水沟的。（他村的情况不是很清楚）

新沟的大小呢？ =宽七尺，深五尺，大小固定。

与水量相比，它的大小如何？ =要是能够再大一点，那么每年就能帮助我们不遭受水灾，花了钱，可是谁也没有将它做大。

【沟的管理】现在新沟不挖土了吧？ =每年都挖，和我们村子没有关系。

关于这个沟的管理，各村有没有开会讨论啊？ =没有。

各村在挖沟时有分配区域吗？ =没有，各村按照自己的想法来挖。

（注：后天实地考察时发现，各村在挖沟时有分配区域，每个村子还留下了决定保甲分别挖沟的标木。）

刚才听说因为新沟的出现，村里有十公顷浸水了，这仅仅是新沟的水造成的吗？ =不一定，只有比本村大雨水位低的十公顷土地浸水了。而且又是水从新沟流进来，这种情况下，水流不停，流向西方。而前面那种情况，水会停止。

新沟的水流入之后，土质会发生变化吗？＝土质会变差，沙会增多。肥料被冲走了。

本村的砂增加了吗？＝没有，沙地的增减不大。

那大沟呢？＝也叫一名北沟。

大沟和新沟哪一个更古老？＝不知道，两者都是我出生以前就有了。

大沟主要是排什么样的水啊？＝村子东西面两个水坑附近的积水和沟道附近的流水。

大体上来说，这个沟道什么时候有水啊？＝不下雨或者雨量很少的时候就出现干沟（是干的），雨多的时候可以看到流水。

这个水沟每年都挖土吗？＝不是每年都挖，土一积起来，就经常挖土。（和小沟一起，参阅附图）

那是什么时候的事啊？＝从谷雨到立夏期间。

谁是挖沟的主力啊？＝会上的人商量，决定挖沟。

会上的人是指？＝保长，副保长，乡丁，十二甲长（在以前是会头）。

他们什么时候商量？＝春耕（种植）快结束的时候。

保甲制度之前的会上的人呢？＝乡长（本村的村长），八位会头。

现在和八位会头没关系了吧？＝是的。没有了。

以前有看守沟的人吗？＝没有，但是，保长有命令某位甲长，让他看一下雨期流水的情况。这不是固定的人来做，有时是随意决定的。

首先是第一甲长，接着是第二甲长这样的顺序吗？＝不是。

以前村长一定会让人去看沟水的状况吗？＝不是，水多的时候，村长就派合适的人来看守。有时，村长会带两三个聪明人去看守沟，关于看守，没有定则。土地所有者也害怕沟水泛滥，自己去看守。

但是，保长和甲长去看守，是因为害怕自己的土地被沟水毁坏，还是为了一般的村民啊？＝两者都有，本村没有只把自己的土地放在心上的小气鬼。也可以看到人的土地关系。

关于这条沟，以前有谁一直是主导者吗？＝以前就没有。

保甲制度之前的看守呢？＝乡长（也就是大会头）让会头去看守。

新沟的看守又如何？＝没有特别指定谁去，附近有土地的人因为担心，会去看守。

会头（以前）或者甲长不去吗？＝新沟的水增加的时候去，大沟也是一样。

去了看什么？＝看水溢出的地方有没有障碍物。如果有的话，会头或者甲长就通知大会头或者保长（情况紧急的时候他们自己做适当的处理），请求他们派人来。会头和甲长一起商量，派人出去。

（注：这个问题是总括保甲制度前后提出来的，会头也只限于保甲制度的场合）

大沟的情况如何啊？＝大沟很小，不会有大障碍物堵塞。所以，没有关系（有时个人也随意地捡小障碍物）。

如果是新沟的话，有没有派对沟很熟悉的人去看守啊？＝没有。

水多的时候，每天都要去看守吗？＝不是。

那么，水急剧增加的时候，不进行处理吗？＝因为有人自发去看守，所以不担心。

那大沟如何呢？＝是一样的。

如果出现了刚才所说的情况，是用什么方法派人呢？＝因为和自己的土地有关，所以积极志愿去看守的人很多，自然而然，有人去了就可以防水。几乎没有按户，按亩派人，也没有轮流派人。

【沟的规模、所有】大沟的大小？＝长4500丈（下图AB的总计），宽一丈八尺，深67尺。

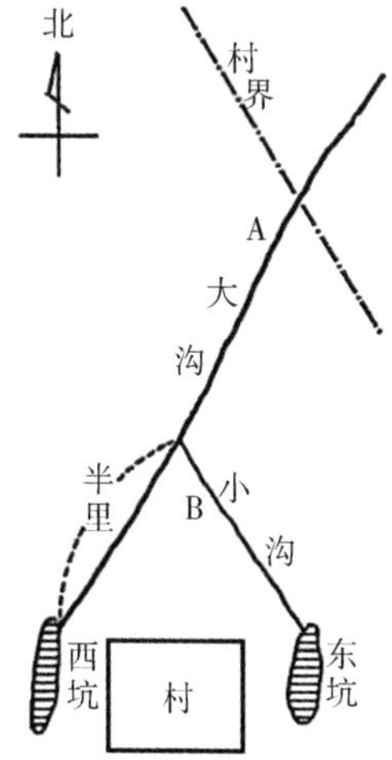

沟地是民地吗？＝不是。60年前，会上从崔家坨的赵老云那里买来的三亩地（12垄）。这是村外附近的土地，所以是本村的土地，有买本村土地的，也有不买的。

为什么要买其他村子的土地呢？＝因为只有本村里的水沟不能排水，所以为了彻底排水，无论如何也要买他村的土地，建造水沟。

上面所说的土地的地券是谁持有啊？＝好像是保长。

买地的钱是谁出啊？＝村子出钱。

村内的沟地，买什么样的土地，不买什么样的土地呢？＝和沟一样，全部或者大部分成为沟地，也买土地。如果沟地里有一部分土地被占用的话，那就不给钱。

你这么说有什么根据呢？＝如上所述，关于买收地，有以前会上保管的文书。现在在谁手里还不清楚。没有谁见过这个文书。

沟地的土地全部都是官地吗？＝是的，它属于全村人。

【关于沟敷的赋税负担】这个用地有钱粮吗？＝有的。

是由谁负担的？＝村子买的话，就是村子负担，不买而用作沟地的土地，剩下的钱依然是由旧主出。

沟地全部属于村子的话，那么村民没必要出钱吧？＝因为面积很小，所以不用花很多钱，所以村民负担。村民自己负担也没什么不好，因为这是为了他们自己才建造的水沟。

【挖沟的赋役】以前和现在，挖沟的方法不同吗？=是的。

具体是怎么不同？=民国前不是按亩派人，而是按照家庭的人数派人。家里人多就派的多，人少就派的少。民国之后就按亩派人了。按亩也就是按照所持有的土地亩数的意思。按亩之后，不是派有租地的佃户去，也不是佃户代替地主去。（但是，地主雇人就另当别论了）

今年挖沟了吗？=没有，去年也没有，前年有。

前年你家派出了多少人啊？=记得不是很清楚了。但是，不是按亩来派人的，我家有54亩地，每十亩就要挖一条一丈五尺的沟，那么就需要挖三丈四尺的沟。只挖这些当然好，人数是由我的家人决定的。

挖沟用了几天啊？=三天。三天内必须挖完分配的任务。没完工的人虽然不太多，但是三天内没有完成的话，作为惩罚，会按照没有完成的份额，派这些人去自卫团。

大沟附近没有土地的人也要去挖沟吗？=是的，村里的东西，有土地的人都要去。

出去的总人数是固定的吗？=不是，每天只要挖一定的区间就可以了，由出人的家庭任意派人。

一亩土地挖一尺五寸的话，那么土地上下有差异吗？=没有。

这个地方挖沟的人是不是叫作镰户或者镰户夫啊？=不这么叫。

没有挖土用的特别账册吗？=没有。

根据各自土地的异动来分配的挖土距离每年都会变吧，那谁来分配呢？=保长、甲长、先生（叫作“ムーピー”[1]）等有拨款的账册，根据地亩数计算商量。没有特定的账簿。

以前就决定了谁成为“ムーピー”吗？=不是，如果是做出清书的人，那么谁都可以。（“ムーピー”的汉字不明）。保长，甲长等商量，将“ムーピー”的结果写在纸上。

这个纸叫什么？=没有名字。

怎么用这个纸？=上面写了各家的分配，据此一一通知。

贴在墙上吗？=不，只有甲长和乡丁来通知。

把上面说的聚会叫作什么？=没有名称。

聚会时吃饭吗？=原来不吃，以前是各自在家里吃。

聚会是什么时候的事啊？=如果那年挖沟，就在清明节前举行聚会，清明节一定要完成计算。

本村人把土地卖给外村人时，挖沟分配区间怎么算？=卖土地的时候，要向保长报告，保长在拨款的账上替卖主写上卖出的土地面积，如果是本村人买的话，要连带所买的土地面积挖沟。外村人买的话，就不用去挖沟了。相关的例子不多。

上述的替写跟挖沟时的出役有关系吗？=没有，是普通拨款的关系。

典当土地（一般的典当）时又如何呢？=地主仍然挖沟。

指地借钱时又如何呢？=同上。

---

〔1〕译者注：原文用这种方式记录读音，并未注明对应的汉字。

挖土的范围呢? =不能挖坑(因为东坑里种藕,西坑里种蒲)。只挖前图 A 和 B 之间的沟地。

各户如何分配挖沟呢? =现在是按甲来分配的,也就是说,按照一甲内各户所拥有的亩数来分配挖沟区间的长度,只有这个长度,是甲长承担责任让挖的。本村由 12 甲组成,所以分为 12 块。这个位置不是按照甲自己的意愿来决定,而是通过抽签决定。

那么一甲内各户的分配地点又是如何确定的? =因为甲长知道各户的分配区间,一一测量,指定场所。那个排列顺序并不是只靠测量长度而来。

沟地工事时,是怎么监督工作的啊? =各位甲长必须在规定时间内完成其管辖区域内的工事。甲长自己也要工作,同时还要操心各种事情。对于出役人数不多的家庭,甲长会催促他们再派些人来。

如果甲长在规定时间内没能完成,会受到惩罚吗? =有的,从甲长的家开始,做十天的苦力。(主要是派去自卫团),表面上说的是十天,真到这个时候,各位甲长就会同情他,去请求保长,于是天数就减少了。

甲长虽然很勤勉,可是有倦怠者延误了工事,情况又如何呢? =这种事情很少,因为甲长对我们很严格,况且因为有一个人偷懒而完成不了,保长就会受到惩罚,所以没有人偷懒。

对那些干活的人,村子会拿什么供应给他们呢? = "伙粥",也就是发放大家一起喝的粥,有三次。从以前开始就是这样了,除此之外,什么都不发。

上述划分区间是从什么时候开始的啊? =从前年保甲制度实施开始。

之前七八个会头的时代,有没有把沟地分为七八个区间啊? =民国前后都没有。

有没有各自设定七八个会头的监管区域? =没有。

保甲制度以前是以上和那么标准来派人的? =家。

是从一户派几个人吗? =不是,只要能干活的人全都派出去。

在年龄和性别上有差异吗? =不派女人,男子到了十六七岁,能干活了,就派出去。

当时,清明节之前仍有会议吗? =有。

决定了什么事情吗? =决定了排沟的日期。

没有决定出役人员的数量吗? =没有。

上面所说的人有没有过多的情况啊? =人越多越好,但是,基本上没有人多的情况。

当时挖沟需要几天啊? =一天。

今年因为某个原因不能去的人,是来年再派那个人出去,还是轮流派人呢? =没有这种情况。

外村人拥有本村内的土地时,也要出役吗? =不用。

当时谁监督挖沟啊? =会首们。但是没有监督区域。

当时各户的挖沟场所确定吗? =不确定,很多人站在沟的两侧,沿着下图箭头的方向从 1 到 2 慢慢地挖,一天就能完成。也就是说,一开始大家站在沟的两侧,一起挖那个区间,挖完之后就移到下一个区间。(按照 A、B、C 的顺序)

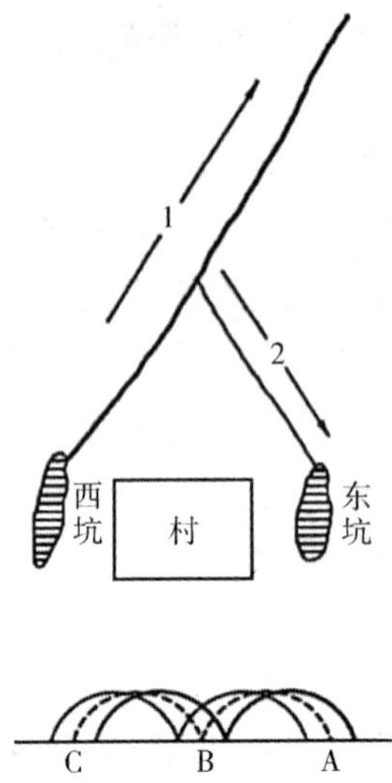

每个人是不是平均要挖几尺啊？=不是。

有没有谁指挥，顺利完成工事呢？=会头。

会头完全不工作只负责监督吗？=都做。

会头会调查各户的出役情况，斥责偷懒的人吗？=大家都认真出役了，而且不完成任务回不了家，所以没有谁偷懒。

八人也有会头，互相不联络指挥大家吗？=挖沟不是什么特别难的事，即使互相不联络，也能够慢慢完成任务，会头只需要提醒一下在他身边干活的人。

村子拿什么款待出役人啊？=只发过三次粥。

【补充】现在挖沟的时候，有钱人仍然亲自参加吗？=总的来说是参加的。

有钱人不害怕因为土地多，所以只让家人挖沟完成不了任务吗？=害怕。所以家里没有人的话，就雇人出去。

那时候佃户有没有自发地去帮忙过？=没有，如果给钱的话就会去帮忙。

只有一两亩土地的人呢？=只有一亩也必须去。

宅地只有一亩如何呢？=宅地不算数。

荒地呢？=荒地也记录在地亩帖里，和土地分配比例一样。

坟地呢？=土地上有一小块坟地时，不用除去它，如果坟地占了土地的一半多，就扣除它。

本村人挖的大沟的下游，有没有沟啊？=有。

那是哪个村子挖的？=崔家坨。

崔家坨和本村之间，挖沟那天有没有过什么协议啊？=完全没有。

这个大沟除了排水，还有其他用处吗？=没有，这里有水的时候，一带全部是水，一带没有水，沟里完全没有水，所以不能用于灌溉。

6月5日

排水沟的管理

应答者 侯焕廷（74 岁）

（③）再次关于大沟

【会头】听说你以前做过会头啊？ =到 40 岁为止，做了 20 年的会头。

当时有几个会头啊？ =8 人。(也把会头叫作董事)

村里重大的事情是谁负责啊？ =我们 8 人负责，8 人同心协力。

8 人中有没有中心人物啊？ =没有。

当时有没有村长啊？ =村长，副村长也是后来才有的。

和县城联络的人，即使不叫村长，也相当于村长的人有吧？ =没有。

8 人当中，有最有权威无论做什么别人都会遵照他的指示的人吗？ =没有。

【乡长（村长）】

那么，村长是从什么时候开始有的呢？ =（记得不是很清楚）之后有了乡长，他开始处理县里的公事了。

乡长在侯家营的村子里吗？ =是的。

外村也有村长吗？ =村长的意思是只是这个村的村长。

乡长出现以前，有特定的人和县城联络吧？ =不联络。这种情况都是大家一起去县城。

你什么时候开始不做会头的？ =民国三四年。

【关于北沟】那时每年挖北沟的土吗？ =1 年挖 3 次。

时间呢？ =春天，播种之后。

北沟是那时以前就有了吗？ =有了。

当时全长多少？ =3 里。

外村的沟的设置比较新吧？ =不确定，是宣统年间吧。

那之前只有本村内有水沟吗？ =是的。

本村内水沟的长度呢？ =忘了。

为什么宣统年间外村也有水沟了啊？ =因为只有本村有沟的话，水漫出，会很麻烦的。

你说的水也会流到外村吗？ =一部分积存在本村，一部分流向外村。

【为了挖沟购买土地】如果水流向外村，那在外村建造水沟不就是很正常吗？ =外村的土地浸水亩数比较少，不会有大问题，于是本村会买外村的土地，建造水沟。

买来的土地就像自然的沟地吗？ =不是，买了 12 垄一般的田地。

买土地这件事，是本村的哪个人提倡的啊？ =会头。(会首)

一个会首还是？＝记不清楚了。

这时有乡长吗？＝没有。

谁和外村如何联系啊？＝会头和外村的会头交涉。

那时候，本村的会头跟外村的会头说要他们建造水沟吗？＝不是，即使这么说了，他们也不会照做的，一开始就说买收土地的事。

你也参加了吗？＝不记得了。

【决定挖沟计划和实施分配】每年挖沟的时间是固定的吗？＝只有播种之后是固定的，日期不定。

挖沟是谁提出的啊？＝会头把大家召集起来商量出来的。

会头以外的人也加入吗？＝是的。

这个挖沟的组织叫作什么啊？＝没有名称。

席上讨论了什么事情啊？＝决定了挖沟的时间，并且通知我们挖沟那天不要外出。

没有出役的人数决定吗？＝没有。

当时村里有多少户？＝八九十户。

以什么比例派人出去？＝按户派出50个人。

需要几天时间呢？＝一天就完成了。

有八九十户的话，如果按户派人，那不是要派八九十个人啊？＝因为有人不在家（外出务工，因为工作不在家），所以只有50人。

没有土地的家庭也要派人吗？＝是的。

做小买卖的家庭呢？＝也要派人。

会头呢？＝派。

就算是去满洲打工的家庭，如果家里有人，就要派出去吗？＝是的。

女孩子的话，是雇人派出去吗？＝没那么严格。

那天有急事不在家的家庭呢？＝有钱人的话，就雇人派出去。穷人的话，不派人也不要紧。

对于一直想要休息的家庭，有惩罚吗？＝没有。

应该出役的家庭，如果这次没有派人出去，那下次是派更多的人出去，还是只派这次没有出去的人去挖沟啊？＝没有这回事。

当时有决定挖沟区间来挖吗？＝没有决定，从10年前开始决定的。

那么是个人随意挖吗？＝一段一段地挖，慢慢地大家一起挖。

是一个区间间隔起来挖吗？＝不是，从邻村附近开始挖，一点一点地收拾，大家一起挖。没有决定一个区间。

【施工人员管理】有谁指挥吗？＝8个会头。

他们也干活吗？＝只监督不干活。

一个会头负责一个区域吗？＝不是。

一个会头召集一定的人数来挖沟吗？＝不是。

那么8个会头是毫无统筹地监督吗？＝不是，他们当场商量，当场分工完成工作。

挖沟时，有没有主力人物啊？=没有，只有8个会头。

8个会头的住处把村子分为八块，每一块有一个会头，带人来挖沟方便了吗？=大体上是一个人管理10户。

那么那个会头领导10户的村民吗？=不是，他会邀请附近的人，没有领导10户的村民这个习俗，大家都来了。

大家都不来的话，要领导10户的村民吗？=因为大家都来了，所以大家不来的情况不知道。

一个会头管理一定数量的家庭吗？=是的。

你监督多少户？=10户。

挖沟以外的出役也是这样的吗？=是的。

你管理的家庭是在你家附近吗？=不是，是分散的。

会头会从一个姓选择几个人呢？=这不一定。

会头一个人决定几个门牌吗？=不是。

会头姓刘的话就管理刘家，姓侯的话就管理侯家吗？=大致上是这样的，姓侯的话，人口多，就管理侯家。姓刘或者姓叶的话，因为户数很少，就统一归到一个会头管理。

各位会头管理的户数平均吗？=是的。

挖沟时会头管理的家庭和挖沟之外会头管理的家庭是一样的吗？=一样。

从什么时候开始决定划分区间挖沟的啊？=从10年前开始，到保甲制度实施为止。

那是为什么呢？=闾邻制度时期，村里的各家被编入四闾，一闾有25户，所以各闾负责挖沟。

当时有会头吗？=有。

那时的会头和闾邻制度之前的会头是一样的吗？=是的。

人数没有减少吗？=没有。

一闾里面每两个人就有一个会头吗？=情况各种各样，大致上和以前一样。

闾长总的来说都成为会头了吗？=记得不清楚了。

那时有把挖沟的三里分成几块吗？=4块。

每一块长度是一样的吗？=不一样。

为什么不一样呢？=根据土地的面积有所变化，也就是说，只有一亩地的人只用耕种1丈多地就可以了。（现在一亩要耕种1丈5尺）

没有土地的人呢？=那就没必要挖沟了。

那时的做法和原来不同，把全长分为了4个部分，8个会头是如何管理土地的啊？=和会头没有关系，由四个闾长管理。

什么时候开始和会头没有关系的啊？=从10年前闾邻制度实施开始。

于是乎，挖土的时候，各闾的闾长管理各家各户吗？=是的。

上述闾长有谁以前是会头吗？=（不回答）。

现在还有会头吗？=没有。

什么时候开始没有的？=从闾邻制度实施之后开始。

闾邻制度时期，据说把区间分为了4个部分，那个顺序是怎么来的？=抽签决定的。

一区内各户的挖土地点的排列呢？=按照门牌顺序。

挖沟所需经费是多少啊？=以前按户挖沟时是1000吊，闾邻制度时期是2000吊，去年花了1000元。

为什么要花这么多钱？=大家要出早上高粱饭，午饭，晚上小米的费用。

除这些外还有别的吗？=没有。

村子不准备木材和器具吗？=不准备，挖沟的锹是各自家中带来的。

上述就餐是在哪里啊？=野外。（各自带碗和筷子）

这个就餐叫作什么？=没有名称。

就餐费用是和村里的所有花费一起分摊吗？=是的，结局是按亩给钱。

【水井受损和修缮】因为大水而把村内的井都弄坏了是哪一年的事啊？=没这回事。

光绪二十年是什么情况？=井没有被损坏。

那么只损坏一点儿是哪一年啊？=时有发生，因为大雨使地面崩坏的缘故，但是没有造成很大的危害，人们马上就修好了。

民国之后没有修理过井吗？=一直有疏浚水井，没有修理过井。

（以下：调查员为了方便，用甲、乙等井名，参阅本辑后文的水井分布图）

甲井是什么时候毁坏的？=十多年前，因为降雨而毁坏的。

是怎么修理的？=加入石头，使井变牢固，井的使用户买石头，村民修理井。

甲井是什么时候出现的？=200年前吧。

井归谁所有？=以前附近的地都是刘保长的。

井所在的地方呢？=那是村子的东西。

如果是村里的东西，那有地券吗？=不是很清楚。

没有井的时候，这块地也是刘保长的吗？=是这样的吧。

这个井是谁挖的啊？=人们挖的，大家提倡挖了这口井。

人们是指全村人吗？=是附近用井的人。

在什么地方挖井是全村人一起开会决定的吧？=不知道。

扬水器呢？=各自把水罐吊在扁担上汲上水来，没有架子。

【井的使用关系】有多少户使用这口井啊？=（参阅本辑后文水井用户表）。

以前开始就是这样的吗？=是的。

这一列的人，有没有使用其他井啊？=没有。

有从其他地方过来使用这口井的家庭吗？=没有。

因为疏浚水井而不能使用这口井的时候怎么办呢？=这时候，不管村民使用哪口井都可以，而且不需要井主人的许可。

这口井的水用来干什么？=用作饮料、洗手、洗衣服等。

使用量没有限制吗？=没有。

是否除了原来的使用户之外就不允许有饮料之外的用途呢？=不是。

有没有其他这样例子的井啊？=没有。

我想听一下十几年前井坏掉的事情？＝因为我不知道，想问一下刘保长。

应答者　刘保长

【修缮公井】十几年前，甲井毁坏了吗？＝因为大水而毁坏了。

其他的井如何？＝总的来说，多多少少都有点损坏。

当时，各使用者有修理他们使用的井吗，或者村公所分配修理井啊？＝各使用者修理了他们平时使用的井。

当时所有的经费，是由各使用者分别负担各自所使用的井的部分吗？＝不需要费用，但是有时候在井旁边吃饭，那个费用由村子负担。

（注：本想向保长问得更详细一点，但是因为保长太忙，就放弃这个念头了）

6月6日

以低地、湿地为主

应答者　侯定义

【采土地的坑】旧坟坑，老土坑是什么时候出现的啊？＝500年前，村子出现了之后就有了。

有多少亩呢？＝十几亩。

为什么要挖它？＝为了得到壁土和粪土，每年都有人挖。

村子出现的时候，用那个坑的土造房子吗？＝不清楚。

这个土地的所有者是谁？＝这是村里的官地。

有相关地的地券吗？＝不知道。

钱粮呢？＝有吧。

现在每年也挖那块地吗？＝是的，谁都可以用那块土地。

一年里这有水吗？＝只在雨期的时候有很多水，平时没有。

水用于什么？＝没有用途，也不养鱼。

老坟坑南地的坑呢？＝有7亩，是侯家的土地，挖这块土地，用来做老坟，很老了。

现在是为了什么呢？＝清明节的时候，需要用这块的土来修理坟墓。

如果要修坟的话，那面积有点大吧？＝因为用于侯家各个坟墓的修理，所以不大。

不用壁土和肥土吗？＝即使是侯家人也不允许。

有附带修理他姓的坟墓吗？＝没有。

他姓的坟墓怎么办呢？＝他姓的坟墓很少，只要铲一点坟墓附近的土就够用了。

上述土地的地券在谁手里啊？＝坟会的人。

乡长没有吗？＝他不在坟会，所以没有。

钱粮呢？＝不知道。

这里什么时候积水啊？=只在雨期，平时没有水。

那个水用于什么？=没有用途。

旧坟坑以前就是这样的土地吗？=不是。

南尧坑归谁所有？=官坑。

它是什么时候出现的啊？=不清楚，南面有窑，它出现的时候，南尧坑就出现了。（或者说有了村子之后，也叫作管坑地）

谁为了什么而作了窑啊？=不知道。

地券和钱粮呢？=会上的人知道。

现在用于什么？=用作壁土和肥土等，谁要用土都可以。

水是什么时候开始有的？=一直有水，雨期特别多。

不用于灌溉等吗？=不能使用，没有谁用。

其他的用途呢？=没有。

村内有8口井，除此之外，还有其他的井吗？=没有。

【东西的储水池】东水坑和西水坑的情况呢？=有了村子之后，就有了。东水坑有五六亩，西水坑有十几亩。

它们是属于谁的？=“官地”。

地券和钱粮呢？=属于在会的人。

东坑用于什么呢？=从以前开始就只种藕，冬天收获藕。

租给谁呢？=谁都不租，就算放任不管也能长出藕，只要到了收获期，把这片藕承包，然后拿去卖。承包人可以是本村人也可以是外村人，最近经常有人中标。

水什么时候有？=因为是湿地，所以一般没有积水。

有扬水的架子，那是谁的？=是侯印堂的。

侯印堂的所有地？=40亩。（或者叫租地）

在有架子的地吗？=不是，这块土地只有半亩，是租地。

半亩地可以做什么呢？=种菜。

以前，东坑附近的菜园多吗？=很少。

这里的土地不适合菜园吧？=是的。

有其他的积水，没有适合菜园的土地吗？=没有。

架子以前变成其他东西了吗？=没有，这个架子（叫作大水杆子）也不过是去年才有的，之前用水斗子扬水。

水斗子是什么开始有的啊？=从我很小的时候开始。

【菜园的灌溉】这块土地上种了什么吗？=白菜和葱。白菜是六月播种，九月二十左右收获，葱是九月播种，来年六月还很小的时候，拔了去卖。（白菜一亩收获1000斤，去年九月到现在是50元，葱和白菜一样，也是一亩收获1000斤，当年五月到现在16元）

什么时候给葱和白菜浇水啊？=每天。

水很多吗？=大多数情况下水很少，这个时候就在架子的底部挖出一丈，让土井坑（穴）涌出水来。

现在也有土井坑吗？ =因为今年水也很少，有挖过，这两三年旱灾频发，所以有挖土井，之前没有挖过。

官地在挖这样的土井坑时，需要保长或甲长或者其他谁的同意吗？ =不需要。

一开始挖呢？ =不需要。

挖了之后没有联系一下吗？ =没有。

【储水池的利用和菜园】使用这个水需要钱吗？ =不要。

这里的湿地搬出去也行吗？ =不行。

为什么？ =因为种了藕（本村内不能用东、西两坑的土，因为都种了作物，如上所述，有时可以用其他坑里的土）。

每天用这个架子来扬水的话，长不出藕吧？ =有一个小洞，没有影响。

这附近只有他家用架子扬水，他人必须重新准备架子吗？ =谁想的话就可以设置，不想的话，就算有想要的东西，离开了土地也不行。

种白菜和葱的这块地与邻地的收入比较？ =邻地虽说种了苞米，但毫无疑问，种白菜和葱的收入格外多，苞米一亩只有20元的收入。

邻地的苞米地的主人为什么不弄一个菜园？ =弄一个菜园没那么简单，和旱地不一样，每天要是没人来就不行，非常麻烦所以不弄菜园。

侯家有几个人派到这块土地了啊？ =只这半亩地有两个人，但是也有其他土地。

西坑什么时候出现的啊？ =村子出现之后就有了。

一开始是谁的土地呢？ =一开始是村里的官地。

地券和钱粮呢？ =和东坑一样。

以前这块地上种植的作物呢？ =从以前开始就种藕，但是八九年前开始种蒲子。

种藕的时代，土地是租给谁的啊？ =和东坑一样，谁都不租，只承包藕然后卖。

为什么不种藕而种蒲子了呢？ =有一年螃蟹增加了，吃藕，于是换成蒲子了。

这里的水量怎么样？ =这两三年水很少，以前一年多多少少有点水。

这里的水有没有用架子搬出去过啊？ =没有，铺设道路以前，还是直接和旱地相接的土地，那时也没有搬水。

这一带的土地是不是只要用水的话，收成多多少少会增加啊？ =这附近的作物有麦子、稗子、黍子、豆子、白薯，雨完全能够补充它们所需要的水分。

雨如果不能满足它们的需求时，是不是要用沟里的水啊？ =水真是没办法，人手也很麻烦啊。

只要不太嫌麻烦，就能多收获一点作物吗？ =如果水不足的话，只运来一点点水也无济于事，于是就放任不管这些作物了。它们枯死也是没办法的事情。

今年这个沟的南面挖了一个井洞是怎么回事啊？ =是为了得到浇灌附近田地里薯苗的用水。

以前也挖过这样的洞吧？ =没有，去年开始种薯，铺了警备路，这个地带不种高粱改种薯了。

附近的田地里，没有出现这样的井吧？ =土地很高，完全涌不出水来。如果是西坑，挖个五六尺，就会有水慢慢涌出来。

挖这口井的时候，需要得到保长的许可或者是事后联系保长吗？ =不用，随便怎么都行。

使用这口井的水要交钱给村里吗？ =不要。

【私坑——采土地】东坑附近有一个很长的坑，那是谁的地啊？ =是侯允仲的民地。

为什么要挖那个坑出来？ =不是为了排水和引水，用了土之后，自然而然地就出现了那个坑。

其他民地中有坑吗？ =侯元广的父亲和叔父共同拥有一个私坑。

那块地归谁？ =周围是别人的地，只有那个私坑是上述那两个人的，面积有六七分，四个角落都很高，和邻地的界限很清楚。那块地名义上归谁不是很清楚，但是在上述两人家里用土。

这样的坑（六七分）到处都有吗？ =很多，特别是小庙的后面有很多，很多时候，坑地的所有者和周围土地的所有者是不一样的。

为什么会有这样的土地啊？ =原来是为了用土。

不用于排水和积水吗？ =不。

为什么坑地的所有者和周围土地的所有者是不一样的？ =不是很清楚。

你有见过上述那两人土地的地券吗？ =没有。

地券是由谁保管呢？ =我认为是元广的父亲。

这块土地的钱粮，拨款是怎么回事啊？ =我认为是他们二人各自负担一半。

【在官地储水池里栽培蒲草的情况】是谁提倡在西坑栽培蒲草啊？ =本村小学校长侯心如，校董事侯印堂和萧惠生。当时因为得到了学校了经费，收入提高了，提倡蒲草栽培。

这块土地是属于学校吗？ =不是，是官地，属于村子。因为学校也是属于村子的，所以三人就这样提倡栽培蒲草了。

那么，这件事情要跟村长和会头们商量后再实行吗？ =是的。

让谁来种植蒲草呢？ =当时的情况记得不是很清楚了，蒲草即使只长一次，放任不管，也不需要特别的护理和照顾，所以这块土地不租给别人。

种植蒲草的收入呢？ =相当于学校的经费。

【当地土地的盐分】很早以前这一带是海吗？ =七里海出现新开口之前（时代记不清了），这一带是七里海的延续，是一片湿地，和海是一样的。

这么说的话，现在这块土地里盐分也很多吗？ =不太多，只有黑土城的土地。

有没有试过除去这块土地的碱性呢？ =没有，用水洗了也没有效果。

村内水井分布表

注：我们为了方便，给这些井取了甲、乙、丙的名字

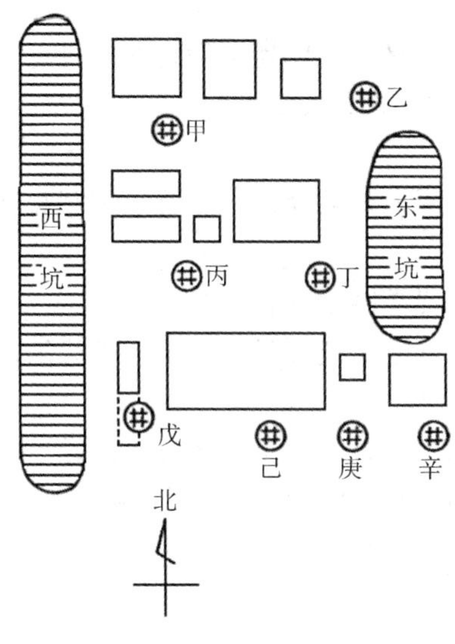

6 月 7 日

关于村里共用的井

应答者　侯治平

【凿井和共用的由来】庚井是什么时候出现的啊？ =它是一口老井，具体时间不清楚，也有人说是一百年前。

这口井叫什么？ =东头儿井（把丁井叫作东头儿二井，把乙井叫作东头儿三井）。

用于什么呢？ =浇灌园子，饮牛（给牲畜喝的，以下都只饮牛），洗衣服。

这口井的井水水质好吗？ =非常好，比甲井好。

你以前住哪里啊？ =直到 6 年前，我住在侯治宪的院内。6 年前我搬到了现在的地方。以前在侯治宪那里。(原来没有自己的家)

以前和现在所拥有的土地？ =以前和现在都是 20 亩。

和侯治宪的关系？ =他是我哥哥。

为什么搬到现在的住处？ =6 年前分家了，所以就搬了。分家时，家里房子很少，那时，我还是单身，所以就搬到这里了。

住在侯治宪的院子里时，用的是什么井？ =侯永政的井。(庚井)

那是从什么时候开始的？ =从以前开始一直在用。

庚井的深度是多少？ =1 丈 8 尺。

那块地是谁的？ =侯永政。

那块地有过变动吗？=以前开始就没有，没有买卖，典当，指地借钱。

地券只包括这口井吗？=不是，因为这口井和附近的宅地相连，所以它们一起属于地券。

一开始有没有告诉你们要挖这口井的事情啊？=没有。

凿井的费用是谁出啊？=侯永政家。

各种材料呢？=同上。

挖这口井时，除了永政的家人，其他人有没有帮忙啊？=我觉得肯定有帮忙，这附近没有哪一家挖了一口井出来的。

为什么挖这口井？=为了浇灌园子和饮用水。

挖这口井的时候也打算让其他人使用吗？=不能不让其他人使用，我觉得挖这口井的时候也打算让其他人使用。

挖这口井最终的目的是用于菜园吗？=不知道，好像是为了他们自己才挖这口井的。

【井的使用关系】以前用庚井的人，没有用过丙井和丁井吧？=没有，这里的人们从以前开始就用庚井（参阅本辑后文的井使用户表）。

那么，丙井和丁井是哪里的人使用呢？=我们也使用过，一般人都能用。

这附近的人有没有用过庚井、丙井、丁井之外的井啊？=没有。

那么主要用哪一口井啊？=不知道。

庚井里没有水的时候呢？=不知道。

什么时候开始不用丙井和丁井的啊？=不知道。

你小时候用哪口井啊？=庚井和丁井。

哪一口井用得多一些？=庚井。

丁井的水质如何？=据说以前很好，20年前开始变咸，就没有人饮用，用于喂牛马，洗衣服了。也用于灌溉菜园。

你家里是什么时候用丁井啊？=给自家的菜园浇灌的时候。

为什么不用庚井的水浇灌呢？=庚井的水是大家喝的，不用于菜园浇灌。

侯永政家，将庚井用于饮用水之外的事吗？=没这回事。

那么，侯永政家，除了将庚井用于饮用水之外，还用于什么？=有用于浇灌园子，但是不用于洗衣服。

其他家如何呢？=同上。

但是其他家不能将这个水用于浇地吧？=因为园子地不多，所以不用于浇地。

如果像你家有园子地的话，能不能随便使用庚井浇地啊？=随便使用也不是什么坏事，饮用水是最主要的，所以不太用水。

永政家里，因为是他们自己的井，所以没有顾虑地用水，但是你们的话用起水会有顾虑吧？=有的。

用庚井的家庭？=这附近有25户，从32号到43号家庭都用庚井（参阅水井用户表）。以前和现在都没有变化。

你说的使用户不能用其他井吗？=其他井比较远，所以不用，随意用就好了。

其他人不来用庚井吗？ =不来，但是其他井在疏浚水井的话，他们就会过来用庚井。

除了你说的疏浚水井的情况，还有没有其他时候过来用庚井的呢？比如说水量减少啊，水质变差啊？ =没有。

疏浚水井时，其他人过来使用庚井，不用得到谁的同意吗？ =不用。

这时候，有过因为庚井使用户急剧增加，而使水量减少，大家都很困扰的事吗？ =没有，水源源不断地涌出来。

这口井什么时候用水比较多？ =4 月。

为什么？ =因为侯永政和费家要浇灌园子。

这时候，水量会大大减少吗？ =涌出来的水很多，不会减少。

费和永政的园子有多少亩啊？ =费有十几棋（棋是园子面积单位），也就是 2 分，永政是 8 分。

庚井和费的土地之间有水沟连接吗？ =是的。

永政的地呢？ =一样。

给多少棋的地浇水，庚井里的水会变没呢？ =10 棋。

要花多长时间？ =1 个小时。

那要连续给多少棋的土地浇水啊？ =一口气 10 棋。

庚井的水干了之后，要多久才能恢复到原来的水量呢？ =1 个小时。

园子里种了作物的话，会不会有 3 个小时左右用不了水啊？ =有的，每隔三四天会这样，不是每天都有。

费和永政家有关系吗？ =没有，只是同村人。

费和永政家的园子是什么时候有的啊？ =都很久了，什么时候有的不知道。

【使用井时没有特殊的限制】除了费之外，没有第三个人用这口井浇灌园子，反过来说，是不是费和永政之间有什么特殊的关系和约定啊？ =没这回事，也有其他人弄菜园，用庚井的水，其他人可以用永政家的水。

这么说的话，如果有几个人都弄了园子，一天要用 3 个小时（上面说过）的水的话，那大家不是都很困扰吗？ =这种事情不会发生，因为这口井邻接的土地里没有园子地，就算有土地，没有人的话，也弄不了园子地。

如果是其他井的话，大家会因为浇灌园子地而抢夺一口井吗？ =不会，其他井和庚井情况一样。

经过费的园子的小水道也经过永政的田地吗？ =是的。

开始建造那个小水道的时候，费和永政有没有约定过什么？ =不是很清楚。

那时，这里是怎么办的？ =这件事情必须要得到地主的同意。

那个水道是借地，要出借地费吗？ =请问本人吧。

园子引水那天，关于引水量，永政和费有没有什么约定？ =我觉得没有。

永政和费没有确定用水日吧？ =没有。

永政使用庚井时，有事先通知费吗；费使用庚井时，有事先通知永政吗？ =没有。

费在用庚井的时候，首先要问一下永政那天用不用庚井吗？ =不问，因为和永政是邻居，所以就算费不问，也能知道永政有没有用庚井。

水变少时，是永政先用，然后费用是吗？＝是的，但也不一定，不管干旱成什么样，水也不会枯竭的。

那么，费几乎可以随意使用永政的井吗？＝不需要许可和承诺，日常寒暄中，问一下对方的情况，有时也告诉对方自己想用庚井。

虽说每三四天用水，但是用庚井浇地要好几天，这几天就完全不浇地吗？＝不一定，所以，一般人不知道永政和费什么时候用井。

这样的话，一天中，会有永政和费都要用井的时候吗？＝有的。

这时，一个人用井，没有3个小时，其他人也用不了井吧？＝一般人用架子扬水，不用等3个小时。

但是，舀底部的水时，水变浑浊了，不能用作饮用水了吧？＝是的。

这时怎么办呢？＝浇地完成只要1个小时的话，水量还有很多，变成清水。就喝这个水。

这么一来的话，一天里有两个人浇地用水的话，附近的20多户人家喝的饮用水来得就很不方便了啊？＝是的。

那么，有没有向这两人提出抗议，拜托他们控制一下浇地的水量呢？＝没有，总的来说，没必要每天去接饮用水，有时候没水的话就等着，或者找其他家借也行，所以没有抗议过。

费和永政用井的时候，有没有跟你们说，今天我要用井，有需要饮用水的人早点去接啊？＝没有。

有没有根据村民用水多少来限制水的使用量呢？＝没有。

上面所说的有各种限制的井，还有其他的吗？＝没有。

【水井的设备及费用】井里有什么设备啊？＝首先图解一下吊杆

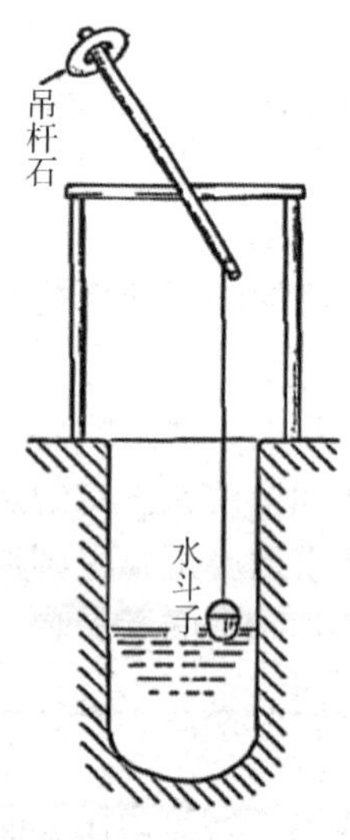

上面的木材，吊杆石，水斗子是谁买的啊？＝永政。

上图那个设备做了几年啊？＝三四年。

全部的价格呢？＝5 元。

木材是村民有志捐赠的吧？＝不是，是永政买的。

先由永政出钱，之后再由各使用户分摊吗？＝不是。

使用户没有给永政送礼吗或者交用井钱给他？＝完全没有。

有没有不计报酬，去永政家帮忙做家事，或者送点时鲜作物给他呢？＝没有。

有没有去跟永政说，这是谢谢你让我用你家井的礼物？＝没有去。

【管理水井】有没有特定的人管理这口井或者说全村的井啊？＝没有。

上图的设备夜里也是这样的吗？＝只有水斗子给永政家保管，其他的还是原样。

永政什么时候把水斗子带回家？＝画上的水斗子也在永政家里，有需要的人就去他家借。

有根据时间决定把水斗子带回家的时间吗？＝没有。

这样的话，一般人晚上舀不了水吗？＝比如说，丁井用扁担挑着水罐来打水，所以不管什么时候都行，晚上需要水的时候，大概都是从熟人那里得到的，也有像下面这样打水的。

运送水的道具有哪些？＝扁担，水罐，这是各自的东西。晚上用这个，也能从庚井打水。

借画上的水斗子打水和用自己的扁担打水，哪一种情况多一些？＝用扁担打水。

【共同疏浚水井】最近疏浚庚井是在什么时候啊？＝前年两次（播种后一次，收获后一次），去年 7 月一次，今年 2 月一次，我不在。

上述疏浚水井的时间固定吗？＝不一定，风调雨顺不忙的时候，就会选择播种后和收获后的农闲期来疏浚水井，去年春天没下雨，5 月又急剧降雨，忙于雨后除草，没有闲暇时间，所以在 7 月抽出时间疏浚水井。

大概每年都疏浚水井吗？＝是的。

大概一年疏浚几次呢？＝一次，多的时候两次。

为什么一定要疏浚水井呢？＝因为水底有泥堵塞，流出的水，水质会变差。

是谁提倡疏浚庚井的？＝没人，有人说是时候挖一下井了吧，就开始疏浚水井了。

应该有固定的人说这个话吧？＝没有，各家的带头的或家人都说。

什么样的人说得多些？＝不一定。

就算人们说，到疏浚水井的时间了，如果永政不知道的话，就不能实行了吧？＝疏浚水井是件好事，跟永政没有关系。

但是那个井也是永政的，不需要跟他商量一下吗？＝不需要。

实际上，永政不知情的情况下也疏浚水井吗？＝这没有，因为是永政的土地，他很快就会知道。

谁在疏浚水井那天决定所需要的人数啊？＝不一定，在街头自然而然地就定下来了，在闲聊时决定。

决定人数的时候，也把永政加进来吗？＝未必是这样。

这么说的话，要确定多少人啊？=最少六七人，最多8人。不用确定人名。最后去疏浚水井的人有6—8个人。

但是每年有固定主动去疏浚水井的人吗？=没有。

没有固定的两三个人吗？=没有。

这一带有专门疏浚水井或挖井的人吗？=没有，不需要专门的技能。

那6—8个人是来自村里的25户吗？=这也不一定。

但是有很多是来自这25户的吧？=是的。

这6—8人一定是来自使用庚井的家庭吗？=不是，有时候不是使用庚井的家里的人也会被叫来疏浚水井了。

那种情况，需要给他们工钱吗？=不，什么都不给，他们是自发参加的。

使用庚井的家庭，每25户轮流去疏浚水井吗？=完全没这回事，有空的人来。

但是，人们集合不到一起的时候，不轮流来吗？=不，大家都会去集合，吵吵闹闹的，很有趣。

那么疏浚水井那天，是谁集合那6—8个人呢，是四处奔走相告吗？=不这么做的话，大家也会一点一点集合起来，集合晚了的话，永政家带头的就会去通知。

以前永政家的带头的就负责集合大家吗？=是的。

那个带头的在永政家很久了吗？=不是。

永政家的带头的说要去疏浚水井的话，是起统筹的作用吗？=不一定。

疏浚水井那天，永政家准备些什么呢？=梯子和绳子。

梯子和绳子是永政自家的东西吗？=是的。

疏浚水井的方法？=先把绳子吊到梯子上，一个人通过梯子下到井里，用斗子打水递给上面，井里的水慢慢变少时，另一个人再下来，挖井底。上面用两个人吊着水罐，下面的人接住水罐，把泥放到水罐里，这样反复几次，挖到三尺，泥土和泥水都没了，清水慢慢渗出来就算结束了。两个小时就能完成。

这种方法没有诀窍吗？=没有，谁都可以做。

老人们不在上面指挥吗？=没有。

这一天，疏浚水井结束后没有宴会吗？=没有。

【祭祀龙王】有没有祭祀过井里的龙王啊？=没有，但是，只有二月初二这天，在各家祭祀龙王，烧香。

祭祀的时候，人们是集合在井附近吗？=不是。

顺便问一下，祭祀井和龙王之外，还祭祀什么吗？=祈雨，但是不去拜井，二月初二去打水也没关系，就是不能挖井。因为那天，井中的龙抬头，挖井的话，会挖到头，关于井没有其他活动。

【随意使用井水】疏浚水井结束后，水涌出来，那天各家都开始用水吗？=是的。

25户使用庚井，是各自舀各自的水吗？不是值班制互相帮忙打水吗？=不是。

这个村子，“一院儿地”（同在一片的家里各种姓氏的人）是自己人，没有谁是专业打水的人吗？=没有。

【佃户打水等的自愿服务】那么，打水要花很长时间，不雇人吗？ =我给23户打水，其他人就不知道了。

那有工钱吗？ =是的。

去谁的家？ =侯治忠（弟），治宪。

你租了他们二人的土地吗？ =是的，合计6亩，都是不好的地。

佃户经常给地主打水吗？ =基本上不。

你给他们二人交地租吗？ =不交，我们说好，帮他家做很多家事来代替。打水也是其中一件，这两家在做生意，家里也没人。

和他们有关系的家庭有很多吧？ =没有。

搭套等的情况下，每天都要互相打水吗？ =不是。

对于那些没有打水能力的人，有没有谁主动去帮他们打水啊？ =有。

什么情况下多一点？ =“一院儿地”里面的人，会帮助住在一起的老太太们打水。

这种情况多吗？ =不是很清楚，偶尔会有。

有没有人从很早以前开始就帮某个人打水啊？ =没有。

有没有只被雇去打水的人啊？ =没有。

有没有家庭是做打水和烧水的生意的啊？ =没有。

分家后搬到现在的地方时，是想用哪口井才搬的啊？ =丙井。

搬来之前有没有请求过丙井的主人（侯长赞）让你使用这口井啊？ =没有。

有谁通过介绍人获得使用丙井的许可呢？ =没有。

搬来之后不打声招呼，突然就用丙井吗？ =是的，因为很近，就直接用了。

【每口井都能随意使用】在本村，搬家的人都能随意使用附近的井吗？ =是的。

为什么不用己井呢？ =因为里面是苦水。

什么时候开始变成苦水的啊？ =三四年前，几乎没有谁知道它的由来。

己井是谁的？ =不知道。

不修理己井吗？ =有挖过井，不过水质依然很差。

庚井和戊井的水质如何？ =庚井的水质好一点。

戊井是什么时候出现的啊？ =200年前吧。

戊井是谁的？ =从以前开始就是侯长赞家里的，在他的土地里。（现在的菜园）

这块地的异动关系？ =以前开始就没有，是他家的东西。

井的各种材料，设备是谁出的啊？ =他个人。

那费用呢？ =同上。

凿井的时候人们也有帮忙吧？ =不知道。

【根据开放的程度的不同关系】是谁说要给戊井疏浚水井的啊？ =和庚井的情况有一点不同，庚井的话，是人们在街头随意决定出来的，而戊井的话，则是长赞的长工拜托使用户的人们去疏浚水井的。

为什么那么不同？ =因为戊井在一个相当大的园子里，需要很多水，是一个园子。周围有墙的私井，所以要拜托使用户疏浚水井。

庚井不是私井吗？＝也是私井，但是它面向道路，人们可以很轻松地使用，和私井有点不同。

你刚说的长工去拜托使用户疏浚水井，是受了主人的命令吗？＝是的。

长工雇人吗？＝不，他什么都不做，别人来帮他。

长工轮流指派使用户吗？＝不是，他不用逐一去使用户家里，是在路上商议决定。

有几个人帮忙啊？＝五六个人。

那五六个帮忙的人大体固定吗？＝不一定，谁都可以。

使用户有多少户啊？＝13户，和以前差不多。

他们也用过丙井和丁井吗？＝饮用水用戊井，饮牛，洗衣服用丙井，丙井水质差，人们不喝。

那些使用户里面有没有用甲井、乙井的啊？＝太远了，谁也不去。

是不能去吗？＝没这回事。

一般情况下，村民什么时候用水比较多啊？＝过年过节的时候，摆宴席前后也多，比起这些，浇灌园子，洗衣服用水也很多。

戊井的水变少了，不会限制使用吗？＝不会。

让用是让用，但是没有确定使用时间和使用量吗？＝没有。

长赞的园子有几亩啊？＝1亩。

种了什么啊？＝白菜，葱，藕。

有没有其他使用戊井的园子啊？＝以前开始就没有。

长赞家给田地浇水的时候，有没有不让他人帮忙啊？＝没有。

【水是公共物品】因为这口井在园子里，能够使用这口井的人们，用起来还是有顾虑吧？＝没有，因为水不是长赞的东西，所以没必要顾虑。

水为什么不是他的东西？＝因为水是公共的东西。

因为水是从他的田地里流出来的，所以水是他的东西吧？＝土地是他的，但是因为水从哪里都可以流出来，所以水不是他的东西。

这口井的扬水器是什么啊？＝和庚井一样，是主人的东西。

水斗子夜里要收起来吗？＝是的。

园子的墙门夜里要关起来吗？＝不关。

园子里有没有从几点开始就不让人进去了这种事啊？＝没有。

6月8日

关于村里的井（续）

应答者　侯凤成（20年前是会头）

【水井出现的年代顺序】从甲井到庚井的开凿时代顺序？＝顺序是丙、甲、丁、戊、己、庚、乙。

村子出现的时候有了哪口井啊？=丙井，只有这一口井。

除了丙井还有哪些井的挖井年代是确定的啊？=己井、庚井、辛井都是在我出生以前就出现了，乙是七八年前（最新的），甲井和丁井不清楚。

以为丙井是最老的井，它像庙一样受到人们的尊敬吗？=不是。

以前没有祭祀丙井，或者村民集合到丙井这样的活动吗？=没有。

【井和龙神】据说这个村子井里有龙神啊？=是的。

那么是每个井里都有龙神吗？=有水的地方就有龙。

这几个井里，丙井是最主要的井，就算祭祀龙神，也是在丙井里祭祀吗？=没这回事，不祭祀龙神的。

祈雨的时候不祭祀龙神吗？=在关帝庙祭祀，和井没有关系。

禁止用这里的井水洗衣服或者饮马吗？=不是。

现在看丙井，好像是半坏的样子，从什么时候开始是这样的啊？=十几年前。

【井水的恶化和使用关系的变化】为什么会变成那样呢？=本来水质就不好，特别是十几年前井水干了之后，大家都不用了。

那时，在井底疏浚水井也看不到吗？=挖了几次，还是没用。

当时，哪里的多少户使用丙井啊？=记得不是很清楚了，井附近的人在用。

之前使用丙井的人现在在用哪口井啊？=甲井。

那之前的甲井的使用者没有抗议说水量减少了吗？=水量很多，所以大家没有抱怨。

要使用甲井的话，首先要获得甲井的使用户或者刘保长的同意吗？=不需要，随意使用。

现在完全不用丙井了吗？=水质很差，不能用作饮用水，可以用于洗衣服，饮牛。

以前的丙井使用者现在饮用甲井的水真是太好了，但听说现在不用于饮牛和洗衣服了吗？=不是，用丙井的水洗衣服，饮牛的使用者只在附近很方便的时候才用甲井的水，有很多人几乎都不用甲井的水。不管是饮牛还是洗衣服，丙井的水都不合适。

为什么丙井的水水质会变得那么差？=不知道，井的寿命到了吧。

【村子的创始和选定条件】建造这个村子的时候，是先建造庙呢还是井呢却或是住房呢？=我认为是按照家、井、庙的顺序来建造的。

建造顺序如果是这样的话，计划建造村子之前有选定过地点吧，有没有什么流传的说法啊？=没有什么说法，本来是根据风水选择的土地吧。

在中国建造村子的时候，是根据风水，还是看别的，比如说地势、水、地种来计划村子啊？=如果根据风水的话，那么地势、水等其他问题自然而然就解决了。

【村子的风水和庙】有不看风水就建造村子的情况吧？=都是看风水建造的。

根据风水的话，首先要看什么呢？=不知道。

比如说首先看水？=不知道。

这个村子的风水好吗？=不好。

为什么不好？=都是这么说的。

东、西水坑是根据风水建造的吗？ = 不知道。

庙呢？ = 根据风水建造的，我觉得它是镇物。（指镇定的东西）

【水井的选定及其用地】一般的使用井是怎么样的啊？ = 全部都交给风水先生，他指定地点。

风水先生指定民地时，民地的所有者即使认为那块地有用，也要为了大家交出那块土地吗？ = 是的。

交出那块土地，是为了大家租出去呢还是卖出去，抑或是捐出去呢？ = 公开捐出去。

丙井是在民地里建造出来的吗，还是在没有主人的土地上或是村里的土地上建造的呢？ = 民地。

在村里买民地造井吗？ = 年代久远，记不清楚了，我认为是捐的。

如果是民地的话，怎么知道的呢？ = 民国初年是侯元有的土地。

现在归谁所有？ = 侯元有（但是分家了）。

如果是捐赠的话，为什么不改名字呢？ = 因为井在自己的土地里，地券上只有井地基的名义变更了。

侯元有为了侯姓全体，不再管理这块地了吗？ = 不是很清楚。

这块土地有执照吗？ = 应该在侯元有的家里，他的家就在附近，这口井应该也是这块地的一部分。

这块土地要交税吗？ = 钱粮，和家里的土地一起。

谁缴纳钱粮啊？ = 侯元有。

侯元有缴纳钱粮是不是证明这个井地基是属于侯家的啊？ = 井下面的土地是侯家的，但是，石壁和水不是他家的，这是大家的。

他缴纳钱粮，是整个家族交还是让分了家的各户平摊呢？ = 不是，只有他负担，钱粮也很便宜。

【分担挖井材料】土地是属于侯元有的，但是井的各种材料都是其他人出的吧？ = 因为这是大家用的东西，大家一起出材料。

侯元有出地，其他人出材料，挖了这口井，是吗？ = 可能是这样，不知道。

这口井用于什么？ = 饮用水，洗衣服，饮牛马。

使用户有多少？ = 附近的十几户，固定的。

平时是固定的，其他井干涸了的时候，就有人来用这口井吗？ = 是的。

使用户只姓侯吗？ = 不是。

使用户是构成附近的一划的地区的人吗？ = 是的，附近的人。

这一划的区域里有没有某一家用其他井啊？ = 没有。

平时丙井使用者随意使用其他井没关系吗？ = 可以的。

【井用地的处理限制】在侯元有家，把有这口井的土地用于典当或者指地借钱可以吗？ = 不可以。

为什么？ = 因为它是官井，是大伙的东西。

井的哪些部分是属于大家的啊？ =侧壁、井底，水都是大家的东西。

那么，人们在卖掉有这口井的土地时，契约里该怎么写？ =一定要记下，只有井是大家一起使用的。

有过这样的例子吗？ =没有。

【井的修理材料和花费】修理井需要什么东西啊？ =板子、柳树、石头，这些是使用者分摊。

除了这些还需要什么道具？ =绳子、灯笼、挖掘机，这些大家一起出。

有没有修理丙井的实例啊？ =没有。

修理村内的井有没有实例啊？ =民国二十年后，有修过乙井，那个时候我不在，所以不是很清楚。

【疏浚水井及决定人员】丙井每年都要疏浚水井吗？ =一年两次，春耕前和收获后的闲暇时期，没有固定的时间。

丙井是村里的老井了，给丙井疏浚水井和全村人都有关系吗？ =只和使用户有关系。

谁提议疏浚水井的啊？ =使用户在街头商量决定的。

是以会头或老人抑或是侯元有的家为中心吗？ =不是。

那么，绳子、板子、石头等材料是由谁准备呢？ =记不清了。

疏浚水井日是谁决定的啊？ =自然而然就定了，使用户在街头商量。

决定出工的人数吗？ =定在五六个人。

是按照那五六个人家里的土地亩数或者是按户轮流决定的吗？ =全部是有意愿，而且有闲暇、能干活的人去。

没有专业挖井的人吗？ =没有。

那五六个人有不用丙井的吗？ =都是丙井使用户。

那五六个人都是雇来的吗？ =没有任何报酬。

如果使用户人手不足的话，雇其他人的话，不用给工钱吗？ =不用，就算叫他们来，也不用给酬劳。

为什么？ =工作很简单，其他人来帮忙也是为了大家，所以大家都主动来帮忙。

是谁指挥工作啊？ =挖泥的时候，把下面的泥堆到上面去，喊着口号指挥。

有没有指挥的中心人物啊？ =没有。

疏浚水井的时间呢？ =3 个小时。

扬水器呢？ =自己的扁担和水罐。

【使用不受限制】有没有确定打水日，限制用水量啊？ =从以前开始就没有。

发生大旱灾的时候，一次也没有过吗？ =没有，水不会枯竭的。

这口井的井水不用于灌溉吗？ =不，附近没有园子地。

你现在用哪口井啊？ =甲井，因为丙井的水不能喝了。

从什么时候开始的？ =从我小的时候，那时用甲井和丙井。

丙井不能再用，而用甲井时，需要获得之前甲井使用户的同意吗？ =不需要。

甲井使用户变多了，之前的甲井使用户会不会变得很烦？＝没这回事，水又不会变少。

【官井和私井区别】你听说过官井和私井吗？＝甲、乙、丙、丁井是官井，戊、己、庚、辛井是私井。

以什么作为标准来区分的啊？＝私井是私人自己出钱，自己准备材料在自己的土地上挖的井；官井是大家一起负担材料费而挖的井。

官井的用地有时候也是民地吗？＝不管是哪里的土地都是民地，挖官井的时候，会让民地主人把这块地捐出来。

甲井的用地呢？＝过去是刘保长的地。

现在是谁的地啊？＝大家的地。

作为大家的地，有地券吗？＝没有吧，本来这块地就在刘保长的土地中，虽说是大家的地，但是没有再做一张新的地券出来。

【公租的负担】钱粮是谁出啊？＝刘保长。

是大家的土地的话，不应该是大家一起负担吗？＝因为费用不多，所以刘保长一个人负担，井的面积不大，所以没什么大问题。

【不拘于名义随意使用】但是土地名义上是刘保长的话，如果他是个坏人，因为井在自家土地上，可不可以不让别人用这口井啊？＝我们村没有这么坏的人，井是大家一起挖的，所以没有谁说那种话。

如果是私井的话，虽说是主人自己花钱挖的井，可以随意废掉这口井吗？＝一开始不让别人用的话就可以，我们村没有这样的井，我们村里的井大家都可以用。

就算大家都在用，因为土地和材料都是主人先出的，主人要在这废井造房子也没关系吗？＝虽然有理由，但没有这么做的例子。

就算这么做了也不是什么坏事吧？＝这么做了大家会很困扰，所以是坏事。

私井的话，如果主人把有井的土地卖给其他人的话，那么这口井是谁的？＝它是买主的东西了。

这时，买主不让之前就用这口井的人使用井，可以吗？＝没有这样的例子，就算有的话，也必须让他们使用。

【水是公共物品】但是，如果井是买主的东西的话，不让别人使用也可以吧？＝井是买主的东西，但是水是大家的东西。

官井的话，想要废掉这口井的时候，找谁商量决定啊？＝大家决定。

大家是指所有村民吗？＝只有这口井的使用户。

官地是属于村子所有人呢还是只属于所有的使用户呢？＝只属于使用户。

【官井用地的处理限制】可不可以把这块井地当作土地卖了，或者和附近的土地一起典当呢？＝虽然井地名义上是个人的，也是个人捐出去的东西，实际上就是大家的东西，这样的事情不会发生。

【官井、私井的由来及其公共性】官井在北街和中央街，私井却只在南街，这是为什么啊？＝中央街的丙井在村子刚出现的时候就有了，大家都用丙井，但是慢慢地随着人口增加，就变得不方便了，于是丁井和甲井等井就出现了，这附近的人开始用丁井和甲井等，这就是大家都使用的官井，之后就有了私井，私井是个人为了得到用水在自己的田地里挖的井。

上述官井中，……个人为了灌溉用水于是自己出钱挖井，同时也让别人使用，是吗？ =不是，但是一开始是私井的话，随着时间的流逝，也会变成官井，南街就是这样的情况吧。

甲井每年都要淘泥吗？ =一年两次，播种前和收获后，每年都做。

是刘保长发起的吗？ =不是，使用者集合去打水的时候就商量决定淘泥日期，出役的人也是自然而然就定下来了。

一定要跟刘保长联系一下淘泥的日期和出役人员吗？ =不用，就算不说，刘保长也不会生气的。

乙井是什么时候挖的啊？ =民国十年左右。

现在的乙井使用户之前用哪口井啊？ =甲井。

有甲井为什么还要挖乙井啊？ =因为有点远，所以在附近挖了乙井。

是不是因为甲井的使用户变多，水变少了，才要挖乙井的啊？ =不是，甲井有涌水，水够。

谁提议要挖乙井的啊？ =萧惠生家。

萧惠生在附近步行收集大家的意见吗？ =是的。

土地和经费是怎么办的？ =组织了捐赠。

没有向村子里要补助吗？ =没有，向个人要的补助。

只让现在的使用户捐赠吗？ =不是，让一般人捐。

好像有记进账吧？ =我觉得没有。

召集了多少人啊？ =不知道。

这附近挖新井的时候经常这么做吗？ =我们村这是第一次，其他村就不知道了。

要不要开个召集捐赠的会啊？ =不用。

是风水先生给你们找挖井地点吗？ =不知道。

鼓励大家捐赠的时候，关于挖井地点，侯三锡有和萧惠生商量吧？ =是的。

怎么商量的啊？ =捐赠。

对于村子，或者是对于这附近的使用户，还是对其他人呢？ =对大家。

大家是指？ =使用户。

侯三锡有说过让其他的人出钱这样的话吗？ =是的。

土地有变更名义吗？ =没有，还是那样，花了三锡钱粮，没有再负担其他的。

挖井时是谁挖的啊？ =忘了，但是大家都帮忙了。

大家是指？ =使用户。

有没有一两个挖井的专家参与啊？ =没有，只有一般人。

乙井的使用户表 =25 户。

【资料】

侯家营水井用户表（从一般村民那里听来的）

门牌	甲户	姓名	使用井	门牌	甲户	姓名	使用井
1	1—1	孔子明	乙	3	1—1	陈锦山	乙
2	1—1	齐福海	乙	3	1—2	陈占先	乙
3	1—3	陈先芦	乙	15	4—1	侯永增	甲乙
	1—4	陈占起	乙	16	4—2	侯连有	甲乙
	1—5	陈占选	乙	17	5—1	侯永凤	甲乙
4	1—1	侯元镇	乙		5—2	侯宝廉	甲乙
	1—2	侯元升	乙	18	5—1	侯大贵	甲
	1—3	侯元鍊	乙		5—2	侯元有	甲
5	2—1	侯定禄	乙	19	5—1	刘万臣	甲丙
	2—2	侯元锡	乙		5—2	刘斌选	甲乙
	2—3	侯大利	乙	20	5—1	侯凤成	甲
	2—4	侯元铭	乙		5—2	侯凤昌	甲
6	2—1	刘树凯	乙	21	5—1	池德臣	甲
7	2—1	侯连璧	乙	22	5—1	侯善堂	甲
8	2—1	侯永慎	乙		5—2	侯瑞讲	甲
	2—2	侯连昆	乙	23	6—1	侯瑞成	甲
	2—3	侯连武	乙		6—2	侯瑞和	甲
9	2—1	萧惠生	乙		6—3	侯长恩	甲
10	3—1	侯治龙	乙丁	24	6—1	侯长永	甲
	3—2	侯才氏	乙	25	6—1	刘和	甲
	3—3	侯振祥	乙		6—2	刘会	甲
	3—4	侯振瑞	乙		6—3	刘万年	甲
11	3—1	侯永鸣	乙丁		6—4	刘万喜	甲
	3—2	侯治成	乙	26		（保办事处）	
	3—3	侯朱氏	乙	27	6—1	侯长赞	戊
	3—4	侯永伦	乙丁	28	6—1	侯瑞文	戊
	3—5	傅连祥	乙丁		6—2	李维垣	戊
	3—6	傅炳新	乙丁		6—3	侯金生	甲戊

续表

门牌	甲户	姓名	使用井	门牌	甲户	姓名	使用井
12	3—1	侯元铸	乙丁	29	6—1	侯金铎	戊
13	3—1	侯元祥	乙	30	7—1	侯文安	戊
	3—2	侯元会	乙		7—2	才东林	戊
	3—3	侯元东	乙		7—3	侯文炳	戊
14	4—1	侯元和	乙		7—4	侯庆昌	戊
	4—2	侯元吉	乙	31	7—1	侯俊良	甲戊
15	4—1	侯元幸	乙		7—2	侯治平	甲
	4—2	侯元文	乙		7—3	侯大生	甲庚
	4—3	侯元功	乙		7—4	侯治东	甲庚
32	8—1	侯纪会	甲庚	43	9—1	费元亭	庚
	8—2	侯宝善	庚	44	10—1	侯文清	无人（昔辛庚）
	8—3	侯瑞祥	庚				
	8—4	侯永振	庚		10—2	侯庆春	
33	8—1	侯永利	庚		10—3	侯文炳	
	8—2	侯宝兴	庚		10—4	侯文宽	庚辛
	8—3	侯玉田	庚	45	10—1	侯永山	辛
34	8—1	侯玉亭	庚丁	46	11—1	侯元润	辛
	8—2	侯玉亭	庚丁		11—2	侯起氏	辛
35	9—1	侯治忠	庚		11—3	侯佐均	辛
	9—2	侯治宽	庚	47	11—1	侯永义	辛
36	9—1	侯振九	庚	48	11—1	侯元太	辛
37	9—1	侯永庆	庚丁	49	12—1	王化云	乙
	9—2	王文纯	庚丁				
38	9—1	王树忠	庚丁	50	12—1	侯永俭	
39	9—1	王金生	庚丁	51	12—1	侯永廉	
40	9—1	王义纯	庚	52	12—1	刘斌金	
	9—2	王福也	庚丁	53	12—1	刘子馨	
	9—3	王才氏	庚	54　55	12—1	叶金瑞	
41　42	10—1	侯张氏	庚	56	12—1		
	10—2	侯永政	庚				
	10—3	侯永谦	庚				

赋 税 篇

1942 年 5—6 月

（华北农村惯行调查资料第 85 辑）

赋税篇第 15 号　河北省昌黎县侯家营
调查员　小沼正
翻　译　徐秋仁

5 月 20 日

乡丁　社书　亩捐　银粮　税契

应答者　侯瑞和（侯家营乡丁）
齐畅庭（泥井镇长，中途开始参加）
地　点　泥井镇乡公所

【应答者的经历】您多少岁了啊？ =39 岁。
一直住在这个村子里吗？ =是的。
去过满洲吗？ =去过，20 岁的时候去的，去了大概 10 年。
满洲哪里？ =锦州。
做什么呢？ =开杂货铺（小菜铺），卖蔬菜。
现在也时不时去满洲吗？ =不去，回家之后就没去了。
哪一年回到家的啊？ =民国二十一年还是民国二十二年。
之后一直在这边吗？ =是的，一直在从事农业。
有多少亩土地啊？ =12 亩。
这其中有菜园吗？ =没有。
家附近有弄一点菜园吗？ =一点都没有，都是买蔬菜。
【乡丁的职务】你什么时候成为这里的乡丁的啊？ =去年正月。
大乡制是什么时候出现的啊？ =去年五六月。
在你之前，侯家营里有没有谁做过这里的乡丁的啊？ =侯治群。
这个人做了多久的乡丁啊？ =23 年前开始做的。
这么说的话，在大乡制实施之前他就在做乡丁了啊？ =是的。

那时也叫乡丁吗？ =是的。

乡丁的工作是什么？ =现在要调查村子的各种事情，写公文，调查户口。

是不是要几天来一次乡公所啊？ =不是来乡公所，每天来保公所一次。

保公所是由多少个保组成啊？ =五保，泥井有三保，侯家营有一保，冯庄有一保，他们建了一个联保公所。

每天来一次保公所有什么事情吗？ =来保公所，有工作的话就做，没有工作的话就回去。

是什么工作啊？ =户口，大乡，派车，派人，修马路。（佃道）

不组织亩捐吗？ =不。

【亩捐】这是谁负责征收啊？ =大乡那边有人过来，自己带着那个人，筹钱。

从大乡那边过来什么人啊？ =书记。

一年组织多少次亩捐啊？ =去年有7次。

一亩筹多少钱啊？ =一年有2元30钱。

今年呢？ =今年有3次，第一次30钱；第二次20钱；第三次30钱。

今年已经做了几次了啊？ =大乡那边的人决定，我不清楚。

今年比去年要多吧？ =不知道，今年县亩捐和校经费都加倍了，会变多吧。

【乡丁的选任】乡丁的工作有户口调查等，大乡制成立之前，乡丁的工作是什么？ =做自己村里的所有事情，乡长不在的话，就代替他。

乡丁是怎么决定的啊？ =根据这个人的能力决定的。

什么能力啊？ =不识字的人不行，因为户口的增减很难，还要通知在其他地方做生意或旅行的人，关于这个，一定要找有经验的人做。

大乡制实行之前，你有做过乡丁吗？ =没做过。

谁决定让你做乡丁的啊？ =大乡那边是在村子里举行选举，侯家营这边是保长决定。

保长要和谁商量一下吧？ =是的，和副保长或者是甲长商量。

乡丁做到什么时候啊？ =没有期限。

前任乡丁为什么被换下来了呢？ =因为他不识字，耳朵也背，看不懂户口册。

【乡丁的报酬】乡丁有报酬吗？ =一个月30元。

大乡制实施以前呢？ =仍然是自己的村子出钱，每个月24元。

【乡丁的选任】想做乡丁的人多吗？ =不多。

保长和乡丁不一样吗？ =保长主要是监督，乡丁要写文书之类的。

大乡制实施以前，乡丁最主要的工作是做什么？ =什么工作都做，没有责任。

那也是什么都做吗？ =修道路，筹集亩捐，派人的时候，会帮忙。

【亩捐、拨差、摊款】大乡制实施以前，有亩捐吗？ =有。

大乡制实施以前，从哪里筹集来的亩捐啊？ =从自己的村子。

主要用于什么？ =用于出挑沟时的饭钱，乡丁和书记的报酬，打更和看青的费用。

一年组织几次啊？ =一年3回或4回。

几月份呢？ =有需要的话就组织。

有大秋，麦秋这一说法吗？ =八月组织叫大秋，五月组织叫麦秋。

这时不着急它们吗？ =不。

这些钱叫什么？ =拨差。

不叫派款吗？ =不叫。

不叫摊款吗？ =不叫。

摊款是什么？ =不知道。

县里需要钱的时候，临时征收的钱是不是叫摊款啊？ =土地的主人去县里，交银粮票子和钱。

【银粮】我觉得银粮不是摊款，但是它也是临时征收的吧？ =不是，年末征收。

这叫什么？ =有这样的说法，春天封银，秋天封粮，年末封粮。

(这时，泥井镇长齐畅庭出现了，也加入了回答)

县里来征收的是银粮，除此之外，有摊款吗？ =没有。

【拨差、村摊款】过去在村子里召集的拨差一亩有多少啊？ =这不一定。

这是怎么分配的呢？ =分为上、中、下三等来拨差。

关于上中下三种地，它们的比例是多少？ =上等 24 钱的话；中等是 20 钱；下等就是 8 钱。

缴纳银粮时也是一样吗？ =不一样。

征收拨差是谁决定的啊？ =乡长。

【书记、乡丁】谁去组织啊？ =书记和乡丁。

现在还有书记吗？ =有。

上一个书记是谁啊？ =侯治纯。

这个人多少岁？ =38 岁，搬到庄窠了。

书记和乡丁有什么区别？ =原来是一样的。

月俸是一样的吗？ =不，书记稍微多一点。

有牌头吗？ =没有。

有保正吗？ =没有。

【地方】有地方吗？ =很早以前有，八个村有一个地方。

地方都做些什么啊？ =地方是被委任到县里的人，做行政工作，通报村里的偷盗赌博行为，是地保。一堡子里有四个地方，相当于现在的警察。

一直都有吗？ =民国二十年后就没有了。

【社书】地方不催促田赋吗？ =不。

那是谁干呢？ =社书。

这个地方，社书在哪里？ =去年去世了。

这附近的社书在哪里啊？ =张家坨有一个，李老纯。

是什么社啊？ =临归衙。

临归衙分离了，是跟谁？ =……侯家营是临归正衙，也就是临归衙。

侯家营的人也去社书那里吗？ =这个社书来侯家营。

一年来几次？=如果有人不交田赋，就会来几次。

这是催促缴纳银粮吗？=是的。

社书的工作是什么？=把银粮票子带到村里去，村民交给县里。

如果有人不交银粮的话，会去催促吗？=会去。

即使催促了也还不交呢？=有钱不交的话，就会禀告县里，上诉的时候，地方和社书和一般的农民不一样，不用花钱。

农民中有把钱粮带去给社书的人吗？=没有，社书来村子里取钱粮的时候，金额比较多，所以村民交给县里就行了。

因为自己去县里比较麻烦，有没有一开始就拜托社书？=没有。

住在很远的地方也没有吗？=没有，县里征收完了的时候，会把没有交钱的票子给社书，让他去征收，这时社书就多收一点，到征收期之后的六个月。

【社书的交替】社书是世袭吗？=不是的，他们会出钱拜托别人，社书通过包税发财了。

需要多少钱才能得到社书的位置呢？=前清需要十几两，民国是二三十元（?）

【社书的过割】过割是社书做吗？=在侯家营是去乡里。

现在和以前是什么样的？=根据社甲写过割条子，带到社书那里（到民国三十年为止），之后就是带到乡公所。

现在社书不来取银粮了吗？=不来。

有社书好还是没有社书好啊？=没有更好，有社书的话就得花钱。

过割给社书的时候，村民也去他那里，一年决定来几次村里啊？=正月来，于是正月二十五日那天，所有社书都在县里集合，如果社书不来村里的话，二十五日就去县里找他，交过割的钱。

过割的手续费一亩是多少啊？=2吊500文，也就是1毛钱。

这是买方出还是卖方出啊？=买方。

现在呢？=买方，一亩30钱。（参阅民31、5、15编制，昌黎县泥井过地清册）

【司账】村里有司账吗？=现在没有。

到什么时候还有？=去年。

是谁啊？=侯步云。

这和书记不一样吗？=是书记，56岁就在村里了。

这个人做了多久啊？=一年又两三个月。

之前做的人是谁啊？=侯瑞文做了3个月，他之前，侯治纯做了1年。

这样每年都会变吗？=有时变，有时不变。

【村子的拨差】做拨差的时候要贴清单吗？=要贴。

一年贴几次啊？=3个月一次。

现在呢？=现在不贴，现在没有花销。

比如说我昨天去买了烟和茶的钱呢？=找保公所要。

村子要向保公所缴纳钱吗？ =不。

保公所的钱是从哪里来的啊？ =大乡公所。

【乡亩捐、县亩捐】大乡公所的钱是乡亩捐来的吗？ =是的。

其他还有什么呢？ =县亩捐。

【公产—蒲子坑】除了拨差之外，有没有叫公产的东西？ =有，有个蒲子坑。

铺子坑卖藕可以卖多少钱啊？ =去年卖了120元，有时候卖到了160元。

现在呢？ =不知道。

这个钱做了村子秋天的公费吗？ =是的，是打更，青苗的费用。

听说现在这个钱是乡公所给啊？ =是的，这个钱归乡公所。

还有其他的吗？ =没有。

【物品的课征】有没有让你们交粮食，柴火给村里啊？ =没有。

县里也没有让你们交吗？ =这个时候会拨差再买。

乡里有要求你们交那些东西，借桌子给他们吗？ =没有。

【体力劳动】有没有让你们借车（派车）？ =有，今天借了3辆车。

是谁要求的？ =一保和乡公所指定的。

一年有几次？ =次数不定，前几天是因为修理道路，今天是借给学校的。

这是怎么决定顺序的啊？ =轮流交替。

没有车的家庭也要借车吗？ =不出车了，就出人力。

关于这个，有没有一个轮流表啊？ =我不知道有没有，但是有条子。

是谁写的啊？ =是保长写的，不在家的就自己写。

根据什么写？ =只轮流分配有车子的家庭。

有一辆车和有两辆车的家庭是一样的吗？ =侯家营所有家庭都只有一辆车。

分配人力时，分配3人和5人是一样的吗？ =人力按地亩分配，车也是按地亩分配。

一年有出多少人力？ =不知道。

家里只有一个人的话，他一年要去几次啊？ =三四次。

【拨差的负担者】甲自己种了五亩地，乙租了五亩地，他们缴纳拨差的比例是一样的吗？ =都是地主出，佃户只出地租。

典当五亩地呢？ =由承典者出。

亩捐账不知道典当的事情，要求出典者交了亩捐，那不就是让出典者交了拨差吗？ =会催促出典者交。

【包纳】这么一来的话，银粮和拨差是不一样的啊？ =不一样，承典者每年要交一次包纳给出典者。这也就是和钱粮一样。

包纳一亩缴纳多少？ =去年3亩40钱，以前是几百文。

【卫地、旗地的清理】侯家营附近是民地吗？ =是的。

什么时候清理过啊？ =去年春天。

是怎么清理的啊？ =乡里和村里的有文化的人打公。

结果怎么样啊？=村里做了台账，也交给乡里。

之前应该有卫地的，什么时候变成民地了啊？=不知道。

之前也有旗地的，什么时候变成民地了啊？=不知道。

【验契】有没有搞过验契啊？=去年有过。

【银粮和社书】本村应该有缴纳银粮给荣亭县和滦县，交了多少啊？=荣亭县不知道，滦县是有的，但是记得不清楚了，另外也有交给山海关。

民地的银粮一亩交多少？=一亩3分5厘，这都是一样的。

滦县那边呢？=没有人带钱去滦县缴纳银粮，全都是派来的社书收。本来是交两元的银粮，变成了收5元。

即使这样也默默地交钱吗？=没办法。

荣亭县和山海关也是一样的吗？=一样。

现在也来吗？=现在有人催促的话，就把钱从县里带到乡里，在乡里集合把钱交给保长。

不能一开始不去县里直接去乡里集合吗？=不行，因为没有票子。

银粮是一亩3分5厘，还有附加的吗？=没有。

以前有过吗？=不知道，因为银粮是自己的父亲交的。

现在去滦县交钱是什么情况啊？=现在没有原来那种情况了，直接交给县里。

什么时候变的？=去年开始。

有贴了布告吗？=村里没有布告，县里可能有吧，不是很清楚。

【滦县的社书】滦县没有社书过来吗？=是的，没有任何社书过来。

滦县的社书住哪里啊？=这个社书来的时候，住在侯金泽的家里，是从滦县来的。

知道他的名字吗？=不是很清楚，姓张。

【山海关的社书】从山海关过来的社书住在哪里啊？=因为很少，所以不住在这里，滦县的有很多。

【税契】税契是什么时候开始有的啊？=以前的土地和买来的土地，要交契税给县里，滦县的土地税契是拜托社书收的。

税契有哪些种类啊？=只有卖契税。

没有出当契吗？=这个地方没有。

有推契吗？=没有。

卖契税的税率是多少啊？=每100元收取13元。

现在呢？=不知道。

在哪里收啊？=县里。

现在呢？=乡里。

在乡里的话要花多少钱啊？=现在不要钱。

5月21日

牌 地方 保正 会头 拨差 看青费

应答者 侯荫堂(荫堂是他的字，名长赞)

(原来是侯家营的一个董事)

地 点 泥井镇公所

【牌】以前叫牌吗? =叫侯总旗营。

牌怎么样啊? =11个小村子叫半牌，2个或3个大村子叫一牌，但是11个小村子的话也叫一牌，侯家营，泥井，赵家港，摩天庄，冯庄，杨庄，韦庄，张家坨合起来叫半牌。

与此相对的半牌是哪些村子? =牛心庄，陈官营，魏官营，小来庄，蔡庄子，李成庄，吕家庄，崔家坨。

这半牌和上面半牌合起来就是一牌吗? =是的。

牌是做什么的啊? =半牌就雇一个地方。

对于来侯家营的地方，是各村平均分担费用吗? =赵家港的土地很差，所以出得不多，侯家营的土地也不好。

这其中哪个村子交得最多啊? =泥井是1个5厘，摩天庄是1个，赵家港是5厘，侯家营是5厘，韦庄和杨庄合起来是5厘，张家坨是1个。

有没有把这个牌叫作东西牌啊? =西牌就是西半牌的简称。

除了牛心庄都是东牌吗? =东半牌也就是东牌。

张家坨很大，是不是一半在东牌，一半在西牌啊? =这个村子很大，所以东牌的会头只在东，西牌的会头只在西筹钱。

张家坨全部属于西牌吗? =是的，入了西牌就不能再入东牌，一堡分成6个牌。

这地方叫什么堡啊? =莫各堡。

如何区别称呼莫各堡中的7个牌啊? =它们没有别的名称，被称为一牌一牌。

【地方】莫各堡里有几个地方啊? =半牌有一个地方，有过12个人。

西牌的地方住在哪里啊? =如果不好的话就会变化，所以不确定在哪里。

地方到什么时候就没了啊? =民国以来就没有了。

地方没有了的时候，是哪里的人住在那里? =泥井的人，很早以前在韦庄，之后在张家坨，泥井。

张家坨和泥井没有地方吗? =没有，一直只有一个人。

地方是干什么的啊? =有人乞讨而死的时候就禀官，或者有打官司的时候就叫来必要的人禀官。

相当于现在的什么啊? =有了巡警之后便不再有地方了。

地方和巡警有什么区别啊？ =地方的权力没有巡警大，地方是村官，巡警是县官。

地方不来催促田赋吗？ =不。

那是谁催促呢？ =社书。

【社书】这附近的社书住在哪里啊？ =跟侯家营相关的社书有十几个人，张家坨有一个，其他地方太远了，不清楚。

张家坨的社书叫什么社书啊？ =李落村社书。

李落村是人名吗？ =是的。

这个社书用社的名字来叫的话是什么社啊？ =临归衙。

是东西中的哪一个？ =临归中。

侯家营的十几个社书来了以后在什么社里啊？ =不是很清楚，临归衙，团十二甲，山后衙，山海关，滦县等。（无论叫内社名还是外社名都说几乎没有）

【地方的报酬】地方做村里的各种事情，有没有送礼给他啊？ =没有，只有结婚，葬礼和打官司的时候才送礼。

开始征收田赋的时候有没有敲锣打鼓经过村子啊？ =没这回事，县里开柜的时候大家都知道。

县里派人派车的时候不让地方来做吗？ =县里直接通知地方，地方再去村里。

这时村里会让地方喝喝酒，给他钱吗？ =不会，要是跟地方很熟的话就做饭，如果没有关系的话就不做。

除了派人派车，还有什么是让地方做的？ =地方要把县里的所有通知告诉农民。

县里直接通知地方吗？ =县里通知班头（也叫衙役，人役），再由班头通知地方。

这样麻烦地方的话，村里或半牌有没有决定一年送几次礼给地方啊？ =村子雇了地方，工钱很多，而且即使有女人自杀，也要给钱地方让他不要告诉县里，这些收入也很多。

工钱一年有多少？ =半牌一共是20吊。

这是多还是少啊？ =那时物价很便宜，1吊钱可以买1斗谷子，所以不少。

20吊工钱一年分几次发啊？ =2次。

谁发给他啊？ =村子发，地方去会头家取钱，会头在村里集合。

地方有没有管理过牙税啊？ =没有。

屠宰税呢？ =还是没有。

地方有没有做过屠宰税的包商啊？ =包商是有钱人，地方是穷人，包商是投标决定的。

地方是村里随便决定的吗？ =禀官，让他不做，如果有什么缺点的话就这么办。

你碰到过这样的事吗？ =有见过，但不是在这一牌。

【地方的吃打席】你知道地方的脚钱吗？ =必要时地方去某个地方，对应的给脚钱。地方一年还弄一次吃打席，做饭招待别人。这时，村民会带着钱上门送礼。

带多少钱啊？ =2吊，虽然吃饭的话1吊就够了，还是带2吊去。

这么多村子，一天肯定弄不完，一般搞几天啊？ =不用很长时间。

侯家营有多少人去啊？ =土地多的人就去，很穷的人不去，不去的人会让人带1吊或500文钱过去。

带到哪里去？ = 让被招待的人带到地方家去。

刚才是说一年会给 2 次 200 文的脚钱给地方吗？ = 叫工钱。

【保正】堡里有什么相当于地方的人吗？ = 不知道。

没有保正吗？ = 没有。

光绪二十年，石碑上刻有本牌、堡正、地方，那是什么啊？ = 不是堡正，是保正。（参阅赋税篇第 15 号资料 12—3）

保正是什么啊？ = 村里有死人或杀人的就通知县里，县长来见他的时候，不是地方而是保正要搭个帐篷，或者打官司的时候，村民拜托保正去打官司。

保正和地方不同吗？ = 不同。

哪里不同了？ = 地方是地面的行政人员，而保正负责一保里的打棚和其他。

保正在哪里啊？ = 团林镇。

是不是一个村子有一个保正啊？ = 不是，一个堡里有一个。

保正和地方，哪一个人数多一些？ = 地方。

保正和地方有什么关系吗？ = 没有关系。

县里通知村里时，是通知保正，而保正不通知地方吗？ = 不是，县里直接通知地方。

在哪里雇用保正啊？ = 一堡。

也是决定每年给工钱吗？ = 给两次，由一堡给。

【会头】堡里有会头吗？ = 没有。

那么去哪里取工钱呢？ = 去各村的会头那里去取。

保正派人派车吗？ = 不派。

会头是什么的啊？ = 它是董事。

会头干什么呢？ = 帮忙，曾经有乡长和保长，没有他们的时候有会头。

会头有几个人？ = 侯家营有 8 个人，泥井有 10 个人还是 20 个人。

到什么时候没有了呢？ = 乡长出现之后就没有了，也就是民国以来就没了。

把这个董事叫作会首吗？ = 不叫会首，叫会的头儿。

会头是做什么工作的啊？ = 会头筹集村里一年的花费，会头里面也有人管账。

现在把会头里面管账的人叫作什么啊？ = 管账的，去年开始变成大乡制了。

会头一年筹集几次花费啊？ = 不一定，有费用的话就拨钱。

【拨差、春差、秋差】叫拨差吗？ = 是这么叫，也叫起差。

不叫村子的摊款吗？ = 不叫。

不叫派款吗？ = 不叫。

是不是定在大秋和麦秋两次啊？ = 如果有费用的话，会头就不能出钱，这时就拨差，比如说看青，打更的时候。大秋、麦秋就不知道了。

秋粮，夏麦的时候不征收吗？ = 不。

有会头的时候一年做几次啊？ = 春差和秋差两次。

春差是什么时候？ = 阴历二三月。

秋差呢？ = 秋天结束的时候，阴历十月。

春差一亩收多少钱？＝一亩100钱（春秋一起）的话足够了。

交春差和秋差的人不一样吗？＝都是同样的人按亩交。

现在涨了没？＝现在一亩3元50钱。

【看青】看青只在侯家营有吗？＝是的。

没有和泥井一起做吗？＝没有，看青时，一个村子里一个人，不去别村看青，但是有两个人看青的话，就可以商量一下，互相方便。

现在呢？＝现在也是那样的。

侯家营是什么人啊？＝今年变了，是大乡制，雇了看夫。

去年之前是谁在做啊？＝侯元照。

今年大乡制，雇侯家营的人吗？＝不知道。

侯元照一直到去年以前都在持续做吗？＝只有去年。

每年都会变吗？＝是的。

一直都是村里的人吗？＝是的，但是有时候也有外村的。

一年有几次看青啊？＝麦秋半个月，秋天一个半月。

【看青的报酬】看青是给钱还是给粮食啊？＝钱。

给多少啊？＝有时多，有时少。

是从会头筹集的费用里给吗？＝秋差的时候一起给这个钱，冬天的打更钱也是从秋差里拿的。

我觉得秋差是按亩来交的，那没有土地的人呢？＝不交，按地亩可以分为上、中、下三等。我做董事的时候，没有打过土地的官司，分为了上、中、下三等，因为同一个村子里都有好地和坏地。

这三等地按什么比例交钱？＝2亩中地，或者是3亩下地相当于1亩上地。

例如，侯家营的某个人在莫各庄有土地，那看青费交到哪里呢？＝如果是在莫各庄的话，就交到莫各庄，不交的话就不去看青。

看青时，会头除了秋差筹集钱之外，还要看青的每一户交粮食和钱吗？＝那不行，只能拿柴火。

为什么可以拿柴火？＝从每个村子拿56个，但是有的村子拿，有的村子不拿，在外庄的土地有外庄的看青。

在自己村里要交秋差，在外庄也要交吗？＝侯家营的土地都是密切关联的，所以就是在外庄，也有人看青，但是收获结束之后，会有青夫去那个外庄取柴火，侯家营禁止在本村取柴火。

青夫所看过的地方，如果有偷盗发生，一定要赔偿吗？＝赔偿所有。

【青苗会】有青苗会这个词吗？＝以前有。

到什么时候为止就没有了啊？＝二十几年前就没有了。

为什么没有了啊？＝各村合作建立了一个青苗会，但是时间一长就不合作了，所以就解散了。

侯家营有几个村子建立了青苗会啊？＝我们这个半牌一起建了一个青苗会。

什么时候开始建立这样一个青苗会的呢? =很早以前就有了，有的年份有青苗会，有的年份没有，有一个人出来提议合作时就会建立青苗会。

你做董事的时候有提议过吗? =有。

什么年份没有青苗会啊? =谁也不提议合作的时候。

侯家营的人有提议过合作吗? =没有，虽然原来有过，但是已经死了。

哪个村子提议得多一些呢? =泥井村很大，所以很容易合作。其他村子也有过。

合作建立青苗会这件事好吗? =因为它势力变大了，所以是好事，有小偷偷盗的时候，成立青苗会通知役所，惩罚小偷。

那么，因为洪水而导致没有收成的时候也要成立青苗会吗? =这个时候不成立，青苗会只负责青苗。

合作之后，每个村里都有一个青夫吗? =是的。

【会头】村里没有香头吗? =没有，就算有庙，有人信，也有人不信。

供奉庙的人是什么人啊? =没有人去供奉，有人信的话，就会去上供。

谁出钱修理庙啊? =董事会出钱。

董事是会头吗? =是的。

庙里有和尚和道士吗? =没有，以前就没有。

没有专门用于修理庙的庙产吗? =有的村有庙产，这个村子没有，去满洲赚钱，捐赠修理，如果商人不出钱的话，就在村里筹钱，这样还是不出钱的话，就上布告，在账面上的人名那里随便写出金额。

帮忙的人是董事吗? =董事也不是固定的，有很多个董事。

那谁帮忙呢? =想做的人去做，想做的话找董事商量。

之前说过有 8 个会头，侯家营有一个会吗? =有一个。

【庄中会、村公会】那是什么会啊? =庄中会。

庄中会是什么会? =雇青夫和打更的人，必须向会头报告村里的事情。

你知道村公会这一说法吗? =知道。

侯家营有吗? =有。

什么时候有的啊? =很早以前。

村公会和庄中会，哪一个时间更久一点? =一样。

大家一般认为是哪一个? =有人说是庄中会，也有人说是村公会，但是实际上应该是村公会。前清时代也叫村公会吗? =是的。

【派车派人】我觉得前清时代有派车派人过，是吗? =前清不是一般的时代，战争的时候会需要车和人。

这时候有让你们交出柴火和鸡子儿吗? =付款了的，要车要人的时候县里也给了脚钱。

这时候要通知地方吗? =是的。

也是通过地方来付款的吗? =不是，县里给知证，带着那个去县里要钱。

那个款项和市价相比如何? =比市价低，这要看县长好不好。

【兵差】你知道兵差吗? =有军队经过的时候，他们在村里住，吃饭，交给会上的钱就是兵差。

这个军队有派车派人过吗？=有，回来时军队会给脚钱。

【班头的小差】你知道小差吗？=二月和八月，给班头的钱叫小差。

为什么要给钱？=泥井村二月初八这天，班头会来取钱，郑子英不给，向高等法院提出诉讼，胜诉了，给他送了一块“一乡善士”的匾，虽然不知道为什么要给班头钱，但是因为班头没有月俸所以就给他钱了。

班头做什么啊？=打官司的时候传唤人。

【杂差、平差】小差和杂差不同吗？=不同，杂差是村里的杂费。

杂差和班头没有关系吗？=没有。

你不知道平差吗？=不知道，打官司的时候，裁判还不结束时，村子里的人给钱给班头，让他早点结束，这个是平差吧。

有会头的时候，你有没有想见一下地亩册啊？=老账都没有了，因为到了民国之后会头也没有了。

【侯总旗营这个名称】什么时候开始叫侯总旗营的啊？=我知道的时候，已经叫侯家营了，平时说侯家营，但是庙里的石碑上刻着侯总旗营。

那块石碑是什么时候的？=同治年间修建大庙的时候建造的石碑。

侯是姓，那么总旗营是什么呢？=祖先开始来这里的时候是总兵，于是在此驻屯，叫做总旗营。

你是怎么知道的啊？=从老人那里听来的。

有没有留下什么证据啊？=没有。

那你知不知道这是真的还是假的啊？=这是祖先口口相传下来的，应该不会有错。

吕黎县还有总旗营吗？=有。

带营字的村子是不是都是这样啊？=建立了旗营的地方就是这样子。

有多少个总旗营啊？=侯家营只有1个。

我觉得总旗营的下面还有旗营，有没有和侯家营有关系的村子啊？=我觉得是有的，但是我不知道，陈官营是总旗营的旗下，这还是我从老人那里听来的，还有魏官营，康官营，王官营，薛官营，萧官营这些全都是臣子建立的村子，加上侯家营就是7个，但是现在一点关系都没有。

5月22日

田赋的纳入　柜房　三班六房　勘灾

应答者　侯荫堂（名长赞）（原来是侯家营的一个董事）

地　点　泥井镇乡公所

【董事、村正】你什么时候做董事的啊？=从20岁到43岁（现在73岁），也就是说做了 20 年，没有董事之后就成了村正，接着是村长，再接着是乡长、副乡长。

董事有几个人？ =8 个。

村正有几个人？ =有时 10 个，有时 8 个。

那些董事和村正里有没有代表人物啊？ =大家都是平等的，要是从县里来了通知，现在是乡丁通知村民，当时是看青的通知，如果有事情要商量，就在庙里。每个村子都不一样。

【乡丁】董事下面，相当于现在的乡丁的是什么？ =看青的。

看青的是一个人吗？ =村子小的话是 1 个人，村子大的话会雇 2—3 个人。

有乡长的时候呢？ =有乡丁。

除了乡丁，有看青的吗？ =是的。

有没有乡丁也是看青的啊？ =有是有，但很少，变成乡长制的时候，乡丁的工作不太多，有兼做看青的，但是不久之后，乡丁的工作变多了，就雇了其他的看青的。

【乡长制】什么时候变成乡长制的啊？ =有 10 年左右，从去年开始就变成保长了。

你有做过乡长吗？ =做过副乡长（3 年）。

那时候，侯家营和赵家港是一个乡吗？ =开始的时候，侯家营有乡长，赵家港有一个副乡长，不久之后，每个村里都有一个乡长和一个副乡长了。

【封银封粮】银粮和封银封粮是不是一样啊？ =是的，春天封银；秋天封粮。

封银是不是要缴纳银啊？ =乡下没有银，于是就将银一两一两换算成钱，再缴纳。

春天是什么时候缴纳啊？ =从正月二十几号开始开柜到五月初封柜。

封粮是缴纳粮食吗？ =还是将粮食一斗一斗地换算成钱。结束后，从秋天开始开柜，年末在某个地方，或者开春二月份在某处封柜，有的村子封粮比较多的是到二月份为止。

这一带是什么时候封柜呢？ =侯家营和赵家港的土质不好，就延长了期限，到明年正月开柜，三月封柜。有一年收成不好，交不出钱，来年的秋天交了 3 年的钱。

【宽征】像这样一次交两年的钱，叫作什么啊？ =宽征。

不叫缓征吗？ =也这么叫。

如果收成实在太差，可不可以免除封银封粮啊？ =我不知道名字，但是有过。

不叫豁免吗？ =国家免，叫国免。

【凭钱封粮】你那个年代没有缴纳银和粮食吗？ =一直交钱，赵家港里有子立地，每年都要封豆子，封豆子很麻烦，收柜的要一粒一粒地检查豆子，否则就不封豆子，封豆子每次要花两三天或 45 天，之后跟金县长说让他换成钱。

这是什么时候的事啊？ =民国十五六年。

一斗豆子可以换算成多少钱啊？ =比如，一般是 12 元的时候就定在 15 元。

每年换算率都不一样吗？ =不一样，县长不同，换算率就不一样。县长人不好的时候就很高，人好的时候就很低，金县长在县公署里立了碑的，换算率是一定的。

封粮和封银的换算率每年都变吗？ =是的。

一亩的话呢？ =团一前后中的几甲的柴汰、拨官（?）都很低。子立地和卫粮很高。卫粮是半升豆、半升米。

【卫粮】卫粮里有封银吗？ = 换算成钱。一亩地三四个铜子儿，卫粮地的换算率最高。

卫粮有封银和封粮，封银是一亩地三四个铜子儿，封粮是半升豆、半升米吗？ = 是的，封粮的斗比自家的小，所以封粮合起来有300钱。

300钱是多少个铜子儿啊？ = 一个铜子儿是十个、铜子儿是一个六是100钱，十六个铜子儿是1吊，这是100钱。

那时1升豆子多少钱啊？ = 两吊多。

那时1升米呢？ = 便宜的时候1吊，3吊就很高了。

【银粮换算】就像封银的三四个铜子儿是春天缴纳，封粮是秋天缴纳，一年要缴纳两次？ = 是的，封粮也不一样，有的地方只封银，有的地方只封粮。

那个佣金每年不一样吗？ = 不一样。

什么时候开始变的啊？ = 县里写告示牌。

村里为什么会变呢？ = 每年有一定的时间，比如，一个人去县里，看了告示牌，报告给村里，或者到了收柜的时候，时间要是耽误了，县里不理解。

县里没有社书或者地方来通知吗？ = 没有，正月二十五这天要开柜，这件事大家是知道的。

是不是因为每年佣金变化很麻烦，所以换算率总是不确定啊？ = 半升米和半升豆的价格不固定，每年都要变化。

银子呢？ = 这个也是每年不一样。

【柜房】

带去县里的什么地方啊？ = 县公署的东西屋子里有柜。

原来有没有在县公署的外面过啊？ = 以前没有固定的地方，在县城借一户人家，封银封粮，金县长那时也在公署里面。

把它放到县公署里面和外面的人是一个人吗？ = 是的，一个柜里有一个人。

那时有多少个柜啊？ = 十几个。

这些柜都叫什么啊？ = 写着团一柜房或者某社柜房。

侯家营带去了什么柜啊？ = 卫粮，团一，山后，山海衙，刘平等，除此之外还有外县。

【外县的粮柜】外县是指？ = 滦州和山海关。

去外县的哪里啊？ = 从外县过来社书，这样的话就能多征收一点。

【庄头】不交给县公所，庄头有地方去取吗？ = 没有，是前清的皇族的东西，有旗地的庄头集合的地方。

侯家营有几亩啊？ = 10亩，20亩，这是前清时候有的，现在已经没有了。

那些旗地叫什么名字？ = 只是叫作旗地，没有名字。

那是庄头自己来取吗？ = 庄头的伙计来取走。

从哪里来？ = 荣亭。

每年什么时候来？ = 不一定。

大概是几月啊？ =一年一次，秋收之后。

来了以后住在哪里啊？ =在泥井的店子里住，如果要去城内取钱的话就住在城内。

去侯家营谁家去取啊？ =侯大升、侯庆春、侯永春，其他的就不知道了。

这些人都是同一个庄头的地吗？ =是的，但是现在变成民地了，因为他们自己也很穷，所以就把地献给旗地的庄头，得到一点钱，然后自己在旗地上耕种，这样的情况也有，县里不取粮，拿旗地来收租金。

【旗地转卖】可以把那块旗地卖给别人吗？ =可以。

庄头可以任意更换旗地的耕种人吗？ =从每年封粮时候开始，不能在自己的土地上更换旗人，这个和民地一样，同时国家在收取封粮时，也不能没收土地。

【旗地和民地的封粮一样】旗地的封粮和民地交给国家的封粮，哪一个高一些啊？ =是一样的。

农民是觉得旗地好还是民地好啊？ =旗地。

为什么？ =旗地一年一次，没那么麻烦。

即使是旗地，县里也要派人派车吗？ =是一样的。

【库房】把柜房叫作户房吗？ =叫库房。

没有户房吗？ =没有这样的叫法。

库房也是在县外吧？ =在外面，库房的意思是说封粮的时候放入米和豆子，照这个意思，所以它在县公署的外面。

相当于现在的什么啊？ =不知道，现在没有库房，因为不用筹集米，以前是筹集米，等到收成不好的时候就分给大家。

【柜房】库房和田赋经征处不一样吗？ =不一样，田赋经征处是封粮的，库房是把粮食关起来放着。

库房和柜房的人不一样吗？ =不一样。

库房和柜房在同一个地方吗？ =不在同一个地方。

农民去哪里封银封粮啊？ =去柜房，那里会给钱粮票子。

去柜房里封粮之后，把粮食带到库房去吗？ =柜房的人带过去。

【社书的作用】柜房和社书不是同一个人吗？ =不是，在规定的时间内，如果有人没有封银封粮的话，社书先垫着，把票子带回村里来，要高价。那时付钱。

你们实际上有没有缴纳过米豆啊？ =有。

超过了规定时间，社书付钱，这是从民国以前就开始了吗？ =很早以前就是这样。

社书是不是就直接去取粮食啊？ =以前是这样的，因为去取粮食太麻烦了。

【三班六房】你知道县公署的户房吗？ =不知道。

知道三班六房吗？ =三班是班头，衙役，三班里头有里班和外班。

来这附近的是哪三班啊？ =关于地亩的事情，打官司的时候叫来了里三班的衙役；吵架的时候叫的外三班；去抓捕小偷的时候是补班。

如何区别这三班的工作啊？ =内三班管土地，外三班管吵架等，补班管抓贼。

可以认为和现在的民事，刑事警察的区别是一样的吗？ =民事的话，比如说关于土地和家等打官司就是好事，如果吵架的话就是坏事。

三班住在哪里啊？=城内。

【总头——班头】三班中，来侯家营的人是固定的吗？=各班有一个总头，总头命令一个人过来，没有负责人。

内班有几个人？=1个总头下面有10—20个内班。

各班只有1个总头吗？=是的。

全县有几个总头啊？=3个。

光绪三十一年的石碑上写着二庄总役张胜是什么啊？=这是班头，头庄和二庄；二庄管理莫各堡，头庄管理蛤泊堡；张胜是二庄的总头，也就是老总，也有头包，二包。（参阅本辑资料12—5）

【银粮的集体缴纳】在侯家营缴纳银粮时，因为一个一个去太麻烦了，会不会让董事一个人去啊？=不会，一个一个去。

一定要这样吗？=如果这么做的话，花了时间，需要一天或两天，不做这么麻烦的事。

社书和地方也不这么做吗？=这么做的话就必须给他们钱，但是有时也拜托邻居，不管是封粮还是封银都很难。房先生可能也会有很多要求，所以必须得准备很多，但是有时候记单子，一个人带上10—20个人的，到那时，把单子交给房里，算钱。

乡丁、看青的、董事有没有特别做过这件事？=没有。

什么人带上10户、20户过去啊？=关系好的人，比如说亲戚，同族的人。

这个时候要送礼吗？=有让他吃饭，不给钱。

【附加田赋】封银封粮的时候，有没有附加过什么啊？=附加是记在钱粮票子上面的，记着建设或者附加。

现在也有附加吗？=有。

大乡制成立之后也有吗？=有。

去年去县里封粮了吗？=去了。

有附加吗？=不是很清楚，去年封粮时有建设费。

【现在的田赋缴纳】现在也去封银封粮吗？=是的。

去年的几月和几月去的啊？=去年只有十一月去了一次。

之后只去一次也没关系吗？=是的。

一亩多少钱啊？=10钱。

我觉得土地不一样的话，封粮就不一样，希望能分个等级=最好的土地是10钱，中等土地是7钱或8钱；下等的地是5钱或6钱。

像这样一年一次是从什么时候开始的啊？=去年。

前年缴纳了两次吗？=是的，今年还没缴纳。

为什么从去年开始只缴纳一次了呢？=不知道。

【土地清查】土地清查是什么时候开始有的啊？=前年。

一年一次吗？=是的。

这么一来，清查前和清查后，哪一个对农民要好一些？ = 清查前很麻烦，现在不麻烦，去县里吃饭的时间减少了。

实际上的税额呢？ = 前后一样。

【旗地整理】以前有不缴纳田税也不要紧的土地吗？ = 只有旗地，所有民地都要缴纳田税。

旗地什么时候变成民地了啊？ = 民国以来。

庄头最近应该要过来取租金啊？ = 因为找庄头借了钱，所以过两三年了再来。

荣亭的庄头派伙计过来是到什么时候为止啊？ = 民国元年。

有民国变成民地的证据吗？ = 虽然没有证据，总之就是不来了。

民国十四年应该有过土地清理吧？ = 有过，这之前，荣亭县就不派人过来了，因此不缴纳租金，也不交给县里，侯家营的这些人赚钱了。

【村内公共财产】有收入归村子所有的土地吗？ = 没有公产，但是有一个蒲子坑，可以采藕，可以自己一天用两台车，花两天时间运藕过来种植。

什么时候变成坑的啊？ = 很早以前。

很早的时候是用于什么的啊？ = 不用于什么，我用那个钱建了学校，种了蒲子，之前只有水。

那是什么时候的事啊？ = 十几年前。

【田赋的统一缴纳】现在也有带上 10 户到 20 户的田赋去吗？ = 有的。

乡丁呢？ = 不带去，因为有人不识字，不会算数，现在的乡丁会但是也不带，只拜托关系好的人去。

如果超过了规定的时间，会接到什么样的催促啊？ = 县里来催促。

是什么样的人来呢？ = 乡公所来人。

那不是亩捐吗，田赋也是这样的吗？ = 是的。

以前是什么样的啊？ = 社书来。

社书的话会多要钱，对乡来说如何呢？ = 不用多给。

乡里会和社书一样先垫付吗？ = 不会，现在乡里有县里来的钱粮票子，不需要钱，从村子里征收，然后交给县里。

【法警与田赋无关】你知道政务警这个词吗？ = 不知道。

知道法警吗？ = 这个知道，和前面讲的班头是一样的，法警打官司的时候通知。

有人既是班头又是法警吗？ = 变成法警了，也有是同一个人的情况，比起班头，法警这个叫法更好。

法警不催促田赋吗？ = 不，和他没关系。

【缓征和勘灾】刚才有说过缓征的事情，是从县里来通知吗？ = 有告示过来。

在告示到来之前，每年要先来调查一下收成情况吗？ = 不来调查，但是我们这地域很狭窄，所以县里也知道我们的情况。

以前有勘灾吗？ = 不知道。

秋勘呢？ = 是收获的意思吧。

你知道以前收田赋之前，会先举行秋勘和勘灾吗？＝不知道。

收成不好的时候，会不会请求缓征啊？＝有时候会请求，有时候县里不同意。

最近没有缓征过吗？＝没有。

就算发了大洪水也没有过缓征吗？＝我们这没有，西边的地方有。

西边的地方是缓征还是减免啊？＝不是减免，是缓征。

没有减免过吗？＝以前有。

【重征】县里有没有因为资金不足，而把明年的田赋也征收了啊？＝有。

是收几年的啊？＝两年，这样的年份很少，战争的时候，国家要花钱，才会这样，我只记得一次，叫重征。

这么做的话，那下年就不收田赋吗？＝不收。

实际上是一样的吧？＝只是提前交了下年的田赋而已。

你知道预征吗？＝不知道。

【菜园房地也不是免税地】自己有3亩地的话，是包括了菜园房地吗？＝不包括。

缴纳钱粮的时候，也要加入房子菜园吗？＝要写上地亩多少菜园多少，所有都要按亩数来缴纳，坟地也要缴纳钱粮。

5月22日下午

典地　当地的赋税负担　看青费　过割　车牌捐

应答者　侯荫堂（侯家营原来的一个董事）

　　　　侯信堂（长立）（在满洲做粮行）

地　点　侯荫堂的宅子

【土地清查和税契】有过土地清查吗？＝有。

什么时候啊？＝前年。

都做些什么啊？＝在村里自己做，没有谁来，用尺子测量土地，调查土地亩数。

谁测量啊？＝乡长和甲长一起测量。

村子里没有专门能测量的人吗？＝有的，侯元武可以，但是去年他去世了。

村里如果有土地买卖的话，是谁测量啊？＝保长。

土地清查之后，县里有没有发新的地契啊？＝交了税契。

交了红契吗？＝交了。

要是交了税契的话，红契就不需要了吧？＝不需要，只有白契是要交税契，另外，把以前的文书弄掉的人也交税契。

【补契】把以前的文书弄掉的人交的税契叫什么啊？＝补契。

要把白契变成税契的时候，也要手续费吗？＝根据金额来收，每100元收11元的手续费。

补契呢？ = 是一样的。

【税契】买卖土地时，要制作卖契吗？ = 要制作。

要把它变成契税的话，这个得花多少钱啊？ = 这个不是按钱来，是每张卖契两吊钱。

去哪儿交啊？ = 大乡公所。

把卖契变成红契的话要花多少钱？ = 每 100 元交 11 元。

土地清查的时候，变成红契会很便宜吧？ = 是的，保长知道这件事，但是我不是很清楚。

土地清查的时候，把补契换成红契，要花多少钱啊？ = 还是一半，因为我家里都是红契没有补契，所以我也不是很清楚。

【当和当契】有典当契吗？ = 没有典契，有当契。

当契是什么时候制作的啊？ = 把自己的土地典当给别人的时候。

这个时候，是谁耕种土地呢？ = 出钱的一方耕种。

【典地】出钱的人不耕地，借钱的人耕种土地，这种行为叫什么啊？ = 典地。

不交出土地借钱，如果没有给钱的话虽说交出了土地，也要给利息的这种行为叫什么啊？ = 指地借钱，抵押品。

什么时候说典地呢？ = 乙处有人，没有土地，甲处有土地没有人，这时甲把土地借给乙，乙每年要交典钱给甲，这就是典地。

只一年行吗？ = 可以，定契约的时候虽然是一年，但是可以继续定几年的，地主也可以典地给其他人。

【现租和秋租】典钱什么时候给啊？ = 分两次给，到了冬天，先给一次，叫现租（现钱租），也有收获后再给的，叫秋租，这种情况稍微多一点。

（注：刘保长说有现租，清明租和秋租。清明租是耕种一开始就缴纳的）

这个村子里现租和秋租谁多一点啊？ = 以前是秋租多，现在是现租多。

有没有不交钱交粮食的人啊？ = 是一样的，要是没有 10 元的话，就用粮食来交。

一开始有没有约定用粮食来交啊？ = 没有。

【分种】甲地有土地没有人，乙地有人没有土地，借了土地，然后收获的时候折半，有没有这样的约定啊？ = 有的，叫分种，甲把地借给乙，收获 2 斗的高粱要折半，另外乙想要柴火的话，甲也必须出粪。

折半的话，是四六还是三七吗？ = 只折半。

这不叫典地吗？ = 不叫，叫分种。

这和典地哪一个多啊？ = 典地。

不分种定契约的时候，有没有约定用粮食来支付的啊？ = 没有，这个村里没有分种，这个地方土质很差，没有这样的耕种要求，这个地方收成也不多（一亩收获 1 斗），工钱很高，另外，第五区土质很好，地主把一亩地典地 20 元到 30 元，还是不喜欢分种，这个地方一亩两三元，或 5 元、8 元的典地。

有租地吗？ = 有。

租地是什么啊？ = 和典地一样。

分种和租地不一样吗？＝不一样。

【当契不用税契】当契要交给县公所，不制定税契吗？＝实际上是一定要的，但是，如果双方关系很好彼此信任的话，就不需要了。

这个村子里有把当契换成税契的吗？＝大概有吧。

觉得没必要的人有很多吧？＝关系好的时候，就不用了，但是很多人觉得没必要，双方必须要互相信任。

【推契、退契、兑契】有推契吗？＝没有。

你知道退契和兑契吗？＝不知道，退契是针对不要的土地的，这个村子里有个叫侯老绰的，他家土质较差，要换给县里的话，打算不出差钱，但是他的儿子得到了这块地，没有退给县里。

【立契的费用】卖契的时候，100元要花多少钱手续费？＝12元。

写了白契后，暂且是带去给保长吗？＝是的，在那里让保长按手印。

这也要花钱吗？＝不需要。

这时，除了白契之外，要买草契吗？＝白契和草契是一样的，首先写了草契，带去乡公所，写在官纸上，再带着它去县公署。

去乡公所拿官纸要多少钱啊？＝不是很清楚，官纸的费用和乡公所的书记写下的谢礼合起来，是每张2元。

把它带去县里要花多少钱呢？＝每100元交12元。

你知道具体详情吗？＝不知道。

当契的时候花多少钱啊？＝卖契的一半，我没有经历过。甲当地给乙，乙就付全额，甲出钱希望乙把地还给他的时候，乙就一定要付全额税。

当契是做两张吗？＝一张。

谁持有啊？＝乙（承典者）拿着。

典当的年限一般是是多久啊？＝长的短的都有，大多是5年，1年2年也可以，关系好的话就短，时间长的话，如果达不到年限就不能赎回。

把卖契换成税契的时候，是由谁负担费用啊？＝买方。

【典地、当地的地差负担】典地的话，是谁负担地差啊？＝出典者。

有没有一开始就约定一直是出典者付全额啊？＝这个村子里没有，其他村子里有。井庄有时候也是出典者付全额，这个村子典当的土地价格比较高，其他村子比较便宜，所以有时候是付全额。

这种情况下，自己耕种的话是1亩缴纳1元，那承典者是不是每3亩交1元或者每5亩交1元啊？＝本村不是这样的，其他村子不是很清楚。

当地时候的地差呢？＝承典者付全额。

村子里的地亩账上没有写承典者的名字吧？＝账面上的名字变了。

如果不变的话是什么情况啊？＝由出当者先垫付，然后再找承典者要。

这是固定的吗？＝是的。

其他地方签约是会在当契上写上由谁来缴纳地差，这里没有吗？＝没有，以前开始就没有人争夺这个，一定是承当者出钱。

钱粮是谁出呢？＝钱粮也是由出当者先垫付，然后再找承当者要。

【当地的田赋负担——包纳】当契上面如果记录了包纳多少的话是什么情况啊？＝实际上是出当者出了承当者应该要交的钱，把之后承当者交的钱叫作包纳。

包纳里面包括田赋和地差吗？＝只包括钱粮，不包括地差。

包纳是谁来缴纳呢？＝承当者给出当者。

包纳每亩大概多少钱啊？＝1 亩 10 钱，钱粮里有贵的土地和便宜的土地，尽管这样，还是 1 亩 10 钱。

地差要分开给吗？＝要。

只给地差吗？＝是的，名字变了的话就去承当者那里，没有变的话就去出当者那里，承当者之后再给出当者。

写下把钱粮换成 1 角也就是 10 钱包纳的时候，出当者不是损失很大吗？＝是的，但是没人这么做，因为已经写上去了。

现在包纳和写的人哪一个要多一些啊？＝写的人。

这样的话也是 1 亩 10 钱吗？＝两人商量决定，出当者觉得都是贵粮，想把包纳稍微写多一点的话就多写一点。

包纳写的钱多还是钱粮多啊？＝如果当地不能赎回的话，只给出当者写着包纳的金额，出当者就损失大了。

写着包纳的金额和实际要缴纳的金额哪一个多啊？＝就算写包纳 1 角，过了 10 年，15 年，钱价变了，出当者就赚赚赔赔，现在就算写着 10 钱包纳也不知道会变成什么样，现在没有差得太远，原来封粮的时候花 300 文就写 300 文，现在 1 亩花了 10 钱就写 10 钱。现在 1 亩大概是 10 钱。

【卫粮】现在 1 亩卫粮多少钱啊？＝现在每个村子都一样，价格不是很清楚，差钱没有变，卫粮变成上、中、下三等了。

那上、中、下三等，每一亩是多少钱粮啊？＝不知道，钱粮都变成一样了，但是还不是很清楚。

现在钱粮交给哪里啊？＝去年去了县里，今年还不知道。

【外村地的看青费】我觉得这个村子有的人在外村有土地，最远的地方怎么样啊？＝赵家港附近有很多，侯善庭拥有桥上（十几亩），桥上的花费是交给桥上，拥有泥井的人就交给泥井。

桥上的看青是谁负责啊？＝桥上的看青照看，钱交到那边，把这块土地典当（组）给桥上的人了。

承典桥上的人不缴纳费用吗？＝差钱和看青费是桥上出，钱粮是侯善庭出。

赵家港有别的看青吗？＝有。

赵家港有没有人在这个村子有土地啊？＝有，但是赵家港的青夫和侯家营的青夫互相商量来看青的。

泥井有没有人在这个村子有土地啊？＝泥井的青夫也是一样的。

这样完全没有关系，和桥上不联系的村子只有桥上吗？ = 是的。

如果侯家营的人出典给同村人，出典人畜出钱，如果出典给桥上的人，桥上的人出差钱，是这样吗？ = 典的价格完全不一样，本村要便宜一些，其他村子要贵一些，本村是2元、3元、10元、11元，桥上一般是十七八元（桥上最好的是28元），因为侯善庭的土地也在那边交钱，我觉得没那么贵。

【村内的看青费】差钱和看青费不一样吗？ = 都属于杂差，差钱里面有青苗费，本村的出典是1亩2元，杂差是3元，今年提高到4元了吧。

侯家营有没有人让村民典地给外村人啊？ = 没有，现在大家关系都很好，没有典地给外村人。

【大乡制和税契过割】实施了大乡制之后，买卖地的税契去哪交？ = 在大乡公所按印，去县里交。

【户房】在哪过割啊？ = 差钱在乡公所，钱粮在县公署房里，过去是户房。

现在在哪儿呢？ = 不知道。

户房是做什么的啊？ = 有户房，刑房，兵房，工房，礼房，吏房，户房是管理地亩的。

现在做什么呢？ = 不知道，在县公署当差，一房有一个老总。

【社书的过割】要过割的话需要多少钱的手续费啊？ = 不一定，一次花3吊到5吊钱。

社书管过割吗？ = 管。

什么时候去户房，什么时候去社书那里啊？ = 每年正月二十二日这天，社书在县里的户房等着农民来过割，于是农民就把写的条子交给社书。

去户房也是为了过割社书吗？ = 是的。

社书到什么时候就没有了啊？ = 从去年开始，现在也有社书，去年，前年不能付清，今年来了要加利息。

社书有没有为了过割来过村子里啊？ = 没有。

过了期限，社书先垫付，然后再来村子取钱粮的时候过割，这可以吗？ = 可以。

社书一年来几次啊？ = 这不一定。

地方不过割吗？ = 不过割。

地方到什么时候就没有了啊？ = 从十几年前开始。

去乡公所过割差钱时，需要手续费吗？ = 不需要。

一定要向乡公所和县里双方过割吗？ = 是的。

现在县里过割的手续费是多少啊？ = 不知道，因为没做过，现在估计是乡公所在做，从乡公所到县里，所以不需要交钱给县里。

【验契】你知道验契吗？ = 知道，但是没做过，有这个名字，但是没做过。

【登记】你知道登记吗？ = 这是过割。

县里没有设置登记处吗？ = 不知道，满洲的话我知道，卖掉10亩、20亩自己的土地时，要和买方去登记、过割，昌黎县里没有。

【车牌捐】车牌捐是什么啊？ = 有自己的车，去得到县里的许可，出钱得到车牌捐，这就是车牌捐。

要去县里还是去警察分所啊？ =去大乡公所，今年有乡丁过来，去取车牌捐的时候，他不给牌子，不清楚这是怎么回事。

什么时候开始的啊？ =原来只有城内的车站，乡下没有，进了车站不能没有牌子。

乡下什么时候有了啊？ =说是去年冬天开始，但是没有实行，今年有的家里征收了车牌捐、有的家里没有征收车牌捐。

针对什么车啊？ =大车。

其他的车如何呢？ =河南车（轿车）不知道，但是一般用作大车。

谁去调查有车的家庭啊？ =不调查，但是乡公所知道数量。

警察分所有没有调查哪里有多少辆车啊？ =没有，不用调查也行，反正没有牌子也到不了那里。

【自行车牌捐】没有自行车牌捐吗？ =大概有吧。

每辆花多少钱啊？ =不知道。

钱交到哪里啊？ =听说交到城内，自行车不交车捐的话就进不了城内。

5月23日

集市　集市的征税机关　牲畜的税　斗的税

应答者　刘子馨（侯家营的保长）

地　点　同氏宅

【集市】这个村子的人去哪里的集市啊？ =经常去泥井，有时去昌黎，阴历初二和初七去泥井，初五和初十去昌黎。

不去其他的集市吗？ =也去施各庄（初四和初九），刘台庄（初五和初十），还有团林（初三和初八），除此之外还有两个小集市，林字（初一和初六）和赤洋口（初一和初六），这是酒肉集市。

【酒肉集】酒肉集市是什么啊？ =只有食物，没有粮食和牲口，比如肉、面、青菜、豆腐、干豆腐。

【镇店市】把泥井等的集市叫作什么啊？ =叫作镇店集市，粮食，牲畜，柴草，布匹，酒肉，蔬菜，杂货，油类，鱼类，什么都有，团林那里有二十几个网，一个网里面有两百个人，一次可以装很多鱼，那些鱼全部都在团林的集市上卖，而且那里有个七里海，之前七里海附近下了雨，发了洪水，光绪十三年左右，有独角龙出现，把七里海旁边的山岗分割了，现在七里海里没有水了，分割出来的地方被称作新开口，为了庆祝，在这里唱过戏。新开口的南北方向现在还有网子，七里海变成了稻田。

这个村子的人去哪个集市买卖东西方便呢？ =去哪里都行，但是去得最多的是泥井。

没有不能去的地方吗？ =没有。

【屠户】这个村里的人们主要是去卖什么啊？＝从集市买来小猪，将它养大，然后再卖掉，杀了大猪卖猪肉。另外，到了秋天，卖粮食的人也多。

从集市买来小猪，将它养大，然后再卖掉，有人把这个当成职业吗？＝没有。

一般会买几只小猪啊？＝还是根据土地来买，土地有五十亩的人就买五六只，有一百亩的就买八只或十只，这个村子的肥料一定要是小猪的粪便。

有人将杀大猪卖猪肉作为职业吗？＝这个村子里没有。

把这种职业叫作什么？＝屠户。

这附近哪里有屠户啊？＝崔家坨人井庄、泥井（李永盛）里有，牛心庄也有。

【从侯家营去集市售卖的人】这个村子的人会不会把猪肉带到泥井里去卖啊？＝也有去昌黎的，但不多，去泥井的很多。

有过去卖青菜的吗？＝有，侯荫堂有菜园，所以去卖青菜。

有人去卖牲畜吗？＝没有。

前几天郭翻译买了件衬衣，说是泥井的人卖的？＝有买卖洋杂货的，是侯老国。

这个人只去泥井的集市吗？＝也去昌黎，团林。

有卖酒的人吗？＝有一个，叫刘万臣，这个人在村里卖酒、油、火柴，不去集市。

有卖豆腐的吗？＝有，只有一户，不去集市。

【集市的税金】去集市，要交税金的都有什么啊？＝牲畜有牲畜税，粮食有斗税，酒有烟酒牌照税，三个月要换一次牌照，其他的就没有了，鱼类的话，团林的大集市上，是新民会收税。

【牲畜税和牲畜牙税】牲畜有什么税啊？＝牲畜税是每100元交3元（也就是三分），也就是，牲畜牙税是每100元交4元50钱（也就是四分五厘），给新民会是每100元交50钱（也就是五厘），全部合起来是8元。

牲畜税和牲畜牙税有什么不一样啊？＝先有牲畜税的。

这是买方出还是卖方出啊？＝本来应该是买方出四分，卖方出四分五厘的，但是也有卖方减价，不出税钱，这很正常。

【净落——包佣】把这个叫什么啊？＝叫净落多少钱，原价是100元的东西，按195元卖掉的话，就赚了95元，这就叫作净落95元。

你刚才说的出税钱是叫什么啊？＝也叫净落。

不叫包佣吗？＝也这么叫。

交给新民会5元钱，这个叫什么啊？＝买方交，叫手续费。

这是什么时候出现的啊？＝新民会成立之后，民国三十年的一月还是二月出现的。

从什么时候开始叫税三分，佣四分五厘的啊？＝以前就是这样了。

牲畜牙税里面有附加的吗？＝加了四分五厘。

【以前的牲畜税】你年轻的时候有牲畜税变过吗？＝以前只有三分税，没有佣金，从最近20年开始加入了四分五厘的佣金，牙纪来征收。

只有交三分税的时候才有牙纪吗？＝这个时候牙纪随意收税。

这个时候比四分五厘是多还是少啊？＝少。

【税捐局】现在三分的税交给哪里啊？ =县里。

谁交给县里啊？ =税捐局，现在不是散包，直到两三年前就采用了散包。

在市外也可以买卖吗？ =可以。

在这个村子里可以吗？ =在自己的村子里可以卖牛和马，但是三分税必须要带去税捐局。

税捐局在哪里啊？ =本局在昌黎县西街，分局在泥井。

四分五厘的佣金交给哪里啊？ =也是交给税捐局。

【牲畜税的征收方法】如果到了要去集市的日子，牲畜税交到哪里啊？ =第四区有一个分局，那个人会在集市上出现。

在集市上要摆桌子吗？ =是的，在牲畜和粮食处摆。

是买方还是卖方带过去呢？ =买方带过去，买方交给分局，分局再交给总局。

猪、牛、小猪、驴、马、骡都是一样的吗？ =是的，第四区没有羊。

【牙纪、经纪】买卖的时候是买方和卖方直接交涉吗？ =是的，旁边还有牙纪。

有牙纪和没有牙纪，哪一种情况要多啊？ =牙纪在的时候比较多，从佣钱中发一点钱给牙纪。

牙纪会不会根据猪、牛、小猪等的不同而不同呢？ =猪的话有猪牙纪，小猪也是一样，泥井的集市上有 34 个猪牙纪，还有 34 个牛牙纪。

马也有牙纪吗？ =没有，除了猪之外，牛牙纪什么牲口都能买卖。

这些人很早以前就是这样的吗？ =现在变得随意了。

牙纪还有别的叫法吗？ =除了牙纪，也叫经纪。

不叫牙伙吗？ =不叫。

干得最长的人干了多久啊？ =不是很清楚。

有人做了 30 年或 40 年的吗？ =猪牙纪里面有，牛牙纪里没有。

做得时间短的人呢？ =三年，牙纪没有期限。

【交易场和税捐局】现在有交易场吧？ =有，新民会在泥井建了一个买卖交易场，第四区只有泥井有。

团林没有吗？ =没有，交易场从去年开始出现的，有施各庄，泥井，刘各庄三个，主要的东西是粮食和牲畜，它们要交税。

交易场和税捐局不一样吗？ =地点一样，工作不一样。

交易场的负责人是谁啊？ =张丽生。

税捐局的负责人是谁啊？ =杨俊臣。

【承征员和包商】杨俊臣叫作承征员吗？ =是这么叫。

这么一来，和以前的包商是一样的啊？ =很相似，向县里承包一定的资金，比他承包的资金要赚得多，亏得少。

县里每年会出布告募集吗？ =就算募集也必须要活动。

以前有钱人把钱借给有能力的人，让他成为包商，杨俊臣是什么样的啊？ =杨俊臣没有太多钱，以前是个商人，和财务科长关系好，所以做了承征员。

去年开始做的吗？ =去年在第一区，今年在第四区做。

去年第四区的承征员是谁呢？ =刘子衡，他是第三区的人，但是住在泥井。

【收税的】以前侯家营有人做包商吗？ =没有，之前有人做收税的。

收税的是什么啊？ =和承征员是一样的，民国二十二、三年，以前落花生、棉花、牲畜都是区别开的，现在都一样了，当时这个村子是牲畜和猪收税。

做了多久收税的啊？ =一两年，损失了，就把土地卖了，侯大生、侯荫堂年轻的时候也做过。

【包商和牙纪】想做牙纪的人就不能做承征员和包商吗？ =以前是这样的，现在没有那个必要。

现在如果你做了牙纪的话，会很快就习惯吗？ =自己默默地去做就没问题。

我想听一下以前牙纪和包商的关系，是牙纪给包商钱还是包商给牙纪钱啊？ =以前牙纪要得到包商的许可才能成为牙纪，包商从佣钱里拿出一些给牙纪，现在买卖人都送礼，另外，以前牙纪的人数是有限的。

【牙纪的报酬——佣】这么一来，现在交三分税，四分五厘的佣之外，拿出一些给牙纪吗？ =是的。

那是买方还是卖方出啊？ =双方都要给。

给多少钱？ =不一定，根据牲畜的价格，有赚的、有亏损的，给的钱也不一样。

对于买卖方来说，只有一个牙纪，没有互相派出一个牙纪代表吗？ =一般，一个牙纪的情况很多，如果有麻烦了，有时也会三个或四五个牙纪集合起来。

有没有像其他地方一样，不告诉买卖方价格，自己多得一点利益啊？ =这种事情也有，要看牙纪的能力，因为买卖双方都在不知道的情况下交了钱。

这有很多吗？ =自己的牛马得了病，状态不好，便宜卖的时候，卖方告诉牙纪，而牙纪不告知买方，提高价钱，从中调停，赚钱。现在的人虽然不上当，但是经常做这种事，大概也不多吧。

其他地方有时候严重到买卖方互相都没见过面，这个地方呢？ =这里没有，你说的那个事情，我年轻的时候，听说过山东的一个买卖马的事情，去了集市，不知道卖方在哪里，只看到牲畜。

正如县里有包商负责，牙纪负责管理包商吗？ =不是，牙纪按集市赚钱。

牙纪要给包商钱吗？ =不用。

买卖人不给牙纪佣钱吗？ =不给牙纪，给包商，于是本来应该从佣钱里拿出一些给牙纪的，但是没有给，牙纪就只能靠自己的能力赚钱。

以前只有三分税的时候，钱是交给谁啊？ =交给包商，包商再给县里。

交一两分税是什么时候的事啊？ =五十年前。

这是税吗？ =税还是三分，一两分是给牙纪的，一区分摊几百吊，国家不需要佣，知县从佣里拿出一些钱攒起来。

那时要交三分税和一分二的佣钱吗？ =是的。

【散包】散包这个词是什么意思啊？ =散包就是一个县里有一个散包商，以前昌黎县有六个区，总包商交给六个区的散包，总包商负责 10000 元的话，就让各区分包，那个时候一定会高于 10000 元，只把总包存起来，这个就叫作总包，各区的就叫散包，又叫分包。

杨俊臣当过散包吗？ =民国三十年开始，做了一区的包商，去年被财务科长委任为第一区的包商，之前一个县里有一个总包，下面各区有分包。

【牙纪不集会】牙纪有没有集合起来讨论一下牙纪很便宜之类的啊？ =没有，牙纪按自己的能力工作。

牙纪住的地方是一样的吗？ =住在各村里，去集市的时候，大家会过来。

【侯家营出身的牲畜牙纪】有人做过这个村子的牙纪吗？ =现在有一个人，这会儿不在家，去七里海的农场做苦力头子了，叫侯振山。

他是什么牙纪啊？ =牲畜牙纪。

什么牲畜呢？ =牲畜牙纪是除了猪之外的牙纪，猪有猪牙纪，现在的牙纪去也行，不去也行，他也是有时去。

【牲畜以外粮食之类的交易】现在想听一下关于粮食的事情，粮食也是杨俊臣管吗？ =他管斗、花果、牲畜、棉花、花生等。

这个区还有其他的什么吗？ =这个区没什么生产，花果是从昌黎县买来的，一年交一次税，其他的花生、棉花都是本地产的。

【斗牙】斗里面有牙纪吗？ =有，泥井有 78 个。

大致上是哪些村子有啊？ =泥井有一个，是杨先生雇来的，原来斗牙负责斗，现在花费变多了，没有人负责了，所以就雇人。

侯家营没有吗？ =没有。

原来也没有吗？ =原来没有这样的人才。

杨先生不雇牙纪，而雇斗牙吗？ =也雇了牙纪的，还雇了斗牙。

【斗牙的报酬】那么斗牙有月俸吗？ =从一斗粮食里测量一两升的粮食，有剩下的，就给斗牙，月俸不是很多。

杨先生每个月不给斗牙月俸吗？ =不给。

不雇人吗？ =不给牙纪，牙纪人手不够的话，承征员就去巡税，巡税的话就有钱。

【巡税】巡税是什么啊？ =税捐局和牙纪没有关系，牙纪按自己的能力工作，但是巡税是税捐局的工人。

巡税也是和牙纪一样介绍的吗？ =不像牙纪那样介绍，只是有时从旁插嘴，防止买卖人脱税。

【斗牙的报酬】如果多少给点月俸给斗牙的话，那斗牙和牙纪稍微不同吗？ =牙纪是用嘴巴赚钱，斗牙是用斗量，有剩下的粮食就给他。

除此之外，杨先生有没有给点报酬啊？ =有。

刚说的用斗量，有剩下的是不是农民在家量一次再去啊？ =是的，先在家里量一次，再去集市上量，自己量的时候没有斗牙的能力，斗牙有自己的秘诀。

斗牙的斗小一些吗？ =和他的斗比较过，绝对不比我们的小。

和农民家里的斗是一样的吗？=农民在家是用柳条斗，去集市的时候还能带一点过去，如果不够的话就麻烦了。

斗牙带的斗是自己买的吗？=县里给的，自己想做斗的话，跟县里说一声，县里会同意的，大小不能有误差。

要给钱那些量得农民作为礼物吗？=有时候有。

把剩下来的粮食给斗牙和给钱斗牙，哪一个要多一些啊？=两个都不多，量很多的时候就给钱，不多的时候就给粮食。

是认识的斗牙给农民量吗？=有买卖人，也就是商人。

买方以什么人居多啊？=农民买小米和高粱，商人和豆腐房买豆子比较多。

【斗牙税的税率】交多少税啊？=斗税是5‰，新民会交易场的手续费是2.5‰。

这个税是谁出啊？=斗税是买卖双方折半，新民会费是买方出。

花生、花果、棉花要交多少税啊？=3%。

这里面有牙纪和斗牙吗？=没有。

交到哪里啊？=第四区很少，交到昌黎县城比较多。

那三分是交到市里吗？=是的。

没有牙纪的话，可不可以不交啊？=有巡税，但是有不少人漏税。

斗的买卖要花多少钱啊？=卖方交斗税的5‰的一半，剩下的就不管了（这里没有名字），买方交斗税的5‰的一半，新民会费的2.5‰。

市外也可以做村内的买卖吗？=这是漏税，但是量不多的话还是有的。

不来村里粮食店买吗？=到了秋天，不去市场，来村子的人很多。

这个不需要交税吧？=买方漏税，如果被发现了就会受罚。

巡税是不是只在市里才有啊？=村里也有调查，比如，调查牲畜等的漏税，即使这样，也有人不在市里做牲畜买卖，而在村里做。

鸡蛋要交牙税吗？=不知道。

5月23日下午

屠宰税　屠户　车捐　地方、保正　村摊款　监督人　官中牙纪

应答者　刘子馨（侯家营保长）

地　点　同氏宅

【屠宰税】这次我想听一下关于屠宰税的事情？=这比牙税要简单一些，现在有了屠宰场屠杀猪，首先进屠宰场的时候，一只猪交一元钱的屠宰场费，买屠宰的票，这个票是泥井的税捐局卖的，屠宰的时候再花一元钱，合计两元。

这两元是指屠宰猪的时候要交的吗？=只是猪，牛不一样。

那牛呢？=牛的屠宰场在别处，第四区没有，在昌黎县，入场费两元，屠宰费两元，

合计四元。

羊呢？ =第四区没有，第一区的虹桥有一个屠宰场，入场费是一只 60 钱或是 70 钱，屠宰税也是一样。

马呢？ =不能屠宰马，骡、驴、马都不行，只屠宰猪、牛、羊三种牲畜。只能屠宰猪，是吗？ =是的，第四区只能屠宰猪。

【屠宰场】屠宰场在哪里啊？ =在后刘家坨。

不能在屠宰场外面屠宰吗？ =根据章程一定要在屠宰场里面屠宰，但是只买了票的话可以在家里屠宰，可以在自己家里屠宰完了之后，带去市里按印。

在屠宰场屠宰的话要花两元吧？ =现在可能变多了，除此之外，还要再花 10 钱。

在自己家里屠宰的话，买票要一元，再去市里按印要花多少钱啊？ =在家里屠宰也要花两元，如果交了入场费的一元和屠宰税的一元，就可以去市里按印了。

【屠宰场开设以前的屠宰】之前是什么样的啊？ =屠户先在自己家里杀了猪，去市里交 60 钱屠宰捐，另外还要交 10 钱的按印手续费，那时候包商一年可以负责六七千元，收了七八千元的屠宰税，自己就可以赚一两千元。

【屠宰税的承包】屠宰税的承包和牙税的包商是一样的吧？ =当时县里只有一个总包商，负责 30000，20000，分给六区的包商，总包商给他们分配 6500 元，这样自己就能赚 5000 元了，让各区的散包负责。

【屠户】这个村子里没有屠户吗？ =没有。

哪里有啊？ =泥井、井各庄、施各庄、才家庄。

过年过节要杀猪的时候，过来村子里杀猪吗？ =我觉得村子里要杀 10 头猪或 20 头猪的时候，会把屠户叫来。

这个村子主要在哪里杀猪啊？ =还是在各家杀。

【屠户的报酬】那时要送什么礼物给屠户吗？ =20 年前就有了屠宰税，那之前是没有的，就算在自家杀猪，也不用买票子，过去会送屠户猪毛、胰子和两元手续费当作礼物，现在猪毛很便宜所以不需要了，就送胰子和 4 元或 5 元给他。

不送小肠吗？ =以前有人要买小肠的，我不知道它可以用作什么。

屠户杀完猪后，会送屠户猪毛、胰子和两元手续费当作礼物，另外需不需要买票啊？ =60 钱的票和 10 钱印子。

什么时候就没了啊？ =前年。

现在过年过节的时候，杀了猪，但不去市里卖，而是在家里吃，这样也可以让屠户来杀猪吗？ =同样是出两元，通知屠宰场，有屠宰场里的朋友的话，也能允许，没有认识的人话就不允许。

屠宰场出现之前，来这里的屠户是谁啊？ =李永盛（泥井），钱寿彭（牛心庄）等。

【屠户的作用】给他们的谢礼是一样的吗？ =是的，带去市里卖和在自己家里吃，给的谢礼是一样的，不管是谁杀的猪，给的钱是一样的，屠户多的时候有三四十个，阴历腊月十七和二十二日，集市上有两百多头猪卖，年末，四区共有两千头猪被杀。

不是过年过节，就是一般的时候，可以让屠户杀了猪，然后去集市上卖吗？ =自己有

5头或10头猪，因为卖不完，所以剩下的让屠户杀了，再去卖猪肉。

不能自己杀吗？=没有杀猪的刀之类的，也有因为害怕而杀不了的。

【小屠户】屠户有自己去卖肉的吗？=会自己杀几头猪去卖，这种情况不多。泥井有两三个人是这样，叫作小屠户。

在山东等地，有的屠户在年节的时候会囤积购买一些猪，杀了之后每头猪能够赚10元左右，本地有没有这个情况呢？=在昌黎县有屠户把猪买回来杀掉再送到各个肉店的情况。而在东门外的菜市场卖肉的就仅限于屠户，达数十户之多。在泥井这种情况不太常见。

【屠宰和牲畜税】让屠户杀了去卖的时候，需要交牲畜税吗？=牲畜税不用交。杀了再带走的时候，把买时的税票带去。自家生的猪没有税票，这种情况下就估票，也就是以估价纳税的形式来估算一个价格缴纳牲畜税。

那是属于牲畜税吗？=即使是杀了的也和活着的一样，要缴纳牲畜税。

牲畜税是在买卖的时候交呢，还是饲养时就交呢？=只是针对买卖的时候需要交。即使杀掉了，如果不卖出去的话就不需要交。拿到市场上去卖的时候要交。

包商会每年有个固定的时间，然后屠户去包商那里事先打招呼吗？=可以不去，今天杀，明天不杀，都行，这是屠户的自由。

【屠户屠宰税的缴纳方法】屠户的屠宰税要交到哪里呢？=就交给包商，由包商交给县公署。

屠户每次杀了之后都要拿到包商那里去吗？=包商到市场上去取。

包商有没有义务每年用多少钱把屠户包下来？=没有。那叫作专立，那样不好。3个村当中，有一个人这样的话，手续费就会变得很高了，所以很不好。不过这一带没有。

另外有的是村公会包下来的，是这里的情况吗？=这也不好，不是这里。

【关于保正、地方屠宰税的代管】

泥井的观音庙里有一个光绪二十年的碑，碑文写着由保正及地方来代管屠宰税，这是怎么回事呢？=立这个碑之前打了场官司。泥井是一个小集，不属于12大集。同治七年的时候，有一个姓韩的县长下了一道命令，让汤锅（即屠户铺）在二月初八孔庙祭祀的时候每个铺交一头猪和一只羊。反对这个命令的散屠户什么都没交。后来汤锅也叫作官屠户的这些人就想从散屠户那里拿点钱，为此争了起来。由于这个原因，开市的时候市场上没有肉卖，为此还打了官司，一年的时间都没解决。绅商出面商议，县长富公立案，最后决定官屠户还是照以往的缴纳，散屠户交两吊红差（犯人行刑时坐车的费用）。在莫各堡规定不许在两吊钱之外再收取其他费用。另外官屠户也不能去收取了。这个红差由本牌的保正和地方来收取。不过，不交红差的人就不能在小集卖肉。后来没有了祭祀孔庙的活动，屠户也就不用交这种费用了。（参阅本辑资料12—3）

这一直持续到什么时候呢？=民国元年废除的。

【小肠捐】有小肠捐吗？=现在没有。以前有。

是什么样的东西呢？=当时小肠价格贵，把小肠弄到天津去的话，价格就更高。或者由某个人像包商那样，从县公署承包下来。

现在在屠宰场屠宰后的小肠都是屠宰场拿走吗？ = 现在不需要。自己带回去。现在没人买。以前每头牲畜的小肠以一二十钱左右的价格囤积起来加工成药带去天津就能卖到两元以上。因此就像包商那样专立了。

【屠牛公益捐】知道屠牛公益捐吗？ = 这附近没有。第三区的靖安镇或城内比较多。

【兽皮捐】有兽皮捐吗？ = 这一带没有皮。

【大车捐】大车捐是什么？ = 铁轮车需要纳捐。这个以前没有现在有了，月捐 30 钱，年捐 3 元。另外还有胶皮轮车捐，每月 90 钱。

【胶皮轮车捐】胶皮轮车捐是什么时候开始的？ = 民国三十年开始。

这是洋车吗？ = 不是。洋车是每月 25 钱，自行车 20 钱。

侯家营也有胶皮轮车捐吗？ = 没有。这个可以在汽车道上通行。但铁轮车是不允许通行的。这个村子里自行车是有的。

【自行车捐】自行车捐每月要收 20 钱就是车牌捐吗？ = 车牌捐是另算的，和车牌费加在一起的话，一共是一元 50 钱。这是最近的事儿。

【车牌捐】铁轮车除了车捐以外，还有车牌捐吗？ = 没有车牌捐，但是和车牌子加在一起另外要征收一圆钱。

那胶皮车怎么样呢？ = 这也一样，应该有吧。

车间车牌捐都收到哪去了呢？ = 县里让大乡去，收农民交给大乡。

这个村子的已经交去了吗？ = 车捐还没交，但手续费已经交了。

【地方和牌】地方是什么呢？ = 每半牌有一个地方。莫各堡有六牌半，莫各庄和林字这两处就有两个地方是 7.5 厘，其他的地方是五厘。

同治十年七月的泥井的观音庙的碑上说五个半庄负担着半牌什么的。这点你能说明一下吗？ = 这说的是给赵家港贴钱五吊，这里是地力最贫瘠的地方，所以由其他村来贴补。本来和其他村一样，应该出一些杂差的，但是土地状况太糟，所以出不了。因为有张家坨西牌，所以这个村子应该以前是分为东牌西牌两部分的。可能是这个牌落后，或者是东牌的势力很大，所以就没有纳入进来吧。（参阅本辑资料 12—4）

莫各堡的六牌半的牌和张家坨西牌的牌不同吗？ = 不同。张家坨的东牌是不是应该像这附近属于西半牌那样纳入到东半牌里呢？ = 没这回事，大概是因为张家坨东牌的人比较有钱有势，所以没有加入到里面去吧。

地方是一直存在到什么时候呢？ = 大约是民国二十年。

【地方的作用】地方是做什么的啊？ = 过去半牌没有乡长，县长给地方下达命令，地方在牌内到处走，通知人们，打官司的时候要传唤人的话，地方就带着衙役去找他们，村子的所有事情，地方都要先做。

地方要报告田赋的开征吗？ = 县里会出开征的告示，农民看了告示就会交田赋。

和地方没有关系吗？ = 没有。

【地方和班役、社书】地方不催促田赋吗？ = 班役做，班役让地方带路自己催促田赋。

田赋的催促不是社书做的吗？ = 社书和班役都做，昌黎县的班役很复杂，二十七社各有一个社书，另外，山海关、滦县、乐亭，拨补等专员过来，这个社书如果没在规定时间内缴纳的话就先垫付钱粮票子，催促田赋，如果社书不能让人们交税的话，就由班役来催促田赋。

那时需要地方带路吗？=需要。

【预征】县里一会儿就有钱了，所以不会临时筹集资金吧？=不会，有预征。

预征是什么时候有的啊？=我小的时候有过两次，前清末（距今40年）有一次；另一次是民国初年。

【地方和县的临时摊款】县里没有临时摊款吗？=不是很清楚，大概有吧。

这个时候要通知地方让他们筹钱吗？=是的。

地方筹集资金的时候，可不可以多收一点啊？=这也是有的，战争时期，兵差临时拨过款。

到了民国之后，也经常有临时拨款吗？=这都是前清时候的事情了，和八国联军打仗的时候，有牛差和兵差，牛差是外国军，外国人，是为了日本人吃牛肉才聚集起来的，地方以此干坏事。

【堡正】堡正是什么啊？=是保正，也可以叫保正，一个堡子里有一个堡正，乞丐倒在地上死了，或者是杀人了，就搭一个帐篷，这是堡正做的。

地方不做吗？=地方也一起商量。

除了地方，为什么一定需要保正啊？=红差，行路死人，杀人等需要保正帮地方的忙。

保正和地方谁的地位高一些啊？=保正要高一些，一个堡里有一个保正，12个地方，保正没什么工作要做。

保正和地方是同时没有的吗？=是的。

【地差、亩捐】我想听一下地差的事情，现在地差叫什么啊？=大乡交差钱，也叫亩捐，亩捐分为县亩捐和乡亩捐，县亩捐筹集警察、警备、建设等的费用；乡亩捐负责乡职员的收入、道路、桥的修理，之外还有教育费用。

【去年的乡亩捐和县亩捐】去年乡亩捐是多少啊？=合起来每亩是2元30钱，不记得有过几次了，县亩捐是一亩22钱，教育费算在乡亩捐里。

乡的教育费怎么样啊？=这也包含在内，加上它的话就是2元30钱，今年的县亩捐是45钱，乡亩捐不一定。

这个征收有没有上中下土地的区别啊？=没有，村里有10亩，20亩的土地都是沙地，不用摊款。

没有区别的话不会很麻烦吗？=大乡分为上、中、下三等，非常麻烦，花了3个月时间也不清楚有没有弄好，实际上区别的话会好一些。

【过去的村摊款】前年在会上做了，那个时候是多少钱啊？=上地是一元、中地是70钱、下地是40钱。

前年大概是多少啊？=大概是上地是一元50钱，中地是80钱，下地是50钱，最近费用变多了。

10年前是多少啊？=上地是五六十钱、中地是三四十钱、下地是二三十钱。

20年前是多少呢？=上地是40钱、中地是20钱、下地是10钱。

那个时候是吊还是钱啊？=是钱，30年前是吊。

30年前是怎么样的啊？=上地5600钱、中地是3400钱、下地是200钱、村子一年的费用是100吊。

40年前呢？=每亩200钱，没有上、中、下地的区别，就算有100亩土地，也要跟县里说是60亩。

【村摊款的征收时期】前年的会上，一年征收了几次啊？=四季征收，阴历三月、六月、九月、腊月。

从10年前开始一直是这样的吗？=大体上是这样的，四次比较多，民国二十七年日本军战乱的时候，临时支出比较多。

前年上地是一元，是不是一年所有的摊款啊？=是的，这个时候村子会花4500元。

花钱最多是什么时候啊？=民国二十七年，一年花了600元，那个时候上地是一元50钱、中地是80钱、下地是50钱。(没有控制一下啊)

10年前上地是五六十钱的时候，花了多少钱啊？=五六百元。

上、中、下地分配的比例是一定的吗？=把上地一亩、中地两亩、下地三亩当成一亩计算，换成钱的话，就是上地50钱，中地75钱，下地50钱。

【村摊款的用途】贴清单的时候，一亩上等地要写多少钱啊？=不写，只写收入总额和支出。

大概是用于什么啊？=之前是用于打更，看青，四季的吃食（保甲长请客吃饭），乡丁的费用，挖沟，学校费等，后来比较复杂，雇书记也要花钱。

前年花了多少看青费啊？=100元。

打更费呢？=50元。

四季吃食呢？=100元。

挖沟呢？=七八十元。

乡丁呢？=200元。

书记呢？=200元。

学校费呢？=100元。

上地有多少啊？=100多亩。

中地呢？=300多亩。

下地呢？=2000亩。

(注：根据保长所写的账簿，各亩如下所示

外庄人在侯家营的地亩台账	4顷80亩55
侯家营人在外庄的地亩台账	2顷77亩29
侯家营地亩台账	32顷64亩11

上图是提交给县公署的地亩台账的原簿，根据村子里传用的地亩老账来看，原来有16顷88亩16，清查之后，现在有31顷96亩45。根据三十年的地亩老账，里面有752亩上地，83亩中地，158亩下地，与此相反，根据二十八年的地亩老账，上地有73亩半、中

地有917亩、下地有1248亩5。

【监证人】你做过监证人吗？＝没有。

谁做过啊？＝现在是大乡的乡长。

是在大乡制实行之前吗？＝是乡长做的，之前是田魁一。

他是哪里的人啊？＝崔家坨的人。

这个人是官中牙纪吗？＝这是很早以前的事了。

乡长做监证人之前，外村人也可以做监证人吗？＝半牌里只需要一个监证人。

是哪里决定啊？＝在县里参加考试，合格的人要交300元的押金。

和包商一样吗？＝不是。

【监证人和乡长】田魁一怎么做的啊？＝在官纸上写草契，昨天的存根就是官纸。

这是之前的乡长负责的吗？＝是的。

手续费要多少呢？＝官纸费是十钱，还要给监证人一分钱，给乡长三厘的手续费，也就是一分三厘，一开始虽然搞错了，但是那个时候也是一分三厘。

乡长和监证人不是同一个人的话，监证人写官纸，那乡长做什么呢？＝监视。

监视的时候要按印吗？＝要盖章，现在是大乡长盖章。

崔家坨有监证人的时候，也要去那里吗？＝有时去，有时不去。

那个买卖的话，监证人要参加丈量吗？＝根据习惯，有时丈量，有时不丈量，不丈量的时候就根据老契来买卖，丈量的时候，监证人有时会参加。

不参加也没关系吧？＝乡长和监证人，有一个去就行。

【官中牙纪】官中牙纪和监证人不一样吗？＝是一样的，只是名字变了，十几年前，半牌里只有一个官中牙纪。

现在在哪里啊？＝是泥井的李文明，现在已经去世了。

官中牙纪是做什么的啊？＝写官纸，按印的时候，写下“凭官中牙纪说合”，再按印，之后就是监证人时代了，就变成了凭监证人等等。

官中牙纪是像牙纪一样说合吗？＝实际上不说合，有仲证人，也就是中人。

谁都可以成为仲证人吗？＝是的。

那个时候有没有专门丈量的人？＝买卖人（商人）测量，计算。

有没有具有测量技术的人啊？＝会拜托满洲的生意人测量，计算。

官中牙纪和包商一样，每年从县里负责一些钱吗？＝不是，官中牙纪有责任催促税契。

如果没有税契的话，会去他们家通知吗？＝不，县里催促税契的命令下来了，就会通知。

【大乡制下的税契】大乡制实行之前，是去哪里交税契啊？＝还是去县里，大乡长有责任催促税契，成了监证人，取手续费的1%，乡长写了官纸，盖了章，买方带去税契处，在那里交完钱就有执照了，一个月后，带着执照去取地契。

税契除了买卖契之外，还有什么啊？＝没有了。

有当契吗？＝很少，不需要租典，当地现在没有了。

把草契带到乡公所，要花多少钱啊？ =乡长写官纸，手续费是每100元交一分，官纸是一毛，也就是10钱。

把草契带到县里要花多少钱啊？ =每100元交12元20钱。

除此之外还需要什么吗？ =不需要。

你知道此事的详情吗？ =正税是六分六，还有附加建设、警察、教育等。

【当契不用税契】当契要花多少钱？ =每100元交6元。

当契在乡公所要多少钱啊？ =1%，但是乡公所没有，就算有也不会说的，如果有什么事情发生的话就不税契。

卖契呢？ =都要卖契，从自己的本产开始。

【验契】这个县里有验契吗？ =民国初年有，带着红契去检查。

【土地清查和税契】前年土地清查的时候，税契是多少钱啊？ =一样的。

有没有稍微让价啊？ =一点都没便宜，全部都要契税。

5月30日

村子的差钱　地亩台账　田赋查报账　打更　派人派车

应答者　刘子馨（侯家营保长，保长选举完了，决定下一任保长是侯元应，不续任）

地　点　其家中

【村子的差钱】实行大乡制度之后，村里的花费是乡亩捐吗？ =县亩捐和乡亩捐。

去年有乡亩捐，但是征收了更多的花费，这样好吗？ =把本村的杂费全部集合在村子里了。

把这个叫什么？ =叫小差。

原来就这么叫吗？ =原来村子里有费用，集合的话叫小差，是村里的花销。

不叫差钱吗？ =也这么叫。

不叫地差吗？ =不这么叫。

有大差吗？ =不用大差。

【不交差钱的土地】差钱是按照地亩来征收的，满洲的菜园、宅地、坟地是不交差钱的，这里呢？ =还是不交。

乡亩捐的时候，菜园、宅地、坟地要交吗？ =全部都要交。

什么时候开始要交的啊？ =民国三十年开始根据地亩台账来交的。

【地亩台账和地柳子】地亩台账是民国二十九年三月做的吗？ =原来这个村子缴纳五厘，从民国三十年开始就按照地亩台账缴纳乡亩捐，做了台账一年后，按照七个七交摊款。

乡亩捐是新造的地亩台账，村里的小差会按台账办事吗，不用去数菜园、宅地、坟地了吗？ =原来是这样的，侯荫堂家里有一个菜园，但是不缴纳摊款，这是庄窠地，交了乡亩捐的。

银粮呢？ =原来宅地、菜园、坟地都交了银粮的。

银粮的账簿和村内的账簿不一样吗？＝不一样。

县里的银粮是各人自己带钱去交，地亩台账和地柳子不一样吗？＝不一样，有时候把10亩几分写成10亩，地柳子里不包括坟地、宅地、菜园、荒地，只有耕地。

有两亩坟地的时候，就算耕种了也不交地柳子吗？＝是的，就算耕种了也不花钱。

现在银粮的账簿和地亩台账是一样的吧？＝现在乡的台账和县的台账是一样的。

【侯家营人在外庄的地亩台账】侯家营人在外庄的地亩台账中，本村人在外庄的土地需要交小差吗？＝邻村的话就交到本村，赵家港的人在本村有土地的话，就交到赵家港。

一直人地分离，在桥上有土地的情况，也要交给本村吗？＝交给本村。

这个时候青苗费交给谁啊？＝还是交给本村。

哪里的人看青啊？＝桥上的人看青，收割之后就取柴草，不再额外给看青费了。

在邻村有土地的情况多吗？＝都是这样的，只在泥井、赵家港、崔家坨三个地方有地。这样，本村的看青负责巡视。

桥上没有吗？＝没有。

乡亩捐的话，在外庄有土地的人也要交吗？＝不局限于本庄和外庄，直接交到乡里去。桥上的人在赵家港有土地时，乡公所的处理方式就不一样。这些土地的乡亩捐要交到土地所属的赵家港乡公所，即泥井。比如说，泥井乡公所民国三十一年一、二、三月份收支清单的一月份的旅费共支洋46元3角7分，或是1月15日付给王益德送外乡通知洋7角一分，这是去桥上的马铁庄收取的亩捐。

【外庄人在侯家营的地亩台账】“外庄人在侯家营的地亩台账”的外庄人在哪里交小差啊？＝交给自己的村里。

比如说刘庄子的沈家全，很远吧？＝他是本村人，种地要交的钱交给本村。

秦庄子的秦洛子呢？＝他也是本村人，搬家了，本村人典地，本村人交小差。

【田赋查报账】这期间借回的地亩账簿叫什么啊？＝田赋查报账，二十九年八月做成。

做得很好，花了很长时间吧，我觉得？＝县里的调查员在乡里住十几天，做成一册要300元，调查员、书记、乡丁在这里吃饭。

和地亩台账有什么关系吗？＝地亩台账是二十九年一月才有的，有了地亩台账之后，县里会来两个调查员调查。

这个调查员哪儿都去吗？＝一区里来两个。

县里和乡里都有地亩台账和查报账吗？＝因为每次做三册，所以乡里和县里都有，村里雇书记也是这个原因。

最后，田赋是增还是减啊？＝和以前一样。

【打更的分配】接下来我想问一下打更的事情，什么时候开始有打更的啊？＝很早以前就有了，从阴历十月十五日开始到正月十五日为止。

每晚去多少人啊？＝三四十年前是雇了两个打更的，十几年前开始轮流打更。

轮流打更的时候是派谁去打更啊？＝16岁到60岁的人，每晚6个人。

谁都要去打更吗？＝保长和甲长也要打更，监视和打更，有土地的人都要去，雇人也可以，在本村有土地的外村人就雇人。

一晚多少钱啊？ =现在是一元，去年也有雇人的，前面说的三个月以内一定要打更。

有土地的话也一样要交吗？ =有一亩地的话就交一次，有 100 亩的话就交 10 次，有 110 亩的话就交 11 次。

有 11 亩的话呢？ =两次。

顺序是怎么样的啊？ =我有 150 亩的话，一次都不交，十月十五日到十一月十五日五个人交，从腊月十五日到正月十五日 5 个人交。

村子里去打更的人有多少啊？ =300 多人。

这么一来的话，50 天只用去一次吗？ =是的。

你 50 天去了 15 次，这又是怎么分配的呢？ =3 个月是 90 天，首先，50 天去 15 次，后面的 40 天，再去 12 次，合起来就是 27 次。

顺序是怎么样的呢？ =50 天以内 15 人去，5 天一次，4 天一次这样去，之后的 40 天也是这样的。

只去一次的人怎么办呢？ =土地多的人，几天之内必须去一次，只去过一次的人不够的话正好安插进去。

【打更时应从自家带的物品】打更的时候带什么过来啊？ =6 个人带一个棒子和锣，3 个人组成一组，剩下的 3 个人休息。

从家里带什么东西出来吗？ =七八年前，从家里带洋炮过来，被县里没收之后，就带棒子和农具过来。

除此之外，带柴火去点火吗？ =带一个柴火和一碗稗子过来。

【村里针对打更的设备】从村里要带些什么来呢？ =不带，小乡公所有锅，用它做饭。

【对不打更者的惩罚】如果不来打更的话要交罚金吗？ =这个村里没有，但是根据章程，会把不去的人送到警察分所，在那里接受惩罚。

最近，在村里巡逻的时候，有过罚洋油的，但是实际上实行了吗？ =罚了几两（几是 5、6 的意思，两是重量单位，是一斤的 1/16）洋油。

其他还有什么吗？ =什么也没有。

去年怎么样啊？ =柴火和洋油是打更的使用的东西，所以是惩罚时的指定物品。

去年有过吗？ =有一次，罚了半斤洋油。

今年开始乡里也打更吗？ =是的。

谁定的打更的顺序啊？ =保长、甲长和乡丁商量决定的。

即使这样也要雇人？ =没这回事。

【村里的经费】乡里也有看青的吗？ =民国三十一年开始，行政的事情全部都是乡里做。

村里花钱的时候怎么办？ =从联保公所拿钱，那里有联保办公费。

以前给跳秧歌的钱吗？ =不给，现在也没有，过去给的时候是给 5 元、3 元，不是按地亩给的。

以前的食物费呢？ =以前有保长，甲长，只有保甲长的话，不能开会吃东西。

【派人派车】去年县里和乡里派了多少人过来啊？ =县里的人来了警察分所，分所的人来了乡里，去年分所派了 400 人去修火车路，大乡的小学就派了 200 多人。

本村派人了吗？=没有，以前要挖沟，最近没有修火车路的。

是怎么分配的啊？=汽车路地修理，是每家出一个人，人少的时候，就让那些有二三十亩地的家里出一个人。

这也有顺序吗？=没有。

谁决定的啊？=保甲长。

没有账簿吗？=没有。

最终，去年你家里去了几个人啊？=十几个人。

去年派了多少辆车啊？=警察所修理车路，派了二三十辆，乡里学校建筑派了四五十辆。

这是怎么分配的啊？=按牲畜来分配，牲畜多的话，出的车就多，没有牲畜的话就不出。

有牛的话，要出吗？=要出。

就算他家没有车也要出吗？=是的，一辆车需要两只牲畜，另外有一头牛的家里一定有一辆车。

派车最多的家里出了多少次车啊？=我去年出了六七次。

那个时候，一辆车要出两只牲畜吗？=有时候也出一只牲畜。

要人、要车的时候不能给钱吗？=原来是小乡给，大乡不给。

去年是小乡给的吗？=去年，学校的建筑等的派人、派车是最多的。

【派人派车的餐费】去年一个人给多少啊？=50钱，有时候给80钱，但是很少。

为什么给钱啊？=饭钱。

派车的话是给多少钱啊？=几十钱的料钱（饲料钱）和50钱的饭钱。

一定要给吗？=村民要求的，去年因为这个花了几百元。

乡里会让村里交一些物品吗，比如说柴草，鸡子儿？=不会。

村子里有吗？=没有。

5月26日

税务征收局和局员　牙杂税　防止逃　税　保槽

应答者　李际良（征收分所主任）
　　　　杨俊臣（第四区征收员）

地　点　税务征收局第四征收分所（泥井镇）

【应答者的经历】李先生来这里有多少年了啊？=今年阴历一月来的。

之前在哪里呢？=合作社果树改进会。

开始和税有关系吗？=去年管理果品牙税。

在改进会里吗？=和改进会一起征收牙税。

怎么征收呢？=果品来到市里的时候，曾定下价格，根据价格征收税。

地点在哪里呢？=昌黎东关中央农事试验场。

县里每个月会给改进会的职员俸禄吗？ =有冀东道总会，那里会给他们俸禄，昌黎是分会。

学校也出农业方面的吗？ =从抚宁师范学校毕业之后，去改进所，学习农业。

【税务征收局】税务征收局是什么时候设立的啊？ =今年正月初一。

做什么工作呢？ =征收当地的税。

征收什么税呢？ =牲畜、屠宰、斗牙、果品、鸡鸭蛋、烟酒牌照和营业税。

你是主任，这里有几个人啊？ =一个主任，两个承征税警，一个是杨先生，一个是烟酒牌照的曹先生，两个税警，一个书记，之外还有牙纪。

【牙纪】牙纪是几个人啊？ =17 个。

有名单吗？ =有职员名单。

（注：征收员杨俊臣，书记冯巨鹏，税警刘恒柱，之外还记了 10 个牙纪，但是据说牙纪缺少各庄的分配情况）

这个牙纪里有斗牙和牲畜的区别吗？ =有斗牙、牲畜、果品三种。

牲畜里面没有区别猪和牛吗？ =没有。

【征收员】征收员做什么啊？ =做征收钱财的事，筹集资金交给总局。

征收员筹集交给总局的资金是固定的吗？ =不一定，到了月末，就把筹集到的资金交给总局。

谁交给总局啊？ =征收员。

征收员筹集资金是很辛苦的，有没有报酬啊？ =一个月有 60 元，总局给。

这么忙的话，这些钱不够吧？ =除此之外，每次去都要给一元饭钱，根据考勤簿，就知道去的次数了，一个月要去二十几次，来泥井的时候不给。

【牙纪】去市里看的时候，有新民会的一个人和一个承征员坐在征收的桌子那里，承征员旁边的人是谁啊？ =牙纪。

那个牙纪和买卖的中介的牙纪是同一个人吗？ =是的。

坐在桌子那里的人不是书记吗？ =那是牙纪。

那些人不介绍一下吗？ =不，开票。（写进票里）

那也是杨先生自己雇的人吗？ =不是，全部包括牙纪，牙纪的俸禄是总局给。

【征收局员的报酬】开票子的牙纪一个月多少钱啊？ =30 元。

其他的牙纪呢？ =都是 30 元。

主任呢？ =80 元。

书记呢？ =30 元。

税警呢？ =30 元。

【斗子的报酬】每个月也要给斗子报酬吗？ =给 30 元。

以前，斗子测量，从买卖方那里得钱，得到剩下的东西，现在是怎么样呢？ =现在不这样了。

【经纪】每个月也要给牲畜牙纪俸禄吗？ =给。

以前，牲畜牙纪介绍的时候，会收到礼物，趁着买卖双方不认识获取利益，现在呢？ =以前是这样的，那些人叫经纪，就算现在，买卖双方认识的人做经纪，我们这边不知道。

没有这些经纪的话，买卖就做不成了吗？=有牙纪也可以。

有没有人以前是经纪，现在做了牙纪的啊？=没有。

【牙纪的选任】牙纪是怎么决定的啊？=因为人数很少就决定了。

有募集吗？=朋友来介绍了。

我觉得像牙纪那样，如果没有很长时间的经验的话就做不了的工作，也有人做了很久，做得最长的人是做了多久啊？=六七年左右。

斗子和牙纪哪一个存在的时间久一些？=牲畜方面要久一些。

【牙税税率】税率是多少啊，粮食呢？=15%，新民会合作社是5‰，合起来是2%。

去看一下的话，2%和5‰是分开交的吧？=2%是一起交的。

牲畜的税呢？=附加的话，是7.5%，除此之外，新民会还有5‰。

果品呢？=3%，这不是新民会征收的，这里因为数量很少，所以不交，所有都是买方交，从北方来南方卖果品，在北方买的时候要交一次，来南方卖的时候还要交一次。

交了两次啊，粮食也是这样吗？=牲畜和粮食是一样的，都是交两次，总之，每次买卖都要交，有三次的话就交三次。

鸡鸭蛋呢？=这里没有，税率是1.5%，新民会是5‰，虽然章程里有，但是因为很少，所以不交，第一区、第二区、第三区要交，第四区、第五区不交。

第一、二、三区没有人带很多鸡过来这边来卖吗？=这里是农村，买卖很少，所以没有人买很多鸡，所以第一、二、三区没有人带很多鸡过来这边来卖。

【烟酒牌照税】烟酒牌照是如何征收的呢？=分为甲、乙、丙。

第四区全部有多少啊？=200户（没有甲，丙有批发和小卖这两种，批发有五六户，小卖的话，烟酒合起来有195户）。但是秋天很忙，减少了50户。

批发一年花多少钱啊？=80元，分成四次缴纳，从1月到4月，从4月到7月，从7月到10月，从10月到12月。

小卖呢？=16元，也是分成四次交。

【营业税】营业税呢？=根据销售的金额来缴纳，销售收入有1000元以上的话，就收3‰，1000元的话就交三元，超过1000元的话就交销售收入的3‰。

金额变多了也是3‰吗？=是的。

【牲畜税的负担者】牲畜税的75分和五厘的负担者是谁啊？=牲畜税三分，牲畜牙税三分，再附加一分五，牲畜税三分是买方出，牲畜牙税三分里有两分是买方出，一分是卖方出，附加的（牙税）是买方出一分，卖方出五厘，合作社的五厘是买卖方各一半，最后就是买方出6.25分，卖方出1.75分。

【包佣】包佣也是规定的，一般来说这是为什么呢？=买卖方商量由谁来负担，这是个人的自由，比如卖方让了价的话，税就让买方出。

把这个叫作什么啊？=没有名字。

某个地方叫包佣，你们这里呢？=去年还有包佣的，今年开始就不叫包佣了。

为什么不叫了啊？=有了征收局之后，就不叫了。

【斗牙税的负担者】斗牙税的负担者是谁啊？ = 牙税是买方出一分，卖方出五厘，新民会折半，买方出一分 25，卖方出零点七五。

这也很麻烦，是由谁出呢？ = 一般买卖方都要出，买方出得多一些。

【果品税的负担者】果品呢？ = 买方出两分，卖方出一分。

哪一方出得多一些啊？ = 双方都要出。

这么一来的话，甲在昌黎县买梨的话要负担 1%，接着来到泥井卖给乙的话，又要负担 2% 吗？ = 是的，负担买卖的次数。

【屠宰税】我想听一下关于屠宰税的事情，这里缴纳屠宰税吗？ = 是的。

屠宰场在哪里啊？ = 第四区的后刘家坨。

想要屠宰的人首先必须来此处吗？ = 先来这里买票。

那个票多少钱啊？ = 不论大小，每一区都是一元，这都是屠宰猪的。羊是 70 钱（四区没有羊，三区、一区很少，二区里也有），牛、驴、马、骆驼。（都是 5 元，但在一区、三区、二区和五区，这里就算有，也不会杀的，太大了，杀了也卖不完，所以就不杀，没见过骆驼）

不杀马吗？ = 马是活的，这里也很少见。

买了票之后，要记在屠宰账上吗？ = 是的。

带这个票过去的话，屠宰场要收多少钱？ = 不是很清楚。

【远离屠宰场的地方的屠宰】原来有屠户，屠宰场很远，就让屠户杀，不能让他们把税交到这里来吗？ = 那时不允许的，要在屠宰场检查疾病之类的。

住在很远地方的人就不用来了吧？ = 如果很远的话，要跟屠宰场说一声，获得许可。

过节要杀很多猪的时候，不在村里杀吗？ = 这个时候也要来屠宰场买票杀猪。

这时候因为很忙，所以就算在村里杀猪也是没有办法的事吗？ = 这和屠宰场有关系，和村子没有关系，乡公所与屠宰场联系，获得许可。

这个时候和乡公所联系，只要乡公所获得了屠宰场的许可就行了吗？ = 是的。

这种情况多吗？ = 不多。

【屠宰与牲畜税】最近来看了一下，屠宰税是和牲畜税一起交的，这是怎么算的啊？ = 比如，买了五只猪，就要交牲畜税和牲畜牙税，如果不带那个票过来的话，就不给屠宰税的执照，如果买了五只，杀了两只，那就在牲畜税、牲畜牙税的税票背面写下 5 月 26 日宰两口屠宰收讫，全部杀完了的话就写清。

如果没带来怎么办呢？ = 大家都知道，所以一定会带来。

如果是在自己家里养大的，就不用带过去了吧？ = 从出生开始就要缴税，获得税票。

还这么小的话，什么时候缴税呢？ = 很少有从小养到大的，大多都是养到稍微大了就卖了。

为什么要卖掉啊？ = 猪能吃食了就卖掉。

卖方有利吗？ = 农民没有现金，一下子生了五六头。接着再生的话，就没有给它们吃的食物了，所以就卖掉。

有时候会将它们养大吗？ = 有的，但是很少。

这个时候是怎么办的？＝自己想把它养大，然后声明一下。

这么一来的话要交多少税啊？＝根据时价来征税，比时价还很便宜，10元的话估价五六元，收取7.5%。

也要交新民会的5‰吗？＝是的。

【牲畜税的补税】集市上的人一多，就会有脱税的吧？＝那就让他们补税。

不收罚金吗？＝因为有事而延迟了纳税的话就补税，买了东西没交税就想带走的话要交罚金，在总局交。

这是谁来缴呢？＝杨征收员和税警。

【对于逃缴牲畜税的罚金】罚金要多少啊？＝严重的话是纳税额的10倍。

有没有实行过啊？＝没有，因为没有被发现自己带着东西回去的，所以没有罚金。

【村里的买卖】村里有买卖牲畜和粮食的人吧？＝村里有牲畜买卖的，要先来这里声明缴税，两三升粮食不多，不能调查，所以不收税，章程里说应该缴税。

有声明的文书吗？＝就是说一下。

【粮食店的包购】有没有去村子里买下全部粮食店啊？＝没有。

收获期里，粮食店全部买下的话，要交很多税，只交一次很麻烦，有没有等集市完了之后，一个月交一次啊？＝粮食店把自己买的东西写在纸上。

那天完了之后就去缴税，之后没有一起计算，从昌黎来到这里买的人，给他税票吗？＝如果没有税票的话，就没有缴税证据，恐怕还要在城内交一次税。

【逃税和罚金】这中间有没有做了买卖，却没有得到票的人啊？＝有票。

现在看的话，也有人没有带票过去？＝半斗只有几升，很少的情况下，不带票也可以，有时乡下的人们不知道要缴纳，没有带票过去，被检查了之后，又要返回家去拿来。

调查过之后，还要去农村吗？＝有时候去农村，就做个牲畜审查。

把它叫作什么啊？＝征收员，牙纪去，听到了买卖的传言，然后去调查，就能知道是不是事实，听到之后就忘了的话，会补税，如果撒谎说是从乐亭等很远的地方买来的，就会交罚金。

有交过这样的罚金吗？＝去年自己（杨先生）在昌黎县发现过，就给县里发了呈文，交到法院之后，就会根据事实来决定罚金。

【屠户和缴纳屠宰税】过年过节有很多屠宰，那个时候去调查吗？＝去审查，那时候村里有很多恶棍不交税，于是先去村里的屠户那里，调查询问一下今天杀了几只啊。

现在还是屠户杀吗？＝是的。

屠户杀一只多少钱啊？＝原来，因为猪毛、猪鬃很贵，所以不给手续费，现在便宜多了，就给手续费了，一只三四元。

屠户杀的话，他要交税吗？＝宰主到这里来交。

【征收局的经费】这里一个月给总局送多少钱啊？＝六七千元，三四千元，没有其他的账目。

可以得到多少办公费呢？＝有必要的话，总局会给。

每个月从哪里来？＝把茶当作现物给两斤，烟草是自己负担，有集市的时候，5天集合一次在这里吃饭，其他时候，只有住在这里的人才在这里吃饭。

一个月给总局送六七千元，三四千元，会不会给1‰或者1%的办公费啊？=不给，一般的两三千元，六七千元是收获后的好时节送的，第四区的都很疲惫，土质很差。从泥井向西走五里，就是沙漠，和第一区、第二区比起来，泥井的地平高一些，所以每亩100元，而第一、二区是每亩800元。

【牲畜税及牙税的补税】在不在黑板上写“杨庄子牛三头，价300元，找税王官营程展升买”吗？=听到这样的传言之后，就去王官营之外的别家去调查，如果是事实的话，就让程展升补税。

【区内的集市】第四区有几个集市啊？=泥井（27日），施各庄（49日），刘台庄（50日），有6个营，有3个已经停了。

【征收局和征收定额】我想看一下你们记下每月给总局送钱的账簿=没有账簿，和税票一起送过去了。

那么没有定额吗？=原来是县里做，今年开始有了总局，没有定额。

我在想以前有没有包商啊？=以前有，前年开始就没有了。

【征收所使用的账簿】屠宰账分开，都有些什么啊？=有屠宰账，牲畜税佣账，粮食账没有花果吗？=没有，棉花、果物、鸡蛋是小卖，不收税。

没有烟照牌照吗？=这个有账簿，每天要带去昌黎总局。

为什么不用粮食账簿呢？=有十几个斗子住在施各庄，就放在昌黎县。

那样的话，分开做不就好了吗？=那边的十几个人都是斗牙。

屠宰账只有这个吗？=一区有一个。

牲畜税佣账，一区也只有一个吗？=是的。

今天买卖的粮食什么时候记下来啊？=从那边带来账簿。

【保槽】牲畜税这里写着“李会民〇元七六五马一头90元”，这个是要立刻缴税吗？=今天的实际上，自己（杨先生）约定让同村的人延迟5天缴税，如果5天后不出什么问题的话，就收了税交过去。

这样的5天之后缴税叫什么啊？=叫保槽。

从中调停的人是谁啊？牙纪多吗？=不是牙纪，叫牲畜经纪，他们负责。

买卖的时候立刻就交钱，这种情况不多吗？=牲畜经纪做，保槽大概有很多，因为让保槽做了，所以金额变高了。

变高了多少啊？=要看商量的方法，瘦弱的猪差不多都要保槽，食物很差，容易得病。与此相反，肥一点的猪就不保槽，因为稍微有一点不好就会杀了它。

【牲畜牙纪和斗牙纪】出勤簿里有写牙纪韩润亭负责牲畜，这是什么啊？=负责牲畜税。

这个人有做过斗牙吗？=很少，分担大致上是固定的。

这些牙纪中，有在桌子旁边写票子的人吗？=这里的牙纪受到总局的雇员的待遇，每个月得到俸禄，在这里得不到俸禄的牙纪叫牲畜经纪，开票子的是牙纪。

得到俸禄的牲畜牙纪有几个人？=6个。

得到俸禄的斗牙有几个人？ =7个。

没有得到俸禄的牲畜牙纪有几个人？ =七八个。

没有得到俸禄的斗牙有几个人？ =没有，因为粮食的价格是固定的，牲畜的价格不清楚，就会拜托牲畜牙纪买卖。

得到俸禄的牲畜牙纪也可以介绍吗？ =一般决定牲畜经纪的价格时，这一伙人就在旁边看着，防止脱税。

屠宰账的内容

5月23日四月初九日

杨连升	猪2口	2元
马安喜	猪2口	2元
马长清	猪3口	3元
蔡润堂	猪1口	1元

共收屠宰洋 8元

5月24日四月初十日

李万良	猪1口	1元

牲畜税佣账的内容

王殿功	3元	猪5口	40元
万耀堂、才运合	26元5	牛1头	220元
胡治有	1元45	猪1口	6元

施各庄共收洋76元7角8分

5月24号四月初十日

毛耀堂	2元25	猪2口	30元
刘落五	3元36	猪4口	45元
黄宝珍	1元5	猪5口	20元

5月26日下午

征收员 包商 牲畜税和牲畜牙税 经纪帮

应答者 杨俊臣（第四区征收员）

地 点 泥井乡公所

【应答者的经历】是哪里的人啊？ =团林镇。

几岁开始去了满洲啊？ =14岁开始就去了满洲念书。

几岁回来的啊？ =民国二十年。

又去过吗？ =康德三年，之后在那里待了两年。

什么时候回来的啊？ = 康德六年。（前年）

前年一回来，就和征收扯上关系了吗？ = 做了团林的学校老师。

什么时候和征收有关系的啊？ = 来到昌黎县，去年一月开始有关系的，之后住在昌黎，今年要回到团林。

【征收员的选任】去年有招募征收员吗？ = 才开始实行征收员制，一半是招募，一半是推荐，参阅履历等来决定的。

你是推荐过去的吗？ = 去年分为了 5 区，每一区都要一个征收员，做了口头试问，从中选出了 5 个人，我也在其中，于是做了第一区的征收员。

去年每个月有俸禄吗，是承包吗？ = 去年没有俸禄，从征收的金额里拿出一点（10%）给我们。（征解费）

大概一个月有多少钱啊？ = 自己得到的有 80 元。

【牙纪、书记的报酬】牙纪、书记等是自己雇的吗？ = 去年收了牲畜牙税，每月有 2600 元或者 2700 元，抽取 12% 的话就是二百七八十元，因为人手不足，所以要雇五六个人，每个人给他们二三十元，我自己可以得到 80 元。

【去年牲畜税、斗牙税、屠宰税等的承包】去年只负责牲畜税吗？ = 是的，牲畜是一区一个人，粮食是一个县里有一个斗牙征收员；花生是一个县一个人；果品是交到果树改进会，屠宰税包括进屠宰场的入场费和财务科派人去屠宰场的费用。

【去年和今年的不同】我觉得去年和今年有很大的不同，是不是啊？ = 今年每个区全部要交税，粮食按征收员的名目，有一个牙纪，因为斗牙来做的话动作敏捷而且明白易懂。

每个区都是这样吗？ = 每个区都有一个斗牙做这个，牲畜和粮食没有混在一块，一个征收员忙不过来，所以就不放在一起，有时候征收员也去，每个区都是这样的，第四区施各庄住着那个男人，但是没有正确的账簿，总局每 10 天缴纳一次税，那个时候，斗牙的征收员顺路来到这里，报告一下数目。

今年也可以得到征收额的 10% 吗？ = 今年不一样，今年是每个月给俸禄（60 元），此外，一天还有一元的出差费，今年的征收员如果有事的话，全都是自己过去，责任由主任承担。

【主任、征收员、税警】主任和征收员有什么不同？ = 主任是总其大成，拥有人员的支配、点检等所有的权力。

征收员的工作呢？ = 监督牙纪，去市里监督。

税警的工作呢？ = 调查清楚脱税后，税警就去催促。

【包商】包商是什么时候开始有的啊？ = 前清宣统年间。

那个时候有多少种类啊？ = 只有牲畜，当时是本地人做斗牙，把自己的名字报告给县里，然后会下来一个斗帖，这一个是三四十吊，带着它去称量粮食，这时候不需要收礼，拿剩下的粮食。

这个剩下的叫什么啊？ = 流澈。

那个时候只有牲畜和斗牙吗？ = 是的。

没有屠宰吗？ = 没有，民国六年才有了屠宰。

那个时候牲畜是牲畜税还是牲畜牙税啊？＝牲畜税。

那时牲畜税是多少啊？＝每一头四五十文，到了民国之后，变成了价格的3%。

你对这段历史相当熟悉啊，你知道有什么写这段历史的书吗？＝这都是风俗习惯，没有书专门写，这些是常识，大家都知道，不管几岁，都能说出一些，当时牙纪没有学习能力，就连记账都很困难，但是，虽然现在也有这样的人，根本不可能写书的。

【牲畜牙税】牲畜牙税是什么时候开始有的啊？＝民国六七年，有了屠宰税的时候，那个时候是分为税和牙税，当时想要成为牙纪的话就通知县里，然后县里会发一个牙帖，然后一年交给县里8吊、10吊，没有俸禄。但是，一个人不能决定，所以就雇人。那个雇的人从每天挣的佣钱里扣一点出来，自己不用工作，现在这些都合到一块了，也就是6%，这里面有当地的警察摊款的1.5%。

【牲畜牙税和牲畜税】在山东，牙纪去县里缴纳牙税，包商去县里缴纳课税，牙税和牲畜税是分开缴纳的，这里也是一样吗？＝过去实行包商制度的时候，一个县里牲畜税有一个包商，牲畜牙税有一个人，果品有一个人，棉花有一个人，落花生有一个人，斗牙有一个人。牙税首先是从牲畜开始的，买牲畜的时候，通过牙齿看年纪，于是称为牙税。牙税里有佣，斗牙里也有了佣。另外，果品是秤子，买卖方的称量都不一样，让一个人来称就非常公正了，于是就有了果品税。这些包商从民国二十三年就有了，那时，如果包商是负责县里的话，还要负责各区，承包的时候比自己从县里获得价格还要高，以此来获利。从民国二十三年开始就变得正规了，民国之前的两三年，因为不正规，有的人不交钱就逃了，到了民国二十年，很多人做了包商，亏损了就卖房子，卖土地。

【牙纪】你知道牙侩吗？＝侩是市井的意思，不是什么好人，不管是谁，这个镇的人都知道，牙侩要说牙，不是什么好事，就是牙纪，牙侩是市井之徒，没什么文化，只是眼睛比较贼。

【斗牙、秤牙不说合】牲畜牙税是说合买卖方的，斗牙也是吗？＝斗牙不说合，和卖方起争执，比如说斗太小的时候，这谁都知道，市井人就来了，从县里带来觔（昌黎是25.5斤是一斗），这个是很公平的，用它来仲裁。

秤牙也是这样的吗？＝是的。

【牙纪的作用】以前的牙纪，就像在山东看到的那样，卖方不知道买方的情况下，牙纪会从中调停，适当地赚点钱吗？＝没这回事，下面的事情倒是有，抓着一只牲畜，有买卖方，经纪人在中间调停，对于买卖双方，互相都不知道价格，就这样赚钱。

现在还有这种情况吗？＝现在没有了，买卖方都知道价格，现在不能做那种诈骗钱财的事情。

被县里禁止了吗？＝承征员禁止的。我不知道曾经是否有过命令，总之他说过不要做那种事情。

现在也不能拉手问价吗？＝也可以。要价200元，想100元买进的话，可以折合，拉手问价，商量一下，价格谈成之后，一定要说出来，还要送给牙纪礼物。

那些礼物大概多少钱啊？＝一般不能说，最高的是，四五百的骡子买卖了的话，就要给两三元的礼物，经纪人都集合起来互相分了，自己赚钱的时候只分给人，别人赚钱的时候也能分到，最低就是有时候得不到礼物，大概的话，至少也有50钱到1元。

大体上，一天的集市能有多少钱啊？ =三四元。

什么时候最多啊？ =要说第四区的话，牛是春天的二月份到三月初（今年有牛疫，情况不是很好，没有一头牛带去集市的），猪是秋天的八九月份比较多。

【经纪的帮派】据说经纪人互相分得好处，有没有在一个地方居住，一起商量呢？ =经纪人有帮，一个帮里，甲赚钱，乙只赚了一点的时候也是共同分，但是，其他的帮绝对不是互相分。

一个帮有几个人啊？ =3个还是5个。

泥井有几个帮啊？ =大概两个吧。

集合在泥井的帮大概有几个啊？ =大概一个吧。这一伙人没有固定的场所，50天去刘台庄和城夷，有时候也去第一区和第五区。

也去外县吗？ =因为太远了，不去。

【经纪的选任】这一伙人已经是经纪人了，需要得到县里或者是承征员的许可吗？ =去年和前年向征收员递交了申请书，征收员交给了县里，得到了腕章，腕章很快就没有了。

【斗牙的报酬】斗牙里有帮吗？ =没有，建立帮的原因是，一只也卖不出去的话，就从其他地方分，其他地方也能分。

斗牙现在每个月有俸禄，原来收多少礼啊？ =十几文。

前年，包商时代的时候是怎么样的呢？ =从包商那里获得工钱，三四个人站着称量，现在斗牙是三四个人，其他的是监督。

做包商的时候一个月多少钱啊？ =20元。

除此之外，能得到流散零钱吗？ =流散是给包商的，如果斗牙有的话，是偷偷给的，不给钱，因为有流散，所以不给钱。

现在呢？ =现在流散给买方，也不给钱。以前能装大笸箩的一半或者1/3。

【官中牙纪】原来有官中牙纪吗？ =官中是监证，公正的意思，在税契文书上按下监证人官中的印，这是土地和房子的买卖。

牙纪说合吗？ =县里委任的官中牙纪是那块土地上的人，因为知道土地的价格，所以监证官员，虽然是要说合，但实际上市不说合的。

5月26日傍晚

猪牙纪和包商　保槽　牙纪帮牙帖

应答者　田景荣（猪牙纪，在泥井住）

地　点　泥井乡公所

【猪牙纪】您多大了？=69岁。

从多大开始做牙纪啊？=20岁。

一直住在泥井吗？=是的。

只做过猪牙纪吗？=只有猪，其他的就不知道了。

泥井有几个猪牙纪呢？=有很多，不是很清楚，有两三亩的土地，不想拾粪的人也做，这很难的，自己品行不好的话，税上就不让他进来；品行好的话，就会让他进来。

税上是谁啊？=杨先生他们自己老了，不知道有几个包商。

你有没有去哪些市啊？=去过刘台庄、施各庄、泥井、团林。

哪里的买卖最兴盛啊？=刘台庄和泥井最好，施各庄和团林是小集市。

【包商交代和牙纪】包商变了的时候，自己虽然想做牙纪，还可以去拒绝吗？=包商一年一换，那个时候让帮忙的话就拒绝。

今年也去了吗？=去了，去征收所，拒绝杨先生。

去年呢？=还是去征收所，向刘子恒先生拒绝。

前年呢？=李秀芳在市里碰到他了，他帮了自己。

【牙纪的报酬】李秀芳那时候给多少钱啊？=不给。

他不给吗？=原来有工钱，买卖的时候，包商给10钱、20钱，除此之外，买卖方也会给一点，之后就没有工钱了。

现在是怎么给呢？=中介的话，卖方给三四十钱，买方五六十钱。

现在没有工钱了吗？=是的。

【牙纪征税的作用】作为交换，你们要给包商交税吗？=自己拿着不去，通知税上，税上在账面上写上自己中介的人和那个牲畜，价格，还有自己带着那个人去税上那里交税，另外，因为买卖的人互相认识，所以在税上的账目上写下来，自己去取那些钱。

现在不做那些事了吗？=不做。

【保槽】这个时候，在去取钱的这段时间里，要确定有没有疾病，是不是最终确定没有疾病了就去取钱啊？=还是保槽，中介的时候一定要保槽，比如，5只100元的买卖，20天或一个月后交钱，死了一只就是30元，死了两只就是40元，像这样写下来，现在猪生病很少见了。

现在保槽吗？=现在也做，以前一直做的，现在也一定要做，牛马的牲畜不保槽，猪一定要一季做一次，一季就是5天。

为什么牛马不做啊？=因为系了绳子，不一定要保槽，系了绳子的话，就什么关系都没有了。

作为交换，中介的价格也变高了吧？=就算中介做，价格也不会变高，生病的猪，有时候一年一次都没做过，如果在5天里死掉的话就会很麻烦。

做保槽死了的话，谁受损啊？=卖方。

牙纪没有损失吗？=第五天的晚上死的话，就是买方的损失，……就是卖方的损失。

【牙纪的帮派】一个牙纪可以得很多钱，一个人少的时候，就不用分钱了吧？=中介的时候有别的牙纪加入的话就分，但是，很多牙纪来中介，另外一人来拾粪，路过旁边，如果看到这个的话就要加入进去。

特别是两三个人关系很好的话，也要分吗？ =李春林，贾玉章，张文魁，有文鹤，杨德仁和自己加入了，6 人在做，自己是这一伙人的头，这其中，贾玉章是罗家营的，杨德仁是左营的，张文魁是卓营的，有文鹤是施各庄的，李春林是泥井的，这伙人不赚钱的时候就回家，因为连钱都没有，所以就分开做。

赚的钱全部分了吗？ =是的。

他们把你叫什么啊？ =哥哥或大伯或叔父。

什么时候开始做这个的啊？ =很早以前。

你做牙纪的时候就有这个了吗？ =没有。

从几年前开始有的啊？ =一两年前。

这 6 个人几个在一起分钱，叫作什么啊？ =不知道。

这个不叫帮吗？ =不知道。

其他也有五六个人组成一起的吗？ =不知道。

你们是谁想出要做的啊？ =因为我们 6 个人在征收所，有信用，所以固定找我们。

是征收所说一起吗？ =我在征收所说帮我挑几个好人，然后就帮我挑了。

税上不给俸禄吗？ =不给。

【牙帖——府帖和县谕】你做牙纪的时候有包商吗？ =没有包商，有两张牙帖，有府帖和县谕，府帖是府里发的，一张二三百吊，没有期限，新府尹一来就检查，不过马上就还了，县谕是县里发的，每张二三百吊，县长换人之前都有效，换人之后，新县长没收原来的县谕，再发新的县谕，那时再出二三百吊，当时十只猪十吊，后来包商就出现了。

你有府帖和县谕吗？ =23 岁的时候全部被没收了。

包商是什么时候出现的啊？ =十几年前。

这么一来，被没收了的话，在包商出现之前是怎么办的啊？ =没收之后包商出现了，被雇为包商，付给我们工钱，之后就没有工钱来了。

谁都可以成为牙纪吗？ =谁都可以做，谁都被允许，即使现在，牙纪通知了，买方去缴税。

5 月 24 日

联保公所的经费　派岗　户口的变动　公事传达　派人派车　公会　牌

应答者　李聊壁（书记）董月坡（第三保长）冯殿相（乡丁）

地　点　泥井乡第一、二、三、四、十保联合办公处

（对李聊壁的提问）

【应答者的经历】您多大年纪了？ =55岁。

你是这个村子的人吗？ =是的。

做过乡长，会头，董事吗？ =没有，以前是个商人。

去过满洲吗？ =30岁的时候去了5年。

什么时候开始做书记的啊？ =大约两年前，原来保公所在这里，从那个时候开始做的。

保公所之前应该有乡公所，那个时候你没有任职吗？ =没有任职，到了保公所之后才开始任职的。

乡公所在哪里啊？ =在现在的大乡公所。

那时的乡长是谁啊？ =刘瑞。

那时乡也被分为三块吗？ =没有。

为什么做了书记啊？ =因为在家没有工作，被推荐过来的。

家里不耕地吗？ =不。

家里的土地怎么办啊？ =没有太多土地。

每个月工资多少啊？ =40元。

（对董月坡的提问）

【应答者的经历】你几岁了啊？ =41岁。

原来是这个村子的人吗？ =是的。

有做过乡长，会头，董事吗？ =没有。

父亲或祖父有没有做过呢？ =没有。

什么时候做的保长啊？ =三年前。

保甲制度是什么时候开始实行的啊？ =民国二十七年成立了，但是没有实行。

保甲制度实行了之后，一直在做保长吗？ =是的。

乡制的时候有没有帮过乡长的忙啊？ =没有像副乡长那样正式帮忙过，但是有时帮忙。

有去过满洲吗？ =没有。

是怎么成为保长的啊，有选举吗？ =有选举。

泥井有三保，只有第三保有选举吗？ =是的，分为三保，只有第三保有选举。

【保长的值日】一个月值日几次啊？ =一个月3次。

侯家营，冯庄的保长也值日吗？ =是的。

如果保长不来的话呢？ =一定会出通知的。

保长和乡丁的值日不一样吗？ =乡丁是每天，保长是轮流值日。

（以下是对他们一起提问）

【联保公所的经费】保长一个月的工资是多少啊？ =没有工资，是义务。

乡丁呢？ =每月30元。

书记和乡丁的工资是从哪里来的啊？ =大乡公所。

大乡公所一个月给联保公所多少钱啊？ =办公费是30元。

其他的呢？ =没有其他的。

每个月的工资呢？ =一个书记和两个乡丁一起100元。

大乡公所一个月就给130元吗？ =是的。

村里的办公费和月工资是以什么名目集合起来的啊？ =乡亩捐。

去年乡亩捐有多少钱啊？ =每亩3元，分7次征收。

这三元也包括县亩捐吗？ =是的。

联保办公处出钱的是什么啊？ =纸，笔墨，茶水，户口变动纸费。

这些一个月要花多少钱啊？ =30元，有时候不够，有时候有多的。

联保办公处的工作是什么啊？ =主要的事情是保甲的事，还有派岗，户口变动，乡公所的传达等。

【派岗】派岗是什么啊？ =把在庙的前面拿着自卫团的棒子站着的叫作派岗，这个也是每天昼夜交替的。

有几个人啊？ =白天4个，夜晚4个。（参阅自卫团站岗轮流册）

那是县里的命令让他们站着的吗？ =是的，来了命令。

我想看一下=在乡里。

这样的话，我也想看一下县里来的命令=这个站岗是实行保甲制度以后为了自卫才制定的。

一天也不能休息吗？ =轮流来。

治安这么好，没有站岗也可以吧？ =没有也可以，但是是为了自卫才防备的。

侯家营等也有吗？ =是的。

每天都做吗？ =昼夜轮流。

我们来到这里，就不用特别做了吧？ =不是，外村也要做。

这个自卫团和冬天的打更不一样吗？ =打更时一边敲锣一边走过一更、二更、三更，站岗是一直得做到第二天早上。

【站岗的分配】这个轮流册里写着赵焕章三初四早，是什么意思啊？ =三月初四的白天值日。

怎么决定这个人的啊？ =根据户口和姓名决定的。

不用说肯定是男的，都选些什么人啊？ =从18岁到40岁，除此之外都不要。

18岁到40岁的人都要记下来吗？ =是的，从村子外出的人就不记了。

符合那个年纪的男人一个人在家，如果他出去了，影响工作的人就不出去吗？ =没有规定不出去也可以。

有这样的人吗？ =这样的事情一年也没有发生过一次，现在的年轻人很了解站岗，即使雇人也会去的。

有五六亩土地的人和有五六十亩土地的人是一样的吗？ =花费虽然不同，但是都要去站岗。

那么比照一下保甲簿，比如说为什么李广义30岁没有去站岗？ =甲长不用去。

甲长为什么可以不用去啊？ =因为在会上有很多工作，很忙。

不用说，保长不去也可以吧？ =是的。

其他人都必须要去吗？ =是的。

医生呢？ =必须去。

【站岗不是义务】学校的老师呢？ =是公务，所以不去，警察，大乡职员，电话局，邮局关系都不去。

【无须站岗的情况】我看了一下轮流册，有的人去过一次，有的人去过4次，这是怎么分配的啊？ =不去的人有外出的人，生病的，有事的等等，其他的人都要去。

有什么事情啊？ =去拜访亲戚（探亲），结婚和举行葬礼。

不需要找人代替吗？ =没必要。

什么时候一定要找人代替啊？ =自己家里有事情要回到村里的时候。

结婚或举行葬礼的时候也要找人代替吗？ =这是办公处安排。

什么时候要自己去找人代替，什么时候要办公处安排呢？ =结婚和葬礼并不是每年都有，几年才有一次，所以没必要找人代替，但是自己家里有事却是每天都会有的，所以必须要找人代替。

有没有夜里去一次白天去两次的啊？ =没有，这次夜晚去，下次就白天去，是按这个顺序去站岗的。

【不能去站岗时的出资】

自己有事要找人代替的话，需要多少钱啊？ =这个要看时间，忙的时候是两元，不忙的时候是一元。

夜晚和白天是一样吗？ =大体上是一样的。

除此之外让不让请吃饭什么的啊？ =没有，只请吃饭。

拜托亲戚也要给钱吗？ =如果有拜托的话，还是要给钱。

拜托什么样的人要给钱啊？ =没有交际的人。

乐意做吗？ =乐意。

【保公所对站岗的支出】保公所的人去站岗有钱吗？ =没有，是他们的义务。

有军服，帽子吗？ =军服，帽子，腕章，棒都是保公所的东西。

每天都要借吗？ =是的。

像冬天这样很冷的时候，会不会烤火啊？ =会准备一个屋子。（岗楼）

就在那里烤火吗？ =那里面有炕和锅。

在这里烤火是谁出钱啊？ =保公所。

一个月多少钱啊？ =十几元。

这钱是从哪里筹集来的？ =以前是派钱，后来是乡公所出钱。

一个月30元的办公费不够吧？ =不够，会请求上面。

如果请求的话会给钱吗？ =如果有理由的话就会给。

不给站岗人吃饭的钱吗？ =不给。

【户口的变动】变动户口是什么啊？ =比如说去满洲做生意回来了，还有出生死亡，结婚，搬家这些情况，在这里改正保甲册，通知乡里。

这个保公所是负责哪里的啊？ =泥井，侯家营，冯庄。

侯家营不在自己村里做吗？ =因为保甲簿在这里，所以在这里做。

是不是订正之后就交给乡公所啊？ =带着报告单去乡里，乡里带到第四分所，然后分所再带去县里。（报告单上面有增口，减口，出生，死亡，婚姻，迁徙，分居，收养，失踪等各种情况）

【公事的传达】乡公事的传达是什么啊？ =从乡里来通知，然后这里通知村里。

怎么通知呢？ =乡丁写下乡里的通知，带回去（现在是两个乡丁，冯庄和侯家营各一个），乡丁每天都会来。

怎么通知泥井呢？ =保长会来通知，如果保长不在的话就是乡丁通知。

只有乡里发通知吗，县里有没有发通知啊？ =县里的通知一定会到乡里，不到这里。

新民会发通知吗？ =没有，没什么事情，如果有事的话会通知乡里。

第四分所呢？ =也是通知乡里。

这么一来的话，只有乡公所会来通知吗？ =是的。

大致上来的都是什么通知啊？ =训令，道路修理，植树等。

什么训令啊？ =这里不能种植高粱等等。

县里会不会来通知说，因为财政不足，要立刻交钱啊？ =没有收过钱，如果有人没有缴纳县亩捐的话，会来训令催促他交。

【亩捐】去年，除了县亩捐，乡亩捐和教育费之外，县里和乡里还有收过什么钱啊？ =还有建筑费，其他的就没有了。

哪里的建筑费啊？ =大乡公所和学校的。

有多少钱啊？ =一亩不超过 3 元。（包括乡亩捐，县亩捐和教育费）

其他地方经常临时摊款，这里有吗？ =没有。

十年都没有过吗？ =没有。

除了临时摊款之外还有过什么摊款吗？ =除了乡亩捐之外就没有了。

亩捐是什么时候开始有的啊？ =大乡制实行之前是没有的。

【地差】那之前是什么样的呢？ =原来是看青的，打更费。

这个叫什么啊？ =叫看青钱，打更钱。

不叫地差吗？ =也叫。

其他的叫法呢？ =没有了。

不叫差钱吗？ =不叫。

【派人的分配】乡公所通知说要修理道路是什么事啊？ =修理公路。

这个时候会命令你们来吗？ =是的。

是命令保公所吗？ =是的。

如果命令保公所的话，那怎么分配的啊？ =一甲派出一个人，先把这个通知保长然后保长通知甲长，甲长再通知 10 户人家。

这里有一、二、三、四、十保，共 5 个保，怎么办呢？ =也是一甲派一个人，有时让家里土地比较多的出人。第一保有 10 甲；第二保有 10 甲；第三保有 13 甲；第四保有 12

甲，第十保有7甲，分配比例是固定的吗？ =要出20个人的话，第一天，第一保出20个人；第两天，第二保出20个人；就这样轮流派人。因为道路是土做的，所以下了大雨就坏掉了，有时候修一下。

这么一来的话，第五天就是第十保（7甲）派人去，和其他超过十甲的保相比的话，我觉得有点不公平 =等到第十保派人那天，不是派20个人去，而是由别的保派人来补充。

有没有通知的账目啊？ =没有，这里是按保或甲来分的，那是保长分的。

有没有乡里来的通知啊？ =乡里有账目，按了印，就带回来。

有多少来这个保里啊，又有多少分配给侯家营和冯庄啊？ =是在这里分的，如果是从……来的话，就不分。

最近是怎么分的啊？ =今天也有，外村没有，从泥井的3个保中派出12个人。

接下来，如果12人都来了的话，就分派到哪里去呢？ =还是由3个保出。

什么时候让侯家营和冯庄出啊？ =今天是修葺学校，这是一个乡的学校，在泥井，所以泥井出的人很多。

【保里派人的分配】总之，我想知道这5个保的分配方法？ =大多数时候，一户派一个人，这个没必要写在账里，比如说要20个人的话，一个保里从1甲到4甲，每个甲出5个人，下次要20个人的话，就从5甲到8甲这样派人，接下来要派23人的话，就让第二保的第九甲到第二保的第三甲派人，那个时候就记住剩下的两个人，等到下次再分配，因此也很公平。

这其中要写下谁的名字吗？ =全村人的名字都写上。

全村的什么人啊？ =能够干活的男子都要派出。

几岁到几岁的男子啊？ =从15岁到60岁。

【按地亩分配派人】一户有四五个人的话，也要派去吗？ =一户只派一个人，根据家庭来决定。家里只有十亩、八亩地的穷人就只出一两个人，有50亩、100亩地的话，就出三个人或五个人。

这个要怎么写下来呢？ =不写，大家都知道。

怎么区别呢？ =家里的土地不超过十亩的话，忙的话就派人，不忙的话就不派人。

10—20亩	1人
20—30亩	2人
30—40亩	4人
40—50亩	5人

就是这样，根据时间的不同来派人，忙的时候就多派人，不忙的时候，有时家里有50亩地的也只派一个人。有钱人多派，穷人少派，这是中国人的习惯。

派人的时候保长，甲长也要去吗？ =一样要去。

【派车的分配——根据亩数】接下来我想了解一下派车的事情，什么时候要派车啊？ =公路的修理，学校的修理，为了运那些土和石头。

乡里下命令吗？ =是的。

保公所是怎么分配的呢？ = 首先让土地多的家庭出，因为那些家里骡马，牲畜比较肥，而且还有人夫。

这里写着的是这样吗？ = 是的。

派车的时候，保长和甲长也要出吗？ = 一样要出。

不管多穷，只要有车，就要出吗？ = 牲畜和瘦弱，没有力气的话，就不出，坏的车，小牛，小驴马运不了。

大概家里有几亩地就要出啊？ = 三四十亩以上。

有三四十亩和有 100 亩地的人一样出车吗？ = 比如说，家里有超过 100 亩地的话，就出 3 回，只有三四十亩的话，就出一回。

这个派车留底是怎么记录的啊？ = 在人名的下面多写的一些就是留底，比如，福庆成正月初六拉，十一、二月二十三拉，十一、三月初八、三月二十五（这些是七八十亩以上）出了三次。与此相对，郑耀兴的下面写三月初八，表示只去过一次，他只有 30 亩地。

【派人派车的报酬】派人派车的时候，乡公所会给钱吗？ = 去附近的话就不给，去昌黎搬运石灰，石头等，会给盘费。(旅费)

给多少啊？ = 派车最远是两元，最近的话是一元。

运石灰和石头是县里的工作吗？ = 是乡里让县里买，运石灰和石头，会给钱的。

是公事才给的吗？ = 给钱让在昌黎县吃饭。

这钱是县里给的还是乡里给的啊？ = 乡亩捐给的。

什么时候是县里给啊？ = 县里给不给，我不清楚。

乡里给钱的话，是不是比一般雇人要便宜啊？ = 当然，便宜一些，一车就有四五元的差距，派车也是义务。

【植树】植树是什么啊？ = 是在清明节做的。

这个要花钱吗？ = 不用。

植树的树苗是从哪里带来的啊？ = 是公家的东西。

会派人吗？ = 会派人。

（注：看了民国二十一年二月立的泥井的乡办公费账，4 月赵家港的道路修理费和饭钱一起 15 元 98 钱，这是泥井人去吃的，如果让他们回来吃的话就会赶不及，所以就按之前写的那么做，这是第一次，并不多见。其他的现金支出，每个月一号和 15 号，烧香成为定例，这个不用花多少钱，4 月里有一个旧历二月十九，买东西供奉就要 8 元 50 钱，另外还要交一年 100 元的房租）

【庙的费用】庙的费用在会上就交了，所以现在就不用再花钱了吧？ = 以前是的，现在也要收费，有庙会的时候，一年收一次。

庙的费用是怎么集合起来的啊？ = 是保的办公费出的。

【保的办公费】村民不集合吗？ = 以前唱戏，药亭还拉洋片，那个时候每户都要筹集，现在不唱戏了，就从办公费里出，村里所有的费用在乡里，不在保公所，以前打更费、看青费也是保公所给，现在是乡公所给。

村子还会再组织别的会筹集钱吗？=不会。

去侯家营看了下，买茶，买烟草要怎么办呢？=不是村子给钱，带上报告单或者其他什么都行，但是，村子里要筹集一点点，因为大乡给的12元或者是其他小钱，对出钱的人来说都很麻烦，但是，客人来保公所买烟草的钱是乡里给的办公费。

等办公费不够的时候，再找乡里要吗？=没有，还没做过。

但是如果要的话会给吗？=一定会给。

会给很多吗？=不可能有那么多，赵家港还没有向乡里申请饭钱就给了，而且还给了收拾房子的31元67钱，而且还给了去保公所一年的预备费，这个算作房租。

【公会】原来应该没有乡公所和保公所，那是在哪里做那些事的啊？=原来各村有会，每个会有一个会头，为了看青和打更，一亩会筹集23分。

这个叫什么会啊？=叫乡公会或者叫公会。

什么时候开始有的啊？=民国元年。

之后怎么样了啊？=变成乡公所了。

没有村正和村副吗？=到了民国，就成了村正和村副，之后就成了乡长和乡副。

什么时候变成副乡长啊？=从民国十几年开始。

什么时候变成村正和村副的啊？=从民国元年开始。

会做些什么事情啊？=乡政。

乡政是什么啊？=县里的通知来到乡里，乡里做行政。

泥井有几个会啊？=有一个，是公会。

在哪里啊？=在现在的大乡公所。

那是什么庙啊？=圣宗庙。

【县的当差——班头】是谁把县里的通知带到会里啊？=那很少，是县里的当差带过来。

不是班头吗？=当差就是班头。

这附近有牌吗？=是一牌，半牌。

到什么时候就没有了啊？=民国元年就没有了。

【牌】不是直接从县里去会上而是去牌里吗？=前清的时候有地方，一牌，半牌都有地方（地保），县里的当差带来通知区地方那里。

那个时候牌和乡是一样的吗？=10乡组成一个大乡，原来10乡就是一牌。

泥井和侯家营在同一个牌中吧，泥井是一各五厘，侯家营是五厘，这是怎么回事啊？=当时县里有差钱，泥井根据一各五厘出，侯家营根据五厘出。

一各五厘是什么啊？=把大的村子叫作一各。

根据什么来判断村子的大小啊？=户数。

不根据钱粮的金额吗？=不是的。

不是根据壮年男子的数量吗？=不是，比如，200户有500亩土地，另外，100户有250亩土地，把前者叫作一各，后者叫作五厘。

一各的各和个是一样的吗？=是一样的吧。

200 户有 250 亩土地，100 户还是有 250 亩土地的话，怎么决定啊？ =这个时候根据土地决定，实际上户越多，土地就越多。

我看石碑上写着五厘，有六厘和七厘吗？ =有。

你听过吗？ =听过。

在哪里听到的？ =忘了。

我看了庙上面都是写的一各五厘，这是怎么回事啊？ =六厘和七厘很少。

（注：以上对于会、牌、地方的回答不足取信）

5 月 24 日下午

站岗　派工　派车　保公所的经费和垫付　地亩钱

应答者　李聊壁（书记）李富田（第一保长）
　　　　董月坡（第三保长）冯殿相（乡丁）

地　点　泥井乡第一、二、三、四、十保联合办公处

【站岗的分配】自卫团站岗轮流册是什么时候做的啊？ =民国三十一年阴历三月，每四个月改写一次。

从什么时候开始有站岗的啊？ =民国二十七年开始。

站在这里的男人是谁啊？ =册子上有 92 人，去别处的人加上从别处来的人的话，现在实际上有几百个人了。

这么一来的话，几天去巡视一次啊？ =13 天或 14 天。

这是不是又变成了先是昼（早班），接着是夜（晚班）啊？ =是的。

这里面有没有团长等很特别的人啊？ =训练的时候有班长。

他也在册子里面吗？ =自卫团的班长齐国基。

这个人在哪里工作啊？ =班长在大乡工作。

这个册子里面，有没有人去得特别多或特别少的啊？ =没有，都是一样的。

【派工】现在还有“公会派民工留底”这个东西，去年一年是多少啊？ =不是很清楚，泥井那边派了有五六百人吧，去年，因为要组建学校，派工特别多，其他村子的情况不是很清楚，道路的修理不算在里面。

泥井派了多少人修理道路啊？ =派了三四次，每次 200 个人。

派出的有多少人啊？ =200 人。

（注：据记载是 2—4 人，在人名上做上记录就知道他出工的次数）

派得最多的是几次啊？ =4 次。

只派了一次或者一次都没去的是什么情况啊？ =因为生病，做生意或者家里比较穷就没去。

家里比较穷的话，土地不超过几亩就不用出去了啊？ =如果有五六亩的话就去一次。

因为做生意而不能去的话需要交钱吗？ =不用。

要雇人代替他去吗？ =如果轮到那个人去的话就要雇人了。

生病的时候呢？ =不用交钱。

今年做多的是去了几次啊？ =3次。

今年的人数好像很少，记下来的好像只有144个人，这是为什么啊？ =今年有人还没去过，每次派工的时候，就会添进新的人名。

哪个保还没有派人啊？ =不是哪个保，每个保都有这种情况，根据户数派人。

派到什么地方去啊？ =先从有钱人家开始。

现在派多少亩的土地？ =到30亩。

30亩以下的还没有派人吗？ =是的。

派车的地方就不派人，这样是不是会公平一些啊？ =派车的家里就不派人。

如果派车了的话就完全不派人了吗？ =人数较多的时候还是要派人，因为只有家里贫穷的话，再派人就很困扰了。

到现在为止，今年派工多少人了啊？ =二三百人。

只有泥井吗，包括侯家营和冯庄吗？ =只有泥井。

侯家营派了多少人啊？ =不知道。

这不是在这里分的吗？ =因为泥井有三保，所以派了300个人，与此相对，侯家营只有一保，所以只派了100人。

冯庄呢？ =不是很清楚，六七十人吧。

冯庄也是只有一保吗？ =因为村子很小，只有一保，有七甲。

【派车】今年派了多少车啊？ =100辆。

分配的家庭有多少户啊？ =有车的有70户（派车留底上面写的是七八十户），与此相对，50户派了车。

派得最多的有几次啊？ =有12户派了四次，派三次的有很多。

去年派了多少辆啊？ =四五百辆。

去年侯家营派了多少辆啊？ =七八十辆。

冯庄呢？ =50辆。

今年侯家营派了多少辆啊？ =三十几辆。

冯庄呢？ =十几辆。

【保公所给乡公所的支付】看了民国三十年正月吉立的“泥井镇保长办公处来往杂项账”，首先有大乡所的，这是什么啊？ =和大乡所有关系的来往的钱。

这个要花多少钱啊？ =民国二十九年，有181元37钱3厘的借款，与此相对，7月之前就支付了273元4钱，现在借了48元82钱，支付给乡里的钱主要是350册家族簿（户口，一个家庭一册15钱）共52元50钱，还有70元的秧歌费（正月跳舞唱歌）也是一笔很大的费用。

【保公所的经费、保长的垫付】董月坡是什么啊？ =从保长董月坡那里借的钱，民国二十九年，借了1元29钱过年，找乡书记借的钱（10元），正月十五日的爆竹费5

元，李荣盛（宰猪的）的屠宰税是20元，自卫团的饭钱是8元40钱，带来了一斗5升的苞米分给穷人，那个钱是9元30钱，找福庆成借了100元，用这个换了找保公所借的钱，去昌黎借了30元，另外买东西花了5元，挖沟是50元（这是雇人的钱），这是从县里派人的，但是太远了去不了，所以就雇人了，利息15元22钱（一月是3分的利息），10月10日记下来了，一年有一次。上面所说的合起来是借了254元21钱，下面一行写的是保长带去的钱，这其中有小乡差钱17元97钱和第两次乡亩捐的35元94钱，还有，挖沟的保亩捐的25元15钱，35元93钱（一亩20钱）的亩捐，13元57钱（挖沟时保给的派钱）等。

【保经费的借款和支出】齐畅庭是什么啊？=现在的乡长，之后开始借钱的，付了6109元的草契官纸共有230张（每张30钱），土地买卖学堂捐的时候先付了30元60钱。

福庆成是什么啊？=在点心铺，合计借了534元21钱，利息是9元，还是按3分算的。

本镇校学是什么啊？=只有泥井的学校花了78元10钱。

什么时候有大乡的学校的啊？=开校的时候是阴历八月十五日之后，但是借款到11月为止还有。

双义成是什么啊？=杂货铺，223元65钱。

刘子恒呢？=龙王庙的修理借了300元，他借给了跟他一点关系都没有的人。

还没有还吗？=没有，不知道什么时候还，一个月是3分的利息。

是哪里的人啊？=是本村的人，会去催促他早点还钱。

李思庆呢？=龙王庙的修理费61元，还是没有还，他是庙的发起人。

草契纸校捐处是什么啊？=乡长先付的钱是借款，民国二十九年是81元4钱，加上今年的就是104元60钱，乡长带去99元60钱。

杜宝珍呢？=修理龙王庙的时候买东西，花了4元。

照相佃洋处是什么啊？=居村证明书的照相费，一起是118元70钱，这个全部都付了。

惠元东=杂货，借了3元，付了3元。

天成久=杂货，借了50元，付了50元。

李锦芳=书记，每个月240元89钱的工资，全都没有了。

郑殿群=乡丁，每个月240元89钱的工资，全都没有了。

郑祖父=原来的书记（做到10月份了），每个月153元40钱的工资，全都没有了。

为什么只做到10月了啊？=因为从去年10月开始实行大乡制，没有什么用了。

李锦芳=正月的工资，这不是在大乡公所给的，20元。

郑殿群=正月的工资是20元。

起年节门口钱呢？=从小买卖征收的钱，因为没有土地，所以年末的时候就收72元50钱，一户大的话就是一年4元，小的话就是一年一元。

每年都要征收吗？=是的，每年基本没什么变化。

龙王庙＝庙的修理费是416元50钱，还没有付，这里面包括了刘子恒、李思庆、杜宝珍等。

看青处＝450元，4个人看青，这个已经付了。

房租处＝房租一年60元，已经还完了。

【挖沟费的征收】挖交通沟＝一起花了1029元40钱，没能写下来的重复的是61元66钱，还有49元20钱没有还（后来又有一次挖交通沟）。

这是从哪里征收的啊？＝民间，一亩14钱和7钱，征收两次。

【蒲子的出售价格】蒲坑呢？＝蒲卖了30元，交给大乡了。

为什么要给大乡？＝因为是官产。

什么时候开始要交给大乡的啊？＝从去年有了大乡之后，是阳历3月4号有的大乡。

【保经费的借款和支出】铺垫呢？＝买了物品，桌椅，125元18钱，已经支付了。

火枪处呢？＝县里买了铁炮，4个16元80钱。

挖交通沟？＝首先有的是这里，不能写了之后，就移到别处了。

保长办公费？＝24元80钱，新民会配给苞米，保长买了4斗苞米，把它当作办公费。

证明书工本费？＝买来证明书的纸，交给农民，每个人30钱，一起是93元45钱，把这个交给大乡公所，还有6元55钱没向农民缴纳。

太平鼓？＝秧歌儿172元50钱，大乡付70元，保公所付99元50钱，3元10钱筹集坏纸张得到的钱。

买大鼓？＝25元，用于秧歌儿，祈雨的时候也用，之前有一个，但是坏了。

家族簿处呢？＝付了55元75钱，还有5元68钱没有缴纳。

进地亩款总数处＝征收了4次，合起来50钱，2月一毛，5月一毛，之后6月一毛，8月两毛。

这个有上中下的区别吗？＝没有。

这里的亩数大概有多少啊？＝669亩，一年可以筹集3513元74钱。

李庆？＝看青费450元，先出来。

常备团员＝县里有命令要大乡雇人，和站岗是一样的，雇了8个人，97元36钱。

有月工资吗？＝一个月30元。

身金处＝书记和乡丁的月工资，先出来。

看梢子古冬钱＝看守小的柳芽，花了52元，古冬是根。

哪里的柳芽啊？＝村子西北方。

杂项处呢？＝1489元69钱。

学校房产处＝买现在有学校的地方，因为那里有旧房子，原价是6160元，七个七乡分的话，本保是1200元。

按七个七乡摊款是什么啊？＝泥井，侯家营，赵家港，冯庄，摩天庄，张家坨，牛心庄，陈官营，崔家坨，杨韦庄成为了七个七。

不成为一个而是成为七的小的是哪里啊？＝不知道，这是大乡决定的。

【地亩钱的征收】我想听一下民国二十九年吉立，泥井镇来往的裸项账，民国二十九年，征收了几次地亩钱啊？ =4 次共 90 钱，7 月 15 钱；8 月 15 钱；9 月 40 钱；11 月 20 钱。

7 月以前没有缴纳吗？ =并不是没有缴纳，那是乡公所的时代，变成保公所了。

乡公所的时代，7 月以前，一个月大概缴纳多少钱，你知道吗？ =三四十钱。

进地亩钱处加起来一共多少？ =3801 元 95 钱。

这其中杂项有多少钱啊？ =769 元 13 钱。

【保公所的大乡摊款——亩捐】摊款处是什么啊？ =大乡的摊款。

那个时候，没有大乡的亩捐吧？ =第 3 次摊款是一个半庄，共 300 元；第 4 次是一个半庄，共 225 元，另外，5、6、7 月的加增警备款是 105 元 42 钱，分给七个七的话，每个是 20 元 54 钱，9 月份的警备款是 35 元 69 钱 5 厘（写在乡里的通知上）。接着是县指导下半期的经费是 13 元 40 钱，增加警备款是 8、9、10、11、12 这 5 个月共 34 元 23 钱，东站蜀长得份子钱是 10 元，崔局员得津站是 26 元，挽留镇长盘费是 35 元，公所过节是 15 元，雇李国峰当治安军是 36 元，这些让七个七分摊的话，每个是 29 元 17 钱。接着是 10 月，11 月的警备款 71 元 58 钱，接着是旧乡公所找大乡公所借的 10 元 33 钱 5，然后是 12 月份的警备款 35 元 79 钱，10 月、11 月、12 月份的乡经费是 668 元 173 钱，这些所有加起来是 1583 元 91 钱 3 厘。

【保的经费】青钱处呢？ =337 元 30 钱。

雇打更处？ =100 元，两个人。

今年没有吗？ =没有，去年是站岗的打更，多派了两个人。

买学校房产的 1200 元呢？ =已经出了 30 年的。

学里 =学校的经费是 48 元 94 钱。

买军衣处 =站岗的军衣 21 元（2 组）。

买谷草处 =县里出的 390 斤的草，100 斤是 2 元 70 钱，一起就是 10 元 503 钱。

县里有命令来，乡里会来命令吗？ =县里来通知乡里，这是治安军的骑兵去买的，应该要给大乡价款的，而不是给保公所。

兵差是从县里来的吗？ =还是县里的命令。

每年都有吗？ =直奉战的时候经常有，之后就没有了。

雇车脚钱处 =保卫团在这里雇车，是 2105 元。

镇公所呢？ =刚才说的乡摊款是在村里进行的。

这不是从地亩钱里扣出来的吗？ =是的。

【梢子罚款】梢子罚款 =因为看梢子的时候偷盗，罚了齐德有 2 元，李英 3 元，常桂林 3 元，当元丰 3 元，冯树仁 3 元，像这样罚款的有 14 次，敲锣把大家集合起来，因为默默地挖了该挖的东西，所以当作柴火。

这是在哪里啊？ =本村的西北方。

一年一次吗？ =每隔一年一次。

那个时候村子里不管谁去都可以吗？ =地主去挖。

这样的话，那什么时候去才好呢？ =如果没有固定的时间就很麻烦，我们在怀疑有人偷了东西的话，看梢子的就麻烦了。

【集市进款】集市进款＝到了年末，找小卖人收的钱，196元26钱，这其中，团林队部押集钱20元，第四警察所过年过节20元，团林队部押集馆子钱（饭钱）109元。

【学校厨子的月工资】与王金伙食辛金处的意思是？＝小学的厨子，夫役的月工资是129元28钱。

一个月多少啊？＝学校每个月也给二十几元。

辛金是什么？＝是工钱，伙食是饭钱。

6月5日

应答者　齐畅庭（大乡乡长）

地　点　大乡公所

【大乡公所】大乡公所是什么时候有的啊？＝民国二十九年四月一日。

之前各村有乡公所吗？＝是的，有小乡制。

实行大乡制后，有什么地方变化了呢？＝首先要说乡长的投票，关于选举，县里没有命令，新民会为了宣传，会召集乡长，让他们选举，这也不是当场公布，而是由县里任命票数多的人，没有通知选举是为了防止人员的策动。

实行大乡制之后，不再是小乡筹集花费，而是大乡筹集吗？＝是的。

实行大乡制之后立刻就变成这样了吗？＝一步一步慢慢演变的，去年4月1日成立后刚好一年就变成了统收统支，但是即使这样，村里也要拨款，从今年1月1日开始，只大乡拨款，小乡（副乡）不能拨款，去年的年底，整理了小乡的拨款簿。另外，从民国三十一年一月一日开始，各村的官产，蒲坑的钱都是给大乡。还有，副乡的看青，打更，乡丁的费用全部是大乡支付。

【大乡公所的组织】这样的话工作就增加了，大乡公所的组织是怎么样的啊？＝新民会的金尾氏，高县长，奥田顾问，商务会长商量决定，有大乡长（60元）一人，副乡长（50元）一人，事务员（50元）1名，司计员（50元）1名，户口保甲事务员（50元）1名，合作社事务员（40元）1名，书记（40元）2名，催款员（40元）2名，乡丁（30元）2名。另外，从县里（给额是县里决定，乡里付钱，据说去年是50元，今年是100元）过来一个农业指导员（现在在县里培训）。还有，保甲自卫团班长（40元）1名，新民会的农村分会常务员（50元）有一个人，所以是新民会给工资。

谁是县里给工资啊？＝都不是，全都是乡里给。

【所员的职务】大乡长要总括所有的工作吧？＝是的，乡公所所有的事情都要通知乡长。

副乡长呢？＝做乡长的工作，帮乡长的忙，乡长不在的话，就做代理乡长。

一名事务员是指＝制作文件呈文，保管卷宗，管理上行下行的公事。

一名司计员呢？＝管理关于财政，会计和乡亩捐的事情，还有县亩捐。

户口保甲事务员呢？ =清查户口，训练保甲自卫团，巡逻下道，检验行人证明书。

合作社事务员呢？ =配给合作社物品，发行入社股票，送入社金。

配给什么啊？ =白面，洋油，火柴这三种，去年是卍字会发了一次小米，另外也发过一次苞米。

【盐的买卖】不配给盐吗？ =不配给。

什么时候会配给盐呢？ =是盐店配给，因为是包商制，所以不卖。

如果去侯家营的话，有没有路票什么的啊？ =买了盐之后，就在长芦队和警备所检查。

如果在店里买的话，会给路票吗？ =是的。

以前开始就有那个票吗？ =从民国二十二年开始有的。

那个盐买多少合适啊？ =买多少都行，本来打算在盐田卖 30000 斤的盐，结果只卖了 20000 斤的话，长芦队就会调查是否有买卖私盐的。

【书记、催款员、司计员的职务】两名书记是做什么的啊？ =催款员去村里征收，与此相对，两名书记也加入到了征收系，把催款员征收来的钱记在账簿里，把现金交给司计员。

【监察员】老是感觉分担不是很清楚啊 =各乡里有由各保投票的 5—7 个人，这是义务，没有报酬，他们的任务是随机调查乡里的账簿，另外，乡里会三个月一次交清单和四柱清册给县里，这种情况下，先分配给监察员，另外每个保长再分配一本，监察员看清单认可，如果不认可的话，乡里就不能支出。

【农业指导员】农业指导员做什么啊？ =农业指导员是县里委任过来的，一个县 5 个人，一个区一个人，改善农业，一年里就调查粮食多少，土地不足等情况。

【保甲自卫团班长】保甲自卫团班长呢？ =大乡里有从 18 岁到 40 岁的自卫团员 549 人，夏耕结束之后，就得闲了，每 50 个人一起训练，规定的是上午下午都要做，结果是上午做两小时，班长做训练。

那班长有经验吗？ =有训练经验，不是军人。

【农村分会常务员】农村分会常务员是做什么的啊？ =前几天，新民会的郑科长来了，成立了一个模范分会，以前就挂着这样的一个招牌，这次开始真正的实行了，发给入会会员标记和证明书，做名簿，然后是和新民会取得联系，这是常务员要做的。

【校务委员】看了这个，好像没有学校关系的人啊？ =有两名校务委员，这是义务制，专门管理学校的事务。

不是学校的老师吗？ =是当地比较有资格的人。

平时做些什么啊？ =一个是绅士曹彬元，以前在县里做财务科长，曾经去过三江省的军队，另外一个人是刘世昌，是满洲的商人。

【按牌摊款、牌成】接下来我想听听乡公所的收入，最大的收入是乡亩捐，这是什么时候开始的啊？ =从民国三十年开始的，是计亩摊款，之前是按牌摊款。

按牌摊款是什么啊？ =全县有 42 牌，数量我记得不是很清楚了，第四区全区都是 6 牌；第五区是 6 牌 7 厘 5，第四区摊款 6 牌半，把这个叫作牌成。

牌成是前清的时候就有了吗？=有，我年轻的时候就开始拨款了。

在什么必要的情况下要牌成啊？=以前县里所有的杂差根据所有的牌成来摊款，现在警备费，巡警费都包括在县亩捐里。

【县亩捐】县亩捐一年决定的是多少啊？=决定了，去年是一亩22钱，今年是45钱。

这是年初决定吗，要是不够的话不增加吗？=县里每年有预算，40钱足够的话就征收45钱，奥田顾问那时候定下了财务委员，自己一个人偶尔调查一下县里的账簿，那一年剩下的就转到来年。

【前清的杂差】前清的杂差是什么啊？=还是这样的花销，当时县里有相当于警察的3班6房，他们的俸禄是根据这个来给的。

这是年初还是来年缴纳啊？=2月和8月缴纳。

每年缴纳的数额是固定的吗？=不固定，有时多，有时少。

那是县里决定的吗？=县里的绅士决定的，县里有事情的话就会召集大家商量，征缴的数额是由绅士和县长决定的。

那是谁来村里取啊？=二壮来取，有头壮，二壮，头包，二包，头快，二快，补班。

召集杂差的时候，每个班来一个人，二壮来这里找地方，各村的地方来这里集合，以前分为7区，与此相对，有7班11房，其中，6区加入了3区，7区加入了1区，合成了5区。（在城堡，蒙城堡，石各堡，莫里堡，蛤泊堡，靖安堡这6区）

泥井有二壮来吗？=二壮管理第四区。

来泥井的人总是固定的吗？=是的，他在找地方。

包含泥井的半牌和到下一个半牌的人是固定的吗？=莫各堡是现在的第四区，所以二壮一定会去那里，那里没有半牌。

有一个二壮吗？=不是，一班有十几个。

杂差是2月和8月来取的，如果不够的话，有没有年末来取的啊？=现在有预算了，所以足够，原来交了杂差后还要摊款，所以没有不够过。

那么除了2月和8月之外，其他时间没有来取吗？=没有。

【大差和小差】2月和8月的差名不一样吧？=名字是有的，我忘记了。

是叫大差和小差，这有什么区别啊？=2月是小差，8月是大差。

【差钱】来取差钱的时候，会头和董事是用村里的花销来交给地方吗？=是的。

这个叫作差钱吗？=是的，叫差钱。

村子里交的花销也是差钱吗？=是的，亩捐也是差钱。

【十一房】可以数一下十一房吗？=吏，户，礼，兵，刑，工六房和粮，库，堂，户总等，我也不是很清楚了，堂房是吏房，粮房是仓房，十一房里有六房的副名。

【按牌摊款的分配方法】乡公所出现之后是按牌摊款，这是怎么做的呢？=根据七个七来摊款，泥井是一个半，侯家营5厘，赵家港5厘，牛心庄一个一，崔家坨6厘，陈官营5厘，摩天庄一个，张家坨一个，冯庄5厘，杨庄2厘5，台庄2厘5，照这样来分配的。

这样分配的话，会不会不公平啊？=一点也不会，以前就是这样做的，没有不公平的。

赵家港很贫穷，莫各堡去帮助了它，下次还分配给赵家港5厘不会不公平吗？ =就算是按七个七来分配，大乡也除去了赵家港，从其他地方来征收补助。

【地方】做地方的那个人还活着吗？ =在泥井，去年死了，地方是一年或者半年一换的，旧的地方知道很多东西，新的地方什么都不知道。

这附近有地方吗？ =没有。

【乡亩捐的细目清单】乡亩捐收多少钱啊？ =民国二十九年到三十年，因为建筑费，乡亩捐比较高，去年是每亩两元30钱，今年的预算是一元86钱，这一元86钱里包括了乡公所的东厢房和门的修理，还有学校的东西厢房和门的修理费。

民国三十年前得乡亩捐是每亩两元30钱，这里包括了县亩捐和学校的建筑费吗？ =县亩捐22钱，学校费40钱，学校建筑费一元零两钱，乡亩捐66钱。

这个分为几次收的啊？ =分7次收的。

【乡亩捐的征收时期】今年的预算是一元86钱，到现在为止收了多少了啊？ =乡的预算总额是40000元，现在只收了20000元，第一期是一亩30钱；第二期是20钱；第三期是30钱；第四期是50钱；第四期还没有开始征收。

这包含了县亩捐吗？ =把45钱分为4次来收，一次收11钱2厘5毛。

【学费收入】看一下去年的决算表，学费收入是什么啊？ =是亩捐征收的校经费。

【公产收入】案租收入是什么？ =是公产。

是什么样的公产啊？ =庙前的土地原来是会上的土地，现在是乡里的了，到了有集市的时候，在那里买卖的人每年必须要交20元，30元。

【公地收入】公地收入是什么啊？ =也是会上的土地，前清的时候是小乡制，小乡用剩下的钱去买土地，然后将它出典，另外，去满洲的生意人会捐钱修理庙和学校，剩下的钱再用来买土地。

庙产收入呢？ =跟公地收入一样。

【田房交易抽收学款】田房交易抽收学款是什么啊？ =对土地和房子的买卖立契，写在官纸上税契，原来要从这其中抽出一分五作为学款，现在是一分，也就是每100元抽取一元。

这个在哪里征收啊？ =是乡里征收，乡里有学款的印，如果不按这个印的话就不能税契。

【税契的新制度】在哪里税契啊？ =县公署财务科。

今年也是吗？ =在财务科的征收系的税契处。

我听说村里是让乡里来代替税契的，是吗？ =拜托这里来税契，因为乡长经常去县里，所以让他税契，可以得到手续费。

今年，制度没有变化吗？ =今年是拜托监督人来税契，因为乡长是监督人，所以可以让他税契，去年侯家营有28张老契，按原来的价格来算的话，非常的便宜，所以不肯接受，没办法，就拜托财务科长接受了，赵家港那里有出典了，但是要给承典者钱的差土地，那个差土地是一亩一元，很便宜，县里不给税契，这里有多达80张的税契，拜托县里和科长税契了。

【过割的新制度】在哪里过割啊？=田赋征收处。

农民来这里过割，从这里去县里的征收处过割。

这是那个过地清册吧，什么时候有的啊？=今年开始有的，以前是社书来做。

社书到什么时候就没有了啊？=到去年12月。

要收过割的手续费吗？=每亩30钱。

县里带去征收处的话要收多少钱啊？=今年搞错了，一件收了50钱。

自此之后，乡里过割每亩收多少钱啊？=一亩30钱，县里没有任何通知，要去县里商量。

大概是一亩30钱吧？=像县里那样，一亩50钱吧。

有没有通知说在乡里过割的啊？=没有。（只在开会的时候公布过，没有来通知）

如果在此处过割的话，那么税契也在此处不是很好吗？=那不行。

【税契、过割的费用】过割是一亩30钱，除此之外，还要征收什么吗？=税契是买价的11分六，在此基础上，契尾是一张一元25钱。

买一张官纸多少钱啊？=3钱5厘左右。

农民卖多少钱啊？=三联监证人一张，县里一张，村民按买来的价格卖掉，到税契的时候核查。过了6个月还不税契就是漏税。

监证人给按印的时候要花多少钱啊？=不需要钱，县里征收买价的4厘，然后再由县里给按印的钱。

【官中牙纪】这里有官中牙纪，这个是征收多少钱啊？=假设用1000元买了这块地，就当作是500元买的，因为要税契，这样的话收入就多一些。

官中牙纪到什么时候就没有了啊？=到民国二十三年为止。

官中牙纪和监证人的工作不一样吗？=是一样的，现在交给乡长了。

不会因为是牙纪而说合吗？=不会，做了很多坏事。

【税契的费用】如果去县里缴纳税契，就要花11分六，具体怎么办啊？=不知道，一半以上是县长的，县长催促白契的税契是理所当然的。

【村经费征收的禁止令】从今年开始，村里必须要缴纳花费，村里有下过这样的命令吗？=有。

什么时候下的命令啊？=去年12月，大乡制度实施以来就有了，但是一直没有实施，决定从今年开始实施，不许副乡长发款（参阅本辑的昌黎县公署调令）。

【县里对乡亩捐预算的认可】乡亩捐的金额是各乡制定预算，得到县里的许可了吗，还是县里的所有都是一样的吗？=每个乡不一样，根据预算得到县里的许可。

关于这个，有没有金额的限制或是时间的限制啊？=有过让县里来改预算的，但是没有这种限制，比如说，交了预算一个月之后，出现了像昨天那样买学校的土地的情况，要追加预算得到许可，如果没有得到许可就不能追加。

【亩捐的征收方法】亩捐是去农村里催促，有从农村带过来的吗？ =带过来的很少，大多是过去催促。

如果去催促的话要出手续费吗？ =不收，请吃饭也不行。

乡里收取手续费给催款员当月工资不是很好吗？ =去年大乡第一次开始催促，到了中午，保长等人就请吃饭，两个人去了，保公所的一伙人一起吃，然后提高金额，这是绝对不允许的，离这个乡公所比较远的是摩天庄，如果回不到这里的话，就只征收50钱。

【县的补助】县里没有补助费吗？ =不给，所有都是乡里提供，乡里修理了3座桥，给了200元的奖励金，但是没有补助，把这个当作修理费记在账上。

【车捐等】乡里还有没有其他相关联的税啊？ =车捐，车牌捐，大车捐。（参阅昌黎县第四区泥井镇公所各种车辆）

车捐是什么啊？ =农民如果有车的话，要从乡里那里获得车牌子，一套车月捐3毛，年捐2元，其他的还有一毛纸张工本费（归乡公所），一毛捐照费（归县公署），两套车月捐4毛，年捐4元，一毛纸张工本费，一毛捐照费，此外，还要征收一元车牌子工本费。

车牌子工本费是缴纳一次就好了吗？ =一年换一次。

有其他的车捐吗？ =有洋车，自行车，只有第一区有，四五十钱。

【乡的支出—青苗费、打更费】这次是乡里的支出，青苗费和打更费是怎么办的啊？ =今年开始，是大乡雇人，大乡给钱，以前是村里雇两三个人，根据地亩筹钱。

只有这个要多征收预算吗？ =包含在预算中，你看一下预算表。

从今年开始，公地蒲坑的收入成为乡里的了，如果把这个算在内的话，预算足够吗？ =不够，这些收入一年约有2000元。

看青费要多少钱啊？ =3000元。

打更费呢？ =超过1000元。

以前打更是村民轮流来做的，那打更费是怎么算的啊？ =不想轮流做，每个村子会雇人，我觉得这样不行，有了站岗的之后，白天和夜晚都有警备了，所以不让打更了。

【乡里支付的县亩捐】县里送亩捐的征收金是几个月一次啊？ =不一定，根据章程，一年分4次，因为在那个时间里不去，所以在集合的时候去。

谁送过去啊？ =乡丁送，如果不见了的话自己赔偿。

【土地清查】土地清查是什么时候有的啊？ =大乡制度实行之前就有了，民国二十八年开始清查的。

那次清查之后有没有再补充啊？ =衙门给每个区派了两名清查基地员，清查了两次，之后让登记。

清查了两次是怎么回事啊？ =第一次清查做了查报表，地亩台账是清查之后作的。

在哪里登记啊？ =在各村登记。

之后就没有了吗？ =没有了。

【验契】以前没有验契吗？ =一到了民国就开始有了。

【派人派车】派人派车的时候是县里派还是警察分所派，或者是乡里自己派啊？ =去年县里下了公函，因为治安军要转移，所以派车来了，谁也没指望，治安军虽然给了钱，但是不够，乡里就给了补助，乡里派车的话，是公路的修理和搬土，不需要花钱。

警察分所就没派过车吗？ =没有。

县里是直接派到乡里吗？ =不是，县里来通知警察分所。

派人派车是怎么分配给保里的啊？ =派车的时候，多的时候是一甲分多少，少的时候是一甲分多少，派人的时候，一保分几个人，多的时候，共有138甲。按甲分配。

有分配的账簿吗？ =有，是派人派车的底账，在保公所。

乡公所有账吗？ =没有，只有保公所分配任务，乡里没有分配。

【派人的餐费】派人的时候要给饭钱吗？ =根据工作的不同有变化，打房的时候给晌饭（午饭的意思），去城内的时候，会给一元50钱的饭钱，佃道的时候会给午饭。

什么也不做的话会有饭钱吗？ =有。

那是什么时候呢？ =短时间，一天或两天，就算结束了也会给。

【征收物品】不是人和车，有没有需要草和鸡蛋的时候啊？ =有需要草的时候，这是军队出。

不把草带去县里吗？ =直接带去军队，军队会给相应的钱。

给的钱少吗？ =非常少，就是分量减少了，在家里是100斤，卖给军队就是90斤了。

除了草还有什么啊？ =没有别的了。

草在乡村里是如何让分配的啊？ =少的时候分配给保，多的时候分配给甲。

司计员使用的账簿

新式　旧式

现金出纳簿　往来暂记

岁入明细书　商号往来暂记账

岁出明细书　总流水账

征收员使用的账簿

第4期亩捐收据（各保有三联票）

亩捐赈（保里有，里面记录了每个人哪一天交了多少钱）

元号乡亩捐收入支出账

（保里有，分为乡亩捐，县亩捐，校经费这三项，记录每天的收入支出）

保甲户口事务员使用的账簿及报告单

账簿

出生登记簿　分居登记簿　临时事项登记簿
死亡登记簿　继承登记簿　户口清册
迁入登记簿　离婚登记簿　会议记录簿
迁出登记簿　公有物品簿　自卫团花名清册
增口登记簿　发文簿　情报公事联络循环簿
减口登记簿　收文簿　通知簿
结婚登记簿　土地清册　县公署送达文件簿
道路情况簿

报告单

出生报告单　增口报告单　分居报告单
死亡报告单　减口报告单　继承报告单
迁入报告单　婚姻报告单　收养报告单
迁出报告单

泥井大乡乡亩捐征收表（其中包含建筑费）

	阳日	月历	回数	校经费	乡亩捐	县亩捐
三十年度	3	3	1	1毛	1角5分5	5分5
	7	3	2	1毛	4毛	5分5
	6	6	3	1毛	3毛	5分5
	14	6	4	1毛	3毛	5分5
	22	9	5		2毛	
	2	11	6		2毛2分5	
	31	12	7		1毛	
计				40	1元6角8分	2角2分
三十一年度	15	2	1	1角7分5		1角2分5
	20	3	2		2角	1角
	5	5	3	2角		
	15	5	4	1角7分	3角3分	

亩捐征收票

<table>
<tr><td colspan="5">昌黎第四区泥井镇公所</td></tr>
<tr><td colspan="5">亩捐第四期摊款存根</td></tr>
<tr><td>村别</td><td colspan="3">崔家坨</td><td rowspan="6">民国三十一年　月　日</td></tr>
<tr><td>姓名</td><td colspan="3"></td></tr>
<tr><td>摊额</td><td colspan="3">元　角　分</td></tr>
<tr><td>收讫款额</td><td colspan="3">元　角　分</td></tr>
<tr><td>经收员</td><td></td><td>经收员</td><td></td></tr>
</table>

县乡字第　号

<table>
<tr><td colspan="7">昌黎第四区泥井镇公所</td></tr>
<tr><td colspan="7">亩捐第四期摊款收据</td></tr>
<tr><td>村别</td><td colspan="5">崔家坨</td><td rowspan="6">民国三十一年　月　日</td></tr>
<tr><td>姓名</td><td colspan="5"></td></tr>
<tr><td>摊额</td><td colspan="5">元　角　分</td></tr>
<tr><td>收讫款额</td><td colspan="5">元　角　分</td></tr>
<tr><td>镇长</td><td></td><td>经收员</td><td></td><td>经收员</td><td></td></tr>
</table>

县乡字第号

<table>
<tr><td colspan="4">昌黎第四区泥井镇公所</td></tr>
<tr><td colspan="4">亩捐第四期摊款通知单</td></tr>
<tr><td>村别</td><td colspan="2">崔家坨</td><td rowspan="6">民国三十一年五月二十五日</td></tr>
<tr><td>姓名</td><td colspan="2"></td></tr>
<tr><td>亩数</td><td colspan="2">亩 分 厘</td></tr>
<tr><td rowspan="2">每亩摊额</td><td>县亩捐</td><td>壹角柒分</td></tr>
<tr><td>乡经费</td><td>叁角叁分</td></tr>
<tr><td>共摊额</td><td colspan="2">元 角 分</td></tr>
</table>

注意限期 10 天内数齐

关于禁止村经费征收的训令

第四区泥井镇公所

中华民国三十一年一月 日立

一宗 关于县署训令事件卷

民字第 元 号

昌黎县公署训令民字第 143 号

令第四区泥井乡公所

为训令事查本署共谋乡政进展减轻人民负担起见由三十一年度起乡民摊款归乡公

所统收统支严禁副村保长撵款取消各保长原有书记乡丁由乡按保数之多寡雇用前经规定预算标准通饬遵办在案兹以奉令指定本县为保甲模范县为强化保甲组织起见所有保甲经费经本署重为规定每一联保办公处准设书记乡丁各一名负责办理各保事务受乡长监督指挥每一联保规定月支办公杂费三十元全年预备费一百元保长津贴每人一律月支五元不得任意增加以上开支按月由乡具领各乡本年度预算如已呈送者应即照案追加其未造报者即按此规定编造克日呈送除分行外合行

令仰遵照办理为要此令

中华民国三十一年二月二十六日

县知事闻骧?[1]

【资料1】**昌黎县各乡镇公所办事细则**

第一章　总　则

第一条　本细则根据乡镇组织规程订定之

第二条　各乡镇公所办事程序悉依本细则办理之

第三条　各乡镇公所除遵照本细则外以前颁发之乡镇公所应守要则及办公规则仍须遵守

第二章　行文程序

第四条　乡镇公所承办事件对上下行文概以乡长名义行之

第五条　乡镇公所对所属各保长行文或转达县署命令及召集乡务会议概以通知行之对人民有公布事项即以通告行之

第六条　乡镇公所办理乡镇与其他乡镇联络或遇特殊事项有互相咨询之必要时应以咨文或公函行之

第七条　乡镇公所向各保转发或公布县署命令布告由接收之时起至迟不得超过二十四小时

第八条　乡镇公所职员对乡政有所建议时可面陈乡镇长乡镇长有所指示或训诫时则以口头陈述之但偶有重大事项职员对乡镇长须用签呈乡镇长对职员则以手谕行之

第三章　办公程序

第九条　乡镇长秉承县公署之命综理全乡乡政事宜并监督所属职员

第十条　副乡镇长辅佐乡镇长办理全乡乡政事宜

第十一条　事务员承乡镇长之命办理应行稿件保管案卷会议记录等一切事项并负校对行文督促书记缮写及检关收发文件之责

第十二条　司计员承乡镇长之命办理编造乡预计算决算管理簿记及现金出纳造报

[1]　译者注：原文字迹无法识别。

四柱清册清单保管单据经征县乡亩捐及有关财政公文等事项

第十三条 保甲事务员承乡镇长之命办理全乡保甲编制户口调查变动登记情报联络训练自卫团指挥勤务及其他有关保甲事项

第十四条 合作社事务员承乡镇长之命办理乡合作社一切事项经济状况及农作物调查统计事项

第十五条 书记负责缮写公文表册及收发文件挂号帮办征收县乡亩捐及其他一切事项

第十六条 乡镇公所应备收发文簿收到文件由乡镇长亲自拆封交书记再由编号登入收支簿呈乡镇长阅毕拟定办法分别交职员办理之

第十七条 职员提就文稿签名盖章登列稿号簿送呈乡镇长审核判行后交书记缮写之

第十八条 缮就之文件校对无讹后清稿均盖用乡镇公所图记发文由乡镇长盖章交书记编号登列发文簿对发之

第十九条 文件封发后文稿即应归卷奉到指令或复文时亦须按类归档以资衡接

第二十条 乡镇公所文卷保存收到来文及表册章程等件并发出文稿附件一概不得遗失更须分门别类一事一卷按月日次序装订不得错乱

第四章 办公时间

第二十一条 乡镇公所办公时间每日定为六小时由乡镇长按季节分上下午各若干小时

第二十二条 乡镇公所职员办公应遵守规定时间不得迟刻早退

第二十三条 乡镇公所如遇有限期紧急文件或事务特要时办公时间得随时延长遇必要时更须彻夜赶办以免贻误

第二十四条 乡镇公所职员在办公时间均须勤慎工作不得闲谈故事及私自外出以免废弛职务

第二十五条 乡镇公所除照规定时间办公外无论昼夜至少须有职员一人乡丁一人轮流留守备班

第五章 请假程序

第二十六条 乡镇长副固事请假事先应呈报县公署核准后方能离职假满并须将销假日期呈报备案各职员请假由乡镇长酌量给假但在三日以上者乡镇长须呈报县公署备案

第二十七条 乡镇长请假时其职务由副乡镇长代行之职员请假时其职务寄托他人代理之

第二十八条 乡镇公所职员请假时应将其请假原因及日期（由某日起至某日止）登入请假簿以备查考

第二十九条 职员请假后遇必要时可以请假但日期最多不得超过两星期第六章乡财政收支办法

第三十条 司计员承认乡长之命令办理现金出纳无论任何收入或支出未得乡镇长许可司计员不得随意列收或列支

第三十一条 乡财政之收入以乡亩捐为主征收办法用三联单制先以一联开列应纳款数及缴款日期通知民户纳款时制给收据一联一联寸乡备查

第三十二条 现金支出无论巨细须取收据按月粘存于单据粘存簿内以备抽查

第三十三条 乡财政之收支记载均用新式簿记随时使用缴票每日须结清一次送交乡镇长审核盖章以昭郑重

第三十四条 乡公所职员薪俸丁役工资均于每月月终发给但不至发薪日期经乡镇长核准后得发给接济金发薪时按亩控留之

第三十五条 员役接济金于每月十日后方准发给但数额不得超过薪工总额二分之一以上职员的精神态度

第三十六条 乡镇公所职员应灭私奉公勤慎耐劳忠于职守勇于服务并须头脑清晰对新时代有相当认识与了解

第三十七条 乡镇公所对往复文件无论巨细要随到随办不得压

第三十八条 乡镇公所推行乡镇事物要除旧布新力谋致善不得墨守旧习顽固执拗

第三十九条 乡镇公所职员应自肃自戒注重礼貌同仁间截长补短和衷共济以共策乡镇之进展

第四十条 乡镇居民如至乡镇公所接洽事物或咨询事项职员应以诚恳态度对答以期感情融洽办事便利不可稍存傲慢

第四十一条 乡镇公所职员遇紧急事件应保持镇静态度平心办理不可荒唐贻误事机

第四十二条 乡镇公所遇有机要事件职员应严守秘密不得宣泄以重公务

第八章 附 则

第四十三条 乡镇公所职员办事权限如有争议时由乡镇长决定之

第四十四条 本细则如有未尽事宜得临时由县公署修正之

第四十五条 本细则自公布之日施行

【资料2】**昌黎县第四区泥井镇公所民国三十年度岁入岁出决算表**

岁入经常门

岁出经常门

科目	全年预算数	全年实收数	比较		
			增	减	
庙产收入	10000				
公地收入	25000	9000		16000	
公款生息					
收入					

续表

科　　目	全年预算数	全年实收数	比　　较		
			增	减	
乡亩捐收入	3523400	7373143	3849743		共地 3762845 按 19583 内有另费抱尾洋 81 元 2 毛 2 分
学费收入	100000	102600	26000		
案租收入	20000	50000	30000		
田房交易抽收学款	45000	6046		38954	旧管 3878 除欠
其他收入		26522			
合　　计	3723400	7567311	384329		

科　　目	全年预算数	全年实支数	比较		说　　明
			增	减	
职员薪俸	216000	291753	8253		镇长每月支出 45 镇副月 37 书记三人指导员一人月各支 25 司计事务员平均月支 35
乡丁工资	48000	78428	30428		乡丁二人月支 20 元外用当卫团二人计 5 个月月各支 30 元共如上数
办公费	88800	143523	54723		文具 368 元 3 印刷 124 元 87 新闻 17 元 7 薪炭 552 元 89 消耗 279 元 05 杂费 2 元 32
备品费	18000	54252	26252		什器费支 485 元 48 电话费支 57 元 04
旅　　费	36000	161685	125685		
爱护村费					无此项目
建筑费	60000	82190	22190		建修桥梁道路实用数
津　　贴	66000	82417	16417		津贴职员乡丁
交际费	18000	18000			
学校经常费	1097000	1267741	170741		
学校设构费	250000	157584		112416	内有县署债千元在内

续表

科目	全年预算数	全年实支数	比较		说明
			增	减	
校舍建筑费	1500000	3794080	2294080		
保长办公费	24800				
自卫团费	165600	13704		33896	杂费258元34劳力25元自卫团费17元7服装101元6
预备费	144000	274586	130586		
其他	794168				三十年余金备作三十一年经常费
合计	2723400	7567211	3843911		

【资料3】**昌黎县第四区泥井镇公所民国三十一年度岁入预算书**

岁入经常门共53726元

科目	全年度预算数	每月份预算数	说明
第一款乡公所收入	5372600		
第一项乡亩捐	5148600		
第一目乡亩捐	5148600		
第一节乡亩捐	5148600		全乡共地37628亩45亩平均分配每亩分摊186828元摊如上数
第二项款产收入	25000		
第一目款产收入	25000		
第一节款产收入	25000		主乡及副乡全半出产共如上数
第二节基金生息	无		
第三项学费收入	114000		
第一目学费收入	114000		
第一节学费收入	114000		全年高级一班半共60名每人4元计240元初级班共15班计学生600名除免费150名外余450名每名收学费2元共计900元全校高级学生共收入上数
第四项杂收入	85000		

续表

科目	全年度预算数	每月份预算数	说明
第一目杂收入	85000		
第一节 田房交易抽收学费	45000		全乡之田房交易县抽之学堂捐全年共收入上数
第二节案租	4000		查副乡里并无案租仅主乡全年共收如上数
第五项商会补助金	无		
第一目商会补助金	无		
第一节商会补助金			
第六项其他收入	无		
第一目其他收入			
第一节其他收入			

岁出经常门共 39038 元

科目	全年度预算数	每月份预算数	说明
第一款乡公所经费			
第一项职员薪俸	696000	58000	
第一目职员薪俸	696000	58000	
第一节乡副长津贴	132000	11000	乡长一人月支津贴 60 元镇长一人月支津贴 50 元共支如上数
第二节 司计事务员俸给	18000	15000	事务员一人司计员一人各月支 50 元保甲事务员一人月支 50 元共支如上数
第三节书记薪水	384000	32000	乡公所书记四名四个联保各镇书记一名总计八名月支 40 元共支如上数
第二项工资	324000	27000	
第一目工资	324000	27000	
第一节乡丁工资	324000	27000	乡公所用乡丁 3 名 4 个联保用乡丁 6 名总计 9 名月各支 30 元共支如上数
第三项办公费	96000	8000	

续表

科　　目	全年度预算数	每月份预算数	说　　明
第一目办公费	96000	8000	
第一节文具	18000	1500	纸张笔墨等约支如上数
第二节书报	9600	800	图书报纸共支如上数
第三节簿册印刷	14400	1200	簿册印刷共支如上数
第四节消耗	21600	1800	茶水灯油等共支如上数
第五节薪炭	20400	1700	
第六节杂支	12000	1000	杂项费用共支如上数
第四项设备费	36000	3000	
第一目设备费	36000	3000	
第一节备品费	24000	2000	关于乡公所设备桌椅及办公用具等项约支如上数
第二节营缮费	12000	1000	修葺乡公所房屋掭棚等约支如上数
第五项房租费			
第一目房租费			
第一节房租费			本镇系占用公有房屋故无房租费
第六项公旅费	60000	5000	
第一目公旅费	60000	5000	
第一节旅缮费	60000	5000	职员出差须遵照县规预支旅费不得超过
第七项修筑费	360000		
第一目修筑费	360000		
第一节道路桥梁修筑费	360000		全乡共有桥三架均改修石桥约计需条石　石灰工资共如上数
第八项电话费	7200		
第一目电话费	7200	600	
第一节电话费	7200	600	
第九项教育费	1925000		
第一目教育费	1740000	145000	
第一节高级班经费	240000	20000	上半年高级一班下半年高级两班共支如上数关于详细由郭校长另行预算
第二节初级班经费	1500000	125000	初级班共15班共支如上数关于详细由郭校长另行预算

续表

科　　目	全年度预算数	每月份预算数	说　　明
第三节设备费	185000		立分校派购书桌 100 张每张 16 元桌 10 张每张 15 元，办公桌 5 张每张 20 元共需如上数
第十项警备费	399600	33300	
第一目警备费	129600	10800	
第一节 自卫团班长薪水	48000	4000	自卫班长一名月支 40 元
第二节自卫团费	81600	6800	津贴自卫团员公出旅费全年约支 600 元文具消耗费全年约支 120 元自卫团忠于勤务做事勇敢此配给奖励金全年月 96 元
第二目保甲费	270000	22500	
第一节保长办公费	78000	6500	每保长月支津贴五元
第二节 联保办公处杂费	48000	4000	每保长支 120 元计四个联保共支如上数
第三节 联保办公处办公费	144000	12000	每保长支 30 元计四个联保全年共支如上数

岁出临时门共 14688 元

科　　目	全年度预算数	每月份预算数	说　　明
第一款 乡公所临时费	1468800		乡公所临时费全年共 13365 元教育临时费全年共 2940004 共需临时费如上数
第一项 服装费	145800		
第一目 服装费	145800		
第一节 乡公所职员服装费	36000		镇长副及事务员司计员每人津贴 40 元书记 8 人每人津贴 20 元保甲事务员一人津贴 40 元如上数

续表

科　　目	全年度预算数	每月份预算数	说　　明
第二节 自卫团服装费	109800		自卫团50名每人1身共50身每身12元5角乡丁9人需夏季制服9套每套12元5角冬季制服9套每套15元冬季棉大衣9身每身25元共支如上数
第二项 烟火费	117000		
第一目 冬季烟火费	117000		
第一节 乡公所烟火会	62000		每年按12，1，2，3，4个月支用
第二节 学校烟火费	85000		全校共17班14烟火费如上数
第三项 建筑费	830000		
第一目 建筑乡公所费	830000		
第一节 建筑乡公所费	50000		改修本镇公所门约支如上数
第二节 学校建筑费	780000		立校建筑校舍北房4间每间以600元计算需2400元改修房前面12间每间以150计算需洋1800元。20间每间以25元计算需洋500元立分房顶62间每间以50元计算需洋3100元，需洋如上数
第四项 看护青苗费	96000		
第一目 看护青苗费	96000		
第一节 看护青苗费	96000		用自卫团8名每人月支30元共4个月计支如上数
第五项 乡公所职员受训费	20000		
第一目 乡公所职员受训费	20000		

续表

科 目	全年度预算数	每月份预算数	说 明
第一节 乡公所职员受训费	20000		乡公所职员受训约支训练费如上数
第六项 救济费	100000		
第一目 救济费	100000		
第一节 救济费	100000		关于救济〔1〕张贫民及办理其他救济事业约支救济费如上数
第七项 预备费	120000		
第一目 预备费	120000		
第一节 预备费	120000		遇有特殊费用〔2〕其他项目〔3〕核准后并提交乡镇会议通过方由此科目动支
第八项 征送新兵费	40000		
第一目 征送新兵费	40000		
第一节 征送新兵费	40000		每年两次每次200元共如上数

6月7日

七班十一房　户粮房　田赋的折纳　杂差　社书　地方　土地清查

应答者　赵广学（县财务科，库款股科员）

地　点　县公署

【财务科的组织】县里的财务科是怎么分配的啊？ =分为省税和县税。

那个组织是不是有库款和县款啊？ =一个科长下面有省款股和库款股。

税契室算在哪个部门啊？ =属于省款股，田赋也是属于省款股。

---

〔1〕 译者注：原文字迹无法识别。

〔2〕 译者注：原文字迹无法识别。

〔3〕 译者注：原文字迹无法识别。

田赋在哪里征收啊？=田赋经征处。

经征处的人在财务科职员名簿里吗？=不在，原来经征处是这边的书记过去征收的，根据省令遵守规程，设置了一个主任，两个事务员，七八个书记。

经征处那里征收的只有田赋吗？=将来契税也在那里征收。

【税务征收局】其他的税呢？=县里不征收牙税，牲畜税，当税，营业税，屠宰税，烟酒牌照税。

那在哪里征收呢？=在税务征收局。

什么时候出现的啊？=民国三十一年1月，民国三十年之前还是县里征收。

【应答者的经历】你是哪一年来到县里的啊？=民国元年，我17岁的时候。

接下来还有谁来这里比较久了啊？=书记里面有两个是民国十四年来的，另外屠宰场里有个姓张的人，今年60多岁了，他比我还要早十几年来这里。

你来到县里之前是做什么的啊？=去了昌黎县的学校。

【户粮科】民国元年，你加入了县里的什么科啊？=户粮科。

以前就叫户粮科吗？=这种叫法是正确的，但是也可以叫粮房。

它是在县里还是县外啊？=民国十四年之前，房都不属于县，之后就加入到了县公署。

【七班十一房】那个时候有什么样的房啊？=有户总房，库房，工房，兵房，礼房，吏房，刑房，召房，户粮房，堂房（承发房），户北房，礼房和户北房是一样的房子，这就是十一房，七班是另外的，其中刑事是由补班负责的。

这些房之中，有没有原来就属于县公署的啊？=七班十一房都在县外，门房（收发室），账房，县长，科长（没有科的区别，只有一个科长）属于县公署，县长要找七班十一房有事的时候就通过门房把他们叫过来。

【户粮房】你加入了哪一个房啊？=户粮房。

那是做什么的啊？=原来田赋要征收银子，米，豆，草；户粮房征收米，豆，草。

【户总房、户北房、工房】户总房是做什么的啊？=户总房只征收银子，户北房也征收银子。

户总房和户北房有什么不同啊？=工兵礼吏的各房和户北房都是征收银子的，他们收完银子之后一起带去户总房合计，库房是做税契的，工房就相当于现在的税务征收局，另外工房也征收一部分的银子。

【兵房】兵房是做什么的啊？=相当于现在的警察和军队，还要负责警察的更迭。

以前有警察吗？=有警察所，军队的话有陆军和准军（海军），以前县里不能直接支配陆军和准军，相关的文件都是兵房负责的。

【七班和帮审】七班是警察吗，有什么不同吗？=七班负责县里的事情，警察负责治安的事情。

七班负责的县里的事情是什么啊？=补班负责刑事，其他的六班负责民事，还有土地，家，债务等的官司。

打官司的话班里要做些什么啊？=送达，传人。

以前有承审官吗？ =有帮审。

七班和帮审不一样吗？ =帮审就是现在的承审官，七班大概就是现在的行政警，6 个班分配了日期，1 日到 2 日是头快；6 日到 10 日是头壮；11 日到 15 日是头包，16 日到 20 日是二快；21 日到 25 日是二壮；26 日到 30 日是二包负责。补班不管什么时候有刑事，都要出勤。

这 6 个班，如果是泥井的话，有没有规定谁去啊？ =只有和公事（布告通知）相关，就是二壮去第四区（莫各堡），泥井等；头快去裴家堡，二快去蛤泊堡；头壮去靖安堡，头包去石各堡；二壮去莫各堡，二包去套里堡，催人的话就依照上面的日期。

这到什么时候就没有了啊？ =直奉战之后民国十三年十二月七日，奉军第八旅副官长的儿子作为代理县长实行了改组，改革的时候，因为要破除旧习，所以很困难，那时候把原来的卷宗全部杂乱地丢进了仓库。

七班在哪里啊？ =县的衙门外附近。

【征收田赋的房—工、兵、礼、吏】工、兵、礼、吏各房征收的银子是什么啊？ =田赋。

现在是田赋征收室征收田赋，工、兵、礼、吏各房还征收吗？ =是的，之后改革了几次，只征收洋钱，一两银子等于 2 元 30 钱的洋钱。

这么一来的话，各房的社书就不一样了啊？ =不一样，社书的呈文交给户总房，社书受户总房的支配。

工房征收的田赋是工房……？ =不一样，所有田赋都要交给户总房，然后户总房再交给县里的账房。

这么一来的话，各种费用都是账房给吧？ =是的，吏、户、礼、兵各房根据田房的征收可以多赚一点。

【不征收田赋的房——刑、召】刑房不征收田赋吗？ =只负责刑事。

召房是什么啊？ =录士也就是裁判的书记。

【礼房】礼房是什么啊？ =和教育科是一样的，而且征收田赋。

【吏房】吏房是什么啊？ =掌握官吏的更迭和进退，而且征收田赋。

吏房是现在的什么啊，秘书吗？ =是的，不受各科支配，只受秘书支配，以前也是这样。

【堂房】堂房是什么啊？ =收发，农民的诉讼全部是堂房受理，而且到县里的工事呈文都要在堂房登号，这里也征收田赋，抚宁衙钱粮是吏房征收的。

堂房和门房不一样吗？ =门房在县长的收发室，堂房在县公署外。

一般的，如果看了县志的话，是不是科房分配在县公署的前面和东西呢？ =应该是这样的，实际上建在公署的外面，只有补班在县公署里面，因为要看守牢狱。

【库房】库房是做什么的啊？ =管理税契和官中牙纪，库房负责税契的诉讼，这里不征收田赋。

【户总房、户粮房、户北房】想听一下关于户总房、户粮房、户北房 =户总房也征收田赋，另外其他房征收的田赋都要带到此处集合，以前在县里十一房工作的叫住房，但是，刑房的人去了乡村，会负责刑事，这样的农民不常见，其他房也不是这样的，户粮房不征收银子，征收米，豆，草；户北房还是征收银子，另外还负责民事诉讼，地亩诉讼，旗地的官司。

【户粮房的职员】你加入的户粮房在哪里啊？＝一个叫东花园的胡同里，那里只有这一个房。

只有这个房的话，是不是和其他的房一起合为一个房了啊？＝不是。

有几个人啊？＝一般是七八个人，开征的时候人比较多。

你为什么会加入户粮房啊？＝被人推荐进去的，因为有亲戚朋友在那里工作。

月工资是多少啊？＝没有工资，民国七年的时候月工资是7元，那个时候也有了书记这个称呼，之前没有名称。

户粮房的主任是代代相传吗？＝昌黎县不是这样的。

是怎么做到相关职位的啊？＝开始的时候没有工资，工作见习，民国七年有了书记，当主任的是叫经书，户粮房的人受经书的支配，这个经书不做了的话，就下一个人做。

【户粮房职员的报酬】月工资是怎么算的啊？＝账房每个月给工资，十几个人中只有四五个人有，工资也是渐次上涨到12元，17元的，只有工资是不够生活的，所以做好事，征收银子之外的东西。

将银子交到户总房的时候，会扣下一成当作手续费吗？＝没这回事，每一两银子征收2元310钱的话，就会征收2元510钱，其他的人就会指着有工资的人叫他们老总，老总赚得很多，之后改革了，工资稍微变多了一些，就不做好事了，从一开始的没有工资到老总的出现，一年收了数千吊的钱，最初的见习和伙计差不多。

【户粮房的米豆草折纳】户粮房征收米，豆，草，民国元年也是这样的吗？＝民国六年，定了价格，于是征收钱了。

每年什么时候带米豆草过去呢？＝春天（上忙）缴纳银子，秋天（下忙）缴纳封粮也就是米豆草，一年分为两忙。

下忙是什么时候到什么时候啊？＝从阴历九月十五日到年末，上忙是阴历三、四、五月。

听说侯家营的晚了，拖到次年的二三月才缴纳的？＝上忙的时候，比如说要缴纳5000元，只缴纳一点，年末也不能缴纳完的话，社书自己先垫着然后再去征收。

下忙是缴纳封粮，如果没有缴纳的话，社书要去缴纳封粮吗？＝原来米豆草是县里定价格来缴纳的，那个价格是由县里随意决定的，可能比市价还高，没有缴纳的话，社书先代替缴纳，然后再去征收，所以这个价格可以随意决定。

你到县里来的时候也带来了米豆草吗？＝161亩2分8厘的土地缴纳一斛的米，这一斛米用昌黎县的市斗来算的话是1斗8，土地达不到这个亩数的就缴纳钱，缴纳一两斛米的大地主纳税时是不需要社书的，社书要去征收的是土地很少的家庭，价格换算本来就高，再由社书一弄价格更高了。

【本折兼收】那么有带着钱去户粮房的吗？＝带钱去的有很多，带现物去的人很少，把这个叫本折兼收。

我认为以前都是缴纳米的，什么时候开始征收小额的钱的啊？ = 如果是公事的话，就当作本折兼收听民自便，实际上是土地多于 160 亩才缴纳钱的。

你知道是什么时候变化的吗？ = 不知道。

户粮房是希望带米过去还是希望带钱过去啊？ = 米直接带去账房，钱带去总房，户粮房希望带钱过去。

就算户粮房希望农民带钱过去，也什么都不跟大地主说吗？ = 是的。

土地超过 160 亩才缴纳钱，这是什么时候决定的啊？ = 年代太久了，不清楚。

【粮房的仓库】账房的米是怎么处置的啊？ = 放到粮房的仓库里，在账房记在纸上，然后带过去。

那个仓库在哪里啊？ = 在现在的红十字会。

【粮房的收入和职员的报酬】那个仓库是由哪里管理啊？ = 粮房年末征收结束的时候就卖了，根据那个价格，征收员大赚了一笔，原来的县长和经书做了很多好事，没有称呼的散书也只是看了一下，工作了很长时间，成了书记，但是必须得交钱。

交多少啊？ = 做经书的见习的时候花了一两百元，一般的人就算交了四五百两也做不了经书，见习做到民国七年的时候，一年要交二三百吊作为饭钱，民国七年，成了书记之后，不能再赚钱了。

【米豆草的换算】如果带米去的话，检查米好米坏严格吗？ = 到这里缴纳的人不带坏米来，当时户粮房的米的总额是 3695 石 5 斗 59，实际上缴纳的米是 1800 石左右。

上外有豆草吗？ = 每亩必须缴纳米，豆，草，银子这 4 种，米是每亩缴纳 1 升 2 合 4，豆是每亩缴纳一亩，米是每一斗米缴纳 3 升 1 合 4，草是每一斗豆缴纳 6 分 6。

6 分 6 的草是什么啊？ = 我加入户粮房的时候已经没有了，原来有一轮，那是一东，它的十分之一就是一分。

你加入户粮房的时候还有豆草吗？ = 我加入的时候，草换成了钱，102 钱（两个铜子儿）是一东。

带了米来的人也缴纳钱吗？ = 米和豆是现物，草是钱。

米和豆是缴纳到民国六年了吗？ = 是的，之后是钱。豆是一石 4 元 50 钱，米是一石 5 元。

这个价格每年都一样吗？ = 之后是按命令来，米是 3 元 20 钱，豆是 2 元 76 钱。

草呢？ = 从民国六年开始到民国二十二年一东是 2 分 4。

民国元年之前，草一直都是一东 102 钱吗？ = 是的，从民国二十二年开始变成了洋钱。

不管什么土地，米豆草都是一样的吗？ = 是的。

银子也是一样的吗？ = 一样的，也有土地只缴纳银子。

有没有土地只缴纳米豆草吗？ = 没有不缴纳银子的地方。

银子是每亩征收多少啊？ = 4 分 3 厘，大部分的土地是 4 分 3 厘。

只缴纳银子的土地是怎么算的呢？ = 还是 4 分 3 厘，我不知道是什么时候定下来的。

【外社只纳入银子】那是外社还是内社啊？ = 民社缴纳米豆草和银子，外社只缴纳银子。

临归衙地是征收什么呢？=只征收银子。

有没有征收银子特别高或特别低的啊？=社书知道地目和亩数，大致上都是4分3厘。

有没有征收米豆草特别高或特别低的啊？=价格是不变的，但是根据房的随意计算，价格稍微会变化，现在比从前方便多了，以前征收米豆草和银子要交到4个地方，现在统一征收银子。

米豆草不是只在户粮房吗？=分别放在户粮房的米栏、豆栏、草栏。

【换算率的变化】从民国元年到民国六年，米豆的换算率变化了吗？=每年根据粮食的价格变化，其中，米是7吊65，豆是5吊49。

民国六年开始变化的吗？=没有，刚有说过，民国十年左右稍微便宜了一点。

民国二十二年是怎么样的啊？=米豆草和银子加起来，小地是每亩洋钱3分8，小地是四亩，按一亩大地来计算的。

【大地和小地】每亩3分8怎么计算的啊？=银子是按一亩大地来计算的，就是4分3，把它4等分就是一亩小地要征收的，和米豆草一小亩的封粮合。起来就是3分8，这个时候社书会集合起来商量，相当困难。

大地之外，为什么还有小亩啊？=民国二十二年之前，就算买了4亩地，县里过割的时候也要算作一大亩，之后只使用小地。

前清开始就这样了吗？=以前就是这样的，民国之后什么都改革了。

【田赋的等级】侯家营的田赋征册上除了3分8厘之外，好像还有别的其他的，一共有几种啊？=有3分6，3分4，3分2，2分8，2分6，2分4。2分8厘大概是以前只征收银子的土地吧，大部分是3分8厘，其他的就很少了，他们是外社，下次土地清查的时候，规定以前没有缴纳钱粮的土地按上地30钱，中地15钱，下地3钱来缴纳。

【警款】民国元年的时候，除了让农民缴纳田赋之外，还有缴纳其他的吗？=没有，民国六年开始征收警款了，每一小地征收1分5。

那个时候也有小地吗？=小地只征收警款，一亩当作四亩。

农民使用的亩也是小地吗？=以前开始是小地。

【杂差】去农村的时候，有杂差了，这是什么啊？=乡里如果有费用的话就摊款，和县里没有关系。

【县亩捐】县里年末会征收不足的费用吗？=不会，以前只征收田赋和警款，现在只征收亩捐，今年是每亩45钱。

【杂差的用途】去村子里一问，说杂差是加入到七班的钱，是吗？=那是县里私下做的，二壮是莫各堡，地保是年末收集起来，有时候送给二壮。

每年不是固定的吗？=不是。

【一、二、三科的成立】接下来，民国十三年，发生了大改革，七班十一房都没有了，变成了科，这是怎么回事啊？=变成了一、二、三科。

都变成什么了啊？=门房（收发室）和账房没有变化，分为三科，每科有一个书记长，而且还有一个科长，这个成为了今天的秘书科长，各科的书记长就成了今天的主任。刑，召房属于第二科（司法），其他的在第一科和第三科，不到一年，就全部归于第一科了，一科和三科工作是一样的，不能分开，从民国二十五年七月一日开始，冀东政府出现了，经过改组，就成了内务科（后来的总务科），财政科，建设科，警察所。

【财务局】财务局是什么时候成立的？ =民国十八年在县外成立的。以前是地方机关，后来是县款股，之后和财务科合并了。

这是县知事监督的吗？ =县知事监督，有局长。

【账房】它和账房的关系怎么样啊？ =原来账房是田赋关系，财务局负责警款，建筑，教育等各项款项。

民国二十五年的改革之后，账房有什么变化啊？ =就那样保存下来了，民国二十七年开始附属于秘书室，出现了庶务科，就是这个样子的。

【七班的废除】民国十三年的大改革中，七班有什么变化啊？ =七班解散了。

之后有人成为警察了吗？ =没有。

有人成为行政警了吗？ =有几个人吧，现在有政务警，属于警察所。

【田赋征收处】田赋征收处是什么时候出现的啊？ =今年开始有了规定，旧的财务科有几个人在负责。

民国十三年的大改革之后，在哪里征收啊？ =之后的一两年是在外面借用民家，之后就移到了大堂里。

那时是从第一科过去还是在粮房里做啊？ =从第一科过去。

之后在县里有征收吗？ =是的。

那个有主任吗？ =没有，开征期临时雇了个书记。

那里面，像你这样在某房任职的人多吗？ =不多，只有一两人。

现在的征收处没有房里的人或社书吗？ =没有。

【社书的废除】社书是什么时候不做的啊？ =去年。

有相关的卷宗吗？ =没有命令和通知，因为有田赋征册，所以社书自动就辞掉了。

社书不能吃饭的话会很困扰吧？ =有社书的话，对农民来说是很便利的，因为稍微多给一点钱给社书，社书就会来取。

这个县城里没有人做过社书吧？ =没有。

这附近哪里有人做过社书呢？ =绕湾庄。

因为社书辞掉了，会因为迫于生计而不来吗？ =就算是以前，只靠收入，社书也不能生活下去，所以没那样的事。

【社书的作用】社书过去是做什么的啊？ =催促钱粮，买卖土地时做过割，垫付钱粮，制作征册等。

如果做过割的话，要收多少钱啊？ =每亩二三十钱。

在哪里过割啊？ =每年正月二十来城里过割，在城内的宿屋。

社书都在那里集合吗？ =农民的土地的买方都来这里过割。

社书有没有去村子里过割啊？ =一般社书来村子里催促的时候就写在纸上，在账簿里写上30日社书都集合了。

农民有来过哪里吗？＝有来过。

来村子里的时候也有人过割吗？＝有。

【社书的收入】社书的收入是什么啊？＝过割费，以及垫付钱粮的时候稍微收一点钱。

做征册的话，县里一点钱也不给吗？＝不给。

【社书的轮换】可以随意更换社书吗？＝有一个总社书，要罢免某个社书的话，要得到总社书的同意。

有新社书的时候，不用花钱吗？＝有一点，但是没有经书那么贵。

【总社书】总社书有几个人，都在哪里啊？＝有3个人，在柳河（张），柏各庄（孟），绕湾庄（陈）。

他们都是有钱人吗？＝是的。

可以一直做多少年啊？＝有做十几年的，也有做8年的。

总社书是怎么当上的啊？＝和社书一样，要辞掉某个总社书的时候，就找另一个人来接替，不是世袭的。

【地方】地方是什么啊？＝办理官事的。

什么时候没有的啊？＝民国二十四年左右。

为什么不做了啊？＝县里没有规定，没什么必要，所以就辞掉了。

这附近有做过地方的人吗？＝地方是农民，看起来像坏人，好人是做不了地方的。

为什么啊？＝因为会虐待农民。

【土地清查】土地清查是怎么做的啊？＝按照县政状况写入民国二十八年的查报表里，根据冀东区警备司令的命令，招募50名地籍员，花3个月的时间清查，根据此次清查，土地台账就做出来了。

这个要做3册，分别给县里，乡里和村里吗？＝做了账册之后，有交到这里的，也有不交到这里的，之后根据河北省的命令清查田赋，从民国二十九年五月二十日开始，在原来的地籍员里挑选出16名，田赋查报表就做出来了，乡里一册，县里一册。根据这次清查，县里做出田赋征册，然后征收田赋。

县里有人过去吗？＝是的。

结果土地增加了吗？＝增加了3000多顷，清查之前是15934顷47亩465，清查之后是19000多顷。

税也增加了吗？＝增加了。

村子里是什么时候做出地亩台账啊？＝根据查报表来做，做好之后，以前的台账就无效了。

以前有做过这样的清查吗？＝没有。

之前什么调查都没做过吗？＝什么都没有，以前只有田赋，没有调查。

【验契】有做过验契吗？＝民国十八年以后做过。

如果是白契的话，会让税契吗？＝只让红契税契，民国以前检查红契。

民国初年没有吗？＝这也是前清的红契。

为什么要验契啊？=调查前清而不是民国。

红契如果搞错了的话，要交罚金吗？=不知道真假，只是见到了就按印。

不需要手续费吗？=一张60钱。

6月8日

官旗产清理 田赋收据的说明—田赋警款、粮捐、拨补地等 牙杂税 派人 勘灾

应答者 赵广学（财务科库款股科员）

地 点 县公署

【官旗产清理】官旗产清理是什么时候开始的啊？=清理处是民国十五年才有的，从民国十七年开始停了一年，然后从民国十八年到民国二十二年又继续，因为事变停止了。从民国二十三年开始又恢复了，一直持续到民国二十八年五月。

都做些什么啊？=民国十五年的时候，致力于旗地清理，之后没有旗地了，就卖了县所有的荒地，然后升科了。

有多少亩旗地啊？=清理之前不清楚，清理的同时也升科了，从民国十五年开始到民国二十八年之间，升科的钱粮增加了7000多元。

不知道亩数吗？=从民国十五年到民国二十八年这13年间，举行了几次或停止了几次都不清楚。

那个卷宗在哪里啊？=不知道，在县公署之外。

在哪里啊？=在城内，主任，调查员和办事员有十几人。

那时从事旗地清理的人有在县里任职的吗？=没有。

清理全部结束之后，就没有旗地了吗？=全部都没有了，就算有也不说。

其他的县里不清理旗地，雍和宫等的庙产来取租籽，这里是什么情况啊？=没这回事，这里只有学田地，没有旗地。

旗人，内务府和钟杨宅不来取吗？=不来。

【省款】省款是跟收入比较表一致的吗？=是的。

我想知道关于省款实际征收的东西，而不是它的额征数，是什么样的呢？=因为一切都是包办的，所以不知道。

这其中不是包办的是哪一个？=当税，营业税，田赋契税。

契税的话，民国二十九年和民国三十年的是一样的吗？=这是省里决定的额度。

实际上的征收额是多少啊？=民国三十年度的时候是95600元，民国二十九年的时候是133000元，今年省里的定额增加了，变成110000元了。

【田赋收据的说明—千社、东钱】我想先听一下关于田赋的东西，下面是从侯家营保长刘子馨那里得到的田赋收据。

执　照

昌黎县知事汪　为警款随银带征事据
(千)社屯　甲花户　(刘)(万)〇　完纳
辛西年分警款东钱(壹)(千)(五)(百)(文)　整
中华民国(十)年(十)(一)月(十)(七)日
县　根据被印刷的满文字的花押
花户完纳倘有误写舛错重复限五日内赴柜更正如违查究

〇里是后填写的。

千社是什么？=叫作千字拨补，拨补分为24字。

民社分为27社。警款是1吊500文东钱。

东钱是什么啊？=根据京东钱法，当时每16张铜元就是一吊。

【警款】警款随银带征是什么啊？=同时缴纳警款和田赋。

警款是什么啊？=是警察的薪水。

是什么时候有的啊？=民国六年，以前是按牌摊款。

这是杂差吗？=不是，原来县里有警察所，村里有警董，警董有责任收集警款。

民国之前就是这样的吗？=是的。

警董和村里的董事是一样的吗？=分为六堡，每个堡里有一个警董。

到什么时候就没有了啊？=民国六年以后就没有了。

和保正不一样吗？=不一样，警董像绅士一样。

按牌摊款，一年是几次啊？=必要的时候就随便征收，每个月警董找村正和村副征收。

民国六年之后变成多少了啊？=小地是每亩450文。

这个持续到什么时候了啊？=之后变成了一分五，我觉得是民国十年左右吧。

这个一分五持续到了什么时候呢？=持续到了民国二十九年。

这个在哪里缴纳啊？=在银柜缴纳，银柜交给账房，账房再交给警款事务所。

不是交给财务局吗？=民国十八年财务局才成立，警款事务所就被废除了。

【教育费】教育费是什么时候有的啊？=原来包含在杂税留拨和契税附加里面，之后，从民国十五年开始就和钱粮一起征收了。

多少钱啊？=一小亩三厘大洋。

持续到什么时候了啊？=持续到民国三十年了，到民国三十年为止都是三厘。

【杂税留拨】杂税留拨是什么啊？=比如说牲畜税是45250元的话，县里每年就扣除16410元，屠宰税的话，就从38900元里扣除4850元。

【与田赋一起征收的县里的费用】和银子一起征收的除了教育费和警款之外，还有什么啊？ = 自治费七厘（民国十六年以后），建设费四厘（从民国二十年还是二十一年开始的），保卫团经费三分五厘（民国二十三年），警款一分五，教育费三厘（从民国二十年还是二十一年开始的），合起来就是五分四，一直持续到了民国二十九年。

【田赋收据的说明—乐豆、千字拨补】下表写着花户完纳等等，有没有缴纳错的啊？ = 几乎没有错的，一个村子只有一次。

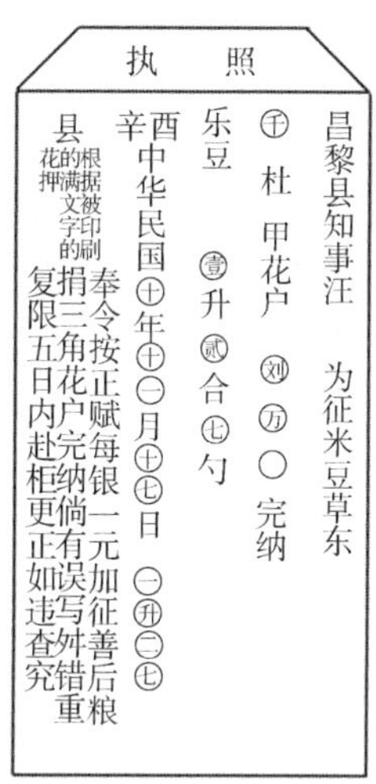
执　照

昌黎县知事汪　为征米豆草东

千　杜　甲花户　刘　万　〇　完纳

乐豆　壹升贰合七勺

西　中华民国十年十一月十七日　一升二七

辛

奉令按正赋每银一元加征善后粮

捐三角花户完纳倘有误写舛错

复限五日内赴柜更正如违查究

县

根据被印刷的满文字的花押

（注：上图有红色的“粮捐奉文取销”的印）

为征米豆草东是什么啊？ = 征收米豆草。

用红色按的乐豆的印是什么啊？ = 那是乐亭候补地的豆子，特别有一个柜子来征收乐亭的豆。

千字拨补是东亭拨补吗？ = 拨补里有抚宁卫，东胜卫等，千字是社甲的名字。

这是缴纳到昌黎在县内使用的吗？ = 送到省公署财政厅。

这个要征收多少啊？ = 一升二合七勺，下面的码字好像也是这样的。

要征收多少钱啊？ = 当时的价格不太清楚，当时大概是一石 2 元 76 钱，1 斗是一角 76，只看一下这个票还是不清楚。

【粮捐】上面写的奉令按正赋每银一元加征善后粮捐三角是什么啊？ = 这是军事特捐，每一元银加收 30 钱。

善后是什么啊？ = 为直奉战的善后粮捐。

粮捐是什么啊？ = 上头命令粮捐，根据钱粮来收取捐款。

那上面用红色表示的粮捐奉文取销是什么啊？ = 去年还有，今年取消了，为了不让征收者作假而按印。

【田赋收据的说明——乐米、乐草、衙退豆】

这些印是在哪里按的啊？ = 在柜里按印。

下一张票的东米的下面记录着什么啊？ =4 升 3 合。

通过这个可以知道亩数吗？=计算的话就出来了，一亩大地是一升2合4勺。

下下张票的乐草的下面写着什么啊？=2分7厘。

亩数不知道吗？=计算一下会知道，每一斗米是6分6的草。

下张票的社那里写着什么啊？=社名，写着侯汰，是侯字的柴汰。

按着衙退豆的印是什么啊？=是侯字的社里拨补的名字，是衙退的侯字。

退是什么啊？=不太清楚。

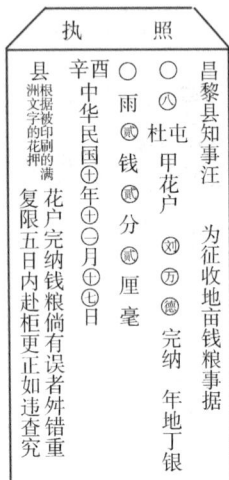

执　照

昌黎县知事汪　为征收地亩钱粮事据

○㊇屯
杜　甲花户　㊓㊄㊅　完纳　年地丁银

○雨㊁钱㊁分㊁厘毫

辛酉
中华民国㊉年㊉㊀月㊉㊆日

县（根据被印刷的满洲文字的花押）

花户完纳钱粮倘有误者舛错重复限五日内赴柜更正如违查究

【省发行的田赋收据】上面的钱粮票那里的字是什么啊？=是民社的名字，叫槐套社八甲，这个时候的票子不是从省里来的，是县里的木板随便做的。

什么时候开始是省里给啊？=民国二十三、二十四年开始省里来通知，说可以用了，但是，来不及的时候是具里做的。

确确实实一定要用省里的不可是什么时候啊？=最近的一两年。

【银元的换算】这是银，是2分2钱2厘吗？=是的。

洋钱是多少呢？=一两是2元30钱。

什么时候开始是这么换算的啊？=从民国初年开始。

有没有不能换算成2元30钱的土地啊？=民国十五年以前，旗地是两元。

【五项旗租】县里有征收的旗地吗？=五项旗租。

其他的呢？=没有了。

五项旗租是什么时候没有的啊？=官旗产清理处成立之后就把它卖了。

有多少亩啊？=不知道，两千几两的银子。

之前五项旗租，耕种的人每年是变还是不变啊？=旗地和民地性质一样，不会一直变。

钱粮票上面按了什么东西，是什么啊？=附加的30钱，没有征收。

其他票上写着中草的是什么啊？=民社分为前中后，那是中社。

【乐亭的拨补地】乐亭的拨补地和乐亭有什么关系吗？=不知道，原来就是那样。

和乐亭一点关系也没有吗？=传说从乐亭拨过了，应该把钱粮缴纳到乐亭。

【团——社九甲】其他的票上写着〇一九是什么啊？ =是团一社九甲。

【缴纳田赋的时期】是不是见刘子馨的时候，一次性将这个全部缴纳清啊？ =村民们不缴纳，社书来征收。

春秋两次缴纳有没有实行过啊？ =银是上忙和下忙收都可以，米豆草是下忙征收。

结果是一次就征收完了吗？ =一次就可以了。

有没有人是春天交银，秋天交粮的啊？ =也有，多数人都是不来上忙，一次缴纳完。

【滦县征收的土地】有没有从滦县征收的土地啊？ =有。

那是什么样的土地啊？ =土地不变，只是钱粮的地点不一样，不知道为什么。

现在也是从滦县过来的吗？ =土地清查之后，全部都在本县完成。

有那个时候的卷宗吗？ =没有。

滦县的收入减少了，有没有和滦县交涉一下啊？ =不知道原来昌黎县的农民缴纳到滦县的亩数，它知道土地清查的结果，但是不知道今后要不要缴纳，也没有记在田赋征册里面，土地清查的时候未必让登记滦县的土地，而是自动地记录下来，不知道县里有没有加入滦县的亩数。

滦县的社书还要去征收吗？ =不知道。

有没有不交给滦县，也不交给昌黎县的情况啊？ =可能有。

滦县和昌黎县有过交涉吗？ =没有交涉过，也没有联络过，社书从那边过来征收的时候也没有联络。

实有土地数目表上写着的划归飞地不是滦县征收的土地吗？ =这是卢龙县的东西，归昌黎县。有这个的卷宗吗？ =去年做了的，有卷宗。

【缴纳田赋的方法】农民直接带来田赋，还是收集齐了再带过来啊？ =直接带来。

也有一二十个人一起收齐了带过去的吧？ =也有这种情况。

有什么样的人啊？ =有农民，商人。

有没有以此来收取手续费啊？ =原来社书收了手续费，今年没有。

关于农民缴纳的田赋，有没有不知道自己要缴纳的额度啊？ =大体上都知道。

在征收田赋之前会不会分发通知票啊？ =出布告，命令乡长和副乡通知花户。

【亩捐】有没有和田赋一起征收的啊？ =没有，亩捐是直接从乡里来的。

去年的县亩捐是多少啊？ =去年是 22 钱；今年是 45 钱。

【增加亩捐】增加亩捐是什么啊？ =因为 45 钱不够，所以增加了 6 钱，现在获得了省里的许可。这是按照这个表来使用的。

兹将增加亩捐款项分配数目列后

计开

收入部分

一收亩捐 96850 元

支出部分

一县立女子中学增经费 8700 元

一建筑女子中学学生宿费 18200 元

—建筑文公楼3万元

—县立中学增加经费39950元

合计　　96850元

【契税】县里征收的除了田赋之外还有什么啊？=还有契税，今年开始只征收这两种。

契税率是多少啊？=买契税是正税6分，中学费6厘，附加6分，其中有1分5厘送到省里。

是不是交到省里的有6分6厘和1分5厘啊？=是的。

但是定额是固定的，那是根据什么固定的啊？=正税6分，那就是定额。

如果超过了定额怎么办啊？=超过的也一起全部交给省里，于是每10000元就能得到1700元的契税奖金。

当契税也交给县里吗？=一年交300元，很少。

【屠宰税】屠宰也有奖金吗？=是包办性质，现在屠宰场不收省税，而是征收地方款和查验费。

【当契税】什么时候要征收当契税啊？=用于立当契，防止打官司，没有人用作其他目的。

【猪小肠捐】猪小肠捐是什么啊？=有买小肠的包商，但是现在没有了。

预算表里有吗？=应该没有，曾寄到国外，但现在也没有人买了。

【屠宰捐】屠宰捐和屠牛公益捐性质是一样的吗？=是的，和屠猪查验费是一样的。

屠宰场收入的收场费检查费和以前不一样吗？=不一样，以前是捐款，现在是屠宰场的费用。

【车捐】车捐是什么啊？=以前一辆单套车是40钱，现在只有商会包办，缴纳1400元。

现在车捐的登记来了，这是什么啊？=是按省的命令每3元征收，还没有记录财政状况就全部送到省里了。还没有实行，不管是不是营业自用都要征收。

不写自行车捐吗？=警察所写，工本费20钱，在全县都有。

在屠宰场屠宰牛羊，那么猪呢？=猪也是要去屠宰场屠宰。

过年过节的时候，要屠宰很多，屠户只要交钱就行了吗？=过年过节，这么做应该可以吧，在屠宰场屠宰不完，就放跑了。

什么时候有征收单的啊？=民国三十一年一月。

【牙税附加和留拨】牙税的附加是给县里吗？=征收局每月给县里。

有定额吗？=去年是32110元，今年据说比去年少一些，不是定额，而是将征收的额度交给县里，过去，县里征收的时候是16792元的定额。

留拨也要给县里吗？=从今年开始，只有县附加交给县里，留拨不用给县里。

【牲畜税和牲畜牙税】牲畜税和牲畜牙税有什么不同啊？=牲畜买卖的时候，这两个都要征收3分，牙税附加是1分5厘，合起来是7分5厘。

为什么它们不一样啊？=牙税是佣钱，牲畜税是正税。

哪一个先出现的啊？=正税一开始就有了，很早以前就有了。

牙税是什么时候有的啊？ =民国十四年。

【留拨废除和亩捐增加】留拨减少了，县的预算会很困扰吧？ =亩捐因此增加了。

【包商】征收局成立之后，各区都有包商吗？ =大概都有吧。

包商一年可以赚多少啊？ =不知道，他们一直说亏了。

每一区都有一个的是什么啊？ =征收员。

征收员下面有没有分包的人啊？ =征收员雇了几个人，没有分包。

【派人】县里有叫农民去做什么工作吗？ =没有，道路修理什么的都不是县里直接做，而是让警察做。

要给钱吗？ =不给。

每人一年去几次啊？ =一个月一次。

【物品课征】县里有没有让农民交什么东西啊？ =没有。

鸡蛋或者草呢？ =没有。

有没有让派过车呢？ =最近五六年没有派过车，以前战争年代有派过。

要交钱吗？ =不交。

【勘灾和减免、缓征】有没有因为旱灾而免收田赋的啊？ =有水旱灾的话，村民会报告给县里，然后县长就会过去看一下，再给省里发呈文，如果得到许可了，就免收田赋。

有没有这么做过啊？ =近年来没有，民国二十八年的时候有，是水灾。

那时是减免还是缓征啊？ =要看灾难的轻重，成灾 4 分就缓征，成灾 5 分就减免 3/10，剩下的 7/10 就是缓征两年带征，民国二十八年是成灾 5 分。

民国二十八年以前有过吗？ =民国七八年，三四年的时候有水灾。

每年都勘灾吗？ =根据呈报来勘灾。

【宅地和坟地也要征收田赋】宅地要征收田赋吗？ =还是要交。

以前就是这样吗？ =是的。

坟地呢？ =也要交，账簿上面没有宅地和坟地的区别，有土地的话就全部登记。

没有不缴纳田赋的吗？ =那是遗漏的。

【不征收县亩捐的土地】实有土地数目表上写着的豁免摊款地是什么啊？ =道路用地，登记重复地和沙荒地不征收县亩捐。

田赋呢？ =所有土地都要征收田赋。

【资料 4】

昌黎县财政状况三十一年度

一、昌黎县财政状况报告

1 查本县三十年度牲屠牙杂各税共计额征洋二十五万五千三百七十元较二十九年度计增四成有余另外营业税查定数目共为五万五千余元按照二十九年度比较计增出二万元之多现已一律收清解库并不短缺

2 查本县土地于二十九年度清查完竣共计全县一万九千余顷比较以前计增出三千

一百余顷应征田赋七万九千余元大致征收完竣现正警备开始征收上忙手续中

3 查本县三十一年度地方款概算业经遵照省令编制裁减不急之需全年收支计为一百零一万零五百余元计亩捐每亩征收四角五分商捐全年征收九万元除警察警备队增加薪饷及建设费以外按照三十年度概算比较并未增加人民负担

4 查本县经征库款向系月清月款并不积欠

二、昌黎县公署三十一年度财政事务实施方针

1 补报漏登土地

查本县在二十九年度举行清查土地时因短促复因各民户观望尚有少数土地未能登记本署为确保民户产权起见特经规定凡民户漏登土地准豫免罚补登以资体恤

2 豁免沙荒不毛土地及护路沟与公路佔用民地县乡亩捐

查本县人民所有沙荒不毛土地或护路沟及公路佔用民地若一律担负县乡亩捐有失公允本署为体恤民艰起见特经规定关于上项地亩一经调查确实准豫豁免县乡亩捐以资平衡而舒民困

3 严厉禁止栽种罂粟

查罂粟危害最烈若不底绝禁栽种则遗毒于民不堪设想本署除令饬全县各乡镇公所及警察分所严厉禁栽种外其有顽固不遵者一经查觉随时予以拨除并严加惩办用清毒源而增加食粮生产

4 契税逾期免罚

查人民买卖田房投税期间省署规定为六个月逾期即行罚办乃本县人民尚有逾期年余或数年间不投税者似此偏重于区区之税款而致放弃产权殊有未合本署为顾念民艰起见特予布告民众凡远年自契一律准予投契免罚用保民户产权

5 关于夏季屠宰其距离屠宰场较远或隔河大乡准予在乡屠宰

查夏季大雨连绵由洪暴发之际共隔河较远大乡赴屠宰场屠宰者往返至感困难本署特经规定凡上项大乡在夏季屠宰时准由乡长证明代为查验就地屠宰以资捷便而免民户困难

三、昌黎县经征税捐各费制度一览表

项　目	课征客体	课征标准及税捐律	纳税义务者	纳　期	征收方法
田　赋	土　地	地粮每亩征洋3分8厘 3分6厘 3分7厘 3分4厘 3分4厘 2分9厘 2分8厘 2分6厘 2分7厘等海荒地每亩征粮3分6厘 河淤租地每亩征洋6分 海防民荒租地每亩征洋2角5分6厘 1角2分5厘 1角1分7厘 1角2分2厘 不等新增土地按上地3角 中地1角5分 下地3分	所有地主	每年征一次分上下两忙完纳	设征收所派员直接征收

续表

项　　目	课征客体	课征标准及税捐律	纳税义务者	纳　　期	征收方法
契　　税	买典之田房	买契按价征税 6 分附收学费 6 厘典契按价征税 3 分附收学费 3 厘每粘契纸一张并收纸价 5 角注册费 1 角	买主及承典者	于立契 6 个月内随时缴纳	设税契室派员直接征收
营业税	商　　店	按资本营业各额征税营业额由 3‰起至 10/10 止资本额有 5/10 起至 10/ 10 止	商店及营业人	全年按 4 季缴纳	设征收处派员直接征收
烟酒牌照税	华洋烟酒	烟分 8 级全年按 4 季纳税每季纳税份 140 元 20 元 12 元 8 元 4 元 2 元 5 角酒分 7 级每季纳税份 32 元 24 元 16 元 8 元 4 元 2 元 5 角	由商店或小贩缴纳	全年按 4 季缴纳	往年投标招商包收本年由县派员征收
牲畜税	牛驴骡马猪羊	按交易价格征税 3 分（即每百元征税 3 元）	买牲畜者	于买妥时随时缴纳	本年由县边委承征员认额承征
屠宰税	猪羊菜牛	猪每口征税 1 元菜牛每头征税洋 5 元羊每只征税洋 6 角	屠宰商	于屠宰之先领票纳税	由县署派员在屠宰场直接征收
牲畜牙税	牛驴骡马猪羊	按交易价格征税 3 分由买主担 3 分之 2 卖主 3 分之一	买卖粮食者	于买妥时缴纳	由县边委征收员认额征收实收实解
斗行牙税	粮　　食	按粮食交易价格征税 1 分即 1%由买主纳 2/3 卖主纳 1/3	买卖粮食者	于买妥时随时缴纳	由县边委征收员认额征收
花生牙税	花　　生	按物价征收 3 分买主纳 2/3 卖主纳 1/3	买卖花生者	于买妥时随时缴纳	由县边派征收员认额征收
棉花牙税	棉　　花	按物价征收 1 分买主纳 2/3 卖主纳 1/3	买卖棉花者	于买妥时随时缴纳	由县边派征收员认额征收
鸡蛋牙税	鸡　　蛋	按物价征收 3 分买主纳 2/3 卖主纳 1/3	买卖鸡蛋者	于买妥时随时缴纳	由县派员认额征收

四、昌黎县经征税捐各费制度一览表

项　目	课征客体	课征标准及税捐律	纳税义务者	纳　期	征收方法
当　税	当商	按典当营业利之多寡计分4等　一等年纳税250元　2等年纳税200元　3等年纳税150元　4等年纳税100元	营业者	全年分第一二两期缴纳	由当商具状交县
契税附加	田房	按契价附收6分以1分5厘解库4厘给监证人1分充田房所在地小学经费3分1厘充县地方经费	买卖田房者	于立契6个月内税契时缴纳	由县设税契室派员直接征收
牲畜牙齿税附加	牛骡驴马猪羊	按牲畜价附加一分5厘　买主纳2/3　卖主纳1/3	买卖牲畜者	于买卖成交时缴纳	由县委派征收员认额征收
牲畜税留拨	牛骡驴马猪羊	由征起牲畜税款内每年16410元充作县款	买卖牲畜者	于买卖成交时缴纳	由县委派征收员征收
屠宰税留拨	猪羊牛	由征起屠宰税款内每年留拨4850元充作县款	屠商	于屠宰时在屠宰场缴纳	由县派员在屠宰场征收
斗行牙税留拨	粮食	由征起斗牙税款内每年留拨966元充作县款	买卖粮食者	于买卖成交时缴纳	由县委征收员认额征收
花生牙税留拨	花生	由征起花生税款内每年留拨250元充作县款	买卖花生者	于买卖成交时缴纳	由县委征收员认额征收
儒学基金生息	基金款	息率按月2分	存款商号	每年由存款商号具状呈交一次	由县财政科派员征收
校士馆生息	基金款	息率按月1分6厘	存款商号	每年由存款商号分两次具报呈交	由县财政科派员征收
初小基金生息	基金款	息率通年1分	存款商号	每年由存款商号具状一次呈交	由县财政科派员征收
中学基金生息	基金款	息率按月1分	存款商号	每年由存款商号分4次交息	由县财政科派员收息
高学基金生息	基金款	息率按月1分	存款商号	每年由存款商号分4次交息	由县财政科派员收息
县款存库生息	基金款	息率3厘	存款商号	每年由存款银行按两期付息	由县财政科派员取息

续表

项　　目	课征客体	课征标准及税捐律	纳税义务者	纳　　期	征收方法
滦矿及耀华股基金生息	基金	二十九年度预算额141元	滦矿公司及耀华玻璃厂	每年一次征收	由县派员按年领取
官地收入	学田地	每年收租125元由租户具状一次呈交	租户	于买卖时随时缴纳	由县收发室经售收价
行政呈文纸价	呈文纸	每张收价6分除印刷工本费外尽数充县款	买呈文纸者	每年年底具状一次呈交	由县财政科派员征收
缝纫机租价	缝纫机	机2架每架年租18元	租户	按年一次缴纳	由县直接收租
男女师范学杂费师范	学生	每学生收9元5角或4元4角不等	学生	按每年两期交费	由男女两师范学校征收汇总缴县
司法罚款	违犯刑法人	根据刑法条文	违法人	于原案终结时缴纳	由违法人具状交县财政科派员征收
烟赌罚款	烟赌犯	根据刑法条文	烟赌犯人	于原案终结时缴纳	由犯法人具状交县财政科
违警罚款	违警人	由1元以上至15元以下并科30元	违警人	于违警后随时交	由违警人交该管警署征收交县
商　　捐	商店	按大小商店均摊1400元	商店	每年由商会一次呈交	由县财政科派员征收
车　　捐	脚车	在本年以前县设所征收每套车征洋4角自本年起由粮业公会每年呈交1400元			
屠羊捐	羊	每屠羊1只征洋1角	屠商	于屠宰时缴纳	在屠宰场派员征收
屠牛公益捐	牛	每屠牛1头征洋1角	屠商	于屠宰时缴纳	在屠宰场派员征收
亩　　捐	土地	每亩征捐2角2分	土地所有者	每年分4期缴纳	由各大乡长征收缴县

续表

项　目	课征客体	课征标准及税捐律	纳税义务者	纳　期	征收方法
屠猪查验费	猪	每屠猪一口征查验费2角	屠商	于屠宰时缴纳	在屠宰场派员征收
猪小肠捐	猪小肠	每猪小肠1挂收洋3角	收买小肠者	于收买小肠时随时缴纳	就所在屠宰征收之
妓　捐	妓女	每分4等　1等每名月收捐2元　2等每名月收捐1元5角　3等每名月收捐1元　4等每名月收捐5角	妓女	按月缴纳	由警察所收起汇交县财政科征收
兽皮捐	兽皮	按价征买卖主各1分	买卖兽皮人	按月平均分缴	由县委派征收员直接征收
娱乐捐	妓女乐户饭馆膏店戏团	均按营业收入额征收4%	妓女乐户及饭馆膏店戏团各商	全年分一两个月缴纳	由改管署派员征收汇齐交县财政科收
屠宰场收入	牛羊猪	按屠牛一头收场费4角　检查费5角　屠羊1只收场费2角　检查费2角　屠猪一口收场费3角　检查费3角	屠户	于屠宰时随时缴纳	于屠宰场派人征收
鸡蛋牙税留拨	鸡蛋	由征起鸡蛋牙税款内每年留拨2104元5角充县款	买卖鸡蛋者	于买卖时随时缴纳	由县委征收员认额征收
库款补助费	库款	每月奉令补助行政经费1534元特别补助费20 6元　司法经费533元8角　司法补助费184元5角	省公署	全年分一两个月填发支付命令	收到支付命令由财政科派员由河北银行支取

五、昌黎县公营屠宰场设立地点一览表

区　别	总　场	第一区分场	第二区分场		第三区分场				第四区分场	第五区分场
地　点	县城西关	裴家堡	蛤　泊	安　山	石　门	靖　安	新　集	会　裡	后刘坨	姜各庄
备　注										

六、昌黎县公署清查土地经过说明

查本县清查田赋系于二十九年五月间奉省令学办当经选派干员十六名每区二名或三名（以区界大小为标准）携带省颁田赋查报表驰赴各大乡镇会同乡镇长保长认真按户清查登记凡以往粮地不符或有粮无地并有地无粮以及名实不符者均行更正其旧有粮名及拨更正粮名现住村庄地亩数目地粮银数名目科则四至坐落有无契据成立年月日已未投税分别详为注明当经在二十九年十二月末日清查竣事惟以本县地粮向社书代征经此次清查之后革除积弊改由县署自征自须另造征册以资应用复经临时雇用书记十六名漏夜赶造已于本年九月一日查造完竣本年度上下忙并于九月十五日布告开征现在收入畅旺四民称便省颁田赋查报表暨清理田赋费概算书格式 附后

河北省各县局处清理田赋费概算书

科 目	年度概算数	备 注
第 目清理田赋费	90000 元	
第一节清理查员薪资	64800 元	清查员按大县 16 人 中县一二人 小县 8 人 平均每县一二人 每人月给薪水 20 元 饭费 10 元 共 30 元 一二人月共 360 元 以 6 个月计算 每县 2160 元 30 县续计如上数
第二节雇员津贴	10800 元	各县核算表捐经征雇原有人员无多须临时雇用书记按大县 8 人 中县 6 人 小县 4 人 平均每县 6 人 每人月给津贴 10 元 共 60 元 以 6 个月计算 每县 360 元 30 县续计如上数
第三节表册费	10800 元	查报表册按大县 5 万户 中县 4 万户 小县 3 万户 平均每县 4 万户 30 县共 120 万户 每户一张 共需 120 万张 以 6 张毛边纸计算 共用大张 20 万张 每张洋 5 分 4 厘 统计如上数
第四节办公费	3600 元	建房纸张一切杂费按大县每月 30 元 中县 20 元 小县 10 元 平均每县每月 20 元 以 6 个月计算 共 120 元 30 县统计如上数

<table>
<tr><td rowspan="7">昌黎县 清查区 村田赋查报表 民国 年 月 日填报</td><td>集粮名</td><td colspan="3">地亩数</td><td>粮租银数</td><td>附记</td></tr>
<tr><td></td><td colspan="3"></td><td></td><td rowspan="6"></td></tr>
<tr><td>更正粮名</td><td colspan="2">坐落处所</td><td>四生</td><td>名目</td></tr>
<tr><td></td><td colspan="2"></td><td></td><td></td></tr>
<tr><td>现在村庄</td><td>有无契据</td><td>成立年月</td><td>已未投税</td><td>科则</td></tr>
<tr><td></td><td colspan="3"></td><td></td></tr>
<tr><td>备注</td><td colspan="4"></td></tr>
</table>

【资料5】昌黎县二十九年度三十年度各省税收入状况比较表

税别	二十九年度额征数/元	三十年度额征数/元	备 注
牲畜税	45250000	65602000	
屠宰税	38900000	38900000	
牲畜牙税	67537000	96333000	
斗行牙税	17600000	25520000	
花生牙税	8300000	12035000	
棉花牙税	2100000	1595000	
鸡蛋牙税	7015000	7015000	
烟酒牌照税	8470000	8470000	
当税	300000	300000	
营业税	39659000	58380000	
田赋	63700000	63700000	
契税	36663000	36663000	
契税学费	3667000	3667000	
合计	340861000	418180556	

【资料6】昌黎县公署财政科职员姓名一览表（民国三十一年）

职别	姓名	年龄	籍贯	出身	略历	备 注
科长	聂玉廷	38	河北省抚宁	天津南开大学	历充航政局秘书边公署财政科科员	
库款股科员	赵广学	48	河北省昌黎	县立高小毕业	历充书记办事员科员	
	贾祝三	56	北京	保定陆军学校毕业	历充连长营长科员	

续表

职别	姓名	年龄	籍贯	出身	略历	备 注
	万荷天	30	河北省昌黎	自强中学毕业	历充教员校长事务员	
办事员	高永发	43	河北省滦县	县立师范毕业	历充公安分局长边官分局长办事员	
	常绍泉	38	河北省昌黎	高小毕业	历充书记	
	杨广廷	36	同	同	历充书记助理员	
	王华泉	33	奉天济阳	奉天省立第一中学毕业	历充书记	
县款股科员	戴景元	33	河北省昌黎	田氏中学毕业	历充办事员	
	龙润阁	32	河北省昌黎	高小毕业	历充办事员	
办事员	张永头	33	同	同	历充书记	
	张树德	27	河北省丰润	本县卓福山毕业	历充铁路局站务员	
	单振寰	38	河北省昌黎	北京县辅中学毕业	历充书记	
书记	马中仪	29	同	北京北方中学毕业	历充书记	
	孙旭东	46	同	高小毕业	历充书记	
	齐训铭	33	同	哈尔滨第一中学毕业	历充数员书记	
	付兆恒	41	浙江省绍兴	高小毕业	历充书记	
	常荣芝	33	河北省昌黎	同	历充盐务局局长	
书记	朱云乡	48	同	同	历充书记	
	李书阅	34	同	同	历充书记	
	宋志成	29	河北省昌黎	高小毕业	历充书记	
	张致祥	36	同	朝阳第二中学毕业	历充税捐局分长主任书记	
	周锡田	37	同	高小毕业	历充书记	
	刘玉洁	22	同	高小毕业	同	
	李权	21	同	同	同	

【资料7】昌黎县二十九年度各税承征员姓名及税额数目表

税别	承征员姓名	认征税额数目/元	备　注
牲畜税	邱俊山	45250000	
屠宰税	费元喜	38900000	
牲畜牙税	吕树林等	67537000	
斗行牙税	刘树春	17600000	
药品牙税	高玉华	7550000	
花生牙税	赵荣五	8300000	
核桃牙税	刘会卿	1700000	
棉花牙税	田玉山	1100000	
合计		187937000	

【资料8】昌黎县公营屠宰场三十一年一月至十二月底收入状况表

收　入					支　出					
畜名	屠宰数头	正税	附加捐	场费	检查费	合计	人事费	物件费	办公费	备　注
猪	61550	3693000	1231000	1846500	1846500	8617000	901470		1264200	
牛	1740	522000	522000	69600	87000	1200600				
羊	3654	145360	36340	72680	72680	327060				

总收入　　101446600元
总支出　　21657450
存　　　　79789150

【资料9】昌黎县各乡镇三十年度实有土地数目表

区别	乡镇别	土地登记数		合计	豁免杂款土地数				合计	缴纳摊款土地数
		原登数	补登数		沙荒地	公路估地	登记重复地	划归飞地		
一区	城镇	18499220	359860	18859080		84681	1510		86191	18772889
	中两山	20341870								20341870
	梁各庄	26506670	55800	26562470		199870	6580		206450	26356020
	裴家堡	13728620		13728620	157940	103830	85910		347680	13380940
	卜家营	28402840					761010			27641830
	常家庄	17554260								17554260
	大蒲河	16421620				219730				16381890
	小蒲河	34048280								34048280
	东钱庄	21373330	775810	22149140		64890	1301850		1366740	20782400
	西沙河	31343780	569320	31913100	1483259		53560		1536819	30376281
	虹桥	27892990			587640	155800			7421440	27149550
	张各庄	22243790			101540	60452			1070992	21172998
	龙封台	16440930	462050	16902980	38240	30820	165760		234820	16668620
	黎湾河	28898370	502360	29400730	54580	21575	333740		409895	28990835
	晒甲坨	36054370			2476970	86850			2244270	33490550

续表

区别	乡镇别	土地登记数		合计	豁免杂款土地数				合计	缴纳摊款土地数
		原登数	补登数		沙荒地	公路估地	登记重复地	划归飞地		
二区	李贯各庄	23991020	80510	23071530	88990	10960	57630	1553039	1697410	21360911
	安山镇	18418050	399990	18818040	83050	22754	4900		200704	18617336
	高各庄	26546090	46520	26592510		81040		2542180	2623220	23969390
	头白户	31231260	215280	31434540	3000000	53560		329280	3382840	28051700
	龙家店	23146240	84310	23230550		54250			34250	23196300
	蛤泊	21730070								21730070
	杨古泊	24888190								24888190
	朱家桥	23941700	938920	24880620		24050				24856570
	上庄	26914260			1222070	56380		1390200	2668650	24245610
	杨黄岭	24420490	432720	24853210	2296340	130050			2426390	22426820
	木井镇	25441190				121540		1104210	1225750	24215440
	莲花池	26279550				97580	10500		108080	26171470
	大牛栏庄	21095930								21095930
	马时各庄	23387720	214770	23612490	1096440	133300			1229740	22382750
	杨家台	*25086350	221370	25307720	362860		40770	2772050	175680	22151040

续表

区别	乡镇别	土地登记数		合计	豁免杂款土地数				合计	缴纳摊款土地数
		原登数	补登数		沙荒地	公路估地	登记重复地	划归飞地		
三区	王各庄	37835090	76490	37911580		46522	20430		66952	37844628
	大夫庄	50681600	122700	50795300						60795300
	东史家口	27609470	51290	27660760	9570	61660	27730		98960	27561800
	总屯营	35794940	5390	35800330	111340	55566			166906	35633424
	龙山乡	29509660	514610	29924270	3984480	40380	205730	15840	4246430	25777840
	新集乡	36785660				146066				36639594
	中堡王庄	16435790	890650	17326440		105404				17221036
	蔡各庄	21576720	899370	22476090	293755					22182235
	靖安镇	25861640				94510	6130		100640	25761000
	六音乡	22558750	13800	22572550	2038010	195300	96390		3329700	19242850
	田庄	21548230				22120				21526120
	石门镇	13827700	10350	13838050	43090	104267			147357	13690693
	刘官营	34105500			70210	42400			112610	33992890
	前马坨	40403800								40403840
	朱各庄	23916790			1118724	127107			1245831	22670959
	崖上庄	30540080	45340	30585420	755400					29830020
	团龙乡	32600590			2669870	123950			2793820	29806770
	槐各庄	35288030	21930	3530960	526960	284600		4489250	5300810	30009150
	会里镇	19458020								19458020

续表

区别	乡镇别	土地登记数		合计	豁免杂款土地数				合计	缴纳摊款土地数
		原登数	补登数		沙荒地	公路估地	登记重复地	划归飞地		
四区	刘林子	42475090				67680				42407410
	刘台庄	31602900	86230	31689130	1497870	90540			1588410	30100720
	王官营	29277620								29277620
	会君坨	30321900	243050	30564950	2478400	200800	62520	7080110	9821830	20743120
	团林镇	34600360	11700	34612060	2342730					32269320
	施各庄	30142250	2310	30144560		53700	114510		168210	29976350
	田上庄	22889700			1551150	27225			1578375	21311325
	泥井镇	28227000	69380	38296380	563800	159680	104130		827610	37468770
	莫各庄	32633460	243690	32877150	301390	150200	225340		676930	32200220
	东腾远	21299720	91170	21488890		58790	5280		64070	21424820
五区	常坨	23548590				117020				23431570
	姜各庄	23828650	1263190	25091340		160410	117890		278300	24813540
	拗榆树	32287070	12589020	35876130	7296498	120610			7427108	28449022
	黄湾庄	22850810			4579130	55520	10220		4644870	18205940
	前后程庄	47208770			9176545	93160			9269705	37739065
	东西庄头	31938900			13378494					18560406
	苇厂	32137580				28700				32108880
	赤崖	29676990	187120	29864110	789379	194000	6110		989489	28874621
	茹荷	42750190			9736930	111092		3448500	13296523	29453668
	荒田庄	38949140				226229				38732911
	合计	1920231840	13787410		80272644	5058200	3841970	24706570	95261456	1820139866

* 内有划归抚宁飞地 1631.94 亩

【资料10】三十年度各乡镇应交亩捐数目及已缴欠缴余存数目表（截至2月10日止）

区别	乡镇别	实有土地数目	全年应缴亩捐数	已缴数	欠缴数	存 数
第一区	城镇	18772889	4130036	4148665		
	中两山	20341870	4475211	4475211	清	
	梁各庄	26356020	5798324	5831468		33144
	裴家堡	13380940	2943807	3020296		76489
	卜家营	27641830	6081203	5650000	431203	存硬币40033元顶不欠
	常家庄	17554260	3861937	3861936	清	
	大蒲河	16381890	3604016	3612756		8740
	小蒲河	34048280	7490622	7490620	清	
	东钱庄	20782400	4572428	4702132		130004
	西沙河	30376281	6682782	6569315	113467	
	虹桥	27149550	5972901	6007175		34274
	张各庄	21172798	4658015	4700620		42605
	龙封台	16668160	3666995	2617004	49991	
	黎湾河	28990835	6377984	6357640	20244	
	晒甲坨	33730570	7420725	7741820		321095
第二区	李贯各庄	21360911	4699400	5058024		358624
	安山镇	18617336	4095814	4051973	43842	
	高各庄	23969390	5273266	5656116		382850
	头白户	28051700	6171374	6868676		697302
	龙家店	23196300	5103186	5103186	清	
	蛤泊	21730070	4780615	4780616	清	
	杨古泊	24888190	5475402	5475400	清	
	朱家桥	24856570	5468445	5267172	201273	存硬币800元顶不欠
	上庄	24245610	5334034	5840855		506821
	杨黄岭	22426820	4933900	4266254		存硬补币900元顶不欠
	木井镇	24215440	5327397	5250000	77397	
	莲花池	26171470	5757723	5781500		23777
	大牛栏庄	21095930	4641105	4641104	清	
	马时各庄	22382750	4924405	4893590	30615	
	杨家台	22152040	4869049	4910684		41635

续表

区别	乡镇别	实有土地数目	全年应缴亩捐数	已缴数	欠缴数	存 数
第三区	王各庄	37844628	8325818	8300945	24873	
	大夫庄	50795300	11174966	11149953	25014	
	东史家口	27561880	6063596	6074084		10488
	总屯营	35623424	7839353	7847888		35535
	龙山乡	25677840	5649125	6400000		750875
	新集乡	36639594	8060711	8092844		32153
	中堡王庄	17221036	3788628	3788628	清	
	蔡各庄	22181335	4880114	4746880	133234	
	靖安镇	25761000	5667420	5386510	280910	存硬补币600元顶不欠
	六音乡	19242850	4233427	4939716		706289
	田庄	21526120	4735746	4740612		4666
	石门镇	13690692	3011952	3042096		30144
	刘官营	33992890	7478436	7478436	清	
	前马坨	40403840	8888845	8888844	清	
	朱各庄	22670959	4987611	4935540	52071	
	崖上庄	29830020	6562604	6718820		156216
	团龙乡	29806770	6557489	645000	107489	存硬补币10029元顶不欠
	槐各庄	30009150	6602013	6761000		158987
	会里镇	19458020	4280764	4280764	清	
第四区	刘林子	42407410	9529630	9344520		14890
	刘台庄	30100720	6623158	6593360	28796	
	王官营	29277620	6441076	6441076	清	
	会君坨	20743120	4563486	4563486	清	
	团林镇	32269330	7099253	6453020	646235	
	施各庄	29976350	6594797	6594797	清	
	田上庄	21311325	4688491	4626000	62491	存硬补币100零3元倘欠0011元4329
	泥井镇	37468770	8243129	8278259		35130
	莫各庄	32200220	7084048	7113050		29002
	东腾远	21424820	4713460	4707500	5960	

续表

区别	乡镇别	实有土地数目	全年应缴亩捐数	已缴数	欠缴数	存 数
第五区	常坨	23431570	5154945	4735516	419429	存硬补币 10003 元倘欠 0011 元 4329
	姜各庄	24813540	5458979	5242304	216675	存硬补币 800 元顶不欠
	拗榆树	28449022	6258785	6000000	258785	存硬补币 50007 元顶不欠
	黄湾庄	18205940	4005307	4005307	清	
	前后程庄	37939065	8346594	7242964	1103630	10 一日交 700 元下欠 40003 元角 3 分 6
	东西庄头	18560406	4083289	3760000	323289	存硬补币 1 千 065 元顶不欠
	苇厂	321088820	7063954	6600000	463954	存硬补币 30054 元 7 尚欠
	赤崖	28874621	6352417	6355273		2856
	茹荷	29433668	6475407	4472000		该乡所欠之亩捐系王中原无收益之地未缴纳款两抵不欠
	荒田庄	38732911	8521140	8534640	13260	
	合计	1820139866	400430770	397340399	5788613	4706658

对于前表的团林镇的补注
团林前免沙荒地 2392 亩 83 此次调查
确实数 3578 亩 95 计应受免 120035 亩 135
应核三十年度亩捐 20071 元 73
三十年度 56043 亩
结至 2 月 10 日缺 646 元 233
除去 271 元 73 下
缺 374 元 53 又补沙荒 29 千 649 亩 31 按 2 亩核一亩应免亩捐 326 元 142

4 月 20 日

【资料 11】**各屠宰场 4、5 月屠宰数比较表**

场别	畜别	月别		比较	
		四 月	五 月	增	减
县城总场	猪	1787	1512		275
	牛	1			1
	羊				

续表

场别	畜别	月别		比较		
		四　月	五　月	增	减	
裴家堡分场	猪	623	289		334	
	牛					
	羊					
蛤泊分场	猪	829	562		267	
	牛					
	羊	1			1	
石门分场	猪	480	351		129	
	牛					
	羊					
靖安分场	猪	714	367		347	
	羊	11	6		5	
新集分场	猪					
	牛					
	羊	813	745		68	
后刘坨分场	猪	662	473		189	
	牛					
	羊					
姜各庄分场	猪	840	712		128	
	牛					
	羊	3	2		1	
会里分场	猪	263	194		69	
	牛					
	羊					
安山分场	猪	411	323		88	
	牛					
	羊					
合计	猪	7423	5528		1894	
	牛	2			2	
	羊	14	8		6	

【资料 12】**泥井圣宗庙的碑文**

它的位置图

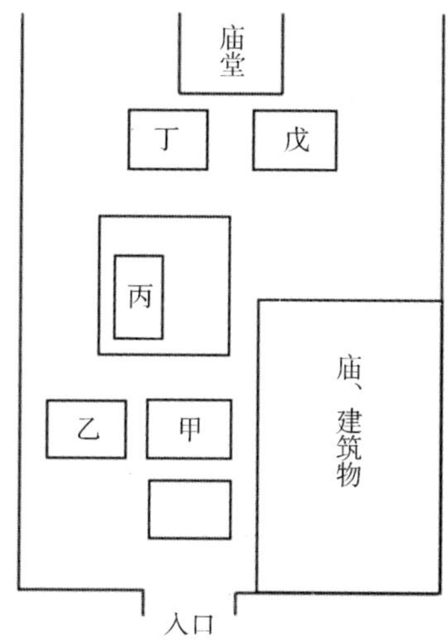

【资料 12—1】

盖闻国家无不留官田民间无不余隙地所以便使用而资公务者也即四庄此荒坨一片东至箕圈道西至斜横道南至马姓分粮北至王姓分粮其间僧道之棺梓于此葬焉婴孩之尸骸于此埋焉即庙中之香火亦于此出焉况四庄之盖房修室积粪塾场修皂安床亦无不于此取土焉其利盖于四庄者为甚多其关系于合庄者为尤大自数年来你开残辟彼此效尤各占为一已之私并无片之地其弊有堪屈指者因此公同计议未开者不容再关已开者照旧归官井非为一家图便宜之利是为合庄晋方便之门又修桥补路不世之功德今庄中有东西二坑傍之道你行人共走之途出入必由之路正宜不时修理互相平熟庶往来之迷津之苦男女泥泞之爱不意竟有人焉视坑土之肥赋图近便之易来或以军拉或以担排者不可胜数掘挖日多低凹益甚将道路俱为陷阱矣其害可胜言哉今亦公同计议只许坑底捞泥补葺墙垣不许坑傍掘铲积粪熟地庶荒坨道路兴老母庙并不朽也已矣以上二条合庄公同设定永示遵行毋得故犯如有不遵约来犯此条例者罚提影三台倘有不遵罚者会首间合庄人公同鸣官治罪恐口戒无凭妥勒立石以为远之鉴云尔

大清乾隆四十九年孟冬月谷旦立

【资料12—1的背面】

碑　记

国学　、、、　、、、　、、、
、、、　、、、　、、、
老耆　、、、　、、、　、、、
贡士　、、、　、、、
禀膳　、、、　、、、　、、、
地方　曹福义　、、、　、、、
会首　、、、　、、、　、、、
、、、　、、、　、、、

【资料12—2】

直隶永平府昌黎县正堂查为恳乞碑训表正风化恐市利薰心或有豪民右族棍徒歪襟伯行夺利以及醉匪这殴搅扰等弊则街市不宁准给街宪勒石闻古之为市以有易无有司治之自有贱丈夫登垄断罔市利故征商所由始倘加征进例其贱滋甚始县南廿里许以泥井名庄者世远斗湮矣远城堡以鄙远环村巷以颇稠做古之日中为市来商买纳贷贿以便民事四方来集远乡皆至则财不匮用无乏百事乃遂但一切交易务底公平四邻客商勿索重税所谓易关市者此也则同度量衡均石用斗角正权概薄税征措正以施行庶美斯爰々斯传凡诸般不法之弊如敢恣行许地保人等枉赴本县以凭按法究处为此勒石永推法戒勒授文林郎知昌黎县事加四级又军功随带加一级记录八次云向查涤源特授天津镇标蒲河营昌黎汎城守司加三级记录五次于董魁特授昌黎县右堂督捕厅加一级罗铭

万顺昌郑之兰

齐安吉郑之桓常维率

议事耆老常荣先共事会首封士才协办会首万宏治

田起龙王信王国桢

常如江常维泰

儒郑之良书丹

靖宪衡生员齐云龙撰文

会首常维藩

工师陈苹锅

大清嘉庆八年岁次癸孟夏月谷旦立

【资料 12—2 的背面】

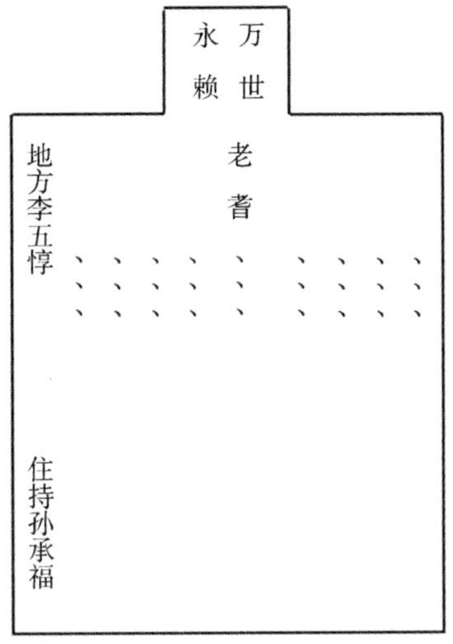

【资料 12—3】

盖闻自古在昔先民有作创之者既倡与前继之者当随于后遵而终不可易也如我泥井庄邻村稠密城郭遥远买卖实属不便使立二七小县迄今将百有余岁矣向不在六堡十二街市之内所以每年二八月之祭规虽系巨典因集小市征屠户概无供费目同治七年经县尊韩公方于汤锅之家添派一猪一羊散屠仍无所出忽前岁官屠来集硬派散屠每名贴钱若干更番逼索势如獭之敲鱼鸥之敲爵肉市为之一空不得已阖庄出首与讼经年未解后有本邑绅等说合仍照旧章办理经正堂富公呈明立案汤锅之家已有者固不可少散居之众未有者更不可添遇有红差每屠花费东钱贰吊莫各堡等集在内不许易地再要一分两项钱文亦不许官屠亲自饮取恐有争竞之弊有本牌保正地方代管收齐如数交给故公同商议准拟条规与附近邻村三十余庄相助勒石以为永远之鉴云尔

李元起郑殿英

李元镇梁国柱

李好散李泰来

武生李玉珍李长荣

云昌军功齐李成明

德利李宝龄

承办董事同事会首

启事李玉瑄李树金

贡生杨永保董银

武监李闻甲董遇发

田冠英文童郑翰卿撰文

常际英处士张进相书丹
工师马丕富镌
大清光绪贰拾年季春月谷旦立

【资料12—3的背面】

泥井镇	助钱45吊	侯家营	助钱15吊
魏官营	助钱40吊	李成庄	助钱15吊
才家庄	助钱30吊	冯家庄	助钱15吊
牛心庄	助钱30吊	井而庄	助钱15吊
新宁堡	助钱30吊	堡子庄	助钱15吊
张家坨	助钱30吊	东西赵家港	助钱12吊
摩天庄	助钱30吊		
吕家庄	助钱20吊	罗家营	助钱10吊
崔家坨	助钱20吊	金家庄	助钱10吊
前刘坨	助钱20吊	秦家庄	助钱10吊
后刘坨	助钱20吊	李书庄	助钱10吊
尹坨庄	助钱20吊	东陈官营	助钱10吊
庄窠庄	助钱20吊		
郑林子	助钱20吊	西陈官营	助钱10吊
夏家庄	助钱20吊	杨家庄	助钱8吊
莫各庄	助钱18吊	韦家庄	助钱7吊

万善同归守望相助

【资料12—4】

盖闻自古及今民为邦本固邦宁是以足食豆兵民信之矣诚哉斯言也孟夫子有云圣人治天下使有菽粟如水火实系国正天心顺官清民自安又云禹思天下有溺者犹已溺之也稷思天下有饥者犹以饥之也三圣之心即行一不义杀一不辜而得天下皆不为也又曰薄税救民饮救民于水火之中古圣人仁德大义于今为烈且昌黎一县国课银粮以零捐整以少捐多捐加已竟多历年所当时县主张公不照旧章只遵大义国课银粮以丝毫为重按大地粮册该一则该二则二不准捐补似此一县之绅民家家沾恩户户承德不第此也更兼除暴安良爱民如子仁德之事已多矣如此行为圣贤流亚而泥井庄赵家港侯家营冯家庄杨韦家庄张家坨摩天庄系五厘地面管属身等庄向出车牌差务伙合一会办公身等同居脊土沙坨凹下荒年时多丰年时少皇圣国课即竭力而为时虑力有不足尚有杂差更加时常拉兵车价差钱屡覆讼累现有二庄班总役苟稀贤人心固不忍亦难豁免不忍坐视以同经官壮役胡庆尔邀集吴仞千于秉渊张印杰张盖臣李泰来张运兴等共同酌议历年四季杂差两季交付二月初一日

交钱一百八十五吊八月初一日交钱一百八十五吊如有拉兵车价照明示车数清交外不准苟派上不悮公下不乏民又议五个半庄系半牌每年共给地方脚钱一百吊二月交五十吊八月交伍拾吊秋粮夏麦等项全免合庄每年贴井赵家港杂差钱伍吊兵差均办具备情愿永无增减立碑存志

大清同治拾年七月拾贰谷旦　　　合会立

【资料12—4的背面】

董元魁　　　　　　　　　　　　赵长安
杜金城　　　　　　　　　　　　杜澜
刘玉温　赵家港均五厘庄
李树金　此钱贴并西牌　　　　　李新
李成玉　　　　　　　　　　　　赵长亮
李庆春　　　　　　　　　　　　赵长太
各庄董事人泥井　李良弼
均一各五厘庄　郑贵　　　　　　于兆稔
郑玉　　　　　　　　　　　　　冯瑞
郑药春
李洵　冯家庄五厘庄　　　　　　冯浴昆
　　　　　　　　　　　　　　　冯浴玺
李兼宽
李鸿九　　　　　　　　　　　　冯浴修
常能升　　　　　　　　　　　　冯希廉
（以下八名略）
赵明清
侯长春　常庆麟
侯家营　刘荣　常自明
均五厘庄
王作起　杨家庄
韦　　　　　　　　　　　　　　田家荣
均五厘庄　　　　　　　　　　　常殿清
　　　　　　　　　　　　　　　常殿扬
　　　　　　　　　　　　　　　褚永祥
张国成　　　　　　　　　　　　同立
苗自清
张家坨西牌　张玉辉
均五厘庄

李殿臣	摩天庄	关桂荣
张万才	均以各庄	郭成元
		李作春

【资料12—5】

案蒙步军统领衙门肃亲王札饬通永道宪提断结行文昌黎县正堂代理王尊出示晓谕减差碑记曾考先王之无取民有制多寡轻重心酌乎中初无损上损下有过之不及弊如我莫各堡有春秋二季之供曰小差曰杂差又名之平差总之即二庄班所收领之差也因无定章曚官许索任意苛派或相倍蓰或相什伯增加日甚民难聊生所以阖堡同议公学董事郑国瑞刘占元、张树仙、李大魁、吴庆春、郭清源、马子林、韩国柱郑子英等呈请在案蒙经步军统领衙门肃亲王札筋通永道宪提讯当堂断令从光绪二十九年春季遵照四千九百六拾六吊豁减三成共折东钱三千四百七十六吊两百文札发到县蒙代理正堂王尊出示晓谕永无增减等因按张胜所开七牌详府清单数目四千九百三十八吊尚捐钱二十八吊照减数一牌该加钱二吊八百文始足三千四百七十六吊二百文之数泥井半牌等庄按三百五十吊作为七折该算东钱二百四十五吊外加钱一吊四百文共该钱二百四十六吊四百文均二八月两季交收额外并无丝毫化项地方脚价仍照前章恐代远年湮有不法差地滋端舞弊苛派浮收不但贻害乡里亦且有负上恩是以公同勒石永远存志二庄总役张胜所开各牌原底清单并折减数目开列于下

李文明	半牌	350吊
		折清245吊
李半年	1牌	600吊
		折清420吊
韩宝珠	半牌	330吊
		折清231吊
李香清	1牌	584吊
		折清408吊800文
张福星	半牌	350吊
		折清245吊
费宝令	1牌	784吊
		折清548吊800文
苟国珍	半牌	340吊
		折清388吊
陈德润	半牌	400吊
		折清280吊
韩瑞	半牌	400吊
		折清280吊

李斗堂	半牌	400 吊
		折清 280 吊
邵中兴	半牌	400 吊
		折清 280 吊

照原数外每整牌加钱 2 吊 800 文

大清光绪三十一年岁次乙巳孟春月谷旦　　　　立

【资料 12—5 的背面】

	常瑞玉			
	杨永劭		阎城	
	李贵苍	摩天庄		
		一各庄	赵恒祥	
	李尚谦		郭桂馨	
	刘瑞			
	田冠英			
	李成名			
	起金		赵万玉	
各庄董事人泥井庄	齐德利	赵家港	杜永盛	
均一各五厘	董银	均五厘庄	常德	
	李长荣		赵常福	
	李太来			
	王国庆		李鹤龄	
	李起	张家坨	张利仁	
	董俊	均一各庄	费德荣	
	李占旺			
	郑云			
	刘兴俊			
	侯万善		韦庆利	
侯家营	侯长赞		韦树棠	
均五厘	侯永宽		褚毓庚	同立
	刘万玉	杨家庄	赵开第	
		韦		
		均五厘	韦庆泽	
			褚明吉	
	冯炳祺		常殿俊	
冯家庄	冯炳教		韦殿会	
均五厘	冯炳然			

【资料13】关于赵家港籽粒地的碑文

从来为民父母未有不爱民者也虽×爱民而爱民有甚焉者莫如我本县尊张公自下车以来除暴安良惠鲜怀保善政昭然发难枚举矣即如我赵家港地基沙多籽粒赋重民屯被累实甚×七年我县尊团公经此见沙硗偏地村落零星询及新等据实上陈我县尊爱民之心形于颜包为之恻然者久之于是津贴钱买地愿水调沟八年又津贴小米注沟且为禀报到省蒙恩赏发东钱交当商生息以历年所得息钱永为源贫乏之需恩惠频施较书所谓子惠困穷同一仁泽润濡也新等勒诸兴氓非×以铭我县尊之功?[1]欲昭示来兹永垂弗替所我县尊深津实惠常昭天壤×如廿棠之爱不敢忘耳至于此项本县永久循办断不准擅动成本既有立案可考倘我赵家港历久弊生间有见利忘义之徒假公私取逞势鲸吞者阖庄送官×治外仍重罚不赦庶人各自爱率由旧章不负我县尊惠爱之至意斯所厚×也夫

大清光绪玖年三月谷旦　　　　立

【资料14】关于侯家营关帝庙的碑文（在昌黎县侯家营村西入口的碑文）

重修财神庙并创立关圣帝君碑文庙貌而塑圣像给容而辣神威此教泽之所重贻而今昔之所同然也我侯旗营旧有财神庙一座怎奈荆辣余烟风雨破瓦甍之翳鼯楼栋尘網封法众之仪民费经营祠亏一×屡次修整地歉三了兹当太岁在昭阳渊献议淹址基以壮观心慕圣帝之扶义维網公愿馨香乎俎豆且也散檀那之勒金蚨资乐贡因而运公输之巧斧鸠匠经营织昌俾尔飞虬栋而舞磐蝎富贵长春驾虹染而曳文杏或系马千台下时闻赤兔嘶风或洗衣于池边定有白猿叫月务使往来君子长瞻绛节之朝伏?[2]村翁不断白蘋之荐香会于焉甚盛庄户以此称雄先世创之合会觞之后世尘之斯亦神道设教之意云尔敬立碑文以公同志我皇圣值上元之兆庆踬蹟军臬公议建圣帝庙于西壁因修东西二芜以作配冀所以敬神明重公会也石垣四围庙门一便正碑楼影壁以扩宏献所以则先人作贻后人?[3]也志铭永篆宝癸亥重阳月已日告竣

赐进士出身知昌黎事何崧泰

生员李元升撰

篆

恩授从九品侯景圣书

督理人侯景圣侯平保侯万年侯定邦台

工

会未?

木工郎万清泥工白洛成书工吴同石工

---

〔1〕译者注：原文字迹无法识别。

〔2〕同上。

〔3〕同上。

陈正
大清同治四年如月谷旦　　　立

【资料 15】附在印刷上的诸资料目录

一、　侯家营田赋查报表（抄写 1 本）
一、　侯家营地亩台账（根据乡公所所藏和保长所藏的侯家营地亩台账留琮加订的东西）（抄写 1 本，但是加订之后分成三部分了）
一、　外庄人在侯家营地亩台账留琮（抄写 1 本）
一、　侯家营人在外庄地亩台账（抄写 1 本）
一、　地亩老账（民国二十八年）（抄写 1 本）
一、　地亩老账（民国三十年）（抄写 1 本）
一、　官出入老账（光绪贰年）（抄写 1 本）
一、　钱粮票多数
一、　第四警察所赵家港桥款（抄写一张）
一、　二十九年 11 月分泥井镇公所经费清单（抄写 1 本）
一、　三十年 4、5、6 月分同所收支清单（1 本）
一、　同　　7、8、9 月分（1 本）

1942 年 11 月

（华北农村惯行调查资料第 102 辑）

赋税篇第 17 号　河北省昌黎县侯家营

调查员　小沼正

翻　译　姜佑用

10 月 28 日

税务征收局　税的种类　额征　包商

应答者　张友直（局长）

地　点　昌黎税务征收局

【局长的经历】什么时候开始在这里就职？ =9 月 1 日以后。

之前在哪里就职？ = 在河北省公署财政厅任职。从二十七年一月十一日起出任总务科票照股主任、出纳科制用股主任、总务科省款股主任。此前在天津市治安维持会就职，出入天津法政讲习所。

【征收局的组织】征收局的工作是什么？ = 首先介绍组织构成，如下图。

现今因人手不足，以包商们雇佣的人员凑合。

【征收的税目及其税率】接下来谈一下税目和税率。 = 如下表所示。

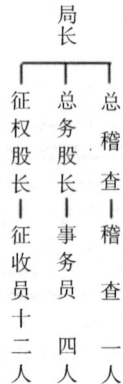

局长

征权股长—征收员十二人

总务股长—事务员四人

总稽查—稽查一人

昌黎税务征收局税务及税率表

名称	牲畜税	屠宰税	畜生牙税	斗牙税	果品核桃牙税	花生牙税	鸡鸭蛋牙税	棉花专税	附记
各项税率	三分	(去头)牛五元羊七角猪一元	三分(外地附加一分五)	一分五厘	三分	三分	三分	一分五厘	上为本局税率下为合作社手续费
名称									
合作社手续费	千分之五			千分之五	千分之五	千分之五	千分之五	千分之五	

在第四区要征收其中的哪些税？＝都要征收。只是棉花由日本人直接购买，棉花专税另算。

【直接征收】首先，想询问关于征收局的现状。＝征收的主旨是县里如有包商则由省直接征收。然而该征收方式在薪金方面尚有不完善之处。因为是三十一年一月一日起实施的，所以缺点还有很多。估计明年就能够顺利运行。此次局长修改的是包征方面不合理的地方，经过今年的准备，预计明年开始实施合理的自征。

【额征数】年额征总数是多少？＝额征总数如下表。

昌黎税务征收局征税额

畜生税	79187.00	屠宰税	66130.00
畜生牙税	64249.00	斗牙税	38240.00
花生牙税	12035.00	鸡鸭蛋牙税	7015.00
果品核桃牙税	40624.00	酒牌照税	9317.00
营业税	66637.00		

这是上交给省的税额吗？＝这不是上交给省的额征总数，是省决定征收的额征总数。

【征解的方法】是一个月一次向省上交税收吗？＝根据实收税额一月交一次，在次月的 15 日左右上交。最终是上交给河北省金库，（我们）上交给其支库昌黎县河北银行就可以了。上交的时候要用省所指定的票，附上带去的像附页一样的移交清册，并且将用过的税票的号码正确地填写，这是为了防止漏税。与此对应有一本簿记式的交款本。

征解员是？＝在县里任职的时候还有，现在已经没有了。

【提奖和额征数】多出额征总数的部分也要上交吗？＝有提奖。15%。

谁可以拿到？＝局长以下的局员。

分所的情况呢？ = 主任可以拿到。

昌黎税务征收局票照单拨用移交清册

民国三十一年八月三十一日填送

票照名称							附记	
旧管	张数							
	字轨号码							
新收	张数							
	字轨号码							
开除	张数							
	字轨号码							
结存	张数							
	字轨号码							

初任局长昌黎税务
征收局局长张则程印
局长征权股长填表员

厅长秘书主任承核员

如果比额征总数少那怎么办？ = 如果缺的部分少于 10% 那没关系，多于 10% 就要受处罚。

要受什么处罚？ = 会被局长记过，扣薪。明年开始实行自征，在各地直接实施征税和调查。

额征总数是怎样定下来的？ = 没有定下来，是和今年的实收额征总数比较后决定明年的额征总数。

提奖的话，在田赋方面也有吗？ = 无论是田赋还是契税还是其他，全部都有。

【县附加的征收】这里要收县的附加吗？ = 收。

交税的时候要收手续费吗？ = 不收，只是一个月交一次税。

县里应该会很轻松吧？ = 是的。靠着公文就能过日子。

【牲畜税和牲畜牙税】牲畜税和牲畜牙税有什么不同？ = 牲畜牙税的话，以前有牲畜买卖开始就存在了。对于像牛、马这样对人有实用价值的牲畜，要征牲畜税和牲畜牙税。猪的话不用征牲畜税，只要征牲畜牙税（这是天津的情况）。牙税的话，是后来才有的。

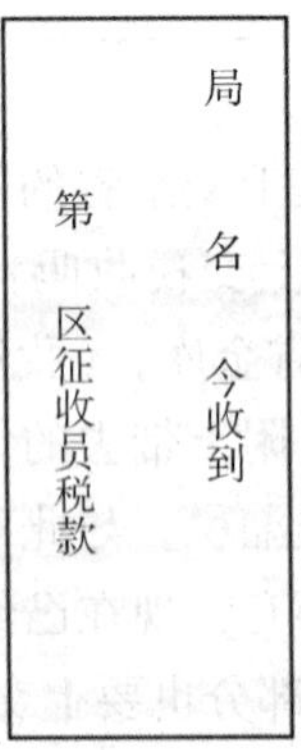
局　名　今收到

第　区征收员税款

牙税是佣金那没办法，农民对牲畜税的征收是怎么想的？ =官厅决定了牲畜的买卖和税的征收，农民就只能服从命令缴纳。没有别的理由。在天津的时候也做了很多研究，但还是搞不清楚。

【分所的征解方法】接下来想问一下如何将税金从分所送到征收局？ =如果只把税票的收据和金额带来的话，会让你填一张简单收据。

【主任和承征员】这里的征收员指的是主任，还是征收员？ =如果这是第四区的话，应该是一位姓杨的承征员。

主任和承征员，他们的工作的区别是什么？ =主任处于监督地位，而承征员只负责承征。

【分所里没有额征】县下面的五个分所，都没有额征吗？ =分所没有。但它们合起来有一个额征。

那样的话不是就不能够知道分所有没有合规地征税了？ =表面看来是在合规地进行，但是就内容来看包商们是怎么做的就不知道了。明年就要实行自征了，距离现在也只有三个月了。

【分所的经费和包商】接着想了解一下经费从征收局拨出后是怎样送到分局的？ =省财政厅出纳科制用股。发出支付命令，根据命令到省金库的支库去领取。

能从省那里拿到多少经费？ =虽然说是经费，其实是办公费和薪金。每个月 2331 元。

其中分所的经费是多少？ =包商支付经费。主任的话有月薪（50 元或 60 元，此外还有 20 元临时津贴）。结果承征员也成了包商，主任对其中有没有违法的征收进行监督。希望明年能够坚决地改革这种方式。为了改革不得不向上请批分所的经费等费用。虽然这项改革很难，但希望在明年一定能实行。

【包商的废除】接下来想问一下这项制度的变迁。 =在县里因为人员和经费的不足，以前就一直实行包商的制度，但是从三十年起就设了征收局，变为由征收局直接征税了。

包商不好在哪？ =一个人私吞了国家的钱。

虽然包商的这一点很不好。但如果从财政的立场来看，将全部都交给包商和征收局、分局相比，哪种形式会获得更多的经费呢？ =只是经费的话，希望能通过征收的方式来筹集。包商只是适当地私吞部分，那还是能接受的，但如果是靠这个来赚大钱的话那就不行。

【额征】接下来想问一下额征方面。在田赋方面也有额征吗？ =有。

每年都变吗？ =当然每年都在变。

这是由上一年的额征决定吗？还是和前三年的额征做比较得出的？ =与三年的平均值做比较。

但根据实际可能会出现第一年有第二年没有的情况。所以只和上一年的做比较的话，额征数额的多少是由你们提出，还是由省决定？ =每年都是由省决定的。

所以说并不是由你们决定好再提出的？ =是的。不是我们决定的。

如果额征太多的话，能够要求修改吗？ =就算太多了局里也不会说什么。但要是到年末额征总数不够的话，可以以此来乞求免除写明理由和罚薪等。

【税的种类】昌黎县的征收局的税目，前页有提及。哪个县的也和昌黎县的相同？ =都是大同小异的。但是不收果品核桃牙税等税的县也有。

果品核桃税是在全县范围内征收吗？ =是的，全县。

【征收局的设置场所】征收局设在哪里？ =根据主旨是希望在每个县都设置。但现在是通过比较治安和征税额，设置在有必要设置的地方。河北省的话，现在在21个县设有。

【稽核专员】征收局和稽核专员有关系吗？ =每一条路都设有专员公所，里面都有一个专员。通过他们监督每个县和征收局。

（注：看了中华民国三十一年一月的会议记录，上面写有绝对禁止9月9日各区交易粮食。）

10月26日

牙纪　地皮钱　屠宰税　粮店的粮食购入

应答者　李际良（分所主任）杨俊臣（第四区征收员）

地　点　税务征收局第四征收分所（泥井镇）

【牙纪】这出勤规定表里泥井集市的7人，在牲畜和斗量方面有分担吗？ =没有。因为工作繁多，随时要工作。

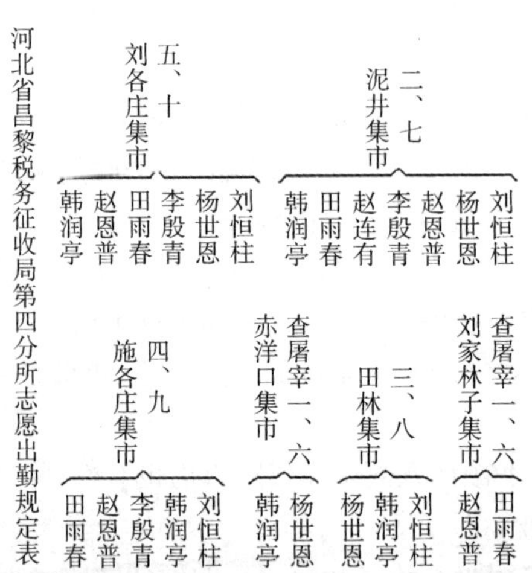

二、七 泥井集市
刘恒柱 杨世恩 赵恩普 李殷青 赵连有 田雨春 韩润亭
五、十 刘各庄集市
刘恒柱 杨世恩 李殷青 田雨春 赵恩普 韩润亭
查屠宰一、六 刘家林子集市
田雨春 赵恩普
三、八 田林集市
刘恒柱 韩润亭 杨世恩
查屠宰一、六 赤洋口集市
杨世恩 韩润亭
四、九 施各庄集市
刘恒柱 韩润亭 李殷青 赵恩普 田雨春
河北省昌黎税务征收局第四分所志愿出勤规定表

那么今天这些人去哪边工作？ =全部去牲畜那边了。

没有去斗量的吗？ =一般来说这些人都去。

这7人中负责开票（填写票据）的是谁？ =田雨春。

其他人负责什么？ =其他人在集市里站着。

不做买卖的介绍吗？ =不做。那是经纪的工作。

【牙纪和经纪的区别】前面那些人在职员名簿里记为“牙纪”，他们和经纪有区别吗？ =有区别。但是把他们称为牙纪是不恰当的。

那么农民对牙纪和经纪有做区分吗？ =没有。他们把作介绍的叫牙纪，也叫经纪。

牙纪应该是有月薪的，经纪有吗？ =他们只有在做介绍时拿到手续费。

【斗子】在这个规定表里没有提及斗子？ =没有。

在斗子里面也有像经纪那样不属于征收所的工作人员吗？ =没有，全部斗子都是月薪雇佣的。其中有两个负责人。但是也有因为生活困难做临时斗子的。

【地皮钱】听说有地皮钱这样东西，和这边有关系吗？ =有一点关系。地皮钱是对私有土地和公共财产征收的钱。只是，现在用于牲畜生产的土地都已经秋收完了，到春天为止我们借来然后借给买卖方。

你们借回来交了多少钱？ =没交钱。

那么你们借出去收多少钱？ =不收钱。

私有土地的地皮钱和这里有关系吗？ =没关系。

公共财产的地皮钱呢？ =也没有关系。

【烟酒牌照税的征收员】之前来的时候，在这里的烟酒牌照的征收员曹先生和征收员杨先生有什么区别？ =曹先生已经不在这里了。

去哪了？ =回到昌黎县城的总局了。

那么有接替他的工作吗？ =没有。因为他是完成了他的征收工作后才回去的。

【屠宰税】在这里征收多少屠宰税？ =在查看牲畜税和牙税的票后，一头（牲畜）征收1元2钱作为屠宰税。

是在这里交了税再去屠宰场吗？ =是的。

屠宰场要收多少钱？ =一头1元20钱。

交完税后，无论是在家里屠杀还是在屠宰场屠杀都可以吗？ =不是的。距离屠宰场15里以内的都要去屠宰场。

在泥井呢？ =在泥井的话必须要去屠宰场。

如果想在家里屠宰那怎么办？ =去屠宰场交粪钱和小肠钱就可以了。

（注：在集市的所见—经纪介绍和粮店的粮食购入的例子—如下文所示）

—在市里看到了经纪田景荣氏的介绍方式，强制性很大。4头猪的价钱，卖方说85元，买方说80元。田经纪为了保持自己的形象让卖方尽量80元就卖了。卖方说80元的话，税和佣钱都很难承担。结果田经纪提出80元成交，由买方支付税和佣金。交给经纪的佣钱是，每百元三四十钱。

—当问及“负责粮食市征税的卓子忙吗”的时候，回答道“不忙”。还说道“这天天气非常好，恰逢小阳春天气，即使（市里）非常的热闹拥挤，工作也不忙”。那是因为交易非常的少。也就是说到靠近昌黎的粮店去一家包购粮食，那家粮店在包购结束后一并纳税。看交易票的时候发现，上面只显示着像“3700多元”这样的购买额。顺带一说，粮店在左图所示的传票上写下买收额后交给农民，农民拿着票到粮店，在店里结账处领取款项。

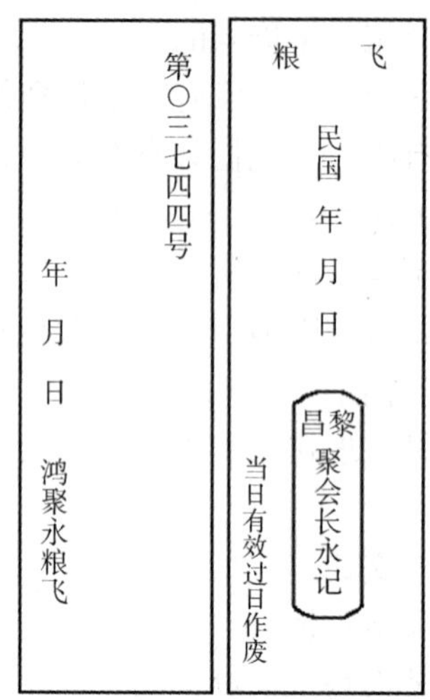

粮　飞
民国　年　月　日
昌黎
聚会长永记
当日有效过日作废

第〇三七四四号
年　月　日　鸿聚永粮飞

10月23日

地方　合作社　商会

应答者　张励生（主任，49岁）

地　点　泥井交易场

【应答者的经历】什么时候开始出任主任？＝这交易场是三十年三月成立的，那年的十二月六日到这儿赴任。

之前呢？＝安山交易场的职员。民国二十八年十一月起成为了新民会合作社的监事主任，到三十年十二月为止。

那之前呢？＝爱护村的村长（民国二十五年起到民国二十八年）。民国二十五年十月起成为小乡长，直到二十八年。小乡长的时候兼任爱护村的村长（第三区小田庄）。

那之前呢？＝第三区靖安镇的完全小学的校长（二十二年到二十四年）。

那之前呢？＝民国十九年七月担任第五区的区长，大约做了一年，就从第五区调到第六区。到民国二十四年为止有区长制，但是我自己中途就辞职了游玩了一段时间。

在成为区长之前的工作是？＝从民国十三年起，在昌黎县的教育局待了差不多4年。民国十三年以前在奉天张作霖的粮秣场的第三科担任事员。从民国七年在天津第一师范学校毕业后到十一年为止，在昌黎高级小学工作，（担任事员）是后来去奉天之后的事情。

【地方】地方要做些什么？＝办官差，传人，一切的杂事。

办官差是？＝领取一年两次的，二月和八月的官差。二月是小差；八月是大差。

三班有使用官差，地方也用吗？＝地方用，三班也用。地方就像三班的跑腿一样，如果官那里有各种差事的话，地方就要到处跑。农民常常靠打官司来阻止非法的征税。

二月和八月额是规定好的吗？＝不知道。大概是规定好的。

你的薪金有多少？=一次18吊（钱），一年大概36吊吧，不是很清楚。1吊是160个东钱，老钱的话是1000个1吊；中钱的话是500个1吊。昌黎县的话是东钱。这老、中、东三种钱合称铜钱，或者叫制钱。在昌黎县有大钱小钱，但是官差只允许用大钱。所以东钱1吊相当于160个大钱。300文东钱相当于4个铜元，或者是8个制钱。

【地方的废除】想听一下有关废除地方的事情。=自从民国十九年区乡制成立后就废除了。

是不需要地方了吗？=设有区长、乡长、区长、邻长，就不需要地方了。

被废除后的地方怎么办？=各地方都不同。有从农从商的，有做区长、乡长的跑腿的。

地方中，有持有大量土地的人吗？=都是些贫穷人。

【三班的废除】三班是什么时候被废除的？=比地方的废除早一点。有了法警之后就废除了。大概是民国六七年，金县长的时候。

三班的大部分都成为法警了吗？=有成为法警的，也有进入警备队的。

【警备队和法警】警备队是什么时候开始有的？=三班废除后就有了。壮班和皀班成为法警，快班和捕班成为警备队。

警察所是什么时候开始有的？=宣统二三年的时候成立的。

警察所成立后，就和三班分工吗？=警察比较弱，在县公署等地方做门卫之类的。捉匪徒呀其他的由三班做。快班和捕班里也有驻守在区里的人。

什么时候开始驻守？=自快班和捕班成立起，就有一人或两人来驻守，做侦查方面的工作。

【官差】有了法警、警备队之后，官差变成怎样了？=变成从附加里拿出来。

官差是从哪个时候开始没有的？=是在金县长的时候没有的。

但是，地方拿不到官差的话不是就生活不了了吗？=没有了官差，还有地方的工钱。

一人一年能有多少工钱？=根据牌制不同而不同。村长的助手知道，我不清楚。

【合作社】合作社是做什么的地方？=给社员分派物品的地方。

什么样的物品？=火柴（每月）、煤油（今年有一次）、机制面粉（两次）。合作社有信用系、购买系、事业系、指导系。进行物品分派的是购买系。事业系负责交易方面的工作，事业系进行购买、购买系进行分派的情况也有。指导系进行改良种子，改良农具，选择优良种子的工作。

在泥井有多少社员？=泥井乡里有470名。

怎样才能成为社员？=持有资产并拿出10股就能成为社员。一股是2元。

【在合作社集市的价格评定】在市里收取的手续费是哪方面的？=对农民的物价的评定。

那么说来合作社的人会介入价格？=在市里一个人询问，一个人评定。

怎样评定？=问一问看一看价格。

没有合作社重新定价的情况吗？=大致上是询问昌黎县的价格然后进行买卖。

农民可以随意决定价格吗？=农民是知道价格的。合作社根据那个（农民是否随意定价）作评定。

没有合作社的评定就不能进行买卖吗？＝不是的。能进行买卖的时候会通知我们。

【合作社的手续费】收集回来的手续费怎么处置？＝拿去给县的联合会的事务系。交易票的存根也一起拿去。

这里会制作日报、旬报、甚至是月报。日报虽然是各个集市分别做的，收集起来归第四区全体所有。交易票如下所示。

交易票　　年　　月　　日　　No.

<table>
<tr><td colspan="9">昌黎县合作社联合交易所</td></tr>
<tr><td colspan="2">品目</td><td colspan="2"></td><td colspan="2">等级</td><td colspan="3"></td></tr>
<tr><td colspan="2">数量</td><td></td><td></td><td colspan="2">单价</td><td colspan="3"></td></tr>
<tr><td colspan="2" rowspan="2">总金额</td><td rowspan="2">元</td><td rowspan="2"></td><td rowspan="2">手续费</td><td>卖主</td><td></td><td></td><td>合计</td></tr>
<tr><td>买主</td><td>元</td><td></td><td>计</td></tr>
<tr><td rowspan="2">卖主</td><td>住所</td><td colspan="2"></td><td rowspan="2">买主</td><td>住所</td><td colspan="3"></td></tr>
<tr><td>姓名</td><td colspan="2"></td><td>姓名</td><td colspan="3"></td></tr>
<tr><td colspan="9"></td></tr>
<tr><td colspan="9"></td></tr>
</table>

检查员　　　　　　　　　　发行者

大致是一年有多少手续费？＝去年3月到年末共有5966.94元，也就是不够6000元。今年到现在为止有5000元。

你们的拿月薪的（流程）是正式规定好的吗？＝月末办事员从联合会那里拿到。月末30日缴纳手续费。

【商会】在泥井有商会吗？＝没有，因为商店很少。

商务会的会员会到昌黎来收钱吗？＝（我们）交税，交不交会费就不知道。

10月26日

斗牙税征收员　包商　斗子　屠宰税　牲畜税

应答者　温利生（斗牙税征收员）

地　点　大乡公所

【斗牙税征收员】您住在哪里？＝施各庄。

您是自己斗量的吗？＝征收所的斗伙负责。

那您负责什么？＝斗（量器）是自己保管的。

像您这样的人该怎么称呼？ = 斗工。

不是称呼斗征收员吗？ = 不是的。

农民怎么称呼（您）？ = 秤斗掌柜的。

您也在做斗量吗？ = 没有。

您什么时候开始做（斗工）的？ = 在第一区是民国二十八年开始做的，今年转到第四区去了。

之前没有做这个吗？ = 没有。之前在锦州受雇。

做什么买卖？ = 在银行（银号）工作。

【民国二十八年的承包】斗量是民国二十八年开始的吗？ = 是的。

二十八年的时候，是从谁那儿承包（斗量工作）的？ = 赵广友。

这个人是总包商吗？ = 他是分包商。

赵广友只做斗量吗？ = 做第二区的斗量。

你有在做一部分的秤量吗？ = 没有。民国二十八年前是赵在做，民国二十八年起从他那儿承包过来。

承包花了多少钱？ = 1200 元。

只是斗吗？ = 是的。

【民国二十九年的承包】民国二十九年（的承包）是多少钱？ = 1800 元。

【民国三十年的征收员制】民国三十年的价格呢？ = 没有承包。民国三十年做了征收员。

有什么改变？ = 只要收集到钱都上交了。

那不就亏了吗？ = 被总局雇用了，有月薪。一个月 30 元。

除月薪之外，年末还会多给钱吗？ = 只有每个月的 30 元。没办法。

【征收局的月薪制度】总局给下来的是斗子的月薪吗？ = 那是斗子拿到的在市里工作每天 1 元的工钱。

今年怎么样？ = 还是做征收。一个月只有 30 元。

斗子有月薪吗？ = 每天 1 元。

民国三十年支付月薪的是谁？ = 征收局。

我以为民国三十年没有征收局呢。 = 是的，是县公署的财务股支付的。

现在应该是从征收局那儿拿月薪吧，杨先生他们也是吗？ = 是的，无论谁都是拿月薪的。

月薪很低啊，但是如果一个月的征收额超过了某个值的话，会有像奖金那样的奖励吗？ = 没有。

除月薪外，一天一元的路费也没有吗？ = 没有。斗子有。

杨先生每次去市的时候能拿到路费吗？ = 不清楚。

基本每天都有市，一个月 30 元够吗？ = 没办法，自己又没有从事农业，只有节约着过日子了。

【包商的收入】在第二区，1200 元承包的时候，能赚多少钱？ = 有雇用斗子什么的，不是很清楚，应该是一年 200 元。

县里叫总包商的人能赚多少？ =不知道。

民国二十八年赵先生转让斗（给您）的时候，给了权利金之类的钱吗？ =没有那种钱。一点利益都没有，而且也不是转让。已经期满了。先交保证金的两成作为押金，剩下的960元分月交。

不是会按规定退还保证金的多少成吗？ =不会退还。

1200元承包，能收回多少钱？ =1400元。

【包商上缴的税额】现在有设柜征收，集市一收到钱就上交给征收局吗？ =不是的，一个月交一次。

这个时候一个月有多少？ =没有做账面记录。是根据票子计算的，票子都交给征收局了。

但是一个月大概有多少呢？ =夏天的话一天3元，现在的话有100元了。

【斗子】全部斗子都是你带来的吗？ =全部都是。

是拿官方的月薪吗？ =每天集市收一元。

有多少斗子？ =10人。

这10个人都是征收局派给的吗？ =是的。

现在想承包也不行了吗？ =不行了。

整个昌黎县都是那样吗？ =都是那样的。

斗子中经验老的有多少年了？ =10多年了。

斗子一般是靠什么生活的？ =在家里从事农业。半天做斗子，剩下半天回家耕种。

斗子有十人是吧，不会有临时增多或减少的情况吗？ =也有临时变动的。

要拿到谁的许可？ =我许可。

和杨先生没关系？ =没关系。

普通人也能做斗子吗？ =并不是普通人都能做。

能成为斗子的人需要会做什么？ =会秤量。

这有练习的必要吗？ =要练习。

怎样的情况需要练习？ =刚开始做的人会量不够粮食，估测不了。还有会弄撒粮食的。

【斗子的收入】斗子在秤量的时候能拿到礼金吗？ =没有，一点都拿不到。

连流澈都拿不到吗？ =拿不到。

现在看来，有很多粮栈都会找斗子去秤量，不会给礼吗？ =不会。

以前就这样吗？ =很久以前比现在少多了，一天50钱。

那是什么时候？ =到民国二十八九年为止，民国三十年就变成一元了。

民国二十八年的时候谁给的钱？ =我（包商）给的。

全县都定为50钱吗？ =不是的，自己决定的。

民国二十八年有多少斗子？ =10人，也就是“十面斗子”。

一人一天50钱，10人5元，岂不是连200元的利益都没了？ =是除去这一部分后有200元利益。

民国二十八年有从买卖人那儿拿到礼或拿到流澈的吗？ =没有。

以前有吗？ =那是民国二十年前的事情了，民国二十年就禁止了。

民国二十八年的时候可以收流澈吗？ =一点是可以的。卖主觉得把卖剩的东西拿回去会很麻烦，就给斗子了。

斗子的工作是什么？ =“光管约斗”。除此之外就没有了。

不定价格吗？ =不，买卖双方自己决定。

没有从以前就说好的（价格）吗？ =没有。

在民国二十八年你成为包商的时候，斗子是怎样定下来的？ =他们都是在赵广友手下干活的伙计。

一天 50 钱是以前就有的规矩呢，还是商量后定下的？ =以前就有。

为什么上涨到一元呢？ =县里决定的。

斗子们没有说过“咱们商量一下，涨一下工钱”之类的请求吗？ =没有。

“工资一直很低”之类的其他的事情都没有商量过吗？ =没有商量也没有请求。

【包商】包商有把大家聚集起来商量过吗？ =没有。

我知道民国二十八年是通过投票决定包商，那些希望成为包商的人都没有商量吗？ =没有。

在其他县里，有以个人名义成为包商，实际上却是合伙做的情况。这个县里也有吗？ =也有那样的。

您也是那样的吗？ =我不是，我是一个人在做。

其他县在开市的时候，斗子会从旧包商那里拿斗，到新包商那里去。有那样的情况吗？ =有，现在还有。

包商有亏损的时候吗？ =有，歉收的时候买卖少，就会亏损了。

【包商的选任】你在成为包商的时候希望有多少人（和你一起做）？ =像我这样的小包商，一个人就够了。

委托你工作的包商都有哪些人？ =赵进臣。

谁委托谁？ =他委托我。

为什么会有人知道（能委托你工作）？ =因为知道我一直没有工作。

是亲戚吗？ =不是的。

价格如何？ =对方说 1200 元，两个人商量决定。

那个时候有中介人吗？ =没有。

【粮栈的包购】粮栈在包购后什么时候交税？ =包购完之后，当天交。

不能一个月交一次吗？ =当天内交完。

怎样算要交多少税？ =规定好一袋子 5 斗。

没有一袋子装 6 斗的吗？ =没有。

是根据袋子定税吗？ =是根据飞子交税的。通过对袋子进行检查来确定有没有隐瞒飞子。

有隐瞒的吗？ =因为会随时调查所以做不到。

谁调查？ = 自己调查。

在第四区经营秤量的只有你一个人吗？ = 有两个书记（算上合作社的人）。

粮栈把包购粮食拿去县，要再交税吗？ = 只交一次。拿着票子就行了。

有没有听过在“第一区买梨等东西的时候交了一次税，在这里又要交一次”的事情？ = 买的时候要交，卖的时候也要交。交双重。

粮栈的情况呢？ = 卖的时候要再交一次。

【防止屠宰税的逃税】以前在第四区，一个人的包商下面有分包商吗？ = 没有。

在附近还好，在远的地方怎么收？ = 以前是随集市收取的，在市里收。

到市里来卖的话能收到，如果碰上了节日什么的都在村里分了吃了，那怎么征收？ = 包商派人到村去调查。

在那种情况下，杀猪的应该知道杀了多少，问他不行吗？ = 不会那么做。杀猪的会隐瞒。

在别的县，会不会有杀猪的声称包下了村里的屠宰，一年多少钱这样分包下来的情况？ = 没有。

【牲畜税的经纪】牲畜税的经纪有从征收局拿到月薪吗？ = 没有。

怎样生活？ = 收买卖方的谢礼。

一头多少钱？ = 现在是一单一元。

斗子不收谢礼吗？ = 不收。有工钱。

有没有听说过为了避免牲畜税的经纪有人赚了钱有人赚不了钱的情况，成立了帮的事情？ = 没有那样的事情。5个人一起说的时候，5个人一起分了那经纪钱。

田景荣先生说之前一直在有（成立帮）。 = 应该没有。

10月27日

牲畜的包商　村的差钱　水稻耕种

应答者　侯振山（村民）（旧牲畜税包商）

地　点　大乡公所

【牲畜税、牲畜牙税的包商】

听说您做过牙纪，那是什么时候的事情？ = 没有做过牙纪。民国二十四年的时候做过收税。现在到市里去，亲戚朋友说帮忙看一下的时候看一看做一做。

在哪收税？ = 第四区全体。

应该是包商收吧？ = 县里的总包商是赵进臣，第四区的牙税是他自己承包的，大税是郑其昌负责。

赵进臣是哪儿的人？ = 他是崔家坨的人。现在还在做包商。

现在还在做包商？ = 第三区和第六区合并了称为第三区。在第三区做。

第四区的包商是谁？ = 不知道现在是谁。应该是杨、韩、由、赵四个人中的谁吧，不知道。昌黎县城的包商是郑其昌。

赵进臣做总包商，承包的是什么？ = 牲畜税。（牲畜税）包括了牙税、大税和附加捐。

附加捐是大税的附加还是牙税的附加？ = 大税是3分，佣（牙税）是3分，附加捐是1分5。

和郑其昌一起两个人承包的时候，附加捐算进哪个？ = 算进牙税。

3分的牙税和1分5厘的附加捐是你的，3分的大税是郑其昌的，是吗？ = 是的。

【包商与总包商的关系】认识赵进臣吗？ = 认识。

因为什么开始了承包？ = 在我没工作的时候，赵进臣做了总包商，他对我说要不要做做看，我说我不懂，他说不懂也没关系只要收税就行了，然后又派了几个人给我。

【包商的合伙】那个时候在这区里没有其他想做这个的人吗？ = 我只是名义上的包商，希望做包商的伙计们一起出的钱。

有多少人合股了？ = 总包商3股，大税上一股，侯元功一股、我一股、侯永和一股。

一开始一股要出多少钱？ = 开始一股交了100元的押金，净亏380元。全部好像是一万元还是多少，忘了。

大税的名字是郑其昌，在牙税只投资了一股吗？ = 有几个人都叫郑其昌。他在牙税投了一股，在大税投了好几股。

你在大税也出资了吗？ = 没有。

总包商呢？ = 总包商只在牙税出资了。

总包商是事先承包然后集股的，有事先商量说明志愿吗？ = 事先说明志愿然后成为包商。

您只在民国二十四年出资投股了吗？ = 是的，只在民国二十四年。一年内损失了9亩半的土地。

现在你有多少土地？ = 17亩半。

那时候有多少土地？ = 27亩。

【分包商的职务】你那个时候是分包商？ = 是的。

每次有市的时候都去了吗？ = 去了。

去了然后干什么？ = 收税。把伙计记账的钱统好交给总包商。

持股的人都去市吗？ = 去。伙计中一个姓韩的人在总包商的3股中入股了。

韩是不用出钱，靠劳力出资吗？ = 不是的，出了钱。股份的话谁都是一样的。

【牙纪的报酬】牙纪是受雇于包商吗？ = 不是的。

那样的话，怎么生活？ = 买方和卖方会给他们一元或者80钱或者50钱作为礼。

那叫什么？ = 佣钱，或者费力钱。

牲畜税是包括了猪牛马等全部吗？ = 是的。

【卖方和买方的负担】卖方和买方在做买卖的时候，除了价钱还有什么必要的？ = 牙税3分、大税3分、附加捐1分5（每百元7元50钱）。那个时候还没有，现在以为是给新民会5厘，结果要收你8分。新民会的手续费是民国二十九年开始的。

除此之外就没有了吗？ =没有了。

要给牙纪多少钱？ =没有规定。有给两元的，有给一元的，还有更少的。随便给的。

没有关于那方面的规定吗？ =没有。

包商一分钱都不给牙纪吗？ =不给。只有这点钱。

谁出费用钱和税？ =买方。

卖方不出吗？ =我们做的时候，是买卖双方商量的。现在必须是买方出。

买方出的叫什么？卖方出的叫什么？ =没区别。

例如没有像“包佣”这样的词吗？ =不说。不知道什么是“包佣”。

你在职的时候买卖双方是怎么商量的？ =商量谁出。双方平分的情况很少。多数是一方出。

【牙纪的选任】谁都可以做牙纪吗？ =是因为家计贫困，为了生活才做牙纪的。

包商不会拒绝，让谁做牙纪都可以吗？ =随便的。

以前有牙帖，应该会很严格才对。你的那个时候，谁做都可以吗？ =以前有（牙帖）。但是因为牙纪很多都是穷人，为了行方便就废除了。

包商不会拒绝吗？ =不会。

应该有包商不认识的牙纪吧？ =不会全都不认识。在市里看了介绍就认识了。

【牙纪的合办】长时间做牙纪的人里，多的能有多少年工作经验？ =有做了20多年的。田景荣、李尚义他们就做了很久。他们是负责猪的牙纪。负责牲畜的人的话，有施各庄的刘汉有、屈耀兴、屈耀华、邵老万等人。

这些人的收入时多时少的话会很麻烦，他们会互相帮助吗？ =合办。也就是分摊。

怎么分？ =甲和乙一起介绍一头牲畜的话就2人一起分。3个人介绍的话就三个人分。

那时很普通的事，有没有3个人分一天在市里的收入？ =不让其他人知道是分不了的。

有甲、乙、丙3个人，其他人知道只有甲介绍了，还会给吗？ =进行买卖的人会当着所有牙纪的面给。让他们分。

收入有时多有时少，3个人把当天的收入拿出来平分的情况有吗？ =没有。

【现在也是包商制】现在在四区一年承包要多少钱？ =不知道，只知道要交给官，多少就不知道了。

和以前的包商一样吗？ =办法是一样的。缴纳的金额和以前相比更合理了。

以前的话，如果是定价10000元，就以10000元承包。现在呢？ =现在也是。

10000元承包收到15000元的话，那5000元算是赚了吗？ =是的。

现在也是那样吗？ =是的。

知道现在赚了多少吗？ =看今年的样子，应该是要亏损的。去年赚了一点。

去年赚了多少？ =10000多元吧。承包花了多少钱就不知道了。

今年的情况呢？ =交易少，应该要亏损了。

【曾经在侯家营做过包商的人的名字】在侯家营做过包商的都有哪些人？ =刘殿元（刘斌魁）（掉头捐—屠宰）、侯全五（牲畜和大税，已亡）、侯玉龙（牲畜大税、已亡）、侯尤中（牲畜大税）、刘子馨（牲畜大税）、侯荫堂（牲畜大税）、侯大生（牲畜大税、二十大税、二十四年和我一起承包）（牲畜大税包括牙税和大税两者，我只有承包牙税的本事了）。

在斗的方面没有吗？ =没有。

没有成为牙纪或者斗子的人吗？ =没有。

有成为杀猪的吗？ =侯应春，他去了满洲。另一个人侯永德已经死了。

有人成为社书吗？ =没有。

【村里的差钱、亩捐】下边是每年度每亩的差钱数额，希望您能填写小米一斗的价格。

年 度	一亩（上地）的差钱	小米一斗	备 注
民国三十一年	村内 1 元 40 钱 大乡 3 元余	32 元	
民国三十年	村内 1 元 40 钱 大乡 3 元余	13 元左右	
民国二十九年	2 元余	6 元余	
民国二十八年	2 元余	5 元余	
民国二十七年	1 元 70、80 钱	4 元左右	
民国二十六年	1 元 70、80 钱	3 元 70、80 钱左右	之前是纳吊钱 1 元 =18 吊 1 元 70、80 钱 =22 吊
民国二十五年	1 元 30、40 钱	3 元 70、80 钱	1 元 =17、18 吊
民国二十年	1 元	3 元 20 钱左右	一元 =16、17 吊 之前是铜子儿
民国十五年	70、80 钱	2 元 40、50 钱左右	一元 =12 吊 70、80 钱 =8、9 吊钱
民国十年	50、60 钱	2 元左右	1 元 =12 吊
元年	20、30 钱（换算不明）	1 元左右	16 个 =1 吊 16 个小钱 =100 钱 （160 个 =1 吊）
光绪末	不明		

今年的大乡的差钱是多少？ =记不清楚。3 元多。

村里面出现上、中、下的区别是什么时候开始的？ =民国二十年开始，不太确定。

为什么会有这样的等差？ =下等的土地因为水的不足收获会很少。

刘子馨说是民国十年开始的。=那时候我不在当地，所以不是很清楚。

【水稻耕种】每年是为了干什么而去海里？=今年是萧惠生种稻，去年也是。侯家营好像只有他吧。

其他人去干吗？=今年去挖沟。

今年有多少人去挖沟？=6人。（孔子明、刘子馨、侯聘之、刘殿元、侯允中、侯永和，一边做监工一边种水稻）

这些人自己挖沟吗？=做监工，也就是做苦力的头儿。

用哪里的苦力？=本地人。

从侯家营去了多少苦力？=十几人。

监工的报酬谁给？=承包一丈90钱，给苦力80钱或者85钱。

到哪里去承包？=七里海农场。

刘子馨也是那样吗？=他是盖房子的。还种了21亩地。

孔子明呢？=从农场那里拿钱，做苦力。也种了十几亩地。

侯聘之呢？=记账，还有种地。

刘殿元呢？=给工人买米。也种了20多亩地。

侯允中呢？=种地。在农场里种了21亩地。

侯永和呢？=盖房子的监督。种了21亩地。

萧惠生呢？=种地。100百多亩。

你没有种地吗？=没有。

去年怎么样？=去年有很多人种地。侯大文、刘子馨、刘殿元、侯允中、侯全五、侯凤义、侯荫堂、孔子明、侯大生、萧惠生（他在别的地方）、王文存、侯元义。

只有他在别的地方种吗？=是的。

【耕种的报酬】种地的时候有什么规定吗？=一石的话，农场拿4斗，种地的人可以拿到6斗。也就是把10份分成4份和6份。

谁给的种子？=公司垫的。

开始的时候会借钱之类的给你们吗？=插秧的时候，每亩垫6元。

什么时候还？=秋天的时候，他们决定稻子的价格，那个时候还。

是除了那4斗之外再还吗？=是的，从6斗里面还垫的钱或者种子。除草和插秧的费用是一亩6元。

去年丰收了吗？=因为才刚开始挖水沟，通不了水，一粒收成都没有。

今年呢？=看来一亩就收个三四斗吧。

去年农民亏损了，没有什么做点什么（补偿）吗？=没有。

没有给4斗米吗？=没有收成就没有给了。

垫的钱呢？=去年没有垫。去年的农场主叫金龙业，今年换了。

种子钱也没有给吗？=种子钱给了。

今年怎么样？=今年应该不会亏损。因为是四六对分的。

10 月 23 日

民国二十年前后的屠宰税　市里的杀猪人　村里防止逃税

应答者　李永盛（屠户）

地　点　乡公所

【应答者的经历】你是泥井人吗？ = 是的。

现在的职业是？ = 杀猪，还有农业。

有土地吗？ = 有 9 亩 3 分的沙子地。

借有别人的土地吗？十二三亩。

有做过短工或者长工吗？ = 十几岁到二十几岁被雇佣过。现在没有做。

从几岁开始杀猪？ = 在东北的辽东大林站学杀猪的。民国十七年去的，待了 3 年。

回来之后一直从事杀猪吗？ = 也有从事农业，但是一直从事杀猪。

杀哪里的猪？ = 基本上都是在泥井，如果村里要求杀也会到村里去杀。

【民国二十年时候的屠宰报酬】民国二十年的时候做杀猪的话，能收到多少礼钱？ = 没有拿到钱，但是会拿到猪鬃、猪毛和胰子。

拿不到钱吗？ = 拿不到。猪鬃（贵的话一斤五六吊钱、便宜的话一斤两三吊钱），猪毛（换不了钱），胰子（8 个铜板）。

一头猪能有多少猪鬃？ = 四五两。不同猪拿到的量不同。

杀猪能拿到刚刚说的礼，还会请你吃饭吗？ = 刚好碰上吃饭的时候就会请，没碰上就不请。

会给小肠吗？ = 不会给。

猪粪呢？ = 猪的主人带走。

【掉头钱】屠宰税是多少？ = 一头几百钱。三四吊钱左右。猪主交给收税的人，我不清楚。

杀猪的时候，猪主要到包商那里去报告吗？ = 现在的话不用特别做报告。之后再向收税的人报告。

谁报告？ = 没有报告的地点。到市里去说一头还是两头，然后把掉头钱给了。

收税的人会到市里来吗？ = 会。

来市的哪里？ = 没有固定的场所。去卖肉的人那儿问杀了多少头。

杀一头猪要交多少掉头钱？ = 刚才说过了三四毛。

掉头钱是屠宰税吗？ = 掉头钱是不论大小，一头三四十钱，税是大概每头 10 元 20 钱，根据猪的价格缴纳。

屠宰税是谁交给谁？ = 猪主从官那里承包，交给收税人。

在哪里交？ = 市里。

那么掉头钱和屠宰税是分开交吗？＝掉头钱和屠宰税是同时交的。

怎么称呼来市里收掉头钱的人？＝收税的，或者包商。

收税的会把屠宰税也收了吗？＝不是的。

屠宰税和牲畜税都是交给同一个包商吗？＝不是的。

卖肉的时候，那两个收税的会来吗？＝是的。

那时候税是多少？＝10元20钱。

【市场里宰猪人的任务】这是在市里卖肉的时候听到的事情，你也卖肉吗？＝自己杀的话自己卖。和猪主一起卖。

在市里卖肉的是猪主，还是杀猪的从猪主那里买回来再卖出去？＝杀猪的帮猪主卖。

不拜托杀猪的，自己卖可以吗？＝因为自己切不了，所以拜托杀猪的。

那样的话能拿到多少礼？＝只有刚刚说的那些礼。

不会把卖到钱分一点吗？＝不会。

过节的时候，杀猪的会买很多回来卖吗？＝没有那样的例子。

在山东有那样的例子吗？＝如果杀猪的帮猪主买就会那样。猪主不想杀的时候，杀猪的会买下然后再卖。

那样买下的话能赚多少钱？＝有赚的时候，也有亏的时候。因为掉头钱和税都是杀猪的交。

【过年过节时候的宰猪的】过节时候会买10头、20头回来再卖出去吗？＝我没有资本买不了，别人会。

你一般买多少头？＝没有钱，所以就买两三头。

这边杀猪的买最多能有多少头？＝钱多的人一次买五头、十头。

“官屠”和“散屠”这两个名称有什么区别？＝没有什么区别。

你是什么？＝我是屠户，被拜托杀猪了就去杀，不是官屠。

【村里防止逃税】现在市里卖的情况能够了解，村里过年过节之类的时候，会杀很多猪。那时候怎么交税？＝收税的到村里去调查，到市里来报告。

怎么称呼到村里去调查的人？＝收税的兄弟之类的。

不叫“查税的”吗？＝不叫。

查税的什么时候到村里去？＝没规定。

过年过节的时候会来得特别频繁吗？＝过年过节的时候会来得特别频繁。

10月24日

村里的屠宰税 屠宰场

应答者 李永盛（屠户）

地 点 乡公所

【村里的屠宰税】谁到村里去收掉头钱？ =侯家营的刘斌魁收过。

这人是从什么时候到什么时候做过？ =我不在村里，不知道。

你被委托去侯家营的时候，谁交掉头钱给谁？ =猪主交给收税的。

没有杀猪的收好全部交给收税的情况吗？ =没有。

收税的事先拜托杀猪的话可以理解，但是不拜托吗？ =就算拜托村里的人也不会拜托杀猪的。

【村里的承包】村里的人有承包吗？ =有承包。

一年承包要花多少钱？ =每年不同，过了一年就变了。

村里做承包的人叫什么？ =包掉头捐。

那样的人，是每个村里都有一人吗？ =第四区里有一个包商。

侯家营的刘呢？ =和别的村合伙一起承包。

在这个承包了一个区的人的下面，没有承包各个村的人吗？ =没有。那人在市里调查。

没有分包村和会的吗？ =没有。

没有杀猪的代替包商去收税的情况吗？ =没有。

民国二十五年的时候也是这样吗？ =一样的。

那个时候杀猪拿到的都是些什么？ =猪鬃、猪毛、猪胰子。

拿不到钱吗？ =拿不到。

【屠宰场】什么时候开始有屠宰场的？ =前年 5 月。

有了屠宰场后，杀猪的人的工作有变吗？ =杀猪的也去屠宰场杀猪了。

去屠宰场自己杀吗？ =全部都是自己杀。

在泥井想杀猪的话，能拜托你吗？ =以前的话去屠宰场杀。现在的话，在屠宰场拿了票后可以在家里杀。

可以去屠宰场杀吗？ =可以。

去屠宰场的话要花多少钱？ =在屠宰场的掉头钱 1 元，交易场的票钱 1 元 20 钱。除这些外，其他都是屠宰场的人不开票就收钱。越远收的钱越少。

从泥井去的话要收多少钱？ =1 元 50 钱。

那么两边加起来一共 2 元 72 钱吗？ =不是的。一共 1 元 50 钱。

那之后大概就会回家杀了吧，能拿到多少工钱？ =现在是一头 3 元。

猪鬃、猪毛、猪胰子呢？ =拿不到。给的话就拿得到。

拿到的话工钱会不会变少？ =不会。

会带到市里去卖吗？ =会拿去卖。

后天也在市里卖吗？ =后天也卖。明天杀两头，后天卖。

【屠宰税和交易税】有没有听说过必须在交易场买屠宰的票？ =买猪的人要，但是杀猪的人不用。

买回来杀的人应该要买吧？ =是的。

杀猪的时候不用把票送到交易场吗？ =杀的时候检票，杀完后票就扔了。

如果没有票那会怎样？ =必须要出钱买票。

要花多少钱？ =根据猪的价格而定的。一头大的、值80元的猪的话，要60钱。

和买卖时候的税相比，要高还是要低？ =比税便宜。税的话是每百元7元50钱。

谁拿着票去？ =猪主。杀猪的话要把票交还给交易所。

去交易所的时候要交掉头钱吗？ =不交。有别的包商负责。

那个包商在哪？ =同一个税局的。

现在也有吗？ =现在没有了。

掉头钱要交到哪里去？ =交给屠宰场，1元。

（注，李永盛的回答难以理解，不足取信）

10月22日

盐税　田赋　滦县社书

应答者　侯定义（村民）侯长永（村民）孔子明（原副保长）

地　点　侯家营办事所

【泥井的贩盐店】这村子是从哪里买盐回来的？ =官盐发给各镇。然后由村去买。这里的话到泥井镇去买。

到泥井的哪儿去买？ =到赵家小铺去买。

这家店有什么卖？ =水、烟草、梨、枣、玉米面。

这个村每家都去买吗？ =每家都去。27日市的那天去买。买了之后会给票。

不是市的当天买不了吗？ =只限市的当天。

不是市的话店不开吗？ =除了市当天外，官府会派人来贴封条，也就卖不了了。

封条贴在哪里？ =应该是贴在门上。

那么一来，别的东西也卖不了了？ =其他的是自己的买卖，可以随便卖。

那么封条贴在哪里？ =只有正面的两间房子借给了官府。卖自己的东西的地方不是同一处。

卖盐的人也是赵家小铺的人吗？ =卖盐的人是官家的人，也就是衙门来的，普通人卖不了。

那些人是哪里来的？ =盐是从昌黎来的。昌黎的盐是从塘沽来的。卖的人是从施各庄来的。

【贩盐承包】几年都是相同的人过来吗？ =没有定。今年就变了。

去年来的人来了很久吗？ =民国二十九年起到民国三十年这一年是杨庄的赵老利和秦

庄的秦家油来。这两人是一起来的。

每年承包一次吗？ = 官府决定的。

是询问承包意愿然后募集吗？ = 投票。昌黎来指令，决定是泥井镇还是团林镇承包（现在第四区是一个人承包）。

有泥井的人承包过吗？ = 有。泥井的李秀芳成为过泥井、施各庄、团林的总包商。

这个人是牲口的包商吗？ = 牲口和猪，民国二十九年时候的包商。

什么时候开始承包盐？ = 民国二十九年。

李秀芳承包的话，谁卖盐？ = 请人。

人们去那村里买盐，不是市的日子就买不了吗？ = 是的。

【盐的消费没有限制】刚才说到买盐会给票，叫什么票？ = 咸盐票、路票。

村民是怎样买盐的？ = 买多少都没关系，一元 4 斤 56 两。在昌黎的话，一元 5 斤。

能在昌黎买吗？ = 可以。买 10 元、20 元多买的时候去昌黎买。

可以去天津买吗？ = 昌黎县的人在不是昌黎总包的区域里是买不了的。

去施各庄、团林买可以吗？ = 可以。

分包县城的和分包泥井等地方的人应该是不同的，那样还是可以吗？ = 没关系。从第四区到第五区去买也是可以的。县内的话去哪儿买都可以，但不能去县外。

一年有限制大人多少斤小孩多少斤吗？ = 什么限制都没有。

不会有这户有多少人所以一次只能买几斤这样的限制吗？ = 没有，只要有需要随意买多少都可以。

【路票和盐警】路票是为什么而设的？ = 是买了盐的证明。

买多少斤都是给一张吗？ = 无论买多少斤一次只给一张。

没有票的话会怎样？ = 盐警来调查的时候凭票证明买了盐，没有票的话，用着的盐是怎么到手的，会让人觉得可疑。

调查到哪里调查？ = 来村里调查每家每户。盐警带着保长和自卫团员一起去。

盐警经常来吗？ = 一年来两三次。春天、秋天的时候，腌腌渍品的时候要买很多盐。那个时候来。

盐警调查的时候发现没有路票，觉得很可疑，那会怎么做？ = 官盐和私盐的颗粒大小不一样。因为有路票所以会清楚。

【私盐和罚金】如果被判断是私盐那会怎么做？ = 会让他买官盐，还会罚款。

罚金是多少？ = 一季的 10 倍的罚金。路警一年来 4、3、2 次。根据来的次数，一年分为 4 季、3 季、2 季。

村里有人被罚过吗？ = 曾经有过，侯赵氏（罚金 5 元）。最近侯元明被罚了 30 元。

这些人是从哪里弄到私盐的？ = 从海里带回来的。

税警会发现吗？ = 去家里调查的时候会发现。

【盐的价格】盐的价格是每元 4 斤 56 两，是很久以前就规定好的吗？ = 到去年 12 月为止都是 1 元 8 斤。在那之前是 1 元 8 斤 12 两。

事变前是多少钱？ = 有过 1 元 12 斤的。

【承包的利益】现在承包施各庄的人能赚多少钱？ =1 元 6 斤 4 两承包的。所以 1 元可以赚一斤的钱。再加上每百斤一个草袋（价值 30 钱）。还要出小工的工钱和其他的费用。

一年能赚到多少钱？ =这就不知道了。

【盐的消费量】施各庄的人承包了第四区全体的用盐量，一年要用多少盐？ =第四区有 13 万户，用多少就不知道了。

定义先生家买多少盐？ =20 元（大人 5 人，小孩 3 人）。长元先生是 15 元（大人 4 人，小孩一人）。

孔子明先生呢？ =15 元（大人 3 人，小孩 2 人）。

侯元耀先生呢？ =7 元（大人 2 人，小孩 2 人）。

【交纳田赋的方法】今年交了田赋了吗？ =还没有。

什么时候交？ =阳历冬月到腊月之间。

去年交了吗？ =交了，还是冬月到腊月之间交的。

去哪儿交？ =县公署财务科。

一个人一个人分别去交吗？ =个人到财务科的收费员那里去交。

他们不会过来收吗？ =不会来。

交之前会来通知吗？ =乡长通知保长，保长通知每家每户去交。

是用一张纸来通知的吗？ =是的。

没有从乡里直接给每户发出的通知吗？ =没有通知。根据乡公所里的账簿缴纳，那和县里的账簿是一样的。

村里的人知道要交多少吗？ =大概知道，不知道的人到县里去问征收员。

村里每个人去交会很麻烦，乡里收好去交不行吗？ =也行。但村里的制度还没那么完善。

没有那样做吗？ =没有。现在比以前更加麻烦了。

怎么麻烦？ =以前是交米、斗、草，现在是只收现金。

每户去会很麻烦，所以保长、乡长、副保长等拿去交不行吗？ =县公署没有下命令，所以没那么做。

有同族的或者邻居帮忙带去交的吗？ =有。

【交田赋的时间】这村大概是什么时候交？ =阴历 11 月（阳历 12 月）

这是对应县里“上忙下忙”的哪个时候？ =下忙。

没有人上忙的时候去交吗？ =有是有。但是这里是下忙去交。今年秋天交不了的人明年 3、4 月的时候交。这就变成了上忙的时候交了。

【田赋的督促】那个时候钱会稍微增多吗？ =3、4 月过了后，社书手里的钱会稍微增多。

到 3、4 月前等着就能拿到吗？ =是的。

现在没有社书，去年下忙交不了的人今年的上忙交了吗？ =交了。

有多少户？ =去年下忙有 80 户；今年上忙有 30 户。

上忙过了还是交不了的人怎么办？ =今年全部都交了。因为没有社书，所以乡公所会督促。

如果不交会有什么后果？ =会被乡公所告到县公署去，然后被押走。但没有那样的例子。

【社书的职务】有社书的时候，什么时候过来收？ =直到上忙为止在县里等，过了那段时间社书就会来收。本来只需交给县 80 钱的，社书来的话就要收一元。那多余的部分不是县里规定的，是社书自己收的。

那个时候，逃户和亡户的田赋谁出？ =没有谁出。村里会适当补上。

社书知道哪些是逃户和亡户吗？ =有票子，知道。

【今年的田赋缴纳】今年的田赋交到哪里去？ =乡公署。

会通知到每家每户吗？ =不会通知到每家每户。

听说今年起，每区派两个催款人去征收。您听说过吗？ =没有，不知道。那是阴历十月十五之后的事情。

【社书李春芳】现在社书还会到村里来吗？ =没来。

还会到有贷款的村去，有听说过吗？ =到去年还有。

谁来了？ =李春芳（张家坨）。

【滦县社书和侯金铎】滦县社书到什么时候为止会来？ =每年春秋之后来。民国二十九年为止。叫张占举，从滦县来。

从滦县来路程很远，会在这里留宿吗？ =留宿。到侯金铎家。

到什么时候为止都会到侯金铎家去？ =民国二十九年为止。

侯金铎已经不在了吧？ =从金铎的曾祖父开始就有关系。那个时候的社书是安老步。安老步之后是张占举。

滦县从去年之后就不来人了？ =全部交给昌黎县了。

在孔子明先生那儿有土地名目吗？ =有。10 亩地，1 钱 6 分 5（6 毛）。

侯定义先生那儿呢？ =30 亩半，4 钱多（2 元多）。

滦县的社书不能来之后他生活有什么变化吗？ =不知道。

10 月 22 日

挖沟　地亩泼差底账

应答者　侯元广（保长）侯元耀（司账员）

地　点　保长家

【侯元耀的经历】侯元耀先生在村里是什么职位？ =做管账的。司账员。

什么时候开始做的？ =阴历 7 月 15 日起因为挖沟而开始的。

这之前没有吗？ =没有。

月薪多少？ =每个月20元。

到现在为止您有做过吗？ =有做过会的帮手。

什么时候的事情？ =民国十七八年到民国二十一年。

那之前有去过满洲吗？ =16岁的时候去了公主岭，一直到21岁。回来之后一直做私塾的老师。现在因为身体虚弱什么都没做。只是管一下村里的账。

有多少土地？ =什么都没有。

靠什么生活？ =和父亲、兄长一起生活。今年正月分家了，也受着亲戚的照顾。有两个女儿，都还是小孩。

【挖沟的出夫】挖沟的出夫（临时出工）是从哪里接到命令过来的？ =齐镇长。

什么时候来的？ =阴历八月十四。

当时命令说要出多少人？ =第一次是10名（八月十五日）；第二次是2名（八月十七日）；第三次是10名（八月二十九日）。

第四次呢？ =去昌黎县挖交通沟，7名。

临时工人是像刚刚说的那样会来要工人的命令，不会来要出钱的命令吗？ =不会来了。会来要临时工人和临时工人的粮食的命令。

【挖沟出夫的伙食费】临时工人一人要多少粮食？ =一人一天高粱米6合。

是带着米去还是带着钱去？ =收集好带到大乡去。这村每5日带6斗去。这不是对村里出的临时工人而言的，而是大乡全体人员的平均值。

没有关于这方面的通知吗？ =镇长把保长召集起来开会。泥井的一个保长出6斗米。

从什么时候到什么时候要出米？ =8月15前临时工人每人拿半斗去。第二次也是每人拿半斗去。每5日每人拿6斗米去大乡公所是从9月6日开始的。

一直持续到什么时候？ =直到工人回去。现在还没决定。

这些工人一天能拿多少钱？ = 一天3元。

谁给的钱？ =村里拨的。

米呢？ =村里拨钱买的。

工人拿去的米算在工钱里吗？ =不算。工钱和粮食是分开的。

【乡以及县的补贴】乡里不会给补助吗？ =不给。

县呢？ =县里每人给一元。

【出夫的工作】谁去做出夫？ =第一次是侯大国、侯俊良、侯文安、刘占元、叶润田（后来侯文炳代他去）、侯佐均、李树宽、侯宝珍、侯增瑞、侯永田。第二次是侯连坤、侯大志。第三次是王永春、侯永年、池守业、侯元英、侯元照、侯豫享、王义存、侯元吉、侯永增、陈占选。

有规定了一甲多少人？ =没有。每个人都是工人。根据乡的指令，20岁到50岁的人聚到一起抽签。如果抽中了但不想去的话，每次出3元雇人做也是可以的。

【请人代替的雇佣和工钱】这里面都没抽中签但被雇佣去的人吗？ =陈占选、侯连坤、侯大志。

是直接给钱这些人还是给会？ =给会。

刚提到的 3 人是会雇佣的还是抽中签的人出钱雇佣的？ =中签人。

中签的人是每天出 3 元吗？ =不是的。把本应自己做工人每天拿到的 3 元转让。所以其他人不去的话自己必须去。

最初抽签的时候，不想去的人也会来吗？ =20 岁到 50 岁的人必须来。

这里的工人每天吃饭要花多少钱？ =3 餐共 2 元。

那样的话 3 元就算不错了吗？ =拿到 3 元的人钱是多，但是回不了家，很辛苦。

这里面有希望去的人，也有不希望去的人吗？ =基本上都希望去，不想去的人很少。

3 元的工钱是乡里决定的吗？ =镇长决定的。

不是县里决定的吗？ =还没有实行。

不是县里下命令的吗？ =不是。

一天 6 合米是哪里决定的？ =大乡决定的。这也不是县里决定的。四区里面有 10 个大乡，工人是不一样的。其中也有一天七八元的。

【村里的开销和摊款】那样的话，村里要花很多钱吧？ =要花也是没办法的。去做工人的人都是因为贫困才做的，如果出了钱不去干活的话，家人会很为难。

村里是怎样筹钱的？ =上地 728 亩半，每亩 4 毛 8；中地 815 亩半，每亩 2 毛 4；下地 1589 亩，每亩 1 毛 6，总共 3133 亩地，799 元 64 钱。这是作为第一次筹集。

【地亩泼差底账和田赋查报账】这地亩泼差底账是由刘保长继承吗？ =不是的。这是由大乡公所抄写了送来。

为什么没有写刘保长？ =刘保长的是错的。以乡公所的为标准。

刘保长不会借给你们吗？ =会借，但是有大乡写的话那就没必要了。

刘保长的错在哪里？ =小乡的时候的土地测量不正确，要重测。那就导致账面要修改了。

那是什么时候测的？ =民国二十年。

只测了一次吗？ =是的。

那时候县里有来人吗？ =县里没有来。小乡乡长侯永信测的。

村里有田赋查报账和地亩台账，那时候有哪个账？ =地亩台账。

田赋查报账是什么时候制作的？ =小乡没有这个。

没有从县来人调查吗？ =没有。

没有从县来人验契吗？ =有。两个人来，在地亩泼差底账上写着宅地。

坟地的话，要交公课吗？ =不交。

（应答者加上孔子明）

【与村里地差无关的土地】刘保长的时候要交地差是宅地、坟地、荒地吗？ =在台账里没有坟地，所以不用交。15 亩荒地变成刘保长所有之后也不用交了。之前是要交的。

宅地、坟地、荒地都要进行大乡的亩捐吗？ =只有宅地要。这地亩泼差底账是归大乡所有的，所以要除去宅地。

【连圈】侯家营的人在泥井有土地的话，要交泼差吗？ =交给侯家营。

泥井的人在侯家营有地那怎么办？ =交给泥井。

在很远的桥上那里有地的话，交给谁？＝交给桥上。

在泥井、赵家港有地的话交到这里来吗？在哪里有地是要交给哪个村的？＝乡里的区城不同的话是不能交到这里来的。

是什么时候有乡的？＝二十八年的时候。

在有乡之前是怎样的情况？＝之前是连圈。连圈指的是牛心庄、杨韦庄、泥井、赵家港、崔家坨五部分。

刘庄的池德玉不属于连圈，会到村来交吗？＝他的堂哥池德臣是种地的，用池德臣的名义记在底账上。

想看一下挖沟用的账簿。＝

1 地亩泼差底账（民国三十一年八月初九日立）

2 元号官会银钱流水账（民国三十一年七月十七日吉立）

3 挖沟工人账（民国三十一年八月立）

4 元号挖沟流水账（民国三十一年八月吉立）

5 齐沟差账（民国三十一年八月十一日）

6 元号进差流水账（民国三十一年八月十一日）

（注：现在小乡公所作为〈盖房差钱〉和挖沟一样用作办事所的修理费用，现在还在征收）

1 的内容（注上栏是收入部分；下栏是需支出部分）

八月二十八日八月二十七收沟洋7元1毛6　　泼沟差洋7元1毛6　　收　4元1毛6

八月十五日八月初九收　　3元泼差　7元1毛6

齐海福（上3亩半中地15亩半下11亩半）

3 的内容

侯大国八月十六起九月初六取洋3元（捐）取洋1元5毛2（差钱）

（注：所谓的捐，就是委托别人带去。洋钱指的是本人应出的数量）

10月25日

商会　地方　保正　田赋　社书　旗地　村的差钱　集市进款　包纳　过割　税契　光绪二年的官出入老账

应答者　刘子馨（旧保长）

地　点　其家中

【商会】有商会吗？＝乡下没有商会。县城有。

泥井没有商会吗？＝泥井连分会都没有。

第四区哪里有？＝哪儿都没有。

泥井里有加了商会的店吗？＝有一两家。福庆成，天成九。

这些人交会费给县城吗？ =交。

一年要交多少会费？ =详细不知道。一年几十元。这些店的所有资本都很少。

天成九是什么样的店？ =杂货铺。福庆成是点心铺。

加入商会有什么好处吗？ =商会会有各种的保护。

点心铺等必须要加入吗？ =不是一定要加入，但是做活动的店加入后会有各种的便利。

6 堡 12 街，是什么？ =6 堡里有一两个镇。

莫各堡在哪里？ =泥井、刘台庄、施各庄、团林 4 个镇。

这 4 个镇里有商会吗？ =没有。都在县城里。

商会要用钱的时候，会来泥井等镇征收吗？ =侯家营里没有买卖人，所以不用承担。泥井要承担。刚才说到两户，因为其他的店资本太少没有加入，所以也不用承担。

【地方的废除】地方是什么时候被废除的？ =民国二十年。

为什么会被废除？ =因为有了警察之后地方就没必要存在了。

泥井的警察分所也是那个时候成立的吗？ =不是的。泥井的分所是民国初年才有的。20 年以前，有事情发生的时候警察会让地方去调查，从那开始全部都让警察负责了。

因为那样警察的规模变大了没？ =变大了，工作也增多了。

【地方的工作】地方的工作是？ =做跑腿，传县里打官司用的传票和公益的通知。

那么地方的工作警察也能做？ =是的。摊车、摊人等直奉战的时候由地方做。

【牌和区乡制】地方被废除的时候牌也跟着没有了，由谁来做摊人和摊车？ =牌没有被废除。现在的大乡就是牌改变后的形式。

民国二十年诞生了区乡制度，可以看作是乡长们做了属于地方的工作吗？ =不是的。废除了堡，区乡就诞生了。

什么时候废除堡的？ =民国初年。

县长是什么时候设的？ =以前就有，但是是民国二十年完成的。

完成后就不需要地方了？ =是的。

在这边有没有做过地方的，现在还健在的人？ =还有。新金堡的刘老润、堡子庄的马长春。

这些人都有很多土地吗？ =没有很多。

普通人能成为地方吗？ =可以。根据人自身。成为地方的人一般多心眼，心里也不认真，所以有时会被讨厌。

【地方的收入】在侯家营，地方一年能拿到多少钱？ =春秋两季，一次四五十吊钱，一年不会超过 100 吊钱。除了这之外的收入还有，一年拜一次酒席，那个时候会收到每户一吊或者 2 吊钱。侯家营里 10 户有 5 户会去。所以地方摆酒席能有六七百吊钱的收入。

工钱半牌的话有多少钱？ =四五十吊钱。

在侯家营拿到的工钱没有 200 吊钱吗？ =没有，一季三四十吊钱。

地方从会拿到工钱，还有摆酒席，除此之外还会到每家每户去拿粮食吗？ =没有。

【保正】有多少名保正？ =一堡一名保正。保正的工作是在县里验尸的时候开玩笑。

此外好像就没有固定的收入了。有案件才有收入。此外就靠摆酒席了。

摆酒席的时候侯家营有多少人去？ =十几户。

比去地方的酒席的人少吗？ =少。而且带去的礼钱也比给地方的少。

【交纳田赋的方法】去年到哪儿交田赋？ =三十年成立了大乡。到现在，银粮豆草和串票的4张票变成了一张。到县去交，县里有专员，交给他们。

农民各自去交吗？ =去县里封粮。

大乡不收齐田赋吗？ =不收。大乡收县亩捐、乡亩捐、校捐和其他像挖沟之类的特别捐。

挖沟不是由各庄收的吗？ =村里收好拿到乡里去。挖沟之类的要得很急，大乡人很少，所以由小乡收。将来会由大乡收。

为什么今年开始派催款人到各区去，到每个村去收钱？ =那是县亩捐。没有向大乡交钱的话，县财务科会派人来收。

【社书的征收】农民自己去封粮会很麻烦，县里不会派人去征收吗？ =过了三个月没有交的话，就会那样。

这是什么时候开始的？ =三年。以前是由社书做的。

【交田赋的时间】在侯家营田赋是上忙的时候交还是下忙的时候交？ =两个时候都有。

临归卫的地呢？ =也是两忙的时候交。

去年是上忙的什么时候交？ =阴历三、四、五月。

下忙呢？ =十、十一、十二月。

县在上忙的什么时候派人来？ =上忙不派人来。过来一年的上下忙都没有交才派人来。

侯家营的人在2季去的话会很麻烦，留到下忙的时候算好一起去交可以吗？ =上忙可以交就不在下忙交。

留到下忙交可以吗？ =可以。

随便哪个忙去交都可以吗？ =是的。

会像以前那样“哪个土地名目是上忙的”，这样的区别没有吗？ =没有。

【督促田赋征收】去年几月县派人来了？ =今年的阴历三、四、五月来。

那样还不交的话会怎样？ =不可以，会被传叫的。

有被传叫过的人吗？ =没有。

【田赋征收的通知】去年每户都有收到通知票吗？ =只出了告示。

今年通知没来吗？ =也只有告示。

【滦县社书】以前滦县的社书会来，什么时候起不来了？ =去年。

是和县里的社书同时不来的吗？ =是的。

交给滦县的田赋是交给县吗？ =是的。

滦县的收入减少了不会很为难吗？ =大概是县和县之间有交涉。

为什么县会知道滦县有多少银子？ =去年根据地亩台账做了报告。

听说滦县的社书在侯金铎的家里留宿，侯金铎有做过代收吗？ =没有。金铎告诉社书每家的信息。

金铎没有做过社书吗？ = 只是朋友关系。金铎没有多少存款。

由本县的人做滦县的社书的情况有过吗？ = 没有。

【山海关社书】山海关的社书是从山海关来的吗？ = 是的。本县没有人做过。

这人到村里来会留宿吗？ = 山海关的社书不怎么来。两三年来收一次。还有到那边去做买卖的时候，帮忙垫钱。在村里经营这个的是侯老瑞。山海关的地不多一共只有一顷二十亩。而且因为只有一张票，原来只是一块地。

滦县有多少人？ = 三四十户零零散散地分布，没有计算过。

什么时候开始不到山海关去交？ = 去年。

侯老瑞现在到哪儿去了？ = 民国九年的时候死了。

他死了之后由谁经营？ = 有银子的人凑在一起拜托别人，没有规定是谁。

那样的话不交也可以吗？ = 那不行。三年没交的话山海关的县公署派人来传你去。票的名称是“侯一户”。但是没有人被传过。

【刨荒地】这和村里的旗地不同吗？ = 不同。现在全都变成刨荒地了。民屯社是 28 洋钱，临归卫地是 26 洋钱，刨荒地是一毛。

刨荒地是什么？ = 就是开垦刨荒地。现在滦县和山海关都在按刨荒地的价格收钱。

【吴总头的旗地】应该有其他的旗地吧？ = 二三十亩。

要向县交租吗？ = 不是的。五区黑王庄的吴总头是旗人，昌黎县的旗地全部由他管理。

他是王府的吗？ = 是王府的。但是不知道是什么王府的。

他每年都会来收租吗？ = 来调遣昌黎的人。

昌黎的谁？ = 城东的刘庄子的王老福。

这个人还健在吗？ = 现在还在就有百岁了，二十年前死了。

昌黎县所有的旗地都是由王管理吗？ = 其他的不知道。应该还有其他人。但只有这个人经常到侯家营来收钱。

王老福每年的什么时候来？ = 没有定。也有在收获后来的。来了也不一定一次就能收到。

旗地有钱粮吗？ = 那是租籽。一亩四五分洋钱。

和旗地比哪个高？ = 旗地高。有民屯地好一点。

为什么侯家营会有旗地？ = 不清楚。

会不会原来是一个人的名字？ = 不会。

旗地是什么时候没有的？ = 民国初年。旗地是前清王府的土地，王府没了后就归县所有。

归哪个地方的社书？ = 不知道，大概变成荒地了。

【官旗产清理】其他县有官旗产清理的说法，这县里有吗？ = 有。一两年就完成了。

什么时候的事情？ = 民国元、二年的事。

不是民国十四五年的事吗？ = 民国元、二年之后也有。侯家营是后来才有的。

有当时的执照吧？ = 没有执照。

是由旗人拿钱去交还是清理处去？ = 开始是旗人，后来是清理处。

侯家营是哪一方？ = 清理处。

那么，没有清理处的执照吗？ =没有。

那些旗地归谁有？ =不知道。

【差钱】现在有把土地区分上中下来进行拨差，是什么时候开始的？ =民国十一年。

之前应该是没有区分的吧？ =因为民国十一年是战时，拨差非常的高。有下地的人觉得不公平就要求区分了。

什么战争？ =直奉战。民国八年到民国十七年。

拨差突然上涨了多少？ =战前是一亩一两毛，战时是五六毛，所以会说不公平。划分成三等，上等变成一亩一元。上地一亩等于下地三亩，中地一亩等于下地两亩。这村里没有上地，只要稍微好一点就叫上地了。

【不用交差钱的土地】宅地是上地吗？ =宅地和墓地不用交差钱。

【差钱的账簿】划分上中下的方法现在也没有变吗？ =没有。

现在在征收的挖沟的摊钱，宅地的话就不用交吗？ =不收分为上、中、下的宅地。

挖沟账是由乡公所写还是由村写？ =现在为止都是临时让村里写的，将来可能会规定由乡公所写。现在的挖沟账，在小乡公所里写成地亩老账。

新保长说他写过大乡公所的，是吗？ =没有。他连字都看不懂。

【差钱的变化】希望你能像下面那样陈述一下每年度一亩的差钱和一斗小米的价格。

年　度	一亩（上地）的差钱	一斗小米
三十一年		22元
三十年	村内1元20钱 大乡2元30钱	15元
二十九年	1元80钱	15元
二十八年	1元80钱	13元
二十七年	1元	5元多
二十六年	1元80钱	3元
二十五年	1元	2元50钱
二十年	60、70吊钱	2元
十五年	50钱	1元70钱
以前没有上、中、下的区分		
十年	三四吊	1元50钱（8吊） （7吊=1元）
元年	三四吊	8吊
光绪末	二三吊	6吊

【看梢子】看梢子是什么？ =这村里的劣地种着梢子，看守这些梢子的人。这村里的沙地会受到风吹，种了梢子的话就不会受影响了。每两年砍一次，看守的人就是看梢子。

梢子是什么？ =杨树、榆树、柳树三种，柳树比较多。也叫树梢子。

每两年砍一次什么？ =全都砍了，只剩下根。

这些树都是村出钱种的吗？ =不是的。有劣地的每户都要种。

砍了的梢子要来干吗？ =当柴烧。

因为是自己家的东西所以能随便砍？ =不是的。要在阴历的“霜降”以后砍。

规定了砍的日子吗？ =没规定。早的话“霜降”的半个月前；迟的话在“霜降”后两三天内砍。

如果现在砍了风吹起来的话会很麻烦吧？ =砍了剩下根来抵御。

还没到“霜降”，例如盛夏的时候也不可以砍？ =不可以。村里有规定。

有不守规定的人吗？ =没有。不守的话要罚三四吊，现在是两三元。

【看梢子兼任看青的】看梢子是村里雇佣的吗？ =有梢子的人雇佣。这村里看青的做看梢子的工作。只是很少的钱，所以由会上出。

看梢子一年都要工作吗？ =如果被偷了看青的就要赔偿，看梢子没有那方面的责任，所以一年一直在做。

看梢子只能是本村的人吗？ =必须是本村的人。没有外村的人做过。虽然雇佣也是可以的。

看青的也只能是本村的人吗？ =兼任。看梢子的工钱很少，只有那一点儿是请不到人的。

【看青】今年由谁看青？ =侯元照。

由谁雇佣？ =会上，但今年是大乡雇佣。以前一直是小乡雇佣。今次大乡雇了乡民侯瑞和，瑞和让位给了这个人。

目前为止侯元照连续做了多少年看青？ =四五年。

今年有多少工钱？ =大乡 120 元（一保一人）。

和去年给的工钱相比怎么样？ =一样。去年比今年稍微多一点。

看青负责的区域变了吗？ =变成只有侯家营了。

只是付工钱的地方变了，其他没有改变吗？ =是的，没变。

看梢子的工钱呢？ =已经包含了。

看青的时间呢？ =没变。

【打更、站岗、梆队】今年有打更吗？ =现在开始雇佣，目前为止没有。

小乡雇还是大乡雇？ =还没到时间。去年梆队有 3 人，由他们出人。10 月 15 日到来年 1 月 15 日这三个月。

去年雇了吗？ =没有。从 18 岁到 40 岁的人里轮流选人。

去年是站岗的打更吗？ =是的。

现在站岗时几点站到几点？ =晚上 8 点到第二天的 8 点，一整夜。

他们不睡吗？ =轮流睡。到了晚上就不在外面站岗。在屋子里。

不能回家吗？ =轮着回。吃饭也是回家吃。因为有3人所以能轮着。

前年怎么样？ =轮流打更，每20亩地一个人。

什么时候雇的？ =民国二十年以前。

去年打更和站岗是分开的吗？ =不是的，一起。

今年呢？ =站岗的兼任打更。梆队每时每刻都在做，现在的晚上乡公所里也有值班的。

打更是做什么用的？ =看柴、防贼。

为什么只在冬天打更？ =冬防。秋收之后柴草会很多，是要特别注意防火的时期。

【梆队和打更的关系】打更在规定的时间内在村里巡逻，也要站岗吗？ =是的。

三人不够吧？ =三个人是梆队的，三个人打更。

那么就是三个打更的每人看20亩地？ =是的。

去年这三个打更的和三个梆队的是一起的吗？ =是的。工作内容是一样的，所以梆队也看地。

前年也是一晚6个人吗？ =4个人。也是每20亩一个人。

不是每10亩一个吗？ =那是以前8个人的时候的事情了。

任梆队的人不用打更吗？ =任梆队就不用打更。

有百亩地的话，就需要5个人了。两个人任梆队，剩下的怎么算？ =那两个人就不去打更。

有多少户出任梆队？ =20户。

侯家营有120户的话，除去出任梆队的20户，剩下的轮流打更吗？ =是的。

只要有一个人要出任梆队，就算有150亩土地，不去打更也可以吗？ =减去梆队的那个人的50亩土地，剩下100亩，要出5个人打更。

有20亩土地，又要出任梆队，那怎么办？ =那没办法，有钱也没用。

【集市进款】集市进款是什么？ =集市的时候，在市里卖东西的地方的集租钱。

交给谁？ =交给公会。就算是一般人的土地，该收多少也是确定好的。这叫地皮费。

侯荫堂先生去卖白菜的时候也要交吗？ =要交。

要交多少？ =一辆车的面积的土地80钱或1元。

那是一次还是一年的钱？ =一次的，以后的都像上次的一样。

【集市进款的包商】公会的人去收吗？ =是的。如果包商从公会那里承包了的话，交给包商制。

在庙前的公会的地卖那没问题，如果在私地的话那怎么办？ =私人收。

公会地和私人地的价格有不同吗？ =一样。

现在在泥井收钱的人是公会的还是包商？ =肉市、菜市、鱼市、杂货摊子、豆腐摊、烟摊、糠斗、铁匠、炉都是被承包了的，也就是公会的这些地都承包了。总包商1200元承包，但刚刚说到的又分包出去，总包商有2000元收入。

分包哪一个会贵一点？ =地方不同价格不同。地方大的话就收很多。比这个炕大一点（一间房子的一半）就20元。

侯荫堂没有分包吗？ =没有。年里有市，他只去十几次，每次都收。

那么说来整年都去的人就有承包？ =是的。

侯荫堂交钱给谁？ =交给菜市的分包商。总包商和分包商没有明确的区别。总包商原来是合伙的。所以一年都来的人就以某个价格承包。临时来的人就在每次市的时候出钱。

总包商的1200元交给谁？ =200元当作教育费，1000元交给泥井小乡公会。

不是交给大乡公所吗？ =交给大乡公所的只有那200元的教育费。

那1000元怎样用？ =不清楚。

那些公产不是全都交给大乡公所的吗？ =应该是那样的，只有泥井没那么做。不合法。

那是公会地的情况，私人地呢？ =私人收。

私人不用交钱给公会吗？ =不用交。

侯家营有承包了一年公产的人吗？ =没有。

租一年私人土地的人有吗？ =没有。

【当地的包纳】包纳的金额是规定的吗？ =光绪的时候，一亩300钱（小钱16钱=100钱），现在只包纳银粮的额。

光绪的时候在银粮方面是没有规定吗？ =那个时候，没有乡亩捐和县亩捐。现在有，但是金额没有确定。

包纳只做正赋吗？ =只是正赋。

不包纳亩捐和差钱吗？ =也包纳。但是在当契上只写正税，其他的是对应金额包纳。

地契上写着一亩多少钱？ =一毛。现在当地很少。

当地很少吗？包纳的人多，还是不包纳的多？ =包纳的人多。

包纳的一毛是由出当、承当的哪一方出？ =承当的给出当的。

如果正赋是两毛的话，出当的不就亏了吗？ =那也没办法。

实际上会亏损吗？ =会，视商量而定。

现在是规定了一毛钱吗？ =并不是规定了。包纳是一毛钱的话，也不便宜。现在包纳便宜了。比光绪的时候少。

包纳和银粮，不会有不同时候吗？ =总是不同。

哪一个多？ =银粮多，所以出当者会亏损一点。

为什么亏损着还会立契约？ =这只不过是一个乡俗。正税不会亏损，但会给一点社书，所以会少一点。

【过割】今年在哪里进行过户？ =在大乡公所进行，非常简单。

花了多少钱？ =没有正式花的钱。但是交了一亩30钱的手续费。这是乡公所的职员收的。

去年怎么样？ =本应在二十九年的过户变成了三十年阴历正月二十日由社书主持过户。三十年的变成了三十一年正月二十日在大乡过户。

在大乡，过户是一亩30钱吗？ =正式来说不收这钱。

在三十年正月二十日过户的话，社书要收多少钱？ =没规定。根据不同人收一亩一元、两元、三元都有。这是社书的收入。正月二十日全部社书聚到县城。

在大乡过了户，不去县里也可以吗？=以前是由社书造册，现在是县里做，所以在乡里过户就可以了。县是根据册子征收的。比以前方便了钱也不用交那么多，一亩30钱，在大乡听到这个估计会回避。

在大乡可以随时进行过户吗？有规定日子吗？=一年一次。阴历正月二十日，花一两个小时。

就算可以改地亩老账的名称，也不叫过户吗？=不叫。

那叫什么？=上地下地。

要收手续费吗？=不收。

进行的日子有规定吗？=随时都行。这要收差钱的。

不在收差钱之前进行的话会很麻烦吧？=土地的转移在清明节前后就大概确定了。

【税契】现在由谁负责做税契？=昌黎县公署的税契处。

大乡公所不做吗？=不做，大乡长做监证。

大乡公所做的话应该会变方便吧？=不会做的。乡长把拿来的草契重写在官纸上。

乡长不会一次性全部拿过去重写吗？=有时会，但是一般是农民自己拿过去。

崔家坨的田魁一是做什么的？=监证人。民国二十年做到民国二十三年。

那时候小乡长没有兼任监证人吗？=没有。田魁一是一牌的监证人。那时候小乡长和监证人是分开的。

什么时候起小乡长开始兼任监证人？=二十五年起。

【官中牙纪】官中牙纪是什么时候开始有的？=民国初年。

是有一个"村正、村副中立不倚"的印章吗？=那个时候村正、村副盖印，官中牙纪有别的印。

官中牙纪像牲畜牙纪那样做介绍吗？=不做。只是盖印。

田魁一是监证，他不做介绍吗？=不做。

只把自己收到的契税交给县，只要交200元的押金就可以了。那是生活的本钱。他现在不做了，在做昌黎县的聚合长（粮栈以及油房）的老板。

什么时候开始每个牌都有监证人？=民国十几年开始到二十三四年。

之前是由村正、村副做吗？=不是。村正、村副做证人，有另外的人做官中牙纪。

那时候官中牙纪要做什么？=做中间人。官中牙纪废除后就变成了监证人。

一牌有多少官中牙纪？=一牌一人。泥井是李文明，不过已经死了。

【差钱的割当方法——村外地的差钱】《侯家营人在外庄地亩台账》中提到的人的差钱要交到哪里？=侯家营的人在其他村有土地的话，交给侯家营。

那么侯元太在泥井有土地，他要交到哪儿？=住在哪儿交到哪儿。

那么如果侯家营的人在桥上有土地呢？=这太远了，村里人不能进行交换，那就交给别的村。

近的村指的是哪里？=赵家港、牛心庄、崔家坨（杨韦庄里没有）。

在刚刚说到的村以外的，拿钱到这些村去吗？ = 是的。

这四个村也叫连圈吗？ = 是的。看青的话是一起轮着做的。

《侯家营人在外庄地亩台账》的土地，是由外村的看青看守吗？ = 是的。

泥井的人在侯家营有百亩土地，侯家营的人也在泥井有百亩土地的话，交换会很简单，但是面积不同的话那该怎么办？ = 在这里不成问题，不会扣除。

看青费是由土地所有者支付还是耕地的人支付？ = 所有者和耕地人都不出。村里出。如果帮外村的人的土地看青的话，作为报酬收一点高粱秆。

在连圈里有土地的话出看青费很简单，在桥上有土地的话怎么出？ = 所有者交给那边。

自己耕种的和借出去的土地不同吧？ = 无论哪种情况都是所有者。

那时候桥上的会费是一年一亩一元 80 钱，住在侯家营的人要出多少钱？ = 因为在那里有土地，要给全额会费。

听说当作合租地的话会费会少一点，并且让租地的人负担会费。是吗？ = 不是这村，听说第一区、第二区有这样的。那叫“带差租地”。

【村里的盖房修理费】前天到新保长那里去，他收了 800 元的挖沟费，还有 800 元的盖房修理费，事实是这样吗？ = 首先在阴历八月二十七收了一次挖沟费，接着今天（9 月 16 日）又收了 800 元盖房修理费。收 800 元修理费是很不合理的，新建费收 400 元，修理费没理由要 800 元。还有自从收挖沟费以来，只是米这方面，开始是交一斗，接着是 5 斗，甚至变成了每 5 天交 3 升 3 合 8，还要交 3 次。此外还要钱。而且保长侯元广一点都不出。他没有脑子，每月花 25 元雇侯元耀。这样子收钱，只有伙计能维持生计了。

挖沟要花这么多钱的话，还有修理的必要吗？ = 今年夏天下雨，修了一点竟然要花 900 元，现在在筹钱。

给刘子馨的拨差通知书（下图）

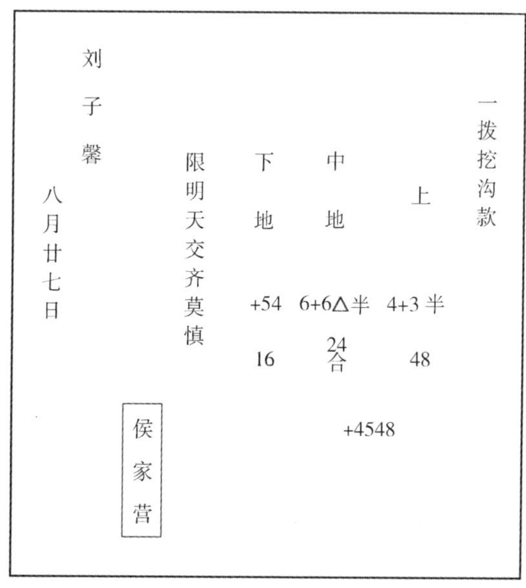

一拨挖沟款

上 4+3半 48

中地 6+6△半 24合

下地 +54 16

+4548

限明天交齐莫慎

刘子馨

八月廿七日

侯家营

以前说的“四季吃食”是一年吃几次？=一年三次。算清账一次，六月二十四日的关帝庙会一次。还有清明土地亩账一次。

【乡亩捐】今年的乡亩捐是多少？=加上县亩捐和校费共2元10钱。

第一期1毛25（县）、1毛75（校），第二期2毛（乡），第三期1毛（县）、2毛（校），第四期一毛7（县），第五期3毛5（校），第六期1毛15（县）、1毛35（乡），第七期2毛（乡）。

他们来征收还是拿去交？=来收，但比较多的是自己拿去交。

来收的话要求手续费吗？=没有。

【光绪两年的官出入老账的说明——水钱等】刘荣垫付的影揭是什么？=乐亭的影戏剧的钱。

“齐钱叁千罚的”是什么意思？=不知道是什么的罚金，反正是要收的。

“水钱八千”是什么？=寡妇出嫁时要乘车，那个时候要付的钱。车子是私人的，但是寡妇乘坐的要交钱，已经是习惯了。现在也是那样，但是钱不记到账面上，乡丁自己用。

现在水钱要多少？=2元、4元。

后面的水钱的地方写着“王作霖”是谁？=和交水钱的人的什么关系，应该是收钱的人。

1840文出利钱是什么？=之前在广德号借钱，这是借款加利息。

现在也要利息吗？=三四分。

村里的人借给会上也要收利息吗？=收。修房子的时候向泥井的刘子恒借了500元，要给6分的利息。阴历七月十八日侯振祥的次子的媳妇儿来泥井后死了，验尸等整整花了1000元，合计花了3000元，其中1000元是在齐乡长的介绍下借的，那要6分的利息。侯振祥把钱还了，但是保长侯元康只交还了500元，独吞并花了剩下的500元（尸检的时候，来一个巡警要给20元，来一个男的也要给20元，一天要花300元）。

那是借给外村人的情况，本村人借给会也要收利息吗？=要。但是会上的人不会收利息。

“出会底钱5吊”是？=5月庙里用的钱。在虹桥的雹神庙的会里上会的人的饭钱。

现在也是那样吗？=现在也是。都是5元。

接下来的“会底”是？=北山的娘娘庙会（阴历十月十五日）的费用。

“举锅”呢？=是修“鍋（该字为日文汉字）锅”，写错了。

【资料】在县公署契税室里抄写的关于差钱的资料

民国三十一年三月十六日

第五区西于家坨陈赵氏诉保长阎振声未报土地台账无法封纳由为阎振声保长漏报土地台账案卷

三十一年三月三十一日开

呈为声明下情请求指令常坨乡所更正西于家坨台账据造征册呈署以凭纳赋窃民家所有座落西于家坨地共计旗圈及八项各地七十七亩二分八厘自改组大乡以来西于家坨

小乡长阎振声改为十二保保长仍旧收二十九年地亩差款及三十年县乡各项亩捐并小乡长看青等费查该小乡长发请单记载三十年项下大乡排差县亩捐每亩二角二分乡亩捐每亩五角教育费每亩六毛县内制服每亩一角四分建筑费每亩一元掘交通沟每亩五毛炉火两每亩一毛共合每亩三元零六分该保长按七十九亩五分使民家摊款较民地实有总数浮收二亩二分一厘捐款共为六元七角九分三厘及小乡看青款每亩六角除宅地不堪耕种者外共上青苗地六十八亩合四十元零八角综合以上两项共合洋二百八十四元零七分及二十九年缺二十一元共计三百零五元一角七分清单三十年共收二百三十八元下缺二十二元一角七分外并会遣保丁刘翔妥持收据取去三十元清单未列加浮收六元七角九分三厘合计三十六元七角九分三厘除清单缺二十二元一角七分外净浮收十四元六角二分三厘不但此也查伊三十一年交常坨乡公所西于家坨土地台账记载民子陈义福名下有八十二亩二分八厘地较民实有地多登五亩更属错误民子陈义福经商关外凡民一切家务俱由民婿颜永仆代理三十年终永仆来署封纳田赋查无征册记载回问常坨乡公所据答查无陈义福台账询问阎保长则答已报三十一年三月八日又来署纳赋仍无陈义福征册无法封纳回问乡公所据称阎保长近日始交台账提视该台账记载陈义福外尚有五十八名于阎两家坟地尚未算入共地二顷八十二亩八分之多（谨抄单附呈以资证佐）俟该乡公所据复自然水落石出为此具呈附证声明下情请求

恩准指令常坨大乡公所更正民子陈义福名下台帐除去浮多登记五亩外添造七十七亩二分八厘征册据复到署以凭纳赋而保产权实为公德尔便谨呈

昌黎县公署知事闻

附呈清单收据（照片）一张台账抄单一纸自有地表一张

田赋附加带征收据十一张

10 月 27 日

租契

应答者　杨庚廷（办事员）朱云乡（书记）

地　点　县公署契税室

【税契处理手续】税契室里的税契的顺序（关系文件以及以账簿为中心）是？ = 农民首先会各自把草契拿来（离县城远的地方由乡长、保长一并带来）

契税是？ = 印花税是每 100 元 4 钱。县公署里贴着印花纸。

会给收据吗？ = 在税契室收取草契，会给一张缴纳契税收据（这会征收售价的 6 分，属于省款）。同时还会给一张征收捐款收据（三联）（这要收售价的 5 分 6。其中二分之一作为省款“学费 6 厘省中用 1 分 5”、三分之一作为县款“教育费 1 分、自治费 1 分 5 厘（但是自治费之前属于存款），农林费 5 厘，图书馆费 1 厘”。还有 4 厘是作为监证费之后给大乡长。

其他呢？＝除了以上的，还收契纸价1元、收据工本费1分。缴纳契税收据的工本费是县里支出的，不用交。收捐款收据的工本费。

	八月 二十日
	五区
	齐室政
	买
	齐国钧
	地
	15亩 2分5厘
	305 元 角 分

县里的账簿怎么记载？＝草契相关的在买契登记簿上登记。接下来是写契纸。

县里用的账簿呢？＝没有每天的流水账，在收据的背面写（簿记账在省款股和县款股）。有交款日记簿（不是每天都要送到省款股和县款股，每百账规定要盖县的印章）。接下来是日报和月报。

多少天交还给农民？＝全部手续完结了就还给农民，从收取开始算起10天。

当室和乡长的关系是？＝根据监证费簿一年交四次监证费给乡长。此外，向乡长支付的情况记在草契各乡镇领缴买典草契纸上。这是乡长提出的，按公文支付。

监证费簿是什么？＝放在当室，为了一看每天的成绩就能了解情况，制作（文契、张数、价目）日记簿。根据日记簿，每100张将价格记到监证簿一次。这是代替流水账写在收据的背面，每次看了之后计算会很难，所以可以根据这知道每天的监证费和收入。

【资料】关于契纸价的资料

民国三十年九月

河北省公署财产字第5983号训令为买典契纸价改定价格案卷

三十年九月九日收到

（前略）查近年纸料涨价尚属实在据呈前情应准将买契草契纸价改定为每张七分典推契草契纸价改定为每张八分均以一分给监证人作为办公津贴除通饬各县一体遵行外合行令仰该知即便遵照办理此令

上为相关附件

昌黎县公署契税室经征契税　报表民国　年　月　日

计开

买契600张共价洋48610元6角8分0厘内分

六分契税洋0万2千9百1+6元6角2分3厘

六厘学费洋0千2百9+1元6角6分2厘

一分五省中用洋0千7百2+9元1角5分6厘

典契　张共价洋　万　千　百　十　元　角　分　厘

三分契税洋　千　百　十　元　角　分　厘

三厘学费洋　百　十　元　角　分　厘

五厘省中用洋　百　十　元　角　分　厘

一元契纸价洋　千　百　十　元

一角注册费洋　百　十　元　角

总计洋　万　千　百　十　元　角　分　厘

附征一分收据工本费洋　百　十　元　角　分

监证费洋　千　百　十　元　角　分　厘

买卖一分教育费洋　万　千　百　十　元　角　分　厘

一分五自治费洋　万　千　百　十　元　角　分　厘

五厘农林费洋　千　百　十　元　角　分　厘

一厘图书馆经费洋　百　十　元　角　分　厘

典契二厘五教育费洋　百　十　元　角　分　厘

五厘自治费洋　百　十　元　角　分　厘

一厘二五农林费洋　百　十　元　角　分　厘

总计洋　万　千　百　十　元　角　分　厘

办事员

财票子第15277号

河北省公署代电　　三十年十二月二十三日收到

昌黎县知事览据通县知事金士坚删代电称遵查关于契纸加价一项经即转饬盖戳于十一月起实行至其他票据既系于未加价前购领自应仍照前价征收一俟用罄清领再照现领规定工本费数领购征费是否有当理合电请鉴核示遵等情据此查核所拟各节尚属允当应准照办除分电通县知事知照暨各县市局处署遵照外合行电仰该知事即便遵照关于领存买典推各项契纸应自十一月一日起改按新增价目收费至十一月以前领存之各项票照应仍按旧价收费不得增收一俟用尽另照新增价目呈请领发后在行增收为要河北省公署财票文印

民国三十一年四月初四日

河北省公署财产字第1767号训令为令发河北省契税暂行章程案卷

三十一年四月四日收到

（前略）覆查本省现行契税暂行章程仍系沿用前河北省政府原订旧章程与现时情形本有应行修订之处奉令兹因自应依据奉颁修正契税条例并参酌本省情形加以修正俾资遵守兹将河北省契税暂行章程修正妥协又查本省关于粘发契纸向系每张收注册费一角契纸价五角现在契税条例第四条内规定每张除缴纳契纸价一元外不明征收他项费用等语除将契纸费改收一元已于章程内规定所有注册费一项应豫免收是否（后略）

（注、以上章程如下记载）

民国以前至三年末铜元二百枚折合国币一元

民国四年一月一日至两年末铜元三百枚折合国币一元

民国十三年一月一日至十七年末铜元四百枚折合国币一元

民国十八年一月一日以后 铜元五百枚折合国币一元

10月27日

田赋 过割

应答者 王华泉（办事员）

地 点 县公署田赋景征处

【田赋征收】会通知各户吗？＝在开征的时候不会通知每户关于征收额之类的。只是出告示。

征收的方法是？＝根据经征田赋款簿来征收。

什么时候派人做？＝过了征收期之后，当处派人征收。以前是社书垫钱，当处派人向农民催征。

【过割】过割费是多少？＝现在是一件50钱，交给当处（以前社书按亩收两三毛）。

方法是？＝各户来当处过割和由乡长来，有这两种方法。乡长收齐过来（泥井的话根据泥井过地别册）的情况下，在当处会像这样说原来过名册共271名，相符者157名，无名及不符者114名，应收入78元5。为和田赋征册对照，符合的人过割，把不符合的人和征册上没有的人叫过来。

使用的簿册是？＝如果各户来过割的话，就记在花户更正簿上。内容有区别、乡别、旧粮名、更正乡名、亩数、科则、备注，在备注栏里写地亩的田赋额。

必须经乡公所办理吗？＝直接到当处来过割的人说到没有向乡交送过地的话，收契税的时候要经作为监证人的乡长的手，所以会很清楚。但是当处和契税室虽然是相邻的但是一点联系都没有。这里有14名征收员，他们通过划分区来分担工作。

10月23日

社的名称 总社书 拨补地 卫地 社书的废除

应答者 李春芳（旧社书、张家坨在住）

地 点 泥井乡公所

您今年多大了？＝70岁。

什么时候开始做社书？＝25岁，光绪十二年开始。

为什么会做社书，父亲也是社书吗？＝是的。

因为什么而做了社书？＝15岁的时候去了关东，回来之后就做了。

在同村还有做过社书的人吗？＝是的。

是那个人让位给你的吗？ = 不是的。外社由班里管理。从关东回来后，帮忙管理班里的钱粮。后来自己做了社书。

什么时候开始做社书？ = 光绪三十年。光绪二十年到光绪三十年，到各村要楼封完呈。

楼封是什么？ = 不交田赋的就叫楼封。

要完呈是从谁那儿承接过来的？ = 侯家营的侯相林。

侯相林以前是社书吗？ = 是的。

要完呈是社书要完成的工作吗？ = 是的。

要完呈和班里有什么关系？ = 本质和班里是一样的，这边拿不到的话，就到班里拿。

是在民国三十年的时候，侯相林让给您的吗？ = 是的。临归东卫和临归中卫。

拨补地呢？ = 民国三十年从刘增祥（新集的人）那里继承的。

秤冯呢？ = 也是从刘增祥那里承接的。

胡美呢？ = 从乐亭的姚荷那里承接的。光绪三十年起开始自己承接，但是民国二十四五年起就转让给韩瑞增（牛甫庄）了。

您是到二十九年为止都像以上那样管理吗？ = 从民国二十五年开始东卫就让戴忠原（北庄的人）管了，一直管到民国二十八年。民国二十九年的时候他到关外去了就变成我管了。

从侯相林那里承接，花了多少钱？ = 小洋百元。

胡美呢？ = 乐亭的人说不要钱所以没有收承接费。

拨补和秤冯多少钱？ = 也不要钱。

把东卫转让的时候呢？ = 小洋 100 元。

社书的工作是？ = 经营管理过地。在外社就只有这工作了。

【社的名称】外社是什么？ = 民屯以外的就叫外社。如下。

27 字拨补——胡米、富九、赋庆、致在、二力、禾时、千黑、吴大、黄沙、秤冯、尊嵩、商酱、高白次

五卫钱粮——卢龙卫山海卫（前后）东胜卫永平卫（前后）抚宁卫（前后）

（这里不包含临归卫）

旗产——头皂旗产二皂旗产头快旗产二壮旗产

和以上相对应有 27 社民屯。还有海防地和海荒地。

临归卫是什么？ = 在山海关有临榆卫。从这里是 28 两银子，从民屯是 3 分 8。

临归卫便宜吗？ = 临归卫有其他的粮。有半升的地和 1 升的地。半升是 1 分 6 的银子，1 升是 3 分。

昌黎哪些地方有粮？ = 临归、拨补地、民屯里有。五卫、海防、海荒、旗产里没有粮。但是就算有粮荒地上也是没有粮的。

黑白 1 升多少钱？ = 3 分。

【总社书】您的总社书是？ = 陈铭九。

这个人是什么时候当上总社书的？ = 民国十八年。

一开始就是总社书吗？ = 开始光绪二十四年的时候是做要账的，民国二十八年就做了总社书。

住在哪里？=绕弯河。

这个人富有吗？=有一顷左右的土地。我有30亩。

总社书和社书有什么区别？=县里有事的话先叫总社书，然后总社书召集社书。

是总社书雇社书吗？=不是的。

总社书的收入比社书的多吗？=总社书从散社获得收入。那收入是差不多的。

那么散社是什么？=普通的社书也就是散社书。

陈铭九管理什么？=不是那样的。社书不是社的负责人，是管理全体。

你每年给陈铭九多少钱？=拿通知过来的时候给钱。

一年都不用给吗？=不用。

串票的金额是由总社书垫的吧？=不是。是从县公署的柜里拿的。

总社书的工作是把县里的通知派给社书吗？=是的。

辞退社书，任命新社书，是总社书的工作吗？=是的。

过年过节的时候会到总社书那儿问候吗？=不去。对于总社书来说做社书的人。

【总社书的工作】总社书有多少收入？=把县里的通知给社书看然后从他们那儿拿钱。

不是县给吗？=县有给。津贴是大家分的。

那时候总社书会比散社书拿得更多吗？=没有。工作简单的津贴就少。中卫东卫工作简单所以每人20元。胡美他们好像是每人40元。

县里垫钱的时候，总社书会借钱给你们吗？=看人吧，总社书有借30元的有借40元的。

大部分的社书都会借吗？=有就不借，没有就借。

总社书一年要借出多少钱？=没有固定。

你有借过吗？=没有。

把胡美转让给韩的时候，是先转让了再告诉总社书，还是由总社书找接任的人？=两种情况都有。韩的话是前任找了韩之后再向总社书汇报的。比较多是自己找的。

【总社书可以直接掌管社】总社书中没有过直接管理社的人吗？=有。

陈铭九是哪里的？=卢九卫和临归西卫。

陈铭九是掌管内社的吗？=不是的。

陈铭九管理内社的社书吗？=是的。

内社的社书不能成为外社的社书吗？=可以。

你有做过内社的社书吗？=有做过团一后。

内社和外社的区别是？=民屯不能算入拨补，拨补也不能算入民屯。民屯是一亩大地4267银子，拨补是408银子。

【拨补地】拨补地是什么？=一般听到的是乐亭拨补。

本来乐亭的人不是社书吗？=不是。都是昌黎的人。

乐亭的人能做昌黎的社书吗？=没有做过。

外县的人不可以做内社和外社的社书吗？=能是能，但是没有人做过。

秤冯是什么意思？=在串票区名处写秤，也有用亭字的。

那是乐亭的地名吗？=传说是乐亭的村名。

什么时候起昌黎的人开始做社书？=不知道。

秤冯拨补地多少钱？ = 根据民国二十四五年的《秤冯拨补底册》，秤共有地 26 顷 55 亩 3 分6，正洋95 元611，警款77 元2，冯共有地16 顷10 亩96，正洋57 元995，警款46 元718，两处共有地 42 顷 66 亩 82，正洋 153 元 6 吊 6，警款 123 元 738，长收 18 亩 78，原存地（加上上面提到的秤冯两地的长收）42 顷 856。根据民国二十八九年的《秤冯拨补底册》旧管 43 顷 91，新收 16 亩 99，新开 16 亩 97，长收 2 厘，实在 43 顷 093，合洋 154 元 834，警款 275 元 26。

【秤冯壮草地】秤冯壮地有多少钱？ = 根据民国二十四五年的《秤冯壮草底册》，秤壮是 19 亩 8，洋 300 元 364，警款41 元56（警款是平均计算的所以会少一点）。冯壮是 18 顷 26 亩 8，洋 28 元 938，警款4 元 11。秤草是一亩 85 顷 69，5 元 2，警款4 元 086。冯草是 4 顷 80 亩 21，洋 13 元 166，警款 10 元 345。

如上所述，就算亩数少，也区分不了秤冯拨补和秤冯壮草？壮地是一亩小地 1 毛 59，警款 2 分 2。草地是一亩地 2 分 8，警款 5 分 7。拨补地是一亩 3 分 6，警款 6 分 4，临归卫是一亩地 3 分，警款 6 分 4，其中秤壮的籽粒地很高。

【籽粒地】全部壮地都是籽粒地吗？ = 是的。

籽粒地以前是用什么交钱？ = 以前喂皇帝的马的豆叫壮豆。听说是种那个。

草地呢？ = 这里没有粮，都是交银子。听说养过皇帝的卫马。一亩付 1 分 208。

籽粒地和草地都交那些东西啊？ = 据我所知是银子。但是在光绪年的时候籽粒地是产豆的，而且还是一颗一颗地挑出来交的。

籽粒地在交豆的时候也交银子吗？ = 小亩交 7 厘的银子和 5 升 1 合 5 的豆子，没有草和米。

【卫地】旧时候临归卫用什么交？ = 一亩 2 分 8 的银子。粮是 2 合 5 的米和 2 合 5 的豆，还要相应一升的 5 东 8 的草。那时候一石粮要交 7 分 1 的钱。现在统一为三份了。

临归卫和五卫钱粮的五卫有什么不同？ = 五卫里没有粮，只有银子。山海卫有 1617 的银子。

1617 是什么？ = 一亩地 1 分 617。抚宁卫是 1288，永平卫是 1 分 8。

为什么变成只有一方有粮食？ = 不知道。

内社的银粮呢？ = 统一之后是 38。以前是 3 合米（一亩大地 1 升 2 合 4），一石米和 3 升 14 的米，一石草和 6 东 6 的米。银子是一亩大地 4267。

临归卫的粮是什么时候交的？ = 很久之前也是交钱的。

临归卫里没有成户吗？ = 没有。只交银子的地方没有成户。临归卫的地很少，做不了成户。

秤冯壮草等可以活动吗？ = 五卫哥临归卫以外的可以。外社的外社人，内社的内社人可以。

【社书的废除】为什么废除了社书？ = 因为有了大乡公所，就废除了。

那么社书的生活会很困难吧？ = 困难，只能去收剩余的借款。

什么时候说要废除的？ = 民国二十九年之前都没有。

在以前也有说过要废除吗？ = 民国二十九年开始说的。

土地调查的时候也有说过吗？ = 有。

听了之后怎么想？ = 要做的话就做，不让做的话就不做。

民国二十八年在县里进行了验契，那个时候帮忙了吗？＝和乡长副乡长有关系，和我们没关系。

有现在做了粮柜的社书吗？＝没有。

大部分的社书都是这样收款过日子吗？＝直到现在大部分的人都在收。

到侯家营看过了，那儿有出自滦县的社书，也有从其他县来的社书吗？＝听过也有从关上（山海关）来的。

滦县的银粮是多少？＝不知道。

是什么时候开始不来的？＝现在不知道还来不来。应该是不来了。什么时候开始不来的就不知道了。

为什么从滦县来的社书会不来了呢？＝不知道。

10月24日

田赋附加　社书　银米豆草的换算　社书　田赋缴纳　成户

应答者　李春芳（旧社书、张家坨在住）

地　点　泥井乡公所

【田赋附加】民国二十九年的附加是多少钱？＝警款1分5厘，区费7厘，建费4厘，团款3分5厘，合计6分4厘。每小亩就这些了。而且是算到分为止。

附加的话，临归卫和都是一样的价格吗？＝一样的。但是粮是6分4，只是银子的附加的话是57。也就是说警款1分5厘，区费7厘，团款3分5厘。

粮的6分4，是包含了银和粮双方还是只有粮？＝有粮的话必定有银子。

从李春芳那儿得到的串票一

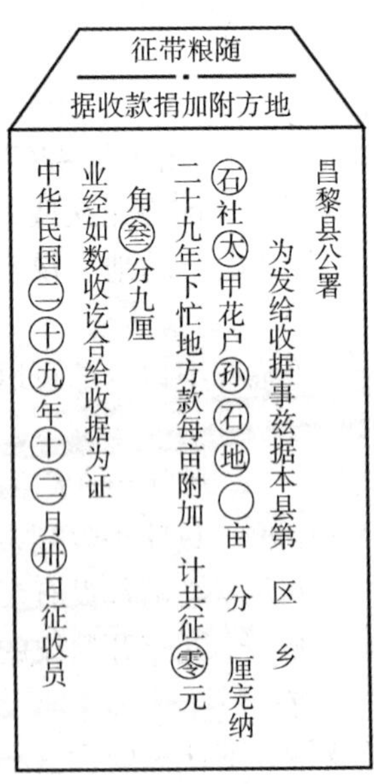

征带粮随

据收款捐加附方地

昌黎县公署

为发给收据事兹据本县第　区　乡

石社太甲花户孙石地〇亩　分　厘完纳

二十九年下忙地方款每亩附加　计共征零元

角叁分九厘

业经如数收讫合给收据为证

中华民国二十九年十二月卅日征收员

免征票费

“警款 1 分 5 厘，区费 7 厘，学款 3 厘，团款 3 分 5 厘” 这里附有红色的印，○符号是填写的部分。

从李春芳那儿得到的串票二

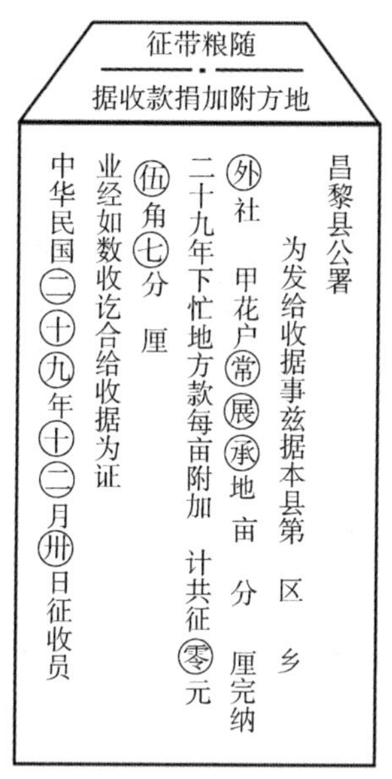

随粮带征

地方附加捐款收据

昌黎县公署

为发给收据事兹据本县第 区 乡

外社 甲花户常展承地 亩 分 厘完纳

二十九年下忙地方款每亩附加 计共征零元

伍角七分 厘

业经如数收讫合给收据为证

中华民国二十九年十二月卅日征收员

免征票费

“警款 1 分 5 厘，区费 7 厘，团款 3 分 5 厘” 这里附有红色的印，○符号是填写的部分。

【民国二十八年的附加】民国二十八年的附加是什么情况？ =和民国二十九年完全一样。从民国二十六年开始有的，之前没有。以前也有过，县公署把全部都取消了。也就是说，民国二十六年的和那以前的一起豁免了。民国二十四年开始的全部和民国二十九年的一样。

【以前的附加】民国二十三年呢？ =没有保卫团款的 3 分 5 厘。

那时候的粮是一小亩多少？ =2 分 9。

收银子的地呢？ =1 小亩 2 分 2。

团款是民国二十四年开始收的吗？ =是的。

区费是几年开始的？ =不知道。

建费呢？ =不知道。

民国三年的时候，收多少警款？ =一小亩 18 个制钱。

什么时候开始写成“小亩”？ =卫地以前就是小亩。内外社写成 4 小亩，其实是 1 大亩。

内社什么时候开始写成“小亩”？ =民国二十四年开始。

【银米豆草的折纳】为什么改变了？ =以前是一亩多少银子这样的，因为后来变成用大洋了。在那之前是银米豆草分开缴纳的，变成了结合起来只交一次，这在民国二十四年

5 月 28 日的昌黎县政府谕饬财字第 69 号里写了。根据民国二十年的昌黎县的屯米串票，屯米每石折合洋 3 元 2 角 2 分合洋……并附收学捐，每升洋 1 分共计洋…。根据相同的屯豆串票，屯豆每石折合洋 2 元 7 角 6 分。根据相同的屯草串票，屯草每束折合洋 2 分 3 厘。

从李春芳那儿得到的串票三

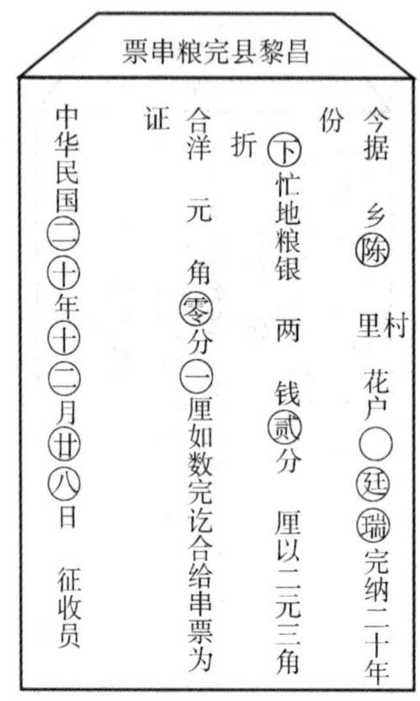

票串粮完县黎昌

今据　乡陈　里村　花户〇廷瑞完纳二十年
份
下忙地粮银　两　钱贰分　厘以二元三角
折
合洋　元　角零分一厘如数完讫合给串票为
证
中华民国二十年十二月廿八日　征收员

该串票每张收串票费 10 铜元 2 枚

从李春芳那儿得到的串票四

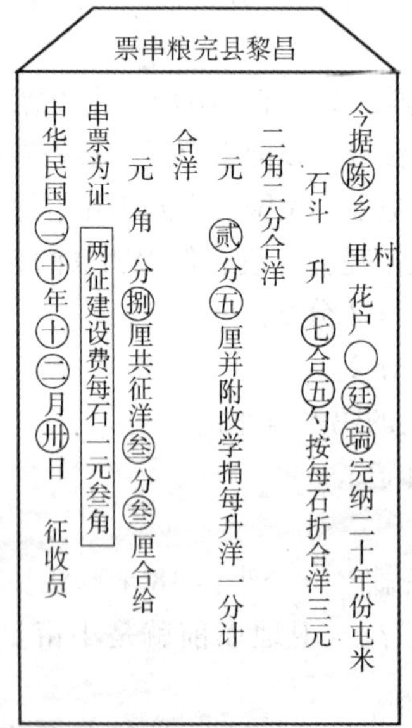

票串粮完县黎昌

今据陈乡　里村　花户〇廷瑞完纳二十年份屯米
石斗　升　七合五勺按每石折合洋三元
二角二分合洋
元　贰分五厘并附收学捐每升洋一分计
合洋
元　角　分捌厘共征洋叁分叁厘合给
串票为证
两征建设费每石一元叁角
中华民国二十年十二月卅日　征收员

该串票每张收串票费 10 铜元 2 枚

从李春芳那儿得到的串票五

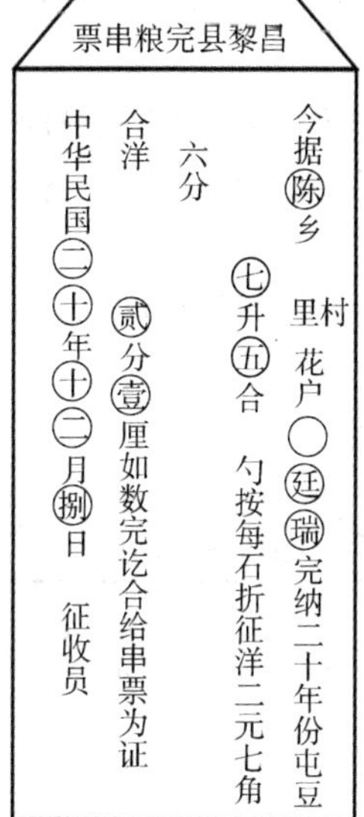
昌黎县完粮串票

今据陈乡　里村　花户〇廷瑞完纳二十年份屯豆
七升五合　勺按每石折征洋二元七角
六分
合洋　贰分壹厘如数完讫合给串票为证
中华民国二十年十二月捌日　征收员

该串票每张收串票费 10 铜元 2 枚

从李春芳那儿得到的串票六

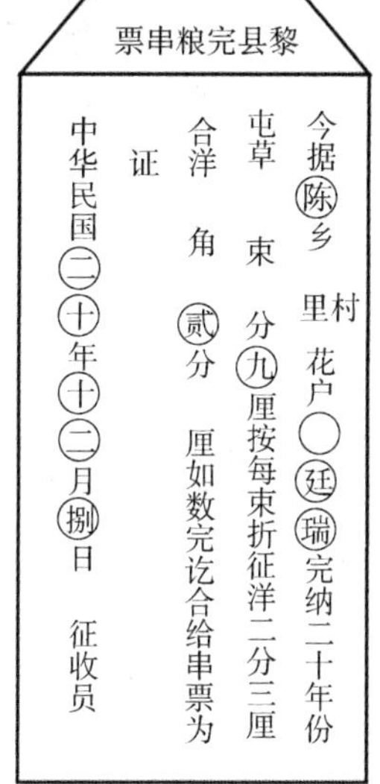
黎县完粮串票

今据陈乡　里村　花户〇廷瑞完纳二十年份
屯草　束　分九厘按每束折征洋二分三厘
合洋　角　贰分　厘如数完讫合给串票为
证
中华民国二十年十二月捌日　征收员

该串票每张收串票费 10 铜元 2 枚

米豆草是如何统一的？ = 换成银子 1 小亩 3 分 8。
只收钱的地方呢？ = 荒地是 1 小亩 28。
那就是说只收钱的地方是荒地？ = 是的。
外社和内社不限吗？ = 是的。
没有粮的地一定是荒地吗？ = 是的。

【军事特捐】军事特捐是什么时候开始有的？＝只有民国十九年一次。听过是张宗昌从县里借的。

比例是多少？＝每地粮洋2元（额完地粮银2钱分厘照额每银1两征收军事特捐洋2元）。

米要收多少？＝米是1分1厘的话，那就是一石3元20钱，换成银子的话，比例是每两2元。豆子也是那样的。

没有草吗？＝有草，但是收钱的时间只有3天，那时候上草很少，所以没写。

从李春芳那儿得到的串票七

昌字第号

黎县军事特捐收据

今据　乡　里村花户〇廷瑞额完屯米

银　两　钱壹分壹厘照额每两征军事特捐洋

贰元计应完捐

洋　元　角贰分贰厘如数完讫合给收据为证

中华民国十九年七月十日

此项收据不收票费

从李春芳那儿得到的串票八

昌字第号

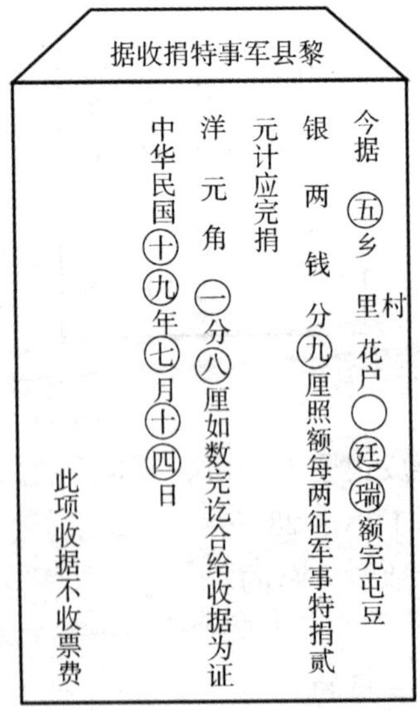

黎县军事特捐收据

今据五乡　里村花户〇廷瑞额完屯豆

银　两　钱　分九厘照额每两征军事特捐贰

元计应完捐

洋　元　角一分八厘如数完讫合给收据为证

中华民国十九年七月十四日

此项收据不收票费

从李春芳那儿得到的串票九

昌字第号

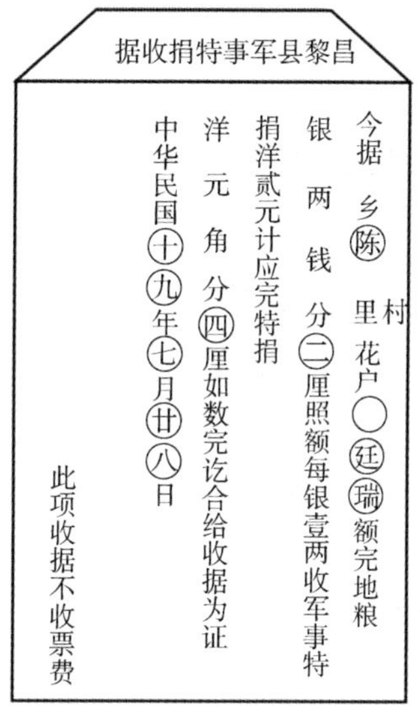

昌黎县军事特捐收据

今据 乡陈 里村 花户〇廷瑞额完地粮

银 两 钱 分二厘照额每银壹两收军事特

捐洋贰元计应完特捐

洋 元 角 分四厘如数完讫合给收据为证

中华民国十九年七月廿八日

此项收据不收票费

【学费等】除了这些还有别的附加吗？ =没有。八九年的收据里写着“奉令每米 1 升附收，学费当 10 铜元 1 枚”。

十年时候的“奉令按正赋每银 1 元加征善后粮捐 3 角”，这钱是用到哪儿的您知道吗？ =不知道。此外，粮捐奉文被取消了。

【侯家营的临归卫地】这串票是从县拿来的吗？ =从县的征收处拿的。

这些人会交田赋给县吗？ =因为不交所以会有垫钱的，我来催款。在做中卫、东卫、秤冯这 3 种。胡美是韩氏的。

也有侯家营的人吗？ =侯家营是中卫。

这是临归中卫银粮底册，侯家营在哪里？ =只有侯家营被分出来了（另，账簿的封面里写有共地 64 顷 62 亩 05 共洋 175 元 477 警洋 413 元 572，粮地 4 顷 96 亩 4）。

侯家营里的粮地 4 顷 96 亩是什么意思？ =这是交银和粮的地。后面写有侯家营的 98 亩 5，这是荒地，不交粮只交银子。

侯家营大约有银粮地 74 户，荒地 26 户，其中每年都垫钱的有几户？ =很少。一半左右。

【楼封完呈】从县里买来的这张串票的价格，正如串票上标明的那样吗？ =是的。

村里征收的情况是？ =1 元多二三十钱。

最近要向县交多少钱？ =中卫、东卫、秤冯的正税是 1200 元，不包括附加。附加是通过代收交给县。县里还欠我千元的借款。以那个借款代替附加。

你的串票已经很旧了，农民们的串票会有多旧呢？ =侯家营里有七八年的时候没交的人，去了满洲的人什么时候能拿到的也不知道。

那么旧的串票，会收更高的利息吗？ =如果能收到的话利息会高一点，但是去了远处的人就没办法了。

【滞纳征收不打官司】在村里住且几年都没有交的话那会怎样？=如果有没有交的人，会被传去打官司。但是我在这里做了很久，所以会因为人情给予延期。

有打过官司吗？=有什么发生的时候会上报给县或者公安局，我没有打过官司。

打官司要花钱吗？=写状纸要花钱。

社书在打官司的时候，会比普通人更便宜吗？=不用交诉讼费。打官司的话，交钱的人的费用只会增多，但是会因为面子的关系延期收取。

【逃户的田赋】这底册里有逃户吗？=有

逃户要交田赋吗？=要交。但不交附加。

逃户的话是由谁交？=我只有垫钱，没有收到过。

那不就亏了吗？=会亏但是也有好处。就是我可以拿到过割费。

【过割】能拿到多少过割费？=以前是一亩几十钱，现在是二三十钱。亩数少的时候会奉送（免费的意思）。

中卫、东卫、秤冯一年多少钱？=只是中卫就有百元，东卫也是，秤冯比较少，五六十元。

在哪里过割？=每年在昌黎的店里进行（万福居）。

什么时候？=正月二十日。

侯家营的人也会去昌黎吗？=是的。会来打探。

所有社书都会聚到万福居吗？=社书一共有六七十人。有在万福居留宿的也有在别的地方留宿的。

侯家营会有在你去了村里的时候来过割的人吗？=在村里过割的话就不用去县城了。

在村里过割和在店里过割，哪种比较多？=因为不想去城里所以在村里过割的比较多。

正月二十日过割的话会有什么便利吗？=二十日会把全部条子都聚集起来，二十一日社书同志与其交换。

这是民社的情况吧？临归卫会怎样？=是的。临归卫不变动。

秤冯拨补和秤冯壮草呢？=要变动。

变动的话，社书同志要收手续费吗？=不要。

【交纳田赋的时间】县里什么时候来垫串票？=阴历腊月。

村里说了可以在第二年的上忙再到县里交，是这样的吗？=那不行。

在什么时候之前必须到县里交？=上忙是五月节之前；下忙是过年之前，这段时间必须交。

今年下忙的留到明年上忙交这样不可以吗？=县的财政上来说是不允许的。

上忙应该要在五月节前交吧，可以留到下忙交吗？=不可以。

你的串票，有上忙交的吗？=我的都是下忙的。

什么样的东西是上忙的？=民屯二十七社是上忙的。春天是交银子，秋天是交粮。

临归卫呢？=交银子，下忙交的。拨补地和籽粒地都是下忙。

在侯家营的民屯要在上忙和下忙去交两次，这样很麻烦，能够只在秋天那一次去交吗？ =社里不允许。

那么民屯的社书要在上忙和下忙垫款两次？ =是的。

【社书的收入】社书从县里一年能拿多少钱？ =没有谢礼，只有过割费。

听说社书有完征津贴是吗？ =内社没有外社有。在外社要到处走所以有。前清的时候是从村的差钱里拿的，后来是从班里拿的。班里没了之后变成从县里拿。从班里能拿到2月和8月的差钱。

在民国二十八九年能拿到多少钱？ =七八百元。

民国初年能拿到多少？ =不记得了。

2月、8月的流差，在班里用到哪些方面去了？ =班里，外社的社书地方等用了。

内社的社书1分钱都拿不到吗？ =一分都没有。内社的土地是固定在一个地方所以拿不到。外社是分散在各地的。催款会很复杂，所以能拿到。

你每年都做征册然后交给县吗？ =做征册子（花名册子）上交。

纸和手续费，县里会给吗？ =县里不给，自己承担。

【附加的征收】在附加方面会垫钱吗？ =垫一点。

民国二十九年的附加，交了吗？ =如果从农民那儿催交到的话就交。

交到哪里？财政科吗？ =以前是会来收的。

不交也可以吗？ =一定会查票子的。应该只征收手头的部分，只需向县里交那部分。

与附加对应的手续费，县里会给吗？ =民国三年的时候随粮带征，对应附加收催封费200元和造册费百元。但是四年的时候由乡下收集，不需要与附加对应的社书。因为成绩不理想，民国五年起又变成了随粮带征了。

民国五年以后，催封费和造册费就没有了吗？ =没了。因为社里有足够的钱。

不会再让垫付附加了吗？ =附加是警察等的薪水，不急，所以没有垫过。

社书有借过钱给县吗？ =在垫款方面有借过钱。

垫款以外还有借出过钱吗？ =有。

县里谁借的钱？ =借给粮柜了。不是财政科。

班里呢？ =班里是垫款。

【米豆草的换算】民国二十四年的统一之前，用什么交？ =米豆草和洋钱。米是一石3元2角2分，豆的话，黑豆是一石2元7角6分，草是每米2角3厘。

这换算是什么时候定下来的？ =民国十八年吧（到民国十七年为止，票是规定用小票子进行换算）。

之前是怎样的？ =米1斗4吊钱，豆1斗3吊钱，草1束102钱。每年都会变化但是一直都是这种方式。每年县长出告示牌规定1两银子等于2元30钱。

民国二十四年统一以后，可以直接把豆、米、草拿到现场去吗？ =统一以后就不行了。在那之前成户可以拿去。

【成户】成户是什么？ =有40亩3分2以上的地（大亩）的就是成户，他们要拿5斗米去。直到民国十八年变为洋钱为止。

民国十八年到民国二十四年是怎样的情况？＝民国十八年起就没有成户了，每个人都是用洋钱缴纳。

中卫、东卫、秤冯里有过成户吗？＝一户也没有。都是零星户。

这附近有成户吗？＝不知道。

10月28日

社书 总社书 粮柜 六班 六房

应答者 陈铭九（旧总社书、梨湾河在住）

地 点 县城的鸿兴旅馆

【社书】您是在做社书吗？＝民国十五年外社的社书，民国二十六年起做了总社书，一直做到民国二十九年废除为止。

总社书以外，还有做什么吗？＝从民国十五年起做外社的卢龙和自受。

谁让的位？＝第二区大牛庄的杨子仁。

【内社和外社】内社和外社的区别是？＝外社现在成了法警。六班在各班把银子收好拿去外社，外社把银子包封好并收集银粮。外社有只交银子的地方也有要交粮的地方。内社有银子的也有粮的。外社的卢龙卫是交银子的，一亩小地1分8。

六班应该是把这些银粮当作自己的薪水吧？＝不是的。六班没有薪水，那些都当作团费。

包封是什么？＝六班只是从国家把这拿过来做，像一张票几分钱这样。也就是六班从官家把票子搞过来，然后让外社做（临归卫西是二快，临归卫东是二庄，旗产是二皂，像这样确定六班的各班的社名）

六班是什么时候开始没有的？＝民国十四五年没有的。

没有六班之后就做不了包封了？＝同时由财务科来管理了。

六班没有了月薪后靠什么生活？＝六班里有当过总役的也有当过当头的，那些有没有月薪就不清楚了。多少会从官家拿到月薪，也有在打官司中从百姓家拿到钱。

【总社书】总社书和社书有什么不同？＝从众多的社书中选一个总社书作为代表。社书收了钱粮不上交的话，县会上报给总社书。

没有县直接去社书的情况吗？＝没有。

所以总社书会比社书赚更多吗？＝没有什么工资，只是每个社书四五元。

什么时候给？＝正月二十日的过割的时候给。作为饭钱。

找社书的时候是自己去还是请人去？＝请人。

怎样的人可以做总社书？＝识字的，也懂衙门事务的人。

总社书是怎样定下来的？＝因为必须有个带头的，所以有成为总社书的规程。

是怎样的规程？＝社书聚集起来从中选出一人做总社书。

每年都变吗？=征差会变，但是总社书不变。

征差是什么？=地亩册子，正月二十日过割之后做的，每年都会变。

总社书从县里拿不到报酬吗？=拿不到。

【总社书的选任】想辞职不做总社书的时候，需要把社书们聚集起来商量吗？=有商量的也有不商量的。想辞职的话把辞呈交给县，那样县里就会让你辞退。县决定的时候会聚集五六个人来商议。

那五六个人是什么人？=代表全部人的五六个人。

那五六个人是以前做过的人，还是经营面积广的人，还是有巨额资产的人？=以前做过且有能力的人。

没有做过社书的人能做总社书吗？=可以。了解社书的工作和各地方的情况等的人可以。

有没做过社书但是当了总社书的人吗？=有是有。

当社书要保证吗？=要承包县的科里的库款股（户总房）以及两户商家。

做总社书要有保证吗？=两户商家的保。

废除了社书之后不会很麻烦吗？=很麻烦。

不做社书之后做什么？=做庄稼人、做买卖、种地等。

【社书、粮柜、六班、六房】内社的民屯地里农民交不起税的话是会垫钱吗？=上忙和下忙均摊。上忙是在阴历五月节过后，下忙是在阴历十一月初日之后垫钱，

外社呢？=外社也是拿来粮柜交。粮柜有 10 人，内社 6 人，外社 4 人。过了上下忙都不拿来的话就由外社垫钱。

外社的收柜是六班的人吗？=是六班委任的人。

内社的收柜是六房的人吗？=是六房委任的人。

六房和收柜都是同一个人在做吗？=不是的，是六房委任的人。

收柜的每年都是由同一个人做吗？=没规定。

做得久的可以做多少年？=久的也有十年八年。收柜也是一样的。

赵广学是六房还是收柜？=是六房的人，收柜的（?）

（注：因为时间关系询问结束）

村　落　篇

1942年5—6月

（华北农村惯行调查资料第72辑）

村落篇第10号　河北省良乡县吴店村

调查员　旗田巍

翻　译　金英杰

5月23日

庙　看青　边界

应答者　赵显章（53岁）张友三（65岁、参议张启伦的伯父）

地　点　吴店村关帝庙

【庙的祭神】这座庙是什么庙？=关帝庙。

供奉谁？=关帝、龙王、娘娘、菩萨。

在村子西侧的小庙是什么庙？=五道庙，也叫七圣神祠，是土地庙。

供奉谁？=虫王、龙王、关帝、土地、青苗、马王、财神。因为有7个所以叫七圣神祠。只算前面5个就是五道庙。

虫王是什么神？=让作物不长虫的神。

龙王呢？=求雨的神。

土地呢？=人死后拜的神。

青苗呢？=作物的神。

马王呢？=马、骡、驴等家畜的神。

财神呢？=赚钱的神。

【祭礼】庙的祭礼是什么时候？=正月初一、十四、十五、十六和六月二十四。六月二十四最热闹。

没有上供会吗？=刚刚说的祭礼就是上供会。

平时也说“上供会”吗？=平时说烧香。

不叫善会吗？=不说。

烧香的日子村民会聚到庙里吃饭吗？=六月二十四大家凑钱在庙里买面条吃。

那叫什么？ =没有特定的名字。

有人负责烧香这个活动吗？ =参议。

参议是一个人吗？ =甲长会帮忙。

有参议之前是谁负责的？ =乡长。

上供会没有会首吗？ =会首也就是参议和甲长。

平时会说会首吗？ =不说。

会说香头吗？ =以前说但是现在不说。

【村公会】听说张友三是会首，是什么会的会首？ =也不是什么会。

张先生不是公会的会首吗？ =是的，公会的会首。

也叫村公会吗？ =是的，村公会。

村公会也叫会吗？ =是的，也叫会。

平时叫什么？ =村公会。

村公会是什么时候开始有的？ =我（赵显章）小的时候就有了。

张友三是小孩的时候就已经有了？ =有了。

是县命令成立的吗？ =不是。村成立的。

这附近的村都有村公会吗？ =有。

现在还有吗？ =有。

村公所和村公会不一样吗？ =一样的。

村公所是什么时候有的？ =民国成立之后就有了。

村公会的会首，现在有几人？ =四个甲长和一个参议（村长）。

【青苗会】青苗会是什么时候？ =六月二十四的节日叫青苗会。

有负责看青的青苗会吗？ =过了六月二十四的节日就开始看青。

看青是从什么时候到什么时候？ =阴历六月二十四到八月十五。

有麦秋的看青吗？ =有。

那也叫青苗会吗？ =叫。

那是什么时候到什么时候？ =立夏到冬至。因为今年麦子收成不了，现在没有青苗会。

青苗会有会首吗？ =没有。只有青苗夫。

青苗会是只由本村做，还是和其他村联合做？ =只在本村做。

【边界】本村的看青伕的看守范围有规定吗？ =有。

那叫什么？ =“边界”。

从以前开始边界就没变过吗？ =没变。

【外圈、内圈】边界以内的土地叫什么？ =以外的土地叫“外圈”，以内的土地叫“内圈”。

边界也叫“圈”吗？ =是的。

平时是哪种叫法？ =都叫。

【本村地、内圈地】内圈的土地是本村的土地吗？ =是的。

那叫什么？ =“内圈地”或者“本村地”。

【外村地、外圈地】就算内圈里有外村人的土地，那也叫本村地吗？ =叫“外圈地”或者“外村地”。

本村人在外村的土地叫什么？ =外圈地。

外村人的土地由本村人耕种，就算土地在边界内也叫外圈地吗？ =叫外圈地。

边界内的本村人的土地，由外村人耕种，那叫什么？ =外圈地。

边界外的外村人的土地，由本村人耕种，那叫什么？ =外圈地。

边界内的外村人的土地（外村人耕种）的看青，由谁做？ =本村的看青伕。

是由村里凑钱请吗？ =是的。

那么边界内的外村人的土地也要分摊吗？ =以前要现在不分摊了。

如果那土地由本村人耕种呢？ =不收。

只要土地是外村人的就不要分担了吗？ =（没有回答）

现在村里不凑钱了吗？ =不凑了。现在是大乡在收。

【青苗会】张先生，以前就有青苗会吗？ =很久以前就有了。这个会对村子很重要。没有的话作物都被偷光了。

【看青】以前和现在的看青方法是一样的吗？ =一样。

看青伕有多少人？ =大田（高粱和玉米等高的作物）的时候有两人。小田（麦子和粟等矮的作物）的时候是一人。

看青伕要收钱吗？ =根据亩数给钱（公饭钱）。一亩 10 钱。也叫青苗钱。

外村人的土地也是一样的价钱吗？ =是的。

隔壁村也是每亩 10 钱吗？ =不一定。

还要做什么吗？例如去谷壳。 =什么都不做。

如果作物被偷了看青伕要赔偿吗？ =不要。看青伕都很穷，没东西赔。

如果偷作物的人被捉了会怎样？ =和甲长商量赔偿。

用钱赔吗？ =偷作物的人都很穷，没钱。

【光棍、土棍】有光棍吗？ =有，八九人。

是什么样的人？ =穷得结不了婚的人。

是坏人吗？ =不是，只是穷。

那样的人做看青伕？ =没限定。光棍是被雇佣的。

没有土棍吗？ =没有。土棍子是坏人，但是本村没有。

【甲长的姓名】现在甲长的姓名是？ =

第一甲	甲长	郭儒 52、53 岁	第二甲	甲长	郭仲升	18 岁
第三甲	甲长	李永玉 48 岁	第四甲	甲长	赵显章	55 岁
第五甲	甲长	赵祥 18、19 岁	第六甲	甲长	惠振	20 岁
第七甲	甲长	禹铎 32 岁				

【学校】本村有过学校吗？ =有过。三年前被皇辛庄的学校合并了。当时算上后店共有 30 个学生。

学校叫什么名字？ =第四小学。

现在本村有多少人在皇辛庄的学校上学？ =17个。

上学的孩子和不上学的孩子，哪个比较多？ =不上学的孩子多。

应答者 国永顺（看庙）

【看庙】什么时候开始做看庙？ =做了十几年了。

是本村人吗？ =易州人。

什么时候来的？ =30多年前。来的时候是做苦力。

那时候在村里有熟人吗？ =因为叔父在这边就来了。

叔父是做什么的？ =苦力（长工）。

【本村人】您现在是本村人吗？ =是的。

从别的地方来，来了之后就能马上成为本村人吗？ =有了土地就变成本村人。没有土地的可能去别处了，不清楚。

你有土地吗？ =有。

进村必须要有保证人吗？ =是的。

什么样的人可以做保证人？ =负责村公会的会头。

还需要其他介绍人吗？ =要，熟人或者亲戚。

做看庙的有多少收入？ =有在耕庙的土地，但是不够生活，村民会给一点粮食。有钱人给。

按亩数给吗？ =不是。给的人自己想给多少就给多少。

你的工作是什么？ =县里有人来就去接待。村公会有要事，就通知到每户。

应答者 赵显章

【甲长】你什么时候当上甲长的？ =三年前。

以前也有甲长吗？ =有一人。

现在有7个甲长，那是什么时候开始的？ =两三日前。

以前的4名甲长是什么时候开始做的？ =三年前。

【参议、村长】参议的张先生是什么时候就职的？ =去年。

有参议之前照看村的头儿叫什么？ =村长。

村长也叫会首吗？ =村长就是村长，会首是烧香的时候的代表人。

【主村、副村】也有副村长吗？ =后店村的人。吴店村是主村后店村是副村。现在本村有参议，后店村有副参议。

现在没有村公会吗？ =没有。有了编村之后就没有了。

【义地】有义地吗？ =有。本村人葬在自己的土地，从别的村子来没有土地的人葬在义地。

本村人也有葬在义地的吗？ =有。光棍死了多数是葬在义地。

会埋葬其他村的光棍吗？ =不葬附近的村的光棍。各地有各地的义地。

本村有多少义地？ =一两亩。

5 月 24 日

村费分摊的标准　水井

应答者　赵启

地　点　吴店村关帝庙

您多大年纪？ =38 岁。

从事农业吗？ =是的。

在做甲长吗？ =不是我，我弟弟赵祥在做。

没有从事副业吗？ =没有。

【刘家河的工事出役】本村有多少人参与了刘家河的施工？ =吴店去了 12 人，后店去了 12 人。

什么时候去？ =今天起。

到什么时候为止？ =3 周左右吧。一周轮一次每天去 12 人。

那些人在那边住吗？ =是的。

怎么解决吃饭问题？ =一个人能拿到 2 斤半的米。

谁给？ =不知道。

不给钱吗？ =不给。但是村会给。

村给多少？ =一天一人一元。除外还给薪水、饭钱之类的杂费。12 人的工钱和杂费加起来一天要花 25 元。

去的人是怎么选出来的？ =没有工作，也想去的人。或者指定人去。

什么情况下才会指定人去？ =成为头儿的人必须要去。

甲长吗？ =不只是甲长，在做事的人都算。

在做事的人指的是谁？ =他弟弟赵祥。

赵祥一个人吗？ =是的。

其他的都是想去的人？ =是的。

【按地亩摊款】土地多的人要多出钱吗？ =按地亩算。

不是想出多少就出多少吗？ =是的。

不是说按地亩吗？ =村里筹钱的时候是按地亩收的。

钱都是筹的吗？ =向有钱人借的。分摊了但是筹不够就唯有借了。

你出钱了吗？ =出了。

出了多少？ =5 元。

5 元是每亩的价钱吗？ =只是一次性给了 5 元，一亩多少没有定。

自己没有土地，租别人的地来耕的也要给吗？ =和有土地的人一样要给。

把自己的土地租给别人自己没耕也要给吗？ =要。

有100亩土地，自己耕30亩，70亩是租给佃户的，这样要交多少钱？ =30亩的。

100亩都租给佃户了呢？ =不用交。但是要交门户的钱。

【按门户摊款】按户摊款每户都是一样的钱数吗？ =不是。有钱人要多给。一般是大编乡收钱，村不收，但这次情况特殊由村收，交给去施工的人。

按户摊款的话，土地多的人就要多交钱吗？ =就算没有土地有钱就要交。连生活都成问题的就不用交。

佃户的话按地亩和按户的两次都要交吗？ =不是，只交按地亩的，按户的不用交。

按户交的钱叫什么？ = “按门户摊款”。

按地亩的呢？ = “按地亩摊款”。

有按门户摊款交钱的人吗？ =有是有，很少。

20亩地自己耕按地亩摊款，拥有二十亩地租给别人按门户摊款，哪个钱数会多一点？ =按地亩摊款的。

本村人在后店村里有土地，并且是自己耕种，要交本村的按地亩摊款吗？ =要交给本村。

和本村人的钱数相同吗？ =相同。

您在后店村有土地，而且是自己耕种，要交后店村的摊款吗？ =交给后店村。

【边界】吴店村和后店村有边界吗？ =有。

边界的土地被买卖了，边界会变吗？ =不会。

【本村地、外村地】边界内的土地叫什么？ = “本村地”或者“本圈地”或者“内圈地”。

边界内的其他村的人的土地叫什么？ = “外村地”或者“外圈地”。

如果本村人做佃户的话，那叫什么？ =本村地。

边界外的本村人的土地叫什么？ =在土地所在村看来是外村地。从本村来看没有特别的称呼。

应答者　徐桂樑（75岁）

地　点　吴店村关帝庙

【村名的由来】吴店村的村名，有什么来历吗？ =以前庙前有个姓吴的人开了家店（车店），所以就起名“吴店村”了。

后店村的名字又是怎么来的？ =因为在寿因寺的后面。没有别的店。

清朝的时候本村有店吗？ =有。在这庙的正南边。店占地4亩。现在变成田了。

店是什么时候没有的？ =百多年前了。

【清朝的行宫】这附近有行宫吗？ =皇辛庄有。是清朝的行宫，事变前被破坏掉了。

面积很大吗？ =3顷地左右。现在变成了农事实验场了。

行宫在清朝的时候是做什么用的？ =因为皇帝的墓（西陵）在易州，去扫墓的时候皇帝住在行宫。这个行宫是头站（出北京后第一个住宿地点）。

【村子的面积】边界内的土地有多少？ =1200 亩。

其中外村人的土地有多少？ =600 亩。

在外村有土地的人，本村有吗？ =没有。

有本村人耕外村的地吗？ =有，600 亩左右。

本村的自耕农和佃户，哪个多？ =佃户多。

应答者　禹祥（64 岁）

地　点　吴店村关帝庙

【作物】村里有什么作物？能告诉我多点吗？ =玉米和谷子。麦子很少。事变前种了很多高粱，但是后来日本军禁止了。

【土质】没有沙地吗？ =没有。北边有 200 亩水淹地。下大雨后就淹了。

没有盐地吗？ =没有。

有荒地吗？ =没有。

很多人养鸡吗？ =每家每户都有鸡和猪。

卖吗？ =也有人卖。

【村外结婚】结婚是在村内举行吗？ =在村内比较少，和外村一起的比较多。

几岁结婚？ =男女都是 18—20 岁。

我年轻的时候是 20—25 岁。

本村有过了 20 岁还没结婚的人吗？ =有 1/10 的人结不了婚。因为没有钱。但是没有没结婚的女性。

在村内结婚的人很少，为什么？ =村子小。

是不方便吗？ =觉得没面子。

【街坊的辈分】街坊有辈分吗？ =有。

村里结婚后辈分会改变吗？ =当然。

人们是因为讨厌这个而不在村内结婚吗？ =很大原因是夫妇吵架的时候，双方的亲人都住在附近，很不方便。

应答者　赵显章

地　点　吴店村关帝庙

【水利】这村里没有河吗？ =没有。

附近有吗？ =二里处有清河。

是大河吗？ =小河。现在没水了。

是把河里的水引到村里来吗？ =没有。

本村没有池子或沼泽吗？ =没有。

【井】有灌溉用的井吗？ =有。

有多少？ =三四个。

是公用的井吗？ =不是，私人的。

是谁的？ =禹国泰、张顺、禹国深每人一个，另外有一个大官井。

禹国泰的井是他自己一个人用吗？ =附近的人也用。

很多人用吗？ =不多，只是附近的人。

张愿的井，别人也有用吗？ =和禹国泰的井很近，附近的人用。

禹国泰的井呢？ =也是附近的人用。

用井的人要给主人谢礼吗？ =因为都是邻里不用给谢礼。

是随便用还是和主人说了才能用？ =说了才用。

那是怎样的井？用水车吗？ =用辘轳。

是主人的东西吗？ =是的。

借用井的人也借用辘轳吗？ =是的。

修辘轳的时候，借井的人也要出钱吗？ =不出，井主一个人出。

那么给什么答谢？ =因为是邻里不用给。

刚提到的三口井，最近修葺过吗？ =禹国泰的井太旧了修不了，其他两人的都是今年造的井。

自己出钱吗？ =是的。

花了多少钱？ =张顺、禹国泰的都是土井，只花了七八元。

有多深？ =20尺。水深6尺。

这么便宜，为什么别的人不造？ =这两人都是种菜的所以要井，别人不种菜所以不要。

在田里造也是七八元就行了吗？ =差不多，但是要请人所以会贵点。

在田里挖井的话天旱的时候也不用担心吧？ =田不是自己的土地所以不挖。

有自耕农吗？ =没钱。

有井的话作物就没问题了吧？ =是的。

七八元的话，借钱来挖不就行了吗？ =实际上有很多地的人也不挖。

不挖会比较好吗？ =虽然土地多，但是很分散，在一处挖也没用。

张顺和禹国泰这两人土地多吗？ =少。

两人在挖井的时候附近的人帮忙了吗？ =没有。

附近的人后来都来借用了，竟然没有帮忙？ =井很小，帮不了忙。

【大官井】大官井在哪里？ =在南边的田里。

用来饮用吗？ =灌溉用。

什么时候造的？ =最近造的，花了千元。

谁出的钱？ =模范乡。

本村不出吗？ =没出。

是本村委托大乡挖井吗？ =是模范乡来本村通知说要挖井，但是询问了本村的人在哪里挖比较好。

那边的辘轳也是模范乡出钱做的吗？ =是的。

用大官井灌溉的土地有多少亩？ =30亩。

那是谁的土地？ =城内的姓吴的人的土地。

谁在耕？ =张振明。

是本村人吗？ =是的。

谁决定在那里挖的？ =参议。

此外还有参与商量的人吗？ =甲长。

那井造好之后，只有一个人有好处吗？ =还没有装辘轳，将来可能用不了。

其他人用不了吗？ =用不了。

是因为在不方便的地方造的缘故吗？没有更方便的地方吗？ =那里也是个好地方。

造那个井的时候，本村人有出力吗？ =出了。

花了多少天？ =20 天。

一天出多少人？ =十五六个人。

那些人能拿到工钱吗？ =什么都拿不到。吃饭也是自理。

【按地亩摊工】是按地亩出人吗？ =四甲都要分摊人。

你是甲长吧？ =是的。

你的甲里出谁是由你定吗？ =是的。

以什么标准来决定？ =有 10 亩地的人做一天。

10 亩以下的人不用出？ =10 亩以下也是一天，但是 5 亩以下不用出，到 13 亩为止都是一天。14—23 亩是两天。

没有地但耕 10 亩地的佃户呢？ =一天，总之是根据耕地出的。

把地租给别人自己没有耕的人呢？ =不出。

这种方法叫什么？ = “按地亩摊工”。

看铁路的时候也要出人吗？ =现在不用出了，以前是按地亩摊工出人。

今天去琉璃河施工的工人呢？ =那是按地亩摊款。

大官井的千元花在哪儿了？ =砖、席、绳、辘轳等。

是大乡给本村千元，本村买刚刚提到的东西吗？ =大乡自己买，大乡派了监视员来。

【公共井】关帝庙后面的井是谁的？ =村的公共井。

不叫官井吗？ =不叫。

什么时候造的？ =不知道。

那井有修葺过吗？ =没有。很牢固没坏。

那井是灌溉用的吗？ =饮水用的。

本村有多少饮用井？ =公用的三个和私人的一个。

公用的在哪里？ =村的东北（庙后面）、南、西面。

什么时候造的？ =都很老了，也没有修葺过。

【水灾】这里发过大水吧？ =发过。

最厉害的是什么时候？ =事变后。

哪条河涨水？ =清河。

土地都荒废了吗？ =作物被冲走了，村的东边变成了水淹地，以前都是很好的土地，现在都种不出作物了，只能种落花生了。

有人死了吗？ =没有。

房子坏掉了吗？ =坏了很多。

鸡和猪呢？ =不知道跑到哪儿去了。

那时候为了防清河的水有采取什么措施吗？ =什么都没做，就那样。

大水后生活很困苦吧？ =是的。

有因为那样离开村子的人吗？ =有去了远方做苦力的人，没什么土地的人就做苦力。

那些人现在回来了吗？ =回来了。

有出去后没有回来的人吗？ =都回来了。

有因为生活困难把土地卖掉的人吗？ =有。不多。

因为大水之后把土地卖给城内的人，本村的土地就变成外村所有了？ =也有关系，但是没有发大水也有人卖。

洪水之后是村民们一起进行房屋的修建的吗？ =是的。

你的房子也坏了吗？ =坏了。

修房子的时候有人来帮忙吗？ =有。

同族的人来吗？ =不仅仅是同族的。

那时候平时没怎么交往的人也来帮忙吗？ =是的。

田成什么样了？ =作物都没了，变成了一片泥。

边界还分得清吗？ =边界有石头和柳树，所以很清楚。

耕田的时候会互相帮忙吗？ =自己做自己的。

没有了拿来卖的作物，资金方面很拮据吧？ =是的。

你借钱了吗？ =借了。

【求雨】今年求雨了吗？ =没有。

接下来也不求吗？ =过了小满节（阴历四月初五）还不下就求。

怎样求雨？ =烧香给关帝庙和五道庙的龙王，抬着关帝庙的龙王在村内和到附近的村去巡游。

巡游的村是规定好的吗？ =没有。

是和别的村商量好再求雨吗？ =没有商量。

求雨的时候是全村出动吗？ =是的。女性、孩子都要去，排队列。

要花钱吗？ =线香、供品要花钱。

谁出钱？ =村民随意给。

穷人也出吗？ =出一点。

有不出的人吗？ =家里有人的都会出一点。

谁来收？ =参议和甲长。

要花多少钱？ =三四十元。

下雨的话会演戏吗？ =会。向龙王发誓了，下雨就会演戏。

演戏的话要花钱吗？ =以前花百元左右，现在要花千元，那是按地亩收的。

最近有演过戏吗？ =没有。

求雨的时候会从别村取水吗？ =距离这里 20 里的玉皇庙村的门外有口井，从那里取水，这附近的村都是取玉皇庙的水，其他的村里没有玉皇大帝。

求雨之后就下雨吗？ =下。

5 月 25 日

阶级构成　自卫团　公议会　公有财产

应答者　徐香斋

地　点　吴店村关帝庙

【徐香斋的经历】您多大年纪？ =61 岁。

现在在从事农业吗？ =是的。

什么时候回村的？ =民国二十三年。

去了哪里？ =南京。

做什么？ =厨师。

什么时候去南京的？ =民国十四年。

在哪里做厨师？ =在司令部 26 军办公处，后来在贫民院。

在南京有熟人吗？ =有朋友。

除了你之外还有别人到南京去了吗？ =没有。19 岁到北京做厨师，那时候朋友去南京了所以我也拜托跟去了。

【伙种】您在本村有土地吗？ =没有。在耕“伙种地”。

和谁一起从事伙种？ =城里的张坦。

多少亩？ =30 亩。

什么时候开始从事伙种？ =从哥哥开始一直持续了 40 多年。

还有种别的土地吗？ =没有。

按地亩摊款出钱的时候，30 亩钱你要出吗？ =30 亩，张坦不用出。

村民一亩出 1 元，你要出 30 元？ =是的。

除了你以外还有从事伙种的人吗？ =有。本村有很多人从事伙种。

有多少？ =本村 40 户中有二三十户在从事伙种。

本村人和本村人从事伙种的多，还是和城里的人合作的多？ =只和城里的人合作，没有和本村人做的。有土地的本村人很少。

【租、典】租地和伙种地不同吗？ =“租”就是“典”。

租别人的土地进行耕种这叫什么？ =“现租”。

伙种是什么？ =耕地主的地，收获后给地主一亩 5 斗的粮食（谷子、高粱、玉米等）。

一亩 5 斗是规定好的吗？ =是的。

【主户、附户】本村有多少户？ =四十几户。

其中有主户和附户吗？＝有。附户比较少只有两三户。例如徐有房子，把在同一院子里的房子租给张的话，徐就是主户、张就是附户。

如果租的是别的院子的房子呢？＝主户。

附户是从外村来的人吗？＝是的。

本村人中有附户吗？＝有。

谁？＝禹国祥。

他住在谁的院子里？＝赵楷的院子。

禹是穷人吗？＝今年3月刚分了家，有4亩土地。

以前四甲有40多户人家，听说现在变成七甲70多户人家，是吗？＝以前分了家也是住在同一个院子里。即便10天前分的家，之后就算住在同一个院子里也分户来算。

应答者　郭仲魁（24岁，第一甲甲长）

【村的起源、移居者】这村里的人是从哪里来的？＝很多都是老户。

之前是从哪里来的不知道吗？＝不知道，但是杨姓的是固村的（在西4里处），禹姓是炒米庄的（在西南12里处），听说是从那里来的。

什么时候来的？＝四五代之前，上百年前了。

郭姓呢？＝郭、王、徐是最老的姓，十几代以前就住在这里了，大概是清朝的时候来的吧。南方来的。赵姓是西门外的夏庄来的，六七十年前来的，赵最初是受雇于本村的张姓家而来的，张姓家是上百年前从安平县来的。

【与其他村子的距离】距离县城多远？＝3里。

本村和县城之间的村是？＝刘家园（6户）和李家坟（三户），李家坟里有李家的墓，现在变成建王姓的墓了，李家是清代的庄头，李家坟现在归吴店村管，本来不是。

距离后店多远？＝1里多。

距离皇辛庄多远？＝半里多。

此外有比较近的村吗？＝哑吧河（3里）、长羊村（3里）。

距离乡公所多远？＝4里。

距离驿站呢？＝2里多。

全部都是汉族吗？＝是的。

没有回族吗？＝没有。

【外村人、本村人】本村内有住着外村人吗？＝贺启明。是郭仪家的附户，宛平县的人。

是做什么的？＝农业。

什么时候来的？＝十几年前。

来了十几年还是外村人吗？＝现在是本村人但是没有房子。

没有房子也叫本村人吗？＝也叫。妻子和孩子都在村里。

有墓吗？＝没有。

那样也算本村人？＝就算没有墓有实产（土地）就行。

【商人】有商人吗？＝有。

谁？ =裴振昆。

【劳动者】有做警察的人吗？ =有两人是警备队的，杨崑和禹勤。

此外还有人在县城吗？ =做校长的赵权，在县城租房子，留母亲和哥哥在村的房子里。

有人在大乡和新民会里工作吗？ =郭仲华在新民会（购买部）里住。

有在驿站工作的人吗？ =赵凤岐在警务段里工作。

【外出务工的人】有从事其他工作的人吗？ =在北京的商店里工作的人。

都有谁？ =杨文生……17 岁的时候离开村子，现在 37 岁，经理。

禹振……50 多岁。十六七岁的时候离开，点心屋的师傅。

禹汉……60 多岁。十几岁的时候离开，经理。

郭永春……50 多岁。十几岁的时候离开，在杨文生那里。

杨文顺……40 多岁（杨文生的哥哥），十几岁的时候离开，同上。

赵棠……学校的老师。

农闲的时候有人出去赚钱吗？ =有做“蜜供”，也有做洋车夫。

做蜜供有多少人？ =4 人。

做洋车夫的呢？ =5 人。

其他呢？ =没有了。

【没有土地的人】在本村完全没有土地的有多少人？ =六七户。

【自耕农】自耕农中耕自己的土地，不耕别人的土地的有多少？ =3 户。

【地主】让别人耕地自己完全不耕的有多少人？ =2 户。

都有谁？ =禹振和赵振与赵老太太。

禹振有多少土地？ =三四十亩。太太和孩子在本村，本人在北京。

赵老太太的土地呢？ =20 亩的养老地。

有多少人是自己耕一部分，一部分让别人耕？ =没有。

【自耕兼租佃】有多少是既耕自己的土地，又耕别人的土地？ =50 户。

【租佃】有多少是没有土地只耕别人的土地？ =6 户。

刚刚说的是全村的多少户？ =70 户。

本村人中土地最多的有多少？ =70 亩。

本村的人主要是耕谁的地？ =城内吴姓和见姓的土地。

【长工、短工】有做长工的吗？ =没有。

短工呢？ =有。

多吗？ =30 多人。

应答者　赵启　郭仲魁

【保甲自卫团】有保甲自卫团吗？ =有。

什么时候成立的？ =两三年了。

有团员吗？ =有。

有多少人？ =每晚 5 人到庙来。禹连是指导者。四甲出 5 人。

做夜警吗？ =是的。
一年都做夜警吗？ =今年2月开始每晚都做。甲长轮流值班。

(1) 星期一　郭仲奎
(2) 星期二　禹连
(3) 星期三　郭仲升
(4) 星期四　李荣
(5) 星期五　赵祥
(6) 星期六　惠振
(7) 星期日　禹铎
昼间勤务
在村南北设立步哨二名检查来往行人有情形可疑者代到保甲办公室处
夜间勤务
设立警备班五名在村重要地点警备之连络班五名在村办公处如果发生匪情之时鸣锣打钟向各机关连络之
每甲长值班一昼夜如不在者要发生事情该甲长担负责任

监察班长　张启伦
良乡县模范编乡　吴店
中华民国三十一年五月二十日

这是最近出来的吗？ =挑选七甲长的时候写的。
警备班的5名由谁做？ =村里的青年。
怎样从众多的青年中挑出？ =轮着做。
有记录出勤和名字的东西吗？ =没有。
那么谁出勤了不就不知道了？ =有账面，能知道。
谁拿着？ =村长。
那叫什么？ =《青年团人名册》。
什么时候开始有的？ =日本军来了之后就有了。
每年的记录都不同吗？ =每年把满10岁的人补加上。
几岁到几岁的青年是团员？ =18—40岁。
有多少人？ =只是本村就二十几人。
没有土地的人也能加入自卫团吗？ =满18岁就能加入。
【打更】刚刚提到的有在外面打更的吗？ =有。
以前就有吗？ =和保甲自卫团同时。
也是听县公署的命令吗？ =是的。
什么时候打更？ =晚上9点开始。
一年都要吗？ =是的。

有多少人？ =5 人。

条件和保甲的相同吗？ =没有进自卫团的 40 岁以上的人。

那么每晚自卫团 5 人、打更 5 人，合计出动十人吗？ =是的。

【出工的分配】打更的 5 人是怎样出的？ =按地亩。

一晚多少亩？ =10 亩一晚。

一个月一晚吗？ =轮流出。20 日一轮。

5 亩的人呢？ =一晚。

5 亩以下的人呢？ =一晚。没有土地的人也是一晚。

从十几亩开始是两晚？ =14—23 亩（包括 23 亩）是两晚。

是所有地还是耕种的地？ =都要出。

有 10 亩所有地的人和佃户地 10 亩的人都是一晚吗？ =是的。

有写有打更的出勤的东西吗？ =没有。

那样也能知道顺序吗？ =甲长知道。

是各甲出一人吗？ =不是。从第一甲开始出人。

自卫团也是从第一甲开始吗？ =一样。

有 70 亩的人要连续出两天吗？ =连续出。

有监督的人吗？ =甲长。

到哪里集中？ =关帝庙。

有武器吗？ =棒子。拿着去。

生病去不了的人怎么办？ =出钱请人去。

有过这样的例子吗？ =有。有土地但是没人去的情况。

一晚要多少钱？ =50 钱。

钱是直接给那个人吗？ =当然。

普通的轮流值班的人就不用出钱？ =不用。

打更和自卫团以外，还有夜警吗？ =没有。

有捉到过小偷和土匪吗？ =没有。虽然没有夜警的时候会有小偷。

打更，还有别的叫法吗？ =一般叫“打警”。

打警里面有班长吗？ =5 人里面有一个在庙里做坐警，那是 5 人中最年长的那个。

【甲长选举】7 个甲长是怎样选出来的？ =在 10 户里面投票选举出来的。

之前的 4 个甲长，有在这 7 人里面吗？ =没有。

你是 5 月 20 日成为甲长的？ =是的。19 日选举。

【参议】张启伦是什么时候成为参议的？ =去年阳历 4 月 1 日。

甲长能拿到钱吗？ =不能。

参议呢？ =能从编乡那里拿到一个月 20 元的工钱，还可以拿到 15 元的办公费。

有想成为参议的人吗？ =因为有月薪所以有想做的人。

参议是怎样选出来的？ =选举。全村民选举。

【公议会、公会】公议会是什么？ =之前这庙修葺的时候，村民们聚在一起商量，买了很多东西。那些东西都是公用的谁用都没关系。

聚到一起商议就是公议会？=是的。

有把“庙”叫公议会的吗？=没有。

公议会和村公会是一样的吗？=一样。

村公会和村公所是一样的吗？=一样。

村公所在哪里？=在庙里。

现在还有吗？=没有。现在是保甲办公处。

保甲办公处和公议会是一样的吗？=一样。

公议会是以前就有的？=是的。

有会首吗？=刚成立公议会的时候有。清朝的时候有会首。

现在还说公议会吗？=说。

什么时候？=例如结婚、葬礼需要桌子的时候会从公议会搬桌子去。

来庙会说成来公议会吗？=一般说去公会。

去公会，去庙，哪个说得比较多？=公会。

六月二十四庙会的时候是说去庙还是说去公会？=去庙。

夜警聚集到庙里，怎么说？=去公会。

青苗会和公议会是一样的吗？=不同。在公会里讨论关于青苗会的事宜。或者看青伕捉到小偷就带到公会。

公会是一个地点？=是的。

人们聚集到一起商量事情，会说是公会吗？=不会。不会那样说，商量肯定是在庙里举行的。

选甲长也是在庙里商量的？=是的。

【村正、村副】事变之前负责管理公会的人叫什么？=村正或者村长。

有副村长吗？=有，叫村副。

【地方】村正、村副之外呢？=还有地方。有重要事情的时候，村正和村副商量，由地方通知村民。

现在还有地方吗？=没有。

【联络员】什么时候没有的？=事变后。改叫联络员了，现在也没有了。

联络员是做什么的？=做县公署和驿站、军方的联系。

谁做过联络员？=郭仲奎和徐桂樑。两个人轮流做。

郭先生是多大的时候做的联络员？=20岁的时候。村里会给12元。

地方是很久以前就有的吗？=是的，徐桂樑是二十五六岁的时候开始，做了15年的地方。

【公共器具】有公用的碾子吗？=有，一个，在五道庙的后面。

那是什么时候制造的？=25年前。

有修过吗？=那原来是10家的东西不是村的东西。但是是哪家的现在就不清楚了。要修理的时候由附近的人修。

10家以外的人也可以用吗？=可以。

可以随便用吗？ =可以。

庙里的夯是谁的？ =公议会的。

墙板呢？ =公议会的。

这桌子和椅子呢？ =公议会的。

香火地呢？ =庙的土地。

也叫公议会的土地吗？ =不。

庙东边的井呢？ =庙的井。

庙西边的井呢？ =不是庙的井，以前就有，是村的井。

为什么会有区别？ =东边的井在庙的土地上。

西边的井所在的土地是谁的地？ =以前的旗地。现在不知道是谁的，应该是官地（庙的土地）。

五道庙后面的井呢？ =井所在地是官地（庙的土地），但是是由附近的十几户造的。现在已经是官井了，谁都可以用。

今后修葺的时候谁出钱？ =因为是用石头做的，不用修。

有庙产以外的公会地吗？ =没有，一样的东西。

炼瓦的土是哪里来的？ =从自己的地里拿。

【相互扶持】村里有生活困难连饭都吃不上的人吗？ =无论多穷都可以以做苦力为生。

村民会帮非常非常穷的人吗？ =不会。那时候他会到别人家借钱。

今年麦子收成不好估计要借很多钱吧？ =谁都有在借钱。

怎么还？ =秋收的时候还。

那时候也还不了怎么办？ =把房子卖掉的也有。

那些穷得连房子都卖掉的人，村里的人也不帮吗？ =不帮。

同族的人会帮吗？ =不帮。

有借春耕贷款的人吗？ =今年评模范乡，各村挖井都把钱用完了，村民借不到。

去年呢？ =只有很少一部分人借玉米。

知道城里有慈善会吗？ =知道。

是做什么的？ =水灾、旱灾的时候帮助人。

有获得过帮助吗？ =有。民国二十八年的时候一个人给 5 升玉米。

5 月 27 日

家畜的租借　开叶子

应答者　郭儒

地　点　吴店村关帝庙

您多大年纪？ =52 岁。

从前就在村子里住？=是的，第七代了。
有出过外面吗？=没有。
从事农业？=是的，也做短工。
【指地使钱】不够土地吗？=是的，7亩。
那是自己的土地吗？=7亩做抵押，现在我在耕。
花费的钱叫什么？=“指地使钱”。
不叫“指地借钱”吗？=不叫。
做抵押就叫作“指地使钱”吗？=是的。
拿去抵押同时自己在耕种，这叫什么？=没有名称。
有农具吗？=有。
【家畜的租借】家畜呢？=有一头驴。
耕种够用吗？=不够，所以出钱租了一匹马和一头驴。
谁租给你？=禹国恩。
他有多少家畜？=一匹马一头驴。
以前就向他租吗？=是的。
多少租金？=1亩1元，马和驴同时用。
禹先生有租给别人吗？=有。
他有多少土地？=14亩。一天就能耕完。
他是靠租马驴来赚钱吗？=是的。耕完自己的地就租给别人。
可以不给租金就借到吗？=没有实物不可以。
以前就这样？=是的。
附近的村里有吗？=西北关里有。
多还是少？=少。
打谷场叫什么？=场。
你有场吗？=耕地的每家每户都有。
有同时养马和驴的吗？=没有。
耕种的时候有人来帮忙吗？=没有。拜托别人的话要花钱，所以自己耕。
有不出钱互相帮助的吗？=没有。
以前也没有吗？=没有。

应答者　郭仲魁（24岁）张启华（20岁）徐诚（24岁）
【草、叶的采摘】田旁的草可以摘吗？=可以。
可以牵马去吃吗？=可以。
树的叶子呢？=落叶可以。
树有主人吗？=有。
可以爬树摘吗？=不可以。
可以拿树枝吗？=不可以。

现在摘了很多树叶，干什么用的？=喂猪。秋天的时候落叶可以做肥料。把水和土混合使落叶腐烂。

以前就这样吗？=是的。

没有树的人呢？=等草长枯掉，或者用作物的叶子。

可以拿庙的树的叶子吗？=因为是公用的，不能。

公用的不是人人都可以用吗？=因为在庙里所以不能。

可以从其他村拿落叶吗？=庙的落叶不可以，路旁的可以。

本村人也不行吗？=不行。看庙的把落叶做成肥料。

外村人可以来拿田里的落叶吗？=可以。

有来拿的人吗？=有。

没有叶子喂猪的人怎么办？=刺菜、无心菜之类，用田里的自生自长的。

用来喂猪的树叶是？=榆树、杨树。

【开叶子】高粱的叶子可以用来做肥料吗？=不可以。做家畜饲料。

别人可以来拿高粱的叶子吗？=7 月 7 日起可以拿，15 日左右就没有叶子了，只剩下穗。

叶子用来卖吗？=卖。

卖给谁？=卖给有家畜的人。

多少钱？=100 斤 1 元 50 钱。

有高粱主自己摘去卖吗？=有。采摘的时间对穷人来说很关键。7 月 7 日起开叶子，庙里会响钟，穷人就会去摘叶子。

你也去吗？=去。

你不穷也去吗？=因为有家畜。

去自家的田里吗？=谁的田都去。穷人会拿特别多。

别的村的人也能来拿吗？=可以。

有这样的人吗？=吴辛庄和后店的人会来。

是先去自家的田里，还先去别人的田里？=不一定。去高粱叶子长得好的田里。

【罚金】7 月 7 日之前摘了会怎样？=不可以。

摘了自家田的叶子会怎样？=不可以。摘了会被罚。

7 月 7 日之前什么时候都不能摘吗？=是的。到 7 日为止自家的也不能摘。

有晚上偷偷摘的人吗？=没有。要是被发现了会被公会处罚。

有谁看着吗？=青苗会的看青伕。

谁罚？=公会的参议或甲长。

以前是谁？=村正和地方。

会罚钱吗？=当然。

罚多少？=有钱人的话就四五元，穷人的话就一二元。

摘自家的叶子也是罚这么多吗？=是的。

罚金做什么用？=公会购买物资用。

有人被罚过钱吗？ =有。

每年都有吗？ =是的（也有人说不是）。

摘自家的叶子的人多吗？ =去叶子长得好的地方摘。

本村人多吗？ =多。

本村人可以不收罚款吗？ =不行。饶恕一次后后面捉到就罚不了。

什么时候可以摘榆树和杨树的叶子？ =在庙以外的可以摘。庙里的是公用的，其他的可以。

刚刚不是说了不能摘有主人的树的叶子吗？ =摘多了不行。摘多了树就死了。少许还是可以的。

别的村的人也可以来摘吗？ =可以，但是没有很多人来。

可以不告诉树的主人就摘吗？ =可以。

高粱的叶子被摘后穗会结得更好吧？ =是的。

7月7日之前呢？ =过了6月20日就结穗了，7月7日左右就更成熟了。7月7日前摘的话穗会长坏。

是在这附近进行开叶子？ =是的。

以前就是这样的？ =是的。

开叶子的时候谁负责敲钟？ =看青佚。

那时候会烧香吗？ =不会。

村民们应该很期待敲钟吧？ =当然。大家都拿着绳子准备着。但是在家里等着。不能到田里去。要是到田里去被看青佚发现了会被骂的。也不能去自家的田里。

【放牧】秋收之后可以在别人的田里放养家畜吗？ =可以。没有作物的时候可以。

田不会受到伤害吗？ =家畜的粪可以做肥料，反而会觉得高兴。

别的村的人也可以来吗？ =可以。

有作物的时候，马进去踩了会怎么办？ =罚钱。

罚多少？ =有钱人多罚点穷人少罚点。

不是根据受损程度罚的吗？ =根据财产。

一般是多少？ =四五元。

谁来收钱？ =会。

会指的是青苗会吗？ =是的。

不是公会吗？ =不是。

【罚金的用途】青苗会会把钱给受害者吗？ =不会。会里买东西用。

庙里有用罚金买的东西吗？ =有，提灯啊煤油灯啊。

那是青苗会的东西吗？ =是公会的不是青苗会的。

开叶子之前偷摘被罚的罚金会马上用来买东西吗？ =是的。

不会剩下吗？ =不会。

用罚金买的东西有留到现在的吗？ =用来买茶叶，什么都没剩。

看青伕捉到小偷的时候的罚款用来干什么？ =例如罚了10元、5元给受害者，给看青伕2元50钱，青苗会2元50钱。

青苗会的2元50钱用来干什么？ =买茶叶。

看庙的可以泡茶自己喝吗？ =不可以。村民来庙喝茶的时候用的。

罚金是根据受损金额收的吗？ =不是，根据小偷的财产。

【对偷盗作物的人的处罚】小偷没有钱怎么办？ =打一顿。

谁打？ =看青的。

谁决定罚多少？ =地方。之后向村正和村副汇报。

现在是谁？ =参议。

捉到小偷能够放过他吗？ =不能。

本村人也不能放过吗？ =后面会很麻烦所以不能放过。

你发现而不是看青的发现，那该怎么办？ =到会里报告。

向会的谁报告？ =地方。

现在呢？ =参议。也可以告诉看青伕。

受害人可以直接找小偷拿钱吗？ =不可以，就算本人在小偷也不会听。

【看青的】要做看青的，需要力气很大吗？ =是的。老人和年轻人都不行。要30岁以上大胆的人。

平时会打架的那种人？ =是的。

外村人可以做吗？ =不行，要本村人。

是穷人吗？ =是的。

会有很多人想做看青的吗？ =想做的很少。

本村的看青的是谁？ =今年没有定下来。去年是赵凤林和郭仲魁。

郭先生今年也想做吗？ =不打算做了。

去年有捉到小偷吗？ =有小偷但是逃跑了。

看青伕要赔偿吗？ =只是交了些粟，没有赔偿。

什么时候播种，肥料的制作方法，还有关于农耕方面的，有人指导吗？ =没有。

农事试验场没有指导吗？ =没有。

没有发种子的部门吗？ =没有。

肥料是一起用的吗？ =不是。

一起买的吗？ =不是。

井的水是用来灌溉田地的吗？ =没有人这样做。

菜园用吗？ =用。一户两户。

会有人帮忙吗？ =一个人做。

【搭套】有搭套吗？ =有，不过很少。

谁在做？ =我（郭仲魁）和张文仲一起做。

除了你之外呢？ =杨文诚和张文仲。

三家用一个搭套吗？ =不是。我和张文仲，张文仲和杨文诚，2组。

其他呢？ =没有了。

你什么时候开始和张文仲做搭套？ =去年起。

之前和谁搭套？ =没有。之前是出钱租马和驴。

张和杨的搭套持续到什么时候？ =前年。

以前搭套多还是少？ =少，现在物价高了租马也贵了，所以就用搭套了。

事变前没有搭套？ =完全没有。

你有马吗？ =有一头驴。

张文仲呢？ =一头驴。

什么时候要用搭套？ =耕地的时候。

怎样使用搭套？ =两头驴并排牵着犁。

郭耕田的时候张会来吗？ =不来。

犁是谁的？ =张文仲的。借来用。

杨没有犁吗？ =没有。有一头驴。

张除了驴之外，还要把犁给别人用吗？ =犁不是搭套，要租的。

用犁要给谢礼吗？ =不用。

郭有多少耕地？ =30多亩。

张呢？ =30多亩。

杨呢？ =20多亩。

张会比杨用驴子用得多吗？ =是的。因为是搭套所以没关系，也不用特别给礼。

郭和张在收获的时候会互相帮忙吗？ =自己做自己的。

郭除了耕种以外，借钱的时候会首先拜托张吗？ =没有。

张多少岁？ =55岁。

张和赵说过嫁娶之类的话吗？ =没有。

家近吗？ =邻居。

杨呢？ =郭的旁边是张，张的旁边是杨。

除了耕种以外还有互相帮助过吗？ =没有。

【看青】除了看青的会看守作物外，主人也会去看吗？ =不是去看守，只是去看作物长得好不好。

菜园也是由看青的看守吗？ =不是。园主自己看。

看青的时间是什么时候到什么时候？ =六月二十四到收获完毕。

麦秋不用看青吗？ =4月24日到5月10日。

【户口】根据户口簿应该有54个门牌，这只是本村的？ =一个院子当一户数。

本村有7个甲长，但是户口簿只写到第六甲，为什么？ =户口簿写错了。

现在有新的户口簿了吗？ =还没有。

5月28日

摊款

应答者　赵显章

地　点　城内的新民会

【摊款】今年你给模范乡多少钱？ =一亩1元10钱。

什么时候给的？ =春天的时候模范乡来通知了，交了一半。

第几回交的？ =一回。

一半指的是什么？ =有两处土地。

第几回交都行吗？ =是的。

除了刚说的1元10钱之外还会来收钱吗？ =不会。

去年出了多少？ =1元20钱。去年因为建乡公所，所以比较高。今年是1元10钱，也高。因为乡公所的设备都弄好了，应该不用出这么多才对。

前年呢？ =给了皇辛庄的实验村80钱。

去年，除了1元22钱外还要交钱给大乡吗？ =不用。

去年交了多少钱给吴店村？ =村里没有杂费。其他村全体给日本军交了柴和草两三百斤。

大概是多少钱？ =100斤八九十钱，日本军给了我们60钱，钱由村公所（公会）收。

村的杂费是多少？ =没有。

今年怎么样？ =没交。

琉璃河的施工要花钱吧？ =还没收。

现在，有人去施工了应该就要花钱了吧，那些钱谁出？ =向有钱人借钱。

是村内的借款吗？ =是的。我出了5元。最有钱的出了15元。

一天去12人，要花多少钱？ =工钱12元和薪金、餐费8元。共计要花20元。

除了你之外还有很多人出钱吗？ =十几人，出了80多元。

那应该不够一周的花费吧？ =现在本村在按地亩摊款，每亩20钱。

【分摊基准】城内的吴某要出摊款吗？ =他没有耕地所以一点都不用出，我是佃户，在耕城里人的10亩地，也要交一亩20钱。地主不用出。

大乡的摊款呢？ =全都是我出，地主不出。

那样的话地租费会便宜点吗？ =没有。

【亩捐】城里的地主不用交摊款吗？ =交亩捐给城里。

多少钱？ =一亩1元32钱。我只有5亩土地，但还是要出1元32钱。

亩捐是什么时候开始的？ =去年开始的。

【事变前的负担】事变以前没有大乡吗？ =没有。

当时的按亩摊款交到哪里去？ = 县公署。有保卫团费和警款钱。此外还有钱粮加捐（田赋的附加）。

当时的钱粮加捐是多少钱？ = 商人35%，百姓是65%。金额不定但比现在少。

城里的地主要出保卫团费和警款钱吗？ = 不出，还是由耕种的人出。县会规定村要出多少钱然后就到村里收。每月交一次保卫团费一亩3钱，村长收了交到县里。事变后就变成一亩10钱了。前年开始就没有了。

事变前的一亩3钱是由县里决定的吗？ = 是的。

当时村长收了吗？ = 当然。

当时没有大乡，要收多少杂费？ = 没有很多。

学校在吴店村，所以会收学校的费用吗？ = 有学生的家里出。不够的时候村再出。从别的村来上学的学生要交两三元学费（书修）。

5月29日

公会井

应答者 张剑铎（乡会计股）

地 点 模范乡公所

【地亩台账】很久之前就在乡公所工作吗？ = 从去年5月乡公所成立起。

之前呢？ = 在皇辛庄的实验村做会计。

这台账里记着的人都住在吴店村里吗？ = 不一定，在耕种吴店村土地的其他村的村民的名字也有。这表里的数字可能比实际少。去年的土地亩数比今年少多了。今后会好好调查的。

吴店村的地亩台账

姓 名	亩数	姓 名	亩数	姓 名	亩数
禹国海	12	赵显章	26	宋文彬	21
郭 如	28	赵 濂	5	杨文生	6
张启伦	20	赵 瑞	1	杨文海	16
杨文德	13.5	郭永恒	9	张 振	7
张文仲	9	惠 振	16	郭 永	9
张文惠	19	禹国华	7	张小二	5
李 宽	22	禹国栋	13	郭占春	14
禹 良	7	王廷贵	10	韩金春	10
禹国喜	7	郭永志	12	刘铁铺	3

续表

姓 名	亩数	姓 名	亩数	姓 名	亩数
杨文成	16	禹 治	18	杨德山	6
杨文顺	2.5	郭 宽	71	李 江	7.5
杨文贵	16.7	郭永才	6	李 河	5
刘 山	10	郭永太	8	徐贵林	20
刘 才	10	郭永崑	5	王 荣	15
贾振兴	36	王 海	3	禹国泰	32
李永志	13	王书田	17	贺启明	14
禹国恩	70	王玉清	22	郭 义	2
裴振明	93	刘 才	2	汪 二	2
禹 桐	27	高老太	7	高殿二	23
赵 楷	11	连 元	5	王 才	10
赵光热	15	高殿五	8	魏粉房	10
郭 银	17	郭 生	5	周 宅	13
禹 明	5	郭永春	7.5	刘士平	5
郭 权	7	杨 珍	15	刘 儒	18
郭 树	13	郭 桐	19	吴李氏	8
赵 启	23	贾振恒	8	陈 才	8
张 顺	23	李永玉	31		

应答者　高树莱（模范乡乡长）

地　点　模范乡公所

【实验村】你从什么时候开始当村长？＝去年五月开始。

之前做什么？＝做实验村里的詹家庄的屯长。实验村里有 7 主村和 5 副村，各村都有屯长，我是屯长。

实验村是什么时候成立的？＝民国二十八年七月一日。

谁建立的？＝新民会。

实验村是做什么的？＝减轻人民的负担，把小村合并到大村去。

建立实验村之后各村的摊款就免掉了？＝没有。需要道路修理和工人的时候村里要用到钱。

怎样减轻人民的负担？＝各村有村公所，那会导致负担，现在没有了。

【公会】以前有过吗？＝有过。

公会是什么？＝村公所。

以前就有吗？＝有。

公会也叫公议会吗？＝不叫。

公会和青苗会不一样吗？＝这边没有青苗会。只做看青。

公会是县建的吗？＝村建的，很久了。

你小的时候公会是做什么的？=光绪二十六年的时候没有公会。只有庙。没有乡长和乡副，有董事和绅士。绅士是现在的村正，董事是类似村副的职位。

公会是什么时候开始有的？=民国四年左右。那之前完全没有摊款，只交田赋，村里什么事都没有。

【军队的征发】为什么会有公会？=军队来往频繁，他们要求村子给各种各样的东西，所以村里就建立公会，公会收集物资上交。

那时候的军队是什么军队？=曹锟的军队。

当时这附近有战争吗？=民国九年徐世昌做了总统，在琉璃河附近张作霖和曹锟打仗了。之后的奉直战争在长辛店进行。

北伐军来了吗？=北伐军没来，阎锡山的军队来了。

【琉璃河工事的出工分配】本乡有多少人去琉璃河施工？=一天30人。

根据什么规定30人？=县一共要出3000人，3000人按甲分配本乡就要出300人。

乡怎样把人数分配到各村？=按甲。

村里怎样分配？=按地亩。

村里按地亩分配的时候，在吴店村住的人耕着皇辛庄的土地，是按哪个地方的分配？=皇辛庄。

如果那个人也有耕吴店村的土地呢？=吴店村和皇辛庄的按亩分配都要参加，无论在哪里住，在哪个村有土地就按哪个村分配。

有人做两个村的工人吗？=有，做不了就出钱请人做。

【村子的边界】村和村的田的边界是规定好的吗？=规定好的，虽然没有特别的标志，各村有地亩账所以边界不会变。

如果乙村的人买了甲村的土地那怎么办？=边界不会变，摊款交给甲村。

如果甲村的人在甲村有土地但是搬到乙村去了呢？=人搬走了土地也不会变。

甲村的人在耕乙村的土地，乙村的人在耕甲村的土地，这样的话摊款是交给自己住的村，村和村之间会打折吗？=没有。耕种者交给土地所在村。

甲村的土地指的是甲村负责看青的土地吗？=是的。

以前到现在都没有变吗？=没变。

【井】大乡最近挖了多少井？=20。

就这么多？=就这么多。

整个县有多少？=150。

150个中分摊了20个的是？=县里决定的不清楚。模范乡和第一、第二、三个乡合称为第一区，第一区一共55个。

挖一口井要花多少钱？=不一定。大井700元，小井300元。

钱由谁出？=向合作社借。春耕贷款变成了鑿井贷款。

造700元的井的话，会借700元给你们吗？=特务机关每井给50元，县50元，合作社300元。平均一口井400元，20口井要借8000元。

谁借给你们？=模范乡。

那钱怎么还？ =怎么还还没定。要问县里。

井所在地的主人不出钱吗？ =不出。

二十口井怎样分摊给村子？ =人和土地多的村两口，少的一口。

有不用挖的村吗？ =没有。

有主村要挖副村不用挖的村子吗？ =副村也要挖。

怎么决定在村子的哪里挖？ =参议决定。超过 25 口以上就集中在某块平地上挖。也有 25 口以下的情况。

25 口以上谁决定？ =县。

【水利组合】谁用井水都没关系吗？ =没关系。预定将来会成立水利组合。

水利组合是什么？ =将来在编乡成立实业股，负责修井。

实业股是水利组合吗？ =水利组合造完后，由实业股监督。

谁造水利组合？ =实业股造。预定实业股从用水的人那里收钱。

不是每条村都造水利组合吗？ =不是。

一口井能灌溉多少土地？ =好的井能灌溉五六亩。水很少。

就算挖了井获益的人也很少吗？ =少，但是得到灌溉的田的收获会有两倍以上。

灌溉地用来做菜园吗？ =不能做菜园，用来种麦子、落花生、白薯、倭瓜等，增加食物产量是目的。

挖井的时候村民会帮忙吗？ =按地摊工。

要给那些人日薪吗？ =不用，免费劳动。

那时候用井水的人不出钱吗？ =不出。

挖一口井要多长时间？ =慢的话 10 天，快的话 5 天。

一天出多少人？ =多的话 40 名，少的话不够 20 名。此外还要井匠。挖一口井少的话要 60 名，多的话要 80 名以上。要给钱井匠。

谁给井匠钱？ =大乡。

【井的费用的分摊】将来造好了水利组合后，对用井的人有限制吗？ =井的附近的人按地亩交钱。

是收地主的钱还是佃户的钱？ =收耕地人的钱。

8000 元是一年内还吗？ =是的，可能是通过从村民那里收取。

按一口井可以灌溉 5 亩来算，20 口只能灌溉 100 亩，是从那 100 亩的耕地人那里收钱吗？ =不是，全村的村民都要交。由乡还钱，此外就没办法了。

不从亩捐里出吗？ =亩捐是交给县里的官员、警备队、警察的钱，那里绝对拿不出井的钱，除了乡出钱就没其他办法了。

就算乡里出，如果让城里的所有者出而不是让佃户出呢？ =不可能，如果是县的命令那就另当别论了，但是不可能。

希望下那样的命令吗？ =地主不用出那是以前就有的习惯，没办法。去年村里的佃户希望地主能承担摊款的一部分，地主就生气了，说什么那样的话就把土地还我。

应答者　李永玉（48岁）

地　点　城内的新民会

【地亩账】今天拿来的地亩账里，写有外村人的名字吗？请告诉我。=李宽（后店村）、王荣（后店村）、汪二（长羊村）、王海（不明）、高老太（不明）、连元（皇辛庄）、高殿五（皇辛庄）、高殿二（皇辛庄）、王才（皇辛庄）、魏粉房（皇辛庄）、周宅（皇辛庄）、郭占春（皇辛庄）、韩金春（皇辛庄）、刘铁铺（皇辛庄）、杨德山（皇辛庄）、刘士平（刘家团子）、刘儒（东关）、吴李氏（城内）、陈才（皇辛庄）、刘才（2亩、皇辛庄）

这些人都在耕吴店村里的土地吗？=很少。

有谁？=禹国恩（后店村、佃户）、裴振明（后店村、佃户）、禹明（西北关、佃户）、郭宽（皇辛庄、哑吧河、都是自耕农）、郭永太（西北关、佃户）、杨文顺（皇辛庄、自耕农）、杨文贵（皇辛庄、自耕农）、徐贵林（皇辛庄、长羊村、都是佃户）、赵启（后店、皇辛庄、都是佃户）、贺启明（西北关、自耕农）。

【摊款、摊工的分配】耕本村土地的外村人要交摊款给本村吗？=要交。

摊工呢？=时间短人数少的时候不用出，时间长人多的时候要出。

禹国恩的话，吴店村和后店村两方的摊款都要出？=当然。在外村的土地和本村没关系。

两方的摊工都要出吗？=人多有必要的时候就要出。

村和村之间会抵消吗？=不会。

以前就这样？=民国十四年之前没有摊款和摊工。之后就和现在一样。

你孩童年代的时候没有摊款、摊工吗？=没有。

【公会】公会是什么时候有的？=很久以前就有了，不知道是什么时候。

公会是做什么的？=从村民那里收钱，买桌子椅子等东西来一起用。

谁处理公会的事？=村正、村副。

【会首、会头】不是说会首吗？=七八十年前有，负责戏剧和庙。有戏剧和修庙的时候首先商量，然后进行捐款，也是按地亩出钱，从村民中收钱。那样的人就叫会首或者会头。

现在有人捐钱吗？=现在连生活的钱都没有，没人捐。

会首这个词现在还用吗？=不用。

在没有摊款的时候也有公会吗？=以前开始就多少收点钱，以前开始就有公会了。

【公议会】现在也有吗？=有。商量之后进行物资购买，叫公议会。

【村公所】公议会和村公所一样吗？=一样。

村公所是什么时候成立的？=民国十年左右，县里的人来了在庙里设置了公事，村公所就成立了。

【董事】有了村公所之后就有村长？=有村正和村副。前清的时候叫董事。

董事和会首是同一个人吗？=是的。

是有钱人吗？=前清的时候没有有钱人。民国以后，军队的征发变多了，有钱人都跑去别的地方了。所以民国的时候都是穷人当村正。前清的时候县里来要求要有人做董事，村民没人做。

5 月 30 日

村的理事者　本村人

应答者　李永玉

地　点　城内的新民会

事变之前有村长吗？ ＝有村正。

此外还有人照看村子吗？ ＝村副、邻长、团长、地方。

事变之前的村正是谁？ ＝一年轮一次，有很多。

【村正、村副的选举】一年轮一次，是县里决定的吗？ ＝是的。选举的时候县里有人来监督。

你也做过村正吗？ ＝做过一年的村副。

选举的时候是一户一票吗？ ＝是的。

同一个院子里住，但分了家的算几户？ ＝一户。

附户呢？ ＝事变前，在同一个院子里住的都算一户。现在附户也算一户。

投票的时候是一个院子一票吗？ ＝不一定。院子里分了两家的时候，根据意愿可以有两票。户主必须有一票，其他是根据别人意愿。

村副也是由投票决定的吗？ ＝是的。最高分的是村正，接着是村副。

现在也是投票决定参议吗？ ＝去年有村正、副的投票，今年变成了模范乡，有了参议。去年投票选出的就是现在的参议。村里有几个人参选，县决定适任的人。

村副现在是？ ＝后店的人。

从以前开始村副就是后店的人吗？ ＝是的。

什么时候开始的？ ＝比民国二十年早一点。

吴店和后店是一起选举村正、副吗？ ＝两村的人到吴店村来选举。吴店的村民选吴店的，后店的村民选后店的，去年也是这样。

选举之前，有能力的人会聚在一起就有关村正的候补者进行讨论吗？ ＝不会。

【甲长】现在的甲长很年轻啊，为什么？ ＝模范乡决定了要 25 岁以上 40 岁以下，没有适任的人，也没有想做的人。

关于琉璃河的工事是由旧四甲长商量，还是新七甲长商量吗？ ＝旧四甲长商量。今天来了，就谁比较好这个问题，旧四甲长商量后决定。

新七甲长没有起作用吗？ ＝他们都是十来岁二十来岁的年轻人，农业太忙了顾不了村里的事。新甲长现在还没拿到委任状，所以模范乡还是把各种事情委托给旧甲长。

拿到委任状后就由新甲长负责？ ＝是的。

估计是太年轻无法胜任吧？ =那是模范乡的命令，没办法。不会的事情就拜托年长的人，拜托不了其他人也不管。

七甲长也是由选举产生的吗？ =虽然是选举，当选者不愿意可以不上。我的孩子（李榕）也当过甲长。

7人中，有多少是通过选举当上的？ =不是选举，参议去模范乡推荐，然后决定。

在村里选举了呀，没有想当的人吗？ =是的。选举的时候每个人都很讨厌做甲长，来的人很少。

没有投票？ =选甲长不是用投票的，是一甲的人们口头推荐决定的。

为什么不想做甲长？ =事变后治安很差，要是甲内出了什么事甲长要负责任。又忙，工资又少。参议要参加县和合作社的会议，把结果告诉甲长，甲长传递甲内的人。实际上甲长很忙。参议很忙但是有报酬。

村里没有给甲长报酬吗？ =没有。甲长必须催促乡里交摊款。有人没交的话，甲长会被模范乡的人殴打。

是甲长把摊款拿到模范乡去吗？ =不是。各自拿去，甲长催促。

参议不催吗？ =参议只是参加乡里的会，把内容告诉甲长。

谁催缴田赋？ =县把通知单给大乡，大乡给参议，参议给甲长，甲长给本人。

有人没交的话，甲长会被骂吗？ =被大乡骂。

【村民的集会】村民们有聚到一起商量过事情吗？ =商量过关于琉璃河的事情。

只是甲长们商量吗？ =不是，来了很多人。

聚到哪里？ =关帝庙。

谁召集？ =参议从乡里的会议回来，参议和甲长商量后召集村民。

召集了多少人？ =在晚上不太清楚，二三十人。

那集会叫公会吗？ =叫庙里的会议。不叫公会。

只是听听村民的话吗，提意见吗？ =有钱人会出10元、8元，买公事要用的茶碗和筷子，没有钱的人做工人，这样决定下来写在纸上。

是参议决定后再通知村民吗？ =是的。

没有反对的人吗？ =有。编乡成立的时候一亩只收10钱，也没有说别的，但因为有人私吞所以反对。但是是县里的命令，没办法。

【参议的选任】参议对年轻人来说很困难吧？ =是的。

为什么让那么年轻的人做？你做会怎样？ =我不识字做不了。去年县知事说让我做参议，但是我拒绝了。现任参议的推荐者很有权力。知事本想让别人做参议，但是有权力的人推荐了现任参议，所以由他就任。

在村里选举了吗？ =其实必须在25岁以上。而且必须要有土地。在村里选了几个人，然后报送到县里。县知事想让得票最少的人做参议，但是有权力的人推荐了某人。尽管他年纪轻，又没有土地，但是还是让他做了。他之前是警察。

谁推荐了他？ =城内的人，不是官。

【参议的不正行为】参议可以在村里做评判吗？ =不可以。亩捐一亩35钱，全村共

406 元，但是参议收了每户一亩 50 钱，并且只给交 300 元给县里，私吞了百元以上。县里知道了，让警察把他带走了，但是他说了好话就让他回村子来了。在村里再多收 50 元给县。以此来将参议的月薪返还给村里的人。

那是什么时候的事情？ = 今年 2 月的事情。收亩捐的时候，他不把通知单给甲长和各户看。

他什么时候做的警察？ = 做参议之前。

他被警察带走的时候城里的有权力的人说话了吗？ = 没关系。

他以前在村里值得信赖吗？ = 做过琉璃河的警察，但是不赡养父母。

为什么村民会选那样的人？ = 因为不知道有没有月薪，所以其他人不想做参议。

他在耕谁的土地吗？ = 姓泰的人的土地。也有其他的。

姓泰的是城里人吗？ = 是的。现在已经搬到北京了。

知道参议的不正行为后，村民会开会吗？ = 开了，那时候参议谢罪了，把月薪返还给村民。

在庙里开？ = 是的。

很多人去吗？ = 各户都有人去。

谁负责会议的流程？ = 没有。

亩捐不是由各人到县里去交的吗？ = 在村里收好再交，亩捐的钱不够的时候，参议再收就很困难了，所以把我带上去交。

大乡的摊款呢？ = 各自去交，也可以拜托别人。刚拜托参议他就擅自用掉了，就变成欠交 70 元了。他把 5 个月的月薪交给乡，但是因为摊款未交所以没有给我们。

亩捐的时候有钱，村民到了月末就会到乡公所去拿月薪。预定是明天去。4 月份是拿 40 元。

谁去拿？ = 张文惠和禹国恩（前保长）一起去。

张文惠是谁？ = 参议的伯父。之前的事件中他是调解人。

村公所知道没交 70 元摊款的事吗？ = 那是去年的事情，禹国恩去乡公所拿参议的月薪，知道这些。

【村长的不正行为】以前也有过私吞的情况吗？ = 前年，赵风林私吞了 90 元亩捐。黄科长把他扣留在看守所一个星期。后来赵出了钱，就被释放了。

那时候他是做什么的？ = 村长。

之前还有私吞的情况吗？ = 没有。以前没有亩捐。

赵风林是什么时候当的村长？ = 民国二十九年到民国三十年，一年。

现在他还在村里吗？ = 在长辛店的警备队。家人在村里。

【生活状况】在吴店村里有多少户活得比较轻松？ = 两三户。

有多少亩土地生活就不用愁？ = 一个人自耕地 5 亩。5 口之家的话，25 亩。

佃户地的话要多少？ = 不知道。再多自己拿到的份也很少。

你们在哪方面花钱花最多？ = 买土地。还有结婚、举行葬礼的时候。

平时呢？ = 粮食。

吴店村里有不用买粮食的人吗？ =70户中有60户以上有买。收获好的时候会多少有点不同。

就算收获好也有人买粮食吗？ =五六十户。

平时吃什么？ =玉米和粟。

有吃麦子吗？ =麦收好的时候吃一点。

平时没有人吃麦子吗？ =没有。

【外出务工】有人去过蒙古吗？ =有。郭树、郭桐、郭权、禹衽、张启风还没回来。都是去了库伦。

什么时候离开什么时候回来？ =郭树、桐、权（三兄弟）因为有亲戚在蒙古，十几岁就去了，十几年前回来了。禹也是十几年前回来了。

在蒙古干什么？ =禹是木匠，其他是商人。

有去过满洲的人吗？ =没有。

有去过南方的人吗？ =徐桂林。

去了北京后回来的人多吗？ =少。现在还有很多人去。

事变之前，去北京的人增多了吗？ =并没有。

去了北京的人都没有回来吗？ =做生意回来了几次。

拿钱回来吗？ =是的。

有在外面赚了钱后回来的人吗？ =没有。

年轻的时候外出务工，赚了钱回来后买了很多土地，有这样的人吗？ =禹国深的祖父在北京做生意，回村后买了百亩土地。但是分家了，也卖了30亩。

【移居者】在城里当校长的是有钱人吗？ =分家后得到了三四十亩土地，现在已经搬到城里了，不是村民了。

最近有搬到长辛店的人吧？ =郭让。没有土地也没有房子。在长辛店铁路工作，所以就搬过去了。

那人是本村人吗？ =现在不是。但是回村后就是村民，原籍是本村。

有搬到别的地方去的人吗？ =姓李的。后店的人，因为水灾在本村逗留了几个月后搬到皇辛庄去了。他把家人留在本村，去包头打工去了。

【来往者】有从别的地方搬来本村的人吗？我读户口簿的名字你能数一下吗？ =王春、国永顺（看庙）、贺启明、杨集廷、王廷贵、赵德荣、张福林。

王春是什么时候从哪里来的？ =八九年前从城里来的。

国永顺呢？ =十几年前从易州来。

贺启明呢？ =十七八年前从村东的牛家场村来。

杨集廷呢？ =一年前从固村来。

王廷贵呢？ =50年前从高佃村来。

赵德荣呢？ =七八年前从南公村来。

张福林呢？ =四五年前从长羊村来。

这些人都是从事农业吗？ =张福林是在门头沟挖煤的苦力头。国永顺是看庙的。其他都是农业。王春刚来的时候是做鞋底的现在从事农业。也做短工。

这些人中有有钱人吗？＝没有。赵德荣有一间房子，其他人都是租的。贺启明有土地其他都没有。

这些人靠什么生活？＝伙种。还有做短工。

【本村人】这些没有房子没有土地的人是本村人吗？＝原来有房子和土地，就算卖了也是本村人。从其他村来的没有房子和土地的也是本村人。

家人留在别的地方自己来的算是本村人吗？＝不算，那是被雇佣来的。成不了一户就不是本村人。不带家人来就成不了一户。

带家人来就能成为一户？＝事变前院子里的附户也算一户。只是房子的主人是户主。现在附户也是一户。

以前就算带着家人，也只算是附户而不是本村人吗？＝本村人，但是是附户。

从其他村来的佣工呢？＝家人在别的村的就不是本村人。

从别的村搬过来时需要介绍人吗？＝没有朋友或亲戚就来不了。

需要村长的认可吗？＝朋友告诉村长，把名字记在户口册上。

搬来的人需要和村长打招呼吗？＝给保长和甲长打招呼。

要拿什么去吗？＝不要。

【同族的土地先买权】如果你要卖土地的话，首先要和谁商量？＝和一户中当家的人。

你是当家的人吗？＝是的。

那没有商量的人吗？＝当家的人和老婆或孩子商量。

不和同族的人商量吗？＝问同族的人里有没有想买的人，没有的话就卖给其他姓的人。

那时候是问可不可以买还是买不买？＝买不买。同族的人买的话，会比卖给别的姓的便宜一点。

可以不和同族的商量直接卖掉吗？＝如果一声不吭卖掉，不说明为什么不商量，以后求帮助就很难了。买方也会向卖方确认有没有同族的人想买。

同族里没有想买的，接下来是卖给本村人还是外村人？＝卖给出价高的。

不用和本村人商量？＝卖土地的时候有中介。中介是本村的外村的都没关系。

不用和村长商量吗？＝村长是监证人，卖的时候要交税，那时候要拿到草契纸。

拿到草契纸之前不用和村长商量吗？＝不用。

草契纸现在是由参议拿着吗？＝大乡。

那么卖土地的时候完全不用和参议说吗？＝草契纸是委托参议从乡里拿的。

要给参议礼吗？＝不用。

卖土地的时候要和同族的商量吗？＝不用。

买了之后再说？＝不用说也行。

不用告诉村长？＝只用在拿草契纸的时候说。

买土地的时候要请吃饭吗？＝招待中介、代笔人、卖方、监证人（村长）。

不请其他人吗？＝也有请卖方的两三名亲戚。

卖方不请客？ = 不请。

【地亩账】村里没有地亩账吗？ = 现在不在村里在大乡里。以前在村里。

卖方可以改地亩账的名字吗？ = 买方耕种的情况下写买方的名字，别人耕种就写那人的名字。

谁写？ = 村长。

谁调查谁在耕？ = 编乡的人连同参议一起调查。

没有编乡的时候谁去？ = 不用调查也能马上知道。

看青的不调查吗？ = 还没看青的时候就改名。

5月31日

纷争　看青　公议

应答者　李永玉

地　点　城内的新民会

【军队的征发】事变前按地亩摊款交到哪里去？ = 军队要求交骡子、驴、草等的话，全村人一起交。

不给钱吗？ = 军队要求出工人和骡子的时候，就带人和骡子去，之后给那些人工钱。

交给县里的不是按地亩摊款吗？ = 没有。

只交钱粮给县里吗？ = 钱粮之外还有学费、自治费，一亩10—20钱。县里经费不足的时候有时会预收田赋。那叫“钱粮借款”。

军队催交工人和马的时候，军人会直接到村里来吗？ = 军队给县通报，县命令警察，警察到村来。

那时候村里就要集齐人和马等吗？ = 要草的时候，协助村长和乡长的人就会收齐拿去军队里，军队会给收据，后来从县那里拿钱。

一直都有给你们钱吗？ = 那钱比一般要少。

当时，村里有乡长吗？ = 村正。

【帮办人】协助村正的人是什么人？ = 帮办人（村正、村副以外的人）。

和地方不一样吗？ = 地方是村里雇佣的人，只是在有公事的时候将乡长的命令传达给各户。

帮办人有多少人？ = 不定。一两人，还可能更多。

怎样的人做过？ = 乡长临时委托的人。有知识的人做。

【出夫】给参与琉璃河工事的人的钱是村里凑的吗？ = 按地亩出的。10亩一天。100亩就10天。7天一轮，所以有的人不足3天。10亩的人一天是可以的，但是一周一轮的话有6天就多出来了。那6天的日薪由前面不足3天的人出钱。

一亩规定收多少钱？ = 一亩20钱。现在还没收，村里向有钱的人借，所以要买些东西（茶碗、筷子等）。

有百亩土地的人要做10天出夫和出20元吗？=是的。

百亩的人一周轮流做7天的话，要出多少日薪？=不足3天的那部分日薪按市价给（短工的市价）。

和一亩20钱没关系吗？=一天20钱是补出夫不够的饭钱、柴、油的钱。有剩就当作工钱。

一亩20钱由谁出？=耕地的所有人都要出。

完全没有土地的人可以不去出夫吗？=不喜欢可以不去。但是有钱拿所以会去。

那些人代替谁去出夫？=拜托有土地但是不够人的人家。

不拜托参议或者甲长吗？=不。拜托那些有土地的按顺序值班的人。

20亩的人可以只做两天就能回去了？=琉璃河的工事监督人不批准。之前在白草窪修铁路的时候，10亩一天，百亩的人应该连续做10天，20亩的人两天就回来了。

现在工事的花费是问谁借的？=四甲长从村民那儿借的。

要还利息吗？=不用。

有写借条吗？=没写。

你也出钱了吗？=出了7元。

【纷争和仲裁】分家会导致纷争吗？=不一定。

什么原因导致分家？=收成不好、食物不够的时候分财产。或者父母去世、兄弟不和的时候。

兄弟不和要分家的时候，会劝他们不要分吗？=会。

谁做仲裁？=亲戚或朋友。

妻子的父母也做仲裁吗？=没关系。

村里的老人做仲裁吗？=邻近的人。

春天耕种的时候，为了耕别人的土地，会发生纷争吗？=会。

那时候谁做仲裁？=不一定。

当事人和土地的继承人当仲裁吗？=也有。谁都可以。

因为马在田里践踏，马主和田的耕种者发生纠纷，有过这样的事情吗？=马主不知情的时候没关系。

马主要赔偿吗？=不用。马主道歉就可以了。

马主不用交钱给村里吗？=不用。因为有作物的时候会把马拴在家里，不会糟蹋作物。

就算是很严重的纷争，有这个人就会摆平，有这样的人吗？=有。很多人会出来仲裁，会给面子，那些人停止纷争。

只要是怎样的人做仲裁？=不定。

可以是老人吗？=也有年轻人。仲裁不成立的时候仲裁人会喊别的人来。

有向县里提出诉讼的纷争吗？=有。头受伤出血之类的纷争会交给县。

会尽量仲裁，不向县里提出诉讼吗？=纷争让村民知道了，可以进行仲裁不向县里申诉，不知道的时候就没办法。

向县里申诉的话会被村民说坏话吗？ =当然，为什么不跟我们说就向县里申诉，会被这样斥责。

就算村民进行了仲裁，当事人的一方不认同，向县里申诉，有过这样的例子吗？ =有。

申诉的人会被说坏话吗？ =肯定会。

那样的人不和村民们来往吗？ =来往不会变。

有在庙里仲裁的吗？ =不在庙里。在当事人的家里仲裁。

同族里面的人在争吵，同族的人会做仲裁吗？ =不一定。一般是邻近的人做仲裁。

姓赵的和姓郭的发生纠纷时，姓赵的可以做仲裁吗？ =可以，但是不能说对方的坏话。

当事人的妻子的父亲兄长可以做仲裁吗？ =可以，但是不能说对方的坏话。

你有做过仲裁吗？ =有。禹国恩和叔父禹宽有过纠纷。禹国恩死去的父亲和宽分家分土地，祖先的墓归禹宽所有。国恩的妻子死后，他根据“人”字葬的要求挖洞，但是洞太大了碰到了和宽的土地的边界。宽夫妻俩就生气了，进到洞里去，拒绝把国恩的妻子葬到那儿。国恩叩头也没用，村里人仲裁也没用，于是国恩诉讼到公安局去了。局长也为难，但由于村民开口了，于是就亲自出马说服宽让他葬。

宽为什么拒绝？ =因为是分家后的土地，他不准国恩用他的土地。

依你看来，谁错？ =宽错。如果宽死了，进行“人”字葬，也不能葬在国恩的土地。理应是这样的。他被村民说坏话。

【盗窃作物的人的罚金】看青伕捉到偷作物的人该怎么办？ =把小偷带到庙里去，乡长、副乡长出来训斥他。

罚款吗？ =根据指示是要罚款的，但是小偷都是穷人出不起。被骂了之后很难面对村民，以后就不敢偷了。

有收过罚金吗？ =很少。

收了的罚金会给受害者吗？ =没有收过罚金。

如果收的话应该会给受害者吧？ =没有收过。去年我的两个小孩偷了玉米，被看青伕带去庙里了，村正和我商量了收5元的罚款就当没事了，但是到现在还没收。

孩子是本村人吗？ =是的。

按郭甲长的话，有收过罚金，是吗？ =他去年做看青伕，我不知道。

看青伕会给受害者赔偿吗？ =不会。

受害者会按规定给看青伕礼吗？ =给看青伕一亩10钱的小钱。

村里有被偷过东西吗？ =有。

知道谁是小偷的话，会自己去拿回来吗？ =本村人不会偷。小偷都是外来的，不知道是谁。

【参议侵吞村费】昨天的谈话中说到参议盗用了村里的钱，是因为发生了什么事吗？ =没有什么事，只是贪心。

有花钱娱乐的地方吗？ =在餐饮店里喝酒。

让那种人继续做参议真的没关系吗？ =他说了会把从公所拿到的月薪还给村民，但是

10 天前用把那笔钱买了自行车，根本没有还。

【帮办人、会食】有路灯会吗？ =没有。

庙里的提灯是做什么用的？ =12 月 30 日的晚上，庙里会挂上提灯。

提灯是用什么钱买的？ =事变前村民全体集资买的。

不是用偷作物的人的罚金买的吗？ =不是，村民出 30 钱买的。

30 钱是按地亩出的吗？ =不是按地亩，每 10 人出 30 钱。

为什么不是全部村民出？ =因为提灯比较便宜，商量之后要出钱的不够 10 人。

那 10 人是照看庙的人吗？ =也有不是的。

你也是其中一人？ =是的。

照看庙的人是什么人？ =帮办人。

帮办人是固定的吗？ =不一定。

庙的祭日的时候，人们会聚到庙来一起吃饭吗？ =六月二十四一起吃，一两个负责人负责邀请出席者，费用后面再算。

去年也办了吗？ =办了。

去年谁负责？十几人，由希望做的人负责。

你呢？ =负责人。

去年来了多少人呐？ =四五十人。

负责人也叫香头吗？ =因为是公议会办的，没有别的名字。

照看庙的人每年都变吗？ =可能变也可能不变。农事忙或者不在家的时候就不照看。

大体上是不变的？ =是的。

那些人都是帮办人？ =是的。

去年谁照看了？读户口簿的时候可以告诉我吗？ =张启伦、禹国恩、郭儒、赵显章、李永玉、徐桂林、张文会、禹国兴（宽的儿子）、裴振明、赵楷、郭树、裴振玉、郭永春、郭永治、郭仲华、郭桐、赵启（永和的儿子）、李江、禹铎。

由其中一两个人做率领吗？ =没有，都是一起商量的。

一起吃饭的人会更多吗？ =当然。上面的人是到各户去传达会餐的事情。

六月二十四烧香的时候，有带领烧香的人吗？ =各人自己随意烧。

吃饭时是一起吃吗？ =普通的村民是 20 人一桌，他们吃完后刚刚提到的 19 人一起吃。

19 人要出剩下的钱吗？ =和其他人一样。

没有人出剩下的部分吗？ =没有。

麦秋、大秋之后会一起吃饭吗？ =麦秋之后的六月二十四。大秋后没有。

只在六月二十四一起吃饭吗？ =是的。

求雨之后不一起吃饭吗？ =去年和后店村一起求雨，之后在吴店村的庙里和后店村村民一起吃了。

那时候是谁负责？ =求雨的负责人是由希望做的人担当。

由谁向龙王祈福？ =一起。

【摊款】事变事前，麦秋、大秋之后村里会按地亩摊款吗？ = 是的。

什么时候废除的？ = 有了编乡之后。

当时是一年收两次摊款吗？ = 不一定。花费多的时候是两次，少的时候是一次。

也是由耕种者交吗？ = 是的。

【看青钱、看地钱】看青的钱和摊款是分别收的吗？ = 是的。

给看青的钱叫什么？ = "看青钱"，或者"看地钱"。

没有青苗钱吗？ = 没有。

没有青苗会吗？ = 青苗会和看青是一样的。

不叫看青会吗？ = 不叫。

【地方和看青的】成立编乡之前有地方吗？ = 有。

地方做过看青吗？ = 做过。地方要看地，也要和县联系。

除了地方之外还有看青的吗？ = 有。地方是看青的头。

【选定看青的】看青的是由地方决定的吗？ = 和有土地的人商量后决定的。

现在也是吗？ = 是的。

地方每年都会变吗？ = 期限不定，但是大体不变。

除了地方以外的看青的每年都会重新选定吗？ = 是的。

选定看青的时候，是有土地的人一起商量吗？ = 是的，也有没参与的人。

没有土地的人就不来？ = 是的。

不是由村长决定的吗？ = 不是。

以前也是这样？ = 是的。

选看青的会议叫什么？ = 找看青的。

也叫公议吗？ = 也叫。因为要和看青的商量之后再决定。

公议的除了看青的之外应该还有别的吧？ = 是的。

【罚单】找看青的时候，会确定偷作物的人的罚金吗？ = 是的。

会确定看地钱是多少吗？ = 是的。

去年也确定了吗？ = 商量的时候把数目说大。偷一个玉米1元，也有说3元、5元的人。谈拢之后把金额写在纸上。

那纸会贴出来吗？ = 贴在村各个地方的墙壁上。

读不懂的人就没办法了？ = 会读的人懂了，不会读的人也就能懂。贴出来算是一种警示。

找看青的事，耕吴店村土地的外村人也来吗？ = 不来。

各村的罚金的金额不一样吗？ = 不一定。

写有罚金金额的纸叫什么？ = 罚单。

纸的末端要写上吴店村吗？ = 写吴店村公议。也有在纸的上部写上公议。

麦秋和大秋两个时候写？ = 麦秋的时候不写、只在大秋的时候写。

找看青的公议一年召开多少次？ = 麦子好的时候两次，不好的时候只在大秋的时候开一次。

知道义坡吗？ =不知道。

如果你发现有人偷作物，不可以装作不知道吧？ =不可以。

小偷道歉之后你会饶恕他吗？ =小事的话骂完就原谅了。

那种事情不用告诉看青伕吗？ =没关系。

吴店村的看青的有和其他村的看青的商量过事情吗？ =有。

做看青之前呢？ =选定了看青的之后，要拜访邻村的看青伕，告诉他我是本村的看青的，希望他协力帮助。

【公议】在进行找看青的公议的时候会一起吃饭吗？ =什么都不吃。

谁决定公议的日期？ =在六月二十四庙的祭日，村民们聚到一起的时候召开。

在六月二十四之前也有看青吧？ =是的。

那之前的找看青的公议是什么时候召开的？ =麦子结穗、需要看青的时候。再一次就是六月二十四。

麦子结穗的时候由谁提出公议？ =有麦子的人，不定。

不是村长吗？ =不是。

以前呢？ =以前也不限于村长。以前村正是有钱人，想做看青的人就拜托村正，看青的时候村正在公议上指名。但之后害怕军队的征发，有土地的人都把土地卖了，变成伙种。

现在也是由土地多的人提案找看青的吗？ =不一定。个人间的商量，有进展后在庙里公议。

所以提出由谁做看青的也是不定的？ =不定。

应该有想做看青的人吧？ =没有土地的人希望做。

那些人拜托谁？ =不知道。

公议的时候会把希望做看青的人叫过来吗？ =决定之后再叫过来委任。

郭甲长去年有意愿吗？ =他的父亲常年做看青，有很好的口碑，所以去年是父子一起看青。父亲想推辞但是村民们拜托了，就和儿子一起看青了。

看青的拿着什么去看青吗？ =事变前拿着火枪，现在是矛。

火枪是谁的？ =公会的。现在没有了。

不是青苗会的吗？ =是公会买的，所以归公会所有。

【会、公议】没有猪会、钱会、老人会吗？ =没有。

还有别的带会字的组织吗？ =没有。

会是什么意思？ =互相商量的意思。和公议一样。

公议是全村民一起商谈，村里的小部分人商谈也叫公议吗？ =全村民的商谈。

场所是规定在庙里吗？ =庙以外没有合适的地方了。

六月二十四一起吃饭也叫公议吗？ =不清楚。

帮办人的商谈是公议吗？ =不是。

参议和甲长的商谈是公议吗？ =那些人对于一亩 20 钱的摊款方面的商谈是公议。

乡里挖井的时候有公议吗？ =没有。

参议的选举是公议吗？ =选举的时候由村里选出几个人，那时候村民各有想法，想选的人都不同，所以不是公议。如果全体村民集合选出一个人那就是公议。全体村民的意见一致时就是公议。

以前的村正是在公议中选出的吗？ =前清时代没有摊款，有钱人做村正。如果需要钱的时候由村正出。那时候村民提出一致的意见，决定当村正的人。民国以来就不那样了。现在村长变更的时候摊款或增或减。

找看青的时候叫公议吗？ =是的。村民们都有耕地，所以看青是必要的。

没有土地的人没有出席也叫公议吗？ =没有土地的人没出席没关系，那部分人很少。

对于选谁做看青的，出席者意见不一致那该怎么办？ =实际上已经决定了看青的人选在进行公议的。

以前选地方也是公议吗？ =是的，从民国十年起，村里现在还有。

现在的甲长选举也是公议？ =十户的公议决定。但是今次的七甲长不是公议。

为什么？ =十家没聚齐，只来了很少的人。

6月1日

看青

应答者　孙德林（模范乡副乡长）

地　点　乡公所

【公议会、公会】吴店村的庙里的桌子和椅子上有“公议会”的烙印，是为什么呢？ =村民义务拿出钱来，用那些钱买的东西要打上公议的印。

公议会和公会是一样的吗？ =是的。

各村子里都有公会吗？ =有的有，有的没有。

什么样的村子里有？ =有公产的村子有。

公产是什么？是庙产吗？ =除了庙产以外、公井、碾子都是。

以前就有公议会吗？ =以前就有。村民们商量后买物资，大家一起用，这样的商谈就是公议。

选参议的时候村民们聚到一起，那也叫公议吗？ =关于参议的选举，在那之前村民什么都不知道，在选之前县里下命令说要选，所以那不是公议。

根据县里的命令村民们聚到一起商谈是公议吗？ =是的。

【看青】村里选定看青的商谈是？ =公议。

在你的村子里（北刘庄、约60户），选看青的时候村民会聚到一起商谈吗？ =会，在公议上决定。

那会议叫什么？ =没有特别的名称。

不叫公会吗？ =不叫。

在会议上会确定对于偷作物的人的罚金吗？ =会。

会写在纸上贴出来吗？=贴到村里各个地方。

那纸叫什么？=布告。

在纸的末端会写上村的名字吗？=会写○○村公议，以前是写○○村公会。

什么时候写公会？=有编乡之前。

【罚金的用途】选看青的会议上，会讨论罚金的用途吗？=不会在那时候讨论，在捉了小偷之后再讨论罚多少钱怎么用。

罚金怎么用？=买桌子、锅、爆竹等，多数是买爆竹。

什么时候放爆竹？=在正月处于鬼神角的村子的外围放，听到爆炸声的小偷会感到羞耻。

罚金不给受害人吗？=受害人很穷的时候可能会全部给他，但是一般是不给的。

【劈高粱叶子】你知道开叶子吗？=知道。我们村叫“劈高粱叶子”。

什么时候可以摘高粱叶子？=结了穗之后。

那时候庙里会鸣钟吗？=有青苗会的村会鸣钟，没有青苗会的随便去摘。

在那之前可以摘自己的高粱叶子吗？=摘了就结不了穗了。

有青苗会的时候，摘自己的叶子也会被罚？=是的。

罚金的金额是固定的吗？=1元到5元。

金额是由谁定的？=在选看青的会议上定的。

那些钱用来做什么？=多数是买爆竹。

罚金也写在布告上贴出来吗？=是的。和偷作物的人的罚金并排写。都是青苗会的工作。

在布告的末端会写上公会或者公议，那会写青苗会吗？=写。

你所在的村是怎么样的？=写青苗会。

【家畜乱踩】马和骡子在田里乱踩糟蹋作物会被罚款吗？=马和骡子的主人完全不知情的情况下不罚，故意的时候要罚。

马主把马牵出来，在路边睡午觉，马在田里乱踩的情况呢？=那样不小心的情况要罚。

罚多少也是在选看青的会议上决定的？=是的。

金额是多少？=没规定。

罚金怎么用？=像刚刚说的那样公会拿来买物资，有时会施舍给贫穷的人。

有施舍过吗？=有，哪个村子都有。

青苗会得罚款，包括捉到偷作物的人，看叶子之前把叶子摘了，让家畜在田里乱踩三项吗？=是的。

除此之外还有吗？=故意糟蹋别人的田或作物的时候。

有那样的事情吗？=很少，有些坏人会怀恨在心。相应的罚金很重。有时还会上诉到县里。

那些也是在选看青的会议上决定的吗？=是的。

都会写在纸上吗？=是的。

能写出来给我看看吗？=

【罚则】

为布告事照得本年成立青苗会查有不法行为偷窃五谷毁坏青苗一切事项如有无知

男女以及牲畜故意损坏经本会之议条列按照规定处罚绝不贷宽

谨将本会规章列后

一　偷玉米按一元以上十五元以下的罚款

二　在七月一日以前如有劈高粱叶子者一元至五元罚之

三　如有无知之人偷窃各种谋庄稼按一元至十五元罚之

四　如有牲畜故意践踏禾苗偷食五谷按一元至二十元罚之

青苗会启

年　月　日　　施行

这布告一年贴两次吗？ = 是的。

村民聚在一起做布告的时候，没有土地的穷人也来吗？ = 土地多的人不会偷，但是土地少的人会偷，所以重要的是让穷人知道布告。写布告的时候，也把没有土地的人叫来，让他们读内容。

谁写布告？ = 会写字的，谁都行。

【公会和青苗会】公会和青苗会是一样的吗？ = 一样。都是由处理公事的人成立的。但是青苗会只是在看青的期间有，但是公会是全年都有。

【会首】公会和青苗会有会首吗？ = 有。村的中心人物，以前的村长。

平时会说会首吗？ = 不说。理应是高硚会和少林会有会首。

那些会现在还在吗？ = 现在在我的村子里有。

什么样的会？ = 高硚会是年轻的爱好者们为了在正月的时候在城里跳舞而成立的会。少林会是武术爱好者的会。

会首是传授的人吗？ = 照看会的人。传授的另有他人。

高硚会和少林会都有公议吗？ = 有。高硚会到城里跳舞时带去的旗上写着〇〇村公议或者公会。只是爱好者们跳舞，但是费用是村里的有钱人出，而且去城里的时候要在村里商量。

少林会也有公议吗？ = 需要钱的时候会有很多人一起商量。多人商量叫作公议，少数商量就不是公议了。

6月2日

常家庄（回教村庄）概况

应答者　胡广春

地　点　常家庄

【清真寺】约在良乡县城的东南方2华里处，有一个全村村民都是回民的常家庄。在城里的清真寺教长金永福的儿子金永泉的指引下到达常家庄，见识了清真礼拜寺，接着在胡氏的宅子里询问回民的日常。清真礼拜寺的建筑模样和在其他村落看到的庙很相似，但是和向南的庙不同，清真寺是向东的。也称为本堂的在正面的建筑，由于数级石阶的作用，比左右两侧的建筑要高，里面没有像，只是在正面的墙上写有阿拉伯文字，一个角落里设有说教师（阿訇）坐的、在相当高的梯级上的座席。床上，芦苇席上铺有毛毡。在礼拜日（周五），回民会聚到这个房间，听阿訇的诵经说教，面向西方（也就是从房间的入口往里面的方向）做礼拜。进入寺门后右手边的房间，是做礼拜前进行沐浴的地方。在中央有一个比地面低一点的用水泥做的长方形的浴场，两边分别有两个简单的淋浴和厕所。房间的入口处，挖了一口用来汲水的井。淋浴室旁边的房间里，保存着经书。这建筑物所面向的建筑物，也就是进入寺门后左手边的建筑，预定作为将来的回民学校的教室，现在是空的。整体感觉是，比起一般村子庙要干净多了。也能感受到，与其他部落的村民相比，来接我们的村民的善意。我们前来拜访的胡广春氏，在北京前门外的日本人商店里工作，现在因为生病回村了，可能比起其他部落的人民和日本人更加亲密。以下是从对胡氏的询问中得到的关于常家庄的概况。

【姓氏、阶层构成】常家庄现在有 37 户（人数不明、一户约 5 人）。从姓氏来看，姓胡的 27 户、姓刘的五户、姓夏的 4 户、姓许的一户。姓胡的祖先是明初的名将胡大海。37 户中没有一户是纯本地或纯佃户的，纯自耕的有 6 户，其他都是自耕佃户。因为地主不把土地借给完全没有土地的人，所以本村没有纯佃户。受到了事变的影响，有的人搬去城里了没有回村，也有很多去城里、北京赚钱的人。

【宗教的指导者】现在本村是富家庄的副村，村里没有村长（现在是参议），但是以前有过村长、村副，负责摊款的征集、和县联络。现在有 3 名甲长，听从富家庄参议的命令进行摊款的征集和照看临时工人。这一点和县下的其他村一样，本村的回民部落的特色是，除了行政的指导者还有宗教上的指导者。也就是有伊玛目、阿訇、四师父（四掌教）。本村回民中，年长而有能力且受尊敬的人会得到推荐当伊玛目。伊玛目管理清真寺，而且在回民结婚的时候，和阿訇一起作为立会人，葬礼的时候也和阿訇一起列席。结婚和葬礼必须要有这两个人出席。阿訇是村民从其他地方请回来的人，在礼拜日诵经说教，和伊玛目一起出席结婚、葬礼。为了保证生活，清真寺有寺产 18 亩地，阿訇自己耕种。四师父不是本村的人，是由别人聘回来的。有人死了的时候，让尸体沐浴；村民们想吃羊、牛、鸡、鱼等的时候，会应村民的请求一边念经一边宰杀这些动物。在戒律森严的回民中，在宗教上有地位的人和县行政上有地位的甲长，分别以不同的力量领导着村民们。甲长在摊款、派遣工人的时候，和刚刚提到的人无关。但是对于村落行政这方面，他们的权力究竟有多大，又或是无关，没有进行充分调查的时间。

【看青】村里雇佣一个看青的，委任他看守作物，但是因为是小村，不至于要成立青苗会。所以没有定对于偷作物的人的处罚规则。据姓胡的说，看青的人常常让人感到害怕，因为是小村偷了东西马上会被捉到，因为害怕看青的所以没有偷盗。所以没有制定处罚规则的必要。偷盗是一件大恶事，阿訇经常对村民们这样说，大概是为了感化。

【开叶子】在县下的村子里有开叶子的习惯，本村以前也有“劈高粱叶子”。但是现在高粱叶子的价格变高了就没有实行了，各自摘各自的叶子，不能进别人的田里。如果种了太多的高粱，也可以让别人到田里来，但一般摘别人的叶子会被骂。然而对于在结穗前摘自己的高粱叶子这一方面，没有任何的限制。但是实际上，在开穗之前摘了会影响成熟，没有人会摘。

【共同关系】除了属于入会地的土地外，不论是本村人或外村人，都可以摘田旁边的草，这和其他村子是一样的。没有实行牲畜的共同饲养和共同利用，区分无偿租借的情况（借用）和给礼租借的情况（雇用），亲密的人们间是借用。

【作物】作物按玉米、谷子、麦子的顺序，不灌溉。这和其他村是一样的。

【村界】摊款、派遣工人，不是由土地所有者而是由耕种者按地亩承担。村界明确，不论耕种者所在地的情况如何，也不论土地买卖的情况如何，必须遵守摊款、派遣工人这些原则，向土地所在地的村缴纳。村界和看青的范围是一致的，这和县下的其他村是一样的。

【公议】关于公议，和其他村村民不一样。在本村实行的公议，是アホメット的生日，一年一度的开斋日。那个时候，村民无论有多忙都要到清真寺去一起吃饭，默祷，坦白从前自己的恶行以得到阿訇的原谅。除了这次聚会外就没有公议了。

【同族、同村的制约】结婚的时候必须有阿訇的出席，那是比族长的认可更重要。但是土地买卖的时候同族的承认是最重要的，同族没有买方才能卖给其他姓的人。同族没有买方的时候，可以不论本村民还是外村民，自由选择买方，村里没有限制。这也是和县下的其他村一样。

【街坊的辈分】关于街坊的辈分，没有特定的名称，但是实际上和其他一样在执行。和父亲同辈但比父亲年长的叫“伯伯”，比父亲年轻的叫“叔父”，和母亲同辈比母亲年长的叫“大妈”或者“大娘”，比母亲年轻的叫“婶”，和自己同辈根据年龄差叫“哥哥”“弟弟”“姐姐”“妹妹”。有特色的是，有叫祖父辈的人做“爸爸”（一般是父亲）。关于本村的街坊的辈分，调查余地还有很大。同族、宗族的习惯，回教的宗教习惯不是交错存在着的吗，会有这样的疑问。但由于时间不足不能继续调查。

【附记】6月3日，良乡县城内的清真寺教长金永福从北京回来，请他就前天胡氏的关于同氏的说明进行补充。金永福68岁，是城内回民（10户、约50人）的伊玛目（首领），同时兼任阿訇（教长）。同氏的家庭从十几代前就是伊玛目的名门，18岁的时候在氏族中成为仅次于父亲的伊玛目。根据同氏的话，现在常家庄没有伊玛目，阿訇是2周前从顺义县杨各庄来的王金声。王阿訇是前任张慧乡阿訇的接班，应村民的期望到常家庄来。成为阿訇，在10岁前后要开始学习回教的经文，要读所有的原文并且要理解，还要严守回教的戒律，从教民那里获得认可才有资格成为阿訇。那时候教民会凑钱买帐子祝贺。之后会被请到各地的清真寺赴任。

伊玛目是从住在土地上的回民中，辈分高、品行端正、通晓回族的规矩，能诵读回教的经典、严守戒律的人中选出来就任的。他负责处理关于清真寺的一切的事务，指导回民。常家庄里有着三十年前姓薛的伊玛目，但是后来没有适任的人，现在已经不存在了。

6月4日

村的理事者

应答者　李永玉　赵启　赵凤桐　郭桐　李江

地　点　吴店村的关帝庙

【村里的干事】现在读户口簿的名字，当中有其本人、父亲、祖父、孩子、孙子、叔父、外甥等是村正、村副、甲长、区长、乡长、乡副、村长、地方、看青的、看庙的等照看村子的人的话，请告诉我。

禹镇＝父亲（号是信三）在民国十三年，做过一个月的乡长。

禹国深＝祖父（即禹镇的父亲信三）是村长。

禹国海＝同上。

郭儒＝以前是看青的。事变前一年间是村长。事变后是甲长。儿子仲奎是新甲长，还没拿到委任状。

张文会＝民国十几年的时候是乡副，号是友三。

郭仲华＝父亲（宽）在民国十几年的时候是区长、村正。本人现在搬到城里了。

郭生＝祖父（明）是前清时代的董事。

禹国恩＝事变当时做了一年的村副。

赵楷＝事变当时做了一年村正。父亲（祥云）是民国初年的董事。

裴振玉＝民国二十四五年是做了一年的村正。父亲（顺）是民国十年时候的村副（振玉、振明、振崑是三兄弟）。

郭永治＝去年的甲长。但只是名义上的甲长，只负责皇辛庄的合作社的工作。

李永玉＝民国二十五年做了 7 个月的乡副。赵显章弄错了账簿，所以取代了他的位置。

杨文海＝民国二十年，做了一年的村正。弟弟（文成）在事变前做了两年后店村的看青（文海、文顺、文成、文升是四兄弟）。

张文魁＝儿子（启伦）是参议。

张文仲＝事变当时做了一年的村正（文魁、文仲、文会是三兄弟）。

贾生＝民国十年的地方。同时也是看青的。

徐桂良＝从民国元年开始做了很长时间的地方。同时也是看青的。

赵显章＝民国十几年是村正。二十几年的时候是村副。今年是甲长。儿子（凤林）在前年做了一年的村正。父亲（连显）是前清时代的董事。

惠振＝新甲长。

禹国泰＝事变后两三年，甲长。父亲是前清时代的董事。儿子（禹铎）是新甲长。

赵永和 = 儿子（祥）是新甲长。

村正、村长、乡长，哪个名称最旧？ = 村正最旧，接着是乡长。乡长和村长是同时使用的。

可以将上面列举的村正或者乡长的名字按照年代排列吗？如果漏了请帮我加上 = 禹信三—郭宽—赵显章—裴振玉—杨文海—郭儒—张文仲—贾林（振恒的父亲）—赵楷—赵凤林—张启伦（先参议）。

接着请把乡副的名字按年代排列。 = 裴顺—张文会—赵显章—李永玉—禹国恩。

禹信三做村正的时候村副是谁？ = 当时没有村副。

郭宽的时候呢？ = 没有。

赵显章的时候呢？ = 张文会。

裴振玉的时候呢？ = 没有。

杨文海的时候呢？ = 赵显章。

郭儒的时候呢？ = 赵显章。

张文仲的时候呢？ = 李永玉。

贾林的时候呢？ = 禹国恩。

赵楷的时候呢？ = 没有。事变以后，后店村变成了吴店村的副村，村副由后店村的人担任。

【地方】地方到什么时候废除？ = 县取消的，民国十几年的时候，在事变前村里有称为地方的人。

最后的地方是谁？ = 贾林。

之前呢？ = 贾生（贾林的叔伯兄弟）。

之前呢？ = 徐桂良。

之前呢？ = 不知道。

【联络员】事变以后，没有了地方，地方的任务由谁做？ = 联络员。先是郭儒，接着是徐桂良，接着是郭仲奎。皇辛庄的实验村成立后就没有联络员了。

【看庙】现在的看庙时从什么时候做的？ =40多岁开始的，现在55岁。

之前呢？ = 叔父国三。

之前呢？ = 李二。

李二是本村人吗？ = 不让本村人做看庙，必须从外村招看庙的。庙产是村全体的东西，所以如果本村人做了看庙，拿了庙产会被误解，那就不好了。

【村正、村副的资格】是由有钱人做村正和村副吗？ = 有钱人做也可以，没有限制。以前是由有钱人做，但是民国十年以后，军队的征发多了，有钱人不想做村正和村副了。现在是依照县的命令让品行端正、土地多的人做。

村正和村副、哪一方是有钱人？ = 没不同。

禹信三多大年纪时当的村正？ =70岁。

那时候他是有钱人吗？ = 他在北京的商店里做经理赚了钱，在庙前建了一座大房子。因为家里有事刚回到村来就被村民们选为村长了。刚好那个时候发生了直奉战争，他被征发了很多的马、车、柴、草等。他非常伤心一个月不够就死了。之后因为葬礼和分家，土地减少了。

郭宽呢？=40 岁的时候当上村长。他是村的大户，有 70 亩田。现在也是 70 亩的大户，但是他搬到城里去了，留下孩子在村里。

赵显章呢？=40 岁当上村长。当时他只有十几亩土地，因为害怕军队征收，所以有钱人都不做了。成为村正之前他是在村里做泥匠的。

裴振玉呢？=原来在北京的点心屋工作，回村后自耕 30 亩土地，30 岁的时候成了村正。

当时 30 亩土地算多吗？=一般。

那 30 亩土地是他回村后才买的吗？=那时他的伯父在北京做买卖赚了钱买的。他继承了伯父的房子，也拿到了土地。

杨文海呢？=以前是农民。50 岁的时候有三四亩土地，做了村正。

郭儒呢？=40 岁。在北京的点心屋工作。回村后做了村正，当时只有五六亩土地。

张文仲呢？=以前是农民。40 岁时有三四亩土地，当了村正。

贾林呢？=以前是农民。70 岁的时候，事变当时，有三四亩土地当了村正。之后变卖了土地，现在完全没有。

赵楷呢？=50 岁，土地 10 亩，做了村正。

赵凤林呢？=在北京做过玉器的匠人。回村的时候 30 岁，做了村正。完全没有土地。

现在的参议呢？=在良乡做琉璃河的警察。去年 21 岁就任。完全没有土地。

裴顺做村副的时候呢？=他是大户。以前的事情不太清楚，四五十岁的时候就任。

张文会呢？=没有土地。在北京的绸缎庄工作过，回村后 50 岁的时候做村副。

李永玉呢？=以前是农民。40 多岁的时候就任。31 亩。

现在 30 亩算多吗？=是的。

禹国恩呢？=在南关（良乡县）的饮食店里做服务生。十几亩土地，40 岁做了村副。

【甲长的资格】以前的 4 名甲长是谁？=第一甲长郭儒。第二甲长裴振玉。第三甲长李永玉。第四甲长禹铎。

第四甲长不是赵显章吗？=禹觉得工作很烦就辞职了，之后是赵。禹有 30 亩地。

新七甲长呢？=第一甲长郭仲奎（郭儒的儿子），23 岁，有妻， 8 亩。

第二甲长禹连（禹国恩的儿子），20 岁，无妻， 20 亩。

第三甲长郭仲生（郭宽的儿子），19 岁，无妻， 70 亩。

第四甲长李荣（李永玉的儿子），28 岁，有妻。

第五甲长赵祥（赵永和的儿子），27 岁，有妻， 十几亩。

第六甲长惠振，28 岁，有妻，20 多亩。

第七甲长禹铎，38 岁，有妻，30 多亩

【董事】民国初年做董事的赵祥云的土地多吗？=他在北京良乡经营首饰楼赚了钱买了 2 顷土地。不做买卖的话买不了土地。他的孩子楷、权、春、棠。权是城里的校长。春和棠是外出务工的。赵楷现在有 20 亩土地，但有上千元的借款。

本村借钱的人多吗？ =多。我（李永玉）借了2000元以上。女儿的结婚和母亲的葬礼要花钱，所以借了钱。抵押了10亩地来借钱。

【同姓和同族】本村的李姓都是同族吗？ =是的。

郭姓呢？ =同族。

贾姓呢？ =同族。

禹姓呢？ =同族。

张姓呢？ =不是。张文会的三兄弟三家是同族，张顺不是。

赵姓呢？ =三户的家族都不同。

徐姓呢？ =只有一户。

杨姓呢？ =都是同族。

刘姓呢？ =只有南枚一户。

国姓呢？ =只有两兄弟。

王姓呢？ =五户中分成三户和两户。

裴姓呢？ =同族。

1942年10月

（华北农村惯行调查资料第93辑）

村落篇第12号　河北省良乡县吴店村

调查员　旗田巍

翻　译　刘国芳

10月17日

庙的祭神　信仰

应答者　赵显章

地　点　吴店村的关帝庙

【关帝庙】这庙以前有和尚吗？=一直没有。

什么时候建成的？=百年前。

和村子比哪个比较老？=村子老。

关帝庙和五道庙哪个比较老？=差不多。

【五道庙——土地庙】五道庙也叫土地庙吗？=叫。

那时候的土地是什么意思，是叫土地的神仙吗？=七圣中有一位土地爷。

【土地爷】是因为有土地爷才叫土地庙的吗？=是的。

土地爷是做什么的神仙？=管理村民的生老病死和其他。

什么时候拜土地爷？=六月二十四烧香上供。

除此之外呢？=没有了，有人死的时候烧香。

有人死的时候要给土地庙的7个神仙烧香吗？还是只给土地爷烧香？=只给土地爷。

六月二十四呢？=全部的村民给全部的神仙烧香。

土地爷是死了人的时候拜的神仙吗？=是的。活着的人做官，土地爷是阴间的官。

平常也把土地爷叫阴间的官吗？=不叫。叫土地爷。

拜了土地爷田地会变好吗？=和田没关系。那是别的神仙。

什么神仙？=青苗、虫王、马王等。

土地庙和关帝庙，哪个地位高？=关帝庙。土地爷只是管村，关帝是伟人，不仅仅管村的事情。关帝不仅仅是村的神仙。

【土地庙的祭神】土地庙中的神仙都有谁？＝也叫七圣神祠，有土地、马王、虫王、青苗、龙王、关公、火神。青苗也叫“八煞神”。

谁地位最高？＝关公。

接着呢？＝关公在中间，其他都在左右。其他神仙没有高低之分。

村里的人拜最多的是那个神仙？＝关公。

八煞是什么？＝不太清楚。村里的人不供奉青苗，就会长虫。好像那就叫“八煞”。

【城隍庙和土地庙】土地庙和城隍庙有什么关系吗？＝城隍庙在土地庙之上。人死了后要在阴间裁判，城隍庙告知土地爷，土地爷把魂招来。和阳间的官府是一样的。

你信吗？＝当然。

做了坏事会被裁判吗？＝当然。村民做了坏事，土地爷会告诉城隍庙。

城隍庙的哪位神仙做裁判？＝城隍。相当于县知县的神仙。

【土地爷】被土地爷讨厌了会很麻烦吗？＝当然。做了坏事但没有死的时候，土地爷因为害怕那个人所以没有来叫他，有那样的人。也有很辛苦但是又怎么都死不了的人，就会说为什么土地爷不来叫自己呢？

土地爷过来叫魂，人就会死吗？＝当然。

不做坏事也会来叫吗？＝是的。

土地庙里写着的“你也来了”是什么意思？＝那时土地爷的话，劝诫做了坏事的人，

“你也来了”，是什么时候讲的话？＝土地爷管理村民，做了坏事的时候，就算那个人不知道土地爷也会知道。死的时候，土地爷就会说“你也来了”，那个人就会很害怕。所以活着的人看到那句话也会很害怕，不敢做坏事。

坏事指的是什么？＝第一是不尽孝的人。打父母的人。还有骗人的人。但那不是什么大事。那种人看了“你也来了”之后会后悔。

“你也来了”是每年都写的吗？＝是的。

什么时候写？＝新年。

谁写？＝郭宽。

是甲长吗？＝不是。老办公的。

他有做过村长吗？＝有。

“你也来了”下面会署公议会的名吗？＝不会。

做了坏事，死的时候土地爷会说“你也来了”，村民们信吗？＝信。

因为做了坏事，活着的时候会受到土地爷的惩罚，有这样的说法吗？＝也有。先在城隍庙裁判后再投胎的说法也有。

患病或者事故死了，土地爷来叫魂，会有什么不同吗？＝现世现报，因为做了坏事土地爷才会来叫魂的。

不做坏事也会死吧。＝有。今生（现世）没有做坏事，但是因为前生（前世）做了坏事。

什么坏事都没做，高寿死去呢？＝天给的寿命已经到期了。

土地爷也会来叫魂吗？ =是的。

做了坏事的人下辈子不能做人了吗？ =当然，做骡子等。

【神罚】做了坏事，在活着的时候会受到惩罚吗？ =会。死的时候不会被带去阴曹地府，但是会患上搭背疮等病。

是哪个神仙给的惩罚？ =阴曹地府的官衙做的，不是什么神仙。

不是土地爷吗？ =不是。

做了什么坏事才会得搭背疮等病？ =懒惰的话，不让你在阴曹地府享乐，就让你生这种病受苦。

不孝顺的时候也会得病吗？ =当然。

受罚的人要到哪里去谢罪？ =就算自己后悔，阴曹地府也不会原谅。

那时候会向神仙谢罪吗？ =受罚是理所当然的，祈祷也没用。只有注意以后不要做坏事。

什么时候去药王庙祭拜？ =祈祷病愈的时候。

患病也是因为做了坏事吗？ =不是。不做坏事也有可能会患病。

患病也是因为上辈子做了坏事吗？ =小病的话没关系。上辈子做了坏事会得重病。例如突然手脚骨折了（教员郭伯衡来了坐在赵显章的旁边。但他好像不太信庙，而且因为知识很丰富，让信庙的赵显章难以回答）。

【土地爷的转职】有关于土地庙的传说吗？ =没有传说，但是说到迷信的话，听说土地爷不是固定的神仙，有时会转职到别的村去。

什么时候转职？ =那是神仙的事情，什么时候转职我们怎么会知道？

【祈愿】向土地爷祈愿会有好处吗？ =希望有好处的话要到大的庙去。

这村子的人到哪座庙去？ =这关帝庙。

来关帝庙是为了得到什么好处？ =病愈，在远方的家人平安。这些都是迷信。

不祈求赚钱吗？ =也有那样的人不过很少。那是财迷。神不过是泥偶，给不了什么好处，自己不工作什么都没有。

会祈求作物收成好吗？ =向青苗神祈祷（让郭教员退席）。

【土地庙】这附近的村都有土地庙吗？ =有。

没土地庙的村呢？ =没有。

土地庙里没有供奉土地爷，有这样的庙吗？ =没有。都供奉土地爷。

因为供奉土地爷所以叫土地庙吗？ =是的。

生了孩子后不去土地庙吗？ =不去。

【娘娘庙】去别的庙吗？ =去娘娘庙。

本村人呢？ =关帝庙里供奉着娘娘。

城里有在娘娘之上的神仙吗？ =娘娘是独立的神仙。

生孩子的时候一定要去拜娘娘吗？ =是的，为了孩子能够健康成长生后一个月去拜。

【关帝庙】城里有和关帝庙是上下关系的庙吗？ =没有。

和城隍庙没有关系吗？ =没有。

村民们为什么来关帝庙祭拜？＝因为关羽是伟人。

是因为拜关羽会有好处才来的吗？＝只是因为敬重关公的为人，不是以获得好处为目的。

会有人在六月二十四之外到关帝庙祭拜吗？＝有的。会在每月的一日和十五日到关帝庙祭拜。

那是为了祈求什么？＝上供求平安。

会有很多人来吗？＝不一定。

会来很多病人及其家属吗？＝少。

那些人一定会来吗？＝一定会来。

家里谁生病了，会来祈求病愈吗？＝会有。

拜哪个神仙？＝关公。

【家里的祭神】你家里供奉着哪个神仙？＝关羽、灶王爷、天地爷（老天爷）。

天地爷是什么神？＝在天上管理风和雨，让作物好好生长的神仙。

什么时候拜？＝新年、每月的一日和十五日。

祈求什么？＝也不是为了祈求什么，但一定要烧线香。

不祈求作物长好吗？＝求。

什么时候拜灶王爷？＝新年。腊月二十三到新年为止。

庙里没有天地爷和灶王爷吗？＝没有。

庙里的关公和家里的关公，哪个比较伟大？＝一样。

天地爷会惩罚人吗？＝不会。

灶王爷呢？＝和这个没关系。

关公呢？＝没关系。

土地爷呢？＝有关系。

在关帝庙里不能这样做，有这样的规定吗？＝没有特别规定。不准小便。不能带死人进来。

土地庙呢？＝和关帝庙一样。

【关公的诞辰】今年，六月二十四人们聚到关帝庙了吗？＝聚了。

一起吃饭吗？＝小麦粉太贵了没有吃饭，只是烧香上供。

村民都来了吗？＝男的女的孩子们全部都来叩头。

李家坟的人也来吗？＝来，从前就是本村人。

六月二十四是什么日子？＝关公的诞辰。

那时候会商量看青的事宜吗？＝拜祭完了后再商量。

【庙地】有多少亩庙地？＝五六亩。老道在耕。

那五六亩土地要交田赋吗？＝老道不用出，村民出。

大乡的亩捐呢？＝村民出。

村的摊款呢？＝不用。

那算是谁的土地？＝没有所有者。是全体村民出钱买的。

有地券吗？=有。村的办公的人保管，谁都能看。

地券是以谁的名义？=写着“吴店村大家公共”。

是参议保管吗？=不是。保长禹国恩保管。

五道庙的土地呢？=两亩。也是公共的。

也是老道在耕吗？=种不出作物所以放着。

老道耕地的收入归老道所有吗？=当然。但那也不够生活。

【公共器具】这些新桌子是什么时候做的？=民国三十年十一月三十日。村民合资把村里的树砍了请木匠做的。

做什么用的？=结婚、葬礼的时候借去用。

借的时候要先和谁说吗？=和老道说。

其他村的人也来借吗？=不来。来了也不借。

做这个要花多少钱？=做了八场，花了70元。

全部钱都是村民出的吗？=不是。钱多的人多出，钱少的人少出。

各人随意出吗？=是的。没有钱的人可以不出。

会做账面吗？=当然。

账面的封面写着什么？=写着公共账。

由谁拿着去？=没有规定。甲长、参议委员、颜役轮流拿去。

一个人吗？=不是一个人，很多人一起去。

其中有一个负责人吗？=写字的先生。

郭桐先生吗？=是的。

【公议会】那些桌子上写着的公议会，翻译过来是？=公议会的含义并不是那么明确，有事的时候村民们聚到一起商量。因为做桌子的时候也聚到一起商量集资，所以写上公议会。

应答者　郭权（伯衡）

（郭权是小学教师。因为学校放假，回到家人所在的村子里。和普通村民不同，是个理智的人。他认为庙和神全都是迷信）

【公议会】公议会是什么？=村民聚到一起商量。

公会呢？=村公所。

会呢？=不说“会”。

现在有公会吗？=没有。

公议会是什么时候开始有的？=很久以前。成立年代不明。

是应县的命令成立的？=不是。是村民间产生的。

其他村也有吗？=应该有的地方没有。

【公钱】你知道公钱吗？=村民共用的钱吧。但是不怎么听到这种说法。

本村有吗？=没有。

应答者　郭仲奎

【看青、罚规】你今年看青了吗？ =看了。

对于偷作物的人的处罚规则，写在纸上贴出来了吗？ =今年本村没有做。孟家洼的乡公所做了，乡公所的人拿来贴了。

各村都有看青吗？ =是的。

纸上写的内容 =

> 禁止偷盗禾稼如有偷者重罚不贷
>
> 禁—偷玉米一根罚洋两元
>
> 止—偷高粱每穗罚洋两元
>
> 偷—偷谷黍每穗罚洋一元
>
> 盗—偷豆子量物所罚
>
> 孟家洼乡乡公所
>
> 中华民国　年　月　日

10月19日

神罚、罪　中人

应答者　赵显章

地　点　吴店村的关帝庙

【佛爷、神仙】庙里的神叫什么？ =佛爷或者神仙。

佛爷和神仙是一样的吗？ =一样。

关帝呢？ =关老爷。不叫佛爷或者神仙。

土地爷呢？ =叫土地爷或者神仙。

青苗呢？ =叫青苗神。不叫神仙或者佛爷。

龙王呢？ =叫龙王。不知道本尊的都叫神仙。

佛爷和神仙不一样吗？ =不一样。

村民是怎么认为的？ =觉得是一样的。

【神罚】庙里的神有施加过惩罚吗？ =没有，是传说。

有关于这村子的庙的传说吗？ =没有。

斥责小孩的时候会说“要被老天惩罚的”吗？ =不会。

斥责的时候都说些什么，日本会说“会遭到神的惩罚”。 =想吃东西的时候会说“吃了会生病死掉”。不说受神罚。

【不孝】不孝顺体现在哪些不好的方面？ =拿走孩子工作赚回来的钱，不养父母就是不孝。最可恶的是殴打、辱骂父母。但现在没有。以前有过。村里的有名望的人会忠告孩子们。孩子们不听的话会被带到官公厅（县公署）去。

不听父母话的孩子，会带到土地庙去骂吗？ =不会。

村里的人很敬畏土地庙吗？ =做了坏事的人会很怕，没做的就不怕。

做了坏事的人怕关帝庙吗？ =不怕。关公和这没关系。

【对盗窃作物的人的处分】捉到了偷作物的人要带到哪里去？ =二队。

二队是？ =城内保卫团二队。

不会带到庙里去惩罚吗？ =偷得多会被带到二队去，少的时候会带到庙里去，村里的中间人会出来处罚。是其他村的人偷的话一定要带到二队去。本村人的话会从轻处罚，让小偷振作起来。

会打他吗？ =不会。

【罪】村里的犯罪，最严重的是？ =偷东西、放火。但是本村没有那样的。

没有强奸吗？ =没有。

通奸呢？ =应该算但是现在没有。

是坏事吗？ =坏到极点了。

如果发生了会怎么办？ =如果发生了应该会被捉到官公厅去。因为会保密所以不清楚。但被知道了的话就不能在村里住。

谁带过去？ =村里办公的。

从来没有过那样的事吗？ =没有。

如果强奸了会怎么办？ =带去官公厅。但是那种事只会在大村发生，小村只有几十户，不可能发生。

如果发生了的话会被赶出村吗？ =会。

不孝和通奸哪个比较严重？ =不孝是最严重的。通奸会被保密一般不太清楚，所以比不孝会轻一点。

不孝顺的人还能住在村里吗？ =带到县公署去入狱。坐几年牢放出来后看他有没有悔改，不悔改的话再入狱直到死也不放。

是殴打父母的时候吗？ =打、推倒和踢的时候。

说坏话呢？ =办公的会来劝解。听了劝告就好了。不听的时候办公的可以打他。

【中介人】办公的也叫说合人吗？ =“排解人”，或者“排解理由的”。

中间人是？ =情况不同，所以不这么说。在打架、吵架的时候出来的人叫“说合人”。

土地买卖的中介也叫说合人吗？ =是的。

一般都这么叫？ =叫“说地的”。签合同时候的叫“保人”。

借钱时候的中介是？ =“说合人”。

伙种时候的中介是？ = “说合人”。也有说“中人”“来人”“保人”“证人”“中间人”等。

结婚的时候呢？ = “媒人”“媒妁人”。

不叫说合人吗？ = 不叫。

从其他村搬到本村来的时候，介绍的人叫？ = “介绍人”。

不叫说合人吗？ = 不叫，叫“介绍人”。

【借款的中证人】你现在是做借钱的吗？ = 是的。

有证书吗？ = 没有。

有说合人吗？ = 没有。

中人呢？ = 没有。

你是直接和对方谈的话？ = 是的。信用。

一般来说凭信用的多还是不凭信用的多？ = 凭信用的很少。写凭证的多。

写凭证的时候没有说合人或中人吗？ = 一定要有“中证人”。

说合人呢？ = 和中证人是一样的。如果不还的话，债主会告诉中证人。

债主可以不告诉中证人自己去催吗？ = 不用直接去催，告诉中证人就可以了。就算去催那人也会说“找不着我”。

实际上有那样的情况吗？ = 没有。还钱的时候，借方、债主、中人会聚到一起，通过中人返还。

借方不还的话中人会垫付吗？ = 应该要垫付，但是很少见。中人会和两方周旋，劝债主延期，劝借方早点还。

那样也不还呢？ = 那时候中人就要还。

那时候中人和借方之间会写证书吗？ = 会从债主那里拿到原来的证书，所以不用再写。

那时候中人可以直接催借方吗？ = 可以直接交涉。借方还不了钱就要中人还，中人拿着证书。

债主在期限内因为有急事可以催促吗？ = 可以。

也要通过中人吗？ = 是的。

中人可以阻止吗？ = 不可以。借方要向其他人借来还。如果债主真想要，即使在期限内也没办法。

合同写着两年，在一年内催还也是可以的吗？ = 可以。

有过这样的情况吗？ = 有。债主需要钱的时候就会催。也有借方拿不出钱来的情况。

那样会发生纠纷吗？ = 有，但是很少。

发生纠纷的话怎么办？ = 有人出来调解。

是中人吗？ = 不仅仅是中人。谁都可以。

一般都是中人来调解吗？ = 中人不在其他人也可以。

中人不在的时候，债主可以直接去催吗？ = 可以。但是很多时候会导致吵架，吵架的时候会让别人来。

那不叫说合人吗？ =不是中人，叫“说合人”或者“排解人”。

中人不在的时候，有债主会直接到借方的家里拿东西抵钱吗？ =没有。

那是不可以的吗？ =是的。

中人在的时候，债主可以直接催促吗？ =和中人说会比较好。

通过中人也不能办妥的话，债主可以找别的人和借方交涉吗？ =有过。

那人叫什么人？ =“中人”或者“说合人”。

有借方会找别的人和债主谈吗？ =有，可以。

那人叫？ =“说合人”。

这样的情况很少吧？ =少。

中人会站在借方或者债主的某一方吗？ =不会站在任何一方。

中人是由借方选定的吗？ =是的。

债主可以拒绝那个中人吗？ =可以。

那么债主可以指定中人吗？ =可以。债主不想借的时候不会直接拒绝，就会说让谁谁谁做中人吧。借方就会去拜托那个人，但是那个人怎么说都不肯做，结局就借不到了。

本村人向城里的人借钱的时候，本村人会做中人吗？ =由本村人认识的城里的人做中人。

城里的人有做过中人吗？ =有。

哪一方比较多？ =本村人做中人的情况比较多。

本村人中有谁是经常做的吗？ =不一定。我做得比较多。

现在也是吗？ =是的。我也被别人拜托了，所以也在做中人。

徐和你是什么关系？ =关系好的邻居。

城里的人呢？ =后家的老太太，高王氏，和她比较熟。

你经常做中人是因为你讲信用吗？ =是的。

穷人可以做中人吗？ =也有，但是借的金额会很少。10 元或者 20 元。

有钱人经常做中人吗？ =也可以这么说。

【同族、村民的土地先买】卖土地的时候要和人商量吗？ =家里的人。有父母的就和父母，还有妻子。

此外呢？ =家族的人同意的话也可以不和其他人商量。

会和同族的人商量吗？ =有同族的会商量。

是商量可以不可以卖吗？ =不是，是说你买不买，不买的话我卖给别人。

那时候要中人吗？ =一定要有。

同族之后，是要和本村人说吗？ =同族的人不买的时候和本村人说。

在和本村人说之前可以先和外村人说吗？ =可以。

同样的价格的话，是卖给本村人还是外村人？ =卖给本村人。

如果外村的稍微高一点呢？ =10 元以下的话卖给本村人。

如果本村人先说了 100 元买下，但后来外村人说 120 元买下的话，卖给谁？ =外村人。

如果同族的人先说了100元买下，但后来外村人说120元买下的话，卖给谁？=同族的人。

便宜也卖吗？=是的。有时候同族的人会花120元买下。

如果卖给其他姓的呢？=那种情况非常少。

如果本村人和外村人出一样的钱，卖给了外村人，那会怎么样？=要卖给本村人。即使和外村人签了合同，只要钱还没交，就要毁约卖给本村人。

如果交了钱呢？=那没办法。

那样的话会被卖方说坏话吗？=那没办法，也不能说什么。

会被憎恨吧？=会被抱怨为什么不卖给本村人。

【土地买卖的说合人、中人】会被中人抱怨吗？=不会，会被卖方抱怨。

中人也会被抱怨吗？=中人没有做错。

什么样的人做中人？=不一定。

大体上是什么人？=谁都可以。我也做了。

穷人也可以吗？=可以，是好人就可以。

有不能做中人的人吗？=有。不识字的人，不懂道理的人，恶人。

恶人是？=不讲理的人。

年轻人或者女性呢？=年轻人可以，女性不可以。

合同上怎么写？=中间人、中保人、中人。

不写说合人吗？=不写。

说合人可以做中人吗？=当然。其他人没必要做中人。

签了合同没有交钱的时候，发现亩数不够那怎么办？=少给点钱。

买方可以随意少给吗？=不可以强买强卖。

也可以不买吗？=可以。

也要和中人说吗？=买方告诉中人。

买方可以直接告诉卖方吗？=可以。

一般是和谁说？=中人。

强买强卖是什么？=土地不够的时候，买方会和中人说“我不会强买”，卖方说“我也不会强卖”，买卖就不成立了。

花了每亩100元的价钱买地之后，发现土地不够，可以把钱要回来吗？=中人会说已经交钱了，钱拿不回来。

那买方就会吃亏了？=是的。会给面子，中人不追究。

不会发生纠纷吗？=不会。

中人的工作就是不让那样的事情发生吗？=是的。

不听中人的话，有买方会直接找卖方交涉吗？=没有。

【伙种的中人】伙种的时候也有中人吗？=有。

做什么的？=分粮的时候中人出来负责。

你的伙种也有中人吗？=一般是有中人的，但是我没有。听地主的话。

想做佃户的人要拜托中人和地主讲吗？ =也有，也有不用中人直接和地主讲的。

规定了一亩5斗的时候，交5斗的时候中人也要跟着去吗？ =不去。

如果不交的话地主会催中人吗？ =收成好但是不交的时候会催中人，收成不好的时候就不管了。

不直接催佃户吗？ =不会，会和佃户说。

那时候要怎么做？ =会让别人做佃户，不给他做了。

地主会要中人拿5斗过去吗？ =没有人不交分粮。

如果不交的话后果会很严重吗？ =能交但是不交的时候会被说黑心。那样的人在村里没有伙伴。

民国二十八年的时候发洪水应该交不了了，地租怎么办？ =地主不追究，颗粒不拿。

后来不补交也行吗？ =可以。

如果因为生病交不起地租那怎么办？ =和地主说清楚，第二年交。一般来说借钱也要把地租交了。

会让中人告诉地主吗？ =直接说。

怎样的人可以做伙种的中人？ =谁都可以。

穷人也可以吗？ =是好人就可以。不识字也可以。

做中人的人里面办公的会比较多吗？ =是的。

有没交地租的人的话，办公的会说吗？ =中人会说，和其他人没关系。

本村的伙种的中人里面，本村人多还是城里人多？ =都有。城里的地主也有特意让村民做中人的。本村的人比较多。

伙种、借款、土地买卖，和办公的没关系吗？ =拜托办公的做中人的时候才有关系，此外就没关系。

【取回被偷的作物】作物被偷的事情有过吗？ =没有。

如果被偷了，受害人可以打小偷吗？ =不可以，要把小偷带到看青的那里去。

可以拿回被偷的东西吗？ =可以。

晚上被偷了东西，第二天觉得某人像小偷，可以到他家去拿回来吗？ =要和看青的一起去。

可以自己去吗？ =不可以。

有过那样的情况吗？ =没有，搞错的话就麻烦了。

【打官司】很讨厌打官司吗？ =是的。

为什么？ =双方关系会恶化，而且还要花钱。

有打过官司吗？ =没有。

【村界的变更】在村东边的往北京的道路，是以前就有的吗？ =不是，没有很久。

那条路是本村的土地吗？ =是的。

是由本村的看青的看守吗？ =是的。

没有道路的时候，道路的那头也要看守吗？ =是的。

因为有了道路村的土地就变窄了？ =在路的这边也有对面村的土地，所以没怎么变。

10月20日

周口店五胜庙的奉公碑

【周口店视察记】冒着寒风和黄沙到周口店的古人类遗址参观，接着顺路到周口店村拜访。附近有很多石头，家里面很多地方都用到了石头。很多村民从以前开始就切割、石烧、搬运石灰岩。村里有五圣庙。庙已经荒废了，看不到修整的痕迹。庙前有唱戏的台子，那也很久没有用了。据村民所说，五圣庙里供奉着药王、药圣（两位神仙是兄弟）、龙王、虫王、马王五位神仙。庙里有高一间，宽三尺的石碑，表面刻有碑的来历，背面刻着立碑的时间和捐赠者的名字。表面的全文如下：

奉公碑记

大清道光九年岁次己丑八月谷旦周口店合邨人为常虞廷李瑞堂姜秀钟立奉公碑记

周口店古邨也自周初以来饮和食德以享太平之福几于二百余年矣曾未有虑及差徭之事盖以我朝政清法简不必虑耳不知此正邨居之先务也夫法久而滋弊政久而益繁法弊再因以歉岁而人不堪其苦矣自古皆然况我邨自嘉庆庚午山水张发沿河地亩全被冲坏以牛驴骡马为业者有减无增因此邨景寥落公旬之令邨人皆以遮掩为计故贫者任其重富者任其轻鳏寡孤独者受其累我辈谁能为计乎自常虞廷迁居此邨始设调济之法而一邨之力稍舒尤以为非久远之图因与李瑞堂姜秀钟商议捐钱四百千计一年之利息可敷一年之差务着村中公正诚朴能办事者理此事规模初定而厰有序者亦去图始之难一至此乎虞廷因奖之曰人少则易为谋财多则功德大五人为主可谓众矣遂同心如一捐钱四百千以襄此事焉夫此事谋于七月念日成于八月之日善事之成未有如此之速也丁是五人自立规矩二条为办事人立规矩六条为村中立规矩四条以为永远勿坏之基此事虽我邨之创立亦顺天合属中第一善举也不惟行与一时并行于后世有来取法者也乡亦被此惠焉自今以后合邨不闻吏胥之追呼永免差徭之烦扰我辈亲见其事而子孙亦沐此恩因被之金石以垂不朽

虞廷常九成瑞堂李祥泰秀钟姜俊　　三人捐钱四百千

霁轩姜尚明捐钱一百千

尚德常宗适　　捐钱一百五十千

五人自立规矩二条

一自今以后不准因恃此事言语侵陵挟制乡人犯者罚钱一百吊以备村中唱戏公用

一倘后世子孙有不肖者不准撤出此项钱文以碑为证

为办事人谢德新常愧王兴于成名立规矩六条

一办事者係此事始终倚赖之人须认真办事不准互相推诿以误村中公事

一凡借出之钱于每月取利外至六月初一日须扫数清还不准过期与

一善首五人办事四人不准浮借与外人同例

一办事四人须凡事商量不准偏视自作

一凡借贷须有文契保人无者不准

一每年办公事后须将出入原存开告以示无私

为村中立规矩四条

一办事四位係村中公请之人皆有食办公有事须着人代为办理不虞着人以补其缺以昭慎重

一村中人不准私自翻阅帐目妄加评论使办事人滞碍难行

一村中人不准无文约保人私向办事人借贷

一倘借贷之家故意塌欠保人故意支舞合村人一闻知会须齐行出力催讨莫误办差

以上规矩皆为久远而设愿各自尊禀铭心勿忘可也（1 行文字不明）本邑禀膳生员兰台御史董玉栋题额选文并书丹

根据与村民的谈话，每年 7 月 1 日村里的老先生、村长都把村民聚到庙里把以上的规矩读给他们听。但是如碑文所写的借贷的事项早就已经不实行了，村民已经没有相关的记忆。

10 月 21 日

中人

应答者　郭永才

地　点　郭永才家

您多大年纪了？ =54 岁。

家人呢？ =8 人（男 4 人、女 4 人）。

以前就从事农业吗？ =以前在北京做首饰匠人。小的时候去的，在北京 40 年。但是眼睛不好使了在事变之前回到村子来从事农业。

现在，家里有谁在外面吗？ =一人（长子）在城里的联合社里做佃户和服务生。

【租佃的中人】你在耕多少亩田地？ =自己有 6 亩。从别人那里租了 3 亩半进行伙种。那叫“分粮地”。

谁的土地？ =城内的姓吴的土地。

从以前就租着？ =今年开始。

用什么支付给吴？ =玉米。

一亩多少？ =一亩 5 斗。

那叫什么？ =种地交粮。

交了吗？ =还没有。

什么时候交？ =9 月 1 日前后。早一点或晚一点都行。

从吴那里租土地的时候有介绍人吗？ =有。

谁？＝侄子郭树（本村人）。

也叫中人吗？＝也叫中人。也可以叫“来人”。

不叫说合人吗？＝一般叫来人。

有合同吗？＝不用。如果交不了粮，伙种会被取消。

如果你不交的话郭树会交吗？＝来人不用交。必须自己交。

来人不会垫付吗？＝有。因为生病交不了的时候，但是很少。

郭树经常做来人吗？＝不是。不怎么做。

什么人都能做来人吗？＝没有规定。地主的儿子（地东）和种地人的儿子两方的都认识的人，没有职业做来人的人。

郭树和吴是什么关系？＝吴和郭树的同族的人在城内的一个院子里住。郭树经常帮同族的人做事所以认识了吴。

什么关系的同族？＝叔伯兄弟。

那个人是本村人吗？＝本村人。

姓名呢？＝郭宽。

家人在村里吗？＝事变后年轻人都搬到城内了，把家人留在村里。郭宽的姐姐在城里，借住在吴老太太的家里。一个人耕7亩地。

郭宽是有权力的人吗？＝不是。只是家里人少，土地多，不愁吃而已。

他不是中人吗？＝不是。

他没有和吴谈话吗？＝什么都没说，我拜托树，树跟吴说。

郭宽是办公人吗？＝不是。以前也没有做过办公。

做了什么？＝农事。

做来人的郭树有什么责任？＝我没有交的时候替我交。

还有别的责任吗？＝地主保存着地券。佃户没有做错什么，中人就没有任何责任。

如果做了约定，地主不让他耕，来人会抱怨地主吗？＝地主说不租那也没办法。中人不会说什么。

有约定但是地主取消了，有过这样的事情吗？＝有。那是看地主的心情，没办法。那时候只能找别的伙种地。

中人会拜托村里有权力的人和地主交涉吗？＝没必要。种地人的儿子委托中人。

种地人的儿子会拜托有权力的人吗？＝不会。地主说了不租就只能放弃了。

种地人的儿子会直接拜托地主吗？＝不会。

种地人的儿子不交的时候，地主会直接催促吗？＝也会直接说，也有跟中人说的，和中人说的情况比较多。

村民会从村民那里租土地吗？＝有。

那时候会有来人吗？＝来人都要来。

也有地主取消之前约定的情况吗？＝有。例如交粮不足的时候会取消。

今年开始约定（后付的约定），有取消约定的吗？＝有。

村里也有吗？＝有。交粮的时候地主不喜欢的话，有可能马上就不让他做下年的伙种了。有交粮后马上取消的，也有到了春天之后取消的。

交粮之后没有被取消的话，来年可以继续伙种吗？ =当然。

不用再做约定吗？ =什么都不说。

不用再找中人吗？ =一般不再找。

有重新找的吗？ =没有。

取消伙种是因为种地人的儿子做错了什么吗？ =那是当然的。

有可能是因为想提高地租才取消的吗？ =有。

提高地租的时候地主要和来人说吗？ =当然。

直接说呢？ =也有，但是一般是和中人说。

中人会和地主说不要提高吗？ =可以说。

地主会听中人的话吗？ =一般都听。

地主想提高的时候，中人一般是把地主的想法传递给佃户，还是和地主交涉让他不要提高？ =不告诉佃户，和地主交涉。

地主不听中人话的时候怎么办？ =那是地主无理，中人会要求停止伙种。

中人不和佃户商量吗？ =有时会商量。

那时候中人会和村里有权力的人商量吗？ =很少。

有吗？ =没有。

地主取消伙种的时候，中人会反对并和地主交涉吗？ =租不租是地主的自由，反对不了。

会和有权力的人说吗？ =不会。

村里的伙种也是吗？ =是的。

中人能反对提高地租但是反对不了取消吗？ =是的。

反对提高地租，中人会和地主争吵吗？ =不会，中人是为了双方的。

佃户希望降低地租会拜托中人和地主交涉吗？ =不会。只有发生天灾的时候才会降低地租。

二十八年发大水的时候地租有变吗？ =往后每年交一点。但没有不用交。

像今年的旱灾也要交二十八年没交的部分吗？ =怎么也会收获一点，所以除了今年的份外，也必须交一点二十八年的份。

如果今年没有交二十八年的份，会被取消佃户吗？ =不会，但是会延期。

要和中人交涉吗？ =要。

地主会不允许吗？ =允许。

要给中人礼吗？ =不用，也不用请吃饭。

什么人可以做中人？谁都可以吗？ =谁都可以。也有想做的，也有不想做的。想做的人因为要为两方说合，所以希望能和双方亲近。口齿不清的人和不想将来有麻烦的人都不会想做。

想做的人和不想做的人，哪边多？ =不想做的人多。做中人很麻烦。

因为没有礼所以想做的人少吗？ =也不是。

因为想做中人的人比较少，所以做中人的人是固定的吗？ =伙种不是什么大事，所以谁做中人都可以。土地买卖是大事，要拜托村里有权力的，办公的，识字的人。

有人不能做伙种的中人吗？ =有。

怎样的人？ =不识字的人，说不了话的人，被人雇佣没有空的人。

没有信用的人呢？ =没有没信用的人。

穷人呢？ =穷人连自己的生活都顾不了，不会管别人。

要有多少的土地？ =不是土地的问题，符合条件就行。

村内的伙种，把城里的土地给本村人伙种，中人的资格会不同吗？ =不需要什么资格，都一样。

【土地买卖的中人】土地买卖的中人的任务重吗？ =重。如果不和兄弟说就卖了的话会严重，但是伙种的中人不用担心。

在土地买卖中成为中人的人一般是什么人？ =办公人，或者是办公的人。本村买卖很少。

现在办公的人是谁？ =村正张启伦、保长、甲长。名字不太清楚。

谁做说合？ =一样的。

不拜托办公的人，会有麻烦事吗？ =不拜托办公的人，私买私卖的话，办公的人不承认。以前谁都可以，现在不行。

不是参议可以拜托办公的人吗？ =办公的人的话可以，要让村长知道。

你可以做土地买卖的说合人吗？ =我经常要去北京，所以不会来拜托我。

为什么一定要告诉参议？ =土地买卖结束之后，后面发生什么事的时候参议可以做证人。

现在的参议很年轻，不说也行吧？ =要说。

只是在立合同的时候说吧，之前不用说都行吧？ =之前说。

卖方说还是买方说？ =双方。

在找卖方、买方之前和参议说吗？ =和参议说了会帮你找买方。现在规定了一定要和参议说。

是县里的规定吗？ =是的。

和参议说是因为找到了买方吧？ =在找之前。

什么时候开始有那样的规定？ =民国成立后。

是乡的规定还是村的约束？ =县的规定。

不和办公的人说就卖了土地会怎么样？ =不会的，不会有买方。

有为二十八年的大水感到困扰的人吗？ =当然。

有卖土地的人吗？ =没有。

吴店村的人把土地卖给了皇辛庄人，谁做说合人？ =卖方要向吴店村的村长报告，买方向皇辛庄的村长报告，双方的村长做说合人。

你在买外村的土地的时候，要先问吴店村的村长能不能吗？ =是的。那是规则。

买了之后再说可以吗？ =买之前。

村长有说过不能卖吗？ =没有。

对方是外村人也是一样的吗？ =一样。

卖了土地之后会被抱怨吗？ =会。

怎样的情况？ =在自家不知道的情况下卖的话，后面会被自家的人抱怨。

那样的话买卖会被取消吗？ =说合人会出来说合。可以重新卖给自己人。

给了钱之后，被抱怨的话可以重新再卖吗？ =卖方和自家人把一切都交给来人，让他帮忙和买方说合，重新买。

那个来人是原来的来人吗？ =是的。

有过这样的事情吗？ =没有。

【借款的中人】什么样的人可以做借款的中人，办公的人吗？ =谁都行。

穷人也可以吗？ =不正经的人不可以。

借款的时候被说坏话了会拜托有权力的人吗？ =不会，拜托中人。

不听中人的话，会被说坏话吗？ =都会听中人的话。

【少林会】有打拳的人吗？ =没有。

以前呢？ =没有。没有钱的话不会打拳。

有钱人是为了什么而打拳？ =为了锻炼身体。

皇辛庄里有吗？ =有二三十人。有少林会。

什么样的人？ =有有钱人也有农民。

为了什么而学？ =在新年正月十五出灯的时候打拳。

【村子的制约】会忠告偷懒不干农活的人吗？ =生活很艰苦，所以没有那样的人。

不工作的话会被罚，有这样的说法吗？ =没有。现在就算工作也很苦，所以没有不工作的人。

分家是好事还是坏事。 =不好。

有人希望不分家吗？ =分家的时候，村里的人会劝止。

那时候会听说合人的话吗？ =会听。

什么样的人可以做说合人？ =谁都可以。

办公的人可以吗？ =会更好。

老人可以吗？ =老人和年轻人是一样的。

去北京的人很多吧，出去时候要和办公的人说，获得谅解吗？ =没必要。

跟谁说？ =不说也行。

想在村里卖烧饼呢？ =自己随便。

建房子的时候呢？ =随便。如果在自己的土地上的话。

去北京的路上的两侧开店的话，怎么样？ =如果在自己的土地上的话没关系。

从外村的商人也能随便来吗？ =随便。

请外村人做长工的时候呢？ =随便。

雇主要把长工介绍给村民吗？ =不介绍。

皇辛庄的人在本村有自己的土地，在自己的土地上建房子呢？ =随便。

外村人租了本村人的房子搬过来住呢？ = 搬之前要和村长说，搬来之后再和村长说也行。

需要介绍人吗？ = 不用。让房东家和村长说。

本村人搬到外村去呢？ = 和村长说。

本村人的女儿嫁到外村去呢？ = 可以不告诉村长或办公的人。

从外村娶媳妇呢？ = 不说也可以。

本村人把土地给外村人伙种呢？ = 随便。

因为吵架打官司呢？ = 吵架的时候办公的人会出来仲裁。

谁做仲裁都可以吗？ = 办公的人做。其他人做仲裁也没用。

不是办公的人做仲裁的话，当事者不会听？ = 是的。

不听办公的人的仲裁，会被说坏话吗？ = 会。

叫大乡的亩捐的时候，如果一个人交不了的话，可以让别人分摊吗？ = 没有过。

那样会被甲长骂吗？ = 会。

10月23日

求雨　看青

应答者　禹铎

地　点　禹铎家

【求雨】今年求雨了吗？ = 五月二十几日的时候进行了两天，在庙里祭龙王。

下雨了吗？ = 二十八日下了。

给供品龙王了吗？ = 还没有。过了大秋后烧香上供。

不唱戏吗？ = 不唱。

会和其他村一起求雨吗？ = 只有吴店村。

会来汲水吗？ = 从关帝庙的井里汲。

谁来汲水？ = 参议。

用什么汲？ = 玻璃瓶。

是特制的瓶子吗？ = 什么都可以，能装水就行。

有各种求雨专用的道具吗？ = 没有。

从庙的井里汲不出水那该怎么办？ = 从浑河的玉皇庙汲水。

求雨的时候村民们有任务分配吗？ = 没有。

谁说要进行求雨的？ = 村民们商量。

开会了吗？ = 当然。聚在庙里。看庙的人去叫没来的人，大家聚到一起商量。

谁召集人来？ = 办公的人。

办公的人会提前就商量好吗？ = 会。

求雨要花钱吗？ = 只要线香和供品，不会花很多。谢秋的时候收获也结束了，去别的地方的人也回来了，所以要花钱买很多的供品。

【谢秋】每年都有谢秋吗？ = 不是，只在丰收的年里。歉收的年里只烧香叩头，不上供。

今年呢？ = 不一定。

谢秋的时候，给哪个神仙上供？ = 龙王。只给其他的神仙烧香。

青苗呢？ = 不上供。

有给青苗上供的吗？ = 没有。

谢秋的时候会有会餐吗？ = 大村会有，我们村是小村，又穷，没有会餐。

【求雨】求雨的时候会列队前进吗？ = 把龙王放在关帝庙的桌子上，用绳子拴好，用柳枝装饰，在桌子底下插两根棍子四个人抬。之后村民们就会列队，到每家每户去转一下。

抬桌子的人是固定的吗？ = 轮着抬，没有固定。

谁都可以吗？ = 谁都可以。

全村民都参加列队吗？ = 是的，全部男的、会走路的小孩。女性在家的门口等龙王来，来的时候要烧香所以女的不会去。

在抬龙王之前和之后都要在庙里烧香吗？ = 是的。

谁做代表？ = 村长。其他人叩头。

看庙呢？ = 打磬。

有不烧香的人吗？ = 没有。

附户呢？ = 也要烧香。

【看青】收获结束之后，别人可以拿剩在田里的东西吗？ = 不可以。

有白薯剩下的话可以捡吗？ = 不可以。拿了的人就是小偷。看青的会看守。

现在也在看青吗？ = 是的。

谁？ = 郭仲奎、赵显章、杨文成。

什么时候开始看青？ =7 月 1 日起。

是在六月二十四决定这 3 人看青吗？ = 是的。

看青的捉住了小偷之后，要怎么做？ = 交给张启伦。

今年又捉到小偷吗？ = 没有。因为有看青的，没有小偷。

如果没有看青的，会被偷吗？ = 会。

被偷了的话看青的要赔偿吗？ = 近年都没有小偷。甲长看守着十家，偷了会马上被发现。

那么不需要看青的吗？ = 最繁忙的时候被偷了可能也不会发现，所以有看青的会放心点。

有从别的村来偷东西的人吗？ = 不会来。走路来的途中可能会偷一两次，但是不会到田里偷。那也是些乞丐才拿的东西，没办法，普通人不能拿。

被拿走的话，看青的要赔偿吗？ = 不用。

【善单】禹铎的家里有善单，写下面那样的文字的纸。

善单

诸位先生见单得知山西武成县有一古庙十月初一日，有人听见庙内有说话之声音，说人民有大灾大难，佛心不安，玉帝传圣旨。善男信女们用白面做成佛像，转送一个免一身之灾，转送三个免一家之罪，转送七八个免一村之祸，如有见单不送者必有杀身之祸也。

这在村里多吗？＝不多。

你信这些吗？＝不得不信。

村民都知道吗？＝也有不知道的。

你有做过白面佛吗？＝有（禹有一尊别人送的用小麦粉做的小佛像）。

什么时候知道这善单的？＝今年春。

在哪里看到的？＝城内亲戚的家里。这是事变后谁知道了传写的东西。

看过的人有实行吗？＝当然。

白面佛在村里来往吗？＝当然。

有送过给外村的人吗？＝有，之前有从山东送来一条用小麦粉做的龙。本村也用小麦粉做了一条龙送到北京去。

（注：和看庙的谈话中得知，是因为从山东来的龙被老鼠吃掉了）

10月23日

摊款　中人　信仰

应答者　张友三

地　点　关帝庙

【摊款、劳役】知道按门户摊款吗？＝知道。

以前也有吗？＝没有。

现在呢？＝没有。

和按地亩摊款不一样吗？＝不同。

有什么不同？＝按地亩摊款是根据耕地收摊款的。按门户摊款是按户收的。

人多的家庭会多收吗？＝不知道。

大乡成立之前，在村里除了按地亩摊款之外，还有收什么钱吗？＝只有按地亩款。

事变前呢？＝一样。

琉璃河的公事要花村里的钱吧？ =是的。

花了多少？ =不清楚。

你出了多少钱？ =我没有出钱，去了做工。

去做了几天？ =10 亩的人值一班，我有 19 亩所以值两班。

村全体呢？ =40 多天。

一班多少天？ =7 天。

在耕本村土地的外村人也要出吗？ =外村人也要出。

也是 10 亩一班吗？ =是的。

本村人耕外村土地呢？ =从外村喊回来。

外村也是 10 亩一班吗？ =不一样。

听说那项公事花了很多钱，是吗？ =花了钱是事实，但钱是办公的人垫的，还没清算。

你没有出钱？ =还没有出。周口店的工事还没结束。

周口店的工事是什么时候开始的？ =阴历八月初十日开始。

每天多少人？ =开始是 20 人，现在是 32 人。

是加上后店村的人吗？ =是的。

只是本村的呢？ =开始是 10 人，现在是 16 人。

10 亩一班吗？ =按地亩 10 亩一班。

2 亩的人也是一班吗？ =是的。

那些人要捐东西吗？ =去不了的人给小米。

给多少？ =不清楚。

不去的人的份，由村里出吗？ =自己出自己的份儿。

你去了吗？ =去了。

去了多少天？ =一次。现在还没结束，根据日数出小米。

出多少小米？ =清算完了再出。

给谁？ =去的人。

谁去了？ =不知道请了谁。

这工事要花钱吗？ =当然。

谁出钱？ =办公事的人垫付。

在耕本村土地的外村人要出吗？ =当然。

那些人也在周口店吴店村的宿舍里住吗？ =当然。

一般也是那些人出钱吗？ =不是，本人出。

应答者　郭仲奎赵启张友三

【井】今年也用了大官井吗？ =用了。

浇多少亩地？ =20 亩的白薯地。倭瓜也有两三亩。

是你一个人的土地吗？ =几家的土地。

用水的人要出钱吗？ =不出。

要挖井的时候村民不出钱吗？ =不出。只出工人。

井水多吗？ =不够。

【租佃的中人】今年旱灾应该很麻烦吧？ =是的。

应该有交不起地租的人吗？ =有。

地主会因为那样取消租佃吗？ =也有。

那时候会和中人说让他去和地主交涉吗？ =也有。

村里的佃户商量后去拜托城里的地主，有过这样的吗？ =没有。

会拜托城里有权力的人让他们帮忙说吗？ =因为都是做自己的，不会管别人的事情。

村的办公的人会出面说话吗？ =不会。

地主要取消租佃的时候，中人会反对吗？ =那时候中人会说“再给我们一年，来年收成的时候再交。如果耕不了的话，今年的份都交不了了”。

说了地主就会宽容吗？ =不一定。

但是地主不听的时候会拜托别的人再去吗？ =不会。那时候地主会直接和佃户交涉。

村里的佃户，有因为没交地租而被取消租佃的吗？ =有。那和地主在城里的时候是一样的。有很多想耕的人。

郭先生在耕谁的土地，有多少？ =12亩禹镇的土地和8亩赵老太太的土地。

赵先生呢？ =董（住在城里的后家）的土地25亩还有赵老太太儿子春的土地12亩。

张先生呢？ =赵老太太（本村）的土地15亩。

张先生交了今年的地租了吗？ =只交了一点。

赵先生呢？ =交给赵老太太了。给禹的还没交。

赵先生呢？ =还没交。

是因为地租太高交不起吗？ =低一点的话还好。只出力的话，收成的一大半被拿走，怎么做都做不完。

今年交不了的话怎么办？ =来年交。如果地主不批准的时候，土地被没收也没办法。

拜托中人加把劲的话有可能等到来年再交吗？ =不可能。

中人搞不定的时候可以拜托其他有权力的人吗？ =拜托谁都不会成功，拜托中人以外的人都没用。

地主是村里的人的话，会宽容一下吗？ =一样没用。考虑到面子的话，有可能交一点剩下的等明年，也有可能不会宽容。

地主是本村人的话，村里办公的人帮忙说的话，会宽容一下吗？ =没用。

办公的人有出面说过吗？ =没有。

郭先生的中人呢？ =没有。

赵先生的中人呢？ =董的土地的中人是赵显章，赵春的土地没有中人。

张先生的中人呢？ =没有。

一般是没有中人吗？ =是的。

什么时候才需要中人？ =地主是外村人的时候。

没有中人但是要拜托延长地租的时候，是佃户直接说吗？ =是的。

会和谁一起去吗？ =没有。

张先生交得起全部地租吗？ =交得起，自己省着点。

赵先生呢？ =交得起。

郭先生呢？ =交得起。

但是交的话，还是会很困难吧？ =吃饭都困难。但是总会找办法。

三个人不会一起去拜托延期到明年吗？ =去了也没用，我（赵启）在二十八年水灾那年去拜托了也没用。

【摊款、劳役】你不会因为税太高而感到困扰吗？ =会。

税中最高的一项是？ =粮食税（买卖作物的税）。

乡的募捐呢？ =一亩1元20钱，没什么。

除此之外还有别的钱吗？ =没有别的大钱。

去做工人也会很困扰吗？ =当然。

青年训练呢？ =困扰得不得了。

打更呢？ =也很困扰。

会因为去做工人而影响到生活吗？ =当然。但那是命令没办法。像现在收获的时候也要去做。那样会导致田的工作延误。出去工作的人要吃饭又要花钱。

【旱灾】最困扰的是？ =没有食物。

为什么会没有？ =因为没有下雨。也有因为一直在玩耍没有工作而感到困扰的人。

下雨就不困扰了吗？ =作物的收成多了就好。但是如果一年都旱的话，后三年的生活会很困难。两年持续干旱的话，因为要交地租所以生活会很困苦。

下雨是最好的？ =当然。但是下多了也不好。

【龙王】把龙王装饰得更好看的话，就不会有像今年的旱灾了？ =下雨的话就会给龙王重新上漆，不下的话就不管了。不下雨说明龙王不灵，会让村民们很恼火。

今年没有重新上漆吗？ =是的。

在祈求之后不是下雨了吗？ =祈求的时候没有下，祈求的时候，“3天内下雨的话，就重新上漆，还给您做新衣服”，做了这样的约定。但是3天内没下，后来下了。

【青苗神】不向青苗神祈祷吗？ =青苗神和水没关系，只是保护青苗。

有向青苗神祈求过吗？ =青苗神是瞎的神仙。虽然他管理青苗但是看不见青苗。青苗长高了，青苗长得很好，这些话被青苗神听到了，害虫会来把作物吃光。今年高粱长得很高，刚刚夸完，话就传到青苗神的耳朵里。因此高粱就结不了穗了。夸奖了就会白费。

青苗神是不好的神仙吗？ =是的。但是也有好的地方。在青苗发芽的时候谁搞破坏了，把这件事告诉青苗神，那个人的身体就会动不了。因为手碰了青苗，所以手会动都动不了。玉米长到1尺的时候，把玉米割了导致其枯死的话，青苗神会让那个人动不了。

玉米长大了，会让糟蹋玉米的人受到惩罚吗？ =那和青苗神没关系。作物长大了就不是青苗了。青苗神只和青苗有关。

青苗神真的存在吗？ =存在。

会有向青苗神请求帮忙保护青苗的人吗？ = 没有。

明明知道青苗神会做坏事为什么还在庙里供奉他？没有不是更好吗？ = 虽说不要也行，你觉得会有人出来把某时候会出现的青苗神搬走吗？

【虫王】虫王是做什么的？ = 作物长得好的时候，害虫就会出来。一般是不会来的。虫王的工作就是不让作物长太好。

会向虫王祈祷吗？ = 会祈祷不要有害虫。

可以跟虫王说作物长得很好吗？ = 不可以，今年发生了很稀奇的事情，那是多亏了虫王的好事，害虫居然不吃作物反倒吃了路边的草，还有收成好的田一点都没有被糟蹋，收成不好的田的作物，叶都不剩地全被吃光了，今年的害虫非常多，满地都是。

有给虫王送礼吗？ = 新年的时候送礼。也有上供的人。

【马王】马王是做什么的？ = 只是让家畜不要死，不要生病，不会做什么坏事。

保护哪些家畜？ = 马、牛、骡、驴。

猪和羊呢？ = 没有关系。

【玉皇】龙王会作恶吗？ = 不会。龙王之上有玉皇爷，不允许龙王任意莽为。

玉皇是在青苗、马王、虫王之上的神仙吗？ = 不太清楚（郭仲奎说，都是玉皇管理的。作物长得太好了，虫王会向玉皇禀告，玉皇下命令派害虫去加害）。

作物收成好也未必好，收成好的话价格会很便宜百姓会很困扰，所以才会有害虫来？ = 不是。

那是为什么？ = 不知道。这是迷信，祖先传下来的。

是从谁那儿听回来的？ = 小的时候听老人说的。

张先生有和自己的孩子说过吗？ = 我（张友三）不会说，虫来吃作物的时候老人们会对小孩说神仙来了，长得太好的时候，不单单害虫会来，还有大风吹。

丰收的时候会有人告诉你们不要说吗？ = 老人会一边走一边讲告诫年轻人。

像我这样从外国来的人说丰收也会导致害虫来吗？ = 害虫来不来不一定。

别村的人呢？ = 不一定，这是迷信，作物长得好不好是天的主意，现在日本来管理中国人，如果双方的运气好的话作物就会有好收成。运气不好的话收成不好，那是天的主意没办法。

如果对有钱人怀恨在心，想破坏他们的作物，穷人们在周围喊丰收的话会有用吗？ = 没有。丰收的时候食物会变得便宜，能帮到有土地的人和没土地的人，收成好的时候可以将粮食借给没土地的人，收成不好的时候借不了。

村民会把食物借给说了丰收的人吗？ = 没有人会故意那样说的，如果想都没想就说了那也没办法，不会加罚。

孩子说了怎么样？ = 孩子什么都不懂，那也是没办法的。女人在家里，所以没有说那样的话的机会。

在家里说会有问题吗？ = 在家里说可以，不能在外面说。在家里说神仙也会听到，但是他们总是去别的地方，不一定在你说话的那个地方。

生了小孩的时候，会说生了个好孩子吗？ = 可以。

你的作物长得好的时候也不能赞吗？ =无论自己的作物有多好都不能赞，会赞别人的作物。村民碰面赞对方的作物长得好的时候，对方会说“没有什么大不了的”。

那时候害虫会来吗？ =不一定说了就会来，有时会来有时不会来。只是几年来一次。

政乱的时候害虫会来吗？ =不一定，非常乱的时候也有可能收成很好。

关公和作物无关吗？ =是的。

关公和玉皇呢？ =没关。

六月二十四的供品是给哪位神仙？ =全部的神仙，主要是给关公。

【盗窃作物的人的罚金】县里规定对偷作物的人的罚金做了规定，贴在村里了。根据所写的，不管偷的作物是什么，女的一律罚 3 元到 30 元，男的罚 5 元到 50 元。两人一起偷就算是掠夺，会被带到县去坐牢，三人一起偷会被判死刑。家畜践踏了吃了别人田里的作物，可以把那家畜给杀了。还可以向家畜的主人收取罚金。村里贴了像上面所说的处罚规则。根据作物的不同金额也不同。

10 月 24 日

看青　偷作物的人

应答者　乔树桢（大乡副乡长）

地　点　乡公所

【看青的罚规】今年的看青的是由大乡决定的吗？ =是的。村里的参议员雇用看青，把人名报告给村公所。土地每十亩一个人。

给看青的工钱是有乡公所出吗？ =村公所决定一个月 30 元（最多 35 元），钱由各村出。阴历七月十五日到阴历九月十五日两个月的时间。

对偷作物的人的处罚规则是由乡公所决定的吗？ =乡公所制定规则，报告给县。获得县的批准后再实行。文件如下所示。

良乡县模范编乡乡公所卷宗保安股
中华民国三十一年八月日起年月日止
关于偷盗青苗布告事项案卷第册字第号

良乡县模范编乡乡公所稿
来文字第号文别送达机关类别附件
事由为呈报本乡拟定盗窃青苗罚则七条恭请鉴核备案由
乡长乡副指导员主任中华民国三十一年
月日到所月日拟稿月日核签月日判行
　　月日缮写月日校对月日盖章月日封发

去文字第号档案字第号案奉

钧者电令以时届秋收青苗亟待看管凡各村耕地每足十顷者得雇用看青人夫一名其月薪以三十元为限雇用期间不得超过两个月并须拟定盗窃罚则呈送来署等因奉此遵即转饬各参议员照章雇用兹拟定盗窃青苗罚则七条除布告周外理合具文呈请

鉴核备案谨呈

良乡县知事陈

附呈盗窃青苗罚则一纸全冲高〇〇

中华民国三十一年八月日

为布告事查本年旱魃肆虐播种违时晚禾肖与虫灾又降此区区灾害之余实民食所关民命之所赖也现各种禾稼已届成熟凡我农民爱护有责本乡仰奉承

县令并绥屡年旧例派看青人夫随时看管兹制定罚约数条布告周知仰我农民谨恪遵守切勿贪图微利以身试法也至于看青人等职责似关均应昼夜从公不可怠惰将事关民食承勿忽视为要切切此布

计开盗窃青苗罚法

一　凡妇孺偷窃庄稼者得斟酌情形处以二元以上三十元以下之罚金

二　凡壮丁偷窃庄稼者得处以五元以上五十元以下之罚金

三　凡累犯前两条规定或于夜间行窃者得加倍处罚之

四　凡结伙行窃不论昼夜间均按扰乱秩序送交主管机关依法惩办

五　凡看青伕看守自盗者除得依第二条规定加倍处罚外并送交主管机关惩处

六　凡牧放牲畜践踏或窃食青苗者以盗窃论

七　本规则有效期间自八月十五日起至十月十五日止

乡长〇〇〇　　中华民国三十一年八月三十一日　　实贴〇〇〇

良乡县公署指令　民字第八二号　　令孟家洼乡乡公所

呈件为呈报本乡拟定盗窃青苗罚则七条请鉴核备案田

呈件均悉准如所拟办理仰即知照件存此令　　中华民国三十一年九月十四日

县知事　陈中和　　代行秘书　李法梦　　监印　魏庆云

【盗窃作物的人】有因为偷作物而被惩罚的人吗？＝有。

会按照规则惩罚吗？＝根据情况轻罚。

在哪条村发生？＝多数的村都会发生。今年因为歉收有很多穷人。

村里人偷村里的东西，外村人来偷村里的东西，哪个比较多？＝比较多是村里人偷村田里的东西。

看青伕会把小偷带到乡公所去吗？＝也有带来的，也有由村内参议处罚了事的。

带来乡公所的时候会有记录吗？＝有。

听 取 书

出生地 新城县一全村

职 业 农

现住所 良乡县西北关村

问由多时自新城过来自十一岁跟吾父亲来的供田旧历三十日由自己地内拔的内有由来他邻宿鸿臣他偷的係三十日早晨由宿家地内偷来共偷一次

刘泽（拇印）

三十九年九月十四日

中华民国三十一年九月十四日

为出具保结事兹保得西北关村民刘泽偷窃谷粟一案被本村看青人视察该人係有偷窃情形经看青人将其赃物取出送交所自己供认原係偷地邻宿姓之谷今蒙贵乡长向已慈德待人姑息从轻计罚得该人谷二斗以儆将来如查得该人日后如有再窃盗五谷情事本人等情甘担负完全责任所具保结是实

具保结人 田长山（拇印）

李庆奎（拇印）

被保人 刘 泽（拇印）

中华民国三十一年八月二十日

为出具保结事兹保得鱼儿沟村民刘广源之妻偷窃本村张兰玉米台案业经贵乡体恤该民穷迫从轻处理计罚洋五元以儆将来今民等情愿担保在二星期内将该交到如日后查得再有偷窃庄稼等情甘愿来所报告具保结是实

具保结人 孙连山[印]

王玉崑十

被保人 刘广源（拇印）

【关于征发驴的事件】

为具结事民郭宽因警察所要驼骡由模范乡公所通知全乡凡有驼骡者迅速来乡公所所候核办民确有骡子一头但与通知人声称不来乡公所迟误时间过大诒误要公并有抗意民承认以上所述具是实情具结为证

第一模范编乡公所

拇印

具结人 郭 宽

中华民国三十年十月六日

呈为具结事今结得吴店村郭宽他家有骡子一头他说骡子不是他买是良乡本城秦瑞

田所买他说不来所以我四人因为他有骡子不去与他交涉因此迟延有误要公所具是实

谨呈　禹国恩（拇印）

具结人　禹　铎（拇印）

良乡县第一模范乡长高　裴振明（拇印）

禹　桐（拇印）

中华民国三十年十月六日

这事件的内容是？ =乡公所征发驴子的时候，郭宽有驴子，但是他说那不是他的，是从别人那儿借的，拒绝交出。乡公所里记有驴的主人的姓名，必要的时候只要村里下命令，抽签抽中的人就要交驴子。因为郭宽拒绝了，村里的驴主都很生气，参议把他诉讼到乡公所。乡公所刚调查完村里的四个甲长就来调停了。像上面记录的那样。

【吴店村的有权力者】吴店村里最有权力的是谁？ =赵权。他在事变后搬到城里住，担任小学校长。村里发生什么大事他都会出来调停。村民有难以解决的问题的时候也会去拜托他。他所教的学生在良乡县以外的房山、涿县做老师，所以他的名声也传到那些县，是个很有名的人物。

【在乡公所抄写的租佃资料】

中华民国三十一年九月十九日

为出具保结事兹保得孟广维委派经理朱永年佃种县城王绍贤地亩偷卖粮食欺骗地粮一案今经贺照云村民王庆出为调解今保得该佃户回家收割庄稼由担保人监视该佃户收获粮食照数（?）粮如益得该佃户再有偷卖及潜逃等情民甘愿担负完全责任所具保结是实

具保结人贺照云村民王　庆（拇印）

被保人　朱永年（拇印）

【在吴店村抄写的资料】**（保甲办事处 = 在村公所的墙壁上贴着）**

一　青年团轮流拨派表

第一班　张书元　惠　振　李　润　王书绅

第二班　赵　祥　禹国安　裴　俊　李　荣

第三班　禹　忠　杨　震　李　江　禹国海

第四班　张启华　禹国贝　贺庆德　禹　山

第五班　郭　奎　王　德　刘永祥　赵凤桐

第六班　杨　芳　贾　瑞　郭仲华　赵凤林

二　少年队表

班　长　张书田　郭仲幅　杨　桐　杨　昌　张幅林

三　大车轮流拨派表

1　禹　铎　2　裴振明　3　禹国恩　4　郭仲华

5 禹 桐 6 赵 启

中华民国三十一年五月一日立

(有“模范乡吴店”的印)

四 打更的表

第一甲	贺一天	禹 良	章一天
	你一天		一天
禹 钦	二天	禹国恩	六天
郭 儒	三天	裴振明	九天
张文会	仲二天	赵 楷	五天
奎二天	禹 桐	明一天	
杨文得	二天		三天
禹 宽	二天		
第二甲			
郭桐	全一	郭 宽	七天
	二天	郭永志	一天
	树二	郭永太	一天
裴振玉	三天	郭永崑	一天
郭永春	一天	禹	三天
王廷贵	一天		章一
赵老太	一天		
第三甲			
郭永增		杨文海	成一
郭生	二天		一天
李永玉	三天		生一
郭起	一天	杨 珍	一天
宋文彬	二天	杨文贵	二天
贾 林	一天	刘 才	一天
第四甲			
贾 生	四天	惠 振	二天
赵永合	三天	禹国太	三天
徐贵良	二天	郭汶	贺一
李永志	二天		一天
张 顺	二天	王玉清	一天
王书田	二天	刘永祥	一天
赵 恒	显章三天	王 海	一天
	一天		
	瑞一		

家 族 篇

1942 年 5— 6 月

（华北农村惯行调查资料第 74 辑）

家族篇第 11 号　河北省良乡县吴店村
调查员　早川保
翻　译　潘孤松 刘俊山

5 月 23 日

分家

应答者　李永正（4 年前开始做甲长）
【分家】这村里今年有分了家的吗？ = 没有。
去年呢？ = 没有。
什么时候有？ = 民国十七年以后就没有了。
为什么没有？ = 不太清楚。那之后虽然也有分家但具体情况不太清楚。应该没有吧。
民国十七年谁分了家？ = 杨文顺、文海、文成、文升分了家。
【分家单】

立分单字人杨文（成海文升顺）因同居不睦尊父命将
所有之产亲托中人说合各人受分之产多少开列于后
杨文海受分庄户地基一段八分一计南段又庄户后地四亩
计东段
杨文成受分庄户地基一段八分计北段又庄户后地四亩计
西段
杨文顺受分庄户地基一段八分七计东段又村北坟地五亩
村东北小洼地十亩
杨文升受分庄户地基一段八分计中段又村东道沟地五亩
土房五间站用文海地基一间有余以三年为满又父养葬
地十亩各悮反悔空口无凭立分单为据各存一张外有大

坑地公用内有大小树归文升所有
中保说合人　李永正
谢　庆
裴振玉
中华民国十七年阴历十月初十日立分单字人杨文（升成海顺）
代笔人　赵　楷

【分家】你为什么做说合人？＝杨家兄弟的母亲死后兄弟关系不和，所以就做了说合人。

分家当时文顺、文海、文成、文升都结婚了吗？＝只有文升没结婚。

分家的时候，文升多少岁？＝不太记得。

有20岁了吗？＝还没20岁。

杨家兄弟在母亲死了多少年后分家？＝母亲死了一年都不到，就分家了。

父亲是什么时候死的？＝去年死的。

四人分家了父亲和谁住？＝和文升一起住。

应答者　杨文成

是谁提出分家的？＝父亲。

【分家的原因】分家单上写着同居不睦，分家当时关系有多差？＝没有关系不和，只是分家单那么写。

兄弟的妻子们的关系不好吗？＝也没有不好。

那不分家也是可以的呀。＝家里太穷了只有十几亩地，分家会好一点。

为什么分家比不分家好？＝分家后各自劳动养活自己。

【分家前的住处】分家以前的居住情况是？＝西房三间、北房三间、东房一间、另外不在院子里的东南房两间。

分家前谁住西房？＝父亲和最小的弟弟。

分家的时候最小的弟弟多少岁？＝二十几岁。

还没结婚吗？＝是的。

父母和最小的弟弟住在西房吗？＝是的。

母亲是在分家前多少年死的？＝不够一年前。

谁住在北房？＝杨文海、妻子、两个小孩。

谁住在东南房＝我和妻子与三个孩子。

杨文顺住在哪儿？＝东房的一间房里。

【分家时候房屋的分割——分家后的住处】分家后怎么分？＝分家后北房两间和西方三间是最小的弟弟的。

东房是谁的？＝杨文顺。

东南房呢？ =我的。

杨文海呢？ =杨文海租了最小的弟弟的北房两间房。

要交租金吗？ =不用。

杨文海拿不到房子吗？ =杨文成和杨文海都没有。

杨文海现在还租着弟弟的北房吗？ =是的。

分家的时候只有文顺和文升分到房子吗？ =不是。杨文顺也分不到。

杨文顺住着的东房和文成住着的东南房都是分家后才建的吗？ =是的。

分家之前有北房和西房吗？ =有。

归谁了？ =杨文升。

其他的兄弟都拿不到房子吗？ =拿不到。

拿不到房子会相应多给点土地吗？ =也没有多给多少。

土地平分，房子归最小的弟弟，这样的话最小的弟弟岂不是比其他兄弟都多吗？ =是的，因为最小的弟弟还小，在分家之后要和父亲一起住。

分家多少年之后建了东南房？ =分家两年后建的。

之前住在哪里？ =借住在陈财的家里。

要交租金吗？ =不交（不太清楚杨文成的回答，停止访谈）

应答者 刘永正

杨家兄弟分家的时候就有北房和西房吗？ =是的。

归谁了？ =最小的弟弟分家后和父亲住，归他所有。

三个哥哥都没有房子那住在哪里？ =杨文海住在北房、杨文顺住在裴振玉的家里、杨文成住在陈财家里。

杨文顺在裴振玉的家里住到什么时候？ =冬天分家之后春天在西房旁边建了一间，住在里面。

杨文成住在陈财家吗？ =分家的第二年建立两间东南房。

西房是什么时候倒的？ =两年前在大雨中倒的。

那房子倒了后就建了三间东房吗？ =是的。

现在谁住在东房？ =杨文升夫妇、三个男孩、一个女孩。

现在杨文海住在北房吗？ =是的。

杨文成住在东南房吗？ =是的。

杨文顺住在哪里？ =住在西房的一间房里。

普通房吗？ =普通房。

没有房子的时候会租别人的房子吗？ =是的。

分家的时候会分土地，如果没有房子的话，会在建新房子之前和以前一样住在一起吗？ =是的。

那很正常吗？ =有很多那样的例子。

他们的父亲还在世吗？ =去年死了。

那之前一直和文升住在一起吗？ =是的。

【丧葬费——养老地的变卖】葬礼的费用谁出？ =卖了父亲的养老地。

谁卖了？ =兄弟商量后卖的。

5月25日

分家　家长和家庭成员　妻子的姓　附户

应答者　郭仲升

你的家庭成员有哪些？ =祖母90岁、父亲56岁、母亲60岁、哥哥23岁、妻子22岁、三个孩子、姐姐22岁、我19岁。

【定婚】你定婚了吗？ =没有定婚。

这村子里多少岁定婚？ =没有规定。十五六岁，也有20岁以上定婚的。

有不到10岁就定婚的吗？ =有。

多吗？ =不多，有钱人会。

有10岁之前就已经定婚的吗？ =没有。

【分家】你家还没有说分家的事情吧？ =没有。

【住处】你的家是怎样的？ =西房三间、北房三间、南房三间。

怎么住？ =姐姐两个人住在北房，祖母、父母和我住在西房，哥哥夫妇二人和孩子住在南房。

【应答者的工作】你在做农事吗？ =是的。

几岁开始到田里干活？ =直到4年前都在上学，之后一边监督田里的长工一边工作。

【学校】上了多少年学？ =5年。

到哪里的学校上学？ =这村里的小学。但是两年前这学校搬到城里的小学去了。

以前村里的学校是在这庙吗？ =是的。在庙的东房。

学了什么？ =学了“四书”。

【结婚】姐姐还没嫁吗？ =是的。

为什么？ =没有媒人。

定婚了吗？ =还没。

应答者　赵显章

你的家庭成员是？ =

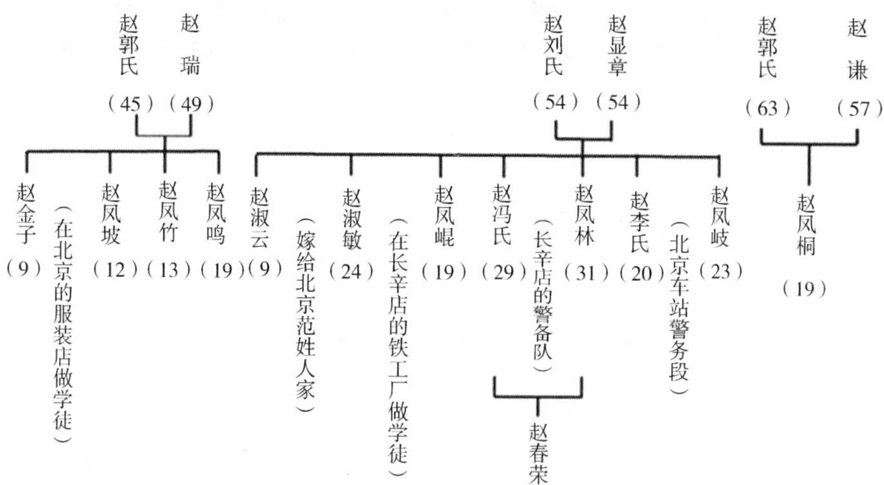

【住处】14 人住在同一个院子里？ = 是的。

怎么住？房屋的情况是？ = 北房三间、东房两间、南房三间。北房的东炕住着哥哥夫妻二人，西炕住着他们的孩子赵凤桐，我夫妻两人和淑云住在东房的两间，西房两间住着赵李氏，南房三间住着赵瑞夫妇还有他们的孩子凤鸣、凤竹、金子。

【分家和住处】你们家分家了吗？ = 三十年前分家了。

那时候北房分给哥哥，东西两房分给你，南房分给弟弟吗？ = 是的。

谁要哪间房子是怎么决定的，抽签决定的吗？ = 分家前就那样住，分家再只是明确了各自的东西。

分开住是距今多少年前开始的？ = 不太记得了，以前就一直分开住。

分家的时候父母还在世吗？ = 是的。

分家后，父母住在哪里？ = 和哥哥一起住。

在吴店村一般不是和最小的弟弟住在一起吗？ = 是的。

为什么和哥哥住在一起？ = 因为最年长，要负起责任。

父亲是在分家后什么时候死的？ = 民国十一年。

母亲是什么时候死的？ = 民国二十年的时候。

【分家单】有分家单吗？ = 以前有现在没有。

分家单不重要吗？ = 民国十八年水灾的时候没的。

【养老地】是为了父母而保留着养老地吗？ = 是的。

那是在举行父母的葬礼时卖的，用卖了的钱来支付葬礼的费用吗？ = 不是。兄弟 4 人出费用的钱。

在父母死后 4 兄弟分养老地吗？ = 是的。

那时候会重新做分家单吗？ = 不做。

分养老地的时候需要中保人出席吗？ = 不用，自己 3 人分。

村里的话一般来说，不是除掉养老地后，剩下的兄弟们分吗？ = 是的。

兄弟们首先把所有的土地分了，从兄弟们拿到的土地里指定养老地，会那样吗？＝没有。

【分家后父母的生活】分家后父母是轮流到孩子的家里，在哥哥的家里住一个月接下来在弟弟家里住吗？＝没有。

分家后父母不和孩子住在一起，分开自己住，有这样的吗？＝有但是很少。

【最近的分家】现在还有吗？＝最近没有。

分家是从什么时候开始没有的？＝民国十七年以后没有的。

为什么？＝孩子们都独立了。

你的村子里分家后一般也住在同一个院子里吗？＝是的，

【分家后的户】在同一个院子里住的话，分家后也和分家前一样一户吗？不会分成两三户吗？＝还是一户。

什么时候会分成两三户？＝（回答不明）

【分家后的家长、户长】分家后你拿到了东房和西房（北房和南房没关系），就是东房和西房的家长吗？＝是的。

住在同一个院子的全体兄弟的家长是谁？＝哥哥。

哥哥是你的家长吗？＝是的。

在你们村家长和村长是同一个人吗？＝是的。

所以你是家长也是户长吗？＝是的。

【分家后的生活——分离独立】你是自己工作把得到的钱给哥哥吗？＝分家后就没给了。

哥哥会给钱你吗？＝不会。

你的土地归你耕，哥哥的土地归哥哥耕吗？＝是的。

饭是分别做吗？＝是的。

在村里面和分家前一样分家后也一起耕的情况，有吗？＝没有。

分家后和分家之前一样一起做饭吃的人也有吗？＝没有。

【分家——家产的分割和共有】分家的时候不分坟和养老地，像那样在分家的时候不分的东西还有吗？＝从分家前开始房子就是分别住的话，房子里的椅子和桌子归住的人所有。

家里的东西，家具、农具等都不是大家平均分的吗？＝有钱人家里会分。穷人家里没有家具，农具是一起弄。

你家里也不分农具吗？＝没有分。

骡、驴、车之类的怎么办？＝都没有拿。

猪呢？＝分家的时候没有猪了。

椅子呢？＝很少，分家前房子里面的椅子归住的人所有。

【外出务工家庭的收入和家长】你的儿子们是在北京和长辛店工作，工作得到的钱会给你吗？＝会。

儿子们不把钱给你自己存起来，你批准吗？＝不准。

儿子们把钱直接给太太呢？＝不会。

儿子们必须要把钱给你吗？＝是的。

【家里金钱的保管】家里的钱是由你保管吗？＝是的。

平时是你保管还是你太太保管？ = 太太保管。

那么如果你想买土地，太太反对的时候就买不了了？ = 那时候会和太太商量。

如果朋友问你借钱，和太太商量后拿不到的话，很难回话吧？ = 不会的。太太只是保管钱，反对不了。

【私放地】结婚的时候太太有从娘家得到土地吗？ = 别的村可能有，我们村没有。

知道私放地吗？ = 知道。听老人说过，有钱家的女儿出嫁的时候因为多病或者是残疾的工作不了，带去婆家的土地。

【兄弟的勤怠和家产的分割】有三兄弟，哥哥很勤快，弟弟很懒或者太年轻，分家前哥哥用工作赚来的钱买了父亲的土地，那土地是只能给哥哥吗？ = 没听说过那样的事情。

分家前哥哥可以用自己打工赚的钱买土地吗？ = 没有那样的例子。那样做会让父母不高兴。

【定婚】你们村里有定婚的说法吗？ = 有。

结婚前一定要定婚吗？ = 是的。

男的几岁就要定婚？ = 有钱人的话 5 岁、10 岁，穷人家的话 20 岁以上也有。

女的呢？ = 也一样。

【家族里同姓的妻子——不同宗的情况】你哥哥的太太赵郭氏，弟弟的太太赵郭氏都是同姓的，是同一个村子来的吗？ = 不是的。哥哥的太太是长羊村的、弟弟的太太是哑吧村来的。

都是姓郭的但是不同族吗？ = 村不同所以不同族。

【同族的情况】郭权的母亲郭任氏是从哪个村来的？ = 葫芦垡村。

郭权的太太郭任氏是从哪个村来的？ = 也是葫芦垡村。

那么郭权的母亲和他的太太是什么关系？ = 如下图。

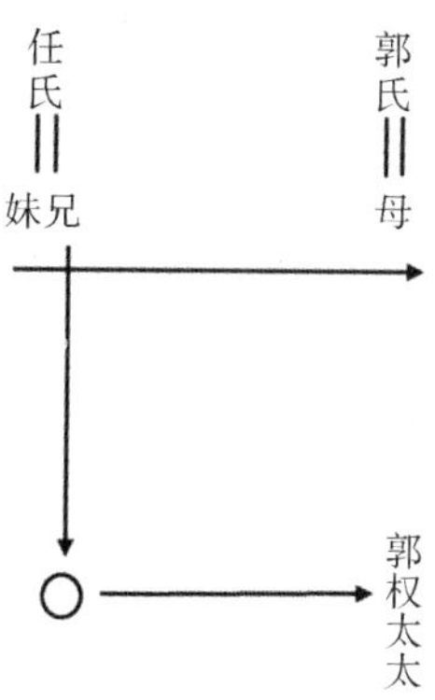

【亲上加亲——不允许的情况】像上面的情况，郭权可以娶他母亲哥哥的孙女吗？ = 按辈分不可以。

【家族里同姓的妻子——不同宗的情况】刘财的太太刘王氏是从哪个村来的？ = 本村。

刘金声（刘财弟弟刘德山的儿子）的太太刘王氏呢？ = 刑家务村。

上面两个人的娘家都是姓王，她们之间有关系吗？ = 没有关系。

裴振明的太太裴李氏是从哪个村来的？ = 赵庄。

裴振宽（裴振明的弟弟）的太太裴李氏呢？ = 徐庄。

她们两个人有关系吗？ =没有。

张文会儿子张启凤的太太张刘氏是从哪里来的？ =董家坟。

张文仲（张启凤的弟弟）的太太张刘氏呢？ =上万村。

两人有关系吗？ =没有。

禹铎的太太禹韩氏是从哪条村来的？ =葫芦垡。

禹勒的太太禹韩氏呢？ =梅花庄。

两人有关系吗？ =没有。

禹径的太太禹刘氏是从哪里来的？ =稻田村。

禹国栋（禹衽弟弟的儿子）的太太禹刘氏呢？ =东关。

两人有关系吗？ =没有。

禹国珍（禹衽的儿子）的太太禹李氏呢？ =稻田村。

禹国权（禹衽弟弟禹兼的儿子）的太太禹李氏呢？ =皇辛庄。

她们有关系吗？ =没有。

禹宽的太太禹王氏呢？ =皇辛庄。

禹清（禹宽的孙子）的太太禹王氏呢？ =稻田村。

她们有关系吗？ =没有。

【亲上加亲——不允许的情况】如下图所示，那样的关系能结婚吗？ =在关系图中郭权的妹妹不能嫁给他伯父的儿子，以前开始就不允许，血不可以逆着流回去。

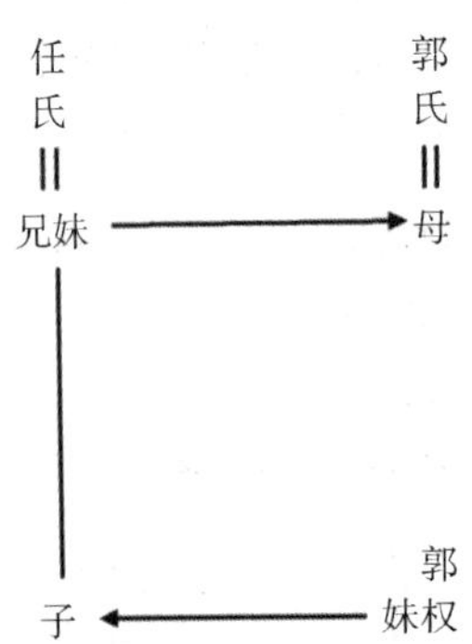

【分家】杨文德和杨文顺是什么时候分家的？ =在祖父那辈就分了。

祖父分了给多少人？ =杨文德今年60多岁了，不知道祖父那辈的事情。

【附户】杨文顺为什么会是杨文德的附户？ =院子有关系。

杨文德是住在北房（正房）吗？ =不是，杨文德住在西房的三间，杨文顺住在西房靠北的1间房间。文德是哥哥，弟弟要出去做短工。

住在别人家的人叫什么？ =附户。

附户是什么时候产生的？ =事变后变多了。民国初年的时候就有说附户。

成为附户是因为没有钱没有房子吗？还是因为水灾之类的？ =多数是因为没钱建不了房子。

也有人在水灾后重建房子。

附户要给房租吗？ = 也有给房租的，比较亲的时候也有不用给的，也有在过节的时候给谷子。

○杨文德　附：杨文顺

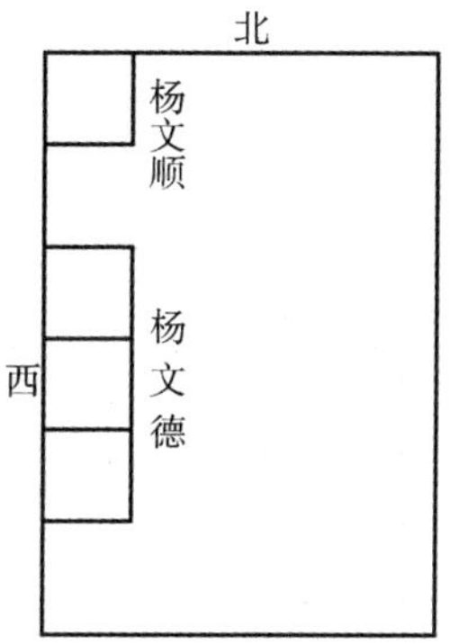

因为贫穷没有东房、北房

○赵楷　附：王春（城里人，一二年前起）郭启（搬进本村赵启家）

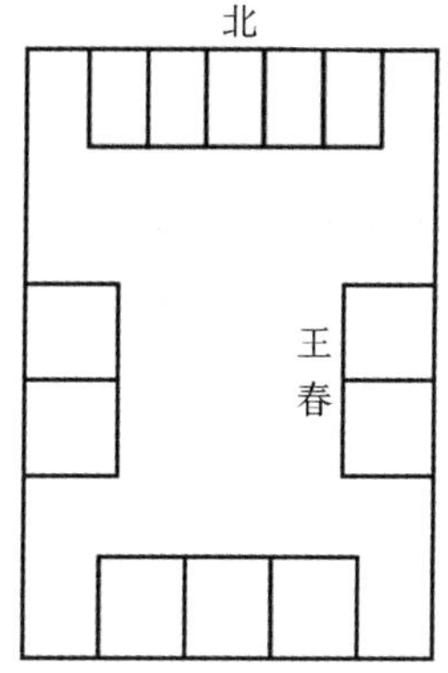

西房（两间）、南房（三间）因为水灾倒了，现在没有了

○郭永春　附：王廷贵（本村人，四五年前起）

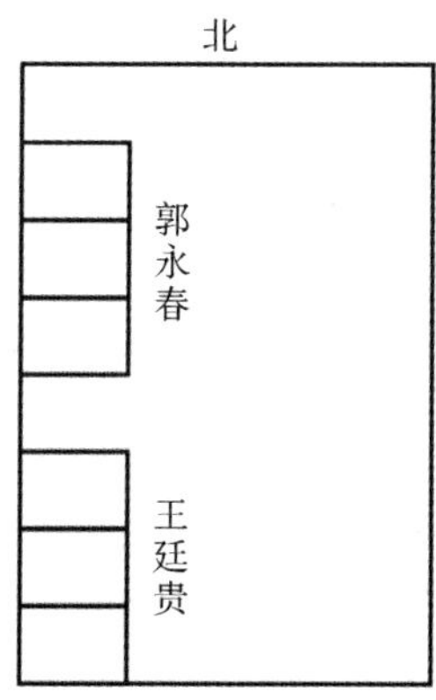

因为贫穷，没有东房等

○郭仲华　附：王宗贤（长工，本村人，3年前起）

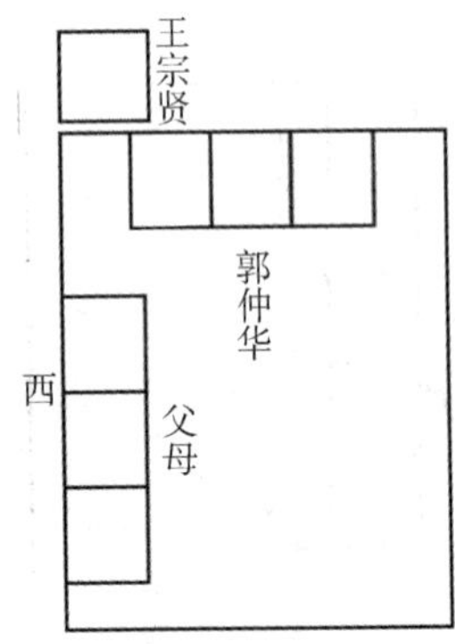

正房是哪间？ =西房。

父母住的一般是正房吗？ =是的。

父母搬到北房那北房就是正房？ =不是。不能改房子。

村里规定西房是正房？ =不是。东房、西房、北房、南房，根据每家不同正房也不同。

是根据什么而定的？ =建房子的时候，根据风水定的。

○郭永崑　附：张福木（长羊村人，3年前起）○贾振恒　附：李泰（后店村人，搬到皇辛庄）

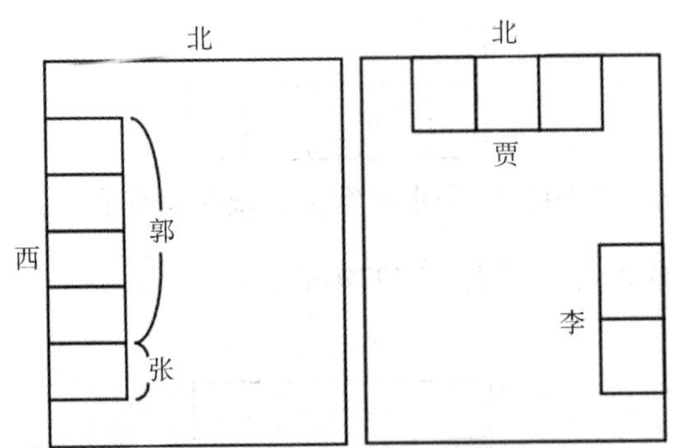

因为贫穷没有北房和东房

○杨文海　附：李杨氏郭让（本村人，现在搬到长辛店）○李永治　附：吴李氏（城里人，搬到城里）

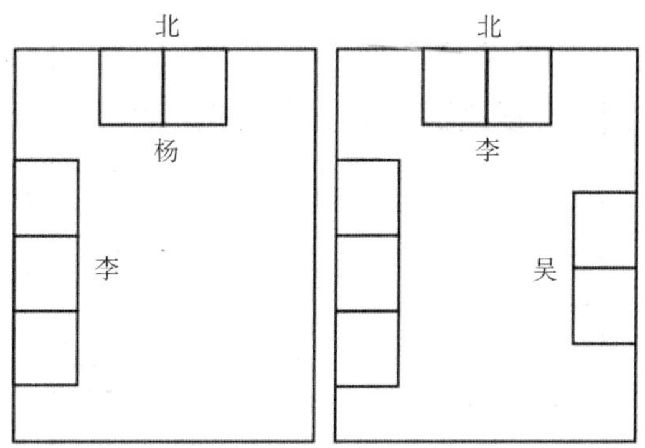

〇郭仪　附：贺起明（牛家场人，十几年前起）〇郭永祥　附：王国安（本村人，几十年前起）

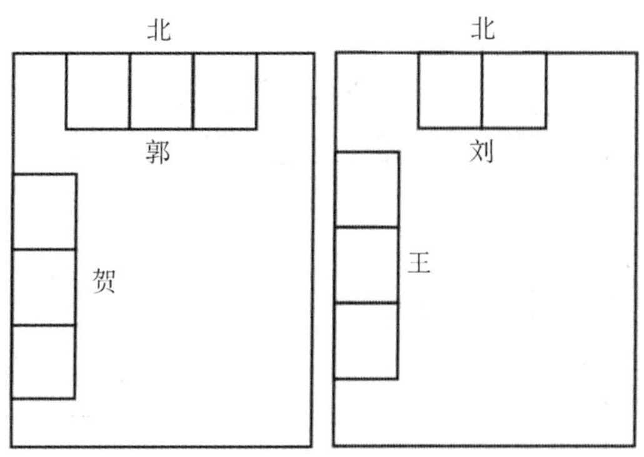

5 月 30 日

家族　名　过继　同族　定婚　丧服

应答者　禹袶

【分家】你和禹褋分家了吗？ =我们的父亲分的。

你的父亲是谁？ =禹旬春。

【分家后的住处】你和禹褋住在不同的家里吗？ =是的，如下页图。

【家庭的住处】你家里最好的房间是？ =我在住的东房靠南的房间。

东房是正房吗？ =是的。

吴店村里的正房都是东房吗？ =不是。

一般正房是哪一间？ =建房子的时候让风水先生帮忙看。

【住处——男女的区别】国璥 17 岁，俊蓉 23 岁，地位是一样的吗？ =国璥平常不在家，在外面打工（场所不定）。

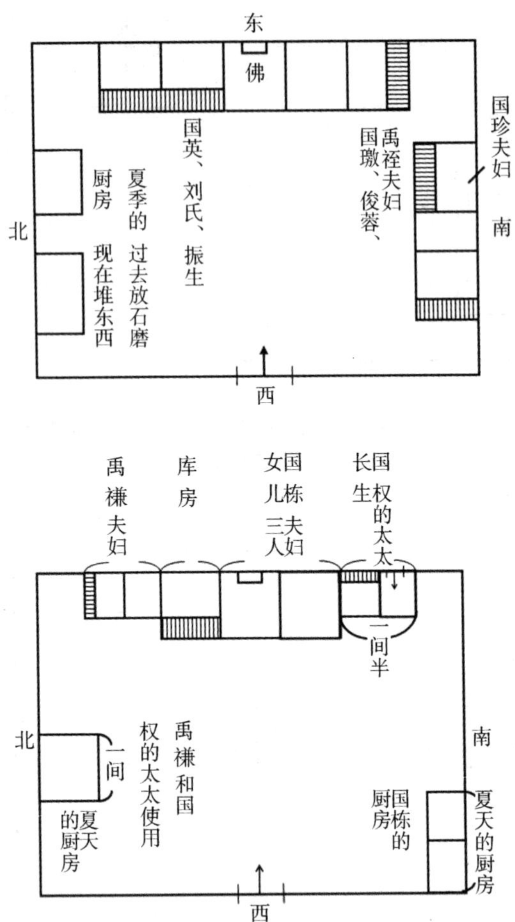

国璥回来后睡哪里？＝国璥回来后到国英的房间或者国珍旁边的房间。

姐弟可以一起睡吗？＝就算是姐弟，长大了也不能一起睡。

几岁就不行了？＝8岁以上就不可以一起睡。

国英和国珍还没分家吗？＝还没有。

大家一起做饭吗？＝是的。

【分担家务】谁做饭？＝国英和国珍的太太两个人一起做。

谁出钱？＝自己。

你太太刘氏是做什么的？＝看孩子和帮忙看家。

家里做饭的工作，做衣服等都是你太太做吗？＝是的。

【管钱】买东西的时候谁给钱？＝自己出。

在日本会把全部钱给太太，一般是太太管钱，这里呢？＝这里没有规定。管不好的话就让太太管，丈夫在的时候妻子管。

【家里的工作】家里除了做饭的工作、裁缝以外还有什么工作？＝喂猪、推碾子。

还有吗？＝没有了。

主要是由女的做吗？ = 是的。

没有手工业吗？ = 会做自家用的绳子，但不会卖。

谁做绳子？ = 有空的话谁都可以。

冬天会很闲吗？ = 做裁缝。

【外出务工】男人们做什么？ = 出去打工。国英一年都是做剪头发的。

在哪里剪头发 = 北窖房山县的兵营里。

【子女的工作】冬天的时候孩子们要去捡粪吗？ = 现在的孩子都去上学了，没有到处玩的孩子。

不会捡柴、捡粪吗？ = 有。

男孩做还是女孩做？ = 穷人家孩子们去不了学校，就会捡柴捡粪。大人去工作。

你家会收集柴和粪吗？ = 大家都很忙不会做那个。

【学校】让孩子去上学为什么要花钱？ = 送孩子去上学要买书呀，做新衣服。

要给学费吗？ = 不用。

村里基本所有孩子都去上学吗？ = 50 个孩子中有 40 个以上在上学。

女孩子也去吗？ = 也去。

去哪里的学校？ = 皇辛庄的学校。

【住处】国珍是哥哥，国英是弟弟，为什么国珍不住正房？ = 国珍娶媳妇的时候，正房偏北的那间房子的装修很漂亮，就在那里住了。国英结婚的时候让给他了。

你们家将来分家的时候会分房子吗？ = 已经拿了三四亩去典当了，跟没有一样。将来没有必要分家。

【名和辈】你的儿子，你堂兄弟的儿子的名字是国珍、国英、国栋、国权，都有国字，是谁起的？ = 小孩子的乳名都是大人们一起商量起的。

国英、国珍是乳名吗？ = 大名。

大名是谁起的？ = 自己起自己孩子的名字。禹禄儿子的名字就是他自己起的。

大家都有国字，是你和禹禄商量起的吗？ = 同辈的人会有同样的字。

禹禄可以随便起名字吗？ = 也可以。

为什么禹禄会让孩子的名字带有国字？ = 没有什么特别理由。

珍、英、栋、权这些名字有什么顺序吗？ = 自己孩子的名字里都有王字；禹禄的孩子的名字里都有木字。

此外珍、英、栋、权这些名字有关系吗？ = 没有。

【过继】国栋是什么时候做禹祺的过继子？ = 国栋 3 岁的时候。

做过继子之前禹祺快要死了吗？ = 还活着。

那时候禹祺的太太多少岁？ = 50 多岁。

现在还活着的话有 80 多岁吧？ = 是的。

会做过继单吗？ = 不做。

那时候会和三兄弟讨论后再决定吗？ = 禹祺和禹禄是兄弟。和自己是堂兄弟的关系，不会和我商量。

禹祺住到什么时候？ = 到9年前为止。

住在哪里？ = 住在国栋的房间了。

国栋呢？ = 和禹祺住在同一个地方。

当时国栋是住在房子南边的房间里面？ = 是的。

【过继子和生身父母家——生计独立】国栋和禹祺是完全过着各自的生活吗？ = 是的。

做饭也是吗？ = 是的。

【过继单】村里有过继的时候一般都不会做过继单吗？ = 从完全不认识的家庭过继过来的话要做过继单。同族就不用。

村里谁有过继单吗？ = 没有。

【村里的过继子】村里有多少过继子？ = 郭树（郭永玉的儿子）是郭永平的过继子、自己的孩子禹国玺是禹良的过继子。其他就想不起来了。

你和禹良是什么关系？ = 五服上的兄弟。

【应答者的耕地】你有多少地？ =6 亩。

有多少拿去典了？ = 没有。但是有100元左右的无担保借款。

向别人借钱，有作为担保的土地吗？ = 没有。

谁在耕？ = 自耕农。国珍、国璥和我三个人在耕。

【女性的农活】太太们会帮忙吗？ = 会。

会帮做什么？ = 播种的时候帮忙。帮忙覆盖泥土和撴土（拉滚轮将泥土弄平整）。

【同族】禹姓的有族长吗？ = 没有。

禹姓的有清明会吗？ = 没有。

全体姓禹的会有什么特别称呼吗？ = 没有。

有年龄大但是辈分小的吗？ = 有。

禹姓的人都有辈分关系吗？ = 有。

禹姓一共有多少户？ = 一两户。

【同族的坟——祖坟】禹姓一两户有共同的坟吗？ = 有，有一个祖坟。

禹姓的各户还有别的坟吧？ = 当然。

那叫什么？ = 也叫祖坟。

不叫家坟吗？ = 不叫。

禹姓的各户中，有共用一个坟的吗？ = 有。分了家的人是同一个坟。

【村民的信仰】村里有信回教的人吗？ = 没有。

信什么？ = 佛教。

家里供奉着谁？ = 菩萨、关羽（老爷）、财神。

庙里供奉着谁？ = 关羽。

庙和你家有什么关系？ = 庙和各户的家庭都没有关系。

假如你父亲去世了魂魄会到哪里去？ = 魂在天，魄在地。魄在庙里，在坟里，在牌位里。

那不就和庙有关系吗？ =没关系。父亲的魄在牌位里。

【祖坟】禹姓的话，没有坟地的人会被埋到祖坟里，那要全体姓禹的人批准吗？ =不用。埋在祖坟里是理所当然的。

禹姓一共有多少亩祖坟？ =6 亩。

一整块吗？ =是的。

祖坟在哪里？ =（如图）

【同族的祖先】共同的祖先叫什么？ =不知道。

从哪里来的？ =四川省。

为什么会知道？ =从老人那儿听说的，明朝的时候从四川省移民过来。

【祖坟】没有坟地的人会被埋在祖坟里，是怎样埋葬的？ =根据辈分埋葬。

埋葬了多少人？ =53 人左右。

要耕那块共同的坟地吗？ =不用。

谁在管理=没有谁管。那土地没有人耕也没有树木。拜托附近的百姓帮忙看守祖坟。

【同族扫墓】姓禹的清明节会聚到一起吗？ =去祭祖的人会聚到一起。一起买供品一起祭祀。

各户祭各户的吗？ =五六个男的一起。

那时候在哪里集合？ =经过同族人的房子前面时，会问他们去不去扫墓。

【同族的共有财产】姓禹的人里，有驴、骡、大车这些公共物品的吗？ =没有。

【同族的储蓄】姓禹的会把每个月的钱都存起来吗？ =没有。

那么禹姓就和其他姓就没什么区别了？ =是的。

在村里有过少户姓郭的，有 15 户左右吧？ =是的。

【妾】村里有有妾的人吗？ =没有。

以前有过吗？ =没有。纳妾是因为妻子生不出孩子吧？ =是的。

吴店村里的太太都能生得出孩子吗？ =也有生不出的。

那样也不会纳妾吗？ =因为没有钱纳不了。

【过继子】那会怎么办？ =找过继子。

找过继子的话，只会找长子，不会找二弟、三弟吗？ =没有那回事。

没有兄弟和同族的话到哪里去找？ =找亲戚或朋友的儿子。

那叫过继子吗？ =是的。

不叫义子吗？ =也叫。

哪个用得比较多？ =过继子用得比较多。

村里有找外姓的人做过继子的吗？ =村里没有。

【家谱】谁的家里有家谱吗？ =没有。

【家庙】谁的家里有家庙吗？ =没有。

【家人的分居】存在不分家却不同住一个院子，而在村里分开住的人吗？ =不存在。

【村里的大家庭】在村里家族成员最多的是谁？有多少人？ =禹国泰12人。

【家产】有所谓家产这个词吗？ =是指房子、土地和家里的家具类。

使用家产这个词吗？ =不使用。

【家产和家长】你家里有的东西是谁的？ =我的东西。

这些东西可以随便你支配处置吗？ =可以。

可以给别人吗？ =不可以。因为是从父辈继承的财产，所以必须留给子孙后辈。

那不是你一个人的东西而是家族全体的吧？ =不一定是这样。因为自己是一家之长，所以名义上是自己的东西。但是是为了养活全体人而存在的东西。

如果你在城里有了喜欢的女人，可以把土地给那个女人吗？ =不可以。

在村里至今都没有那样的例子吗？ =没有。

【离婚】在村里有离婚的人吗？ =没有。

【通奸】存在有夫之妇和其他男人私通的例子吗？ =没有。

【几代同堂】祖父辈、父辈、子辈、孙辈不分家这件事是好事吗？ =是这样。

有在县和村上表彰过这样的事吗？ =没有。

【父亲负债和儿子的责任】父亲欠债后死了的情况下，无论欠债多少，子辈都要负责偿还吗？ =必须负责偿还。

如果父亲欠债数额太大，那么不是无论怎样努力工作都无法偿还吗？ =不可能不清楚欠债钱款。

【分家和负担】分家时欠款也会平均分配吗？ =是这样的。

【母与子】村里有儿子到了三四十岁仍然由母亲作为一家之长的家庭吗？ =没有父亲就由儿子成为一家之长，但从事工作时听取母亲意见。

【婆媳】儿媳和婆婆关系不好是不是常态？ =相处挺融洽。

儿子只疼媳妇不重视母亲是普遍的常态吗？ =那样的例子很少。

【家里的节日】一年中什么时候一家人聚在一起丰盛聚餐？ =新年和八月的中秋节、五月初五端午节。

什么时候会换新衣服？ =什么时候都可以。

【新娘回门】新娘回门是一年中的什么时候？ =新嫁来的媳妇一年回娘家三次。是五月五日、六月六日和十月一日。

六月六日是什么日子？ =麦秋之后农家会清闲下来，回娘家做新衣服和鞋子。

是不是不一定是六日，七日或者八日都可以呢？ =无妨。

六月六日是什么日子？ =也算不上什么特殊的日子。
像这样一年回娘家三次的话持续到下一年吗？ =三年之内。
过了三年以后一年回几次？ =想回去就可以回去。但如果在娘家待得太久也不可以。
回娘家时一般待多久？ =三年以内的新娘的话 20 天之内。
五年以上的媳妇的话？ =随便。
带着孩子回娘家是常态吗？ =还小的孩子会带着回娘家。
媳妇偷偷把夫家的钱送给娘家是一般的常态吗？ =没有那样的事。
【孩子的诞生】娶了媳妇后生长子的话是不是会比较高兴？ =是这样的。
生女孩的话不高兴吗？ =也还是会高兴。
第一胎生儿子的时候会从哪里拿贺礼？ =媳妇的娘家、同族。
会拿到什么贺礼？ =从娘家拿到孩子的衣服，从同族拿到面和做衣服的布料。
什么时候会拿来？ =孩子生下过八天。
生女孩也会拿贺礼来吗？ =和生男孩一样。
【杀婴——女孩】在中国生女孩的话会被杀这样的事，这边也有这样的事吗？ =没有。
以前有吗？ =没有。
你听过有这样的事情吗？ =没有。
【名】孩子生下来后什么时候取名字？ =在两三岁的时候取。
但是你的孙子已经取了名字吧？ =是这样的。
没有取名字的话叫什么？ =叫小孩儿。
【村里的宗教】村里全是信佛教的是吗？ =是这样的。
有回教吗？ =没有。
道教呢？ =没有。
这边附近有回教吧？ =在良乡南部有。
道教呢？ =没有。
【与异教徒结婚】可以从不同宗教信仰的家庭娶媳妇吗？ =不可以。
有和基督教徒结婚的人吗？ =有。
佛教徒和回教徒结婚的话可能吗？ =不可能。
【定婚】结婚前一定会定婚吗？ =会定婚。
定婚的时候男家要给女家什么东西？ =男家要给女家两枚戒指。
从以前开始就这样吗？ =是这样的。
会交换婚书吗？ =会。
为什么要给两个戒指啊？ =这边的人都喜欢偶数。
前清时代也会给戒指吗？ =是这样的。
给戒指有什么含义吗？ =将来（结婚后）月经的时候要戴戒指。
这是什么意思？ =因为刚来夫家的时候不知道月经期什么时候。
月经期夫妇会一起睡吗？ =就算一起睡也不发生性关系。
定婚的时候交换的婚书叫什么？ =叫婚书。

不是叫定婚大帖啊？ =婚书是指大帖。

不是最初定婚小帖、然后交换大帖，定婚成立后到最终结婚时交换大帖吗？ =有小帖、大帖。娶帖叫通信帖。

有定婚后没有结婚的例子吗？ =村里没有。

定婚后如果男的死了怎么办？ =婚书和戒指都要还。

有没有定婚后男的死了，但仍然嫁过去侍奉男方父母的例子？ =没有。

定了婚的男方死了的话女方要穿丧服服丧吗？ =不服丧。

【服丧】妻子在丈夫死后要服丧几年？ =三年。

希望你通过下图的丧服关系图来说明 =

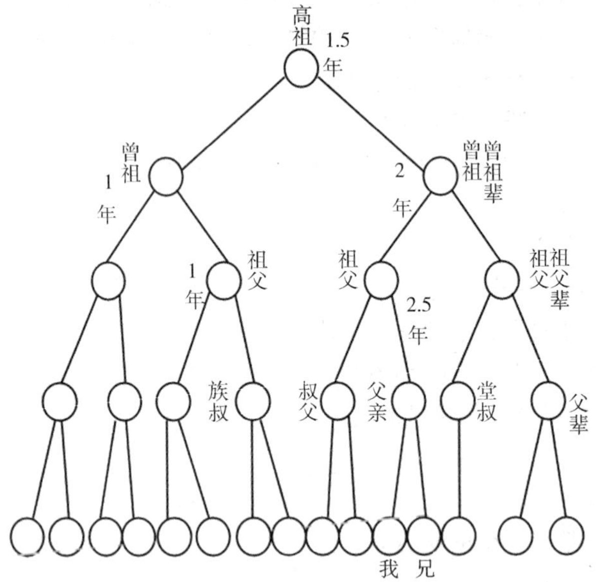

对父亲三年、对叔父两年半、对堂叔两年、对族叔一年又一百日、对兄长一百日。其他如图中附记所示。对叔父和对叔母都是一样的。妻子的服丧跟随丈夫。

村里的人知道这样的服丧关系吗？ =有很多人不知道。

你为什么知道？ =祖父通过了秀才考试，所以我稍微知道一点。

【五服】所谓的五服是说什么？ =把自己、父、祖父、曾祖、高祖称作五服。对兄长服丧百日、对父、祖父、曾祖等都如上图附记所示。

【媳妇服丧】媳妇对娘家的父母是不是三年而会减短服丧期间？ =是这样的。是两年半。

对于娘家的祖父呢？ =只在葬礼仪式时回娘家停留的时候服丧。或者也有在夫家服丧一年或者两年的。

媳妇在娘家父母死去时要是没有夫家父母的应允，是不是不能服丧？ =要是丈夫、夫家父母反对，就不能服丧。

【过继子和服丧】过继给叔父家的过继子怎么称呼叔父母？ =叫父母。

亲生父母呢？ =也叫父母。

对叔父服丧几年？ =两年半。

过继给叔父的话服丧几年？ =三年。

过继子对于亲生父母服丧几年？ =两年半。

过继子在亲生父母死去时要服丧需要现任父母书父母的应允吗？ =需要。

现在的父母要是反对的话怎么办？ =不会反对。

村里的人知道过继子要给逝去的亲生父母服丧吗？ =并不是大家都知道。

【讣文】葬礼的时候会发讣文吗？ =会发。

发讣文与不发哪个比较多？ =发讣文的少。

据你所了解，在村里服丧实际上不会按照上述的去做吧？ =是这样的。

【对父亲的服丧】父亲死了村里的人会做什么？ =服丧三年。

把这个称作什么？叫穿孝。

会做什么呢？ =穿白鞋、帽檐和正中的圆珠必须是白的，只在葬礼时穿白色裤子穿灰色衣服（不穿红或蓝的衣服），三年。

【服丧期间的禁忌】那个期间不结婚吧？ =以前是三年间不结婚，现在只要过了两年就可以结婚。

那个期间可以分家吗？ =无妨。

剃鬓角呢？ =剃鬓角没有关系，但是60天不能理发。

父亲死了其他还有什么事情不能做？ =看（庙）会、宴会、听戏、喝酒不可以。

吸烟和食肉呢？ =无妨。

现在也会实行这些吗？ =现在没有那么严格实行。

上述一年或60日服丧的情况也一样吗？ =祖父死了不理发（60日），看（庙）会、宴会、听戏、喝酒无妨。兄长死了的时候不会严格遵守。

【对妻子服丧】丈夫对妻子会服丧吗？ =旗人会服丧百日。一般家庭只在葬礼日。

【再婚】妻子死去后，丈夫再婚是普遍的吗？ =50岁以下的人娶后妻是普遍的。

有娶自己妻子的妹妹的吗？ =这样的例子很少。

丈夫死去后妻子留在夫家是一般的吗？ =是这样的。

有回娘家后再婚的人吗？村里有这样的例子吗？ =村里没有。

5月31日

坟 结婚 离婚

应答者 禹祄

【坟地】村里坟地里墓的数量增加，最终怎么办？ =不会突然变得很多。坟地面积很大不会有什么问题。

没有发生过什么问题吗？ = 没有。自己的坟地虽然已经过了五六百年，还完全可以埋。

你家的坟地里埋了多少棺材？ = 一个。

老坟地呢？ =53 个左右。

那是禹姓全体的坟地吗？ = 是的。

五六百年 53 个不是很少吗？ = 新建了很多新坟地，不会埋到老坟地。

老坟地有几亩？ =6 亩。

禹姓现在有 12 户，用那 6 亩地来埋葬的话，12 户各户大体确定好了吗？ = 没有。

坟地不论是种高粱还是什么都可以吗？ = 是的。

【分家和坟地的分割】如下图所示的坟地的话，分家的时候如何平分？ =

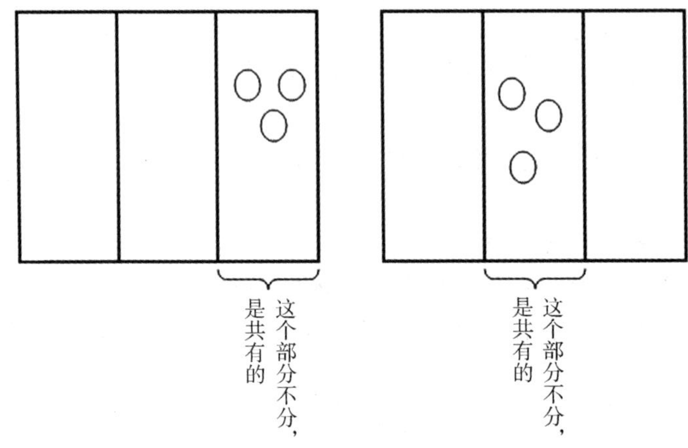
这个部分不分，是共有的
这个部分不分，是共有的

【移坟】有移坟的吗？ = 有。

什么时候？ = 风水不好的时候，之后又有人死了之时举办丧礼时一起移坟。

【族产】禹姓全体拥有的除了坟以外有什么吗？ = 没有。

知道族产这个词吗？ = 坟地这样的叫族产。

村里说族产吗？ = 词语的意思能理解但是谁都不拥有族产。

【结婚的赠礼】昨天说结婚的时候男家要送戒指，那么会送结婚的准备费用吗？ = 送通信帖（通书）的时候从男家送给女家猪、羊、鹅、鸭。

在村里实际上会做这样的事吗？ = 实际会做。

猪羊等其中最多的是？ = 一般家庭是猪一头、面一斗、米一斗、酒（烧酒）一瓶。

上述赠礼叫什么？ = 通书礼。

从女家送什么？ = 什么都不做。

【媒人】媒人一般谁做？ = 谁都可以。

女人也可以做媒人？ = 是的。

在日本是夫妇来做媒人，这边是怎么样？ = 这边不是那样。

妻子死去的人可以成为媒人吗？ = 是男的就无所谓。失去丈夫的女人做媒人就有点不合适。

妻子做媒人只是杂用，实际丈夫是媒人吧？ =是的。

有没有一直做媒人的？ =没有。

对媒人会赠礼吗？ =媒人是有钱人就送零食米面，贫穷的话送衣服。

什么时候送？ =婚礼之后。

交换婚书的之后不送吗？ =不送。

女家也要送谢礼吗？ =不送。

媒人是女家这边的人还是男家这边的人？ =也有女家这边的人。

男女双方两边各出一个媒人来促成婚姻的情况有吗？ =有。

【新娘的陪嫁钱、土地】有新娘带来陪嫁钱的情况吗？ =非常少。

村里有这样的例子吗？ =没有。

有带着土地出嫁的吗？ =没有。

【陪嫁用品】在日本出嫁的时候会带着被子、衣柜、新衣服等很多东西，这边怎么样？ =有钱人家嫁女儿的时候会带着很多，洗脸盆、茶壶、茶碗、镜子等。

普通人家的女儿带着什么出嫁？ =一般家庭也会带那些东西出嫁。

那不是和有钱人家一样吗？ =有钱人家是带着整套的被子、家具，会去男方家里测量尺寸特别制作。

【恋爱结婚】在村里有男方娶自己喜欢的姑娘的例子吗？ =没有。

有女儿说有想嫁的对象而把女儿许配给对方的例子吗？ =没有。

你知道恋爱这个词吗？ =不是好事。

怎么说呢，不就是说年轻男女互相喜欢吗？ =是这样。不太好看。

有恋爱然后在一起的例子吗？ =没有。

在北京不是很多吗？ =因为那是大城市。

都市的人不太好看吗？ =地方不同风俗也不同。

你儿子要是去北京工作有了喜欢的姑娘怎么办？ =不会亲自帮她娶但是喜欢的话让他自己娶。

那样子娶的媳妇不能收进你家门吧？ =不能。

【因丈夫死亡而离婚】由于丈夫死了媳妇回娘家时，出嫁带来的东西会带回去吗？ =是这样的。

在村里有嫁到其他村里然后回来的人吗？ =回来然后再嫁了。只有一个人。

有嫁到吴家村后因为丈夫死去而回来的人吗？ =没有。

【与妻子妹妹的再婚】有因为太太死了而把太太的妹妹嫁过去的例子吗？ =没有。是不可以的。

为什么不可以呢？ =别人会怀疑以前和妹妹有关系。

【亲上加亲】有两个人相互娶对方的妹妹的例子吗？ =有。

村里有吗？ =有。

是谁？ =村里的刘财和刑家务村的某姓互相交换了妹妹。

【过继子的结婚、外出务工——生父的同意】弟弟的儿子过继给了哥哥的情况下，对于那个孩子结婚不跟弟弟商量也没关系吗？ = 不商量也没关系。

去北京工作的时候呢？ = 没有必要商量。

哥哥完全不用跟弟弟商量过继子的事情直接决定吗？ = 是的。

【过继子脱离关系】有过继子回自己家的例子吗？ = 村里没有这样的例子。

可以做那样的事吗？ = 过继后的父母（养父母）死后没有财产的情况下可以回去。

弟弟有两个儿子，一个过继给哥哥后，另一个死了的话，过继的儿子可以回去吗？ = 不能回去。将来生了儿子可以作为弟弟的孙子过继过去。

认了过继子后如果有了亲生的孩子怎么办？ = 过继子回不去。

将来分家的时候和亲生孩子平分吗？ = 是的。

这是一般的吗？ = 是的。

在村里有这样的例子吗？ = 没有。

【独生女——招婿】有财产的家庭有为独生女认养养子的例子吗？ = 没有同族就可以。

是因为有同族的话必须要过继过来吗？ = 是的。

没有同族的情况下认养子叫什么？ = 招门纳婿。

村里有那样的例子吗？ = 没有。

【独生女——家长】父母死了剩下女儿一个人的情况下时女儿成为家长吗？ = 是的。

【独生女的出嫁和财产处理】那样的情况一般不出嫁吧？ = 可以出嫁。

财产怎么办？ = 没有同族就全带过去。

有同族的话是不是财产就属于同族中最亲的人的东西？ = 是的。

兄弟三人分家，最小的弟弟夫妇死了，最小的弟弟的独生女已出嫁，最小的弟弟家里没有儿子的情况，分家时最小的弟弟得到的10亩是不是由两个哥哥平分？ = 是的。也有分给贫穷一方的情况。

不是两个哥哥儿子中的某个成为最小的弟弟的过继子吗？ = 那样的方法也是有的。

村里有这样的例子吗？ = 没有。

【独生女——招婿】上述情况，最小的弟弟的独生女不出嫁而成为家长，招其他人为丈夫可以吗？ = 没有同族就可以。

【寡妇招夫】在婚家身为家长的寡妇可以和第二任丈夫结婚吗？ = 无妨。

那样的丈夫叫什么？ = 叫坐山招夫。

那样的情况谁成为家长？ = 男的。

村里有这样的例子吗？ = 有一例。但是那个人死了。

那是谁？ = 王赵氏40年前的丈夫。

那个男的姓什么？ = 忘记了。

李姓男成为王赵氏的丈夫的话，姓会变成王吗？ = 是的。

【寡妇再婚】嫁到禹姓的媳妇在丈夫死后回到娘家后，可以嫁到同村吴家村的郭姓吗？ = 无妨。

不会被怀疑以前就有什么关系吗？ = 不是什么好事。

从李姓嫁到禹姓的媳妇在丈夫死后可以从禹姓直接再嫁给郭姓吗？ =李姓父母不会应允。

为什么？ =即使嫁了也会一直跟娘家有关系，应该先回娘家。不那样做的话将来会不把她当自家女儿看待。

【离婚的理由】能因为偷盗、通奸、多嘴多舌、不孕、嫉妒等理由离婚吗？ =能。

把那个叫什么？ =叫七大款。

七大款是什么？ =打公骂婆、欺压丈夫、撒米泼面，其他想不起来了。

【离婚的例子】在村里有离婚的例子吗？ =没有。

吴店村的姑娘嫁出去又被离婚的例子吗？ =没有。

【通奸】在村里有通奸的例子吧？ =没有。

有丈夫和其他女的产生情感问题的事吗？ =事实上有那样的事但村里没有。

【私生子】有私生子这样的词吗？ =是说没有正式的婚姻关系生下来的孩子。

村里有私生子吗？ =没有。

【妾】村里有妾吗？ =没有。

以前有吗？ =没有。

【成人的年龄】在村里男性从几岁开始被当作大人对待？ =16 岁以上。

女的呢？ =15 岁。

难道不结婚就不被当作够格的大人看待是吗？ =是的。

即使 25 岁也不被当作大人看待吗？ =只要 20 岁以上不结婚也当作大人看待。

女的即使 20 岁以上不结婚就不被当作大人看待是吗？ =是的。

是说男的 16 岁结婚就被当作大人看待，女的只要不结婚 20 岁以上也不被当作大人看待吗？ =是的。

女的即使十五岁结婚也被当作大人看待吗？ =是的。

【结婚年龄】在村里男的最早结婚的大概几岁？ =16 岁。

一般几岁左右？ =十八九岁。

在村里女的最早结婚的是几岁？ =15 岁。

一般几岁结婚？ =18—19 岁。

在村里妻子年长比较普遍吗？ =男方年长的较多。

【婢】有雇佣佣人的例子吗？ =没有。

不雇照看孩子的人吗？ =有雇佣乳母的。

【乳母】乳母是什么人？ =哺乳期的女性因为贫困而不让自己的孩子喝奶而给雇主家的小孩喝。

【遗书、遗言】知道遗书、遗言这样的词吗？ =知道。

村里有遗书、遗言吗？ =没有遗书但是现在和以前都有遗言。

会说什么事？ =把孩子叫到身边，告诉他们自己生病不行了，要让他们在自己死后能够守护好家。如果有借贷，就要跟孩子说清楚。

那个时候大家都到场吗？ =是的。

如果父亲遗言说分家的时候多分给最小的弟弟，会遵守吗？＝不会。分家是均分的。

那就没有一定遵守遗言的必要吗？＝没有必要。

【家人的负债和家长】如果在北京的儿子背着你借款百元，你能说你不知道吗？＝有文契的话，不能这么说。

你必须要还钱吗？＝是的。

6月1日

村和家的祭祀　分家　族长　家长和家族成员　家内秩序

应答者　张友三

【村里的庙】村里有什么庙？＝五道庙、老爷庙即关帝庙。

五道庙里供奉什么？＝老爷、土地、青苗、五道爷、玉皇。

老爷庙呢？＝老爷、龙王、观音。

村里有两个吗？＝是的。

【家中的祭神】家里供奉什么？＝观音、老爷、龙王、财神。

家里除此之外还祭祀什么？＝只有那些。

为了能生孩子寝室会不会供奉神灵？＝张仙爷。

【五道庙】五道庙祭祀是什么时候？＝一年一次，六月二十四日。

是什么日子？＝关帝的诞生日。也供奉青苗神。

其他神呢？＝同时供奉。

那天各家谁去祭拜？＝一家一人，男的必须去。

【关于应答者的家】你的家人有哪些？＝太太、儿子两人，哥哥起阳，弟弟起凤。起阳有一男一女，起凤有一个女儿。

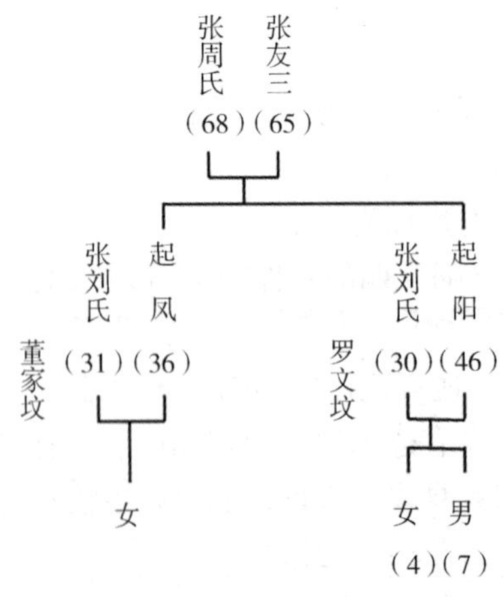

长子的太太是第二任吗？ ＝不是。
为什么比弟弟的太太年轻？ ＝弟弟先娶的。
为什么哥哥后成婚呢？ ＝出去打工了。
去了哪里？ ＝江西省。
做什么呢？ ＝因为好友李和张在江西省从事有关税务的工作所以就去了那边。
张和李是同村人吗？ ＝城里人。
弟弟几岁成婚的？ ＝二十岁。哥哥三十三岁结婚的。
长子是从几岁到几岁去了江西？ ＝民国八九年去，工作了两三年回来了。
那不是只去了三年左右吗？为什么那么晚结婚？ ＝弟弟是去了库伦做买卖回来那年结婚的。十六岁去十九岁回来。那之后他回了一次村里，但又出去了再也没回来过。
弟弟是比哥哥早结婚了多少年？ ＝六七年。
按上述所说，哥哥是三年后结的婚吗？ ＝哥哥是六年后结的婚。
二儿子结婚时，哥哥在家吗？ ＝没有。
得到了长子的谅解吗？ ＝得到了。
二儿子的太太比长子的太太年龄要大，还是会叫长子的太太姐姐吗？ ＝是这样的。
会敬重吗？ ＝会敬重。
【五道庙】六月二十四日谁去五道庙祭拜？ ＝如果我在就是我去。不在的话太太去。
其他家里也是一家之主一个人去祭拜吗？ ＝男的一家之主在就去。
祭拜五道庙有什么好事会发生？ ＝祈求平安。
村里人都去吗？ ＝都去。
【关帝庙】什么时候去祭拜关帝庙？ ＝正月十五日、六月二十四日两次。
六月二十四日什么日子？ ＝生日。

应答者　禹泾

【五道庙、关帝庙】五道庙里供奉着什么？ ＝青苗、虫皇、土地、财神、龙王、庙帝。
关帝庙里供奉着什么？ ＝菩萨、关帝、龙王。
五道庙祭祀一年几次？ ＝没有祭神仪式但是正月十五日会各自焚香叩头。
关帝庙呢？ ＝六月二十四日祭拜。只是为了感谢保佑收成好而举行。
【家中的祭神】在家里供奉什么？ ＝菩萨、老爷、龙神、财神、天地神，其他没有了。
家里怎么祭神？ ＝财神是每月二日和十六日。
老爷呢？ ＝在家里不祭神但因为在同一个地方所以和财神同时祭神。
观音呢？ ＝诞生日是二月十九日，但是不会进献供品。
每月二日和十六日怎么来祭神？ ＝一个鸡蛋或者一块豆腐都可以。
焚香吗？ ＝是的。
叩头是要一家之长来做吗？ ＝谁都可以。
家里大家都叩头吗？ ＝一个人就可以了。
随便谁都可以吗？ ＝是的。

为什么大家不一起叩头呢？ =从以前开始就这样做了。

一般一家之长叩了头其他人就没有必要叩头了是吗？ =没有必要。

龙神呢？ =只在一号和十五号焚香。

那是什么日子？ =焚香日。

什么时候祭拜天地神？ =一日、十五日。

对于龙神是不是要太太焚香叩头？ =女的叩头比较多。

为什么？ =一般日子的话不管是什么神都是女的叩头，因为男的很忙。

一般日子是指每天吗？ =本来应该是每天都做的但在农家只有一号和十五号两次。

你家什么时候吃大餐？ =只有端午、中秋、新年。

那个时候会叩拜家里的神吗？ =是的。

会给家里所有的神叩头吗？ =是的。

那个时候焚香叩头的是太太吗？ =一般还是女的来做。

【生日】会庆祝一家之长的生日吗？ =不会。

什么情况下会庆祝生日？ =有钱人会庆祝。但一般百姓连温饱都不能保证，更不用说办酒席了。

【分家及祭神的分祭——灶神】院子的正房供奉着神，但分家成两部分的情况下各家分别供奉神吗？ =只有灶神会分别供奉，其他的一个院子一个就可以。

那分家后弟弟会去哥哥家给诸神叩头吗？ =会去叩头。

为什么只有灶神要重新做新的？ =灶神是一家之主，没有这个的话不成其为家。即使没有其他的神，也必须做这个神。

【分家后的生活——独立】村里分家后，会把土地、院子分开而一起吃饭的例子吗？ =没有。

只有土地分开，而房子共有、吃饭一起的例子有吗？ =没有。

分家后房子、土地分开了但是实际一起工作吃饭的例子有吗？ =没有。

【灶神的分祭】分开院子时，只重新供奉灶神是一般的，还是其他诸神也都重新供奉是普通的？ =首先供奉灶神。

有没有10年前分家到今日仍然只供奉灶神的家庭？ =那样的家庭很多。

分家后有没有连灶神都不供奉的？ =没有，一定供奉。

是不是只有灶神必须供奉？ =只要分了家就一定分开吃饭。对厨房来说灶神是最重要的。

这是不是因为很多人做才做的？ =无论哪家都有所以不能没有。

【家中的祭神和庙里的祭神】家里供奉的神和庙里的神有关系吗？ =没有。

只叩拜家里的神而不祭拜庙里的神是不是不行？ =去可以，不去也可以，供奉叩拜了家里的神就无妨。

【庙会】在村里有没有为了祭奠神明而聚集的事？ =六月二十四日聚集到庙里。

那个时候大家都带着供品去吗？ =在庙里准备后会摊款。

庙的摊款一年一家大概花多少钱？ =根据那一年的供品不同而不一样。

大概会花多少？ =50 钱左右。

买什么？ =香和供品。

大家一起吃吗？ =是的。

【分家的抽签】分家的时候会抽签吗？ =不是的。

那怎么决定？ =族长来决定。

【族长】有族长吗？ =有。我是族长。

禹姓有几户？ =12 户。

是 12 户的族长吗？ =是的。

【分家、婚葬和族长】禹姓分家的时候会到场吗？ =是的。

结婚的时候会到场吗？ =大家聚一起讨论。

分家和结婚的时候需要你的同意吗？ =结婚的时候不同意也没关系，分家的时候一定要找我商量。

分家只是写名字吗？ =不是。

那样也必须来跟你商量吗？ =一定要来。

葬礼的时候必须要你到场吗？ =不在也可以。

【家中的祭神、牌位】分家的时候给家里的诸神叩头吗？ =不叩。

新娘嫁过来会给家里的神叩头吗？ =一定会。

为什么要叩头？ =因为从此就成为那家的人。

不是给神明叩头而应该给供奉在那里的祖先的牌位叩头吗？ =即对牌位叩头也对其他神明叩头。

会每天叩拜牌位吗？ =有钱人家每天三次，儿子的媳妇早、中、晚叩头。

普通家庭什么时候叩头？ =一号和十五号叩头。

谁来叩头？ =媳妇来。

为什么一家之长不叩头？ =家长不叩头，一般只有女的叩头。

分家的时候一定会给什么叩头吗？ =不是。

【分家和牌位】分家的时候会做新的牌位吗？ =有做的也有不做的。

没有牌位也没有关系吗？ =无妨。

没有牌位的情况下，弟弟去哥哥家叩拜吗？ =远的话不去。同一个院子就去。

有没有没有牌位的家？ =也有没有牌位的家。

有没有牌位都可以吗？ =怎么样都可以。

分家的时候，牌位归谁？ =哥哥。

一定是哥哥拿吗？ =一定是哥哥。

【结婚及家人的同意】自己有双亲的情况，自己儿子的媳妇由谁来找？ =给儿子找媳妇是父母的责任，和祖父不相关。大概决定好，然后获得许可就可以。

一般找父亲（儿子的祖父）商量还是找自己的妻子（儿子的母亲）商量？ =是这样，先找妻子（儿子的母亲）商量。

只要祖父同意，即使妻子反对也可以吗？ =妻子反对的话，会听理由，有理由就不娶。

如果祖父的赞成也有理，妻子的反对也有理怎么办？ = 两方都有理由的话，听妻子的。因为和儿子的媳妇待在一起的日子要久一些。

如果还没有分家，自己的叔父（儿子祖父的弟弟）和祖父意见相同，怎么办？ = 只有妻子一个人反对，反而也会要这个媳妇。

【恋爱结婚】儿子能不能请求父母应允自己娶自己喜欢的姑娘？ = 不能。

妻子（儿子的母亲）同意的话呢？ = 妻子同意的话可以赞成。

儿子不跟父母说而拜托第三者可以吗？ = 可以。

有那样子做的吗？ = 非常少。

【儿子的借款及父母的责任】儿子从他人那儿借了钱应该要找父母任一方商量来借吗？ = 是的。

借了钱用完了又被对方催促还钱的时候可以让对方去跟父母要吗？ = 不可以，借款人不会要对方去找父母拿。

借款人是和父母同村的而且是朋友的话呢？ = 父母会帮儿子还，并拜托对方不要再借给儿子钱。

金额相当大的情况下，父母可以说自己管不着，等着儿子将来还吗？ = 借款人是友人或者亲戚的话就不能拒绝。

如果是不怎么亲的人呢？ = 如果是陌生人不还也可以。

借款人如果要起诉的话是起诉儿子还是起诉身为家长的父母？ = 起诉儿子。

即使知道儿子没有偿还的能力还是会起诉吗？ = 是的。

儿子输了诉讼的话是儿子出钱还是孩子的父母、祖父来出钱？ = 父母或者祖父出一半左右的钱。

剩下的怎么办？ = 那样就结束了，剩下的不还。

【外出务工及父亲的同意】想去北京务工要和父亲商量吗？ = 是的。

父亲反对的话不能去吗？ = 不能去。

【家长外出务工】儿子孙子都反对，父亲仍然能去北京务工吗？ = 那样的例子很少，孩子不干涉父母的事情。

父亲是家长的话，父亲外出去务工后谁成为家长？ = 儿子成为家长。

父亲就不是家长了吗？ = 是的。

回来以后呢？ = 父亲还没有年老的话，仍然成为家长。

【因年老替换家长】家里父亲老了的话，会把家长的地位让给儿子吗？ = 有让位的。

那种时候需要找族长商量获得许可什么的吗？ = 没有那个必要。

有没有家长年老了仍住在家里而让位给儿子的例子？ = 即使不特地让位也会自然让儿子接手。

那样的情况，村里的人会叫儿子家长吗？ = 是的。

保甲簿里会写儿子的名字吗？ = 会写。

那样的老年家长叫什么？ = 不叫什么。

说隐居吗？ =不说。

把家长之位让给自己的儿子叫作什么？ =没有特别的词。

村里人问你是不是让家长之位给儿子了的时候说什么？ =说把家长的工作让给他了。

【当家和家长】有当家这个词吗？ =和家长一样。

不是年老的父亲是家长而儿子是当家吗？ =有那样的情况。

一般那样说吗？ =那样说。

年老的父亲是家长，儿子也是家长吗？ =不是这样的。家长是父亲，儿子是当家。家长和当家不一样。

【分家及族长的同意】年老的什么也不做的父亲（家长）是族长的情况下，同族分家的时候会来商量吗？ =是的。

那种情况下，会说因为自己现在什么都没有做所以请去找自己的儿子商量吗？ =无妨。

那种情况下，会说请去找和族长同辈的同族商量吗？ =那样也可以。

上述两种情况哪个比较多？ =分家的时候并不一定需要族长的到场。

其他人以族长的代理到场吗？ =没有那个必要。

分家时见证人同族的任何人都可以担任吗？ =并不一定需要同族的见证人。让同村的任意一个人见证就可以。

【没有得到父母同意就买地】儿子只要有钱即使不找父母商量也可以买土地吗？ =可以买。

那个钱是怎么来的？儿子赚了钱可以不上交给身为家长的父亲而自己保留吗？ =一点点的话可以。

自己拿一两百元也可以吗？ =可以。

【买地的名义】儿子使用自己的名义买地还是用父亲的名义买？ =用父亲的名义买。

父亲是家长，儿子是当家的情况下以谁的名义买？ =用身为当家的自己的名义买。

儿子（当家）有弟弟且还没有分家也可以吗？ =可以。

【分家时买地的分割】家长（父亲）还活着时分家的话，买的土地分开来给吗？ =分开来给。

父亲死后分家的情况呢？ =也是分开来分配。

怎么分开来分配？平分成两半吗？ =是的。

父亲死后，哥哥外出务工而买了土地，而弟弟懒惰不工作的情况下，分家的时候哥哥也会把自己买的土地分给他吗？ =如果是分家前买的土地的话会分。

弟弟减少了家里的财产的情况下呢？ =这种情况也一样。

那种情况下，哥哥能不能说那基本上全是自己赚的钱买的土地，所以只能给弟弟三分之一？ =不能说，那种情况应该早点分家。

上述情况，有没有获得父亲的同意而分给弟弟三分之一情况？ =父亲不会同意。

为什么不赞成？ =这是中国的习惯。

那是不好的习惯吧？弟弟越懒越占便宜不是吗？ =父母没有错，弟弟应该快点分家。

哥哥有妻子而弟弟没有抚养者的情况下均分吗？＝是的。

哥哥当家后有了财产，在那之前没有任何土地的情况下均分吗？＝均分。

【根据家庭收入决定买地的名义】妻子在北京赚了钱后回来，以妻子的名义还是用丈夫的名义买地？＝用丈夫的名义买。

妻子还没有生子的情况下土地的名义也是要用丈夫的名义买吗？＝是的。

丈夫有父亲且父亲是家长的时候，土地是在丈夫名义下还是家长名义下？＝家长名下。

家长年老，丈夫当家的情况下在谁的名义下？＝丈夫的名义下。

母亲去北京工作赚了钱回村后买地时，儿子是当家的话用谁的名义买？＝用是当家的儿子的名义买。

丈夫失明，妻子服侍丈夫的情况，妻子买土地时也要用丈夫的名义买吗？＝没有儿子的话用丈夫的名义买。

【无子的寡妇】嫁给独生子，丈夫死后没有孩子只剩自己一人的时候，寡妇怎么办？＝有财产的话不回去。没有财产的话回娘家。

只要有一点财产就必须留在丈夫家吗？＝有可以保证温饱的财产就可以要过继子。

【寡妇的离籍和财产处理】财产少到没有来过继的人的情况下，寡妇如果回娘家，财产归谁？＝还给同族关系最亲的人。

【女家长】有母亲和孩子，孩子还年小的时候母亲成为家长吗？＝母亲成为家长。

女的也可以做家长吗？＝可以。

保甲簿里作为户长会写女的名字吗？＝会写。

【母子关系和住处】母亲50岁、儿子30岁、儿子在北京工作的情况，如果母亲让他回来就必须回来吗？＝在北京有职业的话不回来也可以。母亲无法劳作后雇佣阿妈。

母亲靠儿子寄生活费来生活的情况，母亲可以说回来村里，儿子说让母亲去北京的话怎么办？＝那种情况母亲去北京。生活问题最重要。

母亲死去父亲还活着的情况，父亲也必须去北京吗？＝是的。

父亲病弱，说要儿子在村里看护的话怎么办？＝父亲生病了就回去。

【家里的秩序——关于叱责】15岁的儿子有媳妇的情况下，应该由父母双方的哪一方来叱责媳妇的过失？还是丈夫来？＝丈夫。

即使丈夫15岁吗？＝是的。

丈夫不知道媳妇的过失而父母知道的情况下，是父母直接叱责还是父母告诉身为丈夫的儿子由儿子来叱责？＝两种情况都有。

父亲是家长的情况下，叔父做了错事时叱责叔父的事，父亲、母亲什么都不说吗？＝是的，只是提出忠告。

哥哥的媳妇可以叱责弟弟吗？＝可以。

父母在的情况下呢？＝不会叱责。

父母不在的话呢？＝叱责。

【关于看护】

父亲生病的情况下，谁应该是第一看护人？＝儿子的媳妇。

不是母亲吗？ =媳妇的工作是做饭和熬药。

母亲生病的时候最应该由谁来看护？ =媳妇。儿子也会看护。

未分家的叔父有儿子但是没有媳妇的情况下，应该由谁看护？ =应该是叔母。

侄子的妻子不能来看护吗？ =看护也可以但不会在房间待很久。

叔母死去的情况下应该由谁看护？ =叔父的哥哥的妻子。

不应该是侄子的妻子来看护叔父吗？ =要是婆婆命令就看护。

由哥哥的媳妇看护未婚的弟弟吗？ =母亲来看护。

哥哥的媳妇不能看护吗？ =如果哥哥的媳妇年轻就不可以，40岁左右就可以。

婆婆命令看护的话哥哥的媳妇会看护吗？ =是的。

晚上的话，哥哥的媳妇不会去弟弟的房间看护吧？ =是的。

婆婆命令晚上去看护的话，可以拒绝吗？ =可以拒绝。

白天的话不可以拒绝吗？ =不可以。

【关于叱责】男孩子做错事由父母哪一方叱责？ =父亲。

女孩子的话由父母哪一方叱责？ =母亲。

儿子15岁媳妇18岁，谁来叱责媳妇？ =母亲叱责。

哥哥的媳妇可以叱责丈夫的妹妹吗？ =父母在的情况下可以叱责。

父母不在，丈夫的妹妹比自己年长的情况下，哥哥的媳妇可以叱责妹妹吗？ =可以。

哥哥媳妇做错的情况下，年长的妹妹可以叱责哥哥的媳妇吗？ =可以互相叱责。

【关于去别人家帮忙、外出务工】哥哥媳妇18岁、妹妹20岁，邻家有婚礼要去帮忙的情况下谁去？ =哥哥的媳妇去。

因为家里贫穷需要派人外出务工的情况下会让哥哥的媳妇去还是妹妹去？ =哥哥的媳妇去。

为什么？ =这边的习惯是女儿不外出务工，哥哥的媳妇去。

要去同族家里帮忙打点葬礼，谁去？ =哥哥的媳妇去。

有男的去帮忙的吗？ =有。

【葬礼】葬礼上男的事情多还是女的事情多？ =男的事情多。

男的做什么？ =烧水、挑水、做饭、送信。

葬礼上有没有一定要女的做的事？ =没有。

去帮忙葬礼的话一定是男的去吗？ =男的去。

女的什么情况下会去帮忙？ =只有出棺材的时候。女的去一天招待客人。

招待不是男的做吗？ =男的招待男客，女的招待女客。

同族的话参加葬礼的只有男的出席吗？ =女的也去。

女的也站到队列中吗？ =是的。

没有生孩子的媳妇也出席吗？ =是的。

【家长——教育的责任】10岁的孩子上学的情况下，学校有事会叫家长去学校吗？ =是的。

你是家长，侄子的儿子去学校上学，学校会找谁去？ =会通知我。

实际是身为父亲的侄子去学校吗？ =是的。

不会找母亲去吗？ =不会。

【村里的集会和女性的出席】在村里有没有只聚集女性的集会？ =没有。

还没有子女的媳妇可以出席同族的清明会吗？ =不能。

清明会一起吃饭的时候嫁来不久的女性可以参加吗？ =可以。

各户各出一人商量的时候，女的出席也可以吗？ =没有男性的家庭女的出席也可以。

丈夫不在，丈夫妹妹18岁的话，哥哥的媳妇和妹妹谁去？ =哥哥的媳妇去。

从村里到城里去买东西的时候，男的不在时由哥哥的媳妇去吗？ =由哥哥的媳妇去。

有还在哺乳的孩子的话也要去吗？ =去了马上回来。

丈夫和丈夫的弟妹都在家空闲的时候谁去？ =哥哥去。

村里集会时男的不在家的情况下不出席也可以吗？ =重要的会议的时候即使是女的也要出席。

重要的是会议指的是什么？什么情况？ =在庙里举办的村公会的会议。

可以说因为是女的所以不去吗？ =不去也可以。

那个时候如果男的都不在是太太代替出席还是拜托邻居出席？ =都可以。

有要求每个人的赞成的会议吗？ =为了挖河这次开了会议（琉璃河），有为了讨论各户出一个人或者出钱代替的集会。

上述会议的那天丈夫去了北京不在的情况下，可以说因为丈夫不再所以我不管吗？ =让对方等到两三天后丈夫回来为止。

【媳妇的地位】媳妇生了孩子后在家里的地位会变得重要些吗？ =不会特别改变。

生孩子为止都不回娘家吗？生了孩子成为母亲后可以随便回娘家吗？ =是的，会稍微变得自由些。

没有孩子期间没有父母的应允就不能回娘家吗？生了孩子后只要有丈夫的应允就可以随便回去吗？ =没有那样的事。

想回娘家时找谁商量？ =找母亲商量。

母亲反对的话会直接跟媳妇说吗？ =是的。

生了孩子后媳妇想回娘家的话直接跟母亲说，母亲反对的话直接跟媳妇说不可以吗？ =是的。

媳妇想做自己的新衣服时找谁商量？ =找母亲商量。

做孩子的衣服时呢？ =找母亲商量。

需要钱的时候，媳妇不可以直接跟父亲说吗？ =不可以。

没有母亲的情况下，要给孩子买新衣服时，儿子的媳妇是直接跟父亲说还是通过丈夫跟父亲说？ =通过丈夫说。

有母亲在就跟母亲说吗？ =是的。

【牌位】牌位一般叫什么？ =神主牌。

会写什么？ =死去的人的生日、死日（○○之神位、○○之太君）。

那是为了什么而供奉的？ =有牌位的家的话，在祭日可以不去扫墓。

在村里各户有吗？ =一户（赵权的家）。

什么样的家会做牌位？ =有钱人家和官吏之家、读书人家里。

一般家里不做吗？ =做牌位如果不找领导篆写的话不能称之为牌位。那样很花钱，所以不做。

不能拜托村里的有钱又识字的人吗？ =必须是当官的人。

【关于祖先祭祀的观念】父亲死的那天去扫墓祭拜吗？ =是的。

去祭拜墓会向祖先祈求家业繁荣、财源广进和多子多福吗？ =不会。

祖先不是会守护家吗？ =死了的人什么都做不了。

那样的时候拜神吗？ =是的。

丰收的时候，不向祖先的墓行谢礼吗？ =不会。

有牌位的人会向牌位行感谢丰收的礼吗？ =不会。

祖先对于活着的家人来说没有任何用吗？ =人一死就完了，只是要感谢把财产留给了现在的子孙。

分家的时候会告知牌位吗？ =不会。

【关于葬礼的观念】如果说人已死万事终了，那么不是没必要很盛大地举办葬礼吗？ =即使那样也要隆重办。

那是为什么？ =即使没有留下财产但是对自己有养育之恩。

隆重办葬礼，在棺材里放很多东西的话可以说是因为那个人的灵魂还活着吗？ =没有那样的观念。

【关于灵魂的观念】死了的人有魂吗？ =没有。

那不是可以立即烧了呢？ =中国的习惯是不烧的。

不是因为烧了尸体灵魂就没有归宿的地方吗？ =那个是迷信。

牌位寄居着灵吗？ =没有那样的事。

牌位的○○之神位不是附带着死去之人的灵魂吗？ =那只是单纯为了纪念。

不是只有做牌位的官吏家里有灵魂而平民家里没有灵魂吗？ =没有那样的区别。

【恋爱结婚】村里的年轻人有恋爱结婚的例子吗？ =很少。

有没有外出去北京工作娶了媳妇的例子？ =有但是很少。

儿子可以讨厌父母定下来定婚的女子而跟自己喜欢的女的结婚吗？ =不可以。

儿子讨厌定婚对象，结婚后离家而媳妇一直待在家里吗？ =是的。

那样的情况，父母会跟儿子说可以娶喜欢的女人当二房，让儿子回来吗？ =不会说。

可以抱怨儿子去北京跟喜欢的女的一起住吗？ =父亲暂时不会抱怨，慢慢劝说儿子回来。

男方父亲可以找女方父亲谈要求对方跟自己儿子断绝关系吗？ =不可以。

通过某个中间人可以说吗？ =一般都感到很羞耻不会拜托别人。

【青年到北京务工】最近有没有年轻人讨厌农活而想去北京的事？ =虽然想去但是因为没有熟人所以不能去。

会想去吗？ =想去。

老人希望孩子从事农活，而年轻人想去北京，这样的老人和年轻人想法不一样吗？=是的。

为什么老人不希望年轻人去北京？=要去是北京没有工作只顾着玩就会越变越坏。

在北京有工作的话老人和年轻人都希望去北京吗？=是的。

【外出务工和妻子】有太太的儿子去北京打工挣钱时必须把太太留在村里是吗？=是的。

为什么？=带太太一起去就没有人照顾父母了，而且父母就会孤苦凄清。

帮父母找阿妈来照顾而把太太带到北京去怎么样？=乡下人去北京的话一般是为了给商家工作，在北京没有家。

在北京收入高的话可以把太太带到北京去吧？=可以，尽量也带父母过去。

太太去北京的话不能不叫父母一起去北京吗？=没有那样的事。

【家产和家长】土地是家长一个人的还是家全体的东西？=家全体的东西。

家长想卖掉财产的一部分时，家长可以自己随便卖吗？=不能自己随便卖。

赌博输了钱想卖地而遭到家人反对的话怎么办？=即使家人全部反对也会卖。

买地的时候家人反对也可以凭家长一个人的想法而买吗？=可以买。

买了以后可以说那是自己买的然后随便卖掉吗？=不能卖。

6月4日

同族　分家　嫁娶

应答者　李德普（秘书）

　　　　史月波（县公署职员）

【大家庭】在本县有五六十人的大家庭吗？=现在没有。

最多的有多少？=最多二十人左右。

【同族村落】本县光由同姓构成的村大概有多少？=张家庄、鲁家庄（刘姓）、王家庄（高姓）、刘丈村（姜姓、支姓）。张家庄的张姓有二分之一；鲁家庄的刘姓是全村的二分之一；王家庄高姓三分之一；刘丈村姜姓六分之一；支姓六分之一。

【族长】村里有族长吗？=同族中没有规定的组织，但是有时的话，年长者会作为族长议事。一般不说族长。分家以及其他时候这个人出席，但是可以认为同族内有比他实力、辈分、年龄之上的人。

【族谱】那些同族有族谱吗？=没有。我不怎么清楚。

【族产】有家庙、学田、义田吗？=没有家庙、学田、义田。大家庭共有地有十亩二十亩，同族耕种，收入用于清明节的费用等。但不知道哪个家族有。

【几世同堂】在本县有没有几代不分家而有名的家？=现在只有城内的张书田。包括儿子这一代五代没有分家。那个家里代代孩子都很少。

有没有家族人员很多但不分家的？ = 现在没有。

以前怎么样？ = 前清时代有。

民国以后没有了吗？ = 是的。

为什么呢？ = 不是特别清楚。到前清时代为止读书人都遵从古书教导，遵从礼教，把不分家当作好事，但现在的人都没有接受这样的教育了。

现在每一代都分家是一般的吗？ = 是的。

【生前分家和死后分家】在父母生前分家多还是死后分家多？ = 死后分家多。生前关系不好也会忍耐。

那样算是不孝吗？ = 兄弟多但关系不好的话也有父母让其分家的，一般父母让兄弟忍耐。

【家产分割】分家时均分多还是哥哥拿多的？ = 大家均分。父母生前分家的情况下，哥哥出葬礼费的话也有稍微多分一点的情况。

【分家后的父母】父母分家后一般跟哥哥住吗？ = 和自己喜欢的孩子一起住。

【分家和长兄的地位】

葬礼的话以哥哥为中心吗？ = 是的。

分家的时候牌位由谁来继承？ = 长兄。

为什么？ = 因为是直系血统。

继承宗祠的人会得到多一点的财产吗？ = 并不会多得，那是命运。

【没有土地家庭的分家】没有可以分的土地的话不分家吗？ = 当然分家，如果哥哥是好人，弟弟是恶人，不分家的话将来哥哥有了财产会比较吃亏。

完全没有土地的家也会分家吗？ = 会分家，兄弟二人。即使没有土地也会有两人的家。

有兄弟四人，有没有可能只有一个人分家其他三人不分家？ = 那种情况只能是四人先分家，关系好的兄弟在一起生活。

【分居】不分家但是分开住可能吗？ = 娶了太太后在别的地方工作的话分居当然是可能的。

【分家后的生活——独立】有没有可能写了分家单但是仍然像以前一样一起生活吃饭耕种？ = 没有。

写了分单分家的话，住处、耕种和吃饭都要分开吗？ = 一定分开。

【私放地】结婚的时候媳妇可能带着土地嫁过来吗？ = 非常少，只是有钱人家的丑女会有带着陪嫁金嫁到贫穷人家的。

在本县有吗？ = 现在没有。

【媳妇的嫁妆】听说女孩子是分不到土地的所以结婚的时候会给钱是一般做法，是这样吗？ = 会在将来结婚的时候给准备费。

准备费多了的话，会作为陪嫁钱结婚的时候带着去吗？ = 有那样的情况，只是确定准备费的时候，一般都是不知道的情况下决定的。

乡下人嫁到城里的时候会带着钱去吗？ = 有嫁过去后回娘家要零花钱的情况，不会带着大额钱去。

【媳妇的特有财产】如果用媳妇的陪嫁钱买土地或者房子的话会是受媳妇的支配还是受家长的支配？ =土地房子会受媳妇支配。

那种情况的话可以用媳妇的名义买吗？ =可以买。

媳妇可以把土地再卖掉然后给自己做新衣服吗？ =可以。

那个土地可以让家人租种吗？ =可以。

那种情况下媳妇必须收粮食吗？ =是的。

需要钱的时候，媳妇可以向丈夫指地借钱或者出典吗？ =向家长的话可以但是丈夫不可以。也有让媳妇出典家里的土地的情况。

媳妇生孩子后可以向家长出典吗？ =可以。

丈夫分家时可以划分媳妇的土地吗？ =不可以。

丈夫成为家长，儿子们分家的时候，母亲的地必须作为养老地吗？ =丈夫成为家长的时候妻子的财产会成为丈夫的财产。

丈夫成为家长，有还没有分家的弟弟的情况，妻子（兄嫂）的财产也会跟丈夫的财产合并吗？ =丈夫有弟弟的话就不会合并，如果担心跟丈夫关系不好又离婚的可能时也不合并。

和丈夫的财产合并后离婚的时候会带着财产回去吗？ =即使合并了也还是妻子的名义所以可以带着财产分开。

孩子分家的时候名义不同的土地也会分吗？ =是的，但是分不分是母亲的自由。

一般这样的财产是母亲的养老地吗？ =会作为养老地，家里有好几个女儿的话将来用于女儿结婚费。

【媳妇的姓】媳妇一定是异姓的吗？ =是的。

不是同族的话即使同姓也无妨吧？ =是的。

一般即使那样也会尽量避免吗？ =是的。

为什么知道同姓的不是同族呢？ =按中国的习惯同族的话新年会来问候。

同村的同姓是同族吗？ =不是。并不一定是那样。

【服丧】父母死后三年，会遵守叔伯一年的服丧制吗？ =一定遵守。

媳妇出嫁后对于娘家父母的服丧会变短吗？ =正是那样。

媳妇服丧娘家时没有夫家父母的许可可以吗？家长不许可的话不可以服丧吗？ =虽是那样，但是那样的事情很少。

【娶妾和过继】太太没有孩子的情况下娶妾是一般的做法还是认领过继子是一般的？ =有钱人的话娶妾，贫穷的话娶不了妾所以会过继，而且很保守的家庭的话面子上也会过继。

【过继子服丧】过继子对于自己亲身父母的服丧时间会变短是吗？ =是的，会短。

【过继】只有女儿的情况大家都出嫁然后认过继子吗？ =以前的法律不认可上门女婿，现在即使认可，习惯上也不会那样做。

【独生女——家长】没有兄弟的独生女儿在父母死后会成为家长吗？ =没有同族的话，

成为家长。女儿成年了就成为家长，未成年就由母亲娘家来人。

有同族的话怎么办？ =母亲娘家来人和同族聚集开会。

【独生女——招婿】没有同族的情况不出嫁而招夫婿吗？ =娘家的同族中有男的时候看女方原因可以招婿男方，其他地方招婿也可以。

那样的事叫什么？ =招婿的时候需要娘家的许可。

【外出务工和家长——祖父的同意】让儿子夫妇的儿子即孙子去北京工作的时候，身为家长的祖父不干涉吗？ =家长反对的话不给钱。强行出去的话也没办法。

【娶妾和家长的同意】儿子没有子嗣的时候，可以不得到身为家长的父亲的许可就娶妾吗？ =身为家长的父亲不会反对吧。

有孙子的时候呢？ =不可以。

【男孩和女孩的地位】男孩和女孩相比，女孩不受重视，会不高兴吗？ =不高兴。

为什么？ =一般觉得养育女儿要花钱，长大了还必须嫁出去给别人。

现在保甲簿的吴店村包含作为副村的自然村的后店村，但是本辑调查内容是只局限于作为自然村的吴店村，不包含后店村。所述的自然村的吴店村的农民姓氏如下所示。

姓　　别	郭	禹	杨	王	赵	李	张	裴	贾	刘	吴	贺	宋、惠 徐、国
户　　数	15	7	6	6	4	4	3	2	2	2	1	1	1
作为正户 拥有附户的	4		2		1	1			1	1			
附　　户	2		2	4		2	1				1	1	

根据保甲簿，在作为自然村的吴店村（不包含后店村），拥有十人以上的家族成员的人有杨文海、李永治各十人，禹明、裴振明、刘财、郭树各十一人，禹国泰、禹宽、张雯曾、贾生各十二人，禹钦十五人，赵谦十八人、禹裢二十人，但实际上刘财、郭树、贾生、禹钦、禹裢都早已经分家，只是因为共同住在一个院子里而被看作是一户。他们的家庭成员内同如下所示。

户长	妻	弟	弟媳	弟	弟媳	侄儿	侄女	侄女	侄女	户长	妻	嫂	儿子	儿媳	侄儿	侄儿	孙女	侄儿	孙子
杨文海	杨白氏	杨文成	杨张氏	杨文升	杨金氏	杨芳	杨旺	杨昊	杨秀贞	李永治	李王氏	李周氏	李江	李张氏	李河	李润	李鸭头	李深	李旦
娶		娶		娶		未	未	未		娶			娶		未	未			
58	55	56	50	37	32	18	14	8	11	45	48	61	25	25	27	22	3	34	1

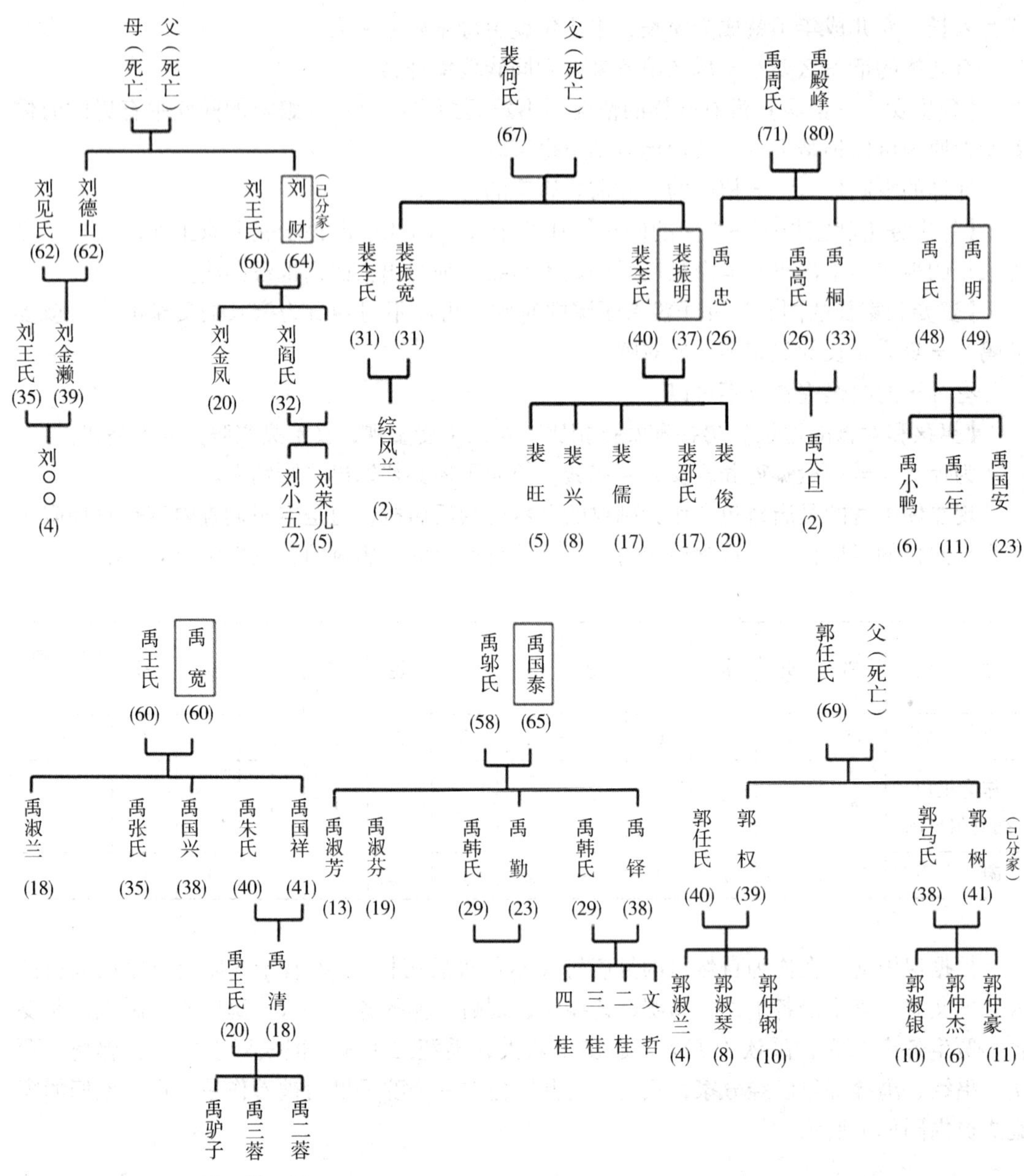

母（死亡）
父（死亡）
刘见氏 (62)
刘德山 (62)
刘王氏 (60)
刘财 (64)
（已分家）
刘王氏 (35)
刘金濑 (39)
刘金凤 (20)
刘阎氏 (32)
刘○○ (4)
刘小五 (2)
刘荣儿 (5)
裴何氏 (67)
父（死亡）
裴李氏 (31)
裴振宽 (31)
综凤兰 (2)
裴李氏 (40)
裴振明 (37)
裴旺 (5)
裴兴 (8)
裴儒 (17)
裴邵氏 (17)
裴俊 (20)
禹周氏 (71)
禹殿峰 (80)
禹忠 (26)
禹高氏 (26)
禹桐 (33)
禹大旦 (2)
禹氏 (48)
禹明 (49)
禹小鸭 (6)
禹二年 (11)
禹国安 (23)
禹王氏 (60)
禹宽 (60)
禹淑兰 (18)
禹张氏 (35)
禹国兴 (38)
禹朱氏 (40)
禹国祥 (41)
禹王氏 (20)
禹清 (18)
禹驴子 (1)
禹三蓉 (3)
禹二蓉 (4)
禹邬氏 (58)
禹国泰 (65)
禹淑芳 (13)
禹淑芬 (19)
禹韩氏 (29)
禹勤 (23)
禹韩氏 (29)
禹铎 (38)
四桂
三桂
二桂
文哲
郭任氏 (69)
父（死亡）
郭任氏 (40)
郭权 (39)
郭淑兰 (4)
郭淑琴 (8)
郭仲钢 (10)
郭马氏 (38)
郭树 (41)
（已分家）
郭淑银 (10)
郭仲杰 (6)
郭仲豪 (11)

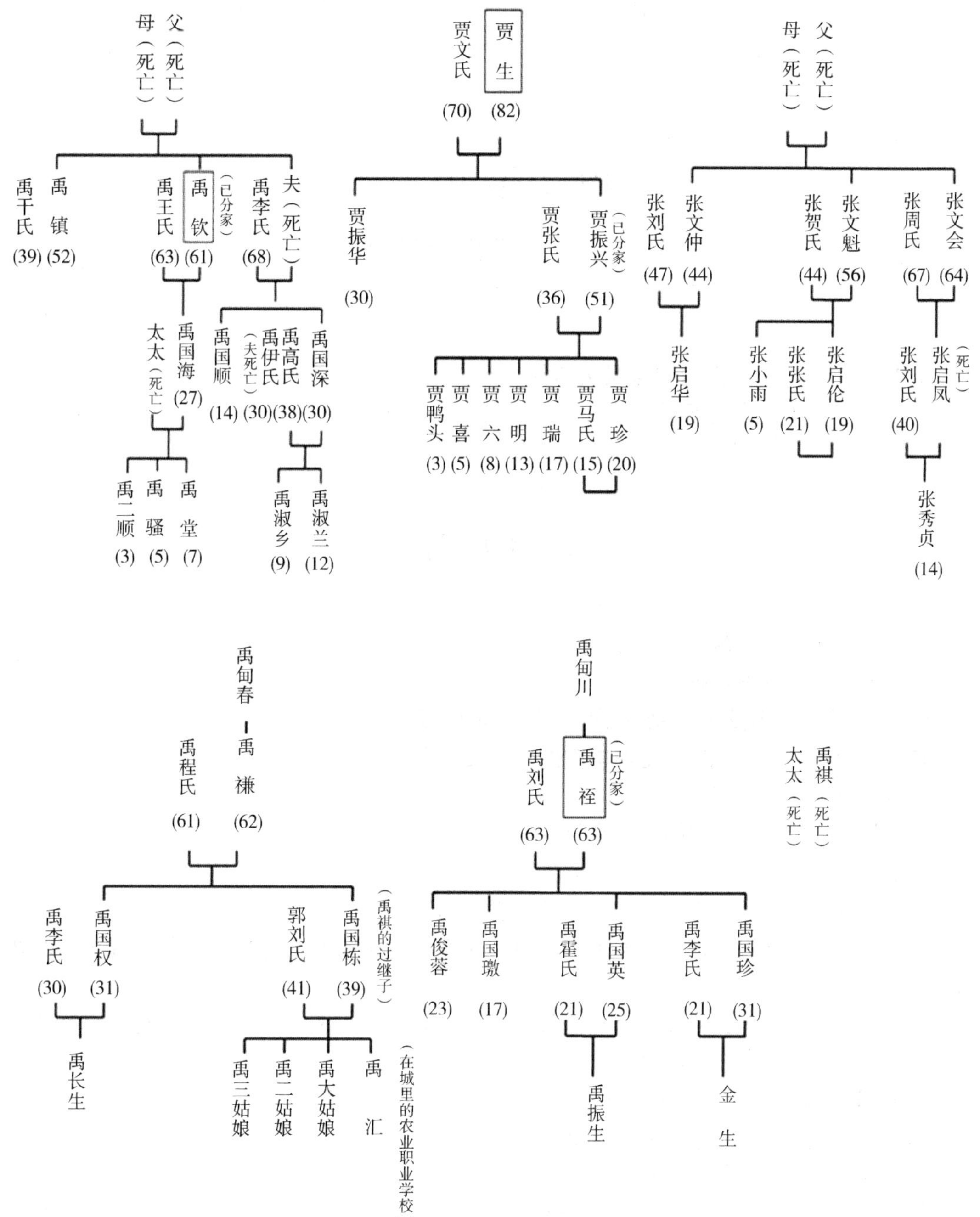

父（死亡）
母（死亡）
禹镇 (52)
禹干氏 (39)
禹钦 (61)
禹王氏 (63)
（已分家）
夫（死亡）
禹李氏 (68)
禹国海 (27)
太太（死亡）
禹堂 (7)
禹骚 (5)
禹二顺 (3)
禹国深 (30)
禹高氏 (38)
禹伊氏 (30)
（夫死亡）
禹国顺 (14)
禹淑兰 (12)
禹淑乡 (9)
贾生 (82)
贾文氏 (70)
贾振华 (30)
贾振兴 (51)
（已分家）
贾张氏 (36)
贾珍 (20)
贾马氏 (15)
贾瑞 (17)
贾明 (13)
贾六 (8)
贾喜 (5)
贾鸭头 (3)
父（死亡）
母（死亡）
张文仲 (44)
张刘氏 (47)
张启华 (19)
张文魁 (56)
张贺氏 (44)
张启伦 (19)
张张氏 (21)
张小雨 (5)
张文会 (64)
张周氏 (67)
张启凤
（死亡）
张刘氏 (40)
张秀贞 (14)
禹甸春
禹褴 (62)
禹程氏 (61)
禹国权 (31)
禹李氏 (30)
禹长生
禹国栋 (39)
（禹祺的过继子）
郭刘氏 (41)
禹汇
（在城里的农业职业学校）
禹大姑娘
禹二姑娘
禹三姑娘
禹甸川
禹袿 (63)
（已分家）
禹刘氏 (63)
禹俊蓉 (23)
禹国璥 (17)
禹国英 (25)
禹霍氏 (21)
禹振生
禹国珍 (31)
禹李氏 (21)
金生
禹祺（死亡）
太太（死亡）

1942年10月

（华北农村惯行调查资料第92辑）

家族篇第13号　河北省良乡县吴店村。

调查员　杉之原舜一

翻　译　钟汉秋

10月17日

应答者　郭仲魁（24岁，甲长）

地　点　吴店村关帝庙

【结婚、定婚】什么时候结的婚？=20岁的时候。

和现在的太太结婚这件事是谁决定的？=父亲。

定婚了吗？=说定了。

那个时候，父亲有没有问你的意见？=问了。

说定前你知道太太长什么样吗？=见过一次。

为什么看见过？=媒人带我去太太的村里看的。

太太那边知道你去看她吗？=太太那边不知道，媒人找了适当的借口带她出来所以见到了。

说定前见太太长什么样在这个村里很普通吗？=不怎么多。但是我姐姐结婚的时候也事先看了男方的照片才确定结婚的。

【同族】把同姓的同祖先的人叫什么？=本家或者当家子。

本家或当家子中地位最高的叫什么？=叫老祖长。

不叫族长吗？=也叫族长。

【甲长的资格】你的父亲几岁？=53岁。

甲长的话什么样的人能当？=20岁到40岁的人能当。

【甲长的选举】怎么选甲长？=从10户中选举。

用什么方法选举？=从县或者大乡来人发给10户人家纸在上面写想选举的人的名字。

这种情况的十户是把各门当作一户是吗？=是的，以门为一户。

这个村有几甲？=分成四户。

【甲长的资格】什么时候开始变成甲长由 20 岁到 40 岁的人来当？ = 从今年的三月开始。

在那之前没有那样的限制吗？ = 以前是年长者来当。

【甲长的工作】现在甲长做什么工作？ = 村里有什么事的时候，把保长的通知传递给十户。

甲长、保长聚集起来决定村里的事情吗？ = 聚集起来商量决定。

你做了甲长后商量决定了什么事？ = 决定了关于去挖壕（周口店的）的苦力的选法（每一耕种地十亩去七天。没有土地的人就不去）和缴费的事情。

其他有什么商量决定了的吗？ = 没有。

要去商量村里的事情之前，会和身为家长的父亲商量吗？ = 商量了再去。

怎么决定也会商量了再去吗？ = 保长有什么要商量的事情没决定的时候，当天回家后和父亲还有家人商量了第二天聚集决定。

以前年长者做甲长时如果保长有要商量的事的话，当场决定吗？ = 当天能决定的话决定。

【短工】你农闲的时候会去干其他的工作，去做什么工作呢？ = 农事。

去哪里？ = 只是本村。不去其他村。

一定会去哪家吗？ = 没有确定。

今年去了哪家吗？ = 还没去。

每年什么时候去？ = 三月、八月。

今年为什么没有去？ = 因为今年自己的租地也增加了也有其他工作。

今年增加了几亩租地？ = 10 亩。

谁的土地？ = 禹镇的土地。

租地增加，其他的工作也增加了说的是什么工作？ = 没有什么工作。

去年去哪家劳动工作了？ = 本家的郭宽的家。

三月和八月都去了吗？ = 是的。

各大概去了几天？ = 三月四五天，八月十几天。

劳动能换得什么？ = 钱。

能拿到多少钱？ = 一天 80 钱。

吃饭呢？ = 在雇主家吃。

会要衣服吗？ = 衣服是自己来。

会做什么工作？ = 三月播种，八月收获。

每天从自己家去吗？ = 是的。

钱和食物外能拿到什么吗？ = 什么也拿不到。

去别人家劳动四五天或者十几天叫什么？ = 叫做活。

不叫短工吗？ = 我的情况叫短工。

父亲今年去做短工了吗？ = 不会去。

去年呢？ = 去年也不去。因为是老年。

你大致都去郭宽家做短工吗？=是的，还没有去过别家。

是郭宽拜托你的吗？=会来叫。

郭宽在三月、八月还会雇佣你以外的短工吗？=雇佣，四五人到五六人。

【长工和短工】郭宽家有长工吗？=有两人。

你去郭宽家时，长工的工作和你们短工的工作不一样吗？=一样。

【家庭成员的所得】你去做短工时赚的钱自己用吗？=交给父亲。

自己用一点点不应该是可以的吗？=可以用。

全部用完可以吗？=那个不可以。

做5天得4元，大概可以用多少？=几十钱的话可以，1元以上不可以。

【土地所有】你家有几亩土地？=15亩。

在耕种的有几亩？=三十几亩。

你家有的15亩从以前就不会变吗？=不会变。

据你所知没有买卖土地的事情吗？=没有。

【租地和家长】今年租地10亩时谁承诺的？=父亲。

那个时候找你商量了吗？=商量了。

商量了什么？=商量了郭宽会租借给我们10亩，但是自己家也有耕种的余裕所以借了的话怎么样。

你马上赞成了吗？=赞成了。

你反对的话父亲不能借那个土地吗？=即使反对父亲如果硬要借只能服从。

【可以维持生活的土地亩数】你家现在几个人？=8人。父亲、母亲、我、弟弟、我的妻子、弟弟的妻子、我的一个孩子、一个妹妹。

去年耕种了几亩？=23亩。

用23亩可以保证8人的生活吗？=可以了。

今年增加了10亩所以会剩很多吧？=是的。可以吃得稍微好点，穿得稍微好点，加点家具。

【地租】你是租地是用钱付还是用粮食来付？=粮食来抵。

交大概多少？=每一亩4斗5升。

交四斗五升什么呢？=那一年种的东西。

可以一年从相同的土地收获两次以上吗？=偶尔会有一年收获两次的情况，但是不会每年都有。

什么可以收获两次？=种了麦后种玉米的话就一年两次，即今年种八月麦明年五月收，之后马上种玉米的话，那个八月又可以收获。

这种情况，4斗5升用什么来付？=用玉米来抵。如果用麦抵的话，麦1斗作为玉米两斗来抵。

用玉米还是小麦抵是你的自由吗？=根据地主的希望。

10月18日

应答者 郭仲魁

地 点 吴店村关帝庙

【家庭成员的外出务工】弟弟在做什么？ =在北京的皮鞋店帮忙。

几岁？ =20岁。

有太太吗？ =有。

什么时候结的婚？ =19岁的时候。

太太也去北京了吗？ =在家里。

有孩子吗？ =还没有。

弟弟有时会回来吗？ =不怎么回来。只在节日或新年回来。

【学徒】弟弟在店里有钱拿吗？ =还只是一个学徒，必须做四年学徒，今年年末就到四年了。

学徒期间什么钱都拿不到吗？ =只在每个节日拿十几圆。

衣服店里会给吗？ =自己负担。

店里一点都不给吗？ =一点都不给。

吃饭的话是对方负责吗？ =对方负责提供吃的。

学徒的年限到了的话弟弟怎么办？ =来年继续在那家店工作，过了年限后会有月俸。

【外出务工者的妻子的住所】到了能拿月俸时太太去北京吗？ =是的。

太太可以不去北京而留在这里吗？ =不去也可以。

太太去不去北京是怎么决定的？ =凭家里的命令决定。

不是弟弟和太太的希望来决定吗？ =家里不允许的话不能去。

有没有弟弟和太太都希望去北京而家里不允许的情况？ =有。

什么情况不能允许？ =来年即使拿了月俸也只不过是十几元左右，夫妇不能生活。最终还是要家里接济补助，所以不允许。

有没有因为人手不够而不允许的情况？ =有。

在这个村把太太留在村里而去其他地方工作的人有吗？ =有很多。

有带着太太一起去的吗？ =有但非常少。

带着太太一起去的人会偶尔回村里吗？ =偶尔回。

那些人在村里有土地或者家吗？ =土地和家都有。

有没有亲兄弟的人吗？ =在这个村没有。

弟弟的太太是否去北京由谁来决定？ =父母商量好结果由母亲转告。

母亲向谁转告？ =跟弟弟的太太说。

会转达是父亲说的吗？ =转告弟弟的太太。

不会转达是父亲说的吗？ =母亲在的时候听母亲的，没有母亲就服从父命。

【家人的分工】父亲在家做什么？ =在家工作。

做什么工作？ =在家晒干作物，剥甘蔗皮之类的。

不去田里干活吗？ =不去田里。

为什么？ =因为是老年，自己劳动让父亲休息。

父亲几岁？ =53岁。

什么时候开始不去田里的？ =四十几岁开始不去，因为身体变差了。

你一个人耕种三十几亩吗？ =我和太太还有母亲工作，偶尔父亲也会出来做。

弟弟的太太怎么办？ =在家看家。

妹妹几岁？ =10岁。

妹妹做什么？ =看孩子。

弟弟的太太不去田里吗？ =主要在家做饭看家，有时也会交替去田里。

和谁交替？ =和我太太或者母亲。

弟弟的太太为什么要看家做饭？ =因为是新来的媳妇。

【新婚妻子不做田里农活的理由】新来的媳妇为什么不去田里？ =会被别人笑话。

为什么会被笑？ =一般结婚不久的媳妇都不去田里工作。

弟弟的太太被笑话还是家人被笑话？ =家里全体被笑。

弟弟的太太不被笑吗？ =也还是会被笑。

村里人为什么会笑？ =还刚刚新婚还穿着漂亮的新衣服，就那样去田里会被笑。

新太太穿漂亮衣服会穿到什么时候？ =一年左右换成稍微不好的衣服。

为什么一年左右要穿着漂亮衣服？ =没有什么特别的意思，因为新婚。

很早换不好的衣服的话村里人会笑话吗？ =村里人会马上笑话。

为什么笑话？ =穿不好的衣服的话就会被笑话家里穷。

村民为什么笑话新婚太太去田里干活？ =说形象不好而笑。

有没有新婚太太去田里干活的情况？ =没有。

新太太为什么不可以早点去田里干活？ =作为媳妇不想被他人看也不想要被笑话。

村民笑是什么意思？ =并没有什么意思。因为有那样的习惯。

新太太在田里劳作的话不是笑话你家贫穷吗？ =是的，会被笑家里贫穷。

其他以外的意思呢？ =没有。

【女性的农活】你太太在田里跟你做一样的农活吗？ =不是的，因为女的比男的弱一些。

做什么工作呢？ =比如施肥，把丈夫翻动的土埋好等轻松的工作。

母亲做什么工作呢？ =做和自己太太一样的工作。

母亲和你太太一年中基本都在田里干活吗？ =有农活干的时候就去。

【短工】忙的时候会雇用人吗？ =非常忙的时候会雇用。

去年雇用了吗？ =雇用了。雇用了短工。

是几月？ =八月。

几个人？ =两人。

几天？ =三四天。

今年呢？ =七月左右，雇用了三次四个人。

一天一个人给多少？ =80 钱。

【做饭——母亲的指挥和媳妇】田里工作不忙的时候，做饭主要是谁来做？ =弟弟的太太。

弟弟的太太按照自己的想法来做饭吗？ =因为嫂子有自己的孩子比较年长，所以弟弟的太太把做饭当作自己的工作自发来做。

母亲和你太太不会帮忙吗？ =弟弟太太一个人能够完成。

你太太不用去田里做农活的时候，会做什么工作？ =和母亲一样的工作。

母亲会做什么？ =比如说掰玉米粒等。那个弟弟的太太也会做。

每天谁来决定饭菜？ =母亲。

母亲不找任何人商量就决定吗？ =是的。

家里人不会说今天想吃的什么的吗？ =不会商量。

你跟母亲说过今天想吃这样的东西之类的话吗？ =也有那样的情况，那时候母亲会听我的想法。

母亲会找你太太或弟弟的太太商量，或者说太太们偶尔会传达自己的期待吗？ =会按照母亲的命令来做，偶尔有要求的时候，不知道母亲会不会听。

有你太太对母亲怀有期待的情况吗？ =有，但是没有期待的时候比较多。

为什么没有期待呢？ =太奢侈的情况就不会听，不是那样的话会听的。

【住处】你家是什么样的？ =

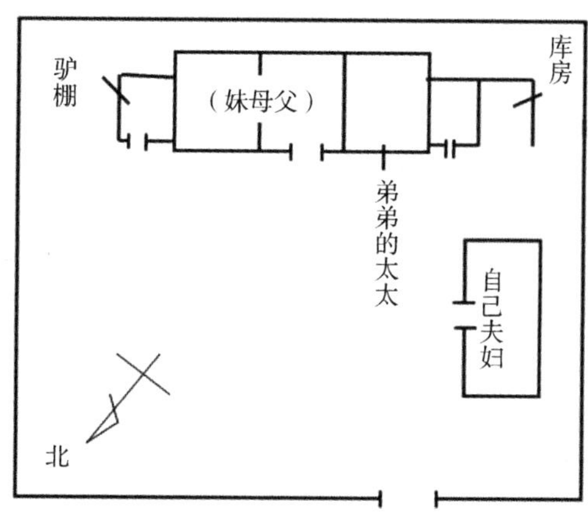

【家庭内的秩序——关于吃饭】大家一起吃饭吗？ =一起。

在哪里吃？ =父亲的房子。

大家聚到父亲的房子吗？ =是的。

父母、你太太、弟弟的太太、妹妹大家一起在一个时间吃饭吗？ =一起在同一时间吃饭。

没有女的单独在其他地方吃饭的情况吗？ =不会分开吃，但是座位安排是女的全坐在一起。

在一张桌子上吃饭吗？＝一张桌子上吃饭。

坐在上坐的位置是决定好的吗？＝没有决定好。

不会父母大致坐上席吗？＝没有特别规定。

食物大家都一样吗？＝大家一样。

父母有时候会被其他人请吃宴席吗？＝有时候会，那个时候就吃自己想吃的。

即使那种时候还是大家一起吃吗？＝还是会一起吃。

只有父母吃好吃的东西的情况多吗？＝只是偶尔会有这样的情况。

【——关于团聚】家里人会聚到一起然后聊很多家长里短的话吗？＝有特地聚到一起的情况。

那种时候主要是晚上还是白天？＝晚饭后比较多。

那个时候你太太和弟弟太太会一起说话吗？＝是的。

大概每天晚上都会吗？＝不是每天晚上。只有空闲的时候会。

【——关于女性晚上的工作】晚上也会工作吗？＝男的在农忙时，晚上会有工作。除此以外，女的即使是那种时候，也会有在晚上做衣服这样的工作。

做晚上的工作时，你太太和弟弟的太太还在同一个房间一起做吗？＝在各自的房间做。

不会在同一个房间做吗？＝不会。

你太太和弟弟的太太会不会聚到母亲房里一起工作？＝有那样的情况。

什么时候？＝一二月左右和四五月左右缝衣服的时候。

缝衣服的时候为什么要一起？＝东西一般都收集在母亲房里。而且去弟弟的太太房间睡午觉的话不好。

【——关于居室的来往】弟弟的太太会来你们房间玩吗？＝经常来。

你也会去弟弟太太的房间吗？＝我不能去。

你太太去吗？＝我太太会去。

父亲会来你房间或者弟弟太太的房间吗？＝找什么东西的时候可以来但不能待很久。

母亲呢？＝母亲无妨。

你太太和弟弟的太太可以自由去父亲房间吗？＝会自由去。

母亲不在只有父亲在的时候也无妨吗？＝无妨。

待很久也可以吗？＝不能待很久。

没有什么要事也无妨吗？＝无妨。

父亲没有什么要事却去弟弟太太的房间或者你的房间也无妨吗？＝不可以。

父亲没有什么要事不能进弟弟太太的房间，而弟弟的太太没有要事却可以去父亲的房间吗？＝是的。

为什么？＝女的如果突然进去，会有不方便的地方。但男的没有那样的情况。

弟弟会来你房间玩吗？＝可以自由进入。

即使你不在也可以吗？＝无妨。

你可以去弟弟太太的房间吗？ = 我不可以。

为什么？ = 按照这里的习惯，弟弟不用跟嫂子客气，但是兄长必须跟弟弟的太太保持客气。

晚饭后大家聚集聊天的情况多吗？ = 多。

【——关于做衣服】你太太只缝制自己的和孩子的吗？ = 会缝自己丈夫、母子的和双亲的。

不会缝弟弟或者妹妹的衣服吗？ = 弟弟的由弟弟的太太缝，妹妹的我太太或者弟弟太太缝。

母亲不缝自己的衣服吗？ = 有缝的人所以不缝。

缝双亲和妹妹的衣服时，怎么决定是你太太还是弟弟太太？ = 母亲收着东西，所以母亲不拿出来的话做不了，母亲的命令来决定由谁来做。

双亲的衣服主要由你太太还是弟弟太太来做的？ = 弟弟的太太。

那是为什么？ = 因为没有孩子。

弟弟太太有孩子的情况下也主要由弟弟太太做吗？ = 那种时候两个人做。

那种时候谁来决定由谁做？ = 母亲决定。

买衣服的布料还是自己来做？ = 买布料，自己不做。

本村有自己做自己衣服的布料的吗？ = 大家都买。

你和你太太的衣服的布料是谁买？ = 父亲买了交给母亲，母亲再给我的太太。

有给钱然后你自己买的情况吗？ = 那样不可以。如果那样做买了好的东西是不允许的。

做你的衣服的时候，会拜托谁买布料？ = 拜托父亲。

不拜托母亲吗？ = 不拜托。

做你太太的衣服买布料的时候拜托谁？ = 拜托母亲。

谁来拜托？ = 太太拜托母亲。

你不会拜托吗？ = 太太自己拜托。

太太拜托母亲前会找你商量吗？ = 不商量。

新置办你的衣服的时候如果你不拜托的话会给你做吗？ = 如果不是那个时候拜托的话，不会给我做。

有没有不需要拜托就给你做的情况？ = 到了那个时候，即使不拜托也会给我做。

什么时候会给你做？ = 夏天和冬天。

每年吗？ = 每年。

有没有除此之外拜托做衣服的情况？ = 没有。

【——关于工作的指挥】弟弟太太工作的时候谁来指挥？ = 母亲。

你太太不指挥吗？ = 不可以。

有没有你太太指示弟弟太太做什么的情况？ = 没有。

有没有你指示弟弟太太做什么工作的情况？ = 没有。

有没有父亲指示你太太或者弟弟太太做什么的情况？ = 有。

会指示做什么工作？ =农活之外的缝衣服、洗衣服之类工作。

父亲会指示缝衣服洗衣服之类的吗？ =父亲也会。

母亲会指示你太太和弟弟太太做什么工作？ =命令一个人洗衣服做饭缝衣服之类的，其他会指示一个人把玉米磨成粉。

【——关于做饭、洗衣服】做饭主要是你太太和弟弟太太谁来做？ =弟弟的太太。

你的和你妹妹的衣服也洗吗？ =双亲和妹妹的。我的由我太太来洗。

弟弟的太太不会洗你的衣服吗？ =不会。

【——关于带孩子】弟弟太太会来照看你的孩子吗？ =会。

那种情况多吗？ =多。

弟弟的太太有自己的孩子后还是会带你的孩子吗？ =会带但是只是空闲的时候。

【祖先祭祀——扫墓】有祭祀祖先的时候吗？ =没有，有去墓地祭祀的情况但是不是在家里。

什么时候去墓地祭祀？ =清明节。

除此以外呢？ =没有。

你家大家都回去祭拜扫墓吗？ =母亲带我太太和弟弟太太去祭拜。

你和你父亲不去祭拜吗？ =不去。

母亲会带着什么去祭拜？ =带四碗饭、香、烧纸去。

那些放到墓前吗？ =会带着饭子回去。其他的当场烧掉。

只有你家去那个墓祭拜吗？ =只有我家的人。

其他本家的人不去祭拜吗？ =不去。

【新坟地和老坟地】没有本家全体祭拜的墓吗？ =有。

那个墓和母亲祭拜的墓不一样吗？ =不一样。

本家的人都祭拜的墓叫什么？ =叫老坟地。

只有你家祭拜的墓叫什么？ =叫新坟地。

不祭拜老坟地吗？ =会祭拜，还是母亲和我太太还有弟弟太太去祭拜。

什么时候祭拜？ =清明节。

带着什么去祭拜？ =带四碗饭、香、烧纸。

饭放那边吗？ =带回自己家。

【男子不扫墓的理由】你和你父亲为什么不去祭拜老坟地、新坟地？ =按这里的习惯男的不祭拜。

男的不能祭拜吗？ =男的只是在清明几天前去墓地添坟（加土）。

男的不能再清明节祭拜吗？ =家里没有女的话男的去。

有女的但还是男的去不可以吗？ =按这里的习惯只有女的去，男的去的话，不太体面好看。

为什么？ =其他家里都是女的去，而只有自己家是男的去的话，会被笑话。

为什么是女的祭拜？ =因为是从以前就开始的习惯，我也不知道。

男的去墓地祭拜会被笑话，跟新媳妇下地干活被笑话意思一样吗？ =不一样。

怎么不一样？=因为是习惯所以我也不知道。

【家中的祭神】家里会供奉祖先吗？=不供奉，只供奉灶王爷。

【分家】在你家现在考虑分家吗？=没有考虑。

会认为分家是好事还是坏事？=认为不好。

为什么？=分家了财产对半分，做饭之类的反而会花更多钱。

有没有分家时对祖先来说不好的事的说法？=我也这么认为，没有分家的话在外人看来一家生活很圆满。

并没有对祖先感到愧疚的情况吧？=我认为把祖先那里继承来的土地分开不好。

10月20日

应答者　郭仲魁

地　点　吴店村关帝庙

【家长、当家的】你家家长是谁？=父亲。

当家的是谁？=我的父亲。

【金钱的收支和家长】你家的金钱收支是谁管？=父亲。

钱由谁保管？=父亲收藏着。

不是母亲拿着吗？=以前有让母亲管过现在不一样了。

为什么？=因为母亲有点耳背。

【土地买卖、金钱借贷】在你家有买卖土地这样的事吗？=没有。

你家会从其他地方借钱吗？=没有。

有借给别人钱吗？=没有。

【家庭成员的零花钱和家长】你用过零花钱吗？=用过。

一年大概能用多少？=有三十五六元左右的话就够了。

用来做什么？=买自己孩子的玩具、食物之类的和自己的鞋子。

不买太太的东西吗？=太太的东西拜托母亲跟父亲说，然后要到钱就用那个钱买。

谁给你三十五六元的零花钱？=父亲给。

需要的时候要吗？=是的。

零花钱不够的时候会从其他人那里借吗？=不会。

【村里会议和甲长的替换——子承父业】村里有什么要商量的事的时候父亲去吗？=是的。

什么情况？=决定会议的费用的负担额的时候，村里的参议员会来喊父亲参加。

现在也是吗？=现在也是。

父亲现在也在照看村里的事情吗？=在照看着。

从以前开始吗？=从以前开始。

比如像甲长那样的职务有吗？=以前当过甲长。

什么时候开始，到什么时候？=民国二十九年到今年二月为止，但是今年二月后也仍然在做甲长的工作。名副其实不做的话是新历九月开始。

九月以后还是会接受参议的商量吗？=还是会参加商量。

那样的场合你不参与吗？=我不参加。

有你出席参与商量的情况吗？=有。

父亲什么场合下出席商量？=决定村里的工程各家派人的比例的时候。

决定村里费用的时候你会出席商量吗？=没有出席过。

关于最近村里的费用决定过吗？=决定过。

什么情况？=村里挖壕时，分配给苦力吃的食物的费用。

什么时候？=旧历八月十号。

那个时候父亲已经名副其实辞掉甲长了吗？=那个时候还在做实际的甲长。

那以后，决定过村里的费用吗？=没有。

你做甲长后出席参与商量过村里的事情吗？=有。

什么事情？=挖壕的工人的比例。

什么时候？=旧历九月八日。

以后决定村里费用的时候由谁出席？=今后我来出席。

父亲不会出席吗？=因为父亲不是甲长所以不能出席。

那种情况下不找父亲商量自己一个人决定吗？=还是会找父亲商量。

甲长和大家聚集决定村里事务时，没有跟父亲商量的空闲时间的情况有吗？=当场没决定的，延迟到第二天决定。

【家长的财产行为和与家庭成员的商议】父亲给家里买什么东西时会跟你商量吗？=会商量。

商量什么事？=比如说买东西的时候等。

有没有不商量父亲一个人买的情况？=有。

什么时候？=买方庭用东西的时候大多不商量。

什么情况下会商量？=比如买给家人做衣服的布料时会商量，其他不怎么商量。

谁来卖收获的粮食？=父亲。

有你卖的时候吗？=没有。

父亲卖的时候会跟你商量吗？=不会商量。

父亲和谁都不商量吗？=不商量。

和母亲不商量吗？=不商量。

有没有你和母亲说不卖比较好的时候？=有。

那种时候，父亲不卖吗？=卖。

那样子的话不会有不愉快吗？=没有什么糟糕的事，需要钱的时候父亲卖掉所以没什么特别的感觉。

你在什么时候说了认为不卖比较好？=收成不好，口粮会不足，所以说不要卖比较好。但是父亲说必须还这里那里的钱，所以卖了。

这是什么时候的事？ =几天前，卖豆。

结果卖了吗？ =卖了。

卖了大概多少钱？ =卖了一石。63 元。

其中还了多少钱？ =一亩 1 元 12 钱，付了 33 亩的编乡款，没有欠钱。

剩下的钱怎么办？ =放家里。

【粮食的出售】有为了还借款而卖粮食的情况吗？ =因为没有欠款所以没卖过。

需要什么费用时会卖粮食？ =买方庭的食用品和布料的情况比较多。

去年大概卖了多少？ =记不清了，麦子一石多卖了大概 80 元左右。

【储蓄】做百姓每年会剩点钱吗？ =会稍微剩点。

大概剩多少？ =一年剩 100 元左右。

剩下的钱怎么办？ =存着。

存哪里？ =存家里。

那你那里应该有很大一笔钱吧？ =不怎么清楚，有时会有需要临时费用的时候，应该剩的不多。

那是什么费用？ =零花钱费用、生病的费用等。

【借款】在本村借款的人多吧？ =多。

一般跟谁借？ =从亲戚朋友那里借。

【扫墓】清明节去扫墓的是谁？ =我母亲和太太。

家庭不同也有男的去扫墓的吗？ =很少。

男的去扫墓的家是什么样的家？ =没有女的家比较多。

有没有家里有女的还让男的去扫墓的家？ =没有。

【宗祧】知道宗祧这个词吗？ =不知道。

【祖先祭祀和长子】祭祀祖先的是只有长子吗？ =是的。

这个叫什么？ =叫祖宗匣。

【祖宗匣】祖宗匣说的是什么？ =是指记载历代先祖的名字和死去年月日的东西。

那个在哪里的家里有？ =没有。

在普通的农村里用这个词吗？ =用。

【家堂、神主牌】有相同的意思的其他词吗？ =也叫家堂。

不叫神主牌吗？ =不说。

神主牌是什么？ =祭祀神佛时，写了什么什么神、什么什么佛的东西。

有拥有家堂的家吗？ =有。

哪家？ =郭赵凯、郭宽。

家堂由长子次子哪个来继承？ =长子。

没有家堂的家祭祀祖先吗？ =不祭祀。

家堂是很重要的吗？ =非常重要。

为什么一般的家里没有？ =因为家里贫穷。

为什么家里贫穷就没有家堂？ =因为典主不容易。

【典主】典主是什么？＝是说把祖先的名字写进家堂，典主一定要聘请典主官，请典主官不容易。

【典主官】典主官是什么样的人？＝有学问有名誉的人。

聘请典主官要钱吗？＝因为是有交情的人所以并不需要花钱，但是请典主官要轿子，请到家里以后要费用，所以贫穷的人做不到。

【妻子工作的指挥】谁来决定你太太做什么工作？＝母亲。

【同族】这个村有几户郭姓人家？＝18家。

大家同样的祖先吗？＝同样的祖先。

族长是谁？＝郭永宽（74岁）。

【同族的集会】有没有只有郭姓聚集起来做什么的情况？＝没有。

清明节会聚集吗？＝不会。

【同族的亲近感】本家的人会比其他的人更加亲近吗？＝不会。

是不是本家都没什么变化是吗？＝没什么变化。

【同族的共有地】郭姓本家有全体拥有的土地吗？＝没有。

【老坟地】老坟地是谁的？＝郭永才。

老坟地是郭永才家的墓吗？＝不是。是郭姓全体的墓。

老坟地的周围有耕地吗？＝没有。

郭永才家人死了的话，会埋到老坟地吗？＝是的。

不埋郭姓其他家的人吗？＝会埋到其他新坟地。

为什么只有郭永才家埋到老坟地？＝因为郭永才没有土地造不了新坟地。

老坟地大概有几亩？＝二亩。

老坟地要交田赋吗？＝不交。

老坟地从以前开始就是郭永才的财产吗？＝从以前就是。

是郭永才的土地变成了老坟地吗？＝不是，是郭姓的公地。

现在是谁的财产？＝现在也是公地。

【家族内的纷争】和父母、弟弟太太等一起住的话，很长一段时间中偶尔会有不开心的时候吧？＝没有，其他家里会有但自己家没有。

在别的家会发生例如什么样的不开心的事？＝说不需要家里的人的时候会有吵架。

10月19日

应答者　李永玉（48岁）

地　点　吴店村关帝庙

【关于应答者的家庭】在家里做什么？＝农业。

除此之外不做什么吗？＝什么也不做。

耕种几亩？＝30亩。

那些全部是自己的吗？=全是自己的。

不到别人那里租土地吗？=没租。

家里有几个人？=七人。自己夫妇、孩子一人、孩子太太、孙子三人。

你有几个亲兄弟？=没有兄弟。

有姐妹吗？=两个姐姐都死了。没有妹妹。

【短工】耕种会雇用人吗？=不雇用。

短工也不雇用吗？=有雇用过短工，在农忙的时候雇用。

每年雇用吗？=每年雇用。

雇用大概多少人？=雨季很麻烦的时候会多雇用，因为草会很繁盛，把这个叫作大年头。

一般雇用多少人？=大年头的时候三十几个；小年头的时候十几个。

今年雇用了吗？=雇用了，因为今年雨少雇用了十几个。

雇用了大概几天？=十四五日。

一天雇用一个人吗？=一天雇用一两个人。

【同族——本家】和你同姓的家这个村有几户？=三户。

大家都是相同祖先吗？=祖先一样。

这个村以外有祖先一样的家吗？=没有。

你家从以前就在这个村了吗？=以前就一直住在这儿。

那三户人家相互叫什么？=叫本家。

有和本家相同意思但不同的词吗？=也叫同族，和本家一样。

不叫当家吗？=也叫那个。意思一样。

村里人一般用哪个词？=叫本家的多。

【族长】有没有因为在本家是辈分最高的而受尊敬的人？=没有。

是不是也有不知道族长这个词的村民？=也有不知道的人但那非常少，一百个人里面三个人或四五个人。

【老祖长】知道老祖长这个词吗？=老祖长不是说本家的族长，说一家子的长老，族长叫老族长。

【一家子】一家子是什么？=在共同的家生活的人。

你的一家子是谁？=前述七人。

【老祖长——老祖宗、家长、当家的】没有和老祖长相同的意思的词吗？=也叫老祖宗。

和家长不一样吗？=一样的意思。

村民一般用哪个词？=叫老祖宗的多。

知道当家的这个词吗？=知道。一般叫当家的，和老祖宗一样的意思。

你家老祖宗是谁？=我家老祖宗都死了。

你家家长是谁？=我。

当家的是谁？=我。

【族长及同族的婚姻】你的本家的族长是谁？ =比我辈分高的人都死了，所以我是族长。

在你的本家结婚时会和你商量吗？ =有来找我商量的，比如本家的谁结婚时，有来找我调查对方女方的。

来商量结婚可不可以的吗？ =有来听我的意见的，说我经常在外面走，所以应该知道对方好坏，来找我商量。

你有反对过本家说不可以结婚吗？ =没有。

【分家】在本家最近有分家的吗？ =去年有父子分家。但是分不分家都一样。因为父亲一人孩子一人的分家的话父亲死了孩子会得到全部财产。

即使独生子，也有和父亲分家的吗？ =有。分家原因是父子关系不好所以分居了。

那种情况分土地吗？ =分土地。

去年父子分家了的是谁？ =李永志的家。

【同族的分家和族长】李永志分家的时候找你商量了吗？ =我没有去。父子两人商量了后分了家。

分家时你不到场吗？ =不到场。

那个时候会做分家的文件吗？ =没有做。

决定土地如何分时你没有去吗？ =没有去。

对方什么都没说吗？ =分家前就什么都没对我说。分家后父子来说了。

那个时候除了你之外还有本家吗？ =有一户。

父子有没有去跟那一户本家说？ =因为在一个院子所以不说也都会知道。

也到你家来禀告了吧？ =并不是来报告的。

本家有最近结婚的例子吗？ =没有。

【同族的土地买卖和族长】据你所知，本家有没有土地买卖过？ =没有。

本家土地买卖的时候必须来找你商量吗？ =礼仪上应该会在卖之前来问我，卖不卖那个土地，但不是说不来问我就不能卖。

没有问就卖了的话也不会起争执吗？ =不会起争执，但会有有钱想买的本家责怪卖主的情况。

【分家和户数】现在你的本家全部有几家？ =三家。

去年分家后的两户和你家三家吗？ =去年分家的算一户。

为什么算一家？ =这像是分家但不是真正的分家。不过就是感情上分开吃饭，而且孩子会招待父母吃饭，所以不能说是真正的分家。

亲子两人的时候分家的话变成几家？ =变成两家。

不能算两家的话有还是算一家的情况吗？ =没有。

【儿子结婚和与家人的商议】是谁决定你的儿子的结婚的事情的？ =我。

那个时候跟谁商量了吗？ =跟母亲、太太、儿子商量了。

也会听取儿子的意见吗？ =听取了意见但是儿子什么也没有说。

不能说是对是错吗？ =不会说。

母亲或者太太反对了吗？ =没有反对。大家都赞成了。

【与本人的商议】在本村孩子结婚时一般会听取儿子意见吗？ =不听的比较多，年龄还小，即使问了本人也不会说什么，所以问不问都一样。

你为什么问了？ =因为结婚后要是有什么不开心的事就不好，所以事先问了本人的意见。

【家长的行为和与家人的商议】你在要做什么家里的事时一定会跟太太、儿子商量吗？ =为了关系不变差会问意见。比如买东西的时候等，之后听到太太抱怨的话不好，所以事先会问。但是买自己的东西时不会事先问儿子。

【吃饭的秩序】你家会一起吃饭吗？ =一起吃。

在同一张桌子一起吃吗？ =是的。

儿子的太太也一起吗？ =一起吃。做了可以大家一起吃的分量就大家一起吃，只做了一点的时候分开吃。

分开吃的时候谁先吃？ =我和孙子先吃，然后我太太和儿子，然后是儿子的太太。

分开吃的情况多吗？ =一起吃的情况比较多。

【儿媳和婆婆的工作】儿子的太太主要做什么工作？ =带孩子、做饭、缝补。

你太太不做饭什么的吗？ =带孩子和喂猪什么的会做但不做饭。

【家人团聚】晚上太太、儿子、儿子的太太会聚到一起聊天吗？ =会。

经常这样吗？ =经常。

大概每天晚上都会吗？ =大概每天晚上。

【家长的财产行为和家人的反对】有不顾太太反对而买东西的情况吗？ =不赞成的时候没办法就会放弃不买。

有没有即使反对仍然买的情况？ =有。一定需要的时候即使反对也买。

有没有即使儿子反对仍然买的情况？ =儿子不会干涉那样的事。

买什么样的东西？ =衣服的布料、食用油、盐、醋等。

在你家谁掌管钱？ =我太太。

你不掌管吗？ =没有我掌管的必要。

有让你儿子拿钱的情况吗？ =一般不会让他拿，买东西的时候会让他拿钱。

【地券、红契】你自己的土地有地券吗？ =有地券。

知道红契吗？ =知道。

红契是什么？ =衙门给的土地证明。

村民一般把这种土地证明叫红契吗？ =一般叫红契。事变前叫部照。

你的 30 亩分成了几部分？ =分成 4 部分。

有几张红契？ =5 张。

不是一片土地一张红契吗？ =也有一片土地两张的情况。

【红契的名义】红契是谁的名字？ =我的名字。

30 亩是什么时候买的？ =祖先就有了民国变成了我的名字。

什么时候变的？ =民国十五六年左右。

那个时候，全都是一次变的吗？ =不是一次变的。要变的话要花钱所以是逐渐变的。

【土地所有权的变动】你父亲什么时候死的？ =我生下来两三个月前死的。

父亲的时代就是30亩吗？ =父亲在的时候稍微多一点。

是你卖的吗？ =是父亲卖的。

你卖过吗？ =没有。

你卖过土地吗？ =没有。

【粮食的卖出和与家人的商量】卖过收获的粮食吗？ =一直会卖。

今年卖了什么？ =还没有收获。

去年卖了什么？ =去年收成不好所以没卖。反而买了一点。

卖粮食的时候会和儿子商量吗？ =不跟儿子说就卖。

跟太太说吗？ =因为需要钱，太太反而会劝我卖。

【土地的变卖和与家人的商量】卖土地的时候必须跟儿子商量吗？ =必须商量。

儿子反对的话不能卖吗？ =那样就有点不好办。

也会跟太太商量吗？ =太太主要会听我的意见。

【儿媳和婆婆意见不统一】做什么的情况会有你太太跟儿子的太太意见不一样的时候吗？ =没有。

为什么？ =女的不能决定事情。决定事情的是我，所以不会有意见不一样的情况。

你太太和儿子的太太意见不一样的时候你会决定怎么做吗？ =没有那样的事，因为有父母所以儿子的太太不应该提出自己的意见。因此不会有意见不一样的事情。

【村的负责人】你有没有在管村里的什么事？ =有。

做什么事？ =做了村副。

什么时候？ =事变前一年。

那以后怎么样？ =事变后，一个月前左右做了甲长。

【儿子结婚和与同族的商议】你儿子结婚时，会跟你太太、儿子以外的人商量吗？ =没有商量。

没有跟本家的人商量吗？ =本家没有负责商议的人。

【神主牌】知道神主牌这个词吗？ =知道。

是什么？ =把死去的祖先的名字写在木头上祭祀的东西。

你家有神主牌吗？ =没有。

【祖先祭祀】会祭祀祖先吗？ =我家不会，但是正月和节日的时候，会把祖先的名字写在纸上（像神主牌那样）带去墓地烧掉。

平常不祭祀祖先吗？ =不祭祀。

【家里的墓和同族的墓】你家有墓吗？ =有。

只是你家的墓吗？ =是的。

没有本家全体的墓吗？ =有。

那个和你家的墓不一样吗？ =不一样。

【扫墓】你祭拜过你家的墓吗？ =我带着全体家族成员去。

不是只有你太太和儿子的太太去祭拜吗？ =男的也去。

什么时候祭拜？ =节分、忌辰、年末（年末的话只有我家会这样做）。

有祭拜过本家全体的墓吗？ =清明节会去。

那个时候谁去祭拜？ =家族全部去。烧纸焚香埋土。

【老坟地、新坟地】把本家全体的墓叫什么？ =叫老坟地。

只有你家的墓地叫什么？ =叫新坟地。

10 月 23 日

应答者　赵仲衡（50 岁、校长）

地　点　良乡中心小学校

【应答者的学历、职历】你是什么学校毕业的？ =民国四年从天津师范学校毕业的。

毕业后做了什么？ =毕业后就职于河北省深县中学校。

几年？ =三年。

那之后呢？ =一直到民国三十年，担任良乡县城内的县城小学校长。

那以后呢？ =今年正月一日成了中心小学校的校长。

出生地是？ =吴店村。

在吴店村待到什么时候？ =民国二十六年搬到了县城。

那之前一直是从吴店村通勤的吗？ =寄宿在学校。

为什么去了天津师范学校？ =因为天津师范学校当时成绩非常好，小学毕业后就入学了。

天津有认识的人吗？ =一个人都没有。

【应答者父亲的职业】父亲是做什么的？ =商业。

什么商业？ =粮行。

在哪里？ =城里。

当时家在哪里？ =吴店村。

县城内有店吗？ =有店但是民国十年经历些许失败关了。

民国十年后，父亲没有再做商卖了吗？ =那之后什么工作都没有做，因为那个时候已经是老年了。

粮行是祖父的时代就开始经营了吗？ =父亲开始的。

祖父的时代做什么？ =农业。

父亲不从事商业后没有做农业方面的事吗？ =那之后从事农业了，因为本来就是半商半农所以做了农业。

你做过农活吗？ =没有。

【土地所有权的变动】祖父的时代土地大概有多少？ =2 顷左右。

父亲的时代呢？ =没什么不同。

现在呢？=因为兄弟分家4个人均分了。

有大概几亩？=五十几亩。兄弟中有买卖土地的人，但是我的和分家当时的没什么不同。

分家后没有买过土地吗？=有。

买了大概多少？=二十几亩。

卖过吗？=没有。

现在全部大概有多少亩？=大概70亩左右。

二十几亩是什么时候买的？=民国二十年左右。

一次买了20亩吗？=分两次买的。

各从谁那里买了多少亩？=从兄弟那里，从哥哥那里买了15亩、弟弟那里买了5亩。

一亩大概多少买的？=一亩30元左右。

同一个时候从哥哥和弟弟那里买的吗？=同一个时候。

【关于应答者的家庭】祖父有兄弟吗？=没有兄弟，只有一个人。

父亲有兄弟吗？=父亲也是一个人。

也没有姐妹吗？=有一个妹妹。

你有几个兄弟？=四人。

姐妹呢？=姐姐一人、妹妹一人。

兄弟姐妹按年龄顺序，名字分别是：

1. 赵楷（57）
2. 支赵氏（嫁出，53）
3. 赵权（仲衡，50）
4. 褚赵氏（嫁出，不明）
5. 赵椿（41）
6. 赵棠（37）

父亲现在还活着吗？=死了。

什么时候逝去的？=民国二十八年，81岁时死的。

母亲呢？=还活着。79岁。

你的家人现在有几人？=4人。我们夫妇，一个儿子（21岁），一个女儿（20岁）。

现在全部在县城内吗？=是的。

吴店村有家吗？=有。

至今村里一直住的家现在怎么处置的？=母亲住着。

母亲原来就和你住一起吗？=母亲有自己的财产。4人兄弟负责保管好那个。

你搬到城里来为止母亲一直跟你住吗？=一起住。

你什么时候分家的？=民国二十一年。

【分家的提议和理由】分家是谁提出来的？=我父亲提出的。因为家族很大，住在一起的话有偷懒的人所以不能圆满地生活。说各自会分得财产，让我们各自生活。

父亲提出前家里不就有那样的问题了吗？=那之前家里有偷懒的人，按那个势头家庭有一天天衰落的可能，因此父亲让我们分家。

有那样的事的话兄弟间也不能圆满相处吧？ =并不会有特别明显的争执，但按那样发展下去会有发生不愉快的可能所以分家了。

分家当时，兄弟都有太太吗？ =有。

【家产分割】分家的时候，财产怎么分的？ =兄弟4人均分的。

【分家单】有没有做什么文件？ =写了分家单。

做了几张？ =4张。每个人各拿一张。

现在还有那张纸吗？ =有。

可以看一下吗？ =因为是很久以前的事了，必须要找放在哪里，内容大概如下所述。

立分居字人赵（棠椿权楷）因人口众多生活维持日渐艰难兹奉父母之命各自维持生活将祖遗地亩西坡地二十六亩及道沟地十亩分给赵楷东洼地四十七亩分给赵权南坡地五十二亩及东坡地十五亩房后地十亩分给赵椿赵棠庄院地共三亩七分由赵楷等兄弟四人平分自立此约以后不许随意典卖俟至父母去逝后方能自由处置此係各方情愿立此分居字约各存一纸

赵 楷[印]

赵 权[印]

中华民国廿一年五月立分居字人 赵 椿[印]

赵 棠[印]

中保人 田细芝[印]

书字人 赵仲三（画押）

西坡地、道沟地、东洼地、房后地、庄院地是什么意思？ =所有地所在地方的名字，庄院地是指房子的地皮。

【家产均分和土地的好坏】地亩数不一样是为什么？ =根据土地好坏。

有土地好坏的情况，以什么为基准均分？ =父亲来决定，有父辈的话分家容易；但没有父辈的话，分家是非常困难的。

是大体上按各个土地的价格来均分吗？ =因为是大体分的所以并不是明确计算来分的。

【土地的分配方法——父母的指定及与中保人、儿子的商量】怎么决定那片土地给谁？ =父母和中保人商量决定。

那个时候不是抽签决定吗？ =不会抽签，按照父母指定来获取。

那时不找你们兄弟商量吗？ =一起商量了，中人也一起。

哪个土地给谁是谁说的？ =父亲和母亲。

兄弟间关于土地的分法不会提意见吗？ =土地四分后由末弟到长兄的顺序来选。

你分家的时候也是那样的吗？=是的。

关于土地4份你们兄弟商量过吗？=兄弟4人都商量了。

那个时候兄弟间没有很多意见吗？=没有。

首先父亲分成4部分后和你们商量了吗？=是的。

父亲先4份时跟中保人商量了吗？=是的。

【分家单】分家单上赵椿和赵棠的土地在一起是为什么？=本当的分家单会分开写，但是因为我忘了分法所以写在了一起。

【从分家的兄弟处购买土地】你从谁那里买了土地？=从赵楷和赵棠。

分家后买的吗？=是的。

分家后马上买的吗？=从哥哥那儿是民国二十四年买的；弟弟那儿是民国二十七年买的。

写着不许随意典卖，但买卖也无妨吗？=是不能跟他姓典卖的意思。我通过母亲买的。

那个时候也做了契约书了吗？=做了。卖契内容大体如下所述。

> 立卖约字人赵楷今因正用事父母命亲托中人将分遗产一
> 段计地十五亩座落吴店村西南东西垄每亩价洋三十一
> 元共四百五十元其价笔下交清不欠此係双方情愿各无
> 反悔倘有亲族人等争论有去业主一面承管恐口无凭立
> 此卖字为证。
> 中华民国廿四年二月　立卖约字人　赵　楷
> 中保人　田润芝

这种买卖是从谁开始的？=哥哥先提出来。因为哥哥必须要还借款所以跟我说了。

哥哥直接跟你说的吗？=哥哥跟父母说，从父母那里听说的。

决定下来后拜托中保人的吗？=商量完以后找中保人。

中保人不是只是提出自己名字并不做什么的人吗？=是的，只是证明。

钱什么时候给？=写卖契的时候给。

写卖契时当场给吗？=因为哥哥有欠款，所以接受哥哥的欠款为自己的。

什么时候支付接受的哥哥的欠款？=那之后不久就付了。

接受哥哥的欠款的时候会把这件事通知给债主吗？=和哥哥一起去通知了。

那个时候要重新写之前的借用证吗？=并没有重新写。

那个时候你没有写什么证书吗？=没有。

哥哥没有把你卖的土地典地给债主或者做什么吧？=没有典地。

欠款大概是多少？=200元多一点。

那200多元是跟一个人借的吗？=从五六人那里。

大家都做了借用证书吗？=有写的也有没写的。

接受的欠款额剩下的会交给哥哥吗？ =是的。

什么时候给的？ =付欠款后计算了给的。

那个土地做卖契的那天开始就归你的东西，还是付了钱开始是你的东西？ =从写卖契的时候开始是自己的东西。

【分家和户数】赵姓有几户？ =三家。

你家算在里面吗？ =因为把我的兄弟算成一家，所以当然算在里面。

即使分了家你们兄弟还是说一家吗？ =说，被问到你们村里赵姓有几户时，兄弟算成一家。

你们四人分家了各自把家叫什么来算？ =不会那样算所以不知道。

赵姓三家有什么名字吗？ =并没有。

你们一家分成了几部分？ =分成了四家。

其他两家分成了几部分？ =分成一家和两家。

【同姓不同宗】你们村里赵姓大家祖先都一样吗？ =不是都一样，有三个。

你们村虽然说赵姓有三家，但是祖先一样吗？ =不一样。

很久之前祖先就不一样吗？ =不清楚。

赵姓三家祖先都不一样吗？ =不一样。

【同族——本家】相同祖先的赵姓人叫什么？ =叫本家或者当家子，写的情况也叫同族。

赵姓其他两家不会叫你家本家吧？ =不会说。

【族长——老祖长】在本家现在活着的辈分最高的人叫什么？ =叫老祖长。

在你一家谁是老祖长？ =赵楷。

【同族的土地买卖和族长】土地买卖的时候必须和老祖宗商量吗？ =是的，在本家有没有接受的人，不是那样的话会说必须要卖给他姓，来商量。

【中保人】在分家单和卖契上署名的中保人田润芝是什么人？ =同村的邻居。

为什么拜托那个人当中保人？ =田很清楚我家的状况也比较年长，发生事情的时候可以做中介。

田有很多土地吗？ =有四十几亩。

田在别人分家或者买卖土地的时候经常做中保人吗？ =做过，但不多。

在你们村，分家和买卖土地的时候，做中保人的大体是固定的吗？ =虽然没有那样专门的人，现在村长经常做。

【分家后父母的生活——养老粮】分家后你父母有其他的土地吗？ =分家的兄弟会年年给一定的养老粮。

没有土地吗？ =没有。

母亲现在有吗？ =有养老地。

几亩？ =分家的时候，分开的土地中，从每个人 10 亩的土地上收获的给父母。

给钱还是给收获的粮食？ =给收获物。

那 10 亩是指决定了哪里的 10 亩？ =没有决定，大概就是把 10 亩地可以收获的东西给他们。

关于那10亩是不是一年收获的东西全部都要给？=分为4种（高粱、黄谷、玉米、豆子），一种多给点。

决定了要多给的东西吗？=没有决定。每年都变。多会给那一年收成好、产量很多的东西。

今年大概给多少什么东西，兄弟4人间有确定的吗？=按各自想的给。

比如给高粱的时候决定给多少吗？=定好了。

决定好了什么给多少吗？=4种都大体同价，所以一亩给5斗的比例来给就行。

兄弟间定好了每一亩给5斗吗？=分家的时候就定下来了。

写在分家单上吗？=没写。

每年给的叫什么？=并没有名字，说养老粮就懂，本来在自己的村养老地要明确留给父母，但像我家这样把土地全部分了的也不少。

养老粮的话父亲死后会不会变少？=变少了，父亲的量就不用给了。

父亲在的时候给多少？=各10亩是两个人的，现在给母亲其中一半。

养老粮归母亲自己吗？=归自己。

把它卖掉之类的也是母亲的自由吗？=是的。

母亲自己做饭吃吗？=做饭的话是兄弟4人轮流照顾。

父母分家后住在哪个家？=因为我家是老家所以住在我家。

吃饭是轮流去儿子家吗？=兄弟4人轮流去照顾。

兄弟4人轮流去照顾是做什么？=做饭、做衣服与日常的照顾。

你的家族和父母住一起的时候，父母会分开做饭吗？=分开做。

灶头也分开做了吗？=分开做了。

每几天左右轮流？=我没有搬到城里之前一次各自10天，现在变成了一个月。

到了你的时候你会回村里一个月吗？=回去一个人照顾。

在你家一般谁回去？=我太太。

你的女儿不能回吗？=偶尔也会有代替我太太回去照顾的情况。

养老粮和母亲的吃饭、衣服是分开的吗？=衣服和事物跟我们没有关系，只是帮忙做饭缝衣服而已，母亲自己买事物和衣服。

【父母的安葬费】死了的情况，葬礼费用怎么办？=4个人负担。

母亲剩下的钱怎么办？=用到葬礼不够的就兄弟负担，剩了的话兄弟均分。

父亲死时母亲有没有拿出一部分费用？=全部是兄弟拿出来的。

但是父亲没有剩下的钱吗？=没有。

【分家】分家的时候父亲有的钱怎么处理的？=父亲没有钱。

父亲要是有的话怎么办？=根据情况不同而不同，父亲拿出来就均分，想自己留着就拿不到那个钱。

分家的时候你的姐妹什么都分不到吗？=因为已经都结婚了所以什么也分不到。

【定婚】你儿子和女儿定婚了吗？=儿子定了但女儿还没有。

在这边一般把定婚叫什么？ =叫定婚。

儿子是几岁定婚的？ =今年。

【儿子定婚和与族长的商量】定婚的时候跟身为老族长的哥哥商量吗？ =商量后定的婚。

会有老族长反对的情况吗？ =同意的比较多。

【与兄弟的商量】跟老族长以外的兄弟商量了吗？ =商量了。

分开商量的还是聚到一起商量的？ =分开商量的。

不跟老族长以外的兄弟商量可以吗？ =不商量也可以。

【与本人的商量】跟你儿子谈了吗？ =谈了。

【定婚前的见面认识】定婚前你儿子见过对方姑娘的面吗？ =见过。

哪里的姑娘？ =城里人。

是说定婚前就知道长什么样吗？ =知道。

为了定婚会重新再去看一眼吗？ =不会。

【地租——打粮】你的七十几亩现在是谁在耕种？ =别人在打粮。

让多少人打粮？ =4 家。

是谁？ =张顺（45 亩，从自己分家后）、杨文贵（15 亩，民国二十七年左右）、张文仲（4 亩，民国二十七年左右）、王顺（9 亩，民国二十八年后）。

你家什么都不种吗？ =没有。

【租佃证书】大家都写了证明书吗？ =没有写。

【租佃期间】有没有约定种几年？ =没有期限，没有滞纳粮食就可以持续，但是滞纳粮食就要收回，租给别人。

【地租、分粮、定额和定率】作为借出土地的补偿会收钱吗？ =收粮。

这个收的粮叫什么？ =叫分粮。

有没有规定一亩地给多少分粮？ =根据土地不同来决定，上地 5 斗、中地 4 斗半、下地 4 斗。

你是以一亩地多少的规定来租出去的吗？ =是的。

那个土地的收获物的一半有没有被规定？ =15 亩左右是那样规定的，其他的按一亩多少规定。

一亩多少？ =5 斗、4 斗半。

15 亩的地是怎么规定的？ =收获物分成两半，县的亩捐、乡公费也是各负担一半，其他的耕种费都由耕种者全部负担。

收获后收取吗？ =收获后收取（定额定率都是）。

收获物各分成一半是去田里分吗？ =去对方家里分。

【死分粮、活分粮】规定租借多少亩叫什么？ =死分粮。

规定收获物各分一半是叫什么？ =活分粮。

【打粮、伙种】借给他人土地耕种叫什么？ =打粮。

不叫伙种吗？ =也那样说。

【佃户的交替】最近换了耕种人吗？ =没有。

【家庭成员所得和家长】分家前你的收入是自己来拿吗？ =交给父亲。

全部交吗？ =全部交。

自己的零花呢？ =需要零花钱的时候再跟父亲要。

【借钱】你借给过别人钱吗？ =很少。只借过合计几百元左右。

做证书再借给别人的吗？ =有写的。

全部大概借出了几百元左右？ =不到500元。

主要是借给了哪里的人？ =村里的人比较多。

利息是多少左右？ =长的二分、临时或短期的没有利息。

土地作为担保借出去的有吗？ =典地没有，有作押。

那个借出了大概多少钱？ =200元左右。

那是几亩的土地？ =200元是作押后借给好几个人的总额。

【作押】作押是什么？ =把地契交给债主借钱，耕种依然是借方来耕种，典是在文件上写上几亩土地由债主来耕种。

【扫墓】清明节太太以外的男的也会扫墓吗？ =男的女的都会去，讲究的家会全部去祭拜但也有不是那样的家，只去一部分人。

有太太的家只有太太祭拜、男的不去祭拜的事有吗？ =没有。

会不会男的去祭拜就很奇怪？ =不会。

1942 年 10—11 月

（华北农村惯行调查资料第 109 辑）

家族篇第 18 号　河北省良乡县吴店村
调查员　内田智雄
翻　译　刘国芳

10 月 27 日

结婚

应答者　张友三（65 岁）

【定婚】这边大概多大年纪定婚？ = 过了 15 岁就可以。

定婚的话是怎么决定的？ = 既有女方拜托媒人跟男方谈的，也有男方通过媒人跟女方谈的。谈妥了会写八字帖拜托先生（算卦的先生）算是否匹配。如果那样都没什么关系的话就确定了。如果八字不合的话，会收回谈的内容。

八字帖（或小帖）
乾造〇〇年〇月〇日〇时生〇相
坤造〇〇年〇月〇日〇时生〇相

【定婚、结婚的年龄】

	定婚	结婚
郭仲魁	20 岁	21 岁
杨珍	23 岁	23 岁（一个月后）
郭永治	14 岁	15 岁
张友三	16 岁	16 岁（八个月后）

（以上是在提问场所在场的人）

【定婚的申请】女方跟男方提的情况多吗？ = 男的比较多。

女方提的话是什么情况？ = 男方家里有财产本人也比较好的情况，女方拜托媒人来说。

【媒人】媒人的话什么样的人比较多？ =男的老人多。

是亲戚朋友吗？ =是的，那样的多。

【相合性】相合性有什么和什么比较好的吗？ =不犯相就好。

什么是犯相什么是不犯相？ =书上有。

犯相 羊鼠一且休 白马不配青牛 鸡猴泪交流 猪猴不到头 龙虎相斗 相门

不犯相 子与丑合 寅与亥合

【定婚仪式和结婚仪式前的活动】谈妥的话会怎么样？ =会商量什么时候下定礼（或放定礼）。双方不介意的话，马上就放小定，那时给女方两枚戒指。

放小定是什么？ =给两枚戒指，从那以后到结婚前换大帖，大帖是说婚书或龙凤大帖。那张纸的封面写了龙凤大帖，然后是下聘礼。这个又叫放大定，放大定的时候银镯子一对、簪子等一个（银簪子一个、银耳挖一个、耳坠一对、银钗头针儿两对、银别顶一个）、其他汉装（裙袍一身、红小衣服一件、或者说红内衬衣）。旗装的话没有裙子，只有一身大袍。因为是剪发所以不需要首饰，但是要手表和镯子。

汉装是？ =缠足梳头。

旗装是？ =剪发。

旗不是旗人的旗吗？汉不是汉人的汉吗？ =以前没有那样的区别（前清时代），现在旗人不梳两把儿头了是剪发，因此把不缠足的人叫旗装缠足的人叫汉装，现在旗汉不分。

以前分开的话叫旗装汉装吗？ =旗人以前两把儿头穿高底儿鞋完全不缠足，因此把缠足的人叫汉装、不缠足的叫旗装。现在的话，不缠足的女的不剪发、不梳两把儿头都叫旗装。清代汉人都会缠足，旗人都不缠足。那之后汉人不缠足也会叫旗装。

有女方先拿来小帖的吗？ =女方先拿来，男方拿着那个拜托算卦先生合婚。没关系的话交换大帖，那时男方的小帖给女方。

下完聘礼怎么办？ =择日结婚。

【婚书】大帖是怎么写的？ =印刷后杂货店在卖的，只是在上面写名字，用龙凤大帖在官署也有卖，也有用婚书大帖的，两者大体相似。

婚书大帖多少钱？ =80钱，贴8钱的邮票（县公署民政科）。

这边从以前开始就用印刷的吗？ =用印刷的龙凤大帖，有婚书大帖的话离婚时会派用场。诉讼的时候成为证据，有这个的话女方在退亲时可以要求千元以上，在县公署结婚时像用婚书大帖一样布告，但是在本村这样做的很少。

以前写过的婚书不会再用吗？ =我自己写了，民国元年以后开始用印刷的。但是那是说城里，在村里仍会用写的。

知道以前的婚书的写法吗？ =以前是让老师或者识字的人来写。

交换大帖后马上结婚吗？ =择日结婚。

【定婚到结婚之间的时间】一般从定婚到结婚要多久？ =有10个月的，也有两三年的。

【结婚时男女的年龄】一般男女哪方要大一些？ =男的，大五六岁最好。

【结婚的条件——门当户对】结婚的条件什么最重要？ =根据门当户对得到双方双亲的应允同意是最重要的。

门当户对具体来说是什么？ =一方有土地、房屋、驴马车的话，对方也有这些东西，一方没有房屋和土地的时候不说门当户对。

门当户对是说财产均等吗？ =是的。

【定婚和本人的想法】定婚时跟本人说吗？ =说。

如果本人说不喜欢的话？ =本人还年轻没有能力，如果说想去北京打工的话必须听本人的。

定婚后没有破约的吗？ =没有。

无论对方变得多么贫穷吗？ =不会取消。

本人应该是相互不了解的吧？ =是的。

【相看】结婚典礼的时候不会有变得嫌弃的情况吗？ =结婚前会相看，男家的人会去女家、女家会去男家看一次。

一定会相看吗？ =是的。

什么时候？ =定婚后结婚前。

那是本人和谁相看？ =本人不去，父亲或母亲或者兄长和媒人一起访问一次，那个时候媒人会秘密告诉新娘或女婿。

近村结婚的比较多吧？ =多，远的地方很少。

很近但有本人秘密去看的情况吗？ =没有，即使是男的也会因为羞涩而不去看。

【换大帖】交换大帖了然后怎么做？ =决定本年几月结婚，也有因为本年没有钱而明年结婚的。

【结婚费用】结婚一般会花多少钱？ =女方所有地十亩百元、二十亩二三百元。男方用二百元左右、有份子（或份礼）。

【结婚日期的决定】让算卦先生算结婚日是日子近了的时候吗？ =拜托算卦先生和博学多识的人（村内）都有。

决定结婚日后做什么？ =男方择日通过媒人通知女方。

只决定一天吗？ =一天。

不是月的上旬一日，下旬选一日吗？ =上旬一日，下旬一日。

那个有生理关系吗？ =是的。

结婚典礼时女的生病的话不吉利是吗？ =是的。那种情况会推迟。

一个月选两天的话就没有那样的事了吧？ =是的。

然后呢？ =女方通知媒人上旬的一天或下旬的一天。然后男方通信。

【通信】通信是什么意思？ =决定什么时候乘轿子比较好，那个时候，会写送亲太太的属相忌讳○○。然后会写坐帐时脸应该朝向哪边。

谨择于○月○日○时、上轿下轿面向○方、忌○○相。

娶送亲太太、用〇〇属相（写在红纸上）。

一般家里把这些写在红纸上给媒人送的女家，条件好的家把这个放进红色信封让媒人带给女家。

【给媒人的谢礼】会给媒人送礼吗？＝拜天地以后，新郎新娘叩4次头。结婚仪式结束后，买酒、面粉、茶、点心等送礼。

那由谁拿去送？＝父亲健在就是父亲去，不然就是拜年时新郎新娘带着赠礼去，娘家不送礼。

【结婚仪式的顺序】结婚的顺序是什么？＝迎娶、娶过来、下轿、拜天地、入喜房、坐帐、洗脸、换衣服、拜三堂（拜家堂佛、拜灶王爷、拜财神爷）以后，院中的天地爷前分大小。见亲友、叩头行礼、回喜房、有后来的亲戚时再出喜房行礼，随来随让，让全口人给铺被褥，然后睡觉。

媳妇的东西什么时候带来？＝结婚仪式当天，过嫁妆。

和轿子一起吗？＝先带过去。

谁去迎接新娘？＝娶亲太太、拿着上水壶的孩子（提溜茶壶的）、四位伴郎、新郎（大娶）。小娶的话四位伴郎不去。

怎么分大娶和小娶的？＝有钱人家就大娶、没钱就小娶。

迎娶新娘的队列顺序是？＝大娶执事（开道锣二人、肃静回避牌四人、提灯四人、宫灯二人、气死风灯二人、扇一人——扇上写状元及第，或写小登科——伞一人）、鼓手（号二人、大鼓八人、唢呐二人、云锣二人、笙一人、管一人）、轿（轿夫八人，这是新娘的红轿）、轿四人（新郎的缘轿）、伴郎四人（坐轿车，现在用洋车）、大敞车两辆（十里以上的时候轿夫交替休息的车）。红轿的旁边有背喜包的一个人走去。包内以前是用红纸包的铜钱，现在是用红纸包十钱纸币或镍币或茶叶。红蜡一对也放进去。手上拿一块红毡走。碰到寺或者井的话用红毡盖住轿子。去女家前女方关好门问是干什么的，背喜包的人回答是娶亲来的，女方说给喜包，背喜包的人把喜包从大门上面扔到里面，这个叫撒满天星。然后女方开门让他们进去。

然后怎么样？＝鼓手奏响乐器和大鼓进入庭院，然后轿子也进去新郎和伴郎们下轿下车进入官座儿屋子里喝茶休息，娶亲太太进入新娘房间。

官座儿屋子是？＝全是男的接待间，屋子不一定。

伴郎是什么样的人做？＝男方拜托的熟人、亲友等。不是全口人也没关系，照顾帮助新郎穿换衣服。

新郎什么时候换衣服？＝在官座儿屋子喝茶后出庭院在天地爷前叩所谓四勤、四懒的头。四勤是说跪在地上叩头后，起来跪下四次、四懒是说一次跪地上不起来叩头四次，合起来叩头八次。四勤的时候，伴郎搀扶新郎站起来。那个完成后，伴郎们会面向新娘家的男的，说请长辈出来见礼。女方的男的说话到礼到。那个时候，新郎会再向天地爷叩头四次。这样就结束了。

背喜包的人在井和庙的地方用红毡把红轿盖起来，是说在迎娶新娘回去的路上吧？＝是的。红蜡是新娘穿衣服的时候用的，那个蜡烛是背喜包的人交给女家的男的，那个人待到新娘的房间。

为什么在庙、井的地方要用毡盖？ =避免和庙的神和井中的怪物或者五鬼神冲突。

井中有龙王为什么还有水怪？ =也有水怪吧，防止龙王冲上来吧。

撒茶叶是什么意思？ =叫撒喜钱。这是女家孩子的礼物的意思。那个时候男孩也会捡，谁都可以。见了茶叶就喝茶，捡了钱就用钱，谁捡都可以。

新娘怎么离开家？ =娶亲太太给新娘上头，穿衣服。上头结束后娶亲太太会大声叫，新娘的舅舅进入新娘的房间背着新娘到轿中，没有舅舅的话叔父背。

新娘离开家的时候、为什么不让她自己走？ =背新娘是因为新娘不想去所以强制放入轿子的意思。

那是对父母的别离的不舍思念吗？ =是的。

10 月 28 日

结婚

应答者　张友三（65 岁）

【结婚仪式的顺序】新娘离家的时候会缠东西啊生火什么的吗？ =不会，新娘坐入轿子后伴郎四人会向新娘家的人们作揖，那个时候新娘家的人会跟伴郎说保沉车。

回去时的队列顺序怎么样？ =跟来的时候一样。

途中在井、庙、桥（这个很少）会用毡盖吗？ =是的。

到了新郎家前做什么？ =鼓手们奏响乐器进入家里。

新娘家谁会跟过来？ =哥哥弟弟两人送亲在轿子两旁走，把那个叫押轿，一个送亲太太在轿子后面跟着走。有轿车的话坐轿车，没有的话坐洋车。

长辈不送亲吗？ =长辈不送。没有平辈的时候长辈送。

长辈的话谁去？ =叔父、伯父。

下辈不送吗？ =平辈、下辈都可以，没有下辈时上辈送。

送亲太太是什么人？ =亲戚家的老太太或街坊老太太，不犯相的人。

进入新郎家后怎么做？ =进入庭院伴郎 4 人把押车的人请到官座儿屋子，让他们喝茶休整。送亲太太请到新娘房间。

进入新郎的门不做什么吗？ =什么都不做。落轿后新娘进喜房。

什么时候拜天地？ =出轿后先拜天地。

出轿后新娘自己走吗？ =把轿停在天地爷前，红毡子铺在地上站在上面不踩踏土地。和新郎一起站在上面。拜天地结束后，铺红毡子在上面走到喜房。

天地爷在家的旁边吗？ =是的，没有另做。

天地爷前做了什么装饰、供奉着什么？ =天地爷前放桌子，桌子中央放斗，中间放一杯高粱。高粱中插一张弓、三根箭、一杆钩儿秤。

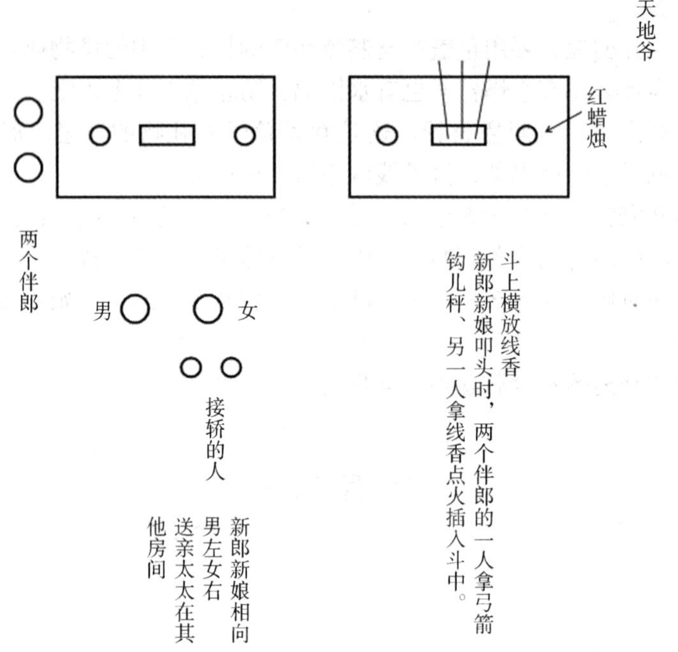

拜天地的时候必须出来的人是谁？＝新娘下轿后接轿的两个人搀扶，那两人各站在新娘的后左右。

接轿的人是什么人？＝谁都可以，不管上下辈，但是犯相的人不可以。

迎亲队列中娶亲太太在哪里？＝进新娘的红轿中，只限定在寒冷的时候，一般是坐到大敞车后面的轿车（现在是洋车）。送亲太太原则上和娶亲太太分开，但没有车的时候也有坐一起的情况。

拜天地的时候媒人不出席吗？＝不出来，会从新郎家出去。

毡怎么铺？＝轿会停在天地爷附近，进喜房时，会倒毡。

进喜房时怎么做？＝新郎在前，新娘在后。两个伴郎在新郎旁边，接轿的两人在新娘旁边。在喜房的入口，新郎会面向房间的角落射三支箭，先射什么方向不一定，没射箭的角落放弓。

伴郎在喜房入口把弓箭交给新郎吗？＝在门槛没进去就射。伴郎在门槛把弓箭递给新郎，进屋里的话炕前放着木头墩子，那上面放一两斗袋高粱。新郎先踩这个到炕上男左女右向外站着，两个伴郎和两个接轿的人面向新郎新娘分别站到两人的两边。

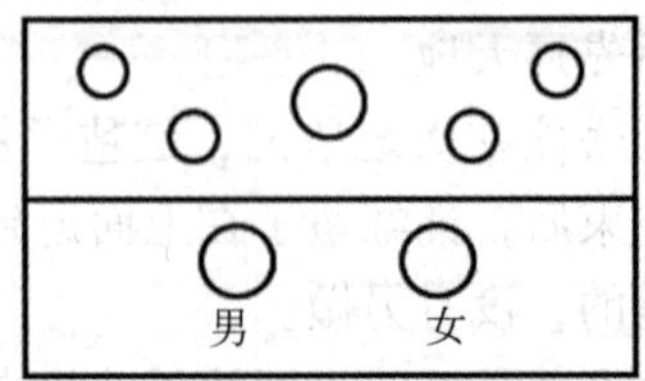

伴郎说两个人平坐后两人坐下，把那个叫坐帐。坐下后伴郎把钩儿秤递给新郎，新郎

用那个挑盖头。钩儿秤和弓一起放到房间角落，盖头随便扔到哪里。伴郎让在庭院的张罗人拿着小饭儿来。张罗人端来的小饭儿交给伴郎，伴郎把这个交给接轿的人，接轿的两人爬上炕喂给新郎新娘吃。那个时候新郎新娘吃三口（因为有两方所以每个人吃六口）。新郎新娘吃过的小饭儿（子孙饺子、长寿面）吐到碗中。那个碗放到桌子上。新郎叫送亲太太，送亲太太把钥匙交给新娘，新娘交给新郎，新郎拿着钥匙打开箱子的锁，新郎和伴郎一起离开房间。接轿的两个人拿着洗脸盆新娘洗脸化白妆换新衣。新郎从喜房出来跟送亲的爷儿们打招呼，拿着茶去给上辈见礼（叩头）。新娘换新衣后，接轿的人说穿好衣裳了，新娘从房间出来。然后和新郎一起拜三堂佛，先是拜老爷、灶王爷、财神，完了分大小（介绍给家里人，上辈叩头、平辈鞠躬、晚辈跟新娘道喜）。那个完成后介绍同族、亲戚、朋友。大家见礼。后来的同族、亲戚、朋友随来随见。那时送亲的爷儿们拜托伴郎说请长亲道喜，伴郎说话到礼到。送亲的爷儿们不给新郎的长亲道喜也可以。伴郎对送亲的爷儿们说请赴席吧。

伴郎带领送亲的爷儿们去棚里入席，棚里的座位怎么样？ =

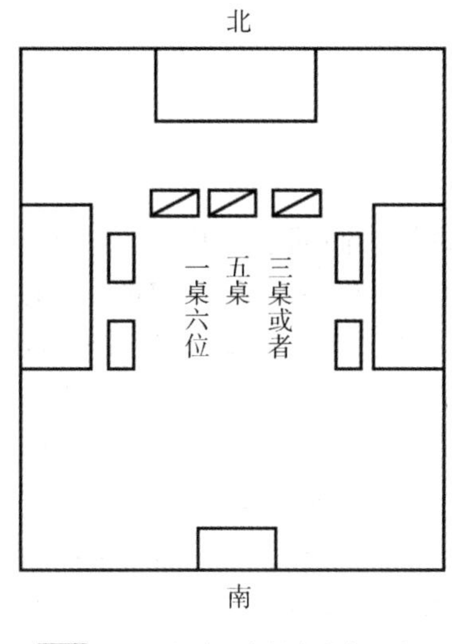

正座（送亲的爷儿们坐）

在正座儿送亲的爷儿们一入座，伴郎和有身份的人（高贵的人）会陪坐。其他人也会坐。

其他座位没有按辈份来吗？ =上辈坐上座、晚辈坐下座。圆桌的时候上下不分，但是端菜的时候两侧是下座。

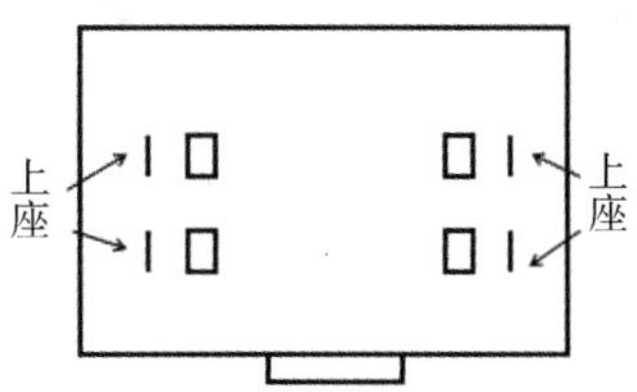

结婚仪式的时候吃什么？ = 打卤面、八个碟、四小碗、白干儿。酒喝完了把卤端过来然后吃面。吃完饭伴郎带送亲的爷儿们到喜房喝茶。送亲的爷儿们拜托伴郎把新郎的上辈们叫来在喜房中介绍（这里第一次见）。送亲的爷儿们向新郎的上辈们托付说姑娘岁数小，做活如有不通达的，您这儿指教。娶到您家里就是您的人了。您多教导，我们告辞回去了。就回去了。那之前伴郎和新郎一起站到大门外左边等着，送亲的爷儿们出去时新郎向他们一个个作揖。送亲的爷儿们坐车回去。

结婚仪式是什么时候开始到什么时候？ = 早上三四点左右去迎亲，去迎亲的时间也找算卦先生算。10点左右发轿的话，一天完不了，所以早点去。

吃饭是什么时候？ = 新娘的轿子来之前让出份子的人（包括同族、亲戚）先吃，拜天地结束时吃完，吃完后见礼，见礼后回去，也有见礼后吃饭的。

有身份的人陪坐后吃饭叫什么？ = 没有，叫陪客。

10月29日

结婚　埋葬　街坊辈

应答者　张友三

【结婚仪式的顺序】送亲的爷儿们回去了后怎么办？ = 新亲八位（堂客、客官各四人）那天坐轿车来，没有轿车就坐洋车来。伴郎和张罗人在门前等着迎接，迎接八人男的在官座屋子女的在女座儿屋子接待。新亲带着一架大馒头或两架大馒头拜礼（帽子、围脖儿、鞋等）去。这个叫礼物，一架十六个、两架三十二个。这些礼物交给伴郎伴，伴郎将这些放到天地爷前的桌子上。从新郎家供奉神纸一份、香一股、红蜡一对。神纸是财神像、贵神像、叫黄钱、元宝等。准备好这些，新亲的客官们就跟伴郎说把本家的长亲请过来，我们好会亲。伴郎叫新郎的父亲，父亲不在的情况就由舅舅或大爷代替出席。双方打招呼，新亲的客官问新郎的父亲或者舅舅、大爷，您是学生的父亲吗？新郎的父亲或者爷爷舅舅回答说是，新亲的客官说那么咱们会亲吧，新亲的客官和新郎的上辈在天地爷前会亲。新郎的父亲站在新亲的客官（父亲）上方，自己站在下方（左是上方）。伴郎烧神纸立线香点蜡烛，新亲的父亲二人跪着叩头四次。叩头完站起来，新娘的父亲跟新郎的父亲说请长亲见礼，新郎的父亲说两免了，话到礼到。新娘的父亲不见新郎家的长辈们也可以。伴郎在那个时候说 *[1] 拜吧，新郎新娘出来。新郎后面跟两个伴郎和新娘，后面是全口人两人跟着。带着新郎和新娘去天地爷那里，伴郎先说请媒人受礼。媒人出来，新郎新娘向媒人叩头。让媒人坐到天地爷前面桌子左方放着的凳子上，张罗人说请媒人受全礼吧，跑前跑后的不容易。新郎新娘一起跪坐，叩头四次。全礼是两个人一起叩头，这个代表非常恭敬遇到媒人。新郎新娘叩头时，媒人说偏大家礼，在凳子上坐着受礼。然后媒人

〔1〕 译者注：原文无法辨认。

离开。这个叫谢媒人。这个结束后，张罗人说往下让，女家的四个新亲出来站在桌子前。如果新娘父亲在的话，新郎家的张罗人们会说，请凳子上坐吧。但是父亲不坐，和其他三人一起站着，新娘站着不动，新郎一个人先向新娘父亲叩头三次或者四次。其他三个新亲是长辈要叩头，但是平辈的话鞠躬就行了。叩头完四个人不会马上走，父亲一个人去女座儿屋子，叫堂客四人来，在天地爷前受礼（新郎一人）。堂客四人有母亲的话，一定是母亲出来，无论有无母亲舅母、姑母、婶母、大妈等出来。没有这些长辈的时候，平辈出席，新郎向上辈叩头平辈鞠躬（新郎一人），向堂客四人叩头时，客官四人不走，在旁边站着陪伴。新郎不知道堂客谁是上辈、下辈，所以向大家叩头。如果里面有平辈的话，客官四人中出来个人，跟新郎说这位是嫂子（或者姐姐），都是平辈，不必叩头，鞠躬吧。受礼结束后，张罗人带着这八人去棚里分别赴席吃饭。八人去了棚里后，伴郎和新郎一起，新娘和全口人一起分别回房间。八人入座前，四位客官先让媒人入坐正座儿，让陪客各坐到媒人两侧。而且新亲客官也如图所示，让陪客各坐到两方。

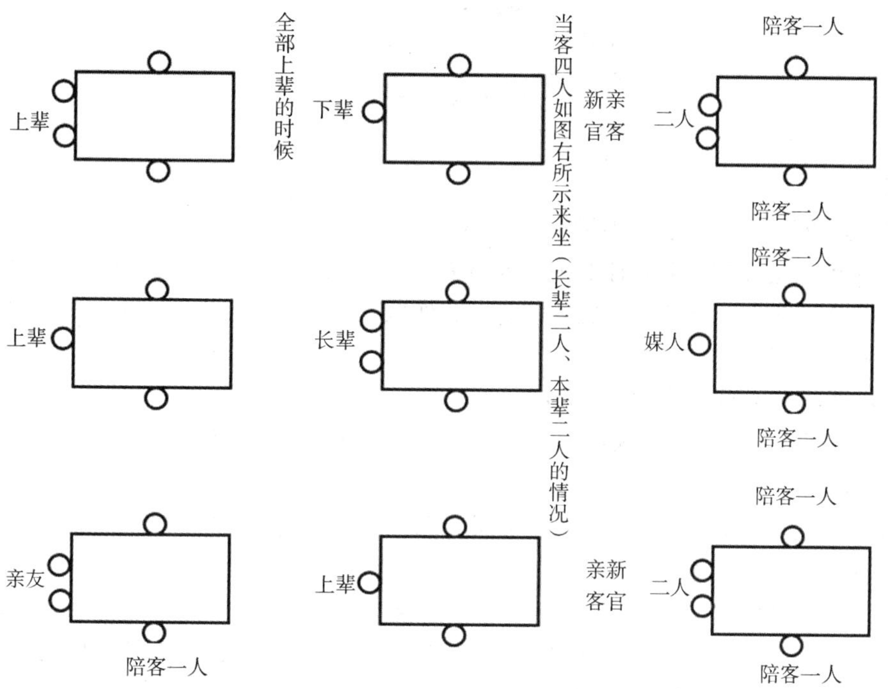

全部都入座后，张罗人去茶房说上茶，带着茶来。新郎父亲在拿茶来以后，给四位新亲满酒上菜。四位堂客由新郎母亲同样招待，吃完饭接待官、堂八人去喜房。那个时候，新郎的父母跟八位新亲说话。八位新亲跟新郎父母托付，决定接回门的日子。询问或四天、或六天（如果新郎父亲说六天接回门的话，第六天新娘家来人来车）。然后八位新亲说天不早了，我们告辞，回去。八人去大门外，新郎和伴郎一起在门外等。八位新亲出大门坐车时，新郎和伴郎作揖。那个时候，伴郎说新郎这儿恭揖了，和新郎一起作揖。

光做这些时间大概要花多少？ = 在那天做。十里左右的话，一天能做完。三四十里的

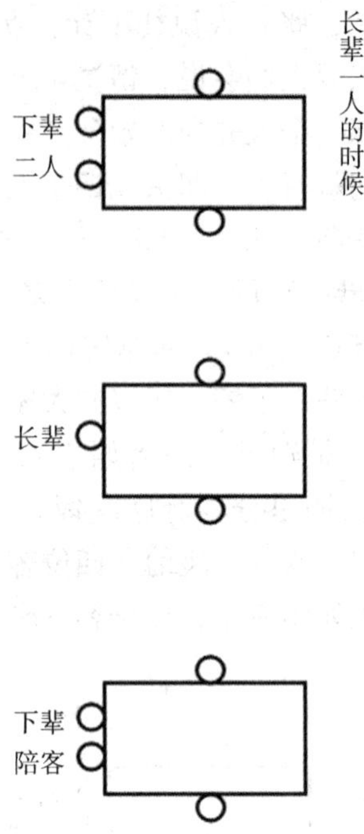

话，花两天。

【听房、喜布】有听房这样的事吗？ = 没有。

新娘不是处女这样的不会有什么吗？ = 没有（没有喜布，没有闹洞房）。在这边结婚当日分大小所以会知道上下辈，不能闹洞房。其他地方会第三天分大小，那之前不知道所以可以闹洞房。

【回门】回门是第四天还是第六天定好了吗？ = 其他日子不行。

【新娘祭祀祖先】新娘第二天或第三天会去祭拜坟地吗？ = 家里有神主匣儿的时候第三天在家拜祖先。

只是祭祀还是有什么仪式？ = 在神主匣儿前放供品，告诉新娘神主是谁，新郎新娘叩头。没有神主匣儿的话，去祖坟祭拜。

【回门】回门的时候会做什么事？ = 新娘家迎接新娘新姑爷，车来了新郎新娘下车时，亲戚当家实口的人会互相恭揖。恭揖结束，新郎进男人屋里，新娘进女人屋里，新郎新娘洗脸、喝茶、吃点心。平辈陪坐，喝茶吃点心，和上辈会有拘束。拘束是说上辈和下辈一起坐是犯坐，所以不能坐。喝了茶，撤点心，新郎向新娘家人行俗礼，向平辈鞠躬、上辈叩头，行俗礼结束，新娘家的一个人作为带领人去同族人家里打招呼。跟上辈叩头、同辈鞠躬（下辈什么都不做），结束后回去，短暂休息后吃饭。吃饭时，同族的下辈大家会聚集。吃饭时，新郎一个人坐上座，和新郎平辈们陪坐。新娘也在女人屋里坐上座，平辈陪坐吃饭。新郎新娘吃完饭，喝茶聊天休息，然后同族的晚辈出来道喜叩头，先向新郎，然后去新娘那里。新郎跟新娘家的陪客的人说，我来的时候，父母有交代，不能晚回去，不能等到太阳落。或者问请问这边是瞧单九，还是瞧双九。新娘的父亲回答说单九也去，双九也去。新郎又问说单九去的人多，还是双九去的人多，我们好准备。如果新娘的父亲回答说，单九去的人少，双九去的人多，新郎回家会这么转达父母。在新郎家单九就简单准备，双九就隆重准备。问完新娘父亲就告辞回去。和新郎一起回去。

【单九、双九】单九要做什么？=单九稍微准备面和菜，双九准备成桌的酒席。单九和双九日同族亲戚大家都来。近亲戚和近本家一定来。远亲戚远本家和新郎家有来往的也都来。那个时候和新郎没见过面的人会向新郎双亲道喜。然后新郎向这些长辈叩头，平辈鞠躬。晚辈向新郎道喜叩头。吃完饭短暂聊一下告辞，套车各回各家。这个结束后结婚的礼节也全都完成。

现在也都这样做吗？=有钱人家都这么做。

【小娶和大娶】小娶有什么不一样？=去迎接的时候，新郎不去，伴郎不去，没有执事。其他的礼节一样，小娶的话鼓手十二名或八名都可以；大娶时十六名。

大娶的家和小娶的家财产大体有区别吗？=土地有十顷、二十顷的人大娶，那些人交际也广又有钱，大家都好面子必须大娶。

在这个村有大娶的人吗？=以前有现在没有。

【阴亲】这个村有阴亲吗？=没有。虽然知道阴亲但没有。

怎么说这个的？=死后成亲。其他没有。

【未婚者的坟葬】未婚的人死了的话怎么办？=不入坟。女的话说是地头儿埋到田里；男的话埋到义地，祖坟里不会埋孤坟。义地在东南方的汽车道路的附近，五六分的面积。在孤坟里也做坟头，坟头是坟出来的地方。

【义地】义地里埋什么人？=鳏（老、少）、光棍儿（或光棍子），倒卧。

鬼节怎么祭拜坟？=有近支近派的人就烧纸。

上辈不祭拜吗？=去。

【地头儿】地头儿是哪里？=田地不是角的地方，角地叫犄角儿。

【埋葬的形式】你家的坟是怎么埋的？=

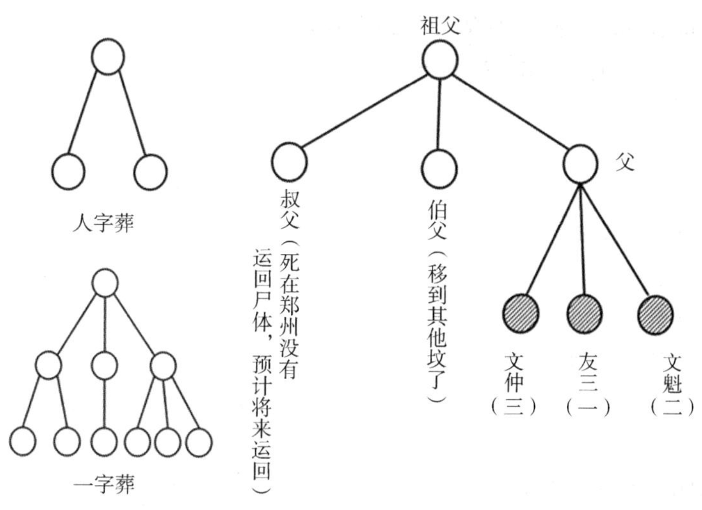

【一字葬和人字葬】这边一字葬和人字葬哪个多一些？ =因为很乱所以不知道，没有埋的余地就乱葬。

孩子五人的情况是？ =

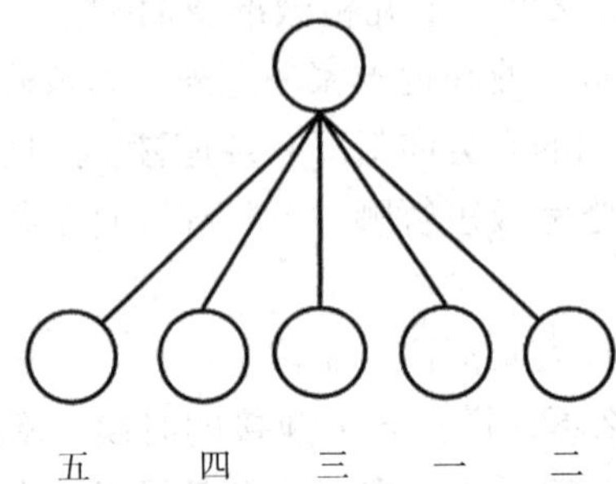

人字葬父亲有三个儿子的情况时埋到哪里？ =三个人的话就一字葬。

这边一字葬有三个儿子的情况时，长子在中央吗？ =是的。

【昭穆葬】知道昭穆葬吗？ =不知道。

【指腹为婚】这边有指腹为婚吗？ =没有，同村人的结婚也很少。

【村内的结婚】村内的结婚为什么很少？ =因为都知道家庭的情况，很清楚贫穷的情况大体能预想将来的情况。

相互很了解对于结婚来说不太合适吗？ =按这边的习惯不会想结婚，自己的儿子女儿都和他村的结婚。长子是罗家坟（房山县十五里）；次子是董家坟（房山县十五里）娶的。

【街坊的辈分】对于村内不是同族的人也跟同族一样的喊法吗？ =是的，根据辈分不同叫。

那样的叫法叫什么？ =（没有回答）。

不叫街坊的辈吗？ =不说。会说街坊的伯父街坊的爷爷之类的。

村里的人的辈分都知道吗？ =知道。老人会教。

孩子们之间用辈分相称吗？ =不懂事的时候不知道，老人也不教。到了七八岁开始读书，就算不读书也必须教，必须有父母辈的来教。

张友三（65岁）开始下面的人辈分如下。

郭永治（25）叔叔
张启华（20）侄子
禹衽（64）叔父
赵显章（55）叔父
费振明（39）舅舅（亲戚）

一般按辈来叫吗？ =论辈数。

一般按辈叫吗？ =是的。
那么你（65 岁）叫郭永治（25 岁）叔叔吗？ =必须叫。
为什么会有这样的辈？ =从老人开始排出来的。
【从别的村子来的移住者的辈】这个村有从其他村移住过来的人吗？ =赵德荣。
赵德荣有辈吗？ =郭永治的同族的娘家的兄弟。
赵德荣的辈是怎么确定的？ =根据德荣的姐姐的辈确定的。
你的同族是谁？ =郭永丰的太太的兄弟。
郭永治的平辈吗？ =是的。说是亲家哥哥（因为年长）。
对你来说就是叔叔吗？ =大叔。
【结婚和辈】没有本村人的结婚吗？ =一家，张顺的儿媳是李永志的女儿。
张顺和李永志的辈是？ =平辈。
本人结婚时，辈不同可以吗？ =不可以，辈数不好改，不能改。
如下的结婚有吗？ =不做亲。

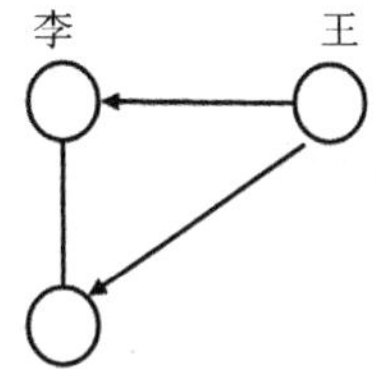

为什么？ =辈数不合。即使同族辈数一样就可以。

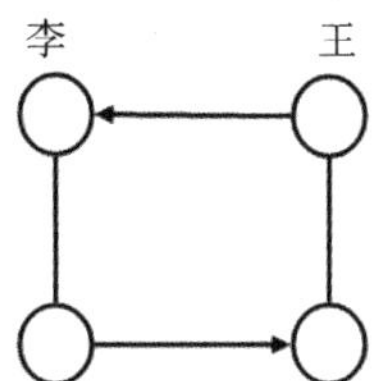

王家和李家的关系怎么样？ =骨血还家。
如下关系的同族可以吗？ =可以。

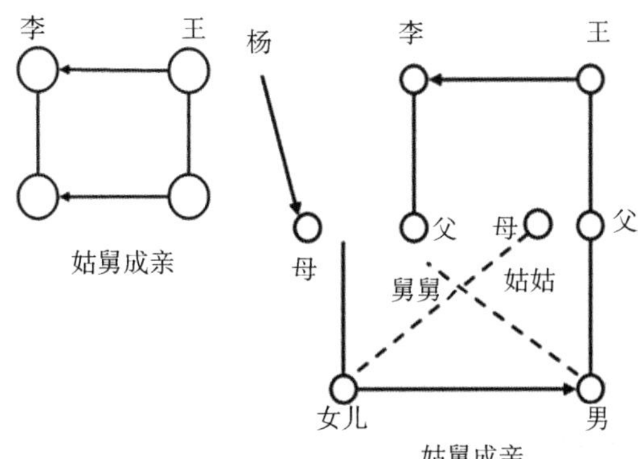

【从别的村子来的移住者的辈】他村人的话不是亲戚而移住过来的话是什么关系？ = 没有，没有亲戚关系来的他村人。

朋友如何？ = 可以。完全没有关系的话不可以。

朋友的话怎么确定辈？ = 根据友人的辈，本村人按辈算友人是平辈。

辈从上到下用的多还是从下往上用的多？ = 一样。

【老道的辈】老道有辈吗？ = 老道的叔叔在本村，那个叔叔和我是同辈，所以老道是我的侄子辈、郭永治的孙子辈，老道54岁。

【村内的上辈】在村内辈最高的人是？ = 禹甸峰（83岁）相当于郭永治的大爷。

10月30日

辈名　同族　分家

应答者　张友三

【街坊的辈】从张友三来看全村家长的辈。

禹镇　老叔。禹国镇　兄弟。郭儒　兄弟。张文魁　亲兄弟。张文仲　亲兄弟。杨文德　街坊六叔。杨文顺　七叔。禹宽　老叔。禹良　三叔。禹国恩　兄弟。杨集廷（他村人没有辈数、没有土地、寄居亲戚家、来村一年多）　费振明　三舅舅。禹明　叔叔。赵楷　兄弟。王旦　侄子。郭启　兄弟。禹荃　三叔。禹褋　叔叔。禹国栋　兄弟。郭树　兄弟。郭权　兄弟。裴振玉　舅舅。郭永春　叔叔。王廷贵　叔叔。郭永治　叔叔。郭仲华　侄子。许德山（长工）　没有关系。赵德荣　叔叔。郭永才　叔叔。郭永泰　叔叔。郭永崑 叔叔。张福林（不是同族兄弟，他村人，去年从长阳村来的，远亲。张福林的妻子是本村的郭永和——永崑哥哥——的女儿，本月二十八日永和死，儿子——保甲簿没有名字——去南苑的饭铺，回村后出殡）。郭海　外甥。郭生　兄弟。李永玉　舅舅。郭桐　兄弟。贾振恒　兄弟。宋文彬　兄弟。杨文海　叔叔。李杨氏（不是本村人，杨文海的亲戚）　郭让　兄弟。杨珍　外甥。杨文贵　叔叔。刘才　兄弟。刘德山　兄弟。贾生　叔叔。赵永和　兄弟。徐桂良　叔叔。李永治　叔叔。王书田 兄弟。赵谦　叔叔。赵显章　叔叔。赵凤林　兄弟。惠振　兄弟。郭永恒　叔叔。禹国泰　兄弟。张顺　兄弟。郭仪　兄弟。刘永祥　侄子。王国安　兄弟。赵瑞　叔叔。

有街坊的三叔、六叔、七叔，为什么其他没有？ = 根据那个人的兄弟排行这样称呼的。

杨文德兄弟有几个人？ = 十人，同族的大排行。

会说一家兄弟全体小排行吗？ = 不说，亲兄弟或亲哥们儿。

费振玉是舅舅，是什么关系？ =振玉的奶奶和友三的母亲娘家在同村，娘家和娘家之间有亲戚关系。

老叔和叔叔有区别吗？ =兄弟中的最小的就叫老叔，叔叔指不是最小弟弟的人，最小的弟弟有叫弟老的。

费振明是三舅舅也是兄弟第三人的意思吗？ =行三，老大——死、老二——振玉、老三——振明。老四——振坤。

为什么没有伯伯、大爷？ =没有人。

什么人是街坊的伯伯？ =以父亲的年龄为基准。

【排行字】本村的同族的同辈用同样的排行字吗？ =用。

（1）○○—○○○—○○—○○○—○像○起名、（B）像○○○—○○○—○○○—○○○—○○○起名的很少。以前有钱人有家庙，牌位上会很多向（A）那样记。在本村也是（A）多（B）少。

实例怎么样？ =祖父是一字（不明）、父代是世（世熙、世林、世隆）、我这代是文（文会、文魁、文仲）、子代是启（启瑞、启凤）、孙代是扩（扩刚、扩谷）。只有祖父是一字以下都是二字名。

一代的同辈都取相同的字，那个字叫什么？ =不知道。

不叫排行字吗？ =不说。

郭永治家的名怎么样？ =子是庄、父是振、祖父是辛安、曾祖父是德。汉人都是这样。旗人不会这样做。

禹桎的家如何？ =孙是汇、子及侄子是国栋、国英、国珍。同辈是桎、禶、镇。父代是甸春、甸川、甸恒。祖父是政（一人）、曾祖父是城信（一人）。

这样每一代取一字名是为什么？ =防止乱辈。看名就知道辈。

为了防止乱辈的话每一代一字、不用二字就可以不是吗？ =因为是这样传下来的。理由不知道。每起二字将来会有重辈的可能。一字的话即使子孙取和祖先一样的字，根据父亲的名还是能知道辈数，不是子孙的名和祖先的统一看待。名是学校的老师起名。一字的话随便，二字的话一个字一样。那也并没有事先定下来。孩子入学后马上就起（二字儿、三字儿）。

在本村谁来取？ =本村小学老师。现在是后辛庄的老师。以前是郭伯衡取的。

现在开始不取三字儿、二字儿了吗？ =老师问孩子来取。问父亲的名是一字还是二字。

【大户】大户是什么？ =家族成员多的家、同族人多的家。少的家是小户。

【学名和讳】讳是用学名吗？ =写讳用学名。

【号】什么人有号？ =从事农业的人没有。出社会去工作的人有号。出了社会就不直接叫学名了。叫了就是不恭敬。长辈叫下辈的名就可以。朋友的话一定叫号。叫名的话不恭敬。

自己对人也会用号是吗？ =初次见面的时候名和号都会说，不说的话对方一定会问。将来叫的时候方便。

号是什么时候谁送的？＝出社会当徒弟的时候没有号，但是成为伙计后，朋友会赠送。或者去其他店里的话，同时叫起来很麻烦，会取一个号。

除了叫号还叫什么？＝号，大号是名字。

会说字吗？＝号。也说字。我说的时候也会说草字。

这个村有号的人大概有多少？＝郭永治的号是长义、禹荘是永锡、郭权是伯衡、郭宽是风林。

号是取跟学名意思相连的字吗？＝是的。

为什么取了友三？＝因为以文会友。

【学名】女子有学名吗？＝去学校的有，没去学校的说小名。

结婚后丈夫怎么叫妻子？（没有学名的情况）＝汝（你）。

不去学校上学的孩子会取学名吗？＝不取。

到死都没有吗？＝外出务工去店里工作的话会取。在村里的话，到了三四十岁仍然没有名，会叫张二大、郭三、郭大、老大、老二、老三等。

村里有这样的人吗？＝有。裴振明家的短工叫贾四。

没有本村人吗？＝贾四是本村人。

其他呢？＝郭宽家的短工许二大。他是其他村的人。石洋村的人。

看保甲簿的话没去学校上学的人也好像都有学名。＝没有。

能告诉我你的同族的名吗？＝张文会、张文魁、张文仲。

【五服】五服是说到什么范围？＝五辈之内。

五服是以谁为基准？＝祖父、父（包括伯父、叔父）、自己、子、孙五辈。伯叔父分家的话，他们的子孙也出五服。

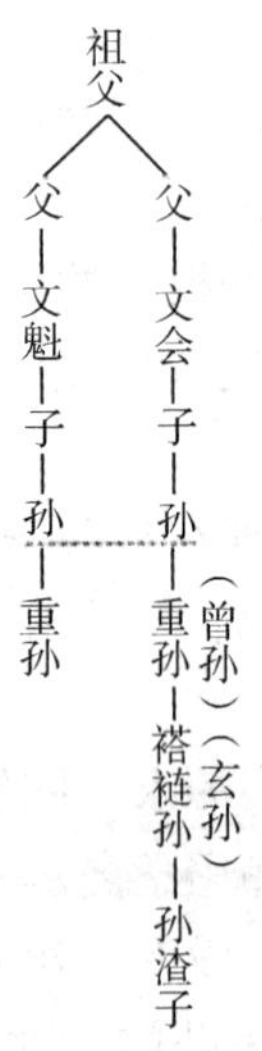

如果以上是五世同堂的话是五服之服，文会和文魁分家的话，重孙以下叫出五服。五世同堂很少。

父亲和叔父分家的话，会怎么样？＝重孙以下出五服，以祖父（文会、文魁的）为基准的五辈。

【直系和旁系】祖父、父、子那样的关系叫直系，在这边叫什么？ =亲的、亲支近巡的、脚登背膀儿的。

叔伯父和侄子侄女等更远的近亲关系叫什么？ =我的儿子和我兄弟的儿子是亲叔伯弟兄，孙子和孙子的关系叫堂叔伯弟兄。

亲支近巡的到别的旁系系统的叫什么？ =我的系统叫亲支的，我的兄弟的子孙的系统叫近支的。

亲的之类亲支近巡之类脚登背膀儿之类的包括兄弟的子孙系统吗？ =不是的，叫自己的直系。分家的人的子孙系统也会说是自己的系统。这两者关系会说是近支，但不说亲支。没分家的话亲支；分家的话是近支。

【分家】三辈以上没分家的有吗？ =没有。本村没到三辈就分家的多。

三辈以上就自然会分家吗？必须分家吗？ =并不是那样。各辈不过就是二人。有好几人的孩子。这样孩子间就会意见对立，勤劳的孩子和孙子会跟随母亲向父亲拜托分家。

【分家的原因】分家的原因什么比较多？ =正经干的对于不正经干的好吃好喝好要的弟兄的不满。

其他还有什么原因吗？ =兄长有妻子，而弟弟没有妻子的情况还可以。弟弟也有妻子时，会妯娌不和。财产少而兄弟多一起生活就比较经济紧张，各寻生活之道。就这些。

婆媳不和呢？ =很少。孩子好好听父母的话就不分家；听妻子的话就要圈出去（赶出去）。

【赶出去】有这样的例子吗？ =有。禹宽的儿子禹国祥（43 岁）妻子和婆婆不和而要求分家，父亲不能原谅，赶出去了。今年六月左右圈出去了。但八月节后，国祥拜托郭儒、张友三、禹国恩、禹国荣说合后，回了家。

具体的原因是什么？ =国祥的妻子说婆婆爱弟弟国兴的孩子而不爱自己的孩子，提出分家。国祥有三个孩子，国兴有一个女儿，婆婆应该是相同爱护的，但媳妇说婆婆偏爱国兴的孩子。

婆婆和媳妇吵架了吗？ =是的。争论过四五次，惹恼了婆婆，抱着孩子出去玩不做事。婆婆对国祥说你们出去吧。国祥带着妻子和孩子去了赵楷家住下了，国祥有两头驴马会去放脚，有时有客人有时没客人所以赚不到钱。做过短工，两个月左右就已经很困扰，最终找上述的四个人去说合。说合人说了后夫妇俩给双亲叩头赔不是。八月二十日左右从赵楷那里回了家。现在在家认真干活。

然后婆媳关系变好了吗？ =和平，因为老太太的脾气非常好，所以没有怎么追究。

国祥的驴马呢？ =是父母说应该不能生活然后给的，让他们放脚生活的。说合人们说合时，双亲什么都没有说，就解决了。禹国祥带着驴马出来说饿瘦了，双亲对待孩子都是相同对待，但国祥妻子一个人是那样想的。

你为什么说合？ =对门儿，争吵的时候听到了就仲裁了，禹周氏（国祥的妻子）是宫口村的人。

有多少田地？ =十几亩，因生活所迫，在公路边经营杂货店。

圈出去的孩子在父亲死去后分家时能平分吗？＝葬礼的时候回家，然后平分。

【分家后的父母的生活】有10亩土地，双亲有两个儿子的情况怎么分？＝父母5亩，2个人5亩。

养老地以外还有什么分家的做法吗？＝以禹宽为例，他把杂货店给了父母。双亲死后，平分那三间，田地均分。

有轮流吗？＝轮流养活，禹宽的话房子也分给孩子，在两个孩子的地方各住一个月左右来被赡养。

双亲只有房子，吃饭去孩子那边的情况有吗？＝有。

有养老粮吗？＝有。双亲从孩子那里得到口粮。

其中哪个最多？＝养老地。然后有财产的情况给养老财产的也多（房地）。

没财产的情况？＝轮流养活。

【分家】分家时怎么做？＝把同族的长辈（族长）、儿子的亲娘舅、本村的街坊两三人叫来合算家的财产、田地、房子、家具有多少。询问双亲是轮流养活好还是养老地好。根据回答（从十亩养老地中拿出五亩，五间房子给三间）写分家单。

有兄弟二人的话怎么分？＝抓斜儿（分前写纸，揉成一团来取）。

抓斜儿的很少吧？＝很少。说合后实行的比较多、和平。凭中介人和平办理。

这个抓斜儿在哪里做？＝本家屋里的桌上，当面。

在本村一年有几家分家？＝今年去年都没有。

【族长】各姓都有族长吗？＝禹姓是禹甸峰（九十几岁）。郭姓没有。张姓是兄弟三人，所以没有。禹甸峰是我的街坊的老太爷。跟我祖父是平辈。

【分家和族长】分家单上会写同族的辈大的名字吗？＝会写。

杨文海的分单上怎么没看到任何一个同姓的名字？＝分单遵父命，没有比父亲辈分更高的人。

【同族的活动——清明节扫墓】在这个村清明节同族会一起祭拜吗？＝大户会祭拜，大户有一笔钱，小户的话一家子全部分开去。

大户有一笔钱是什么？＝分家的人每年拿出点钱交给辈大的保管，辈大的必须是有钱的人。因为花掉就困扰了，或者有三家的话平等出钱买土地，卖了土地的收获（让同族的人耕种），作为清明节的费用，禹姓这样做。

【同族的坟地】用来出清明节的费用的禹姓的土地叫什么？＝坟地，那个土地是看坟的人耕种的，禹姓收到的钱很少，所以出典了。今年二月出钱拿回来了。

土地有多少？＝10亩，其中坟有7个。

这个坟地是怎么来的土地？＝乾隆时代高祖父的父亲还是祖父买的。

那是同族的吗？＝同族的。

10亩大概等于多少钱？＝看坟的收小制钱20吊。

那是收到什么时候？＝从光绪二十九年到民国七年。看坟出典，不知不觉也没有看坟的了。我拿着土地证书，交给北京的人保管着，看坟的不能是同族人，管理这个的禹甸在义和团事变中死了。光绪二十九年弄清楚了没有看坟的，从光绪二十九年到民国二十七年清明节的时候，同族出钱祭祀。在此期间没有人耕种（不知道人。看坟的出典的事情是知道的）坟地。民国二十七年开始取回土地跟同族商量，有赞成的也有不赞成的，那个土地离吴店村十几里。今年二月，同族人同意由炒米店村的赵姓出钱收回土地，民国二十七年以前是同族的人凑钱清明节上坟。

【清明节的扫墓】清明节会有什么祭祀？＝烧纸、上贡（点心、果子）。

没有会食吗？＝没有，以前就没有。

同族的钱怎么收集？＝一家30钱，十三家共3元9毛。本村有十二家、城内一家。用3元9毛买回坟地，剩下的上坟回来买烧饼吃掉。

【同族的坟地】取回田地的时候钱是怎么收集的？＝同族一家平均20元，大家一共260元，借利息钱。

怎么还？＝用土地作物的收成还。

现在是谁在耕种？＝赵姓，从他那里收租种钱，一年三石收作物。卖了这个来还260元的钱，不知道会花多少年，利息二分。

【分家单】

立分单人张文会和父母言明不愿同居情愿各灶将家产按三股君分受分家倨两截柜一个春凳一个银柜一个板凳两条顶箱一个八仙桌一张饭桌一个破水缸一个小缸两个父母随代养善银元一百八十块受分缺外洋元一百元受分北房三间庄宅由北房西山墙东西长至官道南北一半倘若父母有百年之后自己量力而惟不与两位胞弟相干此係弟兄三人情愿各无反悔空口无平立此存照

中保代笔人禹永锡

中华民国十一年冬月二十六日立分单人张文会

10月31日

过继　童养媳　生育

应答者　张友三

【分家单字句的说明】家产是？＝房子、土地、家里的家具。

一般把这个叫什么？＝产业。

春凳是？＝比板凳宽。长五尺、宽三尺、脚一尺四寸，在上面能睡觉，板凳是细长的凳子。桌子是脚长的春凳、板凳脚短。

银柜是？＝放钱的箱子，长二尺八寸、宽二尺二寸。中间有两个抽屉，清代时二十来两。

顶箱？＝立柜上面的箱子，放衣服、吃食。

八仙桌？＝能摆十二、八的酒席的桌子，根据尺寸三尺二寸（老尺）——八仙、三尺

——七仙。二尺八寸——六仙。

破水缸？=有缺口的水瓮。

随代？=随带，父母分给自己一人。

养善？=养老、养膳。

自己量力而惟？=惟是为，自己一人来办相应的葬礼。

【家庭成员的特有财产】有拥有不是家产的个人财产的人吗？=赵楷的父亲没有兄弟，一个人有赚一顷以上（在北京的首饰店）土地。死后四个儿子分家，母亲也分到了，五份，不是祖遗财产。

怎么分的？=母亲和孩子三十几亩，家屋也平分，家具也分了。根据说合人的说合平分。

母亲分到的叫养老地吗？=是。

父亲有兄弟住在一起的话不分给他们吗？=平分，没住在一起就不分。

那是不是祖遗财产都一样？=一样。

女儿不能从娘家带去存着土地和钱吗？分家时平分外能有什么？=嫁妆，从娘家带去的钱是不被别人知道的，没有从娘家得到土地的事。

孩子在县城或北京赚的钱怎么样？=钱交给父亲保管的话，其他家人不知道，所以分家的时候会分，用那个钱买的土地会被平分。

交给父亲保管的钱兄弟知道的话怎么办？=不能争，不分。用那个钱买牲畜或土地有盼头。

【外姓的过继子】在这个村有过继子吗？=郭永和的儿子，名不知道（郭旦儿），现在被南苑的饭铺雇用，现在在北京的天桥开店，他是长阳村（从这里五里）的刘瑞的弟弟，成了永和的过继子。

郭和刘是什么关系？=互相不认识，中间有介绍人，我姐姐嫁到了长阳村的彭家，由姐姐照顾着。

永和有土地吗？=照顾的时候有6亩，但现在只有2亩。刘家很穷吃不上饭，所以成了永和的过继子。刘有4个孩子，刘家人现在都死了。当时郭旦儿刚出生，没有奶水，因为永和妻子有奶水，所以由姐姐照顾。

永和妻子为什么有奶水？=他妻子生了孩子，但是孩子一个月后就死了，自己也想要个孩子，就过继了。

这是几年前的事？=20年前左右的事，郭大旦儿现在二十几岁。

郭永和有同族吧？=有同族，但是辈数不一样，同族也不想过继。

因为郭家贫穷吧？=最大的原因是贫穷。

因为是大户，所以应该有辈数相当的人吧？=有，但是不想过继。

这样的情况，会先跟同族商量一次，再从他姓过继吧？=必须先商量。如果要过继的话，必须从近支过继，但是近支不想。

过去有从他姓过继的情况吗？=据我所知只有一家，大概是从同族的近支过继的。

【过子单】没有过子单吗？=因为很小所以没写，10岁左右的话必须写。

一直幼小的时候要的不写吗？ =不写。

【童养媳】这边有童养媳吗？ =以前有，现在没有。

那个是怎么做的？ =女孩家很穷的情况下，做别人的童养媳，生活会变轻松一些。男方给孩子娶媳妇要花钱，所以这样省钱。

女方生活会变轻松是什么意思？ =省下一个人的嚼谷儿（饭）。

不用做出嫁的准备也可以吧？ =不需要一般的出嫁准备，媳妇和男方到了一定的年龄圆房。圆房时媳妇回娘家，男方只要用一顶轿子、吹鼓手（六人、四人）去迎接，女方只要上轿子披盖头。

娶亲太太不去吗？ =不去。只是坐轿子而已。车接来的、走来的，这都不高贵。男方有钱的话，会通知亲戚和邻居来出份子，但是娶童养媳妇的家一般都不做那样的事。

不是定婚后吗？ =不是的，这边定婚后变穷的话，不养童养媳，养童养媳的一定是贫穷的。

本村内有借别家的房间作为新娘的房间，家具也是男方买来办结婚仪式的吗？ =没有，大体 10 岁以下的女孩，做童养媳前女孩母亲会去男方家看，然后母亲同意的话，男方定好日子拜托媒人坐驴马或车去女家，媒人多为老太太。带来女孩送到男家吃饭后回去，女孩和男方母亲一起睡。长大就圆房。

在本村谁做过童养媳？ =禹良（77 岁）的妻子的禹张氏（70 岁）。二甲一户，有五六亩地。

童养媳有婚书吗？ =没有。

拜天地吗？ =拜，娘家要白布一匹和蓝布一匹。

那是什么时候？ =女的被带到男家以后，没有使钱。

给女家白布、蓝布叫什么？ =像定礼那样的，但是不那样说。

回门吗？ =不回，新年回家，只去近支的同族中有交际的家，没有婆媳不和，因为很小就娶过来。

现在为什么很少有童养媳？ =以现在的情况，生活贫苦的家庭很难再添一口人。不贫苦的家不会想要童养媳，因为童养媳不高贵。

【对同族的土地先卖】卖田地时必须跟同族商量吗？ =不会，但是近支的同族会让一让，对远支不让。

以前开始就这样吗？ =是的。

【一子两不绝】有一子两不绝这样的吗？ =一门两不绝。本村没有。一门两不绝的时候，儿子会娶两个妻子。

一个妻子的话不会一子两不绝吗？ =有。那种情况，先生的孩子作为自己家的孩子；后生的孩子作为他家的孩子。

一子两不绝的情况下，坟怎么埋？ =坟全体的埋法不知道。

丈夫埋中间妻子埋两边叫什么？ =不知道，挟棍葬。

两个妻子各叫什么？ =父母叫的时候说大姑娘、二姑娘；别人叫的时候说大媳妇、二媳妇。

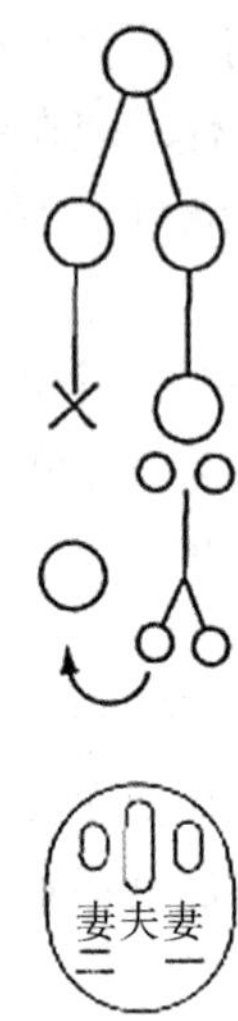

丈夫怎么叫？=不叫名。生了孩子的话用孩子的名叫○○的妈。大媳妇和二媳妇都生了孩子时，丈夫在大媳妇孩子前叫二媳妇的时候会用大媳妇孩子的名说○○的婶儿，在二媳妇的孩子面前叫大媳妇的时候会用二媳妇孩子的名叫○○的太太。

【男女的乳名】别人怎么叫大媳妇、二媳妇？=○○的太太、○○婶儿。在本村男子的乳名是旦儿、女的乳名用片儿的很多，比如说郭旦儿、杨片儿，不知道是什么意思。一般的脚叫大脚片儿，缠了足的姑娘的脚也跟大脚片儿相近。因此大妈们起乳名的时候看着姑娘的叫取片儿。第一个女儿是大片儿；第二个是女儿二片儿。

那是不好的事吗？=不怎么好，给男的取旦是取铁弹之意，因为同音，表示跟铁弹一样强硬。

【兼祧】知道兼祧吗？=生了孩子后成为两家的孩子，将来娶两个妻子，这个孩子再生下来的家养大。

和一子两不绝一样吗？=一样。

在这边有一子三不绝、四不绝吗？=一子两不绝也没有。

【辈和年龄】村内辈高的会受尊敬吗？还是年龄大的受尊敬？=辈。

年轻但是辈分很高的话也没办法吧？=不是的。

【辈的由来】辈是怎么形成的？=搬到村里早，辈就高；来得晚，辈就低。

本村最早的是什么姓？=禹甸峰。

这个年龄也是大的吧？=辈和年龄都是。

不应该叫姓吗？=不是姓也不是年龄。根据移住到村里的早晚。

移住的话不是一个人而是以姓为单位吧？然后分家了吧？=是的，按照早来村的顺序。分家的话根据和本家的辈来决定，禹、郭、李、裴、赵、张的顺序。

禹是辈分最高的吗？=是的。

禹的坟的辈最多吗？=禹和郭差不多一样。

大概几辈？=禹甸峰开始往下五辈、往上八九辈。（问禹裎）不知道，因为没有家谱，只记得到高祖父。

【生育的仪式】生了孩子后怎么办？ =第三天洗三，叫老娘来，老娘在铁盆（或者泥盆）里放一半温水，放艾进去，用那个水来洗孩子的身体。洗掉孩子的气味（生产时血的臭味）。那个时候本家奶奶、太太、婶儿们添盆（往铁盆里放钱。现在是一人二三十钱。以前是铜子）。洗了后老娘做面来吃，洗完孩子后，钱由老娘拿，这个叫洗三钱。

自己家不出礼吗？ =不出。

生育时不需要老娘吗？ =会叫，老娘会带来皮兜儿，里面有针、刀子。

生完后给孩子洗吗？ =不洗，洗三时洗。

规定男的不能进产室吗？ =一个月不进，过了产后十二天，丈夫进去，只是看孩子。男的一个月不进去，一个月内进去的话，有说冲运压运的迷信，运气会变得不好。在这边有为人三不进的说法，不进暗房、不进监狱、不进候知所。(暗房是产室)。

十二日以前丈夫不能看孩子吗？ =不看，孩子生下来后老娘会跟奶奶、大妈等说大喜或小喜。大喜是男孩、小喜是女孩。十二天叫老娘、产妇的娘家妈，妈会带着面、糖、鸡子儿来。没有妈的情况嫂子代理。不通知远方的亲族，同村的亲族和街坊会带着面或糖来，妈和老娘一起吃饭，亲族、街坊在别的地方吃，这样就完事。

满月呢？ =小子（男）涨一天（第三十一天）、丫头（女）抽一天（第二十九天）时产妇那边娘家的、姑姑、姨儿、姥姥家的、舅妈、妈嫂子、姐妹本家等男方的老少姑奶奶、本族的人、老娘、街坊、亲友、出份子的人们会来。吃八个碟儿、打卤、吃喜面，亲友、街坊在生了男子时会带来一副小镯子或一两块钱。生女子的时候带来一副小坠子、三尺花布或者钱。娘家那边会带一个小被子、一个小褥子、一个小枕头、一身裤褂儿、一副镯子、一宗儿孩儿事（钟、磬、升斗）、一架大馒头（十六个）——男女都一样。本族人不一定吃饭。娘家妈给老娘一两元。丈夫家（富裕人家）给外人准备两个大馒头、一件袄面儿、一根银长簪子，（贫困人家）只给老娘两个大馒头。

什么时候取乳名？ =生日来的时候取。

不是满月的时候取吗？ =不是的，因为满月后孩子可能会死。

产妇到了什么时候可以做一般的工作？ =满月后（富裕人家）；贫困人家是十二天以后。

什么时候开始跟丈夫一起睡？ =过了一个月后归房、合房。

11 月 1 日

葬礼 服丧

应答者 张友三

【寿衣】人快死了时怎么办？ =看病人的样子准备棺材寿衣。大棉袍、小棉袄（颜色按寿衣标准、不用纽绊用带子）、小棉裤、棉外挂鞋子一双、帽子一顶、陀罗经被、稳头的棉花、寿枕一个、裤腰带用五色线、绊脚线用五色线、月白袜子一双、帽子用清明的官帽。一般家里没有棉外挂寿衣也用布来做、有力之家用官绸做。一般家庭用青布或蓝纸代替陀罗经被，其他都一样。

人在死前穿寿衣吗？＝在咽气前穿。如果咽气后穿的话，死人穿不进去，装裹好了咽气。

【入殓】然后怎么办？＝有死前准备好的棺材就入殓，这个叫走马入殓。如果没准备的话就去买棺材，拜托先生挑时辰入殓。

入殓前不净身吗？＝不涮尸，会剃头、洗脸、洗脚。这个在要死的时候做，咽气前回教的人涮尸然后入殓。盖棺前开光、儿子或儿媳妇在茶碗里倒茶或酒用新棉花蘸着擦洗死人的七孔（那个茶或酒扔掉，在北京是由儿子喝掉），入殓时长子抱头，次子抱脚、叔叔、大爷们帮忙。没有儿子的话死人的媳妇开光、抱头、本家的人帮忙入殓，入殓后盖棺。盖棺时不钉钉，死人的闺女、媳妇的娘家人都来了以后，在这些人面前钉钉。如果在死人的闺女、媳妇的娘家人们还没来就钉钉的话，一定会倒霉。打钉的时候，儿子说爸爸躲钉，打三个摄头钉，女的也一样。

【死去的通知】什么时候通知村内的本族和街坊？＝入殓后，儿子或儿媳妇急忙去通知本族。通知本族的人的时候叩一个头，这个叫报丧头。本族人那天带着烧纸来在棺材前，晚辈叩4次头，平辈但年龄小的叩4次头，年龄大的不叩头，长辈也不叩头。平辈、晚辈一定会哭，长辈不哭，这个叫吊丧。很近的街坊大家都来烧纸。根据辈的不同和同族一样。

【上庙】入殓前不上庙吗？＝咽气以后入殓之前，去五道庙报庙。那是在床上停尸期间。

【停尸】停尸是？＝穿完寿衣摆两条板凳上面放一个单扇门，在上面铺一条褥子，上面放尸体，那个在正屋做。头向入口方向，九钱八的小银元宝的两只手中各放清代的金银元宝。九钱八是九钱八厘。一个小银元宝放嘴巴里，入殓后把倒头饭和长明灯放到棺前的桌子上，停尸时，用绊脚线系住死人的两只脚。入殓时拿掉，元宝就那样拿着，用绊脚线是为了防止诈尸，停灵时放在院子的正中间。

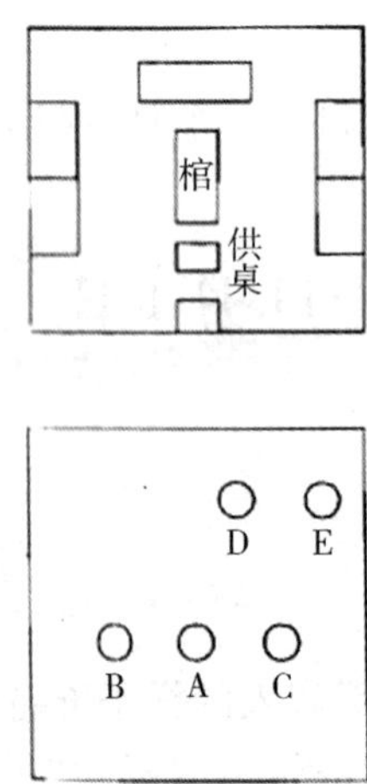

A 香炉 B、C 头香、D 倒头饭（小米）。小米饭上押三根棒，叫打狗棒，因为去阴间的时候会经过恶狗村。E 长明灯因为阴间很暗

桌子下面放一个丧锅子，来祭拜的人用这个来烧纸。停灵时在死的那天来做。停灵时同族、亲戚、很近的街坊来祭拜，叫作吊丧。

【伴宿】会伴宿吗？=到出殡为止每天报庙三次、烧纸三次。第三天接三，接三日会伴宿，其他还好不伴宿。

上辈也伴宿吗？=上辈也会来看房间并照顾帮忙，丧种[1]和其他（女儿、太太等的家人）来守灵。

守灵是只有一天吗？=一般会有人在。

接三完成后那天晚上吗？=晚上七八点左右送三，那个完了后伴宿，和尚半夜会念经。

一般农家也会喊和尚来念经吗？=鼓手吹打一晚上，家里的人上祭叩头。

【送三】送三怎么做？=烧活（车、马、灵前三对儿——杠箱一对、花一对、人一对——）、出份子的亲友、鼓手、和尚、丧种、孝家。烧活还是张罗人带来，而且张罗人拿来火把照亮通道。在庭院里时丧种对棺叩头，长子用一根楷（楷的顶部有白大钱，这个叫拉魂的）背着手拉着魂儿，长子后面次子抱着亡东，按上述顺序出门。从前街到后街五道庙去把烧活放在五道庙前的十字路口，和尚、鼓手、送三的人站在那里，长子、次子进入五道庙，给五道庙的神烧一股高香，长子拿一枚小烧纸说着：爸爸您在哪儿呢，抱钱儿呀，沿着庙内的墙走，走到那个纸贴到墙壁上。贴上后在那里稍微烧一下小烧纸，叩头四次。之后把贴在墙上的小烧纸（自然贴上的，因为有魂）取下来放到拉魂的白大钱上。又是自然的贴到白大钱上取不下来。丧种的长子又背着手拉着魂儿次子背着亡东（亡东是用纸做的像枕头一样的东西）。在上面和尚写叫庙门。其中写着死人的姓名、年龄、出生年月日、死的年月日。把这个放到车里烧掉，是去阴间的死亡通知书。之后，长子、次子到十字路口。车子的旁边有一个椅子、马尾箩一个、一个簸箕、准备的灶火灰。丧种来了后，把拉魂的放进车里。次子把亡东放进车里。长子放拉魂儿时把一个簸箕、灶火灰放进马尾箩中，抖落到椅子上面。此时，丧种说几次爸爸您上车。然后死人的魂儿跟着小烧纸进了车。进车时，脚踩椅子进去。丧种和孝家们看着椅子上的灰所标记的死人足迹。如果来世也做人，会留下人的足迹，凭那个足迹就能知道来世。张罗人和出份子的人带着香头儿，给马的鼻子和眼睛挖洞，切掉马的四只脚用火把点燃（因为切掉马的脚以后就能走）。开眼和鼻就能看得见，并能呼吸。丧种和孝家在烧活前跪下，烧活着了火就哭。张罗人说几次感谢亲友、到家里坐之类。鼓手与和尚回丧家吃饭。丧种和孝家也回去。出份子的人回家也可以，也有去伴宿的、看热闹的。吃完饭就伴宿，和尚上座，鼓手回去。和尚上座后，孝家男左女右陪灵，六七点左右开始送三，一小时左右结束。伴宿到半夜三四点左右。伴宿结束后，和尚回去，然后择日出殡。三七或者五七，贫穷的人也有一七，也有排五（第五天）。伴日的话，报丧出殡日，那个时候出讣文。

【出殡】出殡当天做什么？=拜托棚铺搭棚，吹鼓手、杠、罩全是由棚铺来准备，找

[1] 译者注：原文如此，应指孝子。

厨师。出殡前日亲戚来本家。街坊当日来，前日和尚来送东七次，和尚在村庙里设经堂送东时，从经堂到死人家里朝灵，朝灵后在棺材前送东，送东之后作夜，从晚上十点左右上坐到第二天四五点左右下坐。吃完饭回经堂，等待出殡。八九点左右和本家的人和出份子的人吃饭，出份子的人家住得远就回去；住得近就送殡。

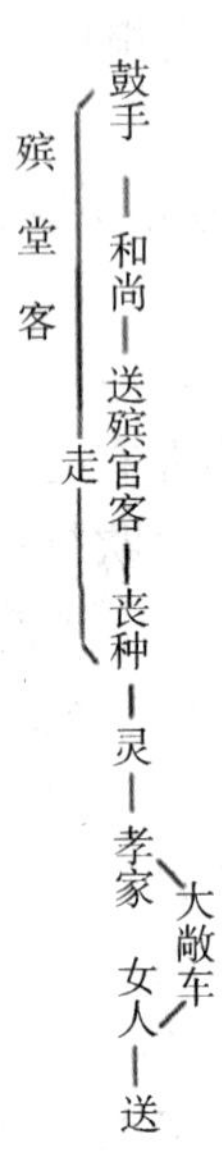

【开吊】开吊是什么时候？＝送东日开吊，亲戚、本族。

【出份】出份是哪天？＝接三日出份子的人带来官吊（一对素蜡、一对香、两挂元宝、一刀纸）或者果供（点心、果子），带钱来的很少。出殡日亲戚出幛子一块、份子三五元，朋友、街坊出份子一两元，这个叫余礼。

【埋葬】把尸体埋到坟里怎么办？＝下葬以后什么都没了。

【三天】三天？＝圆坟、开鬼门关。圆坟——白天去坟那里修坟。出供物（一份饺子、果子、酒）。烧三炷香、烧纸。本家的人们叩头哭。开鬼门关——过了那天晚上十二点去坟那里，带着新笤帚一把、碗一个、筷子一双。长子一个人去坟那里，在死人的头的那边挖洞倒碗放并把筷子放左侧埋住。带着新笤帚扫一下坟头周围，说一扫天门开、二扫鬼门开、三扫开门来。说完跪在头这边，坟中有咯唧一声声响后，跑回家去。我在父亲死去时做了。

为什么要跑回家去？＝害怕。

什么可怕？＝不知道为什么害怕，因为坟中发出声响，我没有听到。五七上坟烧纸，十月初一送寒衣，过年三十白天上坟烧纸，清明节上坟烧纸，死忌日上坟烧纸。

【哭】什么时候去哭？＝烧纸的时候。

清明节也是女的哭吗？＝是的，上辈不会。

【在坟前的仪式】在坟上做楼库是什么时候？＝出殡时带到坟那边烧。

坟上会用高粱壳来做房子吗？＝不做，出殡时丧种拿的引魂幡插在坟头的头这儿。

【扫墓】人死了祭拜到哪一年？＝多的话三周年，一般一年，在家祭祀多年，家里办周年。

【对父母的服丧】父母死后过了三年怎么办？ =守三年丧，守服，守制，三年穿孝。

门的对子怎么样？ =贴蓝对子。

【父母的三周年忌】第三年的死忌日做什么？ =薨三周年，糊纸张（烧活）是和出殡一样的，做一个纸亭子（八角亭子，二层的房子）。那里面放死人的牌位，亲友、本家、街坊都来给亭子上祭。本家的人都穿孝跪在亭子两侧，这也叫陪灵。上祭完后把烧活（金银果子一对、绸缎果子一对、花一对、人一对、亭子一座、楼库三座——楼库一座、一楼二库）带到坟上，这个叫送楼库。在坟上烧掉，先吃后送。

三周年的时候不写对子吗？ =不写。

不写三年服尽心难尽、一旦服更情难更这样的对子吗？ =亲戚里有知识人的话会写诗句在潭白布上送，那个挂在亭子前，这个叫挽联，这个也一起烧掉。

三年丧后会写除丧这样的文字吗？ =不写。

三年是整整三年吗？ =是的，满三年，在北京九个月算一年。

良乡的农闲期呢？ =从十月开始到次年三月为止。

【服丧期限】给父母的服丧期限是？ =三年，不到三年的话，舅舅不会允许，满白鞋子。

伯叔父呢？ =一年或者两年，满白但后部稍微空一点黑。

祖父呢？ =三年。

曾祖父=一年或两年，鞋子后部有红跟儿。

上辈对下辈的服丧期间呢？ =没有。

平辈=哥哥死了的话兄弟，到出殡为止戴孝带子。

丈夫对妻子的服丧期间是？ =孝带子，到出殡为止。

妻子对丈夫的服丧期间是？ =全白戴孝，两年比较多。

【白鞋】鞋子是两年半左右破掉、服丧期间还有一点点的情况，会做新的白鞋吗？ =新做。

伯叔父和祖父的时候怎么办？ =也是新做。

那种情况不会有随便对付的吗？ =不行，但是白鞋破了的话，做灰鞋就可以。

为什么灰鞋可以？ =父母的时候是舅舅监督，但叔伯父的时候，没有特别来干涉的人。

不能做黑的吗？ =因为没有抱怨的人所以可以。

【全孝】全孝随便应付的话会被人说坏话吗？ =被笑话。

【服丧的名称】三年的丧的名叫什么？ =吃服，在本村间穿孝服的人吃谁的服。

两年的丧呢？ =吃服。

知道讣文中写的服丧的名吗？ =没有七月五月的丧，没有名。孝衣有红补丁（红布）。北京也有。孩子对父母没有，对祖父一个，对曾祖父两个，红补丁是用红布来做。

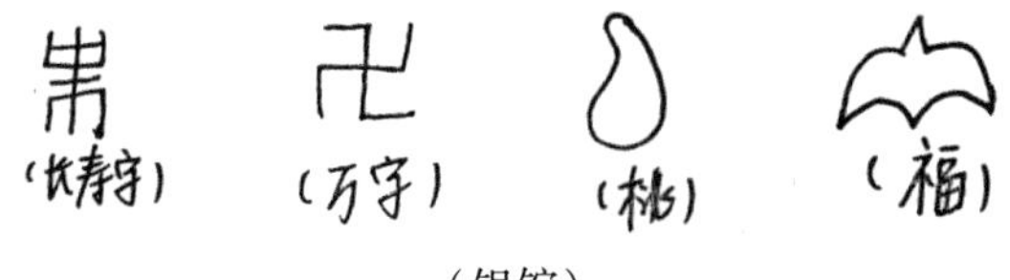

（银锭）

如上男左女右系在身上。外祖父母用蓝布做。

1942年11月

（华北农村惯行调查资料　第96辑）

家族篇第14号　河北省良乡县吴店村

调查员　早川保

翻　译　刘国芳

11月2日

农具—同族间的借贷

应答者　张文会

【关于应答者的家庭】你家的家庭关系是什么样呢？＝

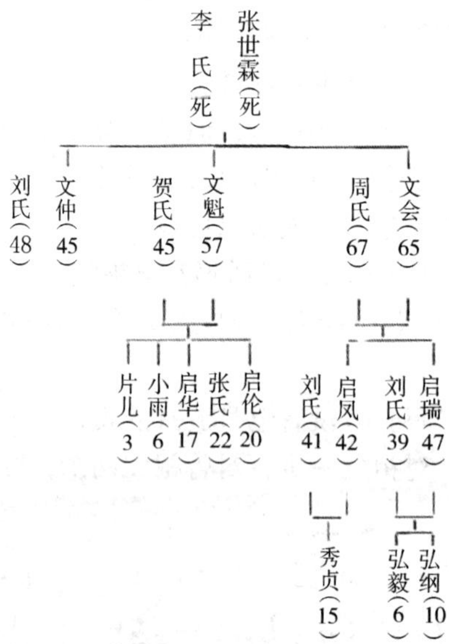

世霖是民国三十年87岁死亡，妻子李氏是民国二十八年86岁死亡。文会、文魁、文仲民国十一年分家，文会的孩子启瑞、启凤还没有分家，启瑞在宛平县赵辛店当小学教

员，副业在经营药店兼职医师。启瑞的妻子也在赵辛店，启凤十五年前去外蒙的库伦做买卖，两年前消息不明，启伦是村的参议。

【农具、役畜】张文会、张文魁、张文仲家里见到的农具役畜

（农具）	（时价）元	（用途）
碾子	80.00	用于磨树、小树、荞麦、绿豆等
礦砷（框付）	20.00	用于砍掉谷豆子、高粱、麦子等的秆子
大锄	10.00	
小锄	1.20	
辘轳	3.00	用于汲取井里的水
推墩子（框付）	5.00	用于压地（播种时不让风吹走种子压土）
犁笆	30.00	用于耕地（松土的道具）
耧	15.00	用于下籽（播种时）
铁杖	3.00	用于菜园（平地的道具）
铁锨	15.00	用于和泥（搅拌泥）、铲泥（取土）、翻菜园、刨沟（挖沟）、凿渠
三齿镐	2.50	
箩	3.00	
簸箩	1.50	
簸箕	1.50	
搂柴火笆子	1.00	用于捆柴火、稻草（收集草、柴）
背筐	1.00	用于拾粪、拾柴火
粪杈	4.00	用于起粪（起出猪圈、牲口的粪）
木锨	2.00	
小把镐	1.50	
杈子	0.50	
瓢	0.50	用于汲水
笊笆	1.50	用于收集谷穗
镰刀	1.00	
（役畜）		
驴	200.00	拉粪、拉粮食、拉庄稼、耕地、拉礦砷
猪	70.00	吃肉、卖钱、造粪

【分家股的农具相互利用】文会、文魁、文仲所拥有的农具和相互的借贷利用关系

张文会	张文魁	张文仲
1. 耧（自己）一个是跟郭儒借的	1. 三人共同	1. 三人共同
2. 没有犁杖短工带来	2. 同左	2. 犁杖一个
3. 没有大锄，跟郭儒或杨文成借	3. 同左	3. 同左
4. 小锄两个	4. 小锄两个	4. 小锄一个
5. 没有推墩子（带框），跟徐成借来用	5. 同左	5. 同左
6. 小把镐一个	6. 小把镐一个	6. 小把镐一个
7. 三齿镐一个	7. 借文会的	7. 同左
8. 铁锨一个	8. 借文会的	8. 同左
9. 借文仲的	9. 同左	9. 撮耙一个
10. 杈子两个	10. 杈子一个	10. 杈子一个
11. 镰刀一个	11. 镰刀一个	11. 镰刀一个
12. 借文仲的	12. 同左	12. 铁耙一个
13. 木锨一个	13. 借文会的	13. 同左
14. 借文仲的	14. 同左	14. 碾子（分家后文仲买的）
15. 磃砷一个	15. 借文会的	15. 同左
16. 没必要	16. 搂柴火耙了一个	16. 没必要
17. 跟文仲借	17. 同左	17. 粪杈一个
18. 背筐一个	18. 背筐一个	18. 背筐一个
19. 筐箩一个	19. 跟文会或文仲借	19. 筐箩一个
20. 簸箕一个	20. 簸箕一个	20. 簸箕一个
21. 箩一个（除了文魁文仲外也借给老街坊们）	21. 借文会的	21. 同左
22. 镳铲没有必要	22. 同左	22. 镳铲一个，今年春，小辈从草坞村亲戚（妹妹的婚家）陈某那里借来的，用杨真的井时使用
23. 驴跟文仲借	23. 同左	23. 驴一头
24. 猪一头	24. 猪一头	24. 猪一头

续表

张文会	张文魁	张文仲
25. 瓢（汲水）一个、呱打儿一个	25. 同左	25. 同左
26. 需要大车时跟裴振明或禹国恩借	26. 因为土地少不用	26. 用驴代替大车使用
27. 小车没必要	27. 同左	27. 同左
		28. 有一台轿车，清末的时候有一头骡，拉斗的时候有用过的车现在不用

11 月 3 日

农具的借贷　搭套　偏把式

应答者　张文会

【分家和农具】农具中最重要的农具是什么？ =犁杖、耧、推墩子、小锄、大锄、镰刀、小把镐、杈子。

分家时为什么上述东西不写到分单上？ =分家时祖父和父亲在北京做买卖，没什么农具。

分家时有什么农具？ =有耧、犁杖但是坏了，没有大锄有小锄，没有推墩子，有小把镐，有杈子，有镰刀，其他有铁锨、镐、笸箩、簸箕等。

差不多都有吧？ =是的，但是大部分都不能用。

分家时兄弟三人是怎么分的？ =没有分，能用的农具三个人共同用。

分家后共同用了几年左右？ =使用一二年后，都不能用了，就各自做了需要的农具。

【分家股的农具借用】分家后谁买了吗？ =我（文会）买了杈子、木锨、铁锨、三齿镐、小把镐、笸箩、簸箕、箩、镰刀，文仲买了驴、犁杖、耧、起粪杈、簸箕、小把镐、小锄、镰刀、木杈子，文魁买了簸箕、杈子、小把镐、小锄、镰刀。

买这些东西的时候兄弟三人相互商量吗？比如说我买了驴所以你去买什么的之类的？ =不会那样商量，农具用自己买的，兄弟互相借的很少，尽量不用兄弟的东西。必要时跟邻居借，因为文会和文仲关系好所以会互相借，跟文魁不会。

为什么和文魁关系不好？ =文魁头脑不好使，文魁的妻子不懂礼仪，互相说话也很少。

【邻居间的农具借用】需要农具的时候你们会跟邻居家的谁借？ =文会和文仲都会跟郭儒、裴振明、禹国恩、杨真借。文魁跟郭儒借，或者用文仲的农具。郭儒等大家都是老街坊。

大家都是无偿借来借去吗？ =是的。

郭儒、裴振明、禹国恩、杨真、张文会、文仲、文魁都有什么农具？ =如下

	1 张文会	2 文仲	3 文魁	4 郭儒	5 裴振明	6 禹国恩	7 杨真	8 备注
铁锨	借给2、3、4、5、6、7	没有	没有	没有	没有	没有	没有	
犁杖	没有	有	没有	没有	有	有	没有	耕种时短工会带来所以不用借用
篮	没有	没有	没有	没有	有	有	没有	同上
推墩子	没有	没有	没有	没有	1、2、3、4、7	1、2、3、4、7	没有	
筐箩	3、4、7	3、4、7	没有	没有	有	有	没有	
箩	2、3、4、7	没有	没有	没有	有	有	没有	
九股起粪杈	没有	没有	没有	没有	没有	5	没有	1、2、3、4、7不用
耰	没有	没有	没有	没有	6	没有	没有	1、2、3、4、7不用
三股起粪杈	没有	1、3、7	没有	有	6	没有	没有	
大镐	没有	没有	没有	1、2、3	有	有	没有	7用杨文成、杨文海的
铁笆	没有	有	没有	没有	没有	没有	没有	1、3、4、5、6、7没有菜园不使用
搬笆	没有	1、3、7	没有	1、3、7	有	有	没有	
笆	没有	没有	7	7	有	有	没有	1、2没必要、没有收草的空闲

续表

	1 张文会	2 文仲	3 文魁	4 郭儒	5 裴振明	6 禹国恩	7 杨真	8 备注
磨	没有	没有	没有	1、2、3	有	有	没有	7 不用，一般用碾子
耧	没有	1、3、7	没有	1、3、7	1	1	没有	
大锄	没有	没有	没有	1、2	1、3	3	2	
礳碡（带框）	有	没有框 1	没有	3	有	有	有	
木锨	2、3、7	没有	没有	2、3、7	有	有	没有	
三齿镐	2、3、7	没有	没有	2、3、7	有	有	没有	

撬是 30 元左右，在村里郭宽和裴振明有，用于撬地、捣碎田里大块硬的土块，一般用三齿镐代替这个，使用撬需要驴马。

村里附近的几家都会像上述借贷农具的关系一样吗？ = 是的。

那是形成了固定的组合吗？ = 不是的，小农具的话跟邻家借，没有大农具的话去远的地方借。大农具是一家买了大家都来借。

附近的人大家互相借农具叫什么？ = 并没有什么名称。

【搭套】搭套是指什么？ = 有驴马的人一头不够，就跟两三家组合起来互相借驴马来利用。

一般耕种需要几头？ = 拉犁杖需要三头驴马的力量。

在村里会用搭套这样的词吗？ = 是的。

【偏把式】互相帮助的除了搭套其他还有什么吗？ = 比如说从费振明那里借来短工和农具、犁杖、驴来耕种付钱给费振明，这个叫偏把式。

变得像搭套那样吗？ = 并不是那样的，比如我们文会、文仲、文魁不会一直组合偏把式。

比如费振明和张文会一直组合偏把式，两户一直保持那样的关系的情况有吗？ = 并不是确定的关系，但是村里人每年会跟郭宽、费振明、禹国恩、禹铎、禹桐五个人的一个偏把式（借方一天提供短工三顿饭，一天给借主一元，不负担驴的吃食费用）。这些人把这个当做买卖在做（做外活）。

【搭套】今年村里有搭套吗？ = 村里搭套的关系很少，今年郭儒和杨文成、张文仲搭套了。

他们去年也搭套了吗？ = 去年和前年都没有搭套，郭儒是去年买的驴马；杨文成是前年买的。因为张文仲的驴马是七八年前买的；郭儒去年买的驴马还太小，不能做事，今年第一次搭套了。

明年上述三人还会搭套吧？=到民国二十八年左右偏把式是二亩半或三亩一元，但今年变成一亩一元，挺高的，所以我觉得明年应该也会搭套吧。

【同族间的搭套】同族至今有搭过套的例子吗？=禹姓两年前禹宽、禹桐、禹明三个人搭过套。去年禹宽有两头驴马，从长阳村的亲戚张某那里借来驴马一头自己一人耕地。禹桐有一头马和一头驴马、禹明有一头驴马，两个人搭套了。

郭姓呢？=没有。

杨姓、王姓呢？=没有，王姓没有家畜，杨文成今年如上所述，跟外姓的人搭套了。

赵姓呢？=没有。

李姓呢？=没有。

张姓呢？=只有张文仲有驴，只有张姓的搭套没有过。只是如上所述今年和杨文成、郭儒搭套了。

其他同族搭套过的例子有吗？=没有。

【偏把式】村里五户偏把式关系大体确定下来了吗？=是的，大体确定下来了。

怎么确定的？=如下（以同族关系为中心问的）。

跟裴振明的偏把式关系？=裴姓村里只有两户，现在一户的裴振玉是从岳父（房山县的北宫村）那里免费借短工、犁杖、骡两头，裴振明没有偏把式。

郭宽？=郭姓有十五户，其中郭启、郭永才、郭海、郭永泰、郭永春五户跟郭宽偏把式。郭生、郭全、郭义和禹桐、郭儒、郭永恒和禹锡、郭树和禹国恩偏把式，郭永昆是从皇辛庄的阎某（岳父家），郭桐是从小西庄的岳父家，郭永治是从长羊村的妹妹的丈夫杨占全那里借。

禹桐、禹铎、禹国恩是和？=禹国恩因为耕种一顷以上，所以很少借给别人。因此禹姓十二户中禹裎、禹褀、禹国栋和郭宽、禹国海、禹国深、禹良和禹桐偏把式。禹明和禹桐两人搭套十年以上，禹宽有两头驴跟长羊村的岳父偏把式。禹镇现在不耕种而是收租种费，以前跟禹桐偏把式过。禹国泰（禹铎的父亲）有驴一头、骡一头不弄偏把式，而是在空闲时给他人做外活。禹国泰做外活时没有短工，所以儿子铎自己做。

你跟谁偏把式？=跟郭宽，郭宽没空的话，跟费振明。

末弟的文仲怎么办？=以前是拜托嫁给良乡县梨村的李姓的女儿的丈夫来帮忙，最近和杨文成、郭儒搭套了。

次弟的文魁呢？=和郭宽偏把式。

杨真呢？=和郭宽偏把式，郭宽忙的时候跟禹桐偏把式。

【没有所有地的分家】你们三人分家时没有土地没有分吗？=是的。

现在大概有多少土地？=兄弟都没有所有地都是租种地，如下。文会是从本村赵老太太那里租15亩，同族的张启祥那里租4亩。文仲是从本村的赵春那里租5.5亩，跟城内的基督教会租5亩，妹妹刘张氏租4亩，跟城内的秦瑞田租15亩，文魁是从禹国海那里租8亩，禹国深那里6亩，后店村阎某5亩，秦瑞田10亩。

【租佃关系】你和赵老太太是什么关系？=我父亲和赵权的父亲是义兄弟，赵老太太是赵权的母亲，那个土地是养老地（赵权的父亲是文会的祖母的养子）。

和张启祥的关系呢？=我的伯父的孙子，下面在做城内天王寺编乡的公务员。

文仲和赵春是什么关系？=赵春是赵权的弟弟，赵权和我还有文仲都是如前述。

文仲和秦瑞田是什么关系？=秦瑞田是本村人郭宽的姐夫，大家都是郭宽介绍的，秦瑞田在吴店村的土地都是吴店村的人在耕种。

吴店村多少人耕种秦瑞田的土地？=具体不清楚。

禹国海、禹国深是兄弟吗？=是的，是兄弟还是本村人。

和文魁什么关系？=是本村人，其他没有关系。

和后店村的阎某是什么关系？=本村人赵楷的女儿嫁给了阎某。

11 月 4 日

分家 过继

应答者 张文会 张文魁 张文仲

【分家前的生活】民国十一年你们已经分家了，分家以前耕种谁的土地？=共同耕种后店村谢锡九的土地五亩，文会担任房山县红寺村的常尉如家的抽分先生（从事挖流经房山县山地的石炭坑的水沟的人），文魁在良乡县城内的薛锡禄家当赶车的，文仲用家里的轿车拉脚，兄弟三人都有职业但是各自在闲暇时耕种五亩租佃地。

【分家时租佃地的分割】分家时五亩租佃地是怎么分的？=租佃地是民国七年开始到民国十年为止三年间耕种的，所以分家当时没有租佃地。

【家族成员的收入和家长】分家前你们都有职业赚的钱交给谁？=大家都交给父母。

交给了父亲还是交给了母亲？=大多交给父亲但也有交给母亲的情况，交给谁都可以。

谁实际掌管家里的经济？=父母共同，钱交给父亲的话母亲从父亲那里接过钱掌管家里的经济。

你们三个人工作时，你们全家都在父母许可下一起生活吗？=是的。

根据你们兄弟的妻子的数量，交给父亲的钱会有区别吗？比如文会妻子比较多，所以比文仲出的钱要多这样的？=不是的，除去自己一个人的生活费全部的收入都上交。

【分家和负债】分家单上写着你接受百元的欠款（分家单后出），其他兄弟承担多少？=他们兄弟二人不负担借款。

为什么只有你一个人负担借款？那个借款是分家前你自己借的吗？=那个借款是赊买生活必需品酒、米、油、盐的钱一共有百元，分家前用自己的名义赊买的。

为什么不用父亲的名义赊买呢？=因为父亲不认识店里的人。

那个店有几家？=城内的富泉盛（南街——现在闭店）、裕丰厚（北街）、张碾房（东街——现在闭店）。

赊买的钱一年什么时候付？=麦秋（五月）和大秋（九月）。

分家时民国十一年冬月（十一月）二十六日、九月付了钱一个月左右赊买的钱到了百圆吗？＝以前赊买的钱有残留。

【家产的分割】分割的时候兄弟三人得到的是怎么确定下来的？＝让后庄村的李万生（母亲的弟弟）来，禹祥做中间人，两个人商量把家里财产分三份。因为我是长子，所以让弟弟们先选，两个弟弟没有因为要各自希望的部分而起争执。李万生对我说，你做得最多，而且儿子也都很认真做事，所以说服赊买的借款由我一个人负担，我接受了。

接受赊买的百圆借款同时不应该得到百圆左右的财产吗？＝不是这样的。

【——房子、家具】以兄弟三人分家前住的各房子为基准，因为你住在北房所以分到了北房吗？＝是的，但是家具类的从庭院拿出，不能拿出的就那样分成三份。

分家前你住的北房的房间的家具会不会分家后成为文仲的或者放进西房什么的吗？＝是的，房间的家具会变换很多。

【——佛坛】有没有那个时候没分的东西？＝文仲的房间有佛坛，这个没分，文仲说因为在自己的房子（西房）不能动，他夸下口说自己会祭祀，成了他的东西。佛坛并不是什么重要的东西，但是磁器的盘子或锡的烛台是高价的。

那个佛坛不是你们兄弟三人的东西吗？＝大家都会祭祀神明，但平常是文仲的东西。

什么时候变成了文仲的东西？＝分家的时候开始，其他兄弟也都很老实稳重，文仲主张是自己房间的东西，所以就擅自留作自己的东西了。如果文仲今后生活困苦，要卖了那个的话，其他兄弟会买吧。

佛坛分家后应该移到那里去？＝因为西房是上屋，所以还是应该放在西房。

【房子规格的上下】为什么西房是上屋？＝村里的庙朝南道是斜向西南，跟这个相对文会、文魁、文仲的房子在如下位置，文仲的西房在西北边朝着东南而建，所以是上屋（本来北房是上屋）。

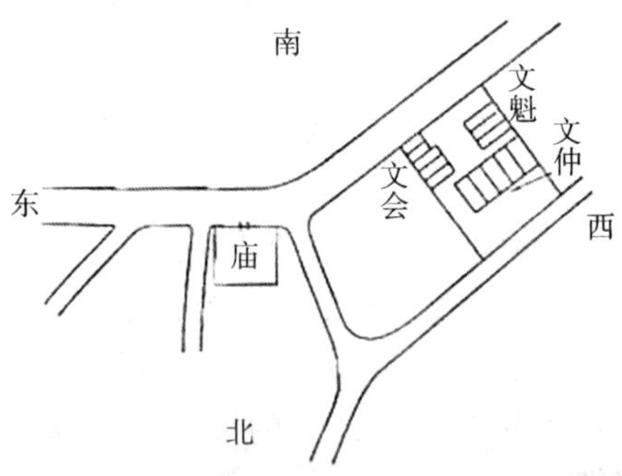

【分家股间的家产买卖】你们分家后，兄弟间有没有卖过家具或其他的？＝民国十三年我从文魁那里花10圆买了一对太师椅子。

文魁为什么卖？＝文魁没有伙食费的时候，从城内的张碾房凭借自己的介绍借了五斗米，没钱还，所以我买了椅子。

除此以外，你们兄弟间有过买卖吗？＝没有。

文魁、文仲互相买卖过东西吗？＝没有。

【分家股间的借贷】你们兄弟间互相借贷过东西吗？=农具前几天说过了，借过。家具没有借过。

会借钱吗？=不会，需要钱的时候从其他地方借，因为大家都贫穷，所以不借钱。即使兄弟有钱的话也不会借，亲戚不交财、交财两不来。亲族亲戚因为钱的事很容易起纠纷，所以尽量不借钱。

容易起纠纷但是最容易借吧？=是的。

【借款】你一直从谁那里借钱？=为了父亲的葬礼借过钱。如下。

向方文祥（赵辛店、启瑞的朋友）借百圆
（期间二年）利息月利二分
向李广明（赵辛店、启瑞的学生、九年前）借百圆
（期间二年）利息月利二分
向王国栋（宛平县高甸、启瑞的朋友）借七十圆
（期间二年）利息月利二分

文魁从五家借了180元写在个别调查表上，是跟谁借的？=一般不说这些话题所以不知道。

文仲没有借钱是真的吧？=夫妇两个人生活，又有驴马，耕种30亩的土地，生活应该比较宽裕，不借钱。

【分家股的互助】你们兄弟三人各自都有租佃地（租种地），会一起耕种租佃地吗？=不会。

会帮忙吗？=用耧的话文仲不擅长我比较拿手，文仲家有驴马但是我家没有，于是会互相帮忙。

每年都会吗？=耕土地的时候我会借文仲的驴马用，播种的时候文仲会拜托我帮忙。

你的全部土地是19亩，文仲是30亩，所以你不是就吃亏吗？=播种可以一天15亩左右，耕地比较花时间，所以不吃亏。

你和文魁会相互帮忙吗？=文魁家人多，没有互相帮忙过。

文仲和文魁互相帮忙吗？=文魁的次子会帮助文仲。

每年帮忙吗？=文仲借给文魁驴马，作为交换次子的启华会帮文仲（启华18岁，未婚）。

【过继】文仲没有儿子，打算怎么办？=最终会是把启华作为过继子吧。

为什么现在不收为过继子呢？=因为启华长大了，收为过继子的话必须娶媳妇，文仲没有那个钱，所以现在不收过继子。

那么启华结婚后打算收为过继子吗？=文魁好不容易养大到能做田里的农活了，要是给文仲了，很可惜。

启华娶了媳妇后，不是越来越可惜吗？＝是的，但是将来文仲收过继子的话，应该收启华。

那什么时候过继过去？文仲死的时候吗？＝文仲死了的话，启华即使没有成为文仲的过继子，也必须要在送殡的时候打旗。这样做的话，自然就成为过继子。

那么文仲的财产将来是由启华继承，因此现在启华也可以成为过继子吧？＝文魁不想过继给文仲，是因为文仲根本没有土地，财产也只是房子、驴马和轿车而已。如果文仲有数十亩土地的话，将来的生活也比较宽裕，那现在就可以过继。另外，文仲觉得启华这个孩子有点懒，经常买零食吃，现在过继会比较麻烦。

【场地利用与分家股】文仲的房子里的广场你和文魁都一样在用吗？＝不是的，只有文仲在用，我从宋文彬那里借来五道庙前的空地，文魁用门前的。

门前的空地一半是你的吧？＝是的。

你为什么没有用？＝两个人用的话，地方太狭窄，放不了作物。

你是免费在用五道庙前的空地吗？＝免费借来的，那里没有种粮食，而是种倭瓜，大秋的时候那个空地空着，所以从今年开始借来用。

去年借了哪里的空地？＝以前和文魁两个人共同用门前的空地，但文魁的租佃地又变多了，所以去年前年借了郭儒的空地（免费）。

为什么你跟别人借空地让文魁用自己门前的土地？＝因为是自己的弟弟，自己屈己从人。

不是反对，但是正因为是弟弟，不该对兄长屈己从人吗？＝以前文魁不种地时，我用了弟弟的土地。

文仲的碾子你们兄弟三人平等在用吗？＝碾子这个东西不限于兄弟，不论是谁都可以用，这个村的习惯是一家置千家用。

【关于应答者的同族】文会的父亲世霖是兄弟三人，与世霖哥哥世锡、弟弟世荣的家庭关系如下

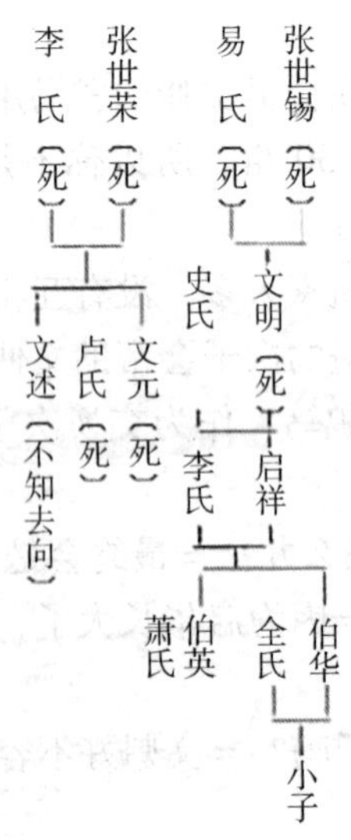

世锡是光绪二十八年，49岁死亡。易氏是光绪二十九年，48岁死亡。文明是光绪二十七年，23岁死亡。世荣是民国二十二年八月，72岁死亡。李氏是民国二十二年九月，72岁死亡。文元是光绪二十六年，22岁死亡。卢氏是怀恋病死的丈夫而吞鸦片殉死，24岁，同日举办夫妇葬礼。作为节妇被记到《县志》（根据文会说的）。文述从事变前在郑州的车站做打旗夫，但中国军撤退时和火车一起去向不明。

你的伯父世锡的孙子启祥在哪里做什么？＝在城内天王寺第一编乡会计所工作。

启祥的家在吴店村吗？＝没有，在城内。

世锡什么时候离开吴店村的？＝光绪八九年。

启祥的母亲现在在哪里？＝住在北京，孙子张伯华从西单的皮库胡同的某学校毕业，又从建筑总署的土木工程学校毕业，现在在河南省卫辉做建设总署土木技手。伯华的妹妹、妻子、祖母住在北京，启祥负责生活费，儿子（伯华）们还没有分家，伯英也在北京上学。

启祥在村里只有五亩土地吗？＝是的，我在耕种（除了坟地的四亩）。

11月5日

娘家　结婚　分家

应答者　张文会

【一家之内同姓的妻子】文仲的太太刘氏是从哪里来的？＝从房山县的上万村。

启瑞太太刘氏是？＝房山县的罗家坟村。

启凤的太太刘氏是？＝房山县的董家坟村。

三个刘氏是同族吗？＝不是同族。大家村都不一样，都离吴店村15—20里远。

上万村和罗家坟距离大概有多远？＝十几里。

罗家坟和董家坟呢？＝二三里。

为什么知道相互不是同族呢？＝同为刘氏太太相互不认识。

但是罗家坟和董家坟不是很近吗？＝中间有山。董家坟村的刘姓是老户，罗家坟村的刘姓（启瑞的太太的父亲）是从宛平县稻田村来罗家坟村木匠见习而久住下来的，上万村的刘姓和他村的刘姓没有关系。

【娘家的所在地】

张易氏的娘家良乡县邢家坞

张李氏（世霖的妻子）的娘家良乡县后店

张李氏（世荣的妻子）的娘家良乡县占家庄

张周氏的娘家良乡县侯家庄

张贾氏的娘家宛平县牛家场

张刘氏（文仲的妻子）的娘家房山县上万
张刘氏（启瑞的妻子）的娘家房山县罗家坟
张刘氏（启凤的妻子）的娘家房山县董家坟
张张氏的娘家房山县瓦窖

文会的结婚	文魁的结婚	文仲的结婚	启瑞的结婚	启凤的结婚	启伦的结婚
光绪十五年	民国七年	民国八年	民国二年	宣统三年	今年三月
16岁	33岁	31岁	27岁	20岁	20岁
媒人	媒人	媒人	媒人	媒人	媒人
李大拐（祖父时代家里的长工）	禹良（本村人老街坊这是第二次结婚以前不知道）	高二爷（皇辛庄的人文仲是高二爷的叔父的赶车的）	郭老太太（死亡，本村的老街坊）	陆老仨（长羊村人文会的母亲的弟弟的女儿的丈夫是陆老仨的侄子）	郭儒（本村老街坊）

【兄弟的结婚】启凤是20岁宣统三年结婚，哥哥启瑞是27岁民国十一年结婚的是为什么？＝启凤在外蒙古的库伦做卖吴服、土布、针、丝等的买卖，在家的时间很少，正好回家的时候娶了媳妇，当时兄长启瑞去了四川省不在。

不跟兄长说弟弟先娶媳妇也可以吗？＝可以。

启凤定婚了吗？＝是的，结婚两三年前。

关于启凤娶媳妇这件事跟哥哥启瑞说了吗？＝定婚时通知了。写了弟弟定婚了，结婚时你回来吗的信问了他，得到了不回来的回复。

启瑞的妻子比启瑞小八岁，是启瑞自己找的妻子吗？＝不是的，是照顾过郭老太太的女的。

定婚了吗？＝二月左右定了婚，同年十月左右结了婚。

启凤娶媳妇是因为家里人手不够吗？＝是的。

是农活人手不足，还是做饭人手不够？＝当时我在房山县的矿山工作，我太太去做农活的话，家里没人，田里和做饭人手都不够，所以娶了媳妇。

【与寡妇结婚】文魁的儿子启伦为什么娶了寡妇？＝启伦家（文魁家）很穷，即使想娶媳妇也没有人愿意嫁，所以娶了后家。

后家是有钱人吗？＝没钱。

后家带来女孩，是因为先前有儿子不需要女孩吗？＝前夫刘家是兄弟二人，分家了。兄长和兄长媳妇把弟媳和孩子给了启伦。

这样刘家弟弟就绝后了吗？＝是的。

【因结婚和分家股的商量】启伦娶媳妇时，父亲文魁有跟你商量吗？＝什么都没有商量。

也没跟文仲商量吗？ =是的。

媒人只是跟启伦父母也就是文魁夫妇商量了吗？ =是的。

你儿子启瑞、启凤娶媳妇时没跟文魁、文仲商量吗？ =没商量。只是因为我父母还健在，所以跟父母商量了。

【与结婚有关的责任人——父亲还是祖父】启瑞、启凤娶媳妇时是你拜托人找的，还是你父母找的孙媳妇？ =我拜托别人，只是跟我父母商量一下而已。

【葬礼】你父亲世霖去年什么时候死的？ =阴历五月一日。

葬礼什么时候办的？ =送殡是五月七日。

葬礼费用全部花了大概多少钱？ =装裹七十几元，棺材百元，棚、杠、吹鼓手 40 元，纸活 14 元，酒席 250 元，孝衣 42 元。

其他没有了吗？ =没有。

这样的话合计花了 516 元吗？ =是的。

份礼（香奠）全部有 210 元 10 钱（参阅下文的葬礼簿），但差额 305 元，缺的钱是怎么来的？ =借钱。

怎么借的？ =长子启瑞跟赵辛店的朋友借的。

谁借了多少钱？ =向李广面（赵辛店）借 100 元，向王国栋（宛平县高甸）借 100 元，向方文祥（赵辛店）借 70 圆。

【应答者的长子的职业——教员、医生】你的长子（47 岁）在做什么？ =是宛平县立小学的老师，还在赵辛店有一间药店做医师为副业。

长子是从哪里的学校毕业的？ =良乡县立小学毕业的。

只是从小学毕业就可以当小学老师吗？ =从良乡县公署的甄别小学教员传习所出来的。

为什么会懂得医道呢？ =跟良乡县的南上岗的陈岚谷学的。

学了几年左右？ =光绪三十年左右跟着良乡县南上岗村的陈岚谷学习医学，直到民国七八年（每天从早到傍晚工作。没有出谢礼。但是五月端午节、八月的中秋节、新年都会带着果子和酒去，老师那边什么都没有给）。每天都去老师那里，但是老师来吴店村行医时一直住在我家，那个时候会教我很多（这位老师在光绪二十二、三年前后在吴店村小学当了一年左右的老师，那个时候启瑞是学校的学生）。民国七八年左右，良乡城内的人李眠（我朋友）当了四川省的官吏去赴任的时候，启瑞大致学了医学，但没有参加考试，所以没有成为医生。又不适应做农活，我就拜托李眠带启瑞到四川省，启瑞当了烟酒税征收员。民国十年左右，因为四川省内的内乱，启瑞和李眠一起辞官逃回来了。民国二十年代，在良乡县甄别小学教员传习所勤学一年，然后在二十五六年进了宛平县公署甄别小学教员传习所（在县的命令下每周去两次，不要上课费）。从民国二十一年开始当宛平县赵辛店小学的老师，开药店是在民国二十七年（二十年前结婚）。成为赵辛店小学老师是受到了启瑞妻子的父亲的姐姐的丈夫的兄长李文瑞以及李文宽的照顾（民国二十八年在天津有医师的考试，但是因为没钱，未参加考试，今年在保定有考试，但因为生病，没有参加考试）。

启瑞是什么时候带着家族成员（妻和子）去的？ =六年前。

那之前一直是一个人生活吗？ =是的。

【分家后父母的生活——养老金】你是民国十一年分家的，此后到去年父亲死为止，父亲是跟谁一起生活的？ =和我生活的。

是由你负担父亲的生活费吗？文魁、文仲不关心吗？ =是的。

为什么？ =就像分家单上写的那样父母和我同居，父母的养老有180元（这钱我妹妹帮忙借给了城内的人等好几个人。一年二分的利息即3元60钱是父母的零花钱），父母活着时作为生活费花掉。父母和我同居，由我一个人负担父母的生活费、丧葬费用。作为交换，那180元就是我的财产，这样分家的。

分家后父母一次都没有跟文魁、文仲生活过吗？ =是的。

分家单上不写父母跟谁生活的话无妨吗？ =没有写也无妨，因为父母想去其他兄弟那边。

为什么？ =我的长子是小学老师，次子在外蒙的库伦工作。跟其他兄弟比的话生活比较富裕，所以父母不想给其他兄弟添麻烦。但是端午节、中秋节、新年会去弟弟们那边吃好的，根据中国的习惯，长子不养父母会被笑话。即使父母没有180元的钱，也应该养父母。

那你在分家时比其他兄弟稍微多分到一点吗？ =不是的，弟弟文仲还没有结婚，所以弟弟比其他兄弟多分到一台车、驴一头、房子两间。

11月6日

墓　分家

应答者　张文会

你们分家时（根据分家单民国十一年十一月二十六日分家）父母还活着吗？ =是的。

父亲是活到什么时候？ =去年五月一日87岁死的。

母亲呢？ =民国二十八年二月二十一日死亡（85岁）。

为什么记得母亲是二月二十一日死亡的？ =忌日要去扫墓。

你有土地吗？ =没有。

【坟地】墓在谁的土地上？ =在伯父的土地上。

那个坟地是几亩？ =五亩。

谁的土地？ =伯父（张世锡）的土地。

五亩中坟地大概几亩？ =一亩左右，四亩在耕种。

一亩坟地是伯父和你们共同的土地吗？ =土地所有权是伯父，但埋到墓里无妨。

可以埋到伯父的坟地里的是哪家和哪家？ =叔父张伯荣和我们张文会、张文魁、张文仲家。

你们父亲是几个兄弟？ =三个。

他们儿子怎么样？ =

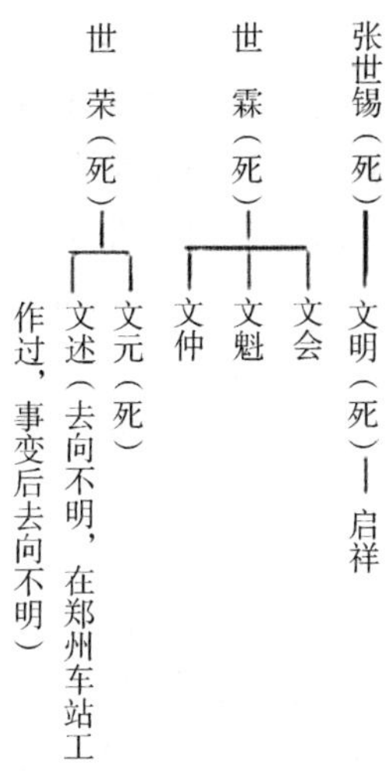

【埋葬】怎么埋葬到墓里？＝如下所示。

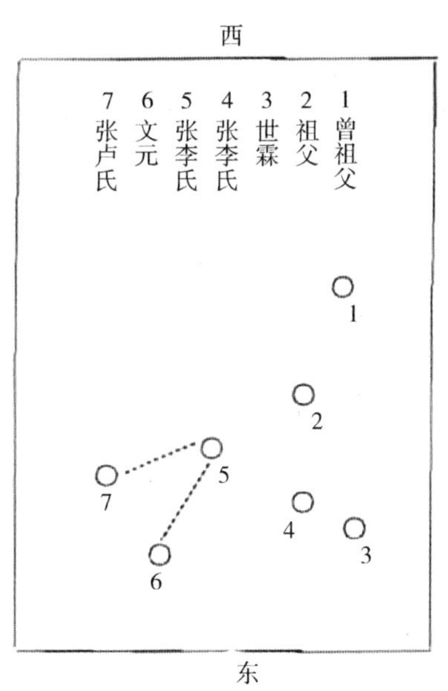

世锡活着时买的鱼儿沟村的土地上有世锡、文明的墓（因为墓很狭窄，所以埋在那里），世荣是在儿子文述去郑州车站务工时去了那边，然后在那里死亡，遗体在郑州。

以后要埋在那个墓的话，需要伯父的许可吗？＝光绪二十几年伯父（世锡）说过，因为老坟地很狭窄，所以我要买离这里六里左右的鱼儿沟村的八亩或十亩左右的土地作为坟地，以后你们埋在老坟地也无妨。

【分家】你们的父亲是什么时候分家的？＝光绪五六年左右分家的。

那个时候有分家单吗？＝没有，已经没有了。

为什么记得是光绪五六年的事？＝虽然是我五六岁的时候，但是偶尔会听父亲说什么时候分的家，所以记得。

父亲什么时候说过分家的事？ =我七岁的时候开始上学，之后经常和父亲畅谈，听过分家的事，没有土地的事，借款的事，祖父从深州来北京在前门外的戏子市的地方开过秤店的事，父亲也在店里工作过的事，伯父在前门外大昌绸缎店工作过的事等等。

【与村里的来往】什么时候来这个村的？ =祖父的时代，这个村的郭宽的上辈人是祖父的朋友所以来了这个村，来这个村后祖父也会走卖秤。

【家产分割】你父亲分家时有多少土地？ =伯父分到上地五亩（老坟地），分给父亲和叔父15亩下地（洼地）的各一半。

洼地15亩和上地5亩是祖父买的吗？ =是的。

【分家后的土地变卖】你父亲有的七亩半土地怎么了？ =因为光绪十四年、十五年、十六年一直连续下雨（七天七夜连续下雨），作物没有收成，所以没办法。想着变成稻地吧，但不知道水田的种法。所以父亲把七亩半卖给本村的郭永恒，叔父把七亩半卖给郭永才。郭永恒、郭永才全都用作稻地，但是光绪十七八年再次变成旱地。

郭永恒、郭永才是兄弟吗？ =不是的，同族。

【分家单】

立分单人张文会同父母言明不愿同居情愿各灶将家产按三股君分受分家居两截柜一个春凳一个银柜一个板凳两条顶箱一个八仙桌一张饭桌一个破水缸一个小坛两个父母随代养善银元一百八十块受分缺外洋元一百元受分北房三间庄宅由北房西山墙东西长至官道南北一半倘若父母有百年知后自己量力而惟不与两位胞弟相干此係弟兄三人情愿各无反悔空口无凭立此存照

中保代笔人禹永锡十

中华民国十一年冬月二十六日立分单人张文会

【分财——家具】分家时文会、文魁、文仲分到的家具

张文会

两截柜一个　春凳一个　银柜一个　板凳两条　顶箱一个　八仙桌一张　饭桌一个　破水缸一个　小坛两个

张文仲

水缸一个　三截箱柜一个　板凳一条　八仙桌一张　架几案一条　连二小桌一张　两截小坐柜一个　小坛子一个　二人凳一个

张文魁

翘头案一个　墙柜一个　板凳一条　水缸一个　小坛子一个　太师椅一对　小坐柜一个

【住处】光绪三十年前（南房倒之前）的居住状况

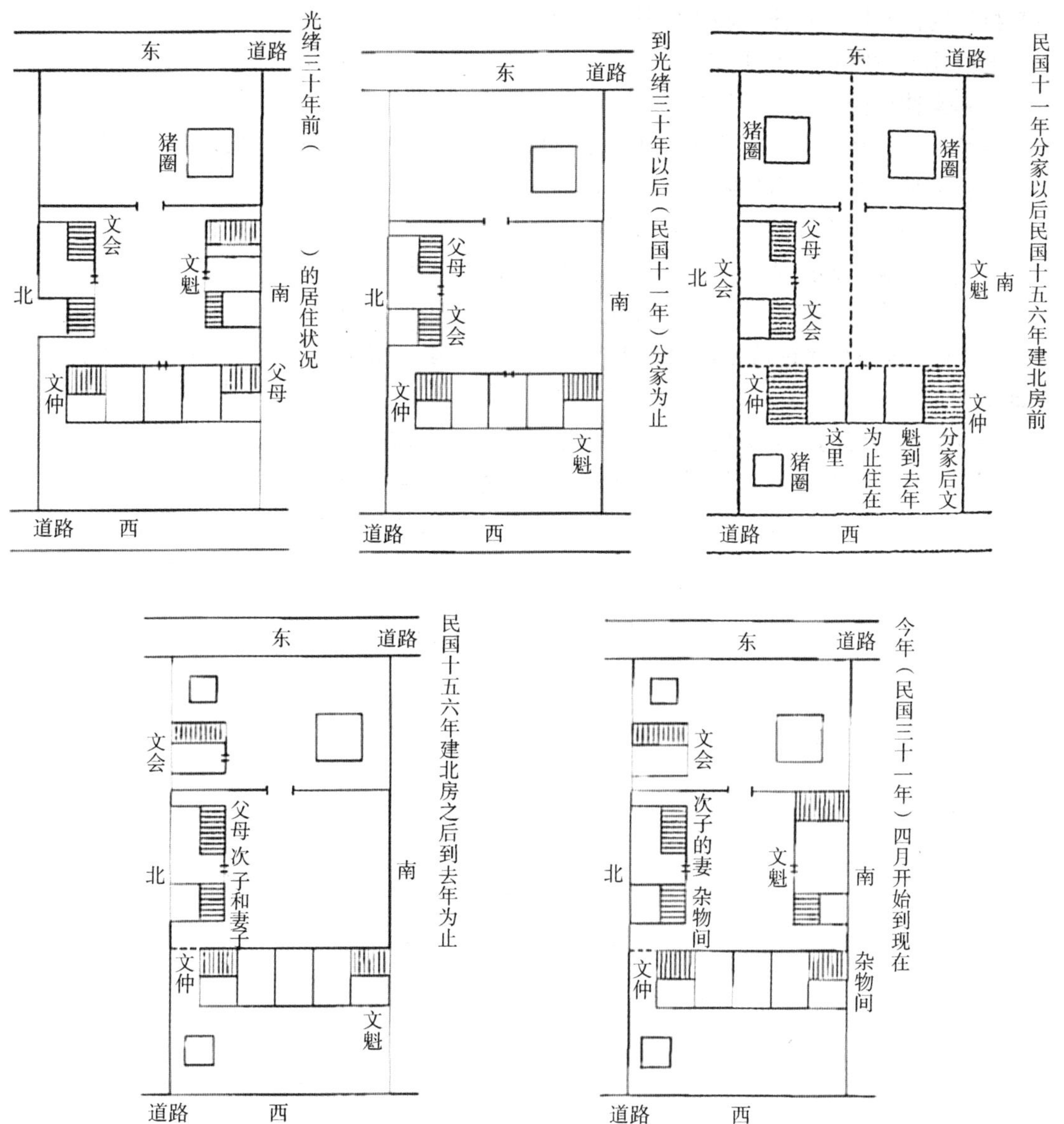

【住处和分家】你的院子的南房为什么倒了？＝光绪三十年左右，因为下雨，房子开始破落坍塌，没有钱修缮。就维持那样，到了光绪三十几年，房顶最终掉下来了。

那以后怎么办的？＝拆掉收集材木和炼瓦，把那里弄成了空地。

文魁分家当时没有家，作为将来建造家的钱有没有多分到财产？＝分家以前他就住在那儿，所以没有因为那个原因给钱。

房子不是已经拆掉了吗？文魁就没有分到房子，这样文魁同意吗？＝坍塌的家的材木、炼瓦比其他房子要好，所以文魁有那些就满足了。

【建筑与分家股的互助】今年文魁建南房大概花了多少钱？＝150 元左右。

花在哪里？＝瓦匠工钱、木匠工钱、小工工钱、给烧瓦匠、木工、苦工吃的饭钱、做建筑材料的杨木杆、秸秆（高粱的秆）。

大概几天建成？=10天左右。

你和文仲帮忙了吗？=帮忙了。

帮忙做了什么工作？=我和文仲拉土（搬土）、和土（搅拌土）、搬坯（搬炼瓦）。

你和文仲的妻子没帮忙吗？=没帮忙。

饭的准备是怎么弄的？=文魁家做的。

文魁给你和文仲送礼了吗？=什么也没收到。

文魁有没有给你们准备饭？=有吃的时候，也有没吃的时候。

【房子的规格】你的院子西房是正房，接下来是哪个房子为上？=文魁的南房，然后是北房。

不能把南房建的比正房更气派吗？=不可以，不能欺主，西房是主房。

但是分家后不是没有关系了吗？=现在没关系，分家了就无所谓。

文魁把房子建的比文仲的房子气派很多，这样也无妨？=无妨，只要有钱就行。

11月7日、8日

丧礼簿　亲戚

应答者　张文会

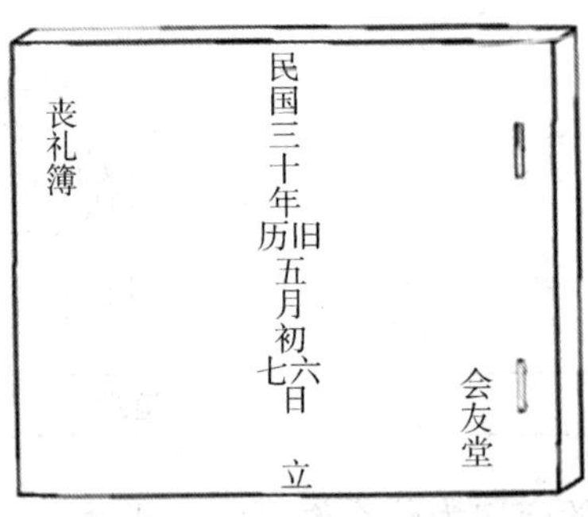

彭大外孙 长羊	礼供饭洋一元 礼洋一元	文会的姐姐的儿子（长羊村）
陈二姑老爷 小草匆	礼折祭洋一元 灰布帐子一端 官吊四色 果供一桌 洋一元	文会的妹妹的第二个丈夫

刘二姑爷 鱼儿沟	礼洋一元	外孙女（妹妹的女儿）的丈夫
郭大世弟儒 本村	礼洋一元	文会的朋友（和世弟是混世中也相互亲近的）
赵大亲家弟楷 本村	礼供饭五毛 洋五毛	和文会相当于干兄干弟（文会的父亲和赵权的父亲相当于义兄弟）
陈大亲家兄 南上岗	礼洋一元 折	陈岚谷是文会的孙女的义父（孙女相当于陈某的干女儿）
郭大世弟义 赵辛店	奠洋一元	文会的朋友
刘先生富德 赵辛店（宛平县）	奠洋一元	文会的长子（启瑞）的朋友
木先生友山 赵辛店	奠洋一元	文会的长子的朋友
李先生树泉 赵辛店	奠洋一元	文会的长子的朋友
李先生茂森 赵辛店	奠洋一元 以上交内十三元	交内是指馆长人陈岚谷交给本家人文会的钱
董新家侄德明 王庄（房山县）	奠洋一元	文会的次子的妻子的妹妹的丈夫的哥哥
刘亲家侄 董家坟（房山县）	蓝祭幛一端 奠洋二元	文会的次子的岳父的儿子 折是指作为供饭的代替出的钱
刘二亲家兄 董家坟	奠洋二元 折	文会的次子的岳父的兄长
周二姻弟俊 侯庄	青祭幛一端 奠洋二元 折	文会的妻子的第二个弟弟
李亲家弟 梨村	祭悼一端 果供一桌 奠洋一元 折二元	文会的侄女（文仲的女儿）的舅
李大姑爷旺处	祭幛一端果供 奠洋二元 折	文会的外孙女（第二个妹妹的女儿）的丈夫
张大亲家兄 魏各庄（房山县）	奠洋二元 折	文会的次子的妻子的姑姑（娘家父亲的姐姐）的丈夫
王大先生海山 赵辛店	奠洋一元	文会的长子的朋友

贾亲家弟启明 本村	果供大纸 奠洋二元 折	文会的孙（文会的长子的次子）的义父的父亲
祖亲家侄纯 赵辛店	奠洋一元五 折	文会的次子的妻子的姑姑（娘家的父亲的妹妹）的长子
祖二亲家侄王 赵辛店	奠洋一元五 毛折	文会的次子的妻子的姑姑（娘家的父亲的妹妹）的次子
郭大再晚章 赵辛店	奠洋一元	文会的长子的学生
刘大外甥宗汉 天津	鲜果供一桌 奠洋六元 折交二七元	文会的第三个妹妹的儿子
牛大世弟永富 城内	奠洋一元	文会的长子的朋友
刘老亲家弟 上万（房山县）	青祭幛一端 奠洋一元 果供一桌折祭一元	文会的弟弟（文仲）的妻子的弟弟
殷三姑太爷 小商会	礼洋二元 果供一桌	文会的姑姑（父亲的妹妹）的丈夫
刘大亲家侄 上万	礼洋一元 祭幛一端	文会的弟弟（文仲）的妻子的娘家兄长的儿子
侯二姑爷 侯店	奠洋二元 折	文会的侄女（文魁的女儿）的丈夫
安亲家兄 长羊	灰布幛一端 礼奠仪一元 折祭二元	文会的次子的妻子的丈夫的父亲
徐大表弟庆和 宛平县	礼洋五毛	徐庆和的母亲是本村郭永和的妹妹（文会和郭永和同辈，涉及的关系是叫徐某妻弟，不是姑表弟）
李亲家兄 吕村桃园（房山县）	奠洋二元 折	文会的次子的妻子的妹妹的丈夫的父亲
禾先生崇山 赵辛店	奠洋一元	文会的长子的朋友
张先生活 长阳	奠洋一元	文会的次子的朋友
郭大外甥海 本村 刘亲家弟	奠洋五毛 折一元 祭幛　一端	文会的母亲的姐姐的女儿的儿子

罗家坟（房山县）	奠洋二元 果匣一个 折	文会的长子的妻子的娘家父亲
武亲家侄得海 罗家坟	奠洋一元 折	文会的长子的妻子的母亲的姐姐的儿子
史大亲家兄芳 罗家坟	奠洋一元 折	文会的长子的妻子的母亲的最大的兄长
董二姑爷 王家庄	奠洋二元 折	文会的长子的妻子的妹妹的丈夫
李四表弟 侯店	奠洋二元 折	文会的母亲的第四个弟弟的儿子
路大姑老爷 长羊	奠洋一元	文会的母亲的兄长的女儿的丈夫
周老姻弟明 侯家庄	奠洋一元	文会的妻子的第三个弟弟
田亲家侄广林 大？村（宛平县）	奠洋二元 折	文会的长子的妻子的姑姑（娘家父亲的姐姐）的儿子
佟亲家兄 稻田村（宛平县）	奠洋二元 折	文会的长子的妻子的姑姑（父亲的姐姐）的儿子
李二表弟 侯店	奠洋一元	文会的母亲的第二个弟弟的第二个儿子
史二亲家弟 罗家坟	奠洋一元	文会的长子的妻子的母亲的第二个兄长
明亲家弟子厚 常庄	奠洋二元 折	文会的义子的父亲
李老表弟海 侯店	奠洋一元	文会的母亲的第一个弟弟的儿子
李大表弟秀 后店	奠洋一元	文会的母亲的第二个弟弟的第一个儿子
马大姑爷 米粮屯	奠洋二元 折	文会的母亲的姐姐的女儿的女儿的丈夫
米先生？ ？（宛平县）	奠洋一元	文会的长子的朋友
李二亲家兄文宽 赵辛店	奠洋一元	文会的长子的妻子的娘家姑姑（父亲的姐姐）的丈夫的第二个哥哥
贾大世弟 本村	奠洋二元 折	文会的朋友

李大亲家兄文瑞 赵辛店	奠洋一元	文会的长子的妻子的姑姑（父亲的姐姐）的丈夫的兄长
李二亲家侄森 赵辛店	奠洋一元	文会的长子的妻子的姑姑（父亲的姐姐）的丈夫的兄长的儿子
李三亲家侄明 赵辛店	奠洋一元五毛 折	同上
祖先生宾 赵辛店	奠洋五毛	文会的长子的朋友
金先生启瑞 下豆各庄	奠洋一元	文会的朋友
段大表侄秀环 小高舍	奠洋一元	文会的姑姑（父亲的妹妹）的丈夫的兄长的孙子
段二表弟书文 高舍	奠洋五毛	文会的姑姑（父亲的妹妹）的丈夫的第二个兄长的儿子
段大表弟 高舍	奠洋一元 折二元	同上
郭大世弟凤林 本村	奠洋一元 交五三五	文会的世交弟弟
于亲家弟俊 皇辛庄	奠洋一元	文会的叔父（世荣）的妻子的兄长的儿子
刘亲家兄 ？仙？（宛平县）	奠洋一元	文会的长子的妻子的娘家父亲的姐姐的丈夫
李大舅太爷水玉 本村	奠洋一元	文会的母亲的父亲的姐姐的儿子
杨大外甥蓼 本村	奠洋二元 折	文会的母亲的姐姐的女儿的儿子
李三表弟安 后店	奠洋一元	文会的母亲的第二个弟弟的第三个孩子
李老表弟檀 后店	奠洋一元	文会的母亲的第二个弟弟的第六个孩子
任亲家爷 大苑村	奠洋二元 折	文会的母亲的弟弟的女儿的丈夫的父亲
孙先生茂深 赵辛店	奠洋一元	文会的长子的朋友
许先生景荣 赵辛店	奠洋一元	同上
李先生亭秀 赵辛店	奠洋二元	同上

王老姨弟 西营（宛平县）	礼洋一元	文会的母亲的姐姐的儿子
王大世侄子元 西北园	礼洋二元	文会的长子的朋友
汇丰源 赵辛店	礼洋一元	文会的长子认识的杂货铺
中义顺 赵辛店	礼洋一元	文会的长子认识的棚铺
张先生元祥 赵辛店	礼洋一元	文会的长子的朋友
王大世叔振铎 长羊	礼洋一元	文会的朋友的父亲
刘大世弟祥 长羊	礼洋一元	文会的世交弟弟
郭大舅太爷子祥 梅花庄	礼洋一元	文会的叔母娘家的父亲的姐姐的儿子
周大姻侄 侯家庄西头	礼洋一元	文会的妻子的娘家叔伯兄弟的儿子
李亲家爷 赵庄（宛平县）	礼洋一元	文会的侄（世锡的孙启祥）的妻子的父亲
何先生卓人 城内	礼洋一元	文会的朋友
何表姑老爷镜如 城内	礼洋一元	文会的父亲的妹妹的女儿的丈夫
侯大亲家爷 后店	礼洋一元	文会的侄女（文魁的女儿）的舅舅的兄长
侯老亲家爷 后店	礼洋一元	文会的侄女（文魁的女儿）的舅舅的三男
侯大亲家侄 后店	礼洋一元	文会的侄女（文魁的女儿）的丈夫的父亲的叔伯兄弟的儿子
阎大外甥儒 良邑北街	礼洋二元 供一八元	文会的叔父（世荣）的女儿的儿子
张先生玉山 长辛店（宛平县）	奠洋一元	文会的长子的朋友
方先生文祥 赵辛店	礼洋一元 青祭幛一端	同上
安先生福堂 赵辛店	礼洋一元	同上

王老道 赵辛店	礼洋五毛	文会的长子的朋友（赵辛店的关帝庙的老道）
刘先生宾祥 赵辛店	礼洋五毛	文会的长子的朋友
祖先生厚 赵辛店	礼洋一元	文会的长子的朋友
武亲家爷 长辛店	礼洋一元	文会的长子的妻子的娘家外祖母的弟弟
王先生德海	礼洋五毛	文会的长子的朋友
牛先生宽 赵辛店	礼洋一元	同上
牛先生顺 赵辛店	礼洋一元	同上
万先生永顺 赵辛店	礼洋一元	同上
屈先生鸿治 赵辛店	礼洋一元	同上
连先生步云 赵辛店	礼洋一元	同上
刘先生宝林 赵辛店	礼洋一元	同上
谢先生茂臣 赵辛店	礼洋一元	文会的长子的朋友
贺亲家太爷 牛家场（宛平县）	礼洋一元	文会弟弟（文魁）的妻子的父亲
贺亲家弟启增 牛家场	礼洋一元	文会弟弟（文魁）的妻子的弟弟
贺亲家弟启田 牛家场	礼洋一元	同上
郭大爷永和 本村	礼洋五毛	文会的老街坊
杨先生建芝 黄辛店	礼洋一元	文会的朋友
李老爷永志 本村	礼洋五毛	文会的老街坊
杨老世叔 长羊	礼洋一元	文会的世交朋友、杨占全的父亲
李先生中泉 赵辛店	礼洋一元	文会的长子的朋友

李先生中和 赵辛店	礼洋一元	文会的长子的朋友
李先生凤山 赵辛店	礼洋一元	同上
于八世弟浦 皇辛庄	礼洋一元	文会的朋友
马世兄步元 米粮屯	礼洋一元	文会的世交兄长
周大世弟 周庄	礼洋一元	文会的世交弟弟
周二世弟 周庄	礼洋一元	同上
王二爷 本村南坟	礼洋五毛	文会的老街坊
王四爷 本村	礼洋五毛	同上
裴三舅太爷振明 本村	礼洋二元 折	文会的外祖母的父亲的姐妹的孙子（和外祖母是母亲的母亲）
王先生玉成 祖新高甸村（宛平县）	礼洋一元	文会的长子的朋友
王先生 宛平县	礼洋一元	同上
赵三亲家弟春 本村	礼洋一元	文会的父亲和赵春父亲是义兄弟，所以赵春相当于亲家弟
赵二亲家弟全 本村	礼洋一元	同上
赵四亲家弟堂 本村	礼洋一元	同上
阎亲家爷 ？（房山县）	礼洋一元	文会的次子的妻子的母亲的弟弟
郭先生桐 本村	礼洋五毛	文会的老街坊
郭先生永崑 本村	礼洋五毛	同上
王先生桐 高甸（宛平县）	礼洋三元	文会的长子的朋友
赵太爷永和 本村	礼洋五毛	文会的老街坊

阎二亲家弟尔亭 城内	礼洋五毛	文会的叔父（世荣）的女儿的丈夫的父亲的兄长的儿子
阎大外甥秀 城内	礼洋五毛	文会的叔父的女儿的丈夫的父亲的兄长的孙子
王大爷 后店	礼洋一元	文会的朋友
连大爷 后店	礼洋一元	同上
郭三表弟 后店	礼洋一元	文会的母亲的娘家父亲的姐姐的孙子
张大世弟 ？笆房	礼洋一元	文会的世交弟弟
王大爷书田 本村	礼洋五毛	文会的老街坊
郭大爷永喜 本村	礼洋五毛	同上
王大爷亭贵 本村	礼洋五毛	同上
李大爷河 本村	礼洋五毛	同上
霍先生希泉 王佐（房山县）	礼洋一元	文会的长子的朋友
郭大爷生 本村	礼洋五毛	文会的老街坊
王大爷春 本村	礼洋五毛	同上
禹大爷国栋 本村	礼洋五毛	同上
禹二爷国珍 本村	礼洋五毛	同上
禹四爷？ 本村	礼洋五毛	同上
刘二爷德山 本村	礼洋五毛	同上
郭二爷启 本村	礼洋五毛	同上
禹老爷振 本村	礼洋五毛	文会的老街坊

国永顺 本村	礼洋五毛	吴店村关帝庙的老道
赵二爷显章 本村	礼洋五毛	同上
田大爷北道 本村	礼洋五毛	同上
贾大爷振荣 本村	礼洋五毛	文会的老街坊
郭大爷永才 本村	礼洋五毛	同上
禹大爷国森 本村	礼洋五毛	同上
禹五爷欣 本村	礼洋五毛	同上
张先生竹坡 良邑城内	礼洋六毛	文会的朋友
连先生仲三 皇辛庄	礼洋一元	同上
阎二舅太爷世五 后店	礼洋一元	文会的母亲的娘家的老街坊
郭先生权 本村	礼洋五毛	文会的老街坊
禹大爷国太 本村	礼洋五毛	同上
宋大爷文彬 本村	礼洋五毛	同上
李先生秀山 黄庄	礼洋五毛	文会的朋友
杨大爷 本村	礼洋五毛	文会的老街坊
郭二爷让 本村	礼洋五毛	同上（今年四月左右移住长辛店）
裴二舅太爷 本村	礼洋一元	文会的外祖母（母亲的母亲）的父亲的姐妹的孙子
刘大爷才 本村	礼洋五毛	文会的老街坊
杨三爷文贵 本村	礼洋五毛	文会的老街坊

李先生文仲 本村	礼洋五毛	同上
禹四爷宽 本村	礼洋五毛	同上
杨二爷文成 本村	礼洋五毛	同上
刘大爷永祥 本村	礼洋五毛	同上
张大爷荣 东？	礼洋五毛	文会的朋友
赵三爷瑞 本村	礼洋五毛	文会的老街坊
杨九爷文顺 本村	礼洋五毛	同上
禹老爷上坡 甸峰 本村	礼洋五毛	同上
禹大爷明 本村	礼洋五毛	同上
赵老爷德 本村	礼洋五毛	同上
王三世叔 长羊	礼洋一元	文会的世交叔父
马先生文骏 皇辛庄	礼洋一元	文会的朋友
郭先生树 本村	礼洋五毛	文会的老街坊
杨大爷文海 本村	礼洋五毛	同上
杨老爷文生 本村	礼洋五毛	同上
郭三爷永恒 本村	礼洋五毛	同上
郭大爷永治 本村	礼洋五毛	同上
徐大爷桂良 本村	礼洋五毛	同上

郭大世侄鸿义 哑叭河	礼洋一元	文会的世交侄子
郭二爷永太 本村	礼洋五毛	文会的老街坊
王三爷宗贤 本村	礼洋五毛	同上
张大爷顺 本村	礼洋五毛	同上
杨大世弟永喜 黄庄	礼洋五毛	文会的世交弟弟
	先收洋元十三元 共收洋元二百零四元六毛 又二元	
李饭铺 赵辛店南镇	礼洋一元	文会的长子是李饭铺的掌柜和朋友
郭大爷贤 本是本村人事变前移住 长辛店	礼洋一元	文会的老街坊
王先生子明（裕丰厚） 城内	礼洋一元	文会的朋友
张先生剑铎 城内	礼洋五毛	文会的朋友（现在在孟家洼乡公所的会计科工作）

注：供饭，死人灵前供奉的饭菜（四盘，肘子、一品肉、江米饭、山药。）

折祭，作为取代供饭或者官吊而拿出来的钱。

帐子是葬礼的时候带来的布。颜色是灰色、蓝色和黑色。挂在架子上，长度是 10 尺到 15 尺。如下图所示。

官吊素蜡一对、高香四股、大烧纸 1 刀、元宝两挂。

果供，供奉在死人灵前的果物。鲜果供是果物（苹果、葡萄、鸭梨、橘子）、干果供是果子（大八件）。

【亲戚间的交际】在你家一年中什么时候跟亲戚交往？ = 基本不跟亲戚交往，新年也不去。母亲死了就穿孝三年，父亲死了穿孝三年后也有继续穿孝衣的。我辈分高，如果新年去亲戚家必须给钱，我因为没有钱就不去。

丧礼簿上特别远的亲戚会带着香奠来是为什么？ = 我儿子启瑞是学校的老师，开药房、当医师，所以长子的交际很广，不是我们和那么远的亲戚有交往，倒不如说因为这样的交往很烦人，我们尽量不交往。

为什么你对于每一个亲戚都知道很远的相连关系？ = 即使是远亲从以前开始结婚或葬

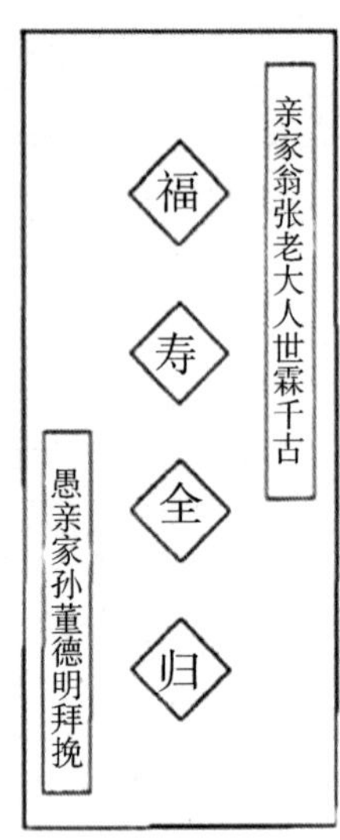

礼的时候就有来往。

来往是什么时候？ =结婚、葬礼，即红白大事时会来往，添小孩（孩子生下来的时候）、寿满月（生后一个月的庆祝）等小事的话不来往，办花园（嫁女儿）也会来往。

你父亲和你母亲死的时候来往的亲戚大体一样吗？ =大体一样，只是母亲死的时候治安很差，我们这边没有通知，对方没有来。母亲死的时候铜货四十六枚相当于十钱，父亲死的时候是母亲死的时候的铜货五十枚，用现在的价值算就是五十钱，村里人拿来五十钱。

根据丧礼簿、亲戚来往的范围用表表示的话如下所示

张世锡（文会的伯父）的妻子易氏			
和易氏的亲属关系	姓	村	金额
张世霖（文会的父亲）的妻子李氏			
和李氏的亲属关系	姓	村	金额
姐姐的女儿的儿子	郭	吴店	1.50
四弟的儿子	李	后店	2.00
兄长的女儿的丈夫	路	长羊	1.00
二弟的第二个儿子	李	后店	1.00
大弟的儿子	李	同上	1.00
二弟的第一个儿子	李	同上	1.00
姐姐的女儿的女儿的丈夫	马	米粮屯	2.00
父亲的姐姐的儿子	李	吴店	1.00
姐姐的女儿的儿子	杨	同上	2.00
二弟的第三个孩子	李	后店	1.00

续表

和李氏的亲属关系	姓	村	金额
二弟的第六个孩子	李	同上	1.00
二弟的女儿的丈夫的父亲	任	大苑村	2.00
姐姐的儿子	王	宛平县西荣	1.00
母亲的父亲的姐妹的孙子	张	吴店	2.00
父亲姐姐的孙子	郭	后店	1.00
母亲的父亲的姐妹的孙子	张	吴店	1.00
张世荣（文会的叔父）的妻子李氏			
和李氏的亲属关系	姓	村	金额
兄长的儿子	干	黄辛店	1.00
父亲的姐姐的儿子	郭	梅花庄	1.00
文会的妻子周氏			
和周氏的亲属关系	姓	村	金额
二弟	周	侯庄	2.00
三弟	周	同上	1.00
叔伯兄弟的儿子	周	同上	1.00
文魁的妻子贺氏			
和贺氏的亲属关系	姓	村	金额
父亲	贺	宛平县牛家场	1.00
弟	贺	同上	1.00
弟	贺	同上	1.00
文仲的妻子刘氏			
和刘氏的亲属关系	姓	村	金额
弟	刘	房山县上万	2.00
兄长的儿子	刘	同上	1.00
启瑞（文会的长子）的妻子刘氏			
和刘氏的亲属关系	姓	村	金额
母亲的姐姐的儿子	武	房山县罗家坟	1.00
母亲的大哥	史	同上	1.00
父亲	刘	同上	2.00
妹妹的丈夫	董	王家庄	2.00
父亲的姐姐的儿子	田	宛平县大宁村	2.00
父亲的姐姐的丈夫	佟	宛平县稻田村	2.00

续表

和刘氏的亲属关系	姓	村	金额
母亲的二哥	史	房山县罗家坟	1.00
父亲的姐姐的丈夫的二哥	李	宛平县赵辛店	1.00
父亲的姐姐的丈夫的大哥	李	同上	1.00
父亲妹妹的丈夫的兄长的儿子	李	宛平县赵辛店	1.00
同上	李	同上	1.50
父亲的姐姐的丈夫	刘	宛平县阎仙岱	1.00
外祖母的弟弟	武	长辛店	1.00

启凤（文会的次子）的妻子刘氏

和刘氏的亲属关系	姓	村	金额
妹妹的丈夫的兄长	董	房山县玉庄	1.00
父亲的姐姐的丈夫	张	房山县魏各庄	2.00
父亲的妹妹的长子	祖	宛平县赵辛店	1.50
父亲的妹妹的次子	祖	同上	1.50
姐姐的丈夫的父亲	安	长羊	3.00
妹妹的丈夫的父亲	李	房山县吕村桃园	2.00
弟	刘	房山县董家坟	2.00
父亲的兄长	刘	同上	2.00
母亲的弟弟	阎	房山县栗园	1.00

启伦（文魁的长子）的妻子张氏

和张氏的亲属关系	姓	村	金额
没有			

以上中里面住在良乡县内的亲戚（括弧表示亲戚的户数）如下图所示。

世锡

亲属关系	姓	村	金额
孙子的妻子的父亲	李	宛平县赵庄	1.00

世霖

亲属关系	姓	村	金额
妹妹的丈夫	段	小高舍	2.00
妹妹的丈夫的兄长的孙子	段	同上	1.00
妹妹的丈夫的二哥的儿子	段	同上	0.50
妹妹的丈夫的第一个儿子	段	同上	1.00
妹妹的女儿的丈夫	何	城内	1.00

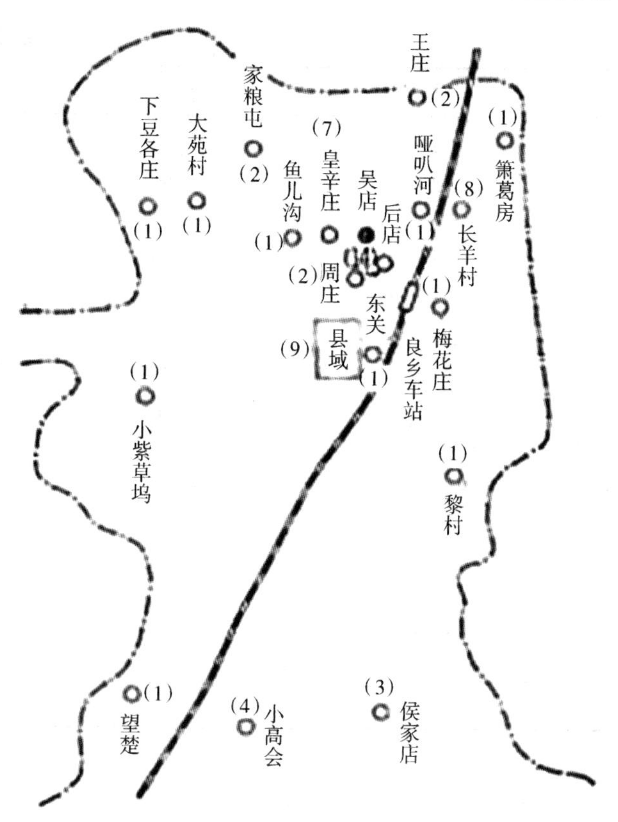

续表

世荣			
亲属关系	姓	村	金额
女儿的儿子	阎	城内北街	2.00
女儿的舅舅的次兄的儿子	阎	同上	0.50
女儿的舅舅的长兄的孙子	阎	同上	0.50
文会			
亲属关系	姓	村	金额
姐姐的儿子		长羊	2.00
二妹的丈夫	陈	小草勿	2.00
三妹的女儿的丈夫	刘	鱼儿沟	1.00
三妹的儿子	刘	大津	6.00
文魁			
亲属关系	姓	村	金额

续表

亲属关系	姓	村	金额
女儿的丈夫 女儿的舅舅的长兄 女儿的舅舅的三弟 女儿舅舅的叔伯兄弟的儿子	侯 侯 侯 侯	后店 同上 同上 同上	2.00 1.00 1.00 1.00
文仲			
亲属关系	姓	村	金额
女儿的舅舅	李	梨村	3.00
启瑞			
没有			
启凤			
没有			
启伦			
没有			

11月9日

义父义子

应答者　张文会　禹茌

会友堂　张秀贞

民国三十年五月初一　立

各项花费账

入洋17元

出买小米五斗十七元

出白面洋一元

出烧酒一元

入洋 625 元
入洋 1 元

出茶叶洋二毛
出东昌纸二毛三分
出煤油洋三毛三分
出枝子丁子纸一元
初四
出白面洋二元
出大盐洋三元
出灯香油煤油 292 元
出毛头纸七毛六分
出茶叶洋四毛
初五
出烧酒折洋七元二毛
出麻酱折洋一元
出黑黄酱折洋七元二分
出醋洋八毛五分
出酱油 15 斤洋六毛
出酱瓜 05 斤洋六毛
出零用洋一毛
出东蜡一元
出山西大煤洋二元
出买春和茂 166 元
出茶叶二元四毛
出青烟洋八毛
出白线洋二元
出洋车钱一元五毛
出香油花生油一元二毛
出煤油四毛八分
初七
出买口碱二斤二六毛
出中醋洋六毛
出白糖洋三毛八分
出洋火二包一毛八分
出茶叶洋一元三毛
出烧酒洋六元六毛六分
出萝卜白菜醋二元二毛
出大煤洋一元
出烧酒六元六毛六分

一元14斤

3斤百

5斤
17斤80△

收白菜五十五斤
萝卜卅大把
青蒜二斤
大葱五斤
元粉八斤
收猪肉八斤十二两
下水卅一斤
收豆腐片十斤
豆腐干八十
收豆芽菜十五斤
收豆腐片六斤
萝卜二十把
王瓜洋六毛
大碗七十个
小碗十五个
碟子八十
调羹二十把
酒杯四十三个
豆芽菜十五斤
元粉三斤
豆腐片五斤

出烧酒二元一毛
出醋洋二毛五分
出元粉洋六元
出厨房工洋十三元
出棚匠酒钱一元
出干菜洋十四元
出水菜洋四元九毛
出猪肉下水洋十六元
出小米洋三元六毛
出白面洋一百零二元
出水菜洋四元六毛
出纸活洋五元
出豆腐片一元七毛
出豆腐片干七元
出干粉洋三元
出豆芽菜钱二元四毛
出封箱工钱一元五毛

【义父母、义子】在村里谁成了义父、义母、义子？＝禹铎的义父是刘才；裴振玉的义父是贾四；禹宽的义父是杨五爷；郭桐的儿子的义父是李江；裴振明的义父是徐桂良；赵权的父亲（赵祥云）的义母是我祖母；其他不知道。

找义父和找义母的情况有什么不同？＝在村里恐怕没有找义母的，大家都找义父，根据孩子的生年月日（算卦看八字），孩子命硬克父母的情况就找义父、义母。

克父命时找义父、克母命时找义母吗？＝我不是很清楚村里这样的事，总之孩子生下来后找算卦的看，如果让找义父就找义父，让找义母就找义母。但是找义父的话，自然其太太就是义母，所以一般找义父的多。找义母的话，其丈夫自然成为义父。因此找哪方都可以，但找义父的多。孩子的命（算卦生年月日来判断）不好养活时，也会找义父、义母。

不好养活时，孩子很健康没有生病也会找吗？＝是的，但是那样的孩子大多经常病弱。

找义父义母花钱吗？＝给义父帽子一顶、鞋一双，有钱人的话还会给一件大棉袄，义父给义子瓷碗一个（放一杯盐）、筷子一双、棉袄子，义父有钱的话，还会给银碗。

找义母的话给义母什么？＝找义母的很少，所以不知道给什么。

在村里即使姓不同也有辈的关系吗？＝有。

那个叫什么辈？＝并没有名称。

义父和义子的亲生父亲必须是同辈的人吗？＝是的。

义子叫义父什么？＝叫干爷（义母叫干母）。

义父叫义子什么？＝叫干儿子。

义父和义子不可以同姓吗？＝同姓也无妨。

自己的亲生父亲的弟弟即叔父可以做义父吗？＝同姓可以，但同宗不可以。

同宗不管关系多远都不可以吗？＝不可以。

为什么？＝因为是义父所以不可以，不知道理由，是习惯。

义父死了的话，和亲生父亲死了一样服丧吗？＝义子和义子的妻子都穿丧服，和义父的亲生孩子一样陪灵。

几年？＝一个月（过了一个月脱孝衣，穿普通衣服）。

亲生父亲是几年？＝三年。

义父死了的话义子的儿子怎么做？＝白鞋后跟系红布，而且肩上也要有红布（鞋后跟红补丁），那个只有葬礼当天（因为干孙子关系很远）。

义子的兄弟也会称呼自己兄弟的义父为义父吗？＝兄弟和我义父没有关系，不服丧，会叫义父。

义父怎么称呼义子的兄弟？＝叫侄子（因为即使自己的兄弟不是义子，兄弟的义父和自己的父亲辈一样）。

义父不是叫义子的兄弟侄子吗？＝是的。

义父可以把义子收为自己的过继子吗？＝没有碰到过这样的事。

义子可以跟义父的女儿结婚吗？＝没有这样的事。

为什么？＝成为义子后就已经有关系了，和干姐妹不结婚。

义子家和义父家是亲戚吗？＝是干亲。

平常有什么交往？＝一般孩子一岁的时候找义父，那时有挂钱儿的仪式。义父会在以前的小铜钱上扣上细绳相赠，每年孩子生日母亲会带着孩子去义父家，小铜钱每年增加一枚到了十二岁时达到十二个就结束了，把这样的仪式叫作挂钱儿，意思是添岁数。

租 佃 篇

1942年5—6月

（华北农村惯行调查资料第76辑）

租佃篇第13号　河北省良乡县吴店村

调查员　佐野利一

翻　译　刘峻山

5月23日

结婚

应答者　禹铎

【出嫁费用】出嫁时一定准备的是什么？＝钱。

中流的话大概多少？＝即使中流也不一定，有200元的，也有七八百元的。

女的带去的东西是？＝镜子、梳子、洗脸盆等。

被子呢？＝男方准备。

洋灯呢？＝不要。

衣服呢？＝需要。

需要什么样的衣服？＝至少春衣、夏服、冬天的冬衣。

有带去土地的吗？＝没有。

新娘带着去的东西叫什么？＝叫“嫁妆”。

钱也是嫁妆吗？＝不是，那是“押腰钱”。

“押腰”是什么意思？＝为了自己方便准备的意思。

老太太准备的钱也押腰吗？＝否。

只有新娘的情况叫押腰吗？＝是的。

中等家庭的押腰钱大概多少？＝不一定，这个钱是出嫁前一天，亲戚们逐个凑的，当然家长也会出钱。

家长出的和亲戚出的哪个比较多？＝亲戚多。

押腰钱行情是每个人多少？＝一人两三元左右。

合计能收到多少？＝不一定。

会有100元以上吗？ =没有。

有50元左右吗？ =有。

在这个村那样的相当多吗？ =不多。

一般是二三十元吗？ =是的。

父母给多少左右？ =四五元。

男家大概给多少？ =不一定，尽量不给比较好。

不给的话面子好吗？ =给的话有面子，按女方来说的话，即使拿那个钱也是理所当然的，和面子没有关系，从经济方面考虑，不想给。

钱是通过媒人吗？ =通过媒人。

女家是通过媒人来通知金额吗？ =是的。

男家不给钱时，即使取消约定也没办法吗？ =没办法。

钱的商议是最重要的吗？ =是的，很重要。

男的不知道女的长相吗？ =不知道。

女的姿容不会成为问题吗？ =完全没有关系。

没有选长得好看的吗？ =媒人会描述各种样子，所以会信任。

【不中意的媳妇】如果娶过来后，因为耳朵不好之类其他不满意的理由，可以赶出去吗？ =不可以。

怎么都不满意的情况下怎么办？ =忍受，如果男的不满意媳妇的话，自己去外面找，但是原配要赡养双亲，双亲不满意的话，让她干很多活不热情对待，不会说让她回去。

女的说要回去怎么样？ =如果娘家允许的话，可以让她回去。但是这样的特别少。如果稍微有点钱的家庭，一开始就不要长得不好的。但是女家女儿如果不高雅，就不会嫁给有钱人家。如果被赶出来就很难办。女家有钱的话，女儿长得不好，就会嫁给稍微贫穷点的家。平衡好两家的钱和人，就能顺利进展，不出问题。

【嫁妆钱】你娶媳妇时也有嫁妆吗？ =带着来的。

带来时马上就了解清楚了吗？ =来的时候知道她带来了钱，但是金额是在后来说过很多话后了解的。

丈夫不可以用媳妇的钱吗？ =不可以。

为什么不可以？ =因为是给女的准备的，女的自己不能挣钱，男的可以给女的钱，但不可以从女的这里取钱。

有“嫁资”这个词吗？ =不知道。

生孩子前不给媳妇零花钱也可以吗？ =媳妇要是没有钱的话，必须给。

知道她带钱来了，知道用完前不给也可以吧？ =可以。

【回门】回娘家是第几天？ =仪式第四天和第六天和第九天回三次，不住就回来。过一个月回去，在娘家住一个月左右，即使夫家很忙也必须让媳妇回去。

只有媳妇住宿吗？ =只有一人。

在这个村最有钱的是谁？ =郭宽。

只靠自己的土地可以生活的人是谁？ =刚才说的那个人。

【佃户】其他怎么生活？ = 租种土地。
在这个村有人租地吗？ = 有。
那样的人有几家左右？ = 一家。
其他不够的人跟谁租？ = 城内人。
城内人的土地在这个村的多吗？ = 多。
【伙种】借土地叫什么？ = "伙种"。
【租地、典地】有"租地"这样的事吗？ = "租地"是"出典"的意思。
"典地"叫什么？ = "活契地"。
有"当地"吗？ = 和典地一样。
当地和租地一样吗？ = 一样。
有租地的词吗？ = 有。
用钱付的叫什么？ = 没有。
以前有吗？ = 以前就没有。
有"包种"这个词吗？ = 不知道。
"伙种"是用怎样的分法？ = 有一半一半分的也有规定产量按一定额来给的。
纳种一定的情况叫什么？ = 还是伙种。
【死粮】有"死粮"这个词吗？ = 有。要收获一定的粮。
【活粮】有"活粮"吗？ = 分成一半一半的方法。
活粮有四六、七三的分法吗？ = 没有，全部一半一半。
活粮的话在同一块地上麦和高粱都一半一半分开吗？ = 是的。
如果种蔬菜的话也分成一半一半吗？ = 是的。
伙种有活粮和死粮吗？ = 是的。
死粮的情况下是只收一种作物吗？ = 要商议。

应答者　禹连（22 岁，甲长）。
父亲是什么？ = 保长。
什么时候开始是保长？ = 三年前开始。
做过村长吗？ = 做过，民国二十六年、民国二十七年。
多大年纪？ =44 岁。
你是长子吗？ = 次子，长子也在家。
父亲是老师吗？ = 否，在良乡城饭馆工作。
现在做什么？ = 务农。
【少年队】你也是吗？ = 是的，长辛店的爱路塾的学生。完成了三个月的讲习，去年十月开始今年正月结束。
在那里学了什么？ = 训练、教练、学课。
学课是？ = 日语、养鸡、棉花栽培。
村里来了几个人？ = 一人。
从村里一定来一个人吗？ = 否，良乡来了两个人。

回去以后教给别人吗？ =普及爱路思想。

做什么事来普及呢？ =实行保甲制强化治安，在驿站组织少年队做教官。

去小学的少年也会做吗？ =不是，15岁至20岁的人参加。

村里的有多少人？ =5人。

教官是你一个人吗？ =还有一个人，从良乡来的两个人。

少年队有几名？ =25人。

做什么？ =体操，其他没有。

少年队是有钱人还是贫穷人？ =县里要求年轻人来，在村里会抽签或者用钱雇等。

稍微有点钱的都不去吧？ =也有去的。

去的人能拿到钱吗？ =村里会给饭钱三十钱，驿站什么都不给。

体操在哪里做？ =在县的警务段里面的广场。

孩子会去几个月？ =不一定，有工作的时候，比如在长辛店有集会时，其他也去北京参加队列，今天因为福利火车会来，所以要去。

你也去吗？ =不去也可以。

为了做体操、出席集会而组织的吗？ =是的。

有制服吗？ =有，帽子、腕章、绳子、棒。

绳子是用来做什么的？ =什么都不做，是装饰。

棒子用来做什么？ =训练时代替枪来使用。

小学生们毕业后会加入吗？ =小学生会缺席，也可以不接受每天的训练。

有规定每周几天吗？ =不一定。

孩子会觉得有趣吗？ =会觉得有趣，想去。

什么有趣？ =因为会玩。没有什么吃苦的事。

午饭是车站给吗？ =车站有，麻花（炸面片）、烧饼。

【土地的等级】这个地方有一等地、二等地吗？ =没有。

但是有好土地和坏土地吧？ =有。

什么是好的？ =低的好，高的不好。

高的为什么不好？ =因为容易旱灾，下一点雨水不够。

会从低地汲水吧？ =是的。

卖的时候低地价钱高吗？ =水多的年份，高地可以卖高价。

【食物】平常吃什么？ =玉米、高粱、谷子。谷子最多，然后是玉米。

5月24日

地租 租佃期限 旗地

应答者 张友三（头面人物，以前是商店员、吏员、小学校长）

【小学校长】之前做什么？ =校长，民国十六年在这个庙做，县的第四初级小学。

教了什么？ =因为是校长所以不能教。

校长有什么工作？ =学校的日常用品，与上级机关的联络，学校的运营。

那个时候校长一人，教员一人吗？ =是的。

从以前就是本村吗？ =是的。

什么人选校长？ =县教育局任命。

会选什么人？ =识字的有知识的人。

是当时最有文化的人吗？ =因为我很识字又擅长算盘。

当时有兼职什么吗？ =做农业。

校长每天有工作吗？ =不一定，不是每天。

不只是也必须受村里人信赖吧？ =是那样的，是没有工钱的义务制。

义务的话贫穷人就做不到吧？ =是的。

那你在村里也是富裕有福的人吗？ =不是，没有财产，但是也不困难。

家里人多吗？ =11 人。

【外出务工】11 人全都是农业吗？ =长子在长辛店开药店。次子去张家口往北的库伦做买卖，15 年都没有音信，太太在家，有一个 15 岁的女儿。

一个人去的吗？ =一开始和朋友一起做买卖，但是因为大家意见不合，所以分开做了。然后去了更远的地方，就不知道情况了，当时外蒙独立，中国人都回不来了。

没有去找吗？ =没有去那里的人。

你儿子的名字是？ =张起凤，也没有来信。如果还活着，就在库伦。

长辛店的儿子是什么时候去的？ =民国二十年。

在药店做什么？ =做医生和卖药，经营小药店。

【伙种】土地是租种别人的吗？ =租地，没有土地。

用什么方法？ = “伙种”。每亩地一年五斗。一切的费用、摊款其他都自己负担，缴纳定额的地租。

种多少左右？ =二十亩，旱地。

地主是谁？ =本村人。

这个地方的摊款都是佃户交吗？ =是的，田赋是地主交。

亩捐也是地主交吗？ =是的，去年的摊款是一亩一元二十二钱。

摊夫也是佃户负担吗？ =是的。

所有者不用负担吗？ =不负担。

有几个地主？ =有一家租了十五亩，另外一家租了五亩。

十五亩是几年前开始种的？ =三年前开始。

有中间人吗？ =没有。三年前地主拜托的。

【地租】以什么约定租佃的？ =每年九月一日分粮。作物高粱多的话就多收高粱。根据种植面积决定地租。

每年高粱、谷子的额有规定吗？ =没有规定。

去年十五亩种了什么？ =玉米十亩，谷子五亩。

给了地主多少玉米？＝棒子（玉米）五石、谷子一石。

十亩的棒子收获是？＝棒子下面还种了豆，平均八斗左右。

棒子种了十亩大概收获多少？＝六石半，小豆、绿豆合计五六斗。

那么不够吃吧？＝不够。

种植和地主商量吗？＝不商量。

五亩地收了多少谷子？＝一石二斗，作物收成不好，有虫灾。

一石二斗里面要给地主一石吗？＝是的。还有滞纳。还不够一石。去年说今年秋收麦，但今年因为旱灾还是没收到麦，一点都没收到。

五亩地除了谷子以外种什么都可以吗？＝可以。

谷子的话上交五斗吗？＝还是五斗。

一石的谷子和棒子价一样吗？＝今年棒子贵。

十亩地种玉米，在纳期玉米比谷子贵的话交谷子也可以吗？＝不可以。地主知道而且没面子。

会报告种植面积吗？＝不报告。

十亩中五亩谷子、五亩玉米的话，必须按照面积来给吗？＝玉米、谷子、高粱叫粗粮，因为价都没什么差别，所以交什么都可以。

那么，种五亩谷子、五亩玉米，上交时交五亩的玉米，五亩的谷子全都自己拿可以吗？＝可以，但是地主两个都想要。

租地时，有没有规定每一亩上交谷子几斗？＝规定了，每亩谷子五斗，玉米也是五斗。

那是规定一亩收一石、上交一半五斗的意思吗？＝总之上交五斗。

好地不好地有不同吗？＝不同。不好的地方也有四斗的。三斗基本上没有。六斗也基本没有。一般是五斗。

五斗的地一般的年份能收获多少？＝好的年份是一石，一般是七八斗。

【分粮地】这样规定五斗的叫"分粮地"吗？＝是的。

"伙种地"和"分粮地"一样吗？＝一样。

【活粮】这个地方有以年的收成量为基准上交一半的方法吗？＝那个叫"活粮"，很少。

活粮、分粮一样吗？＝不一样，活粮是地主出种子。收货时在田里分一半。不给肥料，不分草料，不分粮。

【契约样式】口头多还是立契多？＝口头。

有中间人吧？＝没有，不借给没有信用的人，今年有收获但滞纳的话，明年不让租佃。

听说过没有中间人的约定吗？＝在这里不需要中间人，卖地和租地需要契，租地是典地，用草契。

在县的其他地方有中间人吧？＝跟外村人借的时候会立中保人。

在吴店村不会立、在其他村立吧？＝不需要。

地主会去田里立告示牌作为契约成立的标志吗？ = 不去。

【租佃期限】设定期限吗？ = 不附加一年或三四年等的期限。

过一年后还会去地主家约定吗？ = 分粮食的时候，双方什么都没说的话，就是继续。

有没有特别情况设定期限的？ = 没有，谁都不知道会持续几年，也不知道下一年摊款怎么样。现在上交地租后一亩三斗左右的谷子留在手边的话就是损失，因为有费用也有税。

事变前有期限吗？ = 没有。

对于佃户没有期限更安心吗？ = 佃户最不喜欢，地主也不喜欢。

以前治安好的时候会希望通过设定期限让佃户继续吧？ = 以前也没有那样的人，不喜欢。

治安好的话没有土地的人会想要持续种三五年吧？ = 那是双方都希望的，但是无法知道什么时候会有天灾人祸，所以不会约定年期。

借地时，有跟保长、村长报告的必要吗？ = 不报告，他们知道。

【租佃地的公课】村长有记录租佃地亩数的账吗？ = 是的。

村长为什么记账？ = 因为要摊款的时候用那个来分摊。

摊款的话本业地和租佃地是按怎样的比例来负担？ = 一样。

那么佃户比例不好不是吗？ = 所以佃户很困扰。

谁规定那样的方法的？ = 大乡每亩分摊，佃户去地主那里请求负担的话不让借土地。

那有青苗钱吗？ = 有，一亩一毛。

上交给看青伕还是上交给村长？ = 看青伕自己会来收，中秋节左右，麦子好的时期也是一亩十钱。像今年这样麦子收不到的情况不需要看青伕。

离山近的地方好还是离河近的地方好？ = 离山近的地方下雨的话对作物好，离河近的话有被大水冲走的可能性。

地价怎么样？ = 离河近的贵。

【水利】怎么做的？ = 离河近的地方水多抗旱性强。

山和河的中间好吗？ = 是的。

有河水灌溉的地方吗？ = 没有。

【井】井水怎么样？ = 按这里的风俗从以前开始就没有，不知道，从今年开始在官的命令下开始挖井。

今年挖的出水了吗？ = 出水了，我们村三丈就出水，水面下再挖一丈。

用炼瓦吗？ = 是的。

一眼井的费用是？ = 不知道，编乡在做。挖到水面上工费一工 3 元，水面下一工 6 元。

需要几个工位？ = 一天 7 个人共 10 天，到水面是本村人挖，因为监督人不在所以花时间。

井水用来干什么？ = 编乡的命令还没有来，不知道将来的利用方法。

在你们村挖了几个？ = 一个。

各村有分摊吗？=有，因为这个村很小所以一个。

费用是乡出还是地主出？=井的地主出300元，不够的部分新民会来补助，钱是应该相当于春耕贷款的借贷。

不管一口井花多少地主都出300元就可以吗？=是的。

在村的附近挖的还是在田的正中挖的？=在本村是在附近挖的，在其他村是在田的中间挖的。

这边的井是用于牲口吗？=不是，只有辘轳，没有水车。

挖井的命令是乡里传来还是新民会传来的？=乡里来的。

乡里来了什么命令？=说是县。

【村子的面积】这个村的面积大概多少？=11顷。

包括宅地吗？=包括。

宅地有多少？=50亩左右。

11顷中包含村外人的吗？=不包括。

他村人卖给他人的土地不算做村里的土地吗？=不算。

本村人借也不算吗？=不算。

村里耕地事变前更多吗？=同样。

你年轻时更多吧？=一样。

【租佃外村人的土地】耕种县城内和外村人的土地的人很多吧？=相当多。

本村人耕种这个村的土地和外村人及本地人耕种城内人的土地，面积是怎样的比例？=一半一半。

那原来是本村的土地，是卖给他村人和县城人的土地吗？=原来就是属于外村的土地。

外村人、城内人借给本村人的土地大概有多少？=五六顷。

本村人给本村人租佃的土地大概有多少？=一顷左右。

十顷左右是本村人自己在耕种吗？=其中一半左右卖给了良乡城内人。

卖了吗？还是出典了？=卖了。

事变后还是前？=前。

那么本村真正的土地是五六顷吗？=是的，剩下那些。

那么这个村以前有较多土地的人比现在多吧？=（没有明确回答）。

卖给城内人的五六顷都是本村人在种吗？=本村人在耕种。

卖掉的土地由本村人耕种，是本村谁都可以种吗？=谁都可以。

本村人卖的土地由他村人来耕种的相当多吗？=很少，耕种也无妨。

是因为本村人耕种比较便利吗？=是的，他村人来耕种也不能说抱怨。

有土地的话希望租佃的人多吗？=多。

五人的家族，比如夫妇二人孩子三人，需要多少土地？=自耕地一人5亩（大人）就足够。

一亩是几弓？=240弓。

一弓是几尺？ =5 尺。

5 尺是营造尺吗？ = 市尺。

和布的尺一样吗？ = 一样。

【地主】有地主（不种人）吗？ = 现在两家，不住在村里。

从以前开始就不住吗？ = 以前在，因为事变去了城内。

那个人的土地多吗？ = 有钱，一顷左右，两家大体一样。

【自耕农】自耕农有几户左右？ = 没有。

【自耕兼佃户】自耕种兼佃户大概多少？ = 极其多，几乎全是这样的家。

【租佃】纯租佃有多少？ =10 户左右。

那样的人是从城内人那里借还是跟村内人借？ = 两样。

【土地的减少】村里人的土地渐渐在变少吗？ = 年年卖掉一点。

你孩提时代有大地主吗？ = 当时四五户有拥有一二顷的。

卖掉变少了还是分家？ = 收成不好卖掉的。

什么原因？ = 家里人浪费奢侈。

【驴】村里驴有多少？ =15 头左右。

15 头的话不够吧？ = 不够。

有几头的话足够？ = 不知道，一户一头。这个村有 40 户左右，每 20 亩有一头就好了。

【旗产整理】这个地方整理旗地是什么时候？ = 民国十五六年左右吧。

县下大体有多少旗地？ = 以前旗地比民地多，七成是旗地。

在村里也是七成左右旗地吗？ = 是的。

耕种旗地的人叫佃户吗？ = 佃户。

民国十五六年左右，整理时都是佃户买的吗？ = 是的。

一亩 3 元左右吗？ = 是的。

旗地价也有上下吗？ = 不一样，租子 500 文的话，是 3 元 50 钱到 3 元，一吊则是 4 元。租子越高，卖价越贵，最高 4 元多，最低是 2 元 50 钱左右。

【王府】村里旗地属于哪个王府？ = 仪王府。

其他王府呢？ = 恭王府，来取租子的人是这个王府的，其他王府很少所以不来取。

【庄头、催头】旗地的庄头多吗？ = 两人，只有安、于两人。

是哪个王府的庄头？ = 不知道。

庄头住在村里吗？ = 否，在房山县下的卢村，两人都一样。

一年来取几次租子？ = 一次。

催头会派住在县城里的人来吗？ = 通知是由催头带来的。

催头是卢村的人吗？ = 庄头带来的。

用什么方法通知村人（佃户）呢？ = 带来通知票，一户一户交付。

催头只来一次吗？ = 一次。

什么时候来？ = 十月初一带着通知来，庄头是三四日左右来县城。

庄头会逗留几天左右？＝约一个月。

王府都同时来吗？＝大体十月中旬来，其他王府的庄头待三天左右去其他地方，期间不上交的话会去其他县，必须上交。

良乡也有庄头吧？＝有，但很少。

【老租】知道老租这个词吗？＝不知道。

王府和佃户的关系不说老租吗？＝不说。

那叫什么？＝并没有名称。

【现租】那么现租是什么？＝用现金上交租子。

有用现金不能上交的吗？＝没有。

【租子账】佃户有租账吗？＝收据就是租账。

庄头会带着写有佃户名的账来吗？＝有账，但不会带到村里来。

那本账叫什么？＝租子账。

不叫花户账吗？＝在封面写着租子账。

旗地一定要交钱吗？＝是的。

来村里的庄头除了前面的二人其他还有谁来吗？＝只有这二人。

村里有民地吗？＝有。

【钱粮和租子】钱粮和租子哪个更贵？＝钱粮贵，来取租子的时代租很低，钱粮是换算银所以变贵了，在清朝时代也是钱粮贵。

【地价】地价是旗地更贵吗？＝民地贵。

如果民地二十元的话，旗地大概值多少？＝光绪年间民地是一亩十六七两到二十两，旗地是三四两。

为什么价那么不一样？＝买旗地不能变成本业地。

旗地还是本业地没什么差别吧？＝因为不知道旗地整理的事会不安。

王府没收旗地是绝对不能做到的吧？＝是的。

那不是和自己的土地一样吗？＝即使那样也不会觉得是自己的东西，即使旗地价是三四元，契税也很高。合计的话和民地没什么差别。

民地也要税契吧？＝是的，民地和契税一样，每百元12元60钱。

【旗产整理】吴店村的佃户大家都买了旗地吗？＝买了。

大家都是很高兴买的吗？＝很乐意买的。

买旗地叫什么？＝县衙门强制从王府取来账卖给佃户。

【大粮、黄粱】听过大粱（粮）、黄粱（粮）吗？＝民粮地是大粮，旗地是黄粱。

【旗地的起源】你觉得黄粱这个词是从哪里传来的？＝王府是皇室的亲族所以叫黄粮，但是旗地也是以前从农民那里抢过来的。

也有被夺后逃掉的吗？＝那个时候秩序很乱逃掉的人很多。

有旗人来了后骑马撒白粉的传说吗？＝有，在那里立了旗，立了八旗的旗。

在你的村里立了什么颜色的旗？＝那是很久之前的事所以不知道。

例如仪王府在良乡有千顷的旗地，县里下命令、从县里会通知村里谁谁的土地变成旗地吗？ =否，县政府不知道。

为什么知道那个？ =不知道实际通知了没有，但因为王府比县强，所以我认为不通知也可以。有通知县里佃户的滞纳者使其催促的，只有那件事和县有关系。

【退、推、过】卖旗地是说“退”吗？ =“退”。

不说“过”吗？ =“推”是让，“过”是交付。实际一样。

不能用“卖”这个字吗？ =是“退佃”。

5月25日

芋的耕种方法　大地主的经历和经营方法

应答者　张友三

【芋的种植】今天去了哪里？ =去县买芋（红薯）。

现在是种芋的时期吗？ =是的。

芋的芽是多少钱？ =1000株4元。

可以种几亩？ =半亩。

在村里不种芽吗？ =不种。

外行人种不了吗？ =温度控制很难，因为要用火。

在温室能种吗？ =造炕，上面放肥料，里面埋芋。

种在哪里？ =沿村。南山岗、张家庄、米粮屯的村人在种，那些村民都是为了卖而种。

一亩能种几株芋？ =一般2000株，2500株左右也能种。

【肥料】芋的肥料是用什么？ =家畜的粪（糟粪）。

一亩大概用多少？ =300斤。

一般是用车来计量吗？ =是的，每一亩一车。

那一车是直接施的一车吗？ =不混杂土而直接施粪，一般作物是跟土混合后施肥。

不混土的糟粪一车是？ =5元。

有没有卖一般田里用的混土的肥料的？ =一般百姓都是集中收集，田少的人就在村里卖给村民。

村民卖给村民肥料时，是混着土卖吗？ =不混土卖。

村民肥料不够的时候会从村民那里买吗？ =从村民那里买，不够时会去良乡或北京。

你们村里有去北京或良乡去买的人吗？ =不多。

那去北京或城内买的人是从事什么农业的人？ =住在离马路（村与村）很远的村的人或种植菜园的人会多买。

芋的肥料一次就够了吗？ =一次就可以。

种芋其他还要花什么钱吗？ =什么都不用。

【耕种方法】种芋头需要的人数是？ =用马一日能种两亩。

堆土的人工呢？ =一天年轻人可以种两亩。

种苗的话需要多少人工？ =三人一组（一人排水、一人挖洞、一人种植），一天两亩。

种植后还有什么费事的？ =长草的话要除草。

藤蔓倒长的时节也要除草吧？ =要。

种植后大概多久藤蔓倒长？ =一个月多。

藤蔓倒长几次左右？ =10天一次，下雨的话第二天必须除。

藤蔓倒长一直持续到什么时候？ =五月上旬开始，直到七月末。

藤蔓倒长一个人一天可以完成多少？ =3亩左右。

种植后其他还做什么吗？ =什么都不用。

蔓是收获芋之前要割断取下的吗？ =是的。

为了让芋长得更大吗？ =到了白露就会有霜所以在那之前切下来贮藏，和芋的培育没有关系。

会切一次蔓还是偶尔给马和牛？ =切一次，不给牲口。

贮藏的蔓用来干什么？ =到了立冬就是羊和骆驼的饲料。

卖吗？ =卖，自家有家畜的话就喂食。

一亩的蔓去年卖了多少？ =150斤，6元（干草）。

在哪里卖？ =白露节后养骆驼的人会来买，从30里北方的衙门口、古城子来，饲养在那里。

挖芋一亩需要多少人工？ =一人一天一亩，搬到家里另算。

那么从离家一里的地方搬运芋需要多少人工？ =一驴一车能搬三四亩。

挖芋后怎么整理田？ =尽量耕一次比较好，忙的话就那样不管。

那时的人工是？ =用两匹牲口一天八亩左右。

【产量】一亩能收到几斤左右芋？ =八百斤到一千斤。

一般家里大家都能吃那个芋吗？ =是的，自家用，多的话就卖。

几月挖芋？ =八月末（白露是七月中）。

去年收获芋的时候的行情是？ =收获时100斤4元5角左右，后来是100斤15元（正月）。

去年、你的土地一亩收成多少？ =700斤。

【贮藏】保存芋很难吗？ =不简单，如果冷的话就冻；热的话就腐烂。

一般家里都大概会使其腐烂吗？ =每家都知道方法，但是地下水位很高贮藏很难。土地很贵的村大多能贮藏。

这个村收获多的话会卖吗？ =是的，不能贮藏很多。

这个村的人正月前大家都会卖掉吗？ =卖。

这个芋是几年前有的？ =以前就有。

去南面的话以前几乎没有，现在变多了，这边怎么样？ =这里也是。

什么时候开始变多的？ =不知道，在村里种多了粮食就变少，雨量不适量的话芋会腐烂在地里，芋适合种在高处。

持续旱天的话不可以吗？ = 不可以，不会长大。

【现金缴纳地租】在这个地方有用现金付地租的吗？ = 很少，现在村里没有。

其他地方有吗？ = 有，预交，打现租的地，“现租钱”或“现租子”。

事变前多吗？ = 不多，本村没有。

什么人用那个方法？ = 地主不在附近，住在北京那带的人。

那是大地主做的吗？ = 大地主的地方分粮也多。

【大地主的经历】在本县最大的地主是吴吗？ = 是的，三十几顷。

然后是？ = 见，二十几顷。第三是秦，十几顷。

以前是财主吗？ = 不是，事变前吴担任安徽省的县长，赚了钱。

现在在北京吗？ = 是的（吴以前是官吏，那是清末民国初的事。他现在七十几岁）。

还在做官吏吗？ = 什么都没有做。

见是怎么赚钱的？ = 做学校老师赚钱。

学校老师能赚钱吗？ = 土地会渐渐变多，家里人也少。

哪里的学校的老师？ = 一开始是小学老师，但后来做家庭教师，每一个人一年能赚二三百元（赚了 20 年左右）。

持续了多少年左右？ = 做家庭教师后成了县的高等小学的校长，两年。

这个老师的家里以前就很有钱吧？ = 是的。

到了这个老师的时代增加了多少？ = 不清楚。

增加了三分之一左右吧？ = 增加了一半左右。

那老师其他开过当铺或钱铺吗？ = 没有。

吴没有借出钱和开当铺吧？ = 没有。

秦为什么赚了钱？ = 和大官吏一起去南方赚了钱。

他自己不是官吏吗？ = 是家臣，做杂务的。

识字吗？ = 知道一点，他是“差门杂务”相当于现在的庶务，做了 20 多年。

带了家人去吗？ = 没有。

多大年纪回来的？ = 三十七八岁。

跟着一个官吏吗？ = 跟了两三个官人，后来好像在晋县赚了钱，民国初年回来的，现在还活着，但住在北京。

其他做官吏赚了钱的多吗？ = 想不起来。

买卖赚钱成为地主的多吗？ = 没有。

兼做买卖和种地变富的多吗？ = 大的没有，小的有。

官吏是最好的吗？ = 是的。

吴做了几年左右县长？ = 两三年。

县长前面是做什么？ = 学习，父亲在县上做材木商。

一开始就成为县长了吗？ = 不知道。

什么时候成为县长？ = 民国初年。

当时出多少钱的话能做县长？=不知道。

吴的儿子做什么？=在北京法院做推事（判事、法官）。

【大地主的经营方法】吴只在良乡有土地吗？=是的，只在良乡。

把掌管安排在良乡吗？=管事的住在城内东街的吴家，住在现在的县公署的里面（县公署是吴的家）。

是什么关系的人？=以前就认识而且信得过的人。

在吴家工作吗？=是的，姓杨字，是罗锅子。

他一个人在管理吗？=是的。

杨能赚钱吗？=有报酬。

钱还是粮食？=钱，200元，伙食费是吴给的。

杨有家人吗？=不在良乡，在徐家庄。

吴也是徐家庄出身吗？=城内人。

吴的土地契约一定要全部由杨执行吗？=是的。

你的村里多吗？=多，30亩左右。

借给几家左右？=一家，借给裴振明。

持续了几年？=两年，那之前是郭永志一个人借的。

为什么郭不借了？=滞纳。

因为天灾滞纳的吗？=不是，是旱灾。

裴也经历旱灾不能换吗？=没有办法。

必须上交滞纳的吗？=是的。

如果没交怎么办？=没办法。

杨怎么做？=跟县政府申诉。

申诉的话怎么办？=决定期限上交。

即使那样也没交怎么办？=延长到明年。

如果被申诉了亲族和其他人做什么？=去县里保证。

不是立即上交滞纳的也允许吗？=允许。

见现在住在哪里？=南门内斜街。

现在在做什么？=地主，靠地租度日。

见在村里有多少土地？=十几亩。

现在借给谁？=宋文彬。

什么时候开始借的？=10年以上。

有什么关系？=宋是泥瓦匠帮忙修理见的家。

那样的关系可以长久持续吗？=是的。

秦有多少？=五十几亩。

租给谁了？=郭二十几亩、张十亩、贺十亩、刘十亩。

秦住在哪里？=北京，管事的郭宽是本村人。

郭全部管理秦的地吗？=只有吴店村的地。

他村的土地是谁在管理？ =随便哪个村的土地和村名都让村里一个人管理。

那个人以外、村里还有没有很大土地的谁？ =没有。

小的有谁？ =陈氏（12 亩），赵来耕种，陈氏寡妇，做过女学校的教员。

【挖井】这次要在哪里挖井？ =在吴地主的土地上。

为什么决定是吴的地？ =他的地有 30 亩在一个地方。

为什么必须在三四十亩的一个地方的某处挖？ =不知道。

在哪里决定的？ =县长的命令下模范乡来的命令。

在这个县专门只挖大地主吴或见等的吗？ =是的，因为土地不分散。

挖他人的井时村民必须帮忙吗？ =每天去 20 人帮忙，只有本村的井会帮忙两周。一开始是 8 人、4 人交替，出水后挖井的人来，本村人帮忙。

这附近的村也是挖在大地主的土地上吗？ =是的。

只有大地主用这个水吗？ =附近土地的人可以用。

这个井是地主的还是村里的？ =还不知道。

一般只在积聚三四十亩的地方挖井吗？ =是的。

这个井现在还不能用吗？ =能用，设备还不完善。

设备是村里做吗？ =乡来做。

为了作物生长挖井的吗？ =应该是的吧。

县和乡说是为了什么挖井？ =什么也没说。

村民没反对吗？ =没有，因为是县的命令。

为什么不挖在村民的所有地上？ =村里没有那么大的土地。

前述三个大地主以外的土地上也挖了井吗？ =当然有，挖了井，作物就长得好。

谁决定在一块儿四五十亩的地上挖？ =是县的公事，不知道是谁决定的。

乡长之类的会来商量吗？ =乡开了会议，那只是听了一下县的结果，不知道理由。

【地主的土地收购】吴的土地都是好土地吗？ =好土地居多，不买不好的土地。

大地主的土地都是好土地吗？ =大体是的。

吴是几年前从你们村买的？ =民国四五年左右。

一次买了 30 亩吗？ =是的。

为什么卖了？ =卖的人只有那些。

为什么一下子落魄了？ =以前在家工作的人很少，大家都雇用人，借了钱还不了就卖了，然后在天津的英租界那里工作。

家人呢？ =一个人去的，家人还在，会让汇款，其他没有地租，附近种了两亩左右，因为也没有其他能工作的人，一个孩子在北京饭馆当服务员 。

在天津做什么？ =英国买卖人的服务员，很少回。

【佃户的公课负担】什么时候开始佃户上交摊款？ =以前开始，民国前开始。

为什么地主不上交？ =因为以前开始就是这样的约定。

村的摊款，本业地 10 亩和租佃地 10 亩是同额上交吗？ =同额上交。

乡的摊款也是这样吗？ =是的，因为以前非常少所以佃户也没什么大问题，现在就很严重了。来年后年不好的话，租佃会亏损，我认为放弃租佃的人会变多。

其他地方地主也负担，这里也能重新改善吧？＝良乡其他村一般是双方负担，只有这个村是一方负担（这点跟事实相反）。

一般县来说怎么样？＝还是佃户出得多。

由哪边出便利？＝一半一半公平吧，以前是老斗5斗上交地租，现在是想上交新斗，因为制度变了。

有上交新斗的佃户吗？＝没有，七斗是老斗的5斗。

事变后摊款突然变多了吗？＝民国二十五年二角；二十六年40钱；二十七年70钱；二十八年一元；二十九年一元20钱；三十年一元32钱；今年乡已经收了一元12钱。是三月，以前年的为标准决定的。

这次的摊夫是乡还是村？＝村。

去年为止只有村摊派了，今年是乡、村两个都有吗？＝是的。

村的摊款谁来收？＝参议和甲长。

【外出务工者】去北京、丰台、长辛店的人多吗？＝在北京工作的有七八人，是去做买卖的人。

只是短期限去的人有多少？＝10人左右。

更期望在村里做佃户还是去北京工作？＝因为老人不能去所以没办法只能租佃，年轻人会想去。

年轻人的话那样更有利吗？＝那样比较合算。

在北京一带工作的人汇款汇多少左右？＝汇来七八十元。

汇来七八十元的算是好的，不汇款的人应该也相当多吧？＝没有不汇款的。

几岁左右去？＝十五六岁开始。

三十岁以上也会去吗？＝岁数太大，学什么都不行，只做得了苦力。

没有去铁道工作的人吗？＝一个西直门的警务段，民国二十七年开始。

几岁？＝二十六七岁。

这个人也汇款七八十元吗？＝不会带钱来但是每个月拿来粟3斗和面20斤，粟一斗6元、面一斤65钱。

是一个月30元左右吗？＝村里的价格是这样，但配给所更便宜。

短期去北京的是什么？＝油漆店。

工作时会来喊吗？＝会来信。

一年大概工作几天？＝半年左右。

在村里时耕种吗？＝是的。

农忙时来信也不去吗？＝去。

一天多少钱？＝一天3元（不算吃饭）。

在那边留宿10天、20天吗？＝是的，不回来。

去师傅那里留宿还是去别的地方？＝去师傅那里留宿，不需要钱。

师傅是北京人还是良乡人？＝北京人。

没有在县城工作的人吗？ = 一个人都没有。

去北京一带工作的人慢慢变多吗？ = 以前去北京工作的很多，民国后变少了。

以前做什么？ = 点心店的员工。

有没有后来自己开店的？ = 有一两名成了掌管。

民国前，最多的时代有多少？ = 50 人左右。

在北京工作一年吗？ = 一年在北京的有 30 人左右，年末会更多。

蜜供吗？ = 年末是蜜供。

年末去的是去投靠一年都在北京的人的店里吗？ = 每年去的店都是固定的。

工作的店有几户左右？ = 五六户吧。

一年在北京工作的人是这五六户店吗？ = 一半是点心店，其他是首饰店、杂货店等。年末去蜜供的是去剩下的十五六人工作的店。

为什么去点心店的人变少了？ = 不卖蜜供。

十五六人在点心店工作的人怎么办？ = 大家都回来了，现在点心也变成洋式的了，老式的慢慢变少，村里人做不出新式的东西。

油漆店是什么时候开始的？ = 民国以前，父亲的时代开始做的。

师傅也是以前的师傅吗？ = 是的。

这样的伙伴工资多少？ = 我认为 100 多元，在北京也不是每天都有工作。

其他没有去北京工作的吗？ = 没有。

去长辛店的怎么样？ = 没有，药店只有我儿子一人。

没有在这个驿站工作的吗？ = 没有。

没有做巡查或进警察队的吗？ = 有两个警备队员。

警备队是几名？ = 不知道，大体数百人，皇辛庄有二十几名。

有在北京工作存钱买土地的吗？ = 一个人也没有，都作为生活费。

存了钱买土地是最好的吗？ = 完全是你说的那样。

你家的土地到了你这代变多了还是变少了？ = 和之前一样，没有买的和卖的，现在也没有。

没有靠买卖赚钱的吗？ = 光绪年间，在城内的吴服店工作，一个月拿一两银。

那个时候一亩是几两？ = 民地的话十五六两，旗地的话六七两。

在那里工作了多久？ = 10 年左右。之后回来种地，后来在黄村镇、高阳、良乡做了衙门问询接待。黄村镇在宛平县，有南路厅，有厅长。在那里做了问询接待的师傅的次座。

是什么工作？ = 转送公文，去各房取钱转送，南路厅管辖七县。

那厅长有县长的任免权吗？ = 没有，显天府的府尹有任免权，厅长监视县长，报告给府，厅长也是由府任免，在这里一年多，厅长变了后我也辞了。那时被受附头叫来工作，没有工资，只有赏钱，官吏打牌时给钱，诉讼后起诉人会送礼能收到钱，头儿分配，一个月 10 元左右银货。那时一元银货是铜货一百五十文，一元银货是银七钱五厘。

第一是黄村，然后是高阳，然后是良乡吗？ = 是的，民国二十三年左右辞了，30 岁左右辞的。后来做了大家（宅门）的管事的，在房山县4年左右。之后在家种地，持续了十几年。期间做过校长，民国十五六年左右的时候，村里的校长。

做什么的时代最好？＝做买卖的时候最好。

然后什么比较好？＝务农。

衙门怎么样？＝不做坏事的话存不了钱。

善人不在衙门工作吗？＝就是那样的。

现在最好的工作是什么？＝今年除了务农以外，没有其他的路走了。

家里有谁吗？＝一个孙女，一个太太，我一个人工作。

一个人能耕多少？＝19亩，再多就耕不了了，没有骡马，会借用。

借骡马的对象是一定的吗？＝不一定，借不到骡马就自己推车。

5月27日

活粮和死粮

应答者　禹国深（31岁）

【应答者的经历】职业是？＝农业。

以前呢？＝在北京鞋店工作，做中式鞋。

去了几年？＝3年，之前上学，去北京是十七八岁。

从北京回来后做了什么？＝在北京鞋店送牛奶送了6年，回来后从事农业。

去北京时父亲还在吗？＝已经死了。

有自己的土地吗？＝有，没有租种地。

耕种是一个人吗？＝是的，20亩自己耕种。

以前有更多吗？＝分家前更多，父代3人分家了，之后没增没减。

有驴马吗？＝没有。

没有驴马也能耕种20亩吗？＝借驴。

耕种过租佃地吗？＝没有。

【佃户】在这个地方租他人的土地的人叫什么？＝“佃户”。

租土地这件事叫什么？＝也是“佃户”。

【伙种】伙种是什么？＝跟佃户一样的意思。

【打现租】用钱上交也是伙种吗？＝“打现租”。

只是说给钱的情况吗？＝是的。

打现租是预交还是后交？＝根据约定，预交是“上打现租”；后交是“下打现租”。

在什么情况下在这里面选一种？＝没有什么关系。

地主在很远的地方的情况下是“上打现租”吗？＝地主想先要钱。就是“上打现租”。“上打现租”稍微便宜些。

借土地的人希望哪种？ =有钱的话希望“上打现租”。
打现租在县里多吗？ =不少。
和伙种哪个多？ =伙种多。
什么情况下打现租？ =地主想先取钱的时候，伙种的话后付会有滞纳情况会吃亏。
借商人的土地（城内）的话不是用钱上交吗？ =还是伙种多。
一般商人喜欢用粮食上交吗？ =是的。
乡下的地主有纳钱的，可以说城内地主没有纳钱的吗？ =没有关系。
现金缴纳以前多吗？ =一样，事变前现金缴纳稍微多一点。
不是很久以前大家都现金缴纳吗？ =没听说过。
【活粮和死粮】伙种是上交一定额吗？ =有活粮和死粮，死粮多。
那个比例是？ =活粮是十分之三左右。
以前活粮多吗？ =不多。
现在会有约定活粮的人吗？ =不多。
在这个村有吗？ =有。
是谁？ =禹国顺。
是借出还是借进？ =借出。
借给村民吗？ =是的，郭儒。
什么时候开始约定的？ =一两年前开始。
那种情况会分秆吗？ =不分。
地主不出肥料吗？ =不出，均分摊款。
死粮的话摊款是佃户出吗？ =根据约定，有双方出的，也有只是佃户出的。
活粮的话是二作的话分二作吗？ =是的。
死粮的话、种二作时分两种吗？ =只有高粱。
不分麦吗？ =不分，全部是佃户收。
那死粮对于佃户来说更合算吗？ =是一样的。
为什么？ =收成不好的年份也必须上交定额。
死粮也有上交麦的吗？ =那种情况麦一斗算作高粱二斗。
那样计算的话不交高粱也可以吗？ =上交。
没有地主来看作物的收成，来决定今年的地租的方法吗？ =没有。
以前开始就没有吗？ =没有。
活粮的话有以多施肥的理由来作为死粮的吗？ =没有，不会有特别经常施肥的。
一个人有活粮和死粮的情况，会给死粮多施肥吗？ =是的。
约定好是活粮，可以以多施肥的理由来作为死粮吗？ =不可以。
有地主给种子的吗？ =有，活粮是各出一半。
肥料也是这样吗？ =否，佃户来出，死粮全是佃户来出。
活粮的话用地主的牲口也可以吗？ =不可以。
【纳粮】佃户上交给地主的东西叫什么？ = “纳粮”。

【地粮】地租叫什么？ = “地粮”或者“地租粮”，是粮食不是钱。

钱的话叫什么？ = “租钱”。

没有其他词吗？ = 没有。

地租粮一般是死粮的几斗？ = 一般4斗，高粱、谷子、玉米都可以。

好地呢？ =5斗，不好的地也有两三斗的。

佃户是好地合算还是不好地有利？ = 好地好，佃户喜欢好地。

为什么？ = 耕种不好的地比较费事收成也不好，容易被天气、气候影响。

给地主的纳粮用新斗吗？ = 没有。

在市上买卖用新斗吗？ = 是的。

【地租的变更】同一个土地的地租会变吗？ = 不变，同一支笔也不会变。

换了人租地的话，可以变吗？ = 佃户期望高的话，即使贵也会种。

地主不在的情况，有好地和坏地，地方不同有5斗地、4斗地，不管人和时间永远不变的有吗？ = 否，是借进人和借出人商量决定。

【土地的等级和地租】在良乡县，土地的好坏分布情况是怎样的？ = 东南是沙地不好，西面近山不好，北面低地好，这个村的土地一般。

东南沙地地租会便宜吗？ = 是的，种的人少，都不希望。

那个地方的地租是？ = 那个地方的好地是二斗，不好的有一斗的。

北方的好地是？ = 好的是6斗，不好也要5斗。土地好是黑地肥料少也可以。

有给耕地灌溉的吗？ = 没有，只有菜园。

好地是黑地，不好的是什么颜色？ = 山坡地或者沙地，一般是黄土地。

有含盐分多的吗？ = 在县内东部有一点，良乡县城附近没有。

【土地远近和地租】离家远近的地方地租有高下吗？ = 没关系，远的话不便，但是近的话会被狗和猪毁坏，所以没有大差别。买卖的话，近的会贵一点。

借他村的土地也无妨吗？ = 没关系。

多还是少？ = 不少。

会借多远距离的土地？ = 二里。

距离三里远的话怎么样？ = 很少，没有家畜的话收获时也不方便。

有家畜的话会借吗？ = 借，远的话地租会稍微便宜点。

【治安关系和地租】治安不好的地方没有借的人吗？ = 是的。

房山县附近地租便宜吗？ = 有很多不一样，有土地的好坏。

在良乡附近最不好的是哪里？ = 现在还好，以前是西面山的附近不好。

西面没有地主吧？ = 有。

这段时间不在家吗？ = 是的。

去了哪里？ = 有钱的去北京或县城，没钱的暂时移到治安好的村庄，不久后回来。

现在还住在北京或城里的人很多吧？ = 不少。

地主不在的地方地租会便宜吗？ = 是那样的。

大地主的土地比以前便宜了吗？ = 现在所有土地都变便宜了，因为摊款变多了，如果跟以前一样收租费的话就没有佃户了。

地主不在的土地一定会是便宜的吗？ = 便宜。

比如吴和见的土地便宜吗？ = 治安不好的地方便宜，这附近不便宜。

大地主的土地的租因为事变变了吗？ = 只有治安不好的地方稍微变便宜了。

应答者 赵显章（55 岁）

从以前就在这个村吗？ = 没去过其他任何地方。

只从事农业吗？ = 是的。

【伙种】租别人的土地来耕种叫什么？ = “伙种”。

【佃户】租别人的土地这件事叫什么？ = 自己的土地叫“佃户”；租种别人的土地时，叫作租佃别人的“佃户”。

那会说自己的土地时“我的租佃地”吗？ = 是的。

不说“本业地”吗？ = 佃户和本业地差不多。

佃户和本业地稍微有不同的意思吧？ = 现在是没差别的，原来说旗产的耕种者。

以前不能把旗地说成本业地吗？ = 不敢说。

【种地户】以前把租种民粮地的人叫什么？ = “种地户”。

【地东】租地给别人耕种的人叫什么？ = “地东”。

现在也叫地东吗？ = 是的。

【旗地和现金缴纳】旗地的租都是钱吗？ = 是的。

种地户给佃户的是什么？ = 粮。

以前种地户上交钱吗？ = 那也有。

有没有必须交钱的？ = 一定要用钱上交。

佃户收取粮食作为地租是什么时候开始的？ = 民国后。

民国十年左右怎么样？ = 元年的时候开始粮食。

民粮地用粮收租吗？ = 还是用钱收的，民粮地还是纳钱。

以前佃户借出旗地时一定是钱，但民地的话，钱和粮食都可以吧？ = 旗地用现金缴纳的时候，民地也用钱上交。

那个时候的旗地的地租和民地的地租哪个贵？ = 上交同额的钱。

民地变成纳物是什么时候？ = 民国初年。

旗地变民地以前就变成纳物了吗？ = 也有整理前就变成纳物的，民地是民国元年左右开始慢慢变成纳物的，但在买旗产前就纳物是不允许的。

附近还有旗地用现金缴纳的地方吗？ = 不知道其他县，但这个县都变了。

旗地用钱交地租是因为庄头的干涉吗？ = 没有庄头的制约，但是地主想要钱，不接受粮食。

旗地的租钱是先付吗？ = 预交，秋天上交来年的，九月、十月左右上交，现在也是现金缴纳的话秋天上交来年的。

以前让别人租种旗地的情况会附加期限吗？ = 一年契约。

之后也有设期限的时代吗？ =没有，每一年。

【活粮到死粮】变成纳物后活粮先死粮后吗？ =死粮是事变后有的。

在这个县内所有地方都是事变后变成死粮，以前没有死粮吗？ =没有。

事变前的活粮和现在的活粮有变化的地方吗？ =没变化。

事变前种子全部是地主拿出来但后来不是变成各出一半，有变化吗？ =活粮的话，事变前后都是佃户出玉米、高粱、粟。芝麻、小麦等价格高的东西双方各出一半。

麦秋、大秋时地主会来看作物决定地租吗？ =收获时会来看，但那时没有商量决定的事，死粮也没有这样的事。

活粮的话会给肥料吗？ =没有，以前也没有。

有免费借出家畜的吗？ =一般地主不会借出，有的话借也可以。

事变时活粮变成死粮，地主说什么变的？ =地主说收成不好所以亏损了，变成死粮吧。说想种的话就死粮。

大地主最先变的吗？ =大地主开始的。

事变前有相当多现金缴纳吧？ =四分之一左右吧。

吴、秦怎么样？ =纳物，但是折租了。

折租一半左右吗？ =折租三分之一左右。

大地主以外有折租的吗？ =基本没有。

吴、秦、见等都折租了三分之一左右吗？ =是的，一样。

现在有折租吗？ =有。吴、秦、见等现在也是同样的方法。

吴自己来过吗？ =不来，管事来，一个管事和一个先生（带账簿）。

【他村人的土地】这个村有多少他村人所有的土地？ =一半以上。

其中最大的是谁？ =吴、秦、见。吴是70亩，秦是一顷，见是30亩。

全村的地是11顷吗？ =是的。

其他城内人的小地主多吗？ =是的。

因为事变卖地的人多吗？ =没变。

以前有过卖地特别多的时候吗？ =最近因为民国二十八年的洪水，卖地的比较多。

像大地主吴那样一次汇总买很多的吗？ =是的。

这个村纯地主有多少？ =两家。

【自耕】自耕有多少？ =三四家。

【自耕兼租佃】自己租种的人呢？ =村内基本上都是这类。

【租佃】纯租佃（租种）呢？ =两三家。

【地主】纯地主的名是？ =禹振、赵权。

两个人住在哪里？ =禹在村里，赵在城内。

赵是事变后移到城内的吗？ =是的。

因为禹地多还是因为工作的人手不够？ =没有工作的人手。

禹的所有地是？ =三十几亩。

赵呢？ =40亩。

还是因为没有工作人手吗？ =是的。一个买卖，一个是学校老师。

【土地的分配】在这个村拥有土地最多的是？ =郭宽七十一亩。

五十亩以上有几户？ =其他没有。

四十亩以上到五十亩呢？ =没有。

三十亩到四十亩的呢？ =三家。

二十亩到三十亩？ =五六家。

十亩到二十亩？ =二十五家左右。

十亩以下？ =十五家左右。

5 月 31 日

旗地 租佃契约

应答者 禹祳

【旗人】年龄是？ =64 岁，光绪五年生。

当时旗人住在这儿吗？ =旗人都在城内。

做了什么？ =县衙门的官员和兵队。

兵队的人数是？ =城内民家的人都是兵队。

城内没有兵营吧？ =没有，有练兵场。

在哪里？ =东门里面。

兵队有几个人？ =不知道。

有一百人左右吗？ =还要多。

五百人左右吗？ =二三百人。

知道旗人分成八旗吗？ =正白、正红、正黄、正蓝、镶白、镶黄、镶蓝、镶红。

八旗全有吗？ =是的。

大家都有拿工资吗？ =钱和粮食两者都能拿到。

那个钱叫作什么？ =旗人的孩子生下来要马上报告。一甲是二两五分的工资。

那个叫什么？ =叫钱粮。

不说兵饷吗？ =不说。

除了钱粮以外，小米等叫什么？ =俸米。

没住在农村吗？ =不住。

家人在一起吗？ =在一起。

带头的叫什么？ =叫“红营大老爷”。

兵队的工资是从北京送来还是由县拿出来？ =北京。

【王府】那个时候，有这个地方的旗地的王府有哪些？ =仪亲王、庄亲王、恭亲王、礼亲王、瑞王爷、肃王爷、懿亲王。

其中哪个最大？ =不知道。

谁有吴店村的旗地？ =仪亲王、恭亲王。

【庄头】王府下有庄头吗？ =有。

仪亲王下的庄头的名是？ =开始是李庄头、后来换成了于。

李做到了什么时候？ =到光绪十年为止。

于做到什么时候？ =到中华民国十三四年左右为止。

【催头】庄头下有催头吗？ =有。

李庄头下催头有好几个吗？ =是的。

催头一年来一次吗？ =是的，秋天来。

也来村里吗？ =来了城内。

来了这件事为什么通知到了村里？ =庄头投宿在城内的饭馆；催头来村里通知。

是怎么通知的？ =一家一家拜访。

会敲铜锣什么的来通知吗？ =不那样做。

一家一家访问的话不是也不知道佃户家吗？ =知道。

为什么知道？ =因为知道名字。

带着写有名字的账面吗？ =去吴店村时，把吴店村的佃户写在一张纸上带着去村里。

佃户买卖土地时，怎么通知？ =催头带着写有名字的纸来的时候报告。

催头是县内的人还是和庄头一起来的？ =和庄头一起来。

不住村里吗？ =不住。

其他有什么叫法吗？ =没有。

认为催头是大人物吗？ =按村里人看不是大人物。

催头来村里时会请他吃饭吗？ =没人请他吃。

催头是汉人还是旗人？ =汉人，也有是旗人做催头的。

庄头是旗人吗？ =是的。

【现金缴纳】那个时候，租是用钱上交的吗？ =用票子上交。

那时用纸币上交吗？ =是的。

有铜货吗？ =也有铜货。

票子有什么种类？ =一吊、二吊、三吊、四吊、五吊。

没有一吊以下的吗？ =没有。

用到什么时候为止？ =光绪二十七年左右为止。

【佃户及租地户】佃户不借给人土地，借的人叫“租地户”吗？ =叫“租地户”。

以前在光绪时代，佃户用钱上交给王府，租地户上交什么？ =粮食。

现在是上交粮食，前清时代是上交钱吧？ =现在也有上交钱的，以前也有用钱上交的，但是四斗的话要规定好四斗的粮食的量，换算好上交。

用粮食上交不是旗地变成民地以后吗？ =佃户用钱上交给王府，向租地户收取粮食。

租地户是民地时必须用粮食，旗地时必须用钱吗？ =哪个土地都是粮食（记忆不一定准确）。

在这个地方耕种旗地的是叫佃户吗？＝是的。

耕种自己的土地也叫佃户吗？＝从王府买来土地耕种的人也叫佃户。

耕种自己的本业地的人叫什么？＝“地主”。

那时，吴店村的人都耕种旗地吗？＝是的，没有民地。

附近村里有民地吗？＝不知道，有是有。

【旗地的买卖】卖旗地这件事叫什么？＝叫卖旗地。

在卖旗地的契约书上写立卖契还是写了立过契、立推契？＝写了立卖契。

前清时代不写立卖契，写推契是吧？＝写卖契，推和卖一样（像租和典一样）。

不是民地说卖契、卖旗地时说推契吗？＝民地写推契也可以。

把民地说成“大粮地”吗？＝是的。

旗地说成什么？＝叫“黄粮地”。

【旗地的价格】民粮地、黄粮地卖价不一样吗？＝一样。

不是黄粮地更便宜吗？＝一样，土地是民地稍微贵一点。

为什么？＝民地的钱粮比旗地的租稍微便宜一点。

【旗产整理】升科旗地时佃户以外的人能减少支付吗？＝旗地不升科。

升科是指什么？＝民地是黑地的情况，送到县里。

把旗地减少支付叫作什么？＝旗地不是自己的东西所以不升科。

把旗地变成民地叫什么？＝叫“买租子”。

买租子不是说王府卖给其他王府或者有钱人（卖掉收租子的权利）吗？＝我不知道。

卖旗地时，哪里会来通知？＝从县公署来。

县公署有成立旗产整理处这样的地方吗？＝是的。

那边通知到哪里？＝整理处有法警通知。

钱交给谁？＝官产整理处。

那时不进行土地的测量吗？＝不测。

比起民地的黑地，旗地黑地更多吧？＝不是的，民地多。

【老租、现租】佃户和王府的关系不是叫“老租”吗？＝不知道。

佃户又借给别人时，和种地户的关系不是叫“现租”吗？＝租地户用钱上交地租时叫“现租”。

以前比现在现租多吗？＝比起前清时代，现在多。

最近又变少了吧？＝是的。

【果树】这里有没有以前开始就种果树的地方？＝没有，有山地。

不是在去村里的附近有吗？＝不是村里人，也不是一般百姓，是城内的人种的。

山地里多吗？＝山地都是果树，不种粮食。

那样的地方有旗地吗？＝没有。

以前在吴店村种过果树吗？＝没有。

山地的水果是什么？＝梨、桃、柿、山楂、苹果、核桃、栗。

在种那样的水果的地方，租是钱还是水果？＝不知道。

【活粮、死粮】分种是活粮多还是死粮多？ =死粮多。
【地租的形态】以前（前清时代）上交的粮食种类有规定好吗？ =没有规定。
上交什么都可以吗？ =是的。
不是种在田里的东西也可以吗？ =是的。
现在也是这样吗？ =是的。
例如种了高粱和粟，高粱便宜的时候，实际种粟，上交高粱也可以吗？ =可以。
有这样做的人吗？ =有。
【度量衡】地租一定是用老斗上交吗？ =是的。
以前开始没变过吗？ =是的。
老斗和新斗是什么比例？ =老斗的一石是新斗的一石四斗。
这个新斗和北京的新斗一样吗？ =北京的不知道，但是县里都一样。
什么时候开始用新斗？ =民国二十一年开始。
秤有老秤和新秤吗？ =有。
老秤的一斤是多少？ =16两。
新秤的一斤是老秤的几两？ =14两多。
新秤的一斤也还算分成16两吗？ =是的。
以前一石下面是斗吗？ =是的。
下面是？ =升。
下面是？ =合。
下面是？ =勺。
没有筒吗？ =下面还有四五个我忘了。
斗下面有筒，27筒是一斗吗？ =24筒是一斗。
以前用过筒吗？ =用过筒。
一般是筒来计数还是升来计数？ =升。
筒是用于什么时候？ =粮食店用，百姓不用。
以前的一亩是几弓？ =现在是240弓。
以前也一样吗？ =是的。
用过“步”吗？ =240步不到一亩。
弓是五尺四方吗？ =长五尺叫一弓。
一亩中有240弓吗？ =是说长15弓，宽16弓的土地。
一弓只是长度吗？ =是长度。
小面积不说一弓、二弓的面积吗？ =不说，用“分”这个词。
一分是一亩的几分之几？ =十分之一。
分不是长度是面积吗？ =是的。
5尺平方是240的一亩吗？ =是的。
5尺是什么尺的五尺？ =营造尺。其他有裁衣尺、高香尺、新尺（市尺）。
营造尺用于什么时候？ =木匠使用，用于测面积。

裁衣尺用来做什么？ =裁缝用，裁衣尺的一尺是营造尺的10.7。高香尺的一尺是裁缝尺的10.8。

高香尺用来做什么？ =土布买卖的时候，现在不用。

以前用土布做衣服时没有用吗？ =不用。

现在的市尺相当于营造尺的多少？ =不知道。

裁衣尺和新尺的关系是？ =不知道，没见过。

城内没有用市尺吗？ =现在在店里买2尺的东西的话，在家量是裁衣尺的2尺。

市尺和裁衣尺一样吗？ =裁衣尺清朝时代就有了。

城内洋布商等用什么？ =裁衣尺和新尺基本上一样。

【地租的决定条件】规定地租时、规定根据土地好坏分别上交4斗、5斗吗？ =是的。

根据距离村的远近地租费用有差别吗？ =没有那样的差别。

宽路边上就贵，不便利的地方的土地地租要便宜，没有这样的吗？ =没有关系。

相同等级的土地，治安差的地方要便宜吧？ =是的，即使便宜也没有种的人。

为什么？ =匪贼会取走作物，带着人走。

因为良乡县境的治安差，县境的人会聚集到治安好的县城附近，那个地方的地租会变高吗？ =从治安差的地方逃到城内的人是普遍的，如果去其他村的话会变高吧，实际没有从县境到县城附近避难的。

在村里有亲戚的话，不会去城里而是到外村避难吧？ =即使有亲戚，也照顾不了。

来城内的话，必须要借住家里吧？ =有钱人不会困扰，贫穷人逃不了。

【八路军】怕八路军的只是有钱人吧？ =是的。

贫穷的人会觉得八路军来了好吗？ =没关系。

不会因为八路军来而高兴吗？ =即使不欢迎也会来。

八路军来了做什么？ =收取粮食、衣服和鞋子。

会没收有钱人的土地给贫穷的人吗？ =不做那样的事。

【租佃契约】在这里要租佃立契约的话，一定有中间人到场吗？ =不用中间人。

借贷当事人是不知道亲属关系的人的话需要吧？ =是的。

大地主的土地要租给5个佃户，那么有5个人成为一组来借的情况吗？ =有，那种时候分开租种，分开上交地租。

上述5位代表去交流，上交地租吗？ =是的。

那样的情况有中间人吗？ =没有。

契约书必要吗？ =不用。

这样不是会造成地主不知道借给谁和谁吗？ =代表会去地主那里报告谁和谁。

地主的账面上会写全部的名吗？ =写一个人的名。

地主不知道每个佃户的名也可以吗？ =可以。

一个人租了很大的土地，又将这片土地租给很多人，使其租种也可以吗？ =无妨。

租很多土地时，会说谁和谁租的比较多，还是不说那样的事，直接租地比较多？ =一个人去说5个人的名。

地主会记下来5个人的名吗？=写下来可以，不写下来也可以，跟一个人收地租。

地租是一个个上交吗？=5个人一起带着去。

代表收齐地租交过去也可以吗？=也有那样做的。

某人借百亩土地，约定一亩3斗，回家后让其他人上交给自己4斗也可以吗？=地主不允许。

没有地主允许，擅自把借来的土地让他人耕种也可以吗？=不可以。没有那样的事。

租佃契约时，会到土地所在地去约定吗？=不去，去地主家。

在治安差的地方地主会去佃户那里拜托吗？=有去的。

地主去佃户那里的情况下地租比一般的便宜吗？=约定是按照一般那样，收成不好时会便宜。

约定租佃时，会做收成不好时不上交也可以的约定吗？=没有，但是不上交地主也不会抱怨。

【租佃期限】有限制三年、五年的期限来约定租佃的吗？=没有持续约定的事。

以前有吗？=没有。

过一年来年又想借的时候上交地租时会约定来年吗？=不说也可以继续种。

不说就可以继续种吗？=是的。

地主来年不想借时，会在收地租时说这件事吗？=是的。

没有那之前说的吗？=没有。

一般上交地租时说吗？=是的。

有收了地租以后说的吗？=有。

【租佃地的争夺】甲耕种乙的土地时，丙想借来耕种时丙会怎么做？=跟地主说，是四斗的租佃的话愿意出4斗5升。地主问现在的佃户来年能不能出4斗5升，反对的话没收土地借给新的人（丙）。

上述情况，丙也会去地主（乙）那里，还会去佃户（甲）那里说吗？=不会去跟佃户说。

不去佃户那里吗？=不去，会吵架。

上述情况、地主跟甲说的时候会说丙的名吗？=不说。

即使佃户（甲）和新的期望租佃的人（丙）是同村人，有上述的佃户的变更也没关系吗？=被抢去租佃地的人是好人的话没问题，但是不好的人在后面会因为别的原因吵架或者起诉。

同村人向上述争夺租佃地是不好的事吧？=是的。

【契约时期】契约借新土地的时期是一年的什么时候？=十月、十一月、十二月期间。

一般是上交地租后吧？=是的。

上交钱的情况和上交物的情况有什么不一样吗？=交钱和交物都一样。

用钱交租时，是在约定成立同时上交吗？=是的。

【押租钱】开始有上交一部分（押租钱）的吗？=没有，以前有过一半春天交、一半秋天交的。

以前是规定一半春天交、一半秋天交吗？＝也有一次付的情况。

纳物的情况有以上交多少押租钱的名义上交的吗？＝没有。

在吴店村以外的村有上交押租钱的吗？＝没有。

上交麦的地租是几月？＝麦子一斗换算成玉米2斗，五月上交。

【地租的形态】死粮时，会约定麦子一斗、粟二斗这样的吗？会约定一亩4斗吗？＝只说一亩4斗，麦秋时给4斗也可以，粟4斗也可以。

4斗的话，高粱、粟、玉米随便哪个都可以吗？＝可以。

价格不一样也可以吗？＝随便。随佃户喜欢。

只种粟的情况，粟今年价格贵，不上交实际的作物上交玉米也可以吗？＝家里有便宜的玉米的话也可以上交，但是买来上交的话地主会不满。

地主可以说因为种的是粟就上交粟这样的话吗？＝如果佃户一定想用玉米交租的话也可以上交玉米，但为了不惹地主不高兴会上交粟。

地主生气来年不借也没办法吧？＝是的。

没能按照地主希望上交粟的时候，来年不借土地的多吗？＝地主稍微损失点也不介意，价格不会差太大。

一般好的土地一亩能收多少麦？＝六七斗。

粟呢？＝一石一斗。

现在约定上交5斗时，上交麦2斗，粟3斗是一般的吗？＝一般佃户不交麦，大麦的话只上交粟。

为什么不上交麦子？＝卖了麦子赚钱。

上交麦的很少吗？＝是的。

以前呢？＝和现在一样。

【地租的搬运】上交地租时，是在佃户家里分吗？＝是的。

佃户搬到地主那边去吗？＝也有地主这边的人过来带回去的。

地主在城内的情况呢？＝家里没有家畜的人的情况地主会来取。

如果搬过来了是地主负担搬运费吗？＝是的。

佃户用自家的驴马搬来的话地主会出搬运费吗？＝不会。

如上关于搬运在租佃契约开始会约定好吗？＝开始规定好。

约定租佃时会约定关于上等、中等、下等粮食的品等吗？＝不会。

上交下等的粮食也可以吗？＝打粮食时和地主分，所以没有上、中、下的区别。

约定搬到地主那边时送下等的东西应该能做到吧？＝收到的粮食在一个地方，区别上等和中等很难。

自己的土地（所有地）不好租种地好的情况，会送自己土地的作物吗？＝不会做那样不好的事。

不上交不好的地的作物，上交好作物的是好的佃户吗？＝不做那样的事。

上交粮食4斗时，是已经脱壳的4斗吗？＝没脱壳的谷子4斗。

把粮食搬去地主那里时地主一定会给佃户中饭吃吗？＝正好是中饭时间的话会让佃户

吃饭。

也会给驴马吃吗？ =不会在那里待很久所以不会给。

【菜园的租佃】跟人借种蔬菜的菜园时，地租用什么上交？ =一亩菜园时分成48个畦，以那个数分。地主是四（佃户是六），或者三（佃户七）来分。

比如种葱的话，会把十分之四葱给地主吗？ =是的，全种葱的情况那样做，种很多蔬菜的情况下，把各种蔬菜的十分之四给地主。

菜园的地租是用蔬菜上交租多还是换算成钱的情况多？ =没有给钱的。

地主十分之四是比佃户少，为什么呢？ =佃户要花钱施很多肥料。

因为花了肥料和劳力吗？ =是的。

园地是井有修理的必要时是地主出费用吗？ =地主出。

如果井的辘轳损坏了的话是地主出钱吗？ =佃户出，农具全是佃户负担，佃户买。

修理井时佃户不花钱，但是工作四五天时，地主会给佃户四五天的工作费吗？ =因为不怎么花钱所以拿不到，买炼瓦等材料时要出费用的话地主来付。

买上面说的材料时必须跟地主商量吗？ =是的。

菜园在村里吗？ =没有，没有专门的。

有借给别人菜园的人吗？ =本村没有，他村有。

菜园约定三七分时，佃户施肥劳动收成好的时候，能跟地主说变成二八的比例分吗？ =不能说。

菜园的话不用送蔬菜来就可以，不会约定说送来粮食6斗或7斗吧？ =不会。

不知道收获多少，但是有一开始就定额要求比如拿出葱100斤的吗？ =没有。

6月3日

中间人　租佃契约　共同的租佃

应答者　石书田（不在村地主吴凤鑫的管理人）

【租佃形态】做了几年？ =3年。

还有一个刘做了几年？ =我使用账簿，他不识字。

把借出土地叫什么？ =“分租”。

分租和分粮一样吗？ =一样。

分租中有活粮和死粮吗？ =只有死粮。

分粮中分成两个吗？ =分开了。分租中有钱纳和物纳。

现金上交有预给和后给吗？ =有，但是我这里没有，吴家没有现金缴纳。

以前有吗？ =我想应该有，到我种的时候开始就没有了。

吴家有活粮吗？ =现在没有，以前也没有，因为土地多。

现在借给几个佃户？ =百人以上。

有 150 人左右吗？ =没有 150 人。

哪边多？ =北边。

土地好的地方多吗？ =是的。

租借最多的佃户租借了多少？ =一顷。

那个大概有几户左右？ =一两人。

也有借出一两亩的吗？ =有。

租借一顷的家是在县城附近还是在很远的地方？ =距离县城四五里。

能收获作物的麦秋、大麦，有看收成来决定地租的吗？ =没有。

【折价】有把粮食换算成市价上交的吗？ =有。

那个叫什么？ = "折价"。

折价事变前多吗？ =事变前和事变后一样。

关于折价，租佃契约成立时规定好吗？还是收地租时规定？ =上交地租时决定。

地主这边申请折价交租吗？还是佃户这边申请？ =从地主这边申请。

地主需要什么时会说用钱交租？ =约定了地租是定额的粮食，那时没种粮食而种了棉花时，用钱交租比较方便。

种棉花代替种粮食是佃户随便的吗？ =是的。

不用得到地主允许就可以吗？ =可以。

折价是整体的什么比例左右？ =一半左右。

折价是地主和佃户商量后决定的吗？ =是的。

种粮食的话折价也相当多吗？ =是的。

【中人、保人】租佃契约时有几个中间人？ =一个人。

这个中间人有名吗？ =并没有名。叫"保人"也可以。

中间人是地主决定还是佃户这边随便带去的？ =佃户带去一个地主认识的人作为保人。

没有中间人和保人两个都有的情况吗？ =有，中间人和地主不相识时，还要立一个保人。

这个保人是地主指定说用这个人做保人还是让佃户去找来的？ =地主不指定保人。

中人、保人有代替佃户支付地租的义务吗？ =租佃契约上这么说但是没有代替付的。

【租地契约】佃户给地主的契约书叫什么？ =叫"租地契约""文约"。

租地契约不是典契约吗？ =典不一样，借钱给别人使其能租佃的是典。

没有写租地契约的情况吗？ =很少。

会写什么？ =好多人一起，一次借很大的土地时会做租地契约。

这个租地契约一定是保人写吗？ =可以，中人和保人可以。

租地契约书面上是保人一定负责吗？ =是的。

写这样的契约书的保人必须是地主很熟的人吧？ =是的。

那种时候，不是地主指定保人吗？ =也有那样的情况，不想借土地给佃户时指定保人。

有五六年的租地契约吗？＝没有。

以前有吧？＝没有，每年的收获不一定，收获不好的时候第二年不让耕种。

【共同的租佃】很多人一次共同租借大面积土地的情况大概有多少？＝今年只有一个。

是这样更省事呢？还是一个一个分开租佃对地主更好一些？＝不想一次租给很多人，想一个个分开租地。

有什么便利？＝如果稍微歉收的年份，佃户贫穷交不了地租时，不能没收那个人的土地。

共同租地的人会来要求地租减少吗？＝没有那样的事，佃户会尽量上交地租。

共同（例如5人）租地时，会写5个人的名字吗？＝是的。

××是多少、××是多少，会写清每个人租的土地面积吗？＝不写，写5个人整体租的土地，租地的人分开或者共同耕种。

5个人共同借分开耕种的情况，一个人不交地租时，可以没收那一个人的土地吗？＝我觉得可以做到，但是没有这样的例子。

甲村的土地租给乙、丙村的村民这种情况多吗？＝有。

甲村的土地让甲村村民耕种更方便吧？＝是的。

甲村的土地给乙村的人耕种，有特别的情况吗？＝没有，那是让邻村的人租种。

把租给甲的土地第二年租给乙时，乙要去地主那里吗？＝是的。

地主来年想租地给其他人时，会去找来年的佃户吗？＝会。

地主有过因没人租地而困扰的情况吗？＝没有。

因为事变和治安差，有过没有佃户而困扰的情况吗？＝有那样的事，城壁周围的土地租给了城内的人，但是事变时城门关着，不能耕种。

远的地方没有受治安影响的地方吗？＝有失去租粮滞纳的地方。

【佃户的变更】乙想租甲租的土地时，会去地主那里请求吗？＝是的。

地主认为租给乙好的话，没必要跟甲商量来年还种不种地的事吧？＝是的，交租后会说来年租给谁，不这样的话，甲会不交租。

即使甲完全交租也能说来年租给乙吗？＝能说。

完全交租的话，不得到甲的理解，来年就不能租给甲以外的人（例如乙），有这样的习惯吗？＝换佃户的话，一定是因为甲是不好的佃户，没有必要征求那个人的理解。

如果甲是好的佃户呢？＝是好的佃户也不行，委婉拒绝。

佃户能说今年交了租，无论如何都想来年也租地吗？＝通过其他人说来年也想继续租种，尽量不换佃户。

【佃户的资格】会在调查佃户家的家畜和劳动力数量后再借吗？＝调查那家的耕种能力。

那个时候佃户多少需要有自己的一点土地吧？＝有土地的比较好。

租给自己有土地的人的情况（自耕兼租佃）不需要保人，借给没有土地的人时需要保人吧？＝中人、保人一人兼任，没有这样的区别。

【中保人的责任】这种情况下，佃户会跟中间人（或保人）说交不了地租时应该代替交租吗？ =有说的时候。

那时一定会立文约吗？ =是的。

文约中会写（中）保人的责任（没交地租时应该代替支付）吗？ =（不明）。

【活粮】有要求不交死粮交活粮的情况吗？ =有。

活粮是地主有特别的关系时选择的吗？ =一定是佃户和地主关系是友人或亲戚，很亲近。

那时（活粮）地租会出种子、肥料吗？ =地主出一半种子，肥料是那时商量决定。

有地主负担一部分肥料的费用的情况吗？ =佃户出。即使是活粮，地主出肥料的情况极其少。

【地租缴纳期】规定了缴纳地租的日期吗？ =没规定，以前是九月、十月、十一月期间。

地主会出什么时候拿来的通知吗？ =不出。

地主静静等着吗？ =快到十一月时会去催促。

【缴纳方法】地主带车去取，还是佃户拿来？ =大多是佃户拿来。

地主带车来取还是佃户带过来？ =佃户带过来的比较多。

约定时会规定纳入方法吗？ =会规定好。

有约定好地主去取的吗？ =有，但是很少。

会在特殊情况下做那样的约定吗？ =根据佃户的要求来决定。在佃户人手不足的情况下，佃户说请过来取，地主就来取。

贫穷的佃户会那样做吗？ =未必是贫穷的情况。

对地主来说，是佃户拿来好还是自己去取好？ =佃户带来好。

去取的话，可以选择好的作物，虽然费事但是那样更好不是吗？ =好的佃户会拿来好的，不好的话不收。

【作为地租的粮食种类】作为地租的粮食，什么都可以吗？ =一般粟、高粱和玉米哪个都可以，价格没有大差别，大致种以上三种。

价格不一样的话，地主可以要求要价格高的吗？ =地主实际去土地，看种了高粱还是玉米。种了贵的高粱却想上交便宜的玉米的话会说两者各出一半。

作物是佃户自由种吗？ =是的，高粱、玉米、甘薯哪个都可以。

地主麦秋时能说上交麦吗？ =好土地（一年两作）会要求。

上述契约中会规定麦秋时交多少麦，大秋时交多少高粱吗？ =也有这样的，但很少。

契约成立后，麦的收成比预想好的时候，地主能要求大秋时不要交全部都上交麦吗？ =麦作为地租上交时，一斗麦计算成 2 斗高粱。

如果佃户不想上交麦的话，佃户不能拒绝吧？ =佃户不希望的话，按照一开始的契约交租。

那时地主不能强要吗？ =不能。

带粮食来时，一定会检查品质吗？ =是的。

那时，可以因为质量不好要求增加量吗？ =不能，没有好质量的作物的话，地主也不会勉强。

佃户带来时，地主会再称量一次吗？ =是的。

用地主的升斗吗？ =是的。

【收据】会给地租的收据吗？ =不给，地租很多的时候，要分好几次带去。

地租只带去一半的时候，会写只收取一半的收据吗？ =不写，记住。

长工或使者拿去，量不足的话（佃户不知道这个事实的时候）这个意思怎么通知给佃户？ =没有这样的例子，只有一点不够的话不出收据。

收取地租时，会记到地主的账簿上吗？ =是的。

今年只上交一半的时候怎么办？ =大秋没有全部上交的时候记到第二年麦秋的时候。

【押钱】约定租佃时会让交押钱（定钱）吗？ =不会，小地主的话也有这样做的。

定钱和押租钱一样吗？ =是的。

【两个中人】有立两个中人的情况吗？ =有。

那是什么情况？ =地主想没收租佃地时，佃户拜托再立一个中人。

那两个中人的一个人成为保人吗？ =不明确分开，两个人一起成为中保人。

地主会拒绝佃户推荐的中间人吗？ =有。

地主说什么拒绝？ =直接跟佃户说，即使不中意中人，佃户好的话就会借。

不认识佃户时，必须立可靠的中人才借吧？ =是的。

佃户不怎么好的时候，有下一年换佃户的吗？ =有。

借出土地时，因为事变治安不好时，交不了地租，地租滞纳时等，约定应该出典佃户的所有地，这样以后才允许租种的事有吗？ =没有。

让别人租种时，地主一定会告知面积吗？ =会通知。

那时地券面的面积还是实际面积？ =告知实际面积，和地券面的面积一样。

佃户可以随便改变垄吗？ =不可以。

没有那样做的佃户吧？ =没有。

菜园的话无妨吧？ =没关系。

不同作物地主有禁止种植的吗（比如规定不能种芝麻）？ =没有这样的事，种什么都可以。

【租佃和赋税】一切摊款都是佃户负担吗？ =根据约定决定，全部佃户负担的话，地租会稍微便宜点。

有佃户全都不交这些费用的吗？ =一般田赋和县的摊款是地主负担，乡村的摊款是佃户负担。

有县的摊款吗？ =那是亩捐。

有地主负担乡村摊款的例子吗？ =有。

你的土地有这样的例子吗？ =没有。

地主怎么负担乡村摊款？ =分种（活粮）的情况。

死粮的情况没有吗？ =没有。

活粮的话，一定是地主负担吗？ =也没有那样规定，根据地主是否负担划分三七、四六。

事变前活粮的话都是地主上交吗？＝事变前和事变后没变化。

【活粮】活粮渐渐变少了吗？＝并没有这样的事。

因为事变活粮变少了吗？＝没有这样的事。

【共同租佃】把一顷借给 5 人是收取一个人一个人的还是汇总收取？＝一个人一个人收取。

如果一个人没上交的话剩下的 4 人代替上交吗？＝有代替上交的责任但是实际没有这样的事。

契约书是怎么写的？＝契约书里没写，如果不上交的话写以后不借。

会直接去催促没上交的人吗？＝地主直接去。

没有五人的代表吗？＝去村里的话谁都可以催促，没有代表。

如果一个人没上交时，其他四人有催促那个人快点上交的责任吗？＝有。

四人有代替那个人上交的责任吗？＝即使有实际也不上交。

地主可以说代替他上交这样的话吗？＝共同耕种的话有代替上交的责任，一个一个分开耕种时地主不能请求。

共同耕种的情况，可以要求一个一个全都上交地租吗？＝抓住 5 人中的随便一个就可以请求上交全部的地租。

共同耕种还是个别耕种是契约成立当时就明确的吗？＝如果没明确的话，地主视作共同耕种。

你的一顷是以共同耕种为约定租借的吗？＝是的。

地租是分开拿去的吗？＝各自拿一点去，会写谁拿去但不写是谁的。

如果不够的话，催促谁都可以吗？不会催促那时的保人吗？＝不出什么问题就不会叫保人。

5 人分开耕种还是共同耕种，不知道吗？＝不知道，一开始好像是共同耕种，但现在分别耕种。

【转租佃】有租佃契约的佃户，可以擅自又让他人租佃吗？＝需要地主的许可。

先上交地租，不跟地主商量直接让他人种植可以吗？＝那个没关系。不知道来年怎么样。

地主违反约定退回地租的话，可以给其他耕种吗？＝那时要看交涉。佃户实际还没有种植的情况下跟中间人沟通征求了解吧。如果已经播种，一般会要求等到来年吧。

契约地租为四斗，有以五斗再借出的情况吗？＝有，很少，叫“包租”。

一开始地主知道，借出的事情有吗？＝有，那是一定是现金缴纳。

以前有过这样的事吗？＝以前做过。

那样做的话会损失吗？＝因为是预交所以会便宜，这样就吃亏。

地主出典借给佃户的土地时，必须跟佃户报告吗？＝按这里的习惯，土地买卖的出典多在秋、冬，会跟佃户报告。

佃户能说请等着的话吗？＝不能说。

定一年契约的话必须借出一年吧？＝不让佃户租种也可以，但新地主会赔偿以及播下的种子和其他费用。

【滞纳】如果没上交地租，牵走佃户的驴马也可以吗？＝跟中间人说。

不交地租时，那部分可以变成借款的形式吗？＝中间人出来的话，有出借款证明的。

一般怎么样？＝一般被没收土地后上交滞纳的地租的很少。让贫穷人签证明也不行。

如果佃户有其他土地，被认为将来有支付能力时呢？＝地主希望对方尽量做个证明，但土地被没收了的话绝对不会证明。

有派遣法警催促地租的吗？＝如果佃户比较狡猾的话，有地主向县里起诉佃户的情况。

不交地租的话，可以跟县长抱怨说不能交田赋吗？＝关于租佃有很多纷争，跟县长没有关系。

地租滞纳叠加时，可以让佃户出典所有地吗？＝跟中间人说。可以指地借钱。

滞纳时一般是起诉还是指地借钱？＝滞纳堆积的事不怎么有。

去佃户家里，可以说收成里有去年的量并带走吗？＝因为是今年的收成，不是去年的，所以应该稍微客气点。

今年的收获这样做也可以吗？＝可以。

【佃户的运动】有佃户商量约定不种哪块地的事吗？＝有是有，但很少。

以前和现在什么时候多？＝以前和现在都很少。

很多佃户商量后能去跟地主说减少地租吗？＝有。但很少。

那种时候地主会怎么让他们交租呢？＝跟佃户们商量，说明以前开始的趋势。

有派遣法警什么的去拉走那些佃户中间的中心人物的事吗？＝没有。

【地价及地租】这里最好的土地大概多少钱？＝二百七八十元左右。

这样的租佃地，地租是多少？＝老斗的6斗。

出典最好的土地的话，能借多少？＝200元左右。

指地借钱呢？＝140元或150元左右。

【秋粮账】交地租时，会把谁交了多少记到账面上吗？＝是的。

第二年让交滞纳的地租时会给看账面吗？＝不给看也可以。

佃户要求看时，不给看吗？＝必须给他看。

佃户借钱时，会来跟你商量吗？＝最近都不来申请借款。

以前来吗？＝以前，吴买了很多土地时（民国十年前后），百姓会来借钱。

事变刚过不久，不会没有佃户吧？＝没有那样的事但滞纳很多。

吴凤鑫住在北京，那里有类似会计那样的负责人吗？＝他自己在做（他儿子吴砚庄在法院工作。砚庄的号叫睿）。北京东四钱粮胡同十三号。

你是做账簿的职责吗？＝是的。

记入佃户的名和土地所在地还有亩数、地租等等吗？＝是的。

收取的粮食的数量也一一记下吗？＝是的。

那本账叫什么？＝“秋粮账”。

我们看过各地的很多“秋粮账”，但是还没有看过良乡的。虽然费事些，但能给我们看吗？ =（迷惑的表情）现在不在我这里。

那现在在哪里保管？ =在北京的吴家。

你这里的草账也可以 =没有做那样的。

但你是先生，要是没有备份记录的话，之后要记到“秋粮账”上，会很麻烦吧？ =我都记着。

那你是什么时候记入秋粮账？ =大秋时记入。

平常秋粮账放在哪里？ =吴家。

那么平常你没有工作吗？ =也不是。

有什么工作？ =有很多杂事。

例如？ =不能一一举例。

你和家人一起住吗？ =否。一个人。家人在乡下。

工资多少？ =一年 200 元。

那生活很拮据吧？ =饭是吃吴家的。

200 元以外，会给粮食吗？ =什么也没有。

1942年10月

（华北农村惯行调查资料第98辑）

租佃篇第16号　河北省良乡县吴店村

调查员　本田悦郎

翻　译　刘正惇

（在华北一般说的典或当的担保形态在良乡叫租，一般叫租的租佃关系不叫租，调查员当时没有理解区别和租佃混同而持续提问，这个分歧在本文也直接这样呈现，需要注意）

10月17日

应答者　张友三

地　点　村公所

【幼名、学名、号】你其他的名是？＝张文会，幼名是黑子，张文会是学名友三是号，做买卖时用号，文会是学校来时起的，村民都有学名但是号名不一定。但在村外工作时，例如做买卖之类在他村的情况必须要有号名，学名只让老师起，双亲起的只有幼名，号名是掌柜或者年长的人起的。

【村子的租佃形态——伙种、租地、打现租】把从他人那里借土地种植叫什么？＝伙种地。

这是什么方法？＝因为地主没有人力。

上交给地主的东西是？＝粮食，给钱的很少。

把粮食叫什么？＝租粮，不说租子。

其他的租佃方法呢？＝。

有租地吧？＝和伙种不一样，是说交给地主钱。

其他呢？＝有打现租、卖死，打现租是即使没有收获，无论是丰收歉收都先上交租钱，把土地卖给别人叫作卖死儿。

打现租和租地一样吗？＝不一样，打现租一年一年计算租钱，租地是有一定的期间约定，有三五年这样的。

打现租没有两三年这样的吗？＝不能，一定是一年的期间。

租钱是先是后？ =开始上交。

租地一般约定几年比较多？ =三年最多。

一年的租地呢？ =也不能说没有，商量的话可能也可以。

伙种和上述两种完全不一样吗？ =不一样。

【主要的租佃形态】在村里哪个多？ =伙种多，也就是分粮。

其他两种怎么样？ =租地不少但是打现租极其少。

【伙种的契约期间】伙种的约定期间哪个多？ =根据每年的成绩。

伙种的约定没有规定两三年这样的再借吗？ =根据相互家里的和平关系。

【租地的租价】租地是用物还是钱交租？ =用钱交租，有时用粮食换钱上交。

那是前是后？ =之前上交。

【租佃契约、租地契约（典）】打现租时会做文书吗？ =不写，是口头的。

租地时呢？ =一定写文书，也叫字据，卖死的时候也叫文书。

书写格式怎么样？ =

立租地字人〇〇〇因正用今将本身自置到民地一段〇〇亩今经中人说合情愿租与〇〇名下每亩作价银洋〇〇原本商议租三年（五年）为满钱到回赎如钱不到自许署主转租共租价〇〇元两家情愿各无反悔恐口无凭立此字为证

中人〇〇〇

民国年月日立租地人立〇〇〇

所谓文中的转租是？ =佃户没有缴纳地租的时候，地主可以随时将土地转租给他人的意思。

伙粮的时候要写出来吗？ =不用写出来。

【伙种的地租】分配粮食的方法是什么呢？ =五五分、六四分、七三分是大家开始约定的方式，必须选择这种方式。

在村子里哪一种多呢？ =在村中五年的居多（意思不通[1]）。在本村地主五、佃户五的方式居多。

其次是什么呢？ =根据土地的性质各异，本村按4斗的居多。

如果一亩收获10斗的时候是怎样的呢？ =（?）。

用什么样的方式来和地主交谈？ =根据土地的好坏。

上地的情况是？ =地好的时候是5斗居多。

5斗是地主应得的份额还是佃户应得的份额？ =地主。

那种情况下佃户的份额？ =佃户的份额是根据歉收，丰收的多少决定，偶尔也有获得6斗的情况。

【谷价】今年粮食的价格上涨了吗？ =好像稍微高了点。

---

〔1〕 译者注：原文如此。应为调查员对回答的质疑。

收获的时候和6月的时候果然是有差别的吗？ =收获的时候便宜，今年却变贵了。

粮食的详细价格？ = （市场良乡县、最高额）。

	（今年）	（去年）
麦子一石	100元	60元
玉米	55	26
小米	72	45
绿豆	74	38
小豆	67	34
黄谷子	46	24
白玉米	57	27
黄豆	65	30
红豆	32	32
荞麦	46	20
花生	29（100斤）	30
黍子	50	23
白薯	11（100斤）	5
高粱	40	27

【村里的农作物】今年这个村的作物有？ = （1）玉米；（2）黄谷子；（3）绿豆；（4）红豆；（5）白薯。今年的麦子、小麦、小豆、白玉米、黄豆、花生、高粱非常少。去年的要比今年多。

之前没有的最近生产了的是？ =白高粱、棉花（三四年前开始）。

之前有的，现在没有了？ =没了。

10月18日

应答者　赵显章

持有几亩田？ =15亩，下地（坏地）和好地（上地）各半，没有所谓的中等的土地。

【伙种】佃户的土地有？ =大约16亩，都是丰富的类型的土地，地主是良乡县坡内的陈铁臣，是学校的老师，持有的土地亩数不知道（好像很警戒的样子）。

是从几年前开始的呢？ =七八年间一直持续耕种。

【伙种的收据】不用做收据吗？ =不用做，做不做都可以。

如果做都做些什么呢？ =做的人很少，地主写好交给佃户，在每年缴纳粮食的时候给佃户 。

今收到
〇〇〇（某位佃户）粮食〇〇石〇〇斗
年 月 日〇〇〇（地主名）印

佃户每人对这个有要求吗？ =大多佃户都得不到。

得不到的时候，地主也会将这种意图记在自己的账面上吗？ =是的。

【介绍人】介绍人是什么？ =最初是没有的，七八年前，地主将我的土地买了，然后我就租了这个土地。

【卖掉的土地的伙种】在卖了的那个地方约定伙种吗？ =是的 。

村民一般卖了土地同时使他成为了佃户是很普遍的吗？ =是的，大体是这样的。

有一开始没卖也可以租种地主的土地这种情况吗？ =有的。

哪一种比较多呢？ =后者比较多，伙种卖掉的土地的情况比较少。

当时你的卖契中写了商定伙种的意见了吗？ =没写，一般不写。

在卖的那天约定的伙种吗？ =是的。

地主不允许伙种就不卖吗？ =当然是卖的，卖掉和伙种被谁允许是没有关系的。

买卖的中间人商定关于伙种的事情吗？ =不，卖掉的土地是通过禹（村民）使我做了那时的中间人并进行伙种。

【伙种的地租】关于粮食有什么商定呢？ =一年每亩给与 4 斗 5 升的商定。

四斗半是什么作物都可以吗？ =是的，地主说给 4. 5 斗的什么东西都可以。

伙种地的时候大概也有指定粮食的情况？ =没有。

村民缴纳什么东西比较多？ =黍、玉米、荞麦居多。

是给混合的还是一样的作物呢？ =混合的情况也有，总之是以佃户的方便。

作为佃户哪一种会盈利？ =因为现在的食物的价格都一样，所以哪一种都可以。

一般的话哪种比较多？ =混合的比较少。

你在最初的一年是怎么做得呢 =种了玉米和谷子。

16 亩全部是怎样的？ =各半。

那一年的价格一样吗？ =玉米和谷子一样。

价格是？ =七八年前玉米一石 5 元，谷子一石 4 元 70 钱，便宜得 30 钱。

为什么不多买一些谷子呢？ =自己也是这样认为的谷子只花费一点。

那么卖掉玉米买谷子缴纳怎么样呢？ =如果耕种了很多土地，收益是高，但因为我觉得有点麻烦而不这样做。

村民当中有像这样做得吗？ =有，但很少。

【土地的好坏和地租】16 亩的土地是什么情况？ =有大体相同的好地、中地、坏地。

因为是好地，地主不说一亩地多少钱吗？ =好地 5 斗、中地 4. 5 斗、坏地 4 斗。

你的情况和这个有什么不同呢？ =因为我说对于中地就缴纳四斗半，对于上地的话同样也是缴纳五斗。

全额是多少钱呢？ =最初的一年是 7 石 2 斗，玉米 4 石、谷子 3 石 2 斗。

【地租的上涨】七八年间粮食每年上涨吗？ =一样，去年也是7石2斗。

地主可以每年自由的上涨粮食的金额？ =不能。

【伙种的契约期间】你在七八年前商定了借几年呢？ =没有商定。

地主在任何时候都可以使伙种停止吗？ =可以。

不过粮食耕种几年都不会变吗？ =不变。

应答者 张友三

【三种租佃形态和佃户的经济条件间的关系】你租种了几亩地？ =19亩。

伙种吗？ =都是伙种，5年持续耕种。

地主是？ =本村的赵王氏，邻居。

没有做过打现租吗？ =没有，因为没有钱。

租地呢？ =没有土地，或者说因为没有钱。

这两种如果不是有钱人就不能做吗？ =是的，以前不交钱就不能租种。

伙种不是现金缴纳吗？ =不是。

【伙种的佃户和地主的负担】伙种的情况下，种子是谁来出呢？ =佃户。

肥料呢？ =佃户。

地主要负担的东西是什么呢？ =什么也没有，只用负担钱粮，钱粮是只有地主负担的。因为打现租、租地、土地都是地主的东西，佃户不用负担。

村中的费用是怎样的呢？ =佃户。

【村费及负担的基准】一年征收几回呢？ =一回，从三月到九月（阴历）间。

谁去收集呢？ =地亩款是编乡三月的时候开始给村民发通知条，村民去各自的编乡那交付。

谁来收集钱粮呢？ =一年两回，村民各自到县里去交。

除了地亩款其他的村费呢？ =有贴办费，乡长收集。

收集的方法是？ =乡长一户一户的去收集。

几回呢？ =不一定，去年一回，今年没有。

这个村和哪个村变成了乡呢？ =民国三十年开始，一两个村一起变成了一个乡。那在之前没有乡，是一村独立的。

去年之前是怎样的？ =村长（乡长）又收地亩款又收贴办费，以前是叫村长。是吴店村一村的村长。

没变成乡以前，村费都包括什么呢？ =一样。

在那时，地亩款、贴办费是佃户负担吗？ =佃户负担，现在和以前一样，耕种土地的人负担和地主没关系。

自己耕种所有地和租种的金额是一样的吗？ =金额是一样的。

青苗的钱？ =有的。

怎么收钱呢？ =看青伕一户一户去收，那些钱由看青伕们分，有3个人。上了年纪的人和小孩儿、有很多土地的人不能当看青伕。只能是青年。根据本村人的全体意见选人。

愿意做看青伕的人不多，数量不够。

青苗钱？ =一亩平均 20 钱。三四年前是 10 钱。

谁来负担呢？ =地主不负担，佃户负担。

其他的佃户负担吗？ =有的，从县里出草和粮食的时候，要给村长一定的钱。于是把钱给了出草和粮食的人，这个钱一般比买卖要少。普通 2 元 100 斤的木材从县里的是一元 50 钱。给一元 20 钱，出粮食的情况很少。

去年的地亩款是？ =一亩一元 12 钱，去年是 80 钱，今年是一元 10 钱。

地亩款是从什么时候开始的？ =一直从从前开始，从光绪年间开始。

青苗钱也是？ =是的，一直是从从前开始。

贴办费是从什么开始的？ =一直从从前开始。

这三种费用负担当中，伙种地、打现租、租地的金额是不同的吗？ =完全一样，都不是地主负担。

赵氏的钱粮怎么样？ =今年一亩缴纳一元 40 钱，共计一亩 2 元 30 钱（亩捐是从民国二十九年开始可以不包含进去）。

【三种租佃形态的优劣】伙种、打现租、租地哪一种盈利？ =大体相同 。

【伙种——活分粮和死分粮】伙种分粮的方法？ =不是在田里分的，不是在田里就那么没收割就分的。

不是根据收获高的来分配吗？ =有的，被称作活分粮，这个极少，一户也没有。

定额伙种被称作什么？ =死分粮。

打现租、租地的情况下没有活分粮吗？ =没有。

死活是什么意思呢？ =根据高收获金额上升下降就叫活着的，一方面因为固定了就叫作死的。

以前哪一种比较多呢？ =当然是死分粮。

作为佃户哪一种会盈利？ =死分粮。

伙种的时候怎样佃户才是自由的？ =每个地主决定 。

佃户不能要求活分粮吗？ =如果提出要求，不会不允许，但是佃户不希望。

【租地的契约期间和地租】契约书上写的租地的期间，几年的比较多呢？ =3 年、5 年、10 年，10 年的最多。

交钱还是交物？ =只交钱。

地租也在契约书上规定吗？10 年内不会变吗？ =一次把 10 年的钱交给地主，后面一点也不给。

没有写期间是一年的租地吗？ =一年的没有，至少 3 年。

【典、租、押的关系】典地是什么意思？ =地主在需要钱的情况，把土地交给对方三年或者五年，从佃户那里得到钱。佃户交的就是地价。

典地和租地是一样的吗？ =一样。

耕种典地的人被称为什么？ =承种地。

获得典地的人交的钱被称作什么？ =地价。

获得租地的人交的钱被称作什么？=租价，这个和地价是一样的。租价和地价一样。

借钱并作为代替担保的交付的土地被称为什么？=指地使钱。

指地使钱的情况下被借钱的人会耕地吗？=被借钱的人耕地。

借钱的利息是怎样的呢？=以粮抵利。

土地没有交给对方，支付的利息不能退回的情况下，土地当作是对方的东西，被称作什么呢？=将地指出。

将地指出和指地使钱有什么区别呢？=一样。

前者的话耕地的人是被借钱的人吗？=后者是作为利息支付钱，但前者不能支付利息。

后者支付利息吗？=每年交付粮食。

将地指出的利息是怎样的？=因为不能交付粮食，将土地交付给对方，取代利息可以使用土地。

指地使钱的利息是钱多还得物品多呢？=现在交付粮食的比较多。

将地指出和典地是一样的吗？=不一样。

典地的情况下土地耕种者给对方支付的金额是？=一亩50元。

那么如果卖了那块土地的话如何？=一亩120元（好地）。

打现租的好地一亩支付地主大约多少钱？=30元。

那么典地期间三五年如果支付50元大概就可以了吗？=是的。

村民是使用典地和租地哪一种比较多呢？=一样。

打现租没有三年、五年的吗？=没有，一年。

将地指出的文书是怎样的？=

立指地借钱某某人托中人某某借某某二百元并无利息以粮抵利粮利一石如粮利不到同中人将地指出

年　月　日

立字人某某印

中人某某印

代笔人某某印

指地使钱的文书是？=一样。

前面的情况从开始被对方允许耕地，这种情况下自己耕种土地，利息用每年的粮食支付，那个意思没有必要解释吗？=与前面赘述的将地指出一样，不过要在末尾加入下面的句子。

此地准其前主自使或种或转典不与使钱主相干

所谓前主是被借钱的人吗？=贷主。

将地指出的时候从开始就约定被借钱的人耕种吗？=是的。

指地使钱的时候是？ =借钱的人。

典地的语句是怎样的？ =

立典地人某因缺乏手将自己托中人去说合典与某承种同中人言明每亩地价洋〇〇元共计价洋〇〇元议典〇年为满钱到回赎如钱不到屡年常种同中人当面将洋笔下交清不缺空口无凭立字存照

立典字人〇〇印

中人〇〇印

代笔人〇〇印

年 月 日

典地的情况，让对方耕种土地的人持有很多土地吗？ =和土地的多少没有关系，需要钱的时候谁都会选择典地，耕种土地的人都比较有钱，租地的时候也一样。

【共同租佃——合伙】有两个人共同借一个地主的土地这种情况吗？ =有，合伙。

那是在什么情况下选择呢？ =因为自己的力量不能耕种，所以两个人耕种。

所谓合伙和伙种是什么怎样的呢？ =合伙和地主没有关系，是佃户们之间的事情，本村很少。

【转租】可以转租吗？ =有的，粮食给第一个佃户不给地主，不需要地主的许可，没必要商谈。

【农具、牲畜的借用】村内借农具的人多吗？ =持有的人也有，借用的人也有。

有从别人那里不稍微借一点就不能耕种的人吗？ =没有。

借马和驴马的时候需要支付借赁钱吗？ =不用交也可以。

没有共同购入后使用的牲畜？ =没有。

【搭套】搭套呢？ =有的。

没有牲畜，可以与对方搭套吗？ =那种不叫搭套，双方都必须有牲畜。

搭套的多吗？ =很少。

【打现租】在本村有多少人打现租呢？ =没有。

【伙种和打现租的地租】伙种的斗（老斗）的租粮打现租的话要多少钱 =坏地大约是24元，中地是二十五六元，好地是30元。老斗的粮食（玉米）是一斗8元。小斗是利用集市的买卖，从事变以前开始（民国十四五年的时候有的），现在村民一般使用小斗，但是地租的时候必须要变成使用老斗，老斗有很多是4升的，小斗是老斗的3/5。

10月19日

应答者 张友三

【打现租的契约期间】约定打现租的时候，会说起始日期和终止日期吗？ =三月一日到十月一日。

【契约的时期】打现租大概是什么时候商定的呢？＝从正月到二月（阴历）期间去地主的那里，在那里决定了约定的话，三月一日交钱，从那天开始变成借。

【地租的缴纳期】租钱大约在哪月交给地主呢？＝三月。

那是三月中的意思吗？＝三月中。

没有限制日期吗？＝三月中交的话比较好。

没有在二月交的情况吗？＝也可以交，也有交的人。

过了三月交的情况也有吗？＝比如租钱为100元，80元在三月中左右交，剩下的在三月末交的也有，但是全额在八月末交的话情况不是很好。

有在四月左右交的吗？＝没有。

有请求地主四月交的吗？＝那样是不可以的。

【一部分地租没交和保人代交】租钱100元中80元三月交，20元四月交，可以吗？＝这种情况必须要有保人。

三月中交的话，保人没有必要吗？＝没有必要。

三月中交的情况，也有说合人吗？＝如果是打现租的话，不需要说合人。

但是四月交一部分的情况，必须要找保人吗？＝佃户必须要找保人。

那种情况下，说合人变为保人如何呢？＝说合人和保人因为是一样的，到了四月的时候，还没有交租钱的时候，地主应该从保人那里得到租钱。

那种情况，是地主要求保人的，还是保人自发拿去的呢？＝如果保人是有钱人的话自发地代替佃户缴纳地租。

那是佃户在到几月左右不交钱的情况呢？＝到四月初左右。

那种情况，如果保人拒绝代缴的话会如何？＝成为保人，必须承担以上所有事务。

成为保人的人不能拒绝佃户的代缴吗？＝是的。

【保人的资格】成为保人必须要是什么样的人呢？＝第一要是有钱人；第二要与地主熟识；第三要与佃户熟识。

是认真的人，但不是有钱人就不能当保人吗？＝尽管认真但是不是有钱人，和地主没有信用的话不能。

地主有拒绝过佃户委托的保人吗？＝没有那种情况，和地主不熟识（关系不深）的人，佃户从一开始就不会委托他成为保人。

佃户如何寻找地主熟识的人？＝如果是本村人的话，大家都很熟。

有村民甲认识的地主不认识乙这种情况吗？＝那种情况，乙不能成为保人。

村外地主的话，保人是找村民呢还是委托村外人呢？＝让同村人当保人的比较多。

【保人的文书】保人要写那个意思的文书吗？＝不写。

不写文书保人拒绝代缴的时候会变得没办法吗？＝那种情况很少，如果有的话从开始就不委托。

地主不会不安吗？＝没有那样的担心，保人从地主那不管有什么要求都不回应，因为地主的要求只有租钱没有别的了。

【保人的中立性】有保人只考虑地主利益，与地主站在同一立场欺压佃户的情况吗？ =没有，不会委托那样的人。

【仲裁租佃纷争的老人】保人不能仲裁地主与佃户间的纷争时，会去找村里的老人和名望商谈吗？ =有的，只是那样做的话，来年佃户就不能耕种地主的土地。

那种情况，老人们会和村民们进一步商谈吗？ =不和村民们商谈。

像这样仲裁的老人是什么样的人？ =本村办公事的人。

不是办公事的人，不能成为老人和知识渊博的人吗？ =所谓办公事的人不是有限的，像那样的人也有。

决定了承担仲裁的人吗？ =是的，没有很多。五六个人，都是老人。在本村与其他的年轻的相比比较的有钱。

这样的人不能成为办公事的人？ =有年轻的时候成为办公事的人。

【伙种和保人】伙种的情况也是有这样的保人吗？ =没有。

【保人的职责】打现租的保人的工作是什么？ =没有其他的工作，只有在佃户没有交钱的情况下代替佃户交钱。

【依赖保人的原因及时期】保人是在正月到二月，从去找地主之前决定下来的吗？ =月日没有决定，但一度无法缴纳租钱的时候就寻找保人。那个情况也是如果地主允许一部分后缴纳则不需要保人。

地主不允许的情况呢？ =到三月末必须全额支付租钱则需要保人。

地主向保人要求吗？ =是的，被称为从地主方找，到了三月前必须使其交租钱的地主可以让其他的佃户耕种。过了三月，让其他的佃户耕种就来不及了。

在哪月寻找保人呢？ =三月中的话比较好。

三月中佃户如果没有找到保人要怎么办呢？ =那种情况，地主拒绝地租。

那种情况，佃户必须要在三月之前缴纳一部分吗？ =三月前要交半额以上，到了三月找保人。

没有因为找到了保人不缴纳全额的情况吗？ =没有。

若打现租在二月中没有交半额以上的租钱，就不能商定吗？ =是的，正月或二月如果可以约定好三五日以内马上缴纳。

所谓半额以上作为100元大约是多少呢？ =少的话也必须缴纳七八十元，剩下的三月必须缴纳很多。

没有缴纳全额的情况交七八十元的时候，要告诉地主设立了保人吗？ =是的。

缴纳七八十元的时候，保人要一起去吗？ =不是那样的，根据剩余的钱之后保人，因为之后根据余额保人会陪伴一起去。如果必须要有信用的话，就由那个人来承担。

缴纳了七八十元以后，在几天之内要必须找到保人呢？ =两三日之内。

缴纳七八十元的时候，也有保人陪同去的人吗？ =没有那样的。如果允许七八十元作为一部分提前缴纳，即使保人陪同去了也没用什么用。

没用找到保人的情况，那先缴纳的七八十元怎么办呢？ =全部退回给佃户。

【定钱】佃户要支付定钱吗？＝不支付。

租佃少，佃户多，定钱不会变多吗？＝打现租的情况下不会，因为一约定好收获立即缴纳。

伙众的情况呢？＝没有。

在什么情况要缴纳定钱呢？＝买卖的时候，土地买卖的时候，买方将卖价的两成、三成作为定钱给卖方。

【地租的缴纳与耕种的关联】打现租的情况，佃户什么时候开始使用土地？＝若一月或二月约定缴纳租钱就从那天开始。

按照约定后5天租钱全额缴纳，那5天之间可以使用土地吗？＝不行。

在这之间没有偶尔使用的吗？＝不可以。

【一部分地租没交和耕种的关联——保人的责任】缴纳了一部分租钱的情况下，从那天开始不可以使用土地吗？＝如果没有保人的话就不可以使用。

缴纳了一部分后，在委托保人前的两三天之间可以使用土地吗？＝不可以。

跟着保人去且没有缴纳余额的时候，会怎么样？＝那个时候不要紧。

跟着保人去的佃户耕地撒种，但三月中还没有缴纳余额的话要怎么办呢？＝到三月二十日必须缴纳余额。

但是跟着保人去了之后，到三月二十日之前耕地施肥。但是过了20天还没有缴纳余额的话怎么办呢？＝那个时候保人要负全责。

保人要负责任称作？＝缴纳余额的意思。

去给佃户缴纳，于是委托了担保人吗？＝三月二十日的时候，佃户委托担保人代缴。

担保人如果拒绝那个的话？＝绝对没有那种事情，如果做了那种事情就当不成担保人了。

地主催促余额是对担保人呢？还是对佃户呢？＝地主是去找担保人。

大概什么时候去呢？＝地主在三月初十左右去。

没有直接去催促佃户的吗？＝没有直接去的。

地主去催促担保人的话，担保人要怎么办呢？＝担保人去到佃户的地方准备剩下的钱，并小心询问。如果去的话，就马上从担保人这里给到地主。如果没有准备的话，担保人就代替佃户给地主缴纳。

如果一度的催促也没有交钱呢？＝不会再三催促，一两次。因此佃户如果不交的话，担保人来交。

没有过了三月二十日之后缴纳余额的吗？＝没有。

定在三月二十日是什么意思呢？＝因为不是耕种土地的时间。损失属于哪一方不明确，各有担忧。

土地是几月开始耕种呢？＝三月二十日左右（售后）开始。

在那之前没有耕种土地的村民吗？＝没有，因为不能提早开始。

有担保人陪同得到余额的保证，若三月二十日缴纳余额，二十日之前可以耕种土地吗？＝也是可以的，但是根据天气情况不能太早。

不耕种但是把肥料等运到租地的话？ =那个是可以的。

【耕种结束和租佃期间结束的关系】租种（打现租）的耕种是几月结束？ =九月中旬（十五日），结束的话过了九月中旬。

佃户就不能使用那个土地的意思吗？ =没有不携入肥料等东西的，如果约定了是可以的，所谓约定是来年也耕种的约定。

来年不能耕种了一年选择打现租的话？ =那是不可以的。

然而并不是根据九月十五日来限定的吧？ =并不是限定日期，根据收获，如果收获了就结束了。

没有九月或十月左右耕地播种的作物吗？ =没有。

八月呢？ =耕种小麦。

于是九月、十月不能收获，然而一年的打现租什么时候结束呢？ =一年的打现租是到九月初五，种小麦的情况必须要多一回的打现租。麦子是五月到六月，于是九月上旬收获。

一年的打现租的话，是不能什么作物都可以的吗？ =耕种什么都可以，只要交钱。

但是小麦要怎么样呢？ =耕种可以早点收获的作物。

适合一年打现租的作物是？ =黍子（七月二十日收）、玉米（七月二十日）、高粱不可以，谷子（八月十五日）、白高粱（九月初五）、红高粱（九月初五）、荞米（九月初旬）。

一年打现租的话，到九月放置树木的话会怎样呢？ =可以。

所谓的可以就是，地主过了九月十五日也不会发牢骚的意思吗？ =可以的，第二年不打现租也可以的。

到十月的话会怎么样？ =没有那样的。

一年的打现租结束的时候，会去告诉地主返还土地吗？ =第二年不打现租的时候，必须要通知地主。

通常在几月左右通知呢？ =收获的时候马上，通常是大多是在九月。

八月下旬（二十日）收获仍然也通知地主吗？ =通知。

那种情况，八月中旬通知地主，在那之后给土地施肥的话？ =如果来年不继续耕种的话就没有必要施肥。

六月左右结束收获，佃户有理由之后不耕种了的话，地主如果七月开始使用那块土地的话，会变的怎样呢？ =那是不可能的。

为什么呢？ =因为一年没有结束。

为什么一年没有结束呢？ =因为最初一年间的约定，六月收获还有别的想要耕种的作物。

八月下旬佃户的收获结束，地主九月上旬开始使用土地吗？ =佃户收获了的话，必须要告诉地主明年还是否续耕，如果说不耕种了的话，地主自己施肥也是可以的。

收获完了还有根在土地中残留吗？ =天气不好，就不能耕种土地。天气即使好的话，因为土地很干那什么也不能做。

所谓根会往地主家运吗？＝不可以往地主家运，本来就是对佃户家负责的。

然而因为收获结束了，地主会抗议说土地已经是自己的东西了吗？＝不可以，根是佃户的东西。（期间和作物的关系依然不明了）

二月到九月这8个月，但是即使还差四个月，也就是说依然是一年的打现租吗？＝即使是8个月依然是一年的打现租，因为从九月到十月什么也不能耕种。

村民在阴历十月、十一月、十二月不对土地进行全面加工吗？＝就原封不动。

在那期间如果也耕种，因为变的不坚固了第二年会方便吗，中间有耕种的吗？＝没有，不能耕种。

（注：前面的耕种的意思像播种那样理解稍微与其意思有些矛盾）

一年打现租的话，八月下旬收获结束，九月初旬地主开始使用土地怎么样呢？＝如果地主想自己耕种的话是可以耕种的。

七月下旬结束，八月地主开始耕种的话？＝可以的，明年不再续耕。

因为佃户还有一年的打现租没有结束，就抗议不可以的话，怎么办？＝土地什么也没有的话，地主可以耕种。

五月收获，六月地主耕种的话？＝可以是可以，但没有那么早就收获的佃户。

如果佃户只是六月收获，地主可以七月使用土地吗？＝仅限来年不续种的可以。

佃户来年不租种，但是有本年还打算使用的抗议怎么办呢？＝佃户应该获得地主允许。

七月好像还很早吧？＝依然应该有地主的允许。

为什么？（前面稍微所说的有意思不通的地方）＝即使六月佃户收获完了，仅限于佃户生病或有原因的地主可以耕种。

为什么？＝因为佃户一年的打现租没有结束。（稍微对这个问题有穷于回答的感觉）

【租佃契约的终结和继续】通常打现租结束了，何时通知地主？＝九月（阴历）。

九月初几左右呢？＝九月多。

地主会怎么做呢？＝马上告知地主续耕。

地主来看土地吗？＝不来。

如果通知了地主，因此和地主的关系就结束了吗？＝结束了。

没有让地主去看土地的吗？＝没有。

佃户没有通知沉默的话？＝地主去找佃户，佃户就要通知了。

即使打现租继续五六年的人，也要每年去请示地主吗？＝不论耕种收获了几年，每年都要通知地主，即使长期继续也要每年商谈。

那个时候每年租钱的金额也商谈吗？＝商谈每年的金额。

【地租】去年和今年怎么样呢？＝去年好地一亩30元，伙种是老斗5斗。中等地是30元，伙种4.5斗，坏地21—23元。今年好地50元，中等地40元，坏地的打现佃户不做，只有好地、中等地。

10 月 20 日

应答者　赵启

家里几口人？=9 人。

所有地？=十六亩。

【伙种】租地？=伙种是四十二亩。

地主是？=是从城内董某获得二十五亩，从城内高某五亩，从城内赵某十二亩。

董（寡妇）所有地？=三十余亩，高（寡妇）十亩，赵少也有四十亩或五十亩左右。赵之前在北京有一个点心店，现在在城内什么也没做。

地主从之前就认识吗？=三个人互相是熟人，董是本村人禹氏的亲戚。

和董氏的伙种有几年了？=十多年。

说合人是谁呢？=赵显章，没有规定期间。

【规定期间的伙种】在普通村民中，有开始决定两三年为期间的吗？=有，但是少，要交粮。

决定期间为两三年的伙种，是在什么情况下决定的呢？=一般情况是口头约定，制作规定契约书的是非常少的，因为耕种作物要使用肥料，规定三年为期间的很少。

使用肥料是和哪种情况不一样呢？=使用肥料那么土地会变好，地主看到土地变好，因为也有不与借的人伙种的情况发生就规定了期间。我没有规定了期间伙种的情况，本村现在没有，但是我觉得之前有过。

期间是？=三五年居多。

【伙种的契约期间】通常伙种的话不根据期间来商谈的吗？=没有特别的手续，在商谈中决定。

明年也是否继续耕种也要在开始时商谈吗？=不商谈关于来年是否耕种，只商谈今年做的事情。

与董氏讲好了十年，怎样确定第二年是否要伙种呢？=每年交粮的时候，如果双方什么都不说的话第二年继续是可以的，但是不做的时候要去找佃户说不做了。

【伙种的地租】地主如果想要上涨地租，可以上涨吗？=上涨的情况也有，然而佃户不用交剩余的钱（馀计）的话，我就会说放弃。

董氏有几次涨价？=没有涨价过，10 年前开始金额是一样的 11 石 5 斗（25 亩）。

作为租粮一亩多少钱呢？=以 25 亩决定多少钱。

村里哪种伙种的情况多呢？=以普通一亩多少钱来决定。

25 亩的地质呢？=都是中等地，没有好地也没有坏地，一块土地。

【伙种的说合人】委托赵显章，当说合人的是哪一方呢？=双方。

通常不委托佃户吗？=佃户来寻找说合人，我的话也是这样。

从双方的话是？=从地主这边去找佃户的情况也有，那个时候地主找说合人时，佃户也被找到了。

村里哪种居多？=哪种都有，一半一半。

现在人多地少吗？=是的，佃户去找说合人寻找地主的情况变多了。

直接只有和地主会面商谈吗？=例如看到租地是空着的，佃户会委托说合人说，因为他想耕种那块地，说合人如果决定去地主那里商谈的话，佃户没有必要直接去了。

通常佃户和地主会会见吗？=现在那种比较多了，地主不会直接会面，和说合人商谈。

有说合人和没有说合人有什么区别呢？=直接，那么面子的关系商议不会顺利进行，例如即使认为这个佃户不可以，那也不能直接与佃户说。

伙种的时候几乎全是找说合人吗？=是的。

不推选说合人的是什么情况呢？=地主很熟知佃户的情况下不需要，和佃户不认识的情况下就听说合人的。

那个时候，地主和说合人不得不认识吗？=不能不和地主熟识。

地主的说合人和佃户的说合人。二人之间不会商谈吗？=不会，单独的。

佃户的说合人不直接和地主，而是和使用人商谈吗？=地主是有钱人，有管事的人在的时候先和这个人说。

【地主的管事的】管事的通常是主人的佃户吗？=那种很少。

管事的通常都做什么呢=？管理主人的土地，交粮的时候到农村去，平常在地主家里呆着，不做其他的工作。

有管事的人的地主是谁？=城内的地主，城外没有，有管事的也有没有管事的。

大地主会在有自己土地的村里请管事的吗？=没有。

没有管事的，但是会特别委托有村民来照顾土地吗？=没有。

【地租的缴纳和说合人】交粮的时候要带说合人一起去吗？=是佃户带着去还是地主去取，是开始商定时决定的，说合人不去。

为什么呢？=佃户没有车的情况下一般是地主来取，有的情况下就送过去。

【租佃纠纷和说合人】说合人如何对待双方的争论？=说合人来仲裁，佃户少交粮的时候，听说有旱灾和水灾的理由就与地主商谈。

【给说合人的谢礼】佃户委托说合人的时候，选择什么谢礼呢？=没有礼品。

然而不认为说合人为佃户做了许多的努力吗？=通常是没有礼品的，城内有款待说合人的，因为佃户和说合人关系很好不用礼品。

节日等的时候，也不会拿着物品去吗？=有，但是很少，10个人中大概只有一人。

从原来就是这样吗？=是的，没有。

对买卖、典地的说合人如何呢？=这种情况不能只有礼品，和伙种不一样，必须要有花费。

花费的金额的标准是？=死契和活契有区别的，典地是活契卖地是死契，活契的话没有花费，死契的话是成三破二的出费用，所谓成三破二是100元，接下来买的人是出3元，卖的人是出2元。200元的时候买6元，卖4元合计10元。

根据买卖双方共计的金额怎么样呢？ =100 元作为标准，决定为 3 元、2 元。

【说合人和本村人】伙种的说合人是本村人的多吗？ =是的。

有委托外村人当说合人的情况吗？ =地主不认识本村人，认识外村人的时候会委托。

请亲属和姻戚成为说合人的情况多吗？ =那样的很少，委托同村人的居多。

为什么？ =因为亲属和姻戚同村的少，其他村的多一些。

如果那样反而租种其他村的土地方便一些，如果委托成为说合人的话好一些吧？ =因为在不同的地方住所以去不了，果然要和近处的村民商谈。

地主会因为佃户的亲人和姻戚当说合人，担心他们不讲信用而不愿意吗？ =没有那种情况，不论是谁当说合人地租不是按照协商的价格拿去的，那么就不会接受。

【说合人责任的限度】可以说，说合人只和最初的商定有关系，对于之后的事情就不仲裁了吗？ =那是不可以的，直到最后都必须要仲裁。

【地租的滞纳和说合人】地主是先去催促说合人吗？ =直接去催促佃户的居多，到最后还没缴纳的情况会去。

租粮截止到什么时候缴纳呢？ =九月到十月缴纳，稍微晚一点也可以，也有到十一月缴纳的情况。到十二月也可以。但是因为太晚也不好，不能超过今年，收获了的贫穷的人把那些都吃完了。之后用劳动赚的钱买粮食缴纳的居多，如果过了年地主就不接受了，大体那个时候与说合人交涉，佃户对没有钱而为难的时候，第二年缴纳的情况也有但是少。

地主通常大约几月的时候说缴纳呢？ =九月或十月，因为那个时候收获。

佃户贫穷过了年也不能缴纳的情况下，地主会对说合人说让他缴纳吗？ =说合人不缴纳。

到第二年还没有缴纳的时候？ =地主就将佃户的商定终止。

滞纳的地租，地主要怎么办呢？ =很多人就不收地租了。

写借用证吗？ =不用写，就说耕种人生计艰难，不用交了。

这种事情大概没有吧？ =秦、见、吴说是不需要，但是始终催促。

大地主的时候也用短工来返还吗？ =没有说。

10 月 23 日

应答者　王玉泉

【地租的滞纳】有滞纳租粮的情况吗？ =有的，去年是这样的。

地主怎么办呢？ =来年麦秋的时候会送小麦。

滞纳金呢？ =3 石 7 斗。

会缴纳什么粮食呢？ =谷子一石 8 斗，玉米一石 9 斗。

到什么时候变成要缴纳了呢？ =到去年的九月十一日，地主是这样说的。

连普通日期也是地主决定吗？ =不决定。

伙种商定的开始时不决定缴纳交付期吗？ =不决定，但是收获一结束就马上缴纳。

滞纳金带利息吗？ =不带。

【滞纳地租的换价】3石7斗是小麦的话，要缴纳多少呢？ =按3石7斗的租粮的价格，是与之相当的缴纳的小麦。

缴纳3石7斗的小麦怎么样呢？ =没有不能做的事情，但是如果缴纳3石7斗的小麦的话，佃户就亏损了，小麦的价格比较高。

3石7斗相当缴纳了多少钱呢？那么买粮食来缴纳呢？ =怎样都可以，钱也可以。

3石7斗的价格是以什么粮食作为标准算出来的呢？ =老棒子（玉米）。

不能用谷子价格吗？ =不能。

哪一个大约更贵呢？ =棒子（玉米）贵。

哪一个大约更贵呢？ =现在，小斗的一斗谷子是1元10钱，玉米是2元。

一般滞纳金的换算标准是玉米吗？不能是其他的东西吗？ =是的。

用谷子换算的话地主不接受吗？ =也有那种情况，这种根据地主会有所不同。

一般哪一种比较多呢？ =一般以玉米作为标准。

以玉米作为标准是地主那边要求的吗？ =是地主说的。

【地租的滞纳】滞纳了一年、第二年还是不能缴纳的情况，要如何处理呢？ =完全不缴纳是不可以的，必须要缴纳一点。

你去年的3石7斗是缴纳了一些吗？ =是的。

去年缴纳了多少呢？ =去年是全额15石，在那其中只能缴纳12石3斗。

3石7斗是什么粮食都可以吗，你的情况呢？ =地主说要谷子和玉米，指定其数额。

最初约定的时候，15石是要缴纳什么粮食呢？ =最初没有决定，因为我只种谷子和玉米，所以缴纳谷子和玉米就可以。

【用其他粮食缴纳地租】伙种地全部种高粱，地租用谷子来缴纳可以吗？ =地主不允许缴纳高粱，如果高粱的价格高的话，也有接受的。

一般没有用高粱缴纳粮食的吗？ =地主不要。

一般伙种让耕种什么作物呢？ =玉米和谷子。

佃户不种高粱，会种其他的粮食吗？ =那种情况也有。

哪一种比较多呢？ =谷子和棒子。

伙种地上种棒子和高粱的时候，交粮是怎么样的呢？ =收获了的话，马上问地主。地主说缴纳高粱和玉米，可以的话就那样做。但是如果说不可以的话，就必须要卖掉高粱买玉米缴纳。

为什么是每年佃户收获的时候缴纳？是去问地主吗？ =是的，每年都去。

有每年不问地主就交粮的情况吗？ =有的，如果缴纳玉米和谷子的情况不去商谈也可以。

地主有特别的说过要缴纳白薯吗？ =有。

那个时候，没有白薯缴纳棒子和谷子也可以吗？ =可以，如果说给白薯的话，就必须要缴纳一些白薯，剩下的缴纳棒子和谷子也可以。

【伙种当中的作物指定】伙种商谈的时候，地主有指定作物吗？ =这并不是地主单方面指定的，取佃户的意见决定来年耕种什么，根据情况不顺从地主的意见也可以，但是尽可能满足地主要求必须耕种。

伙种开始的时候，佃户会去问要种什么作物吗？ = 不去。

【滞纳——缺粮】不能缴纳作物的情况被称为什么呢？ = 称为缺粮。

村民中不缺粮的人少吗？ = 今年少。

两三年都缺粮就写文书吗？ = 哪一年缺粮地主都不会让耕种。

停止伙种以后缺粮要怎么办呢？ = 如果缺粮少的话，也会有地主说不需要的情况，一般缺粮是必须要缴纳的，不过不用写文书，也不需要担保人。

缺粮的时候也必须要缴纳一些，但是那大概要是多少呢？ = 即使少也必须要缴纳一半以上。

【地租的收据】交粮的时候，地主会给收据吗？ = 不给，但是地主会写在自己的账面上。

【作为借钱利息的交粮和指地借钱】借钱后的利息有用粮食缴纳的吗？ = 有。

那称作什么呢？ = （没有回答）

利息用钱来缴纳和用粮食缴纳，哪一个多呢？ = 用钱缴纳的情况比较多。

支付利息和把土地交付给对方让他耕种，哪一种更多呢？ = 哪种都有，借钱后无法支付利息在交付土地的时候会写文书。

写什么文书呢？ = （没有回答）

利息用粮食缴纳的情况写文书吗？ = 不写。

借钱 200 元利息是多少呢？ = 一个月 3 分利。

3 分利用粮食交付的时候怎么办呢？ = 粮食卖了交钱。

本金 100 元的时候，交粮的利息是多少钱呢？ = 根据时价。

根据时价是什么呢？ = 按照借钱 100 元利息是一个月 3 元，一年 36 元。如果支付相当于 36 元的粮食合适。

【交粮的次数】利息的交粮一年几次呢？ = 两次，大秋和麦秋。

利息的粮食选择一年一次可以吗？ = 可以。

一般哪种多呢？ = 两次的多。

【一年两次的地租——伙种】伙种的交粮是一年一次吗？ =9 个月一次。

伙种有交两次粮食的吗？ = 有。

那是什么时候呢？ = 六月种小麦的时候，一斗小麦相当于两斗的租粮（玉米、谷子）。

六月小麦作为第二次交粮是什么时候？ = 商定麦秋的时候多种，大秋的时候少种。

耕种六月小麦的伙种多吗？ = 少。

缺粮的时候缴纳六月的小麦吗？是从开始就这样决定的吗？ = 缺粮的时候时这样，不缺粮的时候因为地主不希望有小麦所以比较少。

不缺粮的话有从开始两次交粮，用六月小麦交粮的情况吗？ = 没有。

两次交粮在不缺粮的时候也有吗？ = 仅限不缺粮的时候交粮两次。

【作为借钱利息的交粮】有一年一次的利息的交粮吗？ = 有，但是一回的少。

【指地借钱】作为借钱的利息把土地给了对方称作什么呢？=指地借钱，称为借钱的比较多。

【村里的地主】村里的地主有多少人呢？=四家，裴、郭、赵、禹。

应答者 禹铎

让你进行伙种吗？=没有，持有30亩的土地。

【伙种的契约书】伙种这个村的地主的土地的时候，文书呢？=不写。

【说合人】说合人怎么样呢？=村外人借土地的时候需要中间人，但是地主和佃户都是本村人的时候直接商谈。

没有设立说合人的情况吗？=如果是本村人的情况下，也有不太熟识的，那就必须设立中间人。

中间人和说合人有什么不同吗？=一样的，伙种的情况下都是一样的。

买卖的时候呢？=一样。

【伙种的契约期间】是本村人的情况下，伙种是几年呢？=3年、4年、5年。

根据交粮的数额每年都商谈吗？=一次决定了后面就不变了。

伙种是最初会决定续耕几年吗？=不决定，每年商谈。如果不能交粮的话就要被终止。

【死粮和活粮】是本村人的情况下，死粮和活粮哪一种多呢？=死粮。

是县城的地主的话呢？=一样。

原先不是活粮多一些吗？=活粮多一些一直是原先的说法，因为变成了民国有差款，那个钱就必须要地主来负担了。收获农作物分为一半一半（活粮）就有损失，因为怕尽管很少地主得不到一半以上就变成死粮了。

【死粮、活粮导致公课负担的差异】差款的负担情况怎么样呢？=活粮的话，差款负担各半。死粮和地主没关系，只有佃户负担。

所谓差款是怎么样的呢？=从县公署给下命令分摊款项，称为临时警款、大车征收、食粮微发。

当时的活粮是怎么分粮的呢？=收获的时候在家以粒来分配。

分配方法的比例是？=平分，收获多的时候平分。

当时的摊款（差钱）是根据拥有土地数量分摊的吗？是的。如果约定的话，是一半一半分摊，但是如果不约定的话，是地主全都负担。

比如当时自己拥有（自耕）10亩，伙种地10亩，自己拥有的地一亩一元的时候是如何呢？=伙种的时候和地主一半一半，负担5元。

10亩的死粮的时候呢？=佃户全额负担，10元。

现在，死粮和活粮的负担有什么不同吗？=死粮的时候是佃户负担全部，活粮负担一半，和前面一样。

现在的差款是（活粮和死粮的负担不同的地方）？=（没有回答）

根据钱粮是怎么样的呢？=和佃户没关系，从原来开始就是这样。

像这样的活粮、死粮负担的方法，不同的是什么时候呢？=从民国开始，光绪年间开始。

负担的比例相同之前，是哪一种居多呢？=现在是死粮多，1/10是活粮，因为以前对活粮的期望是没有要必须负担的差款。

如果没有要必须负担的差款，为什么期望活粮呢？=和死粮相比活粮更有收益。

怎样有收益呢？=麦秋的时候，把差款当作一半。但是因为到了大秋的时候，就变少佃户收获的租粮就会减半。

大秋和麦秋的差款不一样吗？=大秋的多。

大秋的差款多的话为什么佃户会收益呢？=死粮和麦秋的时候地主不种小麦，到了大秋以后地主会耕种，活粮不论是在麦秋的时候也不得不分一定的粮，现在也是这样。

死粮的交粮是在大秋吗？=是的。

活粮是双方吗？=是的。

如果大秋的时候差款有很多，为什么死粮还会收益呢？=民国初年的时候没有战争。

收获前后负担的摊款有不同吗？=（?）

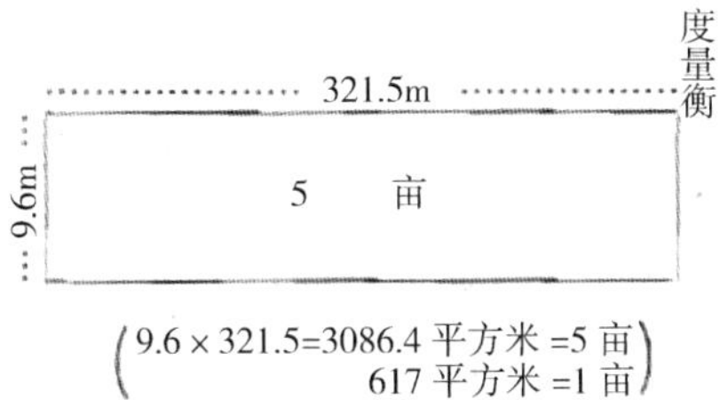

1工（足测2步）=1.65M=5尺（中国尺）

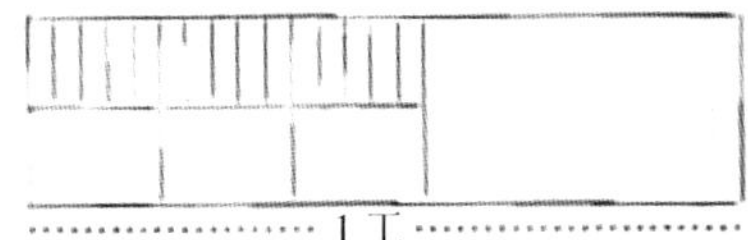

1工=1.6M=5.25尺（日本）

旧1斤=16两

新1斤=14.5两

新1斤=510瓦=135文目（日本）

（老斗）1斗=8升2合5勺（日本）

玉米1升（日本）=1千克120瓦

老斗重量=980瓦

10月24日

应答者　禹国恩

有几户佃户呢？=佃户是没有的，和其他人一起伙种，60亩。

自己的土地呢？=24亩。

【短工】24亩自己一人耕种吗？＝是的。

一个人的话，劳动力会不足吗？＝忙的时候会雇人，播种的时候不需要。但是收获的时候要雇用三四个人。

短工一个人多少钱？＝不一定，根据忙不忙，忙的时候2元，今年是支付80钱。

短工是本村人吗？＝我雇用的大体都是本村人。

那些本村人耕种土地吗？＝耕种土地，但是也是只耕种两三亩地。

那些短工有农具吗？＝收获的时候没拿农具来的人居多。

耕种土地的时候怎么样呢？＝短工不拿来。

农具怎么办呢？＝从这里借。

有农具的短工不这样，那工资如何呢？＝工资没有区别，一样。

本村的短工被外村的雇用的多吗？＝大约相同。

【把式】把式和非把式的人有什么不同吗？＝（没有回答）

有把式的时候，耕畜和农具不能不拿来吗？＝不拿牲口和农具来的情况称为做活。

把式是短工的主人之间做的吗？＝和短工直接说话。

能够做把式的短工必须要带农具和牲口吗？＝并没有限制，如果主人有的话也可以。

被雇用做把式的人称为什么？＝那个人被称为把式。

把式的话，他带着牲口和农具一起来的多吗？＝徒手当把式的居多。

把式的工资是日付吗？＝月付和年付，今年大约月付30元，年付50元。

价格在拿着牲口和农具来的情况和没拿的有不同吗？＝不同，没有带着牲口和农具来的把式，带着牲口来的是日付的。

日付工资、带来牲口的人也被称为把式吗？＝是的。

日付工资的把式是多少钱呢？＝一亩一元。

自己没有牲口的把式，把受雇用的家中的牲口一起作为别人家的把式，这种情况有吗？＝没有。

两个人的家雇用一个把式的这种情况有吗？＝有的，今天是甲家的，明天被乙家雇用。

那支付工资的方法是？＝一天一天。

一亩支付多少钱那是什么情况呢？＝长把式被告知雇主让他耕种某个土地，把式的工资是委托耕种家中的雇主来支付。

把式的话是和雇主之间进行的吗？＝

工资不是长把式，是那个雇主支付吗？＝直接由雇主支付。

按亩支付的把式，最久的大概雇了多少天呢？＝根据土地的多少。

把式一天要让耕种多少呢？＝一天十亩。

那种情况，午饭和牲口的饲料都是由雇主负担吗？＝雇主家提供早饭和午饭，饲料是雇主负担。

把式有称为短把式的吗？＝有的，长把式是按年支付；短把式是月付。

按亩支付的也被称为把式吗？＝是的。

长把式不叫作长工吗？ =也可以叫作长工，但是大家都叫长把式，短工不叫作短把式。

【把式和长短工】除了把式也有长短工吗？ =有的。

把式和长短工有不同吗？ =不同。

长工和长把式有什么不同的呢？ =长把式的话休息也没有关系，但是长工一年中有几天休息的话，只有那些天也必须要在第二年多干活。

短工有什么不同吗？ =工作是有区别的，短工不用很好的使用车和牲口，但是短把式要会使用。

短工如果开始雇用的时候，就可以很好的使用的话，中途是不是可以变成把式呢？ =变得很好的话，雇主是可以把他变成短把式的。

短把式和短工有什么不同呢？ =把式是一天 1 元 20 钱，短工是大约 1 元，有 20 钱的差距。

如果作为把式，不能使用牲口和大车的，就不会被雇用吗？ =不会雇用。

本村的把式和长工哪一个多呢？ =本村的话是长工的比较多。

为什么呢？ =能够使用大车和牲口的人少。

伙种的租粮有把式来支付的吗？ =没有。

牲口是把式和长短工哪一个比较多呢？ =有牲口的是把式多一些。

农具怎么样呢？ =村民几乎都有，但当然还是把式有的多一点。

本村有牲口和农具的人很少，那土地要怎么耕种呢？ =有雇用长短工的情况，也有雇用把式的情况。

被雇用的人没有牲口和农具的时候，怎么办呢？ =借农具。

不雇用长短工和把式，如果自己借了自己耕种如何呢？ =不借给农具的情况也有。

雇用了长短工也没有借农具的话怎么办呢？ =（没有回答）

因为雇用把式就会花钱，所以自己借牲口和农具来耕种怎么样呢？ =没有饲养牲口的能力，雇用把式就会拿来牲口和农具这样更好。

在本村农具和把式的租借是多少钱呢？ =当然是一亩多少钱，每亩一元。

那不是把式吗？ =果然是以亩来计算。

雇用大农具是什么情况呢？ =农具不要钱，那种雇用是需要钱的借。

没有农具和牲口的人雇用把式的多吗？ =还是长短工多一些。

那么长短工拿来牲口和农具的人不少吗？ =拿着小道具来，不拿牲口来。

没有钱的人是长短工，有的是把式吗？ =是的，但是也有有钱人雇用长短工。

土地买卖篇

1942年11月

（华北农村惯行调查资料第97辑）

土地买卖篇第12号　河北省良乡县吴店村

调查员　杉浦贯一

翻　译　钟汉秋

（本篇大体根据个别调查完成）

11月3日

应答者　禹镇（称为善芝）

地　点　于一甲一户禹钦（男8，女8）宅

（一甲一户禹镇，一甲二户禹国深，一甲三户禹国海）

家里有几口人？=2名男性，2名女性。

禹钦呢？=死了，禹善芝变为户主，禹钦相当于善芝的哥哥。善芝53岁，哥哥62岁，是去年12月去世的。

【分家】什么时候分家呢？=民国十七年。

谁和谁分家呢？=那个时候大哥死了，兄弟三人三家来分。

兄弟的名字是？=武成、禹钦、禹镇。

武成的孩子呢？=男孩一人，名字是国深（31岁）。

禹钦的孩子呢？=国海。

这些人都在同一个门牌院子里面居住吗？=是的。

（注：禹镇、禹国深、禹国海3家共有16个人）

会做分家清单吗？=是的。

可以给我看一下吗？=可以。

【关于分家单】禹国恩是谁呢？=是本族的人，相当于自己的侄子。

贺起亮呢？=是表侄。

赵楷呢？=是那个时候的村正。

表侄是？=舅舅的孙子（表兄的孩子）。

这一家16人中辈分最高的称为什么呢？=男人中因为自己是最大的，所以自己是户主。

你的父亲是谁？＝甸恒。

父亲的兄弟有几人呢？＝大哥是甸春，二哥是甸川，三弟是甸恒。

【在此之前的分家】这三个人分家了吗？＝是的，十六年前分的。

那个时候土地每人分几亩呢？＝3个人一共28亩，大哥8亩，二哥13亩，三弟10亩这样分的。

在那之后三弟又买了大约百亩的地吧？＝是的。

大哥的子孙在村子里吗？＝那个孩子自己一个人在村子的南边。

名字是？＝禹徐。

甸川的儿子呢？＝有一个儿子禹祬。

甸恒买了大约百亩的土地，是做买卖赚钱呢？还是从事农业存钱呢？＝在北京做买卖赚钱。

是什么买卖呢？＝点心铺。

那个店到现在还在经营吗？＝这个店不是自己经营是经理在经营，这个店现在还在北京。

你的一家（同门牌）之中，去北京的人只有你一个人吗？＝是自己一个人，其他的都是老百姓。

你从分家以后还有做过土地买卖吗？＝没有。

国深呢？＝没有。

禹钦呢？＝没有。

【外出务工者的土地出租】你去了北京，谁来耕地呢？＝自己一点也不能耕种，让其他人来耕种。

谁呢？＝本家的禹桐10亩，郭儒12亩，王荣（后店）14亩。

大家一共36亩吗？＝王荣耕种的土地是通向道路的所以勘定为14亩。

国深是自己全都耕种了吗？＝自己是20亩，其他的让佃户来做。

应答者　禹国海

【卖地】你是怎么样的呢？＝12亩，剩下的全部卖掉。

几次呢？＝3次。

第一次是什么时候给谁呢？＝大约民国二十七年卖给了县城内的叫秦的人。22亩900元的价格。

是先典后卖吗？＝不是，直接卖的。

那个时候为什么要卖呢？＝那个时候有借款。

那个借款的原因是？＝为了父亲死后的葬礼。

是在城里呢还是在本村呢？＝因为变成了事变就有借款。

为什么呢？＝这个是事变的时候，家不能安居四处逃窜花费旅费。

第二次呢？＝12亩半，那个也是父亲在的时候水灾的时候因为歉收，想要少卖一点，因为一点都不给我买，卖了12亩。

卖给谁呢？=皇辛庄的耿，以一亩40元。

先典后卖吗？=不是，直接卖的。

第二次是一次卖的吗？=卖给两个人，一人是6亩，一人是6亩半，皇辛庄的人是6亩半。

6亩的是谁呢？=禹宽（本家）。

【卖地契】（给看了一张老的土地执照就提出了像下面这个一样的东西）

立卖字的人孙振声因乏用亲将本身受分民地一段计地二十四亩座落在吴店村北河沟南北垄东至闫姓西至杨姓南至道北至御路四至分明亲托中人说合情愿卖与吴店村

禹信三名下永远为业自卖之后如有本族人等争论或者有欠租指地借钱情事俱有去业主一面承管不与新业主相干兹同中人当面言明每亩价大洋十元共合大洋二百四十元整其银元眼同中人笔下交足不欠此系两家情愿各无反悔恐口无凭合立此约为证随带红契一张

贾五十

中保人裴顺十

中华民国四年阴历九月初六日

立卖字人孙振声亲笔（押字）

（注：道光年间的地契末尾（孙世才名义）从卖主那里领取价格120元租粮？两六钱）

孙世才从其他人那买人不领取白契吗？=那个时候是不同的年份所以不知道，但是有地契末尾的话就有证据没有白契也是可以的。

【中人、中保人、介绍人】中保人是什么呢？=中保人是保证人，将来如果发生问题的话就会变成证人。

两人一起是中人和保人吗，还是一个人是中人，一个人是中保人，这种有区别吗？=两个人一起是中保人。

分家的时候呢？=说合人和中保人，但是两者都是一样的，为什么呢？因为有许多事情会有纠纷那个时候说合人就出来说和解决，写分家单的时候因为是自己承担责任就写中保人。

介绍人呢？=分家没有介绍人，卖土地或者卖什么的时候因为不知道谁卖谁买，在那之间设立一个调停的人就是介绍人。

那之外有保证人这个名称吗？=意思和中保人是一样的。

在这附近大家都写中保人吗？=中人和中保人都一样，这个村子有写中人或者介绍人的。

中保人就一个人不可以吗？=一个人也可以，但是只是卖田亩的时候，两个人谈妥土地的买卖的时要签两个人的名字。

也有5人、10人的这种情况吗？＝有的。

那种情况被称为什么呢？＝那个事件是在有特别纷争的情况需要那个位置有人，任用多少人的中保人在别的事件（比如分家）土地买卖的时候，都没有那么多。

应答者　郭仲魁（一甲四户，24岁，甲长）

家里有几口人？＝8人。男性3人，女性5人。

兄弟呢？＝二人，仲魁、仲元。

父亲呢？＝一人，儒。

祖父呢？＝二人，永祥（自己的祖父）、永富。

父亲呢？＝健在，现在53岁。

祖父呢？＝在我出生的那一年去世了。

永富的孩子呢？＝永富还健在，没有男性孩子，有女孩，嫁去了皇辛庄，永富还在这里生活。

【不写分家单的分家】永祥和永富分家了吗？＝是的。

分家单还在你的家中存留着吗？＝祖父20岁的时候，分开后没有写分家单。

为什么没有写呢？＝那个时候曾祖父还健在，这个是你的，这个是弟弟的像这样的分给土地，让他们各自的生活这样说道，没有特别的写分家单。

那个时候土地是大约分几亩，始终不知道吗？＝永祥8亩，永富12亩。

从那个时候开始到今天，8亩的土地没有增减吗？＝一样的。

永富的呢？＝全都已经卖掉了。

卖给谁了呢？＝张振玉7亩，裴振明5亩，都是本村人。

是什么时候的事情呢？＝20多年前。

现在8人8亩不够那要怎么生活呢？＝租地。

从谁那里租呢？＝禹镇12亩，赵老太太8亩。

地租呢？＝分粮，一亩对应4斗半。

不到外面去工作吗？＝一般没有，如果有28亩的话，一家人就可以生活下去。

【卖地契】我想要看一下8亩的地券？＝可以的。

应答者　杨文德（一甲八户，54岁）

（应答得非常困难）

家里有几口人？＝二人，自己和女儿。

兄弟呢？＝没有，从以前就是我一个人。

父亲的兄弟呢？＝老大庸、老二景、老三名字不明、老四启（这个就是我的父亲）

父亲是什么时候去世的呢？＝在我6岁的时候去世的。

其他的兄弟都去世了吗？＝是的。

他们的孩子们都在本村吗？＝庸有两个孩子，但是都去世了，灭门了。

景的呢？＝小的时候过继给了他人。

良乡县清查地亩筹办处查验讫

立杜绝卖地字约人奉恩镇国公毓现因财政
难将上赏旗一段计地五亩〇分坐落良乡县
吴店村 东至宋姓西 至道今从中人说合情愿
南至道 北
卖与郭儒一永远为业每亩二元四角共合银
十二元之正其银笔下交足并无欠少自卖之
后任凭该业主遵例税契升科自后倘有亲族
人等干涉自有去业主一面承管此系两家情
愿各无判悔空口无凭立字约为证
立字约人 岐 公印
中保人 张宝亭 十
中华民国四年九月二十六日立

财政部执照

财政部为
发给执照事今据京兆区域清查官产处会同财
政分厅详报良乡县人郭儒住吴店自行投报承
垦坐落吴店地方 地 顷 五亩 分
整情愿升科纳粮暂行每亩纳粮银四分俟清丈
后再行分别等则按则纳粮经本处厅查核数目
尚属相符除由该县登记承垦册薄第五册 页
第四〇七九号并将该地四至丈尺分款开列外
应请先行发给部照以资执业等情据此合行发
给执照须至执照者
计开
四至 东至宋 西至道
南至赵 北至道
应纳科额每银一两附
征银元大洋二元三角
耗银在内
银于民国四年入册启征合并遵照
右给承垦人 郭儒 准此
中华民国四年十二月一日

（注：因镇国公毓是旗人，没有老契，所以在购买其土地时，不属于随带老资的情况）

老三的孩子呢？ =有 3 人，在本村。大哥去世以后两个人都成了佃户。

两个人的名字呢？ =傻子和文贵 2 人。

父亲是什么时候分的家呢？ =因为是在我什么都不知道的时候分的，所以不知道，因此也不知道有没有分家单。

父亲给你留下了几亩土地呢？ =10 亩。

【卖地】买卖过土地吗？ =是的，只剩下了两亩。

卖了几次呢？ =两次。

第一次是什么时候卖给了谁？ =20 年前，5 亩以每亩 24 元的价格卖给了禹国深。

卖的原因是什么？ =作物的收成不是很好，因此要是持续几年，这种情况生活会变得很苦。

是先典后卖吗？ =不是，一次卖了得到了全部的钱。

不是指地借钱吗？ =忘记了。

第二次呢？ =卖给了李秀珍。

［注：妹妹的女儿（12岁）回答是李秀珍，本人对此回答“对、对”］

大约几年前呢？ =前年。

几亩呢？ =两亩，一亩140元.

是先典后卖吗？ =不是，直接卖掉了。

现在耕种着几亩地呢？ =13亩半（全部是28亩半）。

【租佃】11亩半是谁的土地呢？ =禹国深5亩，从自己卖的时候开始耕种。

分粮呢？ =一亩5斗。

剩下的呢？ =郭贤给了有四五亩，7年前。

其他的呢？ =其他的从后店的郭贤那有15亩。

只有27亩吗？ =我自己的也在耕种，铁道路过的土地有三部分（自己的也有）。因为有村里的什么施工公费，据说每亩都要交，因此勘定的面积是28亩，可实际数字却不够。

（回答说老太太健在，听谁说的嫁去长辛店的大姉正在收获，所以去帮忙）

【亲戚的帮助】因为现在来帮忙棒子（玉米）不能耕种3升或者5升吗？ =要吃饭，但是除了那以外也做不了。

大约几日就来帮忙呢？ =到今天十数日，后数日收获就结束了。

姐姐家也收获不忙吗？ =没有在耕种。

那在做什么呢？ =姐姐的孩子在铁路当苦力，丈夫去世了。

【以女儿名义的卖契】可以让我看一下两亩半的文书吗？ =

（注：文书是民国十五年的）

为什么是变成了5亩呢？ =卖给李秀珍2亩（这个是妹妹的女儿，12岁）。剩下的有3亩，但是为了火车道被占用了，实际只有2亩7分。

卖给李秀珍的时候写文书了吗？ =是的。

钱是谁给的呢？ =因为秀珍的母亲说，想要给自己的女儿买土地，所以就给女儿买了土地。母亲拿着文书（自己的女儿）。

女儿的母亲现在在何处呢？ =在村里。

她的丈夫是谁？ =李文仲。

因此要去李文仲那里，才能让我看到这个文书吗？ =因为文仲在城内的武恒升茶店工作，文书在文仲的手里拿着，现在那个文书能不能看到也不知道。

［注：在旁边的秀珍（12岁）说的，回答说父亲拿着文书去城里了，不能给看了］

应答者　禹国典（一甲十户，29岁，和二甲第一户的禹国祥在同一个院子里）

兄弟呢？ =国祥和国典。

父亲的兄弟有几人呢？ =禹俊、禹宽（自己的父亲）。

禹俊的孩子在本村吗？ =3 人，国富、国荣、国恩。

【分家和土地】禹俊和禹宽分家了吗？ =是的。

大约是什么时候呢？ =大约 30 年前。

你和哥哥是什么时候分的家呢？ =今年三月。

那个时候土地是如何分的呢？ =兄弟大约 4 亩，父亲禹宽的养老地 10 亩。

父亲现在多少岁了？ =63 岁。

父亲在分家的时候，大约给了多少亩知道吗？ =有 14 亩给了父亲 7 亩。

父亲在那之后应该买了土地吧？ =是的，11 亩中 6 亩是从禹国海那里买的，5 亩是从祖父的养老地中得到的。

什么时候从禹国海那里买的呢？ =民国二十七年。

一亩多少钱呢？ =48 元。

你有在租种吗？ =没有。

【父母同居和养老地耕种】

耕种的有几亩地呢？ =14 亩，在那之中，有 10 亩是耕种的父母的养老地，分家以后父母和我一起住。

没有和国祥一起住吗？ =是的。

为什么和弟弟一起住呢？ =分家的时候自己不想分家，因为说出分家的话的人是哥哥。

有出典的土地吗？ =拜托国海借了 100 元钱。因为对方不安心，又给了对方 8 亩地契，那是养老地的地契。

（注：在家中有碾子，那个是兄弟分家时也共用的。院子宽敞，一副颇有戒备的样子，据说村中还有碾子 11 个）

应答者　禹国恩（二甲三户）

家里有几口人？ =9 人，男性 4 人，女性 5 人，哥哥全家搬到了县城。

兄弟有几人呢？ =3 人。国宽（死亡）、国荣和国恩。

父亲是禹俊吗？ =是的。

什么时候去世的呢？ =民国十五年。

【同族和分家】禹俊和禹宽是大约多少年前分的家呢？ =大约民国五六年的时候。

分家单呢？ =不知道叔父那里有没有，但是我自己没有看过。

你的父亲给你剩下了多少亩土地呢？ =12 亩。

你的兄弟分家了吗？ =是的，因为国宽去世了，国荣在城里做买卖不需要土地，所以把全部土地给了我。

写分家单了吗？ =写了，但是经过事变丢了。

国宽的孩子是谁？ =甫。

在本村吗？ =在城里的店打工。

分家是什么时候？ =民国八年，父亲还健在的时候。

父亲和你一起住吗？ =和长兄国宽一起住，作为养老地 12 亩全部持有。父亲和哥哥在同一年去世的土地就都给了我。

为什么甫把土地都给了你呢？＝哥哥去世的时候甫是11岁，我领养了他也就一起得到了土地，后来甫长大了就到店里打工。

民国八年分家当时土地是怎么样分的呢？＝因为我的父亲说“家里一年比一年贫困，不能选择一起住全部都分了，自己凭借自己的力量生活这样不是更好吗?”可以做买卖的就做买卖，可以打工的就打工，各人通过能力生活吧，土地全部都成为了父亲的养老地。

在一个院子里面住吗？＝是的。

分房子了吗？＝没有，那个时候没有分房子一起住的，国荣在分家后就搬到城里做生意自己生活。

国恩是怎么做的呢？＝耕种父亲的12亩地，那个期间有闲暇的话就去做短工。

国宽是怎么生活的呢？＝直到去世都在南园（永定门附近）的茶店打工（作为经理）。

于是父亲说和国宽一起住吗？＝哥哥一个人去南园，还没有在本村安家。

【养老地耕种的条件】你耕种你父亲的土地粮食是以哪种方式给父亲呢？＝收获的6分给父母，自己是4分。

种子和肥料谁出呢？＝自己出。

田赋呢杂派呢？＝如果是别人的话当然是地主缴纳，但是因为是父母的所以自己缴纳。

【租佃】现在你的租地有几亩呢？＝赵仲衡（城内的中心小学的校长是本村人）那里租种了30亩。

什么时候开始呢？＝民国二十七年。

地租呢？＝一亩付4斗，年付13石。还有其他的赵春（在城内但是以前是本村人）那里的十亩，这个是从民国二十年的时候开始，地租是每亩5斗。

其他的呢？＝冯国瑞（城内的的）那里租种20亩，这个不是一次民国二十二年5亩，民国二十五年8亩，剩下的7亩大约是民国二十一年的时候。

地租呢？＝每亩4斗。

剩下的呢？＝20亩，12亩是养老地，8亩是买的。

【买地】什么时候从谁那里买的呢？＝民国二十七年，从郭永昆那里以一亩55元买的。

先典后卖吗？＝一次买的，不是指地借钱来借给钱。

【承典、指地借钱】有出典、承典地吗？＝承典8亩、7亩的文书借了800元。

8亩的是什么时候从谁那的呢？＝民国二十七年，谢德贵（后店）的一亩50元。

7亩的文书是给谁了呢？＝从刘信那里300元，关子寿那里500元，这些是今年要返还的。收获物作为利息支付，还有本金支付取回累计的利息呢？＝每100元5石的粮食。

没有写文书呢？＝写文书还给其他的文书（地券）。

指地借钱吗？＝可以这样说，平常是这样说。

为什么800元的钱是必须的呢？＝因为买驴马和骡马。

【借钱的中人】除此之外呢？＝民国二十八年赵启（本村人）借约50元（利息每

月 2 分），民国三十年禹桐（相当于叔父）将 3 亩地指地借款，从刘顺那里借的而自己是中人，那个文书是从亲友那拿来自己来保管。刘顺在城内做生意（利息是每 100 元 1 石）。

应答者　裴振明（二甲四户）

（院子里收获了，玉米非常多，黄白都是）

家里有几口人？=13 人。男性 8 人，女性 5 人。

兄弟是？=振明、振宽。没有分家。

父亲的兄弟是？=忠、顺（自己的父亲）。

忠的孩子在本村吗？=是的，振生、振玉。

分家了吗？=分家了，但是在同一个院子里住着。

【分家与土地关系】忠和顺是什么时候分的家？=（听母亲说之后）民国五年左右。

分家单呢？=有的，但是现在找不到。

那个时候土地是分了大约几亩呢？=父亲是 58 亩。但是活契 20 亩，死契 38 亩。

父亲是什么时候去世的呢？=民国十九年。

那个时候土地怎么办呢？=变少了。

为什么呢？=因为活契都归还了，只有一点死契卖掉了。那个时候剩下 32 亩的土地给我，那些全部都是死契。

现在呢？=32 亩，没有进行过买卖。

【租地】没有租佃的土地吗？=90 亩，如果去除自己的土地则全是伙种地。

谁的土地呢？=从良乡的吴家有 35 亩，其次良乡的冯家有 15 亩，良乡的禹家 8 亩。

地租呢？=4 斗半（老斗），吴家是 5 斗（老斗）。

承典地呢？=没有。

出典地呢？=没有。

指地借钱呢？=没有。

【借钱】借贷钱呢？=今年三月从亲戚那借了 200 元，借的利息是 2 分，九月归还。

亲戚在什么地方呢？=在城里之前出嫁的姐姐。

应答者　杨集平（二甲三户，61 岁）

家里有几口人？=6 人，男性 2 名，女性 4 名。

兄弟有几人？=一人。

父亲呢？=亮自己？

什么时候娶得妻子？=妻子杨孙氏（60 岁）17 岁的时候。

那个时候土地大约有几亩呢？=一亩也没有，房子都是向别人借的。

现在呢？=一样。

房子是从谁那借的呢？=禹国恩。

什么时候开始呢？=去年的 9 月 3 日。

【移居者】在那之前是借的谁的房子呢？=在那之前是在辛庄村。

在辛庄村大约租佃了几亩地呢？=6亩。

最多的租佃大概是几亩呢？=也是6亩。

在辛庄村几年呢？=6年。

在那之前呢？=在固村，那是老家。

为什么从老家移居到辛庄村呢？=在老家没有家也没有地，被辛庄村的人邀请就移居了。

移住到本村呢？=辛庄的土地不好，每年收获的不好，给地主交粮食也很困难，因为吴店村的土地比较的好，可以获得粮食。

【与地主、家主的关系】现在租佃几亩地呢？=7亩，地租是一亩4斗5升。

地主是？=禹国恩，禹国恩是自己女儿的丈夫，觉得自己家没有土地很可悲就借给我土地。

家是多少钱呢？=没有房租（白住）。

国恩的话会去帮忙吗？=非常忙的时候儿子会去做短工。

得到的钱呢？=有时只有很少的工作，不能做一天的工作的时候帮忙就得不到钱。但是短工的话会得到钱（60钱乃至70钱）。

和平常是一样的价格吗？=一样的，根据工作会不同。

你们家一年大概有几天做短工呢？=儿子是半年间除了有雨和其他不能出去的情况每天都去做短工，我是年老了有咳嗽。但是并不是完全不能工作，但是别人的短工是不能做的。

应答者　郭永昆（三甲八户，73岁）

家里几口人？=2人，自己和妻子。

结婚时你多大年纪？=33岁。

兄弟有几人呢？=我自己一个。

父亲是什么时候去世的？=光绪三十一年，我27岁的时候。

父亲的兄弟有几人？=长子郭良，父亲是郭栋。

父亲们兄弟分家了吗？=是的。

什么时候呢？=我7岁的时候。

父亲去世的时候给你剩下了几亩土地？=4亩土地和5间房子，现在也是一样的。

父亲在分家的时候得到了几亩土地？=不知道。

分家单呢？=没有写，在村子的北侧有，我的父亲搬到了这里，哥哥留在以前的房子。

父亲去世的那个时候租佃了几亩地呢？=没有租地，家里没人。

儿子不能做吗？=一个在41岁的时候去世了，次子在4岁的时候去世了。

长子娶亲了吗？=娶亲了但是去世了，女儿一个人生活，但是现在嫁人了。

最多的时候是四个人可以耕种4亩吗？=儿子是洋货铺的学徒，每月给送二两或者三两银子。

儿子是什么时候去世的？ =民国十二年。

儿媳妇呢？ =3 个月后。

孙子出嫁是什么时候的事情呢？ =民国二十六年，孙子是因为父母去世和母亲的娘家人也很少，接待了母亲的母亲，嫁去了那里。结婚的对象也是母亲的娘家给定的。

嫁人的费用是谁出呢？ =母亲的娘家，自己一点也没出。

郭良的子孙住在本村吗？ =现在断绝了。

郭良持有的土地怎么办呢？ =郭良的儿子郭永和有女儿嫁入了本村，郭永和生病的时候女儿回去看护，从去世后土地由女儿耕种。

女儿的结婚对象是本村谁的家的呢？ =叫张志浩的人，但是现在在门头沟利丰煤矿做帐场，现在我的旁边有那个人的儿子张福林。

（注：张福林是保甲和郭永昆是同居关系）

你上了年纪，那谁来耕种土地呢？ =雇人耕种，因为不足 4 亩亲戚朋友会给帮助的。

【地契——财政部执照】

照执部政财

财　政　部　为

发给执照事今据京兆全区旗产官产清理处报

告良乡县人郭永崑住吴店遵照京兆处理章程

缴价留置坐落　地方旗产　地　六亩〇

分〇厘除章由处掣发留置证书填给收执暨登

记该县留置旗产地亩簿第　册第　页外合行

给发执照须至执照者

计开

四至　东至　西至

南至　北至

面积东西　丈尺　南北　丈

尺共地产六亩〇分〇厘

照章每亩缴价银二元共计价银二十元带收照

册经费一元三角八分应纳升料额一分五厘限

于民国十六年入册启征合并遵照

右给留置人　郭永崑　准此

中华民国十五年十二月二十三日

应答者　郭桐（三甲二户，32 岁）

家里有几口人？ =4 人，母亲、自己、妻子和孩子。

兄弟有几人呢？ =大哥树、二哥权、三弟桐。

什么时候分的家呢？ =在我 24 岁的时候。

【分家单】写了分家单了吗？ =写了。

（注：提交请求的时候轻松地承诺了）

留置证书

京兆全区旗产官产清理处　区
发给证书事今据良乡县知事专员呈报该县第
吴店村　佃户郭永崑留置会计(不明)名下坐落
该县第　区吴店村租耕地〇顷六亩〇分〇厘
照章每亩应缴证书费五分合收洋〇元三角〇
分又每亩应缴地价　元合收洋十二元〇角〇
分以上二项共收洋一十二元三角〇分并照章
升料由该县发给　字第一三九六七号部照并
注册外概不另行之契投税合部发给留置证书
以资证明
右给留置人　郭永崑　准此
中华民国十七年四月四日

（注：以前的白契是交给财政部的，那个替换的是被执照下附的）

立分家单字人郭树郭权郭桐奉母命今将祖遗产两大股均分长子郭树因继承长门遗产外债应分一大股郭权郭桐二人产债应分一大股慈母尚在壮年养老之产应由两大股均摊地产十二亩外余园地二十九亩郭树应分十四亩郭权应七亩郭桐应分八亩慈母归郭桐奉养带养老地终年亦由郭桐相机而办并无郭树郭权干涉新坟地自许郭权郭桐之子孙永远葬埋宅院亦分两股郭树应分前院东西长十六工一尺以西后院为归郭权郭桐应分前院北边七尺伙道为公用伙道内树木归郭树受分后院两半约分北半归郭桐南半归郭权以然分清其他产村北道沟地四亩村南煤土坑地七亩归慈母养老洼地十七亩郭树应分八亩郭桐分九亩（内有养老地一亩）上地郭权应分七亩郭树应分六亩以上地产分清以至后辈并无争论房产现有六间北房三间归郭桐受分南房三间郭树收分如郭树前院盖房之时当面言明郭桐摊拿大洋二十元郭权摊拿大洋五元此南房三间为郭权受用现在郭权无房可住如秋后盖房一间郭树应

郭桐应邦款一半院里有小南棚一间外有翰树五棵为郭权盖房之用所有家倨当面均分各归各屋以上分清各无争论此系三人同意各执一张

禹宽十

中正保人郭宽忠

权（押字）
郭树（押字）
桐（押字）

中华民国二十三年二月初四日立

代笔人张友三（押字）

土地全部得到了几亩呢？=8 亩。

父亲的兄弟呢？=哥哥是永平，弟弟是永裕（父）。

父亲分家了吗？ =没有分家，永平没有孩子，永平的分给了郭树。

你在分家之后没有进行过土地买卖吗？ =没有。

现在耕种了几亩土地呢？ =19 亩。

从谁那里租种的呢？ =耕种的是我母亲的养老地。

母亲和你一起生活吗？ =母亲一个人生活，因为母亲是伙分因此这样生活。

什么时候开始耕种母亲的养老地呢？ =分家以后。

谁决定的呢？是母亲决定的呢？还是兄弟决定的呢？ =分家的时候母亲和兄弟商谈决定的。

【卖契和老契】

财政部执照

民国政府财政部 为

给照执业事今据河北省官产总处呈报良乡县

人刘万树承买坐落吴店地方官有私产上等旱

地除山该县登记并将四至丈尺亩间数 一应缴

价值分款开列外合行给发执照须至执照者

计开

四至 东至 西至 南至 北至 面积东西 丈尺南北 丈

共○○顷三亩○分○间 每亩价银四元

共计价银十二元带收照册经费六角合并遵照

右给承买人 刘万树 准此

中华民国十九年十一月二十二日

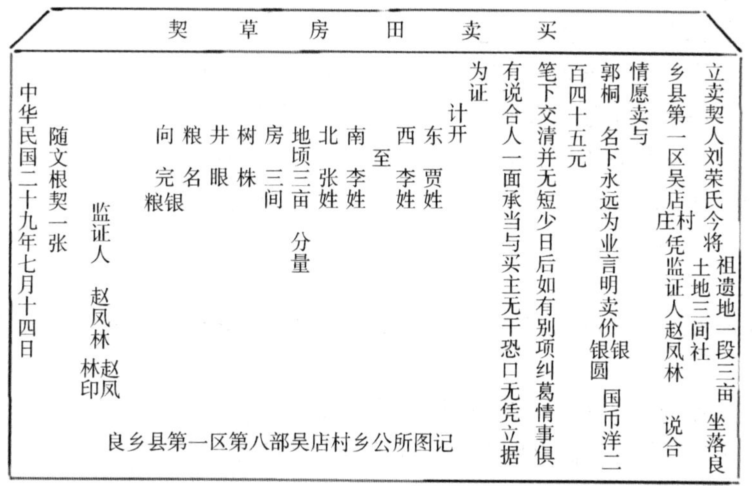

买卖田房草契

立卖契人刘荣氏今将 祖遗地一段三亩 土地三间社 坐落良

乡县第一区吴店村庄 凭监证人赵凤林 说合

情愿卖与

郭桐 名下永远为业言明卖价银圆 国币洋二

百四十五元

笔下交清并无短少日后如有别项纠葛情事俱

有说合人一面承当与买主无干恐口无凭立据

为证

计开

四至 东 贾姓 西 李姓 南 李姓 北 张姓

地 顷三亩 分量

房 三间

树 株

井 眼

粮 名

向 完粮银

监证人 赵凤林 赵凤林印

随文根契一张

中华民国二十九年七月十四日

良乡县第一区第八部吴店村乡公所图记

土地买卖的时候给卖主老契吗？=是的。

如果交给的话买主会不允许吗？=作为证据的话必须要求交付老契。

应答者　杨文贵（54岁）

家里有几口人？=5人，男性3名，女性2名。

兄弟呢？=大哥杨大，二哥杨二，三弟文贵。

哥哥在做什么呢？=分家了，但是杨大去世了，杨二还在。

杨二在本村吗？=和杨珍（杨大的儿子）一起住。

什么时候分的家呢？=20多年前。

【分家单】写了分家单吗？=写了（请求交出时旁边的太太就说没有，但是陪同的人说明，文贵就直接承诺给看。分家单因为淋了雨有点破了）。

立分单字人杨二同嫂王氏因不能同居度日情愿庄房地请中人分居杨文权受分地后院七亩东小屋一间树五柱水缸一个两家情愿各无反悔恐口无凭立字为据

杨二同嫂

王氏

杨忠十

中华民国九年十一月二十四日立字人

郭永富十

裴子风十

代笔人裴振声（押字）

分家的时候得到的7亩，但是现在的院子也是算在其中的吗？=不是，7亩都是耕地。

这个院子是分开的吗？=兄弟分了7亩以外的一亩土地来建造房子。

写分家单了吗？=是的，在庄房地有的就是那个。

【卖地】分家以后的土地买卖呢？=卖了2亩。

什么时候给谁？=十五六年前卖给郭大把一亩大约23元。

是先典后卖吗？=不是，汲典过（直接）一次卖的。

原因是？=因为作物不好，分家的时候有30元的负债，为了还那个钱。

那个东西没有没写在分家单上吗？=不是整笔的钱，因为3元、5元等的小钱就没有写。

谁借的钱呢？=我的父亲。

【债务的继承】分家的时候兄弟三人部分借款吗？=杨大和我承担，因为杨二没有家庭。

杨二没有结婚吗？=因为他是白痴，不能结婚。

【租地】现在耕种着几亩土地呢？=自己的5亩和伙种地12亩半。

从谁那呢？=赵权（中心小学校长）。

地租呢？=一亩4.5斗。

除了农业以外还做什么呢？ = 当左官。

一年大约有多少的收入呢？ = 工作 3 个月大约有六七十元的收入。

【典（租）契】（和其次的分家单一起交出来的文书像下面的那样中间有数处不明白的字）。

立字人杨垣因乏手今将本身老揽旗地一段计地五亩坐落吴店村北地南北垄至主西至杨姓南至田姓北至道四至分明今托中人说合情愿租与郭永成名下承种三年言明每亩洋元十四元四毛共合七十二元证言明每亩交现租制钱六百五十文共合制度钱三千二百五十文共钱笔下交足并不欠少言明三年惟满自宣统五年春种起至七年秋后为满将洋元归到回赎如若洋元不到地许郭姓屡年交

租屡年种地两家情愿各无反悔

裴子风十

中保人　宋奎十

杨忠十

代笔人　郭燕堂（押字）

宣统五年八月二十六日立字人杨垣十立

上述文书是如何形成的呢？ = 这个文书是自己的父亲在 5 亩地典地给别人的时候，写下的契约。

什么时候回赠呢？ = 在分家之后，距今 15 年前的东西。

（注：最终分家的时候被分的 7 亩中 5 亩是出典地）

应答者　徐桂林（五甲二户，61 岁）

地　点　徐桂良家

家里有几口人？ =9 人，男性 4 人，女性 5 人。

兄弟呢？ = 有 3 个人但是老二去世了（桂良、桂枝、桂林）。

父亲的兄弟有几人呢？ = 一人，凤。

祖父呢？ = 兄弟二人，田福、田禄（自己的祖父）。

父亲是大约什么时候去世呢的？ = 民国七年。

祖父分没分家不知道吗？ = 太久的事情了，因为是我还没有出生的时候的事情所以不知道。

【父亲的遗产】父亲去世的时候，给你剩下了大约多少的土地呢？ = 都已经卖了，一点土地都没有留下。

房子呢？ = 剩下了现在住的 6 间房子。

【生前的所有土地和出售】父亲在持有土地最多的时候大约有多少呢？ = 光绪十几年的时候持有一余顷的土地。

为什么卖掉了呢？ = 家族有数十人，父亲不知道节约一年一年的去卖掉了，那个时候土地很便宜一亩六七两银子，六七两银子是现在的10元还不到。

【租地】现在大约持有多少亩土地？=没有土地，但是有大约60亩的租佃。

是从谁那租的呢？=从城内的张家兄弟二人那每人30亩。

是从什么时候开始呢？=30多年前。

谁做的契约呢？=自己。

不是哥哥吗？=开始哥哥决定一切，但是之后哥哥变得年老后，开始是我自己决定一切。

地租呢？=一亩5斗。

原来呢=？哥哥决定的时候是平分，民国二十五年自己的时候开始决定一亩5斗。

没有地基的文书吗？=这个土地是庙的土地，房子是约300年前建造的。

这个房地的租地钱是怎么样缴纳的呢？=每年出一元去庙里上香做礼拜的话就好，以前是200元婚钱，光绪三十一年洋钱变成4毛，慢慢上升到6毛、8毛，现在变成了1元。

应答者　李江（李永志的儿子，五甲三户）

家里有几口人？=6口，李永志、他的妻子、儿子（李江）、儿媳妇、孙子二人。

李永志的兄弟有几人？=和哥哥永宽两个人，但是哥哥去世了。

什么时候去世的呢？=民国十八年。

永宽的孩子是谁？=李源、李河、李润。

【中止分家】永志和永宽是什么时候分的家呢？=民国十八年（永宽在分家后不久就去世了）。那是第一次父亲健在的时候，因为不合适，所以停止了分家，烧掉了分家单。

不合适是什么意思呢？=两个孩子想分家，但是父亲不想分家，为了那个把分家单烧了。

分家单是谁写的呢？=赵显章。

（向正好在场的赵显章提问）

是被谁委托的呢？=兄弟二人委托的自己。

父亲是怎么做的呢？=父亲生病了不知道，兄弟二人委托我写分家单。

那个时候分的方法是怎么选择的呢？=忘记了。

烧掉分家单二人是和你说了吗？还是随意烧掉了呢？=分家单写后没多久父亲的病就好了，兄弟如果说了这件事情的话父亲会非常的生气，会有那样的事情，把这个分家单烧掉。

那是什么时候的话呢=？不太清楚，但是可能距离民国十八年不远吧，如果说为什么，因为父亲没过多久就去世了。

确定分得五亩四分吗？=两个人一共取得5亩半的地是确定的。

地皮也分了吗？=每人一亩分掉了。

永志的父亲是谁呢？=李芳（不是本人回答，是赵显章回答的）。

李芳的兄弟有几人呢？=兄弟4人，李芳是最小的弟弟（赵的回答）。

【分家单】李芳他们也分家了呢？ =是的。

立分单字人李永宽李永志因家中不合情愿将房地分青各手门户李永宽分庄地一亩自西房前为其又分西房三间又分大缸一口房中家具不动又分南地五亩半李永志分壮户地前院自西房前言为其情分南北房四间各分各业同中并无争论如有争论自有中人担负此系双方情愿各无反悔空口无凭立分单为据

外有李永志南地二亩　　　　李九成十

中正人　　李永玉十

贾永贵

民国十八年旧历七月十七日立分单字人　李永宽十

李永志十

代笔人赵显章（押字）

【与中正人的干预】中正人李九成是谁？ =永宽他们的亲戚保户庄的人。

李永成呢？ =在本村的同族。

贾永贵呢？ =永宽他们的姐姐的丈夫（在良乡）。

中正人是叫来的吗？ =是的。

写分家单的时候实际已经看过这个了吧？ =是的。

也要花押的吧？ =是的，亲笔花押。

第一次分家的时候也是叫的同一个中正人吗？ =是的。

父亲因为生病知道中正人们吗？ =父亲的病非常的严重，病人可能不希望来探病吧，兄弟分家也无所谓的。

提出这个话的人是谁呢？ =兄弟二人商谈，和亲戚们商谈。

【分配房子的方法】分家前房子也分了吗？ =那个时候除了这个房子以外的以前的两间房子，那个不怎么住了又建了两间新的。

新房子是用谁的费用建造的呢？ =永志的。

生病的父亲呢？ =在永宽现在住的地方。

永宽呢？ =现在永志的住所。

永志呢？ =在以前的老房子。

分家的时候呢？ =父母去世了，永宽是父亲住的三间，永志是剩下的两间（12 间 4 间）。

第一次呢？ =和第二次一样，因为父亲预计到会死亡。

（对赵显章）

父亲对你说了什么话呢？ =叫我们的代笔人和中正人来，因为我们不想分家，你们把写的分家单烧掉，在我眼前烧掉。

应答者　王书田（五甲四户，24 岁）

家里有几口人？ =5 人，男性 2 名，女性 3 名。

兄弟有几人呢？ =书田、书森。

父亲的兄弟呢？ =海、河、江。

海的孩子呢？ =死去了。

江的孩子呢？ =死去了。

父亲们分家了吗？ =没分家。

祖父呢？ =一个。

父亲是什么时候去世的呢？ =今年是第7年了。

那个时候给你剩下了几亩土地呢？ =土地10亩（包括两亩的地皮），房子3间。

现在呢？ =当然一样了，没有买卖。

【押地】可以给看土地的文书吗？ =因为土地押地了，没有文书，以30元交了10亩土地的红契。

给谁呢？ =李文仲。

什么时候？ =去年的10月。

利息呢？ =一年100元交一石的粮食。

租佃呢？ =7亩（皇辛庄耿家的）。

什么时候开始？ =前年。

应答者　禹国泰（五甲八户，66岁）

家里有几口人？ =12人，男性7人，女性5人。

兄弟有几人？ =自己一人。

父亲的兄弟有几人呢？ =父亲一人，名字忘记了。很久以前就去世了，在我什么都还不知道的时候。

母亲呢？ =10多年前。

因为父亲去世了，所以母亲要承受家中所有的东西吗？ =是的。

是谁在耕地呢？ =雇的人在耕地。

母亲的兄弟看见了不帮忙吗？ =谁的帮助也不借，母亲亲手来做。

母亲是在你几岁的时候去世的呢？ =（没有回答，孩子帮助说的）56岁的时候。

母亲健在的时候土地有增减吗？ =一共30亩，没有进行过买卖。现在也和原来一样三十亩。

母亲那时候租种了吗，没有拿出去租种的土地吗？ =没有。

没有过入典、承典吗？ =全都没有。

如果有老的文书的话，不能给看一下吗，特别是民国以前的东西更好？ =长子拿着这个东西。因为去挖护城河了所以不能让看了。

（注：这不算是借口，我认为这边的普通的农民特别是持有二三十亩的人并不愿意给看文书）

应答者　郭永恒（五甲七户，59 岁）

家里有几口人？ =7 人。男性 4 人，女性 3 人。

是谁呢？ = 自己、两个侄子、一个嫂子、一个侄媳妇、一个孙子、一个孙女。

兄弟有几人呢？ = 大哥万恒、二哥永丰、三弟是自己、四弟是元恒。除了自己以外的三个人都去世了。

兄弟的孩子们没在本村吗？ = 长子有两个孩子但是搬到长辛店去了，永丰的两个孩子和我一起住，因为元恒去世得早，绝户了。

【分居】兄弟分家了吗？ = 是的，在很早以前分的家。

什么时候分的家呢？ = 自己的家不应该叫作地亩，与种地相比，家人里去当苦力的更多一些。家里只有七亩的土地，但是那个土地都出典了。现在没有分的东西，可能自己死后再分家。

很早以前分的家是？ = 因为还没有完全分，所以不能叫作分家，但是因为哥哥家 20 多年前就搬到了长辛店去了，那个意思就是回答了我分家了。

长兄的孩子在长辛店做什么呢？ = 一个人在电报局，一个人在涂料店工作。

是给月薪呢，还是日薪呢？ = 月薪。

月薪有多少呢？ = 长子每月 41 元，次子是一天 1 元 80 钱，满一个月再支付。

长兄的妻子也去了长辛店吗？ = 是的，他们一家都去了长辛店。

【兄弟的相互扶助】从他们那有给你送钱吗？ = 每个月给拿来，这里需要钱的时候就去长辛店拿。

向对方辅助粮食吗？ = 如果那里要是没有吃的了就这样做，但是对方要是有吃的东西的话就没有必要这样做。

一年给多少粮食呢？ = 没有特别的决定，收成不好的时候就不给。

那么可以说你是受到了他们的照顾了？ = 并不是受到了特别的照顾，应该是相互帮助。

你持有几亩土地呢？ = 土地 7 亩，庄户地 2 亩（3 间）。

在耕种吗？ = 耕种 7 亩。

【出典地的耕种】没有在出典吗？ =7 亩地在出典。

什么时候？对谁呢？ = 去年的正月，良乡的禹国荣给了 400 元。

在那之前呢？ = 没有出典。

为什么出典呢？ = 为了母亲去世后的葬礼。

粮食怎么样呢？ = 一年 3 石 5 斗（老斗），一亩 5 斗的比率。

出典的时候交付土地的文书了吗？ = 是的，契和字据（典）一起交付了。

持有两亩的文书吗，有的话可以给看一下吗？ = 可以，看吧（爽快地就拿出来给看了，民国十五年的财政部执照，就是根据旗产整理的东西，像一开始答应的两亩，一亩 2 元整理的）。

父亲是谁呢？ = 郭瑞。

父亲的兄弟有几人？ = 一人。

什么时候去世的？ =42 年前。

那个时候给剩下了几亩的土地呢？ =现在的庄户地两亩。

七亩是从谁那里买的吗？ =兄弟一起从刘相儒那里买的（这个人是良乡的人，本人已经去世了）。

大约多少年前买的呢？ =20 多年前，一亩 5 两 2 分银子。

然后到去年出典之前都没有出典过吗？ =没有，去年是初次出典。

【借钱】是你借钱吗？ =因为二哥的女儿嫁去闫村，今年的 4 月借了 15 元。

利息呢？ =没有。

期限呢？ =没有。

保人呢？ =没有。

应答者　惠振（五甲六户，28 岁）

家里有几口人？ =2 人，自己和妻子。

什么时候结的婚呢？ =22 岁的时候。

兄弟有几人呢？ =自己一人。

父亲呢？ =永贵一人。

父亲什么时候去世的呢？ =在我 16 岁的时候。

父亲去世的时候给你剩下了几亩土地呢？ =17 亩半。

房子呢？ =3 间。

庄户地呢？ =8 亩。

八亩是包括在 17 亩中的吗？ =如你所说。

父亲去世的时候你一个人耕地吗？ =有叔伯大爷在帮助我耕种土地和许多的事情。

谁呢？ =惠永安（死亡）。

他的孩子呢？ =没有，家里没人了。

大爷在这个房子里住吗？ =是的，和我一起住。

父亲健在的时候呢？ =父亲去世后才和我一起住的。

大爷在这个家去世的吗？ =是的。

大爷没有太太和孩子吗？ =光棍子。

一起住了几年呢？ =大约五六年。

是在你结婚之前去世的吗？ =在我结婚之后，但是是同一年去世的。

因为父亲去世了，所以没有进行过土地买卖吗？ =没有过买卖，但是父亲还健在的时候有过出典。

祖父兄弟有几人呢？ =祖父德顺一人。

【借钱】借钱的是你吗？ =今年 3 月，从良乡的冯家借了 100 元。

利息呢？ =每月 3 分。

可以看一下地券吗？ =好的。

（注：有 3 张地券，都是民国十五年一月二十九日附的财政部执照。2 角 5 分、5 亩、10 亩的有 3 张）

11月6日

（注：今天有强风吹来，把人传唤到村公所来，完成了调查。因此，无法查看分家单、地契）

应答者　刘才（四甲九户，56岁）

家里有几口人？=8人，自己、妻子、儿子3人、儿媳妇2人、孙子1人。

兄弟有几人呢？=4人。才、德山、富、贵（死亡）。

什么时候分的家呢？=我的父母去世的时候，兄弟们各自都凭自己的能力生活。因为家里没有财产也没有土地，并不能特别的称为分家。

德山在做什么呢？=和我住在一个院子里，在耕种别人的土地。

富在做什么呢？=在良乡的屠杀场附近住，做肉的买卖。

他种地吗？=在良乡种别人的地。

大约耕种几亩呢？=不知道，对方也不知道。

你的家里没有弟弟富的房子吗？=因为还没有分家，我们的房子也有富的份，但是现在富全家都去了良乡。

房地大约有多少呢？=一亩3分。

富的家有几口人呢？=11人，夫妇、孩子2人、儿媳妇2人、女儿1人、孙子4人。

你耕种了多少亩土地呢？=10亩。

谁的？=良乡泰家的。

德山耕种了几亩呢？=12亩。

谁的土地呢？=赵权（本村）。

【未分家的分家状态】兄弟二人不一起耕种吗？=个人分开种。

像各种各的土地，这样是什么从时候开始的呢？=父母去世以后。

父母哪一位去世的早呢？=母亲先去世。

父亲是什么时候去世的呢？=10多年前。

从父亲去世后，马上各种各的吗？=去世的那年马上各种各的，刘贵马上去了长辛店，刘富去了良乡，自己和德山留在本村，刘贵今年八月（旧历）去世的。

是谁提出这样做？=谁也没有提出，因为自己在家也没有吃的就去了长辛店，然后卖烧饼。

去良乡也是像那样吗？=是的。

谁在先呢？=刘富先去的良乡。

父亲有几个兄弟呢？=二人，志祥（父亲）、大刘珍。

分家了吗？=没有让分家，大刘珍没有结婚，没有后人了。

父亲那时持有土地最多的时候，是有大约多少亩呢？=父亲的年代也没有土地，耕种别人的土地。

你家租种最多的时候，是大约有多少亩呢？ =（没有回答这个问题）。

应答者　赵祥（29岁，五甲一户，赵永和72岁的次子）

家里有几口人？ =9人。男性6人，女性3人。

永和的兄弟有几人呢？ =永和一人。

永和的父亲呢？ =这个也是一人，叫赵成。

赵成是什么时候去世的呢？ =我不知道。

现在持有几亩土地呢？ =16亩。

房子呢？ =5间。

房子的土地呢？ =3亩半（包括在16亩中）。

【买地和相关事件】买卖过土地吗？ =买过。

什么时候买的呢？ =我们的兄弟（启和祥）除了房子的土地，12亩半是新买的。

几次买的呢？ =两次。

第一次是？ =六七年前，从赵显章那以一亩75元买了6亩。

（向正好在场的提问）

那个时候，是因为什么样的事情卖的呢？ =那个时候我有借款生活很苦，如果支付不起利息，认为比起那样，把土地卖了一次性还掉借款比较好。

是向谁借的钱呢？ =良乡的董治。

选择土地的担保了吗？ =普通的借款。

不是先典后卖吧？ =是的，我现在为了母亲去世后有大约300元的借款。

第二次呢？ =两年前从后店的李彬，以一亩90元买了6亩。

直接买的还是先典后卖呢？ =一次性买的。

第一次买土地之前租种的有大约几亩呢？ =五六亩的土地。

为了能买土地要有钱，兄弟们是如何做的，因为劳动吗？ =我们兄弟的那时候耕种40多亩地，其中除了自己吃的，还能卖掉一些，为了存钱应该这样做。

现在耕种几亩地呢？ =现在耕种了58亩（42亩是租种的）。

是谁的土地呢？ =良乡的董治25亩，赵春（本村人在良乡）12亩，高成（良乡人）5亩。

应答者　禹禄（二甲八户，63岁）

家里有几口人？ =5人，男性3人，女性2人，自己、妻子、哑巴儿子、儿媳妇（去世的孩子的）、孙子一人。

兄弟有几人呢？ =2人，祺和徐。

父亲的兄弟呢？ =3人，甸春（父亲）、甸恒、甸川。

【分居和分家】你是在什么时候分的家呢？ =我们兄弟是分开住的，所以不能叫作分家。

分家的话父亲的兄弟分家了吗？ =因为在我还非常的小不懂事的时候分家的，所以不太清楚。

你的父亲是什么时候去世的呢？ =在我十几岁的时候去世的。

那个时候剩下了大约多少亩的土地呢？ =7 亩。

现在呢？ =依然是 7 亩，没有增减。

祺在什么地方住呢？ =他去世了，但是孩子和我在一个院子里住。

祺的孩子的家族有几人呢？ =栋共六人。

禹祾是谁呢？ =叔伯哥哥。

在同一个院子里住吗？ =我在南院子，他在北院子。

国栋持有几亩土地呢？ =4 亩。

祾持有几亩土地呢？ =不知道。

你和国栋的土地是分开的吗？和分家的时候不一样吗？ =如果说分家的话可以说分家，但是没有写分家单等，只是分开住了。

你在耕种几亩土地呢？ =估计只有 7 亩。

国栋呢？ =4 亩，还租种着别人的土地，但是我不知道有几亩。

应答者　杨文海（四甲五户，59 岁）

家里有几口人？ =3 人，自己和妻子和孩子。

兄弟有几人呢？ =文海、文成、文顺、文升。

文顺没在保甲簿里，那在什么地方呢？ =本村。

兄弟都在一个院子里住吗？ =是的。

【分家的方法】什么时候分的家呢？ =10 多年前分的家，那个时候父亲还健在。

土地是怎么分的呢？ =那个时候父亲说，家人变得多了，一起住不合适，自己靠自己的能力去吃饭吧，财产平分。那个时候分了 14 亩，每人得 3 亩半。

父亲留存养老地了吗？ =10 亩，全部土地共 24 亩，其余的 14 亩平分。

父亲是什么时候去世的呢？ =去年十月（旧历）。

【葬礼费用的分担和养老地的处理】父亲的葬礼是怎么做的呢？ =养老地平分，兄弟四人平均负担了葬礼的钱。

养老地有几块土地呢？ =一块。

【地契的保管】那个时候，文书是父亲保管吗？ =父亲还健在的时候，是父亲保管。但是去世后，就是我保管。

为什么自己保管呢？ =土地是平分了，但是因为地契只有一张，这个不能平分了拿着，缴纳地租的时候因为各自知道，所以拿着地契去是一样的。

为什么由你保管而不是其他兄弟来保管？ =兄弟 3 人商量的。

不是因为你是长子吗？ =因为兄弟四人中的老三和老四平时不在村里，在北京工作。自己保管的话，缴纳地租的时候也方便。除此以外，也因为自己是长子的缘故。

你是租种的别人的土地吗？ =良乡的吴家十亩伙种（一亩五斗的粮）。

文成也在租种吗？ = 同样的吴家的十亩。

文顺、文升的土地是谁来耕种呢？ = 他们在耕种，本村有剩下的家人耕种，自己有闲暇的时候就去帮忙。

文顺也在租种吗？ = 文顺和文升都没有租种。

分养老地的时候划界限了吗？ = 划了一点浅沟作为边界（用1寸锄头挖的，因为有线就以那个为边界）。

应答者　宋文海（四甲四户，61岁）

本村有几户宋姓呢？ = 只有我家一户。

是老户吗？ = 是的。

家里有几口人？ = 6人，男性3人，女性3人。自己、妻子、孩子、儿媳妇、孙子二人。

兄弟有几人呢？ = 一人。

父亲呢？ = 一人，魁。

祖父呢？ = 一人，保安。

父亲是什么时候去世的呢？ = 民国十二年，62岁的时候去世的。

那个时候给留下了几亩土地呢？ = 9亩。

房子呢？ = 4间，一亩的敷地（计10亩）。

【典租佃和租佃】其次有买卖土地吗？ = 没有买卖过土地，但是现在的9亩正在出典。

什么时候给谁呢？ = 两年前良乡的见家以250元出典，自己还在进行租种。

地租呢？ = 50元对应5斗粮食。

为什么出典土地呢？ = 收获的作物不是很好，每年被贫苦催逼，有除了自己的9亩以外的租地，但是收成也不是很好。

从谁那租的呢？ = 同样的见家的12亩。

什么时候开始的呢？ = 从民国十五年开始。

粮食呢？ = 一亩付4斗半。

有借款吗？ = 没有。

因为地租的缴纳方法不好，所以说对方让出典的吗？还是自己主动出典呢？ = 自己的想法。

地租每年不拖欠缴纳吗？ = 那个每年都缴纳，如果没有缴纳的话，就不让租种了。

应答者　杨文成（四甲五户，57岁）

家里有几口人？ = 5人，男性4人，女性1人。自己、妻子、孩子3人。

你在耕种几亩土地呢？ = 自己的2亩半和伙种的10亩（良乡的吴家）。

分家的时候分得了几亩土地呢？ = 2亩半。

你的哥哥文海是说分给了3亩半吗？ = 自己是2亩半。

【关于分家单】请回家里拿分家单来看一下？ = 好的。

（注：每天看分家单是村民间传递的吗，因为对马上从家中取来这种周到感到吃惊）

立分单字人文海文成文顺文升因父故后亲请中人说合有父养身地十一亩四人均分每人应分二亩七分五厘各立工尺宽五工八分长一百二十五工由两边起分二分第一段所有家居等项同中人面分清大坑公用大小树四人均分自今后各守各业并无反悔各存一张

赵　海十
裴振玉忠
前后　中保人　李永玉
禹荏十
杨珍十
海手印
中华民国三十年十月二十四日　立字人　文　成手印
顺手印
昇手印
代笔人张友三（押字）

和赵海是什么样的关系呢？ =老街坊。

裴振玉？ =一样，李永玉、禹荏也是一样。

杨珍呢？ =本家。

代笔人呢？ =近街坊。

这个分家单是父亲去世分的养老地的东西，但是在那之前分家的时候有分家单吗？ =以前没有写分家单。

应答者　贾生（四甲十户，83 岁）

家里有几口人？ =3 人，男性 2 人，女性 1 人。自己、妻子、儿子（白痴）。

儿子几岁呢？ =33 岁，叫振华。

【分家的事情】和长子的振兴分家了吗？ =是的，孩子 3 人和我分家了。

3 男在保甲簿上没有的是谁呢？ =振祥在 10 多年前去了北京当学徒，就那样没有回来，在北京有了家。

分家是什么时候呢？ =五六年，我家的土地不多一起生活的话很苦。因为儿子们长大了，说让他们自力更生就分了家。

【养老地的典租佃】你的养老地有几亩呢？ =7 亩，但是这个土地是“押给人家”了，我正在耕种。

给谁呢？ =本村的李文仲。

什么时候？ =去年。

多少钱？ =215 元。

长子振兴得到了几亩呢？ =6 亩，家人很多 6 亩不够种，现在长子去周口店当苦力去了。

每天从本村往返吗？ =大约四周不回来，被别人雇了去挖护城河。

振华分到了几亩呢？ =因为和我二人一起住，所以七亩的养老地和儿子也一起。

振华分的土地耕种了吗？ =分的土地没有耕种。

【不写分家单】

写了分家单了吗？ =没有写。

你在耕种几亩土地呢？ =租种其他的 7 亩半，全部 14 亩半在耕种。

谁的土地呢？ =长辛庄的禹家。

【继续租佃和更换地主】什么时候开始的呢？ =10 多年或者是大约继续了 20 年自己在耕种，但是地主多次的更换。

迄今为止变了几次呢？ =3 人。

禹家到今年是几年呢？ =七八年。

那个之前是谁呢？ =开始是皇辛庄的国家，那之后是孟家庄的刘家，那之后是现在的禹家。

刘家持有那个土地大约多少年呢？ =大约 3 年。

现在地租缴纳多少呢？ =一亩交 5 斗。

刘家的时候呢？ =一样，国家也一样。

【更换地主时的联络】变换地主的时候，那个事情和你说过吗？ =变换的时候什么也不说，因为变完了之后新的地主会和你说，就还这样的租种土地就可以。

你没有去之前的地主家里问过吗？ =新的地主会给通知。

地主本人吗？ =是的。

【分家时租佃地的分配】长子振兴没有租种别人的土地吗？ =也是租种的同样的禹家的七亩半。开始从禹家借了 15 亩，平均分为 7 亩半。

分家的时候，15 亩平均分为 7 亩半吗？ =是的，分家的时候商量决定的。

你的父亲的兄弟有几人？ =连顺（父亲），因为叔父移居到了浙江省，所以不知道名字。

是在你几岁的时候去世的呢？ =在我大约 30 岁。

那个时候给留下了多少亩的土地呢？ =一亩也没留下。

房子呢？ =3 间房子。

庄户地呢？ =大约一亩。

是从谁那买的土地呢？ =是从本家的买的，现在那个本家没有后人了。

当时的文书可以看一下吗？ =儿子振祥拿到北京去了。

为什么呢？ =自己保管不安全，儿子去种地，妻子也去种地，自己去卖烧饼、麻花。因为家里没人，放在家里不安全，所以交给了北京的儿子。

儿子在北京做什么呢？ =东四牌楼的路南的家具店里工作，是叫茂德生的号。

应答者　杨珍（四甲七户，37 岁）

家里有几口人？=9 人。男性 2 人，女性 7 人。叔父、自己、母亲、妻子、女儿 4 人、岳母一人。

兄弟有几人呢？=一人。

父亲呢？=文富（父亲）、杨二（白痴）、文贵。

分家了吗？=是的。

谁和谁呢？=兄弟三人分了家，但是杨二在我家一起住。

什么时候的事情呢？=民国二十二年前，我 15 岁的时候。

土地是怎么分的呢？=父亲五亩，杨二 6 亩，文贵 7 亩。

为什么这样分呢？=根据土地的好坏。

你现在持有几亩土地呢？=大体是 11 亩，但是一亩变成了道路。

6 亩应该是买的吗？=6 亩是杨二的分得的。

有租种吗？=5 亩，从刘家园的刘信那租种的。

什么时候开始的？=今年。

迄今为止最多的租种的时候大约几亩地呢？=这是最多的，我还在拉洋车。

父亲的时候最多持有多余的土地大约有多少亩呢？=因为自己变得懂事了，迄今只有这个土地。

应答者　贺起明（六甲一户，51 岁）

家里有几口人？=4 人，自己、孩子、儿媳妇、孙子一人。

兄弟有几人呢？=起明、起亮。弟弟住在牛家场，我是搬到这里来的。

有多少年了呢？=十七八年了。

为什么移居呢？=因为没有住处，所以搬家了。

什么时候分的家呢？=非常早的时候分的家，但是说是分家土地什么都没有。

现在持有几亩土地呢？=4 亩。

【借家】房子呢？=有三间，但是是别人的。

谁的房子呢？=贾振兴。

什么时候借的呢？=去年的四月。

房租呢？=一年 20 元。

租地呢？=10 亩（大约七八年）。

谁的土地呢？=城内的赵春（本村出身）。

4 亩的土地是什么时候到手的呢？=大约 5 年前，从本村的王定贵那买的（一亩 57 元）。

是怎么赚的钱呢？=经常做苦力等赚的钱买的。

苦力是？=短工。

【借钱——押契】有借款吗？=从牛家场的高岭春那借了 150 元，从城内的刘家借了 124 元。

可以给看一下4亩的文书吗？=从城内的人借钱的时候交付了文书。

11月7日

应答者　张文会（一甲五户，65岁）

家里有几口人？=9口，男性5人，女性4人。自己、妻子、儿子二人、儿媳妇二人、孙子三人。4人在本村住，长子在长辛店做大夫，次子在大库伦的店打工。

兄弟有几人呢？=3人。文会、文魁、文仲。

文魁、文仲在本村吗？=在同一个院子里住。

什么时候分的家呢？=民国十一年。

父亲健在吗？=是的。

父亲的兄弟呢？=世熙、世林、世荣（世林是我的父亲）。

分家了吗？=光绪初年的时候。

那个时候的分家单没有留下吗？=老分家单是光绪二十六年的，房子在战乱中被烧了，就没有了。

【房子的分法】你分家的时候，土地是怎么分的呢？=没有土地，房子是自己3间、文魁3间、文仲5间、因为文仲没有结婚就多分一点。

父亲的养老地变成谁的了呢？=没有土地。

那个时候一家一共大约租种了几亩呢？=那个时候没有种地，兄弟三人都有工作，我在城内的绸缎店工作，文仲是自己做人力车（货物搬运）的买卖。

【养老钱】父亲是谁赡养的呢？=和我一起生活的父亲有180元的钱，那个就作为养老金。

文魁、文仲什么也不为父亲做吗？=是的，是我在赡养。

【分家单】

立分单人张文会同父母言明不愿同居情愿各灶将家产按三股君分受分家倨两截柜一个春凳一个银柜一个板凳两条顶箱一个八仙桌一张饭桌一个破水缸一个小坛两个父母随代养善银元一百八十块受分欠外洋元一百元受分北房三间庄宅由北房西山墙东西长至官道南北一半倘若父母有百年知后自己量力而惟不与两位胞弟相干此系兄弟三人情愿各无反悔空口无凭立此存照

中保代笔人禹永锡十

中华民国十一年三月二十六日立分单人张文会（押字）

你现在持有几亩土地呢？=现在也没有自己的土地，租种19亩。

谁的土地呢？=赵老太太15亩，来自伯父世熙的孙子5亩。这是坟地除了一亩的坟头耕种四亩。

赵的地租是？ =一亩5斗。

【坟地租佃】伯父的是？ =根据自己想的做多少都可以，因为是自己的本家看守着坟地。

坟地的地契是谁持有呢？ =伯父的孙子起祥。

坟地的地契为什么在起祥那里呢？ =因为原来分家的时候这样分的。

房子的土地有几亩呢？ =一亩。

那个地契呢？ =文仲。

为什么文仲持有呢？ =因为税契的时候要交钱。

世熙什么时候去的城内呢？ =光绪十几年。

做什么呢？ =当时是分家之后搬到城里的，不做农活以后，从村里到城里的亲戚朋友多，比较方便。

起祥呢？ =在乡公所打工。

【分家后的转业】世荣在分家之后做什么呢？ =搬到了河南省的郑州，世荣的儿子在郑州做信号手。老夫妇二人也没有土地，生活也很困难，分得的房子卖了，去儿子那里还没一段时间就去世了。这次事变之后没有从儿子那里得到消息，所以在想是不是没有后人了呢。

起祥持有几亩土地呢？ =知道他在那以后买了土地，但是不知道是几亩。

【租佃和地主】文魁有几亩土地呢？ =没有土地，有17亩的租地。

谁的呢？ =禹国深八亩，城内的秦瑞田的9亩。

文仲持有几亩的土地呢？ =自己的土地有4亩，来自秦瑞田15亩，来自本村的赵春5亩，城内的基督教会5亩。

教会的5亩的地租是？ =5亩是教会的公地，这个土地原来是吴店村的禹祺的土地卖给了教会，教会让文仲租种。

禹祺是什么时候卖的？ =光绪年间。

应答者　郭宽（57岁）

地　点　郭仲华（三甲四户，23岁）家中

（注：我们被指引到客房，有16盆菊花、美人蕉，屋子很洁净，炕上的被褥也很干净，郭宽是仲华的父亲持有这一家的良乡和在本村男性的户口）

家里有几口人？ =10人。男性4人，女性6人。在良乡的有自己、母亲、女儿，在本村的是儿子、妻子、儿媳妇二人，孙子一人，女儿一人。

你的兄弟呢？ =自己一人。

父亲呢？ =三代单传，父亲是永成，祖父是斌。

父亲是什么时候去世的呢？ =民国十六年（79岁）。

祖父呢？ =比父亲早去世10多年（70多岁）。

父亲去世的时候剩下了多少亩土地呢？ =62亩。房子5间，后8间是我新建的。

【买地——先典后卖】在那之后买土地了吗？ =买了8亩。

什么时候从谁那买的呢？=10多年前，来自皇辛庄的龙家以一亩19元买的。

先典后卖吗？=是的。

典了在多少年呢？=4年。

承典一亩多少元呢？=一亩20元。

卖过地吗？=没有。

父亲的时代呢？=父亲的时代没有买卖，是祖父留给的东西。

【地券的保管—北京的亲戚】能看一下最老的地契吗？=地契都存放在北京的姐姐那里。

北京的姐姐嫁去了什么地方呢？=嫁去了良乡，因为这次的事变搬去了北京。

在良乡做什么呢？=种地。

【不在地主】在北京做什么呢？=夫妇同龄，现在什么也没有做，一个孩子也没有。今年30多岁得了病，儿媳妇去世了。因为孙子们还小，归根到底什么也没做，土地是让别人租种的，就这样生活着。

土地都是良乡的土地吗？=是的。

有大约多少呢？=3余顷。

你的70亩地全部都是自己耕种吗？=是的，自己耕种。

承典别人的土地了吗？=没有。

出租或租佃土地吗？=没有。

应答者　禹桐（二甲五户，35岁）

家里有几口人？=6人，男性4人，女性2人。父亲、母亲、自己、妻子、弟弟、孩子。

兄弟有几人呢？=3人，禹明、禹桐、禹忠，这家里的禹明过继给了禹殿和（伯父）。

父亲的兄弟有几人呢？=6人，殿通、殿达、殿遥、殿远、殿和、殿峰（父亲）。

【在世兄弟的分家】父亲是什么时候分家的呢？=十九年前殿与和、殿峰二人分家了，分家的时候只有和、峰两人健在，所以两个人分了家。

是怎样分的呢？=20亩地平均分为10亩，房子是父亲3间，和没有得到。

为什么和没有得到房子呢？=因为和的人少不分给房子，那替代的因为人的比例少种的土地就多，在父亲家住但是不是作为伯父的东西只是让住在那里。

那么禹明现在住在什么地方呢？=两间西房是禹明建的。

现在持有几亩土地呢？=3亩。

7亩卖给谁了？=禹国荣（同族）。

什么时候呢？=民国二十七年，7亩230元。

先典后卖吗？=不是，一次性卖的。

为什么呢？=那年有很多病人。

【卖地给同族】为什么不卖给别人呢？=因为同族的人想买就卖了，但是是根据市价卖的。

其他人不会高价买吗？＝因为本家和其他人都是相同的市价卖的，卖给别人还不如卖给本家好一些。

【押地和老契的交付】不能给看一下地契吗？＝因为出了押地没有文书，因为 10 亩土地换一块地契，这 3 亩的地契是 7 亩卖剩下的 3 亩。

【一部分卖地和老契的填写】卖 7 亩的时候，地契没被交出去吗？＝因为地契不能分为两份所以写了卖约，对方从官厅拿到了对应的 7 亩地契。

在老契写入了卖掉的 7 亩了吗？＝卖地当时办事人写入了老契。

其他的村有没有写入的吗？＝没有写的就会被官职处罚。

3 亩是押地给谁呢？＝今年 6 月，后店的李六以三亩 150 元。

应答者　赵德荣（三甲五户，48 岁）

家里有几口人？＝男性 1 人，女性 2 人。自己和妻子和女儿。

兄弟有几人呢？＝2 人，德富、德容，哥哥在房山县的交各庄住。

从什么时候开始呢？＝大约 30 年前。

哥哥多少岁了？＝好像是 65 岁。

为什么移居呢？＝本来房山的恭村是我的老家，在老家因为父亲酒后不论何时都闹脾气，兄弟都不能忍受了。哥哥先搬到了交各庄，后来我搬到了这里，我来本村有五年了。

父亲什么时候去世的呢？＝大约 20 多年前。

父亲在房山县持有几亩土地呢？＝一点也没有。

父亲做什么来生活呢？＝我们兄弟二人做短工。

父亲晚年做什么工作吗？＝父亲原来是木匠，因为兄弟二人出来打工了就没再工作了，也因为父亲年老了。

母亲呢？＝大约 22 年前去世的，母亲先去世的。

现在持有几亩土地呢？＝没有。

房子呢？＝8 分一间。

8 分是什么时候买的呢？＝是民国二十七年，从城内的王锡九以 50 元买的。

租地呢？＝来自后店的闫家 13 亩。

地租呢？＝一亩 4 斗半。

从什么时候开始？＝3 年前。

从移居到本村开始在什么地方住呢？＝从老家出来的时候，自己是光棍子，开始去后店四处的做短工。

因为买了这个村的土地来的吗？＝是的。

【宅地买契】请让看一下地契？＝好的。本来是 40 元买的。但是许多的费用合计就变成了 50 元。

卖买田房草契

立卖契人王锡九今将本身庄窠房所地一段　计地七
分五厘坐落良乡县第一区吴店村庄村庄村凭监证
人刘宝臣说合情愿卖与
赵德荣名下永远为业言明卖价银元银　四十元笔
下交清并无短少日后如有别项纠葛情事俱有
说合人一面
承当与买主无干恐口无凭立据为证
计开
东　康
西　宋
至
南　道
北　康
地〇顷〇亩七分五厘
房　间
树　株
井　眼
粮　名
向完粮银
随交根契一张　　监证人　刘宝臣（印）
立卖契人　　王锡九
中华民国二十八年十月三十日
良乡县买字第二一九号

立卖庄窠地杜绝字据人王锡九因正用将本身自置民地一块东西长十六工三尺南北宽西头一一工东头十共二尺五亲托中人说合情愿卖与

赵德荣名下永远为业同中人言明卖价银洋元四十元正为证下交足不欠两家情愿各无叛悔空口无凭立卖字为证

每年度公会香资料二毛
立字后或典或卖公会不干涉

东至康姓
计开四至西至宋姓
南至　道
北至康姓
随代老字二张
契纸一张

中正人
张友三（墨）（押字）
郭稚而（郭儒图章）
赵子端（赵楷之章）
禹䄇十

中华民国二十八年旧历二月二十七日

立字人　王锡九（押字）
代笔人　郭远山（押字）

【房屋买契】

立杜绝字据人郭永顺今有自置宅院一所内有西房三间南耳房一间南厂相三间门楼一座上下土木树相连门窗户壁俱全周为砂石土圈墙在内南至官街东至康姓西至宋姓北

执照

河北省财政厅 为

给执业事今据良乡县官产处呈报

良乡县人王锡九承卖坐落吴店村地方官有

黑地除由该县登记立将四至丈尺亩间数暨应缴

价值分款开列外合行发给执照须至执照者

计开

四至 东至康 西至宋

南至官衔 北至康 面积东西丈尺南北丈

尺

共〇〇项〇亩八分〇厘 每亩价银一元

共计价银八角 带收执照费五角 合并遵照

右给承卖人 王锡九 准此

中华民国二十五年五月二十一日

执收人卖承给联此

至康姓四至分清北边东西长五丈二尺五分门楼外东西宽一丈一尺九寸南边东西长八丈七尺五寸前边南北宽六丈后边南北宽五丈八分共合五段开清此地基座落吴店村南头路北亲托中人说合情愿卖与良邑城

王锡九名下永远为业同中人言明卖价大银洋元二百元正其洋笔下交足不欠同中言明上至清天下至黄泉如典卖折任其至主自便自立字以后如有人争论者有去主负责完全不与至主桐干空口无凭立此杜绝字据人为证

张友三（押字）
中保人 高志山十
贾林十

外有代房与字二张
中华民国二十三年旧历十月初十日

立杜绝字人郭永顺十
代笔人 张友三（押字）

立杜绝字人张世荣同兄世林子文述因正用今将祖遗受分旗地一段土房五间北边东西长五丈六尺五分外边一丈一尺九分南边东西长八丈七尺五寸前边南北宽六丈后边南北宽五丈八分共合五段注清亲托中人说合情愿将此地基土房五间卖与郭福名下永远为业上至清天下至黄泉树木相连同中议定卖价银洋一百五十元整其洋笔下交足不欠屡年共交现租制钱六百文自卖之后倘有亲族人等争论有去主二兄张世林并中人一面承管此系两家情愿各无反悔空口无凭立卖杜绝字据永远存照

计开四至东至康姓西至宋姓南至道北至康姓四至分明

赵瑞亭十
中保人 裴子峰十
杨文海十

中华民国十二年阴历十月初十日

兄世林十
立卖杜绝字人　张世荣同
子文述十
代笔中保人　李际唐（押字）

立卖庄窠地字人郭福因正用今将自置庄窠地一段土房四间北边东西长七丈五尺八寸门楼外一丈一尺九寸南边东西长八丈七尺五寸前边南北宽六丈后边南北宽五丈八尺弓尺注清土木相连东至康姓北至康姓西至宋姓南至道四至分明自己情愿卖与

胞兄振名下永远为业不许回赎当面议定卖价银洋一百一十五元正其银洋笔下收清不欠每年共交现租京制钱六百文自立约后此庄窠地许置主自便不与卖主相干与此庄巢地如有纠葛卖主与理论与买主无涉此系两家情愿各无反悔空口无凭立卖字据永远存照

随带老家据一张

中华民国十五年阴历六月二十七日

立卖庄窠地字人　郭　福　十
中保代笔人　郭永裕（押字）

应答者　张顺（五甲九户，54岁）

家里有几口人？=7人。男性4人，女性3人。自己、妻子、儿子3人、儿媳妇一人、女儿一人。

兄弟有几人呢？=我一人。

父亲呢？=父亲一人，文玉。

父亲是什么时候去世的？=14年前。

父亲那个时候剩下了几亩土地呢？=8亩，房子是现在的3间房，地2亩，共计10亩。

【典租佃】买卖了吗？=没有买卖，但是4亩出典了。

给谁呢？=本村的贾四2亩，本村大王（没有名字，都叫他大王）两亩“押给他了”。

贾四是什么时候呢？=今年两年。

大王呢？=两年。

多少钱？=一共60元。

你在耕种吗？=是的。

粮食是？=一亩对5斗。

土地的文书交付给他了吗？=是的。

持有两亩的文书吗？=有的。

祖父呢？=张禄一人。

祖父那个时候有几亩土地呢？=也是8亩。

现在耕种着几亩呢？ =23 亩。

是从谁那租种的呢？ =赵权，15 亩（活分）。

可以让看一下两亩地的文书吗？ =押出去了。

给谁呢？ =皇辛庄的叫高威的人。

什么时候？ =有一年了。

【副业——修鞋】因为你家的人多粮食不够吗？ =因为不够，所以去做了皮匠（修鞋）。

一年有大约多少收入呢？ =80 元（这是成绩好的时候）。

孩子书元在做什么呢？ =和自己一样做佃户也做皮匠。

和孩子合计 80 元吗？ =他做佃户多一些，做皮匠大约赚了 40 元。

应答者　禹祥（二甲八户，64 岁）

家里有几口人？ =10 人。男性 6 人，女性 4 人。我们夫妇、3 个儿子、2 个孙子、2 个儿媳妇、一个女儿。

兄弟呢？ =我一人。

父亲的兄弟恩？ =3 人。甸春、甸川（父亲）、甸恒。

什么时候分的家呢？ =我 7 岁的时候。

是怎么样分的家呢？ =一家 3 间房子，10 亩土地。

分家单呢？ =光绪三十六年[1]的时候有动乱丢失了。

现在你持有几亩土地呢？ =6 亩。

房子呢？ =8 间，房户地一亩半（6 亩以外）。

什么时候卖的呢？ =去年的 12 月，皇辛庄的高殿盈，一亩 140 元。

为什么卖呢？ =去年雨水太多了，有收获不好的，也有不下雨收获不了的，总之是凶作，并且还有借款。

【借钱】去年大约有多少借款呢？ =大约 460 元。

这个算是土地的担保吗？ =因为这个是宣统年间从盟叔那借的，没有写借约也没有利息。

谁是盟叔呢？ =北京的叫张杰臣的旗人，这个人已经去世了。

归还是归还给张的儿子吗？ =张没有男孩，只有一个女儿，还给了张的老太太。

为什么从张那借呢？ =我的父亲还健在的时候，为了建造东房五间借的。

是父亲借的吗？ =我的父亲借的。

和你的家有什么关系吗？ =我的父亲在北京经营馒头铺，张在那个时候在官厅工作，下班时经过自己的店前只有几次，两个人就变成了亲友。那之后我就变成了张的干儿子（义子），还叫盟叔师叔。

【根据遗言归还借款】是什么时候归还的借款呢？ =去年卖了土地之后马上还的，父亲的遗言说在谁谁那里借的钱只有这么多，自己去世后假如卖地也必须归还。

---

〔1〕 译者注：原文如此，疑为应答者口误。清光绪帝在位 34 年，即 1874—1908 年，实际上并没有光绪三十六年。

遗言是口头的还是有遗书呢？=不是在纸上写的，是说给我的。

什么时候父亲对你说的呢？=在我父亲病重快去世的时候和我说的。

父亲什么时候去世的呢？=25年前。

对方一次也没有催促借款吗？=自己每年必须去张家，如果一年一回也没去对方就会写信来说这边的状况不是很好，这边那边哪边都要用钱，你那里现在要是有钱能筹钱还给我们吗。

如果这个钱归还了对方会给收据吗？=开始的借钱的时候没有借约，所以还那个钱也不应该给收据。

你现在在租种吗？=12亩，从本村的赵春那，地租是一亩4斗半。

什么时候开始呢？=去年开始。

不可以给看一下地契吗？=（很快地承诺但是）因为女儿拿着钥匙去亲戚家玩了，所以请下一次吧。

应答者　禹良（二甲一户，77岁）

家里有几口人？=2人。自己和妻子。

孩子叫什么呢？=已经去世了，叫国瑞。

什么时候去世的呢？=3年前。

几岁的时候去世的呢？=38岁。

儿子的家里现在还剩几人呢？=3人，儿媳妇，孙子2人。

【和去世儿子的家人分家——分居】你是什么时候分的家呢？=有4年了。

和谁分的家呢？=和儿媳妇。

在同一个院子里住吗？=是的。

写分家单了吗？=没特别的写，说相互分开生活。

房子分了几间呢？=自己是3间的西房，对方是北房的两间。

土地是怎么分的呢？=没有给他土地，自己有5亩。

【租地的分配】儿媳妇是怎么生活的呢？=租种了良乡的张记祥的7亩地。

什么时候开始呢？=从没分家之前自己家租种的，分家的时候就分开租种了。

你有在耕种谁的土地吗？=没有，只耕种自己的土地。

你的兄弟有几人？=哥哥叫禹魁去世的早。

他分家了吗？=哥哥在结婚前去世的。

父亲叫什么？=殿远。

兄弟有几人呢？=6人。

父亲什么时候去世的呢？=30多年前。

父亲给剩下了几亩的土地呢？=5亩。

房子呢？=3间，这个都坏了。5间是后来我建的。

院子有几亩呢？=5分（5亩以外）。

【文书的保管】给看一下地契？=我的女儿保管着，说因为父母年纪大了，不放心，自己拿着的话比较好。

女儿去了什么地方呢？ =良乡。

什么时候的事情呢？ =20 多年前。

那 5 亩如果你去世了要给谁呢？ =当然是给孙子，因为女儿那有土地，没有给的必要。

由女儿保管文书，会不方便吗？ =没关系，没有问题。

【分家的原因】和儿媳妇分家是必要的吗？ =一起住的话双方的生活都很困难。不能相互帮助生活。因为自己年纪大了，儿媳妇还年轻，劳动的话无论如何都可以生活。

一起住生活困难是什么意思？ =因为我的妻子非常的麻烦，一起住有点不适合。

谁也没有立中人吗？ =是的，中人谁也没有。

【不写分家单的原因】如果写了分家单，必须要立中人吗？ =那个时候找了中人必须要来，如果没有中人的话，就不能说合。

如果那样的话，像你这样没写分家单的时候，就不需要中人了吗？ =自己家分的东西是没有，因为妻子很麻烦，我是说以相互的情况来做，没有写分家单。

应答者　裴振玉（二甲 10 户，46 岁）

家里有几口人？ =4 人。自己、妻子、嫂子、女儿。

兄弟是？ =振生、振玉、振明、振嵬。

什么时候分的家呢？ =25 年前。

写分家单了吗？ =写了。

可以看一下吗？ =好的。

【分锅和同住】嫂子裴冯氏是谁的妻子呢？ =长兄振生的妻子，振生 20 多岁的时候去世了，因此嫂子和我们的母亲一起生活，分家后因为母亲去世了，嫂子就和我一起生活，但是分锅。

然而是你先回答让嫂子入门一家四口，嫂子一个人没有特别的又成一家吗？ =不是这样，在分锅，但是因为是一个女人什么也不能做，大小事物都由我来代替维持家庭生计，因此和我的家人一样。

【分家单】分家单如下

立分家单人长嫂王氏同弟裴顺言明因两造不能同居度日情愿将祖遗家业按两股均分长嫂王氏同子子裴振玉振生之妻冯氏受分庄窠地一块土房七间随分家据一分受分地亩六十七亩五分又东边菜园东西长十工南北宽十七工二分财产洋元八十元碾十一坟地榆树三株所有欠外眼目洋元各分二十六元五毛五厘三分有亲眷中人等两造说清日后为有叛悔有来人一面承管空口无凭

立此存照

两家契纸归裴顺收存

民国十一年二月二十九日此东房老庄土房三间归长嫂

闫　儒十
王喜陆十
闫　伟十
何　金十
起祥云十
禹　宽十
贾　生十

中华民国丁巳年冬月二十一日

立字人　王　氏十立
代笔人　禹永锡十

在这个分家单上的裴顺是谁呢？＝叔父。

父亲的兄弟有几人呢？＝忠（父亲）、顺二人。

【分家后的一部分交换】分家单上有两个日期是为什么呢？＝开始的日期是民国六年。不过后来民国十一年的时候，写了这些的理由是自己的5亩土地和叔父的3间房子交换了。

分家的时候没有振明、振嵬的名字吗？＝那个时候弟弟都还年少，因为振明大约11岁，小弟大约6岁，所以没有把名字写进去。

你们兄弟4人分家的时候，分家单是什么样的呢？＝哥哥和自己是和母亲，弟弟二人是分的父亲。

没有写分家单吗？＝即使没有写分家单这个老分家单上兄弟是分开的。

因此振明、振宽不是你的亲弟弟吗？＝是的。振明他们是裴顺的孩子。

一家分67亩半吗？＝是的。

现在你家有几亩土地呢？＝40亩。还有房子7间（我4间，嫂子3间），地亩1亩。

你和嫂子分家的时候写分家单了吗？＝民国六年写的。

看一下可以吗？＝好的。

立分单人裴振玉同嫂之冯氏因两造不能同居度日情愿各嫂之冯氏受分西房三间家俱八仙桌一张柜厨一板凳一条木椅两木柜二丁地二十亩宅院两造公用老母百年之后自己量力而为空口无凭立字为正

王喜陆十
中人　何　金十
贾　生十
禹　宽十
起祥云十

中华民国丁巳年冬日二十一日

立字人　冯　氏十

振明、振宽在本村吗？ =在村子的东侧。

他们的房子是怎么样的呢？ =他们的房子是新筑的。

【承典地的分配】没有在交换的5亩土地中建造吗？ =那个土地不是我的土地，是从别人那承典的土地，现在“赎回去了”。

民国十一年当时的典价大约是多少呢？ =40多元。

交换的土地的典的文书交付给了叔父吗？ =那5亩的地契和典的文书交付给了叔父。

叫闰儒的中人是谁？ =在后店住的我的亲戚。

什么亲戚呢？ =父亲的表姑兄弟。

没有写普通的卖契吗？ =那个就足够了。

为什么呢？如果是其他人的话就不能这样吗？ =自己亲戚以外的人必须要写。

你实际耕种的有几亩地呢？ =29亩，自己的17亩和嫂子的12亩。

那么你的和嫂子的土地卖了吗？ =我在伙种嫂子的12亩土地。

粮食呢？ =平分。

原来持有40亩的为什么耕种17亩呢？ =那40亩是自己和嫂子的加起来40亩。

【为了医疗、葬礼费用而卖地】民国九年分家的时候被分了67亩，现在只有大约40亩是卖掉了吗？ =民国十二年母亲因病去世，为了那个医疗费和葬礼费我卖了22亩半。

卖给谁了呢？ =后店的谢锡90亩，城内的刘珍12亩半。

卖了多少钱？ =那个时候一亩26元。

【旗地卖契】两方一起吗？ =是的。

（注：本人因为生病不能继续回答问题，只抄录了下面的白契，访谈中断）

立退佃地字人龙泽因乏手今将老揽旗地一段计地十三亩坐落吴店村东东西垄南北西三面

俱至郭姓东至去主四至分明同中将此地退佃与裴顺名下永远为业每亩退佃银三两三钱共价钱四十二两九钱正每亩交现租制钱六百五十文共交租钱八吊四百五十文共租归置主自交陈欠租项有去业主承管此系两家情愿各无叛悔恐口无凭立退佃字为证

中保人 李万春十

崔松年（押字）

光绪二十五年七月初六日

立退地佃字人龙 泽忠

亲笔

应答者 赵楷（二甲六户，58岁）

家里有几口人？ =7人。男性2人，女性5人。母亲、自己、妻子、儿子、女儿三人。

兄弟有几人呢？ =楷、权、春、棠。

什么时候分的家呢？ =10年前。

那个时候父亲还健在吗？ =父母都健在。

分家是谁提出来的呢？ =我的父亲。

父亲的兄弟有几人呢？ =祥云一人。

祖父的兄弟有几人呢？ =二人，洁、润（祖父）。

祖父们分家了吗？ =是的，很早以前的事情了。

没有留下那个时候的分家单吗？ =没有。

你没有写分家单吗？ =父亲说这是你的份像这样分的，没有写分家单。

那个时候土地是怎么分的呢？ =平分一人30多亩。

【因兄弟间的负债代还的土地让渡】那么你们家有进行过土地买卖吗？ =没有，但是我只有25亩。弟弟权替我支付了借款，所以把自己的15亩土地给了他，这不能叫作卖掉。

这个叫作什么呢？ =换句话我的借款弟弟代缴我的土地给了弟弟。这是我自己少得到了15亩，弟弟多得到了15亩，因为15亩相当于分了负债。

没有写文书把地契给了他吧？ =是的，没有写文书的理由是，因为地契都是父亲的名字如果交付地契的话没有写任何东西的必要。

立中人了吗？ =没有立，自己有负债，弟弟还了负债得到了土地。地契都是父亲的名字，给弟弟的东西不论是弟弟拿着还是我拿着，结果是如果有父亲的名字的话，那个兄弟拿着那个都是一样的。

那个时候其他的兄弟谁都不商量吗？ =兄弟，父母全体协商。这个也是根据父母的意见，自己的贷主是别人。自己的兄弟是自己家里的人，然而我就不得不还这个负债。那个时候我说谁需要我的这15亩土地吗，但是如果大家要的话为了还负债必须要卖土地，弟弟说那么我要了这个土地吧，然后返还了负债。这样这个事才得到了解决。

只有父母、兄弟商谈吗？不和亲戚或者其他人商量吗？ =不，因为这是自己家的东西别人完全不用介入。

地契上不写父亲的名字而是写你的名字的话，要怎么做呢？ =既然变成了自己的名字，那就必须要写新的字据。

你在租种吗？ =没有。

出典，承典呢？ =没有。

不能给看一下土地的文书吗？ =地契在母亲那里，因为母亲现在外出，不能看。

（注：激动地表示绝对不让看）

应答者　刘德山（四甲九户，63岁）

家里有几口人？ =5人。自己、妻子、儿子、儿子的妻子、孙子。男性3人，女性2人。

兄弟呢 =才、德山、富、贵。

富和贵在什么地方呢＝富在城内，贵去了长辛店去世了留下了家人。

兄弟是在什么时候分的家呢＝10 多年前。没有财产。只有院子和房子。

你持有几亩土地呢？＝没有，从赵春那有 12 亩的租种。

父亲呢？＝志祥。

父亲的兄弟呢？＝父亲一人。

父亲有土地吗？＝从以前就没有。

现在你在做什么维持生活呢？＝我耕种 12 亩地来生活，年轻的时候在北京做过洋车夫。

什么时候结婚的呢？＝我们夫妇都是 23 岁的时候。

太太的家在何处呢？＝良乡。

太太的父亲是做什么的呢？＝现在没有后人了，父亲以前在北京的油盐铺工作，但是在我 14 岁的时候去世了。

父亲去世之后在什么地方呢？＝以前哥哥和嫂子在，但是都死了，没有后人了。

应答者　李永玉（四甲一户，48 岁）

家里有几口人？＝7 人。男性 5 人，女性 2 人。自己、妻子，一个儿子，他的妻子、孙子 3 人。

兄弟有几人？＝我一人。

父亲的兄弟呢？＝父亲李印一人。

父亲什么时候去世的呢？＝47 年前。

母亲什么时候去世的呢？＝6 年前。

父亲剩下了几亩土地呢？＝30 亩，房子 5 间，敷地 3 亩（一共 33 亩）。

【典地和倒给】没有进行过土地买卖吗？＝没有，但是有过出典但是回赠了。

给谁呢？＝民国元年，对良乡的贾永贵出典了 5 亩（60 元）。这个土地是从父亲的时代开始出典的土地，出典对方是南坟的玉家（76 吊）。这是前清时的事情，接着民国元年“倒给贾永贵”。

那个时候从王家赎回的吗？＝因为那个时候贾永贵贷给了很多，先出典给贾永贵，然后把钱还给王家。

【民国二十九年后的赎回及其赎价】什么时候从贾永贵那赎回的呢？＝民国二十九年。

那个时候支付了多少钱赎回的呢？＝60 元。

和民国元年一样吗？＝耕种了那个土地交付了粮食，所以赎回的时候交 60 元就可以。

【地契——旗产整理执照和验契】让看一下老的文书吗？＝没有老的，因为民国十多年的时候换成了我的名字。

处字第四六号

执照

清室私产清理处　为
发给执照事按据良乡县分处报称据清室庄头
名下佃户李永玉原佃清室私产　地一段坐落
第　区吴店村　东至王　南至郭　西至道　北至贾　计地○顷二亩
○分○厘○毫○丝今愿遵照新章等则备具地
价银币四元承买归为己业本处覆查无异除注
册并分行外合行发给执照以凭该户升料投税
永远管业须至执照者
右照给业主　李永玉　收执
中华民国十八年十月　日

验单

良乡县官产验照处

财政部为发给官产验单事今据吴店李永玉报
称在河北良乡官产分支承置旗产一处坐落吴
店
面积
四至　东至　西至　南至　北至
亩分二亩　间数
原缴价洋○四元○角○分领有清字四六号执
照遵章呈验立附缴纸验照费共洋　○元七角○
分兹经本部查验无异合行填给验单以资证明
并照章准免税契须至验单者
右给　李永玉　收执
中华民国十九年七月十日
财字第一二二二五号

（注：验单的印在左边拿出可见。其他的印不能拿出来看）

河北省热河官产验照总处
特派代办良乡县官产验照专员

财字第一二二二五号
验　讫
中华民国十九年七月十日

农村金融及贸易篇

1942年5—6月

（华北农村惯行调查资料第73辑）

农村金融及贸易篇第9号　河北省良乡县吴店村

调查员　佐野利一、早川保

翻　译　刘峻山

5月28日

根据村民的借款　土地　担保的金融

应答者　禹荏

【村中的借款户数】这个村有借款的人有大约有一半吗？ =有一半以上。

没有借款，只有借给别人的人有？ =大约两三户的人。

既没有借款，也没有借给别人的这种是？ =几乎没有，只有郭姓。

郭姓是有15户全都是那一类吗？ =那之中只有郭宽一家。

他大约有多少的土地呢？ =大约一顷。

【借钱的程度和种类】借钱最多的大约有多少呢？ =大约100元。

没有借大约1000元的吗？ =没有。

借钱的话一般是多少呢？ =五六十元的比较多。

五六十元是作为土地的担保吗？ =是的，用作土地的担保。

不担保土地能让接到多少钱为止呢？ =如果有信用的话五六十元都可以，那样的人很少。

【贷主】一般都是从哪里借钱呢？ =从城内的有钱人那里借。

【地价和产量】一亩能卖多少呢？ =大约一百八九十元。

有好地和中等地和下等地怎么办呢？ =上地是一百八九十元。

中地呢？ =110元、120元，下地二三十元的也有。

那么便宜的土地是什么土地呢？ =收获作物不好的土地。

收获作物的土地最不好的土地是？ =四五十元。

一亩土地（上地）能收大约多少的作物呢？ =老斗粗粮一石，麦子5斗。

那一石是价格大约是多少呢？ =现在一石（粗粮）40元，麦子5斗30元。

中地能收获大约多少呢？ =粗粮只有一次种七八斗。

大约能卖多少呢？ =二十五六元，二十六七元。

下地的呢？ =一次收获只有二三斗。

【地则的区别】上、中、下地区别是怎么分的呢？ =高地是上地，坂地是中地，凹凸是下地。

和有没有井有关系吗？ =这里没有井，那个没有关系。

距离村子近的土地比远的地方的土地贵吗？ =因为是同样的地和远近没有关系，如果从家去耕种方便的话就能卖稍微贵点。

大约能卖多高呢？ =如果位置真的很好的话，可以高到10元、20元以上。

买本村人的土地和买其他村人的土地，哪一个贵呢？ =一样。

贵的土地为什么作物好呢？ =土质好。

最好的土地叫什么呢？ =叫作上地，凹地也有上地。

【地价和担保价格】一亩上地作为担保大约能被借多少呢？ =一百四五十元。

卖的话是借钱一百七八十元和一百四五十元吗？ =是的。

【指地借钱和租粮、利息】那个借方称为什么呢？ =指地借钱或押地。

那种情况是前面的地主在耕种吗？ =肯定是原来的地主耕种，但是租粮是给贷主。

大约给多少租粮呢？ =一年代替利息一般是100元是3斗，150元的话是4斗5升。

有代替租粮支付钱的吗？ =有，就变成利息。

在这个村哪个比较多呢？ =大约大体相同。

【借钱的期间】一般大约能被借多久呢？ =不一定。但是如果有钱的话，即使3个月也可以返还。一两年后返还的也有。

一般大约借多久呢？ =一两年的多。

一年和两年哪一个多呢？ =可能两年的多吧。

【期限和利息】如果一年的约定两个月返还了的话，利息要怎么支付呢？ =只支付两个月份的利息，后面的不需要。

两个月后贷主不需要两个月的利息了，只还给本金这种能这样说吗？ =那个也有，没有妨碍，那时借主是以一年期限为借口。

主张一年期限的话，哪一个会通过呢？ =如果两方都不知道的关系的话，根据约定的期限为止不返还也可以。

【典——租地及其样式】用土地担保借钱的算作指地借钱，除此以外还有什么呢？ =除了这个以外什么也没有了。用土地借钱是出典的一种方法，这个叫作租地，一般叫作租地。

那个是用的叫作什么的借法呢？ =称为样式附页。

立租地字人某某因乏手将旗地一亩情愿租与某人承种言明每亩租价洋元若干一租三年为满日后备价回赎如不回赎屡年常种恐口无凭立字为证

中保人某某
代笔人某某
民国　年　月　日（立字人某某印）

【指地借钱的样式】指地借钱的时候写契约书吗？＝写，如下。

立找地价钱字人某某每亩找△△元
中保人某　某印
民国　年　月　日

立借约字人某某因手中无钱托中人借到某人洋元多少每月利钱若干言明一年归还如是日不还按月行利恐口无凭立字为证
民国　年　月　日又找地价洋元若干
随代抵押品地照一张
中保人　某某
代笔人　某某
立借约字人　某某印

【关于租佃——分种】借别人的土地叫作什么呢？＝分种。

有契约书吗？＝没有，完全没有写，因为都是一年的契约。

借别人的土地不被称为租地吗？＝不被称为。

除了分种以外的方法有吗？＝没有。

分种的收获的作物是一半一半的分吗？＝不是，是3斗地和4斗地，一般是4斗地的话，就规定4斗的数额。

是先缴还是后缴呢？＝后缴。

有现金缴纳的吗？＝粮食折成钱，4斗换算成市价。

4斗是什么作物呢？＝高粱、玉米、谷子等。

右边3种的价格是一样的吗？＝不是一样的。

那么4斗是高粱呢？还是谷子呢？什么用钱来计算呢？＝根据种植的作物来计算，玉米的话就选择玉米的价格。

现金多吗？＝少。

那个缴纳的方法4斗的话，根据4斗的市价吗？＝是的，以市价为准。

借其他的土地耕种的时候有预付现金的吗？＝这个村里没有，春天有缴纳钱的定金的。

【现租】一亩大约多少呢？＝上地五六元，称为打现租。

那个情况制作合契吗？＝不。

一亩四斗是上地吗？＝上地。

如果决定的4斗的话，即使一石，即使一石5斗，缴纳4斗吗？＝是的，因为是死粮。

【典——租】刚才听说租地叫典地吗？＝一样。

典地有写契约吗？＝有，哪一个都可以，以前是大量采用。

你的家是持有租地的呢？还是典地的契约呢？＝没有。

谁家有呢？＝不知道。

情况不好吗？＝不在意。

有租地契吗？＝有。

指地借钱呢？＝没有，不知道谁有。

【指地、租地的借入限度】指地是大约能让借多少呢？＝大约120元的土地，能让借大约70元。

如果是下地呢？＝不能只让借土地，如果非常信任的话即使是100元也可以借，和土地没有关系。

租地的情况上地每一亩能大约让借多少？＝借170元的情况也是有的吧。

指地和租地哪一个可以借的多呢？＝租地的中地可以借八九十元，下地的话是10—20元。

指地的话中地是大约六七十元吗？＝是你说的那样。

【指地、租地和贷主】贷给钱的人希望指地和租地哪一个呢，不希望租地吗？＝有钱人是农民的话希望租地，商人的话希望指地借钱。

【指地、租地和田赋、摊款的负担】租地的情况根据土地的负担，是哪一个负担呢？＝钱粮是原来地主的名义，但是钱的贷主来出，摊款是贷钱的人缴纳。

指地是怎么样的呢？＝借主缴纳。

租地的情况田赋是贷主负担，摊款也是贷主，指地的情况是借主负担的话，租地就不是贷主的损失了吗？＝因为耕种土地，即使全部交出的话也不是损失。

田赋一亩大约多少呢？＝（答案不明）。

【地则】有上中下的地则吗？＝这个村都是上地。

指地因为是上地（能借140元、150元的地）先借100元，后又借40元这种可以吗？＝可以的。

【拔地价】那个叫什么呢？＝拔地价。

那时在契约书上写什么呢？＝书写方法在上述契字中有。

地价上涨到200元的时候，只有再次上涨的金额，换言之能多借20元吗？＝肯定没有障碍。

那个叫什么呢？＝也是拔地价。

那个时候肯定要写契约书吗？＝是的，特别的即使一张也可以。

一张特别的写的要写什么呢？＝就是附页。

【拔价和中保人】中保人是那个时候写吗？＝是的。

拔价也有中保人吗？＝有的，和原来是一个人，不能是别人。

用 180 元的土地借 140 元的情况，此后作物增收的时候，可以继续拔价吗？＝根据地价缴纳粮食，不能拔价。

【二重担保】同一块土地指地的情况下，可以找甲借 140 元，再找乙借 20 元吗？＝可以的，有这样的例子。

那个叫什么呢？＝这种事情是不允许的，要对甲保密。

要去和甲商谈的吗？＝不正当。

如果甲同意的话可以吗？＝甲不会同意的，甲是借钱的人呢。

【租佃指地】指地过的土地能租给其他人吗？＝可以的，让甲知情，就可以给别人租种了。

【重押的解决】从甲那里指地借了 140 元，如果甲知道借钱人秘密地从乙那多借了 20 元，甲会怎么办呢？＝甲和借主乙争论，也有到衙门去诉讼的。

有例子吗？＝有过这样的。

什么时候的事呢？＝那个忘记了。

民国时代吗？＝在民国时代前后大家都有。

是怎么样被解决的呢？＝借主直接从甲以外的人借的借款归还，如果没有钱的话从甲那里借。

【指地不履行的情况】用指地从甲借 140 元的情况，借主应该要缴纳，如果没有缴纳租子的话，会变成什么样呢？＝如果没有让缴纳的话，等到明年截止的时候给也可以。

来年要缴纳两年份的利息，意思就是必须要缴纳两年以上的吗？＝如果甲承诺了的话，两年份的就可以，如果前年完全没有缴纳的话今年需要 8 斗，没有利息。

那么贷方没有损失吗？＝没有缴纳的就让别人来租种，8 斗贷主满足了。

两年的期限指地的时候，两年连续的租粮没有缴纳的话，可以取回土地吗？＝有三种方法。甲从借主那取回本钱 8 斗的租粮后面取得；第二是 8 斗换成钱加上本金把土地作为租地；第三是把土地卖了，甲买。

一般选择哪一个呢？＝根据那时候的情况。

【关于土地的处理】卖土地的情况贷主甲是让随意的买吗？＝不是，甲买。

多少钱买的呢？＝按时价买的。

如果是按时价买的，现在这个是 180 元的话，贷的钱 8 斗的金额扣除只给余款吗？＝像你那样说的。

贷主不自己买借主的土地，能卖给第三者吗？＝不能。

贷主甲给看了契字后卖掉可以吗？＝出示了地契那个土地也不能卖掉。

指地借钱变成租地的时候，要做什么样的契呢？＝要制定租契。

一般的制作租契吗？＝一般的租契（指地的钱没有被归还的事情不写）。

【不履行和第三方租佃的关系】借主乙让丙租种的情况（得到贷主甲的承诺），丙不缴纳地租的情况（不缴纳分粮），假定一亩的分粮是四五斗，借主乙可以不给贷主甲缴纳地租吗？＝那不可以。

那时可以说，借主乙可以从丙那里直接要借给甲的租金吗？＝不可以。

【指地和分家时的继承】指地借钱所担保的土地，在借主分家的时候（借主对两个儿子）要怎么办呢？=如果土地是长子得到了的话，从次子那得到70元。

如果两个人得到了的话怎么办呢？=每人耕种一半，租粮也是各缴纳一半。

分家的时候，直接写指地的契吗？=就是那样。

如果弟弟没有缴纳一半的租粮要怎么办呢？=二人中的一人就变成滞纳。

如果弟弟滞纳了的话长子也有责任吗？=没有。

指地是分家的事不能不分的东西吗？=能分没有障碍。

【担保土地出售给第三方】指地的土地，地主可以卖给其他人吗？=问了贷主后贷主说不要了的时候，可以卖给其他人。

指地的土地在卖给其他人时大约能卖多少呢？=作为一般的土地卖180元。

那么买土地的人就要负担前面那人的借款吗？=卖土地的人在那之中将140元归还给贷主就没有指地借钱了。

那个钱是土地的买主交付给土地的卖主，卖的人自己返还借款吗？=是的。

那时只有40元不能买的情况，也有指地借钱的土地，就那样买了约定只交付40元的这种情况有吗？=贷主不允许。

【指地及其出售给第三方】借主把土地卖给第三者，钱用完的时候贷主能向第三者丙（土地的买主）提出请求吗？=地契在贷主那里，没有140元的话就不能拿回去。

那么土地的买主不会为难吗？=不会发生这种问题。

丙（土地的买主）以180元买，乙（借主）没有把那个钱给甲（贷主），那时甲（贷主）能不把土地给了丙（土地的买主）吗？=土地买卖的中保人从丙那得到180元，40元交付给乙，140元交付给甲。

【承典（租）和土地利用】甲贷给乙150元，甲承担耕种，那种情况下能变换土地的垄吗？=自由变换东西的垄变成南北的垄。

垄幅变小了可以吗？=不能收货作物。

可以变得稍微窄一点？=一点点可以，作物也会聚集，谁都会节省的耕种。

作物是耕种什么都可以吗？=是的。

土地不会荒芜吗？=没有。

【挖井的费用】甲擅自挖井还地的时候，那个费用能让乙出吗？=不可以，挖临时性浅井的时候，要埋起来返还。

如果是深井的话，田的价格并非变得很好吗？=即使价格上升，也不能要求费用。

如果通过了乙的承诺后可以请求吗？=可以，尤其是返还土地的时候，如果挖井的费用提出了请求井不能让挖。

改垄的情况，必须要以原样归返还吗？=不是，就是那样。

【一半的赎回或者买卖】典地的时候，出典人的孩子出租价的一半，可以赎回土地的一半吗？=因为只有一张契约，只取回去一半的话很困难。

实际中没有吗？=基本没有。

赎回的时候有哪些手续呢？=兄弟二人商量交出全额然后赎回。

为了分家长子取得的一半（典地）不可以卖给其他人吗？ =卖不了（不能卖）。

如果卖了的话和弟弟商量以后，如果给承种人150元的话能卖吗？ =像你说的那样。

【租（典）的当事人】租地的时候，借给钱的人叫作什么呢？ =租地主。

借钱的人呢？ =立字据人，没有其他的名称。

【承租（典）人的出租（租种）】租地主让其他的人来租种可以吗？ =自由。

【转租（典）和出租（典）人】那个地出又租地（甲）借150元可以吗？ =如果是原来的金额以内可以，但是超过了那个就不可以了。

那个叫作什么呢？ =没有。

不被称作转典吗？ =像说的那样。

那个时候的契是怎么写的呢？ =和以前的典地契一样，以乙（出租人）的名义写地契，每个名字是新的承典人。

那样的话，乙不能是有两个承典人吗？ =不能以甲的名义出典。

甲（第一承典人）和丙（第二承典人）之间不立地契吗？ =乙必须要知道，不是甲的土地。

那么不能转地吗？ =不能，甲不能和丙做契约。

【租（典）契的担保】作为承典人，甲借给别人钱能给与承典地的权利吗？租契交付给别人能借150元吗？ =可以。

那个时候地主自己不知道有那样的关系吗？ =地主是哪一种都可以。

甲可以擅自地把地主乙的租契交付给第三者，转典给别人吗？ =可以但是很少，这个事实很少有。

【典（租）关系和租佃关系】如果被租种的土地出典了的话，那之后的租种关系会变成什么样呢？之前的租种关系是继续的吗？ =承典主拿回土地自由地处理，原来的佃户也没有办法。

因为佃户给地主造成了损失，所以地主就让给钱吗？ =不能。

【转借和赎回】决定担保租地的话可以借到钱吗？ =可以的，有那样的事实。

那个叫作什么呢？ =转借，地契不在那时转交。

如果借主赎回的话，和新的贷钱人的关系会变成什么样子呢？ =那个时候丙会直接要钱。

因为那个时候甲不还，丙能去乙的家去请求吗？ =和乙没有关系。

甲租种乙的土地进行协商，作为那个协商的担保可以从丙借钱吗？ =不能，直接佃户和地主之间的关系全都要解决。

【指房借钱和典房】可以选择房子作为担保吗？ =可以。

人在住的房子也可以吗？ =可以，指房借钱，在村里没有。

借钱人有交付了房子的吗？ =有的。

叫作什么呢？ =典当房产，村里没有。

【动产担保】牲口作为担保借钱的有吗？ =没有。

车呢？ =没有。

选择作物（在田中的）作为担保的有吗？=没有用青苗作为担保的。

那么可以担保的东西除了土地、房子以外没有了吗？=没有其他的。

指地借钱的契约书可以借更多地钱吗？=不行（不可以）。

【资料】典当契

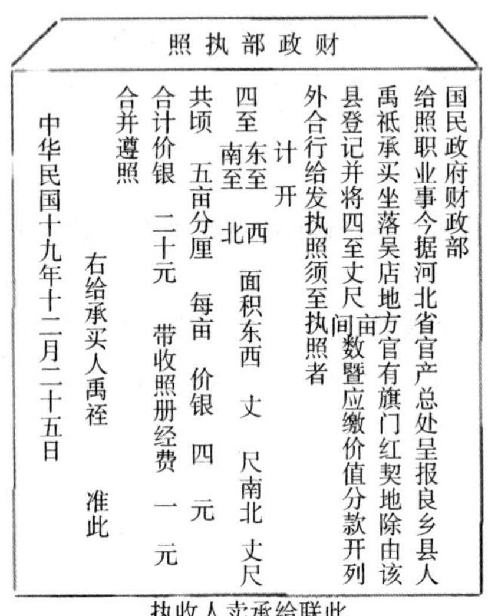

财政部执照

国民政府财政部

给照职业事今据河北省官产总处呈报良乡县人

禹祇承买坐落吴店地方官有旗门红契地除由该

县登记并将四至丈尺亩间数暨应缴价值分款开列

外合行给发执照须至执照者

计开

四至　东至　西　南至　北　面积东西　丈　尺南北　丈尺

共顷　五亩分厘　每亩　价银　四　元

合计价银　二十元　带收照册经费　一　元

合并遵照

右给承买人禹祬　准此

中华民国十九年十二月二十五日

此联给承卖人收执

良乡县典字　第　号

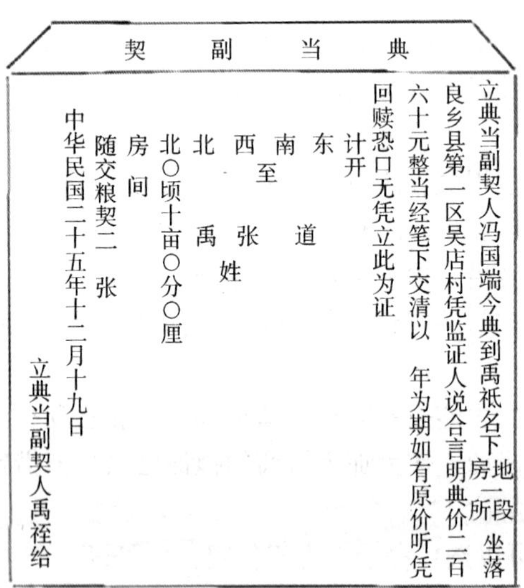

典当副契

立典当副契人冯国端今典到禹祇名下地一段 房一所 坐落

良乡县第一区吴店村凭监证人说合言明典价二百

六十元整当经笔下交清以　年为期如有原价听凭

回赎恐口无凭立此为证

计开

东　至　道

南　至

西　至　张姓

北　至　禹姓

北〇顷十亩〇分〇厘

房　间

随交粮契二　张

中华民国二十五年十二月十九日

立典当副契人禹祬给

良乡县典字　第　号

【差押】迄今为止，村里有为了借钱去衙门诉讼差押的吗？=有。

是怎么做的就被差押了呢？=那个人持有的土地中卖哪些土地都行，不指地借钱也可以，就交给衙门了。

有扣押房子的吗？ =没有。

【村民金融的贷主】在村中有经常贷给钱的人吗？ =没有。

城内有吗？ =有。

叫什么呢？ =物品的当铺。

除此之外还有可以借给钱的吗？ =有钱人也做。

附近没有吗？ =从旁边的人那借。

【农民的金融方法的顺序】如果你需要钱的话会用什么方法呢？ =先从朋友中委托面子大的人，委托中人的意思。

一般借钱的时候，比如像左边那样的时候实行什么顺序呢？ = （顺序是通过编号）。

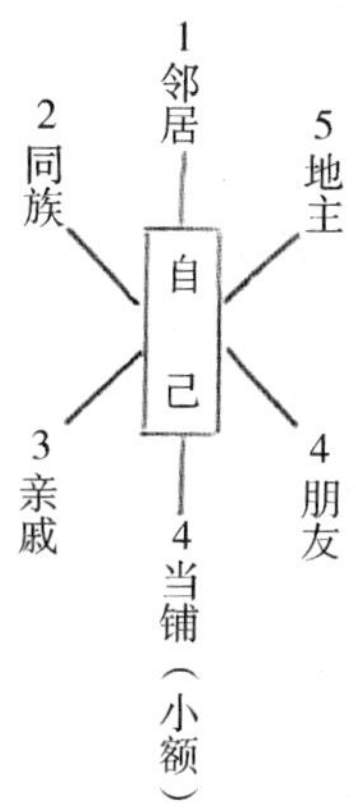

【中人】借钱的时候先委托中人吗，有了借钱的对象再委托中间人吗？ =是邻居的话自己先委托了才是中人，其他的也和这个一样。

定下来全部的借钱对象后再委托中人吗？ =如果是知道的人的话先自己去。

借钱必须要有中人吗？ =是的。

【契】必须要立契吗？ =必须要立。

从谁那借五元的情况呢？ =那个不需要。

【中人和保人】中人是代还吗？ =是的。

这很特别，让契约成立的中人和代还的中人有区别吗？ =没有区别，如果写中保人的话，就承担一切责任。

那么给做中人的人很少吗？ =很少。

从开始有中保人借钱给两个人的吗？ =没有，保人就是保人。

【中人的继承】中人去世了有儿子，那个时候代替父亲所发生的中人责任，把责任加在孩子的身上吗？ =孩子如果知道就有责任。

即使是知道了，如果说不知道就到那为止吗？ =像你说的。

借钱的人的孩子如果说不知道父亲借钱了，不支付也是可以的吗？ =因为有证明，所以不可以。

中人的孩子不支付也可以，但是借主的孩子不得不支付是吗？ =是的。

中人没有代还的责任的有这种中人吗？ =有的。

那个叫作什么呢？ =那样的不会在证明上写上名字。

【期限】持有截止期限的契可以催促贷的钱吗？ =可以。

借主会说不知道吗？ =不会说。

甲向乙借钱又贷给了丙的时候，甲能对乙说去丙那里取吗？ =如果乙同意的话可以，3人要一起去商量。

【利息和借钱数额】村子的利息是？ =每100元一个月一元50钱到2元。

是单利呢还是复利呢？ =单利，如果持有千元以上的话就很低。

百元以下的呢？ =2元50钱的也有。

不支付利息，为了那个有立包含本金利息的新的契吗？ =有的。

【滚利折算】叫作什么呢？ =滚利折算。

那个时候利息会再商谈更改吗？ =像原来一样。

【女当事人】在村里女人也可以借钱吗？ =如果男的不可以，女的也可以。

那个时候男的变成中人吗？ =那样也可以，也有女性保人，少额30元、40元的就可以。

有丈夫的时候，得到丈夫的承诺才可以借钱吗？ =像这样的很少。

村里的人有向很多人借贷钱的吗？ =没有。

【钱会】有叫钱会的东西吗？ =没有。

城内有吗？ =可能有吧。

【村公会的金融】原来村里可能有吗？ =没有，公会的钱贷给别人的情况是有的。

那个公会的钱叫作什么呢？ =公钱。

谁在保管呢？ =参议，前清时代的绅董在保管。

那个绅董是只有一个人吗？ =名义上是一人，辅助者有两三人。

绅董做什么样的工作呢？ =和村长一样。

和闾长不一样吗？ =闾长比村长低。

有绅董的时候有闾长吗？ =没有。

民国时代有绅董吗？ =没有，有村长。

村长会借给吗？ =是的。

大约借给多少呢？ =四五千元。

在公会借钱的理由是根据什么？有借的时候和不借的时候吗？ =除了结婚和葬礼以外，其余都不借。

为了买上地钱不足二三十元的时候不能借吗？ =那个时候会借到。

【同族——清明会的金融】例如郭的同族里有在做借贷钱的朋友吗？ =大家庭是有墓地的，从那个土地收获的作物的钱可以借贷，但是这个村没有。

这样的会叫作什么呢？ =叫作清明会。

比如不叫作郭家会吗？ =叫作郭姓的清明会。

那样的钱的管理人是谁呢？ =同族全体协议选出管理人。
以谁的名字借给呢？ =以清明会的名字借给。
那个时候立契吗？ =根据借的人有写的时候，也有不写的时候。
在清明会有账簿写在那里面吗？ =是的。
同族以外的人不能借给吗？ =不能借给。
有交给一年以上的吗？ =没有，秋收时归还。
附加利息吗？ =不附加。
【赊买及其方法】在城内村里的人有赊买的吗？ =有赊账的。
赊账的账簿是买的人持有吗？ =自己家有账簿的人回家了写上。
店主给客人账簿把那个写进去再给他的情况有吗？ =有的。
那个叫什么呢？ =叫作走揩。
村里有持有那个的人吗？ =没有。
有钱人会用吗？ =是的。
不让穷人做吗？ =是的。
在村里使用那个叫走揩的人吗？ =没有。
一年清算几次呢？ =新年、端午、中秋 3 次。
如果没在端午支付的话，在下一个支付期支付吗？ =是的。
那个时候附加利息吗？ =不附加。
走揩是怎样写的呢？ =写物品和金额。
孩子拿去使用买东西的时候也写上吗？ =写的。
孩子能交涉钱吗？ =不做金额的交涉，拿着走揩去买的时候也不谎价，也不还价。
原来这个村有拿着走揩去购物的吗 =？光绪年代有的，有十家八家的。
没有了是因为村里变穷了吗？ =是的，我也是 30 年前使用的。
使用走揩的店是杂货店的店主吗？ =是的。

5 月 29 日

义仓　钱铺　一般金融方法

应答者　李永玉　禹祬
【钱会等等】没有钱会吗？ =没有。
原来也没有吗？ =以前也没有。
有叫作标会的可供借贷的会吗？ =没有。
没有粮食借贷的会吗？ =没有。
没有在义引的让分配人可以使用钱的组织吗？ =那样的组织在城内和长辛店有，但是本村没有。

没有谷会吗？ =没有。

没有押会吗？ =没有。

没有叫作总会的东西吗？ =没有，有以前处理村里的公有财产的总会。

【义仓及其征收方法】水灾和旱灾的时候，为了预备不会提前储藏好粮食吗？ =清朝时期县的命令村中的粮食都储存到县的仓库，水灾和旱灾的时候就分送给村里。

义仓是到清朝结束为止有的，还是在明代也有呢，到什么时候为止有呢？ =民国十多年有一次性收集的，但是那些粮食却不知道要怎么办。

那是县命令收集的吗，像慈善会那样的组织收集的吗？ =县的命令收集的。

那个时候根据作物的面积收集的吗，还是根据人数收集的呢？ =县命令让村子交出多少，按村子的耕种面积分摊。

那个是大约民国多少年？ =记不太清了。

前清时期也是同样的吗？ =当然也是同样的。

民国钱是每年收集吗？ =不一定。四五年一次，10年一次收集。

那个是根据土地的所有亩数分摊吗，根据耕种面积分摊吗？ =没有严格的决定，土地多的人就多出，根据耕种面积来出。

如果说村长交出多少可以不一样吗？ =未必像命令的那样可以商谈。

民国十多年的时候村里说是只有哪个要出呢？ =村子全体出一石2斗。

那个决定的是玉米和高粱吗？ =就玉米。

【它的运用】那个在旱灾水灾的时候，有村民从村里借来使用的情况吗？ =没有。

民国以前呢？ =前清时代有交作物就给钱的情况。

绅董是做那样的工作吗？ =是的。

给钱呢？还是给作物呢？是根据村里希望的吗？还是县里面给决定的呢？ =县那边决定的。

前清时代是给大家钱吗？有给粮食的吗？ =给粮食的更多一些。

如果出一石的话，那一石能让全村都得到吗？ =比一石多的能得到。得到的时候是根据每户来决定。

交出的时候是根据亩数出的，得到的时候是根据人口得到的吗？ =是的。

有人出的时候出一升，得到的时候能得到5升吗？ =可以，因为作为地主要分给贫困的人。出的时候也是有钱人出的多。

贫困的人出的少，得到多的时候，之后村里会多退少补吗？ =不会。

【它的管理】在县里做像那样的义仓的工作，那么在县里做的什么部门呢？ =不属于县里的什么部门，特别的在义仓做事的人是可以的。

雇用新的特别的人吗？ =一年中有。

有父辈在前清时代管理过义仓的人吗？ =没有。

县长任命的吗？ =是的。

义仓管理人有几个人呢？ =二三人。

那个是在县城有，村里没有吗？ =是的。

有几个呢？ =一个。

那个是从非常久的时候有的吗？ =明朝时期也有。

那个义仓现在是如何使用的呢？ =用作了女生学校。

【金融机关——钱铺】城内有银行吗？ =没有。

原来有吗？ =原来有钱铺。

那个钱铺现在还有吗？ =没了。

直到是什么时候有呢？ =开始变成民国了就没有了。

其他的地方也大体是在事变前有，但是这里也有到那个时候没有的吗？ =民国元年的时候，因为距离北京近就没有了。

没有钱铺的话，那个能用什么来代替呢？ =什么也没有。

有什么可以代替钱铺借给钱的呢？ =原来的钱铺也不能借钱，是做兑换的。

【村民借钱的贷主】原来是谁借给钱呢？ =委托自己的朋友，去城里的有钱人家借。

专门借给钱的人（有钱人、持有土地多的人）是没有规定吗？ =没有规定。

以前也没有规定吗？ =以前有的，专门做的人没有，但是有借给钱的人。

吴店村的人借城内谁的钱，大体上规定了吗？ =没有规定。

【其金融方法】那个时代借钱的方法是，金额比如五十元以上的，像这样多的话有作为担保的必要吗？ =如果有保证人的话就不要。

保证人是必须必要的吗？ =如果有信用的话不需要保证人。

必须要写借用证书吗？ =不一定，也有不需要证书的时候，视信用而定。

村里的人借钱的时候是在城内借的多呢？还是在村里借的人多呢？ =村里的人现在有钱的很少都在城里借。

保证人必须是有钱人吗？ =贫困的人也可以成为。

借主不还钱的时候不会困扰吗？ =因为保证人相信，借主不会出现问题的。

【合作社】事变之前有合作社这种东西吗？ =没有。

原来国民党是到处的组织合作社，那这个地方有吗？ =没有，到处组织合作社是民国二十八年开始的。

那个合作社为农民做什么呢？ =分配生活必需品（米面、洋火、烟、手巾、纸、化妆品、手套等）。

那么村里的人真的不用买吗？ =也有买的人。

分量少吧？ =多数不买。

卖得不多吧？ =只有米面卖给合作社的人，其他的物品谁买都可以。

合作社不到村子去卖，村民到城里去买吗？ =是的。

合作社只卖给农民必要的东西吗？ =家畜等等不卖，化妆品、手巾很多。

即使不去合作社也会有东西吗？ =石油和火柴最缺乏。

面怎么样呢？ =面不卖给农民。

石炭也不卖吗？ =合作社不卖，去山上买。

【同族——一家当户】在那边有使用同族这个词的吗？ = 不作为词来使用，在书面上使用。

说话的时候使用什么词呢？ = 一家当户。

一家当户是包含在那几户中的吗？ = 比如禹在吴店村有12户，那就叫作一家当户。

【同族间的金融】一家当户中借钱的多吗？ = 少。

一家当户中借钱的时候中人是有必要的吗？ = 金额少的时候不要中人。

那个时候中人肯定是一家当户的人吗？ = 外族的中人也可以。

借钱的时候尽量从同族这里借，有这种考虑吗？ = 如果同族的人有钱的话，就从那个人那里借。

从同族的人那借可以吗？ = 可以借。

利息怎样呢？ = 不付利息。

从大约多少就要付利息了呢？ = 金额很多的话，关系很亲密也不用交利息。

收利息的时候一定要立中人吗？ = 即使付利息，也很少立中人。

是直接对话，还是通过族长来说呢？ = 根据情况是不同的，直接说的时候也有。

期间呢？ = 随便。

随便的时候是必须要一年以内还钱吗？ = 一两个月返还。

【有无担保】指地和租地在同族中，哪一个比较多呢？ = 指地和租地都不用，靠信用来借。

【借钱的原因】同族内借钱的时候是以什么原因借的比较多呢？ = 没有食物的时候，没有衣服的时候借。

也有为了结婚、葬礼的费用借的吗？ = 有的。

一般的需要最多的钱的原因是什么呢？ = 买不动产的时候借最多的钱。

【葬礼费用及其筹措】为了葬礼的费用的不多吗？ = 这里的葬礼很简单，所以不需要很多的钱。

村里最豪华的葬礼大约要花多少钱呢？ = 大约花费千元。

为了举办葬礼没有借500元、1000元的吗？ = 没有。

中等程度的葬礼大约要花多少钱呢？ = 六七百元。

六七百元是怎么样赚的呢？ = 卖土地，然后出典赚的。

未必卖掉养老地就不好？ = 是的。

【借钱的种类和偿还的先后】有人是从同族、亲戚、地主、朋友那借钱。哪一个都是不得不还的时候，必须要先还哪一个呢？ = 根据期限按顺序返还。

为了葬礼从右边这些人中借钱的期限是一样的吗？ = 朋友是要最先还的，其次是亲戚，再次是同族，最后是地主。

为什么最后还给地主呢？ = 因为可以用来年的地租来缴纳。

为什么同族在亲戚的后面还呢？ = 因为注重妻子、母亲的面子。

有人借了葬礼的费用和结婚的费用，在同一时间不得不还的时候钱又不够两边都还了，那应该先还哪个呢？ = 先举行结婚的话就先还结婚的。

结婚没多久马上就出葬礼的话？ =葬礼的借款早点还。

为什么呢？ =因为父母的葬礼的借款是最重要的。

为了葬礼和粮食在同一时间借钱，那个必须在同一时间返还的时候，先还哪一个呢？ =食粮先，因为不那样的话今后谁也不借给钱了。

比结婚的钱早吗？ =是的。

石油、石炭的借款和食物的借款呢？ =食物的借款先。

为了葬礼、结婚的借款和为了石油石炭的借款，哪一个先呢？ =必须要先还葬礼和结婚的借款。

冬天时，衣服、石炭、石油借款的时候哪一个先呢？ =必须按照衣服、石炭、石油的顺序。

为了买药借的钱和为了衣服借的钱哪一个必须先还呢？ =先还药的。

为什么呢？ =因为父母生病的时候借给钱是在做孝行。

药店的借款和杂货店的借款要考虑哪一个必须先还吗？ =杂货店。

从药房借的和从粮食店借的要考虑必须先还哪一个吗？ =先还药店的，药店只有一家。

为了买种子苗借的钱和为了买食粮借的钱哪一个要先呢？ =种子苗先。

为什么呢？ =因为如果没有苗的话，就不能收获作物。

药店和苗哪一个先呢？ =苗先。

苗和种子的费用的借款和为买马和骡子借的款，哪一个必须要先还呢？ =买家畜的借款是七八十元，因为利息会变多，所以先还。

【出典的立契】土地出典的时候要制作什么字据呢？ =不写白契、草契，直接在县公署正式的书面上写。

在其他地方是写在鉴证人（还有村长）从县公署购买的草契上面，那吴店村是怎么样的呢？ =吴店村也是一样的。

有草契吗？ =有的。

谁持有呢？ =村长持有。

【白契和草契】昨天得到的“立租地字人××”的公文格式（白契）是在什么时候使用呢？ =前清时期用的，但是现在直接写草契，草契上不写中人的名字。

现在写白契吗？ =写。

在持有那个白契的村长的地方写草契吗？ =是的。

如果村长没有在场得话就不能写草契吗？ =是的。

白契是即使村长没有在场也可以写的吗？ =是的。

在村长的地方谁和谁会在场呢？ =出典人、承典人、村长。

中人不在场也可以吗？ =没有大碍。

但是在草契上要写中人的名字吧？ =不写。

在白契写中人的名字，草契上不写吗？ =是的。

【契的保管和中人】白契是谁来保管呢？ =置地主保管，长期保管。

如果得到了正式的契就不需要了吗？ =是的。

因为得到了正式的契就不保管了吗？ =没有特别的必要，不会发生事故。

在草契上如果没有写中人的名字，那保管白契的中人日后不会变的不明了吗？拔价的时候等等怎么办呢？ =拔价的时候不是之前的中人也可以，重新写一遍契。

赎回土地的时候，即使原来的中人不在场也可以吗？ =没有大碍。

那么，赎回的时候不是拿着钱去中人那么？ =中人拿着钱去也可以，不委托中人也可以。

如果出典人和承典人不是朋友的时候，不好好的保管白契也可以吗？ =没有大碍。

【监证人】监证人是从原来开始就是村长来当吗？ =民国的时候开始。

不是从民国十五年以后开始吗？ =是的。

在那之前监证人和草契都没有吗？ =是的。

在那之前其他的人不能成为监证人吗？ =没有除了村长以外的人成为监证人的。

【草契及其保管】为了得到草契要花多少钱呢？ =10钱。

几联式呢？ =四联式一枚十钱。

副契是谁持有呢？ =副契是出典人，正契是承典人、乡公所、县公署各持一张。

乡公所的是村长持有吗？ =是的（和草契的存根混同）。

现在监证人是谁？ =张姓的参议。

现在也是放在监证人那里，不放在乡公所吗？ =放在乡公所。

监证人的印是在乡公所那有吗？ =村长持有。

【契税】契税每100元多少钱呢？ =6元60钱。

契税是对应借款的金额付款吗？ =是的。

不是支付担保的土地的价格吗？ =不是的。

那个契税是交到哪呢？ =交到县里。

除了那个以外和税相似的东西交到哪呢？ =不交。

给监证人缴纳多少呢=？每100元交6元60钱的税中，包括了交给监证人的50钱。

那是从县里交付给监证人吗？ =是的。

契税是出典人支付呢？还是承典人支付呢？ =出典人支付3分，承典人支付7分。

那个比率是出典人和承典人协商变动的吗？ =是规定的。

从县公署上述出典人、承典人双方送去收据吗？ =收据上写的是承典人的名字，收据上的是承典人出的。

【契税手续】监证人实际上会拿着税契去办手续吧？ =监证人不去，承典人去。

那个时候拿着草契去吗？ =交付了草契，县里来计算。

看了草契县里的官员会写上吗？ =监证人写入。

写入正契和副契吗？ =是的。

四联一账是在监证人那里吗？ =是的（应答者每个点都是正确的）。

税契手续很麻烦，其他的地方不做的很多，那这个村是怎么样呢？ =不做税契手续的很少。

【新民会的春耕贷款】合作社没有借给过钱吗？=借给过。

合作社借给吗，还是新民会借给呢？=新民会。

借给钱的叫作什么呢？=春耕贷款。

大约借给多少钱呢？=前年1300元，那之前是800元。

去年和今年没有借给吗？=没有借给。

为什么呢？=不知道理由。

春耕贷款必须要保证人吗？=不要，5人成为一组借钱。去年理事长把想要借钱的人的名字拿去了新民会，以那的人的责任来借。

理事长是村长吗？=不是。

谁是理事长呢？=合作社的有一个村有一个理事长。

没有规定每个人借给多少吗？=持有3亩土地的人借给60元，今年说有3亩土地的人借给80元，但是还没有借。

是对于3亩的人吗，还是3亩以上的人80元呢？=借给3亩以上的人80元，3亩以下的人不借给。

全部是80元不借给80元以上吗？=是的。

3亩的土地用担保吗？=理事长调查土地的有无，如果确定持有的话不用担保也借给。

万一不归还的时候，理事长怎么做呢？=因为是国家借给的没有不还的人。

春耕贷款是使用什么都可以吗？=没有大碍。

葬礼的使用、买粮食都可以吗？=没有大碍。

每个使用的方法新民会不会说吗？=有说。

但是实际上怎么使用都可以吗？=是的。

一般是对什么使用的最多呢？=土地耕种使用。

耕种是什么东西必须要用钱呢？=为了买骡马、雇人，钱是必要的。

利息是多少呢？=一个月8厘。

期限是几个月呢？=秋季归还。

那个利息比一般的便宜吗？=是的。

理事从新民会那以八厘借，借给农民8厘以上这种情况，那么那也没有妨碍吧？=那样不行。

借的人直接还给新民会吗，还是还给理事长呢？=还给理事长，吴店村有3名理事，3名监事做春耕贷款。

除了3名理事以外，还有一名理事长吗？=3名之中有一个人是理事长，和新民会联络。

是理事长负责钱吗？=是的。

【种棉花】在良乡有种棉花的地方吗？=少，哪个村都种的很少。

吴店是从什么时候开始种的呢？=村里大约有10亩，从前清时代原来是一户、两户，现在是70户中大约有50户。

那一共就大约10亩吗？=是的。

【卖作物】吴店村没有为了卖掉而耕种的作物吗？＝如果杂粮中有剩下的话什么都卖了。

有剩下的吗？＝种得多的人家有剩下的。

【交易场】卖的时候要拿着去哪儿卖呢？＝城内的交易场。

之前是在城内的交易场？＝城内的市场。

交易场是什么时候开始有的呢？＝民国二十八年开始。

交易场买卖的东西都有什么呢？＝什么买卖都有。

不是食品的也有买卖吗？＝家畜也在交易场卖。

【棉花的买卖】棉花呢？＝棉花去棉花店卖。

【杂粮的交易】如果是一般年的话，一户平均卖大约多少五谷杂粮呢？＝粮食如果有剩余的话就储藏起来，不太清楚。

事变前和事变后卖五谷杂粮的有没有变多呢？＝想要钱的时候没有比卖五谷杂粮更好的方法，那个是比较多。

即使知道粮食作为一年的粮食不够，需要钱去卖掉的有吗？＝有的。

没有卖了小麦取而代之买高粱、玉米的吗？＝没有。

其他的地方因为小麦能卖得贵就全部卖掉，买便宜的高粱和玉米的这种情况有没有呢？＝有，卖掉麦子，买便宜的玉米。

不是为了卖麦子而耕种吗？＝也有为了吃而耕种的。有10亩土地的人大约种3亩，7亩是种高粱和玉米。

【食物的消费和买卖】麦子是农民平日吃的吗？＝不是每天吃。

自己家种的麦子在什么时候用呢？＝如果家里有年老的双亲的话就让每天吃，节日和新年的时候全家人都吃。

年老的双亲要是不在了的话，就不吃吗？＝不吃。

年老的双亲不在了的话，只有正月和节日的时候吃，剩余的全卖了吗？＝是的。

平常不是老年人，是年轻的人吃的，多吗？＝是的，只收获麦子的时候麦子很多，因为在炎热的时候偶尔吃的话会有力气。

卖麦子等等，是在什么时候卖得多呢？＝大秋的时候卖。

麦秋不卖吗？＝卖，如果需要钱的话少卖一点。

麦秋的时候少卖一点，大秋的时候多卖一点，是什么理由呢？＝因为能卖贵一点。

相比大秋的时候卖，过了年二三月，那时卖价钱会更高一些吧？＝是的。

那么为什么不等着呢？＝大秋的时候需要钱，那个时候剩下玉米和高粱是食粮。

大秋的时候卖掉麦子，买玉米和高粱吗？＝是的。

卖麦子买便宜的玉米和高粱是为了明年准备的，在玉米、高粱最便宜的时候买是给将来做准备吗？＝有钱的人都那样做。

作为将来的粮食而提前准备的人大约有多少呢？＝有一两家，村里的人都很贫穷。

贫穷的人也卖掉麦子吧，像这样卖掉麦子买高粱的人大约有多少呢？＝大约50户。

【交易的场所】现在不在交易的场所就不能卖吗？＝是的。

在其他地方卖会怎么样呢？ =会被罚罚金。

其他的地方卖的话贵吧？ =不贵。

村子间麦子多的人相互卖没有大碍吗？ =在交易场卖，如果大约是两三斗的话可以。

即使两三斗以上买卖也可以吗？只是这样说不买卖呢？ =没有两三斗以上的买卖，不可以卖超过那个的，如果那样做的话村里的坏人会去交易场报告。

【交易限制的今昔】原来是自由的吗？ =前清时代是自由的。

事变前呢？ =在有交易场之前随便买卖也可以的。

有交易场之前是在市场卖吗？ =是的。

【经纪】那里有叫作经纪的人吗？ =有的。

前清时期呢？ =也是有的。

有经纪的时候，在村里不用经过经济的手来卖也可以吗？ =可以的。

现在在交易场吗？ =是的。

各村都有经纪吗？ =各村没有。

原来呢？ =原来也没有。

在交易场必须经纪用斗来计量吗？ =是的。

农民不能用自己的斗来计量吗？ =不能。

【交易税】交易场是买卖的时候加上付税吗？ =加上。

那个是卖的人支付呢？还是买的人支付呢？ =双方都要。

用钱支付吗？ =用钱支付。

在有交易场之前呢？ =少量的粮食的时候不交税，从村里拿来两三斗的粮食用升计量，如果有剩余的话交给经纪。

以前都是给经纪，余下的粮食不给钱是吗？ =卖很多的时候是给钱的。

给经纪支付的税是关于买卖价额的影响吗？ =是的。

每一元大约多少呢？ =大约三钱。

【交易税的负担】那个三钱是卖方和买方怎样来出呢？ =买方出得多。

出一元税的时候，是怎么出的呢 =？卖方出 35 钱，买方大约出 65 钱。

因为有了交易场税金就变多了吗？ =是的。

以前每一元大约是多少呢？ =以前没有税，一石的粮食能卖五六元的时候大约给 5 钱。

剩余的粮食也给吗？ =如果给了粮食的话，不给钱也是可以的。

以前卖两三斗可以不交税，但是现在不论卖多少都必须交税吗？ =是的。

【经纪和斗份】原来的经纪聚集到现在的交易场工作的原因是？ =设立交易场的人，不是以前的经纪，现在的经纪不是以前的经纪，只有年轻人。

现在的也叫经纪吗？ =现在的不叫作经纪了，叫作斗份。

那个斗份会得到工资吗？ =那个斗份的家原来就做斗份，从交易场得到工资，怎么得到的就不知道了。

原来的经纪不会得到工资吗？ =是的。

在那个村比起粮食没有卖别的东西吗？ =除了粮食以外还卖甘薯、柴草（秆）。

【不交税的东西——除粮食外】在哪里卖甘薯呢？ =在村里卖。

到村里来买吗？ =还有从北京来买的人，去北京卖的人也有。

去城内的市场卖呢？ =不去。

原来呢？ =原来也不来卖。

甘薯不交税吗？ =不交。

到村里来买的是从北京来的吗？ =河东边的村里的人不种甘薯，所以来买。

去北京卖的和去农村卖的哪一个比较多呢？ =去农村卖的多一些。

比例的话大约哪个多呢？ =这个村不怎么拿着去北京，大多数是拿着去能去的地方。

【柴草】柴草在哪里卖呢？ =也是在村里卖（谷子的秆），为了养家畜村里的人买。

拿到城内去卖吗？ =卖。

拿到城内的市场去卖吗？ =什么时候来都可以，有规定的卖秆的地方。

卖那个是有季节的吗？ =没有一定的季节。

什么时候最多呢？ =阴历十一月和十二月。

自己卖吗？ =是的，100斤每单位。

去年大约是多少呢？ =去年在村里卖的话大约是2元50钱，城内是4元。

一亩多的时候能收获多少呢？ =一亩350斤。

卖维谷是什么时节呢？ =现在阴历的四五月（麦秋的时候）最多。

【集市和日期】城内的集市哪天有呢？ =每月一日、三日、六日、八日。

旧历吗？ =是的。

在哪儿有呢？ =在有交易场的地方设立了集市，原来是一号西大街、六号东大街、三号南大街、八号北大街。

到什么时候为止是这样呢？ =前清时代。

到了民国开始变成什么样了呢？ =没有规定其他商品买卖的地方，只有粮食的规定了，事变前是在有庙的地方卖。

前清时代什么都可以在东、南、西、北大街上卖吗？ =只有粮食在那个大街的集市上卖，粮食以外的商品在哪儿卖都可以，不是集市看都可以。

县里的设立集市的地方有别的吗？ =设立在交道、琉璃河、麦店、长辛店。

那里也是只卖粮食吗？ =集市那天粮食是最多的，因为那天来买杂货的人很多也卖。

在城内的集市卖的时候，有规定了吴店村的人必须在哪儿卖的场所吗？ =没有规定。

随便吗？ =是的。

那个时候你能在哪儿卖呢？有人说不能在这儿卖吗？ =没有，因为经纪是平等的，所以委托哪个都可以。

【斗份的数量】原来没有交易场的时候，随便的合并就可以吗？ =随便（自由），但是斗份只有24个人。

现在呢？ =少。

事变前有个人吗？ =是的。

【市价和斗局】市价是谁决定的呢？ = 斗局决定的。

斗局是什么呢？ = 斗份公所。

叫作斗份的是聚集到一个地方有集会所吗？ = 是的，在城内有，有家。

斗份公所是到什么时候为止有的呢？ = 直到民国十多年都有。

那天不能随便的变动市价吗？ = 如果是早晨决定的，那么到晚上都不可以变。

在公所是听商务会决定吗？ = 商务会的会长也决定掌握着斗局的掌权，但是如果拿着上等的粮食来的，就可以稍微提出高的要求。

和县公署的官员没有关系吗？ = 没有关系。

24 个斗份全都去县下的集市吗？ = 都是分开有的，各个集市都有这样那样的经纪。

规定了其他集市的斗份的数量吗？ = 是的，但是自己不知道数量。

【集市上市价的差异】琉璃河的市价是只有琉璃河的斗份规定吗？ = 是的。

同一天的琉璃河集市的价格和城内的价格有不同吗？ = 有的，因为距离北京近所以城内的价格高。

长辛店的比城内的高吗？ = 长辛店的高。

琉璃河的集市日是？ = 二日、四日、七日、九日。

麦店呢？ = 五日、十日。

交道呢？ = 和麦店一样。

长辛店呢？ = 和琉璃河一样。

吴店的人去哪个集市呢？ = 去城内的集市，不去其他的集市。

去哪儿的集市都可以吗？ = 没有大碍，如果有车的话去长辛店卖。

【斗局消失后市价的决定】斗份的公所消失以后，市价谁来决定呢？ = 自然也还是斗份和商会的人决定。

有了交易场呢？ = 自然是经纪和商会决定。

在农村的呢？ = 自然是一样的。

【购买其他的必需品】农具、衣服、油等等在哪里买呢？ = 农具是三月初三在城内的城隍庙有集会，从各地的农村去那里汇集卖，在那里买。

衣服呢？ = 城内的布店，在农村周围转的布的小卖商人（布车子）。

什么时候买衣服呢？ = 有钱人的家什么时候都可以做，但是一般的家庭是麦秋的时候做单衣；大秋的时候做棉衣。

正月、节日的时候不做吗？ = 有钱人做。

一般的衣服一年大约洗几次呢？ = 每天穿的时候，十天洗一次。

苗和种子去哪买呢？ = 在农村买。

苗是甘薯的苗吗？ = 是的。

买那个吗？ = 是的，因为要花一点功夫，自己家不种，要买。

种子不是在自己家种的吗？ = 是的。

油在哪儿买呢？ = 城内的盐店买。

卖盐的有几家呢？ = 原来只有一家，但是现在哪儿都有卖的。

6月4日

集市 牙行 农民的金融

应答者 关某（德裕厚、粮栈支配人）

【县里的集市】县里的集市有多少呢？＝麦店、琉璃河、交道、官中。

农民从哪个村去都可以吗？＝随便。

【牙行、治斗】有在集市买卖的中介人吗？＝牙行、治斗。

牙行在一个集市有几人呢？＝牙行有牲畜和斗行两种。

【斗行、斗伙】在城内的集市的牙行有几个人呢？＝19人，在那之下还有几人，那个叫作量斗，也叫斗伙。

牙行的下面斗伙大约有几人呢？＝三四人，也有一人的。

牙行做什么呢？＝买卖的中介。

【手续费】那个会取得谢礼吗？＝当然，每石10钱。

【税及其负担】作为税的话取得多少？＝概括起来每10钱3毛7分5厘。

概括起来都有什么税呢？＝交易场手续费。

征收处取得的省税27钱5厘叫作什么呢？＝粮税。

谁缴纳呢？＝双方都出，卖方10钱，买方17钱5厘。

交给谁呢？＝交给征收处。

【征收员】那个集市的买卖额是谁去告诉征收处呢？＝征收员在现场看见，有叫作征收员的人。

集市是交易场吗？＝是的。

【牙行的身份】牙行是在交易场工作的人吗？＝在集市那天临时召集，不从交易场得到工资。

牙行做别的工作吗？＝不，不让。

能自由成为牙行吗？＝不能。

怎么做的话能成为牙行呢？＝世袭，全部都是的。

从原来就叫作牙行吗？＝是的，量斗也可以。

19人有头目吗？＝征收处就相当于那个，处长就是头目。

征收员有几人呢？＝五六人。

那个不是牙行吗？＝不是牙行。

【农民和牙行】农民去哪个交易场呢？随便卖吗？＝委托熟悉的牙行。

买的人仅限于商人吗？＝谁都可以买。

【征收额的决定】10元对应27钱5厘是谁决定的呢？＝19人商量，每一石10钱。

能委托不知道的牙行吗？＝随便。

每一石不是10钱以上吗？=不多。

【斗伙及其工作】斗伙是做什么呢？=秋天忙的时候给牙行帮忙的。

斗伙是谁被雇用是一定的吗？=不一定，但是成为斗伙的人是规定的。

斗伙平常做什么呢？=去牙行的家集市日的时候去工作。

【集日】集日是每月有几次呢？=每10天一次。

【牙行——经纪】牙行的时候不和经纪说吗？=和经纪说。

一般用哪一个呢？=用哪一个都可以。

牙行是做牲畜的中介经纪是做粮食的中介不是吗？=是的。

经纪的下面不是有叫牙行的人吗？=没有，做粮食中介的人全都叫作斗伙。

【牙行的场所】斗伙（牙行）自己决定中介的场所吗？=一年一次的抽签的方法决定。

那个场所会立牌子吗？=不立牌子，不需要牌子。

【交易量】那里的农民多的量都可以卖吗？=拿多少来卖都可以，但是没有买方的时候也有不能卖的情况。

有不是一斗以上的话就不能买卖这种情况吗？=必须是一斗以上。

一斗以下在哪里随便卖都可以吗？=不可以，不能卖。但是拿来少的粮食有和面交换的。

农民在村里一斗以下的自由买卖可以吗？=不可以。

【现金交易】在集市买卖必须要用现金吗？=是的。

从原来开始就是这样吗？=是的。

【与粮栈的交易】农民不可以直接来粮栈卖吗？=如果农民拿到这里来的话叫牙行来，去征收场报告。

农民一般直接拿着去粮栈吗？=去集市买的人能随便的买卖。

【交易限制】从什么时候开始变得不能自由了呢？=从民国二十八年开始。

能随便做的当时也有牙行作为中介的必要吗？=是的。

大的粮栈不让自己的店员来做牙行吗？=没有像那样的。

不能做那样的事情吗？=是的。

【大牙行】牲畜的买卖的中介人叫作什么呢？=叫作大牙行。

牲畜买卖的时候牙行能取得多少的手续费呢？=10元是90钱。

【手续费、税】那个90钱也算在税里了吗？=是的。

不用从那个90钱中交给合作社多少吗？=不交给合作社，交易场的5钱包含在90钱里。

【牙行的收入】剩下的85钱变成谁的东西呢？=计入征收处，牙行的收入是90钱以外每10元五六钱作为牙行的收入。

牲畜的牙行有大约几人呢？=三四人。

三四人的下面有帮助的人吗？=没有。

对于买方来说商人多吗？=一年两次的收获期时商人多，其他的时候未必商人没有限制。

【价格的商量】价格是牙行和买方商量决定的吗？=牙行和商人和农民等都商量。

卖方和买方不能直接商量吗？=是的。

卖方不知道买方是多少钱买的吧？=知道的，双方都知道。

【价钱的交付】钱是买方直接交付给卖的人吗？=直接交付，不通过牙行直接交付。

粮食的价格为了每天都知道，是要张贴出来等等要做些什么吗？=不做什么。

粮食的那天的价格是谁决定的呢？=谁也不决定，如果那天拿来集市的粮食多的话价格就下降，少的话价格就上升。

【牲口市场】牲口市场是什么时候设立的？=和粮食市场一样。

买牲口的人又卖了的商人吗？=有的 。

那样的人叫作什么呢？=叫作商贩。

【集日的理由】县内四个地方的集日不同，有什么意思吗？有什么特别的意思吗？=为了方便。

【农民借钱的贷主】农民在需要钱的时候都从谁那儿借呢？=亲戚、朋友。

不来粮栈吗？=如果知道的话会来。

那个时候粮食作为担保吗？=不担保，证人写证明书。

粮栈和农民没有关系吗？=没有。

【粮栈】农民来借钱的时候，要设立什么样的证人呢？=设立知道粮栈的人。

那个证人是知道粮站的商人设立的，还是农民设立的？=哪一个都可以。

像这样买卖的时候借主就问商人这样方便吗？=不会特别的像那样说。

农民借钱的时候，像这样会去卖粮食的家委托他们来吗？=现在没有剩下的这样的东西，没有富余的钱。

以前随便买卖的时候是怎样的呢？如果来借钱时被拒绝，就不借了吗？=在县里有借贷给农民的人。

【商铺的农民金融】那种特别存在的人叫作什么人呢，当铺吗？=不是当铺，在北街有叫裕丰厚的人。

那个人是专门做借贷的吗？=面等等杂货的买卖。

那里的农民拿着粮食来换得面吗？=农民想要面的时候就来买。

像那样的店原来很多吗？=不多。

那个店在这个城内是大的店吗？=不大。

【农民借钱的时期、原因】农民什么时候来借呢？=春天比较多，从正月到麦秋是最贫穷的时候。

那个是为了买粮食吗？=是的。

农民结婚和葬礼的时候从那个店借吗？=是的。

那个时候300元、500元协商借给的时候，必须要土地作为担保吗？=是的。

【指地借钱】那个时候指地借钱和典哪一个比较多呢？=指地的多，要出利息。

【利息】那个时候决定利息了吗？=没有决定。

没有不能剩余很多利息的情况吗？ =没有要花费的东西。

一般大约多少呢？ =两分或者三分。

有三分、五分的东西吗？ =没有。

两分以下的呢？ =没有。

【期限】定期限吗？ =定。

期限是几个月呢？ =一般不论什么时候借都是麦秋还。

【期限内不能返还的情况】如果麦秋不能返还的话，麦秋以后会变贵吗？ =那个时候利息计算转入到本金里。

那个时候，如果没有还的话，就会耕种农民的土地吗？ =不会。

【借钱的商铺】有容泉是做什么的呢？ =杂货和杂粮的店。

那个店卖酒和杂粮吗？ =是的。

那个店也给农民借贷钱吗？ =借贷。

那个店在城内是大的吗？ =不是大的。

最大的是？ =没有。

那个店是最大的吗？ =是的。

原来有两替（钱铺）吗？ =没有。

【银行】有银行吗？ =华北省银行，在有容泉有，那里变成了分行。

商人也来那里借吗，农民去借吗？ =商人不去借，农民拿着地券去借，商店以现货作为担保来借。

有去那儿寄存的人吗？ =没有。

即使有借的人也没有寄存的人吗？ =没有。

那个银行作为最主要的工作是借款给农民是最多的吗？ =做交换。

农民不利用交换吧？ =比如和北京借贷钱的时候。

【官方的钱】县公署的钱在那儿寄存吗？ =不在那儿寄存。

放置在税契所吗？ =是的。

商务会做金融的工作吗？ =不做。

1942年10—11月

（华北农村惯行调查资料第94辑）

农村金融及贸易篇第11号　河北省良乡县吴店村
调查员　安藤镇正
翻　译　刘正惇

【调查日记】

10月24日

完成写作后，从北京出发。下午两点半到达良乡。从同一列火车下来的人中，我看到了森岛顾问，先上前打招呼，一叙久别之情。乘车前往县城。尽管轮廓很大，我却有种空虚感，似乎也并不全是因为我刚从北京过来。城内的东半部田地很少，这大概是因为几年前发过大水灾，又蒙受了战乱的缘故。总之，给我的第一印象是并不紧密。

我先去了新民会的宿舍，和第一班的人们进行事务交接。村内有对立的两派，青年有势力，很难有进展。尽管我看到柜子里有很多老账簿，但是让人来解释字句时，就不给看了。县城的中心小学校长赵仲衡是本村人，好像很有势力。和他聊过，说起作为有能力的人，当然会为我方工作，当时商定由小关用笔写下“为出差”。

杉之原、旗田、本田三位要赶四点钟的火车，匆忙离去。五点左右，由于火车没来，他们就回来了。因此，六个人与留下的东研戒能先生一起去了饭馆。到了七点，送走三个人，回到了新民会和久保田参事寒暄。随后访问了顾问公馆。暂时闲聊。谈话内容提及，和北京其他的地方相比，县内的物价非常低，可判断这是因为县里对物价进行了统制公定。但由于有贸易和请愿，不得不在某种程度上提高物价。后来探访了陈县长。寒暄。

10月25日

我们去村里，让临时助手小钟帮忙抄写从新民会借来的统计资料。因为宿舍距离南门很近，我们要穿过城内走到北门，到村里更是有相当一段距离。早晚往返可以成为一种很好的运动。据说，村里能看到近处的山，治安也很好。吴店村与昌黎的侯家营等村不一样，各户随便按照自己喜好的方向盖房子，怎么看都是杂乱无章的。在庙里短暂等待期间，看庙人为我们找来一些人。禹 祬、郭伯衡（教员）、禹国恩三人来了。禹祬说，现在的年轻人做村里的所有工作，老人没有用。与早晨来时不同的青年被称为参议（村长），这让我们觉得很奇怪。暂时休息以后，我们就和内田先生小组告别，分别在不同人的指引下开展户别调查。去挖护城河的人很少，也有人去城里其他地方做事，很难开展调查。做了三四户，总觉得此处和迄今为止见到的其他的村相比，有些变化。可以说是流动人口聚集的场所，或者说作为村庄而言已经基本瓦解，各个农民的经济状态也不好，因而平静地讲述着借款等情况。我们感到，这种借款或许是高利贷，其中的含义或许有有趣之处。在农民家中，有位丈夫在天津的日本人那里工作，三个孩子在家的农妇，通过日本人的关系把女儿嫁到了好地方，她高兴地把照片拿给我们看。五点左右，我们完成工作回去。恰好房山县盛产的柿子上市，我们去买了些品尝。

10 月 26 日

尽管晚了些，但是今天早晨和日本军警备队见了面。第五次治安强化运动开始了。由于昨天夜里听到了钟声，出于警惕，告诉了县长，借了警卫兵随行。顾问在出差中。在村里，郭教员和赵显章给我带路，继续进行户别调查，边做边对村子的贫困感受更强。申诉挖护城河负担的人也少。今天停止了户别调查，由后面的班来接替。农民当中，有眼病的人很多，我们把带去的乐敦眼药送给他们，他们对此表示感谢。

10 月 27 日

温暖的日子持续了三四天，但是今天的冷风很强。去了县署，县长不在，我们一边拜托李秘书警卫兵的事，一边说了些话。我们提到了物价，听说因为本地东西很便宜，麦子卖不出去，猪肉也很难买到。在北京每斤售价二元，这里却是一元以下，所以谁都愿意去北京卖。此外，也说了我们昨天在村里听到涿县的桃源境代官三堡的事。总之，要保持像明代那样的生活，好像基本断绝了和外界的交流。清代的时候，也是当地有“老人”每年一次去拜访县城的正堂。那个时候，正堂面向大门。然后拿着元宝若干，通过县里献给皇上。现在仍是每年只有一次因为纳税和买东西才到县城。据说政治和裁判都是“老人”在做，大家都服从裁决。昨天听说的内容是人口也在增加，三堡现在变成了九堡，等等。听说清代的时候，清室不收臣下的礼品。打听距离时，说是距涿县大约有二百里，从房山县城出发也有百里左右，在北方的山中。涿县的飞地里也有。我们说和内田先生一定要去这个地方做惯行调查，但由于治安、交通原因，似乎完全不行。

去村里的时候，禹祬、张文会两个老人在等着。后来郭教员也参加了。因为风太强了，就在屋里进行访谈。我向禹禋询问了村民的生活概况、金钱关系，等等。因为稍微熟悉了村里的人们，就告诉大家，我们明天要请村里有权力的人吃饭，借阅村里的账簿。夜幕降临，我们参考分户调查票，尝试制作了表格。

10月28日

饭后，我们去探访了中心小学的赵校长，出席了招待我们的聚餐之后，去了村里。委托老道帮忙叫来禹国恩、赵显章、张参议等，然后开始询问。问了禹禋租地的事情。租和典的意义相同，这是和外面有所区别的特征。如果能做出体现这种用语方面异同的分布图，我想会很有意思，但是现在是不可能的。

两点过后，招待结束，我们和同伴一起去了城内。进了饭馆同义轩，迎接赵校长，三点开饭。我觉得校长和老人等很自然地以辈分让座位的行为很有意思。今天的客人是赵校长、禹禋、张文会的二老、赵显章、禹国恩等中坚人物，稍后到来的参议张启伦六人。内田先生发言，说我们的调查只是学术方面的参考，没有其他的意思。助手刘国芳完全领会了内田先生的意思，浅显易懂而又流畅地转达了这些内容。赵校长的答礼性发言过后，我们一说到大家不用担心什么，什么都可以说，什么都可以给我们看，大家就一同回答"明白明白，协力协力"。大体情形似乎进展顺利。参议也基本保持沉默，没有抱怨什么。他们平生恐怕没有受到过这样的款待。吃得很多，我们感到惊讶。他们似乎由此得到了满足。我们感到，简单地一起吃饭这种工作，是接待中国农民的情况下特别必要和适合的一种方法。五点左右，下了一场久违的雨，我们就一起回去了。

10月29日

去村里提问。总之，这个村可以说是顺应时势，遵从县里的方针，大体让年轻人任职，但是可以看出中老年以上的人并不服从，像是在监视他们一样。这不是一般的状态，应该是看到了被歪曲的状态。一点过后，因为助手小关的派遣一事，需要联系公司，我们去了车站。因为没有电报，所以借用了电话，有人帮忙打电话。经过一个小时的等待，我们回去再次询问。今天主要询问了指地借钱和出粮食的事情。多少问到了有一些有意思的事情。

10月30日

这次的分户调查花了两天时间，原计划用一周左右的时间完成，时间不宽裕，观察城内集市的计划不得不推迟到后天。今天也访谈了禹袿和赵显章。逐渐也能对村里的特征做出一些判断了，总之这里是和寺北柴村相似的贫穷村庄。我们和办事员、村民一起拍了纪念照。由于他们托我们明天帮其家人一起拍照，就约定了拍照事宜。我们去了村里最有钱的郭宽家稍微看了一下，与之前见到的村庄相比，没有太大差别。

10 月 31 日

由于内田先生提起过石敢当的事，小刘带来了《新民报》上刊登的相关内容摘抄。去了村里，小关在等着。他说已到八点，就过来了。因为母亲重病，他说要到新民会这边，便于联系。听说山本斌先生带着小杨去顺德道调查了，26 日出发的。预计去一个月以上，走 15 个县，我觉得真的很辛苦。

今天也问了禹袿。这个男人正直、顽固。一旦深入询问，他就说因为自己没做过，所以不知道，有时会说些与春季调查不同的事情。很难。午休时，我去了这个人家里，帮他照了两三张家庭合影，之后会送给他们。

11 月 1 日

因为（在我们）之后也有调查班，今天不得不撤回。去了村里。禹袿在，但是我们计划问些个别的事情，就让找来更多的人。来人当中，除了一个人之外，其余的看上去都很穷。午饭时，由于张文会昨天说要请我们吃荞麦，我们就去接受招待了。参议张启伦（文会的侄子）也住在同一个院子里。似乎还是个不会走路的孩子，在户外的角落拿着装有什么食物的碗，像被丢弃的猫狗一样。尽管他的妈妈也在场，但是谁都没有特别在意。我对此感到有些惊讶，变得心痛，甚至觉得有些不快。虽说已经到 11 月了，却只穿着衬衫一样的衣服，因此用屁股坐着。参议在张文会对面的厢房里，但正房却变成了驴、马的家。我帮他们拍了照片，表达了感谢，就回到庙里继续询问。到了五点左右，访谈结束，寒暄过后就回来了。这个村的贫困程度，不只是通过今天访谈的人，在其他方面也能看出。我们一再看到在这种冷天只穿着一件破烂上衣的孩子；不仅如此，从大人、孩子的服装也能这样判断；有眼病的人很多，其中一个原因是营养不足，等等。在今天出村归来的途中，我们也惊见刚剥下来的狗的头皮，发现横着的围墙里面有两三个人在宰狗。那场面惨不忍睹，女性也用手挡住了眼睛。虽说接下来就要吃狗肉，但我们只感到惊讶。回到宿舍，后一班的小沼、早川先生等已经到了。收拾了行李，和久保田先生等人交接寒暄。因为森岛顾问外出不在，无法拜访。晚饭过后，离开昏暗的县城，乘坐八点多的火车。

10月27日

村民生活概况

应答者　禹祥（64岁，从光绪二十五六年到宣统三四年间担任村里的办事员。村中有权力的人）

地　点　吴店村保甲办公处

【村子的户数】这个村总共有多少户呢？＝原来我自己管事的时候是四十几户，现在包括李家坟在内刚好是70户。

李家坟大约有多少户呢？＝4户。其中，刘家1户，王家3户。

李家坟从什么时候开始变成同村的呢？＝不到两百年，但都是吴店的人，而且是老户。为了看坟就搬到了这里。

刘家、王家和那个李家坟有什么关系呢？＝王家的人原来是在李家坟看坟种地的，刘家是从车营搬过来的。刘家的媳妇出嫁前是王家的姑娘。

刘家和王家一般和住在这里的人交往吗？＝是的。

【村民的职业】这个村的人一般以什么为生呢？＝都是靠种地为生。

有不种地的人吗？＝少，有是有。

有几家呢？＝只有3家。

那他们做什么呢？＝卖苦力的两家，拉洋车的一家。

除了种地，做其他的事情的大约有多少呢？＝大体上都是这样，这个村的住户都是只有10亩、8亩土地的人家，大户很少。因为大多都是伙种地，除了种地以外还做些其他事。

除了种地以外还做些什么事情呢？＝有空时当雇工。有手艺的人做木匠、瓦匠，等等；没有手艺的就做短工等（只有自己家在做木匠，自己的两个儿子都能做；瓦匠有赵、杨、宋3家）。

木匠和瓦匠等不光在村里做，也去城里吗？＝哪里都去，北京也去。有空时，如果没人来请的话，就自己去找（我打算去一次日本，曾去过营口。那是民国十二年时的事。不过在那里见到了本地过去的人，听说日本给的钱少，不能维持生活，就去了给钱多的外蒙古，待了6年之后回来）。

短工和做苦力的人也去外面吗？＝去外村，但是不去远的地方。

去北京等地做工的人多吗？＝有是有，但是不多。

那么，农闲时做短工和苦力的人应该不少吧？＝是的，几乎每家都做。

【占有土地阶级——地主】只耕种自己的土地就能吃饱，并不去外面做短工和苦力的人家大约有多少呢？＝70家中大约有20家。

那20家大约有多少土地呢？＝平均算来，40亩左右。

土地最多的人家有多少亩地？ =大约一顷。

那其次呢？ =大约五六十亩吧。

有一顷土地的是谁呢？ =那些并非全是自己的土地，把和别人伙种的土地算在一起，是大约一顷。

那个人是谁呢？ =裴振明。

他自己的土地大约有多少呢？ =不太清楚。我知道的是大约三四十亩。以前听说过他卖过土地，但是不知道卖掉没有。

他不雇人，只是自己耕种吗？ =雇了短工种地。

这个村有雇用长工的吗？ =有是有，只雇了10个月的长工。并且只有一家，郭宽。

郭宽家有几亩土地呢？ =自己的土地有70余亩，加上伙种地大约有一顷。

郭和裴谁是有钱人呢？ =现在看上去好像郭稍微殷实些。

裴振明的家里有多少人呢？ =他的母亲大约70岁，弟弟30多岁，弟媳大约30岁，弟弟的儿子，他的妻子大约40岁，5个儿子，1个姑娘，1个儿媳妇，共计13人。他本人有40多岁。

郭宽的家人呢？ =母亲八十三四岁，媳妇50多岁，3个儿子，2个姑娘，2个儿媳妇，1个孙子，共计11人。他本人是50多岁，大儿子大约30岁，二儿子22岁，三儿子19岁左右。在郭家在普通年份的收成，除了口粮以外还有剩余吧？ =不知道有没有。

没借过钱吧？ =这我也不知道啊。

【家庭平均需要亩数】在这个村里，五口之家只吃自种粮食的话，大约需要几亩地呢？ =这至少也要大约25亩（而且没有剩余）。

【日常的饮食】本村人一般吃什么呢？ =小米、老棒子。

那怎么吃呢？ =煮小米粥或者小米饭，把老棒子做成饼子或者窝头来吃。

【所要粮食的量】一个大人每天大约吃多少呢？ =需要大约粗粮两小升。

男女都一样吗？ =女的也大致相同，因为每天都劳动。

冬天不劳动的时间吃得也一样多吗？ =大体相同，没有差多少。

孩子们的情况呢？年龄不同，有差别吗？ =15岁左右的不好说，结实的孩子饭量不次于大人。念书的时候吃得比较少。10岁以下的每天大约吃小一升，六七岁左右的早饭和晚饭不分开，随便吃点零碎的（饼子、窝头等等），所以不太清楚。

【耕地】本村人耕种土地的好坏程度如何？ =大体是好的，大多都是在村子的北边，那边比南边稍微好一些，因为南边地势高，下雨之后会流走。

那么，本村有下地吗？ =有是有的，十分之二。

下地在村子的哪一边呢？ =哪里都有，是洼地。

【面积】村里的耕地面积有多少呢？ =村里人的土地有五六顷左右。如果把伙种的土地算上，有12顷左右。

【地价】村里的土地的价格大约是多少呢？ =如下所示。

现在（一亩）民国二十五年的时候民国十七年的时候

上地	八、九十圆	二十五、六圆	大体与前面相同
中地	四、五十圆	十五、六圆	大体与前面相同
下地	大约二十圆	十圆以下	大体与前面相同

【伙种的租粮】伙种地的时候，分开土地，大约要缴纳多少呢？（死粮）=
现在（一亩）民国二十五年的时候民国十七年的时候

上地	五斗（老）	
中地	四斗	
下地	三斗同上	同上
	二斗	

有租地时用钱交租的情况吗？=有，但是很少。
用钱交租的情况，大约交多少呢？（承接上文）=这就要把上述租粮换算成钱来缴纳。
【粮食的价格】那么现在租粮大约是多少呢？=

	现在（一石小斗）	民国二十五年的时候	民国十七年的时候
玉米	大约50元、40元	（一老石）5、6元	
高粱	37元、38元	3、4元	
谷子	41、42元	3、4元	
黍子	大约40元	2、3元	
荞麦	42、43元	2元多	
黑豆	大约40元	3元5、6元	
黄豆	大约52、53元	4元4、5元	

麦子大约多少钱呢？=民国二十五年的时候是五六元（一老石），现在是八九十元（一小石）。（一老石=一小石四三，七老斗=一小石）

今年春天（三四月的时候）的价格如何呢？=各一小石。

老玉米32、33元
高粱24、25元
谷子54、55元
黍子18、19元
荞麦17、18元
（谷子、黍子、荞麦：一石小米，但是没有东西）这些在春天基本没有
麦子　45、46元=约50元

去年这个时候的粮食价钱大概是多少呢？=各一小石。

老玉米　22、23 元
谷子　20 元
高粱　17、18 元
黍子　16、17 元
荞麦　大约 14 元
麦子　36、37 元

去年春天的价格呢？ =记得不太清楚了。

【产量】粮食在普通年份的产量如何呢？ =（每亩）小斗。

	上地	中地	下地
老玉米	一石五、六	一石一、二	四、五斗—二、三斗
高粱	一石一、二	五、六斗	二、三斗（也有没收成的时候）
谷子	大约一石	四、五斗	一、二斗

黍子呢？ =和谷子大体相同。

荞麦呢？ =和土地的好坏无关。如果有风、霜、雪的话，不论什么土地都不行。如果这些下得晚，什么土地都有收成。一般的时候可以收大约一石二斗。

麦子	一石	五、六斗	二、三斗

今年的作物能达到一般产量吗？ =情况不同。好的坏的都有。夏天的时候天旱，晚棒子全都花了 75 天时间（从播种到收获），但是收成不好。高粱的情况也不好。谷子当中，早谷很好，但是晚谷不好。黍子没变大，但是后面遭受了虫灾，也不好。荞麦也不一样，有一亩能收一石五六斗的，也有收一石一二斗的，或是收五六斗的。也有只收了一斗的，那些如果早点播种就好了。

为什么早点播种好呢？ =因为今年风、霜、雪来得早，早种的那些没受影响。

【丰凶】作物收成好的年份大约几年一次呢？ =这也不了解。比如光绪庚子年是收获了六成，但是民国二十八年有蝗灾，只收获了一二成。不固定。有连续十年都是丰年的情况，也有连续十年都收成不好的情况，即便年景不好，也不是完全没有收成。

民国之后，收成不好的年份是什么时候呢？ =

民国元年雨水大 收成　五、六成
六年
（八九年很好）
民国十五年　水灾收成二、三成
民国十七年　雨水大收成四、五成

民国十八年	雨天收成三、四成
民国三十年	旱灾收成大约五成
民国三一年	旱灾收成不一样。七、八成 。5成

民国二十八年没有水灾吗？=没有，事变第二年（民国二十七年）就变成良乡了。不对，这是民国二十八年的事。民国二十七年没有那么严重。

【村民需要钱的情况】村里人需要现金的时候是指什么情况呢？请列举用钱多的几种情况。=最需要的时候是春天种地的时候。其次是五月、六月、七月的时候，去年的粮食全都吃完了，新的粮食还没有收获，必须要买粮食。再次是腊月，只种少量土地的人收获的粮食全都吃完了，因此需要钱，此外过年也需要钱。随后就是各个家庭的特别事情需要钱，红白喜事的情况。除此之外，没有什么特别的了。

春天种地的时候为什么需要钱呢？=春天种地的时候，没有牲口的人必须要从别人那里雇，必须要给现金。如果没有种子的话，必须要买种子。如果没有粮食，借钱也要买供短工食用的分量（打现租是秋天收获以后还，也有春天还的，但是少。和地主商量后决定）。

五六月的时候需要钱充当伙食费吗？=是的。只是为了吃的。

衣服、被褥等卧具什么时候做呢？=这不一定。如果没有多余的钱，想要做也做不了。贫困的人十年、八年也做不上一套。四五月左右清洗、缝补旧衣物被褥。

修房子是在什么时候呢？=春天二三月。

做衣服、修房子需要钱吗？=需要。

有固定时间吗？=修房子是在春天，因为春天雨少。

腊月时，本村买粮食的人多吗？=70户中有50户不得不买。

那么，到了春天，买粮食的人就更多了吧？=春天买粮食的确实多。

人们买粮食的钱是怎么来的？=借钱，也有人折卖东西（折卖的意思是，比如把自己有的高粱卖掉，用得到的钱买想要的粮食）。

借钱买粮和折卖买粮，哪种更多呢？=借钱买粮的多一些。

刚才说到，最需要钱时是春天种地的时候，但是那个时候怎么筹钱呢？=也是借债。

【借钱的方法、比例、借钱方】借债一般是怎么借呢？=出利钱。有写字的，也有不写的。

什么时候写，什么时候不写呢？=二人相互之间已经非常了解，借30元、40元钱的情况，不需要字据，关系好的话连保人都不需要。不是这种情况就必须要写。

一般立字和不立字哪一种比较多呢？=不立字的多。

借钱是找村里人借的多，还是找外面人借的多呢？=在本村借钱，能借到10元、8元等小额款项。大额款项在村里借不到，就只能找村外的有钱人了。

那么，村内借钱不立字的情况多吗？=钱多就要写，钱少不用写。

【利息】交的利息是多还是少呢？=这也是钱少就不用交（10元、8元可以不给利息)，像 30 元、40 元这样的就必须要交了。

在村外借钱，是从外村借的情况多，还是从城里借的情况多呢？=这个不知道。如果是自己的情况能知道。但是别人的情况就不知道了。因为他们不会告诉我这些事。

借钱的利息大致是多少呢？=每 100 元月利息大约是一分至两分。如果借二三十元左右，基本是三分。如果达到千元，大约是几厘。

有每月利息一分的吗？=这个村里没有。

那么，三分左右的多吗？=是的，因为金额少，大概是三分。

原来和现在相比，哪个时候利息比较高呢？=从我记事起到现在，一点都没有变过。

有三分以上的利息吗？=有借五分利的钱，但这是吸鸦片或者赌博的人。

借收取五分利等高利贷的人叫什么呢？=村里没有。不知道什么地方的什么人这样做过，只是听说过那样的事。

【作为村民的负担】刚才问了需要很多的钱的时候，要交钱粮、摊款吗？=需要。这也是在春天的时候交。不过，春天时我交不上，是 9 月交的。作为补偿，要复交 6 个月的利息。利息不论多少都要交。每亩 1 元 21 钱，5 亩一共是出 7 元 20 钱，但是收据上写的是 6 元 70 钱，所以利息是 50 钱。

那 7 元 20 钱是钱粮的钱吗？=是的，国家正税。

宽恩是什么呢？=是指春天缴纳的份额可以等到秋天再交。

【摊款、赋役】摊款大概是多少呢？=每亩 1 元 1 分（地亩捐款）。这个是收齐了交给编乡公所。之前是带到县公署。另外，挖护城河的时候要出工。有 10 亩以上土地的出一人，有 30 亩地的出两个人。太忙不能出工的人，每亩出 5 毛钱雇人。每人管饭是 7 元 5 分，不管饭的是 7 天 15 元。

要交刚才说的每亩 1 元 1 分的外村费用吗？=处理外村时期的情况，需要办公费。每亩大约征收一两分左右。

这是一个月，还是一年呢？=没有规定。半年一次的也有，年底收钱的也有。

那么，办公费是不论多少都必须交吗？=是的。

10 月 28 日

关于租地

应答者　禹徑（在前文中出现过）

【租地】租地是指什么呢？=需要钱的时候，把自己的土地出租出去，规定期限是三年或者五年，有钱的时候赎回来的情况。比如租地三年，如果两年就有钱了，就可以拿钱赎回来。一年是不可以的。上述情况叫作备价回赎。

需要钱的时候有许多办法，那么什么时候选择租地呢？=比如甲需要用钱的时候，乙有钱想要土地，却没有。当乙的这些钱不够买地，委托别人帮忙寻找土地的时候，知道上述的甲需要钱，就去耕种甲的土地三年或者五年，作为交换把钱给甲。这就是租地。随后甲还钱的话，土地就还给甲（指地借钱的时候不用交出土地，依然是甲耕种。这种情况有利息，但租地没有利息）。

【租地和指地的差异】有人需要钱的时候，会选择指地借钱和租地当中的哪一个呢？＝指地借钱是每年交利息，但土地是自己耕种。租地是没有利息，但是土地是交给对方。租地更省心。

从借钱人的角度来说，哪一种更合算呢？＝没有特别大的差异。比如指地交利息的话，如果是三分利要交三分。而租地的情况是收成相当于利息，所以没有太大差距。

【指地的利息】指地的时候，有用粮食交利息的吗？＝原则上必须交钱。不过也可以按照市价交粮食。

那么，有比如一开始就约定每百元一年出五斗或者一石的粮食的情况吗？有约定只交两分、三分的情况吗？＝是的，习惯上在约定的时候规定唯利息两分或者三分。如果对方想要粮食当然好，不要粮食就交钱。

【中人】有人需要钱的时候，是自己去找有钱的人，还是委托别人呢？＝有自己找的，也有委托别人的。看两人之间的关系。不能直接和贷主说话的时候就委托别人。是朋友、亲戚的话，没有说合人也可以。

这种在双方当中说话的人叫什么呢？＝说合人。

不叫中人吗？＝也这么说，一样的。

【中介】有人委托，说合人要怎么办呢？＝这个时候，去有钱人家里，说有人要用钱，您方便吗？如果方便的话。我来作保，您把钱借给他吧。

那么，对方说可以的话，怎么办呢？＝这时去问需要钱的人，你愿意出利钱吗，愿意租地吗，等等。

然后怎么办呢？＝如果借主说愿意出利钱的话，如果交很多的利息，是可以的。

【租地情况的立字】如果说愿意租地怎么办呢？＝这次是去贷主那里，说借主想租地多少亩，问他怎么样。如果说可以的话，就写字据（租地字据）。然后把字据交给贷主，钱交给借主。

在哪里写字据呢？＝在哪儿都可以，去借主家写也可以，在出钱主家写也可以。哪里都可以，在饭铺写也行（因为最后才写字据，在饭铺写好之后，为感谢说合人而请吃饭的情况比较多）。

租地字据上写什么人的名字呢？＝借主和贷主的名字，说合人的名字。借主自己能写的时候（亲笔）三个人都可以，不能写的时候要委托别人，那个人作为代笔人也必须写上。

【中保人】说合人要写成什么呢？＝中保人。

中保人一般有多少人呢？＝一个人的时候是一人。如果有两三人的话，虽说都应该写上，但多数是写一人。

除了说合人以外，立字的时候会委托别的中保人来吗？＝会。比如开始委托甲，但是甲不认识适合的贷主，又委托了乙，乙找到了贷主的时候，必须要写两个人的名字（也必须要感谢两个人)。

【金钱交接的手续】在借主那里立字后，说合人将其带到贷主那里，拿到钱后交给借主，和借主与中人去贷主家立字，带钱回来，哪一种情况更多？ =借主不去贷主那里。说好以后，中保人去借主那里立字，念好（读好了）之后，中保人拿着字据去贷主的地方拿钱，回来中保人交给借主。

那么，只有中保人一个人去出钱主那里吗？ =是的，他一个人去。

那么，在饭铺立字的时候，借主事先在那里等着吗？ =像这样的情况也有。中保人带着字据来交收到的钱的情况也有。如果三个人一起吃饭，也有在饭铺立字，出钱主收起字据，然后把钱交给中保人，再由中保人把钱交给借主的情况。当贷主家里脏乱、时间不方便等情况下，有这样处理的。

【会食】那么，哪种情况多呢？ =三家归一的多（一起聚到饭铺的情况多)。

三个人一起吃饭的时候，费用谁出呢？ =使钱主出。

大概借多少钱会去饭铺呢？ =这没有规定。在家不方便的时候，这样做的就多。不过还是在家的多（借小额的钱不去什么饭铺，至少借百元以上才去)。

只请说合人吃饭，不给钱吗？ =只是吃饭，没有其他感谢。

不一起吃饭的时候，会给钱吗？ =不吃饭的时候，什么谢礼都不用。

租地的时候，在立字之前要看土地吗？会去测量吗？ =不做这些事（因为是乡里乡亲的邻居，谁的土地在哪里、有多少，大家都知道)。

钱是和字据交换的吗？ =原则上是这样，但是根据贷主的时间，三五天之后交也可以(看中保人的面子)。

有早三五天给钱，后交字据的情况吗？ =这也是有的。两种都取决于中保人的信用程度。

这种时候，字据的日期写交钱的那天，还是立字的那天呢？ =这肯定是写立字那天的日期。

(翻译问——那么利息是从什么时候开始计算的呢？ =答：只差两三天，不是什么大事。不差10天就没有关系。)

【租地期间与赎回】租地的时候是三年的多呢？还是五年的多呢？ =租地是三年的多。

为什么三年的多呢？ =因为对借主更有利，即两年过后，有钱就能赎回，但如果定五年的话，即使两年过后，也不能赎回。

那么，五年的情况是过多少年能赎回呢？ =经过三年就可以，两年是不行的，所以都是定三年（但在这里，即便定了三年，二三十年都不能赎回土地的人也很多，没有钱就不能赎回)。

那么，定了三年，在第二年有钱想赎回土地，怎么办呢？ =把中保人叫过来和他说。让他转告对方，现在有钱了，想收回土地（备价回赎)。

这种情况，中保人怎么做呢？ =去出钱主那里，礼貌地告诉对方，虽说约定了三年，土地可以给您种三年，但是使钱主没有土地，现在他说准备了钱，想请您返还土地，虽然早了一年，可以还给他吗？

那样说的时候，贷主可以说期限还差一年，不还，然后拒绝吗？ =可能有，但是少。上述情况因贷主和中保人的关系而有所不同。可以说，你种两亩左右的土地和不种地是一样的，把地还给他，这样双方都省心。如果说得恳切，很多人会返还的（面子的问题）。如果中保人说话方式不对，可能也有拒绝的。

【期间与耕种的关系】规定三年和种什么作物有关系吗？ =当然和作物有关系。说是三年，实际是到第四年。从今年秋天开始，因为今年没什么收成，就从明年春天算起。所以现在租地的话，到民国三十四年的秋天才算（大体上是秋天多，白露以后），春种秋收。

比如三年的情况，怎么耕种作物呢？ =粗粮当中，谷子是最早的。其次是高粱（清明种），然后是小米、玉米等。豌豆、大麦也和谷子同时种。比如三月中旬种谷子，八月中秋时收获，从九月白露开始到秋分之间种麦子，然后五月初收获。在此前二十天，种晚棒子和荞麦。这些是八月中旬（今年是）秋分的时候收。此后，今年就没什么了。小麦也没有收成。到来年春天为止，什么也没有。

像这样持续两年的种植方法叫什么呢？ =什么名字也没有（粗粮之后种小麦或者种粗粮的这种方法，会过度使用土地，一般不会这样做。所以要看各县情况，有些地方如果种小麦，就只在一块土地上种小麦。这个地方也是如此，种粗粮之后，从九月到次年三月什么也不种。这叫作养地或者歇地）。

那么三年的情况，如果经过了两年不能赎回土地，是和作物有关系吗？ =那没什么特别的关系，但是三年只种了一年就是损失。因为耕种人计划来年继续种地，运了肥料，那会变成损失。

肥料是什么时候运到田里呢？ =没有规定，大多是冬天。那是因为牲口和人冬天都有空，所以那个时候去运肥。实际上春天更好，但是春天要种地，忙着播种，所以在冬天的时候运肥。

那么，两年过后，来赎回土地的时候，有已经施了肥，很为难，然后拒绝的情况吗？ =也有这样的，这么说也可以。如果在运肥料之前先说会好些，之后再说的时候，如果可以返还的话很好，但是已经施了肥，如果不论怎样都想要土地的话，就问肥料的钱大约是多少，如果支付这部分钱，就可以赎回来。

连肥料钱都要出的情况下，还能拒绝吗？ =没有那样的人。非常少。没有这么不懂事的人。

【租地的当事人】租地的时候，借钱出租土地的人叫什么呢？出钱的人叫什么呢（租地主、租地户之类）？ =没有特别的叫法。不过有租地主、置地主的说法（一般是叫作租主、置主）。

那么置主的出的钱叫什么呢？ =叫作租价（卖地的时候是卖价）。

置主被称为放钱主吗？ =不叫。放钱主是指收利息的情况，租地的时候不一样。

【与借、卖的区别】通过租地来借钱，不是借钱吗？ =租地是租地，不是借债。因为不交利息。

那么，这个算是卖地吗？ =也不是卖地，是租地。

10月29日

租　典　当　借

应答者　禹袨（在前文中出现过）

赵显章（55岁，前村正，甲长，一个有权力的人，以下内容主要根据他的应答整理）

地　点　吴店村

【租、典、当】租地和典地是不同还是相同呢？ =一样。

租房和典房是不一样的吗？ =一样。租、典二字不分，是相同的。

租地和当地呢？ =这个也一样。

一般使用什么词汇呢？ =哪一个都使用，写字据的人用喜欢的字，没有大的区别。

是原来用典，但现在用租吗？ =也不是那样的，现在典、当这些字都用。

农村有租房和典房的情况吗？ =农村没有，这个村没有。

哪里有呢？ =县城、镇等。北京也有。

农村把借别人房子来住的行为叫什么呢？ =租房。

【借是指免费】不叫借房吗？ =借房是指不交钱的情况。

那么借别人的土地耕种叫什么呢？ =借是指不收钱的情况，但是没有这样的事。

借了别人的土地，交钱和粮食的情况叫什么呢？ =没有一开始什么也不说，借了之后交钱和粮食的情况。肯定是开始就约好交多少钱和粮食再种（打粮和现租）。

【现租、打粮】那么，一开始就约定好交多少，耕种别人的土地，叫作什么呢？ =叫作现租、打粮，没有其他的叫法。

伙种地是怎么回事呢？ =比如你的土地由我来耕种，两个人开始想要钱的话就规定钱数，想要粮食就规定粮食，秋收后来分。打现租和打粮也是一样的。

【分种、伙种】分种是什么情况呢？ =分种地、伙种地、现租和打粮都是一样的。

借〇〇只是说借东西吗？ =不是，根据物品而定。如果使用借这个字，肯定免费。在不需要给礼品的情况下用借。所以没有说借土地的。

【称为借的情况】那么，比如说兄弟各有土地，因为哥哥在外面并且有钱，所以免费让弟弟耕种的情况是借地吗？ =这种情况也有。那是为了赡养父母，把哥哥的土地给弟弟去种，是出于义气。但是，在农村这种人几乎一个也没有。

那么，借别人的牲口用，叫什么呢？ =叫借。这种情况给牲口喂吃的就行，不用特别感谢。

那么，因为现在粮食不够，找邻居借一点粮，叫什么呢？ =叫借粮食。这种事经常有。还的时候，只还借的数量就可以。

有去城里的粮店等地借一石，到秋天还一石二斗的情况吗？ =没有。在粮店不能借，因为是买卖的。

【赊粮】那么有赊粮的情况吗？ =有。

那是什么时候、怎么做的？ =例如赊买一点，然后十天或者半个月后给钱。不能延迟到更长期限了。时节是春天二三月的时候多。这要看和粮店主人交情的深浅，有可以的，也有不可以的。

那么，有春天赊粮秋天返还的情况吗？ =有是有，但是不是在粮店，而是和出粮食的人打交道。

那是什么人呢？ =有钱，把钱借给想要在集市上买粮食的人，然后到秋天再收钱的人。

怎么称呼那些人呢？ =出粮食的人，没有其他的名字。

那些人还做其他的什么买卖吗？ =不一定。有另做小买卖的，也有专门做这个的。

这样的人只在城里有吗？还是其他地方也有呢？ =主要在城里，因为农村人没有钱，这样的也没多少。

城里像这样的人大约有几家呢？ =不太清楚，但是好像有很多。因为利息很高，我们不借，所以不知道，比三分利还高。

那么，什么样的人去那里赊买呢？ =家里地少人多不够吃（土地少，人多，粮食不足）的人去。不过很多人不去赊买，因为利息高。

那么，假如春天在那里借了一石的话，秋天必须要还多少呢？ =如果春天借了一石，秋天必须要还一石五斗。

这个村有赊买的人吗？ =非常少，有几家左右，今年还没听说。

已经在外面借不到钱，也借不到粮的人会去吧？ =是的，在外面没有借贷途径的人会去（挤得没路）。

【不能返还赊粮的情况】借了这种粮食，不能返还的时候怎么办？ =像那样的情况也有，但是允许稍微延迟，不让延迟就会“挤出事来”（不知道会变得怎样。有可能会变成小偷或者自杀）。

但赊买人没有办法还不了钱的话，对方会怎么做呢？ =可能打官司吧（但是这种事很少。说什么时候还钱，请求延期到那个时候，托人帮忙说到时候一定还钱，让对方等待的话。因为谁也不喜欢打官司）。

如果延期，会额外计算延期期间的利息吗？ =没有那样的事。那样做的话，不会另外多还钱，所以延期时间不算利息。

【赊粮的中人】春天借一石还一石五斗，要写什么字据呢？ =不立字，而是立中人。

中人做什么呢？ =一开始，没有粮食的人委托中人去和出粮食的人说。因为委托的中人和出粮食的人之间是认识的，所以由中人来说，基本没有被拒绝的。

什么样的人能当中人呢？ =什么人都可以，农村人、庄稼人、做买卖的人、念书的都可以。和出粮食的人认识的话更好。

但是想要粮食的人和中人不认识的话，就很困难吧？ = 不认识的当然不可以，中人必须认识双方。

【不能偿还情况的中人的处置】秋天不能返还粮食的时候，中人要怎么做呢？ = 那个时候，使粮的去中人家里，委托中人去传话，说因为自己怎么也还不上，希望能延期再还。

出粮食的如果说不能延期，那怎么做呢？ = 像这样的情况也有。

那个时候，中人要怎么做呢？ = 那个时候，中人当然很为难，就会和出粮食的人说，可能会挤出事，劝导对方说，那样做不是损失吗。

那样说的话，大体会延迟吧？ = 是的，听劝的人多。

不听劝的人会打官司吗？ = 是的，告中人。

如果被告的话，中人怎么办呢？ = 中人会说，你是出粮食的，我是吃粮食的，所以给不了（不能还），但我也是无法（没有办法），之后任凭官段（任由裁判官裁决）。

像这样的情况，裁判官怎么裁决呢？ = 对于使粮的说，要尽早还（追押），或者使粮的去讨县（到县里请求尽可能延期），县官会劝出粮食的，借给对方一石的粮食，能得到七八斗也可以吧。

出粮食的会这么办吗？ = 大多会这么办，如果使粮的自杀了，就麻烦了（怕出事）。

有还不起就自杀了的人吗？ = 有是有，但是很少。

有人自杀（寻短见）的话，那个出粮食的就不能再做这样的事了吧？ = 是的，如果自杀的话，从棺材到发葬的费用必须要出，还有以后也不能商卖了（人命关天）。

【中人不代还】打官司之前，出粮食的会对中人说让他代还吗？ = 没有这样的情况，因为中人只是介绍人的（保人不保钱）。

不能还的时候，有代还的保人吗？ = 有是有，但是少。

做这种保人的时候立字吗？ = 借粮食的时候不字（即便有字据，还不上的时候也会打官司。还不上的时候最终要打官司，有字据没有字据是一样的）。

【押地的意思】押地是什么呢？ = 和典地、租地一样，写字据的时候不写押，指地使（借）钱也是一样，但是不写在字据上。

使用押地这个词语吗？ = 说的，但是不能上纸笔。

那么，只说押地的话，能知道是租地还是指地借钱吗？ = 知道。我们之间都知道。

那么，说押地是指哪一种呢？ = 租地或指地借钱。但是租地的情况多。

那么，押地的意思是，需要钱的时候用土地来借钱吗？ = 大体是的，但是这里基本不用这个词。

【地契的抵押】使用抵押这个词语吗？ = 土地有地契，用地契抵押借钱，地契就是抵押品（前清时代没有这样的词汇，是民国之后有的）。

那么，这个在前清时期叫作什么呢？ = 随代老地契一张，于是老地契必须交付给对方。

那么，交出老地契借钱，叫作什么呢？ = 现在是叫作抵押品，以前是随代契纸已让。

【指地借钱和地契】这个不是指地借钱吗？ =肯定是指地借钱。在还钱以前，契纸是由对方保管。

这个情况立字据吗？ =是的，写新的字据，附上老地契。

有不立字据只交契纸的情况吗？ =不行，没有这样的情况。

指地借钱的时候，必须附带地契吗？ =是的。

有只有字据没有老地契的情况吗？ =有这样的事情。

哪一种多呢？ =前清的时候不代老字儿的多，但是现在全都一起移交。

为什么前清时代不给老字儿呢？ =因为那个时代的人实在（诚实），因为现在的人“学精啦”（鬼头。变聪明了，煮的烧的都吃光）。

不管老契纸是不是一起交出，都是指地借钱吗？ =是的，两种都是。

指地借钱这个词是前清时代开始有的吗？ =有的。

【指地借钱的样式】

立指地使钱人某某因正用借到某某洋若干托中人某某说合言明指地三亩（或五亩）每年一亩地行粮多少共计行粮多少（还有言明每月三分行息）并无利息以粮抵利由某年某月某日至某年某月某日将本粮利归清如不归清有中人一面担负恐口无凭立字为证

中保人　某某（印）

○○○○年○月○日　立字人　某某（印）

代笔人　某某（印）

【以粮抵利】以粮抵利的意思是？ =对方不要利息，想要粮食的情况。

要写上给多少粮食吗？ =肯定是写的，开始双方商量是五斗，就写支付五斗的字据。

粮利的情况，100元的租粮大约是多少呢？ =也是用利息的比例来换算，大体比三分利多（比一年36元多）。现在的话，大体是六老斗左右（用现在的市价换算的话，大约是43元吧）。

那么，指地借钱时，粮利和钱利哪一个多呢？ =现在是粮利多（不想要钱）。

以前呢？ =以前是想要钱，因为以前粮食更便宜（一老石大约3元，事变以后上涨了）。

【中人】指地借钱的时候，必须要有中人吗？ =是的。

有几个人呢？ =一个人就可以，两个人也可以。

哪一种比较多呢？ =一个人的多。

字据上写中人吗？ =可以，中人、中保人都是一样的。

但是平常不是写中保人吗？ =一样。因写字人而有所不同，写中人的情况也有，而且不少。

那么，有只写保人的情况吗？ =可以，有是有，但是因为那样写太简单，写的人很少。

但是中人和保人不一样吧？=一样，都是担负这个事情的人。

担负这事是什么事呢？=对字据上写的内容负担全部责任的意思。

【不能偿还情况的处置】那么本利不归清的时候，中人怎么办呢？=去找借钱主说，你借钱的时候得到了我的照顾，你不还钱是给我添麻烦，所以还钱吧。

尽管如此，真的没有钱，不能偿还的时候，中人怎么办呢？=去出钱主的家求情，说因为使钱主实际还不了，很困难，希望能再等三五个月。

【中人责任内容的变化】等了也还不上的时候呢？=（禹袨说）前清的时候，不用负担这两个字。如果写的时候，说让出钱主等一次左右，对方不等的时候，自己就必须代为还钱了。因为负担二字带有负担完全责任的利害关系，所以不太使用（现在是保人不保钱）。

那在前清时代使用什么词汇呢？=中人一面承管。

那么，承管是什么意思呢？=不大吃紧，没什么惊人的意思。只是处理那个事情的意思。

现在担负的意思是什么呢？=意思和以前一样，因此现在念书的出钱主（识字的贷主）要求写上担负（完全责任）。

那现在写担负的多吗？=当然现在是这个多。

那么，写担负的时候，在使钱主不能还钱的时候，必须代还吗？=是的，那个时候中保人必须代还。

实际上代还的是多还是少呢？=少，基本没有像刚才那种方式来写的情况，没人不还钱。

想还钱却还不起的人有不少吧？=那种人很少。

【土地的表示】前面的字据上没有写土地的事，怎么办呢？=当然要写。托中人某某说合，言明指地三亩每年一亩地，行粮多少，共计行粮多少，像这样写清楚。

只写指地三亩，知道土地在哪里吗？=村中是相互知道的，不到卖地的时候不写四至。

但是坐落也不写吗？=不写，因为土地是本人在耕种的。

那么，只写三亩的时候，是哪里的三亩都可以吗？=是的，总之对方是知道那个人持有土地的。

【地契和指地、租地】那么现在的指地借钱不用附上地契吗？=现在是不附加，指地使钱契也被称为又借约。

那么，现在没有随代地契了吗？=没有。老纸不随。如果出典的时候，是连同老纸一起移交。

那么，租地的时候，是在租地字上附加老纸移交吗？=是的。

指地的指字是什么意思呢？=有能指的土地，可以借钱（土地—恒产—没有的话可能借不到）的意思。

【不履行时的土地耕种】那么，指三亩地借钱的时候，如果不能还钱，那三亩地会怎么样呢？=还不了的时候，那个土地就交给贷主，由其耕种。然后将来能还本利的话，土地就可以赎回。

那么，指地的时候，中保人没有必要代还吧？=是的。中保人只是“联系双方信用”。不能还的时候，因为还有土地，交出土地就可以。

那么，有指地借钱时还不上钱，把土地移交给贷主的例子吗？=有是有，很少。还钱的多。

【转让土地和改租（典）】如果还不了钱，转让土地给人耕种，是租地吗？=那个时候，之前的字据作废，必须要立一个新的租地字据。

有不立新的租地字据，就让人耕种的情况吗？=没有。那样出钱主不愿意，他们想换字据，所以必须要立新的字据。

如果立了新的租地字据，那个租价是怎么写的呢？=和本利一起写。

【找钱】此时，借主会把金额写得比需要的钱稍微多一点，然后花多余的钱，有这种情况吗？=有。

那个叫作什么呢？=叫作找钱使。

【改租（典）的期限】换字的时候，写期限还是不写呢？=当然是写的，写三年或者五年。

10月30日

应答者　禹祥　赵显章

【面子和信用、中人】面子这个词，在使用时有什么含义呢？=例如，借钱的时候，没有中人和保人就能借到，叫作靠面子。这是在相互认识的情况下，有信用的时候，面子就是保人的替代。

那么，相互不认识，面子就不会成为问题了吧？=是的，相互不认识就没有面子。

说一个人对另一个人没面子，这是什么情况呢？=没面子的意思，是两个人吵架，别人来仲裁，如果仲裁人熟悉其中的一方，另一方不听仲裁人说话。这个时候，不听说话的那个人是不懂面子，仲裁人是没面子。

中人介绍双方借钱，约定什么时候返还，如果没有还钱，中人就没有面子了吧？=是的，这种情况叫“不给中人面子”。

借主实际上没钱还不上，贷主要求还钱时，中人不替他还钱，这不影响面子吧？=当然是中人没面子。开始贷主是善意地借钱，这是看中人的面子借的，还不了的话，中人就没面子。

那么这个时候（借主没有钱），作为中人，要怎么做才能最有面子呢？=中人自己替人还钱最有面子。只是不能还钱的时候没面子。

那么不能还钱的借主，在中人面前是没面子吧？=是的，变得伤面子（中人的面子、出钱主的面子都伤了）。

作为借主，自己家没钱的时候，怎样才能保住面子呢？=保不了面子，只要不能还钱，面子就保不了。

（禹祾说—在中国不论做什么，都不会找不知道面子的人。比如说吸烟，对方劝了也不吸烟就是伤面子。这样的都是面子事。比如在街上遇到了人，问能不能给我一支烟，对方却不给的时候脸必红，就是说脸变红了。有其他人在的时候情况更不好。这就是没面子，让对方伤面子。在中国，面子和信用是最紧要的事）

【信用和面子】信用是什么东西呢？ =说到那儿，办到那儿，就是有信用。也就是说，说到做不到，就是没信用。

那么，信用和面子有什么关系吗？ =信用是内容，面子是外表，心里不实在就不可能有信用。

那么，一般会说某个男人有信用这种话吗？ =说。比如，说他非常有信用的时候，跟谁都能一起做事，没有信用的男人谁都不和他一起做事（不共事）。

有没有信用是根据什么确定呢？ =根据过去办事的情况。比如说按照约定还钱（漂亮事，干的漂亮）的时候，是有信用的。

（翻译问—在北京，中人没面子的情况有很多，此地怎么样呢？ =禹、赵答—农村也很多。但急不得恼不得，生气也没办法。即使为难，不得不借的情况也很多。）

【中人、借主的信用】那么，没有信用的人，不能成为中人吧？ =是的。

那么，如果出钱主信任中人，即便不信任借主，也会借钱吗？ =看借主和中人的关系。双方互相信任就借。

不论借主有没有信用，如果信任中人，能不能借钱呢？ =即使借主没有信用，中人有信用的话就借钱，因为中人担负。

那对于中人来说，是做面子吗？ =是的。

一般在中人说话之后，会去调查借主有没有信用吗？ =当然要调查。如果没什么信用，就和中人说，有点危险吧？于是中人会说，如果他不能还，我就替他还。

一般是这样吗？ =是的。

贷主调查的是听中人说的，还是听外人说的呢？ =当然也是听外人的。

中人说把钱借给他的时候，对于其他听到这个事情的人而言，和中人的面子没有关系吗？ =是的，没有关系。

信用与此人是否有钱和土地有关吗？ =有钱有地的人有信用，但没有这些的人也不见得没信用。

没有土地也没钱，却有信用，是什么情况呢？ =没有这些也能用其他方法还钱的人是有信用的。

那是什么样的人呢？ =什么样的人都有。念书的、种地的都有（有钱的也可能没信用）。

有钱的也没信用，是指什么样的人呢？ =什么样的人都有。也有商人。

是什么样的情况呢？ =以前就有（例子不好举。比如去借钱的时候，说 20 日来；到那天去收钱，说今天没时间，1 日再来；等 1 日再去，又说晚点再来，这种就是没信用）。

【靠面子和不靠面子】靠面子借钱的时候，有中人吗？ =这个情况不需要中人。

只有租地和指地借钱有中人吗？ =不是，不只这些。不靠面子的时候需要中人。

借钱时，靠面子和不靠面子哪一种多呢？ =当然还是不靠面子的多。

有即使不靠面子也不写字据的吗？ =没有。那个情况必须要写。

不靠面子时，有不指地借钱的人吗？ =有。出利钱。

这种情况，中人必须担负（完全责任）吧？ =是的。是必须的。

不那样就借不到钱了吧？ =是的。

【借利息钱】不是指地借钱，不靠面子来借钱，叫作什么呢？ =叫作借利钱钱和借利息钱吧。没有其他的名字。

这种情况什么时候给利息呢？ =开始就约好什么时候给。

一般是本利一起给吧？ =原则上是必须本利一起给，但交不上的时候，也有在期限内只还本钱，之后给利息的情况。

有先给利息的吗？ =那种也有。

哪一个比较多呢？ =这里是只给利息，后还本钱的情况多。

【它的期限】借利息钱一般的期限是怎么定的？几个月呢？ =长的一年，大多是定一年。

没规定大秋归清吗？ =有，但是不多。

指地借钱的期限是怎么定的呢？ =三年或者五年。

和租地一样吗？ =是的。

【金融方法及其利用度】一般，靠面子借钱、借利息钱和指地借钱相比，哪种多？哪种少呢？ =借利息钱是第一；其次是租地；再次是指地借钱。靠面子是最少的。

为什么靠面子是最少的呢？ =因为这个利息少，对于贷主而言不好。还有，靠面子和借利息钱都必须要给利息，靠面子的必须要支人情（必须要表达谢意）。但是借利息钱的人不用怀着对不住别人的心情。因为只要给利息就可以，借主也愿意借利息钱。

靠面子的时候也是要必须交利息吗，有不交的吗？ =也有不交的，但那是借20天乃至一个月（这个不能延长，必须返还）。

靠面子的期限是怎么定的呢？ =大体上是一个月至40天。

有无利息是怎么规定的呢？ =没有特别规定。

和金额的多少没有关系吗？ =那也没有特别的关系。

有兄弟、亲戚之间不要利息，但收其他人利息的情况吗？ =是的。兄弟、叔父还有亲戚之间是不需要的，但是从别人那里借的时候是要利息的。

靠面子的利息比借利息钱的要低吗？ =是的。前者1分乃至1分5厘；后者可多至3分。

既然利息低，为什么不喜欢靠面子借钱呢？ =能靠面子的人少。靠不上面子的事多。

那什么样的人能靠面子呢？ =什么样的人都有。一块办过事的人都可以。

但是，刚才说能靠面子的人少了是怎么回事呢？ =如果没有一起做过事就不可以。不过，借利息钱是生脸（不认识的人）也可以。

【四种借法的比较】之前听说了四种借钱的方法，有几亩土地的人需要钱的时候，首先用什么方法呢？ =随便。用自己想要的方法。

贷主想用哪一种呢？ =哪种都可以，但是希望劳承（平稳、稳当、保险）的人愿意租地。

那么，租地收钱最多吗？ =上算不上算（赚钱还是亏损）是没有关系的。在对方没有赎回能力期间，土地就归自己所有了。

那么，租地应该是最安心的了？ =是的。

其次是哪一种安心呢？ =其次是指地借钱。

再次呢？ =靠面子。尽管这种金额少，但是面子比什么都重要。

那么，借利息钱不是最安心的了？ =是的。但是比较而言，贷主是打算将本图利借出去的。

那么，借给人借利息钱的，是什么样的人呢？ =不一定。即使是庄稼人也有借给别人的情况。

有土地的人借了借利息钱但是还不了的时候怎么办呢？ =有土地，能说没钱吗？这个时候就租地，还钱给贷主。

这种情况，贷主会提要求说，你有土地，去抵押土地或者租地吗？ =出钱主不会这样说。并非要让贷主耕种土地。只要把钱还给他就好。

那么这个时候，比起租地给贷主，租地给其他人来还钱的更多吗？ =不知道哪一种多。有是有，但是自己借钱的事尽量不想让他人知道，所以不知道人们是怎么做的。租地还账的有是有，但是不知道哪一种多。

【租地和耕种】有租地之后还是自己继续耕种的吗？ =有，不过这种情况一开始就必须约定一年交多少的粮食。

【卖马不离槽】这种做法叫什么呢？ =卖马不离槽（俗语）。

这种情况是多还是少？ =不多。

要写字据吗？ =不写。有租地字就可以。

但只有字据的话，不知道是哪一种吧？ =租地字是一样的。

有立租地字后使钱主继续耕种，给对方交利息的情况吗？ =租地没有这样的（租地是租字，指地借钱是借字儿。不一样）。

租地的出钱主把那个土地借给其他人也行吗？ =有的。那样的比较多，随便。借给谁都可以。

【转租（当）】那个人需要钱的时候，可以把那个土地押给别人借钱吗？ =有的。但是不能超过之前的金额、期限。如果超出这些，要和原来的人商量，必须得到承诺。

那就是指地借钱了吧？ =不是指地借钱。依然是租地。换言之就是转租（转当）。同样必须写字据。

那个情况，除了立字以外不附加什么吗？ =只立字就可以。

不附加原来的租地字也可以吗？ =是的。那个自己保管。

那么，起初的人说想要赎回土地的时候怎么办呢？ =那就去转租主的家里，说因为借主想赎回土地，本来约定了两年，还给他吧。（未经商量在期限内这样做的时候）（有这

样的事情但是不多）

【租地的期限和赎回】租地时写了3年，但是没钱不能赎回的时候，不管过了多少年，都是让租主耕种吗？ =是的。

即使过了50年、100年也是如此吗？ =没有那样的事情。以前是用铜子儿，才几吊钱（制钱500为1吊，以前一亩地的价钱是2吊半至3吊），不能那样赎回。

在租地的情况下，20年或者30年没有赎回，土地就变成对方的东西，有这种情况吗？ =没有这种情况。

租地之后，以3年为期，能在3年期限内赎回，和不能赎回的，哪种比较多呢？ =当然还是赎回的多，因为（租地的）钱不多。

那么，到什么时候也不能赎回土地的人少吗？ =是的。少。

【借钱和卖地】不只限于租地，有土地的人借钱之后还不了钱，变卖土地还钱的人是多还是少呢？ =有。去地还饥荒的多。卖地的多数原因是为了还饥荒。（有去地还饥荒是正道的说法）

那么，为了还饥荒而去地，不要紧吧？ =是的，不是不好看。

那么，还饥荒是不好看吗？ =去地、去产业不是不好看，又有饥荒也不算不好看。没有这样的限制。（比如歉收、家里有红白喜事的时候，自然有饥荒）

那么，去地在什么情况下被看作是正道呢？ =为了过日子、买粮食、买穿的、红白大事的时候都是正道。

没有其他了吗？ =多了。置买家具、置买牲口车辆等都是。

那么，不正道是指什么呢？ =嫖、赌、抽大烟、扎吗啡、抽白面、扎药针等都是不正道。

吃、喝怎么样呢？ =如果都喝掉吃掉是很麻烦的。假如这是为了养身子，就不是不正道（每天花很多钱吃喝不是正道，但是像上述情况就可以。上述情况是无底深坑）。

（禹袿说——由我来说有些奇怪，这个村在光绪年间，大体哪一家都有买卖人。没有像刚才所说那样做不正道事情的）。

【村民生活的今昔、难易】现在和以前相比，村民的生活在哪个时候更快乐呢？ =当然还是光绪年间的年头儿更好。最近国家不安定，各种花费多，年头儿也不好，所以现在感觉多少有些困苦。

村里人持有的土地和原来相比，是多还是少呢？ =变少了。

怎么变少了呢？ =像前面说的，因被家所累（家庭有许多的麻烦事）和不正经干（不用正确做法）的原因变少了。

水、旱灾等天灾，原来和现在没什么差异吧？ =原来也有。没差多少。最近3年持续旱灾，在那之前的两年有水灾。

像这样水、旱灾等之后，人们要怎么生活呢？ =除了大家尽可能节约之外，没有别的办法了。比如，每周一次招待别人（干饭、小米饭）吃饭的人停止供饭，改为吃粥。

基本上颗粒无收的时候怎么办呢？ =在这个地方到现在（禹袿——从记事、小时候开始）没有完全颗粒无收的情况。粮食不足的时候，光绪年间从皇上那儿得到了赈饥。

民国以后就没有这样的事情了吗？ =是的。没有皇上之后就没有了。

【土地的移动和集中】那么，民国以后粮食不够的时候怎么办呢？ =在这个村，不够的时候大家都卖产业糊口。原来有20顷的土地，但是现在只有几顷了（6顷上下）。

像这样减少的10余顷土地被什么样的人买走了呢？ =良乡县（城里）的人买的多。

【大地主】在这当中，买地最多的人是谁呢？ =秦润田。

其次呢？ =吴凤鑫。

秦是做什么的呢？ =光绪年间做和县官一起来的县长的稿案门（杂务），撤了县官之后他落户良乡，因为已经有钱了，没做买卖却“资本的好”，换言之就是经营的好，有余钱就用来买土地。

他现在大约持有多少顷呢？ =大约10顷。

吴凤鑫是做什么的呢？ =光绪年间，是北京后门的绸缎店掌柜。宣统年间当过河南某县的县知事，因为钱而回来，以后愈加发财。他原籍良乡。像现在这么赚钱是20年来的事。他的土地有七八十顷，被称为良乡的首户。

购买本村土地第二多的是谁呢？ =大概是城内的见家吧。他也不做买卖，自己不种地，给别人种。如果有余钱就买土地。他大概也有数十顷（秦、吴、见都是住在北京）（除此之外，买小块土地的人也很多）。

他们是秋天来这儿收交粮吗？ =在县城有管事的。拿着粮食去管事的那里。

他们只是出租土地吗？借给别人粮食和钱吗？ =因为我们在农村住，不知道这么细。

【良乡的当铺】城里有当铺吗？ =有。永丰当。

以前就有吗？ =从最近六七月的时候开始。

以前没有吗？ =有，但是停办了。光绪年间是有南北2家。都在庚子年间停办了（约40年前）。甘军、董福祥、夏辛友、马玉昆、宋庆等打输了，撤回时大约停留了十七八天，抢夺了当铺的所有东西，然后烧了。

那直到去年都没有吗？ =有一家。叫公和当，是宣统年间开的，七八年就停办了。也是因为闹兵停办的（曹锟、吴佩孚、孙岳等的兵队，也有胡景翼）。他们不只是拿着军服去当铺，农民想要钱有困难的时候，兵队就拿着那个去，2元的东西要求给5元，拿到钱就在外面弄破当票。因此，公和当倒闭了。

在那之后怎么样呢？ =民国二十年的时候有了惠民当，但是事变前两三年停办了。没有当的人买卖亏累。

为什么没有当的人呢？ =因为那时候农村的作物收成很好。

现在大家经常去当铺吗？ =有经常去的。没有钱的时候拿着衣服等去。因为当铺也是3分利，借钱也是3分利，如果需要3元、5元左右，不如去当铺。

去当铺的人是多还是少呢？ =说不上是多还是少。

我们在这个村没怎么见过去当铺的人？ =人不多，但是大约有20家。

是拿着什么样的东西去呢？ =棉衣裳、银器、首饰。除此之外没有其他。衣服比较多。10家中至少有9家是当衣服的。因为没有其他能当的东西。

期限是一年半吗？ =现在是6个月。期间不能赎回，就是死当。

原来是怎么样呢？ = 前清时代是3年。民国后的公和当是24个月。

利息是原来的3分利吗？ = 是的。以前就是这样。

利息是什么时候支付呢？ = 什么时候都可以。比如这个月当的话，下个月交利息，旧票换成新票也可以，过6个月一起给也可以。

下月为什么要交呢？ = 倒票。比如现在当的话是9月，下月交利息的话，从下月开始6个月以前赎回就可以。

中间交的，只是以前的份额吗？还是到赎回为止所有的利息呢？ = 到交钱时为止的份额就可以。

去当铺的人大致能赎回东西吗？ = 当然是赎回的人多些。

在当铺，用10元左右的东西能借多少钱呢？ = 如果是现在的话，大约2元（而且根据时间而定，也有借1元左右的情况）。

有当铺的利息在过年前后变高或变低的情况吗？ = 现在没有。前清时代有从3分利降到2分利的，但现在是一样的。

10月30日

应答者　禹珏（在前文中出现过）

【当铺以外的动产押】除了当铺以外，有抵押东西借钱的地方吗？ = 现在没有。光绪二十六年之后没有了。

在那之前是有什么呢？ = 有叫作“押小押儿”的。一点钱也没有，很困难的时候，比如押衣服借钱。期限是一个月以下，20天左右。如果当铺利息是3分，这种要更高些，大约是4分。这个没有门面（也没有告示和柜台），和一般人家一样。

除此以外没有买卖吗？ = 我没去过，所以不了解情况。去这些地方的人一般都是抽大烟、扎吗啡等不正经的人。

在农村有押大车借钱的事儿吗？ = 没有。

有押牲口的吗？ = 那种也没有。只有卖牲口的。

那么，如果牲口值100元，用100元卖掉牲口之后，有还钱后退还牲口的事吗？ = 没有。如果牲口已经死了，怎么办呢？

【公会的贷款】公会是什么呢？？ = 比如，这个房子就是公会的东西。大家聚集的场所，大家凑钱修的。在商量公共事务的时候，聚到这里。即公会，这就是公会的场所。

我们以前听说过公会有把收来的钱借给村里人的情况，本村的情况如何呢？ = 这个村没有你说的这种情况。何况现在没有那种钱。（本村人没有看庙的资格）

为什么本村的人没有看庙的资格呢？ = 有过很多不好的事。比如，把庙里的什么东西拿回自己的家里。以及庙里有粮食，自己家粮食不够的时候，就把粮食拿回去吃。

在这之前，听说村长把公会的公钱借给了别人，那是谣传吗？ = 没有这样的事情。即使这里有钱，比如公会剩余 20 多元，地亩款必须要出 30 元的时候，其中 15 元是大家凑钱，剩下的 15 元是从公会的钱里出。只有像这样的事情，没有借给别人的。

【租地和指地借钱的比较】之前的谈话中说到，和租地相比，指地借钱的更多，你认为怎么样呢？＝当然是借利息钱的多，这个即使是 20 元、30 元都可以借。不过指地借钱的金额比那种多，返还的时候很难凑齐那些钱。

租地和指地借钱相比，怎么样呢？＝租地的多。

为什么呢？＝图省心。而且花销少。比如租给对方，和那块土地相关的一切费用都是对方出，自己不出，很好。

指地借钱的时候，花销全部必须自己出吗？＝是的，因为是自己耕种，谁种着谁花钱（耕种人出钱）。

租地的时候，钱粮也是对方出吗？＝那不是，这由地主出。

但是，自己土地少的话，和租地相比，不是更希望指地借钱吗？＝那个是按喜好来选择。

那么，指地借钱后出利钱（自种），或是把自己的土地租地，另外跟人伙种别人的土地，哪一种划算呢？＝哪一种都不上算，指地借钱也必须出利，而且打粮要交四斗左右，花销也必须自己负担。即使租地不需要花销，伙种必须要打粮食，又必须出种东西的花销，哪一种都不划算。

【地主和佃户、其借贷】找城内的地主租佃的人，大体都能全部缴纳粮食吗？＝是的。但是年头儿不好的时候，少缴纳一斗左右也可以。但那要得到地主的谅解，必须来年返还。

上一年的还欠着，下一年也还不上的时候，土地会被没收吗？＝如果第二年的年头儿不好的话，不仅之前的还不了，当年那部分也必须欠着了。年头儿好却不交的话，就不让种了。

剩下的部分，会附加利息吗？＝没有，只交剩下的部分就可以。

有因交不上而被没收土地的例子吗？＝有，但是不多（继续种，收成不好，还不上的多。做买卖也有持续受损的，都一样。连续收成不好的时候，即便没说不让种了，自己也会中止）。

那么，伙种的时候，也有因为不顺利而终止的吗？＝有，但是没有多少。

这样的人会再找别人租佃吗？＝不，找其他的工作，不种地（改行），做短工或是做小买卖。

像这样的例子不多吗？＝不多。

像这样的已经中止但还欠着给地主那份粮的时候，地主怎么办呢？＝像这样的时候，不在乎的人（不太在乎钱的人），会说剩下的不交也可以。不这样的人，不论多少，只要交了就好。

那么还剩下一些也不要紧吗？＝不要紧，没关系。

无论什么时候，都不要求还剩下的部分吗？＝请求过一两次也没还的话，就不提了。没有一直催还的（即便欠了一石左右的粮食，如果停止种地改行的时候，会说不给也行）

(没有即使年头儿好也不想交粮的人。有伙种地吃两家子这个说法，不过年头儿不好时，哪一种的收成都少，没有办法)。

伙种地的时候，地户需要钱，会去向地主借钱吗？＝会，比如发丧、娶媳妇需要钱的时候，去地主家恳求。说因为这些事很困扰，既然让我种地，我觉得您可以借给我一些钱。(您既然是叫我种地，那么我想您还不能借给我一点钱吗?）如果借钱给我，作为利息，来年会多交粮食。

这样做，就能借到钱吗？＝看人，看有没有信用。

借到钱的时候是用什么方法呢？＝如果承诺了，会马上给钱，也不用字据。这种情况必须在约定期限返还，因为这是面子事。

大概收多少利息呢？＝这种情况是没利息的。

借了这种钱还不上的话，会变成什么样呢？＝如果这样做的话，面子没有了。即使延期一个月也好，肯定必须还钱。

即使那样也不能还的时候，地主会没收土地吗？＝这和种地没有关系。

那怎么办呢？都是同一个人吧？＝除了恭敬地去恳求，没有别的办法了。这样去恳求：现在不是自己有钱却不还。今年必须交粮的份额会好好地交，这个钱希望能再宽限一个月。到那时还还不上，就真变成“不成事的人”了。

如果变成那样的话，地主怎么办呢？＝变成那样，除了打官司没有别的办法了。但没有那样的人，会有那样的人吗？

【靠面子、中人、中保人】靠面子借钱的时候，有中人吗？＝有的有，有的没有。没有的情况是两个人的关系非常好，有信用的时候是没错的。

靠面子还有中人的情况，是什么样的情况呢？＝出钱主和入钱主不太认识的时候，接近生脸的时候。

那么，这种情况是看中人的面子吧？＝靠中人的面子重，靠入钱主的面子轻。

即使有中人的话，靠面子的时候不立字的吧？＝那要看中人的劲头儿（中人和贷主的关系强弱），劲头儿强就不需要。

那么需要字据的情况，已经不靠面子了吧？＝一方关系轻，一方关系重的时候，必须要字据（贷主、借主双方都是）。

那么，应该有即便靠面子也要字据的情况吧？＝是的。

那在立字的时候，中人是写成中保人吗？＝中人和中保人是不一样的，中人是保人不保钱，中保人是钱和人一起保证。

那么，不写中保人而是写中人吗？＝是的。

但是中人和贷主关系弱的话，有必须要写中保人的情况吗？＝那个面子薄一点的时候，如果出钱主要求的话，必须要这样写（答应了这样的要求，中人马上变成中保人。即借钱人还不了钱的时候必须代还)。

除了中人以外，还要委托其他保人吗？＝没有这样的，没有从中人那里委托的。某个人可以的话，借主会另外委托。

那么，借主会委托其他人吗？＝有，别投别生。

那种情况，要把前面的中人和那个人都写上吗？ =因为已经和前面的人没有关系了，所以不写。

一般会写成保人吗？ =没听说过只写保人的，只有中人和中保人。

那么，写中保人的话，本人不能还的时候必须要代还吗？ =是的。

那么，当中保人的必须是有财产的人吗？ =那个没有关系，有财产的人自然可以当，没有的人也可以当。

没有财产的人当了中保人，在本人不能偿还的时候，不会困扰吗？ =那种情况，变成替借主还钱，没有办法，即使困扰也必须要还。

那么，贷主会调查中保人有没有财产吗？ =不做那样的事情，只是人凭素日（即使不调查那个人有没有信用，因为有公认所以知道）。

那么，一般谁都不喜欢当别人的中保人吧？ =谁也不喜欢，但是受别人委托，没有办法。

可以拒绝别人的委托吗？ =这种事情是无论如何也不能拒绝的（如果可以拒绝的话，不是谁都想当）。

【人的担保和物的担保】那么，如果有能委托的中保人的话，多数人不会考虑租地和指地借钱吧？委托不了，才开始考虑租地等吧？ =是的，一般人大多都是这么想的。如果借钱的话，先是这么考虑，如果不行再考虑租地和指地借钱。

那么，指地借钱和租地的字据上写的中保人和上述中保人有些区别吧？ =不是，租地和指地借钱上是不写中保人的，写中人。因为有土地，还不上钱的时候，土地可以由贷主自由支配，不需要保人。

那么，是由土地代替保人吗？ =是的。

那么，租地和指地借钱是不信任那个人吗？ =并非是特别的不信任，这种情况有恒产，比人更可靠。

那在上述情况里，贷主在人、物、地当中，最信任哪一个而借钱呢？ =当然是土地，土地是最老成的（稳当、安心的意思）。其次是字据；最后是人（土地是最可靠的，换言之以防万一的时候可以接取。有字据可以打官司，但不知道人会逃到哪里去。不过没有那样的人）。

【中保人的负担】因为本人不能还钱，由中保人代还了。之后借主多少有点钱的时候，中保人可以去借主家说，把替你还钱的份额还给我吗？ =有的，可以说。

那是自然而然的事情吗？ =是的，这样说自然而然。

那么，代还之后，过了十年、二十年也可以吗？ =可以是可以，也可以要求，只要他能维持生活就可以。但如果他要饭，不管什么时候都没办法吧（因为中国地域广阔，什么样的人都有。有只做坏事的人，也有做好事的人，没有不可能的事）。

【两个中保人】中保人有两个的时候，用钱人不能还钱时怎么办呢？ =每人负担一半。

贷主会请求每人只还一半吗？还是请求一个人还清全部呢？ =贷主不会说那样的话，因为这是那两个人之间的事情，什么样的比例、每个人负担多少，都不会干涉。

那么，会对其中一个人说什么样的事情呢？ =不能只和一个人说。因为有两个人，如果一个人没来的话，必须通知他。

有两个中保人，比如一个人去关外了，没有回来的时候，怎么办呢？=他在出远门前，那两个人会商量细节，全部委托给你，以及回来之后每人负担一半，说好再走。那样即使出远门也可以。

如果没有商量过，该怎么办呢？=那个时候，除了让留下的那个人全部负担，没有其他办法了。（如果不通信，也不知道住处）（听说过这样的事情）

有用两个人的名字向别人借钱的情况吗？=没有。

假如，有两个人是朋友，想买牲口，但是没有钱，所以两个人一起借钱来买，有这种事情吗？=没有，没听说过。一起买的牲口，谁来使用呢？

【中人和还债请求的顺序】有人通过中人借了钱却没还，这个时候贷主向谁请求呢？=向中人请求，不能向本人请求。

为什么不能向本人请求呢？=如果那样做了的话，对中人不好。会被人说开始委托了中人，还钱时却不要他了，不能越级（伤中人的面子，即看不起。是无视中人的做法）。

那么，借主也必须委托中人去说“现在还不了钱，希望能等等”吧？=是的，必须像这样做。

【无期限借贷】不论靠面子或是不靠面子，有说什么时候还钱都行，不定期限的贷主吗？=有是有，但那当然是靠面子。那种是浮摘浮借，不立字，没利息。但十天八天之内必须尽快还，如果不那样做，会对不起人（对不起）（一辈子当中）（因为是面子的事）（即使过了一个月左右还了，对那个人就只有半个脸，面子就变得只有一半了）。因为这个比借利息钱要利害（重大）。

那么，租地有不规定期限的吗？=没有，必须规定。

【利息的计算】有利息的借钱是一般是月利吗？=都是月利。

那么，借100元收三分利，从9月1日借到10月5日的话，怎么计算呢？=不超过4天不要利息，按一个月算就可以。超过5天以上就算半个月，15天以上就算一个月。

按15天交的时候怎么算呢？=15天按半个月算，从16天起按一个月算。

是在什么时候实行年利呢？=这里没有。

借利息钱，一直不交利息过了4年的时候，可以要求除本金以外再交4年的利息吗？=没有那样的事情，也没听说过。无论借出、借入，都没听说过那样的事情（情况最多的是，借利息钱，一个月一个月支付利息的多，因为不能一次性偿还本利）。

【一本一利】听说过“一本一利”吗？=听说过，但是没有那样的事情，一般过日子（为了生活）不借那样的钱（那种大部分是赌博的情况，全输了非常需要钱的时候，贷主抓住了他的弱点，借钱给这个人的时候“一本一利”——还的时候加倍偿还。对贷主来说，是绝好的机会，但是最危险。最终血本无归。但是这种借款金额少，5元左右，没有10元以上的）。

【花押】这个地方，在租地和指地借钱立字的时候，花押、按印是从以前开始就必须的吗？=是的，不能没有（至少要打手记）。

花押等是为了什么呢？ =一个实在的事，凭我的心的意思（凭据）[1]。

相互口头约定的时候，用什么做凭据呢？ =如果是一句话（没有字据），就没有凭据。

11 月 1 日

【个别调查 1】禹国深（31 岁，一般的农民，正直）

家里有几口人？ =母亲 71 岁、妻子 34 岁、大儿子 8 岁、小儿子 4 岁、女儿 13 岁和 10 岁，共计 7 人。

职业是？ =只种地。

兄弟有几人呢？ =自己一人。

父亲是什么时候去世的呢？ =很久以前，我不知道（禹袨——光绪十八年，他的父亲是自己亲叔伯哥哥）。

父亲的兄弟呢？ =3 人。

父亲在分家的时候得到了多少土地呢？ =30 余亩。

现在有几亩呢？ =现在 33 亩。

那是从父亲在时的土地吗？ =是的。

现在自己种多少地呢？ =20 亩。

【伙种】剩下的在做什么呢？ =让别人伙种，杨家 25 亩，张家 28 亩。

那是因为自己种不了吗？ =是的，因为自己一人种不了。

让别人种，约定每亩多少钱呢？ =都是 5 斗粮。

从什么时候开始让他们伙种的呢？ =已经有五六年了。

那个杨和张是什么关系呢？ =都是老街坊（都是亲近的邻居），没有别的关系。

到现在为止，杨和张交粮时全部缴纳了吗？ =有欠粮，去年两人都欠了。

大约欠多少呢？ =杨家是一石，张家是一石 5 斗。

那不足的部分怎么办呢？ =从现在起，一点点补上。

今年交剩下的部分了吗？ =今年还没有交粮。

借给杨和张的时候有中人吗？ =没有，直接面议的。

【所需粮食】自己家人的粮食，种 20 亩地够吃吗？ =只有那些的话不够。

家人的粮食大约一年需要多少呢？ =如果有二十二、三石就够了。

主要是什么呢？ =主要是玉米和小米。

吃的比例大约是多少呢？ =比例大约是玉米七成，小米三成。

【短工】忙的时候雇人吗？ =雇，大秋、麦秋。

一年大约雇几人呢？ =从播种的时候到收获的时候，三四十工。

一个工多少钱呢？ =春天不忙的时候是 5—7 毛，秋天最忙的时候大约是 1 元。

---

〔1〕 译者注：原文如此，是调查员记录的应答者原话。

管饭的一工一天要花多少呢？ =大约一天2元。

【长工】这个村有雇用长工的人家吗？ =有。

那个长工一年大概赚多少钱呢？ =100多元吧。

家里有牲口吗？ =没有。

【作物】今年种了什么作物呢？ =

高粱	三亩	计六斗收成不行
谷	五亩	一亩六斗
棒子	八亩	一亩七斗
豆 白薯 倭瓜	四亩	收完马上就吃光了，不知道数量。

今年好的大约收获几成呢？ =七八成年景。

去年卖了什么呢？ =没有卖的，因为去年收成不好。

去年到今年秋天期间，大约买了多少粮食呢？ =春天买的，一石小米，一石5斗玉米。

那个时候价格是多少呢？ =小米一小石70元，玉米一小石50元。

那是在几月的时候呢？ =五六月的时候。

去年收获了大约几成呢？ =六七成。

因为五六月买了二石五斗，到大秋足够了吗？ =是的。

【衣物】衣服和被、褥等一年大约要用多少钱呢？ =没有规定，如果钱有富余，什么都买。不过，一张被子，少说也能用几年，并非每年都做。

【燃料】买燃料等吗？ =不买，只买煤，一年3000斤。

这个村里不管哪家大体都买煤吗？ =是的，买多少的都有。

煤的价格是？ =现在是1000斤15元，去年秋天是十二三元。

到了冬天就涨价吗？ =有涨价的情况。

【肥料】买肥料、种子等吗？ =有买的，不够的时候就少买一点。

今年没有买吗？ =今年没有买。

【赋税】钱粮大概交多少呢？ =银子课不一样，有一亩2分、3分的，也有1分5厘的。以前买的便宜，但是最近买的是4分。

你今年一年交了多少呢？ =大约2元4毛。

今年亩捐大约交了多少呢？ =一亩1元4分，加上钱粮48元多。

去年大约缴纳了多少呢？ =去年是一亩5毛。

其他的乡摊款呢？ =编乡的是一亩1元1分（今年）。

去年呢？ =忘了是多少了（8毛吧）。

除了编乡之外，有只是村里收的款项吗？ =本村现在有摊工。

你为此出了多少？=30 亩地摊一拨工，7 天。雇人是 15 元。自己去的话，带着米去就行。

那个只有一次吗？=让再去的话，必须要去。现在村的土地大约是 12 顷，30 亩一人。现在出 6 顷的份额，之后必须要出剩下的份额。

12 顷是这个村的人持有土地的意思吗？=是的（也包括在外村占有的土地）。

【日用杂费】除了上述内容以外，油、盐、洋火等小的日用品，一年大约花多少钱呢？=大约 60 元。

那么一般年份够用吗？=一般年份够用。

【借钱】今年没有借钱吗？=有，因为春天接济不足借了（今年三月的时候）。

从谁那里借了多少呢？=从房山北公村的高姓那里借了 280 元。

为了什么借的呢？=接济不足补助生活费。

那个高姓和你的关系是？=我不认识，经由中人介绍。

中人是谁呢？=李俊，北公村的人。

李俊和你是？=亲戚，表兄弟。

约定的利息、期限是多少呢？=利息 2 分 5 厘，期限是今年的十月初一粮食收获后还本金。约定如果交不上，就只支付利息。

立字了吗？=立了。

是租地，还是借钱？=有抵押品，以 3 亩地的地契充当。

如果不还的话，那个地契会怎样呢？=不还的时候，不论到什么时候都由对方保管。

只是保管吗？=是的。作为补偿，我每年必须要打利。

如果也不交利息的话？=中人担负。

除此之外没有借款了？=没有。

【个别调查 2】禹祬（64 岁）

家里有几口人？=我们夫妇、3 个儿子、2 个儿媳妇、1 个女儿、2 个孙子，共计 10 人。

兄弟呢？=自己 1 人。

父亲的兄弟呢？=3 人。

父亲分家的时候得到了多少土地呢？=每人 10 亩。

现在有几亩呢？=现在是 6 亩。

【卖地】那少的 4 亩是怎么了？=卖掉了。

为什么卖呢？=去年歉收吃的不足。

卖给谁了呢？=皇辛庄的高姓。

多少钱卖的呢？=100 元一亩。

如果今年卖的话，大约是多少钱呢？=现在不行，一亩七八十元。

为什么今年降价了呢？=今年也降价，但明年会降价更多。那是因为花销太大（负担的太多），谁都不要。

租佃别人的土地吗？ =伙种12亩，和本村的赵春。

约定借多少呢？ =去年是4斗5升粮。

【作物】今年作物大约收获了多少呢？ =

伙种地部分（不好，赔粮）

玉米	六亩	一亩二斗
高粱	二亩	全部共一斗多
荞麦	一亩五	全部一石
谷	二亩	全部一石

自己的土地

玉米	六亩	大约一亩一石（小斗）

【所需粮食】家人的口粮一年大约需要多少呢？ =十七八石（小斗）。

那些大概够了吗？ =不能和禹国深比，因为我们父子4人在外面吃的比较多。

你做木匠一年大约能赚多少钱呢？ =我和大儿子一年大约300元吧（两个人在做木匠）。

【燃料及其他】买煤吗？ =买，一年3000斤左右，柴火不够。

买肥料、种子等吗？ =不买，养猪就有肥料了。因为土地少，不买也可以。

忙的时候雇人吗？ =不雇，忙的时候，全家都去劳动。

【赋税】钱粮要出多少呢？ =6亩5毛左右。

亩捐呢？ =6元7毛5厘（伙种地部分是地主缴纳）。

编乡那部分呢？ =每亩1元1分。除6亩以外，伙种地那份也必须要出（不交的话，来年就不要种了）。

【杂费】除了前面的内容，小的日用品费用大约一年是多少呢？ =全部有六七十元足够了。生活节约，用不了多少。比如，煤比别人买的便宜，因为亲戚有车，借来自己去煤窑拉回来。

【借钱】一般年份不借钱够生活吗？ =不够，每年多少都必须要借钱。

现在大约有多少借款呢？ =大约100元。

那些是什么时候找谁借的呢？ =每个人借一点。10元、8元的，借了七八家。

是从什么关系的人那儿借的呢？ =没有特别的关系，亲戚、街坊、朋友，等等。但是没有中人，也没有字据。

利息呢？ =有的，都是三分利。

即使是亲戚也有利息吗？ =我的没有，因为只有十几元。

期限呢？ =都没有。

那你认为到什么时候必须要还呢？ =自己不能还的话，即使从别人那借了也要还。我觉得早还早省心。

都是靠面子吗？ =不是这样的，因为是交利息的，不能叫作靠面子。

不是浮摘浮借吗？ =也不是那个，因为有利息。刚才说的从亲戚那里借的是这样。

【木匠】你做木匠都去过哪里呢？ =北京也去过，城里和村庄都去过。

是对方请你去的吗？ =是的，一般都是来家里。去北京的时候，是去那边的木场找工作。

一天大约赚多少呢？ =乡下是1元5分，城里、北京是1元8分和2元。乡下管饭，北京是另外给饭钱。

【地主】赵春和你是什么关系呢？ =老街坊，没有别的关系。

他是做什么的呢？ =做买卖，原来在北京的饽饽铺干活，现在好像在石家庄。

他是一个人去的那里吗？ =城里的小学校长（仲衡）的弟弟。

家人在村里吗？ =老家是本村的，家人在良乡（县城）。

他们兄弟还没有分家吗？ =分家了。

赵春大约有多少土地呢？ =五六十亩。

分家的时候得到的吧？ =分得的祖业是大约40亩。

后来自己又买了吗？ =是的。

他的土地租佃给所有人吗？ =是的。让大家伙种。

【个别调查3】杨珍（37岁，一位贫农）

家里有几口人？ =母亲58岁，叔叔62岁，媳妇30岁，4个女儿，共计8人。

父亲什么时候去世的呢？ =我15岁的时候。

父亲的兄弟呢？ =3人。

【分家】那3个人分家了吗？ =是的。

那个时候，得到了几亩土地呢？ =父亲是5亩（长子），二叔是6亩，三叔是7亩。

为什么不一样呢？ =二叔当时没娶媳妇，三叔的土地不好。

现在在一起住的是？ =二叔。

什么时候开始一起的呢？ =民国十七年开始。

为什么变成一起呢？ =他缺心眼，不聪明，不能独自顺利生活，所以住在一起。

二叔没有其他的家人吗？ =没有，一直一个人。

他现在和你一起吃饭吗？ =是的。

那么你养活他吗？ =是的。

你现在有几亩土地呢？ =6亩和4亩，一共10亩。

【伙种】除此之外，还种其他的人的土地吗？ =今年伙种5亩。

谁的土地呢？ =北门外刘家园子的刘姓。

什么时候开始？怎么约定的呢？ =每亩5斗，从今年开始。

你认识那个姓刘的人吗？ =认识。

你除了种地以外，还做别的吗？ =拉洋车。

种地忙的时候雇人吗？ =不雇人，因为土地少。

【粮食】一年的口粮大约要多少呢？ =老斗8石左右就够了。

【作物】今年收获了多少作物呢？ =

谷子	三亩	一亩六斗（老斗）
玉米	四亩	一亩七斗
高粱	三亩	一亩二斗
白薯	不到一亩	一亩五百斤
黍子	（有黏性）二亩	一亩五斗
梅子	（黍的一种，不黏，黄色）二亩	一亩七斗

今年大约收割多少？＝平均大约5成（梅子很好，但是高粱不好，平均下来就是这样）。

【衣物】衣服、被、褥等一年花多少钱呢？＝如果买的话，大约100元左右（但是还没有买）。

买了之后大约几年不用再买呢？＝被子是5年，衣服是一年。

【燃料及其他】买燃料吗？＝买煤。

一年大约多少呢？＝大约2500斤。

肥料和种子等呢？＝不买，都是自己准备的。

不买农具吗？＝每年买。

大约是多少呢？＝今年是4元，笤帚、叉子等。

【赋税】钱粮大约缴纳多少呢？＝不记得了，和亩捐一共缴纳了13元9毛7厘（10亩）。

编乡的费用是？＝一亩1元1毛2厘，约16元8分。

有其他的村费吗？＝村里没有，出工的钱以后交，自己出钱雇人。

你交这些钱吗？＝我也交，开始是8元，又交8元，共计16元，粮食也交了8元左右（挖护城河时我没去，这次是叔叔去的）。

【杂费】除此之外，零碎日用品的费用，一年大约需要多少呢？＝一个月大约花费10元。

你一年拉几个月的车呢？＝10个月。

因此一年大约有多少收入呢？＝大约800元（看上去可能多一些，但是钱不值钱）。

多的时候一天能赚多少钱呢？少的时候大约多少呢？＝多的时候5元，少的时候大约3元。

【借钱】那么，一年下来不借钱也行吧？＝不够。

差多少呢？＝今年是200元左右。

现在借钱了吗？＝有。

大约有多少呢？＝大约700元。

找几个人借的呢？＝3人。

都是谁呢？＝王贵480元，李文仲120元，陈姓100元（3人都是亲戚）。

是什么亲戚呢？＝王贵是连家（他的媳妇和我的媳妇是姐妹），李文仲是姑父，陈是表姨夫。

都有中人、立字了吗？ = 是的。

中人是谁呢？ = 和王的中人是李书元（朋友），李的是杨文海（叔叔），陈的是张文仲（舅舅）。

土地是抵押的吗？ = 红契做抵押。王贵 6 亩，李文仲 2 亩，陈 2 亩（都是指地借钱）。

这是什么时候开始借的呢？ = 王贵是去年十月，李的是民国二十三年，陈的是去年 9 月（以前分家的时候有 11 亩，被汽车路占了 8 分。分家时每亩 15 元全部抵押了，给杨 6 亩，刘 4 亩。因此现在的借款中，杨的是前年，刘的是去年还的）。

为什么要借这些钱呢？ = 全部是为了日用，后面也有为还债借的。

交多少利息呢？ = 给王贵的是每亩五老斗，李、陈的都是一样的。

那什么时候交粮呢？ = 十月初一（几天也不能晚）。

上述借钱的期限是怎么定的呢？ = 写的是三年，三年不能赎回的时候，同样要交粮。

你是怎么计划归还的呢？ = 看现在的年头好像还不了。我觉得当然还是得交粮。

那些抵押的土地现在的价值大约是每亩多少钱呢？ = 现在的话，大约每亩 160 元。

打算把十亩土地少卖一点来还钱吗？ = 即便打算一度变卖土地，等有钱时再买，也买不了。

为什么呢？ = 因为现在持有的土地都是村子附近的土地。

【个别调查 4】杨文贵（54 岁，普通的农民）

家里有几口人？ = 老伴 43 岁，两个儿子分别是 23 岁、14 岁，一个女儿 17 岁，共计 5 人。

父亲是什么时候去世的呢？ = 民国二十三四年前。

父亲的兄弟呢？ = 4 人（父亲排行老三）。

【分家】分家的时候，父亲大约得到了几亩地呢？ = 共计 90 亩，一人大约 22 亩。

你的兄弟呢？ = 3 人。

什么时候分的家呢？ = 22 年前。

父亲去世后吗？ = 去世后一年多开始。哥哥去世了，接着就分家了。

那分家是谁提出的呢？ = 年头也不好，侄子也小，大家都希望分家，嫂子提出的。然后我也同意了。

那个时候你得到了几亩呢？ = 7 亩。

现在有几亩呢？ = 现在剩下 5 亩。

【卖地】那 2 亩怎么了？ = 卖了。

什么时候卖的呢？ = 分家后两年卖的。

为什么卖呢？ = 年头不好，分家的时候我分担了大约 30 元的借款，为了还钱卖掉了。那个时候很便宜，两亩地不过 40 元。

现在种别人的土地吗？ = 赵校长的 12 亩 5 分，约定每亩 4 斗 5 升（老斗）。

那是从什么时候开始的呢？ = 有 3 年了。

【作物】今年种了什么作物呢？ =

伙种地

谷子　　五亩　　一亩五老斗

荞麦　　四亩　　一亩五老斗

棒子　　三亩多　一亩五斗五

自己的土地

老棒子　五亩　　一亩七老斗

【粮食】家人的口粮一年大约需要多少呢？ =一天没有六老升就不够。

一年缺粮多久呢？ =过年、正月的时候就没了，有半年不够。

今年买了多少呢？ =不太清楚，一点一点买的。总之，每月需要一石八斗，必须要买半年的分量。

【泥瓦匠】除了种地，你还做什么？ =做泥水活，也做短工。

泥水活大约一年做多久呢？ =春天大概两个月。

那么一天大约多少钱呢？ =现在连饭带工一天3元。

【短工】短工大约一年做多少呢？ =也是大约2个月。

那一天大约能赚多少呢？ =忙的时候带饭是3元左右，不忙的时候2元左右。

【衣物】衣服、被、褥一年大约使用多少呢？ =需要大约100元（今年到现在为止买了40元左右）。

【燃料及其他】燃料一年要用多少呢？ =一年烧8个月的煤，柴火只够4个月（煤一个月需要450斤，8个月共3600斤）。

肥料、种子、农具等大约买多少呢？ =种子有留下的，不买。

赋税篇　土地买卖篇

1942年5—6月

（华北农村惯行调查资料第75辑）

赋税篇第13号　土地买卖篇第9号　河北省良乡县吴店村

调查员　盐见金五郎

翻　译　无

田赋的征收方法　田赋　亩捐　杂税　税契　过割　民欠

应答者　李澜波（县公署田赋征收处主任）

【田赋征收处的组织】你多少岁了？ =37岁。

以前在县公署工作过吗？ =事变前在征收处做征收员，但是事变的时候逃到了北京。在那之后就安稳了，回来以后就被任命为征收处主任。

本县的田赋额征是多少呢？ =18.716元078。

契税呢？ =30.005元00。

田赋的额度是每年每年变得不一样吗？ =这个从原来开始就不变。

契税的额度呢？ =从今年决定的额度，“每三年一改”。

那个是为什么呢？ =根据三年的成绩省公署会适当规定准备额度，这个就作为后3年的金额。

征收处所属什么地方呢？ =财政科。

财政科是做什么的呢？ =庶务股和会计股。

征收处是干什么的呢？ =“分两柜”。

那是怎么分的呢？ =迄今为止都是一个窗口，估测分成两个窗口会方便民众，就变成这样了。

征收处有多少名职员呢？ =主任、办事员一人，书记10人。

此处的职员有世袭的吗？ =基本都是新来的，因为事变前的只剩下了两三名，原来是世袭的，现在不是那样了。

【田赋征收的账簿】田赋征收是使用什么样的账簿呢？ =叫作征收簿。

不叫粮册或者红簿什么的吗？ =也有叫粮册子的，还有叫红簿的，但是都是原来的名字。

征收簿有几册呢？ =19册。

那个是每年都更新吗？ =每年开征前更新。

除了征收簿以外有地亩账吗？ =没有。

有叫社书和里书的东西吗？ =前清时代好像有，但是民国以后没有。

那些是没有像“底册”似的东西吗？ =原来可能有吧，但是现在关于土地的账簿，除了账簿征收册以外，就没有了。

19册的花名是什么名字呢？ =40088名。

19册的征粮册是怎么样分担的呢？ =东、南、西、北分开分担。

那个是什么时候分开的东西呢？ =用前清时代分的方法，以县城作为中心区别“各花户”的所属。

县公署的旧账簿被保存着吗？ =民国二十八年的大水灾的时候，县公署被水淹了，那个时候全部都化为乌有了。

那么现在的征收簿是怎么被保存的呢？ =征收责任人每人自己拿着。

【田赋征收的方法】田赋是什么时候征收呢？ =原来从三月初一到六月末作为上忙，从九月初一到十二月末作为下忙，但是因为结果是相同的，所以一年之中什么时候都可以接受。

田赋是谁来缴纳呢？ =各花户直接来缴纳，但是远方的人的话，是委托乡长（村长的人）拿来的也有，但是大部分是“自己投柜”。

田赋开征的时候怎么样通知呢？ =根据征收处的征收簿做通知单，政务员送达到各大乡，大乡的乡长送达各存的“参议委员”那里再分配给各花户。

那之后怎么催粮呢？ =政务员通过各乡再经过参议委员来催促，如果有滞纳的话政务员就“传”下去。

通知单的发送是从什么时候开始呢？ =事变前没有，但是事变后就变成必须散发。

各村有叫“地方”的人吗？ =事变前有，但是大编乡以后就没有了。大乡公所的乡丁取而代之，负责发放通知。

“比卯”到现在也有吗？ =事变后没有，因为组织变了。

怎么变的呢？ =变成了大乡制，村里代替村长的是设置了一名参议员，凡通知给各村的事项均通过乡公所传达。随后各村和县的直接交易变少，催粮也由参议委员担任直接责任人，监督保甲制的甲长令其催促，县和地方（职位名称）的关系也有了变化。

【田赋的税率】田赋的税率是多少呢？ =1分、1分2厘、1分5厘、2分、3分、4分，被分为六等。

那是什么时候的事情呢？根据土地的好坏吗？ =因为从原来开始就是那样，不是根据土地的如何。

田赋的负担土地的面积是多少呢？ =3903顷67亩2分。

除了田赋以外关于土地的税还有什么呢？ =有亩捐和契税。

【亩捐】亩捐是什么呢？ =田赋附加。

什么时候变成亩捐的呢？ =民国三十年附加变成了亩捐。

亩捐是多少呢？ =民国三十一年分为上地、中地、下地三等级，上地是一亩1元3角

5 分；中地是 1 元 09 分；下地是 8 角 3 分。

那个是什么时候征收的呢？ = 和田赋同时。

根据什么来决定亩捐呢？ = 编成县的预算概算的时候，考虑收入支出决定作为田赋附加。

那么亩捐是每年异动的吗？ = 变动，因为根据那年的县杂费的状况来改变。

县是可以随便变动的吗？ = 因为概算表要经过道公署申报，那个时候审查由县里制定的材料后决定。

田赋和亩捐是佃户负担吗？ = 这是必须由地主负担的东西。

【地亩款】乡公所的地亩款可以成为县里的收入吗？ = 乡公所自己根据地亩征收，充当乡公所本身的杂费，所以不是县公署收的税。

那么县里会给乡公所补助金吗？ = 不给也不收。

那么，乡公所收的“地亩款”是地主负担的吗？ = “地亩款”是乡公所直接附加给“种地户儿”的，和地主无关。但是地主自己“种地”的话，就不得不负担相应部分。

乡公所的“地亩款”不是县公署代收的吗？ = 在乡公所的征收机关“自办”“自取”。

除田赋和亩捐以外，县征收处征收的税是什么呢？ = 有契税。

契税是多少呢？ = 从价 100 元，征收正税 6 分 6 厘，附加税 6 分。

【租课】官有地有租课吗？ = 事变前有，但由于事变，还没整理。加上民国二十八年的水灾影响，账簿没了，土地也变得不清楚了。

还没整理吗？ = 没整理。

【税务征收局】田赋契税以外的省税、国税以及县附加税，是在哪里征收呢？ = 国税是统税局，省税及县附加税是在河北省良阳税务征收局征收。

征收局属于什么地方呢？ = 省公署财政处的直属。

什么时候有的呢？ = 今年 1 月 1 日。

征收局的职员是县的职员吗？ = “直属省公署”。

省税的县附加是县里直接征收吗？ = 征收局代收，再交给县里。

田赋税契以外的杂税是源于包税制吗？ = 事变前是由包商来“包”，事变后仍然延续。但是有了征收局以后，包商制被取消了。

【在交易场的征税】交易场收的是什么呢？ = 以交易手续费的名义，由合作社收取，充当自己的经费。

交易场的征收窗口在别栋有两个，这是怎么回事呢？ = 北边那栋收的是合作社收的手续费，南边“新房子”里由征收局职员出差收取牙税。

【田赋的税率】之前听说田赋的税率是按亩收的，是吗？ = 是那样的。

一两银子能换算成多少钱呢？ =2 元 3 角。

对于田赋比例，要区分旗地和民地吗？ = 没有区分。

这边的旗地是从什么时候变成民地的呢？ = 民国十四年“改租为粮”时变的。

之后田赋增加了多少呢？ = 和以前比较的话，增加了两倍。

【黑地】全县大约有多少黑地呢？=我认为有数百顷，但是没有明确数字的方法。

怎么剩下了黑地呢？="旗地置剩了的地"（设置旗地时所剩土地的意思）。

黑地的升科怎么办理呢？=参议证明，到编乡公所造册，向县里报告，成为"新订"。但是省里还没发相关命令，所以现在还是"没办法"。

【补契】地券丢失的话怎么办呢？=补契。

那个手续是？=参议证明，经过编乡交给县里，得到"尾契"。

费用需要多少呢？=按价6分6厘"免付"。

【契税】典契税是多少呢？=正附5分3厘。

有"推契"吗？=事变前有，但现在没有。

民间写契约的时候不立推契吗？=偶尔也有立的，但是因为和卖契一样，一般不使用"推的字"。

买契和典契在去年之内，大约发了多少张？=买契大约900张；典契大约300张。

税契时谁来呢？=买主来。

税契当中，要分给监证人一部分吗？=买契税当中，每100元有1元；典契税是5角。

那是县里给的吗？=县里是和契税一起征收，每月给监证人。

买契税	六分	归省
中学费	六分	
省中用费	一分五	
省区自治费	五厘	
纸价费	一元	
地方自治费	一分	归县
教育费	二分	
监证费	一分	
典契税	三分	归省
省学费	三厘	
省中费	三厘	
省区自治费	二厘五	
纸价费	一元	
地方自治费	二厘五	归县
教育费	五厘	
监证费	五厘	

【省款的送交】归省的部分什么时候送到省里呢？=每月。

钱粮呢？ = 这也是每月。

溢征部分呢？ = 这个也是一起送，但是其中有“提奖”。

除了田赋契税以外，有县里直接征收的东西吗？ = 没有。

【征收簿】田赋征收的时候要办什么手续呢？ = 如果农民拿来了之前分发的通知单，首先查流水账受理，查阅征收簿上是谁的名义，然后销账，把写的收据交给他。

征收簿是什么东西呢？ = 像下边那样。

（表纸）

第一册 民国三十一年西路田赋地粮征收簿

（内容）

村 名	姓 名	亩 数	洋○角○分○厘

如果收了钱，在账簿上怎么处理？ = 盖“何年何月何日收讫”，以及“全年亩捐收讫”的印，在姓名处盖章。

前者收田赋，后者是亩捐，是这样区分吗？ = 是那样的。

征收簿是东西南北各个路分开的吗？ = 是那样的。

各路有几册征收簿呢？ = 东路四、南路五、西路五、北路四。

那么，在 19 册当中，一册不够，该怎么办呢？ = 有另外一册“邻封”。

邻封是？ = 外关的东西。

【外关的田赋】外关是大约有多少顷呢？ = 大约七八十亩。

外关怎么收取呢？ = 把公事送到临县公署，让他们去催。

是临县代收吗？ = 直接由地主交到本县，县里不代收。

【税契和过割】税契也是同样的吗？ = 同样。

税契有登记簿吗？ = 像下边那样。

（表纸）

征收处 税契临时登记过割簿

（内容）

吴店村、李秀凤、6亩、洋63角	过过	全过本村赵国名下

过割是买主来吗？=卖主拿着钱粮的收据来。

税契手续和过割手续是同时办吗？还是只办一种就可以呢？=因为之前税契处和过割处是分开的，哪里都有只办一种，不办另一种的。但是现在因为在一个地方办事，办了一种；另一种也不能逃。

过割费是多少呢？=规定是“每石两毛”，但是现在是“活动”的。

如果有过割申请怎么办呢？=写到登记簿上，在下次编写征收簿时更改。

分家的时候，税契是必要的吗？=因为不是买卖，没有必要。

过割怎么处理呢？=当事人随意。

【民欠】如果没有缴纳田赋，该怎么办呢？=延到第二年。

那个时候不会被罚吗？=因为农民很困苦，可作为“民欠”转移。

如果累积起来呢？=肯定作为“民欠”保存。

民欠是每个月报告吗？=每个月出月报。

民欠有“失迷”的时候吗？=不知道人们去了哪里，不知道土地属于谁的，这种事情是有的。

那个时候，还是作为民欠保留吗？=作为失迷，报告处理。

去年年度的田赋缴纳怎么样呢？=大约九成。

本县的“契尾”是什么种类呢？=草契和契尾都只在买契和典契时用。

用推契这种说法吗？=不用。

实际上为了在买卖中逃税，有用来“典”的税契吗？=那种是买主不知情，因为后面出现问题会很麻烦。

【为使税契励行的手段】县里调查税契吗？=即便调查也不知道。

为什么呢？=有当事人商量好的，监证人也是说同样的话。这个是长期的习惯，怎么也改不了。

县里用了调查的手段吗？=放任自流。

除了县公署以外，在农村有直接征税的机关吗？=没有，以前是有区公所，但现在没了。

【不动产登记】做不动产登记吗？=本县没有实施，也没做过。

杂税　征收局　征收员　集市　牙行　斗行

应答者　李兰亭（良乡税务征收局主任）

【应答者的经历】你是什么时候、从哪里来的呢？=以前是新河县的财政科长，今年1月1日到本县征收处，在此处担任主任。

老家在哪儿？＝磁县。

和吴局长同时来的吗？＝和局长是同时上任。

【局长的经历】局长之前是做什么的呢？＝之前很长一段时间是做北京的电铁科长，他和吴省长同乡，都是正定县的，所以在财政厅工作过。

【税务征收局的组织】征收员除了局长和主任外，还有几人呢？＝10人。

全部在本县城吗？＝分散在各地分所。

具体怎样呢？＝琉璃河二、麦店二、交道一、官庄二、城内三，是这样配置的。

除此之外，有像调查员那样的人吗？＝有5名税警。

怎么安排的？＝城内4名，麦店1名。

上述各地都设立集市了吗？＝有定期的集市的场所。

【征收员】征收员是做什么工作的呢？＝“写票”和“收款”。

【税警】税警呢？＝专门“稽查漏税”。

【在集市上的征收事务】征收事务是只在集日那天办理吗？＝征收员主要在集日那天持“票照”去交易场征收，因为平日基本没有交易，所以闲散，而且征收员平日不去交易场。

想了解在集市那天实际的征收办法，可以吗？＝首先是牙行（粮食是斗行）在买卖当事人之间“说合”，如果成立，牙行斗行就在符签上写交易额。买主拿着这个去新民会的交易场事务所，支付交易场手续费。在事务所领取证明，再把这个转交到征收员事务所，缴纳牙税（交易场的东西两侧有新民会的粮食仓库兼事务所、税务征收局的征收员办公室。对交易者双方而言，一方交手续费，另一方同时交税）。

征收员受理时怎么做呢？＝写入四联单的票照，收取现金，交付收据。

票照是什么地方做的？＝在省里印制盖上省印的四联单。

各品目税目的票照都一样吗？＝各种名目不同，但被称为“七种牙税”的粮食、牲畜、油、鸡蛋、灰、煤、花生是使用一样的。

新民会为什么收取手续费呢？＝用于充当与交易场设置管理相关的费用，收取一些手续费。

那个手续费是针对什么都收吗？＝我认为大概只是针对粮食。我认为准确说是从价的千分之五，但不确定。

【牙行和斗行】牙行和斗行是征收局雇用的吗？＝按照中国的习惯，凡是买卖，都要有中介人作为附属。如果没有他们，就不能进行交易，因此自然要委托他们，和征收局没有什么关系，但是听说在新民会那里登记。

牙行的种类是？＝“牲畜牙”和“斗税牙”，好像没有其他的了。

知道“斗份儿”吗？＝那是指持有“官斗”，就像使用新民会决定的“官斗”的“斗牙”权利那样。

“斗份儿”有多少呢？＝我觉得有19个，但是不知道准确数字。还有，斗行有一定的权利，可以把自己持有的“官斗”转让给其他的人。

那种情况是无偿转交吗？＝好像是有偿的。

【杠行】其他有叫“杠行”的吗？有的话，是什么呢？=是交易场的“脚行”。

这个也是自然产生的吗？=因为斗行是持有控制“官斗”和“柳条筐子”场所的人决定的，为了把农村运来的“粮食”送到他们那里，只有“老百姓”还不行。为此，自然产生了被称为“杠行”的帮手，是在交易场的集日那天出来干苦力的。

【牙行、斗行、杠行的报酬】牙行和斗行是另外的部门吗？=好像没有关系。

牙行、斗行收手续费吗？=一般从两个当事人那里收取。

杠行是？=这个好像也是只得到一点“辛苦钱”。

交易场和征收员不干涉这些吗？=不干涉，这个是买卖当事人之间的事，是自由的。

牙行、斗行、杠行等从当事人那里收的手续费当中，有交给征收员或者新民会的交易所事务所的部分吗？=“一点不抽”（完全不收的意思）。

【集市以外的交易】交易是集日那天在交易场进行的，除此之外，有在各村或者个人间的随便自由交易的吗？=这个是“多少免不了”（不能避免的意思），但是现在基本见不到了，很好。

为什么呢？=严格稽查，要求交易的另一方必须去集市。村里没有牙行、斗行。因为知道交易必须要缴税，所以自然来到市场，在一切都很方便的地方交易。

但不能说是绝对的吧？=这段时间，因为持续的天灾，农民很贫困，此外税又确实很高，也不是没有私下交易的，但我认为数量应该是极少的。

夜间和旁边的人偷偷买卖，别人绝对不会知道吧？=那不会构成数量问题。

如果偷税被人知道了，会有处分吗？=会被另外处罚，所以农民不喜欢“私自”交易。但和邻居以个人借贷的名义偷税的人，也不是没有。

【县里直接征收的税额】和包税时代相比，税收怎么样？=增加了，包税时代是“包商”得利的部分相当大，但变成了直接征收之后，“收多少解多少”（只送征收的），当然增加了。

征收的税金是什么时候、怎么处理呢？=每个月省税的部分给省里送去，地方税附加是每月通知县里来领取。

【县里直接征收的税目】县里直接征收的是什么税呢？=田赋、契税、当税、商捐、亩捐。

屠宰场的费用是？=那是县里经营的，当然是县里的收入。但屠宰税是交给征收局的。

【统税局】本县有统税局吗？=有的，本县主要收国税“烟酒税”以及“布匹税”。

【征收局】征收局只管省税部分和地方附加吗？=是那样的，地方附加必须在县里征收，但是变成直接征收后，就成了征收局代征送交。

【开放牲畜市场的时间】好像没看到城里的“牲畜市场”，这是为什么？=牲畜是八九月的时候多，平常大约有少量的猪。

为什么八九月牲畜多呢？=大秋的收获指日可待，为了在收获后用于“耕地”，有钱的人就买牲畜，也有人想换买更好的，因此在那个时节，牲畜交易会稍微活跃。

【承征员制度】本县的直接征收是从什么时候开始呢？=民国二十八年已经走上了直接征收的轨道。

现在完全废除了包商制度吗？ = 是的。

承征和包商有什么不同呢？ = 承征是从包商到直接征收的过渡期，所以“承征”只是名字，实际和包商没有什么实质差异。

哪里不同呢？ = 包商是一个人能管几种税目，但是变成承征之后，税目就被限制了。换言之，不过是包商有分工。

各种税目有一定数额吧？ = 有的，正如资料一所示，这个叫作“比额”。

“比额”每年有变动吗？ = 根据实际情况会变。如表格所示，比前年年度的实际数额增加了。在那种情况下，如果实际没有达到比额呢？ = 没有被处罚的，但也不会允许减少。

【征收局的税目和税率】你们征收局有征收税目以及征收税率吗？ = 如资料 2 和资料 3所示。

资料 2 第 2 条第③项的“牙税”是指什么和什么呢？ = 是指资料 3 的斗牙税、花生牙税、油牙税、牲畜牙税、鸡蛋牙税。

“斗牙税”只针对“粮食”吗？ = 包括各种粮食，是所谓“斗行”涉及的范围。

【资料 1】**河北省良乡税务征收局民国三十年、三十一年两年度各税比额及实征数目比较表**（民国三十一年　月　日）

单位：元

税别	上年度比额数		上年度征收数		本年度比额数		比较			备　注
							增	减		
牲畜税	3617	000	7497	824	7651	000	4034	000		
屠宰税	5129	000	3225	800	8719	000	3590	000		
牙税	2550	000	45906	977	53668	000	28158	000		本项包第 7 宗货品为粮食、牲畜、油、鸡蛋、灰、煤、花生
烟酒营业牌照税	3300	000	2518	000	3300	000				
营业税	5450	000	5034	458	5833	000	383	000		
营业专税										本项税目系本年新增比额亦未回利故比额数缺略
合计	43006	000	64183	59	79171	000	36165	000		
附记	一、比较栏所列各数系上年比额与本年比额之相差 二、上年度实征数系县公署移来各税实征之数 三、本年度实征数因系开始征收尚无法统计故暂未列入									

【资料2】河北省良乡税务征收局征收各税及填票规则

第一条 凡征收员于征收各税及填写税票时皆得依本规则办理之

第二条 各征收员于征收各税时得遵照左列税率办理

1 牲畜税按价百分征三地方附加正税之半

2 屠宰税猪每头一元羊每头七角菜牛骡马骆驼每头五元地方附加各照正税之半

3 牙税粮食按价征百分之一点五地方附加正税之半其他（前令所颁税目）按价值百征三地方附加正税之半

4 烟酒营业牌照按整卖零卖核定等级照章征税

5 营业税根据各商号三十年度年度账目切实查定按章征税

6 营业专税按价值百分征一点五地方附加正税之半

第三条 驻在外镇各征收员除于逢集之日到局征税外并得于停集之日办理烟酒营业两税之调查登记及赴附近村庄稽征偷漏等事宜

第四条 各征收员于填写税票时除依服务规则第四条之规定外并得于税票各联骑缝编号下面填写税额一律大写以杜流弊

第五条 交款办法除依服务规则第三条之规定外每逢月度终了时并须将一月间之票照用存数目及一月间所征各税总数列单送局以便考核

第六条

各粮商由交易行购买粮食在昔以次数过繁允豫变通起见既不按次纳税自应于每次牙纪所开之白飞上书明日期加盖商号戳记各征收所于接到此项白飞后一面于交易场所开手术料收据上加盖验乾戳记商民持斯据出场时再加盖出场戳记以防顶替（一面将接到各商所交之白飞一一登记（简单写之）下集后将登记簿连同所有白飞均交总局核收）(此段专指城关而言）至名人民零购粮食持税票出场时亦须加盖出场戳记以杜混用

第七条

本规则如有未尽事宜得由征权股呈请局长更正之

第八条

本规则自颁布之日施行

【资料3】河北省良乡税务征收局税率一览表

税　别	税　率	备　注
牲畜税	按价值百抽三	
斗牙税	按价值百抽一点五	
花生牙税	按价值百抽三	
油牙税	按价值百抽三	
牲畜牙税	按价值百抽三	

续表

税　别	税　率	备　注
灰煤牙税	按价值百抽三	
棉花营业专税	按价值百抽一点五	
屠宰税	猪每口一元　羊每头七角　牛每头五元	
鸡蛋牙税	按价值百抽三	
说明票照工本费每张二分地方附加捐按正税之半征收合并声明		

斗行　交易场　集市之外的交易杠行

应答者　李全（良乡交易场斗行）

【斗行】包税制现在已经不存在了？＝没了。

交易场的“斗行”有哪几个人？＝19 份。

一份有几个人？＝有一个人的，也有使用一个人的“份名”，找几个人帮忙的。

现在斗数有多少？＝30 张。

这个数会变吗？＝斗是斗行买的，会增加也会减少。

斗行的交易场所有没有决定好？＝根据抽签一年一换。

这 19 份的斗行都登记了吗？＝由于是包税制时代大体都登记了，交易场的人在交易完成后登记。

【斗行的身份】斗行是什么人？＝没钱没资产的人创办的，因此是交易场所的中介。

19 份的斗行什么时候开始变？＝前清时代开始。

是世袭的吗？＝世袭的，有了这个工作之后即使是农民也要一起做。

年轻的没有世袭能力的怎么办？＝（顶名人）来也可以，但这种场所必须登记且不能世袭。

可以卖股票吗？＝从以前就一直不行，所以不行。

然而只有一个工作的话这种权利可以拥有吗？＝信用和门面的原因，这并不在自己知道的范围。

【斗行的报酬】然而斗行究竟做什么？＝粮食买卖者之间的中间人并赚取手续费。

手续费有多少？＝一般是一石一毛，有时是一石二毛。

这是什么时候决定的？＝并不是交易行决定的，而是根据物价的变化而变。

斗行能负担税吗？＝没有税，手续费自己支付。

手续费找谁收？＝普通交易的双方。

想要买卖成立怎么做？＝“飞子”处记下粮食的名字手续费和价格，然后盖上自己的印。

这个怎么做？＝买主去交易行持有“飞子”，并支付手续费。

【买卖时的税及手续费】交易行要交多少税？＝价格的千分之五。

这个手续费是作为税金收取的吗？＝新民会的交易场所交易时的手续费，并不是税金。

在这之外还要收税吗？＝新民会颁发的手续费支付证明，这个证明和飞子一起带上去新房子，要支付征收局官员的出差税。

新民会的手续费谁来负担？＝买卖双方对半负担。

征收局的税有多少？＝关于从价百元就是2元2角5分。

这个和正附一起吗？＝正税的千分之五，这一半的附加。

这个税由谁负担？＝卖主三分之一；买主三分之二。

受取要颁发吗？＝征收局收来的税单和新民会一式两份保管。

【集市以外的交易】买卖在规定的市场之日外就没了吗？＝随时随处都能。

交易场以外城镇可以吗？＝哪里都可以，只有官斗必须在斗行。

如果和“斗行”的中介一起的话，在家里也能进行吗？＝在家也可以，“斗行”和顾客都是随意的。

在交易场以外的地方手续费和税怎么样？＝两个都要支付。

最初“斗行”写作“飞子”有什么影响？＝由于身负收取手续费和税的原因，“飞子”交由征收局的征收员在台面下进行。

交税只能在交易场的征收员出差处吗？＝有集市的时候，原则规定只能在交易所，平日在交易行和征收局都能交税。

在普通村庄可以进行买卖吗？＝村里买方和条件都不方便，又因为想要卖得高就需要中介，又因为人情没有官斗，因此不行。

【斗行】斗行的粮食点有归属人吗？＝哪里都没有归属，都是独立的。

包税制时代是怎么样？＝什么时代都一样，斗行和粮食店的包税人和管理者没有关系。

【杠行】杠行是斗行的使用人吗？＝杠行是交易场的脚行，和斗行没有关系。

是交易场雇用的吗？＝不是，只是粮食的装卸给予工人的辛苦钱。

但是一般的苦力没有支付工资吗？＝交易场的苦力没有杠行，只有卖主的话，物品的处理比较困难。

【杠行和斗行的关系】和斗行有联系的买主来杠行出差的话，就会自己带走货物了吧？＝买主因为在斗行有规定，不能在杠行自由交易，只有在委托中介后可以自由去斗行挑选。

卖主一定要拥有一定斗行吗？＝当然不是，只有拜托亲近的斗行就行。

杠行的手续费有多少？＝一般是一袋5份左右，但这是随意的。

屠宰场　屠夫　屠宰税的承包　村里的屠宰

应答者　赵琳（良乡村屠宰场屠夫）

【应答者的经历】您怎么称呼？＝赵琳。

今年多大年纪？ =52 岁。

做多少年屠夫了？ =30 年以上。

是本地的吗？ =是的。

一直都做屠夫的吗？ =中途做过农业，拉过洋车。当年事变的时候，在载着日军队长去车站的途中被子弹射到了身体。那时在队长的帮助下，接受治疗恢复了，之后不当洋车夫了，一直在屠宰场工作。

【屠宰场】屠宰场是什么时候开始有的？ =事变后成立的。

被何人所管辖？ =县公署。

事变前是肉店自己屠宰的吗？ =肉店自己屠宰的有，也有人在红白事的时候屠宰好了准备给我们。

屠宰场来屠宰是一定要在里面屠宰吗？ =自己准备锅是不允许的，锅是屠宰场准备的，不用自己带。

屠夫有几个人？ =我只有一人，别人还有弟子。

弟子又叫什么？ =夫役。

一天能杀几头？ =不一定，每天一头的也有，四五头的也有。但是每天必须要屠宰。

是各肉铺自己带过去屠宰吗？ =肉铺自己也能大体上屠宰完成，我们和弟子也会去帮助他们。

屠宰场有场长吗？ =有一个检验员，每天来检查。

如果（牲畜）生病的话怎么办？ =由于不合格就会禁止贩卖。

【屠夫的报酬】屠夫及相关的下属在哪里领工资？ =屠夫 25 元，夫役 20 元，都在县财政科领。

在这之外还有什么需要分配？ =面粉。

猪毛和猪骨头是屠夫的收入吗？ =有时是，有时不是。“办红事”等时候经常可以带走，但是由于那时什么都很值钱，也经常不带走。

锅是屠宰场准备的吗？ =是个人的。事变前，数个私人屠宰场的开设都是屠杀后在“摊子”卖，或者在“店铺”卖，又或者去“肉铺”。“红白事”的时候，就在自己家里，所以锅都是自己带的。

【屠杀税的承包】事变前有屠宰税吗？ =有，县公署包税的。

屠夫可以包税吗？ =另外有的。

事变前的税是多少？ =买卖时，成交价格每元收取 3 分钱的税，买卖双方对半分。

在这之外，还有什么要在牙行做的吗？ =没有，三分内牙行办得到就会移交给包税人，包税人一个人办不到的话就从牙行派遣几个人去各地收税，牙行从包税人出获得工资。

事变前屠宰是要多少屠宰税？ =只有 6 毛钱，事变后税局的起票是 1. 5 元，屠宰场费用 1. 6 元，合计 3. 1 元。现在买卖时 3 分变成了 9 分。

【村里的屠宰】在村里屠宰要在做什么？ =大村子一般都有屠夫，只要把他们叫去就可以屠宰了。

村里的屠夫也是县公署给他们工资吗？ =他们都是村里技术较好的人，并不是县里指派的人。

在村里屠宰也要交税吗？ =村里在办白红事的时候年边屠宰的时候，个人或村长要支付1.5元的税，1.6元的场费。

村里可以不设屠宰场吗？ =没有的话就没有起票了。

1.5元的票在哪里买？ =统税局（征收局）。

1.6元的场票费呢？ =屠宰场的检验员每天来屠宰场的时候在他那里买。

村民在村里屠宰的时候不需要用钱吗？ =自己饲养的屠宰就不要钱，买的话买卖的"牙用"费也不需要。

村民在和对方买卖的时候，也可以不支付"牙用"吗？ =找牙行去支付。

不支付可以吗？ =不支付的情况也有的，但是被发现要罚款，所以一般还是支付的。

牲口市场在哪里？ =交易场的新房子的附加会有市场。

牲口一般都是指什么？ =猪是每回都有的，牲口在能耕种前是不允许贩卖的，除非是死了的猪。

你下乡之后要屠宰吗？ =之前是从这些村里出来的，现在归属于屠宰场就不会的。

城内的屠夫有去乡下的吗？ =乡里都有屠夫不必去。

乡公所的经费　土地款　乡长的监证

应答者　张剑泽（模范编乡公所会计主任）

【乡公所的经费】编乡公所是什么时候成立的？ =去年6月1日在这里成立的。

乡公所的经费有一定的预算吗？ =每年预算的编发都要经过县公署的许可。

县公署要获得什么地方的许可？ =县公署隶属于民政科，因此获得民政科许可。

会计事物相关的不受财政科监管吗？ =不受，乡公所的经费是独立的，从他们自己管辖的村里收取。

【地亩款】各村征收费用是按照征收法的吗？ =根据土地的亩数来征收。

所有的亩数是指耕种亩数吗？ =根据耕种亩数从耕种者那里征收。

每年什么时候，征收几次？ =每年一次4月1日征收，然而也会临时收取一些经费。

去年按照亩数多少钱？ =1.2元。

今年呢？ =1.1元。

征收金是由县里送去的吗？ =不是，在乡公所的"随收随花"处。

乡征收的基金是什么？ =乡公所的土地款。

【预算】今年的预算是多少？ =三万八九千元。

【支出的内容】作为乡公所的经费主要支出的是什么？ =职员的薪水，学校的一切经费，其他便是建设需要的费用。

【给乡公所的补助金】乡公所的经费中用于建设的部分补助是从哪里获得的？ =挖井的有20元左右，他们领取来自特务机关的补助。或是由春耕贷款充当这笔费用。

来自乡公所的对各村的补助有吗？ =各村的经费各村自己收取和乡无关。

【乡公所的征收实物和出役】乡公所征收实物和分配劳役吗？ = 乡工作之外的和公事相关的县公署的分配由各村执行。

在这种时候，不能支付日薪或者费用的情况下，乡公所会支付吗？ = 由于这不是乡自己的事情，乡并不会支付，各村自己负担。

【地亩款征收的方法】关于耕种面积分割经费的时候，用什么方法？ = 寄给管辖各村的各户通知书，由此来支付。

通知书分成哪些部分？ = 由存根、检查、收据、通知单 4 部分组成。

通知单在哪里由什么人经办的？ = 四联单是县里颁发的，一联号码在县里都有记录。

在哪里填写？ = 乡公所的会计股填写。

【关于地亩款征收中乡丁的职责】分配各村各户任务的是谁？ = 乡公所的乡丁。

乡丁有几名？ =4 名。

各户不支付的情况下谁来负担责任？ = 参议拥有责任。

【参议的职责】通知书发放之后的催款是谁执行的？ = 乡丁在各村的参议委员处执行。

参议是集中起来征收的吗？ = 参议不集中，各自执行。

为什么不能委托参议？ = 参议不参与收取的发行，他们用钱会变得麻烦，老百姓能清楚知道就不委托他们。

收据由哪里发的？ = 肯定由这里发，方法和县里的田赋股是一样的。

乡公所的地亩款和县的田赋和地捐完全不一样吗？ = 完全不一样。

【县里关于地亩款征收的报告】乡收取的地亩款的结果要报告给县里吗？ = 每月勘察的部分要报告给县里，县里能从中了解土地的状况。

【乡公所的地亩账】乡公所有地亩账吗？ = 有。

这是土地所有者的不同吗？ = 与土地所有者台账不一样，各“种地户儿”的不一样。

然而“种地户儿”每年都有可能有变动，地亩账怎么办？ = 每年更新。

根据什么更新？ = 每年清明节之前的变动都很小，清明节前所有职员都会出动去调查各村的情况，会做出新的账目。

【地亩款的缴纳期】地亩款没有一定的支付期限吗？ = 和田赋一样的，肯定要遵守支付时间，因此每天来都要支付，有拖欠的会派乡丁去催账。

没有支付的话有责罚吗？ = 那个时候农村很麻烦，没办法责罚，参议会尽可能的催账。

【乡长的监证】乡长是监证人吗？ = 是的。

这个地方必须使用契约吗？ = 使用的，不使用会受到处罚。

然而其他县好像很多人都不用这个？ = 会有少部分的，那大多都是异地。

契约一般怎么卖的？ = 县里一份 2 角。

乡长没有收入吗？ = 每 100 元收取 12. 6 元的契税，乡长从中收取 1 元。

【黑地】本地的黑地很多吗？ = 很少，并不多。

地亩款也包括黑地的部分吗？ = 黑地在调查的时候是没有的，可能要“种地户儿”自己承担了。

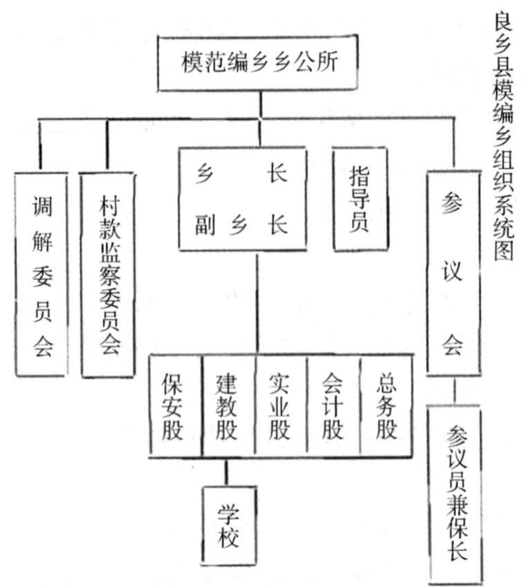

租佃　地债　出工　地捐临时预借　地方　政务警　粮房　村的土地款监察事物　税契

应答者　禹国恩

　　　　禹志辅助（吴店村旧乡长）

【应答者的经历】您的年龄？ =44岁。

职业？ =农业。

家里几口人？ =目前8口人。

什么时候在这个村里住下的？ =好几百年了。

当过村长吗？ =民国二十六七年，以及事变后当过村长。

你当村长的时候没有被称为乡长吗？ =一般都称为乡长，日本军来了之后就称为村长了。

你当村长的时候，有会首的称呼吗？ =会首是“老名目”，在当时被称为“邻闾长”。

当时有几名邻闾长？ =一名邻长，4名闾长。

你当乡长之前，是谁当乡长？ =赵显章。

副乡长是谁？ =姓贾的人，已经死了。

你有几块土地？ =自己的土地有20亩，光租佃的土地就有70亩。

租佃土地的地主和亩数情况呢？ =如下。

赵仲衡（城里小学的校长）的土地30亩

赵春（城内居住）的土地10亩

冯国瑞（城内居住）的土地15亩

禹国营（城内居住，自己的哥哥）的土地16亩

你的20亩土地是什么时候买的？ =祖父在的时候买的。

祖父的时候有多少亩土地？ =40 多亩地。

此后分家了吗？ =父亲是哥儿两个（兄弟二人），分家了。

那时候父亲得到了几亩地？ =20 亩。

你有几个兄弟？ =3 个，大哥在父亲死的那年死了。

二哥现在在世吗？ =在世。他在城里居住，做买卖。

你自己什么时候分家的？ =父亲在世的时候。

当时土地都分了吗？ =大哥和二哥全都是做买卖的，没要土地。20 亩土地全部用作父母的养老地，我来耕种。

那么，父母死后，20 亩土地全都变成你的了吗？ =是的。两个哥哥都是做买卖的，土地全部都让给我了。

从此以后土地就没有变动了吗？ =没有变动。

【旗地】那么，土地的“照”是旧版吗？ =现在的土地以前全都是旗地，所以买旗地的时候全部是拿“财政部照”。

老契是什么样的？ =因为是旗地，老契以前在庄头那里，民间没有。当然，老民粮地有老契。

【庄头】你的旗地以前是哪个庄头的土地？ =张庄头管辖的旗地。

他现在还在吗？ =死了。

他的子孙在哪里？ =住在东南门外鲁村。

现在是有钱人吗？ =现在只是普通的百姓。

你说的张村头在哪里？ =在鲁村，鲁村也有很多村头是个富裕的村。

【最近的租佃状况】事变的时候地主都在城内避难了，土地没有荒废吗？ =土地荒废的情况并没有，小部分的荒废租佃可以轻易挽回。

现在怎么样了？ =地主回村或者家人回村耕种，佃户没有租佃地了。

佃户会没有饭吃吧？ =没办法，只能“卖力气”，在地主家做短工，期间寻找别的工作。

地主从城里回来向外出租土地时，会减少地租吗？ =不会。

为什么？ =有很多人想租佃土地，没有必要减少地租出租土地。

【最近地价的变动】最近有没有买土地？ =赵启买了 7 亩土地，其他的没有听说过。

谁的土地花了多少钱买的？ =后店村老李的土地，一亩 200 元买的。

事变前是多少价格的土地？ =30 元一亩。

最近有没有买土地的？ =本村并没有听说过。

事变后为什么土地价格急速上升呢？ =事变前到事变后一年中有了现洋，票子就过剩了，随着粮价的上升，地价就变高了。

现在还是很贵吗？ =大概要开始下跌了。

地价有等级制吗？ =200 元到 120 元，上、中、下分成三个等级。

【地租】根据各土地的等级地租怎么分？ =五斗半的土地就是 5 斗，最低也要 3 斗。

最高是五斗吗？ =是的。

人均拥有几亩土地才能维持生活呢？ =自己的土地，需要5亩。租佃则要10亩。

【借钱的方法】借钱的话，事变前和事变后哪个比较容易？ =事变前更容易。

为什么？ =事变前即使没有抵当，一定程度的钱还是很容易借的，现在没有抵当和字据就不能借钱。

“指地借钱”是增加了还是减少了？ =事变后没有抵当就不能借钱，与之相比，指地在一定程度上增加了。

借钱时候较为普遍的是指地还是典地？ =典地要在县公署办理，有一定花销，大部分还是指地。

【土地的公课】去年一年间以一亩土地为标准收了多少赋税？ =大约3元。

这个3元可以分解成哪些部分？ =本身地和分产地。

本身地的3元是什么？ =钱粮（一亩一分五厘的土地），附加8毛其他的，作为编乡的费用是1元1角1分，出工费是之后的全部。

【出工】出公费的内容？ =看铁路，修马路，修广场，县公署修马路的出车费。

这些费用是各村承担吗？ =各村都有。

出公费的分担？ =按土地数目。

地主和佃户没有区别吗？ =没有区别，都是按照土地数目。

出工的分配在哪里？ =县公署决定物品的总额或者总人数，然后分到各乡，各乡再根据各村的大小进行分配。

富村和穷村分担的时候有“损得”吗？ =富村土地较多，负担这些不成问题。

出工有多少钱？ =人家管饭一天一元钱。

【出工的报酬】日常和食费都是村里承担的吗？ =有很多种情况，如果自己带饭就一元，管家提供饭就是7毛钱，也有本村管饭一元工资的。

最近的例子？ =目前实施中的琉璃河的挖掘派了12个工人，饭由官家提供，工资是一元，吃两顿就没有工资；另一顿饭和住宿都要自己准备。

这些出工费什么时候征收？ =临时征收。

【出工的增加】这些赋役和事变前相比变多了吗？ =与事变前相比增加了10%。

去年有多少名新增的？ =大概有800个吧。

【出工的分配方法】出工的人为什么要在村里割当？ =各甲责任人要求的，比如天数较多的就要交代一下，不这样的话就会不公平。

专门管理这种出工的人是谁？ =保甲。

参议不参加吗？ =参议只和县公署或者编乡公所方面联络。

谁管理这个账簿？ =郭桐。

郭桐是甲长吗？ =不是，三甲的人去外面的地方做买卖，能写字能用算盘的才是。

【村里的经费】本村的其他费用多吗？ =没什么变化，每年都是一元一角的感觉。

这是一定的吗？ =每年县公署编写的预算中这个经费是不一样的，有少的时候也有多的时候。

【乡公所的经费】其他还有什么编乡公所的费用吗？ =编乡费，也就是地亩款，去年每亩交了一元二角二分，今年是一元一角。

【给县公署的亩捐】亩捐指的是什么？=交给县公署的费用当中，随着钱粮的就叫亩捐。

向县公署缴纳的亩捐是和钱粮同时缴纳吗？=是这样的。

这个是在哪里缴纳呢？=交给县公署。

【乡公所的亩捐】乡公所的亩捐呢？=交给乡公所。

这个是由谁拿着去交呢？=由各家男人去缴纳。要说为什么没有土地的佃户就没有必要向县公署缴纳钱、粮食和亩捐，是因为他们只向乡公所这边缴纳亩捐就可以了。但有土地的人还是要两边都去。

县公署的钱和粮食是什么时候缴纳呢？=旧历三月到五月的三个月间。

之前是春秋两季吗？=是的，改了之后是一年了。

乡公所的亩捐是什么时候缴纳呢？=每年的二三月。

县公署的亩捐每年都是定额的吗？=不一定，有时候多，有时候少。

【临时预借】县公署做过临时预借这种事吗？=有的，去年旧历腊月就来我们村将406元作为亩捐借款分摊去了。

在乡公所呢？=同样的腊月来我们村，将200元作为地亩临时借款分摊去了。

【预借时村里的分配】在村里面是怎样分配的呢？=县的借款的时候，每亩（有自留地的人）交3毛5分。我自已有20亩地，应该交7元的，还是交了10元。

3元钱就白花了吗？=下次纳捐的时候儿刨。

那这个时候佃户交了吗？=只是土地所有者交。

乡公所的借款和县里的借款，同样都是针对地主的吗？=这个性质不同，从地方上富裕的人那里借。

吴村店有几个人承担了呢？=8个人承担出资了。我自己出了30元。

这个钱是土地少的，或者是没有土地的佃户就不负担吗？=不负担，作为乡公所的临时费用是从村里面的人那里借的钱。

这个钱会还回来吗？=会从下一次乡公所亩捐的时候扣除。

【田赋征收的通知——甲长和地方的变迁】现在田赋的通知是谁在做呢？=保长制的甲长在做。

在这之前呢？=联络员。

甲长有几名呢？=一名。

在这之前呢？=地方。

地方有多少名？=一名。

地方是什么时候开始有的？=清朝开始有的。

将地方变为甲长是什么时候开始的呢？=民国十四年左右。

【村正、村副时代的甲长】那个时候村里面有村长吗？=有村正、村副，下面有一名甲长。

以前的村正是怎样的人呢？=给村正跑道儿的。

前清时代将村正称呼为什么呢？ =绅董。

地方是怎样的人呢？ =村里面的“穷人”。

地方或甲长与保甲制中的甲长不同吗？ =保甲制是事变之后才有的，之前没有。然后地方和甲长与保长制中的东西是不同的。

地方会催粮吗？ = “十天一卯”的跟县里联系，然后催缴田赋。

怎样催粮呢？ =县公署会交给地方一个“粮册子”，根据这个册子对各家各户进行催促。

【地方的催粮】是政务警给村里带来通知书吗？ =不是像现在这样的小型的通知书，地方根据“粮册子”在村里来回催粮。如果有没缴纳的人的话，地方会向县里的传达处递交“禀帖”，然后“法警”就会出来“传”。

地方会“打锣”吗？ =不会，是来回的通过口头的方式传达给各家各户。

现在呢？ =参议从县公署那里取来通知书，将通知书给保甲长散发出去。

各家各户不自己向县里面交吗？ =各自去缴纳。

现在有“比卯”吗？ =事变之后没有了。

【滞纳的处理】那么如果滞纳的话怎么办呢？ =事变之后会被“加罚”，所以就没有滞纳的人了。

被处分吗？ =过三个月一成，过六个月两成。

事变前没有“加罚”吗？ =没有。

【黑地】有年年滞纳的吗？ =年年滞纳的时候县公署不会庇护，会从“粮册子”上被抹消掉。

有这样做的例子吗？ =有，这个叫“地黑丁去”。

民国后也有这样的例子吗？ =有，也有将这个买过去依然作为“黑地”而持有的人。

那样的情况不“黑地升科”吗？ =地邻和乡长会通过立会证明，向县里申请“报粮升科“的事情是有的。

这样的土地多吗？ =少，村里有一人份，大概哪里都有。

现在还有滞纳之后作为“黑地”这样的事情吗？ =可能有吧。

【减免】滞纳持续的时候不会减免吗？ =前清时代有，但民国后就没有了。

滞纳持续之后将此作为“黑地”的情况下，县里会将这些事情报告给省里面吗？ =因为县里面有一定的金额，不能减少。所以需要向省里面报告获得许可。

【粮房的瞎账和挪用】田赋征收处的“先生们”会故意弄出“黑地”，然后占为己有吗？ =作不出“瞎账”，但“挪用”是很容易的。

这是怎么做的呢？ =以滞纳或未缴纳作为理由向上司报告，能够“挪用”半年。

【粮房的粮银册子】“粮房”的“先生们”现在拿着“粮银册子”吗？ =拿着的，去年洪水的时候，县公署的文件全部都弄丢了，但是在“粮房的先生们”的家里面的保管着同样的文件。

这些跟县公署的文件是一样的吗？ =是一样的。

粮房所持有的东西跟“地亩册子”不一样吗？ =是“粮银册子”，一样的东西。

【乡公所的地亩捐款征收方法】乡公所的地亩捐款的通知方法是什么？=由各村的参议委员向各家各户散发“条子”。

各家各户是自己去缴纳？还是参议收集起来呢？=各家各户自己缴纳。

如果滞纳的话，会“禀户”吗？=参议“禀户”之后再“传”。

在吴村店有被“传”的人吗？=去年有。

受到“加罚”制度的惩罚了吗？=这个没有“章程”。

【政务警】县里面有“政务警”吗？=有法警。

这个和警察是一样的吗？=不一样，法警是县里面做“传案”的事情的，警察是“治安警”。

法警和政务警来村里面的时候要接待吗？=编乡以前要供给他们伙食呀烟草钱啊什么的。

【乡公所的夫役和辛苦钱】编乡之后警察不直接来村里面吗？=“送公事”就是警察来乡公所，然后由乡公所的两名“夫役”再传达到各个村。

“夫役”要“辛苦钱”吗？=因为是乡公所给钱给他们，所以他们不做也可以。

那么村里的杂费支出不应该将这个减去吗？=因为是乡公所出的，所以反而增加了很多。

【爱护村的经费】有在爱护村方面的“花销”吗？=在铁路方面的“花销”是什么都没有，在看路方面反而能拿到钱，因为编乡负担增加这样的事情相当的多。

【不在地主的负担】不在地主需要负担什么呢？=钱粮、亩捐。

其他的呢？=他们要负担城内的费用吧，但在村里面就没什么其他的了，尤其是不用承担对农民而言负担很大的“出工”，这都成了身为佃户的村民的负担。

【死分粮与活分粮】“死分粮”与“活分粮”哪一个多一些呢？=“死分”占了大部分。

【穷人的村费负担】“出工”等不能完全负担临时摊款的时候，村里是怎么办的呢？=“出工”的话，能够拿到钱，所以就要想方设法尽可能多的“出工”。

家里没有土地也没有男人的人怎么办呢？=这样的人的话，在村里面就会免除。

这种情况的在村里面有几家呢？=两家。

没土地有没劳力，但是通过做“买卖”获得负担能力的情况呢？=按照“门面”的“贫富”进行适当的负担。

【村费的垫付】各种税收和其他经费除了以现金的形式缴纳以外，还有其他形式吗？=全部都是现金。

在村里面，有对摊款等应急的东西垫付的人吗？=有，比如这次去挖沟的时候，买食物和柴火就是垫付的。

这次垫付的人是谁呢？=除了我以外其他还有7个人。

这等人是不管在什么时候都会垫付吗？=因为方便，所以经常干这种事。

垫付有利息吗？=没有利息，找别人借要给利息，造成不便，所以就自己垫付了。

分配摊款的时候，负担很少吧？=除了负担之外，其他事情也不会少。

【监证事务和报酬】你成监证人了吗？＝当村长的时候是监证人。

使用草契纸吗？＝从县公署那买来使用。

买一张纸多少钱？＝100张3元。

草契有几种？＝一种。

草契卖给民众多少钱？＝一毛钱。

这个差额是归监证人所有吗？＝监证人所得。

监证人买来草契纸之后怎么办呢？＝草契纸买来之后就记下谁谁用多少钱，买了哪里的土地，然后盖章。

实地测量时要在场吗？＝和监证人一般无关，有中保人或者代笔人，买卖已定再拿过来就没问题了。或者是根据别人的陈述做出判断，不需要在场确认。

经过监证买卖成立之后出现问题的话，监证人会怎么做呢？＝虽然像通过立白契进行交易的时候那样，但如果使用了官纸，就不会发生这种事。

但是不管是“私纸”还是“官纸”问题的性质都不会改变吧？＝私纸的伪造或者是撤回虽然很容易，但是用官纸签订契约的时候，官纸还是更有力，这个是无法对抗的。

【税契的费用】要用多少钱去缴纳税契呢？＝相对于买卖价1000元的话，126元的契税，纸价1元，印花5角，笔费5角。如果在1000元以上的话，契税和印花的费用就会增加。

附加是其他的吗？＝附加是包含在126元之内的。

【旗地的买卖】良乡附近的旗地很多，在买卖的时候，在地价上跟老民粮地有区别吗？＝前清时代，因为“粮轻租子重”，假如民地是20元的话，旗地就是15元。因为在前清时代是没有附加的。

在前清时代，用了“推”字就不能进行土地买卖了吗？＝虽然使用了“立推佃字○○人”这样的文字，但这个非常少，一般用“卖”。

“推佃”是什么意思呢？＝跟“卖”是一样的意思。

为什么在“用字”上有区别呢？＝因为，以前旗地是王府之地，为了避开“卖”字吧。但是从大分前开始公然使用“卖”字，进行买卖。虽然现在也使用“推佃”，但已经非常少了。10个人当中大概有一个人还在这样使用吧。

田赋　亩捐的计算方法　现货附加费　牙杂税　牙形　屠夫　斗行　杠行　陵户儿補契　典

应答者　赵显章

　　　　禹国恩　辅助（吴店村）

【应答者的土地】姓名？＝赵显章。

年龄？＝55岁。

职业？＝农业。

耕种地？＝自己的土地有10亩，租佃有15亩。

这 15 亩是谁的土地呢？ = 城里陈家的土地。

陈先生家拥有很多土地吗？ = 虽然不知道具体有多少，但听说有很多。

他是怎么得到土地的呢？ = 好像是在学校当老师，存下钱来买的土地。

教师不是工资很低吗？ = 如果是校长的话，在以前就有 30 块钱，当时的土地价格是每亩几十块钱。当时的生活费很便宜，得到相当于一亩地的现金的话，是很容易的。

【田赋和亩捐的计算方法】你要负担这 15 亩土地的田赋和亩捐吗？ = 因为是陈家的土地，所以不用负担。

那么乡公所的亩捐呢？ = 自己负担，陈家不负担。

那么你自己的那 10 亩土地呢？ = 田赋和亩捐是不用说的，乡公所的亩捐也要负担。

对于租佃地的乡公所亩捐，不接受从地主那里来的辅助吗？ = 就算亩捐很多，也没有接受过。

【城内地主的负担】城里面的地主要负担所在村本身的费用吗？ = 一概不担。

城内的地主没有对村进行过捐助吗？ = 没有。

村要求的事情也不做吗？ = 即使要求也不会交什么。或者说村里本身是这样的，不需要村费。

【村内地主的负担】在村里面住的地主，要负担村里面的费用吗？ = 在村里面的话，就必须要负担了。

那么如果其他村子的人在吴店村拥有 10 亩土地，这个土地自己不种，给他人种，自己一块土地也不耕种的话，就不用负担村本身的费用吗？ = 这种情况的话就不用负担了，这个土地就该有小佃户来负担。

那么不耕种的话，就不用负担了吗？ = “种地”的人就必须要负担。

【物品课税和计算方法】对其他物品进行分配这种情况有吗？ = 有作为军队的需要的家畜、柴火、草、鹅蛋，等等。

它的计算方法是怎样的呢？ = 除去家畜，其他全部对“种地的主儿”进行“按亩数儿”。

【牲口的课征】对牲口的计算方法呢？ = 牲口因为是在军队匪贼讨伐的时候会被征用，所以会根据分配的头数来决定从村里面出多少头。

这是军队来收购吗？ = 不是收购，是用了之后还有剩的话，那就还回来。

在村里面，有提供花钱收购的家畜吗？ = 那个时候就要事先开会来决定，根据这个家畜在回来的时候的状况，比如受伤了，生病了，或者是死了的情况下，怎样进行补偿，根据哪个来处理。

如果回来的时候完全没事，那就不用补偿了吗？ = 会根据去的天数进行适当的补偿。

【车辆、木材等的课征】有其他的这样做的例子吗？ = 有的出车，有的出木材等各种情况都有。

这些情况是怎样处理的呢？ = 假如这是“官家”的工作的时候，就让官家“发价”，不“发价”的情况下，“还是按村子里种地的亩数摊”（还是根据村里的耕种亩数进行计算的意思）。

下次琉璃河的施工，所出的材料全部都是怎样的呢？ =听说车和木材全部都由官家出。

【宅地的田赋】宅地的土地有田赋吗？ =钱粮亩捐都有。

【公会庙地的田赋】五道庙大约有一亩地，这也有田赋吗？ =有。

庙地的田赋是谁来负担呢？ =看庙的人。

庙地名义上是谁的呢？ =公义会的名义。

看庙地也全部都有税吗？ =除了田赋和亩捐之外，“出公费”或者是摊款不让“看庙的”负担。他看庙，是“苦人”，所以所有的摊款都不让他负担。

其他村没有财产或者是土地宅地吗？ =义地大概有两亩，“村南地方”。其他的就什么都没有。

【交易场的牲口买卖】牲口买卖的场所决定了吗？ =就是城内的交易场。

【村里的牲口买卖】在村里面不可以吗？ =在村里面买卖也可以。但是去城里面的交易场必须要“报税”。

在村里面悄悄做的话，就不用“报税”了吧？ =但一旦被发现了就会被“加罚一倍”。

在哪里报税呢？ =交易场前面的“摊子上”，或者是去“新房子”的窗口报税也是会受理的。

有调查赋税的人吗？ =交易场内有监护人，在“市”的日子里会来监视。

那个人叫什么呢？ =叫调查员、视察员。

【牙行】不叫牙行吗？ =牙行是另外的。

现在还有牙行吗？ =有。

那是做什么的人呢？ =是在买卖双方之间决定标价的中介方。

以前不是包税制度吗？ =民国二十五年有了交易场，包税制度就没有了。

牙行是属于哪里呢？ =哪里都不属于。

不是交易场的雇员吗？ =不是。

牙行持有许可证吗？ =没有许可证。

【牙行的手续费收入和报酬】牙行“抽税”吗？ =不“抽税”，他们从买卖双方那里拿酬谢金。

酬谢金规定好了吗？ =这个习惯上是“小意思”，没有规定。

牙行除了从买卖双方那里取得“小意思”以外，还要从交易场拿工资吗？ =听说出了牙行经手的东西之外，这一天结束的时候，他们还会拿到核算后的佣金。

牙行是以前的人吗？ =虽然在有交易场的时候就决定将牙行撤废了的，但是为了在习惯上方便交易，又恢复原来的样子，让牙行加入进来，去做买卖双方的中介。

作为牙行的“小意思”，个人得到的金额有规定吗？ =不一定，给也行，不给也行。（给与不给都可以的意思）。

如果你作为买主去买100元的粮食，你大概会给多少给牙行呢？ =几毛钱的吃饭钱。

这种情况下，卖主会给多少呢？ = “也得给几毛钱”（还是不得不给牙行五六十钱的意思）。

【牙行的身份】成为牙行的人住在哪里呢？ = 住在城里面，住在“回回”里面的很多。

现在住在吴店村里面吗？ = 没有。

他们的收入很高吧？ = 根据经手数量不同，高低都有，然后做中介又必须具备识别商品的知识，不是谁都能做的。

【屠宰场】屠宰税在哪里缴纳呢？ = 交给屠宰场。

屠宰税具体是多少？ = 具体的不知道。

【村里的屠宰——屠夫】如果在村里面屠宰呢？ = 还是要到屠宰场去缴纳。

屠杀的时候需要牙行吗？ = 牙行不在，屠夫在。

在哪里？ = 屠宰场。

在村里面屠杀的时候再叫屠夫过来吗？ = “请过来”（请他们过来的意思）。

村里面没有屠夫吗？ = 没有，都是在正月的时候从屠宰场把他们叫过来。

给屠夫多少钱的屠宰费呢？ = 一元。

其他的呢？ = “猪毛是归他的”（猪毛必须给他的意思）。

屠夫是谁都能做的吗？ = “不学不行，总得学三年”（必须要有技术，至少也得学三年的意思）。

【粮食的买卖——斗行和杠行】粮食买卖的时候有牙行吗？ = “斗行就是牙行”，其他的有“杠行”。

杠行和斗行是一伙的吗？ = 运粮食去的时候搬来交易场的“称量物”的是“杠行”，附属于“斗行”的吧。

粮食的税是多少呢？ = 每 100 元交 2 元 5 角钱，其他的就是给斗行、杠行 1 角 5 分的“小意思”。

这个“小意思”是买卖双方都要给吗？ = 这个是“卖主”给，“买主不管”。

粮食的税称为什么呢？ = 牙行。

不叫斗行税吗？ = 叫普通牙税。

【花生秤税】其他的有根据“秤”来决定税的吗？ = 有“花生秤税”。

秤税只限于“花生”吗？ = 煤、石灰。

秤税是跟重量有关系吗？ = 与金额有关。

秤税呢？ = 每 100 元交 2 元 8 角的秤税。

那其他的“小意思钱”呢？ = 每一口袋只给杠行一角钱。因为秤是“官秤”，所以“不要钱”。对牙行的话，“照例随便”。

【蔬菜类的买卖】对蔬菜类就不需要交税了吧？ = “没税随便儿能做买卖”（没税就做不成买卖的意思）。

其他的跟村有关系的杂税没有了吗？ = 没有了。

【包税与承包】包税的时候和现在的负担比较来看，哪一个更重呢？ = 现在要更重一点。

从方便这一方面来看又是怎样的呢？＝还是以前更方便。

现在不方便在哪里呢？＝以前所有的事都是牙行做，现在和牙行和征收员有两重关系，再因征收员是机关的人，有一定的勤务时间，那之外的时间不会受理。

【行宫的土地】行宫的土地大概有多少呢？＝9顷多。

这些土地是谁的呢？＝都归国家了。

民国改元的时候呢？＝那个时候是属于良乡县的管辖，土地是每一亩地交3元作为预付金之后出租。

那个时候，原本的“耕地人”就丢弃土地了吗？＝剩下用来耕种的土地还很多。

耕种人在行宫内住吗？＝住在行宫附近的小村庄里。

“耕种人”没有像主管会计那样的人了吗？＝叫作“张家”的旗人大老爷住在行宫里面。

张家现在住在哪里呢？＝住在行宫里面。

是有钱人吗？＝是普通百姓。

【陵户儿】“陵户儿“是军队吗？＝是守陵和守卫行宫的人，普通军队中一人大概耕种10亩地。

“陵户儿”实际上是徒有耕种“皇陵”附近的土地之名，耕种“行宫”的土地的实际上不是“陵户儿”，而是旗人的军队，是吗？＝是那样的，“陵户儿”和旗兵本身是不同的，但实际上大部分没变。换言之，虽然耕种的是平素行宫附近的土地，皇帝通过行宫祭拜易州西陵的时候，他们就作为军队守备着。

那么在行宫里有旗人的军营吗？＝有“旗营”在里面练兵。

那耕种那些土地的“陵户儿”，下次将土地作为农场没收之后他们怎么办呢？＝还是住在那个村里。

农场设定的时候要拿钱吗？＝因为原来是国家的土地，跟他们买的东西不一样，所以一分钱也不用拿。

【皇上的驾临】皇上经过的时候，这附近的百姓会都来看吗？＝沿道跪在地上，县知事会事先通知，从行宫的扫除、清理到队伍宿舍的分配全部都必须做。

皇上的队伍会持续好几里吗？＝持续六七里，沿途非常热闹。

皇帝来的时候会给县民什么恩典吗？＝什么恩典都没有，作为恩典的话，就是皇上结婚的时候，罪犯的罪行会减少。

皇上来西陵是每年一次吗？＝清朝的时候，每年经过一次。

【寺庙的土地】这附近有占了很多土地的寺庙吗？＝良乡站附近的寿因寺大概有20亩。

这是庙的土地吗？＝和尚在的时候，口粮靠这些土地维持。

这些土地现在变成怎样了呢？＝被附近的人全部分买去了，现在什么都没有了。

【土地调查和补契】这个县做过土地调查吗？＝事变后进行过“清查地亩”。

使用怎样的方法进行清查的呢？＝土地执照丢失的人报告之后让他们补契。

那个时候村里面补契的有多少人呢？ = 四五家。

黑地也补契吗？ = 黑地要“买黑投税”。

现在叫黑地的人没有剩下的了吗？ = “大概都有契，可免不了一个两个的”（大部分的土地都有契约书，可是有一两个黑地是免不了的意思）。

补契的手续费呢？ = 与买卖的时候一样，土地的所有者、土地的位置、面积、周围都有什么，等等，写好之后经过村长证明，然后向县里提交，他会给你在补契上盖上红印。

补契费呢？ = 每一张契两元钱，纸价都在内。

什么时候定的补契规则呢？ = 过去一年在一定的期限内让补契。

黑地也有在这个时候投税的人吗？ = 因为黑地不是补契，所以只是投税，拿到新订粮名就可以了。另外这个给他人之后买主也可以报税。因为持有黑地会受到惩罚，或者被没收土地，所以大家都投税了。

黑地报税的程序简单吗？ = 跟税契手续没什么不同。

【典】典期是几年呢？ = 有三年、五年两种。

订立典契多的话在哪个月比较多呢？ = 九月、十月最多。

几年普遍一点呢？ = 三年的多。

为什么没有一年或两年呢？ = 赎回的时候，半数的出典者必须负担税金。在这样的习惯的基础上，因为时间短的话会吃亏。

和作物没有关系吗？ = 没有。

三年契约到期而不能赎回怎么办呢？ = 因为契约书上写着“钱到回赎此期钱不到屡年承种”，这样承典者可以耕种。

【不做典租佃】出典的情况下，视为典租佃的人普遍吗？ = 出典的时候不让出典者耕种是很普遍的。

为什么？ = 决定典租佃的话出典者就更加特别的担心出典了，为了防止这个事情的发生肯定让其他的人耕种，这种事情绝对很多。

在这个地方到处都是这样吗？ = 这个地方大家都这样。

【典和指地借钱】出典多还是指地借钱多？ = 指地借钱多，因为如果出典了土地就不让你耕种了。

然后没有其他的理由了吗？ = 如果“指地”，仅仅是不让自己耕种了，承典者节省了“税钱”，也就是说不用缴纳契税就完了。此外在赎回的时候，出典者也免除了税钱的一半的负担。

但是出典和指地在借的“钱数儿”上有差别吧？ = 指地一亩 50 元，相对而言，典就要被借 80 元。

将一亩大约 200 元的土地当作“指地”之后借钱的情况下，一般要被借大概多少钱呢？ =55 元左右。

被借超过这些钱的话就不借了吗？ = 不借，因为归还的时候很困扰。

但是贷方就说借出去了吧？ = 借出去也不向别人借的很普遍。

典的情况下又如何呢？ = 到 80 元左右就借，更多的话即使有人借出，也不借了。因为借多了，后面会过得很辛苦的。

庄头　催头　陵户　旗地的买卖　旗地的清理　对土地征收的课税　户房过割　指地借钱和典

应答者　禹志（吴店村）

【关于应答者】你的姓名？＝禹志。

年龄？＝64岁。

职业？＝木匠、农业。

老户？＝几百年。

自己持有多少土地呢？＝没有。

租佃土地吗？＝租了，14亩。

家里面有几口人呢？＝11口人。

你当过村长吗？＝没有。

农活是谁干呢？＝因为我自己是木匠，百姓基本不做木匠。孩子们在耕种。

【对土地征收的赋税】对土地征收的有哪些税呢？＝钱粮、亩捐、模范乡的款、本村的款。

钱粮是什么？＝除了旗地、民地之外的。

【旗地的地租】旗地的钱粮有别的名字吗？＝租子。

旗地的租子是多少呢？＝每一亩4分钱。

民地的呢？＝分为上、中、下，4分、3分、2分等不同。

旗地和民地有什么区别呢？＝旗地是皇粮地，而民地是老民粮地。

【庄头和催头】皇粮地的租子是谁在催收呢？＝本村的租子大部分是归周、于、安、刘四人管辖。

在本县各地都有收租子的人吗？＝很多。

怎么称呼收租子的人呢？＝喊催头。

不喊庄头吗？＝庄头是“在家里吃租子”的，直接收租子的人叫催头。

一个庄头管多少土地呢？＝三四十顷。

一个催头呢？＝5顷、8顷不等。

本村管辖的庄头住在哪里呢？＝周庄头和于庄头管辖本村的大部分土地，住在东开外。

本村的旗地是属于哪个王府呢？＝于庄头的旗地大部分是内务府，其他的各王府的旗地稀稀疏疏分散了。

本村的旗地和民地的比例是怎样的呢？＝我觉得老民地大概占1/10。

【庄头的养身地】庄头是自己耕种吗？＝他们持有“养身地”就耕种“养身地”。

“养身地”是什么？＝从王府那里得来的允许自己耕种的土地，就像薪水一样的东西。

催头也有“养身地”吗？＝他们没有，催头就像庄头的佣人一样，好像是拿工资。

催头和庄头是旗人吗？ =庄头是旗人，催头住在地方上，是老百姓。

【收租子的时期】收租子是在什么时候呢？ =秋收之后收一次。

【租子的征收率】租子是一亩收多少呢？ =每亩 600 制钱。

一定要交吗？ =不一定，按着地的好不好。

最高是多少？ =一吊钱。

最低呢？ =几十制钱。

【租子以外的负担】除租子以外还有什么临时摊款吗？ =除了被向县里面临时征收柴火以外就什么都没有了。

【庄头的职责】那么因为是庄头管辖土地，就自由地征收租子，然后向内务府呀、王府缴纳更多的租子吗？ =从王府派遣庄头的情况下，被命令根据土地面积的多少而向王府缴纳一定的金额。

向王府缴纳的金额定好了吗？ =听说金额是定了的，变动就没有。

旗地的耕种人叫什么呢？ =佃户。

【陵户】不是叫“陵户儿”吗？ =耕种皇帝的墓地的土地的人才叫“陵户儿”。

陵户跟村里面看庙的耕种庙地的人是类似的吗？ =性质是一样的，陵户和旗地的佃户不同，他不能处理那些土地。

陵户是什么身份都没有的人吗？ =必须是“在旗的人”，陵户有了孩子也必须向“管陵”的衙门呈报，弄明身份后随时付钱。

对陵户的土地收租子吗？ =没有，这些土地因为都是陵户全部自己自由使用供他们生活的。

皇陵的土地有庄头吗？ =因为没有租子，所以就没有庄头。

【陵户土地的升科】现在陵户的子孙还在吗？ =好像全部都去了其他地方，没有留下来的。

土地怎么办呢？ =全部变成了国家的土地。

现在怎么办的呢？ =国家允许人民耕种。

这些土地，人民可以自由买卖吗？ =不可以。

那么像其他人转让耕种权怎么办呢？ =向县公署报告之后改名。

这个时候要拿多少钱出来呢？ =作为课前纳税，一亩缴纳几个钱，然后变更名义。

那个时候要向县里面缴纳保证金吗？ =不，先交租课就可以了。

耕种权受授双方之间是怎样的呢？ =跟民地不同，所以权利金、保证金什么都没有。

【旗地佃户的名义变更】旗地佃户的名义变更的时候，是谁在何处进行变更的呢？ =卖主（让渡者）去催头那里以口头形式报告把土地转让给了谁这件事情的话，催头就去庄头那里变更“租账”的名义。

名义变更的时候要钱吗？ =庄头的“租账”的负责人和买主是熟人的话就没问题，如果不是熟人的话，那就会被要求交“笔墨费”，这是“老规矩”（自古以来的惯例的意思）。

要多少钱呢？ = “不一定，多少都成”（不是一定的，多少都可以的意思）。

【旗地的买卖——推、卖】佃户可以自由买卖旗地吗？ =押、典、卖，全部自由。

卖不是叫“推”吗？ =也叫推。

订立契约的时候写哪个比较多呢？ =使用“卖”字更多。

卖和推有不同吗？ =一样的。

在本村还有耕种皇陵地的人吗？ =本村没有皇陵地。

【旗地的清理】旗地的下发是什么时候呢？ =民国十三年前后，开始到民国二十年前后。

那个时候出钱了吗？ =每一亩拿2元到五六元。

那个时候拿执照吗？ =发放财政部的执照。

村里面的人会接受全部下发的土地吗？ =接受。

如果不接受的话，不会被知道吗？ =庄头、催头知道了的话就逃不掉了。

接受下发的土地之后会做税契吗？ =如果支付了地价的话，就会拿到部照，就没必要立税契了。

接受下发的土地的时候就要“改租为粮”吗？ =是这样的。

租子和粮食比较的话，哪个更多一点？ =当时是“租重粮轻”。

【黑地】还有当时作为黑地而剩下的土地吗？ =剩下有一些，但基本上没有了。

怎样变成黑地的呢？ =“没报”造成的。

【本村土地的大地主】本村的土地谁的最多？ =见家、吴家、秦家的土地占了本村所有土地的4/10左右。

近年来土地买卖多吗？ =多。

在本村人之间多吗？ =外村人买本村人土地的很多，相反的比较少。

原因是？ =本村本来土地比较少，加上老人孩子比较多，有的死了，有的分家，所以就变得穷了。

本村土地多的人住在哪里呢？ =现在住在城内。

见家、吴家、秦家都是住在城内吗？ =当然。

土地所有亩数是多少？ =大家都说吴家10000多亩，见家7000多亩，秦家一千三四百亩，确切的不知道。

这些人之前是庄头吗？ =错。

是怎样身份的人呢？ =“当过大官”的人家，其他两个人从先祖开始土地就很多，并慢慢地在增加。

【村民的土地变卖】那么村里人再卖土地的时候，是大家都要到这些人的地方去吗？ =一般都是去大地主那里。

为什么？ =因为外面的人没有拿钱，这些人一般都拿着钱。

【地亩账】本村的地亩账是在哪里呢？ =参议的地方。

在账簿上写什么呢？ =人名和亩数。

那个是干什么用的呢？ =“按亩摊钱”用的。

每年更改吗？ =因为“人动地不动”，所以会更新名义。

那么地亩账是种地人的名簿吗？ =是的。

【田赋及附加的负担者——土地所有者】钱粮是谁交呢？ =地主缴纳。

地主不在本村呢？ =地主交。

催粮是直接去地主那里吗？ =因为催粮都是去土地所在的村的村长那里，再由村长通知地主交付钱粮。

小佃户不代替地主缴纳吗？ =没有缴纳钱粮的事情，小佃户都向地主缴纳的话就还好了。

亩捐呢？ =“随着钱粮的亩捐”（与钱粮同时缴纳亩捐的意思）是地主缴纳，种地的人负担别的税收。

“随着钱粮的亩捐”是怎么回事呢？ =就是附加税。

【乡公所亩捐的负担者——佃户】亩捐是最近的事情吗？ =最近的事。

那你每耕种一亩负担多少呢？ =一元一角。

这个是什么时候呢？ =今年 3 月编乡的时候。

这是一年的吗？ =当然。

去哪里交呢？ =乡公所。

【土地所有者的负担】持有一亩自留地的话，最起码的支付哪种公课呢？ =一元三角六的钱粮亩捐和缴纳给乡公所的一元一角钱，合起来要交二元三角六分钱。

向县公署和乡公所缴纳的就是这些了吗？ =就是这些了。

向乡公所缴纳的一元一角不是编乡以前的吗？ =编乡之后每年也必须要负担。

【村摊款的负担者】这之外与土地相关的负担呢？ =有村里摊款。

村里摊款是什么东西？ =比如挖沟、修庙、招待、家具类的新调修理等，不少呢。

一年大概多少钱呢？ =一亩，五六角。

这个是地主也好，小佃户也好，负担相同的吗？ =一样按亩摊。

比如，这次出的挖沟人的“工钱”在哪里拿呢？ =出工村庄每天必须给每人一元钱。

伙食费呢？ =伙食费是县里面出钱给大家吃的。

【牙杂税】有其他杂税吗？ =有屠宰税呀、牲口税呀，等等，但是这些和农村没什么关系。

这些税是包税直接征收吗？ =民国以后就有包税了，但是包税好像是最近才开始直接征收的。杂税的具体的事情就不清楚了。

【户粮房】缴纳钱粮的地方叫什么呢？ =以前叫户粮房，但是现在叫财政科。

户房是怎么分的呢？ =分为东西南北四房、县东的人交给东房，县西的交给西房这样子的。

县里没有分柜吗？ =没有了。

【户房的老板】叫县里面的征收员叫什么呢？ =叫“户房的老板”或者叫“经承”。

“老板”是世袭的吗？ =不是世袭，是一种买卖。比如，各个房有“头儿”或者是老板在，下面还有徒弟。如果有想当老板的人的时候，就要向上司运作，抓住现任的人的罪状，然后革他们的职。

向老板交代的时候有权利金吗？ =没有。因为根据走动交代的情况很多，大多都是通过革职被替换的。

为什么要向老板运作呢？=因为“一定有底子”。

“底子”是什么东西？=比如没有零头儿啊呀不找零钱呀，甚至是一角的钱粮要求你拿一角一分呀，对于这个拿出了一角五分钱呀，他们就把零碎的钱集起来。

【过割】如果进行土地买卖要变更名义吗？=要。

在哪里呢？=以前在账房，现在在财政科。

什么时候=旧历一月。

临时去不行吗？=不行，“临时去不给办”。

那个手续叫什么？=“官家”叫“过割”，在民间叫“拨名”“更名”“换名”“拨钱粮”，等等。

要手续费吗？=因为每次换名要“几毛钱”，所以有钱人就拿很多，也有不拿的。

更名的时候是谁去呢？=有时候买方去，有时候卖方去，不一定。

在县里面有怎样的账簿，怎么做的呢？=有“老账簿”，在上面把名字重写过。

如果不变更名义的话，情况会很糟糕吗？=催粮的时候会很麻烦，所以就变更了。

有没有变更就那样放着的人吗？=有，因为这样，近年来进行了两三回“清查地亩”，都弄清楚了。

【活卖和死卖】土地有先是活卖，后面就变成了死卖这样的事情吗？=那个很多。

活卖有怎样的种类呢？=典。

押不是叫作活卖吗？=这个是指地借钱，既不是活卖也不是死卖。

【指地借钱和典】通过指地借钱和典的过程完成买卖的情况多吗？=男人们单独交易的话，经过一个活卖过程再卖，以及直接卖的情况都有。

哪个是最多的呢？=因为最轻松的是指地借钱，所以就选择这个，其他更深入一点的话就是典，再不就卖掉了，像这样的事情很普遍。如果是指地借钱的话，连钱都不还给你都是可以的。或者是典，这样还有一点“根儿”留下来，所以就不是死卖。从活卖到死卖的努力过程，就是“老百姓”的日常。

最近哪个最多呢？=处于不得已而“卖”的人不少，但是现在的情况的话，今年“指地借钱”可能会增多。

【城内地主买入土地】借钱的时候是去哪里借呢？=因为村里面没有“富户”，所以从村外的富户那里借。

不向城内的地主借吗？=因为城里面的地主都不认识，没有介绍人的话，是一点都接近不了的。

村外的富户不一样吗？=村里面的富户也要介绍人，但如果没有抵押的东西的话，也是借不来的。

利息大概是多少呢？=月息大概是两分钱。

城内的地主不来拿地租吗？=拿去的人也有，来取的人也有。

城内的地主不“放款”吗？=比起把钱借出去，他们更情愿买进土地。

作为一种手段，他们喜欢收别人抵押的土地，然后放款吗？=对于整片土地和大笔的钱的话，他们会很高兴地“放款”。但如果用很小的土地借很少的钱，他们就不高兴了。

为什么？ =因为他们有钱，所以想尽可能多借出钱收取那种方便的好地。考虑到将来如果借主不能还钱，土地就归自己了。

关于土地的赋税　地方和看青　村的边界　出工　中保人　代笔人　土地买卖的手续　监证人

应答者　张文会（吴店村）

【关于应答者】姓名？ =张文会。

年龄？ =65 岁。

现在的职业？ =农业。

以前经营过商业吗？ =光绪年间义和团事件的时候，做过北京的绸缎铺的“学徒”。

那之后就在乡里从事农业吗？ =经过义和团事件就回乡了，只从事农业。

自己有多少土地？ =一点都没有。

租了多少土地？ =19 亩。

19 亩是分粮地吗？ =死粮。

多少？ =每亩 5 斗粮。

家里有多少人？ =我家有 8 口人。

5 斗粮是指什么？ =高粱、玉米、粮食。

【租佃地的赋税】对于租佃地，去年一年的乡公所的费用是多少？ =一元三角两分。

那是什么时候交的？ =四月。

是自己拿去交吗？ =是自己交。

会收纳吗？ =会。

今年是多少？ =通知书是来了，但是还没有缴纳。通知书被我自己的“侄儿”拿去正在参议呢，我还没有看到，但是大概一元钱吧。

村民的税金是参议收集起来一起拿去的吗？ =是自己去缴纳，也有参议帮忙带到机关或者乡公所按顺序缴纳。

这之外还有什么针对土地支付的税金吗？ =税金的话只有乡公所的经费，此外还有挖沟等的“出工”的费用。

去年按亩的摊款是多少呢？ =去年什么都没有，除了向乡公所缴纳的以外，没有什么其他的负担。但是去年修路等有出人力，这个是大家自己出的，所以没有负担现金。

今年大概是多少呢？ =作为琉璃河的挖沟费，每亩已经出了 2 毛了，不细算这个的话，付多少还不清楚。

去年这样的话就没有摊款吗？ =没有今年又重新开始了。

这些费用不是由乡公所支出吗？ =和乡公所没有关系。

【地方和看青】在村里面有叫地方的吗？ =编乡以前村里面有叫地方的，但编乡同时就没有了。

有几个人？＝一个。

大概做了几年？＝四五年。

地方有其他的名字吗？＝前清时代叫地方，民国以后叫甲长。

是做什么的人呢？＝看地和催钱粮。

【参议不看地】编乡以后是由谁在看地和催粮呢？＝看地是雇人，催粮是参议的工作。

参议的下面没有“跑道儿的”吗？＝没有了。

【地方（甲长）的看青报酬】以前的甲长（地方）是在村里雇的吗？＝做村民的“看地”，到了岁末就“按地亩数”“敛钱”。

地方自己“敛钱”吗？＝到各家各户去转，每“一亩种地”收一毛钱。

看青是谁在做呢？＝地方是“雇人”，也就是说“看青头”就是地方。

地方“雇人看青”的钱是谁来负担呢？＝地方在“大秋后”，通过“按种地亩数”敛来的钱里面出。

地方是谁来做呢？＝本村人里面的“穷户儿”来当。

【地方的田赋代纳】钱粮是地方收集起来在缴纳吗？＝“也有代交的”（也就是让别人代替缴纳）。

那个时候要行礼吗？＝比如要交4.5元的钱粮的时候就给5元，差额就当作是给他们了。如果“丢庄家”的时候就要“找地方去”，（如果没有农作物的时候，就找到地方那里去）。

【看青费的负担者】看青费或给地方的钱跟地主没有关系吗？＝如果是自己在耕种就要负担，否则“就是归种地户儿”（由耕种者负担）。

城内的地主负担吗？＝自己不耕种的话就不负担。

土地在吴村店附近的“种地户儿”，在皇辛庄住的时候，要负担吴村店的看青费吗？＝从吴村店去请。

负担额有差别吗？＝没有，与吴村店的村民一样。

皇辛店的地主，在耕种吴村店的所有土地的时候呢？＝还是要“找他去要”（去他住的地方要）。

【村子的边界和看青的范围】村的界限是什么决定的呢？＝“离着村子远近”以前开始就定了的。

有一定的界限吗？＝没有。

根据看青的范围吗？＝也有那样的。

如果吴村店雇了很多“看青伕”看青的范围很广的话，这个范围就变成了村的范围吗？＝因为村里的范围是每年11顷多，已经决定了的，所以不会发生这种事情。

但是土地不是在根据土地的买卖和租佃的关系，在发生变动的吗？＝这个关系在变动，但是土地是永远不会动的，所以看青的范围也不会变动。

田赋和跟其他土地有关的计算的情况下，从以前开始在吴店村就有土地的“种地人”或者“地主”住在其他村的话，属于哪个村的管辖呢？＝归土地所在的村管辖。

【出工】是每年定期“出工”吗？＝“大公路”是每年必须修两回，然后大公路的两边要栽树。

那些命令是哪里发出的呢？＝由县发到乡公所，在由乡公所发来“公事”。

“出工”是怎样分配的呢？＝“按甲拨人”。

如果不出的话要出钱吗？＝不出的话下次去，不出钱也可以。

分配是谁在做呢？＝甲长。

没有能出的人的人家呢？＝雇人出。

出工的时候给钱吗？＝自己带饭没有工钱。

每年定期拿现货去分配，有这样的事吗？＝这不是一定的，是临时的。

临时的怎样分配呢？＝发价之后把能拿出来的收齐，没有发价的情况下，之后对拿出来的东西公平计价，根据这个公平的价格从全体村民那里敛钱来支付。

【村内经费的敛钱方法】敛钱的方法是什么？＝“按门户大小”随便敛钱，因为不公平，所以现在是“按种地数儿”来敛钱了。

如果有不同意敛钱的人怎么办呢？＝村里的人就会去“劝他”，无论怎样都不出的话，参议就会在乡公所报告，乡公所就给“警察”打电话传。

村里面这样处理会计事务的有吗？＝之前是“写字的先生”在做，现在是参议员自己做。

【能测量土地的人】在村里面有能够测量的吗？＝会打地亩的少，就是有一两个人。

谁能做呢？＝郭、权。另外有一个人，但是老了不行了。

你可以吗？＝不行。

【土地买卖的中保人】你做过土地买卖的中保人吗？＝没有，做过代字人。

代笔人是谁拜托的呢？＝“卖主请”。

买主不来拜托吗？＝卖主是通过拜托中保人，帮忙找买主，中保人决定中立的话卖主就要找来代字人。

有中保人当代笔人的吗？＝中保人一般不做代笔人。代笔人要另请，这比较普遍。

中保人写字的话会怎样呢？＝一般中保人写也要“单请代笔人”。

【代笔人】为什么要请其他的代笔人呢？＝第三者来写的话比较公平，当代笔人的人很会写字，所以不会出错。

代笔人代笔的话会读给大家听吗？＝卖主和买主要都在场就读给他们听。

【制定契约的手续】如果卖主会写字的话，他自己写可以吗？＝没问题，但这个时候就会标注“亲笔”。

代笔人要写几份契约书呢？＝一份。

写完之后交给谁呢？＝给卖主，再由卖主的手交给买主。

买地的钱是什么时候交给他呢？＝交换“字”的时候交付。

给买土地的钱的时候谁和谁在场呢？＝买卖双方、中保人、代笔人。

中保人一般是几个人呢？＝一般是两个人，也有 3 个人和一个人的。

中保人是买卖双方中的谁立的呢？＝卖主立的。

收受地价和订立契约的时候，地邻不在场吗？＝不在场。

测量人是谁在做呢？＝因为测量谁都不会做，所以要另外拜托能测量的人。

如果代笔人可以的话，代笔人也可以来测量吗？＝可以的话就没必要另外请人了，但是一般中保人或代笔人还是不会的多。

【土地买卖的手续】中保人站着在买主和卖主之间开始讲话的时候，最先做什么呢？＝中保人将土地的事情，宣布价钱，针对这个还要传达买主的意思，在这里如果价钱定下来了的话，就先要去看土地。

去看土地的时候是什么样的人去呢？＝召集买主、卖主、中保人和地邻依次到现场去测量。

那确认是否有作为土地证明的证书，就没有必要了吧？＝最先不管是什么土地，也就是听到民地或旗地，就必须要看见民地的话就是红契，旗地的话就是部照。

其他的土地出典，或者是被拿去抵押时，不需要弄清楚吗？＝这个是很有必要的事情，必须要弄清楚。

红契和部照都没有的话怎么办呢？＝在被抵押的时候拿不出证书的话，就不买。

如果证书在被抵押，然后卖主收了卖土地的钱之后再拿回证书，有这样的事情吗？＝这样的事情是很普遍的，这个时候就要中保人代替卖主去找买主谈事情，向买主预支钱领取证书。

那种情况预支买地的钱要写借用证明吗？＝这个时候不写，说好了这是中保人的责任。

土地被抵押的时候，债权人不成为先购买权人吗？＝一般的顺序是要先问债权人有没有购买意愿。

【土地买卖的先买权】中介人请买主的时候，顺序是怎样的呢？＝如果这个土地被抵押的情况下，最先要联系押主，买的话就没问题。如果不买的话，接下来就要联系地邻。

亲戚不会成为这种情况下的对象吗？＝因为亲戚“不好看”（不体面的意思），所以就不找他们说。但是“亲兄弟”的话，一般没有中保人就说说看。但是如果说没有钱买不起的话，就只有去求别的买主了。

“亲兄弟”之间土地会便宜些卖吗？＝因为卖土地的时候就想要更多的钱，所以不会便宜卖。此外如果是兄弟之间的话比起他人来买，不得不带着救济的意思高价买过来，一般情况下是兄弟拒绝买然后卖给其他人。

抵押土地是抵给亲戚多还是抵给朋友多？＝一般住在村里面的亲戚因为“面子”关系好说话，所以先是跟关系好的亲戚说的很普遍。

这时候是以怎样的口气说呢？＝想要一点钱，但是其他人的情况又不好，转交了证书之后能不能借一点钱给我呢，这样拜托人家。

如果是亲戚，向他们借钱的话，不“押照”都可以的吧＝二三十元的小钱的话是可以的，但“整百以上”不押的话，情况会很糟糕。

那怎么办呢？＝即使作为贷方，有家族关系没有抵押物的话情况会很糟糕，这个关系很微妙的。

【地价的交接方法】如果买卖成立，在收款的时候，拿了一部分，剩下的部分在一定期限内支付，有像这样的事情吗？＝这种情况虽然有，但很少，那个时候中保人就成了保证人，要另外“立字”。但是卖主也想要钱的时候，根据双方的情况决定的事就一概不提。

这种情况下有一定的期间吗？＝半年、一年这样的是很少的，比如在正月的时候卖掉土地的话一般余额在“麦秋”的时候就必须要支付了。

【买卖结束时的请客】买卖结束了要请客吗？＝买主请客，请的客人是哪些人呢？——中保人、代笔人、卖主。

没有其他的谢礼吗？＝要给中保人，代笔人准备其他的米、面等“送礼”。

不送现金吗？＝因为“现金许多人不要”，所以以物作礼。

大概送多少？＝10 斤面、5 斤酒、100 包茶叶，等等，根据情况都是不同的。

测量人不会被请吗？＝因为“不愿意吃他们的饭”，所以还是以物作礼。

【黑地的买卖】有买“黑地”的情况吗？＝虽然有，但卖的时候会很困扰。为什么呢？因为被发现了会被惩罚。

那种情况怎么进行买卖呢？＝卖主不把“黑地”清楚地告诉大家，买的人就不会买了。

但是可以买“黑地”的话，不要钱粮的话得不到吧？＝要买的话一定要报粮升科呀、做税契呀，根据情况的不同，也一定会有被罚金的危险。所以得不到。

“黑地”和有粮地的地价不一样吗？＝一般，红粮地是一亩 100 元的话，“黑地”就是 60 元，70 元吧。

【黑地的报粮】买了黑地“报粮”的时候会不会要多一点？＝黑地在粮房是不会轻易被接受的。因为这个原因，就要拿着礼物去粮房找熟人。没有带礼物去的话，一般一个月就能办完手续，经过半年都弄不完。

这个钱叫什么？＝监证人的提成。

提成与监证人直接从买主那里征收的不一样吗？＝在县里代收之后给他，不是直接拿。

【税契的方法】立了“白字”的话，就这样就可以了吗？＝写官草契。

那个是什么时候呢？＝放置了长时间的事情是不被允许的，因为被发现了会被惩罚。所以问都不问就买草契纸来写进去。

草契纸是从谁那里买来的呢？＝现在是参议，以前是村正在卖。

一张多少钱呢？＝随便。“一毛二毛都可以”（随意的给一毛二毛都行的意思）。

卖草契的人叫什么？＝叫监证人。

这个制度是什么时候开始的呢？＝民国十几年开始的。

草契是谁写呢？＝根据白字，由参议来写。

【监证人的报酬】那个时候有执笔钱吧？＝虽然没有笔资钱，税契的时候税契处会抽出 5% 的费出来，县公署那里给监证人。

这个钱叫什么？＝监证人的提成。

提成与监证人直接从买主那里征收的不一样吗？＝在县里代收之后给他，不是直接拿。

【税契执行期间】“立白字”之后到税契位置大概有几个月呢？ =一个月左右，如果使用草契的话，监证人每月都要向县里报告，所以县里根据这个来催促税契，不能放置。

有过了那个期限而被惩罚的吗？ =因为在那期间办了手续所以不会被罚。

【买卖和老契】要贴上草契和白契吗？ =白契是买主“私自拿着”的，不贴草契。

老契怎么办呢？ =和白契一起交给买主就完了。

买主放着保管吗？ =因为如果将来出问题的时候要拿出来，所以就跟新的红契放在一起保管。但是因为老契是废纸所以一般无效。

【监证人制度以前的税契】在有监证人之前，是怎么做买卖的呢？ =拿着白契去县公署做税契。

那个时候不需要经纪呀、官中什么的，经手吗？ =没有叫这样名字的人。

这个地方是哪个法院的管辖呢？ =北京地方法院。

【不动产登记】知道不动产登记吗？ =这个地方之前没有施行过。

打官司的时候是去哪里呢？ =到县里面的承审官那里去。

【最近土地买卖的倾向】土地买卖是什么时候进行呢？ =大秋后清明以前。

往年和近年比较是多还是少呢？ =比往年少。

为什么现在少呢？ =地价涨了。

【除家长以外的人特别是女性的土地买卖权限】有女性成为当事者进行买卖的事吗？ =有男孩子的话必须要出示男人的名字。

孩子很小也要吗？ =不管多小都要。

户主是女的也要这样吗？ =虽然成为当事者了，但必须出示男性的名字。

没有男孩子的情况呢？ =出示女家长的“氏”。

土地买卖是户主以外的人也可以吗？ =户主成为当事人，其他人不能作为当事人“出名”。

兄弟二人在40岁上下都成家有孩子了，但为了不分家就不分土地这样的情况下，根据哥哥的个人意见而卖掉土地这样的事情有吗？ =这种情况下必须要跟弟弟商量。

有女人做中保人或者代笔人的情况吗？ =“女人不做事”，不做这样的事情。

【中保人的资格】哥哥卖土地，弟弟做中保人这样的情况有吗？ =没有。

分家之后也没有吗？ =因为是关系不好才分家的，就更不做中保人了，关系好就不分家了。

叔父做外甥的中保人吗？ =有是有，少。

有不立契约进行土地买卖的吗？ =不管是怎样的情况都要“立契”。

一家的地契由谁保管呢？ =由家长保管。

【租佃地的买卖和佃户】给人租佃的土地要卖的话，需要事先告知佃户吗？ =没有必要。

为什么呢？ =因为土地是自己的，把这个卖掉没有必要对佃户说。而且佃户一般都会拜托让买方的地主依旧继续允许自己租佃。当然，对于买主而言，要告知他租佃关系，买主也一定会来打听的。

佃户没有缴纳地租的时候卖主会怎么样呢？ = 会催促佃户收取，收不到的时候，依然还是保持着卖主和佃户的关系。

【典】典地多吗？ = 很少。在这里都愿意卖死，不愿意活卖。

为什么喜欢卖死呢？ = 可以多要钱，手续简单。

但是活卖的话，是不是就有赎回的希望呢？ = 在这里出典的土地，一般不会让出典人自己来耕种。借很少的钱而土地要交给别人耕种，这样就会很麻烦。

土地买卖　租佃　抵押、典当和出售　土地先买权　庙地　义地　养老地

回答者　徐桂林（吴店村）

【回答者的土地】您贵姓？ = 徐桂林。

年龄？ = 61 岁。

家里有几口人？ = 9 口人。

职业？ = 农业。

耕种多少亩土地？ = 30 亩。

那些全部是自己的土地吗？ = 自己一点都没有。是城里张家的土地。

是租佃吗？ = 是伙种（分粮）。

是老户吗？ = 11 代了。

徐家有多少户？ = 就是一家。

没分过家吗？ = 祖祖辈辈孩子都很少，没有分家，一直到现在。

以前有土地吗？ = 父亲那一代大约有 2 顷多的土地，在光绪二十年左右，因穷困而失去土地。那个时候还有家畜等。

失去土地的原因是什么呢？ = 持续的天灾使得债台高筑，最后不得不转手。

卖给谁了呢？ = 那时我还小，不知道。

【土地买卖多的季节】一年中什么时候土地买卖最多呢？ = 大秋后清明前最多。

几月份左右最多呢？ = 阴历十一月、十二月和正月左右是最多的。

为什么呢？ = 因为从春天到秋天，粮食还有其他的一些准备都是估摸着秋天的收成来借钱，一旦秋天收成不好，就得把土地转手出卖。

【土地出售的原因】将土地卖出的最大原因是什么？ = 是历年亏损的累积。

历年亏损的累积，具体说呢？ = 比如说，由于水灾旱灾或其他原因引起的农作物的歉收，由此引起粮食持续缺乏，借的钱也会越来越多。

由于婚丧嫁娶等费用引起的亏损是重要的原因吗？ = 那方面的原因也有。但由于这些并不是经常有的事情，即便有也会量入为出，所以并不是最大的原因。比方说，以我自己为例，去年由于旱灾应该上缴 15 石，但是我只能缴纳 14 石，结果就欠缴了一石。当时一石将近 40 元钱，这就成了亏损。

今年怎么样呢？ = 今年到目前为止雨水也挺少的，会妨碍农作物生长，所以很难预测。

对于本村的土地本村人的拥有率是？ = 本村的土地大约有 13 顷，其中三四顷是本村

人所有的，其他的几乎都是城内的地主所有。

【地租的收缴】由于歉收导致上缴不足的时候，地主会怎么样呢？ = 如果欠缴多的话，地主会把土地收回。

欠缴的时候，有减免地租的情况吗？ = 没有减免的。就这么欠着，维持下去也多少总会有一些资金可以周转。

欠缴的部分收利息吗？ = 不收利息。

欠缴的部分是用钱补偿吗？ = 大秋的欠缴部分会在麦秋的时候还补，不过如果麦秋时无法还补的话，又会拖延到大秋。

大秋时缴纳的是些什么东西呢？ = 高粱、小米、玉米等，什么都行。

不是一开始就把缴纳的谷物种类决定下来吗？ = 打什么拿什么。

大秋时欠缴的东西，到了麦秋时拿麦子去缴纳的话，石数是相同的吗？ = 如果大秋时欠缴一石的话，那么到了麦秋时交五斗就可以了。

伙种的话，1 亩要上缴多少呢？ = 要上缴 5 斗。

【抵押借款】在卖土地的时候，有没有人最开始以这个土地作为抵押借钱呢？ = 有的。

这叫作什么呢？ = 叫作抵押借款。

抵押借款的手续是？ = 要打个借条。把地契给别人，不过土地不用给。

有利息吗？ = 有的，一般来说月息是 2 分到 1 分。不过如果没有抵押的话，就是 3 分左右。

【典地】有没有人把土地出让给别人来借钱呢？ = 有的。

这叫什么？ = 典地。

有没有在典地之后还是本人来耕作的呢？ = 一般都是这样。

【抵押、典当和出售】在把土地转手之前进行了抵押或者是典当而又无法返还或赎回时，最终把土地卖掉的情况比较多吗？ = 抵押和典当都比较少。直接转手卖出的占多数。

为什么呢？ = 因为买主都嫌抵押和典当麻烦，想直接买。另外还有一个原因，就是你借款不太多的时候，抵押借款或者是典当都是比较方便的，但是如果要筹措比较大的资金的话，无论如何都只能出卖土地。现在的状况是需要大量的资金，所以想直接转手，一下子就拿到钱。

但是抵押也好，典当也好，债权者收取高利息而且当无法返还的时候，土地不就成了自己的吗？ = 有钱人家讨厌出钱，也不喜欢到后来有很多麻烦。就想直接买下来，采取收粮的形式，这样简单又有利可图。

那么就是说，死卖比活卖要多是吗？ = 是的。本村 13 顷多的土地当中已经有很多由于死卖而没有了，现在只有三四顷左右的土地是本村人的。这些都是因为死卖而失去的，由于活卖而失去的土地很少。

【典价和卖价】典价和卖价的差一般大约是多少呢？ = 如果上等地能卖一百三四十元的话，那么典价就是六七十元左右。

【土地出售先买权者】卖土地的时候会优先卖给谁呢？ = 出价高的人。

如果是亲戚或朋友非常想买，那么会卖给谁呢？ = 要是同样价格的话，就卖给先谈妥的人。

这是什么意思，能解释一下吗？＝也就是说，谁先拜托了中介来谈妥说要买土地的话，那么就先卖给谁。

要卖土地的时候不首先告诉亲戚吗？＝因为是请中介帮忙找的，所以不知道谁会先来买。

可以自己直接告诉亲戚吗？＝如果有兄弟和非常近的亲戚，平时关系很好的，会直接问他们买不买。平时关系不怎么好的话，会通过朋友或者其他人转告一下。

即使是平时关系很不好的亲戚，也要把卖地的事首先告知他们吗？＝由于是本家族的，所以如果不说的话，过后别人会生气。

如果和亲戚的关系很好，而朋友当中也有关系非常好的，那首先告诉谁呢？＝首先要问问亲戚买不买。

那么也就是一般来说，无论什么情况，都会先告诉亲戚是吗？＝总之，就是一定要向亲戚确认他买不买。

就算亲戚住在其他村子也是这样吗？＝这个不管远近。

【中介人】像这种情况必须要通过中介人吗？＝一般都是通过中介人来寻找买家的。但如果有亲戚朋友，你事先知道他的确是想买的话，之后再找中介人也可以。

一定要有中介人吗？＝成交的时候必须要有中介。

卖给亲戚的时候也是这样吗？＝买卖无论是和他人还是和亲戚，都是必须要有个中介人的。

是告诉大家要卖土地之前就找中介人这种情况比较多，还是先直接找亲戚朋友问有没有人要买，然后再找中介的情况比较多呢？＝一般是通过中介来发布有土地要出售的信息。

那么，是委托中介把这件事告诉亲戚吗？＝要问亲戚买不买，也一般是通过朋友去问的。

土地的买卖，一般都是在同族亲戚间进行的吗？＝那不一定。

为什么呢？＝即使是亲戚的话，如果没有钱也买不了。而且如果是要卖地的话，都想多卖点钱，所以最后还是卖给有钱的人。

【不能买卖的土地】有没有不能买卖的土地呢？＝

有父母的养老地、坟地。

其他还有什么吗？＝没有。

【村里的共有地】村子里有没有共有地呢？＝庙地有4亩左右，在关帝庙的周围。

这个地无论谁都不能买卖吗？＝这是村里出钱为了看庙买来耕作的土地，所以个人不能处理。

为看庙进行处置的权利也没有吗？＝只允许耕作生活，绝对不能进行处置。

【家长以外的人的土地出售权限】如果一家有3个男孩子，作为家长的父亲在出售土地的时候会跟孩子们商量吗？＝如果孩子到了20岁左右，会跟孩子商量之后决定。

如果孩子反对那怎么办呢？＝如果父子关系好，孩子有些好的意见提出来的话，那么有时也会尊重孩子的意见不卖。

那会是一些什么样的情况呢？＝比方说孩子大了反对卖地，提出了指地借钱这类方案的时候。

即便这样，但身为家长的父亲仍然要卖地的话，该怎么办呢？＝孩子大概就会提出分家吧。因为孩子害怕一旦土地卖掉了的话，那么分家时自己所能取得那份就会变少。

孩子还很小的时候呢？＝那就完全没有问题，可以按作为家长的父亲的意见来处理。

孩子提出分家很普遍吗？＝如果孩子非常顺从父母，那么会尊重父母的意见，有的不会强烈反对。这要看各个家庭内部的关系如何。

父亲要卖的这个土地如果有两种情况，一种全部是他自己买的土地；另外一种是祖上传下来的土地，那么在出售时，他所有的权利强弱有什么差别吗？＝即使是祖传的土地，也是他在自己分家的时候取得的，所以他有当然的权利。这和他自己买来的土地并没有什么差别，因此卖或者不卖在权利上也并没有什么强弱之别。

【义地】本村有义地吗？＝有。

大约有几亩呢？＝2亩多地。

什么时候开始有的？＝自古传下来的。

用于什么方面呢？＝用于埋葬本村没有土地、无依无靠的人。

义地里大概有多少座坟呢？＝十几座。

有管理人吗？＝没有。

谁来祭拜呢？＝如果有后人会烧香；如果没有的话，就不会有人管。

这个土地能够买卖吗？＝不能。

【兄弟间的土地先卖权】分了家的三兄弟当中的一个人把他所有的土地卖给了其他人的时候，如果其他的兄弟知道了这件事会怎么样呢？＝另外的兄弟两人不会答应的，肯定会有问题。

分家的时候完全没有土地，所卖的土地是分家后自己买的土地也会这样吗？＝按规矩就是不允许抢在兄弟之前把土地卖给其他人。

这种情况下，卖给他人土地的这个买卖就必须取消吗？＝必须要取消。

如果自己的兄弟没有购买能力，那怎么办呢？＝这就没有办法了。

这种例子有吗？＝还没有过。一定都是先和兄弟及亲戚通气之后再进行的。

【只出售住宅之类的和土地分割开来的出售】有买卖住宅的吗？＝几乎没有，在本村没听说过。

可以把房子和土地分割开来卖吗？＝不能。有种说法叫作“土木相连”。

【养老地】养老地一般有几亩左右呢？＝10亩上下。不过要根据财产的有无以及多少，也不是固定的。

本村大约有多少户人家有养老地呢？＝两户左右。

养老地什么时候解除呢？＝被养老的人过世后。

被养老者去世的话，那么土地如何处置呢？＝由兄弟均分。

丧葬费用由谁出呢？＝兄弟均摊。

如果兄弟的贫富状况有差别呢？ =这方面的费用不管贫富，都是必须要均摊的。比方说，有比较贫困的兄弟，那么即使他把养老地当中自己所取得的那一份用来指地借钱，也必须出自己的那一份钱。

保甲长　参议　监察委员　中保人　代笔人　监证人

回答者　郭仲奎（吴店村）

【甲长】您贵姓？ =郭仲奎。

多大了？ =24 岁。

父亲是？ =郭如。

你是什么时候开始当甲长的？ =本月 20 日任命的。

你的父亲是甲长吗？ =以前是甲长。由于这次的编乡不做了，我成了新甲长。

之前甲长有几名？ =4 名。

现在呢？ =变成了 7 名。

为什么由 4 名变成了 7 名呢？ =以前主户附户合起来算一户，所以甲长很少。这次主户附户都是作为独立的一户，所以户数就增加了。

前甲长的儿子全部都当了甲长吗？ =其中有两名被选为新甲长。

新甲长当中年龄最大的是多少岁呢？ =36 岁。

为什么只有年轻人当甲长呢？ =是因为按照县里的编乡规定，年龄限制在 20—40 岁。

【甲长的作用】甲长是起什么作用的呢？ =有关保甲自卫方面的工作，还有其他一些比如县和村之间的联络相关的一些事项等等，什么都做。

村里的事情，年轻人大概不太了解吧？ =这时就会去问问之前当过甲长的人。

那么，新甲长的工作实际上就只是四处奔走吗？ =实际情况要问旧甲长或是村里的老人。

【保长】现在的保长是谁？ =禹国恩，这个人是前任村长吗 =是的。

【参议和监察委员】现在的参议是什么？ =也就是以前当村长的。

置于主村、副村的关系，参议是一名吗？ =主村是一名参议，副村是一名监察委员。

参议和监察委员是有怎样的关系呢？ =参议是村长，监察委员相当于副村长。

【中保人、说合人、代笔人】进行土地买卖的时候是怎样做的呢？ =中保人调解周旋。

没有中保人买卖就不能进行了吗？ =必须得有的。

中保人有几个人？ = “不一定”，一般是有两个人。

为什么？ =因为卖主和买主之间通过熟人核对的情况比较多。

这种情况中保人不叫说合人吗？ =也叫说合人，因为也可以说是说合当事者。

“说合妥了”的时候怎么做呢？ =拜托“代笔人”立“白字”。

代笔人由谁来当呢？ =必须要是中保人以外的人。

为什么？ =因为是成为中保人，根据“成三破二”收取手续费。

【代笔人和测量】代笔人和中保人是在村里面决定的吗？ =一定不是，但是代笔人必须要能测量和算账。

在“立字”之前量地吗？=一般“地少先量，地多后量”。

那是什么意思？=卖主持有的红契和实际土地的进行比较的意思。

【中保人的责任】中保人的责任是什么？=有使买卖完全成立的责任。

成立之后出问题的时候呢？=那个时候中保人担责任。

比如？=50亩中卖10亩，买主又将土地转让给他人的时候，测量结果发现最初买的时候就面积不足的时候，就要去找中保人来解决。

面积不足是怎么引起的？=由于侵蚀边界引起的。

这样的事情常见吗？=不少。

这样的情况要打官司吗？=中保人说合了就不用去打官司了。

测量的时候在场的人有哪些呢？=当事者、中保人、代笔人、地邻。

必须要测量吗？=上面说的那些人必须在场然后测量。

测量结果红契和实际的不相符合呢？=因为这样的事情很普遍，所以根据实地立契。

地价的估算呢？=根据实价双方让步，中保人在之间进行协调说合决定。

【定钱】有定钱的事吗？=没有。

【地价的支付】地价是何时支付呢？=立字以后。

分来拿吗？=不，但是卖主不全额收取，而是留一半或者一部分给买主作为贷款收取利息。

【典和卖】什么样的情况下卖土地呢？=借的钱还不起的情况很多。

“先典后卖”的情况多还是马上卖的情况多？=“先典赎不回来”的时候多。

【中保人、代笔人的报酬】买卖成立的时候，中保人以及代笔人的收入呢？=中保人是根据“成三破二”获得手续费的，而代笔人什么都拿不到。

那么代笔人的收入呢？=只有接受请客。

请客的时候是谁来请呢？=买主请代笔人和中保人。

【量地的方法】“量地”要用到什么样的道具呢？=用“五尺杆子”和“绳尺”。

在本村能量地的人大概有多少位呢？=八九个人。

【白字和老契】“白字”要写几份呢？=一张。

谁保管呢？=买主拿。

老契呢？=分开卖的时候卖主拿着，而全部卖的时候买主拿。

白字上谁在上面签字呢？=卖主、中保人、代笔人。

【监证人——参议】有监证人吗？=参议当，也就是之前的村长。

监证人拿着监证印章吗？=当时是有的，现在在大编乡公所。

现在叫参议也叫监证人吗？=叫。但是只限于在土地买卖的时候。

参议拿着的监证人的印章是个怎样的东西呢？=现在没在手上了。

那么就没有监证人的工作了吗？=没了，现在是大编乡在做。

谁是监证人？=乡长。

草契纸在哪里买呢？=县里的财政科。

【顺契】像“白字”那样，不买草契就结束的可以吗？=不行，必须买草契，必须顺契。

顺契是什么？ =在县公署顺契。

那么在村里面有土地的人都拿有红契吗？ =有，没有的话被村里面的人知道了就会受到惩罚。

白契和草契都要贴联吗？ =要的。

在哪里贴联呢？ =如果立了白字买主就去县里面买来草契，拿给参议把这个写进去，贴联白契之后参议再盖上“名章”。

之后怎么办呢？ =再如果把这个拿去乡公所盖上监证印，就去县里税契。

参议只盖名章吗？ =那个时候调查买卖价格，查有没有作假的记载。

查谁呢？ =如果觉得在说谎的话就去查买主，当天不盖章，就说明天再来，再去问别人调查事实。

参议或乡长盖章的时候要钱吗？ =哪个都不要钱，没有手续费。

有口头立买卖契约的吗？ =必须“立字”。

仅仅是转让老契的买卖呢？ =必须税契，必须要“新立契”。

实际上是怎样的呢？ =那样的例子没有听说过。

买卖契约在一年中哪个时候多呢？ = “大秋后种地以前”的多。

土里还有作物的情况下，地价里面含有作物的钱吗？ =契约上不把这些写进去，但是会在口头上谈好的。

比如呢？ =卖已经种了秋麦的土地的情况下，事先会说好麦子是买主来收还是卖主来收。如果买主来收的时候平年的麦子有高收成就给卖主，然后说好卖主来收也是可以的。

土地的价格是根据什么来分的呢？ =分成上、中、下三种。上地是200元，下地是一百二三十元。

土地买卖的完全成立是什么时候呢？ = “立契交钱”的同时完全成立。

立契、交钱和归还土地之间没有期限吗？ =没有，立契的同时支付全部地价，同时土地可以由买主自由处置。

赋　税　篇

1942年11月

（华北农村惯行调查资料第95辑）

赋税篇第16号　河北省良乡县吴店村

调查员　小沼正

翻　译　刘正惇

11月13日

财政科　粮房　地粮　严革地目　官旗产清理

应答者　邢霖春（财政科目员）

地　点　县公署

【以往的财政科】你是什么时候开始在这里工作的？＝民国五年（今年44岁）。

民国五年进的是县公署哪里？＝粮税股，这个是分为户粮股和户期股。我当时进的户粮股（那之前叫南户房、北户房。南户房在我进去的时候已经叫户粮股了）。民国十二三年变成财政科了，这里面管田赋、契税、杂税（杂税归包商）和股没什么区别。民国十九年经征处从财政科独立出来，那个有田赋股、税务股、捐务股三股，我是在财务科。民国十九年以后，县公署就像上面说的一样分开了。

民国二十五年这四个外局被改成了科纳入县公署。然后变成了第一科、第二科、第三科。秘书、民政科入第一科，第二科是财政科、财务局；第三科变成了教育局和建设局；只有公安局独立了。名字就是公安局。事变以后，第一科是秘书一人处理民政事务；第二科是科长一人处理省款、地方款、建设相关事务；第三科是科长一人处理治安、教育事务，公安局改成了警察所之后独立出去。现在有秘书室、民政科、财政科、教育科、建设科、警察所、宣传室，警备队在民国二十七年十月成立自卫团，民国三十年进行改造。

【六房】你进去的时候还在用六房这样的词语吗？＝在用。

六房是什么？＝吏户礼兵刑工。

六房是在县公署中有吗？＝有，吏是秘书室；户是财政科；礼是祭礼婚丧、教育；兵是军队、草差。（这个虽说是军警，但意思不明），（那个时候没有警备队，警察很少，属于兵房）工是丈量地亩、做各种工业。

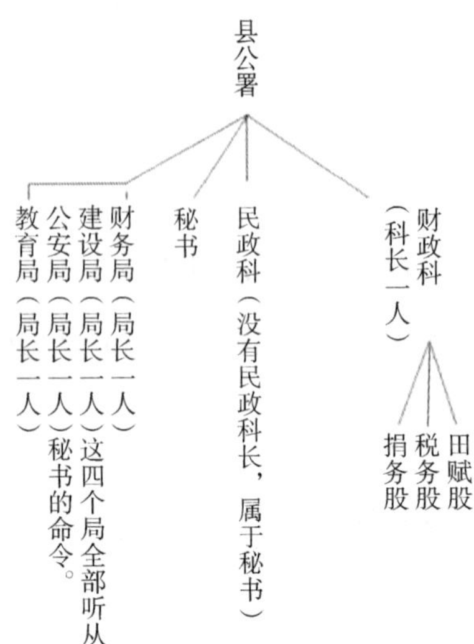

这六房之中，征收钱粮的是哪里呢？＝只有户房，户房之后变成了户粮、户旗、升科三房。

其他房的经费怎么办呢？＝户房集中起来交给县里，再由县长分给各房。

户房的升科房是什么时候有的呢？＝旗地变成民地的时候有了升科房，我进去的时候已经有了，大概前清的时候就有了吧。

进入户粮房的时候做的是怎样的工作呢？＝收粮租、各种报册。

户粮、户旗、升科全部都干这个吗？＝户粮是收地粮，收租课（国家租课）、代征前清旗租（清室旗租）。户旗收租课，代征前清旗租，升科是升科粮银、义学租。

【地粮】收地粮是？＝当时分为上、中、下三种，征收两分科（一亩二分银子）。因为这个是二元三十钱换一两银子这样换算的，洋元的话就应该是四分六厘。民国四年地亩清查局成立，“学报粮外余地”一律改成“二分科”。也就是说有一亩土地钱粮就只交2钱。因为2钱相当于10亩，学报粮地余地变成了90亩，对于这个每一亩就应该是二分。

上中下是？＝上、中、下是变更以前的事情，变成二分科以后，那个区别就没有了。现在对地亩捐还有上、中、下，但是这个是不一样的。

变更以前的上、中、下的区别是什么？＝粮册上那样写的，沿革就不知道了。全部都用钱缴纳，记忆中没有谁用米、豆、草缴纳。很久以前有用豆的，比如在永清屯就缴纳黑豆。忘了上、中、下的区别，大约上是一亩六七分银子；中是四分；下是一分。而且清查以后，全部执行二分科的时候收入更多。

收地粮一年收多少呢？＝变更以前大概3000两（亩数不明），变更以后是一万三四千元洋钱（土地不足4000亩），大约有3000两地粮的时候，不清楚有多少亩数。民国五六年的时候，开始随粮代征学费，变成了最初的县内附加款，亩数也知道了。超过前清时代的征收金额的七成没有了。征收更多对农民就太苛刻了。这七成中的10%会作为办公费留下来。当时很简单，人数也少，就像现在的征收处—财政科—县长一样，田赋的通知并不复杂。办公费在民国以后变成了4%，民国二十五年的时候变成了3%。这年经征处为了拿自己的经费，办公费就变少了，那个经费是从省拿来的。

【亩捐的上、中、下地】现在的上、中、下的区别是什么呢？＝民国三十年每个区出两个代表，那些代表们开会得出结果，为了征收亩捐。

田赋没有上、中、下的区别吗？＝没有，正税是4分6厘，地粮全部是这个价格。

亩捐的上、中、下有怎样的不同呢？＝根据村的土地的性质得出的。坡地和砂地是下地，但是是以村为单位的，吴店村是上地。

同一个村中不应该是有上地和中地吗？＝全部都是作为单位的。

上、中、下负担的母捐是怎样的比例呢？＝上、中、下的比例是5∶4∶3。

【八项旗租地】想问一下，上面的地粮结束后的租课的相关的东西？＝在省里是有八项旗租，而在良乡县只有六项旗租。

是什么呢？＝有存退、另案、奴典、公产、三次、四次这样的叫法的土地。存退不是很清楚；另案是收回土地变成别册；公产是收回公家的土地。三次、四次是第三次、第四次收回的东西。

这个是什么时候的事情呢？＝前清时代的东西。

这个是在县里的哪里管理的呢？＝存退、另案是在户粮房，奴典、公产、三次、四次是属于户旗房。

这些土地要交租吗？＝交地租，这个是一两换算成两元。

交地租的人每年有多少呢？＝只要没有土地转移的话就不会变。

买卖好呢，还是推呢？＝旗地是推，这个也推、种。

推和这个六项旗租的过割去哪里呢？＝拿着出票来户粮房、户旗房和民地一样做。

那个时候过割费是多少呢？＝每份10钱、20钱。

没有社书吗？＝没有，对民地有“老人”。

民地的过割是征收处做还是“老人”做？＝全部都在当县的征收处做，有社书的时候就社书做。

“老人”做什么呢？＝催粮，这个相当于政务警的比卯也在做。

六项旗租是多少呢？＝详细的不知道，用银子千两以上的没有了。

存退、另案是在户粮房，大概要交多少呢？＝只有三四百两。

不知道亩数吗？＝不清楚。

这个六项旗租的一亩大概是多少钱呢？＝大概是用银子一钱、二钱，二钱一亩就很高了，不超过10钱。

六项中哪一项高呢？＝没有比较，那个时候想要民地的人很多。

【六项旗租的清理】这个是怎样变成民地的呢？＝民国七八年官产处成立，这个事务是处理旗地的。

是以怎样的风格处理的呢？＝“十倍租赁”也就是拿十倍的租价让它变成民地。

农民高兴起来了吗？＝非常高兴。

为什么高兴？＝那样的话变成了钱粮，钱粮的金额就便宜了。

一亩变成了多少了呢？＝银子一亩四分，也就是洋钱的话一亩九分二厘，其他县的话比这个更高。

远比民地高很多吧？=要高一点，但是和租子比的话，这个负担就变轻了。

那个时候官产局会给执照吗？=给，给财政部执照。

现在拿着的吗？=拿着的。

现在也是一亩九分二厘吗？=是的。

比民地高的话，旗地的亩捐等不会便宜吧？=民国五六年随粮代征的时候，一亩二分（和民地是一样的金额），因为对于民地是叫旗租，附加税和亩捐就不会便宜了。

这个时候，大概有多少亩变成了民地呢？=不知道。

从旗租变成民地的钱粮之后是多少呢？=我想差不多有900元吧。

【雍和宫地】下面我想问问代征前清旗租的事情？=有香灯地、总管地、吴森地、姜万忠地、杨恩增地、杨庆儿地（这个是户粮房和户旗房两方拿），等等。香灯地是银子和钱租两种，总管地是钱租，那以下就是银子。

香灯地是什么？=喇嘛的地，也叫香火地，修理庙呀、灯呀等等的费用现在都有。

在顺义，有雍和宫、嵩祝寺、黑黄寺，等等，现在只有雍和宫在征收，这里是怎样的呢？=这里也是只有雍和宫，这是来征收香火钱。

其他的嵩祝寺、黑黄寺是怎样的呢？=现在没有了，从民国十四年起开始处理旗地，王宫府第庵观寺院全部都被政府处理了。

那处理之前，嵩祝寺、黑黄寺等与雍和宫的征收方法是不同的吧？=前者是自己来征收，雍和宫是委托县代征。

县的哪个部门代征呢？=户粮房（南户）在做。

现在呢？=从雍和宫派人来，因为要来做公文，实际上是寻求县的帮助。

现在是谁在做呢？=从北京来的高姓的人在做，这个是庄头，对那个县城内的李姓做的是催头。将租子收起来转交的时候每一两占一元五十钱的比例，但实收是每两2元。这个李姓与征收处没有关系。

在顺义，雍和宫现在有县代收和自征两种方式，现在和自征的有嵩祝寺、黑黄寺等已经不是同一性质的东西，所以只是县代收的人来征租，这里是怎么回事呢？=高姓的庄头“吃出去了”。

通过顺义的形式民国十六七年的打官司，以后就取消了县代收，这里是怎样的呢？=这里也是这样的。

雍和宫有多少土地呢？=不知道亩数，因为一部分是钱租，一部分是银子，所以不知道。代收的时候应该是钱租和银子，现在是怎样的就不知道了。代收的时候钱租差不多是一钱。（这个我自己拿了一点点，所以知道）钱租就不知道了。

嵩祝寺、黑黄地等的征租停止的时候，为什么雍和宫在纳租呢？=其他的寺被处理了，但只有雍和宫因为打官司被停止清理，然后现在都没有清理。

但是在农民之中知道了这件事，不会有说不纳租的吗？=这个地方的农民都很善良，没有抗租的人。

如果有不拿的人，那么雍和宫会以怎样的形式催促呢？=拜托县里的人来催。

还是和钱粮一样收取吗？ =上面会来公函。

【总管地】我想问一问关于总管地的事情？ =这是全部是通过钱租征内务府的地。

这个是多少亩呢？ =不知道，那个总额也不知道。

那个钱租一亩大概多少呢？ =有 20 年了，不知道。比起雍和宫的话要便宜吧，再多也不会超过 500 文吧。

钱 500 文与银子 4 分哪个比较高？ =当时钱 500 文比较高。民国初年一元是两吊钱，这个是 100 文。银子一两是两元钱，一毛钱是 200 文，这个是 100 个制钱。那么 500 文就是 250 个制钱，银四分是九分二厘，不到一毛钱。因为以前庄头来城内的旅馆征收，非常有趣。

总管地上有庄头吗？ =以前是从内务府派人来。因为对内务府征收的钱不缴纳上去，所以被内务府罢免之后就没人了，然后就拜托县代收。我进去的时候是民国五年左右，到了年末粮房就等着总管来。被罢免是什么时候的事就不知道了。那个是在民国十四五年的时候被清理的。

【吴森地】这个是怎样的土地呢？ =吴森是庄头的地。

是庄头的地的话为什么不自已纳呢？ =因为内务府有一个叫吴森的庄头，所以就被取消变成了县来做。

那个是什么时候呢？ =民国以前的事情。

银子是多少呢？ =一钱多。

有几亩呢？ =因为是很久以前的事情，所以忘了。

【姜万忠地、杨恩增地】这两个是什么？ =民国八年开始，由县代收，民国四五年以后就找别的庄头了。

这个也是内务府的土地吗？ =是的。

这个大概有几亩呢？ =这两者合起来大概有四五十亩。

租子是多少呢？ =一亩大概三钱，银子是一钱多，因为最高所以大概有 50 钱。

【杨庆儿地】这个是什么？ =这个人的身份很恐怕是内务府的奴才吧，这个只是二三十户的佃户。册子只有五六张，户旗房就不知道了。

这个是什么时候变成县来代收的呢？ =变成民国以后就已经是这样了。

这些佃户每年都在变吗？ =一直都没变。

以上的都是在户粮房，那么在户旗房有什么呢？ =这个不知道，但是户旗房没怎么变。

南户和北户哪一个比较老呢？ =地亩哪一个比较多我不知道，哪一个比较老我也不知道。

【升科粮银】这个是什么东西呢？ =以前是旗地，现在变成了民地，这个是供王寺舍的地。供王寺非常的有钱，用当地的谚语来说就是“你发财还发得过王寺吗”。

是什么时候变成民地的呢？ =不知道。

你进去的时候呢？ =有升科房，已经变成民地了。

有叫“升科地”的地目吗？ =升科地的租子是在升科房征收，这个与民地相比要稍微便宜一些，钱一分二厘到二分，这个是老升科地。

老升科地有几亩呢？＝大概有不超过100顷。

【粮房】在南房的办公人员有几个？＝八九个。

北房呢？＝五六个。

升科房呢？＝两个。

以前在南房还在县里面的人是谁？＝除我之外就没有了。

北房呢？＝建设科书记一人（郭文斌，50多岁）。

刚才说的民国三年，开始做的人在征收处吗？＝做税契（张景熙，60岁左右）。

从以前开始就只做税契吗？＝一直做税契，虽然属于南户房，但工作不一样。

南房、北房、升科房的全部的人，都是分开的吗？＝南房是（县公）署前的街上，北房在黄土坑，升科房在史家胡同。民国三四年开始南北方就移到了县公署，我来的时候南房就在县公署中了，北房进入过县一次，接下来就马号的或者是借民房做事。南房在那之后就没有从县里出去过，北房是在民国四五年的时候回到县公署的。民国十二三年的时候与南房一起变成了财政科，升科房是在民国七八年的时候进入县的，结果各房的人都不一样。

在南房有一个头儿吗？＝有，头叫经书（也叫经承），帮助的人叫作清书。

经书是各个房都有是一人吗？＝一人。我进去的时候经书是刘桂（本城人），清书是张（琉璃河）、苑（宝店）、张（小高舍）、杨、王（房山）。

你进去的时候最初是当的什么？＝清书。

房山县的人也可以当本县的清书吗？＝和刘经书是亲戚。

【粮房的报酬】最初当清书的时候月薪是多少？＝五六元。

这个是从经书那里拿还是从县里？＝经书。

其他的清书也全都是从经书那里拿吗？＝是的。

那经书是从哪里拿呢？＝县长那里拿，然后还有从办公费里面拿（10%的比例）。

其他的县有卷尾之类的好处，本县呢？＝在我们县没有，以前曾有每一钱收八九的提留，不像房山县有三撩主义。

三撩主义是什么？＝银两、洋钱、铜钱全部涨价，向省公署提出报告的时候起了这个名字，现在那样的事情就没有了。

经书在代理的时候有权利金吗？＝没有。

【义学租】这个是什么？＝是顺天府专款，是因为顺天府的书院，这个是交钱租大概有500—700户。

一亩多少钱呢？＝四五十文（这个叫四五十钱，写的时候就写文）。

那个是几亩呢？＝是几亩忘了，事变前要纳这个，大概700元，没有1000元。

升科房是什么时候开始做的呢？＝我进去的时候就在做了。民国十二三年的时候归入了财政科。

什么时候纳给顺天府呢？＝顺天府没有了就纳给京兆尹，再纳给财政科。这个是在事变前就处分了，因为卖了所以现在没有了。

变成了要纳多少钱呢? =卖掉之后就成了二分科，地租不变。民国初年一元是100张，事变前是一元460张，所以有一次是拿的洋钱。

卖多少钱呢? =一亩四元，也有二元的。

卖了全部是多少钱呢? =卖了全部交给财政科。

从财政科卖出来要公文吗? =是这样的。

在民国三十一年地方概算书上写的跟书院地租、石羊学地租没有关系吗? =没有关系，这个是地方款。

【官旗产清理】想问一下关于这个的事情? =现在的所谓的“黑荒地”主要包含着前清旗地等等。

官旗产处理是什么时候设置的呢? =民国十四年以后到事变为止，这样的名义被使用。民国二十九年再次设置，虽然是省政府出的公文，但是经费并没有很好地执行。

民国十四年的时候，是在县公署中有呢? 还是在外面呢? =公署中。

和你没有关系吗? =没有，跟征收处的李主任有关系。

最先是清理什么呢? =王宫府第庵观寺院。

一亩卖多少呢? =开始是有一元五十钱、两元、三元、四元的。

民国十四年大概清理了几亩呢? =这个我不知道。

那么一亩收取的钱粮呢? =银子一分五厘科，这个就是洋钱的三分四厘五毫，之后变成二分、三分。这个是根据地的面积在变化的，那个期间没有清理的时候，费用就抬高了。

11月9日

地粮　土地清查　沿革地目　里老人　地方

应答者　邢霖春（财政科科员）

地　点　县公署

【地粮】现在全变成了民粮了吗? =全部都是民粮。

雍和宫另当别论，其他的旗人还来收租吗? =现在没有了。

现在民粮地田赋的比例有多少和多少呢? =一亩银子二分，洋钱四分六厘。

不只是这些没有各种种类吗? =有各种各样的。与前面的名义不一样。地粮之外还有老升科、新升科、旗租改科、新旗粮升科，合起来有五种，民国二十五年以后全部改称为民粮。

以上的各种的比例，应该是不一样的吧? =是的。

地粮的比率是多少到多少呢? =这个全部都是二分科，换算成洋钱的话是四分六厘。

地粮是怎样的土地呢? =里甲的民地。

你进去的时候已经规定了银二分吗? =不是。民国六七年进行了民地核实，那个时候改征二分。

到那为止是怎样的比率呢？＝因为地多粮少，所以一顷二分到五分的是便宜的。当时征册上土地没有写土地的数目，所以农民就不管土地的亩数都交两钱银子、五钱银子等。

【地粮的土地清查】核实是做怎样的事情呢？＝粮地相符，根据国家的规程实行二分科。

是以怎样的形式进行粮地相符呢？＝比如一顷只交银子两钱，因为如果那样的话就只出10亩，90亩的就让交一两八钱。

我觉得这是清查局的事情，但是是怎么知道农民是持有一亩地的呢？＝从地主那里获得举报，不举报就叫黑地。

去清查局打量吗？＝不实行。

去警察那里打量吗？＝不去。

那样的话就不知道举报是否是真实的吧？＝不知道。

弄清举报要做什么事情呢？＝地粮地举报地粮地，那样没有的话就作为黑地归入黑升科地。这样税率就会一直提高，农民就很喜欢作为地粮地举报。

举报的时候村正保证吗？＝没有那种事，只是自己拿着粮串呀地契来举报。

前面的持有一顷的人，只拿两钱的粮串的人怎么办呢？＝只拿两钱的粮串也没有关系，剩下的90亩根据这个来补。

那个90亩是进入地粮，还是进入升科地呢？＝进入地粮。

假如那个时候有10亩的税契，那么剩下的90亩怎么办呢？＝地契上是写的一亩，如果不是那样的话就是黑地，所以必须升科。

这个清查的时候没有补契吗？＝没有，钱粮和地契合起来的东西只有地粮，没有合起来的东西就作为黑地举报，所以没有补契。

是清查局派人来调查吗？＝不是这样的，农民去县公署的院子里的清查局。

地粮这个时候变成了几亩？＝我觉得没有两千多两。

【老升科地】老升科地的比例是多少？＝有银子一分二厘和二分两种。

这个是你进去的时候就是这样的吗？＝不是我们房，是升科房在收。我进去的时候是那样，现在也是那样。

这个是怎样的土地呢？＝这个是施舍的土地。

谁施舍给谁的土地？＝谁施舍的不知道，但知道是施舍给供王寺的土地。

那样的话供王寺不就不该收租嘛？＝以前供王寺在收租，这个施舍给国家之后就成了国家的东西了。

这个是旗租还是钱粮呢？＝供王寺的时候就是租子，归国家之后就是钱粮。

供王寺为什么要归还给国家呢？＝不知道原因。

因为供王寺做坏事被国家废除了吗？＝不知道。

供王寺是有一个还是有三四个？＝供王寺只有一个。

为什么一分二厘和二分的区别呢？＝不知道。

有好地和坏地的区别吗？＝这个也没有，只有两种的比例。

这个是多少亩呢？ =不知道。

银子大概是多少呢？ =200 两左右。

这个是什么时候变成民粮地的呢？ =从民国二十年南、北户、升科房全部都归为民粮地的时候开始的。

【新升科地】新升科地的比例是多少呢？ =银子四分、二分、一分五厘。

这个是怎样的土地呢？ =普通的地是四分，砂地、坟地是二分、宅地和庙地是一分五。

这个是你进去的时候进的吗？ =不是，在我进去之后。民国五六年，处分八项旗租开始就有了这个土地。

八项旗租的处分也是清查局的工作吗？ =是的。

原来的八项旗租是进了这个新升科地吗？ =不是，八项旗租是进的旗租改科。

什么进入了新升科呢？ =没有地粮的黑地。

那么地粮的举报、黑地的清理、八项旗租的处分，是作为清查局的工作同时进行的吗？ =是这样的。

和老升科地没有关系吗？ =没有。

进入新升科地的是地粮举报的时候，只是没地粮地吗？ =不是。其他的还有庙地进了。嵩祝寺、钟杨宅、禅祐寺，等等，在这个时候就被列入新升科地。

这个庙地呀宅地都是全部一分五厘吗？ =一分五厘。

嵩祝寺、钟杨寺下面应该有很多佃户，那作为新升科地升科，是佃户升科还是地主升科呢？ =嵩祝寺和钟杨寺的话是地主升科。

纳田赋的是地主吧？ =是的。

现在还是地主在纳吗？ =不纳了，民国十四年以后全部卖掉了。

卖给谁了？ =民国十四年“处理旗租”的时候，各个佃户买去了。

各佃户买去的时候，是列入的什么地目呢？ =列入的新旗粮升科。

那么在民国的时候新旗粮升科地就全部没有了吗？ =不是的，农民四分、二分的地就那样留下来了。像庙产那样一分五厘的地就全部没有了。

新升科地有多少亩呢？ =不记得了，加上庙产有 500 两以上 1000 两以下，民国十四年清除庙产的时候。

四分和二分的地大概有多少呢？ =非常少，有 100 两或 200 两左右。

【旗租改科】旗租改科的比例是多少？ =四分、二分。

是怎样的土地呢？ =普通的地是四分，沙碱地就是二分，改科八项旗租的（良乡是六项）。

六项中没有什么区别吗？ =像 10 倍的赁租没有了，作为手续费民地一亩二毛三厘，黑地是四毛三分。

旗租改科大概有几亩呢？ =不知道，最令人烦恼的是由于水的流失，没有了根据这样的事情。这个在月报上也会处理所以知道数额，旗租改科是两三百两。

【新旗粮升科】新旗粮升科的比例是多少呢？ =有一分五厘、一分、二分、三分。

有怎样的区别呢？＝民国十四年的时候，是一亩一元五十钱，科子是一分五厘。民国十六年以后，地价变成了二元、三元、四元，科子变成了一分、二分、三分。

二元、三元、四元的土地的区别是什么？＝在王公府第，租子是300文左右的很少的，或者是土地很差的沙碱的土地，就是二元，科子一分，普通的（租子500文左右的）是三元科子两分。好的土地、园地、拿一吊左右的租子的土地变成了四元科子三分。

新升科地中德庙产成了怎样的呢？＝卖给各个佃户。

那个的地价和科子呢？＝民国十四年的时候，一亩一元五十钱科子一分五，那之后就像前面一样分成三种。

新升科地的时候是一分五厘，这个在民国十四年以后，比例应该变了吧？＝是的，新升科地的时候是地主纳，这之后就变成了佃户纳。如果当时清理处的处员根佃户是熟人的话，就有将好的土地便宜卖出去这样的弊害存在。

新旗粮升科的时候，佃户不能买，那地主买了吗？＝因为租权是佃户所有，所以对地主没有“转移地产”的权利。

那个时候，庄头、催头买了吗？＝没有。

新旗粮升科的时候大概有多少亩地呢？＝有1000顷以上，银子的话有二千多两。

田赋的比例就大概的知道，但地粮二分，老升科一分二、二分，新升科四分、二分，旗租改科四分、二分，新旗粮升科一分五、一分、二分、三分应该成为这样了，那个现在也是这样吗？＝是的。

【田赋】现在良乡县有几亩地？＝上地230550亩；中地57250亩；下地61200亩，合起来349000亩。道路、河流、插花地全部都不包含在内，本县的土地只是用于耕种。

吴店村中的房子地列进去了吗？＝有列进去的，有没列进去的，城内的人基本上没有交房子的地亩。

像吴店村这样的村怎么样呢？＝因为没有调查过，所以不是很清楚。有的也有，没有的也有，这样的事情是确实存在的。

村外的坟地呢？＝花费的很多。

没有耕的也是吗？＝因为当地的坟地不仅仅是墓，土地中也有，大部分都是花费了的。

果园呢？＝还是要拿。

前几日出的香灯地、总管地、吴森地、姜万忠地，等等，是进入哪个地目呢？＝全部列入新旗粮升科地。

刚才庙产是进入新升科地的，是不是也进入上面所说的地目中呢？＝不对，因为这是满室内务府的地，不进入新升科地。

你进去的民国五年，开始到民国十四年要征租吗？＝是的，剩下的只有香灯的一项。

上面所说的地的田赋的比率变成怎样的呢？＝总管是用钱租，吴森、姜万忠、杨恩增、杨庆儿是银子。那样这些全部都变成了银子一分五厘了，只有香灯打官司的结果现在还没有钱粮，保留在雍和宫。

【四班的催粮】进入你的粮房的时候，南房、北房、升科房，变成现在的东南西北四路是什么时候的事呢？ = 这个东南西北不是房的名字，当时是“四班头催”，东是“东民壮”；南是“快马催”；北是“北民壮”；西是“皂力催”。外县由四班分担。

“四班催头”是班头催粮吗？ = 当时是对六房有四班，政务警没有，可以说四班是政务警的前身。

四班有什么工作？ = 催钱粮、民刑案件的传人、捕盗。

四班的催钱粮是怎么做的呢？ = 在粮房根据粮册写下粮户的名字交给四班，四班负责催钱粮的全部责任。

那个名字是全部粮户的名字，还是只是这个期间没有纳税的人的名字？ = 征税的时候是全部粮户的名字。

记下所有粮户的名字的东西叫什么？ = 催册。

四班拿着这个催册去做什么呢？ = 根据催册上的名字，或者时间到了还没有纳的人，让他们纳税。

开征的时候那样做吗？ = 比如从一日开始开征，四班在那一天接过催册，从那一天开始四班就拿着催册以及一家的走动，5 日或 10 日县长给四班比卯。

四班是自己去走动吗？ = 也有派人去的时候，如果县长急要的话四班就自己去。

派的人是怎样的人呢？ = 是代办的伙计。

时间很急的话四班，就自己去村子里征收吗？ = 只是催促，来纳钱粮的是农民。

四班不能自己代理征收吗？ = 那样的话非常少，农民不信任四班，如果四班自己拿去用了，会很烦恼的。

四班能做垫纳的事情吗？ = 可以是可以，但是县长不允许这样，在其他的县四班垫收，然后把这个转交给社书，社书就到地主那里去。

在南房不去哪一个班吗？ = 不去规定，各班走自己的路，在南北升科各房有东、南、西、北的各路。

有上忙下忙吗？ = 上忙是旧历二月到六月，下忙是八月到年底。

在这个期间内，如果不缴纳的话会怎样呢？ = 变成民欠。

如果在这个期间内缴纳的话，就没有什么罚金吧？ = 没有。

如果不缴的话会怎么办呢？ = 变成民欠。

有罚金吗？ = 民国以来对于民欠所取的罚金是有原则的，但是到现在为止都没有实行。

不需要押什么的吗？ = 那个有。

这个是自古以来就有吗？ = 自古以来就有，那个是针对有很多土地能纳，但却不纳的人，就实行这个政策。

因为贫穷而缴纳不上的人怎么办呢？ = 变成民欠，没有抵押。

【里老人】前几天的对话中出现了里老人，这个里老人是什么呢？ = 这个就是催粮户，这个是复杂的里甲的催粮户。比如说，像做美化里第一甲的催粮工作，在本村有 16 个里、7 个屯、地丁钱粮被老人管着。前清时代没有里甲的人就不能进入考场，良乡的秀才名额是 6 名，必须要进入里甲。

老人是各里一人吗？＝各里有两三人，但是每年由一个人负责。

能告诉我里甲的名字吗？＝如下所示。

东　辛庄里　丁修里　陶村里　路村里　鼓腹屯　丰足屯

南　美化里　厚俗里　公村里　广阳里　安化屯

西　燕谷里　重义里　永丰里　永安里　永清屯　兴州屯

北　石羊里　北壹里　高舍里　兴礼里　良牧屯　福善屯

【在里甲的和不在里甲的】地粮以外感觉全是四班在做，那么在地粮上哪个是四班在做哪个是老人做呢？＝在地粮方面分为在里甲的和不在里甲的两种，在里甲的是老人做，不在离家的时四班做，屯也列入里甲里面。

比如一个姓李的人住在美化第一甲，那里有土地的就是在里甲的了，但是如果还持有其他的厚俗里土地的话，就变成了不在里甲吗？＝如果在老人的账里有记载，即使不住，也是在里甲的。

同样的地粮有两种，很奇怪，有怎样的原因的吧？＝比如像在明代这样的古代确立了里甲制，那就全部都是民屯地。后面年头开垦的，或者是被升科的就变成了不在里甲的了吧。

然后在施行里甲制的时候，仅仅有一部分是为了四班被留下来就变成了不在里甲的了吗？＝不在里甲的是指“寄本县各村庄的花户”，一个是住在邻县的花户买了里甲地作为自己的土地。这样买地的人就是不在里甲的，从寄壮这个词的意思就可以明白，还有一种是不在美化里一个地方，而是分散在全县。这种买地的人不跟老人联系的话，就成了不在里甲的。

【老人和过割】过割是什么时候做呢？＝粮房是一年一回，旧历正月的一个月之间。

当时过割是去哪里呢？＝全部都在粮房，老人已经在那里，粮房做册子之前收了农民的过割之后又老人一个人去县里做（外县是社书做册子，但是在本县是粮房做册子）。

老人不做吗？＝老人也做。

四班呢？＝四班做的情况也有，只不过因为“老人”、四班拿着催册，各家各户直接去粮房过割的也有，这个很多。

过割的时候拿多少报酬呢？＝一亩三毛，二毛，但五毛左右的也有。

老人过割时大概收多少钱呢？＝不知道。老人收得多，一亩能收三四元。因为考秀才的人必须跟他联络，否则成不了秀才。

一般人来粮房给老人过割的是这种人吗？＝是的。房山县和涿县的秀下名额只有两三个人。因为良乡县土地少名额多，所以外县不用说外省的都来买这个地方的土地，然后成为在里甲的，然后接受考试。

四班的过割费是多少呢？＝因为农民通常不了解这样的手续费，也有给适当的谢礼来拜托四班的人，来粮房的比较普遍。

姓张的买去了美化里的姓李的人的土地，找老人过割的时候，肯定是在里甲的吧，但是在粮房来过割的时候，说是从美化里买来的的话不行吗？＝这种时候最先不通知老人的话就不能是真正的过割，如果是农民做的话，就有粮房通知老人过割。一般人变成在里甲的都非常的困难。

从美化里买的过割的话列入四班吗？ =如果拿不出姓李的粮串的话就不能过割。

【在里甲的和不在里甲的】在里甲的土地变成不在里甲的土地，这样的事情一定没有吧？ =没有，在里甲的不管到哪都在里甲的，反过来不在里甲的人拿一点钱给老人就能变成在里甲的了。

在里甲的和不在里甲的，哪个比较合算呢？ =在里甲的，因为身份要高一点，对考试也好一点。

老人有拿着底账吧？ =是的，哪个花户住在哪里都知道，粮房都不知道。

县的红簿中老人掌管的是老人做出来的吗？ =不是，只是县交给“老人”催册。“老人”在过割在里甲的地的时候，先要到“老人”那里去，“老人”联系这个买主，然后来县里更改红簿上的姓名。但是那个时候红簿中没有亩数，只写银两。

四班的过割也是四班代替做的吗？ =过割之前先要找四班，再跟四班一起去过割。

结果过割的费用是在里甲的给老人和粮房，不在里甲的就给四班和粮房吗？ =是这样的。

过割现在时间定了吗？ =和税契是同时做的，在旧历正月，不这样的话账簿就不能更换了。

在里甲的地有多少呢？ =寄壮和在里甲的合起来有 3000 两左右。由于边闰加增，13 个月的年头，就要多拿一点。

【老人和四班的废除】老人是到何时为止呢？ =民国四五年左右，土地核实开始就没有了。

核实的时候不知道老人会被废除吧？ =这个也未必，各花户拿来契纸和串票的话就好了。

到那为止，就没有老人垫收这种事情了吧？ =在外县的社书那里有。

四班是到什么时候呢？ =变成政务警，开始就没有了民国八九年的时候。

我觉得四班变成政务警的人多吧，老人的话进入县的财政科或者粮房的没有吗？ =四班多，老人没有。

老人在村里是有钱人吗？ =进入民国以后渐渐地变得贫困了。

【地方】进村的时候看见地方和老人在催钱粮，老人和地方是什么关系呢？ =老人和地方没有关系，四班和地方有关系。

有怎样的关系？ =催钱粮的时候四班和地方联合一家一家的转。

不仅仅是催钱粮，四班在村里来有事的话，都要先找地方吗？ =是的。

不是让地方交出催册吗？ =县催促四班，但是废了老人开始就开始催促地方了。然后有了政务警之后就由催促地方变成让地方催促了。

民国五六年核实以前的比卯是怎么样做的呢？ =四班和老人。

四班和老人的比卯不是不一样的吗？ =不是不一样的了，哪一个都转交催册，5 日或 10 日的时候比卯。

四班不垫收，但老人买未纳的串票就不垫收了吗？ =比卯的时候，老人必须要去县里。

因为四班在县里，老人在村里，能让老人比卯吗？＝是的，变成政务警之后，由地方来做。

没了老人，地方就去催粮吗？＝是的，四班本来是对在里甲的催粮，老人没有之后在里甲的就归四班了，四班就让地方去催。

如果这个变成政务警了，粮房就直接对地方比卯吗？＝还是做了政务警就让地方去催粮，催粮册由粮房交给地方，对地方比卯。

以前是四班老人集中在一起比卯，现在变成地方集中起来比卯了吗？＝是的。

11月6日

政务警　地方（甲长）　黑地　省款　地方款

应答者　邢霖春（财政科科员）

地　点　县公署

【政务警】

政务警有多少人？＝八九人。

这八九人分为四路吗？＝没有分。

对各区政务警的负担没有决定吗？＝没有决定。

【地方（甲长）】这个时代的比卯是做怎样的事情呢？＝从粮房那里做比簿，这个比簿中写好了各个村的甲长应该催促多少金额（记下了“承催粮多少”）。

那个比册不是一册一本吗？＝是一村一页。

甲长就是地方吗？＝是这样的，写的时候不是写地方而是写甲长。

地方是从什么时候开始有的？＝地方这个名字是自古以来就有。

甲长是从什么时候开始写的呢？＝催粮的时候叫这个人甲长，村里的人叫地方。

你进入县里的时候就已经叫甲长了吗？＝叫了甲长了。

不叫地方吗？＝不叫。

【区长】在这个县没有保正吗？＝有村正，但没有保正。

顺义的区长相当于保正，这边有吗？＝有区董，现在变成了区长，这个比保正更有权力。

知道保正是什么吗？＝我认为和乡长是同一个意思。

里老人、区董、乡长、保正等等不是全部都是同一种类吧？＝里老人只是做地丁钱粮的催促。

【地方的人数】在全县地方有多少人？＝正额96名、村有180个村，有96个地方。

【地方的报酬】地方有怎样的报酬呢？＝看青的时候农民管饭，帮有一两顷的人家看青的时候就一直在这家吃饭。然后大秋之后从各地主那里拿粮食，没有其他的报酬。

麦秋、大秋之后大概收多少粮食呢？ =不是按亩算，而是每户大概收一斗，这个叫敛秋。

有一两顷的人家也让吃饭，那么其他的人家呢？ =没有这样的事情。

不给钱吗？ =给钱的时候也有，一年只有二三十元，这个是从公会那里拿，这个就是薪水。

其他的收获之后不给柴火吗？ =未必一定要，给钱的也有。

【地方来看青】地方必须要看青吗？ =看青是地方管的，必须是这样。

96 个地方怎么给 180 个村看青呢？ =小村就归在大村里面的。

到现在为止的报酬。好像不是作为地方的时候给的。而是作为看青的给的，作为地方的报酬呢？ =从公会那里拿的钱就是作为地方的报酬，这个就是地方的薪水，看青费就说作为其他的一亩的话会拿一枚乃至四枚钱，这个钱是从各家各户分别拿的。

有不看青的地方吗？ =没有。

其他的地方在开征的时候要去走着鸣锣，这里呢？ =这里没有这种事情。

【地方的报酬】地方的催粮钱的报酬是没有的吗？ =没有。

不会从比如粮房、政务警、公会或者各家各户那里拿吗？ =不拿。

有拜托地方代纳粮房的吗？ =有。

以前有村长代纳的吗？ =有。

政务警呢？ =这个没有。

地方或村长代纳的时候要拿多少礼呢？ =有是有，但是只有很少的不会拿很多。

地方催粮成绩好的时候不会给奖金吗？ =没有奖金，会给奖状。

没有决定像其他县一样催粮成绩最好的 5 个人，每人给 5 元钱吗？ =不是这个县。

刚才听到了地方比卯的时候的事情，地方在四班时代也是这样吗，不会从四班那里拿到礼吗？ =不会。

年末等等的时候地方也不会给四班吗？ =没有这种事情。

古时候地方的收入呢？ =从公会那里一年有二三十元钱。加上其他的话一年有 100 元左右。

四班的收入是什么呢？ =县长给。

县长给的其他的从各个村那里叫的大差小差，等等，一年之中不会给三班前吗？ =没有听说过这种事。

四班去村里的时候村里面会给钱吗？ =会，饭钱。

【地方的废除】下面我想问一下关于没有了地方之后的事情，比卯是怎么做的呢？ =从各个村推荐一个像村长什么的人，为县里做事，这个村里面叫跑腿的。原则上是乡长来县里，但自己来的很少。

地方是什么时候没有的呢？ =民国十年以后。

地方在四班变成政务警之后还有吗？ =这个还是有地方决定的。

地方没有了要命乡长来比卯是什么时候？ =民国十年以后，但是地方应该已经废除了名单时还是地方来。

跑腿的和地方是一样的吗？ =一样的。

这个是到什么时候呢？ =民国二十年以前废除了。

那之后是怎么催粮的呢？ =政务警转交给各乡长通知单，但是真正没有了跑腿的是两三年以前的事情。

为什么？ =因为最近大编乡成立，有了县公所司计员、乡丁，他们在催促。

司计员是什么？ =在乡公所做会计。

【政务警的催粮】现在催粮是怎么做的呢？ =政务警拿到乡公所去，乡丁拿到各家各户去。

以前有比卯，现在没有了。

政务警是什么时候，怎样去催粮的呢？ =开征开始谁是催粮，因为现在纳税的人很多，所以基本上是每天都出来。现在的做法是有矛盾的。政务警很急的催粮，这个比比卯更有效，另外，农民因为满期了会被罚款，所以只好沉默着纳税了。

罚金（超过3个月罚1/10，超过6个月罚2/10）现在还在实行吗？ =现在没有在做了。

政务警去催促土地农村的时候，会从各家各户收一些东西吗？ =收催征费。

从一户那里拿多少呢？ =从县公署拿。

这是工资以外的吗？ =是工资以外的。

不是从农民那里拿吗？ =没有拿的。

不能去拿吗？ =不拿，拿的话农民也不会给他，有老人的时候会稍稍拿一点。

【田赋查报表】这个查报表是民国二十九年的东西吗？ =是的。

是做什么用的？ =土地清查时根据这个来清账。

这个是县里派人来还是在村里自报呢？ =这个县是派人到各个村让他们做表。

派怎样的人？ =田赋清查员作为书记在县里招考募集20人，在这里面，清查员8名，书记4名，剩下的就做县的书记。

这些人去村里面怎么调查呢？ =去村里面看着做地主的串票和地契。

不去一块一块的看这些土地吗？ =不去。

这个是什么时候结束呢？ =5月开始到10月。

这个结果，银的数量会增加吗？ =调查之后还没有统计就使用掉了预算，这些人的成绩很烂。在这之前王县长还给陈县长好好的说了这个事情，但是现在还没有解决。

那么清查表对县里面的粮房的征收簿没有什么影响吗？ =这个调查并没有严肃的做，如果根据这个改征收簿的话只会白白的花钱，银子也不会增加（本辑资料4，吴店村田赋清查表）。

【黑地】旗地在民国十四年就没有了吧？ =也不是全都没了，现在村的5%左右都是旗地。

那剩下来的叫什么呢？ =有没钱买不起的，也有人认为买了将来也得不到地因此不买的。尽管持观望态度，但由于清查处没有底册，自然遗漏的情况也是有的。

但在清查处，庄头的账不会全部被拿出来吗？ =不想拿出来的人非常多。这样就有没有拿出来的人。前清时代就是跑马圈占，这样由于不可能无偿的圈占，就定县划分之后就让良乡的农民种。但是良乡的农民不想丢弃本地，定县的两三千顷土地现在也正处于出租状态。

这两三千顷土地是谁持有的呢？ =不知道，因为县城中有代征委员，所以就从委员中拿出几个人去拿县的印领库收。

前面观望的没有清理的土地，现在还是庄头或者催头来收租吗？ =因为认为庄头或催头卖掉了所以也没有去催促。

庄头、催头都不去催租，但如果没有清理的话，就不纳钱粮了吗？ =租子和钱粮都没有。

那是农民得吗？ =现在不管是什么样的村现在都有这样的吧。

这个叫什么呢？ =黑地，农民所说的黑地就是这个意思。

县里尽量让这种黑地减少，那他们是怎么做的呢？ =现在让大家举报，准备绘图，制作清查册。

这个只是在哪个村做吗？ =现在并非不是全部都做，只是画全村的圆，这以后就画个人的圆。

在民国二十九年查报的时候，拿出无契的地会让举报吗？ =从村子里开始的举报是一次都没有的。

今年等让举报的有吗？ =今年调查了一次，然后关于黑地的调查账是一点都没作。

农民会每年都很少的举报黑地吗？ =民国二十八年的时候报黑地，民国二十九年的时候做田赋查报表，民国三十一年（今年）又在调查黑地了。

这样的调查是让他们举报吗？ =民国二十八年调查的是没有大水了，然后民国三十一年再报。民国三十一年调查的是与吴店村相关的，如下所示：

良乡县公署民国三十一年度吴店村官旗黑地升科及补契地亩清册

村　别	姓　名	粮无 亩据 数无	粮有 亩据 数无	粮无 亩据 数有	证明乡长	备　注
吴店村	李　江	7 亩 5 分	无	无	张启伦	
吴店村	裴振玉	10 亩	无	无	张启伦	
吴店村	裴　顺	3 亩 5 分	无	无	张启伦	
	共计 21 亩					

只要不会随时都能补契，有了那个的举报就有补契了吗？ =让举报的就那样做了，补契呀升科呀都不做。

在这个县补契是什么时候做呢？ =补契是随时都能做。

丢失了契的时候不是什么时候都能做，不是调查之后汇总然后一起做吗？ =不是。

农民有黑地但没有做过补契的时候会不会尽量的隐藏呢？＝农民没有想要隐藏的意思，跟县里举报的话，在县里面因为没有处理的方法所以也无奈。

【旗地清理】旗地清理的时候不希望出账的庄头、催头怎么办呢？＝因为出账的话就会丢失自己的产业，所以尽量不出账。

不出的人怎么做呢？＝各佃户直接买的也有，不出账的就变得很清楚了，然后就会传之后就要出。

最后没有出的就收租的人没有了吗？＝没有。

哪一年为止开始收租呢？＝民国十四年为止，民国十四年以后就绝对没有了。因为顺义而没被清理的很多，在县里等庄头暗中拿去的等等也是有的吧。

那么这个时候怎么办呢？＝现在留下的黑地好像都是这样，但是庄头因为不知道各个佃户中哪些买哪些不买，所以就不去收租。

有庄头和催头代替佃户一并买下土地的情况吗？＝没有。

庄头在良乡住在哪里呢？＝各个乡都有住。

在城内的大概有多少呢？＝不知道。

我想你列举一下庄头的名字？＝刘丈村委庄头（内务府）、鲁村于庄头（王府）、石羊村王庄头（王府）、房山县芦村于庄头（肃亲王）、鲁村安庄头（王府），等等。

村里面有没有谁非常清楚这些事情呢？＝潘绮圆在清理处工作，应该知道吧，他的哥哥在征收处上班。

【省款收入】这个表是民国二十九年，民国三十年的省款的额征，实征数目表，我想看民国三十一年的额征？＝如下面的表格所示。

民国二十九年度省款额征实征数目表

单位：元

项　目	额征数（比额）		实收数		比　较			
					增		减	
地　粮	18690	775	15621	312			3069	463
契　税	11469	0	41724	184	30255	184		
牲畜税	2180	0	4631	972	2451	972		
屠宰税	5129	0	2573	800			2555	200
牙　税	19418	0	40739	65	21321	65		
营业税	2613	927	2685	205	71	278		
牌照税	3300	0	2180	0			1120	0
合　计	62800	702	110155	538	54099	499	6744	663
附　记	民国二十九年度各项省款实收数目与额征数比较实增洋47354.836元							

民国三十年度省款额征实征数目表

单位：元

项 目	额征数（比额）		实收数		比 较			
					增		减	
地 粮	18716	78	12157	766			6558	312
契 税	11469	0	28913	109	17444	109		
中用费	2606	593	6183	173	3576	581		
区自治费	868	864	2153	925	1285	61		
牲畜税	3617	0	6762	459	3145	459		
屠宰税	5129	0	2681	600			2147	400
牙 税	25510	0	39411	264	13901	264		
营业税	4860	774	3711	526			1149	248
牌照税	3300	0	1866	0			1434	0
合 计	67077	308	104140	822	39352	474	11288	960
附 记	民国三十年度各项省款由一月至十一月十五日实收数与全年额征数较实增洋 28063. 514 元。							

【地方款】

民国二十九年度经费收支数目表

单位：元

		收入	支出	附 记
预算数		80145	80145	上列数目系由民国二十九年七月四日起至十二月底止计实收数与算数比较增加 5500 余元其原因系后增临时警备费与临时教育费未列入预算之故支出较预算实增洋 13000 余元总计收支相比尚结余洋 43457 元余（上半年之数因王前任交代未清故未列入）
		500	500	
实在数		135911	93453	
		18	901	
比较	增	55765	13308	
		518	401	
	减			

民国三十年度收支总目表

单位：元

		收入	支出	附　记
预算数（全年）		22018	22018	民国三十年度地方款由1月至11月15日实收数与全年预算比较尚差6900余元 未收实支数与预算比较尚有41000余元未支现在库存洋34000余元
		7000	7000	
实在数（由1月至11月15日）		213261	179043	
		904	828	
比较	增			
	减	6925	41143	
		096.	172	

名称	民国三十一年度额征			
地粮	17617268			
契税	30005000			
中用	6819318			
自治费	2273106			
营业税	5833000			
牌照税	3300000			
牲畜税	7651000			
屠宰税	8719000			
牙税	53668000			

看了这个，每年的比例都在变化，是由哪里决定的呢？=是由省里面的人来改变的。

会接受有县里面发出许可申请吗？=不会，由省指定。

比额每年都在变化，是由哪里决定的呢？=正额是民国三十年度那一部分，民国二十九年因故减少和民国二十八年水灾的时候免除了钱粮。但是农民还是出了，因为必须要返还这个，民国三十一年的琉璃河的水沾沙压所以减少了。

这三十年的正额是什么时候开始这样的呢？=从民国初年核实的时候开始，就没有变化了。

一直都没有变化吗？=变是有变，但最多不过几十元。

契税在民国二十九年、民国三十年都没有变化，为什么在民国三十一年的时候会变化了呢？=因为由省来指定。

是怎样计算的呢？=是根据三年间的实征数平均出来的。

牲畜税等等也都是这样吗？ =这个就像契税不是三年一回，是根据前年实征数得出来的，是这八个月十月决定的。

超过额征的话可以拿奖金吗？ =可以拿超出部分的15%不可以拿地粮，因为它是契税（中用费区自治费因为是省附加费，所以不包含在省款里面）。

【提奖】牙杂税是怎样的呢？ =民国二十八年以后到民国三十年为止，民国三十年超过额的50%，民国二十八、二十九年是15%。

可以拿奖金但是不够的话怎么办呢？ =如果有三成差额的话，那么就给县长记过。四五成的就是严重处分，但是不管在何时都没有罚金。

【留拨、征解费】民国二十九年实征110155元，针对这个，省给县里多少钱呢？ =地粮和契税、营业税、牌照税是给3%的征解费。

那么牲畜税、屠宰税、牙税呢？ =这三种是10%。对于最前面的牲畜税、屠宰税、牙税留拨4/10。扣除10%的征解费，与牲畜税相关的是属于征收局。

其他的有行政经费、司法经法经费等吗？ =到民国三十年的时候有，民国三十一年的时候就取消了。

行政经费的12984元是怎么计算的呢？ =月额支出1082元，这里面有一些一等县的定额。

所以本年只收入征解费吗？ =是的，只有3%的附税征解费。

【征解】这个是如何征解的呢？ =地粮的话，粮柜、契税是在税契处征收，每10天就交给会计。会计月末的时候再写结款联单，然后送到金库。

省金库是在哪里呢？ =拿着到北京的联银那里去（地方款也是这样）。

是一月一次吗？ =是一月一次。

【减免】豁免缓征是怎样做的呢？ =水灾旱害的时候就那样做。

在良乡什么时候这样做过？ =民国二十八年水灾、民国三十年水灾。

是由县向省申请吗？ =呈请。

在省里面会马上给与许可吗？ =由省里面委派审核。

民国二十八年的时候是怎么做的呢？ =也会有豁免缓征，五六成是免2/10，七八成就免十分之五六，九成是8/10，减去这个豁免的五六成，就缓征两年，七八成是三年。

这个在征收簿上写的有吗？ =会写出“灾”的字样，并根据此计算。

豁免缓征的时候，亩捐是怎样的呢？ =随着这个成数减免，就像正税一样见面之后再延期。

下一次相反的就不用借款的事情了吗？ =在县里面有，但是在省里面的话就完全没有了。

【地方款】在年支出上也有这个区别吗？ =那个是分开的。

有临时和经常的区别吗？ =每月必须支出的就是经常的，不是这样而是一年分为两季或者三四个月的就是临时的（本辑资料5，参阅良乡县民国三十一年度岁出入概算书）。第一项第二个牙杂税附加是由征收局收集起来的。

征收局是什么时候送到这边来的呢？ =第二个月的10号之前送来。

附加是指征收送来不拿手续费吗？=没有这种事。

有了征收局开始和在县里面做的时候哪个更多呢？=征收局更多，因为征收局的额增在增加，所以现在很多。随之进入县公署的也多。

【与亩捐有关的商农分配】商捐亩捐的分配方法，388155元的商亩捐是如何分配的？=商占15%；亩占85%。

这个比率是哪里决定的呢？=是商民开会投票决定的。

商民开会时怎样的人出席呢？=商界的代表是4个人，农界的代表是8个人。

这个比率是什么时候决定的呢？=是民国三十年开始的，事变前是商占35%，农占65%。是由于怎样的理由而发生变化的呢？=因为事变后商业买卖就没了，所以商业的负担分配也减少了。

事变以前是从什么时候开始这样的呢？=是在北伐以后，民国十七八年开始的。

这个比例是在什么时候使用的呢？=是在增加预算的时候使用。

那个是每年都有吗？=不增加的时候就不要这个，哪一年要就不知道了。

民国十七八年的时候，决定的比例在那之前不增加经费吗？=那之前的记不清楚了。

地方款变成重大的问题之后，什么时候有的财政局呢？=民国十五六年。

针对最近这个比率的变更，农民是怎样想的呢？=这个是合理的事情，通过开会之后就不会抱怨了。商会要求一成但是没有通过。

你是怎么想的呢？=从现在商会的立场来讲，占15%也不少。民国十五六年的比例由于增加经费，分配给各村，

随粮的有什么呢？=这个也是随粮。

比如保卫团钱、警款钱、钱粮加捐等，不是随粮吗？=这些都是全部按照65%。随粮代征这65%的比例是在年末资金不足的村。

甲村是100元，乙村是50元，这样的比例来分配，不是这样吗？=既然是做预算的话，绝对没有这样的摊款。根据预算，规定农业的65%，然后这些随粮征收。

【田赋附加】保卫团钱、警款钱、钱粮加捐、自治费、学费，这之中哪一个的历史比较悠久的呢？=答案是学费，这个是民国六七年就有的，一亩是两枚铜子儿或者四枚铜子儿。

这个是什么时候就没有了呢？=事变前为止，就变成了教育费，这个是每亩一分五厘。

第二老的是哪一个呢？=自治费是在民国十六年左右开始有的，每亩一分左右，到事变为止。接下来就是保卫团费和保安队费，和前面两个合起来，这四个在事变以后就随粮代征。这个合起来是一亩五分三厘，哪一个是多少钱就不知道了。保卫团钱是最晚出现的，在民国二十年以后才有的。

这四项是持续到什么时候为止呢？=持续到事变之后民国二十八年。

民国二十九年的时候变成什么呢？=变成了随粮附交1毛5分8厘。

民国三十年的时候呢？=亩捐的话，上等地5毛，中等地4毛，下等地3毛。

钱粮加捐是什么？=是这四项合起来的统称，这四项以外就没有了。在民国二十九年

的时候，自治费是一亩1分4厘5毫，教育费是一亩6厘，指导员经费2厘5毫，保安队经费是3分，保卫团经费是1角5厘，合起来时1毛5分8厘。

在这个县建设费的附加没有吗？ =没有，含在自治费里面统收统支。

统收统支是什么时候开始的？ =是在民国十九年概算制度成立的时候开始的。

【公路捐】公路捐是什么？ =自动车、自转车、大车在通过本县的时候收取。

现在也在收吗？ =今年没有收了。

是从以前开始收的吗=？事变以前没有，以后就有了。

是谁在征收呢？ =是县公署的征收员，不是包商。

是进入本县的时候要还是从本县出来的时候？ =从琉璃河进入的话，就在琉璃河收。有效期限是三天，今天去北京明天回来也不收。

本村的人出去也要收吗=要。

自动车是多少？ =5毛。

自行车呢？ =5分。

打车呢？ =一毛。

为什么今年就没有了呢？ =去县里面的人少，去省里面的车捐有了，所以就取消了。

从省里面来过让取消的命令吗？ =没有。

【公益捐】公益捐是什么？ =是从转当局、因利局、代当局收取的。

这个是私人的店吗？ =虽然是四人的当铺，但不说是真的当铺。这些物品当之后然后拿去北京缴纳。

这个是当税吗？ =当税是省款，这个是地方款。

【特别捐】特别捐是什么？ =是鸦片店的税。

11月8日

地方款　屠宰厂收入　过割　税契　学田　钱粮借款

应答者　邢霖春（财政科科员）

地　点　县城新民会

【教育基金生息】第三项地方财政收入的第一目“各项县款生息”第一节“教育基金生息164元”是什么呢？ =教育基金有1050元，借这个的话，月利息是1分。

这个是什么时候开始有的呢？ =民国初年开始的，最初是充当县城的小学基金剩下的钱，向城内的商户、民户借的，现在还向不足20户人家借着呢。然后厂基金合起来有20户左右。

每年借的人有变吗？ =变的很少，如果这个让还的话借的人就变了。

这个时候向别人借吗？ =向有相当的保证的人借，通过会计这样的钱闲着的话，就向办公厅的人问是不是有借主。

有关于这个的委员会吗？ =现在没有。

作为现在的利息是1分3厘，很便宜，借的人会很多吧？ =利息虽然少，但是办公厅的人很少借。

下一节的“工厂基金”是什么？ =这300元的基金是属于建设科，以事变前卖掉行宫为代价，开始有了丝布工厂，就是那个剩下的钱。

现在这样的统收统支建设科也是用吗？ =现在不是这样了。

下面第二目的“建设专款”“教育款”等等是怎样的呢？ =这个现在也是统收统支，只是记入沿革而已。

【公产地租】第二目第一节的“行宫地租”是什么？ =北门外有行宫，前清皇帝去西陵的时候休憩的地方。民国十九年、民国二十年的时候标卖了，那里的房子是分开卖的，现在只有土地，大约5公顷的土地要出租。

一亩要拿多少钱呢？ =今年是一亩6元，民国二十九年是2元50钱，民国三十年变成了6元。

民国十九年、民国二十年的时候是多少呢？ =2元。

那5顷之中，是土地不同租额就不同吗？ =有一点不同，但是差额也不过是50钱左右，从今年开始属于劝农场了。

那么今年行宫地租就不加进去了吗？ =从民国三十二年开始就没有了。

正住在那里的农民就要搬出去了吗？ =现在还住在里面，将来是一定会让他们搬迁转移的。

到民国二十九年、民国三十年为止的佃户每年都在变吗？ =没有，全都是以前的署宫的。

第二节的“马号地租”是什么？ =在前清时代因为交通不便，为了提交公事，就必须要利用马。因为是从北京来的，在长安门外、长辛店、良乡有马号，良乡的马号在琉璃河，现在在琉璃河的街上，现在住着商人。

那里的房子是正在里面住着的商人的房子吗？ =从以前开始就不知道房子是谁建造的，但是是在琉璃河的北阁儿外的，关于房子的事情不清楚，恐怕是原来的房子了。

大概有多少亩呢？ =不知道。

借这个的人是直接拿着租赁费来县里面吗？ =这个是琉璃河的女校代收的，然后再送到县里来。

这个不是在马馆地吗？ =不对，是旧驿站。

马馆地是什么？ =这个词语听是听说过，在良乡县也有这个名字，但是我不是很清楚。但是跟马号地是不一样的。

下面一节的“书院地租”是什么？ =是指草秀书院，但是我不知道在哪里，大概在城里面吧。

这个书院是谁在缴纳地租呢？ =这个土地坐落在南开外大十三里和任家当，有30个左右的佃户。

一亩大概多少钱呢？ =钱租500文到1吊。

交到哪里呢？ =属于县公署，但由于事变，地亩册没有了，事变之后就没有征收了。还有杨大龙、张竹坡，由于没有地亩册子也没有征收了。

下面的弘恩寺地租是什么？ =在宝店的庙上，民国二三年的时候由于和尚不守清规，农民为了取回庙产进行争斗，结果其中的一部分就归县了（4 顷）。

这个庙现在还有吗？ =还有，有几顷。

现在佃户是到哪里缴纳呢？ =直接来县里缴，这个租子坐落在七里店、望楚、官庄、八间庙 4 个村。

下面的桑梓地租是什么？ =是城内圣庙附近的土地，最初是庙产，但是由于它的管理是属于县里的，现在由于是人住的地方所以要交租。

下面的石羊学田呢？ =在前清时代叫作武人石羊的兄弟施舍的土地在石羊，这个有接近一顷，为了建造县的书院才施舍的。

这样的地方的佃户是一直都不变吗？ =不变。

亭呢？ =亭要稍微变高一点。

杨大龙地租是什么？ =不知道，虽然是属于学校，后来又变成了县，所以就不知道了。

吴饭铺地租是什么？ =是南开外的公家地，和下面的卢饭铺是一起的，那个沿革就不知道了。张竹坡地租呢？ =不知道。

张凤岐地租呢？ =在东开外的公家地的庆地修建住房。

【屠宰场收入】以上的公产关系结束后，下面屠宰场收入的 2537 元是怎样征收的呢？ =场费（手续费）和检查费合起来一头猪 1 元 20 钱（到今年前期为止都是 1 元 60 钱，由于省下的命令规定了收 1 元 20 钱，羊是 8 毛钱（以前是 1 元），牛 2 元（以前是 2 元 50 钱）。

缴纳了那个之后不去屠宰场，在自己家里面杀可以吗？ =离屠宰场远的话，就在自己家里面杀，现在屠宰场是在良乡和琉璃河。

自己杀和在屠宰场杀有多少不同呢？ =一样的。杀猪的是县里面雇用的，所以费用都不变。

要出屠宰税吗？ =和附加税一起出，猪正税是 1 元，附加 50 钱，羊正税 70 钱附加 35 钱。牛正税 3 元（或者是 4 元）附加是这个的一半，交到征收局。

【过割税契】有过割费，是多少呢？ =一个名字 10 钱。

其他的没有粮柜吗？ =规定了 10 钱，但是也有多拿的。

时间规定了吗？ =阳历的 1 月和 2 月。

税契的时期没有定吗？ =没有定。

现在的税契过割不是由县一起做吗？ =如果想要税契的人在 1 月、2 月还没有的话，就不过割了。这个是习惯上的，在 1 月、2 月以外来的人基本上是没有的。（参阅本辑资料 3，税率及缴纳手续）

【学田】在各村没有学田吗？ =没有。

在顺义上有学田，是跟庙产公会地是一个性质的吗？ =这个是有的。民国初年，庙产纳入公会地。进入民国，老道、和尚没了势力，为了设立学务（教学），农民想要土地，就跟老道、和尚争夺土地。

然后庙产就变成村里面的东西了吗？＝是的，这个是在哪里都是这样的。

有国家或者省里的命令吗？＝没有，但是为了保存古迹，无论是否说了，都相反了。

现在没有了和尚老道了，这样是从什么时候开始的呢？＝现在也有，但也不足以前的1/10，民国开始出家的人就变少了。

现在村里面还有学校吗？＝现在村里面还有学校。有学田的村也有，没有学田的村也有，没有的更多。

公会地是不管哪个村都有吗？＝没有的也有，但是很少。

【钱粮借款】民国以来有多少呢＝民国十八九年的时候，作为军事特捐有做这个事情。（参阅本辑资料6—2—8）

最近没有吗？＝在民国二十七八年的时候有。

民国十九年的军事串票是借款的吗？＝是的，是阎锡山政府的时候。然后在民国二十年以后这样的借款很多。

这个是什么时候还呢？＝这个不还，但是在1月、2月、3月预借开征的时候还的是有的。

那个是什么时候呢？＝民国十六年北伐以后到事变为止，有的年头很多。

每年的预征没有吗？＝那个是有的。

那么军事特捐和钱粮捐款没有关系吗？＝军事特捐是民国开始的，只有一次，那个时候是针对河北省全体的。

对于以上的事情，事变之后的借款是怎样的呢？＝事变前的是省的借款；事变后的不是作为县的收入，而是县长借的。

有卷宗吗？＝没有。

怎样借呢？＝那个是正月、二月借，开征的时候还。

大概借多少呢？＝五六千元。

那个是按亩还是按村呢？＝是按钱粮，应该拿100元的就借50元左右。

我认为这个是村长拿去的，那么吴店村多少要分摊吧？＝是这样的。

这样一来的话，年末不足又不借款就不追加摊款了吗？＝没有。

这个收据是什么？＝是为了修建平大公路而失去土地的农民，而从全村农民那里收集起来的。（参阅本辑资料6—2—9）

这样说来的话有过临时筹集资金的事情吗？＝因为地方款和附加收入很少，就必须要采取特别场合下实施的方法了。

每年都有这样的事情吗？＝不是。

在你的记忆中，多的是什么时候的什么款项呢？＝民国十七年的时候对各村的富户赋课，虽然不知道是什么名义，但有五六十元到五六百元不等。我记得开会的时候就一个劲儿地想有钱人的名字，不让穷人出钱，这个是从县里送到省里的，在良乡这种事情只有一次。

【草差】从以前开始就有草差了，草差是什么呢？ =是前清时候开始有的，从各村派出一个官草，永定河两岸10公里以内的出河差，以外的就出草差。

这个是做什么的呢？ =还是送给省的，最开始是实物，后来就换算成钱，我记事的时候开始就已经是用钱做了。

是做到什么时候为止呢？ =从民国二十二三年取消苛捐杂税时起就没有了。

河差也没有了吗？ =是的。

草差是按地亩的吗？ =不知道，一个村里，多的有五六十吊，少的是10吊以上。

【义仓】义仓在本县是什么时候为止存在呢？ =义仓现在变成女校了，光绪二十六年，因义和团事变，义仓的米被夺走了，之后就没有了。

那以后就没有再收集义仓米吗？ =没有，民国二三年的时候就有了女学校了，民国二十四五年，只有一次转移到了城隍庙，那个时候义仓属于救济院。

救济院是什么？ =作为县的机构做贷款业务。

之前的教育基金也是那样的吗？ =不是，那个是做三五元的小本贷款。

救济院是什么时候开始做的呢？ =民国二十年前后开始的。

义和团以后，没有义仓了，这样也好吗？ =因为民众生活较好，没有义仓也没关系。

义仓是做什么呢？ =为了在歉收年的时候救济民众的饥馑。

这是给农民的好处吗？ =必须给受灾的村庄。

这个事情是县里做吗？ =是县里做，但不知道是哪个房。

【验契】这个是光绪三十年的民地的串票，这上面的有验讫是什么？ =民国四五年的时候验过契，是当时按的。

那个是在哪里做的呢？ =是县公署的一个部。

不是在清查处吗？ =不是，清查处是在民国五年的时候成立的，所以不是那么旧的东西，是在清查处成立之前。

验契的时候要调查什么吗？ =契纸、串票、白契。

契纸和串票没有问题，白契怎么办呢？ =白契也呈验之后成为凭证，大契和小契（30元以下）分开，小契一张1元10钱，大契一张2元20钱。和红契作为同样的东西验单。

根据县的指示，要在白契的旁边贴上验单，那么这里是怎样的呢？ =还是那样。

在当县，在验契之后还要做的情况有吗？ =民国十八九年做，县公署做。

那个时候做怎样的事情呢？ =县公署派人对红契、白契、部照全部进行调查。

这个时候白契要拿钱吗？ =拿是要拿，但忘了拿多少了。

那个时候是给验单还是在契约上盖印呢？ =给你验单之后再盖印。

那之后就没有了吗？ =没有了。

官旗产清理处就没有做的事情吗？ =没有。

最近调查白契然后让补契的事情没有吗？ =有是有，但没有一定的规矩。

最近补契不比税契便宜吗？ =税契是12分6厘，补契是6分6厘。补契是买契税6分，中学费6厘就可以了。

【御道余地】听说御道余地是属于四班催，属于哪个房呢？ =北户房。

这个是属于租余，还是属于前清旗租呢？＝不知道，总之有别的账簿。

这个名字是什么时候没有了的呢？＝旗租处分之后，民国十年以前。

这个不是收据吗？＝是的，大概按照民国五年的收据来做的就是最后的串票。（649页资料的8参阅）

【包屠宰的】有包商的时候有包村的吗？＝有。

那个时候没有村公会包的吗？＝没有，全都是由个人做，包村也是个人的。

在村里面一年杀20头，15头是没税的，村民就捡了便宜，这样的事情没有吗？＝不是只包一个村，是包几个村。

11月8日

花生的　秤上的　花生的包商

应答者　李氏和何氏（花生秤上的）（同时兼杠行）

地　点　县公署

【秤上的】今天是想来问一下关于花生的杂税的事情，怎样称呼你们呢？＝秤上的。

你只负责花生吗？＝现在只是花生，今后听说也要管棉花，但是事情会变成怎样，我就不知道了。

做了大概多少年了？＝从民国二十八年开始做的，在那之前是包税，民国九十年的时候是在包商手下做伙计。

【秤上的报酬】现在秤上的有多少人？＝现在有一个人，后来雇用了一个姓高的伙计，现在就有两个人在做了，这两个人挣的钱是一样的。

挣钱是在哪里拿呢？＝从卖落花生的人那里拿，每一袋10钱。

一袋能装多少呢？＝线口袋是50斤左右，毛口袋大的是70斤左右。

根据重量的不同，给的钱也不一样吧？＝不管重量是多少，是以口袋为单位拿的。

拿的这个钱叫什么名字呢？＝叫秤钱。

这个是卖主给还是买方给呢？＝卖主给。

买主不给吗？＝买主不给，买主买了很多之后再卖的时候，就必须要出了。

对于斗子也是卖主给买主不给吗？＝是一样的，只是卖主出。

以前开始就是这样吗？＝是的。

没有合作社交易场的工钱吗？＝连在税局子都是什么都没有。

税局子是什么？＝是征收局。

【花生牙税的负担】落花生是在买卖的时候交税吗？＝买的时候买方出。

交给谁呢？＝交给征收局，买主每10元交7毛5分，买主是2毛7分5厘的话，双方就变成了4毛5分了，与附加税合起来就是50钱了。

出给合作社多少呢？＝是包含在这50钱之中的，非常少。

前面的附加税是谁出呢？=卖主出3分，买主出2分。

实际上没有这么麻烦的事情是吗？=买主去交给合作社、交易场，卖主就扣除买主应该交的钱。

不做那么麻烦的事情，然后没有谁去包佣吗？=在涿县呀、辛店呀、码头等地做包佣，但是在本城和盐店这个是不允许的。

【秤上的报酬】你是只做这个市吗？=只有这里。

没有市的时候做什么呢？=没有市的时候，因为手里有家具（桌子、凳子）等，所以就拿着这些东西去婚宴或者葬礼等上帮忙。

不耕种土地吗？=不。

今天有多少收入呢？=两个人不足6元。

两个人是怎么分呢？=每人一半，不管多努力也吃不饱饭。

那以什么为职业呢？=也扛口袋（就是扛粮食）。

这个大概要拿多少礼呢？=每一石7钱，今天没有空闲时间扛行。

做一天扛行有多少钱呢？=非常少，扛行有二十四五个人。

【秤上的说和】你是秤落花生，那么价钱是谁来定呢？=自己说和。

但是一般价格都是有交易所公布吧？=公布的价格是最好的价格，买卖的时候就不一定是这个价格。说出怎样的价格的人都有，说和这个。

对说和的人不送礼吗？=不给，只有一口袋的10钱。

斗子也做说和吗？=还是要说和。

那个是要拿多少礼呢？=从卖主那里每一石拿1毛，卖主要出一石7钱的杠行的钱。

粮食是只有二十几户的商户能买，花生也是这样吗？=是的。

花生也是一般人不能买吗？=花生这个就不一定了。

一般的人去征收局缴纳钱吗？=是的。

粮食是绝对不纳税，因为由市来解决所以就总结起来再计算，花生是不一样的吗？=买了马上就出的是小额的花生的情况，和粮食不一样。

【秤上的任命】除了你俩以外，其他人不能去秤吗？=不能。

为什么不能呢？=得到了交易场的毕主任的许可。

规定了秤上的是两个人吗？=是的。

去年也是这样吗？=已经几年这样了。

以前有牙帖，为了被授予特别的许可，有什么是不出钱也可以的呢？=没有。

想要变成其他的人没有吗？=因为我们自己是杠行的说和，所以不能变成其他的。包税制度的年代是边作为伙计称秤，一边做扛口袋，没有包商之后就变成秤行了。

【集市日之外日期的交易】市以外的天数不可以去村里面做买卖吗？=可以，但是在城外我们就不能去了，村的同伙是做偷买偷卖的。

那个不可以吗？=那个知道了要交罚金。

那个时候说只做了这个买卖然后上税可以吗？=直接拿给大编乡，因为花生不是主要的粮食（叫柴火粮食），买卖是可以的，然后税就拿到编乡公所去。

不是集日的日子，可以拿到城里去称吗？＝可以的，自己把飞子交给买主，买主去征收局纳税。

这个是被允许了的吗？＝被允许了的。

上述在村里买卖后到编乡公所上税，也是允许的吗？＝去编乡公所也是由税务局拜托的，或者是可能拿了税作为自己的东西。

什么税都要拜托编乡吗？＝粮食是怎样我不知道，牲畜、花生是这样的。

【包商时代】在包商这一块，只有花生有包商吗？＝只有花生有包商。

在包商手下有多少伙计？＝头目一人、写帖的一人、伙计也就是秤子是两个人。

【秤子的报酬】伙计是从包商那里拿工资吗？＝不拿，只有秤钱。

买卖税是伙计交给包商吗？＝伙计一袋拿16个子儿，然后买主还有按照每10元交20个子儿交给包商。

包商是怎么知道进行了做了多少买卖的呢？＝称的时候，写帖的先生写好条子，合计之后交给包商，根据那个来征收，和现在不一样的是自己不写飞子。

在那个时候落花生的剩余的部分不拿吗？＝不拿。

在粮食方面应该有？＝吃瞎子。

不说流澈吗？＝两石的剩下半斗左右的叫作“吃瞎子”，斗子将这些剩下的拿回去。

这个不是给秤行吗？＝因为全部称，所以这个没有。

斗行的人得吧？＝得。

11月4日

田赋　亩捐　村中摊款　乡村的出夫

应答者　禹桎 赵显章（村民）

地　点　县城新民会

【田赋、亩捐】田赋、亩捐今年纳了吗？＝纳了。

每年应该在什么时候之前纳呢？＝亩捐是在每年春天开始到阳历年末为止，和田赋是完全相同的。

田赋和亩捐是一起缴纳的吗？＝分开的。

田赋纳到哪里呢？＝县公署。

亩捐纳到哪里呢？＝县公署。

纳了田赋，后面再纳亩捐这样可以吗？＝这个是不行的，必须要一起纳。

一般什么时候纳的比较普遍呢？＝有钱人的话在春天纳的也有，一般的人的话现在纳的比较普遍。

赵先生呢？ =大概10天前纳的，10亩亩捐是13元40钱，田赋是4毛6分（花名是赵迎顺）。

禹桎先生呢？ =在9月10日（今天是26日），5亩地7元20钱（亩捐6元75钱，田赋是4毛5分）、（花名是禹禄）、（征收簿上看到的是赵是13元50钱和46钱，禹是6元75钱和34钱5厘）我们不知道自己拿多少。（参阅本辑资料2，民国三十一年北路田赋地粮征收簿）

农民应该纳多少是怎么知道的呢？ =田赋是银一两作为2元30钱。

亩捐不是每年都变的吗？ =有通知单。

通知单是拿到每户手里吗？ =编乡的村的话是一家一户都会送到，比如说南门外的两间房呀，柳子村呀就没有通知单。

今年、去年有通知单吗？ =去年开始有的，亩捐也是去年开始有通知单的，去年亩捐是1元11钱。

通知单上只写的有亩捐吗？ =那个是与田赋合起来写在一张纸上。

有通知单的话，像禹先生那种错误就应该没有了吧？ =不一定，在通知单上写得有"吴店村、郭永亭7亩，2亩4分2"，因为不是单单写了田赋，所以不知道金额是多少。他们是强压的说要多少多少钱。

亩捐是1元35钱是怎么知道的呢？ =亩捐征收以前，县里会通知各个委员，吴店村是贴在庙前的，这样就知道了。纳税到6月份截止，推迟就要被交罚金。

但是大部分的人不是在9月纳税吗？ =那样就要被罚了。

亩捐分为上中下三个等级，吴店村是规定了全部都是上等的吗？ =我不知道怎样规定的，北路全部都是上地，在收据上按过手印了，我们的土地怎么就成了上地，这样的问题也不好问。

【田赋附加】去年没有亩捐的时候有什么呢？ =写了学费、地方警察费合起来3分1厘。我们自己也不知道这个3分1厘是什么，什么的3分1厘，也不是田赋的3分1厘，是田赋附加税。

我想知道以前开始的这个附加的变迁？ =以前花费很少，这个已经持续30年了。

学费和警察费哪一个在先呢？ =学费在先，民国初年的时候有的，写得有一亩2分，但是不知道这个是银子还是洋钱。

警察费和学费相比的话大约晚多久呢？ =从有的时候开始有二十几年了吧，那个从有的时候开始就增加了3分，这个也包含了学费。

【乡亩捐】今年是多少呢？ =1元10钱。

去年呢？ =8毛。

前年呢？ =大概70钱，是纳给黄庄。

大前年呢？ =在宝验村成立以前没有。

没有跟这个类似的东西吗？比如说像区公费？ =对于区的话有保卫团费，这个在村里面的话就是分成多少之后各家过户来负担。

【村中摊款】由于村里的费用而筹集资金的叫什么呢？ =村中摊款。

想要你告诉我村中摊款的变化和小米一斗的价格。

村内的分配（平均每亩）		增加了乡亩捐之后的	小米一斗
民国三十一年			8.30元
民国三十年	3毛左右	1.30毛左右	6.50元
民国二十九年	4毛	1.10毛左右	7.00元
民国二十八年	5毛左右	0.50毛左右	5.50元
民国二十七年	4毛左右		3.80元
民国二十六年	4毛乃至5毛		3.00元
民国二十五年	4毛		1.90元
民国二十年	3毛		1.30元（老斗）
民国十五年	2—3毛		1.00元（老斗）
民国十年	3毛		0.90元（老斗）
民国五年	不明		0.70元（老斗） （洋银1元——230枚） （25枚）
民国元年	没有		七百制钱（老斗）2毛2分 （1元——160枚） （1毛——16枚）
前清光绪	没有		7吊钱1老石 1吊——500个制钱 350制钱1老斗

民国元年以前没有花销吗？ =只有草差，这个是一亩1斤左右都没有。

民国三十年的小花销一亩3毛的时候，村里的全部土地是算的多少亩呢？ =12顷40余亩。

这个是村里面的全部土地吗？ =如果是在本村里圈内的土地的话，就交给本村。

禹国恩持有的土地是在后店村的，那他的土地是拿给谁呢？ =后店村。

皇辛庄的刘才是，是拿的本村的土地他是怎么办的呢？ =拿给本村。

这个是从以前开始就是这样的吗？ =是的。

这个和看青费是不一样的吧？ =耕种者即使不在本村，但是在本村有土地的话，还是要出钱给本村的看青的。

看青费没有包含在小花销里面吧？ =没有包含。

【田赋附加和县摊款】有对县的摊款吗？ =没有，因为是模范乡所以没有。

以前也没有吗？ =没有。

如果这一年特别的花钱的话，不特地的来说让出钱吗？ =不。

由于增设了警备队或者是警察队而特地让出钱的话，没来分配过吗？ =这样的费用是全部包含在乡亩捐中的。

成立区公所之前是怎样的呢？ = 是按地亩摊款的，主要是使用在军装的费用、煤、兵饷上的。

这个是什么时候有的呢？ = 民国十四年开始变成了村正，我成为村正的那个时候，就已经有了，然后持续到事变为止。

大概有多少呢？ = 一个人的兵队是一个月 7 元，衣服是一年两次共 12 元，因为在村里面必须负担一个人的费用，所以差不多一年接近 100 元。

这个跟保卫团费不一样吧？ = 一样的。

跟自治费不一样吗？ = 这个是不一样的，是用于教育跟警务的，一亩 5 分。

这个是从什么时候开始什么时候为止的呢？ = 从近三十年前成立小学校开始在县公署拿。

这个是作为田赋附加而征收的吗？ = 不叫附加费是当作自治费的。

这个跟前面的学费是一样的吗？ = 是一样的。

自治费与田赋附加是不一样的，那什么是附加呢？ = 在县里不叫附加。从现在开始，三十年前以来就有附加了，因为合起来一起交，更方便，然后又可以防止逃税。

附加中包含了什么呢？ = 自治费、学校费、警备费。

一亩多少呢？ = 合起来一亩 5 钱。

这个是每年不变的吗？ = 每年名字变了，然后再出所有的费用。没有附加这个名字每年都变，因为是很久以前的事情，所以记不清楚了。

关于这个前面一个应答者说拿了一两毛，那么价格变过吗？ = 我不知道变没变。

保卫团费没有由县征收过吗？ = 县没有征收过。

保卫团是在区里吗？ = 全部都在区公所（城内城隍庙）。

警款钱是什么？ = 是在城内的商会和摊子上征收，跟我们没关系。

农民在应对这个时候是被怎样征收的呢？ = 不需要。

钱粮加捐是什么？ = 在县里没有这个名字，农民有了自治费这个名字之后也不那样叫，而叫钱粮加捐。因为是跟钱粮一样拿的。

【乡亩捐】除了乡亩捐以外还有别的乡摊款吗？ = 有，比如挖沟挖河等等的费用，由村里负担也是这样叫的。

是去区公所拿吗？ = 不是，如果有花销的话，就是村里的办公人来决定一亩多少了。

这个是村里出的村摊款吧，那么没有因为乡里不足而拿的摊款吗？ = 有，跟村里摊款是一样的。

去年除了一亩 80 钱的乡摊款以外，没有其他乡摊款了吗？ = 没有。

今年一亩 1 元 10 钱够吗？ = 如果不够的话就把来年的加进去，全部都与编乡没关系，是村里的。

从乡里发起的没有来征收亩捐以外的费用了吗？ = 没有，地亩捐也是这边拿去的。

【乡里的出差】除了乡亩捐之外在乡里面就没有让出其他的东西了吗？ = 没有给乡里出的东西，有从县里来的事情。

从县里来的是什么？ = 劈柴和干草。

去年是出了多少劈柴和干草呢？ = 去年劈柴大概有 1000 斤。

这个的价格是多少？=100斤是1元六七十钱。然后1000斤的话就是十六七元了。

给钱吗？=从县里通过编乡给，这个是按100斤1元六七十钱的，今年是出的干草，一亩地6斤，全村大概是18000斤干草。

100斤是多少钱呢？=市价是3元，但是不知道能拿多少钱。

没有其他的东西吗？=没有。

这个是拿到哪里去呢？=拿去丰台。去年的劈柴是给县公署，那之后给警察局。

出工是从乡出的吗？=是从大编乡开始根据村的甲的数来出的。

去年一年出了大概多少人呢？=去年为了修大公路出的，出了100多工，这个是不给钱的。铁路一年只有10个工，这个可以拿到报酬。

今年多的是什么呢？=琉璃河的挖沟500余工，而且还有交通壕（这个由于是从8月10日开始的，所以还没有算）。

其他的呢？=什么都没有了。

乡里面有出车的吗？=一个月一次。

前几天去村里看见了出车流表，使用了那个吗？=那个是在村里面使用的车。

良乡县孟家庄乡吴店大车轮流值派表

1 禹国恩　　5 赵 启

2 余　山　　6 张文仲

3 郭仲生　　7 贾振兴

4 禹　轶

如要出派差无论远近按照此表出差

1 郭仲奎　　5 赵　祥

2 余　山　　6 惠　振

3 郭仲生　　7 余　轶

4 李　榕

村里做什么事情的时候要用车呢？=从县里来了命令，要往有车的大队部正在施工的地方搬运建筑材料。

对于这个要使用这个轮流表吗？=是的。

那么就不是村里面使用了吗？=因为是县政府提供的。

这个是基本是一个月一次吗？=基本是一个月只有一次，危急的时候临时增加。

这样的时候要给雇钱吗？=钱什么的是一点都不拿。

在村里面做吗？=村里也不做，是差事。

对于出工的话，村里面就拿钱，出车的话就不拿钱吗？=不拿。

这样不会不公平吗？=不公平也没有办法，这个是车差，出工的时候自己必须要吃饭所以必须要做。

【村里的出差】让在村里面的各家各户出东西这样的事情没有吗？=没有这样的事，只要不是县公署的命令就不能随心所欲。

没有村里的出工吗？ =也没有。

挖官井的时候是怎样的呢？ =这个也是属于乡的，跟我们村没有关系。

【乡的地亩册】有大编乡是城里面的时候调查之后再做的吗？ =是从村里开始的，成立了大编乡之后还有更加严格地调查。

县里面的粮柜的征收册与乡里的亩册是一样的吗？ =不一样，以前吴店村的地很多，卖给了城内的人，城内的人开始纳钱粮的很多，只有这个不一样。

田赋征收簿是什么时候制作的呢？ =根据老底一年一年地改作。

这个没有被大洪水冲走吗？ =吴店村的没有了，但是有的地方没有被冲走，就把串票收集起来在制作，修改的地方也有。

乡和村的地亩册是一样的吗？ =一样。

乡能反映村的情况吗？ =反映。

在乡的地亩册上其他村的人拿到吴店村的有10个以上的人也出，通知单上是怎样的呢？ =拿到参议的地方去，乡里的当差就拿去分配。

那时候皇辛庄的也拿去吗？ =是的。

那么郭宽是在皇辛庄持有的土地，是在乡公所拿到皇辛庄呢？还是拿到吴店村呢？ =皇辛庄的委员会拿着通知单到郭宽家里去。

这个是村摊款的情况下，比如张振是皇辛庄的人，但是在本村持有7亩土地，这个是把花销出到哪里去呢？ =出给吴店村。

郭宽是在皇辛庄持有的土地的话，这个是出给哪里呢？ =出给皇辛庄。

皇辛庄的人有吴店村土地的时候，狡猾的人会逃税吗？特别是土地在编乡边境的时候，很容易逃税吧？ =没有这样的事。（参阅本辑资料1全村地亩账）

［资料1］**全村地亩账**

民国二十八年阴历六月十五日

吴店屯会立

姓名	郭占春	陈才	刘家周	魏粉房	高殿二	郭永	韩连春	张振	张小二	杨德山	杨连芝	周老太	王才	高老太	刘才
种地亩数（亩）	5	5	10	5	23	9	10	7	9	8	8	5	5	3	2
姓名	赵千	郭永恒	赵瑞	赵显章	禹国太	惠振	赵启	张顺	刘才	刘德山	杨珍	杨文成	杨文生	宋文彬	李永玉
种地亩数（亩）	9	14	7.5	22	30	16	22	30	10	14	8	13.5	13.5	21	31

续表

姓名	郭树	刘儒	杨文海	贾林	郭启	郭永志	郭宽	郭桐	郭全	赵楷	禹桐	禹明	禹甫	裴振明	禹国惠
种地亩数（亩）	13	18	23.5	3	10	41	71	19	7	52	45	5.5	10	61	69

姓名	马文祥	马文俊	郭义	王玉清	刘永祥	徐桂林	李同	李永志	赵凤林	王书田
种地亩数（亩）	5	8	2	10	8.5	20	5	20.5	3	17
姓名	郭生	郭永合	郭永太	郭永琨	郭永才	禹国珍	禹千	禹袿	禹国樑	裴振玉
种地亩数（亩）	5	2	8	2.5	4	2.5	7	20	4	12
姓名	禹良	禹国喜	禹宽	杨文源	张文魁	张文会	张文仲	贺启明	禹国海	郭儒
种地亩数（亩）	7	7	22	14	18.5	15	20.5	17	6	10

【资料2】民国三十一年北路田赋地粮征收簿（第一册中的吴店村的部分）

姓名	禹良	贺庆德起明之子	郭永亨（恒）	郭永亨	郭永成（宽）	惠永贵（惠振）	惠永安（惠振）	惠永贵	惠永贵	禹国太（泰）	禹国太	禹俊（国恩）	杨文德	禹钦（国海）	禹钦
地名															
亩数（亩）	5	4.5	2	7	2	2.5	2	10	5	3	25.17	8	4.76	4.61	1.44
洋钱（元）	0.173	0.157	0.069	0.242	0.38	0.088	0.069	0.345	0.173	0.104	0.87	0.242	0.165	0.16	0.05
姓名	杨珍	杨珍	郭永玉（权）	郭永成（宽）	贾振兴（贾生之子）	田林	禹宽	宋文彬	李永玉	张起祥	贾永桂	赵恒（谦）	刘才	李芳（永治）	汪喜
地名										城内	城内				长羊庄
亩数（亩）	4.18	6	2	20	7	13	8	9.65	10	5	8	5	2	1.05	2
洋钱（元）	0.145	0.207	0.069	0.69	0.242	0.449	0.276	0.334	0.345	0.23	0.368	0.23	0.092	0.483	0.092

姓名	郭永裕	郭永裕	郭永成（宽）	张顺	张顺	田林	惠永安	田林	赵祥云（仲衡）	见理泉	郭永崑	禹国恩	杨文贵	禹国荣
地名						皇辛庄			城内	城内				城内
亩数（亩）	17	24	19	2.5	6	10	8	4	3	22	6	7	5	4
洋钱（元）	0.587	0.828	0.656	0.088	0.207	0.345	0.276	0.138	0.104	0.759	0.207	0.242	0.173	0.138
姓名	裴顺（振明）	裴顺	裴顺	赵喜（启永和之子）	陈铁尘	禹甸逢桐	郭永和顺	杨文海（永宽之子）	郭宽	赵楷	禹棋（国栋）	郭宽	禹国荣	
地名					城内								城内	
亩数（亩）	2	20	12.46	10	16	3	2	5	3.15	10	5	2	9	
洋钱（元）	0.092	0.92	0.514	0.69	0.1104	0.207	0.138	0.23	0.145	0.46	0.23	0.506	0.414	

姓名	禹国森（深）	董治	禹振（国海）（泌）	秦永恩（瑞田）	禹国森（泌）	深柳堂（见理）	禹禄（泉）	禹宽	禹国深	裴振玉	郭如（儒）	赵恒	赵顺章	赵瑞
地名		城内		城内		城内								
亩数（亩）	10	25	10	19	3	3.93	4	4	4	6.82	3	2.19	2.19	2.5
洋钱（元）	0.46	0.863	0.345	0.874	0.104	0.136	0.092	0.092	0.092	0.157	0.069	0.051	0.051	0.058
姓名	郭永太（泰）	郭永太（泰）	郭永春	禹禄（至）	郭永才	刘万树（刘加）	禹禄（至）	刘珍	张文仲	禹国海	裴顺（振明）	赵永和	赵祥云（仲衡）	赵连顺（顺章）
地名						东关		城内					城内	
亩数（亩）	2	5.5	0.5	5	2.48	3	5	9.01	4	0.8	13	3.5	2.7	10
洋钱（元）	0.138	0.253	0.035	0.345	0.172	0.207	0.345	0.208	0.092	0.019	0.598	0.161	0.125	0.46

姓名	赵祥云（仲衡）	禹善芝	李永玉	贾林（振）	贾林（恒）	王成	赵楷	刘才	康钩
地名	城内			北京城内					北京
亩数（亩）	52.5	17.27	15	3	2	5	15	2	1
洋钱（元）	0.1208	0.398	0.345	0.069	0.046	0.115	0.345	0.046	0.023
姓名	公会	宋文斌（文彬）	杨文海	郭永富（裴振明）	郭如（儒）	郭义	吴凤鑫	贺起明	王国安
地名							城内		
亩数（亩）	50	1	3.64	7	5	4.5	32.1	10	1
洋钱（元）	2.3	0.092	0.335	0.644	0.46	0.414	2.954	0.92	0.092

姓名	李身（永志之甥）	李永志（治）	贾振祥（书田）	王和	杨文海	刘富	郭振（永治）	赵权（仲衡）
地名						城内		城内
亩数（亩）	1	1	8	2	5.7	1.3	7.5	15
洋钱（元）	0.023	0.023	0.161	0.253	0.132	0.03	0.173	0.345
姓名	吴凤鑫	刘永祥	王玉山	郭宽	深柳堂（见理泉）	赵德荣	郭永和（张文仲）	郭（仪）
地名						城内		
亩数（亩）	20.65	1	2	4.5	0.5	0.8	1.7	1
洋钱（元）	1.9	0.092	0.164	0.414	0.018	0.019	0.04	0.023

姓名	田林	郭凤林（宽）	马文祥	禹甸和（国太）	禹甸和	禹淇（国栋）	裴顺（振明）	禹国荣	李永贵（李吴氏）	赵祥云（仲衡）	郭贤	王国安
地名	皇辛庄		皇辛庄					城内	城内	城内	长辛庄	
亩数（亩）	10	5	5	6	10	4	3.5	6.5	8	19.25	4.5	3
洋钱（元）	0.92	0.46	0.46	0.276	0.46	0.111	0.097	0.299	0.368	0.808	0.207	0.067
姓名	禹信三（振）（国海）	禹振	陈才（禹国荣）	张顺	郭永才	杨文升（昇）	郭永才	禹国荣	狄荣	秦瑞田	赵权（仲衡）	赵椿
地名			城内					城内	皇辛庄	城内	城内	城内
亩数（亩）	12	12	1.7	2.4	2	11	2	7	6.7	12	11.67	11.67
洋钱（元）	0.552	0.552	0.039	0.055	0.046	0.253	0.046	0.483	0.231	0.276	0.268	0.268

姓名	李海(李吴氏)	李海	禹甸恒(振)	禹甸恒(国海)	赵恒	李永玉	赵祥云(仲衡)	公会	公会	禹国深
地名	城内	城内					城内			
亩数(亩)	0.5	0.5	1.5	1.5	2	1	1	2	2	2
洋钱(元)	0.023	0.012	0.069	0.035	0.046	0.046	0.046	0.092	0.046	0.046

姓名	禹禄	李永玉	李永玉	赵权(仲衡)	赵祥云	禹禄	赵荣	秦瑞田	张云波	高景云
地名				城内	城内			城内	城内	
亩数(亩)	2	2	2	5	5	1	11.67	10.5	20	7
洋钱(元)	0.069	0.092	0.046	0.23	0.115	0.023	0.268	0.364	0.69	0.242

姓名	秦冠西(永思)	秦瑞田	秦冠西	冯国瑞	张汉文	张乃勤	禹教轩(国海)	禹振	禹国森(泌)
地名	城内	城内	城内	城内		城内			
亩数(亩)	6.5	6.5	11	3	2	15	5.56	1	8.7
洋钱(元)	0.226	0.329	0.38	0.069	0.092	0.69	0.128	0.023	0.201

【资料3】**税率及缴纳手续**

Ⅰ. 田赋亩捐税率及缴纳手续

一、本县经征田赋遵照修正河北省各县田赋征收章程，暂依习惯按年份计算，上忙3月1日，启征6月末日截限下忙9月1日启征12月末日截限。

二、本县经征处于开征之先根据征册填就征收田赋收据（即板串）详载户名住址地亩数目坐落每亩正附科则暨银元各数及总额第一联（通知单）于开征前通知纳赋人依限持通知单来署完纳田赋掣给正税及亩捐收据。

三、本县田赋科则每亩记为：一分 一分二 一分五 二分 三分 四分六种；按每两二元三角折合每亩计为；二分三 二分七厘六 三分四厘五 四分六厘 六分九厘 九分二厘。

四、本县亩捐皇准按上、中、下三等征收嗣奉道署令每亩增加。

警备队费五分总计。

上等地 每亩一元三角五分；

中等地 每亩一元九分；

下等地 每亩八角三分；

田赋亩捐收据不收工本费。

五、花户接到纳税通知单后如延不完纳逾所定截限日期两个月者加罚其应纳田赋正税十分之一限呈六个月以上者加罚十分之二务须凛遵勿延。

Ⅱ. 契税税率及纳税手续

一、契税、买典二种。

二、凡民间田房契约无论买典非领用草契纸经监证人盖戳不能有效。

三、凡买典田房者须于契约成立六个月内买卖双方会同来县报税领契。

四、买卖各契应征税率如下：

1. 买契按价征税百分之六附加学费千分之六中用费百分之六。

2. 典契按价征税百分之三附加学费千分之三中用费百分之二。

3. 买典契纸每张收契纸价一元。

4. 买典契按价贴用印花每百元四分百元以上遵增。

五、典契税由承典人缴纳但出典人于赎产时应归还税额半于承典人。

六、先典后卖之买契得以原纳典契税划抵买契税但以承典人与买受人属于一人者为限。

七、过割应与契税同时办理。

八、买典草契成立后如逾限不税或匿价投税者照修正契税条例第八九两条处罚。

Ⅲ. 车捐捐率及车辆登记手续

一、凡本县境内商民人等备有大车轿车自行车人力车不分营业自用均应依照省颁规则申请登记照缴车捐。

二、凡申请登记车辆应向该管乡公所领取申请书照式填注连同车牌工本费交由原乡公所转呈县公署审核登记发给登记证及车牌项车牌工本费每面收洋一元登记证不收费用：

三、车捐分年捐月捐两种由本署依下列捐率征收之，1. 大轿车 单套每辆车年捐三元每加一套增加一元，月捐三角每加一套增捐一角。

2. 自行车 每辆车年捐二元五角月捐二角五分。

3. 人力车 每辆年捐二元月捐二角。

四、凡纳捐车辆即由本署发给捐照每张收工本费一角。

五、各种车辆一经登记即应照缴车捐年纳捐抑或按月纳捐听人民自便期限现定如下：

1. 年捐 上年十二月一日开始至月终为限。

2. 月捐 上月二十日开始至月终为限。

【资料4】吴店村田赋清查表

旧粮名	更正粮名	现在村庄	地亩（亩）	坐落处所	四至	有无契据	成立年月	已未投税	粮租银数（元）	名目（地粮）	科则（分）	附 记
张起祥	张起祥	本城	5	吴店	道郭禹李	有	16.4	已	0.23	″	2	
张乃勤	张乃勤	″	15	″ ″	禹″裴道	″	3.12	″	0.69	″	2	
郭永亨	郭永亨	吴店	7	村东	谢杨赵″	″		″	0.242	″	1.5	
禹甸逢	禹甸逢	″	3	村南	道禹陈″	″		″	0.207	″	3	
贾永贵	贾永贵	″	8	″ ″	″刘李赵	″		″	0.368	″	2	
秦瑞田	秦瑞田	″	12	″东	″郭郭道	″	29.1.19	″	0.276	″	1	
秦永恩	秦永恩	″	19	″西	高道阎″	″	26.1.19	″	0.174	″	2	
同	公有堂	″	50	″北	郭″道″	″		″	2.303	″	2	
同	同	″	2	″南	″ ″ ″ ″	″		″	0.046	″	1	
同	同	″	2	″东	秦郭″郭	″		″	0.092	″	2	
王和	王和	″	11	″西	道赵″赵	″		″	0.053	″	1	
赵恒	赵永和	″	2.19	″东	禹道狄贺	″	29.5	″	0.054	″	1	
赵瑞	同	″	2.5	″ ″	″ ″ ″ ″	″	29.5	″	0.058	″	1	
赵顺章	同	″	21.9	″ ″	″ ″ ″ ″	″	29.5	″	0.051	″	1	
张顺	同	″	2.4	″北	郭惠赵惠	″		″	0.055	″	1	契外押
同	同	″	6	″ ″	″ ″ ″ ″	″		″	0.207	″	1.5	″
同	同	″	2.5	″东	禹禹道禹	″		″	0.088	″	1.5	″
禹国太	同	″	3	″ ″	″ ″裴 ″	″	15.10	″	0.104	″	1.5	
禹国秦	同	″	28	″ ″	谢杨赵薄	″	15.10	″	0.966	″	1.5	此地原系 28 亩被公路占用 3 亩

续表

旧粮名	更正粮名	现在村庄	地亩（亩）	坐落处所	四至	有无契据	成立年月	已未投税	粮租银数（元）	名目（地粮）	科则（分）	附 记
赵永和	同	〃	3.5	〃北	陈马陈道	〃	6.11	〃	0.161	〃	2	契外押
赵恒	赵顺章	〃	2	〃东	李道宋〃	〃		〃	0.046	〃	1	〃
赵连顺	同	〃	10	〃西	道王道刘	〃		〃	0.46	〃	2	
惠永安	惠振	〃	2	〃北	张裴白张	〃	15.10	〃	0.069	〃	1.5	
惠永贵	同	〃	5	〃〃	白郭道道	〃	15.10	〃	0.173	〃	1.5	
同	同	〃	10	〃西	道〃王〃	〃	15.10	〃	0.345	〃	1.5	
同	同	〃	8	〃北	〃〃郭于	〃	15.2	〃	0.276	〃	1.5	
同	同	〃	2.5	〃〃	郭张白道	〃	15.10	〃	0.088	〃	1.5	
李芳	同	〃	10.5	〃南	道刘赵秦	〃	16.5	〃	0.483	〃	2	
李永志	同	〃	1	〃中	〃道李王	〃	19.9	〃	0.023	〃	1	
禹国荣	同	〃	7	本村	〃秦禹禹	〃	27.1.14	〃	0.483	〃	3	
同	同	〃	6.5	村北	裴郭道裴	〃	23.8.13	〃	0.299	〃	2	
同	同	〃	4	〃东	张禹禹禹	〃	23.1.19	〃	0.138	〃	1.5	
同	同	〃	9	〃〃	〃道〃〃	〃	22.1.17	〃	0.414	〃	2	
禹国荣	惠振	〃	4.5	〃东南	谢李郭道	有	29.6	〃	0.207	〃	2	
同	同	〃	12	〃东	〃谢道谢	〃	29.6	〃	5.22	〃	2	
郭贤	同	〃	4.5	〃南	道禹吴吴	〃	22.11	〃	0.707	〃	2	
禹良	同	〃	5	〃〃	禹秦禹道	〃	15.10	〃	0.173	〃	1.5	
郭儒	同	〃	1	〃中	道张〃禹	〃	25.6	〃	0.023	〃	1	
同	同	〃	3	〃南	贾赵道赵	〃		〃	0.138	〃	2	契外押
郭如	同	〃	5	〃东	道道宋道	〃		〃	0.46	〃	4	

续表

旧粮名	更正粮名	现在村庄	地亩（亩）	坐落处所	四至	有无契据	成立年月	已未投税	粮租银数（元）	名目（地粮）	科则（分）	附记
郭永富	裴振玉	〃	7	〃东南	吴张张贾	〃	10. 4. 23	〃	0. 644	〃	4	此地由民国十年卖与裴振玉已税契未提名
裴振玉	裴儒	〃	6. 82	〃西	道〃贾赵	〃	19. 7. 6	〃	0. 157	〃	1	
裴顺	同	〃	12. 46	〃北	〃周道周	〃	光绪二三年．七月	〃	0. 574	〃	2	
同	裴振明	〃	13	〃〃	满郭郭郭	〃	16. 6. 17	〃	0. 598	〃	2	
同	同	〃	20	〃〃	于道张道	〃	16. 6. 17	〃	0. 92	〃	2	
同	同	〃	2	〃南	李〃李贺	〃	16. 6. 17	〃	0. 092	〃	2	
同	同	〃	3. 5	〃西	裴禹道禹	〃	宣统元年二月八日	〃	0. 092	〃	1. 2	
杨文意	同	〃	4. 76	〃北	道道郭〃	〃		〃	0. 133	〃	1. 5	外押
禹国恩	同	〃	7	〃南	赵〃陈秦	〃	29. 6	〃	0. 242	〃	1. 5	
禹俊	同	〃	7	〃〃	郭〃禹〃	〃	15. 11	〃	0. 242	〃	1. 5	
禹宽	同	〃	8	〃〃	禹〃〃〃	〃	15. 11	〃	0. 276	〃	1. 5	
同	同	〃	4	〃西	道禹道赵	〃	19. 7	〃	0. 092	〃	1	
禹钦	同	〃	5	〃北	郭杨〃杨	〃	15. 11	〃	0. 16	〃	1. 5	此地被公路占 3 分 9 厘
禹国深	同	〃	3	〃东	禹道赵张	〃	19. 7	〃	0. 069	〃	1	
禹信三	同	〃	24	〃〃	杨〃阎道	〃	4. 9	〃	1. 14	〃	2	
禹钦	禹镇	〃	10	〃南	赵秦禹〃	〃	15. 11	〃	0. 345	〃	1. 5	
禹敬轩	同	〃	12	〃东	禹道赵张	〃	18. 10	〃	0. 276	〃	1	
禹甸恒	禹国深	〃	3	〃〃	〃〃〃〃	〃	18. 10	〃	0. 069	〃	1	

续表

旧粮名	更正粮名	现在村庄	地亩（亩）	坐落处所	四至	有无契据	成立年月	已未投税	粮租银数（元）	名目（地粮）	科则（分）	附　记
禹国海	同	〃	8	〃中	禹道郭〃	〃	21.12	〃	0.0184	〃	1	
禹国深	同	〃	3	〃东	禹道张〃	〃	18.10	〃	0.104	〃	1.5	
同	同	〃	4	〃〃	〃〃赵〃	〃	19.7	〃	0.092	〃	1	
同	同	〃	10	〃北	道禹冯阎	〃	20.11	〃	0.46	〃	2	
郭永太	同	〃	2	〃南	〃道道郭	〃		〃	0.138	〃	3	
同	同	〃	5.5	〃〃	〃秦赵张	〃		〃	0.253	〃	2	
郭宽	同	〃	3.15	〃〃	谢道吴道	〃	18.8.25	〃	0.145	〃	1.5	
郭永成	郭宽	〃	20	〃西	李〃惠王	〃	15.9.4	〃	0.69	〃	1.3	
郭宽	同	〃	11	〃〃	郭秦道李	〃	14.4.20	〃	0.506	〃	2	
郭宽	郭宽	〃	4.5	村北	裴道公郭	〃	9.3.31	〃	0.414	〃	4	
郭永成	同	〃	19	〃〃	白裴〃惠	〃	17.5.12	〃	0.656	〃	1.5	
郭永春	同	〃	5	〃中	裴道康康	〃		〃	0.0345	〃	3	
禹荃	同	〃	5	〃北	道〃于禹	〃	19.11	〃	0.345	〃	1	
同	同	〃	5	〃〃	〃〃〃〃	〃	19.12	〃	0.345	〃	1	
郭振	郭永志	〃	7.5	〃东北	郭杨谢杨	〃	19.9	〃	0.173	〃	1	
禹荃	同	〃	3	〃南	道赵赵道	〃	18.10	〃	0.069	〃	1	
同	同	〃	1	〃中	〃禹禹禹	〃	24.11	〃	0.023	〃	1	
同	同	〃	4	〃〃	〃道道道	〃		〃	0.092	〃	1	契外押
刘万树	郭桐	〃	3	〃〃	贾李李张	白契	29.7.14	未	0.207	〃	3	此地由民国二十九年七月十日卖与本村郭桐有白契未税共245元

续表

旧粮名	更正粮名	现在村庄	地亩（亩）	坐落处所	四至	有无契据	成立年月	已未投税	粮租银数（元）	名目（地粮）	科则（分）	附记
禹棋	禹国栋	〃	4	〃东	裴裴道道	有	4.2	已	0.111	〃	1.2	
赵德荣	同	〃	8	〃中	康道宋康	〃	28.10	〃	0.019	〃	1	
郭永裕	同	〃	24	〃南	秦赵道禹	〃		〃	0.83	〃	1.5	
同	同	〃	17	〃北	张裴张道	〃		〃	0.59	〃	1.5	契外押
同	同	〃	2	〃中	道〃赵杨	〃		〃	0.069	〃	1.5	
梁文彬	同	〃	1	〃〃	康道郭道	〃		〃	0.092	〃	4	契外押
同	同	〃	9.65	〃东	赵〃〃〃	〃		〃	0.334	〃	1.5	〃
杨珍	同	〃	4.18	〃北	禹刘裴杨	〃		〃	0.145	〃	1.5	〃
同	同	〃	6	〃〃	〃〃〃〃	〃	15.12	〃	0.207	〃	1.5	
杨文海	同	〃	5.7	〃西	杨杨高道	〃		〃	0.132	〃	1	契外押
同	杨文昇	〃	3.64	〃东	道禹道裴	〃		〃	0.335	〃	4	〃
杨文昇	同	〃	11	〃〃	禹道禹道	〃		〃	0.253	〃	1	〃
李永玉	同	〃	5	〃西	王郭道贾	〃	19.7	〃	0.115	〃	1	
同	同	〃	2	〃中	郭〃徐张	〃	18.10	〃	0.092	〃	2	
同	同	〃	10	〃西	贾道郭惠	〃	17.3	〃	0.345	〃	1.5	
同	同	〃	2	〃〃	王郭道贾	〃	19.7	〃	0.046	〃	1	
同	同	〃	1	〃中	道〃李裴	〃	19.3	〃	0.046	〃	2	
同	同	〃	15	〃西	赵道裴裴	〃	19.7	〃	0.345	〃	1	
贾林	同	〃	2	〃中	道郭郭张	〃		〃	0.046	〃	1	契外押
同	同	〃	3	〃西	〃道李惠	〃		〃	0.069	〃	1	〃

共有地7顷7亩2分4厘　未税白字地3亩　无契无粮地15亩　郭义3亩、李江7亩、贾永贵5亩

【资料5】良乡县三十一年度地方岁出入概算书

（一）河北省良乡县三十一年度地方岁出入概算书　岁入经当门

单位：元

科目		本年度概算数	上年度预算数	比较		摘要
				增	减	
第一款	良乡县地方经常岁入	420586	22341	235489	35090	
第一项	省税附加	22341	22341			
第一目	契税附加	5213	5213			
第一节	买契中用教育费	2780	2780			查契税比额全年11469元买契按2分加教育费典契按1分附加
第二节	典契中用教育费	695	695			教育费合计如上数同
第三节	买契中用教育费	1390	1390			查契税比额11469元买契按1分附加自治费典契按5厘附加自治费合计如上数
第四节	典契中用自治费	348	348			同
第二目	牙杂税附加	17128	17128			
第一节	牲畜税附加	11809	11809			查牲畜税全年比额3617元以5成附加地方款全年如上数
第二节	屠宰税附加	2564	2564			查屠宰税比额全年5129元以5成地方款全年如上数
第三节	牙税附加	12755	12755			查牙税全年比额25510元以5成附加地方款全年如上数
第二项	地方捐	391875	161431	232064	1620	
第一目	商亩捐	388155	156811	231344		
第一节	商捐	48877	17817	31060		查商捐奉令按3等9级列入计上甲5户年纳14470元上乙4户年纳700元上丙28户年纳13076元中甲21户年纳4011元中乙38户年纳3853元中丙125户年纳4787元下甲38户年纳972元下乙69户年纳676元下丙10户年纳55元约计如上数

续表

科目		本年度概算数	上年度预算数	比较		摘要
				增	减	
第一节	商捐	48877	17817	31060		查亩捐奉令按上中下3则第列收计上册第每亩额征1元3角计地230550亩中则地每亩1元4角计地57250亩下则地每亩78钱计地61200亩内除提占及警备公路等地实际征起约在8成以上不符之数由清查黑荒升科
第二目	特产捐	1200	2800		1600	地亩收入增加共计如上数
第一节	公路捐	1200	2800		1600	汽车打车自行车等边境月入100元全年如上数
第三目	各项杂捐	2520	1820	720	20	
第一节	公益捐	无	20		20	
第二节	特别捐	2520	1800	720		查本县管店设灯14盏每盏月捐15元全年如上数
第三项	地方财产收入	2560	1898	662		
第一目	各项县款生息	211	211			
第一节	教育基金生息	164	164			查教育仅仅原本1050元每100元月息1分3厘核计如上数
第二节	工厂基全生息	47	47			查工厂基金原本300元每100元月息分3厘全一年如上数
第二目	各项公产租金	2349	1678	662		
第一节	行宫地租	1754	1029	662		查该地系建设款
第二节	马号地租	307	307			查该地系教育款
第三节	书院地租	29	29			同
第四节	弘恩寺地租	178	178			同
第五节	桑梓地租	8	8			同
第六节	石羊学田地租	14	14			同
第七节	杨大龙地租	1	1			同
第八节	吴饭铺地租	6	6			同
第九节	卢饭铺地租	36	36			同

续表

科目		本年度概算数	上年度预算数	比较		摘要
				增	减	
第十节	张竹坡地租	4	4			同
第十一节	张凤坡地租	12	12			同
第四项	地方事业收入	2537		2537		
第一目	屠宰场收入	2537		2537		
第一节	屠宰收入	2537		2537		查屠宰场费全年收入为3625元以7成捐列其不足开支之数由地方款项下补助理合声明
第五项	地方行政收入	390	164	226		
第一目	过割费	30	30			
第一节	过割费	30	30			
第二目	警罚金提成	360	134	226		
第一节	警罚金提成	360	134	226		
第六项	辅助款收入	883	34353		33470	
第一目	省库拨补各款	无	19627		19627	
第一节	行政经费		12984		12984	奉令暂不列入
第二节	司法经费		4243		4243	同
第三节	省发临时津贴		2400		2400	同
第二目	省税留拨各款	无	13707		13703	
第一节	牲畜税留拨		1447		1447	奉令暂不列入
第二节	屠宰税留拨		2052		2052	同
第三节	牙税留拨		10204		10204	同
第三目	其他补助各款	880	1023		140	
第一节	赋税征解费提支	880	1020		140	税契中用区自治费3%正解费合计如上数
第二节	婚书提支	3	3			婚书提支办公费全年如上数

③河北省燕京道良乡县三十一年度地方岁出概算书岁出经当门

单位：元

科目		本年度概算数	上年度预算数	比较		摘要
				增	减	
第一款	良乡县地方经常岁出	283341	137827	147938	2424	
第一项	行政费	72492	31248	41268	24	
第一目	县公署经费	51360	27168	24192		
第一节	俸给费	30960	16968	13992		知事月支220元秘书140元通译100打字员月支50元秘书室科员2名月各支80元办事员3名月各支50元书记3名月各支35元财政科长1员月支110元科员1名月支50元书记2名月支35元县款股科员2名月各支80元办事员2名月各支50元书记2名月各支35元教育科长1员月支110元科员1名月支80元督学1名月支70元办事员2名教委2名月各支50元书记2名月各支35元建设科长1员月支110元科员1名月支80元办事员技术员各1名月支50元书记1名月支35元公役8名月各支20元月计共支2580元全年如上数
第二节	办公费	10080	6720	3360		额定省款月支160元县款月支120元共计280元模范县按增加10成排列计560元奉令支增加5成280元合计月支840元全年如上
第三节	设备费	960	960			省县款月各支40元计80元全年如上数
第四节	特别费	3780	2520	1260		额定260元奉令支增加5成105元计共月支315元全年如上数

续表

科目		本年度概算数	上年度预算数	比较		摘要
				增	减	
第五节	模范地区人事费	5580		5580		省规定模范县三等县按二等县排列增加人事费月计465元全年如上数
第二目	民生科经费	10500		10500		
第一节	俸给费	7560		7560		奉令增设民政科照提高薪额标准计科长1员月支110元主任科员2名月各支80元办事员4名月各支50元书记4名月各支35元公役1名月支20元计月共630元全年如上数
第二节	办公费	1200		1200		文具邮电消耗灯火薪炭等月支100元全年如上数
第三节	设备费	480		480		购置营等费月支40元全年如上数
第四节	特别费	1260		1260		公旅费及训练奖励月支150元全年如上数
第三目	自治指导员经费	3360	1680	1680		
第一节	俸给费	1920	960	960		奉令提高待遇计指导员2名月各支80元共计160元全年如上数
第二节	办公费	480	240	240		奉令月各支办公费20元计共40元全年如上数
第三节	旅膳费	960	480	480		奉令月支旅膳费40元计共80元全年如上数
第四目	情报室经费	2400	1680	744	24	
第一节	俸给费	912	936		24	情报室各项工作职员补助月支76元全年如上数
第二节	办公费	1488	744	744		文具邮电消耗购置等费月支124元全年如上数
第五目	搜集费	2400	720	1680		
第一节	搜集费	2400	720	1680		遵令关于采访莞集情报宣传工作等费月支200元全年如上数

续表

科目		本年度概算数	上年度预算数	比较		摘要
				增	减	
第六目	行政警经费	2472		2472		
第一节	工饷	2472		2472		一等警长1名月支25元一等警1名警1名月支21元二三等警士8名月各支20元计月支206元全年如上数
第二项	司法费	10080	4243	5837		
第一目	兼理司法费	10080	4243	5837		
第一节	俸给费	5640	2479	3161		承审员1员月支110元管狱员1员月支70元书记员1员月支45元记事1名月支30元检验吏1名月支30元男女看守及所丁6名月支25元者1名月支20元5名承发吏2名月支20元公役1名月各支20元月计470元共如上数
第二节	口粮	3240	1620	1620		省令每日额定30名每名日支3角月计共支270元全年如上数
第三节	办公费	1200	144	1056		奉令月支文具消耗购置营灯火煤炭费等100元全年如上数
第三项	治安费	130596	72768	57828		
第一目	警察所及分所经费	44328	33960	10369		
第一节	警察所经费	22404	18312	4091		
	薪饷费	20412	16992	3420		所长月支120元督察100元所员1名月支70元系长4名月各支90元书记4名月各支30元一等警长3名月各支25元一等警16名月各支21元二三等警24名月各支20元工役2名月各支20元计月共支1701元全年如上数
	办公费	1992	1320	672		每月支文具邮电消耗购置等费150元煤费16元全年如上数

续表

科目		本年度概算数	上年度预算数	比较		摘要
				增	减	
第二节	第一分所经费	5016	3984	1032		
	薪饷费	4464	3744	720		分所长月支90元书记1名月支30元一等警长2名月各支25元一等警2名月各支21元二三等警7名月各支20元公役1名月支20元计共月支372元全年如上数
	办公费	552	240	312		月支文具消耗费等40元煤费6元全年如上数
第三节	第二分所经费	4836	3888	948		
	薪饷费	4404	3708	696		分所长月支90元书记1名月支30元一等警长1名月支25元一等警3名月各支21元二三等警8名月各支20元公役1名月支20元计月共支367元全年如上数
	办公费	432	180	252		月支文具消耗费等30元煤费6元全年如上数
第四节	第三分所经费	4836	3888	948		
	薪饷费	4404	3708	696		分所长月支90元书记1名月支30元一等警长1名月支25元一等警3名月各支21元二三等警8名月各支20元公役1名月支20元计月共支367元全年如上数
	办公费	432	180	252		月支文具消耗费等30元煤费6元全年如上数
第五节	第四分所经费	4836	3888	948		
	薪饷费	4404	3708	696		分所长月支90元书记月支30元一等警长1名月支25元一等警2名月各支21元二三等警8名月各支26元公役1名月支20元计月共支367元全年如上数
	办公费	432	180	252		月支文具消耗等费95元全年如上数

续表

科 目		本年度概算数	上年度预算数	比较		摘 要
				增	减	
第六节	消防费	2400		2400		本县对于消防设备面急须从事扩充以重公安所需6名薪饷1440元购置消防器具用费960元共计如上数
第二目	警备队经费	78588	33708	44880		
第一节	大队部经费	13236	5448	7788		
	薪饷费	10716	4248	6468		副大队长月支120元事务员2名月各支50元文版员1名月支45元医务员1名月支50元上士2员月支28元一等警兵7名月各支24元二等警兵12名月各支22元三等警兵1名月支20元计月共支893元全年如上数
	办公费	1140	1020	120		月支文具消耗煤炭等费95元全年如上数
	特别费	1200		1200		知事兼大队长奉令月支特别费100全年如上数
	马乾	180	180			马3匹月支津贴15元全年如上数
第二节	第一中队经费	3552		3552		
	薪饷费	3012		3012		中队长月支80元司务长月支45元上士1员月支34元一等警3名月各支24元三等警员1名月支20元计共月支251元如上数
	办公费	540		540		文具消耗煤炭等费月支45元全年如上数
第三节	第一小队经费	9708	9420	288		
	薪饷费	9048	8760	288		小队长月支60元中士2名月各支30元下士2名月各支28元号兵1名一等兵3名月各支24元二等兵21名月各支22元三等兵1名月支20元计月共支754元全年如上数

续表

科　目		本年度概算数	上年度预算数	比　较		摘　要
				增	减	
	办公费	660	660			文具消耗煤炭等费月支55元全年如上数
第四节	第二小队经费	9728	9420	288		
	薪饷费	9048	8760	288		小队长月支60元中士2名月各支30元下士2名月各支28元号兵1名一等兵3名月各支24元二等兵21名月各支20元计月共支754元全年如上数
	办公费	660	660			文具消耗煤炭等费月支55元全年如上数
第五节	第三小队经费	9708	9420	288		
	薪饷费	9048	8760	288		小队长月支60元中士2名月各支30元下士2名月各支28元号兵1名一等兵3名月各支24元二等兵21名月各支22元三等兵1名月支20元计月共支754元全年如上数
	办公费	660	660			文具消耗煤炭等费月支55元全年如上数
第六节	第二中队经费	3552		3552		
	薪饷费	3012		3012		中队长月支80元司务长月支45元上士1名月氏34元号兵3名月各支24元三等兵1名月支20元计月共支251元全年如上数
	办公费	540		540		文具消耗煤炭等费月支45元全年如上数
第七节	第四小队经费	9708		9708		
	薪饷费	9048		9048		小队长月支60元中士2名月各支30元下士2名月各支28元号兵1名一等兵3名月各支24元二等兵21名月各支22元三等兵1名月支20元计月共支754元全年如上数

续表

科目		本年度概算数	上年度预算数	比较		摘要
				增	减	
	办公费	660		660		文具消耗煤炭等费月支55元全年如上数
第八节	第五小队经费	9708		9708		
	薪饷费	9048		9048		小队长月支60元中士2名月各支30元下士2名月各支28元号兵1名一等兵3名月各支24元二等兵21名月各支22元三等兵1名月支20元计共约支754元全年如上数
	办公费	660		660		文具消耗煤炭等费月支55元全年如上数
第九节	第六小队经费	9708		9708		
	薪饷费	9048		9048		小队长月支60元中士2名月各支30元下士2名月各支28元号兵1名一等兵3名月各支24元二等兵21名月各支22元三等兵1名月支20元计共约支754元全年如上数
	办公费	660		660		文具消耗煤炭等费月支55元全年如上数
第三目	汽车费	7680	5100	2580		查汽车修理费本年度由临时门移归经常费项下理合声明
第一节	工资	1680	300	1380		汽车夫1名月支80元助手及擦车夫各1名月各支30元计月共支140元全年如上数
第二节	汽油费	4800	4800			奉令额定月支400元全年如上数
第三节	修理费	1200		1200		奉令每月额支100元全年如上数
第四项	财务费	14500	4152	6048		
第一目	经征处经费	9600	3600	6000		
第一节	俸给费	7440	2232	5208		田赋股事务员1名月支50元书记4名月各支35元税务股事务员1名月支50元书记征收员4名月各支25元捐务股事务员1名月支50元书记征收员4名月各支35元协征员公役2名月各支25元计共月支620元全年如上数

续表

科目		本年度概算数	上年度预算数	比较		摘要
				增	减	
第二节	办公费	2160	1368	792		文具消耗设备房租等费3股月支180元全年如上数
第二目	地方款产监理委员会经费	600	552	48		
第一节	车马费	480	432			委员7员事务员2名内3员月支车马费各10元事务员2员支补助费10元月计40元全年如上数
第二节	办公费	120	120			文具消耗等费月支10元全年如上数
第五项	教育费	39330	17028	22442	120	
第一目	道区联立职业学校经费	1958		1958		
第一节	经常费	1958		1958		燕京道区5县联立职业学校月支经常费洋163元2角全年如上数
第二目	县城男小经费	8424	7824	624	24	
第一节	俸给费	7368	6744	624		校长月支70元教员10员月支54元者1员50元者2员40元者4员38元者3员助教1名月支24元书记1名月支32元工役3名月各支20元计月共支614元全年如上数
第二节	办公费	1056	1080		24	共11班月支公杂等费88元全年如上数
第三目	县城女小经费	5736		5736		
第一节	俸给费	5160		5160		校长月支60元教员7名月支50元者3名月支40元者3名月支34元者1名月支26元工役2名月支20元计月共支430元全年如上数
第二节	办公费	576		576		共6班月支公杂等费48元全年如上数
第四目	琉璃河男小经费	4776	4284	588	96	

续表

科目		本年度概算数	上年度预算数	比较		摘要
				增	减	
第一节	俸给费	4272	3684	588		校长月支60元教员6名月支50元者1名40元者1名38元者1名34元者3名书记1名月支26元工役2名月各支20元计月共支350元全年如上数
第二节	办公费	480	576		96	共5班月支公杂费40元全年如上数
第三节	房租	24	24			月支房租2元全年如上数
第五目	琉璃河女校经费	3408	120	3288		
第一节	俸给费	3000		3000		校长月支70元教员3名月支50元者1名34元者1名28元者1名书记1名月支28元公役2名月各支20元计月共支250元全年如上数
第二节	办公费	288		288		共3班月支公杂费24元全年如上数
第三节	房租	120	120			房租月支10元全年如上数
第六目	中心小学经费	5616	4680	936		
第一节	俸给费	4320	3384	936		校长月支70元教员5员月各支50元公役2名月各支20元计月共支360元全年如上数
第二节	办公费	456	456			办公费月支38元全年如上数
第三节	设备费	480	480			设备费月支40元全年如上数
第四节	房租	360	360			房租月支30元全年如上数
第七目	卖店小学经费	3624	120	3504		
第一节	俸给费	3240	120	3120		校长月支60元教员5名月各支34元公役2名月各支20元计月共支270元全年如上数
第二节	办公费	384		384		共4班月支公杂费32元全年如上数
第八目	新民教育馆经费	2400		2400		

续表

科　目		本年度概算数	上年度预算数	比　较		摘　要
				增	减	
第一节	俸给费	960		960		馆员1名月支35元练习生1名月支25元工役1名月支20元计月共支80元全年如上数
第二节	办公费	240		240		月支公杂等费20元全年如上数
第三节	购买图书器具费	1200		1200		购置图书器具等费全年如上数
第九目	幼稚园	1248		1248		
第一节	俸给费	1008		1008		教员1员月支40元助教1名月支24元公役1名月支20元计共约支84元
第二节	办公费	240		240		月支公杂费20元全年如上数
第十目	督学教委视察费	2160		2160		
第一节	办公费	720		720		督学1名教育委员2名月各支20元计月共支60元全年如上数
第二节	旅膳费	1440		1440		督学1名教育委员2名月各支40元计月共支120元全年如上数
第六项	建设费	7360	3528	5032	1200	
第一目	电话所经费	2700	876	1824		
第一节	俸给费	2580	876	1704		管理员1名月支50元工匠3名月支45元者1名2名电话生2名月各支30元计月共支215元全年如上数
第二节	办公费	120		120		月支公杂费10元全年如上数
第二目	农场经费	3500	2652	2048	1200	
第一节	俸给费	3240	1212	2028		场长月支70元技术员1名月支50元事务员1名月支40元书记1名月支30元工头2名月支30元工役1名支20元计月支270元全年如上数
第二节	办公费	260	240	20		公杂等费全年如上数
第三节	设备费	无	1200		1200	
第三目	田圃经费	460		460		

续表

科目		本年度概算数	上年度预算数	比较		摘要
				增	减	
第一节	工资	360		360		苗圃设工头1名月支30元全年如上数
第二节	购置费	100		100		购置用具籽种等费全年如上数
第四目	物产展览会费	700		700		
第一节	县物产展览会费	400		400		奉令额定年支如上数
第二节	道物产展览会费	300		300		奉令额定年支如上数
第七项	民政费	3243		3243		
第一目	农事指导员经费	1680		1680		
第一节	俸给费	960		960		奉令月支薪俸80元全年如上数
第二节	办公费	240		240		奉令月支办公费20元全年如上数
第三节	旅膳费	480		480		奉令月支旅膳费40元全年如上数
第二目	会场管理费	1563		1563		
第一节	修葺费	1093		1093		修葺旧址需砖料260元木料200元人工305元洋灰青白灰198元刀铁业铁锁等件130元共计如上数
第二节	工资	360		360		设保管员1名月支30元全年如上数
第三节	杂支	110		110		斗夫收量费30元两季晒晾费80元共计如上数
第三目	习艺所	无				提专案是请追加概算
第一节	俸给费	无				
第二节	办公费	无				
第八项	卫生费	10020	3780	6240		
第一目	县屠宰场	2796		2796		查屠宰场上年专案保管本年奉令列入概算按收入7成列支理合声明
第一节	俸给费	2040		2040		场长月支车马费30元管理员1名月支45元检验员1名月支50元屠夫1名月支25元工役1名月支20元计月支170元全年如上数

续表

科目		本年度概算数	上年度预算数	比较		摘要
				增	减	
第二节	办公费	576		576		文具杂支医药等费月支48元全年如上数
第三节	设备费	180		180		月支设备费15元全年如上数
第二目	防疫注射费	2760		2760		
第一节	注射费	960		960		关于防疫注射县城及各镇乡村共计如上数
第二节	种痘费	1000		1000		县城各镇乡村等种痘费共计如上数
第三节	旅费	800		800		临时注射公旅膳等共计如上数
第三目	清洁费	1344	720	624		
第一节	工资	1104	480	624		清道夫4名月支23元共92元全年如上数
第二节	杂支	240	240			购置土车土箱扫帚等用品全年共计如上数
第四目	县医院经费	3120	3060	60		
第一节	俸给费	360	300	60		官1名月支车马费30元全年如上数
第二节	医药费	2400	2400			购买各种药品月支200元全年如上数
第三节	设备费	360	360			购置器具及诊治用品月支30元全年如上数
附记						
第二项	寄押犯口粮		1080		1080	本年度取消

④河北省燕京道良乡县年度地方岁出概算书岁出临时门

单位：元

科目		本年度概算数	上年度预算数	比较		摘要
				增	减	
第一款	良乡县地方临时岁出	137245	82360	86485	31600	

续表

科 目		本年度概算数	上年度预算数	比 较		摘 要
				增	减	
第一项	行政费	4600	2460	2140		
第一目	各项祀典费	1100	620	480		
第一节	祀孔费	400	300	100		春秋两丁祭祀费共如上数
第二节	祀武圣费	300	170	130		春秋戊日祀武费共如上数
第三节	植树典礼费	400	150	250		植树典礼费 100 元购置树秧及人工栽植 300 元全年如上数
第二目	政务警服装费	700		700		
第一节	政务警服装费	700		700		行政警 10 名两季制服及雨衣大裘费每人合 70 元全年如上数
第三目	行政训练费	600		600		
第一节	佐治人员训练	400		400		赴省受行政训练费每年支如上数
第二节	自治指导员受训费	200		200		自治指导员赴省受训每名训练费按 100 元计算共支如上数
第四目	县署冬季煤费	2200	1840	360		
第一节	冬季煤费	2200	1840	360		县署各科室处炉火 25 座每个月需煤 33700 斤月支煤炭费 550 以 4 个月计算共计如上数
第二项	司法费	600	600			
第一目	勘解费	600	600			
第一节	勘解费	600	600			勘解费月支 50 元全年如上数
第三项	治安费	36740	22280	15160	700	
第一目	治安工作费	15540	10080	6160	700	
第一节	县讨伐费	3000	3000			警队年支如上数
第二节	道联合讨伐费	2000		2000		奉令超列每年 3 回共支如上数
第三节	弹药费	2300	3000		700	警队年支如上数
第四节	医药费	1000	1000			警队年支如上数
第五节	修械费	2000	1000	1000		同
第六节	自行车修理费	600		600		规定每 2 月支修理费 2 元以 25 辆计算如上数

续表

科目		本年度概算数	上年度预算数	比较		摘要
				增	减	
第七节	密侦费即情报	1200	1200			查密侦费系奉指筋以治安情报改称年共如上数
第八节	差旅费	1440		1440		警察所因公出差年支800元警备队640元全年如上数
第九节	冬季煤炭费	2000	880	1120		警察所及四分所等每月按225元计算警备队及一中队六小队每月按290元计算合计月支500元4个月共支如上数
第二目	服装费	17000	11000	6000		
第一节	警察服装费	5500	5500			官长士兵共110名每名2季服装2衣大裘等平均按50元计算共支如上数
第二节	警备队服装	11500	5500	6000		警长士兵共计230名每名2季服装2衣大裘平均按50元计算共支如上数
第三目	警察训练费	3800	1200	2600		
第一节	甲种警察训练费	600	200	400		警察所赴省受训甲种训练所年共如上数
第二节	乙种警察训练费	2400	1000	1400		警察所赋唐山受训乙种训练所年共如上数
第三节	警察训练费	800		800		县警察训练按4期每期200元共计如上数
第四目	警备队训练费	400		400		
第一节	警备队训练费	400		400		警备队赴省受干部训练年共如上数
第四项	财务费	2040		2040		
第一目	财务训练费	200		200		
第一节	财务训练费	200		200		赴省道受财务训练等费共支如上数
第二目	簿册工本费	500		500		

续表

科 目		本年度概算数	上年度预算数	比 较		摘 要
				增	减	
第一节	粮簿捐工本费	300		300		查上年红簿工本费列入经常门内本年奉令改归临时门年支如上数
第二节	商亩捐工本费	200		200		同
第三目	票据工本费	500		500		
第一节	票据工本费	500		500		查征捐收据工本费上年列入经常办公费本年奉令改归临时门年共计如上数
第四目	票据旅运费	120		120		
第一节	票据旅运费	120		120		查票据旅运费上年列入经常办公费内本年奉令改列年共计如上数
第五目	赋税催征费	480		480		
第一节	赋税催征费	480		480		查催征费上年由办公费内动支本年改归临时费项下年共计如上数
第六目	冬季煤炭费	240		240		
第一节	冬季煤炭费	240		240		查上年煤炭费列入县署冬季煤炭费内本年经征处及征收分所 4 个月共支如上数
第五项	教育费	15910	2920	13190		
第一目	道区联立职业学校学生补助费	4800		4800		按 2 班计学生 16 名每名学生制服书籍饭费等补助 300 元
第一节	文化事业费	3000		3000		
第二节	观摩会	500		500		每年 1 次奉令额支如上数
第二目	运动会费	800		800		春秋两季
第一节	学艺品展览会费	800		800		县每年两次展览共支 600 元道署展览支 200 元共计如上数
第二节	教育参观团费	900		900		奉令额定每人支 60 元按 15 人计共计如上数
第三目	训练费	2750		2750		
第一节	县教员署规讲习会费	300		300		县城及各乡镇学校教员署规讲习费共支如上数

续表

科　目		本年度概算数	上年度预算数	比　较		摘　要
				增	减	
第二节	日语教员养成所保送费	1920		1920		每县4名每名月支120元按4期计共支如上数
第三节	教育训练费	400		400		赴省道受教育训练等用费共支如上数
第四节	保荐简师学生费	130		130		奉令保荐简师学生2名自8月各月支缮费共20元以5个月计算100元旅费每名以15元计算共30元共计如上数
第四目	增班费	3400	1600	1800		
第一节	增班费	1800		1800		县城各镇及中小小学每年按加3班以600元计算共计如上数
第二节	购置桌凳费	1600	1600			县城各镇及中心小学校桌凳等购费年共如计上数
第五目	冬季煤炭费	1960	1120	848		
第一节	冬季煤炭费	1960	1120	840		县城男小月支煤费185元女小月支65元中心小学月支50元琉璃男小月支57元5角女小月支40元5角宝店完小月支50元新民教育馆月支40元共490以4个月计算共支如上数
第六项	建设费	20450	6200	14250		
第一目	建设训练费	400		400		
第一节	建设训练费	400		400		赴省道受建设训练等费共计如上数
第二目	电话所临时费	5330	1800	3530		
第一节	电话生匠服装费	250		250		电话生匠共计5名每名按50元列支共计如上数
第二节	购置电料费	5000	1800	3200		购电话3架计500元又30门交换1架计1500元电池电杆电线磁柱铅皮线等件3000元共计如上数

续表

科目		本年度概算数	上年度预算数	比较		摘要
				增	减	
第三节	冬季煤炭费	80		80		电话所冬季 4 个月煤费共支如上数
第三目	各项建设费	10160	1800	8360		
第一节	修筑桥梁河堤费	5000	1200	3800		修理小到村警备路石桥及纸房石桥计需工料费各 2500 元共支如上数
第二节	修筑公路等建设费	3400		3400		修筑公路及井等建设事业共支如上数
第三节	架设电话材料修理费	1760	600	260		架设及修理电话等费年支如上数
第四目	造林费	400	200	200		
第一节	植树费	400	200	200		浇灌移植等费共计如上数
第五目	农场临时事业费	3500	2400	1100		查农场临时费奉令额定 3500 元令并声明
第一节	工资	2000	1600	400		播种面积 120 亩全年雇工记 1600 元牲畜雇用计 300 元零星雇用计 100 元全年如上数
第二节	购置费	1500	800	700		购置良乡符包等费 200 元施肥及购买具 1100 元宣传及防治害虫药品等费 120 元冬季煤费 80 元全年如上数
第六目	品评会经费	500		500		
第一节	品评会费	500		500		品评会奖罚费及摄影镖箴等费共支如上数
第七目	苗圃临时费	160		160		
第一节	栽植修理费	80		80		春季栽植及冬季修理等费用共如上数
第二节	冬季煤费	80		80		临时冬季煤费 4 个月如上数
第七项	民政费	480		480		
第一目	民政训练费	480		480		

续表

科目		本年度概算数	上年度预算数	比较		摘要
				增	减	
第一节	乡保甲长训练费	480		480		县署训练各乡长副及保甲长以上增列行政效率全年如上数
第八项	卫生费	无				
第一目	同	无				
第一节	同					
第九项	抚恤费	2400	1200	1200		
第一目	恤金	1200	1200			
第一节	恤金	1200	1200			奉令规定年支如上数
第二目	救济费	无				
第一节	救济费	无				
第三目	奖励金	1200		1200		
第一节	奖励金	1200		1200		奉令规定年支如上数
第十项	新民会补助费	8265		8265		
第一目	新民会补助费	8265		8265		
第一节	新民会不户非	8265		8265		
第十一项	退职赏与金	3600		3600		
第一目	职员退职赏与金	3600		3600		
第一节	职员退职赏与金	3600		3600		奉令支给规定三等县年支如上数
第十二项	预备费	42160	16000	26160		
第一目	预备费	42160	16000	26160		
第一节	预备费	42160	16000	26160		奉令规定三等县30000元模范县堆加10000元审核准预增列2160元全年如上数
附记						
第三项	治安联防费		360		360	遵照规定半年故未列入
第五项	事业费		5000		5000	本年度未列
第九项	抚恤慰劳费		7000		7000	本年度奉令取消
	县公署津贴		7692		7692	同

续表

科　目		本年度概算数	上年度预算数	比　较		摘　要
				增	减	
	司法津贴		1860		1860	同
	经征处津贴		1344		1344	同
	县城完小津贴		2784		2784	同
	琉河完小津贴		1728		1728	同
	中心小学津贴		840		840	同
	电话所津贴		384		384	同
	农场津贴		528		528	同
	指导员津贴		180		180	同
	汽车修理费		1200		1200	本年列入经常门

（二）河北省燕京道良乡县三十一年度县地方经费岁出概算百分表

单位：元

项　　目	经常岁出概算表	临时岁出概算表	合　计	百分率（%）
行政费	72492	4600	77092	18.3
司法费	10080	600	10680	2.5
治安费	120596	36740	167336	39.8
财务费	10200	2040	12240	2.9
教育费	39350	15910	55260	15.1
建设费	7360	20450	2710	6.0
民政费	7243	480	33723	9
卫生费	10020	0	10020	2.4
抚恤费	0	2400	2400	6
新民会补助费	0	8265	8200	2
退职赏与金	0	3600	3600	9
预备费	0	42160	42160	10.0
合　　计	285621	134965	420586	
附　　记				

【资料6】在吴店村拿到的串票类

一、田赋

1. 民国初为止使用的部分（民国二年的时候拿到的，使用到多少年还不清楚）

良字1650号

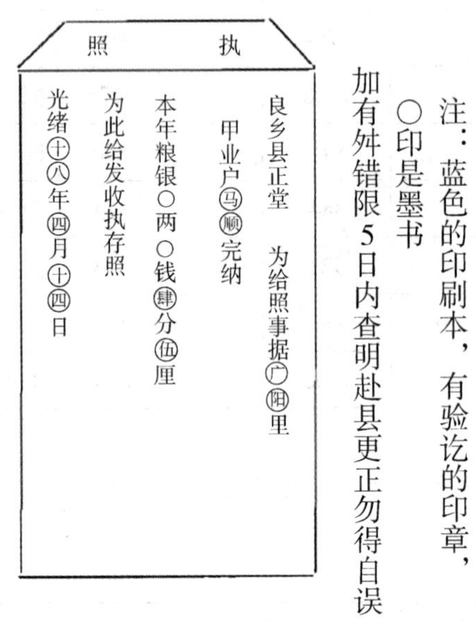

照执

良乡县正堂 为给照事据广阳里

甲业户马顺完纳

本年粮银〇两〇钱肆分伍厘

为此给发收执存照

光绪十八年四月十四日

注：蓝色的印刷本，有验讫的印章，〇印是墨书

加有舛错限5日内查明赴县更正勿得自误

2. 民国六年的部分

加油多错限五日内查明赴县更正勿得自误

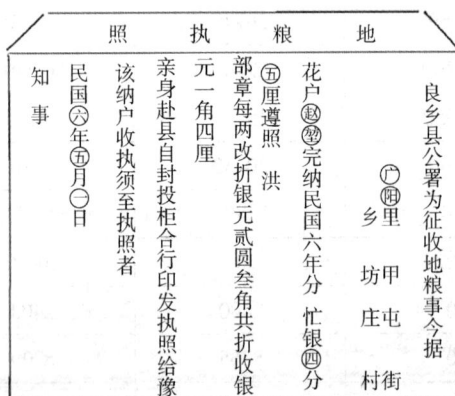

照执粮地

良乡县公署为征收地粮事今据

广阳里 甲屯街

乡 坊 庄 村

花户赵黎完纳民国六年分 忙银四分

五厘遵照 洪

部章每两改折银元贰圆叁角共折收银

元一角四厘

亲身赴县自封投柜合行印发执照给豫

该纳户收执须至执照者

民国六年五月一日

知 事

本串票每张随收铜元三枚不得额外多索分毫米达者重惩不贷

注：黑色的印刷本

3. 民国七年的通知书

良乡县上忙征收地丁通知书

地丁花户	完纳期限	全年额征	帝征带年缓征	上忙共应征数	罚则	
地丁花户赵永和 地址第 区吴店庄镇村	自阴历二月初一日起至六月底止	银七分		银三分五厘	限不及一月者免究至一月以上者加征应纳粮租至二月以上者加征应纳粮租原额十分之四至四月以上粮租及加征十分之四罚金完清时开	中华民国七年五月
		缓征忙	催征年旧欠	银折元收		

注：黑色的印刷本

4. 民国七年的部分

字第 三号

下忙串票

县知事为征收地丁事查第 区吴店庄村花户
赵永和有 亩 分 厘 毫每亩科征银 钱
分 厘 毫中华民国七年 即阴历戊午年分
应征银 两 钱三分五厘按每两二元三角折
征下忙银币 元 角八分一厘〇毫又每
亩带征地方附加税铜元 枚下忙应征铜元
一枚又带征串票费铜元三枚今据该户如数纳
讫此外规费一律革除不得浮收分文给此为据
中华民国七年十月廿六日第 六十八号

5. 民国十三年的部分良字第2238号征

全忙串票

良乡县知事为征收地丁事查第 区
(吴)(店)庄村粮户
(赵)(永)(和)有 亩 分 厘毫每亩科征银
钱 分 厘毫中华民国十三年 即阴历甲子
年分应征银 两 钱(七)分 厘按每两以
二元三角折征 忙银币 分 厘 毫
又每亩带征地方附加税铜元 枚 忙应
征铜元 枚又带征串票费铜元四枚今据该
户如数纳讫此外规费一律革除不得浮收分文
给此为据
承上粮人姓名
红簿编列 号
中华民国(十)(三)年(五)月 日给

良 字 第2238号征

注：黑色的印刷本 本年不分上下忙作为全忙一回征收印有“户粮”

6. 民国十八年的部分

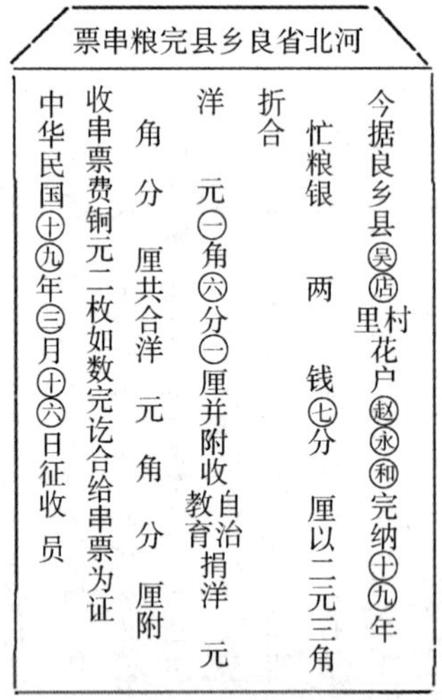

河北省良乡县完粮串票

今据良乡县(吴)(店)里村花户(赵)(永)(和)完纳(十)(九)年
忙粮银 两 钱(七)分 厘以二元三角
折合
洋 元(一)角(六)分(一)厘并附收自治
教育捐洋 元
角 分 厘共合洋 元 角 分 厘附
收串票费铜元二枚如数完讫合给串票为证
中华民国(十)(九)年(三)月(十)(六)日征收员

注：黑色的印刷本

7. 民国二十一年的部分

河北省良乡县上忙串票

今据　区　八　乡镇街　花户　赵永和　完纳廿一年
上忙地粮银　两　钱三分五厘按折征洋　元
角八分一厘并附收
等捐洋　元　角　分　厘共计洋　元　角
分　厘业红如数收讫合给串票为证
征收员
中华民国廿一年五月一日

注：蓝色的印刷本

本年分为上下忙

8. 民国二十二年的部分

征　收　田　赋　收　据

河北省财政厅　为发给收据事兹据良乡县
区　八乡镇街花户
赵永和完纳廿二年　忙地　亩　分　厘　毫
按　折征洋〇元　角六分一厘业经如数讫
合给收据为证
署名盖章
中华民国廿二年四月九日　征收员
此联给纳赋人收执如有错误限五日内呈明更正

此联收工本费洋一分

注：黑色的印刷本

9. 民国二十五年的部分

征收田赋收据

河北省财政厅　为发给收据事兹据
县　区　㊇镇街乡花户
赵永和完纳廿㊄年全忙　地㊂亩㊄分　厘
毫每亩应征田赋正税租课国币银一元　厘共征银
元〇元㊀角㊅分㊀厘又每地正赋一亩一元附加地方
捐银元㊄分㊅厘共应征银元〇元㊀角㊈分㊇
厘㊄毫厘统共应纳银元　元　角　分　厘业经如数
收讫合给收据为证
中华民国廿㊄年㊅月㊃日　征收员
此职给纳赋人收执如有
错误限五日内呈明更正

串票工本费奉令自二十四年下忙起免征如有额外需索准由纳赋人指控查究

注：黑色的印刷本附加到田赋正税一起征收

10. 民国二十九年的通知书

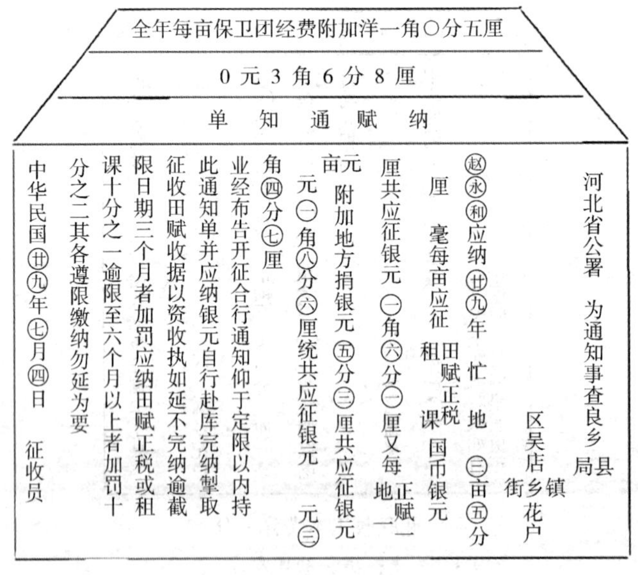

全年每亩保卫团经费附加洋一角〇分五厘

0元3角6分8厘

纳赋通知单

河北省公署　为通知事查良乡县局
区　吴店街乡镇花户
赵永和应纳廿㊈年　忙　地㊂亩㊄分
厘　毫每亩应征田赋正税租课国币银元
厘共应征银元㊀角㊅分㊀厘又每地一亩正赋一元
附加地方捐银元㊄分㊂厘共应征银元
元㊀角㊇分㊅厘统共应征银元　元㊂
角㊃分㊆厘
业经布告开征合行通知仰于定限以内持
此通知单并应纳银元自行赴库完纳掣取
征收田赋收据以资收执如延不完纳逾截
限日期三个月者加罚应纳田赋正税或租
课十分之一逾限至六个月以上者加罚十
分之二其各遵限缴纳勿延为要
中华民国廿㊈年㊆月㊃日　征收员

二、地方款

1. 民国五年的学费（5 年以前没有看到）（使用到民国八年为止）

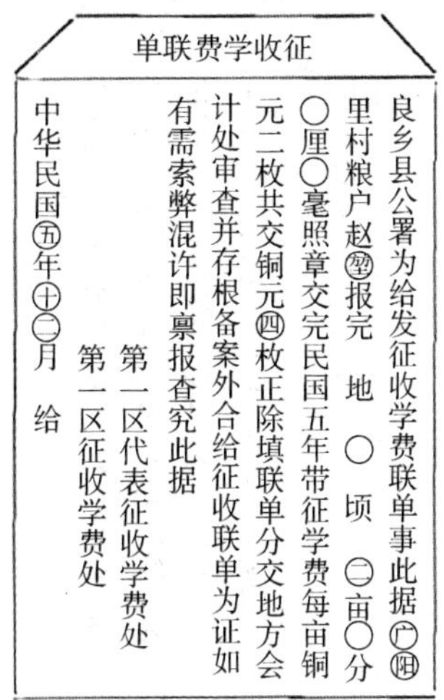

征收学费联单

良乡县公署为给发征收学费联单事此据广阳
里村粮户赵塑报完 地 〇 顷 二亩〇分
〇厘〇毫照章交完民国五年带征学费每亩铜
元二枚共交铜元四枚正除填联单分交地方会
计处审查并存根备案外合给征收联单为证如
有需索弊混许即禀报查究此据
第一区代表征收学费处
第一区征收学费处
中华民国五年十二月 给

注：绿色的印刷本，从民国九年到民国十一年为止就变成了黑色样式也有少许变化

2. 民国十二年度的学费

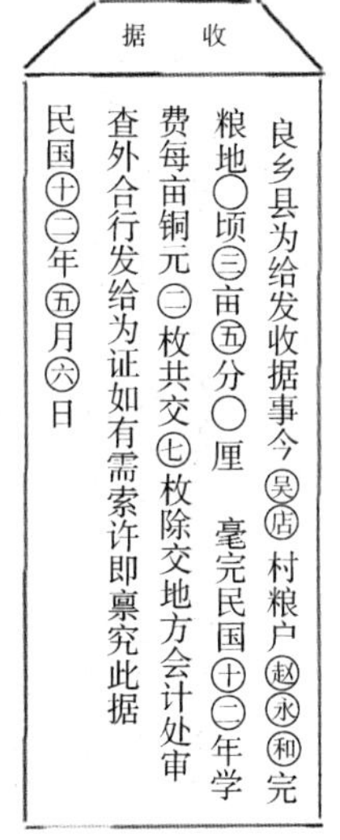

收据

良乡县为给发收据事今吴店村粮户赵永和完
粮地〇顷三亩五分〇厘 毫完民国十二年学
费每亩铜元二枚共交七枚除交地方会计处审
查外合行发给为证如有需索许即禀究此据
民国十二年五月六日

注：蓝色的印刷本

民国十三年的××银元变成了 1 分 4 厘

3. 民国十四年的学费

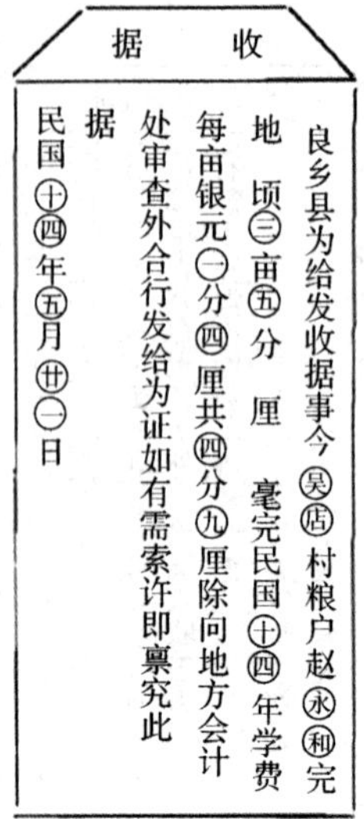

收据

良乡县为给发收据事今吴店村粮户赵永和完
地　顷三亩五分　厘　毫完民国十四年学费
每亩银元一分四厘共四分九厘除向地方会计
处审查外合行发给为证如有需索许即禀究此
据
民国十四年五月廿一日

注：蓝色的印刷本

民国十三年　　每亩银元一分

4. 民国十七年的学费

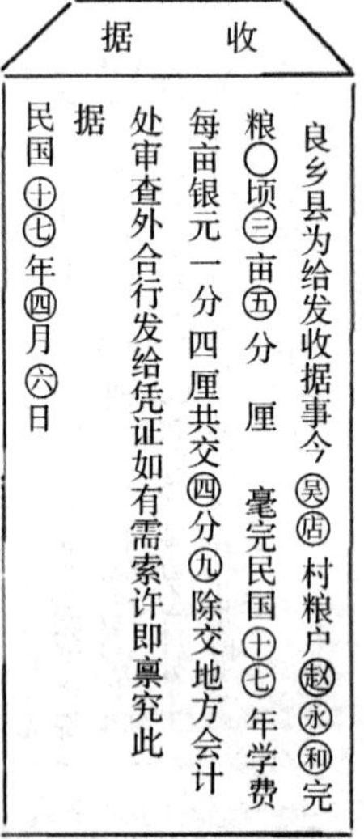

收据

良乡县为给发收据事今吴店村粮户赵永和完
粮〇顷三亩五分　厘　毫完民国十七年学费
每亩银元一分四厘共交四分九除交地方会计
处审查外合行发给凭证如有需索许即禀究此
据
民国十七年四月六日

注：黑色的印刷本

5. 民国十八年的自治费教育费

收据

良乡县政府给发给收据事今据(吴)(店)村粮户(赵)
(永)(和)完地　顷(三)亩(五)分　厘完民国十八年
自治费每亩银元二分五厘
教育费每亩银元一分五厘　共交洋(一)毛(四)除将
审核发交地方财务局外合行给此为据
民国(十)(八)年(五)月(十)日

注：黑色的印刷本

6. 民国十九年的自治费教育费

收据

良乡县政府为发给收据事今据(吴)(店)村粮户
(赵)(永)(和)完地〇顷(三)亩(五)分〇厘完民国十九年
自治费每亩银元二分五厘
教育费每亩银元一分五厘　共交洋(一)毛(四)
除将审核发交地方财务局外合行给此为据
民国(十)(九)年(三)月(十)(六)日

注：绿色的印刷本

7. 民国二十二年的地方附加捐

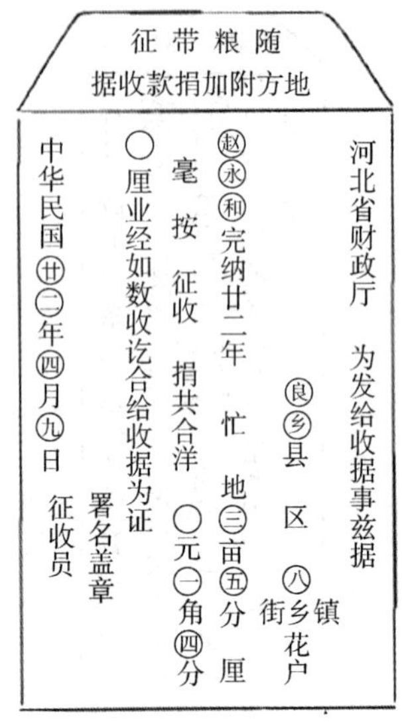
随粮带征
地方附加捐款收据

河北省财政厅　为发给收据事兹据
良乡县　区　八镇乡街花户
赵永和完纳廿二年　忙　地三亩五分　厘
毫　按　征收　捐共合洋　〇元一角四分
〇厘业经如数收讫合给收据为证
署名盖章
中华民国廿二年四月九日　征收员

注：黑色的印刷本

8. 民国十九年的军事特捐

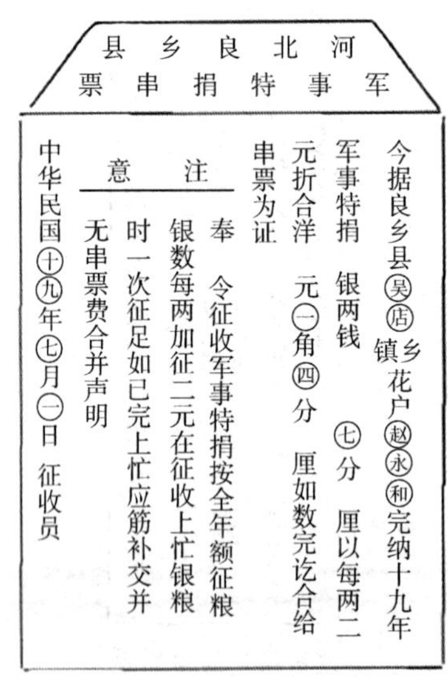
河北良乡县
军事特捐串票

今据良乡县吴店乡镇花户赵永和完纳十九年
军事特捐　银两钱　七分　厘以每两二
元折合洋　元一角四分　厘如数完讫合给
串票为证

注意

奉　令征收军事特捐按全年额征粮
银数每两加征二元在征收上忙银粮
时一次征足如已完上忙应筋补交并
无串票费合并声明

中华民国十九年七月一日　征收员

注：黑色的印刷本

9. 民国二十六年平大公路建设费

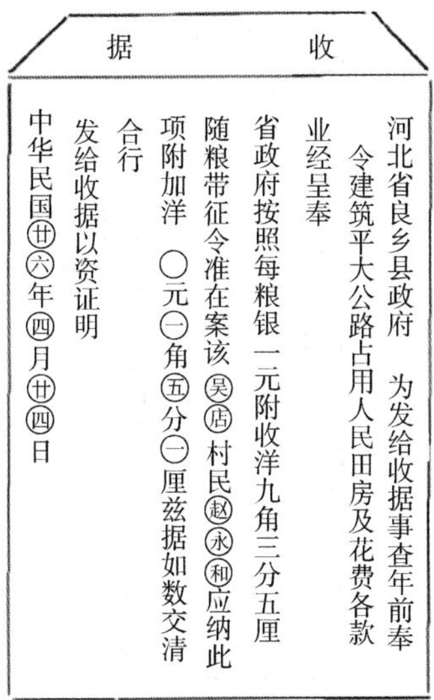

据 收

河北省良乡县政府　为发给收据事查年前奉
令建筑平大公路占用人民田房及花费各款
业经呈奉
省政府按照每粮银一元附收洋九角三分五厘
随粮带征令准在案该㊐㊑村民㊒㊓㊔应纳此
项附加洋　〇元㊀角㊄分㊀厘兹据如数交清
合行
发给收据以资证明
中华民国㊇㊅年㊃月㊇㊃日

注：黑色的印刷本

御道余地

1. 民国初年为止使用的部分

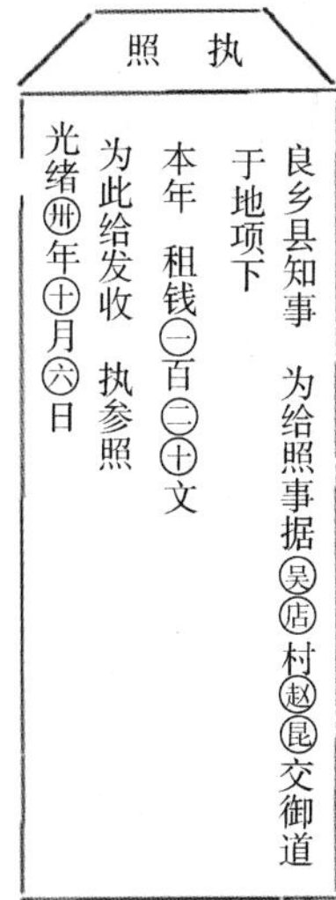

照 执

良乡县知事　为给照事据㊐㊑村㊒㊕交御道
于地项下
本年　租钱㊀百㊁㊉文
为此给发收　执参照
光绪㊈年㊉月㊅日

注：蓝色的印刷本

2. 民国五年的部分（四年也同样）

照执

良乡县知事　为给照事据吴店村赵永和交御

道项下

本年租洋一角〇四厘

为此给发收执存照

中华民国五年十二月廿二日　给

3. 该地清查收据

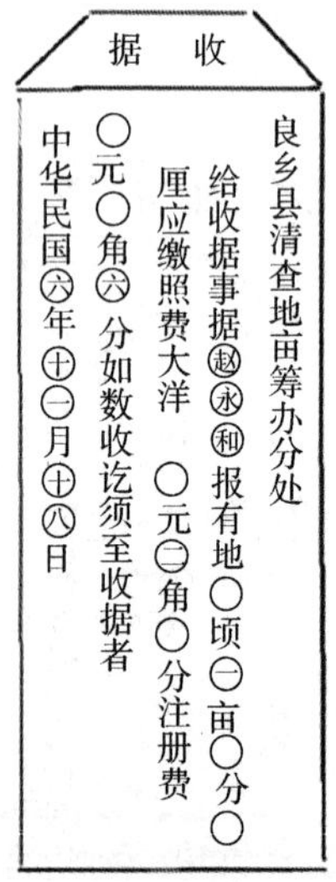

据收

良乡县清查地亩筹办分处

给收据事据赵永和报有地〇顷一亩〇分〇

厘应缴照费大洋　〇元二角〇分注册费

〇元〇角六分如数收讫须至收据者

中华民国六年十一月十八日

注：绿色的印刷本印有“粮额外余地”

河北省静海县上口子门和冯家庄

概　况　篇

富 强 赋

1942年5月

（华北农村惯行调查资料第77辑）

概况篇第11号　河北省静海县上口子门以及冯家庄

调查员　旗田巍 盐见金五郎 早川保杉之原舜一　佐野利一

翻　译　王英杰 金英杰 潘镇亭 孙希中 刘峻山

5月13日

村落概况（上口子门）

调查员　旗田巍

翻　译　王英杰

应答者　徐邦桂（上口子保长）

地　点　新民会宿舍

【保长、副保长、甲长】多少岁呢？=43岁。

什么时候开始做的保长呢？=民国二十九年十二月开始的。

在这以前是当了村长吗？=没做过。

在你之前有保长吗？=没有，是从我开始有保长的。

现在有村长吗？=没有。

到有保长的时候还有村长吗？=有。

村长有别的称呼吗？=村正、乡长。

有副保长吗？=有。

姓名是？=李全起、彭福清、吴万成、郑长富、刘保安。

有甲长吗？=有，上述的人兼做甲长。

除了上述的人，还有其他的甲长吗？=没有。

下口子门的甲长是你吗？=当然。

下口子门有甲长吗？=有3名。

下口子门分为几甲呢？=10甲。

甲长不是10个人吗？=第一甲　郑长富　　第六甲　李保东

第二甲　吴万明　　第七甲　李全起
第三甲　彭福清　　第八甲　吴万成
第四甲　李保真　　第九甲　吴凤峻
第五甲　李保良　　第十甲　温保贵

刘保安是什么？=第七甲的副甲长。

在第一甲也有副甲长吗？=没有，只有第七甲有副甲长。在第七甲李姓很多，然后刘姓的也很多，然后李姓有什么大事的话就李全起去，刘姓有什么大事的话，就刘保安去。

上述5个人到有保长的时候为止是副村长吗？=当然。

除了副村长以外没有几个其他的称呼吗？=副村正，副乡长。

现在村民最普通的称呼是什么？=村副。县里的官员来的时候，如果村正不在的话，就拜托村副。

【排头】有排头吗？=有，一个人。

那个人在村里吗？=在村里。

那个人叫什么？=张印兰。

【地方】有地方吗？=把7个村称为一个地方。

管理一个地方的人叫什么？=地方，董树德。

那个人在哪个村呢？=西五里庄。

在一个地方只有一个地方吗？=当然。

【村副】5个村副是什么时候开始做的村副呢？=从有保长的时候开始。

从以前开始就有5个村副吗？=以前是有十几个。

事变当时呢？=10个。

你小时候有几个呢？=一个村长，一个村副。

从什么时候开始增加村副的呢？=民国五六年的时候。

为什么呢？=因为民国的内乱，官员来村里面征用，一个人做的话做不过来，人手不够。

是衙门颁布命令增加的吗？=不是，因为在村里面很忙，一个村副人手不够，就申请增员，然后得到了县里面的许可。

现在的5个人是怎么选出来的呢？=因为在村里面有5个大姓，就从每一个姓中选一个人出来。

刘姓的有几户人家呢？=六七户。

邵姓呢？=20户左右。

吴姓呢？=20户。

彭姓呢？=两三户。

李姓呢？=30户左右。

徐姓呢？=5户。

是上面这5个村副商量之后，确认你做保长的吗？=当然。

刘保安做村副的时候只有是刘姓的人商量决定的吗？=当然。

那个时候不用李姓或者吴姓的人加进来商量吗？ =跟他姓之人没有关系，各个姓各自选一个人出来。

有5个村副也是县里面的命令吗？ =村里决定之后再交到县里去。

有10个村副的时候是怎样选的呢？ =当时选了一个吴姓，其他的全是李姓。

当时的村长也是李姓吗？ =当然。

当时那9个人是由李姓的人单独选出来的吗？ =不是，是由全村的人选出来的。

选10个村副的时候是投票得出的吗？ =投票，我当保长的时候也是投票的，我的名字是13票。

你成为保长以后才选的村副吗？ =一起选的。

所以最初是从6个姓中选6个代表出来的呢？ =当然。

在那之后村民才选的你当保长吗？ =当然。

五户徐姓选你做代表的时候，是怎样选的呢？ =我本来在哈尔滨做饭（交通银行）。由于比起普通的徐姓人头脑要好使一点，徐姓人商量之后，就选了我当徐姓的代表。

那个时候是在庙里面商量吗？ =不是，在我家。

那个时候是从各户人家选一个人来集会吗？ =当然。

【族长】在徐姓中有族长吗？ =现在没有了，我父亲之前是族长，他过世之后就没有了。

在徐姓中有比你辈长的人吗？ =没有，我们都是同辈，在年龄上年长的人。

在李姓中有族长吗？ =李全起是族长，50岁左右，年龄不是最大但辈分是最长的。

吴姓呢？ =前任村长吴凤令，七十几岁。

彭姓呢？ =彭福清，四十七八岁左右。

刘姓呢？ =有七十几岁的老人。眼睛不好。

邵姓呢？ =族长在天津做买卖。七十几岁左右。

【族的共同】徐姓内部起争议的时候谁来仲裁呢？ =我仲裁，他姓之人也仲裁过。

关于徐姓的分家之争由谁仲裁呢？ =全部徐姓的人。或者是叫来母亲一方的人来商量。

那时候李姓的人不用来吗？ =一般不来，去叫的话就来。

徐姓的人没有共同买过耕畜吗？ =没有。

借家畜来做事情的有吗？ =有。

去他姓之人家里借家畜的有没有呢？ =有。

【保长的工作】你的工作中最忙的是什么呢？ =车站的事情是最忙的事情，两三天有一次会议，情况是一天报告一次。还有，会让你去叫警察来。

最麻烦的事情是什么？ =支付铁路的看道夫的钱。

出多少钱呢？ =给看道夫或者县公署的人每个月少说也有两百元钱。

看道夫有多少个人呢？ =出一个人，一个月给30块。

出给县公署的是怎样的重要事情呢？ =从县里面来的民工的配额出的话，在村里面就每个人要给1—2元，喊去做日本军的民工、道路修理、城内扫除等。

花钱的时候在村里面是那些人在讨论呢？ =保长和5个村副。

把讨论的结果传达给村民的是谁呢？ =让排头传达。

张印兰是什么时候开始做排头的？ =10年以前开始的。

【看青】有青苗会吗？ =有，苗子成熟的时候村民就会聚集起来相互拜托看青，然后就有了看青。

在你们村是谁在做呢？ =村民聚集起来相互拜托，此外在夜里就让看青的看守。

村民在什么时候聚集呢？ =春季是5月中旬，秋季是7月中旬。

在哪里聚集呢？ =庙。

什么庙？ =龙王庙。

这个时候是所有村民都聚集吗？ =有土地的人就聚集，没有的人就不用聚集。

那个时候中心人物是谁？ =保长命令排头走访有土地的人家，各家各户叫出一个人。

会是画开吗？ =画。

那个时候要请吃饭吗？ =会做简单的饭，也有酒。

每年都要开会吗？ =大水之年不会，丰收之年要开。

今年开吗？ =今年麦秋不开，因为是旱天没有麦子。

去年大秋开了吗？ =开了。

那个时候吃饭的钱是怎样出的呢？ =来的人分摊，不是按地亩。

去年有看青伕吗？ =有，根据按地亩摊款一亩给5钱。

全部筹集了多少钱？ =100元左右。

这100元是全部都给看青伕吗？ =当然。

看青伕有几个人？ =5个人。

100元钱是村里面收集起来交给看青伕吗？ =看青伕去各家各户收，收成不好的人家就不收。

每亩5钱是谁决定的呢？ =保长和村副。

5个看青伕的看守范围决定了吗？ =决定了。

这个范围的土地叫什么呢，叫上口子门村的土地吗？ =叫。

那个边境叫什么？ =边界。

看青伕的区域是每年决定的吗？ =从以前开始就决定了没有变过。

看青伕是决定的每年五个人吗？ =根据每年情况的不同而不同，作物长得好的话人就需要多一点。

【青苗会】青苗会只在一个村里面设立吗？ =只在一个村里设立。

青苗会是从以前开始就有的吗？ =从我小的时候开始就有了。

青苗会没有会长吗？ =没有。

现在有没有青苗会？ =现在还没有成立。

【偷盗作物】看青伕抓到小偷以后，会怎么办呢？ =青夫把小偷带到我这里来，小偷不道歉就会被送到分所去，道歉之后获得原谅的情况也有。

有没有拿过罚金？ =没有。

如果在看青伕没发现的时候被盗了怎么办呢？ =5 个看青伕聚集起来问是谁在看守，如果不知道的话，主人就不给看青伕钱了。

这个钱怎么称呼？ =联青钱。

联是什么意思？ =和要是同样的意思，一般叫作“要青钱”。

在本村区域内的外村人土地由谁看青呢？ =本村的看青在看守，然后从本人那里拿钱。

【灌溉】是用运河的水灌溉吗？ =灌溉离运河近的土地。

挖沟吗？ =挖。

挖沟的时候是一起挖吗？ =一起挖。

一起去挖沟的是怎样的人呢？ =只有利用这个水的人。

有多少沟？ =七八个。

每年都挖吗？ =当然。

你也去吗？ =当然。

是几个人一起呢？ =5 个人。

大家都姓徐吗？ =不。张、邵、刘、李和我。

【村副】在以前，没有从一个姓中选出一个人做代表当村副这样的事情吗？ =以前没有。

因为村里面的事情不忙对吗？ =当然。

【庙】有几个庙？ =一个，龙王庙。

是什么有的呢？ =很久以前了，应该是在有村子的时候就有的吧。

下口子门有没有庙呢？ =有一个很小的土地庙。

下口子门的人会来上口子门的龙王庙祭拜吗？ =不来。

有没有修理龙王庙呢？ =昨天修完了。

要花多少钱呢？ =200 元左右。

那个钱是怎样筹集起来的呢？ =各家随意给的。

不是按地亩给吗？ =不是。

修庙的发起人是谁？ =和尚跟我说的。

你跟谁商讨呢？ =和村副、和尚一起去各家各户走访的。

【香火地】有没有庙产？ =有三四十亩。

叫香火地吗？ =当然。

那个土地是和尚在耕种吗？ =租佃给他人了。

一年有多少收入呢？ =150 元左右。

这些全部都给和尚吗？ =当然。

和尚是直接从小佃户那里拿吗？ =当然。

小租佃是谁决定的呢？ =和尚。

不跟你商讨一下吗？ =不。

和尚可以自由使用这150元钱吗？＝当然。

和尚可以卖掉这个土地吗？＝不可以。

和尚是本村的人吗？＝不是，是东光县的人。

什么时候到村里的？＝七八岁的时候来的，现在44岁了。

龙王庙的祭祀是什么时候呢？＝在龙王庙的庭院里的一个部分是娘娘殿，3月3日的时候太太或者孩子来祭拜，其他的就没有。

【土地买卖】如果你要卖地是和谁商量呢？＝跑河的会联系卖方和买方。

卖地时可以不告诉同族就卖掉吗？＝先跟同族的人说，寻求买主。如果同族之中没有买主的话，再卖给外姓人。

同族之中没有买主的话，会跟邻居说吗？＝如果在同族之中没有买主的话，之后跟谁说都没有关系，卖给谁都可以。

卖给其他村的人也可以吗？＝可以。

有卖给其他村的人的情况吗？＝有。

卖给本村的人的要更多吧？＝近年来卖给其他村的人比较多，农民没有购买力，天津的商人买。

【摊款】天津的买方要负担村里的摊款吗？＝不用。

本村人租佃在本村的外村人土地时，这个佃户要出摊款吗？＝不出。

这种情况，是由外村人出摊款吗？＝不交给本村。

如果你在下口子门有土地的话，怎么办呢？＝交给上口子门。

在天津的地主应该将摊款交给本村吧？＝是的。在地方的账面上，本村有93两银子的负担，尽管现在实际出80两银子就行，但必须出93两。

5月14日

村落概况（上口子门）

调查员　旗田巍

应答者　李宝健（40岁）

【作为同族代表的村副】你的同族有几户人家呢？＝19户左右。

有没有同样姓李但属于别其他族的人？＝有。

这样的大概有多少户呢？＝八九户。

分别都有族长吗？＝有。

你的同族的族长是谁呢？＝李全起。

还有一个李姓的族长是谁呢？＝李尚亭。

李全起是村副吗？＝当然。

什么时候开始做的村副呢？ =从有保长的时候开始上一个去年的冬季。

在那以前他是干什么的呢？ =农民。

他是什么时候开始做的族长呢？ =民国十六七年。

前任村长是谁？ =吴凤令，是事变当时的村长。民国二十四五年以来。

那之前呢？ =邵万发。

那之前呢？ =李宝栋。

那之前呢？ =李宝璋（宝栋的叔伯兄弟）。

那之前呢？ =李全凯（宝璋的父亲），民国以前的村长。

那之前呢 =不清楚。

现在有几名村副？ =5 名。

分别是谁呢？ =李全起、邵长富、刘保安、吴万成、彭福清。彭是杂姓的代表。

其他 4 人就分别是他们姓的代表吗？ =当然。

李姓是分为两个同族的，可以由一个人代表吗？ =小李姓因为有很多商人、被雇用的人、老人，所以就归入杂姓。

徐保长是徐姓的代表吗？ =是全村的代表。

徐姓是归入杂姓的吗？ =当然。彭福清是代表。

在以前村副有几个人？ =吴村长一个人，没有村副。

在你小时候有村副吗？ =有。

是从什么时候开始没有村副的呢？ =从吴凤令成为村长开始没有的。

以前的村副有几个人？ =李宝璋做村长的时候是吴凤令，李宝栋的时候是李宝健和李宝樑，邵万发的时候就没有了。

为什么最近同族的代表就成为村副了呢？ =因为户数很多，保长一个人很困难，从各个姓中选出一个代表的话就很方便了，李姓的话，李全起很了解，他姓之人的事情就很难了解。

以前有花费吗？ =没有，尤其是最近同族的代表变成一个很必要的存在。

这是为什么呢？ =在以前村长、村副之外的帮忙的人有 10 人左右，县里不知道这件事。

是怎样的人呢？ =李宝玉、李宝忠、李宝恒、李宝彬、李宝瑞、李宝珍、李文民。

这个是什么时候的事情呢？ =李宝栋是村长的时候，民国二十年左右。

在李宝栋以前也有这么多的助手吗？ =不知道。

【帮办】上述的 7 个人在村里面怎么称呼呢？ =帮办。

当时为什么只有李姓人家出了 7 个人呢？ =因为其他姓的人很难帮到，这 7 个人是自己去帮助的。

他姓之人不会有怨言吗？ =没有怨言。

吴凤令没有村副只有他一个人做村里面的工作吗？ =当时是做账面的先生张印兰一人在做帮手。

7 个人做帮手的时候有什么比较难办的事情吗？ =7 个人每 10 天交替着做帮手。

当时你是村副，你是做什么呢？ = 村副是接受县的命令。

之前只是李姓人家在做这些工作，但是现在是在各族中选出代表，这是为什么呢？ =（没有回答）。

选李全起做村副是李姓之人？ = 是同族的人选的，但是他姓之人也觉得他是适任者。

选李全起的地点是在哪里呢？ = 徐保长的家里。

那时候李姓的 19 户人家全都要聚集在一起吗？ = 当然。

那个时候不使用庙吗？ = 保长的选举的时候县吏员监督，村副的选举的时候就是保长监督。

那个时候不进行投票吗？ = 不，只是李姓人家聚集起来商量。李姓人家商讨，保长也支持李全起。

从各族中选出代表这件事情是根据县里面的命令而选的吗？ = 村里决定的。

村里谁决定的呢？ = 村里的所有人都觉得这样很好。

村里哪些人在商讨这件事呢？ = 村民们在庙里面聚集，然后决议从各姓之中选出一个代表。

是谁把村民聚集起来的呢？ = 好像是排长让村民在庙里聚集的。

这个是保长决定之后的事情吗？ = 当然。

保长认为选出代表很好吗？ = 当然。

【排头】排头是干什么的？ = 是穷人做的，一般是受雇于人，有婚丧的时候就去帮忙，也会去做看青伕。县里来要苦力的时候，村长就命令排头去通知村民们。还有摊款的时候跟 5 个村副一起去各家各户转悠。也写字。

就像村里面的男服务员一样吗？ = 是的。

要给钱吗？ = 不给，但是看青的时候要给。节庆的时候去人家户转悠，就会拿钱或者东西。

【看青】在你村里是和其他村子一起看青的吗？ = 不，各个村子自己看青。

地方上没有过一起看青吗？ = 没有，每一个村子都看青，上下河滩、上口子门、下口子门、义渡口、高里庄 5 个村的人都在上口子门聚集，商讨青苗会的事情，看守是在各个村子去执行。由于田地是相互交叉着都有的，所以就把联钱收起来，然后再分给看青。收钱的地点是每年交替更换的。

谁在收这个联钱呢？ = 看夫去各家各户收集起来，然后拿去记账。

记账面的是谁呢？ = 本村的边某。

边是 5 个村子的记账面的吗？ = 当然。

钱也是在他准允之后才收的吗？ = 当然。

边从哪里拿钱呢？ = 他也是看青伕中的一个。

【青苗会】有关于青苗会的讨论吧？ = 在龙王庙聚集。

是 5 个村的人聚集吗？ = 当然。

是 5 个村中的谁集合呢？ = 村长和看青伕集合。村副、排头不来，义渡口的村长是看青伕，河滩的村长也是看青伕。

村落概况（中河滩）

调查员 盐见金五郎

翻 译 金英杰

应答者 罗长泰

【应答者的经历】贵姓？=罗长泰。

多少岁？=52岁。

家里面有几口人？=加我共6人。

职业呢？=农业。

土地呢？=自己的土地有7亩左右，其他人有十几亩。

副业呢？=什么也没有，作为警察署长那里的厨子住进那边，农忙时候就做百姓。

和警察署长有怎样的关系呢？=什么关系也没有。

你是哪个村的人？=中河滩的人。

是什么时候开始主住在哪个村的？=有好几辈了。

做过村长吗？=民国二十九年开始做过。

【户口】中河滩有多少户人家呢？=27户左右吧。

人口有多少呢？=不清楚。

中河滩接近哪个村跟哪个村呢？=与上河滩和北河滩相接。

中河滩这个名字是什么时候开始有的呢？=很久以前开始有的。

三个河滩中那个村子是最老的呢？=不知道。

中河滩村民的土地大概是在多少亩？=3顷左右。

这个是本村人的所有的土地吗？=是的。

村子的周围有什么圈吗？=什么也没有。

这里离运河大概有多远呢？=很接近了。

27户人家是一起的吗？=是的。

【作物】在村里面一般是种植什么样的农作物呢？=麦子、土豆儿、瓜类、蔬菜类。

如果按照顺序看的话呢？=麦子、土豆儿、白药，还有其他的蔬菜类。

在村里面两年间同一片土地要收获几次农作物呢？=麦秋和大秋共两次。

在村里面一般是怎样的顺序在耕种土地呢？=秋天是麦子，春天的话就是春麦、土豆儿，秋天的话就是收割秋麦之后就是播种蔬菜。

不种植高粱和玉米吗？=种，这个也是旧历三月的时候播种。但是是根据雨水的有无来决定具体什么时候播种，这个不确定。

【姓】在村里面人们都有着什么样的姓氏呢？=方、郑、张、南、边、刘、杨、罗。

这之中户数最多的是什么姓氏呢？=罗姓最多，有9家。

那些是全部亲戚吗？=本族。全部都是分家之后增加了。

那么姓氏第二多的是哪个呢？=郑家是4家，方家是4家，张家、边姓、刘家各有两家，杨、南各一家。

【自耕兼佃户】有没有把自己的土地全部借给他人耕种，然后自己就不种地的人？＝没有。

有没有只耕种自己所有地的人呢？＝没有。

自己没有土地，耕种的全部都是他人的土地的人有吗？＝都是渐渐地自己持有土地，再去他人那里借土地来耕种的情况是很普遍的。

【雇农】有没有雇用他人来耕种的呢？＝有。

是哪一家的谁呢？＝方家一户。

雇用了几个人呢？＝将陈一个人作为长工雇用。

作为短工临时雇用的有几家左右呢？＝南家、郑家两家有时会雇人。

雇用几个人呢？＝忙的时候雇用一个或者两个人。

有没有因为没有土地或者是土地很少就会经常被雇用到外面的人家呢？＝因为基本都是自己有少量土地然后也耕种他人的土地，所以没有那样做的人家。

【阶层】在你村里土地最多的是？＝有25亩左右。

谁呢？＝南家。

有10亩左右土地的人家有多少户呢？＝三四户。

在村里面有没有比持有最多土地的人家更富裕的呢？＝没有那种人，那样的人都在天津。

【打工】有没有从村里出去之后变成有钱人的人呢？＝有方家一户。

家里人都住在天津吗？＝全部都在天津。

那么他们就不是村里面的人了吗？＝因为搬走了所以就不是村里面的了。

有没有村里面的人去其他地方挣钱的呢？＝没有长期打工的人，有短期农闲起出去的人。

去哪里工作呢？＝去天津。

去干什么呢？＝拉洋车。

今年冬期有几个人去呢？＝一个人。

可以临时去拉洋车吗？＝因为有联络，所以什么时候都可以去。

还有其他的吗？＝没有。

村里面有船吗？＝一艘也没有。

发洪水的时候怎么办呢？＝土地很高“淹不着”。

去其他地方打工的人有没有增加的趋势？＝没有这样的趋势，因为不论哪个都是百姓。

只耕种土地可以维持生活吗？＝够了。

【村长】有村长吗？＝有，方连发是村长，因为他是老人，所以我会帮他忙。

怎样的的人做村长呢？＝村里面的人选出来当的。

选的是怎样的人呢？＝能做村里面的工作的人。

没有土地也可以当村长吗？＝土地多的人当村长不难。

怎样选呢？＝如果有投票的话，也有大家都去拜托的。

当村长的人可以现在跟以前选同样的人吗？＝没有什么特别的变化，以前跟现在的条件都没什么变化。

当村长要做怎样的工作呢？ =打堤、修县城、扫城里、拉草、拉土等。

被命令做这样的工作的时候，是谁来决定从一个村里面出谁去做呢？ =村长决定。

没有村长以外的人去决定的呢？ =没有。

村里面的人会听从村长的命令吗？ =无异议的遵从。

当村里面被分配各种工作的时候，在村里面是谁跟谁商讨呢？ =各位户主聚集起来商讨。

除了村长以外，有没有谁讨论村里面的事情呢 =没有。

【青苗会】有没有青苗会呢？ =有。

几个村做呢？ =邻近的四五个村做。

青苗会有会费吗？ =有。

【庙】村里面有庙吗？ =有。

有庙会吗？ =没有。

【保甲】什么时候开始有保甲的呢？ =去年开始的。

自卫团呢？ =以前开始就没有，因为离县城近，没有必要。

【村费——官钱】村的费用是怎样的呢？ =除了“官钱”以外就没有其他的了。

“官钱”是怎样的东西呢？ =钱粮以外的能够通过摊款来分配的就都是官钱。

钱粮是村长在收吗？ =“各户儿”拿到县公署去。

“官钱”是村长收吗？ =根据土地的所有亩数来分配再收。

这个钱是做什么用的？ =是为了支付给从村里面到县里去办公的人的。

那个要纳给县吗？ =村长收起来直接支付。

县、警察、区里会分配交钱吗？ =没有“要夫”以外的事。

【相互扶助】耕种或者是收获的时候有相互帮助吗？ =有。

什么样关系的人之间会相互帮助呢？ =邻里之间很多。

把相互帮助这件事情称为什么呢？ =叫“拨活工”。

持有驮马、牛、驴的人家户有多少左右呢？ =有十几户有养这些东西。

什么最多呢？ =驴很多。

没有的就从其他人家里面借吗？ =从有的人家里借。

从村里面的人家里借的情况少吗？ =在本村接的比较多。

向其他村呢？ =没有。

有没有共同喂养家畜共同使用家畜的呢？ =没有。大家都是自己喂养。

有没有从他人那里借进借出的呢？ =有，但只是大农具的情况下会。

借的人要送礼吗？ =口礼就可以了。

家畜、农具等借出去这件事情称为什么呢？ =叫“借”。

【蝗灾】有没有过被蝗虫袭击的经历呢？ =有，今年相当严重。民国二十八年的时候也很多，年年多少都会有。

怎样防御呢？ =没有办法，但是村里面出去挖沟来防范。

【水利】农作物的灌溉是从哪里开始的呢？＝因为基本上没有水井，所以只有等待雨水的降临，河边的土地就是汲取河里面的水来灌溉。

水井是共同的东西还是私人所有的东西呢？＝私人所有的东西。

引用河水时是用什么办法呢？＝使用人力用铁桶（水斗子）把河水提上来。

饮用水是水井水吗？＝全部都是使用的河水。

村里面的人的话有没有谁采石头，挖土割草都行的土地呢？＝没有。

【土地庙】土地庙是谁做的呢？＝村全体人做的。

有祭拜土地庙吗？＝每月的一日和十五日都可以随便祭拜。

祭拜谁呢？＝土地爷的太太。

有庙产吗？＝一块地。

是谁在修理呢？＝村里人合起来出钱修理。

【青苗会】在村里叫作“会”的有什么呢？＝什么都没有，只有青苗会。

青苗会是每年都组织吗？＝每年都组织，没有必要的时候就不组织。

【学校】在村里面有学校吗？＝没有。

孩子们去哪里上学呢？＝五里庄的学校。

要负担学校的费用吗？＝由三个村负担。

有是村全体共有的土地吗？＝没有。

【边界】本村和其他村有分界吗？＝没有。

耕地方面，有村内土地、村外土地的说法吗？＝有。

为什么要分开呢？＝是根据“地方”的管辖来分的。

【地亩账】地方有地亩账吗？＝有。

村里面没有地亩账吗？＝有，跟地方拿着的是一样的。

村里的地亩账是谁拿着的呢？＝自己拿着的。

如果有土地权利的变动，那么谁去更改呢？＝自己改。

村里有土地买的时候是去哪里申请呢？＝去向官中的地方申请。

官中是干什么的？＝卖草契的。

5月14日

家族概况

提问者　早川保

翻　译　潘镇亭

应答者　杜大发（高里庄、义都口的村长，义都口人）

【姓别户口】义都口和高里庄大概离得有多远？＝30余步（步是人走一步的长度）。

义都口有多少户人家呢？＝27户。

高里庄有多少户人家呢? =24 户。

高里庄有些怎样的姓呢? =姚姓 7 户、孙姓 3 户、高姓 2 户、土姓 1 户、张姓 1 户,还有其他的。

义都口有怎样的姓呢? =杜姓 4 户、王姓 4 户、赵姓 3 户、刘姓 1 户、潘姓 3 户、许姓 1 户、满姓 1 户、杨姓 1 户、张姓 3 户、郭姓 1 户、李姓 4 户。

【来住年代】在义都口居住的各个姓中住得最久的是哪个姓呢? =赵姓。

你是怎么知道的? =从老人那里听来的。姚姓也很久了。

赵姓和潘姓也很久了吗? =不知道。

会是什么时候开始住在这里的呢? =五六百年前开始。

是从哪里来的呢? =山西省洪洞县。

左边各个姓中哪一个姓是最近搬来的呢? =全部都是一起来的。两三百年前来的。

【杜姓】杜姓 4 户中各户主的名字是? =杜正有、杜大忠、杜大利、杜大奎。

各户中一家子分别是有多少人呢? =杜正有 3 人、杜大忠 3 人、杜大利 5 人、杜大奎 1 人。

杜大忠、杜大利、杜大奎是兄弟吗? =是的,杜大忠是长兄,杜大奎是二哥,杜大利是三弟。

上述的三个人是什么时候分家的呢? =4 年以前分家的。

他们三个人的父亲是谁? =杜正麒。

分家之前义都口的杜姓只有两户吗? =是的。

你(杜大发)属于哪一家呢? =属于杜正有一家。父亲杜正有 85 岁、母亲 83 岁、我 55 岁、有妻室,但是过世了,没有子嗣、一家有 3 口人。

你的太太是什么时候死的呢? =十五六岁的时候订婚的,结婚之前她就死了(当时我 20 岁),所以之后就没有结婚。

对方是多少岁的时候死的呢? =17 岁。

【结婚费】她死之后,你就没有结婚了吗? =是的,结婚要用 300 元以上的钱,所以就没能结婚。

【过继子】你没有过继子吗? =没有。以前有说过把杜大利的孩子过继给我,但是没能谈妥。

什么时候说的过继呢? =两年前,杜大利生了男孩子的时候,杜大利说的。

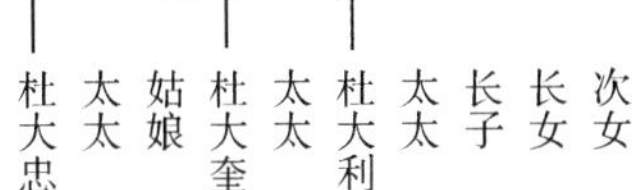

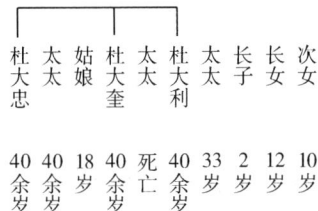

杜大忠	太太	姑娘	杜大奎	太太	杜大利	太太	长子	长女	次女
40余岁	40余岁	18岁	40余岁	死亡	40余岁	33岁	2岁	12岁	10岁

杜正有和杜正麒是怎样的关系呢? =兄弟。

正有和正麒是什么时候分家的呢? =35 年前。

过继子的话是杜大利说的为什么没能谈妥呢? =生了之后才改变的,没有喂奶的人很麻烦，想要等他长大一点了再说这件事情。

杜大奎的太太是什么时候死的？ =8 年前。

和杜大奎说过过继子的话吗？ =没有。

你（杜大发）没有孩子那么后继者怎么办呢？ =杜大利的 2 岁儿子将来成了我的儿子，如果杜大利再生了儿子的话，就过继给杜大奎吧。

为什么杜大奎的太太死后他没有再结婚呢？ =还是因为没有钱。

你大概有多少亩地呢？ =5 亩左右。

5 亩土地是自己耕种吗？ =当然。

没有向别人借土地来耕种吗？ =没有向任何人借。

5 亩土地用来种了什么呢？ =2 亩是葱、3 亩种的是秋麦。

5 亩土地一年可以用来种些什么呢？ =葱、麦子、粟、绿豆。

5 亩土地够不够一家三口的生活费呢？ =生活费够，但是结婚费就不够了。

【土地多的人】在义都口持有土地最多的是哪个姓？ =李姓有持有 42 亩以上土地的人。也就是李万奎，李万升各自都持有 40 亩以上的。

李万奎的土地是他自己一个人耕种吗？ =当然，一个月之间会雇 3—5 个的短工去耕种没有把土地借给别人。

【雇农】没有长工吗？ =没有，但是李万升雇用了一个长工。

李万升没有让别人耕种土地吗？ =当然。一个人耕种了 40 多亩的土地。

短工是以怎样的形式雇用呢？ =一年间雇用一个月左右的四五个人的短工。是什么时候雇用短工呢？ =春天和秋天。

春天的时候很少，秋天很多。

李万奎、李万升所持有的土地是哪一边的呢？ =在义都口的西边方向。

李万奎丶李万升是种了什么呢？ =粟、黑豆、棉花、苞米。

李万奎一家有几个人？ =一个太太，一个母亲，三个男孩子（12 岁，8 岁，6 岁）。

李万升呢？ =一个太太，一个男孩（12 岁）。

李万奎、李万升家种出来的作物是在天津去卖还是在城内的市场上去卖呢？ =在集市上卖。

通过运河运到天津去卖的话，不会卖得更贵吗？ =运费很贵，运到天津去会有亏损。村里人都不去天津卖。

【船】在你村子里面有没有有船的人？ =赵姓和王姓家里有船。

赵姓的是谁？ =赵尊亭。

王姓呢？ =王金有。

船是用来干什么用呢？ =以前是把客人从静海运到天津去，现在没有使用了。

为什么现在没有使用了呢？ =因为没有人乘船了，现在乘汽车。

这个是从什么时候开始的呢？ =是从去年年末开始的。

在这之前没有通汽车吗？ =因为船的船票费是 60 钱，时间要花一天，这之间还要花费伙食费。

制作的这个船在以前要花多少钱左右呢？ =在10年前要花500元左右。从两年前开始变贵了，现在1000元也做不了。

各家各户都没有水灾时候避难用的小船吗？ =没有。

【没有土地的人】有没有一点土地都没有的人呢？ =有张明远、王义刚、郭万声、满夫斯、杨玉、潘青玉。

这些人是从谁那里借的土地呢？ =是从城里人那里借的。

城内的谁呢？ =不知道。

张明远借的那些土地是靠近义都口的吗？ =当然。

李万奎、李万声是怎样获得40亩以上的土地的呢？ =在20年前，兄弟两人就已经有了50亩以上的土地，然后一点点买来，就有了现在那么多的土地了。

不是在天津做商业买卖挣钱吗？ =没有这样的事情。

【租地、租地钱】

在这边把借他人的土地耕种称作什么？ =称作“租地”。

借土地的人给借出土地的人的租金称为什么呢？ =叫作“租地钱”。

不叫租粮吗？ =不叫。

一般是拿钱吗？ =是的。

租地的时候去什么时候借呢？ =从春天开始到秋末冬天结束。

是借一年呢还是借两年了？ =每年借一次，今年借的话来年还要借一次，租地钱是之前交付。

没有之后交的吗？ =关系亲密的人之间有之后交的。

那之后交的时候是出粮食吗？ =是的。

出钱的情况下有之后交的吗？ =没有。

后交的时候地主和租地人的比例是怎样的呢？ =地主拿十分之三四。

3/10和4/10，哪一个更多呢？ =4/10更多。

没有对半分（分益）的吗？ =没有。

交粮食的情况和交钱的情况哪种更多？ =交粮食的情况更多。

大概多多少呢？ =交钱的情况是4/10，交粮食的情况是6/10左右。

【分种】

拿钱的时候是叫作租地，拿粮食的时候是叫作什么呢？ =叫作“分种”。

分种也是一年一年的吗？ =是的。

拿钱的时候一年应付多少钱？ =3元到6元左右。

一亩土地一年能大概收获多少呢？ =出6元的土地的话10斗，拿3元的土地的话能收获6斗左右。

卖10斗大概能拿多少钱呢？ =至少30元。

6斗呢？ =18元左右。

说10斗6斗是什么意思呢？ =绿豆、粟、苞子合起来有10斗6斗的意思。

租地、分种的时候要写除了租单之外的契约书吗？ =不写。

【分家】在你的村里面是在父亲死了之后分家的多，还是父亲还健在的时候就分家的多？ =父亲死了之后分家的多。

祖父、父亲、自己、孩子、孙子每一辈都分家这是很普遍的吗？ =是的。

在你们村，有几代人都不分家的人家吗？ =没有。

【分家单】在分家的时候，一定要写分家单吗？ =当然。

不写在一张纸上而是写在账簿一样的东西上，没有像分帖一样的东西吗？ =没有。

【兄弟均分】兄弟二人分的时候是均分吗？ =当然，平均分。

没有说像长子要稍微多分一点这样的事情吗？ =没有。

【轮流】

在父母还健在的时候就分家的情况下，父母的是跟兄弟中的谁一起生活呢？ =一个兄弟家一个月的来回。

这个叫什么呢？ =叫作轮流。

【养老地】分家的时候有没有拿养老地这样的事情呢？ =有，但是拿了养老地的时候就不轮流了。

南乐养老地的时候父母住在哪里呢？ =必须要父母有家。

这个家不是也分给兄弟了吗？ =当然，分给兄弟了。但是会先搞明白父母还健在（到死为止）的时候住在哪里（一般是正房的东边）

【女子取得的部分】

兄弟二人在分家的时候如果有还没有结婚的妹妹的话，那么要给她结婚费吗？ =当然，给她钱或者土地。

这个叫什么呢？ =不知道。

父母死了，兄弟二人分家的时候未婚的妹妹跟谁一起生活呢？ =跟关系好一点的兄弟一起生活。

【高里庄和义都口】高里庄和义都口是什么时候一起的呢？ =从民国元年开始。

民国元年以前呢？ =民国元年以前不是一起的，而是分开的。义都口的村长是你，那么高里庄的村长是谁呢？ =岳得兴。

义都口和高里庄没有关系吗？ =当然。

一保是什么意思呢？ =县公署的费用，出劳力的分配的时候就有了这个单位了。

高里庄的保长是谁？ =保长是我自己，岳得兴是副保长。

保长、副保长是从以前开始就有的吗？ =从民国元年时候开始有的。

【庙】在义都口有庙吗？ =有土地庙。

在高里庄有庙吗？ =没有。

高里庄的人是祭拜哪个庙呢？ =祭拜谷家楼的土地庙。

为什么不祭拜义都口的庙呢？ =因为谷家楼的更近。

【学校】义都口和高里庄都没有学校吗？ =没有。

去哪个学校呢？ =去城内的学校。

【村公所】在义都口有村公所吗？ =我家就代替了村公所，没有特别的叫村公所的东西。

高里庄也是一样的吗？ =当然。

【地目】义都口的土地是从以前开始就是民地吗？ =当然。

没有官地吗？ =没有。

没有旗地吗？ =没有。

应答者 彭福庆

彭福庆 47 岁 同姓在村里只有两户，自己是兄长

太太 48 岁

长子 24 岁（媳妇儿 15 岁的时候到家里来两年前结婚了）

太太 27 岁

次子 21 岁

三子 11 岁

四子 6 岁

长女 17 岁

次女 15 岁

【媳妇】

长子的媳妇是哪个村的人呢？ =是从停车场的东边方向的村，华家庄来的。

这个媳妇为什么 15 岁的时候就到你家里来呢？ =在小时候就订婚了，母亲死的时候因为只剩下弟弟，所以就领回来了。

这个媳妇是几岁时订婚的呢？ =我的儿子 5 岁，媳妇儿 7 岁的时候订婚的。

媳妇儿到家里面直到结婚这一段期间，长子称呼这个媳妇儿什么呢？ =叫姐姐。

【妻子的叫法】结婚之后还叫姐姐吗？ =结婚之后就是夫妇，就不叫姐姐了。之前有孩子的时候（女孩子夭折了）就叫了头（女孩子的名字）她娘。

媳妇儿到家里来，还没有跟长子结婚的期间，你怎么称呼呢？ =因为媳妇儿的父亲和我是表亲，媳妇儿称我为姨父。

两年前长子结婚的时候是举行了怎样的结婚仪式呢？ =选了良辰吉日，招待了自己的弟弟。

【分家】你是什么时候分的家呢？ =二十几年前跟两个弟弟分的家。

分家的时候你拿到了多少土地呢？ =40 余亩。

弟弟们拿了多少呢？ =20 余亩。

为什么你要拿多一点呢？ =因为是长子，所以要多拿一点。

长子多拿很普遍吗？ =不是，拿到了好的房子的话，土地就要少一点。

你在分家的时候分到房子吗？ =分家的时候拿到了盖房子的土地，但是还没盖房子。

没盖房子，那你住在哪里呢？ =分了家的弟弟死了，就在死去的弟弟家里住。

弟弟是什么时候死的呢？ =16 年前死的。

这个死去的弟弟分到了多少呢？ =两间房子和 20 余亩土地。

这个死去的弟弟是在分家后多少年左右死的呢？ =分家后三年死的。

弟弟有太太和孩子吗？ =太太在弟弟死了两三个月后回娘家了，那个时候带着女儿（不足一个月）走的。在那之后女儿死了，弟弟的太太回娘家之后，就去别处再婚了。

弟弟死后，弟弟的土地、房子就是你和弟弟分了吗？ =不是。弟弟在弥留之际（临终时）把我的第二个儿子作为过继子，这些就变成了这个过继子的财产了。

【分家之后的居住】

分家之后到小弟弟死亡为止，你们兄弟三人是怎样住的呢？ =道路大房子分隔成两个，在道路的西边的房子有北房三间、南房三间，东房一间、西房一间，这些是分家的时候属于二弟的东西。道路的东边的南房两间，北房两间的房子是属于三弟的东西。搬家之后在道路西边的北方三间以西的房子是二弟在住，三弟住在北房以东，我是住在道路东侧的房子（按照分家时候是属于三弟的房子）里。

分家之前和分家之后居住的状态没有改变吗？ =当然。

分家的时候你的父母还健在吗？ =父亲不在了。

【母亲的住处】

分家之后母亲是和谁住在一起呢？ =三个人的家，每家住一天。

没有留养老地吗？ =留得有两亩养老地。

你们在分家的时候是谁在场监督呢？ =徐邦成，李尚臣，刘保安三个人在场监督。

母亲还健在吗？ =还健在，现住在天津的亲戚（自己的妹妹嫁到那边）家里。

为什么去妹妹那里呢？ =因为天津那边很好。

妹夫在天津干什么呢？ =平常没有写信，所以不知道，以前是做商业买卖。

母亲是什么时候去的天津呢？ =事变之前去的。

分家的时候除了你们兄弟三个人之外，没有妹妹吗？ =分家的时候妹妹已经出嫁了。

二弟的家里人呢？ =太太，儿子6岁，长女13岁，次女8岁。

现在四个儿子，两个女儿，太太是怎样住的呢？ =一间南房的东边是长子夫妇住，西边的一间是驮马，北房东边的一间是厨房，西边是自己夫妇、三儿子、四儿子和两个女儿住。二儿子在法租界的百货店工作。

5月14日

赋税概况

调查员　盐见金五郎

翻　译　金英杰

应答者　于燧成（税契处主任）

　　　　康永清（县款股主任）

　　　　于锦川（征收处主任）

【财政科】

财政科是什么时候成立的呢？ =民国二十四年。

以前呢？ =以前叫财政局。

田赋是在哪里征收呢？ =征收处。

【税的缴纳方法】田赋是直接缴纳吗？ =原则上是直接缴纳，但是实际上是乡长收起来再缴纳。

附加税呢？ =直接纳入到县款股。

【请负制度】其他诸税呢？ =直接征收，实际上仍然是请负制度。

【官中】有官中吗？ =有，官中是清朝末期的制度，在民国四五年的时候就已经变成了监证人。

在民间叫官中，这是为什么呢？ =这是根据习惯来的。

官中有多少人呢？ =30 人。

成为官中的是怎样的人呢？ =可以测量的人。

是世袭制吗？ =学得来测量的话就可以当官中，肯定不是世袭制的。

官中在交替的时候要办怎样的手续呢？ =乡长来报告。

官中的管辖区域是一定的吗？ =是一定的，不是变动的。

区的行政区划是一致的吗？ =不是一致的，是根据村庄的数量来决定官中的区域。

官中是做怎样的工作呢？ =土地买卖的时候来测量土地，然后使用草契纸，做这样的工作。

官中拿手续费吗？ =拿经费的 12% 的手续费。除此之外，草契纸费用中也有一部分收入。

官中的收入还有其他的吗？ =因为是民间的事情，所以不是很清楚，应该有些适当的收入吧。

【契税】契税是多少呢？ =买契 6 分 6 厘，典契 3 分 3 厘。

中用呢？ =买 6 厘，典 2 厘。

契税是在哪里征收呢？ =税契处。

中用呢？ =官中代收。

在这中间官中要拿多少呢？ =买 1 分 2 厘，典 5 厘。

契税收入很多吗？ =去年有 7 万元左右。

本县的契税额是多少呢？ =5 万元。

如果超过了有奖赏吗？ =有的。会有一部分的奖赏。有白契吗？ =“难免，年头有闲”。如果有余裕的话就要投税，没有的话就那样了。

过期了要惩罚吗？ =有这样的规定，但没有惩罚的先例。

【黑地】有黑地吧？ =200 多年没整理田赋，各县难免有黑地。

【旗地】有旗地吗？ =虽然有八项旗租，但是民国以来持续了几次，就“改租为粮”了。

【地方】地方是什么呢？ =专管催粮。

属于哪里呢？ =征收处。

政务警是做什么工作呢？ =传达公事，催粮，传案等。

地方和政务警有什么关系呢？=地方是对应的呈报的人，政务警是传达“公事”的。

地方有几个人呢？=名义上有48个，实际上有30个左右吧。

【比卯】有“比卯”吗？=地方和监证人都有。

卯的方法是怎样的呢？=在县里聚集比卯，成绩差的人在以前会被打，但是现在不打了。

监证人的“比卯”是做什么呢？=对于契税有一定的责任额，没有达到这个额度的时候，监证人自己垫付也必须要纳付。

如果没有买卖，也没有达到责任额的时候怎么办呢？=那个时候就会被“押”，是因为天灾的时候就有“豁免”的方法。

【过割】过割是一般用语吗？=一般这样讲。

过割是在哪里做呢？=在征收处做。

是怎样的制作方法呢？=底册上更名。

【底册】底册有多少本呢？=30多本子。

有多少人在管辖呢？=16个人。

【里书、书记】这16个人叫什么呢？=以前叫里书，现在叫书记。

16人是一家子吗？=有同姓的人，但不是一家子。

是世袭吗？=以前是世袭，现在不是世袭。

征册和底册的管理人是同一个吗？=是的。

过割的时候是人们直接来吗？=是的。

地方跟过割没有关系吗？=没有。

监证人和过割有关系吗？=没联络。

过割手续费是多少？=规定的是2角。

【田赋的缴纳】田赋是直接缴纳吗？=原则上是这样，但是是乡长来。

村长对田赋负有责任吗？=地方是乡长（以前的小长制的，也就是村长）保举的人，地方对催粮负有主要责任，乡长有监督责任。但是，在远处的乡长有把这些全部收起来的责任。

【摊款】有县的临时摊款吗？=因为从今天开始就根据预算制度有了亩捐，所以就没有了。

以前呢？=以前有各种摊款。

【包税】各种杂税是包办呢？=是直接征收，实际上是“包”，还没有实施。

【牙行、经纪】有牙行，经纪吗？=是包税制度里面的东西，现在也还没有修改。

这个用语是很普遍的吗？=很普遍。

钱粮一亩多少呢？=不一样，大宗的是2分3厘。

最低最高是多少？=最高3毛2厘，最低8厘。

田赋是依照什么而有的等级呢？=不按地的好坏来有的额数。

【田赋的名目】田赋的名目是什么？=地粮，旗租，海防租，河淤额，义租，运军屯租，泊租，淀租，灶。

不知道这些的沿革吗？ =因为是数百年来的事情，所以不知道。

【地方】地方头是什么东西呢？ =比如有顺民屯地方的情况下，就出示地方名有几个地方管辖的村落，那个就是他们的代表名，那里就有了叫作地方的办公人员。所以有表示地方的地名的情况，也有表示催粮人的名字的情况。

【里分】有里分吗？ =沿袭了以前的“里分”，田赋征上粮册就是根据那个来的。

静海县公署三十一年度地方款收入概算表

款别	征收方法	征收定率	全年概算数(元)	备注
契税附加	由县直接征收	买契附加3分典契附加1分	22727	
商捐	由各商直接征收	按商号营业额	78000	
亩捐	由县直接征收	每亩3角	576540	
自行车捐	由警察所征收按月缴县		2400	
公益捐	由县直接征收		230	
教育基金生息	同	发商民6696.416元月息1分2厘不等1分	804	
学田租金	同	每亩租金由56角至12元34元6元不等	9740	地100余顷20余间地皮20余段
学费	由各学校征收按学期呈缴	初级生每年2元高级生4元	2000	
店簿费	由警察所征收按月呈缴	每本收工本费5角	400	
屠宰场入场费	由场征收按月缴县	每牛一头收费1元7角 猪一口6角 羊一直4角	2796	
达警罚金	由警察所征收按月呈缴		600	
司法罚金	由县征收	三成留县	60	
缮状费	同	一成五留县	72	
省款补助费			8400	
赋税征解费提成			2903	

续表

款别	征收方法	征收定率	全年概算数	备注
上年结余金			1814	
合计			709486	
附记				

5月14日

赋税概况

调查员　杉之原舜一

翻　译　孙希中

应答者　邵长富（上口子门甲长，43岁）

【应答者的经历】

你是这个村的甲长吗？＝第一甲的甲长。

是什么时候当的甲长呢？＝两三年前开始的。

在当甲长之前没有做过村里的办事员这样的职务吗？＝没有，是普通的百姓。

父亲和祖父有没有当过村里面的负责人呢？＝没有。

上过学吗？＝没有。

写字是在哪里学的呢？＝不识字。

只是从事农业吗？＝是的。

【大乡的税金】

向县里面纳的税金都是怎样的东西呢？＝秋收之后，向县里面纳钱粮，大乡成立以来，就作为经费缴纳现金。

大乡的经费大概要缴纳多少次呢？＝详细的记不清楚了，大概一个月一次。

是从什么时候开始的呢？＝去年六月开始的。

每一次大概缴纳多少钱呢？＝最开始没有明确规定缴纳多少钱。

一次缴纳多少呢？＝不确定。

在缴纳经费的时候，是由村里的人凑钱吗？＝凑钱。

最近是什么时候收的？＝不知道。

缴纳这个经费的时候是从村民那里收的吧？＝是的。

那个时候就说是大乡的经费，然后收钱吗？＝是那样说，然后收钱。

一年收几回，需要费用的时候村里就从中拿钱，是这样吗？＝不是，是需要的时候收钱。

比如招待从县里来的官员时，就在那个时候收钱吗？ =不是。

村里面的费用不是一年收一二回吗？ =不是。

【村费的分配者】村费用的分配是谁决定的呢？ =村长决定的。

村长一个人决定的吗？ =除了村长以外还有5个人，和那5个人一起商讨。

那5个人是谁？ =彭福清（保长）、李全起（保长）、刘保安（副保长）、吴万成、邵长富（甲长）、徐邦贵（村长）。

村民称这些人为什么呢？ =没有特别的叫法。

这五六个人在村里面是什么都由他们商讨吗？ =是的。

【征集者】收集村的费用的是谁呢？ =上述的几个人跟着村长去收，还有排头（张月乐）跟着去。

排头有几个人？ =一个。

【保管者】收起来的钱是由谁拿着的呢？ =村长拿着的。

【支出决定者】这笔钱的开销是由村长一个人决定的吗？ =上边说的五个人一起决定的。

【分配基准】要向一点土地都没有的人收这笔钱吗？ =不收他们的。

跟谁收多少钱是由怎样的基准决定的呢？ =是根据土地的亩数来出的。

【钱粮的缴纳方法】钱粮是缴纳到哪里呢？ =交到县里面。

是各自直接缴纳到县里面去吗？ =各自直接交到县里面去。

【地方】缴纳钱粮的时候会来什么通知吗？ =从县里发出的通知交给地方，地方又通知百姓。

地方是在哪里呢？ =在五里庄。

地方是做什么的人呢？ =为了缴纳钱粮而存在。

地方只是通知大家缴纳钱粮吗？ =通知之后如果没有缴纳的话，就不得不催促。

地方是通知各家各户还是通知村长？ =以前是通知村长，但是现在是直接通知百姓。

是什么时候开始的呢？ =事变后开始的。

有什么字条要一一交付的吗？ =不是通知书，而是口头的通知。

要通知数额吗？ =不说金额，只是叫你去缴纳。

五里庄的地方是谁？ =董树德。

这个人是从以前开始就是地方吗？ =以前开始就是，是从他父亲那一代开始就是的。

地方除了纳税通知以外就没有其他的工作了吗？ =没有了。

地方不收集钱粮然后缴纳到县里面去吗？ =不。

以前也没有吗？ =没有。

来通知纳税的时候百姓要送礼吗？ =一般不送礼，麦秋、大秋、新年的时候要送礼。麦秋的时候是四五十钱或者三四十钱，大秋的时候就拿一点高粱，比如二—四升，新年的时候就是10钱呀20钱，还有送爆竹的。

是一家一家的送吗？ =是从一家一户的收集，不去穷的家里。

地方不另外从县那里拿钱吗？ =一点也没有拿。
大乡的经费不是地方收集吗？ =和地方没有关系。
【钱粮】纳给县里东西除了钱粮没有其他的了吗？ =没有了。
钱粮是一亩多少呢？ =不知道，因为是换算成银子，所以不知道。
钱粮是交到县里面的哪里呢？ =纳给县的第一科。
纳了之后会拿到什么收据吗？ =在第一科有帖面，在帖面上记下之后再给你收据。
银子有写吗？ =银子也有写。
有没有交过比收据上写的数额更多的钱呢？ =没有这样的事情。
在现实中有没有不找零钱的事情呢？ =没有这样的事情。
收钱的人称为什么呢？ =没有名字。
在纳钱粮的地方有很多窗口吗？ =只有一个。
拿钱的人有几个人呢？ =有四五个人左右。
这四五个人中有没有规定谁收哪个村的钱呢？ =没有规定。
你一年缴纳多少钱呢？ =1元23钱。
大概有多少亩地呢？ =只有30亩。
【官中】这个地方有叫作官中的吗？ =在进行土地买卖的时候叫记入买契的人。
在上口子门吗？ =在县里面有50人左右，一个官中管理三个地方的管辖范围。
官中住在哪里呢？ =住在县城里。
去县公署吗？ =10天去一次县公署。
地方会被官中的下级使用吗？ =直接为县使用。
【牙税】没有牙税吗？ =不知道。
【佣钱】卖粮食的时候要收钱吗？ =叫“佣钱”。
谁收这个钱呢？ =交给持有升的人。
称这个人为什么呢？ =叫“官斗”。
卖粮食的时候是不管卖什么粮食都要交“佣钱”吗？ =是的。
买卖粮食以外的东西的时候也要交“佣钱”吗？ =只是买卖粮食的时候。
买的时候也是这样吗？ =买的时候也要交。
交多少？ =一石20钱，买主、卖主各20钱。
杀猪的时候不交吗？ =杀猪的时候是缴纳给投票人。
投票的人是？ =杀猪的时候交给投票的人。
投票的人是？ =县里面通过投票来决定的收钱的人。
那个人叫作什么？ =没有名字。
卖猪等等的时候不交佣钱吗？ =卖的人不交，买的人要交。不知道交多少。
收集粮谷和猪等的佣钱的人是投票决定的吗？ =是的。

5 月 13 日

租佃概况

调查员 佐野作一

翻 译 刘峻山

应答者 孙汉忠（下口子门村长）

【姓别户数】村里面有多少个姓呢？ =孙姓两家、刘姓两家、张姓一家。

孙姓有多少家呢？ =11 家。这个是分为两个族。

刘姓呢？ =11 户。

张姓呢？ =一户。

村的总户数是多少呢？ =下口子门是 22 户。

你做过村长吗？ =从去年开始做的。以前是哥哥在做。

在下口子门，你家的人数是最多的吗？ =在我们家是有 10 个人。

在你家多少才够吃呢？ =上地有四五十亩。在全村一共有 3 顷，要缴纳 4 顷左右的摊款。因不够生活，所以男人要到外面去工作。

【租佃】在你村里有没有耕种其他村里土地的人呢？ =耕种了五六十亩的外村的土地。

在村里面有没有把土地借出去的人呢？ =没有，有的话也只是分种很少的部分。有租和分种两种，分种要少一点。

【租地】有租地的说法吗？ =借出去叫“开租”；借进来叫“租地”。

租地不是村民之间而是和外村人之间进行的对吧？ =同村人之间租地的很少。

租地是有先给钱和后给钱两种吗？ =全部都是先给。

租地的情况下是必须要给钱吗？ =全部都要纳金。

在今年的市场上一亩是要多少钱呢？ =十二三元，也有十四五元的。

【作物】十四五元的土地是种什么呢？ =小麦、玉米（除开铁道沿线的）、绿豆、小豆。

谷子跟玉米，哪一个更多呢？ =今年是谷子，去年是玉米。因为根据铁道的命令不能种玉米。

种植玉米和谷子跟气候的情况有关系吗？ =雨水多的话，哪一种都行。雨水过多，种哪一种都不行。不降雨的话就种玉米。

在中地上种什么呢？ =在二等地上一半种两季麦子，一半种一季高粱。三等地降水之后流走了碱，作物就有收成了。

不降雨的话就让它那样搁置吗？ =就把它当作驮马等的放牧地。

【度量衡】一亩是多少呢？ =240 弓是一小亩，在南方是 360 弓。到这里南 300 里左右的地方也有用大亩的。

在这里以前是大亩吗？=以前开始是小亩。

在尺子上有种类吗？=新尺、老尺。

新尺是怎么用的呢？=什么都是新尺。

旧尺是使用到什么时候呢？=民国二十五六年为止。

在做衣服的时候是用哪一种呢？=用老尺的多。

这里的新尺和天津的是一样的吗？=一样。

老尺相当于新尺的多少呢？=老尺的7尺是新尺的7尺5寸。

秤是1斤多少两呢？=老秤是16两，新秤是14两半

在市场上卖粮食的时候是用老的还是用新的呢？=农民和商人之间是用新秤，农民与农民之间是用老秤，衙门是用＊〔1〕。

衙门是哪个衙门呢？=日本军。

斗有老斗新斗吗？=在村里面是使用老斗，在市场上是使用新斗。

天津的斗和这里的新斗是一样的吗？=是一样的。

一老斗大概是新斗的多少呢？=新斗的一斗是相当于老斗的八升。

柳条斗

（板斗）一升是正方形

斗的下面是什么？=叫作管，10管是一斗。

一管是一升吗？=是的。新斗的一斗是下广的4角。

【分种】分种是怎样的呢？=四六分很多。地主是四。

在最好的土地上是怎样的呢？=一半一半的也很多。更多的就没有了。

所有的作物（一年两作的情况下）都是四六分吗？=是的。

根据地主指定的种类来缴纳粮食吗？=没有指定。

那么小佃户就不能随意的种植胡麻或者甘署了吗？=种植胡麻的时候小佃户是2/3，小麦也是2/3。

为什么小佃户也要拿2/3呢？=因为两种作物是花了资本的。其他的作物是普通的土地的话是四六，好的土地是对半分。

有水稻吗？=有，有水的话就种植，三四年会发一次洪水。第二年在水流去的很低的地方就可以种了。

那个时候也是四六分吗？=当然，四六分。

在不好的土地上有二八分这样的情况吗？=很坏的土地就当作租地。

这是为什么呢？=没有来种的人。

很坏的土地是怎样的土地呢？=碱性很强的土地，地势很低也是很好的。四六分的时候预先是一石的话就要作为交一石，必须要交四斗给地主。

〔1〕译者注：原文无法识别。

尽可能高的分为四和六吗？ = 全部都很高。

【包种】有包种吗？ = 这个是佃户向地主借很多土地，而且把地分开之后让其他人租佃。

这个包种在哪里有呢？ = 这个主要是在城里的地主和很贤良的佃户之间进行的，到处都有。在了解的村里面哪里有呢？ = 不知道哪里。

对于包种，除了分种之外，还有其他形式吗？ = 不知道，不知道（有不说别人事情的意思）。

【租佃期间】对于分种有期限吗？ = 如果种得好，每年都可以继续种。

租地有期限吗？ = 一年先交，全部都是先交。

约定的同时就交吗？ = 是的。

约定的时候是春天还是秋天呢？ = 小麦地是秋天，高粱是春天。

收完高粱再种玉米的时候又要再约定一次吗？ = 满一年的约定，二作、一作都是这样。

后缴纳的就完全没有吗？ = 没有，可能因为怕因为遭受水灾而不能缴纳了吧。

对于租地有中人吗？ = 没有，因为是先交钱。

【介绍人】没有商讨钱的人吗？ = 没有地主或者熟人的话就有介绍人。

也认识地主，商讨钱的时候还需要介绍人吗？ = 是的，必须要。

那个名称是什么？ = 办事人，不叫中人，买卖的才是中人。

办事人在分种中也有吗？ = 没有。

为什么没有？ = 双方都已经很了解了，也没有规定钱的必要了。因为没有好好种，来年就拒绝，没有办事人。

借地的时候要立契约吗？ = 不用。

借地的时候是地主到佃户那里去还是佃户到地主哪里去呢？ = 是佃户去拜托。

【佃户的变更】其他人想租佃别人正在租佃的土地时，可以对当事人保密，直接和地主商量吗？ = 不要紧。

之后前面的佃户可以抗议吗？ = 什么都不会说。

【转租】花 5 元租来的土地再以 7 元租给别人，这样的事情出现过吗？ = 没有这样的人，但也不是没出现过吧。

地主住在天津，用 5 元租来，再用 7 元租出去，没有关系吗？ = 在这个村里没有，这样做也可以。有钱和能力就行。

【土质】高处的土地和低处的土地哪一个更好呢？ = 低处的土地有很强的地力。但是如果雨水多的话，高处的土地会有很好的收成。

碱是高的地方多还是低的地方多？ = 高的地方多。

碱多了不出来作物会怎么样呢？ = 高低都是一样。

碱不是白的吗？ = 在黑色的土地里很多，白色的叫作硝，白色的对作物不好。

碱和硝对作物产生的影响有区别吗？ = 碱在有雨水的时候可以种植作物，白色的是不管在什么时候都会变成荒地。

【水利、灌溉】接近运河就用那里的水来灌溉吗？ =因为足足距离3公里，所以不能用。村里是在运河沿岸，但是土地离得有3公里。

不用河水灌溉也要修缮河道吗？ =我自己的一亩大麦田是用河水灌溉的。

其他的人会用水灌溉菜园吧？ =其他的人没有。

你们村没有菜园吗？ =没有。有七八处的井水。

你们村用井水灌溉的土地大概有多少亩呢？ =4亩。

河水呢？ =一亩半。

邻村的上口子门用河水的多吗？ =多吧，但不知道数量。

在你村里自耕农有多少呢？ =一家也没有，有租佃的。

【地主】地主住在哪里的更多呢？ =杨柳青镇很多。

那些是商人还是纯地主呢？ =这样的事情不知道。

你也有租地吗？ =有，谁也不知道。介绍人知道，姓李。（因为想要推卸责任所以很小心周到）

叫李什么？ =不知道，姓颜的知道，他是城里人。

什么时候耕种的呢？ =去年开始的，3亩多，一亩10元50钱。

下口子门的土地有3顷吗？ =当然，所有地有3顷。

租地呢？ =50亩左右。

【生计的补充】根据你所说的，大概一家5个人耕种16亩，够吗？ =不够。

那么补充呢？ =做苦力。

怎样做苦力呢？ =木匠和瓦匠，在县城内。

苦力费是多少？ =1元50钱，不包伙食。

去年呢？ =1元三四十钱。

一天3顿饭中两顿饭是在家里面吃吗？ =是的，买一次饭，一次20钱左右。

吃怎样的饭呢？ =从家里面带去饽饽，花20钱买菜。

【卖掉土地】以前要更富裕吗？ =以前有8顷左右，在民国二十八年的时候因为没有加入新民会组织，不能买便宜的东西，就卖掉了土地。

到民国二十八年为止有大概多少土地呢？ =8顷左右。

你家也卖吗？ =卖了。

卖多还是典多？ =卖多，几乎没有典。

是卖给商人的多还是卖给农家的多？ =商人、官员等。

民国二十八年以前最有钱的是谁？ =商贩。

在这附近，哪里的商人发财的多呢？ =城内的商人很多。

官员是县里的官员多吗？ =对，远的人不知道有土地，又不能买。

从民国二十八年开始苦力就一下子增加了吗？ =是的。去天津的很多，举家都去的也有。（把土地出给佃户）

把卖了土地给佃户的多吗？ =这样的没有。

民国二十八年的时候你家卖得最好的土地是一亩多少元呢？ =33 元。

现在卖的话要卖多少钱？ =150 元左右。

【看青】有看青吗？ =有。

看青费给谁呢？ =给看青人。

看青是每年都做吗？ =作物好的话就做，今年没有。

【田赋】田赋是一年一亩拿只拿多少呢？ =大粮是 9 厘 7 毫银子、小粮变成了加捐。去年这个是 20 钱。

大粮的 9 厘 7 毫银子相当于去年的国钱的多少呢？ =一两是 5 元 60 钱。去年是 6 元不到。

一两银子的面积是多少？ =不知道。

【摊款】县的摊款在去年是怎样的呢？ =人夫、柴火。

一年中的摊款呢？ =我是一亩 6 元 35 钱。

跟土地的好坏没有关系吗？ =好地多。

在县里面对土地有等级规则吗 =河东的地分为 4 个等级。河西全都是一等地。我们村全是一等地。

摊款是一等、二等不一样的吗？ =不一样。

县里面的官员生孩子的时候村里面要送钱吗？ =送一点钱。

说以前的情况也行，县长家生孩子时要送钱吗？ =不送。

科长呢？ =不、不，县长也好，别人也好，都是送些匾额，那个钱从摊款里出。

那些是在前面的 6 元多之中的吗？ =是的，但这个是去年的事情。今年是 10 元以上了吧，部队修理桥，第一区警察分所所长的太太死了的时候也没有了结。

来通知说太太死了吗？ =没有来村里面的通知，好像来乡里了。乡里拿着钱去，分摊了这个。

如果拒绝的话怎么办呢？ =不可以，这是乡长决定的。

摊款是一年一次还是每出一件事的时候才摊一次？ =每个月一次。

一亩好地一年能收获多少高粱？ =七八市斗。

一斗的价格是多少？ =4 元。

租地也有摊款吗？ =只是地主摊。

不让地主负担一部分吗？ =不。

【租地和分种的比例】租地和分种的比例是怎样的呢？ =大概是 9∶1，租地有 45 亩的话，分种有四五亩左右。

分种在以前多吗？ =还是开租多。

【大粮地】你知道大粮地、漕粮地等土地的名称吗？ =不知道，知道大粮地，就是民粮地。

5月14日

租佃概况

调查员　佐野利一
翻　译　刘峻山
应答者　徐邦贵（上口子门村长）

【租佃的种类】有租地和分种吗？=当然。

没有包种吗？=不知道。

【租地】租地是什么呢？=收获的作物作为自己的，代交金钱。

缴纳金钱称为什么呢？="租地钱"或者是"租钱"，一般是叫"租钱"。

租钱在以前是后纳的吗？=根据商量的时候来决定，分为前纳和后纳两种。

哪一种多呢？=前纳多以前是后纳多吗？=当然。

【折租】以前有折租（给他解释了意思）吗？=当然有，比如在分种的情况下，佃户的粮食不够就实行折租。

这个方法叫什么名字？=没有名字。

不是叫折租吗？=不是。

现在还有这个方法吗？=有。

在哪个地方有呢？=哪里都有。

【分种】（折租）与分种相比，哪一种更多？=分种多。

分种是从以前开始就有吗？=有。

以前只有分种吗？=不是，也有租地，以前分种很多。

这是为什么呢？=因为现在人工变贵了，粮食也变贵了，就成了佃户的损失了。

分种不是从地主那里来的吗？=地主是得到租地。

分种是地主得，那佃户得吗？=收成好的话就是地主得，坏的话就租地得。因为多洪水，所以拿租子会更安全。

分种是在怎样的人之间进行呢？=地主家里没有粮食的时候。

其他的还有吗？=没有其他的了。

那么粮食便宜的时候分种就少了吗？=当然。

以前是因为粮食很便宜所以才没有分种吗？=有，但少。

这不是跟前面的话不一样了吗？=一会儿多一会儿少。

借其他村的土地的时候也有分种吗？=有。

以前也有吗？=有。

离地主远的情况有吗？=没有。

地主在天津的多吧？=多。

大家都租地吗？ =当然。

【地主的代理人】地主安排了代埋吗？ =安排了。

是怎样的人呢？ =亲戚、朋友。

代替地主收钱吗？ =当然。

每个村里都有这样的人吗？ =在有土地的村里安排代理人。

地主住在天津和地主住在村子里地租哪一个更高呢？ =一样。

代理人每年都会收到报酬吗？ =有，就是租钱中的一部分。

这个比例大概是多少呢？ =不确定，从佃户那里出的租钱以外的钱。

那么，有代理人的话，佃户的负担就变重了吧？ =是的。

正常情况下，代理人是从租钱的一部分中收取报酬，还是从佃户手里另外收钱？ =当然是从地租中收一部分。

那么和代理人签订一亩5元的契约的时候，就在契约书上写4元80钱吗？ =还是要跟地主报告收了5元。

【契约书】要跟住在天津的地主之前签订契约书吗？ =不一定。

称租契为什么？ =合同。

签合同的时候有中人吧？ =代理人就成为了中人，但是不写为中人，叫介绍人。

只是后给钱的写合同吗？ =这也不一定。

立合同人△△△地一段△△亩租与△△△名下每亩钱
五元过付人名下交足恐口无凭立合同为证
一租一年为满秋后交地　地主人△△△印
过付人△△△印
民国　　年　　月　日

合同人那里写谁的名字呢？ =介绍人。

写期限吗？ =写，之后记人。

交钱的期限呢？ =不写，交了之后写。

如果交不起钱的话就不写吗？ =是的，佃户就从地主那里领取。

【减免】后交钱的情况下，交不上地租的时候怎样催促呢？ =让代理人去。

没有代理人的情况下呢？ =就必须要缴纳。

没有钱的时候呢？ =借钱去缴纳。

水灾的时候怎么缴纳呢？ =延期到明年。

先交的时候降价的话就不能拿了吧？ =不能拿了。

作为补偿，第二年就必须要让前年的佃户做，只有这个习惯吗？ =有。

有其他的理由吧？ =没有。

发洪水之年土地界限分不清了，就不让前年的佃户做了吗？ =这样的也有。

【洪水后的测量】洪水之后界限就分不清了吗？ =分不清了。

怎样来有划界呢？ = 根据地契再测量一次，只是地契也分不清。

细长的也好四角的也好一亩还是一亩吗？ = 地契上写的有长度和宽度。

测量是村里的人一起做吗？ = 不是，四邻和相关者聚集起来一起去。

这个的指导人是谁？ = 村长不去也可以，村里有测量工具，虽然是私有的，但也拿着去。

这种时候争议多村长必须要在场监督吧？ = 大家都拿着自己的地契去，不增也不减。因为也有地契，所以购买的人少。

地主在天津的时候是怎样的呢？ = 代理去执行，在大地主的土地境内是有石柱的。

一般的情况呢？ = 不一定，面积大的土地的界上都有。

不管怎样大的洪水都冲不走吗？ = 冲不走。

代理人每年都是同一个吗？ = 同一个人。

代理人在场的话，佃户就没有必要在场了对吧？ = 是的，不需要。

佃户来年还想借的时候会在场吗？ = 当然。

能在场的话，来年就一定能借吗？ = 是的。

不想借出去的时候会拒绝来的人吗？ = 是的。

在你的村里面有借给熟悉的人的吗？ = 没有，以前有现在没有了，事变之前有。

【卖掉土地】在你村里面事变之后卖土地吗？ = 卖。

事变之后遭遇洪水之后卖多少？ = 四五顷。

今年呢？ =10 顷左右。

哪年跟哪年卖得最多呢？ = 民国二十八年最多。

民国二十七年和民国二十九年？ = 是民国二十九年多。

在这以前有没有因为洪水卖土地呢？ = 没有。

在民国二十八年为什么不得不卖掉大量土地呢？ = 没有食物。

没有考虑过出典吗？ = 卖的话，估计也没有买主。有一亩卖 10 元的。

不管哪家都在卖吗？ = 是的。

卖给怎样的人呢？ = 天津和城内的商人。

是商人自己来还是通知村里面的熟人？ = 通知村里面的熟人买。

卖给天津的商人多还是卖给城内的商人多？ = 天津多。

官吏买的多吧？ = 多。

谁多？ = 警察队长多。

县长不买吗？ = 不买（很注意，很谨慎小心）。

科长们呢？ = 不在县里买，只有商贩（回得好）。

【地主的没落】在事变之前地主有多少呢？ = 一两家，最多的是一顷。

现在这个人是怎么做的呢？ = 全部卖了之后去了天津。

在天津做什么呢？ = 做苦力。

为什么那个人要做那样的事情呢？ = 借的钱多了，破产了。

【搬到天津住】事变之后大概有多少人搬到天津去了呢？ = 四五家。

是不是匪贼因为害怕才去的吗？ =不是这样的。

去了天津有过的是相称的生活的人吗？ =一个人也没有。

【自耕】靠自己的土地生活的人家有多少户呢？ =10 户左右。

【自耕兼租佃】自耕兼租佃的有多少户呢？ =三十几户。

【租佃】一点土地都没有的呢？ =10 户左右。

村里有多少户人家？ =93 户，没有土地的人家有三十几户，借地人是在做买卖。

买卖是怎样的买卖呢？ =蔬菜、落花生等。

5 月 13 日

冯家庄概况

调查员　杉之原舜一

翻　译　孙希中

应答者　张锡麟（冯家庄长）

地　点　新民会宿舍

【户口】冯家庄的户数是？ =大概在 7 甲有 70 余户。

人口呢？ =男女合起来有 300 人左右。

【村子的起源】你知道什么时候有冯家庄的吗？ =按我父亲的话说，是从山西省洪洞县来的。具体是什么时候就不清楚了，我觉得大概是明朝永乐年间吧。

从洪洞县来的在静海县多吗？ =好像全部都是。

有哪个村的人不是洪洞县来的吗？ =不了解情况。

有这样的情况吗？ =说不清楚。

为什么从洪洞县到这里来呢？ =说不清楚，按一般老人的话来说，是因为燕主从北京那边来的，然后他们就到这里来了。

【作物】冯家庄一般是种植怎样的农作物呢？ =以高粱、谷子、豆子为主。

【水田】没有水田吗？ =没有。

【园子】有没有用水井灌溉的土地呢？ =只有“园子”，在一般的田地里没有水井。

园子是怎样的土地呢？ =距离村子很近的土地就当园子用，主要种白菜、萝卜。其他的也种葱、韭菜。

村民有很多园子吗？ =不多，2 顷左右。

对于园子，全部都是从水井引水吗 =主要是从水井引水，靠近运河的地方就从运河引水。这样的有 20 亩左右。

村民所拥有的土地一共有多少亩呢？ =全部有 14 顷左右（包括园子）。

【土地多的人】在村里面拥有最多土地的人家大概有多少土地呢？ =六七十亩。

有没有拥有一公顷以上的呢？ =没有。

【没有土地的人】有没有一点土地都没有的人呢？ =有。

有多少户呢？ =10户左右。

没有土地的人怎么过日子呢？ =制作芦席、草席等。

【租佃】有从别人那里租地耕种的吗？ =一点土地都没有的人家在以前也有，未必一定要去他人那里租地耕种。还有自己的土地很少，又去别人那里借土地的人，两种合起来有15户左右。

【自耕】有没有种自己的土地一点也没有从他人那里借土地的人家呢？ =有不足30户。

持有土地，但是自己一点也不耕种，全部借给别人耕种的人家有吗？ =没有。

从户数来看，村里拥有多少亩土地的人家最多？ =10亩左右的是最多的。

【商人】在村里面卖东西的人家有吗？ =没有。

没有卖日用品的人家吗？ =没有。

【交易】日用品之外的东西在哪里买呢？ =去县城、独流买。

是大家每个人都去还是有没有拜托一个人去？ =每个人都去，在村里面有一家卖烟草、糖呀、落花生的人家。

那一家不从事农业吗？ =有一点土地在耕种。

在村里面有没有不从事农业的人家呢？ =大家都是从事农业。

【外出务工的人】有没有从村里面到县城等去工作的人呢？ =只有5个青年人去了天津，成了店里的学徒。

没有到满洲去工作的人吗？ =从以前开始就没有。有两三个人去过，去年就回来了。

【官员】从村里面出去的有没有当官的呢？ =没有。

以前村里面也没有当官的吗？ =没有。

【学校、私塾】村里面有学校吗？ =以前开始没有，但是因为五里庄有了学校，村里面的孩子就去那边上学，在村里面有私塾。

那个私塾是谁在经营呢？ =是叫王绍彭的人。

那个是什么时候有的呢？ =去年开始，王来的时候。

在那以前村里没有建私塾吗？ =因为这跟村公所没有关系，村民商量之后就把王招来了。那个时候的商讨是全村人一起吗？ =全村人一起商量。

提出这件事情的人是谁？ =叫作张永富的人。

张永富是什么人？ =普通村民。

是当过村长的人吗？ =当过甲长，现在是在管理村里的夜警。

持有大量土地吗？ =有十几亩。

很会认字吗？ =不识字。

商量的时候张是各种照顾吗？ =是的。

在商量的时候，没有土地的人难道不参加吗？ =没来的人也有，那个是没有必要上学的人家，比如因为没有孩子或者因为贫穷。

王老师是怎样生活的呢？ =靠学生的学费生活，每个学生一年十几元。

现在去私塾的有多少人？ = 十几名。

跟去五里庄的小学校相比，哪一个更多？ = 现在是全部都去私塾。因为治安差，又不得不过运河。

以前去五里庄吗？ = 最初是不去的，只是担当很少的学校的费用。

担负多少元？ = 一个月 15 元。

那个费用是怎样收的呢？ = 现在村里面没有村公所，有更房，就由更房来收。那个费用是从村民那里根据地亩数来收的。

【会议】像大家一起聚集去私塾商量事情的情况有过吗？ = 其他的，县里面让出车、处公事等等让摊款的时候会商量。

【村长】在村里面没有村长吗？ = 我就是村长。

使用村长这个名字吗？ = 使用。

是什么时候当村长的？ = 去年秋天。

以前是谁？ = 刘仲奎。

当村长的时候是被县里任命的吗？ = 刘的时候，除了我还有其他三个村副，刘因为一些原因进了牢狱，我是村民选出来当的村长。

村民是以怎样的方式选的呢？ = 村民是聚集在一个地方，口头选举的。帮助村长的人还有其他一个人。

在哪里聚集呢？ = 在刘家聚集，因为那里有一间空的屋子。

是谁传达说在那里聚集呢？ = 管理村里事务的人发通知。

【排头】这个通知是谁让出的呢？ = 排头叫作马福森。

牌头有几个人？ = 只有一个人。

换过排头吗？ = 没有换过。

什么时候变呢？ = 老了不能工作了就换。

排头是怎样的人当的呢？ = 如果那个人正直的话，不识字也可以。

谁来决定排头呢？ = 全村人商量之后决定的。

排头是做怎样的工作呢？ = 接受县里面的命令、出工出钱的时候就靠他了。

排头是从以前开始就有的吗？ = 以前开始就有。

排头从以前开始就是一个人吗？ = 一个人。

对于当牌头就必须要拥有很多土地吗？ = 没有土地就不能当，总之只要有一点土地就不问多少。

排头的子孙又当排头的情况没有过吗？ = 以前有这样的事情，但是并没有这种规定。

村长是什么时候开始有的呢？ = 具体的不清楚，但是我小的时候就知道村长这个名字了。

排头跟村长不一样吗？ = 不一样。

怎么不一样呢？ = 因为村长是跟县或其他的打交道；排头是根据村长的命令做细小的工作。

村长出去跟县或者其他的交际的时候，比如是怎样的情况呢？ = 以前是会出席县和第一警察所的会议，和县与分所进行联系。大乡成立以来就直接不去县里，去大乡或者分所，做上边讲到的事情了。

排头是做怎样的工作呢？＝做出工、出钱或者出车的工作。

面向村民的分配上只是牌头决定的吗？＝牌头决定的。

那个时候不和村长商量吗？＝和村长商量和不商量的时候都有，不好分配的时候就和村长商量，一般不商量。

让出工的命令难道不是从村长那里来的吗？＝从村长那里来的，村长通知排头。

【村费】村里的各种费用是谁在收呢？＝现在是我跟副村长在收，副村长在管理账面。

村里的费用大概是多少呢？＝去年大概是一千六七百元。

主要是用在哪些方面呢？＝出到县里或者警察署时雇用工人的时候、为了摊款而使用。

收集村的费用的这种事情称作什么？＝叫作“凑款”“纳款”。

村的费用叫作什么？＝叫“官钱”或者“摊款”。

谁决定的村名摊款的分配呢？＝村长和村副、排头决定的。

难道不是村长一个人决定的吗？＝不是。

不是排头一个人决定的吗？＝不是。

对县里出工的时候不是排头一个人决定的吗？＝只是排头决定。

一点土地都没有的人家要交村费吗？＝不交。

村的费用是怎样分配给村民的呢？＝根据所有的亩数分配的。

自己没有土地，全部都是租佃他人的土地来耕种的这种人家要交吗？＝不交。

比如拥有20亩土地的人家，在这之中有10亩是向别人租的，那么这个人是按20亩的比例来交的村的费用吗？＝交20亩的分摊。

出到县里面的村民分配的费用是谁决定的呢？＝村长、副村长、排头、保甲长聚集在一块商量决定的。

【村长、牌头的选定】在选村长或排头的时候不是要预先那几个人商讨之后在聚集村民的吗？＝是这样的。

预先商量的人是怎样的人呢？＝郝广富（爱护村班长）、孙立祥、刘恩光、张锡麟、马福森、张永富。

这些人在村里面叫什么呢？＝叫本村的事务员，又叫办事员。

不叫会首吗？＝不叫。

上面提到的人会事先商量决定选谁做村长吗？＝是的。

在村里面，聚集起来之后要报告这件事吗？＝把村民聚集起来之后在发表。

那个时候寻求大家的赞同吗？＝是的。

【姓别户数】村里面都有怎样的姓呢？＝刘五六户、张7户、孙8户、李7户、王8户、苟4户、万2户、冯2户、马7户、郑8户、郝3户。

【办事员】上边提到的人的父亲或者祖父也是办事员的多吗？＝前面4个人的父亲都是办事员，后面两人不是。

上面的人大概有多少亩土地呢？ = 郝以前是有三兄弟，但是哥哥和弟弟都死了，就他和弟弟的孩子两个人一起生活。因为分了家，现在是 40 亩，所有四五十亩，刘有 80 亩左右。张锡麟有 50 亩，马有 10 亩左右，张也是 10 亩左右。

马和张永富是什么时候当上办事员的？ = 去年开始的。

为什么当上的呢？ = 在我当村长之前，马参与管理村里的事情。我当上村长之后，村民就商量让他当办事员。因为张是夜警的头（叫作更头），所以当了办事员。

办事员是谁商量决定的呢？ = 村长和从村里的办事员商量决定的，不问其他村民的意见也可以。

【村副】村副是谁呢？ = 郝、孙、刘 3 人。

马是什么？ = 排头。

【事务所】村里办事务的地点是在哪里呢？ = 在私塾。

那个庙叫什么？ = 大佛寺。

祭祀的是谁呢？ = 释迦牟尼。

不使用村公所这样的词语吗？ = 不叫，以前开始就不叫。

村里办事的地点一般叫作什么？ = 叫“更房”，又叫“学房”。

更房这个词语是以前就有的吗？ = 前年开始的。

为什么叫更房呢？ = 夜警当番（打更）的地方叫更房，村的事务就在那里办。学房是因为庙上有学校。

以前村里管办事务的地方叫什么呢？ = 没有名字，因为村的事务是在村长的家里班办的。

【会议】办事员聚集起来商量这件事有特别的名称吗？ = 叫“会议”或者“议事”。

村民也这样叫吗？ = 一般是叫“开会”或者“会议”。

不使用村公会这样的词语吗？ = 不使用。

【庙】有庙的祭祀吗？ = 没有。

以前开始就没有吗？ = 没有。

村民没有决定什么日子去庙里祭拜吗？ = 没有，以前还有点香的和打扫的香人，但是现在没有了。

庙里以前有和尚吗？ = 很久以前可能有，我不知道。

在庙上有土地吗？ = 以前有 4 亩左右，现在没有了因为是荒地，现在变成了废地、义地（叫乱死区子）了。

以前没有照料庙的人吗？ = 没有。

有没有给庙里捐钱的？ = 没有。

知道香头这个词语吗？ = 不知道。

【保甲制】保甲制是从什么时候开始有的？ = 准备是前年开始的，实行是从去年年末开始的。

冯家庄有当上一个保长的吗？ = 当了一个保长。

分成了几甲呢？ = 7 甲。

保长是谁？＝孙立祥。

甲长呢？＝刘连祥、刘恩华、李金泉、孟玉田、张永富、王玉有、孟玉枝（马福森——有70余户不能成为一甲，就接受了这个）。

村摊款等的分配的时候只有村里的办事员商量、不跟甲长商量吗？＝要跟甲长商量。

不一定跟甲长商量也可以吗？＝是的。

与跟甲长商量相比，哪一种情况更多呢？＝不商量的更多。

【仲裁、处罚】村长仲裁村里的纷争吗？＝办事员去仲裁，不能裁判。

去村内的纷争的仲裁的主要是办事员吗？＝只要是办事员和甲长做。除了上面的人，有人望的人也做。

村里有做坏事的人，是谁去惩罚呢？＝一般是没有的。如果有的话，就是村长通知甲长，甲长去惩罚。

惩罚做了坏事的这样的事情最近没有吗？＝近来没有。

以前有吗？＝事变当时有做坏事的人、没有惩罚。

在村内做了坏事的时候在村内受到惩罚，这样的事情在县内没有吗？＝有是有，我没听说过。

办事员为仲裁村内纷争而出去，是有怎样的纷争呢？＝没有规定。根据情况的不同而不同，近来没有纷争。

分家争的时候去吗？＝分家很少，也有纷争，不过都在亲戚朋友之间仲裁了，办事员不怎么去。

在土地的境界上有纷争的时候呢？＝这种情况下就要去仲裁。

其他要去仲裁的都是些怎样的纷争呢？＝因为近来没有纷争，所以说不清楚。

关于农耕，种什么作物，用什么种植方法，做过指导或是讨论过吗？＝没有，放任。

办事员在村内主要是做怎样的工作呢？＝自发式地，没有工作，只有上面命令做的工作。

【夜警】在村内为了提防匪贼、盗贼，有什么方法吗？＝只有夜警当值。

不在村周围的四壁进行巡视吗？＝因为没有那样的力量，所以不行。

对于夜警，是谁来出呢？＝村民依次出。

从一户中出一个人吗？＝规则上是从各户出，实际上是根据土地的大小来出。有大的土地的就多出。

要给出夜警的钱吗？＝不给，食物也不给。出夜警的分配，比如，是怎样的呢？＝土地多的人就出更多的天数（比如连着几天都出）。

根据几亩来决定一天？＝一般是10亩一天，10亩以下的当作一天的也有。

一夜有多少人出夜警呢？＝十三四人。分成12点以前和以后两组交替进行。

没有保甲自卫团吗？＝没有。

夜警是从以前开始就有的吗？＝以前也有，但是只在冬天。从前年开始才决定夏天到冬天都出。

为什么？＝因为从前年开始有县的命令。说是对铁道的保护，一个是对村民的保护也有好处。来了命令。

【看青】村里怎样看守农作物呢？ =没有看守作物的能力，就放任它那样了。但是也没有被盗。

以前有看守的吗？ =以前在秋天会雇用两名看青的，事变之后就停止了。

看青的是村民吗？ =村民。

是村里雇用的吗？ =不是村，是百姓自己雇用的。

是村里的全体百姓雇用两名看青吗？ =是全村的耕种者雇用的。

这个费用是谁出呢？ =钱是耕种者们出。

看青的费用是多少左右？ =不确定。因为是临时凑起来的，也有出多的，也有出少的。

一亩多少不是通过亩数来分配的吗？ =不是根绝亩数的。

不是耕种地大的就多出吗？ =是的。但是没有正式的规定。

自己没有土地，借了他人的土地来耕种要出吗？ =是的。

青苗会会让耕作者另外交钱，然后积少成多吗？ =不用另外出钱。

【边界】有叫村的境界这种事情吗？ =有叫“边界”的。

边界是怎样的呢？ =为了跟邻村区别开来。

冯家庄的人把自己的土地卖给了其他村的人的时候，这个土地是哪个村的土地呢？ =是买主的村的土地，买主不用承担冯家庄的村的费用。

不用承担跟这块土地有关的费用吗？ =不用。

村的边界有变过吗？ =变过。

什么场合变过呢？ =在边界的土地卖给邻村人的时候，这个土地变成了邻村土地的时候边界就变了。

村的边界这个词语，一般村民也使用吗？ =使用。

边界不叫“圈”吗？ =不叫。

离边界不近，远离边界的土地卖给邻村人的时候边界改变吗？ =边界不变，但是土地变成了邻村人的了。

至今为止，冯家庄内的土地上，冯家庄的人所持有的土地如果卖给了邻村人，与这个土地的亩数相对应的，对于邻村买主还是要分配本村的摊款吗？ =不分配与这个土地相关的本村的摊款。

【村副】协助村长的另外一个人是谁呢？ =刘恩光。

这个人是村副吗？ =是村副。

不是还有其他的村副吗？ =还有另外两个人。

这两个人和刘一样，是村副吗？ =有些不同，刘和村长做一样的工作，另外两个是普通人。必要的时候到庙里来商量。刘是经常自己一如既往地到庙里来工作。

关于村的摊款的分配，除了刘以外的村副经常商讨吗？ =是的。

【看青的范围】村的边界是什么时候规定的呢？ =大概 10 年以前，边界是根据村民的作物而形成的，只是土地相关的话就分不清楚。

这是为什么呢？=因为是从以前传下来的，所以分不清楚。

你村里的看青范围定了吗？=定了。

这个没变过吗？=变过，本村的土地卖给外村人的时候看青的范围也变了。

不是即使看青范围内的土地卖给其他村的人之后还是由看青的做看青吗？=不是在边境，而是在中间的话，就由本村的看青的做看青，作物收成好的话要送礼。

村的边界和看青的范围不一样吗？=不一样，有的时候将村的边界作为边境来进行看青，有的时候也会越过这个边境看青外村的土地。

即使是在本村境内的土地，也有本村的看青不做看青的情况吗？=外村人的土地在本村的境内的时候，也会只不看青那一块土地。

本村的看青的越过本村的边界进行看青是怎样的情况呢？=在村的边界上有路，这个路和村的边界之间有其他村的土地的话，因为他村不能对这一块土地进行看青，就拜托本村看青。

为什么会有村的边界？=不知道。

边界上有什么印吗？=没有。

【公有地】全体村民都有土地吗？=没有。

没有用卖作物的钱用于村的支出的土地？=没有。

其他村没有这样的例子吗？=不清楚其他村的事情。

同姓同宗相互之间叫什么呢？=什么也不叫。

【同族】不叫同族吗？=不叫，叫“当家”或者“本家”。

当家里面地位最高的人叫什么？=有族长。

村民一般叫族长吗？=叫族长。

是什么样的人当的呢？=辈最高又最年长的人当。

【当家的】一家之主叫什么？=“当家的”。

当家的是怎样的人当呢？=家里能工作的人。

辈低能做事的人，可以做当家的吗？=如果辈高的人老了，就由辈低的人做。辈高的人年纪不大的话，就由辈高的人做。

说到年老，大概是指多少岁呢？=不固定。

【分家】同族之间分土地的情况有过吗？=有，兄弟有一人以上就会有，叫分家。

分家的时候要制作什么证书吗？=制作“分单”。

必须要做分单吗？=一定会作，为了防止将来的纷争。

【卖契、典契】土地买卖的时候一定要制作证书吗？=一定会作，叫作“文书”，买的时候叫作“卖契”，入典的时候叫作“典契”。

【典】典还是卖土地吗？=不一样，典的是土地所有权还是归本人的。

典是在怎样的情况下做呢？=和租地一样。耕地不足的时候只承典一年耕种，一年一年的修改约定。

【押】把土地作为担保借钱叫作什么呢？=“押”。

没有还钱的时候就把自己的土地让债权人耕种，像这样的约定来借钱的没有吗？=

没有。

是在怎样的情况下押呢 = 借钱的时候，把自己的地券交给债权人，这样的情况下，即使期限到了还没有还钱，也没有就把土地让给债权人耕种这样的事情。

【当】借钱的时候，将自己的土地让给债权人耕种，还钱的话，就把土地取回来这样的事情有吗？ = 有，叫作“当”。

当的例子多吗？ = 少。

当不叫典吗？ = 不叫。

【租地】从他人那里借土地来耕种称为什么呢？ = 叫“租地”。

不叫典吗？ = 一般叫“租地”，也有叫“典”的时候。

租地的时候，租金是交钱还是交收获物呢？ = 交钱。

那个叫作什么呢？ = 叫“租价”。

没有用收获物纳的吗？ = 以前开始就没有。

租价是在约定的时候拿还是在收获之后拿？ = 两种都有。

哪种更多呢？ = 先拿的多。

租地的期限一般是多少年？ = 一年。

没有一年以上的吗？ = 没有。

租地的时候要制作证书吗？ = 也有作的。

这个证书叫什么呢？ = 叫“租子字”。

有叫旗人持有的土地的吗？ = 没有。

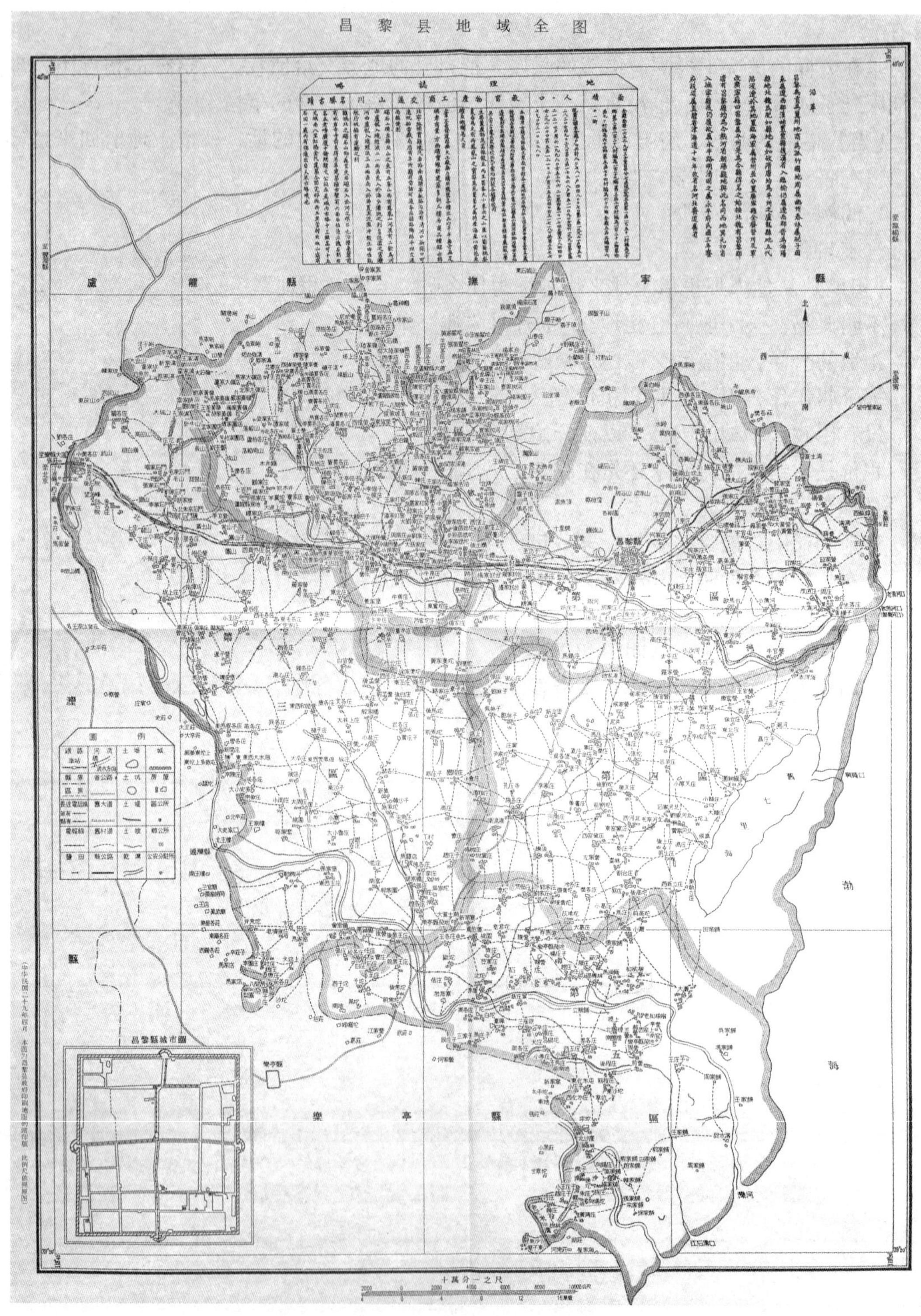

附图1　昌黎县地域全图

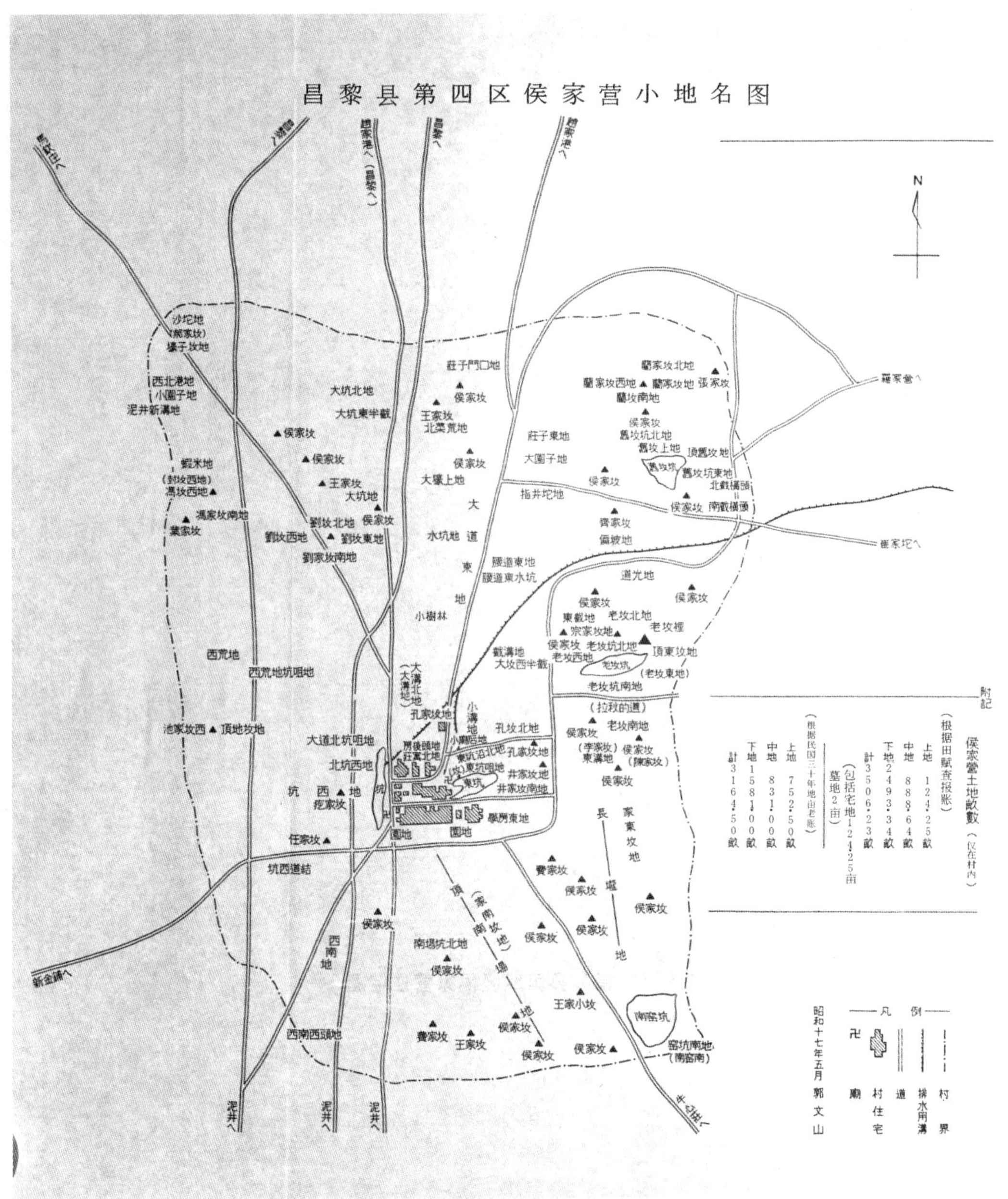

附图 2　昌黎县第四区侯家营小地名图

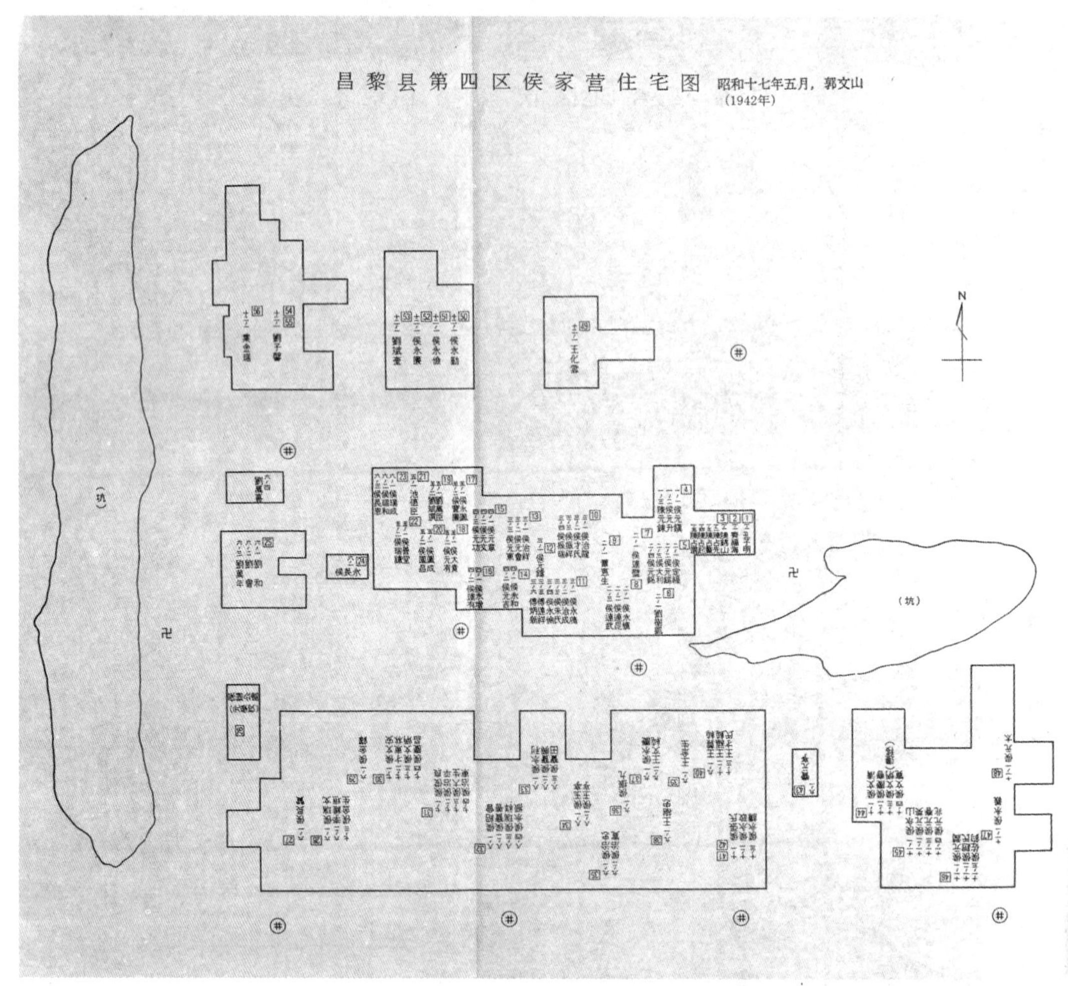

附图3　昌黎县第四区侯家营住宅图

译者后记

参加中国农村研究院院长、长江学者徐勇教授和社科处原处长、人文社会科学高等研究院石挺常务副院长共同发起和促成的满铁农村调查翻译出版工作，是我和我的13人日语教师翻译团队组成以来所做的最大的项目，也是我们所遇到的最大的挑战，但同时也是我们所从事的最有跨学科学术意义和未来指向的世纪工程。

在此，我想用几个关键词说明一下保证我们完成翻译工作的人员组织基础：石挺常务副院长是中国农村研究院与外院日语系、徐勇教授和我之间的“媒人”，而邓大才教授则是在我们中间做具体工作和多方协调的“调度”，另外还有学校领导和科研处等相关部门的指导和资金支持等方面的“促成”，更有我的教师团队和我的研究生全体，以及我的高年级本科生优秀骨干的积极“参与”与“投入”，不能不提的还有日籍教授石桥一纪这位日语母语“顾问”，等等，这一切都缺一不可地保证了翻译工作的阶段性顺利进行。

翻译工作的难度超过了我们的想象，不仅是与现代日语有着很大语法和词语环境不同的明治与昭和前期的日语问题，更有俚语方言、外来语、少数民族发音的模拟词汇等非当时当地人无法理解和明白的词汇与用法的大量出现，特别是调查资料的影印版年代久远，字迹模糊无法辨认、度量衡标准与制度无法统一、随意性强等不一而足。因一个单词一个地名或人名多方查找、开会研究、多语种同时辨认，一个星期无法进展的尴尬困苦经常出现。

团队的女同事偏多，她们为了每个人每期几十万字的翻译，废寝忘食、子女难顾、家庭出现矛盾的情况也此起彼伏，不言自明，这与她们繁重的教学科研工作是同时进行的；研究生和部分本科生们不但有繁多的科目学习以及大量的作业和研究报告等，还要在频繁的课外活动、集体行动的同时担任初步的翻译和资料核实工作，许多同学苦不堪言。当然，尤其要指出的是，个别教师和同学住进医院还在病床上校对译稿，令人动容。

凡此种种，困难重重，但我们团队教师和学生共70多人，严肃认真、不分昼夜、同心协力、共同奋斗，仍然按时初步完成了阶段性的满铁农村的调查的惯行部分的翻译工作。我们已经从最初的项目型、任务型变成了我们自己的一种事业追求。各小组的教师和同学积极参加每次日译汉翻译培训活动，互通信息，举一反三，交流心得体会。教师翻译、指导、校对，严肃认真，一丝不苟，学生忠实践行教师的翻译理念和翻译方针，学习教师的翻译方法和技巧，协助教师的校译工作。作为整个项目的主译我感到无比的欣慰，同时向团队的每一位教师和同学表示衷心的谢意！

具体各翻译小组的成员构成情况如下：

第一小组：李俄宪：王思璇，汤俊峰，郑萌，胡晓晓，李亚芬，林智丹

第二小组：尹仙花：万珺，徐金晶，聂咸昌，林子愉，李思琦

第三小组：吕卫清：高歌，董春玲，阚旭琴，李晨，倪丽畅

第四小组：娜仁图雅：马倩，项莹莹，隋玲梅，李龙，刘琦

第五小组：汉娜：张红，姚晓静，陈晨，姜俊芳，郭新梅

第六小组：李雪芬：谢芬，卢珊珊，张佳凤，吕佳琳，王登林

第七小组：李莹：赵晓婧，王珂，万卫平，张勇，谭鹤

第八小组：金英丹：宋兰奇，李倩，陈佳桂，黎智，杨佩瑶

第九小组：王霞：朱璐瑶，戴思佳，贾茹，齐锦轩，廖珍珍

最后，谨在此向中国社会科学出版社的赵剑英社长表示感谢！向认真负责的责任编辑冯春凤女士谨致谢意！向中国农村研究院的满铁农村调查编辑团队的教师和同学们表示感谢！

李俄宪

2015年12月6日

编者后记

《满铁农村调查》的翻译和出版是徐勇教授、石挺处长多年来关心、关注、领导并尽力促成的重大工程。10 多年前，石挺处长在担任华中师范大学社科处长时就安排专门的经费资助满铁调查的翻译和资料收集，并亲自协调中国农村研究院和外语学院日语系的协作，共同编辑、翻译与出版。经过 2014 年的试出版，我们决定，先翻译和出版满铁的惯行调查资料。这才有了《满铁农村调查·惯行卷》译稿的问世。

在满铁翻译和出版过程中，我们形成了一个流程，首先由中国农村研究院负责总体设计规划、编辑，并寻找翻译文本；其次由外语学院李俄宪副院长带领团队翻译；最后由中国农村研究院负责统稿、校订、制作图表与目录等工作。

《满铁农村调查·惯行卷》的日文版为《中国农村惯行调查》（六卷本），由岩波书店于 1952—1958 年出版。为了本书的版权，我们请教了华中师范大学法学院的刘华教授，向她咨询版权问题，并联系了岩波书店，确认该书的著作权保护期已满，可以在中国翻译出版发行。本卷译稿完成后，中国农村研究院的张晶晶老师对译稿进行了第一轮校订，随后邓大才教授进行了第二轮校订，最后张晶晶老师重点参考邓大才教授校订的稿件，对照原书，进行了第三轮校订。这三轮校订的内容包括订正错误、查缺补漏、规范用词、润色语句、理顺逻辑、统一格式等。中国农村研究院基地班的陈明真、冯雪艳、石健、周志姚四位同学参与了本卷图片、表格的制作，并核对了本卷的民间契约、政府案卷等繁体汉字内容。

本书的内容以访谈形式为主，并收录了当时官方及民间的部分文献资料，文中大量的对话及冗长的文献往往使读者不得要领。为了方便读者阅读并理解其调查者的意图，邓大才教授撰写了导读——《惯行与治理》之一、之二、之三。

《满铁农村调查》第五卷能够出版，还要感谢中国社会科学出版社及赵剑英社长给予的大力支持。同时要感谢出版社的冯春凤女士，是她的精心安排促成了本书的顺利出版。在此我们代表编辑翻译委员会向为本书翻译和出版做出贡献的各位领导、专家、同学表示感谢！

邓大才

2017 年 3 月 15 日